物业管理实用手册

WUYE GUANLI SHIYONG SHOUCE

实用手册

主　编◎李　笑

副主编◎谭　伟

经济管理出版社

ECONOMY & MANAGEMENT PUBLISHING HOUSE

图书在版编目（CIP）数据

物业管理实用手册/李笑主编 . 一北京：经济管理出版社，2012.12
ISBN 978 - 7 - 5096 - 2111 - 0

Ⅰ.①物…　Ⅱ.①李…　Ⅲ.①物业管理一手册　Ⅳ.①F293.33 - 62

中国版本图书馆 CIP 数据核字（2012）第 224998 号

组稿编辑：谭　伟
责任编辑：孙　宇　张巧梅
责任印制：杨国强
责任校对：陈　颖　李玉敏

出版发行：经济管理出版社
　　　　　（北京市海淀区北蜂窝 8 号中雅大厦 A 座 11 层 100038）
网　　　址：www. E - mp. com. cn
电　　　话：（010）51915602
印　　　刷：三河市延风印装厂
经　　　销：新华书店
开　　　本：787mm × 1092mm/16
印　　　张：86
字　　　数：2010 千字
版　　　次：2012 年 12 月第 1 版　　2012 年 12 月第 1 次印刷
书　　　号：ISBN 978 - 7 - 5096 - 2111 - 0
定　　　价：498.00 元

本书编委会

主　编：李　笑

编　委：李正乐　李宪魁　林　侠　朱玉侠

　　　　谭　伟　张元栋　安玉超　李全超

前　言

　　物业管理是房地产开发的延续和完善，是对进入消费领域的房地产商品进行售后服务的过程。房地产这种商品正因为价格昂贵、生产过程复杂、使用期限长，作为售后服务环节的物业管理就显得尤为重要。

　　经过 30 年的发展，我国物业管理从无到有、从小到大，经营规模和覆盖面迅猛扩展。截至目前，我国物业管理企业总数达 6 万家，从业人员 600 多万人，住宅物业管理规模达 120 多亿平方米。对于那些已经进入和愿意进入物业管理领域的人士以及想拓宽其专业知识的物业从业人员而言，希望市场上有为他们提供较为全面系统、科学实用的指导性图书。

　　21 世纪是中国物业管理行业进入发展、完善和成熟的重要阶段，物业服务已发展成为一项关系民生的城市管理手段，优质的物业服务已在城镇生活中发挥着不可或缺的重要作用，成为便利居民日常生活、提高居民生活质量的后盾，也是推动社会福祉不断提高的外部条件之一。

　　我国的物业管理市场渐趋成熟，主要表现在：物业管理法规更加完善，政府监管物业管理行业日趋规范；经过不断的行业重组，物业管理企业实力不断增强，市场化行为更加理性规范；专业技术重组使得物业管理的专业技术服务基本实现专业化、社会化；业主维权行为趋于理性；业主委员会的运行逐步规范并开始纳入政府监管范围。物业管理在未来 10 年将进入升级和转型的新时期。物业管理行业将由劳动集成型和简单服务提供者向服务集成商转变，其专业管理能力和管理水平将得到大幅提升。在升级和转型中，物业管理行业将需要大量高素质人才。在这个阶段将会出现一个竞争激烈、管理完善、服务理念提升的局面。质量理念和品牌理念的角逐、市场环境的变化、竞争格局的形成、高新技术的应用、消费观念的更新，要求物业管理企业从服务观念到服务方式、从经营理念到市场定位，都要作出相应的变革，才能适应发展的需要。

　　目前图书市场上物业管理类图书内容大都停留在传统管理阶段，偏重于理论，已经不能适应新形势下物业管理者的新要求。鉴于目前市场上物业管理类精品图书的空缺，同时也是应众多物业管理者的要求与心愿，我们理论与实践相结合，精益求精，编写了这本《物业管理实用手册》。

　　本书在认真吸收国内外物业管理理论研究成果的基础上，深入地阐述了我国物业如何发展、如何提高物业从业者素质与水平、如何管理和运作各种类型物业，并提出相应的解决措施，同时简要介绍了物业管理的相关法律和法规，从而为读者提供了关于物业管理理论和实务的专业知识。

　　全书共分为六大篇目，即物业管理总论、物业管理日常工作、物业管理文书撰写、常用制度与表格、物业管理者、相关法律法规及案例。它具有极强的实用性与可读性，语言生动、逻辑严密、深入浅出，能够给读者留下十分深刻的印象。同时又是一本内容丰富全面、结构系统严密，具有很强的思想性、逻辑性、知识性的物业管理实用参考手册。

　　在编写体例上，我们力求突出"全"、"新"、"用"三大特征：

　　一是全。即全面性，本书吸收了许多物业管理方面的精华，包括日常管理、文书撰写、制度和表格等，都具有一定的代表性。内容力求详尽全面，涉及物业管理的方方面面，汇聚了物业工作的各种新知识，适用范围广，方便查阅，具有很强的实用价值。

　　二是新。即新颖性，内容超前，介绍了最新的物业管理理念，细致而不让人感觉繁杂、重复，厚实又不让人感觉无所适从，脉络清晰而又繁简适度，可以让物业管理者耳目一新，尽取所需。

　　三是用，即实用性，本书内容与物业管理者的日常工作联系密切，可操作性强，是他们做好物业工作的良师益友。

　　总之，这是一本物业从业者的指导用书，是提高其业绩及个人能力的最佳读本。阅读和使用后，读者将体会到本书的特色：系统性强、针对性强、实用性强、可操作性强；通俗易懂、便于借鉴。

　　在本书编写的过程中，我们参考了大量的书刊、报纸和网站，为物业管理者在实际工作应用中起到了借鉴和帮助，给本书增加了分量，作为编者，我们向所有对本书的支持者和参与者表示衷心的感谢。

目　录

第二篇　物业管理日常工作

第三篇　物业管理文书撰写

第四篇　常用制度与表格

第五篇 物业管理者

第六篇　相关法律法规及案例

第一篇　物业管理总论

物业管理是随着市场经济兴起的新兴行业，是一项关系民生的现代城市管理手段。随着时代的进步、社会的发展，物业管理也逐渐规范，如何完善物业管理服务体系、构建和谐生态物业已提上议事日程。所以，物业管理要与时俱进，逐步向科学化、人性化的方向发展，努力成为业主的好管家。

本篇主要从物业管理理论、招投标管理、体制管理、环境管理、治安管理、物业服务等多个方面进行详细阐述，对物业管理者工作大有裨益。

第一章　物业管理理论及概述

一、物业与物业管理的概念

（一）物业

"物业"一词源于中国的港澳地区及东南亚一带，译自英语的 Property 或 Estate，由香港地区传入内地。"Property"一词译为财产、资产（包括无形资产）、财产权、所有物、所有权、房地产等；而"Estate"则译为地产、财产、不动产、社会阶级等，并有产权的含义，但不包括无形资产。这两者都属于一个比较广义的范畴。

从物业管理的角度来看，所谓物业就是指已经建成并具有使用功能的各类建筑物及其配套设备、配套设施、相关场地等，其主要内容包括如下几点：

（1）房屋建筑物，指已经建成并具有使用功能的各类供人类居住和非居住的房屋。

（2）配套设备设施，指与这些建筑物相配套的设备（如电梯、空调、水泵、消防设备等），相关的公共设施（包括电气管线、给排水管线、电话线、网线、道路、游泳池等）。

（3）附属场地，指绿化带、游憩场地、文体活动场所及停车场。

（二）物业的特征

1. 物业的自然属性

（1）构成内容上的二元性。物业是建筑物与土地的统一体，而土地则是物业的直接构成要素，对物业来说，土地是不可分割的重要组成部分，这便构成了内容上的二元性，因此物业的属性中深深打上了土地属性的烙印。

（2）空间上的不可移动性。土地是物业的直接质构成要素，房屋与土地构成一个有机整体，这便决定了物业在空间位置上的不可移动性。土地的不可移动性，意味着房产不可移动，既然房产不可动，那么与房产配套的设施（如管道、道路、电缆等）也不能够移动。物业所独具的这种"不动产"性质，使其成为一种区别于其他商品的特殊商品。

（3）使用寿命的长期性。物业使用寿命的长期性表现在以下两个方面：一是构成物业基础的土地使用权的长期性；二是土地上建筑物使用寿命的长期性。根据国家的有关法律规定，对于不同用途的土地，其使用权出让的年限也不相同，一般在几十年左右。而土地上的建筑物在正常情况下，它的使用寿命可达几十年甚至更长，可供人们长期居住。

（4）形式上的多样性。不同建筑物的不同功能、不同位置、不同地理环境，决定了物业形式上的多样性。一般物业都分为高档、中档、低档，所选择的建筑材料、建筑风格和空间布局，也会随着时代的变化而各具特色。地理位置不同的物业，在形式上也是有差别的。如居住物业，位于城市中心地段的物业，因其空间狭有限，地价比较昂贵，一般多是高档住宅和公寓，且高层较多；而位于城市边缘地区的物业，一般是普通住宅和别墅。物业环境包括自然环境、社会环境和人工环境，它是城市环境的必不可少的一部分，为了最大限度地适应和利用这些环境条件，物业在形式上也有所不同。综合这些因素，物业在类别、品种、规格、结构、式样、外观等方面，都存在着不同之处，从而形成了物业形式上的多样性。

2. 物业的经济属性

国家把物业的基本经济属性定义为商品。我国过去实行计划经济体制，用行政手段对房地产进行分配，注重强调房地产的社会福利属性而忽略了它的商品属性。这种方法虽然在解决人民住房方面曾起过作用，但也存在弊端，这种体制对住房商品属性的排斥使国家在住房建设上只有投入，没有产出。

随着国家经济体制改革的不断深化和发展，物业的商品属性也越来越被广大的人们所认识并熟知。物业本身所拥有的经济价值和使用价值，只有通过房地产市场的交易活动（物业的买卖、租赁、抵押，土地使用权的出让、转让等）才能体现出来。物业的开发建设、经营管理活动等都属于市场经济活动的一部分，价值规律是左右物业最基本的经济活动规律。按照价值规律和等价交换的原则，物业的经济属性通过其生产、经营、交换、分配、消费五个环节表现出来。凡是进行物业开发与经营活动的大型企业，都应是商品生产的独立行业，企业的全部经济活动都应纳入市场经济轨道，实行企业化经营。综上所述，物业要想实现完全的商品化运作，须具备以下条件：①必须建立明确的、独立的、完善的物业制度；②必须有能够独立进行物业生产经营管理的行为；③必须建立健全物业经济活动运行机制；④必须进入一个能够进行物业交换活动的完整市场。

3. 物业的权属性质

物业的权属发展性质包括物业所有权和物业使用权，其特性集中反映在物权的关系上。

物业所有权具有绝对性、排他性和优先性等法律特征，是房地产物权中的核心权利，其他物权皆源于此。物业所有权是物业所有者在法律规定的范围内对物业所拥有的实行占有、使用、收益和处置的权利。

物业使用权属于用益物权，它包括土地使用权和房屋承租权。物业使用权是国家在推行所有权时两权分离制度后形成的一种物权，是依据对物业加以利用和获得收益而形成的权利。

（三）物业管理的含义

1. 物业管理的起源及起因

物业管理是社会经济高度发展的必然产物，物业管理在我国仅有 20 年左右的发展历史，首先发端于沿海发达城市，逐步向内陆地区延伸。在国外，物业管理已经有 100

多年的历史，传统意义上的物业管理起源于19世纪60年代的英国。英国由于工业革命的发展，大量的农村人口涌入工业城市，城市人口的增多引起了人民对城市房屋的需求，但政府对其缺乏管理出现了房屋破损严重、居住环境日趋恶化等一系列社会问题。为这些社会问题，英国出现了世界上最早的"物业管理"，当时英国一位名叫奥克维娅·希尔的女士，为房屋问题想出了一个方法，为她名下出租的物业制定了一套规范租户行为的管理办法，办法的实施出乎意料地收到了良好效果，当地人士争相效仿。在21世纪的今天，英国的物业管理水平也是世界一流的，成为各国的楷模。英国的物业管理，除了传统意义上的房屋维修、养护、清洁、保安以外，还扩展到更细致的领域如工程咨询和监理、物业功能布局及划分、市场行情的调查和预测、目标客户群的认定、推广代理物业租售、通信及旅行安排、智能系统化服务、专门性社会保障服务等全方位服务。英国在推行物业管理的同时，还成立了英国皇家物业管理学会，会员遍布世界各地。

物业管理是与房地产综合开发相配套的综合性管理，是与产权多元化格局相衔接的统一性管理，是与社会经济发展相适应的社会化、专业化的经营型管理。传统的房屋管理没有相应的服务、缺乏管理、毫无头绪，而物业管理有着高度统一的管理全方位、多层次的服务和市场化经营为一体的生机和活力。物业管理之所以显示出强大的生命力，主要原因有以下四点：

（1）物业管理是社会化的管理模式，它摆脱了自营分散管理方式的不足，为各个产权单位、产权人找到了一个贴心的总管家；同时，物业管理也成为政府各职能管理部门的总代管，在政府授权的范围内去落实各项管理内容，从而克服旧体制下各自为政、多头管理、互相推诿的各种弊端，大大提高了城市管理的社会化程度，能够充分发挥各种物业的综合效益和整体功能，实现经济效益、社会效益和环境效益的高度统一。

（2）物业管理是专业化的管理模式，它由专业的管理公司通过合同，按照产权人和使用人的意愿与要求实行管理，摆正了产权者和管理者的关系，并将自营分散的无序管理和终身制的行政性管理变为企业经营型的聘用制管理。在这种体制下形成的有活力的物业管理竞争市场，使业主在物业服务企业方面有更多的选择空间，因此物业服务企业要想进入和占领这一市场必须依靠自己良好的管理和服务才能，这从本质上改变了服务态度、完善了服务质量和提高了管理水平，为提高城市管理的社会化、专业化程度提供了条件，并促使其向现代化的管理方式转换。

（3）物业管理是经营型的管理服务，它实行的是合理管理、有偿服务，并通过各类经营，使各种物业的管理走上以业养业、自我发展的科学道路。这种管理服务不但减轻了政府的压力和负担，解决了房屋维修和养护的资金来源，而且使业主、使用人享受到全方位、多层次、多项目的周到服务。

（4）物业管理是建设和管理结合的纽带，它通过早期介入与后期跟进的方式，表明了管理的重要性，并且理顺、摆正了建设与管理的关系，从而有利于发挥投资效益，使社会财富和业主财产能够保值、增值。

2. 物业管理的概念

物业管理是指业主对区分所有建筑物共有部分以及建筑区划内共有建筑物、场所、设施的共同管理或者委托物业服务企业、其他管理人对业主共有的建筑物、设施、设备、场所、场地进行管理的活动。综观国内外物业管理活动的实践，物业管理有广义与狭义之分。

广义的物业管理通常是指物业服务企业受业主委托而进行的以物业合理使用和保值、增值为目的而提供的服务与经营活动。

狭义的物业管理主要是指物业服务企业接受业主的委托，按照业主的意愿和要求，按照物业服务合同的约定，对房屋配套设施设备及相关场地进行维修、养护、管理，维护一定区域内环境卫生和秩序的活动。

本书所指的"物业管理"这一概念，主要是狭义的物业管理范畴。当然，物业也不一定必须要通过物业服务企业来管理。我国《物权法》第81条规定：业主可以自行管理建筑物及其附属设施，也可以委托物业服务企业或者其他管理人员管理。显然，物业如果不是通过物业服务企业或其他物业管理人员所提供的专业的物业管理，那么其法律关系不属于《物业管理条例》调整的范畴，也就不再属于本书讨论的范畴。

（1）物业管理，是指业主通过选聘物业服务企业或其他管理方式，由他们提供的专业的物业管理活动。就法律意义而言，物业管理属于中介性质的委托管理，它通过一定的契约形式，规定各方的权利、责任和义务。物业服务企业按照物业服务合同的规定提供相应物业管理服务，物业服务者对特定物业的管理服务行使自己的权利，而业主按照物业服务合同缴纳相应的物业服务费用。物业服务企业和业主是平等的民事法律主体，业主属于物业管理的权利主体，而物业服务企业则是受业主委托的管理与服务主体。

（2）物业管理的对象是物业，是指已建成并具有使用功能的各类建筑物及其配套的设备、设施及场地；物业管理的服务对象是业主，即物业的所有人和使用人；物业管理的维护对象是行为，是符合法律和道德要求的，被大多数业主和使用人所认可的一种物业使用行为。

（3）物业管理的载体是物业服务企业，物业服务企业作为提供劳务的主体，所提供的是有偿的、无形的商品——劳务，这就要求必须是专门的机构和人员，所以物业管理必须是由具有一定资质条件的专门机构和具备一定专业资质的专业人员来进行。我国《物业管理条例》规定：国家对从事物业管理活动的企业实行资质管理制度，按照建设部的相关规章，物业服务企业必须具备一定的条件，并要经过有关部门的资质审查和批准；物业服务人员必须通过资格考试，领取上岗证才能上岗。

（4）物业管理的目的是发挥物业的最大使用功能，使物业保值并增值，给业主或使用人创造一个整洁、文明、安全、舒适的生活和工作环境，最终实现社会效益、经济效益和环境效益的统一、同步增长。

（四）物业管理的主要特点

物业管理作为改革开放以来的一种新型的管理模式，与过去的房产管理有一定的区别，它具有社会化、企业化、专业化、经营化、规范化等新型特点。

1. 物业管理的社会化特点

物业管理的社会化特点是指物业管理将以前凌乱分散的社会工作集中起来，统一整理承担。除了最基本的房屋及机电设备的维修养护外，保安、消防、清洁、绿化、水电管理、传呼电话等这些直接关系到人们日常生活的工作也都由物业公司承担。物业管理的社会化使业主只需面对一家物业服务公司，就能安排好所有关于房屋、居住、工作环境的日常事宜，而不必烦琐地面对各个不同的部门，能够减轻不必要的负担，因此，人们将物业服务公司称为成业主的"总管家"。对于政府来说，物业服务公司则像一个"总代理"，业主只需根据收费标准按时缴纳管理费和服务费便可获得所需要的服务。不管是"总管家"还是"总代理"，这样做既方便了业主，也有利于统一管理，更是充分提高城市管理社会化程度的一项重要措施。物业管理的出现很好地发挥了物业的整体功能优势，快速地实现了经济、社会、环境三个效益效益的统一、综合改善。

2. 物业管理的企业化特点

物业服务公司的性质是企业，而不是事业单位，更不属于行政机关的分支机构。物业服务公司作为独立的法人，必须严格按照《中华人民共和国公司法》的规定运行，不受任何行政机关的干扰。因此，物业服务公司应按照物业管理市场的运行规则参与激烈的市场竞争，依靠出色的经营能力和优质的服务在物业管理市场上取得立足之地，争取自己的生存空间，用优秀的经营业绩去取得更多客户的信赖。除此之外，物业服务公司在运作过程中，还要处理好与市政、公安、居委会、街道、公用、邮电、交通等行政或事业性单位的关系，为业主提供优质的服务，塑造良好的服务氛围，创造一个方便、整洁、安全、舒适、优雅的居住和工作环境。

3. 物业管理的专业化特点

物业管理的专业化包含三层意义：一是有最基本的专门的组织机构；二是有大量的专业人才，如房屋、机电设备、空调、管道、消防、电梯等的维修，必须由专门人员操作；三是具备专门的管理工具和设备。物业管理作为一种统一管理，将有关物业的各项专业管理都纳入了自己的业务范围之内，并且可以通过成立专门的部门来从事相应的管理业务。随着社会生产力的不断提高，社会分工日趋向细微化和专业化发展，物业服务公司根据当前社会形势，也可以将一些专业的管理业务再次委托给保安公司、清洁公司、绿化公司等相应的专业经营服务公司。因此，保安服务工作可以委托给保安公司；环境卫生工作可以委托给专业清洁公司；园林绿化可以委托给专业绿化公司；机电设备维修业务可以委托给专业设备维修公司。这些专业公司的成立，表明社会分工进一步细微化，服务领域进一步专业化。物业管理的出现加速了城市管理的专业化进程，并推动了城市管理向现代化方向迈进。

4. 物业管理的经营化特点

物业管理的经营化特点，是指它进行的每项业务、每个进程都是有偿服务的。换而言之，物业服务公司提供的所有服务均是以赢利为目的的，它通过收取服务费用维持自身的扩大和发展。但是，物业服务公司并不是牟取暴利，而是保本微利、量入为出，它通过多种经营使物业的管理走上"以业养业、自我发展"的轨道，从而使物业管理发展为一个相对独立的行业。这种经营方式有利于提高服务质量，房屋维修、养护、环卫、治安、管道维修、设备更新等工作也能更好地开展，减轻了政府和各主管部门的经济压力。

5. 物业管理的规范化特点

物业管理的规范化是市场经济发展的必然趋势，也是企业迈向现代化、科学化的必然要求。从物业服务公司的角度看，规范化不仅仅是指公司的设立必须严格按照国家公布的有关法律法规和程序进行，还指公司的管理运作制度必须符合国家的规定。如果物业管理不够规范，就会产生弊端；如果物业的产权产籍管理不规范，就容易造成纠纷；如果物业的接管程序不规范，就会留下不少后患；如果与业主签订的合同不规范，就会造成权责不清；如果企业内部的管理不规范，就很难建立规范的现代企业制度。物业管理规范化还包括岗位设立规范，设立规范的岗位是物业服务公司企业化过程中很重要的一点，这是实现文明服务、优质服务的重要前提。

二、物业管理性质、类型及原则

（一）物业管理的性质

按照英国经济学家、统计学家克拉克关于三次产业的划分方法，物业管理应划分为第三产业，属于一种服务性行业。因为房地产业就属于第三产业，所以从中分离出来的物业管理自然也应归入第三产业中。物业管理的业务活动本质上是提供服务，把管理、经营融于服务之中。各种各样的物业是物业管理的活动对象，业主和物业使用人是其服务对象，它通过向业主和物业使用人提供相应的服务而获得利润，从而实现行业的"以业养业、自我发展"。

从经济活动方式上来看，物业管理也区别于工业和农业。首先，物业管理同第三产业的其他部门一样，并不直接生产有形的商品，而是提供无形的服务；其次，物业管理作为房地产综合开发的一种延伸和完善，它属于房地产业的消费环节，应业主和住户的要求将专业化的管理和服务提供给他们，他们从业主那里收取相应的服务费用。用一句话概括，物业管理是集管理、经营、服务于一体并把管理、经营融入服务之中的第三产业。

科学合理的认识物业管理的性质具有十分重要的意义，这对于制定物业管理的有关方针政策、指导物业管理健康发展、充分发挥物业管理的功能起到重要作用，它能够为物业管理政策法规的制定提供理论依据，使制定出来的政策法规符合物业管理发展的实际情况，对物业管理起到真正的指导和规范作用；它有助于促进物业管理向良性方向发展，使人们认识到物业管理虽不属于福利性行业，但也不是一个暴利行业，不能够胡乱收费；它可以帮助物业管理部门树立优质的服务意识，通过良好的服务实现社会效益、经济效益和环境效益的统一、同步。

（二）物业管理的类型

根据不同的特点，物业管理大体上可分为委托服务型和自主经营型两种类型。

1. 委托服务型

委托服务型物业管理，是指房地产开发企业将已经开发建成的房建筑物分层、分单元出售给消费者，一次性收回最初投资和售后的利润，然后委托物业服务公司对建筑物进行最基本的管理，完善其售后服务，或者是多家产权企业将集中于一片或某一地域的房产委托给同一家物业服务公司管理。这里所指的"委托"以前有两种类型：第一种是房地产开发企业自己组建物业服务公司，对所出售的物业进行后期管理，曾经有很多具有一定实力的房地产公司采取了这种模式。第二种是房地产开发企业以招标的形式委托专业的物业服务公司对企业已出售的物业进行日常管理，此种形式是今后物业管理发展的主要方向。在《物业管理条例》中，第一种委托方式已被禁止使用，《条例》明确规定：住宅物业的建设单位未通过招投标的方式选聘物业服务企业或者未经批准，擅自采用协议方式选聘物业服务企业的，由县级以上地方人民政府房地产行政主管部门责令限期改正，给予警告，可以处以 10 万元以下的罚款。之所以禁止采用第一种委托方式，是因为第二种委托方式更具优势，因为第二种委托方式通过招标的方式，能够引起物业服务公司之间的竞争；只有通过不停的竞争，才能促使物业服务公司更加注重服务质量、效率和企业形象，有利于促进物业管理的健康运行。在这种物业管理关系中，房屋产权并不属于物业服务公司所有，而是归属于业主，即物业服务公司只拥有经营管理权并无产权，其工作内容除建筑物及其配套设备设施的养护维修外，还包括小区治安、环境卫生、草地绿化、消防等不同类型的服务，即通过优质服务为住户提供一个方便、整洁、安全、舒适、优雅的工作、居住环境。虽然这种服务不以赢利为唯一目的，但是属于有偿服务，它严格按照政府有关价格政策收取相应的服务费，着重于社会效益，大体上是收支相抵，略有微利。这类物业服务公司为实现自身良好的经济效益，可以同时管理多幢建筑物乃至整片住宅小区。

从委托服务型物业管理的"自我发展、保本微利"的经营方针来看，物业服务公司似乎并无多大的利润可图，但客观实践证明，只要物业服务公司经营得法，不断拓展服务项目，提高服务水平和效率，仍能够收到较好的经济效益，而且还能实现良好的社会效益，岂不是两全其美。因此，这种新兴的物业管理类型在一些经济比较发达的南方地区出现后，受到政府的直接鼓励和百姓的交口称赞，之后在全国各地得到了较为广泛的发展。例如，北京 PMP 物业管理有限公司是一家中外合资的专业物业服务公司，它将经过修正的成熟的酒店管理理论直接应用于物业管理中，率先将酒店式服务应用于物业管理实践，产生了良好的效益，还接管了中国证券大厦等多座优质物业，并将业务发展范围拓展至上海、天津、大连、武汉等重要现代化城市。通过这个案例，我们有理由相信，随着我国经济体制改革的不断深入和房地产行业的进一步拓展，这种新型的委托服务型物业管理将会有更广阔的发展空间，进而拓展出一片崭新的天地，甚至会出现许多从事物业管理服务的跨地区大型企业。

2. 自主经营型

自主经营型物业管理，是指房地产开发企业建成房屋后并不依靠出售获得利润，而是将房屋产权留给自己，然后将其交给下属的物业服务公司或为该建筑物专门组建的从事租赁经营的物业服务公司经营，通过出租房屋收取租金来回收项目投资。经过一段时间的经营，等项目投资完全收回后，开发企业可选择将该物业出售，也可以选择继续拥有该物业以出租来获取利润。由此可看出，此类物业服务公司不但拥有该建筑物的经营管理权，还拥有产权；不仅拥有对所管物业进行维护性管理的职责，而且还具有出租经营的权利。自主经营实际上是房地产开发的延续，它作为纽带将房地产开发与经营联系起来，通过物业的出租经营为开发公司回收项目投资，并获取长期的稳定利润。物业服务公司将物业出租时，一定要细心经营，根据市场的需求和变化不断调整更新所管物业，如室内的再次装修和重新分隔等，从而提高物业的档次和适应性，改进与完善物业的配备条件，延长物业的使用寿命等，根据市场价格的变化调整租金，从中获取丰厚的利润。此类物业服务公司所经营的对象，大多数是商业大楼、办公写字楼等商业性建筑物。

自主经营型物业管理与委托服务型物业管理之间存在着较大的差别，主要有以下几点：首先，从产权上来讲，自主经营型物业管理拥有产权，而委托服务型物业管理则没有。其次，从管理上来讲，委托服务型物业管理只包括售后服务，服务的内容仅限于保持物业的正常使用；而自主经营型物业管理则需要注意树立物业管理形象，创造良好的声誉，并将房地产设计、施工中的不足根据用户的要求加以改进完善，为物业的出租活动创造良好的条件，以提升物业的利用效率。再次，从管理的物业对象来看，委托服务型物业管理既包括住宅楼宇，也包括商业中心、写字楼和综合楼；而自主经营型物业管理则主要针对商业中心、写字楼与综合楼。最后，从服务对象上来看，委托服务型物业管理既包括普通居民，也包括企、事业单位及机关；而自主经营型物业管理则主要针对企、事业单位和机关。以上这些不同的差异决定了自主经营型物业管理必须得积极、主动地争取客户，在为客户提供服务的主前提下，发展多种经营，从而扩大营业收入。这种经营型方式是房地产开发企业为扩占市场份额、提高长期投资效益而采取的一种积极对策。

虽然物业服务企业基本上可以分为上述两大类，但是在实际经营过程中，物业服务企业并不是分得很清楚，这两类往往有所创新或混合，并不只是不单纯地管理一类物业。

（三）物业管理的原则

1. 物业管理的业主自我管理与物业管理人员专业管理相结合原则

业主自我管理与物业管理人员专业管理相结合的原则，是指物业管理人员的专业化管理必须结合业主的管理决策及公益活动的参与。该原则使业主在物业管理中处于主导地位，直接由业主开业主大会来决定该聘请哪家物业服务公司进行管理。业主自我管理不仅在对重大问题进行决策和对物业管理进行监督上体现出来，也在签订和遵守管理规约上体现出来。物业服务公司与业主签订合同后，应严格按照合同的要求，选派专业的管理服务人员为业主服务，服务内容包括房产的维修养护、实行专业化的管理及提供各类型的服务。由于物业管理的服务范围比较广，服务的内容繁多而复杂，所以需要业主与管理人员互相配合。为了促使业主积极参与物业管理，物业服务公司可以通过各种形式来调动他们的积极性，诸如组织业主参与清洁环境卫生、美化环境的公益活动，举办各种有趣的联谊活动，宣传和介绍正确使用物业和维护物业的知识，设置专线投诉和热线电话等，通过这些形式使业主形成民主管理机制，积极地配合物业服务公司共同管好物业，使物业能够不断的升值，同时树立良好的企业形象。

2. 物业管理的社会化管理、企业化经营原则

在我国社会主义市场经济条件下，对物业的管理服务是通过组建各类物业公司来实现的。为了提高城市管理的现代化水平，能够充分发挥各类物业的整体功能和综合效

益，物业管理必须遵循社会化管理与企业化经营相结合的原则，也就是由物业服务公司统一实行专业化管理。物业服务公司作为一种中介性质的执行信托职能的服务性法人企业，是具有自主经营、自我约束、自负盈亏、自我发展的经济实体。物业服务公司作为独立法人，根据公司法的规定进行经营活动，不受任何外界因素的干扰。因此，物业服务公司在实行管理及提供服务时，必须按照经济规律的要求，实行有偿服务原则，依照谁受益、谁负担的规则由受益人承担相应的物业管理费用。当然作为经济实体的物业服务公司来说，利润必然是需要认真考虑的，因为这是衡量企业经济效益的重要标志。物业服务公司想要实现利润最大化，必须依靠自身的优势条件，努力创新、拓展市场，积极参与到市场竞争中去。物业管理作为一种市场行为，必须严格遵守市场经济的要求，实行招投标制来选择合适的物业服务公司，然后由公司根据自己的经营能力，实行合理收费政策并提供优质的服务。

3. 物业管理的统一经营、综合管理原则

在以前传统的房产管理体制中，房屋维护、道路车辆管理、清洁卫生、环境绿化等项目由多家部门分别管理，这就造成了"多家管理，多家不管"的问题。随着房地产业的快速发展和住房制度改革的不断深化，这种"多家管理，多家不管"问题变得越来越突出，一方面是由于一项物业往往有多个产权单位或产权人，另一方面是因为一项物业的整体结构相连，其电梯、上下水管、供电、供暖、供气等设施互相贯通，具有整体性和系统性而无法分割。住宅区是由住宅楼及生活服务、商业、交通和通信、教育、文化、娱乐等配套设施共同组成的具有完整功能的社区，要想实施科学化管理，首先须理顺体制，由物业服务公司按照有关法规和业主委员会的要求，对各种项目内容实行统一经营、综合管理。只有这样才能够使物业与居住、工作的环境相协调，才能充分发挥物业的整体功能，而且随着居住条件的不断改善，生活水平的迅速提高，人们对物业管理的要求也越来越多样化。因此，除了物业管理的最基本业务及物业的日常维护保养、治安、环境、消防、绿化、日常修理及车辆交通管理等专项业务外，人们还根据实际情况要求增加一些特约服务及便民服务，例如房屋代管、车辆保管、卫生、娱乐、家庭护理、接送小孩以及教育、代购商品、商业网点建设等。因此，物业管理应不断完善，实行统一经营、综合管理的原则，这样才能满足不同业主的服务需求。

4. 物业管理的合理竞争原则

前文已分析过中国物业管理的类型，从中国物业管理的实际来看，有很大一部分物业服务公司是开发商自己成立用来管理自己开发的物业的。在一些重要的省、市基本上是一种"谁开发，谁管理"的物业管理局面，具有这种自营特点的物业服务公司占所有物业服务公司总数的80%～90%，占了相当大的比例。近些年来随着房地产业的迅速发展和住房私有化的继续深入，这种物业管理模式的缺点也日益显露出来。由于开发商自己组建的物业服务公司受保护的特点比较明显，在业务上不存在竞争性，这就造成了服务不够主动、质量也不够理想的局面，因此经常遭到业主的抱怨。后来随着《物业管理条例》的贯彻实施，这一现象才逐渐消失。在市场经济日趋完善的新形势下，要想发展好物业管理行业，培育良好的物业管理市场，必须要引进竞争机制。因此以后所有的物业管理都要实行招投标制，这样做不仅使业主和物业服务公司可以进行双向选择，而且也使物业服务公司在为业主和租户提供优质服务的前提下，能够实现规模化经营，增加公司的利润收入。

5. 物业管理的依法管理与服务原则

物业管理活动必须严格按照法律规定依法进行。首先，物业管理要依法确立法律关系主体，解决根本问题，否则其他问题便无从谈起，权利义务也无从界定。其次，物业管理必须明确业主委员会是委托方，而物业服务公司是受托方，物业服务公司替代业主对物业进行管理和维护，并提供其他各类服务。最后，双方要依法签订合同，合同的内容要严格按照相关规章、条例来进行，物业服务公司所提供的服务都要在合同的基础上运作，必须以合同内容为指导。合同的签订必须遵循民主化、公开化的原则，物业服务公司的所有经营管理活动都要接受业主委员会的监督。

6. 物业管理的服务第一、为业主着想原则

物业管理并不是一项短期的服务，而是具有长期性的特点，几年、几十年为业主提供各种服务。由于业主职业、年龄、文化层次的不同，希望获得的服务也存在一定的差距。物业服务企业首先要把该管理的业主财产全部管理好，不能漏管；其次，在日常的管理中要保护好公共财产不遭受人为的损坏，并做好维修养护工作；再次，要向业主和使用人负责，一切从他们的立场考虑，以高品质的服务和科学化的管理营造一个安静、安全、舒适、方便、优雅的工作和生活环境；最后，物业服务公司应向业主和租户宣传爱护房屋及设备方面的知识，把专业管理同业主和租户的爱护运动相结合。

三、物业管理的职能及作用

(一) 物业管理的职能

根据作用功能的不同，物业管理可以划分为决策与计划、组织、指挥、控制和协调五种职能。

1. 物业管理的决策与计划职能

物业管理的决策与计划职能，是指对物业管理的远近目标以及与实现目标有关的一些重要问题所作出的选择及决定，如物业辖区内总体管理的方向、业主管理委员会的组成、物业管理企业的选择及发展方向等。如果这些问题没有得到合理的解决，定会给物业管理工作带来一定的盲目性。因此，物业管理必须作出正确的决策和科学的计划，即把决策的目标进一步具体化，变成一定阶段内物业管理的行动纲领。物业管理的计划职能由物业管理企业和业主管理委员会共同执行，物业管理企业更要发挥重要作用。决策的正确与否、计划是否科学合理，这对物业管理的效果好坏具有决定性的作用。从这个角度上讲，决策与计划是物业管理的首要职能，这一职能的忽视必然会导致物业管理的混乱。

2. 物业管理的组织职能

组织职能，是根据已经确定的计划和提高管理效率的原则，把物业管理的各个要素、环节和各个方面，从管理的分工协作、上下左右的关系、时间和空间的联系等能够合理地组织起来，组成一个有机结合的整体，把整个物业管理活动变成一台"大机器"。在这台"大机器"中，人、财、物、环境等要素要尽可能好地结合，从而最大限度地发挥它们的积极作用。物业管理的组织职能由物业管理企业来正确实施执行，物业

管理企业要合理地确定企业内部的管理体制，包括管理机构的设置、职权的划分和岗位责任制的建立，以充分发挥各个管理环节、各级职能部门的主动性。从一定程度上讲，物业管理企业组织水平的高低直接决定了物业管理活动效益的大小。

3. 物业管理的指挥职能

指挥职能是根据计划对整个物业管理进行的活动进行领导和督查。因为物业管理活动复杂、涉及面广的特点，若缺少科学的指挥，即使物业管理这台"大机器"组织起来了也不可能正常运行，物业管理活动也不会达到预期的理想效果，既定的计划目标也难以完成。由此可以看出，指挥职能是保证物业管理活动顺利进行的不可缺少的重要条件。若要实现科学的指挥，物业管理的指挥系统须进行调查研究，深入分析物业管理活动的全部过程，准确把握物业的状况和业主的需求以取得指挥的主动权。

4. 物业管理的控制职能

控制也称为监督，是指物业管理在实行计划的过程中，须控制监督计划的执行情况，经常把实际情况与原定的目标、计划、规章制度进行对比，找出存在的差异并分析原因，从而采取必要的对策，以推动物业管理活动的发展和完善。控制职能不仅要求各项规章制度必须建立健全，其中包括管理规约、物业辖区管理章程、物业管理公司岗位责任制、物业辖区综合管理规章、业主管理委员会章程、住户手册等；还要求建立建好周密高效的管理信息系统，并随时核实管理活动成效、做好各方面的考核工作，从而使控制与监督有充分的事实依据。

5. 物业管理的协调职能

协调也称之为调节，是指协调物业辖区内外进行的各方面的活动，使它们之间能够建立起良好的协作运行关系，有效地完成物业管理的决策计划目标。调节职能主要包括纵向协调与横向协调、内部协调与外部协调。纵向协调是指协调物业管理指挥系统与各职能部门两者之间的活动和关系，横向协调是指协调同级各部门之间的一些活动和关系。内部协调是指协调物业管理辖区内部各方面的活动和关系，外部协调则是指协调物业管理与社会之间的包括与街道、公安、交通、市政、教育、环保、商业及文化娱乐、卫生、园林、公益事业等各有关方面的部门活动和关系。从物业管理角度来说，纵向协调、横向协调、内部协调的关键在于全体物业管理企业全体员工和业主能否清楚地理解物业管理的目标、方针、政策计划及规章制度，而外部协调则需要健全的法律法规及社会各界的通力配合。

上述物业管理职能属于一个有机的统一体，不可分割。物业管理通过决策和计划职能，可以明确物业管理的目标与方向；通过组织职能，可以建立实现目标的手段，使整个物业管理成为一台协调运作的"大机器"；通过指挥职能，可以维护正常的物业管理秩序；通过控制职能，可以检验计划的最终实施情况；通过协调职能，可以修正出现的偏差，使规划更符合物业管理的实际情况，并及时解决物业管理内外部出现的矛盾，保证物业管理计划决策的顺利实施。

（二）物业管理的作用

1. 有助于促进房地产市场的发展

物业管理是我国深化房地产经济体制改革、实行房屋商品化的重要措施，能够不断完善房地产市场，使之更加繁荣。随着我国经济体制改革的不断进步，房地产经济的体制改革也在更进一步的发展，我国房地产经济体制改革向市场化、商品化和住房私有化方向发展。随着房屋商品化政策的逐步实施，各类居民住房分幢、分套出售，商业大厦分层、分单元出售，这导致出售后所形成的住宅区或高层建筑群拥有几个、几十个甚至几百个多元产权的毗邻关系。这种结果使原有的以公房所有制为主体的房屋格局被打破并被现在这种新型的房屋格局所取代，而且以前传统的按产权、按部门分散管理的办法以及用计划包干的维修管理办法再也不能适应当前发展的需要，这样的局面必定会使房地产市场形成一种产权多元化和管理社会化的新格局。这种新出现的格局必须有与之相适应的房屋管理新模式来代替传统的、非市场取向的管理模式。目前对公有房屋出售中居民心态的调查表明，居民最担心的问题是公房出售后的管理维修问题，其中包括经费、权利、责任及如何落实。由此可以看出，物业管理是房地产经济体制改革和住房制度改革必不可少的配套工程，并且具有深化、促进和完善房地产经济体制改革的意义和作用。目前就整个房地产市场来看，物业管理无疑是拓宽房地产市场范围的重要组成部分，它既完善了房地产投资，又促进房地产市场健康有序的向前发展。

2. 有利于房地产投资效益的提高

物业管理是房地产经营活动中必不可少的基本环节，具有提高房地产投资效益的重要作用。在房地产市场中，就其中一个房地产项目来讲，它存在着开发、经营、管理三个不同的环节。按程序来看，物业管理起着至关重要的作用，它是房地产开发、经营的落脚点。改革开放以来，国家重视对房地产业的发展，初期的发展重点注重解决数量问题，因而实行的是一种数量增长型经济，这就形成了重开发建设、轻管理的不良现象，使开发建设与管理严重脱节，这也是造成我国房地产管理效率低、投资效益差这一现象的重要症结所在。随着国家宏观政策的不断调整，房地产单纯的数量增长已经适应不了市场的需求，要想提高房地产投资效益向效益增长型转变，就必须加强物业管理，使房地产开发、经营、管理三个环节能全面、健康、协调地发展。

良好的物业管理不仅能使物业保值，而且还可以使物业不断升值。一方面，良好的物业管理可以保证物业处于良好的状态并正常运行，更能延长物业的使用寿命，另外还可以通过基本业务、专项业务和特色业务的服务，加强改善和提高物业的使用功能，提升物业的档次和适应性，进而推动物业的升值；另一方面，优质的物业管理会受到众多房地产交易商和消费者的青睐，使该物业成为炙手可热的抢手货，进而推动该物业的价值上升，也能促使其他物业不断提升自己的服务。

物业管理实际上是对物业建成以后使用过程中的全部管理，也可以说是广义上的售后服务，它是房地产开发经营活动良好信誉的重要保证。只有借鉴现代化的管理手段，采用周到、完善、优质的物业管理，才能实现房地产的价值及使用价值，进而提高房地产的投资效益。

3. 树立城市良好形象，完善城市功能

物业管理不仅能够改善居民的工作与生活环境，提高居民居住水平的基础工作，还具有能够树立城市良好形象、完善城市功能的作用。

居民工作、生活环境的日臻完善和居住水平的不断提高是衡量城市生活水平和消费水平不断提高的基本前提，现代化的城市特别是国际化大都市更需要高质量的管理服务。运作良好的大厦配套设施，有助于人们工作效率的提高；舒适愉悦的居住环境，有助于人际关系的和谐融洽。住宅社会学研究表明，良好的工作、生活环境不仅能舒缓烦恼、焦虑、矛盾、摩擦，还能减少一些危害社会的不轨行为，并形成互帮互助、互解互谅的良好社会风气，有利于人们的身心健康，促使人们积极上进。而这一切正是社会稳定、经济增长和城市发展所必不可少的基本条件。物业管理正是顺应了这一要求而逐渐产生和发展起来的。

物业管理以业主为中心，最主要的目的是为业主创造一个整洁，舒适、安全、宁静、优雅的工作生活环境，并且随着社会的不断进步其基准还应逐步拓展和提升。近年来，随着人们生活水平的改善、业余生活的充实和丰富，人们的精神和物质生活发生了很大的变化，所以工作、生活环境的优化和美化必不可少。高品质的物业管理不仅仅是单纯的技术性保养和事务性管理，而是在此基础上为业主创造一种既具现代城市风貌、又有个性特色的工作和生活环境，给业主一种从物质到精神的享受，从而形成一个以物业为中心的"微型社会"。这种"微型社会"既能充分发挥物业的主观能动性，又能充分保障业主的合法权益的，并且能够增加业主的睦邻意识，创造一种相互尊重、和乐共处的友好邻居关系。因此，高质量的物业管理不仅能够改变城市风貌、改善人们的工作和生活环境，还可以提高人们的精神文明意识和现代化城市意识，为树立城市良好形象、完善城市功能起到积极的推动作用。

4. 有利于推动外向型房地产和涉外经济的发展

物业管理是加快我国房地产快速发展并同国际接轨的一项必要措施，具有推动外向型房地产和涉外经济发展的重要作用。

物业管理是一种特殊的不动产，有着独特的现代化管理方法和模式，并不受地区、国界和社会制度等因素的限制。在改革开放的形势下，中国传统的房屋管理模式在很多方面已经不适合外商、外籍人士的商务活动和居住需要。随着我国经济体制改革的不断深化和涉外经济的快速发展，越来越多的外商对中国产生兴趣，并开始投资中国内地。外商来到中国内地一般会先在宾馆入住，接下来便开始"投石问路"，一旦形成投资项目或业务有所拓展，就需要买房安居乐业了。中国有句古话，安居才能乐业，在中国内地的外商也不例外，他们一般都十分重视为自己安排一个方便、高效的工作及居住环境，并且随着外商进入长期事业发展阶段后，就有为自己公司和工作人员购置房屋的需求。中国内地最初的物业管理正是通过对外商、外籍人员在中国内地的产业和居住房的管理慢慢发展起来的，而至今为止，涉外房的管理仍是物业管理的一个重要组成部分。随着国内房地产市场的不断发展和继续完善，投资于中国内地房地产的外商也抓住了这个机会，独资组建物业管理公司以此来管理自己在中国内地的物业。由此可见，良好的物业管理不仅能够加快中国房地产同国际接轨，还能改善中国内地的投资条件和投资环境，具有推动外向型房地产和涉外经济发展的积极作用。

5. 有助于房地产综合开发企业声誉的提高

物业管理是房地产综合开发企业的一项重要业务，具有提高房地产综合开发企业声誉的积极作用。随着房地产业行业的不断向前发展，很多房地产综合开发企业已经意识到物业管理的重要性，开始关注物业管理并把物业管理作为企业经营的重要战略决策。而很多具有一定规模和实力的房地产综合开发企业纷纷成立自己的物业管理公司，并多方挖掘、培养物业管理人才来壮大公司的力量。如果一个房地产开发企业开发的物业具备优质的物业管理，就可以免除业主和租用户的后顾之忧，能够很好地树立房地产综合开发企业在公众中的良好形象，同时也可以增强房地产综合开发企业的信心，更好地促进后续销售工作的顺利开展。因此，优质的物业管理是房地产综合开发企业最形象、最实惠的广告，有助于企业声誉的提高。

四、物业管理的具体内容

物业管理按产业性质划分属于服务性行业，其根本出发点是根据社会生产力的发展水平和人们对生活需求的变化，运用先进的现代管理科学知识、环境生态科学知识，借助发达的经济手段来管理物业，为业主、住户以及居民提供他们所需要的全方位、多层次的高品质服务。物业管理的内容相当广泛，服务项目呈现多元化、全方位的特点，且不同类别的物业有着不同的管理侧重点。国家也采取一定的措施鼓励物业服务企业采用新技术、新方法，依靠新科技来提高企业的管理和服务水平。

（一）物业管理的基本内容

不同类型的物业管理，其使用性质也存在明显的差异，在管理和服务方面也各有侧重，但一些最基本的内容是大多数物业管理都会涉及的。

1. 对物业及其配套设施的维护保养

对物业来说，只有供水供电系统、机电设备、公用设施、空调系统、电信系统、网络系统等配套设施都处于良好的工作状态，才能保障物业的正常安全使用，而不能等设施出现故障后再去修理。经常对设施进行维护和保养，才能延长物业的使用寿命，更好地为业主提供生活的便利。

2. 加强治安和消防管理

不管是住宅类物业还是其他类型的物业，物业服务公司必须认真做好治安管理工作，保证区域的安全和安静，排除各种不利因素的干扰。良好的治安保卫环境，能够保证业主和住户的生命财产安全，让他们的生活没有后顾之忧。同时还要做好消防设备的养护工作，确保消防设备处于正常的使用状态，防止意外情况的发生。另外，还要建立和执行消防制度，加强对消防队伍的严格管理。

3. 做好物业及周围环境的清洁

干净整洁的环境会给人们以视觉上的美感和心理上的舒适感，舒适的环境是物业的重要组成部分，物业的清洁工作包括清除垃圾、废弃物、排泄污水及雨水等。保持环境的清洁卫生，能够给业主或租户提供一个整洁舒适的居住、办公环境，让人身心愉悦。

4. 做好物业管理区内的绿化工作

草地绿化和花木养护工作对营造物业管理区优美宜人的环境是非常重要的，绿化工作能保证物业管理区拥有良好的生态环境，有利于业主或住户的身体健康，让他们保持精神愉悦。

5. 做好物业管理区的交通管理

交通管理这项工作不仅包括小区内的平行交通还包括大楼内垂直交通（电梯和楼梯）的管理，另外管理区的通道、屋顶等空间的清洁、路灯的保养等也属于这项工作。

6. 加强车辆管理

车辆管理这项工作可防止业主的车辆丢失、损坏或事故的发生。小区、大厦附近的行车路线要有明显标志，车辆要限速行驶，还需统一物业辖区内车辆的停放秩序，以保持道路、过道的畅通，方便人们的出行。

7. 做好财务管理工作

这项工作一是要搞好维修基金以及储备金的核收与管理，为用户的长远利益做早期的筹划；二是要搞好管理费用的核收和使用管理，保证物业管理工作的健康顺利进行。

8. 保险的办理

保险必不可少，物业服务公司要及时办理物业及附属设备的财产保险，避免因自然灾害而给业主造成不可挽回的巨大财产损失。

9. 做好社区管理工作

做好社区管理工作有利于创造健康文明的社区文化，各业主之间能够建立友好融洽的人际关系。同时物业服务公司还可以协助政府进行社会管理，为社会的文明和进步贡献自己的力量，如在所管物业范围内协助进行人口统计、计划生育、犯罪预防等方面的工作。

10. 建立物业档案

物业管理只有做好物业档案工作，才能更好地掌握产权变动情况，能够快速地维护物业的完整和统一管理，更快捷地为业主和住户提供服务。

（二）物业管理的特色业务

物业管理的内容十分广泛，只要是根据业主的需求，对社会和他人没有危害的工作，物业服务公司都要努力去完成。物业管理的特色业务便属于这类，它同社区服务紧密结合，是物业管理在基础工作上的进一步拓展，主要是从深度和广度上进一步满足业主的需求，它包括特约服务和便民服务两个方面。

1. 特约服务业务

特约服务业务主要是接受业主的委托，提供诸如房屋代管、室内清洁、土建维修、装饰工程、车辆保管、家电维修、家庭护理、代聘保姆和接送小孩、代购商品、代购车船机票、代订报纸杂志、代付各种公用事业费及其他家务代办等各种各样的服务项目。

2. 便民服务业务

便民服务业务是社会和物业服务公司共同举办的服务项目。第一是建设商业、服务业网点，主要是与商业、银行、邮电等部门合作，在物业辖区内建立公用电信服务机构、储蓄所、超市、饮食店、副食品市场、小五金商店、美容美发中心、洗衣店等，以方便业主的各类需求。第二是建设文体娱乐项目，主要包括开设阅览室、展览厅、俱乐部、小型健身房、老年活动室、青少年游戏厅等，以方便业主进行健身娱乐活动。第三是建设教育卫生项目，包括与教育部门合作在辖区内建设托儿所、幼儿园、中小学校等，解决孩子的就学问题。第四是与卫生部门合作在物业辖区内设立保健站、诊疗所等，方便业主就医。第五是建设交通网点，主要是与交通部门合作在物业辖区内增设交通网点，创建便利的交通条件，为业主提供方便。

（三）物业管理的多种经营业务

不断地向多种经营方向发展是企业的一个共同发展趋势。中国的物业管理虽然发展时间尚短，还处于初级发展阶段，但多种经营方向的发展趋势已经明显地表现出来。究其原因，主要包括两个方面：其一，随着物业管理在全国的大面积推行，物业服务公司之间已经逐渐展开了竞争，它们为了树立良好的企业形象，特别关注企业的社会效益，这很好地推动了多种经营业务的开展。同时，随着社会的不断发展，越来越多的人们需要物业服务公司提供多种经营业务，因此多种经营成为物业服务公司的重要发展业务之一。其二，很多物业服务公司存在着所收取的管理费入不敷出的问题。面对这样的困境，物业服务公司就不得不采取一业为主、多种经营的方式，以多种经营的收入来弥补入不敷出的问题。虽然如此，但企业的多种经营业务必须与物业管理有关，从属于物业管理，不能"以副代主"。从目前情况来看，国内物业服务公司开展的多种经营业务分为两大类：第一类是投资咨询、中介、动拆迁、住房交换、住房改造、房屋更新、室内装潢、设备安装和建材经营行业等；第二类为旅游、餐饮服务类行业等。

第二章 物业招标与投标管理

一、物业服务招标的组织机构

作为任何一项物业服务招标，无论是开发商还是业主委员会，都需要有一个专门的组织负责整个招标活动组织机构，这个组织被称作招标组织。其主要职责是拟定招标章程和招标文件，组织投标、开标、评标和决标，组织签订合同等相关工作。通常招标组织的成立主要有两种形式：一种是具有直接性，即由开发商或业主自行依法设立招标机构组织招标；另一种是具有间接性，即专业的物业服务招标代理机构受开发商或业主委托的相关组织招标。自行设立招标机构的，通常情况下是在招标人所在单位下属设立一个招标工作组或招标委员会，全权负责招标相关事宜。这种类型的招标组织机构随着招标项目的开展应运而生，但也会随着招标活动的结束而自行解散，这种机构属于非常设性机构。开放式的组织机构是非常设性招标委员会的具体特点之一，也就说招标委员会的工作人员都是非正式编制，多数是对外聘请的，具有非常强的流动性和灵活性。通常来说物业服务招标委员会对外聘的专家主要有包括房地产、工程技术、法律、市场营销、财务等方面的专业人员。而受委托的招标代理机构，主要是从事招标代理业务并提供相关服务的社会中介组织，是依法设立的，属常设性的经营实体。

根据最新的《上海市住宅物业管理规定（修订草案）》第34条的规定，选聘物业服务企业的，应当通过本市统一的物业管理招投标平台公开招标，但下列情形除外：继续聘用原物业服务企业的，业主大会决定采用其他选聘方式的。市房屋行政管理部门负责建立本市统一的物业管理招投标平台，为选聘物业服务企业提供指导和服务。

（一）自行设立的招标组织机构

根据物业服务项目招标主体的不同，自行设立的招标组织机构又分为开发商自行设立的招标组织机构和业主自行设立的招标组织机构。

1. 开发商自行设立的招标组织

开发商自行设立的招标组织主要是指开发商通过在所在单位的董事会下设立专门的招标委员会或小组来进行招标。其具体做法是：开发商董事会挑选代表组成招标委员会，这些代表通常包括分管项目工程建设部门的董事、相关职能部门的代表以及小业主的代表等。招标委员会是招标工作的最高权力机构，下设两个部门，即秘书处和专业技术部。其中专业技术部聘请有关专家与本单位的技术人员一起参与招标文件的编制，并组织评标委员会或小组来进行标书的评审工作，并向招标委员会提交评价报告和中标推荐参考的名单。招标委员会可采纳专业技术部提供的方案，也可以完全拒绝而自行作出裁标决定。招标委员会在裁标时一般采用投票的方式决定，2/3 的票数赞成，即可授标，之后由招标委员会派代表与中标人签订合同。

2. 小业主自行设立的招标组织

小业主是相对于大业主（即开发商）而言的住户或租户。通常情况下小业主数量很大，又没有严格的组织性，因此，通常是由业主管理委员会代表小业主自行组织招标。业主管理委员会有权代表全体业主通过公开招标方式聘请物业服务公司。小业主自行设立组织招标与开发商自行招标的做法一样，业主管理委员会也是通过下设一个招标委员会或工作组来全权负责招标工作，其招标委员会的组织结构与开发商董事会下属的招标机构基本上相同。

（二）招标代理机构

招标代理机构与非常设性招标机构最主要的区别在，招标代理机构是依照公司法设立，并完全按照公司法规定进行运营的经营性法人组织，它是专门从事招标代理业务的社会中介组织。我国招标法规定招标机构应当有从事招标代理业务的营业场所、组织机构和相应资金。所以说，招标代理机构的组织机构与其他经营性法人组织机构无异。例如，招标代理机构也与其他经营性法人组织机构一样要求所有权与经营权相分离，通常采用经理制，设总经理、副总经理、部门经理；经理层下设常见的职能部门，如市场部、技术部、财务部、行政管理部等。

招标代理机构与其他非常设的招标机构的另一个区别便是招标代理机构中的技术部的主要工作人员都采用合同制定编，而不是像非常设的招标机构的人员那样采用临时外聘制度。招标代理机构与编制招标文件和评标所需的各种技术、经济专家建立的是长期的合同关系，从而形成了专业能力强大的专家库。专家库的规模和质量成为评定招标代理机构等级的重要依据。

值得提出的是，招标代理机构尽管全权代理委托人的招标工作，但是招标活动的最高权力机关并非是招标代理机构，在招标代理机构评标后，招标代理机构向委托招标人提交评标报告和中标候选人名单，他们无权强制要求委托招标人接受中标推荐，而是由招标人（开发商董事会或业主管理委员会）自行作出最终裁标决定。完成代理招标工作后，委托招标人需向招标代理机构支付一定的服务费或酬劳。图 1-2-1 是招标代理机构的组织结构图。

二、物业服务投标的组织机构

物业服务的投标工作是一项非常复杂的活动，需要物业服务企业内部的信息在短时间快速的积聚和交流，因此物业服务项目投标工作通常由投标的物业服务企业内部组织专门部门来全权负责整个投标活动。一般的分工如下：开发部负责确定目标，选择物业，进行投标，参加市场竞争，是物业服务投标工作的核心。财务部负责财务、计划、经济核算和各类收费活动。该部门的主管一般为总会计师，具有资深的项目财务评估能力。工程部负责各种物业服务工程的预算，以及房屋、设备及公共设施的管理、维修、保养和工程技术方面的咨询与研究。

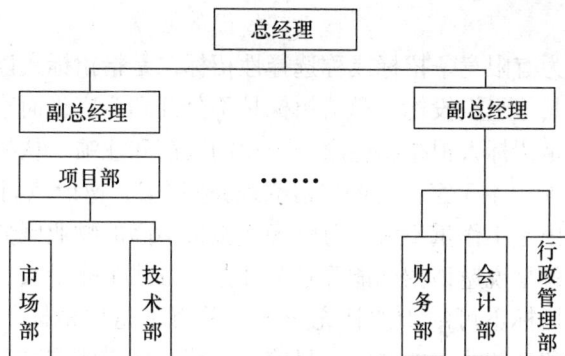

图 1 - 2 - 1　招标代理机构的组织结构图

　　物业服务投标的过程，开发部始终担任着主要角色。首先，开发部根据公司在市场的定位，选择合适的物业服务招标项目，进行投标。其次，在编写投标书过程中最重要的两个难点：一是管理方案的设计；二是标价的计算。在这些关键环节上，开发部都会在专门部门的专家协助下进行。在管理方案的设计上，开发部会向工程部咨询设计方案技术上的可行性意见；在标价的计算上，开发部也会征求财务部总会计师关于设计方案在财务上的可行性意见。在投标书完成时，开发部应得到工程部总工程师和财务部总会计师的签字意见。最后，完成投标书后，经过总经理签字授权，便可代表物业服务企业向招标单位进行投标。

　　大型的物业服务企业的开发部一般是实行项目经理负责制，以项目小组为单位，分别管理具体项目的投标工作以及中标后的合同签订工作；中小型的物业服务企业则一般是由经理亲自对各项目的投标工作全权负责。

三、物业服务招标的方式、程序和内容

（一）物业服务招标的方式

　　由于物业服务招标项目不同，所以招标人会以不同的方式进行招标。现行国际市场上物业服务招标方式大致可分为三种：公开招标、邀请招标和议标。我国 2000 年 1 月 1 日实行的《中华人民共和国招标投标法》第十条的规定的招投标方式主要有公开招标和邀请招标，并没有将议标纳入。

　　1. 公开招标

　　公开招标亦称无限竞争招标，其最大限度地体现了招标的公平、公正、合理原则。公开招标是指招标人（开发商或业主）以招标公告的方式邀请非特定的法人或其他组织投标，招标人可在指定的报刊、电子网络或其他媒体上发布招标公告，把所需要的服务要求与条件公开于一切想投标的物业服务企业，来吸引众多的投标人参加投标竞争，招标人从众多投标人中择优选择中标单位的招标方式。在公开招标中具有投标资格的潜在投标人都可参与竞争，招标人选择投标人具有广泛性，但公开招标投标者众多，从资格预审、发送标书、截标、开标、评标直至确定中标单位，招标方均须消耗大量的人力、物力，所以除非国家有规定，一般的招标单位都愿意采用邀请招标。

2. 邀请招标

邀请招标又被称为有限竞争招标或称选择性招标，是指招标人以投标邀请书的方式邀请特定的法人或者其他组织投标。邀请招标是不公开刊登广告而直接邀请某些单位投标的招标方式，一般是招标人根据物业服务公司的资信和业绩，从物业服务公司中选择一定数目的法人（不能少于3家），向其发出投标邀请书，邀请他们参加投标。

邀请招标主要适用于工作量不大，总管理费报价不高的物业服务项目，也就是适用于规模较小的标。这就是说邀请招标能弥补公开招标方式工作量大、招标时间长、费用高的不足，成为公开招标不可缺少的补充方式，并由于邀请招标节省时间和成本的优点，深受一些开发商和私营业主的青睐。目前，邀请招标方式在物业服务招标中亦颇受欢迎，为一些实力雄厚、信誉较高的老牌开发商在前期物业服务中经常采用。

邀请招标虽然具有"省时省钱"这个十分鲜明的优点，但其缺点也十分突出。首先，由于邀请招标预先选择了投标人，可选择范围缩小了，这样就容易诱使投标人之间产生不合理竞争，有可能出现招标人和投标人的作弊现象。因此在选择范围缩小的情况下，如何防止不合理竞争和作弊行为，成为邀请招标是否成功最关键的因素。我国的招投标法对邀请招标方式有明确规定："招标人采用邀请招标方式的，应当向3个以上具备承担招标项目的能力，资信良好的特定的法人或者其他组织发出投标邀请书。"这个规定是为了防止投标过少而容易导致的投标人相互勾结，哄抬标价，损害招标人的利益的措施。其次，邀请招标即使是最好的筛选也有可能会遗漏一些合格的、有竞争力的物业服务企业。再次，邀请招标在评标中可能会使某些投标人被歧视，等等。

3. 两种招投标方式的区别

（1）发布信息的方式不同。公开招标是以公告的形式发布，邀请招标是以投标邀请书的形式发布。

（2）选择的范围不同。公开招标针对的是一切潜在的对招标项目感兴趣的法人或者其他组织，招标人事先不知道投标人的情况和数量；邀请招标针对特定的法人或者其他组织，而且事先可知投标人的情况数量。

（3）竞争的范围不同。公开招标使符合条件的法人或者其他组织均有机会参加投标，竞争的范围较广，竞争性也体现得比较充分，招标人拥有绝对的选择余地，容易获得最佳招标效果；邀请招标中投标人的数目有限，竞争的范围较小，招标人的选择余地也相对较小，有可能使标的合同价提高，招标人也有可能将某些技术上或报价上更有竞争力的供应商或承包商遗漏。

（4）公开的程度不同。公开招标中，所有活动都必须严格按照预先指定并为大家所知的程序和标准公开进行，很大程度上减少了作弊的可能，而邀请招标的公开程度逊色一些，不法行为产生的机会也就多一些。

（5）时间和费用不同。由于邀请招标不发公告，招标文件只送几家特定的法人或者其他组织，使整个招投标的时间大大缩短，招标费用也相应减少。公开招标的程序较为复杂，从准备许多文件、发布公告、投标人作出反应、评标，到签订合同，所耗时间较长，费用也比较高。

由此可见，两种招标方式各有利弊，如表1-2-1所示，从不同的角度比较，会有不同的结论。在实际中，各国或国际组织的做法也不尽相同。有的未给出倾向性的意见，而是把自由裁量权直接交给了招标人，由招标人根据项目的特点，自主决定采用何种招标方式，只要不违反法律规定，最大限度地实现"公开、公平、公正和诚实信用"的原则即可。

表1-2-1　公开招标与邀请招标方式的比较

招标方式	发布信息的方式	事前招标人对投标人数量的掌握	招标效果	公开的程度	时间和费用
公开招标	公告	不掌握	佳	高	多
邀请招标	投标邀请书	掌握	不佳	相对低	少

4. 议标

物业服务中除了公开招标跟邀请招标的方式还有议标的方式，议标是由招标单位直接邀请某指定的物业服务企业，就物业服务工作双方进行协商，是确定物业服务的有关事项的一种特殊的招标方式。《前期物业服务招标投标管理暂行办法》规定"住宅规模较小的，经物业所在地的区、县人民政府房地产行政主管部门批准，可以采用协议方式选聘物业服务企业的，其规模标准由省、自治区、直辖市人民政府房地产行政主管部门确定"。目前各地对议标范围都有严格的规定，例如温州瑞安对前期物业议标房屋规定"对投标人少于3个或多层物业服务区域总建筑面积在30000平方米以下，高层物业服务区域在20000平方米以下，多层和高层混合物业服务区域总建筑面积在30000平方米以下，其他特殊物业服务区域总建筑面积在10000平方米以下的项目，经房管局批准，可以采用协议招标方式选聘具有相应资质的物业服务企业"；上海市对前期物业议标房屋规定的条件是"投标人少于3人或住宅建设规模小于50000平方米建筑面积"。

（二）物业服务招标的程序

物业服务招投标是一个连续完整的过程，涉及较多的单位，需消耗大量的人力、物力，因此，为了保证物业服务招标的公开、公平、公正、合理，就必须使物业服务招投标的程序规范化，即严格按照程序进行招投标工作。下面将按照招标实际运作流程的顺序，对招标程序中的步骤作一一说明。

1. 物业服务项目招标前期准备阶段

招标的准备阶段指开发商或业主从决定进行物业服务招标到正式对外招标即发布招标公告之前的这一阶段。国际惯例中这一阶段的主要工作有：成立招标机构，申请招标批准，编制招标文件，确定标底。

（1）成立招标机构。物业服务招标人在申请获得招标资质证书后就直接成立招标机构，也可以直接寻找有招标资质的专业物业服务招标代理机构。对于一些大型的项目，开发商通常更倾向于委托一家招标代理机构包揽该项目所有的招标工作；业主委员会在进行物业服务招标时，通常也比较愿意采用委托招标代理机构招标的方式。

招标人在选择招标代理机构时要注意以下几点：

1）自愿性选择。招标人根据自己的意愿和自身情况选择招标代理机构，任何单位或个人都无权强行指定招标代理机构。

　　2）委托代理关系。招标代理机构与招标人之间仅限于委托代理的关系，招标代理机构无权将招标结果强加给招标人，招标人才是中标的最终决定者。特别是国有房地产开发商在选择委托招标代理机构招标时，应避免选择与自己有上级关系的招标代理机构。

　　3）根据物业服务招标项目的特点进行选择。招标人应根据自己标的规模大小，选择不同等级的招标代理机构。我国招投标法对招标代理机构的资格和等级划分，主要依据招标代理机构所具备的两个条件：一是招标经历达到一定的年数，且连续几年招标金额达到一定数额；二是招标机构编制招标文件和组织评标的专业能力和技术力量，也就是配备的专家人才库的规模大小与专家素质的高低。招标人应根据自身对物业服务的要求及标的规模选择相称的招标代理机构，在委托价格合理的情况下，应选取具有较高等级的招标机构进行招标。

　　（2）申请招标批准。招标人在书面委托具有相应资质的招标代理机构或者依法设立招标组织并取得相应资质证书后，要申请招标批准，待批准后才可实施招标。申请招标批准应向招投标管理机构（一般是当地的房屋土地资源管理局）提交招标申请书。招标申请书是招标人向政府主管机构提交要求开始进行招标事宜的文书，主要包括：招标物业具备的条件、招标的内容及范围、拟采用的招标方式和对投标人的要求、招标人或招标代理人的资质等。

　　（3）编制招标文件。招标申请书获得批准后，招标人就可以着手编制招标文件、确定评标定标的方法和标底，并将这些文件申报物业服务招投标管理机构批准。编制招标文件也是招标人在招标准备阶段最重要的工作内容。招标文件又称标书，是招标机构为投标者提供的进行招标工作所必需的文件。其作用在于：阐明招标物业的情况，明确招投标程序与时间的安排，告知投标评定准则及订立合同的条件等。招标文件既是投标人编制投标文件的依据，也是招标人和中标人签订合同的依据，它对招标机构、招标人（开发商或业主）、投标人以及最终的中标人都具有约束力。这促使招标人非常重视编制招标文件的工作，并力求条款严密、周到，内容明确，合理合法。

　　物业服务招标文件的基本内容包括是对招标物业项目的基本情况、招标要求、招标日程的详细说明，并包括在政策规定的范围内，对投标、评标规则进行规定，制定本项目的招标评标办法。可以将其概括为以下部分：

　　1）投标人须知。投标人须知是招标文件的重要组成部分，是对投标人如何投标的指导性文件，其内容包括投标的条件、有关要求及手续，如表1－2－2所示。

　　①投标的条件。对投标的条件的说明和规定，是为了保证投标人的合格性和投标的真实性。招标文件在这一部分要说明参加资质审查的投标人须递交的证明资料及其格式，以便于统一审查。为了保证投标的真实性，要求投标人缴纳投标保证金，在这一部分还规定了投标保证金的比例、缴纳方式以及保证书的格式等。

　　②对投标文件的要求。招标机构在接受投标书时，通常会检查投标书的制作和封送是否合乎程序，所以招标文件必须说明投标文件编写的统一要求（通常会提供统一的投标文件格式），以及对投标文件的封存和递交的规定，以便开标和评标工作的进行。

　　③对招标程序的说明。将整个招标过程进行公开，包括对开标、评标和定标的时间与地点等计划的关键内容予以公开，从而体现了整个招标工作的公正性与透明性。

表 1-2-2 投标人须知前附表

序号	内 容
1	招标项目名称
2	招标人： 招标地址： 联系人： 联系电话： 传真：
3	投标文件售价
4	投标保证金 投标保证金必须在投标截止前到达招标人指定账户，投标时投标人须携带银行汇款证明或转账支票（拒收现金） 投标保证金账号：
5	投标有效期：开标后 21 天内（三周内）
6	现场踏勘时间：＿＿年＿＿月＿＿日＿＿时＿＿分 地点： 疑问提交截止期：＿＿年＿＿月＿＿日＿＿时＿＿分 提交地点： 答疑会召开时间：＿＿年＿＿月＿＿日＿＿时＿＿分 会议地点：
7	投标书截止时间：＿＿年＿＿月＿＿日＿＿时＿＿分 投标书递交至： 地点： 投标书接收人：
8	投标书正本份数： 份 投标书副本份数： 份
9	开标时间：＿＿年＿＿月＿＿日＿＿时＿＿分 开标地点：
10	签订合同地点：凭招标人通知

2）合同条款。合同条款的目的是为了将中标后所要签订的合同内容规范化和公开化，也是对招标公正与公平原则的具体表现。合同的条款分为一般性条款和特殊性条款。一般性条款通常是物业服务招标的行业性的约定俗成，对于不同的物业服务项目都具有适用性，由技术条款、商务条款和法律条款组成；特殊性条款则是针对具体不同的物业服务项目自身的特点而量身订造的个性化条款。在合同条款中在两者发生不一致时，合同应以特殊性条款为准。

3）技术规范。技术规范是对招标项目的技术要求（如物业服务项目的服务标准、具体工作量等）的详细说明，属招标文件的重点之一。技术规范一般是以技术规格一览表的形式进行说明，此外还需附上项目的工程图纸等，用来作为投标人计算标价时的重要依据。一般应包括以下方面：

①物业服务标准：普通住宅小区参照中国物业管理协会制定的分级标准。

②物业服务收费标准：依据各省市物业服务收费管理的实施办法。实行前期物业服务招标的普通住宅项目，由房地产开发企业根据住宅小区实施物业服务的方案所在地物业服务等级考评办法跟收费参考标准向当地价格主管部门申报物业服务等级以及具体收费标准，并在价格主管部门核定的中准价和浮动幅度内通过招标确定具体的收费标准。

③物业构成细目：各项规划建设指标、居住指标、配套用房配置、公共设备、设施配置。

何时制定招标文件由物业开发建设程序而定。我国目前大多数物业服务招标都是在物业开发建设的后期。然而，随着开发商对物业服务的要求不断增高，物业服务"超前招标"已屡见不鲜。"超前招标"在我国可以这样理解：在项目立项阶段，提出用地申请，得到批准后就可进行早期的物业服务招标工作、制定招标文件。早期实行物业服务招标确实有其优点，但过早地制定招标文件，加之由于此时存在大量的不确定性会使得招标文件编制难度加大，可靠性也会降低。因此，在指定招标文件时，把握招标文件制定时间，才能使编制出的招标文件内容既严密明确，又不失前瞻性。

4）招标文件修改。在投标截止期前三天的任何时候，无论何种原因，招标人均可主动地或在解答投标人提出的问题的时候对招标文件进行修改。招标文件的修改将应以书面形式，包括传真和电报，用来通知所有购买招标文件的投标人，并对其具有约束力。

5）招标文件备案。招标人应当在发布招标公告或者发出投标邀请书的前十日提交以下材料向物业项目所在地的县级以上地方人民政府房地产行政主管部门备案：政府批示的与物业服务有关的物业项目开发建设的文件；招标公告或者招标邀请书；招标文件；法律、法规规定的其他材料。

（4）确定标底。

1）标底具有绝密性特点。确定标底是招标的一项重要的准备工作。按照国际惯例，招标人应在正式招标前先确定出标底。标底是招标人为招标的内容计算出的一个合理的基本价格，俗称预算价格。它是作为招标人审核报价、评标和确定中标人的重要依据。因此，标底是招标单位的"绝密"资料，不得向任何无关人员泄露。特别是我国国内大部分项目招标评标时，均以标底作为参考线，以其上下的一个区间作为判断投标是否合格的条件，标底保密的重要性也就更突出了。

2）标底编制的依据。标底是衡量投标报价竞争力的尺子，标底制定得好坏，直接影响着招标工作的有效性。如果标底制定过高，进入合格范围内的投标人数就会增加，同时还会促使评价的工作量和工作难度随之扩大；相反的，如果标底过低，又会造成投标人都漏空，最终导致招标的失败。所以，标底制定得好，可以说是招标工作成功了一半，编制一个先进、准确、合理、可行的标底需要细致认真、实事求是的态度。

①招标文件。标底的制定和招标文件的编制密不可分。标底制定得是否合理，在很大程度上取决于招标文件中对项目工作量的阐述是否正确，招标文件对项目的工作量进

行说明时，应尽量减少漏项，同时要将工作量尽可能算准确，力争将误差控制在 5% 以内。

②物业服务方案。不同的物业服务方案所需要的费用是不一样的，所以标底的制定应建立在当地一个较为先进的物业服务方案基础上，这样编制出的标底才切合实际。如果开发商或业主是自行招标，则可参照近年来国内外先进的相关物业服务方案，当然开发商或业主也可以委托招标代理机构制定。

2. 招标实施阶段

招标实施阶段是整个招标过程最主要的实质性阶段。招标的实施阶段主要包括以下几个具体步骤：发布招标公告或投标邀请书，组织资格预审，召开标前会议，开标、评标和定标。

（1）发布招标公告。

1）招标公告发布的方式。采用公开招标方式的，招标公告须报市招投标办审核备案后，提前 1 个月通过电视、广播、报刊或信息网络等媒介发布；采用邀请招标方式的，向符合资质要求的 3 家（含 3 家）以上的物业服务企业发出投标邀请书，同时报市、区招投标办备案。

2）招标公告的内容。招标公告以简短、明了和完整为宗旨。招标公告的内容通常情况下应包括：招标单位（开发商或业主）名称；项目名称；项目地点；招标目的（邀请资格预审还是邀请投标）；项目资金来源（即物业服务资金来源，如开发商预付或业主分摊等）；项目要求概述（项目性质、规格及管理要求）；购买招标文件的时间、地点和价格；接受标书的最后日期和地点；开标日期、时间和地点。

（2）资格预审。资格预审在招标实施过程中是一个重要步骤，尤其是大型的项目，资格预审更是必不可少。公开招标中，参与投标的投标人如超过 5 家，要通过资格预审从中选择不少于 5 家企业参与竞争，资格预审实际上是对所有投标人的一项"粗筛"，也可以说是投标者的第一轮竞争，因此应该明确竞争规则。

资格预审会吸引实力雄厚的物业服务公司前来投标，招标人也可以通过资格预审了解投标人对该项目的投标兴趣大小。

1）资格预审的内容。对投标的物业服务企业的资格预审一般包括以下六项内容：企业资质等级；企业管理业绩：目前在管项目的情况、规模、类型、合同期等，需提交有效证明；企业发展规划；企业管理经验；企业相关管理体系认证情况；企业创优情况：要求提供有效证明及证书复印件。

2）资格预审的步骤：

①发布资格预审通告或经营资质预审邀请书。发布经营资质预审通告通常有以下两种做法：第一种做法是在前述的招标公告中写明将进行经营资质预审，并通告领取或购买经营资格预审文件的时间和地点。第二种做法是在报纸上刊登经营资质审查通告。其通告的主要内容包括：所需招标的项目简介；项目资金来源；参加预审的资格；获取经营资质预审文件的时间、地点以及接受资格预审申请的时间、地点。从刊登经营资质预审通告的日期到申请截止期之间应不得少于 45 天。如有需要，还可召开资格预审准备会议，以便申请人取得有关项目情况的第一手资料。

②出售资格预审文件。资格预审文件应提供招标人和招标项目的全部信息，且其内容比预审通告更为详细。如对若干物业服务企业组成联合体投标的要求等。此外，预审文件中规定申请资格预审的基本合格条件，对外资物业服务企业单独或联合投标的提出一些规定、向资格预审申请者提出的一些基本要求，如从事该行业至少达若干年以上，承担过类似的物业服务项目等。资格预审文件中还要规定资格预审申请表和资料递交的份数、时间和地点及文件所使用的语言等。

③评审。资格预审申请书的开启可以不公开进行，开启后由招标机构组织专家进行评审。

招标单位可根据自己的要求来确定资格预审的评审方法。目前国际上广泛使用的是"定项评分法"，同时也采用比较简便的百分制计分。"定项评分法"是对申请人上报的资料进行分类，并按照一定标准评分，最后确定一个可以取得投标资格的最低分数线，等于或超过最低分数线的申请人合格，可以参加投标；未能达到最低分数线的申请人不合格，不能参加投标。

（3）发售招标文件。投标资格预审确定合格的申请人后，应第一时间通知合格申请人，要求他们及时前来购买招标文件。

（4）召开标前会议，组织现场考察。按照国际惯例，招标机构一般在投标人购买招标文件后会安排一次现场查看和投标人会议，即标前会议。招标人组织现场查看的主要是让投标人了解物业现场和周围环境情况，让他们获取必要的信息，以便合理地编制管理方案和计算标价。标前会议是招标人为澄清或解答招标文件或现场查看中的问题，为了让给投标人更好地编制投标文件而组织召开的会议。参加标前会议的人员包括招标人、投标人、代理人、招标文件编制单位的人员以及招投标管理机构的代表等。《投标人须知》中一般要注明标前会议的日期，如日期变更，招标人应立即通知已购买招标文件的投标人。标前会议通常是在招标人所在地（又为招标项目所在地）召开，以便组织投标人到现场考察。

招标人在标前会议上会介绍投标文件和现场情况，对投标人提出的疑问进行统一解答，并整理解答内容，作为书面会议记录，由招标人、投标人签字确认。会后应将会议记录报招投标管理机构核准，并将核准后的会议记录送达获得招标文件的投标人，该会议记录被视为招标文件的重要组成部分，当标前会议形成的会议记录与原招标文件不一致时，应以会议记录为准。我国《招标投标法》规定，招标人应在提交投标文件截止时间至少15日前，将已澄清和修改部分以书面形式通知所有招标文件收受人。凡已收到书面文件的投标人，不得以未参加标前会议为由对招标文件提出异议，或要求修改标书和报价。

招标机构也可要求投标人在规定日期内将问题以书面形式寄给招标人，以便招标人汇集研究，给予统一的解答，在这种情况下就无须召开标前会议。

（5）接收投标书。招标人收到投标文件后，应在投标人按时送达的标书的标函上或者是在收取登记表上登记收取标函内容、份数及收取时间、收取人姓名，并妥善保存这些投标文件。在开标前，任何单位或个人均不得开启投标文件。

（6）信誉调查和采样。物业服务既然是一种服务行为，必然会包括一般服务行业的基本特征：无形性、非储存性、同时性。物业服务不像实物产品那样可以展示在顾客面前，人们在接受物业服务之前，看不见摸不着，也感觉不到，在接受服务之后也只能从感觉上评价和衡量它的质量和效果。一旦物业服务价值实现的机会在限定的时间内丧失，服务过程一结束，其价值便一去不复返，服务也随之消失，业主即使不满意也无法"退货"，一旦出现服务事故，一般也是无法挽回的。因此作为招标人，为了选择合适的物业服务企业，会进一步地了解投标企业，对参加投标企业的工作实绩、管理水平及信誉进行调查。为了保证信誉调查的公平公正性，调查须由物业服务招标小组的成员带队，由招标人、所在地物业服务主管部门及有关专家等方面的代表组成，调查小组到现场随机抽样，不能事先通知安排，预防弄虚作假。现场考察完毕后，应将调查表密封带回，留待评标时公开。

（7）开标。开标是整个招投标过程中最严密的阶段，也是招投标实施过程中关键阶段的开始。开标应按招标文件规定时间、地点，并在所在地物业服务招投标管理机构监督下进行。

1）开标形式。物业服务开标的形式有两种：一是公开开标；二是秘密开标。

①公开开标。公开开标指允许所有投标人及其代表出席开标会议，由招标人在现场对到场的所有投标人及其代表将有封套的投标书开封，并当众宣读投标报价的一种开标方式。

②秘密开标。秘密开标是相对于公开开标而言的，指招标机构在没有投标企业现场参与的情况下所进行的开标。秘密开标是在不想让各投标企业掌握全部标价时所采用的自由选择投标人的开标方式。除没有投标人参与以外，秘密开标的其他程序与公开开标基本一致。

2）公开开标的时间、地点与参加人员。在招标文件确定的提交投标文件截止时间的同时，公开开标由招标人主持公开进行，同时应邀请招标单位的上级主管部门、物业服务招投标管理机构及各投标公司法人代表或具有授权书的委托代理人参加，必要时还应邀请法律公证部门参加。所有参加人员应签名报到，以证明出席过开标会议。

3）公开开标议程。开标议程内容一般是：

①简要说明。招标单位法人代表在招标标文规定的所有人员按规定时间到会后，对此次物业服务招标进行简要说明。

②宣布纪律。招标委员会宣布唱票内容、注意事项、评标纪律和评标原则。

③身份核对。招标人、招投标监管部门对投标代表（法定代表人、法定代表人委托人）身份共同进行核查。

④宣布被取消投标资格的企业名称。招标委员会当场宣布因投标书迟到或没有收到而被取消资格的投标企业名称，并记录在案，必要时由评标委员会及公证人签字确认。

⑤标函核对。由招标人或者招标人推选的代表，也可以由招标人委托的公证机构进行检查投标文件的密封情况，并由公证机构进行公证。检查送达标书的密封、标识情况，并确定标函封装是否出现废标。以下情形应确定为废标：一是未按规定密封、标识的投标文件；二是规定加盖而未加盖投标单位公章和法定代表人印鉴，或者规定不得加盖而加盖了投标单位公章或有其他可能明显泄露单位名称的内容和标志的；三是投标书

未按规定格式填写，技术标字数超过规定字（页）数的；四是投标书逾期送达；五是投标单位法定代表人或受委托人未如期参加会议的；六是物业服务费用报价偏离规定标准的。如是以上废标，则不予启封。

⑥决定唱票顺序。标函核对无误后，由公证处工作人员主持答辩抽签，并按交标顺序决定唱票顺序。

⑦当众启封编号。招标委员会按交标顺序当众逐个拆封，验证投标标函，检查是否合格。工作人员将有效标、技术标进行编号，便于答辩前进行对照，确定技术标函的制作单位。如投标文件在启封后唱标前被确认为无效，不予宣读。在开标时确认投标文件是否无效，一般应由参加开标会议的招标人或其代表确认，投标当事人对确认的结果无异议的，经招投标管理机构认可后宣布。如果当事人有异议的，则应留待评标时由评标委员会评审确认。

⑧唱票。由招标人宣读投标人名称、投标价格、拟提供的主要服务项目及标准、拟定的公共服务收费标准等内容。在宣读标书时，招标委员会有权提出疑问，投标者应对招标委员会的提问及时解说，但对投标标价和承包期限等实质性内容不得能更改。在宣读标书时其他人员不能提出任何疑问。

⑨宣读公证词。由公证单位代表宣读公证词，表明本次开标公正合法。

⑩记录存档。开标会议结束后，编写开标会议纪要，并将开标过程记录下来，由招标人存档备查。

⑪开标失败。若开标时出现以下情况，就会出现投标作废、招标失败的结果：一是招标人认为各投标人标价都过高或无法达到招标文件所规定的服务要求；二是合格的投标文件太少，不能保证一定的竞争性，这样可以宣布投标作废，招标人应再组织第二次招标。

（8）评标。评标与定标是招投标实施过程中的最关键阶段，从开始评标到最后定标，一般要 3~6 个月。

1）评标委员会成立。评标委员会由招标人代表和工程、技术、经济等方面的专家组成，成员一般为 5 人以上单数（各地要求不同，如《江苏省物业服务招标投标试行办法》要求为 7~11 人），招标人占 1/3 以下，专家库专家占 2/3 以上，评标委员会的专家成员，应当由招标人采取电脑随机抽取的方式，从物业服务行政主管部门建立的专家名册中确定，抽取后由招标监管机构通知专家，如不能前来的，则再次抽取直至达到规定人数。与投标人有利害关系的人不得进入相关项目的评标委员会。评标委员会成员的名单，经省辖市以上物业服务行政主管部门审查同意，并且应当保密直至现场答辩会开始为止。评标文员会是依法组建的，负责评标的工作。

2）评标方法的确定。目前我国物业服务常用的评标方法有以下两种：

①低价评标法。该法适用于通过了严格资格预审、其他评标内容都符合要求的物业服务企业标书。其具体做法是将投标者按报价高低排队，取报价接近标底而略低于标底的投标者，再依据投标文件中的具体实施方案，综合比较，择优选择。

②打分法。该法适用于评标人员具有丰富的招标经验和良好的专业判断力，在实际中较多采用。其具体做法是：首先评标委员会按标准将事先准备的标书内容划分为若干

指标，并就每项指标确定其评分标准；然后，根据投标企业的投标书，对应招标文件规定的管理目标，对该企业每项指标所能达到的满足程度给予评分；最后，统计投标者的得分。

打分法的评分计算规则是：运用综合计分的方法，对参加投标单位的标书、答辩、信誉逐项进行无记名评分。每个大项以百分制评分。评分的计算规则是按各大项中的分数去掉一个最高分和一个最低分后取平均值，得出分项分值；分项分值之和为该大项总分；大项总分乘以相应的权重后相加，得出投标单位综合评分。标书、答辩、信誉三项的权重之和为1。其中标书的权重应大于0.5，答辩的权重在0.2~0.4，信誉的权重应在0.1~0.3。具体权重由招标单位在定标办法中确定。对标书的评分，招标人或招标机构应在多方面研究各投标的物业服务企业标的基础上进行。在评选过程中，以管理服务费报价、管理服务质量和管理方案先进程度作为主要的衡量标准，应对各个投标人的标书进行研究，还要分别召开现场答辩会。现场答辩会通常是整个活动中最出彩的地方，各投标人可借此一展风采，树立良好的形象。这正是物业服务招标投标活动的一大特色。

3）评标专家评审标书。评标委员会的专家在认真地独立地对标书进行审查与评阅后，按照招标文件规定的评分方法和标准，采用无记名的方法对标书评分。评标专家进行评标时，无关人员退场，评标时一般先评技术标，后评信誉标（时间一般为半天）。

评标专家评审标书的主要内容是：

①评审投标资格。就是从投标专家角度判断投标企业是否符合投标条件。

②评审投标书的完整性。包括评审投标书编写格式和递交方式是否符合招标书的要求；是否附有投标企业代理人的身份及授权证明；是否有指定的人签字；是否已按规定缴纳投标保证金和投标标函；投标文件是否对招标文件作出完全响应，并作出应有的承诺。

③评审计算偏差。包括查明计算是否错误，标书中所有数字的大小写是否一致等审查。如有偏差，评标委员会应在通知投标公司并征得其同意后予以更正。若投标公司不同意更正，招标者则有权拒绝其投标并没收其投标保证金。

④评审企业的概况与信誉。进一步核查企业经营管理情况，特别是企业的运作体系、管理人员素质与员工的素质以及团队情况。

⑤评审管理服务方案。包括对企业服务组织机构的设置、服务措施、标价的评审。服务组织机构设置评审主要是评审其机构设置是否符合本招标项目的实际需要，该企业的管理人员和工作人员的数量、文化水平、职称结构和综合素质是否满足要求。如本招标项目是涉外的酒店式公寓的管理，就要求懂外语的员工占绝大部分。服务措施的评审主要是对该企业选择的管理方法、拥有各种技术力量的程度、管理设备的配备等方面是否能保证服务质量并具有可行性进行评审。标价评审主要是对投标报价与标底价是否接近，标价的构成是否合理可靠，标价是否能满足管理服务的需要进行审评。

评标专家评标时除了对标书评分外，往往还要通过明察暗访来对投标的物业服务公司进行评价，对投标企业现状的考察和评分也占了一定的比例。

4）标书评审得分统计。招标人会和公证处一起进行技术标和信誉标两项的得分统计。

5）组织现场答辩。为了更有力的对投标文件进行公正合理的审查、评估和比较，在审查完投标书后，评标委员会还应组织现场答辩，对投标企业进行现场答辩的评审。一是为进一步了解标书的真实性、客观性、可操作性；二是对标书中的不明确的问题或存在的问题进行澄清。评标委员会在现场答辩阶段通过提问测评答辩人对物业的政策、理论的熟知度，通过案例分析与考察企业的管理水平，并可针对标书提出疑问，等等。评标委员会可针对答辩人回答问题的准确性、语言表达和对时间的掌握等方面的表现进行评分。评标委员会应独立评标，但可就重大问题集体投票决定废标和进行询标；评标委员会中应有一人担任评标小组组长，权利与义务等同于评标委员会，在必要情况下代表评标委员会发言。一般首先开启技术标正本，确定暗标制作单位，然后针对答辩情况进行打分。

6）汇总投标总分并当场宣布。各投标企业的最终得分由标书评审得分、现场答辩得分和信誉调查得分三部分按各指标权重进行加总计算，并采用较科学的方法如模糊评判法等，结合模式识别对个别极端意见处理后，得出汇总投标总分和结果，核对无误后，进行宣布。

7）编写评标报告。在做完标书的详细评审和现场答辩情况的评议后，评标工作人员根据这些记录整理出评标情况报告，并推荐前三名候选的中标单位，上报招标方或招标委员会作出最终的决定。

评标报告的主要内容包括：参加竞标的公司名称及总数；被列为"废标"的投标企业名称；概述评标的具体原则、方法；评述可能中标的几份投标书，包括分析标价的合理性、与标底的比较结果、说明标书是否符合招标文件的要求以及评价投标企业的资信与类似经验等。

（9）定标。定标也称决标，指招标方根据评标委员会专家对所有标书的筛查评定的结果，进行再次评审并最终确定中标人的过程。

1）招标人再审查。

①比较与考察服务质量。从候选的投标企业的服务质量的保证措施、质量监控体系建设、以往对同类物业服务项目的质量监控情况和主要负责人及其团队的素质和管理经验等多个方面来考察与比较。

②对标底价的审查。分析各候选的投标单位报价与标底价有差距的原因，如果所有候选投标人的报价均与标底差异很大，就要重新审查标底。

③对服务方式的审查。对候选投标单位提供的各类服务方式进行审查，按照服务方式是否得当及能否落实到位等进行排序。

2）确定中标人。招标人应当按照审查后中标候选人的排序来确定中标人，在中标人未确定前，招标人与投标人不得就投标价格、投标方案等实质性的内容进行谈判。当确定中标的中标候选人放弃中标或因不可抗力不能履行合同时，招标人可以按照顺序确定其他中标候选人作为中标人。

3）发放中标通知。在确定中标单位后的7日内，招标人应向中标单位发放中标通知书，且将中标结果通知所有没有中标的投标人，并及时返还其投标书。招标人应和招投标管理机构共同发放中标通知书，或经招投标管理机构核准后发出。中标通知书对招标人及投标人具有法律效力。当中标通知书发出后，对于招标人改变中标结果或中标人放弃中标项目的，应当依法承担相应的法律责任。

4）招标结果的备案。招标人自确定中标人之日起 15 日内，须向物业项目所在地的县级及县级以上地方人民政府的物业服务招投标管理机构进行备案。备案资料包括开标及评标过程、确定中标人的方式和理由、评标委员会评标报告、中标人投标文件等资料。而委托代理招标的，还要附招标代理委托合同。

3. 招标的结束阶段

（1）签订合同，招标结束。签订合同实际上就是招标人授予中标人承包合同，是招投标活动中的最后一个程序。

中标人收到中标通知书后，双方应具体协商签订合同事宜，以形成合同草案。在招标及投标中，合同的格式、条款及内容等都已经在招标文件中作出明确规定，通常不会更改，但按国际惯例，正式签订合同前，招标人与中标人还要就合同的具体细节进行谈判及磋商，最后才正式签订合同。招标人与中标人协商形成的合同草案须报招投标管理机构审查，审查合格后，双方应自中标通知书发出之日起 30 日内，根据招标文件及中标人的投标文件签订书面合同，也就是物业服务委托合同。物业服务委托合同的订立必须使用原国家建设部及国家工商行政管理局印发的《物业服务委托合同（示范文本）》[建房（1997）263]。招标人及中标人不得私自订立与合同实质性内容相背离的其他协议。正式签订后的物业服务委托合同须向所在地的物业服务行政主管部门备案。

（2）资料的整理及归档。合同签订后，意味着物业服务招投标工作的结束，招标人及投标人（中标人）便形成一种一对一的长期契约关系。鉴于物业服务合同具的长期性特点，为了让业主或开发商能够长期对中标人的履约行为进行有效的监督，招标人需对招投标过程中的一系列契约及资料进行妥善整理与保存，同时为日后进行的物业服务招投标积累经验。这些文件主要包括以下内容：

①招标文件、招标文件图纸及招标文件附件；

②对招标文件进行澄清及修改的会议记录与书面文件；

③投标文件与标书；

④中标后双方签订的合同和附件；

⑤中标人的履约保证书；

⑥招投标双方的来往信件；

⑦其他一些重要文件。

以上这些内容是以公开招标方式为例的招投标程序，这是各种类型的物业服务招投标程序中最完善及最严密的。邀请招标方式及议标方式也与此大致相同甚至更为简单，如邀请招标及议标程序中通常免去"资格预审"以节约时间与招标成本；此外邀请招标中用投标邀请书替代招标公告，议标程序中用物业服务建议书替代投标文件及标书等，但是究其本质，差别并不大，都可按照此程序执行。

四、物业服务投标的程序及方法

（一）物业服务投标的前期工作

1. 收集相关招标资料

对物业服务公司来说，招标物业的相关资料是其进行投标可行性研究时不可缺少的重要因素。所以，物业服务公司在投标初期要多渠道、多方位的全面找寻第一、第二手资料。但这些资料的范围不只包括招标公司及招标物业的具体情况，还包括投标竞争对手的具体情况。公司可从报纸杂志等媒介、网络传输、同行业公司收集有关招标资料的来源。收集之后的整理及分析是更加重要的工作。情报工作人员要按资料的重要性及类别进行分门别类，方便投标工作人员使用，而由此得出的最有价值的信息将会成为投标公司下一步可行性研究的分析基础。

2. 投标的可行性研究

从购买招标书到送出投标书，一项物业服务投标需付出大量的人力物力，若投标失败，其全部前期投入都将付之东流，造成严重损失。因此物业服务公司在确定是否进行竞标及提出投标申请前，作出相关的可行性研究。

（1）招标物业条件分析。首先，是物业的性质的分析。了解并区分招标物业的性质是非常重要的，因为不同性质的物业所需要的服务内容也不同，所需要的技术力量也不尽相同，所以物业服务公司的相对优劣势也一一彰显出来。住宅小区、服务型公寓及写字楼的物业服务内容显然是不相同的，管理内容不同对物业服务公司提出的服务及技术要求也必然不同。而具备类似物业服务经验的投标公司便可凭借其以往接管的物业能够在投标中占有一定的技术及人力资源优势。其次，是特殊的服务要求的分析。一些物业可能会因为其特殊的地理环境及某些特殊功用，而需要一些特殊服务。这些特殊服务便会成为投标公司的优势，甚至会导致竞标过程中出现"黑马"，物业服务公司必须认真对待这些特殊服务，在分析中能够趋利避害。他们可根据这些特殊服务的支出费用与自身的技术力量来寻找分包伙伴，进而形成优化的投标方案；反之，应该放弃竞标。再次，是物业的招标背景的分析。有时招标文件因为招标者的利益趋向会呈现某种明显偏向，所以物业服务公司在阅读标书时，要特别注意招标公告中的一些特殊要求，这有助于物业服务公司及时作出优劣势判断。最后，是物业的开发商状况的分析。这一层面的分析包括开发商的技术力量及信誉度等。物业服务公司通过对开发商过往所承建物业质量及有关物业服务公司与之合作情况的调查，判断招标物业开发商的可靠性，选择信誉度较高及易于协调的开发商开发的物业，并尽量在物业开发前期介入，这样既能保证物业质量，也便于日后的管理。

（2）公司投标条件分析。第一是对公司以往类似的物业服务经验的分析。已经接管的物业会使公司比其他物业服务公司在管理或合作经验上具有优势，这在竞标中容易引起开发商的注意。同时从成本角度考虑，以往的类似管理经验也会在现成的管理人员、设备及固定的业务联系方面节约不少开支。因此投标者应根据招标物业的情况，分析公司以往类似的经验，明确公司的竞争优势。第二是对公司人力资源优势的分析。公司是否在以往接管物业中培训员工，是否拥有熟练及经验丰富的管理人员，是否与在物业服务方面具有丰富经验的专业服务公司有着密切合作关系。第三是对公司技术优势的分析，即能否使用高新技术来提供高品质服务或特殊服务，诸如智能大厦、绿色工程及高科技防盗安全设施等高新技术。第四是对公司财务管理优势进行分析。公司在财务分析方面是否拥有完整的核算制度及先进的分析方法，是否拥有优秀的财务管理人员，能否多渠道筹集资金并合理开支。第五是对公司劣势的分析，这方面主要体现在竞争对手的优势上。

（3）竞争对手分析。第一是要分析潜在的竞争者。有时在竞标中可能出现一些刚具备物业服务资质的物业服务公司参加竞标的情况。他们几乎没有成熟的管理经验，但在某些方面（如特殊技术及服务等）却具有绝对的垄断优势。因为他们进入物业服务行业的时间不长，很多情况尚不被人所知，而他们默默无闻很容易被人所忽略，成为竞标中"黑马"的可能性很大，这样隐蔽的竞争对手存在着巨大威胁。面对这些陌生的竞争者，投标公司切不可掉以轻心。第二需要分析同类物业服务公司的规模与其现接管物业的数量及质量。一般大规模的物业服务公司意味着成熟的经验、先进的技术及优秀的品质，用其规模向人们展示雄厚的实力，特别是我国现阶段，在很多物业服务公司从属于房地产开发企业而专业性服务公司尚不成气候的实际情况下，规模大小在一定程度上将影响招标者的选择与判断。另外，公司现有的正在接管的物业数量及所提供的服务质量则可从侧面更为真实地反映出其真正的实力。第三是对当地竞争者地域优势的分析。物业服务提供的是无形服务，其质量的判定在一定程度上取决于业主的满意度。相对于异地进入的物业服务公司，当地的物业服务公司可以利用对当地文化及风俗的熟悉程度提供让业主满意的服务。因为他们不仅可减少进入障碍，而且可利用以往业务所积累的与当地专业性服务公司的密切关系进行分包物业服务，从而具有成本优势，另外他们还因为与当地有关部门的特殊联系而具有一些关系优势。第四是对不同经营方式的分析。现代物业服务公司的组织形式包括两种：一是实体性，内部可分为两个层次，即管理层及作业层；二是全部由管理人员组成，没有作业层，他们一般不带工人队伍，则是通过合同形式与社会上的各类专业服务企业组成松散的联合，以合同的形式将物业服务内容发包给一定的服务企业。组织形式的不同决定了两种不同的经营方式，前者具有较强的统一协调性，但是管理成本较高；后者相对灵活，管理成本也很低，但需要优秀专业性服务公司的配合。他们的投标积极性与报价也呈现一定差异，物业服务投标公司可根据招标物业所在地的具体情况对其区别对待。

（4）风险分析。第一是通货膨胀风险，主要指由于通货膨胀而引起的设备、人工等价格上涨，导致其中标后的实际运行成本费用超过预算开支，甚至出现亏损情况。第二是经营风险，即物业服务公司由于经营管理不善，或是缺乏对当地文化的了解，不能为业主提供高品质服务而造成亏损甚至被业主辞退。第三是自然风险，诸如水灾、地震等自然灾害发生却构不成合同规定的"不可抗力"条款时，由物业服务公司承担部分损失。第四是其他风险，例如分包公司不能履行合同规定的义务，从而使物业服务公司遭受经济及信誉损失等。另外，当物业服务公司进行国际投标时，还会面临政治风险。以上这些因素都可能会导致物业服务公司竞标成功后发生亏损，当然这也不是绝对不可避免，物业服务公司在决定投标之前必须认真考虑这些风险因素，并根据自身条件制订出最佳方案以规避风险，并尽可能将发生的概率或造成的损失降到最低。

3. 申请资格预审

在物业服务公司考察以上几个条件之后，便可初步确定是否参与投标。如果决定参与投标，需购买资格预审文件后才能提出资格预审申请，按照规定递交份数、时间及地点提交资格预审申请书。

（二）物业服务投标的实施程序

通过资格预审之后，物业服务公司便可以正式进行下面的投标程序。

1 标书的购买及阅读

物业服务公司要想成功取得标书，必须向业主购买。取得标书之后的阅读成为关乎投标成功的一个重要环节。

（1）认真阅读标书并尽力找出错误。标书可能会因为篇幅较长而出现前后内容不一致、一些内容不清晰的情况。这些错误虽然是由招标方所致，但是投标企业若在投标前不加重视，甚至发现不了，将会影响投标标价的制定、投标的成功与否，甚至是中标后合同的履行。所以在这一阶段，投标企业应本着仔细谨慎的原则，认真阅读并尽可能找出错误，再按照其不同性质与重要性，把这些错误及遗漏划分为"招标前由业主明确答复"及"计入索赔项目"两类。

（2）注意标书的翻译。对于从事国际投标的公司还须注意标书的翻译。因为不同的翻译可能会致使标书内容面目全非。若由精通外语的计价员来阅读标书则是解决这个问题的理想方法。

（3）注意招标文件中的各项规定。另外，招标公司还要注意要对招标文件中的各项规定予以足够重视，作出仔细研究，如开标时间、定标时间、投标保证书等，特别是图纸、设计说明书和管理服务标准、要求和范围等更要加强重视。

2. 现场查看

一般情况下，开发商或业主管理委员会将根据实际需要组织参与投标的物业服务公司对现场进行统一参观并对他们做出相应的介绍，有利于帮助投标公司充分了解物业情况来合理计算标价。

根据国际惯例，投标人递交的投标文件被普遍认为是在现场检查及踏勘的基础上编制的。因投标书递交之后，投标人不能因现场踏勘不周到、情况了解不详细或因素考虑不全面等而提出修改投标书、调整报价或要求补偿等，所以投标人不得在接管物业后对物业外在的质量问题提出不同意见，声明条件不利而要求索赔（内部且不能从外部发现的质量问题不包括在内）。由此可看出现场查看是投标人在正式编制、递交投标文件前必须要经过的重要一步。所以投标人不能对这一步掉以轻心，必须从以下方面进行细致的了解：

（1）如果物业服务在物业竣工前阶段介入，便应现场查看工程的土建构造及内外设备安装的合理性，还要做好日后有关养护、维护的要点记录，图纸更改的要点记录等。为了便于接管后的管理，物业服务公司应尽力利用这个机会，认真准备，仔细查看，甚至参与到业主的设计开发中，就设计中的不合理处提出修改意见。

（2）如果物业已经竣工，那应注意工程项目施工是不是符合设计图纸要求；工程经检验是否达到国家规定的质量标准,满足其使用要求;设备调试及试运转达是否到设计要求;一定要确保外在质量无重大问题;注意周围公共设施的分布情况。

(3)重要业主情况,主要有收入层次、主要服务要求及所需的特殊服务等。

(4)当地的气候、地质及地理条件,这与接管后的服务密切相关。气候、地质及地理条件的不同必然导致服务内容的不同,物业服务企业只有了解这些差异,提供的服务才能有的放矢、事半功倍。

3. 编写投标书

(1)分析、研究招标文件。招标人在对投标人进行信誉调查时,投标人应根据招标文件的要求认真编写招标文件,并对招标文件中提出的实质性要求及条件作出响应,还应准备好招标文件中所要求提供的各类文件及副本。投标人应参照现场查看及标前会议的结果,进一步分析招标文件,特别对其中的投标须知、专用条款、设计图纸、要求和标准、管理服务的范围、进行重点研究,并把有没有特殊要求或有哪些特殊要求弄清楚。

(2)确定投标书的内容。物业服务投标书,除了按照所规定的格式回答招标文件中的问题外,剩下的最主要内容就是介绍物业服务要点及物业服务内容、服务形式及费用。除了介绍本公司的概况外,还要着重介绍公司以前管理过的或正在管理的物业的名称、地址、类型及数量,需指出类似这次招标物业的管理经验及成果,并向租用户介绍主要负责人的专业、物业服务经历及经验。还要指出此次招标物业的特点及日后管理上的特点、难点,认真分析租用户对此类物业服务抱有的期望及要求等。在此基础上将介绍本公司提供的管理服务内容及功能,主要内容有:第一,物业服务企业的管理机构成立方案、运作流程和各项管理规章制度;第二,管理服务人员的配备方案和档案管理;第三,管理服务用房和其他物资装备配置方案;第四,管理服务费用的收支预算方案;第五,管理服务分项标准与服务承诺、绿化养护及房屋设备维修方案与措施、安全护卫及车辆管理;第六,社区文化及精神文明服务方案;第七,管理服务模式设想,包括拟订在项目中标后将中标项目的部分非主体、非关键性的工作进行分包的计划等。

(3)制定管理服务方法及工作量。投标人可依据招标物业性质、所要求的服务内容来规划服务管理方法及工作量,我们以最常见的住宅公寓管理为例(见表1-2-3)。

(4)制订资金计划。资金计划应该在确定服务内容及工作量的基础上进行拟订。其目的有以下两个方面:一是复核投标可行性研究结果,二是做好在议标阶段向业主或开发商作承包答辩的准备。资金计划应当用资金流量进行测算,一般来讲,资金的流入应当大于流出,对评标委员会来说,只有这样,资金计划安排才具有说服力。其主要的现金流入及流出项目是标书规定的预付款和保证金、接管期间的费用支出、接管期间收入以及其他资金来源。

(5)进行标价试算。以上工作环节全部完成后,投标者便可进行标价试算。在进行试算前,投标者要确保做到下面几点:第一要明确领会标书中各项服务要求及经济条件;第二是计算或复核服务工作量;第三是了解物业现场的基础信息;第四是掌握标价计算所需要的各种单价、费率及费用;第五是拥有分析所需要的、适合当地条件的经验数据。

表 1 - 2 - 3　住宅公寓管理服务

房屋名称	××公寓	类型	公寓	居民户数	居住户 65 户
占地面积	1200 平方米	建筑面积	5000 平方米		人口数：198　幢数：1

	序号	项目	内容构成及工作量
物业服务内容	1	土建、水电、特种修理养护	水电工 1 人，管理员 2 人；值班用电 540 度/月，值班用水 250 吨/月，绿化用水 50 吨/月
	2	房屋附属配套设备的维修养护	电梯 1 部，水泵 2 台，消防管理、避雷带
	3	路面沟管的修理养护	按小修经费的 40% 计算
	4	房屋及附属设备大修理	电梯 3 年一次，水泵 3 年一次，房屋大修为 15 年一周期
	5	保安人员	保安人员 3 人
	6	环卫清洁	环卫人员 2 人
	7	保洁	专门人员 2 人，垃圾袋 65 户（30 个/户·月），垃圾清运 300 桶/月，水池清洗 3 次/年，化粪池清洗 1 次/年
	8	绿化、打蜡、灭蚊	绿化人员 2 人 绿化面积 730 平方米，打蜡面积 7000 平方米

一般情况下，第三步在确定了工作量之后，就可用服务单价乘以工作量算出管理服务量。但是对于单价的确定，便不可套用统一收费标准（国家已规定了管理服务单价的除外），根据不同物业的不同情况，必须实行具体问题具体分析。另外，确定单价时还必须根据竞争对手的情况，从战略及战术上进行研究分析。

（6）标价评估与调整。由于受到试算所用基础数据不够精确可靠、不确定的不可预见性及试算人员的估价过于保守等因素的影响，对于上述的试算结果，投标者还需经过进一步评估，才可以确定标价。结束后进行复核，综合各渠道所得到的信息，作出报价决策。通过这一系列步骤，投标公司才能确定最终标价。

（7）按规范编写标书。投标人在编写标书时，首先要确定投标原则及思路，作出投标报价决策，在确定标书编写分工后，便可按照招标文件的要求正确编写标书，然后在进行修改、补充及完善的基础上汇总成初稿，初稿复核合格后予以定稿。在定稿时要注意以下问题：章节排列是否规范，对评分表中各项要求均予以响应，标函印制采用招标文件规定的字体、字号、段落格式。

4. 封送、递交标书，办理投标保函

（1）封送、递交标书。封送标书一般由投标人将所有投标文件根据招标文件的要求，准备好正本和副本（通常是正本 1 份，副本 2 份）。标书的正本及两份副本应分开包装，而且须用内外两层封套进行包装与密封，密封后要打上"正本"或"副本"的标记（一旦正本和副本存在差异，应以正本为准），两层封套上均按照投标邀请信的规定标明投递地址及收件人，并写明投标文件的编号、物业名称及在某日某时（开标时间）之前不能启封等内容。因为内层封套是用于原封退还投标文件的，所以必须写明投标商的地址及名称，要是外层信封没有按上述规定密封并做标记，若招标人的工作人员把招标文件放错地方或过早启封等并不需负责。对于因上述因素被过早启封的标书，招标人应予以拒绝并退还给投标人。

所有投标文件都必须严格按照招标方在投标邀请中注明的投标截止时间之前送至招标方手中。投标文件从投标截止之时开始，标书有效期为 30 天，招标方有权拒绝在投标截止时间后收到的投标文件。

（2）办理投标保函。如果投标者一旦中标就必须依法履行受标的义务，为了有效防止投标单位违约，或者给招标单位带来经济上的损失，就要求投标者在投递物业服务投标书时，招标单位会就会要求投标单位准备一定金额及期限的保证文件，用来确保投标单位中标后不能依法履行受标的义务时，招标单位可以出具保函的银行，用全部或部分保证金额作为赔偿投标单位的经济损失。投标保函通常是由投标单位的开户银行或者其主管部门出具。一般的流程是：首先向开户银行提交标书的相关资料，主要包括：投标人须知、保函条款、法律条款、格式等；其次还要填写《要求开具保函申请书》，以及其他申请所需要填写的表格等，按照银行提供的格式一式填写 3 份；最后需提交说明物业服务量和预定合同期限的详细材料。在投标保函中必须详细注明担保人、被担保人、受益人、担保金额、担保事由、担保货币、担保责任、索偿条件等相关内容。

投标人所承担的主要担保责任包括：第一是投标人在投标有效期内不能撤回标书与投标保函；第二是投标人中标后，必须按通知书规定的时间前往物业所在地签约，在签约后的一定期限内，投标人必须提供相应的履行保函或履约保证金。若投标人违反上述其中任何一条规定，招标人就可以没收投标保函，并向银行索赔相应的担保金额。如果投标人没有中标或没有发生违约行为，招标人就应该在通知投标无效、没有中标或在投标单位履约之后尽快将投标保函退还给投标人，并及时解除银行的担保责任。投标保函一般在中标方签订合同并履约后的 5 日内给予退还，或双方经过协商直接转入"履约保证金"账户。对于未中标的投标方的保证金，应在定标后的 5 日内予以退还，均不用支付利息。

投标人也可以用保证金形式提供违约担保，这时保证金属于投标文件的一部分，投标人应用银行支票或用现金的形式在投标截止之日前及时交到招标机构指定处。若在规定时间内没有提交投标保函或投标保证金，投标单位将被视为废标。

5. 补充、修改投标书

投标人在递交完投标文件后，只要在规定的投标截止时间内，就可采用书面形式向招标人提交补充、修改或撤回投标文件的通知。但在投标截止时间以后，便不能随便更改投标文件。投标人提交的补充、修改或撤回通知，应严格按投标须知的规定编制、密封、加写标志及递交，并在内层封套上注明"补充"、"修改"或"撤回"等字样，补充、修改的内容属于投标文件的组成部分。招标人在收到投标文件后，应当及时向投标人出具标明签收人及签收时间的凭证，并应妥善保存投标文件。

（三）物业服务投标的结束工作

1. 中标后的合同签订与实施

经过评标、定标之后，招标方应当及时发函通知中标公司。而中标公司自接到通知之时就应做好准备，以便进入合同的签订阶段。

管理合同的签订需经过四个步骤，包括签订前的谈判、签订谅解备忘录、发送中标函、签订合同协议书等。由于双方在签订合同前还得就具体问题进行谈判，所以中标公司应该在准备期间对自己本身的优劣势、技术资源条件及业主状况进行充分了解，且尽量熟知委托管理合同条款，使自己在谈判过程中能够掌握主动，避免在合同签订过程时使利益受损。

有些省市还特别规定中标人应当递交履约保证金。例如《江苏省物业服务招标投标试行办法》里规定，招标文件中要求中标人提交履约保证金时，中标人必须提交。招标文件规定，签订合同后 30 日之内，中标人应该按照合同的条款及条件，向招标人提交履约保证金合同。通常来讲，履约保证金的金额是合同总金额的 10%，可由中标人提交的投标保函转入，作为履约保证金的一部分。中标人若拒绝在规定时间内签订合同或递交履约保证金，招标人报请招投标管理机构经批准同意后方可取消其中标资格，按照规定不用退还其投标保证金，然后考虑在其他投标人中重新选定中标人，并与之签订合同或重新招标。

同时，物业服务公司还应及时组建物业服务专案小组，制定合理的工作规划，以便合同签订后可以及时开展工作。

物业委托管理合同从签订之日起开始生效，业主与物业服务公司都应按照合同规定行使权利并履行义务。

2. 未中标总结

竞标的失利不但意味着前期工作全部浪费，而且还将对公司声誉产生不良影响。所以，未中标公司应当在收到通知后及时对本次失利原因作出深刻分析，避免以后重蹈覆辙。原因分析应从以下几个方面考虑：

（1）准备工作是否充分。是否因为投标公司在前期收集的资料不充分，导致公司对招标物业或竞争者的主要情况了解不够，从而采取了一些不当的策略，致使竞标失利。

（2）估价不够准确。投标公司还应分析报价与夺标标价之间的不同，并找出存在差异的原因，是因为工作量测算不准、服务单价偏高还是计算方法不对。

（3）报价策略是否失误。这里面包含的原因很多，投标公司应根据具体情况具体分析。

对于以上分析得出的结果，投标公司应整理并归档，以备下次投标时借鉴与参考。

3. 资料的整理归档

无论投标公司能否中标，在竞标结束后均应将投标过程中的重要文件进行归类及归档保存，以备以后查核。这样做既能为中标公司在履行合同解决争议时提供原始依据，也可以为竞标失利的公司分析提供失败原因的资料。一般来讲，这些文档资料主要包括以下方面：招标文件、招标文件附件及图纸、附件等；对招标文件进行澄清及修改的会议记录与书面文件；公司投标文件和标书；中标人的履约保证书；与招标方的来往信件；其他重要文件资料等。《前期物业服务招标投标管理暂行办法》中规定"投标人和其他利害关系人如果认为招标投标活动不符合本办法的相关规定，他们就有权向招标人提出异议，或者依法向有关部门提请投诉"。

第三章　物业体制与安保管理

一、政府对物业管理市场的管理

政府对物业管理市场的管理应通过法规来实现，即政府管理属法规管理。其基本职能和作用是既把物业管理市场置于法规监督之下，又本着疏导的原则为物业管理市场充分发挥功能创造有法可依、有纪可守、有章可循的良好的外部环境，使物业管理法制化、规范化。

政府对物业管理市场管理的首要任务和重要手段是制定物业管理法律、法规，颁布管理条例。物业管理法律、法规及管理条例应明确政府管理机构的设置，政府管理的权限与范围；明确业主管理委员会、物业服务企业和政府管理机构的权利与义务；此外还应建立配套的地方性法规及实施办法。政府对物业管理市场的管理，在立法的同时还要加强执法，加大执法力度，真正使法规中规定的各项制度落到实处，实行有法可依、有法必依、执法必严、违法必究。

根据 2007 年 8 月 26 日《国务院关于修改〈物业管理条例〉的决定》修订后的《物业管理条例》、2007 年 10 月 1 日起开始施行的《物权法》、建设部 1994 年发布的两项部门行政规章《城市公有房屋管理规定》和《城市新建住宅小区管理办法》及国家计划委员会和建设部于 1996 年联合发布的《城市住宅小区物业管理服务收费暂行办法》是目前我国有关物业管理的主要法律依据。

《城市公有房屋管理规定》规定了公有房屋的所有权登记、使用、租赁、买卖、修理和法律责任等内容。从该规定的内容来看，在现阶段，对公有房屋仍基本沿用旧的管理模式进行管理。但其中第五条规定："公有房屋的经营和管理要逐步实现社会化、专业化。产权人可以委托物业服务企业等代为经营和管理。"由此可见，随着我国住房制度改革的不断深化及现代企业制度的逐步建立，城市公有房屋的管理正逐步摆脱现有的管理模式，向物业管理模式发展。

修订后的《物业管理条例》、《物权法》和《城市新建住宅小区管理办法》规定了住宅小区的管理体制、管理模式，住宅小区的物业管理责任、住宅小区管理委员会的权利与义务，物业服务企业的权利与义务，物业服务企业可享受的优惠政策，物业管理合同的内容，房地产权人和使用人的权利与义务等内容。由于目前我国的物业管理是以新建住宅小区的管理为重点，因此，该《条例》和《办法》是物业管理最主要的法律依据之一，又由于其具有较强的针对性，故其适用范围较窄。随着物业管理的进一步发展，物业管理已涉足工业、商业、出售公房等众多领域，这些领域的物业管理也都需要法规来加以规范。

《城市住宅小区物业管理服务收费暂行办法》规定了物业管理服务收费的管理机构，收费的适用范围；明确了物业管理服务收费应遵循合理、公开以及物业产权人、使用人的支付能力相适应的原则；规定了物业管理服务收费应当根据所提供服务的性质、特点的不同情况分别实行政府定价、政府指导和经营者定价，并制定了定价程序；也规定了物业管理必须与物业产权人签订物业管理收费合同，物业管理收费应明码标价，收费项目、收费标准和收费办法应在经营场所或收费地点公布，并定期（一般为 6 个月）向业主公布收费的收入与支出账目，以及相应的物业管理收费的权利义务和纠纷处理等内容。

在上述部门行政规章的基础上，各地方政府也相应地制定了地方性法规和实施办法。如《深圳市经济特区物业管理条例》、《常州市市区住宅区物业管理暂行办法》、《北京市居住小区物业管理办法》、《北京市居住小区（普通）委托管理收费标准（试行)》、《上海市商品住宅物业服务收费暂行办法》等。这些规定、条例、办法既是各地方政府根据当地物业管理情况制定颁布的法规性文件，又是对部门行政规章的补充。

二、行业协会对物业管理市场的管理

物业管理市场的管理，除了政府管理外，还应有物业管理行业协会的管理。物业管理行业协会组织是物业管理市场自我管理、协调的联合会，发挥行业协会的自我管理、自我服务、自我监督功能，是保证物业管理市场良性运作必不可少的条件。

物业管理行业协会，是指由从事物业管理理论研究的专家、物业管理交易参与者以及政府物业管理者等组成的民间行业组织。行业协会的自律是现代市场经济条件下的管理惯例，在现代市场经济条件下，每一个行业都有自律性组织，物业管理同样也可以建立自己的行业协会组织。如深圳、上海、海南等地均已成立了物业管理行业协会，加强行业自律管理，从而形成了我国物业管理市场的三级管理体系。物业管理行业协会对物业管理市场进行管理可以通过以下几个方面进行。

1. 强化职业道德规范，保护业主利益

为保护广大业主的利益，物业管理行业协会应规定严格的职业道德规范，并强调协会会员必须严格遵守。物业管理是一项服务性很强的工作，应要求物业管理的从业人员有较高的职业道德素养，其中包括树立良好的企业形象、服务形象、员工形象、管理形象等，也包括建立一整套企业行业规范，实施文明管理。

2. 会员的资格审查和登记

物业管理协会应设有会员资格委员会，专门处理有分歧的资格申请，而日常的会员资格申请的初审工作由物业管理协会工作人员负责进行。

申请会员资格，一般要通过物业管理协会的资格能力测试和审查，其测试审查的内容主要包括物业管理专业知识和对政府有关法规的理解程度，以及会员公司的物业管理专业人员是否具有高水平的专业技能等内容。测试审查合格后，物业管理协会负责其会员的登记工作。

3. 监督已登记注册会员的经营、管理、服务情况

物业管理协会为保护业主的利益，对会员的经营业务情况实行严格的监管制度，以防止会员公司损害业主利益。

物业管理行业协会的监管内容比较广泛，凡是与物业管理有关的业务活动情况均列在其监管之列，包括财务状况、收费情况、服务质量、服务态度等各项内容的监管。为方便物业管理行业协会监督管理，物业管理行业协会应该设立监察办公室，负责日常具体工作。监察办公室一旦发现有会员违反协会的有关管理条例，即有权对违反条例的会员进行调查、处理。物业管理协会有权对任何违反协会规章条例的会员施以开除、责令其检查、公开赔礼道歉及罚款等处罚。

4. 调解、仲裁纠纷

当会员与业主、会员与会员发生纠纷时，协会首先对纠纷双方进行调解，希望通过调解解决双方纠纷。这种协调纠纷的方法最为简单明了，纠纷双方各派代表参加，协会也派出代表，各自谈出自己的观点，从长远目标考虑解决纠纷，这种方法既简单有效，也为各方节省了时间和费用。如果协会的调解无效，则可按程序申请有关部门仲裁或直接向人民法院起诉。

5. 物业管理知识的普及、经验的介绍、相关法律的宣传

物业管理行业协会有向会员及公众普及遵纪守法教育和有关物业管理方面知识教育的责任。对协会会员教育的主要内容包括：

①宣传物业管理法律、法规、政策、条例，教育会员依法实施物业管理。

②严格行业道德规范、自律准则和管理标准，教育会员自觉约束自己的行为。

③采取多种形式，组织培训物业管理人才。对社会公众则可通过出版一些简单易懂、文字简洁的小册子，普及物业的管理、使用、保养、维修等方面的基本知识。此外，由于物业管理处于新兴发展阶段，因此行业协会应牵头加强会员之间的交流，打破各自封闭的局面，广泛交流各自摸索的制度、流程、范本及价格等的"秘方"，以推动行业实现法制化、规范化，提高物业管理全行业整体的政策、管理、业务和服务水平。行业协会还应鼓励物业服务企业创建物业规范管理的典型，做好文明管理典型的推荐，并协助政府部门开展对物业服务企业进行年检、资质复审及等级评定等工作。

三、物业服务企业的自我管理

物业服务企业是物业管理市场最基本的管理和执行机构。物业服务企业的自我管理与政府管理和行业协会管理相互依赖、相互衔接，共同形成一个完整的物业管理市场管理体系。

物业服务企业的自我管理首先应从物业管理规章制度开始。规章制度是物业管理工作的依据和准绳，对业主和物业服务企业均能起到保护和制约的作用。鉴于目前政府立法具有滞后性，在法律、法规、政策、条例尚不健全的情况下，物业服务企业更要通过建立完备、严密、科学、合理的规章制度来参与市场竞争，加强自我保护和自我制约。物业管理规章制度的建立，应以政府的有关法规、条例和物业服务企业确定的企业宗旨、经营范围和承担的义务为依据，在借鉴国内外物业管理成功经验的基础上制定，并

在物业管理的实践中逐步完善和提高。物业管理的规章制度可以包括：管理规约、业主管理委员会章程、住户手册、物业服务企业岗位责任制等。

1. 管理规约

管理规约是一份由业主承诺，并对全体业主均有约束力的有关物业管理、使用、维修、保养等方面的权利与义务的行为准则。

管理规约一般在业主管理委员会成立之前，由开发建设单位（第一业主）会同物业服务企业一起制定并经购房业主承诺。业主委员会成立以后应当予以认可，并可按规定程序修改补充。管理规约应向房地产管理部门登记备案。

管理规约应当符合法律、法规、政府有关规定和土地使用权出让合同的规定。

2. 业主管理委员会章程

业主管理委员会章程是关于业主（代表）大会与业主管理委员会选举、产生、活动和行使权利、义务，保证业主权益的准则。制定业主管理委员会章程以支持、监督、配合物业服务企业的物业管理工作和维护业主合法权益为宗旨。业主管理委员会章程起草工作应由筹委会负责，经业主（代表）大会讨论通过后执行，以后可以根据实际情况按规定程序修改完善。业主管理委员会章程的内容不得与国家宪法、法律、法规和政策相抵触。

3. 住户手册

住户手册是物业服务企业制定发给业主保存的文件汇编。住户手册为业主介绍物业辖区内概况、物业服务企业情况和各种管理、服务、设备、守则及安全措施等。其目的是为了使业主更明确自己应有的权利与义务及注意事项。

4. 物业服务企业岗位责任制

物业服务企业岗位责任制是物业服务企业自律性的规章制度。它规定了物业服务企业内部各职能部门和各类人员的职责范围，包括领导制度（董事会制度、总经理制度）；职能制度（办公室职责、开发部职责、财务部职责、业务管理部职责、工程部职责、经营服务部职责）；岗位制度（管理人员岗位责任、工人岗位责任）。

总经理岗位责任。总经理在董事会领导下，负责董事会决定的贯彻落实，负责企业的全面领导和管理工作。

办公室的职责范围。办公室是经理领导下的综合管理部门，负责行政、人事、文件管理等工作。

开发部的职责范围。开发部是在经理领导下专职于物业管理业务开发的部门，负责企业经营业务的选择、可行性分析、投标竞争等工作。

财务部的职责范围。财务部是企业经理领导下的经济管理部门，应积极参与企业的经营管理，搞好会计核算工作。

业务管理部的职责范围。业务管理部要落实企业关于物业辖区有关决定，有计划、有步骤地完善物业辖区内的各种配套设施，负责环境卫生、园林绿化、治安消防、车辆交通、水、电、煤气及业主投诉的管理和处理。

工程部的职责范围。工程部是经理领导下的技术部门，负责房屋公共设施使用、管理、维修、保养，负责参加物业的前期管理和接管、验收、装修等工作。

经营服务部的职责范围。经营服务部是为业主提供各种综合服务和代办业务的部门，物业服务企业通过经营服务部，开展多种经营业务，既方便业主，又增加了企业的经营效益，增强了企业实力。

员工岗位制度。员工岗位制度包括管理人员和工人的责任制，这里列举某物业管理处主任岗位责任和维修工岗位责任。

管理处主任岗位责任：在物业管理和物业辖区业主委员会的领导下，主持物业辖区日常管理工作，根据物业辖区各时期的实际情况，提供改进和提高管理工作水准和物业辖区建设的意见措施。

维修工岗位责任：负责水电系统的日常保养和维修，确保小区上下水道畅通和供电照明运作正常，并及时完成主管领导临时布置的任务。

四、物业企业的安保管理

（一）设置安保组织机构

安保服务防治对象主要是人为造成的事故和损失。安保服务工作的实施，一般可以聘用社会专业保安公司或自己组建保安部，或采用二者合一的混合式。采用何种方式取决于物业服务企业的运作特点和所服务管理物业区域的特点。物业安保机构的设置与物业类型、规模大小有关，物业面积越大、类型配套设施越多，管理类型的设置也就越多、越复杂。

（二）制定安保服务管理制度的程序

1. 收集资料

（1）收集外部资料，如全国、省、市物业管理行业考核及标准，与治安管理相关的法律法规文件等。

（2）收集内部资料，如物业服务企业内部的管理规定，物业服务企业各专业间协调性的工作内容，所服务管理区域物业的内容、情况、特点、要求等。

2. 研讨安保部各岗位的职责和权限

（1）确定安保服务管理的工作范围。

（2）确定安保部经理的岗位责任和权限。

（3）确定内保主管、警卫主管的岗位责任和权限。

（4）确定内勤警员、巡逻岗警员、固定岗警员的岗位责任和权限。

3. 确定安保服务管理工作与其他相关专业的接口配合性工作内容

（1）与消防管理、车辆管理相关的配合性工作内容。

（2）与工程、保洁、客服等专业相关的配合性工作内容。

（3）与相关行政主管部门衔接的工作内容。

4. 列出安保服务管理运作程序清单

（1）岗位描述，包括安保部经理岗位描述，警卫主管岗位描述，内保主管岗位描述，消防主管岗位描述，车位主管岗位描述，中控值班员岗位描述，内勤保安员岗位描述，警卫保安员岗位描述，车场管理员岗位描述。

（2）程序规范，包括危险物品管理规定，门禁规定，门禁制度，钥匙管理制度，住宅装修管理制度，施工队管理办法，装修工程人员管理制度，二次装修监理制度，安保部班组交接班规定，安保部巡视路线，安保部受理报案程序，安保部拾遗物品管理规定，安保服务管理突发事件应急预案，安保部激励机制细则，安保文件资料、档案管理办法，安保部工具、设备管理规定，安保部工作考核办法，安保部考勤制度，来访客人管理规定，对参观游览、参观活动客人管理规定等。

（3）服务标准，包括安保部服务标准，安保部标识规定，警员语言、警容风纪规范标准。

（4）工作指导，包括安保服务管理月度、年度工作计划，一级安保服务管理方案，安全服务管理协议书。

5. 制订编写安保服务管理运作程序计划

安保服务管理运作程序涉及安保部内保、警卫消防、车管等相关专业工作。组织相关人员确定初稿，讨论、修订定稿时间和具体撰写负责人等具体事宜。其中讨论修改定稿主要是指对本专业手册的可操作性进行讨论，修订后定稿。

6. 起草安保服务管理运作程序

根据收集的资料、岗位职责、权限和接口配合性工作等内容，用通俗易懂的语言在规定计划时间里写出初稿。

7. 对安保服务管理运作程序初稿进行讨论和修改

（1）组织有关人员，结合各相关专业知识，对安保服务管理运作程序文件进行讨论。讨论程序的可操作性、一致性、完整性和针对性。

（2）请安保专业人士检查，根据专业经验提出意见。

（3）根据上述第（1）、第（2）条的结果，对初稿进行修改定稿。

8. 对安保服务管理运作程序进行审核、批准、实施

将安保服务管理运作程序定稿上报主管部门进行审核、批准，最后在安保部开始执行。

（三）实施安保服务管理制度的程序

1. 对实施运作程序进行培训

为有效执行安保服务管理的运作程序，须组织力量对程序文件进行专业培训工作，除对本专业职员培训外，尚须对安保部内部和其他相关部门的相关专业职员进行本专业程序介绍、培训。培训要在经理、主管、员工三个层面进行，每个培训层面的侧重点不同。

2. 对实施运作程序进行准备工作

执行安保服务管理运作程序前的准备工作有：关于员工接受程序执行的思想状况；程序执行的计划安排；执行程序对日常服务管理工作带来的影响及补充措施；安保部各专业之间、安保部与其他部门之间的工作交叉衔接；客户对程序执行的理解等。各方面都需要予以充分考虑和准备。

3. 开始实施运作程序

在完成培训、准备工作后，安保服务管理程序开始进入运行阶段。运行阶段前期宜采用指导式运行方式，由部门经理、主管在现场进行蹲点、巡回指导，使各岗位的运作

协调、严格、规范。同时，能够及时发现程序运作中产生的问题，并及时解决问题，及时收集运行程序情况的第一手材料。

4. 对运作程序进行修改

实践是检验真理的唯一标准，通过运行实施，发现程序文件中存在的不切实际或规定不合理之处，及时进行研讨、修改、调整，即边运行实施边修改，使程序进一步完善。

5. 对实施过程进行检查整改

通过一段时间运行实施后，安保部要组织全面检查。如在检查中发现安保服务管理的质量尚低、操作层执行不力等，要针对发现的问题，寻找解决办法，制定整改措施，责任要落实到人，直至将问题彻底解决，保证程序有效运行，以提高各岗位的工作质量。

（四）做好防范工作

为保障物业使用者及物业管理人员的人身安全，避免发生不必要的意外，应在危险作业区或易于发生危险的场所设置明显的警示标志，并且制定有效的防范措施。

1. 易发生人身安全隐患的地方

小区或大厦易于发生人身安全隐患的地方主要有电房、高空、煤气房、BTM（自动气体灭火系统）室、停车场、施工场地等。

2. 防范措施

对以上有安全隐患的地方应制定相应的防范措施，如建立管理制度、完善指示标志、加强人员管理等。

（1）建立管理制度。管理制度是规范人们行为的规定、办法，如施工场地、清洁现场建立施工现场灭火规定、施工场地监管规定、清洁现场防滑措施等，停车场建立停车场管理制度及应急措施，存有危险物品的地方应建立危险物品管理制度。

（2）完善指示标志。指示标志能以最简短的文字或图样简洁、有效地表达管理意图和服务理念，这是最常采用的防范措施。例如，可根据场地及工作性质，设置各类指示标志：

特殊房间标志，如"电房"、"煤气房"、"高压配电房"等。

黄色作业标志，如"正在清洗"、"正在施工"、"高空作业"等。

管理标志，如"请勿攀爬"、"非工作人员请勿进入"等。

警示标志，如"地滑请小心"、"有毒"、"高压电"、"电梯维修中"等。

停车场是易发生事故的地方，可设计各种指示灯、防撞和防滑设施，划分人、车行道，分进、出车辆道，设立路障等；在高危路段设立警示标志，时刻提醒司机注意安全驾驶等。

（3）加强人员管理，如要求保安人员对这些可能危及人身安全的地方加强巡逻、增加检查的频率。

除在危险场所设置危险标志外，还应在雨天、台风等特殊天气状况下采取相应的应急措施，如雨天为防止用户滑倒，可设专人清扫雨水、拖地，在出入口放置防滑地毯。

（五）安保重点案件处置程序

1. 发现可疑物或接到炸弹恐吓的处置程序

（1）安保部经理应通知警方及总经理。

（2）除警方人员及炸弹处理小组成员外，不允许任何人及车辆进入相关区域。安管人员随时警惕进入楼宇的可疑车辆、包裹或可疑人。

（3）确保炸弹相关区域的电梯全部停用。

（4）用每层的消防逃生路线协助撤离。

（5）在警方到达之前，可委派一名员工目测，对周围区域进行检查，查看是否有可疑物或炸弹，但不要触碰可疑物。

（6）一旦发现可疑物，用隔离带或路障将该区域隔开。

（7）不要独自处理可疑物或炸弹。

（8）在发现炸弹或可疑物的地方，不要用无线电联络。

（9）不要覆盖或移动该物。

（10）在事故报告中全面记录，该报告应在事故发生24小时之内上报总经理。

2. 发现炸弹紧急处理程序

（1）当发现炸弹的可疑声音或气味时，不要随意采取行动，不能接触敏感部位，如把手、行李锁等。

（2）如持炸弹者进入楼宇，现场员工应保持冷静，用一切办法阻止其进入。其他员工应尽快通知警方。在交谈时，不要挑逗炸弹持有者引爆炸弹，应等待警方到达。

（3）如以上情况发生，立即给中控室人员打电话。

（4）报告时，说明你的姓名、位置、时间及可疑物或可疑人的情况。

（5）接到报警后，客户服务部及安保部经理应立即赶赴现场；上报总经理后，根据当时情况按程序办事。

（6）安保部经理收到报警后，安排员工速到现场，设置警示区，无关人员不得进入。

（7）得到总经理或副总经理的允许后，立即通知警方。在警方到达之前，安排员工检查楼宇其他区域，查找是否还有可疑物品，但不要接触或移动该物。

（8）做详细记录。

3. 暴力案件处置程序

（1）迅速向安保部报案，报告时讲清楚你的姓名、身份、联系方式、案发地点、时间等简要情况。

（2）安保部经理或向上级汇报、或决定上报公安机关，如果属涉外情况，则要上报公安局外国人出入境管理处或外事科。

（3）接到报案后，安保部经理迅速赶到现场，确认现场和组织警力保护现场，同时要认真对待传媒人员。

（4）在现场尽力控制犯罪嫌疑人员，如现场危险，则尽力控制局面，等候公安人员。当公安人员到场后，配合公安人员进行抓捕活动，并向公安人员汇报，提供相关记录、监控录像等资料，全力配合公安机关调查工作，协助破案。同时，应该清楚记下办案警官官级、编号及报案的编号，作日后查阅、参考之用。

（5）在现场，尽力寻找目击证人或报案人，收集证言、证物。尽量了解案情，并进行详细记录。

（6）如果有受伤人员，应及时通知当地急救中心或附近的医疗机构，或采取必要的急救措施，但只有受过专业急救培训者方可实施急救。

（7）做好相应的善后工作，得到公安机关命令后，清理现场，撤离保护现场，清点、记录财务情况，恢复被损坏设施设备，尽快恢复经营活动。

（8）安保经理应将事件处置经过和情况以报告形式呈报上级领导。

4. 突发死亡事件处置程序

（1）遇有突发死亡事件时，安保部经理迅速赶赴现场，组织警力保护现场。同时要认真对待媒体采访人员。

（2）及时上报上级领导和公安机关，如涉及境外人员，还应上报公安局外国人出入境管理处或外事科。

（3）如无法确认当事者是否死亡，应迅速通知当地急救中心或附近医疗机构。

（4）寻找记录和收集证人、证言、遗言、遗物等线索，特别是死者性别、主要特征、现场情况等内容。

（5）公安人员到达现场后，认真汇报事件发生情况；提供监控记录、现场案件，全力配合公安机关处理调查工作。同时，应该清楚记下办案警官官级、编号及报案的编号，做日后查阅、参考之用。

（6）做好善后工作，运走死者遗体后，根据公安机关的要求，安保部决定是继续保护现场还是撤离现场，清理现场。

（7）根据公安机关要求，决定是否协助联系、寻找死者家属。

（8）安保部经理应将死亡事件的处置过程和情况以报告形式呈报上级领导。

5. 散发非法宣传品事件处置程序

（1）如果发现有人张贴、散发非法宣传品，安保部警员立即赶赴现场，制止违法活动，没收、清除非法宣传品。

（2）保留必要证据和控制散发非法宣传品的人员。注意观察其是否有同伙、是否携带凶器或易燃易爆物，警员要注意自我保护。

（3）如有群众围观，应及时采取措施疏散围观群众，避免事态扩大，如警力不足，要请求安保部支援。

（4）安保部经理视案情决定是否上报公安机关。同时组织警力待命，以防事态扩大。

（5）公安人员到达现场后，安保部协助配合公安人员调查处理案件工作，并提供所掌握的证言、证物。同时清楚记录下办案警官官级、编号及报案的编号，做日后查阅、参考之用。

（6）安保部经理应将案件处置过程和情况以报告形式呈报上级领导。

（六）出租屋暂住人员、施工人员及"三无"人员的管理工作

1. 出租屋暂住人员的管理

（1）对物业项目内的出租屋暂住人员的分布及流动情况要准确掌握并登记存档。

（2）经批准，对辖区内的出租屋及暂住人员进行不定期检查，填写房屋出租登记表，严禁单独一人对被检查对象进行检查。

（3）对辖区内的出租屋暂住人员的搬迁情况要及时掌握。

（4）协助公安机关对辖区内的出租屋暂住人员进行清查，对漏办的对象要督促其办理出租屋治安管理许可证、暂住证。

（5）对出租屋的卫生、用电安全、租住人员变动、治安责任等实施管理，要掌握租住人或暂住人员的活动情况，预防违法犯罪行为发生。

2. 物业项目内施工人员的管理

（1）对物业项目内的施工单位施工地点、住宿地点、人员分布及流动情况要准确掌握，并做登记存档。

（2）对施工单位宿舍的卫生、用电安全、灭火器配备实施管理，对施工人员的活动情况要掌握，预防违法犯罪行为发生。

3. 对物业项目内闲游逗留的"三无"人员的管理

（1）安保部按《流动人员管理规定》对物业项目辖区内的"三无"人员进行依法管理。

（2）将清查物业项目"三无"人员的工作纳入日常巡逻的基本任务中。

（3）协助公安机关对辖区内的"三无"人员进行管理，将物业项目辖区内违反《流动人口管理规定》的"三无"人员送交当地公安机关处理。

（4）采取不定时针对性方式对物业项目内的主要公共场所、交通道路（如停车场、食街、商业街等）进行清查。

（5）对在物业项目辖区内闲游、逗留的乞讨人员，散发小广告人员以及有精神病、醉酒闹事等妨碍物业项目治安秩序的人员彻底清查，并将其驱逐出辖区外。

（6）对于在物业项目内扰乱治安秩序、屡教不改或不听劝阻的"三无"人员，交由公安机关处理，并做好记录存档。

（七）安保管理应知应会的四件事

门卫管理

进行门卫管理工作的目的是维护所辖区域的治安秩序，确保门卫附近区域的治安环境。

1. 进入管理

保安人员对于拥有小区（大厦）出入证的人员进行出入证检查工作，合格的准予放行。

（1）做好访客登记

对于来访人员要进行会客验证登记，保安人员要按规定要求来访客人填写会客登记表，主要填写内容包括姓名、联系方式、被访人员姓名和房号以及拜访时间等。

（2）控制闲杂人员进入

保安人员要时刻注意观察所辖区域的来往人员，避免闲杂人员、小商小贩进入所辖区域，以免给物业辖区的安全、有序管理带来隐患。

2. 出门管理

（1）做好访客登记注销。来访人员会客结束离开时，保安人员要及时记录来访客人离开的时间。

（2）做好物品外出检验。对于从物业区域内外出的人员和车辆也要进行严格检查，检查通过证后再予以放行，尤其是携带较大体积物品外出的人员和车辆更要仔细检查，必要时要求对方提供相关证明，防止财物流失和被盗。

3. 值班登记

保安员要认真履行值班登记制度，值班过程中发生的各种情况以及处理结果都应当在值班登记簿上详细记录，并且在交接班时移交清楚。这样可以做到责任明确，一旦出现任何突发事件可以明晰权责，从而进行有效处理。

保安员交接班记录表如表1-3-1所示。

表1-3-1　保安员交接班记录表

日期	班次	值班员	本班发生情况及处理结果	交接班时间	接班人	交接物品

守护管理

守护管理主要是针对重要目标实行实地的看护和守卫活动。守护目标包括重点单位、商场、银行、闭路电视监控中心、发电机房、总配电室、地下停车场等。

1. 熟悉守护目标

保安人员要对守护目标的情形、性质、特点、运行特征等进行了解，便于及时发现异常情况。

2. 审查进出人员

保安人员对进出自己所守卫目标区域的人员进行审核，避免不具备资格人员进入而带来管理隐患。

3. 报告特殊情况

保安人员如在守护过程中发现特殊情况和可疑情况，要及时进行汇报并密切关注，避免发生更大的危害。

巡逻管理

保安员在物业管理所辖区域内有计划地进行巡回观察，确保物业、业主/使用人的安全。巡逻保安员一般分成3个或者4个班次，实行昼夜24小时的监视和巡查工作，防止不安全事件的发生。

巡逻的目的有两个：一是发现和排除各种不安全的因素，如门窗未关好，各种设施设备故障和灾害隐患，值班、守护不到位或不认真等；二是及时处置各种违法犯罪行为。巡逻路线一般可分为往返式、交叉式、循环式三种，无论采用何种方式都不宜固定，要把重点、要害部位和多发、易发案地区放在巡逻路线上。

1. 执行巡逻检查

保安人员要将巡逻路线和巡逻时间牢记在心，在保安部巡逻保安人员签到表上签字确认，按时按照责任路线进行巡视检查，并在巡逻后由队长填写巡逻记录。

保安部巡逻保安人员签到表如表1-3-2所示。

表1-3-2　保安部巡逻保安人员签到表

岗位：＿＿＿＿＿＿　　　　　　　　　　　　　　　　　区域：＿＿＿＿＿＿

时间	签名	时间	签名	时间	签名
巡逻记录（队长填写）					

（1）检查可疑事项。巡逻保安员在巡逻过程中，遇到形迹可疑人员要进行证件检查，必要时检查其随身携带的物品。同时，对于住户或者其他外来人员带出所辖区域或在所辖区域内起卸的大件物品，一定要检查其单位证明、本人证件，并及时、准确地进行登记。

（2）发现治安隐患。巡逻保安员要监视所管辖区域内物业，及时消灭火灾以及其他突发事故的隐患；由于地理位置特殊，保安员要注意加强对第1、第2层以及顶层的安全防范；对长期无人居住的房屋要加强监视；做好水池、仓库的安全防护；管理好相关的钥匙，未经相关管理人同意或不具有应当出示的相关材料证明，不得将钥匙交给维修队或者其他无关人员。

2. 纠正安全问题

（1）规范生活秩序。巡逻保安员在巡查所管辖区域过程中，如果检查到辖区内有业主/使用人饲养家禽、家畜等情况，要及时制止，对于业主/使用人养的宠物，要进行登记。

如果有不执行相关规定的业主/使用人，要及时将情况汇报给上级管理部门，由上级管理部门适当协调和处理。如果业主/使用人养的宠物干扰了其他业主/使用人的正常生活，巡逻保安员应当及时加以干预、教育或者制止，如果业主/使用人不能配合工作，则要上报给上级主管和部门领导进行处理。

（2）维护公共秩序。巡逻保安员在巡视过程中要及时制止大声喧哗的现象，保证其他业主/使用人的正常工作和休息，尤其是在夜间。如果遇到此类情况一定要及时处理，以避免业主/使用人投诉。

巡逻保安员还要严格制止所辖区域内的打架斗殴事件，避免事态扩大，如果制止无效，要尽快通知相关主管部门进行干涉。

监控管理

监控管理主要是针对监控中心的管理而言的。监控中心保安员要做到24小时严格监控保安目标（包括人员、场地、设施等）的各种情况。监控中心保安员的工作主要包括以下几个方面。

1. 维护周围环境

监控中心保安员要保持监控中心内部清洁卫生，禁止吸烟，禁止使用一切易燃易爆的电器或者物品。

在监控中心内，保安员要时刻保持室内卫生，物品摆放得当、规范，设备操作台上不允许随意乱堆杂物，以免造成不必要的故障。监控中心保安人员还要注意上、下班都做好室内卫生，检查可能发生故障的隐患点，确保监控中心的安全。

2. 进行设备操作

保安员要严格按照仪器设备操作规范进行操作，确保监控设备能够正常运行。监控中心保安员禁止随意开关监控仪器和监控设备，以免发生由于操作不当而引起的设备故障。

还须注意的是，禁止在监控中心使用一切可能干扰和破坏计算机运行的电子设备，并且严格禁止随意使用报警电话。

监控中心保安员一旦发现监控设备发生故障，要及时通知保安部值班保安员注意加强故障区域的防范工作。同时立即通知工程部，要求工程部尽快派遣人员进行维修，以免出于维修时间过长造成突发事件不能及时监控，从而带来严重影响。

3. 做好值班记录

监控中心保安员一定要做好值班监视情况的记录，并且严格执行交接班制度。做好两班的口头交接和书面交接。

监控中心保安员在工作过程中发现可疑或者不安全的迹象时要及时进行记录。

（1）在物业入口或者大堂、电梯、楼面以及其他要害位置一旦发现可疑情况，一定要及时采取跟踪监视、定点录像等有效措施，并及时通知值班保安员就地处理。

（2）同时，立刻用对讲设备通知保安部办公室值班人员，随时与值班人员联系，报告事态发展情况。

4. 保管录像资料

监控中心保安员要及时将监控形成的录像带进行分类和保管，录像资料的保管要符合物业公司的相关规定。

第四章　商业与工业物业管理

一、商业物业管理概述

商场物业包括各类商场、购物中心、购物广场及各种专业性商店等，是能够同时供众多零售商和其他商业服务机构租赁，用于从事各种经营服务活动的大型收益性物业。随着房地产商品化进程的发展，这些商场物业的产权性质出现了各种形式，其经营方式多种多样。对这类物业的管理尚属新课题，值得在管理实践中进一步探索。

商场物业是建设规划中必须用于商业性质的房地产，它是城市整体规划建筑中的一种重要功能组成部分。因此，用于零售商业经营活动的建筑称为商业物业，包括从小型店铺到大型购物中心的各种零售商业空间。

(一) 商业物业及其类型

传统的商业活动是指商品的交换和流通，狭义上的商业建筑是供人们从事各类经营活动的建筑物，包括：各类日常用品和生产资料等的零售商店、商场、批发市场等。随着商品种类和交换的不断发展，现代城市建设中，商业建筑趋向于综合型变化，商业建筑形式日益繁多，商业服务和经营模式多种多样。

按照商业物业的建筑规模、服务和经营商品模式的特点及商业辐射区域的范围，主要有以下几种商业类型。

1. 商店

商店的经营服务主要是单一的商品交换和商品流通，建筑规模从几百平方米到上万平方米不等，根据经营品种和服务又分为专业商店、服务性商店和百货商店。

服务性商店，建筑规模局限于单体建筑，多底层商铺，一般以 500~1000 平方米建筑面积居多，服务对象面向居住小区，经营品种包括方便食品、瓜果蔬菜、日用五金、烟酒糖茶及软饮料、服装干洗、家用电器维修等。

专业商店也可称为特色商店，主要表现在其所经营的商品或服务的特殊性，以及经营方式的灵活性，如专为旅游者提供购物服务的旅游用品商店、精品店、物美价廉的直销店或仓储商店、有较大价格折扣的换季名牌商品店等。这类商店的建筑规模、商业服务半径、服务人口、年营业额等差异较大。

百货商店，其规模有大有小。大型百货商店经营成千上万种商品，为多层营业大厅，建筑面积可达上万平方米，经营品种包括家用电器、家居用品、服装鞋帽、自行车、钟表、金银首饰以及日用百货等；中型百货商店，主要经营日用百货和畅销商品，规模为几千平方米；小型百货商店经营日用百货，仅有一个营业厅，规模为几百平方米。这类商店除营业大厅外，一般配备有仓库、管理、加工等用房。

2. 商场

商场是由若干专业商店组成的建筑群，其经营范围比百货商店更广。商场的建筑规模在 1000～30000 平方米，服务范围可以是居住区，也可以覆盖更大的区域。商场中各商店有一定的独立性，包括家具店、超级市场、图书及音像制品店、礼品店、快餐店、男女服装店、玩具店等。超级市场，是近年发展起来的一种商业模式，主要经营日用百货、食品、农副产品等生活资料。商品大多采用规格包装和开架无人售货方式，由顾客自由选购，在出口处结账付款。超级市场的营业厅要求宽敞明亮，路线便捷，多采用大空间的底层建筑形式。

商场的级别视覆盖区域可分为居住区级和地区级。居住区级商场只服务于某居住小区，建筑面积在 1000 平方米以下。地区购物商场的建筑规模一般在 10000～30000 平方米，商业服务区域以城市中的某一部分为主，服务人口达十几万。

3. 购物中心

购物中心，也称大型商业广场，指商业覆盖面积为区域性的，规模巨大，集购物、休闲、娱乐，饮食等于一体，除保持传统商业街的特色外，还设有餐饮店、影院、游乐场、展览厅、体育健身活动中心等，使单一的商店群发展成具有多种功能的综合性商业、服务、娱乐和社交中心。其建筑面积在 10 万平方米以上，有效商业服务半径可达200 千米。

这类超级购物中心在国际上被称为 Mall，全称 Shopping Mall，音译"摩尔"。目前常见于世界上一些地区和国家，如英国的米尔顿·凯恩斯购物中心，占地 120 公顷，建筑面积达 125 万平方米；加拿大多伦多伊顿购物中心的建筑面积为 56 万平方米，是加拿大最大的购物中心之一，这个购物中心采用了有透明顶篷的步行商业街形式，两旁设置各种专业商店、超级市场和游艺场所，广场和街道上布置绿化和建筑小品，以其优美的环境吸引顾客。

从严格意义上讲，购物中心不是一种商业业态，而是一种有计划地实施的全新的商业聚集形式，有着较高的组织化程度，是业态不同的商店群和功能各异的文化、娱乐、金融、服务、会展等设施，以一种全新的方式，有计划地聚集在一起，它通常以零售业为主体。

在我国，购物中心是指多种零售店铺，服务设施集中在有计划地开发、管理、运营的一个建筑物内或一个区域内，向消费者提供综合性服务的商业集合体。这种商业集合体内通常包含数个甚至数百个服务场所，业务涵盖大型综合超市、专业店、专卖店、饮食店、杂品店以及娱乐健身休闲等，如 1998 年改扩建后的北京新东安市场，集百货商场、零售店铺、电影院、餐饮娱乐、办公于一体，总面积 21.3 万平方米，经营品种近 5万种。

我国国内大中城市更为普遍的是规模适中的购物中心，商业辐射区域可达整个城市，可称作市级购物中心，它的建筑规模一般在 3 万平方米以上，服务人口在 3 万人以上。在市级购物中心，通常由一家或数家大型百货公司为主要租户；男女时装店、鞋店、家用电器设备商店、眼镜店、珠宝店、摄影器材商店、体育健身用品商店等，通常也可作为次要租户进入中心经营；银行分支机构、餐饮店、影剧院、汽车服务中心等，也常常成为这些市级购物中心的租户。

所谓专业市场，是指各类经销专业产品的市场，如建材市场、纺织品市场、大型服装城、家具市场、植物花卉市场以及电子城等，如近年来在全国 20 个城市开办了 32 家大卖场的红星美凯龙建材家居市场，是国内规模巨大的建材家居专业市场之一，如徐州红星美凯龙建材家居广场，该广场上下共五层，建筑面积 10 万平方米，共引进 2000 多家中外品牌家具、建材，品种齐全。

（二）商业物业特征

作为收益性物业，商业物业自两层含义：一是以各种零售商店组合为主，包括其他商业服务和金融机构在内的建筑群体；二是购物中心的楼层和摊位是专供出租给商人，作为经营零售商品收入的物业。

商业物业的特征表现在为了实现收益最大化，商业物业在选址和规划时应当考虑市场容量、进出交通、地点位置、物业规模、内部设施等因素。商场的选址和规模应满足不同层次的需要，要依据城市人口数量和密集程度，分散与集中兼备。零售商业物业规模也是影响其吸引力的重要因素。研究表明，零售商业物业规模越大，其内部各个零售店之间相互促进的能力就越强。

零售商业物业应拥有高质量的内部设施，室内环境应十分舒适，以延长消费者在其中的逗留时间。例如先进的空调系统、充足的照明和宽阔的道路等。

商场营销、管理人员对中央空调温度高低的要求来自顾客追求购物环境舒适度。商业卖场夏季炎热、冬季寒冷势必影响商品销售，中央空调效果的好坏直接关系到商场生意的好与差。为此，物业公司必须保证中央空调系统设备的运行正常，要做好中央空调的保障工作，中央空调系统不能发生任何故障性停机。

交通便利和停车方便也是影响购物中心成功经营的重要因素。一般购物中心都会选在主要道路交叉口或路边，特别是公交车站附近，这样可以保证大量的客流。同时，购物中心还应有足够面积的停车场，便于开车前来购物的消费者停车。如果停车场不够大，就会打消开车购物顾客的积极性，而且商场周围会变得过分拥堵。购物中心的设计还应便于消费者进出，例如正门要很显著，要有多个出入口，中心内的道路标识要明显突出等。

二、商业物业管理要求

商场、商店或购物中心，规模不等，经营方式不同，但人们对购物、消费以及休闲的方便、舒适和安全的要求是一样的。从整体来看，商业物业的管理与其他类型的物业管理更为复杂，要求更高。

（一）商业物业的管理要求特点

1. 整体管理效果要求高

商业物业对物业管理过程中的环境清洁、绿化养护、空间管理、广告管理、形象维护、设施设置、人流分离、建筑物维护的要求非常高，而且对物业管理人的审美观、视觉能力提高到一个高度层面。整体管理效果要达到一个整洁性、美观性、明亮性和舒适性，以创造和维护环境的优美，使顾客在幽雅、轻松的环境中流连忘返，增强消费的信心和欲望。

2. 设施设备养护要求严格

由于商业物业的设施多而复杂，电脑化程度高，比如供电系统、监控系统、电梯系统、空调系统、收银系统、安全管理系统、消防系统、交通管理系统等大多数为互联网，由计算机控制，而且这些设施设备运行频繁，对设施设备正常运转率要求非常高，如果一旦出现故障，将直接影响到商家的正常经营活动，影响顾客的消费心情，甚至出现安全事故。

因此，商业物业的设施设备的管理、维修、保养等工作非常重要，物业管理机构应该制定严格的设施设备的巡视管理制度、定期养护制度和大修、中修、小修的维修计划，并严格按计划实施，同时物业管理机构的高层管理者应建立检查监督机制，监督设施设备的养护实施情况，从而确保设施设备养护到位，运转正常。制定精密的应急预案，并定期进行操练演习，让每一个员工和商家客户都熟悉掌握，从而确保万一出现设施设备故障，能够在最短时间消除故障，同时把影响降到最低。

3. 服务人性化要求

商业物业面积大、人流量和机动车数量非常大，因此 Mall 的内部设施人性化要求比较高，比如内部 VI 视觉标识系统既要清楚、方便，又要考虑到消费顾客的习惯和感受，让顾客在任何的一个点，都能很清楚地找到自己要去的方向，以及洗手间、出入口和电梯通道指引。比如在购物中心这样的商业建筑群里，考虑到商品区域分割比较多，顾客容易感觉视觉疲劳，因此比较人性化的做法是将不同的区域采用色标的 VI 标识系统，让顾客一目了然，很清晰地进行分辨。

4. 安全管理特殊性高

由于购物中心具有业态综合、商家众多、客流量大等特点，如北京的金源燕莎购物中心，有几百家商铺，因此购物中心的安全管理要求非常高，同时也存在特殊性。主要表现在两个方面。第一，安全管理首先要考虑商家店铺防盗安全和商品安全，既要考虑防止外部的偷盗行为和防破坏行为，同时又要考虑商家内部员工的内盗行为，因此管理机构应加强人防、技防多项措施，内保、外保相互监督等手段确保安全系统万无一失。第二，商业物业是公众性活动场所，消防隐患较大，一旦出现消防事故，后果不堪设想。物业管理机构应加强消防安全管理工作，加强对消防设施的检查、管理和维护工作，制定消防安全管理制度，确保商场的消防安全。

5. 交通便利性要求高

交通便利和停车方便是影响购物中心成功经营的重要因素。例如，华南购物中心开业初期每天都有十多万人次光临，进出车辆达 4000 多台，交通方便是促进商业兴旺的一个重要条件，如果交通受阻而给顾客造成通行不方便，将影响商场或购物中心的客流量，因此，交通管理是物业管理工作的重点之一。物业管理机构要充分考虑和计划交通路线设置、停车位规划、车辆交通指引、停车管理，以及紧急交通疏散的处理预案，确保交通通畅。

6. 管理人员的高素质要求

现代化商场，尤其购物中心商业物业，现代化程度较高，设施设备齐全、先进，如快速电梯、自动扶梯、中央空调系统、消防系统、智能化系统、综合布线系统等，保证这些设备的正常运转是最基本的管理需求，加之档次高的商场引进国外知名品牌以及西方经营管理模式时，对物业管理人员的技术性、专业性要求，以及综合素质等要求提出更高条件。

商业物业与写字楼同属于经营型物业，因此在管理上有许多相同和相仿之处，商场经营效率和商铺的出租率是否达到投资者预期的目标，取决于多方面因素，但物业管理是否成功是关键因素之一。总体来说，商业物业的管理与服务工作应从商业物业现场管理、商业运作的参与管理、商业物业的安全管理等几个方面组织实施，其中安全管理将在本章第三节介绍。

（二）商业物业的现场管理

现场管理是物业建成投入运营之后，对物业设施设备的维修保养、对物业区域的清洁卫生、安全保卫和公共空间的维护，以及为租户提供日常的管理和服务。现场管理是对物业"硬件"的管理。

1. 房屋的维修维护管理

按照有关规定，做好商业楼宇的接管、验收工作。制定物业的维修管理公约，为确保商业楼体结构安全，在管理公约中制定"装修条款"，将房屋装饰装修中的禁止行为和注意事项告知承租客商，实施装饰装修的申请、监督、检查和验收管理制度，以确保楼宇结构和附属设备设施不受破坏。

2. 设备设施的使用管理及维修养护

物业服务企业对商业建筑的房屋及设备设施的维修养护工作是否到位，直接关系到商场能否正常营业。建立有效的巡视检查制度，对供电设备系统及照明系统、给排水系统、消防系统、电梯、中央空调以及炉灶燃气系统等设备定时、定期巡查，及时发现问题，及时解决，以确保设备设施正常运行。

（1）供电系统设备和照明设备。供电系统设备的管理是其他设备正常运行的基础，要加强对供电设备的维修、养护管理，商场原则上要保证两路供电系统并配置备用发电机，以备断电时应急使用。

现代大型购物中心、商场的安全用电十分重要，它关系到卖场的安全及购物环境的营造。物业服务企业管理中要把住审核批准关：第一是装修改造审核批准，卖场内承租商改造装修铺面时涉及动用电、气焊须经物业管理机构工程技术部审批，规定在指定地点操作，电、气焊人员必须持证上岗，同时派出监护人，现场要有灭火的工具和防范火灾的措施；第二是商场电源线改动、照明灯具改进、线路编排和用电量的增加都须经过物业电气工程师严格审核。同时严格实行用电管理规定，对卖场的各柜台、摊位严格禁止乱接、乱拉电源线，禁止更改插接箱、开关盒插座，禁止使用超负荷的家用电器。对供电所、配电室须安排电工 24 小时值班，定期检查、检验高压、低压柜和供电线路、接零接地、防雷击和检测变电所以及配电室的安全操作工具、防护用品的安全可靠性。

物业服务企业应就供配电的开关箱、插线箱、强电以及线路的匹配等提出方案和要求，并尽可能将供配电的维修保养任务全部委托给供电公司维保单位承担，确保现代购物中心、大型商场安全用电，万无一失。

（2）给排水系统。现代大型购物中心、商场的给排水系统主要是洗手间、洗浴室、消防供水及雨水、污水的收集排放。物业管理机构对给排水系统的管理任务主要落在洗手间保洁员、空调、锅炉工、洗浴室管理员及水工身上。卖场消防用水和洗手间的保洁工作用水，必须时刻保证供水和排水畅通无阻。商场地下室的集水坑、截流沟、雨水井、污水井、化粪池要定期组织清掏垃圾杂物等；定期清洗水池、水箱并消毒化验水质，对供水、排污水泵定期维护保养，保障购物中心和商场用水、排水。供水、排污设备系统应委托专业公司维修保养，发生故障时须立即组织抢修。

（3）电梯系统。商业电梯系统包括客梯、扶梯和货梯。商场电梯是解决顾客在卖场流动、购物消费的运载工具，它的安全有效运行尤为重要，对商场电梯的正常运行必须提供强有力的保障。在对电梯的管理中物业管理机构需采取电梯维修、保养业务外包形式，由电梯厂商或电梯专业维保单位确保电梯的正常运行和日常维保任务，物业公司的电气工程师、技术员在对其工作进行监督检查的同时需做好相应的协助配合工作。在货梯管理上应调配持有电梯上岗证书的电梯工进行货梯操作。商场电梯除在营业时间内发生故障需立即组织紧急抢修外，一般维修保养应安排在夜间进行，避免因维修保养给顾客购物带来不便，每次维修保养结束后，物业管理机构的专业技术人员一定要参与验收，记录在案，确保电梯运行正常，消除安全隐患，这也是对专业电梯公司的一种监督考核方式，在物业公司验收合格后方可进行投运。

（4）中央空调系统。现代大型购物中心、商场的中央空调系统大、能源消耗量高，中央空调温度、湿度的高低和新风的供应好坏直接影响到卖场的购物环境和空气质量。物业管理机构的空调技术人员每天应当定时、定点对卖场楼层区域测温，有效控制温度、湿度和新风，还需定期利用夜间清洗空调管道、变风量机组、风机盘管及送风、回风口的过滤网罩，同时在换季期维修保养中央空调主机系统设备。值得提出的是，中央空调主机、锅炉、水处理系统维修保养应交给专业的中央空调维保公司承担。

（5）炉灶燃气系统。现代大型购物中心、商场不但有服装、鞋帽、家用电器、自行车、体育用品、办公用品、家具、玩具等，同时还有食品和特色餐饮小吃、洋快餐。在休闲、餐饮区域，为食品加工提供的燃料，主要是用电和燃气（即煤气、液化气或天然气）两种。对这些燃气供气管线、钢瓶等设备设施的安全管理至关重要，物业管理机构必须制定相应的管理制度和规定，加大对商场内餐饮业的炉灶和燃气的使用管理，对防火、排油烟、隔油池、生活污水、餐饮垃圾及环境卫生组织定期检查，加强管理，以消除隐患，特别在供气管理方面要提高警惕，严格安全操作规程的管理和监督，确保商场安全。

3. 清洁卫生管理与服务

（1）卖场保洁服务。现代购物中心、大型商场对商场内部、周边的清洁卫生、环境秩序要求很高。因商场多位于闹市区商业圈内，是供客户购物、消费和游览、观光、休闲的地方，人员密集，客流量大，给清洁卫生工作造成很大的工作量。同时，卖场地面和其他公共区域的装饰材料多是水磨石或更高级的大理石材等，对于保洁质量的标准要求特别高。一般保洁标准是卖场内石材晶面无灰尘、脚印、光洁铮亮，橱窗玻璃无灰尘、水印，光亮照人；商场外围要及时清扫，要求无垃圾、杂物、烟头、纸屑、积水等，保证商场外围红线内人行道的洁净，绿化植物叶面的清洁，形成卖场内外良好的卫生环境。

（2）洗手间保洁服务。洗手间是现代购物中心、大型商场的一面镜子，必须要做到无臭气、无垃圾、无蚊蝇、无积水，台净镜亮。定时要清空纸篓，定时冲刷坐便器、小便斗池。高档商场洗手间要及时更换手纸，专人负责保洁，保持洗手间的卫生服务质量上乘。

（3）清运杂物垃圾服务。现代购物中心、大型商场每天产生大量的商品货物的外包装纸箱、包装皮和垃圾，必须定时收集、清理清运，以保障良好的购物环境。对餐饮单位则要求对生活垃圾、污水利用货梯运送到物业管理机构指定的地点，并组织定期清洗餐饮隔油池、排油管道，消除事故隐患。

4. 秩序维护和停车服务

现代购物中心、大型商场的正常经营离不开良好的社会治安环境，为了保障商业正常运作，物业管理机构的秩序维护工作人员住正常营业时间，应当利用监控设备对卖场实施安全监控，同时还要对商场、购物中心外围的小摊贩进行驱逐，对散发广告、乱停放车辆人员的不良行为予以阻止、疏导。在车辆停放管理方面，对顾客的机动车、非机动车组织有序停放，提供停车服务。停车场的防护需要注意，不能在停车场加油、修车、抽烟等，同时配备充足的灭火器具。对自行车的管理也要到位，不能在商场门口乱停放。在防范犯罪分子方面，一旦卖场内发生偷盗、诈骗、抢劫等刑事治安案件，物业管理机构要在第一时间向当地公安派出所报案并同时赶到现场，协助配合商场其他人员维护秩序、锁定犯罪嫌疑人。在突发事件应急处理方面，如果卖场发生火警、火情，物业管理机构同样要在第一时间启动火灾预案，协助商场组织灭火救灾和疏散人员。

（三）商业运作的参与管理

对于商业的成功运营，最为关键的是策略与运行管理。从管理层面上看，策略与运行管理是零售商业物业经营管理的更高层次，是商业物业管理的发展方向。例如，在大连万达集团与国美电器、沃尔玛等零售企业合作的过程中以及新加坡嘉德地产与华联商厦合作的过程中，都已经充分地认识到，能否找到合格的、能承担商业物业策略和整体运营管理的商业物业服务企业，是成功的关键。然而目前在我国，由于能够独立承担大型现代商业物业策略与运行管理的专业物业公司极少，加之投资商对物业服务公司在专业管理商业方面的认识也有限，因此目前传统物业服务企业承担这一层次管理的商业物业并不多见，一般直接由投资商完成，或委托给专业的商业经营管理公司或顾问公司完成。

对商业物业的策略与运行管理，可以从经营策略、管理策略、管理计划、特色服务、费用测算等多方面提供管理服务，下面就更为具体、细化的工作内容作一介绍。

1. 承租客商的选配

零售商业物业是一个商业机构群，投资者主要是通过经营商业店铺的出租而赢利，因而物业管理者应重视对客商的选择及其搭配，应当依据零售商业物业运作的相关理论以及所管理的商业物业规模和层次去选配承租客商。一个规划良好的零售商业物业应当拥有最佳的零售店组合，从而实现最大的聚集效应。研究发现，零售商业物业通常将出售较低档商品的零售店个数限制在一家，对于高档商品，零售商业物业通常会引入较多的店铺，增加消费者进行比较购物的机会。下面列出一些租户组合与位置分配的一般规律。

（1）租户组合多样化。租户组合的多样化是为了最大限度地实现"聚集效益"。出售类似或者互补商品的专卖店聚集在一起，消费者在一次购物活动中可以购买多种商品，从而使消费者的购物时间和购物成本大大降低。因此在招商时应注意引入多种类型专卖店，从化妆品、女性服饰、男士服装、家用电器到各类主题餐厅、超市、快餐店、电影院等各类休闲娱乐设施一应俱全，集购物、消遣、娱乐设施等于一身，满足消费者衣、食、住、行及娱乐的各种需求。

（2）引入主力店，增大客流量。消费者往往会通过主力店来判断整个零售商业物业的形象。对于规模较大的商场或购物中心，主力店的形象在吸引顾客方面是至关重要的，这包括它的品牌、信誉、档次、服务质量等。主力店往往是连锁型的超级市场或者知名的百货商店，它们能够把距离较远的、本应到其他商业区购物的消费者吸引来，并使中心内的普通商店受益。

（3）空间安排与位置分配效应。零售商业物业经营者在多年的经营管理实践中，逐渐形成了一些实用的空间安排原则。例如，将主力店安排在主要通道的两端，并在连接名店的通道两侧布置一些小的专卖店，要到这些主力店购物的消费者就不得不穿过这条通道，这可以给侧面的小店带来充足的客流；尽量避免"死胡同"，因为这不利于客流的自由流通；将服务性的商店（如银行、餐厅等）尽量安置在中心侧面靠近出入口的地方；将干洗店和宠物店尽量远离餐厅和快餐店；善用部分楼梯转角和中庭附近的空余位置，可将其出租给临时摊位，与其签订试租协议，如果营业状况很好就将其转移至正式的专卖店中。

（4）租户类型组合合理化。一宗零售商业物业内经营不同商品和服务的出租空间组合构成了该物业的租户组合。以一个大型百货公司为主要租户的购物中心将以其商品品种齐全、货真价实吸引购物者，以仓储商店或折扣百货商店为主要租户的商场将吸引那些想买便宜货的消费者。主要租户的类型决定了每一零售商业物业最好的租户组合形式。换句话说，次要租户所经营的商品和服务种类不能与主要租户所提供的商品和服务的种类相冲突，两者应该是互补的关系。

2. 建立商场识别系统

商场识别系统（简称 CIS）是强化商场形象的一种重要方式。从理论上讲，完整的 CIS 系统构成即 MIS（理念识别系统）、VIS（视觉识别系统）、BIS（行为识别系统），三者只有互相推进、共同作用，才能产生最好的效果。

CIS 的特点是通过对商业的一切可视事物，即形象中的有形部分进行统筹设计、控制和传播，使商场的识别特征一贯化、统一化、标准化、个性化和专业化。其具体做法是：综合围绕在商业四周的消费群体及其他的关系群体（如股东群体、制造商群体、金融群体等），以商场楼宇所特有和专用的文字、图案、颜色、字体组合成一定的基本标志——作为顾客和社会公众识别自己的特征，并深入贯穿到涉及商业物业有关形象的全部内容。诸如：商场名称、自有商标、招牌、商徽以及商场简介、广告、员工服装、展厅等，使顾客通过对具体认识对象的特征部分的认定，强化和识别商场楼宇形象，这样便可以帮助顾客克服记忆困难，并使这一贯独特的形象在他们决定购物时发生反射作用。这是商场楼宇促销的一项战略性工程，必须长期开展。

3. 促销活动服务

现代购物中心、大型商场为了增加经营效益，不时组织厂商或供应商、代理商开展一些促销活动。促销活动能够使商场人气旺、气氛浓。为了协助配合这样的促销活动，物业管理机构应响应商家需求，增加人员维护活动秩序。大型活动要在当地派出所备案，派出所也会应商家要求派警员现场指导，而在这样的活动中物业管理机构承担的风险责任大，主要防止发生火灾或人员拥挤踩踏事件，活动组织前要协助配合准备工作，做到组织有序、指挥有力、管理有方、服务周到，要做好人车分流，维护良好的活动秩序，要对各系统设备进行检查以保证活动的顺利进行，为商场促销活动保驾护航。

4. 商品物流管理服务

现代购物中心、大型商场因经营需要，商品货物的周转每天都形成了一个供需链的小物流，而为了保障商品的合法、有效和品质，避免假冒伪劣商品流入卖场，商场必然要设置验货区验货，严格进行审核审查。验货区外部的管理服务一般由物业服务机构承担，主要职责是对运送货品进货、出货车辆进行有序疏导、管理，避免争抢验货造成验货区拥堵，对外来送货、取货、退货人员吸烟者进行引导和劝阻，消除验货区火灾隐患和定时清扫清洁验货区，避免"脏、乱、差"影响验货区整体环境卫生。

三、工业物业管理概述

（一）工业物业的概念

工业物业是指对自然资源或农产品、半成品等进行生产加工，以建造各种生产资料、生活资料的生产活动的房屋及其附属的设备、设施和相关场所。

供生产企业、科研单位安置生产设备与试验设备，进行生产活动或科学试验的物业及其附属设备设施称为工业厂房。工厂一般都有储备原材料和储备产品的建筑物，称之为仓库。工业园区是指在一定区域内建造的，以工业生产用房为主，并配有一定的办公楼宇、生产用房（住宅）和服务设施的企业社区。以上所说的工业厂房、仓库、工业园区等统称为工业物业。

（二）工业物业的分类

根据工业项目对环境的影响情况，工业物业可分为：

（1）无污染工业物业。物业内的工业项目对空气、水不产生污染，亦无气味、无噪声污染。

（2）轻污染工业物业。物业内的工业项目不产生有毒，有害物质，不产生废水、废渣，噪声污染小，无燃煤、燃油的锅炉等设施。

（3）一般工业物业。物业内的企业项目必须设置防治污染设施。

（4）特殊工业区。物业内的工业项目因大量使用有毒、有害的化学品，必须设置完善的防治污染设施。

（三）工业物业的特征

（1）投资大，投资回收期长。工业物业建设需要巨大资金，从投资决策、规划设计、土地征用、施工建设，到厂房建成投入使用，再到资金的回收，一般需要较长时间。

（2）非流动性。生产不同的工业产品对工业物业的要求是有区别的，再加上一些工业物业具有规模大、投资大的特点，使得工业物业在房地产市场中交易缓慢，具有非流动性。

（3）工业设备的功能容易过时。新技术革命带来功能更先进的设备，这对原有的技术设备造成很大的冲击，这无疑会增加投资者的风险。因此，在远景规划时，投资者应以审慎的态度，通过增加物业的租赁用途等方法尽量防范这种风险。

（4）对周围环境容易产生污染。生产企业对环境造成污染主要包括以下几种情况：

①空气污染。造成空气污染的因素有：直接燃煤，排放过多的二氧化硫气体；机动车排放尾气，经强紫外线照射形成光学烟雾污染；基建扬尘形成尘烟污染。

②水体污染。工业废水含有大量有毒、有害污染物，进入水体后形成水体污染。

③固体废弃物污染。固体废弃物是人们在生活和生产中扔弃的固体物质。

④噪声污染。工业企业造成的噪声污染主要有交通噪声和生产噪声。

⑤电磁波污染。工业生产中的电子设备设施、电器设备设施产生的污染。

（5）建筑独特，基础设施齐全。工业厂房通常采用框架结构的大开间建筑形式，室内采光、通风好。房屋抗震性、耐腐蚀性和楼地面承载能力强，工业物业内一般有高负荷变电站和污水处理厂、邮电、通信设施齐全，以满足企业的生产要求。

（6）工业物业的服务需求多样化，主要有基础服务、延伸服务和小区企业文化建设服务三大需求。

①基础服务除住宅物业服务内容外，还包括直接保障正常生产的供电、给排水、电梯、消防、通信、信息网络等设施、设备的维护；企业消防安全检查和室内电检；为保障企业正常生产秩序对来访人员的严格管理；为企业产品、货物的安全出入对各类车辆的管理；生产废弃物的清运、书刊信报和邮件的收发等。

②延伸服务包括根据生产需求对厂房、办公用房的装修改造；车辆的落户年审；会务服务、员工就餐，以及与市政、卫生、交通、治安、供水、供电、供热、街道等行政部门相关事务的协调，还有园区内的固定资产管理。

③小区内企业文化建设服务，主要指小区内的各项活动，通过这些活动保证工业园区内的各项工作顺利进行，实现工业物业的优质化。

（四）工业物业管理的特点

针对工业物业的特征，我们可以看出工业物业不同于一般物业，那么工业物业管理也不同于一般的物业管理，它是集企业后勤服务、企业管理和物业管理于一体的，对企业物业和辅助生产过程的管理。其具体特点如下：

（1）风险性高。指园区物管企业在租赁、服务、管理过程中，会遇到来自客户、自身管理、外部环境等方面的风险。与住宅类物业管理相比，工业园区物业管理的风险来自更多方面，如客户的经营状况、遵章守法情况、劳资纠纷、政策等方面的风险，必须靠内容更广泛的综合管理加以规避。

（2）租赁、服务和管理的高度关联性。在工业园区物业管理中，租赁、服务、管理三者环环相扣，相互影响，具有高度的关联性。其中租赁是服务和管理的前提和基础，只有招进客户、稳定客户，服务和管理才有对象；而服务是租赁和管理的必要条件，只有优质的服务，才能更好地稳定客户，并吸引更多的客户入园；管理是租赁和服务的保证，规范的管理，才能保证园区客户的正常经营，才能得到政府部门的大力支持。三者的关系相辅相成，高度关联。

（3）良好的效益互动性。物管企业、业主和客户之间的效益是互动的。工业园区规划不科学、配套设施不完善，会影响到物业管理的难易程度和物业招租与价格；物管企业的服务不到位，势必影响到客户经营，经营不正常，反过来又不能按时足够缴纳相关租费，影响业主和物管企业的效益。近年来，一些面向国际市场的加工企业，国外客户在下订单时要求提供工厂生产环境条件、工人生活保障措施，这些条件和措施要求工业园区规划合理、配套设施齐全。物业服务企业要提供优良的服务，满足各方面的要求，这样工厂才能正常组织生产，也只有客户正常生产，才有各方长期的合作。

（4）物业管理的综合性。一是管理的范围广泛，涉及一般的物业管理内容、客户的生产经营、员工权益保障、工业园区的生活秩序管理等内容；二是专业性强，如配套设施、消防管理等，与生产环节联系紧密、专业化程度高，要求从业人员有较高的专业技能；三是政策性强，如园区内承接政府下放的部分职能，如劳动关系协调、计划生育管理等，都需要管理人员切实掌握国家政策，依政策办事。

四、工业厂房物业管理

（一）工业厂房物业管理的含义及特点

工业厂房物业管理主要是指物业服务企业对工厂的生产车间及其附属建筑物，如厂房、宿舍、食堂、办公楼等配套房屋，所进行的维修、养护和管理。

工业厂房物业管理的主要特点：

（1）管理内容相对简单，服务对象单一。

（2）物业管理者与企业管理者两者之间的权责划分不清，时有冲突。

（3）安全管理难度较大，尤其是消防安全的难度大。

（二）工业厂房物业管理的内容

1. 工业厂房的设备设施管理

为了保证工厂工业生产的正常进行，必须对工厂一些主要的设备进行重点管理，如载货电梯的管理、工业供水供电管理、变电房的管理等，同时，公共管网对整个工厂的正常运作事关重大，其维修养护十分重要，如电话线、污水管等的维修养护工作等。

（1）载货电梯的管理。电梯是现代化的工业厂房中最常用的、使用最频繁的运输设备，保证电梯的正常运行，对保障所有企业的生产生活有重要作用。为了管好用好这些电梯，必须对电梯司机进行专门的培训，并配备专业的维修技术人员，完全按照专业化的要求进行管理。为了更加有效地管理好电梯，物业管理人员应该参与电梯的选型、订货、安装验收以及年检等工作。

（2）工业供水供电管理。工业用水用电不同于生活用水用电，其耗水量大，耗电量大，电容量也较生活用电的大一些。而且水电的中止对厂家造成的损失有时是难以估计的。因此，水和电的正常供应是工厂进行工业生产的重要保障，对它们的管理是不容忽视的。为此，物业管理人员要做好工厂正常供水及供电的保障工作，应保证24小时供应。同时，要加强对高压变电房的管理，完全按照供电部门的安全操作规程进行管理，高配值班室每天24小时要有人值班、节假日照常，确保电力供应。同时值班人员应根据用电情况适时地调节和补偿功率因素，使电网保持在较为经济的运行状态，以降低电耗、节约能源。

（3）公共管网的维修养护。包括热力管线、燃气管线、生活污水管线、生产废水管线、电力管线、自来水管线、雨水管线等，其所经过的上方应设置明显标识，以防止重载车辆的碾压和施工对管线造成的意外损坏。物业管理人员要定期对这些管网进行检查、测试及维护，以保证这些管线正常使用。

（4）维护物业辖区内各种公共标志的完好性。这些标志为进入辖区内的车辆和人员提供向导和警示的作用。因此，需要经常地、定期地进行检查、维护及核对，及时修复或更换破损的标志或已作了内容调整的标志。

2. 工业厂房的消防管理

（1）工业厂房要建立严格的消防制度，明确各级消防人员的职责。

（2）要配备专门的消防管理人员，熟悉和掌握各种消防保安器材的使用。

（3）要建立严格的消防措施，配备消防用具，如消防带、消防柱、灭火具、沙子等用品。

（4）要配备有先进的报警设备、工具等，如烟感报警监控系统和自动喷淋灭火系统等。

（5）要不定期地组织消防教育和消防演习。

3. 工业厂房的安全管理

（1）工业厂房和仓库都要建立严格的值班守卫制度，对人员、产品的进出都要进行认真的检查登记。

（2）无关人员不得进入厂房和仓库重地。

（3）下班后厂房与仓库要严格执行值班巡逻制度以及其他安全措施。

（4）严格执行两人以上进入仓库、锁门等制度。

4. 工业厂房的环境管理

厂房同其他物业一样，工业厂房的绿化保工作也很重要。只是在具体管理上有一些差别。如绿化方面应根据工业厂房生产特点种植一些能适合排除工厂异味和废气的植物。卫生保洁工作也会因工业生产内容的不同而有不同的要求。由于工业厂房使用功能上的特殊性，有的厂房难于保持清洁，如重工业生产厂房；有的工业厂房要求清洁度相当高，甚至要求车间内一尘不染，如生产精密化仪器仪表的工厂和食品加工生产工厂的厂房。因此，对不同的工业厂房应有不同的卫生保洁制度和方法，对难以保持清洁的工业厂房，应勤清洁、清理、清扫。清洁要求高而严的厂房平时要采取保护清洁的措施，如进入车间要严格管理，要更换衣帽鞋子，戴好手套和帽子等。总之，尽管工业厂房和货仓的清洁难度大，但仍要设法做好，以保证生产顺利进行。

值得注意的是，对于工业厂房的物业项目，物业服务企业只承担厂区内清洁、绿化、安全保卫工作，维修保养只限于涉及物业本身公共的设施、设备，生产设备的维修和保养不在物业管理的范围内。工业厂房一般实行封闭式管理，安全保卫工作的重点是厂区内的消防安全、厂区进出车辆及人员的控制以及企业内部员工偷盗的防范等。厂区内生产设备的水电供应是物业管理的重点之一，供水、供电设备的运行、维修保养工作较其他物业更为突出和重要。因物业管理原因致使非正常的停水、停电将给物业服务企业带来较大损失。

五、工业物业管理的要求

1. 对治安保卫和消防工作有严格要求

高科技型生产企业从原材料到产品、成品，不仅价格昂贵，而且技术保密性强，一旦丢失或损坏，会给企业生产带来很大损失。因此，必须加强安全防范，建立一套有效的制度，防患于未然。生产企业会使用和接触一些危险品，如管理不善，易发生火灾、爆炸事故。因此，物业服务企业要做好危险品的管理工作，定期检查，消除不安全因素。

2. 要求加强对重点设备设施的管理

工业用水、用电不同于生活用水、用电，其耗水量大、耗电量大。停水、停电都会造成相当大的负面影响，尤其是有的企业是连续生产的，一旦发生停电、停水就会带来巨大损失。因此，工业厂房必须保持持续的供水、供电，如果确实需要维修、抢修而需要临时中断时，必须要提前做好安排。

3. 对保洁、绿化等常规性服务要求高标准

由于使用功能的特殊性，有的生产用房难以保持清洁；有的工业厂房要求清洁度相当高，甚至要求车间内一尘不染。因此，对不同的工业厂房应有不同的卫生保洁制度和方法。对难以保持清洁的工业厂房，需勤清洁、清理、清扫。对清洁要求高的厂房平时要采取高新保洁技术，满足清洁要求。同时，做好对工业垃圾和生活垃圾的分离及处置工作，尤其对有毒有害的工业废弃物更要做好妥善的处理。

绿化方面，应根据工业厂房生产特点种植一些能适合排除工厂异味和废气的植物，能够为工人的工作、生活、娱乐提供一个优美的环境。

4. 对物业管理的专业性要求强

各类生产企业有其各自的生产设备和设施，专业性强。这就要求物业管理部门了解不同行业的有关知识，有针对性地制定具有权威性和约束力的管理规定，养护好辖区内的设备设施，维护辖区内正常的生产经营秩序。

第五章　物业环境与保洁管理

一、环境与物业环境

物业管理与环境密不可分，物业环境管理是维护现代居住小区的生态环境乃至城市生态环境，促进城市可持续发展的基础。物业环境是城市环境的一部分，是城市范围内某辖区的小环境，是城市环境的单元。物业环境时刻影响着人类居住、工作、教育、卫生、文化、娱乐、经济、贸易、生产等活动，是人类生存和发展的基本环境。物业环境得不到保护，很容易成为污染源，并直接威胁城市整体环境，进而影响人类的身体健康和生活质量。

对物业管理服务的对象来说，最能直接感受到物业管理成效和服务水平的是物业环境的好坏，如物业管理区域环境是否整洁、居住区是否存在环境污染、公共场所绿化面积大小和绿化效果如何、治安是否良好、区域交通是否通畅等，都是物业环境管理的重要内容。

（一）什么是环境

根据《中华人民共和国环境保护法》规定：环境是指影响人类生存和发展的各种天然的和经过人工改造的自然因素的总体，包括大气、水、海洋，土地、矿藏、森林、草原、野生生物、自然遗迹、人文遗迹、自然保护区、风景名胜区、城市和乡村等。环境是人类进行生产和生活活动的场所，是人类生存和发展的物质基础。从另一种角度说，就是作用于"人类"这一主体的所有外界事物与力量的总和，也就是指与"人"有关的周围地方或者所处的情况和条件。环境有自然环境和社会环境之分。

1. 自然环境

自然环境是环绕人们周围的各种自然因素的总和，如大气、水、植物、动物、土壤、岩石矿物、太阳辐射等。这些是人类赖以生存的物质基础，被划分为大气圈、水圈、生物圈、土壤圈、岩石圈五个自然圈。

2. 社会环境

社会环境是人类通过长期有意识的社会劳动，在自然环境的基础上，加工和改造了的自然物质、创造的物质生产体系、积累的物质文化等所形成的环境体系，是与自然环境相对的概念。社会环境一方面是人类精神文明和物质文明发展的标志，另一方面又随着人类文明的演进而不断地丰富和发展，所以也有人把社会环境称为"文化—社会"环境。

（二）什么是物业环境

1. 物业环境概念

城市环境是人群集中的聚落环境，主要是指在一个城市范围内的大环境。物业环境是城市环境的一部分。物业环境主要是指城市中某个物业管理区域内的环境，它是与业主和使用人的生活和工作密切相关的各种必需条件和外部变量因素的综合。

2. 物业环境分类

（1）按区域通常分为物业内环境和物业外环境，一般来讲楼宇内的环境叫做物业内环境，楼宇外的环境叫做物业外环境。

（2）按自然条件和社会环境的不同角度分，物业环境包括了硬环境和软环境。

1）硬环境。这是指与业主和使用人有关或所处的外部物质要素的总和，也就是那些可以看得见、摸得着的物质环境，如物业管理区域的水体、楼房、道路、花草树木、雕塑、人造景观等。

2）软环境。多是相对硬环境而言的，是指与业主和使用人有关或所处的外部精神要素的总和，也就是无法用五官感受的一种心理上的感受，如邻里之间的和睦相处的人文环境、行为良好的文明环境、夜不闭户的安全环境等。

这两种环境是相互影响和相互促进的，硬环境是物业环境的基础和先决条件，软环境则是保持良好硬环境的指标与形象标准。没有好的硬、软环境，就难以形成好的物业环境。硬环境虽好，但软环境若不到位，也不能使好的硬环境很好地保持，甚至会受到人为的破坏。因此，硬环境的建设离不开软环境的支持，软环境的建设也离不开硬环境的物质基础。

（3）按用途分。

1）生活居住环境。生活居住环境是指提供给人们居住的物业环境，包括内部居住环境和外部居住环境两个方面：

①内部居住环境。内部居住环境是指住宅（以家庭为居住单位的建筑）的内部环境。影响住宅内部环境的因素如表 1 - 5 - 1 所示。

表 1 - 5 - 1　住宅内部环境的影响因素

影响因素	说明
住宅标准	住宅标准主要有面积标准和质量标准。面积标准一般是指平均每套或每户建筑面积和平均每人居住面积的大小；而质量标准是指设备的完善程度，如卫生设备、供水、供电、供气、供热、电视、电话等设施的完善程度
住宅类型	住宅类型涉及住宅的高度和层高。住宅有低层、多层和高层之分。一般来说，低层或多层住宅居住的方便性优点比较突出，而高层住宅因室内容量大、室外视觉效果好，居住起来舒适
隔声	住宅建筑的居室上下或前后左右要有良好的隔声效果，对电梯或楼梯、管道及外部噪声要有良好的防护效果
隔热与保温	住宅建筑在夏天具有良好的隔热效果，在冬天具有良好的保温功能，这是改善居住环境的重要条件

影响因素	说明
光照	居住建筑室内必须具有适宜的光照时间和强度，包括自然采光和人工照明两种情形
通风	通风一般是指自然通风。居室应具有良好的通风条件，特别是在炎热而没有空调的情况下，居室更应具有良好的通风条件。另外，风向与风力也是影响居室环境的重要因素
室内小气候	住宅建筑室内要具有适宜的气温、相对湿度和空气对流速度，确保室内居住环境空气清新，温度、湿度适宜，不损害人身健康，保持居室内环境的舒适性
室内空气量和二氧化碳含量	居住建筑室内要保持足够的新鲜空气量，尽量降低对人身心健康有害的二氧化碳及其他有害、有毒的气体含量，使人们居住在一个安全、舒适的室内环境之中
其他	如湿度、电器噪声等

②外部居住环境。外部居住环境是指居住物业所在区域内，与居民生活密切相关的各类公共建筑、公共设施、绿化、院落和室外场地等设施与设备的情况和条件。外部居住环境与内部居住环境的有机结合，构成了居住物业的生活居住环境。影响住宅外部环境的因素如表1-5-2所示。

表1-5-2 住宅外部环境的影响因素

影响因素	说明
居住密度	居住密度是指单位用地面积上居民和建筑的密集程度，通常用单位用地面积所容纳的居民人数和单位用地面积所建造的住宅建筑面积两个指标来衡量。从居住的舒适性角度考虑，居住密度以低为优
公共建筑	居住物业的公共建筑是指为居民生活服务的各类公共建筑，包括中小学、幼儿园、托儿所、医院、电影院、商店、邮局、银行等文教、卫生、商业服务、公安、行政管理等方面的公共建筑。居住物业的公共建筑配套完善，是保证居住物业具有良好外部环境的基本物质条件
市政公共设施	市政公共设施是指居住物业的居民生活服务的设施，如道路、各种工程管线、公共交通等。一般来说，完善、便利的市政公共设施能够给居住物业提供一个良好的外部居住环境
绿化	绿化是指居住物业的室外公共绿化面积和绿化种植。绿化不仅有利于调节小气候，而且还能美化居住环境，有利于人们的身心健康
室外庭院和各类活动场所	室外庭院主要是指住户独用的室外庭院和公用的生活用地。居住物业的活动场所主要包括儿童游乐和成年人、老年人休息活动的场所。这些都是居民生活居住所不可缺少的组成部分
室外环境小品	室外环境小品主要包括建筑小品、装饰性公共标志、公共小设施、公共游憩小设施以及地面铺砌等
大气环境	居住物业区域内，空气中有害气体和有害物质的浓度与气味，直接影响着居民的身心健康。因此要保持良好的室外大气环境，应消除空气中的有害、有毒气体，或者最大限度地降低其浓度，确保居民人身安全和身心健康
声环境和视环境	为了确保一个良好的居住环境，应尽可能降低噪声强度和住户相互间视线的干扰程度
小气候环境	应做好居住区内的气温、日照、防晒、通风或防风等状况的维护工作，确保居住区内优雅、舒适的小气候环境

续表

影响因素	说明
邻里和社会环境	居住区内的社会风尚、治安状况、邻里关系、居民的文化水平和艺术修养等，都会直接影响居住环境
环境卫生状况	居住区的卫生状况好，能够净化环境，给居民提供一个清洁宜人的生活环境

2）生产环境。生产环境是指提供给企业及其生产者从事产品生产的相关设施与条件，其主要影响因素如表1-5-3所示。

表1-5-3　生产环境的影响因素

影响因素	说明
用途及类型	物业用途及类型是否与使用该物业生产的产品相一致，是影响生产环境的首要问题。例如，假设将一个层高较低的生产用房用于生产用途上，生产一种需要较高层高的厂房才能正常生产的产品，则其生产环境一定比较差
隔声	隔声要求生产用房之间、生产用房与外界不造成噪声污染，确保生产者在生产工作时不受噪声的干扰，同时保证不影响外界他人的活动
隔热和保温	隔热和保温要求生产用房在夏天能防止室内温度急剧上升，在冬天能防止室内温度急剧下降，确保生产者在一个适宜的温差环境中从事生产活动
光照与通风	要求生产者能在具有足够的自然采光或人工照明和良好的通风条件的生产用房内从事生产
绿化	生产区域内若有足够的绿地面积和绿化种植，不仅有利于厂区小气候的调节，而且能够美化厂区环境，有利于生产者的身心健康，树立良好的企业形象
环境卫生状况	良好的环境卫生状况，能够确保生产者在一个清洁、卫生的环境中从事生产，是高效率生产高质量产品的重要条件
交通条件	生产型企业通常需要大量运进原材料及燃料，运出产品，因此必须有便捷的交通条件
基础设施	企业生产对基础设施的依赖性较强，生产用房的电力供应情况、生产用水是否能够满足需要、排污及污染治理的可能性、通信条件等，都是影响生产环境的因素
行政服务条件	直接为生产型企业服务的公安、银行、工商、税务、环卫等行政服务机构的设置，对于确保企业有一个良好的生产环境，起着十分重要的作用

3）商业环境。商业物业环境是指用于商业目的的物业，包括商店（商场、购物中心、商铺、市场等）、旅馆、餐馆、游艺场馆（娱乐城、歌舞厅等）和商务写字楼等所在区域的情况和条件，其主要影响因素如表1-5-4所示。

4）办公环境。办公环境是指以各种行政办公为目的的物业环境，主要包括商务写字楼、宾馆、各种类型的办公楼等。办公物业环境包括办公室内环境和办公室外环境。

①办公室内环境的影响因素主要包括办公室结构、隔声效果、隔热与保温、光照和日照、室内空气、室内景观布置、办公人员的基本素质等。

表1-5-4 商业环境的影响因素

影响因素	说明
物业类型与档次	商业物业有低层、多层和高层之分，同时其物业档次也不相同。一般来说，其档次越高，相关的商业环境就越好，客户对商业环境的要求相对来说也要高一些
隔声	商业物业应有较好的隔声效果，以免影响他人或外界，造成噪声污染
光照与通风	商业物业在使用中，其室内应有足够的自然采光和人工照明，同时应具有较好的通风效果
室内小气候	要求室内具有适宜的气温、相对湿度和空气流动速度
室内空气含氧量	室内空气要具有足够的含氧量，最大限度地降低有毒、有害、有异味的气体或物质，确保使用人的人身安全和身心健康
绿化	商业物业要有足够的绿化面积和绿化种植或盆花种类
环境卫生状况	良好的环境卫生状况，有利于商业活动的开展和吸引顾客
环境小品	美观、合适的环境小品，能给商业活动的开展营造一个良好的情境和氛围
商业设施	完善、配套和便捷的商业设施，为商业活动的开展奠定了基础
交通条件	对于商业物业来说，应考虑两个方面的交通条件：一是顾客方面，主要是公共交通的通达度（附近公交线路的多少，公交车辆时间间隔，以及公交线路联结的居民区个数；距飞机场、火车站、码头等的距离远近）；自行车、摩托车和汽车的停车场地问题。二是经营方面，要考虑进货和卸货的交通便利程度
服务态度和服务水平	商业物业的服务态度越好、服务水平越高，其商业服务环境就越佳，相应的商业效益就越好

②办公室外环境的影响因素主要包括室外绿化、环境小品、大气环境、声环境、视觉环境、环境卫生状况、治安状况等。

二、物业环境管理综述

（一）物业环境管理的含义及任务

1. 物业环境管理的含义

物业环境管理就是物业管理公司按照物业服务合同约定，对所管辖区域的物业环境进行维修、养护活动。

物业环境管理是物业管理系统中十分重要的一个环节。物业环境管理的主体一般是企业性质的物业服务公司，还包括一些物业服务公司聘用的专业清洁公司或保安公司等。物业环境管理作为物业管理的一部分，也是一种市场行为和有偿活动。

2. 物业环境管理的任务

物业环境管理的任务主要是保护和维持物业管理区域内的面貌，防止人为破坏和自然损坏，维护物业管理区域内正常的公共秩序，为管理区域的居住人群提供良好的生活、办公和生产环境。

（二）物业环境管理的特点

1. 管理范围的地域局限性

无论是住宅小区还是办公楼等非住宅的物业管理，都只是在城市区域中的某一个地段、地点上实施，其环境管理是对一种聚落空间特定的环境进行管理。各地段、地点的自然环境和人文环境往往差别较大，所面临的环境问题也不完全一样。

2. 管理对象的特定性

物业环境管理一方面是对物业所有人和使用人的环境行为的管理；另一方面是对所辖区内的不动产的环境质量进行管理。这两方面的管理都是与特定地方的特定人、特定物相结合的。

3. 服务性

物业管理企业的环境管理具体任务范围主要由物业管理委托合同加以规定，规定物业服务企业必须按照物业服务合同为业主和使用人提供服务。

4. 管理内容的有限性

狭义的物业管理内容主要涉及房屋维修管理、设备设施管理、辖区安全管理、绿化管理、环境卫生管理等方面有关人体健康安全和环境质量的内容。广义的物业环境管理内容还包括对辖区内业主和使用人进行可持续发展观、科学的生态环境观的宣传教育，发动群众参与所在城市和社区可持续生产和消费运动等本省区环境文化建设事项。显然，宏观意义的环境管理内容，在现代化城市管理中是不可缺少的。

5. 管理工作的配合性

物业环境管理的中心是维护和提高辖区的整体环境质量。为达到此目标，物业管理企业一方面要自主开展有益辖区自然环境质量保持和改善事业；另一方面要积极按照国家特别是地方政府关于城市环境和社会环境建设的任务要求做好落实工作。另外，有关环境违法行为的查处权由有关行政主管部门掌握，物业管理企业一般只有监督权而无处罚权和强制权，故对辖区内发生的环境违法行为，要配合有关行政主管部门做好查处工作。

（三）物业环境管理的内容

物业环境管理根据管理的最终目的，按自然条件和社会环境的不同角度分，有十项内容，如图 1 - 5 - 1 所示。

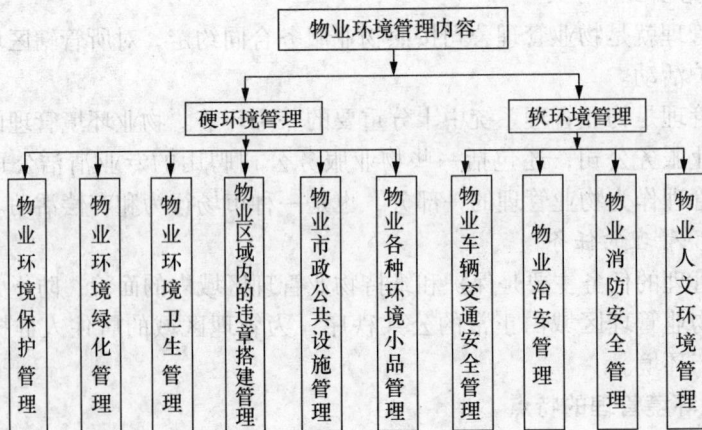

图 1 - 5 - 1　物业环境管理内容

1. 物业环境保护管理

物业环境保护，是指物业服务管理公司执行国家有关的环境保护法律法规，采取各种可行、有效的措施，防治物业管理区域内的大气污染、水体污染、固体废弃物污染、噪声污染等。物业管理企业必须要加强对物业管理区域内供暖设备、给排水设备、交通道路、活动场所、娱乐场所、食堂等辅助设施的管理，实现废气、废水的达标排放，减少噪声对业主的影响，减少地面扬尘，减少垃圾的产生并将已产生的垃圾予以妥善处理等。

2. 物业环境绿化管理

尽量扩大绿化面积及种植花草、树木的种类，不仅可以净化空气，调节物业区域小气候，保持水土、防风固沙，而且还可以消声防噪，达到净化、美化环境的目的。物业环境绿化是由绿化和美化两部分组成的，统一归到物业环境绿化管理的内容中。

（1）环境绿化主要是在物业管理的公共场所种植和养护花草树木，在楼宇公共场地布置和维护绿化景观。

（2）环境美化主要是增设人文景观、建设各种环境小品。环境小品具有美化环境、组织空间和方便实用的功能，就其性质来说，可以分为功能性（如电话亭、标示牌、儿童游戏设施、休息厅廊等）、装饰性（如花架、花坛、水池、人工喷泉、假山等）和分隔空间小品（如围墙、栏杆、台阶等）三类。

3. 物业环境卫生管理

物业环境卫生管理是物业管理中一项经常性的管理服务工作，其目的是净化环境，给物业业主和使用人提供一个清洁宜人的工作、生活的优良环境。物业环境卫生管理主要包括以下两方面内容。

（1）对管理区域的卫生情况进行保洁管理，包括清扫内外环境卫生、清除公共设施和楼宇的污渍、收集和清运生活垃圾、维护和保养卫生设施等。

（2）灭杀公共场所的"四害"等害虫，对公共场所设施进行消毒管理等。良好的环境卫生不但可以保持物业区域的整洁，而且对于减少疾病、促进身心健康十分有益，同时对社会精神文明建设也具有很重要的作用。

4. 物业区域内的违章搭建管理

违章搭建是对整个物业区域和谐环境的破坏。它既有碍观瞻，又影响人们的日常工作和生活，还可能带来交通、消防等方面不安全的问题。因此，物业管理公司一定要协助有关部门，认真做好防止和及时清除物业区域内的违章搭建的管理工作。

5. 物业市政公共设施管理

为物业业主、使用人和受益人生产、生活、办公等服务的市政公共设施是该物业区域的一个重要组成部分，它一旦遭到破坏或损坏，便会影响人们正常的生产、生活和工作。因此，加强市政公共设施的管理也是物业管理公司环境管理的一项重要工作。

6. 物业各种环境小品管理

环境小品具有方便实用、美化环境、优化空间的功效。不同物业，环境小品的布置原则和方法不尽相同，环境小品的管理应从使用功能出发，在整体环境协调统一的要求下，保持与建筑群体和绿化种植紧密配合，才能达到理想的效果。

7. 物业车辆交通安全管理

车辆是人流、物流的载体，是现代生活的重要组成部分。物业区域的交通道路是物业人流、物流流动的通道。物业相对于其外部环境，车辆交通是对外联系的主要载体与通道，在物业使用中有着特殊的重要性。车辆交通管理的目的是为了建立良好的交通秩序、车辆停放秩序，确保物业业主、使用人和受益人的车辆不受损坏和失窃，以创造良好的交通安全环境为主要目的。

8. 物业治安管理

物业区域内的治安管理工作是指物业管理企业为防盗、防破坏、防不法侵害、防意外及突发事故而在所管物业区域内进行的一系列管理活动。治安管理防治的对象主要是人为造成的事故与损失。其目的是避免所管物业区域内财物受损失、人身受伤害，维护正常的工作、生活秩序。治安管理在整个物业管理中占有举足轻重的地位。它是物业业主、使用人和受益人正常工作、安居乐业的基本保证，也是整个社区及社会安定的基础。同时，良好的物业治安环境能提高物业和物业管理企业的声誉。

9. 物业消防安全管理

消防管理工作在物业管理中占有头等重要的地位。为使物业业主、使用人和受益人有一个良好的物业使用环境，物业管理公司应做好物业消防设施和器材的配置与管理、消防宣传教育等工作，要预防物业火灾的发生，最大限度地减少火灾损失，为物业业主、使用人和受益人的生产和生活提供安全环境，增强其安全感，保卫其生命和财产的安全。

10. 物业人文环境管理

新型的人文环境应该是和睦共处、互帮互助的生活环境；互利互惠、温馨文明的商业环境；融洽和谐、轻松有序的办公环境；安全舒适、相互协作的生产环境等。新型的人文环境可以使人们焕发热情，提高工作效率，热爱生活，充满爱心，并对社会治安状况的好转有着很大的促进作用。

（四）物业环境管理的目标

物业环境管理的实质，就是要遵循社会经济发展规律和自然规律，采取有效的手段来影响和限制物业业主、使用人和受益人的行为，以使其活动与环境质量达到较佳的平衡，保证物业正常良好的工作、生活秩序与创造优美舒适的工作、生活环境，确保物业经济价值的实现，最终达到物业经济效益、社会效益和环境效益的统一。按照这个总目标，物业环境管理的具体目标，主要有以下几个方面：

1. 创造一个可持续发展的健康环境

合理开发和利用物业区域的自然资源，维护物业区域的生态平衡，防止物业区域的自然环境和社会环境受到破坏和污染，使之更好地服务于人类劳动、生活和自然界生物的生存和发展。管理内容体现在物业环境保护管理、市政公共设施管理等方面。

要达到这一目标，就必须把物业环境的管理与治理有机地结合起来，也就是合理利用资源，防止环境污染；在产生环境污染后，做好综合治理的补救性工作——这是防止环境污染和生态破坏的两个重要方面。在实际工作中，我们更应该注意以防为主，把环境管理放在首位，通过管理促进治理，为物业业主、使用人、受益人创造一个有利于生产和生活的优良环境；一个既能保证技术的合理发展，又能防止污染，健康、舒适、优美的物业环境，以达到物业的经济效益、社会效益和环境效益的统一。

2. 创造一个清新、美好的绿色环境

随着人民生活水平的不断提高，光有健康的生态环境远远不能满足人民群众日益提高的物质和精神文明的要求，因此，物业环境管理要加强绿化管理，适应当今人们注重环境选择"择绿而居"的要求，建立美丽绿色家园。

3. 创造一个洁净、整齐的卫生环境

这个目标是物业环境管理的基本目标。物业管理区域的卫生是否干净、设施是否整洁最能直观体现物业环境的好坏和管理水平的高低。如果物业管理区域内存在道路及绿地内随处可见杂物、楼道墙角灰尘覆盖、各种设施锈迹斑斑、各种设备破坏严重、公共网线杂乱交织、路面"疤痕"累累等现象，那么相应的物业环境管理就没有达到物业环境管理的目标要求，必须进行必要的整改。

4. 创造一个放心、稳定的安全环境

这个目标实质上是通过对硬环境建设来实现软环境的目标。物业管理公司有责任和义务贯彻国家关于物业环境保护的法规、条例、政策、规划等，并具体制定物业环境安全管理的方案和措施，做好物业环境安全的维护和监督工作，通过切实可行的能够保护和改善物业环境安全的途径，形成一个社会安定、居住安全的物业管理区域，为社会稳定和"展尽到物业管理公司的职责。

5. 创造一个和谐、舒适的人文环境

物业环境管理的提出与发展，孕育了一种新型环境文化，这种环境文化代表了人与自然关系的新的价值取向，认为人与自然本质上是一个整体，人与自然应当和谐相处。这种新型的环境文化，标志着人类在现代社会中高文化水平的意识觉醒，提高和普及公众的人文环境意识，是现代文明进步的标志和尺度。

通过物业管理人员的热情服务、积极开展保护环境的宣传教育、引导公众参与物业环境管理等手段，实现高水平的物业环境管理，保证正常的生活和工作秩序。

物业环境是一个局部区域的环境，但它直接影响着一个城市乃至整个国家的整体环境，最终涉及人类自身的切身利益。因此，普及环境意识，引导人们自觉遵守和维护有关保护物业环境的法律、政策，使人们关心物业环境、社会公共利益与长远利益。把物业环境管理方面的要求和标准变成人们自觉遵守的行为准则和道德规范，是实施物业环境管理的根本和基础。

（五）物业环境管理的基本原则

1. 依法管理的原则

物业环境管理主要是指业主依法将物业环境管理服务通过合同的形式委托给具有相关资质的企业，而物业服务企业按照业主的授权，依据物业环境管理的标准、规程、规范，对所委托的房屋及配套的设施设备和相关场地进行维修、养护、管理，维护物业管理区域内的环境卫生和相关秩序的活动。物业管理企业依法确定，环境管理内容是通过合同约定，管理活动是依照相关规程和规范处理，物业管理中发生矛盾和纠纷也必须按照有关法律的程序解决。因此，物业环境管理自始至终都是依照国家法律法规和地方的规章及规范性文件开展工作，不论是对物业管理企业内部的管理和工作要求，还是对小区内业主的服务和规定，必须依法行事。

2. 业主主导的原则

业主在物业环境管理中应处于主导地位，物业环境管理应以物业管理区域内的业主（或业主委员会）为权力核心。物业企业在接受了业主委托后，应按照业主的意志和要求，通过专业的环境管理服务人员，对物业环境进行管理。物业管理提供专业服务的同时，也离不开业主的参与和配合，特别是在卫生、绿化、消防、车辆等方面，业主应主动配合物业管理公司共同做好物业环境管理，创造出一个和谐、洁净、安全的物业环境，也使物业管理区域不断升值，为业主实现保值升值服务。

3. 服务第一的原则

服务是物业环境管理的本质特征。现代物业环境管理要求以新的管理思想、技术手段、管理手段管好物业，为业主和使用人提供优质、高效、经济、便捷的服务。物业环境管理是直接同业主利益相关的工作，从事物业环境卫生、绿化、安全、车辆和消防等服务的工作人员必须树立为业主和使用人服务的思想，增强服务意识，表现出良好的服务态度，提高服务技能，做好日常管理服务工作。

4. 权责分明的原则

物业环境管理是物业管理的一个重要内容，每天都要进行，因此，必须分清权责，包括物业服务公司与物业环境管理部门的权责、内部人员管理的权责、物业服务公司和业主之间的权责等。

5. 专业高效的原则

物业管理企业对物业开展管理是市场选择的结果，物业管理行业总体上进入门槛相对较低，企业之间竞争激烈，物业管理企业必须为业主提供优质的、专业的和高效的服务，才有可能被业主认可，而物业环境管理包括许多方面，但其性质和功能不完全相同，如绿化和安全、消防等内容有所不同，其管理人员也要求必须专业化，才能适应物业环境管理的发展需要。只有建立专业化的物业环境管理模式，才能真正地提高物业管理的实效，提高业主的满意度。

6. 统一管理的原则

物业环境管理要实行统一管理，避免各个管理环节上出现衔接性问题，造成物业环境管理的失误。如要进行物业二次装修，则要注意环境卫生的清扫、建筑垃圾的收运、物业消防的要求等，只有统一管理起来，才能保证物业环境得到持久的保持。

（六）物业环境管理的基本手段

1. 法律手段

依法治企、依法管理是搞好物业管理的基本保证。在物业环境管理中涉及许多法律问题，如何签订物业环境管理合同，如物业绿化委托管理、物业清洁委托管理等。环境污染中遇到的问题如何处理？环境安全遇到的问题如何处理？这些都要以我国的法律法规为依据，只有这样，才能有效地解决问题，从而得到法律的保护。

2. 经济手段

物业环境管理过程中，资金充足是搞好环境管理的物质基础。通过经济手段，如收取物业费、物业装修保证金、车位费等措施，保障物业小区内环境优美、整洁有序。收费遵循合理、公开以及费用与服务水平相适应的原则。收缴的费用要让业主和使用人能够接受并感到质价相符、物有所值。

3. 技术手段

物业环境管理专业性强，涉及管理、建筑工程、电气设备、给排水、暖通、门禁自动化、消防设备、保洁、绿化等多种专业领域。可以利用先进技术和先进设备，提高物业环境管理的专业性、高效性。

4. 宣传教育手段

物业区域内的业主、使用人和受益人，其环境意识的强弱是衡量其文明程度的重要标志。物业环境管理人员不仅应该加强对物业区域内成年人的环境意识教育，而且更应该重视对物业区域内的中小学生和学龄前儿童普及环境科学知识．使他们从小就养成良好的环境意识和习惯。总之，加强公众环境意识的宣传教育工作，无疑是保护环境、促进社会经济持续发展的战略性管理手段。

（七）物业环境管理的重要性

物业环境管理质量的好坏对人们的生活、对物业管理区域的价值体现、对物业管理公司的发展和对整个城市环境的改善都具有十分重要的意义。

1. 物业环境管理质量直接影响到人们的生活质量

在优美、安全的环境中工作、居住、生活，给人一种美的享受，使人感到舒适、方便、安全、顺心，这是外界环境给人的直接感受。同时，好的环境又能陶冶人们的情操，促进精神文明建设。可以说，居住环境既是物质文明程度的体现，又是精神文明建设的标志。作为人们工作、居住和生活的场所，物业环境管理的好坏是人们生活质量的一个重要体现，同时是关系到社会能否稳定、人们能否安居乐业的大事。

2. 物业环境管理质量关系到城市的可持续发展

随着国家城市化进程的加快，新的生产、生活和办公环境观念正在成为规范人们社会行为的一种指导原则，人们更注重人和环境的和谐发展。城市是由一个个小的单元组成的，其中物业管理区域是今后城市发展的重要组成单元，物业环境管理的好坏，既关系到城市环境的好坏，也关系到城市的形象好坏，同时又关系到城市能否有序发展。因此，物业环境管理质量的好坏直接影响到一个城市的可持续发展问题。

3. 物业环境管理质量具有品牌效应

通过物业管理改善和提升居住环境，成为开发商销售房屋的卖点。近年来，经历了从集团购买到散户时代的市场转型，国内的房地产市场已经发生了根本性变化，市场需求方的成熟带动了住宅产品的逐步成熟，楼市竞争逐渐演变成差异性的竞争，强调产品的个性化品质已经成为产品创新的主流，并很快反映到房地产市场的营销手段当中。良好的物业管理品牌效应不仅具有强大的号召力，而且符合市场发展方向，成为物业管理企业迈向市场并制胜的法宝之一。

4. 良好的物业环境管理可以实现经济效益

从业主角度看，物业环境管理搞得好，能延长房屋的主体结构、设备设施的使用寿命，使业主的经济利益得到保障；从开发企业角度看，物业环境管理不仅有利于房屋销售而且有利于开发企业以较高的价格售房，获取更大的利润；从物业管理企业角度看，物业环境管理部门可通过开展多种经营、提供各种有偿服务，弥补管理费不足，取得良好的经济效益；从政府角度看，如果没有小区物业管理，政府就要投入大量的人力、物力用于房屋维修和环卫、治安、绿化及市政设施管理。小区由物业公司管理后，政府不仅不需要投资，而且还可以向物业管理企业征税，经济效益是显著的。

（八）物业环境管理的发展趋势

物业管理企业应在环境科学和可持续发展理论指导下，认清环境管理和环境质量对社会以及业主的重要意义和作用，需要不断创新，不断完善所承担的物业环境管理工作，使业主获得最大的价值。下面介绍今后物业环境管理应当认识到的重点。

1. 建立物业环境质量动态评价系统

借鉴环境影响评价技术，同本地方环境监测部门保持环境信息交流，组织力量隔一段时间对本辖区的环境质量作一次评价，评价指标及数据和评估结果都建立数据库。当然，如果科技力量强，也可以搞一套辖区可持续发展评价系统，把辖区内的环境与经济、社会的影响关系量化，以指导物业管理的持续改进和完善。

2. 积极争取环境管理达到国际标准

环境管理体系（ISO 14000 系列标准）是国际标准化组织继 ISO 9000 系列标准后提出的又一套重要的系列标准，它包括环境管理体系、环境审计、环境标志、环境行为评价、产品寿命周期等方面。该标准是以消费行为为根本动力的，强调持续地改进，是一套环境自愿性标准，通过第三方认证的方式实施。根据实际情况，适时采用 ISO 14000 系列标准，对加强物业管理服务全过程的环境管理与控制，提高物业管理企业的环境管理水平和企业形象，实现环境保护和改善目标，具有积极的意义。1996 年 7 月，国家环境保护总局和国家技术监督局已经联合成立了"环境管理体系认证国家指导委员会"，以指导、协调和推进环境管理体系认证工作的发展。

3. 采取有效行动方案和措施推动物业小区内可持续生产和消费

应加强辖区环境文化建设，提倡和鼓励辖区内生产经营单位（含个体工商户和物业管理服务企业）和居民趋向可持续生产与消费，通过更高效地使用生产和自然资源，使废弃物最小化，产品和服务最优化，对环境质量作出贡献。

此外，区别辖区内各种污染源的性质和特点，采取适当对策予以控制，加强辖区防灾减灾方案预防和实施工作，提高环境管理科技含量，开发辖区立体园艺以增加绿化和美化，努力在促进人与自然、人与社区和谐基础上，开拓辖区居民舒适的生活空间、美好的感应空间和愉悦的精神空间，这些都是物业环境管理发展的重要方面。

三、物业环境卫生管理

物业环境卫生是保证人们健康、愉快工作和生活的必备条件，也是物业管理的重要任务。环境卫生管理是一项经常性、长期性的管理服务工作，其目的是净化环境，给业主和使用人提供一个清洁宜人的工作、生活环境。良好的环境卫生不但可以保持物业区域外观整洁，而且对于减少疾病、促进身心健康十分有益，同时，对物业区域内精神文明建设也有很重要的作用。

物业环境的整洁及其所带来的舒适，是物业区域文明的象征，更是物业管理公司服务水平的重要标志。物业环境卫生的好坏是评判一个物业管理公司管理水平的指标之一。

（一）物业环境卫生管理职责划分

物业环境卫生管理人员，一般由部门经理、技术人员、班组长、仓库保管员和保洁员等人员组成，他们的岗位职责如下：

1. 部门经理的职责

（1）按照物业服务企业的管理方针、目标和任务，制订环境卫生的保洁计划和费用预算，组织安排各项环境卫生保洁的具体工作。

（2）经常在物业区域内巡查，尽量做到每次检查各区域、各保洁任务的完成情况，并根据不同情况及时给出相应的处理意见。如果发现不足之处要及时组织人员返工，如果发现卫生死角，要及时调配人员予以清除。

（3）积极对外接洽各种保洁服务业务，做好对外提供保洁服务的创收工作。

（4）物业公司定期向业主汇报有关情况，听取有关意见和建议，积极改进工作，并接受物业所在地环境卫生行政管理部门的业务指导和监督。

（5）协助人事部门进行员工的招聘和培训工作。

（6）部门主管领导交办的其他任务。

2. 技术人员的职责

（1）配合部门经理的工作，拟订实施物业环境卫生保洁计划的方案。

（2）指导专用的保洁设施与机械设备的使用。

（3）随时检查和保洁机械设备。

（4）协助检查，监督保洁区域和保洁项目任务的完成情况。

（5）完成部门经理交办的其他工作。

3. 班组长的职责

（1）按照部门经理或当日主管的指示，具体落实保洁任务的人员安排。

（2）检查本班组员工出勤情况和工作情况，做好考核评估工作。

（3）检查或巡查所辖范围的保洁成效，发现问题马上纠正。

（4）编制本班组各保洁卫生用品和物料的使用计划。

（5）检查督促本班组员工使用、保养保洁器具和机械设备，以减少损耗、控制成本。

（6）观察和掌握本班组员工的工作情绪，批评、纠正、指导及评估员工的工作态度和工作质量。

（7）做好工作情况和保洁器具使用情况的报告。

（8）完成部门经理交办的其他工作。

4. 库管员的职责

（1）负责环卫物资供应保管、出入库等工作。

（2）按时到达工作岗位，到岗后巡视仓库，检查是否有可疑迹象，发现情况及时上报。

（3）认真做好仓库的安全、整洁工作，经常打扫仓库，合理堆放货物，及时检查火灾隐患。

（4）负责保洁工具用品的收、发工作。收货时，必须严格按质、按量验收，并正确填写入库单。发货时，一定严格审核领用手续是否齐全，对于手续欠妥者，一律拒发。

（5）领取工具或用品，必须由领班列出清单，经保洁主管审批签字后，方能发货。

（6）物品入库或出库要及时登记收、发账目，结出余额，以便随时查核。做到入账及时，当日单据当日清理。

（7）做好月底盘点，及时结出月末库存数据报保洁主管。

（8）严禁私自借用工具及用品。

（9）作好每月物料库存采购计划，提前呈报主管。

（10）严格遵守员工守则及各项规章制度，服从工作安排。

5. 保洁员的职责

（1）遵守劳动纪律，遵守物业管理公司制定的管理细则，统一着装上岗，树立良好形象。

（2）听从班组长安排，按规定标准保质保量地完成个人所应当完成的任务。

（3）严格按照保洁工作程序，确保安全及保洁成果的持续性。

（4）完成部门领导交办的其他工作。

（二）物业环境卫生管理范围

1. 公共场所保洁管理

（1）室内公共场所保洁和保养。主要是指围绕办公楼、宾馆、商场、居民住宅楼等楼宇内开展的物业保洁，包括楼内大堂、楼道、大厅等地方的卫生清扫、地面保洁、地毯清洗，门、玻璃、墙裙、立柱等物品的擦拭，卫生间清扫与保洁。

（2）室外公共场所的清扫和维护。室外公共场所主要有道路、花坛、绿地、停车场地、建筑小品、公共健身器材等。重点应做好地面清扫、绿地维护、建筑小品维护和保洁等。

（3）楼宇外墙保洁和保养。主要是指楼宇的外墙保洁和墙面的保养，以及雨篷等楼宇的附属设施维护。

2. 生活垃圾管理

（1）生活垃圾的收集和清运。根据物业管辖范围内居住人员情况和管辖区域物业的用途确定垃圾产生量，并以此来确定收集设施的规模，合理布设垃圾收集设施的位置，包括垃圾桶、垃圾袋、垃圾箱等。制订日常的清运计划和时间安排。

（2）装修建筑垃圾的收集和清运。城市居住面积大幅度提高，相应带来的装修建筑垃圾问题日益凸显。建筑垃圾产生量大，品种相对稳定，不宜降解。建筑垃圾如果混杂在普通生活垃圾中，会降低生活垃圾的热值和增加生活垃圾的数量，使生活垃圾难以采用焚烧处置或占用卫生填埋场地，增加生活垃圾处理的难度。因此，装修产生的建筑垃圾应单独收集和清运，并可采取综合利用的办法进行处置。

（3）垃圾收集设施的维护和保养。近年来，垃圾收集设施品种和规格不断增加，垃圾场中转设施更加完善，各种形状、规格的垃圾箱、果皮箱逐渐取代了传统的大型铁皮垃圾箱，应根据垃圾收集设施的特点经常性地对其进行维护和保养。

3. 公共场所卫生防疫管理

（1）公共场所传染病控制。公共场所包括旅店业、文化娱乐场所、公共浴池、图书馆、博物馆、医院候诊室、公交汽车、火车等。就目前物业管理范围而言，重点涉及的是住宅小区、宾馆、商场、办公楼等公共场所的消毒问题。

（2）公共场所杀虫、灭鼠。公共场所有许多病媒昆虫、动物，它们容易在人群居住地区传播疾病，尤其是苍蝇、老鼠、蚊子、臭虫、蟑螂、蚂蚁等。

（三）物业环境卫生管理的重要性

1. 业主和使用人生活、工作的最基本要求

物业环境卫生管理是工作的需要，也是生活的需要，是用户接触最多的一个方面。整洁的周围环境，不仅使人身体健康，而且赏心悦目，提高工作效率。所以，用户对卫生保洁看得很重，也往往最挑剔，一旦保洁搞得不好，就会引起投诉。

2. 体现物业服务企业管理水平高低

一般需对管理工作作详尽的考察之后，才能衡量物业管理水平的高低。但是，人们往往凭直觉来衡量，而在直觉方面，卫生保洁给人的印象最深刻。对于环境整洁的物业，用户和客人们对管理水平往往给予较高的评价，社会上用"卫生保洁是美容师"、"卫生保洁是脸面"来形容保洁工作。

3. 物业区域建筑和设备维护保养的需要

卫生保洁工作在延长建筑物和设备使用寿命上起到重要的作用。外墙瓷砖、花岗石如果不经常清洗保养，表面就会逐渐受到侵蚀；不锈钢扶手如果不及时保养，就会生锈，失去光泽；木质地板如果不经常保洁、打蜡，就会变得灰暗毛糙；地毯如果不经常清洗，就会很快变得肮脏不堪等。调查表明，地毯保养不好只能用 1～2 年，保养得好可用 3～4 年；大堂大理石地面一般用 7～8 年后光泽就不行了，要再进行磨光，但保养得好可以增加一半以上使用时间。因此，应当从建筑物和设备保养的高度、从经济的角度来认识保洁工作。

4. 社会经济发展的需要

许多人认为，卫生保洁工作就是扫帚扫扫、抹布抹抹，实际上，现代保洁工作涉及化学、物理、机械、电子等学科的知识。不同的建筑物材料需要使用不同的保洁剂，各种现代化的保洁设备的操作使用，高层外墙保洁的危险性与复杂性等，使现代保洁工作具有相当程度的技术性。例如，由于年代久远，旧楼外墙面的保洁一般难度很大，上海有的旧大楼用强酸性保洁剂清洗，结果造成了外墙面的损坏。

20 世纪 80 年代，一些专业性的保洁公司在上海、深圳等地成立，迅速发展，一些境外的专业保洁公司也看好中国市场，陆续在沿海城市设立分支机构，同时也带动了国内保洁水平的提高。目前，我国的保洁工作与先进国家还有一定的差距。保洁公司的业务范围大致为三个方面：一是各类保洁设备的销售；二是生产经营各种保洁剂；三是提供专业性的保洁服务。目前，各个保洁公司之间的竞争非常激烈。这种竞争将进一步推动保洁工作水平的提高和专业保洁公司的发展。

（四）制定完善的管理制度

1. 管理制度的制定原则

（1）明确要求。专人负责各区域清扫保洁工作；专人负责处理生活垃圾，日产日清；定时收集，定时清运；及时分类，定点倾倒；严格监督，保证环境整洁、舒适、优美。

（2）规定标准。"五不"、"六净"、"五无"标准——即做到不见积水、不见积土、不见杂物、不漏收堆、不见人畜粪，路面净、路沿净、人行道净、雨水口净、树坑墙根净、果皮箱净，无裸露垃圾、无卫生死角、无明显积尘污渍、无蚊蝇滋生地、无脏乱差。

（3）计划安排。制订清扫保洁工作每日、每周、每月、每季和每年的计划。

（4）定期检查。物业管理公司将每日、每周、每月、每季和每年清扫保洁工作的具体内容，用记录报表的形式固定下来，以便布置工作，安排进度，定期检查（如自查、互查、抽查等）。

2. 管理制度的基本内容

（1）拟定物业环境卫生保洁部门的劳动纪律。根据物业环境卫生保洁部门劳动的特殊性，首先要拟定物业环境保洁部门的劳动纪律管理规定。这个规定包括在物业环境保洁劳动中应当遵守的上下班制度、工作纪律、考勤制度、工作责任以及思想品德方面的规定。

（2）拟定物业环境保洁管理工作考核标准和办法。

（3）拟定日常卫生保洁与保洁机具的操作规程。包括：硬质地面处理程序；地毯保洁程序；硬质墙保洁程序；玻璃保洁程序；高空扫尘程序；卫生间保洁程序；公共区域保洁操作程序；固渍处理程序；计算机等办公设备保洁程序；保洁机械保养程序；抹布、地拖使用程序；消、杀、灭处理程序；外墙清洗工作程序；化粪池保洁处理程序；等等。

（4）拟定卫生保洁部门奖惩条例。针对物业环境卫生管理工作的特殊要求，拟定保洁部门的具体奖惩条例，主要包括以下几方面内容：嘉奖晋升的条件；一般奖励的条件；纪律处分的规定；对轻微过失、严重过失、违法乱纪作出具体界定和不同的处分；其处分形式可分为口头警告、书面警告、最后警告、除名或开除等。

（五）制订环境卫生管理工作计划

物业环境卫生保洁工作操作计划，按时间、频度不同，可分为每日、每周、每月的保洁工作计划。下面以小区管理（含高层楼宇）为例，介绍其卫生保洁工作计划。

1. 每日卫生保洁操作计划

每日卫生保洁的项目主要有物业区域的外围路面、绿化带内、停车场、垃圾桶桶身擦抹、各楼层公共通道、楼梯及扶手、生活垃圾收集清运、电梯间、男女卫生间等。

2. 每周卫生保洁操作计划

每周卫生保洁的项目主要有楼宇天台清洗、各层公共通道地面清洗、墙面除尘、公共部位门窗、风口百叶、不锈钢上油保养、地毯清洗、外围公共设施及地面大清理、消杀蚊蝇等。

3. 每月卫生保洁操作计划

每月卫生保洁的项目主要有楼宇公共部位的天花板、顶棚灯饰、路灯灯罩、地下室管线、大堂地面月（季）打蜡、水池清洗等。

4. 商厦环境卫生保洁服务作业计划

在物业环境管理中，大型高档商厦环境卫生管理最为复杂和繁琐，并且要求较高。科学而周密的作业计划，能使管理和操作更加高效。

（六）环境卫生保洁管理方案编写

根据物业的具体情况采用合适可行的环境卫生管理方案是保洁管理工作中的重要内容。而由于物业种类的多样化以及物业具体情况的不同，在选择保洁管理方案时，应有针对性地考虑实际情况。一般情况下，一份好的保洁管理方案应包括以下内容。

1. 制订详细的保洁工作计划安排

环卫保洁部的日常保洁工作应按照一定计划安排井然有序地进行，才能时刻保持物业环境的清洁与舒适。一般情况下，保洁部应根据物业的具体情况制定每日、每周、每月、每季直至每年的保洁工作计划安排。

2. 保洁剂的选择

在制订保洁管理方案时，应选用对人、建材、环境无污染、无损害并且无刺激性气味的保洁剂。并在保洁完成后喷洒空气清新剂，保持空气清新。

3. 保洁技术的选择

保洁技术的选择是保洁管理方案的重要内容，下面列举了如今常见的保洁技术，实际工作中可根据具体情况进行选择。

（1）大理石晶面处理技术，对大理石的保养采用云石水晶处理法，以增加其光泽。

（2）大理石打磨抛光技术，采取喷雾磨光清洁剂。

（3）不锈钢保养技术，按除垢、除渍、上光、抛光等工作程序进行。

（4）玻璃保洁技术，保洁与维护同时进行。

（5）地面保洁保养技术包括木板地、水磨石地、瓷砖地、胶板地、地毯。上漆耐磨水泥地面等保洁技术。

（6）地毯护理技术，干泡洗地毯法、湿洗地毯法、抽洗法、滚刷洗法或棉垫洗法。

4. 制定节能降耗措施

制定相关的节约用水、用电措施，严格执行机器原操作程序等规定，例如：

（1）警示所有人员，坚决杜绝长流水，彻夜开灯的情况发生。

（2）冲洗外围时要手压水管，使其出水口小，冲击力大，从而节约冲洗时间，节约用水。

（3）使用机器设备时，要抓紧时间，迅速地完成保洁作业任务，不可有不规范的操作，以最快的速度完成任务，以节约用电。

（4）取水后要及时关闭水龙头，同时注意对保洁管理区域的水源进行检查，如有漏水或未关闭的情况应立即进行处理。

（5）可自然采光区域应关闭照明设施，以节约用电。

5. 抵制环境污染措施

针对各种形式的污染、干扰源，在选择保洁管理方案时，应着重从以下几方面采取措施抵制污染。

（1）对垃圾收集、处理实行全过程封闭管理。

（2）最大限度地消除电磁波、噪声干扰。

（3）对游离粉尘、办公用品及办公设施排放的有害气体，建议增添吸收反应回收装置，净化办公场所。

（4）及时清理建筑物表面及内部悬挂、堆放的杂物。

6. 制定"四害"防治与垃圾处理的措施

（1）"四害"防治。"四害"包括蚊子、臭虫、苍蝇和老鼠，保洁部需定期对"四害"进行灭杀，可采用物理防治法或生物防治法等。

（2）垃圾处理。物业中的垃圾处理也是保洁管理的重要内容。垃圾处理可采用以下的措施：一方面进行生活垃圾分类袋装化，装修垃圾用袋装并运放到规定地点统一清运，日常生活垃圾统一收集后运至指定地点进行无害化、资源化、减量化处理；另一方面物业公司应向用户宣传生活垃圾分类袋装化的优越性，要求用户将垃圾装入相应的专用垃圾袋内，丢入指定的容器或者指定的生活垃圾收集点，不得随意乱倒。

（3）制定宣传教育措施。用户整体素质的提高，需要物业服务公司员工通过宣传教育、监督治理和日常保洁工作，做出坚持不懈的努力。保洁的宣传教育措施有以下几点。

①物业服务公司在早期介入阶段，如在售房时、分房时、入户时，对未来的用户进行提前宣传教育，明确保洁管理的要求，以便收到事半功倍的效果。

②通过编印和发放《居住区环保手册》，在区内设宠物粪便收集区，举办家庭园艺培训班等，提升全体社区成员的环保意识。

③在宣传栏内张贴环保宣传公告。

④同时需要制定相关的环保公约，要求物业内的所有人员遵守。

7. 制订检查计划

制订检查计划是环卫保洁管理方案中不可缺少的环节。环卫保洁部应按照具体的保洁标准，定期对保洁工作进行检查。物业环境保洁的通用标准是"五无"、"五不"、"六净"。

四、环境卫生管理基本要求

（一）卫生保洁达标标准

1. 物业管理楼宇内卫生标准

（1）地面无废杂物、纸屑、污迹、泥土、痰迹等。

（2）墙面踢脚线、消防排烟口、警铃、安全指示灯、壁灯、各种标牌表面干净，无灰尘、水迹、污迹、斑点。

（3）门（各卫生区域内的门）干净，无灰尘、污迹。

（4）玻璃窗（玻璃、窗框、窗帘、窗台）明净、光洁，无积尘、污迹、斑点。

（5）楼梯（所管辖区域内的楼梯、防火梯）无灰尘、杂物。

（6）扶手、栏杆光洁、无积尘，玻璃无污迹。

（7）电梯厅墙面、地面、门框、电梯指示牌表面干净，无油迹、灰尘、杂物。

（8）电梯内（墙、地面、门、天花板）外表干净，无污迹、积尘、杂物。

（9）各种设施外表（如大堂前台、广告牌、信箱、消防栓箱、楼层分布牌等）保持干净，无积尘、污迹。

2. 物业管理区域楼宇外卫生标准

（1）所管区域地面和道路路面整齐、干净，无垃圾、沙土、纸屑、油迹等，无脏物，无积水（指脏水、臭水）、表苔。

（2）绿化带、花草盆无垃圾、脏杂物，花草叶无枯萎和明显积尘，花草盆无积水和异味，花草修剪整齐，摆放美观。

（3）建筑小品、健身器材外表干净，无污迹、积尘，无损伤，表面油漆无脱落，无锈迹。

3. 物业管理区域垃圾的存放标准

物业管理区域内各个场所应视情况分别设置垃圾袋、垃圾桶、垃圾箱、垃圾车、烟灰盒、字纸篓、茶叶筐等临时存放垃圾的容器，并注意：

（1）存放容器要按垃圾种类和性质配备。

（2）存放容器要按垃圾的产生量放置在各个场所。

（3）存放容器要易存放、易清倒、易搬运、易清洗。

（4）重要场所的存放容器应加盖，以防异味散发。

（5）存放容器及存放容器周围（地面、墙壁）要保持清洁。

（6）有条件的小区要实行垃圾分类回收，并设立相应的分类回收设施。

4. 垃圾临时存放房的卫生标准

（1）无堆积垃圾。

（2）垃圾做到日产日清。

（3）所有垃圾集中堆放在堆放点，做到合理、卫生，四周无散积垃圾。

（4）垃圾应实行分类存放，可作为废品回收的垃圾，要分开存放。

（5）垃圾间保持清洁，无异味，经常喷洒药水，防止发生虫害。

（6）按要求做好垃圾袋装化。

（二）保洁工具管理

为了更安全、更全面、更有效地实施保洁管理工作，在保洁过程中需要使用先进和合适的保洁工具、运用先进和合适的手段、保洁技术等。同时，还需要正确使用保洁工具，并对其进行保养。

1. 保洁工具的管理制度

（1）地毯机、吸水机等大件工具由管理处统一管理。

（2）各种使用工具，在使用前后要检查清楚，发现故障或不安全的地方要向管理处主任或部门经理报告。

（3）保洁工应对设备的使用性能有所了解，爱护机器设备，学会保养及简单修理。

（4）严禁任何人员借用上述工具干私活，如有发现，将严肃处理。

（5）工作人员每次借用大件工具时，需事先征得管理处主任及主管人员同意，并办理领用手续。

（6）主管人员、管理处主任、管区经理不得把工具借给非公司部门的人员使用。

（7）地拖桶、地拖、扫帚、抹布等保洁用具（品）由工作人员自行管理。

（8）地拖、抹布、地拖桶用完清洗干净后晾干。拖把朝上或悬挂放置，地拖桶倒置。

（9）易耗工具要妥善保管，按指定地点正确存放。

（10）物业公司要对保洁部的保洁工具进行记录管理，需填写《保洁工具清单》，记录清楚工具的名称、管理人员及存放地点、数量等。

2. 保洁工具选购应考虑的因素

清洁设备的选购应考虑五个方面的因素：方便性与安全性；使用寿命长，易于清洁保养；噪声低及方便使用；多用性；价格对比与商家信誉。

3. 普通保洁工具

普通保洁用具是指普通的手工操作用具和不需要电动机驱动的保洁设备，如抹布、扫帚、拖布、房务工作车、玻璃保洁器等。

（1）抹布。抹布是最普通的保洁用具，选用抹布时尽量要选用柔软并有一定吸水性的棉制毛巾。在使用抹布擦拭时，需根据不同情况采用不同的擦拭方法。

①干擦。用于去除细微的灰尘，干擦用力不能太重。高档漆面、铜面、不锈钢面等不宜经常湿擦，可用干抹布擦拭。操作时，应像抚摸似的轻擦以去除微细的灰尘，如果用力干擦，反而会产生静电，黏附灰尘。

②半干擦。半干擦主要适用于需干擦的表面灰尘较多时。将抹布稍微喷点水，然后按照干擦的方式进行擦拭。

③水擦。在去除建筑材料及家具表面的灰尘、污垢时，广泛采用水擦或湿擦。湿抹布可将污垢溶于水中，去污除尘效果好。使用时，应经常洗涤用脏的抹布，保持抹布清洁。另外，要注意抹布不可渍水过多。

在去除不溶于水、含有油脂的污垢时，应先用抹布蘸保洁剂擦拭，然后再用干净的抹布擦一遍。用抹布擦拭时，应先将抹布叠成比手掌稍大的尺寸使用，一面用脏后，再换另一面或重新折叠，全部用脏时，应洗干净再使用。擦拭一般家具的抹布与擦拭卫生间的抹布等必须严格分开，分别专用。擦拭时应从左向右，先上后下，将被擦物全部均匀地擦一遍，不要落下边角，不要漏擦。抹布应经常进行清洗，保持清洁。

（2）扫帚。扫帚是用于清扫地面较大碎片和杂物的手工工具。根据用途、形状和制作材料不同有多个品种，但归纳起来可以总分为两类：大扫帚，又叫长柄扫帚，主要用于清扫室外地面；小扫帚，又叫单手扫帚，主要用于清扫室内地面。

（3）簸箕。簸箕是用于收集、撮起集中的垃圾，然后将之倒入垃圾容器内的手工工具，可分为单手操作式、三柱式和提足式（保洁箱）。

（4）拖布。拖布也称拖把，是用布条或棉纱安装在手柄上制成的用于室内地面清洗作业的手工工具。拖布的形状有圆头形拖布和扁平形拖布两种。圆头形拖布是将布条或棉纱绑扎在木、竹或塑料柄把上制成，其头呈圆状；扁平形拖布是在柄把上安装一扁平塑料或金属夹，用来固定布条或棉纱，其头呈扁平状。

（5）尘拖。尘拖又叫推尘、干式拖布、除尘拖布等。尘拖由尘拖头和尘拖架构成，是清除室内地面尘土、沙砾的手工工具。尘拖头有棉类和纸类两种；尘拖架用金属制成，有不同长度和宽度。尘拖主要用于对各种高档地面，如大理石等地面的牵尘，操作简单省力，附着灰尘力强，可保持地面光亮，被广泛应用于大厦的日常保洁。

尘拖基本操作要求为：首先将极少量的牵尘油渗入拖布；沿直线推尘，尘拖头不可离地；尘拖头沾满尘土时，将其放在垃圾桶上用刷子刷净再使用，直到地面完全清洁为止；尘拖头失去黏尘能力，要重新用专用处理液处理，然后才可使用；尘拖头用脏后，可用碱水洗净，干后重新喷上处理液再使用。

（6）玻璃保洁器。玻璃保洁器是用来清洁各种高度的门窗玻璃及玻璃隔断的手工工具，由长（短）杆、T形把及配件（橡胶条、拐角插头、短柄刮削器、水枪、注射器、大夹子和刷子等）组成。

4. 电动保洁设备

（1）吸尘器。吸尘器用于地面、墙面和其他平整部位吸灰尘、污物的专用设备，是保洁工作中最常用的设备之一。吸尘器启动时能发出强劲的抽吸力，使灰尘顺着气流被吸进机内储尘舱，达到保洁地面的目的。吸尘器品种很多，按抽吸力大小有普通型和强力型；按适用范围有吸地面灰尘、吸地毯灰尘、保洁家具污物等不同类型；按功能多少有单一吸尘器和吸尘吸水两用吸尘器等。

（2）吸水机。吸水机是清除积水的专用设备，主要用于吸取地面积水，对于吸取地毯水分加快干燥也非常有效，是大楼管理中不可缺少的保洁工具之一。有单用吸水机和吸尘吸水两用机，后者由于功能多，较受用户欢迎。

吸水机的操作程序为：把软管接驳在机身，插入220伏电源；开动机身电源开关；吸地面时用带软胶的吸耙，吸地毯时用铁耙吸水。吸水机如果满水时，会发出不同的响声。

使用后要拔除电源，然后将电源线绕好。吸水机内的过滤器要拆开进行保洁。如机内吸入酸性保洁剂，用后应立即用清水清洗干净，以免生锈。机身的不锈钢壳用不锈钢油进行保养。

（3）地毯清洗机。地毯清洗机主要用于协助清洗地毯。主要部件为两个吸力泵，以及污水箱、净水箱、强力喷射水泵、电动机等，采用真空抽吸原理进行工作。地毯清洗机的种类有很多，常用的有两种：一是干泡地毯清洗机；二是喷汽抽吸式地毯清洗机。

干泡地毯清洗机有滚刷式和转刷式两种，用该机洗地毯的方法比较简单，对不脏的地毯和纯羊毛地毯清洗效果颇佳，且对地毯损伤较小。喷汽抽吸式地毯清洗机，工作时往往是喷液、擦洗、吸水同步进行，洗涤力特别强，去污效果也好，但操作比较笨重，且对地毯的破坏性较大。

地毯清洗机的操作程序是：手握把手用力按动机体，使机体头部向上倾斜，然后在机底部转盘正中安上地毯刷；把机体放平，使转盘连同地毯刷紧贴地面；拉动右手边的高度控制杆，调节好手柄高度和角度；按1份地毯水兑5份清水的比例，兑好地毯水溶液，装入水箱内；拉动左手边的水箱控制杆，将地毯水溶液喷洒在地毯上；按动右手边的机身电源开关，地毯刷开始移动，当手柄提升时，机身向右移动，当手柄向下时，机身向左移动；右行与左行连贯进行，上行与下行之间要重叠1/3。

(4) 抛光机。抛光机是专用做地面抛光的机器，有普通速度和高速之分。抛光机启动时马达带动底盘作高速旋转，使底盘对地面进行高速软摩擦，达到抛光的目的。适用于花岗石、大理石等各种平整硬质地面的抛光，对于面积大的楼宇，尤为必要。

高速抛光机专用于地面抛光，其构造原理与洗地机相同，只是一般的洗地机转速较低，抛光效果差，因此，才又出现了高速抛光机，它通过高速旋转，使毛刷盘与地面进行软摩擦，达到抛光效果，适用于大理石、花岗石、木质地板等各种平整硬质地面的抛光。抛光机的转速多为1500转/分钟左右，也有2000转/分钟等型号。

高速抛光机操作程序为：手握把手用力按动机体，使机体头部向上倾斜，然后在机器底部安百洁垫；把机体放平，使转盘连同百洁垫紧贴地面；启动电源开关，进行地面抛光（抛光时，速度不可太快，应保持在10厘米/秒的速度，行与行之间要重叠1/3，以免漏抛）；用完之后，卸下底盘针座与百洁垫清洗，擦拭机器各零配件，对活动部分的零配件要经常加机油，使其润滑；将抛光机存放在空气流通、干燥的地方。

(5) 洗地机。洗地机又叫刷地机，由机身、水箱及地刷和针盘组成，主要用于硬性地面清洗或地面抛光，是大楼保洁不可缺少的保洁设备之一，有单盘式和多盘式两种。洗地机有各种型号，以转速分有150转/分钟、300转/分钟等型号，以功率分有180瓦、1500瓦等型号。使用时，通过底盘安装不同的刷子，可以进行地毯保洁、地板打蜡及抛光。

洗地机的操作程序为：装地刷与针盘，并使地刷与针盘按逆时针方向旋转；往水箱内注入清水和保洁剂，并按比例兑水；插上电源，按下调节开关，将手柄杆调至适合自己的高度；从最靠电源插座的地方开始操作，防止机器压过电线。

在使用洗地机的过程中必须避免刷子接触电源线，以免电源线卷进刷子内；使用保洁剂时，注意不要让水弄湿电动机。使用完毕后，要注意对机器的保养和爱护，及时将机身及配件擦拭干净，并将电线绕回机挂钩，存放于干燥地方。

(6) 高压冲洗机。高压冲洗机用于外墙、汽车和其他需高压水冲洗的专用设备。由高压泵、电动机、高压管及射水枪组成，是利用电动机加压喷射出高压水流，启动时能产生强烈的冲击水流，达到清除灰尘、泥浆和其他污垢杂质的作用。

(7) 扫地车。扫地车是用做室外地面保洁的设备。由于操作简单，吸尘力强，并配有大容量垃圾尘箱，因此非常适合厂房、仓库、车场和户外空旷地方的地面保洁。

(8) 自动空气喷香器。将清香剂装入该机后设定好时间，然后放置于办公室或卫生间等需要喷香的房间，会定时自动喷香。

(9) 吹干机。吹干机又称吹风机，是利用电动机转动，加速空气流动，使被吹物体尽快干燥，主要用于地毯保洁后吹干或地面打蜡后吹干。吹干机有带加热装置的，也有不带加热装置的。

比较常用的工具还有：安全梯、刷子、扫帚、拖把、布、海绵、喷瓶、胶手套、刀片、长柄手刷、手推车以及小心地滑标志等。

（三）保洁保养剂管理

1. 常用保洁保养剂

保洁剂的品种日益增多，品牌也很多。按照保洁剂的酸碱性通常将其分为酸性保洁剂、中性保洁剂、碱性保洁剂三种基本类型。保洁剂的化学性质通常用 pH 值来表示。

（1）酸性保洁剂。酸性保洁剂通常为液体，少数呈粉状，主要用于卫生间保洁。酸能中和尿碱、水泥等顽固污垢，并具有一定的杀菌、除臭功效，但有腐蚀性，对使用者肌肤会造成损伤，所以使用前必须将其稀释。使用时要注意不可将浓酸性保洁剂直接倒在器具或地板表面，并要特别注意用量和使用方法。酸性保洁剂不得用于保洁地毯、木器和金属器具。

①盐酸。盐酸是适用于粗糙石材表面初始清洗的清洗剂，对水泥有较强的渗透腐蚀性，不可用于水泥地面或墙身。使用时要谨慎。

②105 石水。105 石水是一种进口的石材表面清洗剂，内含溴元素成分，是较理想的石材表面清洗剂。

③强力洁瓷灵。强力洁瓷灵是一种极具腐蚀性的保洁剂，能腐蚀水泥渍、水垢等，对物体表面有腐蚀作用，适用于建筑装修后的粗糙石材表面的初始保洁。使用时须极为谨慎。

④洁瓷灵。洁瓷灵是一种常用的石材表面除污垢清洗剂，适用于清洗石材、瓷质表面污垢，酸性虽然比强力洁瓷灵弱一点，但也有一定的腐蚀性，使用时要谨慎。

⑤洁厕精。洁厕精是洗手间常用的保洁剂，具有除臭、杀菌、去垢作用。

⑥漂白水。漂白水是使用较广泛的清洗剂，具有漂白作用，带微酸性，不易损坏石质表面。

⑦除垢剂。外观为淡绿色透明液体，适用于浴室、卫生间的陶瓷、搪瓷器皿等的保洁，能迅速、强力地清除水垢锈渍，提高保洁的效率。使用时，一般视污垢程度稀释 1 ~ 5 倍使用。

（2）中性保洁剂。中性保洁剂配方温和，呈中性，不腐蚀和损伤任何物品，对被清洗物能起到保洁和保护作用，其主要功能是除污保洁。中性保洁剂有液状、粉状、膏状之分。常用中性保洁剂有：多功能保洁剂和洗地毯剂。

①多功能保洁剂。多功能保洁剂略呈碱性，含多种高性能表面活性剂，除不能洗涤地毯外，其他大多数物品均可使用，如地面、墙面、工作台面、桌面、家具、卫生洁具以及其他由金属、瓷砖、玻璃、塑料和不锈钢制成的硬质表面，具有去除油垢和防霉的功效。原装多为浓缩液，使用前要按使用说明进行稀释。

②洗地毯剂。洗地毯剂专用于洗涤地毯。按含泡沫稳定剂量的不同，可分为高泡沫型和低泡沫型两种。高泡沫型洗地毯剂一旦擦在地毯绒毛上几乎全都变成泡沫，进入地毯的水分较少，仅对地毯绒毛部分进行清洗。一般的地毯保洁常采用喷吸式地毯清洗法，泡沫太多会妨碍清洗，应选用低泡沫型洗地毯剂进行清洗。

（3）碱性保洁剂。碱性保洁剂不仅含有纯碱（碳酸钠），还含有大量的其他化合物。碱性保洁剂有液状、乳状、粉状、膏状之分，常含表面活性剂，对于清除一些油脂类污垢和酸性污垢效果较好。使用前应稀释，除污后要用清水清洗干净，否则时间长了会损伤被保洁物表面。

①洗洁精。洗洁精是使用最广泛的一种保洁剂。普通洗洁精适用于任何环境下的除污。使用时，要按不同保洁工作的需要加水稀释，在污渍上喷洒适当浓度的洗洁精后稍等片刻，再用湿布或海绵擦净，一些洗洁精要用清水冲洗。

②全能水。全能水较洗洁精去污力强，使用方法与洗洁精相同，不含腐蚀性，主要用于去除较顽固的污渍。

③玻璃水。玻璃水专门用来清洗玻璃和瓷片，使用时，要按照说明书加水稀释，能去除黏在玻璃表面的污渍。当遇到较难保洁的表面或污渍太厚时，可以少加水，增加浓度，达到保洁效果。玻璃水有液体大桶装和喷罐装两种，大桶装的玻璃水为普通型，主要功效是去污；高压喷罐装玻璃水含挥发溶剂、芳香剂等，去污后会留下芳香味，并在玻璃表面留下透明保护膜，有利于下次的保洁工作。

④氯水。氯水是一种去污性能较强的洗涤剂，适用于洗涤顽固污渍，对蜡有溶解作用，使用时要用水稀释。

⑤烧碱。烧碱属强力去污、去油洗涤剂，适用于洗涤顽固油污或污渍。烧碱有强腐蚀性，使用时要谨慎。

⑥除油剂。除油剂是一种专门清除油污的洗涤剂，使用时要用水稀释。

（4）其他保洁保养剂。

①祛臭剂。祛臭剂适用于清除厕所、垃圾产生的臭味，并有自然香气。使用时将本品喷至墙角或墙面，可保持厕所数日无臭味。

②空气清香剂。能迅速除去空气中的混浊和难闻气味，使用时将清香剂推入喷雾器中，喷射使用。本品为易燃品，应存放阴凉避光处，温度不得超过40℃。

③不锈钢光亮剂。它是不锈钢和镀铬制品的专用保洁剂。使用时，将不锈钢保洁剂涂在制品表面，用布擦，直至光亮，有一定防锈功能。

④玻璃保洁剂。用于清洗玻璃、镜面、瓷片及电镀物品表面的尘埃及污垢，如门、窗、镜子、电视荧光屏等，能轻快地除去尘埃、油渍等污垢，擦拭后玻璃表面具有抗尘埃、抗污垢再积等特点。使用时将本品稀释20～60倍后均匀地涂在玻璃表面，然后用毛巾、干布或擦窗工具擦拭。对玻璃保洁剂应用胶瓶装，避免碰碎、入眼。若不慎进入眼内，应立即用清水冲洗。

⑤除油剂。适用于各种表面油垢的保洁，对厨房焦油性污垢有奇效。使用时，将本品喷淋或涂于污垢表面，稍后用布揩擦即可。

⑥面蜡。用特制的聚合物及树脂配制而成的表面光亮剂，适用于大理石、塑料地板、木地板、水磨石水泥地面。将本品均匀涂在地板表面，干燥成膜后表面光滑亮泽，可起到耐磨、防水、耐溶剂的作用，有一定的防滑性能，本品一般在使用封地蜡以后再使用。本品避光保存，不宜稀释。

⑦封地蜡。由水溶性高分子树脂及特殊的蜡乳液配制而成。封地蜡作为面蜡的底层涂料，对不平整的地面，如缝隙、针孔等，起到填充和平整成膜的作用，对于走道等人流量大的地面，能提高蜡面的丰度，延长使用寿命，一般情况下，1升可施工50平方

米左右。

⑧喷洁蜡。由特殊的蜡乳液和光亮剂配制而成。喷洁蜡的作用是对打蜡后使用过的地面进行一次抛光增亮，并能去除鞋印、擦痕等，经常使用能使地面光亮如新，延长面蜡的施工周期。使用时先对地面进行清扫，然后用喷壶将喷洁蜡喷在地面上，一般为 2~3 次，然后对地面进行磨刷抛光即可。

⑨去蜡水。去蜡水中含有特殊的解链剂，能迅速破坏蜡中的高分子树脂的力学强度，用于去除封地蜡、面蜡，是大理石等周期性打蜡工作中不可缺少的一个品种。使用时，将本品稀释后涂在蜡面 5~10 分钟后，即可用擦地机进行去蜡工作。用胶瓶装，应放置于干燥阴凉处，使用时戴胶手套，若不慎触及皮肤或眼应立即用清水冲洗。

2. 保洁剂采购注意事项

（1）确定用途，然后确定购买保洁剂的品种。

（2）确定使用量和使用时限，进而明确购进方式，确定是批量购进合理还是少量购买好。

（3）确定拟购品种的生产厂家有多少，了解厂方有无售后服务。

（4）进行价格、服务等综合指标考核。

（5）选购保洁剂时要看浓度；应尽量选择液体保洁剂；不能以泡沫的多少来确定质量，而应看其去污效果、对物体的损伤程度和安全性；应要求厂家作示范，并提供良好的售后服务；要选择环保产品，尽量不购买含氟的化学剂。

3. 保洁剂安全管理注意事项

（1）制定相应的规章制度，培训保洁人员掌握使用和放置保洁剂的正确方法，平时注意检查和提醒服务人员严格按规章进行操作。

（2）要妥善保管，按指定地点正确存放。

（3）执行严格的使用记录制度，需填写《保洁剂使用清单》，记录清楚保洁剂的名称、管理人员及存放地点、数量等。

（4）对强酸、强碱的保洁剂应先采取稀释处理，然后尽量装在喷壶内，再分发给保洁人员使用。

（5）平时应多做保养，尽量少做保洁工作。在物体不太脏时，使用适量的保洁剂保洁，不仅省时，还节约保洁剂。

（6）禁止保洁人员在工作区内吸烟，严查严罚以减少危害源。

（7）使用时应注意以下内容：

①配备相应的防护用具，如合适的保洁工具、安全防护手套、安全防护眼镜等。

②使用干净的、带有容量刻度的配制容器进行药剂配制，严格禁止不同保洁剂使用同一配制容器进行配制工作。

③在进行药剂配制时，首先在配制容器内按配制比例装水，然后将药剂缓慢地倒入配制容器，绝对禁止将水倒入待稀释的清洁药剂。

④配制后的药剂应以不同的、清楚的产品标签加以区别。

⑤要在通风良好的地方使用。切忌在类似明火之处使用保洁剂，如照明灯或取暖器旁。

（四）保洁应急措施

物业公司对意外情况制定保洁工作应急处理措施，可避免其对物业环境卫生的影响，为物业用户提供始终如一的保洁服务，同时保证用户出入安全，防止意外事故发生。意外情况指：火灾，污水、雨水井、管道、化粪池严重堵塞，暴风雨，梅雨天，水管爆裂，户外施工，装修等现象。

1. 保洁应急措施特别注意事项

（1）清理火灾场地时，应在消防部门调查了解情况后，经同意方可进行清理。

（2）台风时，不要冒险作业，以防发生意外。

（3）梅雨天气作业宜穿胶鞋，穿塑料硬底鞋容易滑倒。

（4）暴风、暴雨天气要注意高空坠物。

（5）处理水管爆裂事故要注意防止触电。

2. 应急措施

（1）火灾后的应急保洁措施：

①卫生用品储备室应配备各种应急工具，如手电、水桶、保洁用的干毛巾、指示牌、灭火器材等。

②救灾结束后，用垃圾车清运火灾遗留残物，打扫地面。

③清除地面积水，用拖把拖抹。

④检查户外周围，如有残留杂物一并清运、打扫。

（2）污水外溢的应急保洁措施：

①维修工迅速赶到现场，进行疏通，防止污水外溢。

②保洁员将捞起的污垢、杂物直接装上垃圾车，避免造成二次污染。

③疏通后，保洁员迅速打扫地面被污染处，清洗地面，直到目视无污物。

（3）暴风雨天气的应急保洁措施：

①保洁班长勤巡查、督导各岗位保洁员的工作，加强与其他部门的协调工作。

②天台、裙楼平台的明暗沟、地漏由班长派专人检查，特别在风雨来临前要巡查，如有堵塞及时疏通。

③检查雨水、污水井，增加清理次数，确保畅通无阻。

④各岗位保洁员配合保安员关好各楼层的门窗，防止风雨刮进楼内，淋湿墙面、地面及打碎玻璃。

⑤仓库内备好雨衣、雨靴、铁钩、竹片、手电筒，做到有备无患。

⑥暴风雨后，保洁员及时清扫各责任区内所有地面上的垃圾袋、纸屑、树叶、泥、石子及其他杂物。

⑦发生塌陷或大量泥沙冲至路面、绿地时，保洁员协助管理处检修，及时清运、打扫。

⑧保洁员查看各责任区内污、雨水排水是否畅通，如发生外溢，及时报告管理处处理。

（4）梅雨天气的应急保洁措施：

①梅雨季节，大理石、瓷砖地面和墙面很容易出现反潮现象，造成地面积水、墙皮

剥落、电器感应开关自动导通等现象。

②在大堂等人员出入频繁的地方放置指示牌，提醒客人"小心滑倒"。

③班长要加强现场检查指导，合理调配人员，加快工作速度，及时清理地面、墙面水迹。

④如反潮现象比较严重，应在大堂铺设一条防滑地毯，并用大块的海绵吸干地面、墙面、电梯门上的水。

⑤仓库内配好干拖把、海绵、地毯、毛巾和指示牌。

（5）水管爆裂的应急保洁措施：

①迅速关闭水管阀门，迅速通知保安和维修人员前来救助。

②迅速扫走流进电梯厅附近的水，否则可将电梯开往上一楼层，通知维修人员关掉电梯。

③在电工关掉电源开关后，抢救房间、楼层内的物品，如资料、计算机等。

④用垃圾斗将水盛到水桶内倒掉，再将余水扫过地漏，接好电源后再用吸水器吸干地面水分。

⑤打开门窗，用风扇吹干地面。

（6）施工装修的应急保洁措施：

①供水、供电、煤气管道、通信设施以及物业设施维修等项目施工中，会对环境有较大影响，保洁员需配合做好场地周围的保洁工作。

②及时清理住户搬家时遗弃的杂物，并清扫场地。

③新入住装修期各责任区保洁员应加强保洁，对装修垃圾清运后的场地及时清扫，必要时协助住户或管理处将装修垃圾及时上车清运。

五、建筑物地面保洁要求

（一）公共通道保洁的程序

（1）公共通道包括汽车道、人行道、消防通道等，一般流动人员比较多，尤其是商业物业，进出人员和车辆都非常多，所以要求平均 2500～3000 平方米配一名保洁工。

（2）保洁时间一般从早上 6：00 开始，根据物业的情况可到 18：00～21：00 结束。

（3）作业程序是每天早晨一上班先将公共通道的地面彻底清扫一次，协助清运公司清倒垃圾，冲洗垃圾房、垃圾桶，扫净地面积水和杂物。日常保洁，每隔一小时巡回清扫地面杂物、树叶，清除地面污渍、口香糖胶等。对地面警语牌、指示牌每天保洁一次（不锈钢表面，下雨过后立即抹去其表面水珠）。

（4）每隔 7 天使用水龙头或高压洗地机对地面冲刷一次，并对果皮箱清理、抹净、摆放整齐。

（5）路灯灯罩每隔半个月彻底清抹保洁一遍。

保洁标准是公共通道地面无杂物、无垃圾，道路上无泥沙、无杂草、无积水、无树叶。

（二）楼层通道的保洁工作程序

（1）楼层通道地面砖一般有釉面砖、玻化地砖及普通地砖等。

（2）清晨收完楼层生活垃圾之后，每日用扫把清扫一遍，再用地拖拖一遍。

（3）每月将保洁剂（去污粉或洗洁精）洒在地砖上，浇上少许水用长柄刷彻底地刷洗一遍。然后用清水拖至干净，并用湿或干毛巾轻抹被污染的墙根部分踢脚线。

（4）在使用保洁剂刷洗楼层地面通道时，应防止腐蚀金属物和电梯不锈钢厅门。

保洁标准是釉面砖目视干净无污渍，可反映通道照明灯轮廓。玻化地砖目视干净无杂物、无污迹、有光泽。普通地面砖目视干净无污迹。

（三）转换层地面的保洁工作程序

（1）转换层地面一般铺有仿石地砖或是瓷砖面，保洁程序要根据地面砖不同而有所区别。

（2）早上在规定时间内对转换层地面清扫一遍，并整天保洁。将转换层垃圾桶内垃圾定时集中运到地面垃圾房。每星期彻底将地面冲刷一次。地面如铺有仿石地砖的按仿石地砖的保洁程序保洁；地面是瓷砖面的按瓷砖面的保洁程序保洁。

（3）地面污染较严重的可使用洗地机加保洁剂清洗，如有顽固污渍，可用钢丝球反复擦洗。

（4）每星期用洗地机加除污粉清洗仿石地砖，局部污染较重的地方，洒上稀释的草酸或去污粉用洗地机彻底刷洗并冲洗干净。

（5）如有重大活动、节假日应提早一天彻底刷洗一遍，保证地面瓷砖光亮净洁。

（6）在使用草酸时防止沾染和腐蚀金属物与不锈钢制品的护栏，用去污粉洗刷时应避开人员流量大的时间。

保洁标准是目视仿石地砖无杂物，砖面凹进部分无沙土沉淀，砖面无积水、油渍、痰渍。

（四）地板的打蜡抛光工作程序

物业内的地板需要定期进行打蜡抛光，尤其是大堂的大理石地面要求每月打蜡保养 1~2 次，而商业物业的大理石地面每月打蜡 2~3 次，每 1~2 天抛光一次。抛光程序为除尘、洗地抛光、起蜡、上蜡封地、抛光。

1. 除尘

（1）工具：标志牌、推尘、地拖、刀片等。

（2）保洁剂：尘推油。

（3）预先将尘推油喷洒到地拖上，在阴暗处晾干待用。

（4）清理工作场所，把可移动的物件移动到指定的地点。

（5）用小刀刮掉各种可见的污垢，注意不要刮伤地面。

（6）用准备好的地拖保洁整个地面。

（7）放置多个标志牌。

（8）洗净工具，放回原处。

2. 洗地抛光

（1）工具：标志牌、拖把、吸水机、水桶和榨水器、刀片、全自动洗地机、个人劳保用品、抹布。

（2）保洁剂：全能保洁剂。

（3）清理工作场所。

（4）清扫地面，用刮刀刮掉可见的坚硬污渍。

（5）穿戴所有必要的劳防用品。

（6）按比例配制保洁液（用冷水）。

（7）将保洁液注入自动洗地机的溶液槽中。

（8）放置多个"禁止通行"标志牌。

（9）打开溶液槽阀门，放下红色垫和吸水挡板，擦洗地面，打开吸水阀门。

（10）用保洁剂擦洗地面完毕后，再用清水冲洗，直至清水不起泡沫为止。

（11）洗净所有用具，放回至原来地方。

（12）待地面干透，再进行别的处理。

3. 起蜡

（1）工具：个人劳保用品、簸箕、刀片、地拖、水桶和榨水器、拖把、洗地机、黑洁垫、吸水机、抹布。

（2）保洁剂：起蜡水。

（3）清理工作场所。

（4）清扫地面，用刀片刮去口香糖之类的坚硬污垢。

（5）穿戴所有必备劳防用品。

（6）按规定比例配制起蜡水（用热水）。

（7）放置"禁止通行"、"地面上蜡"标志牌。

（8）用起蜡水拖把将地面润湿。

（9）让药水停留10分钟后再起蜡。

（10）用刀片除去墙角或墙边的积蜡。

（11）用洗地机打磨地面，如果地面上有累积旧蜡，则再用起蜡水处理，通过增加作用时间和机械动作来提高起蜡效果（注意：洗地机不能在较平的地面打磨）。

（12）用吸水机吸净污水。

（13）用清水冲洗地面，直至清水不起泡沫为止。

（14）洗净所有用具，放回原处。

（15）保留标志牌直至地面完全干透，并绝对禁止人在地面上行走，要等上蜡或封地后才能通行。

4. 上蜡和封地

（1）在进行上蜡或封地前，必须先进行洗地或起蜡，地面必须干净无尘。

（2）工具：标志牌、水桶、榨水器、地拖。

（3）保洁剂：特强封地剂、面蜡。

（4）放置标志牌，表明该处正在上蜡或封地。

（5）将塑料膜放在水桶里或换用一个干净的水桶，把面蜡或封地蜡倒入桶内。

（6）充分润湿蜡拖，轻轻榨一下地拖头，以蜡拖不滴水为宜。

（7）一般需要30~45分钟，等手感觉干后，再待15分钟左右。

（8）以上打蜡步骤，先上封地蜡，再上面蜡。

（9）洗净所有工具，待蜡完全干透，移走标志牌。

5. 抛光

（1）在抛光地坪前，必须先进行除尘或洗地，地面必须干净无颗粒，否则通过打磨会使杂物渗入蜡膜内。

（2）工具：标志牌、喷壶、高速抛光机、白色抛光洁垫、地拖。

（3）保洁剂：快亮地坪保养蜡。

（4）在抛光机上装好合适的抛光垫。

（5）用喷磨保养蜡通过喷雾洒向地面（不要喷洒过多，否则地面会起雾）。

（6）用高速抛光机慢慢移动，磨光地面（如垫子磨损，就应更换）。

（7）用推尘地拖除去灰尘。

（8）洗净所有工具，放回原处。

（9）保留标志牌直至地面完全干燥。

（10）将所有移动过的物件还回原位，摆放整齐。

顶层去蜡的方法与洗地相同，仅是全能保洁剂的稀释比例不同，稀释比例为1:40。标准及注意事项如下：

（1）打蜡抛光标准：目视地面无杂物、无污渍，可映出照明灯轮廓。

（2）在清洗大理石时注意保洁剂的使用，切勿使用对大理石有腐蚀作用的保洁药水。

（3）操作机械时按操作规程操作，如墙面装有玻璃，应小心操作，防止损坏玻璃。

（4）打蜡保养工作时间应安排在深夜进行，以免引起用户出入不便。

（五）大理石地面的晶面保洁工作程序

（1）工具：标志牌、毛巾、水桶、喷壶、钢丝棉、抛光垫、洗地机、加重晶面处理机、吸水机。

（2）保洁剂：一般采用NCL2501晶面剂、NCL2502抛光剂。

（3）准备好所有工具和机器硬设备，放置标志牌，设置围栏，避免行人行走。

（4）洗地后将NCL2501晶面剂装入喷壶备用，再将NCL2502抛光剂装入另一喷壶备用。

（5）待清洗过的地面完全干爆，将晶面处理机推入作业面，套上钢丝棉。

（6）将适量NCL2501晶面剂喷于地面，启动晶面处理机进行研磨作业。

（7）适时喷入NCL2501晶面剂，继续晶面作业。

（8）用干毛巾保洁作业面，将适量NCL2502抛光剂喷于地面。

（9）将抛光机套上抛光垫后推入作业。

（10）用抛光机抛光地面，适时喷入抛光剂，继续抛光作业，直到地面出现晶莹光亮的晶面效果。

（11）用干净毛巾保洁已作业的地面。

（12）以上作业程序也可用于其他地面。

（六）地毯的保洁工作程序

1. 地毯的保洁频率

（1）地毯养护的最重要之处在于吸尘，每周用吸尘器彻底吸尘2~3次。

（2）发现地毯上有油污、水溶性污渍及粘有口香糖胶时，可分别用保洁剂清除水溶性污渍，用除油剂清除油性污渍，用刀片刮除口香糖胶。

（3）地毯需要定期清洗，大约每 3 个月清洗一次。

2. 地毯除尘

（1）工具：标志牌、吸尘机。

（2）清理工作场所。

（3）放置标志牌。

（4）开启吸尘机吸尘。

3. 地毯清洗

（1）工具：标志牌、地毯清洗机一套、吹干机（或吸水机）、水桶、量杯、搅拌棒、注水器、毛巾、手刷、喷壶。

（2）保洁剂：地毯粉、强力地毯除渍剂、发泡剂。

（3）放置保洁标志牌。

（4）清理工作场所（洗完物归原位）。

（5）准备好所有工具。

（6）按比例（1:20）将地毯粉配制成保洁液，同时加入发泡剂。

（7）将保洁剂注入地毯清洗机保洁液水箱。

（8）高速洗地，并注意运行方向由左至右，以 10 厘米/秒的速度为宜。

（9）开启地毯清洗机。

（10）将除渍剂喷于污垢处。

（11）用手刷和毛巾进行清洗。

（12）再用地毯清洗机清洗一次。

（13）放置吹干机，并不断改变风向，直至干透，或用吸水机吸干地毯中的水分，打开门窗、风扇。

（14）洗净所有工具放回原来地方。

4. 地毯的特殊保洁保养

（1）地毯压痕消除。地毯由于家具或其他物件的重压会形成凹痕，消除凹痕的办法：将浸过热水的毛巾拧干，敷在凹下部位 5～10 分钟，然后移去毛巾，用电吹风和细毛刷，边吹边刷即可恢复原状。

（2）地毯焦痕消除。焦痕程度不严重时，只要用硬毛刷子将焦痕部分的毛刷掉即可；若是较严重的焦痕，可把压在家具下的地毯毛刷起来后，用剪刀剪下，用黏合剂把它粘在烧焦处，用类似书本轻重的平面物品压在上面，待黏合剂干燥后黏上去的毛就牢固了，再用毛刷轻轻梳理一下便可。

（3）地毯复色。地毯用久了颜色就不如新的鲜艳，要让用久了的地毯颜色变得鲜艳起来，可在头天晚上把食盐撒在地毯上，第二天早上用干净的湿抹布把食盐抹净，地毯即恢复鲜艳。

（4）地毯洗涤。用面粉、精盐和石膏粉按 6:1:1 的比例用水调和至糊状，再加少许白酒，在炉上加温调和，冷却成干糊状后，撒在地毯脏处，再用毛刷或绒布擦拭，直到干糊成粉状。地毯见净，然后用吸尘器除去粉渣，地毯就干净了。

（5）地毯污渍去除。

①对毛地毯上的动植物油渍，应用毛巾蘸上纯度较高的汽油擦拭。

②对果汁和啤酒渍，要先用软布蘸洗衣粉溶液擦洗，再用温水加少许食醋溶液擦洗。

③对墨渍，可在污处撒细盐末，再用肥皂液刷除，若是陈渍宜用牛奶浸润片刻，再用毛刷蘸牛奶刷拭。

六、建筑物墙面保洁要求

（一）外墙的保洁条件与方式

雨、酸雾、废气、粉尘、浮游物以及混凝土的溶性物等在建筑物外墙表面形成污渍，严重影响外墙的美观。这些污渍如长期附着在建筑物外墙表面，就会对外墙装饰材料造成不同程度的腐蚀，留下难以清除的斑痕，特别是在玻璃表面形成"泪痕"，不仅影响建筑物外墙的美观，而且也严重影响室内环境的统一和谐，因此对建筑物外墙进行经常性的保养性保洁显得特别重要。

外墙保洁是物业保洁工作的难点，危险性大，易发生人员坠落伤亡事故，所以外墙的保洁必须严格按照规定的程序，做好安全措施。

1. 外墙的保洁剂

外墙的保洁，一般采用专用全能保洁剂。专用全能保洁剂是特有的浓缩配方，含表面活性剂，对玻璃幕墙、磁控板、复合铝板幕墙、瓷砖幕墙、花岗石幕墙等硬表面有极强的去污能力，能彻底清除各种幕墙表面的污渍。专用全能保洁剂不属于强酸、强碱类保洁剂，不损伤幕墙表面，也不会破坏玻璃幕墙。

2. 外墙的保洁方式

外墙保洁主要有两种方式：吊板方式和擦窗机方式。

（1）吊板方式。用吊绳、吊板将人吊到工作位置进行保洁，一般的大楼都可以用这种方式进行保洁。这种方式简单、成本低，但危险性比较大，一旦安全措施不到位就可能发生事故。

（2）擦窗机方式。通过擦窗机进行保洁。擦窗机又称室外吊篮，一般在大楼建造时安装好。工作人员站在吊篮内，吊篮可以上下左右移动，吊篮内有电话，可以与外界随时进行联系，比较安全，但擦窗机价格昂贵。

安装擦窗机是高楼外墙保洁的发展方向，一些发达的国家已经发展到用无人操作擦窗机进行外墙保洁工作。

3. 外墙保洁的条件

（1）气候条件。外墙保洁必须在良好的气候条件下进行，大风、下雨、下雪、有雾能见度差、高温（35℃以上）和低温（0℃以下）等情况都不适合进行外墙保洁。风力应小于5级，5级风以上停止工作。因此，工作前应测定风力，尤其是高空风力。

（2）人员条件。外墙保洁工应有良好的身体条件和心理素质，必须经过严格的身体检查和定期复查，年龄应在40岁以下，血压正常，视力良好，无恐高症，发现有不适合的应立即停止工作。同时还必须经过专门的培训，取得国家劳动部门核发的高空作业证书，在有效期内方可上岗，严格禁止无证上岗。工人上岗前不得饮酒，有感冒等身体不适症状应暂停高空作业。

（3）设备条件。外墙保洁的设备必须处于良好的工作状态，擦窗机必须定期检查保养，每次工作前必须对钢丝绳、传动部位和保险装置进行检查，发现故障或原因不明的不正常现象应停止使用。用吊板工作时也应对吊绳、吊板等固定用具进行认真检查，凡用绳有发毛、部分丝股断裂等现象应立即更换新绳。

（二）不同类型外墙的保洁工作程序

1. 玻璃幕墙的保洁工作程序

（1）玻璃门窗、幕墙保洁要达到的标准：玻璃面上无污渍、水渍，保洁后用纸巾擦拭50厘米长无灰尘。要达到这个标准，必须有计划地进行保洁，以防止尘埃堆积，保持干净。

（2）工具：安全标志带、涂水器、玻璃刮刀、刀片、毛巾、软质洁垫、保洁水桶、喷壶。

（3）保洁剂：专业全能保洁剂（水桶中按1∶50配制保洁剂，喷壶中按1∶10配制保洁剂）。

（4）先用刀片刮掉玻璃上的污渍。

（5）用涂水器或毛巾将保洁剂涂于玻璃表面，然后用适当的力量从玻璃顶端往下垂直洗抹，污渍较重的地方重点抹。

（6）用玻璃刮刀刮去玻璃表面的水分，一洗一刮连续进行，当玻璃接近地面时，可以把玻璃刮刀作横向移动，作业时，注意防止玻璃刮刀的金属部分刮花玻璃。

（7）用无绒毛巾抹去玻璃框上的水珠。

（8）如仍有少量污渍，将保洁剂喷于污渍上，用软质洁垫用力涂擦，或用刀片去除污渍直至干净为止。

（9）用水管将玻璃表面、窗框和黏接缝等处灰尘和残留保洁剂冲干净。

（10）用毛巾将窗框、黏接缝上的水渍抹干。

（11）最后用地拖拖干地面上的污水。

（12）高空作业时，应两人作业并系好安全带，戴好安全帽。

2. 磁控板、复合铝板幕墙的保洁工作程序

（1）工具：安全标志带、软质洁垫、玻璃刮刀、保洁水桶、喷壶。

（2）保洁剂：专业全能保洁剂（水桶中按1∶32配制保洁剂，喷壶中按1∶5配制保洁剂）。

（3）将保洁剂涂于铝板表面，用软质洁垫用力擦洗。

（4）如仍有少量污渍，将保洁剂喷于污渍上，用软质洁垫用力擦洗直至干净为止。

（5）然后用水管将板材表面和黏接缝的灰尘和残留保洁剂冲洗干净。

（6）最后用玻璃刮刀刮净水渍，毛巾擦净黏接缝水渍。

3. 瓷砖幕墙的保洁工作程序

（1）工具：安全标志带、毛巾、硬质毛刷、刀片、铲刀、保洁水桶、喷壶。

（2）保洁剂：专业全能保洁剂（水桶中按 1∶20 配制保洁剂，喷壶中按 1∶5 配制保洁剂）。

（3）将保洁剂涂于瓷砖表面，用硬质毛刷用力刷干净。

（4）顽渍用保洁剂喷后，用硬质毛刷用力刷洗。

（5）混凝土溶蚀物可用铲刀、刀片铲除，再用保洁剂洗刷干净。

（6）最后用水管冲洗干净瓷砖表面。

4. 花岗石幕墙的保洁工作程序

（1）花岗石幕墙保洁要达到的标准：花岗石幕墙面上无污渍、水渍，保洁后用纸巾擦拭 50 厘米长无灰尘。要达到这个标准，必须有计划地进行保洁，以防止尘埃堆积，保持干净。

（2）工具：安全标志带、涂水器、玻璃刮刀、刀片、毛巾、软质洁垫、保洁水桶、喷壶。

（3）保洁剂：专业全能保洁剂（水桶中按 1∶50 配制保洁剂，喷壶中按 1∶10 配制保洁剂）。

（4）先用刀片刮掉玻璃上的污渍。

（5）用涂水器或毛巾将保洁剂涂于花岗石幕墙表面，然后用适当的力量按从花岗石幕墙顶端往下垂直洗抹，污渍较重的地方重点抹。

（6）用玻璃刮刀刮去花岗石幕墙表面的水分，一洗一刮连续进行，当玻璃接近地面时，可以把玻璃刮刀做横向移动。作业时，注意防止玻璃刮刀的金属部分刮花花岗石。

（7）用无绒毛巾抹去花岗石幕墙上的水珠。

（8）如仍有少量污渍，将保洁剂喷于污渍上，用软质洁垫用力涂擦，或用刀片去除污渍直至干净为止。

（9）用水管将花岗石幕墙表面、窗框和黏接缝的灰尘和残留保洁剂冲干净。

（10）用毛巾将窗框、黏接缝上的水渍抹干。

（11）最后用地拖拖干地面上的污水。

（12）高空作业时，应两人作业并系好安全带，戴好安全帽。

5. 大理石墙面的保洁工作程序

（1）保洁时间安排。

①墙面清抹每周一次，墙面清洗每月一次。

②大堂内的大理石墙面，每天用保洁水彻底清抹一次，每月打蜡抛光一次。

（2）保洁具体程序。

①用铲刀、刀片轻轻刮掉墙面的污垢、脏渍。

②把毛巾浸入放有洗洁精的水盆，拿起拧干后沿着墙壁从上往下来回擦抹。

③将另一条毛巾用清水洗后拧干，彻底清抹一次墙面，直到干净。

④用于拖把拖干地面。

⑤大理石墙面不能用任何酸性溶剂洗，否则将造成大理石分解；瓷砖墙面则禁止用碱类、盐酸类除污剂，因为这些除污剂会损坏瓷砖表面的光泽。

⑥大理石墙面打蜡上光时先用铲刀清除墙面上的杂物与旧蜡，然后用毛巾或其他纤维垫浸过配有起渍水的保洁水从上到下清抹墙面。保洁之后用清水再彻底清抹一次。

⑦将少量墙蜡涂于保洁布上，再轻微用力涂抹在墙面上；用一条保洁布用力地来回擦抹，达到抛光的效果。

⑧标准：用纸巾擦拭墙面60厘米长无明显污染。

6. 通道墙面砖的保洁工作程序

（1）装好两桶水，在其中一桶水内放入适量的保洁剂，另一桶水备用。

（2）将毛巾浸入放有保洁剂的水里然后稍微拧干，沿墙壁从上往下来回擦抹。在保洁的同时用铲刀清除墙面顽固的污迹、脏渍。

（3）擦抹完墙面之后再过一遍清水，保持墙面光滑洁净。

（4）擦洗完之后，再用地拖拖干净地面的积水。

（5）标准：目视干净无污迹，保洁后，用纸巾擦拭墙面60厘米长不被明显污染。

（6）注意事项：瓷砖面保洁时不能使用腐蚀性的保洁药水。

7. 乳胶漆墙面的保洁工作程序

乳胶漆墙面保洁要达到的标准：目视墙面干净无污渍、无黏附物、无灰尘，因此，必须坚持以下保洁方法。

（1）用鸡毛掸子或干净的拖把轻轻拂去墙面的灰尘。

（2）用干毛巾轻擦墙面的污渍，擦不掉的污渍用细砂纸轻轻擦掉；

（3）用铲刀铲掉墙面上黏附的泥沙、痰渍。

（4）扫净地面灰尘，再用湿拖把拖净地面。

（5）每月保洁一次。

8. 木质墙面的保洁工作程序

（1）工具：标志牌、手刷、毛巾、刀片。

（2）保洁剂：全能保洁剂，按1∶100的比例配制。

（3）用毛巾配合保洁剂擦洗墙面。

（4）必要时用柔软手刷清理墙面的污渍，再用毛巾轻抹一次墙面。

（5）最后用清水洗净轻抹墙面。

（6）对于带有造型的门，注意把各个造型部位清洗干净。如品格栅型的门应注意把各个格子清洗干净。门上的沉积物、灰垢，尽量不用钢丝球擦洗，避免划伤表层，应用软布或湿毛巾反复用力擦洗。

七、公共场所保洁工作程序

1. 大堂的保洁工作程序

（1）物业大堂保洁的要求是：地面无烟头、纸屑等杂物，无污渍，大理石地面、墙面有光泽，公共设施表面用纸巾擦拭无明显灰尘，不锈钢表面光亮无污渍，玻璃门无水迹、手印、污渍，天棚、风口目视无污渍、灰尘。

（2）每天上午上班前及下午分两次重点清理大堂，每小时保洁一次，重点清理地面和电梯内的垃圾杂物。

（3）用扫把清扫大堂地面垃圾，然后用长柄刷蘸洗洁精清除地面污渍，最后用拖把拖抹地面一次。每天循环拖抹、推尘、吸尘。

（4）清扫电梯后，用湿拖把拖抹两遍地板。

（5）用干毛巾和不锈钢油轻抹大堂内各种不锈钢制品，包括门柱、镶字、电梯厅门、内壁等。

（6）将湿毛巾拧干后，擦抹大堂门窗框、防火门、消防栓柜、内墙面等设施。

（7）清理不锈钢垃圾桶，洗净后放回原处。

（8）用湿拖把拖抹台阶2~3遍，出入口的台阶每周用洗洁精冲刷一次。

（9）用干净毛巾擦拭玻璃门，并每周清刮一次，每周地面补蜡及磨光一次。

（10）每月擦抹灯具、风口、烟感器、消防指示灯一次。

（11）每月对大理石地面打蜡一次，每月用去污粉、长柄手刷彻底刷洗地砖地面和水磨地面一次。

2. 游乐场的保洁工作程序

（1）准备抹布、胶桶、扫把等工具以及保洁剂。

（2）用抹布擦干净秋千、跷跷板上的灰尘。

（3）倒少许清洗剂在污渍处，用抹布擦抹，然后用水清洗干净。

（4）利用扫把将沙坑外的沙扫入坑内，同时清扫游乐场内及周围的纸屑、果皮等垃圾。

（5）滑梯每半月清洗一次，其他设施每周抹一次，保洁后保持无灰尘、污渍。

（6）每天将场地扫3遍，每小时循环保洁一次，目视游乐场周围整洁干净，无果皮、纸屑等垃圾。

（7）发现游乐设施损坏，及时报告。

（8）发现游乐的人特别是小孩未按规定使用游乐设施时，应予以制止、纠正。

3. 游泳池的保洁工作程序

（1）游泳池的瓷砖面的保洁，先用水将瓷砖面打湿，撒一些去污粉并用长柄手刷把表面的污渍刷干净。

（2）用毛巾将池边的灯、椅、台、扶栏上的积水抹干。

（3）游泳池底部用吸尘器在每天开放前吸杂物一次，直到将整个池底吸干净为止，其操作程序如下。

①将水底吸尘器推到泳池场内，准备对游泳池底部进行吸尘，如池水内有树叶等杂物，应先用捞网将杂物捞起。

②检查水底吸尘器电源线是否裸露、破裂，确定完好后将吸尘器排水管放入排水渠内，打开电源开关进行吸尘。

③操作吸尘器动作要稳，要顺着一个方向运作，速度要均匀以免扬起池底杂质。

④吸尘完毕后，应将真空管及电线缠绕整齐，并将工具搬回工具房。

⑤室外泳池应每天吸尘一次，室内泳池可3天吸尘一次。

（4）池水定期净化消毒，每周进行一次，其操作程序如下。

①吸尘后对水质进行测试和加药。

②加药时应根据测试结果确定加药量。

③片剂药物可直接投放，粉剂药物应用药桶兑水稀释后再投放（投放药量和兑水量参照药物说明）。

（5）池水净化消毒药物主要有：次氯酸钠、聚合氯化铝、烧碱、硫酸铜。

（6）水质测试，含氯量应保持在 0.3~0.6 毫克/升，pH 值保持在 6.5~8.5。

（7）池水应每天在开放前更换、清洗，进水后按规定投放消毒药物，保持池内含氯量在 0.6 毫克/升。

（8）使用岸上推动吸尘器时应防止真空管摩擦地面。

（9）游泳场所用药品具有较强的腐蚀性和刺激性，应存放在药品专用保管室内，并根据药品的性质进行标记、隔离、分类存放。

（10）消毒药品投放时应避开正在游泳的客人。

（11）如遇游泳高峰期，消毒次数应视情况而增加。

（12）每次测试。加药应认真做好记录。

（13）每月更换一次泳池内的水，注入新水后，加适量的漂白粉、明矾、硫酸铜以保持水质清澈。

（14）游泳池的更衣室、卫生间在使用期间每天保洁两次，并时刻保持干净。

（15）标准：水面无漂浮物，池内无沉淀、杂物、水质清澈见底。

4. 道路及运动场所的保洁工作程序

（1）确保物业的汽车道、人行道、消防通道、羽毛球场、门球场等马路和活动场地的清洁。用长柄竹扫把将道路中间和公共活动场所的果皮、纸屑、泥沙等垃圾扫成堆，用扫把将垃圾扫入垃圾斗内，然后倒进垃圾手推车。

（2）对有污渍的路面和场地用水进行清洗。

（3）雨停后，用竹扫把把马路上的积水、泥沙扫干净。

（4）每天打扫 3 次，每小时循环保洁一次，保持整洁。

（5）活动场地、路面无泥沙，无明显垃圾，无积水、污渍。

5. 绿地的保洁工作程序

（1）保持草地和绿化带的保洁，用扫把仔细清扫草地上的果皮、纸屑、石块等垃圾。

（2）对烟头、棉签、小石子、纸屑等用扫把不能打扫起来的小杂物，用手捡入垃圾斗内。

（3）在清扫草地的同时，仔细清理绿篱下面的枯枝落叶。

（4）每天早晨、上午、下午各清扫一次以上，每小时循环保洁一次，保持保洁干净。

（5）目视无枯枝落叶，无果皮，无饮料罐，无 3 厘米以上石块等垃圾和杂物，100 平方米内烟头数量少于 1 个。

6. 停车场的保洁工作程序

（1）自行车房的保洁。

①保持自行车房的整洁，车辆摆放整齐，准备扫把、胶桶、抹布等工具。

②用扫把清扫自行车房内的果皮、纸屑、灰尘、垃圾等。

③用干净扫把将房顶上、墙上的蜘蛛网、灰尘清除。

④用湿抹布擦抹棚架、自行车房拉门及窗网。

⑤将自行车棚内的自行车依次排列整齐。

⑥对没有使用、积尘明显的自行车，每周用鸡毛掸打扫灰尘一次；长期停放超出规定时限且又影响市容的车辆按车辆管理规定处理。

⑦每天打扫两次，目视无果皮、纸屑、蜘蛛网，墙面无灰尘。

⑧棚架每月抹一次，拉门、窗每周擦抹一次，棚须每周清扫一次。

（2）机动车停车场的保洁。

①保持机动车停车场的整洁，准备胶水管、扫把、胶刷、垃圾斗等工具和保洁剂。

②用长柄竹扫把将垃圾扫成若干堆，用垃圾斗将垃圾铲入垃圾车中，发现有杂物，一起清运上垃圾车。

③用胶水管接通水源，全面冲洗地面，发现油渍和污渍时，倒少量保洁剂在污渍处，用胶刷擦洗，然后再用水冲洗。

④保洁周围排水口和下水口，保证排水畅通。

⑤目视地面无垃圾、果皮、纸屑，无积水，无污渍和杂物。保洁时应小心细致，垃圾车和工具不要碰坏客户车辆。

⑥每天清扫两次，每周用水冲洗地面一次，每月用保洁液、毛巾擦拭一遍消防栓、消防指示灯、车位档、防火门等公共设施；每两个月用干毛巾擦拭灯具一次；停车场管线每两个月用鸡毛掸子或扫把清扫灰尘一次。

⑦发现机动车辆漏油，应通知车主并及时用干抹布抹去燃油后，用洗洁精浇油污，以免发生火灾。

⑧每周冲刷地面一次，并打开地下停车场的集水坑和排水沟盖板，彻底疏通、清理一次。

7. 标准层的保洁工作程序

（1）每天早晨将标准层的生活垃圾收集至地面垃圾周转站，清洗垃圾桶，套上垃圾袋放回相应的楼层。首先进行电梯厅内地面的保洁卫生，然后再用扫把把楼层各通道及后楼梯踏步台阶清扫一遍。

（2）用地拖拖抹通道地面及楼梯台阶。再用保洁毛巾将楼层的公共设备，包括通道防火门、消防栓、平开窗、楼道灯罩、开关、排风口、楼梯扶手、楼层墙面、后楼梯管线等擦抹一遍。

（3）楼层所有灯具每星期用干净的白毛巾擦拭一遍。

（4）每月对楼层通道地砖用去污粉清洗一次，每月至少对后楼梯顶面扫尘、除蜘蛛网一次。

8. 公共卫生间的保洁工作程序

公共卫生间保洁后的标准：地面无烟头、污渍、积水、纸屑、果皮，天花板、墙角、灯具目视无灰尘、蜘蛛网，目视墙壁干净，便器洁净无黄渍，室内无异味、臭味。

（1）每天上、下午上班前分两次重点清理，并不断巡视，保持保洁。

（2）如条件许可，可在保洁时关闭卫生间，暂时不让公众使用，但必须放置告示牌，打开窗户通风。

（3）用水冲洗大小便器，并用夹子夹出小便器内烟头等杂物。

（4）用厕所刷蘸洁厕精洗刷大小便器，然后用清水冲净。

（5）用湿毛巾和洗洁精擦洗面盆、大理石台面、墙面、门窗。

（6）先将湿毛巾拧干擦镜面、窗玻璃，然后再用干毛巾擦净。

（7）清洗垃圾桶和烟灰缸，并内外擦干。

（8）用湿拖把拖干净地面，然后再用干拖把拖干。

（9）喷适量香水或空气清新剂，小便斗内放樟脑丸，或直接用杀菌保洁剂彻底对卫生间进行保洁。

（10）每 2 小时保洁一次，主要清理纸篓垃圾、地面垃圾、地面积水和水迹等。

（11）每周擦抹抽气风口一次，消毒大洗一次。

（12）每月用于毛巾擦灯具一次，清扫天花板一次，杀虫一次。

八、公共设施保洁工作程序

（一）地面公共设施

1. 值班室和岗亭的保洁工作程序

（1）保持值班室和岗亭的保洁，为上岗人员创造一个良好的工作环境。准备抹布、胶桶（装水）、玻璃刮刀、鸡毛掸、扫把、拖把等工具以及洗洁精。

（2）按从上往下，由里到外的程序进行保洁。

（3）用鸡毛掸子扫去墙上的灰尘和蜘蛛网，再扫去桌椅上的灰尘。

（4）用扫把打扫地面，用湿抹布擦抹值班桌椅，洗干净抹布，再抹门、窗及岗亭外墙。

（5）用干净抹布重擦抹一次桌椅和门、窗、玻璃。

（6）用洗干净的拖把拖抹地面及过道。

（7）值班室如有其他办公设备时应同时保洁。

（8）保洁岗亭后用抹布擦抹道闸。

（9）有污渍时，倒少许洗洁精用抹布擦洗。

（10）目视无灰尘、无污渍、无烟头、无杂物，门窗玻璃透明、无污渍。

（11）每天保洁一次。

（12）保洁道闸时应注意行驶车辆，防止撞人。

2. 地面喷水池的保洁工作程序

（1）平时保养。地面保洁工每天用捞筛对喷水池水面漂浮物进行打捞，每隔 6 ~ 7 天对池内沉淀物用吸水机清吸一遍。

（2）定期保洁。

①每 10 ~ 15 天彻底清洗一次，冬季可延长至一个月，打开喷水池排水阀门放水，待池水放去 1/3 时，保洁工人入池保洁。

②用长柄手刷加适量的保洁剂由上而下刷洗水池瓷砖。

③用毛巾擦抹洗池内的灯饰、水泵、水管、喷头及电线表层的青苔、污垢。

④排尽池内污水并对池底进行拖抹。

⑤注入新水，投入适量的硫酸铜以净化水质，并清洗水池周围地面污渍。

（3）标准。目视水池清澈见底，水面无杂物，池底洗净后无沉淀物，池边无污渍。

（4）注意事项：

①清洗时应断开电源。

②擦洗电线、灯饰不可用力过大，以免损坏。

③保洁时，不要摆动喷头，以免影响喷水观赏效果。

④注意防滑、跌倒。

3. 水池和水箱的保洁工作程序

（1）地下水池、屋顶水箱、中间水箱每年至少清洗两次，若遇特殊需要可增加清洗次数。

（2）一般情况下，清洗程序应按规定进行，特殊情况下则应拟定水箱清洗方案，经领导批准后执行。

（3）清洗前一天应贴出通告通知用户停水时间，以便用户作好储水准备。

（4）清洗前应做好所需机电工具、检测器具、保洁工具及消毒药物的准备工作。

（5）水池和水箱的清洗和检修程序。

①关闭水总阀，关闭水箱之间的连通阀门，开启泄水阀，排空水池、水箱的水。

②让泄水阀门处于开启位置，用鼓风机对着水池、水箱内吹风2小时以上，使空气流通，吹进新鲜空气，排除水池、水箱中的有毒气体。

③用燃着的蜡烛放入池底不因缺氧而熄灭，以确保水池、水箱中的空气新鲜。

④安装一盏36瓦的灯，供水池、水箱内照明用。

⑤清洗和检修人员进入池内工作。

⑥保洁人员用柠檬洗洁精对池壁、池底洗刷，不少于3遍，维修人员对水池中管道、阀门、浮球、水位控制电路进行检查维修。

⑦清洗完毕后排尽水池中的污水，清除污渍，然后向水池池壁及底部喷洒消毒水。

⑧检查各种设施正常后，注入水，取水样到市卫生防疫检测站化验取证。

（6）水池和水箱清洗的注意事项。

①使用安全电压灯，导线绝缘良好，并安装漏电开关。

②人员上、下水池应小心，传送工具等物品用绳子传吊。

③未经试验证明水池中有无氧气前，不得进入水池。

④消毒人员必须戴防护眼镜和口罩。

4. 散水坡和排水沟的保洁工作程序

（1）保持排水沟畅通、散水坡保洁。用扫把清扫散水坡上的泥沙、果皮、纸屑等垃圾。

（2）用胶扫把清扫排水沟里的泥沙、纸屑等垃圾，拔除沟里生长的杂草，保证排水沟的畅通。

（3）用铲刀、钢丝刷清除散水坡及墙壁上空调滴水的污渍及青苔。

（4）先用洗洁精清洗，再用清水冲洗并检查一遍，发现不干净的地方再用铲刀仔细刮。

（5）目视干净，无污渍、无青苔、无垃圾和沙石。

（6）有空调滴水的地方每星期擦洗一次，散水坡和排水沟每天保洁在3次以上。

5. 垃圾池和垃圾箱的保洁工作程序

（1）保持垃圾池、垃圾箱的保洁。用铁铲将池内垃圾铲入手推车内，用扫把将剩余垃圾扫干净后，打开水阀用水冲洗池内外一次。

（2）用去污粉或洗衣粉撒在垃圾池内外瓷砖和垃圾池门上，用胶刷擦洗污渍。

（3）疏通垃圾池的排水道，保洁周围水泥面。

（4）打开水阀，用水全面冲洗垃圾池内外，同时用扫把或胶刷擦洗，垃圾池周围不积污水。

（5）关闭水阀，收回水管，锁好垃圾池铁门。

（6）清理垃圾桶或果皮箱内垃圾后，将桶箱搬到有水源的地方，先用水冲洗一遍，然后在污渍处倒少许去污粉擦洗，再用水冲洗干净，搬到原处放好，或者套上黑垃圾袋，放回原处。

（7）垃圾箱上的烟灰缸存放烟头不能超过3个，要及时清理干净。

（8）目视无污渍、无广告纸，每天清运、清洗两次，垃圾池和垃圾箱每周用去污粉保洁一次。

6. 化粪池的保洁工作程序

（1）用铁钩打开化粪池的盖板，再用长竹竿（8米）搅散化粪池内杂物结块层。

（2）将吸粪车开到工作现场，套好吸粪胶管（5米长，备3条）放入化粪池内。

（3）启动吸粪车的开关，吸出粪便直至化粪池内的化粪结块物吸完为止，防止弄脏工作现场和过往行人的衣物。

（4）盖好化粪池井盖，用清水冲洗工作现场和所有工具。

（5）每6～12个月清理一次，一级池清运率达90%，二级池清运率达75%，三级池的表面全部清运。

（6）清理后，目视机井内无积物浮于上面，出入口畅通，保持污水不溢出地面。

（7）在化粪池井盖打开后10～15分钟，人不能站在池边，禁止在池边点火或吸烟，以防沼气着火烧伤人。

（8）人勿下池工作，防止人员中毒或陷入水中。

（9）化粪池井盖打开后工作人员不能离开现场，保洁完毕后，随手盖好井盖，以防行人或小孩掉入池内发生意外。

（10）注意事项：吸粪时尽量防止弄脏工作现场和过往行人的衣物。在用竹竿搅散结块层时防止跌进化粪池内。

（二）建筑附属公共设施

1. 玻璃窗的保洁工作程序

（1）门上镶有玻璃的同玻璃窗的操作程序相同。

（2）工具：毛巾或涂水器、玻璃刮刀、钢丝球、螺丝刀、水桶。

（3）保洁剂：全能保洁剂或玻璃保洁剂。

（4）把垫布垫在窗台内，以保护墙裙。

（5）用湿毛巾清洗玻璃和玻璃框表面的附着物、灰尘、污垢和顽固的沉积物，有的顽固沉积物需用钢丝刷先擦洗一遍（不能用钢丝刷子擦玻璃表面，干擦易划伤玻璃，应带水擦洗。磨砂玻璃、贴有窗花纸的玻璃，不能用钢丝球擦洗，易划伤磨砂玻璃表面和窗花纸）。

（6）将玻璃及框再保洁一次后，将保洁剂按规定比例（1∶100）稀释，并涂于玻璃表面。

（7）左手握一条毛巾，右手握玻璃刮刀刮净表面（用玻璃刮刀从上用力匀速拉到底，接着用左手的毛巾擦干玻璃残留物，最后达到光亮透明的效果）。

（8）用湿毛巾清洗下方的沟槽，较窄的沟槽用湿毛巾包住螺丝刀来回拖擦干净。

（9）最后用湿毛巾清洗窗台完毕。

（10）安全措施：

①玻璃能取下来的，尽量取下来擦，便于操作。取下玻璃时，请将手握玻璃部分用毛巾垫隔。

②取下来的玻璃，下方应放置在垫布上，以防滑倒，上方垫上抹布靠墙，以防损伤墙面。靠墙放置玻璃应与地面成80°角，过于垂直或倾斜易滑倒。取下来的玻璃，在清洗干净后还原时，应注意正反面和先后顺序，避免浪费时间和精力。

2. 护栏的保洁工作程序

（1）不锈钢护栏的保洁。

①工具：毛巾、小毛刷、水桶。

②保洁剂：酸性防锈保洁剂。

③配合业主移动护栏上的障碍物（花盆、衣物等）。

④先用小毛刷将护栏灰尘清除一遍。

⑤再用含有酸性防锈保洁剂的湿毛巾擦防护栏的钢条，顺着钢条来回擦洗；对极短的钢条，握住钢条作旋转擦洗。

⑥用干净的毛巾擦洗，直至做到无污渍、灰垢。

（2）护栏的除锈和上漆。

①工具：钢丝刷、小毛刷、小铲刀。

②保洁剂：防锈漆、油漆、香蕉水、烧碱。

③配合业主移动护栏上的障碍物（花盆、衣物等）。

④先用小毛刷将护栏灰尘清除一遍。

⑤用钢丝刷除去护栏上的锈斑。

⑥再用小毛刷将防锈漆涂于护栏上，如防锈漆污染了护栏以外的地方，用香蕉水或烧碱浸泡，稍后用小铲刀清除。

⑦等防锈漆彻底干后，再用小毛刷将油漆涂于护栏上。

⑧安全措施：上防护栏时，应系好安全带；脚踩在防护栏上时，不能单踩在一根钢条上，应踩在两根钢条上；操作防护栏时，最好一只脚踩在窗台上，另一只脚踩在护栏

上，以减轻对防护栏的重量。

3. 灯具的保洁工作程序

（1）灯具保洁的目标是：保洁后的灯具无灰尘，灯具内无蚊虫，灯盖、灯罩明亮整洁。

（2）关闭电源，一手托起灯罩，一手拿螺丝刀，拧松灯罩的固定螺丝，取下灯罩。如果要保洁高空的灯具，则架好梯子，人站在梯上作业，但要注意安全，防止摔伤。

（3）取下灯罩后，用湿抹布擦抹灯罩内外污渍并清除蚊虫，再用干抹布抹干水分。

（4）将灯罩装上，并用螺丝刀拧紧固定螺丝，但不要用力过大，防止损坏灯罩。

（5）保洁灯管时，应先关闭电源，打开盖板，取下灯管，用抹布分别擦抹灯管及盖板，然后重新装好。

4. 换气扇的保洁工作程序

（1）工具：毛巾、水桶、刷子。

（2）保洁剂：强力化油剂。

（3）先按比例配制保洁剂。

（4）取下换气扇叶上的盖子，放入配制好的保洁剂中。

（5）用毛巾清洗干净，如为顽固污渍，可用刷子清洗。

（6）洗干净之后用毛巾擦干再将其装好还原。

5. 挡雨篷的保洁工作程序

（1）保洁范围：物业内的所有挡雨篷、防护罩等。

（2）每天用扫把清扫篷面上的杂物。

（3）每星期用去污粉长柄手刷对篷面彻底清刷并冲洗干净。

（4）防护罩表面每星期用水冲洗一次，并用保洁布擦干防护罩表面。

（5）防护罩不锈钢部分用起渍水保洁后应上不锈钢油加以保护，防止生锈腐蚀墙面。

（6）标准：雨篷面上无灰尘和垃圾杂物，不锈钢表面无锈迹。

6. 字、牌、画及不锈钢表面的保洁工作程序

（1）字、牌、画的保洁工作程序。

①每天用拧干的毛巾轻抹字、牌、画上的灰尘。

②每周用半湿抹布对艺术字进行光亮处理和保养。

③不锈钢的字、牌、制品、设施应每周用干燥、干净的毛巾先擦一遍，再用干燥、干净的毛巾蘸上不锈钢水顺着纹路进行轻抹一次。有广告纸时，需先撕下广告纸。宣传牌每周保洁一次，室内标志牌每天保洁一次。

④铜的字、牌、制品、设施应每周用干燥、干净的毛巾除尘后，再用干净的毛巾蘸少量铜亮剂按同一方向快速用力擦至光亮。

⑤每次下雨之后立即用干的保洁布将室外的宣传牌、警示牌擦洗一遍。

⑥每月用保洁水对所有牌面彻底清洗一遍，并上保护油。

⑦有机玻璃面的字画及 PVC 胶板字、牌，每隔两日用拧干的毛巾蘸兑水洗洁精（水与洗洁精的比例为7:1）进行轻擦，再用拧干的毛巾擦抹直到不留污渍为止。

⑧有玻璃装裱的字画，每周用鸡毛掸进行除尘。

⑨有玻璃装裱的字画应每周先喷少量玻璃水到玻璃上，再用干净的半湿毛巾轻擦，最后用预先准备的柔软干毛巾擦干水迹。要注意防止玻璃水喷洒过多沿镜框渗透到内部沾污字画。

（2）雕塑装饰物和宣传栏的保洁工作程序。

①雕塑装饰物的保洁应准备长柄胶扫把、抹布、保洁剂、梯子等工具，用扫把打扫装饰物上的灰尘，人站在梯子上，用湿抹布从上往下擦抹一遍，如有污渍用保洁剂涂在污渍处，用抹布擦抹，然后用水清洗。不锈钢装饰物按不锈钢的保洁保养方法操作。

②宣传栏的保洁，用抹布将宣传栏里外周边全面擦抹一遍，玻璃用玻璃刮刀保洁。

③雕塑装饰物每月保洁一次，保洁后检查无污渍、积尘。

④注意事项：工作时梯子放平稳，人勿爬上装饰物，防止人员摔伤；保洁宣传栏玻璃时，小心划伤手；使用保洁工具时，不要损伤被保洁物。

（3）不锈钢表面的保洁工作程序。

①不锈钢制品一般有奖牌、标志牌、宣传栏、雕塑、门厅前不锈钢柱、不锈钢护栏、招牌、电梯轿厢门等。

②保持奖牌、标志牌、宣传栏、雕塑及其他不锈钢制品表面的整洁，使其不受氧化。先用兑有中性保洁剂的溶液抹不锈钢表面，然后用无绒毛巾抹净不锈钢表面的水珠。

③置少许不锈钢油于毛巾上，对不锈钢表面进行拭抹，或用喷头直接喷在不锈钢表面。

④然后用无绒干毛巾拭抹。

⑤目视不锈钢表面无污渍、无灰尘，表面光亮，可映出人影。

⑥上不锈钢油不宜太多。

⑦大面积的不锈钢设施需要保洁时，可用手动喷雾枪将保洁水喷于不锈钢表面，然后用无绒毛巾擦拭干净。取少许不锈钢保护油原液于毛巾上，对不锈钢表面由上而下擦抹。镜面不锈钢表面禁止使用不锈钢油。

⑧标准：亚光不锈钢表面无污渍、油渍、无灰尘。镜面不锈钢表面光亮，无油渍，3米内能清晰映出人物形体。

⑨注意事项：在电梯厢内操作时防止将不锈钢油沾到乘客身上。上油时不宜太多，以免油污沿着不锈钢表面下流到地面，造成污染。在保洁时不应使用硬性物体，防止损坏不锈钢表面。

7. 电梯内地坎滑槽的保洁工作程序

（1）准备一个比滑槽规格稍小的铝槽条、小型油漆刷、装杂物的垃圾袋。在电梯工人的帮助下，把电梯控制在手动状态，让其不能自动上下。

（2）清扫时用铝槽条放入滑槽一端，再用油漆刷从另一端把滑槽内部的杂物清扫到铝槽条内，然后将铝槽条内的杂物倒入垃圾袋内，最后清理现场。

（3）清扫完之后，使用少许起渍水清洗滑槽，然后用保洁毛巾轻抹干净。

（4）清扫滑槽每月进行两次，每月清洗一次，保洁时尽量在电梯使用不繁忙时。

（5）标准：滑槽内无杂物、无灰尘。

8. 后楼梯台阶的保洁工作程序

（1）早晨收完生活垃圾之后，用扫帚从顶层逐层清扫到底层。

（2）清扫完之后用拖布拖抹各层楼梯面。

（3）后楼梯放垃圾桶的台阶、平台应每天用保洁剂拖洗干净。

（4）每星期用保洁剂彻底保洁一次后楼梯台阶。

（5）每月对消防梯内的蚊、蝇、蟑螂灭杀两遍。

（6）标准：目视无积尘、污渍、油迹、蚊虫。

（三）地下室公共设施的保洁工作程序

1. 消防栓等的保洁工作程序

（1）保洁范围：地下室内的消火栓、排风口、防火门、反光镜的保洁保养。

（2）物业使用后用刷子将消防栓箱体内外彻底清扫一次，并贴上封条。

（3）保洁期间每天用保洁布对消火栓表面擦抹一次。排风口、防火门、反光镜每天用保洁布擦抹一遍。

（4）标准：目视表面无灰尘；防火门用纸巾擦拭门上冒头30厘米；门板面60厘米之后，纸巾不被明显污染。

2. 地下室管线的保洁工作程序

（1）保洁范围：小区、大厦的地下室自行车库、汽车库内的所有管线。

（2）作业程序：先用干净的胶扫把把水管上的灰尘清除。然后将拖布浸水稍拧干在水管上有顺序地拖抹。最后用毛巾浸入清水并彻底清抹一次。

（3）每周小清一次，每月大清一次，并时刻保持水管干净。

（4）标准：保持管线上无杂物、无明显积尘。

3. 地下室水沟的保洁工作程序

（1）地下室自行车库、汽车库内的水沟、下水道的保洁。

（2）每天在清扫地下室地面的同时，打开沟盖并清扫水沟内杂物。如发现水沟内有沉淀物应及时清扫干净，并将水沟内的积水一并扫入地下室污水井内抽走。

（3）每隔10天在冲洗地下室地面的同时将水沟一起冲洗，保持水沟内无沉淀物。保持水沟上的铁盖无污渍黏于表面，如发现有及时清理干净。

（4）标准：水沟内无杂物，沉淀物保持无异味产生。

4. 地下室污水井的保洁工作程序

（1）将所需的工具带到工作现场包括（铁铲、箩筐、绳子）。

（2）用铁钩把污水井的井盖全部打开，启动污水泵的开关，把井内的积水全部抽掉。待污水泵自动停止后方可入井内作业。用铁铲将井底的沉淀物铲入箩筐内，并运到垃圾周转站，直至污水井内的沉淀物铲完为止。

（3）清理完后用水冲洗污水井周围并清洗干净。

（4）标准：井内无沉淀，污水不能溢出地面，每半年清理一次。

第六章　物业绿化与植被管理

一、物业绿化管理概述

（一）物业绿化管理概念及特点

1. 相关概念

（1）物业环境绿化。物业环境绿化是按照自然美的规律去协调社会环境、人工环境与自然环境之间和谐统一的关系，创造出一个适合于人们生活的一种安静、舒适而且优美的绿色环境，创造出一个内涵丰富、风景如画的绿色景观。

（2）物业绿化管理。作为物业管理的重要部分，物业绿化管理是物业管理的基本内容之一。物业绿化管理概念有狭义和广义之分。

狭义的物业绿化管理是指对物业内外及其附属设施的园林绿化植物及园林建筑、园林小品等进行养护管理、保洁、更新、修缮，并对园林植物等采取浇水、施肥、修剪、中耕除草及病虫害防治、防台防汛、防寒等养护管理措施，达到改善、美化环境，保持环境生态系统良性循环的效果，并使物业服务得到保值和升值。

广义的物业绿化管理除了包括了狭义的物业绿化管理所包含的内容外，还包括了苗圃经营、绿化有偿服务、花店经营等与园林绿化相关的经营活动以及园林设计施工等。其中物业绿化中涉及较多的就是居住区绿地的管理。

（3）居住区内绿地。居住区内绿地是指根据居住区不同的规划组织结构类型，设置相应的中心公共绿地，包括居住地公园（居住区级）、小游园（小区级）和组团绿地（组团级），以及儿童游戏场和其他的块状、带状公共绿地等。

2. 物业绿化管理的特点

（1）服务性。物业绿化管理是小区物业管理的一部分。因此，物业绿化管理不是单纯的园林绿化管理，而是向业主提供的服务。因而小区物业绿化管理在工作时间、工作方式、工作态度、仪容仪表等方面都必须遵循服务行业的规范，为小区业主考虑。

（2）技术性。物业绿化管理与一般的物业管理工作存在比较大的区别，其工作具有较强的技术性。要做好物业绿化管理工作，必须充分掌握植物的生长习性、植物的各种养护管理技能、景观美学及造园技能等。

（3）消费性。物业绿化管理的费用主要由物业管理公司在收取的物业管理费用中拨付，与物业绿化管理的产品没有直接关系，因此物业绿化管理对于物业管理公司来说是一个纯消费的部门。

（二）环境绿化的功能

随着经济的快速发展，消耗资源大幅度增加，生态环境迅速恶化，特别是城市环境质量不断下降，城市热岛效应、空气污染等环境问题日益严重，城市生态系统愈加脆弱。在治理工业企业污染的同时，大规模地推行环境绿化，是改善和创造适应人类居住的生态环境的一个重要手段，同时绿化景观环境还可以陶冶情操、缓解紧张和疲劳，有益于人们的身心健康。环境绿化的主要功能如下。

1. 净化空气

空气是人类赖以生存和生活不可缺少的物质，是重要的外界环境因素之一。在城市中，由于石油燃烧所消耗的氧气和放出的二氧化碳远比人的呼吸消耗大得多，为了保持适宜人类生存的环境，就需要通过不断地消耗二氧化碳和释放氧气来保持生态平衡，绿色植物就是具有这种功能的平衡因子。绿色植物通过光合作用，能大量吸收二氧化碳并释放出氧气。1 公顷阔叶林，一天可消耗 1 吨二氧化碳，释放 0.73 吨的氧气。一个成年人每日呼吸消耗 0.75 千克氧，排出 0.9 千克的二氧化碳。根据这个标准计算，1 公顷森林每天制造的氧气，可供 1000 人呼吸。事实上，加上城市中燃料燃烧所产生的二氧化碳，则城市每人必须需要 30 ~ 40 平方米的绿地面积。

绿地不仅可以吸收二氧化碳和提供氧气，还可以减少空气中颗粒物的污染。这是由于树木和森林具有降低风速的作用，随着风速的降低，空气中携带的大粒灰尘也随之下降，减少扬尘污染；另外，由于树叶表面不平、多绒毛，能分泌黏性油脂及汁液，可吸收大量的飘尘。据测算，1 亩（666.6 平方米）树林一年可收回各种灰尘 20 ~ 60 千克。1 公顷高大的森林其叶子面积的总和可比其占地面积大 75 倍；许多树叶有较强的吸尘能力，如榆树每平方米叶片面积吸尘量为 3.03 克，每公顷松林可吸尘 36 吨。此外，许多树木具有吸收有害气体的能力。

2. 净化水体

城市水体污染源主要有工业废水、生活污水、雨水径流等。工业废水和生活污水较容易集中处理和净化，而地表雨水径流冲刷和带走了大量地表污物，其成分和水的流向均难于控制，许多流入土里，继续污染地下水。绿色植物净化水体主要表现在以下两方面。

（1）有些水生植物和沼生植物可直接净化城市污水，如芦苇能吸收酚及 20 多种化合物，1 平方米芦苇一年可积聚 9 千克的污染物质。种植芦苇的水池中，悬浮物含量减少 30%，氧化物含量减少 90%，氨含量减少 66%。

（2）绿色植物通过根系可以滞留和吸收一些污染物，如草地可以滞留许多重金属，树木的根系可以吸收水中的溶解质，减少水中细菌含量。

3. 调节湿度和温度

植物可以通过调节周围环境的湿度和温度来改善城市小气候。小气候主要指地层表面属性的差异性所造成的局部地区气候，其影响因素除太阳辐射和气温外，与地形和地表植物被覆盖也有关，植物对地表温度和区域气候影响较大。

在森林环境中，人们之所以感觉清洁舒适，主要是因为阳光照射到树冠上时，有 30% ~ 70% 的太阳辐射热被吸收，树木蒸腾作用需吸收大量的热。草坪也有较好的降温效果，夏季城市裸露地面温度比草坪表面温度高出 6.7℃，柏油路面温度高出草坪表面温度 8℃ ~20.5℃。植物蒸腾作用所产生的大量水分，增加了大气的湿度，因此，绿地是大自然中最理想的"空调器"。通过合理的绿化布局，还可改善由于城市建筑物密集而造成的通风不畅的问题。

4. 降低噪声

噪声也是一种环境污染。城市噪声主要有交通运输噪声、工业噪声等。在城市中，汽车、铁路、飞机以及工厂生产时的噪声，常常影响人们正常的工作和生活。通过城市环境绿化，可起到减弱噪声的作用。

城市街道上的行道树可以减弱一部分交通噪声，如公路上 20 米宽的多层行道树，噪声通过后，与同距离空旷地相比，噪声可降低 5 ~7 分贝。30 米宽的树林，与同距离空旷地相比，可减弱噪声 8 ~10 分贝。

较好的隔声树种有雪松、桧柏、龙柏、水杉、悬铃木、梧桐、垂柳、云杉、山核桃、臭椿、樟树、栎树等。

5. 杀灭细菌

树木的枝叶对于空气中的尘埃粒可产生吸附阻滞作用。一般而言，凡树冠浓密、叶面粗糙或多毛树种，多具有较强的滞尘力。针叶树的滞尘力较强，因为松柏类总的叶面面积大，并能分泌油脂，能吸附较多粉尘。

另外，园林树木含有多种挥发性有机物，可以杀灭细菌。常见具有杀灭细菌等微生物能力的树种主要有松、冷杉、桧等。具有杀灭能力的树种有侧柏、桧、辽东冷杉、雪松、黄栌、黄杨、刺槐、广玉兰、女贞、丁香、杨树、垂柳、臭椿等。

6. 安全防护

森林是自然界生态平衡中重要的一环，森林破坏常造成巨大的自然灾害，如涵养水源遭到破坏、严重的水土流失等。城市中的绿地也和森林一样，具有维持生态平衡的功能。在台风侵袭的沿海城市，茂密的植物和沿海岸线设立的防风林带，可以减轻台风的破坏；在山地城市，利用树木可以保水固土，有效地防止洪水和塌方；在地震多发的地区，城市绿地可成为有效的避难场所。具有宽厚木栓层和富含水分的树木（如苏铁、银杏、栎类、女贞等），可种植作为防火隔离带，能有效阻挡火势蔓延，绿化植物还可以过滤、吸收和阻隔放射性物质，削弱光辐射的传播和冲击波的杀伤力。同时，对红外线侦察设备也有良好的防护作用。由此可见，环境绿化在抗灾、防火和战备方面，也是可以发挥其特殊作用的。

7. 提升城市景观

许多风景秀丽的城市，不仅有良好的自然地貌和富有特色的建筑群体，更重要的是拥有良好的环境绿化。绿色可以从视觉和感官上给人们提供一种舒适感和愉悦感，使城市充满勃勃生机，富于生命的内涵，从而全方位提升城市景观效应。

8. 提供休闲场所

通过多种类型的环境绿化，可以为人们日常活动、健身、休憩提供优质的场所和空间。

（三）物业绿化管理的意义

1. 良好的物业绿化管理可以创造出良好的社会效益

现代的物业建筑中，大量的硬质楼房形成轮廓挺直的水泥块群的景观，给人一种单调且冷酷无情的压抑感。而物业中的园林绿化却是柔和的软质景观，它不仅能丰富城市建筑群体的轮廓线和美化环境，而且在小区中的小公园、小游园甚至路边大树下可开展多种形式的活动，是向群众进行文化宣传或住户间相互交流、丰富小区文化、增进人们相互之间感情和促进小区融合的地方。另外，好的小区及城市的绿化还能起到保护水土、防范自然灾害等防灾避难的作用，具有良好的社会效益。

2. 良好的物业绿化管理能够创造良好的生态效益

城市的园林绿化往往被称为"市肺"。同样，物业内的绿化是城市园林绿化的一个重要组成部分，物业绿化保护对城市园林绿化建设具有举足轻重的作用。绿化植物的调节温度、调节湿度、净化空气、净化水体、净化土壤、杀灭病菌、降低噪声及保持水土等作用，可创造一个良好舒适的环境。

3. 良好的物业绿化管理可以创造良好的经济效益

随着生活水平的提高，人们对生活品质和生活质量的追求也不断提高。现在人们买房已不限于"有一个属于自己的住所"这一概念，也不限于建筑面积的大小，更多的人关注的是居住区环境的好坏。因此，小区绿化环境的好坏往往直接影响物业的销售情况及物业管理费的收取。而酒店及旅游景点的环境绿化情况更是能否吸引顾客的决定性因素之一。另外，物业绿化有偿服务也是物业公司创收的主要来源之一。可见，好的物业绿化管理可以创造出好的经济效益。

4. 物业绿化管理的好坏直接影响物业管理公司的形象

作为物业门面之一的物业绿化，往往给进入物业区域的人们很深的第一印象。物业绿化管理的好坏往往对人们对该物业公司的信心有着极大的影响，也是业主评价物业公司工作是否到位的主要标准之一。另外，物业绿化管理也是物业管理工作中的重要项目之一。

（四）物业绿化管理的发展现状

近年来随着住房管理体制的改革、大量商品房的建设，人们越来越重视小区物业的绿化小区绿化也成为物业建设的不可分割的一部分，并成为物业管理的重要内容之一，物业绿化管理也作为一个专业应运而生，并且不断壮大。目前，不少的物业公司均设有园林绿化部或环境部，有的还成立了专门的园林绿化管理公司，而且物业绿化管理的范围也不断扩大。

（五）物业绿化管理的主要内容

1. 物业绿化管理的前期介入

作为物业管理者，为确保日后物业绿化管理的顺利进行，需在小区物业绿化工程的规划、设计、施工、验收等各个方面全程介入。

（1）物业绿化的规划和设计阶段主要针对绿化规划和设计的合理性、科学性、实用性等提供建议，尽量避免不合理的规划和设计给日后的小区物业绿化管理增加不必要的负担。

（2）物业绿化工程施工阶段主要针对一些隐蔽工程的施工，从小区物业管理方便性和实用性的角度提供建议，避免隐蔽工程给日后的物业管理带来困难。

（3）物业绿化工程项目验收阶段主要从物业管理的角度对存在的问题提出整改意见。

2. 物业绿化的验收

物业绿化验收根据性质可分为新建物业绿化工程的验收和旧有小区物业绿化的验收。验收标准根据相关的国家和地方标准，如北京市可根据最新《园林绿化工程施工及验收规范》DB11/T212－2009 进行验收。物业绿化的验收是园林绿化工程施工单位或小区的前物业管理公司移交给物业公司的管理手续。物业绿化验收的主要内容包括小区物业绿化的资料交接、小区物业绿化的绿地面积测量、园林建筑及小品的维护状况、园林植物数量的清点和植物生长状况的评估。

3. 物业绿化的日常管理

物业绿化的日常管理内容包括室内外的园林植物养护管理（如浇水、施肥、修剪、除草、有害生物防治等）、园林建筑和小品的维护、物业绿地的环境卫生保洁。

4. 物业绿化的改建

小区物业绿化经过一定时期的使用后，由于受到有害生物、自然灾害、气候环境及人类活动等因素的影响，常常会出现园林植物生长不良或死亡、园林建筑及小品被破旧、园林绿地景观效果下降的现象，因此必须对小区物业绿化进行改建。小区物业绿化的改建的主要内容包括园林建筑及小品的修缮和翻新、植物的补植或更新、绿地景观的调整或改造。

二、物业绿化接管验收

物业环境绿化管理既是物业管理的内容，又是园林绿化建设的组成部分，因此物业绿化管理工作具有服务性和技术性的双重特点。单纯从服务性来看，物业环境绿化管理的工作包括物业绿化管理的运作（包括机构设置、制度建设、运作模式等）物业绿化管理项目的发包、物业绿化项目的质量验收、物业绿化管理经费测算等。这里重点介绍物业绿化管理验收。

（一）城市绿化指标

1. 城市绿地率

城市绿地率是指城市各类绿地总面积占城市面积的比例，即：

城市绿地率 = 城市各类绿地总面积 ÷ 城市总面积 × 100%

根据"十一五"城市园林绿化的总体要求，全国城市规划建成区绿地率要达到 30% 以上，2010 年，城市规划建成区绿地率要达到 35% 以上。一般新建居住区绿地率应不低于 30%；改建旧城区绿化用地不得低于建设用地总面积的 25%；单位附属绿地面积占单位总用地面积比例不低于 30%，其中工业企业、交通枢纽、仓储、商业中心等绿地率不低于 20%；产生有害气体及污染工厂的绿地率不低于 30%，并根据国家标准设立不少于 50 米的防护林带；学校、医院、休疗养院所、机关团体、公共文化设施、部队等单位的绿地率不低于 35%。属于旧城改造区的，可按以上规定的指标降低 5%。

2. 城市绿化覆盖率

城市绿化覆盖率是指城市绿化覆盖面积占城市面积比例，即

城市绿化覆盖率＝城市内全部绿化种植垂直投影面积÷城市面积×100%

根据"十一五"城市园林绿化的总体要求，全国城市规划建成区绿化覆盖率应达到35%以上，2010年，城市规划建成区绿化覆盖率应达到40%以上。

3. 人均公共绿地面积

城市人均公共绿地面积是指城市中每个居民平均占有公共绿地的面积，即：

人均公共绿地面积＝城市公共绿地总面积÷城市非农业人口数

根据"十一五"城市园林绿化的总体要求，城市规划建成区人均公共绿地面积应在8平方米以上，城市中心区人均公共绿地面积应达到4平方米以上；2010年，城市规划建成区人均公共绿地面积应在10平方米以上，城市中心区人均公共绿地面积应达到6平方米以上。

（二）物业绿化接管验收

1. 原有物业绿化的接管验收

原有物业绿化接管验收一般与物业其他项目同时进行。验收应由委托方及物业公司的相关人员共同进行。具体的验收内容及验收步骤一般包括以下几点。

（1）物业公司自检。在正式移交前物业公司应组织园林绿化专业人员对移交的物业绿化进行自检。自检的重点是原有物业绿化中园林建筑与小品的安全及损坏情况、园林绿化设备的运作及损坏情况、园林植物的生长状况、有害生物和杂草的发生和危害情况。

（2）绿化面积的清点验收。由于原有物业绿化资料一般不齐全或与现状不符，因此必须对物业绿化面积重新进行测量，并对园林植物重新进行清点。在对绿化面积清点后必须绘制现状图，将已经损坏的地方在现状图中注明。

（3）清点设备。对所有相关设备进行清点，并制作设备清单。

（4）清点原有资料。需要清点的资料包括产权资料、用地红线图、规划设计图、各种管线分布图、设备的运作情况记录和维修记录、园林绿地的改建记录及图纸、园林建筑与小品的维护记录等。

（5）协商存在问题的解决方法。对于原有物业绿化存在的问题双方进行协商。

（6）原有绿化的评价及等级划分。在分析原有物业绿化的情况后，根据功能重要性及园林植物生长状况将物业绿化划分为1~3级，方便日后管理。

（7）撰写备忘录。在对物业绿化验收后必须撰写"物业绿化接管备忘录"。

（8）资料归档。将以上所有资料整理好并归档。

2. 新建物业绿化的接管验收

当新建物业绿化按设计要求完成施工并可供使用时，施工单位就要向建设单位办理移交手续，这种交接工作就称为项目的竣工验收，或称为质量验收。

（1）质量验收的目的。物业绿化施工项目的质量验收是物业绿化工程全过程的一个阶段，它是由投资成果转入使用、产生效益的一个标志。质量验收既是对项目进行交接的必要手续，又可通过竣工验收对项目成果的工程质量、经济效益等进行全面考核和

评估。

（2）物业绿化工程质量验收的依据：

①上级主管部门审批的计划任务书、设计纲要、设计文件。

②招投标文件和工程承包合同。

③施工图纸和说明、图纸会审资料、设计变更签证、技术说明书或技术核定单。

④国家或行业颁布的现行施工技术验收规范及工程质量检验评定标准。

⑤有关施工记录及工程所用的材料、构件、设备合格文件及检验报告单。

⑥施工单位的有关质量保证等文件。

⑦国家颁布的有关竣工验收文件。

（3）验收的程序：

①验收时间的确定。在接到建设单位接管验收书面函后，物业公司应在15天内书面签发验收通知，并约定验收时间。物业公司发出验收通知书后，物业公司及建设单位各自组织专业人员按约定的时间、地点进行物业绿化工程验收。

②书面汇报。由建设、勘察、设计、施工、监理单位分别书面汇报项目建设质量状况、合同履约及执行国家法律法规和工程建设强制性标准的情况。

③验收检查。建设单位及物业公司对物业绿化工程进行验收。主要验收绿化工程的质量、绿化面积及园林植物的数量和名称。

④验收情况汇总。对物业绿化工程验收情况进行汇总讨论，并听取质量监督机构对工程质量监督的情况。对于在验收时发现的问题要求建设单位在规定时间内进行整改或约定补偿办法。

⑤验收意见形成。形成竣工验收意见，撰写"验收接管备忘录"。验收小组人员或验收委员会人员分别签字、建设单位盖章，最后由验收小组组长或验收委员会主任宣布验收结果。如在验收过程中发现严重问题，达不到竣工验收标准时，验收小组应责成施工单位整改，并宣布本次验收无效，重新确定时间组织竣工验收；当竣工验收过程中发现一般需整改的质量问题，验收小组可形成初步验收意见，有关人员签字，但建设单位不加盖公章，待整改完毕符合要求后再加盖建设单位公章；当竣工验收小组各方不能达成一致验收意见并协商不成时，应报建设行政主管部门或质量监督机构进行协调裁决。

⑥再验收检查。由物业公司对初次验收时发现的问题进行再验收。

⑦工程资料移交及归档。对于验收合格的物业绿化工程签订资料移交协议书，并对物业绿化工程的资料（如工程总平面图、设计变更通知单及变更图、竣工图及竣工报告、竣工验收合格证书的复印件、隐蔽工程验收合格证明、材料及其他质量合格证书、设备使用操作说明书、重点园林植物的名录以及习性和养护措施等）进行核对、移交。物业公司在接到工程资料后及时归档。

三、物业室外环境绿化设计

随着经济的迅速发展和物质文化生活水平的不断提高，人们对改善工作、学习、生活环境的要求越来越迫切。在园林绿地中应用花卉创造出五彩缤纷、花团锦簇、绿草如茵、香气宜人的景观；在公共场所、机关厂矿用花卉布置和装饰，使环境轻松、气氛活跃；把具有观赏价值的绿色植物引入室内，用于点缀居室，美化厅堂及公共交际场所，以增加自然风光情趣，有益于身心健康。

（一）绿地分类

环境绿化一般是指围绕人们的日常生活所存在的各种绿化区域，按主要功能可分为公共绿地、居住区绿地、单位附属绿地、生产绿地、防护绿地、风景林地六类。

1. 公共绿地

公共绿地是面向全体公众开放的以游览、休息、生态、美化等为目的绿地，是构成城市绿化的主要组成部分。

公用绿地中各种类型的公园所占比例较大，包括城市性公园、区域性公园、儿童公园、动（植）物园、历史公园、风景名胜公园、游乐公园、其他专类公园、带状公园等。

2. 居住区绿地

居住区绿地是指城市居住用地内的绿地，包括组团绿地、宅旁绿地、配套公建绿地、小区道路绿地等。居住区绿地主要是为一个居住小区的居民服务，是配套建设的集中绿地。

3. 单位附属绿地

单位附属绿地主要是指城市中各种类型单位管理区域内的绿地，包括工业企业绿地、机关单位绿地、仓储区域绿地、交通绿地、道路广场用地内的绿地等。

4. 生产绿地

生产绿地主要是指为城市绿化提供各种苗木、花草、种子等的生产绿地，包括各种苗圃、花圃、草圃等，一般其绿化面积较大。

5. 防护绿地

城市中具有卫生、隔离和安全防护功能的绿地，包括卫生隔离带、道路防护绿地、城市高压走廊绿化带、防风林、城市组团隔离带等。

6. 风景园林

为保护城市生态环境质量、城市景观和生物多样性等设立的各种风景园林，包括风景名胜区、水源保护区、郊野公园、森林公园、自然保护区、野生动植物园、湿地、垃圾填埋场恢复绿地等。

（二）植物绿化配置方式

1. 从布局形式上划分

物业室外环境绿化从其布局上可以划分为以下四种方式。

（1）块状绿地布局。这种绿化方式较常见，其绿化布局以块状为主，绿地分布均匀，造型规整，使用性较好。

（2）带状绿地布局。这种布局多利用各种水系、道路形成纵横绿化带、放射绿化带与环状绿化带交织的绿化网，带状绿化布局变化较多、形式新颖，对提升居住区整体景观作用较大。

（3）楔形绿化布局。结合居住区道路布局，在居住区交通枢纽地带及特殊地域，可以形成由宽到窄的绿地，称为楔形绿地。这种绿化布局能适应地势条件，方便灵活，对区域绿化景观是必要的补充和调节。

（4）混合式绿化布局。混合式绿化布局是前三种绿化布局形式的综合，可以使点、线、面绿化相结合，形成较为完整的绿化布局体系，最大限度地满足人们接触绿地、方便游憩的需要，有利于丰富区域整体景观。

2. 从空间形式上划分

从空间形式上可以将绿化划分为地面绿化和立体绿化两种类型。

（1）地面绿化。地面绿化是环境绿化中最常见、最普遍、规模最大的绿化方式。地面绿化可以通过乔木、灌木和花草等多种植物形成多层覆盖，以营造各种不同类型的室外绿地空间。地面绿化主要的空间类型如下。

①草坪空间，指以草坪为主要绿化材料，营造绿色的地被景观效果，形成开阔的草坪空间，包括花坛性质的草坪、运动性质的草坪、休息性质的草坪、观赏性质的草坪等。

花坛性质的草坪经常种植黑麦草、紫羊茅、羊胡子草等，这些植物的主要特征是耐寒性较强，夏季不耐炎热，春秋两季生长旺盛，最适宜的生长温度为15℃～25℃，十分适合在我国北方地区栽培。暖地型草坪草种主要有结缕草类、狗牙根、天堂草、野牛草等，其最适宜的生长温度为26℃～32℃，抗寒能力较差，适合在我国的南方地区栽植。

②疏林草地空间，以乔木与草坪相结合，一般铺设在绿化面积较大的居住区域，夏季可以供人庇荫，林间空旷草地，可供人们活动和休息。

③密林空间，乔、灌、草多层覆盖。

④半开敞空间，以灌木种植为主。

（2）立体绿化。绿化水平是衡量居住区物业管理水平的重要标志之一。近年来，居住区的绿化建设正以前所未有的规模和速度向前发展，由于居住区土地资源十分宝贵，因此，居住区绿化在强调地面绿化的同时，已把垂直绿化、屋顶绿化等立体绿化放在了相当重要的位置。

立体绿化主要采用爬藤植物来达到绿化和美化城市环境的目的，包括各种建筑物和构筑物的墙面绿化、棚架绿化、栅栏绿化、屋顶绿化等。立体绿化，可以充分利用城市有限的空间，增加绿量，以创造更佳的生态环境。

1）墙面绿化。利用爬藤植物装饰建筑物或构筑物的墙面称为墙面绿化，用于墙面绿化的爬藤植物基本上都属于攀附型爬藤植物。墙面绿化要根据建筑物的高度及艺术风格选择植物，一般要求植物具有吸盘或吸附根，以便于攀附墙面，如爬山虎、常春藤、五叶地锦、凌霄等。在炎热的夏季，墙面爬满爬藤植物的建筑，其室内温度比没有墙面绿化的建筑要低2℃～4℃。选择墙面绿化植物时主要考虑以下因素。

①墙面朝向。朝阳的墙面，可选种爬山虎、五叶地锦、凌霄等；背阳的墙面，可选种常春藤、薜荔、扶芳藤等。

②墙面高度。根据爬藤植物的攀缘能力选择树种，建筑物较高时可选种爬山虎、五叶地锦，建筑物较低时可选用常春藤、凌霄、薜荔等。

墙面绿化的种植形式主要有地栽和容器栽植两种。有条件的情况下，应尽量采用地栽形式，因为深厚的土壤既有利于植物的生长，也便于日常的养护管理，一般沿墙种植带宽度为 50 厘米，种植点离墙 15～20 厘米，种植株距为 50～60 厘米。

2）阳台绿化。阳台绿化必须考虑到建筑立面的整体效果，布置力求整洁、美观、有秩序，以营造出丰富多彩的空中小花园。

阳台绿化的布置形式可采用平行垂直线构图，平行水平线构图，斜线吊挂相结合的构图，布置时可用绳、铁丝、花篮等辅助材料。

阳台绿化一般采用盆栽的形式，同时爬藤植物应选择抗旱性强的中小型木本或草本爬藤植物，或者选择多年生既见花又见叶的植物，如地锦、金银花、月季、牵牛等。

3）屋顶绿化。屋顶绿化是增加城市绿地、营造空中鸟瞰景观非常重要的一环，随着空中交通的日益发展，屋顶绿化对城市整体风貌将产生深远的影响，因此也受到人们的日益重视。

屋顶绿化是指将植物栽植于排水坡度小于 5% 的平屋面上。屋顶绿化的特点是对屋面防水要求较高，必须解决好屋顶的防漏问题；同时受屋顶承载能力的限制，屋顶供种植的土层很浅，土壤有效含水量小，易干燥；另外，屋顶风力比较大，因此屋顶绿化应以小型的花灌木、草坪等浅根系的植物为主，以中型的盆栽花卉为辅来进行布置。

（三）绿化植物的配置原则

合理配置植物应以改善、保护、美化环境及配合生产为准则。要达到植物配置的综合功能，关键在于掌握不同植物的生态习性要求，处理好物种之间关系，以此为基础全面合理地进行植物配置。

（1）植物配置中的美观原则。

①总体艺术布局要协调。规则式园林植物配置多对植、行列式栽植，而自然式园林中则采用不对称的自然配置，充分表现植物材料的自然姿态。根据局部环境和在总体布置中的要求，采用不同的种植形式，如一般在大门、主要道路、整形广场、大型建筑物附近多采用规则式种植，而在自然山水、草坪及不对称的小型建筑物附近则采用自然式种植。

②注意植物配置的色彩变化。色彩变化包括两方面，一方面由于植物本身具有季节特点，会引起景色的色彩变化，另一方面是采用不同色彩的花配置成绚丽多彩的景色，使四季皆有景可观赏。即使以季节景观为主的地段也应点缀其他季节的植物，否则一季过后，就显得单调。

③全面考虑植物在观形、赏色、闻香、听声上的效果。人们欣赏植物景观的要求是多方面的，人可以通过五官来欣赏园林植物，如鹅掌楸主要观其形；桃花、紫荆主要春天赏其色；桂花主要在秋天闻其香；成片的松树形成"松涛"时听其声。所以，园林种植设计时，要充分动用人的各赏景感觉器官。

④注意植物配置的形态变化。形态变化主要是指要结合地形和乔木、草的不同组合形式，形成虚实、疏密、高低、简繁、曲折不同的林缘线和立体轮廓线。

（2）植物配置中的适用原则。不同性质的园林有不同的功能，通过种植设计发挥园林绿地的综合功能。如行道树功能要求是遮阴、吸尘、阻隔噪声、美化市容，配置上以行列栽植，选择树冠浓密、生长健壮、寿命长、抗性强的乔木。医院绿地要求保护环境卫生，隔离噪声，创造清洁卫生、安静的环境，设计上在周围可配置密林，而病房、门诊处附近多种植花木供休息观赏。

①选择树木时，首先要满足主要功能的要求。如行道树，要选择具有抗害性较强、不宜发生病虫害、生长迅速、根系发达、耐修剪、寿命长、树形美观、树干笔直、树冠高大、叶密荫浓等特点的树木。

②在植物配置中，要掌握能发挥每种植物主要功能的有关生物学的特性。如以庭荫树为例，不同树木遮荫效果的好坏与其树冠的疏密、叶面的大小和叶片的不透明度的强弱有关。

③树木的卫生防护功能除树种之间有差异外，还和配置方式有关，如防风林带以半透风结构效果最好，而滞尘则以紧密结构者最佳。

（3）植物配置中的经济原则。经济原则指的是考虑成本问题，一方面是种植成本；另一方面是养护成本。比如在植物配置中要适当考虑节水的问题。可以有节制地发展草坪，尤其是冷季型草坪，多选择耐旱节水的草坪品种，可采用暖冷季草混播，或选用耐旱的地被植物，如沙地柏、扶芳藤等。在配置中优先选取较耐旱的园林植物，如银杏、臭椿较绒毛白蜡、国槐耐旱，金银木、黄刺玫较紫薇、迎春耐旱。选择节水和耐旱植物材料，是城市园林可持续发展的关键因素之一。

（四）不同植物种类间种植配置

1. 乔灌木的种植设计

乔木和灌木都是直立的木本植物，在园林绿化综合功能中作用明显，居于主导地位，在园林绿化中所占比重较大，是园林绿化的主要材料。植物配置方式主要有两种：规则式和自然式。

规则式整齐、严谨，具有大小一致的植物株行距，并按固定的方式排列，如树阵。自然式主要是体现自然、灵活，植物配置参差不齐，没有大小一致的植物株行距和固定的排列方式。

（1）规则式配置。

①中心植。在广场、花坛等地中心点的种植方式。一般种植树形整齐、生长缓慢、四季常青的园林树木，如北方可采用云杉、松柏等，南方可采用雪松等。

②对植。两株树或两丛树按照一定的轴线关系相互对称或均衡的种植方式。主要用于强调公园、建筑、道路、广场的出入口，同时结合庇荫和装饰美化的作用，很少作为主景。种植的位置既要不妨碍交通，又要保证树木足够的生长空间。

③行列栽植。乔灌木按一定的株行距成行成排的种植，或在行内株距有变化的种植形式称为行列栽植。行列式栽植形成比较整齐、单纯、气势宏大的景观效果。它是规则式园林中道路、广场、建筑物绿化应用的一种形式。

④几何图形栽植。按照一定的规则几何图像进行种植。如圆形、三角形、四边形等。

（2）自然式配置。按一定株距把树木栽成圆环的一种方式，常采用单环植、半环植。

①孤植。物业绿化中的孤植树，要求突出个体美，所用树种要求体形壮伟、树大荫

浓，如樟树、榕树、悬铃木、白皮松、银杏、雪松；或者体态潇洒、秀丽多姿，如桦木、槭树、垂柳、合欢等。

②丛植。一个树丛系由两三株至八九株同种或异种树木所构成，按其功能可分为两类，一类是以庇荫为主的丛植，同时具有观赏价值，多采用单一乔木树种所组成；另一类是以观赏为主的丛植，可采用乔、灌、花混交的方式，混交树种不宜过多，以一两种骨干树种为主，树种之间最好阳性与阴性、快生与慢生相结合，如用油松与五角枫混交等。

③群植。群植系由十株以下、七八株以上的乔灌木而组成的人工植物群落。它与树丛不同，数量较大。群植多采取密闭的形式，要求长期相对稳定，群植树种原则上以不超过 5 种为宜，重点要突出。

④林植。较大规模的成带、成片的树林状的种植方式，以乔木为主，组成一个完整的人工群落，包括自然林带、密林，可采用纯林或混交的种植方式。

2. 藤本植物的种植设计

具有长的枝条和蔓茎借助吸盘、卷须攀登高处，或借蔓茎向上缠绕与垂挂覆地，形成立面或装饰效果的绿化材料，称为藤本植物。

（1）建筑物的藤本植物设计。

①直接贴附墙面。植物有吸盘或气生根，不必借由其他装置便可攀附墙面，如爬山虎、薜荔等，从而形成绿色或五彩的挂毯。

②借助支架攀缘。植物本身不能吸附墙面，要求设支架供植物攀附缠绕，如葡萄、常春藤等。设立支架时，要考虑冬季无叶而露出支架外形，影响美观问题，故支架也必须具有一定的观赏性。

③引绳牵引。一二年生草本攀援植物，体重较轻，地上部分冬季枯萎，用引绳即可，如牵牛花等。

藤本植物墙面绿化，选择材料还必须考虑植物与墙面的色彩、形态、质感对比；近期与远期效果等问题。

（2）独立布置藤本植物。独立布置藤本植物常利用棚架、花架、花柱作为庇荫设施，可以成为局部构图的焦点，也可以用作室内到花园的过渡空间。

设计时也要考虑植物的观赏特点及生长特性，处理好近期效果与远期效果的关系。卷须类和缠绕类的藤本植物最宜选用，如紫藤、中华猕猴桃、葡萄、油麻藤、葫芦、丝瓜等。

（3）地被、假山的应用。土坡、地面防止水土流失及装饰，可以将藤本植物作为地被材料应用。藤本植物生长迅速、很多种类可以形成低矮、浓密的覆盖层，是优良的地被植物，能有效地控制杂草、防止水土流失，并把树木、花草、道路、建筑等联系和统一起来。

假山山石全部裸露，有时显得缺乏生气，除了布置乔灌木和草本植物外，适当布置藤本植物可以取得良好效果，打破单调。另外，藤本植物也可以将外观不美的山石覆盖，当然在选用植物种类和确定覆盖度等方面，都要结合山石的观赏价值和特点，不要影响山石的主要观赏面，避免喧宾夺主。

3. 草坪的种植设计

园林中用人工铺植草皮或播种草子培养形成的整片绿色地面，称为草坪。不经修剪的长草地域称草地。

草坪是园林绿化的重要组成部分，它对保护和美化环境，陶冶情操，防止尘土和水土流失，调节小气候，清新空气，减少噪声和维护生态平衡等方面有着重要作用。根据植物组合分类如下。

（1）单纯草坪。由一种草本植物组成的草坪，称为单纯草坪。如高羊茅草坪、马尼拉草坪等。单纯草坪有生长整齐、美观、稠密、叶色一致等特点。

（2）混合草坪。由多种禾本科多年生草本植物混合形成的草坪，称为混合草坪。如结缕草为主要草种，混入多年生黑麦草等。合理地按比例混合可以提高草坪的观赏效果。

（3）缀花草坪。在以禾本科植物为主体的草坪上，配置开花华丽的多年生草本植物，称为缀花草坪。如在草坪上自然点缀二月兰、红花前浆草等草花。开花草本植物的数量一般不超过草坪面积的 $1/4 \sim 1/3$，分布有疏有密，自然错落。

4. 水生植物的种植设计

园林绿地中的水面，不仅调节气候，解决园林中蓄水、排水、灌溉问题并提供水上活动的场所，而且在园林景观上也起重要作用。

水生植物可成为水景之一，水生植物的茎、叶、花、果都有观赏价值，种植水生植物可打破水面的单调，为水面增添情趣；水生植物也可改进水质；水生植物可作蔬菜、药材、饲料等。水生植物种植设计的要点如下：

（1）不同水深布置不同水生植物：

①沼生植物。它们的根浸在泥中，植株直立挺出水面，大部分生长在岸边沼泽地带，如荷花、水葱、芦苇等。这种水生植物一般均生长在水深不超过1米的浅水中，在园林中宜把这类植物种植在不妨碍水上活动又能增进岸边风景的浅岸部分。

②浮叶植物。它们的根生在水底泥中，但茎并不挺出水面，叶漂浮在水面上，如睡莲、菱角等。这类植物自沿岸浅水处到稍深的水域都能生长。

③漂浮植物。全植株漂浮在水面或水中，如水浮莲、浮萍等。这类植物能在深水与浅水中生长，在园林中宜作为平静水面的点缀装饰，在大水面上可以增加曲折变化。

（2）平面布置。在水体中种植水生植物时，不宜种满一池，否则水面看不到倒影，失去扩大空间作用和水面平静的感觉；也不要沿岸种满一圈，而应该有断有续。一般在小水面布置水生植物，占水面面积的1/3左右。

（3）水生植物的选择和搭配。水生植物的选择和搭配要因地制宜，可以是单纯一种，也可以几种混栽，混栽时的植物搭配除了要考虑植物生态要求外，在美化效果上要考虑有主次之分，以形成一定的特色。

（4）水生植物的种植床。为了控制水生植物的生长，常用的方法是设水生植物种植床。最简单的是在池底用砖或混凝土作支墩，然后把盆栽的水生植物放在墩上，水浅则不用墩，此方法适宜于小水面设计。大水面可用耐水湿的建筑材料作水生植物种植床，把种植点围起来，可以控制植物生长。

（五）植物与其他景物配置

1. 水体与植物配置

水体是景观设计的主要设计要素，各种水体不论在景观中是否作为主景，无一不是借助植物创造丰富多彩的水体景观。水边的植物配置加强了这种静态美感，而构成了幽静含蓄、色调柔和的水体景观。

（1）园林中各类水体的植物配置。

①湖。湖是园林中最常见的水体景观。如杭州西湖，其湖面辽阔、视野宽广、沿湖景点突出季节景观，如苏堤春晓、曲院风荷、平湖秋月、断桥残雪等。

②池。在较小的园林中，水体的形式常以地为主。为了获得小中见大的效果，植物配置常突出个体姿态或利用植物分割水面空间、增加层次，同时也可创造活泼和宁静的景观。池边可种植柳树、碧桃、玉兰、黑松、白皮松等，疏密有致，既不挡视线，又增加了植物层次，倒影婆娑。

③河。在园林中组织河流时，应结合地形，不宜过分弯曲，河岸上应有缓有陡，河床有宽有窄，空间上应有开朗和闭锁。有意识地安排对景、夹景和借景，两岸配置树丛、孤植树、花灌木。少数树木可以斜植，横向水面，产生动势。

（2）岛的植物配置。四面环水的水中陆地称为岛。岛的类型众多，大小各异。岛可以划分水面空间打破水面的单调，对视线起抑制作用，岛可作为水面的焦点。岛的位置切忌居中，忌排比，忌形状端正。岛上植物配置要求疏密有致，高低有序，有层次感和丰富的林冠线，同时岛上也可布置雕塑，制作成大型盆景。

（3）岸的植物配置。岸边植物配置很重要，既能使陆地和水融成一体，又能对水面空间的景观起到主导的作用。

①土岸。自然式土岸边的植物配置最忌等距离，用同一树种、同样大小的树绕岸一周。应结合地形、道路、岸线配植，有近有远，有疏有密，有断有续，曲曲弯弯，自然有趣。自然式土岸多半以草坪为底色，引导人们临水现倒影，在岸边植以大量的花灌木、树丛及姿态优美的孤植树，一年四季有景可赏。

②石岸。规则式的石岸线条生硬、枯燥，柔软多变的植物枝条可补其拙。自然式的石岸线条丰富，优美的植物线条及色彩可增添景色与趣味。如规则式石岸可以种植垂柳和迎春，细长柔和的枝条垂至水面，遮挡了石岸的生硬。自然式石岸的岸石，有美有丑。植物配置要露美遮丑，不能遮挡整个石岸。

（4）瀑布。瀑布是园林中常用的水景之一。瀑布由 5 个部分构成：上流（水源）、落水口、瀑身、瀑潭、下流。瀑布下落的方式有直落、阶段落、线落、溅落和左右落等。瀑布附近的绿化，不可阻挡瀑身，因此瀑身 3～4 倍距离内，应作空旷处理，以便游人有适当距离来欣赏瀑布，瀑布两侧不宜配置树形高耸和垂直的树木。

2. 建筑与园林植物组景

植物配置可以协调建筑与周围环境，丰富建筑物的艺术构图，赋予建筑物以时间和空间的季候感。

建筑物的线条一般多平直、呆板，位置、形态固定，而植物枝干多弯曲、自然、洒脱，植物配置得当，可以打破建筑的生硬线条，取得一种动态均衡的效果。某些服务性建筑，由于分布位置不合适，可能就破坏了景观环境，而通过植物合理配置就可以改变这种不适宜的景观，使之与周边环境更加协调。

如皇家古典园林中的建筑体量庞大、色彩浓重、布局严整，选择侧柏、桧柏、油松、白皮松等树体高大、四季常青、苍劲延年的树种作为基调，来显示帝王的兴旺不衰、万古长青。

3. 居住区道路与植物配置

居住区道路植物配置是居住区景观风貌的重要体现，适宜的植物配置可以起到庇荫、滤尘、减弱噪声、改善道路沿线的环境质量和美化居住区环境的作用。

（1）主路。道路较宽，连接区中各主要景点。多选小乔木作为区路树，既可遮阴又可观赏花和叶，如樱花、玉兰、桃花、梅花、海棠、桂花等。树下可植耐雨花灌木如杜鹃、山茶、迎春，或镶边植物如葱兰、月季、石榴等。

（2）小路。小路一般路面较窄，多为弯曲状，以自然式布置为主，常采用花径形式。对距离较短的小路边，可植一种花卉，对距离较长的小路，则宜选用两种以上交替种植，以减少单调沉闷的感觉。如丁香、紫荆可形成拱券式幽静的小径；枝条较长的迎春、连翘形成夹道式小径；草本植物则形成开阔的路径，如朱顶红、郁金香、美人蕉等。

（3）交叉路口。交叉路口又称中间绿岛。它是视线交点处，为主要景点。植物选择视交叉路口的面积大小而定，面积较小布置花坛，一株或一丛圆球形树木如大叶黄杨、含笑、苏铁等，或置山石配一株树木如南天竹等；面积较大则植一树丛，以观叶为主，配置不同颜色的叶木。

（六）不同物业类型植物配置

1. 居住区植物种植配置设计

（1）居住区的特点。居住区是以人为中心的生活活动区，是人与周围的自然环境和人工环境组成的一个复杂的人工生态系统。

居住区的群体构成比较复杂，人员的职业、年龄、文化素质千差万别。

（2）居住区绿化的原则。居住区绿化根据楼宇间复杂的生态环境，要求配置的绿化植物不仅在视觉上有高低、远近、粗细、层次及季节的变化，还要按各种植物的生长特性、形态特征、观赏特点和栽培要点，以及符合其生态要求等方面进行合理的种植。尤其是住宅空间的阴阳面，要按绿化植物喜光耐阴的习性配置。具体绿化原则如下：

①居住区绿化应首先从功能出发，满足人们对生活和环境的要求，做到以人为本。

②居住区绿化应方便到达，功能分区合理，方便居民休息、游憩、交流。

③居住区绿化要满足不同年龄段人员的休息、娱乐、活动和交流的需要，尤其应注重老年人、儿童户外活动空间的布置，因为他们是居住区绿化环境使用频率最高的两类人群。

④居住区绿化应以生态性为重点，突出绿色植物的重要作用。

⑤居住区的绿化要以安全、舒适、美观为原则。

（3）居住区绿化的树种选择。

①要考虑绿化功能的需要，以植物园为主，提高绿化覆盖率，创造良好的生态环境效益。

②要考虑四季景观及普遍绿化的效果，采用常绿树与落叶树、乔木和灌木、速生树与慢生树等不同形式和色彩的树木相结合，创造优美生态的景观居住环境。

③植物园材料种类不宜过多，力求形成特色，同时采取丛植、群植等多种植物布置形式，以丰富室外空间。

④树种宜选择生长健壮、管理粗放、病虫害少、有地方特色的优良树种，如银杏、五角枫、国槐、云杉、冷杉、松柏、连翘、红瑞木、锦带、紫叶小檗等。

⑤忌用有毒、有刺、易引起过敏的植物，活动场地不宜栽植有大量飞絮飘落的树木。

（4）居住区绿化的类型。在物业管理区域内，除了个别区域内设有大型公共绿地外，物业绿化的类型主要包括游园绿化、道路绿化、宅旁庭院绿化和建筑内外绿化等。

1）地面绿化。居民楼绿化是居住区绿化的核心，是供居民日常生活中就近休息、活动、观赏和交流比较集中的公用绿地，因此在规划布局时要有功能分区，要结合地形、地貌、水体、植物、活动场地、小品建筑进行总体规划。同时对宅旁庭院绿化布置关系到室内的安宁、卫生、通风、采光以及居民视觉和嗅觉的欣赏，是整个居住区绿化效果的总体体现。

2）屋顶绿化。屋顶绿化分为坡屋面和平屋面绿化两种。由于其独特的环境条件，在进行植物配置时，应根据不同生态条件、植物的习性及具体的屋顶环境条件对植物的影响，种植耐旱、耐移栽、生命力强、抗风力强、外形较低矮的植物。坡屋面多选择贴伏状藤本或攀缘植物。平屋顶以种植观赏性较强的花木为主，并适当配置水池、花架等小品，形成周边式和庭院式绿化。常用屋顶绿化植物如下：

①小乔木有南洋杉、龙爪槐、罗汉松、鸡蛋花、女贞等。

②灌木有含笑、山茶、苏铁、冬青、大叶黄杨等。

③藤本及半藤本植物有黄素馨、吉祥草、紫藤、爬墙虎、金银花、常春藤、葡萄、丝瓜等。

④草花类有矮牵牛、玉竹、蜀葵、一串红、万寿菊、松叶牡丹等。

3）停车场绿化。车场的绿化景观可分为边界绿化、车位间绿化和地面绿化及铺装，如表1-6-1所示。

表1-6-1　停车场绿化

绿化部位	要求	具体设计
边界绿化	形成分割带，减少视线干扰和居民的随意穿越；遮挡车辆反光对居室内的影响；增加车场的区域感	较密集排列种植灌木和乔木，乔木树干要求挺直；车场周边也可围合装饰景墙，或种植攀援植物进行垂吊

续表

绿化部位	要求	具体设计
车位间绿化	多条带状绿化种植产生陈列式韵律感，改变车场内环境，并形成庇荫，避免阳光直射车辆	车位间绿化带由于受车辆尾气排放影响，不宜种植花卉；为满足车辆的垂直停放和种植物保水要求，绿化带一般宽为1.5～2米，乔木沿绿化带排列间距应大于2米，以保证车辆在其间停放
地面绿化及铺装	地面铺装和植草砖使场地色彩产生变化，减弱大面积硬质地面的生硬感	采用混凝土或塑料植草砖铺地；种植耐碾压草种，选择满足碾压要求、具有透水功能的实心砌块铺装材料

2. 工业厂区绿化

（1）工厂绿化的特点：

①环境恶劣。工厂在生产过程中，其厂区内各种有害于人体健康和植物生长的气体、粉尘、烟尘等物质相对要比外面多一些，因此，在进行厂区绿化时，一定要根据企业生产特点、产品性质等方面综合选择不同的植物进行绿化，这是确保工厂绿化成功的重要因素。

②保证生产安全。工厂绿化要有利于生产正常运行，有利于产品质量的提高，因此绿化栽植时要根据工厂不同的安全要求以及植物正常的生长条件要求，确定适宜的栽植距离。

③工厂绿化以增加绿地面积、提高绿地率为主。

（2）工厂绿化植物的选择：

①适地适树。

②根据不同生产工艺过程的要求选择抗污染、防污染植物。

③要选择容易繁殖、便于管理的植物品种。

（3）防污染绿化植物：

①对有害气体（以二氧化硫为主）抗性较强的树种有臭椿、榆树、刺槐、槐树、白蜡、小叶女贞、银杏、松柏、山皂荚、紫椴、垂柳、栾树、卫矛、华山松等。

②滞尘力强的树种有松柏、毛白杨、刺楸、刺槐、榆树、悬铃木等。

③防火较好的树种有山茶、油茶、海桐、冬青、女贞、银杏、槲栎、蒙古栎等。

四、物业室内环境绿化设计

室内植物造景是人们将自然界的植物进一步引入居室、办公室、超市、宾馆等建筑空间。植物景观宜素雅、宁静，植物造景需科学地选择耐阴植物并给予细致、特殊的养护管理、合理的设计及艺术布局，加上现代化的采光、采暖、通风、空调等人工设备改善室内环境条件。创造出既利于植物生长，也符合人们生活和工作要求、生理和心理要求的环境，让人感到舒适、雅致、美观，犹如处于宁静、优美的自然界中。

（一）室内绿化的主要形式

1. 盆栽

盆栽是花卉园艺特有的栽培形式，指把观赏植物种植在各种形状、大小以及不同材料的容器中供人观赏。盆栽是室内绿化最为普遍的装饰品，不受空间和地形的限制，摆设灵活，养护管理方便。

2. 盆景

盆景是把植物、山石等材料，运用"缩龙成寸，咫尺千里"的手法，经过精心设计和艺术加工布置在陶盆等容器内而成的自然风景的缩影，被誉为"立体的画，无声的诗"。

3. 插花

插花是以切取植物的可观赏的枝、叶、花、果为材料，利用植物的自然美态，经过巧妙布置，插入容器中，构成富有诗情画意的艺术品。插花装饰性很强，极易渲染和烘托气氛，富有强烈的艺术感染力。

（二）室内绿化植物配置

1. 绿化植物选择

（1）适宜性。考虑适宜的光照条件和温度、湿度条件，选择季节性不太明显、在室内容易成活的植物。

（2）观赏性。根据个人喜爱选择形态优美、观花、观果、观叶等观赏性强、装饰性强的植物。

（3）协调性。植物配置还要考虑植物的形态、质感、色彩和品格是否与房间的性质、用途、空间体量相协调。

2. 室内绿化植物配置总体设计

（1）组织空间。大小不同的空间通过植物配置，可以突出该空间的主题，并能用植物对空间进行分隔、限定与疏导。

①分隔。可应用花墙、花池、桶栽、盆栽等方法来划定界线，分隔成有一定漏透，又略有隐蔽性的小空间，要做到似隔非隔、相互交融的效果。但布置时一定要考虑到人行走及坐下时视觉高度。

②限定。花台、树木、水池、叠石等均可成为局部空间中的核心，形成相对独立的空间，供人们休息、停留、欣赏。

③疏导。在一些建筑空间灵活而复杂的公共娱乐场所，通过植物的景观设计可起到组织路线、疏导的作用。主要入口的导向可以用观赏性强或体积较大的植物引起人们的注意；也可用植物作屏障来阻止错误的导向，不自觉地随着植物布置的路线疏导。

（2）改善空间感。室内植物景观设计主要是创造优美的视觉形象，也通过人们嗅觉、触觉等生理及心理反应，感觉到空间的完美。

①连接与渗透。建筑物入口及门厅的植物景观可以起到从外部空间到建筑内部空间的一种自然过渡和延伸的作用，有室内、室外动态的不间断感，这样达到连接的效果。用落地玻璃，使外部的植物渗透进来，作为室内的借景，可以扩大室内空间，给枯燥的室内空间带来一派生机。

②丰富与点缀。室内的视觉中心也是最具观赏价值的焦点，通过以植物为主体，以其绚丽的色彩和优美的姿态吸引游人的视线。除植物外，也可用插花作品。墙前也被利用放置盆栽或盆景，也有在墙前辟栽植池，栽上观赏植物，还有在墙上贴挂山石盆景、

盆栽植物等点缀环境。

③遮挡、控制视线。室内某些有碍观瞻的局部，如家具侧面、管道等都可用植物来遮挡。

（3）渲染气氛。不同室内空间的用途不一，植物景观的合理设计可给人以不同的感受。

3. 室内绿化具体设计

（1）门厅的绿化设计。宾馆称大堂，个人居家称客厅，是迎接客人的重要场所。整体景观要有一个热烈、盛情好客的气氛，并带有豪华富丽的气魄感，才会给人留下美好深刻的印象。因此在植物材料的选择上，应注重珍、奇、高、大，或色彩绚丽，或经过一定艺术加工的富有寓意的植物盆景。为突出主景，再配以色彩夺目的小观叶植物或鲜花作为配景。边沿及转角处可布置一批大型的观赏价值较高的室内花卉；在建筑物的柱子周围布置 1~2 层不同高度的中小型观叶或观花的室内花卉。适用于大堂前厅布置的主要花木有散尾葵、棕竹、红宝石、绿宝石、绿萝、巴西铁、袖珍椰子、凤尾葵、发财树、变叶木、橡皮树、竹芋、龟背竹、八角金盘等。

（2）走廊的绿化设计。此处的景观应带有浪漫色彩，使人漫步于此，有着轻松愉快的感觉。因此可以多采用形态多变的攀援或悬垂性植物，此类植物茎枝柔软，斜垂盆外，临风轻荡，具有飞动飘逸之美，使人备感轻快，情态婉然。

（3）楼梯的花卉应用。楼梯是连接上下的垂直走廊，其转角平台处，是装饰的理想地方，靠角可摆放体形优美、苗条的植物加以遮挡，或不等高地悬挂一些悬垂性植物。在楼梯上下踏步平台上，靠扶手一边交替摆放较低矮的小盆花，上下楼梯时，给人一种强烈的韵律感、轻松感。也可利用高矮不同的盆花，自上而下，由低到高地摆放，以示高差的变化，缓和人们的心理感觉，还可达到装饰的目的。

（4）会议厅的绿化设计。会议厅是接待来宾、举行庆典的活动场所，不同的会场设计不同如表 1-6-2 所示。

表 1-6-2 不同会议厅的绿化设计

用途	设计要求
严肃性的会场	要采用对称均衡的形式布置，显示出庄严和稳重的气氛，选用常绿植物为主调，适当点缀少量色泽鲜艳的盆花，使整个会场布局协调，气氛庄重
迎、送会场	要装饰得五彩缤纷，气氛热烈。选择比例相同的观叶、观花植物，配以花束、花篮，突出暖色基调，用规则式对称均衡的处理手法布局，形成开朗、明快的场面
节日庆典会场	选择色、香、形俱全的各种类型植物，以组合式手法布置花带、花丛及雄伟的植物造型等景观，并配以插花、花篮等，使整个会场气氛轻松、愉快、团结、祥和，激发人们热爱生活、努力工作的情感
悼念会场	应以松柏等常青植物为主体，规则式布置手法形成万古长青、庄严肃穆的气氛。与会者心情沉重，整体效果不可过于冷感，以免加剧悲伤情绪，应适当点缀一些白、蓝、青、紫、黄及淡红的花卉，以激发人们化悲痛为力量的情感

续表

用途	设计要求
文艺联欢会场	多采用组合式手法布置，以点、线、面相连装饰空间，选用植物可多种多样，内容丰富，布局要高低错落有致。色调艳丽协调，并在不同高度以吊、挂方式装饰于空间，形成一个花团锦簇的大花园，使人感到轻松、活泼、亲切、愉快，得到美的享受
音乐欣赏会场	要求以自然手法布置，选择体形优美、线条柔和、色泽淡雅的观叶、观花植物，进行有节奏的布置，有规律地用垂吊植物点缀空间，使人置身于音乐世界里，聚精会神地去领略那和谐动听的乐章。适用于会议厅绿化的植物有如南洋杉、一品红、金盏菊、千头菊、仙客来等

（5）办公室的绿化设计。办公室的绿化设计应体现清静、高雅、舒适、大方的特点，可以用少量的中小型观叶、观花植物进行点缀，力求简洁明快。在转角或转折点可以点缀中型花木，在窗台、办公桌可以布置小型的室内盆栽花卉。适用于办公室绿化的植物有鱼尾葵、龟背竹、橡皮树、观叶秋海棠、吊兰、兰花、文竹等。

（6）书房的绿化设计。书房是人们工作和学习的地方，所以植物布置不宜华丽雕琢，应反映清静文雅的气氛。一般在书柜或博古架上安放小型盆栽花草，也可放置水墙花卉或陈列微型盆栽，在构图、色彩上做到与书籍和谐一致，使书房更显雅致。书桌上一般可放置一盆观叶植物，可在主人长时间工作之余调节主人的神经系统，使其疲劳消散。大小以不影响案头工作为佳。

（7）卧室的绿化设计。有利于睡眠是对卧室的基本要求，因此应通过绿色植物创造一个安逸的氛围。不能选择香味浓郁、色彩艳丽和枝叶过于高大的花木，否则会刺激人的大脑皮层，使人兴奋，从而影响正常睡眠，宜放置纤巧优美、色彩淡雅的观赏植物，特别适合选择一些多浆植物布置，因这些植物在夜晚能更多地释放白天光合作用生成的氧气，改善卧室夜间的空气质量。

卧室布置的植物数量宜少不宜多，一般主要在床头和梳妆台可放一盆插花或小型盆栽，或在镜框上、柜顶和墙面空间较大的地方悬挂一些垂吊植物。

五、物业绿化树木栽植技术

（一）物业绿化树木的适地适树

1. 适地适树的概念

要想让种植的物业绿化树木生长得健壮，最重要的一点就是遵守适地适树的原则。

所谓适地适树简单地说就是选择适合当地（栽植）气候条件的园林树木进行种植，也就是使所种植园林植物的生长习性与栽植地的生态条件相适应或基本保持一致，做到地与树的统一。

这里的"地"指林木生长发育的外界环境，即立地条件，"树"指造林树种的生态学特性。

在物业绿化工作中，要注意避免两种倾向：一是过分拘泥于树种的生态学特性，看不到树种的可塑性；二是过于夸大人的主观能动性，不能正确分析立地条件和树种生态学特性。

2. 适地适树常见的标准

物业绿化树木适地适树虽然是相对的，但也应有个客观标准，这个标准与造林有所不同。物业绿化植物适地适树标准是根据物业绿化的主要功能目的来确定的，物业小区大多是以美化小区为目的，这种情况要求生长健壮、清洁、无病虫害，供观赏的花、果正常；以卫生防护、保护环境为目的，要求在严重的污染区能成活，整体有绿化效果，对偶尔阵发性高浓度污染有一定抗御能力；以某种特定艺术要求为目的，如为表现苍劲古雅或成桩景式的树木，其营养代谢应是平衡而稳定的，并能维持较长寿，就算达到了物业绿化适地适树的标准。

3. 适地适树常见的四条基本途径

（1）选树适地。选树适地即为特定的立地条件选择相应的树种，这是绿地设计与树木栽植中最为常见的途径。

（2）选地适树。选地适树即为特定的树种选择能满足其要求的立地，这也是在绿地设计与树木栽植中常见的途径。选树适地或选地适树，在性质上都是单纯的适应，是最简单也是最可靠的方法。其基本点是必须充分了解"地"与"树"的特性，即全面分析栽植地的立地条件，尤其是明晰限制因子并且掌握栽植树种的生物学、生理学、生态学特性，使两者能相适应。

（3）改地适树。改地适树即当栽植地的立地条件有某些不适合所选树种的生态学特性时，采取适当措施，改善不适合的方面，使之适应栽植树种的基本要求，达到"地"与"树"的相对统一，如整地、换土、灌溉、排水、施肥、遮阴、覆盖等都是改善立地条件使之适合于树木生长的有力措施。

（4）改树适地。改树适地即所选栽植树种与栽植地的立地条件有某些不适合时，可以通过抗性育种增强树种的耐寒性、耐旱性或抗污染性等，还可以通过选用适应性强的砧木进行嫁接，以扩大适合栽植的范围。

上述途径不是彼此孤立的，而是可以互相补充、互相配合进行的。

（二）物业绿化植物的栽植

1. 栽植相关概念

植物的栽植是树木在区域上的移动，即将植物从一个地点移动到另一个地点，并且依然要保持其生命的整个过程。通常仅被狭义地理解为植物的种植，广义的园林植物的栽植主要由掘起、搬运、种植三个基本环节组成。掘起俗称起苗，是植物从生长点连根（裸根或带土球并包装）掘出的操作。搬运是将掘出的植物用一定的交通工具（人工或机械、车辆等）运到新的种植地点。种植是将运来的植物按要求栽种在新的种植点上。种植主要分为定植、移植、假植三种。

（1）定植。将植物按景观设计的要求种植在相应的位置上不再移动的方法叫做定植。

（2）移植。将植物种植在一处经过多年生长后还要再次移动，这种种植称为移植。

（3）假植。假植指植物掘起后来不及运走，或运到新的种植地而来不及栽植，为保护植物的根系临时埋根于土中的措施。

2. 树木栽植成活原理

一株正常生长的树木，其根系与土壤密切结合；地下部与地上部生理代谢（如水分吸收与蒸腾）是平衡的。由于挖掘，根系与原来土壤的密切关系被破坏，根大部分断留在土中，地上部与地下部的代谢平衡也就遭到破坏。而根系的再生，在一定的条件下需要相当一段时间。由此可见，如何使移来的树木与新环境迅速建立正常联系，及时恢复树体以水分代谢为主的平衡，是栽植成活的关键。而这种新平衡建立的快慢，与树种的习性、年龄时期、栽植技术、气候状况以及与影响生根和蒸腾为主的外界因子，都有密切关系。

3. 植物栽植的季节

根据树木栽植成活原理，植树的适宜时期应选择在树木蒸腾量相对较小、有利于树木根系创伤后能及时恢复、保证树体水分代谢平衡的时期。在四季分明的地区以秋冬落叶后到春季萌芽前的休眠期最为适宜。适宜的植树季节可以提高栽植的成活率，也能减少人力和物力的投入。在不同地区，什么时期植树，主要根据当地气候条件及树种生长特性加以确定，采取适时栽树。

4. 物业绿化植树工程的施工原则

为确保植树工程任务的顺利完成，必须遵循以下原则：

（1）绿化施工必须符合规划设计要求。一切绿化的规划设计，都要通过绿化工程的施工来实现。植树工程施工是把人们的设想（规划设计、计划）变为现实的具体工作。为了充分实现设计者所预想的美好意图，施工者必须熟悉图纸，理解设计意图与要求，并严格遵照设计图纸进行施工。如果施工人员发现设计图纸与实际不符，则应及时向设计人员提出；如需变更设计，则必须求得设计部门和建设单位的同意，绝对不可自作主张。

（2）植树技术必须符合树木的生长习性。树木除了有共同的生理特性外，各种树木都有其本身的特点。施工人员必须了解其共性与特性，并采取相应的技术措施，才能保证植树成活和工程的顺利完成。如春季，一些愈合能力强、生长快的落叶树种可以采取深根栽植的措施，修剪也可以较重；而常绿树种，特别是针叶树种以及一些珍贵树种，愈合、生长较慢，多以带土球方法进行移植，修剪较轻，以保持树木的形态。

（3）抓住适宜的植树季节。不同地区的树木栽植的适宜季节不同，即使是同一地区不同树种的栽植季节也有所不同。施工人员必须了解和掌握各种树种的栽植适宜季节，合理安排不同树种的种植顺序十分重要，一般是萌芽早的树种应早栽植，萌芽晚的可以相应晚些栽植；落叶树春栽宜早，常绿树栽植时间可以晚些。

（4）严格执行植树工程的技术规范和操作规程。施工过程中，施工人员应严格执行操作规程，否则会影响施工效果和成活率，如定点放样的准确与否、起苗规格的大小、坑穴的规格大小均会影响施工效果以及栽植的质量，栽植后的养护质量也不同程度地受到影响，只有在严格操作的基础上才能保证成活率、保证设计效果，降低绿化成本。

六、物业绿化植物养护管理

（一）物业绿化植物养护管理的特点

养护管理严格来说，包括两方面的内容，一方面是养护，根据不同物业绿化植物的生长需要和某些特定的要求，及时对植物采取如施肥、浇水、排水、中耕除草、修剪、防治病虫害等绿化技术措施；另一方面是管理，如管理围护绿地的清扫保洁等园务管理工作。因此，绿化养护管理有以下几个特点：

1. 经常性

绿化植物的习性特点，决定了绿化的养护管理必须要经常地进行，也就是人们常说的"种三管七"。在绿化设计、施工完成后，要保持绿化布置的成果，保证绿化植物的正常生长，就要制定一套严格的绿化管理制度，落实专业养护队伍，确保开展经常性的绿化养护，防止失管失养，形成放任自流的局面。

2. 针对性

花草树木都有不同的特点和品性，养护不同的花草树木，需要根据它们所赖以生存的客观条件来采取不同的养护方式，这些条件包括土壤、气候、温度、地理环境、人为因素等，做到适地适树，以便适者生存。

3. 动态性

植物是有生命之物，无论是一个种群，还是一个种类、一个个体，都处于漫长的生长变化之中。它的功能和观赏效果不是短时间内所能显示出来的，而是要有一个逐步提高和完善的过程。随着季节的变化、时间的推移，花草树木从发芽、长叶、开花、结果到凋落，年复一年，循环往复，在每个生长时期所需要的养护管理也不是一成不变的，而是随着植物的变化而变化的，在不同时期要掌握不同的养护重点。

（二）植物地上部分养护管理

1. 土壤管理

土壤是树木生长的基地，也是树木生命活动所需求的水分、各种营养元素和微量元素的源泉。因此，土壤的好坏直接关系着树木的生长状况。绿化植物的土壤管理是通过多种综合措施来提高土壤肥力，改善土壤结构和理化性质，以保证绿化植物生长所需养分、水分等生活因子的有效供给，并防止水土流失，增强物业绿化景观的艺术效果。

（1）整地。物业绿地的土壤条件十分复杂，既有本地的熟土，又有建筑垃圾、水边低湿地、人工土层等。这些土壤大多需要经过适当的调整和改造，才能适合绿化植物的生长。不同的植物对土壤要求也不同，但一般植物都喜保水保肥良好的土壤，而在干旱贫瘠或水分过多的土壤上植物往往生长不良。整地是有效的土壤改良和土壤管理方法，整地可以改进土壤的物理性状使土壤松软，有利于根系的生长，是保证树木成活和健壮生长的有效措施。

物业绿地施工过程中的整地工作一般分两次进行：第一次在栽植乔灌木之前；第二次在栽植乔灌木之后和辅草坪或其他地被植物之前。整地工作应结合整理地形、翻地、去除杂物碎石、耙平、填压土壤等内容进行，整地除了满足树木生长发育对土壤的要求外还应注意地形地貌的美观。

整地季节直接影响整地效果。在一般情况下，应提前整地，以充分发挥其蓄水保墒的作用。这一点在干旱地区尤为重要。一般整地应在植树前 3 个月以上的时期内（最好经过一个雨季）进行，如果现整现栽，整地效果将大受影响。

（2）土壤改良及管理。土壤改良就是通过对物业绿地土壤改良及管理能提高土壤的肥力、改善土壤结构和理化性质，不断供应物业绿化植物所需的水分与养分，为其生长发育发展创造条件。物业绿地的土壤改良多采用深翻熟化、客土改良、培土、施有机肥、化学改良等措施。

用化学改良剂改变土壤酸性或碱性的一种措施称为土壤化学改良。常用的化学改良剂有石灰、石膏、磷石膏、氯化钙、硫酸亚铁、腐殖酸钙等，视土壤的性质而择用。如对碱化土壤需施用石膏、磷石膏等以钙离子交换出土壤胶体表面的钠离子，降低土壤的pH 值。对酸性土壤，则需施用石灰性物质。

1）土壤耕作改良。

①深翻。深翻能增加土壤的孔隙度，改善土壤理化性状，促使微生物的活动，加速土壤熟化，使难溶性营养物质转化为可溶性养分，提高土壤肥力。

②中耕。在植物生长发育期间，在株行间进行的表土耕作。中耕可疏松表土、破除板结、增加土壤通气性、提高土温、促进土壤中好氧微生物活动和土壤养分有效化、去除杂草、促使植株根系伸展，也是调节土壤水分状况的重要手段。土壤干旱时中耕可切断表土毛细管，减少水分蒸发；在土壤过湿时中耕则使表土疏松进而有利于蒸发过多的水分。

③培土。培土也称变土，在植物生长期间，结合中耕除草将土培在植株基部的措施。有利土壤保水、排水，促使根系发育，抗风防倒和保暖防冻等。以破除板结为主，增厚土层，提高地温、覆盖肥料和理压杂草，有促进植物地下部分发达的作用。例如，在我国南方高温多雨的地区，降雨量大，造成土壤流失严重，生长在坡地的树木根系大量裸露，树木既缺水又缺肥，树木生长势差，这时就需要及时培土。

④客土改良。在物业绿化栽培时对栽植地的土壤进行局部换土，通常是在栽植地土壤完全不适宜园林树木的生长的情况下进行的。

2）土壤化学改良。

①施肥改良。土壤的施肥改良以施有机肥为主。有机肥所含营养元素全面，能有效地提供给树木生长需要的营养；能增加土壤的腐殖质，提高土壤保水保肥能力，改良土壤的结构，增加土壤孔隙度，缓冲土壤酸碱度，从而改善土壤的水、肥、气、热状况。

②土壤酸碱度调节。土壤酸碱性状用酸碱度来衡量。土壤酸碱度与土壤溶液中的氢离子、氢氧离子含量有关，它既影响土壤的理化性质，又影响土壤肥力。

（3）种植前土壤处理。

1）种植或播种前应使该地区的土壤达到种植土的要求。

①覆土0.6 米以内粒级为1 厘米以上的渣砾和2 厘米内的沥青、混凝土，有毒有机垃圾必须清除。

②土壤疏松，容重不得高于1.3 克/立方厘米。

③土壤排水良好，非毛管孔隙度不得低于10%。

④土壤pH 值应为7.0～8.5，土壤含盐量不得高于0.12%。

⑤土壤营养元素平衡，其中有机质含量不得低于1%，含氮量不得低于0.1%，含磷量不得低于0.06%，含钾量不得低于1.7%。

2）绿地地形整理应严格按照竖向设计要求进行，地形应自然流畅。

3）草坪、花卉种植地、播种地应施足基肥，搂平耙细，去除杂物，平整度和坡度应符合设计要求。

4）平整土地后，应采取防尘措施。

5）园林植物生长所必需的最小种植土层厚度应大于植物主要根系分布深度如表1-6-3所示。

表1-6-3 园林植物主要根系分布深度 单位：cm

植被类型	草本花卉	地被植物	小灌木	大灌木	浅根乔木	深根乔木
分布深度	30	35	45	60	90	200

2. 水分管理

水是植物的生命之源，水也是植物体的基本组成部分。但是，不同的植物、不同的生长期、不同的气候条件所要求的水量是不一样的。

（1）水在植物体内的重要生理作用。

①水是原生质的主要成分。原生质的含水量一般为80%～90%，这些水使原生质呈溶胶状态，从而保证了新陈代谢旺盛地进行，例如根尖、茎尖就是这样。如果含水量减少，原生质会由溶胶状态变成凝胶状态，生命活动就大大减弱，例如休眠的种子就是这样。如果细胞失水过多，就可能引起原生质破坏而招致细胞死亡。

②水是新陈代谢过程的反应物质。在光合作用、呼吸作用、有机物的合成和分解的过程中，都必须有水分子参与。

③水是植物对物质吸收和运输的溶剂。一般说来，植物不能直接吸收固态的无机物和有机物，这些物质只有溶解在水中才能被植物吸收。同样，各种物质在植物体内的运输也必须溶解于水中才能进行。

④水能保持植物体的固有状态。细胞含有大量水分，能够维持细胞的紧张度（即膨胀度），使植物体的枝叶挺立，便于充分接受光照和交换气体，同时也使花朵开放，有利于传粉。

⑤水能维持植物体的正常体温。水具有很高的汽化热和比热，又有较高的导热性，因此水在植物体内的不断流动和叶面蒸腾，能够顺利地散发叶片所吸收的热量，保证植物体即使在炎夏强烈的光照下，也不至于被阳光灼伤。

因此，植物体内的水分状况涉及许多重要的植物生理活动。同时，水又是植物体与周围环境相互联系的重要纽带。水是生命发生的环境，也是生命发展的条件。植物的水分代谢一旦失去平衡，就会打乱植物体的正常生理活动，严重时能使植物体死亡。因此，必须根据具体情况，灵活掌握，做好浇水工作，满足植物所需的水分。

（2）浇水和排水的原则。

①灌足浇透。每次浇水都应灌透土层，不能仅仅湿润地表，否则会因水分蒸发而使植物根系吸不到水，达不到灌溉的目的。浇水时，开始时水流应细而慢，便于土壤吸收，继而水量逐渐加大，才可灌足浇透。

②因时、因地、因物掌握浇水。一般来说，植物的生长期需要水分多，浇水要多；冬季休眠期，生长缓慢，需要水分少。我国东北、华北、西北等地降雨量较少，冬春又

严寒干旱,因此秋末冬初灌"冻水"可以提高树木越冬能力和保墒作用。夏季阳光猛烈、气温高、水分蒸发快、耗水多,需要增加浇水的次数和分量;入秋后光照减弱,水分蒸发慢、耗水少,此时应该少浇水。天旱季节要勤灌,雨季则要注意排水。

沙质土排水性好,要勤浇足浇;黏质土和沙壤土有较好的保水能力,可适当减少浇水次数。施肥后浇水要足,这样可以促使肥料渗透到土壤内,有利于根系吸收水分,并稀释肥料浓度而不致烧根。

旱生植物需要水分少,深根性植物抗旱性强,可以少浇水;阴生植物需要水分多,浅根性植物不耐旱,需要多浇水。新梢旺盛生长和大量形成叶片时需水量大;秋季开花结果时期需水量较少,水多易引起落花落果。灌溉要掌握灵活性,在不同的条件下确定不同的浇水次数和浇水量,冬季浇水次数和浇水量应明显减少,以保证安全越冬。

(3)浇水的年限及次数。树木种植后,一般乔木需连续浇水3~5年,一年中浇水不少于4次,时间大致为4月、5月、6月、11月各一次。浇水量乔木每棵不得少于180千克,灌木每棵不得少于120千克。园林植物浇水时间与次数如表1-6-4所示。各类草坪的浇水时间及次数如表1-6-5所示。

表1-6-4 园林植物浇水时间、次数参考表（以北方地区为主）

植物类型	生长期内次数（月）	浇水时间	湿润深度（cm）	冬灌深度（cm）
低矮地被植物	2~3	早、晚	10	40
一年生草本花卉	3~4	早、晚	10	40
多年生灌木、藤本	1~2	早、晚	20	40
竹类	3~5	早、晚	30	50
1~5年生乔木	2~5	早、晚	40	50
5年以上乔木	1	早、晚	40	50

表1-6-5 各类草坪浇水时间、次数参考表

植物类型	生长期内次数（月）	浇水时间	湿润深度（cm）	冬灌深度（cm）
观赏草坪	1~2	早、下午	6~8	30
休息草坪	1~3	早、白天	5~8	20
球场草坪	2~5	傍晚与夜间	6~10	20
活动性草坪	2~9	傍晚	6~10	20
南方冷季型草坪（越夏）	每日1次	傍晚	3~4	20

(4)浇水的方式。正确的浇水方式,可以使水分均匀分布,减少冲刷,节约用水。常用的浇水方式有下列几种方式。

①人工浇水。此种方式费时费工,效率较低,但在某些特定条件下仍然是很有效和很必要的方式。

②地面灌水。常用的浇水方式,效率高,可就近利用河水、井水、池塘水等进行大

面积的树木灌溉。

③地下灌水。此种方式节约用水，灌溉效果好，是利用埋设在地下的多孔管道输水，水从管道的孔服中渗出，达到浸润土壤的目的，但设备条件要求相对较高。

④空中灌水。对树冠喷水，也称喷灌，可节约用水，渗透性强，但投资较高。

（5）植物的排水。排水是防涝保树的主要措施，土壤水分过多，根系进行厌氧呼吸，易引起根系的死亡。我国北方7月、8月、9月三个月份是雨季，是树木需水量较少时期，在南方春季，除早春外，春末夏初的灌溉没有必要，而需要加强排水，排水的方法主要有以下三种。

①地表径流法。开建绿地时，就应考虑排水问题，需将地面整成一定坡度，以保证雨水能从地面顺畅流到河、湖、下水道而排走。这是绿地最常采用的排涝方法，既节省费用又不留痕迹。地面坡度一定要掌握在0.1%~0.3%，要求不留坑洼死角。

②明沟排水。在表面挖明沟，将低洼处的积水引至出水处（河、湖、下水道）。此法适用于大雨后抢救性排除积水，或地势高低不平，实在不能实现地表径流的绿地，明沟的宽窄视水情而定。沟底坡度一般以0.2%~0.5%为宜。

③暗沟排水。在地下埋设管道或用砖砌筑暗沟将低洼处的积水引出。此法可保持地面原貌，方便交通，节约用地，但是造价较高。

3. 施肥管理

植物种植后，在一个地方生长多年甚至上千年，主要靠根系从土壤中吸收水分与无机养料，以供正常生长的需要。由于树根所能伸及范围内，土壤中所含的营养元素（如氮、磷、钾以及一些微量元素）是有限的，即使肥力很高的土壤，也不可能取之不尽用之不竭；吸收时间长了，土壤的养分就会减少，不能满足树木继续生长的需要。若不能及时得到补充，势必造成树木营养不良，影响正常生长发育，甚至衰弱死亡。所以，栽培植物在定植后的一生中，都要不断给予养分的补充，提高土壤肥力，以满足植物生活的需要。这种人工补充养分或提高土壤肥力，以满足植物生长需要的措施，称为施肥。

（1）施肥的作用。

①供给树木生长所必需的养分。如氮、磷、钾等营养元素。

②改良土壤性质。特别是施用有机肥料，可以提高土壤温度；改善土壤结构，使土壤疏松并提高透水、通气和保水性能，有利于树木根系生长。

③为促进土壤微生物的繁殖与活动。创造有利条件，进而促进肥料分解，改善土壤的化学反应，使土壤盐类成为可吸收状态，有利树木生长。

（2）肥料的种类与方法。肥料可分为有机肥和无机肥。有机肥大多是指发酵腐熟后的粪肥、厩肥、堆肥、绿肥、豆饼肥，有机肥属于迟效肥。无机肥即化肥，大多是指硫酸铵、尿素、过磷酸钙、氯化钾，无机肥属于速效肥。

1）基肥。以有机肥为主，可供较长时期吸收利用的肥料。如粪肥、厩肥、堆肥、绿肥、饼肥等，经过发酵腐熟后，按一定比例，与细土均匀混合施于树的根部，使其逐渐分解，供树吸收之需要。

一般基肥的肥效较长，对多数园林树木来说，不必每年都施，可以根据需要，隔几年施一次。

树根有较强的趋肥性，为使树根向深广处发展，施基肥要适当深一些，不得浅于40厘米；范围随树龄而异，树木幼青年期至壮龄，常施于树冠投影外缘部位，衰老树施在树冠投影范围内为宜。

①穴施。在树冠正投影的外线挖数个分布均匀的洞穴，将肥施入后，上覆土适踩使与地面平。这种方法操作方便省工，对壮龄前的树木适用。

②环施。沿树冠正投影线外缘，开挖 30 ~ 40 厘米宽的环状沟，将肥料施入沟内，上面覆土适踩，使与地平。这种方法可保证树木根系吸肥均匀，适用于青、壮龄树。

③放射状沟施。以树干为中心，离干不远处开始，由浅而深向外，挖 4 ~ 6 条分布均匀呈放射状的沟。沟长稍超出树冠正投影的外缘。将肥料施入沟内，上覆土适踩使与地平。这种方法可保证内膛根也能吸收肥料，对壮龄、老龄树适用。

2）追肥。在树木生长季节，根据需要施加速效肥料，促使树木生长的措施，称为追肥。

绿化树木追肥，因城市环境卫生等原因，一般都用化肥或菌肥，不宜用粪肥等；若用，应于夜间开沟施埋。施追肥可以采用以下两种方法。

①根施法。按适合的施肥量，用穴施法把肥料埋于地表下 10 ~ 20 厘米处，然后灌水或结合灌水将肥料施于灌水堰内，随水渗放，供树根吸收利用。

②根外追肥。将化肥按一定的比例兑水稀释后，用喷雾器施于树叶上。由于直接由叶片吸收利用，也可以结合打药混入喷施。

3）施肥时的注意事项。

①有机肥料要充分发酵腐熟；化肥必须完全粉碎成粉状。

②施肥后（尤其是追化肥），必须及时适量灌水，使肥料渗入。否则，会造成土壤溶液浓度过大，对树根不利。

③根外追肥，最好于傍晚喷施。

④城市绿地施肥不同于农村，在选择确定施肥方法、肥料种类以及施肥量时，都应考虑到市容与卫生方面的问题。

（三）植物地上部分养护管理

1. 植物的整形修剪

修剪是指对植物的某些器官如茎、叶、花、果、芽等进行剪截。所谓整形是对植物施以一定的措施（用剪锯、捆扎等手段），使之形成人们所需要的树体结构状态。整形一般是通过修剪来完成的，因此人们常称为整形修剪。

（1）整形修剪的作用：

①调整树木的生长发育，造成通风透光的树体结构及优美的树姿。

②防止养分的无谓消耗，促使花果类树木开花结果。

③增加抗风能力，防止倒伏。

④防止病虫的潜伏和蔓延，降低病虫发生率。

（2）整形修剪的原则：

①根据树木在绿化中的功能要求进行，满足树木的生物学特性。

②根据树木生长地的环境条件进行。

③在保证美感的前提下进行。

（3）树木修剪的方法。树木修剪的方法可概括为短截、疏枝、剥芽、去蘖、摘心与摘芽等。分为休眠期修剪与生长期修剪，或分为冬剪与夏剪。前者于树液流动前实施，若有伤流的树应避开伤流期。抗寒力差的，宜早春剪。易流胶的树种，如桃就不宜在生长季剪。冬剪以短截、疏枝为主，夏剪可将各种方法结合使用。

①短截。剪去枝梢的一部分即为短截，其目的是增加分枝，增加枝叶的密度。

②疏枝。疏去过密枝、衰老枝、病虫枝、内插枝，可改善通风透光条件，促进花芽分化，增强树木的观赏效果，同时对全树起削弱生长的作用。

③剥芽。在萌芽初期，未木质化前，剥去枝干上无用、多余的芽，以减少营养损失。

④去蘖。除去主干上或根部萌发的无用枝条。

⑤摘心与摘芽。树木生长季节将枝条顶端或侧枝新芽摘除。

（4）树木整形的方式：

①自然式整形。在园林中应用较多，尤其在中国传统造园中经常采用。这种方式比较自然，管理较简便，与自然的水面、起伏的地形、蜿蜒的道路相配，易获得良好的景观效果。自然式整形的形状主要包括扁圆形、圆球形、卵圆形、圆柱形、不规则形等。

②人工规则式整形。一般在规则式布局的园林中采用较多，体现简洁、规矩、严谨的景观效果。其形状主要包括几何形体整形与非几何形体整形。

③混合式整形。由于功能的要求，对经过自然式整形的树木再加以简单的人工规则式整形。

（5）各类不同树木的整形修剪：

①乔木类修剪。落叶乔木应保持原有树形，适当疏枝，保持主侧枝分布均匀，对保留的主侧枝应在健壮叶芽上方短截，可剪去枝条 1/5～2/3，有主尖的乔木应保留主尖，如银杏只能疏枝，不得短截，国槐、栾树等耐修剪树种不得抹头修剪。

②常绿针叶树的整形修剪。对这类树种主要采取自然式整形，只剪除病虫枝、枯死枝、生长衰弱枝、过密的轮生枝和下垂枝。用作行道树的乔木，分枝点高应大于 2.8 米，分枝点以上枝条酌情疏剪或短截。

③庭荫树的整形修剪。这类树种可以根据不同的周边环境，确定树干高度及树冠的大小，以观赏、庇荫为主，每年将病枯枝及扰乱枝条剪除即可。

④花灌木的整形修剪。花灌木种类繁多，有以观花为主，有以观果、观叶、观枝条为主。因此，为了更好地发挥观赏效果，就应采用不同的整形修剪方法。观花的灌木，先花后叶的花灌木要除去病虫枝、衰老枝、过密枝、弱势枝，以便于通风透光，集中养分，增加观赏效果。这类花木一般采取花后剪，一般花后 15 天为宜。对于先叶后花的花灌木，一般修剪应选在早春。观果灌木类，在花后只能轻度修剪。对观枝类的花灌木，由于新枝颜色鲜艳，因此，每年应对老枝进行重剪，促发新枝，增加观赏效果。

⑤绿篱的修剪。绿篱在设计中一般采用萌蘖性强、耐修剪、生长快的树种。绿篱的修剪应按设计意图要求进行，以保持一定的高度和密度，体现整齐美观的效果，因此，在生长季要定期进行整形修剪。

⑥苗木修剪质量应符合下列规定。剪口应平滑，不得劈裂；枝条短截时应留外芽，剪口应位于留芽位置上方0.5厘米；修剪直径2厘米以上大枝及粗根时，截口必须削平并涂防腐剂；对于生长季移植的落叶树，根据不同树种在保持树形的前提下应重剪，保证成活。

2. 树体保护

绿化树木是多年生植物，在生长过程中，难免会受到各种各样的损坏，如机械损伤、风吹折枝、人为折断等，容易造成树木伤口溃烂、树体倾斜，若不及时补救，有可能会造成树木死亡。遇到树木受损的情况，应该立即采取各种措施进行救护。

（1）处理伤口。若发现树干有伤口，最好立即处理。先将伤口四周被破坏的树皮修削平滑，用2%~5%的硫酸铜液、0.1%的升汞溶液、石硫合剂等冲洗伤口，防止感染病菌，然后涂抹某些黏着性好、不腐蚀树体的药剂，再进行伤口包扎。

（2）修补树洞。先将树洞内腐烂木质彻底清除，刮去洞口边缘的坏死组织，直至露出新组织为止，将石灰、黄沙、水泥、碎砖等混合填充物放入洞内，洞口再用水泥封面，略低于树皮，使树皮能黏着水泥面伸延愈合，将水泥包没。

（3）涂白。树干涂白，可防止病虫危害，减弱地表反射的辐射热，延迟树芽萌动期，避免早春寒害。涂白剂配方为：水10份，生石灰3份，石硫合剂0.5份，食盐0.5份，油脂少许。配制时先化开石灰，把油脂倒入充分搅拌，再加水拌成石灰乳，最后放入石硫合剂及盐水即可。

（4）树干固定。一般在树的下风处植立桩，支撑牢固维持树木，使其不致因风吹而摇动歪身。桩头可选用木柱、竹桩，但这类桩头寿命较短，成本较高，故近年来已普遍采用水泥桩。

3. 低温危害与植物防寒

有些植物，尤其是那些原产热带的或亚热带的种类，会受到高于零度的低温（0℃~10℃）的伤害，叫"寒害"（冷害、寒伤）。轻则部分枝条受害，重则全株死亡。为使这些树木安全越冬，必须研究低温危害的原因，并采取必要的防寒措施。

（1）外界条件对树木抗寒性的影响。树木的耐寒能力的增强与减弱，与外界条件的季节变化有着直接的关系。

①温度对抗寒性的影响。由于温度的升高，植物体内几乎所有的生命活动过程，在一定范围内都会加强起来；而温度降低则生命活动就进行得迟缓些。其中呼吸作用表现得特别明显；随着秋季温度的下降，呼吸强度也降低，表示细胞的生命活动的降低。降到一定程度，细胞转入休眠状态，也就提高了细胞的耐寒力。

秋季温度的降低，就已逐渐限制了植物生长，引起了植物体内一系列的机能和结构的变化。根据报道，当温度处在6℃~10℃时，树体内复杂的碳水化合物（淀粉及其他）就转变为简单的糖类；当温度处在0℃~12℃的条件下，细胞间隙大量脱水，累积有机物（如磷酸、脂肪、糖等），进入深度休眠状态。树木经以上两个时期的抗寒锻炼，而获得较强的抗寒能力。

②光照对抗寒性的影响。光对植物抗寒能力的影响，首先表现在：随着光的加强，再加上其他良好条件的共同存在，植物就能比较强烈地合成可塑性物质；合成的多，则

所累积的可塑性物质也就多。这些物质的存在是植物具有耐寒力的必要前提。但光的作用不仅限于此,光对植物生长有直接的影响。在强光(特别是直射阳光)和短日照下,生长便受到抑制,细胞长得较小,细胞壁较厚,而保护组织长成较厚的角质层和木栓层;漫射光或微弱的阳光则相反,在某种程度上会加速生长。因此,直射的强光照,尤其短日照,有利促进植物休眠而提高抗寒能力;反之则差。

③土壤水分对抗寒力的影响。土壤水分过多,对植物抗寒力的提高是不利的。尤其秋季土壤水分过多,枝条不能及时停止生长,抗寒锻炼不够,抗寒力差;适当干旱,适时停止生长,积累养分,促进休眠,则有利抗寒力的提高。因此,雨季集中在夏秋的冬冷地区,应做好雨季排水;并且根据情况,秋季停止灌水或少灌水。

④土壤养分对植物抗寒力的影响。植物的抗寒锻炼过程,要求在各种养分有适当比例和供应正常的条件下进行。某种营养元素过量或者贫乏都会影响植物的正常生长和耐寒力的增强。氮素过多,促使植物迅速生长,要消耗大量碳水化合物。尤其在秋季,如果氮素过多,枝条不能及时停止生长,木质化程度差,植株的抗寒力就差。钾肥充足时,有利组织充实,木质化程度高,抗寒力就增强。

总之,植物的抗寒力与外界条件的关系是相当复杂的。任何外界因素对植物生活的影响又是多方面的,而且各种因素间又会相互影响。因此要针对受低温危害的器官与部位、原因采取必要的防寒措施,才能使植物安全越冬。

(2)目前常用的防寒措施:

①"封冻水"。土地封冻前灌足"封冻水"。一般应在秋末冬初地表温度在0℃左右时浇足"封冻水",这样才能起到保水防寒的作用。

②秋末修剪。适当修剪,可使分枝改善光照、充实芽体,增强枝、芽的抗寒能力,同时保持树体营养,剪除病虫枝,促使春芽发育更为饱满,从而增强树体抗寒能力。

③根颈培土。在树木根颈部位培起直径80~100厘米、高40~50厘米的土堆,可以防止冻伤根颈和树根,同时减少根部土壤水分蒸发。

④覆土。对于不耐寒的树苗、藤木,在土地封冻前将枝干柔软、树身不高的植株压倒固定,盖一层干树叶或覆细土40~50厘米,轻轻拍实。这样不仅可以防冻,还能保持枝干湿度,防止枯梢。

⑤扣筐或扣盆。对一些植株较矮的珍贵花木,可采用扣筐或扣盆的办法将整个植株扣住,外边堆土或抹泥,不留缝隙,这样可以给植株创造一个温湿的小气候,以安全过冬。

⑥涂白或喷白。用石灰加石硫合剂将枝干涂白,可以杀死一些越冬病虫害,同时可以延迟开花,避免早霜危害。

⑦卷干、包草。卷干即用草绳道道紧密缠绕主干和主枝,包草即用稻草包裹主干和部分主枝。

⑧搭建防寒设施。对于当年移植的高大乔木和南方树种(如雪松),需要搭建防寒设施。

⑨春灌。早春开始解冻后要及时灌水,保持土壤湿润,避免早露危害,防止枯梢。

⑩培月牙形土堆。对一些不便压埋防寒的植株,可于树干北面培一个向南弯曲、高30~40厘米的月牙形土堆,也可达到防寒效果。

第七章　房屋维修与租赁管理

一、房屋维修管理要求

(一) 房屋维修管理概述

1. 房屋维修的含义

房屋维修有广义和狭义之分。狭义的房屋维修仅指对房屋的养护和修缮。广义的房屋维修则包括对房屋的养护、修缮和改建。具体来说，房屋维修包括物业公司对房屋的日常保养，对破损房屋的修缮以及对不同等级房屋功能的恢复、改善，装修、装潢，同时结合房屋维修加固，增强房屋抗震能力等。

2. 房屋维修的特点

(1) 房屋维修是一项经常性的工作。房屋使用期限长，在使用中由于自然或人为的因素影响，会导致房屋、设备的损坏或使用功能的减弱，而且由于房屋所处的地理位置、环境和用途的差异，同一结构房屋使用功能减弱的速度和损坏的程度也是不均衡的，因此，房屋维修是大量的经常性的工作。

(2) 房屋维修量大面广、零星分散。量大面广是指房屋维修涉及各个单位、千家万户，项目多而杂；零星分散是指由于房屋的固定性以及房屋损坏程度的不同，决定了维修场地和维修队伍随着修房地段、位置的改变而具有流动性、分散性。

(3) 房屋维修技术要求高。房屋维修由于要保持原有的建筑风格和设计意图，因此技术要求相对于建造同类新建工程来讲要高。房屋维修有其独特的设计、施工技术和操作技能的要求，而且对不同建筑结构、不同等级标准的房屋，采用的维修标准也不同。

3. 房屋维修的原因

房屋竣工交付使用后，由于多种因素的影响而不断损坏，为了全面或部分地恢复房屋失去的使用功能，防止、减少和控制其破损的发展，延长房屋的使用寿命，达到保值增值的目的，物业公司就必须加强房屋的技术管理，及时地对房屋进行维修养护。另外，有时为了改善或改变房屋的居住条件，甚至是为了改善或提高房屋的艺术性要求，也需要进行特殊的房屋修缮。

一般来说，导致房屋损耗的主要有以下几项因素：

(1) 自然因素。房屋在不同地区、不同方位、不同大气条件下都会对其外部构件产生老化和风化等侵蚀的影响，这种影响随着大气干湿度和温度的变化而变化。

（2）使用因素。人们在房屋内生活和生产活动以及生产设备、生活日用品承载的大小、摩擦撞击的频率、使用的合理程度等都会影响房屋的寿命。

（3）生物因素。主要是虫害（白蚁等）、菌类（如真菌）的作用，使建筑物构件的断面减少，强度降低。

（4）地理因素。主要是指地基土质的差异（引起房屋的不均匀沉降）以及地基盐碱化作用引起房屋的破坏。

（5）灾害因素。主要是突发性的天灾人祸（如水灾、地震、龙卷风、战争等）造成的损失。

上述五项因素往往相互交叉影响和作用，从而加剧了房屋破损的过程。因此，及时修理、恢复房屋功能是十分重要的。

（二）房屋维修管理标准及要求

1. 房屋维修的原则

根据国家有关政策和房屋维修的实践，房屋维修应遵循以下几个原则：

（1）经济、合理、安全、实用的原则。所谓经济，就是房屋维修要尽可能地少花钱，多修房，修好房，实现社会效益和经济效益的统一；合理，就是要严格按照国家有关政策规定的修缮范围和标准，制订合理的房屋修缮计划和方案；安全，就是房屋修缮要达到房屋结构牢靠，使用安全的目的；实用，就是从实际出发，因地制宜，努力适应用户在使用功能和质量上的要求，充分发挥房屋的效能。

（2）为用户服务的原则。房屋维修要切实做到为用户和业主服务，这既是满足社会生产和人民生活的需要，也是提高物业管理经营效益、争取更多客户、增强企业经营实力的需要。因此，房屋维修人员一定要树立为用户服务的基本指导思想，改善服务态度，转变传统的服务观念，认真解决用户急需解决的维修问题，提高服务质量，为用户提供舒适、便利的居住条件。不同的房屋，应按原有的建筑风格与标准进行修缮；对居住小区还要作好居住环境的综合治理。

（3）预防为主，护、管、修相结合的原则。要贯彻预防为主的原则，使房屋的合理使用、维护和日常保养、修缮改造等有机地结合起来。用户的合理使用和房屋的维修是相辅相成的，不可偏废。用户合理使用和爱护房屋，可以大大减少房屋的人为损坏，减少房屋的维修量，节约修缮资金。要坚持能修则修、应修尽修、以修为主、全面养护和爱护房屋的原则。

（4）等价有偿的原则。房屋维修与养护需要投入大量的人力、物力和财力，市场经济条件下，应按照价值规律，贯彻等价有偿的原则，交付使用后收回成本和产生适当的利润。只有这样，才能形成维修资金的良性循环，维持维修管理部门的生产和再生产的顺利进行，才能更好地为业主、为使用人服务。

2. 房屋维修标准

《房屋维修标准》是由原国家城乡建设环境保护部城市住宅局在1985年制定颁布的。它是按不同的结构、装修、设备条件把房屋划分成一等和二等以下两类而分别制定的。

一等房屋必须符合下列条件：

（1）结构：包括砖木（含高级纯木）、混合和钢筋混凝土结构，其中，凡承重墙、柱不得用空心砖、半砖、孔砖和乱石砌筑。

（2）楼地面：楼地面不得用普通水泥或三合土面层。

（3）门窗：正规门窗、有纱门窗或双层窗。

（4）墙面：中级或中级以上粉饰。

（5）设备有水、电、卫设备：独厨供暖地区有散热器。

凡低于以上所列条件者均为二等以下房屋，具体的分类可参见有关书籍中的《房屋结构分类表》。

分为两类房屋的目的在于物业管理公司可以对原结构、装修、设备较好的一等房屋，加强维修养护，使其保持较高的使用价值；而对二等以下的房屋，主要是通过维修，保证业主或使用人的住用安全并适当改善其住用条件。

维修标准按主体工程木门窗及装修工程，楼地面工程，屋面水、电、卫、暖等设备工程，水、电、卫、暖等设备工程，抹灰工程，油漆粉饰工程，金属构件及其他工程等九个分项工程进行确定。

（1）主体工程维修标准。这主要指屋架、梁、柱、墙、楼面、屋面、基础等主要承重构部件。当主体结构损坏严重时，不论对哪一类房屋维修，均应要求牢固、安全不留隐患。

（2）木门窗及装修工程维修标准。木门窗维修应开关灵活，不松动，不透风；木装修工程应牢固、平整、美观，接缝严密。一等房屋的木装修应尽量做到原样修复。

（3）楼地面工程维修标准。楼地面工程维修应牢固、安全、平整、美观，拼缝严密不闪动，不空鼓开裂，卫生间、厨房、阳台地坪无倒泛水现象。如厨房、卫生间长期处于潮湿环境，可增设防潮层；木基层或夹砂楼面损坏严重时，应改做钢筋混凝土楼面。

（4）屋面工程维修标准。屋面工程必须确保安全，要求平整不渗漏，排水畅通。

（5）抹灰工程维修标准。抹灰工程应接缝平整、不开裂、不起壳、不起泡、不松动、不剥落。

（6）油漆粉饰工程维修标准。各种油漆和内、外墙涂料，以及地面涂料，均属保养范围，应制定养护周期，以达到延长房屋使用年限的目的。对木构件和各类铁构件应进行周期性油漆保养。油漆粉饰要求不起壳、不剥落、色泽均匀，尽可能保持与原色一致。

（7）水、电、卫、暖等设备工程维修标准。房屋的附属设备均应保持完好，保证运行安全，正常使用。电气线路、电梯、安全保险装置及锅炉等应定期检查，严格按照有关安全规程定期保养。对房屋内部电气线路破损老化严重、绝缘性能降低的，应及时更换线路；当线路发生漏电现象时，应及时查清漏电部位及原因，进行修复或更换线路。对供水、供暖管线应作保温处理，并定期进行检查维修。

（8）金属构件维修标准。应保持牢固、安全、不锈蚀。

（9）其他工程维修标准。对属物业管理公司管理的庭院院墙、院墙大门、院落内道路、沟渠下水道、窨井损坏或堵塞的，应修复或疏通；庭院绿化，不应降低绿化标准，并注意对庭院树木进行检查、剪修，防止大风暴雨时对房屋造成破坏。

此外，对坐落偏远、分散、不便管理，且建筑质量较差的房屋，维修时应保证满足不倒不漏的基本住用要求。

3. 房屋完损等级评定

房屋完损等级是指对现有房屋完好或损坏程度划分的等级，也就是现有房屋的质量等级。

房屋完损等级评定是按照统一的标准、统一的项目、统一的评定方法，对现有整幢房屋进行综合性的完好或损坏的等级评定。这项工作专业技术性强，既有目观检测，也有定量、定性的分析。

《房屋完损等级评定标准》是由原国家城乡建设环境保护部城市住宅局在1985年制定颁布的。它是物业管理公司对房屋质量进行评定时，必须参照的一个标准；同时，它又为物业管理公司在对房产管理和维修计划的安排等方面提供了基础资料和依据。

（1）房屋完损等级分类。根据各类房屋的结构、装修和设备等组成部分的完好、损坏程度，房屋完损等级分成五类，即完好房、基本完好房、一般损坏房、严重损坏房和危险房。

1）完好房。这是指房屋的结构构件完好，装修和设备完好、齐全完整，管道畅通，现状良好，使用正常，或虽个别分项有轻微损坏，但一般经过小修就能修复的房屋。

2）基本完好房。这是指房屋结构基本完好，少量构部件有轻微损坏，装修基本完好，油漆缺乏保养，设备、管道现状基本良好，能正常使用，经过一般性的维修能修复的房屋。

3）一般损坏房。这是指房屋结构一般性损坏，部分构部件有损坏或变形，屋面局部漏雨，装修局部有破损，油漆老化，设备管道不够畅通，水卫、电照管线、器具和零件有部分老化、损坏或残缺，需要进行中修或局部大修更换部件的房屋。

4）严重损坏房。这是指房屋年久失修结构有明显变形或损坏，屋面严重漏雨，装修严重变形、破损，油漆老化见底，设备陈旧不齐全，管道严重堵塞，水卫、电照的管线、器具和零件残缺或严重损坏，需进行大修或翻修、改建的房屋。

5）危险房。这是指承重构件已属危险构件，结构丧失稳定和承载能力，随时有倒塌可能，不能确保住用安全的房屋。

（2）房屋完好率和危房率计算。计算房屋完损等级，一律以建筑面积为计量单位，评定时以幢（株）为评定单位。幢（株）的划分原则与建筑面积的计算规则均与全国城镇房屋普查时的规定相同。

完好房屋的建筑面积与基本完好房屋的建筑面积之和，占总的房屋建筑面积的百分比即为房屋完好率。

房屋完好率＝（房屋建筑面积＋基本完好房屋建筑面积）/总的房屋建筑面积×100%

房屋经过大、中修竣工验收后，应重新评定调整房屋完好率（但是零星小修后的房屋不能调整房屋完好率）。正在大修中的房屋可暂按大修前的房屋评定，但竣工后应重新评定；新接管的新建房屋，同样应按本标准评定完好率。

整幢危险房屋的建筑面积占总的房屋建筑面积的百分比即为危房率。

危房率＝整幢危险房屋建筑面积／总的房屋建筑面积×100％

（3）房屋完损等级评定方法：

1）钢筋混凝土结构、混合结构、砖木结构房屋完损等级评定方法分为以下四种情况：

①房屋的结构、装修、设备等组成部分各项完损程度符合同一个完损标准，则该房屋的完损等级就是分项所评定的完损程度。

②房屋的结构部分各项完损程度符合同一个完损标准，在装修设备部分中有一二项完损程度下降一个等级，其余各项仍和结构部分符合同一完损标准，则该房屋的完损等级按结构部分的完损程度来确定。

③房屋结构部分中非承重墙或楼地面分项完损程度下降一个等级，完损标准在装修或设备部分中有一项完损程度下降一个等级完损标准，其余三个组成部分的各项都符合上一个等级以上的完损标准，则该房屋的完损等级可按上一个等级的完损程度来确定。

④房屋结构部分中地基基础、承重构件、屋面等项的完损程度符合同一个完损标准，其余各分项完损程度可有高出一个等级的完损标准，则该房屋完损等级可按地基基础、承重结构、屋面等项的完损程度来确定。

2）其他结构房屋完损等级评定。其他结构房屋是指竹、木、石结构，砖拱、窑洞、捆绑等类型的房屋（通俗称简易结构）。此类结构的房屋完损等级评定方法分为以下两种情况：

①房屋的结构、装修、设备等部分各项完损程度符合同一个完损标准，则该房屋的完损等级就是分项的完损程度。

②房屋的结构、装修、设备部分等绝大多数项目完损程度符合一个完损标准，有少量分项完损程度高出一个等级完损标准，则该房屋的完损等级按绝大多数分项的完损程度来确定。

（三）房屋维修成本管理

房屋维修成本管理的工作内容一般包括：成本预测、成本计划、成本控制、成本核算以及成本分析和考核。

1. 成本预测

成本预测是加强成本事前管理的重要手段。成本预测的目的，一方面为企业降低成本指出方向；另一方面确定目标成本，为企业编制成本计划提供依据。

成本预测应在大量收集进行预测所需的历史资料和数据的基础上，采用科学方法进行，并和企业挖掘潜力、改进技术组织措施相结合。成本预测的主要目的是确定目标成本，并根据降低成本目标提出降低成本的各项技术组织措施，不断挖掘降低成本的潜力，使各项技术组织措施确实保证达到或超过降低成本目标的要求。

2. 成本计划

房屋维修成本计划是以货币形式规定计划期内房屋维修工程的生产耗费和成本水平，以及为保证成本计划实施所采取的主要方案。编制成本计划就是确定计划期的计划成本，是成本管理的重要环节。

（1）成本计划的作用：

1）成本计划是企业日常控制生产费用支出，实行成本控制的主要依据。通过编制成本计划，事先审查费用的支出是否合理，从而在降低成本方面增强预见性。

2）成本计划可以为全体职工在降低成本方面指出目标和方向，有利于调动职工的积极性，采取有效措施降低成本。

3）降低成本是企业利润的主要来源，成本计划是企业利润计划的重要依据。

（2）成本计划编制的程序：

1）收集、整理、分析资料。为了使编制的成本计划有科学的依据，应对有关成本计划的基础资料全面收集整理，作为编制成本计划的依据。主要有：

①计划期维修工程量、工程项目等技术经济指标；

②上年度成本计划完成情况及历史最好水平；

③计划期内维修生产计划、劳动工资计划、材料供应计划及技术组织措施计划等；

④上级主管部门下达的降低成本指标和建议；

⑤施工图纸、定额、材料价格、取费标准等。

2）成本指标的试算平衡。在整理分析资料的基础上，进行成本试算平衡，测算计划期成本降低的幅度，并把它同事先确定的降低成本目标进行比较。如果不能满足降低成本目标的要求，就要进一步挖掘降低成本的潜力，直到达到或超过降低成本目标的要求。

3）编制成本计划。经过成本试算平衡后，由企业组织有关部门编制成本计划，同时将降低成本指标分解下达到各职能部门和各有关环节上。

3. 成本控制

成本控制就是在维修生产施工过程中，依据成本计划，对实际发生的生产耗费进行严格的计算，对成本偏差进行经常的预防、监督和及时纠正，把成本费用限制在成本计划的范围内，以达到预期降低成本的目标。

1）直接成本的控制方法。直接成本是直接耗用在工程上的各种费用，包括人工费、材料费、机械使用费和其他直接费等。为了控制直接成本，除了要控制材料采购成本外，最基本的是在维修施工过程中，落实降低成本的技术组织措施，经常把实际发生的各种直接费用与各种消耗定额及预算中各相应的分部分项工程的目标成本进行对比分析，及时发现实际成本和计划成本的差异，并找出成本差异发生的因素和主客观原因，采取有效措施加以改正。

2）间接成本采用指标分解、归口管理的方法。间接成本是企业各个施工项目上管理人员和职能部门为了组织、管理维修工程施工所发生的各种管理费用，即现场管理过程中发生的费用。该费用项目多而杂，并且与工程施工无直接联系，所以一般采用指标分解归口管理的办法。即将成本计划指标按特定的用途分解为若干明细项目，确定其开支指标，分别由归口部门管理。凡是超过标准、违反成本开支范围的费用都要予以抵制。

3）建立成本管理制度。建立成本管理制度，是成本控制的一个重要方面。根据分工归口管理的原则，建立成本管理制度，使各职能部门都来加强成本的控制与监督。工程部门负责组织编制维修施工生产计划，搞好施工安排，确保维修工程顺利开展；技术部门负责制订与贯彻技术措施计划，确保工程质量，加速施工进度，节约用工用料，确保施工安全，防止发生事故；合同预算部门负责办理工程合同、协议的签订，编制或核定施工图预算，办理年度结算和竣工结算；材料供应部门负责编制材料采购、供应计划，健全材料的收、发、领、退制度，按期提供材料耗用和结余等有关成本资料，归口负责降低材料成本；劳动人事部门负责执行劳动定额，改善劳动组织，提高劳动生产率，负责降低人工费；财会部门负责落实成本计划，组织成本核算，监督考核成本计划的执行情况，对维修工程的成本进行预测、控制和分析，并制定本企业的成本管理制度；行政管理部门负责制定和执行有关的费用计划和节约措施，归口负责行政管理费节约额的实现。

4. 成本核算

成本核算的目的就是要确定维修工程的实际耗费，考核维修工程的经济效果。为了正确地对维修工程成本进行核算，必须合理地划分成本核算对象。

1）成本核算对象划分的原则。一般应以施工图预算所列的单位工程为划分标准，并结合施工管理的具体情况来确定。成本核算对象一般按以下原则划分：

①以每一独立编制施工图预算的单位工程为成本核算对象；

②翻建、扩建的大修工程应以工程地点、一个门牌院或一个地点几个门牌院的开、竣工时间接近的工程合并为一个核算对象；

③维修、零修、养护工程应以物业管理公司统一划分的维修片和零修养护班组为核算对象。

维修工程成本核算对象一经确定后，各有关部门不得任意变更。所有的原始记录，都必须按照确定的成本核算对象填写清楚，以便归集各个成本核算对象的生产费用和计算工程成本。为了集中反映各个成本核算对象本期应负担的费用，财会部门应该为每一成本核算对象设置工程成本明细账，以便组织各成本核算对象的成本计算。

2）成本核算的基本要求。为充分发挥成本核算的作用，在进行成本核算时，应遵循下列基本要求：

①加强对费用支出的审核和控制。审核费用是否应该发生，已经发生的费用是否应计入维修工程成本；在费用发生过程中，对各种耗费进行指导、限制和监督，使费用支出控制在定额或计划要求内。

②正确划分各种费用的界限。严格遵守成本、费用的开支范围，正确划分应计入成本和不应计入成本的界限，划分当期费用与下期费用的界限；划分不同成本核算对象之间的成本界限等。

③做好各项基础工作。做好消耗定额的制定和修改工作；建立健全原始记录；加强计量和验收工作；建立健全各种财产物资的收发、领退、报废、盘点等制度。

5. 成本分析和考核

成本分析是在成本形成过程中，对维修工程施工耗费和支出进行分析、比较、评价，为今后成本管理工作指明方向。成本分析主要是利用成本核算资料及其他有关资料，全面分析、了解成本变动情况，找出影响成本升降的各种因素及其形成的原因，寻找降低成本的潜力。通过成本分析，可以正确认识和掌握成本变动的规律性；可以对成本计划的执行过程进行有效的控制；可以定期对成本计划执行结果进行分析、评价和总结，为成本预测、编制成本计划提供依据。

成本考核是指定期对维修工程预算成本、计划成本及有关指标的完成情况进行考核、评比。成本考核的目的在于充分调动职工降低成本的主动性和自觉性，进一步挖掘潜力。成本考核应和企业的奖惩制度挂起钩来，调动职工积极性，以利于节约开支、降低成本，取得更好的经济效益。

（四）房屋维修招投标

1. 维修工程施工招投标的概念

（1）维修工程施工招标。指物业管理公司或其委托的招标代理机构就拟维修的工程发布通告，以法定方式吸引建筑施工企业参加竞争，从中选择条件优越者完成工程施工任务的活动。

（2）维修工程施工投标。指经过物业管理公司或其委托的招标代理机构审查获得招标资格的施工企业按照招标文件的要求，在规定的时间内向招标机构填报投标书并争取中标的活动过程。

（3）维修工程施工招投标的原则。施工招投标应坚持公平、有偿、讲求信誉的原则，以技术水平、管理水平、社会信誉和合理报价等情况开展竞争，不受地区、部门的限制。

（4）维修工程施工招标应具备的条件：

1）维修工程概算已经批准，维修项目已正式列入国家、部门或地方的年度固定资产投资计划。对于住宅房屋维修，维修项目必须经业主委员会批准。

2）建设用地的征用工作已经完成。

3）有能够满足施工需要的施工图纸及技术资料。

4）维修资金和主要材料、设备的来源已经落实。

5）工程所在地规划部门已经批准，施工现场的"三通一平"已经完成或一并列入施工招标范围。

2. 维修工程施工招标的方式

（1）公开招标。由招标单位通过报刊、广播、电视等公开发表招标广告。

（2）邀请招标。由招标单位向有承包能力的若干企业发出招标通知，被邀请的投标单位一般不少于3家。

（3）议标。对不宜公开招标或邀请招标的特殊工程，应报县级以上地方人民政府建设行政主管部门或其授权的招标投标办事机构，经批准后可以议标。参加议标的单位一般不少于2家。

3. 维修工程施工招标的程序

（1）由物业管理公司组织招标工作机构。工作机构应当具备如下条件：

1）建设单位必须是法人或依法成立的其他组织。

2）有与招标工程相适应的经济、技术管理人员。

3）有组织编制招标文件的能力。

4）有审查投标单位资质的能力。

5）有组织开标、评标、定标的能力。

物业管理公司应据此组织招标工作机构，负责招标的技术、经济工作。若物业管理公司不具备上述条件，则必须委托具有相应资质的咨询或监理单位代理招标。向招标投标办事机构提出招标申请书，其内容包括：招标单位的资质、招标工程具备的条件、拟采用的招标方式和对投标单位的要求等。

（2）编制招标文件。招标文件应包括如下内容：

1）工程综合说明，包括工程名称、地址、招标项目的范围、建筑面积和技术要求、质量标准及现场条件、招标方式、要求开工和竣工时间、对投标企业的资质等级要求等。

2）工程设计图纸和技术资料及技术说明书，通常称之为设计文件。

3）工程量清单，以单位工程为对象，按分部分项工程列出工程数量；对采用标准设计的工程，可按建筑面积列出工程数量。

4）由银行出具的建设资金证明和工程款的支付方式及预付款的百分比。

5）主要材料（钢与设备的供应方式，加工定材、木材、水泥等）情况和材料、设备价差的处理方法。

6）特殊工程的施工要求以及采用的技术规范。

7）投标书的编制要求及评标、定标原则。

8）投标、开标、评标、定标等活动的日程安排。

9）《建设工程施工合同条件》及调整要求。

10）要求交纳的投标保证金额度，其数额根据工程投资的大小确定，但最高不得超过_____元。

投标须知主要应包括以下内容：

1）承发包双方业务往来中收发函的规定。

2）设计文件的拟定单位及投标企业与之发生业务联系的方式。

3）解释招标文件的单位、联系人等方面的说明。

4）填写标书的规定和投标、开标要求的时间、地点等。

5）投标企业提供担保的方式。

6）投标企业对投标文件有关内容提出建议的方式。

7）招标单位拒绝投标的权利。

8）投标单位对招标文件保密的义务等。

这些内容并非所有项目投标须知中均需包括的内容，具体项目可按照实际情况调整。

（3）制定标底，报招标投标办事机构审定。工程施工招标必须编制标底。标底由招标单位自行编制或委托经建设行政主管部门认定具有编制标底能力的咨询、监理单位编制。编制标底应遵守以下原则：

1）根据设计图纸有关资料、招标文件，参照国家规定的技术、经济标准定额及规范，确定工程量和编制标底。

2）标底应由成本、利润和税金组成，一般应控制在批准的总概算（或修正概算）及投资包干的限额内。

3）标底作为建设单位的期望计划价，应力求与市场的实际变化吻合，要有利于竞争和保证工程质量。

4）标底应考虑人工、材料、机械台班等价格变动因素，还应包括施工不可预见费、包干费和措施费等，工程要求优良的还应增加相应费用。

5）一个工程只能编制一个标底。标底必须报经招标投标办事机构审定；实行议标的工程，承包价由双方协商，报招标投标办事机构备案。

（4）发布招标公告或招标邀请书。若采用公开招标方式，应根据工程性质和规模在当地或全国性报纸或公开发行的专业刊物上发布招标公告，其内容应包括：招标单位和招标工程的名称、招标工程简介、工程承包方式、投标单位资格、领取招标文件的地点、时间和应缴费用等。

若采用邀请招标方式，应由招标单位向预先选定的承包商发出招标邀请书。

（5）招标单位对报名参加投标者进行资格预审，并将审查结果通知各申请投标者。资格审查一般是在规定的时间内，愿参加投标者向招标单位购买资格预审书，填写并交回。资格审查主要包括：

1）企业注册证明和技术等级。

2）主要施工经历。

3）质量保证措施。

4）技术力量简况。

5）施工机械设备简况。

6）正在施工的承建项目。

7）资金或财务状况。

8）企业的商业信誉。

9）准备在招标工程中使用的施工机械设备。

10）准备在招标工程中采用的施工方法和施工进度安排。

（6）向合格的投标者分发招标文件、设计图纸、技术资料等。

（7）组织投标单位踏勘现场，并对招标文件答疑。

（8）建立评标组织，制定评标、定标办法。

评标组织由物业管理公司及其上级主管部门（含所委托的咨询、监理单位）和物业管理公司邀请的有关单位或个人（如业主代表）组成，特殊工程或大型工程还可邀请有关专家参加。

评标、定标应采用科学的方法，按平等竞争、公正合理的原则，一般应对投标单位的报价、工期、主要材料用量、施工方案、质量实绩、企业信誉等进行综合评价。

（9）召开开标会议，审查投标标书。开标由招标单位主持，一般应按规定邀请当地公证机关代表到会公证，当众拆封，宣读要点，并逐项登记。

有下列情况之一时，投标书宣布作废：

1）未密封；

2）无单位和法定代表人或其代理人的印鉴；

3）未按规定的格式填写，内容不全或字迹模糊、辨认不清；

4）逾期送达；

5）投标单位未参加开标会议。

（10）组织评标，决定中标单位。评标是指招标单位对投标单位所提标书的多指标评价，其评价方法一般应在招标文件中事先设定。目前评标多采用打分法，根据投标单位的得分情况确定中标单位。自开标（或开始议标）至定标的期限，小型工程不超过10天，大中型工程不超过30天，特殊情况可适当延长。

（11）确定中标人后_____天内发出中标通知书。招标单位应在定标通知书，同时抄送各未中标单位，抄报招标投标办事机构。物业管理公司与中标单位签订承发包合同。如因下列原因之一导致部分或全部完成了招标程序而无一中标企业，造成招标单位被迫宣告招标失败，仍可申请再次招标。这些原因是：

1）不合格的投标企业前来投标或投标单位数量不足法定数。

2）标底在开标前泄密。

3）各投标企业的报价均成为不合理标。

4）在定标前发现标底有严重错误而无效。

5）其他在招标前未预料到，但在招标过程中发生并足以影响招标成功的事由。

4．维修工程施工投标的程序

（1）报名参加投标。报名参加投标的单位，应向招标单位提供以下材料：

1）企业营业执照和资质证书。

2）企业简历。

3）自有资金情况。

4）全体职工人数，包括技术人员、技术工作数量及平均技术等级等，企业自有主要施工机械设备一览表。

5）近年承建的主要工程及其质量情况。

6）现有主要施工任务，包括在建和尚未开工工程一览表。

（2）按下列要求编制并填写资格预审书：

1）按资格预审文件要求填写。

2）报送的有关内容应完全符合资格预审文件要求达到的标准。

3）报送资格预审的所有内容中应有证明文件。

4）对施工设备要有详细的性能说明。

5）报送的预审资料应有一份原件及数份复印件，并按指定时间、地点报送。

（3）领取招标文件。经招标单位对报名参加招标的施工企业的资格审查，合格者可领到或购买招标单位发送的招标文件。

（4）研究招标文件。投标单位在领取招标文件后，应认真研究工程条件、工程施工范围、工程量、工期、质量要求及合同主要条件等，弄清承包责任和报价范围。模糊不清或把握不准之处，应做好记录，在答疑会上澄清。

（5）调查投标环境。投标环境是中标后工程施工的自然、经济和社会环境，着重调查施工现场的地理位置，现场地质条件，交通情况，现场临时供电、供水、通信设施情况，当地劳动力资源和材料资源，地方材料价格等各个方面以确定投标策略。

（6）编制施工计划，制订施工方案。投标单位应核实工程量，在此基础上制订施工方案，编制施工计划。

（7）按照招标文件的要求编制投标文件。

（8）投送投标文件。应在要求的期限内将投标文件送至指定的地点。

（9）参加开标会议。投标单位必须参加开标会议。

（10）订立维修工程施工承包合同。如中标，应及时与招标单位签订施工合同。

二、房屋维修管理内容

（一）房屋维修管理内容及分类

房屋维修管理的内容主要有以下几个方面：

1. 房屋维修的质量管理

房屋维修质量管理的主要任务是，定期或不定期地对房屋的完损情况进行检查，评定房屋完损等级，随时掌握所管房屋的质量状况和分布，组织对危险房屋的鉴定，并确定解危方法等，为编制房屋维修计划、编制房屋维修设计、编制房屋维修工程预决算并作出投资计划提供依据。

（1）房屋的质量等级鉴定。房屋的质量等级，是指区分房屋完好或损坏的程度，也称房屋完损等级。房屋的完损等级以原建设部 1985 年制定并颁布的《房屋完损等级评定标准》为依据。房屋的质量等级鉴定，是按统一的标准、统一的项目、统一的方法，对现有整幢房屋所进行的综合性的完损等级评定。房屋完损等级鉴定的任务就是要搞清所管的现有房屋的质量状况和分布，为房屋的管理、保养和维修提供基本的资料依据。

（2）危险房屋的管理。加强城市危房的管理，杜绝房屋倒塌事故的发生，是房屋维修质量管理中的重点内容。原建设部 1990 年颁布了《城市危险房屋管理规定》，把城市危险房屋管理作为一个特殊的问题看待。要贯彻和落实该规定，房地产行政管理部门与物业管理公司必须切实做好以下几个方面的工作：

1）制定划分危房的标准。这是一项技术性强、责任重大的工作。危险程度的划分一定要根据房屋构件损坏范围的大小、变形和损坏程度以及对周围环境和整个房屋危害程度而定。

2）建立健全危险房屋的鉴定机构。除政府有权威性的危险房屋鉴定机构外，各物业公司也应设立房屋安全鉴定部门，或指定专门的技术人员负责此项工作，依据原建设部颁发的《危险房屋鉴定标准》和各地人民政府颁布的有关规定，按照初始调查、现场查勘、检测验算、论证定性等程序，在掌握测算数据、科学分析论证的基础上，确认房屋的建筑质量及安全可靠程度。

3）监督检查排险工作情况。根据鉴定的情况可按以下四类办法处理：

①观察使用。适用于采取适当技术措施后，尚能短期使用，但仍需随时观察危险程度的房屋。

②处理使用。适用于采取适当技术措施后，可解危的房屋。

③停止使用。适用于已无修缮价值，暂无条件拆除，又不危及相临建筑物和影响他人安全的房屋。

④整体拆除。适用于整幢危险且无维修价值，随时可能倒塌并危及他人生命财产安全的房屋。

2. 房屋维修的施工管理

房屋维修的施工管理，是指在房屋维修施工过程中所进行的施工作业管理。主要包括以下几个方面的工作内容：

（1）选择维修施工队伍。物业公司可以自己组建维修养护队伍进行房屋的维修养护工作，也可以通过招标的方式，把房屋的修缮养护承包给专业维修队伍。对于后一种情况，物业公司就需要对维修养护工程进行监督或指导。

（2）维修施工的组织准备。施工的组织与准备是在开工前，有关各方在组织、技术、经济、劳力和物质等方面，为保证顺利开工而事先必须做好的一项综合性的组织工作。修缮工程应根据工程量的大小及工程的难易程度等具体情况，分别编制施工组织设计（大型工程）、施工方案（一般工程）或施工说明（小型工程）。

（3）维修施工的技术交底。在施工和有关人员学习和熟悉维修设计与图纸会审的基础上，由施工负责人向负责该项工程的技术员、工长、班长等进行施工技术交底和图纸会审，并在会审中就有关问题提出解决措施，作为施工的依据之一。

（4）施工调度与管理。施工调度是以工程施工进度计划为基础，在整个施工过程中不断求得劳动力、材料、机械与施工任务和进度要求之间的平衡，并解决好工种与专业之间衔接的综合性协调工作。其主要工作：一是经常检查督促施工计划和工程合同的执行情况，进行人力、物力的平衡调度，促进施工生产活动的正常进行；二是组织好材料运输，确保施工的连续性，监督检查工程质量，安全生产、劳动防护等情况，发现问题，找出原因，提出措施，限期改正。

另外，维修施工管理还包括施工质量与施工安全管理、施工机械与施工材料管理、成本核算管理等内容。

3. 房屋维修的行政管理与档案管理

（1）房屋维修行政管理。房屋维修行政管理是指对房屋维修责任的划分管理和落实维修承担人，排除维修阻碍的管理。搞好房屋维修行政管理可以保证及时修缮房屋，避免由于维修责任不明或由于他人阻碍而使房屋得不到及时修缮，导致房屋发生危险的情况。

物业公司的房屋维修行政管理人员应当熟悉国家和地方的有关规定，修缮房屋是房屋所有人应当履行的义务。异产毗连房屋的维修，其所有人依照《城市异产毗连房屋管理规定》承担责任。租赁私有房屋的修缮，由租赁双方依法约定修缮责任。因使用不当或人为造成房屋损坏的，由其行为人负责恢复或给予赔偿。在房屋修缮时，该房屋使用人和相邻人应当给予配合，不得借故阻碍房屋的修缮。对于房屋所有人或房屋修缮责任人，不及时修缮房屋，或者因他人阻碍有可能导致房屋发生危险的，房产管理部门（如政府部门或物业公司）可以依据有关规定采取排险解危的强制措施，排险解危的费用由当事人承担。

（2）房屋维修档案管理。在制订房屋维修计划，确定房屋维修、改建等方案，实施房屋维修工程时，不可缺少的重要依据是房屋建筑的档案资料。为了更好地完成房屋维修任务，加强房屋维修管理，就必须设置专门的部门和专职人员对房屋建筑、安装及维修的档案资料进行管理。房屋维修所需要的档案资料包括：

①房屋新建工程、维修工程竣工验收时的竣工图及有关房屋的原始资料等；

②现有房屋及附属设备的技术资料和可能的产权资料；

③房屋维修的技术档案资料等。

房屋维修工程有几种不同的分类方法。如果按房屋的结构性质，可以划分为承重结构部分的维修和非承重结构部分的维修两种；如果按房修经营管理的性质，可以划分为恢复性维修、赔偿性维修、改善性维修、救灾性维修和返工性维修五种；如果按房修工程性质，可以划分为翻修、大修、中修、小修、综合维修五种，这是物业管理公司在实际维修操作中经常采用的分类方法，下面予以详述。

1）翻修工程。凡需全部拆除、另行设计、重新建造的工程为翻修工程。

翻修工程主要适用于：

①主体结构全部或大部分严重损坏，丧失正常使用功能，有倒塌危险的房屋。

②因自然灾害破坏严重，不能再继续使用的房屋。

③主体结构、围护结构简陋、无修理价值的房屋。

④地处陡峭易滑坡地区的房屋或地势低洼长期积水又无法排出地区的房屋。

⑤国家基本建设规划范围内需要拆迁恢复的房屋。

翻修工程投资大，工期长，翻修后的房屋必须达到完好房屋的标准。

2）大修工程。凡需要牵动或拆换部分主体构件，但不需全部拆除的工程为大修工程。大修工程主要适用于严重损坏房屋。大修工程的要求：大修后的房屋必须符合基本完好或完好标准的要求。大修工程一次费用在该建筑物同类结构新建造价的25%以下。

大修工程主要适用于：

①主体结构的大部分严重损坏，无倒塌或有局部倒塌危险的房屋。

②整幢房屋的公用生活设备（包括给水排水、电照、通风、供暖等）必须进行管线更换，需要改善新装的房屋。

③因改善居住条件，需局部改建的房屋。

④需对主体结构进行专项抗震加固的房屋。

大修工程的主要特点是，工程地点集中，项目齐全，具有整体性。大修后的房屋必须符合基本完好和完好房屋标准的要求。

3）中修工程。凡需牵动或拆换少量主体构件，但保持原房的规模和结构的工程为中修工程。中修工程主要适用于一般损坏房屋。中修工程的要求：中修后的房屋70%以上必须符合基本完好或完好的要求。中修工程一次费用在该建筑物同类结构新建造价的 20% 以下。

中修工程主要适用于：

①少量结构构件形成危险点的房屋。

②一般损坏的房屋，如整幢房屋的门窗整修、楼地面、楼梯维修、抹灰修补、油漆保养、设备管线的维修和零配件的更换等。

③整幢房屋的公用生活设备，如给水排水管、通风供暖设备管道、电气照明线路等需局部进行更换改善和改装、新装工程的房屋以及单项维修的房屋。

4）小修工程。凡以及时修复小损小坏、保持房屋原来完损等级为目的的日常养护工程为小修工程。

小修工程主要适用于：

①屋面筑漏（补漏）、修补屋面、修补泛水、屋脊等。

②钢、木门窗的整修、拆换五金、配玻璃、换窗纱、油漆等。

③修补楼地面面层，抽换个别楞木等。

④修补内外墙、抹灰、窗台、腰线等。

⑤拆砌挖补局部墙体、个别拱圈，拆换个别过梁等。

⑥抽换个别檩条，接换个别木梁、屋架、木柱，修补木楼梯等。

⑦水卫、电气、散热器等设备的故障排除及零部件的修换等。

⑧排水管道的疏通，修补明沟、散水、水落管等。

⑨房屋检查发现的危险构件的临时加固、维修等。

小修工程的主要特点是，项目简单、零星分散，量大面广，时间紧迫。例如小面积的屋面补漏，门窗检修及水电的小型修缮工程等，服务性很强。

小修工程的主要作用是，经常性地进行房屋的养护工程，可以维护房屋和设备的功能，保证用户的正常使用；使发生的损失及时得到修复，不致使其扩大，造成较大的损失；对一些由于天气的突变和隐蔽的物理因素导致的房屋损坏进行及时维护。

5）综合维修工程。凡成片多幢（大楼为单幢）大、中、小修一次性，应修尽修的工程为综合维修工程。综合维修工程要求：综合维修后的房屋必须符合基本完好或完好标准的要求。综合维修工程一次费用应在该片（幢）建筑物同类结构新建造价的 20% 以下。

综合维修工程主要适用于：

①该片（幢）大部分严重损坏或一般性损坏须进行有计划维修的房屋。

②需改变片（幢）面貌而进行有计划维修的工程。

经过综合维修后的房屋，必须符合基本完好和完好房的标准要求。

（二）房屋的日常保养维护

1. 房屋日常养护的含义

房屋维修日常养护是指物业管理部门为确保房屋的正常使用所进行的经常性、持续性的小修养护和综合维修工作。它是物业公司对房屋业主、使用人最直接、最经常的服务工作。房屋养护同房屋修缮一样，都是为了房屋能正常使用，但两者又有区别。修缮工程是在相隔一定时期后，按需开工进行的一次性的大、中修；房屋养护服务则是经常性的零星修理，及时地为广大住（用）户提供服务项目，以及采取各项必要的预防保养措施，维护保养好房屋。

2. 房屋日常养护的具体内容

（1）房屋小修养护的内容：

1）瓦屋面清扫补漏及局部换瓦，屋脊、泛水、躺立沟的整修；油毡顶斜沟的修补及局部翻做；平屋面裂缝修补；拆换及新做少量天窗；墙体局部挖补；墙面局部粉刷；普通水泥地的修补及局部新做；顶棚、椽档、雨篷、踢脚线的修补、刷浆；室外排水管道的疏通及少量更换；窨井、雨水井的清理；井盖、井圈的修配；化粪池的清理；明沟、散水坡的养护和清理等。

2）木门窗维修及少量新做；装配五金；接换柱脚；支顶加固；木衍条加固及少量拆换；木屋架加固；木楼梯地塄、木隔断、木楼梯、木顶棚、木栏杆的维修及局部新做；细木装修的加固及局部拆换等。

3）水管的防冻保暖；给水管道的少量拆换；排污、废水管道的维修、保养、疏通及少量拆换；便器、脸盆、水池、浴缸的修补拆换；水嘴、阀门、抽水马桶及其零配件的整修、拆换；屋顶压力水箱的修理、清污等。

4）灯口、电线、开关的修换；线路故障的排除、维修及少量拆换；配电箱、盘、板的安装、修理；电表与电分表的新装及拆换等。

5）修缮后的门窗补刷油漆及少量新做油漆；楼地板、隔断、顶棚、墙面维修后的补刷油漆及少量新做油漆；楼地面、墙面刷涂料等。

6）钢门窗整修，白铁、玻璃钢屋面的检修及局部拆换；白铁、玻璃钢躺立沟、天斜沟的整修、加固及少量拆换等。

（2）房屋计划养护的内容。房屋的各种部件、结构均有其合理的使用年限，超过了这个年限，一般就会开始不断出现问题。因此，要管好房屋，就不能等到问题出现后再采取补救措施，而应订立科学的大、中、小修三级修缮制度，以保证房屋的正常使用，延长其整体的使用寿命。这就是房屋的计划养护。例如，房屋的纱窗每3年左右就应该刷一遍铅油保养；门窗、壁橱、墙壁上的油漆、油饰层一般每5年左右应重新油漆一遍；外墙每10年应彻底进行一次检修加固等。这种定期保养、修缮制度是保证房屋使用安全、完好的非常重要的制度。

计划养护主要属于房屋保养性质，是定期对房屋进行检修保养。计划养护的任务应安排在报修任务不多的淡季。如果报修任务多时，应先安排报修任务，再做计划养护工作。

（3）房屋季节性养护的内容。房屋季节性养护是指由于季节性气候原因而对房屋进行预防性保养工作。其内容有防台风、防洪水、防梅雨、防霜冻、防治白蚁等。

3. 房屋维修日常养护服务的一般程序

（1）项目收集。日常服务的小修养护项目，主要通过维修管理人员的走访查房和业主（住户）的随时报修两个渠道来收集。

走访查房是管理员定期对辖区内住用户进行走访，并在走访中查看房屋，主动收集住用户对房屋维修的具体要求，发现住用户尚未提出或忽略掉的房屋险情及公用部位的损坏。为了提高走访查房的实际作用，应建立走访查房手册。

为了方便住用户随时报修，物业管理部门收集服务项目的措施主要有以下几种：

1）设置便民保修箱。在辖区的繁华地段和房屋集中的街巷、院落中设置信箱，供住用户随时报放有关的保修单和预约上门维修的信函。物业管理部门要定期开箱收集。

2）建立接待值班制度。物业管理部门应配备一名专职或兼职报修接待员，负责全天接待记录住用户的电话、信函、来访。接待员应填写报修单，处理回报单上下两联组成的接待登记表。

3）组织服务赶集。一般利用节、假日时间，物业管理部门在公共场所和住用户集中的院落里摆摊设点，征求住用户提出的包括日常服务内容的有关意见。

（2）计划编制。通过走访查房和接待报修等方式收集到的维修服务项目，除室内照明，给水排污等部位发生的故障及房屋险情等应及时解决外，其余维修服务项目，均由管理人员统一收集，逐一落实。其中属于小修养护范围的项目，应按轻重缓急和劳力情况，于月底前编制次月的小修养护计划表，并按计划组织实施。

凡超出小修养护范围的项目，管理员也应于月底前填报中修以上工程申报表。维修管理部门按照申报表，到实地察看，根据报修房屋的损坏情况和年、季度的维修计划，进行勘估定案，安排中修以上工程解决。

管理员对即将进场施工的项目，要及时与住用户联系，做好搬迁腾让等前期工作；对无法解决或暂不进场施工的，应向住用户说明情况。

（3）任务落实。管理员根据上月编制的小修养护工程计划表和随时发生的急修项目，开列小修养护单。养护工凭养护单领取材料，根据养护单开列的工程地点，项目内容进行施工。对施工中发现的房屋险情，可先行处理，然后由开列养护单的管理员变更或追加工程项目手续。

在施工中，管理员应每天到施工现场，解决施工中出现的问题，检查当天任务完成情况，安排次日零修养护工程。

4. 房屋维修日常养护服务考核指标

日常养护服务考核指标主要有定额指标、经费指标、服务指标和安全指标。

（1）定额指标。小修养护工人的劳动效率要百分之百达到或超过人工定额；材料消耗要不超过或低于材料消耗定额。同时，要通过合理组织生产，发挥劳动潜力和充分回收利用旧料，努力降低小修养护工程成本。

达到小修养护工程定额指标，是完成小修养护工作量，搞好日常服务的必要保证。因此，工程定额指标的完成情况，应作为考核管养段养护人员劳动实绩，进行工资总额分配的主要依据之一。

（2）经费指标。小修养护经费可通过各种方式筹集，房屋租金和按规定提取的修理费额便是两种渠道。对小修养护经费的使用，应实行包干使用，亏损不补，节约留用的办法。

（3）服务指标：

1）走访查房率。一般要求管理员每月对辖区的住用户要走访查房50%以上；每季对辖区内住用户要逐户走访查房一遍。其计算公式如下：

月走访查房率 = 当月走访查房数/辖区内住用户总户数 × 100%

（注：走访查房户数计算时对月（季）走访如系同一户超过一次的均按一户计算。）

2）养护计划率。管养段应按管理员每月编制的小修养护计划表依次组织施工。考虑到小修养护中对急修项目需及时处理，因此在一般情况下，养护计划率要求达到80%以上。遇到特殊情况和特殊季节、物业管理部门可统一调整养护计划率。其计算公式如下：

月养护计划完成率 = 当月完成属计划内项目户次数/当月养护计划安排的户次数 × 100%

3）养护及时率。其计算公式为：

月养护及时率 = 当月完成的小修养护户次数/当月全部报修中应修的户次数 × 100%

（注：当月全部报修户次数，包括经专业人员实地勘查后，认定不属于小修养护范围，并已做其他维修工程类别安排和因故不能安排维修的报修户次数。）

（4）安全指标。确保住用、生产安全，是维修服务的首要指标，是考核管养段工作实绩的重要依据，也是实行管理承包经济责任制的主要指标之一。原建设部（88）建房字第328号文件颁发的《房地产经营、维修管理行业经济技术指标》规定，安全生产，杜绝重大伤亡事故，年职工负伤事故频率小于0.3%。确保住用安全，杜绝塌屋死亡事故。

为确保生产安全，物业管理部门应建立一系列安全生产操作规程和安全检查制度以及相配套的安全生产奖惩办法，管养段在安全生产中要十分注意以下三个方面：

1）严格遵守操作规程，不违章上岗和操作。

2）注意工具、用具的安全检查，及时修复或更换带有不安全因素的工具、用具。

3）按施工规定选用结构部件的材料，如利用旧料时，要特别注意安全性能的检查，增强施工期间和完工后交付使用的安全因素。

（三）房屋渗漏防治

房屋渗漏是目前普遍存在的一大质量问题。它不仅影响着人们的工作、学习和生活，而且还将造成一定的经济损失。

1. 外墙渗漏

外墙面的水通过墙缝渗入墙内，致使内墙面霉变、起壳、脱落，影响使用效果。原因如下：

（1）对于穿墙洞填补不密实，砖缝不饱满，形成贯穿墙体的孔隙，如果外墙面粉刷层在这些部位存在不易察觉的裂缝，雨水极易从这里渗入墙内。因此，在粉刷前，对这些薄弱环节要进行修补，灰缝要饱满，穿墙孔洞应填补密实，既要达到规范规定的灰缝饱满度为80%，又要粉刷前从内向外看不到亮孔。

（2）外墙面分隔条（尤其是水平分隔条）嵌缝不密实，有砂眼、裂缝或不平整，使排水不畅，雨水渗入墙内。

（3）窗洞上口（窗楣）漏做滴水线、滴水槽或做得不符合规定，致使雨水流向玻璃窗，此时窗扇如有倒翘现象或窗框与墙体间缝隙填嵌不密实，雨水就会渗入室内。滴水线（槽）应整齐、顺直。滴水线的里侧垂直高度按规范不少于1.5cm，滴水槽的宽度、深度均不小于1cm。窗洞下口（窗台）一般是先砌墙留窗洞，后安装钢窗，下口口径一般留得较大，或表皮砖已经松动，虽用水泥砂浆粉光，但内部不密实，雨水仍可渗入。因此，补砌砖的砂浆，要密实、饱满。如采用4cm厚细石混凝土现浇窗台板，防水效果更好（见图1－7－1）。

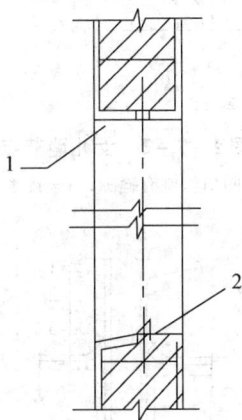

图1－7－1　细石混凝土现浇窗台板

1—滴水线；2—C20细石混凝土窗台板

（4）女儿墙或山墙压顶砌筑法不正确，排水方向混乱（见图1－7－2）。图1－7－2（a）压顶下做滴水，压顶与墙面交接处阴角粉刷不密实，有砂眼、缝隙，使雨水渗入墙内；图1－7－2（b）墙头排水方向混乱，雨水由墙头流向墙面，再沿墙面下流，遇到薄弱处渗入墙内；图1－7－2（c）为正确的做法，雨水出墙头流向内侧墙面，再经滴水线流向屋面防水层，经水落管排出。

2. 屋面渗漏

目前屋面防水材料发展很快，市场上供应品种很多，产品性能有区别。施工方法也不相同，但关键是施工，一要重视后面的防水施工；二要有正确的施工方法。

（1）出屋面立管周围处理不好，容易渗漏。立管安装后，应首先将结构层预留洞周边残存灰浆去除。凿毛并清理干净，然后刷素水泥浆一道；铸铁立管去除埋段周围焦油、锈蚀等粘结物，塑料立管段周围打毛；掉底膜，浇C20细石混凝土。先浇结构层厚度的1/2（见图1－7－3），24小时后，将剩余部分浇满，并用1∶3水泥砂浆在管子周围粉成网弧形角，凝结后蓄水试验，若无渗漏，随屋面做防水层。

（2）屋面板端头缝处理。屋面板端头缝侧缝的漏水较集中，这是因为屋面板搁置于承重墙或梁上，沉降或温度引起的变形机会多。侧缝一般浇灌C20细石混凝土，振捣密实即可，而端头缝最好进行软处理（图1－7－4）。

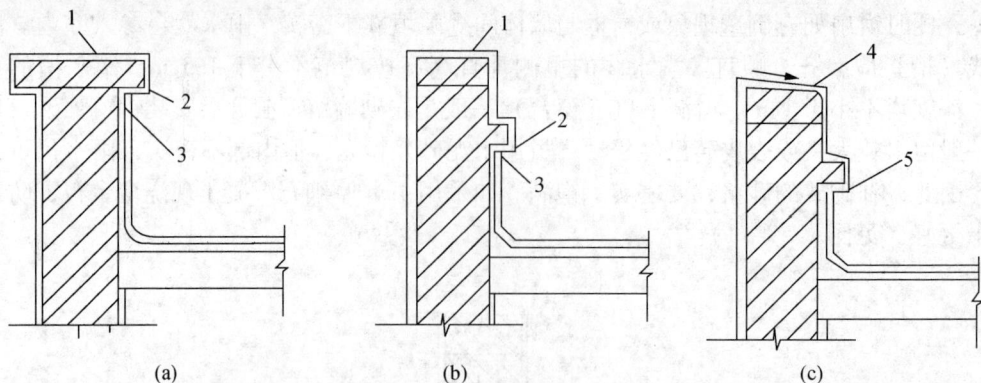

(a)　　　　　　　　(b)　　　　　　　　(c)

图 1-7-2　女儿墙节点

1—排水方向不明确；2—漏作滴水；3—阴角粉刷有缝隙；4—排水方向；5—滴水线

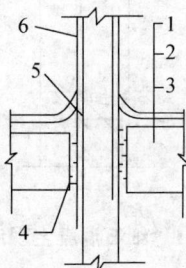

图 1-7-3　立管处理

1—防水层；2—找平层；3—结构层；4—细石混凝土；5—300mm宽防水层；6—出屋面管道

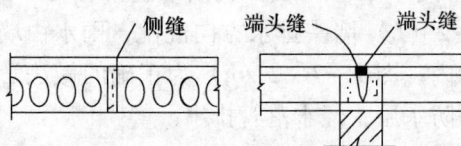

图 1-7-4　板缝处理

注：侧缝浇灌细石混凝土，端头缝最好进行软处理

　　（3）落水头的处理。落水头接水口外侧周围水泥砂浆或油膏要填满嵌实，防水层应伸入接水口内一定长度。落水头前保持一定坡度以防积水，影响防水层的耐久性（见图 1-7-5）。

　　（4）保温层的处理。屋面保温层施工时要留伸缩缝，缝宽不少于2厘米。此缝不可填死，作为排气槽，否则保温层受气温等影响，膨胀时破坏防水层，还可能将女儿墙推向外侧，留下裂缝，引起渗漏。

　　（5）卷材防水屋面在施工时。搭接或转角处容易产生砂眼，受水气、温度影响，水气渗入防水层内，形成气泡，随着作用时间的增长，气泡不断扩大，水分越积越多，空鼓越来越大，在结构层遇到薄弱环节之后渗入结构层而引起渗漏。施工时要特别注意卷材搭接和转角处粘贴，发现气泡等空鼓现象应及时处理。

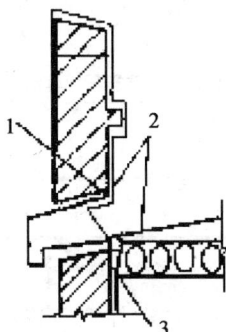

图 1 - 7 - 5　落水头处理

1—油膏；2—防水层；3—沥青麻线

3. 双防水屋面

随着经济建设的发展，城乡居民对房屋建筑标准的要求也逐步提高。鉴于目前房屋渗漏雨水的严重性，适当提高防水层的标准，是完全可行的，也是必要的。例如刚、柔双层防水屋面（见图 1 - 7 - 6）。

假设基地共有防水屋面 5400 平方米，其中钢筋混凝土现浇屋面 1300 平方米。预制板屋面 4100 平方米，现浇钢筋混凝土结构层，随捣随光。上面直接做隔气层。预制板层面在做隔气层前尚需做 20 毫米厚 1:3 水泥砂浆找平层。隔气层在刷冷底子油后，涂刷热玛碲脂。保温层为散铺炉渣，炉渣经过筛选，粒径 5 ~ 40 毫米，去除有机杂质、石块、泥块，未燃尽的煤块。用木夯拍实至紧密，然后铺塑料薄膜或干铺油毡，以代替水泥砂浆找平层。刚性防水层为 4 厘米厚 C20 细石混凝土。在结构承重等部位分仓缝，做排气孔（见图 1 - 7 - 7）。双坡屋面，排气孔沿屋脊布置，单坡屋面则置于高处。细石混凝土要随捣随光。这样可不做找平层。柔性防水层用沥青防水涂料和玻璃纤维加筋二布四涂。保温层采用铝基反光隔热涂料，两年来未发现渗漏和明显老化现象。

三、房屋租赁合同管理

（一）租赁合同的法律特征

房屋租赁合同是出租人与承租人签订的、用于明确租赁双方权利义务关系和责任，以房屋为租赁标的的协议，是一种债权合同。租赁是一种民事法律关系，在租赁关系中出租人与承租人之间所发生的民事关系主要是通过租赁合同确定的。因此，在租赁中出租人与承租人应当对双方的权利和义务作出明确的规定，并以文字形式形成书面记录，成为出租人与承租人关于租赁问题共同遵守的准则。

租赁合同的法律特征表现为以下几方面：

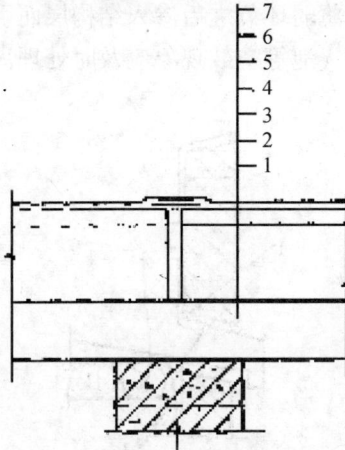

图 1 - 7 - 6 刚、柔双层防水屋面

1—结构层；2—隔气层；3—保温层；4—塑料薄膜一层；5—刚性防水层；6—柔性防水层；7—保护层

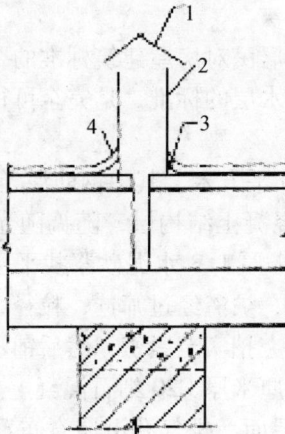

图 1 - 7 - 7 排气孔

1—2mm 厚薄钢板防雨帽；2—铸铁管；3—300mm 宽一布二涂；4—二布四涂加保护层

1. 房屋租赁合同是双务合同

双务合同是指合同当事人都享有权利和负有义务的合同。这类合同的每一方当事人既是债权人又是债务人，而且互为等价关系，即双方各自享有的权利和负有的义务，正是对方应尽的义务和享有的权利。双务合同的主要意义在于合同的履行，即任何一方在自己未履行合同义务的情况下，无权请求对方履行义务而自己只有权利，否则就成了单务合同。

2. 房屋租赁合同是有偿合同

有偿合同是指当事人享有合同规定的权利时必须付出代价的合同。有偿合同大多数是双务合同。区分有偿合同与无偿合同的法律意义在于确定当事人履行合同义务时应达到和完成的程度及违约责任大小。一般而言，有偿合同义务的履行，其完成程度要高于无偿合同，有偿合同义务的违约责任比无偿合同义务的违约责任重。

3. **房屋租赁合同是诺成合同**

所谓诺成合同，是当事人意思表示一致即告成立的合同。而虽然当事人意思表示一致，但还须交付标的物，合同才能成立，称为实践合同。这种法律上的分类，主要用于确定合同成立的时间。承租方占有房子才算租赁合同成立。

4. **房屋租赁合同是要式合同**

要式合同是相对不要式合同而言的。凡要求有特定形式和履行一定手续的合同称为要式合同，否则称为不要式合同。要式合同由法律直接规定的，称为法定要式合同；法律无明文规定、只是当事人约定必须履行特定方式和手续的合同，称为约定要式合同。房屋租约是法定要式合同。房屋租赁，当事人应当签订书面租赁合同，没有书面合同的租赁行为不受法律的保护。

5. **房屋租赁合同是继续性合同**

房屋租赁当事人双方的权利和义务，均与合同的存续期相关，时间是合同的基本元素，因而房屋租赁合同属于继续性合同。

（二）房屋租赁合同基本条款的主要内容

（1）甲乙双方的姓名或名称及住所。

（2）房屋的坐落、面积、装修及设施状况。

（3）租赁用途。

（4）租赁期限。

（5）租金及支付方式。

（6）房屋的修缮责任。

（7）转租的规定。

（8）变更和解除合同的条件。

（9）违约责任。

（10）当事人约定的其他条款。

（三）租赁双方的权利和义务

1. **出租人的权利和义务**

（1）出租人的权利：

①有按期收取租金的权利。租金收入是实现房屋价值和房屋修缮资金的来源。按照合同规定的租金标准收取租金是出租人的一项基本权利，对租金拖欠者，要收取滞纳金。随着房屋条件与市场行情的变动，出租人在遵守合同条款的前提下有权对租金进行调整。

②有监督承租人按合同规定合理使用房屋的权利。包括对改建装修、转租的否决权。承租人在使用房屋过程中，不得擅自拆改、私搭乱建、损坏房屋结构和附属设备，不得擅自改变房屋使用性质。承租人也不得利用承租房进行非法和损害公共利益的活动。出租人有权制止承租人的违法行为，并要求恢复原状或赔偿经济损失。

③有依法收回出租房屋的权利。房屋定期租赁的，在租赁期满后，出租人有权收

回；不定期的，出租人要求收回房屋自住的，在安排了承租人的搬迁后，一般应当准许。承租人如有违约、违法、无故长期空置、拖欠租金等情况出现，出租人有权提前收回房屋。如承租人拒不执行的，可以诉请人民法院处理。

④有向用户宣传、贯彻执行国家房管政策和物业管理规约、管理规定等权利。出租人有权制止承租人违反国家和地方政府的有关法规政策行为，有权制止违反物业管理规定（如绿化、消防、安全等规定）的行为。

（2）出租人的义务：

①有按照合同规定提供房屋给承租人使用的义务。出租人应当依照租赁合同约定的期限将房屋交付给承租人，不能按期交付的，应当支付违约金，给承租人造成损失的，应当承担赔偿责任。

②有保障承租人合法使用房屋的义务。房屋一旦出租，就是向承租人诺成移交占有权和使用权，在正常使用范围和期限内，出租人不得干预，擅自毁约。

③保障承租人居住安全和房屋装修，设备设施进行正常维修的义务，如无力修缮，可与承租人合修，费用可以租金折抵偿还。

④有接受租户意见和合理建议，不断改进工作的义务。

2. 承租人的权利和义务

（1）承租人的权利：

①有按照租约所列的房屋规定的用途使用房屋的权利。

②有要求保障房屋安全的权利，对非人为的房屋与设备损坏，有权要求出租人维修、护养。

③出租房屋出售时，有优先购买权。

④有对物业管理状况进行监督、建议的权利。

⑤经出租人同意有转租获利的权利。

（2）承租人的义务：

①有按期交纳租金的义务。

②有按约定用途使用房屋，不得私自转租、转让他人的义务。

③有维护原有房屋，爱护使用，妥善保管的义务。

④有遵守有关国家政府法规和物业管理规定的义务。

四、租赁关系与租户管理

（一）租赁关系

租赁关系即租赁契约关系，是指出租者与承租者之间的经济合同关系。租赁关系管理就是对这种关系的各项活动所进行的组织、指导、监督和调节活动，借以保证租赁关系的建立和正常进行。租赁关系的管理主要是由房地产行政主管部门实施的，其主要工作内容有：签订租赁契约，审核租赁关系的变更与终止，办理停、退税手续等。

物业管理工作者了解租赁关系的几个基本问题，将有利于租赁活动的展开。

1. 物业租赁条件

城市公民、法人或其他组织对享有所有权的房屋或国家授权管理和经营的房屋可以依法出租。承租人经出租人同意，可以依法将承租的房屋转租。住宅用房的租赁，应当执行国家和房屋所在地城市人民政府规定的租赁政策。租用房屋从事生产、经营活动的，由租赁双方协商议定租金和其他租赁条款。物业租赁的具体条件为以下几点：

（1）物业出租人必须具备的条件：

①出租人是物业所有权人或受托管理人，并持有房地产产权证或委托管理证件。

②出租人若为物业开发经营企业或物业服务企业，还必须持有工商行政管理机关核发的营业执照。

③出租人对所出租的物业应具有管理和修缮的能力。

（2）物业承租人必须具备的条件：

①城镇居民承租者，必须具有物业属地常住户口，暂住人口则必须持有有关机关核发的暂住证。

②单位承租公房，必须具有区、县、市级政府批准的证明；单位承租私房，必须事先报房地产行政机关或当地政府批准。

③承租人承担物业应以自住自用为主。

④承租人必须具有民事行为能力。

⑤承租人必须具备合理使用房屋和支付租金的能力。

物业的出租人和承租人就是租赁主体双方。物业租赁客体就是租赁标的物即房屋。对出租房屋规定的条件是为了避免一些不必要的纠纷。

（3）出租房屋必须具备的条件：

①经规划部门批准建设，并已向房地产行政管理机关办理产权登记的房屋。产权和使用权不清，或产权和使用权纠纷尚未处理完结的房屋不能出租。

②自管房单位和私房业主出租的必须是自住自用有余的房屋，私房业主不得一方面出租私有房屋，另一方面又租用享受福利性租金的公房。

③出租的是结构安全、设备齐全、能够正常使用的房屋。危险房屋和违章建筑房屋不得出租。

④能够确保在租赁期内使用的房屋，即已被证明即将拆迁的房屋不得出租。

（4）不得出租的几种房屋：

①未依法取得房屋所有权证书的。

②司法机关和行政机关依法裁定、决定查封或者以其他形式限制房地产权利的。

③共用房屋未取得共有人同意的。

④权属有争议的。

⑤属于违法建筑的。

⑥不符合安全标准的。

⑦已抵押，未经抵押权人同意的。

⑧不符合公安、环保、卫生等主管部门有关规定的。

⑨有关法律、法规规定禁止出租的其他情形。

2. **房屋租赁登记备案制度**

凡进行房屋租赁的，须先向房屋所在地市、县房地产管理部门提出申请，办理登记备案手续。变更、终止租赁合同的，当事人也应当向房屋所在地市、县人民政府房地产管理部门登记备案。

房屋租赁当事人在租赁合同签订后 30 日内，持本办法下列条款规定的文件到市、县人民政府房地产管理部门办理登记备案手续。

申请房屋租赁登记备案应当提交下列文件：

①书面租赁合同。

②房屋所有权证件。

③当事人的合法证件。

④城市人民政府规定的其他文件。

⑤出租共有房屋，还须提交其他共有人同意出租的证明。

⑥出租委托代管房屋，还须提交委托人授权的出租的证明。

3. 城市《房屋租赁证》

房屋租赁申请经市、县人民政府房地产管理部门审查合格后，由该房地产管理部门核发《房屋租赁证》。县人民政府所在地以外的建制镇的房屋租赁申请，可由市、县人民政府房地产管理部门委托的机构审查，并颁发《房屋租赁证》。

《房屋租赁证》是租赁行为合法有效的凭证。租用房屋从事生产、经营活动的，房屋租赁证作为经营场所合法的凭证，出租人应当将《房屋租赁证》悬挂在房屋的明显位置，便于监督检查。租用房屋用于居住的，房屋租赁证件要作为公安部门办理户口登记的凭证之一。

（二）租户管理

1. 租约解释

租户能够按租约规定履行责任和义务是建立良好租赁关系的开端。随着人们法律意识的增强，经营者以公平、公正、合理的原则确立租户的责任和义务是先决条件。这样，经营管理者可以通过打通与租户的交流渠道与之建立一个令租赁双方都满意的互利互惠的关系。

在许多情况下，租户不会花很多时间来阅读所签署的租约条文，许多管理者，就以服务为宗旨，为租户重点划出一些条款，诸如时间、地点、租金交付方式以及迟交时滞纳金的收取办法等，以及明确一些附加条款，如停车管理收费、来客居住的手续和期限规定等，还要注意其他租户的权利不受侵害。此外，应向租户明确业主不能为其财产提供保险，有助于租户建立安全保险意识。管理者也常常在租约中明确业主房屋内哪些东西不能更换、损坏，如地毯、壁纸等。

2. 定期沟通

在一般情况下，公寓管理服务者要绝对尊重租户的权益，经常打扰会令租户觉得厌烦。为了建立良好的沟通关系，可采用定期印发信息、定期开展联谊活动等方法。当物业需要进行大范围修缮时需与租户解释，以减少双方的损失，并争取租户的最大支持。

3. 租户代表

目前还未有一部专门的法律法规明确使用者的权利和义务，当然，消费者权益保护法内有相关的条文。而在现实中，消费者往往通过各种途径保护自己的权益。租户与管理服务者之间如何建立良好的关系，一个比较可行的办法，是与租户代表建立一个正式定期开会的日程计划，让住户觉得他们是受人关注的，管理服务者并非只为赚钱而已。住户若有疑问和困难，管理服务者是会理会和尽快回应的，避免问题激化到不可收拾的地步才谈判、交涉。物业管理服务是以服务为宗旨的，只要服务意识明确，就能以实事求是的态度对待每一件事，就能达成互利互惠的协议。

五、房屋租金管理与确定

（一）房屋租金的概念

房屋租金即房屋租赁价格，是房屋承租人为取得一定期限内房屋的使用权而付给房屋所有人的经济补偿。其表现形式是指承租人租用每平方米可出租面积需按月或年支付的金额。房屋租金作为房屋使用价值分期出售的价格，是房屋在分期出售中逐步实现的价值的货币表现。

（二）房屋租金的类型和构成

房屋租金，简称房租，是在房屋租赁中，物业产权所有者或授权经营者向房屋承租人提供一定时期的房屋使用权，房屋承租人定期向房屋出租人支付房屋使用权的经济补偿。即出租人分期让渡物业使用价值所体现的价值补偿。

房屋租金基本上可分为成本租金、商品租金、市场租金。

1. 成本租金

成本租金由折旧费、维修费、管理费、投资利息和房产税等五项因素组成。

（1）折旧费。房屋在投入使用后，由于自然损耗和使用过程中的正常磨损，价值必然逐渐减少。这部分因损耗而减少的价值，以货币形式表现出来，就是折旧费。它是租金中最主要的一项内容，是维持物业简单再生产的必需费用。折旧费是按照房屋的使用年限计算，逐年收回的建造房屋投资。一般以房屋建造价扣除残值后，按平均折旧法计算，即

折旧费 =（房屋造价 − 残值）÷房屋耐用年限

其中，房屋造价是指建造房屋所需的投资，主要包括征地、拆迁安置补偿费和房屋本身的造价。不同的房屋有不同的耐用年限。残值是指房屋达到耐用年限不能继续使用时，拆除下来的陈旧建筑材料扣除拆运费的残余价值。

（2）维修费。维修费是指物业在使用年限内，为保证正常使用功能和预期使用年限而对其各个部位进行经常性维修、养护所必须投入的费用，也叫修缮费。这部分费用是房管部门与物业服务企业追加的投资，属于生产性的流通费用。通常是以使用年限内全部维修费按年分摊，平均计算得出的，具体方法有：

①造价比例法。就是按照物业造价和各城市测算确定的修缮费比例率，以使用年限进行计算，即

年修缮费 =（造价/修缮费比例率）÷使用年限

②部件更新周期法。就是按照房屋建筑的各部位（结构、墙体、屋面、装修、设备等）分别计算造价，然后再确定房屋使用年限内各部位的更新次数，最后计算出年维修费，即

年维修费＝∑（部件造价／每次更新量）×（房屋使用年限各部件更新周期）÷使用年限

③定期轮修法。就是按照定期大修或中修所需投入的维修费用，再加上每年所需零星养护费，按周期年限平均计算，得出年维修费。

④面积定额法。就是先测算确定单位面积年维修费用金额，然后根据租赁的建筑面积计算出年维修费。

（3）管理费。管理费是从事物业经营管理的企业出租房屋时对房屋进行必要的管理和服务所需费用，包括房屋管理人员的工资、行政办公费、业务费和其他费用的开支等。

（4）投资利息。利息是指物业所有权人在物业租赁期内因投资长期不能收回而收取的货币时间价值补偿费。其计算方法是以物业造价或售价金额为基础，按照银行长期贷款利率和通胀率加以计算。

（5）房产税。我国 1986 年 10 月 1 日起开征房产税。它是指以房屋为纳税对象，向房屋产权所有者征收的一种房产税。是作为独立计价因素计入租赁价格，并随房屋出租而转嫁的价内税。国家征收这种税是为了加强对房屋的管理和配合控制固定资产投资规模。房产税目前按（折旧费＋维修费＋管理费＋投资利息）×10% 计算。

2. 商品租金

商品租金也称为理论租金，是由成本租金的五因素加保险费、地租和利润等八项因素构成的。

（1）保险费。保险费是指房屋所有人为了保证自己的房产免受意外损失而向保险公司支付的保险金。

（2）地租。地租是指房屋因占有土地而向国家交纳的土地使用税。土地使用税是土地使用者向土地所有者提供的土地使用报酬。房屋是建造在土地上的，使用房屋时，必然同时使用土地。我国的土地所有权是属于国家的，所以，房屋使用人应向国家交纳土地使用税。按照房屋所处地段的等级和用地面积以及适用的税率计征。

（3）利润。利润是指物业经营管理企业从事房屋租赁管理而获取的平均收益，其中一部分上缴给国家，另一部分留在企业，用于再生产。必要的经营利润是物业经营管理企业实现扩大再生产的基本条件。按照物业管理应坚持微利经营原则，经营利润水平应低于一般工商企业。

以上八项因素组成了物业租赁价格的基本内容，这只是为实际租金的确定提供了依据。具体实践中，还需要考虑租户承受能力及其他修正性因素。

3. 市场租金

市场租金即实际租金，是在商品租金的基础上，根据市场供求关系而形成的。在市场机制比较完备的情况下，物业租金主要由市场供求关系所左右，当市场供给超出市场需求时，租金下降，业主为了争取租房不惜以低于成本租金的房租出租；当市场需求超出供给时，租金上升，业主往往可以从众多的求租者那里获得更多的收益。

除上述三种租金形式外，我国的国有公房还有专门解决低收入人群住房问题的福利租金和准成本租金等形式。

（三）城市房租的计算原则

《中华人民共和国城市房地产管理法》第54条规定："住宅用房的租赁，应当执行国家房屋所在城市人民政府规定的租赁政策。租用房屋从事生产、经营活动的，由租赁双方协商议定租金和其他租赁条款。"我国住宅用房的租赁政策是为改造旧的住房制度，从房屋的价值出发，逐步调整住房租金。但考虑到不同地区的经济水平不一样、企业的经营管理水平不一样以及不同承租户的承受能力不一样，因而，国家在现阶段允许各地区根据本地区的实际情况确定租赁政策，确定本地区住宅用房的房租。但是，无论哪种用途的房屋，无论什么地区的房屋，虽然租金的量不同，但其确定的原则是相同的。城市房租的计算应遵循以下几项基本原则：

1. 以租养房的原则

房屋的租赁必须是租金的收入能使投资者的投资得以收回，并能使投资者和经营者取得相应的合法利润，以保证房屋投资者和经营者的利益，保证房屋的资金的良性循环，保证租金能满足房屋维修、保养的需要。并且在房屋的使用年限终了时，能收回折旧费，维持再生产。以租养房的原则，实际上就是房屋租金价格与房屋价值大体一致的原则。这也是我国用经济手段管理房产，指导房屋租赁价格的最基本原则。

2. 按质论价的原则

所谓"质"，就是房屋的使用价值的大小。所谓"质高"，就是指房屋建筑规格高，配套设施完善，设备齐全，装修考究，环境好，相应的其租金就应该高；反之，租金就应该低些。由于房屋质量的差异性大，因而在制定房屋租金时，应该对影响房屋质量的因素进行科学分析，从而制定出合理的租金标准。

3. 利益兼顾的原则

这个原则是说房屋租金的制定既要考虑房屋的投资得到回收，又要顾及承租人的经济支付能力，片面强调某一方都是不科学的，应该在前后两者界定一个合适的标准，因此，需要根据房屋的产权和使用性质来制定各类房屋的租赁价格。

4. 调节供求的原则

房屋租赁价格除了必须保障房产的价值补偿外，还应贯彻调节供求的原则。那就是要根据房屋租赁市场的供求情况制定租金，使房屋的供应和有支付能力的需求大体平衡，以抑制过量的需求，刺激有效供给。

（四）物业租赁价格的确定

物业租赁价格即租金的具体计算确定，要经过计算租金基数和确定租金标准两个步骤：

1. 租金基数的计算

租金基数的计算是以物业价值为基础，根据不同建筑结构房屋的造价、使用年限等，计算折旧费、税金和利润等，然后，确定单位建筑年租金。租金基数的具体计算方法在各个城市不尽相同，大致包括等级计算法、项目基分计算法和综合计算法三种。

2. 租金标准的核定

租金标准是向承租人计收租金的具体实施细则。租金标准的核定应在租金基数基础上增减调剂因素。租金的调剂因素包括两个方面:一是房屋建筑自身在定价方面客观存在的差异,如朝向、采光、高度、设备配套水平;二是房屋建筑本身之外,在定价方面客观存在的差异,如坐落地段的环境、区位前景、建材价格上涨速度、房屋销售价格变化幅度、通货膨胀率、银行存款利率等,调剂因素应与租金基数的计算单位一致。

(五)房屋租金的确定

房屋租金的确定是租赁中的首要问题,也是出租人或出租代理人最关心的问题。租金的确定应当在制定统一基价的基础上,按房屋在质量、结构、设备条件等方面的差异进行分类,作为定价的调剂因素,以便合理地确定每幢、每间房屋的租价。具体的租金计算,要经过确定租金基数和租金标准两个步骤才能完成。

1. 租金基数的核定

房屋租金基数是以价值为基础确定的,主要有三种方法:

(1)等级计算法。按房屋建筑结构、设备与装修划分标准的办法,叫等级计算法。等级标准可按国家统一制定的有关标准,如国家在进行城镇房屋普查时建立的有关统计分级指标,并参考各地房屋的区域特点来划分房屋的实际等级。等级计算法通常以一幢房屋为分级基准,对同一建筑的不同楼层、不同房间差异,在计算租金标准时,用调剂因素反映。

(2)项目基分计算法。基础分值可参照国家统一制定的《房屋完损等级评定标准》和地方上有关规章制度,即只按房屋结构的有关项目,如结构、墙体、楼地面、门窗等分别计算出基础分值,再按房屋的具体情况分项评分,最后加以汇总。

(3)综合计算法。此法将上述两种方法结合起来使用。如以结构、墙体、屋顶等作为主要的分级依据,按等级计分,其余的可按项目基分计算法计分,然后汇总得出该房屋的租金基数。

2. 租金标准的核定

租金标准是向承租人计收房租的具体实施准则,其关系式如下:

租金标准=租金基数±调剂因素

租金基数不能够全面和具体地反映出房租的内在和外在的各种定价因素。内在定价因素包括环境、地段以及市场供求变化等。

调剂因素应当与租金基数的计算口径一致,即将各种因素折合不同分值的"分",或将不同的因素换算成差价百分比,再计算调剂因素金额。

3. 商业物业租金的计租方式

在物业租赁尤其是商业物业租赁的实践中,对租金的确定与收取有毛租金、净租金、百分比租金三种计租方式。

(1)毛租金。在毛租金的情况下,承租户支付固定的租金,而业主支付物业经营(租赁)过程中的费用,包括房地产税和其他有关物业的税收、保险费、维修费等,也就是说在所收取的租金中主要包括这些费用。至于水电费、管理服务费由租赁双方协商,可由承租户支付,也可以由业主支付。毛租金经常用于公寓的租赁,也有用于写字楼的租赁。

(2)净租金。净租金是相对于毛租金而言,此时的承租人除了支付租金外,还要另行支付一些物业的经营管理费用。业主提供的净租金的形式，决定了业主要支付哪些费用，哪些是属于代收代缴的费用，哪些是按承租人所承租的面积占整个物业总出租面积的比例来收取，哪些费用主要取决于承租人对设备设施和能源的使用程度。

净租金的形式一般有以下三种：

①除租金、水电费外，承租人要按比例分摊与物业有关的税项。

②除租金、水电费外，承租人要按比例分摊与物业有关的税项和保险费。

③除租金、水电费外，所有的经营费用包括与物业有关的税项、保险费、公共设施设备使用费、物业维护维修费用、公用面积维护费、物业管理服务费等都由承租人直接支付，而业主一般只负责建筑结构部分的维修费用。

不论哪种情况，承租人在租金外还须支付的费用项目都要在租赁合同中详细规定。在商业物业和工业物业的租赁中一般广泛采用净租金。

（3）百分比租金。百分比租金用于公共商业物业的出租。此种计法，业主实质分享了作为承租人的零售商的部分经营成果。

百分比租金以年总营业额为基础计算，但可以按月或按季支付。通常先协商一个基本租金、年最低营业额和具体的百分比，对超过该营业额的部分方按百分比收取超额租金。例如，某承租人的基本租金为 10 万元/月，最低年营业额为 2400 万元，如果营业额的 5% 作为百分比租金，则只有当年营业额超过 2400 万元时，才对超过部分的营业额收取百分比租金。当然，如果零售商的年营业额低于 2400 万元，则仍按 10 万元/月的基本租金收取。百分比的确定主要取决于物业的性质、地点、承租人生意的类型及市场状况，双方协商确定。百分比租金的计算还可以采取固定百分比和变动百分比两种方式。变动百分比是租赁双方商定的百分比随销售额的数量增加而减少，以达到承租户提高营业水平、扩大销售的目的，以便租赁双方都获得相应的好处。

第八章 物业服务与创新管理

物业管理的管理对象是物业，服务对象是人，即物业所有人（业主）和使用人。对物业的良好管理，是为了对人的良好服务以及对这种服务的延伸和补充。可以说物业管理一切为了人，或者说首先是为了人，这是物业管理服务的基本出发点和归宿点。物业管理的产生，其基本动因是业主对物业服务的需求，从本质上说是居住者对服务的需求与物业服务企业提供服务的结合，居住者与物业服务企业的关系是被服务人与服务提供人的关系。我国物业管理行业正经历从粗放型向有效期型服务模式的改变，物业管理服务的品质如何得以快速提升，物业管理逐渐从简单的专项服务到整体的综合性服务，以及如何实现从规范化到标准化，行业对物业管理服务提出了更高的要求。

一、物业管理服务概述

（一）服务产品

服务有以下几个不同于产品的主要特点：

1. 无形性

无形性是服务最明显的特点。产品是一种有某种具体特性和用途的物品，是由某种材料制成的，是有一定的重量、体积、颜色、形状和轮廓的实物。服务是表现为活动形式的消费品，不固定或不物化在任何耐久的对象或可以出售的物品之中，不能作为物而离开服务者独立存在。

与有形产品相比较，服务性企业很难根据产品销售成本制定服务的价格。提供多种服务项目的企业，更难确定服务项目的单位平均成本。消费者不了解服务性企业的情况，经常会认为服务定价过高。此外，他们很难对竞争性企业的价格进行比较，以便决定购买哪一个企业的服务。在激烈的市场竞争中，如果服务性企业要提高消费者的期望，以便吸引消费者购买自己的服务，服务性企业就必须同时提高服务的消费价值，减少消费者购买风险，创造并保持良好的企业形象，增强消费者的信任感。

2. 不可储存性

服务的第二个特点是容易消失，不可储存。服务性企业为消费者服务之后，服务就立即消失。因此，购买劣质服务的消费者通常无货可退，无法要求服务性企业退款。

不少服务性企业管理人员认为服务容易消失，但服务产品的销售是永久的，即服务性企业可反复利用其服务场地和设备设施，服务性企业不但要保持现有的老顾客还要不断地创造新客户。

3. 差异性

服务性企业提供的服务不可能完全相同，同一位服务员提供的服务也不可能始终如一。与产品生产相比较，服务性企业往往不易制定和执行服务质量标准，不易保证服务质量。

顾客的知识和经验不同，会影响他们对服务质量的看法。酒吧服务员将酒杯斟满，一部分顾客觉得酒水多，价值高；另一部分顾客却认为服务员缺乏培训，服务技能差，不懂最多只能斟半杯酒。可见，在评估服务质量时，顾客会从不同角度，使用不同标准，对同样服务作出明显不同的评估。顾客参与服务过程，也是引起服务差异的因素。

由于服务质量不易统一，服务性企业无法保证其宣传的服务就是实际的服务，消费者也无法肯定他们购买的服务就是他们实际接受的服务。对消费者来说，服务质量不一致，意味着购买风险。为了向消费者提供标准化服务，保证服务质量一致，许多服务性企业使用现代化设备，协助服务工作。使用现代化设备还可简化服务程序，加快服务过程，减少服务差错，为服务性企业和顾客提供经济和心理收益。因此，美国哈佛大学教授莱维特提出了"服务工业化"论点，主张用工业化大生产方法为顾客服务，以便保证服务质量一致。物业服务企业在实际工作中应多利用现代化的管理设备和技术，这样企业为顾客提供几乎是标准化、程序化、规范化的服务。由于服务具有差异性特点，服务性企业面临着一系列特殊的经营问题和营销问题，要解决这些问题，管理人员要了解市场的需要，按照顾客的要求提供服务。换句话说，管理人员考虑问题的出发点应该是顾客的需要，而不是本企业的服务项目。

4. 服务和消费的同时性

服务的第四个特点是服务过程和消费过程同时发生。产品可在生产和消费之间的一段时间内存在，并可作为商品在这段时间内流通。服务和消费却不能分离。顾客往往会参与服务（如快餐馆顾客），或通过与服务人员合作（如理发室顾客），积极地参与服务过程，享受服务的使用价值。服务结束之后，顾客能继续享受服务的效果，但他们却并不拥有服务的所有权。

由于服务过程和消费过程不可分离，这就要求服务性企业管理人员加强员工服务行为的管理，以便与顾客建立、保持并发展良好的合作关系。顾客对某一服务的满意程度，不仅受服务性企业和服务人员的影响，而且受其他顾客的影响。

（二）物业服务产品的五个层次

1. 基本产品

基本产品即为满足业主公共需求所提供的工程、安保、清洁、绿化等公共性基本服务。包括物业服务企业的品牌、企业文化、服务理念、服务内容、服务标准、服务承诺、服务特色、服务方案等。

2. 经营产品

经营产品即物业服务企业经营归业主所有的共用部分、共用设施设备用于广告、房屋租赁、会所经营、商业促销等活动。

3. 扩大产品

扩大产品即物业服务企业根据业主不断增长的需求和潜在需求而增加的、超出约定产品范围以外的服务产品，如专项服务、特约服务和菜单式服务。

4. 精神产品

精神产品即物业服务企业通过文明服务、真情服务等展示出来的、业主感受到的礼貌、微笑、热情、关注、重视、尊敬、尊严、价值等。它已经超越了服务本身的价值，是服务企业经营管理的更高境界。

5. 超值产品

超值产品即物业服务企业提供超出约定产品范围的、超出《物业服务合同》约定的物业服务支出范围的、免费的系列服务，如免费培训、免费咨询、免费的期刊或宣传资料、及时的帮助或救助、志愿关爱、便民服务、响应国家号召的社会活动如环保活动、低碳生活等。

（三）物业延伸服务

1. 延伸服务

延伸服务的含义：现代物业管理与传统物业管理不同，它不仅为住户提供公共性的专业管理与服务，而且为住户提供各种非公共性的经营服务，也就是人们习惯上称作的物业管理的专项服务。延伸服务是相对于公共性服务来说的。物业管理的公共性服务主要是指物业服务企业依据法律法规和委托合同为业主提供的业主接待、物业档案资料管理、公共环境清洁绿化、公共区域安全防范、公用设备设施运行、维修、保养等服务。这类服务的最大特征就是公共性，即一旦物业服务企业接管运行，上述服务便全面提供，不论业主部分入住还是全部入住，不论业主享受还是不享受，服务是固定发生的，是面向全体大众的。至于经营性服务，则是物业服务企业为满足物业区域内业主的需求，利用物业辅助设施或物业管理的有利条件，为业主提供公共性服务以外的专项服务。

现代社会人们的居住行为和生活工作方式发生了巨大变化，住户在满足了基本居住空间、居住环境和居住质量的同时，对服务项目的要求日渐多样化。物业服务企业在做好公共性服务的基础上适时地利用条件、创造条件，为住户提供相应的延伸服务，以扩大服务的范围。延伸服务不仅是公共性服务的补充，更是物业管理的服务理念的升华。

2. 延伸服务的内容

开展延伸服务不能片面追求经济效益，而应以服务为宗旨，树立自己的品牌，使住户对物业服务企业产生一种信任感、亲近感，达到以服务促经营的目的。延伸服务可以包括代办服务和特约服务。

（1）代办服务：代办服务的提供主要由物业服务企业集中办理或公共企事业单位设点办理。若是由公共企事业单位设点办理，物业服务企业在其中起桥梁作用。

（2）特约服务：特约服务是物业服务企业接受个别住户委托而提供的，或住户根据自身需要而自愿选择的特别约定服务，这些服务通常在物业管理委托合同中未要求，具有个别性。特约服务以接受住户的个别委托方式开展。住户的委托可以是口头的、书面的方式委托，也可以住户与物业服务企业签订合同或协议的形式进行。

3. 延伸服务的特点

（1）不固定性。业主在生活或工作上碰到的困难经常是临时的，不固定的。

（2）代理性。延伸服务具有代理特性，无论是业主根据自身生活和工作上的需要而委托物业服务企业代理某些工作，还是物业服务企业为满足业主日益增长的需求而主动提供丰富多彩的服务，都离不开业主是物业的主人、物业服务企业是业主的保姆和服务员的主从关系。所以物业服务企业开展的延伸服务必须代表业主的意志、愿望和需求，否则将一事无成。

（3）多样性。延伸服务是业主根据自身需要自愿选择的服务，由于业主构成不一样，需求千变万化，所以服务必然呈多样性。物业服务企业根据业主不同对象、不同层次的不同需求，开设多种多样的延伸服务项目，既方便业主，又完善了物业服务企业的形象，为物业管理开创了新的经济收入来源。

4. 延伸服务收费标准的确定依据

延伸服务收费标准的确定可根据当地市场价格，按照国家、省、市的有关价格政策和规定，合理制定。若有必要，需经有关部门批准。目前大多物业服务企业采用以下两种方式：成本费＋劳务费；委托双方商定收取，以"略有盈余"为原则。需要特别指出的是，物业服务企业应严格按规定的收费价目向业主计收公用事业费，不得擅自提高单价。

5. 延伸服务管理

（1）特约服务的需求调查。在开展特约服务之前必须先进行广泛的调查，调查时要有针对性，有的放矢。在调查后要进行充分的研究，对调查资料进行整理、分析，确认应该开展何种特约服务、何时开展为最佳时机。调查可采用问卷式进行，也可通过上门走访、开设热线电话等渠道收集信息和资料。①住户问卷调查：住户问卷调查是一种简单易行的方法，策划者只要针对调查对象、调查内容及相关事宜编制选择题便可，但选项要考虑得周全，范围要尽量适中，最好在广泛调查之前先进行试点抽样。②上门走访调查：上门走访调查主要是针对老弱病残、无文化、无通信条件的住户而言，策划者应主动关心而不能遗漏这部分对象，通过调查活动也可以把物业服务企业的真诚和关怀带给每一个住户。③热线电话调查：策划者在调查期间可设置热线电话，与住户直接进行对话、沟通，特别是与一些不常住的业主进行联系，采用热线电话调查是个很有效的方法。

（2）特约服务内容的确定。策划者经过广泛的调研之后，应将收集到的资料整理归类，结合本区域、本公司的实际情况进行综合分析，寻找需求较集中且可以开展的特约服务项目，策划责任部门和落实协办单位。

①特约服务项目。由于特约服务是一种个别性的服务，所以需求千差万别，既不稳定也不持久。项目的选择应考虑各地区、各人群和各时期的实际情况，寻找需求较集中、较稳定且可以开展的特约服务项目，特别是这类服务大多是有偿服务，社会上很少有可以比照的收费标准，容易产生费用纠纷，故策划时应考虑先易后难，先简后繁，做到边开展、边总结、边提高，开展一项，成功一项。

②责任部门。通常是受理和联系工作的责任可落实给负责业户接待工作的业户服务部，具体服务工作请服务相关部门负责。

③协办单位。物业服务企业不可能包办特约服务，大量的工作需要由协办单位来

做，而协办单位的工作质量代表着物业服务企业的形象，所以协办单位的选择很重要，应积极慎重，可多选择几家进行评审，最后确定一批信誉好、实力强、质量可靠、能适合并胜任的协办单位。

（3）特约服务的准备工作。在特约服务开展之前，物业服务企业应事先做好充分的组织准备、资金准备和物料准备。

①组织准备首先是开展服务活动的组织准备，即按照方案要求，对内落实责任部门、责任人员及其岗位标准：落实各协作单位，签订协作合同：对外处理好与相关方面的公关事务，事前征得业主委员会、开发商、行政主管部门的支持与帮助，事先办妥服务合法的文本手续，为全面服务的顺利开展铺平道路。

②资金准备。鉴于许多特约服务带有经营性质，活动开展需要一定的资金投入，所以物业服务企业应事先准备好服务的启动资金，且避免经营资金与管理资金的混淆。

③物料准备。物料的准备工作可充分发挥各责任部门、协作单位的作用，请各方按方案要求事先做好准备，关键是经营服务和管理服务使用的物料必须严格分账、分库和分别使用，以便单独核算、服务公开，避免不必要的纠纷。

二、物业服务市场诠释

（一）物业服务市场现状及问题

我国物业管理从 1981 年深圳市第一家专业物业服务企业的诞生，1994 年深圳第一次将竞争机制引入物业管理的运作过程，采用招投标方式确定住宅小区物业管理机构，2003 年《物业管理条例》的颁布，标志着我国物业管理走上了市场化、法制化的正规之路，取得了较大的成就。

1. 物业管理招投标的逐步开展

随着我国物业管理行业的发展，物业服务市场不断成熟和完善，其市场经济特征不断显现。1993 年年底，深圳市住宅局率先将招标投标制度运用到物业管理中来，在深圳市莲花北村进行了试点。随后，上海、杭州、南京等物业管理行业发展较早的城市也开始推行物业管理招标投标制度。有的省、市还出台了地方性"物业管理招标投标方法"。2003 年国务院出台的《物业管理条例》（以下简称《条例》）第 24 条对物业管理招标投标进行了明确规定："国家提倡建设单位按照房地产开发与物业管理相分离的原则，通过招投标的方式选聘具有相应资质的物业服务企业：投标人少于 3 个或者住宅规模较小的，经物业所在地的区、县人民政府房地产行政主管部门批准，可以采用协议方式选聘具有相应资质的物业服务企业。"为了贯彻落实该《条例》规定的物业管理招标投标制度，建设部出台了我国第一部物业管理招投标的部门规章《前期物业管理招标投标管理暂行办法》，对物业管理招标、投标、开标、评标、定标等事项进行了全面规定，对规范我国物业管理招投标活动，推动物业管理市场化发展起到了非常重要的作用。随后，物业管理招投标制度在全国各地开始普遍推广开来。

2. 物业服务企业服务产品供给水平及质量明显提高

在短短的二十几年时间内，我国物业服务企业已全面覆盖大中型城市，物业服务企业产品的供给水平明显提高。随着供给者的增加，竞争也在进一步加剧，从而带动了服务质量的提高。

3. 物业服务供求双方基本达到互利共赢

社区引入物业服务后，大大改善了社区的环境，从而提高了物业的价值。另外，物业服务企业通过经营性服务等，其盈利情况也在逐步地改善。

4. 对物业服务的市场意识、关注度、认可度等都大大提高了

一方面，随着物业服务产品市场的扩展，城市居民开始接受并认可了物业服务产品；另一方面，随着相关法律、制度的完善，业主的维权意识有所提高。

我国物业服务市场逐步走向了市场化、法制化的健康发展之路，但是应该看到，物业服务市场中仍然存在着一些问题。当前物业管理纠纷不断，各种负面报道较多出现在新闻媒体。物业服务市场似乎陷入了前所未有的危机之中。主要存在以下问题：

（1）由于人们的物业市场意识不强，对通过市场招标投标方式交易物业服务产品不习惯。目前我们绝大多数物业服务公司习惯于从房地产开发企业获得管理项目。业主们的物业管理市场意识也不强，不习惯于物业服务交易方式，特别是对服务质量和收费问题较为敏感，影响了物业服务市场需求量，制约了物业服务产品市场的发展。

（2）物业服务定价不合理，宏观调控不力，没有形成正常的物业服务产品价格市场形成机制。尽管政府价格主管部门对普通住宅物业管理收费有政府指导价作标准，但一方面由于物业服务成本不断变化，政府指导价变化滞后于市场动态，使一些物业服务企业按现有定价难以为继，物业服务企业亏损面过半；另一方面也有一些物业服务企业，擅自设置项目收费和超标准收费现象。这都说明物业服务产品市场调控能力不强，管理与监督存在缺陷。

（3）物业服务产品交易市场体系不健全、运作不规范。物业服务产品交易市场基础比较薄弱，市场发育缓慢，竞争机制尚未形成。我国物业管理市场化程度很低，大部分物业服务项目是由主管部门或开发企业委派的物业服务企业，只有一小部分是通过招标投标市场化方式取得。根据中国物业管理协会 2008 年 5 月发布的《中国物业管理行业生存状况调查报告》显示，被调查企业以协议方式取得项目 22409 个、建筑面积 132473 万平方米，分别占总项目数的 72.68% 和 64.97%，其中接管上级开发单位项目 6335 个、建筑面积 39317.81 万平方米，分别占比 55% 和 19.28%；以招投标方式取得 8422 个、建筑面积 71433.02 万平方米，分别占 27.32% 和 35.03%。

（4）物业服务市场进出机制不成熟。《物权法》第 81 条规定："业主可以自行管理建筑物及其附属设施，也可以委托物业服务企业或者其他管理人管理。对建设单位聘请的物业服务企业或者其他管理人，业主有权依法更换。"《条例》第 11 条明确规定，业主通过业主大会共同决定"选聘和解聘物业服务企业"事项。但由于缺乏可操作性，现实中业主的权益很难据此实现或维护。一些物业公司履约意识和能力差，物业服务不到位；一些物业公司在取得物业管理权后，没有根据合同认真提供物业服务，擅自降低服务等级，减少服务项目，降低服务标准和要求，以减少成本增加利润。当业主对这些物业服务企业不满意时，也难以更换物业服务企业。

（5）物业公司与业主之间缺少信任，关系紧张，现有管理项目到期续签合同较少。目前有不少的物业公司自恃有房地产开发建设单位的支持，往往对业主的要求不予理睬

或较少理睬，管理方式方法不当行为增多，业主对房地产开发单位指定的物业公司缺少信任基础。物业公司对物业前期介入和前期管理走形式主义，并不能维护业主的利益，在物业质量与功能、设备装修、小区环境等重要事项上没有行使好前期介入和监督管理的作用，以致业主往往因房屋质量问题、管理关系不顺和其他开发商在卖房时的承诺不兑现，而迁怒到物业公司，产生对物业公司的不信任，关系紧张。

（6）物业服务企业管理水平低下，物业服务资源利用率低，管理投诉仍然居高不下，从技术层面制约了物业服务市场化的进展。物业服务过程的专业性要求很强，但物业服务粗放，不精细，不专业，导致服务过程质量无法保证。一些公司为提高资质，搞质量认证，但获得资质后并不按质量文件要求办事。物业管理人员普遍缺少专业教育和培训，服务不规范。如物业管理区域有大量的物业公司可以利用的公共资源和公共设施设备，对提高物业服务水平及经营管理效益都有帮助，但诸多物业公司由于技术原因或主观原因对这些资源利用不够，如设备设施闲置，会所使用率不高，经营效益差等。据了解即使在广州、深圳这些发达地区会所经营好的也不到20%。另据有关资料反映，我国已建成的智能化住宅有70%以上运转不正常，更令人担忧的是，许多智能化建筑尤其是商品房小区入住后，相继出现许多问题。上海智能化系统在物业管理中发挥作用的仅占20%，运转不正常但尚可使用的占45%，另有35%被遗弃。业主对室内安防、智能门禁、自动抄报系统以及智能停车管理系统的投诉一直居高不下。在北京市甚至在最基本的小区宽带接入、收费管理等方面也遇到了不少麻烦，浪费现象非常严重。这种状况让业主觉得物业管理技术含量低，"我也可以做"，对行业专业性产生怀疑，不利于物业服务市场化。

（7）物业服务满意度不高，物业纠纷增多。目前，不论是沿海还是内地，物业小区业主普遍对物业管理服务满意度不高。据中央电视台公众资讯中心调查统计，高达76.34%的参与者对物业管理表示了不满，一些业主采用了法律武器，或要求业主自治，或炒掉物业公司，或对乱收费诉诸法庭。北京市消协对北京自2001年以来入住的部分小区的物业管理现状进行抽样调查结果显示，认为比较满意的业主占5.59%，比较不满意和非常不满意的业主占23.5%。由于业主不满意物业服务，常常出现以拒缴物业管理费来抵制与自认为服务不好物业公司的合作，物业公司则以强制手段来管制少数"维权"或"捣乱"的业主，物业公司与业主的矛盾加剧，冲突时有发生。

（二）影响物业服务市场健全的因素

影响物业服务市场健全的因素主要有：资源配置方式、信息的公开和传递、激励与监督机制的设计、制度的创新、"经济人"行为等。物业服务市场健全是多种因素综合作用的结果，协调各因素使其发挥最大的效用是一项复杂的长期工程。

1. 物业管理制度是关键因素

目前虽然有《物权法》、《条例》等一系列物业管理法规政策出台，但物业管理和物业服务在中国制度上的完善、运行机制的建立、人们习惯上的改变等都是需要时间的。制度保证仍然是物业服务市场健康发展的重要保证，特别是与物业服务市场运行相关的政策法规的建立与完善需要时间，地方性配套政策法规的建立更是如此。

物业管理矛盾激增且不易解决，除了规模大，面对的业主人数多使得关系变得复杂之外，制度缺失是导致矛盾不断升级和难以解决的重要原因。

物业管理的制度缺失可从显性缺失和隐性缺失两方面来看。显性缺失表现为结构性缺失，最明显的是监管，《条例》规定的监管范围比较笼统，监督的程序、机制并不明确。隐性缺失表现为目前《条例》或其他相应的管理办法中有明确规定，但在实践中存在着操作性差或是与事实不符需要重新研究、确定加以修改的一些法律法规的缺失状态。所以，要加强制度建设，解决物业管理市场存在的问题。

2. 难点是各个市场主体之间的利益平衡问题

物业管理市场是面向百姓服务的市场，其中涉及很多主体（或派生主体）：政府、物业服务企业、业主、业主委员会等。在涉及众多主体的市场上如何兼顾各利益主体的利益是现在政府制定制度时的难点。市场经济中政府不是市场中的主角，只是市场监管者，因此，制定科学的行之有效的制度是目前政府调节物业管理市场的重要任务。

权利与义务是对等的。业主的权利应保护，物业服务企业的权利也要受到保护，享受约定的服务是业主的权利，相应的就要承担付费的义务。对于物业服务企业来说，保证服务是义务，获得报酬就是它的权利。但权利不是无限的，业主不能让物业服务企业承担约定之外的责任，如失窃；物业也不能随意多收费。把握好这种尺度，用制度量化这种责任和义务，就会减少纠纷的出现。要防止少数人利用业主委员会的权力谋取私利而损害广大业主利益，防止物业服务企业管理过程中虚报成本多收费损害业主利益，也要防止业主欠缴物业费损害物业服务企业的利益。城市住宅小区的物业管理十分复杂，涉及城市管理体制与机制的彻底改革，涉及社会政治与经济关系的调整与转换。因此，全面实现社会化、专业化、市场化的物业管理新体制是我们较长时期的奋斗目标。

3. 重点在于如何加强制度建设，并在运作中完善

当前需要明确和强化业主在物业管理服务中的法律主体地位，解决业主委员会诉讼主体资格问题；加快制度建设，修改、补充现有的规章制度，纠正制度上的结构性、操作性的缺失问题；推进物业管理招投标制度，规范市场交易行为；出台相关的服务标准细则，使业主和物业服务企业在判断标准上统一，减少纠纷的产生；完善物业服务价格形成机制，体现交易双方的平等地位；建立信息公开制度，并附之以信息公开监督机制；建立矛盾纠纷的调节仲裁机制，力争把物业管理的矛盾纠纷消灭在萌芽之中。

三、物业服务创新概述

（一）物业服务创新概念

物业服务创新是指物业服务企业为取得经济效益、环境效益和社会效益，向业主提供更高效、更完备、更准确、更满意的服务包（由支持型设备，辅助性物品、显性服务、隐性服务等组成的一系列产品和服务的组合），并增强业主满意度与忠诚度的活动。

物业服务创新已经成为当今物业服务企业的重要竞争手段，服务创新管理是在物业服务企业整体战略的指导下，对服务创新的决策、过程、模式、要素和产出等进行管理的原则、方法与工具的总称。

（二）物业服务创新的类型

对物业服务创新可以从多种角度进行分类，下面着重介绍两种分类：按创新的对象

分类和按创新的性质分类。

1. 按创新的对象分类

按照创新对象的不同，可以将物业服务创新分为：产品创新、过程创新、组织创新、市场创新和技术创新。

（1）产品创新：指对市场而言的全新服务产品的开发和引入，如由物业服务企业设计、开发的停车场车辆管理服务系统就是物业服务产品创新的例子，又如广州粤华物业有限公司开发了国家和政府机关物业中的会务服务包（包括会场布置、街道、灯光音响控制等）。

（2）过程创新：指服务生产和传递的过程创新，可分为后台创新（服务辅助体系创新）和前台创新（传递过程创新）。如上海陆家嘴物业服务有限公司开创了96916—物业信息平台，对业主投诉的处理有一套完整的解决、跟踪系统，使公司从传统的物业服务走向现代物业服务，既节约了经营成本，又方便了业主。

（3）组织创新：指服务组织要素的增减，组织形式和结构的改变，管理方法和手段的引入、更新等。如深圳市长城物业服务有限公司在公司总部、分公司以及管理处之间建立的品质监控体系，按照"分级管理，逐步提高"的原则，对物业中的关键岗位、关键流程环境通过公司 CEM 系统实施即时监控，提高服务品质，更好地满足了业主的需要。

（4）市场创新：指物业服务企业在市场中的新行为，包括开辟全新市场，在原有市场内开发新的细分市场，进入另一个行业和市场，以及在市场上与其他行为主体间关系的改变等。如广州粤华物业有限公司在医院后勤服务领域中，创立了一套适用于医院的物业管理模式，成功地将物业管理与医院（整体）后勤社会化互为融合，开拓了物业管理服务的新领域，并在多家大型医院进行多年的实践，取得了相当好的成效。

（5）技术创新：指在服务组织中引入并应用已有技术或新技术。如广州粤华物业有限公司在 20 世纪 90 年代中后期，组织成立了医院临床支持系统调研部，开始对国外医院临床后勤管理进行学习与研究，期间并与中国各地一批有丰富医院管理实践的管理人员、医师、护士合作，对国内医院的后勤工作作了深入的研究和实践，创立了适用于中国医院的两大后勤支持系统，即物业管理及临床后勤支持两大系统。通过该项技术创新，不但为自己开辟了新的市场领域，而且为社会作了贡献，使得医护人员专心从事专业工作。

2. 按创新的性质分类

按照服务创新的性质不同，可将物业服务创新分为：传递创新、重组创新、专门创新和形式创新。

（1）专递创新：指物业服务企业的传递系统或物业服务行业传递媒介的创新。传递创新充分反映出服务创新的业主参与和交互作用特性。物业服务传递方式的优劣和效率的高低直接影响服务提供的结构和业主感知的服务质量。传递创新常常就是服务过程的"前台创新"，而某些技术创新也导致服务传递界面的创新，如上文所提到的上海陆家嘴物业服务有限公司开创了96916 – 物业信息平台就是一个例子。

（2）重组创新：又称为"结构创新"，指物业服务企业通过将已有服务要素进行系统性重组或重新利用而产生的创新，包括：新服务要素的增加；两种或两种以上已有服务要素的组合或重组；已有服务要素的分解。

（3）专门创新：只针对业主的特定问题在交互作用过程中提出解决方法的创新模式，如物业客服前台服务创新在"业主——服务提供者"界面产生，由业主和服务提供者两者共同完成，因此创新效果不仅依赖于服务企业本身的知识和能力，还取决于客户的专业知识和能力。"专门创新"是一种"非计划性"的"进行"中的创新，不能事先计划和安排。"专门创新"是一种与累积性的学习过程密切相关，它会产生新的知识并被解码，解码后的知识能够在不同环境中被重复使用。"服务提供者——业主"界面的存在有助于限制创新的可复制性，在一定程度上对创新起到保护作用。如广州粤华物业有限公司在机关物业的会务服务中，要求接待城不仅要懂得常规性的接待礼仪，还要把工作做到细处，体现个性化服务，如上茶水时要考虑到不同的领导所喜爱的茶叶的品种的不同，喝茶速度的快慢及茶杯的摆放要方便取用等。

（4）形式创新：以上各类创新中的服务要素都发生了质或量的变化。"形式创新"不发生量或质的变化，而是各种服务要素的"可视性"和标准化程度发生变化。其实现方式包括：服务要素变得更加有序；赋予服务要素以具体形式等。"形式创新"会使服务要素的标准化程度提高，这为"重组创新"提供了条件。深圳市长城物业服务有限公司通过全员参与的 TSC 小组活动、管理提案制度等，不断优化长城物业的各项业务流程，就是一种形式创新。

（三）物业服务创新的必要性

从 20 世纪 80 年代初开始，物业服务行业经历了将近 30 年的发展历程，尽管取得了显著的成绩，但也存在许多问题，需要物业服务企业进行服务创新。

（1）物业服务行业不可替代的行业作用和地位的核心竞争力的缺乏。物业服务行业在人们心目中一直是劳动密集型行业的形象，人们通常认为物业管理就是清洁安保而已，其工作人员就是阿姨和下岗工人，没有什么核心竞争力，只要谁乐意去从事该行业都可以。因此物业管理行业必须要通过创新，摆脱劳动密集型的形象，向知识型过渡，从根本上提升行业的专业管理水平，确立行业不可替代的核心竞争力。

（2）物业服务行业中诸多行政管理和社会管理职能与责任的障碍。物业服务行业中的社区建设和社会治安防范等具有行政管理和社会管理职能与责任色彩的"灰色"界限不清晰，导致物业服务行业的服务范围及其服务品质在业主心目中的印象不好。为此，需要物业服务智慧创新，建立起创新管理，如业主管理机制等，从而让"灰色"不"灰"，塑造良好的社会责任形象。

（3）物业服务产品的公共产品属性，导致其定价以政府指导价形式，同时，人们的生活水平的提升，对物业服务品质的需求高，从而造成物业服务行业只有微薄利润，甚至导致一些物业服务企业生存困难。

（4）物业服务企业虽然数量庞大，但没有规模经济效益。以上海为例，2008 年，上海有 2500 余家物业服务企业，管理服务约 2.9 亿平方米建筑面积的各类物业，平均每家仅管理不到 12 万平方米，这和先进发达地区和国家的物业管理相比存在极大的差距，不符合市场化、规模化、专业化发展的趋势和要求。从物业企业的角度说，较小的管理规模，一方面无法承受公司层面的管理成本，经营效益无法实现和提高，另一方面无法从人力资源、管理资源、技术资源等各方面保障管理项目的优秀服务品质；从广大业主的角度说，相似的物业管理费收取标准和小区规模及物业档次，却存在着管理服务状态的较大差异；而要提高管理服务品质，不少物业小企业由于缺乏科学的管理体系和经济、技术的背景支持就显得力不从心。因而这对于物业企业本身和广大业主来说都是迫切需要改变的现状。

四、物业服务创新模式

（一）物业服务创新的驱动模式

物业服务创新的驱动模式很多，这里只介绍三种比较常见的物业服务创新的驱动模式：新工业模式、服务专业模式、有组织的战略创新模式。

1. 新工业模式

新工业模式源于制造业中的传统 R&D 模式。该模式用灵活性代替了传统 R&D 模式的标准化，满足了服务创新的交互特性要求。

"新工业模式"中，创新通过互动源或行为者产生，创新驱动力是技术轨道、服务专业轨道以及业主，其中技术轨道更重要。战略和职能管理部门也扮演着重要角色，R&D 部门的作用相对较弱。业主是积极的参与者，并与服务企业的各部门发生交互作用。

2. 服务专业模式

服务专业模式向业主提供的是不同专业领域中的问题解决方案。这种模式没有专门的创新组织，其创新过程主要是一种集体性活动，灵活性强，所有专业人员都参与进去，创新过程遵循某些共同的专业标准和方法。服务专业模式的主要驱动力是服务专业轨道，专家的专业能力对创新具有关键作用。创新的重点是交互作用界面，业主对创新的顺利实施和最终结果有重要影响。

3. 有组织的战略创新模式

"有组织的战略创新模式"是物业服务中的典型创新模式。其显著特点是：整个创新过程在物业服务企业战略和管理指引下开展。该模式设计和开发的创新产品具有较高的"可复制性"。在"有组织的战略创新模式"中，几乎所有的内外部创新驱动力都会对创新产生影响，但战略和管理发挥了主导的控制和调节作用，创新是企业战略指引下的一种有意识的系统性活动。

（二）物业服务创新的四维度模式

物业服务创新的四维度模式是一个在微观产品层面对物业服务创新的关键维度进行识别、并对实现不同维度创新的物业服务企业各职能进行整合的概念模型。物业服务创新与新技术的运用、物业服务本身的特性、新的销售方式、新的"业主—生产者"交互作用方式、新的服务生产方法等维度密切相关。大多数创新都不是某一要素单独导致，而是各种要素综合作用并包含不同程度变化的混合体。

1. 维度1：新服务概念

"新服务概念"要求物业服务企业对自身和竞争者提供的已有服务和新服务都有准

确的认识，尤其要准确把握创新的特性。通过对"新服务概念"的理解，物业服务企业可以根据市场变化、业主要求以及竞争者行为开发新的服务并改进原有服务，形成企业的"商业智力"。服务创新的"新概念"维度与其他三个维度密切相关。概念创新可能以新的技术机会为基础，可能来自新的服务生产过程，还可能来自业主在服务提供中扮演的新角色（如自我服务）。针对业主理财需求的金融产品管理服务、针对客户在线交易需求的电子商务服务、针对老年人特点推出的"夕阳红"旅游产品等部是"新服务开发"的例子。

2. 维度2：新业主界面

该维度涉及服务提供给业主的方式以及与业主间交流合作的方式。服务提供者在设计业主界面时应考虑以下问题：如何与业主进行有效交流？企业的潜在业主是谁？企业有能力让业主在创新中扮演"合作生产者"的角色吗？例如家庭电视购物服务，电子商务网络购物的实施都显著改变了服务提供者和业主间交互作用的界面形式和关联方式。

业主界面的创新可能导致整个创新过程的变化和重组。一个典型例子是 ATM 的引入。ATM 的引入不仅使前台银行员工的位置发生转移而且使他们将更多的时间投入到与业主面对面的、更加专业化的交流与交互作用中去，以向业主销售复杂的金融产品。人们常将 ATM 看作技术创新，但事实上它更重要的是一种银行与业主间关联与交互作用方式的创新。

3. 维度3：新服务传递系统

该维度指生产和传递新服务产品的组织结构、服务人员和传递方式。服务传递系统维度的创新要求企业通过恰当的内部组织安排和管理，促使员工开发并能以恰当的方式传递新服务产品。该维度的中心是强调现有的组织结构和员工能力必须适应新服务开发和传递方式的需要。如不适应，就要通过新组织结构的设计和员工能力的培训促使创新顺利进行。"服务传递系统"维度和"业主界面"维度间密切关联，两者相互交织并相互支持。一个明显的例子是，在企业中引入电子商务网络交易要求有较大的商业过程重组，它不仅改变了现有实际交易发生与传递的方式，还改变了交易前后的过程，企业的内部组织和员工技能也都要发生相应的改变。

4. 维度4：技术

技术在服务创新中扮演了重要角色。大多数服务都可以通过使用某些技术而使运作过程变得更为高效（如银行运用 ICT 技术、超市使用购物车以及仓储系统等）。除了在众多服务部门被广泛采用的 ICT 等通用技术外，还有很多针对特定服务部门的专业技术，如健康服务中的医疗技术、环境服务中的清洁和监测系统技术、公共饮食服务中的食品加工技术、零售服务和运输服务中的冷藏和温度控制技术等，它们都会对特定服务部门的创新产生重要影响。

不同维度间的关联：

在实际创新过程中，需要不同的企业职能活动将各种维度联结起来，维度间的"职能关联"是维度发挥作用的根本途径，如市场营销、组织开发和销售等。四维度模式中的单个维度以及维度间的不同关联对每个服务企业的重要性可能不相同。此外，不同类型服务所需的资源输入有所差异，对输入资源的搜索和选择过程、创新过程受决策者影响程度也有所不同。因此，服务企业在创新时，要根据自身条件和能力以及周围环境的特点选取适当的创新维度，准确把握不同维度间的关联，推动创新过程的顺利实施。

（三）物业服务创新的参与者模式

物业服务创新是一个包含大量交互作用的复杂过程，影响因素众多，供应商、企业和业主都参与进来。根据供应商（设备、资金、人力资源）、服务企业、业主（服务创新产品使用者）之间的"关联"类型和在创新中扮演的不同角色，可以划分出七类创新模式，如表1-8-1所示。其中，业主（服务创新产品使用者）是指把服务产品作为中间投入或最终使用品的企业或个人。

表1-8-1 服务创新的参与者模式

创新模式	供应商角色	服务企业角色	业主角色	举 例
供应商主导型创新	创新来源	创新实施者	创新使用者	专业化服务创新，如安保公司智能监控
服务企业主导型创新	（专项）服务（设备）提供者	创新实施者	创新使用者	便利服务
业主主导型创新	（专项）服务（设备）提供者	创新实施者	拉动创新/创新使用者	面对面服务
服务企业协助型创新	（专项）服务（设备）提供者	对创新有影响	创新实施者	医疗后勤保障系统
服务功能内部化型创新	（专项）服务（设备）提供者	（专项）服务（设备）提供者	创新使用者	工程电工维护
服务功能内部化型创新	（专项）服务（设备）提供者	创新实施者	拉动创新/创新使用者	垃圾清洁服务
基本范式创新	（专项）服务（设备）提供者	创新实施者	创新使用者	中海"1拖N"模式

在这七类模式中，服务企业、供应商以及业主分别扮演了不同的角色，从模式1到模式6，业主（服务创新产品使用者）对创新过程的影响逐渐增强。

五、物业创新型服务开发

（一）新物业服务开发的概念

1. 新物业服务开发的定义、特性与原则

新物业服务开发是指物业服务企业在整体战略的指导下，根据市场需求或战略安排，为现有业主或新业主开发出全新物业服务产品或现有物业服务改进型产品的活动。其结果是形成现有物业服务的价值增值或新物业服务的价值创造。新物业服务开发具有如下特性：

（1）新物业服务开发是在物业服务企业整体战略和创新战略指导下的一种开发活动，因此有意识、有组织和系统性的开发活动占据了主导地位；但不排除偶然性的、非系统性的开发活动，如某些员工或某一部门为解决某个问题或在外界环境的影响下提出创新概念并进行的开发活动。研究表明，有组织，系统性的开发活动更有助于提高新服务开发的效率。

（2）新物业服务开发活动既可以是在企业统一规划下的正式活动（配置有专门的资金、人力、设施等资源），也可以是基于某个部门或个人创新思想的非正式活动（无专门的资金、人力、设施资源配置）。

（3）新物业服务开发不是单纯的线性过程，新物业服务开发活动不一定必须经历开发过程的每一个阶段，它可以根据需要跳过某些阶段，或是几个阶段同时进行，因此具有较大的灵活性。

（4）由于物业服务的提供与消费同时进行，员工与业主之间存在互动，因此将员工与业主包含进新物业服务开发过程非常重要。例如，万豪国际酒店物业服务因其让客户参与酒店房间设计而闻名，该酒店客房中家具的布置、设计不只基于设计者的思想或为了服务的方便，而主要目的是要受到住客欢迎。

2. 新物业服务开发的类型

新物业服务开发的范畴较广，不同类型的新物业服务开发具有不同的创新水平，表1-8-2列出了新物业服务开发的六种基本类型。

表1-8-2　不同创新度的新物业服务开发

类　型	描　述
突破型创新 1. 重大创新 2. 启动新业务 3. 在当前的服务市场中引入新服务	1. 对市场而言的全新服务，如将物业服务企业角度转换成服务集成商 2. 在现有服务市场中引入新的服务，如保险业务引入物业服务中 3. 对现有业主和组织提供的新服务（即使该服务在其他公司也可能得到）
渐进型创新 1. 服务产品线扩展 2. 服务改善 3. 风格和形式变化	1. 现有服务的扩展，如增加新的家政服务、洗衣服务，引入新的过程 2. 当前被提供服务的特性在某种程度上的变化，如出入的刷卡服务替代原有的门岗服务 3. 对业主感知、感情和态度有影响的形式上的一定程度的可见变化，不改变服务基本特性的风格变化或者外形变化

3. 物业服务再设计

除了新物业服务开发，对现有物业服务进行再设计也是一种可行的物业服务开发。物业服务过程的再设计是指对现有的物业服务过程的更新，科技的发展、业主需求的变化、物业服务功能的增加等，都会使现行的物业服务过程发生变化。物业服务过程再设计的目标是：减少物业服务失误的数量；缩短从物业服务开始到物业服务完成的循环时间；提高物业服务产出；提高业主满意度。

基于提高业主利益或降低业主成本考虑，物业服务再设计包括表1-8-3列出的五种类型，其中列出了每种类型为物业服务企业和业主带来的潜在收益和潜在挑战。

表1-8-3 五种类型的物业服务过程再设计

方法和概念	物业服务企业的潜在收益	业主的潜在收益	管理挑战
前台流程简化服务（消除服务过程中无价值的多余环节）	1. 提高服务效率 2. 增加服务产出 3. 提高业主化服务的能力 4. 企业业务多样	1. 提升服务速度 2. 提高服务效率 3. 将服务从业主转移到企业 4. 分离业主活动 5. 业主化服务	需要额外的业主培训与员工培训以推动服务过程的有效实施
自助服务（业主扮演服务生产者的角色）	1. 成本降低 2. 提高服务产出 3. 强化技术 4. 企业业务多样化	1. 提高服务速度 2. 增强服务可获得性 3. 节约成本 4. 增加控制感	1. 需要业主为自助进行准备 2. 限制面对面的互动 3. 难以获得业主认同 4. 难以建立业主忠诚
直接服务（将服务传递到业主家中）	1. 消除空间位置的局限 2. 扩大业主群 3. 企业业务多样化	1. 提升服务便利性 2. 业主化服务	1. 易造成物流负担 2. 需要高额投资 3. 需要信用支持
捆绑式服务（同一服务过程提供多种服务）	1. 企业业务多样化 2. 巩固业主对服务的支持 3. 增加单他服务的利润	1. 提升服务便利性 2. 业主化服务	1. 目标业主需要关于服务的详细知识 2. 业主会感觉服务捆绑造成浪费
实体环境服务（与服务有关的有形物的使用）	1. 提供员工满意度 2. 增加服务产出 3. 企业业务多样化	1. 提升服务便利性 2. 强化功能 3. 培育业主兴趣	易被模仿

（1）流程简化服务。流程简化服务指前台流程的简化提高服务的活动，例如，业主入住服务中快速入住服务（预约、分流分类）、诉求快速解决服务。前台服务的效率提升能在服务传递中改善业主的体验。

（2）自助服务。自助服务是指将业主转变为生产者的模式。物业服务企业通过服务流程再设计能够在利用率、准时性和人员控制方面提高业主收益，如物业服务企业通过银行进行收费服务就是自助服务的实例。

（3）直接服务。直接服务指无须到达服务提供商所在地，企业直接在业主所在地提供服务，如上门接送小孩服务等。

（4）捆绑式服务。捆绑式服务指将现有服务分组或将多种服务组合在一起提供给业主。这样能为业主带来便利性，较单独购买每项服务有更大价值。

（5）实体环境服务。实体环境服务指改变与服务相关的有形物体或服务的物理环境来改善业主体验，例如，在客服前厅摆放秋千座位及物业项目说明书及物业相关使用类书籍，如装修杂志等。

（二）物业服务设计

1. 物业服务设计概念

物业服务设计是指物业服务企业根据自身特点和运营目标，对物业服务运营管理作出的规划和设计，其核心是完整的物业服务包与物业服务传递系统的设计。物业服务设计的要素可以划分为结构性要素和管理要素，它们向业主和员工传递了预期服务与实际得到服务概貌。

（1）结构性要素。传递过程设计：前台和后台、流程、服务自动化与标准化、业主参与。设施设计：大小、艺术性、布局。地点设计：地点特征、业主人数、单一或多个、竞争特征。能力设计：业主等待管理、服务者人数、调节一般需求与需求高峰。

（2）管理性要素。服务情景：服务文化、激励、选择和培训员工、对员工的授权。服务质量：评估、监控、期望和感知、服务承诺。需求管理：需求/产能计划、调整需求和控制供应战略、业主等待的管理。信息设计：竞争性资源、数据收集。

2. 工业化设计法

（1）工业化设计法的思路。工业化设计法又称生产线法，它试图将制造业对生产过程的控制理念引入物业服务业务，运用系统化、标准化原则，将小规模、个性化和不确定性的服务系统改造为大规模、标准化和稳定的服务系统。生产线方法可以保证物业服务企业提供稳定的质量和高效的运作，所有工作是在受控的环境中完成的。

（2）工业化设计法的内容：

①服务包的标准化。这是指通过对服务包的分析，尽量减少其中的可变因素使服务包的各个要素实现标准化，为业主提供稳定、一致的服务。标准化服务的一致性是生产线方法的优势所在，也是业主关注的中心。

②物业服务系统的标准化。这是指通过分析服务运营的各个阶段，在适当的地方采用机械化和自动化设备来替代劳动密集型劳动，以提高标准化程度和效率，减少人为差错。

③设计和控制的标准化。这是指运用系统化的方法，使运营过程的各个阶段得到精密的组织和控制，以此增加系统运转的稳定性，提升系统的运营效率。具体包括：通过精确的分析和计算确定设施的选址与布置、分析工作流程进行工作设计提高人员的工作效率、在系统分析的基础上建立明确的劳动分工、制定明确统一的服务人员标准操作规范和服务标准程序。

从技术应用的角度看，工业化设计方法的实施包括"硬技术"和"软技术"两方面的应用。硬技术的应用是指用机械和自动化设备、信息系统等替代传统的人工劳动。软技术的应用是指对服务组织和管理系统进行精确、严密的规划和设计以实现标准化。

3. 定制化设计方法

（1）定制化服务设计法的思路。工业化设计法适用于技术密集、标准化和大规模的服务类型，而在许多服务类型中，业主需要非标准化、个性化的服务。在这种情况下物业服务企业要运用定制化方法，考虑业主的偏好、特点和需求，将业主作为一种积极的生产资源纳入服务系统，以此提高服务系统的运作效率。具体来说，采用定制化服务设计方法可以为企业带来如下好处：

①满足业主的个性化需求，提高业主满意度。业主主动参与服务系统的设计而非被动接受，使其能更自由地控制服务过程，从而满足自身的需求，有助于业主对服务形成良好的感知，提升业主满意度。

②提高服务的运营效率。首先，将业主作为生产资源，业主能主动调节需求，使之与供给相适应，这有助于供需平衡，提高设施、人员的利用率。其次，业主承担一部分工作之后，能减少员工的操作时间、降低服务的人力成本。最后，业主的主动参与有助于业主接触服务系统中的新技术和设备，加快业主对服务过程的熟悉，有助于管理者对新技术的使用效果和优缺点作出评价和及时调整。

（2）定制化设计法的内容。定制化服务设计方法主要有以下内容：

①把握业主需求，确定服务流程中的业主参与程度，充分理解和把握业主的个性化需求；分析业主在服务提供过程中的行为，考虑可能出现的各种情况；分析服务提供的整个流程，确定哪些工作可以由业主承担，是否可以让业主拥有更大的控制权；最终确定业主在不同服务提供环节的参与限度。

②注重服务传递系统的灵活性和业主学习，根据以上分析，重新设计或改进服务传递系统，使其为业主参与和控制留下更大空间，推动业主化服务高效、保质地进行；安排业主学习，要使业主在更多参与服务提供过程并行使自主权和控制权，就必须巧妙地使业主快速、简单地掌握所需的技能和知识，避免由于业主参与而造成服务系统运营效率的降低；举办有关活动和采取一定措施吸引、帮助业主主动参与服务提供过程。

③在服务提供过程中给予员工更大的自主权，为员工制定相应的服务措施、操作规范和授权方式，使其在业主化的服务设计中发挥积极、有效的作用。

④动态监控和评价服务绩效。不同业主的服务要求有很大差异，因此必须随时关注服务提供的过程和结果，并及时评价，才能不断改进服务系统和提高服务术平。

相对于工业化设计法，定制化服务设计法能通过提供更加个性化的服务来满足业主偏好，并通过业主的参与和主动调节供需平衡而在一定程度上改善服务效率。但总体来说，服务的个性化必然会影响服务系统的运营效率，因此，必须合理确定业主的参与环节与参与程度，以实现满足个性化需求和提高服务效率的目的。

此外，要顺利实施定制化设计法，还必须在充分了解业主、硬服务设施（包括新技术和自动化设备）、软服务设施（如管理体系、信息系统）的基础上，将三者融合在一起，使业主参与和服务传递系统产生协同作用，以此改善服务水平取和效率。

4. 技术核心分离设计法

（1）技术核心分离设计法的思路。技术核心分离设计法的思路又称业主接触设计法，它将服务系统分为高业主接触部分（前台）和业主低解除部分（后台）。"业主接触"指业主亲自出现在服务中的过程与活动，"业主接触程度"可以用业主出现在服务活动中的时间的百分比表示。在高接触度系统中，业主通过直接接触服务过程而决定需求时机和服务性质。在低接触系统中，业主不会对生产过程产生直接影响。

高接触程度的前台采用业主化的设计思想和方法，满足业主的个性化需求，灵活处理各种具体问题；低接触的后台类似于制造工厂，按照工业化的方法设计"技术核心"，通过使用自动化设备、标准化流程严格分工，达到较高的运营效率。前、后台之间的衔接部分用于信息和物料交换，对前台的个性化工作进行初加工，以利于后台的批量处理。因此，技术核心分离法既能满足业主对服务的多样化需求，又能充分利用工业化方法的批量生产实现规模经济。

（2）技术核心分离设计法的内容：

①确认、划分高接触部分与低接触部分。按照接触度，将服务系统划分为高接触子系统与低接触子系统；找出两个子系统的关键运营目标，确认子系统及下属各单元的工作任务；建立两个子系统之间的衔接，使其能良好地协同运作。

②设计高接触部分。仔细评估与业主接触各个环节的重要程度和不同环节业主的真正需求；充分利用业主化设计方法进行服务系统设计，尽量减少可能影响服务效率的不必要的接触，如用自动化服务替代部分人工服务。

③设计低接触部分。遵循工业化设计的概念，采用新技术和自动化设备，制定时间、费用标准，对服务系统的资源、流程和产出进行精确控制；分离前台与后台，整合后台工作，以此降低费用、提高效率。

④考察和评价。以整合性观点对各个部分进行全面考察和评价，找出衔接不良或未能使系统综合运营水平达到理想目标的环节，全面改善整个服务系统。

技术核心分离设计法的关键是对高接触部分和低接触部分的设计以及在低接触作业中分离核心技术的能力，因此必须对各自的设计特点有清楚的认识。其中，高接触服务活动要求员工有较强的人际关系处理技能，其服务水平和行为不确定性程度高。低接触服务作业可以与高接触服务作业在实体上分离，后台活动按工厂方式作业而高效使用生产能力，由此可凸显前台与后台分离的好处，见表1-8-4。表1-8-5是高接触作业与低接触作业的不同控制特点。

表1-8-4　高接触与低接触服务作业的设计思想差异

设计思想	高接触作业	低接触作业
决策过程	受既定策略影响较大	根据现场状况灵活决策
任务类型	业主、员工和技术三个因素间的互动	员工与技术的互动
人力资源	较高的人际沟通能力与服务技巧	较高的生产技能
组织目标	最佳服务水平	最高运营效率
设施地址	接近业主	便于操作
实施布局	考虑业主的生理、心理需求及期望	提高生产能力
产品设计	环境和实体产品决定了服务的性质	业主在服务环境之外
过程设计	生产环节对业主有直接影响	业主不参与大多环节
进度表	业主包括在生产进度中	业主不参与大多处理环节
生产计划	订单不能被搁置，否则会使业主流失	生产可能顺利，也可能出现障碍
人工技能	员工与业主之间接触频繁，必须能够具备良好的人际关系处理能力	员工只需要一种技能
质量控制	质量标准取决于评价者，可变	质量标准可测量、固定
时间标准	由业主需要决定，时间标准不严格	时间标准严格
工资支付	易变的产出要求，按时计酬	固定的产出要求，按件计酬

续表

设计思想	高接触作业	低接触作业
能力规划	为避免销售损失,生产能力以满足最大需求为准设计	储存一定的产品以使生产能力保持在平均需求水平上
预测	短期预测,以时间为导向	长期预测,以产品为导向

表 1-8-5 高接触与低接触服务作业的不同控制特点

控制系统特征	高接触作业	低接触作业	控制系统特征	高接触作业	低接触作业
工作表现的衡量标准	主观可变化	客观固定	反馈信息的明确程度	较难	较易
缺点衡量标准	不精确	较精确	缺点的改变	必须立即进行	可稍缓

第九章 服务质量与成本管理

一、服务与服务质量

物业管理属于第三产业的服务行业，服务质量的好坏直接影响到物业服务企业的经营效益。优胜劣汰是市场经济的基本法则，企业能否生存发展，最根本还是取决于服务质量的高低。高素质的服务，有利于企业形象的提升，有助于企业提高服务产品价格，增加利润，提高市场占有率。而服务质量的提高，需要一套完整的物业管理服务标准以及科学的管理。

（一）服务的概念

菲利普·科特勒给服务所下的定义：服务是一方能够向另一方提供的本质上无形的任何行动或利益，并且不会导致任何所有权的产生。它的生产可能与某种物质产品相联系，也可能毫无联系。从上述定义可见，服务并非是一种物质性、有形的、看得见、摸得着的一般产品。该定义反映了服务的内涵与本质。

从物业管理服务工作的各个部门以及各个环节来考察服务的含义，可以认为：

（1）服务是一种由服务人与被服务人的活动构成的行动。因此，我们可以这样来认识服务的第一层含义：服务是由人的行为构成的一种活动。

（2）服务是带有心理因素的一种行为。这种心理因素有两个内涵：其一是服务人员的心理因素。即使服务人员能按规定的服务程序去工作，也不能说这种工作就是完整的。服务态度、工作精神等，是服务行为的关键因素。其二是被服务者的心理因素，服务工作的好坏很大程度上是以业主或使用人的满足程度来衡量的，而业主或使用人的心理又是复杂多变的。因此，从这个意义上说，服务是一种无形的、难以用物质尺度去衡量的行为。

（3）服务是在一定的物质条件和人员素质条件下完成的行为过程。从业主的心理效应来说，在不同的物质条件下可以接受不同的服务，他有一种承受不同价值量的服务效果的心理调节能力。因此，从这个意义上来说，服务是具有价值量的行为效用。

从以上的分析中，我们可以归纳出服务的含义：服务是由人的活动构成的、无形的、难以用物质尺度衡量的、具有价值量的行为效用。对服务的更深入研究可从服务的特征入手。

（二）服务的特征

1. 无形性

服务的无形性是服务的主要特征。它可以从两个不同的层次来理解。首先，服务与有形的消费品比较，服务的特质及组成服务的元素往往表现为无形、无质，让人不能触摸或不能凭肉眼看见其存在，甚至使用服务后的利益，也可能要等一段时间后才能感觉到它的存在。正如一个新业主，搬进小区居住后，亲自体验到物业管理的各种服务，才能感受到物业管理服务带来的好处。而他们在购买物业时是不能感知物业服务企业将会提供什么样质量的服务的。

2. 不可分离性

有形的产品和消费品在从生产、流通到最终消费的过程中，往往要经过一定的时间间隔。而服务则与之不同，它具有不可分离的特性，即生产过程与消费过程同时进行。也就是说，服务人员提供服务给顾客时，由于服务不是一个具体的物品，而是一系列的活动或者说是过程，因此在服务中消费者与生产者必须直接发生联系，从而使生产过程就是消费过程。服务的这种特性说明，消费者必须加入到服务的生产过程中才能最终享受服务。

3. 差异性

差异性是指服务的构成成分及其质量水平经常变化，很难统一界定。服务业是以"人"为中心的产业，由于人类个性的存在，使得对于服务检验难以采用统一的标准。一方面，由于服务人员自身因素和心理状态的影响，即使由同一服务人员所提供的服务也可能会有不同的水准；另一方面，由于消费者直接参与服务的生产和消费过程，消费者本身的因素（如知识、经验、动机等）也会直接影响服务质量和效果。

4. 不可贮存性

基于服务的不可感知形态以及服务的生产与消赞同时进行，使得服务不可能像有形的消费品和产业用品一样可以被贮存起来，以备未来出售或使用。

5. 缺乏所有权

缺乏所有权是指在服务的生产和消费过程中不涉及任何东西所有权转移。既然服务是无形的且又不可贮存，服务在交易完成后便消失了，消费者并没有"实质性"地拥有这些服务。缺乏所有权会使消费者在购买服务时感到有风险。如何消除业主的这种心理，是物业服务企业所需要解决的问题。

从上述五个特征的分析中不难看出，无形性是服务的最根本特征，其他特征都是由此而派生出来的。正是因为服务的无形性，才产生了不可分离性。而差异性、不可贮存性和缺乏所有权在很大程度上是由无形性和不可分离性两大特征所决定的。

（三）服务质量的理解

服务产品的质量不同于有形产品，只有全面地，正确地认识服务产品的质量，才能把握提高服务质量的途径。

从国外的服务管理专家对服务质量提出的多种解释，归纳起来大致有如下几类：

1. 感知服务质量

服务产品的质量水平并不完全由企业所决定，而与消费者的感受有很大的关系，即使提供服务的部门以为是高标准的规范服务，却不一定为消费者所喜爱和接受。有些物业服务企业认为自己已经尽了最大的努力为业主服务，但还是不能让业主满意。所以，一些服务质量研究专家把"服务质量"定义为一种衡量企业服务水平能够满足消费者期望程度的工具。而有些学者明确指出，服务质量是一个主观范畴，它取决于消费者对服务质量的期望即预期质量同其实际感知的服务水平即检验质量的对比。如果消费者对服务的感知水平符合或高于其预期水平，则消费者获得较高的满意度，从而认为企业具有较高的服务质量，反之则较低。

2. 技术质量和功能质量

技术质量主要指某项服务带给消费者的价值，包括所使用的设备和作业方法等技术层面的内容。例如，旅店为客人提供干净卫生的床上用品，银行为客人提供准确快捷的汇兑业务等。在物业管理服务中，管理人员为业主提供的咨询服务、受理投诉，以及工程维修人员提供的设备运行维修服务等方面反映出的专业水平，都是技术质量的反映。如果一个居住小区，尽管物业服务企业的员工训练有素、服务意识强，但小区内水电设施严重失修，高层住宅在酷热的天气下供水不足，电力线路经常出故障而导致停电，那么业主无论如何也不会认为这是满意的服务质量。

功能质量是指提供服务时消费者的感觉，即消费者对服务的认知程度。无论服务人员如何工作，消费者的感觉总是"主观性"居多。因此，在功能质量中，主观的因素占据相当的成分。深圳一个智能化高层住宅小区，所有通道安装了闭路电视监控系统，由于技防在一定程度上代替了人防，大堂和巡逻的保安不多，业主们却投诉，反映眼皮底下总看不到保安人员，觉得小区内没有安全感。这件事说明在现代化的管理手段下，还要体现人性化的服务。

3. 预期质量与信息质量

预期质量为消费者接受该项服务之前的期望值。如果消费者的期望过高，或不切合实际，即使他们接受的服务水平是很高的，他们仍然会认为企业的服务质量较低。预期质量主要受宣传沟通、企业形象、顾客口碑、顾客需求等因素的影响。当服务的准备过程往往不为消费者知晓时，宣传沟通对于预期质量的影响是显而易见的。消费者对服务产品质量的判断往往取决于体验质量与预期质量的对比。

信息质量是针对服务组织而言的。这里的信息是指包括市场形象、价格水平、处理客户投诉等有助于形成消费需求的综合信息。在信息质量的构成中，市场形象占据了相当重要的地位，而市场形象又与服务环境关系密切。例如，管理处整洁的环境布置、排列有序的文件档案、一目了然的服务项目和收费标准、内容全面的操作规程、富有品牌标识性的服务口号等，都会增强服务对象的信任感。

（四）影响服务质量的因素

顾客对服务产品质量的判断取决于体验质量与预期质量的对比。在体验质量既定的情况下，预期质量将影响顾客对整体服务质量的感知。预期质量受下列因素的影响：

（1）企业形象。如果企业在顾客心目中享有较好的品牌形象，顾客则可能会原谅企业在推广服务过程中的个别失误。但是，如果这些失误频繁发生，则必然会破坏企业的形象。如果企业形象不佳，则企业任何细微的失误都会给顾客造成很坏的印象。所以，我们常常把企业形象称为顾客感知服务质量的过滤器。

（2）宣传沟通。认知的东西是受信息的传输影响的。信息量越大，人们对它的认识越全面，信息沟通的方式越新颖、越多样，人们对它的认识就越深刻。现实中我们每时每刻都在接受各种各样、许许多多的服务，从而很容易产生"熟视无睹"，从而降低人们对服务质量判断的客观性。因此，对服务对象必须进行适时、适当的宣传，建立更多有效的沟通方式。沟通通常要注重两大方面：一是倾听顾客的意见（需要、建议、服务感受、投诉等）；二是向顾客通报（如介绍服务、解释服务、回答咨询等），市场沟通包括广告、公共关系、促销活动等，它们直接为企业所控制。

（3）顾客口碑。口碑是服务业重要的传播媒介，它发挥的是"顾客告诉顾客"的作用。由于许多中、小型服务企业是地区性的，甚至是街区性的，它们的顾客群比较固定，不适合做大规模的广告宣传，因此"口碑"就显得特别重要。来自亲朋好友的良好口碑会提高顾客对服务产品的感知质量。

（4）顾客需求。顾客的不同需求对顾客预期质量影响很大。同样是搭乘飞机的旅客，有些人只希望平安迅速地到达目的地，有些人会对航空公司的服务人员提出许多要求，如礼貌、热情、尽量提供更多的信息等。顾客在需求方面的差异无疑会影响他们对服务质量的预期，从而影响他们对服务质量的感知。

在上述四种因素中，服务的沟通是企业可以直接控制的，企业形象和顾客口碑只能间接地被企业控制，而顾客需求千变万化完全属于不可控制的因素。

（五）服务质量的特征

1. 内涵的广泛性

服务质量是一个相当宽泛的概念，涉及服务的对象、内容、层次、要求等。从服务的内在性分析，可表现为上述的各种质量内涵。正如有人认为服务质量可分为技术质量及功能质量。从服务的过程来看，有学者认为服务质量分为两部分，一是过程质量，二是产出质量。更有学者指出，服务质量是一种认知的质量，并非目标性质量。换言之，他们认为服务质量是多种服务要素、各种影响因素的综合作用，从而产生消费者对于事物主观上的反应。

2. 评估的差异性

在现代社会经济中，质量是社会物质财富的重要组成部分，是社会进步和生产力发展的重要标志之一；质量是企业的生命，是产品进入市场的通行证，是企业改善经营管理环境、降低成本、提高效益、增强企业竞争力的重要途径。

由于服务具有无形性、不可贮存性和缺乏所有权等特性，服务的构成及其质量水平经常变化，很难统一界定。服务质量的判断标准主要是被服务者的主观感知度。由于人类个性的存在，几乎没有统一的服务检验标准：在服务规程、服务标准相同的情况下，消费者的知识、经验、动机、消费能力、消费偏好会直接影响服务质量的评价；就服务者而言，以人作为主体的服务者也受各种条件的影响而导致对产品质量判断的不确定性，从而增加评估的难度。当然，所采取评估的方法的科学性、针对性也会影响其结果。

3. 控制的难度大

控制是管理活动的基本职能之一，控制的目的是使实际工作的结果与预期的目标趋于一致。服务质量的控制方法和过程是与服务质量特性相关的。

（1）不同的服务产品具有不同的质量特性。服务有内在的特性、如结构、性能、强度、精度等；有经济特性，如成本、价格、运营费用、维修费用等；有商业特性，如保修期等。如果把各种产品的质量特性归纳起来，可以分为以下五种质量特性：

①性能：指产品能够满足使用目的所具备的技术特性。

②寿命：指产品能够正常使用的期限。

③可靠性：指产品在规定的时间范围内和规定的条件下，完成规定工作任务的能力。该指标反映了产品在使用过程中满足人们需要的程度。

④安全性：指产品在流通和使用过程中安全的保证程度。

⑤经济性：指产品从设计、制造到使用的整个过程中的成本的大小，包括设计成本、制造成本、使用成本（使用过程中的营运费用、维护修理费用）等。

通过对产品质量的定性化或定量化，就可以得到产品质量的标准。

（2）同一服务产品也具有其内在的各种特性。由于服务的无形性，服务质量通常体现在受用者的感知中；由于服务的广泛性和不可累积性，一个旅游过程是由食、住、行、游、乐、购等各种活动构成的，景点的游玩尽致、尽兴，但并不代表路途的经历就没有一些不愉快。服务质量的评价标准更是复杂的多层次的，因此服务质量的控制难度是较大的。

（六）物业管理服务质量的特点

1. 对物业服务从业人员素质的依赖性

由于物业服务企业的服务人员直接面对业主和使用人提供服务，服务生产与消费是同时完成的。服务质量的现场控制几乎完全依赖服务人员的素质，因而服务人员的素质高低直接决定着服务质量的高低。

2. 物业管理服务质量的动态性

服务质量的优劣是对特定服务对象而言的，同样的服务，不同的顾客对它的评价往往具有很大的差异性，统一的质量标准不可能适应所有顾客的要求，而且对服务态度、服务方式等不可能规定定量指标，只能与一些限制性规定相结合的服务规范使用加以约束。

3. 物业管理服务质量存在着起伏的可能性

物业管理服务几乎天天都要提供，而物业管理服务人员的能力和素质参差不齐，服务质量可能起伏不定。在物业服务企业的内部认真抓质量意识，服务质量和水平马上就会提高，但是如果稍有松懈，服务质量和水平就有可能下降。

4. 物业管理服务质量构成的综合性

服务产品是有形商品和无形商品的统一体。服务产品的质量是由四个方面构成的统一综合体，包括有形的实物质量、有形的服务设备和服务设施的质量、有形的服务环境的质量以及无形的服务劳动质量，这四个方面构成了统一综合体，每一方面部是服务质量不可或缺的组成部分。

二、物业服务质量管理

(一) 开展服务质量管理的重要性

"让客户满意"是企业提供服务的基本目标。随着商品经济的迅速发展,众多的服务业人士都深深体会到,要解决服务质量差距,提高服务质量,就必须加强对服务质量的管理。服务质量管理的核心是及时向消费者提供他们所迫切需要的服务,同时,提高消费者的可感知服务的质量。

在物业管理服务市场竞争日趋激烈的今天,没有高水平的服务质量,很难赢得业主住户的满意。一旦物业服务企业的服务出现差错,导致客户不满,不但对企业的信誉造成极大的影响。还会失去用户对企业的信任,从而失去物业的管理服务权,直接影响企业的经济效益乃至生存与发展。

(二) 服务质量管理的内容

物业管理服务的质量管理覆盖物业服务企业运作的全过程:从服务方针和目标的制定,到物业管理服务的日常工作,到对客户的服务(处理客户投诉、开展社区活动等),以及服务水平的考核与评估。

1. 制定服务方针和目标

服务方针和目标是指一个服务组织为了满足消费者的需要、保证服务质量而制定的该组织的服务宗旨和方向,告诉员工应该把什么奉为信条,并因此来制定更加详细的服务流程和服务规范。

(1) 服务方针:一个服务企业的服务方针能体现该企业对质量的追求。对消费者的承诺,是企业服务行动的准则和服务工作的方向。在制定服务方针时,应充分反映企业持续向消费者提供满意的服务产品的决心,并为此作出必要的承诺。作为消费者,最关心的是服务企业的质量保证意识和因此所采取的质量保证措施,对此,企业在服务方针中应予以体现。

(2) 服务目标:是落实服务方针的具体要求,是为实现服务方针而制定的某一阶段的具体、定量的要求。服务目标的管理则是服务企业内部的管理活动。服务目标应能促进服务质量的提高,适应周围环境变化的要求,提高服务效率。

2. 设计服务流程和确定服务职责

服务流程设计是与部门职责、岗位责任关系密切的一项工作。确定服务流程一定要首先搞清楚消费者的基本需求。服务流程主要是明确各部门及各岗位的工作程序,使每个岗位的员工明确自己处理问题的步骤和责任,与哪些人协作,遇到不能解决的问题该请示谁,如何获得所需要的信息和资源。

设计服务流程的一般方法如下:

(1) 把服务的各项内容用流程图画出来,使得服务过程能够清楚、客观地表现出来。

(2) 把那些容易导致服务失败的点找出来。

(3) 确立执行标准和规范,而这些标准和规范应体现企业的服务质量标准。

(4) 找出消费者能够看得见的服务证据,而每一个证据将被记为企业与消费者的服务接触点。因为每一个接触点服务人员都在向消费者提供不同的职能质量和技术质量，而在这一点上，消费者对服务质量感知好坏将影响他们对服务质量的印象。

3. 制定合适的服务规范和标准

服务质量虽然是属于一种感知质量，但并不是说服务质量没有标准。恰恰相反；服务产品的质量标准往往是通过员工执行服务规范来影响消费者的感知。服务规范主要是规定了服务提供所能达到的标准，对提供什么服务的问题给出了答案。服务规范确定后，企业员工的服务有了追求的目标，企业检查服务质量时也有了衡量的尺度。

服务规范的制定，根据不同行业、不同规模的企业自身特点和质量管理的要求，详略程度和格式都有所差异。例如，有些企业参照 ISO 9000 质量标准，制定由服务规范、服务提供规范、服务控制规范组成的质量体系文件；而有些行业的服务规范则比较简单，但在详略程度不同的服务规范中，都必须包括服务项目，并对每一个服务项目特性进行清晰的描述，对服务企业员工提供服务的程序与操作要求及验收标准等。

4. 检查与评估

为了使服务规范和质量标准能有效执行，还要在企业内部和企业外部通过内部检查、消费者满意率调查、处理投诉等方法对服务质量进行检查和评估。

（1）内部检查。由于在许多企业实施服务质量管理时存在着某些疏忽，因此在企业内部定期或不定期地开展内部检查是十分必要的。事实上为了实现持续改善服务质量的目的，应该使企业内的每一个人都重视服务质量的重要性，懂得如何做才能更好地满足消费者的要求，这就有赖于企业的内部检查。

（2）消费者满意率调查。通过对消费者的调查可以了解消费者对服务质量的评价，从中可以得到消费者满意率的信息，同时，也可以发现在哪些服务项目或服务环节中存在问题。因此，很多服务行业，如酒店管理、物业服务等企业都把消费者满意率调查作为评估服务质量的主要手段之一。

（3）投诉处理。投诉是消费者对服务不满的表现形式，也从负面反映了消费者的感受，因此服务企业应重视消费者的投诉，应有专门的部门受理消费者投诉。

（三）物业质量管理模式

质量管理模式是指质量目标明确，由一系列相关的质量标准组成的一套质量管理标准形式。在服务质量管理文献中，国内外企业管理学家提出的服务质量管理模式，基本上可划分为三种类型：消费者满意程度模式、产品生产模式和相互交往模式。

1. 消费者满意程度模式

物业管理服务的过程是管理服务人员与业主相互交往的过程。服务质量不仅和服务结果有关，而且和服务过程有关。业主委员会通常会对管理和服务实施监督，管理服务人员依照管理服务委托合同开展各类服务，致力于获得业主或业主委员会的首肯。这是物业管理服务的一般原则。获得业主委员会的满意，成了目前服务企业的主导性追求。因此，当前物业管理服务通常采用消费者（业主）满意程度这一质量管理模式。

业主满意程度模式强调业主对服务质量的主观看法。根据这个模式，业主是否聘请某一服务企业，是否反复享用某种服务，在服务过程中是否与管理服务人员合作，是否会向他人介绍这种服务，是由业主对服务过程的主观评估决定的。业主的主观看法则与他们的个性、对服务的期望等因素有关。

在业主满意程度模式中，服务属性与业主感觉中的服务质量并不存在简单的、机械的对应关系。业主的满意程度是他们对自己的消费经历进行主观评估的结果。根据这个模式，如果业主感觉中的服务质量超过他们对服务质量的期望，他们就会感到很满意；如果他们感觉中的服务质量不如期望，他们就会不满；如果感觉中的服务质量与期望相符，他们就基本满意。

业主满意程度模式的运用，促使管理服务人员重视服务质量的动态性、主观性、复杂性等特点。管理服务人员不仅应重视服务过程和服务结果，更应分析、掌握业主的看法及服务过程中影响管理服务人员和业主相互交往的心理、社会和环境等因素。

2. 生产模式

管理服务人员可通过生产体系客观地控制无形产品的质量，企业可使用现代化设备（硬技术）和精心设计的服务操作体系（软技术），取代劳动密集型的服务工作，进行大规模的生产。但这种模式取决于两个假设：

（1）管理服务人员能全面控制投入生产过程的各种资源和生产过程使用的技术。

（2）管理服务人员规定的质量、消费者感觉中的服务质量与消费者行为之间存在着明显的对应关系。

在物业管理服务过程中，这些条件并不存在，企业能够完全控制的属性很少。或者说，物业管理服务不存在批量生产，而是个性化服务，不管是对设备、环境的管理，还是对人的服务。而值得借鉴的是：在服务过程中出现的差错，会使消费者对一系列服务属性的看法产生不利的影响。他们感觉中的服务质量是由他们与管理服务人员短暂的交往过程决定的。

3. 相互交往模式

服务是消费者与服务人员的交往过程。管理服务人员应根据相互关系理论、角色理论等指导该类的服务设计和管理服务工作。

概括所探讨的影响服务质量的各种因素，如服务程序、服务内容、消费者和服务人员特点、企业的品牌和声誉、服务环境和情境因素等都影响服务质量的高低，因此，服务应由协调、完成任务和满意三个层次组成。

（1）协调。优质服务的首要条件是服务人员和消费者之间的礼节性行为和感情交流。例如，服务人员欢迎和尊重消费者，消费者对服务人员同样有礼貌。

（2）完成任务。优质服务的第二个条件是消费者和服务人员都能完成各自的任务，实现服务的目的。

（3）满意。消费者和服务人员都会根据自己的期望评估满意程度。

（四）提高物业管理服务质量的途径

1. 管理者要确立管理与服务质量的意识

服务的好坏、优劣是影响整个管理服务的关键因素。优质的商业环境、优美而配套完善的居住环境以及物业的造型、用料，是业主或非业主使用人决定购买、租赁某一物业单位的主要原因；同样，优质的物业管理服务自然会坚定业主的选择，劣质的服务却会使业主望而却步，业主完全可以拒绝这种劣质的服务。提高物业管理服务的质量，管理者要确立管理与服务的质量意识。

（1）质量是物业管理服务的重要的主导因素，有服务就必须有质量。没有质量的服务给业主造成诸多不便，是一种"占用"业主管理费的行为，损害了业主的利益。

（2）优质的服务可以为物业及其所有者提供一笔无形资产。一个好的物业包括好的环境、好的设计与用料、好的服务等要素，其中，好的服务是无形的、不变的要素。好的服务可以使物业的好环境、好设计、好用料锦上添花，也可以弥补物业在环境、设计、用料上的不足。因此，服务质量是改变物业形象、提高物业质量的重要因素。

（3）服务质量直接影响业主的满意程度，也直接影响业主对物业服务企业的评估和好恶。因此，服务质量是物业管理服务的目标和指向，也是物业服务企业能否继续经营的决定因素之一。

（4）服务质量的提高关键在于物业管理服务人员的素质与服务技能。

2. 建立物业管理服务质量体系

提高服务质量没有止境，并不是说物业管理服务质量没有标准，不讲标准。物业管理服务的质量标准，是指提供安全、舒适、高效、文明的居住、商务环境及其他服务，满足业主生理和心理两方面的需要，并保持其可靠性、一贯性。它包括物业的建筑、装饰、园林、设备、设施的维修保养、清洁卫生、管理服务等各个方面。

为了提高物业管理服务质量水平，建立一套完整的企业服务质量体系，既有利于物业管理服务质量水平的提高，又便于管理服务工作的考核和评估。一般来说，质量体系由以下几个基本部分构成：

（1）内部组织管理质量系统。如组织计划质量系统、人员培训质量系统、财务管理质量系统、文件资料管理系统、合同管理系统。

（2）内部运作管理质量系统。如采购控制系统、服务用品进货检验和试验控制系统、设备检测控制系统。

（3）服务过程的质量系统。如接管验收管理质量系统、业主收楼管理质量系统、装修管理质量系统、房屋与设备管理质量系统、安全管理质量系统和环境管理质量系统。

（4）客户服务的质量管理系统。如客户服务中心管理系统、客户投诉处理系统、服务满意度测评系统。

三、推行2000版ISO 9000族标准认证

1. 国际质量体系认证的开展

质量认证活动发源于商品经济发展初期，到19世纪中叶，一些工业化国家为了保护人身安全，开始制定法律或技术法规，规定锅炉等工业产品必须通过确认符合政府颁布的规格的程序，这就是法规性认证、强制性认证的开始。质量认证制度从20世纪30年代开始发展，到50年代，基本上普及到所有工业发达国家。现在实行质量认证制度已经是一种世界趋势。

2. ISO 9000标准系列形成

ISO是国际标准化组织（International Standardization Organization）的简称。第一个

质量保证的标准于 1979 年分成三个部分以 BS 5750 出版。1987 年，ISO 根据 BS5750 发行了一系列国际质量认证标准（ISO 9000 系列），称为 ISO 第一版。国际标准化组织于 1994 年修订该系列的标准。现行的 2000 版 ISO 9000 为第三版，并于 2001 年开始正式实施。

3. 2000 版 ISO 9000 族标准简介

ISO 9000 族标准从 1994 版到 2000 版经过了 6 年时间。1994 版 ISO 9000 族经过了快速发展、扩大、推广的实践阶段，对国际贸易及标准体系产生了巨大影响；同时，实践对标准提出了更大的需求和更高的要求，因此，国际化标准组织/质量管理与质量保证技术委员会（ISO/TC176）于 2000 年 12 月正式颁布了 2000 版 ISO 9000 标准。

（1）2000 版 ISO 9000 族标准的总体结构（见表 1-9-1）

表 1-9-1　2000 版 ISO 9000 族标准的总体结构

核心标准	其他标准	技术报告
ISO 9000	ISO 10012	ISO 10006：1997——质量管理—质量计划指南
ISO 9001		ISO 10007：1995——质量管理—项目质量管理指南
ISO 9004		ISO 10013：1995——质量手册编制指南
ISO 90011		ISO 10014：1998——质量经济性管理指南
		ISO 10015：1999——质量管理—培训指南
		ISO 10017：1999 – ISO 9001 – 1994 的统计技术指南

（2）2000 版 ISO 9000 族标准的四个核心标准：

ISO 9000：2000 质量管理体系——基本原理和术语；

ISO 9001：2000 质量管理体系——要求；

ISO 9004：2000 质量管理体系——业绩改进指南；

ISO 90011：2000 质量和环境审核指南。

（3）目前已经正式颁布的三项标准。

ISO 9000：2000；ISO 9001：2000 和 ISO 9004：2000。

（4）2000 版 ISO 9000 族标准的主要特点。2000 版 ISO 9000 族标准反映了当代质量管理思想、质量经营观念、质量改进方法的变革和发展。国际著名的管理大师的质量思想和质量研究的成就都体现在新版 ISO 9000 族标准中。2000 版 ISO 9000 族标准的主要特点体现在：

①能适用于各种组织的管理和运作；

②能够满足各个行业对标准的需求和利益；

③易于使用、语言明确、易于翻译和理解；

④减少了强制性的"形成文件的程序"的要求；

⑤将质量管理体系与组织的管理过程联系起来；

⑥强调了对质量业绩的持续改进；

⑦强调了持续的顾客满意是质量管理体系的动力；

⑧考虑了所有相关方利益的需求。

新版标准吸收了全球范围内质量管理和质量体系认证实践的新进展和新成果，更好地满足了使用者的需要和期望，达到了修改的目的——更科学、更合理、更适用和更通用。

（5）2000版ISO 9000标准关于质量管理的原则。2000版ISO 9000标准关于质量管理的原则包括八个方面的内容：以顾客为中心、领导作用、全员参与、过程方法、管理的系统方法、持续改进、基于事实的决策方法、互利的供方关系。

①以顾客为中心。物业服务企业要想在经营上取得成功，关键是所提供的服务能持续地符合业主/用户的要求，并得到他们的满意和信赖；另外还应看到，业主/用户的要求不是一成不变的，随着时间的推移，特别是对生活要求的不断提高，业主的要求会随之发生变化，因此企业要动态地掌握业主需求，不断地改进服务，使业主满意。

②领导作用。企业最高管理层的高度重视和强有力的领导是质量管理取得成功的关键。由于最高管理层是决策层，它对企业能否在激烈的市场竞争中处于领先地位起着至关重要的作用。

③全员参与。企业的质量管理是通过企业内部各级人员参与生产经营的各项质量活动加以实施，人员的质量意识、思想和业务素质、事业心和责任心、职业道德，以及适应本岗位的能力，对实现企业的目标至关重要。

④过程方法。过程是指将输入转化为输出所使用资源的各项活动的总和。在开展质量管理各项活动中采用过程方法实施控制，从而确保每个过程能达到预期的效果。

⑤管理的系统方法。如何对各个过程系统地实施控制，确保企业预定目标的实现，就需要建立质量管理体系，运用体系管理方法，系统地实施各个过程的控制，才能使服务满足顾客的需要和期望。

⑥持续改进。持续改进是一个组织不断地寻找改进机会，努力提高有效性和效率的重要手段。它的目的是确保企业竞争力，使业主满意。

⑦基于事实的决策方法。有效的决策必须以充分的数据和准确的信息为基础，以客观事实为依据，对实现预期质量目标的多个方案进行分析比较，才能作出正确的决策。

⑧互利的供方关系。企业在提供服务过程中要采购一定的产品，这些产品的质量会直接或间接地影响企业的服务效果，因此企业应采取合适方法选择合格供方，并与供方建立互惠互利的合作关系，才能保证质量目标的实现。

总之，通过ISO认证的质量规范，制定结合实际的物业管理程序，规范物业管理者的服务行为，才能达到物业管理整体的标准性，实现业主所期望的服务态度、服务效率、服务质量的满意。

（6）ISO 9000推行中的质量考核。一个企业一旦通过ISO 9000质量认证，并非意味着质量水平就很高。通过质量认证只是一个开端，因为ISO 9000质量标准首先只是一套各企业通用的质量管理和质量保证的系统化文件体系。一个企业通过ISO 9000质量认证大体需要半年到一年的时间，在这段时间内，企业建立了一套系统、规范、完善的质量体系文件，并且按这套质量体系文件试运行了几个月，达到了ISO 9000质量标准。若一个企业通过ISO 9000质量认证，获得了认证证书，企业的管理层在日后的管理工作中并不按 ISO 9000 标准进行质量管理，所开发生产出的产品的质量就无法得到保证，企业的管理水平也无法提高。

获得 ISO 9000 质量证书后，企业会受到来自三方的评审和检查：

①自己。开展 ISO 9000 质量认证并不是靠企业的一个或几个领导，常常是依靠企业各部门的业务骨干建立文件体系，实施标准化管理。若企业的个别领导用自己的主观意志左右企业的质量管理，必然会受到企业内部质量管理员工的质疑。

②顾客。推行 ISO 9000 标准增强了顾客的信心，顾客自然也就会以 ISO 9000 质量标准要求企业，因而企业的质量管理活动也会得到全体顾客的监督。

③认证机构。任何企业建立 ISO 9000 质量标准都必须请认证机构进行评审。评审确认后证书有效期一般为 3 年，认证机构每年会对推行 ISO 9000 质量认证的企业进行检查，以确保企业履行对 ISO 9000 质量标准的承诺，否则，认证机构会收回证书，取消其通过 ISO 9000 的资格。

ISO 9000 质量体系是一整套体系化的提高服务质量的方法。多数企业的实践证明，它对提高服务质量具有直接的影响。但推行 ISO 9000 质量体系还只是企业发展中的一个步骤，服务质量的持续改善还要依赖企业的运行机制、人力资源管理、品牌战略等方面的配合。也只有把服务质量与企业发展的各个方面结合在一起，才能推进企业的不断发展壮大。在物业管理走上市场的过程中，物业企业之间的竞争会越来越激烈，只有主动学习和采用适合市场运作规律的先进的管理方式，才能保证企业在竞争中脱颖而出。

四、物业服务企业与 ISO 14000

1. ISO 14000 标准简介

ISO 14000 系列标准是国际通用的环境管理标准，是国际标准化组织于 1992 年制定的环境管理的相关国际标准。其内容包括：环境管理系统（EMS）、环境稽核（EA）、环境标章（EL）、环境状况评估（EPE）和生命周期评估（LCA）。它是应 ISO 9000 系列质量管理和质量保证之标准化并兼顾发展中国家中小企业的需求以避免地域性标准造成贸易的障碍而产生的。它可以与其他管理要求（如 ISO 9000 系列）相结合，帮助组织实现并证实良好的环境表现（行为），以实现环境目标与经济目标。

ISO 14001 是 ISO 14000 系列标准中的核心标准，它既是认证机构审核物业服务企业的依据，同时也是物业服务企业建立环境管理体系的依据。ISO 14001 标准共分六部分，即引言、范围、引用标准、定义、环境管理体系要求及附录 A、B、C。

标准的引言部分重点阐述了 ISO 14001 标准产生的背景，标准的目的、作用及运作模式与要求，是准确认识本标准的基础。

ISO 14001 标准的范围规定了本标准的应用范围。它分为两个部分，一是规定了本标准所要解决的环境问题的范围，二是本标准适用于组织的范围。

ISO 14001 标准的定义部分对本标准中使用的 13 个术语进行了定义，明确说明了它们在标准中的具体内涵。

ISO 14001 标准中的环境管理体系要求部分是本标准的中心内容，规定了各类组织建立、实施环境管理体系的最基本的要求。这些要求是各类组织获得 ISO 14001 认证的必要条件。深刻理解本部分内容是掌握、运用 ISO 14001 标准的关键。

ISO 14001 标准的附录部分，特别是附录 A，是对条款内容的进一步解释与说明，目的在于避免由于理解上的偏差，导致执行上的错误。附录 B 是对 ISO 14001 与 ISO 9000 要素要求的比较。附录 C 是有关的文献目录。

2. ISO 14001 标准的特点

（1）强调污染的预防和持续改进。ISO 14001 标准自始至终强调的是以预防为主的原则。它强调全过程的管理，重在污染源头的削减和全过程污染控制，体现了当前国际环境保护领域的发展趋势；强调组织应不断对自己的环境绩效进行比较，发现自身的不足，然后加以改进，力争达到逐步改善的目的。环境问题的出现是一个积累的过程，只有不断减少这种积累，环境问题才能得以彻底解决。

（2）强调法律、法规的符合性。ISO 14001 标准以遵守有关环境的法律法规为最低要求。

（3）强调系统化管理。系统化的管理就是最优化的组合、最优化的结果。最优化的组合不代表最先进的技术组合。应根据自身实际，充分考虑人员素质、技术水平、经济能力、经济发展等方面的因素，在解决环境问题过程中，应使这些方面协调一致，实现最优化的组合。

（4）强调相关方的观点。ISO 14001 标准要求组织应重视相关方的观点，同时也应影响相关方，带动相关方。环境问题是一个全球性问题，只靠局部的改善是无济于事的，只有一个带动一体、一个影响一片，威胁人类的问题才能得以根本解决。ISO 14001 标准充分认识到了这一点，因此，它要求在识别环境因素时，就应想到自身的、可影响的因素。

（5）强调文件化。系统化的管理需要将制度、要求文件化，以使人们"有法可依"、"有章可循"。

3. 环境管理体系建立的步骤

（1）领导决策与准备；

（2）初始环境评审；

（3）体系策划与设计；

（4）环境管理体系文件编制；

（5）体系运行；

（6）内部审核及管理评审。

在进行 ISO 14001 环境管理体系构建时，会发现其很多环节与 ISO 19000 质量管理体系相似，甚至可以完全搬过来使用。从事编号工作的人员往往考虑将两个体系融合起来，实现体系文件一体化，但这个一体化的过程并非很容易。目前，在物业管理服务行业，还没有一家企业进行的是 ISO 9000 及 ISO 14001 一体化认证。物业服务企业在做这项工作时一定不要操之过急，应先把两个体系构建的工作做好，再进一步将体系深化。物业服务企业在建立环境管理体系时，可参照 ISO 9000 质量管理体系的程序及主要步骤进行。

五、物业成本的预算、控制与管理

（一）成本的概念

物业经营管理企业的成本，就是指企业在从事物业管理活动中，为物业产权人、使用人提供维修、管理和服务等过程中发生的各项支出。

（二）物业管理成本构成

1. 营业成本

营业成本，是企业在从事物业管理活动中发生的各项直接支出。主要包括：

（1）直接人工费；

（2）直接材料费；

（3）间接费用。

2. 期间费用或经营管理费用

（1）管理费用。是物业经营管理企业管理和组织物业管理服务活动而发生的各项费用。包括公司经费，劳动保险费，董事会费，房产税、车船使用税等税金，无形资产摊销。

（2）财务费用。是物业经营管理企业为筹措资金而发生的各项费用，包括：利息净支出、汇兑净损失、金融机构手续费、公司筹资发生的其他财务费用。

依据《物业经营管理企业财务管理规定》等法规，物业管理成本的构成或开支范围有如下特别规定：

（1）物业经营管理企业经营共用设施设备，支付的有偿使用费，计入营业成本。

（2）物业经营管理企业支付的管理用房有偿使用费，计入营业成本或管理费用。

（3）物业经营管理企业对管理用房进行装饰装修发生的支出，计入递延资产，在有效使用期限内，分期摊入营业成本或管理费用。

（4）发生的坏账损失，计入管理费用。

（5）按现行财务制度的规定，不得列入成本的支出主要有：购置和建造固定资产、无形资产和其他资产的支出；对外投资支出；被没收的财产，支付的滞纳金、罚款、违约金、赔偿金，以及企业的赞助、捐赠支出；国家法律、法规规定之外的各种付费；国家规定不得列入成本、费用的其他支出。

（三）划清营业成本与期间费用的界限

从财务报表来讲，营业成本列入资产负债表，期间费用列入当期损益表，期间费用只与当期有关。

（四）物业管理成本的分类

1. 按照经济性质分类

按照成本的经济性质或内容分类，物业经营管理企业发生的成本可以分为以下七个要素：

（1）外购材料。指物业经营管理企业耗用的从外部购进的各种材料、辅助材料、燃料和动力、构配件、零件、低值易耗品、包装物等。

（2）工资。指企业职工的工资总额。

（3）职工福利费。指企业按工资的规定比例计提的职工福利费。

（4）折旧费。指按照规定计算的固定资产折旧费用。

（5）利息支出。指财务费用中银行借款利息支出减去利息收入后的净额。

（6）税金。指应计入管理费用的各种税金，如房产税、车船使用税、印花税等。

（7）其他支出。指不属于以上各要素的费用，如邮电通信费、差旅费、租赁费等。

按照费用的经济内容（或性质）进行分类，有助于具体反映物业经营管理企业各种费用的构成和水平。

2. 按照经济用途划分

物业经营管理企业在经营过程中发生的成本，分为营业成本和期间费用。

按经济用途进行分类，有助于揭示物业管理成本升降的原因，从而可为降低成本，加强成本管理指明方向。

3. 按照与业务量的关系划分

按照与物业管理服务业务量的关系划分，可将成本分为固定成本、变动成本和半固定或半变动成本。

（1）固定成本。

（2）变动成本。它又可以划分为比例变动成本和非比例变动成本两个部分。

比例变动成本是指所发生的费用随业务量的变动而成比例变化的费用，如物业管理成本中的原材料成本。非比例变动成本是指所发生的费用随业务量而呈同向趋势变化的项目，如物业管理成本中的许多辅助材料、燃料、动力等。

（3）半固定或半变动成本。又称混合成本，系即使无产量时，也有一定的支出，而当生产开始时，成本会按一定比率增加。这种划分，对于分析成本升降因素和寻求降低成本的途径起着重要的作用。

一般来说，降低单位业务量的固定成本应从增加业务量和减少费用的绝对额入手。降低变动成本应从降低单位业务量的消耗入手。

此外，这种成本划分方式，还有利于进行物业经营管理的预测与决策。

4. 按照计算依据不同划分

按照成本计算依据的不同，可以有以下一些成本划分：

（1）目标成本。在目标利润已经确定的基础上所要求实现的期望成本。

（2）定额成本。成本项目按定额计算，再汇总出物业管理成本。例如，依据材料消耗定额确定材料成本，依据工时定额确定人工成本，依据费用标准确定生产成本。

（3）计划成本。计划期经过预测而预算出来，并要求执行的物业管理成本，计划成本是指令性成本。

（4）实际成本。计算期依据实际费用支出而计算出来的物业管理成本。它又可以分为上年实际成本、本年实际成本与累计实际成本。

这种划分有利于对于物业经营管理企业正确看待成本支出，加强成本的核算和管理。

5. 按照与决策的关系划分

按照与决策的关系，可将成本分为边际成本、差异成本和机会成本等。

（1）边际成本。

（2）差异成本。是指不同经营管理方案间成本之差异，又称增量成本或减量成本。

（3）机会成本。机会成本是指选择使用经济资源于某方案，而放弃另一方案所发生的潜在利益损失。

（4）估计成本。是指在会计期间开始前，对所承担的实际物业管理工作预估的成本，目的在于预测实际成本以供定价参考。

（5）沉没成本。是指因为过去决策已发生，而在目前和未来无论实行何种方案均无法改变的成本。

（6）可缓成本。是指可延缓至以后期间支出，而对当期营业效率无影响的成本。

（7）可免成本。是指一项成本仅与某一方案有关，该方案被取消时，此项成本亦可免除。

（8）附加价值成本。是指当投入的成本可使顾客觉得服务质量或价值有增加，或是将此成本删减后顾客会觉得服务质量或价值会降低时，所对应的成本即为附加价值成本。

（五）成本估算方法

1. 成本估算的目的

物业服务成本估算，既可服务于物业服务招投标阶段确定物业管理服务费用报价，更可服务于物业服务实施过程中企业内部的成本管理工作。

2. 主要成本项目的估算方法

（1）人工费的估算。

1）基本工资（F1）（元/月）。各类管理服务人员的基本工资标准根据企业性质，参考当地平均工资水平确定。

2）社会保险费（F2）（元/月）。社会保险费包括医疗、工伤保险、养老保险、待业保险、住房基金（含住房公积金）等，应当根据当地政府的规定由企业确定。

3）按规定提取的福利费（F3）（元/月）。福利费包括以下三项：

①福利基金。按工资总额的14%计算。

②工会基金。按工资总额的2%计算。

③教育经费。按工资总额的1.5%计算。

4）加班费（F4）（元/月）。加班费按人均月加班2~3天，再乘以日平均工资计算，日平均工资按每月22个工作日计算。

5）服装费（F5）（元/月）。按每人每年2套服装计算，其服装标准由企业自定。计算出服装费后再除以12个月，即可得到每月服装费。

6）工服洗涤费（F6）（元/月）。工服洗涤费是根据实际需要企业负担洗涤费用的工服数量，按照当地的洗涤费标准计算确定。

每月每平方米人工费的测算公式为：

人工费 $P1 =$ （月基本工资＋社会保险费＋各项福利费＋加班费＋服装费＋工服洗涤费）/S

$$= （F1 + F2 + F3 + F4 + F5 + F6）/S （元/月·平方米）$$

式中 S 表示参与测算的物业总面积，单位为平方米。

（2）办公费估算。

1）交通费（F1）（元/年）。

2）通信费（F2）（元/年）。

3）低值易耗文具、办公用品费（F3）（元/年）。

4）书报费（F4）（元/年）。

5）宣传广告和市场推广费（F5）（元/年）。该项费用支出的数量取决于物业的空置水平、新旧程度以及市场的供求状况等。

6）法律费用（F6）（元/年）。经常出现在该科目下的支出包括为催收拖欠租金而诉诸法律的费用、预估房产税的支出、定期检讨法律文件（如租约、合同等）等费用支出等。律师费是该项下的经常费用。

7）节日装饰费（F7）（元/年）。在法定节假日，如元旦、春节、国庆等节日进行物业装饰的费用。

8）办公用房租金（含水电费）（F8）（元/年）。办公费一般按年先进行估算，汇总后再分摊到每月每平方米中。其计算公式为：

办公费 P2 =（F1 + F2 + F3 + F4 + F5 + F6 + F7 + F8）/12S（元/月·平方米）

（3）共用部位与共用设施设备的日常运行和维护费估算。该项费用在物业管理成本中通常都占有较大比例，而且其中的具体项目也比较多。这些费用一般按年先进行估算，汇总后再分摊到每月每平方米中。其计算公式为：

公共部位、公共设施设备维修保养费 P3 = 各项费用之和/12S（元/月·平方米）

应测算项目有：

①维修保养费（F1）（元/年）。

②装修费（F2）（元/年）。

③能源费（电、气、油料等）（F3）（元/年）。

④康乐设施费（F4）（元/年）。该项成本即康乐设施的运营成本，主要是健身设施、游泳池和其他康乐设施的维修、保养费支出。救生员、器械使用指导员和其他康乐服务人员的工资也属于此项成本的开支范围。

⑤杂项费用（F5）（元/年）。该项费用是指为保持物业正常运转而需要支出的非经常性的、零星的费用项目，如停车位划线、配钥匙、修理或重新油漆建筑物内外的有关标志或符号等的费用支出。

共用部位与共用设施设备维修保养费 P3 =（F1 + F2 + F3 + F4 + F5）/12S（元/月·平方米）

（4）保安费估算。

1）保安系统费。

①保安系统日常运行电费及维修保养费。

②日常保安器材费。即日常保安用警棍、对讲机、电池和电筒等的购置费。

③更新储备金。该项费用为保安系统购置费与安装费之和除以保安系统正常使用年限的数值。

2）保安人员人身保险费。

3）保安用房和保安人员住房租金。其计算公式为：

保安费 P4 ＝（F1 ＋ F2 ＋ F3）/12S（元/月·平方米）

（5）清洁卫生费估算。

1）清洁工具购置费（F1）（元/年）。

2）劳保用品费（F2）（元/年）。

3）清洁机械材料费（F3）（元/年）。此项费用包括大楼幕墙清洁设备，打蜡抛光机的折旧、消耗材料等。

4）化粪池清理费（F4）（元/年）。

5）垃圾外运费（F5）（元/年）。

6）其他费用（F6）（元/年）。

7）水池清洁费（F7）（元/年）。

清洁卫生费 P5 ＝（F1 ＋ F2 ＋ F3 ＋ F4 ＋ F5 ＋ F6 ＋ F7）/12S（元/月·平方米）

（6）绿化养护费估算。

1）绿化工具费（F1）（元/年）。此项费用包括锄头、草剪、枝剪、喷雾器等的购置费用。

2）劳保用品费（F2）（元/年）。此项费用包括手套、口罩、草帽等的购置费用。

3）绿化用水费（F3）（元/年）。

4）农药化肥费（F4）（元/年）。

5）杂草清运费（F5）（元/年）。

6）园林景观再造费（F6）（元/年）。

绿化养护费 P6 ＝（F1 ＋ F2 ＋ F3 ＋ F4 ＋ F5 ＋ F6）/12S（元/月·平方米）

（7）固定资产折旧费估算。该项费用是指物业经营管理企业拥有的各类固定资产按其总额每月分摊提取的折旧费用。

1）交通工具（汽车等）（F1）（元/年）。

2）通信设备（电话机、手机、传真机等）（F2）（元/年）。

3）办公设备（桌椅、沙发、电脑、复印机、空调机等）（F3）（元/年）。

4）工程维修设备（管道疏通机、电焊机等）（F4）（元/年）。

5）其他设备（F5）（元/年）。

固定资产折旧费 P7 ＝（F1 ＋ F2 ＋ F3 ＋ F4 ＋ F5）/12S（元/月·平方米）

固定资产平均折旧一般为 5 年。

（8）保险费估算。物业共用部位、共用设施设备及公众责任保险费用开支，不包括员工医疗险和失业险，后者在人工费里列支。估算公式如下：

$$保险费\ P8 = \frac{\sum (M_i \times X_i)}{12S} \ (i = 1, \cdots, n)$$

式中，P8 ＝保险费支出额；M_i 表示投保的第 i 种保险的保险费；X_i 表示第 i 种保险种类的保险费费率。

（9）专项维修资金。

1）工资津贴等费用（F1）（元/年）。是指维修更新工程中施工工人、维修技术人员的工资、奖金、津贴和多种物价补贴费等。

2）设备、零部件和材料购置费（F2）（元/年）。是指在维修更新物业的过程中，需要更换的设备、零部件购置费用和维修更新工程中使用的各种材料费。

3）机械使用费（F3）（元/年）。是指维修更新工程中使用各类机械的费用，主要包括机械用的燃料动力费、材料费、折旧修理费、替换工具部件费、运输装卸费、辅助设施费等。

4）水、电、气费（F4）（元/年）。是指维修或更新工程中耗用的水、电、气费支出。

5）管理费（F5）（元/年）。是指为组织和管理维修或更新工程所发生的各项费用，包括办公费、管理人员工资、交通费和其他管理费等。

专项维修资金成本 P9 =（F1 + F2 + F3 + F4 + F5）/12S（元/月·平方米）

3. 成本估算结果汇总

P = $\sum$ Fi（i = 1，…，n）

（六）成本预算

1. 成本预算的概念与意义

成本预算也称成本计划，它是根据企业经营目标和经营方针，在了解过去、分析现在和预测未来的基础上，以货币形式事先规定预算期内履行物业管理受托责任所应发生的成本的一种财务管理活动。

2. 成本预算的基本要求

（1）成本预算必须同其他预算相协调。

（2）成本预算要以各项定额为基础。

（3）成本预算应有相应的技术经济措施保证。

（4）成本预算要全面权衡，提高资金使用效益。

（5）成本预算既要符合实际，又要适当留有余地。

3. 成本预算的编制方法

（1）固定预算。其假设前提是：第一，现有的业务活动是企业必需的；第二，原有的各项开支都是合理的；第三，增加费用预算是值得的。

固定预算的主要特点是：预算编出后，在预算期内除特殊情况必须追加预算外一般不做变动或更迭，具有相对固定性，因而称为固定预算。固定预算通常每年编制一次。

固定预算是传统的预算编制方法：特别适合于那些经营管理水平较高、业务结构和业务数量较为稳定的物业经营管理企业采用。

其优点为：编制简单，预算的编制成本较低，费用支出水平的控制要求易于为各部门所接受。

缺点为：没有结合预算期的情况，重新对各项费用支出的必要性及其支出水平进行论证，难以实现费用支出效益的最大化；同时，由于采用该方法编制的预算缺乏挑战性，因而，也难以调动各部门和全体员工控制费用支出的积极性。

（2）弹性预算。弹性预算就是根据业务量的多少，列出几个不同水平的费用预算，根据企业的具体情况，可以每隔一定的比例列出一个不同水平的预算，从而编制成费用弹性预算表。实际执行时，就可以根据实际经营管理水平与业务量，对照相应的费用预算进行控制。这种弹性预算是随着业务量的变动而变动的预算，不存在执行时需要有追加预算的手续。而且弹性预算技术要求在预算制定过程中考虑多种因素的影响，因此可使预算更为精确。

编制弹性成本（费用）预算的主要方法一般有两种：第一，列表法；第二，公式法。

（3）零基预算。零基预算受以往实际费用支出水平的限制，完全根据预算期业务活动的需要和各项业务的轻重缓急，对各支出项目进行逐个分析和计量，从而制定出费用预算。

优点：在既定的物业管理费标准下，有助于提高管理收费的使用效益；改善物业企业与业主的关系，从而增强物业企业的市场竞争力。

零基预算的不足主要表现为：编制预算的工作量相对较大，各费用项目的成本效益率的确定缺乏客观依据等。

（4）滚动预算和概率预算。

1）滚动预算。滚动预算包括逐月滚动、逐季滚动和混合滚动三种方式。

2）概率预算。概率预算的编制方法是：

①确定预算编制所涉及的每一变量；

②确定每一变量的变化范围及其可能性；

③计算各变量不同"组合"的联合概率；

④对各种组合的联合概率与各该组合的结果计算加总，求取成本期望值。

4. 成本预算的编制程序

（1）成本预算的编制方式。物业企业常用的预算编制方式为"二下一上式"。

（2）成本预算的编制程序。

1）收集和整理有关资料；

2）对预算期成本指标进行预测；

3）根据企业（部门）特点编制成本预算。

（3）不同成本的预算编制。

1）营业成本预算；

2）管理费用预算；

3）财务费用预算。

（七）成本控制

1. 成本控制的含义

物业管理成本控制有三层含义：一是对目标成本本身的控制；二是对目标成本完成的控制和过程的监督；三是为今后的成本降低指明方向。

2. 成本控制的分类

成本的控制可按不同的标志进行分类。常用的分类方法有：

（1）按控制的时间特征分类。

1）事先控制：事先控制是成本控制的开端。

2）事中控制：事中控制是成本控制的中心环节。

3）事后控制：成本的事后控制着眼于将来工作的改进，避免不合理的支出和损失的重新发生，为未来的成本管理工作指出努力的方向。

（2）按控制的机制分类。

1）前馈性控制。前馈性控制是运用控制论中的前馈控制原理，在成本发生之前所进行的控制。

2）防护性控制。防护性控制即制度控制，也称会计控制，就是通过制定相关的规章制度以及办法规定，制约不必要或不合理的开支或超支的发生，如物业管理成本开支的审批制度等。前馈性控制和防护性控制都属于事先控制。

3）反馈性控制。反馈性控制是利用反馈控制原理进行的事中或事后控制，其重点在于及时了解成本的开支情况，针对发生偏差的具体原因，采取相应措施，确保总成本不超过预定标准。

3. 成本控制的原则

（1）全面控制原则。全员控制和成本形成的全过程控制。

（2）讲求经济效益原则。

（3）责、权、利相结合原则。

（4）例外管理原则。例外情况常用判定要点是：重要性、特殊性、一贯性。

4. 成本控制的程序

成本的控制一般由五个步骤组成：

（1）确定控制标准。成本控制目标的确定一般可以按计划指标分解法、定额法、预算法三种方法确定。

（2）执行控制标准。

（3）分析相关差异。

（4）纠正成本偏差。

（5）进行考核奖罚。

5. 成本控制的组织体系

（1）成本控制责任中心的建立。物业企业将各部门确立为不同类型的责任中心，根据各自工作内容，将成本预算分解为各责任中心的成本预算。

责任中心一般分为两类：

①成本中心。成本中心是以控制营业成本为主的责任中心，凡直接参与提供物业管理服务的部门，都可以设置为成本中心。

②费用中心。费用中心是指仅对费用发生额负责的责任中心。凡不直接参与提供物业管理服务的部门，通常都设为费用中心。如总经理室、人力资源和社会保障部门（原人事部）等。

（2）成本控制责任中心的业绩考评。考核物业经营管理企业成本（费用）控制中心业绩的指标有两类：一类是经济效益指标；另一类是服务质量指标。其中，经济效益指标是成本（费用）降低额和成本（费用）降低率。其计算公式分别为：

成本（费用）降低额 = 预算成本（费用） - 实际成本（费用）

成本（费用）降低率 = ［成本（费用）降低额/预算成本（费用）］×100%

服务质量的定量指标主要有房屋完好率、维修及时率、重大事故发生率、绿化率、保洁率、业主满意率、物业增值率等。其中，物业增值率是最具综合性的服务质量评价指标，具体计算方法为：

物业增值率 = （期末物业总值/期初物业总值）×100%

6. 成本日常管理

（1）利用物业管理周期理论进行成本控制。在物业管理生命周期的不同阶段，其成本开支的重点不同。在起步阶段，需投入的项目多，且多为新项目，成本开支必然较大；在成熟期，投资项目营运良好，成本支出相对减少；在"衰退"期，由于维修费用开支增大，在其他项目不变的条件下，成本开支会逐步增大。

（2）严格实施预算的凭证控制。

（3）建立健全费用开支与报销审批制度。

第十章 物业纠纷与投诉管理

一、物业纠纷含义及特点

(一) 物业管理纠纷的含义与类型

物业管理纠纷是指物业管理消费者在消费物业管理之前及过程中，因对物业管理服务或与其有关的权利和义务有一定看法时，与提供物业管理服务的物业服务企业所发生的不同程度的争执。目前，我国法律中还没有关于物业管理纠纷的明确规定。

按照不同的标准，可以把物业管理纠纷划分为不同的类型。例如，按不同的法律关系性质差异，可以划分为三类：

(1) 民事纠纷。如服务合同纠纷（违约纠纷）、侵权纠纷等。

(2) 经济纠纷。如物业服务企业与特定业主及业主委员会之间发生的经营管理权限纠纷。

(3) 刑事纠纷。民事、经济纠纷如果不能得到及时的解决或不能得到公正、公平、合理的解决，就很容易升级，当事人矛盾冲突尖锐化，最后演变成刑事纠纷。例如，物业管理中秩序维护人员与业主发生争吵，最后殴打业主致其重伤或死亡等。

如果按照纠纷的具体形式，又可以把物业管理纠纷划分为管理权纠纷、合同纠纷、物业管理具体服务纠纷以及物业服务收费纠纷等几类。

(二) 物业管理纠纷的特点

物业管理纠纷是随着物业管理行业的出现、发展而出现和发展的。从其特点来看，主要表现为以下几个方面：

(1) 物业管理纠纷随着住房制度改革的深化以及小业主的增多而逐年增多住房制度改革的深化，使住宅私有化比例逐步增加。原来住房为国家或单位所有，房屋管理也是国家或单位，所以也就谈不上物业管理纠纷。退一步讲，即使有一些纠纷，也很难得到社会的注意。而住房私有比例的增加，必然带来小业主业权的多元化和规模化，而小业主对业权的反映与主张，一定情况下必然会引致物业管理的纠纷。

(2) 物业管理纠纷的类型由少到多，由简单到复杂。目前，物业管理纠纷已从刚开始时物业服务企业与业主之间关于物业管理费的纠纷，发展到涉及民事诉讼、行政诉讼的各类型纠纷。包括业主或使用人要求物业服务企业承担停水、停电、停气等行为的侵权赔偿纠纷；业主或使用人要求物业服务企业赔偿在提供特约服务中所造成的财产损失的纠纷；业主大会与业主委员会在选聘或解聘物业服务企业过程中产生的纠纷等。由于物业管理纠纷多属新型案件，在审判实践中依据的法律法规很欠缺、不健全，诉讼的成本也比较高。这给正确、快速及有效处理该类纠纷带来一定的难度。

（3）物业管理纠纷具有易发性和涉众性物业管理服务大都直接面对消费者，因此，物业服务人员的服务态度以及物业服务消费者的知识水平、心理及情绪变化等，都直接影响着物业管理服务能否顺利进行。同时，由于各方考虑问题的不同角度，所具有的不同专业水准以及目前客观存在的一些评价缺陷等，所以很容易导致在物业管理服务的提供和交易过程中，供求双方发生对服务质量好坏、满意与否的争执。这就是物业管理纠纷的易发性。另外，物业管理服务主要是公众性服务，质量好坏直接关系到物业管理区域大多数业主与使用人的利益。因此，一旦发生物业管理问题，往往就会引起业主们的集体争执或是业主委员会的集体诉讼。这就是物业管理纠纷的涉众性。

二、物业纠纷产生的原因

物业管理纠纷产生的原因是多方面的，归纳起来从业主或业主组织、物业服务企业、政府以及监督等方面来分析。

（1）业主及业主组织方面的原因。

1）物业管理消费观念没有适时、适度地改变。一方面，在传统福利型住房分配体制下，个人只需缴纳水、电、燃气费和少量房租，其他费用均由国家或单位承担。现在推行市场化的物业管理，业主不仅要缴纳以前的水、电、燃气费，还要缴纳总数比房租高的小区绿化、共用设施维修保养、秩序维护、保洁等一系列费用。一些业主的思想观念一时还很难转变过来，甚至对物业管理服务有一种反感情绪。另一方面，在缴纳比公房时代缴纳费用还多的情况下，多数业主对物业管理服务的期望值，即对服务质量的要求又不合理的畸高。有一种花一元钱就要消费十元钱物业管理服务的不正常心理，这种情况下，供求双方处理稍有不慎就会引起物业管理纠纷的发生。

2）物业管理方面的专业知识还比较缺乏。物业管理在我国产生的时间还不算长，业主及使用人物业管理专业知识的缺乏是很正常的。正是专业知识的缺乏，导致了业主及业主组织和物业服务企业之间的纠纷。例如，在某一小区里，业主因为东西丢失，在楼门口张贴"寻物启事"。等他刚走开就被物业管理人员撕掉，业主发现这种情况之后，去找物业管理人员要求说明情况。物业管理人员解释，按照这家小区的物业管理规定，"不得随意在户外张贴布告"。但业主却坚持认为，这栋楼是全体业主买的，在墙面上张贴告示，物业服务企业管不着，于是这位业主再次张贴他的"寻物启事"，这样就有了纠纷。

3）部分业主民主法制观念淡薄。有些业主并不缺乏一定的物业管理专业知识和相关法律知识，但其法制观念却相当淡薄。购房时签订了管理规约之后却不认真履行，有的甚至故意侵犯物业服务企业的合法权益，无理取闹，得理不让人，从而酿成纠纷。例如，个别业主为一己私利，或因为一点矛盾，就处处散布谣言，污蔑物业服务企业，或者纠集一些不明真相的业主拒交服务费；还有的业主以"主人"自居，经常充满优越感，稍不满意，就"吵闹公堂"。另外，一些业主有意或无意地把原本不属于物业服务范围的服务事项硬牵扯到物业服务企业身上从而引发纠纷。例如，一些业主买房后发现有住房质量问题硬要找物业服务企业负责；室内发生失窃事件不管什么原因，都以交了有关费用为由要求物业服务企业赔偿等。

此外，还有其他方面的一些原因，例如，有些业主因为经济陷入困境，因而拖欠应交的物业服务费，但收费方坚决不让缓交，于是发生收费、交费纠纷等。

（2）物业服务企业方面的原因。

1）物业服务企业从业人员的某些传统观念没有改变。受计划经济体制以及传统房管思想的影响，不少物业服务企业的工作人员还有着浓厚的官商作风以及封建的"主仆"观念，他们没弄清楚自己是谁，在为谁服务，或者没弄清楚所追求的经济利益或者目标，错把自己当成管理者和领导者，把交费的业主当作被管理者和被领导者。为了自己的利益、为了展现自己的权势，以及为了实现管理的高效率，不少物业服务企业自定收费标准，不与业主协商，不报物价局批准，强制收费，或是只收费不服务或少服务、提供劣质服务等；还有一些工作人员，特别是秩序维护员甚至在业主稍有不满和反抗时动手打伤业主，导致严重纠纷的发生。

2）部分物业服务企业人员素质低、服务质量差。为了降低管理成本，一些物业服务企业对新招收来的员工不组织培训。还有不少物业服务企业是由原来的房管所转变而来的，其中某些人员仍然实施"官老爷"式的管理模式，服务意识薄弱。另外，不少单位认为物业管理不需要专业知识，把大量下岗、分流、年老、体弱富余人员随意安排到物业管理岗位，结果带来从业人员的低素质状况。物业服务企业服务质量差可能还是比较普遍的现象，这主要表现在秩序维护和保洁等方面。如小区内卫生不常打扫，闲杂人员随便出入，自行车丢失时有发生，使住户感觉不到封闭式管理的好处。

3）物业服务企业与业主及业主组织缺乏沟通。物业服务企业错误地对自己的角色予以定位，并在此基础上从自己的立场出发，一切以下命令的形式予以实施，不与业主及业主组织商量，对有些敏感问题，不去做深入的思想工作和宣传教育工作，导致业主既不理解，也难支持，甚至产生反感情绪，这就难免会发生各种纠纷。

（3）政府管理方面。政府管理的原因主要表现在两个方面：一方面，政府没有制定健全、完善、操作性强的物业管理法律法规。另一方面，从法律规范角度来看，目前物业管理方面的法规制度不完善、不详细，既存在盲区，也缺乏较强的可操作性。例如，房改房的物业管理问题。房改之后，产权人发生变化，物业服务费谁来交？财政部有个文件规定原则上由业主个人承担，但实际上大部分仍然由单位交，也就是说，单位不是产权人，但是还在帮产权人交物业服务费包括维修费。这更是不合理的。

另外，政府行政管理工作欠得力。首先，管理体制混乱，不符合市场经济的原则。一个城市，建设管理部门、房地产管理部门、市政管理部门等都要对物业服务行业进行管理，结果是谁也管不了，谁也管不好，或者谁也不去管。其次，政府管理有关部门严格执法上还须努力。物业管理市场存在很多问题，需要行政执法机关严格依法执行，对违反规定的经营者一定要进行严格的行政处罚，只有这样，才能保证物业管理市场的规范运行。

（4）规划设计方面。物业管理区域没有完全按照原先的规划设计进行建设，或者规划设计不合理，这也是引起物业纠纷的原因之一。比如，物业区的绿地或配套设施没有按照规划建设；停车位留得太少，或者由于种种原因没有考虑停车场或停车位的配套等，致使车辆占道停放，不仅影响了小区的环境，也容易引起物业管理的纠纷等。

（5）监督机制方面。在完善的市场经济体制下，为了使各类市场主体或者参与者与经营者，严格按照市场规则办事，规范经营行为，必须建立健全市场监督机制。物业管理市场监督机制，不仅要由政府监管、行业自律、业主委员会监督以及社会化媒体监督等几个方面构成，而且需要它们之间有机地配合。由于目前我国物业管理监督体系不健全，机制不完善，部门之间配合不密切，不仅导致物业纠纷不断发生，而且造成了物业纠纷难以从根本上解决的局面。

三、物业管理纠纷的防范

由于各方面的原因，物业管理纠纷是不可避免的，但却是可以防范的。从物业服务企业方面来说，为了防范物业管理纠纷的发生，必须做好以下几方面的工作。

（一）明确管理服务范围

物业服务企业在物业管理中明确物业管理的范围，实际上就是明确管理的内容。明确物业管理的内容，就是物业服务企业在与业主签订物业服务合同或制订管理公约时，一定要根据国家有关规定，以及物业管理区和物业服务企业的实际情况，以物业服务合同或管理公约的形式，对物业管理的范围或内容作出明确规定或界定。

通常来说，物业管理涉及的范围或内容，主要是物业区域中公共区域、公共场所、公共部分、公共秩序、公共物品的管理；一般不涉及私人生活领域。如果要涉及私人领域、私人场所、私有部分、私人事务及私有物品，就必须由相关业主另行委托。总的来说，明确物业管理的范围或内容，即只有规定到物业服务合同中的管理与服务，才是物业管理服务的内容或管理服务的范围。

明确了物业管理的范围或内容，物业服务企业就能正确地行使自己管理的权利和义务：清楚地界定哪些是自己应该管理的，哪些是自己不应该管理的；该管理的必须管好，不该管理的绝对不管；或者说，既不漏掉该管之部分，也不去管理不属于自己管理的部分。

目前，不少物业服务企业在并没有完全弄清楚自己所管物业范围的情况下，盲目地管理了一些不应该管理的事情。如有的物业服务企业，管理了业主并没有委托给物业服务企业的事项，如房屋装修等，甚至把装修作为管理的重点和难点来抓，结果不仅没有收到业主为此支付的管理费用，而且还因管不好、管不了而引起业主的不满，引起了物业管理的纠纷。

（二）明确物业管理服务的职责

明确物业管理服务的职责，绝对不承担管理和服务范围以外的其他事项；即使属于管理范围或管理内容的事项，也要明确管理与服务的程度，即管理和服务的数量和质量。否则不仅会引起物业管理的纠纷，甚至还会给物业服务企业带来潜在甚至较大经营风险。例如，秩序维护管理，是物业服务合同中或管理规约中必须有的服务项目，但是有些物业服务企业却在这项目管理服务中作出"不发生汽车丢失、不发生人身安全事故、不发生重大刑事案件"等承诺或担保。如果能够实现这些承诺或担保，对业主和物业服务企业来说，当然是好事。问题是，管理区域是否会发生这几种案件或不安全事故，要受到很多因素的影响，比如，该物业管理区域所在城市、所在地区的总体社会治安状况；所管区域人员构成的状况等，物业服务企业对于这些因素都是不可能控制的以及难以预测的。所以，在物业管理范围，在确定管理和服务职责时，不仅要明确，而且要实事求是。

事实上，在物业管理比较发达的地区与国家，如英、美等国和我国香港地区，政府管理部门均未规定物业服务企业承担住户人身与财产的安全的职责（责任），物业服务企业也不承诺对住户人身和财产安全负有保险责任。也就是说，物业管理中的秩序维护，不可能对私人财产和业主人身提供保险。秩序维护人员的职责是通过昼夜巡视，配合和协助公安部门进行安全监控。住户的人身、财产风险应当通过购买保险来解决。物业管理职责不明确或承担不可能承担的职责，就会为物业管理纠纷埋下隐患。

（三）强化物业服务企业员工培训，提高物业管理服务水平

物业管理的纠纷一部分是因为物业服务企业员工素质不高，管理与服务不到位。所以，加强物业服务企业员工的培训，帮助员工获得达到优质服务所具有的知识、技能与职业道德，提高他们的职业素质和管理与服务水平，是防范物业管理纠纷的重要措施。

（1）加强员工培训，提高员工素质。在培训计划中，应着重加强对项目主管和新员工的培训。为实施培训计划，应该做到以下方面：根据不同的物业类型和服务内容，使员工掌握工作技能；使用适宜的培训教材和对教材及时更新；及时对新员工开展入门教育和相关培训课程，以及对从事较长时间服务工作的人员的定期知识更新教育；明确培训目的和目标；对培训效果定期进行总结评价，并根据企业的发展计划，调整培训内容；保持各种培训方案的持续性和制度化。培训内容包括以下方面：企业的服务理念、职业理念；企业文化；本企业的质量目标和顾客满意概念；物业管理服务的理论知识；物业管理方面的法律法规以及国家与行业标准；对企业的各项制度、职能和企业结构形成整体认识的培训；物业管理和服务岗位的职业技能以及职业行为素质的培训等。

（2）建立和完善各项管理和服务制度，规范工作流程。在物业管理中，建立与完善各项管理与服务制度，是防范物业管理纠纷和提高物业管理水平的重要措施。为了贯彻执行各项管理和服务制度，必须规范工作流程，加强制度监督检查的力度，及时发现和解决问题，杜绝或减少管理中的漏洞。尽量减少事故发生，把物业管理纠纷控制或解决在萌芽状态。

（3）积极寻找新的服务方式和方法。物业服务企业经理人，要具有超前思维和"超前服务"意识，积极主动研究业主与使用人的潜在需要，不断创新，提供更完善的管理和更便利的服务，这是减少物业管理纠纷，提高物业管理水平的重要方面。

（四）加强物业服务企业的内外部沟通

信息沟通是提高服务质量的保障，也是防范物业管理纠纷的重要措施。物业服务企业的管理者应确保企业内部之间，内部与外部之间进行经常性的信息沟通，并将这种沟通形成一种制度。在提供物业服务的整个过程中，物业服务企业应注意在适宜的阶段开展沟通活动，并考虑沟通的时间及频率。

（1）物业服务企业的内部沟通。物业服务企业的内部沟通应考虑以下方面：本企业的价值观、发展方向和绩效目标；管理层与员工之间相互的信任；员工是否全部了解企业的管理文件、服务规范；向员工传授沟通与互动技巧；及时将企业新的发展战略、工作方针告诉员工；让每个员工享有对获得利益的知情权；提供一个能促进内部良好沟通的场所；企业开展与业主的各种沟通活动，应首先在企业内部让员工了解。通过内部沟通，可以形成共同的价值观和企业文化，有利于减少物业管理纠纷的发生频率。

（2）物业服务企业的外部沟通。这里主要是指物业服务企业同业主及业主组织的沟通。物业管理很多纠纷的发生，都是由于物业服务企业与业主及业主组织缺乏联系与沟通，或者说是由于业主及业主组织对物业管理不了解造成的。物业服务企业应理解业主的需求和期望，耐心倾听业主的意见，对业主的各种抱怨予以体谅，重要的是提供解决问题的办法，对所提供的服务项目进行说明，提高物业服务信息的透明度，使业主及业主组织能够正确理解、积极支持，以致配合物业服务工作。这也是减少物业管理纠纷发生的重要方面。

物业服务企业与业主有效的沟通联络包括：关于服务内容、服务范围的描述；清楚地了解业主对服务的需求和更高的期望；保证业主意识到组织对提高服务质量所做的努力；发生问题时，向业主解释每个问题的后果和解决方法；及时并诚恳地表达在提供服务的过程中所产生的误会；让业主亲身体验物业管理和服务提供的各个过程；让业主理解一项特定服务所能得到的长远利益；提供适当的容易接受的、有效的沟通联络渠道和方法。

物业服务企业与业主及业主组织的联系和沟通可以通过以下方式进行：

走访。即主动上门了解业主的需求（要求）。物业服务企业主动上门，向业主解释物业管理有关规定，征求业主对管理的意见和建议，当场解决业主的疑难问题，缩短业主与物业服务企业之间的距离，增进彼此间的沟通和了解。

召开业主座谈会或举办联谊会。物业服务企业通过召开业主座谈会或举办联谊会，广泛征求业主及业主组织对物业管理工作的意见和建议。为了吸引和鼓励业主参加会议的积极性，物业服务企业对那些积极参与小区物业管理并主动献计献策的业主，应当给予公开表彰或给予一定的物质奖励。

开展丰富多彩的社区文化活动，加强与业主的联系。物业服务企业还可以开展形式多样的文艺、体育活动，开展各种座谈会、讲座、培训班等。通过这些活动，不仅加强了与业主的联系，还可以消除与业主之间的感情隔阂，增强业主对物业服务企业的信任度或信任感。

物业服务企业还可以采取问卷调查、回访等主动的信息沟通方式，了解业主的需求，解决业主的困难；还可以通过诸如公告栏、简讯、电子邮件、电话、传真、信件等形式，宣传物业管理中的规定和要求，使业主及业主组织理解和支持物业服务企业的工作。

四、物业客户投诉的处理

众所周知，物业管理是融服务、管理、经营为一体的服务性行业，而作为服务性行业的物业管理企业要想杜绝业主（用户）投诉是完全不可能的。你做得很出色，客户不一定会赞扬你，而一旦你做得不够好，他们就一定会投诉你。

投诉是指物业所有人和使用人，在使用物业或享受服务的过程中，由于对房屋质量、设施设备运行、毗邻关系以及服务质量、服务态度等产生不满情绪或抱怨，而提请物业管理企业解决处理，或者直接向有关主管部门反映的行为。处理投诉，是物业管理企业日常管理与服务工作的一项重要任务，也是与业户直接交流与沟通的最佳方式。

（一）投诉的种类与原因

投诉的情况是非常复杂的，业主（用户）的投诉也未必全部都有根据和理由。但是通过我们预料的问题，确定合适的答复方式，可以更有效地处理其投诉。

1. 投诉的种类

投诉分为有效投诉和沟通性投诉。

（1）有效投诉。有效投诉是指业主（用户）对物业管理单位在管理服务收费维修养护等方面失职、违纪、违法等行为的投诉，或者业主/使用人对管理单位或管理人员故意、非故意、失误等造成业主或公众利益受到损害的投诉。

（2）沟通性投诉。沟通性投诉是指投诉者有困难或问题需管理单位给予帮助解决，或者投诉者有问题或建议向管理部门提出。

2. 投诉的原因

（1）对设备设施方面的投诉。对设备设施方面的投诉分为两方面：

1）业主（用户）对设备设施设计不合理或遗漏及质量感到不满。如电梯厅狭窄，候梯拥挤；没有货梯，客货混用；房屋漏水、墙体破裂、地板鼓起等。

2）对设备运行质量不满意。如空调供冷不够；电梯经常停梯维修；供电供水设备经常出现故障等。

产生投诉的原因主要基于业主（用户）所"购买"使用的物业与业主（用户）期望有差距。用户使用物业，支付物业管理费，总是希望物业能处于最佳使用状态，并感觉方便舒心。但物业在设计开发时，可能未考虑到或未完全按照用户的需要来设计，设备的选型和施工质量也存在这样那样的问题，因而造成上述的种种不便和问题。

（2）对管理服务方面的投诉。业主（用户）一般对物业质量的感觉来自七个方面：

1）安全。业主（用户）的财产和人身安全是否能得到切实保障。

2）一致。物业服务达到了规范化、标准化，具有可靠性。

3）态度。客服专员礼仪礼貌端庄得体、讲话热情和蔼等。

4）完整。物业服务项目完善齐全，能满足不同层次用户的需要。

5）环境。办公和居住环境安静、人文气氛文明和谐等。

6）方便。服务时间和服务地点方便，有便利的配套服务项目，如停车场、会所、自行车棚、邮局、托儿所等。

7）时间。服务时间和服务时效及时快捷等。

当业主（用户）对这些服务质量基本要素的评估低于其期望值时，就会因不满而投诉。

业主（用户）对服务质量的期望值主要来源于业主（用户）日常得到正常服务的感受和来自物业公司的服务承诺。当物业公司对某项服务"失常"时，如工作人员态度恶劣；日常运作出现小故障、信报未及时送达；维修人员未能尽快完成作业等，业主（用户）容易以投诉来倾诉自己的不满；当物业公司的服务承诺过高时，业主（用户）也易因期望值落差而投诉。

（3）收费方面的投诉。主要是各种分摊费和特约维修费。如水、电、清洁、绿化、公共设备抢修等分摊费用及换灯、换锁、换门等特约维修费用。

物业管理的服务是某种意义上的商品。业主（用户）总是希望以最少的价值购买到最多最好的服务，而管理公司则希望服务成本最小化，这一矛盾集中反映在缴纳各类费用这一敏感问题上。特别是小区居民虽入住"商品房"，但认识还停留在"福利房"阶段，对缴纳管理费、支付维修费，总是处于能拖则拖的不情愿状态，即使很不情愿地交纳了费用，也动辄因一点小事而投诉。

（4）对突发事件方面的投诉。因停电、停水、电梯困人、溢水及室内被盗、车辆丢失等突然事故而造成偶然性投诉。这类问题虽有其"偶然性"和"突发性"，但因事件本身很重大，给业主（用户）的日常工作和生活带来较大麻烦而引致较强烈的投诉。

（二）投诉者及其动机

充分了解物业管理投诉者及其心态是物业管理从业人员处理物业管理投诉的关键所在。因为知己知彼，才能百战不殆。

1. 投诉者的类别

（1）职业投诉者。这些人不间断地以不同的理由进行投诉，希望通过这样的途径能直接或间接地获得经济上的更多的收益或补偿，以及为其提供超高的服务水准。投诉的内容往往是小问题，但投诉者总是试图以之夸大。

（2）问题投诉者。在物业管理投诉项目中，绝大多数都属于这一类。他们对所出现的问题感到不满，但不想小题大做，只想将问题或不满通过各种有效途径进行反映，以求得到妥善处理。

（3）潜在投诉者。这类投诉者有其合理的投诉事由，但出于某种原因的考虑并不想进行投诉，尽管有时也会向自己的亲朋好友"诉苦"或不间断地发牢骚、埋怨。此类投诉者只有在被"逼上梁山"时，才会转为问题投诉者。

2. 投诉者的心态

（1）心态之一：求尊重。这主要是指那些有身份地位、有财富及其他类型（如自我感觉良好等）的业主（用户），他们往往口气大、来势猛，有时甚至还大吵大闹，盛气凌人。他们力图通过这一系列行为向物业管理企业提示：你要关注我、尊重我、要不折不扣地为我办事等。

（2）心态之二：求发泄。这种心态类型的业主（用户），由于他在工作上、家庭生活中受到不同程度的委屈，造成心理上的偏差或不平衡，想通过对某一件小事甚至想尽办法寻找投诉点，发泄心中的郁闷或不快，以此来满足心理上的安慰。

（3）心态之三：求补偿。"表里不一"是这种类型业主（用户）最好的心态表述。这种人来势往往不凶猛，来了以后并不是单刀直入，而是甜言蜜语、夸这赞那，弄得物业管理人员晕头转向，在未来得及还神时，突然直截了当地反转话锋，正式切入主题，目的是要获得经济上的补偿。

（4）心态之四：求解决。业主（用户）确实遇到问题，希望通过物业管理企业帮助或协调解决。

（三）对待投诉的正确态度

物业的投诉处理及回访是日常物业管理中的重要组成部分。要正确对待业户的投诉，要把业主（用户）投诉当作是业主（用户）对物业管理单位的信任，是认识工作不足、改进工作，提高服务质量和管理水平，加强与业主（用户）交流沟通的有效途径；切不可认为投诉是业主（用户）故意找物业麻烦。

我们要正确看待投诉，保持一份良好的心态对待业主（用户）的投诉并落实处理。

（1）要理解业主（用户）的抱怨，永远不要生气。因为生气往往会使简单的事情变得复杂而不易解决。

（2）告诉对方你十分理解他现在的心情，并尽快作出反应，比如拿起笔立即进行记录。这样对方就会有一种被重视的感觉，火气自然就会消一些。

（3）融入感情，分析对方发怒的真正原因，甚至可以告诉对方你也曾有过类似的经历，使双方产生共鸣。

（4）倾听对方叙述，不要打断话头。满足对方的倾诉，发泄愿望是有效解决问题的第一步；在听的同时要进行综合分析判断，确认业主（用户）是否说了所有的事情、是否将问题说清楚了。

（5）告诉对方你将代表公司认真处理此事。虽然你并不能全权处理，但你作出了反应，对方会得到某种程度上的满足。因为人们在投诉或反映问题的时候最讨厌别人推诿。

（6）当问题解决后，打个电话问候一下对方。这样做既给对方留下一个好印象，也体现了一个公司良好的工作作风，必要时应询问一下对方对问题如此解决是否满意。

（7）加强自身学习，熟悉本行业的法律、法规，处理投诉时能以理服人，以法治本。这是处理投诉很重要的一点。试想一下，有人来投诉，你却一问三不知，什么也不懂、什么也不会，只知道"抱歉"。这样是解决不了任何问题的。

（四）投诉处理原则

在处理投诉的过程中，要把握好以下原则：

1. 换位思考原则

在接受投诉处理的过程中，必须以维护公司利益为准则，学会换位思考，以尊重业主（用户）、理解业主（用户）为前提，用积极诚恳、严厉认真的态度，控制自己的情绪，以冷静、平和的心态先处理业主（用户）的心情，改变业主（用户）的心态，然后再处理投诉内容。不能因为一个小小的失误导致投诉处理失败，从而引发马太效应，导致一系列的投诉事件发生。

2. 有法可依原则

物业公司天天都要面对形形色色的各类投诉，假如不加甄别，认为每件投诉都是有效的，那么管理水准再高的物业公司也要累得够呛。一方面承担了本公司不该承担的责任；另一方面还会让物业公司成为业主（用户）冤屈的申诉地，物业公司将会成为一锅大杂烩，从而导致工作权限不清，出力不讨好的情况发生。因此在接受投诉时，在稳定业主（用户）情绪的情况下，必须对投诉事件进行有效与无效投诉区分，提高物业公司的工作效率。凡在物业公司与业主委员会签订合同条款内，纳入物管行规内的投诉属于有效投诉；凡不属于该范围的任何投诉均属无效投诉。当然这就要求物业公司的相关工作人员熟悉物业治理的相关法律法规。

3. 快速反应原则

投诉事件的发生具有偶发性且业主（用户）大多是带着情绪而来，若处理不当小则导致业主（用户）拍案大怒引起关联业主（用户）围观影响公司品牌形象，大则业主（用户）一怒向新闻媒体报料给公司造成极大的负面影响。这种情况就要求：

（1）必须快速、准确地识别业主（用户）的投诉是否有效。

（2）若有效，当场可以解决的必须予以解决，需要其他部门共同解决的，必须在沟通机制有效畅通的基础上给予解决。

（3）若现场无法解决的，经与业主（用户）协商约定投诉解决的具体时间、期限，并在规定期限内给予圆满解决。

（4）面对重大的投诉问题，一定要在第一时间内向上反映，第一责任人要亲自处理；同时要正确把握好与新闻媒体的关系。

4. 适度拒绝原则

在满足客户的要求时，若在公司职权范围之内的有效投诉，应按照业主（用户）投诉处理服务体系处理．若为无效投诉，假如时间、人力资源许可，物业公司可以协助解决，否则可以大胆拒绝，以免业主（用户）养成事事依靠物业公司的依赖心理，给物业公司的日常管理工作带来诸多不便。

5. 及时总结原则

投诉在很多时候仍无法避免，若就事论事，只满足于投诉处理过程的控制，让投诉者满意而归而不注重事后的跟踪及投诉案例的分析、总结、培训；同类投诉事件仍会继续发生。如此周而复始，对物业公司服务失去耐心的投诉者将从侧面传播公司的负面，导致公司声誉、品牌受损。古人云："吃一堑，长一智。"今天的总结、改进、培训，一方面是为了提高相关人员的技术水准；另一方面则是为了少投诉，为下一步工作打下良好的基础，并在此基础上提升客户满意度，增强公司竞争力，放大公司品牌知名度。

（五）物业管理纠纷处理依据

物业管理纠纷一旦发生，必须给予正确的处理。正确地处理物业管理纠纷的关键，必须有充分的根据。适用于处理物业管理纠纷的主要根据就是国家的法律法规、国家的有关政策以及物业服务合同与管理规约等文献。

（1）国家有关法律法规。国家有关法律法规是处理物业管理纠纷最根本的依据。

首先是《宪法》。《宪法》是国家根本大法，它以我国的社会制度和国家制度的基本原则为内容，规定了国家的国体、政体、经济制度、国家机构、公民的权利与义务等，是制定其他法律，包括物业管理及其市场管理运作法律的根据和立法的基础。当然也是处理物业管理纠纷的最重要的依据。

其次是《民法通则》。《民法通则》是仅次于《宪法》的一部重要的基本法。主要是调整平等主体即公民之间、法人之间、公民与法人之间的财产关系和人身关系的法律规范。物业服务既涉及了公民之间、法人之间、公民与法人之间的财产关系，又涉及了人身关系，因此，《民法通则》也是处理物业管理纠纷的一个重要法律。

再次是《合同法》。《合同法》是为了保护合同当事人的合法权益，维护社会经济秩序，是法人之间、法人与社会经济团体之间为实现一定的经济目的，明确双方的权利与义务关系的法律规范。物业管理中的经济活动应该以合同的形式进行，因此，《合同法》中有关合同的订立和履行、合同的变更和解除，以及违反合同的责任等，在物业服务合同中都必须遵守。

此外，还有《公司法》、《环境保护法》、《诉讼法》等。

（2）《中华人民共和国物权法》。《中华人民共和国物权法》（简称《物权法》）是民法的重要组成部分，是调整财产关系的基本法。法律对物权的调整范围、原则、所有权、用益物权、担保物权、登记制度、物权的保护等都作出了详细规定。具体地说，明确了物权调整的对象和保护的目标；规范了建筑物区分所有权，明确了业主专有权与共有权；规范了建筑区划内共有权及其使用权利；规范了业主大会和业主委员会的设立与职权；明确了维修基金及其分摊的原则；阐述了物业管理模式；规范了相邻权，保护"采光权"等。《物权法》的颁布和实施，为物业管理和物业纠纷的处理提供了法律依据。

（3）有关房地产业的法律法规。有关房地产业的法律法规主要是《城市房地产管理法》。《城市房地产管理法》是城市房地产管理的权威法律，其主要内容是关于房地产开发用地、房地产开发、房地产交易、房地产权属登记管理等。特别是对房地产交易部分包括房地产转让、房地产抵押、房屋租赁以及中介服务机构等作出了明确的规定。这些内容与物业管理有着一定的联系，比如，物业管理市场中的中介机构，其操作就应该严格遵守《城市房地产管理法》的有关规定。此外，《城市房地产中介服务管理规定》、《租赁房屋治安管理规定》、《建筑装饰装修管理规定》以及《土地管理法》等，都是处理物业管理纠纷的重要依据。

（4）物业管理法律法规。物业管理法律法规主要有：《物业服务收费管理办法》、《城市异产毗连房屋管理规定》、《关于加强商品房销售、房改售房与物业管理衔接工作的通知》、《物业服务企业财务管理规定》、《关于加强公有住房售后维修养护管理工作的通知》、《物业服务定价成本监审办法》、《物业服务收费明码标价规定》、《物业管理企业资质管理办法》、《建筑装饰装修管理规定》、《普通住宅小区物业管理服务等级标准》、《物业管理企业财务管理规定》、《业主大会业主委员会指导规则》以及《住宅专项维修资金管理办法》等。

此外，物业服务合同和管理规约也是处理物业管理纠纷的重要依据。物业服务合同是业主与物业服务企业双方的真实意思表示。一旦签订了物业服务合同，业主和物业服务企业就必须遵守。管理规约是物业区域最高的管理规范，对全体业主均有约束力。

（六）投诉处理流程

为提高物业公司各部门的投诉直接处理率、缩短投诉者等候时间、缩短全程处理时限、规范投诉处理行为并统一投诉处理口径，降低重复投诉次数，最终达到提升业主满意度的目的，物业公司必须制定投诉处理流程，并要求投诉受理人员必须掌握投诉处理流程。

（1）接到投诉（电话投诉、现场投诉、前台投诉）的首问人员若为物业公司的一般人员，能给予解释的当场给予解释；若不能处理的，应将投诉业主领至专门的投诉受理人员。

（2）投诉受理人员在接到投诉后，首先安抚投诉者的情绪，运用"先处理心情，后处理事情"的处理原则，在态度上给投诉者一种亲切感，以积极的态度对待投诉者的投诉。

（3）当投诉者在陈述事由时，投诉处理人员应将投诉者所陈述的事由作详细记录，以备查询；同时要求其出示相关证明作为凭证。

（4）根据投诉者所投诉的事项作业务分类，并立即核实投诉事项是否真实、有效。若有效，能现场处理的，立即处理；若不能当场处理的，可跟其协商处理时间，请示上级后，给予限时进行电话回复。

（5）如有投诉需其他部门配合方能解决的问题时，应尽快与其他部门联系，取得解决方案再向业主做出解答。

（6）投诉者不满意处理结果时，投诉处理人员可交上级处理。当值班人员无法现场解决时，可跟其协商另定时间进行电话跟踪服务，并限时给予回复。

（7）当投诉者不同意更换时间时，简要地将投诉处理经过总结，上报和转交上级部门处理。

（8）当投诉处理完毕时，投诉受理人员在目送投诉者出大门后，及时做好投诉处理结果记录。

（9）做好回访。上门回访一般要预约时间，回访时间一般控制在30分钟内；电话回访一般在5分钟内完成，尽可能简明扼要。

（10）将投诉事件进行归类，总结、归档。

（七）物业管理纠纷处理方式

物业管理活动范围广泛，服务对象复杂，决定了物业管理纠纷多种多样，范围有大有小，性质各异。所以，处理物业管理纠纷须根据纠纷的具体情况，采取不同的处理方式。总的来说，物业管理纠纷基本上可以通过协商、调解、仲裁、诉讼这四种形式加以解决或处理。

（1）协商方式。物业管理纠纷协商处理方式，是纠纷当事人双方或多方，本着实事求是的精神，根据物业管理纠纷处理的依据，直接进行磋商，通过摆事实、讲道理的办法说明事实、分清是非，在自愿互谅、明确责任的基础上，按照各自过错的有无、大小和对方受损害的程度，自觉承担相应的责任。或者说，通过协商达成共识。这是一种通过内部协商，依靠自己的力量自行解决物业管理纠纷的一种处理方式。

（2）调解方式。如果当事人无法通过协商方式解决物业管理纠纷，就可以通过调解的方式解决。物业管理纠纷调解方式，是通过第三方介入解决的方式，即通过物业管理协会或协调机构，或是申请房屋所在地行政主管部门进行调解。按照调解主持人的身份不同，调解可分为民间调解、行政调解和司法调解三种方式。

1）民间调解。主要是律师调解、消费者协会调解或当事人请调停人调解，具有民间性质。调解方案虽然有一定约束力，但主要还是依靠当事人意愿和自觉履行。

2）行政调解。这种方式是在特定的国家行政机关的主持下进行的调解，所以具有行政性质。行政调解书，具有法律效力。如果一方拒绝执行，主管机关虽然无权强制执行，但是另一方当事人可以持行政调解书向有管辖权的法院申请强制执行。

3）司法调解。司法调解有广义和狭义之分。广义调解包括仲裁调解和法院调解；狭义调解仅指法院调解，又称诉讼内调解，具有司法性质。法院受审案件中的民事部分，可以在审判人员主持下进行调解，一般只有在调解不成时，才依法作出判决。

（3）仲裁方式。仲裁方式是由当事人依据仲裁法，在双方自愿选定仲裁机构，并由仲裁机构主持调解或对纠纷作出裁决的一种处理或解决方式。物业管理纠纷当事人，如果采用仲裁方式解决纠纷，应当双方自愿，并达成书面仲裁协议。如果在当事人达成仲裁协议的情况下，无论哪一方向法院起诉，法院都会受理（但仲裁协议无效的除外）。

（4）诉讼方式。当物业管理纠纷由当事人和参与人，根据有关法律规定，将物业管理纠纷事件上诉法院，由法院依据有关法律程序和适用法律，进行审判或裁决，就是物业管理纠纷的诉讼方法。诉讼是解决争议纠纷的基本方式。特别是对于一些严重的侵权行为，当事人可以依法直接向人民法院起诉。

（八）投诉处理技巧

1. 倾听，不与争辩

接到投诉时，一定要以平静关切的心态，认真耐心地听取投诉者的投诉，让其清楚地将投诉的问题表述完整。

在聆听投诉人讲述时，接待者轻易不要打断话题，不可耳光游移，做出打哈欠、看手表（钟）等表现出不专注的表情，应与投诉人保持眼神交流，并适时地用"是""对""确实如此"等语言，以及点头的方式表示自己的同情，不要随便打断投诉者的说话。因为中途打断，会使投诉者认为其得不到应有的尊重。与此同时，客服专员还可以通过委婉的方式不断地提问，及时弄清投诉的根源所在。对那些业主（用户）的失实、偏激或误解投诉，客服专员千万不要流露出任何不满、嘲弄的情绪，要对投诉者的感受表示理解，争取最大限度地与投诉者产生感情上的交流，使其感受到物业管理企业在用虚心诚恳的态度帮他的忙。

2. 记录投诉内容

在仔细倾听投诉者对物业管理进行投诉的同时，还要认真做好投诉记录，尽可能写得详细点、具体点。因为做好记录（如表 1-10-1），不仅可以使投诉者讲话的速度由快减慢，缓冲其激动而不平的心情，而且还是一种让投诉者感到安慰的方式。当听完以及记录完其投诉之后，客服专员对投诉的内容以及所要求解决的问题复述一遍，看看是否搞清楚了投诉者所投诉的问题所在，以便进一步进行处理解决。对其遭遇或不幸表示歉意、理解或同情，让对方心态得以平衡。

表 1-10-1 客户投诉受理登记表

编号：

投诉形式	电话投诉□　传真投诉□　信函投诉□　上门投诉□　转告控诉□				
投诉者情况	姓名	工作单住（或居住地址）		联系电话	投诉日期
受理部门/人				受理日期	
序号	投诉性质	投诉内容具体描述：			
1	有效投诉□				
2	意见调查出现的不满意、意见或建议□				
3	对服务过程不满意□				
责任部门/人提出解决问题的方案	方案提出人/日期：　　　　负责人/日期：				
实施情况	实施人：　　　日期：		实施记录有效附件（把相关的单据附件于此表后作为附件）		
处理结果验证	□符合要求，处理结束 □不符合要求，继续处理 验证人：　　　日期：		回访情况 （附相关单据）		
备注					

归档：　　　　　　　　　　　　　　日期：

3. 换位思考，将心比心

客服专员要有"角色转换"，将心比心来处理投诉的心态，转换一下位置，设身处地地从投诉者的角度看待其所遭遇到的麻烦和不幸，安慰他，最大限度地拉近彼此的心理距离。正如一位很有经验的公关专家所述的那样：在与顾客的接触中，应该表示自己很能理解顾客的心情。尤其是在顾客生气、发怒时，更应该说些为顾客着想的话。这种与顾客心理上的沟通往往会使双方的关系发生微妙的变化，从敌对双方转向合作、从僵持转向融洽、从互不让步转向相互让步，如此才有利于问题的解决。

4. 分清投诉类别，判定投诉性质

首先应确定物业管理投诉的类别，是对政府部门和公共事业单位的投诉、对小区内其他业主的投诉、对开发商的投诉，还是对管理处的投诉。然后判定物业投诉是否合理，如投诉不合理，应该迅速答复对方，婉转说明理由或情况，真诚求得对方的谅解。

对不合理投诉只要解释清楚就可以了，不要过多纠缠。如属合理有效的物业管理投诉，一定要站在"平等、公正、合理、互谅"的立场上提出处理解决意见，满足其合理要求。在着手处理解决问题对，注意要紧扣所投诉的问题点，不随意引申。

凡是具备以下特征的投诉，公司将其定性为重大/严重投诉：

（1）对同一事项投诉的业主（用户）达到 5 户以上。

（2）投诉的内容涉及的业主（用户）较多。

（3）投诉的影响较大（影响公司声誉）。

（4）投诉涉及重大人身、财产利益。

5. 明确回复时限，按时处理完毕

拖延处理业主（用户）的投诉，是导致业主（用户）产生新的投诉根源。及时处理是赢得业主（用户）信赖的最好方式；同时还要特别注重物业投诉处理的质量。这直接关联到物业管理企业的声誉与形象，弄不好还会好事变成坏事，使业主（用户）失去对物业管理企业的信任。一般时限规定为：

（1）属业主（用户）对管理处的投诉，务必在 24 小时内予以处理并回复。

（2）属业主（用户）之间的投诉，务必在 3 个工作日内予以答复。

（3）属业主（用户）对政府部门和开发商的投诉，务必在 7 个工作日内予以协调并回复。

（4）对一般职能部门的事务（如停水、停电）则需于 24 小时内回复，并作回复记录。

（5）对于重大/严重投诉，如管理处接获，应于 15 分钟内填写《紧急/重大投诉事件处理记录表》通知管理处负责人。安排投诉处理专责人员，并将调查情况以书面汇报总经理，做好跟踪处理结果的记录。

6. 反馈处理结果，张贴投诉公告

物业管理投诉处理完毕后，可将投诉处理的结果以投诉公告、走访、电话等方式直接反馈给投诉者，这是处理物业管理投诉工作的重要环节。倘若失去这一环节，则表明物业管理企业所做的一切努力与辛苦的工作将付诸东流。回复投诉者可以向其表明其投诉已得到重视，并已妥善处理。从另一个角度说，及时的回复也可显示公司的工作效率。

按投诉规定，投诉公告的内容应包括：受理投诉的时间、投诉者的区域范围、受理投诉的事项、处理办法、处理结果、回访情况、根据投诉事项提出注意事项、投诉处理时限、投诉接待人、投诉处理跟进人、投诉处理负责人。

7. 总结经验教训，完善服务工作

处理完投诉，并不意味着一切就结束了，还应该将每月发生的投诉案例进行分类、汇总、分析（如表 1 – 10 – 2 所示），对投诉的处理方法进行评价、检讨，总结教训与经验，完善和改进管理及服务工作，从中积累处理各案的经验。

表 1 – 10 – 2　月度投诉统计分析表

月份：　　　　　填表日期：　　　年　　月　　日

被投诉部门								合计
本月次数								
上月次数								
增减次数								
升降比例								
投诉分析	签名：							

（九）减少物业管理投诉的途径

1. 建立和完善各项管理和服务制度

不断建立和完善各项管理和服务制度，并严格按工作规程和规范开展工作，这是减少投诉的关键。完善的管理制度和严格的工作规程为服务和管理提供了量化标准，既有利于管理公司提高管理水平、完善各项服务，也有利于用户以客观的标准来评价监督管理公司的工作。

2. 加强与业主（用户）的联系与沟通

经常把有关的规定和要求通过各种渠道传达给业主（用户），使业主（用户）理解，支持和配合，这是减少投诉的重要条件。物业管理属于感情密集型服务行业，业主（用户）在物业中停留时间较长，与物业公司合作时间也较长，因此与物业公司的感情交流尤为重要。物业公司应积极通过联谊等形式，开展社区文化建设，促进与业主的交流，可以消除与业主之间的感情隔阂，使业主对物业公司有一定信任度；同时，还可通过公告栏、信箱、简讯、走访、业主大会等形式，宣传物业管理的规定和要求，使业主（用户）理解和支持管理公司的工作。此外，物业公司应采取问卷调查、回访等主动的信息沟通方式，了解其需求，解决其困难，也可以减少其消极投诉。

3. 加强员工培训

利用各种形式，加强对物业从业人员的培训，提高员工的服务意识、服务技能以及预见能力，这是减少投诉的保证。物业管理服务的过程往往是"生产"与"消费"同步完成的。因此每位员工的服务都有一定的不可补救性，用户对某位员工恶劣态度所产生的坏影响，会延及整个管理公司。所以减少投诉应加强员工培训，不仅培养员工使用规范用语、进行规范操作的能力，还要培训员工灵活的服务技巧和应变能力，更要加强员工的服务意识和职业道德教育，并配以奖惩机制，督促、激励员工提供优质服务。

4. 防患于未然

加大巡视检查力度，及时发现和解决问题，把事态控制在萌芽状态，这是减少投诉的根本。加强日常管理，"防患于未然"，通过巡视检查等手段，尽量减少事故发生。加强管理中的各个环节，杜绝管理中的漏洞，使管理趋于"零缺点"或"无缺陷"的尽善尽美状态。

5. 寻找新的服务方式和方法

适应社会不断的发展，寻找新的服务方式和方法，这是减少投诉的前提。即使业主（用户）对物业公司当前的服务"非常满意"，也并不意味着管理公司可以停滞不前。如果物业公司不进行创新，保持持久的服务优势和质量，还是会招致他们的不满。物业公司应注重研究他们的潜在需要，具超前思维和"超前服务"意识，既要"想业主之所想"，又要"想业主之未想"，不断创新，提供更完善的管理和更便利的服务，才能获得业主长久的满意和支持，减少投诉的发生。

第十一章　物业类型与智能化管理

一、住宅小区的物业管理

（一）住宅小区的构成与特点

1. 住宅小区的构成

现代的住宅小区应由以下三部分构成：

（1）住宅小区的居民。住宅小区的居民一般有组织地以社会群体的结构方式生活在小区内。首先以血缘关系或婚姻关系组成不同规模、不同形式的家庭，通常以家庭为户，每户为一单元居住在小区内。有的住宅小区普通工薪阶层的工人和普通职员多一些，有的住宅小区高收入者多些，还有的住宅小区的居民受教育层次较高。所以对于不同的住宅小区居民，物业管理水平和服务内容都有所不同。研究住宅小区的居民构成是做好住宅小区物业管理的前提和基础，从而针对居民提出的要求更好地做好物业管理的服务工作。

（2）住宅小区的居住设施。住宅小区的居民设施主要指小区居民居住的房屋及与之配套的供电、供水、供气、供暖及下水、消防、保安等设备设施，也包括小区内共用房及配套的设施设备。

（3）住宅小区的居住环境。住宅小区的居住环境包括自然环境和人为环境。

1）自然环境。居住的自然环境如何，将直接影响人们身体的健康。不同的土质和岩石所含元素不同，会对人体产生不同的影响。物业服务企业对住宅小区的自然环境条件应有档案记载，纳入管理范围，以防由于自然环境因素的突然改变给物业管理工作及住宅小区居民身体健康带来影响。

2）人为环境。人为环境包括住宅小区社会、经济、文化环境；绿化美化、卫生环境；治安、安全环境等。这些人为环境都是住宅小区的开发者、管理者及居民人为创造的。人为环境的好坏直接体现了住宅小区的居民及住宅小区的物业管理者综合素质的高低，同时也是衡量住宅小区物业管理水平最直接、最重要的指标。由于人为环境既能人为创造，也能人为改善、人为提高，所以易为物业管理者所控制，也最能体现小区精神文明建设的成就。因此，人为环境是住宅小区物业管理中非常重要的组成部分。

2. 住宅小区的特点

住宅小区相对于一般单体住宅或单幢住宅楼来说，更注重物业的整体性、相关性。住宅小区尤其是新建住宅小区有以下特点：

（1）居住功能单一，相对封闭独立。住宅小区功能单一，是指小区内一切设施都是为小区内居住便利而设计、建造的。它不包括工业生产、农业生产等其他社会功能和城市功能。住宅小区内居民居住集中，相对封闭独立，在城镇中单独营造一片住宅小区，与城市中生产区、商业区、办公区等其他功能区分离，改变了原城镇居民居住分散在城镇各个角落，与其他各功能区混杂居住的局面，方便了居民居住生活，便于集中服务与管理，提高了城镇居民居住条件与水平。

（2）住宅小区人口密度高、人口结构复杂，形成相对独立的社区文化。以北京所统计的 10 个小区为例，少则 500 户，2000 人；多则 9000 ~ 15000 户，约 3 万 ~5 万人。小区内有各行各业的人员，其特点是：各种方言和信仰同时存在，社会活动、经济活动和生活方式多种多样；人际关系广泛但较松散，文化程度相对较高。比较复杂的人口高度密集、相对封闭、独立生活在一个相对小的区域内，久而久之，必然形成具有独特特点的社区文化，而逐步演变成一个"小社会"。这给住宅小区的物业管理工作带来了新问题和新思考。

（3）住宅小区房屋产权多元化、公用设施社会化。由于住宅建设投资的多渠道、住宅的商品化及住房制度改革的深化，房屋的产权结构也发生了重大变化。住宅小区的房屋基本上由住宅小区居民个人购买，产权归居民个人所有。产权多元化是住宅小区管理的突出特点。与住宅房屋所有权多元化相对立存在的是住宅小区公共设施社会化，即小区建筑物共有部分及小区内公共绿地、公用设施等属小区居民共同所有。这就需要住宅小区物业服务企业，在进行住宅小区物业管理工作时应区别对待，对不同所有权采取不同的管理方式。

（4）规划建设合理，配套设施齐全，居住方便。由于城市建设的发展和居住水平的提高，住宅小区的规划建设有了很大的变化。

新建住宅小区多为多层、多栋楼体建筑群，少的几万平方米，多的十几万甚至百余万平方米。在使用功能上，新建的住宅小区大多是经过政府有关部门多次商讨、规划建设而成的，基本都是由商业、服务业、文化教育、卫生、办公用房、住宅及其配套建筑和设施组成的一个完整的功能齐全的多功能区。因此，这些住宅小区大多规划建设合理，配套设施齐全，居住舒适、环境安全、外形美观、生活便利。

（二）住宅小区物业管理的主要内容

我国的住宅小区物业管理纳入法律范围，是从 1994 年 3 月原建设部颁布的《城市新建住宅小区管理办法》后开始的。

住宅小区物业管理的内容与前面讲过的住宅小区的构成内容有关，包括：住宅小区的居民管理，住宅小区内的房屋建筑及其设备、市政公用设施、绿化、卫生、交通、治安、环境等的管理。

1. 住宅小区的居民管理

住宅小区物业管理，管理和服务的对象首先就是住宅小区的居民。对于居民的管理，不是限制他们的人身自由，而是管理他们在小区居住时的部分行为。

为了住宅小区的公共秩序及住宅小区全体居民的利益，住宅小区内的每一位居民都应该在住宅小区内，服从业主委员会与物业服务企业制定的相关制度和规定。这些管理制度都是在小区居民自愿的基础上，为保障小区居民的居住环境和居住条件而制定和执行的。因此，不论是住宅小区物业管理者还是住宅小区的居民，他们的目标是一致的。

2. 住宅小区的居住设施管理

住宅小区物业服务企业根据物业服务合同，负责住宅小区房屋及附属设施、设备的维修管理，管理重点在共有部分。这是物业服务企业的主要业务。

住宅小区公共设施（如供水系统、供电系统、消防系统等）的管理，也是受各系统市政部门所有者的委托，代管各系统的运行状况及运行结果，代缴各相关费用。由于所有权不属于物业服务企业，而其设备的改造、更换等又涉及产权问题，所以凡重大维修项目，均应通过各系统所有者执行。住宅小区的物业服务企业只在委托授权范围内监护设施使用情况及运行状态，保障住宅小区居民能安全、及时地使用，满足其生活、生存需要。

3. 住宅小区居住环境管理

住宅小区物业管理的自然环境管理，主要是监测自然环境，防止自然环境中不良因素的影响；对人为环境的管理是物业管理的重点之一，主要依靠物业服务企业与住宅小区的居民签订一些公约或管理制度，来规定住宅小区居民的一些行为，并通过维护、改变或塑造一种环境秩序来营造住宅小区的人为环境。

（三）住宅小区物业管理的具体要求

1. 对房屋维修管理的要求

（1）房屋外观完好、整洁。

（2）小区内组团及栋号有明显标志及引路方向平面图。

（3）房屋完好率达98%以上。

（4）无违反规划私搭乱建现象。

（5）封闭阳台的，要统一有序，阳台的使用不碍观瞻。装饰房屋的，不危及房屋结构与他人安全。

（6）房屋零修及时率达98%以上，零修合格率达100%，并建立回访制度和回访记录。

（7）房屋资料档案齐全、管理完善，并建立住户档案，住户所在栋号、门号、房号清晰，随时可查。

2. 对房屋设备管理的要求

（1）小区内所有公共设备图纸、资料档案齐全，管理完善。

（2）设备良好、运行正常，无事故隐患，保养、检修制度完备。

（3）每日有设备运行记录，运行人员严格遵守操作规程及保养规范。

（4）电梯按规定时间运行。

（5）居民生活用水、高压水泵、水池、水箱有严格的管理措施；二次供水的，卫生许可证、水质化验单、操作人员健康合格证俱全。

（6）消防系统设备完好无损，可随时启用。

（7）锅炉供暖、煤气、燃气运行正常；北方地区冬季供暖，居室内温度不得低于16℃。

3. 对市政公用设施管理的要求

（1）小区内所有公共配套服务设施完好，不得随意改变用途。

（2）供水、供电、通信、照明设备齐全，工作正常。

（3）道路畅通，路面平坦。

（4）污水排放通畅。

（5）交通车辆管理运行有序，机动车、非机动车均无乱停乱放现象。

4. 对绿化管理的要求

（1）小区公共绿地、庭院绿地和道路两侧绿地合理分布，花坛、树木、建筑小品配置得当。

（2）新建小区，公共绿地人均1平方米以上；旧区改造的小区，公共绿地人均不得低于0.5平方米。

（3）绿地管理及养护措施能够真正落实，无破坏、践踏及随意占用现象。

5. 对环境卫生管理的要求

（1）小区内环卫设施完备，设有垃圾箱、果皮箱、垃圾中转站等保洁设备。

（2）小区实行标准化清扫保洁，垃圾日清日消。

（3）小区内不得违反规定饲养家禽、家畜及宠物。

（4）房屋的公共楼梯、扶栏、走道、地下室等部位保持清洁，不得随意堆放杂物或占用。

（5）居民日常生活所需商业网点管理有序，无乱设摊点、广告牌及乱贴、乱画等现象。

6. 对治安、保卫管理的要求

（1）小区基本实行封闭式管理。

（2）小区实行24小时保安制度。

（3）保安人员有明显标志、工作规范，作风严谨。

（4）危及住户安全处设有明显标志和防范措施。

（5）小区内无重大火灾、刑事犯罪和交通事故。

7. 对物业服务企业的要求

（1）为居民开展多项有偿便民服务。

（2）一业为主，多种经营。

（3）建立财务管理公开、监督制度。

（4）有较强的发展后劲和以业养业的发展计划及经济指标。

以上住宅小区物业管理的要求主要是针对小区物业服务企业提出的，这是最基本的、最低的要求。住宅小区物业服务企业应该在此基础上有较大的提高，才能不断满足住宅小区居民由于不断增长的物质需求和文化需求而对住宅小区物业服务企业提出的更高要求。

8. 提高住宅小区的社会主义精神文明水平

精神文明建设在住宅小区物业管理中的地位，首先表现在精神文明建设是住宅小区物业管理的重要内容之一，是优秀小区达标考核的基本指标；也是城市社会主义精神文明建设的重要组成部分。

住宅小区的精神文明建设活动，可以通过以下方式进行：

（1）运用传播文化的工具和康乐设施，如影剧院、文化站、有线广播、图书馆、社区报、闭路电视等，开展联络感情的活动。

（2）组织各类体育比赛、舞会和文艺演出晚会，加强住户之间的交往与联系，培养公民意识，在群体活动中增进友谊。

（3）创建文明单位，如文明班组、文明家庭、文明楼院、文明住宅小区活动，注重文明居住，无纠纷，邻里团结互助，积极参加各项公益活动。

（4）开展"优质服务竞赛"活动，讲文明、懂礼貌，使用文明用语，提倡尊老爱幼，各行各业发挥本专业的特点，更好地为住宅区居民服务。

（5）促进人际交往，推行"社团"活动。在香港，物业服务企业还有一个活跃的准社团组织，经常利用公众节假日，组织丰富多彩的社区活动，甚至组织回内地或赴海外的观光旅游，力求把自己变成社区群众的核心，使人们乐于信任、亲近这些物业服务企业，有困难的时候信赖并求助于这些物业服务企业。

因此，我们看到，做好住宅小区的物业管理工作，不仅是物业服务企业的责任，也是与住宅小区内居民及社会各方面力量的大力支持与帮助密不可分的，这样才能促进社会的繁荣与发展，促进社会主义精神文明建设水平的提高。

二、高层公寓、别墅及售后公有住宅的物业管理

（一）高层公寓的物业管理

1. 高层公寓的定义

高层公寓是指层数多、住户多、并且有一定高度的建筑。公寓物业一般都配有全套家具、电器、厨房及起居用品，但公寓类建筑往往都没有阳台。高档的单元还可以提供酒店式服务，是为住户提供具有特有家庭气氛的住宅。公寓的管理服务要求比一般的住宅高，但比不上酒店的水平。

2. 高层公寓的分类

（1）高层豪华公寓。这些公寓强调地段和设施，大户型可能有120平方米以上，小户型可能只有30平方米或40多平方米。每一单元内装修豪华，家庭用具齐备，有方便、良好的酒店式服务。在城区工作、追求舒适生活方式的高收入年轻白领或金领一族，通常成为高层公寓的住户或租户。

（2）一般的公寓。公寓市场是需求量较大的市场。一些地段较偏远，配套设施、周围环境不那么理想的公寓物业，常常对单身人士、年轻人、艺术家等很有吸引力。

3. 高层公寓本身的特点与物业管理要求

（1）建筑标准比较高，硬件设施齐备，设备复杂。高层公寓设有高低压配电房，备用发电机，高低压电缆、电线等供电系统；水泵、备用水泵设备、蓄水池等供水系统；消防系统；电梯和安全监控系统等。有的还24小时供应热水、设有中央空调。这些系统专业性强，大修更新费用昂贵，需要专门的技术人员进行日常维修、养护和管理，确保电机设备、电梯、空调、水泵等正常运转，对住户的涉及楼宇和居室的报修要

及时处理。

（2）高层公寓住户收入相对较高，要求服务层次高。高层公寓的住户对居住条件和环境要求比较高，对物业服务企业的服务水平要求也高，特约性服务项目也较多。因此，要求物业服务企业努力为住户创造安全、幽雅、温馨的生活环境，同时应提供商场、餐饮、洗衣、文化娱乐、医疗康复、代收公用事业费、代订报纸杂志、代理房屋买卖租赁等服务项目。

（3）楼宇单元户数多，人口也相对比较集中，治安管理要求严格。高层公寓住户多，人口集中居住，来往人员也比较多，加上高层公寓设计上的特点，有电梯、楼梯、楼内的各种管道、通风口、竖井及一些隐蔽的死角，容易给不法分子创造作案条件。为了保证大楼居住的安全，管理人员要对全体住户的情况做到心中有数，对住户变更情况了如指掌，加强门卫和巡视工作，做到处处有安全防范措施。

（4）楼宇高，消防不容忽视。高层公寓功能复杂、设备繁多、装修量大、各种竖井林立，而且高层建筑易受风力和雷电作用，造成火灾的因素很多。尤其高层楼宇煤气管道多而复杂，极易发生泄漏，如管理不善，容易发生火灾甚至爆炸事故。所以，物业服务企业要经常教育员工，并向住户宣传，督促其遵守用电、用气的规定，勤检查，发现问题及时处理，消除事故隐患。消防工作要抓设备设施合格率，组建义务消防队伍，经常进行演习，确保消防通道的畅通无阻。

（5）高层公寓的每个单元具有相对封闭性，业主或客户具有涉外性和一定的稳定性。高层公寓的业主或租户中，外籍人士的比例一般比普通住宅更高，所以在管理中，物业服务人员代表着中国员工的形象，在礼仪和态度方面必须十分注意，有些事务还要会同外事部门共同解决。

另外，由于我国的开发商一般采用出售或出租两种方式进行经营管理，所以其业主和租户都相对比较稳定，较少变化，流动性小。同时，服务周期长，一天 24 小时，从早到晚，每时每刻都有人居住、有人进出，因此物业服务企业要不间断地进行管理与服务。

4. 高层公寓物业管理内容的特别之处

高层公寓的物业管理内容与住宅小区的物业管理内容有相同之处，也有不同之处。不同之处主要体现在以下两点：

（1）公寓的租赁服务较为常见。一般来说，公寓出租的情况比住宅出租要常见，所以，代理出租物业成为物业服务企业的一项重要工作。对于公寓的租赁管理，具体要做好以下工作：

1）为房屋承租单位或承租人提供优质服务。房屋租赁后的物业管理必须把维护承租方的合法使用权，把为承租方服务放在首位，支持承租方的合法要求，提高为承租方服务的质量，搞好房屋的维护和修缮工作，保证承租方安全、方便地使用房屋。

2）制定合理的租金标准。公寓租赁之前，必须根据市场收租水平，考虑公寓自身的情况，制定合理的租金标准，以保护租赁双方的权益。

3）依法维护正常的租赁关系。房屋租赁双方应及时处理租赁使用过程中发生的各种问题，注意调解用房纠纷，要坚持遵守国家的有关法律、政策和规定，抵制违反法律、法规与租赁合同的行为。

4）严格控制租赁房屋的用途。租赁房屋的使用要按照房屋的设计用途来进行，不允许利用租赁房屋进行违法活动。

（2）公寓的家居管理服务更为突出。高层公寓的业主收入普遍较高，他们追求舒适的服务，这使得家居管理服务成为物业服务企业的另一重点。家居服务通常有以下服务内容：

1）经常对公寓内部进行清洁，打扫卫生。如对公寓房间进行擦洗、更换室内床单等。

2）确保公共区域（如楼道、大堂）清洁卫生，保证静雅、优美的生活环境。

3）做好公寓的园艺绿化，营造良好的居住环境。

4）强化保安消防服务，保障业主的人身、财产安全。

5）开展丰富多彩的公寓社区俱乐部服务，为相对忙碌、自我封闭的业主提供交流的机会，增强业主的归属感，建立良好的社区文化。

6）市场租赁服务，如汽车租赁等。

7）及时进行公寓工程维修及配套家电的保养维护。

8）医疗及救护服务。如设立卫生医疗诊所等。

9）家政服务，如营养顾问、清洁卫生、看管小孩、接送儿童等。

10）社区服务，如设立邮局、银行、商场、装饰设计公司等。

家居服务需求的强弱受众多因素的影响。年轻上班一族对家务劳动和家政服务需求较高，老人则对医疗服务依赖性较强，物业管理应视服务的需求量和社会化程度，以效益为目标，规划和开展相应的服务。

（二）别墅的物业管理

1. 别墅的定义

别墅，也称为花园住宅，通常是指在城市郊区或风景秀丽的地方，建造的一幢幢功能齐全、带有花园或院落的两层或多层单门独户的居住建筑。在居住建筑中，别墅是纯低密度、讲究环境和庭院布局、突出各种建筑风格、内部建筑装修豪华、配备齐全、功能考究、个性突出的居住单元。其建材质量好，建设标准高，建筑式样别致。

2. 别墅的分类

目前在市场上我们按照别墅的建筑形式将别墅产品分为以下五类：

（1）独栋别墅。即独门独院，上有独立空间，下有私家花园领地，是私密性很强的独立式住宅，表现为上下左右前后都属于独立空间，一般房屋周围都有面积不等的绿地、院落，这一类型是别墅中历史最悠久的一种，也是别墅建筑的终极形式。

（2）联排别墅。联排别墅，英文称"Townhouse"，每户独门独院，设有 1～2 个车位，还有地下室。它是由几幢小于三层的单户别墅并联组成的联排住宅，一排二至四层的别墅联结在一起，每几个单元共用外墙，有统一的平面设计和独立的门户。建筑面积一般是每户 250 平方米左右。

（3）双拼别墅。双拼别墅是联排别墅与独栋别墅之间的中间产品，是由两个单元的别墅拼联组成的单栋别墅。在美国被叫做"Two family house"，直译为两个家庭的别墅。

（4）叠拼别墅。叠拼别墅是 Townhouse 的叠拼式的一种延伸，是在吸取综合情景洋房公寓与联排别墅特点的基础上产生的，由多层的复式住宅上下叠加在一起组合而成。叠拼别墅下层有花园，上层有屋顶花园，一般为四层带阁楼建筑，这种开间与联排别墅相比，独立而且造型更为丰富，同时在一定程度上克服了联排别墅窄进深的缺点。

（5）空中别墅。空中别墅发源于美国，英文称"Penthouse"，即"空中阁楼"，原指位于城市中心地带，高层顶端的豪宅。一般指建在高层楼顶端具有别墅形态的跃式住宅。空中别墅以"第一居所"和"稀缺性的城市黄金地段"为特征，是一种把繁华都市生活推向极致的建筑类型。它要求产品符合别墅的基本要求，即全景观，目前这类产品主要存在于独立的高档公寓顶层，在别墅中还比较少见。

3. 别墅物业管理的特点与要求

（1）别墅物业管理服务的特点。别墅是高标准的建筑，其设备设施精良，对物业管理和服务的水平要求比较高；入住别墅的业主一般都是经济富裕、工作繁忙的企业家或高级管理人员，其家政事务需要由专人打理，这需要物业企业提供多种多样的特约服务；这种类型的物业，其收费标准一般由委托方与受托方共同协商确定，但通常收费较高。

（2）别墅物业管理的要求。

1）物业服务人员态度积极主动、文明礼貌，具体要求包括衣冠整洁、语言规范、谈吐文雅、行为得体等；

2）物业设备设施完好；

3）物业服务人员技术过硬、专业化水平高；

4）物业服务方式便捷、灵活，急业主所急，想业主所想；

5）物业管理收费合理，使业主感到物有所值；

6）物业服务制度健全，以确保提供稳定、安全、优质的服务；

7）物业服务高效便捷，尽量减少工作环节，简化工作程序；

8）物业服务企业要增强服务理念，提升服务品质。

4. 别墅物业管理的内容

（1）保证别墅区整体规划的完整性。不宜随意改变物业小区内的建筑风格和整体布局，尤其是周围的绿地更是不可侵占，禁止擅自改变用地位置或扩大用地范围的任何违章用地或违章建筑。

（2）认真做好别墅养护和设备设施的维修工作。按照国际标准的管理要求，对别墅区每隔 5~7 年就要进行一次装修，更新设施，以保持全新面貌。要保证设备设施的良性运行，有问题及时检修。

（3）要特别抓好消防与保安工作。对于别墅区的管理，应具有高度的私密性、安全性和技术性。别墅的业主通常收入较高，财产较多，易引发盗抢案件，因此，物业服务企业应特别突出加强消防与保安服务工作，实行封闭式管理，24 小时全面巡逻，全面监控；对来访客人，要在电话里征得住户同意，方可准许进入。

（4）要搞好环境绿化、清洁卫生和车辆管理工作。别墅区环境管理的重点在于园林绿化和养护，要不断调整别墅区内花草树木的品种，增设具有艺术品位的建筑小品或人造景点，使小区内植物一年四季常青，提高生态环境质量，尽量营造一个鸟语花香、温馨高雅的居住环境。生活垃圾要及时清运，道路、庭院以及草丛中的垃圾要及时清除。一般每幢别墅都有私家车库，而当外来车辆驶入时，应有明确的指示牌标示停车地点。同时，要保持道路畅通，严禁在通道上乱停车。

（5）搞好全方位服务。为了方便业主的工作和生活，物业服务企业要在保证设备设施安全正常运行、卫生清洁达到标准要求、礼貌服务符合规定标准的前提下，尽量满足业主的各种要求。尤其是那些外籍人士，他们身在异乡，有很多不方便之处，物业服务企业的从业人员一定要本着业主至上、服务第一的工作精神，主动和他们交朋友，解决他们在生活和工作中遇到的难题。全方位服务是指除了日常服务外，还要有特约服务、专项服务等，这些服务应有针对性，服务的内容应多种多样。

（三）售后公有住宅的物业管理

1. 售后公有住宅的定义

售后公有住宅，是住房制度改革中，将由国家或企业投资建造的房屋以优惠的价格补贴出售给个人的公有住房。

公房出售后就属于自有住宅，但与商品住宅又有所不同，主要是房产处置权的有限性。公房出售后，应推行社会化、专业化的管理模式，实行业主自治与物业服务企业专业管理相结合的办法，按照《城市新建住宅小区管理办法》的原则规定和《城市异产毗连房屋管理规定》以及《公有住宅售后维修养护管理暂行办法》实施管理。其基本原则是住房出售后，实行住房所有人"自有、自住、自管"的原则。从物业管理的角度来说，主要是划清自用、自管与共用、共管的范围、责任以及相关费用的合理分摊。

2. 售后公有住宅的管理特点

（1）公房出售前，售房单位应当对其进行必要的检修。

（2）公房出售时，应制定对所有购房人具有约束力的有关房屋使用、修缮、管理等方面的共同行为守则，即业主公约或房屋使用公约。购房人在签订房屋买卖合同时，同时签订业主公约或房屋使用公约。

（3）公房出售后，业主委员会成立前，住宅的维修养护管理由售房单位或售房单位委托的管理单位承担；业主委员会成立后，住宅的管理，由业主委员会选聘的物业服务企业，按照双方签订的物业管理委托合同进行管理。

（4）公房出售后，住宅共用部位和共用设施设备的维修养护，由当地人民政府制定具体办法。要建立公房售后住宅共用部位和共用设施设备的维修养护基金。

（5）电梯、高压水泵、供暖锅炉房等共用设施设备的运行、维护与更新及其费用的分摊，按国家和地方政府现行规定执行。

三、办公写字楼的物业管理

（一）写字楼的含义

写字楼原意是指用于办公的建筑物，或者说是由办公室组成的大楼。广义的写字楼是指国家机关、企事业单位用于办理行政事务或从事业务活动的建筑物，但投资性物业中的写字楼，则是指公司或企业从事各种业务经营活动的建筑物及其附属设施和相关的场地。

业主或投资者投资这类物业的主要目的，是希望通过该项投资，达到资本保值、资本增值和获得周期性收益。完善的物业管理服务，对业主投资目标的实现至关重要。

（二）写字楼物业的分类

进行写字楼物业管理的第一步，就是通过对写字楼市场的调查分析并结合所管理的写字楼物业本身的状况，对写字楼进行市场定位。为此，物业管理人员通常先将写字楼物业进行分类。

1. 按写字楼使用功能划分

（1）单纯型写字楼。指写字楼基本上只有办公一种功能，没有其他功能（如展示厅、餐饮等）。

（2）商住两用型写字楼。指既可以用来办公又可以用来住宿的写字楼。具体分为两种方式：一种是办公室内有套间可以住宿；另一种是大楼的一部分是办公，大楼的另一部分是住宿。

（3）综合型写字楼。指以办公为主，同时又具备其他多种功能的写字楼。除办公功能外，这类写字楼还有公寓、餐饮、商场、展示厅等多种功能，但用作办公部分的面积最多。

2. 按写字楼的综合因素划分

按写字楼所处的位置、自然或质量状况、收益能力进行分类，通常将写字楼分为甲、乙、丙三个档次。

（1）甲级写字楼。具有优越的地理位置和交通环境，建筑物的物理状况优良，建筑质量达到或超过有关建筑条例或规范的要求；其收益能力能与新建成的写字楼建筑媲美。甲级写字楼通常有完善的物业管理服务，包括 24 小时的维护及保安服务。

（2）乙级写字楼。具有良好的地理位置，建筑物的物理状况良好，建筑质量达到有关建筑条例或规范的要求；但建筑物的功能不是最先进的（有功能陈旧因素影响），有自然磨损存在，收益能力低于新落成的同类建筑物。

（3）丙级写字楼。物业已使用的年限较长，建筑物在某些方面不能满足新的建筑条例或规范的要求；建筑物存在较明显的物理磨损和功能陈旧，但仍能满足低收入承租人的需求并与其租金支付能力相适应；相对于乙级写字楼，虽然租金较低，但仍能保持一个合理的出租率。

对写字楼物业进行档次划分并对影响写字楼档次级别的因素进行分析，是写字楼物业管理的基本特色之一。这种划分在很大程度上依赖于专业人员的主观判断。人们很容易区别甲级写字楼和丙级写字楼，但如果要区别甲级和乙级写字楼就比较困难。实践中，人们常从承租人在求租或续租写字楼时考虑的因素出发，通过判别写字楼的吸引力来对写字楼进行档次划分。

一般来说，一个写字楼对承租人是否吸引力，主要体现在以下因素中：位置；交通便利性；声望或形象；建筑形式；大堂；电梯；写字楼室内空间布置；为租户提供的服务；建筑设备系统；物业管理水平；租户类型。

（三）现代写字楼的特点

现代写字楼同过去传统意义上的办公楼已经是两个完全不同的概念。现代写字楼有如下五个特点：

1. 所处区位多在城市的繁华地段

现代写字楼多建在以经济、金融、贸易、信息为中心的大中城市，这些城市的经济活动频繁，交易量大，信息快而多，交易成功率高。所以，各类机构均倾向于在大都市的中心地带建造或租用写字楼，以便集中进行办公、经营等事项。另外，这些城市的中心地段，交通方便，各类商业服务设施齐全，既利于办公人员的上下班，又有助于贸易的谈判和开展。

2. 写字楼建筑规模大、各类公司机构集中

写字楼多为高层建筑，楼体高、层数多、建筑面积大，办公单位集中，往往能汇集成百上千家国内外大小公司机构，人口密度大，涉及面广。

3. 写字楼的服务功能齐全，配套设施完善

现代化的写字楼一般都是功能齐全的建筑物，一般有前台服务、大小会议室、小型酒吧、商场、展示厅、车库等，综合型的写字楼甚至有餐厅、影剧院、卧室等配套设施，形成独立的工作、生活系统，为承租者提供工作和生活上的方便，满足他们高效办公的需要。

4. 写字楼大多为高档次的高层建筑

现代写字楼有良好的建筑和现代化的设备，不仅外部有自己独特的线条、格局、色彩和装饰等建筑风格，而且内部一般都配有先进的设备，如中央空调、高速电梯、高灵敏的系统化通信等，能为客户提供一个舒适的工作环境。另外，高档次的高层建筑往往是信誉和富有的象征，承租者都希望借助于高档次的高层建筑为自己树立良好的形象。业主也需要通过为承租者提供更优越的办公条件，以吸引更多的承租者。

5. 多由专业物业服务企业进行管理

写字楼由于其档次高，设施设备复杂，管理要求高，一般都委托专业物业服务企业管理。同时由于大多数写字楼是以出租为主，出租率或占有率的高低是该物业的生命线，而出租率的高低与物业管理好坏密切相关，因此很多写字楼业主委托物业服务企业代理出租。对物业服务企业来说，为业主获取最大利润是其全部工作的出发点和落脚点，其所有的工作应围绕这个目标。

（四）写字楼物业管理的基本内容

1. 房屋维修养护及装修管理

在管理过程中，要做到：大厦及栋号、楼层有明显的引路标志；无违反规划乱搭乱建的现象；大厦外观完好、整洁；房屋完好率达98%以上，零修合格率达100%；建立回访制度并做好回访记录；另外，监督业主和使用人对写字楼进行的二次装修，以确保楼宇结构和附属设施、设备不被破坏。

2. 设施设备管理

主要包括设备管理制度的建立；资料的建卡、存档；建立监管机制，监督检查专项维修保养责任公司及其他维修人员的工作；做好维修程序、设备保养、设备维修、设备

改造等方面工作。

3. 安全保卫管理

主要包括加强保安措施，配备专门的保安人员和保安设备（见第6章相关内容），加强写字楼内部及外围保安巡逻，加强对停车场的保安及交通指挥；实施严格的消防管理措施，保证写字楼内生命、财产的消防安全。

4. 清洁卫生、绿化管理

清洁是写字楼管理水平的重要标志，也是对建筑和设备维护保养的需要。清洁的日常工作重点应放在两个方面：一是建立卫生清洁的检查制度，包括定期巡检、每日抽查、特别项目检查（饮用水质及排污处理检查）等安排；二是保持楼内公共场所的清洁，如大堂、洗手间、公用走廊等。

绿化管理既是一年四季日常性的工作，又具有阶段性特点，必须按照植物的不同品种、习性、季节、生长期等客观条件，适时确定不同的养护重点，安排不同的措施，杜绝破坏、践踏及随意占用绿地现象。

5. 服务管理

写字楼的服务管理包括前台接待服务、委托代办服务、特约专项服务等。

写字楼的前台服务与宾馆相似，主要是为客户提供一些日常服务。包括接待国内外客人；帮助客人解决有关问题，如问讯答复、出入引导，接听外来电话等；提供报纸分发、打字、传真、复印等服务。

有时受业主和租户委托，物业服务企业会与外界联系，帮助办理与生活、工作有关的日常事项，如购物、订票、邮寄等，这类服务一般由物业企业事先设立，收费也有一定标准。

有时物业服务企业还会与业主和租户单独约定，为业主和租户提供某些有针对性的专项服务，满足他们的特殊需要，如入室清洁服务、保安服务等。

6. 出租管理

写字楼的业主一般在委托物业服务企业管理楼宇的同时，也委托其代理经租楼宇。这种管理模式，既可省去业主经营的麻烦，又可提高大楼和物业服务企业的经济效益。

因此，物业服务企业的一个主要任务，就是帮助业主出租物业，进行经营租赁。租赁业务是写字楼经营必不可少的环节，也是保证业主经济效益的一个重要组成部分。作为物业服务企业，在写字楼出租管理的日常工作中，不但要做好促销宣传工作，处理好具体的租赁业务，还要协调好出租方与承租者的关系，这样才能保证最大限度地出租写字楼的使用面积，提高出租率，为业主争取最大的净租金收入。

（五）写字楼的出租管理

作为收益性物业之一，写字楼的出租管理是一项十分重要的工作。

写字楼的出租管理一般包括以下内容：

1. 写字楼租户的选择

物业服务企业或业主对于选择什么样的租户，并长久与之保持友好关系很重视。在进行租户选择时，主要考虑以下因素：

（1）租户的商业信誉和财务状况。一宗写字楼物业的价值，在某种程度上，取决于写字楼的使用者即租户的商业信誉。物业企业的经理，必须认真分析每个租户的信誉对其租住的写字楼物业的影响。潜在租户的经营内容，应该与写字楼中已有租户所经营的内容相协调，其信誉应能加强或强化大厦的整体信誉水平。

物业服务企业还应当分析潜在租户在从事商业经营过程中的财务稳定性，因为这关系到潜在租户在租赁期限内能否履行合约中规定的按期支付租金的义务。为了达到这个目的，物业服务企业通常先要求申请人住的租户填写一个申请表，以了解其经营内容、当前的办公地点及其承租的时间、从事业务经营活动的地区范围等信息；如果是某公司的分支机构，则需了解其总公司的具体位置、开户银行的名称、信誉担保人或推荐人情况、对承租面积的具体要求等。物业服务企业还可以从税务机构、工商管理机构、往来银行、经纪及租户提供的财务报表来判断其信誉财务状况。对每一个潜在的租户，不管其规模和过去的信誉情况如何，都应进行仔细的审查，因为某些大型的跨国企业也可能会像一些小公司那样，面临着破产或被转手的厄运。

（2）所需面积的大小。选择租户过程中最复杂的工作之一，就是确定建筑物内是否有足够的空间来满足某一特定租户的需求。写字楼建筑内是否有足够的有效使用空间，来满足求租者对面积和空间的特定需要，往往决定了潜在的租户能否成为现实的租户。在考察是否有合适的面积空间可以供求租者使用时常常要考虑以下三个方面的因素：

1）可能面积的组合。同样大小的面积，在不同的建筑物内其使用的有效性是不可能一样的。外墙、柱子、电梯井、楼梯间不可能为适合某一个租户的需要而移动或改变，所以，这些建筑结构因素常常决定了能否组合出一个独立的出租单元，以满足某一特定求租的需要。

2）求租者经营业务的性质。一些机构需要许多分隔的办公室，而且常常希望这些办公室都能沿建筑物的外墙布置，以便能够获得充足的自然光和开阔的视野。也有些公司可能不希望有太多的房间靠近外墙。

3）求租者将来扩展办公室面积的计划。如果一个公司在将来期望有更大规模的扩展，必须要考虑在建筑物内是否或如何满足其未来业务发展的需要，尤其是当租者希望其办公室集中布置时。

（3）需要提供的物业管理服务。在挑选租户的过程中，有些求租者为了顺利地开展其业务，可能需要物业服务企业提供特殊服务。例如，求租者可能要求物业服务企业提供更高标准的保安服务，或者对电力或空调通风系统提出更高的要求；求租者的办公时间也有可能与大楼内其他租户有较大的差异，或者要求提供的服务与物业服务企业已提供的标准服务有较大差异。如果物业服务企业没有适当地考虑这些问题，在将来的物业管理过程中就可能会出现许多矛盾。然而，在接受或拒绝潜在租户的特殊要求之前，物业服务企业及业主应该考虑整个租赁期限内的实际费用支出以及费用效益比率，以便在今后签订租约时确定由谁来承担特殊服务的费用。

2. 写字楼租金的确定

物业服务企业在确定写字楼租金时，一般要认真考虑以下三方面的因素：

（1）计算可出租面积或可使用面积。准确地量测面积非常重要，它关系到能否确保物业的租金收入和物业市场价值的最大化。

在测算写字楼面积时有三个概念非常重要，即建筑面积、可出租面积和出租单元内建筑面积。

（2）基础租金与市场租金。租金一般是指租户使用每平方米可出租面积需按年或按月支付的金额。

对同类物业市场进行分析，由其市场供求关系决定的同类物业租金标准，我们叫做市场租金。写字楼的整体市场租金水平主要取决于当地房地产市场的状况。

根据业主希望达到的投资收益率目标和其可接受的最低租金水平（即能够抵偿抵押贷款还本付息、经营费用和空置损失的租金），所确定的本项目的租金水平叫做基础租金。

当算出的基础租金高于市场租金时，物业服务企业就要考虑降低经营费用以使基础租金向下调整到市场租金的水平。

在一定的市场条件下，某宗写字楼物业整体租金水平主要取决于物业本身的状况及其所处的位置。但是，写字楼建筑内，尤其是对高层建筑而言，某一具体出租单元的租金则依其在整栋建筑内所处的位置有一定差异。物业管理人员在确定各写字楼出租单元的租金时，常用位置较好的出租单元所带来的超额租金收入来平衡位置不好的出租单元的租金收入，使整栋写字建筑平均租金保持在稍高于基础租金的水平上。

（3）出租单元的面积规划和室内装修。承租人选择写字楼时，非常关心其承租部分是否被有效利用和能否为其中的工作人员提供一个舒适的工作环境。如果租户不能充分利用其所承租的单元建筑面积，就会白白浪费金钱，但如果为了少支付房租而使办公空间过分拥挤，则会大大降低雇员的工作效率，这同样也是在浪费金钱。物业服务企业可以通过对出租单元进行面积规划，来帮助租户确定最佳的承租面积大小。

室内装修的费用由谁来支付，经常是租约谈判过程中的焦点问题。通常业主要就某些标准化的装修项目支付一些费用，也有可能由业主笼统地提供一笔按每平方米单元内建筑面积计算的资金来补贴承租人初次装修需支付的费用。

除标准化装修项目的费用外，其他装修费用由谁来支付一般视市场条件和写字楼内入住率水平而定。一般有四种选择：由业主支付、由承租人支付、业主和承租人分担、业主支付后由承租人在租约期限内按月等额偿还本息（作为租金的一部分）。在市场状况有利于承租人而非业主的情况下，为承租人提供装修补贴常常被业主或其物业服务企业用来作为吸引承租人的手段。

不论如何安排装修费用的支付，业主和其委托的物业服务企业保留有对整栋写字楼建筑进行统一装修或进行建筑物内部功能调整的权利。

3. 写字楼物业的租约与租约谈判

写字楼租约条款的谈判相当复杂，常常有一个很长的谈判周期。物业服务企业也常常参与到租约谈判的过程中来。通常情况下，业主会事先准备好一个适用于写字楼物业内所有出租单元的标准租赁合约，业主和潜在的承租人可在这个基础上，针对某一特定的出租单元，就各标准条款和特殊条款进行谈判，形成一份单独的租约。谈判中双方需要解决的问题包括租金及其调整、所提供的服务及服务收费、公共设施（如空调、电梯等）使用费用的分担方式等。

（1）租赁合约中的标准条款。写字楼的租约一般都要持续几年的时间，租约中一般都包括规定租金定期增加方式的租金调整条款，这一条款可能规定要参考一个标准指数，如消费者价格指数或商业零售价格指数，从而确定租金定期增长的数量或幅度。但承租人和物业服务企业更愿意商定一个固定的年租金增长率或增长量，该增长率或增长量在整个租赁期间内有效。

在写字楼租约中，"毛租"的方式不多见，常采用"净租"的方式。具体的租约中，要规定代收代缴费用所包括的费用项目名称，以及每项费用在承租人间按比例分摊计算的方法。最常见的代收代缴费用是除房产税和保险费外的水、电、煤气等资源的使用费。此外，设备和公共空间的更新改造投资也要在承租人间进行分摊，但要注意处理好更新改造投资周期与一个租约的租赁周期的关系。

（2）折让优惠和承租人权利的授予。折让优惠是业主给租户提供的一种优惠，用以吸引潜在的租户。折让优惠虽然能使租户节省写字楼的租金开支，但租约中规定的租金水平不会变化。

折让优惠的做法很多，如给新入住的租户一个免租期、为租户从原来租住的写字楼迁至本写字楼提供一定的资金帮助、替租户支付由于提前终止与原租住写字楼的业主间的租约而需缴纳的罚金、对租户入住前的装修投资提供资金帮助等。不过，在租赁期间内，这笔资金仍要通过各种方式归还业主。这样做的一个好处，就是能保证租约中所规定的租金水平与市场的所能承受的水平相当。

其他的折让优惠，可能会体现在租约续期的有关条款上。如果租户预计由于自己业务的发展可能会在未来增加承租的面积，则一般希望业主在将来（一般是租约期满）能满足其扩展办公空间的要求。除非写字楼市场很不景气，否则业主很难接受这一做法，因为有时为了满足当前租户的这一要求，可能会使腾空的写字楼面积的空置时间增加，导致减少租金收入。作为一种替代的办法，业主通常可以给租户一个优先权，即如果租户想扩大其所承租的写字楼面积，而其原租用的写字楼单元的相邻单元又处于空置状态的话，则该租户在同等条件下有优先承租权。有时租户还会要求在租约中加入关于原租约条件下续租的条款。

然而，业主不愿在租约期满时赋予租户过多的权利。这里主要有两个方面的原因：第一，期限较长的租约所规定的租金，在租赁期间内很难赶上市场租金水平的可能变化。尽管有租金定期调整的条款在发挥作用，但实际租金常常低于市场租金。第二，在租约期满时赋予租户一定的权利，也不能保证其继续承租。在某些时候，租约中还会包括有关提前终止租约的条款，规定租户只要提前一定的时间通知业主并按规定缴纳罚金，租户就可以提前终止租约。赋予租户一定的权利，大多数情况下是业主不情愿的事，但业主为了保持物业的市场竞争力，有时不得不这样做。

对于经营性物业服务企业来说，写字楼的出租是真正全部管理工作的核心，最大限度地出租楼宇使用面积，成为物业服务企业的主要任务之一。只有取得大量出租收入，才能提高投资商的经济效益，才能提供足够的管理经费。但是与此同时，完善的物业管理和优质的经营服务又是招租的基础。

总之，写字楼物业管理集服务、经营、效益于一体，服务是宗旨，经营是手段，效益是目的。只有这样，良好的物业管理才会产生效益的优化。

四、特种物业的物业管理

（一）特种物业的含义与类型

除上述讨论的公寓、别墅、写字楼等物业外，还有一些尚未包括的物业类型也需要进行物业管理，对这类物业，我们统称为特种物业或其他物业。

这些物业按使用功能和用途分为以下几类：

（1）文化类物业。包括学校、图书馆、博物馆、档案馆、文化馆等。

（2）体育类物业。包括体育场、体育馆、健身房、高尔夫球场等。

（3）娱乐类物业。包括剧场、影视厅、音乐厅、舞厅、游乐厅、度假村等。

（4）卫生类物业。包括医院、疗养院、药检所、养老所等。

（5）交通类物业。包括公路、铁路、桥梁、涵洞、通道、车站、码头、空港等。

（6）宗教类物业。包括教堂、礼拜堂、庙宇、宗祠等。

（7）其他物业。包括古建筑、名人故居、公用建筑、教养院、监狱等。

以上物业有些是公益性的，有些是经营性的。在传统体制下，一般按系统进行管理，在投资、维修、养护等方面由主管部门承担主要责任。在社会主义市场经济条件下，按照政企分开的原则和物业管理实行企业化、社会化、专业化的要求，这些物业可以由主管部门委托物业服务企业进行管理，也可以由主管部门按照现代物业管理模式进行自治管理。

（二）特种物业的特点

特种物业的物业管理，具有一般物业管理的共性，即都是"以物为媒，以人为本"的管理服务，管理事项如物业维护、环境清洁、治安保卫、车辆管理等方面有其共同点。然而，在具体实施物业管理时，还应着重分析各类不同物业的不同特点，实行有效的管理和服务。这些差别主要体现在以下几个方面：

1. 服务对象不同

各种不同类型特种物业的服务对象不同，决定了其管理重点的不同。服务对象首先具有年龄的差别，其次具有滞留时间的差别。例如，学校是青少年集中的场所，他们充满活力，行动敏捷，动作幅度大，相对而言对设备设施的坚固性、耐久性、安全性的要求比较高。同时，他们在校内一般要滞留 2 ~ 4 年，有自己的组织可以协助进行各方面的管理；又如，游乐场所，各种年龄层次的对象都可能参与，一般滞留时间在 2 小时左右，流动性很大，清洁和疏散可能成为管理的主要方面；再如图书馆，接待对象主要是中青年，有一定的流动性，但也有常客，通常滞留半天到一天，因此要求环境安静并适当配置餐饮服务。

2. 服务需求不同

在特种物业中，求知的场所要求灯光明亮柔和，环境安静，一般来说应铺设地板或地毯。医疗卫生场所应特别强调通风，并配置一定数量的坐椅供患者和家属休息等候。

3. 管理对象不同

物业管理服务除了服务对象因人而异以外，还涉及对于"物"的管理。例如，图书馆、档案馆、博物馆收藏了不少珍贵的图书、资料、文物等，对环境的要求比较高，在防火、防盗、防光、防潮、防灰、防虫、防鼠、防有害气体等方面必须采取专门的有效措施。例如，对医院的化疗、放射性工作室应作防护测定，并配以警示装置等。

4. 经费来源不同

在特种物业的管理中，凡属经营性的，如歌舞厅、卡拉 OK 厅、健身房等，可以采取自负盈亏的方式实施物业管理；凡属半营业性质的，如疗养院、卫生所等，基本上由主管部门补贴；凡属公益性质的，如图书馆等，基本上依靠财政拨款，同时，可以开展一些收费服务获得一些款项，如图书馆的复印、翻译、展览等，但数目一般很小。

总之，特种物业不论是在理论研讨还是时间运作方面都处于发展起步阶段。从物业管理的角度出发，特种物业管理与一般物业管理一样，都要进行房屋建筑及设备设施的维修养护、环境保洁、保安等基础性管理，都要通过物业管理服务合同维系业主与物业服务企业的劳务交换关系，从而塑造一个安全、整洁、舒适、优美、方便的环境。随着实践的不断深入，特种物业管理将会像其他物业的管理一样步入正轨，获得快速而稳步的发展。

以下内容主要介绍我们身边常见的高校、医院的物业管理。

（三）高校物业管理

随着物业管理行业的发展和高校后勤社会化改革的推动，高校物业管理成为高校后勤的一种新模式。近几年我国高校快速发展，学生规模、宿舍规模、校园规模不断扩大，高校物业管理受到了社会的高度重视。

过去，高校的物业一般由学校的后勤管理部门进行管理，但是，近几年高校物业管理的日益社会化使相关管理者已经认识到，在高等院校中引入现代物业管理，可以提高物业管理服务水平，保障学校教学和科研工作的顺利进行，创造清洁优美、舒适方便、文明安全的校园环境。

学校作为物业产权人及使用人的代表，负责选择物业服务企业，对物业服务企业进行委托、指导、监督和检查，并协助物业服务企业进行工作。

高校物业管理同社会一般的物业管理相比，有其自身的特点，即教育属性、特定的服务对象、特定的校园文化氛围。这决定了高校物业管理主要应是以保证教学和师生生活为中心，维护房屋及其设施设备的完好，提供多元化服务，营造良好的人文氛围，维持正常的教学秩序。

1. 高校物业管理的含义及特点

高校物业管理是对高等院校已经建成并投入使用的各类建筑物及其设备、公用设施、绿化、卫生、交通、治安和环境等管理项目进行维护、修缮和整治，并向物业所有人和使用人提供综合性的有偿服务的活动。

从高校物业的使用类别看，高校物业可以分为三大类型：教工住宅、学生公寓、办公物业。除教工住宅小区物业外，其他物业产权基本上属于国家所有或极少数企业法人所有，从而在委托或招聘物业服务企业进行物业管理时自然有不同的要求和服务标准。

因此，高校物业管理与社会其他物业管理相比具有以下特点：

（1）高校物业管理处于计划经济向市场经济的过渡时期。目前，高校物业管理正处于计划经济向市场经济的过渡时期，人们虽然已经意识到了过去一些做法的不足，但无论从心理上或是思想上都难以一下子接受新的事物。因此在该过程中需要决策者、执行者、被服务对象等所有参与者观念的转换、行为的支持，同时政府、社会等外部力量的推动也是很必要的。

（2）高校物业管理决策者及业主观念固化。高校成立的历史往往比较长，在几十年甚至上百年的发展过程中，已经形成了自身的管理模式和体系，因此领导者本身有些观念不易改变。同时，高校住宅小区的居住群体非常稳定，居住观念已经固化，在高校实施物业管理，最难解决的是改变决策者和居住者的观念问题。

（3）高校传统的生活习惯会影响高校物业管理的开展。大部分高校自身就是一个小社会，校内各种设施齐全，有些人可以一生不出校门，而生活却不会因此受到影响。高校中人与人之间都比较熟悉，领导者和群众之间可能有师生之谊或是同窗之友，因此人们的各种声音很容易就会传到领导者耳中。将原来享受的各种免费服务变为现在的收取物业管理费的现代化的物业管理服务，他们接受不了这突然的转变，因此可能会影响决策者的信心和决心。

（4）高校物业管理的现状呈现多元化的特点。高校的建立时间和领导者观念的差异，导致各高校的物业管理体制千差万别：一些后勤社会化比较彻底的高校已经建立了自己的后勤集团和物业服务企业，不仅对内承担食堂、公寓、办公楼的建设和管理职责，对外也承担相应的项目，实行独立核算、自负盈亏；另一些高校只在内部实行准市场化运作，不对外承担任何相关的项目；还有一些高校的后勤和物业管理仍在按照计划经济的模式运作。

（5）高校物业管理大多采用内部甲乙方管理体制。商住小区有业主自治与专业化管理的共管模式、智能化管理模式等，而高校物业管理则是一种内部共管式的管理模式。具体做法是：高校将原来的后勤单位一分为二，一部分作为甲方，代表学校对相应的物业管理机构（乙方）进行监督，二者通过签订委托合同的方式建立关系。然而无论是甲方还是乙方，都是原学校的职工。甲方必然心存保护员工的想法，使得监督成为空话，没有给物业管理机构形成一定的压力，甚至没有市场竞争。虽然有极少数高校把一部分物业对社会招标，但更多高校其校内物业市场仍然是给后勤实体经营。

（6）高校物业管理仍具有教育功能。高校的活动主体是在校学生，校园环境的好坏、物业管理水平的高低，承载着显性与隐性育人功能。从教育学的角度看，校园环境是隐形课程，学生通过校园环境得到历史和现实的各种文化信息，获得更多生活体验，产生人文精神架构，从而实现接受教育的目的。具体来说，其一，"育身"功能，校园绿色植物的增加可以保持空气清新，有助于人的身体健康；其二，"育心"功能，物业管理使校园更干净、更宽敞，道路更平坦，花木更艳丽，这样的环境可以让人心旷神怡、赏心悦目，容易形成乐观向上、豁达开朗的良好心理素质；其三，"育美"功能，通过良好的物业管理装点而成的校园文化长廊、水景、雕塑等，将给人以丰富的美学感受和审美享受，有助于培养人的审美情趣，达到审美教育的目的；其四，"育德"功能，物业管理人员统一着装上岗，语言文明规范，服务热情周到，管理和服务规范细致，这些定能起到一定的示范作用，同时，"节约用水"、"请勿吸烟"、"请随手关灯"等警示标志有助于培养学生良好道德品质。

（7）高校物业管理具有政治性。一般而言，商住物业的管理主要是为住户创造安居乐业的生活环境，实现物业的保值和增值。高校物业管理的目标主要是为师生创造一个良好的教学环境，协助提升高校的对外形象。因此，高校物业管理一定程度上不完全遵循市场经济的效益原则，如学生吃住的管理属于学生生活综合管理的范围，涉及社会安全稳定，其服务费用价格等有些由政府物价部门审批，不完全按照市场规律运行；校园治安维护、校园环境的综合管理涉及校园的校风、学风等问题，是一个综合的维护社会稳定的问题。

2. 高校物业管理的原则

高校物业管理服务总的原则是，既要适应高等教育、教学工作特点，把社会效益和长远利益摆在首位，又要引入竞争机制，提高工程质量、服务质量和整体效益。

（1）坚持为教学科研工作和广大师生服务的正确方向。认真研究后勤社会化改革给学生学习方式和生活方式带来的变化，积极探索将思想政治教育和管理工作进入学生公寓的新路线，对建在校外、多校共用的学生公寓，要按照各负其责的原则，派专人进驻，确保校园的稳定。

（2）以校内为主，一校一寓。学校应全面规划、合理调整校园布局，尽最大可能扩大校内学生公寓面积，采取在政府资助下多渠道筹资的办法加快建设速度。政府应该免除校内新建、改建、扩建学生公寓项目的各项税费，简化项目审批手续；银行应主动做好高校学生公寓建设贷款发放工作。

（3）坚持高校物业管理的非营利性。政府有义务为公众提供公平并且相对低廉的大学教育，并保持非营利的性质。由高校提供土地，由银行贷款或由开发公司投资建设的学生公寓，学校是产权拥有者。产权与使用权分离的后勤社会化改革，应该有利于教育、教学，有利于学生公寓管理的现代化。后勤服务公司应该实现高效、微利管理，不能以高额利润为目的，更不能追求利益最大化，牟取超额利润。

3. 高校物业管理的内容

（1）学生公寓的管理。学生公寓的管理内容包括学生公寓的安全管理、卫生管理、住宿管理，各种公用设施零星维修，学生公寓家具维修、采购及其管理，学生床单、被罩的洗涤和发放等工作。学生是学校公寓的使用人，对学生公寓的管理也包含对使用人的要求。

1）安全管理。

①制定公寓管理安全工作目标、方案和措施。

②组织安全教育、安全工作检查，及时发现和解除安全隐患，抓好各方面安全工作的落实。对学生进行安全、纪律教育，通过谈心、板报、表扬、服务等形式对学生进行思想教育。

③对学生公寓进出楼的来访人员验证登记，禁止无证来访者及推销商品者进入公

寓，计算机、行李、包、箱、公寓家具等大件物品出入时要核实登记。

④充分发挥学生的主观能动性，由学生选举自己宿舍的宿舍长，配合物业服务企业全面负责本寝室的安全工作。抓好公寓各项安全制度的落实，及时发现和解决寝室存在的不安全问题。

⑤向学生明确提出安全要求，如不准在公寓内使用电磁炉等大功率电器；不准在公寓内私拉、乱拉电源线、电话线、计算机网线；不准在公寓内吸烟、点蜡烛、焚烧垃圾和废纸、信件等；不准乱动消防器材和设施；不准留宿外来人员；不准向窗外扔各种物品等。

2）卫生管理。物业服务企业负责公寓楼外周边卫生保洁和楼内大厅、走廊、卫生间、洗漱间、楼梯以及公共部分的暖气片、灭火器、门窗等处的卫生保洁。

3）住宿管理。

①寝室人员办理住宿登记卡和床头卡，并将床头卡按要求挂在指定位置。

②如果个别学生需要调整宿舍，应按相关规定要求的程序进行调整。

③严禁私自留宿外来人员，如遇特殊情况需留宿，必须携带有关证件到公寓管理部门按规定办理手续。

④客人来访必须持有身份证、学生证、工作证等有效证件办理登记手续。

⑤严禁在宿舍内养宠物。

（2）教学楼的管理。

1）教学楼内外的卫生保洁。

①按要求清洁教室、大厅、走廊、楼梯、电梯、厕所、道路等公用地方，做到无污迹、无水迹、无废弃物、无杂物、无积水、无积雪。

②为屋顶、墙角除尘，做到墙面无灰尘、无蜘蛛网。

③每天上课前，教室内必须擦清黑板、黑板槽、讲台，拖清讲台踏板，掏空课桌内垃圾，教鞭、黑板擦等教具要摆放整齐。

④定期收集、清运垃圾。

2）电梯管理。

①电梯载员过多时，应及时疏导，分批搭乘，以免超载发生危险。

②按要求清扫电梯内、外部，做到内壁无灰尘、无蜘蛛网，外部无手印。

③经常清除电梯门的轨道内积有的垃圾，保障电梯门开关顺畅安全。

④定期检修电梯设备，如发现电梯有震荡、不正常声音或是有损坏时，应立即记录并通知保修人员进行维修。

⑤妥善保管电梯机房钥匙及电梯门钥匙，任何非操作人员不得私自使用。

（3）设备的管理。做好学校给排水、供电设施的安装、维修、管理与服务工作，主要包括水电设施的改造、安装与维修，新建楼房水、电设备设施的安装，供水系统设备维修管理，教学用电铃的安装与维修养护等工作。具体应做到：

1）熟悉学校各楼电力总闸、电路分线、保险丝、电表水泵、空调和消防设备所在位置，并熟悉紧急开关的操作程序。要备足各种配件，以备紧急情况发生时应急之用。

2）每天检查各楼层，注意电线等设备设施是否有损坏，同时记录需修理的电灯、线路，并及时修理，保障电的正常供应。如发生停电，要立即抢修，确保及时供电。

3）在各楼内要配备应急灯和手电筒，以备急用。

4）每天检查门、窗，课桌、凳，灯及其开关，厕所内设施的完好情况，发现问题及时修理。

（4）绿化环境的管理。

1）协助学校做好绿化美化的总体规划和设计，或在实施校园绿化总体规划过程中，保留原来可观赏绿化、美化项目，适当开发新的绿化、美化项目工程，根据校园内天然的地形地貌，逐渐形成树木、花草兼观赏经济树木的阶梯式绿化美化格局。特别应做好花坛等绿地集中地段的绿化美化工作，做到绿化图案美观、密度合理、时间适宜，以美化校园环境。

2）及时完成绿化带内缺株树木的补栽和花草的更换，特别是要及时对老化树木进行修枝，保证学生的安全，枯死树木淘汰后，应及时补栽，确保整体协调。

4. 高校物业管理的现状及发展策略

（1）学校物业管理的现状。从严格意义上讲，绝大多数高校的住宅还没有纳入真正意义上的物业管理体系，房产管理的改革多放在管理权的调整上，经营管理功能尚不能充分体现。

1）管理观念落后，水平低下。目前，大多数高校对房产的管理仍然是采取以行政管理为主的方式，由于已经习惯了传统的管理模式，尽管近几年许多学校进行了一些改革，但在管理层次上没有大的突破。物业管理人才缺乏，教职工的思想观念跟不上物业管理的发展趋势。

2）管理经费短缺，包袱沉重。长期以来，房屋维修的资金来源单一，主要来源于少量的房屋租金及学校行政拨款。由于住宅的维修工作量很大，所以单凭少量的租金根本不够用。为此，学校每年需投入大量的资金。此外，在各个学校宿舍区内居住的还有大量外来户，随着时间的推移，外来户比例还会逐渐增加，这部分人事实上也占了学校对居住区的资金投入。学校建房越多，投资管理的费用越大，投入产出失衡情况越严重，学校包袱越背越重。

3）住宅的社区服务功能较差。物业管理是一个整体，包括房地产管理、安全保卫、环境卫生、绿化和其他小区服务。目前，高校居住区一般由学校后勤部门、街道、派出所及环卫等部门共同承担管理职能。但由于分散多头管理，责任不清，各自为政，遇事互相推诿，没有统一的管理标准和健全的管理体制，各项管理工作难以到位，从而导致社区的整体服务功能较差。

（2）学校物业管理的发展策略。由于目前大多数高校的物业管理相对落后，根据高校所面临的新形势，以及物业管理的原则和运行机制，在高校后勤社会化的改革过程中，应采取下列发展策略来实现真正意义上的物业管理目标。

1）把体制转换放在首位。物业管理是对住宅等产业管理体制的改革，这一改革是物业管理立足成长和参与市场竞争的重要条件，包含了市场化和企业化。高校后勤改革的任务之一是高校把房产管理工作推向市场，对学校管理定位就是突出强调不能是房管部门的翻牌或易名，要真正转换机制，建立与市场经济相适应的市场化、企业化的物业管理体制。

2）培养高素质物业管理人员，提高物业管理水平。高校物业管理走向市场化、企业化，迫切需要大批高素质的物业管理人才，要通过素质教育、岗位培训、技术考核等形式提高从业人员的专业水平和服务意识，并通过机制转换和专业部门利益调整，做到优胜劣汰，造就优秀物业管理队伍，以增强企业的竞争力。

3）要造就适合物业管理发展的良好社会氛围。物业管理是一项具有社会功能的行业，有相应的社会功能和社会目标。因而政府要创造必要的条件，支持高校物业管理健康发展，并承担相应的社会职能。而且，学校物业管理是一项新生事物，需要政府在政策上给予相应支持，税收上给予优惠。

高校物业管理是经济发展新形势下出现的新事物，是对房产管理体制的重要改革，这不仅关系到把高校后勤改革推向社会、进行专业化经营服务的问题，而且还关系到我国的高校能否尽快与国际教育、经济接轨的大事。因此，高校应当在统一认识的基础上，采取切实、有效的措施，进一步深化高校住房管理体制改革，尽快建立并完善高校物业管理体系。

（四）医院物业管理

医院是为患者提供医疗服务以及进行医学教学和科研活动的特殊场所。医院内部大体上可分为医院办公楼、门诊部、住院处、礼堂、宿舍、食堂、配电室、机房、库房、锅炉房、停车场等。

医院的外来人员较多，对物业管理的要求较高，这里不仅需要清洁的卫生环境、优美的绿化环境、安全的治安环境、舒适的工作环境、宁静的教学环境、安静的休息环境，而且还要求供电、供水、空调、电梯、供暖等设备设施必须始终保持正常运行。

1. 医院物业管理的特点

（1）设备运行具有连续性。医院不同于写字楼或住宅小区，医院的部分设备需要24小时不间断地运行，几乎无法在停水、停电的状况下进行设备维修。这给医院的物业管理工作带来了相当大的难度，无形之中增加了物业管理费用的支出。医院设备的维修养护必须做到科学合理，对于不能间断运行的设备必须保证备用设备的良好使用性，一旦出现故障，立即将备用设备投入使用。

（2）保洁工作专业性强。医院每天都会有大量的医疗废弃物产生，这些废弃物携带有致病菌和有害物质，必须按照严格的规定进行分类处理和清运，从事医院保洁工作的人员必须执行严格的消毒、隔离和防护措施，防止出现交叉感染的情况。同时，保洁人员要具备一定的理疗常识，能够在工作中做好自身的防护。

医院作为病人治疗疾病、恢复健康的场所，需要有一个温馨、安静的环境，医院的保洁工作既要保证医院内的干净整洁，又要考虑医院环境的这种特殊要求。大面积作业时，应注意防止机器设备使用时产生很大的噪音或对场地环境的污染。

（3）安全保卫工作具有特殊性。医院的特殊部位，如手术室、药房、化验室、太平间、库房、财务室等地方，应采取严密的警戒措施，重点加以防范，并建立处理突发事件的应急方案，一旦遇到突发事件，要能够确保病人的安全，同时要注意保护好医疗档案及各种试剂等。

在医院的物业管理工作中，还要特别注意人身健康安全的保护，楼道、病房等各类场所要经常开窗通风，以降低细菌的密度，医院的分区标记应醒目，医院的放射性工作室应做好防护测试，并配以警示装置。

2. 医院物业管理的内容

（1）房屋及附属设备设施的维修养护与运行管理。主要包括对房屋建筑、中央空调系统、锅炉、高低压配电系统、备用发电机、消防报警系统、给排水系统、电梯、水泵系统、照明系统、污水处理系统、楼宇智能系统、通风系统、制冷设备、广播系统、停车场（库）等的维修养护和运行管理。保证 24 小时的水、电、气、热供应，以及电梯、变配电、中央空调、锅炉房、氧气输送系统等的正常运转。电梯运行有专职驾驶员站立服务，层层报站，做到微笑服务。

物业服务企业应根据医疗要求和设备运行规律做好维修养护计划，提高维修养护的效率，保证设备设施的完好率，不得出现任何有损患者的安全事故。物业维修技术人员必须有一定的理论水平和丰富的实践经验，在出现紧急情况时能采取有效的应对措施。

（2）安全保卫服务。主要包括门禁制度、消防安全巡查、安全监控、机动车及非机动车辆管理、处理突发事件等，尤其要做好手术室、药房、化验室、太平间、财务室、院长室等重要或特殊区域的安全防范工作。保安部门要加强对医护人员的安全保护，对于打架、斗殴或发生医疗纠纷等情况，要及时、慎重地进行处理。加强对医院出入口的监控，有效开展防盗工作，防范治安刑事案件。

定期组织消防安全工作检查，彻底消除安全隐患。要配备专职的消防工作人员，成立义务消防队伍，不但要进行业务知识培训，还要举行消防演习。

（3）病区被褥用品洗涤及供应管理服务。主要包括病区脏被褥用品的收集、清点、分类放袋、分类处理等，传染性及被血、便、脓污染的衣物要密封；回收各类被褥、工作服，进行洗涤，病人衣服与医护人员工作服要分开，遵守衣物分类洗涤原则，回收的脏被褥要及时消毒浸泡；干净被褥要分类、分科、分病区进行分送，按时下发到各科室，并做好清点登记；每天做好破损物品的修补等记录。

（4）环境管理服务。医院的卫生保洁工作主要包括对医院各病区、各科室、手术室等部位的卫生清洁，对各类垃圾进行收集、清运。在垃圾处理时要区分有毒害类和无毒害类，定期消毒杀菌。医用垃圾的销毁工作要统一管理，不能有疏失，以免造成大面积感染。

医院的保洁人员应具备较高的素质，掌握基本的医疗医护知识；清楚遇到突发性事件时的处理程序；严格遵守医疗医护消毒隔离制度；要勤快，随脏随扫，同时保持安静的就医环境；对医院环境熟悉，服务态度要好，切忌一问三不知。

有效开展对医院公共区域的绿化美化工作，定期对树木和绿地进行养护、灌溉和修剪，杜绝破坏和随意占用绿地的现象。

（5）护工服务管理。护工服务是医院物业管理的特色，是对医院和护士工作的延续和补充，是医护人员的得力助手。护工一般应具有中等专业知识和技能，在护士长和护士的指导下，实行 8 小时工作制 3 班运转或 12 小时工作制 2 班运转，照顾病人的生活起居。

1）护工的工作内容。

①护送各病区不能行走病人、无陪伴病人的各种检查与治疗，为病人领取外用药、输液和医用消耗品，打开水，协助行动不便的病人进行各种必要的活动。

②保持病房整洁，物品摆放整齐划一，保持床铺平整，床下无杂物、无便器。

③及时收集、送检病人的化验标本并取回报告单，急检标本应立即送检；递送各种治疗单进行划价、记账，特殊检查预约和出院病历结算等。

④接送病区需手术的病人，送检手术中、手术后的手术标本。

⑤点送医护人员工作服、患者的脏被服和病员服。

⑥清点收送给各科室的洗涤物品。

⑦送修病区小型医疗仪器。

2）专业陪护。专业陪护人员为病人提供专业化、亲情化服务，要认真做好病人的生活护理、心理护理、健康宣传、饮食指导、病情观察等，治疗处置时要协助护士再次做好检查病人用药过程中的反应，发现异常情况及时报告。专业陪护员必须是卫生学校或医疗专业毕业的专业人员，经考核合格后才可录用。

3）导医、导诊。导医员、导诊员要清楚科室设置、医院设施、医疗专业技术水平、特色专科等，热情主动，有礼貌，有问必答，百问不厌，引导患者挂号、候诊、检查。

（6）医院的其他服务项目。

1）开设商务中心。开展打印、复印服务；办理住院陪住证；办理电信卡、传真服务；预订火车票、飞机票等服务项目。

2）成立配送服务中心。服务内容包括病人接送、送取病人的常规化验、各种预约单、会诊单、出院单；保存、煎制、加热、送取各种药品等。配送服务中心实行24小时服务制度，可以利用配送服务计算机软件系统，科学管理配送人员。通过对讲系统，保证配送工作准确、及时、安全、快捷。

3）开办多功能的小型超市。出售图书、生活必需品、新鲜水果、鲜花礼品等物美价廉的商品，这些商品既可以丰富病人的生活，又可以有效控制因病人外出造成的交叉感染及意外伤害。

4）开设对外餐厅。可以满足患者家属就餐、患者医疗康复、职工生活服务三方面的需求。除追求色、香、味之外，更应注重营养搭配、医疗辅助作用，可以开展职工餐、病人营养膳食的订餐送餐服务。

3. 医院物业管理的主要要求

（1）抓服务质量关键控制点，促进保安部高效运作。医院楼宇多、管理范围大，因此要推出行之有效的治安管理和服务措施。首先将整个管理区划分为大门岗、门诊楼、住院楼、综合楼、住宅楼、停车场六大控制点。每一个控制点都有明确的工作职责和服务质量标准。如门诊楼的保安员不仅要做好治安值勤工作，与大门岗保安员一起接应救护车、帮助病人，还要完成维持就诊秩序、导诊、咨询、空调与灯光控制等工作。停车场保安员要完成车辆监控、引导车位和收费等多项任务，并与大门岗保安员共同完成车辆疏导工作。对每项服务都制定相应的质量标准，如空调与灯光控制，需要何时开几盏灯都要有明确规定，并进行监督检查，落实到位。

采取群防群治的治安管理措施。医院属于开放式场所，人员流动量大，相对于一般住宅而言，治安管理难度大，一方面要狠抓内部管理，实行岗位责任制；另一方面要发挥广大医务人员和病人的作用，认真培训和提高医务人员的自我防范意识，让这些相关人员和物业服务企业共同努力搞好治安管理工作。发现可疑人员立即通知保安员，保证治安管理防患于未然。

（2）彻底转变服务观念，提供主动式维修服务。现代物业管理要求用新的管理思想、管理手段管好物业，为业主和使用人提供优质、高效、便捷的服务。例如，机电维修部应在管理中心的领导下，严格按照 ISO 9002 质量保证体系规范运作，在统一着装、文明语言、维修质量、工作记录等方面都要做到一丝不苟。维修人员要改变"接听电话再行动"的被动服务习惯，变成不定期主动上门服务，及时与各科诊室、住（用）户和病人沟通，搜集机电维修信息，发现问题及时处理，从而形成主动维修服务的新面貌。

供水、供电、电梯、空调、消防及洗衣机等设备是医院的重点设备，不能出半点差错。为保证设备正常运作，必须将重点设备保养工作责任到人，并制订各项设备保养计划、标准和监督检查制度，制定停水、停电应急处理程序，以保证医院后勤工作的顺利进行。

（3）实施劳动定额管理，提高清洁服务质量，降低管理成本。量化管理是实施质量体系标准的基础，劳动定额管理是量化管理的重要内容。物业管理中心应确保每一位清洁员都能按照服务标准，在规定时间内满负荷工作。对每一张台、每一张床、每一个病房都设定明确的清洁时间标准，根据各清洁区总劳动量确定清洁员名额，合理调配人员。

（4）实行严格的考核制度，建立有效的激励机制。对每位员工的工作表现及其绩效给予公正而及时的评核，有助于提高工作积极性、挖掘潜力，从而不断提高管理成效。物业管理中心应依据 ISO 9002 标准建立质量体系实施日检、周检、月检的考评制度，还要针对各部门的实际运作状况制订详细的奖罚细则及岗位工作质量标准。

采用量化考核，用数字说明，用分数表达，以体现考核的准确性。考核结果将成为月底发放工资、评选月份优秀员工的依据，同时也是员工升降级的主要依据。通过采取严格的考核制度，激励员工认真完成自己的职责，保证物业管理的质量。

五、楼宇智能化系统的管理

随着我国城市数字化，楼宇智能化管理的进程日益加快，人们对居住环境的规划、建设、管理及服务理念不断更新，运用科学、系统的思维来营造现代智能化设备管理的工作环境、居住环境已成为趋势。楼宇智能化设备管理涉及专业多、配套设备和技术繁杂，且设备更新换代迅速，同时智能化设备管理又是物业管理中的新亮点，操作性强，对从业人员的专业技能和专业素质要求很高。

1. 楼宇智能化系统的运行管理

保证系统设备日常运行的主要措施：建立系统设备使用责任制度；制定系统或设备操作规程；制定系统设备巡回检查制度；制定建筑内各设备系统操作维护规程；建立设

备维护制度。

（1）楼宇智能化系统设备的操作规程。操作规程是使系统或设备从运行状态回复到停止状态，或从静止状态进入到运行状态的过程中应遵守的规定和操作顺序。这种规定和操作顺序对于由众多设备组成的智能化系统和诸如中央制冷机组、供配电设备之类的大型设备来说尤其重要，稍有不慎就会对设备造成损害，甚至造成灾难性事故。例如，冷冻水系统和冷却水系统的正常运行又分别建立在空气处理装置和冷却塔启动并工作的基础上，如果不是这样，冷水机组启动后就有可能受到损伤，甚至损毁；又例如，中央空调水冷冷水机组的启动过程，就不是一个孤立的冷水机组启动问题，而必须在冷冻水系统和冷却水系统先后运行起来后才能进行其启动操作。

操作规程要根据系统和设备的类型、功能、使用条件以及结合设备制造厂家提供的技术资料来制定，不能生搬硬套，也不能过于简单，以保证系统和设备的安全使用，达到或超过使用寿命。有些控制系统设计或配置比较好的，具有单向操作保护功能，不按规定顺序操作就进行不下去，系统或设备就无法启动，如果不了解情况，还以为设备出现故障。

应该把相应的、规范的操作规程简单扼要地书写清楚，并醒目地张贴在控制或操作地点，这样才能使系统或设备的开机和停机过程都能安全、正常地进行，以减少人为误操作所造成的损失和危害。

员工在操作时要严格岗位责任，实行定人定机制，以确保正确使用设备和落实日常维护工作。新员工在独立操作前，必须经过对系统的安全操作、结构性能、规范流程、维护要求等方面的技术知识教育和实际操作培训。经过技术训练的员工，要进行技术知识和使用维护知识的考试，合格者获得操作证方可上岗。

（2）楼宇智能化系统设备的运行管理。运行与检修记录是设备技术档案的原始技术资料之一，也是设备技术档案的重要组成部分之一。原始技术资料包括智能化系统设计、施工、安装图纸和说明书，各种设备的安装、使用说明书，系统和设备安装竣工及验收记录等，分别由设计、设备制造、工程安装单位提供，是在智能化系统正式投入运行前就形成的。而运行和检修记录则是在系统投入运行后形成并不断积累起来的。通过这些记录，可以使运行和管理人员找出一些规律性的东西，经过总结、提炼后，再用于工作实践中，防止因为情况不明、盲目使用而发生问题，使管理和操作检修水平不断提高；另一方面也便于掌握系统和设备的运行情况和现状。

1）楼宇消防系统设备的运行管理。火灾探测器的种类主要包括：感烟火灾探测器、感温火灾探测器、感光火灾探测器、可燃气体火灾探测器等。火灾报警控制器是楼宇智能化管理消防系统的核心部分，可以独立构成自动监测报警系统，也可以与灭火装置构成完整的火灾自动监控消防系统。火灾报警控制器具有火灾报警优先于故障报警的功能，当火灾与故障同时发生或者先故障而后火灾（故障与火灾不应发生在同一探测部位）时，故障声、光报警能让位于火灾声、光报警，即火灾报警优先。区域报警控制器与集中报警控制器配合使用时，区域报警控制器应向集中报警控制器优先发出火灾报警信号，集中报警控制器立刻进行火灾自动巡回检测。当火灾报警消失并经人工复位后，如果区域内故障仍未排除，则区域报警控制器还能再发出故障声、光报警，表明系统中某报警回路的故障仍然存在，应及时排除。

2）机械防排烟系统的运行管理。一旦确认火灾发生时，在启动防排烟设备时，关停空调机和送风机。火灾报警消防联动时，排烟口自动打开，排烟风机自动防火门和防火阀自动关闭，安全出口门自动开锁打开，空调机和送风机自动关机。在空调的送风管道中安装的两个防烟防火阀，在发生火灾时应该能自动关闭，停止送风。风管道回风口处安装的防烟防火阀也应在发生火灾时能自动关闭。但在由排烟机控制烟管道中安装的排烟防火阀，在火灾发生时则应打开排烟。在防火分区入口处安装的门，在火灾警报发出后应能自动关闭。

3）自动消防给水设备的组成及运行管理。自动消防给水系统的水源由消防水池、消防水箱、消防水泵等直接供水。消防水泵应设有功率不小于消防水泵的备用泵。消防水泵在火灾供水灭火时，其消防水流不应进入消防水箱，以免分散水压，造成消防水流不足。消火栓水泵常用消控中心发出的联动控制信号或消火栓按钮开关信号进行远距离启动。消火栓按钮的操作电源应采用安全电压，其开关信号不能直接用于启动水泵，须通过隔离转换，方可接入220V或380V的水泵控制电路中。

平时无火灾时，消火栓箱内按钮盒的常开触点处于闭合状态，常闭触点处于断开状态。需要灭火时，击碎按钮盒的玻璃小窗，按钮弹出，常开触点恢复断开状态，常闭触点恢复闭合状态，接通控制电路，启动消防水泵。同时，在消火栓箱内还装设限位开关，无火灾时该限位开关被喷水枪压住而断开。火灾时，拿起喷水枪，限位开关动作，水枪开始喷水，同时向消防中心控制室发出该消火栓已工作的信号。

4）楼宇巡更系统的基本设备运行管理。电子巡更系统也是安全防范系统的一个重要组成部分，其工作原理是在楼宇智能化管理的主要通道和重要场所设置巡更点，保安人员按规定的巡逻路线在规定时间到达巡更点进行巡查，在规定巡逻路线、指定的时间和地点向安全防范控制中心发回信号。正常情况时，应在规定的时间按顺序向安全防范控制中心发送正常信号。若巡更人员未能在规定时间与地点启动巡更信号开关时，则认为在相关路段发生了不正常情况或异常突发事件，则巡更系统应及时地做出响应，进行报警处理，以便报案值班人员分析现场情况，并立即采取应急防范措施。

5）有线（在线）电子巡更系统设备及系统运行管理。有线巡更系统由计算机、网络收发器、前端控制器巡更点等设备组成。保安人员到达巡更点并触发巡更点开关，巡更点将信号通过前端控制器及网络收发器送到计算机。巡更点主要设备放在各主要出入口、主要通道、紧急出入口、主要部门等处。

6）无线（离线）电子巡更系统设备及系统运行管理。无线电子巡更系统由计算机、传送单元、手持读取器、编码片等组成。编码片安装在巡更点处代替巡更点，保安人员巡更时用手持读取器读取巡更点上的编码片资料。巡更结束后将手持读取器插入传送单元，使其存储的所有信息输入到计算机。计算机记录各种巡更信息并可打印各种巡更记录。

无线电子巡更系统又叫离线式电子巡更系统，相对于在线式电子巡更系统的缺点是不能实时管理，如有对讲机，可避免这一缺点。它的优点是无需布线，安装简单，易携带，操作方便，节能可靠，不受温度、湿度、范围的影响，系统扩容、线路变更容易且价格低，又不宜被破坏。系统安装维护方便，适用于任何巡逻或值班巡视领域。

7）防盗报警系统的设备运行管理。防盗报警系统主要由各类探测器、报警开关和按钮、报警主机和报警装置等设备构成。防盗、防入侵报警器主要有以下几种：开关式报警器、主动与被动红外报警器、微波报警器、超声波报警器、声控报警器、玻璃破碎报警器、周界报警器、双技术报警器、视频报警器、激光报警器、无线报警器、振动及感应式报警器等。

防盗报警主机功能：

①布防与撤防功能。正常工作时，工作人员频繁进入探测器所在区域，探测器的报警信号不能起报警作用，这时报警控制器需要撤防，下班过后，人员减少需要布防，使报警系统投入正常工作，布防条件下探测器有报警信号时，控制器就要发出报警。

②布防后的延时功能。如果布防时。操作人员正好在探测区域之内，这就需要报警控制器能延时一段时间，待操作人员离开后再生效，这就是布防后的延时功能。

③防破坏功能。如果有人对线路和设备进行破坏，报警控制器应发生报警。

④联网功能。作为楼宇智能化管理自动控制系统设备，必须具有联网通信功能，以把本区域的报警信息送到防灾防盗报警控制中心，由控制中心完成数据分析处理，以提高系统的可靠性等指标。

8）楼宇智能广播系统的设备的运行管理。楼宇智能广播系统的设备一般分为四个部分：节目源设备、信号放大和处理设备、传输线路和扬声器系统。

楼宇智能广播系统作为紧急广播是在事故发生时启用，与人身的安全有密切关系，因而紧急广播有以下特点：一是发生火灾时，紧急广播信号具有最高级的优先广播权，即利用紧急广播信号可自动中断背景音乐和寻呼找人等；二是当大楼发生火灾报警时，为防止混乱，只向火灾区及相邻区域广播。

2. 楼宇智能化系统的维修管理

不管如何加强维护保养，都只能降低设备的损坏速度。要想使设备完全不出现故障或发生部件损坏问题是不可能的。只有及时发现、消除系统和设备存在的问题和潜在的事故隐患，才能提高各个设备自动化系统的健康水平，保证系统安全经济运行，防止意外事故的发生，延长其使用寿命，更好地为用户服务。因此，必须定期对系统和设备进行检验和测量，以便根据检测情况及时采取相应的预防性或恢复性的修理措施。

（1）系统技术状态完好标准。系统完好是指系统设备处于完好的技术状态。设备完好标准基本有三条要求：

1）系统设备运转正常。系统各部件齐全，安全防护装置良好，磨损和腐蚀程度不超过规定的技术标准，计量仪器、控制系统、仪表等工作正常，安全可靠。

2）系统设备性能良好。动力设备的功能达到原设备规定标准，运转时无超温、超压等现象；控制系统能稳定地满足要求。

3）原材料、燃料、动能、润滑油料等消耗正常，无漏水、漏油、漏气、漏电等现象，外表清洁整齐。

（2）楼宇智能化系统的维修。

1）维修承担者类型。根据目前的技术水平，设备检修的承担者主要有以下三种类型：

①内部专职检修部门。多数大企业，由于人员配备较多，技术力量较强，所以分工较细，一般设有专门的检修部门。

②多技能操作者。一些中小企业为了减少人员配备，用足人力资源，通常将操作与检修结合起来，运行工也是修理工，不另设专门的检修部门。

③外部专业检修公司。目前，绝大部分物业管理公司为了扬长避短，都采取了将建筑自动化系统的主要设备承包给专业检修公司检修的方式，集中主要精力抓好其他方面的管理工作。

2）维修方式与制度。检修方式不同，对检测与维修制度的内容制定也有很大影响。企业选择的设备检修承担者不同，其检测与维修制度内容也不同。当前基本上常用的检修方式有以下两种：

①定期维修。定期检修通常也称为计划检修，是按照一定周期进行检修的传统方式。这种检修方式的优点是可以有计划地利用设备。中长期停机时进行检修，人力、备件均可以有充分的准备。

②委托维修。目前，绝大部分物业管理公司实行设备委托修理，以便促进设备维修和管理水平的提高。设备的委托修理是指本企业在维修技术或能力上不具备自己修理维护设备的条件，必须委托外企业承修。一般由企业的设备管理部门负责委托专业维修商、制造商承修，并签订设备修理经济合同。

3. 楼宇智能化系统常见的故障及处理方法

（1）常见故障分析方法。引起楼宇智能化系统故障的原因一般有两个方面：系统运行的外界环境条件和系统内部自身故障。由外界环境条件引起故障的因素主要有工作电源异常、电磁干扰、环境温度变化、机械的冲击和振动等，其中许多干扰对于集散控制系统中分站使用的中央站的 PC 机以及 DDC 控制器等设备的影响尤其严重。系统内部的故障有现场硬件，包括各种变送器、传感器、执行器等的故障，以及控制器的故障。例如焊接点的虚焊、元器件的失效，脱焊，插接件的导电接触面的氧化或腐蚀，接触松动，线路连接开路和短路等。

检查系统故障常常先从外部环境条件着手，首先检查工作电源是否正常、工作环境是否符合要求，然后再检查系统内部产生的故障，如各执行部件是否正常，在检查硬件之前通常检查相关参数的设定、自动或手动的操作方式选择是否正确。

根据高层建筑控制系统的原理、构造，在检查维修时通常采用以下几种方法：模拟测试法、替代法、分段检测法、经验法。在实际检修中，以上几种方法都会交叉使用。

模拟测试法：根据 BAS 编程逻辑设定满足设备运行的条件，测试判断故障点的类型，属于硬件故障还是软件故障。

替代法：用运行正常的元器件，代替怀疑有故障的元器件，来判断故障点。在使用这种方法时，要先确认替代元器件的完好性。

分段检测法：通过模拟测量判断出故障处在某一回路后，将此回路分段检测，通常以 DDC 控制盘为分段点，这样能迅速确定故障点范围。

经验法：根据实际的运行维护经验、相关元器件的使用性能及损耗周期等特点，有针对性地检查。

（2）供配电及照明系统故障分析及排除办法。

1）故障现象之一：控制操作失灵。

故障分析及处理方法：

①电气控制柜手动或自动开关置于手动位置，BAS 无法控制，置回自动位置。

②执行元件继电器故障：检测继电器工作电压是否正常，继电器是否插接良好，继电器动作是否灵敏及触点导通良好。

③中央控制室 PC 机操作设定运行时间不对。

④DDC 箱执行输出模块故障或逻辑控制程序出错情况类似。

2）故障现象之二；电流或电压值等参数读数误差很大。

故障分析：互感器、变送器故障，或者 DDC 箱执行输出模块故障或逻辑控制程序故障。

处理方法及步骤：

①如果是电流或电压互感器有故障，可用相应表计替代检测，不难排除。

②如果是变送器故障，可检测相应输入输出参数值比较得出。

③如果是 DDC 箱执行输出模块故障或逻辑控制程序出错，处理方法及步骤同前面情况类似。

（3）常见的 BAS 通信故障及排除方法。

故障现象：DDC 只有部分在线。

故障分析：DDC 只有部分在线，不一定说明不在线的 DDC 都有故障，可能是由于某一个 DDC 的通信模块故障引起，也可能是总的 BUS 线、主机通信模块故障。

处理方法及步骤：首先逐个检查不在线 DDC 盘通信指示灯是否正常，如果指示灯不亮，那么肯定此通信模块故障；观察其他 DDC 是否回到线上，如果仍然没有回，说明 DDC 是好的；用同样的方法检测其他 DDC，如果都正常，说明 BUS 线主机通信模块故障，可以采用替代法来判断排除故障。

4. 突发故障事件的处理

除常见设备故障的处理外，在某些因素的影响下，当发生突发故障事件时，要有应急处理办法。下面以大厦突发停电事件为例，说明应对突发事件的处理办法。

目的：迅速快捷地解决突发停电事件，尽可能降低其对用户所造成的影响。

适用范围；大厦因内、外因素影响，例如自然灾害、线路故障、市供电设施；大厦内供配电设备、设施、线路故障所造成的突然停电。

处理程序与职责如下：

（1）通知。值班电工在突然停电的第一时间内，应当立即检查备用发电机是否启动，查看高压侧电压表电压指示，确认停电原因。如是市电停电，立即与供电部门取得联系，询问停电原因、恢复供电大致时间。如停电时间较短，管理处可用大厦广播系统向大厦用户通报；如停电时间较长，应将停电原因、大致恢复供电时间等打印成书面通知张贴于大厦主要出入口的明显位置，向用户告示。如果是大厦内部供配电设施、设备故障，立即查找故障原因，并迅速将情况向管理处负责人报告。

（2）组织。所有电气维修人员立即到配电室待命，打开所有对讲机，听从管理处负责人根据停电情况做出适当的组织和安排，并稳妥指挥和统一部署，组织相关岗位人员重点做好如下工作：

1）检查备用柴油发电机运行负荷状况，观察油压、油温、输出电压、频率等。

2）如是大厦内部供配电设施、设备出现故障，由主任工程师指挥和组织人员进行抢救。

3）检查所有消防通道、楼梯是否有事故照明，停车场车辆出入口闸栏是否有事故电源。

4）水泵工检查水泵是否有事故电源，能否正常工作。

5）值班室应有专人在电话机旁留守，以便随时接听和解答用户的质疑和询问。

6）各岗位保安员要重点维持大厦内外的公共秩序，加强机动车辆出入口的交通指挥和疏通，疏导人群，保持人行通道的畅通。特别要注意维持好大厦主要出入口的秩序。

7）当班保安员负责人应根据现场情况，如警力不足要调派增援人员，做好应急准备，确保不发生治安等意外事件。

8）恢复供电：当故障排除、具备恢复供电条件时，一用一备的高压柜按如下程序操作，查看1号高压柜来电显示灯是否有电；查看2号高压柜电压表（kV）是否有电压显示；查看高压出线柜合闸指示灯是否亮（红色）；检查变压器声音、温度是否正常，切换电压转换开关，检查相关电压、相对地电压是否正常，如正常，合上变压器主进线开关，检查总电流表、电压表指示是否正常；仔细观察变压器温度变化，查看高压柜、电流表指示是否正常；重新启动中央空调系统。

六、办公智能化系统的管理

1. 办公智能化系统的设计步骤

物业办公智能化系统的设计一般是要根据客户的需求来制定的。整个阶段设计方法分四个阶段进行，它们是系统分析阶段、系统设计阶段、系统实施阶段和系统评价阶段。

（1）系统分析阶段。在办公智能化的系统分析阶段，所要完成的任务主要包括：办公智能化的客户需求调查与分析、系统目标的制定、系统功能的确认、系统硬件和软件的配置，以及系统方案的可行性论证等。

在以上各项任务中，客户需求调查与分析是办公智能化的基础，是整个办公智能化开发和工程设计的依据，只有将该项任务圆满地完成，才谈得上进行后续工作。只有明确了系统的目标和功能，才能保证整个系统开发的方向、规模大小和开发周期的长短，所以系统目标的制定与系统功能的确认是关键；系统硬件和软件的配置，需要考虑办公智能化投资者的实力，以保证办公智能化开发任务的如期完成。系统分析最后阶段的任务就是进行系统方案的可行性论证，这是一个不可缺少的步骤。通过业界专家对系统设计方案进行审核和评定，可以使设计方案在可行性、科学性、先进性方面得到充分的论证。

（2）系统设计阶段。相对于系统分析阶段我们解决的是"要明确做什么"，系统设计阶段的主要任务是要明确"问题的解决方案"。也就是说，系统设计主要是根据系统分析阶段所明确的系统功能确定系统的物理结构，同时设计办公智能化系统硬、软设备的选择以及办公智能化信息的计算机处理流程等工作。

（3）系统实施阶段。办公智能化的建设过程也就是系统实施的过程，一般地说，办公智能化建设要在智能建筑的 BAS 和 CAS 之后进行。因为数据库系统和数据通信系统是办公智能化的两大支柱，通过计算机网络提供的数据通信，可以使办公智能化的数据库构成分布的形式，从而使办公信息的存储更为合理，利用更有效。系统实施的过程也是购置系统硬件和软件的过程，这里需要强调说明的是，系统硬件和软件的选择必须遵循以下三条原则：一是系统硬件和软件必须具有一定的先进性；二是满足合理性，也就是说要满足用户的实际需求；三是系统硬件和软件的性能价格比要高。

（4）系统评价阶段。从系统投入运行起，也就进入了系统运行维护和评价阶段。作为系统的开发者，在此阶段一定要做好系统运行的记录。有了这些记录数据，就为日后对系统的功能、效果以及能否达到预期的系统目标进行全面评价做好准备。

2. 星级宾馆酒店信息系统和校园网络系统

（1）星级酒店信息系统的构成。星级酒店信息系统主要应用于酒店管理、酒店内部办公、客房视频点播系统、客户及内部人员的 Internet 接入服务等。根据宾馆酒店管理水平的不同，通常它的管理模式可分为以下四类：

1）简单业务处理系统。该系统的内容主要包括电话计费、电子收款、宾客信息管理、电子门锁、外币兑换等。

2）联机业务处理系统。该系统的内容主要包括前厅服务、前厅账务、客房预订、客房管理、夜间查账等。

3）综合业务管理系统。该系统的内容主要包括总账管理、物资管理、应收应付账管理、固定资产管理、商场管理、人事工资管理、餐厅管理、经营信息查询等。

4）扩展信息服务系统。该系统的内容主要包括图文查询、信息服务、酒店内部网站、信用卡、电子商务、IP 电话等。

由上述系统组成的整体，正是酒店的综合业务。目前综合业务管理系统已成为现代宾馆、饭店的主流计算机管理系统，而扩展信息服务系统正在发展中。

（2）校园网络系统的构成。校园网络系统是将各种不同应用的信息资源通过高性能的网络设备相互连接起来，形成校园区域内部的网络系统，对外通过路由设备接入广域网。

校园网络系统的总体设计目标是通过采用技术先进、扩展性强的现代网络设备，建立覆盖全校主要建筑物，包括教学大楼、实验室、图书馆等和学生与教职工住宅区的校园主干网络，形成一个开放式的局域网络系统，进而实现学校教学、科研和管理的现代化和计算机化的要求。

校园网络系统方案的设计要求体现以下五个方面：

1）系统结构合理，便于维护，且安全可靠。

2）系统高效实用。整体规划的原则是以充分满足教学、科研为主，兼顾校园其他要求。

3）系统必须是开放式的，且可扩充性强。

4）系统能够集成各个智能化子系统。

5）系统能够实现快速信息交流、协同工作，且支持宽带多媒体业务。

一个完整的校园网建设主要包括技术方案设计和应用信息系统资源建设两个方面的内容。技术方案设计主要包括设备选择、网络技术选型和结构化布线等，应用信息系统资源建设主要包括内部信息资源建设、外部信息资源利用等。

3. 办公智能化系统的维护

物业办公智能化设备是由很多计算机软件、硬件、辅助设备和人共同组成的信息系统。确保系统内信息资源与信息传输的安全，即数据与数据传输的安全尤为重要，因为系统信息的安全采集、处理存储与传输是保证信息资源安全的关键。物业信息化管理系统设备包括的主要内容有软件安全、数据存取安全、数据传输安全等。

（1）软件安全。软件同时具有二重性，它既是安全保护的对象，也是给系统带来危害的潜在途径。软件是计算机信息处理系统的核心，也是使用计算机的工具，是系统的重要资源。因此，必须从技术上高度重视软件安全的问题，在法制上、规范上建立严格的制度，确保软件安全。

（2）数据存取安全。数据存取安全主要考虑以下两个方面：第一，数据存储安全。即对有数据信息存储的文件或数据在访问或输入时均设置监控措施。第二，数据的存取控制安全。指的是从信息处理系统处理角度对数据存取提供保护。因为数据的存取控制需与操作系统密切配合，同时又与系统环境和操作方式的关系极大，时常会因为这方面出现问题而带来损失和危害。在建立计算机系统时必须十分慎重地处理这方面的问题。

（3）数据传输安全。数据的传输安全是确保在数据通信过程中，数据信息不被损坏或丢失，这方面的保护方法有以下三种：

1）链路加密。对通信网络中两个节点之间的、单独的通信线路上的数据进行加密保护。

2）点到点保护。在网络中，数据提供从源点到目的地的加密保护。

3）加密设备的管理。是指必须采取相应的保护措施，包括选用低辐射显示器、可靠的接地，而且计算机的设计应符合国家安全标准的规定。对加密设备的使用、管理、保护要有完整、有效的技术措施。同时，在数据传输的安全中，也必须防止通过各种线路与金属管道的传导泄漏电磁波形成的辐射泄漏。

七、通信智能化系统的管理

（一）通信智能化系统的管理

通信智能化系统的管理一般集中在系统中心管理、运行和维护，这样有利于管理的专业化和标准化，系统管理的目的在于提供一种对计算机网络进行规划、管理、设计、操作运行、监视、控制、分析、评估和扩展等手段。从而以合理的代价，组织和利用系统资源，提供可靠、安全、正常、有效、充分的服务。

1. 通信智能化系统管理的内容

通信设备的维修需要专门的技术，特别是一些关键设备，应请政府认可的专业公司维修。通信智能化系统的管理主要是对设备的软、硬件进行保养和维护。作为管理公司，一般应做到以下几点：

（1）严格执行网络管理的保密制度。

（2）熟悉通信法规，了解各种通信网络设备的使用方法，制定大厦的通信网络管理制度。

（3）定期检查通信设备的完好情况，对使用不当等情况应及时改正。

（4）禁止擅自更改通信设备。

2. 通信智能化系统的安全管理

安全性一直是通信智能化系统的重要环节之一，而且用户对系统的安全要求也相当高。安全管理是通信系统管理的重要内容。通信系统中主要有以下几个安全问题：授权、访问控制。相应地，通信智能化系统安全管理包括对授权机制、网络数据的私有性、访问控制、加密与解密关键字的管理等。

通信智能化系统安全管理的任务主要是要能控制网上的合法用户只能访问自己访问权限内的资源，以保护网上信息不会在传输时泄露和修改，保护网上处理的信息不被泄露和修改，限制没有授权的用户或者具有破坏作用的用户对网络的访问。对数据的保护应该从如下几个方面入手：

（1）关键设备的监控。网络上关键的设备是数据库服务器、文件服务器、交换机、打印服务器等设备

（2）网络操作系统的控制。网络操作系统对逻辑访问的管理包括两个部分：一是保护文件不被非法用户访问，不随意被修改和删除；二是控制用户对网络的访问。

（3）访问的控制。访问控制的目的是控制用户对网上文件的访问。系统对用户进行授权，根据需要规定它可以访问哪些目录和文件，即层层设防。用户想要对文件进行操作，必须有相应的权限。访问控制还能对非法入网的用户进行跟踪。

（4）病毒的预防。防病毒应该从管理、技术和法律等方面进行。市场上虽然有种类繁多的防杀病毒工具，但很难抵挡不断涌现的新病毒的进攻。病毒是威胁信息安全的大敌，应受到高度的重视。

3. 通信智能化系统常见故障及排除

（1）通信智能化系统常见故障。设备在使用过程中经常会发生故障，必须要经常维护。故障的诊断和维护是一项非常复杂而又细致的工作，除了应具备一定的计算机专业知识外，还必须掌握一定的维护和维修知识和经验。特别在通信智能化系统中，如果工作站发生故障，首先要判断是所有工作站都不能上网，还是只是个别情况，然后根据具体情况，进行不同的处理。

1）所有工作站都不能上网。

①网卡安装有问题。若电缆检查正常，就应详细检查服务器和客户机网卡的设置是否连接好，是否发生资源冲突。

②电缆连接有问题。可以用万用表测量，判断电缆是否短路、断路等；或者检查双

绞线不同颜色的线是否连接正确。

③网络协议有问题。若上面两项检查都正常，就要检查网卡驱动程序是否正确，是否绑定了正确的协议，加载过程是否出现错误等。

2）个别工作站不能上网。

①网卡有问题。

②网卡与工作站的其他硬件设备冲突。

③网络协议配置不正确。

④工作站与 KUB 或 SWITCH 间的双绞线有问题。

⑤网络设置错误，如 IP 地址、子网掩码、DN5、网关等。

（2）通信智能化系统设备故障处理程序。

1）未经允许，不得擅自对系统进行任何操作。

2）机房管理人员发现电路和设备运行不正常时，应及时进行分析并联系有关技术人员，尽量准确地定位故障原因和相应的模块，必要时需直接通知公司有关领导。

3）相关专家人员应立即对故障处理做出反应，必要时汇报公司有关领导。

4）机房管理人员采取临时措施前，应记明情况，以便障碍消除后复原。

5）机房管理人员按有关规定、专责人及公司领导的意见进行处理，必要时关机。

6）机房管理人员有义务将故障时间、故障点及抢修等处理措施和效果做真实详细的记录，同时体现在值班日志、故障报告中。

（3）通信智能化系统的维护保养。通信智能化系统的安全主要有三方面的问题，即访问控制、物理安全和传输安全，网络规划者有责任对可能遇到的危险进行评估，并在网络设计和运行时考虑相应对策。

1）访问控制。访问控制涉及用户访问资源权限的维护管理以及公有、私有资源的协调和使用。网络的访问控制可以从以下三个方面进行规划：

①网络用户访问资源的权限。一般来说，网络资源包括网络服务器的文件系统、网络服务器及外部通信设备，用户权限主要体现在用户对所有系统资源的可用程度。网络管理系统可以显示用户的应用类型及所需的网络资源，为用户制定网络资源访问权限。例如 Net Wear 对于目录和文件可以授予用户的共有八种权限，即读文件、写文件、建立新文件、删除文件、打开文件、个人权限、搜索目录、修改文件属性。

以上几种权限可能部分或全部授予，对于用户授权时，可以利用用户组的概念，一个用户组是这样一组用户，这些用户可能同享网络上的某些资源，因此，用户的权限有时候可以简化对分组的授权。

目录权限和文件权限可以分别设置，以增加一道防线，只有用户的目录权限与文件权限相一致才能访问文件。

②网络用户注册。网络用户注册可以认为是网络安全系统的最外层防线，只有具有网络注册权的用户才可以通过这一层安全性检查，在注册过程中，系统会检查用户名及口令的合法性，不合法的用户将被拒绝。

注册过程的内部依据是一个用户账号，它是用户安全性的主记录，记录了用户绝大部分安全信息。用户账号中的用户号和口令将用于访问检查，用户的口令通常是以加密方式存放的，只有超级用户或管理员才可以删除一个用户的口令。

只有通过网络访问检查才能进入网络操作方式，访问网络共享资源。值得注意的是，若系统进行分布式的处理，则对网络的访问将采用程序方式而不是命令对话方式，以便在程序设计中设计有关的安全性处理。

③文件属性。对于文件属性的设置可能作为安全措施。文件属性只有"读写/只读"，这种安全措施对保护由很多用户读的共享文件特别有用。如果文件属性是"只读"，不论用户的访问资源的权限如何，用户对该文件只能读，不能写，不能换名或删除。因此，文件属性的安全性优于用户权限。

2）物理安全。物理安全可从两方面来考虑：一是保护人们免受网络的危害；二是避免人为对网络的损害。电缆需要埋置时，应有一定的深度，而且外面应有可靠的保护层，因为电缆可能因洪水、火灾等灾害而损坏。最常见的是施工人员由于不了解埋在地下的电缆的位置，因而弄断电缆，最好的防范措施是标明电缆位置。办公室内的终端或工作站员安全的用网方式是用墙上的接线盒或插头，这样可避免工作人员踩断电缆。服务器不能放在太湿、温度太高的地方，这些在规划电线及服务器位置时应予以考虑。

3）传输安全。传输安全涉及防止网上信息的走漏和被破坏。信息的走漏指非法的从网上获取信息，破坏指向网上加人造假信号。防止信息走漏或破坏的途径是采用密码技术，在发送站先进行信号加密，由接收站解密，这样可防止信息的走漏，因为不掌握解密技术就不知道信息的真正内容，同时由于伪造信息者不知道如何正确加密，因此造假信号很容易被识别出来，如果采用密码加密，必须对密码进行很好的管理。

（二）通信智能化系统网络中心管理组织机构及其职责

通信智能化系统的运行、维护管理对计算机网络进行设计、规划、管理、操作运行，建立切实有效的岗位职责及管理制度，从而以合理的代价，组织和利用系统资源，提供安全、有效、正常、可靠、充分的服务。网络管理的目的在于提供一种分析、控制、管理、监视、评估和扩展等手段。

1. 网络中心管理人员的职责

（1）网络中心主任岗位职责。

1）编制设备配件、软件的采购计划。

2）负责对网络中心人员的培训及考核工作。

3）负责网络中心的全面综合管理，包括技术资料的收集、存档和保管。

4）负责网络中心设备委托维修的联系工作，并对维修保养工作进行指导及检查监督。

5）根据运行情况制定中修、大修计划，每年12月份制定下一年度各项设备监测保养计划，软件更新升级计划。

（2）网络工程师岗位职责。

负责大厦 ATM、网络服务器、WEB、Internet、SERVER、MAILSERVER、数据库、防火墙的维护和管理。

（3）计算机工程师的岗位职责。

1）熟练掌握办公自动化（OA）系统，解决员工提出的疑问。

2）负责定期对 HOMEPAGE 进行及时维护。

3）了解网络中心内各系统的工作原理、性能和维护保养工作，熟练掌握各系统操作。

（4）计算机技术员的岗位职责。

1）负责办理客户各种入网手续，大楼所有信息点的管理以及维护。

2）客户局域网接入大厦内部网络，包括联网、跳线、IP 分配。

3）负责二次装修综合布线的审核和验收。

4）办理 E 网的业务。

2. 网络中心管理制度

为确保系统的正常运行和各项管理工作的进一步完善，须制定机房管理、机房值班人员守则、操作运行等一系列制度。

（1）机房管理制度。

1）机房内应经常保持整洁，做到进门换鞋（外来参观人员亦应如此），地面清洁、设备无尘、工具就位、排列正规、布线整齐、备件有序、资料齐全、使用方便。

2）机房内严禁烟火，不准大声喧哗，不得存放食品。

3）非机房管理人员严禁进入机房，如果因工作需要进入机房，必须得到领导同意，并登记出入时间、工作内容。

4）机房室空调恒温器刻度应设置在 24℃以下。

（2）机房值班管理制度。

1）认真执行维护计划。

2）严格执行维护标准和各项制度。

3）机房管理人员在值班室期间对机房设备的运行及安全负责。

4）保持设备、仪器的完整无损、工具清洁、性能良好、运行正常。

5）遵从领导的指挥调度，密切与有关人员配合，不发生人为故障和人为事故。

6）妥善处理设备出现的各种问题，认真、如实地填写设备故障报告等原始记录，各种技术资料妥善保管。

7）定期对机房设备进行巡回检查，并根据表格作相应记录。

8）如发现电路质量欠佳造成设备故障，应立即采取相应措施并向部门主管汇报。

9）如遇电源变化、气候恶劣情况，应加强巡回检查，并与有关人员保持联系。

10）记录好每天进入机房人员的名单、目的、时间。

11）值班期间报警、系统异常情况发生的时间及当时在场人员名单作详细记录。

12）系统参数及用户参数修改以及其他重要事项记录。

13）机房管理人员请假情况记录。

（3）机房操作流程。

1）操作人员向机房管理人员登记后，才可由机房管理人员带领进入机房。

2）操作人员只有自身进入机房的权利，不得擅自许可或带领他人进入机房，由此产生的后果由操作人员负责。

3）操作期间要严格执行机房管理制度，有异常情况应立刻通知机房管理人员。

4）操作员临走时，检查、确定设备正常运行。尽量做好屏幕保护、节能保护，并在"操作记录"上做好记录。

5）操作员通知机房管理人员检查机房后，登记离开时间，方可离开机房。

（4）安全、保密制度。

1）维护人员熟悉安全维护的方法，并认真执行，凡进行操作复杂、危险性较大的工作时，必须事先拟定技术安全措施，操作前检查操作程序、操作命令以及涉及的设备、工具和防护用具确实安全可靠时，方可进行操作。

2）在维护、装载、测试、障碍处理、日常操作以及工程施工等工作中，应采取预防措施，防止造成故障和通信事故。

3）增强保密意识，严格遵守通信纪律，各种架构图纸、资料、文件等应严格管理，认真执行使用登记手续。

4）认真执行安全保卫制度，外部人员因公进入机房，须经部门经理批准登记后方可进入。

5）机房内禁止放置易燃易爆及腐蚀食品。

6）机房内除非特殊需要，禁止使用明火，若实在必要，须经有关人员批准，并采取相应严密措施后，方可动用明火。

7）机房备有可靠的避雷装备，配合适当的采用防火、防雷、防潮、防腐、防盗等工作。

8）机房应具备在各种紧急情况下，能与上级部门及时取得联系的措施。

9）安全保密工作应有专人负责，加强指导。

10）检查、维修设备时，如需要关掉电源，则合上电源，以免造成损失。

11）严禁私自使用外来软盘，不准进行与工作无关的操作。

（5）通信智能化系统网络管理程序。

1）客户到网络中心办理网络开通的程序：

①领取申请表。

②填写申请表。

③网络中心技术员去客户处核对信息点。

④用户准备集线器和工作台网络线（包括五类 UTP）。

⑤网络中心通知通信公司跳线。

⑥通知客户网络开通。

2）通信智能化系统网络的日常管理：

①网络工程师或技术员应用网络测试工具，每天上下午要对网络各巡视一次，观察网络运行是否畅通，如果发现故障，要及时通知有关部门前来维修并记录下来，填写"网络中心系统日常记录表"。

②计算机工程师使用相关软件每天上下午对 Web Server、Database Server、Mail/FTP 等 Server 各进行一次观测，如果发现有故障出现，要马上记录下来，填写"网络中心设备故障报告"，及时通知有关部门前来维修。

③为了保证机房的安全，对进出机房人员都要进行登记，填写"网络中心进出人员

登记表"。

(三) 智能化"一卡通"管理

智能化"一卡通"是一种基于各系统软件集成意义上的系统工程。为满足业主的需要，将诸如停车场、门禁、消费、缴费等有各自独立设备和软件的单项智能化系统组合在一起，安装在某一区域，每个人只需持有一张卡片，即可实现进出停车场、开门、购物、缴纳各项费用等功能，因此称之为"一卡通"。

1. "一卡通"的类型

"一卡通"的名称来源于英文名词"smart card"，叫智能卡，又称集成电路卡，即IC卡。它将一个集成电路芯片镶嵌于塑料基片中，然后封装成卡的形式。

(1) 据卡中所镶嵌的集成电路分类。根据卡中所镶嵌的集成电路的不同可以分成以下三类：

1) 存储器卡：卡中的集成电路为 EEPROM（可用电擦除的可编程只读存储器）。

2) 逻辑加密卡：卡中的集成电路具有加密逻辑和 EEPROM。

3) CPU 卡：卡中的集成电路包括中央处理器（CPU）、随机存储器（RAM）、EEP-ROM 以及固化在只读存储器（ROM）中的片内操作系统（Chip Operating System，COS）。

(2) 根据卡与外界数据传送的形式分类。根据卡与外界数据传送的形式不同可以分成以下两类：

1) 接触型 IC 卡。在这种卡片上，IC 芯片有八个触点可与外界接触。

2) 非接触型 IC 卡。非接触型 lC 卡集成电路在卡片靠近读写器表面时即可完成卡中数据的填写操作，它成功地将射频识别技术和 IC 卡技术结合起来，因而称这种 IC 卡为非接触式或者感应式卡（RF 射频卡）；而且它不向外引出触点，因此除了包含上述三种卡的电路外，还带有射频收发电路及其相关电路，该读写器对卡的读写为非接触式，是世界上最近几年发展起来的一项新技术。

与接触式 IC 卡相比较，非接触式 IC 卡具有以下优点：

①可靠性高。非接触式 IC 卡与读写器之间无机械接触，避免了由于接触读写而产生的各种故障，例如，由于粗暴插卡、非卡外物插入、灰尘或油污导致接触不良等原因造成的故障。此外，非接触式 IC 卡表面无裸露的芯片，无须担心脱落、静电击穿、弯曲、损坏等问题。

②安全防冲突。非接触式 IC 卡的序列号是唯一的，制造厂家在产品出厂前已将此序列号固化，不可更改。世界上没有任何两张卡的序列号会相同。非接触式卡与读写器之间采用双向验证机制，即读写器验证卡的合法性，同时卡也验证读写器的合法性。

③操作方便、快捷。由于使用射频通信技术，读写器在 10cm 范围内就可以对卡片进行读写，没有插拔卡的动作。非接触式比卡使用时没有方向性，卡片可以任意方向掠过读写器表面，读写时间不超过 0.1s，大大提高了每次使用的速度。

2. 智能化"一卡通"的组成与实现

智能化"一卡通"系统由 IC 卡家庭管理和 IC 卡物业管理两部分组成。小区 IC 卡家庭管理系统的主要功能是为小区居民提供以家庭日常消费和安防的管理系统。小区

IC 卡物业管理系统的主要功能在于减少现金交易；提供小区内业主的消费服务；通过系统和终端自动收集信息并归纳整理，为决策提供依据，对各种设备进行实时监控。

归纳起来看，可通过非接触式 IC 卡完成对门禁管理系统、停车场管理系统、巡更管理系统、消费管理系统、考勤管理系统等的管理。"一卡通"系统一般包含门禁管理系统、消费管理系统、考勤管理系统、停车场管理系统等。下面以可容纳下 900 户，地下停车场 6 个，地上停车场 2 个、停车位 920 个的住宅小区为例说明智能小区"一卡通"系统的组成与应用。

（1）门禁管理系统。该小区的门禁系统分为两部分：第一部分，小区的 6 个大门、26 个单元门及住宅区地下车库的 18 个电梯厅的大门处各装设一套门禁系统。第二部分，小区的 900 个家庭，每户装设一套门禁系统。小区共装设门禁系统 950 套。

IC 持卡人在读卡器的有效距离内一晃，卡内信息就通过读卡器读出，同时传至控制器及主控电脑，由控制器瞬间自动识别身份后启动电子门锁。此时，控制器及主控电脑均将持卡人的卡号、姓名、出入时间及出入门禁控制点等信息实时记录，并可以根据需要随时打印报表。如果持卡人的权限受限不准通行时，电子锁不动。如强行进入，系统自动将报警信号传至主控电脑报警，由保安人员处理，从而达到禁止不符身份人员进入的目的。如果卡片不慎丢失，只要在控制器或主控电脑的软件中将该卡片注销即可。

当住户或外来人员需要进入本小区时，用户使用此卡开门，也可以通过呼叫物业管理中心监控室开门。当住户将车停在地下停车场后，用自己的 IC 卡在电梯厅门前的门禁读卡器上进行读卡，听到清脆的蜂鸣声后，电梯厅大门打开，住户可顺利进入电梯厅，乘电梯到达要去的楼层。外来人员只能呼叫物业管理中心监控室开门。同时，物业管理中心监控室的计算机上，记录住户何时、何地通过地下车库的哪个电梯厅。

住户进自己家门也是将 IC 卡在自己家的门禁读卡器上读卡，听到清脆的蜂鸣声后，防盗门电子锁打开，住户人员可直接进入家中。

（2）消费管理系统。在社区内的消费网点，设立持卡消费专位，持卡人用此卡直接支付费用。系统采用数据库管理系统，所有消费终端通过 RS－485 网络与中心数据库连接，对持卡人进行实时扣款。实时扣款的集中数据库方式具有最强的安全性和可靠性。

1）水、电、燃气及物业管理缴费。该小区水、电、燃气三表的数据为计算机自动抄收远程系统，与小区中心的物业管理系统数据共享，因此持卡人可持卡在物业管理中心交费，刷卡后收费终端宜直接从持卡人的账户中扣除费用，也可在与物业公司签署代扣协议后，由物业公司从持卡人的账户中扣除相应费用。

2）商场消费。小区内的商场可设消费终端，每台 POS 机配置一个读卡器，读卡器带有键盘接口，持卡人缴费时，直接刷卡，POS 终端读取卡片的唯一卡号，从数据库读取卡片账号的余额，并显示本次消费金额扣除；非持卡人消费时直接由 POS 机计算消费金额，并缴纳现金进行结算。

3）健身娱乐场所消费。小区设网球场、游泳馆等健身会所和棋牌室等娱乐场所可设计为自助消费形式，只对小区内住户开放，分别在出、入口处各设门禁系统一套，持卡人只能在入口刷卡进入，并在出口刷卡出去，门禁系统根据进出时间及卡号，由中心管理系统对消费者进行消费扣款。

（3）停车场管理系统。小区的五个地下停车场均为固定用户使用，一个地上停车场为临时用户使用。

1）入场。临时车进入地上停车场时，由保安人员发卡给司机，自动路障放行车辆，车辆通过后，自行放下栏杆。

固定车进入地下停车场时，地感线圈检测车到，司机把 IC 卡在入口感应器前掠过，读卡器读卡，判断其有效性，并依据相应卡号存入电脑主机的数据库中。若有效，自动路障放行车辆，车辆通过后栏杆自动落下；若无效，不允许入场。

2）出场。临时车辆驶出地上停车场时，收费电脑自动计费，司机将临时卡交给收费员，通过收费显示牌，提示司机缴费。收费员确认无误后，按确认键，电动栏杆升起放行车辆。车辆通过后，收费电脑将该车信息记录到消费数据库中，同时电动栏杆自动落下。

固定车辆驶出地下停车场时，地感线圈检测车到，司机把 IC 卡在出口感应器前掠过，读卡器读卡，判断其有效性。若有效，自动路障放行车辆，车辆通过后，栏杆自动落下；若无效，则报警，不允许放行。

（4）考勤管理系统。考勤读卡器可安装在员工上下班进出的通道口，由计算机联网控制，分散考勤，自动记录，提高管理效率，统一读取记录信息，自动统计管理，杜绝人为作弊。考勤读卡器读取持卡人刷卡信息，将该持卡人卡号及刷卡时间上传考勤主控制器，考勤主控制器通过计算机网络定时将该考勤记录上传给系统管理中心，系统管理中心根据考勤记录自动统计，生成考勤报表。

第十二章 物业紧急状态与避险管理

一、物业紧急状态概述

物业紧急状态是指在日常物业工作或生活中发生或出现的一些不利的突发事件，可能会造成人员伤害，财产损失，对环境造成破坏，对正常的秩序形成负面影响。

紧急状态的出现会造成不利影响，其范围和深度具有不确定性。对此，物业公司应确保在发生紧急情况时，能够以最快的速度在最短时间内控制事态的发展，使各项工作保持正常状态，将损失减少到最低程度。

（一）紧急状态的类别及相关术语

1. 紧急状态分类

（1）根据影响的程度分为重大紧急情况和一般紧急情况两类。重大紧急情况是指很有可能对人员造成生命危害或财产造成巨大损失的情况。如犯罪团伙的突然袭击、火灾、特大水灾、煤气泄漏、台风、地震等。一般紧急情况，是指对人员造成生活或工作上的不便，可能对身心造成一定伤害的事故。如停水、停电、电梯困人、消防警报等。

（2）根据状态原因可将紧急情况分为人为事故、机械事故和自然事故。人为事故，是指因人员违规操作、大意疏忽、蓄意破坏及执行命令等直接与人员有关的事故，如停水、停电、盗窃、抢劫等。机械事故是指因机械磨损、振动、位移、锈蚀、受力不均等原因造成的事故等。自然事故是指气候、环境等因素影响造成的事故，如台风、地震等。

（3）根据控制能力可分为受控状态事故和非受控状态事故。受控状态事故，是指紧急事故发生后在公司范围内可以控制的事故，如事故性停水电、电梯困人等。非受控状态事故，是指紧急事故发生后在公司范围内不可控制的事故，如政府命令性停水电、台风、暴雨等。

2. 紧急状态相关名词和术语解释

（1）突发公共事件指突然发生，造成或者可能造成重大人员伤亡、财产损失、生态环境破坏，影响和威胁本单位稳定和人员的安定，需要由单位组织各方面力量应对的紧急事件。

（2）应急预案指针对突发公共事件事先制定的，用以明确事前、事发、事中、事后的各个进程中，谁来做，怎样做，何时做，以及用什么资源来做的应急反应工作方案。

（3）总体应急预案指某个部门、单位为应对所有可能发生的突发公共事件而制定的综合性应急预案。

（4）专项应急预案指各单位根据其职责分工为应对某类具有重大影响的突发公共事件而制定的应急预案。专项预案通常作为总体预案的组成部分，有时也称为分预案。

（5）应急处置指对即将发生或正在发生或已经发生的突发公共事件所采取的一系列的应急响应以降低损失、影响的处理措施。

（6）预警指根据监测到的突发公共事件信息，依据有关法律法规、应急预案中的相关规定，提前发布相应级别的警报，并提出相关的应急措施建议。

（7）应急状态指为应对已经发生或可能发生的突发公共事件，组织各方力量在一段时间内依据非常态下有关法律法规和应急预案采取有关措施和所呈现的状态。

（8）先期处置指突发公共事件即将发生、正在发生或发生后，事发项目在第一时间内所采取的应急响应措施。

（9）应急联动指在突发公共事件应急处置过程中，项目上所有部门联动，必要时，公安联动，互相支持，社会各方面密切配合、各司其职、协同作战，全力以赴做好各项应急处置工作的应急工作机制。

（10）紧急状态指在特定的地区或者全市范围发生或者即将发生的威胁公众生命、健康和财产安全、影响国家政权机关正常行使权力的特别严重突发公共事件，采取常态下的措施难以有效控制和消除严重危害时，有关国家机关按照法定权限和程序宣布该特定地域进入的一种临时性严重危机状态。

（11）后期处置是指突发公共事件得到基本控制后，为使生产、工作、生活、辖区秩序和生态环境恢复正常所采取的一系列善后处理行动。

（二）应急处理的目的和原则

1. 突发事件应急处理的目的

快速、有效、妥善处理突发事件。快速就是反应迅速，做到 4 个及时：及时报警、及时疏散、及时维护、及时善后；有效就是处理手段要有力、有序、得当，根据突发事件种类使用相应的应急预案；妥善就是减低影响、减轻责任。

2. 突发事件应急处理的原则

（1）快速反应原则。当班秩序维护员接警后，1 分钟内到达突发事件现场进行紧急控制处理；保安班长在当班时接到突发事件报告后，3 分钟内到达突发事件现场进行紧急控制处理；保安队长当班时接到突发事件报告后，10 分钟内到达突发事件现场。

（2）统一指挥原则。处理突发事件由安保部长负责统一指挥，对于重大火灾及爆炸事故由管理处经理负责统一指挥；特殊情况下，可由安管当班主管负责统一指挥；中控室值班员协助指挥突发事件的处理。

（3）服从命令原则。管理处员工需无条件服从安保部长的命令，并负责对突发事件的处理过程作详细记录。

（4）团结协作原则。安保部作为突发事件的处理部门，行使管理处赋予的指挥权和处理权，管理处任何部门或个人不应干预。在安保部作出突发事件处理决定时，各相关部门均应团结一致，紧密协作，配合安保部处理好突发事件。

（5）妥善处置原则。造成社会影响的，由安保部长作为对外发言人，减小负面影响；善后处理要及时考虑如何弥补损失，消除事件后遗症；迅速总结过程，评估方案有效性，改进组织、制度、流程，提高应对能力。

（三）应急组织架构

职责和权限：

（1）安全委员会是负责公司安全体系的最高机构，负责重大事故报告的批准和相关责任的断定。公司总经理为安全委员会负责人。

（2）安保部负责人负责事故和机械事故的诊断，编制预防措施，检查管理处安全工作的实施。管理处配合相关工作。

（3）安全小组负责一般事故报告的批准和相关事故报告的编写。

（4）各基层组织负责巡查、预防和事故的发现、确认，并执行有关规定。

（5）组织各环节的沟通须顺畅、及时，相关单位负责人须随时保持与上下级的联系。

（四）应急物资准备和程序

1. 应急物资准备

应急物资是指在紧急状态下为了将损失或影响减小而使用的物品和材料。公司在处理、应付紧急状态的准备工作中应急物资的准备是必不可少的环节，应急物资在公共设施、设备既定的前提下，操作人员使用得当，能够将紧急状态造成的损失减小到最低。

（1）应急物资的分类。

1）应急物资按紧急状态的使用功能分类如下：

①工具类。扫帚、水桶、铁锹、拖把、铁丝、扳手、老虎钳、螺钉旋具、手电筒等。

②警示类。警示标牌、围合板、围合线、雪糕桶等。

③监测类。噪声计、秒表、万用表、绝缘电阻表、水表、电表、尺子等。

④消防类。消防斧、消防钩、消防桶、消防沙、消防服、防毒面具、灭火器、水龙带、水枪等。

⑤防护类。木桩、绳子、沙袋、软垫、抹布等。

⑥医药类。红药水、碘酒、创可贴、纱布、绷带等。

⑦通信类。对讲机、应急电话等。

⑧防身类。警棍、腰带等。

⑨业主信息类。业主中的医生、护士等救援性人员的名单和联系电话等。

2）应急物资按照其正常使用情况可分为常用型、应急型两类。

①常用型的物资是指在公司日常活动中使用的物资，属于消耗类一种。平时在各岗位上保存和使用。这类物资的使用不需要经过特殊的培训。

②应急型的物资是指在公司日常活动中很少使用的物资，为安全准备的物资。如消防系统的物品。平时存放在固定且有一定防护的地方保存。该类物资的使用需要经过培训或演习训练。

（2）应急物资的管理。

1）常用型应急物资的储备状况应由相应的岗位根据实际情况进行采购申请，主管审批后按采购控制程序准备。

2）应急型物资由管理处在日常巡查和公司检查时实行两级巡查制度。对物资情况进行检查，对缺、损的物资填写相关检查记录，立即进行采购申请。

3）应急物资应按该物资的存放要求进行保存。

4）各类物资的正常使用应作为各岗位员工的基本技能，要求各岗位员工能够正确识别和熟练使用，适当时在培训中进行强化和提高。紧急集合和演习训练要求参与员工能够达到规定人数。

2. 应急预案程序

（1）建立一支受过专门训练、反应迅速的护卫队伍，处理各种治安、消防和自然灾害及其他事故是非常必要的，同时公司各部门所有员工都应熟知各种紧急突发事件的处理流程，这对确保管辖区域的安全稳定是必不可少的。只有做到上下一致，齐管共防，在处理有可能发生的各种问题时才能有备无患。因此公司下属各部门，必须教育培训广大员工懂得如何处理各种突发事件，在处理事件过程中应遵循必要的原则，运用正确的方法。

1）应急处理原则。秩序维护员是公司对社区管理的重要力量，是保障本物业管理区域业主人身与财产安全的专门力量。同时，其他员工均有义务承担本物业管理区域的安全保卫职责。在日常协助公安人员维护本物业治安秩序中，必须及时处理各种问题。处理问题的原则应遵循：依法办事，严格按照法律法规，遵循公司各项规章，运用恰当的方法及时有效地处理，不徇私情，以理服人，以德服人。

2）应急处理方法。不同性质的问题，采取不同的方法进行处理。对业主之间一般违反公司规定和不配合物业管理工作的内部矛盾问题，如因为纠纷，可通过在充分尊重对方又不违反公司原则的条件下劝说、沟通、了解的办法解决，主要是分清是非，耐心劝导，礼貌待人。对一时解决不了又有扩大趋势的问题，应采取"可散不可聚，可解不可结、可缓不可急、可顺不可逆"的处理原则，尽力劝开，耐心调解，把问题引向缓解，千万不要让矛盾激化，不利于解决问题。

在处理问题时，坚持在充分尊重对方又不违反公司原则的前提下劝说、沟通、协调相结合的原则，如违反管理规定情节轻微，不构成损失的，可在考虑尊重对方的原则下当场予以劝说或通知其所在单位、家属进行教育。如需要给予治安处罚的，交公安机关处理；违反公司有关规章制度极其严重的，由服务中心出面协调处理。对于犯罪行为，应及时予以制止，并通报公安机关，尽可能地将犯罪现象控制在最小范围内，一定要在保证自身安全的情况下，争取将犯罪嫌疑人抓获并送交公安机关。

（2）发生各种治安事件时，为了配合好公安机关工作，提高破案效率，减小辖区业主的损失，管理处保安班必须遵守以下程序：

1）秩序维护员应及时通知保安班长（夜间通知值班班长）。

2）保安班长或安全主管根据事态的情况立即组织适当的秩序维护员前往事件现场进行控制；在紧急情形下立即通知公安机关到现场对事件进行处理。

3) 秩序维护员应根据具体情况，采取适当的方法保护案发现场，禁止无关人员进入现场，以免破坏现场遗留的痕迹、物证，影响证据的收集。

4) 抓紧时间向发现人或周围人员了解案件经过，事故发生发现的经过，收集人员的反映和议论，了解更多的情况并认真记录。

5) 向到达现场的公安人员认真汇报案件发生情况，协助破案。

二、紧急状态与物业避险常识

(一) 正当防卫

正当防卫的出发点是为了保护合法的权益。但是，在保护的同时又造成了不法侵害者受到一定的损害。因此，在行使这项权利时必须要符合法律规定的条件。否则，滥用防卫权，无限扩大对对方的伤害，不仅达不到同违法犯罪行为作斗争的目的，还会造成国家和人民利益不应有的损害，破坏社会主义法制。正当防卫的条件包括不法侵害和防卫两个方面的条件。

(1) 正当防卫的不法侵害条件：

1) 必须有真实存在的不法侵害行为，才能进行正当防卫。所谓真实存在的不法侵害行为，是指客观上发生了危害社会的行为。也就是说，这种危害社会的行为，不是行为主观想象和推测的，而是客观存在的。

2) 必须针对正在进行的不法侵害行为，才能实行正当防卫。这个条件说的是正当防卫的时机问题。不法侵害正在进行，是指不法侵害行为已发生且尚未结束，不法侵害行为处于实施阶段。例如，杀人犯正举刀向被害人砍来或盗窃犯正在撬门扭锁。不法侵害行为尚未发生或者已经结束，都不属于正在进行的不法侵害行为。在这种情况下实施的行为，都不属于正当防卫。

(2) 正当防卫的防卫条件。防卫行为是由不法侵害行为引起的，它包括防卫对象和防卫限度两个条件。

1) 正当防卫必须针对不法侵害者本人实行。这一条件是指正当防卫不能针对没有实施不法侵害的他人进行。正当防卫的目的在于排除不法侵害，所以，只能采取给侵害者本人造成损害的方式进行，不能损害他人的合法权益。

对于未达到法定责任年龄的人及精神病人所实施的侵害行为，不能实行正当防卫。情况紧迫的，可采取紧急避险。

2) 正当防卫不能超过必要限度，造成不应有的损害。正当防卫的必要限度，是有效制止不法侵害所必需的限度。判断正当防卫的必要限度，一是要看防卫行为是否能有效制止住不法侵害；二是要把防卫行为与侵害行为进行比较，凡是经综合分析认为防卫行为与侵害行为在性质强度、手段等方面大体相当，即可认定是制止不法侵害所必需的限度。否则，为了保护轻微的合法权益，而对不法侵害者造成重大损失的，或能用较缓和的防卫手段就足以制止不法侵害，却采取了激烈的、强度很大的手段的，就是超过正当防卫的必要限度。

上述正当防卫两个方面的四个条件，是一个有机联系的整体，缺一不可，只有这两个方面的四个条件同时具备，正当防卫才能成立。否则，就是非正当防卫。

（二）紧急避险

紧急避险是指为了公共利益、本人或他人的人身及其他权利免受正在发生的危险威胁，不得已采取的损害另一合法利益的行为。紧急避险的构成要件主要有以下六点：

（1）必须是合法利益受到紧急、危险的威胁。这里说的危险，一是指他人的不法侵害；二是指自然界力量的危害；三是指动物的侵袭等。对合法的行为不能实行紧急避险。

（2）危险必须是正在发生的，而不是危险尚未到来或者已经过去，在这种迫在眉睫的时刻，才可实行紧急避险。

（3）避险行为必须是为了使合法利益免遭损害而实施，否则不成立，也不允许实行紧急避险。

（4）避险行为必须是在没有其他方法可以排除危险、在迫不得已的情况下实施的。

（5）紧急避险必须是实际存在的，不能是假想或推断的。

（6）避险行为不能越过必要的限度。也就是说，损害他人的利益必须比保全的利益为轻，否则超过必要限度，造成不应有损害的，应当负刑事责任。我国《刑法》第18条第3款，关于避免本人危险的规定，不适用于职务上、业务上负有特定责任的人，不能以保全自己或者其他权利为由而逃避自己应尽的责任和义务。如果为此而造成后果的，应承担法律责任。

（三）现场保护

1. 现场保护的方法

（1）露天现场的保护。对露天现场的保护，通常是划出一定的范围布置警戒。范围的大小，原则上应当包括犯罪分子作案的地点和犯罪分子可能遗留痕迹的场所。范围划定后，即可采取措施加以保护，如对于不大的露天现场，条件又许可时，可以在现场周围绕以绳索，或以白灰作为标记，防止人们闯入。对于现场的重要部位和出入口，应当设网看守或设置屏障遮挡。对于通过现场的道路，必要时可以中断交通，指挥行人绕道而行。对于大院内空地上的现场，可以将大门关闭，如果院内有其他住户，可以划出通道。有些露天现场虽位于偏僻处，但也应加以保护，防止破坏。

（2）室内现场的保护。对室内现场的保护，通常可将房门封闭，并在门窗和重点部位设岗看守，对房子周围和进出室内经过的场所，应布置警戒，禁止任何人接近。

2. 几类主要案件现场的保护

（1）纵火案现场的保护。纵火犯罪对国家、集体和个人财产和生命危害极大。犯罪分子往往利用这种手段破坏社会主义建设，给社会造成很大的灾难。纵火案往往因群众在救火时使现场遭到严重破坏，而使案件的侦破产生困难。对纵火案现场的保护要注意以下四点：

1）火灾现场在起火时，如未成火灾，起火点一般比较明显，只要保护好起火点，使其免遭破坏，就可以达到保护现场的目的。

2）如已酿成火灾，要积极配合消防部门及有关单位抓紧灭火。

3）灭火后要及时封锁现场，并配合消防部门与刑侦部门认真清理火场，查找起火点，发现后要注意保护。

4）在参加保护纵火案现场时，灭火中要注意听取周围群众的议论，因为往往能在收集群众的反映中获得很有价值的线索，如有关火势、风向、气味、异响，起火部位等方面的情况。

（2）抢劫案现场的保护。抢劫案件是严重破坏社会秩序，危害人民生命财产的重大刑事案件，必须给予严厉的打击。对于这类犯罪现场的保护要注意以下五点：

1）注意现场中罪犯潜伏、袭击被抢对象的路线、逃走时的痕迹、足迹，发现痕迹后要划出范围，避免破坏。

2）现场中心及周围一般会遗留搏斗中遗失的物证，如对打中脱落的纽扣、出血后溅落的血滴、脱落的毛发等。

3）要及时询问被害人，如案件刚刚发生，估计罪犯潜逃不久，还要立即组织人力追捕，不能消极等待公安机关派人来处理。

4）在人命案现场（如杀人、伤害、投毒、纵火等），要及时抢救受伤者，这既包括受侵害人，也包括犯罪分子。如已生命垂危者，在给予适当抢救的同时，还应注意向其询问有关案件的情况。

5）清理、排除还在扩散并继续造成危害的危险因素，如火焰未熄、毒气蔓延、未爆炸物品，以防案件事态进一步扩大，产生更严重的后果。

三、日常管理应急处理预案

（一）水浸与停水、停电应急处理预案

1. 突发性水浸和室内水浸应急处理预案

为了使本物业管理区域内的业主在突发性水浸和室内水浸事件时，能够及时、冷静、迅速的处理，减小损失，服务中心应做好宣传工作。请业主牢记以下内容：

（1）突发性水浸的处理办法：

1）维修人员接到水浸通知后，即携带通信设备前往水浸现场观察，关闭水阀门。

2）水浸危及附近的电表房、设备房等公共设施时，要动员员工在上述设施周围堆放沙包隔离，防止浸水。

3）对水浸地方要安排清洁工清除积水，并把水浸情况详细报告给主管领导。

4）如水浸时影响业主正常供水，服务中心必须书面通知各业主。

（2）室内水浸的处理办法：

1）服务中心接到业主投诉室内水浸时，要立即派人前往现场观察。

2）现场观察人员到水浸业主区域，必须得到业主的同意，不能撬门强行入内，要设法找到阀门地点，以关闭阀门。

3）水浸情况严重，必须关闭本物业管理区域的设备机房总阀门，避免水浸扩大。

4）立即通知清洁员工，携带专用吸水设备赶到现场进行吸水作业，防止水浸区域进一步扩大。

5）关闭本物业管理区域的总阀门后，会影响本物业的正常供水，必须书面通知各业主。

2. 停水、停电应急处理预案

（1）停水是指无法保证正常的供水；停电是指无法保证正常的供电。停水、停电将会造成业主生活、工作的不便，并造成一定的经济损失。应急方案的目的是将水电中止供应的损失降低到最小，并适当地减少业主的抱怨情绪。

（2）分类。

1）根据停水、停电的可预测性分类。

①预定性停水电：因设备检修、改装、更新或供水管道清洗等原因造成的，有计划和控制方法的终止水电供应的事故。

②突发性停水电：不在计划和控制范围内的停水电事故。如水管爆裂、电缆老化、人为破坏等造成的。

2）根据影响范围的程度分类。

①整体性停水电：整个辖区甚至周边范围都终止水电供应，一般是由市政设施设备的影响造成的。

②局部性停水电：因辖区内部设施设备原因或异常情况需要采取停水电的方式处理的事故。

（3）控制。

1）对预定性停水电，管理处提前 24 小时在各显要位置用告示牌准确通知受影响业主。

①管理处接到相关单位的通知或者在媒介上采集到相关信息并经过询问确认后，立即以书面通知的形式进行公告，公告前须经管理处经理认可。

②管理处在收到通知后，检查水池水箱的水位和发电设备的功能是否可随时起动，相关人员应保证将设施的功能发挥到最大，利用现有资源减少对业主的影响。

③管理处在确定发电机等设备检修或水池水箱清洗时间后，确定受影响的业主范围和预计停水电时间，根据实际实施计划必须提前 24 小时通知受影响的业主，保证能够在承诺的时间内恢复供水供电。

④物业服务中心应做好相应的询问和解释工作。并对投诉的业主予以回访，解释情况。

2）对突发性停水电，管理处应采取以下措施：

①在接到有关单位或业主通知或发现问题经询问证实后，确定受影响的范围，在 10 分钟内发出紧急通知，可采用广播或书面通知的形式进行。

②积极与相关责任单位联系确认原因和预计恢复供水电时间等情况。

③管理处在 1 小时之内将具体情况（停止原因、预计恢复供水电时间等）用告示牌在显要位置及时通知业主。

④管理处发现的属于自身原因造成的事故，如给水干管爆裂、供电设备故障等，应立即组织相关人员进行抢修，并对受影响的业主进行通知。

⑤事故排除后查明原因，由管理处编写事故分析报告，管理处经理确认后上报品质管理部。

3）给水干管爆裂的抢修。高层建筑给水管道压力大，焊接接头、软接处易发生爆裂。水大量涌出将会浸泡高低压配电设备、机电设备，造成短路、损坏及水资源的大量流失，应组织抢修。

①发现管路破裂，管理处应迅速关闭破裂处管前及管后的阀门，用防洪沙袋封堵设备房门，开启排污泵排水，水量大时安排人员用水桶等工具提水。

②泄水停止后，迅速修理破裂处。对维修所需设备和物资在发现爆裂时，由相关责任人进行确认，对所缺设备和物资立即联系品质管理部，由品质管理部进行调度和组织相关人员到场援助。

（二）燃气泄漏与给排水设备事故应急处理预案

1. 可燃气体泄漏应急处理预案

（1）工作内容：

1）管理处在接到防空警报试鸣的信息时，应及时将相关信息以书面通知的形式在规定的位置向业主发布。通知内容应写明确试鸣地点、试鸣时间及试鸣警报的信号含义。

2）政府指定进行防空演习的试点管理处应全力配合政府相关工作，确保在不影响业主工作和生活秩序的前提下使得演习成功。

3）管理处安排人员执行具体分配的工作。

4）管理处在规定的演习时间的前10分钟，视具体试鸣位置的远近和试鸣的影响程度，由管理处经理决定是否有必要通过消防广播对业主再次进行宣传。宣传时间不得超过2分钟，应重复播出2次。

5）管理处办公室应保持通信联系畅通，随时解答业主的质疑和询问。

（2）报警：

1）消防警报控制。管理处巡查或监控中心发现有火灾信息时，应立即通知巡查人员携带灭火器材到现场进行确认，在确认为是火险时，立即通知消防中心或监控室，由监控室进行传递信息。

2）燃气报警控制。当燃气预警装置或在人员巡查时发觉有燃气泄漏的可能时，应迅速通知消防中心，注意不可使用对讲系统。消防中心查验相关情况，如现场状况、读表压力等如有疑情，立即关闭相关阀门，并与业主取得联系。注意现场中不得使用电子通信方式，避免发生火花产生爆炸。

2. 给排水设备事故应急处理预案

（1）工作内容：

1）如果关闭了主供水管上相关联的闸阀后，仍不能控制住大量泄水，则应关停相应的水泵房。

2）立即通知设备部主管。

3）设备部主管联络供水公司进行抢修。

4）客户部负责通知相关的用水单位和业主关于停水的情况。

5）在设备部水泵房组长或设备主管的组织下，尽快开挖出所爆部位水管。

6）供水公司修好所爆部位水管后，应由水泵房管理员开水试压（用正常供水压力试压），看有无漏水或松动现象。

7）确认一切正常后，回填土方，恢复水管爆裂前的原貌。

（2）水泵房发生水浸时的处置：

1）根据进水情况，关掉机房内运行的设备设施，并切断电源开关。

2）堵住漏水源。

3）如果漏水较大，应立即通知设备部主管，同时尽力防止进水。

4）漏水源堵住后，应立即排水。

5）排干水后，应立即对湿水设备设施进行除湿处理，如用干的干净抹布擦拭、热风吹干、自然通风、更换相关管线等。

6）确认湿水已消除、各绝缘电阻符合要求后，开机试运行。

7）如无异常情况出现，则可以投入正常运行。

（三）电梯困人、消防设备故障、空调设备事故应急处理预案

1. 电梯困人应急处理预案

（1）任一员工接到业主报警或发现有乘客被困在电梯内，都应立即通知消防监控室，同时记录接报和发现时间。

（2）消防监控室接报后应一方面通过监控系统或对讲机了解电梯困人发生地点、被困人数、人员情况，以及电梯所在楼层；另一方面通过对讲机向安全主管或当班班长汇报，请求派人或联系电梯维修保养公司前往解救。

（3）安全主管或当值班长接报后，立即亲自到场或派员到场与被困乘客取得联系，安慰乘客，要求乘客保持冷静，耐心等待救援。尤其当被困乘客惊恐不安或非常急躁，试图采用撬门等非常措施逃生时，要耐心告诫乘客不要惊慌和急躁，不要盲目采取行动，以免使故障扩大，发生危险。注意在这一过程中，现场始终不能离人，要不断与被困人员对话，及时了解被困人员的情绪和健康状况，同时及时将情况向值班领导汇报。

（4）电梯维修保养公司接报后，应立即派人前往现场解救。

（5）电梯维修保养公司都无能力解救或短时间内解救不了的，应视情况向公安部门或消防部门求助（应说明求助原因和情况）。向公安、消防部门求助前应征得公司总经理的同意。

（6）在解救过程中，若发现被困乘客中有人晕厥、神志昏迷（尤其是老人或小孩），应立即通知医护人员到场，以便被困人员救出后即可进行抢救。

（7）被困者救出后，安全主管或当值班长应当立即向他们表示慰问，并了解他们的身体状况和需要，同时请他们提供姓名、地址、联系电话及到本小区事由。如被困者不合作自行离去，应记录下来存档备案。

（8）被困者救出后，工程部应立即请电梯维修保养公司查明故障原因，修复后方可恢复正常运行。

（9）安全主管或当值班长应详细记录事件经过情况，包括接报时间、秩序维护员和电梯维修保养公司通知和到达时间、被困人员的解救时间、被困人员的基本情况、电梯恢复正常运行时间。若有公安、消防、医护人员到场，还应分别记录其到场和离开时间、车辆号码；被困人员有伤者的，应记录伤者情况和被送往的医院。

（10）值班人员应详细记录故障发生的时间、原因、解救办法和修复时间。上报管理处经理和公司安全部。

2. 消防设备故障应急处理预案

对消防设备巡查或联动检查时发现设备出现故障，立即通知相关责任人员到场，检查设备，诊断故障原因，判断故障为一般故障还是事故，切断故障源，防止故障扩大。如需立即停止设备运行的，立即切断电源，进行隔离，并向主管领导报告，通知相关单位立即组织人员进行会诊，并拟定维修方案。

（1）报警控制器失灵的故障应急处理方法。消防联动设备如水泵、风机、卷帘门等设备处于手动位置，保证在控制中心和现场可以随时手动起动上述设备；保障消防对讲电话及保安对讲的通信畅通，一旦发生火灾时，各方人员可以保持联系；加强人员巡逻，及时发现火情；维修人员紧急赶赴现场进行故障检查维修，如果自己无能力维修，应尽快联系厂家协助维修。

（2）消防联动控制柜故障应急处理方法。消防联动设备如水泵、风机、卷帘门等设备处于自动位置，保证在现场可以随时起动上述设备；维修人员紧急赶赴现场进行故障检查维修。

（3）气体灭火装置意外泄漏应急处理办法。疏散气体释放区域内人员，关闭气瓶总阀门，开启气体释放区域的排烟机，排除气体；排除引起气体释放的故障。

3. 空调设备事故应急处理预案

（1）中央空调发生制冷剂泄漏时的处置：

1）立即关停中央空调主机，关闭相关的阀门。

2）加强现场通风或用水管喷水淋浇（应注意不要淋在设备上）。

3）救护人员应身穿防毒衣，头戴防毒面具进入现场，并要求两人为一组，确保安全。

4）对于不同情况的中毒者应采取不同的方法；对于头痛、呕吐、头晕、耳鸣、脉搏呼吸加快者，应立即转移到通风良好的地方休息。

5）如中毒者出现痉挛、神志不清、处于昏迷状态，应立即转移到空气新鲜的地方，进行人工呼吸并尽快送医院治疗。

6）如氟利昂制冷剂溅入眼睛，则应用质量分数为2%的硼酸加食用盐水反复清洗眼睛并送医院治疗。

7）排除泄漏源后，起动中央空调试运行，确认无泄漏后，机组方可投入正常运行。

（2）中央空调机房发生水浸时的处置：

1）根据进水情况关掉中央空调机组，切断总电源开关。

2）堵住漏水源。

3）如果漏水较大，应立即通知设备部主管，同时尽力防止进水。

4）漏水源堵住后，应立即排水；排干水后，应立即对湿水设备、设施进行除湿处理，如用干的干净抹布擦拭、热风吹干、自然通风、更换相关管线等。

5）确认湿水已消除，各绝缘电阻符合要求后，开机试运行。

6）如无异常情况出现，则可以投入正常运行。

7）中央空调机房发生火灾时，按《火警、火灾应急处理作业规程》处置。

（四）公共活动应急处理预案

1. 总则

（1）目的及依据。为了有效预防和及时控制公共文化场所和文化活动中发生的突发事件，迅速采取正确和有效措施，妥善处理突发事件，最大限度地减少其危害和影响，依据国家有关法律法规，制定本预案。

（2）适用范围：

1）本预案适用于公司所有管理项目公共文化场所举办的文化活动中突发事件的预防、预警、应急准备和应急响应等工作。

2）本预案所指公共文化场所，是管理区域会所、广场等建筑物。预案所指文化活动，是在本预案所指的公共文化场所举办规模较大的群众性文化活动、演出活动、展览活动和文化娱乐活动。

3）本预案所指公共文化场所和文化活动中的突发事件包括地震等各种自然灾害、火灾、建筑物坍塌、大量有毒有害气体泄漏、拥挤踩踏等事故灾难，以及爆炸、恐怖袭击等重大刑事、治安案件。

（3）工作原则：

1）加大宣传普及公共文化场所和文化活动安全知识的力度，提高公众自我防护意识。细致排查公共文化场所和文化活动中各类突发事件的隐患，采取有效的预防和控制措施，减少突发事件发生的几率。

2）公共文化场所和文化活动突发事件预防、控制的管理及应急处置工作，要严格执行国家有关法律法规。

3）各管理项目应根据实际情况制订文化场所和文化活动突发事件应急处置工作的原则。

4）各管理项目应建立预警和处置快速反应机制，制定安全防范预案。在突发事件发生时，立即进入应急状态，启动预案。在各项目领导下，果断采取措施，在最短时间内控制事态，将危害与损失降到最低程度。

2. 应急组织体系及职责

应急指挥部是公共文化场所和文化活动突发事件发生后及时成立的，负责事件处置的决策领导机构。

（1）管理项目设立应急指挥部，总指挥由经理担任。

（2）管理项目应急指挥部主要职责：

1）组织、指挥、协调本单位各部门参与应急响应行动，下达应急处置任务。

2）制定有关突发事件信息发布工作指导方针，决定有关方面共同研究信息发布的时间、方式等。

3）加强与公司相关部门的联系，及时报告、通报有关情况和信息。

4）研究解决突发事件中的重大问题。

（3）相关部门的主要职责：

1）保安部、工程部负责保护项目上的正常工作运行及抢救。

2）办公室负责突发事件应急指挥和处理中的后勤服务工作。

3）事物部负责做好处置突发事件过程中的思想工作，维护稳定。

3. 预防和预警机制

（1）预防预警信息。各类文化场所和文化活动主办单位应做好应对突发事件的思想准备和组织准备，加强管理和监测，注意信息的收集与传报，对可能发生的涉及公共安全的预警信息进行全面评估和预测，制定有效的监督管理责任制与预防应急控制措施，尽可能做到早发现、早报告、早处置。

（2）预防预警行动。

1）各管理项目必须建立预警和快速反应机制，对各类公共文化场所和文化活动加强事前监督检查。

2）文化场所须制订必要的日常安全保卫工作方案、安全责任制度。强化日常人力、物力、财力储备，增强应急处理能力。

3）大型文化活动的主办单位必须在举办文化活动之前制定相应的安全保卫工作方案和应急预案，报公司相关部门审核。

4）各管理项目配合公司相关部门对文化场所和文化活动的安全保卫工作进行安全检查及管理。

（3）预警支持系统。公共文化场所和文化活动应严格核定人员容量，加强对现场人员流动的监控；安装必要的消防、安全技术防范设备，配备预警通信和广播设备，预留公安、消防、救护及人员疏散的场地和通道；确保安全工作人员数量，明确其任务分配和识别标志；出入口和主要通道设专人负责疏导工作。

4. 应急响应

（1）应急预案启动。Ⅱ、Ⅲ级突发事件发生后，依照所在项目管理的原则，在管理项目公共事件应急指挥部统一指挥下，启动应急预案，领导事发地行政区域内的应急处置工作，文化部门在参与应急处置工作的同时，将事件的情况及时上报上级文化主管等政府部门。

（2）信息报送。

1）基本原则。突发事件发生时，各项目管理部门应在2小时之内及时向公司总经理和安全部门上报突发公共事件情况和处理办法。

2）报送内容。事件发生的时间、地点和现场情况，事件的简要经过，伤亡人数和财产损失情况的估计，事件原因分析，事件发生后采取的措施、效果及下一步工作方案，其他需要报告的事项。

（3）指挥和处置。

1）各项目管理部门接到应急突发事件报告后，应根据事件的性质和严重程度启动相应级别的应急预防措施。

2）项目各服务部门应主动参与现场应急工作，在应急总指挥的统一指挥下，参与人员抢救和现场抢险，并随时向公司安全部门报告应急处置的情况。

3）各管理项目应协调开展突发事件伤亡人员的医疗救治和善后处理，如有保险，应及时与保险公司沟通进一步的协调处理方案。

4）事件处理结束后，应向公司总经理及公司安全部门报告。

5）根据事件暴露出的有关问题，进一步修改和完善有关防范措施和处置预案。

6）奖惩有关人员。

5. 应急保障

（1）信息保障。建立健全并落实突发事件信息收集、传递、处理、报送各个环节的工作制度，完善各项目已有的信息传输渠道，保持信息报送设施性能完好，配备必要的应急备用设施和技术力量，确保信息报送渠道的安全畅通。

（2）物资保障。各管理项目应建立公共文化场所文化活动突发事件救援物资储备制度，储备足够的突发事件应急物资。储备物资放在交通便利、储运安全的区域。

（3）人员保障。各管理项目应组建公共文化场所和文化活动突发事件的应急队伍，根据突发事件具体情况，在应急指挥部门的统一指挥下，开展应急救援和处理工作。

（4）宣传。加强对公共文化场所和文化活动安全知识的宣传，确保发生突发事件时能正确自救和救护，使损失降到最低程度。

四、灾害疾病应急处理预案

服务中心负责人、安全主管、工程部主管、管理处经理按各自的分工（各部门的分工联合消防应急方案），迅速处理自然灾害事故。保安力量及义务消防队员应前往一线处理，服务中心负责人、安全主管将根据事态的严重情况经上级领导批准后通知政府机关，确保本物业管理区域内业主及员工的人身财产安全。

（一）暴雨、地震应急处理预案

1. 暴雨应急处理预案

在气象台发布暴雨信号后，管理处应根据实际情况制定以下应急方案：重点检查地下室出入口、地下一层、车库出入口、排水排污系统、化粪池、雨水井、排污井、排污泵、潜水泵、沟渠等，以及地下室发电机房、配电房、水泵房等。具体措施如下：

（1）暴雨洪水期来临前，维修班组织人力对排水设施设备进行检修，做好抢险物资的准备工作，如水桶、木棍、手电筒、雨衣、水鞋、沙井沟、防洪沙袋等。由维修班负责。

（2）暴雨洪水来临前清洁班组织人力，对排水沟、渠全面清理疏通。由清洁班长负责。

（3）暴雨洪水期间，维修班、保安班应加大对防洪重点部位的巡查力度。确保地下室不进水。排污泵、潜水泵随时可以起动并处于自动状态。清除沟渠、雨水井、排污井堵塞的杂物，保持排水畅通，确保地下室设施设备安全运行。派专人关闭电梯机房和天台的门窗。

（4）暴雨洪水期间，保安班负责守卫地下室、车库出入口，同时运送防洪材料。维修班负责设施设备的正常运行。办公室根据实际情况组织指挥协调。

（5）暴雨后，立即开展小区环境清理工作，使小区达到整洁清新有序。

（6）全体员工在暴雨洪水期间，应坚守岗位，服从命令，听从指挥。

（7）事后做好相关记录，对造成的损失做好记录和总结，并上报公司安全部。

2．地震灾害的应急处理预案

虽然正常情况下设有防震设施，一般较小的地震物业管理区域不会受到较大的影响。但为了安全起见，必须注意以下事项：

（1）发生地震时，服务中心各岗位员工应保持镇定，坚守岗位，在附近寻找坚固的结构部位寻求掩护，切勿离开物业管理区域。

（2）远离窗户、玻璃、不牢固的支架或悬挂的物件。

（3）切勿在悬挂物上逗留，应在适当时机尽快离开。

（4）地震时切勿在楼梯下躲避。

（5）准备应付后续更多余震的各部门职责如下：

1）工程部应迅速切断生活水泵、供水，关闭其附属设备，切断非应急电源及天然气总阀门。

2）服务中心应组织业主镇定而有秩序地沿应急疏散通道撤离本物业管理区域的危险地区，并在安全空旷场地集合。

3）消防监控室应按照服务中心负责人的命令，通过应急广播向本物业区域的业主提示以下注意事项：请保持镇定；管理区域建筑结构是安全可靠的；请按照应急疏散路线有秩序地撤离本物业告之撤离后的集合地点；提醒业主远离窗户、玻璃、不牢固的支架及悬挂物体。

4）保安班应协助维护疏散秩序，安慰业主，控制所有出入口，严禁任何人员进入本物业管理区域，并应检查所有可能的火源是否熄灭，防止火灾发生。

（6）所有服务中心人员严禁散播谣言或夸大本物业管理区域的损坏情况，切勿引起业主恐慌。

（7）地震警报解除后的工作程序如下：

1）工程部应仔细检查所有设备系统、房屋结构。如有必要，应请有关技术部门进行鉴定，并出具鉴定报告，设备系统如有损坏，应迅速维修，尽快恢复正常。

2）服务中心应公开致函全体业主，解释管理区域受损情况及修复情况，并通知业主回到本物业管理的居住区域。

3）保安班应派人员加强楼内巡视，严防不法人员趁乱作案，危害管理区域及业主利益。

（二）台风应急处理预案

1．定义

台风是指产生在太平洋西岸或南中国海的一种强热带气旋，具有一定的破坏力，并时常伴有暴雨。发生在中国南部夏秋两季。应付台风问题是物业公司防止自然灾害的重要工作，台风应急方案的编制和实施是预防自然事故的一种措施。

2．分类

根据气象台发布的台风预警情况分类如下：

（1）T（灯光信号白白白）为台风注意信号，其含义为：距市区 800 公里范围内有热带气旋，48 小时内可能影响我市。简称台风一号。防御措施：提请市民和航船注意防风。

（2）● （灯光信号白绿白）为强风信号，其含义为：距市区500公里范围内有热带气旋，24小时内可能影响市区，风力可达6~7级。简称台风二号。防御措施：幼儿园停止上课；船舶避风。

（3）▲ （灯光信号白绿绿）为大风信号，其含义为：距市区200公里范围内有热带气旋，12小时内即影响市区，风力可达8级以上。简称台风三号。防御措施：各有关单位值班指挥人员到岗位准备应急措施；组织抢险队伍，准备物资器材；检查水、电、通信、交通工程设施；危险地带警戒及人员财产疏散；危房警戒及业主疏散；公布临时避险场所及撤退路线，并开放全部场所；中、小学停课；船舶避风；切断霓虹灯及有危险的室外电源。

（4）- （灯光信号绿绿绿）为大风增强信号，其含义为：热带气旋将严重影响市区，平均风力8级以上，阵风11级以上。简称台风四号。防御措施：三防领导成员到指挥部集中指挥；抢险队伍到位；船舶采取防护措施。

（5）+ （灯光信号红绿红）为飓风信号，其含义为：热带气旋在市区附近登陆，平均风力10级以上，阵风12级。简称台风五号。防御措施同台风四号。

（6）（灯光信号绿白白）为台风解除信号，其含义为：热带气旋已登陆减弱或中途转向，将不再对市区构成威胁。

3. 控制

在气象台发布台风一号信号时，管理处须半小时内在显要位置用告示牌向业主发出预告，并通知防风的具体注意事项。通过各种媒介及时关注台风警报情况，有情况及时与市气象局联系。

（1）管理处检查紧急应用的维修及照明工具，检查急救箱，保证一般性常用药物齐备。在大堂等显要位置，张贴紧急救助的电话表，以便业主电话求助。

（2）在气象台发布台风二号信号时，管理处书面张贴和开通消防广播劝告业主，把放在花架及阳台上的花盆、杂物移开，保证天台、阳台等下水道畅通，并关好门窗。

（3）管理处员工要卸下迎风面的路灯灯罩，捆牢指示牌，检查下水管道的畅通，派专人关闭电梯机房和天台门窗。加固所有树木，并将盆栽花木暂时移至避风处；准备好防洪沙袋。

（4）留意电台、电视台播放有关台风的消息，并将台风进展情况及时传达至业主。管理处应及时与"三防办"联系。

（5）在气象台发布台风三号信号时，全体员工要处于紧急状态，管理处经理要24小时值班，员工不得离开管理区，准备随时执行抢险任务。

（6）在预知大风暴袭击的警报后，管理处经理应立即组织人员将防洪沙袋运至重点防范部位备用。管理处应将蓄水池注满水、柴油发电机备足柴油，以便应急起动。

（7）应立即检查并关闭辖区内未出售空房的门窗，同时应注意未关闭门窗的业主的房间，及时联系并通知其尽快返回以将损失降到最低限度。

（8）在气象台发布台风四号信号时，管理处重点部位人员应保证在岗，并派人及时巡查车库、机房等，办公联系电话不得私自打出，保持联系畅通。

（9）如有业主电话求助，应立即派抢险队员前去协助，并随身携带通信、救援工具。并用消防广播提醒业主尽量减少在辖区内活动，防止意外发生。

（10）在台风间隙期，组织人员对辖区进行巡查，清除杂物，检查树木等。

（11）在气象台发布台风解除信号时，管理处通过消防广播发布台风解除消息，并提醒业主清理杂物和损坏的物品。

（12）管理处要立即组织人力对未售出的空房进行检查，室内渗水情况要详细记录，并组织相关的维修、清洁工作。

（13）对台风袭击损坏的设施，管理处必须详细统计，经理确认后并以书面报告形式递交品质管理部。

（三）火灾应急处理预案

为了更好地做好火灾应急工作，所有员工平时应练习做好火灾的扑灭、自救和救护。

无论何时，一旦发现有火灾苗头，如烟、油、味、色等异常状态，每一位员工都必须立即向消防监控室报警（注意当现场异味为液化气等易燃气体时，严禁在现场用手机、对讲机、电话报警，应该脱离现场到安全区域后再报警，以防电火花引爆易燃气体），请其派人查明真相，并做好应急准备。

1. 目击报警

（1）小区任何区域一旦着火，发现火情的人员应保持镇静，切勿惊慌。

（2）如火势初期较小，目击者应立即就近用灭火器将其扑灭，先灭火后报警。

（3）如火势较大，自己难以扑灭，应采取最快方式用对讲机、电话或打碎附近的手动报警器向消防监控室报警。

（4）关闭火情现场附近的门窗以阻止火势蔓延，并立即关闭附近的电源刀开关及煤气阀门。

（5）引导火警现场附近的人员用湿毛巾捂住口鼻，迅速从安全通道撤离，同时告诉疏散人员不要使用电梯逃生，以防停电被困。

（6）切勿在火警现场附近高喊"着火了"，以免造成不必要的混乱。

（7）在扑救人员未到达火警现场前，报警者应采取相应的措施，使用火警现场附近的消防设施进行扑救。

（8）带电物品着火时，应立即设法切断电源，在电源未切断以前，严禁用水扑救，以防引发触电事故。

2. 消防监控室报警

（1）消防监控室值班人员一旦发现消控设备报警或接到火警报告后，应立即通知秩序维护员赶赴现场确认，并通知消防专管员。

（2）火情确认后立即通报安全主管或当班领班，由其迅速召集人员前往现场灭火、警戒、维持秩序和组织疏散。

（3）立即将火情通报管理处经理或值班领导以及工程主管。

（4）值班人员坚守岗位，密切观察火警附近区域的情况，如有再次报警，应立即再次派人前往查看确认。如有业主打电话询问，注意不要慌张，告诉业主："火情正在调查中，请保持冷静，如果需要采取其他措施，我们将会用紧急广播通知您"，同时提请业主关好门窗。

（5）接到现场灭火指挥部下达的向119报警的指令时，立即按要求报警，并派人前往路口接应消防车。

（6）接到现场灭火抢险总指挥传达的在小区内分区域进行广播的指令时，立即按要求用普通话（或英文）进行广播，注意广播时要沉稳、冷静，不要惊慌，语速要适当，语音要清晰。特殊情况下，应派秩序维护员或管理员逐单元上门通报，通报顺序为：起火单元及相邻单元、起火层上面2层、起火层下面1层。

（7）详细记录火灾扑救工作的全过程。

3. 报警要求

（1）内部报警应讲清或问清：起火地点、起火部位、燃烧物品、燃烧范围、报警人姓名以及报警人电话。

（2）向119报警应讲清：小区名称、火场地址（包括路名、门牌号码、附近标志物）、火灾发生部位、燃烧物品、火势状况、接应人员等候地点及接应人、报警人姓名及报警人电话。

4. 成立临时指挥部

（1）管理处经理或值班领导接到火警报告后，应立即赶赴指定地点或火警现场，并通知相关人员到场，成立临时灭火指挥部。

（2）临时指挥部由管理处经理、安全主管、工程部主管、消防专管员以及其他相关人员组成，由管理处经理任临时总指挥。管理处经理尚未到场时，安全主管或值班领导代任总指挥。

（3）临时灭火指挥部职责：

1）根据火势情况及时制定相应对策，向各部门下达救灾指令。

2）根据火势情况确定是否疏散人员。

3）立即集合义务消防队，指挥义务消防队员参加灭火，并保证消防用水的供应。

4）在火势难以控制时，应及时下达向119报警的指令。

5）根据火势情况，成立疏散组、抢救组、警戒组，组织救人，抢救和保管重要物资及档案，维持现场秩序。

6）根据火势情况决定是否启用紧急广播进行报警。

7）下令将消防电梯降至首层，派专人控制，专供灭火工作之用。同时停止起火区域的其他电梯和中央空调运行。

8）根据火势情况决定是否采用部分或全部断电、断气、打开排烟装置等措施。

9）消防队到达后，及时向消防队领导准确地提供火灾情况和水源情况，引导消防队进入火灾现场，协助消防队灭火，并协助维持现场秩序，安顿疏散人员。

10）火灾扑灭后，组织各部门员工进行善后工作。

5. 人员疏散和救护

小区内发生火情时，各部门员工的任务是扑救火灾、疏散人员、抢救重要物资和维持秩序，危急关头以疏散、救护人员为主。火灾发生后，每一位员工都要牢记自己的首要职责是保护业主、访客及自己的生命安全。

（1）火灾发生后，由疏散组负责安排人员，为业主和访客指明疏散方向，并在疏散路线上设立岗位进行引导、护送业主和访客向安全区域疏散。这时切记要提醒大家不要乘坐电梯，如果烟雾较大，要告知大家用湿毛巾捂住口鼻，尽量降低身体姿势有序、快速离开。

（2）人员的疏散以就近安全门、消防通道为主，也可根据火场实际情况，灵活机动地引导人员疏散。

（3）认真检查起火区域及附近区域的各个单元，并关闭门窗和空调。发现有人员被困在起火区域，应先营救被困人员，确保每一位业主和访客均能安全撤离火场。

（4）接待安置好疏散下来的人员，通过良好的服务稳定人们的情绪，并及时清点人员，检查是否还有人没有撤出来。

（5）疏散顺序为：先起火单元及相邻单元，后起火层上面2层和下面1层。疏散一般以向下疏散为原则（底层向外疏散），若向下通道已被烟火封住，则可考虑向屋顶撤离。

（6）在火场上救下的受伤业主、访客以及扑救中受伤的员工，由抢救组护送至安全区，对伤员进行处理，然后送医院救治。

6. 警戒

（1）保安部接到火警通知后，应迅速成立警戒组，布置好小区内部及外围警戒。

（2）清除小区外围和内部的路障，疏散一切无关车辆和人员，疏通车道，为消防队灭火创造有利条件。

（3）控制起火大楼底层出入口，严禁无关人员进入大楼，指导疏散人员离开，保护从火场上救出的贵重物资。

（4）保证消防电梯为消防人员专用，引导消防队员进入起火层，维持灭火行动的秩序。

（5）加强对火灾区域的警戒，保护好火灾现场，配合公安消防部门和调查组对起火原因的勘察。

（6）保证非起火区域和全体业主和访客的安全，防止犯罪分子趁火打劫。

7. 善后工作

（1）火灾扑灭并经公安消防部门勘察后，工程部应迅速将小区内的报警和灭火系统恢复至正常状态。

（2）安全部组织人员清理灭火器材，及时更换、补充灭火器材。

（3）管理处事物部统计人员伤亡情况和小区财产损失情况，上报灭火指挥部及公司安全委员会。

（4）综合管理部组织员工对受灾业主进行慰问，并根据实际需要给予切实帮助。

（5）清洁绿化部组织员工对火灾现场进行清理，恢复整洁，对因逃生或救火损坏的花木进行抢救或补种。

（6）灭火指挥部应召开会议，对火灾扑救行动进行回顾和总结。

（7）由管理处经理发动员工，收集可疑情况，配合调查组对火灾事故进行调查，并责成消防专管员写出专题报告，分清责任。

（8）如果小区财产办有保险，则由财务部门联系保险公司进行索赔。

（四）食物中毒应急处理预案

1. 预案制定的目的

为了有效预防、及时控制和消除食品卫生所引起的食物中毒事件的危害，保障就餐员工的身体健康和生命安全，特制定本预案。

2. 食物中毒类型

（1）细菌性食物中毒。

1）沙门氏菌食物中毒：因进食肉、动物内脏、蛋、鱼而引起。潜伏期6～24小时，表现为发热，黄绿色水样便，时有脓血、里急后重。如果抢救不及时，重症患者可死亡。

2）葡萄球菌食物中毒：主要因食剩饭、剩菜引起。潜伏期多为3小时以内，来势凶猛，吐比泻严重。可吐出黄色苦水，不发热或低热，多数病人1天即可恢复。

3）副溶血性弧菌（嗜盐菌）食物中毒：因食海鱼、海蟹、海蛤蜊或盐渍食物引起。潜伏期8～18小时，临床症状有上腹部或脐周阵发性绞痛，大便为洗肉水样或有脓血便，多无里急后重感。

4）肉毒杆菌食物中毒：因食用罐头、腊肠、咸肉或其他密封储存的食品引起。潜伏期为12～48小时或更长，不发热，胃肠症状少见，主要表现为头痛、头晕、眼睑下垂、复视、瞳孔散大、失音、咽下困难、呼吸困难，甚至呼吸麻痹以致死亡，死亡率达50%以上。

5）大肠杆菌食物中毒：多由饮食不洁或餐具污染引起，潜伏期短，4～12小时发病，腹泻较轻，无里急后重，很少发热。

6）腊样芽孢杆菌素中毒：主要是剩米饭、淀粉类制品以及肉、乳受该菌污染引起。

（2）化学性食物中毒。由于食物受有害有毒的化学物质，如砷化物、有机汞、氯化钡、亚硝酸盐以及农药、毒鼠药等污染或误食有毒的化学物质而引起。

（3）有毒动、植物中毒。有些动物和植物含有某种天然有毒成分，由于其形态与无毒的品种类似，易混淆而误食（如河豚、毒蕈等），或因烹饪加工处理方法不当，未将原来食物中的毒素除去（如木薯、四季豆、发芽马铃薯等），食用后引起的中毒。

3. 成立食物中毒应急处理领导小组

（1）人员组成：

1）组长：管理处经理。

2）副组长。

3）业主代表。

4）成员。

（2）组长职责：

1）一旦发生食物中毒情况，组长应立即采取应急措施处理，首先要调动一切力量将病人运送医院救治。

2）负责内、外联系，向上一级卫生部门或有关机构汇报食物中毒情况。

3）负责人员的调配和安排，应急物资、资金的审批等。

4）掌握食物中毒事件中的发生、经过、结果各个环节的处理等。

5）负责处理善后工作和事件的总结报告。

（3）副组长职责：

1）执行组长的应急安排，协助运送病人。

2）负责因食物中毒而引发的各项费用（如住院费等）垫支。

3）负责组织封存配餐公司可能引起食物中毒的食物采样。

4）负责探视食物中毒的病人，了解病人的实际需要，安慰病人。

5）负责协助政府有关部门进行调查、采样、技术分析和检验等。

6）负责所发生事件报告的编写。

（4）组员职责：

1）负责对本公司所发生疑似病例立即通知120急救中心，并将有关情况及时报告应急领导小组长。

2）安全部人员负责调度、引导各种交通运输工具，维护大楼现场的交通和公共秩序，并协助及时运送病人到医院进行救治。

3）财务人员负责应急临时费用的支付。

4）服务中心工作人员负责接待有关部门的工作人员和领导。

4. 应急机制启动条件

（1）当多人在配餐中心就餐，因食用配餐公司提供的同一类食品，疑似食物引起的中毒现象，而且有出现同一类症状的。

（2）当个别员工在配餐中心就餐，因食用配餐公司提供的食品，疑似食物引起的中毒现象，而且情况较为严重的。

（3）当配餐公司出现食物中毒或其他灾难性事件的。

5. 应急处理

（1）一旦发生中毒现象，公司应立即拨打120急救中心电话或直接派车送到医院就诊。并通知管理处相关人员，告诉怀疑食物中毒的名称、在哪家配餐公司就餐、就餐时间、经过等详细情况，以便及时作出相应的处理。

（2）根据食物中毒事件应急处理的需要，应急领导小组有权统一指挥和调度应急需要的储备物资、有关人员、交通工具，以及相关的设施、设备；必要时，配合执法部门对人员进行疏散和隔离，并依法对事件发生地进行封锁。

（3）中毒员工需住院治疗的，由所在公司负责联系其家属。

（4）协调业主之间因食物中毒事件而衍生的各种问题，联系相关的部门协助处理。

6. 现场处理

首先应立即收集和就地封存一切可疑食物，对已零售的同批食物应全部查清并立即追回。经采样化验后，如系含有病因物质的食物，则应根据具体情况或进行无害化处理或予以销毁，以免引起再次中毒。

（1）采样应及时准确。采样时最好选剩余的可疑食物，若无剩余食物时，也可采取容器的灭菌生理盐水洗液，必要时还可采取可疑食物的半成品及原料等。采取病人呕吐物、洗胃水和排泄物时应当是新鲜的，并避免混入杂质。

（2）食品调查。

1）到现场后，首先了解中毒发生的简要情况，包括中毒发生时间、进食与中毒人数、可疑中毒食物及其进食时间、场所、中毒症状、发病经过、已采取的急救治疗措施及其效果。

2）中毒食品和原因调查。调查患者发病前48小时内所进食的食品种类、卫生质量、来源、购买场所和时间，产运贮销、烹调加工和就餐过程及其卫生状况。综合以上情况经过全面分析，即可将可疑食物逐渐集中于某一餐的几种，甚至一种食物上。

（3）食物中毒发生后，均应根据调查资料进行整理总结并报告。总结报告内容包括：食物中毒发生的经过（包括中毒、发病率、死亡率等）、病人临床表现（包括潜伏期、主要症状、化验结果和治疗经过等）、引起中毒的食品、食品被污染的原因，对中毒食品及其污染原因所进行的检验结果、最后诊断以及对中毒事件的处理。发生食物中毒的单位应针对造成中毒的原因提出相应的预防措施。如建立健全卫生制度，对食品从业人员进行预防食物中毒的卫生知识培训，加强检查管理制度落实，改进布局和环境，增添有助于提高食品卫生质量的必要设备等。

（五）传染病及疫情的防控预案

为了防控本物业管理区域发生疫情，最大限度地保证本物业管理区域及业主生活、工作的正常运行，根据国家有关法律法规要求，特制定本预案。

1. 服务中心

（1）做好疫情防控的宣传工作，发放相关的预防资料，要求本物业管理区域的所有业主发现疫情后及时向物业公司疫情防控领导小组报告。

（2）负责每日疫情通报工作，每户业主应于每日17：00前将当日疫情情况通报服务中心，服务中心于次日在辖区告示栏公布本辖区及市疫情通报，并按规定上报区卫生防疫站及市疾病防治中心。

（3）为保持卫生，本物业公司将对辖区所有范围进行消毒（每天对所有区域消毒2次），并向每户业主提供消毒材料。

（4）将所有区域的消毒标准控制在卫生防疫标准内。

（5）值班秩序维护员将杜绝快递公司等外来人员进入本物业管理区域，相关服务由物业公司人员免费提供（为方便物业公司工作人员操作，需由业主出具委托函）。或通知业主到指定位置办理。

（6）必要时向本物业管理区域的业主发放防疫消毒口罩。

（7）清洁工应加大对本物业管理区域的清洁力度，消除卫生死角，全力配合防疫工作。做好疫情防控工作。

（8）本物业管理公共区域均进行全面消毒处理。每天消毒不少于2次。公共区域的重点部位（人通道门把手等）每2小时消毒1次，并做好消毒记录。

（9）物业公司对全体工作人员做好防治消毒工作。

（10）本物业区域如有疫情发生，应及时对本物业进行高标准消毒。

（11）疫情发生期间，本物业禁止举行超过30人的集体活动。

（12）要求每日对公司所有工作人员进行检查、记录体温，并将本物业公司消毒记录汇总，每天17：00前将上述资料汇总上报所在部门或服务中心。

（13）本物业管理区域对外承包业务的保洁公司、绿化租摆公司、垃圾清运公司等外包单位应及时将各单位防疫、消毒情况上报公司负责部门。

2. 工程部

（1）彻底清洁和消毒本物业的设施设备系统。每2天清洗消毒1次。

（2）要求入户维修的员工佩戴口罩。

（3）负责将新风（主要是会所、地下室）供应量加到最大。

（4）根据本物业区域的经营情况合理调整设施开启状态，按节能状态运行。

（5）要求部门材料供应商及其他外包单位及时通报其公司疫情和相关的消毒防治情况。

3. 保安班

（1）会所大堂及管理区域各入口配备测温仪，监控外来人员体温，体温正常者因特殊情况经批准方可进入本物业管理区域。

（2）所有工作人员必须与值班秩序维护员配合、严格控制、检查访客，并做好登记，电话确认访客的预约，避免闲杂人员进入本物业。

（3）疫情期间本物业内所有的装修施工一律停止。

（4）疫情期间管理处食堂改为供应盒饭。在分餐台准备一次性餐具供工作人员自行取用。为了减少疾病的传染概率，管理处食堂协调延长供餐时间，建议各部门分时间段就餐，就餐时建议采用办公室就餐的方法。

（5）各组出入口值班人员在疫情期间应掌握基本消毒常识，佩戴手套接触物品（如IC卡、现金等）。

（6）加强本物业外来人员的管理、检查及控制，做好人员进出本物业的相关证件登记和身体状况检查。

（7）要求外包业务公司及其他外联单位应及时通报所在单位的疫情情况。

4. 物业部

（1）每日检查和记录员工的体温，向疫情防控小组汇报。

（2）每日调查公司员工家属或周边人员出现疫情的情况，一旦发现，应立即上报并按规定对该员工进行隔离。

（3）定期收集工作人员工服，进行紫外线灯照射消毒。

（4）负责常规消毒药品的采购及储备工作，包括护具（隔离服、喷壶、护目镜、橡胶手套、消毒口罩、鞋套、帽子等）、消毒用品（滴露消毒液、特殊消毒液、过氧乙酸等）等防护用品。

（六）业主伤病救护应急处理预案

发现需救助的病人或接到业主求助信息时，应询问是否需送医院或拨打120急救电话或派人帮助护理。

1. 需要送病人去医院

（1）服务中心根据业主的求助，安排两名秩序维护员到业主家中待命；秩序维护员应安抚病人家属，并提醒准备必备用品。

（2）安排车辆（或帮助联系出租车）等候在业主单元门口。

（3）秩序维护员将病人背下楼，安排坐上车。

（4）听从业主安排，将病人送至医院。

（5）主动协助业主将病人安置妥当，尽力帮助业主完成如挂号、找医生、取药等力所能及的事情。

（6）将病人安置妥当后，应询问业主是否还需要帮助，如无需帮助时应及时赶回工作岗位；如业主仍需要帮助，应及时向主管领导请示，由主管领导根据情况作出安排。

2. 需要帮助联系拨打120急救电话

（1）根据业主求助，及时拨打120急救电话。

（2）服务中心安排两名秩序维护员到业主家中待命；秩序维护员应安抚病人家属，并提醒准备必备用品。

（3）服务中心安排秩序维护员在小区入口处作引导工作，指引急救车到业主单元门口。

（4）秩序维护员将病人背下楼，安排坐上车。

（5）听从业主安排，将病人送至医院。

（6）根据业主求助，及时安排服务人员带上急救药箱上门进行短时护理。

（7）在护理过程中，切不可不懂装懂，加重病人病情，根据具体情况，考虑是否联系小区医疗专业人士上门进行诊治。在护理过程中，应要求病人家属在场协助，以便处理突发事件。

3. 发现业主受伤、生病的应急处理

（1）当发现有业主或其他任何人在公共地方突然晕倒或意外受损伤时，必须通知管理处经理及打急救电话求助。

（2）将病者或伤者安置在适当地方休息，并设法同其家人联系或报派出所。

（3）妥善保管好伤者或病者的财物，当派出所人员到达时，交派出所处理。

（4）唯有受过急救训练者，方可对伤者进行急救。

（5）尽量将伤者或病者与围观者隔离。

（6）将详细情况记录后，尽快呈交主管。

（7）安全主管把整理的材料尽快上报给管理处经理，存档备查。

五、突发事故应急处理预案

（一）对精神病、闹事人员的防范处理预案

1. 防范重点

会所、广场、办公区域、社区内道路、入住各区域等。

2. 防范措施

在外围主要出入口、广场、各组出入口，由值班人员组成防范体系，发现可疑人员可采取以下措施：

（1）重点控制中心各出入口、公共区域，对可疑人员进行盘问。

（2）可采用跟踪观察、谈话等方式探明来人是否是精神病人、上访人员以及闹事人员，并查清上访事由和出丑闹事原因。

（3）保安队及各部门员工，注意发现上述三种人，发现后应采取如下措施：

1）首先劝说、稳定或制服来人，以免事态扩大。可采取：劝说——稳定对方情绪，耐心劝导对方。诱导——稳定对方情绪，在适当时机劝导对方至安全隐蔽地点或非我方控制区域。强制——在适当时机迅速强行控制对方，并立即带到保安队。

2）迅速将来人带入办公室或无业主区域。

3）查明来人身份、目的、工作单位和住址。

4）安全主管迅速将其送交公安机关。

3. 注意事项

尽量在不惊扰业主的情况下，调动一切可调动的力量，采取一切可能的手段，将闹事苗头迅速制止，尽最大的努力把上述三种人控制在一定范围或管理区域外围，避免造成较大影响，处理过程中，严禁打骂、侮辱对方。

（二）伤亡、自杀事件的应急处理预案

1. 意外伤亡、突然死亡事件的应急处理预案

在日常工作中，如遇突然死亡事故，应按如下程序处理：

（1）保护现场，及时报告。

1）遇有突然死亡事故，自杀或他杀时，首先要保护好现场，而后报告安全主管和管理处经理、服务中心负责人，并将情况向总经理汇报，及时通知公安机关、医疗急救中心。

2）对因突发病死亡人员，先检查确认病人是否死亡，如未死亡应立即通报所在部门主管、服务中心负责人、秩序维护员等，并尽量前去采取抢救措施，同时由服务中心负责人通知就近医院或急救中心到现场进行抢救。

3）对自杀人员，首先保护好现场，设立警戒线，劝阻无关人员不得靠近，待公安人员到达现场后，协助寻找死者有无遗言等证据材料。

4）对他杀人员，首先保护好现场，设立警戒线，劝阻无关人员不得靠近，并坚决对现场人员进行控制，不得离开，观察周围有无可疑人，待公安人员到达后，汇报有关线索和情况，协助破案。

（2）做好善后工作。当公安人员查清死者的死亡原因后，由公安人员通知就近专业医院，将死者尸体运到医院，做好善后工作，再作处理。服务中心及现场处理负责人须待公安人员取证、拍照完毕后，征得公安人员同意后清理现场。

2. 对自杀或企图自杀事件的应急处理预案

如本物业内有人自杀或企图自杀可视情况而采取以下步骤处理：

（1）告知安全主管和管理处经理、服务中心负责人，并尽快通知公安部门及急救中心。

（2）使用警戒带封锁现场，避免无关人员进入现场，严禁触摸现场物品，包括自杀者所用之利器、药物等，亦避免开关任何电器，以免破坏证据及发生危险。

（3）照顾生还者及由专业人员提供救援，并给予协助。

（4）如自杀者采用煤气自杀，应按泄漏气体事件处理。

（5）当公安人员调查完毕并征得其同意后，清理现场。

（6）安全主管须记录详情并呈交一份书面报告给主管领导。

（三）对爆炸及可疑爆炸物品的应急处理预案

为了确保本物业管理区域的业主及员工的人身财物不受侵害，以及本物业管理区域所有人员及财产的安全，对可能发生或已发生的爆炸部位必须采取切实可行的应急措施，积极防范，迅速消除隐患，做到发生意外爆炸事故时能及时扑救，使损失减小到最低程度。

1. 报警程序

（1）任何人接到报警或恐吓电话后一定要冷静，不可大声呼唤。接到报警后，应详细询问并记录报警人的姓名、时间、地点、报警电话和发现爆炸物或可疑爆炸物品的情况。

（2）任何人接到报警后应立即报告保安班及服务中心负责人，经确认情况属实，迅速向警方报警，讲明发生爆炸或发现可疑爆炸物的时间、地点，并向公司领导及管理处领导汇报最新情况。

（3）现场所有人员不要轻易接触可疑爆炸物，如有可能，用软质毛毯覆盖在上面，尽可能保护现场。

（4）当紧急事件发生时，管理区域各出入口应杜绝一切人员进入危险区域。

（5）立即通知管理处经理、相关人员、服务中心负责人及工程部人员赶到现场。

2. 救护程序

（1）安全主管或服务中心负责人携带扩音广播器或与控制室随时联系准备起用应急广播（针对区域）。

（2）安全主管指定专人负责控制室的联系。

（3）服务中心随时有人留守。

（4）本物业公司司机在指定位置待命，确保随时可出车。

（5）监控值班人员（或工程人员）准备好事故现场图样。

（6）服务中心指定专人准备好本物业消防应急手册。

（7）现场指挥部的紧急工作人员应包括：

1）疏散小组（服务中心负责人）。

2）搜寻小组（秩序维护员）。

3）疏散集合地点管理人员（服务中心人员）。

4）外围小组（秩序维护员）。

5）工程行动小组（工程部人员）。

6）救护小组（服务中心人员、房管员、秩序维护员）。

（8）现场指挥部应具备的设备清单如下：对讲机；其他通信设备；紧急应急方案；简易救护器材；带防护面罩和过滤器的面部呼吸器；急救医疗箱等。

（9）各部门人员到场后的职责：

1）管理处负责人立即组织临时指挥部，根据各部门汇报的情况，组织指挥协调各项工作，统一下达指令，采取有力措施进行扑救，布置有关部门做好善后工作。

2）安全主管组织人力，布置可疑爆炸物或爆炸物为中心的警戒线，控制现场，同时报告上级公安机关。

3）公安人员到场后，听从公安人员指挥，配合公安人员做好工作，随时将现场情况报告服务中心有关领导。

4）派遣搜寻小组检查所有管理区域是否仍有人未疏散，强制人员疏散，并做好标记及记录。

5）工程部立即关闭附近由于爆炸可能引起恶性事故的设备，撤走现场附近可以移动的贵重物品。根据需要按照现场总指挥部（负责人）的命令切断电源及天然气。

6）安全主管、服务中心负责人传达总指挥部的指示，协调各部门工作，详细记录现场处理经过，负责向业主解释发生的情况和安定业主情绪的工作。

7）疏散小组疏导业主从安全通道疏散至集合地点。

8）疏散集合地点管理人员（服务中心）在疏散集合地现场同各业主安全联系人清点疏散人员并做好记录。

（10）服务中心做好抢救伤员的准备，及时与医疗急救中心联系。

3．疏散程序

（1）疏散通知通过本物业管理区域的安全广播系统（背景音乐广播）播出。疏散小组指挥疏散，按照优先疏散出事的栋数的上层业主的原则进行疏散，除非有特别指示，所有现场的业主将通过离其位置最近的出口离开本物业管理区域。在疏散过程中，要走路，不要跑；走指定的楼梯。

（2）对于业主，保安值班人员要在现场维持秩序并疏导业主，避免因拥挤而造成的意外事故。

（3）一旦离开本物业，除非有特别的指示，所有人员都应按照管理人员的要求，在疏散小组成员的指挥下到达疏散集合区域等待。疏散人员决不能蜂拥而至离本物业200米的范围内。如怀疑仍有人员滞留在本物业，集合地点的疏散人员或秩序维护员应即刻向上级通知。

（4）疏散后如发现任何与疏散有关的问题，负责疏散人员应立即向现场总指挥汇报，告知有必要继续关注的一些事项，如怀疑仍有人员滞留在本物业，疏散人员或秩序维护员应即刻通知服务中心负责人，采取行动，命令搜索小组再次检查。

（5）业主如需要疏散小组协助的，必须制定备用方案以确保在需要时提供。一旦听到疏散警报，被安排帮助残疾人员疏散的工作人员向残疾人工作的区域报到，当需要时协助其看护人员疏散并将其带到集合地点。

4．搜寻方案

执行疏散程序后，搜寻小组立刻从上至下、从里至外检查各楼层情况，未锁门的公司办公室，随即上锁。已检查过的单元，做好标志。

（四）抢劫、凶杀、绑架等刑事案件的应急处理预案

1．概述

为了使本物业管理区域内的业主在发生各种突发事件时，能够及时、冷静、迅速地告知情况，减少损失、减小不安全系数，请牢记以下内容：

（1）本物业员工发现抢劫、凶杀、绑架等情况，或接到业主报警电话，应立即报告保安班。

（2）在平时的宣传中，要提醒业主注意报警时要说明报警人的身份，案发的时间、地点及作案人数等案件的简明情况，如是凶杀、抢劫案件，还要说明被侵害人的伤势情况以及现场状况，如现场是否已进入其他人、是否有人围观、使用的凶器等。

（3）接报案后，秩序维护员应迅速到达现场确认，通知保安班长和安全主管。

（4）由保安班长（安全主管）负责向管理处经理及公安部门报告情况，并由管理处经理决定是否再向上级通报。

2. 现场

（1）秩序维护员应携带对讲机、记录本、手电筒（晚上）、有关钥匙（必要时可以带上相关器具），迅速赶到现场。

（2）确认并保护犯罪现场，使用警戒带控制现场，禁止所有人员进入现场内，维护现场秩序，疏散围观人员。

（3）向当事人或报案人、知情人了解案情，作访问记录，并请被访人员签字确认。

（4）有条件时对现场进行拍照，记录现场情况，并签字确认。

（5）协助抢救伤员，并同医务人员一同前往医院，酌情向伤员了解、记录有关案情。

（6）配合公安部门对现场进行勘察。

（7）如罪犯正在行凶或准备逃跑，在保证自身安全的情况下，应尽可能立即制止、抓获，派人严加看守，并尽快转交公安机关处理。

（8）如有人被绑架或扣押，应立即报告公安机关，并采取必要措施，尽量稳定犯罪嫌疑人的情绪，一定要设法控制事态发展。

3. 部门职责

（1）由管理处保安班负责配合公安部门的工作，并做好各部门协调工作，向领导汇报情况，记录整个案件发生及处理情况，处理善后工作。

（2）工程部负责提供必要的案件处理条件，如绳索、照明等必要工具。

（3）服务中心负责向询问的业主、员工进行解答，提供抢救伤员的药品，协助办案人员和伤员撤离，并在现场勘察完毕后，负责清理现场。

（五）对业主挂失财物及失窃的处理预案

（1）业主发现财物丢失或失窃应立即向保安班报案。

（2）保安班接到报案后由领班迅速赶到报案现场。如有必要，安全主管马上调看监控录像，发现问题及时采取措施。

（3）携带访问笔录纸、照相机、手电筒、手套等所需用品。

（4）认真听取失主对丢失或失窃财物过程各个细节的说明，详细询问丢失物品的特征。

（5）及时通知安全主管、服务中心负责人、管理处经理，并留下涉及丢失案件中的有关人员。

（6）业主明确要求向公安机关报案或丢失财物价值较大的，保安班应立即报告公安机关，并同时保护好现场，即在公安人员未到现场之前，不许任何人进出，不许移动、拿走、放入任何物品，若发生在公共区域，要划出保护区域进行控制（以安全隔离带封锁现场）。

（7）及时向上级领导通报情况。

（8）进行调查和处理。

1）协助公安机关对案件涉及人员进行谈话，调查了解案件发生的情况，争取摸排出重点可疑人。

2）调查内容：案件涉及人员接触现场的时间、所处的位置、现场状态的回忆、同时接触现场的都有谁、谁先进入、何人离开等情况。

3）对在丢失财物时在现场的工作人员逐一进行谈话询问情况，如其已下班，应尽快将其找回，涉及两人以上者应分别隔离询问，以防串供或订立攻守同盟。对经过工作排出的重点人员要尽快取证，做到情节清楚，准确无误。处理时要摆事实，讲道理，重证据，严格注意政策。

（9）查清问题后要将情况向公司领导或更上一级领导汇报，共同研究后根据情节向公安机关报告。

（六）交通事故处理预案

1. 交通意外事故的类别

交通意外事故一般可以分为以下两种：

（1）事故中无人受伤，但其驾驶车辆或本物业财物受损。

（2）意外事故中有人受伤。无论意外事故的性质如何，本物业管理区域管理人员赶到事发现场时，首要工作是要防止再有意外事件发生及继续恶化。

2. 无人受伤的交通意外

（1）维持秩序，疏导车辆，疏散围观群众，使现场交通恢复畅通。

（2）记录事件，包括文字及拍照，以存档备案。

（3）如本物业设施因意外受到损坏可能危及其他人员安全，应将该范围隔离。

（4）如有需要，通知本物业公司工程维修人员到现场采取措施。

（5）应设立明显的警告标志。

（6）通知安全主管、服务中心负责人，有必要时通知管理处经理到达现场进行处理。

（7）协同专业人员（交通警察、保险公司）解决事故。

（8）安全主管以书面形式写出事故报告。

3. 交通意外致有人受伤

（1）维持秩序，保护好现场，疏导车辆，疏散围观群众，使现场交通恢复畅通。

（2）记录事件，包括文字及拍照，以存档备案。

（3）将受伤者移离危险位置进行必要救治。

（4）通知安全主管、服务中心负责人及交通事故报警台（122）。

（5）协助交通民警做好事故处理工作。

（6）安全主管以书面形式写出事故报告。

六、紧急状态处理工作制度

（一）应急处理工作特别要求

1. 关于应急预案所涉及事件处理的特别注意事项

（1）物业管理区域内发生和公司有关及可能对公司造成负面影响的意外事件，有新闻界、电台、电视台及其他媒体前来采访的，须及时向公司领导汇报。

（2）任何涉及财产的事件发生后均应第一时间向保险公司申报，力求保险公司的配合，以避免不必要的损失，事后应向保险公司提交详细的书面材料。

（3）任何事件的处理应保持冷静，任何人员遇到突发事件时的第一反应应是保护现场、保护自身安全、控制事态的扩大和恶化，并立即上报；如自身能力不能解决时，应立即请求支援，不可只身犯险。

（4）所有紧急事件在处理完成后两个工作日内必须填写上交"紧急突发事件报告单"。由独立部门处理的紧急事件，由处理人在 12 小时内提交"紧急突发事件报告单"，经部门经理签字后交公司安全主管部门备案。所有"紧急突发事件报告单"必须清楚写明事件发生的时间、地点、经过、原因、处理程序、处理方法、处理结果，各个处理环节的时间、人员，以及公司处理人员的签字。

2. 应急应变处理的总要求

应急应变处理解决方案是根据在各种情况下可能出现的重大问题所采取的应急措施和处理方案。根据实际情况、周围环境以及当时的状况，预测在危急情况下可能出现的重大问题，应启动应急方案。除应急方案外，亦需注意以下要点：

（1）遇有特殊情况和重大问题时，要沉着冷静、机智灵活、高度警惕、正确分析、合理判断，根据问题性质按应急方案处置。

（2）发现聚众闹事，应立即报告，并在安全部门或公安部门的指挥下迅速平息，防止事态扩大。

（3）发现纵火、行凶、抢劫财物、盗窃等现行犯罪活动，应英勇果断地抓捕罪犯，迅速报告安全部门和公安机关处理，并注意保护现场。

（4）遇有疯、傻、聋、哑患者在警戒部位，不可视为捣乱或无理取闹处理，应及时报告带班主管处理，但要防止其扰乱有关秩序。

（5）夜间停电或有其他故障发生时，除立即报告上级外，应提高警惕、加强警戒。带班主管应通知各执勤人员重点加强门卫和要害部门的守护，在照明未恢复及其他故障未解除前，要严格控制人员进出。

（6）发现翻越围墙及其他非正常途径进入者，不同岗位应视其远近采取不同措施。固定岗发现，可将其唤至近前询问，如不听制止或企图逃跑，应扭送安全部门。如已逃跑，应密切注视其逃跑方向，并立即发出求援信号，报告有关人员追寻。巡逻岗则主动上前询问，并交安全部门处理。

（7）遇有车辆飞驰出入者，应记住车型、牌号，立即报告带班主管，迅速查找，弄清情况，以防意外。

（8）遇有外国人进入特殊区域时，未接到通知时不得放行，要注意礼节，并立即报告当班主管，由有关部门出面协调和处理。

（9）值班员及管理员应提高警惕，坚守岗位，并记住报告人的相貌和衣着特征，询问其姓名、工作单位，正确分析和判断情况，报告带班主管予以处理。

（二）紧急突发事件报告制度

1. 报告范围

（1）自然灾害类主要包括水旱灾害、气象灾害等。

（2）安全生产类主要包括工农商贸等企业的各类安全生产事故、火灾爆炸事故、交通运输事故、危险化学品事故、公共设施和设备事故、环境污染和生态破坏事件等。

（3）公共卫生类主要包括人畜疫情、群体性不明原因疾病、食品药品安全以及其他严重影响公众健康和生命安全的事件等。

（4）社会安全类主要包括群体性上访事件、聚众闹事事件、非法集会集资事件、宗教突发事件、涉外突发事件以及其他群体性突发事件等。

（5）经济安全类主要包括物价异常波动、因突发事件造成的能源（煤、电、油）以及生活必需品供应严重短缺事件等。

（6）其他应报告的事件。

2. 报告规则

（1）报告时限突发事件发生后，事发地有关企事业单位在积极妥善处理的同时，应在第一时间如实向街道办事处报告，报告事件最迟不得超过事件发生后半小时。

（2）报告方式突发事件发生后，应立即采取电话方式报告。

（3）报告内容主要包括事发时间、事发地点、影响范围、损失情况（包括人员伤亡、财产损失情况）、事件发展趋势、负责人到位情况及现场已采取的措施等。

（4）报告程序突发事件发生后，应先向值班领导报告。遇重大紧急事件的，必须立即向主要负责人和分管负责人报告。重要事项的上报口径，应征得主要负责人同意，再及时向上级部门报告，防止出现工作脱节。

（5）及时续报对性质复杂且处置时间长的事件，事发地有关企事业单位要实行"日报"制度，必要时要随时续报。续报一般不再复述事件初始过程，只报告事态发展或处置的进展情况。

3. 报告程序

有关部门应急办公室遇有紧急重大情况时，要按照迅速、准确、稳妥、保密的原则，区分轻重缓急，跟踪调度情况，主动协调处置。

（1）任务受理。接到突发公共事件报告后，应立即向公司领导报告，并按其意见向上级分管领导报告。特别重大或重大事件（事故）的信息报送和处置情况要主动向相关部门通报相关情况。

对公司领导针对事件作出的批示和指示，要准确记录接到批示或指示的时间和内容（电话指示的，要将电话记录内容向领导复述），重要事项要向领导反馈办理结果。同时向应急办公室负责人报告领导批示或指示内容及反馈情况。

（2）协调落实。在突发公共事件处置过程中，要主动与在现场指挥的领导或领导随行人员及事发地有关部门保持联系，及时传达公司领导和上级机关的处置意见；及时跟踪核实事件（事故）进展情况，将最新情况及时报告有关领导，并通报有关部门。

事发现场如提出援助请求（物资、装备、人力、资金等），经有关领导批准后，要及时协调有关部门落实。如情况紧急时，也可先行通知有关部门做好援助准备工作。

（3）善后处理。突发公共事件（事故）处置过程中，要依据值班记录或备忘录整理事件（事故）大事记。对接收的信息报告、电话记录、处置过程中公司领导的批示、指示（原件）等文件，要整理归档、立卷保存。有关部门应急办公室在事件处置过程中，要严格遵守保密工作制度，坚持"密来密复"的原则，不得在无保密装置的电话、计算机、传真机和网络上处理涉密工作。

（4）预警预报。有关部门要加强对突发事件（事故）发生规律的综合分析和预测研究，收集可能发生突发公共事件（事故）的苗头信息，及时预警。

（三）事故责任追究与善后处理制度

1. 事故责任追究制度

（1）为了有效地防范重大安全事故的发生，严肃追究重大安全事故的责任，保障广大业主的生命、财产安全，制定本制度。

（2）公司正职负责人对下列重大安全事故的防范、发生，依照法律、行政法规和本制度的规定有失职、渎职情形或者负有领导责任的，依照本制度给予行政处分；构成玩忽职守罪或者其他罪的，依法追究刑事责任。

1）重大火灾事故。

2）重大交通安全事故。

3）重大建筑质量及危房安全事故。

4）危险药品和化学危险品重大安全事故。

5）特种设备重大安全事故。

6）大型活动重大安全事故。

7）外来暴力侵害重大安全事故。

8）流行传染病重大安全事故。

9）食物中毒重大安全事故。

10）其他重大安全事故。

（3）重大安全事故的具体标准，按照国家有关规定执行。

（4）公司应当依照有关法律、法规和规章的规定，采取行政措施，对本公司服务范围内的社区实施安全监督管理，保障本公司员工及业主的生命、财产安全，在本公司或者职责范围内防范重大安全事故的发生，以及承担重大安全事故发生后的迅速和妥善处理责任。

（5）公司应当每半年至少召开一次防范重大安全事故工作会议，由公司主要负责人召集有关负责人参加，分析、布置、督促、检查本公司防范重大安全事故的工作。会议应当作出决定并形成纪要，会议确定的各项防范措施必须严格实施。

（6）公司按照职责分工对本公司容易发生重大安全事故的单位、设施和场所的防范明确责任、采取措施，并组织进行严格检查。

（7）公司必须制定本公司安全事故应急处理预案，并将安全事故应急处理报主管部门备案。

（8）公司应当对本制度第二条所列各类重大安全事故的隐患进行查处；发现重大安全事故隐患的，要立即排除。

（9）公司存在的重大安全事故隐患，超出其管辖或者职责范围的，应当立即向有关具有管辖权或者负有职责的有关部门报告。

（10）公司对员工进行安全教育，严禁以任何形式、名义组织员工、业主从事接触易燃、易爆、有毒、有害等危险品的劳动或者其他危险性劳动。严禁将公司场地出租作为从事易燃、易爆、有毒、有害等危险品的生产、经营场所。

（11）重大安全事故发生后，应当按照"公司突发安全事故应急预案"规定的程序和时限立即上报，不得隐瞒不报、谎报或者拖延报告，并应当配合、协助事故调查，不得以任何方式阻碍、干涉事故调查。重大安全事故发生后，公司违反前款规定的，对公司主要负责人给予行政降级处分。

（12）重大安全事故发生后，公司应当迅速组织救助，有关人员应当服从指挥、调度，参加或配合救助，将事故损失降到最低限度。

（13）重大安全事故发生后，公司应协同有关部门组织调查组对事故进行调查，并由调查组提出调查报告，调查报告应当包括依照本制度对有关负责人员追究行政责任或者其他法律责任的意见。公司应依据调查报告，对有关责任人员作出处理决定。

（14）任何单位和个人均有权举报重大安全事故隐患，有权向相关部门举报公司及负责人不履行安全监督管理职责或者不按照规定履行职责的情况。相关部门接到报告或者举报后，立即组织对事故隐患进行调查处理。

（15）对重大安全事故以外的其他安全事故的防范、追究行政责任的办法，由公司参照本规定制定。

2. 事故善后处理制度

（1）事故发生时，当值班长是事故处理的指挥人，值班人员应按当值班长的命令进行事故处理，并尽快同有关领导联系。

（2）事故处理应遵守保人身原则。

（3）事故处理过程中，除有关领导批准有权进入中控室人员外，其他无关的人员不得进入现场，实习人员应站在不影响操作的地方。

（4）事故发生时有权拒绝与事故处理无关的电话，当与中控室（调度员）电话中断时，应按调度规程的规定处理，并通知通信人员尽快恢复与中控室的联系。

（5）事故处理过程中，当值班长一般不应离开中控室。

（6）事故处理过程中，当值班长有权召集协助处理事故的有关人员来现场进行事故处理。

（7）事故处理完毕，设备恢复正常后，当值班长应组织值班人员对设备进行详细检查，并填写好有关的技术记录簿和操作记录簿；向有关部门和领导汇报事故处理情况。

第十三章 物业信息化与办公自动化

一、物业信息概述

1. 物业信息的含义

所谓物业信息是指有关物业（包括物业管理）的知识，是人们在物业的产生、交易、维护、处置过程中人与人、人与物、物与物关系处理的各种记录、文件、合同、技术说明、图纸等资料的总称。例如，承包合同、委托监理合同、土地使用权证、设备使用说明、契约、租赁合同、纳税记录、抵押贷款合同等都是有关物业的信息。

2. 物业信息的来源及内容

物业信息的来源按不同的标准有不同的分类。按信息的性质分，有来自技术、经营、行政人事、法律法规等方面的信息；按物业管理参与者的不同来分，有来自业主、承租户、物业管理组织、政府部门和其他相关企业的信息；按时间顺序分，有涉及规划阶段、施工阶段、验收阶段、招商阶段、入户阶段、日常管理阶段等不同阶段的信息。

不同的物业信息来源反映不同的物业信息，下面按时间顺序列出物业信息的主要内容：

（1）设计规划阶段信息；

（2）施工及验收阶段信息；

（3）委托管理阶段信息；

（4）招商阶段信息；

（5）用户入户信息；

（6）日常管理信息。

二、物业管理信息系统

物业管理涉及范围广泛，管理内容繁杂，加上政策性交动因素等影响，日常管理任务繁重，工作量大，而采用以计算机为基础的物业管理信息系统，能够促进管理效率和管理质量的提高。

物业管理信息系统在我国刚刚兴起，而发展却异常迅速。随着信息技术的不断渗入，物业管理在实施手段和管理方式上都发生了巨大变化，这种变化表现在传统型手动管理逐步向电子化、网络化和智能化的自动化管理转变。它有利促进了物业管理企业自身管理和日常业务向规范化、科学化方向的发展，推动了我国物业管理整体水平迈上一个新的台阶。

（一）物业管理信息系统的作用

信息系统在物业管理中的作用主要体现在：

（1）有效存储管理物业档案资料。物业的档案资料种类繁多，数量巨大，不易保存，难于查询，占用空间大，容易丢失。采用计算机信息系统管理，使资料保存、查询、修改、复制、传输等工作变得方便快捷。

（2）高效记录、处理日常事务。物业管理信息系统能够进行管理和控制物业管理业务中的具体事务，提高物业管理的工作质量和工作效率，比如财务管理、运营与维修管理、空间管理、客户管理、编制报表等具体事务的管理和处理，节约了大量的人力、物力。

（3）实现财务电算化。管理信息系统自动控制各项费用的收缴，减少了工作差错和负担，提高了收费效率，加强资金的回收速度。

（4）实现信息共享与高速交换。通过计算机网络技术，能够及时收集到各方面的信息，加强了企业内部和与外界及客户的联系．对改进服务质量，提高管理水平，树立良好的企业形象，起到了极大的促进作用。

（5）扩大企业经营服务范围，实现高质量管理。物业管理企业利用自己的优势地位，可以向社会招商，建立门类众多的信息平台，既满足了客户多层次的需要，又扩大了企业的经营范围。

（6）实现决策科学化。物业管理信息系统可以综合处理各类信息，包括数据的采集、加工、传输、存储、检索和分析，并及时、全面地向各级物业管理者提供各种层次或各种类别的物业管理信息，为管理者进行科学决策提供信息依据，同时，决策支持系统、专家系统可以辅助管理人员进行分析模拟，实现科学化决策。

（二）物业管理信息系统的组成及功能

一般物业管理信息系统应具有以下一些子系统：

1. 经营部

（1）房产资源管理。针对物业管理公司所管理的一切房产，对从朝向、面积到物业类型、种类、权属、使用状态以及内部设备设施进行有效的管理，同时可直接绘制房间结构图、工程图，并可接收文字、图片等的扫描输入。

（2）租赁管理。帮助物业管理公司对其所管物业的使用状态进行有效管理，以按租售等方式进行分类汇总、统计，还可根据出租截止日期等租赁管理信息进行查询、汇总。预先对未来时间段内的租赁变化情况有所了解、准备，增强了租赁工作的预见性。

（3）收费管理。所有收费项目、客户价格类型、损耗分摊、各类统计报表均采用用户自定义的方式，可随时增减修改，满足物业管理公司灵活多变的管理模式。

（4）财务功能。支持各类收费项目的任意汇总，并可随时输出统计报表；支持不同银行的自动划款，完全无纸化操作。

2. 管理部

（1）客户档案管理。帮助物业管理公司建立起完整的客户档案，可实行单位和私人、常住和暂住以及住户和同住人等多方面的分类管理，还可同时满足派出所的治安管理要求。

（2）装修管理。从申请、审批到完工验收进行全面管理，既保护物业管理资源，也保证物业管理公司合理的收入。

（3）投诉违章管理。对投诉管理人、投诉对象、内容、处理意见和客户对投诉处理的满意程度进行有效的分类管理。对客户违章进行处罚并记录在案。

3. 工程部

（1）工程设备管理。对物业管理公司所有公用设施及自有固定资产进行分类管理，从其采购到更换，对其位置、数量、价格、维修保养进行全面管理。

（2）客户维护管理。从物业管理公司自身对房产的维修到为客户提供全面的维修服务，物业管理信息系统为管理人员提供灵活、方便的管理和统计功能。

（3）设备运行记录管理。对各种运行设备的运行状况随时进行登记管理。

4. 保安部

（1）保安排班管理。利用系统对保安排班进行合理化、系统化的管理。

（2）巡楼报告。即时登记各时间段内的保安巡楼状况，防患于未然。

（3）停车场管理。对停车场内的车辆（车主、车型、车牌等）、车位等进行统一管理。

5. 办公室

（1）工作计划管理。对办公室相关的行政事务进行统筹安排、系统管理。

（2）公司文档管理。系统可随时调用 Windows 操作系统下的各类文字处理软件，同时可以将在 Windows 操作系统状态下的相关文件直接转入系统文档管理模块中，无须重复输入，并可直接处理图形。

（3）内部员工管理。对公司员工的各类相关资料（包括照片等）进行系统管理。

（4）员工工资管理。按相关标准自动计算员工工资，输出工资单，并支持银行直接划款。

6. 财务都

（1）收入查询汇总。对有关收费项目进行随时查询汇总。

（2）财务记录管理。对日常各类费用收支统一登记、管理。

7. 系统维护

（1）历史数据。可随时查询以往的相关历史数据。

（2）报表维护。提供即时修改现有报表和生成新报表的强大功能。

（3）系统安全。提供多级权限设置，保障系统安全。

（4）数据备份。可定期将有关历史数据进行备份并可随时恢复。

8. 总经理

总经理可随时查询各部门情况并可打印出各类统计总报表。

（三）物业管理信息系统开发

1. 物业管理信息系统开发标准

物业管理信息系统的开发，要遵循"用最少的投入去满足绝大多数的基本要求，在此基础上增加特定功能"的原则。具体采用如下标准：

（1）整个系统涵盖物业管理公司的总体管理过程，从房产资源、客户档案、物业租赁、收费管理到内部员工、合同、文档等进行全面管理。

（2）采取网络化分部门管理，职责划分明确，同时各部门资源共享，避免重复输入。

（3）总经理可随时查询各部门的最新工作进展；其他部门通过权限设置明确个人职责。

（4）具备图形功能，可以直接调用 Windows 操作系统下的绘图软件进行接收照片、图片扫描输入。

（5）具备强大的文档处理功能，可随时调用 Windows 操作系统下的各类文字处理软件和文档，无须重复输入。

（6）具备数据自动安全检查、自动刷新、备份及日期检测等功能。

2. 物业管理信息系统开发方案

根据物业管理公司规模以及物业类型的不同，管理信息系统的开发可以采取不同的方案。

（1）小型物业公司方案。以单机版物业管理软件为构架，主要用于小区的大楼资源管理、费用管理、档案管理、维修管理、统计查询、自动生成多种报表，适用于接管楼宇规模较小、业务单一的物业公司。另外，根据需要进行软件功能上的添加与修改，以形成具有自己小区特色的管理软件。

（2）大中型物业公司方案。以网络版物业管理软件为主要构架，多建立在管理部门的内部局域网基础之上，以实现小区的大楼资源管理、收费管理、档案管理、人事管理、维修管理、环卫管理、保安管理、统计查询、自动生成多种报表等各种功能。另外，如果小区的地域分布较广、地理环境复杂，则可采用 GIS 系统，利用其在图形与数据处理方面的优势，结合系统本身所具有的多媒体功能，以实现小区的可视化、图形化管理。此外，还可将小区内大楼的内部管线结构做成 GIS 形式，以实现各种图形、图纸的直观查询与分析。此方案适合于有企业内部局域网的物业管理公司。

（3）智能小区方案。以网络版物业管理软件和智能物业网络信息平台为主要构架，主要为业主提供完善的物业网上服务，并将三表远抄系统、停车场管理系统、物业内 IC 卡管理系统、监控系统等集成到一个统一的网络信息服务平台上来，以利于管理与查询的统一性。此方案适合于智能小区的物业管理公司。

（4）写字楼方案。以写字楼版物业管理软件为主要构架，以实现写字楼的出租管理，设备管理，人事培训管理，档案管理，安全保卫管理，大楼图形图纸、维修、保洁、环境等工程管理。另外，对有条件的公司还可以在写字楼的大厅放置触摸屏展示查询系统，还可将写字楼的内部管线结构通过 GIS 实现各种图形、图纸的直观查询与分析。

（5）集团化综合物业管理方案。集团化企业所涉及的物业具有多样化、复杂化的特点，常常包含了小区、公寓、写字楼、饭店宾馆、购物中心、会所等多类别物业形式，而且地域跨度广、分布散。公司可以采取分布式数据通信管理，建立集团统一的网络信息服务平台，在总部设立中心数据仓库及网管系统，在各分公司放置独立的数据库；各分公司进行物业的日常事务处理，总公司通过数据库进行宏观的决策处理。同时，总部通过网管系统对各分公司的业务进行实时监控，通过网络信息服务平台进行整个集团内部的信息交流。这样既实现了集团内部数据的统一性与完整性，又实现了各分公司之间的独立性。

三、办公自动化概论

（一）办公自动化的定义

办公自动化（Office Automation，OA）作为一个术语，是由美国通用汽车公司 D. S. 哈特于 1936 年首次提出。20 世纪 70 年代，美国麻省理工学院 M. C. Zisman 教授将办公自动化定义为：办公自动化是将计算机技术、通信技术、系统科学及行为科学应用于传统的数据处理难以处理的、数据庞大且结构不明确的、包括非数值型信息的办公事务处理的一项综合技术。

根据我国国情，国务院电子振兴办公室在 1992 年曾对我国的办公自动化作如下定义：办公自动化是应用计算机技术、通信技术、系统科学、管理科学等先进科学技术，不断使人们的部分办公业务借助于各种办公设备，并由这些办公设备与办公人员构成服务于某种办公目标的人机信息系统。实现办公自动化的目的是尽可能充分利用信息资源，提高工作效率与质量、生产效率，辅助决策，服务于各级办公活动。

进入 20 世纪 90 年代以后，计算机网络的高速发展不仅为办公自动化提供了便捷的信息交流的手段与技术支持，更使办公活动得以跨越时间与空间的信息采集、信息处理与利用成为可能。它为办公自动化开辟了新的应用空间，赋予了新的内涵，同时也提出了新的问题与要求。

鉴于上述情况，在 2000 年 11 月召开的办公自动化国际学术研讨会上，专家们建议将办公自动化更名为办公信息系统（Office Information Systems，OIS），他们认为：办公信息系统是以计算机科学、信息科学、地理空间科学、行为科学和网络通信技术等现代科学技术为支撑，以提高专项和综合业务管理水平和辅助决策效果为目的的综合性人机信息系统。

总之，办公自动化的定义是随着外部环境、支撑技术以及人们观念的不断发展变化而逐渐形成、演变，并不断充实与完善的。它是计算机技术、通信技术与科学管理思想完美结合的产物，已经接近甚至达到了一种理想境界。

（二）办公自动化的特点

办公自动化是目前国际上高速发展的一门综合了多种技术的新型学科，是现代信息社会最重要的标志之一。办公自动化与传统的办公方法相比主要有下面三个显著的特点：

（1）采用先进的科学技术。办公自动化采用了计算机技术、网络技术、通信技术等先进的科学技术，它将人、计算机和信息三者综合成为一个办公体系，从而构成了一个服务于办公业务的人机信息处理系统，可以轻松实现将办公信息进行一体化处理。

（2）采用现代化的办公设备。在办公自动化中，一个最显著的特点就是采用了微型计算机、复印机、传真机、通信设备等现代化的办公设备。由传统的手工为主的办公方式改变成为应用办公自动化设备来完成的现代办公。

（3）提高了工作效率，减少了差错率。采用了现代办公自动化设备以后，既提高了信息的获取速度，又加快了信息的处理速度，同时还可以克服时间与空间上的诸多限制，最大限度地提高了办公效率和质量，减少了工作中的差错率，更好地满足了现代办公的需要。

（三）办公自动化的基本功能

办公的主要场所是办公室，它是各种信息的汇聚点，也是对各种信息进行处理加工的场所。一个现代化的办公室，应该能迅速、有效地完成对信息的采集、加工、处理、存储、检索、备份，甚至销毁等整个办公过程的管理。

现代办公自动化系统的主要功能有：文字处理、语音处理、手写处理、数据处理、表格处理、图形与图像处理、信息检索、辅助决策、资料再现、资料共享、信息的加密与安全等。

（1）文字处理。文字处理是现代办公中最为常见的活动之一，主要包括对中文或外文的录入、编辑、修改、存储、打印以及版式设计等。现在的公文书写中，一般都采用微型计算机来进行录入、编辑、打印和存储。常用的文字处理软件有 Word 和 WPS 两种。

（2）语音处理。语音处理是指利用计算机技术对语音进行识别、合成、存储等。经过多年的研究，目前，语音处理系统已经走向实用阶段，比如，在 Office 办公软件中，在 Word XP 文字处理软件中都具有语音输入功能，Excel XP 中还增加了语音合成输出，用于提升软件的校对功能。利用这一先进技术，法院的办公人员可以把法庭的相关审理实况记录下来，作为音像资料进行存档，给以后的查证等工作带来了很大的方便。

（3）手写处理。手写技术是利用类似"笔"的手写笔来实现汉字的输入、图形的绘制，能实时输入。一方面，手写输入符合中国人的写字习惯，简单易学，能方便轻松地将信息输入计算机中；另一方面，对于蕴含着华夏文明与独特智慧的汉字文化，也将起到巨大的延续和发扬作用。此外，手写笔还能像鼠标一样对计算机进行操作控制，这一切使它成为了办公自动化应用中不可缺少的人机互动设备之一。目前，手写技术已经非常成熟，包括手机、电话机、税控机、收款机、机顶盒、各式 PDA 数码产品在内的数百种信息产品中都实现了手写信息输入，对解决这些设备的输入环境"瓶颈"起到了很大的作用。

（4）数据处理。数据处理是对大批量数据的计算机输入、增加、删除、存储、分类、索引、报表、查询、检索等。数据处理在通信技术中运用得十分广泛。

通信技术是保证办公自动化传输的技术，是缩短空间距离、克服时空障碍的重要保证。我们可以看到，从模拟通信到数字通信，从局部网到广域网，从公用电话网、低速电报网到分组交换网、综合业务数字网，从一般的电话到微波、光纤卫星通信等，无不涉及通信技术。

系统科学为办公自动化提供了各种与决策有关的理论基础，为建立各类决策模型提供了包括各种优化方法、决策方法、对策方法等在内的科学有效的方法与手段。

行为科学重点研究和探讨在社会环境中人类行为产生的根本原因及其内在规律，从而提高人类对行为发生和发展规律的预测和控制能力。目前，行为科学已经广泛地应用于企业管理、行政、司法、教育等领域中。行为科学可以协调办公系统中的人际关系。

（四）办公自动化系统的要素

作为一个人机信息处理系统，办公自动化系统主要包括办公人员、办公机构、办公制度、办公技术工具、办公信息和办公环境六大要素。

（1）办公人员。办公人员是办公的第一要素，是办公自动化系统的最终用户。根据办公工作的性质和需要处理的内容，可以将办公人员分为领导决策人员、专业管理人员、辅助工作人员三种。在一个宽松的办公环境中，无论是一个企业还是一个事业单位，人们更注重协作的精神，更注重团队的力量和集体的贡献。新技术的不断涌现，也是为了进一步方便人们的工作，提高效率，解放生产力，这也充分体现了以人为本的思想。

1）领导决策人员。我们在这里所指的领导决策人员是社区领导人员。一般情况下，就每一个相对独立的行政部门来说，他的行政长官就是该部门的领导决策人员。在工作中，他们需要在掌握正确的信息和情报的基础上，综合分析本部门和有关单位的各种动态，对本部门的发展、建设、规划、战略措施等重大方向性问题作出判断和决策。决策活动表现是指运用办公自动化技术和设施将原始数据处理成为信息，以其中有用的信息作为科学依据，或者将办公会议上作出的决议以文件的形式转发给各有关部门和人员，或者对文件做出批示意见，或者对其所管辖的地区、单位进行视察或听取汇报后提出意见（包括口头指示）。他们的工作和活动是相对没有规律的，也是较为复杂的。

2）专业管理人员。专业管理人员是单位内部专门负责社会、经济、政治、法律、技术等各项业务的工作人员。他们是负责生产、经营、销售和技术发展的各类人员。他们总是要负责处理大量的信息和文件，需要对具体的业务活动和日常工作进行直接的管理。他们要收集整理相关的资料，对那些信息和情报进行综合分析，从而为领导决策人员提供辅助决策材料或决策方案，同时，在他们各自职能范围内担负起自己的责任，对问题作出正确的决策和判断。不过，这类办公活动在行政部门和企业部门还存在着很大程度的不同。

3）辅助工作人员。辅助工作人员是指物业管理者人员、后勤人员或一般办公人员，从事着有规律的事务性工作。其中包括会务文件准备、会议纪要整理、议事日程安排、来信来函登记、文档资料保管等，并为办公设备正常运行，保障办公设备安全进行联系和协调。这些辅助工作人员的任务较为单纯，工作也较为简单，但也是办公人员中不可缺少的一个重要组成部分。

（2）办公制度。为了使各类办公人员都能各司其职、各尽其责，积极协调各办公机构的职能，使各类办公人员的活动规范化，必须建立起一套保障办公活动正常进行的各种规章制度。有些部门是管理、监督部门，有些是办理、服务部门，通过"管办分离、审批分离"等运行机制，可以明确各部门人员的工作责任和分工。办公制度决定了办公业务，甚至会影响到办公流程（如其他人的办公活动）。因此，办公制度需要在实践过程中不断修订调整，逐步完善，使之适应办公自动化的不断进步。另外，技术的进步也将影响办公的流程，乃至引发办公制度的改革。

（3）办公技术工具。办公技术工具是指支持各类办公人员进行各种办公活动的工具、设施、设备和技术手段。当前，以计算机为主体的各类现代化的办公工具和设备已经成为了办公的主要技术手段。例如，用于处理办公信息的复印机、各类计算机等；用于通信的传真机、可视电话、数字摄像设备、无线通信设备和计算机网络系统等。

近年来，办公技术工具的飞速发展扩大了对信息处理技术的应用，也促使办公室信息处理技术向更深层次发展，其应用范围也在不断扩大。信息高速公路技术的发展，使相隔任意距离的办公室之间能够随时进行自由地沟通，人们司空见惯的远程办公、异地办公或移动办公，超越了时间和空间的界限。数据库存取、电子邮件、多媒体数据文件传送等新技术的推广应用，不但使办公自动化技术上升到了一个新的技术境界，而且也为办公活动注入了新的活力，带来了崭新的形式，增加了多种先进手段，使办公面貌焕然一新，办公效率得到了大大提高。

（4）办公信息。办公活动是以处理信息为主要业务特征，即对各类信息进行采集、输入、加工、传递、输出和利用，经过反馈、修正，如此循环往复，直至圆满地完成预期目标的过程。

（5）办公环境。办公环境包括物质的和抽象的、内部环境和外部环境。办公环境的优劣总是会受到办公机构、办公技术工具等诸多因素的制约。物质环境，如办公楼的地理分布和周边环境。抽象环境，如本办公系统与其管辖的各种实体之间及与其他办公系统的相互制约、影响、领导与被领导等关系。办公活动直接受到办公环境的约束，改善办公环境对于提高办公活动的效率大有裨益。

Internet、Intranet、无线接入和卫星通信等技术的应用也在延伸和改变着人们的办公环境，正因为如此，虚拟的办公环境应运而生了。

综上所述，在构成办公自动化的系统中，各类办公人员的素质、人际关系、行为状态将直接影响到办公的水平，而办公机构、办公制度，特别是办公信息将直接影响到办公自动化系统的总体设计。办公环境，尤其是办公工具和设备直接关系着办公的质量、工作的效率和决策的水平。建立办公自动化系统的最终目标，就是为了最大限度地提高办公效率和办公质量，改善工作环境。

（五）办公自动化系统的技术核心

办公自动化系统就是将当代各种先进的技术应用于社区办公室中各类办公人员的各种办公活动中，使办公活动实现自动化，以便能最大限度地提高工作质量和工作效率，改善工作环境。办公自动化系统与生产自动化系统不同，虽然先进的技术和设备是办公自动化系统的重要组成部分，但并不意味着办公人员最终将被设备取而代之。办公自动化系统运行的效果会受到办公人员、办公机构、办公制度、办公技术工具、办公信息和办公环境六大要素的制约。所以说，办公自动化系统是一个由人控制、操作和使用的人机信息系统，应该有一个友好的、方便的人机操作界面，从而更好地实现人机交互。

办公自动化系统的技术核心是办公信息处理技术，也就是利用计算机系统处理各种办公信息。因此，用于办公信息处理的软件（办公自动化软设备）和硬件是办公自动化系统的主要工具。

办公自动化系统的硬件设备主要有：

（1）以计算机和计算机网络及其各种先进的外部设备（比如，打印机、图像扫描仪、绘图仪、语音识别器和发生器、光笔、数字相机等）为主的信息处理设备，是办公自动化系统的主要设备。

（2）以各种通信设备（比如，传真机、电话机、交换机、计算机网络、移动电话等）为主的信息传输设备。

（3）以缩微胶片系统、磁盘、U盘、光盘存储系统等为主的信息存储设备。

（4）以复印机为主的纸质文档处理设备和其他各类专用设备。

办公自动化设备的发展趋向是：高性能、多功能、复合化、智能化和系统化。

办公自动化系统的软件主要有：

（1）以操作系统、网络操作系统、网络管理软件和数据库管理系统为主的基本软件。

（2）为大多数办公自动化系统用户所公用的、商品化的办公自动化通用软件（比如，文字处理软件、电子表格处理软件、文档管理软件、电子出版系统、图形和图像处理软件、语音处理软件、统计报表软件、会议日程管理软件等）。

（3）面向特定单位或部门，针对各类办公应用的特点开发的办公自动化专用软件，既有用于日常办公事务处理的（比如，事业机关工资奖金发放、基建预算、车辆调度和人事材料管理等），也有结合经营业务（比如，对于公司企业，编制经营计划、处理供销业务、库存统计、市场动态分析和财务收支分析等）。

（六）我国的办公自动化现状及趋势

我国的办公自动化起步较晚，自20世纪70年代，办公自动化技术开始传入我国，80年代才真正得到企事业单位部门的重视和运用，并逐步得到了发展。我国办公自动化的发展大体上经历了以下三个阶段：

第一阶段（1981～1985年）是开创期，是办公自动化的学习与准备阶段，在试点开发办公自动化系统，努力探索适合我国国情的中国办公模式。

第二阶段（1986～1990年）是发展期，开创出了有成效的办公自动化系统，并在全国推广应用，进而对全国通信网络进行大规模的改进，致力于做好标准化工作。

第三阶段（1991年至今）是成熟期，这是由发展逐步走向成熟的阶段。在全国逐步建立了网络互联，形成了自上而下的办公自动化系统。

随着各种技术的不断进步，我国的办公自动化发展趋势将体现以下八个特点：

1. 办公信息数字化、多媒体化

在办公活动中，人们主要采用计算机对信息进行处理。计算机所处理的信息都是数字信息，很多的信息都被处理成数字形式，这样存储处理就大大方便了。

同时，随着多媒体技术和虚拟现实技术的应用，人们处理信息的手段和内容更加丰富了，使得数据、文字、图形图像、音频及视频等各种信息形式都能使用计算机加以处理，它更加适应人们以视觉、听觉、感觉等多种方式获取及处理信息的方式，并且对此给予了有力的支持。

2. 办公环境网络化、国际化

在人们的日常生活中，网络的应用已经悄然改变了人们的生活方式，同时，也改变了人们的工作方式。完备的办公自动化系统能把多种办公设备连成办公局域网，进而通过公共通信网或专用网连成广域办公网。特别是 Internet 技术的发展和普及，通过 Internet 可连接到地球上任何一个角落，从而实现了信息的高速传播。它可以跨越时间与空间，特别是在与国外的办公联系中，应用起来更是十分方便，应用范围十分广泛。

3. 办公操作无纸化、无人化、简单化

由于计算机处理的信息要求数字化，以及办公环境的网络化，使得跨部门的连续作业免去了过去以纸介为载体的传统传递方式。采用"无纸化办公"的优势在于：一方面可以节省纸张，节约资源；另一方面速度快、准确度高，便于对文档进行编辑和复用，非常适合电子商务和电子政务的办公需要。

对于那些要求 24 小时不间断地办公、办公流程和作业内容相对稳定、工作比较枯燥、易疲劳、易出错、劳动量相对较重的一些工作场合，完全可以采用无人值守办公。如自动存取款机的银行业务、夜间传真及电子邮件自动收发等都是采用无人化办公系统的具体体现。

近年来，由于计算机系统的高速发展，相关的软件已经十分成熟，操作界面更为直观、方便，人们在办公活动中操作、使用、维护与维修设备也变得更加简单。

4. 办公业务集成化

在早期的办公活动中，计算机系统大多是单机运行，或者是各个部门分别开发自己的应用系统。在这种情况下，由于用户所采用的软件、硬件可能出自多家厂商，软件功能、数据结构、界面等必然会因此而不同。随着各单位业务的发展、信息交流量的骤增，人们对办公业务集成性的要求势必会越来越高。办公业务集成包括：

（1）设备的集成，即实现异构系统下的数据传输与处理，这是办公系统集成的基础。

（2）应用程序的集成，即实现各种应用程序在同一环境下的运行。

（3）数据的集成，不仅包括相互交换数据，而且要实现数据的交互操作，解决数据语义的异构问题，从而真正实现数据的共享。

5. 移动办公的出现与普及

由于办公活动的实时性要求、计算机网络的高速发展、无线通信技术的普及，移动办公应用已经越来越广泛。移动办公时，人们可以便捷地通过便携式办公自动化设备（例如，笔记本电脑）通过电话线甚至无线接入轻而易举地与世界保持联系，完成信息采集、加工、处理等各项工作，无论何时何地都可以实现办公活动。

6. 办公思想协同化

在我国，20 世纪 90 年代末，协同办公管理思想开始兴起。协同办公管理旨在实现项目团队协同、部门之间协同、业务流程与办公流程协同、跨越时空协同。它主要侧重和关注于知识、信息与资源的分享，无疑是今后办公自动化的一大发展方向。在现在很多的人才招聘广告中，都将所招聘的办公人员要有"团队合作精神"作为一项重要的要求，这就是办公思想协同化的具体体现之一。

7. 办公系统智能化

将人的智能赋予计算机，一直是人类的梦想。人工智能是当前计算机技术研究的前沿课题，在各国技术人员的努力下，已经取得了一些成果。这些成果虽然还远没有达到让机器像人一样思考、工作的程度，但已经可以在很多方面对办公活动予以辅助支持了。办公系统智能化的广义理解可以包括手写输入、语音识别、基于自然语言的人机界面、多语互译、基于自学的专家系统以及各种类型的智能设备等，例如，现在可以采用语音实现文字的录入就是智能化功能其中的一种。

8. 办公信息安全备受重视

信息安全涉及信息的保密性、完整性、可用性、可控性。总的来说，就是要保障电子信息的有效性。

保密性就是对抗对手的被动攻击，保证信息不泄露给未经授权的人。

完整性就是对抗对手主动攻击，防止信息被未经授权的篡改。

可用性就是保证信息及信息系统确实为授权使用者所用。

可控性就是对信息及信息系统实施安全监控。

信息安全本身包括的范围很大，大到国家军事政治等机密安全，小到社区的机密不被泄露等。现阶段，信息安全已经受到了人们的普遍关注，同时信息安全问题伴随着互联网及其发展的整个过程，网络环境下的信息安全体系是保证信息安全的关键，网络信息安全包括计算机安全操作系统、各种安全协议、安全机制（数字签名、信息认证、数据加密等），直至安全系统。

综上所述，办公自动化的发展前景是极其广阔的，办公自动化建设是现代化办公的必然需要。现代计算机网络和先进的通信技术，为实现办公自动化提供了物质条件。而技术转化为应用，更需要管理上的创新，同时也离不开领导的支持和有效的行政协调作为保障。办公自动化是一个不断发展的概念，这就决定了办公自动化建设是一项长期的任务。我们要改变传统的办公方式，改变人们固有的思维方式和工作习惯，使办公自动化真正发挥出它的巨大作用。

四、办公自动化设备应用

（一）微型计算机

微型计算机由硬件和软件两大部分组成。

所谓硬件是指组成微机系统中看得见的各种物理上的部件，是实实在在的器件，它是微机的物质基础。软件就是指在硬件设备上运行的各种程序及有关资料，它是看不见摸不着的，却是电脑的灵魂。尚未装上软件的电脑称为"裸机"，在裸机上只能运行机器语言源程序，不能充分发挥出电脑的强大功能与作用。在计算机技术的发展进程中，计算机软件随着硬件技术的迅速发展而不断发展，反过来，软件的不断发展与完善，又促进了硬件的发展与演变。

1. 计算机硬件的基本组成

世界上，大多数的计算机都是采用冯·诺依曼体系结构。其基本思想是：采用二进制形式表示计算机中的数据和指令，将事先编制好的程序和原始数据预先存入主存储器中，使计算机在工作时能够连续、自动、高速地从存储器中取出一条条指令并执行。由运算器、存储器、控制器、输入设备和输出设备五大基本部件组成计算机硬件系统。

（1）运算器。运算器是用来完成算术运算和逻辑运算的部件。算术运算是指加、减、乘、除等运算。逻辑运算则包括对一些条件或条件组合的判断。运算器还具有暂存运算结果的功能，它由加法器、寄存器、累加器等逻辑电路组成。

（2）存储器。存储器是一个具有记忆功能的部件，它不仅可以存储各种数据，还可以存储人们为机器事先编排好的解题步骤即解决问题所依据的指令和程序。存储器由存储体逻辑部分和控制电路组成。

（3）控制器。控制器是计算机的指挥控制中心，其主要功能是向机器的各个部分发出控制信号，使计算机能自动、协调地工作。控制器根据人们事先写好的程序进行工作，因此必须将有待运算的指令序列和数据提供给它。控制器由程序计数器、指令译码器及操作控制部件等组成。

（4）输入设备。输入设备用来将解题步骤和原始数据转换成电信号，并在控制器的指挥下按照一定的地址顺序送入主存储器。

（5）输出设备。输出设备是用来将运算的结果转换为人们所熟悉的信息形式的部件。它是在控制器的指挥下，将计算结果依照人们所能识别的形式记录、显示、或打印出来的设备。

2. 软件系统简介

软件是计算机系统的重要组成部分。微机的软件系统可以分为系统软件和应用软件两大类。使用不同的计算机软件，计算机就可以完成许多不同类型的工作，使计算机具有非凡的灵活性和通用性。

系统软件是指管理、监控和维护计算机资源（包括硬件和软件）的软件。现在，常见的系统软件有操作系统（例如，DOS、Windows、UNIX、OS/2 等）、各种语言处理程序、数据库管理系统（例如，FoxPro、DB－2、Access、SQL－server 等）以及各种工具软件等。

应用软件是指除了系统软件以外的所有软件，它是用户利用计算机及其提供的系统软件为解决各种实际问题而编制的计算机程序。由于计算机已渗透到了各个领域，因此，应用软件是多种多样功能各异的。目前，常见的应用软件有：各种用于科学计算的程序包、各种文字处理软件、信息管理软件、计算机辅助设计、计算机辅助制造、计算机辅助教学等软件，还有实时控制软件和各种图形软件等。

3. 多媒体电脑的部件组成

多媒体技术是指利用计算机技术把文本、声音、图形和图像等多媒体综合为一体化，使它们建立起逻辑联系，并能进行加工处理的技术。所谓"加工处理"主要是指对这些媒体的录入、对信息进行压缩和解压缩、存储、显示和传输等。

多媒体技术具有集成性、交互性、数字化、实时性等特点。多媒体技术是一种基于计算机技术的综合技术，包括了数字信号处理技术、音频和视频技术、计算机硬件和软件技术、人工智能和模式识别技术、通信和图像技术等，它是正处于发展过程中的一门跨学科的综合性高新技术。

从应用的角度来看，微机都是由一些标准部件所组成的。一般来说，一台基本配置的多媒体个人电脑（MPC）包括了 CPU、主板、内存条、硬盘、光驱、软驱、显示卡、声卡、机箱（含电源）、显示器、键盘、鼠标、音箱等基本部件。用户还可根据需要配置 Modem、网卡、打印机、扫描仪、数码相机等多种部件。

（二）打印机

打印机是办公自动化系统的主要输出设备之一。打印机分为击打式和非击打式两大系列产品。击打式以针式点阵打印机为主，包括 24 针汉字打印机、9 针字符打印机和微型打印机等。非击打式打印机则包括激光、喷墨及热转印打印机等。

针式打印机具有使用灵活、分辨率高和速度适中、多份拷贝以及大幅面打印的功能，性价比高。喷墨打印机采用点阵印字技术，分辨率高、噪声低、易实现彩色印字，缺点是不具备拷贝能力及耗材（包括喷墨头、墨水）价格偏高。激光打印机以其成熟的技术、极高的可靠性、快速安全的打印方式，可以实现各种打印机技术中最高打印速度和分辨率高的特点，成为了当今办公自动化系统和桌面印刷系统的主要设备。相比较而言，激光打印机的效果最好，喷墨打印机其次，而且这两种打印机的噪声都很小，针式打印机的噪声相对较大，但它的优点是可以打印多层纸，而且消耗材料相对较便宜，所以这种打印机的使用量仍然较大。

（1）针式打印机。针式打印机主要由打印机芯、控制电路、电源三大部件构成。针式打印机以其便宜、耐用、可打印多种类型纸张等优势，受到广大单位的青睐，普遍应用于多种领域之中。宽行打印机可以打印 A3 幅面的纸，窄行打印机一般只能打印 A4 幅面的纸张。针式打印机可以打印穿孔纸，因此它在银行、机关、企事业单位的电脑应用中发挥了很大的作用。

（2）喷墨打印机。喷墨打印机主要有两种最流行的技术方案：一种是采用压电式；另一种是热电能器，即热电式也称气泡式。与针式打印机相比，喷墨打印机的结构简单、机械零部件少，噪声低，不仅适用于办公室，同时也适用于任何工作场所。喷墨打印机的关键技术是喷墨头和墨水。喷墨打印机的价格也较便宜，而且打印时噪声较小，图形质量较高，已经成为了当前办公打印机的主流。

喷墨打印机是通过墨盒喷墨打印，适合打印单页纸，它的打印质量在很大程度上取决于纸张的质量。墨盒用完了要及时更换，相对于针式打印机来说消耗较高。

（3）激光打印机。激光打印机的打印质量最好，其关键技术是机芯及其控制电路。激光打印机通过在一个负电荷导光的鼓上提取图像再生成计算机文档，激光涉及的区域丢失了一些电荷，当鼓转过含有色剂的区域时，一种干的粉末状的用作激光打印机和拷贝机的颜料在纸上形成图像。

激光打印机更趋于智能化，打印的分辨率很高，有的能达到 600DPI 以上，打印效果精美细致，但其价格相对较高。激光打印机也有宽行、窄行及彩色、黑白之分，但宽行和彩色机型都很昂贵。

（三）复印机

1. 复印机的种类

按照复印机显影方式来分，可以把它分为单组份和双组份两种。大部分复印机都是单组份复印机，双组份复印机以美能达和理光最为典型。

按照复印机复印的颜色来分，可以分为单色复印机、多色复印机及彩色复印机。

按照复印机的尺寸来分，有普及型（即可以印 A3 纸）、手提式复印机及大工程图纸复印机（可印 A2 以上纸张）。

按照复印机使用纸型来划分，可以将其分为特殊纸复印机及普通纸复印机。特殊纸一般指可感光的感光纸。普通纸是指普遍使用的复印纸。

按照成像处理方式来分，可以将其分为数字式复印机和模拟式复印机。第一部数字式复印机于 1991 年由日本佳能公司推出。目前市面上的复印机大多为模拟式复印机。

2. 数字复印机

数字复印机是通过激光扫描、数字化图像处理技术成像的。它既是一台复印设备，又可以作为输入/输出设备与计算机以及其他办公自动化（OA）设备联机使用，还可以成为网络的终端。

数字复印机与模拟复印机的区别主要是工作原理不同。模拟复印机的工作原理是：通过曝光、扫描将原稿的光学模拟图像，通过光学系统直接投射到已被充电的感光鼓上产生静电潜像，再经过显影、转印、定影等步骤，从而完成复印过程的。而数字复印机的工作原理是：首先通过 CCD（电荷耦合器件）传感器对通过曝光、扫描产生的原稿的光学模拟图像信号进行光电转换，然后将经过数字技术处理的图像信号输入到激光调制器，调制后的激光束对被充电的感光鼓进行扫描，在感光鼓上产生由点组成的静电潜像，再经过显影、转印、定影等步骤，从而完成复印的过程。由于数字复印机采用了数字图像处理技术，因而可以进行复杂的图文编辑，大大提高了复印机的生产能力和复印质量，有效降低了故障率。

数字复印机的主要优点表现在以下七个方面：

（1）一次扫描，多次复印。数字复印机只需要对原稿进行一次扫描，便可以一次复印最多达 999 次。大大减少了扫描次数，因而减少了扫描器产生的磨损及噪音，同时也减少了卡纸的机会。

（2）整洁、清晰的复印质量。数字复印机具有文稿、图片、复印稿、低密度稿、浅色稿五项模式功能，256 级灰色浓度、400DPI 的分辨率，充分保证了复印品的整洁和清晰。

（3）电子分页，一次复印，分页可达 999 份。

（4）先进的环保系统设计。无废粉、低臭氧、自动关机功能，图像自动旋转，减少了废纸的产生。

（5）强大的图像编辑功能。自动缩放、单向缩放、自动启动、双面复印、组合复印。重叠复印、图像旋转、黑白反转、25% ~400% 缩放倍率。

（6）可以升级为 A3 幅面 3 秒高速激光传真机，可以直接传送书本、杂志等订装文件，甚至可以直接传送三维稿件。

（7）可以升级为 20 ~ 45 张/分的高速 A3 幅面双面激光打印机，分辨率高达 600DPI。不仅可以直接与计算机连接，而且还可以与电脑网络连接，成为高速激光网络打印机。此外，目前新型的数码复印机还具备了传真机的功能。

同时，扫描到内存的原稿，可以经过电脑编辑后，以 400DPI 的清晰度进行最多可达 999 份的打印。

（四）传真机

传真是一种传送静止图像的通信手段。它可以通过通信线路，把文件、图表、手迹、照片等纸页式静止图像信号从一端传到另一端，并印在纸上得到与发送文件完全相同的硬拷贝。因此，也有人把它称为远距离的复印。传真的英文是 facsimile，国际上常用 FAX 表示。

传真机作为一种信息传递工具，以方便、快捷、准确和通信费用低等优势，已经迅速成为企事业单位办公中必不可少的通信工具。传真机是机电一体化的通信设备，其机械部分主要是传真件走纸机构，其电路部分主要由主控电路、传真图像输入机构、传真图像输出机构、调制解调电路、操作面板及电源等几个部分组成。

传真机的种类比较多，分类方法也各不相同。按用途，一般可以分为以下几种：

（1）图像传真机。主要用于传送有灰度等级的图片、照片等。

（2）气象传真机。主要用于与短波定频接收机配套，利用无线广播和气象卫星来发送和接收气象资料。

（3）话路文件传真机。话路文件传真机简称文件传真机，是一种利用电话通路，在任意两个电话用户之间进行文字资料和图像的传送，是目前使用范围最广泛、用量最大的一种传真机。

（五）其他电脑周边设备

1. 多功能一体机

顾名思义，多功能一体机具有多种外设的功能，它主要是从两个方向发展起来的：

（1）从打印机发展起来，一些一体机又叫做多功能打印机（MFP），其打印功能十分出色，打印质量、打印速度等也往往是衡量此类产品的重要指标之一。这类打印机是通常激光打印机或喷墨打印机，再配备上扫描仪，便构成了集打印、复印、扫描功能为一体的"三合一"产品。

（2）从传真机发展起来，传真机本身就同时具有数码扫描和打印功能，只是合成在一起，不能单独使用某一项功能而已。如果将扫描与打印分开，再增加与计算机的通讯接口，摇身一变成为多功能一体机也就是顺理成章了。此类产品一般都具有打印、传真、复印、扫描、PC 传真、信息中心六种功能。

需要注意的是，多功能一体机并非多个设备的简单叠加，其设计中体现了整体的思想。首先各部分要匹配，无论哪一个部件拖后腿，都会造成整体的失败，反之亦然。多功能一体机大都采用了完善的集成技术，将复印、打印、扫描、传真等众多的功能有机地集于一身，既节省了办公空间，又经济高效。

2. 扫描仪

扫描仪是一种光机电一体化的高科技产品，是除键盘和鼠标之外电脑使用最为广泛的一种输入设备。扫描仪有多种用途，比如，可以利用它输入照片建立自己的电子影集；输入各种图片建立自己的网站；扫描手写信函再用 E - Mail 发送出去以代替传真机；还可以利用扫描仪配合 OCR 软件输入报纸或书籍的内容，免除键盘录入汉字的辛苦等。

扫描仪有很多种，按不同的标准可以把它分成不同的类型。按扫描原理可以分为：

以 CCD 为核心的平板式扫描仪、手持式扫描仪和以光电倍增管为核心的滚筒式扫描仪。按扫描图像幅面的大小可以分为：小幅面的手持式扫描仪、中等幅面的台式扫描仪以及大幅面的工程图扫描仪。

3. 数码相机

数码相机是一种能够进行拍摄，并通过内部处理把拍摄到的景物转换成以数字格式存放图像的特殊照相机。数码相机使用半导体存储器来保存所获取到的图像，可以直接连接到电脑、电视机或者打印机上浏览。在一定条件下，数码相机还可以直接接到移动式电话机或者手持 PC 机上。由于图像是内部处理的，所以使用者可以马上检查图像是否正确，是否合乎要求，而且可以立刻打印出来或是通过电子邮件传送出去。

由于数码相机内部的存储器容量有限，所以数码相机拍摄的照片数量也有限制，当存满之后，将照片输送到电脑中，然后清除相机中的照片，就可以继续拍摄了。

在标准分辨率下，小容量的存储卡，大多可以拍摄 40～70 张。有些数码相机还可以安装扩展存储卡，这样就可以拍摄并存储更多的照片了。数码相机最好的地方是不会造成资源浪费，拍摄得不好随时按一下相关的按钮就可以轻而易举地删除掉。

数码相机的使用同样也非常简单，打开镜头，对准被拍摄的景物，按动距离调解按钮，从取镜框中看到的画面就是最后拍摄到的画面。调整合适后，按动快门，此时可以听到相机的"沙沙声"，大约要 2 秒钟以上的时间图像才能存储完毕。

五、电子商务与电子政务

（一）电子商务管理

1. 电子商务概念

电子商务英文为 e - business 或 e - commerce，国内外迄今为止还没有对"电子商务"给出权威的严格的定义，一般将电子商务定义为整个事务活动和贸易活动的电子化。电子商务是将信息网络、金融网络和物流网络三个关键因素结合起来，为各种网络上的事务活动和贸易活动带来了极大地方便。所以不能将电子商务仅框定在因特网上，因特网只是信息网络的一个部分。电子商务这一名词出现在最近几年，也有一些成功的案例，例如，Amazon 网上书店、安全第一网络银行等，于是一些 IT 厂商乘机大做文章，高举电子商务大旗，并包装了类似电子管理（e - management）、电子世界（e - world）、电子服务（e - service）等衍生的词汇，用新的概念推销他们的产品或服务，以往的种种产品也都被冠上了电子商务的前缀。狭义的电子商务实际上就是基于因特网的电子商务。广义的电子商务则会超过因特网的范围。目前，大家热衷的焦点也正是基于因特网的电子商务。

一般来说，一个完善的电子商务系统有三层框架结构：底层是网络平台，是信息传送的载体和用户接入的手段，它包括各种各样的物理传送平台和传送方式。中间是电子商务基础平台，包括 CA（Certificate Authority）认证、支付网关（Payment Gateway）和客户服务中心三个部分，其真正的核心是 CA 认证。第三层就是各种各样的电子商务应用系统。毫无疑问，电子商务基础平台是各种电子商务应用系统的基础。可以说，电子商务几乎涉及所有的计算机技术、因特网技术、加密解密技术等。电子商务是各种技术结合的产物。而未来电子商务的发展，也必然依赖于各种新技术的出现和支持。这些技术涉及基于 IC 卡配置的用户终端的多样化，商用加密解密算法的通用化和标准化，数字证书技术以及 Browser/Server 技术等，另外还有待于"虚拟现实"技术的不断发展。虚拟现实技术在电子商务方面的应用，将使得通过网络的商务活动更加类似传统的面对面的方式，尤其是网上购物，将使用户获得身临其境之感。

电子商务是 21 世纪新的经济增长点，它所带动的电子商务的技术、产品、服务的发展将会给不同的行业带来大量的新的机会。而在这样的过程中，优胜劣汰这种竞争机制的原则必定会渗透进一切商业活动之中，这种竞争不仅仅包括技术、资金、人才的竞争，也包括整个运作体制和管理体制的竞争。我们的企业只有不断变革，好好把握住机遇，才能在激烈的竞争中处于不败之地。

2. 中国电子商务状况

中国的电子商务兴起于 1997 年。如果说美国电子商务是"商务推动型"，那么中国的电子商务则更多的是"技术拉动型"，这是在发展模式上中国电子商务与美国电子商务的最大不同之处。在美国，电子商务实践早于电子商务概念，企业的商务需求"推动"了网络和电子商务技术的进步，并促使了电子商务概念的形成。当 Internet 时代到来的时候，美国已经有了一个比较先进和发达的电子商务基础。在中国，电子商务的概念为人们所熟知要先于电子商务的应用与发展，"启蒙者"是 IBM 等一批 IT 厂商。网络和电子商务技术的发展需要不断"拉动"企业的商务需求，进而引发了中国对电子商务的应用与发展。了解这一不同点是很重要的，这是中国电子商务发展的一大特点，也是理解中国电子商务应用与发展进程的一把金钥匙。

在 1997 年和 1998 年，中国电子商务的主体正是一些 IT 厂商和媒体，它们以各种方式进行电子商务的"启蒙教育"，引导人们认识电子商务，激发人们的兴趣和需求。经过这一普及阶段，在 1999 年和 2000 年，以网站为主要特征的电子商务服务商在风险资本的介入下成为中国电子商务最早的应用者，成为这一阶段中国电子商务的主体。

然而，随着电子商务应用与发展的深化，随着资本市场泡沫的破灭，网站的电子商务在昙花一现之后迅速跌入低谷。而与此同时，企业特别是传统企业却开始大规模地进入电子商务领域。中国电子商务从 2001 年开始进入第三个发展阶段，企业电子商务成为中国电子商务新的中流砥柱。

最近两年，中国的电子商务发展势头迅猛，2007 年全国电子商务交易总额达 2.17 万亿元，比上一年度增长了 90%。中国网络购物发展迅速，从 2008 年 1 月初到 2008 年 6 月底，网络购物用户人数达到 6329 万，半年内增加了 36.4%。截至 2008 年 12 月，电子商务类站点的总体用户覆盖已经从 9000 万户提升至 9800 万户。

3. 电子商务特点

(1) 数字化。当商务以及与商务活动相关的各种信息都以数字的形式被采集、存储、处理和传输的时候，商务模式就发生了质的变化，数字生活、数字商务、虚拟企业等数字化形式都如雨后春笋一般应运而生了。数字化所具有的易于存储、查询、处理、修改信息等优越性，使人类将前进的方向与数字化紧紧的捆绑在了一起，正是由于电子商务的数字化特点，它使得商务活动中的商流、资金流和信息流都能够在计算机网络中迅速传输，形成"三流合 e"的商务模式，这使得现代商务活动朝着"无纸"商务、信息商务、快速商务的方向发展开去。

（2）交互性。各种信息交互协议决定了数字化信息在计算机网络中具有双向沟通的功能，而电子商务正是基于这种网络环境所展开的商务活动，因此，在电子商务过程中，可以轻松地完成商务信息的双向沟通，实现商务交易主体之间的信息交互。这是电子商务与传统商务形式相区别的重要方面，它预示着电子商务可以采用网络重复营销、网络软营销、数据库营销、一对一营销等现代营销的方式和手段，从而大大提高了营销的效率和效益。

（3）高效率。电子商务的信息传递功能是基于电磁波的传输原理，它主要采用互联网的传输信道，能够以每秒钟 30 万公里的速度将信息向前传递出去。在这种速度下，常规的时间和空间的规律和局限已经被彻底地打破，电子商务已经突破了传统物理世界的时间限制和空间限制，使商务交易的效率和商务服务的效率都得到了前所未有的提高。

（4）全球化。实体市场的低速度决定了商品交易的市场规模和范围的有限性，而在电子商务这种虚拟化的商品市场中就完全不同了，由于商务的数字化所带来的虚拟特性使信息的传递以极高的速度快速流转。正是在这种环境下，商务主体之间的距离被无限的缩短了，商务交易的时间限制和空间限制消弭于无形，商务交易的范围也从有限的区域性小市场拓展到全球化的大市场了。因此，相对于传统商务而言，电子商务的市场被深深地打上了全球化的烙印。

（5）充分竞争。经济全球化使企业的潜在客户扩大到了全球，同时，经济全球化也使企业的竞争对手扩大到了全球范围。也就是说，经济全球化在为企业带来广阔发展空间的同时，同一领域中的企业也将面临全球化大市场中的几乎所有强大竞争者的挑战，这样，商品市场中的竞争必将是空前激烈的。当然，有竞争才有发展，这可能也是消费者所希望看到的。

4. 电子商务的作用

电子商务的作用可以分为直接作用和间接作用两个部分。

电子商务的直接作用有三个方面：

首先，极为节约商务成本，尤其节约商务沟通和非实物交易的成本。

其次，极大地提高了商务效率，尤其是提高了涉及地域广阔但交易规则相同的商务效率。

再次，有利于进行商务（经济）宏观调控、中观调节和微观调整。有助于将政府、市场和企业乃至个人连接起来，将"看得见的手"和"看不见的手"连接起来。既可以克服"政府失灵"，又可以克服"市场失灵"；既为政府服务，又为企业和个人服务。

电子商务的间接作用也有三个方面：

首先，可以促进整个国民经济和世界经济的高效化、节约化和协调化。

其次，可以带动一大批新兴产（事）业的发展，比如，信息产业，知识产业和教育事业等。

再次，物尽其用，保护环境，有利于人类社会的可持续发展。

作为一种商务活动过程，电子商务将带来一场史无前例的商务革命。

可以肯定的是，电子商务对社会经济的影响会远远超过商务的本身，除了上述这些影响外，它还将对就业、法律制度、文化教育以及新闻业等带来巨大的影响。显而易见，电子商务必将把人类真正带入信息社会。

5. 我国电子商务的发展趋势

（1）向纵深化发展。

1）电子商务的基础设施将日趋完善。图像通信网、多媒体通信网将建成使用，三网合一潮流势不可挡，高速宽带互联网将扮演着越来越重要的角色，制约中国电子商务发展的"网络瓶颈"有望得到缓解和逐步的解决。我国电子商务的发展将具备良好的网络平台和运行环境。消费者的上网费用将越来越低廉。移动电子商务将得到快速发展。移动通信将成为进行电子商务的主要媒体。

2）电子商务的支撑环境将逐步规范和完善。电子商务的社会和商业环境更趋成熟。网民的消费观念和行为将逐步发生改变，大众对电子商务的接受程度将不断提高。随着企业对电子商务认识的逐步深化，其实施电子商务的紧迫性和自觉性都会大大提高。

电子商务的法律环境将更趋于完善。随着电子商务的相关基本法律、法规的出台与实施，国内的电子商务将得到有效的法律保障。

电子商务的安全性将得到有力地提升。我国将结合实际国情，充分发挥国家在保障电子商务交易安全方面的主导作用，消除目前人们对电子商务安全性的担忧。

电子商务的物流体系逐步完善。随着电子商务的发展和需要，跨地区的专业性物流渠道将适时地建立起来，并逐步完善，使得电子商务公司在配送体系的选择方面空间更大，进一步降低成本。

3）企业发展电子商务的深度将进一步拓展。随着电子商务技术创新与集成度的提高，企业电子商务将向纵深挺进，新一代的电子商务形式将浮出水面，取代目前简单地依托"网站＋电子邮件"的方式。电子商务企业将从网上商店和门户的初级形态，过渡到将企业的核心业务流程、客户关系管理等都延伸到互联网上，使产品和服务更贴近用户的多样化需求。互动、实时成为企业信息交流的共同特点，网络将成为企业资源计划、客户关系管理及供应链管理的中枢神经。企业将依托网络，创建形成新的价值链，把新老上下利益相关者联合起来，形成更高效的战略联盟，共同谋求更大的利益。

（2）向专业化发展。

1）个人消费者的专业化趋势。要满足消费者个性化的要求，提供专业化的产品线和专业水准的服务是必经之路。预计在今后的若干年内，我国网上购物人口仍将是以中高收入水平的人群为主，他们购买力强，受教育程度较高，生活的个性化诉求比较强烈。特别是对于那些技术含量较高、知识含量较高的商品和服务，人们一般都希望在购买之前能够得到专家的指导。因此，能够提供一条龙服务的"垂直型网站"以及提供某一类产品和服务的"专业网站"的发展潜力会更大。

2）面向企业客户的专业化趋势。对 B2B 电子商务模式来说，发展以特定行业为依托的"专业电子商务平台"也是当前的一种趋势。如"美国商务网"就是为国内中小企业开拓国外市场服务的专业网站，专为化工企业服务的"中国化工信息网"在行业内的影响也很大。

（3）向国际化发展。依托于互联网的电子商务能够超越时间、空间的限制，有效地打破国家和地区之间各种有形的、无形的壁垒，刺激并促进国家和地区的对外贸易发展。相信随着国际电子商务环境的逐步规范和完善，中国电子商务企业必然走上世界的舞台。向国际化发展是适应经济全球化，提升我国企业国际竞争力的必然需要。电子商务的发展对于促使我国的中小企业积极开拓国际市场、利用国外的各种资源是千载难逢的时机。借助电子商务，中小企业传统市场的竞争力可以在历练中得到加强，会有无限商机纷至沓来，助企业将产品销售到全球各个国家和地区。

（4）向区域化发展。电子商务的区域化趋势是就中国独特的国情条件而言的。中国是一个人口众多、幅员辽阔的大国，各个社会群体在收入、观念、文化水平等方面都存在着不同的特点。我国总体上仍然是一个人均收入较低，生活水平不高的发展中国家，而且城乡经济的不平衡性、东西部经济发展的阶梯性、地区收入结构的层次性都十分明显。目前，上网人群主要集中在大城市，而且在今后相当长的一段时间内，上网人口仍将以大城市、中等城市和沿海经济发达地区的人群为主。

此外，B2C 电子商务模式的区域性特征也非常明显。以 B2C 模式为主的电子商务企业在资源规划、配送体系建设、市场推广等方面都必须充分考虑到这一现实，采取有重点的，有特色的区域化战略，才能最有效地扩大网上营销的规模和效益。

总之，中国作为发展中国家，要顺利开展电子商务活动，还存在着许多障碍。随着国家信息化工作的加强，企业信息化水平的提高，必将会逐步缩短中国与发达国家的差距。应该说，尽管中国电子商务的发展困难重重，但前景一派光明。

（二）电子政务管理

1. 电子政务概述

对于电子政务，目前有很多种说法。例如，电子政府、网络政府、政府信息化管理等。我们需要明确的是，真正的电子政务绝不是简单的"政府上网工程"，更不是为数不多的网页型网站系统。

严格地说，电子政务，就是政府机构应用现代信息和通信技术，将管理和服务通过网络技术进行集成，在互联网上实现政府组织结构和工作流程的优化重组，超越时间和空间及部门之间的分隔限制，向社会提供优质的、全方位的、规范的、透明的、符合国际水准的高层次管理和服务。

电子政务是一个系统工程，因此，它必须要符合以下三个基本条件：

（1）电子政务是必须借助于电子信息化硬件系统、数字网络技术和相关软件技术的综合服务系统；硬件部分包括内部局域网、外部互联网、系统通信系统和专用线路等；软件部分包括大型数据库管理系统、信息传输平台、权限管理平台、文件形成和审批上传系统、新闻发布系统、服务管理系统、政策法规发布系统、用户服务和管理系统、人事及档案管理系统、福利及住房公积金管理系统等数十个系统。

（2）电子政务是处理与政府有关的各种公开事务，内部事务的综合系统。除了包括政府机关内部的行政事务以外，还包括立法、司法部门以及其他一些公共组织的管理事务，例如，检务、审务、社区事务等。

（3）电子政务是新型的、先进的、革命性的政务管理系统。电子政务并不是简单地将传统的政府管理的事务原封不动地搬到互联网上操作，而是要对其进行组织结构的重组和业务流程的再造。因此，电子政府在管理方面与传统政府管理之间有着显著的区别，二者不可同日而语。

2. 电子政务的作用

（1）电子政务突破了传统的工业时代"一站式"的政府办公模式，建立了适应网络时代的"一网式"、"一表式"的新的办公模式，从而开辟了推动社会信息化的新途径，创造出了政府实施产业政策的新手段。

（2）电子政务的出现有利于政府实现职能转变，提高运作的效率。政府可以在网上办公，实现全天候的电子政府，比网下办事的效率要提高很多。在网上建立起对公众开放的非保密信息资源库，对于网上税务、网上政府采购等流程相对简单的办公业务，各相关部门可以实现共同办公。

（3）通过实施电子政务，将必要的信息公开，有利于提高政府管理运作的透明度。用安全认证等技术作保证，具有可靠性、保密性和不可抵赖性。

（4）实施电子政务对于更好地实现社会公共资源的共享、提高社会资源的运作效率等方面也不无裨益。部门内部实现的办公自动化是电子政务的基础，但这绝不是简单地将传统的办公模式照搬到网上，而是要做需求的优化，实现政府内网的连通以及资源共享，建立政府内部信息资源库。

3. 电子政务的内容

电子政务的内容非常广泛，因而，国内外也有不同的内容规范，根据我国政府所规划的项目来看，电子政务主要包括这样几个方面的内容：

一是政府间的电子政务。

二是政府对企业的电子政务。

三是政府对公民的电子政务。

（1）政府间的电子政务。政府间的电子政务是指上下级政府、不同地方政府、不同政府部门之间的电子政务。主要包括以下七大类内容：

1）电子法规政策系统。它的作用在于，对所有的政府部门和工作人员提供相关的现行有效的各项法律、法规、规章、行政命令和政策规范，使所有政府机关和工作人员真正做到有法可依，有法必依。

2）电子公文系统。它的作用在于，在保证信息安全的前提下在政府上下级、部门之间传送有关的政府公文，例如，报告、请示、批复、公告、通知、通报等，从而使政务信息十分快捷地在政府间和政府内流转，提高政府公文的处理速度，提高工作效率。

3）电子司法档案系统。它可以使政府司法机关之间共享司法信息，例如，公安机关的刑事犯罪记录，审判机关的审判案例，检察机关检察案例等，可以通过这套档案系统共享司法信息，改善司法工作效率和提高司法人员的综合能力。

4）电子财政管理系统。这套系统的作用是向各级国家权力机关、审计部门和相关机构提供分级、分部门历年的政府财政预算及其执行情况，其中包括从明细到汇总的财政收入、开支、拨付款数据和相关的文字说明及图表等，以便于有关领导和部门及时掌握、密切监控财政状况。

5）电子办公系统。通过电子网络可以完成机关工作人员的许多日常事务性的工作，不仅节约了时间和费用，而且还大大提高了工作效率。例如，工作人员通过网络申请出差、请假、文件复制、使用办公设施和设备、下载政府机关经常使用的各种表格，报销出差费用等都可以在网上轻松办理。

6）电子培训系统。电子培训系统主要是对政府工作人员提供各种综合性和专业性的网络教育课程，特别是为了适应信息时代对政府的要求，加强对员工进行与信息技术有关的各种专业培训，员工可以通过网络随时随地进行注册并选择培训课程、接受培训、参加考试等。

7）业绩评价系统。业绩评价系统是按照预先设定的任务目标、工作标准，根据实际完成情况对政府各部门的工作业绩进行科学的测量和评估。

（2）政府对企业的电子政务。政府对企业的电子政务是指政府通过电子网络系统进行电子采购与招标，精简管理业务流程，快捷迅速地为企业提供各种信息服务。主要包括五个方面的工作：

1）电子采购与招标。通过网络公布政府意欲采购的商品，公布招标信息，为企业，特别是中小企业参与政府采购提供必要的帮助，向他们介绍政府采购的有关政策，提供相应的采购程序，使政府采购成为阳光作业，减少营私舞弊和暗箱操作，既降低了企业的交易成本，又节约了政府采购的支出。

2）电子税务。使企业通过政府税务网络系统，在家里或企业办公室就能轻松完成税务登记、税务申报、税款划拨、查询税收公报、了解税收政策等各种业务，在大大方便了企业的同时，也减少了政府的开支。

3）电子证照办理。企业可以通过因特网申请办理各种证件和执照，能够缩短办证周期，减轻企业的负担。例如，企业营业执照的申请、受理、审核、发放、年检、登记项目变更、核销，统计证、土地和房产证、建筑许可证、环境评估报告等证件、执照和审批事项的办理等都可以足不出户，便捷地在网上完成。

4）信息咨询服务。政府将拥有的各种数据库信息对企业开放，方便企业的查询利用。例如，法律法规规章政策数据库、政府经济白皮书、国际贸易统计资料等信息都在发挥着重要的信息服务作用。

5）中小企业电子服务。政府利用自身的宏观管理优势和集合优势，为提高中小企业的国际竞争力和知名度提供各种必要的帮助与支持。包括为中小企业提供统一政府网站入口，通过协商，帮助中小企业与电子商务供应商争取有利的、能够负担的电子商务应用解决方案等。

（3）政府对公民的电子政务。政府对公民的电子政务是指政府通过电子网络系统为公民提供的各种服务。主要包括以下八个方面：

1）提供教育培训服务。建立全国性的教育平台，同时资助所有的学校和图书馆接入互联网和政府教育平台；政府出资购买教育资源而后向学校和学生免费提供；重点加强对民众信息技术能力的教育和培训，以适应信息时代的挑战。

2）提供就业服务。通过电话、互联网或其他媒体向公民提供工作机会和就业培训，促进信息交流，提高就业率。例如，开设网上人才市场或劳动市场，向供需双方提供与就业有关的各类工作职位缺口数据库和求职数据库信息；在就业管理和劳动部门所在地或其他公共场所建立网站入口，为没有计算机的公民提供接入互联网寻找工作职位的机会；为求职者提供网上就业培训，提供及时的就业形势分析与预测，指导就业方向。

3）提供电子医疗服务。通过政府网站提供医疗保险政策信息、医药信息，执业医生等方面的信息，为公民提供全面的医疗服务，公民可以通过网络查询自己的医疗保险个人账户余额和当地公共医疗账户的情况；查询国家新审批的药品的成分、功效、试验数据、使用方法以及其他的详细数据，丰富医药知识，提高自我保健的能力；查询当地医院的级别和执业医生的资格情况，选择适合自己的医生和医院。

4）提供社会保险网络服务。通过电子网络建立覆盖地区甚至国家的社会保险网络，使公民能够通过网络及时全面地了解自己的养老、失业、工伤、医疗等社会保险账户的明细情况，有利于加深社会保障体系的建立和普及；可以通过网络公布对最低收入家庭的补助，增加政府工作的透明度；还可以通过网络直接办理有关的社会保险理赔手续。

5）提供公民信息服务。使公民得以方便、容易、费用低廉地接入政府法律法规规章数据库，获取丰富的信息；通过网络提供被选举人的详细背景资料，加深公民对被选举人的了解；通过在线评论和意见反馈了解公民对政府工作的意见，为改进政府工作提供参考。

6）提供交通管理服务。通过建立电子交通网站提供对交通工具及其司机的各种管理与服务。

7）提供公民电子税务。允许公民个人通过电子报税系统申报个人所得税、财产税等个人税务。

8）提供电子证件服务。允许居民通过网络办理结婚证、离婚证、出生证、死亡证明等有关证书。

4. 国际电子政务发展趋势

当前，建立电子网络政府，推动电子政务的发展，是一种世界性的潮流，也是电子信息技术应用到政府管理中去的必然趋势。国外"信息高速公路"的建设，是从20世纪70年代开始的，到了90年代以后，电子政务开始在一些发达国家得到快速地发展。纵观美国、英国、加拿大、法国、日本等发达国家电子政务发展的状况，虽然存在着许多差异，但各国仍有一些最新的动向值得我们格外注意。

（1）领导人意志坚定。电子政务在全球的普及发展，始于领导者尤其是"一把手"对于当今世界发展潮流敏锐的洞察力和强烈的政治意愿，电子政务往往能够反映出不同届政府内不同领导者独特的领导风采与远见卓识。

（2）以用户为中心。发展电子政务的一个主要方向就是要建立一个真正能够为全社会所接受的服务型政府，在这个过程中，用户无疑是政府服务的中心，因此，按照用户的意愿设计政府的网站是当今世界上各个政府所遵循的发展原则。在电子政务中引进"客户关系管理"这一概念，有助于政府管理和协调与用户建立新的、更好的政府与企业、政府和居民之间的关系。

目前，先进的互联网技术为政府向用户提供优质、高效的实时服务提供了可能，较之以往政府所能提供的服务，现在的电子政务无论是在宽度上，还是广度上都有了极大的改善。用户可以足不出户完成与政府沟通的各个环节，既节省了时间，提高了办事效率，又减少了政府部门许多不必要的麻烦。

（3）门户网站功能完善。通过一个政府的门户网站，用户可以进入到政府的所有职能部门，接受任何一个政府部门向用户提供的服务项目。尤其是对于那些需要几个政府部门同时介入，几经转办才能完成的事务处理就更显示出它的优势，用户不需要跑许多地方依次面对每一个政府部门，只需要在网上完成他所需要与政府发生互动的事务，享受政府职能转变所带来的高监管水平和服务水平，这种门户网站为用户带来了极大的便利。

（4）制定统一的规划和标准。美国于1993年制定并颁布了《美国国家基础设施行动计划》，在此基础上，1994年又提出了《政府资讯科技服务远景》，从而确定了美国联邦政府推动电子政府发展的目标。欧盟制定了"信息社会行动纲领"，对未来的政府信息化作出了周密的安排。英国在1996年颁布"绿皮书"，对电子政务的发展作出了系统规划，并提出了近期和远期目标。加拿大在1994年由工业部长提出了一份有关发展信息高速公路的战略框架，其中有关政府信息化的问题被作为主要内容。日本在1993年制定了《行政资讯推进共同事项行动计划》，提出了政府信息化的三个层次。

（5）实行分阶段实施策略。美国把电子政务的发展分为四个阶段实施：

第一阶段为初始阶段，主要是提供一般的网上信息，进行简单的事务处理，以及有限的技术复杂程度。

第二阶段，要进一步发展门户网站，进行更复杂的事务处理，实现初步协作，技术复杂程度也逐步提高。

第三阶段，要实现政府业务的重组，建立集成系统以及复杂的技术体系。

第四阶段，要建立具有高适应能力的政务处理系统，实现政府与企业、公民的实时的互动式的交流与服务，与此同时，建立高度复杂的技术支持系统。

按照美国的规划，到2010年，绝大多数现有政府部门将按照电子政府的要求，被改造升级。这说明电子政府的建立是一个极其复杂的过程，即使是财力雄厚，技术先进，社会发展水平比较高的发达国家也不可能一蹴而就，一步到位，必须分步实施，逐渐完善。

（6）注重发挥市场机制的作用。在政府直接投入这种传统模式仍然在电子政务的建设与发展中占有支配地位的同时，电子政务的市场化正在成为世界各国推动电子政务发展的一个重要趋势。一方面，这是为了集合社会力量，让企业和民间的投资在电子政务的发展中扮演日益重要的角色。因为，企业既具有投资的能力，又具有创新的活力。企业的创造力和活力无疑将会对电子政务的发展起到不可估量的作用。另一方面，电子政务的可持续发展，从根本上说还是要依赖于本国、本地区产业的发展和企业的发展。企业的介入，不但促进了电子政务的发展，也推动了相关产业的发展和经济的发展，可谓是"以一石而收二鸟"的好事。从目前世界各国的做法来看，电子政务的市场化和资金筹措的方式大致可以分为：伙伴关系、外协外包、政企整合、发行债券以及广告筹资五种模式。

5. 我国电子政务发展趋势

从电子政务发展的阶段来看，电子政务内部建设，一般要经历公文电子化——办公自动化——行政管理网络化——网上协同办公四个阶段；外部建设一般应经历网上简单的信息发布——网上单向互动——网上双向互动——在线事务处理四个阶段。内部建设是对外服务的基础和支撑，而对外服务的深入开展又促进了内部业务管理的整合。当前，从我国电子政务的未来发展看，主要存在这样几种趋势：

（1）资源整合步伐加快。目前，制约我国电子政务应用发展的主要瓶颈是地方之间、部门之间不能协同共享应用系统和信息资源，形成了若干独立的"信息孤岛"。为了消除各种障碍，实现信息资源的开发利用，整合信息资源，使各个系统之间的资源得到优化和共享，从而体现出最大的价值。未来电子政务的资源整合的步伐将进一步加快，力度也将进一步加大，这也是提高电子政务系统效率和功能的重要基础。

资源整合首先是政府管理结构的整合，主要体现为政府管理体制的变革以及政府职能的转变。

政府行业信息化的整合将表现在两个方面：一方面，是垂直系统的整合，例如，海关、税务、质检、社保、财政等政府细分行业，它们的 IT 系统将逐步实现整合，统一平台。另一方面，地方政府网站的横向整合将会越来越多，这其中政府的门户网站将成为整合的关键和重点。与此同时，电子政务的技术手段和产品也将实现整合，体现为建立统一的、标准化的资源整合平台。

电子政务框架的整合，则体现为政府管理和信息技术的相互影响与相互促进。

（2）全面提升公众服务。在电子政务建设中要以服务为中心，立足于满足社会和公众的需求，通过电子政务提高政府部门便民和为民服务的意识。政府门户网站的建设将成为重点，在提高电子政务的便民服务和提高政府办事效率的功能方面，政府门户网站不仅能提供多种信息服务，而且还能实现网上办公。在今后的一段时期，地市级政务外网的建设将获得全面地发展，同时包括电话、手机以及便民卡等在内的多种手段的服务方式，将和外网整合在一起，为公众提供多样化的接入手段。政府将更加贴近公众，政府门户网站的便民服务交互功能将进一步得到加强。在实践过程中，类似"条块结合模式"、"网上一站式办公"、网上审批等一大批应用系统将得到全面推广。

（3）建立电子政务绩效评估体系。我国对于电子政务绩效的实践更多采取的是理论特点鲜明的评估体系。这些评估体系在强调理论体系的同时，忽视了电子政务在各地所处的不同发展程度，忽略了各地存在的特殊矛盾，必然缺乏评估过程中所应有的良性的激励效应。所以，"评估什么"、"怎么评估"是将来电子政务绩效评估体系建设的过程中迫切需要深入思考的问题。

（4）外包模式强化政企共同参与。今后，政府在电子政务建设中将不再大包大揽，更多的将充分发动和依靠社会力量，采取外包的方式强化政企共同参与。IT 企业与政府部门共同参与到电子政务的建设中来，这样，电子政务建设的收益和风险就可以由企业与政府共同承担了。

（5）电子政务系统的开放性更强。国家作为国家信息的主要拥有者，对于一些保密级别不高的数据库，在因特网上可以向公众提供检索服务。对于保密数据库，在政府专网上提供功能服务，根据政府工作人员的身份，限制其访问对象、类型、方式、时间等，仅对其进行权限管理。

（6）政府网站趋于"标准化"。政府网站标准化的内容主要包括：界面一致，统一的入口，各页面或站点关系明确；类目清楚（电子政府部门提供的服务一目了然）；内容丰富，能够充分满足公众的需求；内容检索功能强大；使用方便，充分考虑到不同用户的不同需求。

（7）信息安全不断得到加强。信息安全是我国信息化道路建设的重要保障。安全策略的制定包括：政府信息系统的安全等级的分类与安全等级相应的安全措施的要求，对参与系统开发和运行的企业的要求和约束，系统安全的审计，安全问题的报告制度和程序，紧急情况的处理和应急措施等。

第十四章 物业服务公司与后期评价

一、物业服务公司概述

物业服务公司是指依法设立、具有独立法人资格，从事物业管理服务活动的企业，按照物业服务合同的约定，接受业主的委托，依照有关法律、法规的规定，对物业实行专业化管理，并收取相应的报酬。物业服务公司的组建原则是企业化、专业化、社会化；其经营宗旨是综合管理、全面服务，为业主和用户提供安全、整洁、方便、舒适的工作环境和生活环境。物业服务公司应按合法程序成立，并具备相应的资质条件。

（一）物业服务公司的分类

物业服务公司应具备独立的企业法人资格、明确的经营宗旨和管理章程，有必要的人员、资金和场地，实行自主经营、自负盈亏，能够独立承担民事和经济法律责任。

从 1981 年深圳市诞生全国第一家物业服务公司和第一批物业管理从业人员开始，经过 20 多年的发展，目前我国已有物业服务企业超过 3 万家，从业人员超过 500 万人。

从物业服务公司的组建情况来看，虽然《物业管理条例》明确规定"从事物业管理活动的企业应当具有独立的法人资格"，但在实践中，从事物业管理活动的企业，有的具有独立法人资格，如按照公司法组建的物业服务公司；有的不具备法人资格，如房地产开发企业内设的物业管理部门、物业管理分支机构；有的名义上具有法人资格，实质上不能独立地行使权利和承担责任，如一些房地产开发商设立的子公司。随着《物业管理条例》的实施，上述物业服务公司分类中不符合《条例》规定的物业服务公司必将逐步改制，转变成为具有独立法人资格、符合市场经济要求的新型物业服务公司。

除了上述划分标准，从物业服务公司内部的运作来看，也可将其分为管理型物业服务公司、顾问型物业服务公司、综合型物业服务公司。

对管理型物业服务公司来说，除主要领导人员和各专业管理部门技术骨干外，其他各项服务如保安、清洁、绿化等都通过合同形式交由社会上的专业公司承担。这类公司人员适中、精干。

对顾问型物业服务公司来说，企业是由少量具有丰富物业管理经验的人员组成，不具体承担物业管理工作，而是以顾问服务的形式出现，收取顾问费用，这类公司人员少，素质高。

对综合型物业服务公司来说，企业不仅直接接手项目，从事管理工作，还提供顾问服务。这类公司适应性最强，但人员较多。

（二）物业服务公司的资质条件及审批

物业服务公司的资质，是指物业服务公司具备或拥有的资金数量、专业人员、可以受托管理物业的规模等方面的状况，是公司实力、规模的标志。在界定、查验、衡量物业服务公司时，这些情况都需要在审批过程中加以明确。

1. 物业服务公司的资质条件

按照《民法通则》的规定，法人是具有民事权利能力和民事行为能力，依法独立享有民事权利和承担民事义务的组织。物业服务企业应当具有独立的法人资格，意味着物业服务企业应当具备下列条件：

（1）依法成立。依法成立是指依照法律规定而成立。这是程序性要件，也就是说，物业服务企业的设立程序要符合法律法规的规定。

（2）有必要的财产或者经费。物业服务企业属于营利性法人。必要的财产和经费是其生存和发展的前提，也是其承担民事责任的物质基础。按照《公司法》规定，物业服务企业为有限责任公司的，注册资本不得低于10万元；为股份有限公司的，注册资本不得低于1000万元。

（3）有自己的名称、组织机构和场所。名称是企业对外进行活动的标记，其确定应当符合《企业名称登记管理规定》等法律法规的规定；组织机构是健全内部管理的需要，如公司应当设立董事会、股东大会、监事会等；场所是物业服务企业进行经营活动的固定地点，不仅表示企业的存在具有长期性，且可确立与之相关的其他一些问题如合同的履行、诉讼管辖问题等。

（4）能够独立承担民事责任。如果企业不能就自己行为承担相应责任，就不能说其具有独立的主体资格。独立承担民事责任是建立在独立财产基础之上的。如果企业没有独立的财产，是不可能独立承担民事责任的。

物业服务企业资质的条件、分级、申请、审批、动态管理等均属于物业服务企业资质管理制度的内容。在《物业管理条例》出台和修改之后，为了加强对物业服务企业的监管，提高物业管理服务水平，建设都于2007年11月26日根据《建设部关于修改〈物业管理企业资质管理办法〉的决定》修正并重新颁布了《物业服务企业资质管理办法》，该办法的施行为物业服务企业资质管理制度的建立提供了实践基础。

2. 申报经营资质需要提供的资料

物业管理是一种服务性和技术性都很强、经营范围较广的活动，如果不加强管理，物业管理对房地产市场的积极作用就难以得到发挥，甚至还可能导致一些混乱的现象。对物业管理市场进行管理是很必要的，而这种管理首先表现为对物业服务公司经营资质的审批。

申请核定资质等级的物业服务企业，应当提交下列材料：

（1）企业资质等级申报表；

（2）营业执照；

（3）企业资质证书正、副本；

（4）物业管理专业人员的职业资格证书和劳动合同，管理和技术人员的职称证书和劳动合同，工程、财务负责人的职称证书和劳动合同；

（5）物业服务合同复印件；

（6）物业管理业绩材料。

3. 物业服务公司经营资质的审批程序

物业服务企业的资质管理实行分级审批制度。

新设立的物业服务企业应当自领取营业执照之日起30日内，持下列文件向工商注册所在地直辖市、设区的市的人民政府房地产主管部门申请资质：

（1）营业执照；

（2）企业章程；

（3）验资证明；

（4）企业法定代表人的身份证明；

（5）物业管理专业人员的职业资格证书和劳动合同，管理和技术人员的职称证书和劳动合同。

新设立的物业服务企业，其资质等级按照最低等级核定，并设一年的暂定期。

国务院建设主管部门负责一级物业服务企业资质证书的颁发和管理；省、自治区人民政府建设主管部门负责二级物业服务企业资质证书的颁发和管理，直辖市人民政府房地产主管部门负责二级和三级物业服务企业资质证书的颁发和管理，并接受国务院建设主管部门的指导和监督；设区的市的人民政府房地产主管部门负责三级物业服务企业资质证书的颁发和管理，并接受省、自治区人民政府建设主管部门的指导和监督。

（三）物业服务公司资质等级的评审

物业服务公司经批准成立后，为了加强对物业服务公司的管理，维护物业管理市场秩序，政府要对其进行等级评定，并规定物业服务公司所管理的物业的档次必须与它的资质相吻合，不够等级资质的企业一律不允许从事同等级的物业管理工作。物业服务公司的资质等级是其实力、能力、规模、业绩和信誉的标志，也是开展业务的依据。根据建设部2007年修正并重新颁布的《物业服务企业资质管理办法》的规定，物业服务企业被划分为一级、二级、三级三个资质等级。一级、二级、三级企业的资质标准如下：

1. 一级资质

（1）注册资本人民币500万元以上。

（2）物业管理专业人员以及工程、管理、经济等相关专业类的专职管理和技术人员不少于30人，其中，具有中级以上职称的人员不少于20人，工程、财务等业务负责人具有相应专业中级以上职称。

（3）物业管理专业人员按照国家有关规定取得职业资格证书。

（4）管理两种类型以上物业，并且管理各类物业的房屋建筑面积分别占下列相应计算基数的百分比之和不低于100%：

1）多层住宅200万平方米；

2）高层住宅100万平方米；

3）独立式住宅（别墅）15万平方米；

4）办公楼、工业厂房及其他物业50万平方米。

（5）建立并严格执行服务质量、服务收费等企业管理制度和标准，建立企业信用档案系统，有优良的经营管理业绩。

2. 二级资质

（1）注册资本人民币300万元以上。

（2）物业管理专业人员以及工程、管理、经济等相关专业类的专职管理和技术人员不少于20人，其中，具有中级以上职称的人员不少于10人，工程、财务等业务负责人具有相应专业中级以上职称。

（3）物业管理专业人员按照国家有关规定取得职业资格证书。

（4）管理两种类型以上物业，并且管理各类物业的房屋建筑面积分别占下列相应计算基数的百分比之和不低于100%：

1）多层住宅100万平方米；

2）高层住宅50万平方米；

3）独立式住宅（别墅）8万平方米；

4）办公楼、工业厂房及其他物业20万平方米。

（5）建立并严格执行服务质量、服务收费等企业管理制度和标准，建立企业信用档案系统，有良好的经营管理业绩。

3. 三级资质

（1）注册资本人民币50万元以上；

（2）物业管理专业人员以及工程、管理、经济等相关专业类的专职管理和技术人员不少于10人，其中，具有中级以上职称的人员不少于5人，工程、财务等业务负责人具有相应专业中级以上职称；

（3）物业管理专业人员按照国家有关规定取得职业资格证书；

（4）有委托的物业管理项目；

（5）建立并严格执行服务质量、服务收费等企业管理制度和标准，建立企业信用档案系统。

《管理办法》还规定，一级资质物业服务企业可以承接各种物业管理项目。二级资质物业服务企业可以承接30万平方米以下的住宅项目和8万平方米以下的非住宅项目的物业管理业务。三级资质物业服务企业可以承接20万平方米以下住宅项目和5万平方米以下的非住宅项目的物业管理业务。

企业发生分立、合并的，应当在向工商行政管理部门办理变更手续后30日内，到原资质审批部门申请办理资质证书注销手续，并重新核定资质等级。企业的名称、法定代表人等事项发生变更的，应当在办理变更手续后30日内，到原资质审批部门办理资质证书变更手续。企业破产、歇业或者因其他原因终止业务活动的，应当在办理营业执照注销手续后15日内，到原资质审批部门办理资质证书注销手续。

物业服务企业取得资质证书后，不得降低企业的资质条件，并应当接受资质审批部门的监督检查。资质审批部门应当加强对物业服务企业的监督检查。

有下列情形之一的，资质审批部门或者其上级主管部门，根据利害关系人的请求或者根据职权可以撤销资质证书：

（1）审批部门工作人员滥用职权、玩忽职守作出物业服务企业资质审批决定的；

（2）超越法定职权作出物业服务企业资质审批决定的；

（3）违反法定程序作出物业服务企业资质审批决定的；

（4）对不具备申请资格或者不符合法定条件的物业服务企业颁发资质证书的；

（5）依法可以撤销审批的其他情形。

物业服务企业超越资质等级承接物业管理业务的，由县级以上地方人民政府房地产主管部门予以警告，责令限期改正，并处 1 万元以上 3 万元以下的罚款。

物业服务企业出租、出借、转让资质证书的，由县级以上地方人民政府房地产主管部门予以警告，责令限期改正，并处 1 万元以上 3 万元以下的罚款。物业服务企业超越资质等级承接物业管理业务的，由县级以上地方人民政府房地产主管部门予以警告，责令限期改正，并处 1 万元以上 3 万元以下的罚款。

物业服务企业出稠、出借、转让资质证书的，由县级以上地方人民政府房地产主管部门予以警告，责令限期改正，并处 1 万元以上 3 万元以下的罚款。

物业服务企业不按照本办法规定及时办理资质变更手续的，由县级以上地方人民政府房地产主管部门责令限期改正，可处 2 万元以下的罚款。

二、物业公司的组织机构

物业管理是现代化城市管理和房地产经营的重要组成部分，物业服务公司的经营、管理和服务活动必须由职能管理机构来实施。物业服务公司组织机构的设置是组建物业服务公司时的一项重要工作，也是物业服务公司行使计划、组织、指挥、协调、控制等职能的要求。物业服务公司组织机构的设置，要适应市场经济的要求，并有利于促进管理的专业化、规范化和现代化。

（一）物业服务公司组织机构设置的原则

考虑到物业管理实际操作的需要，一般在物业服务公司组建之时，就必须考虑公司内部组织机构和岗位的设置问题。根据《公司法》的要求，组建公司时，考虑到实际的管理、经营与服务的需要，必须在公司内部分设职能部门。可以说，公司内部组织机构的设置与岗位人员的配备是公司建设的最主要内容，它直接关系到企业工作的落实状况、业务面的大小、效益的好坏和公司形象的优劣。

物业服务公司的经营、管理、服务职能，必须由相应的内部机构来承担。物业服务公司内部组织机构的设置必须考虑到物业管理各方面工作的要求，保证物业管理的各项职能都能正常、通畅地发挥。为此，在物业服务公司内部机构设置上必须坚持如下原则：

1. 满足经营需要，追求良好效益的原则

物业服务公司是企业，它必须自主经营，自负盈亏。从经营角度考虑，一方面要保证总经理的决策能够顺畅地贯彻下去，这样就必须考虑统一领导问题，在体现统一领导的思想下研究内部机构设置的方案；另一方面，又要考虑各部门的工作积极性和责任问题，体现出分级管理的思想。考察一下世界各地成功的物业服务公司，它们之所以能够在激烈的市场竞争的环境中立足，并不断发展壮大，一方面在于企业的经营模式比较完善，另一方面它们不断根据实践发展的需要调整和完善企业内部的机构设置。

借鉴国外的经验，考虑到中国房地产业发展的实际情况，必须因地制宜，因情制宜。如果物业服务公司面对的是一座现代化的五星级酒店，公司不仅要设立工程维修部，而且还要针对酒店的工程和设备情况，在内部设置专业维修组，并聘用能够胜任的技术力量；如果物业服务公司面对的是普通住宅小区，工程维修部的规模就可以小一些，需要的技术力量也比较简单；如果物业服务公司面对的既有多功能高层建筑，也有普通住宅小区，则必须考虑实行分级、分组管理，以适应不同的需要。开发部、经营部的设置问题遵循同样的原则。总之，一切要以有利于物业公司的经营、管理效率的提高为目的。

2. 适应社会分工发展趋势，有利于提高效率的原则

随着生产力的发展，社会分工在不断深化，因为分工有利于提高效率。这样，有些物业管理工作，可以交给社会上专业服务公司承担的，就不要再设置专门的力量，以免机构过分庞大。机构设置必须在不影响企业经营目标实现的前提下，力求精干、高效。只有精干，才能权责明确；只有精干，才能提高工作效率，基于这样的想法，内部机构在设置时，能合并的就不要独立；所有岗位，能少设的就不要增加指标。

在此方面，发达国家的经验仍然值得我们学习。由于所有制基础和体制运行关系不同，西方一些发达国家的物业服务公司在企业机构设置上完全从效率出发。用各种方式把每一个人的积极性都充分调动起来，并通过提高素质来提高效益。根据中国物业管理的客观现实，我们要在一专多能的前提下，简化机构，减少层次，减少冗员。要注意不要因人设岗，而要因事设岗。

3. 加强企业内部的分工与协作，节约资源的原则

上面在谈到社会分工对企业内部机构设置的影响时，谈了物业服务公司与外部专业服务公司的分工问题与合作问题，同时指出内部机构设置要力求精干、高效。其实，在内部机构设置时，也必须考虑到内部机构之间的分工与协作问题。内部机构设置既要合理分工，又要互相配合。要做到合理分工，就必须做到因事设岗、以岗定人。也就是说，职责在先，组织在后；岗位在先，配人在后。这样才有利于节约人力资源。

谈到加强企业内部的分工与协作，首先要在"分工"上下工夫。员工与员工之间，班组与班组之间，部门与部门之间均要有明确的分工。分工必须考虑到工作种类的相近性和管理的需要，避免人浮于事。同时，要强调员工与员工之间、班组与班组之间、部门与部门之间的协作关系，以提高效率，提高服务质量。

4. 适应发展趋势，符合实际需要的原则

在组建内部机构设置时还要注意两个问题：一是要适应物业管理日益现代化、社会化的发展趋势；二是必须服从物业服务公司管理、经营和服务的客观需要。对第一个问题，比较容易理解，这里着重谈一下第二个问题。服从实际需要的一层含义是，物业管理模式无论是从哪一个国家引进的，都不能完全照搬照抄，必须对其加以改造，使其适合中国的国情。如果不适合中国的国情，在现实运行过程中就会与客观实践产生摩擦，带来效率损失和其他社会问题。服从客观需要的另一层含义是，每处物业的性质、面积和功能各不相同，与之相对应的管理机构也就不能完全一样。在物业管理的客观实践中，必须根据不同物业的实际情况，对内部机构设置进行调整和修正。

（二）物业服务公司组织机构设置的程序

1. 确定公司性质

公司性质决定着公司内部组织机构的设计。物业服务公司属于什么性质，准备以什么样的物业为经营对象，直接影响着公司的机构设置和岗位人员的编制。如果拟注册的物业服务公司属于管理型的，以较大的写字楼或较大的酒楼、商业大厦等为服务对象，那么该公司在部门设置上就应该偏重于管理部门；如果拟注册的物业服务公司属于管理与实务兼顾型的，那么考虑机构设置时，就必须管理部门与实务部门并重。如果拟注册的物业服务公司以住宅小区为服务对象，公司一般在机构设置上实行相对独立的分级领导，即在公司下面除了设置正常的机构外，还要设立区域管理相对独立的"管理处"或"管理站"建制。如果拟注册的物业服务公司以大酒店为服务对象，在机构设置上一般是实行垂直领导。

2. 进行外围调研

主要是根据拟注册的物业服务公司要达到的目的，对市场上同类物业服务公司的内部机构设置情况进行调研，分析它们各自的优缺点。例如，大连一家物业服务公司在成立之前，先是到大连市的几家同类公司进行了调研，了解了大致的情况；随后有关负责人又走访了北京、上海、深圳等地的一些有名的物业服务公司；最后，它们对这些公司的内部设置机构进行了认真比较，找出各种设置方案的优缺点和适应情况，供自己参考。

3. 对各部门工作进行定位

要根据拟注册的物业服务公司的经营、管理、服务活动，按性质的接近程度进行分解，划分成工程技术、管理、开发、财务管理、公共关系几大类，并确定它们各自的业务范围。在进行这些工作的时候，必须将所有今后物业服务可能涉及的工作进行分类、排队，对各项工作之间的关系进行科学分析，弄清它们在整个物业管理工作中的地位与排序，为机构设置和定岗定编提供参考依据。

4. 拟定内部机构设置草图

即根据上面分析的各项工作之间的关系以及它们在整个物业服务工作中的地位与排序，将各项工作分别归拢到合适的部门，形成层次化的部门组织机构。拟定内部机构设置草图，必须在对物业服务工作性质、范围充分了解、分析的基础上才能进行。每项工作任务要落实到相应的职能部门，搞好分工。同时要考虑部门内工作的地位与层次，然后再确定部门的名称和职能范围。在拟定内部层次化的部门机构时，既要有整体观念，又要有层次与结构意识。

5. 确定部门职责与岗位

在拟定内部机构设置草图之后，要确定组织机构及其各组成部门的职责，然后再对部门内部进行分工，确定相应的职务、岗位和它们的权限、责任，以利于今后经营、管理、服务的运作。明确岗位、职责和人员，可以采用文字确定方式，也可以采用表格式加文字式。在确定部门职责与岗位时，还要规定公司内部各部门之间的协作关系和信息沟通方式。

6. 讨论、修正和审批组织机构设计

在确定了部门职责与岗位后，要组织有关专家和业内人士对拟定的公司内部组织机构进行讨论、修正。首先由筹建组或有关人员一起参加讨论，然后根据这些意见进行调整、修改。其次是交由有关领导进行审查、评价。最后是邀请同行中的行家进行审核、评价。在经过几次反复审核、评价、修改后，新形成的物业服务公司内部机构设置与人员定岗、定职方案要正式写成请示报告递交上级部门，请上级批准。上级主管部门经审查无意见后，予以批复，作为对新建物业服务公司内部组织机构、人员编制计划的确认。

7. 招聘和安排工作人员

在确定了部门职责与岗位，并得到上级主管部门批复之后，要按照职责、岗位招聘和指派适当的工作人员。在选择与配备工作人员时，最好采用公开招聘的方式，按岗位职责的要求选择好部门的负责人和工程技术与管理人员，同时可以考虑实行责任制。要任人唯贤，而不是任人唯亲。

（三）物业服务公司组织机构构成

物业服务公司应该根据公司规模、管理物业的类型设置组织机构，增减管理层次，如公司规模小可减少机构部门实行一级管理，公司规模大可增加机构部门实行二级管理，即在公司以下，按管辖物业的范围及性质增设一级管理机构。一般说来，物业服务公司由董事会或总经理阶层及下属六部一室组成。

1. 公司决策机构——董事会或总经理阶层

对设立董事会的物业服务公司来说，董事会为公司的决策机构。不设董事会的物业服务公司，决策者往往为总经理阶层。这时总经理是物业服务公司最高一级的指挥决策者，对公司一切重大问题作出最后决策。物业服务公司实行总经理负责制，总经理对公司负全面的责任，并负责协调各副总经理的工作。一般设总经理一名，副总经理若干名。

副总经理是总经理的助手。各副总经理分管相应的工作，在总经理的领导下负责处理分管工作，对下属机构进行指导和管理，遇有重大问题应报请总经理（或经理会议）处理。

2. 公司的主要职能部门

（1）办公室。办公室是总经理领导下的综合管理部门，负责协调各部门的工作，检查监督各类法规、文件执行情况，处理日常行政事务，管理公司的后勤，负责公司的人事、劳资、培训以及档案、文件、图纸管理和各种文字工作。

（2）工程部。工程部是物业服务公司的一个重要技术部门，主要负责工程预算，负责所管物业及其设施、设备的管理、养护、维修，保证物业的正常使用和其设施、设备的良好运行。对业主入住后进行的装修、改造，工程部要按国家及地方政府的有关规定进行监督检查。

（3）开发部。开发部是在总经理领导下专职于物业服务业务开发的部门。在市场经济条件下，随着物业管理市场的日益成熟，物业服务公司之间的竞争将日趋激烈。一方面，公司的业务量将因管理水平、服务质量、服务态度的不同而出现很大的差异。企业要生存、要发展，就应不断拓展业务；另一方面，物业服务公司也可能随时被业主大会解聘。因此，公司只有不断开发新业务才能立于不败之地。开发部的主要责任是寻找新的业务来源，策划和从事各种经营项目，进行投标，参与市场竞争。例如，开办商场、餐厅、酒吧、美发美容店、文化体育场所，以及从事物业租售代理服务、物业估价和物业中介服务等业务，在为业主服务的同时，为公司赚取利润。

（4）管理部。管理部负责公司管辖区内的环境卫生、园林绿化、治安保卫、消防安全、车辆管理、地区巡逻、交通管理等工作，负责处理停电、停水、停煤气等应急业务并接受业主投诉。

（5）服务部。经营服务部是经理领导下为业主和租户提供各种综合服务和代办业务的部门。它以保本微利、提供方便为目的，主要是根据住户的实际需要，设置各种综合代办服务。常见的服务种类有接送儿童上下学，代送各种礼物，代购车、船、飞机票，室内卫生打扫，代接代送客人，代请保姆，代预约出租车、订送牛奶、报纸，等等。总之，凡是住户需要的，物业服务公司都应尽量满足。服务部门应指派专人负责联系、安排这类服务。

（6）财务部。财务部是总经理领导下的经济管理部门，负责财务、计划、经济核算和各类收费等活动。具体说来主要是制定公司财务计划和管理费的预算方案，监控资金运用，做到专款专用；负责各项收费及收费业务的管理，做好公司财务报表及费用分析报告，接受工商、税务部门及业主的监督检查。财务部一般设会计、出纳、收款员、票据保管员等岗位。

（7）公共关系部。公共关系部的主要职责包括如下几个方面：加强同社会相关部门、企业的联系，争取社会各界的支持；建立和管理业主和租户档案，加强同业主和租户的联系；处理业主和租户的投诉和纠纷；负责公司的对外宣传和各种对外活动；搞好公司内部的员工关系；协助其他部门的工作。

有的公司还设有管理处与公司下属企业。所谓管理处，是指公司针对下属的分区域或不同物业对象而设置的管理机构。如物业服务公司某大厦管理处，就是负责对所辖楼宇的管理，为大厦内的业主和租户提供服务的分支机构。所谓公司下属企业，是指由物业服务公司围绕服务项目而开办的新企业。一般从事"三产"项目，与小区管理配套或与小区服务配套，实行经济承包责任制。

三、物业公司的权利和义务

物业服务公司应遵守其职责，物业服务公司应在房屋的使用、维修、养护，车辆行驶及停放，公共地域的清洁卫生，消防、电梯、机电设备、路灯、自行车房（棚）、园林绿化、地、沟、渠、池、井、道路、停车场等公用设施的使用、维修、养护和管理，公共秩序、治安保卫工作，政府主管部门和委托管理合同规定的其他物业管理事项等各方面发挥其管理和服务职能。

依据国家有关法规和各地在物业管理方面的成功经验，物业服务公司享有一定的权利，并承担相应的义务。

（一）物业服务公司的权利

（1）根据国家和地方有关法律、规定和政策，结合物业实际情况，制定物业管理办法，如制定住户手册、员工手册、管理公约等各方面的管理规定。

（2）依照物业服务合同和管理办法对住宅小区实施管理。

（3）选聘专营公司承担专项管理业务。如选聘清洁公司负责物业清洁工作，选聘保安公司负责物业保安方面的工作等。

（4）依照物业服务合同和有关物价规定收取管理费用。物业服务公司有权按时收取物业管理费、装修管理费以及其他合理的费用。

（5）制止违反规章制度的行为。物业服务公司如发现业主或使用人违反规定进行以下行为的，应予以制止、批评教育、责令其恢复原状、赔偿损失：

1）擅自改变小区内土地用途的；

2）擅自改变房屋、配套设施的用途、结构、外观，毁损设备、设施，危及房屋安全的；

3）乱搭乱建，乱停乱放车辆，在房屋公共部位乱堆乱放，污染环境、破坏绿化、影响住宅小区景观，噪声扰民的。

（6）可以实行多种经营，以其收益补充物业管理经费。在现阶段，由于居民收入水平的限制，物业管理收费不可能很高，开展多种经营，增加收入，以补充物业管理经费的不足，是行之有效的办法。

（7）要求业主委员会协助管理。当物业服务公司在实施管理中与业主和住户出现较大分歧时，可要求业主委员会出面协调。

（二）物业服务公司的义务

（1）以为业主和住户服务为宗旨，摆正物业服务公司和业主、住户的关系。注重社会效益、经济效益和环境效益的统一。

（2）根据政府主管部门的各种规定，履行物业服务合同，依法经营。政府主管部门从实际出发，规定物业管理工作应达到的标准。物业服务公司应依此为依据，履行与业主委员会签订的管理合同，并按国家有关法律、规定开展经营活动。

（3）接受物业所在地人民政府、房地产行政主管部门及有关行政主管部门的监督指导。有些地方规定物业服务公司须先经过资质审查，再向工商行政管理部门申请注册登记，领取营业执照后，方可开业。

（4）组织或协助有关部门组织社区生活服务，开展社区文化活动。物业服务公司应结合业主和住户的实际，定期、不定期开展多种形式的社区生活服务和社区文化活动，为业主和住户提供结识、交流的机会，创造出和谐、安详的小区生活环境。

（5）重大的管理措施应当提交业主大会审议，并经业主大会认可，接受业主和住户的监督。物业服务公司从事经营、管理和服务活动时，不能超越自己的权限。当有关举措超出自身权限时，应提交业主大会审议、认可，并接受监督。如果这一决策未能得到业主大会的同意，物业服务公司就应取消计划，调整管理方案。

四、物业企业的业绩评价

业绩评价，是指运用数理统计和运筹学的方法，通过建立综合评价指标体系，对照相应的评价标准，定量分析与定性分析相结合，对企业一定经营期间的盈利能力、资产质量、债务风险以及经营增长等经营业绩和努力程度等各方面进行的综合评判。

企业业绩评价有三个基本的要素，即评价指标、评价标准与评价方法。

（一）物业服务企业业绩评价指标体系

业绩评价指标由财务业绩定量评价指标和管理业绩定性评价指标两大体系构成。确定各项具体指标之后，再分别分配以不同的权重，使之成为一个完整的指标体系。

从一些成熟的物业服务企业业绩评价的实践来看，每个层次指标还需要进一步的细化。

1. 财务业绩定量评价指标

财务业绩定量评价指标依据各项指标的功能作用划分为基本指标和修正指标。其中，基本指标反映企业一定期间财务业绩的主要方面，并得出企业财务业绩定量评价的基本结果。修正指标是根据财务指标的差异性和互补性，对基本指标的评价结果作进一步的补充和矫正。

（1）企业盈利能力指标，包括净资产收益率、总资产报酬率两个基本指标和营业利润率、盈余现金保障倍数、成本费用利润率、资本收益率四个修正指标。

1）净资产收益率。净资产收益率又称股东权益收益率，是净利润与平均股东权益的百分比，是公司税后利润除以净资产得到的百分比率，该指标反映股东权益的收益水平，用以衡量公司运用自有资本的效率。指标值越高，说明投资带来的收益越高。其计算公式如下：

$$净资产收益率 = \frac{净利润}{（本年期初净资产 + 本年期末净资产）/2} \times 100\%$$

公式中，（本年期初净资产 + 本年期末净资产）/2 表示的是平均净资产，是指企业年初所有权益与年末所有者权益的平均数；净利润是指企业的税后利润，即利润总额扣除应交所得税后的净额。

净资产收益率充分体现了投资者投入企业自有资产获净收益的能力，突出反映了投资与报酬的关系，是评价企业经营效益的核心指标。

2）总资产报酬率。总资产报酬率，又称资产所得率，是指企业一定时期内获得的报酬总额与资产平均总额的比率。它表示企业包括净资产和负债在内的全部资产的总体获利能力，用以评价企业运用全部资产的总体获利能力，是评价企业资产运营效益的重要指标。其计算公式如下：

总资产报酬率 = （利润总额 + 利息支出）/平均资产总额 × 100%

利润总额指企业实现的全部利润，包括企业当年营业利润、投资收益、补贴收入、营业外支出净额等项内容，如为亏损则用"－"表示。

利息支出是指企业在生产经营过程中实际支出的借款利息、债权利息等。

利润总额与利息支出之和为息税前利润，是指企业当年实现的全部利润与利息支出的合计数，数据取自企业《利润及利润分配表》和《基本情况表》。平均资产总额是指企业资产总额年初数与年末数的平均值，数据取自企业《资产负债表》。

总资产表示企业全部资产获取收益的水平，全面反映了企业的获利能力和投入产出状况。通过对该指标的深入分析，可以增强各方面对企业资产经营的关注，促进企业提高单位资产的收益水平。一般情况下，企业可据此指标与市场资本利率进行比较，如果该指标大于市场利率，则表明企业可以充分利用财务杠杆，进行负债经营，获取尽可能多的收益。总资产报酬率越高，表明企业投入产出的水平越好，企业的资产运营越有效。

3）营业利润率。营业利润率是指企业的营业利润与营业收入的比率。它是衡量企业经营效率的指标，反映了在不考虑非营业成本的情况下，企业管理者通过经营获取利润的能力。其计算公式为：

营业利润率＝营业利润/营业收入（商品销售额）×100%＝（销售收入－销货成本－管理费－销售费）/销售收入×100%

营业利润率越高，说明企业百元商品销售额提供的营业利润越多，企业的盈利能力越强；反之，此比率越低，说明企业盈利能力越弱。

4）盈余现金保障倍数。盈余现金保障倍数是指企业一定时期经营现金净流量同净利润的比值，反映了企业当期净利润中现金收益的保障程度，真实地反映了企业的盈余的质量。盈余现金保障倍数从现金流入和流出的动态角度，对企业收益的质量进行评价，对企业的实际收益能力再一次修正。其计算公式为：

盈余现金保障倍数＝经营现金净流量/净利润

盈余现金保障倍数在收付实现制基础上，充分反映出企业当期净收益中有多少是有现金保障的，挤掉了收益中的水分，体现出企业当期收益的质量状况，同时，减少了权责发生制会计对收益的操纵。

5）成本费用利润率。成本费用利润率是企业一定期间的利润总额与成本、费用总额的比率。其计算公式为：

成本费用利润率＝利润总额/成本费用总额×100%

公式中的利润总额和成本费用总额来自企业的损益表。成本费用一般指主营业务成本和三项期间费用。

成本费用利润率指标表明每付出一元成本费用可获得多少利润，体现了经营耗费所带来的经营成果。该项指标越高，反映企业的经济效益越好。

6）资本收益率。资本收益率又称资本利润率，是指企业净利润（即税后利润）与股本（或实收资本，即在工商部门注册的资金）的比率。用以反映企业运用资本获得收益的能力。也是财政部对企业经济效益的一项评价指标。其计算公式如下：

资本收益率＝净利润/股本或平均股本

资本收益率越高，说明企业自有投资的经济效益越好，投资者的风险越少，值得投资和继续投资，对股份有限公司来说，意味着股票升值。因此，它是投资者与潜在投资者进行投资决策的重要依据。对企业经营者来说，如果资本收益率高于债务资金成本率，则适度负债经营对投资者来说是有利的；反之，如果资本收益率低于债务资金成本率，则过高的负债经营就将损害投资者的利益。

（2）企业资产质量指标，包括总资产周转率、应收账款周转率两个基本指标和不良资产比率、流动资产周转率、资产现金回收率三个修正指标。

1）总资产周转率。总资产周转率是指企业在一定时期主营业务收入净额同平均资产总额的比率。其计算公式如下：

总资产周转率（次）＝主营业务收入净额/平均资产总额×100%

公式中主营业务收入净额是指企业当期销售产品、商品、提供劳务等主要经营活动取得的收入减去折扣与折让后的数额。

总资产周转率是考察企业资产运营效率的一项重要指标，体现了企业经营期间全部资产从投入到产出的流转速度，反映了企业全部资产的管理质量和利用效率。通过该指标的对比分析，可以反映企业本年度以及以前年度总资产的运营效率和变化，发现企业与同类企业在资产利用上的差距，促进企业挖掘潜力、积极创收、提高产品市场占有率、提高资产利用效率。一般情况下，该数值越高，表明企业总资产周转速度越快。销售能力越强，资产利用效率越高。

2）应收账款周转率。公司的应收账款在流动资产中具有举足轻重的地位。公司的应收账款如能及时收回，公司的资金使用效率便能大幅提高。应收账款周转率就是反映公司应收账款周转速度的比率。它说明一定期间内公司应收账款转为现金的平均次数。用时间表示的应收账款周转速度为应收账款周转天数，也称平均应收账款回收期或平均收现期。它表示公司从获得应收账款的权利到收回款项、变成现金所需要的时间。其计算公式为：

应收账款周转率（次）＝销售收入/平均应收账款

应收账款周转天数＝计算当期天数/应收账款周转率＝（平均应收账款×计算当期天数）/销售收入

一般来说，应收账款周转率越高越好。应收账款周转率高，表明公司收账速度快，平均收账期短，坏账损失少，资产流动快，偿债能力强。与之相对应，应收账款周转天数则是越短越好。

3）不良资产比率。不良资产率是指不良资产占全部资产的比率。

企业的不良资产是指企业尚未处理的资产净损失和潜亏（资金）挂账，以及按财务会计制度规定应提未提资产减值准备的各类有问题资产预计损失金额。不良资产是不能参与企业正常资金周转的资产，如债务单位长期拖欠的应收款项，企业购进或生产的呆滞积压物资以及不良投资等。

4）流动资产周转率。流动资产周转率指企业一定时期内主营业务收入净额同平均流动资产总额的比率，流动资产周转率是评价企业资产利用率的另一重要指标。其计算公式如下：

流动资产周转率（次）＝主营业务收入净额/平均流动资产总额×100%

主营业务收入净额是指企业当期销售产品、商品、提供劳务等主要经营活动取得的收入减去折扣与折让后的数额。

流动资产周转率反映了企业流动资产的周转速度，是从企业全部资产中流动性最强的流动资产角度对企业资产的利用效率进行分析，以进一步揭示影响企业资产质量的主要因素。

5）资产现金回收率。资产现金回收率是指企业经营现金净流量与全部资产的比率。该指标旨在考评企业全部资产产生现金的能力，该比值越大越好。

（3）企业债务风险指标，包括资产负债率、已获利息倍数两个基本指标和速动比率、现金流动负债比率、带息负债比率、或有负债比率四个修正指标。

1）资产负债率。资产负债率反映在总资产中有多大比例是通过借债来筹资的，也可以衡量企业在清算时保护债权人利益的程度。其计算公式如下：

资产负债率 =（负债总额/资产总额）×100%

2）已获利息倍数。已获利息倍数是指企业息税前利润与利息支出的比率，它可以反映获利能力对债务偿付的保证程度，计算公式为：

已获利息倍数 =（利润总额 + 利息费用 + 所得税费用）/利息费用

公式中的息税前利润总额为：企业的净利润 + 企业支付的利息费用 + 企业支付的所得税。利息费用，包括财务费用中的利息支出和资本化利息。

一般情况下，已获利息倍数越高，企业长期偿债能力越强。国际上通常认为，该指标为 3 时较为适当，从长期来看至少应大于 1。

3）速动比率。速动比率，又称"酸性测验比率"，是指速动资产对流动负债的比率。它是衡量企业流动资产中可以立即变现用于偿还流动负债的能力。

速动比率 =（流动资产 − 存货 − 待摊费用）/流动负债总额 ×100%

速动比率的高低能直接反映企业的短期偿债能力强弱，它是对流动比率的补充，并且比流动比率反映得更加直观可信。

4）现金流动负债比率。现金流动负债比率，是企业一定时期的经营现金净流量同流动负债的比率，它可以从现金流量角度来反映企业当期偿付短期负债的能力。其计算公式为：

现金流动负债比率 = 年经营现金净流量/年末流动负债 ×100%

公式中年经营现金净流量是指一定时期内，有企业经营活动所产生的现金及现金等价物的流入量与流出量的差额。该指标是从现金流入和流出的动态角度对企业实际偿债能力进行考察。

5）带息负债比率。带息负债比率，是指企业某一时点的带息负债总额与负债总额的比率，反映企业负债中带息负债的比重，在一定程度上体现了企业未来的偿债（尤其是偿还利息）压力。其计算公式如下：

带息负债比率 = 带息负债总额/负债总额 ×100%

带息负债总额 = 短期借款 + 一年内到期的长期负债 + 长期借款 + 应付债券 + 应付利息

6）或有负债比率。或有负债是指有可能发生的债务。这种负债，按照我国《公司会计准则》是不作为负债登记入账，也不在财务报表中反映的。只有已办贴现的商业承兑汇票，作为附注列示在资产负债表的下端。其余的或有负债包括售出产品可能发生的质量事故赔偿、诉讼案件和经济纠纷案可能败诉并需赔偿等。这些或有负债一经确认，将会增加公司的偿债负担。其计算公式为：

或有负债比率 = 或有负债额/权益总额

（4）企业经营增长指标，包括营业收入增长率、资本保值增值率两个基本指标和营业利润增长率、总资产增长率、技术投入率三个修正指标。

2. 管理业绩定性评价指标

管理业绩定性评价指标包括企业发展战略的确立与执行、经营决策、发展创新、风险控制、基础管理、人力资源、行业影响、社会贡献等方面，以下设立六方面物业管理服务业绩评价指标：

（1）经营者的素质。该指标是指企业领导班子的知识水平、品德素质以及工作指挥和组织能力。

（2）基础管理水平。该指标是指企业按照法律法规规定，并与本企业实际情况，在物业管理服务的过程中形成一整套管理服务制度和组织体系，保证物业管理服务的健康发展。

（3）服务满意度。该指标是物业管理服务的消费者对物业服务管理的质量、种类、方便程度的心理满意度。

（4）创新能力。该指标是指企业在市场竞争中不断创新保持竞争优势，不断根据外部环境进行自我调整和革新的能力。

（5）经营发展战略。该指标是指企业为了不断发展所采用各类战略措施，如高科技投入、新设备、资本扩充、机构兼并重组等。

（6）社会贡献。该指标是指企业对国民经济和区域经济增长的贡献，如提供就业机会、履行社会责任和义务以及企业诚信等。

由于每项指标对企业业绩的影响程度不同，所以应对这些指标分别赋予不同的权数，重要性大的指数权数大些，相对不重要的权数小些。权数的设立应根据不同的业绩指标评价而设定，政府开展对企业业绩考评，则各类权数应根据组织专家并结合地区物业管理服务特点设定。但无论是政府还是企业，最终要使指标计分过程规范简单。

（二）物业服务企业业绩评价标准

物业服务企业业绩评价标准分为财务业绩定量评价标准和管理业绩定性评价标准。财务业绩定量评价标准包括国内物业服务行业标准和国际物业服务行业标准。国内物业服务行业标准根据国内物业服务企业年度财务和经营管理统计数据，运用数理统计方法，分年度、分行业、分规模统一测算。国际物业服务行业标准根据居于行业国际领先地位的大型物业服务企业相关财务指标实际值，或者根据同类型企业相关财务指标的先进值，在剔除会计核算差异后统一测算。财务业绩定量评价标准按照不同行业、不同规模及指标类别，划分为优秀、良好、平均、较低和较差五个档次。

物业服务企业管理业绩定性评价标准根据评价内容，结合物业服务企业经营管理的实际水平和出资人监管要求等统一测算，并划分为优、良、中、低和差五个档次。

（三）物业服务企业业绩评价方法

1. 财务业绩定量评价方法

财务业绩定量评价是运用功效系数法的原理，以物业服务企业评价指标实际值对照企业所处行业（规模）标准值，按照既定的计分模型进行定量测算。其基本步骤包括：第一，提取相关数据，加以调整，计算各项指标实际值；第二，确定各项指标标准值；第三，按照既定模型对各项指标评价计分；第四，计算财务业绩评价分值，形成评价结果。

功效系数法的具体操作步骤如下：

（1）设置五档标准值。各项指标的评价档次分别为优（A）、良（B）、中（C）、低（D）、差（E）五档。

（2）对应五档标准值赋予五个标准系数。

（3）按以下方法对每个指标计分：

1）上档基础分＝指标权数×上档标准系数；

2）本档基础分＝指标权数×本档标准系数；

3）调整分＝（实际值－本档标准值）／（上档标准值－本档标准值）×（上档基础分－本档基础分）

4）单项指标得分＝本档基础分＋调整分。

（4）总得分＝∑单项指标得分。

2. 管理业绩定性评价方法

管理业绩定性评价是运用综合分析判断法的原理，根据评价期间物业服务企业管理业绩状况等相关因素的实际情况，对照管理业绩定性评价参考标准，对物业服务企业管理业绩指标进行分析评价，确定评价分值。其基本步骤包括：

（1）收集整理相关资料；

（2）参照管理业绩定性评价标准，分析物业服务企业管理业绩状况；

（3）对各项指标评价计分；

（4）计算管理业绩评价分值，形成评价结果。

3. 计算综合业绩评价分值，形成综合评价结果

根据财务业绩定量评价结果和管理业绩定性评价结果，按照既定的权重和计分方法，计算出业绩评价总分，并考虑相关因素进行调整后，得出物业服务企业综合业绩评价分值。

综合评价结果是根据物业服务企业综合业绩评价分值及分析得出的评价结论，分为优、良、中、低和差五个等级。

五、物业服务顾客满意度评价

（一）物业服务顾客满意度评价的意义

随着人们对物业管理服务质量要求的提高，物业管理服务质量纠纷日益成为人们关注的焦点。一些物业服务企业由于不能正常获得业主对物业服务企业的满意程度的评价信息，致使物业服务企业常常误判形势，做出的改进措施得不到业主的回应，甚至还激化了矛盾，这对物业公司提高物业管理服务水平在客观上造成了较大的困难，也在一定程度上降低了物业服务公司提高自身服务水平的积极性。因此，作为物业服务企业，必须掌握准确测评业主满意度的科学方法。推行物业服务企业建立物业服务顾客满意度评价的重要意义有：

（1）可以深度分析顾客对企业（项目）的期望和要求，为物业服务企业建立以顾客为中心的服务策略和质量改进措施提供决策建议。

（2）可以帮助企业识别影响满意度的因素及各因素的作用强度，改进服务质量，提高员工的服务观念，提高业主对物业服务的满意度，以及对物业服务企业的忠诚度，从而提高物业服务企业的市场份额，改善物业服务企业的绩效。同时，较高的顾客满意度也会成为物业公司的重要无形财产。

（3）通过建立物业服务顾客满意度评价指数系统，进行物业服务满意度发展预测，可以增强物业服务企业抗风险能力，为物业服务企业可持续发展提供战略性保障。

（二）物业服务企业顾客满意度测评方法

1. 顾客满意度

顾客满意是指顾客对其明示的、通常隐含的或必须履行的需求或期望已被满足的程度的感受。满意度是顾客满足情况的反馈，它是对产品或者服务性能，以及产品或者服务本身的评价；给出了（或者正在给出）一个与消费的满足感有关的快乐水平，包括低于或者超过满足感的水平，是一种心理体验。

顾客满意度是一个变动的目标，能够使一个顾客满意的东西，未必会使另外一个顾客满意，能使得顾客在一种情况下满意的东西，在另一种情况下未必能使其满意。只有对不同的顾客群体的满意度因素非常了解，才有可能实现 100% 的顾客满意。

顾客满意度指顾客在消费相应的产品或服务之后，所产生的满足状态等次。

顾客满意度是一种心理状态，是一种自我体验。对这种心理状态要进行界定，否则就无法对顾客满意度进行评价。心理学家认为情感体验可以按梯级理论进行划分若干层次，相应地可以把顾客满意程度分成七个级度（见表 1 - 14 - 1）。

表 1 - 14 - 1　顾客满意度七级分类评价标准

评价级别	分类	特征	顾客表现
一级	很不满意	愤慨、恼怒、投诉、反宣传	在消费了某种商品或服务后感到愤慨、恼羞成怒、难以容忍，不仅试图找机会投诉，而且还会利用一些机会进行反宣传以发泄心中的不快
二级	不满意	气愤、烦恼	在消费了某种商品或服务后感到气愤、烦恼。在这种状态下，顾客尚可勉强忍受，希望通过一定方式进行弥补，在适当的时候，也会进行反宣传，提醒自己的亲朋好友不要购买同样的商品或服务
三级	不太满意	抱怨、遗憾	在消费了某种商品或服务后感到遗憾。在这种状态下，顾客虽心存不满，但也不想进一步追究
四级	一般	无明显的正、负情绪	在消费了某种商品和服务后没有明显的情绪变化
五级	比较满意	好感、肯定、赞许	在消费了某种商品或服务后产生好感，对其予以肯定和赞许。在这种状态下，顾客内心还算满意，但按更高要求还有差距，而与一些更差的情况相比，又令人安慰

评价级别	分类	特征	顾客表现
六级	满意	称心、赞扬、愉快	在消费了某种商品或服务后感到称心，对其予以赞扬。在这种状态下，顾客不仅对自己的选择予以肯定，还乐于向亲朋好友推荐，自己的期望与现实基本相符，找不出大的遗憾所在
七级	很满意	激动、满足、感谢	在消费了某种商品或服务后感到激动、满足。在这种状态下，顾客的期望不仅完全达到，没有任何遗憾，而且可能大大超出自己的期望。这时顾客不仅为自己的选择而自豪，还会利用一切机会向亲朋好友宣传、介绍推荐，希望他人都来购买这样的商品或服务

2. 物业服务企业 TCS 战略

物业服务企业的顾客完全满意战略，即 TCS 战略，就是把住户的需求（包括潜在的需求）作为物业服务企业进行服务管理的源头，在物业管理服务的功能及价格的设定、服务环节的建立以及完善的服务管理系统等方面，以便利住户的原则，最大限度使住户感到满意。物业服务企业实施 TCS 战略进行物业管理服务全方面质量评价，主要由以下五部分的满意指标（即 TCS 战略的"5S"）组成：

（1）服务理念满意（Mind Satisfaction，MS）。包括物业服务企业的服务宗旨满意、服务管理哲学满意、服务价值观满意等。

（2）服务行为满意（Behavior Satisfaction，BS）。包括物业服务企业的服务、经营、管理等行为机制满意、行为规则满意、行为模式满意等。

（3）服务过程视听满意（Visual Satisfaction，VS）。包括物业服务企业的名称满意、标志满意、标准色满意、标准字体满意以及物业服务企业、物业管理服务的应用系统满意等。

（4）服务产品满意（Product Satisfaction，PS）。包括物业的质量满意、物业功能满意、物业的外观造型创新满意、服务特色满意、物业管理服务的价格满意等。

（5）服务满意（Service Satisfaction，SS）。包括物业管理服务的全过程满意、物业管理服务保障体系满意、对住区舒适安全的满意、住户情绪反应的满意、对整个住区环境的满意等。

实行物业管理服务全方位质量管理，要想让住户完全满意就应提出超出住户期望、高于其他物业管理服务竞争对手或竞争对手想不到、不愿做的超值承诺或服务，并及时兑现对住户的承诺。在此基础上，再根据住户对物业环境、服务项目的需求变化推出新的、更高的承诺，创造新的、吸引更多的住户以达到更高层次的住户满意，使之形成对全企业发展有利的良性循环，使住户的满意和忠诚不断得到强化。

运用 TCS 战略，实行多元化的全方位优质服务。提高住户满意度的途径有很多，如提高物业的内在质量，提高物业富有创意的其他附加值（如物业良好的环境保护意识，物业高层次的文化观，集娱乐、休闲、健身于一体的会所等）。因此要做到：第一，主动服务；第二，及时服务；第三，满意服务；第四，等偿服务；第五，成本服务；第六，有偿服务。

为了实现 TCS 战略，必须在物业服务企业的范围内，根据物业管理服务项目管理全过程的需要建立起各种职能性小组，即各种 TCS 小组。

物业服务企业可通过季度展示会来展示企业的劳动成果，交流企业经营、管理的先进经验，并通过 TCS 战略的组织活动来激发企业员工的工作热情和士气。各种 TCS 小组从成立到确定主题、收集数据、分析现状、取得成果，直至建立标准化，每次的活动都要在组长的带领下做好记录，并填写有关标准表格。当情况有了变动或取得进展时要及时上报。TCS 战略小组的进展与成果定期在 TCS 战略的布告栏中给予公布、体现。

物业服务企业的 TCS 战略在实施过程中，最重要的是树立以住户需求为中心的经营思想和理念。如紧贴市场，了解市场动态，调查住户的现实和潜在需求，分析住户的行为动机、住户的承受能力和水平，并对住户的习惯、兴趣、爱好等方面有一个清晰的理解，以便物业服务企业能在服务管理全过程中满足住户的需求。这样，市场需要什么，住户需要什么，企业就提供什么服务，真正做到全心全意为住户服务，使物业服务企业能在激烈的物业管理服务市场竞争中立于不败之地。

第二篇 物业管理日常工作

随着中国经济的发展和城市规模的不断扩大，进一步加强和规范物业管理工作就显得越来越紧迫。物业管理工作具有很强的社会性，涉及千家万户的切身利益。所以，物业管理者能否做好日常工作，对于维护社会稳定、为广大人民群众和经济发展营造良好的环境、加快城市化步伐具有重要的作用。

本篇主要从物业的市场选择与定位、人力资源的规划与管理、物业设备的维修与管理等进行论述，对物业管理者日常工作有很好的指导作用。

第一章 资产管理与资金运作工作

一、流动资产管理

流动资产，是指可以在一年或者超过一年的一个营业周期内变现或耗用的资产，主要包括货币资金、交易性金融资产、应收及预付款项、待摊费用、存货等。物业服务企业的流动资产主要包括货币资金、应收及预付款项、存货。下面将对货币资金、应收账款、应收票据及存货的管理进行介绍。

（一）货币资金管理

货币资金是停留在货币形态，可以随时用作购买手段和支付手段的资金，在企业的各项经济活动中起着非常重要的作用。按其用途和存放地点的不同，可分为库存现金、银行存款和其他货币资金。现金的概念有狭义和广义之分。狭义的现金是指企业的库存现金；广义的现金是指除了库存现金外，还包括银行存款和其他符合现金定义的票证。我国会计上所说的现金仅指企业的库存现金，即狭义的现金，包括库存的人民币和外币。银行存款是指企业存放在银行或其他金融机构的货币资金。其他货币资金是指除现金、银行存款以外的其他各种货币资金，包括外埠存款、银行汇票存款、银行本票存款、信用证保证金存款、信用卡存款和存出投资款等。

1. 货币资金的特点

在物业服务企业经营活动中，货币资金收支业务十分频繁。收取物业管理费、代收代缴水电费、发放工资、上缴税款、购买物品等都要涉及货币资金。货币资金作为企业的一种特殊资产，具有以下两个主要特点：

（1）流动性强。资产的流动性是指将某项资产转换为现金的速度及难易程度。如果一项资产很容易在短期内以合理的价格转换为现金，则该种资产具有较高的流动性。从这个意义上讲，货币资金的流动性比其他任何资产都强，它可以直接用于支付各种费用及偿还各种到期债务。

（2）收益率低。对于库存现金来讲，其收益率为零。对于银行短期存款来讲，其收益率极低，明显低于国债的收益率，与固定资产投资收益率相比差距更大。

2. 货币资金管理的意义

（1）确保生产经营活动正常进行。物业服务企业从开业到清算的整个存续过程中，货币资金与各业务循环存在着广泛而紧密的联系，企业必须拥有一定数量的货币资金，作为支付工具和偿债手段，满足交易动机、预防动机和投机动机的需要。因此，企业应通过货币资金管理使货币资金的流入、流出在时间上、数量上能配合协调，满足生产经营的需要。

（2）提高资金的使用效益。企业货币资金存量过少或过多都不好，过少会削弱企业的支付能力和偿债能力，给企业带来负面影响；过多会出现资金闲置，降低资金的使用效益，在通货膨胀时还要面临购买力损失的风险。因此，企业应通过货币资金管理，使其保持在一个合适的水平上，既能满足生产经营的最低需要，又不浪费资金。

（3）有效地防止不法行为。由于货币资金具有最易流动和最易被人们普遍接受的特点，如果在货币资金收支业务中，缺乏严密的控制管理，就容易发生侵吞、盗窃和挪用等不法行为，危害企业的财产安全。因此企业应通过加强货币资金管理，保证货币资金收入确实，支出正当，保管妥善，从而有效地防止不法行为的发生。

3. 货币资金管理的内容

（1）加强货币资金内部控制制度建设。货币资金的内部控制制度是指处理各种业务活动时，依照分工负责的原则在有关人员之间建立的相互联系、相互制约的管理体系，是企业的一项极其重要的内部管理制度。

1）严格岗位分工，执行授权批准制度。企业应建立货币资金业务的岗位责任制，明确相关部门和岗位的职责、权限，确保办理货币资金业务的不相容岗位由不同的人员担任，形成严密的内部牵制制度，以减少和降低货币资金管理上舞弊的可能性。如实行签章分管，出纳人员不得兼管总账，不得兼任稽核、会计档案保管以及收入、支出、费用、债权、债务账目的登记工作，不得由一人办理货币资金业务的全过程。

企业应当建立严格的货币资金授权批准制度。审批人应当根据货币资金授权批准制度的规定，在授权范围内进行审批，不得超越审批权限；经办人应当在职责范围内，按照审批人的批准意见办理货币资金业务；未经授权的部门和人员一律不得办理货币资金业务。

2）加强现金和银行存款的管理，实行交易分开。企业应当加强库存现金限额的管理，超过库存限额的现金应当及时存入银行，应严格按规定在银行开立账户，办理存款、取款和转账业务。企业取得的货币资金收入必须及时入账，不得私设"小金库"，不得账外设账，严格禁止收不入账的违法行为。

3）实行内部稽核，加强监督检查，企业应当建立对货币资金业务的监督检查制度，设置内部稽核单位和人员，定期和不定期对货币资金的安全进行检查，及时发现货币资金管理中存在的问题，以及时改进对货币资金管理的控制。

4）实施定期轮岗制度。企业对涉及货币资金管理和控制的业务人员要定期轮岗。通过岗位轮换，减少货币资金控制中产生舞弊的可能性，并及时发现有关人员的舞弊行为。

（2）明确企业持有货币资金的动机。物业服务企业持有一定数量的货币资金，主要基于以下三个方面的动机：

1）交易性动机，即企业在正常经营秩序下应当保持一定的货币资金支付能力。物业服务企业为了组织日常的服务管理活动，必须保持一定数量的货币资金余额，用于购买维修材料、支付工资和代收款、缴纳税款、清偿债务等。由于企业每天的货币资金流入量与货币资金流出量在时间上与数额上通常存在一定程度的差异，因此，企业持有一定数量的货币资金余额以应付日常开支是十分必要的。

2）预防性动机，即企业为应付紧急情况而需要保持的货币资金支付能力。企业有时会发生预料之外的支出，如偶发事件的赔款等，因此需要保留一定数量的预防性货币资金。

3）投机性动机，即企业为了抓住各种瞬息即逝的市场机会，获取较大的利益而准备的货币资金余额。如利用证券市价大幅度跌落时购入有价证券，以期在价格反弹时卖出证券获取高额价差收入。对物业服务企业而言，专为投机性需求而设立货币资金储备的情况不多，面临不寻常的购买机会时常通过筹集临时资金来解决货币资金需求。

企业除了以上三项原因持有货币资金外，也会基于满足将来某一特定要求或者为在银行维持补偿性余额等其他原因而持有货币资金。企业在确定货币资金余额时，一般应综合考虑各方面的持有动机。

（3）合理确定并降低企业持有货币资金的成本。物业服务企业持有货币资金的成本通常由以下三个部分组成：

1）持有成本。持有成本指企业因保留一定货币资金余额而增加的管理费用及丧失的再投资收益。

企业保留货币资金，对货币资金进行管理，会发生一定的管理费用，如管理人员工资及必要的安全措施费等。这部分费用具有固定成本的性质，它在一定范围内与货币资金持有量的多少关系不大。

再投资收益是企业不能同时用该货币资金进行有价证券投资所产生的机会成本。由于将准备持有的货币资金用于投资可以获得一定数量的收益，而持有货币资金是不能赢利的，这就造成了收益损失，也就是持有货币资金付出的成本，这是一种机会成本。它与货币资金持有量的多少密切相关，即货币资金持有量越大，机会成本越高，反之就越小。

2）转换成本。转换成本指企业用货币资金购入有价证券以及转让有价证券换取货币资金时付出的交易费用，即货币资金同有价证券之间相互转换的成本，如委托买卖佣金、委托手续费等。在货币资金需要量既定的前提下，每次货币资金持有量即有价证券变现额的多少，必然对有价证券的变现次数产生影响，也就是货币资金持有量越少，进行证券变现的次数越多，相应的转换成本就越大；反之，货币资金持有量越多，证券变现的次数就越少，需要的转换成本也就越小。

3）短缺成本。短缺成本指在货币资金持有量不足而又无法及时通过有价证券变现加以补充而给企业造成的损失。货币资金的短缺成本随货币资金持有量的增加而下降，随货币资金持有量的减少而上升，即与货币资金持有量负相关。

企业货币资金管理就是要在资产的收益性和流动性之间找到一个最佳平衡点。

（4）确定最佳货币资金持有量。基于交易、预防、投机等动机的需要，物业服务企业必须保持一定数量的货币资金余额。确定最佳货币资金持有量的方法有很多种，这里介绍几种常见的模式。

1）成本分析模式。它是根据货币资金有关成本，分析预测其总成本最低时货币资金持有量的一种方法。运用成本分析模式确定最佳持有量，只考虑因持有一定量的货币资金而产生的持有成本和短缺成本，而不考虑转换成本。

前已述及，在货币资金有关成本中，管理费用具有固定成本的性质，与货币资金持有量不存在明显的线性关系；机会成本与货币资金持有量正相关；短缺成本同货币资金持有量负相关。

成本分析模式正是运用上述原理确定货币资金最佳持有量的。在实际工作中运用该模式确定最佳货币资金持有量的具体步骤为：

①根据不同货币资金持有量测算并确定有关成本数值。

②按照不同货币资金持有量及其有关成本资料编制最佳货币资金持有量测算表。

③在测算表中找出总成本最低时的货币资金持有量，即最佳货币资金持有量。

2）存货模式。存货模式又称鲍莫模式，它是由美国经济学家 William J. Baumol 首先提出的，他认为公司货币资金持有量在许多方面与存货相似，存货经济订货批量模型可用于确定目标货币资金持有量，并以此为出发点，建立了鲍莫模型。

存货模式的着眼点在于货币资金有关成本最低。在货币资金成本中，固定费用相对稳定，同货币资金持有量的多少关系不大，因此在存货模式中将其视为决策无关成本而不加以考虑。由于货币资金是否会发生短缺、短缺多少、概率多大以及各种短缺情形发生时可能的损失如何，都存在很大的不确定性和无法计量性，因而，在利用存货模式计算货币资金最佳持有量时，对短缺成本也不予考虑。机会成本和转换成本随着货币资金持有量的变动而呈现出相反的变动趋向，这就要求企业必须对货币资金与有价证券的分割比例进行合理安排，从而使机会成本与转换成本保持最佳组合。换言之，能够使货币资金管理的机会成本与转换成本之和保持最低的货币资金持有量，即为最佳货币资金持有量。

运用存货模式确定最佳货币资金持有量时，要以下列假设为前提：

①企业所需的货币资金可通过证券变现取得，且证券变现的不确定性很小。

②企业预算期内货币资金需要总量可以预测。

③货币资金的支出过程比较稳定，波动较小，而且每当货币资金余额降至 0 时，均可通过部分证券变现得以补足。

④证券的利率或报酬率以及每次固定性交易费用可以获悉。

设 T 为一个周期内货币资金总需求量；F 为每次转换有价证券的固定成本；Q 为最佳货币资金持有量（每次证券变现的数量）；K 为有价证券利息率（机会成本）；TC 为货币资金管理总成本。则

货币资金管理总成本 = 持有机会成本 + 转换成本

$$TC = (Q/2) \times K + (T/Q) \times F \qquad\qquad (2-1-1)$$

货币资金管理总成本与持有机会成本、转换成本的关系如图 2 - 1 - 1 所示。

从图 2 - 1 - 1 可以看出，货币资金管理的总成本与货币资金持有量呈凹形曲线关系。持有货币资金的机会成本与证券变现的交易成本相等时，货币资金管理的总成本最低，此时的货币资金持有量为最佳货币资金持有量，即

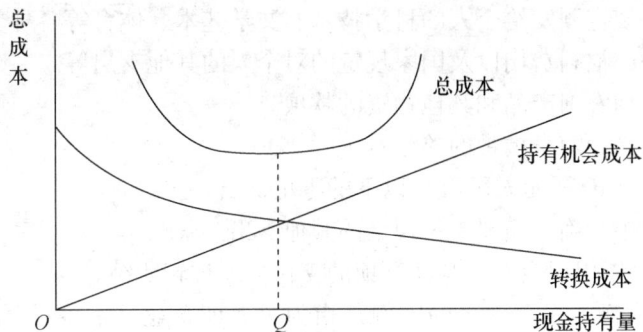

图 2 -1 -1 货币资金成本与持有量关系

$$Q = \sqrt{\frac{2 \times T \times F}{K}} \qquad\qquad (2-1-2)$$

将式 2 -1 -2 代入式 2 -1 -1 得：

最佳货币资金管理总成本 $TC = \sqrt{2 \times T \times F \times K}$

确定最佳货币资金持有量的模型很多，最主要的是存货模型。但这一模型的缺点是假设货币资金均匀支出，企业只有在支出稳定的情况下才能使用。

（5）货币资金日常控制。为了提高货币资金使用效率，货币资金的日常控制应努力做到以下几点：

1）力争货币资金流量同步。对于物业服务企业而言，由于它不涉及产品的生产，也不涉及产品的销售，其资金流动状况同一般的生产企业或商业企业相比较为简单，对于未来货币资金流入流出的估计也相对比较可靠。因此，货币资金流入与货币资金流出发生的时间尽量趋于一致，使所持有的交易性货币资金余额降到最低水平，是物业服务企业进行货币资金收支管理的一个行之有效的方法。

2）合理利用现金浮游量。从企业开出支票，到对方企业收到支票并解入银行，经过银行交换系统，到银行最终将款项划出企业账户，中间需要一段时间，这笔资金在这段时期内就被称为现金浮游量。也就是说，企业在开出支票后的一段时间内仍可使用这笔款项。在利用现金浮游量时尤其要注意时间上的配合，否则就会发生银行存款的透支。

3）加速收款。主要指缩短应收账款的回收时间。

4）推迟应付账款的支付。企业在不影响自己的信誉和经济利益不受损害的前提下，充分利用供货方提供的商业信用，尽可能地推迟应付款的支付。

4. 现金的管理

（1）现金的使用范围。物业服务企业应当按照国家法律、法规的规定办理有关现金收支业务。按照《现金管理条例》的规定，企业发生的经济往来，可以在下列范围内使用现金：

1）职工工资、津贴。

2）个人劳动报酬。

3）根据国家规定颁发给个人的科学技术、文学艺术、体育等各种奖金。

4）各种劳保、福利费用以及国家规定的对个人的其他支出等。

5）向个人收购农副产品和其他物资的款项。

6）出差人员必须随身携带的差旅费。

7）结算起点（1000元人民币）以下的零星支出。

8）中国人民银行确定需要支付现金的其他支出。

除上述情况可以用现金外，其他款项的支付应通过转账结算。

（2）现金的限额。库存现金的限额是指为了保证企业日常零星开支的需要，允许单位留存现金的最高数额。这一限额由开户银行根据单位的实际需要核定，一般为3～5天日常零星开支需要量。边远地区和交通不便地区的企业，库存现金限额为多于5天但不超过15天的日常零星开支量。企业必须严格按规定的限额控制现金结余量，超过部分应于当日终了前存入银行，库存现金低于限额时，可以签发现金支票从银行提取现金，以补足限额。

（3）现金收支的规定。开户单位收入的现金应于当日送存开户银行，当日送存银行确有困难的，由银行确定送存时间；开户单位支付现金，可以从本单位库存现金中支付或从开户银行提取，不得从本单位的现金收入中直接支付，即不得"坐支"现金，因特殊情况需要坐支现金的，应事先报经有关部门审查批准，并在核定坐支范围和限额内进行，同时，收支的现金必须入账。

开户单位从开户银行提取现金时，应如实写明提取现金的用途，由本单位、财会部门负责人签字盖章，并经开户银行审查批准后予以支付。此外，不准用不符合财务制度的凭证顶替库存现金，即不得"白条抵库"；不准谎报用途套取现金；不准用银行账户代其他单位和个人存入或支取现金；不准用单位收入的现金以个人名义存储，不准保留账外公款，即不得"公款私存"，不得私设"小金库"等，银行对于违反上述规定的单位，将按照违规金额的一定比例予以处罚。

5. 银行存款的管理

银行存款是指企业存放于银行或其他金融机构的各种款项。按照国家《支付结算办法》的规定，物业服务企业应当根据业务需要，按照规定在其所在地银行开立账户，运用所开设的账户，进行存款、取款以及各种收支转账业务的结算。

（1）遵守银行存款开户的有关规定，正确使用银行存款账户。按照国家有关规定，除了在规定的范围内可用现金直接支付的款项外，物业服务企业在管理服务、经营过程中发生的一切货币收支业务，都必须通过银行存款账户进行核算。银行存款结算账户分为基本存款账户、一般存款账户、临时存款账户和专用存款账户四种。

1）基本存款账户。指物业服务企业办理日常转账结算和现金收付需要开立的账户。该账户是存款人的主办账户，存款人日常经营活动的资金收付及其工资、奖金和现金的支取，应通过该账户办理。

2）一般存款账户。指企业因借款或其他结算需要，在基本存款账户开户银行以外的银行营业机构开立的银行结算账户，本账户可以办理存款人借款转存、借款归还和其他结算的资金收付，以及现金缴存，但不得办理现金支取。

3）临时存款账户。指企业因临时需要并在规定期限内使用而开立的银行结算账户。如设立临时机构、异地临时经营活动、注册验资等，根据有关开户证明文件确定的期限或存款人的需要确定有效期限，最长不得超过 2 年。

4）专用存款账户。指物业服务企业按照法律、行政法规和规章，对其特定用途资金进行专项管理和使用而开立的银行结算账户，如"代管基金"账户。

根据银行账户管理的有关规定，一个企业只能选择一家银行的一个营业机构开立一个基本存款账户，不得在多家银行机构开立基本存款账户，也不能在同一家银行的几个分支机构开立多个一般存款账户。

企业在银行开立银行存款基本账户时，必须填制开户申请书，提供当地工商行政管理机关核发的《企业法人营业执照》或《营业执照》正本等有关证件，送交盖有企业印章的印鉴卡片，经银行审核同意，才能开设中国人民银行当地分支机构核发的基本存款账户。企业申请开立一般存款账户、临时存款账户和专用存款账户，应填制开户申请书，提供基本存款账户企业同意其附属的非独立单位开户的证明等证件，送交盖有企业印章的卡片，银行审核同意后开立账户。企业在银行开立账户后，可到开户银行购买各种银行往来使用的凭证（如送款单、进账单、现金支票、转账支票等），用以办理银行存款的收付款项。

（2）切实加强银行存款的收支管理。物业服务企业收入的款项，应当在国家规定的时间内送存到开户银行；支出的款项，除规定可以用现金支付的以外，应当按照银行规定，通过银行办理转账结算。物业服务企业支付款项时，银行存款账户内必须有足够的资金。

（3）遵守银行的结算纪律。企业通过银行办理支付结算时，应当认真执行国家各项管理办法和结算制度，定期与银行核对账目，保证货币资金的安全。

银行结算账户的开立和使用应当遵守法律、行政法规，中国人民银行颁布的《支付结算办法》规定：单位和个人办理支付结算，不得利用银行结算账户进行偷逃税款、逃废债务、套取现金及其他违法犯罪活动；不得出租、出借银行结算账户；不得利用银行结算账户套取银行信用；不得将单位款项转入个人银行结算账户。不准签发没有资金保证的票据或远期支票，套取银行信用；不准签发、取得和转让没有真实交易和债权债务的票据，套取银行和他人资金；不准无理拒付款，任意占用他人资金；不准违反规定开立和使用账户。

（4）选择适当的银行转账结算方式。银行转账结算，是指单位、个人在社会经济活动中使用票据、信用卡和汇兑、托收承付、委托收款等结算方式进行货币给付及资金清算的行为。企业在办理支付结算业务时，必须根据不同的款项收支，考虑结算金额的大小、结算距离的远近、利息支出和对方信用等因素，进行综合分析，选择适当的银行转账结算方式，以缩短结算时间，减少结算资金占用，加速资金周转。目前银行转账结算方式主要有支票、银行本票、商业汇票、银行汇票、信用卡、汇兑、委托收款、托收承付八种。

1）支票。支票是指单位或个人签发的，委托办理支票存款业务的银行在见票时无条件支付确定的金额给收款人或者持票人的票据。

支票结算方式是同城结算中应用比较广泛的一种结算方式。单位和个人在同一票据交换区域的各种款项结算，均可使用支票。支票上印有"现金"字样的为现金支票，现金支票只能用于支取现金。支票上印有"转账"字样的为转账支票，转账支票只能用于转账。支票上未印有"现金"或"转账"字样的为普通支票，普通支票可以用于支取现金，也可以用于转账。在普通支票左上角划两条平行线的，为划线支票，划线支票只能用于转账，不得支取现金。

支票的提示付款期限为自出票日起 10 日，但中国人民银行另有规定的除外。超过提示付款期限提示付款的，持票人开户银行不予受理，付款人不予付款。转账支票可以根据需要在票据交换区域内背书转让。

企业财会部门在签发支票之前，出纳人员应该认真查明银行存款的账面结余数额，防止签发超过存款余额的空头支票。签发空头支票，银行除退票外，还按票面金额处以 5% 但不低于 1000 元的罚款。持票人有权要求出票人赔偿支票金额 2% 的赔偿金。签发支票时，使用蓝黑墨水或碳素墨水，将支票上的各要素填写齐全，并在支票上加盖其预留银行印鉴。出票人预留银行的印鉴是银行审核支票付款的依据。银行也可以与出票人约定使用支付密码，作为银行审核支付支票金额的条件。

2）银行汇票。银行汇票是指汇款人将款项交存当地银行，由出票银行签发的由其在见票时按照实际结算金额无条件支付给收款人或者持票人的票据。银行汇票有使用灵活、票随人到、兑现性强等特点，适用于钱货两清或先收款后发货的单位和个人各种款项的结算，银行汇票一般用于转账，填明"现金"字样的银行汇票，也可以用于支付现金。银行汇票的提示付款期为自出票日起 1 个月内。银行汇票的收款人可以将银行汇票背书转让他人，背书金额以不超过出票金额的实际结算金额为限。

银行汇票的出票人为银行。按规定，银行应在收妥银行汇款申请人款项后，才签发银行汇票给申请人持往异地办理转账结算或支取现金。单位和个人的各种款项结算，均可使用银行汇票。

3）银行本票。银行本票是指银行签发的、承诺自己在见票时无条件支付确定的金额给收款人或者持票人的票据。银行本票分为定额本票和不定额本票，定额本票为 1000 元、5000 元、10000 元、50000 元。

银行本票由银行签发并保证兑付，而且见票即付，具有信誉高、支付能力强等特点。无论单位或个人，凡需要在同一票据交换区域支付款项的，都可以使用银行本票。银行本票可以用于转账，注明"现金"字样的银行本票可以用于支取现金。银行本票的提示付款期限自出票日起最长不得超过 2 个月。申请人取得银行本票后，即可向填明的收款单位办理结算。收款企业在持收到的银行本票向开户银行提示付款时，应填写进账单，连同银行本票一并交开户银行办理转账。填明"现金"字样的银行本票可以挂失止付，收款人也可以在票据交换区域内将银行本票背书转让。

4）商业汇票。商业汇票是指出票人签发的、委托付款人在指定日期无条件支付确定的金额给收款人或者持票人的票据。在银行开立存款账户的法人以及其他组织之间须具有真实的交易关系或债权债务关系，才能使用商业汇票。商业汇票的付款期限由交易双方商定，但最长不得超过 6 个月。商业汇票的提示付款期限为自汇票到期日起 10

日内。

存款人领购商业汇票，必须填写"票据和结算凭证领用单"并加盖预留银行印章，存款账户结清时，必须将剩余的空白商业汇票全部交回银行注销。

商业汇票可以由付款人签发并承兑，也可以由收款人签发交付款人承兑。商业汇票可以在出票时向付款人提示承兑后使用，也可以在出票后先使用再向付款人提示承兑。定日付款或者出票后定期付款的商业汇票，持票人应当在汇票到期日前向付款人提示承兑；见票后定期付款的汇票，持票人应当在出票日起1个月内向付款人提示承兑。汇票未按规定期限提示承兑的，持票人丧失对其前手的追索权。付款人应当自收到提示承兑的汇票之日起3日内承兑或拒绝承兑。付款人拒绝承兑的，必须出具拒绝承兑的证明。

商业汇票可以背书转让。符合条件的商业汇票持票人可持未到期的商业汇票连同贴现凭证，向银行申请贴现。

商业汇票按承兑人的不同分为商业承兑汇票和银行承兑汇票两种。

①商业承兑汇票。商业承兑汇票是由银行以外的付款人承兑。商业承兑汇票按交易双方约定，由销货企业或购货企业签发，由购货企业承兑。承兑时，购货企业应在汇票正面记载"承兑"字样和承兑日期并签章。承兑不得附有条件，否则视为拒绝承兑。汇票到期时，购货企业的开户银行凭票将票款划给销货或贴现银行。销货企业应提示付款期限内通过开户银行委托收款或直接向付款人提示付款。汇票到期时，如果购货企业的存款不足以支付票款，开户银行应将汇票退给销货企业，银行不负责付款，由购销双方自行处理。

②银行承兑汇票。银行承兑汇票由银行承兑，由在承兑银行开立存款账户的存款人签发。承兑银行应按票面金额向出票人收取万分之五的手续费。购货企业将银行承兑汇票交给销货企业后，应于汇票到期前将款项足额交存其开户银行，以备由承兑银行在汇票到期日或到期后的见票当日支付票款。销货企业应在汇票到期时将汇票连同进账单送交开户银行以便转账收款。承兑银行凭汇票将承兑款项无条件转给销货企业，如果购货企业于汇票到期日未能足额交存票款，承兑银行除凭票向持票人无条件付款外，对出票人尚未支付的汇票金额按照每天万分之五计收罚息。商业汇票的处理流程如图2-1-2所示。

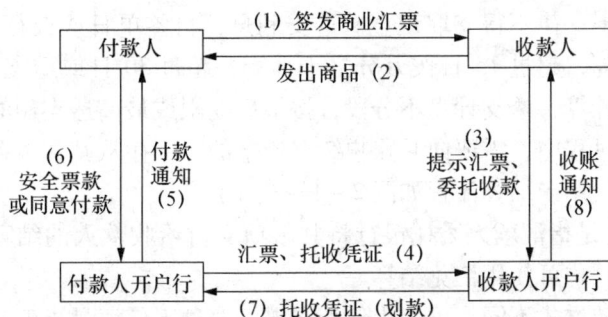

图2-1-2 商业汇票的处理程序

5）信用卡。信用卡是指商业银行向个人和单位发行的，凭以向特约单位购物、消费和向银行存取现金，且具有消费信用的特制载体卡片。

信用卡按使用对象分为单位卡和个人卡，按信用等级不同分为金卡和普通卡。商业银行、非银行金融机构未经中国人民银行批准不得发行信用卡，非银行金融机构、境外金融机构的驻华代表机构不得发行信用卡和代理收单结算业务。凡是在中国境内金融机构开立基本存款账户的单位可申请单位卡。单位卡可申领若干张，持卡人资格由申领单位法定代表人或其委托的代理人书面指定或注销。凡具有完全民事行为能力的公民可申领个人卡，个人卡的主卡持卡人可为其配偶及年满 18 周岁的亲属申领附属卡（申领的附属卡不得超过两张），也有权要求注销其附属卡。单位和个人申请领用信用卡应按规定填制申领表，连同有关资料一并送交发卡银行。符合条件并按银行要求交存一定金额的备用金后，银行为申领人开立信用卡存款账户，并交给信用卡。

单位申请信用卡，需要向发卡银行缴存一定金额的保证金，银行为申请人开立信用卡存款账户。单位使用信用卡有如下规定：

①单位卡账户资金一律从基本存款账户转账存入，不得交存现金，不得从卡中支取现金，不得将销售收入的款项存入其账户。

②信用卡仅限于合法持卡人本人使用，持卡人不得出租、出借或转让信用卡。

③单位卡不得用于 10 万元以上的商品交易、劳务供应款项的结算。

④持卡人可持信用卡在特约商户购物消费。持卡人凭卡购物、消费时，需将信用卡和身份证件一并交特约商户，智能卡（IC 卡）、照片卡可免验身份证件。特约商户不得拒绝受理持卡人合法持有的、签约银行发行的有效信用卡，不得收取信用卡的附加费。

⑤信用卡在规定的限额和期限内允许善意透支，透支额金卡最高不得超过 10000元，普通卡最高不得超过 5000 元。透支期限最长为 60 天。持卡人使用信用卡时不得恶意透支。恶意透支是指持卡人超过规定限额或规定期限，并且经发卡银行催收无效的透支行为。

⑥严禁将单位款项存入个人账户。

发卡银行可以根据申请人的资信程度，要求其提供担保，担保的方式可采用保证、抵押或质押。信用卡备用金存款利息，按照中国人民银行规定的活期存款利率及计息方法计算。信用卡结算超过规定限额的必须取得发卡银行的授权。

按规定，单位卡一律不得支取现金。透支利息，自签单日或银行记账日起 15 日内按日息万分之五计算，超过 15 日按万分之十计算，超过 30 日或透支金额超过限额的，按日息万分之十五计算，透支计息不分段，按最后期限或最高透支额的最高利息档次计息。单位卡在使用过程中，需要向其账户续存资金的，一律从其基本存款账户存入特约单位受理信用卡。信用卡结算流程如图 2 - 1 - 3 所示。

6）汇兑。汇兑是指汇款人委托银行将其款项支付给收款人的结算方式。单位和个人的任何款项结算，均可使用汇兑结算。

汇兑按款项划转方式不同，可分为信汇和电汇两种。信汇是指汇款人委托银行通过邮寄方式将款项划给收款人。电汇是指汇款人委托银行通过电报将款项划转给收款人。这两种汇兑方式由汇款人委托银行根据需要选择使用。汇兑结算方式适用于异地之间的

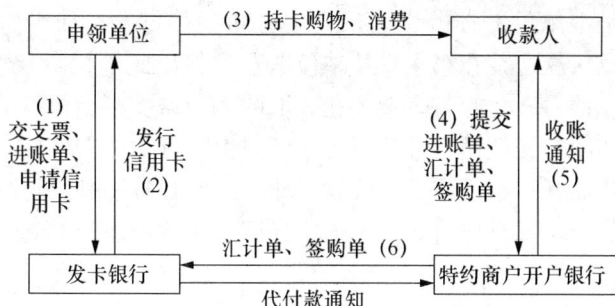

图 2 - 1 - 3　信用卡结算流程

单位和个人的各种款项结算，其手续简便，划款迅速。

采用这一结算方式，在汇款单位汇出款项时，应填写银行印发的汇款凭证，列明收款单位名称、汇款金额及汇款的用途等项目，送达开户银行。汇出银行受理汇款单位签发的汇兑凭证，经审查无误后，应及时向汇入银行办理汇款，并向付款单位签发汇款回单。对开立存款账户收款人，汇入银行应将汇给其的款项直接转入收款人账户，并向其发出收账通知。汇兑结算方式流程如图 2 - 1 - 4 所示。

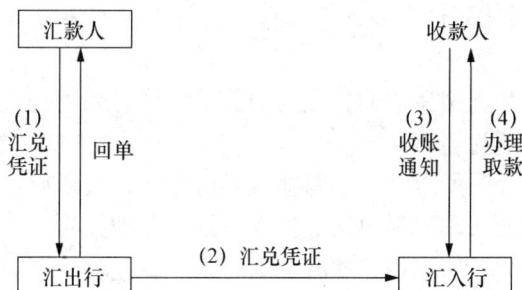

图 2 - 1 - 4　汇兑结算方式流程

7）委托收款。委托收款是指收款人委托银行向付款人收取款项的结算方式。委托收款按结算款项的划回方式不同，可分为邮寄和电报两种，由收款人选择。

委托收款便于收款人主动收款，在同城、异地均可以办理，且不受金额限制，无论是单位还是个人凭已承兑商业汇票、债券、存单等付款人债务凭证办理款项的结算，均可使用委托收款结算方式。委托收款还适用于收取电费、水费、电话费、有线电视费、煤气费等付款人众多、分散的公用事业费等有关款项。

企业委托开户银行收款时，应填写银行印制的委托收款凭证并提供有关的债务证明，在委托收款凭证中写明付款单位的名称、收款单位名称、账号及开户银行等项目，经开户银行审查后，据以办理委托收款。企业的开户银行受理委托收款后，将收款凭证寄交付款单位开户银行，由付款单位开户银行审核，并通知付款单位。

付款单位收到银行交给的委托收款凭证及债务证明，应签收并在 3 日内审查债务证明是否真实，是否是本单位的债务，确认之后通知银行付款。如果付款单位不通知银行，银行视其为同意付款，并在第4日从单位账户中付出此笔托收款项。付款单位在3日内审查有关债务凭证后，对收款企业委托收取的款项需要拒绝付款的，应出具拒绝证明，连同有关债务证明，凭证送交开户银行，开户银行不负审查责任，只将拒绝证明等凭证一并寄给收款企业开户银行，转交收款企业，在付款日期满，付款单位如无足够资金支付全部款项，其开户银行应将其债务证明连同未付款项通知书邮寄收款企业银行转交收款企业。

8）托收承付。托收承付是指根据购销合同由收款人发货后委托银行向异地付款人收取款项，由付款人向银行承认付款的结算方式。

根据《支付结算办法》的规定，托收承付的适用范围是：

第一，使用该结算方式的收款单位和付款单位必须是国有企业、供销合作社以及经营管理较好并经开户银行审查同意的城乡集体所有制工业企业。第二，办理结算的款项必须是商品交易以及因商品交易而产生的劳务供应的款项。代销、寄销、赊销商品的款项不得办理托收承付结算。办理托收承付，除必须同时符合上述两项规定外，还必须具备另外三个条件：一是收付双方使用托收承付结算必须签有符合《合同法》的购销合同，并在合同上订明使用托收承付结算方式。二是收款人办理托收，必须具有商品确已发运的证件（包括铁路、航运、公路等运输部门签发的运单、运单副本和邮局包裹回执）。没有发运证件，可凭其他有关证件办理。三是收付双方办理托收承付结算，必须重合同、守信用。

符合上述使用范围和适用条件的企业间的款项结算可采用托收承付结算方式。托收承付结算每笔的金额起点为10000元。

购货企业按照购销合同发货后，填写托收承付凭证，盖章后连同发运凭证或其他符合托收承付结算的有关证明和交易单证送交开户银行办理托收手续。销货企业开户银行接到托收凭证及其附件后，应当按照托收范围、条件和托收凭证填写的需求认真进行审查，经审查无误的，将有关托收凭证连同交易单证一并寄交购货企业开户银行。购货企业开户银行收到托收凭证及其附件后，应及时通知并转交购货企业。购货企业在承付期内审查核对，安排资金以备承付。购货企业的承付期应在双方签订合同时约定验单还是验货付款，验单付款的承付期为3天，验货付款的承付期为10天。承付期内购货企业未表示拒绝付款的，银行视为同意承付，于承付期满的次日上午银行开始营业时，将款项划给销货企业。购货企业不得在承付货款中扣抵其他款项或以前托收的货款。

对于下列情况，购货企业可以在承付期内向银行提出全部或部分拒绝付款。购货企业提出拒绝付款时，必须填写"拒绝付款理由书"并签章，购货企业开户银行必须认真审查拒绝付款的理由，查验合同。银行同意部分或全部拒绝付款的，应在"拒绝付款理由书"上签注意见，并将拒绝付款理由书、拒付证明、拒付商品清单和有关单证邮寄销货企业开户银行转交销货企业。

购货企业在承付期满，如无足够资金支付，其不足部分即为逾期未付款项，开户银行根据逾期付款金额和逾期天数，按每天万分之五计算逾期付款赔偿金。赔偿金实行定期扣付，每月计算一次，于次月3日内单独划给销货企业。当购货企业账户有款时，开户银行必须将逾期未付款项和应付的赔偿金及时扣划给销货企业，不得拖延扣划。

物业服务企业经营方式的特殊性，决定其不会使用托收承付结算方式向服务对象收取货款。一般情况下，物业服务企业由于经营所需，可能因购买物资而使用托收承付结算方式向购货方支付货款。

（二）应收账款的管理

1. 应收账款概述

应收账款，是物业服务企业因提供劳务等业务而应向接受劳务的单位或个人收取的款项。主要包括应收取物业管理费，特约服务费，出售商品、材料，提供劳务等应收取的价款、税金及代购货方垫付的运杂费等。它代表企业能获得的未来现金流入。形成应收账款的直接原因是劳务费赊销。虽然大多数企业希望现销而不愿赊销，但是面对竞争，为了稳定自己的营销渠道、增加收入，不得不面向客户提供信用业务。应收账款的形成增加了企业风险，因此，企业必须加强应收账款的管理，正确衡量信用成本和信用风险，合理确定信用政策，及时收回账款。

2. 应收账款的入账价值

应收账款应于收入实现时予以确认。通常按实际发生额记账。也就是说，在商品、产品已经交付、劳务已经提供、合同已经履行、销售手续已经完备时，确认应收账款的入账金额。在有销售折扣的情况下，还应考虑折扣因素。

（1）商业折扣。商业折扣是指企业根据市场供需情况，或针对不同的顾客，在商品标价上给予的扣除。商业折扣是企业最常用的促销手段，如物业服务企业所属便利店销售某种冷饮，售价每个 5 元，购 10 个以上优惠 5%，20 个以上优惠 10%。由于商业折扣是根据销售数量的多少所给予的价格优惠，在交易发生时就已经确定，所以应收账款的入账金额按扣除商业折扣后的实际价格确认。

（2）现金折扣。现金折扣是指企业为鼓励客户在一定期限内早日偿还货款，而向客户提供的债务扣除。现金折扣一般用符号"折扣/付款期限"表示。通常要在发票上标明付款条件，如"2/10；1/20；N/30"表示：如果客户在 10 天内付款可按售价给予 2% 的折扣，如果客户在 20 天内付款可按售价给予 1% 的折扣，如果客户在 30 天内付款则不给折扣。

现金折扣使企业应收账款的实际收回金额因客户的付款时间而异，其应收账款入账金额的确定有两种方法：一种是总价法；另一种是净价法。

总价法是将未减去现金折扣前的金额作为应收账款的入账金额。净价法是将扣减最大现金折扣后的金额作为应收账款的入账金额。如某物业服务有限公司为鼓励业主及时、提早缴纳物业服务费，该物业公司给出的条件为"2/10；1/20；N/30"，即如果业主在 10 天内缴费可给予 2% 的折扣，如果业主在 20 天内缴费给予 1% 的折扣，如果业主在 30 天内付款则不给折扣。如果该公司某服务中心应收取物业管理费为 80000 元，在总价法下，应收账款的入账金额为 80000 元。在净价法下，应收账款的入账金额为 78400 元。我国的会计实务中，通常采用总价法。

3. 应收账款的融通

在商业信用比较发达的情况下，因业务经营的需要，若企业出现暂时的货币资金紧缺，又不能及时从银行取得信用借款或以其他财产抵押借款时，可以利用应收账款的融通业务筹集所需的资金。

所谓应收账款融通，是指通过应收账款的抵借或让售等方式筹集资金的行为。应收账款的抵借或让售，必须与银行或金融公司签订有关的合同，明确规定双方的权利和责任。

（1）应收账款的抵借。应收账款抵借是指企业（承借人）用应收账款作为抵押担保而向银行或金融公司（出借人）借入现款的融资方式。企业以应收账款抵借方式取得借款时，抵借合同主要规定借款期限和借款限额。借款限额即借款额度，是企业可取得的最高借款额，其数量视应收账款的债务人的信誉程度和借款单位的经营情况而定，一般为应收账款的 $70\% \sim 80\%$。应收账款与借款额度之间的差额，是为了应付销货折扣、销售退回、销售折让等事项或用于支付利息。应收账款抵借后，并不改变其所有权，不需通知购买单位。待收到应收账款后，再将借款归还信贷公司，并支付利息。承借人实际借款时，还应出具应收票据。

根据《小企业会计制度》，若小企业以应收账款等应收债权为质押取得银行借款时，应按照实际收到的款项，借记"银行存款"账户；按实际支付的手续费，借记"财务费用"账户；按银行借款本金并考虑借款期限，贷记"短期借款"等账户。

（2）应收账款的让售。应收账款让售是指应收账款持有人（出让方）将应收账款所有权让售给金融机构（受让方），由它直接向客户收账的交易行为。它是企业将应收账款出售给金融机构以取得急需资金的一种融资方式。金融公司在购买应收账款时不仅要考虑利息、融资手续费、将来可能发生的销售折扣、销售退回和销售折让等因素，而且要考虑应收账款的收款风险。

应收账款总额扣除最大现金折扣额、手续费以及扣留款后的余额，即为企业出售应收账款后，可向信贷公司取得的筹款总额。应收账款让售分为无追索权让售和有追索权让售。有追索权让售是指应收账款被让售后原债权单位应向购买者即金融机构承担追索账款的责任，在已让售应收账款上发生的任何坏账损失，均应由原债权单位承担。无追索权让售是指应收账款被让售后原债权单位将不再承担追索账款的责任，如果欠款单位无力偿还账款，则造成的坏账损失转嫁给金融机构。因此，应收账款让售后，应立即通知赊购方，通知其将账款直接付给信贷公司。

4. 应收账款的成本

企业有了应收账款，不仅会造成资金成本和管理费用的增加，还有坏账损失的可能。因此，应收账款的成本包括机会成本、管理成本和坏账成本。

（1）机会成本。应收账款作为企业用于强化竞争、扩大市场占用率的一项短期投资占用，明显丧失了该部分资金投入证券市场及其他方面的收入。企业用于维持赊销业务所需要的资金乘以市场资金成本率（一般可按有价证券利息率）之积，便可得出应收账款的机会成本。

（2）管理成本。即指企业对应收账款的全程管理所耗费的开支，主要包括对客户的资信调查费用，应收账款账簿的记录费用，收账过程开支的差旅费、通讯费、人工工资、诉讼费以及其他费用等。

（3）坏账成本。因应收账款存在着无法收回的可能性，所以就会给债权企业带来坏账损失，即坏账成本。企业应收账款余额越大，坏账成本就越大。

以上前两项构成应收账款的直接成本，第三项为应收账款的风险成本，这三项就是企业提供给客户商业信用的付出代价。

5. 应收账款的信用政策

制定合理的信用政策是加强应收账款管理，提高应收账款投资效益的重要前提。信用政策即应收账款的管理政策，是指企业为对应收账款投资进行规划与控制而确立的基本原则与行为规范，包括信用标准、信用条件和收账政策三部分内容。

(1) 信用标准。信用标准是指卖方企业在给买方客户提供商业信用时，要求客户达到的信用程度，通常以预期的坏账损失率表示。信用标准的高低决定了企业信用政策的严格程度，也直接影响企业的销售水平及应收账款的风险与成本。企业信用标准的制定必须是适当和有效的。信用标准的确定，通常可以从定性和定量两方面进行。

1) 定性分析，也称为影响因素分析。影响企业信用标准的基本因素包括：

①同行业竞争对手的情况。企业首先应对同行业市场占有率的分配情况进行调查和分析，确定自身在行业中所处的地位与主要竞争优势，据以确定出企业的主要竞争对手，在此基础上调查了解主要竞争对手所执行的信用标准。

②企业自身承受违约风险的能力。若企业的风险承受能力较强，可采用较宽松的信用标准，以扩大市场占有率；反之，就只能以稳健的策略，即选择较严格的信用标准，以保证企业的经营活动能够正常、持续地进行。

③客户的资信程度。企业在制定信用标准时必须对客户的资信程度进行调查、分析。在判断客户的资信程度时，可以用"5C"系统来确定。"5C"主要指：

信用品质（Character）。指客户的信誉，这是评价客户资信程度的首要因素。企业必须对客户过去的付款记录进行详细了解，以判断其是否能履行偿债义务。

偿付能力（Capacity）。指客户实际偿还债务的能力。这就需要对客户的财务报表进行分析，根据其流动资产的数量和质量以及与流动负债的比例来判断偿债能力的大小。一般而言，客户的流动资产越多，对流动负债的比值越大，表明其偿付债务的能力就越强。此外，企业还应注意对资产质量，即变现能力以及资产的流动性进行分析。

资本（Capital）。指客户的经济实力和财务状况，表明客户可能偿还债务的背景。通过对客户资本的了解，可以测定其净资产的大小及其获利的可能性。

抵押品（Collateral）。指客户拒付或无力支付款项时能被用作抵押的资产。能够作为信用担保的抵押财产，必须为客户实际所有，并且应具有较高的变现能力。这对向不知底细或对其信用状况存在争议的客户提供信用的企业尤为重要。在这种情况下，只要客户能够提供足够的高质量的抵押品，企业就可向其提供信用。

经济状况（Conditions）。指可能影响客户付款能力的经济环境，包括一般经济发展趋势和某些地区的特殊发展情况。企业必须了解客户在以前的经济衰退或通货紧缩时期的付款情况。

企业在收集客户上述信用资料的基础上，为便于定量管理，还需要将其转换为信用等级，以便对不同等级的客户采取不同的信用政策。信用等级一般是根据客户可能发生坏账损失的概率而确定的。其分类办法如表 2 - 1 - 1 所示。

表 2 - 1 - 1　信用等级分类

坏账损失率/%	0	0～0.5	0.5～1	1～2	2～5	5～10	10～20	20以上
客户信用级别	1	2	3	4	5	6	7	8

　　企业对信用等级为 1～5 级的客户采用一般的信用标准，对 6～7 级的客户采用较严格的信用标准，对 8 级客户则不提供赊销。

　　2）定量分析。对信用标准进行定量分析的目的在于解决三个问题：首先，确定客户拒付账款的风险，即坏账损失率；其次，具体确定客户的信用等级，以作为给予或拒绝信用的依据；再次，确定信用额度。

　　①信用等级的评价。评价客户的信用等级是通过计算信用等级评价指标进行的。具体步骤如下：

　　首先，设定信用等级的评价标准。即根据对客户信用资料的调查分析，确定评价信用优劣的数量标准。这可以通过查阅各个客户过去年度的信用资料，以一组具有代表性、能够说明付款能力和财务状况的若干比率作为信用等级评价指标，包括：流动比率、速动比率、应收账款周转率、存货周转率、资产负债率、赊购付款履约情况等。根据数年内最坏年度的相关数据，分别计算出"信用好"和"信用差"两类客户的上述比率的平均值，并以此平均值作为对其他客户进行信用等级评价的信用标准（见表 2 - 1 - 2）。

表 2 - 1 - 2　信用标准一览表

信用等级评价指标/%	信用标准		信用等级评价指标/%	信用标准	
	信用好	信用差		信用好	信用差
流动比率	2.0	1.2	应收账款周转率	14	7
速动比率	1.0	0.7	存货周转率	7	4
现金流动负债比率	0.5	0.2	总资产报酬率	30	15
资产负债率	0.6	3.0	赊购付款履约情况	及时	拖欠

　　其次，确定拒付风险系数。根据客户的财务报表数据计算表 2 - 1 - 2 所列的各项指标，将计算结果与表中的标准值进行比较，然后给出每个项目的拒付风险系数，汇总各项目便可得出某客户的拒付风险系数。具体确定方法如下：若客户的某项指标值等于或低于坏的信用标准，则该客户的拒付风险系数（即坏账损失率）增加 10%；若客户的某项指标值介于好与差的信用标准之间，则其拒付风险系数增加 5%；当客户某项指标值等于或高于好的信用指标时，则视该客户的这一指标无拒付风险，其拒付风险系数为 0；最后，将客户的各项指标的拒付风险系数累加，即可作为该客户发生坏账损失的总比率。

　　承表 2 - 1 - 2，某客户的各项指标及累计拒付风险系数如表 2 - 1 - 3 所示。

表 2 - 1 - 3　某客户信用状况及风险系数表

信用等级评价指标/%	信用状况	拒付风险系数/%
流动比率	2.1	0
速动比率	1.2	0
现金流动负债比率	0.3	5
资产负债率	0.7	0
应收账款周转率	17	0
存货周转率	6	5
总资产报酬率	28	5
赊购付款履约情况	及时	0
拒付风险综合系数		15

最后，确定信用等级。首先，依据上述风险系数分析数据，按照客户累计风险系数由小到大进行排序。然后，结合企业承受违约风险的能力及市场竞争的需要，具体划分客户的信用等级。一般的，将拒付风险系数在 5% 以下的客户评为 A 级，拒付风险系数在 5%~10% 的客户评为 B 级，拒付风险系数在 10%~15% 的客户评为 C 级等。对于不同信用等级的客户，应分别采取不同的信用政策。

②确定信用额度。信用额度是指根据本企业的实际状况和客户的偿付能力所给予该客户的最大赊销额。信用额度的确定在企业应收账款管理中具有特殊意义，它能防止由于给予客户过度的赊销信用，从而造成企业不必要的损失。当客户的订单不止一份，或在一定时期内连续发生多次购货业务时，为了避免重复对客户进行信用分析和信用标准评价，就可对不同的客户制定相应的信用额度，这样便能有效地控制客户在一定时期内应收账款金额发生的最高限度。

在日常业务中，对于每个客户，只要赊销额没有超过规定的信用额度，就可以连续地接受客户的订单。如发现某客户的赊销额已达到信用限额，但其赊销规模仍在不断扩大，首先应停止其赊销业务，其次对其信用状况进行重新测评，如属状况良好则可以追加信用额度；反之，如果发现其财务状况不良或属恶意赊销的，则应及时终止该客户的赊销业务，确保企业的利益不被损害。

（2）信用条件。信用条件是指企业向客户提供赊销信用时所提出的付款要求，主要包括信用期限、折扣期限及现金折扣等。

1）信用期限。信用期限是指企业给予客户延期付款的最长期限。一般而言，企业设置信用期限时必须考虑：

①购买者不会付款的概率。购买者处于高风险行业，企业也许会提出相当苛刻的信用期限。

②交易金额的大小。如果金额较小，信用期限则可相对短一些。这是因为，小金额应收账款的管理费用相对较高，而其对企业的重要性也相对低一些。

③商品是否易保存。如果存货的变现价值低，而且不能长时间保存，企业则应提供

比较宽松的信用期限。

2）折扣期限与现金折扣。折扣期限是指给予客户的可享受现金折扣的优惠期限。现金折扣是指企业为了吸引顾客能在规定的期限内提前付款，而给予其在折扣期限内一定货款减除的优惠率。现金折扣率的大小总是与折扣期限联系在一起，折扣期限越短，折扣率就越大。一般情况下，现金折扣率介于 1% ~ 3%。企业究竟应当核定多长的折扣期限以及给予客户怎样程度的现金折扣优惠，必须与信用期限、加速收款所得到的收益以及付出的现金折扣成本结合起来考察。如果加速收款带来的机会收益能够大于现金折扣成本，企业就可以采取现金折扣政策，反之则不实行。

（3）收账政策。收账政策是指当客户违反信用条件，拖欠甚至拒付账款时，企业所采取的收账策略与措施。企业在向客户提供商业信用时，应当考虑三个问题：一是客户是否会拖欠或拒付账款；二是怎样最大限度地防止客户拖欠账款；三是一旦账款遭到拖欠或拒付时，企业应采取什么样的对策。前两个问题主要依靠信用调查和严格信用审批制度来控制，第三个问题则必须通过制定完善的收账政策，采取有效的收账措施才能予以解决。

1）确定收账费用投入量。对于过期的应收账款，企业应当采取一定的催收措施。企业投入一定的资金用于催收过期应收账款，会使坏账损失率大大降低，缩短平均收账期，减少应收账款的资金占用。但这并不意味着收账费用的投入量总是与其所产生的效益成正比例关系，二者之间的关系如图 2 - 1 - 5 所示。

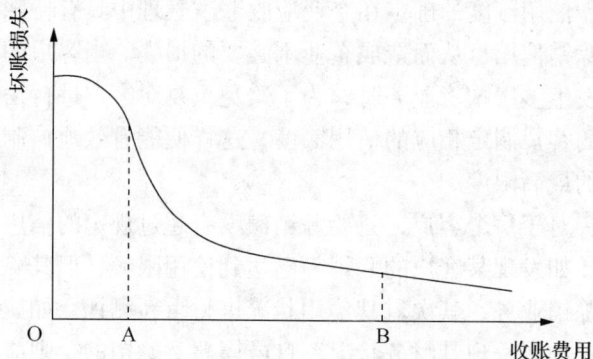

图 2 - 1 - 5　收账费用与坏账损失关系

从图 2 - 1 - 5 可以看出，通常最初用于催收过期应收账款所投入的少量费用只能使坏账损失略有下降；当收账费用投入量增加到一定水平（图中 A 点）时，进一步增加收账费用就会使坏账损失大幅度下降。然而，当收账费用增加到另一水平（图中 B 点）时，再增加收账费用则对减少坏账损失几乎不起作用，因此 B 点被称为收账费用饱和点。它说明一定的坏账损失总是无法避免的。

2）确定收账程序。在购货方逾期拖欠或拒付时，销货方通常采用的收账程序如下：首先检查现行的信用标准及信用审批制度是否存在纰漏，并重新对违约客户的资信等级进行调查、评价；然后对于信用品质低劣的客户，应当将其从信用名单中剔除，对其所拖欠的款项可先通过信函、电讯甚至派员的方式进行催收，态度可以渐加强硬，并提出警告；最后，当上述措施无效时，可以通过法院裁决。为了提高诉讼效果，有必要联合其他经常被该客户拖欠或拒付账款的企业协同向法院起诉，以增强该客户信用品质不良的证据力。但是，对于信用记录一向正常的客户，在去电、去函的基础上，可以派人与客户直接进行协商，彼此沟通意见，达成谅解协议。这样，既可密切相互之间的关系，又有助于拖欠问题的解决。

6. 应收账款的控制与监督

对已发生的应收账款，物业服务企业还应进一步强化日常管理工作，采取有力的措施进行分析、控制和监督，及时发现问题，提前采取对策。这些措施主要包括：

（1）应收账款追踪分析。应收账款一旦形成，企业就必须考虑如何按期足额收回的问题。这样，赊销企业就有必要在收款之前，对该项应收账款的运行过程进行追踪分析，重点要放在赊销商品的变现方面。企业要对赊购者的信用品质、偿付能力进行深入调查，分析客户货币资金的持有量与调剂程度能否满足兑现的需要。应将那些挂账金额大、信用品质差的客户的欠款作为考察的重点，以防患于未然。

（2）收账款账龄分析。企业已发生的应收账款时间长短不一，有的尚未超过信用期，有的则已逾期拖欠。一般来讲，逾期拖欠时间越长，账款催收的难度越大，成为坏账的可能性也就越高。因此，进行账龄分析，密切注意应收账款的回收情况，是提高应收账款收现效率的重要环节。

应收账款账龄分析，也称为应收账款账龄结构分析。所谓应收账款的账龄结构，是指各账龄应收账款的余额占应收账款总计余额的比重（见表2－1－4）。

表2－1－4　应收账款账龄分析表

应收账款账龄	A公司		B公司		C公司		合计	
	金额/万元	比重/%	金额/万元	比重/%	金额/万元	比重/%	金额/万元	比重/%
信用期内（设平均为3个月）	32	16	52	26	26	13	110	55
超过信用期1个月内	20	10					20	10
超过信用期2个月内			12	6			12	6
超过信用期3个月内					8	4	8	4
超过信用期4个月内	14	7					14	7
超过信用期5个月内					10	5	10	5

应收账款账龄	A公司		B公司		C公司		合计	
	金额/万元	比重/%	金额/万元	比重/%	金额/万元	比重/%	金额/万元	比重/%
超过信用期6个月内	4	2					4	2
超过信用期6个月以上	12	6			10	5	22	11
应收账款余额总计	82		64		54		200	100

表2-1-4表明，该企业应收账款余额中，有110万元尚在信用期内，占全部应收账款的55%。过期数额90万元，占全部应收账款的45%，其中逾期在1，2，3，4，5，6个月内的，分别为10%，6%，4%，7%，5%，2%；另有11%的应收账款已经逾期半年以上。此时，企业对逾期账款应予以足够重视，查明具体属于哪些客户，这些客户是否经常发生拖欠情况，发生拖欠的原因何在。一般而言，账款的逾期时间越短，收回的可能性越大，亦即发生坏账损失的可能性相对越小；反之，收账的难度及发生坏账损失的可能性也就越大。因此，对不同拖欠时间的账款及不同信用品质的客户，企业应采取不同的收账方法，制定出经济可行的不同收账政策、收账方案；对可能发生的坏账损失，需提前做出准备，充分估计这一因素对企业损益的影响。对尚未过期的应收账款，也不能放轻管理、监督，以防发生新的拖欠。通过应收账款账龄分析，提示财务管理人员在把过期款项视为工作重点的同时，有必要进一步研究与制定新的信用政策。

（3）建立应收账款坏账准备制度。不管企业采用怎样严格的信用政策，只要存在着商业信用行为，坏账损失的发生总是不可避免的。按现行制度规定，确定坏账损失的标准主要有两条：

1）因债务人破产或死亡，依照民事诉讼法以其破产财产或遗产（包括义务担保人的财产）清偿后，确实无法收回的应收账款。

2）经主管财政机关核准的债务人逾期未履行偿债义务超过3年仍无法收回的应收账款。

企业的应收账款只要符合上述任何一个条件，均可作为坏账损失处理。企业要遵循稳健性原则，对坏账损失的可能性预先进行估计，积极建立弥补坏账损失的准备制度。根据《企业会计准则》的规定：应收账款可以计提坏账准备金。企业要按照期末应收账款的一定比例提取坏账准备，以促进企业健康发展。

（三）应收票据

1. 应收票据概述

（1）应收票据的概念。应收票据是指物业服务企业因销售商品、提供劳务等而收到的商业汇票。应收票据是企业未来收取货款的权利，这种权利和将来应收取的货款金额以书面文件的形式约定下来，因此它受到法律的保护，具有法定的权利。

（2）应收票据的种类。商业汇票必须经承兑后方可生效。

商业汇票按承兑人的不同，可分为银行承兑汇票和商业承兑汇票。银行承兑汇票的承兑人是承兑申请人的开户银行，商业承兑汇票的承兑人是付款人。

商业汇票按是否带息，可分为不带息商业汇票和带息商业汇票。不带息商业汇票是指商业汇票到期时，承兑人只按票面金额（即面值）向收款人或被背书人支付款项的汇票。带息商业汇票是指商业汇票到期时，承兑人必须按票面金额加上应计利息向收款人或被背书人支付票款的票据。

商业汇票按是否带有追索权，可分为带追索权的商业汇票和不带追索权的商业汇票。追索权是企业在转让应收款项的情况下，接受应收款项转让方遭拒付或逾期时，向该应收款项转让方索取应收金额的权利。在我国，商业汇票可背书转让，持票人可以对背书人、出票人以及其他债务人行使追索权。

2. 应收票据的确认

（1）应收票据的入账价值。在我国，商业票据的期限一般较短（最长不超过 6 个月），为了简化会计核算手续，应收票据一般按其面值入账，即企业在收到开出、承兑的商业汇票时，按应收票据的票面价值入账；对于带息的应收票据，应在期末（指中期期末和年度终止）计提利息，计提的利息应增加应收票据的账面余额。

相对应收账款而言，应收票据发生坏账的风险比较小，因此，一般不对应收票据计提坏账准备，超过承兑期收不回的应收票据，转作应收账款后，对应收账款计提坏账准备。

（2）应收票据到期价值的确定。票据到期价值 = 应收票据面值 × （1 + 票面利率 × 票据期限）

公式中的利率一般以年利率表示；"期限"是指签发日到到期日的时间间隔。在实际业务中，票据的期限一般有按月表示和按日表示两种。

票据期限按月表示时，票据的期限不考虑各月份实际天数多少，统一以到期月份中与出票日相同的那一天为到期日。如 1 月 18 日签发的 3 个月票据，到期日应为 4 月 18 日。

月末签发的票据，不论月份大小，以到期月份的月末那一天为到期日。与此同时，计算利息使用的利率要换算成月利率（年利率 ÷ 12）。

票据期限按日表示时，票据的期限不考虑月数，应从出票日起按实际经历天数计算。通常出票日和到期日只能计算其中的一天，即"算尾不算头"或"算头不算尾"。例如 1 月 18 日签发的 90 天票据，其到期日应为 4 月 18 日。具体算法为：

"算尾不算头"：90 天 – 1 月份剩余天数（不含签发日） – 2 月份实有天数 – 3 月份实有天数 = ［90 – （31 – 18） – 28 – 31］天 = 18 天。

"算头不算尾"：90 天 – 1 月份剩余天数（含签发日） – 2 月份实有天数 – 3 月份实有天数 – 1 = ［90 – （31 – 17） – 28 – 31 – 1］天 = 18 天。

同时，计算利息使用的利率要换算成日利率（年利率 ÷ 360）。

3. 应收票据的核算

（1）应收票据的账户设置。为了总括地反映和监督应收票据的取得和收回情况，企业应设置"应收票据"账户。该账户属于资产类账户，借方登记收到开出、承兑的商业汇票的票面金额及其各中期期末应计提的利息；贷方登记应收票据的减少，包括票据到期收回的金额、贴现票据的票面金额和不能收回而转为应收账款的金额。期末余额在借方，反映企业持有的应收票据的票面价值和应计利息。在"应收票据"账户下，应按不同的收款单位分别设置明细账，进行明细核算。

（2）应收票据的账务处理。

1）不带息应收票据。不带息应收票据的到期价值等于应收票据的面值，物业服务企业收到商业汇票时，按票面金额借记"应收票据"账户，按确认的营业收入贷记"主营业务收入"等账户；商业汇票到期，应按实际收到的金额，借记"银行存款"账户，按商业汇票的票面金额，贷记"应收票据"账户。应收票据到期收回时，承兑人违约拒付或无力偿还票款时，收款企业应将到期票据的票面金额转入"应收账款"账户。

2）带息应收票据。对于带息应收票据，应当计算票据利息。物业服务企业应于中期期末和年度终了，按规定计算票据利息，并增加应收票据的票面价值，同时，冲减财务费用。

带息的应收票据到期收回时，应按收到的本息，借记"银行存款"账户，按账面价值，贷记"应收票据"账户，按其差额，贷记"财务费用"账户。

4. 应收票据转让

应收票据转让是指持票人因偿还前欠货款等原因，将未到期的商业汇票背书转让给其他单位或个人的业务活动。

企业可以将自己持有的商业汇票背书转让。背书是指持票人在票据背面签字，签字人成为背书人，背书人对票据的到期付款负连带责任。

企业将持有的应收票据背书转让，以取得所需物资时，按应计入物资成本的金额，借记"物资采购"，按商业汇票的票面金额，贷记"应收票据"账户，如有差额，借记或贷记"银行存款"等账户，涉及增值税进项税额的，还应进行相应的处理。

5. 应收票据贴现

（1）应收票据贴现的计算公式。物业服务企业在持有的应收票据到期前，如果出现资金短缺，可以持未到期的商业汇票向其开户银行申请贴现，以便获得所需的资金。"贴现"是指票据持有人将未到期的票据在背书后抵押给银行，银行受理后从票据到期值中扣除按银行贴现率计算确定的贴现利息，然后将余额付给持票人，作为银行对企业的短期贷款。可见，票据贴现实质上是企业融通资金的一种形式。

票据贴现的有关计算公式如下：

票据到期价值 = 票据面值 × （1 + 年利率 ÷ 360 × 票据到期天数）

对于无息票据来说，票据的到期价值就是其面值。

贴现息 = 票据到期价值 × 贴现率 ÷ 360 × 贴现天数

贴现天数 = 贴现日至票据到期日实际天数 − 1

贴现净额 = 票据到期价值 − 贴现息

按照中国人民银行《支付结算办法》的规定，实际贴现金额按到期价值扣除贴现日至汇票到期前一日的利息计算，承兑人在异地的，贴现利息的计算应另加3天的划款日期。

（2）应收票据贴现的账务处理。企业将未到期的应收票据向银行贴现，应按实际收到的金额（即减去贴现息后的净额），借记"银行存款"账户；按贴现息部分，借记"财务费用"账户；按商业汇票的票面金额，贷记"应收票据"账户；如为带息应收票据，应按实际收到金额，借记"银行存款"账户，按应收票据的账面金额，贷记"应收票据"账户；按其差额，借记或贷记"财务费用"账户。

如果贴现的票据是银行承兑汇票，这种汇票到期时不会发生收不回票款的情况。如果贴现的是商业承兑汇票，完成贴现只是促成货币追索权由一种形式转化为另一种形式，即把商业信用转化为银行信用。然而这并不意味着贴现企业作为原债权人完全解脱了当事人的责任。企业申请贴现时，因背书转让而在法律上负有连带偿还责任。这就是说，如果票据到期，承兑人的银行存款账户数额不足以偿还到期票款时，贴现银行一般不承担向主债务人的追索责任，而是将票据退还给贴现企业，并追索票据的完整价值。贴现企业的这种连带偿还责任，在贴现时表现为一种潜在负债，会计上称之为或有负债。此时，贴现企业应将所付票据本息转作应收账款，借记"应收账款"账户，贷记"银行存款"账户，如果申请贴现企业的银行存款账户余额不足，银行将作为逾期贷款处理，贴现企业应借记"应收账款"账户，贷记"短期借款"账户。

6. 应收票据登记簿

为了加强对应收票据的管理，物业服务企业应同时设置"应收票据登记簿"，以便随时了解所持债权票据的经办情况，及时进行恰当处理。"应收票据登记簿"平时应逐笔记录每一应收票据的种类、号数、出票日期、票面金额、交易合同和付款人、承兑人、背书人姓名或单位名称、到期日期和利率、贴现日期、贴现率和贴现净额，以及收款日期和收回金额等资料。应收票据到期收清票款后，应在"应收票据登记簿"内逐笔注销，如表2-1-5所示。

表2-1-5　应收票据登记簿

登记日期	出票人	付款银行	有效期限	到期日	票面利率	利率	利息	贴现金额	贴现率	收款日期	备注	注销

（四）物业服务企业存货管理

物业服务企业存货泛指为满足物业管理、物业经营、物业大修及其他业务等在物业管理业务中耗用而储备的各种材料、燃料等，具体包括各种维修材料、低值易耗品、修理用备件、包装物及商品等。在固定资产标准以下的工具、管理用具、办公用品等低值易耗品也包括在存货之中。由于它们经常处于被耗用或销售的状态，随时可以改变自身的状态，具有较强的流动性。因此，其价值随着实物的耗用而转移，随着销售的实现而及时得到补偿。

1. 存货的作用

存货在企业生产经营活动中的作用，主要包括以下几个方面：

1）保证经营需要。保持适量的存货是保持企业经营正常进行的基本条件。物业服务项目的设备设施经常发生跑、冒、滴、漏、堵和故障现象，为避免造成不良的后果和损失，保证居民日常生活不受影响，企业需要储备一定的存货。

2）降低采购成本。零星采购物资，无法享受供货方给予的优惠待遇，而整批采购在价格上常有优惠，这也是企业储存存货的重要原因之一。此外，市场的价格波动也使企业有必要在价格较低时购入一定量的存货，以减少价格上涨造成的损失，或获取降价带来的差价收益。

2. 存货的成本

为充分发挥存货的功能作用，物业服务企业必须储备一定的存货，但也会由此而发生各项支出，这就是存货成本。主要包括以下几个方面：

（1）进货成本。进货成本是指存货的取得成本，主要由存货的买价和进货费用两方面构成。其中，买价是指发票账单所列的货款金额，等于数量与单价的乘积。进货费用是指应由企业负担的各种运杂费、运输途中的合理损耗、入库前的加工整理和挑选费用以及缴纳的税金及其他费用。企业为组织进货而开支的办公费、差旅费等，一般计入企业的管理成本。

（2）储存成本。企业为持有存货而发生的费用即为存货的储存成本，主要包括存货资金占用费（以贷款购买存货的利息成本）或机会成本（以现金购买存货而同时损失的证券投资收益等）、仓储费用、保险费用、存货残损霉变损失等。

3. 存货计划与控制

物业服务企业存货管理的主要目的是要以最低的成本及时向企业各部门提供所需物资，以保证整个物业各项公共设备、设施的正常运行和业主的正常工作生活秩序。为此，要根据各种存货的特点，做好存货的计划与控制。存货计划与控制主要是存货资金需要量的确定。存货资金需要量是指一定时期内企业需要占用在存货上的资金数量，通常指一年的需要量。企业可通过存货周转期法测算存货资金需要量。

存货周转期法也称定额日数法，是根据各种存货平均每天的周转额和存货资金周转期来确定存货资金需要量的方法。存货平均每天周转额是指每日平均垫支在存货上的资金数额。存货周转期是指存货完成一次周转所需要的时间。

存货资金需要量的计算公式如下：

存货资金需要量 = 存货平均每天周转额 × 存货周转期

= （存货全年需要量 × 存货单价）/360 × 存货周转期

4. 存货的日常管理

所谓存货的日常管理，是指在物业服务企业的日常生产经营过程中，按存货资金需要计划的要求，对存货的使用和周转情况进行反映和监督，报告当前存货的水平，提供进货决策所需要的信息，使存货数量和质量在不断变化中维持良好的状态。

物业服务企业的存货体现了物业管理服务性的特点：存货能满足日常维修需要即可，而不必占有太多的资金，库存量可根据该物业公共设备设施质量及已使用年限来核定；物业服务企业的主要库存为设备维修常用材料、工具备品、清洁用各种清洁剂及办公用品等；物业服务企业存货库存量不大，但是品种较多，较复杂，要求有严格的管理制度。

存货的日常管理主要包括以下几方面的内容：

(1) 存货的统一归口分级管理。

1) 实行存货资金的统一管理。即在企业经理的领导下，财务部门对存货资金实行统一管理。企业必须加强对存货资金的集中统一管理，促进供、产、销相互协调，实现资金使用的综合平衡，加速资金周转。

2) 实行存货资金的归口管理。根据使用资金和管理资金相结合、物资管理和资金管理相结合的原则，每项资金由哪个部门使用，就归哪个部门管理。

3) 实行存货资金的分级管理。各归口的管理部门要根据具体情况，将存货资金计划进行分解，分配给所属单位和个人，层层落实，实行分级管理。

(2) 存货的 ABC 分类管理。ABC 分类控制法是由意大利经济学家巴雷特所创，因此又称巴雷特法。其基本思路是：按照重要性的原则，对存货按其价值的大小分为 A、B、C 三类，再根据各类存货资金的占用程度，分别进行针对性的管理。

1) 存货 ABC 分类的标准。分类的标准主要有两个：一是金额标准；二是品种数量标准。其中金额标准是最基本的标准，品种数量标准仅作为参考。

A 类存货的特点是金额巨大，但品种数量较少；B 类存货金额一般，品种数量相对较多；C 类存货品种数量繁多，但价值金额却很少。一般而言，这三类存货的金额比重大致为 A∶B∶C ＝0.8∶0.15∶0.05，而品种数量比重大致为 0.1∶0.2∶0.7。由此可以看出，A 类存货占用着企业绝大多数的存货资金，且其品种数量较少，企业可以按照每个品种进行严格管理；B 类存货金额相对较小，品种数量也多于 A 类存货，可以通过划分类别的方式进行管理；C 类尽管品种数量繁多，但其在企业存货资金中所占金额的比重却很小，企业可以对其进行总额控制。这样，既能抓住存货管理的重点，又能兼顾全面，不仅可以提高库存管理的效率，而且可以降低库存管理的费用。

2) 存货 ABC 分类的步骤。A、B、C 三类存货的划分步骤如下：

①根据企业全部存货的明细表，计算出每种存货的价值总额及占全部存货金额的百分比。

②对各种存货按照其价值总额由大到小进行排序，并分别计算和累加金额百分比及品种百分比，同时编成表格。

当某种存货的金额百分比累加到 80% 左右时，视为 A 类存货；介于 80% ~95% 的存货视为 B 类存货，其余则为 C 类存货。分类后可用图 2 - 1 - 6 来表示。

值得注意的是，企业存货的使用状况是经常变化的，企业应对存货的分类进行定期分析和必要调整。过去资金占用比重较低的存货，可能已变成企业的主要存货资金占用；相反，过去占用资金量很大的存货由于市场变化，可能已不是企业主要使用的存货种类。

3) 存货的实物管理。存货数量的计划和实施有效控制了存货资金的占用，同时，又为存货的实物管理提供了基本保证。企业为了提高存货管理水平，必须加强各实物保

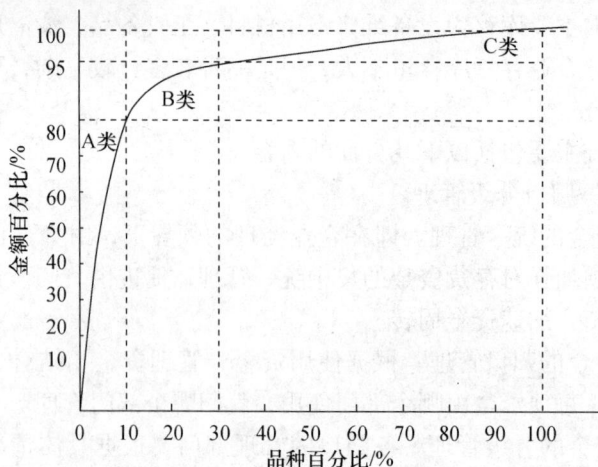

图 2-1-6 ABC 存货分类示意图

管部门对存货的管理。存货实物管理部门应当做好以下工作：

①严格验收手续，控制存货的采购质量。存货的数量和质量必须达到规定的要求，实物保管部门必须把好验收入库关。

②严格仓储保管，保证存货安全、完好。企业应建立严格的经济责任制，对存货的入库、领退严格把关，并且定期与不定期地进行实物盘点，保证存货质量完好和数量完整。

5. 存货领用、发出计价

企业存货的领用和发出的计价是存货管理的一项重要内容。按现行财务制度规定，物业服务企业领用和发出存货，可以采用实际成本计价，也可以采用计划成本计价。存货品种不多，收发业务不频繁的物业服务企业宜采用实际成本核算；相反品种繁多，收发业务很多的企业宜采用计划成本核算。采用计划成本计价的，应在月末将计划成本调整为实际成本。

（1）实际成本计价方法。按现行财务制度规定，物业服务企业按实际成本法确定存货领用、发出的成本，可选择先进先出法、加权平均法、移动加权平均法、后进先出法和个别计价法等方法。

1）先进先出法。先进先出法是指以先购入的存货先发出为假设条件，按照货物购入的先后顺序确定发出存货和期末存货实际成本的方法。采用这种方法，当收入存货时，逐笔登记收到存货的数量、单价和金额；发出存货时，按照先收到先发出的原则逐笔计算存货的发出成本和结存金额。

先进先出法可以随时结转存货发出成本，但该方法较繁琐；如果存货收发业务较多，且存货单价不稳定时，其工作量较大。在物价持续上升时，期末存货成本接近于市价，资产会增多，而发出成本偏低，利润偏高，有悖于谨慎原则。

2）后进先出法后。后进先出法是指以后购入的存货先发出为假设条件，确定发出存货和期末存货实际成本的方法。当收入存货时，逐笔登记收入存货的数量、单价和金额；发出存货时按照后进先出的原则逐笔登记存货的发出成本和结存金额。实务中可以逐笔（即每发出一次计算一次成本）计算，也可以月末集中一次计算。

后进先出法可以随时结转存货发出成本，方法也较为烦琐；如果存货收发业务较多，且存货单价不稳定时，其工作量较大。但在物价持续上升时，期末成本将低于市价，资产不会增多，而发出成本偏高，利润偏低，这些都违背了谨慎原则。

3）加权平均法。加权平均法也称全月一次加权平均法，是指以期初存货数量和本期收入存货数量为权数，于月末一次计算存货平均单价，据以计算当月发出存货和月末结存存货实际成本的方法。计算公式如下：

加权平均单价 =（期初结存存货实际成本 + 本期收入各批存货实际成本之和）/（期初结存存货数量 + 本期收入各批存货数量之和）

本月发出存货实际成本 = 本期发出存货的数量 × 加权平均单价

值得注意的是，若计算加权平均单价不能整除时，往往要四舍五入。为了保持账面之间的平衡关系，一般采取倒挤法计算发出存货的成本。其计算公式如下：

月末结存存货成本 = 月末存货结存数量 × 加权平均单价

本月发出存货实际成本 = 月初结存存货成本 + 本月收入存货成本 − 月末结存存货成本

加权平均法的具体记账方法是：收入存货时，按数量、单价、金额进行登记。对于本期发出的存货，平时只登记数量，不登记单价和金额，待确定月末平均单价后，再一次计算本月发出存货的实际成本及期末结存存货的实际成本。

加权平均法的优缺点是：月末一次计算发出存货和期末结存存货的实际成本，简化了成本计算工作，但平时存货明细账上无法看到发出和结存金额，不利于存货成本的日常管理与控制。

4）移动平均法。移动平均法亦称移动加权平均法，是指每次收货以后，立即根据库存存货数量和总成本，计算出新的平均单位成本的一种方法。移动平均法与上面所讲的加权平均法的计算原理基本相同，只是要求每次收入存货时重新计算加权平均单价。计算公式如下：

移动平均单价 =（本次收入前结存存货的总成本 + 本次收入存货的实际成本）/（本次收入前结存存货的数量 + 本次收入存货的数量）

本次发出存货的实际成本 = 本次发出存货的数量 × 当前的移动平均单价

移动平均法克服了加权平均法的缺点，但由于每收入一次存货就需要计算一次平均单价，故大大增加了日常的核算工作。

5）个别计价法。个别计价法是指每次发出存货的实际成本按其购入时的实际成本分别计价的方法。这种方法计算的成本准确，符合实际情况，但在存货收发频繁情况下，其发出成本分辨的工作量较大。采用这种方法一般应具备以下条件：一是库存和发出的存货所属的收货单据或批别，必须是可以辨别认定的；二是必须有详细的存货记录，仓库中应将每批收入的存货分别存放，并标明单价。

（2）计划成本计价方法。计划成本计价方法是在企业日常核算中，对存货的收入、发出和结存按预先制定的计划成本计价，同时另设"材料成本差异"科目，登记实际成本与计划成本的差额，在会计期末，通过此科目将发出和期末存货调整为实际成本的方法。

二、固定资产管理

（一）固定资产管理概述

1. 固定资产的概念

固定资产是指使用期限超过 1 年的房屋及建筑物、机器、机械、运输工具以及其他与生产经营有关的设备、器具、工具等。不属于生产经营主要设备的物品，单位价值在 2000 元以上，并且使用期限超过 2 年的，也应当作固定资产，不能同时满足上述两个条件的劳动资料，应当作为低值易耗品处理。

2. 固定资产的特点

固定资产与流动资产相比，主要具有以下几个特点：

（1）使用期限超过一年或长于 1 年的 1 个营业周期，且在使用过程中难以改变用途，不易变现。因此，固定资产的流动性较弱，周转速度慢，需要经过数年或数十年才能完成一个循环周期。

（2）在使用过程中保持原来的物质形态不变。固定资产作为一种劳动手段，从其投入使用，一直到报废清理为止，在这一过程中，基本保持原来的物质形态和性能，并不断地发挥其作用，直到完全丧失其使用价值。因此，固定资产的价值补偿是随着固定资产的使用而逐渐进行，而实物更新则要等到固定资产报废时才能完成。

（3）使用寿命是有限的（土地除外）。固定资产可以用来为企业创造财富，但其使用寿命则是有限的。其使用期限取决于它的物理性能、使用情况、使用条件、维护保养的好坏和科学技术进步情况等。

（4）用于经营而不是为了出售。物业服务企业拥有固定资产的目的是为物业经营提供条件，而不是为了出售，这是区别于流动资产的一个重要标志。

（二）固定资产分类

物业服务企业的固定资产种类繁多，为加强管理，便于组织会计核算，有必要对其进行科学、合理的分类。根据不同的管理需要和核算要求以及不同的分类标准，可以对固定资产进行不同的分类，主要有以下几种：

1. 按固定资产项目进行分类

固定资产按项目不同可以分为房屋及建筑物、机器设备、家具设备、交通运输工具、电器设备、其他设备。

（1）房屋及建筑物，房屋是指企业各部门用房以及连同房屋不可分离的附属设备，如照明设备、暖气设备、电梯、卫生设备等；建筑物是指房屋以外的围墙、水塔和公司内花园、喷水池等设施。

（2）机器设备是指用于经营服务的洗衣设备、排水泵；用于产生电力、冷暖气的各种设备等。

（3）家具设备是指用于经营服务和经营管理部门的高级沙发、组合家具、办公桌等。

（4）交通运输工具是指用于经营服务和企业内部运输的各种车辆，如小轿车、卡车、吊车、电瓶车等。

（5）电器设备是指用于企业经营服务或管理的电子计算机、电视机、电冰箱、冰柜、通讯设备等。

（6）其他设备是指不属于以上各类的其他经营管理、服务用的固定资产。

2. 按经济用途进行分类

按固定资产的经济用途分类，可分为经营用固定资产和非经营用固定资产。

（1）经营用固定资产是指直接参加企业生产经营活动或直接服务于物业经营过程的固定资产，如经营和行政管理用房屋及建筑物、物业维修设备、运输设备、仪器和其他经营用固定资产，如供水、供电、供暖设备，锅炉、加压泵、健身运动设备、游泳池等。

（2）非经营用固定资产是指不直接参加和服务于物业经营活动的固定资产，如职工食堂、职工宿舍、招待所、俱乐部等使用的房屋、设备、绿化设施等固定资产。

3. 按使用情况进行分类

按固定资产的使用情况分类，可分为使用中的固定资产、未使用的固定资产和不需用的固定资产。

（1）使用中的固定资产是指正在使用中的经营用和非经营用的固定资产。对于季节性经营或大修理等原因，暂时停止使用的固定资产仍属于企业使用中固定资产。企业出租给其他单位使用和存放在使用部门备用的机器设备，也属于使用中的固定资产。

（2）未使用的固定资产是指新购进尚未安装、尚未投入使用及进行改建、扩建的固定资产和经批准停止使用的固定资产。

（3）不需用的固定资产是指企业多余或不适用的各种固定资产。

4. 按所有权进行分类

按固定资产的所有权分类，可分为自有固定资产和租入固定资产。

（1）自有固定资产是指企业拥有的可供企业自由地支配使用的固定资产，企业对各类固定资产享有占有权、处置权，可供企业长期使用；是企业全部资产的重要构成部分。

（2）租入固定资产是指企业采取租赁的方式从其他单位租入的固定资产。企业对租入的固定资产依照租赁合同拥有使用权，同时负有支付租金的义务。但资产的所有权属于出租单位。其租入方式分为经营性租入和融资性租入两种。

5. 按经济用途和使用情况综合分类

按经济用途和使用情况进行综合分类，可把固定资产分为七大类：

（1）经营用固定资产；

（2）非经营用固定资产；

（3）租出固定资产：指在经营性租赁方式下出租给外单位使用的固定资产；

（4）不需用固定资产；

（5）未使用固定资产；

（6）融资租入固定资产：指企业以融资租赁方式租入的固定资产，在租赁期内，应视同自有固定资产进行管理；

（7）土地，指过去已经估价单独入账的土地。因征地而支付的补偿费，应计入与土地有关的房屋、建筑物的价值内，不单独作为土地价值入账。企业取得的土地使用权不能作为固定资产管理。

实际工作中，企业大多采用综合分类的方法作为编制资产目录，进行固定资产核算的依据。

（三）固定资产折旧

1. 固定资产折旧的概念

固定资产在使用过程中将逐渐地发生损耗，这种损耗就是折旧。折旧使固定资产的功能降低，价值减少。固定资产的折旧包括有形折旧和无形折旧两种方式。有形折旧是指因不断使用而发生的物质磨损以及由于自然条件原因引起的自然磨损。例如，房屋、设备等因使用而逐渐陈旧，这种损耗与使用时间成正比，它决定了固定资产物理使用年限的长短。无形折旧是指在技术进步和劳动生产率不断提高的条件下而造成的原有固定资产价值贬值。为了使固定资产能够得到价值补偿和实物更新，以及能够正确计算企业的费用和利润，固定资产的磨损必须计提折旧。

固定资产应计折旧额指应当计提折旧的固定资产的原价扣除其预计净残值后的余额。预计净残值是指假定固定资产预计使用寿命已满并处于使用寿命终了时的预期状态，目前从该项资产处置中获得的扣除预计处置费用后的金额。也就是指预计固定资产使用寿命结束时，固定资产处置过程中所发生的处置收入扣除处置费用后的余额。

物业服务企业应当根据固定资产的性质和使用情况，合理确定固定资产的使用寿命和预计净残值，并根据科技发展、环境及其他因素，选择合理的固定资产折旧方法，按照管理权限，经股东大会、董事会、经理会议或类似机构批准，作为计提折旧的依据。同时，按照法律、行政法规的规定报送有关各方备案，同时备置于企业所在地，以供股东等有关各方查阅。

2. 固定资产折旧的计提范围

（1）固定资产折旧应考虑的因素：

1）固定资产原价。是指固定资产的成本。

2）固定资产的净残值。是指固定资产预计报废时可以收回的残余价值扣除清理费用后的余额。

3）固定资产的使用寿命。固定资产使用寿命的长短直接影响各期应提的折旧额。

（2）固定资产折旧范围。物业服务企业所拥有的固定资产，除以下情况外，均应计提折旧：

1）已提足折旧仍继续使用的固定资产。

2）按照规定单独估价作为固定资产入账的土地。

3）未使用和不需用的固定资产。

企业在具体计提折旧时，一般应按月计提折旧，当月增加的固定资产，当月不计提折旧，从下月起计提折旧；当月减少的固定资产，当月仍计提折旧，从下月起不计提折旧。固定资产提足折旧后，不管能否继续使用，均不再提取折旧；提前报废的固定资产，也不再补提折旧。

企业更新改造等原因而调整固定资产价值的，应当根据调整后的价值、预计使用年限和预计净残值，按企业所选用的折旧方法计提折旧。

要注意的是，以融资租赁方式租入的固定资产和以经营租赁方式租出的固定资产，应当计提折旧；以融资租赁方式租出的固定资产和以经营租赁方式租入的固定资产，不应当计提折旧。

3. 固定资产的折旧方法

企业应当根据与固定资产有关的经济利益预期实现方式选择折旧方法，可选择的折旧方法包括平均年限法、工作量法、年数总和法和双倍余额递减法等。企业选用不同的固定资产折旧方法，将影响固定资产使用寿命期间内不同时期的折旧费用，因此，折旧方法一经选定，不得随意变更。如需变更，应当在会计报表附注中予以说明。

（1）平均年限法。平均年限法又称直线法，是将固定资产的应计折旧额均衡地分摊到固定资产预计使用寿命内的一种方法。采用这种方法计算的每期折旧额均是等额的。计算公式如下：

年折旧率 =（1 - 预计净残值率）/ 预计使用年限 × 100%

预计净残值率 = 预计净残值 / 固定资产原值 × 100%

预计净残值 = 预计残值 - 预计清理费

月折旧率 = 年折旧率 ÷ 12

月折旧额 = 每月月初固定资产原价 × 月折旧率

式中，净残值率按照固定资产原值的 3% ~ 5% 确定，净残值率低于 3% 或者高于 5% 的，由企业自主确定，但须报财政主管机关备案。

采用平均年限法计算固定资产折旧虽然比较简便，但它也存在着一些明显的局限性。

首先，固定资产在不同使用年限提供的经济效益是不同的。一般来讲，固定资产在其使用前期工作效率相对较高，所带来的经济效益也就较多；而在其使用后期，工作效率一般呈下降趋势，因而，所带来的经济效益也就逐渐减少。平均年限法不考虑这一事实，明显是不合理的。其次，固定资产在不同的使用年限发生的维修费用将随着其使用时间的延长而增大，而平均年限法也没有考虑这一因素。

如果固定资产各期的负荷程度相同，各期应分摊相同的折旧费用，这时采用平均年限法计算折旧是合理的。但是，若固定资产各期负荷程度不同，采用平均年限法计算折旧则不能反映固定资产的实际使用情况，提取的折旧数与固定资产的损耗程度也不相符。

（2）工作量法。工作量法是根据实际工作量计提固定资产折旧额的一种方法。这种方法弥补了平均年限法只看重使用时间，不考虑使用强度的缺点，其计算公式为：

每一工作量折旧额 =〔固定资产原价 ×（1 - 净残值率）〕/ 预计总工作量

某项固定资产月折旧额 = 该项固定资产当月工作量 × 每一工作量折旧额

（3）双倍余额递减法。双倍余额递减法是在不考虑固定资产预计净残值的情况下，根据每年年初固定资产净值和双倍的直线法折旧率计算固定资产折旧额的一种方法。应用这种方法计算折旧额时，由于每年年初固定资产净值没有扣除预计净残值，因此，往往会造成最后1年提完折旧后剩下的净值不等于净残值。为避免这种情况的产生，在应用这种方法计算固定资产折旧额时，应在其折旧年限到期前两年内，将固定资产的净值扣除预计净残值后的余额平均摊销，使最后1年计提折旧后的固定资产账面净值与预计净残值相等。计算公式如下：

年折旧率 = 2/预计的折旧年限 × 100%

月折旧率 = 年折旧率 ÷ 12

月折旧额 = 固定资产账面净值 × 月折旧率

（4）年数总和法。年数总和法又称合计年限法，是将固定资产的原价减去预计净残值后的余额，乘以一个以固定资产尚可使用年限为分子、以预计使用年限逐年数字之和为分母的逐年递减的分数计算每年的折旧额的方法。其计算公式如下：

年折旧率 = 尚可使用年限/预计使用年限的年数总和

或者，年折旧率 = （预计使用年限 − 已使用年限）/〔预计使用年限 × （预计使用年限 + 1）〕 × 100%

月折旧率 = 年折旧率 ÷ 12

月折旧额 = （固定资产原值 − 预计净残值）× 月折旧率

以上四种折旧方法中，双倍余额递减法和年数总和法属于加速折旧法。与平均年限法和工作量法相比，采用加速折旧法，并不改变固定资产折旧年限，也不改变固定资产折旧额，只改变了固定资产折旧在各年的分布情况，即在固定资产使用寿命内，无论采用什么样的方法，折旧总额是相等的。

在采用加速折旧法时，其共同特点是：在固定资产使用前期所提折旧额多，以后再逐渐减少。从而相对加快折旧的速度，以使固定资产成本在有效使用年限中尽快得到补偿。就交纳所得税而言，相比平均年限法来说，可以起到推迟纳税时间和变相减税的作用，对企业来说体现了稳健性原则，有利于加快资金周转，改善企业财务状况。

双倍余额递减法和年数总和法的区别在于：双倍余额递减法计算的各年折旧额，是按定比递减的，各年折旧额形成一个等比的差额；年数总和法计算的各年折旧额，是一个等比递减的等差级数。

企业至少应当于每年年度终了，对固定资产的使用寿命、预计净残值和折旧方法进行复核：

使用寿命预计数与原先估计数有差异的，应当调整固定资产使用寿命。

预计净残值预计数与原先估计数有差异的，应当调整预计净残值。

与固定资产有关的经济利益预期实现方式有重大改变的，应当改变固定资产折旧方法。

（四）固定资产的日常管理

固定资产的日常管理，就是物业服务企业按照固定资产管理的要求，以固定资产计划指标和各项定额为依据，对固定资产的形成、使用、损耗、补偿和使用效果所进行的日常监督和调节。其管理目的是充分发挥固定资产的效能，提高固定资产的使用效果。固定资产的日常管理包括以下几个方面的内容：

1. 实行分级归口管理，建立岗位责任制

物业服务企业的固定资产种类较多，因此，必须实行固定资产的分级归口管理责任制度。

固定资产分级归口管理责任制度，是指在经理的直接领导下，按照固定资产的类别和使用单位，归口给有关部门负责管理，然后再进一步落实到分公司、班组和个人的一种管理办法。固定资产实行分级归口管理办法，可使企业正确处理各个方面的责权关系，把固定资产使用和管理结合起来，更好地调动企业内部各部门以及职工群众管理好固定资产的积极性。

固定资产分级归口管理的一般做法是：根据谁用谁管的原则，将企业所有的固定资产交由企业内部各级单位进行管理，做到物物有人管，层层负责任。各归口单位要对分管的固定资产负全责，确保固定资产的安全完整。

2. 加强固定资产的实物管理，提高利用效果

加强对固定资产的实物管理，就必须做好固定资产管理的基础工作。主要包括：编制固定资产目录，建立固定资产账目与登记卡片；对新增固定资产做好验收、入账工作，做到手续完备，责任明确；对减少的固定资产转入清理，必须建立严格的审批手续制度，事后要及时注销账卡；对在用固定资产的租入、租出、内部转移和封存，要及时做好记录，以加强管理。

固定资产的日常维护修理，对固定资产的正常使用和充分发挥其作用至关重要。加强固定资产维护，就是要严格遵守操作规程，经常检查设备使用和运转情况，发现问题，及时进行修理，确保设备处于良好的工作状态。通过设备的维护、修理，可以恢复设备的使用效能和延长其使用寿命。因此，要贯彻大修理和技术改造相结合的原则，以提高设备的技术水平和利用效果。

3. 建立固定资产盘点制度，确保账实相符

为了保证固定资产的安全完整、账实相符，必须定期或不定期地对固定资产进行清查盘点。通过盘点既可以查清固定资产的实有数，明确账实是否相符；又可以了解固定资产维修、保养情况，发现固定资产管理中存在的问题，以便及时采取措施，不断提高固定资产的管理水平。

在进行固定资产清查时，应由企业财务人员会同财产管理人员对固定资产进行逐项清点，根据"固定资产卡片"与实物进行核对，并根据清查结果，编制"固定资产盘点表"，对盘盈、盘亏的固定资产，在报经批准后处理。盘盈的固定资产要查明来源，及时补办有关手续；盘亏的固定资产要查明原因，明确责任，不能随意核销。

三、无形资产管理

（一）无形资产的概念

无形资产是指物业服务企业为提供劳务、出租给他人，或为管理目的而持有的、没有实物形态的可辨认非货币性长期资产。随着物业管理的不断发展和市场的规范化运行，无形资产对物业服务企业来说也越来越重要，一些名牌物业服务企业靠其优秀的管理和较高的信誉，以物业招投标的方式参与市场竞争，扩大市场占有率。因此，无形资

产管理是财务管理的重要内容之一。

（二）无形资产的特点

无形资产属于资产范畴，因而它具有资产的一般特征。此外，作为无形资产，它还同时具有以下特点：

1. 无形资产不具有实物形态

无形资产通常表现为某种权力、某项技术或某种获取超额利润的综合能力。比如，土地使用权、非专利技术等。它没有实物形态，但具有价值，可以买卖，其价值在于它能为它的占有者带来高于同行业一般水平的盈利能力。不具有实物形态是无形资产区别于其他资产的显著标志。

2. 无形资产属于非货币性长期资产

无形资产属于非货币性资产，且不是流动资产，这是无形资产的又一特征。无形资产没有实物形态，像应收款项、银行存款等货币性资产也没有实物形态，但显然，无形资产与这些货币性资产不同。无形资产不是流动资产，能够在多个会计期间为企业带来经济效益。无形资产的使用年限在一年以上，其价值将在各个受益期间逐渐被注销。

3. 无形资产是为企业使用而非出售的资产

企业持有无形资产的目的不是为了出售而是为了生产经营，即利用无形资产来提供商品、提供劳务、出租给他人或为企业经营管理服务。

4. 无形资产在创造经济利益方面存在较大不确定性

无形资产必须与企业的其他资产结合，才能为企业创造经济利益。

5. 无形资产具有可辨认性

无形资产能够从企业中分离或者划分出来，并能单独或者与相关合同、资产或者负债一起，用于出售、转移、授予许可、租赁或者交换。同时，无形资产源自合同性权利或其他法定权利，无论这些权利是否可以从企业或其他权利和义务中转移或者分离。

（三）无形资产的构成

无形资产主要包括专利权、非专利技术、商标权、著作权、土地使用权、特许权等。由于商誉的存在无法与企业自身分离，不具有可辨认性，故不属于无形资产。企业自创的商誉以及内部产生的名牌、报刊名等，不应确认为无形资产。

1. 专利权

专利权是指权利人在法定期限内对某一发明创造所拥有的独占权和专有权。并不是所有的专利权都能给持有者带来经济利益，有的专利可能没有经济价值或具有很小的经济价值；有的专利会被另外更有经济价值的专利所淘汰等。因此，物业服务企业无需将其所拥有的一切专利权都予以资本化，作为无形资产核算，只有那些能够给物业服务企业带来较大经济价值，并且物业服务企业为此花费了支出的专利，才能作为无形资产核算。

2. 非专利技术

非专利技术也称专有技术，是指不为外界所知、在生产经营活动中已采取了的、不享有法律保护的各种技术和经验。非专利技术具有经济性、机密性和动态性等特点。

非专利技术有些是物业服务企业自己开发研究的，有些是根据合同规定从外部购入的。如果是自己开发研究，可能成功也可能失败，研究过程中发生的相关费用，会计核算上一般将其全部列作当期费用处理，不作为无形资产核算。从外部购入的，应按实际发生的一切支出，予以资本化，作为无形资产入账核算。非专利技术可以作为资产对外投资，也可以转让。

3. 商标权

商标权是指物业服务企业专门在某种指定的商品上使用特定的名称、图案、标记的权利。商标权的价值在于它能使享有人获得较高的赢利能力。

物业服务企业自创商标并将其注册登记，所花费用一般不大，是否将其资本化并不重要。按照商标法的规定，商标可以转让，如果物业服务企业购买他人的商标，一次性支出费用较大的，可以将其资本化，作为无形资产管理。这时，应根据购入商标的买价、支付的手续费及有关费用记账。投资者投入的商标权应按评估确认的价值入账。

4. 土地使用权

土地使用权是指国家准许某一物业服务企业在一定期间对国有土地享有开发、利用、经营的权利。取得土地使用权时花费了支出，则应将其资本化，作为无形资产核算。这里涉及两种情况：一是物业服务企业根据《中华人民共和国城镇国有土地使用权出让和转让暂行条例》，向政府土地管理部门申请土地使用权，有偿取得的国有土地使用权，在这种情况下，物业服务企业应予以资本化，作为无形资产核算；二是物业服务企业原先通过行政划拨获得土地使用权，没有入账核算，在将土地使用权有偿转让、出租、抵押、作价入股和投资时，应按规定将补交的土地出让价款予以资本化，作为无形资产核算。

5. 特许权

特许权也称为专营权，指在某一地区经营或销售某种特定商品的权利或是一家物业服务企业接受另一家物业服务企业使用其商标、商号、技术秘密等的权利。前者一般是由政府机构授权，准许物业服务企业使用或在一定地区享有经营某种业务的特权，如水、电、邮电通信等专营权，烟草专卖权等；后者是指物业服务企业间依照签订的合同，有限期或无限期使用另一家物业服务企业的某些权利，如连锁店的分店等。会计上的特许权主要指后一种情况。只有支付了费用取得的特许权才能作为无形资产入账。

（四）无形资产的计价与摊销

1. 无形资产的计价

根据现行会计制度规定，企业的无形资产在取得时，应按实际成本进行计价。根据取得方式的不同，对无形资产成本的确定也不同。

（1）外购无形资产的成本，包括购买价款、相关税费以及直接归属于使该项资产达到预定用途所发生的其他支出。

购买无形资产的价款超过正常信用条件延期支付时，实质上具有融资性质的，无形资产的成本以购买价的现值确定，实际支付的价款与购买价款的现值之间的差额，应当在信用期内计入当期损益。

（2）自行开发无形资产的成本是指符合合同时满足开发阶段的支出条件至达到预定用途前所发生的支出总额，但是对于以前期间已经费用化的支出不再调整。包括开发过程中发生的材料费用、直接参与开发人员的工资及福利费、开发过程中发生的租金、借款费用及取得时发生的注册费、聘请律师费等。

（3）投资者投入无形资产的成本，应当按照投资合同或协议约定的价值确定，但合同或协议约定价值不公允的除外。

（4）物业服务企业接受的债务人以非现金资产清偿债务方式取得的无形资产，应当对受让的非现金资产按其公允价值入账。重组债权的账面余额与受让的非现金资产的公允价值之间的差额，计入当期损益。债权人已对债权计提减值准备的，应当先将该差额冲减减值准备。

（5）以非货币性资产交换取得的无形资产，应当以公允价值和应支付的相关税费作为换入资产的成本，公允价值与换出资产账面价值的差额计入当期损益。

2. 无形资产摊销

无形资产属于企业的长期资产，能在较长的时间里给企业带来效益。但无形资产通常也有一定的有效期限，它所具有的有价值的权利或特权总会终结或消失，因此，企业应将入账的无形资产在一定年限内摊销。无形资产摊销主要涉及无形资产成本、摊销开始月份、摊销方法、摊销年限、净残值等因素。无形资产成本即入账价值。

（1）确定摊销开始月份。无形资产的成本应自取得当月起在预计使用年限内分期摊销。也就是说，无形资产摊销的开始月份为取得当月。

（2）确定摊销年限。通常情况下，无形资产成本应在其预计使用年限内摊销。如合同没有规定受益年限，法律也没有规定有效年限的，摊销年限不应超过10年。

（3）确定无形资产的净残值。无形资产的净残值应假定为零。

（4）确定摊销方法。企业选择的无形资产摊销方法，应当反映与该项无形资产有关的经济利益的预期实现方式。无法可靠确定预期实现方式的，应当采用直线法摊销。应摊销金额为其成本扣除预计净残值后的金额。已计提减值准备的无形资产，还应扣除已计提的无形资产减值准备累计金额。寿命有限的无形资产，其净残值应当视为零，其摊销金额一般应计入当期损益。采用直线法进行无形资产摊销。计算公式为：

无形资产年摊销额 = 无形资产原始价值/预计使用年限

无形资产月摊销额 = 无形资产年摊销额/12

例如，某企业2010年3月外购一项无形资产，入账价值48万元，预计使用年限为4年（没有超过相关合同规定的受益年限和法律规定的有效年限）。该项无形资产的年、月摊销额计算如下：

无形资产年摊销额 = （48/4）万元/年 = 12万元/年

无形资产月摊销额 = （12/12）万元/年 = 1万元/月

为了核算和监督企业对使用寿命有限的无形资产计提的累计摊销情况，企业应当设置"累计摊销"账户。该账户贷方登记计提的无形资产摊销情况，借方登记处置无形资产时相应结转的累计摊销额，期末余额在贷方，反映企业无形资产的累计摊销金额。上例某企业月计提无形资产摊销额10000元，账户处理为：

借：管理费用   10000

    贷：累计摊销   10000

（五）无形资产的日常管理

无形资产是企业资产的重要组成部分，它能在较长时期内为企业提供经济利益。为了提高无形资产的使用效果，必须加强对无形资产的日常管理。无形资产的日常管理包括以下几个方面：

1. 无形资产的计量及摊销管理

企业取得无形资产的方式有很多，但是无论企业以何种方式取得无形资产，最关键的是必须根据无形资产的具体来源按会计制度规定对无形资产作出正确计量。除此以外，企业还必须按规定于取得无形资产当日起，在预计使用年限内分期平均摊销无形资产。

2. 无形资产处置和报废管理

无形资产处置和报废包括无形资产出售、无形资产出租、无形资产转销。

3. 按规定计提无形资产减值准备

根据会计谨慎性原则的要求，企业对不实资产必须计提减值准备，以便使企业的资产净值更客观、更真实。

4. 无形资产使用的管理

无形资产是企业重要的经济资源，充分发挥现有无形资产的效能，提高无形资产利用效率，对于促进企业发展，提高企业经济效益具有十分重要的作用。

5. 无形资产出租

无形资产出租是无形资产使用权转让的行为，即物业服务企业仅仅是将部分使用权让渡给其他单位或个人，出租方仍保留其所有权、收益权和处分权，只是暂时失去无形资产的使用权；承租方只能在合同规定的范围内合理使用而无权再转让。因此，出租无形资产不应转销无形资产的账面摊余价值。

四、物业管理资金

在物业管理活动中，为了满足业主的各方面需求，就要投入大量的活劳动和物化劳动，就需要各种类型的资金，物业管理各类型资金使用的效率直接关系到物业管理服务水平的高低和业主的满意程度，因此，物业管理服务中，资金的筹措和使用是一项重要的工作。

（一）物业管理资金的来源

1. 物业服务费

物业服务是一种有偿服务，物业服务费是业主与物业服务企业在物业服务合同中已有约定，业主有接受物业服务企业提供服务的权利，同时也要尽按时交纳物业服务费用的义务。物业服务费是保证物业服务正常运作的主要资金。

物业服务费的收取标准牵涉面广，对社会影响较大，为规范物业服务费的收费行为，维护业主、物业服务企业的合法权益，《物业管理条例》规定了物业服务收费应当遵循合理、公开以及费用与管理水平相应的原则，物业服务收费应当区分不同物业的性质和特点分别实行政府指导价和市场调节价，具体定价形式由省、自治区、直辖市的人民政府价格主管部门会同房地产行政主管部门确定。

2. 住宅专项维修资金

住宅专项维修资金，是指专项用于住宅共用部位、共用设施设备保修期满后的维修和更新设定的资金。住房专项维修资金能用于中修以上的维修项目和更新改造项目，是为了使区分所有建筑物能够长期正常使用的一笔保障资金。区分建筑物在建成 15 年以后，共用部位、共用设施设备均陆续进入中修、大修期，按照中修和大修的要求很多共用设施需要加固、更换、翻新，很多共用设备已达到使用年限，急需更新改造，需要一大笔资金。然而业主的经济状况参差不一，如果有部分业主无法拿出分摊份额的钱，那么维修、更新工作就无法进行，不仅会影响物业功能的正常发挥，严重的还会威胁物业的安全。因此，住宅专项维修资金就是为应对这种情况出现而准备的一笔保障资金，也是保证物业管理活动能够达到预定目标的必不可少的资金。

3. 共用部位、共用设施设备经营利用的业主收益

在物业管理区域内，利用物业共用部位、共用设施设备进行经营的，应当在征得相关业主、业主大会、物业服务企业的同意后，按照规定办理有关报告手续，业主所得收益应当主要用于补充专项维修基金，也可以按照业主大会的决定使用。在实践中，有些物业管理区域的业主大会，通过决议后会把部分业主收益用作补充物业服务经费。

4. 物业服务企业对特约服务投入的资金

《物业管理条例》规定：物业服务企业可以根据业主的委托提供物业服务合同约定以外的服务项目，而物业服务企业开展特约服务时，某些服务项目，如代售机票、火车票，代洗衣物，复印、打印等服务，需要一定的服务场所和设备器材，运作过程还需一些流动资金，因此物业服务企业为开展特约服务也会有一些资金投入。

5. 国家财政补助资金

政府要求物业管理区域的业主配合参与政府组织的一些活动时，往往也会提供一些财政补助，如创建文明小区，是社会主义精神文明建设的重要组成部分，业主大会、物业服务企业和当地政府都十分重视，有的还会得到政府的补贴。如深圳市有规定，市区财政对全市规划创建的文明小区分别一次投入启动资金，每个小区市财政出资 3 万元，区财政出资 2 万元。

又如，为迎接 2010 年的亚运会，广州市政府耗资数 10 亿元，对全市临街的建筑物实施"穿衣戴帽"工程，进行外墙粉刷，更换窗户和房顶整饰，其中不少是属于住宅小区的建筑物，这些本来也是物业维修应做的工作，属于物业管理服务的范畴，现由政府出资完成，实际也可视为一种政府财政投入。

6. 业主委员会资金

业主委员会作为业主大会的常务办事机构，也需要一些经费支出，如办公费、通信费、交通费等。另外，业主委员会的成员可能还要领取业主大会核准的酬金，因此，业主委员会也有一笔资金是投入到物业管理活动中，属于物业管理资金的组成部分之一。

（二）物业管理资金的使用原则

1. 专款专用原则

物业管理资金种类多，每一项资金都对应着相应的用途，即都是专款，按照财务管理制度的有关规定，专项资金必须专款专用，严禁挤占、挪用、套用，以保证物业管理

资金运用的严谨、有序，从根本上维护业主和非业主使用人的利益。

2. 厉行节约原则

物业管理资金的筹集是经过核算的，筹集的过程也是很艰难的，因此，物业管理资金必须节约使用，绝不能铺张浪费。为此，必须按计划使用资金，不超支，不超计划增加使用项目，必须建立科学、有效的行政、财政和审计监督机制，以及资金使用的责权利结合机制。

3. 效益原则

业主把物业管理资金委托给物业服务企业管理和使用，物业服务企业只有科学高效管理和使用这些资金，使其获得预期的效益，才能不辜负业主的期望和委托。同时，也只有高效管理好物业管理资金，物业管理服务活动才能正常开展，才能实现物业管理的良性循环。为此，应该研究物业管理资金的运行规律，严密制定各项物业管理服务计划，加强资金的核算管理，争取以最少的资金投入达到相应的物业服务水平。

4. 民主管理原则

物业管理资金的使用和管理状况既关系到多方的利益，又关系到后续资金的收缴，特别需要业主和政府各相关行政主管部门的支持和理解，所以，实行民主管理，公开物业管理资金的筹集和使用情况，主动接受各方的监督，积极认真执行业主大会和各级政府相关主管部门对重大资金使用的决议，对于规定物业管理资金的管理和使用、争取各方的支持和合作、实现物业管理资金的良性循环都具有重要意义。

（三）物业管理资金的筹措

物业管理资金的筹措，应实行"谁所有、谁负责"的原则。

1. 物业服务费的筹措

物业服务费的所有权按合同约定的形式不同，可分为业主所有和物业服务企业所有。业主与物业服务企业可以采取包干制或者酬金制等形式约定物业服务费用。

包干制是指由业主向物业服务企业支付固定物业服务费用，盈余或者亏损均由物业服务企业享有或者承担的物业服务计费方式。

酬金制是指在预收的物业服务资金中按约定比例或者约定数额提取酬金支付给物业服务企业，其余全部用于服务合同约定的支出，结余或者不足均由业主享有或者承担的物业服务计费方式，可见实行物业服务费用酬金制的，预收的物业服务支出属于代管性质，为所交纳的业主所有。

无论是实行包干制还是酬金制，物业服务费的来源都是由物业服务企业向业主或非业主使用人收取的。在包干制中，所谓业主向物业服务企业支付固定物业管理费用，只不过是指每个业主应该支付的固定物业服务费用，如果收费率不理想，物业服务企业会面临很大的经营风险；而在酬金制中，如收费率不高，物业服务支出年结算后不足部分由全体业主承担。

《物业服务收费管理办法》明确规定：业主应当按照物业服务合同的约定按时足额缴纳物业服务费用或者物业服务资金，业主违反物业服务合同约定逾期不缴纳服务费用或者物业服务资金的，业主委员会应当督促其限期缴纳，逾期仍不缴纳的，物业服务企业可以依法追缴。

2. 住宅专项维修资金的筹措

按照《住宅专项维修资金管理办法》，住宅专项维修资金，属商品房的则以业主为筹资对象，而出售公有住房的，售房单位和业主都是筹资对象。责任明确，数量清楚，制约措施也非常有力，凡不按规定交存首期住宅专项维修资金的，开发建设单位或者公有住房售房单位不得将房屋交付购买人，故 2008 年 2 月开始，《住宅专项维修资金管理办法》实施后所出售的物业，住宅专项维修资金筹资都到位。

问题是该规定实施前，各地方性法规对住宅专项维修资金筹措办法很不统一，有些省、自治区、直辖市规定由业主全部负担，而有些又规定由开发建设单位全部负担，有些规定开发建设单位和业主各负担一部分，在这种情况下，很多筹资对象利用这些法规之间的矛盾钻空子，规避交存责任，导致住宅专项维修资金的筹集在很多地方都得不到落实。因此《住宅专项维修资金管理办法》的附则规定：本办法实施前，商品住宅、公有住房已经出售但未建立住宅专项维修资金的，应当补建。

3. 共用部位、共用设施设备经营的业主收益的补充

凡符合规定，利用共用部位、共用设施设备进行经营活动，按约定业主有获得应得收益的部分，归业主共有，如占用物业管理区域内业主共有的道路或者其他场所用于停放机动车的收益。原则上，这些收益应当转入住宅专项维修资金滚存使用，这是因为房屋在对大多数城市居民来说，都是一笔最大的财产，很多人为此耗费了大半生的积蓄，现在按规定筹集的首期住宅专项维修资金，还不足以将来共用部分、共用设施设备中修和大修、更新改造之用，如将来因资金不足，影响到这些工作无法按实际需要进行，进而影响物业的正常使用和房屋使用年限，不仅是业主个人的损失，也给政府的城市管理带来很大压力，所以《住宅专项维修管理办法》作出规定的初衷，也是希望能动用各种筹资手段增大住宅专项维修资金的基数。

4. 物业服务企业的投入资金

物业服务企业的投入资金是专用于特约服务，特约服务项目的规模、数量不同，对资金需求也有差别，物业服务企业投入的资金，可以是企业自有资金，也可以是信贷资金。

5. 业主委员会资金的筹措

业主委员会的资金应由全体业主筹集，《广东省物业管理条例》第三十五条规定：业主委员会日常工作经费由全体业主承担，经费的筹集、管理和使用由业主大会决定。业主委员会应当按季度在物业管理区域的显著位置公布工作经费使用情况，接受业主监督。

五、物业管理服务费

（一）物业管理服务费的概念和特征

1. 物业管理服务费的概念

物业管理服务费是对物业管理区域居住或工作环境实施综合管理服务，向业主及使用人提供物业服务，由此而产生的管理成本及利润总和，按公摊面积比例分摊到业主的物业管理服务费用。

2. 物业管理服务费的特征

（1）物业管理服务费用的收费主体是物业服务企业，而非房地产开发商。房地产开发商和物业服务企业是两个独立法人，不是同一法人单位。房地产开发商无权行使属于物业服务企业的权利，开发商没有义务替物业服务企业收取、免除物业管理服务费。所以，开发商"买房送物业管理服务费"的促销手段是错误的。

（2）物业管理服务费交费主体是业主和房屋使用人。物业管理服务费由物业服务企业按照物业服务合同的约定向业主收取。业主与使用人约定由使用人缴纳物业管理服务费的，从其约定，但业主负最终缴纳责任。物业管理服务费可以预收，预收期限根据各地法规规定有所不同。物业服务企业已向业主或者使用人收取物业管理服务费的，其他任何单位和个人不得重复收取性质相同的费用。

（3）物业管理服务费与购房款无关，具有独立性。除非开发商与购房者另有约定，房地产开发商一般不能以购房人不预交物业管理服务费及其他使用费为理由拒绝交付物业。交付物业与交付物业管理服务费的义务来源依据不同，即性质不一样。前者是开发商履行物业买卖合同的交付标的物义务，购房人只要按合同规定支付了楼款，开发商就必须交房。后者是购房人取得物业并开始行使物业权能时才产生的义务，它来源于法律法规与物业使用、管理、维修规约。两者在时间上有先后，交付物业在先。若开发商拒交，则应承担逾期交付的违约责任，逾期超过合同约定的时间，购房人有权解除合同。

此外，购房人一般不得以物业存在质量缺陷为由拒绝支付物业管理服务费。购房人只要实际接收了物业，在占用、使用该物业的过程中已经享受了服务，就必须向物业服务企业支付费用。在此情况下，购房人应另行与开发商就物业质量问题协商维修及赔偿问题。

（二）物业管理服务费的收费原则

1. 符合业主的普遍经济能力

物业管理公共服务，顾名思义，是对物业管理区域业主居住环境公共事务的管理服务。业主都希望物业管理服务质量越高越好，但高质量的服务必然需要高的物业管理服务成本。由于物业管理区域业主经济收入各不相同，业主对物业管理服务费的支出能力也不相同。经济基础好的业主希望有高质量的物业管理服务，而经济基础差的业主只能接受普通的服务。物业管理服务行业本身就是一种社会性极强的行业，它的公共服务性决定了向所有业主提供同一质量等级的服务，不可能针对不同需求的业主提供不同的服务，否则就不能称其为公共服务。因此，物业管理公共服务质量等级应与大多数普通收入业主的支付能力相适应。

2. 取之于民，用之于民

物业管理服务费除前期物业管理阶段外，在业主自主管理过程中，物业服务企业应在规定的期限内向业主公布收支账目，接受业主的监督，实行高度透明化操作。物业管理服务费的收费标准是经业主委员会（前期物业管理除外）核算，业主大会通过，按照物业服务合同的约定支出。物业管理服务费的支付方法是业主按公摊面积比例交纳。物业管理服务费的支出主要应用于物业管理服务成本、法定税费和物业服务企业的利润。

3. 收支平衡，质、价相称

物业管理服务费的收取标准以政府指导价的基准价为基础，并考虑允许上浮幅度。物业管理服务费不能过高，否则影响低收入层次业主的支付能力；也不能过低，否则造成物业管理服务标准的降低。因此，在预算的物业管理服务费范围内，物业管理服务费收支不能相差太大，要保持收支平衡。经过核算的物业管理服务费收取标准对应一定的服务质量，物业管理服务者不能只收费不服务或少服务；相反，应提高物业管理的效率，在同等的物业管理服务费投入下应创出最高的服务水平。这不仅是业主的期望，同时也是物业管理服务者保持市场占有率和自身发展所必须具备的能力。

（三）物业管理服务费的构成

实行物业管理服务费用包干制的，物业管理服务费用构成包括物业服务成本、法定税费和物业服务企业利润；实行物业管理服务费用酬金制的，预收的物业服务资金包括物业服务支出和物业服务企业酬金。

1. 物业服务成本构成

根据国家发改委 2003 年 11 月颁布的《物业服务收费管理办法》（发改价格〔2003〕1864 号）规定，物业服务成本或物业服务支出构成一般包括以下部分：

（1）管理服务人员的工资、社会保险和按规定提取的福利费等；

（2）物业共用部位、共用设施设备的日常运行、维护费用；

（3）物业管理区域清洁卫生费用；

（4）物业管理区域绿化养护费用；

（5）物业管理区域秩序维护费用；

（6）办公费用；

（7）物业服务企业固定资产折旧；

（8）物业共用部位、共用设施设备及公众责任保险费用；

（9）经业主同意的其他费用。

物业共用部位、共用设施设备有大修、中修和更新、改造费用，应当通过专项维修资金予以列支，不得计入物业服务支出或物业服务成本。

2. 物业服务成本各项支出的范畴

根据国家发改委 2007 年 9 月颁布的《物业服务定价成本监审办法（试行）》（发改价格〔2007〕2285 号）规定：

（1）人员费用是指管理服务人员工资，按规定提取的工会经费、职工教育经费，以及根据政府有关规定应当由物业服务企业交纳的住房公积金和养老医疗、失业、工伤、生育保险等社会保险费用。

（2）物业共用部位、共用设施日常运行和维护费用是指为保障物业管理区域内共用部位、共用设施设备的正常使用和运行，维护保养所需费用。

（3）绿化养护费用是指管理、养护绿化所需的绿化工具购置费、绿化用水费、补苗费、农药化肥费。不包括应由建设单位支付的种苗种植费和前期维护费。

（4）清洁卫生费是指保持物业管理区域内环境卫生所需的购置工具费、消杀防疫费、化粪池清理费、管道疏通费、清洁用料费、环卫所需费用等。

（5）秩序维持费是指维护物业管理区域秩序所需的器材装备费、安全防范人员的人身保险费及由物业服务企业支付的服装费等，其中器材装备不包括共用设备中已包括的监控设备。

（6）物业共用部位、共用设施设备及公众责任保险费用是指物业服务企业购买物业共用部位、共用设施设备及公众责任保险所支付的保险费用。以物业服务企业与保险公司签订的保险单和所交纳的保险费为准。

（7）办公费是指物业服务企业为维护管理区域正常的物业管理服务活动所需的办公用品费、交通费、房租、水电费、取暖费、通信费、书报费及其他费用。

（8）固定资产折旧是指按规定折旧方法计提的物业服务固定资产的折旧金额，物业服务固定资产指在物业服务小区内由物业服务企业拥有的、与物业服务直接相关的、使用年限有一年以上的资产。固定资产折旧采用年限平均法，折旧年限根据固定资产的性质和使用情况合理确定，固定资产残值率按 3%～5% 计算，个别固定资产残值较低或较高的，按照实际情况合理确定残值率。

（9）管理费分摊是指物业服务企业在管理多个物业项目的情况下，为保证相关的物业服务正常运转而由各物业服务小区承担的管理费用。

（10）经业主同意的其他费用是指业主或业主大会同意由物业服务费开支的费用，如行业评比检查费用、社区文化建设费用等。

3. 法定税费

法定税费指按现行税法物业服务企业经营活动中应缴纳的税，包括营业税、城市建设维护税等。

4. 物业服务企业的利润或酬金

实行物业服务费用包干制的物业服务企业，由于盈余或亏损由物业服务企业自己承担，故物业服务企业的利润只能是一个预测数。

实行物业服务费用酬金制的物业服务企业，可以在预收的物业服务资金中按合同约定的比例或者约定的数额提取酬金。

（四）物业管理服务费的监督

1. 定价监督

物业服务收费应当区分不同物业的性质和特点，实行政府指导价和市场调节价，具体定价形式由省、自治区、直辖市人民政府价格主管部门会同房地产行政主管部门确定。在各地贯彻执行中，大多数都把住宅（不含别墅）物业服务收费列入政府指导价管理范畴，其他的物业服务收费实行市场调节价。

政府价格主管部门制定物业服务指导价时，应选取一定数量、有代表性的物业服务企业进行成本监审，核定物业服务企业定价成本，应以经会计师事务所审计的年度财务会计报告、原始凭证与账册或者物业服务企业提供的真实、完整、有效的成本资料为基础。

物业服务收费实行政府指导价的，有定价权的人民政府价格主管部门应当会同房地产行政主管部门根据物业管理服务等级标准等因素，制定相应的基准价及其浮动幅度，并定期公布，具体收费标准由业主与物业服务企业根据规定的基准价和浮动幅度在物业服务合同中约定。

实行市场调节价的物业服务收费，由业主与物业服务企业在物业服务合同中约定。

2. 明码标价

为进一步规范物业服务收费行为，提高物业服务收费透明度，维护业主和物业服务企业的合法权益，国家发改委 2004 年 7 月颁布《物业服务收费明码标价规定》要求：

（1）物业服务企业向业主提供服务（包括按照物业服务合同约定提供物业服务以及根据业主委托提供物业服务合同以外的服务），均应实行明码标价。

（2）物业服务收费明码标价的内容包括物业服务企业名称、收费对象、服务内容、服务标准、计费方式、计费起始时间、收费项目、价格管理形式、收费依据、价格举报电话等。

实行政府指导价的物业服务收费应当同时标明基准收费标准、浮动幅度以及实际收费标准。

（3）物业服务企业在其服务区域的显著位置或收费地点，可采取公示栏、公告栏、收费表、收费清单、收费手册、多媒体终端等方式实行明码标价。

3. 收支监督

实行物业服务费用酬金制的，预收物业服务资金属于代管性质，为所缴纳的业主所有，物业服务企业应当向业主大会或者全体业主公布物业服务资金年度预决算并且每年不少于一次公布物业服务资金的收支情况。物业服务企业或者业主大会可以按照物业合同约定聘请专业机构对物业服务资金年度预算和物业服务资金的收支情况进行审计。

业主或者业主大会对公布的物业服务资金年度预决算和物业服务资金收支情况提出质询时，物业服务企业应当及时答复。

六、住宅专项维修资金

为保障物业共用部位、共用设施设备的维修和正常使用，《物业管理条例》规定，住宅物业、住宅小区内的非住宅物业或者与单幢住宅楼结构相连的非住宅物业的业主，应当按照国家有关规定交纳专项维修资金。

（一）住宅专项维修资金的筹集

1. 首期资金的交存

住房和城乡建设部、财政部 2009 年 12 月颁布 165 号令《住宅专项维修资金管理办法》规定，商品住宅的业主、非住宅的业主按照所拥有物业的建筑面积交存住宅专项维修资金，每平方米面积交存首期住宅专项维修资金的数额为当地住宅建筑安装工程每平方米造价的 5% ~ 8%，具体标准由省、自治区人民政府建设主管部门或直辖市、市人民政府建设（房地产）主管部门根据本地区情况合理确定，公布每平方米建筑面积交存首期住宅专项维修资金的数额并适时调整。

出售公有住房的，按照下列规定交存住宅专项维修资金：

（1）业主按照所拥有物业的建筑面积交存住宅专项维修资金，每平方米建筑面积交存首期住宅专项维修资金的数额为当地房改房成本价的 20%。

（2）售房单位按照多层住宅不低于售房款的 20%，高层住宅不低于售房款的 30%，从售房款中一次性提取住宅专项维修资金。

2. 专项维修资金续筹

业主分户账面住宅专项维修资金余额不足首期交付存额 30% 的，应当及时续交。成立业主大会的，续交方案由业主大会决定；未成立业主大会的，续交的具体管理办法由直辖市、市、县人民政府建设（房地产）主管部门会同同级财政部门制定。

专项维修资金不敷使用时，经业主委员会研究，提出方案，由业主大会决定，可向业主筹集。在《住宅专项维修资金管理办法》实施前，商品住宅、公有住房已经出售但未建立住宅专项维修资金的，应当补建，具体办法由省、自治区、直辖市人民政府建设（房地产）主管部门会同财政部门制定。

3. 其他资金的存入

（1）住宅小区维修资金的存储利息；

（2）利用住宅专项维修资金购买国债的增值收益；

（3）利用住宅共用部位、共用设施进行经营的业主收益所得，但业主大会另有决定的除外；

（4）住宅共用设施设备报废后回收的残值。

（二）住宅专项维修资金的使用

1. 住宅专项维修资金的用途及使用原则

住宅专项维修资金应当专项用于住宅共用部位、共用设施设备保修期满后的维修和更新、改造，不得挪作他用。

住宅专项维修资金的使用，应当遵循方便快捷、公开透明、受益人和负担人相一致的原则。

2. 住宅专项维修资金的使用支出

（1）未成立业主大会时使用住宅专项维修资金的办理程序：

1）物业服务企业根据维修和更新、改造项目提出使用建议；没有物业服务企业的，由相关业主提出使用建议。

2）住宅专项维修资金列支范围为专有部分占建筑总面积 2/3 以上的业主且占总人数 2/3 以上的业主讨论通过使用建议。

3）物业服务企业或者相关业主组织实施使用方案。

4）物业服务企业或者相关业主持有关材料，向所在地直辖市、县人民政府建设（房地产）主管部门申请列支，其中，动用公有住房住宅专项维修资金的，向负责管理公有住房专项维修资金的部门申请列支。

5）直辖市、市、县人民政府建设（房地产）主管部门或者负责公有住房专项维修资金的部门审核同意后，向专户管理银行发出划转住宅专项维修资金的通知。

6）专户管理银行将所需住宅专项维修资金划转至维修单位。

（2）成立大会后使用住宅专项维修资金的办理程序：

1）物业服务企业提出使用方案，使用方案应当包括拟维修和更新、改造的项目、费用预算、列支范围，发生危及房屋安全等紧急情况以及其他需临时使用住宅专项维修资金的情况的处置办法等。

2）业主大会依法通过使用方案。

3）物业服务企业组织实施使用方案。

4）物业服务企业持有关材料向业主委员会提出列支住宅专项维修资金，其中，动用公用住房住宅专项维修资金的，向负责管理公有住房专项维修资金的部门申请列支。

5）业主委员会依据使用方案审核同意，并报直辖市、市、县人民政府建设（房地产）主管部门备案；动用公有住房住宅专项维修资金的，经负责管理公有住房住宅专项维修资金的部门审核同意，直辖市、市、县人民政府建设（房地产）主管部门或者负责管理公有住房住宅专项维修资金的部门发现不符合有关法律、法规、规章和使用方案的应当责令改正。

6）业主委员会、负责管理的公有住房住宅专项维修资金的部门向专户管理银行发出划转住宅专项维修资金的通知。

7）专户管理银行将所需住宅专项维修资金划转至维修单位。

（3）紧急情况下住宅专项维修资金的开支。发生危及房屋安全等紧急情况，需要立即对住宅共用部位、共用设施进行维修和更新、改造的，可按照以上两种情况下住宅专项维修资金使用程序，省略前三个步骤，直接从第四个步骤开始。

在紧急情况下，未能按规定实施维修和更新、改造的，直辖市、市、县人民政府建设（房地产）主管部门可以组织代修，维修费用从相关业主住宅专项维修资金分户账中列支，涉及已售公房的，还应当从公有住房住宅专项维修资金中列支。

（4）不得从住宅专项维修资金中列支的情况：

1）依法应当由建设单位或者施工单位承担的住宅共用部位、共用设施设备维修、更新和改造费用；

2）依法应当由相关单位承担的供水、供电、供热、通话、有线电视等管线和设施设备的维修、养护费用；

3）应当由当事人承担的因为人为损坏住宅共用部位、共用设施所需的修复费用；

4）根据物业服务合同约定，应由物业服务企业承担的住宅共用部位、共用设施的维修和养护费用。

（5）住宅专项维修资金的增值收益。在保证住宅专项维修资金正常使用的前提下，可以按照国家有关规定，利用住宅专项维修资金，在银行债券市场或者商业银行柜台市场购买一级市场新发行的国债，并持有到期。

利用业主交存的住宅专项维修资金购买国债的，应当经业主大会同意；未成立业主大会的，应当经专有部分占建筑物总面积 2/3 以上的业主且占总人数 2/3 以上的业主同意。

利用从公有住房售房款中提取的住宅专项维修资金购买国债的，应当根据售房单位的财政隶属关系，经报同级财政部门同意。

禁止利用住宅专项维修资金从事国债回购、委托理财业务，或者将购买的国债用于质押、抵押等担保行为。

（三）住宅专项维修资金的管理监督

住宅专项维修资金管理实行专户存储、专款专用、所有权人决策、政府监督的原则。

1. 住宅专项维修资金的代管

（1）业主大会成立前。商品住宅业主、非住宅业主交存的住宅专项维修资金，由物业所在地直辖市、市、县人民政府（房地产）主管部门代管。直辖市、市、县人民政府建设（房地产）主管部门应当委托所在地一家商业银行作为本行政区域内住宅专项维修资金的专户管理银行，并在专户管理银行开立住宅专项维修资金专户。

开立住宅专项维修资金专户，应当以物业管理区域为单位设账，按房屋门户号设分户账；未划定物业管理区域的，以幢为单位设账，按房屋户门号设分户账。

业主大会成立前，已售公有住户住宅专项维修资金，由物业所在地直辖市、市、县人民政府财政部门或者建设（房地产）主管部门负责管理。

负责管理公有住房住宅专项维修资金的部门应当委托所在地一家商业银行作为本行政区域内公有住房住宅专项维修资金的专户管理银行，并在专户管理银行开立公有住房住宅专项维修资金专户。该专户应当按售房单位设账，按幢设分账。其中，业主交存的住宅专项维修资金按房屋户门号设分户账。

商品住宅的业主应当在办理房屋入住手续前，将首期住宅专项维修资金存入住宅专项维修资金账户。已售公有住房的业主应当在办理房屋入住手续前，将首期住宅专项维修金存入公有住房住宅专项维修资金专户或者交由售房单位存入公有住房住宅专项维修资金专户。公有住房售房单位应当在收到售房款之日起3日内，将提取的住宅专项维修资金存入公有住房住宅维修资金专户。

未按规定交存首期住宅专项维修资金的，开发建设单位或者公有住房售房单位不得将房屋交付购买人。

专户管理银行、代收住宅专项维修资金的售房单位应当出具由财政部或者省、自治区、直辖市人民政府财政部门统一监制的住宅专项维修资金专用票据。

（2）业主大会成立后。业主大会成立后应当按以下规定划转业主交存的住宅专项维修资金：

1）业主大会应当委托所在地一家商业银行作为本物业管理区域内住宅专项维修资金的专户管理银行，并在专户管理银行开立住宅专项维修资金专户，且应当以物业管理区域为单位设账，按房屋户门号设分户账。

2）业主委员会应当通知所在地直辖市、市、县人民政府建设（房地产）主管部门；涉及已售公有住房的，应当通知负责管理公有住房住宅专项维修资金的部门。

3）直辖市、市、县人民政府建设（房地产）主管部门或者负责管理公有住房住宅专项维修资金的部门应当在收到通知之日起30日内，通知专户管理银行将该物业管理区域内业主交存的住宅专项维修资金账面余额划转至业主大会开立的住宅专项维修资金账户，并将有关账目等移交业主委员会。

4）住宅专项维修资金划转后的账目管理单位，由业主大会决定，业主大会应当建立住宅专项维修资金管理制度。

业主大会开立的住宅专项维修资金账户，应当接受所在地直辖市、市、县人民政府建设（房地产）主管部门监督。

2. 住宅专项维修资金的转过户与返还

房屋所有权转让时，业主应当向受让人说明住宅专项维修资金交存和结余情况并出具证明，该房屋分户账中的结余住宅专项维修资金随房屋所有权同时过户。受让人应当持住宅专项维修资金过户的协议、房屋权属证书、身份证等到专户管理银行办理分户账更名手续。

3. 住房专项维修资金的监督

住房专项维修资金的代收代管单位应当定期向业主公布收支结存情况，接受业主咨询，并依法接受审计部门的审计监督。

住宅专项维修资金的财务管理和会计核算应当执行国务院财政部门有关规定。住宅专项维修资金专用票据的购领、使用、保存、核算管理，应当按省、自治区、直辖市人民政府财政部门的有关规定执行，并接受财政部门监督。财政部门应加强对住宅专项维修资金收支财务管理和会计核算制度执行情况的监督。

第二章 物业人力资源与培训工作

一、物业企业人力资源管理

（一）物业服务企业人力资源管理概述

物业服务企业人力资源管理是指由一定管理主体，为实现人力的扩大再生产和合理分配使用人力而进行的生产、开发、配置、使用诸环节的总和。在经济活动中，人力资源管理具有主体性的作用，因而在各项管理活动中居于关键地位。人力资源管理的内容相当丰富，概括起来主要有以下几个方面：

1. 确定以人为中心的管理思想

把人看作是有理想、有需要、有情绪、有性格，期望关心、理解和尊重，渴望实现自身价值的人。为此，人力资源管理部门要富有人情味，且重视感情投资。

2. 树立动态系统的观点从事人力资源管理

对影响组织成员相互关联的过程加以全面思考和系统控制。对影响职工的心理行为进行精细分析后，运用目标管理、参与管理方法导向职工，使之为实现企业目标做出贡献，并主动地创设条件激励员工的工作积极性、主动性。

3. 扩大加深人力资源管理的内容

人事部门不仅要从事与职工直接相关的招聘、录用、培训、考核、奖惩等工作，而且需要从深一层次上注入新的内容，如关心职工的价值观念，关心与凝聚力和安全感相关的职工的家庭经济生活，协调工作与家庭生活的关系，等等。

4. 提高人事部门的地位和作用

改变传统的缺乏独立性的附庸地位，建立比较健全的人力资源管理部门。在公司内部，人事部门与其他部门平等相处，由直属主管领导参与组织总体战略的制定等，这些都是提高人力资源管理地位、发挥人事部门作用的一些有效措施。

（二）物业服务企业对人才的需求

谈到物业服务，甚至有些人把物业服务误认为是"扫扫地"、"种种花"、"看看门"、"收收水电费"，不需要文化，不需要技术，只要出点儿劳动力就行了。正是由于存在这些错误的观念，许多物业服务企业不重视技术人才的引进与使用，导致技术力量薄弱，管理水平较差，服务质量低下，住宅小区的业主（使用人）对其意见很大。由此可见，人才对搞好物业服务非常重要。

1. 物业服务是一门多学科知识综合运用的科学

有些人把现代物业服务简单地理解为财务采用电算化、办公室或管理处配置了计算机、传真机、复印机，不需要有专门的技术人员，只需对岗位进行短期的专业培训就能承担现代物业服务的工作。正是由于存在这些片面的理解和错误的观念，许多从事现代物业服务的企业不重视技术人才的引进和使用，导致技术力量薄弱，管理水平不高，服务质量低下，开发商或业主对其意见很大。实践证明，智能建筑的物业服务在运作过程中涉及的知识面很宽，从大学科来讲，有行政管理学、心理学、公共关系学、经济学、系统工程学、法学等，这些学科主要属于管理范畴；城市规划学、建筑学、建筑结构以及设备、电气、空调、给排水、通信、自动控制、计算机应用等学科或专业技术成分占据了主要地位。无论从管理角度，还是从技术角度，这些学科、专业与物业服务的生存和发展都息息相关。由此可见，智能建筑的物业服务人才的需求不仅要求高，所涉及的学科和专业又广。因此人才整体素质的高低，是衡量智能建筑物业服务水平的尺度。

2. 人才质量关系到物业服务的服务质量

体现现代物业服务的质量水平，除了硬件（智能化系统、公共设施、机电设备等）赋予物业服务企业的一流装备基础，更重要的是物业服务企业自身的"软件系统"。"软件系统"应该包括规章制度、服务理念、服务质量等内容，最终要落实到物业服务队伍的素质上，即人才质量上。具体来说，就是要求员工的思想素质、文化素质和业务素质要达到高水平。每一位工作人员应具有强烈的事业心、责任感。在工作中要牢固树立"服务观念"、"道德观念"，在智能建筑所具备的良好的"硬件"基础上实现优良"软件"的同步，高标准、严要求地培养出一支符合智能建筑物业服务要求的作风过硬、业务技术精良的专业化管理队伍。使每位员工都具有一种强烈的服务意识、亲善的服务态度，充分体现出一流的管理水平和服务质量，使业主满意。

3. 我国物业服务人才的现状

目前我国物业服务企业的组成形式繁多，从物业服务企业的性质来看，有国营的、民营的以及中外合资或独资的；从物业服务企业的隶属关系来看，有国营房管部门转制成立的物业服务企业，地区合作成立的物业服务企业，而更多的是开发商自建自管的物业服务企业。从20世纪90年代中期开始，是我国智能建筑建设的高峰期，仅仅几年时间，全国上千幢智能化建筑拔地而起。但是，从事智能建筑物业服务的专业公司却凤毛麟角，重建设、轻管理的现象非常突出。尤其是自建自管的物业服务企业，一种是以参与建设的原班人马转换岗位为基础，成立物业服务企业；另一种是以社会招聘为主，参与建设的部分管理人员加入而成立的物业服务企业。无论哪种形式组建的物业服务企业，存在的共性问题是：

（1）专业建设人员的配置比例失调。

（2）专业岗位设置不合理。

（3）管理人员的整体素质不高。

（4）没有正常的岗位培训计划。

这些问题的存在是阻碍公司持续发展的拦路虎，也是管理水平停滞不前的主要原因。据一份调查报告统计，智能建筑的起步时间和建造数量都处于前列的上海地区，专业从事智能建筑物业服务的公司不足 20 家。有些物业服务企业承管的智能化楼宇，专业技术人员的配置不足 3 人，有的还是外岗位专业的大专学历。所以说，我国对从事智能建筑物业服务方面的人才培养工作已迫在眉睫，物业服务人员队伍的业务水平有待进一步提高与加强。

4. 人力资源管理的内容和功能

物业服务行业在我国的发展历史不长，人力资源的开发与管理处于低级水平，物业服务企业的人员结构还不是很合理，管理人员的整体素质离现代物业服务的要求有不小差距。尤其像原先由房地产管理部门转制而成的翻版公司，其管理理念、服务态度和文化素质令人担忧，在一定程度上给人们认识物业服务企业蒙上了一层阴影。因此，作为一个现代物业服务企业，人力资源的开发与管理是一个非常重要的基础工作。

人力资源的开发与管理主要涉及四个方面的内容，即选人、育人、用人和留人。当然，每个方面的工作可能是交叉的，也可能相互影响。因此物业服务是服务性工作，智能建筑的物业服务又是一种技术含量比较高的服务性工组，所以，如果可以组织配备能干的高绩效员工，将在一段较长时间内使物业公司保持良好的绩效水平。

物业服务企业是一个伸缩型企业，它会根据承管的物业数量、物业类型、物业服务的要求进行人力资源的调配。因此，我们必须考虑企业现在以及将来的经营与计划，把握企业的发展战略，保证以最佳的人员配备实现组织的战略和目标。除了满足企业目前的人才需要外，还要考虑将来企业运作需要的管理人员。总之，现代物业服务企业可以把人力资源管理的功能概括为吸纳功能、维持功能、创造功能和开发功能。

5. 实施员工培训计划是企业发展的保证

如果我们招收和挑选的都是合格的人才，那么还有必要对他们进行培训吗？回答是肯定的。因为员工培训绝不是多余的，它是一个企业是否具有长远战略眼光的决定因素。

培训又称为"人力资源开发活动"。通常我们所说的培训包含训练和开发两个概念，培训是一个通过改变员工现有行为、知识和动机的系统工程，以使员工的特征符合工作要求。其最终目的是促使企业的绩效提高。

培训是提高管理人员素质的重要途径，美国著名教授约翰科特就曾对高、中、低层管理人员所需要的个人素质做了大量实证研究，总结了六项要求，同时对这六个方面的素质来源进行了实证研究，发现这六项要求无一项是当今大多数学校（包括商学院、研究生院）培养的结果。相反，大部分要求是个人在工作过程中逐步形成的，尤其在今天，更多的还是通过公司培训获得的。

我国物业服务企业中管理层人员的现状更需要接受新的培训，从总体上说，我国物业服务人员的素质还比较低，学历层次大多数是大专以下，有的企业还没有一名大专毕业生。这种低学历的物业服务企业，不可能有持续发展的潜力，或者说企业的管理服务层次达不到足以使客户满意的程度。因此，企业文化、企业理念的建立，没有人才的基础保证就是空架子。这种素质状况与我国智能建筑的发展相比存在很大的差距，尽快提高物业服务企业管理者的素质已成为重中之重。

二、人力资源规划与制度

（一）物业服务企业人力资源配置

1. 人力资源规划与预测

公司的发展需要什么人、多少人、从哪里来，需要进行规划和预测。

2. 招聘录用

通过适当的方式，如招聘广告、招募应届毕业生等，并采用科学、公正的方法挑选出合格的人才。

3. 绩效考核与报酬

科学地评价员工的绩效并给以适当、合理的报酬。

4. 员工培训与开发

使员工更有效地执行工作，或予以晋升。

5. 职业安全与卫生

保证员工生理和心理的健康和安全。

6. 劳动关系

协调员工与劳动者、雇佣者与被雇佣者的关系。

（二）物业服务企业人事规划

物业服务企业的人力资源管理是支撑着公司正常生产经营的全方位管理，是通过有效地组织公司员工，形成人与人、人与事的最佳结合，实现公司的整体目标，履行公司的社会责任，对社会作出有益的贡献。人力资源管理的规划包括两方面内容。

1. 公司发展规划

人力资源管理要有助于企业在生产经营中取得良好的经济效益，促进企业健康地发展。要实现此规划，应要求设计并发展适应市场经济需要的有效组织，运用各种机制与方法获取企业所需要的人才，并给予有效的使用和激励，在组织内创造并保持一种相互合作的气氛，履行企业对其成员的社会和法律责任，不断提高成员的素质和技能等。

2. 职工个人规划

人力资源管理要有助于提高企业职工的工作和生活质量，促进职工个人工作生涯的发展。人的因素是最重要的因素，公司要实现其发展目标，没有职工的持久热情、意志、智慧和才能，其他条件再完备也无济于事。人力资源管理工作应充分重视这一点，认真考虑职工个人的经济需要和非经济需要，采取措施予以保证和满足。否则，职工的积极性、归属感与群体凝聚力必然下降，公司将有衰败的危险。

（三）人力资源管理制度

当物业服务企业的目标确定后，就需要进一步明确为实现组织目标而确定各组成部分、各岗位的制度。因此，人力资源管理的目标一旦确定，就应该列出实现该目标所需的各种制度，物业服务企业的人力资源管理主要有录用、开发、维护、使用和考绩制度。

1. 录用

（1）确定录用原则，中心是满足首次人力需求和后续补充人力需求。

（2）制订录用计划，明确录用所需人员数量、质量、来源、招聘方式方法、招聘录用程序等。

（3）制定职务和聘用合同，明确岗位资格所需的品格、学历、才能、经验、健康等条件。

（4）通过劳动部门、报纸、人才交流中心等传播媒介宣传指导招聘录用计划。

（5）通过面谈、测验和排选等方式，择优录用所需人员。

2．开发

（1）明确提高企业人员素质、开发公司人员潜力的战略意义和战术价值，明确培训范围和类型。

（2）制订适应公司发展、市场经济特点的以短期规划为主的培训规划。

（3）建立培训组织，统筹培训工作。

（4）选择培训方式，提高培训效率。

（5）挑选培训人员，保证培训质量。

（6）开展培训评估，促使培训良性循环。

3．维护

（1）研究工资政策，建立工资档案，制订工资计划。

（2）开展工作实绩评估。

（3）加强安全卫生，保障职工生活。

（4）在建立社会支撑系统的基础上，推行社会保障制度和各种福利措施。

（5）搞好群众文化等各种服务活动。

4．使用

（1）确定使用原则，贯彻德才兼备、重视个性、扬长避短、用事择人、适才而用、整体优化等要求。

（2）优化配置组合员工，提高群体活动效益。

（3）沟通合作，协调冲突，团结和谐，消除隔阂。

（4）奖励先进，鞭策后进，惩处违纪，弘扬正气，鼓舞士气。

5．考绩

（1）全面、客观、审慎地考察每个员工。

（2）通过奖勤罚懒，激励先进、鞭策后进。

（3）发现人才、推举人才，为人才脱颖而出创造一个良好的环境。

三、物业企业员工招聘录用

（一）员工招聘概述

员工招聘是指组织根据人力资源管理规划和工作分析的要求，从组织内部和外部吸收人力资源的过程。员工招聘包括员工招募、甄选和聘用等内容。

员工招聘在人力资源管理工作中具有重要的意义。招聘工作直接关系到企业人力资源的形成，有效的招聘工作不仅可以提高员工素质、改善人员结构，也可以为组织注入新的管理思想，为组织增添新的活力，甚至可能给企业带来技术、管理上的重大革新。

招聘是企业整个人力资源管理活动的基础，有效的招聘工作能为以后的培训、考评、工资福利、劳动关系等管理活动打好基础。因此，员工招聘是人力资源管理的基础性工作。随着我国用工制度改革的不断深化，在招聘方式上改国家用工为单位招聘，改固定工为合同工。物业服务企业作为企业，有充分的用工自主权，可以根据企业的实际情况和具体需要，建立起适合市场经济环境、灵活多样的招聘制度，按照具体岗位的设置，配备各种人员。

（二）员工招聘录用原则

1. 因事择人原则

所谓因事择人，就是员工的选聘应以实际工作的需要和岗位的空缺情况为出发点，根据岗位对任职者的资格要求选用人员。

2. 公开、公平、公正原则

公开就是要公示招聘信息、招聘方法，这样既可以将招聘工作置于公开监督之下，防止以权谋私、假公济私的现象，又能吸引大量应聘者。

公平、公正就是确保招聘制度给予合格应征者平等的获选机会。

3. 竞争择优原则

竞争择优原则是指在员工招聘中引入竞争机制，在对应聘者的思想素质、道德品质、业务能力等方面进行全面考察的基础上，按照考查的成绩择优选拔、录用员工。

4. 效率优先原则

效率优先原则就是用尽可能低的招聘成本录用到合适的最佳人选。

（三）员工招聘录用程序

1. 制定招聘计划和策略

招聘计划是组织根据发展目标和岗位需求对某一阶段招聘工作所做的安排，包括招聘目标、信息发布的时间与渠道、招聘员工的类型及数量、甄选方案及时间安排等方面。

具体来讲，员工招聘计划包括以下内容：

（1）招聘的岗位、要求及其所需人员数量。

（2）招聘信息的发布。

（3）招聘对象。

（4）招聘方法。

（5）招聘预算。

（6）招聘时间安排。

2. 发布招聘信息及搜寻候选人信息

组织要将招聘信息通过多种渠道向社会发布，向社会公众告知用人计划和要求，确保有更多符合要求的人员前来应聘。

企业可以通过以下方式搜寻候选人信息：

（1）应聘者自己所填的求职表，内容包括性别、年龄、学历、专业、工作经历及业绩等。

（2）推荐材料，即有关组织或个人就某人向本单位写的推荐材料。

（3）调查材料，指对某些岗位人员的招聘，还需要亲自到应聘人员工作过或学习过的单位或向其接触过的有关人员进行调查，以掌握第一手材料。

3. 甄选

甄选的过程一般包括对所有应聘者的情况进行的初步审查、知识与心理素质测试、面试，以确定最终的录用者。

甄选方案的主要内容包括：

（1）招聘甄选要求调研。

（2）招聘甄选的流程。

（3）招聘甄选的方法。

（4）招聘甄选工具设计。

（5）招聘甄选方案实施。

（6）拟聘者报告分析。

4. 录用

人员录用过程一般可分为试用合同的签订、新员工的安置、岗前培训、试用、正式录用等几个阶段。

试用就是企业对新上岗员工的尝试性使用，这是对员工的能力与潜力、个人品质与心理素质的进一步考核。

员工的正式录用是指试用期满后，对表现良好、符合组织要求的新员工，使其成为组织正式成员的过程。一般由用人部门根据新员工在使用期间的具体表现对其进行考核，做出鉴定，并提交人力资源管理部门。人力资源管理部门对考核合格的员工正式录用，并代表组织与员工签订正式录用合同，正式明确双方的责任、义务与权利。

正式录用合同一般包括以下内容：

（1）当事人的姓名、性别、住址和法定社会身份。

（2）签订劳动合同的法律依据，劳动合同期限。

（3）工作内容、劳动保护和劳动条件。

（4）劳动报酬、劳动纪律、变更和解除劳动合同的条件与程序。

（5）违反劳动合同的责任与处置等。

5. 招聘工作评价

招聘评估主要指对招聘结果、招聘成本和招聘方法等方面进行评估。一般在一次招聘工作结束之后，要对整个评估工作做一个总结和评价，目的是进一步提高下次招聘工作的效率。

对招聘工作的评价一般应从以下两方面进行：一是对招聘工作的效率评价；二是对录用人员的评估。

（四）员工招聘渠道及具体流程

1. 外部招聘

外部招聘的渠道大致有：人才交流中心、招聘洽谈会、传统媒体广告、网上招聘、校园招聘及人才猎取和员工推荐等。

（1）人才交流中心和人才招聘会。我国很多城市都设有专门的人才交流服务机构，这些机构常年为企事业用人单位提供服务。他们一般建有人才资料库，用人单位可以很方便地在资料库中查询条件基本相符的人才资料。通过人才交流中心选择人员，具有针对性强、费用低廉等优点。

人才交流中心或其他人才交流服务机构每年都要举办多场人才招聘会，用人单位的招聘者和应聘者可以直接进行接洽和交流。招聘会的最大特点是应聘者集中，用人单位的选择余地较大，费用也比较合理，而且还可以起到很好的企业宣传作用。

（2）媒体广告。通过报纸杂志、广播电视等媒体进行广告宣传，向公众传达招聘信息，覆盖面广、速度快。相比而言，在报纸、电视中刊登招聘广告费用较大，但容易醒目地体现组织形象。很多广播电台都辟有人才交流节目，播出招聘广告的费用较少，但效果也比报纸、电视广告差一些。

招聘广告应该包含以下内容：

1）组织的基本情况。

2）招聘的岗位、数量和基本条件。

3）招聘的范围。

4）薪资与待遇。

5）报名的时间、地点、方式以及所需的材料等。

媒体广告招聘的优点是：信息传播范围广、速度快，应聘人员数量大、层次丰富，组织的选择余地大，组织可以招聘到素质较高的员工。

媒体广告招聘的缺点是：招聘时间较长，广告费用较高，要花费较多的时间进行筛选。

（3）网上招聘。网上招聘是一种新兴的招聘方式。它具有费用低、覆盖面广、时间周期长、联系快捷方便等优点。用人单位可以将招聘广告张贴在自己的网站上，或者张贴在某些网站上，也可以在一些专门的招聘网站上发布信息。

网络招聘由于信息传播范围广、速度快、成本低、供需双方选择余地大，且不受时间、空间的限制，因而被广泛采用。当然，这种方式也存在一定的缺点，比如容易鱼目混珠，筛选手续繁杂，以及对高级人才的招聘较为困难，等等。

（4）校园招聘。学校是人才高度集中的地方，是组织获取人力资源的重要源泉。对于大专院校应届毕业生的招聘，可以选择在校园直接进行，包括在学校举办的毕业生招聘会、招聘张贴、招聘讲座和毕业生分配办公室推荐等。

1）学校招聘的优势如下：

①组织可以在校园中招聘到大量的高素质人才。

②大学毕业生虽然经验欠缺，但是具备巨大的发展潜力。

③由于大学生思想较为活跃，可以给组织带来一些新的管理理念和新的技术，有利于组织的长远发展。

2）学校招聘也存在明显的不足之处：

①大学毕业生普遍缺少实际经验，组织需要用较长的时间对其进行培训。

②新招聘的大学毕业生无法满足组织即时的用人需要，要经过一段较长的相互适应期。

③招聘所费时间较多，成本也相对较高。

④在大学中招聘的员工到岗率较低，而且经过一段时间后离职率较高。

（5）员工推荐。通过企业员工推荐人选是组织招聘的重要形式。

2. 内部招聘

内部招聘就是将招聘信息公布给公司内部员工，员工可以来参加应聘。

3. 内部招聘还是外部招聘

（1）内部招聘的优点：

1）选任时间较为充裕，了解全面，能做到用其所长，避其所短。

2）他们对组织情况较为熟悉，了解与适应工作的过程会大大缩短，他们上任后能很快进入角色。

3）内部提升给每个人带来希望，有利于鼓舞士气，提高工作热情，调动员工的积极性，激发他们的上进心。

（2）内部招聘的缺陷：

1）容易造成"近亲繁殖"。老员工有老的思维定式，不利于创新，而创新是组织发展的动力。

2）容易在组织内部形成错综复杂的关系网，任人唯亲，拉帮结派，给公平、合理、科学的管理带来困难。

3）内部备选对象范围狭窄。

（3）外部招聘的优点：

1）来源广泛，选择空间大。特别是在组织初创和快速发展时期，更需要从外部大量招聘各类员工。

2）可以避免"近亲繁殖"，能给组织带来新鲜空气和活力，有利于组织创新和管理革新。此外，由于员工新近加入组织，与其他人没有历史上的个人恩怨，从而在工作中可以很少顾忌复杂的人情网络。

3）可以要求应聘者有一定的学历和工作经验，因而可节省在培训方面所耗费的时间和费用。

（4）外部招聘的缺点：

1）难以准确判断员工的实际工作能力。

2）容易造成对内部员工的打击。

3）费用高。

4. 猎头招聘

对于企业高层的招聘，选用猎头招聘的效果要远远好于普通的网络招聘和媒体广告招聘。猎头招聘更具有针对性，筛选的人选更适合企业的需求。

5. 员工招聘具体流程

（1）人力资源部门在经过总部批准的年度招聘计划的指导下，按时进行计划内的人员招聘工作。

（2）人员的离职或因其他原因出现岗位空缺，由相关团队的负责人提前提出，并拟订岗位职责和资格条件。由人力资源部门执行并告知总部执行人员负责补充的工作。

（3）拟订招聘广告。由所聘岗位的团队负责人编写招聘广告，经人力资源部门审核。

（4）批准。招聘计划报批后，将最终确定的招聘广告发布并备案。

（5）评估现有招聘渠道的有效性，根据岗位的要求发布给相关媒体。

（6）人力资源部门人员负责发掘新的免费招聘广告发布渠道。

（7）将招聘信息挂在机构的网站。

（8）发布期随时监控招聘进展，回顾渠道是否合适。

（9）收到应聘者的各项资料，即进行初步审核，审阅其学历、经验是否符合所需，并初步淘汰资格不符合者，之后将材料转交用人部门进一步审核，通过书面材料淘汰一部分不合格的应聘者。

（10）根据需要对应聘者进行电话面试并做相关的记录，再淘汰一部分应聘者。

（11）组织面试小组成员。

（12）对应聘者进行笔试筛选及第一轮面试。

（13）对于外地应聘者，第一轮面试可通过电话完成。

（14）安排候选人的行程及后勤工作，进行第二轮的面试。

（15）通知被录用的应聘者。

（16）与用人团队的负责人共同确定新员工的基本薪资。

（17）对被淘汰的应聘者寄发婉拒信。

（18）通知新聘员工入职，与之签订聘用合同。

（19）将其他优良人选资料保存在人力资源库。

（五）招聘适合物业服务企业的人才

在人才的招聘问题上，首先要明确一个前提：是选择最优秀的还是选择最适合企业的人才。也许有人认为，最优秀的人才才能为企业带来更多的创新和价值。而事实上，经过企业层层考核和筛选，最优秀的人才却往往和企业环境格格不入，有时似乎业绩也很一般，最终还是带着种种不如意选择离开，企业用来面试、评估的时间和成本等一切投入都将付诸东流。如果说一次情况的出现可能只是巧合，而作为企业招聘经理的你却总是陷入这样的困境，那么我们就不得不反思企业的择人之道了。研究表明，只有最适合企业的人才，才能很好地认同企业的文化，发挥他的积极性和创造性。那么，如何招聘最适合企业的人才呢？

1. 对企业文化的评估

企业文化是在生产经营中，伴随着自身的经济繁荣而逐步形成和确立并深深植根于企业每一个成员头脑中的独特的精神成果和思想观念。不认同企业文化的员工是不可能积极为企业创造价值的，也是很难在企业中稳定下来的。作为企业的招聘人员，必须要对公司的目标、策略、文化和价值有着很好的理解，并以此作为招聘过程中评估应聘者的一个重要依据。

一般可以通过模拟的场景和集体讨论，对不同群体的创意能力、分析能力、控制能力（即推动变革的能力）和服务意识进行测试。这种群体的划分可以按照绩效的标准来进行。通过测试，可以很明显地看出企业文化的偏向，找出适合企业发展的员工类型。

2. 对企业发展阶段和外部环境的评估

企业处于不同的发展阶段，对员工也有着不同的要求。企业在初创阶段时，需要大量有经验的人员来完善企业的业务和制度，他们的经验对于企业来说是一笔财富；当企业处于快速成长期时，对人员的要求主要偏重于创新和变革的能力，没有创新和变革能力的人，他们可能会把原有的工作开展得很好，但是企业在产品、服务和经营方式上却少于创新，因此也很难帮助企业取得进一步的发展。

对于企业外部环境的评估也是很重要的一个方面。当企业的外部环境复杂、变化很快时，其员工必须要有敏锐的洞察力，快速获得分析问题和解决问题的能力。这样的员工才能很好适应外部环境的变化，对面临的问题作出正确的判断。

3. 对应聘者的评估

在招聘过程中，企业的招聘经理一般都是以岗位分析和描述来设计面试问题的，但是这些问题只能提供关于工作内容的信息，却无从得知做好该岗位需具备哪些行为方式。例如，客户服务部经理的岗位描述提到："该岗位要管理和培训生产员工。"但却未提到客户服务部经理需具备哪些素质才能管理和培训生产工人。该经理可能需要具备指导和计划的能力、出色的沟通能力，能够给予和接受反馈。因此，除了价值观和技术能力外，招聘者还需评估应聘人其他一系列综合素质。

在面试问题的设计上要权衡各方面的因素。好的问题能够探究应聘人的行为方式，获得证据说明应聘人是否有能力做好工作。另外，不能将评估的标准统统设置在是否符合岗位的任职技能方面，误以对任职技能的评估代替对应聘者综合能力、与企业匹配程度的评估。

4. 双方的沟通

招聘是个双向选择的过程，在企业评估、选择应聘者的同时，也是应聘者对企业评估、选择的过程。招聘是为了让合适的人来公司工作。在与应聘者沟通的过程中，招聘人员为了吸引优秀的人才，往往只倾向于谈论工作和公司的积极因素，同时去粉饰不那么吸引人的现实。他们不去帮助应聘人员客观地评价个人技术和工作、组织目标间的适合程度，使应聘者对公司产生了过高的期望。这种在招聘过程中应聘者与公司签订的"精神契约"会与未来工作中的现实感受相差甚远，这种差距很可能导致员工离职。所以，在与应聘者的沟通过程中，人事经理应该采取开诚布公的原则，客观、真实地介绍公司的情况。要让应聘者真实地了解个人在公司中可能的职业发展道路。当应聘者对公司有一个客观真实的认识时，应聘者会作出对个人和公司都适合的选择。这可能会使公司失去一小部分出众的应聘者，但有助于招到真正适合企业的人。

四、物业企业员工培训管理

（一）物业服务企业员工培训的意义

人是企业中最重要的资源，在职培训是人力资源最重要的投资，物业服务的经营就是人与人之间的往来，企业中人力资源反映了企业竞争力的强弱，而教育和培训是提高企业人员素质的重要手段。但是，这里需要指出的是，造就人才绝不可能速成，人的成长需要时间。如果只从员工的适应力和能力来看，刚刚从学校毕业的人，进公司后难以立刻胜任任何一项工作，即说明有情感智商的人对物业服务及服务工作来说非常重要，就是这个道理。所以我们把培训人才作为企业体制改革和实现物业服务现代化的基础环节和可靠保证。培养人才是没有捷径的，一开始就必须花时间，并要不厌其烦地持续进行方能取得长久的成功。

而物业服务属于知识和劳动密集型的服务行业，没有经过专业训练的队伍，是不能适应物业服务现代化和专业化的要求的。一支高素质管理队伍的建立，有赖于对培训工作的重视和建立一套严密的员工培训制度。物业服务企业必须始终把加强员工队伍建设作为一项重要的基础工作，要制定严密的员工培训制度，通过各种形式，开展不同层次的职工培训，包括职前培训、在职培训、专题讲座、学历培训等，着重抓员工的思想作风、职业道德和服务态度教育，抓员工的业务素质和专业技术建设，以提高员工的管理服务水平。

1. 思想作风

引导和教育员工牢固树立"服务第一，方便业主"的思想，把"热诚、优质、团结、奉献"作为企业精神。工作时间统一着装、统一挂牌、统一用语。在接待业主时，应做到态度和蔼可亲，举止端庄，谈吐文雅，把"顾客至上"作为行动的最高信条。以"想业主之所想，急业主之所急，解决业主之困难"为服务宗旨，管好物业，用好物业，修好物业，努力改善业主的工作和生活条件。

2. 职业道德

提倡员工爱房地产行业，爱本职岗位，爱护企业声誉，对业主多一点奉献，多一点爱心。引导和教育员工坚持原则，秉公办事，廉洁奉公，不以权谋私，作风正派，虚心好学，热心公益，爱护公物，体现出员工的品质人格和精神境界。

3. 服务态度

物业服务人员的服务态度直接关系到政府和行业的形象，因此，物业服务企业应引导和教育员工，坚持以"主动热情，周到优质"的服务态度实行文明管理。业主要求服务应随叫随到，及时为业主排忧解难。对客户的无理言行，应尽量容忍，耐心说明，不以恶相待，不容许与客户发生打骂行为，做到文明用语，礼貌待人，给业主以亲切感。

4. 业务素质

物业服务人员的业务素质高低，直接关系到管理服务水平的高低。因此，物业服务企业应要求员工精通业务，掌握相应的房地产经济理论知识、房地产产业产籍管理知识、房地产经营管理的基本知识，了解相关的法律法规政策、相应的建筑知识、物业的基本状况，懂得机电设备维修保养知识和必要的公关知识等，使每位员工对自身的职责、业主间的权益和相互责任以及公共设施的使用等方面均有清晰的了解，遇到问题和纠纷时，能公正地阐明有关问题及提供意见，遇到违反规定的行为时，能根据有关条款迅速作出反应及采取相应的措施，使问题能迅速、妥善地得到解决。

5. 专业技术

物业服务人员专业技术水平的高低，直接关系到物业服务和服务质量的高低。物业服务企业员工必须持有专业管理部门颁发的《岗位合格证书》，方可上岗担负物业服务工作。员工必须接受物业服务专业培训，刻苦钻研专业技术，掌握本岗位必备的知识和专业技术，不断提高专业水平。

（二）物业服务企业人员培训工作的原则

1. 新员工

安排新员工的人事及教育，也就是安排新员工接受培训并分配到各工作部门，然后，在所分配的工作部门中，由第一线的管理、监督者来负责工作场所教育。

通过入职前培训，使新员工对公司保安、消防、设备维修保养和公司开源节流的重要性有初步的认识，对公司基本概况、员工守则、礼貌礼仪、个人卫生等有初步了解。但是对工作忙碌的第一线管理者或监督者来说，要全身心地教导新员工是不可能的。事实上，这种教导的责任大多是交给和新员工一起工作的资深员工们。

在将教育指导新员工的责任交给资深员工之前，必须先教导资深员工教育新员工的方法，所以在新员工尚未上班之前就必须将老员工培训成为新员工的榜样。

2. 在职老员工

在培训在职老员工之前，首先要对员工的能力和素质做一次总检查。也就是说，对老员工的能力、素质等不足之处，一项一项检查总结。培训内容有：

（1）员工手册的加强培训。

（2）岗位职责、操作规程反复加深培训。

（3）政治素质培训（包括政治思想、职业道德、归属感、安全教育等）。

（4）新设备、新技术、新操作流程培训。

（5）提高与本业务有关的管理知识、技能、技巧的培训。

（6）礼仪礼貌、仪容仪表的反复培训。

（7）就客人投诉反映的问题，进行案例分析。

（三）员工培训的形式

员工培训的形式主要有职前培训和在职培训两种类型。

1. 职前培训

职前培训是为新招员工提供的基本入职知识和基本操作技能的培训。培训的目的是使新员工了解公司的基本情况（如企业宗旨、企业精神、企业的历史、现状及发展趋势），熟悉公司的各项规章制度（如考勤制度、奖惩制度、考核制度、晋级制度等），掌握基本的服务知识（如职业思想、行为规范、语言规范、礼貌常识等），掌握岗位工作的具体要求（如岗位责任制、业务技能、工作流程与要求、操作要领等）。通过职前培训可以使新招员工熟悉和适应新的工作环境并掌握必要的工作技能。因此，物业服务企业在职前培训上花费较多的时间、精力、财力、物力是值得的。新员工对公司的最初印象、感受以及得到的培训知识，对他们未来的工作行为将产生极大的影响。

职前培训是一项"三合一"的活动，需要公司的高层领导、公司的人事部门和具体的用人部门共同出面制订培训计划并组织实施。在分工合作的基础上，各部门负责人应亲自把关，把这项活动搞得有声有色。实践表明，最容易给新员工以暗示性教育的有公司的文件、上级指示、上级和同事的言行举止和工作示范、自己的想法和建议得到的答复、自己的行为受到的奖惩、自己被分配任务的挑战程度等，这些尤需引起重视。

为了加深新员工对公司的印象，还可以准备一份资料，把公司的宗旨、经营思想、目标、公司组织机构图、公司主要规章制度、有关奖惩条例、《员工手册》、《员工行为语言规范》等，印发给每一位新员工。

职前培训主要包括公司规章制度、《员工手册》、《员工行为语言规范》、公司的发展史、公司的规划、经营理念、公司的组织机构、员工职业道德、敬业精神、消防安全知识、物业服务基础知识等内容。

2. 在职培训

在职培训就是以在职员工为培训对象，旨在改进或提高现有员工的知识、观念、技能、工作能力的一种再教育方法。对在职员工进行培训是公司员工培训的重要内容，是提高物业服务企业员工整体素质和提高物业服务水平的重要途径，公司对在职员工的培训应常抓不懈。在职培训多为经常性中短期培训，培训的内容主要是针对员工的工作要求而进行的，包括工作技能培训、管理技巧培训、形体语言培训等。在职培训的形式多种多样，常见的形式有如下几种：

（1）岗位培训。岗位培训是使员工掌握本岗位所需的专业知识，增加员工的知识量和知识深度，使员工能适应更高标准的要求而开展的培训。培训的组织形式既可以公司自己办班，也可以参加专业机构组织的各种岗位培训。

（2）业余学习。这种方式是员工利用工作之余进行的以提高专业知识、技能为目的的学习方式，如参加物业服务专业函授学习和自学考试、读夜校等，这种方式是提高物业服务从业人员素质的重要途径。

（3）专题培训。这种方式主要是针对物业服务企业在采用新的管理方法或应用了新的设备、新的技术或制定了新的制度时，为保证新方法、新设备、新技术、新制度的正常运行而开展的培训。专题培训既可以自己办班组织，也可以派员外出学习。

（4）脱产进修。这种方式主要用来培养公司紧缺人才，或为公司培养高层次的管理人才、技术人才，由公司推选员工到高等院校、科研单位、典型公司去进修和学习。这种培训能切合公司的实际需要，是在职培训的重要方式之一。

（四）物业服务企业人员的培训管理体系

不断变化的企业环境要求管理人员接受终身教育，不培训，必然跟不上潮流。目前，物业服务企业造成员工落伍的主要原因是：第一，企业管理理念和企业文化的预期目标跟不上人们满意度的期望目标；第二，技术持续稳定的进步速度远远超过员工业务能力发展的速度；第三，技术变化常常引起社会和文化的改革；第四，人力资源的管理体系松散，企业虽然采取了对落伍员工的再培训或者调换人员，但是，这仅仅是一种应急的办法，不是企业长期发展所必需的培训目标。所以说，培训确实能缓解员工落伍的矛盾，这就是我们为什么强调对在职员工坚持实施"终身培养"的原因。不断更新和补充知识、技能，开阔视野，才能与时俱进，否则就会被时代淘汰。

1. 培训管理体系的建立

为了使员工能胜任工作，企业必须对他们进行适当的培训，培训应不但能使受训者提高现有的工作能力，而且能为受训者适应将来更高的岗位打下基础。所谓胜任指的是人们实现必要目标的能力。而我国现今的物业服务企业，凭借经验、凭借单一关系来体现个人能力的现象较为普遍，其带来的后果是阻碍了企业长远持续的发展。这当然有社会大环境的因素，但更重要的是如何来认识这种现象和存在。所以说，员工能否胜任工作并不是不可改变的。因此人们应该而且能够不断提高工作能力，以适应未来发展的需要。培训能够提高员工的能力，相应地也能够促进企业目标的实现。

（1）两级培训管理体系的选择。物业服务企业培训管理体系包括一级培训管理体系和二级培训管理体系。

1）一级培训管理体系。企业培训由公司统一领导、计划和组织实施。只在公司一级设立专职培训机构，项目机构不设置培训机构。一级培训管理体系有利于充分利用企业的培训资源，有利于统一公司的培训标准和培训要求，有利于降低培训成本，但其针对性相对较差。

2）二级培训管理体系。项目机构也可设置相应机构并配备相应人员，在公司统一规划、领导下，按照分类管理、分级实施的原则运作。二级培训管理体系有利于加强培训的针对性、适应性、及时性，加强项目机构培训的责任感，但不利于培训标准和要求的统一。

（2）培训管理体系的选择。如果项目机构的数量较多且分散，所管物业类型结构复杂，员工整体素质较高，培训资源比较充裕，宜建立二级培训管理体系。如果企业员工集中且培训资源较紧缺，则宜建立一级培训管理体系。

2. 培训的分类及主要内容

（1）入职培训。入职培训一般包括职前培训和试用培训两个环节。职前培训是指在新员工上岗前，为其提供基本的知识培训。培训的目的是使新员工了解公司的基本情况，熟悉公司的各项规章制度，掌握基本的服务知识。试用培训是对新员工在试用期内，在岗位上进行的基本操作技能的培训，以使新员工了解和掌握所在岗位工作的具体要求。职前培训的内容包括公司发展史、公司概况及规章制度、公司组织架构、公司企业文化、职业礼节礼貌、物业服务基础知识、安全常识等。试用培训的内容为岗位工作职责及工作要求。

（2）操作层员工的知识和能力培训。物业服务企业操作层员工包括保安员（也称安防员或公共秩序维持员）、保洁员、维修员、绿化员、设备管理员。针对不同岗位操作层员工的培训内容是不同的。

1）保安员的培训。

①知识培训。保安员知识培训的主要内容包括物业服务基础知识、所管理物业的基本情况、保安员的职责和权力、保安员处理问题的原则和方法、职业纪律、职业礼貌、职业道德、仪容仪表、着装要求、内务卫生、对讲机的保养和使用、上岗执勤、交班接班、停车场管理、交通常识、消防知识、防卫制度等方面的知识。

②能力培训。保安员能力培训的主要内容包括巡逻岗岗位能力、大堂岗（固定岗）岗位能力、交通岗岗位能力、车库（场）岗岗位能力、内务岗岗位能力、物品出入管理能力、盗窃、匪警应急事件处理能力、发生斗殴事件的处理能力、巡逻中发现可疑分子的处理能力、发现住户醉酒闹事或精神病人的处理能力、遇到急症病人的处理能力、

突发水浸事故的处理能力、火灾事件的应急处理能力、煤气泄漏事故的处理能力、执勤中遇到不执行规定及不听劝阻事件的处理能力、业主/物业使用人家中发生刑事或治安案件时的处理能力、车辆冲卡事件的处理能力等。

2）保洁员的培训。

①知识培训。保洁员知识培训的主要内容包括物业服务基础知识、各种清洁工具和清洁材料的功能及使用知识。

②能力培训。保洁员能力培训的主要内容包括楼道的清洁能力、高层大厦的清洁能力、多层住宅的清洁能力、玻璃门/窗/镜面/玻璃幕墙的清洁能力、绿地的清洁能力、灯具的清洁能力、公共场地和马路的清洁能力、室外地面的清洁能力、房屋天面和雨棚的清洁能力、地下室/天台/转换层的清洁能力、住宅区大堂的清洁能力、清洁工作的应急能力。

3）维修员的培训。

①知识培训。维修员知识培训的主要内容包括物业服务基础知识、供水供电基本知识、房屋日常养护知识及房屋维修知识等。

②技能培训。维修员技能培训的主要内容包括室内地面的维修能力、室内墙面的维修能力、室内顶棚的维修能力、室内门窗的维修能力、住户室内给排水管道及附件的维修能力、住户家线路故障的处理能力、室外梁/板，柱的维修能力、室外墙体、楼梯、屋顶维修能力、室外公用设施，地下排水沟道/绿化水等管网的维修能力。

4）绿化员的培训。

①知识培训。绿化员知识培训的主要内容包括物业服务基础知识、绿地花木养护知识、花卉植物虫害防治知识及绿化工作检验标准、室内，阳台，屋顶绿化管理标准等方面的知识。

②能力培训。主要内容包括植物保洁能力、施肥操作能力、机械设备的使用及保养能力、花卉植物摆设能力、花卉植物浇水及管理能力、草坪的施工与保养能力、植物的修剪能力、自然破坏防护能力、除草的操作能力等。

5）设备管理员。

①知识培训。主要内容包括物业服务基础知识、房屋附属设备的构成及分类、三级保养制度、房屋附属设备维修的类型、给排水设备的验收接管、水泵房的管理、房屋装饰性设备等方面的知识。

②能力培训。主要内容包括房屋附属设备的日常保养能力、给排水设备的管理与维护能力、消防设备的维修管理能力、卫生设备的维修管理能力、电力设备的维修管理能力、电梯设备的维修管理能力、制冷供暖设备的维修管理能力、避雷设施的维护能力等。

（3）管理层员工的知识和能力培训。

1）中高级管理人员的岗位培训。

①知识培训。中高级管理人员知识培训的主要内容包括经济学、组织行为学、心理学、公共关系学、行政管理学、市场营销相关知识、物业服务企业财务管理、物业服务法规和房地产经营等知识。

②能力培训。主要内容包括物业服务各项活动的组织、内外沟通协调、经营服务的策划、物业服务企业运作制度的订立、物业服务拓展和物业服务方案的制定、突发事件的处理等能力。

2）项目管理负责人知识和能力培训。

①知识培训。主要内容包括经济学、组织行为学、市场营销相关知识、公共关系学、物业服务企业财务管理、物业服务法规和房地产经营知识。

②能力培训。主要内容包括制定物业服务方案的能力、制定物业服务制度的能力、编制费用预算的能力、制定物业维修方案的能力、策划经营服务项目的能力、创优达标的能力。

3）一般管理层员工的知识和能力培训。

①知识培训。主要内容包括物业服务基础知识、物业服务法规知识、房屋结构与识图知识、物业服务收费知识、房屋维护与管理知识、房屋附属设备维护与管理知识、环境管理知识。

②能力培训。主要内容包括楼宇巡查能力、处理投诉问题的能力、物业接管验收能力、装修监管能力、物业服务常用公文的写作能力等。

（4）专题培训。

专题培训是为达到某一专门目的或解决某一专门问题而对员工进行的培训。这类培训主要包括以下几个方面的内容：

1）更新观念的培训。是指物业服务企业在外部环境、发展目标、组织结构、服务宗旨、经营方向、经营规模、经营状况等发生重大变化时，对员工进行的专门培训，使员工转变不合时宜的观念。

2）专项管理培训。是指物业服务企业为了推行某些新的管理方式或方法，对员工进行的专门培训。

3）专项技术培训。是指物业服务企业为了完成某些新项目，需要员工掌握某一技术或技能，而针对有关员工进行的培训（如计算机知识与应用培训等）。

（5）晋升培训。

晋升培训是为了使晋升者具备晋升岗位所需知识和能力而开展的针对性培训。

（6）外派培训。

外派培训是提高物业服务企业员工素质的一个重要途径。物业服务企业的外派培训包括："企业性外训"，即企业工作发展需要所需的外派培训；"岗位性外训"，即员工工作岗位性质所需的外派培训；"个人性外训"，即员工个人发展需要所需的外派培训；"奖励性外训"，即企业为奖励员工而外派其参加的培训。

3. 组织实施培训管理内容

（1）培训员工的管理。一要严格管理，严格要求，强化奖惩；二要采取灵活多样的培训和考试方式；三要为被培训的员工创造良好的学习环境；四要采取各种措施，培养员工主动参与培训的意识，调动员工参加培训的积极性，提高培训效果。

（2）培训师资的管理。要通过多种途径建立一支合格的培训师资队伍，针对物业服务运作出现的新情况、新问题不断开发培训课程，研究新的教学形式和教学方法。在培训实施过程中要严格要求、精心准备，充分运用现代化教学手段和方式组织教学培训，切实提高培训效果。

（3）培训方法的运用。

1）课堂教学法是物业服务企业培训中常用的培训方法，具有系统性、连贯性的特点，多用于知识培训，如物业服务相关法规、专业知识等培训。

2）现场教学法是一种情景式和直观式教学，多用于能力培训。如将培训学员带至物业服务现场，指定被培训者扮演角色，通过角色的演练来使被培训者理解角色的内涵，从而提高解决问题的能力。

3）师徒式培训法是一种传统的培训方式，一般由项目机构选派一名"师傅"在操作技能方面对"徒弟"进行一对一或一对多的指导性培训，主要适用于操作性较强岗位的员工培训。

（4）培训效果的评估。培训效果评估的主要目的是研究和分析员工在经过培训后其行为是否发生了变化，素质是否得到了提高，工作效率是否得到了改善，企业目标的实现是否得到了促进。培训效果的评估主要包含以下内容：

1）评估被培训者对培训知识的掌握程度。

2）评估被培训者工作行为的改进程度。

3）评估企业的经营绩效是否得到了改善。

（五）物业企业员工常规培训大纲确立要点

总的来说，基层员工对物业服务的认识尚欠了解，专业服务意识有待提高。针对此等情况，拟通过进行有步骤、有计划的系统培训，提高其职业素养，使大厦投入运行时即可保证较高的服务水准。

1. 培训对象

物业服务处全体员工。

2. 培训目的

（1）全面理解物业服务的概念，完善服务意识。

（2）充分掌握大厦管理模式，提高工作质量。

（3）熟悉大厦各种设备、设施的功能，降低事故率。

（4）掌握各类岗位职责、管理手册。

（5）通过全面阶段性的职业培训，提高员工的工作素质。

3. 培训时间安排

新员工到职第一周集中培训。

4. 培训内容

员工内部培训涵盖面广，内容繁多，大致分为以下内容：

（1）公司企业文化。

（2）人力资源管理规章制度。

（3）财务管理规章制度。

（4）工程管理。

（5）清洁管理。

（6）保安管理。

（7）客户服务。

（8）消防管理。

（9）意外事件处理。

（10）英语培训。

（11）特殊工种将另行增加专业培训课程。

5. 培训负责

培训工作总体由人事部负责，由各部门预先填写培训计划表，并在每次培训前一周提交培训申请表，人事行政主管跟进配合安排培训进度、培训人员、培训材料、培训考核等。

6. 培训方式

专业人员集中授课，由业务部门统一出卷考核。

7. 其他

培训结果将直接与员工评定挂钩，作为员工通过试用期的参考依据。

第三章　物业服务市场选择与定位

一、物业服务市场概述

（一）物业服务市场的概念

1. 市场

市场有狭义和广义之分。狭义市场是指买卖双方进行交换的场所；广义市场是指那些有特定需要或欲望，而且愿意并能够通过交换来满足这种需要或欲望的顾客。

2. 物业服务市场

物业服务市场是指以业主（或通过业主委员会）和物业服务者订立的物业服务合同为依据，以由物业服务者为业主提供物业服务并向业主收取价金为交易内容的市场。

可以看出，物业服务市场具有以下内涵：

从交易主体看，物业服务市场的主体由业主和物业服务者构成。业主是享有房屋所有权、接受物业服务并支付物业费的市场主体。物业服务者是依物业服务合同提供物业服务并收取物业费的经营者。《物业服务管理条例》规定，物业服务者的组织形态为公司，物业服务者及其工作人员应具备相应的资质。业主可以是组织和个人。如果业主为个人，则同时是消费者。

从交易标的看，物业服务市场的交易由物业服务者提供物业管理服务并收取价金、业主支付价金并享受物业服务构成。交易的标的是物业服务，物业服务的方式是物业的运行、维护和管理。

（二）物业服务市场的要素

从市场的概念可以看出，市场是由消费主体、购买力和购买欲望三个要素购成的，可以用公式表达为：

市场 = 消费主体 × 购买力 × 购买欲望

1. 消费主体

市场的消费主体是购买商品和服务的消费者和各类社会组织的总和。物业服务市场的消费者就是业主，业主的数量取决于小区的规模、入住率等因素；各类社会组织包括业主委员会等。

2. 购买力

购买力就是消费主体支付货币购买商品或劳务的能力，包括消费者购买力和组织购买力。业主的购买力体现为物业费的支付能力及一些附加服务的购买能力，主要取决于个人收入，业主收入可分为总收入、可供支配收入和可供任意支配收入三个层次。

3. 购买欲望

购买欲望是指消费主体购买商品的动机、愿望或要求，是消费主体把潜在购买力变为现实购买力的重要条件。由于物业服务的特殊性，不论业主是否具有购买欲望，都在接受着物业服务，因此，可以将物业服务市场的购买欲望理解为业主支付物业费的意愿及愿意购买物业提供的附加服务的愿望。

（三）物业服务市场的基本特征

（1）物业服务市场交换的产品是物业管理权，而非物业的所有权，交易的是服务而非物业实体。

（2）物业服务公司向业主提供服务，其服务过程本身既是"生产"过程，也是消费过程，这种服务不能存储。

（3）相对于物业产品市场而言，需求稳定，购买力流动性很小。

（4）物业服务市场交易的物业服务是持续一定时期的交易。

（5）服务消费需求具有一定的弹性。例如，特色服务中，为业主代购车船票，业主感到方便满意时，就会经常惠顾；感到不满意时就会不再购买这项服务。

（四）物业服务市场的分类

1. 按照服务性质分类

（1）物业公共服务市场。物业公共服务，又称常规公共服务，其内容包括物业管理的基本业务和专项业务。基本业务是房屋及附属物和设备设施的维护、养护、管理，档案资料管理等；专项业务即是物业区域的场地环境维护与管理，包括治安消防管理、车辆道路管理、绿化与环境管理、清洁卫生管理等。

物业公共服务的业务内容主要有：房屋建筑物的基本管理；房屋设备、设施的基本管理；环境卫生和绿化管理；安全防范和消防管理；车辆停放秩序和道路、场地的管理；物业管理服务计划与档案资料的管理等六大类。但实际工作中，作为业务模块来说主要有11项公共服务，包括档案资料的管理、入住服务、房屋使用管理、建筑物修缮管理、房屋设备设施管理、清洁卫生管理、绿化管理、车辆停放秩序管理、安全管理、消防管理、业主及使用人管理等。

（2）物业经营服务市场。物业经营服务是物业服务中具有明显营利目的的服务方式，是指由物业服务企业提供的、与物业的正常使用和业主使用人生活、工作等相配套的餐饮、购物、娱乐、健身、卫生、教育、通信、金融等经营服务项目的总称，它是在物业服务企业提供的常规性公共服务之外，基于业主生活、工作等需要对物业服务的更高要求，是社区服务在物业管理区域内的延伸。经营服务是物业服务企业以管理区域内的资源条件为基础，以业主和使用人的需求为导向的经济活动。由于物业自身的具体条件的不同，业主使用人的需求不同，各物业服务企业开展的综合经营服务项目也不尽相同。

物业经营服务市场具有规模性、营利性和从属性的特点。包括一般针对性的专项服务和委托性的特约服务。针对性专项服务是指物业服务企业为改善和提高业主及使用人的工作、生活条件，满足其中一部分人和单位的一定需要而提供的各项服务工作。主要包括日常生活类、商业服务类、文化、教育、卫生、体育类、社会福利类。

委托性特约服务是为满足业主及使用人的个别需要受其委托而提供的服务，通常指在物业管理委托合同中未要求，物业服务企业在专项服务中也未设立，而物业业主和使用人又需要的个性化服务。特约性服务是具有委托代理性质的服务方式，故称为委托性特约服务。

2. 按照服务对象分类

（1）居住物业服务市场。居住物业服务指普通住宅、花园洋房、公寓、别墅等住宅小区的物业服务，是包括不同结构类型、消费档次、服务需求的各种以满足栖身、修养、休闲及其他相关功能的房地产物业服务的总称。居住物业服务市场是指居住于这些住宅小区的业主，以及可能会使用居住物业服务，尤其是经营服务的使用者。

（2）商务物业服务市场。商务物业或商用物业是商务场所，它必须具有经营性、公众性和服务性特征，主要包括写字楼物业、商业场所物业、会所物业、停车场物业等各类用作商务的物业。商务物业服务市场是指拥有这些商务地产所有权或使用权的业主，以及有可能使用商业物业服务的使用者。

（3）工业物业服务市场。工业物业就是指所有用于或适合于开展工业活动的场所，包括土地、建筑物及其辅助设施。具体来说包括土地及其上面的用于轻重工业生产的所有设施，如重工业房地产、轻工业房地产、厢房式建筑、仓储设施、小型仓储室群、工业园区等物业。工业物业市场是指拥有这些物业所有权或使用权的业主，以及有可能使用工业物业服务的使用者。

（4）特种物业服务市场。特种物业是指除居住物业、商务物业和工业物业以外，有必要运用物业管理的方法实施管理的物业，主要有政府物业、酒店物业、服务性公寓、会展物业、文卫体物业及其他物业等。具体来说，如政府机构所在地房屋设施、酒店旅馆、俱乐部、游乐场、医院、老年公寓、学生公寓、剧院、学校、寺院等都属于特殊用途物业。工业物业市场是指拥有这些物业所有权或使用权的业主，以及有可能使用这些特种物业服务的使用者。

二、物业服务市场机会

（一）物业服务市场机会

物业服务市场机会，是指物业服务市场上存在的尚未满足或尚未完全满足的需求。它存在于物业服务及相关业务的各个方面，是多种多样的。但对于物业服务企业来说，众多的市场机会中仅有很少一部分才具有实际意义。为了搞好市场机会的发现和分析工作，有效地抓住和利用某些有利的市场机会，物业服务营销人员需要了解市场机会的类型和特性。

（二）物业服务市场机会的特性

物业服务市场机会一般有以下几方面的基本特性：

1. 公开性

市场机会是某种客观的、现实存在的或即将发生的营销环境状况，是每个物业服务企业都可以去发现和共享的。与企业的特有技术、产品专利不同，市场机会是公开化的，是可以为整个营销环境中所有物业服务企业所共用的。公开性表明，任何物业服务企业只要善于寻找和识别，通过努力总是可以发现市场机会。

2. 时效性

各种物业服务市场需求不同的特点和变化规律的综合作用，导致物业服务市场机会在时间范畴上具有局限性，往往转瞬即逝，一去不复返。物业服务市场机会总是随着环境的变化而产生，并随着环境的变化而消失的，推迟对物业服务市场机会的发现和利用，便会因其他企业的抢先发展和利用而使企业机会效益减少或完全丧失。对现代物业服务企业来讲，由于其营销环境的发展变化越来越快，它的市场机会从产生到消失的过程通常也是很短暂的，即物业服务企业的市场机会往往稍纵即逝。同时，环境条件与物业服务企业自身条件最为适合的状况也不会维持很长时间，在物业服务市场机会从产生到消失这一短短的时间里，其价值也快速经历了一个价值逐渐增加、再逐渐减少的过程。物业服务市场机会的这种价值与时而变的特点，便是物业服务市场机会的时效性。时效性表明，物业服务企业要善于抓住并及时利用有关的市场机会，以取得最大的时间效益。

3. 收益性

可以为物业服务企业带来经济的或社会的效益，是物业服务市场机会的又一特性。物业服务市场机会的利益特性意味着物业服务企业在确定市场机会时，必须分析该机会是否能为企业真正带来利益、能带来什么样的利益及利益的多少。

4. 风险性

收益总是伴随着风险产生的，收益越大，风险就会越大。同样，物业服务市场机会不仅具有收益性，也具有风险性。这里的风险是指追求市场机会的后果存在着成功与失败两种可能，成功就是机会，失败则是风险。因此，物业服务企业在重视市场机会价值、敢于追求市场机会的同时，不可忽视风险的存在，要有风险意识、危机意识，并制定相应预案。

5. 普遍性

物业服务市场机会普遍存在于各个时期的物业服务营销活动过程中的各个环节和各个方面，市场机会无处不在，无时不有，任何物业服务营销者都具有平等的认识和利用的可能性，只有对其视而不见，市场机会才会一次又一次擦肩而过。

6. 偶然性

偶然性是指某些偶然因素在未知条件下相互作用产生某种物业服务市场机会，并在其产生后非常短的时间内以营销者难以预料的进度扩展，迅速形成一种"购买潮"或"时尚"。

7. 针对性

特定的营销环境条件只对于那些具有相应内部条件的物业服务企业来说是市场机会。因此，物业服务市场机会是具体物业服务企业的机会，市场机会的分析与识别必须与物业服务企业具体条件结合起来进行。确定某种环境条件是不是物业服务企业的市场机会，需要考虑物业服务企业在物业行业中的地位与经营特色，包括物业服务产品的类别、价格水平、销售形式和对外声誉等。

8. 多样性

物业服务市场需求的多样化，必然导致市场机会的多样性。同一物业服务企业在同一时期，可能面对多个市场机会，因而没有必要、也不可能通通开发利用。

市场机会的上述特性表明，在市场机会的分析和把握过程中，必须结合企业自身的内部、外部环境的具体条件，发挥竞争优势，适时、迅速地作出反应，以争取使市场机会为企业带来的利益达到最大。

（三）物业服务市场机会的类型

物业服务市场机会根据不同的分类标准可以分成不同的类型，如表2-3-1所示。

表2-3-1　物业服务市场机会的类型

分类标准	类型	
企业是否具有把握能力	环境市场机会	企业市场机会
覆盖范围	全面市场机会	局部市场机会
出现的领域	行业市场机会	边缘市场机会
明显程度	表面市场机会	潜在市场机会
出现的时间	目前市场机会	未来市场机会
具体性	大类产品市场机会	项目产品市场机会

1. 环境市场机会与企业市场机会

按照企业是否具有把握能力，市场机会可以分为环境市场机会与企业市场机会。环境市场机会是指由环境变化形成的市场机会。市场机会的社会环境发生变化，需求也随之发生变化，客观上存在着许多未被完全满足的需求，也就是说，存在许多市场机会。但环境市场机会对不同的企业来说，并不一定能够成为企业市场机会。

要使环境市场机会变成物业服务企业市场机会，必须具备三个条件：第一，与物业服务企业的任务一致；第二，物业服务企业具有利用该机会的能力；第三，利用该机会可以实现物业服务企业的目标要求。

因此，物业服务企业在寻找市场机会时，首先要对环境市场机会进行分析、评价，然后从中选择适合自己的市场机会作为本企业发展的市场机会。

2. 全面市场机会和局部市场机会

按照覆盖范围，物业服务市场机会可以分为全面市场机会和局部市场机会。全面市场机会意味着环境变化的一种普遍趋势，对参与市场经营的物业服务企业有普遍意义。局部市场机会意味着该地区市场环境变化的特殊趋势，只对在该地区从事市场营销的物业服务企业有意义。

3. 行业市场机会与边缘市场机会

按照出现的领域，物业服务市场机会可以分为行业市场机会与边缘市场机会。出现在物业服务企业经营领域内的市场机会，称为行业市场机会；出现在不同行业交叉与结合部的市场机会，称为边缘市场机会。

物业服务行业市场机会能充分利用物业服务企业自身的优势和经验，但是，利用行业市场机会经营，往往会招致同行间的激烈竞争；边缘市场机会比较隐蔽，竞争对手较少，一旦发现，将会给物业服务企业带来比较高的机会效益。

4. 表面市场机会和潜在市场机会

按照明显程度，物业服务市场机会可以分为表面市场机会和潜在市场机会。表面市场机会是指明显的、没有被满足的市场需求的物业服务市场机会；潜在市场机会是指隐藏在现有某种需求后面，未被满足的物业服务市场机会。

表面市场机会容易被物业服务企业识别，但因市场机会明显，抓住这一机会的物业服务企业也多，竞争也激烈。潜在市场机会不易发现，寻找和识别的难度大。但物业服务企业一旦抓住了这样的机会，就会因竞争对手少，而获得比较高的效益。

5. 目前市场机会和未来市场机会

按照出现的时间，物业服务市场机会可以分为目前市场机会和未来市场机会。目前市场机会是指目前物业服务市场上存在的未被完全满足的需求；未来市场机会是指目前需求不大，但经市场调查和预测表明，今后将会有较大市场需求的物业服务市场机会。

物业服务企业只有既把握住目前市场机会，又能准确预测未来市场机会，才能真正捕捉到物业服务市场机会。

6. 大类产品市场机会与项目产品市场机会

按照具体性，物业服务市场机会可以分为大类产品市场机会与项目产品市场机会。大类产品市场机会是指物业服务市场对某一大类产品存在着的未满足需求；项目产品市场机会是指物业服务市场对某一大类产品中某些具体品种存在着的未满足需求。

大类产品市场机会显示着物业服务市场对某一大类产品市场需求发展的一般趋势，而项目产品市场机会则表明社会对某一大类物业服务产品市场需求的具体指向。了解前者对于物业服务企业规定任务，明确业务发展的总体方向，制定战略计划具有重要意义；了解后者对于物业服务企业明确怎么干来实现战略计划的要求，制定市场营销计划，搞好市场营销工作具有重要意义。

总之，物业服务企业在寻找市场机会时，要认真分析机会的类型，只有在准确判定市场机会类型的基础上，才能对市场机会作出正确的分析和评价。

（四）发现物业服务市场机会的方法

物业服务市场营销管理人员可以采用以下方法寻找、发现物业服务市场机会：

1. 市场信息搜集法

物业服务企业的市场营销人员，可以通过阅读报刊资料、市场现场观察、召开各种类型的调查会议、征集有关方面的意见和建议、分析竞争者的产品等形式，寻找和发现物业服务市场机会。

2. 借助分析评价方法

物业服务企业的市场营销人员，也可以以产品或业务的战略规划中所使用的分析评价方法为工具，或以发展新业务的战略方法为思路，结合实际寻找和发现产品或业务增长与发展的机会。物业服务企业可以考虑市场渗透、市场开发、产品开发和多角化经营来寻找物业服务市场机会。

3. 进行市场细分

物业服务企业的市场营销人员,还可以利用市场细分的方法,发现和捕捉未满足的需要与有利的物业服务市场机会。

通过上述工作,企业往往可以寻找到许多市场机会。但是,并非每一种市场机会都能够成为企业可以利用的有利可图的机会,因此必须在对发现的市场机会进行认真分析与评价的基础上决定取舍。这项工作相当重要,正确地分析、评价、选择和利用市场机会,可以使一个企业走向繁荣,反之使企业坐失良机,甚至招致企业营销的失败。

(五) 物业服务市场机会的来源

1. 消费结构和商品结构的差异

虽然从市场总量来看,物业服务市场已经出现饱和甚至供过于求的状态,但就某些具体的物业服务项目而言却又有短缺的可能,从而形成市场机会。

2. 消费需求层次的差异

就目前物业服务市场需求来看。在买方市场态势下,消费需求趋于多样化。由于业主收入差距的明显拉大,使得业主对物业服务需求的层次各不相同,因此物业服务企业目标顾客的选定也各不相同,物业服务企业可以从各种消费层次的需求平衡中寻找市场机会。

3. 市场宏观环境的变化

市场宏观环境包括经济环境、社会文化环境、政治环境和技术环境。

经济环境是指一般经济发展状况下,人口、收入、消费状况及与市场营销活动有关的行业状况。经济环境的变动使整个社会的消费水平和消费结构都会发生巨大变化,这种变化能产生出许多新的需求,为物业服务企业带来新的市场机会。

社会文化环境包括消费者的价值观念、道德观念,以及世代相传的风俗习惯等。人类在不断发展,社会在不断进步,人们的道德观念也在不断变化。改革开放以来,我国人民传统的消费习俗正在发生改变,许多西方文化和风俗日益渗透到我国,改变着我国消费者的价值观和消费观。

政治环境包括国际政治环境和国内政治环境,国内政治环境一般指党和政府的路线和各项方针政策的制订及调整等,国际政治环境指政治权力和政治冲突两方面。物业服务企业可以从这些环境的变化中寻找市场机会。

技术环境包括科技发展与社会发展经济结构互动、科技环境对业主购买行为的影响及科技发展对企业经营管理的影响。技术是社会生产力最活跃的因素,它影响着人类历史进程和社会生活的方方面面。因此,新科技的出现,必然对业主消费品种、范围形成新的影响,消费结构也会随之变化。

(六) 寻找物业服务市场机会的思维方式

1. 纵向联想思维方式

从业主的消费过程和消费方式出发,充分发挥想象力,挖掘扩充物业服务产品的使用功能,开发出一系列纵向联系的物业服务市场。

2. 横向联想思维方式

一种物业服务产品在相对稳定的市场上站稳脚跟后,物业服务企业的发展便会受到一定的限制,但如果在物业服务产品的某些方面稍作改进,也能很快地创造出新的物业服务产品消费市场。

3. 反向思维创新方式

物业服务企业可以通过反向思维创新方式寻求创造物业服务市场机会，这种方式有效而又简捷。

4. 时空差异思维方式

物业服务企业根据时间和空间的差异而产生的业主消费需求差异寻找市场机会，以形成新的物业服务市场。

（七）物业服务市场机会分析与评价

对于物业服务市场机会应该从以下几方面进行分析：

1. 可行性分析

物业服务市场机会的可行性是指物业服务企业把握市场机会并将其转化为具体利益的可行性。物业服务市场机会的可行性是由物业服务企业内部环境条件和外部环境状况两方面决定的。

（1）内部环境。物业服务企业内部环境条件如何是否能把握市场机会的决定因素，它对市场机会可行性有以下决定作用。首先，市场机会只有适合物业服务企业的经营目标、经营规模与资源状况，才会具有较大的可行性。其次，市场机会必须有利于物业服务企业内部差别优势，即该企业比市场中其他企业更优越的内部条件的发挥才会具有较大的可行性。最后，物业服务企业内部的协调程度也影响着市场机会可行性的大小。

（2）外部环境。物业服务企业外部环境从客观上决定着市场机会对企业可行性的大小。外部环境中每一个宏观、微观环境要素的变化都可能使市场机会的可行性发生很大的变化。

可行性分析是分析市场机会是否与物业服务企业的任务、目标及发展战略相一致。一致的时候可以初步决定利用；不一致的时候可以决定放弃，但如果这一市场机会的潜在吸引力很大也可以考虑利用，不过这会涉及物业服务企业战略计划及有关方面的适当调整问题。

2. 市场需求规模

市场需求规模表明物业服务市场机会当前所提供的待满足的市场需求总量的大小，通常用物业服务产品销售数量或销售金额来表示。事实上，由于市场机会的公开性，市场机会提供的需求总量往往由多个物业服务企业共享，特定物业服务企业只能拥有该市场需求规模的一部分。因此，这一指标可以由物业服务企业在该市场需求规模中当前可能达到的最大市场份额代替。尽管如此，若提供的市场需求规模大，则该市场机会使每个物业服务企业获得更大需求份额的可能性也大一些。

3. 利润率

利润率是指市场机会提供的市场需求中单位需求量可以为物业服务企业带来的最大利益（这里主要是指经济利益）。不同经营现状的物业服务企业的利润率是不一样的。利润率反映了市场机会所提供的市场需求在利益方面的特性，它和市场需求规模一起决定了物业服务企业当前利用该市场机会可创造的最高利益。

4. 发展潜力

经过上述工作后，物业服务企业的市场营销人员还要对拟加以利用的市场机会进行销售潜量方面的分析和评价。分析和评价销售潜量，首先要深入了解谁购买这种产品、他们愿意花多少钱购买、他们买多少、顾客分布在什么地方、需要什么样的分销渠道、有哪些竞争者等方面的情况；然后分析每一种市场机会的市场规模、市场容量以及销售增长率；最后还要对本企业产品可能的销售量、市场占有率等作出预测。发展潜力反映市场机会为企业提供的市场需求规模、利润率的发展趋势及其速度情况。发展潜力同样也是确定市场机会吸引力大小的重要依据。即使物业服务企业当前面临的某一市场机会所提供的市场需求规模很小或利润率很低，但由于整个市场规模或该企业的市场份额抑或利润率有迅速增大的趋势，则该市场机会对企业来说仍可能具有相当大的吸引力。一般来说，物业服务企业应选择那些对本企业产品具有一定销售潜量的市场机会作为自己的企业机会。

5. 分析和评价差别利益

某种市场机会能否成为一个物业服务企业的企业机会，还要看该企业是否具备利用这一机会、经营这项事业的条件，以及是否在利用这一机会、经营这项事业上比潜在的竞争者具有更大的优势，从而享有较大的差别利益。物业服务企业应选择那些与自己的资源能力相一致，具有利用这一机会、经营这项事业的条件，比潜在竞争者具有更大优势，享有较大差别利益的市场机会作为自己的企业机会。

6. 市场机会综合评价

在物业服务企业面临多种市场机会时，需要从中选择最佳机会，可以采用加权评分表对每个市场机会进行综合分析和评价，然后将各市场机会的得分按照从大到小的顺序排列，得分最高的即为最佳者，如表 2 - 3 - 2 所示。

表 2 - 3 - 2　企业市场机会加权评分表

评价项目	项目加权	机会分值（2）										机会得分
	（1）	10	9	8	7	6	5	4	3	2	1	（1）×（2）
潜在顾客购买群大小	0.05											
有效需求容量及增长速度	0.15											
机会发展潜力	0.05											
形成产品（服务）的难度	0.15											
现有经营能力和分销体系利用程度	0.10											
现有品牌等无形资产利用程度	0.05											
市场竞争程度	0.10											
预期销售总额	0.10											
营销成本与费用率	0.10											
优质服务所需条件及利用程度	0.05											
预期销售费用总额	0.05											
预期利润总额	0.10											
合计	1.00											

表2-3-2中的评价项目和加权值仅供参考，不同的企业可以根据各自战略和具体情况进行调整。

总之，物业服务企业寻找、发现、分析和评价市场机会的过程，就是通过调查研究、收集信息、分析预测等工作，结合自身条件从环境机会中选择能够与本企业的战略计划相衔接并能有效促使其实现的企业机会的过程。

三、物业服务市场调查

(一) 物业服务市场调查含义

市场调查就是指运用科学的方法，有目的、有系统地搜集、记录、整理有关市场营销信息和资料，分析市场情况，了解市场的现状及其发展趋势，为市场预测和营销决策提供客观的、正确的资料。包括市场环境调查、市场状况调查、销售可能性调查，还可对消费者及消费需求、企业产品、产品价格、影响销售的社会和自然因素、销售渠道等开展调查。

物业服务市场调查就是物业服务企业运用系统的、科学的方法，有目的、有计划地收集和分析业主的信息，通过分析与研究业主对物业服务企业服务反映的情况，为物业服务企业改善服务水平、增加服务项目提供有力的依据。

(二) 物业服务企业市场调查的作用

1. 有利于制定科学的市场营销规划

通过信息把物业服务营销者和业主及公众联系起来，这些信息用来辨别和界定营销机会和问题，产生、改善和估价市场营销方案，监控市场营销行为，改进对市场营销过程的认识，帮助物业服务企业营销管理者制定有效的市场营销规划。

2. 有利于竞争能力的提高

当今社会是以信息为基础的社会，开发利用有用的信息能使一个物业服务企业超越它的竞争者，而市场调查则是了解竞争行情、反馈市场信息的必要手段，同时也是提高企业竞争能力的必要途径。尤其是当今的物业服务市场，企业之间的竞争日益激烈。企业只有通过市场调查，了解自身在激烈的市场竞争中所处的位置，准确把握自己的优势与劣势，寻找与竞争对手之间存在的差距，并努力改进，发挥自身的优势，利用竞争对手的弱点，通过正当的竞争手段取长补短，才能使自己在竞争中立于不败之地。

3. 有利于优化营销组合

市场调查可以使物业服务企业开发出业主需要的物业服务产品，并以业主能够接受的价格，以最经济、最快捷的方式满足业主的需要，使物业服务企业的产品、价格、渠道、促销的组合更完善。开展市场调查能使物业服务企业在提高业主满意度的同时，运用各种营销手段降低成本，增加利润，扩大知名度，提高竞争力。

4. 有利于开拓新的市场

物业服务市场调查有助于企业了解业主需求，开拓新的市场，更好地为业主服务。

物业服务的根本属性就是服务，即物业服务企业主要依靠服务的顺利交换来获取经济效益和社会效益，而服务产品与实体商品相比较，具有不可感知性、不可分离性、品质差异性、不可储存性和所有权的不可转让性。物业服务的生产过程与消费过程是同时进行的，物业服务人员向业主提供服务时，也是业主消费、享用服务的过程。这就要求物业服务企业在向业主提供服务的时候必须关注业主的消费需求，依据业主的消费动机和消费偏好来提供服务，只有业主需要的才是物业服务企业应该提供的。通过物业服务市场调查可以获取业主的有关信息，如业主的消费行为和生活方式，来揣测和估摸业主的内心想法，进而有目的地开展各项服务工作，更好地为业主提供最优质、最贴心的服务。

市场调查还有助于物业服务企业管理者了解新的物业服务市场状况及能充分利用物业服务市场机会。通过市场调查，物业服务企业可以把握市场环境的变化，调整企业的发展方向并开拓新的物业服务市场。

5. 有利于缓和与业主的紧张关系

现阶段，物业管理服务领域的问题比较多，矛盾也容易激化。很多矛盾与物业服务企业没有及时进行物业管理市场调查、充分了解广大业主的心声有关。在日常服务中，许多业主能暂时容忍物业服务企业服务的不到位和所犯的小错误，但不能长期地容忍服务不到位和犯同样的错误。为避免服务误差，减少犯小错误，要求物业服务企业及时地开展物业管理市场调查，摸清业主对物业服务企业服务的看法，同时市场调查也是让业主倾诉他们不满的一种方式。通过市场调查活动的开展，还可以让业主感受到物业服务企业是有改正服务的决心和提高服务的信心，缓和物业管理公司与业主的紧张关系，赢得更好地为业主服务的机会。

（三）物业服务市场调查的类型

物业服务市场调查按照调查目的可以分为以下几种类型：

1. 探索性调查

探索性调查是物业服务企业初步收集以帮助确定要调查的问题和提出假设；其所要回答的问题主要是"是什么"，用于探询物业服务企业所要研究的问题的一般性质。如果物业服务企业对所欲研究的问题或范围还不很清楚，不能确定到底要研究些什么问题，就需要应用探测性研究去发现问题、形成假设。至于问题的解决，则有待进一步的研究。

探测性研究通常采用一些简便易行的调查方法，事先无须进行周密的策划，可以根据研究的进展和发现的问题随时进行调整。它能够有效地识别和筛选问题的疑点，缩小研究范围，明确进一步研究的方案及主要困难。探测性研究也可以用来探求解决问题的可能方案，帮助决策者拓宽思路，丰富决策的内容。

2. 描述性调查

描述性研究是物业服务企业通过详细的调查和分析，客观地反映物业服务市场情况，清楚地描述市场特征。市场调查中的许多内容都是描述性的，其所要回答的问题是"何时"、"如何"。描述性调查是通过详细的调查和分析，对市场营销活动的某个方面进行客观的描述。大多数的市场营销调研都属于描述性调查。与探索性调查相比，描述性调研的目的更加明确，研究的问题更加具体。

描述性研究的调查规模和深入程序都超过探索性研究。因此，需要事先周密地策划调研方案，安排工作路线和进度。人们在进行这类研究之前对问题应该有相当程度的认识，最好根据决策的内容将问题分解为若干项更具体的针对性强的假设。然后通过描述性研究验证这些假设，对研究的问题作出明确回答。

3. 因果性调查

因果性调查是检验假设的因果关系，物业服务企业往往会以探索性调研为开端，而后会做描述性调查或因果性调查。其所要回答的问题是"为什么"。因果性研究的目的是找出关联现象之间的因果关系。一般来说，应先进行探索性调查，然后再进行描述性调查或因果关系调查。在描述性研究中，人们会发现一些因素之间相互关联，但究竟是哪个因素引起了或决定着其他因素的变化，还需要因果性研究来加以确定。

因果性研究又可以分为定性研究和定量研究两类。定性研究的任务是识别那些对物业服务市场变化有重要影响的关键因素。在定量研究中，还需要测定各种因素相互影响的数量关系。

（四）物业服务市场调查实施

物业服务市场调查的实施包括五个步骤，如图 2 - 3 - 1 所示。

确定问题和研究目标 → 制订调查计划 → 搜集信息 → 分析信息 → 提出调查结论

图 2 - 3 - 1 物业服务市场调查的步骤

1. 确定问题和研究目标

物业服务市场调查是一项有目的的活动。调查的第一步是确定调查问题和调查目标。

（1）调查问题的确定。物业服务市场需要调查的问题很多，调查人员应从实际出发进行全面分析，根据问题的轻重缓急列出调研问题的层次，将物业服务企业经营中迫切需要解决的问题放在首位，作为调研要解决的问题。问题调查的侧重点可以多种多样，这就要求物业服务企业对问题规定要适合，既不要太宽，也不要太窄。

（2）目标的选择。在调查问题明确后，应确定具体的调查目标，即在探索性调查、描述性调查和因果性调查三种目标之间作出选择调查。调查目标很重要，它决定了调查项目和内容，选择目标还需考虑费用能否得到支持。

（3）人员安排。物业服务企业的营销人员如果不亲自调查，而是雇佣专门调查机构的调查人员，必须与调查人员紧密配合，共同确定问题，商定物业服务市场调查目标。市场营销人员相对比较了解制定决策所需要的信息，而市场调查人员则比较了解市场调研和如何获取信息。有经验的市场调查人员也能够了解营销经理的意图，必要时还应加入决策行列。

2. 制订调查计划

目标确定后就要拟订调查计划，这是调查的第二步。调查计划是物业服务企业指导市场调查工作的总纲，一个有效的调查计划应主要包括以下几方面的内容：资料来源、调查方法、调查工具、抽样计划、接触方法。

（1）资料来源。调研资料主要有两类来源：第一手资料和第二手资料。第一手资料是为当前的某种特定目的而收集的原始资料。第二手资料就是在某处已经存在并为某种目的而收集起来的信息。

第一手资料的来源有使用人、中间商、企业推销员或企业协作单位、同行竞争对手或专家等。

第二手资料的来源有企业内部的报表资料、销售数据、客户访问报告、销售发票、库存记录，以及国家机关、金融机构、行业组织、市场调研或咨询机构发表的统计数字，或院校研究所的研究报告、图书馆藏书或报纸杂志，如表2-3-3所示。

表2-3-3　第二手资料的来源

内部来源	公司收益表、销售数据、存货记录及其他
政府出版物	各类年鉴、统计报告
杂志和书籍	各类商业或专业杂志
商业数据库	商业调查、数据库公司
国际数据	各类联合国出版物等

搜集第一手资料应明确是采用访问法、观察法或实验法，还是多种方法并举。搜集第二手资料时也应明确采用何种方法，如直接查阅、购买、交换、索取或通过情报网委托搜集。

在收集第二手资料时有三个评估标准：公正性、有效性和可靠性。公正性是指提供该项数据的人员或组织不怀有偏见或恶意。有效性是指研究人员是否利用了某一特定的相关测量方法或一系列相关测量方法来收集数据。可靠性是指从某一群体中抽出的样本数据能够准确反映其整个群体的实际情况。

（2）调查方法。

1）观察法。观察法是由调查人员直接或使用仪器在现场观察调查对象的一种方法。在使用观察法收集资料时，可以派人直接到现场进行观察，也可以借助仪器设备进行记录。这种方法在收集被调查对象行为信息时可以广泛使用。

观察法的优点是被调查者的一切动作均是在自然状态下完成的，所搜集的资料准确性比较高，其缺点是不能了解被调查者的心理和内在感受，有时需要较长时间的观察才能得到结果。

2）实验法。实验法是从影响调查问题的若干因素中，选择一两个因素，将它们置于一定的条件下进行小规模试验，然后对实验结果作出分析，研究是否值得大规模推广的一种调查方法。通过实验能直接体验营销策略的效果，这是其他方法所不能提供的。

实验法尤为适用于推出新的物业服务产品时的效果测定。需要注意的是，物业服务企业采用实验法时，实验时间不宜过长，否则会影响正式推出时的效果，被竞争者模仿，或采用抵制性的措施等。对于新产品应用实验法，目前已创造出不少方式。

①试用。即将试制的新产品送给有关单位或人员试用，使用人将使用情况反馈给企业，这有利于生产单位提高产品质量和进行销售预测。

②试销。物业服务企业先将一小部分物业服务产品有计划地投放预定市场，摸清销

路，再决定生产方式、生产规模。试销可在物业服务企业现有的业主中进行，也可以在潜在的业主或使用者中进行。实验法的优点在于方法科学，获得的资料有重要的价值；其缺点是费用很高，特别是大规模的现场试验，有可能对物业服务企业的经营策略产生持续的影响，应该谨慎使用。

3）询问法。询问法是以询问的方式搜集市场信息，即通过向被调查者提出问题，以获得所需信息的调查方法。物业服务企业借助调查可以获得较为广泛的数据，并且对许多问题的研究都较具实用性。通过调查收集的信息包括社会经济特征、消费者态度、意见、动机及公开行为等。在市场调查中，调查研究是收集有关物业服务产品特征、广告文稿、广告媒体、促销及分销渠道等信息的有效方法。

上述三种市场调查方法，究竟采用哪一种或结合使用，主要视调查的问题或所需要资料而定。如要调查业主的满意度，则采用询问法为好；如要介绍新的物业服务产品、价格等，则以采用实验法为好；如要客观了解业主对物业服务产品的偏好情况，则采用观察法为好。

（3）调查工具。在收集原始数据时，调查人员可在两种调研工具中进行选择：一是问卷；二是机械工具。

1）问卷。问卷是一种最常用的调研工具，调查问卷主要用于第一手资料的搜集。调查问卷又称调查表，是由向被调查者提问并征求意见的一组问题所组成。调查问卷的设计就是根据调查目的，将所需调研的问题具体化，使调查者能顺利地获取必要的信息资料，便于统计分析。问卷设计质量的高低，将直接影响问卷的回收率，影响资料的真实性和实用性。为此，要求调研人员仔细地研究问卷，掌握问卷设计的技能。

①调查问卷的内容。调查问卷通常由三个部分构成，即被调查者项目、调查项目和调查者项目。

第一，被调查者项目。主要包括被调查人的姓名、性别、年龄、文化程度、职业、家庭住址、联系电话等。这些项目的设置目的主要是便于日后查询，有些项目对分析研究也很有用处。如不同的年龄、性别、职业等对不同的商品有不同的需求，对研究不同消费者构成有一定参考价值。应根据调查目的，有针对性地选择被调查者项目。

第二，调查项目。是将所要调查了解的内容，具体化为一些问题和备选答案，这些问题的备选答案就是调查项目。通常，在所列项目中，要给出若干个答案供被调查者选择填写。

第三，调查者项目。主要包括调查人员的姓名、工作单位及调查日期等。这些项目主要为明确责任和方便查询而设。

②调查问卷的结构。调查问卷的结构可分为三个部分：表头、表体和表脚。表头作为问卷的开头语，说明调查的目的和意义，以及感谢被调查者的合作；表体是调查问卷的正文；表脚包括填表说明和必要的注释等。

③调查问卷的类型。调查问卷可以分为开放式问卷和封闭型问卷。开放式问卷是指问卷所提的问题没有事先确定答案，由被调查者自由回答。这类问题可以真实地了解被调查者的态度与情况，但调查不易控制，五花八门的答案很难归纳统计。开放回答的问题在探索性调查中特别有用，因为探索性调查是要找出人们想什么而不是衡量有多少人

这样想。

封闭型问卷是指问卷内的题目调查者事先给定了可供选择的答案或范围。这些问题虽然呆板，但便于归纳统计。在问卷调查中用的较多的是封闭型问卷。限定性回答问题又可以分为是非题和选择题。前者要求被调查者回答"是"或"否"之类的问题。

④问卷设计的原则：

一是必要性原则。调查问卷的设计是为了取得满意的结果，因此，除属于引导启发答案的问题以外，所列项目都应是调查项目所必需的。

二是准确性原则。所提问题的界限要明确，提问用词要准确，要避免使用含混不清、非专业化的语句。同时，一个项目只能包含一个层次的内容，否则会影响被调查者对问题的正确理解及答案选择的准确性。

三是客观性原则。所提问题要客观，不要提出一些带有引导性和倾向性的问题。即不要提出带有向被调查者提示答案方向或暗示调查者观点的问题。

四是可行性原则。对所提的问题，被调查者能够根据简单的常识或经验选择答案，提问的设计可适当安排少量趣味性问题，以融洽一下调查气氛。提问的设计注意逻辑性与顺序性，所有项目应按其内容的逻辑联系顺势排列，提问可按先易后难顺序排列。

2）机械工具。问卷调查使用最多，然而有时也使用机械工具。例如，可利用录音机、录像机等工具进行实地采访，记录消费者的消费行为。

（4）抽样计划。企业在市场调研中普遍采用抽样调查，即从被调查的总体中选择部分作为样本进行调查，再用样本特性推断总体特性。为了科学地进行抽样调查，必须设计出合适的抽样方法和样本容量。

抽样调查是一种非全面调查，它是从全部调查研究对象中，抽选一部分单位进行调查，并据此对全部调查研究对象作出估计和推断的一种调查方法。显然，抽样调查虽然是非全面调查，但它的目的却在于取得反映总体情况的信息资料，因而，也可起到全面调查的作用。根据抽选样本的方法，抽样调查可以分为概率抽样和非概率抽样两类。概率抽样是按照概率论和数理统计的原理从调查研究的总体中，根据随机原则来抽选样本，并从数量上对总体的某些特征作出估计推断，对推断出可能出现的误差可以从概率意义上加以控制。习惯上将概率抽样称为抽样调查。抽样调查的特点是：经济性好、实效性强、适应面广、准确性高。

1）随机抽样与非随机抽样。在调查设计阶段应决定抽样对象是谁，这就提出抽样设计问题。主要要考虑两个问题：第一，究竟是随机抽样还是非随机抽样，具体要视该调查所要求的准确程度而定。随机抽样的估计准确性较高，且可估计抽样误差，统计效果好。不过从经济观点来看，非随机抽样设计简单，可节省时间与费用。第二，样本数目的确定，需要考虑到统计与经济效益问题。

①随机抽样。随机抽样包括简单随机抽样法、系统抽样法、分层抽样法、整群抽样法和多阶段抽样法几种方法。

一是简单随机抽样法。这是一种最简单的一步抽样法，它是从总体中选择出抽样单位，从总体中抽取的每个可能样本均有同等被抽中的概率。抽样时，处于抽样总体中的抽样单位被编排成 1～n 编码，然后利用随机数码表或专用的计算机程序确定处于 1～n

的随机数码，那些在总体中与随机数码吻合的单位便成为随机抽样的样本。这种抽样方法简单，误差分析较容易，但是需要样本容量较多，适用于各个体之间差异较小的情况。

二是系统抽样法。这种方法又称顺序抽样法，是从随机点开始在总体中按照一定的间隔（即"每隔第几"的方式）抽取样本。此法的优点是抽样样本分布比较好，有好的理论，总体估计值容易计算。

三是分层抽样法。这是根据某些特定的特征，将总体分为同质、不相互重叠的若干层，再从各层中独立抽取样本，是一种不等概率抽样。分层抽样利用辅助信息分层，各层内应该同质，各层间差异尽可能大。这样的分层抽样能够提高样本的代表性、总体估计值的精度和抽样方案的效率，抽样的操作、管理比较方便，但是抽样框较复杂，费用较高，误差分析也较为复杂。此法适用于母体复杂、个体之间差异较大、数量较多的情况。

四是整群抽样法。这是先将总体单元分群，可以按照自然分群或按照需要分群，在交通调查中可以按照地理特征进行分群，随机选择群体作为抽样样本，调查样本群中的所有单元。整群抽样样本比较集中，可以降低调查费用。例如，在进行居民出行调查中，可以采用这种方法，将住宅区的不同住户分群，然后随机选择群体为抽取的样本。此法优点是组织简单，缺点是样本代表性差。

五是多阶段抽样法。这是采取两个或多个连续阶段抽取样本的一种不等概率抽样。对阶段抽样的单元是分级的，每个阶段的抽样单元在结构上也不同，多阶段抽样的样本分布集中，能够节省时间和经费；调查的组织复杂，总体估计值的计算复杂。

②非随机抽样。非随机抽样包括重点抽样、典型抽样、任意抽样和配额抽样。

一是重点抽样。这是只对总体中为数不多但影响颇大（标志值在总体中所占比重颇大）的重点单位调查。

二是典型抽样。这是挑选若干有代表性的单位进行研究。

三是任意抽样。这是随意抽取调查单位进行调查（与随机抽样不同，不保证每个单位相等的入选机会）如柜台访客调查、街头路边拦人调查。

四是配额抽样。这是对总体作若干分类和样本容量既定情况下，按照配额从总体各部分进行抽取调查单位。

2）物业服务市场调查的抽样计划。进行物业服务市场调查，由于调查范围和对象比较明确，因此方式也相对比较简单，可以分为以下几种方式：

①全面普查法——业主问卷调查。全面普查法是指对调查对象总体包含的全部单位进行调查。全面普查可获得全面的数据，正确反映客观实际，效果明显。在物业服务小区，最为方便、经济的全面普查便是业主问卷调查，通过管理员、保安员等在工作时间向全体业主发放问卷，并定期进行回收，然后对收集起来的问卷进行整理、统计、分析和研究，从中找出物业服务企业服务工作的优劣，为后期的服务提供依据。这种方式能全面了解广大业主的心声，较好地赢得业主的认同。

②抽样调查法——业主面对面交谈或电话调查。抽样调查法是指按照随机的原则，在调查总体对象中随意地抽取一定数目的样本单位进行市场调查的方法。它运用的是一

种由样本到总体,即根据调查样本空间的结果来推断总体的情况。这对于物业服务企业来说,是比较常用且容易实施的一种办法。比如,管理人员在工作中遇到业主时可以随意交流、访问一下,也可以由专业的服务人员运用打电话调查的方式;给部分业主打电话,询问他们对物业服务企业服务的满意程度或他们的建议、意见等。这种方式容易执行,且成本较低。

③重点调查法——重点业主的家访。重点调查法是指以一部分有代表性的重点单位或业主作为调查对象,进而推导出一般结论。采用这种调查方式,虽然被调查的对象数目不多,但是具有较强的代表性。比如物业服务企业在日常服务中,可以定期地入户拜访业主委员会委员等小区重要业主,了解他们对物业服务的看法,如在处理业主欠费问题时,可以重点拜访长期不交费的业主,了解他们不交费的原因;通过这种家访活动,面对面地与业主交流,了解他们对物业服务企业服务的要求及他们的意见,为进一步做好服务提供有力的帮助。

(5)接触方法。按调查者与被调查者之间的接触方式的不同,询问法可分为面谈调查、信函调查、电话调查和网络调查四种形式。

1)面谈访问。面谈访问是调查者走访被调查者,当面向被调查者提出有关问题,以获得所需资料。面谈访问根据调查者和被调查者人数的多少,可分为个别面谈和小组座谈等形式。面谈访问有两种形式:安排访问和拦截访问。安排访问的调查对象是随机挑选的,访问者必须得到他们的合作,才能进行面谈。拦截访问有非随机抽样的特点,并且交谈的时间非常短。

面谈访问的优点是如下:

①真实性。走访获得的资料,其真实性较高,回答率也较高。

②灵活性。面谈访问时,可以按调查问卷发问,也可以自由交谈;可以当场记录,在取得被调查者同意后,也可录音;如发现被调查者不符合样本要求,可立即终止访问或在统计时予以删除。

③直观性。面谈访问可以直接观察被调查者所回答的问题是否客观、准确,而其他询问调查方法则无观察核对的机会。

④激励性。有些被调查者对走访调查甚感兴趣,因为有向他人发表意见的机会,以达到个人情绪上的满足,或与他人讨论问题所获得知识上的满足,具有激励效果。

面谈访问的缺点是:调查费用较高,被调查者有时受调查者态度、语气等影响而产生偏见等。

2)信函调查。信函调查是调查者将所拟订的调查表通过邮局寄给被调查者,要求被调查者填妥后寄回。

信函调查的优点是:调查范围较广泛;被调查者可以不受调查者的影响,没有偏见;调查费用较低;被调查者可以有充分的时间考虑作答。

信函调查的缺点是:回收率低;时间花费较长;填表者可能不是目标被调查者,致使真实性差;回答问题较肤浅。

3)电话调查。电话调查是调查者根据抽样要求,在样本范围内,用电话按调查问卷内容询问意见的一种方法。

电话调查的优点是：迅速及时；资料统一程度高；对有些不便面谈的问题，在电话调查中可能得到回答。

电话调查的缺点是：对问题不能进行深入讨论分析，调查受到限制。

4）网络调查。随着网络的普及和上网人数的急剧增加，网络调查法被越来越多的物业服务企业采用。网络问卷调查的特点是：第一，收集信息速度快。对许多刚发生的问题，可以很快将问卷置于网页上，在一些门户网站，吸引网民在第一时间进行点击。第二，节省大量的资源，如不用通过纸张再来印刷问卷，也不用到现场发放问卷，省去了大量的差旅费和印刷费，由于已经建立数据库，也省去了输入资料过程中的麻烦。第三，问卷具有开放性，不分地区、不分种族，凡是网民都可填答问卷，在线调查不受空间限制，能够进行跨地域的大规模调查。传统的大众调查受地域制约很大。在线调查则可充分利用互联网全球覆盖的特性随时进行。由于网络主页问卷设计比较精练，所用时间比较短，只要网民在网页上点击鼠标即可表达自己的意见。网民填好问卷后，又能自己查看问卷调查的结果，因此，网民多乐于接受主页问卷调查。第四，与非网民相比，多数网民具有较高的文化程度，他们多关心社会，对一些重大社会新闻或突发性事件比较关注，乐于表达自己的意见，这种调查方式对他们是合适的。还可以利用其传播的高科技和互动性特征，综合网上网下多种手段进行调查，以保证调查结果的科学性、真实性。虽然网络问卷调查有上述优点，但从严格、规范的社会调查来说，还有一些局限性。问卷调查覆盖范围的误差通常被视作网络调查的最大误差源，另一类问题是网络调查抽样框架的结构出现问题。

3. 搜集信息

调研计划得到批准后，调研人员就可以执行调研计划。物业服务市场调研的重要任务是搜集信息，这是调研的第三步。

在实施调研计划之前一般还应该提出书面的调研计划。书面计划应该包括被提出的问题、调研目标、应获得的信息、二手信息的来源或收集原始信息的方法，以及调研的结果对管理决策的制订有何帮助，建议中还应该包括调研成本。书面调研计划或建议可以确保营销经理和调研人员考虑到调研中的所有重要方面，确保达成较为一致的意见。

收集信息的过程，可以由物业服务企业内部的调研人员完成，也可以委托外部的调研公司完成。物业服务企业自己收集信息的好处是可以加强对过程和信息质量的控制，缺点是可能花费较长的时间。专业调研公司可以较快地完成调研过程，而且成本较低。

调研中的数据收集是花费最大而又容易失误的阶段。因此，调研人员在实施计划的过程中，要尽可能按照计划去做，使所得到的数据能够尽可能与实际接近。

4. 分析信息

分析信息是市场调研的第四步，其主要目的包括：分析得到信息的渠道是否可靠，分析信息内容的准确性，分析信息间的相互关系和变化规律。信息分析的一般过程包括整理审核、分类编码、统计制表。

（1）信息分析的过程：

1）整理审核。整理审核是为了发现资料的真假和误差，达到去伪存真的目的。对调查的资料要检查误差，审核情报资料是否可靠。

2）分类编码。分类编码是为了使资料便于查找和利用；将调查的资料按一定标准进行分类，再进行编号。

3）统计制表。统计制表是通过表格形式表示各种调查数据，反映各种信息的相关经济关系或因果关系。经过制表的资料针对性强，便于研究和分析，提高了资料的适用性。

（2）信息分析的方法。在收集了大量数据后，市场调研人员还必须借助于多变量统计技术将数据中潜在各种关系揭示出来。多元统计技术包括分析两个或两个以上变量统计技术，可以归纳为两大类：一类是为综合评价服务的方法，即对某一事物分析其各种特性及这些特性之间的相互关系，并将有关数据归纳为少数几个综合特征值的方法；另一类是为预测服务的方法，即把列举出的特性区分为说明变量和基础变量，根据从说明变量中得出的信息来预测基础变量的方法。

1）回归分析。任何一个营销问题都要涉及一组变量，而市场调研人员主要对其中的一个感兴趣，要了解在不同的时间、地点该变量的变动情况，这个变量就叫做因变量。市场调研人员在确定了因变量之后，还要进一步考察其他变量在不同的时间、地点对因变量的变动有何影响，这类变量叫做自变量。所谓回归分析，是指一种表述自变量对因变量影响的公式技术。

在回归分析中，统计方程式如果只涉及一个自变量，称该方程式为简单回归；如果涉及两个或两个以上自变量，称该统计方程式为多元回归。

2）判别分析。在许多营销问题中，因变量往往是分类型变量而不是数值型变量，在这种情况下就无法运用回归分析。在这种情况中，都是将两个或两个以上的群体根据某特征予以明确分类，使任何一个群体都归属于某一类，目的在于发现重要的判别变量，使之组合成为可预测的公式。这种解决问题的方法，就是判别分析。

3）因素分析。在许多多元回归分析和判别分析中经常遇到的一个问题就是多元共线性，即各变量之间有密切的关联性。多元回归分析要求所使用的各变量要真正独立，即不但只影响因变量，而且也不受因变量影响。所有每对变量间的简单相关系数，可以显示出一个变量与另一变量的相关程度，因此研究人员可从密切相关的一对变量中去掉一个。另一解决办法就是应用因素分析，从一组相关变量中找出一些真正相互独立的自变量。因素分析是一种用来确认一组相关变量中真正造成相关的基本因素的统计技术。这种方法假设：相关之所以会发生，是由于有一些基本因素与其他变量在某种程度上相同。在营销领域，因素分析主要用于确定对航空旅行、企业、产品及对广告媒体等态度的基本因素。这样，可以大大减少回归分析中自变量的个数。

5. 提出调查结论

市场调查的最后步骤是对市场调查结果作出准确的解释和结论，编写成调查报告。调查报告是对问题的集中分析和总结，也是调研成果的反映。报告可以分专门报告和综合报告两类。

编写调研报告应掌握的原则是：内容真实客观；重点突出而简要；文字简练；应利用易于理解的图、表说明问题；计算分析步骤清晰，结论明确。

营销调研报告的内容包括：调查过程概述，即摘要；调查目的，即引言；调查结果分析，它是调查报告的正文，包括调查方法、取样方法、关键图表和数据；结论与对策；附录，包括附属图表、公式、附属资料及鸣谢等。

四、物业服务市场预测

市场预测就是运用科学的方法，对影响市场供求变化的诸因素进行调查研究，分析和预见其发展趋势，掌握市场供求变化的规律，为经营决策提供可靠的依据。预测为决策服务，是为了提高管理的科学水平，减少决策的盲目性，物业服务企业需要通过预测来把握经济发展或者未来市场变化的有关动态，减少未来的不确定性，降低决策可能遇到的风险，使决策目标得以顺利实现。

（一）物业服务市场预测的步骤

1. 确定预测目标

明确目的是物业服务企业开展市场预测工作的第一步，因为预测的目的不同，预测的内容和项目、所需要的资料和所运用的方法都会有所不同。明确预测目标，就是根据经营活动存在的问题，拟订预测的项目，制订预测工作计划，编制预算，调配力量，组织实施，以保证市场预测工作有计划、有节奏地进行。

2. 搜集资料

进行物业服务市场预测必须占有充分的资料。有了充分的资料，才能为市场预测提供进行分析、判断的可靠依据。在市场预测计划的指导下，调查和搜集预测有关资料是进行市场预测的重要一环，也是预测的基础性工作。

3. 选择预测方法

根据物业服务市场预测的目标及各种预测方法的适用条件和性能，选择出合适的预测方法。有时可以运用多种预测方法来预测同一目标。预测方法的选用是否恰当，将直接影响到预测的精确性和可靠性。运用预测方法的核心是建立描述、概括研究对象特征和变化规律的模型，根据模型进行计算或者处理，即可得到预测结果。

4. 预测分析和修正

分析判断是对调查搜集的资料进行综合分析，并通过判断、推理，使感性认识上升为理性认识，从事物的现象深入到事物的本质，预计市场未来的发展变化趋势。在分析评判的基础上，通常还要根据最新信息对原预测结果进行评估和修正。

5. 编写预测报告

预测报告应该概括预测研究的主要活动过程，包括预测目标、预测对象及有关因素的分析结论、主要资料和数据，预测方法的选择和模型的建立，以及对预测结论的评估、分析和修正等。

（二）物业服务市场预测的类型

物业服务市场预测可以按不同的标准进行分类。

1. 按物业服务预测的时间跨度分类

按物业服务市场预测的时间跨度分，可以分为物业服务市场短期预测、物业服务市场近期预测、物业服务市场中期预测和物业服务市场长期预测。

物业服务市场短期预测，是根据物业服务市场上需求变化的现实情况，以旬、周为时间单位，预计一个季度内的需求量（销售量）。

物业服务市场近期预测，主要是根据历史资料和当前的物业服务市场变化，以月为时间单位测算出年度的物业服务市场需求量。

物业服务市场中期预测，是指 3～5 年的预测，一般是对经济、技术、政治、社会等影响物业服务市场长期发展的因素，经过深入调查分析后，预测物业服务市场未来发展趋势，为编制 3～5 年计划提供科学依据。

物业服务市场长期预测，一般是 5 年以上的预测，是为制定经济发展的长期规划预测物业服务市场发展趋势，为综合平衡、统筹安排长期的产供销比例提供依据。

2. 按物业服务市场预测的空间范围划分

按地理空间范围划分，物业服务市场预测分为国内物业服务市场预测和国际物业服务市场预测。

按经济活动的空间范围划分，物业服务市场预测可分为宏观的物业服务市场预测和微观的物业服务市场预测。

3. 按物业服务市场预测的性质划分

按预测的性质划分，物业服务市场市场预测可以分为定性预测和定量预测。

（1）定性预测。这是由预测人员凭借知识、经验和判断能力对市场的未来变化趋势作出性质和程度的预测。

（2）定量预测。这是以过去积累的统计资料为基础，运用数学方法进行分析计算后，对市场的未来变化趋势作出数学测算。

（三）物业服务市场预测的作用

市场预测、市场调研、营销决策三者是紧密相连的，市场调研是市场预测的依据，市场预测是营销决策的基础，调研和预测的目的都是为了提高营销决策的科学性和精确性。市场预测的作用主要表现在以下几方面：

1. 市场预测为物业服务企业战略性决策提供依据

物业服务企业通过预测可以对消费者需求和消费者行为等变化趋势作出正确的分析和判断，确定物业服务企业的目标市场。通过预测能够把握市场的总体动态和各种营销环境因素的变化趋势，为企业确定资金投向、经营方针、发展规模等战略性决策提供可靠依据。

2. 市场预测是物业服务企业制定营销策略的前提条件

物业服务企业营销的最终目的是为了获取利润。物业服务企业要实现自己的利润目标就需要在产品、定价、分销、促销、原料采购、库存运输、销售服务等方面制定正确的营销策略。然而，正确营销策略的制定取决于相关市场情况的准确预测。

3. 市场预测有利于提高物业服务企业的竞争能力

在当前激烈的竞争市场中，物业服务企业与竞争对手的优劣势是在不断变化的。通过及时、准确的预测，物业服务企业就能掌握市场发展和转化的规律，以便物业服务企业扬长避短，挖掘潜力，适应物业服务市场变化，提高自身的应变能力，增强竞争能力。物业服务企业不仅应预测自己产品的市场份额，还应预测市场同类产品、替代产品等未来发展趋势，同时，还必须预测竞争对手产品、市场的发展趋势，以便物业服务企业采用相应的竞争策略。

(四) 物业服务市场预测的方法

1. 定性预测方法

定性预测方法，又称判断分析法，是指凭借人们的主观经验、知识和综合分析能力，通过对有关资料的分析推断，对未来市场发展趋势做出性质和程度的判断、估计和测算。

定性预测的优点在于：注重对事物发展性质方面的预测，具有较大的灵活性，易于充分发挥人的主观能动作用，且简单、迅速，省时省费用。

定性预测的缺点是：易受主观因素的影响，比较注重人的经验和主观判断能力，易受人的知识、经验和能力的多少大小的束缚和限制，尤其是缺乏对事物发展作数量上的精确描述。

常用的定性预测方法主要有以下几种：

(1) 综合意见法。综合意见法是指集中物业服务。企业的管理人员、业务人员等，凭他们的经验和判断共同讨论市场发展趋势，进而做出预测的方法。具体做法是：预测组织者首先向企业管理人员、业务人员等有关人员提出预测项目和期限，并尽可能地向他们提供有关资料。有关人员应根据自己的经验、知识进行分析、判断，提出各自的预测方案。为避免局限性，预测组织者可以把预测意见集中起来，用平均法或加权平均法进行数学处理，以得到较为准确的市场预测结果。

这种方法的优点是简单、迅速、及时、经济，能够充分发挥集体的智慧，不需要大量的统计资料，适合于不可控因素较多时的营销预测，若市场情况变化，可及时修改。但是，这种预测极易受主观因素的影响，尤其易受权威人士的影响。

(2) 德尔菲法。德尔菲 (Delphi) 法又称专家小组法，主要是指用函询的形式，依靠专家小组背对背地作出判断分析，来代替面对面的会议，使不同专家意见分析的深度和理由都能够充分表达出来，经过客观的分析，以求达到比较符合市场发展规律的一致意见。

德尔菲法是市场预测的一个重要的定性方法，应用十分广泛。它是应用专家在专业方面的知识和经验，在对过去和现在发生的情况进行分析的基础上，对市场发展的前景作出个人判断而获取预测结果的预测方法。在征询专家们的意见时，最好采用调查表的方式，由专家们填写。表格应简单清楚，先简单介绍预测目的，然后提出各种预测问题。问题不宜过多，一般应限制在 20 个以内，请专家于限定时间内寄回表格。预测主持者将各种不同意见进行综合整理汇总，再分送给各位专家，请他们对各种意见进行比较，修正或发表自己的意见。经过这样几轮的反复征询，使各位专家的意见趋向一致，最后作出预测结论。

德尔菲法的优点：真实性，专家们以匿名方式用函件与组织者联系，不发生横向联系，不知名，不知别人的意见是什么，因此可使预测结果真实客观。系统性，由于专家们通常掌握着大量信息，能系统地考虑各种因素，因此能够作出比较准确的预测。科学性，预测者用统计方法归纳处理预测结果，使预测消除主观因素的影响，这种科学的预测程序与方法使预测结论更为客观。

德尔菲法也存在着一些缺点：专家意见未必能反映客观现实；责任较为分散，估计值的权数相同；一般仅适用于总额的预测，而用于区域、顾客群、产品大类等的预测时，可靠性较差。

（3）类推法。类推法是建立在"分类"的思维高度，关注事物之间的关联性，应用相似性原理，把预测目标同其他类似事物，加以对比分析推断其未来发展趋势的一种定性预测方法。

类推法的种类很多，主要有以下几种：由小见大，即从某个现象推知事物发展的大趋势。由表及里，即从表面现象推实质。由此及彼，引进其他物业服务企业或国外先进的管理和技术。由过去、现在推以后，历史的东西对以后的发展是极有指导性的，可以从规律中找到商机。由远及近，即国外的产品、技术、管理模式、营销经验、方法，因为可能比较进步，就代表先进的方向，可能就是"明天要走的路"。自下而上，即从典型的局部推知全局。自上而下，即从全局细分，以便认识和推知某个局部，对大致了解一个市场是很有帮助的。如由点到面、由部分类推全部、由国外推算国内及同类产品的发展趋向类推等。

类推法一般适合于开拓市场，预测潜在购买力和需求量以及预测增长期的商品销售等，它适合于较长期的预测。

（4）市场试验法。物业服务企业收集到的各种意见的价值，不论是购买者、销售人员的意见，还是专家的意见，都取决于获得各种意见的成本、意见可得性和可靠性。如果购买者对其购买并没有认真细致的计划，或其意向变化不定，或专家的意见也并不十分可靠，在这些情况下，就需要利用市场试验这种预测方法。特别是在预测一种新产品的销售情况和现有产品在新的地区或通过新的分销渠道的销售情况时，利用这种方法效果最好。

2. 定量预测方法

定量预测法，又称分析计算法或统计预测法。它是在占有比较完整的历史资料的基础上，通过数据的整理分析，运用一定的模型或公式对预测对象的未来发展趋势做出定量测算的一种方法。

定量预测的优点：注重事物发展在数量方面的分析，重视对事物发展变化的程度做数量上的描述，更多地依据历史统计资料，较少受主观因素的影响。

定量预测的缺点：比较机械，不宜处理有较大波动的资料，更难以预测事物的变化。

（1）时间序列分析法。

1）时间序列。时间序列是指将某种经济统计指标的数值，按时间先后顺序排列所形成的序列。如按月份或年份排列的产品销售量。

产品销售的时间序列，可以分成四个组成部分：

①趋势。它是人口、资本积累，技术发展等方面共同作用的结果。从利用过去有关的销售资料描绘出来的销售曲线就可以看出某种趋势来。

②周期。企业销售额往往呈现出某种波状运动，因为企业销售一般都受到宏观经济活动的影响，而宏观经济活动总呈现出某种周期性波动的特点。周期因素在中期预测中

尤其重要。

③季节。指一年内销售量变动的形式。季节一词在这里可以指任何按小时、月份或季度周期发生的销售量变动形式。这个组成部分一般与气候条件、假日、商业习惯等有关。季节形式为预测短期销售提供了基础。

④不确定事件。包括自然灾害、突发疫情、战争恐慌、流行风尚、恐怖袭击和其他一些干扰因素。这些因素属不正常因素，一般无法预测。应当从过去的数据中剔除这些因素的影响，考察较为正常的销售活动。

2）时间序列预测法。时间序列预测法就是通过编制和分析时间序列，根据时间序列所反映的发展过程、方向和趋势，加以外推或延伸来预测下一时间周期所能达到的水平。许多事物的发展都存在惯性，即延续性，这种延续性使时间序列预测方法具有广泛应用的基础。这种方法的根据是：

①过去的统计数据之间存在着一定的关系，而且这种关系利用统计方法可以揭示出来；

②过去的销售状况对未来的销售趋势有决定性影响，销售额只是时间的函数。因此，企业可以利用这种方法预测未来的销售趋势。

时间序列分析法的主要特点是：以时间推移研究和预测市场需求趋势，不受其他外界因素的影响。不过，在遇到外界发生较大变化，如国家政策发生变化时，根据过去已发生的数据进行预测往往会有比较大的偏差。

（2）因果分析预测法。因果分析预测法是以事物之间的相互联系、相互依存关系为根据的预测方法，是在定性研究的基础上，确定出影响预测对象（因变量）的主要因素（自变量），根据这些变量的观测值建立回归方程，并由自变量的变化来推测因变量的变化。因果分析方法的主要工具是回归分析技术，因此又称其为回归分析预测方法。

因果分析预测法的主要依据是相关性原则，客观事物、各种现象之间往往存在一定的因果关系。如商品销售额与商品的价格、居民收入等因素密切相关，这可利用因果关系建立回归方程进行预测。如果已知商品价格、居民收入的未来值，就可以推测商品销售额的未来值。

在利用这种方法进行预测时，首先要确定事物之间相关性的强弱。相关性越强，预测精度就越高；反之，预测精度就较差。同时，还需研究事物之间的相互依存关系是否稳定。如果不稳定或在预测期内发生显著变化，则利用历史资料建立的回归模型就会失效。

运用回归方程进行分析预测的方法主要有三种：一元回归预测、多元回归预测、自回归预测。

（3）经济指标法。经济指标法是指根据政府公布的或调查所得的经济预测指标，推算出预测结果的市场预测方法。这种方法是以某种经济指标为基础进行预测，不需要复杂的数学计算，因而是一种简单易行的方法。

总之，物业服务市场预测方法很多，至于如何应用还应根据实际情况而定。定性预测和定量预测并不是相互排斥的，而是可以相互补充的，在实际预测过程中应该把两者正确地结合起来使用。

（五）物业服务市场预测方法的选择

物业服务市场预测的方法很多，那么，预测者选用哪一种方法进行预测最为适合，是市场预测实际应用中所面临的比较重要的问题。一般来讲，在进行预测方法的选取时应从以下几个方面进行综合考虑：

1. 物业服务市场预测的目的

物业服务市场预测是为物业服务企业的生产经营服务的，不同的预测方法对预测目的的满足度都是不一样的。

在计划的编制中，要求用短期市场预测方法为其提供反映市场变化的准确的预测资料。而在计划的制订过程中，用长期或中期的预测结果显得更为合适。在对新产品需求量的预测中，由于缺乏历史资料，就难以应用定量的预测方法，最好采用凭预测者经验或主观判断来进行预测等定性市场预测方法。由此可见，物业服务市场预测的目的不同，要求有与之相适应的预测方法。

2. 物业服务市场预测对象的性质与特点

预测方法的选取，除考虑预测的目的外，还必须认真分析物业服务市场预测对象的性质、特点及市场预测对象的发展变化规律。如果预测对象的历史观察值能够被量化，且预测者比较容易确定影响预测对象的主要因素，就可以选择定量预测方法中的相关与回归分析预测法。如果预测对象的历史观察值不能被量化，或预测者难以确定影响预测对象的主要因素，就不能采用该方法，必须考虑采用其他的预测方法。

3. 物业服务市场预测结果的准确性

在物业服务市场预测中，将预测误差降到最低限度，是预测资料使用者与预测者所期望的，也是选择预测方法的标准之一。对同一物业服务市场现象进行预测，由于所采用的预测方法不同，其预测结果的误差大小也是不一样的，如果选取方法得当，预测误差就会小一些；反之，预测误差就会较大。

在物业服务市场预测的实践中，对同一市场现象可以采用多种预测方法来进行预测，每一种预测方法的预测误差肯定是不一样的，并且在实际应用前，是无法来对它作出选择的。在这种情况下，通常是同时应用几种不同的适用性预测方法对同一市场现象进行预测，分别计算各种预测方法预测误差的大小，通过对不同预测方法预测误差的比较，最终选择预测误差最小的一种预测方法来进行预测。

4. 物业服务市场预测方法的适用性

在预测方法的选择过程中，同时还要考虑预测方法的适用性。对预测方法适用性的要求主要体现在两个方面：一是高度重视市场预测的经济性。所谓经济性，就是在方法选择时既要注重预测结果的准确性，同时又要兼顾预测费用的支出及预测时间的付出等因素。在实现预测目的与要求的前提下，尽可能把预测费用降到最低限度。二是要充分考虑预测者的能力和水平。预测方法的选择必须充分考虑预测者自身的条件，如果预测者各方面的条件都具备，当然可以将精度作为选择预测方法的主要因素来考虑；但如果在市场预测时，预测者的计算能力一般，又没有相应的计算机做支撑，或者预测者的计算机应用水平较低，在这种情形下，不妨适当降低对预测精度的要求，选择那些过程简单、运算量少的预测方法来进行预测。

五、物业目标市场选择

（一）目标市场

目标市场就是指企业在市场细分之后的若干细分市场中，要进入的那个细分市场，即企业拟投其所好、为之服务的那个顾客群。

目标市场选择是指估计每个细分市场的吸引力程度，并选择进入一个或多个细分市场。

（二）物业服务目标市场选择标准

1. 有一定的规模和发展潜力

物业服务企业进入某一市场是期望能够有利可图，如果市场规模狭小或者趋于萎缩状态，企业进入后难以获得发展，此时，应审慎考虑，不宜轻易进入。当然，物业服务企业也不宜以市场吸引力作为唯一取舍，特别是应力求避免"多数谬误"，即与竞争的物业服务企业遵循同一思维逻辑，将规模最大、吸引力最大的物业服务市场作为目标市场。大家共同争夺同一个顾客群的结果是，造成过度竞争和社会资源的无端浪费，同时使业主的一些本应得到满足的需求遭受冷落和忽视。现在国内很多物业服务企业动辄将城市尤其是大中城市作为其首选市场，而对小城镇和农村市场不屑一顾，很可能就步入误区，如果转换一下思维角度，一些目前经营尚不理想的物业服务企业说不定会出现"柳暗花明"的局面。

2. 细分市场结构的吸引力

物业服务细分市场可能具备理想的规模和发展特征，然而从赢利的观点来看，它未必有吸引力。波特认为有五种力量决定整个市场或其中任何一个细分市场的长期的内在吸引力。这五种力量对应五个群体，分别是：同行业竞争者、潜在的新参加的竞争者、替代产品、购买者和供应商。它们具有如下五种威胁：

（1）细分市场内激烈竞争的威胁。如果某个物业服务细分市场已经有了众多的、强大的或者竞争意识强烈的竞争者，那么该细分市场就会失去吸引力。如果出现该细分市场处于稳定或者衰退，生产能力不断大幅度扩大，固定成本过高，撤出市场的壁垒过高，竞争者投资很大，那么情况就会更糟。这些情况常常会导致价格战、广告争夺战，新产品推出，并使物业服务企业要参与竞争就必须付出高昂的代价。

（2）新竞争者的威胁。如果某个物业服务细分市场可能吸引会增加新的生产能力和大量资源并争夺市场份额的新的竞争者，那么该细分市场就会没有吸引力。问题的关键是新的竞争者能否轻易地进入这个细分市场。如果新的竞争者进入这个细分市场时遇到森严的壁垒，并且遭受到细分市场内原来的企业的强烈报复，他们便很难进入。保护细分市场的壁垒越低，原来占领细分市场的企业的报复心理越弱，这个细分市场就越缺乏吸引力。某个细分市场的吸引力随其进退难易的程度而有所区别。根据行业利润的观点，最有吸引力的细分市场应该是进入的壁垒高、退出的壁垒低。在这样的细分市场里，新的企业很难打入，但经营不善的企业可以安然撤退。如果细分市场进入和退出的壁垒都高，那里的利润潜量就大，但也往往伴随较大的风险，因为经营不善的企业难以撤退，必须坚持到底。如果细分市场进入和退出的壁垒都较低，企业便可以进退自如，然而获得的报酬虽然稳定，但不高。最坏的情况是进入细分市场的壁垒较低，而退出的壁垒却很高。于是在经济良好时，大家蜂拥而入，但在经济萧条时，却很难退出。其结果是大家生产能力过剩，收入下降。

（3）替代产品的威胁。如果某个物业服务细分市场存在着替代产品或者有潜在替代产品，那么该细分市场就失去吸引力。替代产品会限制细分市场内价格和利润的增长。物业服务企业应密切注意替代产品的价格趋向。如果在这些替代产品行业中技术有所发展，或者竞争日趋激烈，这个细分市场的价格和利润就可能会下降。

（4）购买者讨价还价能力加强的威胁。如果某个物业服务细分市场中购买者的讨价还价能力很强或正在加强，该细分市场就没有吸引力。购买者便会设法压低价格，对产品质量和服务提出更高的要求，并且使竞争者互相斗争，所有这些都会使销售商的利润受到损失。如果购买者比较集中或者有组织，或者该产品在购买者的成本中占较大比重，或者产品无法实行差别化，或者顾客的转换成本较低，或者由于购买者的利益较低而对价格敏感，或者顾客能够向后实行联合，购买者的讨价还价能力就会加强。销售商为了保护自己，可选择议价能力最弱或者转换销售商能力最弱的购买者。较好的防卫方法是提供顾客无法拒绝的优质产品供应市场。

（5）供应商讨价还价能力加强的威胁。如果物业服务企业的供应商——原材料和设备供应商、公用事业、银行、公会等，能够提价或者降低产品和服务的质量，或减少供应数量，那么该企业所在的细分市场就会没有吸引力。如果供应商集中或有组织，或者替代产品少，或者供应的产品是重要的投入要素，或转换成本高，或者供应商可以向前实行联合，那么供应商的讨价还价能力就会较强大。因此，与供应商建立良好关系和开拓多种供应渠道才是防御上策。

3. 符合物业服务企业发展目标和能力

某些物业服务细分市场虽然有较大吸引力，但不能推动企业实现发展目标，甚至分散企业的精力，使之无法完成其主要目标，这样的市场应考虑放弃。另外，还应考虑企业的资源条件是否适合在某一细分市场经营。只有选择那些企业有条件进入、能充分发挥其资源优势的市场作为目标市场，企业才会立于不败之地。

（三）物业服务目标市场选择

1. 市场集中化

物业服务企业选择一个细分市场，集中力量为之服务。较小的物业服务企业一般专门填补物业服务市场的某一部分。集中营销使物业服务企业深刻了解该细分市场的需求特点，采用针对的产品、价格、渠道和促销策略，获得强有力的市场地位和良好的声誉，但同时隐含较大的经营风险。

2. 产品专门化

物业服务企业集中提供一种服务，并向所有业主销售这种服务。这样，物业服务企业在给物业服务方面容易树立很高的声誉，一旦出现其他的替代品或业主偏好转移，物业服务企业将面临巨大的威胁。

3. 市场专门化

物业服务企业专门服务于某一特定业主群，尽力满足他们的各种需求。一旦这个业主群的需求潜量和特点发生突然变化，企业要承担较大风险。

4. 有选择的专门化

物业服务企业选择几个细分市场，每一个对企业的目标和资源利用都有一定的吸引力。但各细分市场彼此之间很少或根本没有任何联系。这种策略能分散企业经营风险，即使其中某个细分市场失去了吸引力，企业还能在其他细分市场赢利。

5. 完全市场覆盖

物业服务企业力图用各种产品满足各种业主群体的需求，即以所有的细分市场作为目标市场。一般只有实力强大的大型物业服务企业才能采用这种策略。

（四）物业服务目标市场策略

物业服务企业在划分好细分市场之后，可以进入既定市场中的一个或多个细分市场。

1. 无差异性目标市场策略

无差异性目标市场策略是把整个市场作为一个大目标开展营销，它们强调消费者的共同需要，忽视其差异性。采用这一策略的物业服务企业，一般都是实力强大进行大规模生产方式，又有广泛而可靠的分销渠道，以及统一的广告宣传方式和内容。

无差异性营销战略最大的优点在于经济性好。具体表现在以下三方面：第一，不对市场进行细分，可以节省营销调研、市场分析等方面的成本；第二，单一的产品，可以取得大规模生产带来的成本方面的优势，也可节省产品设计及研发费用；第三，统一的营销组合，可大大节省渠道、促销方面的费用。

无差异性营销战略的缺点是产品的市场适应性较差，而单一产品以同样的方式广泛销售并受到消费者欢迎几乎是不可能的。随着市场竞争的激烈和消费者需求的日益多样化，大多数产品的无差异性营销战略无法取得成功。首先，业主的需求客观上千差万别并不断发生变化，一种产品长期为所有业主和使用人所接受非常罕见；其次，当众多企业如法炮制，都采用这一战略时，会在较大的细分市场造成激烈的市场竞争，而在一些小的细分市场上消费者需求却得不到满足；再次，当其他企业针对不同细分市场提供更有特色的产品和服务时，采用无差异营销战略的企业可能会发现自己的市场正在遭到蚕食但又无法有效地予以反击。正是由于这些原因，世界上一些曾经长期实行无差异营销战略的大企业最后也被迫改弦更张，转而实行差异性营销战略。

小企业不断扩张最突出的表现就是规模的扩大，当前许多迅速崛起的物业服务企业也具有这个特点，管理面积不断增加，从几万平方米增加到几百万平方米，管理的领域也不断扩展，从最初单纯的住宅小区物业管理发展到写字楼、公寓、别墅、高校和政府等多个物业服务领域，无差异性营销策略刚好适合这部分物业服务企业以规模制胜的特点。采用这种营销策略的物业服务企业把物业服务看做是同质性很强的服务产品，因为规模的不断扩大已经占据了物业服务企业的大部分精力，它们目前只能是为各个物业项目提供基础的服务项目，保证各个服务项目的平均品质水平。

2. 差异性目标市场策略

差异性营销战略是将整体市场划分为若干细分市场，然后根据物业服务企业的资源与营销实力从中选择不同数目的细分市场作为自己的目标市场，并为所选择的各个目标市场设计不同的产品，制定不同的市场营销组合方案，满足不同目标顾客的需要。

差异性营销战略的优点：一方面可以更好地满足业主的需求，提高整体销量；另一方面，由于物业服务企业在多个细分市场上开展营销，一定程度上可以降低投资风险和经营风险。

实行差异性营销战略的缺点：由于企业产品品种、销售渠道、广告宣传的扩大化和多样化，导致企业的生产和营销方面的成本大幅度增加。受到企业资源和经济实力的限制较大。

规模不断扩大在一定程度上可以增强物业服务企业的实力，不断积累的管理经验可以提高物业管理的质量和水平，此时，物业服务企业就具备了采用差异性营销策略的条件。在采用这个策略时，物业服务企业开始强调服务产品和细分子市场的差异性，开始注重企业特色的培养。

当前，许多物业服务企业已经开始抛开最初对物业服务企业的"大而全"、"小而全"的定义，而强调专业化、强调技术性、强调服务的作用，对差异性营销策略的使用正是这种观念转变的体现。这种营销策略还可以帮助物业服务企业降低经营风险，有助于物业服务企业的进一步发展。

3. 集中性目标市场策略

集中性目标市场策略是选择一个或几个细分化的专门市场作为营销目标，集中企业的优势力量，对某细分市场采取攻势营销战略，以取得市场上的优势地位。其指导思想是：与其在较多的细分市场上都获得较低的市场份额，不如在较少的细分市场上获得较高的市场占有率。因而只选择一个或少数几个细分市场，作为企业的目标市场。

集中性目标市场的主要优点：可准确地了解业主的不同需求，有针对性地采取营销策略，可节约营销成本和营销费用，提高物业服务企业投资利润率。这种市场策略的最大特点：风险性较大，最容易受竞争的冲击。因为目标市场比较狭窄，一旦竞争者的实力超过自己，业主的爱好发生转移或市场情况发生突然变化，都有可能使企业陷入困境。因此，集中性市场策略经常被资源有限的中、小物业服务企业所采用。因为，它们所追求的不是在较大市场上占有较小的份额，而是要在较小的细分市场上占有较高的份额。

大多数企业成立初期的企业实力都是较弱的，无论是人力、财力、物力方面的实力，还是服务水平与技术能力；无论是在行业内的影响力，还是在客户群中的口碑，都无法与经营多年成功的企业媲美，因此，多数刚刚组建的物业管理企业多采用集中性营销策略，这首先决定于实力上的牵制。另外，它有助于这些小企业能够在物业服务市场上追求到局部优势，并在此基础上，不断地伺机扩大规模，提高市场占有率。

（五）物业服务目标市场选择的影响因素

上述三种策略各有利弊，物业服务企业在进行决策时要具体分析服务产品和市场状况和企业本身的特点。影响物业服务企业目标市场策略的因素主要有企业资源、产品特点、市场特点和竞争对手的策略四类。

1. 企业资源

资源雄厚的企业，如拥有大规模的生产能力、广泛的分销渠道、程度很高产品标准化、好的内在质量和品牌信誉等，可以考虑实行无差异市场营销策略；如果企业拥有雄厚的设计能力和优秀的管理素质，则可以考虑施行差异市场营销策略；而对实力较弱的中小企业来说，适合集中力量进行集中营销策略。企业初次进入市场时，往往采用集中市场营销策略，在积累了一定的成功经验后再采用差异市场营销策略或无差异市场营销策略，扩大市场份额。

2. 产品特点

产品的同质性表明了产品在性能、特点等方面的差异性的大小，是物业服务企业选择目标市场时不可不考虑的因素之一。一般对于同质性高的产品，宜实行无差异市场营销；对于同质性低或异质性产品，差异市场营销或集中市场营销是恰当选择。

此外，产品因所处的生命周期的阶段不同，而表现出的不同特点亦不容忽视。产品处于导入期和成长初期，消费者刚刚接触新产品，对它的了解还停留在较粗浅的层次，竞争尚不激烈，企业这时的营销重点是挖掘市场对产品的基本需求，往往采用无差异市场营销策略。等产品进入成长后期和成熟期时，消费者已经熟悉产品的特性，需求向深层次发展，表现出多样性和不同的个性来，竞争空前的激烈，企业应适时地转变策略为差异市场营销或集中市场营销。

3. 市场特点

供与求是物业服务市场中两大基本力量，它们的变化趋势往往是决定物业服务市场发展方向的根本原因。供不应求时，物业服务企业重在扩大供给，无暇考虑需求差异，采用无差异市场营销策略；供过于求时，物业服务企业为刺激需求、扩大市场份额殚精竭虑，多采用差异市场营销或集中市场营销策略。

从物业服务市场需求的角度来看，如果业主对某物业服务产品的需求偏好、购买行为相似，则称之为同质市场，可采用无差异市场营销策略；反之，则称之为异质市场，差异市场营销和集中市场营销策略更合适。

4. 竞争对手的策略

物业服务企业可与竞争对手选择不同的目标市场覆盖策略。例如，竞争者采用无差异市场营销策略时，选用差异市场营销策略或集中市场营销策略更容易发挥优势。

总之，物业服务企业的目标市场策略应慎重选择，一旦确定，应该有相对的稳定，不能朝令夕改，但灵活性也不容忽视，没有永恒正确的策略，一定要密切注意市场需求的变化和竞争动态。

六、物业服务市场定位

(一) 物业服务市场定位

市场定位是指企业针对潜在顾客的心理进行营销设计，创立产品、品牌或企业在目标客户心目中的某种形象或个性特征，保留深刻的印象和独特的位置，以取得竞争优势。

物业服务市场定位是指物业服务企业根据市场需求和自身实力，确定本企业及其物业服务在目标市场上的竞争地位的过程。

（二）物业服务市场定位的作用

1. 有利于企业把握市场机会

物业服务企业开展市场定位工作，能分析目标市场中各个位置的情况，结合自己的实力，找出最能适合自己营销的位置。同时，当市场环境发生变化时，通过市场定位分析工作，能发现自己的市场位置已不能适应市场环境变化的要求，又可以重新定位，尽量拉近目标市场与企业之间的距离。因此，它能帮助物业服务企业及时把握住市场机会。

2. 有利于市场竞争

市场定位是适应市场竞争需要而进行的活动。物业服务企业通过市场定位，分析目标市场各个方位市场竞争的情况，了解哪个位置竞争者多，哪个位置竞争者少，哪个位置是空缺。同时了解各个位置的市场容量、各个竞争者的长处和短处，以帮助企业根据自己的实力来选择自己的市场位置。在确定企业的市场位置时，如果企业要与竞争者展开竞争，则企业的市场定位应尽量靠近竞争者的市场位置；如果企业要避开竞争者的锋芒，则企业的市场定位要远离竞争者的市场位置，做到井水不犯河水。物业服务企业确定了市场位置之后，能更好地制定目标市场营销计划，采用有效的竞争策略。

3. 有利于改变业主的偏好

物业服务市场定位虽然依赖于业主的心理状态，但在通过市场定位，分析企业所确定的市场位置、业主的偏好及其改变的可能性后，可利用广告进行反复宣传及其他促销途径，促使业主形成新的偏好。

（三）物业服务市场定位步骤

实现物业服务市场定位，需要通过识别潜在竞争优势、物业服务企业核心优势定位和制定发挥核心优势的战略三个步骤实现。

1. 识别潜在竞争优势

这是市场定位的基础。通常企业的竞争优势表现在两方面：成本优势和产品差别化优势。成本优势使企业能够以比竞争者低廉的价格销售相同质量的产品，或以相同的价格水平销售更高质量水平的产品。产品差别化优势是指产品独具特色的功能和利益与顾客需求相适应的优势，即企业能向市场提供在质量、功能、品种、规格、外观等方面比竞争者更好的满足顾客需求的能力。为实现此目标，物业服务企业首先必须进行规范的市场研究，切实了解目标市场需求特点及这些需求被满足的程度。一个物业服务企业能否比竞争者更深入、更全面地了解顾客，这是能否取得竞争优势、实现产品差别化的关键。另外，物业服务企业还要研究主要竞争者的优势和劣势，知己知彼，方能战而胜之。可以从以下三个方面评估竞争者：一是竞争者的业务经营情况，如估测其近三年的销售额、利润率、市场份额、投资收益率等；二是评价竞争者的核心营销能力，主要包括产品质量和服务质量的水平等；三是评估竞争者的财务能力，包括获利能力、资金周转能力、偿还债务能力等。

2. 物业服务企业核心优势定位

所谓核心优势，是指与主要竞争对手相比（如在产品开发、服务质量、销售渠道、品牌知名度等方面），在市场上可获取明显的差别利益的优势。显然，这些优势的获取与企业营销管理过程密切相关。所以识别物业服务企业核心优势时，应把企业的全部营销活动加以分类，并对各主要环节在成本和经营方面与竞争者进行比较分析，最终定位和形成企业的核心优势。

3. 制定发挥核心优势的战略

物业服务企业在市场营销方面的核心优势不会自动地在市场上得到充分表现。对此，企业必须制定明确的市场战略来充分表现其优势和竞争力。例如，通过广告传导核心优势战略定位，使企业核心优势逐渐形成一种鲜明的市场概念，并使这种概念与顾客的需求和追求的利益相吻合。

（四）物业服务市场定位方法

各个物业服务企业经营的产品不同，面对的业主也不同，所处的竞争环境也不同，因而市场定位所依据的原则也不同。总的来讲，市场定位所依据的原则有以下五点：

1. 根据具体的物业服务特点定位

构成物业服务产品内在特色的许多因素都可以作为市场定位所依据的原则。

2. 根据特定的使用场合及用途定位

根据特定的使用场合及用途为原有物业服务产品找到一种新用途，是为该产品创造新的市场定位的好方法。

3. 根据业主得到的利益定位

物业服务产品提供给业主的利益是顾客最能切实体验到的，也可以用作定位的依据。

4. 根据使用者类型定位

物业服务企业将其产品指向某一类特定的使用者，以便根据这些业主的看法塑造恰当的形象。

5. 根据竞争的需要定位

根据竞争者的特色与市场位置，结合物业服务企业自身发展需要，将本企业产品或定位于与其相似的另一类竞争者产品的档次，或定位于与竞争直接相关的不同属性或利益。

（五）物业服务市场定位策略

1. 避强定位策略

避强定位策略是指物业服务企业力图避免与实力最强的或较强的其他物业服务企业直接发生竞争，而将自己的产品定位于另一市场区域内，使自己的产品在某些特征或属性方面与最强或较强的对手有比较显著的区别。

优点：避强定位策略能使企业较快地在市场上站稳脚跟，并能在业主或使用人中树立形象，风险小。

缺点：避强往往意味着企业必须放弃某个最佳的市场位置，很可能使企业处于最差的市场位置。

2. 迎头定位策略

迎头定位策略是指物业服务企业根据自身的实力，为占据较佳的市场位置，不惜与市场上占支配地位的、实力最强或较强的竞争对手发生正面竞争，而使自己的产品进入与对手相同的市场位置。

优点：竞争过程中往往相当惹人注目，甚至产生所谓轰动效应，企业及其产品可以较快地为消费者或使用人所了解，易于达到树立市场形象的目的。

缺点：具有较大的风险性。

3. 创新定位策略

创新定位策略是指寻找新的尚未被占领但有潜在市场需求的位置，填补市场上的空缺，生产市场上没有的、具备某种特色的产品。采用这种定位方式时，物业服务企业应明确创新定位所需的产品在技术上、经济上是否可行，有无足够的市场容量，能否为企业带来合理而持续的赢利。

4. 重新定位策略

物业服务企业在选定了市场定位目标后，如定位不准确或虽然开始定位得当，但市场情况发生变化时，如遇到竞争者定位与本企业接近，侵占了本企业部分市场，或由于某种原因消费者或使用人的偏好发生变化，转移到竞争者方面时，就应考虑重新定位。重新定位是以退为进的策略，目的是为了实施更有效的定位。

总之，物业服务企业在进行市场定位时，应慎之又慎，要通过反复比较和调查研究，找出最合理的突破口。避免出现定位混乱、定位过度、定位过宽或定位过窄的情况。而一旦确立了理想的定位，企业必须通过一致的表现与沟通来维持此定位，并应经常加以监测以随时适应目标顾客和竞争者策略的改变。

（六）物业服务产品定位

1. 物业服务产品定位定义

所谓物业服务产品定位，是指物业服务公司为建立一种适合业主心目中特定地位的产品，所采用的产品策略企划及营销组合之活动。

2. 产品定位与市场定位的关系

目标市场定位（简称市场定位），是指物业服务企业对目标业主或目标业主市场的选择；而产品定位，是指物业服务企业对用什么样的产品来满足目标消费者或目标消费市场的需求。从理论上讲，应该先进行市场定位，然后才进行产品定位。产品定位是对目标市场的选择与企业产品结合的过程，即将市场定位企业化、产品化的工作。

3. 物业服务产品定位策略

物业服务产品定位策略是指物业服务企业对经营的物业服务产品赋予某些特色，使产品在业主中树立某种特定的形象。因此物业服务企业在进入市场时必须对产品进行合理定位即确定哪些产品作为投放市场的对象。为创立品牌特色，树立特定的市场形象，以满足业主某种需求和偏爱的心理意向和行为方式。产品定位的基本策略有两种：一是与竞争对手的产品相对比，显示出独特性；二是与自己的系列产品相比较，显示出创新性。产品定位策略的恰当使用，有利于触发业主求新、求美、求名、惠顾动机与习惯性购买行为。

（1）产品差异定位法。产品差异定位法是指物业服务企业以某种方式改变那些基本相同的产品，以使业主相信这些产品存在差异而产生不同的偏好。产品差异化分为垂直差异和水平差异，垂直差异是指比竞争对手更好的产品；水平差异是与竞争对手不同的产品。

（2）主要属性/利益定位法。在对产品与服务定位时，品质和价格这两项特征将会转变为第三种非常重要的特征：价值。如果率先塑造且确实掌握，价值将是一种绝佳的竞争印象，这也是定位的良好考虑点。

（3）产品使用者定位法。找出产品的正确使用者/购买者，会使定位在目标市场上显得更突出，在此目标组群中，为其地点、产品、服务等特别塑造一种形象。

（4）使用定位法。有时可用消费者如何及何时使用产品，将产品予以定位。

（5）分类定位法。分类定位法是非常普遍的一种定位法。产品的生产并不是要和某一事实上竞争者竞争，而是要和同类产品互相竞争。当产品在市场上属于新产品时，此法特别有效——不论是开发新市场，或为既有产品进行市场深耕。

（6）针对特定竞争者定位法。针对特定竞争者定位法是直接针对某一特定竞争者，而不是针对某一产品类别。挑战某一特定竞争者的定位法，虽然可以获得成功（尤其是在短期内），但是就长期而言，也有其限制条件，特别是挑战强有力的市场领袖时，更趋明显。市场领袖通常不会松懈，他们会更巩固其定位。要挑战市场领袖时，请先确定：企业拥有所需的资源，能够全力向市场领袖挑战吗？企业愿意投入所需的资金，来改变目标市场对企业产品和市场领袖的比较结果吗？企业有能力提供使用者认为具有明显差异性的产品吗？

（7）关系定位法。当产品没有明显差异，或竞争者的定位和企业产品有关时，关系定位方法非常有效。利用形象及感性广告手法，可以成功地为这种产品定位。

（8）问题定位法。采用问题定位法时，产品的差异性就显得不重要了，因为若真有竞争者的话，也是少之又少。此时为了要涵盖目标市场，需要针对某一特定问题加以定位，或在某些情况下为产品建立市场地位。

第四章 物业管理与社区建设工作

物业管理区域建设是以物业服务企业为主的企业行为，主要是以完善物业及其配套设备、设施的质量使人的需求得到满足，而社区建设则是以地方政府街道办事处出面组织的政府行为，它着眼于调节人际关系，塑造社区文化氛围。两者是你中有我，我中有你，互相依赖，互相支持，相互促进。社区建设依赖于物业管理区域建设，而物业区域建设需要社区指导，社区建设应当尊重物业管理区域建设的自主权，物业管理区域建设要自觉配合社区建设。本章主要介绍社区、社区建设、物业管理与社区建设的关系、物业管理与街道办事处、居委会的关系等相关知识。

一、社区的含义及功能

（一）社区的概念和类型

1. 社区的概念

"社区"的概念是从国外引入的，英文表示为：Community，意思为共同体和亲密的伙伴关系。社区一般理解为聚集在一定地域范围内的社会群体和社会组织，是根据一套规范和制度结合而成的社会实体，是一个地域社会生活共同体。社区具有七大要素，分别为：地域要素、人口要素、区位要素、结构要素、社会心理要素、约束发展要素和物质要素。

社区是社会、经济发展和城市化的产物。随着社会和经济的发展，社区的作用越来越明显，社区的职责范围也在不断扩大，社区的建设和发展，对整个社会的稳定和发展具有十分重要的意义，因此搞好社区建设的重要性也越来越突出。社区管理水平的高低，直接影响到社区功能和作用的发挥。

在我国，习惯上把街道办事处和居民委员会辖区统称为"城市社区"。根据形势发展，今后我国将按照便于服务管理、便于开发社区资源、便于社区居民自治的原则，并考虑地域性、认同感等社区构成要素，逐步对原有街道办事处、居民委员会辖区作适当调整，以调整后的居委会辖区作为社区地域，并冠名"社区"。国家民政部关于在全国推进城市社区建设的一份文件中明确规定，城市社区的范围，一般是指经过规模调整后的居民委员会辖区。

社区是一种比较松散的社会实体，一般由以下要素构成：

（1）人口要素。社区的存在总离不开一定的人群，人是社区活动的主体，没有一定数量的人，则不能构成社区。社区组织、社区服务、社区活动等无一不是以社区人群为对象来开展和组织的。在社区的入门要素中，社区人口的数量、社区人口的构成、社区人口的分布，是必须要搞清楚的三个方面。其中，社区人口的数量是指社区内人口的多少。目前，城郊结合部的许多社区，由于房地产开发及市中心区域动拆迁等原因，社区人口的数量快速增长；而市中心区域的许多社区，由于旧房拆迁、旧城区改造等原因，社区人口的数量不断减少。社区人口的构成是指社区内不同类型人口的特点。如社区内小同年龄人口的构成、不同学历人口的构成、不同职业人口的构成等。社区人口的分布是指社区内人口密度分布及他们的活动在社区范围内的空间分布。如老的住宅区，人口密度就高，而新开发的住宅区，人口密度就低。

（2）地域空间。社区总要占有一定的地域，是区域性的社会，它必有一定的社会活动场所。因此，占有一定的地域是社区不可缺少的要素。

（3）社区设施。社区公共设施是社区构成的硬件，是维护社区居民正常生活和工作秩序，保障基本生活需求的物质前提，它包括房屋、商店、文化、教育、娱乐、医疗卫生、交通等基本生活设施和其他诸如机器、仓库、原料等生产设施。社区设施的完善程度是衡量物业环境的标准之一。

（4）社区文化。从狭义上说，社区文化是社区居民在长期的社区公共生活中积淀而成的精神生活的结晶，它包括价值观念、生活习俗、行为规范、社区心理意识。每一个社区中的居民对自己所属的社区都有一个情感和心理上的认同感、归属感和参与感。如民间流传的"乡土情深"、"落叶归根"等乡土观念，就是认同感、归属感的具体体现。

（5）社区组织。每个社区都存在着处理社区公共事务、维护社区共同利益、保证社区生活正常运行的问题，从而使得或大或小、或多或少的管理机构成为不可缺少的要素。在我国，目前存在的管理机构，有的属于社区范围内的企业事业单位，有的属于政党组织，有的属于政权组织，有的属于带有准政府性质的基层群众自治组织，有的属于消费者维权组织，这样不同类型的社区组织在社区活动中优势互补，各自发挥着不可替代的作用，从而使社区各种力量形成有机整体，促进社区与社会的协调发展。

在上述要素中，人群是社区的主体，地域和生活服务设施是社区的物质基础，制度和管理机构是协调社区生活各种关系的调节器。

2. 社区的类型

社区一般可划分为农村社区、城市社区和集镇社区。

（1）农村社区。农村社区是指以从事农业生产为主要谋生手段的农民形成的区域范围。这类社区的人口要素的同质性强，流动性小；物质要素比较薄弱，缺少足够的活动场地和设施；结构要素比较简单，组织和社会结构较为单一，社区活动也比较少而且简单；约束要素受传统思想和习惯的影响较大；社会心理因素受家庭影响大，社区成员关系相互交叉、血缘（亲情）关系深厚。

（2）城市社区。城市社区是指在城市区域内，由各种从事非农业劳动的人群所组成的区域范围。其特征表现为人口密集度高，异质性强；物质要素比较充裕，活动场地和设施比较齐全，经费比较有保障。结构要素中各种社区组织和群体多样、关系复杂、社区成员间的关系较为松散，社会心理要素中家庭的规模和职能缩小，成员的生活习惯、行为准则、宗教信仰等趋于多样化，政治、文化等相对发达；约束要素相对较小，约束性也不是太强。

（3）集镇社区。集镇社区是指在集镇范围内，主要以不从事农业劳动生产的人群形成的区域范围。它与前两类社区都不相同，它在人口要素上和城市社区比较接近，而与农村社区的差距较大；在结构要素和社会心理要素上，它又和农村社区的特征相类似；在约束要素和物质要素方面，它又介于这两类社区之间。因此说集镇社区既不同于农村社区和城市社区，又兼具了这两类社区的某些特点，它具有农村社区向城市社区过渡的特征。

当然，社区的分类方式还有多种，这里不再一一叙述。

（二）社区的主要功能

1. 创造和谐的功能

社区是社区成员的聚集之地，居民们生活在社区内，和社区的联系紧密，关系密切。社区必须要设置各种机构和组织，以维护社区的秩序，创造安全、稳定的社区环境，保证居民生命和财产的安全，保证政治和社会的稳定。

社区通过良好、完整的服务，如在社区中设立警务机构，开展治安联防，加强对流动人口的管理；通过提供就业指导、培训、医疗卫生等方面的咨询，来为居民们服务；同时培养社区成员的兴趣爱好，通过自娱自乐、参与全民健身、进行扶贫帮困、为个人和家庭提供稳定的发展环境，而个人和家庭的稳定必然会促进整个社会的稳定。

此外，社区组织的存在，改变了以往政府对社会的管理模式。在原有的政府对社会进行直接领导的模式下，个人和家庭与政府之间缺乏中间缓冲带，事无巨细都要政府出面解决，政府不得不将大部分的精力用于管理具体事务，而在管理过程中一旦产生矛盾，由于没有缓冲带，使得政府直接面临压力。

随着社区的发展和社区地位的增强，社区的创造和谐功能不断被强化。它将政企、政事、政社初步分离，由社区充当政府和个人、家庭之间的中介，建立社区建设和管理的新体制、新机制，由社区管理机构和社区组织在政府的指导之下，具体管理社区事务，完善社区服务，加强社区的安全和保障。另外，社区中还有一些社区发展协调组织，如社区事务协调委员会、社区单位联席会议、在职党员联席会议、业主委员会联席会议等，在社区中也起到了协调的作用。由于这些组织的存在，使社会和政府之间建立了一个可靠的缓冲带，政府和居民之间能及时、有效地沟通信息，加强理解，减少矛盾冲突，有利于和谐社会的形成。

2. 提高社区成员素质和修养的功能

社区发展遵循的是"以人为本"的原则，一切围绕着人的素质提高和全面发展。社会的物质要素中包括教育文化设施和场所，社区充分利用这些设施和社区内外的教育文化资源，为社区居民提供各类技能和知识的培训，提高他们的思想素质和修养。目前社区教育文化的形式主要有以下几种：

（1）举办各类讲座。内容主要有时事报告、历史文化讲座、热点新闻、科普讲座、卫生保健常识讲座、艺术欣赏讲座等。各类讲座主要由社区组织、定期或不定期举行，居民的参与意识都比较强。特别是离、退休人员，大多很重视各类讲座，他们一方面觉得讲座的内容实用，另一方面将讲座看成是自己了解外界的窗口。

（2）实用技能培训。这主要是针对下岗及待岗人员、假期中的学生、闲居家中的退休人员和部分在职职工而开展的各种实用技能的培训。如计算机基本技能、英文打字、实用英语口语、美容美发、插花技巧、茶艺茶道、服装裁剪、美食烹饪，以及各类上岗证书培训等。技能培训不仅为下岗、待业职工的再就业创造了条件，也为社区居民丰富业余生活、提高生活质量、加强相互交流、和睦邻里关系提供了有利的条件，更好地满足他们精神和物质的需求。

（3）兴趣爱好培养和终身教育。社区居民中和社区关系最密切的是老年人，如何利用大量的闲暇时间，丰富生活，是他们生活中很重要的事，而社区所提供的兴趣爱好培养和终身教育，就是专门为了有针对性地满足这些需求。终身教育是从兴趣入手，不以掌握专业技能为唯一目的，不受年龄、性别和专业基础等条件的限制，而以丰富业余生活为主要目的。包括老年书画班、交谊舞培训以及老年钢琴培训、读书读报小组等。

3. 综合功能

（1）提供综合服务的功能。社区服务功能的基本要求是通过基础性保障和福利性照顾，来满足社区居民的日常生活需求。包括对孤、老、病、残、幼等社会弱势群体服务、优抚服务、家庭服务、治安服务、就业服务、文化服务等许多方面。每个社区一般都按规定配有社区服务中心、卫生保健室、职业介绍、图书资源、社会救济、家政服务、活动中心、救助中心等。而社区组织的各种志愿者服务队，充分利用社区内的人力资源优势，发挥社区内部分居民的技术专长，为社区居民服务，有效地帮助居民解决生活中的困难和问题。

（2）娱乐休闲功能。随着社会的发展，物质生活水平的提高，社区成员对精神生活越来越重视，特别是对健康的重视程度在不断提高，全民健身运动正逐步风行全社会。另外，居民对业余生活的要求也在提高，他们要寻求丰富多彩的业余生活，因此社区的娱乐休闲功能就是广大居民充分利用现有的各种娱乐设施，开展以文体活动为主的各类娱乐休闲活动，并通过这些活动强健体格、陶冶情操，促进身心健康。

（3）凝聚功能。凝聚功能的基本职能就是培养社区成员的社区意识，对社区的认同感，提高社区成员参与社区活动的积极性和主动性，这是因为社区具有社会心理要素，而凝聚功能的发挥就是对社区社会心理要素的培养。在社区的整合功能和服务功能发挥作用时，社区成员之间产生了各种联系，造成了社区成员之间的互动，这种通过各类社区活动所形成的社区成员之间互动关系，产生了居民一致认同的价值观念、行为方式和社区意识，而各类社区活动对社区成员多样化需求的满足，又大大激发了社区成员参与社区活动的积极性和热情。

二、社区管理和社区建设

（一）社区管理的意义和作用

1. 社区管理的含义

所谓社区管理，就是在一定的社会环境下，社区管理组织为了维护社区正常秩序，满足居民物质生活、精神生活等特定需要，通过各种体制、手段、方式等对社区公共事务以及自身进行的一系列的自我管理和自我服务。

2. 社区管理的特征

从社区管理的含义中可以看出社区管理具有明显的特征，主要表现在：

（1）公共性。社区内总存在着大量的政治、经济、文化等各种各样的事务，而社区内的如此众多的形形色色的事务可以分成公共的和私人的两大部分。社区管理是对其中属于公共部分事务的管理。社区公共事务往往也是整个社会公共事务的一部分，如公共治安、公共交通、公共环境、社会保障、社会人口管理等，对社区公共事务的管理决定了社区管理的社会公共性，这种特性要求社区的管理规范和活动应该公开、公正、公平。

（2）综合性。社区管理的综合性主要体现在：社区管理工作涉及政治、经济、文化、卫生等多个方面。社区管理的主体是多元的，要综合利用这些力量共同管理社区；社区管理主体运用的管理手段和方法是多样的，如行政手段、经济手段、法律手段、教育手段等。因此，社区管理是一项复杂的、综合性的工作。

（3）规范性。社区管理的公共性和复杂性，客观上要求现代社区管理必须具有规范性。社区的管理活动必须遵守国家的法律和法规，符合社区的章程规约和社会的公共道德。管理的职责、办事的程序都应该有法可依、有章可循。

（4）具体性。社区管理是一个管理系统，这个管理系统是有层次的。例如，在城市社区管理体系中，就分市、区、街道、社区居委会几个不同的管理层次。由于管理层次和组织目标不同，对社区的宏观管理和微观管理在表现形式上就会有不同。社区管理主要是指社区的微观管理。它不同于国家组织的政策制定、全局规划等宏观管理活动，社区管理必须深入具体、贴近民众，在日常具体的管理活动中实现社区的工作目标。

3. 社区管理的主体

社区管理的主体是指能够对社区事务进行管理的社区组织，即各类社区管理组织。依据它们的权力与社区的关系，我们可以把它们分成两类：一类是其权力产生于社区，并以社区公共事务为取向的各管理主体，包括社区居委会、业委会、物业公司等。另一类是指不直接参与社区活动但对社区各管理主体有指导或领导权力的组织。党组织和政府通常是这类权力组织的代表，如街道党委、办事处在街道社区中发挥着组织、管理和整合的作用。房地、市政、绿化、卫生、交通、治安、供水、供电、供暖等政府职能部门也在社区各自履行着自己的职责。如果按照各管理组织的性质分，可以分为：行政管理系统，包括两个子系统，即街道直属的行政管理系统和外部的职能部门的行政管理系统；社会自治管理系统，如居委会和业委会，其职能是提供各类公益性、群众性的服务；生活服务管理系统，这一系统的运行除了偶尔提供某些公益性服务外，一般都是一种有偿的经营活动。

4. 社区管理的意义

社区是城市的基本单位，是各项工作开展的重要载体，没有社区这个基础性载体，有很多工作就根本无法开展，而社区管理水平的高低和效果好坏，又直接影响到各项任务的开展和完成，社区管理的意义体现在以下几个方面：

（1）促进经济体制改革。随着政事、政企、政社的分离，政府的一部分职能转到社区。如果没有社区这个承接主体，从政府分离出的职能，就无组织和单位接受与落实。现在这部分权利和职责都分到了社区，社区的职能逐步增加。加强社区管理是社区各职能充分发挥作用的前提和保障。它促进了经济体制的改革。

（2）密切社区成员间的关系。社区管理对居民、单位和组织的发动、引导，通过提供各种便民、利民的服务，来满足社区成员的多样化的需求，提高其对社区的认同感、归属感和满意度，从而愿意为社区做自己力所能及的工作，为社区居民服务，形成一种社区居民互助式自我服务的良性循环，使它们之间的关系更加密切。

（3）满足社区居民的需求。随着社区的不断发展，居民的生活环境和生活质量不断提高。社区作为广大居民安居乐业的基地，必须通过加强社区管理，通过各项设施的建设，强化交通、卫生、环保、绿化及社会治安的综合管理，提供各种便民利民的生活服务，直接满足社区居民物质生活方面的各类需求。而社区文化建设的不断加强，促进了教育、卫生、科技、文体等社会事业的发展，由此为居民提供了内容丰富、形式多样的精神产品，满足了广大居民精神生活上的各种需求。

（4）促进社会稳定。城市社区是一个城市的缩影。由于社区内各成员间的情况复杂，存在着许多不利稳定的因素，如下岗、待岗人员的就业和生活问题等。通过社区管理，组织和发动居民积极参与，可以广泛地开展治安联防工作、社区环境综合治理工作、推动再就业工程和民间的互帮互助活动、扶贫帮困活动、对弱势人群的福利保障工作等。另外，通过组织丰富多彩的社区文化体育活动，来充实居民的业余生活，使他们增进交流、密切关系，从而为社会稳定作出贡献。

5. 社区管理的作用

社区管理通过多元化的主体运用行政手段、经济手段、教育手段等对社区进行综合管理，其作用主要表现在：

（1）推动社会和谐。在现实生活中，由于思想认识、工作环境、收入水平、教育程度、家庭影响等各方面的差别，导致人们的观念、想法各不相同，再加上社会不公平现象的客观存在，使得一部分人心理上失衡，有可能形成不稳定的因素。而婚姻、家庭、子女、职业、生活条件等几乎人人要面对的问题，同样也会诱发产生不稳定因素。而有效的社区管理是疏导情绪、控制不稳定因素的最有力工具。因为社区居民间的关系最密切，各级组织特别是属于四级网络的居委会对社区居民的情况最了解，能及时发现问题的苗子，而居民有事首先想到的社区组织就是居委会，居委会能直接为居民提供服务，因此，居委会与社区居民的关系最近，相互之间的沟通也比较容易，通过居委会去做工作，比较容易见效。而作为社区管理主导力量的街道在稳定工作中所起的作用就更大，因为它能协调多方面的力量，调动各种资源来综合控制不稳定的因素。如果没有强有力的基层管理，不安定因素得不到控制，它将会迅速蔓延，从而影响整个社会的安定与和谐。

（2）保障社区居民身体健康。社区管理可以通过强化锻炼和开展医疗这两个方面来保障社区居民的身体健康。社区健身设施的布置和健身活动的开展，增强了人们的参与热情，健身场所和设施的利用率极大的提高，也使锻炼的效果得到保证；社区管理机构通过对社区卫生资源的合理配置，建立和完善防病网络、防疫网络和治病网络，通过发动居民参与、志愿者服务，社区内的医院、医生等医疗资源的共享，有效地开展防病治病工作，保障居民的身体健康。

（3）提高居民文明素质。随着社区的发展，文明社区越来越多，社区内居民的素质也要不断提高。居民文明素质提高的途径有两条：一是约束；二是教育。通过约束使居民改掉不文明的习惯及不符合社会发展的行为；通过道德教育、业务培训、兴趣培养、技能教育等多渠道、全方位的教育，使广大居民的文化知识、艺术修养等各项素质得到全面的提升。

（4）满足社区居民精神生活需求。物质上的需求是浅层次的需求，而精神上的需求是深层次的需求。随着物质条件的改善，人们对精神生活的需求越来越大，要求社区能提供更多的精神食粮，以满足需求。社区管理通过发动各种群众性组织，提供各种娱乐设施和场地，开展形式多样、内容丰富的群众文化活动，其中既有管理机构着力组织的大型活动，如广场活动、社区文化节、社区艺术节、社区科普等，也有群众自发组织的自娱自乐的文化活动，如老年读书活动、戏剧天地、书画沙龙、园艺编织社等。通过组织和自发两个途径，来积极开展丰富居民精神生活的各种活动，来激发居民参与社区活动的积极性和主动性，从而也更好地满足了居民们的需要。

（5）密切社区成员关系。社区居民与居民之间、居民与各组织之间的关系形成主要依靠的是社区管理，因为这些成员之间没有很强的约束性，居民和居民之间可交往也可不交往，居民对居委会的要求和倡议可响应也可不响应，要建立和密切社区成员间的关系，必须有抓手，可以通过组织和实施服务活动、实事工程、人心工程来缩小成员之间的距离，通过激发居民的参与热情，来加强相互间的沟通，从而建立良好的人际关系。

（6）推动社区经济发展。社区在发展过程中所需经费的主要来源是政府下拨的，但由于政府财力的有限性，注入社区的经费往往不足开支，超支的部分就要依靠社区经济的发展和社区单位的互助共建、支持帮助、资源共享来解决。另外，社区经济的发展还创造了就业机会，拓展了就业渠道，减少了不安定因素，而资金充裕也将为社区各项事业的正常开展提供支持和保障。要发展社区经济，离不开社区管理机构的领导、支持、协调和服务，离不开社区资源的充分利用，否则社区经济的发展将会很困难。

（7）救助社区中弱势人群。对于社区中弱势人群，如孤、老、残、病、下岗人员等，由于收入较低，生活质量无法保证。因此要通过社区中的福利机构、社会团体、社区组织以及相应的职能部门分支机构，对弱势人群进行照顾和救助，努力改善他们的生存环境，提高他们的生活质量。社区管理可发动居民来做这项工作，通过居民参与，动员社区内的资源，来关心和帮助这些弱势人群，从而体现社会主义大家庭的温暖。

（二）社区管理的具体内容

社区管理的内容涉及科、教、文、卫、体等诸多方面，就社区管理的具体内容而言，其主要包括以下几个方面：

1. 社区组织管理

内容包括健全社区的各类组织机构，明确工作目标和工作职责，指导各类组织开展工作，并对其工作成果进行考评。比如组织和指导居民选举居民委员会干部，并帮助居委会开展工作等。

2. 社区党建管理

其主要职能是健全党组织的各级网络，组织和发挥社区党员和在职党员的模范带头作用，强化对党员的管理和考评。社区组织管理的核心是街道党工委，街道党工委作为上级党委的派出机构，是街道各种组织和居民群众的领导核心，对社区建设和管理的各项工作负领导责任。具体管理的内容有：宣传党的路线、方针、政策和国家法律，执行上级党组织的决议、决定，团结、组织党员和群众，保证社区内党和政府的各级任务完成，并全面负责社区内各项工作的开展，认真做好党员和干部的思想政治工作，加强精神文明建设。

3. 社区服务管理

其主要职能是了解并根据社区居民的需求，设立、健全社区服务网络，完善社区服务体系，广泛开展社区服务，并对服务质量进行监督、保证，以提高社区居民对社区的满意度，提高居民的生活质量。

社区服务的主要内容有：提供便民利民的服务；是社区服务组织和社区单位、团队组织的双向服务，充分利用社区单位和团体组织内的服务资源，实现资源共享；是社会福利服务，主要是为社区中的弱势群体，如老年人、残疾人、孤儿、下岗与待岗人员、生活有困难的低收入人群等提供无偿或低偿还的社会服务。

4. 社区文化、教育管理

社区文化管理的具体内容是对文化娱乐设施进行规划和建设，组织健全各类文体活动机构，帮助和指导这些机构开展社区文化娱乐活动、群众性文艺活动，引导社区居民进行全民健身活动。社区教育管理则是要建设和完善社区文化教育中心等教育机构，组织和发动社区居民广泛参与，进行科普、实用技能、兴趣爱好、道德伦理、人文知识、医疗卫生常识等各种内容不同、形式各异的教育活动。

文化、教育活动能满足社区居民的不同需求，有针对性地开展这方面活动，能使广大社区居民增长知识，开阔眼界，提高兴趣，丰富业余生活，从而使广大社区居民的素质得到提高。

5. 社区环境管理

社区环境包括居住的人文环境，也包括生态环境。加强社区环境管理的目的，就是要保护好环境，做到可持续发展，整治好居民的居住环境，为居民创造一个优美、整洁、舒适的生活环境。社区环境管理的内容包括卫生管理、路政管理、绿化管理、环保管理、建筑和住宅管理、防汛防洪管理等。

6. 社区治安管理

社区治安管理是社区安全和社区治安管理的重要保证，也是广大社区居民最迫切需要的基本需求之一。没有安全感，社区居民对社区也不可能有认同感和归属感。要切实做好治安管理工作，就必须明确治安管理责任主体，建立和完善治安管理机构，明确治安的目标和任务，调动和协调社区内各方面的力量，确定各自的工作职责，制定相应的治安综合治理制度，确保一方平安，使广大社区居民能真正做到出门放心、进门安心。

(三) 社区建设

社区建设是指在党和政府的领导下，依靠社区力量，利用社区资源，强化社区功能，解决社区问题，促进社区政治、经济、文化、环境协调和健康发展，不断提高社区成员生活水平和生活质量的过程。它是改革开放和社会主义现代化建设的迫切要求，是繁荣基层文化生活加强社会主义精神文明建设的有效措施，是巩固城市基层政权和加强社会主义民主政治建设的重要途径。

1. 社区建设的特点

(1) 综合性。社区建设是整个社区的全方位建设。就内容而言，包括社区经济建设、政治建设、文化建设、环境建设、福利、卫生建设、文明家庭建设等方方面面，具有极强的综合性。就方法和手段而言，包括经济手段、行政手段、社会手段等，也具有较强的综合性。社区建设的综合性特征是由社区要素多样性和社区内容复杂性所决定的。

(2) 社会性。社区建设涉及方方面面，在党和政府的领导下，各有关部门和单位各司其职，各负其责，相互配合支持，按照各自的职能共同做好工作。要充分发挥工会、共青团、妇联、残联以及老龄委等组织在推进社区建设中的重要作用，努力形成党和政府领导、民政部门牵头、有关部门配合、社区居委会主办、社会力量支持、群众广泛参与的推进社会建设的整体合力。可见，社区建设包含了各类社会群体和社会组织。从这个意义上说，社区建设具有明显的社会性特征，并由此决定了"社区建设社会化"的必然性。

(3) 区域性。由于社区是一种区域性的社会实体，社区建设也具有突出的区域性特征。就内容而言，社区建设主要是根据本社区成员的需求和愿望，解决本社区问题，为本社区成员提供多样化服务。就主体而言，社区建设的组织者和参与者主要是本社区内的居民、单位和群体、组织。由此决定了不同社区的建设工作各具特色。

(4) 计划性。现代意义上的社区建设工作是人们在认识和掌握了社会发展规律的基础上，自觉地推动社区变迁的过程。这种自觉性的突出表现是有计划性。一般来说，要系统开展社区建设工作，需要从社区实际情况出发，制定切实可行的工作计划和发展规划，并按计划开展工作。

2. 社区建设的目标

社区建设要以努力实现"区域规划最佳、设施配置最优、服务效率最高、资源效益最大"的基本要求，构建"党委领导、政府负责、社会协同、公众参与"的社区管理工作新格局，逐步建成"管理有序、服务完善、环境优美、文明祥和"的现代化社区，为建设"政治民主、公平正义、诚信友爱、充满活力、安定有序、人与自然和谐相处"的和谐社会奠定基础。

(1) 社区党建全覆盖。充分发挥党组织的政治和组织优势，加强社区党组织对社区工作的全面领导，通过调整组织设置、改进领导方式、创新工作方法、完善运作机制、拓展活动内容、整合各类资源，使社区党建在工作上实现全覆盖。

(2) 社区建设实体化。实施行政组织的社区管理和服务功能，加强对民间服务组织和专业社会工作队伍的培育和管理，完善公共设施配置和服务体系建设，增强党领导下的居民自治和社区共治功能，充分调动社会各方面的积极性，夯实构建社会主义和谐社会的社区基础。

（3）社区管理网格化。以社区为基本网络，合理地配置和整合行政、社会资源，以信息化为支撑，实现网络内各类资源共享、工作协同，构建反应灵敏、处置有方、管理高效、服务优质、保障有力的工作机制。

3. 社区建设的基本原则

社区建设的基本原则，概括为以下五项：

（1）以人为本，服务居民。社区建设要以不断满足社区居民的社会需求，提高居民的生活质量和文明程度为宗旨，把服务社区居民作为社区建设的出发点和归宿。

（2）资源共享，共驻共建。社区建设要充分调动社区内党政部门、群团组织、企事业单位、社会中介组织等一切社会力量的广泛参与，最大限度地实现社区资源的共有、共享，营造共驻社区、共建社区的良好氛围。

（3）扩大民主，社区自治。社区建设要按照地域性、认同感等社区构成要素，科学合理地调整社区规模；在社区内实行民主选举、民主决策、民主管理、民主监督，逐步实现社区居民自我管理、自我教育、自我服务、自我监督。

（4）责权统一，管理有序。社区建设要改革城市基层社会管理体制，健全和完善社区组织，明确社区组织的责权，改进社区的管理与服务，做到责权统一、管理有序、服务完善，寓管理于服务之中，增强社区的凝聚力。

（5）因地制宜，循序渐进。社区建设要实事求是，从实际出发，突出地方特色；要从居民群众迫切要求和热切关注的问题入手，有计划、有步骤地实现社区建设的目标。

4. 社区建设工作内容

民政部《关于在全国推进城市社区建设的意见》中提出，为了促进城市社区建设，应开展以下各项工作：

（1）拓展社区服务。在大中城市，要重点抓好城区、街道办事处社区服务中心和社区居委会社区服务站的建设与管理。社区服务主要是开展面向老年人、儿童、残疾人、社会贫困户、优抚对象的社会救助和福利服务，面向下岗职工的再就业服务和社会保障社会化服务。社区服务是社区建设重点发展的项目，具有广阔的前景，要坚持社会化、产业化的发展方向。各地区要继续贯彻落实国家对发展社区服务的各项扶持政策，统筹规划，规范行业管理。要不断提高社区服务质量和社区管理水平，使社区服务在改善居民生活、扩大就业机会，建立社会保障社会化服务体系、大力发展服务业等方面发挥更加积极的作用。

（2）发展社区卫生。要把城市卫生工作的重点放到社区，积极发展社区卫生。加强社区卫生服务站点的建设，积极开展以疾病预防、医疗、保健、康复、健康教育和计划生育技术服务等为主要内容的社区卫生服务，方便群众就医，不断改善社区居民的卫生条件。

（3）繁荣社区文化。积极发展社区文化事业，加强思想文化阵地建设，不断完善公益性群众文化设施。要充分利用街道文化站、社区服务活动室、社区广场等现有文化活动设施，组织开展丰富多彩、健康有益的文化、体育、科普、教育、娱乐等活动；利用社区内的各种专栏、黑板报宣传社会主义精神文明，倡导科学文明健康的生活方式；加强对社区成员的社会主义教育、政治思想教育和科学文化教育，形成健康向上、文明和谐的社区文化氛围。

（4）美化社区环境。要大力整治社区环境，净化、绿化、美化社区。要提高社区居民的环境保护意识，赋予社区居民对社区环境的知情权。要努力搞好社区环境卫生，建设干净、整洁的美好社区。

（5）加强社区治安。建立社会治安综合治理网络，有条件的地方，要根据社区规模的调整，按照"一区（社区）一警"的模式调整民警责任区，设立社区警务室，健全社会治安防范体系，实行群防群治；组织开展经常性、群众性的法制教育和法律咨询、民事调解工作，加强对刑满释放、解除劳教人员的安置帮教工作和流动人口的管理，消除各种社会不稳定因素。

（6）因地制宜地确定城市社区建设发展的内容。各地区在推进城市社区建设过程中，应根据本地经济和社会发展的水平与现有工作基础，从实际出发，分类指导，从基础工作做起，标准由低到高，项目由少到多，不断丰富内容，力戒形式主义。

5. 社区建设与社区管理

社区建设和社区管理有着密切的联系。社区建设和社区管理在内容上具有相似性，都涉及社区的公共事务和公益事业，只不过两者切入的角度不一样。社区管理强调从管理学的视角研究社区建设的各项工作。它研究的是在每项工作中选择什么样的管理手段、怎样才能提高管理效率、怎样才能使管理更加人性化等诸如此类的问题。所以社区管理是存在于社区建设的各个方面，贯穿于社区建设的始终。社区管理水平的高低，直接决定着社区建设的进程。

（四）和谐社区构建

1. 和谐社区的内涵

和谐社区是指在全面建设小康社会，努力构建社会主义和谐社会的新阶段中通过社区与政府、企业、社会、社区与环境、社区与居民的良性互动、协调发展，实现社区物资丰厚、居民自治、管理有序、服务完善、治安良好、环境优美、文明祥和，形成人人关心、人人参与、人人支持、人人热爱、人人享有的安全、团结、幸福、和谐的大家园。

和谐社区的科学内涵包括如下内容：社区居民自治是基层民主的重要方面，是和谐社区的重要标志；社区管理是社区正常运行的重要基础，是建设和谐社区的重要保障；服务群众、方便群众、造福群众是和谐社区建设的根本出发点和落脚点；社区安定是社会稳定的重要基础；繁荣社区文化是社会主义精神文明建设的重要内容，也是和谐社区建设的内在需要；整洁的社区环境、良好的社区生态，是人与自然和谐发展的具体体现，也是社区可持续发展的基本要求。

2. 构建和谐社区的标准

全国社区建设工作会议提出，我们所要建设的和谐社区应当是"居民自治、管理有序、服务完善、治安良好、环境优美、文明祥和"的社区。具体来说，建设和谐社区应该达到以下十个方面的标准：

（1）推进社区自治。要求社区划分科学合理，社区党的组织和居民自治组织健全，工作制度完备，职能职责明确。

（2）完善社区管理。要求社区居民委员会和居民会议在社区管理中发挥主体作用。辖区单位、物业管理机构和社区民间组织参与社区事务管理，将共驻共建机制、协商议事机制和指导监督机制建立起来。

（3）深化社区服务。要求服务设施、服务组织、服务队伍健全，居民日常生活需求逐步得到满足。

（4）方便社区医疗。要求社区卫生服务机构布局合理，根据居民健康需求设置医疗服务项目，卫生服务质量不断提高。

（5）繁荣社区文化。要求文化服务设施、场地配置较全，文化、体育、科普、教育、娱乐等活动丰富多彩，文艺演出、体育赛事、政治政策宣传活动有计划地进行。

（6）加强社区治安。要求社区警务室建设规范，警员到位，职责明确。

（7）美化社区环境。要求社区绿化、美化、净化程度高，居民环保意识增强。

（8）扩大社区就业。要求将社区劳动就业工作机构建立起来，就业培训、就业咨询、就业指导等中介服务性工作有序进行。

（9）健全社区保障。要求针对社区贫困居民、老年人、残疾人、优抚对象、企业离退休人员的社会化管理工作开展起来，工作任务和相关政策得到落实。

（10）倡导社区文明。要求群众性精神文明创建活动广泛开展起来，文明社区、文明楼栋、文明家庭建设得到推进。

3. 物业服务企业在构建和谐社区中的作用

建设和谐社会应当从创建和谐社区做起，物业服务企业作为社区的管理服务组织，对创建和谐社区具有得天独厚的条件和应尽的义务。

（1）提供令业主满意的服务是构建和谐社区的基础。

1）要强化服务意识，开展规范服务。一方面，物业服务企业要苦练内功，做好社区秩序和设施设备维护，做好绿化和清洁以及各项综合性服务，做业主的贴心人、知心人。另一方面，还要经常检查自身的服务行为，多方征求意见，定期进行满意度调查，保证管理服务水平的持续改进。为了达到这一目的，企业要对员工进行素质、技能的经常性培训，坚持班组、部门、项目管理部及公司的各项培训管理制度和培训计划相结合，重视培训的实效性。

2）要创新服务，不断提高服务标准和质量。应充分发挥企业员工的自主性和创造性，既要按照多年来形成的规范、制度、经验来做，同时也应根据项目的实际情况和不同的管理特点因势利导，引导和激发员工的创新服务意识和服务技能，以适应和实现业主对物业管理服务质量不断提高的愿望。

3）要从维护业主的长远利益出发严于律己，规范服务行为。近年来，物业管理的各项规章制度、规范、程序以及政府文件等相继出台，而业主大会制度的建立又对社区物业管理工作提供了有力的监督，加上行业协会的约束监督等，客观上为规范服务提供了外界推动力。在这种大环境下，物业服务企业要加强自律，以全体员工的规范性行动来体现为业主服务的宗旨，取得业主的认同和支持。

（2）通过宣传和引导增强业主的物业管理消费意识。

1）物业服务公司要把小区内物业管理的三方主体关系向业主讲清楚，让业主明确各自的权利和义务，尤其要明确物业服务公司是接受委托对小区公共设施设备、公共区域和公共秩序进行管理、提供服务，是涉及全体业主长远利益的大事，需要全体业主的关心和支持。

2）还要把政府关于物业管理的政策法规及时通过宣传栏、业主通讯等形式向业主进行宣传，以提高业主的住房消费意识，加强业主对物业管理的关注、支持和监督。

3）物业服务企业还要通过交流、沟通、发资料、办讲座、开研讨会等形式让业主了解物业管理知识，欢迎他们监督物业管理工作。企业对业主提出的意见、建议要虚心接受，不断改进物业管理工作。

4）物业服务企业还应通过组织各种类型的社区文化活动，丰富业主的业余文化生活，密切物业服务企业与业主以及业主与业主之间的关系，以活动促进小区和谐气氛的形成。

（3）协调社区内外关系，创造社区内外的共同和谐。社区的内部事务和外部部门及组织之间有着千丝万缕的联系，社区物业管理服务工作在很大程度上包含着协调内部和外部之间关系的工作。一是在与政府部门打交道时，要主动接受检查指导，经常了解掌握相关政策法规，把政府部门的相关通知、要求及时向员工和居民传达，并抓好落实。二是对水、电、气、暖、电信等专业公司，要注重合作，并在合作中注意维护企业自身利益和业主利益，尤其在代收代缴相关费用时，既要便于这些公司为业主提供服务，也要从市场出发，收取相应的代理费或劳务费。

（4）建议和督促政府相关部门加大对房地产和物业管理工作的指导调控力度。物业公司可以通过人大、政协和行业协会、商会、工商联以及居民委员会、社区办等部门、组织，反映社区物业管理中的问题并提出改进意见。一是要加大政府规划部门和城管部门的执法检查力度，对社区，尤其是高档社区普遍存在的违章建筑问题严格依法规范处理；二是政府相关部门要协同行动，克服"单打一"现象，制定规范性文件，明确物业公司代收水、电、气、暖、电信等费用的权利和义务，指导各方处理好代收代缴关系，使代理委托双方真正在平等的基础上进行服务竞争和市场利益分配；三是建议政府加大对媒体的引导和指导，支持对物业服务企业客观公正的评价，加入正面宣传，树立行业形象，扶持行业进步；四是建议政府加大对业主大会和业主委员会工作的指导和监督，处理好业主大会、业主委员会与社区办、居民委员会等关系，指导业主大会和业主委员会与物业服务企业协调配合，共建和谐社区。

三、物业管理和社区建设的关系

社区是社会的细胞、前沿和缩影，社区建设是构建和谐社会的基础。物业管理作为社区服务的一支重要力量，在社区建设中越来越发挥着重要的作用。正确认识和把握社区建设与物业管理的关系，实现两者的良性互动，推动形成良好的社区建设和物业管理秩序，从而形成温馨和谐的家园气氛，对于构建和谐社会具有重要的意义。

（一）物业管理与社区建设的异同

1. 物业管理与社会建设的差异性

社区建设与物业管理是不同范畴的概念，两者在目的、性质、内容以及实施主体等方面有着本质的不同。

（1）从目的上看，社区建设是要让生活在一定地域上的人群社会关系和谐、生活安定幸福、行为规范有序，物业管理则主要是满足业主对物业财产的使用、维护、保值等方面的服务需求，为业主及使用人创造和保持良好的工作居住环境。

（2）从性质上看，社区建设是城市管理的基础性工作，其中政府行为发挥着重要作用，带有明显的行政主导性。物业管理则是物业服务企业提供有偿服务，具有明显的市场主导性。

（3）从内容上看，社区建设比较广泛，是包括户籍、治安、征兵、计划生育、环境维护、精神文明以及社会求助、退休、就业等内容的综合性管理工作。物业管理则是业主和物业服务企业按照合同约定，对房屋及其配置设施设备和相关场地进行维修、养护、管理，维护相关区域内的环境卫生和秩序的专业服务活动。

（4）从实施主体上看，社区建设是由街道办事处、公安派出所、居民委员会和居民、驻社区企事业单位等众多主体参与的管理活动。其中，街道办事处作为基层人民政府的派出机构发挥着直接的领导作用，居民委员会作为居民自治组织发挥着很重要的协调作用，各主体之间主要是行政管理关系和居民自我管理关系。物业管理的实施主体是物业服务企业和业主，以及前期物业管理阶段的开发建设单位，各主体之间主要是建立在合同约定基础上的经济方面的关系。

2. 物业管理与社区建设的融合性

首先是工作目标的融合性。社区建设是要建立一个社会治安有序、便民利民的社区服务网络，团结和谐的社区人际关系，健康向上的社区文化氛围，舒适优雅的社区生活环境，规范有序的社区管理体制。物业管理的工作目标与社区建设的工作目标在某些方面，如住宅小区的治安秩序、便民利民的服务网络、舒适优雅的小区生活环境等是相一致的。

其次是工作内容的融合性。物业管理的主要职责与工作内容是向小区居民提供其工作范围内的各种专业服务及为了特定的目标而实施的管理活动，而这些服务与管理活动正是社区建设必须做到的，两者在工作内容上也融合的，只是社区建设的工作内容涉及的面更为广泛。

最后是工作客体的融合性。物业管理的服务对象是小区广大居民，即向居民提供物业方面的各项专业服务，以提高小区的居住环境及居民的生活质量，以此促进和影响居民思想道德素质的提高。广大居民同样是社区精神文明建设的工作对象，通过社区建设改善居民的生活环境，提高人民群众的思想道德素质。两者在工作对象上也相互融合。

3. 正确把握社区建设与物业管理的关系

物业管理与社区建设有着非常紧密的关系，两者有着相互依存、相互促进的联系。

首先，物业管理是社区建设的重要组成部分。物业管理所从事的公共秩序维护、保洁、绿化、房屋及设施设备维修养护等工作，正是社区建设中卫生、治安、环保等最基本的职能范畴。

其次，物业管理在社区文化建设中的作用不可缺少。物业服务企业在社区组织下参与开展形式多样、健康有益的社区文化活动，不仅有利于丰富居民的精神文化生活，而且有助于促进邻里和睦，增加业主的认同感和归属感。

最后，社区建设反过来影响物业管理的发展。社区建设得好，社区功能完善，居民素质提高，各主体自觉履行职责，这有助于物业管理制度的有效遵守和执行，有助于业主自律机制的建立和形成，有助于矛盾和纠纷的减少和解决，物业管理自然事半功倍。另外，在流动人口管理、计划生育、劳动就业等方面，虽不属物业管理的范畴，但在政府授权和有偿服务的前提下，物业服务企业协助政府有关部门完成辅助性工作，客观上也推动了社区建设工作。

由此可见，从根本上说，物业管理与社区建设是一致的，都是以人为本，全面提高居民的居住质量，营造社区稳定、安全、舒适、健康的人居环境，促进社区的和谐发展。但是社区建设也影响物业管理的发展。

有些地方在处理社区建设与物业管理关系方面存在某些不和谐的现象。有些社区组织为了创收，不愿把有偿性社区服务放给市场，自身开展多种经营活动，与提供专业服务的物业服务企业争利，不利于社区服务的规范化，在此过程中出现的私自乱搭建及擅自占用公共场地、公共设施等行为，也影响了社区环境的治理。有的社区组织向物业服务企业摊派活动资金，强行要求物业企业承担不应承担的社区整治费用，加重了企业负担。此外，有些物业服务企业在社区建设中大包大揽，越权承担一些本应由街道办事处或者居民委员会组织协调的工作，既偏离了自身工作的方向，也容易引发矛盾和纠纷。有的物业服务企业，对有关社区组织依法开展的活动，不予积极配合，社区建设和物业管理"两张皮"的问题比较突出。解决以上问题的关键，是社区组织和物业服务企业分清职责，各司其职，协调配合，使得社区建设中的社会管理事务和市场事务由不同职能的主体来承担，相互之间既不越位和错位，也不缺位，从而保证整个社会的协调运行。

（二）构建物业管理与社区建设良性互动机制

物业管理是社区建设的一个基本方面，是构建和谐社区的重要载体。探索建设物业管理与社区建设的良性互动机制，既能有效地提高物业管理水平，也能促进社会资源的整合，提升社区管理水平。

1. 坚持条块结合、属地管理，发挥社区对物业管理的指导协调作用

住宅物业管理涉及老百姓的切身利益和千家万户的安居乐业。在实际工作中要正确把握物业管理与社区建设的依存关系，充分认识到做好物业管理服务工作必须紧紧依靠社区的支持和帮助。根据条块结合、属地管理的原则，充分发挥街道办事处（乡镇人民政府）自身优势，协调解决物业管理中的难点、热点问题，有助于提升物业管理服务水平，也是构建和谐社会的重要体现。

（1）切实加强指导与监督，提高业主大会、业主委员会自我管理的能力。要将住宅物业管理纳入社区管理的范畴，明确街道办事处（乡镇人民政府）负责协调物业管理与社区建设之间的关系，负责有组建业主大会和规范业主委员会运作的指导责任。街道办事处（乡镇人民政府）应当根据社区实际情况，落实专门部门，配备专职人员负责业主大会的召开和业主委员会的成立改选工作，发挥居民区党组织对小区人员情况充分掌握的优势，帮助业主将热心公益事业、责任心强、公正廉洁、具有社会公信力和一

定组织能力的人员推选为业主委员会成员，避免出现业主委员会脱离社区党组织指导的情况。同时，在日常的指导工作中，注意引导业主大会在充分尊重全体业主意愿的基础上，按照法律法规的要求，不断加强自我管理和自身建设的能力。

（2）充分发挥综合协调作用，解决物业管理中的"急、难、愁"问题。住宅物业管理具有区域性、综合性和动态性的特点。物业管理中存在的问题，往往涉及规划、绿化、市容环卫、公安、城管监察、通信、供水、供电等多个职能部门。街道办事处（乡镇人民政府）作为政府的派出机关，具有无可比拟的综合协调优势。在社区内建立由街道办事处（乡镇人民政府）、区（县）房地产管理部门牵头组织，业主委员会、居民委员会、物业服务企业和相关职能部门参加的联席会议制度，有助于解决住宅物业管理中的综合性问题，确保居民有一个祥和安宁的生活环境。

（3）积极化解物业管理方面的矛盾纠纷，创造安定团结的社区氛围。和谐社区应当是一个具有和睦相处的人际关系的社区，一个治安良好和稳定的社区。但是随着改革开放的推进、市场经济的发展，居民群众物质文化需要的日益增长，群众利益失衡、政府管理缺位等问题导致的矛盾相对集中在社区。往往表现为群体性矛盾、利益矛盾，这其中不乏居民与物业服务企业、居民与居民之间在物业管理方面的矛盾，需要社区、党组织进行引导、协调。街道办事处（乡镇人民政府）可以充分发挥社区中人民调解工作委员会、司法所等专业调解组织的作用，及时调解物业管理中存在的矛盾纠纷，做好社会稳定工作。

2. 发挥企业自身优势，形成主动参与社区建设的新格局

物业服务企业或物业小区管理单位作为驻区单位，在做好物业服务工作的基础上，积极发挥优势，扩大服务范围，创新工作方式，主动参与到社区建设工作中去。

（1）把发挥在职党员的模范带头作用为切入点，参与社区工作网络建设。物业服务企业可以根据在职党员的职业特点和个人专长，积极组织参与社区的各项工作，在社区党组织的组织和指导下，与驻区单位一起，形成思想工作联抓、公益事业联做、文体活动联搞、思想道德教育联手、社会治安联防、困难群体联帮的社区工作网络体系。

（2）以建立志愿者队伍为抓手，参与社区服务体系建设。建立健全社区服务体系，是新形势下社区建设的重要任务之一。在为老百姓日常生活服务方面，物业服务企业具有人力、技术上的优势，应当以党、团员为骨干，建立社区服务志愿者队伍，协助搞好社区服务中心和社区服务站（点）的建设和管理，开展便民服务和帮困活动。

（3）以提高物业服务水平为着眼点，参与文明社区建设。物业管理服务是社区的一项基础性管理工作，房屋维修、公共秩序维护、保洁保绿、车辆管理等既是物业管理服务的主要内容，也是建设文明社区的主要工作。因此，物业服务企业应当以高度的责任感，认真做好各项管理服务工作，承担起文明社区建设的责任。

（4）以开展丰富多彩文化活动为载体，参与社区文化建设。物业服务企业要以多种形式，如与驻区单位共同举办小区广场音乐会，小区业主文娱联谊活动，小型文体比赛，添置社区文化设施，帮助其他驻区单位开展文化活动，协助社区组织孤寡老人参观旅游等，参与社区文化建设，丰富居民文化生活，努力营造和谐生活小区。

（5）以小区网站为纽带，参与社区凝聚力工程建设。为了加强企业内部管理和业主的沟通，物业服务企业建立的小区网站越来越多，物业服务企业应当充分运用这一阵地，协助社区党组织履行"联系群众、服务群众，宣传群众、教育群众，反映群众的意见和要求，化解社会矛盾，维护社会稳定"的职责，营造正确的舆论氛围，促进凝聚力工程建设。

（6）以安置下岗失业人员为己任，参与社区再就业工程建设。物业管理服务行业是劳动密集型行业，长期以来，物业管理行业为再就业工程作出了贡献。物业服务企业应当坚持在技术要求不高的岗位上，吸纳下岗、失业人员，积极协助社区做好再就业工作，主动协助政府做好维护社会稳定工作。

3. 共享社区公共资源，创建物业管理与社区建设互动的良性机制

按照"条块结合、资源共享、优势互补、共驻共建"的原则，物业服务企业或物业小区管理单位，应当充分利用社区资源，加强自身建设，积极配合街道办事处（乡镇人民政府）开展和谐社区的创建工作。而通过整合社区资源，对物业管理进行指导和监督也是街道办事处（乡镇人民政府）落实科学发展观念，提高执政能力的重要体现。

（1）共享社区党建资源，提高党组织的战斗力。已建立党组织的物业服务企业，可以通过参与社区党建联席会议和社区党建工作协调议事机构，在社区党组织的指导与协调下，与驻区单位共同研究社区建设和社区党建中的重要问题，沟通情况，交流经验，促进企业党建水平的提高。对于分散在各物业小区的党员，可以实行驻区属地化管理，在其考核和提拔、任用过程中认真听取社区党组织的意见，切实解决有些企业由于管理项目点多、面广而造成的党员管理上的"短腿"、"断腿"现象。

（2）共享社区行政资源，提高协调解决社会矛盾的能力。社区管理是综合管理，社区管理的主要功能是协调有关部门，动员各方力量，整合各类资源，服务社区群众，共同推进社区建设。社区是政府部门的集合体，行政资源十分丰富。物业服务企业要主动争取社区党组织在工作上指导和支持，紧紧依靠社区党组织，协调解决小区管理中的各种矛盾和与业主间的纠纷，维护小区的稳定。同时，还要协调处理好与社区单位间的工作关系，以共同需求、共同利益、共同目标为纽带，真正做到优势互补、共驻共建，形成合力。

（3）共享社区管理资源，加强企业监管，规范业主自主管理。紧紧依靠社区，加强对物业管理小区经理的考核，把企业的监管工作落到实处，促进企业依法办事、规范服务，促进行风建设，提升行业形象，提高社会满意度。加强社区对业主大会工作的指导，规范业委员运作，引导业主正确行使权利履行义务，依法维权，保证物业管理活动正常有序，形成安宁和谐的小区生活环境。

当前，社区建设正日益成为政府工作和社会事务的重心。在建设和谐社区的实践中，对住宅物业管理出现的新问题、新情况，不断进行探索和研究，充分发挥社区力量，合理配置社区资源，形成物业服务企业与社区居民齐心协力，共同创建和谐社区的良好氛围。

四、物业管理与街道办事处、居委会的关系

（一）物业管理与街道办事处的关系

按照城市管理的要求，一个城市的社区管理有两种不同性质的管理：一种叫专业管理，如公安局、派出所、交通警的管理，工商局工商所的管理，房地局房管办的管理，税务局税务所的管理等；另一种叫综合管理，是对专业管理的管理。而能够实行综合管理的权力机构，只能是街道办事处。

1. 街道办事处的职能

（1）指导帮助居民委员会开展组织建设、制度建设和其他工作；

（2）开展便民利民的社区服务；

（3）兴办社会福利事业，做好社会救助和其他社会保障工作；

（4）负责街道监察队的建设和管理；

（5）开展计划生育、环境保护、教育、文化、卫生、科普、体育等工作；

（6）维护老年人、未成年人、妇女、残疾人和归侨、侨眷、少数民族的合法权益；

（7）组织实施社会治安综合治理规划，开展治安保卫、人民调解工作；

（8）开展拥军优属，做好国防动员和兵役工作；

（9）参与检查、督促新建改建住宅的公共建筑、市政设施配套项目的落实、验收工作，协助有关部门对公共建筑、市政配套设施的使用进行管理监督；

（10）配合做好防灾救灾工作；

（11）管理外来流动人员；

（12）领导街道经济工作；

（13）向区人民政府反映居民的意见和要求，处理群众来信来访事项；

（14）办理区人民政府交办的事项。

街道办事处是区人民政府的派出机关，受区人民政府领导，依据法律、法规的规定，在本辖区内行使相应的政府管理职能。街道办事处有权组织、协调辖区内的公安、工商、税务等机构，依法支持、配合街道监察队的执法活动。街道办事处可以召开由辖区内有关单位参加的社区联席会议，商讨、协调社区建设和社区服务事项。街道办事处对区人民政府有关部门派出机构主要行政负责人的任免、调动、考核和奖惩，提出意见和建议。区人民政府有关部门在决定上述事项前，应当听取街道办事处的意见和建议。

2. 物业管理与街道办事处的关系

街道办事处（乡镇人民政府）负责协调物业管理与社区建设之间的关系。物业管理由于管理内容多样性，产权结构复杂性，管理范围广泛性，物业管理工作涉及方方面面，需要各个部门通力的协作。在实行"两级政府、三级管理"改革的过程中，要构筑领导系统、执行系统和支持系统相结合的街道社区建设的管理体制。由街道党工委、办事处和城区管理委员会构成了街道社区建设的领导系统。城区管理委员会由街道办事处牵头，派出所、环卫所、工商所、街道医院、房管办、市容监察队等单位参加。提高了街道办事处的地位，使其在社区管理中发挥着主导和协调的作用，才能使物业管理工作顺利地进行。

（二）物业管理与居委会的关系

居民委员会是城市居民居住地区设立的基层群众性自治组织。社区居民委员会的根本性质是党领导下的社区居民自我管理、自我教育、自我服务、自我监督的群众性自治组织。

1. 居委会的工作任务

居委会的主要任务是：

（1）宣传贯彻党的路线、方针、政策和国家的法律、法规，维护居民的合法权益，教育居民履行依法应尽的义务，爱护公共财产，开展多种形式的社会主义精神文明建设活动。

公共财产是劳动者共同辛勤劳动的成果，是国家和民族得以生存和发展的物质条件，是人民群众物质文化生活的基础。居委会一方面应教育居民像爱护自己的眼睛那样爱护公共财产；另一方面采取切实措施，包括用居民公约来约束等，防止本社区的公共设施遭到破坏。

（2）贯彻执行居民会议的决定、决议。

（3）办理本社区居民的公共事务和公益事业。公共事务就是涉及本社区全体居民共同的行政事务，如对烈军属的帮助，对残疾人的关心、照顾，对无依无靠的老人和孤儿的帮扶服务，以及小街小巷道路的修整、文化活动的组织等。公益事业就是适应居民物质生活和文化生活需要而办理的有益于全体居民的公共福利事业，如托儿所、幼儿园、敬老院、文化室等。

（4）调解民间纠纷。民间纠纷，一般指民事纠纷和轻微的刑事案件。民事纠纷按其性质可分为两种内容：一种是由婚姻、家庭引起的纠纷；另一种是由于财产权益引起的纠纷。居民之间有了矛盾，发生了纠纷，由居委会的人员出面，依照国家的法规、政策进行调解，不起诉、不上公堂，不伤感情，就把问题解决了，这是比较行之有效的办法。

（5）动员和组织居民开展群防群治，协助政府维护社会治安。居委会是协助政府维护社会治安的有力助手。

（6）动员和组织居民开展爱国卫生运动，督促本社区的社会做好"门前三包"，搞好环境卫生。

（7）动员和组织居民维护本社区的绿地，积极举报并协助有关部门制止损坏、侵占绿地的行为。

（8）协助有关部门对本社区的出租房屋进行管理，制止违法行为。

（9）协助有关部门做好外来人员管理工作。

（10）协助人民政府及其派出机关做好与居民利益有关的计划生育、优抚救济、青少年教育的工作。积极开展便民利民服务、下岗人员及无业人员就业服务工作；维护妇女、儿童、青少年、老人、残疾人的合法权益。

2. 物业管理与居委会的关系

（1）物业管理和居委会工作的区别。物业管理侧重管物，对住宅区的环境管理。居委会侧重于对人（居民）的管理；物业管理公司作为实施物业管理的经济实体，是一种有偿服务、有偿管理，实行自主经营、独立核算、自负盈亏的企业。而居委会则是居民自我管理、自我教育、自我服务、自我监督的基层群众性自治组织。在社区建设中，物业服务企业开展对房屋及设备设施的维修、养护，维护社区环境卫生，社区治安等社区活动，而居委会开展社区活动的项目更广，涉及社区建设的方方面面，它的社会性、综合性的管理和服务功能更强。

（2）物业管理和居委会工作的联系。在实行物业管理的住宅小区，如果物业服务企业和居委会的关系比较融洽，对双方的工作都有促进，都能较好地完成各自的工作目标。如果双方之间缺乏协调，各自为政，或者有些物业管理机构不仅不配合居委会工作，反而为居委会工作设置障碍；或者有些居委会以"领导者"自居干涉物业管理业务，就会影响社区建设，尤其是精神文明建设。

3. 如何处理好物业管理和居委会之间的关系

凡在实施了物业管理的住宅小区中，应建立健全居委会组织。政府要明确各自的职责。物业管理公司只能根据服务合同管理好小区的物业，不能将其功能延伸到行政管理和居民自治领域。居委会只能对住宅区的居民进行监督管理，不能将其功能延伸到物业管理的业务范围。

物业管理公司应当配合居委会开展社区建设，与居委会共同做好社区综合治理工作、老龄工作、妇女工作、青少年教育工作，特别是社区文化建设，共同为精神文明建设作出贡献。

物业管理公司开展各项特约服务、许多家庭服务项目可以通过订立合同，委托居委会组织社区内劳动者去做。收费标准由物业管理公司和业主协商确定，该项收入的内部分配，原则上是服务费归居委会，物业管理公司适当收取一些佣金，这样既增加了物业管理公司的服务项目，提高了声誉，又使居委会增加一定的收入，获得居委会的支持。

加强物业管理法规的宣传，提高居委会干部的素质，也有助于协调物业管理和居委会的关系。

五、物业服务企业与其他相关部门的关系

（一）物业服务企业之间的关系

现代市场经济把所有物业服务企业推入激烈竞争的漩涡，物业服务企业之间构成了一种竞争者的关系。协调竞争者关系的主要目的在于争取竞争者的理解，最大限度地降低其对立情绪。由于每一个物业服务企业或多或少都存在竞争者，那么，如何协调与竞争者的关系，这是处理物业服务企业之间关系的根本。

1. 公平、正当

公平、正当是物业服务企业之间开展竞争所必须恪守的社会规范，也是协调竞争者关系的基本原则。

坚持公平、正当的社会规范，是确保正常的竞争环境和社会秩序的基础。相反，违背这一原则，物业服务企业之间的竞争就会陷入混乱无序的状态，不仅达不到以竞争求发展的共同目的，还会导致两败俱伤。诚然，优胜劣汰是自然法则，但坚持公平、正当原则，是要求竞争对手之间以提高和发展自己来超过对方，用正当的、合法的、道德的

手段来展开竞争，而不是损人利己、尔虞我诈、勾心斗角、相互倾轧。

2. 学习、协作

协调物业服务企业之间的关系，也就是竞争者关系，最可取的方法是在公平、正当原则的基础上，相互学习、相互支持和协作交流。物业服务企业如果以这种姿态和行为与竞争者协调关系，往往会得到竞争对手良好的回报，帮助带来被帮助，支持带来被支持，合作带来合作，友善带来友善。

3. 交往、沟通

与竞争对手保持经常性的交往和沟通，以增进了解和理解，建立融洽和谐的感情和气氛。事业上的竞争并不妨碍物业服务企业间的协作与交流，并不会扼杀物业服务企业成员尤其是领导者之间的友好相处，君子之举会换来对手可贵的友好回赠和良好的发展氛围，必将求得竞争双方的共同提高。

（二）物业服务企业和专业服务公司的关系

1. 专业服务公司

社会化、专业化是物业管理的特征。物业管理的范围很广，涉及绿化、治安、清洁、环卫、装修装饰、商业、交通、教育等行业。显然，必须走社会化、专业化的道路。专业服务公司就是为物业管理工作配套服务的专门机构。专业服务公司的设立，可以使劳动资源和自然资源共享，是物业管理发展的方向。专业服务公司应该是独立企业，根据其服务内容，可分为保安服务公司、清洁公司、园林绿化公司以及各种设施维修服务公司等。

2. 物业服务企业与专业服务公司的关系

物业服务企业与专业服务公司之间是合同关系，是总包与委托承包的关系。

（1）选择标准。选择专业服务公司时，物业服务企业应考察专业服务公司是否具备承担该专业的资质，有没有能力履行承包合同的义务与责任，有没有能力承担违约责任。社会信誉是否良好，服务价格是否合理。

（2）监督检查。物业服务企业应要求专业服务公司制订具体的工作计划，包括岗位设置及职责、服务标准、技术要求、责任和义务等，在合同中要约定，作为监督检查的依据。

物业服务企业应根据实际情况制定一些工作制度、规定，并监督专业服务公司实施。

专业服务公司根据工作计划、合同，安排下属员工进行具体工作，物业服务企业依据上述文件每天进行监督检查。

日常工作中，物业服务企业要规定专业服务公司操作工人遵守物业的有关管理规定，并以合约形式约定双方的行为规范，并附带经济责任。

（三）物业服务企业与供电、供水、供气等部门的关系

《物业管理条例》明确规定："物业管理区域内，供水、供电、供气、供热、通信、有线电视等单位应当向最终用户收取有关费用。物业服务企业接受委托代收钱款费用的，不得向业主收取手续费等额外费用。"

物业服务企业与供电、供水、供气、通信、有线电视等单位之间是平等的法律关系。双方应有良好的沟通和协作。物业服务企业为了开展便民服务，可以为业主和使用人代收代缴水电费、煤气费、有线电视费、电话费等公用事业性费用，但要注意：

首先，必须和这些专业公司（电力公司、煤气公司、自来水公司等）签订合同，要在这些专业公司的委托下才能进行，特别是要明确双方的权利、义务，如用户拖缴费用的责任由谁来承担等问题。以减少物业服务企业不必要的麻烦。

其次，物业服务企业为业主和使用人提供的代收代缴公用事业性费用属便民服务，属于公众代办性质的服务，不得向业主和使用人收取额外的费用。

最后，这些专业公司在物业管理区域内提供维修服务时，物业服务企业要配合、协作，尽量提供方便，以搞好同这些专业公司之间的关系，友好地为区域内的业主和使用人服务。

第五章 物业设备维修与管理工作

房屋设备是建筑的有机组成部分。它只有与房产物业密切配合，才能充分发挥房产物业的功能和作用。可以说，房屋建筑如果没有附属设备几乎不会有什么真正的使用价值，因此在物业管理中，房屋的设备管理是极其重要的组成部分，占据核心地位。房屋设备的养护、维修管理是物业管理不可或缺的重要内容。房屋设备管理的好坏与否直接影响房屋的住用水平，并反映物业管理工作的水平和质量。物业管理人员必须充分地认识到设备（尤其对房屋建筑）在物业管理中的作用，全面了解和掌握所管辖区内的各种设备设施的原理、性能及其养护维修管理的内容和方法，最有效地发挥设备的使用功能。

一、物业设备维修与管理概述

房屋设备是房屋建筑内部附属设备的简称，是构成房屋建筑实体的重要组成部分。房屋建筑内部附属的基本设备，如供水、排水、供暖、供冷、供电、电梯等，主要是为了满足生产和生活的需要及提供卫生而舒适的工作和生活环境。

（一）房屋设备的分类

房屋设备是根据用户要求和不同的物业用途而设置的，因此，不同用途的房屋有不同用途的设备。如一般住宅中的房屋设备由水、电、气、卫、电梯、闭路电视等设备系统组成，而现代化综合写字楼、商厦等还有空调、自动报警、电信服务等设备系统。通常来说，我国城市房屋的常用设备主要是由房屋建筑卫生设备和房屋建筑电气设备两大类组成。

1. 房屋建筑卫生设备

（1）室内给水设备。室内给水设备通常分为生产给水设备、生活给水设备和消防给水设备三类。

（2）室内排水设备。室内排水设备是指用来排除生活污水和屋面雨、雪水的设备。通常，室内排水管道分为生活污水管道、工业区废水管道和室内雨水管道三类。

（3）热水供应设备。热水供应设备一般由加热设备、储存设备（主要指热水箱）和管道部分（热媒循环管道、配水循环管道、给水循环管道）组成。

（4）供热设备。供热设备包括热水供暖设备和蒸汽供暖设备两种。供暖设备系统一般由热源、输热和散热三个部分组成。

（5）消防设备。目前建筑物采用的消防设备仍然以水力灭火为主。如消火栓系统、喷淋系统，其他配套消防设备有烟感器、温感器、消防报警系统、防火卷帘、防火门、抽烟送风系统、通风系统中的防火阀、消防电梯、消防走道及事故照明等设备。一般的民用住宅小区常配用的消防设备为供水箱、消防箱、灭火机、灭火瓶、消防龙头等。

（6）通风设备。通常指房屋内部的通风设备，包括通风机、排气口及一些净化除尘设备等。

（7）空调设备。大型商业大厦、办公写字楼常用中央空调设备，小型商店或居住公寓楼通常采用窗式或分体式空调机。单体空调机较为简单，在此不做介绍。这里只介绍中央空调的设备构成，通常包括风管、空调水管、冷水机组、冷却塔、深井泵、回龙泵、管网等设备。

2. 房屋建筑电气设备

房屋建筑电气设备主要有：

（1）供电及照明设备。供电设备包括变压器房内的设备、配电房内设备、配电干线以及楼层配电箱。照明设备包括开关、插座和各种照明灯具。

（2）弱电设备。弱电设备是指给房屋提供某种特定功能的弱电设备及装置。主要有通信设备、广播设备、共用天线设备及闭路电视系统、自动监控系统、报警系统以及电脑设备等。随着现代化建筑水平的提高，房屋的弱电设备越来越多。

（3）电梯设备。电梯按用途可分为客梯、货梯、客货梯、消防梯及各种专用电梯。

（4）防雷装置。通常是指避雷网等。

建筑物对上述设备的配置与安装是根据物业的用途、档次及用户的要求而确定的，如普通住宅，一般只设置给排水、供电及照明、电视、电话等设备；对于高层建筑，要增加电梯、消防等设备；而现代化综合性商业大厦，则几乎包括以上所列的全部设备，而且设备更先进，品种更齐全。

（二）设备管理内容

设备管理工作一般由物业服务企业工程设备部门主管负责。设备管理主要由设备运行管理和设备维修管理两大部分组成。运行和维修既可统一管理，也可分别管理。

房屋设备管理主要包括使用管理、维修养护管理、安全管理、技术档案资料管理。

1. 使用管理

使用管理制度主要有设备运行值班制度、交接班制度、设备操作使用人员的岗位责任制。房屋设备根据使用时间的不同，可分为日常使用设备（如给排水、供电、电梯等）、季节性使用设备（如供暖、供冷设备）、紧急情况下使用设备（如消防、自动报警设备）。各类设备都要制定相应的设备运行使用制度。

2. 维修养护管理

维修养护内容主要包括设备定期检查、日常保养、维修制度、维修质量标准以及维修人员值班制度等。

3. 安全管理

安全管理在房屋设备管理中占有重要位置。国家对安全性能要求高的设备实行合格证制度，要求维修人员参加学习培训考核后，持证上岗，同时要制定相应的管理制度，确保使用安全。

4. 技术档案资料管理

这是设备的基础资料管理，它包括设备的登记卡、技术档案、工作档案、维修档案等。

（三）设备的保养与维修

为了保证设备的正常运作，必须对各种房屋设备进行保养与维修。

1. 设备保养

房屋设备的保养是指物业服务企业主管部门和供电、供水、供气等单位对设备所进行的常规性检查、养护、维修等工作，通常采用三级保养制（即日常维护保养、一级保养和二级保养）。

（1）日常维护保养是指设备操作人员所进行的经常性的保养工作。主要包括定期检查、清洁保养；发现小故障及时排除，及时做好维护工作并进行必要记录等。

（2）一级保养是由设备操作人员与维修人员按计划进行保养维修工作。主要包括对设备的某些局部进行解体清洗，按照设备磨损规律进行定期保养。

（3）二级保养是指设备维修人员对设备进行全面清洗、部分解体检查和局部修理、更换或修复磨损零件，使设备达到完好状态。

2. 设备维修

房屋设备的维修是通过修复或更换零件、排除故障、恢复设备原有功能所进行的技术活动。房屋设备维修根据设备破损程度可分为以下几种情况：

（1）零星维修工程。零星维修工程是指对设备进行日常的保养、检修及为排除运作故障而进行局部修理。

（2）中修工程。中修工程是指对设备进行正常的和定期的全面检修、对设备部分解体修理和更换少量磨损零部件，保证能恢复和达到应有的标准和技术要求，使设备正常运转。更换率为 $10\% \sim 30\%$ 。

（3）大修工程。大修工程是指对房屋设备定期进行全面检修，对设备要进行全部解体，更换主要部件或修理不合格零部件，使设备基本恢复原有性能，更换率一般不超过 30% 。

（4）设备更新和技术改造设备。更新和技术改造是指设备使用一定年限后，技术性能落后，效率低、耗能大或污染日益严重，需要更新设备，提高和改善技术性能。

（5）故障维修。故障维修通常是房屋设备在使用过程中发生突发性故障而停止工作，检修人员采取紧急修理措施，排除故障，使设备恢复功能。

（6）设备维修日常工作程序。

3. 房屋设备维修的特点

（1）设备投资大导致设备维修成本高。相对于房屋建筑本身而言，房屋设备的维修一次性投资大、成本高，因为房屋设备使用年限较短。一方面房屋设备因使用而发生有形损耗，致使其使用年限缩短；另一方面，由于技术进步，出现了性能更好、使用更舒适方便的新型房屋设备发生的无形损耗，导致其使用年限缩短。这种无形的和有形的损耗，都会引起房屋设备的维修更新间隔期的缩短，从而使维修更新成本增加。此外，新型的、使用效能更高、更舒适方便的设备一次性投资较大，因此，维修更新这种设备的成本就较高。

（2）维修技术要求高。由于房屋设备是在房屋建筑物内部，其灵敏程度和精确程度的要求都较高，而维修工作的好坏会直接影响设备在运行中的技术性能的正常发挥，因此，房屋设备维修技术的要求相当高。在设备维修管理中，必须要配备专业技术人员。专业技术人员要认真阅读有关设备的技术档案和技术资料，建立房屋设备维修责任制。

（3）随机性与计划性相结合、集中维修与分散维修相结合。房屋设备因平时使用不当或其他突发事故等原因，往往是突然发生故障，这就使房屋设备的维修有很强的随机性，事先很难确定故障究竟何时以何种程度发生。但房屋设备又都有一定的使用寿命和大修更新周期，因此，设备的维修又有很强的计划性，可以制订房屋设备维修更新计划，有计划地制定维修保养次序、期限和日期。此外，房屋设备日常的维护保养、零星维修和突发性抢修却是分散进行的，而大修更新又往往是集中地按计划进行的，因此，房屋设备的维修又具有集中维修与分散维修相结合的特点。

二、给排水设备的维修与管理

水是人类生存的最基本的要素，是物业使用功能的保障条件之一。因此，作为建筑项目中的给排水系统工程的工作正常与否，直接影响到业主的工作、生活和物业功能的发挥。

（一）给排水设备系统简介

物业管理小区内给排水系统是指小区内的各种冷水、热水、开水供应和污水排放的工程设施的总称。它主要包括以下几部分：

1. 供水设备系统

供水设备系统是指物业管理小区内通过城市供水管网，供入小区内的给水设备系统。它可以划分为物业管理小区内的庭院给水及房屋或构筑物内部给水两大部分，其中涉及的设备设施主要有供水箱、供水泵、水表、供水管网等。

供水系统按照用途分类，基本上可以分为生活用水、生产用水、消防用水三大类，但这三类用水并不一定单独设置给水系统。有时会将生活和消防给水共用一个给水系统，或生活、生产、消防共用一个给水系统，这种系统形式叫联合给水系统。具体采用什么样的给水系统形式，要按用户（用水设备）对水质、水温及小区外城市管网的给水情况，综合考虑技术、经济和安全条件，确定合适的给水方式。

2. 排水设备系统

排水设备系统是指小区内用来排除污废水及雨雪水的设备系统。它同样划分为房屋或构筑物内部污废水、雨雪水排放和物业管理小区内庭院的污废水、雨雪水排放两大部分。其中主要涉及室内排水管道、通气管、清通设备、抽升设备、室外小区检查井和排水管道等。

排水系统按照所接收的污废水的性质不同，分为生活污水、工业废水、雨水管道三大类。排水体制有分流制和合流制。三类水共用一套管网排放叫合流制，三类水分别排放叫分流制。具体采用什么样的排水体制，要根据污废水的性质、浓度及城市管网的排水体制而定。

3. 用水设备

用水设备是指建筑物内或构筑物内各类卫生器具和生产用水设备。这部分主要包括洗脸盆、洗浴盆、浴盆、便器、喷泉喷头及各种绿化洒水设备等。

4. 热水供应设备系统

热水供应设备系统是指为满足对水温的某些特定要求而设置的设备系统，通常包括开水供应、热水供应。其中涉及的设备系统包括淋浴器、供热水管道、热循环管、热水表、加热器、温度调节器、减压阀等。

5. 消防设备

建筑或构筑物内的消防设备系统及物业管理小区庭院内的消防设备系统，主要包括消防箱、供水箱、各式消防喷头、灭火机、消防栓、消防泵等。

（二）给排水设备设施的管理内容

给排水设备设施管理主要针对给排水系统中所涉及的各种设备及管道等的日常操作运行、维护等的管理活动，包括物业服务企业对所管辖区内给排水系统的计划性养护、零星返修和改善添装。如检查井、化粪池的定期清掏，消防水箱定期调水放水，以防出现阻塞、水质腐臭等现象，消防泵定期试泵等都属于给排水设备设施管理范畴。

给排水设备设施管理的内容涉及很多，根据具体的给排水系统及设备种类而定，但一般主要包括以下几个方面：

1. 给排水设备设施的基础资料管理

给排水设备设施的基础资料管理的主要内容是建立给排水设备设施管理原始资料档案和设备维修资料档案。所有给排水设备设施（也包括如采暖、空调等）接管后均应建立原始资料档案。这类档案资料主要有：产品与配套件的合格证、竣工图、给排水设备的检验合格证书、供水的试压报告等。建立设备卡片，应记录有关设备的各项明细资料，如给排水设备类别、型号、名称、规格、技术特征、开始使用日期等。给排水设备设施的维修档案资料主要有：报修单，每次维修填写的报修单，按月、季统计装订，维修管理部门负责保管以备存查；运行记录，值班人员每天填写设备运行记录，以备存查；检查记录，平时的设备检查记录；运行月报，管理部门每月上报一次运行情况总结；考评资料，定期或不定期检查记录奖罚情况，每年归纳汇总、装订保存；技术革新资料，设备运行的改进、设备更新、技术改进措施等资料。以上均为给排水设备设施维修资料档案管理内容。

2. 给排水设备设施的日常操作管理

给排水设备设施的日常操作管理的内容主要是规范给排水设备的操作程序。确保正确安全地操作给排水设备设施。

3. 给排水设备的运行管理

给排水设备设施运行管理的内容是建立合理的运行制度和运行操作规定，确保给排水设备设施良好运行。

4. 给排水设备设施的维修养护管理

给排水设备设施的维修养护管理是根据给排水设备设施的性能按照一定的科学管理

程序和制度，以一定的技术管理要求，对设备进行日常养护和维修更新，确保给排水设备设施性能良好。

(三) 给排水设备设施管理机构构成及职责

给排水设备设施的维修、保养、日常操作及运行管理工作一般由物业服务企业工程部完成。

运行组人员的主要职责是：负责对所管辖范围内机电设备的运行，处理一些一般性故障，协助维修组人员进行设备设施的维修保养工作，对发生的问题及时向管理组或经理汇报，必须对所管辖范围内供水及设备情况有详尽了解；掌握相关设备的操作程序和应急处理措施；定时巡视设备运行情况，并做好巡查记录和值班记录；记录维修投诉情况，并及时处理；保持值班室、设备及水泵房等清洁有序；负责设备房的安全管理工作，禁止非工作人员进入，做好防水、防火、防小动物的安全管理工作；遇突发事故，采取应急措施，迅速通知相关人员处理等。

维修组人员的主要职责是：熟练掌握设备的结构、性能、特点和维修保养方法；按时完成设备的各项维修、保养工作，并做好有关记录；保证设备与机房的整洁；严格遵守安全操作规程，防止发生事故；发生突发情况，应迅速采取应急措施，保证设备的正常完好；定期对设备巡视、检查，发现问题及时处理等。

管理组人员的主要职责是：具体负责总值班室、仓库和财务管理；负责内务管理和对外协调；负责人员、车辆、材料、经费的统一调度和使用管理；负责工具和材料的采购、保管和发放；负责文件资料的保管、建档和发放；负责组织人员进行安全技术和质量意识培训等工作。

为了提高工程部的工作效率，确保各种设备的运行、维修和保养工作有序开展，并保证紧急情况下及时派遣人员到达现场，在工程部下可设总值班室。总值班室每天24小时值班，各设备的故障情况均应报总值班室，以便总值班室依照工程部经理和管理组的指示合理安排人员抢修。

(四) 给排水设备设施的日常操作管理

1. 给排水设备设施中水泵的日常操作程序

(1) 启动水泵前的检查。在启动水泵前，先检查水泵的进、出水闸阀是否已经打开，否则应打开闸阀；检查水泵机组是否有空气，有的话应予以排除；检查电压表、信号灯等仪表指示是否正常，水泵轴转动3圈，应灵活无阻滞。

(2) 启动水泵。打开水泵控制柜的电源开关，将转换开关置于"手动"位置。启动水泵的启动按钮，水泵启动时，注意观察启动电流，如果一次不能启动成功，可以再试启动两次，每次应间隔3分钟，如果三次未启动成功，停下来查找原因，排除故障后才能再启动。如果启动成功，水泵运转5分钟以上，同时观察运转时电流表指示，确定运转时无异常情况（如异常声响、异常气味等），检查运转时水泵漏水是否严重，是否漏水成线，若出现漏水严重情况，查找原因，水泵停止运转后进行维修。维修完毕后再次按上述要求启动水泵。若一切正常，按水泵"停止"按钮，水泵停止。然后将水泵开关置于自动位置，水泵自动启动并运行。

(3) 停止水泵。水泵在正常运转过程中，若要停止水泵，要将转换开关置于"0"

（停止）位置，水泵停止运转，如果需要长时间停止运转或检查，应拉下电源开关，关闭水泵的进出水闸阀。

2. 给排水设备设施日常操作管理职责划分

给排水设备日常操作管理是设备管理中很重要的环节，直接关系到运行时间是否准确，是否会出现重大事故及延长设备的使用寿命，降低运行损耗等问题。因此，在管理过程中，应按照 ISO 9002 标准要求，要有严格的操作规程并明确职责划分。一般来讲，工程部经理制定《给排水设备设施操作标准作业规程》，工程部管理组负责检查该规程的执行情况。水泵房的管理员负责给排水设备的具体操作，严格按规程操作，若发现不正常情况，及时进行调试维修。若出现重大异常，应及时上报主管领导，以便尽快解决，并填写有关记录。

（五）给排水设备运行管理

给排水设备在运行过程中会出现一些异常情况，如供水管爆裂、泵房发生火灾及停电等，需要及时处理，并且为了避免出现异常，便于事先采取预防措施，要加强日常巡视工作，这些都是在给排水设备运行中应考虑的问题。因此给排水设备运行管理的目的是加强运行管理工作，确保给排水设备设施的良好运行。

1. 给排水设备运行管理中的日常巡视内容

给排水设备运行管理中的日常巡视工作内容主要包括：水泵房由水泵管理员每 2 小时巡视一次，水泵房有无异常的声响或大的振动，压力表指示，电机控制框的指示灯指示有无异常，电机温升是否正常，闸阀、法兰连接处是否漏水，水泵漏水是否成线，水池、水箱水位是否正常，止回阀、浮球阀、液位控制器是否动作可靠。同时水泵房管理员每周巡视一次小区内主供水管上闸阀及道路上的给水井、检查井、雨水井是否有堵塞现象等。水泵房管理员在巡视过程中发现不正常情况时应及时采取措施，解决不了的问题，应立即上报工程部水泵房组长或主管，请求协助解决。

2. 给排水设备设施异常情况处理

给排水设备设施在运行过程中会出现一些突发的异常情况，必须有相应的紧急处理措施进行处理。

（1）主供水管爆裂。如果发生此种情况，首先应立即关闭相连的主供水管上的闸阀，若仍控制不住大量泄水，应关停相应的水泵房，通知工程部管理组及总值班室。由总值班室负责联系相应责任部门及时通知用水单位和用户关于停水情况。工程部负责安排维修组进行抢修，维修完毕后由水泵房管理员开水试压，看有无漏水和松动现象，如果试压正常，则回填土方，恢复原貌。

（2）水泵房发生火灾。任何员工发现火警，应立即就近取用灭火器进行扑救。并呼叫邻近人员和消防管理中心主管前来扑救，切断一切电源。消防管理中心根据预先制定的灭火方案组织灭火和对现场进行控制，向"119"报警，并派队员到必经路口引导。通知工程部断开相关电源，开启自动灭火系统、排烟系统、消防水泵保证消防供水。火扑灭后，工程部对消防设备设施进行一次检查和清点，对已损坏的设备设施进行修复或提出补充申请，并填写有关记录、报告单。

（3）水泵房发生浸水。少量漏水，水泵房管理员采取堵漏措施，若浸水严重，应关掉机房内运行的设备并拉下电源开关，通知工程部管理组，同时尽力阻滞进水，协助维修人员堵住漏水源，然后立即排水，排干水后，对浸水设备进行除湿处理，如用于布擦拭、热风吹干、自然通风、更换相关管线等，确定湿水已消除后，试开机运行，如无异常情况即可投入运行。

（4）市电停电。出现这种情况后，水泵房管理员应立即启动柴油发电机。从市电停电到正常供水规定时间不超过 15 分钟，在使用柴油发电机过程中，应严格按照《柴油发电机操作标准作业规程》和《柴油发电机运行管理标准作业规程》执行。启动前检查机油油位、冷却液、电池液是否在规定位置，确保总空气开关在"OFF"状态。然后启动发电机，要先预热不少于 7 秒，然后转到启动位置（即从"0"经过"1"至预热，后转到"1"位）在启动位置不能超过 5～7 秒，如果没有启动再立即回到"0"位，间隔 30 秒再进行启动，启动后，油压达到正常范围，将柴油发电机空气开关合上，开始供电。在运行过程中，按照规定进行正常巡视，发现问题及时处理，发生异常重大情况，应及时通知主管采取措施，在市电来电时，应在 20 分钟内关停柴油发电机。

3. 水泵房的管理

水泵房作为供水系统重要的设备设施，应有严格的水泵房管理制度，管理规定详尽合理，管理职责明确，交接班要求清晰、完整。并且按照要求填写相应的数据、表格、记录，具体的内容主要包括以下几个方面：

（1）水泵房管理职责。《水泵房管理规定》和《给排水设备设施运行管理标准作业规程》都是由工程部根据 ISO 9002 实施要求和国家有关规定及所管辖区的具体情况制定，通常工程部管理组负责检查实施情况，运行组水泵房组长负责运行管理工作的组织实施，水泵房管理员具体负责运行管理并执行管理规定。

（2）水泵房管理规定。水泵房的管理没有统一成形的条文规定，各物业服务企业应根据自身企业的特点及管辖区的特点而定。但管理规定的内容主要应涉及以下几个方面：保证水泵房通风、照明良好及应急灯在停电状态下的正常使用；水泵房内严禁存放有毒、有害物品，严禁吸烟；水泵房内应备齐消防器材并放置在方便、显眼处；非值班人员不准进入水泵房；每班打扫一次水泵房的卫生，每周清洁一次水泵房内的设备设施，确保泵房地面和设备外表的清洁；水池的观察孔应加盖上锁，水泵房应当做到随时上锁，钥匙由当值水泵房管理员保管，不得私自配钥匙等。

（3）交接班要求。交接班人员应按规定准时交接班，并且在交接班时，接班人员应认真听取交班人交代，并查看交接班时填写的《给排水设备设施运行日记》。接班人应检查工具、物品是否齐全，确认无误后按规定在《给排水设备设施运行日记》上签名。如果出现违反规定或特殊情况一般不准交接班，如上班运行情况未交代清楚，填写的日记不完整、不规范、不清晰，未按规定打扫水泵房，接岗人不到位，出现异常事故正在处理中，此时应由交班人员负责继续处理，接班人协助进行。

（4）填写有关记录。水泵房管理员在值班期间，要对给排水设备设施的运行情况做详细记录，由水泵房组长整理成册，然后每月上交工程部存档。具体的记录单的名称、表格形式和内容，没有统一规定。

（六）给排水设备设施的维修养护管理

1. 给排水设备设施维修养护管理计划的制订与职责

物业服务企业为了规范给排水设备设施的维修养护工作，确保给排水设备设施各项性能良好，延长设备设施的使用寿命，避免发生意外事故，工程部要制定《给排水设备设施维修养护标准作业规程》，并制订年度维修养护计划，通常工程部管理组负责组织制订《给排水设备设施维修养护年度计划》并组织监督该计划的实施，在制订过程中，要认真考察给排水设备设施的使用额度及给排水设备设施运行状况，合理地安排时间等因素。工程部经理负责审核《给排水设备设施维修养护年度计划》并检查该计划的执行情况，维修组负责实施给排水设备设施的维修养护，公共事务部负责向有关用户通知停水情况，以便用户做好准备，遇突发事故停水，应向用户作出解释。

2. 维修组的运作程序

维修组的成员负责按管理组编制的维修养护计划对设施设备进行维修养护工作并巡视检查，如发现问题应及时处理。对于运行组不能完成的维修保养工作，经管理组调动后，由维修组负责，运行组配合共同完成；维修组成员常驻总部接到突发情况报告后，应迅速集中人员赶到现场，进行抢修；维修组成员下班后离开驻地应向组长报告去向，以便紧急情况下紧急调动。

3. 水泵机组的维修养护

（1）水泵的维修养护。生活水泵、消防水泵、排污泵、潜水泵每半年进行一次全面养护。养护内容主要有：检查水泵轴承是否灵活，如有阻滞现象，应加注润滑油；如有异常摩擦声响，则应更换同型号规格轴承；如有卡住、碰撞现象，则应更换同规格水泵叶轮；如轴键槽损坏严重，则应更换同规格水泵轴；检查压盘根处是否漏水成线，如是则应加压盘根；清洁水泵外表，若水泵脱漆或锈蚀严重，则应彻底铲除脱落层油漆，重新刷油漆；检查电动机与水泵弹性联轴器有无损坏，如损坏则应更换；检查机组螺栓是否紧固，如松弛则应拧紧。

（2）控制柜的维修养护。维修组对控制柜每半年进行一次全面养护。维修养护内容主要有：清洁柜内所有元器件、清洁外壳，务必使柜内无积尘、无污物；检查、紧固所有的接线头，对于锈蚀严重的接线头应更换；检查柜内所有的线头的号码管是否清晰，有无脱落，是否需要及时整改；对于交流接触器，应清除灭弧罩内的碳化物和金属颗粒，清除触头表面的污物，不能正常工作的触头应更换；检查复位弹簧是否正常工作，然后拧紧所有紧固件；自耦减压启动器的电阻不低于 $0.5M\Omega$，否则应进行干燥处理；外壳接地可靠，如有松脱或锈蚀则应做除锈处理，然后拧紧接地线；热继电器的绝缘盖板应完整无损，导线接头有无过热痕迹或烧伤，如有则维修或更换；自动空气开关电阻应不低于 $100M\Omega$，否则应烘干，在开关闭合或断开过程中，应无卡位现象，触头表面清除干净；中间继电器、信号继电器应做模拟试验，检查动作是否可靠，信号输出是否正确；信号灯、指示灯是否指示正常，如有偏差应调整或更换；运传压力表信号线接头是否腐蚀，如有则重新焊接或更换。

（3）电机的维修养护。外观检查应整洁、铭牌完好，接地线连接良好，用摇表检测绝缘电阻，电阻应不低 $0.5M\Omega$，否则应烘干处理，电机接线盒内三相导线及连接片应牢固紧密，电动机轴承有无阻滞或异常声响，电动机风叶有无碰壳现象，清洁外壳，外壳是否脱漆严重，若严重应重新油漆。

（4）相关阀门、管道及附件的维修养护。检查闸阀密封胶垫是否漏水，如有则应更换；查看黄油麻绳处是否漏水，如漏水则应重新加压黄油麻绳；对阀杆加黄油润滑，锈蚀严重者应重新油漆。止回阀的维修养护应检查其密封胶垫是否损坏，弹簧弹力是否足够，油漆是否脱落。浮球阀的维修养护应检查密封胶垫、连杆、连杆插销。液位控制器应检查密封圈、密封胶垫是否损坏，如损坏则应更换，清除压力室内污物，疏通控制水道，检查控制杆两端螺母是否紧固，紧固所有螺母。

4. 水池、水箱的维修养护

水池、水箱的维修养护每半年进行一次，若遇特殊情况可增加清洗次数，清洗时的程序如下：

（1）关闭进水总阀，关闭水箱之间的连通阀门，开启泄水阀，抽空水池、水箱中的水。

（2）泄水阀处于开启位置，用鼓风机向水池、水箱吹2小时以上，排除水池、水箱中的有毒气体，吹进新鲜空气。

（3）用燃着的蜡烛放入池底不会熄灭，以确定空气是否充足。

（4）打开水池、水箱内照明设施或设临时照明。

（5）清洗人员进入水池、水箱后，对池壁、池底洗刷不少于三遍，并对管道、阀门、浮球按上述维修养护要求进行检修保养。

（6）清洗完毕后，排除污水，然后喷洒消毒药水。

（7）关闭泄水阀，注入清水。

5. 室外给排水设施的维修保养

室外给排水管道每半年全部检查一次，水管阀门完好，无渗漏，水管通畅无阻塞，若有阻塞，应清除杂物，若管道坡度不正确，应重新铺设，明、暗沟每半年全面检查一次，沟体应完好盖板齐全。排水、雨水井、化粪池每季度全面检查一次，半年对易锈蚀的雨、污水井盖，化粪池盖刷一次黑漆防锈，保持雨、污水井盖标识清楚，路面井盖要做防振垫圈。室外喷水池每月检查保养一次，要求喷水设施完好，喷水管道无锈蚀。室外消防栓每季度全面试放水检查，每半年养护一次，主要检查消防栓玻璃、门锁、栓头、水带、连接器阀门、"119"、"消防栓"等标识是否齐全，对水带的破损、发黑与插接头的松动现象进行修补、固定，更换变形的密封胶圈，将水带展开换边折叠卷好，将阀门杆上油防锈，抽取总数的5%进行试水，清扫箱内外灰尘，将消防栓玻璃门擦净，最后贴上检查标志，标志内容应有检查日期、检查人、检查结果。上下雨、污水管每月检查一次，每次雨季前检查一次，每4年水管油漆一次，要求水管无堵塞、漏水或渗水，流水通畅，管道接口完好，无裂缝。

6. 室内给排水设备设施的维修养护

（1）消防设备的维修养护。室内普通消防栓的维修养护内容及程序见上面室外消防栓的保养内容及程序。对于自动喷洒消防灭火系统的维修养护，其维修养护内容如下：

1）每天巡视系统的供水总控制阀，报警控制阀及其附属配件，外观检查，确保处于无故障状态。

2）每天检查一次警铃，检查警铃启动是否灵活，打开试警铃阀，水力警铃应发出报警信号，如果警铃不动作，应检查整个警铃管道。

3）每月对喷头进行一次外观检查，不正常的喷头及时更换。

4）每月检查系统控制阀门处于开启状态，保证阀门不会误关闭。

5）每两个月对系统进行一次综合试验，按分区逐一打开末端试验装置放水阀，试验系统灵敏性。

当系统因试验或因火灾启动后，应在事后尽快使系统重新恢复到正常状态。

（2）住户室内给排水管道及附件的维修及养护。住户在使用过程中，由于使用不当或前期隐患，会出现各种各样的问题，需要进行及时维修和正常养护，所涉及的维修养护内容如下：

1）个别楼层停水要先关掉总阀，打开支管阀门，检查堵塞原因，及时更换或清洗。告知用户如有楼层停水应及时通知管理处，以便派专业人员前来检查维修。

2）维修墙内水管关闭室内所有用水阀门，查看水表，如转动说明墙内水管破损漏水，然后关闭水表前阀门，打通漏水处墙面，取出破损水管，装入新水管，再打开总阀看是否漏水，如无漏水，补好水泥，恢复装修饰面。告知用户不得擅自改动墙内水管。

3）阀门接头漏水关闭自来水总阀，查找原因，若是阀门、接头未扭紧的缘故而漏水，应拆下阀门接头，在外螺纹处旋上几道止水胶带，再把阀门接头装上扭紧，如因破损配件而漏水应及时更换阀门或接头。然后告知用户，应爱护使用，旋扭阀门不要用力过度。

4）水龙头漏水若是水龙头未上紧而漏水，应先拆下水龙头，在外螺纹上旋上几道止水胶带，再把水龙头装上扭紧，如是内芯断裂应更换内芯，如是水龙头自身有沙泥而漏水，应更换水龙头。检修完毕后，打开总阀门，反复开关水龙头，开关自如不漏水即可，然后告知用户，旋钮开关不要用力过度。

5）疏通地漏先用抽子试通，不能查明原因则打开检查口检查，不通时再使用疏通机直至通畅为止，然后用胶管试水检验，并告知用户，使用时不要向管道乱丢杂物。

6）洗菜（脸）盆下漏水如是存水弯头管处漏水，先拆下存水弯管，检查两接口处是否有破损情况，情况严重更换弯管，不严重可用生胶带密封接口契损处，达到不漏水为止。告知用户，不要随意乱动盆下弯管和接口处，防止漏水，不要随意移动或用力撞击洗菜（脸）盆。

当然，室内各类卫生器具除了存在上述隐患外，还会出现各种各样的情况，住户除了使用时动作规范，注意清洁之外，一旦出现情况不要擅自进行修改，应按照一定程序及时通知管理处派维修工维修，以确保维修效果和维修时间。

7. 室内给排水设备设施维修程序

为了保证维修工作规范、合理及维修工作及时进行，室内维修应遵循一定的程序进行。

（1）住户（使用者）向管理处申请。

（2）值班人员填写"维修登记表"。

（3）维修组组长（班长）派工，并填写"派工单"。

（4）维修工准备好工具，带上"派工单"上门维修，进门时，应首先出示工作牌，用语礼貌，查看现场后，按规定的收费标准报价，经业主同意后进行维修。

（5）维修过程应遵守操作规程，注意安全。

（6）维修完毕后，请住户（使用者）验收，验收后，请业主在"派工单"上写下意见，并签名。

（7）派工单一式三份，维修班、住户、管理处收费处各保留一份。

8. 室内维修服务标准

为了使物业服务企业所管辖的各部分给排水设备设施能安全、有效、长久地使用，确保住户提出的服务要求能得到满足，特制定维修服务过程中的一些标准及要求，主要包括以下几个方面：

（1）预约维修时间。接到维修申请后无特殊情况，30 分钟内到达，按住户约定时间，如暂时没有维修人员应向住户解释，另约时间。

（2）维修时间。原则上小故障 30 分钟内，一般故障 2 小时内（不超过 8 小时），较难故障不超过 3 天。厨房、卫生间、阳台等设施出现堵、漏、渗或无水等，维修时间一般不超过 2 小时，水管、闸、阀、水表渗漏一般在 2 小时内，最长不超过 8 小时，如需改管视实际情况由班长确定，厨房、卫生间等楼板渗水到楼下，一般在 4 小时内，如大面积或难以处理的最长不超过 3 天，并在维修后 2 周内，每周不少于 1 次回访；房间没水，除市政停水或供水系统较大维修，水池定期清洗外，定期保养要提前 1 天通知，临时停水要贴出停水告示。

（3）提供材料。维修过程中提供的材料应 100% 合格。

（4）服务态度。维修人员上门服务或接待住户的报修一定要热情、礼貌，举止言谈要得体。

9. 给排水设备设施的维修养护的检验

无论是室外给排水设备设施的维修养护，还是室内给排水设施的维修养护，为了保证维修养护工作的正常进行，也为了保证维修养护工作达到用户满意，同时使给排水各种设备设施延长使用寿命，避免出现故障，因此，必须按标准要求对维修养护工作进行检验。其检验职责及检验内容如下：

（1）检验职责。一般要求维修班班长对每日派工单进行检验，并对所管辖的公共部分进行巡视。管理处负责每月维修工作的回访，工程部经理及工程师负责周检。

（2）检验内容。检验内容主要包括服务及时性的检验，维修时间应根据预定时间、目的地的远近、维修工作工艺复杂程度而定，一般性维修一般不超过 8 小时，对于特殊困难的维修项目要求从接到维修单到完成最多不超过 72 小时；维修质量的检验，先进行外观性检查，然后对各种不同的设备利用目测、耳听、仪器等检查，检查是否达到要求标准。

三、空调设备的维修与管理

空调效果的好坏，直接影响到人们日常生活的舒适性，而空调设备管理的质量直接体现了建筑物的功能层次，又影响着物业管理的经营成本，因此空调设备管理也是物业管理工作质量的一个重要标志。

（一）空调系统的组成

1. 基本组成

空调系统主要由以下几部分组成：

（1）被调对象。被调节的房间可以是封闭式的，也可以是敞开式的；可以由一个房间或多个房间组成，也可以是一个房间的一部分。

（2）空气处理设备。该设备是空调系统的核心，室内空气与室外新鲜空气被送到这里进行热湿交换与净化，达到处理要求的温湿度和洁净度，再被送回到室内。

（3）空气输配系统。该系统是空气进入空气处理设备、送到空调房间形成的输送和分配系统，包括风道、风机、风阀、风口和末端装置等。

（4）冷热源。空气处理设备的冷源和热源，冷源一般由制冷机组承担，热源可以是锅炉、热泵等。

2. 分类

空调系统分类方法很多，可以按性质分类、按空气处理设置的设备情况分类等，下面主要介绍按空气处理设备的设置情况进行分类，主要分为：

（1）集中式空调系统。这种系统即把所有的空气处理设备都设置在一个集中的空调机房里，空气经过集中处理后，再送往各个空调房间。

（2）半集中式空调系统。这种系统除了设有集中空调机房外，还设有分散在各个空调房间里的二次空气处理设备，常见的有风机盘管新风系统，它是最常见的空调系统形式。

（3）分散式系统。它是把冷、热源和空气处理、输送设备集中在一个箱体内，就是通常所说的窗式、柜式空调器。

3. 中央空调系统的主要设备设施

中央空调设备设施主要有：冷水机组、组合式空调机、风机盘管、冷却塔、水泵、控制装置、风道、风阀、水管阀件等。

（1）冷水机组。冷水机组是中央空调系统的冷源，主要是指产生冷冻水的冷机。制冷机有活塞式、吸收式、离心式、地温式等，冷水机组按冷凝器的冷却方式又分为风冷式和水冷式两种。

（2）组合式空调机组。组合式空调机组是在送回风系统中，用来对空气进行处理的设备，它由不同功能的空气处理段组合而成，有过滤段、换热段、挡水段、风机段等。

（3）风机盘管。风机盘管是安装在空调层间内对室内空气进行循环处理的设备，主要有表面冷却器、风机和集水盘组成，风机盘管有明装、暗装、立式、柜式等多种形式。

（4）冷却塔。水冷式冷水机组需要大量的冷却水对设备进行冷却，使升温后的冷却水与室外空气进行强制热、湿交换，使之降温从而可以循环使用。

（5）水泵。空调系统中的冷却和冷冻水在循环运行时为克服设备和管道阻力，需在系统中安设水泵。

（6）控制装置。为了确保机械设备的安全运行和空调装置优化工作，在系统中需要安装许多控制仪表，如温度计、压力计、低压保护、水流断水保护等，有的设备设施还设有自动控制器如室温自动控制、制冷机冷量自动调节等。

（7）管道系统。空调系统中回风道、风阀、防火阀、冷冻水供回水管道、凝结水管道及附件、阀门等也是空调系统一个重要组成部分。风道的截面形状有圆形、矩形两种，所使用材料有玻璃钢、镀锌钢板、不锈钢等。水管道常用的有焊接钢管、无缝钢管、铝型管等。

（二）空调设备的管理内容

空调系统的设备工艺技术复杂，造价比较昂贵，运行中能源消耗也很大，因此无论是空调系统的日常操作、日常运行还是维修养护管理，都应有专业管理队伍，配套的规章制度，严格的管理标准和明确的职责。

1. 空调管理的资料准备

物业管理人员最好能在工程项目的建设阶段就参与设备订货、施工监督、系统调试、工程验收等工作，这样可以对整个装置的技术状态和质量水平了如指掌，熟悉线路走向和隐蔽工程特征，有利于在物业管理工作中重点加强对系统关键部位、薄弱环节的监控，易于判断异常状态和排除故障，因此物业管理负责空调设备设施管理的人员应做好以下几项工作：

（1）接受完整的空调施工图尤其是对原设计进行了修改和补充后的竣工图。

（2）收集所有使用设备的产品样本和使用说明书。

（3）查验有关施工记录，重点确认设备调试、系统调试、隐蔽工程验收、水压试验等应符合规范及规定标准。

2. 中央空调的操作管理

中央空调的操作管理主要是中央空调主要设备如制冷机、冷冻水泵、冷却水泵的开机、停机操作程序及规程。值班人员严格按规程操作，避免发生异常事故，造成重大损失。

3. 中央空调的运行管理

中央空调的运行管理是指在中央空调运行过程中，运行组人员对系统中的规定部位进行巡视，并明确巡视的内容以及出现异常事故后的处理规定，使运行组值班人员依照规程运行管理。保证设备运行正常，少出故障。

4. 中央空调的维修养护管理

中央空调的维修养护管理是为了避免设备在运行过程中出现重大故障，以便延长设备的使用寿命，确保设备设施使用中的经济性而制定的维修养护方法及措施，从而使各种设备设施能得到及时维修和定期养护。

（三）中央空调设备日常操作管理

中央空调系统设备设施的操作管理是指空调系统中主要设备的开启和停止的管理。在管理工作中，《中央空调操作标准作业规程》由工程部会同管理处来制定，并负责检查其执行情况，空调机房的管理员具体负责中央空调的日常操作。

1. 设备运行前的检查准备工作

首先查看主机、副机的电源是否接通，查看电压表是否正常，电压波动值不超过设计值的±10%；再检查冷冻水系统及冷却水系统是否已充满水，若未充满应查找原因，排除故障后，补水至满液状态；然后查看管道上的阀门是否处于开启状态以及各种信号指示灯指示是否正常等。

2. 开机操作程序

首先，启动冷冻水泵，先启动一台，当运行平稳后再启动其余水泵（备用泵除外）。其次，启动冷却水泵，运行平稳后，启动冷却塔的风机，水系统启动以后，注意观察电流、电压、水量、水压是否正常，若有异常，立即停机。一切正常后过5～10分钟启动压缩机，压缩机启动后，观察压缩机运行电流，压缩机的吸排气压力，观察压差、回油情况，出水的温度和运转声音，检查有无异常振动、噪声或异常气味，确定一切正常后说明启动成功。一般停机1周以上重新开机时必须先预热24小时，并注意1小时内启动次数不得超过4次。

3. 停机日常操作

首先应关掉压缩机的电源，但保留总电源，以便主机处于预热状态，若要长时间停机应关闭总电源，然后再关闭冷冻泵。在关闭冷冻水泵时，先关闭冷冻泵出口的阀门，然后再关闭冷冻水泵，以免引起管道的剧烈振动，停泵后再将阀门开启到正常位。确认无异常情况后才算停机成功。

（四）中央空调设备运行管理

1. 中央空调设备设施运行管理中的巡视监控

开机成功后，为了保证空调系统的良好运行，中央空调设备设施在正常运行过程中值班管理员应每隔2小时巡视一次中央空调机组。巡视的部位主要包括中央空调的主机、冷却塔、控制柜及管道、闸阀附件。在运行巡视过程中，主要巡视的内容包括：检查电压表指示是否正常，三相电流是否平衡，是否超过额定电流值；检查油压表是否正常；冷却水和冷冻水管理的进水、出水温度；另外，辨听主机在运转过程中是否有异常振动或噪声；对于冷却塔，应查看冷却塔风机运转是否平稳，冷却塔水位是否正常；检查管道、阀门是否渗漏，冷冻保温层是否完好；检查控制柜各元件动作是否正常，有无异常的气味或噪声等。

值班员在巡视监察过程中，如发现情况应及时采取措施，若处理不了的异常情况，应报给工程部管理组，请求支援。管理组派维修组人员及时到场，运行组人员协助维修组人员处理情况。

2. 中央空调设备运行管理中异常情况的处理

（1）中央空调发生制冷机泄漏。发现这种情况，值班人员应立即关停中央空调主机，并关闭相关的阀门，打开机房的门窗或通风设施加强现场通风，立即告知值班主管，请求支援，救护人员进入现场应身穿防毒衣，头戴防毒面具。对不同程度的中毒者采取不同的处理方法：对于中毒较轻者，如出现头痛、呕吐、脉搏加快者应立即转移到通风良好的地方；对于中毒严重者，应进行人工呼吸或送医院；若氟利昂溅入眼睛，应用2%硼酸加消毒食盐水反复清洗眼睛。寻找泄漏部位，排除泄漏源，启动中央空调试运行，确认不再泄漏后机组方可运行。

（2）中央空调机房内发生水浸时的处理。当中央空调机房值班员发现这种情况时，应按程序首先关掉中央空调机组，拉下总电源开关，然后查找漏水源并堵住漏水源。如果漏水比较严重。在尽力阻滞漏水时，应立即通知工程部主管和管理组，请求支援。漏水源堵住后应立即排水。当水排除完毕后，应对所有湿水设备进行除湿处理，可以采用干布擦拭、热风吹干、自然通风或更换相关的管线等办法。然后确定湿水已消除，绝缘电阻符合要求后，开机试运行。没有异常情况可以投入正常运行。

（3）发生火灾。发生火灾时，应同水泵房的处理一样，按《火警、火灾应急处理标准作业规程》操作。

3. 中央空调设备管理职责及机房管理制度

工程部管理组结合所管辖范围工程的特殊性，制定《中央空调运行管理操作规程》并检查运行管理的实施情况，中央空调设备设施运行组负责组织实施中央空调的运行管理，当值的管理员具体负责中央空调的运行管理。

中央空调机房内管理除了技术操作要求外，还有一些其他的管理要求。主要包括：

（1）非值班人员不准进入中央空调机房，若需要进入，须经过工程部主管的同意，并在值班人员的陪同下方可进入中央空调机房。

（2）中央空调机房为了防止出现异常事故，严禁存放易燃、易爆危险品。

（3）为了在出现异常情况时及时采取措施，中央空调机房内应备齐消防器材，防毒用品，并放置在方便显眼处。

（4）为了防止火灾的发生，应禁止在机房内吸烟。

（5）为了保证机房内的环境应有严格的清洁制度，每班值班员打扫一次中央空调机房的卫生，每周机房运行组人员清洁一次中央空调机房内的设备设施，按照要求，应做到地面、天花板、门窗、墙壁、设备设施表面无积尘，无油渍，无锈蚀，无污物，表面油漆完好，整洁光亮，并且门窗开启灵活，通风良好。

（6）为了保证不出意外事故，机房应随时上锁，钥匙由当值管理员保管，管理员不得私自配钥匙。

（7）为了保证管理员的职责明确，应有严格的交接班制度要求，接班人员应准时到岗，并应认真听取交班人员交代，并查看《中央空调运行日记》，清点工具、物品是否齐全，确定无误后，在《中央空调运行日记》上签名。当出现下列情况时，不准交接班：上一班的运行情况未交代或交代不清；记录不完整、不规范、不清晰，交班人员没有打扫中央空调机房，接班人未按时到岗，或遇异常情况正在处理中，事故仍由交班人处理，接班人协助进行。

（五）中央空调设备维修养护管理

1. 空调设备维修养护管理职责

空调设备维修养护管理主要是指对中央空调系统及设备设施定期养护和及时维修，以确保中央空调设备设施各项性能完好，增加各种设备设施的寿命，保证设备正常安全运行。应制定《中央空调维修保养计划》，具体职责是：工程部管理组负责制定《中央空调维修保养计划》并检查该计划的执行情况，工程部中央空调维修组具体负责中央空调的维修养护，公共事务部负责向有关用户通知停用中央空调的情况。

2. 空调设备设施的维修养护

空调设备设施的维修养护主要是对冷水机组、冷却风机盘管、水泵机组、冷冻水、冷却水及凝结水路及风道、阀类、控制柜等的维修养护，其具体的维修养护内容如下：

（1）冷水机组。冷水机组是把整个制冷系统中的压缩机、冷凝器、蒸发器、节流阀等设备以及电气控制设备组装在一起，提供冷冻水的设备。对于设有冷却塔的水冷式制冷机中的冷凝器、蒸发器，每半年由制冷空调的维修组进行一次清洁养护，清洗时，先配制质量分数为 10% 的盐酸溶液或用清洗剂，杀菌清洗，剥离水垢一次完成，并对铜铁无腐蚀。然后拆开冷凝器，蒸发器两端进出水法兰封闭，向里注清洗液，酸洗时间 24 小时，也可用泵循环清洗，时间为 12 小时，酸洗完后用 1% 的 $NaOH$ 溶液或 5% Na_2CO_3 清洗 15 分钟，最后用清水冲洗 3 遍，全部清洗完毕，检查是否漏水，若不漏水则重新装好，若法兰胶垫老化，则需更换。同时，检查螺钉、螺栓、螺母及接头紧密性，适当紧固以消除振动，防止泄漏。

压缩机由制冷空调维修组每年进行一次检测、保养。检测保养内容包括：检查压缩机的油位、油色，如油位低于规定位置，则应查明漏油的原因并排除故障后再充注润滑油，如油已变色则应彻底更换润滑油；检查制冷系统内是否存有空气，如有则应排放；检查压缩机和各项参数是否在正常范围内，并检查压缩机运转时是否有异常的噪声和振动，检查压缩机是否有异常的气味。通过各项检查确定压缩机是否有故障，视情况进行维修更换。

（2）冷却塔的维修养护。制冷空调维修组每半年对冷却塔进行一次清洁保养，先检查冷却塔电机，其绝缘电阻应不低于规定值，否则应干燥处理电机线圈，干燥后仍达不到应拆修电机线圈；检查电机风扇转动是否灵活，风叶螺栓紧固，转动是否有振动；塔壁有无阻滞现象，若有则应加注润滑油或更换同型号规格轴承；检查皮带是否开裂或磨损严重，视情况进行更换，检查皮带转动时松紧状况并进行调整；检查布水器布水是否均匀，否则应清洁管道及喷嘴，清洗冷却塔清洁风扇、风叶；检查补水浮球阀动作是否可靠，否则应修复；然后紧固所有紧固件，清洁整个冷却塔外表，检查冷却塔架，金属塔架每两年涂漆一次。

（3）风机盘管的维修养护。制冷空调维修组每半年对风机盘管进行一次清洁养护，每周清洗一次空气过滤网，排除盘管内的空气，检查风机转动是否灵活，如果转动中有阻滞现象，则应加注润滑油，如有异常的摩擦响声应更换风机的轴承。对于带动风机的电机，用 500V 摇表检测线圈绝缘电阻，应不低于规定值，否则应作干燥处理或整修更换，检查电容是否变形，如是则应更换同规格电容，检查各接线头是否牢固，清洁风机风叶、盘管、积水盘上的污物，同时用盐酸溶液清洗盘管内壁的污垢，然后拧紧所有的紧固件，清洁风机盘管的外壳。

（4）水管道的维修保养。制冷空调维修组每半年对冷冻水管道、冷却水管、冷凝给水管路进行一次保养，检查冷冻水、凝结水管路是否有大量凝结水，保温层是否已有破损，如是则应重新做保温层，尤其是检查管路中阀件部位，保温层做不到位或破坏，应重点检查，及时整修。

（5）阀类、仪表、检测器件的维修养护。维修工每半年对中央空调系统所有阀类进行一次养护。对于管道中节流阀及调节阀，应检查是否泄漏，如是则应加压填料；检查阀门的开闭是否灵活，若开闭困难则应加注润滑油，若阀门破裂，则应更换同规格阀门；法兰阀应检查法兰连接处是否渗漏，如是应更换密封胶垫；对于电磁调节阀，压差调节阀，其中干燥过滤器要检查其是否堵塞或吸潮，如是则应更换同规格的干燥过滤器；通过通断电试验检查电磁调节阀、压差调节阀动作是否可靠，如有问题应更换同规格电磁调节阀、压差调节阀，对阀杆部位加注润滑油，压填料处泄漏则应加压填料。

对于常用的温度计、压力表、传感器，若有仪表读数模糊不清应拆换，更换合格的温度计和压力表，检测传感器的参数是否正常并做模拟实验，对于不合格的传感器应拆换。

（6）送回风系统及组合式空调机。现代中央空调空气处理常用模块或组合空调机，是把空气处理设备、风机、消声装置、能量回收装置等分别做成箱式的单元，按空气处理过程的需要进行选择组成的空调器，空调机的标准分段分别为回风机段、混合段、预热段、过滤段、表冷段、喷水段、蒸汽加湿段、再热段、送风机段、能量回收段、消声器段和中间段等。

对送风系统每年初次运行时，应先将通风干管和组合式空调机内的积尘清扫干净，设备进行清洗、加油，检查风量调节阀，防火阀，送风口、回风口的阀板，叶片的开启角度和工作状态，若不正常，应进行调整，若开闭不灵活则应更换。检查水管系统调箱连接的软接头是否完好，空调箱是否有漏风、漏水、凝结水管的堵塞现象，若有要及时整修。送风管道连接处漏风是否超规范，送风噪声是否超过标准。若有则应寻找原因加以处理。

对于喷淋段应定期清洗喷水室的喷嘴、喷水管以防产生水垢，喷水室的前池半年左右清洗和刷底漆一次，以减少锈蚀。定期检查底池中的自动补水装置，如阀针是否灵活，浮球是否好用等。清洗回水过滤网和进水过滤器，在喷水室的回水管上装设水封以防由于风机吸风产生的负压，使回水受阻。

四、供暖设备的维修与管理

（一）供暖系统组成

1. 供暖系统基本组成

（1）热源制取具有压力、温度等参数的蒸汽或热水的设备。

（2）热媒输送管道把热量从热源输送到用户的管道系统。

（3）散热设备把热量传送给室内空气的设备。

2. 供暖系统设备的构成

供暖系统所涉及的设备设施很多，其中主要包括：

（1）锅炉房。锅炉房是供暖系统的热源部分，它主要由以下几部分组成：

1）锅炉本体包括燃烧设备（减速箱、炉排）各受热面（各种管道、锅筒、空气预热器、省煤器）、炉体围护结构等。

2）热力系统包括水处理设备、分水定压系统、循环系统。

3）烟风系统包括鼓风机、引风机、烟道、风道、除油器等。

4）运煤除灰系统包括煤的破碎、筛分、输送、提升、除灰、排渣设备等。

（2）室外供热管网。室外供热管网的敷设方式主要有架空敷设和埋地敷设，埋地敷设比较常见，埋地敷设又分为通风地沟、半通风地沟、不通风地沟、直接埋地几种敷设方式，其中涉及的主要设备设施有供回水管道、各类阀件、伸缩器、支架、法兰垫、管道地沟及屋顶膨胀水箱等。

（3）室内供暖系统。室内供暖系统主要是指室内的供回水管道、管路上的排气阀、伸缩器阀件、散热设备及室内地沟等。

3. 供暖系统的分类

供暖系统有很多种不同的分类方法，按照热媒的不同可以分为：热水供暖系统、蒸汽供暖系统、热风采暖系统；按照热源的不同又分为热电厂供暖、区域锅炉房供暖、集中供暖三大类。

（二）供暖系统的物业管理模式

目前，供暖管理模式主要有两种，即自营管理和交给专门的供热管理公司进行管理。

1. 自营管理

自营管理就是由物业服务企业对供暖系统全面负责日常操作运行和维修养护，在这种管理模式下，要求物业服务企业对供暖系统的设备设施管理要配备专职的专业技术人员，技术人员要熟悉本岗位及供暖系统情况，掌握供暖系统的一些管理指标，主要包括：

（1）用户室温合格率。

（2）运行事故率。

（3）用户报修处理及时率。

（4）失水率。

（5）水质达标率。

（6）锅炉负荷率。

（7）负伤事故率。

（8）来人、来电、来信上访率。

（9）烟尘、烟气排放达标率。

（10）设备噪声达标率。

（11）设备完好率。

2. 交给专门的供热管理企业进行管理

交给专门的供热企业管理，就是由物业服务企业（以下简称甲方）与供热管理企业（以下简称乙方）签订管理合同，由乙方负责供热系统的运行和管理，即进行热源和热网管理，甲方提供必要的费用和监督，在这种方式下，甲方在选择乙方时，一定要选择具有有关管理部门签发的资质证书，并且人员素质高，管理组织严密，企业信誉好的企业，以保证管理效果。

在这种管理方式中，涉及资金划拨问题，解决方式如下：

（1）在全年收取的采暖费中提取必要的系统折旧费、更新改造及大修等费用后，从剩余部分中再确定支付乙方的数额。

（2）支付乙方的费用，主要包括能源费（煤、水、电）、劳务费、运行管理费、小修费等。

（3）在运行中，如果设备出现故障，需要大修和更换零部件时，如属自然原因损坏由甲方支付费用；如因乙方运行维护不好或误操作造成的，由乙方负责修复或更换。

（4）资金可一次提前全部付清，亦可分期支付，并留质量保证金，待运行结束无误后再付清。

（三）供暖设备设施的资料管理

供暖设备管理包括供暖设备设施档案资料管理、操作运行管理及非运行期的维修养护管理，为了保证管理工作的质量，供暖系统的管理应从竣工验收开始，以便于物业服务企业了解和掌握供暖系统状况和设备的使用性能。竣工验收合格后，物业服务企业作为接管部门应检查接收一些必不可少的资料，为以后的管理工作顺利进行做好准备。

1. 锅炉房的资料

（1）锅炉资料包括锅炉图样（总图、安装图和主要受压部件图），受压元件的强度计算书；水流程图及动力计算书；安全阀数量和管道直径的计算书；锅炉质量证明书；锅炉安装说明书和使用说明书；受压元件更改通知书等。

（2）锅炉房设计及安装资料包括锅炉房平面设计、竣工图；环保部门对锅炉房的噪声及烟尘污染的监测报告；其他各种辅助设备均须有产品质量合格证书及产品规格与安装使用说明书；锅炉房各项安装工程的质量评定表和各阶段安装记录；水压试验、烘炉、煮炉、安全阀调试记录，锅炉及辅助设备单机调试的冷态试运行记录，72小时热态试运行记录，储煤灰渣场地是否符合要求等。

2. 供热管网的资料

物业服务企业从开发商手中接管供热管网时，应索要下列资料，并审查其设计和施工是否符合国家的有关规范要求：

（1）室外和室内供暖平面、系统图。

（2）管网设备的合格证及使用说明书。

（3）隐蔽工程的分段验收记录。

（4）管网的水压试验记录。

（5）重要焊口焊接质量检查记录。

（6）管道的冲洗记录。

根据《建设工程质量管理条例》规定，在新建供热管网时，开发商对采暖期的保修期为两个采暖期，因此应通过检查保修期发生的漏水、暖气不热和水平衡失调等问题，及时修理，掌握情况，保修期各项指标无误后方可接管。

当接管运行几年的旧热网时，要求对方移交已运行几年中的运行记录，提取的热网及设备折旧费和大修资金及供热用户的采暖费收费档案。

（四）供暖设备运行管理

1. 供暖设备锅炉开炉前的检查

锅炉开炉前要检查锅炉给水及水压是否正常，检查系统内的阀门是否均已打开，保证所有阀门处于开启状态，并由工程部管理组负责通知公共事务部，通知各住户家内留人。检查锅炉房内各有关信号灯是否正常，如有不正常应及时进行维修。手动供水泵转3圈，应转动灵活无阻滞。

2. 供暖设备锅炉的开炉操作

在锅炉运行前，应首先合上水泵控制箱电源，按下水泵启动按钮启动水泵，然后对于燃油锅炉合上燃烧机的电源开关，将开关置于"燃烧"位置，这时燃烧机的电动机立即启动，点火电机产生电火花，约过7秒的预吹风时间后，电磁阀会自动打开喷嘴喷出油雾，油雾被电火花点燃后形成火焰，点火电机再延伸15秒后停止点火，燃烧机开始进入正常工作，若点火没有成功，25秒后燃烧机上会亮起故障红灯，此时再经过3mm后可以再次按恢复按钮，重新启动燃烧机，最多启动3次，若不成功，则需查找原因排除故障后才允许启动。对于燃煤锅炉，水泵启动后，启动燃烧系统的运煤装煤的行车，保证及时把煤加入煤斗。同时电机带动炉排运转，后启动送风机，点火燃烧，锅炉开始运行。

锅炉开始运行后，派运行组人员或维修人员对室外管网及室内供暖系统进行巡查，出现滴水、漏水、暖气不热等现象应查找原因，及时整修。锅炉房值班员在启动成功后，应继续观察10分钟，查看有无异常声响或振动，有无漏油、漏水现象。烟色及水温变化是否正常，燃烧机控制箱、水泵控制箱有无异常气味，若有问题及时修整，若一切正常启动成功。

3. 供暖设备锅炉的停机操作

当采暖期已过，停炉时，应先将燃烧机转换开关置于"停止"位置，燃烧系统停止燃烧，当水温降到45℃左右时，按下水泵"停止"按钮，水泵停止供水，及时拉下水泵控制箱电源开关，检查锅炉及附件有无不正常情况，如有应及时整改。

（五）供暖设备设施的运行管理

1. 运行管理中的巡视监控内容

当供暖系统开始运行后，当值值班员每隔2天巡视一次，巡视部位包括锅炉房及室外管网。锅炉房内要对锅炉本体、燃烧机、水泵机组、电气控制系统及各种附属装置（如闸阀、油箱、热水箱）进行巡视，巡视内容主要有：各连接处是否有漏油、漏水现象；是否有异常的声响和振动，是否有异常气味；观察排烟的颜色是否正常，燃烧火焰是否稳定；观察锅炉的水温是否变化正常，查看锅炉水位、油箱油位、水质机组的电机温度是否太高；风叶是否碰壳，水泵是否漏水成线；有无松弛的螺栓、螺母；控制箱内各指示灯是否正常，各元器件是否动作可靠，有无烧伤、过热、打火现象。室外巡视主要是查看供暖沟有无大量渗漏水现象。

在巡视过程中，出现不正常的情况值班员应及时处理，处理不了的问题，详细汇报给组长和管理组，请求维修组支援。并且值班员应根据用户或用热部门的要求，适当调整锅炉热水温度。

2. 运行中异常情况处理

（1）锅炉房发生水浸时的处置。当这种情况发生时，视进水情况关掉运行中锅炉，拉下总电源开关，堵住漏水源，若漏水严重，尽力阻滞进水，并立即通知值班组长和管理处。漏水源堵住以后，应立即对漏水设备进行除湿处理，确认水已消除，各绝缘龟阻符合要求后，开机试运行，如无异常即可投入运行。

（2）供热管网突然损坏。当供热管网大量漏水，应通过室外管沟的检查口进行检查寻找损坏部位，然后关闭供水管上的分段阀门进行整修或更换，在整修时由于水管上余压比较大，水温较高，应注意工作的安全性。一般在采暖期到来之前，应对外网进行严格的维修保养，以使运行中避免异常情况的出现。

（3）散热设备漏水。若散热设备漏水，应查找原因，是因为散热片本身质量问题，还是安装时不严密，然后关闭暖气进水阀，拆下散热设备，进行整修，整修完毕，重新装上。

（4）锅炉运行中常见故障的处理：

1）锅炉的压力下降。热水供暖系统在充水过程中，锅炉压力表长时间达不到应有的静压，或在运行过程中压力不稳，压力下降很严重，则表明系统中有大量泄漏需马上查找及时修补。

2）锅炉温度急剧上升。锅炉点火后，温度表在短时间内急骤上升，这种情况应立即停止运行，出现这种情况的原因主要有循环水泵没有启动，管路里没有循环水；锅炉出口处的阀门没有打开，致使锅炉烧死水。

3）循环水泵入口处压力低于正常值。通常是由于阀门开启度不够，或有水过滤器被堵塞等原因，应及时排除。

4）停电时的紧急处理。停电时，应立即停火，关闭风门，关闭电源，密切注意锅炉的压力、温度变化，热水锅炉为了防止汽化，应关闭锅炉出水阀，打开紧急排放阀，利用回水降温，或向锅炉补水降温。然后按照柴油发电机操作规程要求，启动柴油发电机，重新启动锅炉。

5）热水锅炉的水击。为了防止锅炉内水击，上水时，要打开排气阀排除系统里的空气，点火前，循环水泵循环一段时间，以使供暖系统中空气排除干净。

（5）暖气不热的原因及处理：

1）大面积的暖气不热。如果供暖区内大多数的散热器不热，室温达不到要求，主要原因可能有：锅炉出力不够；循环水泵水量不足；锅炉运行存在问题。

2）末端用户暖气不热。距离锅炉房最远的建筑物内暖气不热或温度较低，主要原因可能是设计不合理或没有认真进行运行前的初调节，室外管道存在水平失调现象。要改进设计或调节各环节上阀门开启度。

3）室内暖气局部不热。出现这种情况原因可能是分支路阀门没有打开或开启度不够；供水干管上集气等原因，应调整阀门开启度及排出气体。

4）个别散热器不热。散热器不热的原因可能是散热器的支管坡度不对或散热器里有空气，应改变安装坡度或打开排气阀排除散热器内空气。

（6）火灾。锅炉房发生火灾时，按《火警、火灾应急处理标准作出规范》处理。

3. 锅炉运行中的供热操作管理

锅炉是供热系统的核心，因此也是供暖设备管理工作的核心。

（1）锅炉运行操作的岗位责任制和轮班制。锅炉的工作过程是一个系列化的连续过程，包括燃料的燃烧过程、烟气与水的换热过程以及水的变热汽化、运煤除渣、送风引风等过程。任何部分出了问题，都会影响到供暖效果，甚至破坏主要设备，因此要有不同的分工，各工种要有明确的岗位责任制。供暖是连续性的，24 小时不间断供暖，因此同时要建立轮班责任制。

（2）供暖的时间过程控制。无论是室外气温变化，还是用户人为的活动都有一定的规律性，为了既能达到采暖效果，又能节约能源，因此应制定科学的供热时间过程曲线，进行供暖时间过程控制。例如，××住宅小区供暖时间过程控制计划如下：

1）每日 6~8 点是供暖高峰。因为此时室内外温差大，消耗热量多；居民起床后要打开门窗使空气流通，改善室内空气环境；居民起床活动需要较高的温度。

2）8~17 点是供热低谷最低点约午后 2 点，即 14 点，原因是家庭的主要成员外出工作，用热面积缩小；室内外温差缩小，热量耗散减少。

3）18~22 点又是供热高峰居民下班回家，供热面积增加，室内外温差加大，为保证居民的生活活动不受气温干扰，必须加大供热量。

4）23 点至次日凌晨 5 点，供热达到次低谷。因为居民绝大部分都已入睡，盖上被褥保温效果好，门窗全封闭，只要把室温控制在次低水平（10℃~15℃），就不影响休息。

写字楼、学校、工厂等其他类型的物业的控制计划与住宅小区正好相反，夜间可以停供。因此，制订供暖时间控制计划要针对不同物业类型和用途具体制订。

4. 锅炉房内的管理规定及交接班要求

（1）锅炉房管理规定。锅炉房管理规定主要是为了安全、卫生而制定的一些制度，主要包括：

1）非值班人员不准进入锅炉房，若需要进入，须经工程部主管同意后，在值班人员的陪同下方可进入。

2）锅炉房内严禁存放易燃、易爆、危险物品，严禁吸烟。

3）锅炉房内消防器材应备齐，并放置在方便、显眼处。

4）每班值班人员打扫一次锅炉房的卫生，每周对设备设施进行一次清洁，做到地面、墙面、天花板、设备设施表面无积尘，无油渍，无锈蚀，无污物。

5）保证锅炉房内门窗开启灵活，通风良好，光线足够。

6）锅炉房应随时上锁，钥匙由当值值班员保管，值班员不得私自配钥匙等。

（2）交接班要求。为了保证交接班准时进行，职责明确，应建立严格的交接班制度。接班人员应准时接班，交班人应认真交代设备的运行情况，并仔细填写好《锅炉房运行日记》，如果出现记录不规范、不清晰，或发生异常事故，不准交接班。锅炉运行日记的表格形式及内容可参见表2-5-1。

表2-5-1　常压生活锅炉运行日记

序号项目		早班值班人			中班值班人			晚班值班人		
1	锅炉水温									
2	水泵机组（电机温生、水泵漏水等）									
3	电控箱（指示灯、仪表、继电器等）									
4	燃烧机（火焰是否稳点、点火情况）									
5	各连接处是否漏油、漏水									
6	其他附属装置情况									
7	重要运行情况记录									
8	负责人意见及签字									

说明：正常打"√"，已调整打"○"，待调整打"△"，外委打"☆"，等料打"▲"。

（六）供暖设备维修养护管理

1. 供暖设备维修养护年度计划的制订

工程部管理组通过对过去一年设备运行情况记录的总结，结合运行组与维修组的意见，负责组织制订《供暖设备设施维修养护年度计划》，工程部经理负责审核该计划并检查该计划的执行情况。供暖设备设施维修组具体负责该计划的实施，公共事务部负责通知有关用户关于停止供热的情况。

2. 锅炉房内燃烧机的维修养护

燃烧系统内的电机、风机、油泵、点火电机、喷嘴光电探测器，点火变压器、电磁阀，控制器等每季度进行一次维修养护，其具体内容如下：

（1）电动机及风机检查。电动机接线是否锈蚀或松弛，检查电动机电容是否已变形膨胀或开裂，检查电动机与风机联轴器是否牢固可靠，对电动机轴承、风机加注润滑油，绝缘电阻如果低于规定值则应进行处理，清洁电动机、风机上的污物、灰尘。

（2）油泵检查。油泵与电动机的联轴器是否牢固可靠，油泵进、出油管是否漏油，用压力表测试出油压力，然后清洗进油油滤，清洁油泵外表。

（3）点火电极检查。点火电极烧蚀是否严重，如是则应更换同规格点火电极，调整到合理位置并清洁。

（4）喷嘴。清除喷嘴上的碳化物、污物，若喷嘴磨损严重，则应更换。

（5）光电探测器、点火变压器。检查其是否已老化，若是则应更换同规格光电探测器、点火变压器。

（6）电磁阀。用干净柴油清洗电磁阀，以免堵塞，如已老化或损坏，则应更换。

（7）控制器。用干布擦拭（或用空气吹）来清洁控制器，如控制器损坏则应更换。

3. 锅炉本体的维修养护

锅炉本体的维修养护每半年进行一次，常用的保养方法有湿法保养和干法保养，一般在锅炉停运时进行保养。

（1）湿法保养。首先将热水锅炉内的水放净，清除锅内的水垢污物，关闭锅炉的所有阀门、孔门，将软化水注入锅炉，并将配制好的氢氧化钠或磷酸三钠溶解注入锅炉；然后在微火下把锅炉水加热到100℃，让水中气体排出炉外，当锅炉水从空气阀冒出时，关闭空气阀、给水阀、炉门及挡板，将锅炉密封好。碱性溶液配制的一般方法为每吨水加入氢氧化钠5～8kg或磷酸三钠10～12kg。锅炉水应每周定期取样化验一次，以保证水中有过剩的碱度。若碱度降低时，应适当补充碱液。严寒地区不适于采用湿法保养。

（2）干法保养。热水锅炉停炉时间较长时，宜采用干法保养。首先将锅炉内的水放净，清除锅内的水垢污物后，将软化水注入锅炉，并将锅炉用微火升压至0.1MPa后停止燃烧；当炉膛温度及压力降低后，再打开排污阀将锅炉水放净，利用锅炉的余热将锅炉烘干；然后在锅筒集箱式炉膛内放置干燥剂，关闭所有阀门、孔门，并将锅炉密封好。

干燥剂一般用生石灰或硅胶，生石灰用量为每立方米体积放2～3kg，硅胶每立方米体积放1～3kg。干燥剂应盛在敞口容器内，放置要均匀；以后每隔1～2个月检查一次，硅胶失效后可重新烘干再用。

4. 锅炉附属装置维修保养要领

锅炉附属装置的维修保养一般每季度进行一次。

（1）水泵机组。维修养护时应对水泵轴承加注润滑油，磨损比较严重的应更换。检查水泵压盘根处是否漏水成线，如是则应重新加压盘根。检查联轴器是否牢固可靠，旋转水泵轴，若有卡住、碰撞现象则需更换叶轮。

（2）电气控制系统。消除水位控制电极、热电阻上污垢，并模拟超低水位、超温试验，检查动作是否灵敏，检查电控箱里的各元件是否动作可靠，接线头有无松动，号码管是否清晰、脱落。对于附属闸阀，检查储油箱、热水箱、闸阀是否漏水，开关是否灵活，清除储油箱里的污物和积水，清除热水箱里的污物。

5. 室内外供热管网的维修养护

室外供热管网每半年维修保养一次，应仔细检查保温层是否有脱落，是否有漏水现象，地沟内通风、照明设施是否完善正常，管道上阀门开启是否灵活，伸缩器是否动作可靠，地沟盖板是否断裂，出现问题及时修补。

室内供热系统一般采暖期到来之前试暖时进行维修养护，出现问题，由用户报修，维修人员依程序进行维修处理。

五、供电设备的维修与管理

供电设备是指输送、变换、分配电能的设备。物业服务企业管辖的供电设备的多寡与电能的供应方式有着密切关系。

目前，电能供应方式有两种：第一种方式，物业辖区所需电能小于 315kVA 时，供电部门把电力直接送到用户；第二种方式，当物业辖区内用户所需电能较多时，则是供电部门把高压送到小区或高层楼宇，经小区或楼宇变电站再送到各用户单位。

第一种方式中，归物业服务企业管辖的是从低压电网进入物业辖区的一段线路和少量的开关电器。第二种方式中，归物业服务企业管辖的是从高压公共电网进入物业小区或高层楼宇的变、配电所的高压进线开始，至用户用电设备入端止的全部线路及设备。

（一）供电设备构成

供电设备主要有高压配电设备、低压配电设备、电力变压器等。

1. 高压配电设备

（1）高压隔离开关。高压隔离开关亦称高压闸刀开关，其主要结构特点是无灭弧装置，分闸时有明显的断点，因此不能带负荷操作。主要作用是在检修时用于隔离电源。

（2）高压负荷开关。高压负荷开关的主要结构特点是有不完善的灭弧装置，分闸时有明显的断点，可通、断正常的负荷电流和过负荷电流，检修时也可用于隔离电源。但不能配以短路保护装置来自动跳闸。

（3）高压断路器。高压断路器的主要结构特点是有较完善的灭弧装置，分闸时无明显断点。可通、断正常的负荷电流、过负荷电流和一定的短路电流。

（4）高压熔断器。高压熔断器主要用于电路的短路保护。RN 型的熔断器具有较强的灭弧能力，可在电路短路电流达到最大值之前断开电路。RW 型的熔断器灭弧能力较弱，在电路短路电流达到最大值以前不能断开电路。

（5）电流、电压互感器。电流、电压互感器都是特殊变压器，其主要作用：一是使高电压大电流的电路和测量仪表、继电保护电器隔离，保障观察人员的安全；二是扩大仪表的量程。使用时应注意：电流互感器，在使用中副边绝对不允许开路，如果开路则产生不能允许的高压，击穿绝缘或造成事故；电压互感器，使用中副边不允许短路，如果短路则被烧毁。

2. 低压配电设备

（1）低压刀开关。有灭弧罩的低压刀开关可通断负荷电流，没有灭弧罩的低压刀开关只能作隔离电源用。

（2）低压刀熔开关。低压刀熔开关是低压刀开关和低压熔断器组合成的开关电器，可作短路保护和隔离电源用。

（3）低压负荷开关。低压负荷开关是带灭弧装置的刀开关与熔断器串联而成的。低压刀熔开关，具有刀开关和熔断器的双重功能。

（4）低压断路器。低压断路器既能带负荷通断电路，又能在短路、过负荷和低电压（失压）时自动跳闸，其功能和高压断路器相似。

（5）低压熔断器。低压熔断器在低压电路中起短路保护作用，也能实现过负荷保护。RTO 型熔断器可在短路电流到达最大值以前断开电路，RM 型熔断器则不能。

3. 电力变压器

电力变压器的功能是对电能的电压进行变换。应用最广泛的变压器是油浸变压器，其主要构造是：绕在铁心上的原、副绕组浸泡在铁制的油箱内，绕组的引线经套管绝缘子引出后与高、低压线路相连。变压器按额定负荷 20 年的寿命设计，其寿命主要受绝缘材料老化的影响。超负荷运行时，绝缘老化加剧寿命减短。

（二）供电设备管理的内容

供电设备管理的内容主要有供电设备的安全管理、供电设备的正常运行管理、供电设备的维修管理。其中供电设备的安全管理占有重要的地位。该项管理搞的好与坏直接影响着物业小区内的用电设备和人员的生命安全。其主要内容包括普及安全知识、使用安全用具、提高安全意识；供电设施工程建设安全管理；供电设备安全操作管理；供电设备过负荷的安全管理等。供电设备正常运行管理是供电设备安全可靠运行的保障，它主要包括巡视监控管理、异常情况处置管理、变配电室的设备运行管理和档案管理等内容。供电设备的维修管理是规范供电设备设施的维修保养工作，确保供电设备设施的性能良好地运行，其内容包括对设备经常性的养护和故障的修理等管理活动。通过对供电设备的管理，使供电系统达到以下基本要求：

（1）安全。在电能使用中不发生设备和人身伤亡事故。

（2）可靠。满足用户对电能可靠性的要求，不随意断电。

（3）优质。满足用户对电压和频率的要求。

（4）经济。使用费用要低。

（三）供电设备的安全管理

供电设备的安全管理有两方面的含义：一方面是保障设备安全运行；另一方面是保障设备使用人员和设备管理人员的人身安全所实施的管理活动。加强供电设备的安全管理可以防止供电设施损坏、绝缘老化、误操作造成的短路、漏电，引起火灾、触电事故。

1. 加强安全教育，普及安全用电常识

电能可造福于人类，但如果使用和管理不当，也常常给人们带来极大的危害，甚至伤人性命。因此，必须加强电气安全教育，使供电设备使用人员和设备管理人员树立"安全第一"的观点。普及安全用电常识，按规定使用安全用具，力争供、用电过程中无事故发生，防患于未然。

2. 供电设施的安全操作管理

供电设施的安全操作管理就是规范供电设施的操作程序，保证供电设施操作过程中的安全。供配电室的值班人员必须有强烈的安全意识，熟悉安全用电基本知识，掌握安全注意事项，按照操作规程操作电气设备。

（1）安全操作注意事项。

1）操作高压设备时，必须使用安全用具。使用操作杆、棒，戴绝缘手套，穿绝缘鞋。操作低压设备时戴绝缘手套，穿绝缘鞋，同时注意不要正向面对操作设备。

2）严禁带电工作，紧急情况带电作业时，必须在有监护人、有足够的工作场地和光线充足的情况下，戴绝缘手套，穿绝缘鞋进行操作。

3）自动开关自动跳闸后，必须查明原因，排除故障后再恢复供电。必要时可以试

合闸一次。

4）变配电室倒闸操作时，必须一人操作一人监护。

5）电流互感器二次侧不得开路，电压互感器二次侧不得短路，不能用摇表测带电设备的绝缘电阻。

6）设立安全标志。应对各种电气设备设立安全标志牌，配电室门前应设"非工作人员不得入内"标志牌，处在施工中的供电设备，开关上应悬挂"禁止合闸，有人工作"标志牌，高压设备工作地点和施工设备上应悬挂"止步，高压危险"等标志牌。

（2）变配电室设备的安全操作规程。为确保安全，防止误操作，按照国家《电业安全工作规程》（DL408－1991）的规定，倒闸操作必须根据上级变配电所调度员或值班负责人的命令，经受令人复诵无误后执行。

1）送电操作规程。变配电所送电时，一般应从电源侧的开关合起，依次到负荷侧的开关。有高压断路器、高压隔离开关、低压断路器、低压刀开关的情况下，送电时，一定要按照：母线侧隔离开关（刀开关）→负荷侧隔离开关（刀开关）→断路器的合闸次序操作。

2）停电操作规程。变配电所停电时，一般应从负荷侧的开关拉起，依次拉到电源侧开关。以保证每个开关断开的电流最小，较安全。有高压断路器、高压隔离开关、低压断路器、低压刀开关的电路中，停电时，一定要按照断路器→负荷侧隔离开关（刀开关）→母线侧隔离开关（刀开关）的拉闸次序操作。

3）变压器维修前的安全操作规程。为确保在无电状态下对变压器进行维修，必须先拉开负荷侧的开关，再拉开高压侧的开关。用验电器验电，确认无电后，在变压器两侧挂上三相接地线，高低压开关上挂上"有人工作，请勿合闸"警示牌，才能开始工作。

4）配电柜维修前的安全操作规程。断开控制配电柜的断路器和前面的隔离开关，然后验电，确认无电时挂上三相短路接地线。当和临近带电体距离小于6厘米时，设置绝缘隔板。在停电开关处挂警示牌。

3. 供电设备过负荷的安全管理

供电设备过负荷是指用户的用电功率超过了供电系统的额定功率时的运行状态。在这种情况下，开关电器、变压器、线路都有被烧坏的危险。近年来人们的生活水平不断提高，微波炉、空调等大功率用电设备进入普通家庭，使居民用电功率大量增加。原有住宅的供电设计容量不能满足现在的需要，熔丝断裂、导线烧坏、电表烧坏等造成的停电事故时有发生。这不但影响了物业服务企业的声誉，而且处理这些事故要耗费大量的人力、物力和财力。因此，物业服务企业应该高度重视。

通常解决过负荷问题有两个解决的办法：一种方法是改造增容，即需要换线、换变压器、换开关设备，增加供电容量。这种方法需要耗费大量的资金，物业服务企业往往难以解决改造任务和资金缺乏的矛盾。另一种方法是加强用电管理。物业服务企业要限制沿街的商业店铺从居民住宅私接电线，居民安装大功率电器要申请接入低压电网，经批准后方能接入，以此来限制供电系统的过负荷。

4. 供电设施防雷的安全管理

供电设施遭雷击时，上百万伏的高压会沿着导线传播，击穿供电线路上的供电和用电设备，还可能造成人身伤亡事故，造成很大的经济损失，所以防雷势在必行。防雷管理主要包括两个方面内容：一是根据国家的防雷标准安装好防雷器具；二是管好防雷器具，保证雷雨季节防雷器具正常工作。

（1）变配电所的防雷器具。变配电所属于一级防雷建筑物，按照规定变配电所应装避雷针。避雷针由三部分组成：伸向高空的金属物叫接闪器，埋入大地的金属物体叫接地体，连接接闪器和接地体的是引下线。遭雷击时，避雷针可将雷电流迅速引入地下，避免其他设备受损。为防止雷电波沿导线传入配电所，在高压进线和低压出线上安装阀式避雷器。阀式避雷器在正常电压时呈现很高的电阻对电路工作无影响，当遇雷电的高压时呈现低阻，通过引下线和接地体将雷电流引入大地。

（2）变配电所防雷器具的管理。避雷器具的管理较简单，每年4月份雷雨季节前由变配电室的值班电工，进行一次避雷针、避雷器和接地体装置的试验、测量和维修，保证避雷器具良好运行。

（四）供电设备的运行管理

供电设备的运行管理主要包括运行中的巡视管理、运行中的异常情况处置、变配电室管理和档案管理等内容。

1. 供电设备运行中的巡视管理

供电设备运行中的巡视管理是根据工程部制定的运行巡视管理规范，由值班人员定期对设备设施进行巡视、检查，以发现不良运行情况并及时整改解决的管理方式。

（1）运行巡视制度。

1）变配电室的值班电工每班巡视2次高压开关柜，每2天巡视一次变压器，每周巡视一次落地电表箱，每2周巡视一次辖区线路。如遇大风雨或发生故障时，应临时增加巡视次数。

2）变配电室的值班电工必须按照规定的次数进行检查、巡视、监控，将每次巡视的时间、设备、结果等记入《运行巡视记录》。

（2）运行巡视的内容。

1）变配电室巡视的内容包括：变压器的油位、油色是否正常，运行是否过负荷，是否漏油；配电柜有无声响和异味，各种仪表指示是否正常，各种导线的接头是否有过热或烧伤的痕迹，接线是否良好；配电室防小动物设施是否良好，各种标示物、标示牌是否完好，安全用具是否齐全、是否放于规定的位置；按时开关辖区内的路灯或灯饰。

2）线路巡视的内容包括：电杆有无倾斜、损坏、基础下沉现象；沿线有无堆积易燃物、危险建筑物；拉线和扳桩是否完好，绑线是否紧固；导线接头是否良好，绝缘子有无破损；避雷装置的接地是否良好；电缆线路中电缆头、瓷套管有无破损和放电痕迹；暗敷电缆沿线的盖板是否完好，路线标桩是否完整，电缆沟内是否有积水，接地是否良好。

（3）巡视中发现问题的处置的管理。变配电室的值班电工在巡视中发现的问题，小问题由当班电工及时采取措施处理即可，如遇处理不了的问题应即时上报给组长，在组长协调下加以解决。处理问题时应严格遵守物业服务企业制定的《供配电设备设施安全操作标准作业规程》和《供配电设备设施维护保养标准》的规定。

2. 异常情况的处置

（1）触电急救。在物业服务企业的辖区内，发现有人触电时，当班电工应保持清醒的头脑立即组织抢救。抢救的方法是：

1）脱离电源。救护人员应根据触电场合和触电电压的不同，采取适当的方法使触电者脱离电源。

低压触电时，应首先拉开电源开关，离开关太远时用绝缘的杆棒把电线挑开。脱离电源要快，必须争分夺秒，触电时间越短救活可能越大。若离配电室较远，可采用抛掷金属物使高压短路，迫使高压短路器的自动保护装置跳闸自动切断电源。但抛掷金属物时，救护人员应注意自身的安全。

2）现场抢救。触电人员脱离电源后，应根据伤势情况进行处理，若触电者尚未失去知觉时，应使其保持安静，并立即请医生进行救护，密切观察症状变化；若触电者失去知觉，但有呼吸心跳，应使其安静的仰卧，将衣服放松使其呼吸顺畅；若触电者失去知觉，出现呼吸困难并有抽筋现象，应进行人工呼吸和及时送医院诊治；若触电者呼吸和心跳都停止时，注意不能视为死亡，应立即对其进行人工呼吸，直到触电者呼吸正常或者医生赶到为止。

（2）变配电室发生火灾时的处置。当变配电室发生火灾时，当班人员应立即切断电源，使用干粉灭火器和二氧化碳灭火器灭火。并立即打火警电话"119"报警，注意讲清地点、失火对象，争取在最短的时间内得到有效的扑救。

（3）变配电室被水浸时的处理。变配电室遭水浸时，应根据进水的多少进行处理。一般应先拉开电源开关，同时尽力阻止进水。当漏水堵住后，立即排水并进行电器设备除湿处理。当确认湿气已除，绝缘电阻达到规定值时，可开机试运行。判断无异常情况后才能投入正常运行。

3. 变配电室的管理

变配电室的值班人员，在工程部供电设备管理员的领导下工作。供电设备管理员负责制定变配电室的管理制度。变配电室的值班人员要严格执行变配电室的管理制度。

变配电室的设备正常运行时，非值班人员不得入内，若要进入则需经公司工程部同意，在值班人员的陪同下进入变配电室。变配电室内禁止存放易燃、易爆物品，且消防器材齐全，禁止吸烟。要求每班打扫一次室内卫生，每周清扫一次设备卫生。值班人员还应履行交接班制度，按规定时间交接班，值班员未办完交接手续时，不得擅离岗位。接班人员应听取交班人员的交代，查看运行记录，检查工具、物品是否齐全，确认无误后，在《值班记录》上签名。在处理事故时，一般不得交接班。如事故一时难于处理完毕，由交班人员负责继续处理，接班人员协助处理。也可在接班的值班员同意和上级主管部门同意后，进行交接班。

4. 供电设备的档案管理

为掌握供电设备的过去，以便正确使用供电设备，对供电设备应建立档案进行管理。一般住宅区或高层楼宇以每幢楼为单位建立档案。其内容主要有：电气平面图、设备原理图、接线图等图纸；使用电压、频率、功率、实测电流等有关数据；《运行记录》、《维修记录》、《巡视记录》及大修后的《试验报告》等各项记录，这些资料由工程部供电设备管理员负责保管。《运行记录》、《巡视记录》由值班电工每周上报供电设备管理员一次。《维修记录》及大修后的《试验报告》则在设备修理、试验完成后由值班电工及时上报供电设备管理员。

（五）供电设备设施的维修管理

供电设备设施的维修有两方面的含义：一方面是搞好供电设备的维护，使设备设施在最佳运行状态下工作；另一方面是当供电设备设施出现故障时，及时修复尽快恢复供电，减少停电给生活和工作带来的不便。

1. 供电设备设施的养护管理

供电设备的养护目的是，消除事故隐患，防止供电设备设施出现较大故障，以减少不必要的经济损失。供电设备设施的养护由值班电工负责实施。按照《机电设备管理工作条例》中的规定，定时对设备设施进行养护。

（1）低压配电柜的养护。低压配电柜的养护每半年一次。养护的顺序是：先做好养护前的准备，然后分段进行配电柜的保养。

1）养护前的准备。低压配电柜养护前一天，应通知用户拟停电的起止时间。将养护所需使用工具和安全工具准备好，办理好工作票手续。由电工组的组长负责指挥，要求全体人员思想一致，分工合作，高效率完成养护工作。

2）配电柜的分段养护。当配电柜较多时，一般采用双列方式排列。两列之间由柜顶的母线隔离开关相连。为缩减停电范围，对配电柜进行分段养护。先停掉一段母线上的全部负荷，打开母线隔离开关。检查确认无电后，挂上接地线和标示牌即可开始养护。

①检查母线接头有无变形，有无放电的痕迹，紧固连接螺栓确保连接紧密。母线接头处有脏物时应清除，螺母有锈蚀现象应更换。

②检查配电柜中各种开关，取下灭弧罩，看触头是否有损坏。紧固进出线的螺栓，清洁柜内尘土，试验操动机构的分合闸情况。

③检查电流互感器和各种仪表的接线，并逐个接好。

④检查熔断器的熔体和插座是否接触良好，有无烧损。

在检查中发现的问题，视其情况进行处理。该段母线上的配电柜检查完毕后，用同样的办法检查另一段。全部养护工作完成后恢复供电，并填写《配电柜保养记录》。

（2）变压器的养护。变压器的养护每半年一次，一般安排在每年的 4 月份和 10 月份，由值班电工进行外部清洁保养。在停电状态下，清扫变压器的外壳，检查变压器的油封垫圈是否完好。拧紧变压器的外引线接头，若有破损应修复后再接好。检查变压器绝缘子是否完好，接地线是否完好，若损伤则予以更换。测定变压器的绝缘电阻，当发现绝缘电阻低于上次的30%～50%时，应安排修理。

2. 供电设备设施维修的管理

供电设备和设施的修理是指对供电设备中出现的故障进行的修复。较大的维修项目如变压器的内部故障和试验、高压断路器的调整和试验等，一般采用外委维修的方式。供电设备管理员，根据维修保养计划（表 2 - 5 - 2），委托供电公司对辖区内的变压器和高压断路器进行检修和试验。此项工作的程序是：供电设备管理员填写《外委维修申请表》（表2-5-3），经物业服务企业同意后与供电企业签署维修协议。维修时由配电室值班电工负责监督，并将结果记录在《变压器维修记录》和《配电设施维修记录》内。大修后的试验结果由供电企业填写试验报告，交供电设备管理员并进行财务结算。若在供电设备运行中，由于雷击或其他原因出现严重的故障时，首先由值班电工填写《事故报告》（表2-5-4）经过主管部门审批后再按上述程序处理。

表2-5-2 维修保养计划

小区（或楼宇）：　　　　　　　　　　　　　　　　　　　　年　　月　　日

序号	设备设施名称	设备设施编号	维修保养内容	所需主要材料名称及规格	预计单价	数量	预计费用	预计实施时间	备注

制表人：　　　　　　　　　　　　　　　　　　　　　　　　　审核人：

表2-5-3 外委维修申请表　　　　　　　　　No.

设备设施名称编号		外委单位	
申请维修保养时间		要求完成时间	

维修保养内容简述：

申请人：

必要更换的主要材料及其预计费用					
序号	材料名称及规格	单价	数量	预计费用	备注

预计总费用：

主管意见	主管签名： 年　　月　　日
公司经理意见	公司经理签名： 年　　月　　日

表 2-5-4 事故报告

事故设备设施名称	
事故影响区域及程度	
发生事故的时间	
处理完事故的时间	
事故现象简述：　　　　　　　　　　　　　　　　事故报告人：　　　　日期：	
事故原因分析：　　　　　　　　　　　　　　　机电维修部主管：　　　　日期：	
公司经理意见：　　　　　　　　　　　　　　　　公司经理签名：　　　　日期：	

　　较小的维修项目如路灯照明线路、楼宇内的配电箱及电力计量箱等公共设施故障时，用户直接找配电室的值班电工修理解决即可。若照明灯、电度表是户内个人的物品，用户找配电室的值班电工修理并办理交费手续。值班电工修理后填写维修登记表，并由用户签字。值班电工应及时向财务部门结账、报账。

六、电梯设备的维修与管理

　　电梯是高层建筑中不可缺少的交通运输工具，而搞好电梯设备的管理是电梯安全运行的基础和保障。搞好电梯设备管理，可使物业服务企业用尽可能少的运行、维修费用来维持电梯的安全运行，提高物业服务企业的经济效益。电梯设备管理的内容主要有：电梯的安全管理、电梯运行的管理和电梯的维修管理。

（一）电梯设备的组成

　　电梯设备是高层建筑中垂直方向的有效运输设备。电梯是靠电力拖动的一个可以运载人或物的轿厢，在建筑井道中的导轨上作垂直的升降运动的设备。电梯一般由五部分组成：井道和机房、传动部分、升降设备部分、安全装置、控制部分。

　　1. 井道和机房

　　井道和机房是电梯正常运行所要求的房屋建筑部分。井道由围壁、顶板及底坑围成一个容纳电梯轿厢和对重的有限空间，在每个层站开有出、入口。机房用来安装曳引机、电控屏、限速器等。机房可以设置在井道的顶部，也可设置在井道底部。

　　2. 传动部分

　　传动部分即曳引机，主要由电动机和钢索组成。一般安装在机房的顶部，它通过钢丝绳牵引轿厢及对重。曳引机由蜗轮减速箱、绳轮、电机、靠背轮、抱闸、底座等组成。高速无齿轮直流电梯曳引机，由电机直接带动绳轮，无减速箱装置，其余部件相同。

　　3. 升降设备部分

　　升降设备部分包括轿厢、对重、门厅和导轨。轿厢是容纳物体和乘客的箱体，对重是用来平衡轿厢重量的。门厅是每一层楼的电梯门口装的门，门上有机械锁和电气接点。客梯多采用自动开关门，是由轿厢门上的开门刀带动厅门上橡胶轱辘来完成的，而轿厢门是由轿厢门上的开关门装置驱动的。导轨是轿厢上下移动所走的轨道。

4. 安全装置

安全装置由降速装置和电气安全设备组成。降速装置主要有限速器和缓冲器。限速器是控制轿厢速度的设备。当轿厢达到极限速度时，轿厢限速器开始动作，并作用于安全钳上迫使它夹住导轨，刹住轿厢。缓冲器是电梯的最后安全保护，它安装在电梯井道底坑内，位于轿厢和对重的正下方。当电梯向上或向下运动中，由于钢丝断裂、抱闸制动力不足或者控制系统失灵而使轿厢超越终端层站时，缓冲器则起到缓冲作用，避免电梯撞底或冲顶，确保乘客的安全。电气安全设备是指电梯控制系统中实现安全保护的电气元件，对电梯供电电源、轿厢超速、轿厢上下端站及极限位置、厅门锁与轿厢门的电气连锁以及所有电气设备外壳接地等方面必须实行电气保护。

5. 控制部分

控制部分主要指电气控制设备和必要的线路，我国目前使用的电梯按其操纵方式分类有按钮控制电梯、信号控制电梯、集选控制电梯、并联控制电梯、程序控制电梯及智能控制电梯等。

（1）按钮控制电梯。其操纵箱内装有启动按钮、应急按钮、开关门按钮、警铃按钮等按钮组和照明开关、钥匙开关、通风开关、检修开关和显示楼层与方向的指示灯。

（2）信号控制电梯。信号控制电梯除具有自动平层自动开门动作外，还具有内外选层、自动定向、顺向截车等控制能力。该类电梯有司机操作。

（3）集选控制电梯。目前物业部门管理的客梯主要采用集选控制方式。集选控制方式的电梯具有自动平层、自动开门、自动掌握停站时间、内选外呼信号的登记与消除、顺向截梯以及自动换向等功能。下集选控制电梯用于无司机交、直流电梯，基本工作状态与集选控制电梯相同，只是厅外向下招呼信号才予答应。

（4）并联控制电梯。该种电梯是电梯群中的最简单方式，只适合于两台电梯的协调控制管理。它是按预先设定的调配原则，自动的调配某台电梯去答应某层的厅外召唤信号。

（5）程序控制电梯。这种电梯适用于同一建筑物内有三台以上电梯，而且位置比较集中的电梯群的控制和管理。

（6）智能控制电梯。该种电梯采用先进的控制理论、先进的传动和控制技术，使电梯在运行过程中具有安全、快速、准确、平稳的特性，使乘客具有舒适感和享受感。全微机化电梯的开发和使用是电梯的发展趋势。

（二）电梯安全管理

高层建筑中的电梯设备，给人们提供了高效、快捷和舒适的工作和生活环境。然而电梯如果使用与管理不当，有时会危及乘梯人的生命安全，也会给物业服务企业造成重大的经济损失。因此加强电梯的安全管理至关重要。

1. 电梯的使用安全管理

为防止电梯因使用不当造成损坏或引起伤亡事故，必须加强电梯的使用安全管理。电梯使用安全管理主要包括：安全教育、司梯人员的操作安全管理、乘梯人员的安全管理、电梯困人救援的安全管理。

（1）实施安全教育。由电梯管理员负责对电梯机房值班人员、电梯司梯人员和乘梯人员实施安全教育，使他们树立安全第一的思想，熟知电梯设备的安全操作规程和乘梯安全规则。

（2）电梯司梯人员操作安全管理。为了确保电梯的安全运行，司梯人员要经有关部门统一考试合格后才可上岗。工程部电梯管理员负责制定司梯人员的安全操作守则，并监督执行。

（3）加强对乘梯人员的安全管理。制定电梯乘梯的警示牌，悬挂于乘客经过的显眼的地方。敬告乘梯人员安全使用电梯的常识。乘梯须知应做到言简意赅，警示牌要显而易见。乘梯须知的内容有：

1）用手按钮，严禁撞击。

2）不许吸烟，勿靠厢门。

3）运行之时，挤门危险。

4）危险物品，禁止进梯。

5）保持清洁，勿吐勿丢。

6）若遇意外，请按警铃。

7）超载铃响，后进退出。

8）儿童乘梯，成人携带。

9）楼内火警，切勿乘梯。

2. 电梯困人救援的安全管理

规范电梯困人援救工作，以确保乘客的安全是电梯困人援救管理工作的目的。凡遇故障，司梯人员应首先通知电梯维修人员和管理人员，如电梯维修人员和管理人员5分钟仍未到达，工程部经过培训的救援人员可根据不同情况，设法先行释放被困乘客。

（1）电梯困人援救的程序。

1）告知被困人员，等待救援。当发生电梯困人事故时，电梯管理员或援救人员通过电梯对讲机或喊话与被困人员取得联系，务必使其保持镇静，静心等待救援人员的援救。被困人员不可将身体任何部位伸出轿厢外。如果轿厢门属于半开闭状态，电梯管理员应设法将轿厢门完全关闭。

2）准确判断轿厢位置，做好援救准备。根据楼层指示灯、PC显示、选层器横杆或打开厅门判断轿厢所在位置，然后设法援救乘客。

（2）救援步骤。

1）轿厢停于接近电梯口的位置时的援救步骤。

①关闭机房电源开关。

②用专门外门锁钥匙开启外门。

③在轿厢顶用人力慢慢开启轿门。

④协助乘客离开轿厢。

⑤重新关好厅门。

2）轿厢远离电梯口时的援救步骤。

①进入机房，关闭该故障电梯的电源开关。

②拆除电机尾轴端盖，按上旋柄座及旋柄。

③救援人员用力把住旋柄，另一救援人员手持制动释放杆，轻轻撬开制动，注意观察平层标志，使轿厢逐步移动至最接近厅门（0.5米）为止。

④当确认刹车制动无误时，放开盘车手轮。然后按前述方法救援。

遇到其他复杂情况时，应请电梯公司帮助救援。援救结束时，电梯管理员填写援救记录并存档。此项工作的目的是积累救援经验。

（三）电梯的运行管理

电梯设备的运行管理，就是保障电梯良好运行所实施的管理活动。主要内容包括：电梯设备的运行巡视监控管理、电梯运行中出现异常情况的管理、电梯机房的管理和电梯档案的管理等。

1. 电梯设备的运行巡视监控管理

巡视监控管理，是由电梯机房值班人员实施的，定时对电梯设备进行巡视、检查，发现问题及时处理的管理方式。电梯机房值班人员每日对电梯进行一次巡视，根据巡视情况填写《电梯设备巡视记录》，如表2-5-5所示。

表2-5-5　电梯设备巡视记录

小区（或楼宇）：　　　　　　　年　月　日　　　　　　　　　　No.

巡视时间		
电梯编号		
序号	运行监控项目	
1	机房温度、湿度	
2	曳引电动机温度、润滑油、紧固情况	
3	减速箱油位油色、连轴器紧固情况	
4	减速器、机械选层器运行情况	
5	控制柜的继电器工作情况	
6	制动器（线圈温度、制动轮脏污情况）	
7	变压器、电抗器、电阻器运行温度	
8	对讲机、警铃、应急灯	
9	轿箱内照明、风扇	
10	厅外轿内指层灯及指令按钮	
11	厅门及轿门踏板清洁	
12	开关门有无异常	
13	井道底坑情况	
14	各种标识物及救援工具情况	
15	电梯运行舒适感	

　　　　　　班电梯值班员：　　　　　　　　　　　　　　　　　　负责人：

（1）建立巡视监控管理制度。物业服务企业工程部的电梯管理员，根据电梯的性能和运行情况制定出电梯巡视管理制度，并监督机房值班人员执行。

1）值班人员每日对电梯的主要部位巡视一次。

2）巡视时按要求的内容认真巡视检查。

3）及时处理巡视中的问题，并做好巡视记录。

（2）巡视内容。机房值班人员巡视应注意：曳引机是否有噪声、异味，是否烫手；轴承螺栓是否松动；减速箱的油位、油色是否正常；连轴器是否牢固可靠；指示仪表、指示灯、各继电器动作是否正常；变压器、电抗器等是否过热；制动器是否正常；曳引轮、曳引绳、限速器等是否正常；通讯设施、标示牌、盘车手轮、开闸扳手等救援工具是否放在指定位置；电梯运行有无振动，开关门是否顺畅；底坑限速器是否正常。

（3）巡视中发现不良情况的处理。当巡视中发现不良状态时，机房值班人员应及时采取措施进行调整。如果问题严重则应及时报告工程部主管，协同主管进行解决。整修时应严格遵守《电梯维修保养标准》。

2. 异常情况处置管理

当电梯工作中出现异常情况时，司梯人员和乘梯人员都要冷静，保持清醒的头脑，以便寻求比较安全的解决方案。

（1）发生火灾时的处置。

1）当楼层发生火灾时，电梯的机房值班人员应立即设法按动"消防开关"，使电梯进入消防运行状态。电梯运行到基站后，疏导乘客迅速离开轿厢。电话通知工程部并拨打"119"电话报警。

2）井道或轿厢内失火时，司机应立即停梯并疏导乘客离开，切断电源后用灭火器灭火。同时，电话通知工程部。若火势较猛就应拨打"119"电话报警，以便保证高层建筑内的人员和财产安全。

（2）电梯遭到水浸时的处置。电梯的坑道遭水浸时，应将电梯停于二层以上；当楼层发生水淹时，应将电梯停于水淹的上一层，然后断开电源总开关并立即组织人员堵水源，水源堵住后进行除湿处理，如热风吹干。用摇表测试绝缘电阻，当达到标准后，即可试梯。试梯正常后，才可投入使用。

3. 电梯机房的管理

电梯机房值班人员在企业工程部电梯管理员的领导下工作。电梯管理员负责制定电梯机房的管理制度。机房值班人员严格执行电梯机房管理制度。

（1）电梯机房管理制度：

1）非机房工作人员不准进入机房，必须进入时应经过公司工程部经理同意，在机房人员的陪同下进入。

2）机房应配足消防器材，免放易燃易爆物品。

3）每周打扫一次机房卫生，保持机房清洁。

4）为防止不必要的麻烦，机房要随时上锁。

（2）交接班制度：

1）正常时，按时交接班。交班人员应向接班人员讲清当日电梯的运行情况，接班人员应查看《电梯设备巡视记录》、工具等，确认无误后在运行巡视记录上签名。

2）当遇到接班人员未到岗时，交班人员不得离岗，应请示工程部电梯管理员寻求解决。

3）电梯发生事故后，未处理完时，应由交班人员继续负责事故的处理，接班人员协助处理。

4. 电梯的档案管理

为了解电梯的整体状况，工程部以高层楼宇为单位建立电梯档案。电梯的档案包括：电梯的原理图、安装图、《电梯设备巡视记录》、《电梯设备维修记录》等项内容。档案中的《电梯设备巡视记录》，由机房值班组长每月初整理成册，交工程部电梯管理员保管。

（四）电梯的维修管理

1. 电梯维修保养标准的建立

物业服务企业工程部的电梯管理员，根据国家标准和公司辖区内的电梯情况制定《电梯维修保养标准》。注意制定标准时不要和国家标准相抵触。

2. 电梯的维修保养制度

为使电梯安全运行，需要对电梯进行经常性的维护、检查和修理。电梯管理员和电梯机房值班电工负责电梯发生故障时的紧急维修工作，物业服务企业工程部主管负责电梯故障维修的组织监控工作，并负责建立电梯维修管理制度。电梯维修管理制度主要包括：

（1）月维修保养制度。主要检查各种按钮是否灵活，开关是否正常，有无噪声和异味，限速制动元件是否可靠。检修完成后填写《电梯月维修保养记录》，如表2-5-6所示。

表2-5-6 电梯月维修保养记录

小区（或楼宇）：　　　　　　电梯编号：　　　　　　年　　月　　日

	序号	维修保养项目	清理	检查	调整	记录	不良情况部分记录及处理结果
机房	1	曳引机轮清洁，油杯油量检查					
	2	限速器及电器接点检查					
	3	制动闸瓦磨损检查					
	4	选层器详查					
	5	控制柜各机电接点清洁，各接触器、继电器电阻、电抗器固定					
机身及井道	1	干电池、蓄电器检查					
	2	内外门耦合检查，清扫、注油					
	3	内外吊门轮，限位轮，外门关闭器，路轨检查清扫					
	4	内外门闸、锁及门联锁开关内部及接点清洁					
	5	门联锁接线检查					
	6	接舍板装置，门的活动部分清扫、注油					

续表

	序号	维修保养项目	清理	检查	调整	记录	不良情况部分记录及处理结果
机身及井道	7	各种开关接点检查					
	8	钢带清扫、抹油，钢带开关检查					
	9	限速钢丝绳抹拭					
	10	井底各设备检查，清扫、抹油					

维修保养人：　　　　　　　　　　　　　　　　　　　　　　　验证人：

（2）季度维修保养制度。针对机房内的主要设备进行检修，如检查曳引电机运行时，有无异常噪声；减速机是否漏油，减速机和曳引电机的温升是否超标；曳引电机制动器是否可靠；速度反馈装置的反馈信号有无变化，控制柜的电气元件动作是否可靠；限位开关的动作是否可靠。检修完成后填写《电梯季度维修保养记录》。

（3）年维修保养制度。每年对电梯的整机运行性能和安全设施进行一次检查，整机性能包括乘坐的舒适感、运行的振动、噪声、运行速度和平层准确度。安全设施包括超速保护，断相、错相保护，撞底缓冲装置，超越上下限位置的保护，金属外壳接地情况，设备绝缘情况。有条件的物业企业可自行组织维修，也可委托获得政府管理部门颁发电梯维修许可证的单位进行维修。整机检修完成后应填写《电梯年维修保养记录》。

（4）电梯故障处理制度。电梯管理员和电梯值班电工，接到电梯故障的通知后，在5分钟内到达现场。根据现场情况作出正确判断，并对电梯被困人员进行解救。查看故障现象、分析故障原因，根据情况进行故障处理。对于一般故障，处理后填写《电梯维修记录》，电梯的重大故障应由物业服务企业工程部负责请电梯公司的技术人员进行维修，并经劳动局专业人员检验合格方可使用。

（5）不定期保养维修。物业服务企业不定期对电梯保养维修情况进行检查，发现问题视其情况给予责任人教育、批评或处罚。

3. 电梯常见故障的检查和排除

电梯出现故障后，电梯维修人员应能迅速、准确的判断故障的所在，及时排除故障。电梯的故障可分为机械故障和电气系统故障。

（1）机械系统的故障和排除。机械系统的故障比较少见，但机械系统发生故障时，造成的后果却较严重。所以，做好日常的维护保养，减少机械系统故障是电梯管理的主要任务之一。

1）机械系统的常见故障。

①润滑系统的故障。由于润滑不好或润滑系统某个部件故障，造成转动部位发热或抱轴现象，使滚动和滑动部位的零件损坏。

②机件带伤运转。忽视了日常的预检修，未发现机械零件的转动、滑动和滚动部件的磨损，使机械零件带伤工作，造成电梯故障，被迫停机修理。

③连接部位松动。电梯的机械系统中，有许多部件是由螺栓连接的，运行过程中，由于振动等原因使螺栓松动、零部件移位造成磨损或撞毁机械零件，被迫停机。

④平衡系统的故障。当平衡系数与标准要求相差较远时，会造成轿厢蹲底或冲顶、限速器、闸瓦动作，被迫停机。

2）机械系统常见故障的预防与修理。加强电梯的维护和保养是减少或避免电梯机械故障的关键，对机械故障的出现起到预防作用。一是要及时润滑有关部件；二是要紧固螺栓。做好这两项工作，机械系统的故障就会大大减少。

发生故障后，维修人员要向司乘人员了解故障时的情况和现象。若电梯还能运行，维修人员应到轿厢内亲自控制电梯上下运行数次，通过眼看、耳听、鼻闻、触摸等实地考察、分析和判断，找出故障部位，并进行修理。修理时，应按照有关文件的技术要求和修理步骤，认真地把故障部件进行拆卸、清洗、检查、测量。符合要求的部件重新安装使用，不符合要求的部件一定要更换。修理后的电梯，在投入使用前必须经过认真的调试和试运行后，才能投入使用。

电梯轿厢被安全钳卡在导轨上，使其不能上下移动是电梯的一种特有故障。出现这种故障后，必须用承载能力大于轿厢重量，挂在机房楼板上的手动葫芦（导链）把轿厢上提150毫米左右，一般情况下安全钳可复位。然后，慢慢放下轿厢，撤去手动葫芦，把上梁的安全钳开关复位，机房的限位开关复位。经过这样的处理，一般电梯可恢复运行。但是，必须查明故障原因，采取相应的措施，并修复导轨卡痕后，才能交付使用。

（2）电气系统的故障和检修。电梯出现的故障多为电气系统故障，而且绝大多数是控制系统故障。造成电器系统故障的原因主要是早期生产的电梯配套元器件如继电器，基本上是一般机床电器元件，其技术指标不适应电梯的要求；另外有些厂家对元器件筛选不够严格，混入了不合格元器件。

1）电气控制系统的常见故障。电梯电气系统的故障多种多样，但大致分为以下四种类型：

①门系统故障。采用自动开关门的电梯，其故障多为各种电器元件的触点接触不良所致，而触点接触不良主要是由于元器件本身的质量、安装调整的质量、维护保养的质量等存在问题所致。

②继电器故障。用继电器组成的电梯控制电路，故障一般出在继电器的触点上。触点通断时的电弧使触点烧坏，使其不能闭合或长期粘连，造成断路或短路。

③电气元件绝缘老化。电器元件受潮通电时产生的热量，都加速了绝缘的老化，使绝缘击穿造成短路。

④外界干扰电子技术的发展，使可编程控制器和计算机等先进设备应用在电梯的控制系统中，发展为无触点电气控制系统。这种控制系统避免了继电控制系统的触点故障。但是，这种系统中的控制信号较小，容易受到外界干扰，如果屏蔽不好，常使电梯产生误动作。

2）电气系统故障的排除。电梯的电气控制系统结构复杂而又分散，要想迅速排除电气系统的故障，维修人员应做到如下几点：

①掌握电梯电气控制系统的电原理图、接线图、安装位置图。

②熟悉电梯的起动、加速、满速运行，到站提前换速，平层、开门等全部控制

过程。

③掌握各电器元件间的控制关系，继电器、接触器接点的作用。

④了解各电器元件的安装位置和机电间的配合关系。

维修人员还要不断分析、研究和总结经验，做到准确判断故障发生点，并迅速排除故障。

第六章　物业费用与管理档案工作

一、物业费用的使用

（一）费用使用原则

1. 合理使用

社会化、专业化的物业管理模式在我国起步的时间还不长，在全国范围内对大多数居住物业来说，物业管理服务收费的标准目前只能按广大居民收入水平而定，与高水平的物业管理服务成本相比还有一定的距离，所以，物业管理资金不够充裕，而大部分物业管理公共服务项目都是基本的、必需的服务，因此，物业管理资金的使用应当贯彻合理使用的原则，把有限的资金用在必要的物业管理项目上。

2. 服务第一

服务是物业管理工作的出发点，物业管理资金的使用必须强词服务优先。物业管理公司应当使物业管理费用的支出与物业管理服务范围相适应，与物业管理服务的质量相一致，以满足区域内不同层次的用户需求。

3. 民主管理

物业管理资金的使用应当充分尊重业主的意见，增加透明度，使物业管理服务费和维修基金的收入、管理、使用进入良性的循环。物业管理公司要定期向业主公布物业管理收入和支出的账目表，接受全体业主的监督。

4. 合理收益

物业管理公司是自主经营、自负盈亏、自我发展的经济实体，其经营管理活动以盈利为目的，在资金使用时，应贯彻合理收益的原则，尽可能降低管理的成本，节约管理费用，保证实现合理报酬、合理收益。

（二）费用使用要求

1. 启动资金的使用

物业管理启动资金除了用于物业管理公司正常的、必要的开支外，还要有一定数量的资金参与物业管理的资金周转，如为日常办公的需要购买固定资产，为工程维修人员购买维修工具与器械等。物业经理应根据所管理物业的规模、水平和实际的需要作出相应的规定，集中统筹和合理安排使用这笔资金，以加快资金周转，提高公司的经济效益。

2. 维修基金的使用

物业维修基金主要用于物业共用部位、共用设施设备保修期满后的大修、更新和改造。因此，物业维修基金在使用与管理上有以下一些要求：

（1）在业主办理房屋权属证书时，商品住房销售单位将代收的维修基金移交给当地房地产行政主管部门代管。

（2）业主委员会成立后，经业主委员会同意，房地产行政主管部门将维修基金移交给物业管理公司代管。物业管理公司代管的维修基金，应当定期接受业主委员会的检查与监督。

（3）维修基金不敷使用时，经当地房地产行政主管部门或业主委员会研究决定，按业主占有的住宅建筑面积比例向业主续筹。

（4）维修基金应当在银行专户存储，专款专用。为了保证维修基金的安全，维修基金闲置时，除可用于购买国债或者用于法律、法规规定的范围外，严禁挪作他用。

3. 服务费用的使用

（1）积极推行民主管理。物业管理公司收取的日常物业服务费用是由物业的业主或物业使用人缴纳的，他们对这部分资金是否有效地使用是非常敏感的，若没有透明度，不让他们参与监督管理，就会造成物业服务费收取困难的局面，更无从谈及管理费的运用。反之，如果定期公布服务费用账目并让他们参与监督管理，则会调动他们当家理财的积极性，使管理资金更有效地使用。

（2）科学地制订物业服务费用预算方案。物业服务费用预算方案是经业主委员会核准，由物业管理公司作出的物业管理服务日常支出的测算与评估方案。预算方案是物业管理公司开展日常物业管理服务的量化目标，物业管理公司往往以其作为日常物业服务的依据，它应包括所有的日常物业服务支出。因此，物业经理在制订预算方案时，必须根据不同类型、性质、对象的物业的历史记录、经验以及对未来日常物业服务费用支出的预算来确定。当业主发现物业服务费用收入或支出与预算方案中的估计数有较大的差异时，可以要求物业管理公司工作人员予以解释，物业管理公司则必须对实际执行结果背离预算的原因加以说明。

（3）财务核算及记录。设立专用账户进行日常核算，编制财务报表，做好财务记录。物业管理公司对业主或住户缴纳的日常物业服务费用，应坚持"专款专用"、"取之于民，用之于民"的原则，不仅要存入金融机构，专款专用，以保证对所托管物业开展日常管理维护活动的资金需要，而且要设立专门账户，加强日常核算，保证日常物业服务费的安全完整，并合理有效地使用。

（三）费用支出测算

物业管理服务费用支出项目的收费标准由各地根据本地区综合服务项目、劳动付出状况、物价指数变化和物业住户的经济承受能力，以及住宅小区的档次制定。

物价部门在核定收费标准时，应充分听取物业管理单位和小区业主委员会或产权人、使用人的意见，既要有利于物业管理服务的价值补偿，也要考虑物业产权人、使用人的经济承受能力，以物业管理服务所发生的费用为基础，结合物业管理单位的服务内容、服务质量、服务深度核定。对核定的物业管理收费标准，应根据物业管理费用的变化适时地进行调整。

费用支出测算项目如下：

1. 物业管理公司的人员费用

该项费用是指管理、服务人员的工资、社会保险和按规定提取的福利费。人员包括总经理、副总经理、部门经理、文秘、财务、维修人员、绿化工、保洁工、保安员、车管员等；费用包括基本工资、福利基金、工会经费、教育经费、社会保险、加班费、服装费等。测算标准应根据当地经济发展状况、企业的经济效益、人员的职责范围与级别大小而定。

2. 共用部位、共用设施设备日常运行、维修及保养费

该项费用包括：小区楼宇内共用部位，如过道、门厅、楼梯及小区道路环境内的各种土建维修费；各类公共设施、设备，如室外上下水管道、电气部分、燃气部分等的日常运行、维修保养费；小区内和楼宇内公共照明费等。其不包括业主拥有房产内部的各种设备、设施的维修、养护、更换与更新费用；共用天线保养维修费用；高压水泵的运行、保养维修费用；冬季供暖费等。这些费用按国家和当地现行规定与标准分别向产权和物业使用人另行收取。

3. 绿化养护费用

绿化养护费用是指物业管理区域内绿化的养护费用，包括绿化工具费（如锄头、草剪、枝剪、喷雾器等）、劳保用品费（手套、口罩、草帽等）、绿化用水费、农药化肥费用、杂草杂物清运费、补苗费、小区环境内摆设的花卉等费用。测算标准应根据工作范围、工作人数、工作内容及当地市场供应状况而定。

4. 清洁卫生费用

清洁卫生费用是指楼宇内公共部位及小区内道路环境的日常清洁保养费用，包括清洁工具购置费（如垃圾桶、拖把等）、劳保用品费、卫生防疫消毒费、化粪池清掏费、垃圾外运费、清洁环卫所需的其他费用等。

5. 公共秩序维护费用

公共秩序维护费用是指实行封闭管理的住宅小区或大厦的公共秩序维持费用，包括保安器材装备费；保安系统日常运行电费、维修与养护费，日常保安器材费（如对讲机、警棍等）、更新储备金；保安人员人身保险费；保安用房。

6. 办公费用

办公费用是指物业管理公司开展正常工作所需的有关费用，包括交通费（含车辆耗油、维修保养费、车辆保险费、车辆保养费、车辆养路费等）；通信费（如电话费，传真机、传呼机服务费、电报费等）；低值易耗办公用品费（如纸、笔墨、打印复印费等）；书报费；广告宣传社区文化费；办公用房租金；其他杂项，测算标准根据企业自身的经济效益、管理效率、当地市场状况而定。

7. 物业管理公司固定资产折旧

该项费用是指物业管理公司拥有的各类固定资产其总额每月分摊提取的折旧费用。各类固定资产包括交通工具、通信设备、办公设备、工程维修设备、其他设备。

8. 物业共用部位、共用设施设备及公众责任保险费用

该项费用是指物业管理公司为转嫁可能存在的风险，为物业管理区域内的物业共用部位、共用设施设备及公众责任向保险公司投保所产生的费用。由于业主很少委托，在实际操作中，这项费用很少涉及。

9. 其他费用

经业主同意的其他费用。

二、管理费用的收缴

（一）物业收费构成

根据《城市住宅小区物业管理服务收费暂行办法》第 8 条规定，住宅小区公共性服务收费的费用构成包括以下几个部分：

（1）管理、服务人员的工资和按规定提取的福利费，工资标准和福利费的计提应符合国家有关规定，并结合当地经济发展水平和物业管理市场状况。

（2）公共设施、设备日常运行、维修的保养费，包含公共水电费、各类系统维护费、道路维护费、更新储备金、不可预见费等。

（3）绿化管理费，包括工具材料费、水费、景观再造费等。

（4）保安费，包括系统费用、器材费用等。

（5）办公费，主要包括办公用品、交际费用、社区文化费用、车辆费用、广告宣传费用等。

（6）物业管理单位固定资产折旧费，折旧费的提取依据国家有关规定执行。

（7）保险费，是指为小区房屋配套设施、设备所投保险支出费用等。

（8）法定税费，物业管理公司提供小区服务所收取的应计税部分的收入，按服务性行业收取营业税。

（9）利润，物业管理服务收取费用的利润由各省、自治区、直辖市政府物价主管部门根据本地区实际情况确定。

（二）物业收费原则

1. 合理原则

首先，物业管理公司在进行物业服务收费时，应当遵守国家的价格法律规定，严格履行物业服务合同，为业主提供质价相符的服务。

其次，物业管理公司应当加强科学管理，准确核定并努力降低服务经营成本，使物业服务收费既能满足物业管理服务的价值补偿，又符合业主和租户的实际需要。

物业管理公司向业主或物业使用人提供的物业管理服务实质上是一种服务性商品，物业服务收费实际上就是物业管理公司提供的物业管理服务的价格，这种价格一方面应当反映价值，另一方面又要与一定区域内物业服务消费者的消费承受能力相适应。

2. 公开原则

所谓公开原则，是指物业管理公司在进行物业服务收费时，应当在物业管理区域内的显著位置，将服务内容、服务标准以及收费项目、收费标准等有关情况进行公示，也就是要明码标价。物业服务收费管理的公开化，增加了管理的透明度，可以有效地解决

业主关心的热点、难点问题，改善物业管理公司与业主之间的关系，促进管理区域的稳定，营造和谐的发展空间。

3. 质价相符

费用与服务水平相适应的原则是指物业服务收费应当与物业管理公司提供的物业服务的内容和质量相适应，做到质价相符，物业管理服务收费标准应当与服务质量相适应，不能只收费不服务或多收费少服务。

4. 谁受益谁付费

一个特定的物业区域内，凡是享受物业管理服务的每一个受益人都应当缴纳相应的服务费用。在合理划分物业服务区域的前提下，谁享受的物业服务内容及质量越高，谁缴纳的物业服务费用也就应当越高。

（三）物业收费方式

业主与物业管理公司可以采取包干制或酬金制等形式约定物业服务费用。

1. 包干制

包干制是指由业主向物业管理公司支付固定物业服务费用，盈余或者亏损均由物业管理公司享有或者承担的物业服务计费方式。实行物业服务费用包干制的，物业服务费用的构成包括物业服务成本、法定税费和物业管理公司的利润。目前，开发商属下的物业公司在管理开发商开发的物业时，大多采用这种收费方式。

2. 酬金制

酬金制是指在预收的物业服务资金中按约定比例或者约定数额提取酬金支付给物业管理公司，其余全部用于物业服务合同约定的支出，结余或者不足均由业主享有或者承担的物业服务计费方式。实行物业服务费用酬金制的，预收的物业服务资金包括物业服务支出和物业管理公司的酬金。目前通过招投标取得物业管理经营权的物业公司，在物业服务收费上，大多采用这种收费形式。

（四）物业收费程序

1. 发出收费通知

物业管理公司财务部每月 1 日开出当月管理费"收费通知单"，由管理员派送给住户，并设收费通知单签收本签收；外地的住户由财务部专人通过邮递方式通知缴费。

"收费通知单"一式两联。将各费用项目分别列示，并注明费用所属期。除管理费为当月费用外，其余的水费、电费、维修费均为上月应缴费用。

2. 管理费缴交期

（1）正常缴交期。当月 1 ~ 15 日。逾期缴交的用户每日按应缴额的 0.1% 加计滞纳金。

（2）超越正常缴交期。正常缴交期的次日（当月 16 日）起至当月底；"催款通知"催缴期从当月 16 日发出书面催缴通知起，期限为 7 日；"缴费最后通知书"催缴期从当月 23 日发出最后书面催缴通知起，期限为 7 日；"暂停服务通知书"或"停水电催费通知"视情况而定，一般当月 30 日发出，期限一般不超过 7 日。

（3）用户缴清欠费。当用户收到"暂停服务通知书"，缴清欠费后，财务部应及时发出"恢复服务的通知"，通知管理公司各部门恢复对该用户的正常服务，并做好发出记录。

（4）注意事项。若用户用现金缴交费用时，财务人员应当面点清缴款额，并进行现钞真伪鉴别。

（五）停车场收费管理

停车场的费用收缴是物业管理收入的一个重要来源，也是维护停车场正常秩序的基础。要做好这项工作，就必须了解以下内容：

1. 收费标准

要收好费，当然首先要了解收费标准。不同物业的收费标准不同，各企业都有规定。物业收费员一定要熟知本停车场的收费标准。

2. 免费处理规定

某些情况或某些车辆进入停车场后，并不需要交费，对这种情况也须熟记于心，以免产生误会和纠纷。一般而言，以下车辆可免费，但须办理一定的手续：

（1）本公司的车辆可免费。驾驶员必须在计时卡上签名，以便财务部查核。

（2）持有公司认可的特种票的车辆。所有经公司认可的特种票（每张票价值10元），收取后必须妥善保存，作为财务核数凭证。

（3）军警或特种车牌车辆。除因执行任务由公司领导或部门主管在计时卡上签名的可免费外，其他一律不能免费。

（4）其他车辆。非办公时间，由带班主管、领班用电话向领导、主管汇报，经同意后，才能做免费处理。

所有做免费处理的时钟卡，经出口读卡机后，收费员要立即通知出车口保安用钥匙打开出口读卡机，收回原卡交收费室保存，并在卡上写上"免费"字样，留作财务部核查依据。

3. 过夜车辆的收费规定

一般而言，由22：00开始停泊至次日8：00的车辆，按夜间收费标准收费。

4. 收费室交接班工作要做好

交接班时，交班人按收费金额总数如数交给下一班，并填写"车场收费岗每日交接表"、"车场收费月报表"等，并在交班人一栏签名。接班人核对无误后在接班人一栏签名确认。

接班人接班时，应当面点清金额及票据，认真辨别钞票真伪。交班后发现有错误或假钞，由接班人负责。

每天晚班交接班后，交班人到出车口，打开读卡机，将一天的磁卡取回打包封好，由早班人员交财务部核查。

5. 做好各项登记表

为了更好地控制停车场收费，一定要做好各项登记。

一定要记清入场车辆的车牌号、车型、进场时间、出场时间、收费情况，值班人员姓名及某些需特别提及的事项。

6. 做好财务结算

周一至周五早班下班后，收费员负责将当日早班及前日中晚班款项和票据一起盘点清楚，由领班指派的保安员陪同送款至银行，随后将票据表格交公司财务部。

周六、周日，节假日 14：30 当值领班将当日早班及前日中班、晚班款项用公司存折存入银行，早班领班于星期一或节假日结算后的第一天财务人员上班时，将存折送交财务部。

财务部指派专人负责核算每日的收费情况。

（六）物业收费应注意事项

1. 通知书的派送

所有关于用户的通知书一般由管理员派送到各用户，并由用户在"催款通知书签收本"上签收。派送完毕后，管理员应在上面签名。

2. 催缴人员应严格按照催收程序进行催款

电话催收管理费用时，应态度和蔼、语气柔和地通知用户应缴交所欠款项，杜绝对用户措辞不当或态度恶劣等现象的发生。

3. 及时记录缴款

收款人员应将用户缴纳款项记录在"管理费收缴记录本"中，以便核查。

4. 统计、记录每月缴款

收款人员应于每月核对费用的缴交情况并进行统计，编制"管理费欠费情况统计表"，并详细编列"欠两个月以上管理费用户明细表"，以便查阅。

5. 争取业主委员会的支持

加强与业主委员会的沟通与联系，争取得到业主委员会的支持。由业主委员会劝导业主比较有说服力。

6. 做好宣传教育

在用户中树立正确的缴费意识，物业管理公司收取管理费是为保证物业内部的正常运作和正常秩序，是为了全体业主的共同利益。

7. 实行财务公开

实行财务公开，用户清楚管理费去向后，相对愿意缴纳管理费。

三、物业管理档案概述

（一）档案及物业管理档案的概念

"档案"一词在我国始见于明代。至今，全国档案界对"档案"一词的定义多有论及，提法各异。1996 年 7 月 5 日第八届全国人民代表大会常务委员会第二十次会议《关于修改〈中华人民共和国档案法〉的决定》（修正）第 2 条规定："本法所称的档案，是指过去和现在的国家机构、社会组织以及个人从事政治、军事、经济、科学、技术、文化、宗教等活动直接形成的对国家和社会有保存价值的各种文字、图表、声像等不同形式的历史记录。"

物业管理档案的内容包括物业权属资料、技术资料和验收文件、业主（或物业使用人）的权属资料、个人资料，物业运行记录资料、物业维修记录、物业服务记录和物业服务企业行政管理以及物业管理相关合同资料等。

物业管理工作形成的档案文件主要有两大部分，即物业服务企业日常运作形成的普通管理文件和物业管理实际操作接收和形成的多种专业性文件。这些文件完成了现行功能之后就过渡为物业管理档案。物业服务企业日常运作形成的普通管理文件包括行政管理文件、人事管理文件和财务管理文件等。物业服务企业接收的专业性文件包括承接查验时接收房屋的建筑工程资料、设备和产权资料，形成的专业性文件包括业主入住后不断形成并补充的业主与物业使用人的资料，常规物业管理过程中形成的物业维修文件、物业租赁文件和管理服务文件，物业服务企业开办多种经营活动形成的经营管理文件等。

但是，物业管理工作中可能出现的文件并不都是物业管理档案，对照档案法对档案的规定，物业管理档案是直接记载物业及物业管理各个方面的历史记录。

与广义的档案一样，物业管理档案的定义也有四个构成要素。

1. 档案的形成者

档案的形成者即企业及业主。对于物业管理档案来说，其形成者主要是指物业服务企业、物业管理服务人员及物业的使用者。

2. 档案的内容

档案的内容就是指物业管理各项工作中的管理信息，如物业租赁、小区规划、园林绿化、房屋维修、住户情况、资金使用和经营服务等信息。

3. 档案的形式

档案的形式是指文种形式、载体形式、信息记录和表达形式。无论哪类档案，其文种形式都可以是公文、合同、证书和书稿等；其载体形式可以是纸张、磁带和胶片等；其信息记录形式可以是手写、印刷、摄影和录音等；其信息表达形式可以是文字、图形和声像等。

4. 档案的本质

档案的本质是指直接的、原始的历史记录。这是档案区别于其他的邻近事物，如文件、图书和情报资料的依据。

（二）物业管理档案的分类

随着物业管理的不断发展和完善，物业管理档案的种类也在不断增加，但总的来看，物业管理档案基本上可分为两大部分：一部分是物业服务企业日常运作形成的物业管理普通档案；另一部分是基层物业服务企业日常运作形成的物业管理专门档案。

1. 物业管理普通档案

物业管理普通档案包括以下几种类型：

（1）党群工作档案。党群工作档案是物业服务企业开展党委、工会、团委工作时形成的各类文件材料。

（2）行政管理和经营管理档案。行政管理和经营管理档案是物业服务企业在日常公务活动、内部管理工作及开展经营活动中形成的档案。

（3）基建档案。基建档案主要是指在接管验收开发建设单位移交的新建物业或接管验收已经投入使用的原有物业时所收到的文件和图纸材料，以及在以后的物业管理活动中对物业进行较大规模的改建、扩建、维修、养护时所形成的文件、图纸材料。

（4）设备档案。设备档案是指作为物业服务企业固定资产的机器设备、仪器仪表等的档案，包括有关车辆、通信设备、复印机、计算机等的说明书、安装维修记录等的文件、图纸材料。

（5）会计档案。会计档案是指物业服务企业在经济管理和各项会计核算活动中直接形成的作为历史记录保存起来的文件材料，包括会计凭证、会计账簿和会计报表等。

（6）人员档案。人员档案是指物业服务企业在人事管理活动中形成的，记述和反映本公司员工各方面情况的档案。

（7）科教档案。科教档案主要是指物业服务企业对员工进行岗位培训等继续教育所形成的档案。

2. 物业管理专门档案

物业管理专门档案是指在开展具体的物业管理活动中形成的反映物业状况、业主与物业使用人变迁以及物业服务企业的管理、服务和经营活动情况，具有查考利用价值的各种形式的文件材料。

物业管理专门档案包括以下内容：

（1）物业清册。物业清册是指全面反映所有物业单元的自然状况及权属状况的文件材料。

（2）物业维修档案。物业维修档案是指物业中各单元在进行维修时所产生的一系列文件材料。对于整栋大楼或公共设施的维修养护所形成的文件材料属于基建档案。

（3）物业租赁档案。物业租赁档案是指物业服务企业在开展租赁业务时所形成的原始的文件材料。

（4）业主及物业使用人档案。业主与物业使用人档案反映物业中各单元的业主与物业使用人的具体情况的文件材料。

（5）物业管理服务档案。物业管理服务档案是指物业服务企业在开展绿化、环卫、秩序维护、车辆管理等管理工作及为业主和物业使用人提供委托服务、开展经营活动时所产生的文件材料。

四、档案的收集与整理

（一）物业管理档案的收集

物业管理档案的收集工作就是按照物业管理的有关规定，依据物业管理档案归档范围，通过一定的方法将物业服务企业各部门和工作人员手中有保存价值的档案（包括文字、图表和录音等）集中到档案管理部门的过程。物业管理档案的收集是实现物业管理档案集中管理的重要内容和基本措施。

档案收集工作的方法分为接收和征集两种。作为物业服务企业档案管理部门，接收是指本企业文书处理部门和业务部门按规定应当归档的档案，它是物业服务企业最基本的收集方法。征集是档案部门按照国家规定征收散存在社会上的档案和有关文献的活动。物业服务企业一般不存在征集这一方式。

1. 物业管理文件材料的积累

（1）物业管理文件材料积累的方法。物业管理文件材料的积累工作一般由物业服务企业的档案管理人员自行完成，并进行登记。积累的方法包括落实责任；收集齐全，分类存放；简要登记。

（2）物业管理文件材料积累的要求。物业管理文件材料在积累时应注意以下几点：第一，物业管理文件材料的积累范围要符合物业管理档案的归档范围；第二，在积累过程中，尽可能保留文件材料正文和原件，在无法保存原件的情况下应注明复印件出处；第三，积累的物业管理文件材料一定要进行登记，供有关人员使用时要有借用手续，并严格执行有关规章制度。

2. 物业管理文件材料的归档

（1）归档的含义。物业管理文件材料的归档是指物业服务机构及物业服务企业在物业管理过程中形成、积累的有保存价值的文件材料，由业务部门整理立卷，定期交本单位档案室或档案机构集中管理的过程。狭义的物业管理档案收集工作指的就是物业管理档案的归档工作。

（2）归档范围。确定归档范围的标准要以文件材料是否具有保存价值为依据。凡是物业服务企业在物业管理各项工作中形成的具有查考利用价值的文件材料都应划入归档范围。正在办理或暂不办理的案卷和项目未完成的文件材料不属于归档范围。

1）应归档的物业管理文件材料。应归档的物业管理文件材料包括党群工作、行政管理和经营管理类档案，基建档案，设备档案，会计档案，人员档案，科教档案，物业管理专门档案，声像档案和荣誉档案。

2）不应归档的物业管理文件材料。不应归档的物业管理文件材料包括重份文件，没有查考价值的信封和通知卡，与物业管理各项业务无关的群众来信，无保存价值的介绍信、便条、录音带和录像带。

（3）归档要求。

1）收集齐全，经过分类、立卷，并正确划分保管期限。案卷质量符合规范要求，卷内文件材料线条、字迹清楚，纸质优良。档案部门在归档时应严格把握部门立卷原则，对案卷质量进行检查，不合格的退回档案形成部门重新整理。

2）经过必要的技术加工，正确拟制案卷标题，填写案卷封面、卷内文件目录和备考表。有条件的单位可采用计算机打印。

3）编制案卷目录或移交清单一式数份，以供归档时双方核准后签名使用。案卷目录最少应包括案卷号和案卷标题。

3. 物业管理档案的更改

物业管理档案的更改是指按照一定的原则、制度与要求，用特定的方法改变物业管理档案某些内容的一项工作。为了维护物业管理档案的准确性，保证物业管理档案同它所反映的物业管理活动的现实情况相一致，必须根据现实情况的变化及时地对有关的物业管理档案进行相应的修改和补充。物业管理档案的更改是一项严肃的工作，必须严格遵守更改制度的有关规定，严格按照更改程序和更改方法进行。

物业管理档案的更改方法包括：

（1）划改，即对要更改的内容用45°的斜线轻轻一划，然后在旁边写上正确内容；

（2）刮改，即将要更改的内容用刀片轻轻刮掉，然后填上正确内容；

（3）更换，即用正确的文件替换有错误的文件，这种情况要在卷内备考表上说明。

更改之后，要盖上业务校对章，更改人签名，注明更改日期。

（二）物业管理档案的整理

物业管理档案整理工作就是将处于零乱状态和需要进一步条理化的档案进行基本的分类、组合、排列和编目，使之系统化。

1. 物业管理档案的分类

物业管理档案分类是指按照物业管理档案的来源、时间、内容和形式的异同，把物业服务企业的全部档案分成若干类别，并组成体系，以利整理、保管和利用的过程。分类是档案系统化的关键性环节，是档案工作标准化、规范化的一项重要内容。

一般档案的分类方法包括年度分类法、组织结构分类法和问题分类法。在多数情况下，两种分类方法结合运用，如年度问题分类法等。选择何种分类方法应根据具体情况而定。

2. 各类物业管理档案的立卷方法

立卷是指把具有查考保存价值的文件材料按照其形成过程中的联系和一定的规律组成案卷。

（1）物业管理立卷类别。

1）物业管理专门档案。

①租赁档案。租赁档案采用按房屋租赁单元立卷，即以一份租赁合约及其相关文件材料为一个立卷单位。租赁档案案卷内文件材料的排列按结论性材料在前、依据性材料在后，中文译文在前、原文附后，文字材料在前、图样在后的原则进行。

②住户（租户）档案。以房屋单元为立卷单位，即在一段时期内一个房屋单元的住户资料，包括有关入住手续、家庭概况等文件材料组成一个案卷。住户（租户）档案卷内文件材料按时间顺序排列，即形成早的材料在前、形成晚的材料在后。

③修缮档案。以房屋单元为立卷单位，即在一段时期内同一单元的修缮材料组成一卷，如属公共设施或重大项目维修产生的档案归入基建档案类。修缮档案案卷内文件材料的排列同样按结论性材料在前、依据性材料在后，中文译文在前、原文附后，文字材料在前、图样在后的原则进行。

④物业房产档案。以小区或物业服务企业为立卷单位。

2）设备、仪器档案。以一种或一套设备、仪器为立卷单位。设备、仪器档案按依据性材料——设备、仪器开箱验收——设备、仪器安装调试——设备、仪器运行维修——随机图样排列。随机图样也可单独立卷。

3）基建档案。以一个项目或一项工程为立卷单位。基建档案按依据性材料——基础性材料——工程设计（含初步设计、技术设计和施工设计）——工程施工——工程竣工验收排列。

4）科研档案。以科研课题为立卷单位。科研档案按课题立项阶段——准备阶段——研究实验阶段——总结鉴定阶段——成果申报奖励阶段——推广应用阶段排列。

5）行政管理档案。行政管理档案按年度——问题——保管期限进行立卷，即将同一年度形成的同一问题且同一保管期限的文件材料组成一卷。卷内文件材料按问题、时间或重要程度排列。

6）经营管理档案、党群工作档案同行政管理档案。

7）声像档案。声像档案包括照片、录音带、录像带、计算机磁盘和缩微胶片等特殊载体档案。对这部分档案立卷时应先将不同载体形式的档案分开，同一载体形式的档案根据实际情况按专题（问题）进行分类后再立卷，各案卷的排列按时间先后进行。

8）人员档案。以个人为立卷单位。卷内文件材料的排列先按文件材料类别，再按形成时间先后进行。

9）会计档案。会计档案按形式——年度——保管期限进行立卷，即将物业服务企业形成的会计档案，先按财务报告类、会计账簿类、会计凭证类、工资单或其他四种形式分开，再按会计年度分开，最后按永久、定期等不同保管期限分别立卷。案卷顺序号按属类内年度流水编号。卷内文件材料按时间顺序排列。

10）荣誉档案。荣誉档案先按荣誉档案的形式进行分类，以件为立卷单位。

（2）卷内文件编码。案卷内文件材料均以有书写内容的页面编写页号。页号编写位置为：单面书写的文件材料在右下角编写页号；双面书写的文件材料，正面在右下角，编写页号背面在左下角编写页号。页号一律使用阿拉伯数字，字体要端正、清楚。案卷封面、封底、卷内目录（原有图样目录除外）、卷内备考表不编写页号。装订形式的案卷采用大流水方式编写案卷页号；不装订形式的案卷，两页以上的单份文件应单独装订和单独编写页号。不装订案卷内的文件材料应逐件加盖档号章。

档案号是存取档案的标记，并具有统计监督作用。物业管理档案通常采用全宗号——类别（分类）号——项目号——案卷号——件、页（张）号结构，一案一号，全宗内不允许有相同的档案号。档案号章位于每件文件首页的右下角，其内容、格式、尺寸及填写规范如下：

1）全宗号，即档案馆给定立档单位（物业服务企业）的编号。

2）类别号，即类目号、分类号、标注各级类目的符号。

3）项目号，即租赁、修缮、住户、房产、工程、课题和设备等档案的代字或代号，具体可引用有关管理部门编制的项目代号。如一个物业服务企业可用该企业所管辖的各小区的代号作为租赁档案或修缮档案的项目号。

4）案卷号，即案卷排列的顺序号。

5）件号，即案卷内文件的顺序号。

（3）填写案卷封面。案卷封面可采用案卷外封面和案卷内封面两种形式。外封面印制在卷皮的正表面，内封面排列在卷内目录之前。

（4）填写备考表。卷内备考表要标明案卷内文件材料的件数、页数以及在组卷和案卷使用过程中需要说明的问题。如更改档案或补充档案材料都可在此反映。

（5）编制案卷脊背。会计档案的案卷脊背内容包括全宗号、目录号、案卷号、类别、期限和册号等。其他类别的档案案卷背脊可编也可不编，其内容包括案卷题名和档案号。

（6）文字材料型、图纸材料型和图文混合型案卷的装订。案卷可采用装订和不装订两种形式，案卷内不同尺寸的文件材料要折叠为统一幅面，案卷装订时必须去掉金属物。

1）案卷装订时，装订方式为：对齐左下角，采用三孔一线的方法把案卷封面、封底、文件材料、卷内目录和卷内备考表装订牢固，并在封底绳结处黏上封纸，盖上骑缝章。行政管理、经营管理、党群工作档案和会计档案一般不用补充文件材料，可采用装订形式进行管理。

2）案卷不装订时，其卷内文件材料要按卷内目录的编排次序排列有序，并装入档案袋或卷夹内。房产物业管理档案和基建档案等可采用不装订形式进行管理。

（7）案卷的入盒。案卷装订或装袋后，必须装入卷盒内保存。

1）物业管理专门档案，党群工作档案、行政管理档案、经营管理档案、基建档案、设备档案、人员档案和科教档案的档案卷盒尺寸采用 310 毫米 × 220 毫米，其厚度可根据需要分别设置 30 毫米、40 毫米、50 毫米和 60 毫米的规格，在盒盖翻口处中部应设置绳带，使盒盖能紧扣住卷盒。卷盒封面项目包括全宗名称、类目名称、年度、卷数和保管期限。卷盒封面的填写规范与案卷封面相同。卷脊项目包括年度、类别号、项目号和案卷起止号。

卷脊项目的填写规范如下：

①年度，填写盒内文件材料的起止年份；

②卷数，填写盒内所装案卷的数量；

③起止卷号，填写盒内案卷的案卷起止号；

④其余项目的填写方法同软卷皮格式。

2）会计卷盒封面和脊背内容格式可参照以上案卷封面和脊背格式，并将项目号改为目录号。

3）照片、录音、录像带和计算机磁盘卷盒封面的内容同其案卷封面的内容。

（8）编目移交。文件材料组卷后要按照档案号顺序编制案卷目录。案卷目录随档案一并移交。

3. 物业管理档案案卷目录的编制

案卷目录是反映著录全宗内所有案卷的内容与成分等情况，并装订成册的一种检索工具。它是按照一定的规则编排而成的档案条目组合，是档案管理、检索、报道的工具。物业管理档案全宗内案卷目录一般有案卷总目录、案卷分类目录和案卷专题目录三种类型。

（1）物业管理档案案卷总目录的编制。物业管理档案案卷总目录是物业管理档案案卷的总登记账，其目的主要是为掌握物业管理档案数量与物业管理档案基本内容，便于统计管理。案卷总目录包括以下项目：

1）总登记号：物业服务企业档案管理部门对接收的档案，按照归档时间顺序，以案卷为单位登记的流水编号。

2）归档时间：案卷归档的实际时间，按年、月、日填写。

3）案卷题名、档案号、编制单位、编制日期：按照案卷封面上已填写的内容填写。

4）份数、张数：按照案卷备考表内注明的文件份数、文件总页数填写。

5）变更情况：填写案卷管理过程中各种变更情况。

6）备注：填写针对本案卷需要说明的事项。

（2）物业管理档案分类目录的编制。物业服务企业管理档案分类目录足以全宗内一级类目或二级类目、三级类目为基本单元，以该类目的案卷为登记单位，依照案卷已整理排列顺序进行流水登记的档案目录。

物业服务企业档案分类目录的项目与案卷总目录项目基本相同，主要有分类顺序号、归档时间、案卷题名、档案号、份数、张数、编制单位、编制日期、密级、保管期限、变更情况和备注。分类顺序号填写该分类内的案卷排列顺序号，其他项目与总目录填法一致。具体到不同类目，其分类目录的编制各不相同。

1）行政管理档案、党群档案、经营管理档案、基建档案、科研档案、设备档案和声像档案可各自编制案卷分类目录。

2）房产物业管理档案可按照二级类目或三级类目编制若干本案卷分类目录，如物业房产档案目录、物业服务企业租赁档案目录（物业服务企业商业租赁档案目录、物业服务企业住宅租赁档案目录）、物业服务企业修缮档案目录和物业服务企业业主档案目录。

3）会计档案按报表、账簿、凭证和工资单各自编案卷目录。

4）已故人员档案独立编制分类目录。

（3）物业管理档案专题目录的编制。物业管理档案专题目录是揭示物业管理全宗内有关某一专题的档案内容和成分的检索工具，属检索型目录之一。它的特点是选题的灵活性，集中了有关某一专题的全部档案，不受案卷顺序号的限制，目的是通过该专题的关键词来检索档案案卷号及其他的相关内容。

物业管理档案专题目录的项目与分类目录基本相同，不同的是专题目录将该专题的关键词排在表格的最前面，案卷号等其他项目相应的排在后面。如物业服务企业租赁档案分类目录，其表格内各项目是按案卷号——地址——出租人（业权人）——承租人——租赁时间——备注等顺序排列的；而物业服务企业租赁档案业权人专题目录，其表格内各项目是按出租人（业权人）——案卷号——地址——承租人——租赁时间——备注等顺序排列的，即将出租人栏目排在其他各项的前面。

五、档案保管与检索利用

（一）物业管理档案的保管

物业管理档案保管工作是采用一定的技术设备、措施和方法，对物业管理档案实行科学保管和保护，防止和减少物业管理档案的自然损毁或人为损毁的工作。

1. 物业管理档案保管工作的物质条件

做好物业管理档案保管工作，除要求配备具有一定的专业知识、熟悉档案自然损毁规律的专职管理人员外，还必须有一定的物质条件。

（1）具备相当容量和适宜条件的档案库房是物业管理档案保管的首要物质条件。根据保管档案的特点和档案库房的合理要求，选择档案库房要注意坚固耐用、经济美观，能够抗震、保温、隔热、防潮、防虫、防霉、防尘、防光、防火、防盗和防鼠。库房窗户宜小不宜大，宜少不宜多。每开间的窗户面积与外墙面积之比不应大于1:10，有条件采取全部空调的档案部门，库房可不设窗户；库房的开间大小、层高、门窗的结构和形式都应不同于其他的用房，以有利于柜架排放、管理及安全；库房开间面积应根据存储档案的类别、数量等情况的不同而有所不同，一般小库为 60～100 米，中库为 100～200 米，大库为 200～300 米；库房层高一般以 2.5～2.8 米为宜。库房地面单位面积的承重应大于其他的用房。库房排放一般的木质、金属柜架，每平方米荷载不应小于 500 千克；采用密集架，每平方米荷载不应小于 1200 千克。

（2）档案装具是保管档案必需的基本设备。档案装具主要有档案柜、档案箱和档案架等，一般有铁制和木制两种。铁制的防火、耐久，便于机械加工，做成组合构件有可调节性和机动性，便于运输、组装和使用，但造价较高。档案装具的种类很多，各有所长，应按库房特点、档案价值以及规格的不同合理使用、灵活配置。物业服务企业档案室在库房面积不是很宽敞的条件下可选用新型的档案密集架，既节省空间又美观方便。对于图纸档案多的单位，为了避免纸张的折叠影响物业管理档案的利用及其寿命，最好选购专门的图纸柜。

（3）包装材料档案要求既能防止光线、灰尘和有害气体对档案的直接损害，又能减少机械磨损，对档案有保护作用。目前，我国档案包装材料一般有卷皮、卷盒和包装纸。声像档案、缩微胶片则有相册、磁带盒等保护。

2. 物业管理档案库房的管理

（1）档案装具的排放要求。档案装具在库内排放，应本着便于档案的提调、运送、采光、空气流动和整齐美观的要求。库房门应对着库内的主通道，主通道的净宽不少于 1.5 米。固定式的装具，相邻两排之间的净宽应不少于 0.8 米。为便于通风和防潮，装具不能紧贴墙壁，与墙壁的距离应不少于 8 厘米，装具与墙壁之间的通道不少于 0.6 米。有窗户的库房，装具的行排应与窗户垂直，利于通风和避免室外光线直射档案。各排装具靠近主通道的一端，应有整齐统一的侧板，以便于贴插标签。

（2）档案的排列次序和方法。无论是固定式柜架还是活动式柜架，其编排次序一般是：人站在库内主通道上，面对各排行柜架，左起第一排为首排，右起第一排为末排。全宗内档案的排放要保持相互之间的联系，按照分类方案逐类排放。每类档案排完后预留一定的空间。档案在柜架内的排放次序应先左后右、先上后下。对于一个档架来说，起始卷号在架的左上角，终止卷号在架的右下角。一个排面的档案排放满后，转到背面的柜架，仍是按前一排面的方式次序排列。档案在装具内不应放得过紧过挤，以免给提取和存放带来困难，并因此造成卷皮和卷盒的损伤。此外，每一类项的排尾要空留一定数量的装具空间，以备以后档案增补、修复或改装卷、盒卷皮时的体积增大。

（3）档案柜架贴插标签。档案柜架贴插标签的具体做法是在每一排柜架靠近主通道的一端，在适当高度位置统一贴插字体工整醒目的标签，每一柜架内的各个隔层也要标明档案类项名称和案卷起止号，以便查找和提还案卷。档案装具标签内容包括全宗名称、全宗号、分类号、项目号、案卷起止号、年度、保管期限和箱柜号。

（4）物业管理档案存放位置索引。为了便于工作人员全面掌握档案存放情况，并且方便使用，迅速地提还档案，物业管理档案分库分类排好之后，应该编制《档案存放位置索引》（或称《档案存放地点索引》）。其作用分为两种：第一是指明档案存放位置的，以档案类项为单位，标明存放处所；第二是指明各档案库房保存档案情况的，以档案库房和档案架（柜）为单位，标明所存放的是何种档案。上述两种索引，按形式又可分为书本式和卡片式两种。卡片式可采取图表形式，把每个库房（楼、层、房间）内档案的存放情况绘成示意图，悬挂在醒目的地方，以便随时参看。

（5）档案安全检查。档案安全检查主要从三个方面进行：一是检查档案有无被盗、破损和泄密等情况，及时发现不安全的因素，以便采取有效措施，确保档案的安全；二是看档案有无发黄变脆、字迹褪色、虫霉感染、潮湿粘连等自然损毁现象，以便采取相应的措施积极防治；三是检查档案是否缺少、案卷有否错位，并应检查库房是否进水、门窗是否牢固、消防设备是否齐全、有无异常变化等情况，以便分析原因，改进工作，加强管理，防止意外事故的发生。

档案安全检查分为定期检查和不定期检查两种。定期检查一般一年一次或两年一次，按档案目录逐卷检查。不定期检查一般在库房发生水火灾害、档案被盗或怀疑被盗，发现虫蛀、鼠咬和霉烂等现象以及档案保管人员调换工作等情况时进行。可先进行局部检查，发现问题再进行全面检查。检查时必须做检查记录，以一级类目为单位进行。检查后应写出检查报告，内容包括检查工作的组织、人员、检查时间、进行情况和发现的问题，以及妥善处理发现的问题和改进工作的意见等。

（二）物业管理档案的检索与利用

建立物业管理档案的目的就是要使档案更好地发挥作用，满足查询者的需要。为充分的利用物业管理档案，应做好以下工作。

1. 建立完善的检索体系

物业管理档案管理部门应重视编制物业管理档案案卷目录、分类目录、专题目录、人名索引、文号索引和物业卡片等各类检索，使档案查找更加迅速、准确。检索工作的编制要与物业管理工作保持一致。

2. 熟悉所藏档案的情况

物业管理档案管理人员应精通档案业务，熟悉各类档案的存放情况，以提高档案查准率和查全率，更好地为借阅者服务，满足物业管理服务的需要。

3. 利用形式多样化

利用各种方式提供全方位的服务，提高借阅率。

1）阅览服务。建立档案阅览室，为物业服务企业内部工作人员、业主与物业使用人查阅有关的档案原件、获取需要的信息提供服务。

2）外借服务。一般情况下档案不准外借，但遇到特殊需要，如制订大型的修缮计划需要用到房产资料的图样，在阅览室中翻阅会不方便，应允许外借。但需办理外借手续，确定借用的时间，用后即还。

3）复制服务。档案复制服务是指对档案原件的各种复制本所进行利用。根据利用档案的不同用途和范围，可分为原件副本和摘录副本两种。

4）咨询服务。咨询服务是指档案管理工作人员，通过口头（或电话）的形式，向利用者提供档案信息，解答利用者各方面的问题。

5）档案证明。制发档案证明是指根据使用者的询问和要求，为证实某种事实，根据档案记载摘抄并出具书面证明材料。

6）资料编辑。物业管理档案管理部门应积极开发物业管理档案信息资源，做好物业管理档案文件汇编、专题研究等工作，以便管理业务人员能更好地利用档案资源。

4. 做好利用效果记录工作

物业管理档案利用效果要填写翔实、准确、及时。每年都要编写档案利用年度分析报告，主要是分析、总结本年度档案利用的人次、卷次、内容、利用方式方法和效果，以及存在的问题和拟采用的改进措施等，以充分发挥物业管理档案的作用。

六、物业服务企业信用档案

（一）物业服务企业信用档案的作用及范围

为规范物业管理市场行为，维护消费者的合法权益，将信息内容在物业管理网站上公示，方便公众查询了解，接受社会监督，以规范物业服务企业的执业行为，不断提高行业诚信度和服务水平，使开发建设单位和广大业主在选聘物业服务企业进行服务时能够选择到信誉好、素质高、实力强的物业服务企业，从而促进物业管理市场沿着诚信、规范和健康的轨道发展。

物业服务企业信用档案的启用主要可以起到四个方面的作用：一是查询作用；二是可以让社会对物业服务企业的信用进行判断、评价；三是监督作用，既可以监督物业服务企业是否合格，又可以监督政府部门是否公开办公；四是方便群众投诉。

物业服务企业信用档案建立的范围是物业服务企业和物业服务企业从业人员。

（二）建立物业服务企业信用档案的目标

物业服务企业信用档案工作的目标是：以物业管理电子政务系统、物业管理行业协会自律管理系统和企业经营管理系统为基础，形成覆盖物业管理行业所有企业及执（从）业人员的信用档案系统，并通过中国住宅与房地产信息网实现各级物业管理行政主管部门、行业协会网站的互联互通。

国家住房和城乡建设部对物业服务企业信用档案系统建设的要求是：

（1）各级物业管理主管部门要提高认识，加强领导，积极组织、指导和推动物业服务企业信用档案系统的建设工作；

（2）扩大物业服务企业信用档案的覆盖面；

（3）保证物业管理信用档案系统信息的全面、准确；

（4）及时做好信用档案记录信息的更新工作；

（5）统一系统数据平台，保证信息传递畅通、资源共享；

（6）物业服务企业信用档案记录信息的报送、传递及有关事宜的联系，主要采用电子邮件方式。

（三）物业服务企业信用档案记录内容的采集

物业服务企业信用档案记录内容主要包括企业和从业人员的基本情况，主要业绩及良好行为记录、违法违规行为、服务质量问题及其他不良行为记录和公众投诉及处理情况等。

物业服务企业及从业人员基本情况和业绩由物业服务企业及从业人员按相关信用档案记录内容的要求填写，经协会核实后提供给物业管理主管部门。

物业服务企业或从业人员获市级以上表彰或荣誉称号的,经核实后即可作为良好行为记录载入该企业或执业人员的信用档案。良好行为记录由物业管理行业协会采集并核实后提交物业管理主管部门。

物业服务企业或从业人员出现违反物业管理法律法规及相关法律法规、标准规范的行为,经核实并受到行政处罚的,即可作为不良行为载入该企业或从业人员的信用档案。不良行为记录以企业自报为主,企业应在受到行政处罚后 10 日内将有关信息直接报送物业管理主管部门;也可通过物业管理行业协会将行政处罚意见和其他不良行为记录提交物业管理主管部门。

房地产企业及其执(从)业人员基本情况、业绩由房地产仓业按信用档案记录内容的要求提供,经房地产行政管理部门审核后,由系统管理机构录入系统。根据《扬州市房地产企业信用评定标准》(试行),认定为良好行为的由房地产企业申报,经房地产行政管理部门审核后,提交系统管理机构记入信用档案。根据评定标准,认定为不良行为的(分为一般不良行为和严重不良行为),以房地产企业自报为主,房地产企业应在不良行为发生后 10 日内将有关信息上报,经房地产行政管理部门审核后,提交系统管理机构记入信用档案;房地产企业不主动上报的,房地产行政管理部门和系统管理机构均可提供信息,按程序审核后直接记入信用档案。

(四) 物业服务企业信用档案的投诉处理

物业服务企业信用档案系统接受社会公众按照统一格式提交的有关物业管理方面的网上投诉。物业服务企业对收到的投诉信息进行登记、整理、分类,并根据被投诉对象和投诉内容进行核查、处理。物业管理主管部门根据核查结果和企业反馈情况,确定该投诉及其处理结果是否公示和计入该企业信用档案。

投诉信息通过电子邮件转给被投诉企业后,被投诉企业应在 15 日内将处理意见反馈给物业管理主管部门。无正当理由不按期反馈的,可作为不良行为记录载入企业或从业人员信用档案,在网页设置的"曝光台"上进行公示。企业及从业人员不良行为记录上网公示前,提前 10 日告知被公示单位。企业对已公示的违法违规行为进行整改后,可提请物业管理主管部门组织验收,并在网上公布整改结果。如要撤销公示,须由被公示单位提出申请,经物业管理主管部门同意,方可从网上撤销;不良行为记录在信用档案中保留一定期限(3 个月)。

系统管理机构对收到的投诉信息进行登记、整理、分类,并根据被投诉对象和投诉内容分别提交相关业务处室、单位进行核查,或转给被投诉企业处理。系统管理机构根据核查结果和房地产企业反馈情况提出该投诉及其处理结果是否公示和计入该房地产企业信用档案的意见,交房地产行政管理部门审核确定。投诉信息转给被投诉房地产企业后,被投诉房地产企业应在 15 日内将处理意见反馈给系统管理机构,无正当理由不按期反馈的,可作为不良行为记录载入房地产企业或执(从)业人员信用档案,进行公示。必要时,房地产行政主管部门、系统管理机构可派人直接调查。

(五) 信用档案激励惩戒办法

建立诚信单位评比制度,根据信用档案记录,定期组织诚信档案评比活动,将评比结果向社会公布。在房地产企业定期检查中,对被评为诚信单位的可以免检,在资质升级等方面给予优先，企业参加招投标优先通过资格预审等工作程序，实施简化监督和较低频次的日常检查。对被评为不诚信的房地产企业实施高频次的日常检查，列为日常管理工作的"重点监管对象"，在其办理相关手续时从严审查，取消其参加评优和表彰的资格，有资质升级申请的推迟审核申报。

第七章 物业服务合同与保险工作

一、前期物业服务合同

物业管理合同在整个物业管理过程中具有举足轻重、不可替代的地位和作用。随着物业管理市场的拓展，物业服务企业的改制，物业管理将更加规范化，其市场竞争将逐步加剧，物业管理合同的地位和作用就显得更为重要。

从广义上说，物业管理合同不仅仅包括合同，还有协议和公约等类型。它们之间存在着时间上的先后顺序，是相互衔接的。

（一）前期物业服务合同的含义

《条例》规定，在业主或业主大会选聘物业服务企业之前，建设单位选聘物业服务企业的，应当与该物业服务企业签订书面的前期物业服务合同。

两类物业应该签订前期物业服务合同。一种情况是新建物业，一种情况是原有公房。这两类物业在第一次出售时，均应签订前期物业服务合同。

对新建物业而言，通常情况下，是由业主大会选聘物业服务企业开展工作，物业服务合同在由业主大会选举出来的业主委员会和物业服务企业之间签订。不过，一般情况下，物业在建成之后、业主大会成立之前，就需要进行物业管理活动，但由于这时业主大会尚未成立，不可能由业主委员会代表业主与业主大会选聘的物业服务企业签订物业服务合同，这种情况下，只能由建设单位选聘物业服务企业对物业实施管理服务，物业服务合同在建设单位和物业服务企业之间签订。

该合同的双方当事人是建设单位与物业服务企业。此时，业主与物业服务企业之间不存在合同关系。这一点和后面要讲的物业服务合同不同——物业服务合同的双方当事人是业主委员会和物业服务企业。

对原有公房或房改房而言，公房出售是我国住房制度改革的重要内容。为保证公房出售后实行物业管理，在公房出售前也应签订物业服务合同。合同的甲方是公房出售单位，乙方是其选聘的物业服务企业。

综上所述，根据《条例》的规定，由建设单位或公房出售单位与物业服务企业之间依据前期物业管理招投标的结果，就物业管理区域内的物业的使用、维护、管理等事项签订的物业服务合同，叫做前期物业服务合同。它是物业从建设到管理顺利衔接的关键环节。

前期物业服务合同对今后物业管理的规范化实施起着尤为重要的作用。开发商或公房出售单位在选聘物业服务企业时，应充分考虑和维护未来业主的合法权益，代表未来的广大业主认真考察比较各物业服务企业，并对其有所要求与约束；尤其是选聘自行组建的或下属的物业服务企业时更应如此，此时也应签订前期物业服务合同。

如果不签订前期物业服务合同，将不利于物业管理的实施，也无法保证从购买房屋直到业主委员会成立并选聘确定新的物业服务企业之前，购房人在这个过程中的权利与义务，容易引起各种纠纷。

（二）前期物业服务合同的特征

当物业买受人成为业主后，在业主委员会成立之前这段时间，业主需要物业服务企业提供物业服务，物业服务企业也需要业主履行一定的义务，这里就需要一个调整业主和物业服务企业之间关系的合同，明确双方的权利和义务，以减少日后在物业管理中的矛盾和纠纷。因此，前期物业服务合同应运而生。前期物业服务合同具有以下特征：

1. 短暂过渡性

前期物业服务合同，从房屋售出后至业主委员会成立并选聘新的物业服务企业之前有效。实践中，物业的销售、业主的入住是陆续的过程，业主召开首次业主大会会议时间的不确定性，决定了业主大会选聘物业服务企业时间的不确定性。因此，前期物业服务期限也是不确定的。所以，前期物业服务合同是在房屋售出后至业主委员会与选聘的物业服务企业签订合同之前的短暂过渡性合同。换句话说，建设单位或开发商的最初委托只是一种临时性的安排，业主委员会成立之后，即使同意与开发商委托的原物业服务企业续签合同，也可能会对前期委托服务合同作出一定的修改。

2. 依附性

《条例》第25条明确规定，建设单位与物业买受人签订的买卖合同应当包含前期物业服务合同约定的内容。

这意味着，前期物业服务合同是依附于商品房买卖合同而存在的。

物业服务合同确立了物业服务企业和业主之间的权利和义务，是物业管理法律关系的基本依据。但是，前期物业服务合同是由建设单位和物业服务企业作为合同主体签订的，而前期物业服务的对象却是业主，这就存在一个问题：物业买受人在购买物业时如何知道和决定是否接受前期物业服务合同。如果业主对前期物业服务合同的内容没有足够的了解，建设单位和物业服务企业容易利用这种信息的不对称，在签订的前期物业服务合同中，侵害业主的合法权益。生活中发生的一些业主不满物业服务企业提供服务的纠纷，究其原因，并不一定全是由于物业服务企业不按照合同提供服务，而是由于业主缺乏对物业服务合同内容的了解，双方对提供服务的内容理解不一致导致的。

实践中，一些地方也正是因为这一条款，规定将前期物业服务合同作为其物业买卖合同的附件，以使购房人了解前期物业服务合同的内容。不过，这种做法虽然在一定程度上可以保证购房人对前期物业服务合同内容的知情权，但其合同效力显然是受到质疑的。根据合同的相对性原则（《合同法》第121条），只有合同当事人才有权向对方提出履行合同的要求，或者向对方承担义务，其他任何第三人不承担任何义务。然而，业主并没有参加前期物业服务合同的订立过程，那么，作为附件的前期物业服务合同规定业主的义务，属于"合同为第三人设定义务"，双方容易对附件规定内容的效力产生争议。

3. 多方约束性

前期物业服务企业由建设单位选聘后，两者应当签订前期物业服务合同，此时合同效力只及于物业服务企业和建设单位。但是，有了物业买受人也就是业主后，国家规定（《条例》第 25 条），建设单位与物业买受人签订的买卖合同应当包含前期物业服务合同约定的内容，这使原本只约束建设单位和前期物业服务企业的前期物业服务合同，对业主也具有了法律约束力。这样，前期物业服务合同的权利和义务就可以约束建设单位、物业服务企业和业主三方了。

4. 前期物业服务合同是要式合同

要式合同，是指法律要求必须具备一定形式的合同。由于前期物业管理涉及广大业主的公共利益，《条例》要求前期物业服务合同以书面的形式签订。对合同形式作书面要求，便于明确合同主体的责、权、利，防止建设单位和物业服务企业侵害业主权益的情况发生，发生纠纷的时候也有据可查。

如果物业服务企业违反前期物业服务合同，提供的物业服务不符合约定，物业买受人作为最直接的利害关系人，可以要求物业服务企业采取措施改正、承担违约金等违约责任；物业服务企业也可以根据合同要求业主履行该合同中约定的义务，缴纳各种物业服务费用。因此，物业买受人签订物业买卖合同时，必须认真研究前期物业服务合同的内容。

（三）前期物业服务合同的主要内容

主要内容有如下九方面：

（1）物业的基本情况；

（2）物业管理的服务内容与质量；

（3）物业服务费用；

（4）物业的经营与管理；

（5）物业的承接验收；

（6）物业的使用与维护；

（7）专项维修资金的缴存、管理与使用；

（8）违约责任；

（9）其他事项。

（四）前期物业服务合同的有效期限

前期物业服务合同的有效期限是个很重要的问题，关系到前期物业服务合同与正式的物业服务合同的相互衔接与协调的问题。在以往的实践中，由于在时间连续上没有做好安排，有时会发生前期物业服务合同的期限已经届满，但是业主大会、业主委员会又没有选聘好正式的物业服务企业，更没有签订物业服务合同，此时就会造成物业服务的中断。有时，也会发生另一种情况：业主大会选聘了新的物业服务企业，业主委员会也与其签订了物业服务合同，但前期物业服务合同的期限还没有结束，造成两家物业服务企业都在管理同一物业的局面。

为了解决这一问题，《条例》规定：前期物业服务合同可以约定期限；但是，期限未满、业主委员会与物业服务企业签订的物业服务合同生效的，前期物业服务合同终止。

这包含两层意思：

首先，前期物业服务合同可以约定期限。与一般的服务行为不同，物业管理具有长期性特点。物业服务企业实施物业管理服务过程中，要对物业进行添置设施设备等一些前期投入，这些前期投入作为企业的经营成本，需要一定时间的经营活动才能逐步得到回收。物业服务企业在承接物业之前，要进行成本测算和经营风险预测，前期物业服务合同期限不确定，不仅不利于物业服务企业统筹安排工作，降低交易成本费用，防范经营风险，而且会导致物业管理市场秩序的混乱，导致纠纷和矛盾。另外，物业服务企业也存在如何选择物业管理服务项目的问题，在约定的期限结束以后，物业服务企业可以自动结束合同约定的物业服务项目，而不用承担违约责任。同时，这也可以督促业主及时成立业主大会，实现其选聘物业服务企业的权利。

其次，前期物业服务合同是一种附终止条件的合同。虽然期限未满，但业主委员会与物业服务企业签订的物业服务合同生效的，前期物业服务合同仍然终止。也就是说，只有在前期物业服务合同期内没有业主大会选聘的物业服务合同生效，才能实现前期物业服务合同按照约定的期限履行完毕。这是由前期物业管理本身的过渡性决定的。一旦业主选出了代表并组成了维护自己利益的业主大会，选聘了物业服务企业，进入了正常的物业管理阶段，则前期物业管理就不再有存在的必要，前期物业服务合同自动终止，终止的时间以业主委员会与物业服务企业签订的物业服务合同生效时间为准。

因此可以说，前期物业服务合同所约定的期限并不影响新签订的正式的物业服务合同的生效。也就是说，前期物业服务合同的有效期限，是从房屋出售之日起，至业主委员会与其选聘的物业服务企业签订《物业服务合同》生效时止。

（五）临时管理规约

1. 临时管理规约的含义

临时管理规约，是建设单位在销售物业之前对有关物业的使用、维护、管理，业主的共同利益，业主应当履行的义务、违反公约应当承担的责任等事项依法作出的约定。

换句话说，临时管理规约是指建设单位依照国家有关物业管理的法律、法规和政策规定，依照原建设部《业主临时公约示范文本》的基本内容，结合所准备销售物业的实际情况，制定的最初的管理规约文本。

（1）2007年8月26日，国务院发布《国务院关于修改〈物业管理条例〉的决定》，该《决定》将原条例中的"业主临时公约"改为"临时管理规约"。本书仅对《条例》中涉及的该概念进行了修改。

（2）2007年8月26日，国务院发布《国务院关于修改〈物业管理条例〉的决定》，该《决定》将原条例中的"业主公约"修改为"管理规约"。后文中出现的"管理规约"不另作注释。需要说明的是，本书只将在原《物业管理条例》中涉及的"业主公约"、"业主临时公约"作了文字上的修改，对在原"业主公约"、"业主临时公约"、"物业管理委托合同"等示范文本中涉及的这两个概念，并未作修改。因为这些文字上的修改，主要是为了在法律用语上与《物权法》保持一致，与修改前并无实质性的不同。

2. 临时管理规约制定的主体

根据《建设部关于加强商品房销售、房改售房与物业管理衔接工作的通知》（建房〔1997〕219号）以及我国一些地方法规的规定，临时管理规约一般由建设单位在出售物业之前预先制定，而《条例》第22条也作了这样的规定。原因如下：

正式的管理规约称得上是一个物业管理区域内的"小宪法"，是业主之间的共同约定，需要经过业主大会的讨论。但是在前期物业管理期间，管理规约的制定面临着和选聘前期物业服务企业一样的难题：一方面，在物业管理区域内的物业分期分批售出时，入住的业主人数少，而且随着物业的销售情况的变化，处于不断的变动之中；入住的业主之间相互不熟悉，很难在此时联合起来召开业主大会。因而此时无法制定管理规约。另一方面，业主共同遵守的关于物业的使用、维护与管理的规则又是物业本身维护与保养的迫切需要，若不及时制定，会严重影响物业的使用与管理。因此，需要在业主大会制定正式的管理规约之前先行制定临时管理规约，以备急需。

由于业主购买物业的时间不可能一致，最初的管理规约不可能由购买物业的业主共同商议而成，这就只能由房屋的第一个业主——建设单位先制定一个临时管理规约，然后再由物业买受人进行承诺。

建设单位在物业销售之前，事实上是最大的物业所有人，或者说唯一的业主，而且这种"业主"的身份一直延续到物业全部销售完毕，由建设单位来制定临时管理规约是比较合适的，也符合公平原则。这是建设单位能够制定管理规约的基本依据。

但是，建设单位制定的管理规约毕竟不同于全体业主通过规定程序制定的管理规约，它并不一定能完全体现全体业主的意志，所以，这个"管理规约"只是临时存在的，具有过渡性质，因此称为"临时管理规约"。在业主成立业主大会后，业主通过业主大会会议表达自己的意志，决定制定新的管理规约，或者修改临时管理规约，当然也可以继续操持临时管理规约，但此时的临时管理规约经过业主大会的审议通过后，已经转化为正式的管理规约了。

3. 临时管理规约制定的时间

建设单位制定临时管理规约的时间为物业销售之前。

这是因为，一旦有业主入住，就会涉及业主之间有关物业使用、维护、管理等方面权利和义务的行使，所以，业主需要提前知晓临时管理规约的内容，以便能从一开始入住就遵守规约的规范。另外，在实践中，建设单位一般将临时管理规约作为物业买卖合同的附件，或者在物业买卖合同中有明确要求物业买受人遵守临时管理规约的条款，通过这种方式让物业买受人作出遵守临时管理规约的承诺。这在客观上也要求临时管理规约应当在物业销售前制定，对有关物业的使用、维护、管理，业主的共同利益，业主应当履行的义务，违反公约应当承担的责任等事项依法作出约定。

不过，《条例》并没有规定将临时管理规约作为物业买卖合同的附件，因为物业买卖合同本质上来说是建设单位与物业买受人之间对于彼此权利义务的约定，而临时管理规约是需要全体业主遵守的约束全体业主的行为准则，二者的具体内容与效力范围存在着很大的差别，所以临时管理规约不是也不应该是物业买卖合同的一部分。

　　建设单位制定的临时管理规约，不得侵害物业买受人的合法权益。建设单位应当在物业销售前将临时管理规约向物业买受人明示，并予以说明。物业买受人在与建设单位签订物业买卖合同时，应当对遵守临时管理规约予以书面承诺。

　　需要说明的是，物业销售包括物业的预售和现售两种形式。无论物业是现售还是预售，建设单位都应预先制定临时管理规约。

　　4. 临时管理规约的内容

　　根据《条例》的规定，临时管理规约应当包括对有关物业的使用、维护、管理，业主的共同利益，业主应当履行的义务，违反公约应当承担的责任等事项。具体而言，包括以下几个方面：

　　（1）规定物业使用、维护和管理的规则。例如物业的共用部位以及共用设施的使用规则。

　　（2）确认业主拥有正当使用物业共用部分、共用设施的权利。例如使用电梯、公共道路、物业管理区域内的公共文化和体育设施等权利。

　　（3）规定业主应当履行的义务，包括妥善利用和爱护物业的共用部位与共用设施，不得擅自利用、毁损物业的共用部位。例如不得违反规定，擅自饲养家畜；不得违反环境卫生规定，胡乱丢弃垃圾或者收集可能危害公共卫生的物品；不得聚众喧哗等。

　　（4）违反公约应当承担的责任。例如停止侵害、排除妨碍、赔偿损失等。

　　原建设部于 2004 年 9 月 6 日颁布了《业主临时公约（示范文本）》（建住房〔2004〕156 号），建设单位制定业主临时规约，可以参考使用。

　　5. 制定临时管理规约的相关规定

　　《条例》对临时管理规约的制定作了如下规定：

　　（1）不得侵害物业买受人的合法权益。临时管理规约由建设单位制定，但由于物业买受人在购房时与建设单位的实力对比中处于劣势，对于临时管理规约的制定缺少主动参与的机会。建设单位基于对自己有利的动机，在规约中加入不公正的条款，从而损害物业买受人的利益。如规定长期（甚至终身）聘用某个物业服务企业；规定建设单位对物业的某些部分享有保留的权利，如利用建筑物的外墙面和楼顶做广告，保留对某些会所、学校、停车场、网球场等共用部位的所有权或使用权，而对物业管理费用不承担义务；规定物业服务企业可以利用物业的某些共有部位谋求自身的利益；不合理地限制业主大会的成立；限制业主的某些合法权利；等等。为了消除临时管理规约可能存在的这些不公正内容，为了避免建设单位可能的越权和侵权，制定不利于业主的条款，《条例》规定，建设单位制定临时管理规约时，不得侵害物业买受人的合法权益，这是对临时管理规约的内容进行的原则性限制。

　　（2）建设单位在销售房屋前，需要就临时管理规约向购房者作出说明。临时管理规约一经签订就对业主产生约束力，因而和业主的利益是息息相关的。但由于业主没有参与临时管理规约的制定，建设单位有可能滥用单方制定临时管理规约的权利。为了保障业主的知情权和合法利益，《条例》明确规定："建设单位应当在物业销售前将临时管理规约向物业买受人明示，并予以说明。"

　　可见，建设单位的义务包括两个方面：

首先，要将临时管理规约向物业买受人明示，让物业买受人知道临时管理规约的存在。这里的"明示"，应该理解为是以书面的形式向物业买受人明确无误地告示，比如直接将临时管理规约文本交予物业买受人，或者以通告的方式，在显眼的地方予以公示。

其次，要向物业买受人说明。说明临时管理规约的具体规划，让物业买受人知道临时管理规约的详细内容，并就容易导致购房人混淆的地方进行解释，以使物业买受人准确理解自己未来的权利与义务。对建设单位规定了说明的义务，可以防止其利用物业买受人由于缺少经验和专业知识而拟定不公平条款，以维护物业买受人的利益。

（3）购房者在购房时应对临时管理规约予以书面承诺。根据《条例》规定，当物业买受人决定购买房屋，在与建设单位签订物业买卖合同时，应当同时对临时管理规约予以书面承诺。在物业买受人书面承诺后，临时管理规约即对物业买受人产生约束力，物业买受人必须遵守执行，否则就是违约。

为了避免建设单位和物业买受人对是否已经明示和说明发生争议，减少纠纷，承诺应当采用书面的方式。实践中，通常的做法是建设单位将临时管理规约作为物业买卖合同的附件，或者在物业买卖合同中明确规定要求物业买受人遵守临时管理规约的条款，让物业买受人在物业买卖合同上签字确认。物业买受人签字确认后，也就意味着临时管理规约得到物业买受人的接受和认可，从而为物业买受人遵守临时管理规约提供了合理的依据。

在业主大会成立后，业主大会应该以临时管理规约为基础进行适当的修改，制定正式的管理规约，这时临时管理规约自然失效。正式的管理规约对全体业主具有约束力，业主应该自觉地遵循管理规约。

6. 临时管理规约与管理规约的主要区别

相同点：临时管理规约和管理规约均对物业管理区域内全体业主具有约束力。

不同点：

（1）临时管理规约适用于业主大会或业委会成立前的前期物业管理阶段；管理规约适用于业主大会或业委会成立后的物业管理阶段。

（2）临时管理规约由建设单位制定，物业买受人购买房屋并与建设单位签订物业买卖合同时，应当同时对临时管理规约予以书面承诺；管理规约由业主大会制定，经物业管理区域内专有部分占建筑物总面积过半数的业主且占总人数过半数的业主通过后生效，并应以书面形式予以承诺。

7. 违反临时管理规约的责任

业主违反临时管理规约的，应该承担相应的违约责任。比如个别业主不按照公约的规定使用共用部位或共用设施设备，造成损坏，是对其他业主的利益的侵害，应该赔偿损失。

对业主违反临时管理规约的行为，相关业主、业主委员会、物业服务企业，可以督促其改正；协商调解不成的，可提起诉讼；违反相关政策法规的，报告有关部门。

二、前期物业管理服务协议

前面说过，物业管理合同按委托人的不同和签订的先后顺序分为三种，前期物业服务协议是其中的第二种。

（一）前期物业管理服务协议的含义与作用

前期物业服务协议，是指业主在购房时，由房屋出售单位（包括开发单位和公房出售单位）或物业服务企业就物业的各方面管理问题与其签订的物业服务协议，它存在于业主委员会成立之前且新的《物业服务合同》生效前这段时间里。

前期物业管理在整个物业管理中处于非常重要的地位。比如，开发商的商品房出售，已交付的专有部分面积未超过建筑物总面积的 50% 时，不能召开首次业主大会，无法选举产生业主委员会，也就不能由业主独自选聘物业服务企业。这种情况下，《条例》规定：由开发商代表业主选聘一个物业公司，在业主委员会成立之前暂时管理本物业。这样，当开发商与物业公司签订了前期物业服务合同后，开发商或物业公司就需要在交房时与业主之间签订一个前期物业服务协议。该协议同正式物业服务协议一样，都规定了物业公司同业主的责、权、利的关系。这就是物业公司在以后的管理过程中管理服务的依据和标准，并根据该标准收取物业管理费用，同时，该标准将对业主委员会成立后能否选聘本物业公司起重大作用。并且，签订该协议后，物业公司才能名正言顺地从业主那里收取物业管理费，并得到业主的理解。

该协议自业主委员会成立后，选聘新的物业公司，并同新的物业公司签订正式物业服务合同时止。即使业主委员会选定物业服务企业不变，仍需签订正式物业服务协议（此时称为"物业服务合同"），同时废止前期物业管理协议。所以前期物业服务协议必须签订。

由此可见，前期物业服务协议是整个物业管理的先决因素，是前期物业管理必不可少的重要部分，也是签订物业销售（预售）合同的必备条件。

（二）前期物业服务合同与前期物业管理服务协议的关系

在物业管理上，协议与合同有一定的区别。

前期物业服务合同是房屋出售单位在销售物业之前，与其所选聘的物业服务企业签订的物业服务合同，合同甲方是房屋出售单位（包括开发单位或公房出售单位，后同），乙方是其所选聘的前期物业服务企业；而前期物业服务协议，是由物业买受人在购房时，与房屋出售单位或其委托的物业服务企业所签订的协议。协议甲方是房屋出售单位或其委托的物业服务企业，乙方是购房人（也叫业主或物业买受人）。

见建住房〔1999〕246 号文《前期物业管理服务协议（示范文本)》有关"协议当事人"的解释。甲方是指：①房地产开发单位或其委托的物业管理企业；②公房出售单位或其委托的物业服务企业。乙方是指：购房人（业主）。

《条例》规定，建设单位与物业买受人签订的买卖合同应当包含前期物业服务合同约定的内容。因此，前期物业管理服务协议的内容包含了前期物业服务合同的内容。此二者的联系是很明显的。

（三）前期物业管理服务协议的特征

1. 购房人在签购房合同时必须同时签订该协议

购房人在签订《房屋买卖（预售）合同》时，必须同时签订此项协议。也就是说，如果购房人不签订前期物业管理服务协议，就不能购房；如要购房，就必须对协议的内容作出书面承诺。这是减少日后物业管理纠纷所必需的。

2. 协议的基本内容应与前期物业服务合同一致

由于协议是对前期物业管理服务的约定，在前期物业管理服务协议到正式物业服务合同的过渡期内，它与前期物业服务合同并存。所以，协议的基本内容，尤其是物业管理的服务内容、质量、费用等应与前期物业服务合同相同。

3. 协议应经政府主管部门审定

协议由甲方制定，为规范物业管理市场行为，建设部颁布了协议的示范文本。甲方制定协议时，必须以该示范文本为基础，根据物业的实际情况加以必要的调整与修改。考虑到众多分散的业主尚未有统一意志的表达途径，对物业管理的认识和了解程度也有差异，为确保购房人的合法权益不受损害和侵犯，现行政策规定，协议制定后应经政府主管部门备案审定。也就是说，这是政府主管部门代表广大业主来维护其合法权益。

4. 协议的内容必须对所有购房人一致

物业管理是统一的专业化管理。购房人购房有先有后，情况也互不相同，这导致不同购房人的购房合同会有所差异。但协议对所有购房人都应是统一的文本，不能因人而异。从开发商的角度说，在前期物业服务中，也不能对部分人作出额外的承诺，因为这样势必损害物业服务企业的利益，其最终结果将损害其他购房人的利益。从购房人的角度说，协议不能讨价还价，不能期望得到超出其他购房人的额外利益。

（四）前期物业管理服务协议的主要内容

前期物业管理服务协议的主要内容应当包括：

（1）合同双方当事人的名称、住所；

（2）物业管理区域范围和管理项目；

（3）物业管理的合同期限；

（4）物业的管理费用；

（5）物业管理的要求和标准；

（6）终止和解除合同的约定；

（7）违约的约定；

（8）当事人双方约定的其他事项等。

详细内容可参见 1999 年 10 月 14 日由建设部下发的《前期物业管理服务协议（示范文本）》。

（五）前期物业管理服务协议的期限规定

协议的有效期限，是从房屋售出之日（业主购房之日）起，至业主委员会成立后与其选定的物业服务企业签订的物业服务合同生效时止。

（六）签订前期物业服务协议时应注意的问题

实践中，业主在购房时往往很草率地就在前期物业服务协议上签字，很少有业主仔细去研究前期物业服务协议的内容，一般只知道自己该享受的服务有保洁、保安、保绿和维修等，更具体的内容则浑然不知。

为了入住以后尽量减少与物业服务企业的纠纷，以及产生纠纷后有据可依，业主在购房时，签订前期物业管理服务协议时，应该注意以下几个方面：

（1）明确业主与物业服务企业的权利和义务，物业服务企业的口头承诺应当落实到协议上作为凭据；

（2）明确物业服务企业提供的物业服务的内容包含哪些，其责任是否界定清楚，物业服务质量标准是否细化、量化且可以考核；

（3）明确物业管理费的标准和缴纳方式以及相关费用的支取是否合理；

（4）明确合同中约定业主在物业使用过程中应遵守的事项；

（5）双方违约责任的界定是否明确、合理；

（6）确定物业服务企业是否具有相应的资质及资质等级，一般而言，资质等级越高，其专业人员越多，资本实力越雄厚，则服务水平越高，管理规模越大；

（7）未取得资质证书的物业服务企业是无权从事物业管理服务的。因此，也不能与之签订合同或协议。

三、物业服务合同内容及签订

（一）物业服务合同的含义

物业服务合同就是我们在实际生活中通常所说的物业管理合同（但理论上，物业管理合同的范围要广一些，如前所述）。它是指物业服务企业接受小区业主或业主委员会的聘任和委托提供物业管理服务，约定双方权利和义务的书面协议。

在《条例》修订前，一般将物业服务合同称为"物业管理合同"和"物业管理服务合同"，"管理"一词频见其中。因此，在实践中，一些人就认为物业服务企业是管理者，业主是被管理者，双方地位是不平等的。为了防止这种误解，摆正业主和物业服务企业双方的地位，《条例》明确地将业主和物业服务企业之间的合同定义为"物业服务合同"。实际上，物业管理属于服务性行业，物业服务企业提供的是一种服务。不过，这一服务带有"公共产品"的性质，物业服务企业在提供服务时，可以按照合同的约定和业主大会的授权，对建筑物进行管理，对物业管理区域内人们的行为进行约束。这种管理与约束，本质上属于为业主提供服务的范畴，与行政管理以及经济组织中上级对下级的管理完全是两个概念。同时，物业管理经济活动的产生，其基本动因是业主对物业服务的需求，是业主的服务需求和物业服务企业提供服务的结合。而形成这一服务需求与提供服务关系的法律关系基础就是物业服务合同。

对物业进行管理本属于业主的事务，不是物业服务企业的自身事务，但是业主如果不将管理事务委托给物业服务企业处理，就不得不亲自为之。而由于时间、精力和能力的限制，业主自己对物业进行完善的管理往往是不可能的。因此，业主希望通过物业服务企业管理事务来实现对物业的有效管理，从而为业主自己创造一个整洁、优美、安全、方便的居住或工作环境。

但是，虽然业主是物业的所有权人，但物业服务企业实施的物业管理活动是对一定物业区域内的全部物业进行管理，因此，这个意义上的物业所有权人就应该是全体业主，某一个或数个业主不能作为物业服务合同的主体。由于业主人数很多，单个业主的想法与全体业主不统一时，就需要业主大会的执行机构即业主委员会，代表大多数业主的意志与物业服务企业签订物业服务合同。

这时，需要业主委员会对原物业服务企业实施的前期物业管理进行全面、认真、详细的评议，听取广大业主的意见，决定是续聘现物业服务企业还是另行选聘其他的物业服务企业，并与确定的物业服务企业签订物业服务合同。其签订日期一般应在业主委员会成立之后 3 个月内，最迟不应超过 6 个月。

因此，签订物业服务合同的双方当事人，为业主委员会和物业服务企业；且《条例》鉴于物业服务合同的内容复杂，牵涉的事项众多，特别要求服务合同必须采用书面形式。

该合同与前期物业服务协议不同。前期物业服务协议是由业主和房屋出售单位（也可以看成是建设单位）签订的；物业服务合同是由业主委员会代表全体业主与选中的物业服务企业直接签订的，合同的甲方是业主委员会（代表所有业主），乙方是物业服务企业。

一个物业管理区域由一个物业服务企业实施物业管理。物业服务企业应当按照物业服务合同的约定，提供相应的服务。物业服务企业未能履行物业服务合同的约定，导致业主人身、财产受到损害的，应当依法承担相应的法律责任。

（二）物业服务合同的期限

物业服务合同应当确定合同的期限，以及期限的起始、终止日期。与此同时，应当对于物业服务合同的提前终止作出规定，例如可以规定，如果物业服务企业提供的服务未达到要求，业主委员会可以在何种具体情形下决定终止合同；如果业主委员会提议终止合同，双方如何具体磋商，在此期间如何保证物业服务不中断；合同一旦终止，物业服务费用的缴纳与使用又将如何处理，等等。

合同的委托管理期限由双方协议商定，以年为单位，实践中，不少合同规定为 3 年。

物业服务合同签订后，前期物业服务合同与前期物业服务协议同时终止。

每次委托期满前，业主委员会应根据广大业主的意见和物业服务企业的业绩，决定是续聘现物业服务企业还是另行选聘其他的物业服务企业，并与之签订新的物业服务合同。

（三）物业服务合同的主要内容

《条例》第 35 条第 1 款规定：物业服务合同应当对物业管理事项、服务质量、服务费用、双方的权利义务、专项维修资金的管理与使用、物业管理用房、合同期限、违约责任等内容进行约定。

因为物业服务合同是物业管理当事人意思表示一致的产物，所以合同的内容应当由当事人约定。该款属于指引性规范，意在引导物业管理当事人在订立物业服务合同时约定一些必要的内容，以利于合同的履行。

按照该条例第 1 款的规定，物业服务合同应当具备以下主要内容：

1. 物业管理服务事项

物业管理服务事项，是指物业服务企业应当为业主提供的服务的具体内容，主要包括以下一些事项：

（1）物业共用部位的维护与管理。这是为保持物业完好率、确保物业使用功能而进行的管理与服务工作。

（2）物业共用设备设施及其运行的维护与管理。这是为保持物业及其附属的各类设备设施的完好及正常使用而进行的管理与服务工作。主要包括电梯，水泵，电视监控系统，有线对讲系统，电视接收系统，避雷、消防、污水处理系统等设备设施及其运行的维护和管理。

（3）环境卫生、绿化管理服务。这是为净化、美化物业环境而进行的管理与服务工作，也称为保洁服务。包括对楼道、走道、门厅、屋顶、天台、园地、路面等部位的定时清扫，对生活垃圾和建筑垃圾的处理，洒药灭害等服务。

（4）物业管理区域内公共秩序、消防、交通等协助管理事项的服务。这是为维护物业管理区域内正常的工作、生活秩序而进行的协助性管理与服务工作。

（5）物业装饰装修管理服务。包括房屋装修的安全、建筑垃圾处理等各项管理工作。

（6）专项维修资金的代管服务。这是指物业服务企业接受业主委员会或物业产权人委托，对代管的共用部位、共用设施设备专项维修资金的管理工作。

（7）物业档案资料的管理。这是指对物业产权产籍档案资料、房屋及其附属的各类设施设备的基本情况和实际变动情况的管理工作。

物业服务合同除了可以约定上述管理服务事项外，还可以根据本物业管理区域的具体情况，就业主或者物业使用人的自有部分有关设备的维修保养管理事宜，以及业主或者物业使用人特别委托的物业服务事项作出约定。

2. 服务质量

服务质量，是对物业服务企业提供的服务在质量上的具体要求。这样，可以明确物业服务企业应达到的目标，也方便业主对于物业服务企业的服务进行考核。例如，电梯每日至少运行多少小时，维修等待时间不应长于多少小时等；当事人也可以在合同中约定，物业服务企业提供的保安服务，应当做到每30分钟4人次巡逻一趟等。

服务质量条款对于物业服务合同的重要性是毋庸置疑的。在实践中，许多物业服务合同的纠纷均因服务质量问题而产生。例如，由于约定不明，业主往往以物业服务企业提供的服务质量没有达到要求而拒绝缴纳物业服务费用，物业服务企业认为自己是按照合同约定提供的物业服务而起诉业主违约，双方就此发生纠纷。实际上，服务质量较难定量衡量，为了避免不必要的纷争，物业服务合同的当事人应当就物业服务质量作全面、具体的约定。在约定明确的前提下，当事人可以对合同的标的有一个客观的评价标准。这将为合同的顺利履行提供基础。

3. 服务费用

服务费用是业主为获取物业服务企业提供的服务而支付的对价。支付物业服务费用是业主的主要义务。为了合同的顺利履行，当事人须在合同中明确约定物业服务费用的收费项目、收费标准、收费办法等内容。

收费项目，主要是针对物业服务企业提供的服务项目而言的，例如，公共设施、设备日常运行、维修及保养费、绿化管理费、清洁卫生费、保安费等。

收费标准，目前主要有两种计算方式：一是按照每平方米多少元来计算；二是按照每户多少元来计算。物业服务费用的支付人，可以是业主，也可以是使用人。

支付时间，实践中一般是按月支付，也有按季度支付的。在实践中，出现了一些物业服务企业要求业主预付一年或者半年服务费用的做法。应当说，这一做法不利于保护业主的合法权益，也不合乎常理。物业服务费用一部分用作服务成本，一部分用作服务报酬。就成本部分而言，当物业服务企业还没有为业主提供物业服务时，并没有发生成本；就报酬部分而言，物业服务企业在没有提供服务时，谈不上有权利预先支取日后的报酬。

4. 双方的权利和义务

业主和物业服务企业需要将双方在物业管理活动中的权利和义务约定清楚。物业服务合同属于双务合同的范畴，当事人互享权利，互负义务。双方的权利和义务是相对而言的，一方的权利就是另一方的义务。例如，享受物业服务是业主的权利，而提供物业服务则是物业服务企业的义务；收取物业服务费用是物业服务企业的权利，而支付物业服务费用则是业主的义务。双方当事人的权利义务界定得越明晰，合同的履行就越简单，发生纠纷的几率就越小。

5. 专项维修资金的管理与使用

专项维修资金对于保证物业共用部位和共用设施设备的维修养护，对于物业的保值增值，具有十分重要的意义。目前，专项维修资金主要是针对于住宅物业而言的。对于专项维修资金的管理和使用，国家有明确的规定。当物业保修期满后，物业的维修养护责任由保修单位转移到物业产权人身上。在业主分散的情况下，如果没有专项维修资金制度，要想在短时间内向多个业主筹集用于物业共用部位、共用设施设备大修或者更新改造的费用十分困难。专项维修资金的设立，为物业及时得到维修养护提供了基础性条件。同时，对一个物业管理区域而言，专项维修资金总量是一个不小的金额。从产权上来讲，专项维修资金属于物业管理区域内的业主所有，而在实践中，专项维修资金大都由物业服务企业代管。为了发挥维修资金的作用，需要当事人在国家规定的基础上，对专项维修资金的管理和使用规划、程序等作出具体约定。

6. 物业管理用房

必要的物业管理用房是物业服务企业开展物业服务的前提条件。对于物业管理用房的配置、用途、产权归属等，《条例》已经有了明确的规定。当事人需要在合同中就相关内容予以细化。比如物业管理用房的具体位置、服务企业的具体使用权限、管理用房的日常维护与保养以及设施设备的维修、更新作出规定等。

7. 合同期限

合同的期限，是指合同的有效期。物业服务合同属于在较长期限内履行的合同，因此，当事人需要对合同的期限进行约定。物业服务合同的期限条款应当尽量明确、具体，或者明确规定计算期限的方法。

8. 违约责任

违约责任，是指物业服务合同当事人一方或者双方不履行合同或者不适当履行合同，依照法律的规定或者按照当事人的约定应当承担的法律责任。违约责任是促使当事人履行合同义务，使守约人免受或者少受损失的法律措施，也是保证物业服务合同履行的主要条款，对当事人的利益关系重大，物业服务合同对此应当予以明确。例如，约定违约损害的计算方法、赔偿范围等。其中，违约金的设定是常用的承担违约责任的方式。比如，规定业主如果没有按时缴纳物业服务的费用就需要支付一定的滞纳金，这里的滞纳金事实上就是违约金。

此处，物业服务合同一般还应载明双方当事人的基本情况、物业管理区域的范围、合同终止和解除的约定、解决合同争议的方法以及当事人约定的其他事项等内容。

物业服务合同作为双方当事人自由协商的结果，只要不违反有关的法律规定，可以规定上述内容以外的事项，特别是业主委员会认为依据本物业管理区域实际情况需要与物业服务企业特别约定的事项。

原建设部发布了《物业服务合同（示范文本）》，对签订物业服务合同有很好的指导作用。在具体签订时，业主和物业服务企业一定要在此基础上根据物业的实际情况，详细约定好各项事宜。这是目前避免物业管理纠纷的最好途径，也是解决纠纷的有力依据。

（四）现实中的物业服务合同存在的问题

（1）对签订合同不重视。有的业委会没有仔细征求业主的意见，对于需要物业服务企业提供服务的项目考虑不周，以为按照一个示范合同文本签订合同就万事大吉，小区里所有的事务都理所当然地由物业服务企业负责。有的物业服务企业不愿意签订对自己约束太多的合同，一旦出现问题就扯皮。

（2）签订的合同如同虚设。有的业委会不把合同的内容向广大业主公布。有的物业服务企业则把合同锁在总部，具体操作人员不明了必须履行的合同义务内容。他们的日常工作只是依照领导要求的或者师傅所教的来做。

（3）擅自改变合同约定的服务内容。例如，有的合同约定："急修半小时内到现场，一般维修两小时内现场。"但挂在墙上向业主承诺的却是行业规范最低标准："急修两小时到场，一般维修三天内到场。"

（4）合同中规定的服务标准不明确、不详细，可操作性差。

（5）很少有业主知道物业服务合同的内容。对自己该享受的服务一般只知道有保洁、保安、保绿和维修等，其他具体的内容则浑然不知。

这里要提醒的是，合同签订后，一定要落到实处。

（五）前述各合同在签订时的要点

原建设部发布了《物业服务合同（示范文本）》，对签订物业服务合同有很好的指导作用。

物业服务合同在签订时，应以政府颁布的示范文本为基础，双方在平等自愿的前提下，遵循公平、合法与诚实信用的原则，经充分的协商讨论，达成一致意见后方可签订。

在具体签订时，业主和物业服务企业一定要在此基础上根据物业的实际情况，详细约定好各项事宜。这是目前避免物业管理纠纷的最好途径，也是解决纠纷的有力依据。

物业管理工作自身的特点决定了前述合同在签订时，要注意以下四个要点：

1. 物业服务合同的制定宜细不宜粗

物业管理的委托是合同签订的主要目的。在签订时，要注意物业管理的委托应包含四个层次的阐述：

（1）项目。即委托哪些管理服务项目应逐项写清。如房屋建筑公用部位的维修、养护和管理，共用设施设备的维修、养护、运行和管理，环境卫生等。

（2）内容。即各委托项目所包含的具体内容，越详细越好。如房屋建筑公用部位的维修、养护和管理项目，具体包括楼盖、屋顶、外墙面、承重结构等；环境卫生具体包括对哪些部分的清扫工作等。

（3）标准。即各委托项目具体内容的管理服务质量标准。比如，垃圾清运要一天一次，还是两天一次；环境卫生的清洁标准等。要注意在明确质量标准时，应少用或不用带有模糊概念的词语。如"整洁"，由于是否整洁不易作出准确判断，所以经常造成纠纷。而目前，不少物业服务合同在签订时对质量标准阐述不准确。

（4）费用。即各委托项目在前述的管理服务内容与质量标准下应收取的相应费用。物业管理服务是分档次的，不同档次收取的费用是有较大差异的。在明确了委托项目、内容和标准后，费用的确定往往是双方争论和讨价还价的焦点。在确定合理的费用时，要经过详细的内容测算和横向比较。

上述四个层次是物业服务合同不可少的必备的内容。为防止合同过长，可采用附件的形式。在物业服务合同示范文本中，包括《物业构成细目》和《物业管理质量目标》两个附件；在前期物业管理服务协议的示范文本中，包括《物业使用守则》和《房屋装饰装修管理协议》两个附件。此外，双方还可就具体问题增加其他附件。

2. 合同中不应有无偿无期限的承诺

首先，物业管理是有偿的，而无偿在理论是上讲不通的，仍带有福利制的色彩。物业管理除了公共服务面向全体住用人，其他的专项服务、特约服务等都是面向部分或少数有此需要的住用人的，一般不可能使所有的住用人都受益。因此，如果无偿提供这部分专项、特约服务，对那些不需要或未享受到该项管理服务的人来说就是不公平的。

其次，无偿提供管理服务在实践上也是有害的、行不通的。无偿提供的管理服务仍是有成本，需要支付费用的，无论开发商还是物业服务企业，都不可能也不应该长期承担这笔费用。否则，最终导致的结果是将该成本费用转移或分担给全体业主。

3. 合同的签订既要实事求是，又要留有余地

物业的开发建造是一个过程，有时又分期实施。在合同尤其前期物业服务协议签订时要充分考虑这点，做到既要实事求是，又要留有余地，比如，当最初仅个别业主入住时，一般无法提供24小时热水供应，在合同中就要说明并给出该项服务提供的条件与时机，以及未提供该项物业服务而产生的适当的费用减免；又如，当一个住宅区分期规

划建造时，在首期不应把小区全部建成后才能够提供的服务项目内容列入合同。这点在签订前期物业服务合同和前期物业服务协议时，尤其应该注意。

4. 要明确违约责任的界定及争议的解决方式

在物业管理的实践过程中，不可避免地会产生各种各样的问题、矛盾与纠纷。这些问题、矛盾与纠纷既可能发生在物业服务企业与业主之间，也可能发生在业主相互之间；有一些是违法的问题，更多的则属于违约、违规以及是非道德和认识水平的范畴。显然，对于不同性质、不同层面的问题、矛盾与纠纷要通过不同的途径，采取不同的处理方式来解决。

由于物业管理活动具有生产与消费同时产生同时结束的特点，问题出现后不易取证，责任的界定往往成为双方争议的焦点，导致解决这些问题比解决一般合同履行中产生的问题要更为复杂。因此，物业服务合同在签订时双方要对此有更为详尽的约定。首先，要明确在各类问题出现后，如何区分责任以及承担相应责任的前提条件；其次，要明确解决问题的方式和途径，有时还要事先约定解决的期限及费用的处理等条款。较之一般合同，物业服务合同对违约责任的界定及争议的解决方式更应重视。

前述三个合同与协议的共同点在于它们的客体是一致的，委托事项都是物业服务活动。但因物业在开发建设、销售和消费使用这三个不同阶段产权在不同产权人之间的转移，导致合同的主体有所变化，进而三个合同的签订时间、期限要求与方式等都有所差异（见表2-7-1），但三个合同是相互衔接的，互为补充的。从物业管理规范化运作的角度讲，三个合同与协议缺一不可。

表2-7-1　三个合同的比较

物业管理合同类别	合同签订时间	合同主体		委托期限
		甲方	乙方	
前期物业服务合同	物业开发过程中（一般在开始预售前）	房地产开发单位或公房出售单位	物业服务企业	自签订时起，至物业服务合同签订时止
前期物业管理服务协议	业主购房时	房地产开发单位或其委托的物业服务企业；公房出售单位或其委托的物业服务企业	业主	同上
物业服务合同	业主委员会成立后6个月内；每次合同期满前	业主委员会（代表所有业主）	物业服务企业	双方议定，一般2年或3年

除了上述三个合同，在物业管理过程中发生的、与物业管理活动有关的其他合同，比如物业服务企业与所聘用的专业公司（例如保安公司、清洁公司等）签订的合同，都不能称为物业管理合同。

四、物业保险及物业保险合同

(一)物业保险

1.物业保险的含义及其特征

物业保险从属于保险范畴,是指以物业和相关财产为标的,围绕物业经营和管理所涉及的各类风险的补偿和给付制度。

物业保险既然从属于保险范畴,因而同样具有保险商品的共同特征。保险属于一种风险保障性质的商品。这种商品供求双方,都得遵循自愿对价、公平互利原则来完成交易。不过,保险商品也具有区别于一般商品的特征。

(1)保险是一种特殊商品,不属于物质形态的商品而是无形商品。投保人投保交付了保险费,意在将自己可能遭遇的风险转嫁给保险公司,此时得到的只是一份保险合同,是保险公司的一种有条件的承诺,而并非即期可使用的商品,这份保险承诺也仅仅以约定的偶然发生的保险事故致使保险标的在保险金额内的损失为限。

(2)保险商品的价格具有预估性,且以迂回形式表示。保险经营事前不能测定其事件成本,只有到保险期满后才能计算出实际损失金额和经营费用开支。同时保险价格不是用货币单位直接表现出来的,而是以百分比的形式表示,与其他商品的价格的表现形式完全不同。物业保险也同样如此。

(3)保险商品的生产与销售过程是同步完成的。卖出一份保单,建立一份保险合同即为保险生产,这与其他物质形态商品生产完全不同。物业所涉及的各个险种,也只有在出售给有关标的的利益人时,才算完成了整个物业保险关系。

(4)保险制度不等同于灾害救济,不同于银行储蓄,更不同于赌博。投保与承保是一种合同行为,合同双方存在一定的权利与义务关系,损失补偿或给付是必须履行的义务。而物业保险的相关利益人也必须按预先约定的权利与义务履行各自的职责,不得谋取任何额外利益。

2.物业保险的类别

有关物业标的以及围绕物业管理所需的保障保险涉及面相当广。如果从物业建造、形成、租售直至日常管理的整个流程考察,大致可以分为四个阶段,从而形成不同的物业保险类别。

(1)物业建造方面的保险,包括建筑工程一切险、安装工程一切险以及一些附加险和扩展责任险种。

(2)物业住宅质量方面的保证保险。

(3)物业租售过程中的保险,包括建筑物产权保险、住房信贷保险。

(4)物业日常经营管理所涉及的保险,包括财产基本险、财产综合险、住房保险、机器设备保险、商务盗窃保险、物业有关的汽车保险和车库责任险、公众责任险、雇主责任险以及物业管理人员意外伤害保险、人身保险、养老保险、健康保险、员工忠诚保险等。

3.物业保险的目的

由于物业管理所涉及的某些风险造成的损失金额巨大,物业管理者或业主即使以在预算中预备的备用金也难以应付如此巨大的数量。然而，如果投了保，一旦事故发生，物业管理者可以将此意外经济损失分散、转移到保险人身上，以减轻物业管理人和其所服务的业主受经济损失冲击的程度。

购买保险不仅可以分散、转移巨大的经济损失，还可在意外发生后，减轻物业管理者处理索赔方面的负担，从而可以专心处理意外的善后工作。

（二）物业保险合同

1. 物业保险关系的确立

确立保险关系，按常规，投保人首先要向保险人提出要约，经过协商和审核，保险人作出承保允诺，此时表明双方达成了协议，双方的保险关系即告确立。物业利益的有关方需要通过保险转嫁风险的，同样需经过要约和保险公司的承诺来确立保险关系。保险关系的确立通常是以保险合同的形式表示的。保险合同不仅记载了双方合意的内容，而且是存续保险关系的正式凭证。

保险合同是投保人与保险人在公平互利、协商一致和自愿诚信原则的基础上，为实现一定的经济目的，依法约定权利与义务关系的协议。其中投保人一方要向保险人缴付与其所获保障权利相应的保险费，保险人一方则要承担已约定保险期限内，保险事故所造成保险标的损失的赔偿责任或人身保险金的给付责任。保险合同的订立意味着保险双方建立了权利与义务的对价关系，这种保险关系的实质是一种民事法律关系。

2. 物业保险合同的特点

如前所述，保险合同是保险双方确立权利与义务关系的正式文件，也是保险双方协议内容的书面记载文件，因为我们也可将保险合同视为保险关系内容和形式的统一。保险合同是经济合同的一种形式，它既具有一般经济合同所共有的承诺性、有偿性、商业行为性的特征，又具有区别于其他合同的标志和特点。

（1）物业保险合同是以保障已约定的不可抗力风险为特点的合同。保险合同是将不可抗力自然灾害和意外事故风险所造成的损失作为核心义务，在被保险人和保险人之间进行转嫁和分摊。这一点是任何其他经济合同，诸如买卖合同或租赁合同所不具有的。

（2）物业保险合同是具有鲜明的附合性与条件性特点的合同。保险合同一般采用定式合同形式，其内容格式一般由保险行业协会和政府主管机构制定和审定，而且大多数险种都有标准化的条款。在签订保险合同的过程中，投保人只能概括地表示接受或者不接受，而不能逐条拟定基本条款。即使需要变动保险单上的某些内容，也只能在保险人事先准备好的附加条款和批单条款中作出"取与舍"的选择。因而保险合同全然不同于协商合同。

另外，保险合同不仅具有鲜明的附和性特点，而且附有一些条件作为保险人赔偿与给付的决定性前提，投保人和被保险人必须严格履行合同所约定的一切义务，才能顺利地获取保险人的赔偿。

（3）物业保险合同是具有射幸性的利益平衡合同。射幸合同，又称侥幸合同，是指合同的一方支付的代价所得到的仅是一个机会，是一个或是"一本万利"或是"一无所获"的可能性。具体地说，在保险合同有效期间，一旦发生合同所约定的保险事故，投保人可以获得大大超过所支付的保险费的赔偿额；而如果在此期间无保险事故发生，投保人将一无所获。

对于大多数不出险的被保险人而言，虽然交付了一定的保险费，但通过保险可以解除后顾之忧，获得安全保障以及相关的防灾、防损服务。保险公司收取的保险费，是以大多数法则、概率规则和平均率为基础的，投保人所交付的保险费总额与保险人实际赔付的金额总和形成对价关系。这种对价又是相互联系且基本对应的，往往一方所享有的权益恰好是另一方应尽的义务。保险公司所收取的保险费中包括了经营的稳定系数和总准备金的提取因素，以足以支付各个年份的赔款成本为基本条件，因此投保群体与保险公司的利益从长期和总体上看也是平衡的。这是保险合同有别于其他经济合同的又一特点。

3. 物业保险合同的主要内容

一份完整的物业保险合同，按照相关规范，一般应载明以下一些主要条款：

（1）当事人的姓名及地址。姓名包括自然人或法人的名称以及经济组织的名称；地址包括住址或经营地址。

（2）保险标的。为了确定保险的种类以及判断投保人或被投保人对所保标的有无保险利益的存在，保险人一般要求投保人在合同中详细、明确地记载投保标的。一个保险合同可以有单一的保险标的，也可以允许一个以上保险标的的集合。

（3）保险金额。也称保险额或保额，它是保险人计收保险费的基础，也是保险人在损失发生时给付的最高金额。保额不得超过保险标的保险价值，超过保险价值的，超过部分无效。

（4）保险责任范围。保险责任范围是指那些风险的实际发生所带来的损害应由保险人承担补偿或给付责任的风险。责任范围可以是单一的，也可以是多种责任的综合险，还可以是除了除外责任以外的一切险。

（5）除外责任。除外责任是指保险合同明确指明保险人不予承担的风险责任，一般包括战争造成的损失、自然损耗、被保险人的故意行为所造成的损失等。

（6）保费。也称保险费，是被保险人根据合同约定向保险人支付的费用。保费的多少决定于保险额的大小以及保险费率的高低这两个因素。

（7）保险期间。保险期间是指保险合同的有效期间。只有在此期间，保险人才承担保险责任。保险期间的开始，也就是保险合同的生效时间，它不同于保险合同的订立时间。订立时间可以是生效时间，也可以不是，这取决于双方合同的约定。我国规定，保险期的起讫时间为生效日当天北京时间的零点开始，至规定终止日北京时间 24 时止。

（8）违约责任。由于保险合同是保障性合同，也是最大诚意合同，所以保险合同当事人在合同中明确规定违约责任是至关重要的，否则会引起不必要的法律纠纷。

4. 物业保险合同效力的维持及终止

签订了保险合同，保险关系确立后，有时也会因为多种原因导致合同失效，即依法终止原合同的效力或终止合同关系。

（1）保险合同关系的解除。这是指合同一方当事人依照法律或合同规定行使解除权，使合同的一切效果消失而恢复到合同订立前的状态。保险合同关系的解除分为协议解除和法定解除。协议解除是在保险合同规定的自然终止前，双方当事人约定在发生某种事项时行使解除权。法定解除则是在保险合同自然终止前，由于法律规定的原因，保险合同的一方当事人依法行使解除权。

（2）保险合同效力的终止。这是指保险合同的法律效力因法定或约定的事由出现而永远消失。首先，如果保险有效期内没有发生约定的保险事故，或保险人只履行了部分赔偿责任，但只要保险期限届满，保险合同的效力也就此终止了。其次，保险期间因保险人已履行了全额保险责任而终止。在保险合同有效期内发生了保险事故，保险人赔偿了全额财产损失或给付了全额保险金后，则一般不论保险期限是否满期，保险合同效力便即行终止。

（三）物业保险关系确立的基本原则

1. 诚信原则

所谓诚信原则，即要求订立保险合同的双方都要诚实守信。这里的诚信不仅要求在签订合同前当事双方如实说明情况和条款，而且要求在签订合同后如果情况有所改变，也需要投保人如实申明并作出双方同意的相应变动，否则承保人会以情况失实而拒赔。

2. 可保利益原则

这项原则要求投保人对投保标的具有一定的经济利益、经济效益或责任关系。如果投保人对投保标的无可保利益则保险合同为无效合同。

3. 近因原则

这项原则对风险的致因要求以最直接的因果关系来衡量。近因不是实践上最接近风险损失的原因，而是促成风险损失的最直接的原因。在损失的原因有两个以上，且各个原因之间互有因果关系的情况下，则最先发生的原因为近因。承保人分析引起损失的原因是以近因为准的。

4. 比例分摊原则

比例分摊原则是在投保人对投保标的进行了重复保险，也就是由多个保险人对同一标的承保的情况下产生。在此情况下，一旦投保标的受到损失，则由所有承保此标的的承保人按承保责任的大小来共同分摊。

五、物业管理过程中的保险

（一）物业保险标的

从完整意义上来说，物业是指已经建成并具有使用功能和经济效用的各类供居住的房屋，以及属于非居住性质的高层楼宇、商业大厦、厂房仓库等建筑和配套的设施设备，以及相关的场地。

按照物业管理的通常规则，物业管理公司不仅需要对房屋建筑公用部位包括楼盖、屋顶、外墙面、承重墙体、楼梯间、走廊通道、门厅、庭院进行维修养护和管理；而且需要对公用的上下水管道、落水管、污水管、共用照明、中央空调、供暖锅炉房、楼内消防设施设备、构筑物包括道路、室外上下水管道、泵房、自行车棚、停车场进行维修养护和管理；此外，物业管理还负有安全监控、巡视、保证安全的职责。可见，物业管理是围绕保全物业及其设备而展开的。因此涉及物业风险保障的标的无疑应包括不动产标的和内设的设备等。不动产建筑物标的是开发商和业主考虑投保的首要标的。相关设备及机动车等保险标的，主要有以下几种：

1. 运载设备

现代化城市高楼林立，高层建筑的使用必然离不开运载设备（主要是电梯），而且随着楼层高度的增加，所需的运载设备数量也必然要增多，显而易见，电梯成了大楼须臾不可离开的重要交通工具。

由于电梯的日常使用频率很高，物业管理公司又负有维修养护的责任，因此在选用时应该谨慎，需综合考虑设备的通用性和实用性，注重质量的可靠性，同时应该注意经常性的保养和维修。

2. 供暖、供冷、通风与空调设备

在日常实践中，使用供暖、供冷、通风设备以及中央空调都有可能发生停电或者机器不能正常运作的实践，由此可能会引发一些责任风险。诸如温度或湿度过高而造成大楼商场内某些商品的变质毁坏等。

3. 电器工程设备

所有供使用的建筑物都必须安装供电设备，高层楼宇还要设置高压配电房，用以保证大楼民用商用，以及其他设备的动力供应，诸如重要空调机和水泵的供电等。除了齐全的室内外供电设备、供电线路、漏电保护电动开关以及照明器之外，大楼内一般还设有弱电设备。而保证电器设备的安全，预先做好各方面的风险排查，落实严密的防范措施，是有关物业管理人员义不容辞的职责，有必要将自身无法承担的风险转嫁于专业保险公司。

4. 给排水设备

建筑物还必须安置给排水设备，其中包括供水设备、排水设备、卫生设备和消防设备等。现代建筑物对消防设备的要求很周全，不仅主要通道、重要部位需设置消防设施，而且每层道口都要设置多个消防箱和消防龙头，配备相应数量的灭火机和灭火瓶，以便发挥最大的灭火效率。这是现代建筑物所必须达到的基本消防要求。

5. 安全监控及通信设备

现代化的建筑或综合性的商用大楼通常还需要准备计算机安全监控通信设施，这种设施一般包括电话配电箱、通信对讲联络、电视通信监控系统等，以便及时排除各类险情，有效阻止各种灾害事故的蔓延，将损失降到最低程度。另外，现代化大厦一般都设有智能型火灾报警控制系统，而智能型火灾报警控制系统需要借助计算机安全监控通信设备才能发挥其效用。由此可见，保障计算机安全监控通信系统的正常运转是十分必要的，是保证楼宇安全必不可少的。

上述这些设备也是有关利益人所需要投保的重要标的，是关系整个物业安全所必不可少的组成部分。

6. 机动车面临的风险及标的

汽车已经成为人们日常频繁使用且必不可少的重要交通工具。因此，在普通物业居住区也常常设有车库或专门的停车场地，供住户和外来访问者停放，物业公司对车辆的安全负有不可推卸的责任。汽车使用越是普遍，风险就越大。明显的表现为停放时遭盗窃、遭火灾、遭暴风、遭运行物体坠落或邻近物体坠落或邻近物体倒塌损毁，以及在停车场进出车道时可能发生的碰撞等各种意外事故和过失责任。尤其是居住人口密度较高，且车流量多的大物业区，风险比较集中。汽车保险是一种综合险种，通常由企业车辆损失险和第三者责任两部分构成。作为可纳入汽车保险承保范围的标的必须是合法取得和占有，并具有合格行驶证明、配备具有有效驾驶执照人员的车辆。机动车辆作为一个整体标的承保的，包括发动机、底盘、车身轮胎及车上必备的零件和装备（随车工具、备用胎、空调设备、收音机等）等。

7. 人身保险

物业保险所涉及的内容不仅限于财产和责任标的，而且应该包括物业管理人员的人身风险的保障安排。人身所面临的各种风险是客观存在的，具体表现为：由生命损失引起的家庭额外费用的支出和家庭主要财务来源所得能力的损失；由健康问题而引起的收入所得损失，以及由于健康原因而支出的额外费用；由于意外事故而造成的医疗费以及伤残长期疗养费用，与此相关的收入所得能力的减弱或丧失损失；由于经济因素引起的非资源性失业也是人们收入所得能力的一种风险。

物业管理人员所涉及的人身保险主要包括意外伤害保险、人寿保险和养老保险以及健康保险等。

物业管理人员可能遭受的意外伤害风险是最常见的。其所保障的风险仅限于外来的、偶然的、突然的、不可抗拒力的因素所导致的人身死亡或健康损害。意外伤害通常是指被保险人身体以外的因素所发生的剧烈的明显的突发事故所造成的伤害，例如发生摔伤、急性中毒、遭受歹徒伤害等。

物业管理人员可以通过人寿保险和养老保险获得个人和家人的必要保障，解除后顾之忧。我国的人寿保险分为死亡保险和两全保险。养老保险是保障被保险人老年生活的一种保险，按照合同，保险公司每隔一定周期支付一定数额的生存保险金给被保险人。

健康保险是人身保险的一大类别，它是提供给被保险人因疾病或意外事故所引发的医疗费用支出或收入减少的损失补偿。健康保险通常分为两大类：医疗保险和残疾收入补偿保险。

（二）　物业管理过程中的保险

1. 建造过程中的物业保险

（1）建筑工程保险。各类民用、工业、商业和公共事业用的建筑物都属建筑工程保险的承保标的范围。按常理，与工程的所有权有任何有关利益的人，即物业的所有人、工程的承包人、技术顾问以及管理者等都可以充当投保人。不过一般情况下，房产所有权人、房产投资人出面投保建筑工程保险能涵盖工程全过程，并能兼顾各个利益方，是最为恰当的。

（2）安装工程保险。新建或扩建建筑物必然要安装相应的设备或附属钢结构部件，在安装操作期间可能会因为意外事故而造成物质损失和第三者损害赔偿责任，这些风险是可以通过安装工程保险转嫁的。安装工程保险是针对超负荷、超电压、碰线、电弧、走电、短路、大气放电以及电器引起的财产损失和安装技术不善所引起的事故损失承担责任。

2. 物业租售过程中可投保的险种

（1）物业产权证书保险。物业租售过程中，物业的产权会发生变更。受让人为了保障自身合法权益可向保险公司投保物业产权证书保险。其保险的保障内容是对于财产所有人因产权证明文件上的法律缺陷而遭受的经济损失提供保险保障。

（2）房屋产权的全面保险。房屋产权全面保险保障不仅提供包括产权登记、防止法律文件伪造和缺陷方面的保护，而且包括物业产权的丈量、尚未登记的留置权、地役权以及有关产权侵占等方面的检查保护。

（3）个人住房保险和抵押住房保险。我国的个人住房保险规定的投保标的限于被保险人合法拥有的产权住房，以及在销售合同中列明的房屋附属设施和其他室内财产。我国的抵押住房保险承保标的只承保毛坯房建筑框架。

3. 物业日常管理中涉及的财产险种

物业建造和租售完成之后，就进入漫长的管理期，其间物业管理公司或接受房产商的委托，或者在销售基本完毕后受业主聘用，对物业进行日常管理。通常在物业管理中会遭遇一些风险，可以通过选择适当的保险险种转嫁风险。

（1）财产保险基本险。我国现行财产保险基本险承保的保险标的范围：凡是属于被保险人所有或与他人共有而由被保险人负责的财产；由被保险人经营或替他人保管的财产；以及其他具有法律上承认的与被保险人有经济利害关系的财产都可作为投保标的。

（2）财产保险综合险。财产保险综合险是在基本险的基础上，扩展了保险保障责任范围，以便更好地满足被保险人的需求。因此财产保险综合险的保险标的范围与基本险是一致的，关键区别在于承保责任范围的扩展。

（3）火灾保险。按国际保险界常规火灾保险承保的范围，一般包括动产和不动产，即住宅、商店、工厂、仓库、医院、娱乐场所等建筑物，也可包括附属于投保建筑物的固定设备，以及建筑物内的家具、衣着、书籍、商品、货物、机器、原料及成品等。

4. 物业及其设备财产方面可附加的保险险种

（1）破坏性地震保险。我国财产标的地震方面的保障险已采取附加险的方式，在投保财产基本险和综合险的基础上都可附加破坏性地震保险。

（2）水暖管爆裂保险。水暖管爆裂保险通常也是作为附加险承保的。在财产保险基本险和综合险的保障基础上都可以根据被保险人的需要选择该附加险。被保险人自有的水暖管因火灾、爆炸、雷击、飞行物及其他空中运行物体坠落、高压、碰撞、严寒、高温造成水暖管爆炸，致使水暖管本身损失以及其他保险财产遭受损害、侵蚀、腐蚀的损失，均属保险人承担的责任，但因水暖管年久失修、腐蚀变质以及没有采取必要的防护措施而导致的损失，或在水暖管处安装、检修、试水、试压阶段而发生的损失，不属于保险责任范围。

（3）盗抢保险。盗抢保险主要保障建筑物内企业或个人所拥有的财产，此种保障通常采用附加险的形式。其保障的是保单所载明的放置场所内，由于遭受了外来的、有明显的盗、抢痕迹，并经公安部门证明确系盗抢行为所致的财产丢失、毁损或污损的直接损失。

（4）煤气保险。现代建筑物内都设置有煤气或天然气供气设备，有的还安装有燃气热水器，这无疑能提高居住人的生活质量，有积极的社会意义，然而，也会产生煤气中毒或煤气爆炸侵害的风险。对此需要根据实际情况投保煤气保险，为需要转嫁这类风险的住户提供保险保障。

5. 批单扩展责任条款

（1）自动恢复保险金额条款。经保险双方约定，保险公司可以对保险单明细表中列明的保险财产在遭受损失履行赔偿后，自动恢复到原保险金额，但被保险人需按日比例补交自损失发生之日起至保险终止之日恢复保险金额部分的保险费。

（2）定制保险条款。如果投保人希望采用定制保险的方式则需要通过特别约定、用批单的方式加以修正。经保险双方同意，被保险人交付附加保险费，保险公司按保险单明细表中列明的保险财产约定价值履行赔偿职责，但被保险人在投保时必须提供详细的财产清单，并且该财产清单要作为保险单的组成部分。

（3）自动喷淋水损条款。经保险双方约定，被保险人交付附加保险费，保险公司扩展承保保险单明细表所列保险财产因喷淋系统突然破裂、失灵造成的水损。

（4）建筑物变动条款。经双方同意，被保险人交付附加保险费，保险公司扩展承保保险财产在扩建、改建、维修、装修过程中发生的物质损失，但被保险人必须以书面形式通知保险公司，并恪尽职责防止损失发生。

（三）保险争议

保险争议一般是指由于保险关系当事人因履行保险合同，对于应享有的权利和应履行的义务具有不同的看法而发生争执。众所周知，保险合同是保险双方当事人约定各自权利与义务关系的正式证明文件，其条款内容约束着保险合同双方的行为，双方都必须严格遵守，否则会影响保险合同的效力。保险合同一经双方确认、生效，就受法律保护，一旦发生争议，无论采用何种解决方式，都需要以保险合同约定的内容作为评判依据，这是解决保险争议的基础。

世界各国保险界基本上都对主要险种采用定制格式合同，条款内容也基本统一规范。不过现时保险市场还存在激烈的竞争，各家保险公司也需要创设各自特色的险种，因此各个险种的保险单还不能实现完全的标准化。况且保险条款也只能作原则规定，而保险实际情况是千变万化的。保险标的性质、用途、场所、投保单位管理水平的差异以及人们主观判断理解力上的不同，都会产生对保险合同条款解释的争执和分歧，而不同的解释又会直接涉及保险当事人双方的合法利益，因此，有必要确定对保险合同相关条款及内容的解释原则。

1. 保险合同文意解释原则

保险合同措词的文意按照通常的文字含义作统一解释，专业术语按行业通用含义解释。保险公司必须严格按照国际保险惯行规定执行约定的义务。

保险行为意图解释需尊重双方订约时的真正意思，根据订约时的背景和实际情况，作实事求是的分析，而不能在双方发生争执时任意改动，强词夺理而仅作出对己有利的解释。

由于保险合同是格式合同，如若双方对合同条款发生争议，按一般惯例应作有利于被保险人的解释，这是国际保险通行的准则，但这一原则不能绝对化。

2. 保险合同争议的处理方式

保险双方当事人在履行保险合同的过程中，如因缴付保险费、合同的有效期、赔偿处理以及责任归属等问题发生争议，一般可采用协商、仲裁和司法诉讼等方式进行处理。

（1）协商。争议双方通过友好协商，达成协议，这是解决争议最好的方法，也是通常双方都希望的首选方式。协商通常有两种做法：一是双方当事人直接协商达成和解；二是由第三者调停，促成双方和解。第三者调解多为由双方当事人所信任的、具有丰富经验的、熟悉保险和法律知识的人充当，容易获得良好的效果，同时可以节省时间，以便及时解决争端。

（2）仲裁。仲裁是指争议的双方根据保险合同原先约定的仲裁条款，或者在争议发生后自愿将争议提交给双方都同意的第三者裁决的一种解决争议的方法。仲裁协议的形式主要有两种：一种是双方当事人在保险合同订立之初，就以保险合同条款的形式加以确立。许多险种的保险合同中就有专门的仲裁条款，表明将来一旦发生争议，双方愿意采用仲裁机构解决争端。另一种是在争议发生以后，双方同意将争议提交仲裁机构解决而达成的协议，通常称为提交仲裁协议。

仲裁过程必须有仲裁员参加。由于仲裁员具有专业和法律知识，与合同当事人不存在直接利害关系，而且仲裁必须严格按照一定的程序规则进行细致的调查和审理，在查清事实真相；分清责任的基础上作出裁决，况且仲裁员是以裁判者的身份而不是以调解员的身份对双方争议事项作出裁决，一般而言，裁决的结果是公正和客观的。此外，由于仲裁是双方自愿选择的解决争议的方式，因此双方当事人一般都愿意接受裁决决议。

（3）诉讼。诉讼是处理争议较为严厉的一种方式，一般也是争议双方最后采用的解决方式。

保险合同的争议一般属于民事诉讼，只要一方当事人向有管辖权的法院起诉并得到法院受理，则另一方就要应诉，具有强制性。法院审理以事实为依据，以法律和保险合同条款为准绳，经过调查、辩论和评议后作出判决。

第八章　员工心理保健与氛围营造

一、物业人员情绪及心理

(一) 员工情绪管理概述

从管理心理学的角度，情绪反映了客观事物与主体需要之间的关系，它由客观事物是否符合并且满足人的需要而产生的，是对事物的态度和体验。一般能够满足人的需要的事物，会使人产生满意的情绪；而不能满足需要的事物，会使人产生否定的情绪；与需要无关的事物，会使人产生无所谓的情绪。

情绪是伴随着认识的产生而产生的，并且随着认识过程的发展而发展。没有对事物的认识，也就没有什么情绪，人对事物认识不同，情绪也就相异。反过来，情绪又对人的认识活动起着重要的调节和推动作用。

情绪的主要表现形式有喜、怒、哀、乐、恶、欲、惧。心理学的相关研究认为，喜、怒、哀、惧是情绪的基本形式。根据情绪发生的强度与延续时间的长短，可以把情绪分为心境、激情、热情三种不同的状态。

管理人员在工作过程中要对员工的挫折感、紧张感、压力感、厌烦情绪、焦虑情绪和激情有一定的了解，并对员工的情绪进行积极的引导和管理。

(二) 物业从业人员常见的心理问题

由于物业服务的特殊性，物业员工的人际交往和情绪控制很重要，在与业主的交往中比较容易感觉到压力和挫折感。工作中容易引起压力的原因是：第一，工作特有的压力源，如任务过重引起的压力或任务太少感到无聊所产生的压力，或者是工作不稳定和条件太差而引起的压力；第二，由组织中的角色所带来的压力，如感觉角色重要而压力过重、利益冲突、感觉地位低下等；第三，职业生涯和发展中的压力，如考核、晋级、提升、淘汰等带来的压力；第四，由组织内人际关系带来的压力，良好的人际关系可以使个体身心愉悦地工作，而紧张的人际关系则带来相当大的压力，这些都是工作带给员工的压力。而对于这些压力每个员工也会出现不同的反应。有人能正确处理，而有的员工就会产生异常心理，出现各种各样的心理问题。

1. 员工常见情绪问题造成的心理困扰

总体上说，物业管理的工作是紧张的，员工随时都在与形形色色的人接触、打交道，又由于他们自我期望值高，心理压力大，竞争激烈，员工的情绪容易处在紧张状态。一般来说，有些情境性的情绪反应是正常的，也是自我保护所必需的。

　　这里所说的情绪问题，是指物业员工在工作中经常出现并影响正常生活的负情绪和情绪障碍。员工在工作时的情绪可以分为积极的正向的情绪和消极的负向的情绪。员工处于积极的正向的情绪状态时，通过声音、表情传递给业主的不仅仅是积极生动的声音和表情，更是对自身服务的信心和自豪，积极的正向的情绪带给业主的是愉悦的体验和满意的服务；而消极的负向的情绪将传递员工自身的疲惫、压力甚至是烦躁和不满，业主感受到的是推诿、不耐烦或不屑一顾等不良服务。负向情绪能降低业主的满意度并引起投诉，同时对员工本身的心理健康也会造成威胁。负向情绪还可能导致大脑功能紊乱，使员工认知范围缩小，思维狭隘，自制力降低，工作效率低下，不能正确评价自我，甚至会做出某些失去理智的行为而发展为心理疾病。此外，情绪问题会降低员工的免疫功能，导致其生理平衡失调，引起各种疾病。如果员工不能很好地处理工作和生活中的各种问题，极容易产生不同程度的情绪问题，从而影响身心的健康和发展。常见的情绪问题有以下几方面：

　　（1）焦虑。焦虑是一种情绪状态。在心理学中，一般把有明确对象的不安、担心和忧虑称为恐惧，把没有明确对象的恐惧称为焦虑。焦虑是恐惧的一种类型，即焦虑是一种缺乏明显客观原因的内心不安或无根据的恐惧。当一个人预期将面临不良处境的情绪状态时，表现为持续性神经紧张（紧张、担忧、不安全感）或发作性惊恐状态（运动性不安、小动作增多、坐卧不安），常伴有自主神经功能失调表现，如口干、胸闷、心悸、出冷汗、双手震颤、厌食、便秘等。

　　物业员工出现焦虑的情况有很多种。在2005年中国员工心理调查中，发现工作年限在5年之内的被调查者中，出现心理健康问题的人数比例较高。物业员工工作年限一般都比较短且流动性比较大，因为物业是季节性行业，在淡季的时候很多员工就面临着下岗，这会导致由于工作的不稳定性所带来的焦虑。他们经常感到不开心，对自己没有信心，对未来也比较茫然。

　　带来焦虑的原因还有陌生的环境，因为陌生意味着不可知和不可控，从而导致焦虑。人们都是生活在一定范围内的社会人，在这一范围内，有一定的规律可以遵循，接触的人也是比较熟悉的。所以，人们不用花时间和精力去了解这些环境和人，可控性比较大，此时人们体验到的是安全感。而物业管理企业的员工每天所接触的是不确定的服务对象，业主来自各行各业，员工对业主的熟悉程度很低，可控制因素少，不知道下一刻会发生什么事情，很容易体验到焦虑。

　　（2）愤怒。愤怒是由于客观事物与人的主观愿望相违背或当自己的愿望受阻时所产生的一种强烈的情绪反应。愤怒在程度上可分为不满、气愤、愤怒、暴怒、狂怒等。愤怒对员工的身心健康极为不利，当愤怒发生时，人体内的肾上腺素和肾上腺皮质激素增加，导致人体心跳加快、心律失常、血管收缩、血压升高、呼吸加速、胃肠蠕动减慢等。愤怒不但破坏了生理的健康还能破坏心理的平衡，使思维受阻，能力降低，自我控制力下降，容易做出冲动的举动。

　　作为物业员工，每时每刻都进行着客我的"交往"。既然是交往，就会遇到各种各样人际交往的问题。在当今这个英雄辈出的年代，越来越多的人要干一番事业，所干的这一行，越是大有作为，越是前途远大，竞争对手就越多，竞争也就越激烈。应该承认，随着竞争意识的增强，人们竞争所应用的手段也在增强，所以带给人们的不安全感也在增强。竞争所带来的不安全感，也是引起焦虑和担心的原因之一。人的心理也由"我能不能办得到"，转变成"我这个人能不能混下去"。

人们都希望所遇到的人是好人，可事实上，越来越多的人在担心所接触的这个人是"君子"还是"小人"。一个人不能总是带着强烈的不安全感生活，或者总是带着怀疑的目光去看别人，因为长此以往保持这种情绪会引起焦虑。当与别人发生矛盾的时候经常不从自己方面分析原因，而是认为别人是"不讲理的"甚至是"故意找茬的"。从这个话题又引出一个问题，那就是"业主永远是对的吗？"假如业主此时是错误的，惹得你很愤怒，这时你怎么办，是发泄还是控制？这个问题也时常困扰着员工的情绪。

（3）嫉妒。嫉妒是由于社会尊重的需要受到现实的或潜在的威胁而产生的情绪体验，是一种企图缩小和消除与他人的差距，恢复原有平衡体系的消极手段。

处于嫉妒情境的人不能容忍别人的才能、学识、荣誉、工资，甚至相貌比自己强。嫉妒不但破坏人际关系的和谐，而且导致个人内心的痛苦。巴尔扎克说过："嫉妒者比任何不幸的人更为痛苦，因为别人的幸福和他人的不幸都将使他痛苦万分。"这种人由于精神负担而胸中郁闷，整日忧心忡忡，时间长了可使人食欲减退，夜不能寐，烦躁易怒，造成免疫力降低，导致一系列生理上的疾病。

员工嫉妒的主要表现是看到别人的表现超过自己、别人出色地完成某项任务、别人的能力得到称赞、别人的服务受到业主表扬时，自己表现出不信任、愤怒、不平，或者以揭露、谈论别人的缺点为快乐，在背后议论他所嫉妒的人，有的还故意公开别人的隐私，或者说别人的成功是通过使用不正当手段得来的等。其实，具有嫉妒心理的人常常在心理上承认自己比别人弱，但在面子上则表现出不服输或无所谓，不愿意向别人学习的现象。

2. 人际交往方面的困扰

人际关系的和谐程度是衡量一个人心理是否健康的重要标准，人际关系不良、人际关系障碍会引发许多心理问题。人际关系问题表现在人际冲突和交往厌烦两个方面。人际冲突几乎存在人与人之间的所有关系之中，最主要的起因是沟通不足或沟通不当。人际冲突往往会使企业的人际关系紧张，员工之间互不信任、相互猜疑、不愿协作，造成企业效率低下、凝聚力下降等。

物业是一个"高接触"的行业。无论是服务人员还是管理人员，只要进入物业这一行业，就不可避免地要频繁接触他人，要同各种各样的人打交道，因此，会遇到大量的人际交流问题。人际关系处理得好，就工作而言，能促进物业服务质量和管理水平的提高；就个人而言，每天都能从人与人的交往中，获得心理上的满足。

从心理学角度分析，人际关系是由三个方面的要素构成的。其一是认知成分，反映人们对人际关系状况的认知和理解，包括对自己的认知、对他人的认知和对人际交往的认知。其二是情感成分，是对人际交往的评价态度，包含着积极的或消极的情绪状态和体验，是关系双方在情感上满意的程度和亲疏关系。其三是行为成分，是交往双方的外在表现，包括举止、语言、表情、手势等。一般人们对人际关系的认识往往带有浓厚的情绪倾向，积极的情绪情感容易形成良好的人际关系，消极的情绪情感阻碍良好人际关系的形成。因此，人际关系中的认知与情绪决定交往的行为，人际交往障碍或困扰也正是由此产生的。下面具体介绍人际交往中的偏见。

（1）首因效应产生的认知偏见。人们往往在极其有限信息的基础上形成对别人的总体印象，如见到一个人就去猜测他的智力、年龄、社会背景、性格等，尽管人们意识到这种判断不一定可靠，但他们仍然愿意这么做，通过这种方式所形成的印象往往成为第一印象或首因效应。

物业管理中的人际关系，最重要的是业主关系、员工关系，认知上的首因效应偏差体验是员工与很多业主之间的交往是短暂的，很难有更深入了解的机会，所以他们彼此之间往往通过首因效应来判断交往的方向，这种先入为主常常会产生认识上的偏差，从而陷入人际交往的误区。

（2）近因效应产生的认知偏见。近因效应是指在交往中获得的最新信息对人们的认知所具有的影响。通常情况下，第一次交往首因效应比较明显，而相对熟悉的人之间近因效应的作用更大一些。

近因效应对员工人际交往的影响是普遍存在的，如有的员工与业主相处时顾此失彼、容易冲动和激动，常常因为一点小矛盾导致场面不可收拾。有的员工平时一贯表现很好，可一旦做错了一件事或犯了一点错误，就容易给别的员工或领导留下很深的坏印象。近因效应具有很大的片面性，要学会用动态、全面的眼光看待他人，不要一点不好就全盘否定，同时在与员工或与业主交往时，既要重视好的开始，也要重视好的结尾，虎头蛇尾会导致前功尽弃。

（3）光环效应产生的认知偏见。光环效应也称晕轮效应或月晕效应，是指当认知者对一个人的某种特征形成好或坏的印象后，其倾向于据此推论该人其他方面的特征。人们往往根据少量的信息将人认为好人或坏人两种。如果认为某人是"好"的，则被一种好的光环所笼罩，赋予其一切好的品质；如果认为某人是"坏"的，就被一种坏的光环所笼罩，认为这个人所有的品质都很坏。后者是消极品质的晕轮效应，也称"扫帚星效应"。

物业人员所接触的人很多，形形色色，所以人们有时为了节省认识别人的时间，就会形成以偏概全、以点带面的认知偏差，影响交往中对认识对象的正确判断。

（4）投射效应产生的认知偏见。投射效应是指在人际交往中，把自己具有的某些特质强加到别人身上的一种心理倾向。"以小人之心，度君子之腹"说的就是这种情况。例如，自己心地善良，就认为他人也都是心地善良的；自己经常算计别人，也就必然以为他人会经常算计自己；自己喜欢的，别人也一定喜欢；自己讨厌的，别人也一定讨厌。在工作中，经常会发现有的员工对别人有成见，却总以为别人对自己怀有敌意，甚至觉得对方的一举一动都带有挑衅的色彩。

（5）刻板效应产生的认知偏见。刻板效应是指人们对某个群体中的人形成的一种概况而固定的看法。刻板印象一旦形成很难改变，由于人们所处地理位置及政治、经济、文化和职业的不同，经常会表现出许多相似性，人们在交往中，就会把这些相似点加以归纳，形成一种固定看法，并用这种固定看法判断、评价具体的每个人。例如，北方人豪爽、南方人小气等。

3. 情绪方面的困扰

情绪情感是人际交往中的主要部分，因此，人际交往中的情绪情感障碍很常见。自卑和自负是大多数交往障碍中最为常见的情绪因素。

（1）自负。自负也称为自傲心理，是指过高地评价自我，在交往中总是表现为主动进攻的态度，喜欢出头露面。不管在何种场合，都无视一切，与人争辩，表现出盛气凌人、自命不凡、自视清高等，这样容易造成不良的人际关系。

造成自负的原因有很多种，如由于自己对自己期望值太低，常常不用付出太大努力就达到预期目标，长期下去就逐渐形成了自我能力很强的错误心理感觉，强化了自负心理。另一种是由于自我期望值过高，在各种活动中，因为觉得自己很优秀，所以主动找领导、找同事表明自己的想法，评先进、评优秀不管有多少名额都要力争，绝不放弃，在同事中造成了喜好出头露面、争强好胜的自负印象，从而影响了人际关系。

（2）自卑。自卑是一种因为过多地自我否定而产生的自惭形秽的情绪体验，是一种觉得自己不如他人并因此苦恼的情绪。有的心理学家认为，自卑感是人类在其成长过程中不可少的，因为人的能力都会有不足，因而容易产生自卑。为了克服自卑，便会努力奋斗。但一般来说，有自卑心理的人性格多内向，感情脆弱，常常自惭形秽，感到什么都不如别人，总感到别人瞧不起自己。这种人在公共活动中一般不积极参与而是消极被动，过于警觉，极易受挫。

（3）虚荣心。虚荣心就是以不适当的虚假方式保护自己自尊心的一种心理状态。心理学上认为，虚荣心是自尊心的过分表现，是为了取得荣誉或面子而表现出来的一种不正常的社会情感。

4. 社会适应方面造成的困扰

（1）心理压力过大。由于工作负荷过重和工作要求过高，工作中人际关系处理不当，家庭与情感出现纠葛，自我内在认可度不高，都会给员工造成很大的心理压力。压力过大会引起很多生理、心理与行为的消极反应，如容易疲劳，容易感冒，情绪低落，记忆力、创造性下降，工作热情和积极性下降。

1）职业枯竭。职业枯竭也称职业枯竭综合症，职业枯竭的人对工作失去热忱，对自己职业缺乏基本兴趣，情绪低落，消极怠工，在生理与心理上出现精疲力竭和身心憔悴的症状。

2）突发性心理危机。由于企业裁员、公司并购、员工过劳死或员工自杀等突发性灾难事件引起的心理危机问题，导致员工产生弥漫性的心理恐慌。

3）因情感与家庭原因导致的情绪问题。因感情、婚姻、家庭产生的情绪问题和心理紧张迁移到日常工作中，往往会严重影响到员工的工作状态，是影响员工压力和情绪的重要因素。

4）因职业角色引发的心理问题。职业往往要求人们扮演一个固定或相对稳定的角色，如警察、教师、经理、服务员等，而长时间的职业角色扮演带来职业角色与生活角色转换困难的心理问题，引发家庭矛盾或人际矛盾，或者产生角色挣扎，职业角色与内心自我的角色冲突，不甘心扮演这个角色，而为了生存不得不扮演这个角色，产生自我认同危机，非常痛苦。

（2）挫折。人们在遇到挫折时常伴随着强烈的紧张、愤怒、焦虑等负性情绪，会产生各种各样的反应。有些是强烈的内心体验，有些则表现为特定的行为，严重时会产生身心疾病，影响心理健康，甚至轻生。典型的不利于心理健康的挫折反应有焦虑、攻击、冷漠、压抑等。

焦虑是挫折后常见的一种心理反应。虽然适度的焦虑有利于问题的解决，但过度焦虑是有害的，严重的焦虑会导致心理疾病，发展成焦虑症。其表现为失去信心、勇气；情绪不稳定，患得患失；生理上出现心悸、头昏、冒冷汗、胸部紧缩等，有的还会出现乏力、酸软、恶心等。

攻击也是挫折后常出现的一种行为。受挫者常常为了宣泄愤怒的情绪，会采用打斗、辱骂、讽刺等形式来发泄自己内心的不满。或者不直接攻击给自己造成挫折的一方，而是把挫折后的愤怒情绪转嫁到自己、当事人或毫不相干的人和物上。一般来说缺乏自信、内向的人，容易把矛头指向自己，给自己造成很大的身心伤害。

冷漠是一种与攻击相反的，遭遇挫折后的行为反应。冷漠是指当个体遭遇挫折时表现出无动于衷，对事物视而不见、漠不关心的态度，失去喜怒哀乐等正常心理反应。有时人们会以为挫折没有给受挫者带来很大的伤害而忽略它，而实际上他只是把愤怒暂时压抑，内心深处往往隐藏着很深的痛苦，这种压抑对于自身的影响是不可小觑的。

除了焦虑、攻击、冷漠这些典型的挫折应对方式严重影响其身心健康外，在虚幻情境中寻求满足的幻想应对、主观上否认挫折的压抑应对等方式对受挫者的心理健康影响也很大。自杀是遭遇挫折后的极端反应。当个体受挫后，内在的不快乐因素或外界环境冲突因素，达到令人无法忍受的地步时，个体爆发的攻击力若受到阻碍，无法寻求解决问题的资源，无法向外界发泄时就会转向自身，就可能导致自杀行为。

一般常常认为挫折给人们带来了极大的伤害，但实际上挫折本身是中性的，每一个人都可能会经历各种挫折，所不同的是应对挫折的方式不一样，正是不同的挫折应对使挫折给人们带来了不同的影响。良好的挫折应对方式帮助受挫者很快从挫折中汲取经验，挫折是他们的垫脚石，让他们站得更高、更坚强、更具有意志力，同时提高了解决问题和适应环境的能力。

（三）物业从业人员情绪类型

人们在不同的工作时期情感需要不同，反映出不同的情绪状态，情绪具有明显的阶段性和可预测性。根据物业管理公司员工在不同时期表现出来的不同情绪特征，可以将其情绪状态划分为四种类型，即兴奋期、稳定期、抱怨期和阵亡期。

1. 兴奋期的员工及其情绪特征

当物业从业人员开始其探索性工作时，主要是指刚从事物业管理工作的人，他们对环境和人们对自己的看法比较敏感，可塑性强，具有新鲜感、好奇心和较高的工作热情，可以归类为兴奋期的员工。一方面，他们乐于学习和接受新事物，对未来充满希望，积极性和创造性很容易被调动起来；另一方面，他们缺乏实际工作的经验和成熟的人际关系。

2. 稳定期的员工及其情绪特征

稳定期的物业从业人员对物业管理的工作环境、业务流程、人际关系等各方面都已经比较适应，能够较好地处理各种复杂的关系，面对各种境遇有较好的心理准备和情绪调适能力，因此，相对来说，他们的情绪波动不大，对物业管理企业的各项工作有较为成熟的看法和评判标准，对于压力和挑战有较大的承受能力。

3. 抱怨期及其情绪特征

抱怨期的物业从业人员最容易看到的是企业存在的问题和困难，以及其他同类企业的优势。因此，他们往往对物业管理工作产生厌倦，不仅会冷漠地对待业主或其他物业使用人，还会衍生出沮丧、郁闷、生气等负面表现，从而影响工作效率和工作质量，进而影响物业管理公司的声誉和日常服务。

4. 阵亡期及其情绪特征

阵亡期的物业从业人员往往忽视积极面、曲解恶化事件、妄下结论、杞人忧天、偏激、以己代人、极度个人化思维等。他们甚至抱着"物业行业没有社会地位，我无法发挥理想抱负，在物业行业工作太丢人"的想法，对物业行业的工作失去热情。工作的压力太重、工作的环境太差、得不到好的待遇、特长难以发挥、实现不了自身价值是一些物业从业人员跳槽的普遍心态，他们往往觉得应该变换生活方式，调整工作环境。

二、情绪分析及心理保健

（一）物业管理从业人员情绪变化的因素

影响物业管理从业人员情绪变化的因素很多，横向因素有行业因素、个人因素、家庭因素、员工工作环境因素、岗位因素、自然因素、社会因素。纵向因素有员工个人心理周期变化因素、节假日因素等。

1. 职业压力紧张

职业压力是员工在职业生涯中受到的令个体紧张、感受到威胁性的刺激情景或事件，由此产生持续性紧张的情绪状态。有的公司实行末位淘汰制，对员工的要求越来越高，员工常常面临着巨大的工作负荷，同事之间的激烈竞争，紧张的工作气氛，不进则退的不敢懈怠，非人性化的工作环境，角色模糊与角色冲突，还有对时间分配的失控。物业管理行业是一个服务行业，在 2007 年颁布的新《物业管理条例》中已经明确提出，将物业管理企业改成物业服务企业，这已经明确定位了物业管理企业的服务性质。在我国的传统观念中，服务行业过去常被看做是低人一等的。所以，在很多物业管理从业人员中，特别是一线员工，如保洁、保安、维修、绿化等人员，他们意识里面往往有一种自卑情绪。如果遇到少数对服务行业存在偏见的业主，会加重他们的自卑心理，使他们产生郁闷、悲观等情绪，这种负面情绪会显著影响其工作效率和服务态度。

2. 人际关系焦虑

特别是在由国企后勤改制的物业管理公司中，有的员工是由于上级或主业淘汰分配至物业公司工作的，常常由于不能处理好与业主、上下级同事之间的人际关系，由此产生心理焦虑，表现出恐惧、无助，对人冷漠麻木、冷嘲热讽，缺乏同情心，不信任他人，反应过敏，与他人保持距离等，因而对物业管理公司内部的合作与竞争氛围带来负面影响。

3. 职业性质和管理制度产生的工作倦怠

工作倦怠又称职业枯竭，表现为心理疲惫、情绪冷漠、丧失成就感和工作动力。原因在于员工个人感到在物业管理公司职业生涯前景黯淡，工作单调重复，缺乏创造性；或者对企业文化、发展理念、工作环境、管理机制或个人待遇不认同；保安站岗、门禁防卫、维修等工作枯燥、例行化、工作量过大、工作责任不明确、工作缺乏自主性、不能参与决策、分配机制不合理、奖惩失当、升迁机会少、管理者方法偏颇等因素而容易导致员工工作倦怠。

4. 个人生活的心理危机

员工个人生活中的一些困难，如身体欠佳、家属疾病或伤亡、子女成长挫折，经济负担过重、家庭财务窘迫、对失业和收入下降的恐惧、来自家庭的过高期望、由于工作占用精力和时间而对家庭及朋友产生的愧疚等，都会影响员工在组织中的工作情绪。

5. 心态失衡

现在很多高档小区，入住的大多是具有一定身份和经济能力的业主，物业管理企业的保安、保洁等人员很多都是来自农村，看到高档楼盘和车辆，物质欲望膨胀，时间长了便产生不平衡心态，从而容易导致长期处于焦虑、紧张、厌倦、烦躁、无助等不良情绪，最终导致身体、心理和行为的消极变化。下岗、失业、腐败等社会问题，使一些人产生了失落感、相对剥夺感、不公平感等心理现象。如果长期得不到改善，势必会导致心理失衡，产生严重的心理问题。

心理不健康的员工是很难做好物业服务工作的，会降低工作效率，给物业管理公司造成许多负面影响。例如，缺勤率、离职率、事故率和人际冲突增加，难于相互合作、工作积极性和创造力下降，工作效率和业绩下降，为业主服务质量降低、人力资源管理成本上升等。甚至有时还会发生员工与同事、业主发生争吵、纠纷、打架事件，个别极端的还曾经发生过给社会和环境造成灾难的事件（如入室偷盗、纵火，甚至抢劫杀人等事件），从而给物业管理公司带来严重的形象损失和经济损失。还有的员工心理问题可能让公司担负法律责任。

（二）物业管理从业人员的心理保健技巧

斯特林·雷明顿曾经在《哈佛商业评论》中写到："每一个管理者对自己的下属员工有期望值，他就会有意无意地把这些期望溢于言表，员工也会有意无意地读懂管理者的意图，并按照管理者的意图行事，管理者对待下属员工的方式对员工会产生微妙的影响。"这些话同样适用于物业管理行业。管理者的期望能够激励人，并有效地将消极的情绪转变为积极的情绪。物业服务行业的管理者要充分表现出对其员工的支持、信任，传达一种积极的期望。员工得到的信任与支持越多，表现得就越优秀。当然，对于不同类型的员工，应采取不同的情绪管理策略，期望的具体内容也有所区别。

1. 不同情绪类型员工的情绪管理技巧

（1）对于兴奋期的员工，要鼓励、肯定。对于兴奋期的员工，要鼓励、肯定，而不是打击其工作热情与积极性，尽量增加他们以专业服务人员身份与业主沟通的机会，让他们用自己的情绪去带动业主。对于其业务不熟悉的地方，尽量多给一些学习的空间和机会。一方面安排培训，另一方面还可以安排受过专业培训，精通业务知识，具有较高工作绩效，并且能够通过建立较高工作标准而提供必要支持的主管人员传、帮、带，以及安排专门的现场学习机会，采用"一帮一"、"师徒制"等学习方法，帮助新员工尽快成长起来。

（2）对于稳定期的员工，应寻找情绪中的兴奋点与关键点。对于稳定期的员工，最重要的是寻找他们情绪中的兴奋点与关键点，并利用各种物质奖励、精神激励去调动其热情，使之与新员工互相激励。在各种公开的场合肯定并感谢他们作的贡献，同时也要求他们做得更好，为他们提供更大的职业发展平台与空间。

（3）对于抱怨期的员工，重新寻找工作中值得肯定的地方。对于抱怨期的员工，必须强制性地将他们推回兴奋期，找回当初的积极与兴奋，找到他们在服务中值得肯定的地方，否则他们将会进入到阵亡期。如果出现了抱怨期的员工，在管理上必须引起足够的重视与注意。抱怨或其他负面情绪就像流感一样，很容易在人群之间散布开来。管理人员要及时与抱怨期的员工进行沟通，了解造成抱怨的原因是正常的职业倦怠，还是由于工作压力太大，或者是因为其他个人的原因所造成的压力。了解原因之后，对症下药地进行疏导，及时将问题解决于萌芽状态。

（4）对于阵亡期的员工，应因势利导，创造良好的工作环境和发展空间。对于阵亡期的员工，应采取以下三方面的措施：

1）加强管理，建立健全人才培养和人才选拔机制，创造良好的人才发展环境，加强对人才流动的管理，从而使公司的发展与员工的个人发展紧密联系在一起，坚定他们为物业管理事业作贡献的决心和信心。

2）对阵亡期的员工定期进行思想政治教育，培养他们的社会责任感和强烈的事业心，明确在当今市场经济条件下物业管理的重要地位和突出作用，激发他们对物业管理事业的热情。

3）针对阵亡期员工制定措施，缓解员工的紧张情绪，有效地进行宣泄疏导。此外，还可以采用补偿疏导，如帮助员工设立、更新工作目标，更换工作环境或进行实质性补偿，为每一位员工建立心理健康档案，量身制订个性化的心理健康疏导方案等。

物业管理公司不仅要围绕人才的筛选机制、人才的激励机制、人才的福利留任机制等，考虑如何得到优秀的人才，如何让优秀的人才高效地工作。更要加强对普通员工的关怀力度，做好广大员工情绪管理的第一责任人，要多听取大多数员工的意见和心声，从细微之处关心全体员工的疾苦，真正做到想员工之所想，急员工之所急，务员工之所需。要善于不断改善员工的工作和生活环境，让员工切实体验到行业发展给自己带来的实惠。

2. 员工心理问题的自我调节

（1）学会从另外一个角度看问题。如果你遇到了麻烦和困难，最可取的做法就是以开放的心态，找一个你真正信任的人聊聊，向他诉说你的感受，认真听听他的意见，别人的反馈信息可能给你指出解决问题的出路。承认自己需要帮助比独自忍受困难的折磨要聪明得多。

（2）信任他人，伸出求助之手。值得信任的人可以帮你创造一个安全的心理氛围，在这种氛围里，你可以表现出混乱、迷茫、痛苦、挣扎，甚至古怪，你不必担心他们对你的看法，因为他们会接受你的处境和做法。在他们面前，你可以哭泣、可以悲痛、可以把恐惧宣泄出来，从而化解你的压力和负担。同时，他们也会很真诚地告诉你，问题出在哪里，解决问题的方法有哪些，帮助你以现实的方法来应对复杂的世界。

寻找信任的人需要花费一些时间和精力，他们可能是你的好友、社会上的心理咨询师、你心存好感的老师、你敬仰的长者，如果你判断这个人有能力帮助你，并且感觉他也愿意帮助你，在你无力应对困难的时候能有人向你伸出求助之手，你会得到温暖和力量。

（3）降低对自己的期望。当你的应对资源日渐枯竭时，你的体力和精力都不是最佳状态，或者当你在新的环境中，你的表现可能不会是突出的，这时，你需要降低对自己的期望，更好地接纳自己的现实，你应像对待处境艰难的好友那样照顾好自己，对自己更宽容些，没有人是万能的，也没有人是完美的。

（4）用心建立支持性的人际关系。支持性的人际关系可以帮助你勇于面对恐惧、沮丧、压力、孤独、绝望、自暴自弃，克服阻碍你成长过程中的困难。支持你的人就好比是杂技演员走钢丝时下面的一张"安全网"，他们让你有勇气去尝试新的行动，即使当你走钢丝遇到危险时，你知道在你跌落时他们可以接住你。

支持性的人际关系不是自发形成的。首先，你要变成一个对他人有帮助的人，当别人需要你帮助时，你要向别人提供坦诚的援助和支持；其次，你要用心选择朋友，坦率地与他们分享你的想法和感受，并着手建立信任关系。在紧密的人际关系中，你会发现每个人都有类似的难题，都有令人挫败的时刻，你会清楚地认识到其他人和你一样有各种各样的烦恼与问题。

（5）允许自己有一些无能和笨拙。当你开始做陌生的事情，或者进入新的不熟悉的环境时，你可能在一段时间里做得不理想，因为你需要时间学习新的技能和方法。所以，你要允许自己在新的尝试上的"无能"和"笨拙"，你才能体验到学习带来的乐趣，乐观地欣赏自己新的成长。

（6）不要做一个完美主义者，从小处做起。当你把目标选定为完美时，你将发现这是一个不断变化的目标，你可能永远都没有办法实现它，完美主义会使人体会到失败的滋味，摧毁你的自尊和信心。人生的旅行是一步一步完成的，所以，不要只是想着旅行的目的地而忘记了过程中的一个一个驿站。也许你希望自己能完成博士学位，对于刚进大学的你来说这是可望而不可即的事情。对你来说，从小处做起就是到图书馆借一本与你专业有关的书籍来阅读，听一次精彩的讲座，做一道难解的题，向别人请教一个不懂的问题，你走了一步，再走下一步，直到冲过终点线。

（7）培养你的幽默感。在日常生活中，幽默能保护人们免受消极情绪的破坏性影响。因为笑是激发生命活力的无价之宝，它能够增加一个人的精力，赋予人生机勃勃的精神，使人乐观看待生命。

（8）牢记逆境求生八大守则。逆境求生的八大守则是由 SURVIVAL（生存）的八个英文字母分拆开来，每个字母代表着一项求生守则。总的来说，就是"在逆境中不可绝望，永不放弃生存的意念"。

S（size up the situation）——迅速评估周围的环境。

U（undue haste makes waste）——冷静、从容地思考下一步的行动。

R（remember where you are）——搞清你身在何处。

V（vanquish fear and panic）——克服心理的恐惧和惊慌。恐惧和惊慌是求生的大忌，在一个陌生的环境中，越慌张就越难冷静思考，一旦方寸大乱，肯定什么事也做不成。

I（improvise）——灵活地利用周围的资源或材料。

V（value living）——珍惜生命。

A（act like the natives）——好像土著那样老练，懂得获取所需的资源。

L（learn basic survival skills）——牢记基本的求生技能。

易卜生曾经说过："不因幸运而故步自封，不因厄运而一蹶不振。真正的强者，善于从顺境中找到阴影，从逆境中找到光亮，时时校准自己前进的目标。"人的生活不会一帆风顺，人生也不会一帆风顺，会遭遇障碍、干扰和挫折，也许还会陷入不同程度的困境。但是，只有在挫折中磨炼自己的意志，才能如雄鹰一般飞向人生的巅峰。

三、企业心理氛围营造概述

企业形象不仅依赖于企业的自我塑造和客户的认知与情感认同，而且有赖于企业内部心理氛围的创造。良好的内部环境和心理氛围，可以增强企业内部的凝聚力，并获得内部员工的支持，从而使企业形象更加丰满，更加有利于企业的生存和发展。

（一）企业内部心理氛围的含义

企业内部心理氛围即企业内部的心理环境，是企业员工对企业、工作、人际关系，以及企业与外部关系的认识和情感的综合反映，也是企业中占优势的人们的态度与情感的综合表现，反映着团体的精神风貌和文化心理特征。

心理氛围一般具有相对稳定性，因为它是企业员工主体意识的反映，这种主体意识一旦形成，就很难立即发生改变。并且，这种主体意识反映的是主体的情感特征与性格特征，它以情感沟通为核心，对员工的感染性极大，会对每位员工产生潜移默化的影响，并最终给企业染上特定的心理色彩。

根据心理氛围的性质，将其分为不同的类型，即积极的心理氛围与消极的、恶化的心理氛围。企业心理氛围优劣的指标之一就是凝聚力，即企业具有使其所有员工愿意在企业内存在的吸引力，使他们具有一致的目标和"自己人"情感及主人翁的意识，并对成员带来支持、安慰和归属感的力量。积极的心理氛围主要表现为有序高效、认同相容、宽松和谐、齐心协力、朝气蓬勃；消极的心理氛围则表现为无序低效、消极怠工、紧张排斥、冲突迭起等。很显然，心理氛围的好坏，直接影响工作效率与效益，并直接影响企业形象的自我塑造。

（二）企业内部心理氛围的构成

简而言之，企业内部心理氛围是一种团体内部的心理环境，因而它主要是指企业中以集体意识为主要内容的对企业本身、工作、人际关系以及对外部公众的感知与认识。具体来说，可以从集体意识、主人翁意识和员工的公众意识三个方面来认识。

1. 集体意识

集体意识是指成员对集体的认同态度。集体意识一般包括两个层次：其一是企业内个别成员的集体意识；其二是员工群体的集体意识。就其发展过程来看，前者是后者形成和发展的基础，后者则是前者进一步培养和升华的结果。

企业员工的集体意识即员工所持有的积极、正确的态度和努力维护集体形象的行为表现。它体现着集体对其成员的吸引力、凝聚力和长远对集体的向心力。也是指员工对企业的认同感、归属感和忠诚感。具体来说，表现为服从决定，能够积极完成任务等，同时自觉地关心企业发展，愿意为之奉献自己的力量，如果具有共同的集体荣誉感，在危机出现时，能够群策群力渡过难关。

2. 主人翁意识

主人翁意识最通俗的解释是把自己当做企业的主人，把企业当成私有财产，是以一种与公司血肉相连、心灵相通、命运相系的感觉，去做好每一件事情，去面对每一个客户，在你每一个成功或者失败的经验里面，渗透出企业及你个人这种共同的精神气质。著名的企业家山姆托伊说："若能使员工皆有归属之心，这种精神力量将胜于一切，只有靠整体从业人员的彻底向心力，以企业的盛衰为己任，才能使企业臻于成功之境。"他认为，这种"归属之心"、"精神力量"就是主人翁意识。

树立主人翁意识最为关键的是要树立一种正气。正气首先来源于正确的制度，更为关键的是来源于执行。而执行力恰恰需要另一个层面的员工来实施，那就是管理层，取决于管理层的"职业操守"。既然选择了一种职业，就应该具有这种职业所要求的言行举止，时刻以自己的专业精神来面对自己的工作，不以个人利益为主导，任何时候都能坦然并正确地面对来自各方面的压力和诱惑，否则你就没有资格去从事这种职业。这就是职业操守。"主人翁意识"与"职业操守"都是对员工敬业爱岗的要求与期望。然而企业在实际管理过程中，它们所起的作用却不尽相同，它们的目标对象也并不完全一致，而企业也应以不同的概念来对应不同层面的员工。对普通的基层员工要强调"主人翁意识"，而对中高层管理者则要求他们应该具备一定的"职业操守"，"职业操守"高于"主人翁意识"，是"主人翁意识"的升华。

3. 员工的公众意识

员工的公众意识是指企业要自觉地将公众的意愿和利益作为决策和行动的依据，积极引导和影响公众，使企业与公众在长远利益上取得统一。公众对企业的评价取决于企业行为的好坏和公众需求的状况。为公众服务、让公众满意已成为任何一个企业存在的前提。企业要在竞争中发展，就必须获得公众的认可与支持，必须真正将企业的生存发展与自觉维护公众利益联系起来，最大限度地为公众服务，让公众满意。

作为企业员工，应该明确认识到企业形象塑造的重要性。在工作中，努力做到在公共场合或对外交往时，不说、不做有损公司形象的言论和行为；在公共场合能适当地正面宣传公司，能按照公司的行为礼仪要求从事管理服务和对外交往活动，发现有危害公司声誉的言行时，能立即制止。

四、如何营造凝聚力与向心力

群体凝聚力是指群体或组织对其成员、成员之间形成的吸引力。这种吸引力，构成了社会组织和群体的凝聚力，是社会组织或群体的相容心理、认同心理和归属心理的表现。构成群体凝聚力的因素包括群体成员间相互吸引、群体活动对成员的吸引力、群体满足成员个人需要的吸引力。高群体凝聚力的群体具有以下特点：群体成员之间有良好的人际沟通能力，人际关系和谐；群体成员乐于加入到群体中来，并积极参加群体组织的各种活动；群体成员对群体拥有责任意识，自觉维护群体的利益和荣誉；群体成员具有较强的归属感、尊严感和自豪感。

向心力是指群体成员围绕和追随某个中心发挥作用的倾向性和自觉性。向心力一般有两种类型：一种是围绕和追随领导人的向心力，称为权威向心力；另一种是围绕和追随组织目标的向心力，称为目标向心力。权威向心力的特点是以权威为中心，一般表现为领导人有至高无上的权威，往往被视为"精神领袖"，员工对其无限信任和绝对服从，而其在社会上也有很大的影响，该领导人是灵魂，是内外影响力的源泉。目标向心力是以目标为中心组织实施的民主决策、目标管理，成员的思想和行为都指向完成企业各个层级的目标。

（一）群体凝聚力和向心力的形成

对于一个企业来说，核心是"人"。如果能够把企业所有员工的力量集中起来，共同指向同一方向，那这个企业就有了成功的可能；反之，一个企业如果拥有大量优秀甚至很杰出的人才，但没有一个统一的奋斗目标，由于企业员工的方向不明，所做的努力也只能是徒劳。因此，企业建设的首要重点就是提高企业内部的群体凝聚力和向心力。企业中的凝聚力与向心力的形成包括以下内容。

1. 让企业员工感受到企业的温暖

企业员工是企业的内部公众，要让企业员工对企业有感情，首先企业要对员工有感情。企业是温暖的，才能让员工有家一样的感觉，才会形成企业凝聚力和向心力。成功的企业都十分重视给予员工全面的关心，总是把自身看作是一个扩大了的家庭，大力培植温馨的家庭气氛。他们不仅关心员工的工作、进修、奖励、晋升，而且关心他们的家庭生活和"个人问题"。员工的家庭生活和"个人问题"，是员工的基本生理和心理需要的重要组成部分，不但直接关系到员工本人的情感状态和工作效率，对企业内部的人际关系也有影响。如果能在企业内予以关心，不仅有助于调动员工的积极性，而且也掌握了对员工心理的良性调控权。

2. 建立共同愿景，用愿景激发企业员工的事业心

"愿景"是指一种愿望、理想、远景或目标。共同愿景是企业中全体员工的个人愿景的整合，是企业中员工都真心追求的愿景，是能成为员工愿望的愿景。它由3个要素组成，即目标、价值观和使命感。一个企业光有目标还不行，要实现目标，还必须要有共同的价值观和使命感作为强大的支撑保证。企业的价值观是企业精神的灵魂。价值观是一个体系，一个企业成功与否就要看这个企业能否构筑起科学的、先进的价值体系，有了这样一个明确的价值体系才能使全体员工向一个方向前进。管理大师彼得·圣吉认为，共同愿景是企业中各个员工发自内心的共同目标，是蕴藏在人们心中一股令人深受感召的力量。一旦真正建立共同愿景，那么它会有足够的吸引力，把人们的所有努力汇集到一点，从而形成强大的凝聚力。激发员工的热情、干劲，调节员工之间的关系，使企业成为风雨同舟、戮力同心的坚强集体，并为企业的生存和发展提供长久的动力。

3. 正确处理企业内部的利益关系

随着社会主义市场经济的逐步建立，各种企业内部的利益关系也发生了重大而深刻的变化。由于利益关系直接与每个企业员工相联系，因而必须慎重处理。

（1）要注意物质利益分配的合理性，金钱不是人们所追求的唯一目标，但金钱可以满足个人的许多需求，有时它代表一个人在企业中的成绩和贡献。同工同酬，以工计酬，公平合理，就能提高员工的工作积极性；反之，不合理的薪资制度会引起员工的不满情绪。

（2）企业必须尊重员工的劳动和尊严，使员工处处感受到自己作为企业不可或缺的一分子的"主人翁"价值，认识到企业的兴衰荣辱与他们的工作效益息息相关。这样，员工就会因个人作用受到重视、个体价值受到肯定而增强自己的责任感和使命感，自觉地将自己的利益与企业的利益融为一体，自觉地与企业同呼吸、共命运，并在对外交往中自觉地以企业一员的角色维护企业的良好形象。

（二）企业的凝聚力与向心力的培养

一盘散沙难成大业，紧握的拳头打出去才更有力量，而企业凝聚力的强化与其员工的目标又紧密相关，因此企业凝聚力与向心力的培养应该从以下几个方面着手：

1. 确立理念

企业形成了共同的理念，才可能做到企业员工共同来编织企业的共同愿景。每一个企业都必须有一个价值信念和行为宗旨，以维系和激励全体员工，充分调动他们的积极性、主动性和创造性。有共同的理念就可以增进凝聚力，因为正确、先进的目标是人们共识的结果。在认识过程中，人们摒弃了错误、落后、模糊和不恰当的目标，在分析内外因素、自我能力的基础上，逐步形成了为共同目标奋斗的结构和精神状态，能够把企业员工内聚在目标周围，即形成"志同道合、共同奋斗"和"价值——方向"相同的局面。

2. 树立企业与员工是合作伙伴关系的理念

传统的企业与员工的关系是雇佣与被雇佣的关系，在这种关系下，虽然企业一直强调员工应具有主人翁的精神，但事实上，这个主人翁的地位很难被员工在思想上加以肯定，而始终认为员工是处于从属的地位，因此很难对员工产生有效的激励。如果树立企业与员工是合作伙伴的理念，才真正肯定了员工在企业中的主人翁地位，从而让员工感受到企业的认可与尊重，就能够对员工产生持久的激励效应。

3. 增强内部员工的认同感、归属感、向心力

美籍日本管理学教授威廉·大内指出："提高劳动生产率的关键是建立一种信任、微妙和亲密的人际关系。"注重人际和谐是企业成功的"秘密武器"，企业内部关系是要像家庭关系那样充满感情与人情味。

4. 完善企业合理化建议

合理化建议制度是管理的民主化制度，是一种较为成熟和规范化的企业内部沟通制度，主要作用是鼓励广大职工直接参与企业管理，并且可以通过上情下达，让企业的管理者与员工保持经常性的沟通。日本丰田汽车公司从 1951 年起推行合理化建议制度，当年就发动职工提出建议 1831 条，到 1976 年达到 463000 条，平均每个职工提出建议 10 条以上。公司对好的建议者发给高额奖金，而且因为制度本身的民主性和员工直接参与的快感，大大激发了员工的积极性和荣誉感，满足了员工的成就感，促进了员工的使命感，增强了企业的凝聚力。

5. 营造一个充分沟通、信息知识共享的环境

随着社会的发展，企业内部沟通方法和手段也有了很大的发展。企业可以充分利用黑板报、企业内部报纸杂志、内部电视网络、内联网等多种传媒，运用座谈、会议、电话交谈、网上聊天等多种方法，使员工能方便地了解到各种所需的信息与知识。

6. 深挖内涵，建设有特色的企业文化

企业凝聚力和向心力的形成，仅仅依靠外部刺激或是制度来实施是远远不够的，还要通过在企业内部建设符合本企业特色的企业文化，从而真正在企业和员工之间、员工与员工之间建立起富有意义的合作伙伴关系。企业文化是指企业的传统和氛围，其核心内容是企业员工共同拥有的价值观和共同的行为规范。当今的信息时代给企业带来了新的机会，与此同时，快速、激烈的竞争将迫使企业中的结构不断优化，因为这也是保持企业竞争优势的唯一途径。信息时代的企业还要适应以人为本的价值观，实现制度管理向文化管理的转变，这也是柔性管理的关键所在。

五、如何处理企业群体的冲突

群体冲突是在群体之间公开表露出来的敌意和相互对对方活动的干涉。从一个方面看，冲突将妨碍现有组织与人员的运转，但是群体冲突并不总是有害无益。如果能保持在合理的程度和有限的重要事件上的话，那么冲突实际上能使组织更有效地运行。

（一）群体冲突的产生

群体冲突一般不会因为非理性或微不足道的小事而发生。相反，而是由于组织协调不同群体的工作和在这些群体间分配奖赏的方法造成的。

1. 工作协调

群体冲突最常见的原因可能是出自几个不同部门之间的工作协调问题。

（1）序列工作相互依赖。序列工作相互依赖是指一个工作群体为了完成其任务必须依赖组织的其他单位的程度。序列工作相互依赖的情况是：一个群体的产品（产出）是另一群体的原材料（投入）。例如，建筑师设计的规格参数成为工程部门活动的起点。一个群体的活动对另一群体的绩效影响越大，群体冲突的可能性就越大。

（2）相互工作的依赖。相互工作的依赖是指每个群体的一些产出都成为另外群体的投入。由于相互工作依赖而产生的群体冲突在于群体对绩效的差异，每个群体都对接收来自其他群体的工作质量或数量感到不满意。例如，采购部门和工程师常常因为任务依赖性而发生群体冲突。采购部门承担在符合质量要求的前提下，以最低成本为组织获

得原材料的责任，采购人员特别不希望工程师告诉他们应该购买什么特定品牌的物品，他们只要得到所采购物品的功能性规格，以便他们能够更有效地和许多供应商讨价还价。然而，采购人员的这种要求却会造成工程师工作量的增加，因为如果那样的话，工程师必须在材料订单中提供更详细的情况，而且还必须测试多种牌子的产品，以确定哪些能够符合他们的规格要求。工程师和采购人员双方都认为对方侵犯了本属于自己管理的职责范围。

（3）工作模糊。如果组织不明确规定哪个群体应对某项活动负责，那么群体冲突也可能发生，这种对工作职责缺乏明确规定的情况称为工作模糊。工作模糊常常引起工作群体间的相互敌视。因为工作模糊往往使重要的工作责任模棱两可，处于群体之间谁也不负责的真空之中，而每个群体却都认为这是对方的缺点，因而感到义愤填膺。

（4）工作方向的差异。企业的员工进行工作和与别人交往的方式随职能不同而各有差异。首先，各职能群体在对时间的看法上不一样；其次，不同职能部门的目标差异很大；再次，不同职能部门人员的人际关系是有差异的。两个工作群体的目标、时间和人际关系差异越大，在他们不得不协调其工作时，两个群体就越容易发生冲突。这些工作方向上的差异使各群体对其他群体的行为感到失望或不可理解。

2. 企业的奖赏制度

企业监控群体绩效和分配资源（如资金、人力和设备）的方式是产生群体冲突的第二个主要原因。在群体间为稀少的资源展开竞争时，他们就会发生冲突。

（1）资源的相互依赖。群体间在完成各自的工作任务时是相对独立的，但会相互竞争资源，会在公司总部为额外的预算分配或额外的人力资源而展开竞争。当企业发展缓慢或根本不发展时，这种在资源方面不可避免的冲突将变得更加激烈。

（2）矛盾的奖赏制度。企业奖赏制度的设计造成这样一种情形：一个群体只能通过牺牲其他群体的利益来实现自己的目标。这种矛盾的奖赏制度不可避免地会导致群体间关系的恶化。

（3）竞争作为一种激励手段。管理者有时利用群体间的竞争作为激励员工的一种手段。这种策略的基本原理是：人在有压力时将会生产出更多的产品，因而群体间的竞争对组织来说是有益的。不幸的是，这个理论虽然看上去似乎很诱人，但实际上群体间的竞争常常导致群体间冲突的增加，而生产率却没有得到提高。一般相互合作的群体能更好地协调它们的活动，而且更充分地沟通信息和交流思想。

（二）群体冲突动态分析

1. 群体内部的变化

在群体冲突之初，群体在知觉、态度和行为等方面的五个变化特别值得注意。

（1）忠于群体显得更为重要。当面临外来威胁时，群体要求各成员忠于群体，这时群体对其成员同群体以外的人的社会交往不仅不提倡，而且是明确地阻拦。因为他们认为，这种交往可能会无意中泄露公司的策略与机密。这时群体对不合群的人的监视更严，当出现违规时将处以重罚。

（2）对任务的完成越来越关心。由于冲突，群体尽最大努力干好工作的压力增加了，因此，群体对成员的个人需要及关心程度降低，而对完成任务却更为关心，群体气氛变得不像以前那样不拘礼节。

（3）群体中的领导作风趋于武断。当出现群体冲突时，对群体来说，能以统一的方式迅速对其他群体的活动作出反应就显得尤其重要。民主的工作方式可能会削弱群体迅速作出反应的能力。更为糟糕的是，民主的领导方式允许发表不同的意见、观点；相反，比较专横、武断的领导方式加强了群体对外来威胁迅速作出反应，以及建立统一战线的能力。

（4）工作群体的组织和结构更趋"刚性"。由于发生冲突，群体更加关心任务的完成，领导作风更加专横、武断。与此相一致，工作群体的组织和结构更加"刚性"，活动的协调量增加，群体还制定和强制实施附加的规则和条例，责任也都具体地落实到了各群体成员。

（5）群体凝聚力增强。面对外来威胁，群体成员之间过去的分歧与纠纷不复存在，群体上下同心协力地迎接挑战，这时各群体成员会发现无论是作为整体的群体还是群体的每个成员都比以前可爱多了。

2. 群体间关系的演变

在群体之间发生冲突时，群体间关系的本质也显著发生变化，表现为以下 4 个方面：

（1）对本群体及其他群体的知觉均偏离事实。首先，群体成员对自己群体的知觉带有很强的选择性：人们往往只看到本群体好的方面而否认自身群体的工作中有任何不足。其次（这更为重要），对其他群体的看法与实际情况完全相反；人们只看到其他群体的缺陷而否认他们的工作成绩。因此，群体冲突往往导致更深的偏见，形成更多的框框，每个群体都给自己带上过分肯定的"高帽子"，而对其他群体的看法则过分否定。

（2）群体间的相互交流和信息沟通减少。由于群体成员对其他群体的成员怀有敌意，因而相互交往接触的愿望不很强烈，另外，由于交流减少又使每个群体更容易维持对其他群体的否定看法。在这时，即便群体被迫进行相互交流，这些接触也往往过于正规和僵硬，群体间应交流什么信息，往往都要经过仔细的斟酌分类甚至故意回避，因为此时各群体往往看不到他们之间观点立场的共性而夸大差异与分歧。

（3）对待其他群体的方针由"为解决问题"变成"为输赢"。这种方针的转变表现在几个方面：

①群体间的差别更为显著，从而使目标成为"我们与他们"，而不是"我们与问题"。

②和其他群体的一切交换都以输赢来衡量。

③群体往往只从自己的角度看问题，而不是考虑到双方的需要。

④冲突各方重视短期内赢得冲突的好处，而往往不考虑冲突给群体间关系造成的长期阴影。

（4）对竞争对手的敌意加深。偏见、交流减少，以及以输赢为目的，这些都不可避免地使竞争群体间的关系恶化、敌意加深。其他群体的成员被看成敌人，因而认为受到敌对的攻击。

（三）处理群体冲突的策略

1. 处理群体冲突的原则

要想很好地处理好企业组织中的矛盾和冲突，首先必须掌握正确地处理员工关系中的矛盾和冲突的原则，作为冲突的当事人应该掌握以下原则：

（1）对事不对人。当矛盾和冲突发生时，双方应当尽快让自己的情绪平静下来，不要把事情本身和个人的恩怨联系在一起，混为一谈。

（2）致力于问题的解决。不要将冲突升级为一种较量，一定要分出个输赢。对问题的解决不存在谁输谁赢的问题，关键是使问题得到有效的解决。因此，应当把注意力放在问题的解决上，否则只会让矛盾和冲突升级，无法解决问题。

（3）保持公平和正义。无论是什么样的矛盾和冲突，当事双方和中间人都应当努力遵循公平和公正的原则，不能有所偏私。偏袒只会使矛盾激化，而且会产生矛盾的移位，使矛盾扩大化，使冲突更加复杂化。

（4）保持开放的心。矛盾和冲突的双方容易倾向于先确定一个自己的预期目标，不达到目的不肯罢休。这样的做法往往无助于矛盾的解决，相反，还会加剧矛盾和冲突。只有用开放的心态聆听对方的看法，并以公正的态度寻找一个共同的标准，才能在这样的基础上得到双方都能接受的结果。

（5）尽量采取双赢的原则。虽然双方的矛盾和冲突有的时候是不可调和的，只有采取强制的输赢策略才能结束矛盾和冲突。但是，在大多数情况下的矛盾和冲突，双方都有着共同的利益，采取富有建设性的双赢策略，可以使双方的利益趋于一致，并最终实现双方利益的最大化。

2. 群体冲突处理的策略

冲突和矛盾是多种多样的，因此处理的策略也是各不相同的。根据采取策略的武断程度和合作程度，可以分为强制策略、回避策略、妥协策略、克制策略和合作策略。各种策略有不同的运用场景，具体说明如表 2 - 8 - 1 所示。

表 2 - 8 - 1　群体冲突处理策略

策略类型	适用的冲突类型
强制策略	1. 紧急情况，必须采取果断行动时 2. 需要采取特殊手段处理的重要问题 3. 反对采取不正当竞争手段的人 4. 处理严重违纪行为和事故
回避策略	1. 处理无关紧要的问题 2. 处理不可能解决的问题时 3. 解决问题的损失可能超过收益时
妥协策略	1. 双方各持己见且势均力敌时 2. 形势紧急，需要马上解决时 3. 问题很重要，不能采取独裁和合作方式解决时 4. 双方有共同利益，但又不能用其他方法解决时

续表

策略类型	适用的冲突类型
和解策略	1. 需要维护稳定的大局时 2. 矛盾会导致更大的损失时 3. 自己犯了错误或不如对方时 4. 做出让步会带来长远的利益时 5. 对方的利益比自己的利益更重要时
合作策略	双方有共同的利益，且可以通过改变方法和策略满足双方意愿时

六、企业员工激励方法与技巧

（一）员工激励概述

员工激励是企业管理尤其是人力资源管理的核心问题。在人才竞争日益激烈的市场经济中，企业必须不断改进人力资源管理工作，提高激励的有效性。激励机制是否得当影响到企业的经营业绩，甚至关系着整个事业的成败。企业应该采取适合自身的具体措施，使激励更具有针对性。另外，对员工进行激励，还应该注意激励措施的系统性，不能顾此失彼，否则会使激励的正负效果相互抵消，降低激励的投资回报率。

关于激励机制必要性的认识古已有之，所谓"水不激不跃，人不激不奋"。西方管理学中也曾有言："人们总是喜欢去做受到奖励的事情"。

在当今经济社会中，只有在有效的激励下，企业员工才会发挥积极性、主动性、创造性，完成自己的工作目标，并为企业创造新的价值。在现实中，也常听到"公司的成绩是全体员工努力的结果"之类的话，表面看起来管理者非常重视员工的作用，但当员工的利益诉求以个体方式出现时，管理者往往又会以企业全体员工整体利益为由加以拒绝。这让员工觉得公司的所谓"重视员工的利益和价值"只不过是一句空话。明智的管理者都知道，用人是企业兴衰成败的关键，只有通过激励员工，提高人才的工作效率和积极性，企业才能在激烈的市场竞争中立足。

对员工的激励一般可以从内容和过程两个方面进行探讨，其中又以内容型激励理论为主体。只有明确了用什么来激励，才能进一步研究激励的阶段和过程问题。

（二）激励理论

关于激励的理论有很多，本书主要就赫茨伯格的双因素理论、马斯洛的需求层次理论来对内容型激励在企业管理中的意义加以论述。

1. 赫茨伯格的双因素理论

赫茨伯格（Fredrick Herzberg，1959）的双因素理论指出，一些工作因素只能防止产生不满意感，而另外一些则能产生满意感，这两种因素对应的是人生活的不同层次。

第一类因素称为保健因素，包括企业政策和管理、技术监督、薪水及人际关系等。这些都是员工从一份工作中所能得到的最基本的利益，是工作和生活的最基本保障。因此，在这类因素不具备的时候会引起员工的强烈不满，而因素具备的时候也不会产生很大的激励作用。老板许诺给员工的薪水即便是按时按量兑现，也不过是员工的应得报酬，不会对员工产生什么激励，相反如果一旦薪水未能兑现，则很有可能产生消极作用导致人员的流失。

第二类因素称为激励因素，包括工作本身因素、认可因素、成就和责任等。这些因素反映的是员工在基本生活状况得到保证的情况下，对于更高层次物质生活和精神生活的追求。因此，不具备的时候不会引起很大不满，而具备的时候会产生很大的激励作用。公司通过这些激励因素以显示自己对员工的重视以及对员工价值的认可，这也是一种以人为本的思想的体现。

日本松下集团就是一个很好的例子。公司高层领导开会时使用的桌子是圆的，而不是常见的长方形，这为会议创造了一个平等的环境，与会的人都觉得自己是集体中的一个无差别的个体，能够尽心尽力地为公司出谋划策。麦当劳深谙员工激励之道，会按照具体情况为每个人及不同岗位制定目标，一旦达到目标，就可以获得公司内部的积分奖励，从而得到旅游、职业发展、抽奖、聚会、带薪休假等的机会，所有的员工都是平等的，只要努力工作就能改变命运。

赫茨伯格的双因素理论表明，"激励因素"是让企业员工发挥积极性、创造性的关键。所以有效的激励机制应该避免将"激励因素"转化为"保健因素"，使"激励因素"成为激励员工的持久动力。企业在实施激励机制的过程中，应该根据内外环境的变化适时加以调整，使其能为持续激励本企业员工发挥作用，实现员工个人目标和企业战略目标的协调发展，最终实现企业长盛不衰的发展。

多数企业认为，只要给员工更多的报酬，员工的工作积极性就可以得到有效激发，他们把这看做是一种"激励因素"，因为员工的薪水提高了，他们也就得到了超过"保健因素"的回报。事实上，这一做法也确实能在短时间内提高员工的工作效率，但时间一长，问题便接踵而至。加薪一段时间以后，员工陷入"加薪疲劳"，工作效率又回到从前，这时的员工往往期待再次加薪，如果加薪的期望得不到满足，就可能选择离开。可是没有公司会因此不断地给员工加薪，结果加薪反而导致公司陷入尴尬境地。这便是"激励因素"转化为"保健因素"给公司带来的后果。

其实按照赫茨伯格的研究，只要公司能维持一定的"保健因素"，员工就不会对工作产生不满，但也不会大力投入工作，这时管理者们要做的是尽可能多地提供各种激励。但是每一种激励都不应该是长期维持或是恒定不变的，而应该根据员工、工作和市场的状况适时地进行调整，以短期的集中的激励为主，长期的不显著的激励为辅。从而保证激励的长期有效性，以达到借助人才的力量实现企业发展目标的计划。

2. 马斯洛的需求层次理论

内容型激励理论的另一个重要部分便是马斯洛（Abraham Maslow，1943）的需求层次理论。这一理论将激励需求分为生理需求、安全需求、社交需求、尊重需求和自我实现需求五大类。

这五类的需求层次是逐级递增的。一般只有在较低层次的需求得到满足之后，较高层次的需求才会有足够的活力驱动行为，很少有人会追求与自身实际情况并不相符的层次。就好像一个濒临饿死的人，即便是授予他再高的头衔，对他来说也是于事无补，它的激励作用还比不上一碗饭来得有效。这其实在足球和篮球界中十分常见，如果把球员看做俱乐部的雇员，那么基本年薪就是他们的生理需要，而获得锦标是他们的尊重需要和自我实现需要。

人们经常会看见球员离开冠军球队投奔低级别球队，也经常能看到球员离开运动大国转而去其他国家，究其原因不过是一个"钱"字。作为球迷往往无法理解运动员的这一举动，不明白为什么他们会因为一点薪酬上的纠纷就放弃运动场上的荣耀。但事实上，人都是有需求的，每个人在不同的阶段都有对不同事物的需求，没有满足他们的这些需求就无所谓激励。当俱乐部和球迷们不断强调成就感和荣誉的同时，他们却忽略了一个人最基本的需求——生理上的满足，这与他们当前所处的位置和所获得的荣誉无关。只有生理上的需求得到了满足，他们才有追求更高层次需求的动力。

马斯洛的需求层级理论的核心建立在对于人性的理解和尊重的基础之上，管理者必须了解员工并能尊重员工的需求，一旦与这一基础相悖是不可能形成有效的激励机制的。

这一需求层次的变化同样可以从两个国内标志型企业中看到。海尔集团在创业初期的企业理念是："无私奉献，追求卓越"，而在1996年7月将其调整为"敬业报国，追求卓越"。而华为公司则提出："不让雷锋吃亏。"这也正是两个企业能够获得成功的原因之一。

对人生价值的追求是必不可少的，但是对其的追求必须建立在满足其他基本需求的基础上，否则一切豪言壮语只不过是"无源之水，无本之木"，不可能长久地持续下去。但同时人们也不得不承认这一层次的递进并不完全适用于所有人，也不能否认有人为了赢得他人的尊重实现自身的价值而越过生理、安全等层次需要的可能，中国自古便有"廉者不受嗟来之食，不饮盗泉之水"的说法。一些公益性质的举动，如我国的希望工程，创办者不去计较个人的得失，以振兴贫困地区儿童教育事业为己任。

马斯洛的需求层次理论并不是从根本上固定了各个层次之间的顺序，而是认为任何一种特定需求的强烈程度取决于它在需要层次中的地位，以及它和所有其他更低层次需要的满足程度。也就是说虽然需求和个人的人生观、价值观有着密不可分的关系，但这一关系不能简单地由人品或是人格来界定。不能简单地认为以满足生理需求为先就是不高尚的，而以实现尊重需求和自我价值需求为先就一定值得推崇。

当然，赫茨伯格的双因素理论和马斯洛的需求层次理论都只是一个类似纲领性的指导思想。管理者们必须根据企业自身的状况、企业员工所处的不同阶段，以及市场的普遍情况来取相应的激励措施，同时坚持以人为本的指导思想，在考虑整体利益之时，也必须切实注重个人的利益，以发挥整体每个组成部分的最大能动性。公司就像一个盛水的大桶，只要有一块"短板"的存在，公司的发展前景就必然会受到或多或少的制约。

（三）不同类型企业员工激励技巧与方法

有人把马斯洛层次理论下的员工比作四种不同的鱼：水沟里的鱼、池塘里的鱼、河流里的鱼和大海里的鱼。这个比喻很贴切地反映了在几个不同的层次中的员工的不同点。对于水沟里的鱼，由于自身环境和条件的限制，它们只能以生存和基本的物质满足作为自己的需求，这并不意味着它们不向往广阔的海洋。只是相对而言，生存对它们是更为实际也更为迫切的选择，这时足够的食物比宽阔的生活环境对它们来说更有价值。

1. 第一种类型的员工：水沟里的鱼

这种类型的员工，他们最迫切需求的是物质，如工资、奖金等。他们需要钱来养家糊口，需要供小孩上学，或者供自己生存等。因此，他们可以做最累、最脏、最不体面的工作，只要有一份不错的收入就行。他们本身并没有太多的能耐，也没有太高的奢求，他们只需要挣足够的钱来承担家庭和生活的责任。这种类型的员工一般为工地上的农民工、工厂里的操作工等最基层人员，或者可以是有经济困难的员工，也可以是走向社会不久迫切需要用钱的员工，对于他们的激励最直接有效的激励方式是物质激励。如果缺少物质激励，不能满足他们最基本的物质需求，给予他再多的精神方面的激励也起不到任何作用。这就像对一群饥饿的人说，你们赶快干吧，干完后给你们一人一套新衣服。对饥饿的人来说，最需要的是食物，而不是衣服，衣服再华丽、昂贵，对他们来说，都没任何意义。

2. 第二种类型的员工：池塘里的鱼

这种类型的员工，他们需要的是良好的工作环境，更大的发展舞台。他们基本上衣食无忧，能满足最基本的物质生活。他们一般是具有一定的学历、知识、能力，拥有一份轻松、稳定而又比较体面的工作，但对自身的工作，往往无法自主选择。这类型的员工一般为中小型国企里的职工，事业单位的一般办事人员等，他们需要的是工作更轻松、环境氛围更好，需要在工作中得到别人的尊重，由于他们对自身的工作缺少自主选择性，也需要有一个更宽广的舞台。因此，对于他们的激励不但需要一定的物质激励，还需要相当的精神方面的激励，两种激励方式应该齐头并进。在物质激励方面主要是增加工资和福利；在精神激励方面，主要是环境激励、组织激励、榜样激励和荣誉激励等。

3. 第三种类型的员工：河流里的鱼

这种类型的员工，他们需要有远大的目标，追求更广阔的舞台。他们一般情况下没有最基本的生活困扰，不是迫切需要整天为生活而奔波。他们一般具有较高的学历，具有较强的专业知识和能力，他们的工作往往不稳定，也不一定体面或轻松。这种类型的员工一般为私营企业或其他性质企业里的管理人员。技术人员或业务人员。他们可以暂时从事比较脏、累、苦的工作，也可以暂时从事没有物质保障的工作，他们看中的往往是自身的发展和自身能力的提高，他们所需要的是要有远大的目标，更为宽阔的舞台，他们能接受暂时脏、累、苦，甚至是不体面、没有物质保障的工作，但不是长久地接受这种工作，他们只是把这种工作作为一种磨炼，以期得到更大的发展。因此，对于他们的激励更有效的应该是目标激励、能力激励、绩效激励等，物质激励可以次之。

4. 第四种类型的员工：大海里的鱼

这种类型的员工，他们需要有竞争性的环境，需要有实现自我的舞台，更需要有提高自己能力的机会。他们一般情况下都拥有比较雄厚的物质基础，能过上优越的日子，不会为生活发愁。他们一般都具有非常高的学历，丰富的专业知识，卓越的能力。他们的工作体面，而又富有竞争。这种类型的员工一般为大型企业甚至是跨国企业里的中高层管理人员或专家。在这类型企业里，无论是组织环境、文化氛围，还是薪酬、福利，都很优厚，但是，这里人才辈出，竞争激烈，弱肉强食现象到处存在，很容易被淘汰。这种类型的员工，他们需要的是自身能力的提高，自身价值的实现，只有能力提高，才不会被淘汰，自身价值得以实现，才能有更大发展。因此，对于他们的激励更有效的应该是能力激励、绩效激励等。

其实，在任何企业、单位或团体，以上四种类型的员工都会存在，他们之间也不完全是独立的，有些员工可能同时具备了以上四种类型员工的部分特质。因此，任何一个企业、单位或团体，在实施激励手段时，要根据不同类型的员工实施不同方式的激励，杜绝滥用激励，把激励资源真正用到最需要的地方。

第九章　国际物业管理与营销策略

一、美国的物业管理工作

（一）美国物业管理的概况

美国是实行分权制的联邦国家，政府设有专门的物业管理行政机构。各级联邦政府都有房产管理局，其职责是制定房地产法规并监督检查实施情况；还设有公共房屋管理委员会，并有若干代理机构，监督房屋建设项目。除了这些房地产管理部门外，还有许多隶属政府的专业协会，其中美国物业管理协会（IREM）就是专门负责培训注册物业管理师的组织，其总部设在芝加哥，下面有 100 多个地方分会。目前，全美国约有15000 名注册物业管理师，管理着全美 8770 亿美元的房地产，约 960 万套住宅，76 亿平方英尺的商业楼宇。物业管理人员只有在达到 IREM 制定的严格标准以后，才能得到注册管理师（CPM）证书。其全国有影响和规模的物业管理协会和组织还有国际设施管理协会（IFMA），主要负责对物业设施的管理；建筑物业主和管理人员协会（BOMA），代表在物业管理过程中业主、房东的利益。

美国政府一般不大干涉物业服务企业（物业管理公司），而由民间组织或物业服务企业进行互相监督，这与我国的情况有很大不同。根据美国各州的区分所有物业产权法，业主协会是业主管理物业小区的自治机构，对外享有一定的经营权和决策权。业主协会成立于开发商出售物业之前，是经有关政府有关部门注册备案的一家非营利的公司，有独立的银行账户，全体业主均为业主协会的会员。业主大会是业主协会的决策机构，业主管理委员会是业主协会日常事务的管理机构或执行机构，业主管理委员会与我国的业主委员会有相似之处，但权力范围比我国的业主委员会要广得多，比如说其可以根据业主大会通过的标准进行收费，编制财务报告、年度预算方案、负责维修基金的收费、保管与使用等。另外，这里要说明的是，业主协会在物业出售前，是由开发商申请政府部门并由开发商负责成立；业主管理委员会成立后，业主管理委员会负责成立。此后，开发商也作为小区的一个业主服从业主管理委员会对该小区的管理。对于政府持有的物业，管理方式不尽相同，有的由政府专设的机构进行管理，也有的委托专业物业服务企业管理，还有的将部分专业管理内容分发给专业服务公司，自己管理其中一部分。

美国物业管理已十分普遍，为社会所充分认可。一些有着优秀管理经验的物业服务企业，它们的服务领域，根据社会化需求可以无限扩展，如在美国排名第一位的物业服务企业世邦魏理仕，它的管理范围延伸到医疗、IT 行业、教育、证券以及高科技企业等各类物业。一些物业服务企业在常规的服务之外，还提供洗衣、配餐、病人的运送及护理等社会服务内容，这就对物业服务企业提出了很高的技能要求，要求既要具备有效的管理手段，同时还要具备跨领域、全方位的专业服务能力。

在美国，对物业服务企业来说，每一个物业均是其盈利中心，每一个物业的管理单位或分公司都是一个完全独立的公司，每一个分公司都代表了一个地区，是一个独立核算的盈利中心，不存在相互间盈亏互补的情况。但作为一个公司来讲，处于战略考虑，它的管理模式、管理制度、管理程序都是统一的，都实行标准化管理。如具有80年发展历史，排列世界500强的Service Master公司是一家专业从事物业管理的服务性公司，拥有25万名员工，在43个国家为超过1200万家客户提供服务，年营业额超过73亿美元，并创连续30年股价稳定增长的骄人纪录。在美国该公司共有5000多个物业管理项目，涉足的领域涵盖了美国的证券交易所、著名的大学、医疗机构等多种物业类型。

（二）美国物业管理的特点

美国的物业管理位居世界先进水平，已成为城市建设和管理的一个重要产业，具有如下特点：

（1）管理细分，专业化服务十分发达。专业化管理是美国物业管理最显著的特点之一。美国的社会化分工十分明确，开发商开发楼盘后一般不管理自己开发的物业，而是找一家物业服务企业进行管理。开发商买下土地后，由财务公司做策划，请项目建设公司建造，委托专业销售商售房，然后找一家物业服务企业进行管理。开发商是不愿意搞物业管理的，因为他们认为房产开发与管理不同，前者是生产领域，后者是服务领域，这样聘请的专业物业服务企业，比自行管理费用更少。另外，物业管理在美国已经十分专业化，开发商自己成立一个物业服务企业，很难得到人们的认可。

物业服务企业一般也只负责整个住宅小区的整体管理，具体业务则聘请专业的服务公司承担。物业服务企业接盘后将管理内容细化后再发包给清洁、保安、设备维修等专业单位。例如，小区绿化由专业绿化公司来承担，保安由专业保安公司负责派人承担，维修交由专业维修公司按维修合同负责。对外招投标手续也不像我国内地那样复杂，一般由投标公司自己出方案，主要看对方的价位和服务承诺，最后由业主进行挑选。据悉，纽约市各类外包合同总金额约1000万美元，占全年物业管理总费用的25%。而保安工作则由安检警察来做，安检警察隶属于警察局，因此，物业服务企业碰到的因保安人员不具备执法权而对业主违规违约行为不能处理的问题就迎刃而解了。

（2）以人为本，顾客至上。在美国，物业服务企业是因为收了业主的钱才提供服务的，因此，其对业主、租户进行服务是很到位的。凡是业主的要求，物业服务企业能做到的尽量做到。比如居住社区的停车场需要维修，物业服务企业会指派专业公司的工作人员，先到现场了解情况。而后在每家每户门前贴一张通知单，讲明停车场何时维修，何时修好，请用户将车停到附近停车场等。社区业主每月应交的水、电、燃气费，先由物业公司专门人员上门如实抄写，而后输入计算机传到银行。银行按统一价格向业主收取，公司工作人员不直接经手货币。物业服务企业所做的每一件事，收取的每一笔费用，都会让业主知晓，向业主说明收费原因，管理账目也都是公开的。物业服务企业还十分注重对业主的接待礼仪，每个新进员工必须先接受礼仪接待培训。员工穿着要求整洁，衬衫不许有杂花颜色。不管男女员工，不能戴很贵重的金银首饰，包括总经理，饰物得全部取下。其理念是服务行业的人要采取低姿态，把自己贬得低一点，才能全心全意为业主服务好。美国的物业管理中还特别提倡主动服务意识，他们认为客户是第一位的，比亲戚朋友更重要。客户没有想到的，你要替他们想到，因为你是专业人员。写字楼、公寓物业保安人员在巡视时，总是随身带着一个工作包，内有榔头、电笔、电筒、电压表等工具，甚至纤维带、止血药物，遇到问题可以立即解决。

美国高档楼宇通常采用封闭式管理。就是以楼宇为管理单位，用隔离体将楼宇与外界分开，在管理范围内对进出楼宇区域的人员、车辆等流动性因素进行控制管理，即人、车、重要物件进出必须登记。管理者对楼宇内治安、防火、清洁卫生、水电供应等全面负责。采用这种模式管理，集中规范，水平也高。业主、住用户感到安全舒适与方便。这种模式多用于高档高层住宅楼宇和一些重要部门的高层办公楼宇。物业服务企业为了保证安全，在楼宇停车场、存车库、大堂、电梯内等人员流动量大的地方安装闭路电视监控系统，出入口安装电动控制闸门，楼宇内还有可视对讲装置、报警装置，方便业主与保安的联系。楼宇内还有24小时的昼夜巡岗，保证楼宇大厦的绝对安全。

一些有着优秀管理经验的物业服务企业，其服务领域会根据社会化需求无限扩展，有些物业服务企业在常规的服务内容之外，在充分考虑业主衣、食、住、行等方面的需求的基础上，还提供车辆保管、绿化养护、洗衣熨衣、看护儿童、护理病人，代订代送报刊、通报天气预报和股市行情等服务，尽可能地满足业主现实和潜在的服务需求，让每个人感到舒适方便。物业服务企业还定期组织业主郊游、聚餐等活动，以营造业主之间的融洽气氛。大多数物业服务企业还在楼宇大厅设置咖啡台，供住户免费享用。有的甚至每天早上免费摆出数样西餐早点，为那些匆忙的上班族提供方便。

简而言之，在具体实践中，美国物业管理的一个最大特点就是以人为本，一切为业主服务。

（3）制度健全，管理严格。在美国，小区管理制度也十分严格。房产商完成一个楼盘后，会交给事务所一个有执业资格的职业经理人管理，而业主在入住小区之前都要与这个经理人签一份双方责权明确且应共同遵守的合约，以后凡事都按这个合约办。在楼盘销售满90%后由房产商牵头成立业主管理委员会，并摊派一个人担任主席，负责协调小区的日常事务，包括解续聘小区物业经理、选聘专业服务公司等。这个选派的主席由小区业主管理委员会成员轮流担任，不拿任何报酬。小区内物业服务由专业公司来做，但小区道路及公共部位的维修、改造等则由政府部门负责，费用也不会摊在业主头上。在美国，物业服务企业与业主协会签约后半途撤退属于违法，做不好就得自己掏腰包。因此优质物业和科技含量高的物业管理，实力差的公司和管理者轻易是不敢去碰的。美国的业主管理委员会和我国的业主委员会不一样，前者负责社区内房屋的开发与利用，而且有自己的"法律"和"执法手段"。协会针对所辖业主制定的规则极为严格，例如，在亚利桑那州的梅萨市，业主管理委员会不允许居民在自己的住宅区内养青蛙。加利福尼亚州森城的业主管理委员会甚至制定了一条规定，居民不得在阳台上晾晒衣服，不得在车道上停放车辆，车辆必须停放在车库里。更有甚者，休斯敦尚普兰社区一位年逾花甲的老妇人被地方治安官驱逐出门，原因是她对委员会发给她的欠款通知单置若罔闻，因而委员会不作通知将她的房屋进行了拍卖。

（4）信息技术应用广泛，基本实行"全过程"物业管理，美国的信息化程度比较高，电脑管理技术十分普及，社区的电脑管理系统中，不仅有物业服务企业的资料，而且住宅小区的各种图纸和管线资料均非常详尽，以及业主和租户的相关资料，为做好物业管理工作提供了有效的信息支撑。这样，一旦需要查询，公司便可迅速作出反应。

美国物业服务企业已基本实行了"全过程"物业管理，而且这种"全程化"操作主要是借助美国社会的高度专业化、高度的分工合作、计算机技术普及以及信息高速公路的高覆盖率实现的。美国的"全程化"操作同时也表现在物业管理环节的完整上，为了掌握丰富资料，也为了在物业入住后实施优质管理与服务，美国物业服务企业一般在物业开发时就已成立，有的甚至在项目规划时就提前介入，以便在设计时向业主或开发部门提出合理化建议，如对绿化美化、停车位等提出经验性建议，使后期的物业管理有更高水准。这种"全程化"管理实现了"亲力亲为＋网络技术"的先进运作方式。

（5）风险防范机制健全。为了化解物业使用中的风险，减少业主和住户的损失，物业管理费一般包含房屋保险的费用。房屋保险一般有业主保险、住户保险和地震险（如在加州，地震频繁，此险就被政府强制规定购买）。当业主或住户因自然灾害等原因遭受损失时，由保险公司负责理赔。一般的物业管理主要涉及如下保险：①火灾险，保险金额为保险总额的 0.151%；②台风险，为住宅总值的 1.68%；③地震险，为住宅总值的 0.18%；④其他险，为住宅总值的 0.021%。按住房建筑每套 10 万美元计算，每户 2032 美元/年。如愿意将保险金额加大为 15 万美元/套，则每户为 3048 美元/年。适当的保险，对吸引住户是极为有利的，业主和住户会更加放心地选购和租住。

物业服务企业须依照物业管理的规定，为其接管物业的公共地方及其设施购买保险，以便在意外发生后，全体业主的赔偿问题有所保障，保障公共地方与设施意外损毁，以及对第三者的生命乃至财物安全。购买此类保险后，投保人对第三者在该物业公共地方所发生的意外造成的赔偿责任，便由保险公司承担。比如楼宇外墙脱落击伤行人或砸坏车辆，或私家车被盗等情况。

（6）职业化体系完备。美国有一大批精通物业管理的专业化人才，并实行了职业经理人制度。物业管理职业经理人在美国已成为一个新的社会阶层，对城市管理和社会发展起到十分重要的作用。美国物业管理经理人有三类：一类是楼宇经理，他们一般不与业主直接发生联系，在总经理不在的时候，负责楼宇日常的管理工作；一类是物业经理，其职责主要负责联系相关代理商，拟定物业财务报表、物业招租等；一类是资产经理，负责地区物业战略发展规划，对市场进行调研，确定管理物业的整合和取舍。

随着物业管理的职业化，目前一般资产经理与物业经理融合在一起，物业经理的部分职能转由楼宇经理负责。因此，在美国一个小区的物业管理事务只需要一个职业经理人就能搞定，且这个经理人在某些只租不售的楼盘内还兼管租赁事务和资产管理。

（三）美国物业管理服务模式

在美国，物业管理行政管理由行业协会承担。行业协会办有定期刊物，开设教育性专题讲座和课程，为业主和物业服务企业提供交流的平台。在美国，成立物业服务企业手续比较简便，只需符合一些基本的法定条件，但是美国的开发商或者业主一般只聘用知名度比较高的物业管理企业，新设立的企业市场拓展难度很大。另外，行业协会对物业管理企业的资质和从业人员的资格管理是比较严格的。比如，在加利福尼亚州，规定取得资质的物业管理企业必须每4年接受45小时专业课程的培训教育，才被认为主体合格；有的管理岗位人员必须取得相应的专业证书，公司管理人员必须持有大学毕业证书，有5年工作经验，才能取得协会颁发的执业资格证书。

美国的住宅小区一般都是敞开式的，既没有围墙，也没有任何隔离物和门卫看守。美国小区中的公寓有两种：一种是合作公寓，屋主没有产权，只有股份，根据单元大小算出你占有大楼的股份比例；另一种是共有公寓，屋主拥有独立产权。在美国，对于私人所有房屋的物业管理，既可以由私人业主自我管理，也可以委托专业物业服务企业进行管理。

（1）业主自我管理。在美国，约有20%的中小型的公寓实行业主自我管理。由全体业主大会选举成立的业主管理委员会，代表全体业主管理物业，负责人事、财务、设备三大块具体职责的政策研讨、决定以及修正。同时，实行小区公寓经理责任制，小区公寓经理负责执行业主管理委员制定的各项规定。

一般情况下，业主管理委员会由5名业主组成，分别担任主席、副主席、财务、设备管理人和秘书。业主管理委员会又被称作BOARD（董事会），这5名成员也被称为董事会成员。

美国的业主对业主管理委员是非常重视的。业主管理委员会通常一年选举一次，如果业主不能亲自参会投票，会事先写好委托书并经公证后，由其委托人代为参加会议和投票。美国规定，小区中业主享有的权利与其所有房屋的面积成正比，选举业主管理委员大都采用有记名投票方式。业主往往选举人品高尚、修养好，具备财务、设备管理等专业知识的业主担任业主管理委员会委员。一般情况下，业主管理委员会成员是没有报酬的，有些业主管理委员成员也会有一些小的福利，如少付一个月物业费、有一个免费停车位等。

（2）委托物业服务企业管理。物业服务企业在实施管理时，通常委派各房产经理负责小区的日常管理。房产经理的职责主要是制订管理计划、编制预算、制订保养计划、负责租金收取和营销活动等，作业服务由物业公司委托专业公司实施，房产经理承担作业服务监理职责。

在美国，业主管理委员会与物业服务企业签订的合同期限一般为一年，如果业主管理委员对物业服务企业不满意，必须要提前60天书面告知对方，不再续约，保证有2个月的缓冲、交接期。如果60天之前不告知，则视为自动续约。另外，美国规定物业服务企业与业主签约后中途撤退属于违法行为，因此，一些管理水平低的物业服务企业就不敢去承接优质的物业项目和科技含量高的物业项目，以免造成不必要的损失。

（四）人员管理工作

所谓职业经理人，是指以企业行政为第一要务，接受投资者聘用，根据合同条款，运用杰出的管理和经营手段，使企业发展和获取利润的专门人才。

美国实行职业经理人制度，物业管理职业经理人在美国已成为一个新的社会阶层，物业管理经理是一项受人尊重的职业，年薪都在10万美元以上，比一般大学教授的收入还高。随着物业管理经理人职业化的发展，美国物业管理协会也扩展了相应的资质培训和认定，针对大型居住、商业、工业物业和综合物业管理者，给予注册物业管理经理人的资质认定。注册物业管理经理是房地产管理领域的杰出专业人员，这项资质是成为专业人士的重要标志。美国物业管理协会（IREM）对从事物业管理的专业人员颁发两种资格证书：居住物业管理经理（ARM）和注册物业管理经理（CPM）。IREM 还设立了 30 年奖励、40 年奖励，鼓励从业人员以物业管理为终身职业。

（1）居住物业管理经理（Accredited Residential Manager，ARM）。居住物业管理经理主要负责管理出租公寓、出租活动住宅、共管住宅、独栋家庭住宅及单身公寓等。IREM 规定授予 ARM 资格的从业人员必须符合接受 IREM 的职业培训并修满 5 个学分的课程、通过 ARM 资格考试、承诺遵守并维护"ARM 职业道德准则"、具备住宅管理经验等条件。作为 ARM 申请者在交纳申请费用后，可以在 5 年时间内保留申请资格，在此期间，只要达到 ARM 规定的授予条件，即可批准获得 ARM 资格。

除进行 ARM 和 CPM 资格认定以外，IREM 还对物业管理公司授予合格管理机构（AMO）称号，申请 AMO 资格的候选公司应从事房地产管理行业满 3 年，并且应当拥有一名 CPM，而且该 CPM 在申请程序之前已在管理职位上超过 180 天。除此之外，IREM 还在培训课程、职业道德、保险、资信等方面对候选公司作出了具体规定。

（2）注册物业管理经理（Certified Property Manager，CPM）。注册物业管理经理人是物业管理行业的最高资格，需通过一系列考试，内容包括物业维护运营、人力资源管理、营销与出租、金融操作、资产管理、风险管理等。

IREM 规定授予 CPM 资格必须经过候选和正式注册两个阶段。从业人员必须符合高中毕业并达到法定年龄、至少具有 12 个月的房地产管理经验、交纳申请费用等条件，才能成为一个 CPM 候选人。CPM 候选人经批准后，允许在 10 年期间内达到注册条件并取得 CPM 证书。在注册阶段，CPM 候选人必须符合进修全面的 1REM 培训课程并取得 30 个学分、CPM 证书考试合格、成功通过管理计划的能力评估、通过 IREM 道德课程考试并承诺遵守和维护"CPM 职业道德准则"、具备 5 年以上物业管理或资产管理经验、取得 100 个选修学分等六个方面条件，才能获得 CPM 资格。

此外，成立于 1934 年的美国房地产管理学院，作为全国房地产代理人协会的联系组织之一，也对合格的物业管理人员签发三种证书，即合格物业经理（ARM）、合格住宅经理（CAM）和合格管理组织成员（AMO）。CAM 相当于主管经理或执行经理；ARM 属于执行经理，具体负责同租户保持联系，并执行管理政策；AMO 则是具体管理人员。

（五）美国物业小区选聘物业服务企业的程序

对于一个物业小区来说，选聘一个好的物业服务企业，不仅至关重要，而且往往也是一项十分复杂而又费时的工作。美国的物业小区选聘物业服务企业，一般都遵循以下程序：

（1）设立选聘委员会。在选聘物业服务企业之前，业主协会往往首先设立一个选聘委员会，专门负责选聘物业服务企业的具体工作。一般来说，选聘委员会应由业主管理委员会中较为胜任此项工作的委员担任委员会的负责人，同时吸收一些对该项工作热心同时又具有经济、财务或建筑工程方面的专长，或具有这些方面工作经历的业主参加。这样不仅有力保障业主小区选到较好的物业服务企业，同时也能提高效率，大大节省选聘工作的时间。

（2）确立物业服务企业应提供的物业管理服务的范围。在进行选聘之前，选聘委员会必须确定小区需要由物业服务企业提供物业管理服务的具体内容和范围。这就要求选聘委员会，必须首先对小区的物业管理作一个深入的了解和分析，然后决定哪些服务需要物业服务企业提供，哪些服务可由业主委员会直接聘用外部服务承包商完成，哪些可由社区协会直接聘用工人完成，哪些工作可由小区内热心的业主完成。

从基本分工的角度来说，业主协会的主要职能，是制定政策和监督物业服务企业工作。物业服务企业的主要职责，是贯彻业主协会制定的各项政策。以下是一个比较典型的需要由物业服务企业提供服务的清单：

1）财务管理服务。主要包括：

①向业主收取管理费，对欠费者进行催缴，直至采取法律行动；

②对业主协会的各项采购负责支付；

③支付业主协会聘用的人员或工人的工资；

④编制财务报告；

⑤编制年度预算方案；

⑥对小区应预留的维修准备金的数额进行分析研究并提出具体建议。

2）行政管理服务。主要包括：

①参与社区协会会议并负责会议的准备工作，参与业主大会并负责会议的准备工作；

②向业主印发业主大会会议通知；

③负责会议记录及社区协会的档案管理；

④负责向小区的新业主介绍情况；

⑤协调和监督业主协会聘用的其他服务承包商；

⑥按月编制小区管理情况报告；

⑦负责与保险公司联系；

⑧记录和处理业主提出的维修要求，负责聘用和监督及解聘现场施工人员；

⑨负责对外联络。

3）建筑物及环境维护管理。主要包括：

①小区收发室或门房管理；

②一般性管道维修；

③一般性电器维修；

④一般性油漆及粉刷维修；

⑤对小区内建筑物及设备的定期检查，与承包商的联系；

⑥垃圾清理，园林、绿地维护及积雪清理。

（3）对候选物业服务企业进行筛选。需要由物业服务企业提供物业管理服务的范围确定之后，选聘委员会即可着手寻找候选的物业服务企业。寻找候选的物业服务企业的方法，通常是向其他物业小区的业主协会调查了解，或直接与某些物业服务企业联系，或刊登广告。在选择了几个候选物业服务企业之后，可请他们根据小区的实际情况提出具体的小区管理建议书。管理建议书的内容应包括他们的资质情况，以及他们的推荐人名单。所谓推荐人，一般是指曾经和正在接受该物业服务企业的服务并对其服务感到满意或有信任感的业主协会及其成员。在向这些推荐人调查时，选聘委员会应顺便了解，推荐人所在的小区是否曾经存在与本小区类似的一些问题，物业服务企业如何帮助他们解决这些问题。

调查之后，选聘委员会可初步进行一些筛选，即去掉未向选聘委员会提出建议书的物业服务企业，去掉建议书言之无物的公司，再去掉推荐人对其管理能力提不出令人信服的证据的公司。然后，再与初步入围的物业服务企业进行面对面的洽谈。

（4）与候选物业服务企业进行面对面洽谈。通过与候选物业服务企业进行面对面的洽谈，应当确定：

1）该候选物业服务企业有哪些具体的物业管理经验（曾经和正在哪些小区提供管理服务）；

2）该候选物业服务企业是否具备可以满足物业小区或社区协会的需要的技能和经验；

3）该候选物业服务企业是否适合本小区和本小区的业主；

4）一旦聘用该候选公司，在业主需要时是否能够随叫随到；

5）业主协会或小区的业主是否能承受聘用该候选公司的费用或成本。

（5）签订物业服务合同。在选定物业服务企业并与之商定相应的条件之后，社区协会便与该物业服务企业签订物业服务合同。

物业管理服务合同中，必须明确规定物业服务企业提供物业管理服务的范围。物业服务企业提供物业管理服务的范围，随小区不同而有所不同，取决于小区对服务范围的需要，也取决于小区具有多大范围服务的支付能力。除了明确物业服务企业应提供的物业管理服务的范围之外，物业管理服务合同还应包括聘用物业服务企业的具体条件，例如物业管理服务报酬，物业管理服务合同的期限，以及在什么样的情况下，业主协会或物业服务企业有权终止合同。

为了维护物业小区社区协会和业主的权益，物业管理服务合同的期限为1年较为适宜。如果业主协会对物业服务企业的服务满意，合同到期可以续签；如果业主协会对物业服务企业的服务不满意，合同到期自动终止，免去解除合同的麻烦。另外，在合同中写明业主协会和物业服务企业双方都有权在提前通知另一方的情况下（一般为提前3个月）解除合同，也已逐渐成为美国及发达国家物业管理市场的惯例。

（六）美国物业管理收费

（1）美国物业管理费的标准确认问题。在美国，政府并不关心物业管理费收多少，也不会向国内制定物业管理指导价，制定固定或相对固定的标准，政府对物业管理费一般也不会审核。在前期物业管理阶段，一般是开发商说了算。那么开发商会不会把物业管理费定得很高呢？答案是否定的。一是由于美国的消费者比较注重物业管理费的高低，是其购房时考虑的一个重要的参数；二是美国公寓在成立业主管理委员会后，才真正从开发商接管小区，这时业主管理委员会组织专业的人员，比如说律师、会计师，对在开发商或开发商聘请的物业服务企业管理的情况进行全面的验收、审计，如果开发商定的物业管理费过高，对开发商的财务进行审计时就会出问题。

在业主管理委员会成立后，必须在年终编制出小区业主协会下一个财政年度的预算方案，并提交业主大会审议批准。一般的做法，是由业主协会聘请的物业服务企业代业主管理委员编制预算方案，经业主管理委员会审定后，以业主管理委员会的名义提交业主大会审议，经出席业主大会的业主简单多数通过视为批准。如在业主大会上未获批准，则暂按上一年度的预算方案执行，直至新的预算方案批准为止。预算方案通常包括物业小区的维护与管理费用预算（The Operation Budget）和维修准备金预算（The Reserve Budget）两个部分。确定维护与管理费用预算的方法，是根据过去的预算和实际成本估算未来的成本和费用，包括对购买的各项服务进行询价、物业管理公司的酬金、保险公司的费用、保洁公司的费用、园林公司的费用等。维修准备金的计算是考虑小区设施或设备维修或更新的费用支出，如电梯需要维修或更换、小区道路的翻修等。对这部分费用的核算，往往是请有经验的工程师或建筑师来进行研究分析，并出具研究报告。在业主管理委员会制定这些方案时，往往会考虑一个业主能承受合理的幅度，并对照周边的物业小区。

（2）美国收缴物业管理费的主体。在美国，收取物业管理费也是物业服务企业一项重要的工作，但是在美国收取物业管理费的真正主体是业主协会的执行机构——业主管理委员会，业主管理委员会成立前，由开发商收取。在业主管理委员会成立之前，开发商向每个业主收费，也可以委托物业服务企业收取，如业主不付的，开发商会以业主协会的名义请律师追讨，甚至通过诉讼解决。业主管理委员会成立后，由其向业主收取，个别业主不付的，业主管理委员会会以业主协会的名义聘请律师，甚至通过诉讼的方式向业主追讨。应该说，美国采用业主管理委员会收费，是符合物业管理特点的，因为物业服务企业是由业主协会聘请的，应当由业主协会支付给物业服务企业酬金，而作为业主协会的执行机构，自然要由其收取业主的物业管理费，交给物业服务企业，而我国目前由物业服务企业自行收费，从法理上是讲不通的，因为物业服务企业与业主之前没有任何的合同关系，所以我国的物业管理法律关系尚须理顺。

（3）拖欠物业管理费的追讨。在美国，收费是由业主协会的执行机构业主管理委员会进行的，相对于中国的物业服务企业收费，业主管理委员会的权力是非常之大的，拖欠物业管理费业主的违法成本也非常之高。为了保障业主交纳管理费的义务，美国各州法律一般都规定，如某一业主欠交管理费，从到期之日开始，便构成业主协会对欠费业主房屋单元设定的不动产留置权。业主协会所享有的留置权，就像贷款银行所享有的抵押权一样，如果欠费业主经过一再催缴，仍拒绝缴纳欠费，业主协会有权取消被留置房屋的回赎权，并可按法律规定的程序，强制拍卖欠费业主的房屋单元，并从售房款中优先受偿。

在美国有这样一个案例，得克萨斯阿西里诉班克斯物业小区协会案。案情是这样的，因业主长期不交管理费，业主协会将其房屋强制拍卖，以补交欠费。业主不服业主协会的处理，而将业主协会诉至法院，其理由是业主协会没有事先通过一定的法律程序，对其房屋单元设定不动产留置权，因而无权拍卖其房屋。法院驳回了该业主的诉讼请求。法院认为："为设立物业小区而在当地不动产登记机关进行产权登记，并将设立物业小区总协议书送当地不动产登记机关备案的行为，就是对小区房屋单元设定不动产留置权的公示行为，业主协会对房屋单元设立不动产留置权，无须再到当地的不动产登记机关进行登记。"

按照美国的司法判例，用于拍卖房屋的所得，除了支付欠费外，还要支付利息、滞纳金及小区业主协会因追讨欠费所支付的诉讼费及合理的律师费用。这里需要说明的是，美国拖欠物业管理费的现象绝对没有我国普遍，所以通过拍卖或诉讼方式追讨欠费的情况是很少的。

二、日本的物业管理工作

(一) 日本物业管理概况

日本的房产物业管理大致分为两大类：一是办公用高层楼群管理；二是中高层零售共同住宅，也就是小区住宅物业管理。物业服务企业的责任是向业主提供服务，而提供服务的内容是由业主事先同公司协商确定的。一座住宅楼被业主们买下后，这座楼的所有者已经不再是当初的房地产开发商，同时，决定这座楼命运的更不是被业主雇佣的物业服务企业，而是买楼的居民们。如果业主对物业服务企业的服务质量或价格等不满意，随时可以辞退这家公司而雇佣自己认为更合适的公司。所以，日本的业主与物业服务企业之间的摩擦或纠纷是极为罕见的。

日本的一座住宅楼里往往有几十户到上百户身为业主的居民，由这座楼里的居民自行组成居民管理委员会，来决定物业服务企业的雇佣或解聘。一般来说，在日本，一座楼内的居民管理委员会由 3～7 人组成，每届委员会任期两年，委员会的成员由所有业主轮流担任。委员会负责了解业主的意见、要求，监督、检查物业服务企业的工作，同时确定专人管理账目。委员会所有成员的工作都是业余的，没有报酬。

日本的物业服务企业之间的竞争十分激烈，各公司都千方百计地提高服务质量，降低服务价格。以日本人的一般收入计算，居民住房的物业管理费较低。物业服务企业都很注重降低成本和提高工作效率，一般只派一两个人负责管理一座一二十层高的住宅楼的门前、门厅、楼道、电梯等公用部分的清扫、安全和公用设备检查等工作。楼内没有物业人员或保安人员 24 小时值班。负责社区安全是警察的工作。物业人员不得随意进入任何一户居民的房门，更不得探听居民家庭生活及隐私。一旦有哪一家居民水、电、气等发生故障，住户可以直接向有关公司拨打电话，维修人员很快就会赶到修复。

(二) 日本物业管理的特点

日本属于市场经济国家，物业管理发展的较为成熟。主要体现在以下几个方面：

(1) 物业管理的法律基础比较好。目前，日本物业管理的基本法律是《区分所有法》（区分所有权法）。物业管理中所涉及的大部分法律关系，如业主与业主的关系、业主大会和业主委员会的产生、业主与物业服务企业的关系等，均在《区分所有法》中得到阐述或体现。日本实行市场经济多年，以市场规则为基础建立的法律体系非常完善。这方面也有利于物业管理的发展。

（2）资格（质）管理严格。日本对从事物业管理的企业、人员均有很高的要求，并重视对从业人员的培训教育。日本的物业服务企业均需领取特别的经营许可证才能够从事物业管理。物业管理从业人员必须经过一定的考试并取得资格后才能担任管理职务。

（3）物业管理的社会环境比较好。日本从明治维新后就开始建立资本主义市场经济体制。其私权意识、等价交换意识很强。这种意识反映在物业管理上，一是公众积极参与物业管理；二是业主接受花钱买服务的管理形式。由于激烈的市场竞争，各种物业服务企业的服务收费水平平均化，所以业主的费用标准相对明确，即同类物业业主负担的费用基本一样，大家都知道其基本的费用标准，没有多少价格上的争议。业主支付物业管理费是天经地义的事情，如果拒付物业管理费是违背社会道德规范和国家法律的。

（4）物业服务企业的专业化程度高。日本的大厦及住宅的管理水平比较齐整，房屋的维修保养及时，没有失修、失养的现象；大厦及住宅均很清洁，基本没有卫生死角。日本一般居住区的管理水平大约达到我国北京市的"全国优秀小区"的管理水平。

日本的物业管理专业化水平高的另外一个表现是其社会分工的程度高。物业服务企业与社会其他水、电、气、维修等行业的分工和协作关系紧密。特别值得关注的是，在一些比较小的住宅或大厦中，业主们比较容易地通过这种高度专业化的社会分工实现自我管理。在上述的例子中，公共或私家的水电配件坏了，主席或业主可以直接找五金商店购买并由其上门安装，如需修理，可以请专业公司上门服务；楼内的安全由全体业主负责，多是采用门禁系统，而楼外的公共治安由警察负责。由于日本的住宅多以单体楼房为主，以这种例子存在的管理方式还是比较多的。

（5）政府依赖社会中介组织实现对物业管理行业的规范和管理。日本相关的全国性组织则比较多，如高层楼宇管理协会、电梯管理协会、住宅管理协会等。这些协会一方面为会员提供市场信息、人员培训等服务，另一方面也从事行业规范化的工作。

（三）日本公寓物业管理

在日本，居民都是通过租赁和购买两种方式解决住房。据日本建设省的调查，日本的租借房屋者约占37.4%，购买者约占62.3%。在这些住宅中除一部分是独立住宅外，更多的是公寓住宅。

（1）公寓物业管理的三种形式。在公寓管理中，有委托管理和自主管理以及兼容式管理三种形式。

1）委托管理。指委托专门的物业服务企业对公寓实施管理。在日本房地产业中，有一种综合性服务企业，从公寓房屋的销售，到介绍住户、征收房租、提高房租的交涉、养护管理等，都可以代理经营。还有一种具有独特的综合商社职能的企业，它从住户的中介、经营、税务、法律咨询、修补、更新手续、保证入住率、减少空房率等都可以承担。这种委托有能力的企业管理公寓是一种行之有效的方法。公寓委托管理，需支付约为房租收入5%～10%的管理费用。

2）自主管理。指各业主直接管理公寓的共用部分、共同设施和场地。为实施自主管理，在各业主的自愿参与下组成管理委员会（或管理小组），开展有组织的管理。自主管理一般采取各业主轮流承担管理事务的方式。这种自主管理方式的最大优点是节约开支。但是，自主管理也存在着种种问题：

第一，它受到规模上的限制，仅适用于小规模的公寓管理，此外，还受业主对自主管理认识和自身素质的制约，勤奋、负责的业主能达到一定的管理水准；反之，问题较多。

第二，在公寓管理中，有些项目需要较高的技术，例如，电梯的检修、设备的管理等，需要精通专业的技术人员，或依靠专业性物业服务企业才能胜任。

3）兼容式管理。作为自主管理和委托管理的补充，出现了双功能兼容的管理方式，一部分管理项目委托专业性物业服务企业负责，一部分项目采取自主管理。

（2）公寓管理的相关法规。日本政府于1983年5月21日修订了《关于建筑物的产权所有权的法律》。在此基础上，1983年10月建设省制定了《中高层共同住宅标准管理规约》（以下简称《规约》），它与1982年1月建设省制定的《中高层共同住宅标准管理委托契约书》（以下简称《委托契约书》）以及1987年7月的《中高层共同住宅管理业务处理准则》等一起作为官方标准法律样本，明确要求每位住户在其购房时必须依照这些样本（可以适量补充、调整）与物业服务企业签约，以确立双方的法律关系，其中《规约》是由物业服务企业先与全体住户签订（原本存入物业服务企业），然后由物业服务企业再据此与每位住户分别签约。其意义在于后者是前者的延续与派生，个体（每个住户）不得对抗整体（全体住户），物业服务企业和所有住户的权利和义务均限定在政府《规约》之中。

对于公寓大厦的专业操作，日本也有较为严格、周详的法律规定，如有《大楼管理法》、《警卫业法》、《消防法》等。这些规定对从业资格、操作规范、质量要求、安全保障、技术指标等都作了具体规定。物业服务企业不论是自我操作还是外聘操作都须执行上述规定。

（3）公寓管理的内容。公寓正式投入使用后，物业管理内容主要包括人的管理和物的管理两个方面，如表2-9-1所示。

表2-9-1　日本公寓楼物业管理内容一览表

	内容	备　注
人的管理	秩序维持管理	为了保持同一公寓中的住户能长期舒适地生活，必须具备一定的秩序和规则，如深夜饮酒高歌、夫妇吵架、通宵打麻将等，都会干扰宁静的生活环境。这种事情屡次发生，会使公寓品位下降，住户减少，空室增加。为了避免这些麻烦，在选择住户时，应在合同中明确一些要求，并张贴出来，达到众所周知的目的
	共同体式管理	所谓共同体式管理是住户间相互交流，即所谓相互理解的"精神管理"。如果公寓中的人们缺乏交流，互不关心，万一发生事故，如犯罪、火灾，就会产生不良后果，为此，可以成立住户的自治组织
	防范管理	和一家一户住宅不同，公寓中容易发生盗窃案。为了防止被窃，应该使用门链或安装各家共同的紧急门铃等。公寓管理者还应和地方的防范科联系，及时了解公寓周围的防范信息，把必要的注意事项向业主公布。这方面的工作通常由专职管理人员来负责

续表

内容		备　注
物业管理	建筑物的维护管理	新的建筑物及设备经过一段时间的使用，自然因素和人为因素都会导致其损坏。这就要求采取及时、可行的措施，以保持建筑物的完整和原貌。建筑物、设备的修缮维护是物业管理经营者的主要任务之一，而另一个重要问题，是对建筑物作为商品的认识问题，应该从平时做起，注意保养。保养质量与建筑物的寿命长短有很大关系
	防灾管理	作为公寓的业主，最担心发生火灾。事实上，公寓火灾的发生率最高，特别是单身公寓，躺着吸烟或火油炉使用不当而引起的火灾较多，预防火灾首先要引起住户的重视
	共用部分的管理	在公寓里，房屋以外的部分如楼梯通道、大门、门灯等，是住户共同使用的部分，这就存在着共同管理的问题。在这种情况下，大部分公寓，以公共利益的名义征收共用部分的维护管理费，按照人数均摊，各家从 1000 日元到 3000 日元不等。这种管理费的收法，可以放在房租中，也可以另收，但即使包括在房租中，也必须单独计算
	卫生管理	像公寓这种共同生活的场所，人们出入频繁。为了保持公寓品位，卫生管理要到位。疏于管理、不洁的公寓就成了蟑螂、老鼠等害虫的窝，也容易引发传染病
	租赁业务管理	房租的征收是公寓维持经营的根本保证，可采取的方式包括：业主直接向住户征收；利用银行转账；委托第三者（房地产部门或专管部门）收取。第三种方式除了便于解决因业主与入住者距离较远而难以收取的困难外，还可以替业主交涉房租上涨等难办的问题。被委托的部门，从每月的房租中扣掉手续费和报酬，在付款日前汇入业主的账户。这种方法虽然要支付若干费用，但因为征收房租而引发的种种麻烦也就此解决了

（4）物业管理费用。日本物业管理费用主要由以下几项费用构成：

①管理费。主要用于维持物业管理所需的办公开支和人员酬金，其征收标准靠市场竞争的自发调节。政府只对自己专营的公营住宅（指租给低收入者）的管理费予以管制。

②维修公积金。一般按住宅维修长期执行计划书实施预算，每月分摊测定，按月收取。维修公积金约为物业管理费的 60%。据了解，每月定额收缴比购房时一次性筹集更有效。因为购房对用户来讲已是巨大开支，再筹集一笔可观的维修备用金可能会使住户不堪重负而不得不打消购房念头。

③公益金。用于中央空调、共用饮水器、电梯、水泵、走道照明供电、绿化、除虫害、环境质量（水、空气等）监测等支出。由物业服务企业根据每户实际使用情况而定。

④管理经费。即业主委员会的办公费等。

⑤泊车费、装修费等专项服务费。

由于受市场因素制约，日本物业服务企业在确定收费标准时，十分慎重地考虑住户的承受力和收费标准的妥当性，收支情况力求公正、公开、公平，同时兼顾物业管理市场的总体收费行情。自律的结果，一是让利于民，取信于民；二是提高企业的市场竞争力。

政府《规约》中明文规定了住户缴费义务，住户在签约时要提供自己开户银行的账号，并附委托银行代扣代缴的授权书，由银行日后与物业服务企业结算。住户账号有赤字或延付时，银行负责催款。住户无故逾期 3 个月以上时，银行告知物业服务企业，由物业服务企业委派律师约见住户交涉。如未果，物业服务企业最终依据《规约》、《委托契约书》诉诸法院解决。

三、新加坡物业管理工作

（一）新加坡物业管理的概况

新加坡从 1988 年开始，由建屋发展局转由市镇理事会负责公共住房的物业管理，后者自身具有成熟、完善的组织体系。专业性物业服务企业接受市镇理事会和私人住宅管理理事会的委托，从事具体的物业管理，其下设若干业务组（包括财务组、保养维修组、市场管理组、环境清洁组、园艺组、综合服务组、文书组），从事"以人为本"的全方位服务。

新加坡的"以人为本"服务表现在处处满足各种与居住有关的物质生活与精神生活的需求上。如：新加坡新市镇由若干个相邻的居民区组成，每个居民区平均 2 万 ~ 3 万人。新市镇中心的各方面设施十分完备，有商业中心、娱乐中心、医疗中心、银行、学校、图书馆、剧院、运输场、汽车场和公交车站等。每个居民区也有相应的商店、市场、托儿所等，使居民感到生活便利、丰富；新市镇有相当数量的 20 层以上的高楼，楼内均装有电梯，电梯上下装有自动救援装备（能在停电情况下停靠到最近的一层楼）、安全警报系统和远距离监视装备，以维护居民安全至上的观念；新加坡住宅建筑大多数为钢筋混凝土框架结构，结实耐用。而且新建房屋只完成主体结构（包括卫生设备），室内装修工程由住户根据自己的审美情趣、经济实力等请装修承包商装修（法律规定，装修后 3 年内不得再装修。阳台不准装玻璃，窗户不准随意变动，以保持外形美观），但这部分费用及购置家具的费用不能从公积金中支付（装修费一般相当于购房费的 1/2 ~ 3/4）；新市镇物业服务企业还担负有介绍居民劳动就业和其他方面服务的任务，并开展各种有益于住户身心健康的活动和促进各民族共处一楼、亲如一家的常规工作（由市镇理事会主持）等。显然，相对于西方国家重物业维修养护、重物业保值增值而言，新加坡的物业管理是"重人大于重物"，处处为居民生活利益着想的"以人为本"的物业管理。

新加坡物业管理方式是全方位的，几乎无所不包。管理手段基本实现现代化（如：1988 年 5 月，市镇理事会接管原由建屋发展局管理的公共住宅，并负责物业管理后，建屋发展局只扮演一个在发展与研究工作上提供支援性服务的角色。但建屋发展局为市镇理事会提供电脑应用系统和 24 小时紧急维修等服务）。新加坡物业管理中的业主自治和公众参与机制还欠发达。

新加坡物业管理的重心在居民入住后的管理，即在中心环节的管理。这种单一性运作程序形成的关键是：物业服务企业是受市镇理事会的委托，而市镇理事会又与提供公共组屋的建屋发展局有一定的从属关系。故物业服务企业运行机制总体状态虽属良好，管理成效也不错，但它终归是一种受到一定行政约束作用或操作环节单一的运作机制，动力机制作用也不充分。

新加坡物业管理统归新加坡建屋发展局负责。建屋发展局负责提供新加坡公共住宅的管理与维修服务，此外还行使政府组屋建设职能和住房分配职能，是政府的法定机构。该局下设 36 个区办事处，每个区办事处一般管理 2 ~ 3 个小区，每个小区拥有 4000 ~ 6000 家住户，区办事处管理住宅一般为 1 万 ~ 5 万套（户）。

新加坡现已形成一套严密的物业管理网络，土地没有售出前由土地局管理，售出后由发展商负责管理，建筑招标后则由建筑商管理，房屋售出就归业主管理。这样每寸土地、每幢建筑物都有部门管理。业主购买房产或地产的同时，除了管理好自己的产业外，还必须承诺参与管理所享用的共有部位，这就形成了业主管理物业的格局。

（二）新加坡物业管理的特点

物业服务企业是接受大建筑群的业主委托，代业主管理物业。业主有权选择物业服务企业，选择的方式是对众多物业服务企业进行招投标，择优委托管理。然后，各物业服务企业再向各类专业承包商进行招投标、签合同。业主（开发商和各主管部门也是一种广义的业主）按法律制定的条例和要求，遵循市场规律，将物业委托给产业公司来管理。在新加坡，"大而全"的物业服务企业与"专而精"的专业承包商已有机连接成一种产业。出于产业发展的需要，新加坡已创办了清洁、保安、设备维修等专业培训学校。作为市场化运作的企业，物业服务企业的财务不仅要接受业主的审查，也必须经专业部门审计。总之，一切运作都是按市场规律进行的，因此无论是大公司的老板，还是具体的清洁工或维修操作工，均按市场需求来提高自己，否则就会被激烈的市场竞争所淘汰。

（1）新加坡政府对住宅小区公共设施（设备）保养维修十分重视，要求物业服务企业提供最优质服务。

①住宅楼的维修。政府规定每 5 年对整幢楼房外墙、公共走廊、楼梯、屋顶及其他公共场所进行一次维修。

②电梯保养与维修。所有住宅电梯必须保证性能良好，一旦电梯发生故障，5 分钟内电梯维修工必须到场维修。

③户内水电卫生设备的保养。国家建设发展局没有"热线"电话，与各区办事处的保养组保持联系，为居民提供 24 小时服务。各区办事处都有维修车，车内设有无线电话，为维修工作提供便利。

④公共住宅"楼下旷地"为居民提供服务。高层楼下的底层是没有围护的敞开空间，供儿童老人活动，也可租用作其他庆祝活动。

（2）新加坡政府强调对居住小区进行法制化管理。物业服务企业编写了"住户手册"、"住户公约"、"防火须知"等规章，同时制定了公共住宅室内外装修、室外公共设施保养等规定，为物业管理法治化奠定了基础。例如，对室内装修有非常严格的规定：政府出售的公共住宅，室内装修规定在领到钥匙之日起 3 个月内完成，此后 3 年内不准再进行第二次装修。同时规定住户装修须向建屋发展局申请装修许可证，由领有建屋发展局施工执照的承包商承包。装修户与承包商一起前往物业服务企业办理装修手续，并且缴纳一笔建筑材料搬运费和废物清理费。工程装修完毕，由住宅稽查员根据申请装修内容进行工程检查验证。为了保持建筑物的结构完整性和外观统一性并保证安全，对室内装修项目有严格规定：

①不准改变住宅主体结构（墙体、柱子、梁）；

②厨房、卫生间的磨石地板和墙壁瓷砖3年不准更换；

③室内管线、电源开关不准改变；

④楼房外观不准改变。

在新加坡到处可以看到有关违法处罚的警示牌。严密的法律法规不仅规范了操作程序，同时对人们的言行也起了正面的导向作用，提高了人民的文明素质。慑于法律法规，无论是本地的居民还是外来的人们都能规范自己的行为，从而保持了社会秩序的井然有序和社会环境的文明整洁。

（三）新加坡物业管理的任务

（1）物业管理业务范围。新加坡的物业管理范围很广，除购房和转销直接在建屋发展局申请外，其他业务都在物业服务企业办理。其业务范围包括：

①房屋维修与养护；

②机电（包括电梯、电气等）及消防设备（包括供水、供电系统）的维修保养；

③商业房屋（小贩中心、购物中心）的租赁服务与管理；

④出租住宅的租金缴纳与售房款的收取；

⑤公共场所的出租服务与管理；

⑥小区停车场的管理；

⑦小区的环境清洁的实施与管理；

⑧园艺及绿化管理；

⑨配合治安部门搞好治安工作。

此外，还有负责介绍居民劳动就业及其他方面的服务等任务。

（2）居住小区内公共设施的保养与提供的服务。具体包括：

①住宅楼的维修。建屋发展局规定每5年对整幢楼房的外墙、公共走廊、楼梯、屋顶及其他公共场所进行一次维修。

②电梯的保养与维修。所有住宅楼的电梯都由物业服务企业例行维修和经常检查，一旦电梯发生故障，乘客受困于电梯内，只要按响警铃，5分钟内电梯维修人员就会到现场来进行维修。

③户内水电卫生设备的保养服务。建屋发展局设有"热线"电话，与各区物业服务企业保持联系，为居民提供24小时服务。各物业服务企业都有维修车，以便及时赶到工作现场。这类维修实行有偿服务。

④公共电视天线。每幢住宅楼均设置公共电视天线，为住户服务，以保证取得良好的收视效果。

⑤公共住宅楼下旷地的管理。新加坡一般高层住宅楼的底层没有围护，是敞开的空间，叫做"楼下旷地"。它平日作为老人、儿童的活动场所，遇到居民需要举行婚丧喜事及其他庆祝活动时，可以租用，但须向建屋发展局下设的管理部门申请准用证。

⑥停车场管理。小区的停车场都由小区物业服务企业统一管理，并具备完善的制

度。任何拥有车辆的住户，必须向物业服务企业申请"停车季票"，每户只准申请一个停车位，属于建屋发展局的店铺租户、公共住宅租户和房主有优先获得"停车季票"的权力。夜间停车必须特别申请，并办理"夜间停车特许证"。外来车辆一律执行按钟点收费，此外，停车场还提供洗车服务。

⑦垃圾的处理。为了确保小区整洁，避免有难闻异味，全面推行垃圾袋装化。垃圾必须装入袋内，方可投入垃圾桶。并规定太重和太大的垃圾（箱子、瓶子）实行定期处理，直接送到垃圾站，不许投入垃圾桶。同时，还规定易燃、易爆、易碎物不准投入垃圾桶，以确保防火防爆安全。

（四）新加坡物业管理机构

新加坡的公共住宅（所有组屋区和新市镇）管理与维修服务都由建屋发展局负责提供，在其所属 36 个区办事处根据管理工作的需要下设若干个业务组，负责对所管辖的住宅进行管理。1988 年 5 月，住宅管理进行机构调整，原由建屋发展局管理的公共住宅由新成立的市镇理事会接收。建屋局只扮演一个在发展与研究工作上提供支援性服务的角色。建屋局为市镇理事会提供电脑应用系统和 24 小时紧急维修服务。电梯里安装有自动拯救系统，此外还装有自动监测系统，监察电梯失灵和被滥用的情况。

1988 年 5 月，国会通过了成立市镇理事会的法令。市镇理事会负责管理公共住宅。市镇理事会管辖的地区以政治选区划分，可在单一选区或一组选区内施行。新加坡现有 81 个选区，23 个市镇理事会。市镇理事会是一个法人组织，成员至少 6 位，最多 20 位。选区内国会议员为市镇理事会主席，其他成员由建屋发展局委派和选区内的住户选举产生。市镇理事会有严密和规范的组织机构与规章制度，主要职责是管制、管理、维持及改善管辖区域内的公共产业，除组屋区的公共场地、商店、市场外的组屋区内部的管理，业务上受建屋发展局的指导，但在实施管理中又具备相对的独立性，目的在于加强居民和政府的合作，让更多的居民参加该区的管理工作。市镇理事会的主要宗旨是：支持、配合、监督物业服务企业搞好住宅小区管理；维护业主或住户的合法权益；对公共设施的兴建、更改、扩充、改善以及房屋的维修等与业主或住户利益有关的事宜作出决策；开展各种有益于住户身心健康的活动。

根据新加坡的长远规划，居住在私人住宅的人口将达到总人口的 30%（现在为 15%）。1968 年，政府颁布了《地契分层法令》。据此，对共管式公寓和其他建筑物，私人业主都拥有个别的分层地契。每个单位的购买者对于共有产业都有分享权。法令规定分层单位业主必须依法组建管理理事会，其目的是为了更有系统及有规划地负责大楼的保养与管理工作。管理机构设立管理基金及备用金。管理基金用于日常的开支，例如保险费、清洁费、公用水电费和保安等业主所应缴的费用，具体金额的提供取决于业主所拥有产业的分享价值的高低；备用金则用于较大项目的维修及机械装置的更换。

无论是市镇理事会，还是私人住宅的管理理事会，都通过委托物业服务企业来负责日常的工作。物业服务企业根据管理范围分设下列部门及人员。

（1）财务组。负责各项费用的收缴、各类计划与统计等，设财务监督、出纳员、收租员、打字员、信差。

（2）工程维修组。负责公共设施与设备的维修、房屋的维修与工程预算、业主房屋装修的监督等，设高级住宅稽查员、中级住宅稽查员、稽查员、电梯救援员、维修技工。

（3）市场管理组。负责治安和消防安全、车辆的保管和管理、各类商业与文化娱乐业等，设高级管理员、市场监督员、停车场监督员、管理员。

（4）环境清洁组。负责环境卫生，设中级清洁管理工、清洁工和清洁工头。

（5）园艺组。负责园庭绿化，设中级园艺员、园艺员和园艺工头。

（6）服务组。负责综合代办服务、交通运输等，设电话服务员、司机、外勤人员。

（7）文书组。负责行政管理、后勤工作等，设公关助理、速记员、打字员、内勤员。

此外，物业服务企业还可根据所管特区的具体情况，设监督部门，以监督各类法规执行情况和接受住户的投诉，从而提高服务水平和管理水平。

新加坡的住房建设和居住区的管理充分体现服务于人的宗旨。经过30多年的努力，新加坡人在基本住房需求获得满足和社会日益富裕的同时，选择组屋的条件也提高了。他们要求更优良的设计和居住环境。大多数人已不再是等待购买他们的一间组屋，而是等待购买更优良、更完善的组屋。为确保组屋的供求得到更好的配合，建屋发展局在1989年7月实施了订购组屋制度。这个制度按照组屋的需求量来兴建组屋，同时为了缩短新旧组屋区之间的质量上的差异，政府通过建屋局进行了一项长期的旧屋翻新计划，以便使它们能够更接近新组屋的水平。

为了进一步满足新加坡人日趋提高的住宅要求，建屋发展局将制定出更完善的政策，为住户提供更高效的服务。

四、物业品牌的营销策略

（一）品牌名称策略

1. 统一品牌名称策略

即对所有产品使用相同的品牌名称，也就是说公司、小区以及物业服务部门的品牌名称是相同的。统一的品牌名称策略将不需要为每一个产品建立品牌认知和偏好而花费大量的广告费。如果公司的声誉良好，产品的销路就会非常好。由于物业产品的区位性，在考虑使用统一品牌名称时，通常做法是主、副品牌名称相结合，即主品牌名称相同，但副品牌名称各异，这样既保持了公司的统一形象，又可以对不同的产品和小区进行区分。

2. 个别品牌名称策略

物业公司可以对开发的居住性物业和商业性物业采用不同的品牌。每个不同的产品，都有自己的品牌。实行个别品牌名称策略的好处是：可以分解单一产品品牌失败的风险，如果一个产品品牌失败了，不会损害其他产品的名声。如：浙江绿城房地产开发有限公司开发的住宅小区有"春江花月"、"桂花城"、"九溪玫瑰园"、"紫桂花园"，开发的写字楼叫做"世纪广场"，开发的商铺叫做"舟山丹桂苑"。

3. 分类品牌名称策略

这是对不同类别的物业产品使用不同的统一品牌名称。如居住性物业、商业性物业和工业性物业，由于使用的功能不同，可以冠以不同风格的品牌。这种策略往往在公司生产截然不同的产品时采用。

4. 公司名称加个别品牌名称策略

这是指公司的名称和单个产品名称相结合。这样既保持了公司产品的统一形象，又可以使产品个性化。如：杭州的金城房地产开发公司，所开发的住宅小区称为"金城嘉南公寓"，在住宅小区前面冠以公司的名称。

（二）品牌扩展策略

可供公司选择的品牌扩展策略有四种：

①品牌扩展，即将现有品牌名称扩展到新的产品类别中；

②产品线扩展，即以现有的品牌名称将新的产品、式样增加到现有产品组合中；

③新品牌，即为某一个新增的产品类别设立一个新的品牌名称；

④多品牌，即同一种产品类别采用多个品牌名称。

1. 品牌扩展

品牌扩展是指以现有的品牌名称推出新产品。如有的房地产开发公司，在提供物业产品的同时，又推出了室内装修与装饰、家具制作等产品项目。

品牌扩展策略有很多优势。著名的品牌可使新产品迅速得到市场的承认与接受，从而有助于公司经营新的产品类别。品牌扩展策略也具有一定的风险。将现有品牌名称应用于新的产品类别，需格外慎重。如果新产品不能令人满意，这就可能影响消费者对同一品牌名称的其他产品的态度。品牌过分扩展将导致已有品牌名称失去其在消费者心目中的特殊定位。这种情况叫做品牌淡化。最好的结果是新产品的销售增加，同时又没有影响现有产品的销售。

2. 产品线扩展

这是公司在现有产品类别中增加新的产品项目，并以同样的品牌推出。如有的物业开发公司在最初开发某个住宅小区时，只有多层公寓和排屋，在市场和顾客认可了其产品质量和社区环境以后，又在社区内增加了别墅和小高层豪华型公寓。

新产品开发活动就属于产品线的扩展。对于物业产品来说，一旦发现了消费者的潜在需求，可立即投资开发。产品线的扩展可采取创新的方式，也可采取仿制的方式。过剩的生产能力和雄厚的资金实力，往往驱使着公司推出更多的产品项目。

产品线的扩展会有许多风险，单纯为了吸引顾客而不考虑经济可行性的产品线扩展是没有必要的。首先，最可能的是失去品牌名称的原有含义。其次，新产品的投入并没有带来销售的增加，因为公司的其他产品项目的销售可能会随之下降。成功的产品线扩展应是通过抑制竞争者产品的销售来获得本公司产品销售的增长，而不是本公司自己的产品自相残杀。

3. 新品牌

当开发商决定采用新品牌还是沿用旧品牌时，要评估建立新品牌所花费的成本是否能从产品利润中得到弥补，需要全面考虑市场定位与产品组合。

4. 多品牌

这是在同一产品类别中增设多种品牌。有时公司把它当作一种针对不同购买动机、确立不同特色或诉求的有效方法。例如宝洁公司在中国市场推出海飞丝、飘柔、潘婷等多种品牌，以便占领不同人群的洗发水市场。有时，公司并购竞争者之后沿用原有品牌以留住原有的忠诚消费者。

公司应当剔除掉疲软的品牌，并且建立严格的程序来选择新品牌。推出多品牌时，要避免一个陷阱，即公司将资源消耗于若干品牌上，而不是放在盈利能力较高的品牌上。

（三）品牌定位策略

在做出品牌定位的选择时，营销管理人员必须考虑两个因素：其一，定位于新位置的品牌能获得多少收益；其二，是将品牌转移至另一细分市场所需的费用，包括产品品质提高、包装费与广告费等。收益的大小取决于消费者的平均购买率、细分市场的规模以及竞争者的实力。

（四）品牌名称设计

品牌名称的设计是品牌创建的第一步。品牌名称设计得好，容易在消费者心目中留下深刻的印象，并得到消费者的认可。在实施品牌名称策略的时候，还必须为产品选择一个特定的名称，既可以采用地名，也可以采用人名，还可以用体现生活方式的名称，或者是这些方法的复合应用。

设计不好，反而会降低消费者的购买欲望。有的物业产品的品牌一味追求"新、奇、特"，设计的品牌既没有体现出产品的功能，也没有考虑产品的特点与风格，如"双景住宅"、"罗马公寓"等，让人不禁猜想"双景"的含义是什么？是附近有两个著名的景点，还是社区里有两个人造的景观呢？而"罗马"两字代表的是建筑的风格，还是所处地段的名称？可见，品牌的名称设计对产品的形象有着重要的作用。

对于物业产品来说，一个独具特色的名称是十分必要的。在设计和选择名称时，应把握以下几点：

（1）使人联想到产品的利益。杭州的浙江绿城房地产开发有限公司临钱塘江开发的楼盘，叫做"春江花月"，主要是为了强调该楼盘毗邻钱塘江，可以观赏钱塘江的景观。

（2）简洁明了，朗朗上口，容易记忆。通过调查发现简短的名称效果好，像"桂花城"、"湖畔花园"这样的名称，既简明又易记。

（3）体现产品的功能。如"碧海人家"、"碧华庭居"一看就可知道是居住性物业产品；而"世贸广场"则肯定是商业性物业产品。

（4）突出特色，巧妙构思。一个与众不同的品牌应该能够体现物业产品的优点和特点。如广州的"奥林匹克花园"，就体现了小区关于"运动"题材和理念的运用。

（5）推陈出新，避免雷同。在品牌设计时效仿他人、拾人牙慧是大忌。物业品牌的设计曾一度滥用"中心"、"广场"、"居"、"苑"等词汇，即使很小的场所，也称为"广场"，尤其是一些商业性物业，"购物广场"或"购物中心"之类的名称太多，没有任何新意。

五、物业产品的广告策略

(一) 物业广告渠道的选择

作为广告主的物业企业最关心的就是如何选择广告手段来实现最佳组合，从而实现最佳的宣传效果并获取最大利益，因此，对物业广告的分析比较必不可少。对主要传播媒体进行比较分析，会发现它们各具优劣势。

1. 报纸广告

作为一种传统的广告媒体，报纸也是四大媒体中最早被采用的，它历来是广告的主要媒体之一。报纸通常有稳定的发行量、广泛的覆盖面且不受地理条件的限制。另外，报纸传播速度较快，广告能迅速传播。多数置业者获取信息的首要途径就是报纸，另外，因为报纸公开发行，人们相信其信息相对可靠。因此，物业广告可以选择报纸作为媒体，事实上多数物业产品都选择了报纸广告作为宣传方式。

公认的报纸广告的优势如下：

（1）传播范围大，受众面广。

（2）传播迅速，反应快捷。

（3）选择性强，便于主动阅读。

（4）文字表现力强，受众卷入程度高。当广告信息与受众关系密切时，他们会集中注意力阅读。

（5）便于保存，可信度较高。

当然，一般的报纸往往是日报或者周报，由于报纸本身讲究"新"，过期的报纸广告很难引起人们的兴趣，针对这一点，物业的报纸广告必须注意广告有效期的标注。另外报纸的印刷较为粗糙，因此，精美的物业广告图片往往很难展现其表现力，当然这是可以通过印刷技术的改进来避免的。报纸广告的局限性表现如下：

（1）使用寿命短；

（2）印刷质量限制物业广告的表现力。

2. 杂志广告

杂志也属于印刷媒体，这决定它与报纸之间存在着共性，诸如文字表现力强、可信度高等，同时杂志也具有自身的优势。

（1）读者集中，针对性强。

（2）便于保存，持久性强。

（3）印刷精美，表现力强。

无论是专业性的还是普及性的杂志，都拥有相对稳定的读者群体，因此，物业企业可以根据自己产品的特点，选择杂志广告将物业信息传递给目标消费者。另外，杂志不是用过即弃的，过一段时间后重复阅读，会加深印象，反复的刺激可能会产生购买欲望；而且，杂志的印刷质量明显优于报纸，精美的图片往往能逼真地表现楼盘的特点，通过视觉刺激带给人美的享受。

杂志广告多为彩页印刷，在保证印刷质量的同时也增加了制作费用，因此广告费用也会上升。由于杂志有固定的阅读群体，因此，单一的接触对象也成为它的局限性之一。杂志广告的局限性主要有以下两点：接触对象单一；制作复杂，成本较高。

3. 广播广告

广播广告具有超越时空的传播功能，它以方便、迅速的特点在广告业中发挥着巨大作用。由于广播利用电波传递信息，因此广播广告的传播速度非常快，几乎没有时间差，所以时效性强的物业广告，选择广播媒体是非常有效的。另外，广播广告制作相对简单和容易，需要改动也容易操作，并且广播广告的受众比较广泛，随身携带的小收音机也使这种广告不受环境的限制。可见，广播广告的优势有：听众广泛，受环境影响较小；传播速度快，范围广；制作费用低，容易改动。

由于广播只能传递声音，因此广播广告只能通过听觉刺激，没有生动的视觉形象，仅依靠单一的广告词无法让受众得到感性认识，并且它还有稍纵即逝的特点，很难被记忆。因此，物业广播广告大多简单明了，朗朗上口，可以帮助树立形象，但不能大量传递信息。所以广播广告的局限性如下：时间短暂，难于记忆；形式单一，吸引力小。

4. 电视广告

在传统四大广告媒体中，电视的发展历史最短，但是影响最大，效力最明显。物业广告选择电视既可以塑造企业形象，也可以宣传产品，大力开展促销活动，还能够在产品的宣传中增强企业品牌形象，或者在企业树立形象的过程中推动产品的销售。电视广告与广播广告的传播方式类似，因此不受时空限制，方便迅速。但是由于电视的普及使得男女老幼不分文化层次和社会地位均能接触到电视广告，因此电视广告的受众面更为广泛；电视广告可以同时采用文字、图像、声音来传递广告信息，感染力较强。选择电视广告的优点如下：视听兼备，感染力强；传播迅速，时空性强；传播面广，受众多。

由于广告是一种商业行为，因此不能不考虑费用问题。这些费用包括电视广告的制作及发布费用，也许有些物业企业很想在电视节目黄金时段宣传自己的产品，但往往因为费用而放弃。

5. 网络广告

前述四种广告形式都属于传统意义上的广告，而网络广告则是一个崭新的概念。网络广告从根本上改变了以往广告中消费者被动接受信息的局面，这时消费者可以主动查询所关心的物业企业状况、物业产品和服务项目内容的信息，如果有必要还可以在自己的电脑中保存这些信息，也正因为如此，网络广告以无法抵挡之势快速兴起。当前的网络广告主要有这样几种形式：基本的广告、文字链接广告、网络广告、搜索引擎广告、弹式广告等。与其他广告相比，网络广告优势在于：从单向被动地接受广告信息转变为双向互动的交流；信息容量剧增；从区域性的传播扩展到全球范围；广告形式丰富多样；信息存储功能可以实现。

需要明确的是，物业广告必须根据自己目标受众的实际情况（如是否为网民、是否具备上网条件等）确定是否选择网络广告。网络广告的信息传递，必须建立在受众拥有网络条件的基础上，这也是网络广告的局限性。

（二）影响物业广告选择的因素

物业广告通常会选择不同的广告方式和广告媒体，一般来说，影响物业广告选择的因素如下：

1. 广告目标

在选择广告媒体时，必须以广告目标为基础。物业如果是新开盘上市，广告目标是迅速提高知名度，扩大影响，则电子媒体快速直观、在短时间内能造成轰动效应的特点较为适宜；当物业广告的目标是为了确立企业形象或者巩固品牌知名度时，可以选择户外广告、报纸广告，并兼顾电视广告等形式。

2. 广告受众

广告受众因为社会阶层、收入、职业、生活习惯等因素的影响，一般会有自己独特的广告接受方式，因此，物业企业在选择广告媒体时，应考虑目标受众的群体特征，选择合适的广告媒体。广告受众的选择的重要性正如企业总有自己的目标市场一样，广告也有特定的目标对象。例如对于商务写字楼的广告，由于其目标受众是商业人士，应选择适合这一人群的某些商业信息杂志，因为这一群体大多时间宝贵，不大可能花很多时间和精力在浩瀚的报纸广告或电视广告中寻找信息。

3. 物业产品自身的特点

由于产品价值的差异，消费者在购买时的重视程度也不一样，对于购置物业产品，由于它的复杂性和高投资，决定了消费者的购买行为必然是一种理性购买行为。物业广告选择房产杂志是天经地义的，因为作为商品，物业的特殊性决定了人们在购买它时比购买其他商品更为慎重，因此会有意识地寻找有关广告信息，而房产杂志将会是消费者寻找广告信息的首选。单纯从广告的角度分析，物业广告的重点不仅要通过电视等媒体渲染气氛，传递楼盘的信息，同时也要辅以平面广告，说明产品的特征和购买地点等详细信息。

4. 广告费用

不同媒体广告，在制作费用、发布费用上都存在较大差异，没有广告费用，就无法开展广告活动，企业在发布广告信息时，应根据自身的财力状况，作出合适的选择。

应当注意的是，必须把广告费用绝对价格与相对价格加以区分，绝对价格高，相对价格不一定就高，绝对价格是指做一次广告实际支付的费用；相对价格是广告接触人均费用。

（三）物业广告预算的方法

1. 物业广告预算内容

常见的物业广告预算内容包括以下几项：

（1）广告调查费用。主要包括广告前期市场研究费用、广告咨询费用、广告效果调查费用、媒介调查费用。

（2）广告制作费用。主要包括拍照、录音、制版、印刷、摄影、录像、文案创作、美术设计、广告礼品等直接制作费用。

（3）广告媒体费用。主要指电视和电台播出频道和时段、购买报纸和杂志版面以及租用户外看板等其他媒体的费用。

（4）其他相关费用。主要指与广告活动有关的 SP 活动、公共活动、直销营销等费用。

2. 广告预算的影响因素

（1）广告频率。国外学者研究发现，目标沟通对象在一个购买周期内需要接触 3 次广告信息才能产生该广告的记忆，接触次数达到 6 次一般被认为最佳频率。当广告频率超过一定限度，一般认为 8 次以后，将会产生负面影响。但有时也不一定受这些具体的数字的约束，更有甚者企业通过这些广告频率的负面影响来提高楼盘的知名度。

（2）竞争程度。主要指房地产市场的竞争状况，竞争激烈、竞争者数量众多时，需要较多的广告费用投入。

（3）企业的品牌。一个知名的品牌所需投入的广告费用可以远远少于一个普通的企业。知名的品牌无须再为提高企业的知名度而花费巨额的广告费用，只需告知消费者企业有楼卖的信息，消费者可能就会争先恐后地来购买了。

（4）物业产品的替代性。物业产品具有一定的替代性，对于在使用功能、质量等方面缺乏卖点的楼盘来说，一般要求做更多广告。

3. 制定广告预算的方法

在决定广告预算时，不同的物业企业应根据本企业的特点、营销战略和营销目标，选择合适的促销预算决定方法，作为企业比较合理的广告预算。物业广告预算最常用的方法是销售百分比法、量入为出法、目标任务法、竞争对等法，具体方法如下：

（1）销售百分比法。即企业根据目前或预测的销售额的百分比决定广告费用的大小。

（2）量入为出法。即根据企业自身的承受能力，能拿多少就用多少钱为企业作促销宣传。物业管理企业由于项目开发投入资金量大，在进行广告以前，奖金状况往往比较紧张，于是采用这种方法。但由于这种方法完全忽略了广告对销售量的影响，所以在某种程度上存在着片面性。

（3）目标任务法。这种方法是企业首先确定其销售目标，根据所要完成的目标决定必须执行的工作任务，然后估算每项任务所需的促销支出，这些促销支出的总和就是计划促销预算。

（4）竞争对等法。这是房地产企业较常用的方法。这是指按竞争对手的大致广告费用来决定广告费用的大小。

第十章　物业客户服务与礼仪工作

一、客户服务管理概述

（一）客户服务管理的概念

客户服务管理是指一种以客户为导向的价值观，它整合及管理预先设定的最优成本——服务组合中的客户界面的所有要素。任何能提高客户满意度的内容都属于客户服务管理的范围之内。

（二）客户服务管理的意义

1. 加强客户服务是企业发展自身的需要

物业服务企业通过加强沟通协作、完善评价和培训体系等一系列措施来加强内部管理工作，目的是更好地为客户服务和提升企业竞争力。实践证明，均收到了明显的效果，也为企业未来的发展打下了坚实的基础。

2. 加强客户服务工作是顺应客户的需求

在市场竞争日益激烈的今天，顾客是每个企业生存和发展的基础。企业必须把顾客的需求放在首位。物业管理在我国经过近30年的发展，客户关注的已不仅仅是安全、舒适、优美环境等基础服务，而更多的是提出了精神感受、服务感知等方面的要求。因此，作为物业服务企业，必须认真分析研究，了解客户的需求，关注客户的感受，通过热情周到的服务，让客户的服务期望得到合理的满足，进而与客户建立一种融洽、和谐、互动的客户关系，使物业管理工作获得广泛的理解和支持，从而树立企业良好的服务品牌，提高企业的市场竞争力。

（三）开展客户服务需具备的条件

开展客户服务必须全员参与，部门协作才能收到良好的整体效果。客户服务是一项长期的工作，就现阶段而言，物业服务企业必须具备如下五个方面的条件：

1. 强化客户服务意识

思想是行动的指南，要想做好客户服务工作，就必须提高企业全员的客户服务意识。客服部的工作人员可以在公司服务理念的指导下，连续不断地开展一些活动，如：通过看光盘听讲座、组织特色服务座谈会、印制服务小册子、张贴学习心得体会、案例分析讲解等方式，营造客户服务的氛围，让员工自觉地以客户为导向思考问题，并通过反复的培训固化在每一个员工的思想和行动中，整体提高客户服务意识。在公司部门间、上下工序间也要树立良好的客户服务意识。

2. 梳理优化服务流程

物业服务企业应以客户满意为导向，梳理、优化现有的操作和管理流程。梳理流程应以高效、方便为原则，即从客户视角出发，考虑方便客户、方便操作层员工。梳理优化的内容可以包括：一是优化岗位设置、岗位职责、协同工作方式等；二是从客户接触点入手，梳理服务作业流程；三是整合客户接触渠道，协同信息传递方式；四是完善客户咨询、投诉建议、客户回访、满意度测评等方面的服务标准。

3. 完善基础资料、认知客户

在实施服务前，首先要尽可能地掌握服务对象的情况。掌握了物业的情况，才能做好系统的维护；熟悉了客户信息，才能提供有针对性的服务。所以，物业服务企业应继续完善物业基础资料和客户档案，将物业和客户信息当作一种资源运用好。比如将客户信息按籍贯、年龄、职业、爱好等进行细分，通过细分可了解客户的结构及变化情况，确定工作的主导方向。通过分析小区家庭人员结构，了解不同层次人群的服务取向，通过客户需求变化趋势分析，深入地识别客户，进而更好地提供服务。还可以利用特定客户资源协调公共关系，解决一些疑难问题等。

4. 建立沟通渠道、主动沟通

良好的沟通是与客户建立信任和关系的关键。物业服务过程中，往往是客户投诉了，才安排人员与客户进行沟通，在日常工作中，却很少主动与客户接触，了解服务过程中存在的问题，探询客户需求。实际上，沟通应该贯穿在服务的每一个环节。可以通过上门拜访、工作简报、意见征询、座谈会、通知公告、电话、网站、服务区活动等多种方式，与客户进行良好的沟通，了解客户深层次的需求，通过服务给其合理的满足，与其建立一种长期的信任和互动关系。服务是互动的过程，多一分认识就多一分信任，多一分信任就多一分理解和配合。

5. 密切协作、强化执行

客户服务工作质量很大程度上取决于服务的及时性。及时性反映在执行力上，所以，确保各项工作得到强有力的执行是提高客户服务质量的根本保证。当客户的需求能够快速得到解决时，就能给客户带来心理上的满足。这就要求我们的工作人员不仅需要具备强烈的服务意识而且还要具备强烈的敬业精神和合作意识，全方位地主动服务，提高客户服务总体水平。

二、客户服务工作内容

客户服务工作根据服务内容的不同可分为客户接待服务、收发报刊信件服务、公告发布服务和定期客户回访服务。

（一）客户接待服务

当客户有事情、问题或意见时，会通过亲自登门、电话咨询或写电子邮件的方式与物业服务人员进行沟通，此时，接待工作规范与否直接影响到物业服务企业的形象，进而影响到物业服务企业进一步工作开展的顺利程度。

1. 客户来访接待

来访接待分为引领、接待和送客三个环节。

（1）引领客户。当有客户来访时，客服部的物业服务人员应积极主动接待，并引领其至物业管理办公室，与客户商谈相关问题。同时，应注意下列相关细节：

①适当寒暄交流。客户来访，不论是何种目的，物业服务人员都应主动与其寒暄交流，让客户真正体会到被尊重的感觉，产生亲切感，从而拉近与客户的距离。

②注意同行礼节。物业服务人员在与客户同行时，应让客户走在自己的右侧以示尊重。若是多人同行，应尽量让客户处在中间位置。引领客户上下楼梯，至拐弯处或楼梯台阶时应当使用手势，同时提醒客户"这边请"、"注意楼梯"等。

（2）接待客户。首先应注意的环节是开门迎客。

物业服务人员引领客户到物业办公室时，敲门后要先进入房间，侧身、右手把住门把手，对客户说"请进"并施礼。然后轻轻关门，请客户入座。

若是客户直接上门，物业服务人员听到有人敲门应及时喊"请进"，不要让客户在门外久等，必要时主动开门，将客户迎入室内。

其次，应注意热情待客的细节。

客户落座后，物业服务人员应立刻上茶或倒水，注意水温是否合适。必要时做相应提醒，例如"小心水烫"。

若是客户临时到访，而此时物业服务人员确实工作忙抽不开身接待，应手动向客户说明原因，表示歉意，并请客户稍等，征得客户同意后，以最快的速度处理好手头的工作，然后与客户交谈，切不可对客户置之不理，否则会影响双方的关系。

来客有同伴时，物业服务人员应请其同伴在舒适的地方等候，注意不能对其失礼。与客户交谈时，物业服务人员应注意倾听，掌握好语音、语速、语调等商务礼仪。

（3）礼貌送客。物业服务人员在送客时应主动为客户开门，等客户出门后，再随后出门。

物业服务人员可以选择在合适的地点告别，如电梯口、楼梯口、大门口或停车场等。

2. **客户来电答复**

当客户有问题需要与物业服务企业进行沟通时，通过电话问询的方式方便快捷，常常被客户采用。此时，物业服务人员主要依靠语言与客户沟通，此时应通过语言、语气、语速等来表现其工作的热情、礼貌、耐心。其接待环节和标准见表 2－10－1。

3. **邮件回复**

若客户通过电子邮件的方式投诉、咨询问题或提出建议，物业服务人员应及时回函答复，一般不应超过两个工作日。同时，物业服务人员应每天不少于两次查看相关的电子邮箱，在回复问题时，还应注意以下细节：

（1）邮件内容要简洁明了，以能解决客户问询的事项或投诉为标准。

（2）邮件的言辞一定要诚恳，以能够感动客户、尽快解决问题为宗旨。

（3）邮件一定要行文规范，有标题，而且标题要清楚明白，让客户感觉到管理人员的专业和对问题的重视。

表 2 - 10 - 1　答复电话问询的工作程序与标准

工作程序	操作标准
接听电话	在电话铃响 3 声之内接听电话，不要让打电话者久等，避免产生不必要的麻烦； 接听电话要用标准用语："您好，这里是××公司物业管理处，请问您……" 接电话时始终保持平和心态，声调不能过高而显示出对对方的不满，也不能过低使对方听不清楚而感到服务人员的消极态度；在语言的运用上要注意不能使用过激的语言，力争圆满地解决问题
认真倾听对方讲话	以听为主，尽量不要打断对方讲话，让其从容不迫地阐述所要表达的意思； 不论问询者的态度如何，物业服务人员都要一如既往地以平和、认真的态度聆听，避免话语不当使对方情绪激化； 物业服务人员还应不时地给予回应，表示自己正在认真倾听，以示对对方的尊重
记录问讯内容	物业服务人员应事先准备好笔和记录本，随时记录电话来访者的问题及想法； 记录电话来访者的姓名、联系方式等信息，以便问题得到解决时及时与其联系
与对方沟通	对于电话来访者提出的问题，物业服务人员应及时给予答复或解释； 若电话来访者提出的问题涉及的情况较复杂，一时难以解决，物业服务人员应认真地说明原因，并约定问题解决的时间。一般一个工作日内回复
礼貌结束通话	在电话来访者获得满意的答复后，物业服务人员应与其礼貌的结束通话

（二）收发报刊信件

在有些管理项目中，物业服务公司会安排物业服务人员从邮递员手中统一接收客户订阅的报纸、杂志或邮件等。此时，物业服务人员应将其及时地送到客户办公室、客户的信箱或家中。物业服务人员在做此项工作时，应参照以下的操作规程，见表 2 - 10 - 2。

表 2 - 10 - 2　收发报纸信件的操作规程

操作要点	操作规程
做好订阅统计	物业服务人员接到客户订阅报纸、杂志的信息后要及时进行登记、定期统计、随时修订更新，以免漏送或误送。客户订阅信息统计表参见表 2 - 10 - 3
检查信件报刊	对邮递员送来的信件、报刊，物业服务人员应检查其中有无开封信件、缺损报刊，如发现问题，及时由邮递员签字确认； 若非本小区客户或客户已搬迁，物业服务人员应及时将信件退回邮局
发放及时到位	物业服务人员对收到的报刊、信件等检查无误后，及时将其送达客户指定地点；快件、专递件及重要的邮件要填写"客户信件、报刊发放登记表"（见表 2 - 10 - 4），并亲自送到收件人手中，同时要求收件人签收。若客户出差或暂时不在，物业服务人员应将信件、报刊等妥善收存，等客户回来后再行发放
及时处理失误	在发放过程中，如发生报刊、信件等丢失，物业服务人员应主动、及时地向收件人致歉，并积极寻找丢失物件。因此种情况给客户造成的经济损失，由双方协商解决

表 2 – 10 – 3　客户订阅信息统计表

序号	客户姓名	房屋号（信箱号）	订阅报刊名称	到刊日期	客户要求	备注

表 2 – 10 – 4　客户信件、报刊发放登记表

序号	报刊名称	收件时间	发件时间	收件人签字	备注

（三）发布公告服务

在物业管理的日常工作中，向全体客户发布公告是一项基本且重要的工作。凡是需要全体客户知道或了解的事情，如设备、设施例行检查或因故障需要处理而暂停服务、开展服务区文化活动等都可以通过发布公告的方式公之于众。

（四）定期回访客户

为了加强与客户的感情沟通，真正满足客户的需求，做客户的贴心人，物业服务企业应建立完备的回访制度。回访制度具体应在如下几个方面进行细化：

1. 准备回访内容

客户回访的内容一般包括四项：服务质量评价、服务效果评价、客户满意度评价和客户建议的征集。

2. 选择回访时间

物业服务人员在选择回访时间时，可根据具体情况裁定，但一般应遵循如下原则：

（1）投诉事件的回访，应在投诉处理完毕后的 3 个工作日内进行。

（2）维修工程的回访，应在完成维修工程后的一个月后、两个月内进行回访。

（3）特约工程的回访，应安排在合同执行期的中期阶段和结束后进行。

（4）急救病人的回访，应安排在急救工作结束后的一周内进行。

（5）物业服务企业发放的报纸、杂志及组织的文体活动的回访，应该在组织、发行后的一个月内进行。

（6）其他管理服务工作的回访，应安排在完成管理服务工作后的一周内进行。

3. 注意回访率

回访率的确定一般应遵循如下原则：

(1) 投诉事件的回访率要达到100%。

(2) 维修服务、特约服务和求助服务的回访率要求达到100%。

(3) 报纸、杂志及组织的文体活动的回访率视当时具体情况而定。

4. 安排回访人员

回访人员的安排应遵循以下基本原则：

(1) 重大投诉的回访有物业管理处经理组织进行，一般投诉的回访由被投诉部门主管与客服部门工作人员共同进行。

(2) 维修服务、特约服务等的回访由客服部工作人员进行。

5. 做好回访记录

(1) 物业服务人员依照回访计划，进行回访之前应先领取"回访记录表"（见表2-10-5），并在"回访记录签收表"（见表2-10-6）上签收。

表2-10-5　回访记录表

单位		客户姓名		回访方式		预约时间	
回访内容							
主管审核							
经理意见							
备注							

表2-10-6　回访记录签收表

序号	回访表格编号	领取人签收	回访事项	回访人数	备注

(2) 负责回访的物业服务人员在限定时效内负责回访，回访工作一般采取与客户面谈、现场查看的方式综合进行，物业服务人员要将回访内容特别是客户的反映记录在"回访记录表"上，并请客户对记录内容签字确认。

(3) 负责回访的物业服务人员在"回访记录表"上签名确认，并将表格交回客户服务部门。对于回访内容反馈为不合格的事件，物业服务人员应及时上报有关领导处理，并将处理意见记录在"回访记录表"上。

6. 回访结果统计分析

物业服务人员每季度末应对投诉回访结果进行统计、分析，将发现的回访不合格、同事件被连续投诉两次以上等现象写成统计分析报告，以书面形式上报相关领导，以便改进各项管理制度、管理服务工作。回访统计表见表 2 - 10 - 7。

表 2 - 10 - 7 回访统计表

依据 ＼ 类别		投诉	维修项目	特约服务
处理宗数				
回访宗数				
回访率				
回访结果分析	投诉			
	维修项目			
	特约服务			

三、如何处理业户投诉

（一）业户投诉内容

1. 对设备设施方面的投诉

业户对设备设施设计不合理或遗漏及质量感到不满。如电梯间狭窄，楼梯拥挤，没有货梯，客货混运；房屋漏水，墙体破裂，地板鼓起等。

对设备运行质量不满意。如空调供冷不足；电梯经常停梯维修；供电、供水设备经常出现故障等。产生投诉的原因主要在于业户所"购买"使用的物业与业户期望有差距。业户使用物业、支付物业管理费，总是希望物业能处于最佳使用状态，并感觉方便舒心，但物业在设计开发时，可能未考虑到或未完全按照业户的需要来设计，设备的选型和施工质量也存在这样、那样的问题，因而造成上述的种种不便。

2. 对服务方面的投诉

（1）业户对物业质量的期望：

①安全：业户的财产和人身安全是否能得到切实保障。

②一致：物业服务达到了规范化、标准化，具有可靠性。

③态度：物业管理人员礼貌得体，讲话热情和蔼等。

④完整：物业服务项目完善齐全，能满足不同层次业户的需要。

⑤环境：办公和居住环境安静，人文气氛文明和谐等。

⑥方便：服务时间和服务地点方便，有便利的配套服务项目，如停车场、会所、自行车棚、邮局、托儿所等。

⑦时间：服务时间和服务时效及时快捷等。

（2）未达到业户期望导致投诉。当业户对这些服务质量基本要素的评价低于其期望值时，就会因不满而投诉。业户对服务质量的期望值来源于业户日常得到正常服务的感觉和来自物业管理公司的服务承诺。当物业管理公司对某项服务"失常"时，如工作人员态度恶劣，日常运作出现小故障、信报未及时送达，维修人员未能尽快完成作业等，业户容易以投诉来倾诉自己的不满；当物业管理公司的服务承诺过高时，业主也易因与期望值有差距而投诉。

3. 收费方面的投诉

收费方面的投诉主要是各种分摊费和特约维修费。如水、电、清洁、绿化、公共设备抢修等分摊费用及换灯、换锁、换门等特约维修费用。物业管理的服务是某种意义上的商品。业户总是希望以最少的价值购买到最多最好的服务，而管理公司则希望服务成本最小化，这一矛盾集中反映在缴纳各类费用这一敏感问题上。

4. 对突发事件方面的投诉

因停电、停水、电梯困人、溢水及室内被盗、车辆丢失等突然事故而造成偶然性投诉。这类问题虽有其"偶然性"和"突发性"，但因事件本身很重大，对业户的日常工作和生活带来较大麻烦而招致较强烈的投诉。

（二）投诉处理方法

1. 处理原则

处理投诉时，应本着"细心细致、公平公正、实事求是、依法合理"的原则，以国家的法律、地方法规、行业规定及业主公约及业主、用户手册为依据，实事求是地设法解决问题，消除业主、用户的不满。

换位思考：将业主、用户所投诉的事项当成是自己所要投诉的事项，积极思考期望得到什么样的答复。

将业主、用户投诉处理看成是与业主、用户交朋友、宣传自己和公司的机会，并通过为业主、用户实事求是地解决问题，达到加强沟通的目的。

接待投诉时，接待人员应严格遵守"礼貌、乐观、热情、友善、耐心、平等"的12字服务方针，严禁与业主、用户进行辩论、争吵。

富有同情心，了解业主、用户的难处，从而在投诉的处理中能以正确的心态应对。

2. 常规应对

处理业主、用户投诉一般采取以下几种方法：

（1）耐心听取并记录投诉。业主、用户前来投诉，是对管理处某些方面的服务或管理有了不满或意见，心中有怨气，此时若只是反驳业主、用户的投诉，业主、用户会认为管理人员不尊重其意见而加剧对立情绪，甚至产生冲突。所以物业管理人员要耐心听取业主、用户"诉苦"并进行记录，使业主、用户感觉到物业管理人员虚心诚恳的态度，随着诉说的结束其怨气也会逐渐消除。

（2）对业主、用户的遭遇或不幸表示歉意。业主、用户投诉的问题无论大小轻重，都要认真对待和重视，要采取"换位"的思维方式，转换一下角色，设身处地站在业主、用户所遭遇到的麻烦和不幸，安慰业主、用户，拉近与业主、用户的心理距离，并表示要立即改正己过，这样一般会让业主、用户感到满意的。

（3）对业主、用户的投诉要求提出处理意见。很少有业主、用户向管理处投诉是为了表示"彻底决裂"的，大多业主、用户用投诉来与管理处"谈判"，使管理处重视其投诉，并能解决其投诉的问题。管理处要站在"公平、公正、合理、互谅"的立场上向业主、用户提出处理意见，同时，协调解决好业主、用户遇到的困难和问题，满足业主、用户合理要求。

（4）感谢业主、用户的意见和建议。投诉是业主、用户与管理处矛盾的最大屏障。业主、用户能向管理处投诉，表明业主、用户对管理处持有信任态度，管理处要有"闻过则喜"的度量，对业主、用户的信任表示感谢，并把业主、用户的投诉加以整理分类，改进管理和服务工作，可以从另外一个角度检讨、反思管理处的各项工作，完善和改进管理及服务工作。

（5）督促相关部门立即处理投诉内容。对投诉处理的实际效果，直接关系到物业管理单位的声誉及整体管理水平。投诉处理的关键是尽快分析投诉内容，查清原因，督促有关部门限时进行处理，达到预计结果，并使业主、用户满意；要确保不再发生同样问题，坚决杜绝"二次投诉"的发生。

（6）把投诉处理结果尽快反馈给业主、用户。尽快处理投诉，并给业主、用户以实质性答复，这是物业管理投诉工作中的重要一环。业主、用户口头投诉可以电话回复，一般应不超过一个工作日；业主、用户来函投诉则应回函答复，一般不应超过三个工作日。回复业主、用户可以向业主、用户表明其投诉已得到重视，并已妥善处理，同时及时的函复可显示物业管理公司的工作效率。

（三）投诉处理技巧

1. 察言观色

从中了解业主、用户性情，针对不同性情的业主、用户运用相应的沟通技巧。

2. 认真聆听

聆听是一种有效的沟通方式，对待任何一个业主、用户的投诉，不管是鸡毛蒜皮的小事情，还是较棘手的复杂事件，作为接待人员都要保持镇定、冷静，认真倾听对方的意见，要表现出对对方高度的礼貌与尊重。接到业主、用户投诉时，要用真诚、友好、谦和的态度，全神贯注地聆听，保持平静，虚心接受，不要打断对方，更不能反驳与辩解。

有的投诉人张口就要求见领导，在这种情况下，也就是说还在没弄清楚事情缘由状况之前，接待人员不要轻易请领导亲自出面，如果问题确实较严重，接待人员无法处理时，再请主管领导出面解决不迟。

3. 保持冷静的态度，设法使客人消气

处理投诉只有在"心平气和"的状态下才能有效地解决问题。因此，在接待投诉客人时，要冷静、理智，礼貌地请业主、用户坐下，再倒一杯水请他慢慢讲。此时重要的是让业主、用户觉得你很在乎他的投诉，不要急于辩解，否则会被认为是对他们的指责和不尊重。另外，工作人员要与业主、用户保持目光交流，身体正面朝向业主、用户以示尊重。先请业主、用户把话说完，再适当问一些问题以求了解详细情况。说话时要注意语音、语调、语气及声音的大小。

4. 同情和理解业主、用户

当业主、用户前来投诉时，工作人员应当把自己视为管理处的代表去接待，欢迎他们的投诉，尊重他们的意见，并同情业主、用户，以诚恳的态度向业主、用户表示歉意，注意不要伤害业主、用户的自尊。对业主、用户表示同情，会使业主、用户感到你和他站在一起，从而减少敌对情绪，有利于问题的解决。例如工作人员可以说："这位先生（女士），我很理解你的心情，要是我可能会更气愤。"

5. 保持平和的心态

在业户投诉不满时，心情是比较急切和恼火的，这时接待人员一定切记不要打断对方，不可有不专注的表情，而应与对方保持随时的交流。

在沟通过程中，接待人员应始终保持平和的心态，不能被对方的情绪所影响，尤其说话的语音语调应尽量保持平缓，不能表现出不耐烦或恼怒来。

6. 恰当掌握退让的技巧

物业管理工作非常忌讳与业主、用户发生正面冲突，在任何情况下，工作人员都不能与业主、用户发生语言或是肢体上的冲突，一旦发生了冲突，对以后工作的开展将会非常的不利。因而，在业主、用户坚持己见的情况下，接待人员应懂得适时的退让，甚至可以在不违反原则的情况下，适当地表示歉意，待气氛缓和下来后再与其辩论不迟。

7. 注重礼仪

在接待业主、用户投诉的过程中，接待人员尤其要注重接待礼仪的规范性操作，并且始终保持微笑或平和的面部表情，用真诚、高素质的服务态度感染对方。

8. 让投诉人感到受重视

接待人员在听完业主、用户要投诉的具体内容后不要立即回应：最好做短暂的停顿，这样可使投诉人感觉到接待人员对问题的重视及审慎。

9. 准确应用相关专业知识

在陈述相关文件规定时，接待人员必须熟练掌握相关的专业知识，并能准确应用。

10. 根据投诉人的性格来灵活沟通

对于物业区域内的业主、用户，接触多了自然也会了解其个性。接待人员应凭借对来访者的熟悉而判断其性格特征，这对沟通非常有帮助；因为每个人的性格都不尽相同，每个人因为生长的地域不同，以及家庭背景、学习工作经历等因素的不同形成了差异较大的性格，而在与他人相处尤其是面临矛盾、冲突时的外在表现更是各不相同，因此，对方的性格特征是沟通时要注意的一个重要环节。物业管理工作人员在平时的工作当中就应注意分析所接触过的业主、用户的性格，并形成印象，以便在发生投诉事件时能恰当地处理。而在处理问题的过程中，也应时刻注意和观察投诉人当时的情绪特点并采取相应的对策。

11. 在不违反原则的情况下谦虚地接受批评

当投诉人已经提出管理处工作不足之处且坚持己见的情况下，如果不违反原则，接待人员可适时谦虚地接受对方的批评意见，让投诉人心情变得舒畅些，心态逐渐平和下来，这样以便后面更进一步地深入话题而不会招致投诉人的反感。

12. 对业主、用户的投诉真诚致谢

尽管业主、用户投诉有利于改进物业管理与服务工作，但由于投诉者的素质水平、投诉方式不同，难免使接待者有些不愉快。不过假设业主、用户遇到不满的服务，他不告诉管理企业，而是讲给其他业主、用户或媒体听，这样就会影响到物业管理企业的声誉。所以当业主、用户投诉时，不仅要真诚地欢迎，而且还要感谢业主、用户。

13. 电话投诉接待在声音与语言上要有分寸

在业主、用户通过电话投诉的情况下，接待人员主要依靠声音和语言与业主沟通，因此在声音和语言上要把握好分寸，首先要保持平和的心态，声调始终保持中调，不能过高而显示出对对方的不满，也不能过低而使对方感觉到态度消极。在语言的运用上同样要注意避免使用过激的词语，而应尽量用对方可以接受的语言，最终圆满地解决问题。

四、物业常用礼貌礼仪

（一）礼貌礼仪概述

礼貌礼仪对顺利开展物业管理工作具有非常积极的作用。因此，在进行物业管理职业活动和职业交往中，应该注意礼貌礼仪。

礼的本意是"敬神"，泛指特定民族、人群或国家基于历史传统而形成的，以确立、维护社会等级秩序为核心内容的价值观念、道德规范以及与之相适应的典章制度、行为方式。今引申为表示"敬意"的通称，是人们在社会活动中约定俗成的一种共同崇尚的规范形式。

在现实生活中，与"礼"有关的内容一般表现为三个方面，即礼貌、礼仪、礼节。虽然在很多情况下，三者是融为一体、混合使用的，其实三者又有其各自不同的内涵。

（1）礼貌。一般是指在人际交往中，通过言语、动作向交往对象表示谦虚、恭敬和友好的行为。它侧重于表现人的品质与素养，是规范对他人态度和行为的"礼"。

（2）礼节。通常是指人们在日常生活中，特别是在交际场合，相互问候、致意、祝愿、慰问以及给予必要的协助与照料的惯用形式，体现了人们相互之间的尊重与友好。它实际上是礼貌的具体表现形式。

（3）礼仪。礼仪是对礼貌、仪式的统称，是指在人际交往中，自始至终地以一定的、约定俗成的程序、方式来表现的律己、敬人的完整行为。

综上所述，礼貌是礼仪的基础，礼节是礼仪的基本组成部分；礼仪在层次上要高于礼貌、礼节，其内涵更深、更广。礼仪，实际上是由一系列的、具体的、表现礼貌的礼节所构成的，是一个表现礼貌的系统、完整的过程。

（二）物业管理人员要学习和运用礼仪

1. 物业管理人员要懂得和正确运用礼仪

物业管理行业属于服务性的第三产业，为人服务是其活动的主要形式，与人打交道、为客人搞好服务是其日常的工作。因此，物业管理人员更应懂得和正确运用礼仪。

（1）物业管理人员懂得和正确运用礼仪，有助于顺利开展和完成各种物业管理工作。物业管理服务，尤其是小区物业管理服务，涉及各种各样的人群，文化、职业、年龄、性格、爱好等千差万别。物业管理人员讲究礼仪，对他们尊重和友好，自然能够博得他们的好感，他们也才有可能自觉配合物业管理人员的各种工作。否则，物业管理人员要想顺利开展工作是很困难的。

（2）物业管理人员懂得和运用礼仪还可以为创建文明社区和优秀管理小区打下坚实的基础。如果物业管理人员讲究礼仪，并能带动大家一起讲究礼仪，讲究文明，那么社区自然就是一个名副其实的文明社区。社区的精神文明建设好了，必然会促进社区的物业管理工作，最终能够实现社区精神文明和物业管理工作的双先进。

（3）物业管理人员懂得和正确运用礼仪，还能提高物业管理行业的整体形象、物业管理公司的企业形象和市场竞争力。传统房管的弊端，很重要的一个方面就是管理人员态度不好，不懂得、不习惯、不善于运用礼仪。作为传统房管的"革命者"，物业管理公司的管理人员一定要在这个方面有大的好转。

2. 物业管理人员学习礼仪的途径

学习礼貌礼仪，掌握礼貌礼仪，应成为物业管理人员自觉遵守职业道德、顺利进行物业管理职业活动必须要做的工作。学习礼仪的途径，主要有以下三个：

（1）进行系统的理论学习。利用各种图书资料、广播电视、教学函授等，系统全面地学习礼貌礼仪。

（2）向社会实践学习。物业管理人员要积极参与交际实践，通过交际实践来加深对礼貌礼仪的了解，强化对它的印象，检验其作用，并且可以判断个人掌握、运用礼貌礼仪的实际水平。

（3）向专人学习。向教师、培训专家、礼仪顾问或者在该方面确有经验或专长者学习。学习他们的知识和经验，可使自己取长补短，也能比较有针对性地弥补自己的知识缺陷。

3. 物业管理人员学习礼仪的方法

（1）要理论联系实际。要注重实践，将礼仪知识运用于实践，不断地从实践中学习。这是学习礼仪的最佳方法。

（2）要循序渐进，多次重复。要从最基本的礼仪知识入手，不能贪多求快。另外，还要注意礼仪的学习是一个渐进的过程，对一些礼仪规范和要求，只有反复运用，多次体验，才能真正掌握。

（3）要持之以恒、自觉运用。讲究礼仪不难，难就难在长时间的坚持。物业管理人员要时刻提醒自己，对自己提出一个严格的要求，并要时时、处处注意自我检查。

（4）要综合学习多学科的知识。要将礼仪学习同其他相关科学知识、文化知识的学习结合在一起，只有这样，才能真正理解礼仪，更好地掌握和利用礼仪。

（三）基本礼貌礼节

物业管理中的礼仪接待服务工作的宗旨是"宾客至上，服务第一"。即要在管理和服务中讲究礼貌、礼节，使业主，用户满意，给业主、用户留下美好印象，做到礼貌服务、微笑服务，周到服务。

1. 服务态度

服务态度，是指你对客户，也就是服务对象的心理倾向。也可以被理解为，在你的心里，你把你的服务对象看成什么样的人。比如，在一些人的心里，会把业主当成前来求你提供服务的人，于是就会把业主当成求你帮忙的人；但在另一些人看来，业主是你最重要的人，是来给你发工资、维持你生计的"贵人"。不同的理解，自然会带来不同的态度表现，进而发生不同的服务行为，产生不同的服务效果。客户服务中心的所有工作人员都应保持以下服务态度：

（1）在将业主（用户）、访客劝离工作场所时要文明礼貌，并做好解释及道歉工作。

（2）谦虚、和悦地接受住户的评价，对住户的投诉应耐心倾听，并及时向主管领班汇报。

（3）提供服务时，无论何时均应面带微笑、和颜悦色、给人以亲切感；与业主（用户）谈话时，应聚精会神。注意倾听，给人以尊重感；坦诚待人，不卑不亢，给人以真诚感；神色坦然，轻松、自信，给人以宽慰感；沉着稳重，给人以镇定感。

（4）对业主（用户）要一视同仁，切忌有两位业主（用户）同时有事相求时，对一位业主（用户）过分亲热或长时间倾谈，而冷待了另一位。当值时有业主（用户）有事相求时，应立即放下手中工作，招呼业主（用户）。

（5）不与业主（用户）开玩笑、打闹或取外号。

（6）业主（用户）之间交谈时，不要走近旁听，也不要在一旁窥视住户的行动。

（7）对容貌体态奇特或穿着奇异服装的住户切忌交头接耳或指手画脚，更不许围观，不许背后议论、模仿、讥笑住户。

（8）当业主（用户）提出不属于自己职责范围内的服务要求时，应尽可能为其提供力所能及的帮助，切不可说"这与我无关"之类的话。

（9）与业主（用户）交谈时，要全神贯注用心倾听，要等对方把话说完，不要随意打断对方的谈话。对没听清楚的地方要礼貌地请对方重复一遍。

（10）对业主（用户）问询应尽量圆满答复，若遇"不知道、不清楚"的事，应请示有关领导尽量答复对方，不许以"不知道、不清楚"作回答。回答问题要尽量清楚完整，不许不懂装懂，模棱两可、胡乱作答。

（11）在对话时，如遇另一住户有事相求时，应点头示意打招呼或请对方稍等，不能视而不见，同时尽快结束谈话招呼住户。如时间较长，应说："对不起，让您久等了。"

（12）交谈时，态度和蔼，语言要亲切，声调要自然、清晰、柔和，音量要适中，不要过高，也不要过低，以对方听清楚为宜，答话要迅速、明确。

（13）需要业主（用户）协助工作时，首先要表示歉意，并说："对不起，打扰您了。"事后应对住户帮助或协助表示感谢。

（14）对于业主（用户）的困难，要表示充分的关心、同情和理解，并尽力想办法解决。

（15）对于质询无法解释清楚时，应请上级处理，不许与住户争吵。

（16）谈话时，应专心倾听业主（用户）的意见。眼神应集中、不浮游，不应中途随意打断其讲话。

2. 仪表仪态

仪表是指人的外表，包括容貌、姿态、风度、服饰和个人卫生等，是礼仪的重要组成部分。仪态是指人在行为中表现出来的姿势，主要包括站姿、坐姿、步态等。物业公司客服人员必须注意以下仪表仪态的要求：

（1）着装：

①工作服应干净，整齐、笔挺。

②上班时间必须穿工作服，工作服要整洁，纽扣要扣齐，不允许敞开外衣；非工作需要不允许将衣袖、裤腿卷起，不允许将衣服搭在肩上。

③制服外衣衣袖、衣领不显露个人衣物；制服外不显露个人物品；服装衣袋不装过大过厚物品，袋内物品不外露。

④上班统一佩戴工作牌，工作牌应端正地戴在左胸襟处。

⑤非当班时间，除因公或经批准外，不穿着或携带工衣外出。

⑥鞋袜穿戴整齐清洁，鞋带系好，不允许穿鞋不穿袜。女员工不允许穿高跟鞋，非工作需要不允许打赤脚或穿雨鞋到处走。工作完毕应在工作场所将鞋擦干净再走。

⑦女员工应穿肉色丝袜，男员工不允许穿肉色丝袜。

⑧非特殊情况不允许穿背心、短裤。

（2）立姿：

①立姿工作时，双脚以两肩同宽自然垂直分开（体重均落在双脚上，肩平、头正、两眼平视前方、挺胸、收腹）。

②不准趴或靠在台面上。

（3）坐姿。就座时姿态要端正，入座要轻缓、上身要直、人体重心要稳、腰部挺起、手自然放在双膝上、双膝并拢、目光平视、面带笑容。就座时不允许有以下几种姿势：

①坐在椅子上前俯后仰，摇腿跷脚；

②在上司或住户面前双手抱着胸前，跷二郎腿或半躺半坐；

③趴在工作台上或把脚放于工作台上；

④晃动桌椅，发出声音。

（4）行走：

①行走时不允许把手放入衣袋里，也不允许双手抱胸或背手走路；

②在工作场合与他人同行时，不允许勾肩搭背、不允许同行时嬉戏打闹；

③行走时，不允许随意与住户抢道穿行，在特殊情况下，应向业主（用户）示意后方可越行；

④走路动作应轻快，非紧急情况不应奔跑、跳跃；

⑤手拉货物行走时不应遮住自己的视线；

⑥尽量靠路右侧行走；

⑦与上司或业主（用户）相遇时，应主动点头示意。

（5）仪表：

①保持手部干净，指甲不允许过长，指甲内不允许残留污物，不涂有色指甲油；

②应经常洗澡防汗臭，勤换衣服；衣服因工作而弄湿、弄脏后应及时换洗；

③上班前不允许吃有异味食品，保持口腔清洁、口气清新，早晚刷牙，饭后漱口；

④保持眼、耳清洁，不允许残留眼屎、耳垢；

⑤女员工应淡妆打扮，不允许浓妆艳抹，避免使用味浓的化妆品；

⑥每天上班前应注意检查自己的仪表，上班时不能在住户面前或公共场所整理仪容

仪表，必要时应到卫生间或工作间整理；

⑦女员工前发不遮眼，后发不超过肩部，不梳怪异发型；

⑧男员工后发根不超过衣领（保安员头发不得长于20mm），不盖耳，不留胡须；

⑨所有员工头发应保持整洁光鲜，不允许染除黑色以外的其他颜色；

⑩所有员工不允许剃光头。

（6）手势。与人谈话时，手势不宜过多、动作不宜过大，不要手舞足蹈。在引路、指示方向时，切忌用手指指点。

（7）表情。面带笑容，微笑服务有利于双方的感情交流，有利于更好地工作，要树立"笑迎天下客"的良好风气。

3. 公关接待礼仪

公关接待礼仪具体又包括服务台接待礼仪、办公室接待礼仪和电话接待礼仪。

1）服务台接待礼仪。服务台接待礼仪，具体来说体现在以下几个方面：

①思想集中、精神饱满、真诚微笑、着装整齐，仪表、仪容端庄、整洁。

②客人来到服务台，应主动招呼、热情问候、一视同仁、依次接待，让人感到你是乐于助人的。

③接受问讯时，应双目平视对方脸部眼鼻三角区，倾听要专心，以示尊重和诚意。

④对有急事而词不达意的客人，应劝其安定情绪，然后再问，可说："先生（小姐），别着急，请慢慢地讲，我正在听。"

⑤对长话慢讲、细述详问的客人要有耐心，细心听清要求后再作回答，决不能敷衍了事或拒之门外。

⑥答复问讯时，做到百问不厌，有问必答，用词得当，简洁明了，不能说"也许""大概"之类的没有把握或含糊不清的话。

⑦自己能回答的，要随问随答，决不能推诿。

⑧对不清楚的事，不能不懂装懂，随便回答，不可轻率地说"我不知道"，一推了事。经过努力确实无法回答时，应表示歉意说："对不起，这个问题现在我无法解答，让我了解清楚后再告诉您。"

⑨在填写访客单前，应先问明对方的情况，待宾客出示相关的证件（如介绍信、身份证、工作证等）后，方可填写访客单。

⑩接受宾客出示的证件时，应双手接下及时奉还，并应致谢，知道客人姓氏，尽早称呼等。

2）办公室接待礼仪。办公室接待礼仪具体体现在以下几个方面：

①办公室布置要整齐、美观、清洁，让别人看着舒展，产生亲切感和信任感；

②要准备充分的资料或宣传品以便随时赠送客人；

③对来访者谈话，要专心地听，不要东张西望，心不在焉，重点地方要记录，对来访者要先采取一定技巧解决相互称谓及弄清来访者的身份和意图；

④接待结束时，应送出办公室，说一些"谢谢"或"再见"等礼貌用语。

3）电话接待礼仪。注意语气和称呼。如来电话，拿起话筒即说"您好！这里是××公司"，语气要轻柔、清晰，但不可矫揉造作。倾听电话要耐心，根据内容发出

"是"或"对"等应答声音，结束时要用一些"谢谢"或"再见"等礼貌用语。

4. 日常服务礼仪

日常服务礼仪是指物业管理人员在直接为住户或客户服务的过程中应当遵守的礼仪。具体来说，主要包括称呼礼节、应答礼节和操作礼节。

1) 称呼礼节。指物业管理人员在为客人服务前或与客人交谈或沟通信息时应恰当使用的称呼。包括：

①最为普通的称呼是"先生"、"太太"和"小姐"。当我们得悉宾客的姓名之后，"先生"、"太太"和"小姐"这三种称呼就可以与其姓氏或姓名搭配使用，如"王先生"、"张太太"、"李小姐"等，这能表示对他们的熟悉和重视。

②遇到有职位或职称的先生，可在"先生"一词前冠以职位或职称，如"经理先生"、"教授先生"等。

2) 应答礼节。应答礼节是指服务过程中在回答客人问话时的礼节，具体包括：

①应答宾客的询问时要站立说话，不能坐着回答；要思想集中，全神贯注地去聆听，不能侧身目视它处、心不在焉；交谈过程中要始终保持精神振作，不能垂头丧气、有气无力；说话时应面带笑容、亲切热情，不能表情冷漠、反应迟钝，必要时还需借助表情和手势沟通和加深理解。

②如果宾客的语速过快或含糊不清，可以亲切地说"对不起，请您说慢一点"；"对不起，请您再说一遍好吗"，而不能说"我听不懂，你找别人去"，也不能表现出不耐烦、急躁或恐慌的神色，以免造成不必要的误会。对宾客提出的问题要真正明白后再作适当的回答，决不可以不懂装懂、答非所问。

③对于一时回答不了或回答不清的问题，可先向住户或客户致歉，待查询或请示后再向问询者作答。凡是答应住户或客户随后再作答复的事，届时一定要守信，决不可不负责任地置之脑后。

④回答住户或客户的问题时还要做到语气婉转、口齿清晰、语调柔和、声音大小适中。同时，还要注意在对话时要自动地停下手中的其他工作。

⑤对住户或客户的合理要求要尽量迅速作出答复；对个别住户或客户的过分或无理的要求要能沉住气，婉言拒绝，如可以说"恐怕不行吧"、"很抱歉，我无法满足您的这种要求"、"这件事我需要去同主管商量一下"等，要时时表现出热情，有教养、有风度。

⑥如果住户或客户称赞你的良好服务时，也千万不要在众人面前流露出沾沾自喜的样子，而应保持头脑冷静，微笑、谦逊地回答"谢谢您的夸奖"、"这是我应该做的"等。

3) 操作礼节。操作礼节是指服务人员在日常服务工作中的礼节，包括礼貌引导和电梯手势。

第一，礼貌引导。具体有：

①为宾客引路时，应走在宾客的左前方，距离保持2~3步，随着客人的步伐轻松地前进；

②遇拐弯或台阶处，要回头向客人示意说"请当心"；

③引领客人时，应用"请跟我来"、"这边请"、"里边请"等礼貌用语；

④为宾客送行时，应在宾客的后方，距离约半步等。

第二，电梯手势。具体有：

①电梯到达时，应站到梯门旁边，一只手斜放在梯门上，手背朝外，以免梯门突然关闭，碰到宾客；另一只手微微抬起放在胸前，手心朝上，五指并拢，方向是电梯，并面带微笑地说："电梯来了，请进。"

②等宾客全部进电梯，然后才站进电梯，面向电梯门，一只手按电钮，另一只手的手心朝着电梯门，随着梯门的关闭而伸长。这样是为了防止梯门在关闭时夹到宾客及其衣服、物品等。

③等梯门完全关闭，呈上升状态时，转过身，与梯门呈45°角，面向宾客，并用身体挡住电钮开关，使其呈隐蔽状态，防止宾客不小心碰到按钮，引起不必要的麻烦。

④电梯即将停止时，要用一只手挡住电梯门，避免宾客靠在电梯门上，电梯门完全打开时，首先出去站在电梯门旁，一只手斜放在电梯门上，手背朝外，另一只手上臂与下臂呈135°角，五指并拢，手心向上，方向指向通道的出入口并面带微笑地说："×××到了，请走好。"

（四）常用礼貌用语

1. 称呼

适当的称呼能满足对方受尊重的心理，拉拢双方的关系，缓和对立情绪。它具有呼唤对方，显示呼唤人与被呼唤人的关系，表示呼唤人对被呼唤人的态度与情感等功能。现在通用的称呼礼节大致是：男性称"先生"；女性已婚的，称"夫人"；未婚的，称"小姐"；职业女性，称"女士"；身份高的已婚女子，称"太太"。最好不要单独称女性为"妇女"。不同的称呼用于不同的人和场合。

（1）姓名称呼：适用于年龄、职务相仿的人或同学、好友之间。

（2）职务称呼：有一定的职务位置，但千万不能把职务搞错。

（3）职业称呼：该职业有较高的社会地位，如老师、医生、律师等。

（4）拟亲称呼：用于年龄明显高于自己者，如张阿姨、李奶奶等。

（5）昵称、爱称：用于较亲近人之间，无特别忌讳。

2. 敬辞

（1）使用场合。比较正规的社交场合，如与师长或身份地位较高的人交谈，初识或不太熟的人交谈，会议、谈判等公务场合，物业管理人在接待来访者，或上门服务时均需使用敬辞。

（2）常用敬语。称呼对方的亲属，常使用"令"、"尊"、"贤"三个字；称对方配偶时也可"尊""贤"通用，即"尊夫人"等于"贤内助"；初次见面称"久仰"、"久仰大名"；请人批语称"请教"、"赐教"、"候教"、"呈正"、"斧正"等；请人原谅称包涵、海涵。

3. 说话态度

（1）热情。热情是一种对待别人的最佳态度。热情是展示自我的一种有效途径、是一种敬人与自尊的结合。

（2）主动：

1）主动招呼，面对外来的客人，前来咨询、投诉的业主，要主动打招呼，以礼相待，主动询问各种要求；不能因为业主态度不好、有棘手的事待处理，就逃避。

2）为业主着想，物业管理公司的员工要牢固树立"真心服务、真诚回报"的思想，设身处地为业主着想。特别是有特殊要求的业主，应想方设法尽量满足。

3）做到"三声"，即"来有迎声、问有答声、走有送声"。

（3）耐心。对待客人要耐心，不准同业主发生争吵，"如果你赢了一场争吵，你便失去了一位朋友。"

（4）谈话要注意分寸。适当的时候，在适当的场合，以适当的身份讲适当的话，方称为合理、有分寸。要让说话不失"分寸"，除了需要提高自身的思想修养以外，以下几点还需要随时留意：

1）谈话时要认清自己的身份，"角色地位"适合。

2）谈话中要适当考虑措辞，不能想怎么说就怎么说。

3）谈话要尽量客观，不夸大、不断章取义。

4）谈话要具有善意。

5）在一般交谈时要坚持"六不问"的原则（年龄、婚姻、住址、收入、经历、信仰等属个人隐私的问题，当然对方主动谈及就另当别论）。

（5）谈话要委婉含蓄，用试探、商量、谦虚、赞颂的口吻。

4. 对客户服务用语要求

（1）遇到客户要面带微笑，站立服务。管理处人员应先开口，主动打招呼，称呼要得当，问候语要简单、亲切、热情。对于熟悉的客户要称呼客户姓氏。

（2）与客户对话时宜保持1米左右的距离，要注意使用礼貌用语。

（3）对客户的话要全神贯注、用心倾听，眼睛要平视客户的面部，要等客户把话说完，不要打断客户的谈话，不要有任何不耐烦的表示，要停下手中的工作，眼望着对方，面带微笑。对没听清楚的地方要礼貌地请客户重复一遍。

（4）说话时，特别是客户要求服务时，从言语中要体现出乐意为客户服务，不要表现出厌烦、冷漠、无关痛痒的神态，应说"好的，我马上就来办"或马上安排人员来办。

第十一章　物业交易买卖与法律制度

一、物业交易管理综述

物业流通是物业商品属性回归和物业商品化得以实现的关键环节。

1. 物业流通的含义

所谓物业流通，是指物业市场的消费者（包括自然人、法人和其他组织，在某些特殊情况下还可以是国家机关）为了满足生活或生产、投资等各种需要，在一定的消费动机驱使下，通过支出货币或其他对价而取得物业所有权或使用权的一种有意识的活动，即物业交易活动。

2. 物业流通的特点

由于物业本身具有其他商品所没有的特性，所以物业在流通过程中又有其自身的特点。

（1）物业是不动产，所以在流通过程中，只有从货币到商品再到货币的形态变化，而不发生房屋土地的空间转移。也就是说，物业交易者只是通过转移房屋所有权及其所占土地的使用权来实现交易。

（2）物业的使用周期长、价值量大、价格高，物业在市场流通的形式有买卖、出租、抵押、典当、互易等。

（3）在我国，由于地产实行社会主义公有制，物业在流通过程中，其所有权、使用权和经营权是可以分离的。

3. 物业流通的形式

从中国物业市场的实际情况来看，物业流通的常见形式有买卖、租赁、抵押、赠与、互易、典当等。

（1）物业抵押。物业抵押是指产权人以自己所有的或依法有权处分的物业以不转移占有的方式向抵押权人提供债务担保的行为。债务人不履行债务时，抵押权人有权依法以抵押的物业折价或者拍卖（变卖）物业所得的价款优先受偿。抵押人是指以物业作为本人或第三人履行债务担保的法人、自然人和其他组织。抵押权人是指接受物业抵押作为债务履行担保的法人、自然人和其他组织。在中国，土地所有权是不能抵押的，只允许土地使用权抵押。

（2）房屋赠与。所谓房屋赠与是指房屋所有权人将属于自己的房屋无偿给予受赠人，受赠人表示接受的一种民事法律行为。

（3）房屋互易。房屋互易，也称为房屋交换，是指居住者出于有利生产、方便生活的考虑，经交换双方协商一致，签订房屋互易合同，各自将自己使用的房屋提供给另一方的一种物业流通形式。房屋互易是人们现实生活中的一种客观需要，通过房屋互易，可以解决居住者上班路途遥远、孩子入托不便甚至邻里不和睦等诸多困难及不便。

（4）房屋典当。房屋典当，又称房屋"典卖"或"活卖"，即房屋所有权人将自己所有的房屋交给承典人占有、使用、收益，承典人按约定向出典人一次性支付全部典金，并在典期届满之时将房屋返还给出典人，取回典金的行为，在房屋典当关系中，支付典价从而占有他人房屋并取得使用、收益权利的人称为承典人，又称典权人；收取典价，以房屋供他人占有、使用、收益的人称为出典人。承典人对出典人的房屋享有的占有、使用、收益的权利就称为典权。

二、物业买卖程序形式

物业项目在建设过程中和竣工验收后，面临着采取何种流通形式进入物业市场以收回成本和获得利润的问题。物业必须通过买卖、租赁等流通形式才能到达使用者手中。

（一）物业买卖的含义与特征

1. 物业买卖的含义

物业买卖，是指物业的所有者或使用者以出卖人身份将物业的所有权或使用权转移给买受人，由买受人支付价款并取得物业所有权或使用权的一种物业流通形式。它是连同房、地产物质载体及其各类附着物在内的物业所有权和使用权关系在物业交换主体（开发者、经营者和消费者）之间的全面转移，同时它也是物业在生产环节、流通环节和消费环节之间流动、转移的标志。由于我国实行土地的国有制和集体所有制，因而我国物业买卖主要是以地产使用权、房产所有权和房产使用权为对象的交换关系。

2. 物业买卖的特征

物业买卖是物业流通的一种形式，有其自身的特点：

（1）标的物位置具有固定性。作为物业买卖标的物业为不动产、在空间位置上不能移动。因此，物业买卖双方的房屋所有权以其占用范围内的土地使用权证书及合同进行交易。

（2）房产与地产具有不可分离性。作为合同标的物的物业包括房屋及其占用范围内的土地。而房屋总是要建在一定面积的土地上的，房屋与其占用范围内的土地具有不可分离性。

（3）物业买卖的标的额大，专业性强。在市场经济条件下，物业的价格往往是昂贵的，其价格取决于成本（地价、建材价格及其他各项费用）、地理位置、物业市场的供求状况等多种因素的影响。

（4）物业买卖比一般商品买卖要复杂得多，买卖的顺利完成，通常需要有关中介机构和专业人员的介入。

（5）物业买卖无论以何种形式（一般的买卖、物业的拍卖、商品房预售）出现，都会涉及土地资源的占用和土地收益的重新分配，并会在一定程度上对整个社会的生产、生活产生影响，具有较强的社会性。

（6）物业所有权或使用权从登记手续办理完毕之日起转移，而不是从物业交付时起转移，这与普通商品的买卖有所不同，在普通商品买卖中，商品所有权从商品交付之日起就转移给买受人。

（7）物业买卖是一种要式的民事法律行为。所谓要式的民事法律行为，是指依法律或行政法规的规定，应当采取一定形式或履行一定程序的民事法律行为。物业买卖是要式的民事法律行为，主要体现在两个方面：其一，物业买卖的双方当事人意思表示一致并签订书面的买卖合同，买卖合同采用书面形式对稳定和证明双方当事人的权利和义务关系，发生纠纷时的举证都具有重要作用；其二，物业买卖合同签订后，双方当事人还须到房地产主管机关办理登记、过户等手续。

（二）物业买卖程序

1. 物业买卖的有效条件

根据有关法律、行政法规和规章的规定，物业买卖须具有五个有效条件：

（1）主体资格合法。物业买卖属于民事法律行为，买卖双方必须具有相应的主体资格和行为能力。自然人作为物业买卖行为主体时，必须具备民事权利能力及完全民事行为能力。法人或其他社会组织作为物业买卖主体应具有法人资格或符合法定条件。

（2）客体符合法律要求。物业属于特殊的财产的地位，由其自身的特殊性及其在人们生产生活中的极端重要性所决定。国家法律、行政法规对物业的转让，尤其是土地使用权的转让，通常都规定了较多的禁止和限制条件。

（3）意思表示真实、一致。物业买卖必须体现平等、自愿、公平、诚实信用、等价有偿的原则，双方当事人的意思表示必须真实、一致，以使双方的利益得到切实保护。因欺诈、胁迫所签订的物业买卖合同无效；行为人没有代理权、超越代理权、代理权终止后仍以被代理人的名义所订立的物业买卖合同不发生法律效力，为无效民事行为；此外，当事人的意思表示也必须出于善意，恶意串通损害国家、集体及第三人利益的物业买卖行为，以合法形式掩盖非法目的的物业买卖行为等都没有法律效力。

（4）形式要件完备。物业买卖应当签订书面买卖合同，并由当事人到房地产管理部门办理权属登记、过户等手续，并领取物业权属证书。这样，其法定形式要件方告完备，受让方才合法拥有物业所有权。

（5）不得违反法律、行政法规的强制性规定和社会公共利益。

2. 物业买卖合同

我国《城市房地产管理法》第四十条规定，房地产转让应当签订书面转让合同。因此，物业买卖的双方当事人必须签订书面的物业买卖合同，这是物业买卖有效的法定必备条件。现对物业买卖合同的有关问题做一介绍。

（1）物业买卖合同的订立过程。物业买卖合同是买卖合同的一种，因此必须遵循《中华人民共和国合同法》（以下简称《合同法》）有关买卖的规定，经历要约与承诺两个阶段。

①要约。所谓要约，是物业买卖的一方当事人向另一方当事人提出的希望订立物业买卖合同的意思表示。依照《合同法》及司法实践，一项有效的物业买卖要约必须满足以下四个要件：第一，要约必须由具有订约能力的特定人做出；第二，要约必须具有

订立物业买卖合同的意图；第三，要约必须向要约人希望与其缔结物业买卖合同的受要约人发出；第四，要约的内容必须具体确定。

②承诺。所谓承诺，是指受要约人同意要约的意思表示。换言之，承诺是指受要约人同意接受要约的条件以缔结物业买卖合同的意思表示。承诺的法律效力在于一经承诺并送达于要约人，物业买卖合同便告成立。在法律上，承诺要想产生法律效力，必须具备如下条件：第一，承诺必须由受要约人向要约人做出；第二，承诺必须在规定的期限内达到要约人；第三，承诺的内容必须与要约的内容一致；第四，承诺的方式要符合要约的要求。

物业买卖双方当事人经过要约与承诺过程之后，签订书面买卖合同，合同即告成立。但合同的成立并不等于合同的生效，合同的生效尚须办理物业产权转让手续，即办理物业产权变更登记手续，取得产权证书，方可受到法律保护。

（2）物业买卖合同的条款。按照国家建设部《中华人民共和国城市房地产转让管理规定》（2001年8月15日起实施，以下简称《城市房地产转让管理规定》）第八条规定，物业买卖合同应当载明下列主要内容：第一，双方当事人的姓名或名称、住所；第二，物业权属证书名称和编号；第三，物业坐落位置、面积、界限；第四，土地宗地号、土地使用权取得的方式及年限；第五，物业的用途或使用性质；第六，成交价格及支付方式；第七，物业交付使用的时间；第八，违约责任；第九，双方约定的其他事项。

（3）物业买卖合同的效力。物业买卖合同的效力是指已经生效的物业买卖合同所具有的法律约束力。它既包括买卖合同的对外效力，即排除他人干涉和侵害的效力，又包括买卖合同的对内效力。物业买卖合同的对内效力主要体现为合同当事人所享有的权利和所负担的义务。由于物业买卖合同是典型的双务有偿合同，一方当事人所负担的合同义务恰好是对方当事人所享有的合同权利，所以物业买卖合同的对内效力可以通过双方当事人所负担的合同义务来体现。

1）出卖人的义务。

①交付物业，并转移物业的所有权或使用权于买受人。该项义务是出卖人的主合同义务，它由两个方面的内容组成：其一为交付物业；其二为转移标的物的所有权于买受人。

②交付有关单证和资料。出卖人还应当按照约定或者交易习惯向买受人交付行使标的物所有权或与使用权密切联系的有关单证和资料。该项义务系属出卖人在物业买卖合同中所负担的从合同义务，该项义务辅助主合同义务，实现买受人的交易目的。

2）买受人的义务。

①支付价款。支付价款是买受人的主要义务。买受人应按照合同约定的数额、地点、时间、方式支付价款。

②受领物业。买受人应按照合同约定受领物业，买受人无正当理由拒绝受领物业、延迟受领物业给出卖人造成损失的，由买受人负责赔偿。

3. 物业买卖的程序

根据《城市房地产转让管理规定》第七条的规定，一宗物业的买卖应当经过签约、申请、审查、评估、缴费、发证等主要程序。

（1）签约。物业买卖时，双方当事人应当依法订立物业买卖合同。

（2）申请。物业买卖的双方当事人应在物业买卖合同签订后90日内持物业权属证书（如房屋所有权证、房产执照、国有土地使用权证等）、当事人的合法证明（包括身份证、户口簿、护照等）、买卖合同等有关文件向物业所在地的房地产管理部门提出申请，并如实申报成交价格，不得瞒报或做不实的申报。

（3）审查。房地产管理部门对提供的有关文件进行审查，并在7日内做出是否受理申请的书面答复；7日内未做书面答复的，视为同意受理。

（4）评估。房地产管理部门核实申报的成交价格，并根据需要对转让的物业进行现场查勘和评估。

（5）缴费。当事人的物业买卖行为符合法律、行政法规规定的，物业买卖的有关当事人根据申报的成交价或评估价缴纳契税、手续费等费用。物业买卖当事人申报的转让价格明显低于正常市场价格的，应当按照物业评估价格计算税费。

（6）发证。房地产管理部门为买卖双方办理物业权属过户手续，核发物业权属证书，受让方领取物业权属证书，物业买卖行为方告完毕。

4. 物业的买卖价格

物业买卖价格即物业的市场价格，是物业买卖时的实际成交价格。在决定物业买卖价格的诸因素中，除物业的现值外，主要取决于物业的需求与供给。

（1）影响物业需求的主要因素。物业的需求是指在某一特定时期内，在每一价格水平上，人们愿意并且能够租买的物业量。物业的需求除受物业本身的价格影响外，还受到下面因素的影响：

1）收入与财富。国民收入水平对物业需求具有正向影响，即随着国民收入的增加和人们生活水平的提高，对物业的需求也会增加；国民收入减少，对物业的需求也相应减少。

2）人口因素。人口因素主要通过以下三个方面影响物业特别是居住物业的需求：

①人口数量。物业是供人消费或从事生产经营活动的，略去其他因素，人口总量越大，对住宅等各类物业的需求量也就越大，人口的总量与物业的需求成正比。

②人口质量。人口质量的变化会影响居住物业的需求层次。人口质量包括身体素质、思想素质、文化科学素质三方面的内容。从社会发展的总趋势来看，人们的思想品德不断进步，文化知识不断增长，劳动技能也不断提高。人口质量的提高对住宅提出了新的需求，人们越来越注重住宅在满足人们享受和发展方面的需求，需求层次的提高会引起住宅需求量的明显增加。

③家庭结构。随着现代化的推进，以父母子三角为基本结构的核心家庭迅速发展，出现了家庭小型化的趋势，中国传统的大家庭结构开始受到冲击，这种发展趋势会增加对住宅的需求。家庭结构越小，人均消费面积越大。即使是两口之家，也需要厨房、客厅、厕所以及过道等。因此即使人口总量不变，小家庭结构的大量出现也会引起住宅需求的增加。

3）国家政策。国家的住宅、金融、投资等有关经济政策都会影响到物业的需求，其中最重要的是住宅政策和利率政策。

在中国，传统体制下城市住宅建设与管理由国家包下来，国家只对用户收取十分低廉的房租，这刺激了人们对住宅的过高需求。由于这种需求不受支付能力的限制，因而无法得到满足。随着住房体制改革的不断推进，实行住房商品化政策，就限制了人们对住宅的过高需求，人们对住房不得不实行有节制的消费，因此住宅政策对住宅需求有十分明显的影响。

利率作为国家调节经济最重要的杠杆，同样对物业需求有重要影响。利率对居民的物业消费需求具有负向影响，主要体现在以下两个方面：

①当利率降低时，居民的银行储蓄存款率降低，这迫使人们降低储蓄而转向消费或进行其他的投资。居民在寻找消费或投资出路时，可能会考虑扩大住宅的消费或进行物业投资，这对于原来已计划扩大住宅消费或进行物业投资的居民来说，会加快他们的行动步伐，进而增加对物业的现实需求。

②利率降低时，住宅抵押贷款的利率同时降低，这实际上降低了居民进行住宅消费或物业投资的成本，也会扩大居民的住宅需求；相反，利率提高时，物业需求会减少。

4）对未来的预期。一般来说，对生产性物业的需求，主要取决于投资者对未来经济发展形势的预测。投资者如果预期悲观，就会停止购买或扩建厂房，减少生产和投资，进而生产性物业的需求就会减少；相反，则会扩大对生产性物业的需求。

5）其他商品的价格。在现实生活中，物业与其他商品之间在一定程度上是可以替代的。当其他商品的价格大幅度上涨时，会引起替代品物业的需求量的增加，因为这时物业变得相对便宜，生产经营者或消费者会用物业替代其他商品。

（2）影响物业供给的主要因素。物业的供给是指在某一特定时期内，在每一价格水平上，人们愿意并且能够出卖或出租的物业量。物业的供给除受物业本身的价格影响外，还受到下面因素的影响：

1）房地产投资规模。物业的供给以房地产生产为基础，而房地产生产的规模、速度和总量，又受房地产投资规模的制约。在其他条件不变的情况下，房地产开发资金量与物业的供给成正比。

2）建材供应能力与建筑能力。房地产开发需要耗费大量建材资料，如钢材、水泥、砖瓦、木材、玻璃、砂石等。只有在上述建筑材料供应充足的条件下，物业才可能根据需求状况进行建设；否则，物业供给必然受到影响。同时，房地产开发涉及工程设计、建筑施工、装修装饰及其他配套服务等相关行业及众多单位。因此，房地产开发的参建单位及相关行业与企业的素质、建筑施工能力及服务质量等都将对物业供给产生直接影响。

3）土地使用政策。房地产开发首先必须有可供使用的土地。由于房产与地产的物理形态上具有不可分性，因此，土地是兴建物业不可缺少的投入要素。然而，由于土地资源的严重稀缺性，政府经常限制土地的使用，尤其是城市土地的使用。因此，城市物业的供给能力，在很大程度上受制于政府的土地政策。

4）税收政策。政府税收是房地产开发经营的一项重要成本支出。国家对房地产业实行优惠的税收政策，例如减免税收或纳税递延，都会降低房地产开发成本。房地产开发成本的降低会导致开发商营利水平的提高，从而吸引更多的社会资本进入房地产业，增加物业供给量。

5）利率政策。物业一般具有大宗性、昂贵性的特点。房地产开发往往需要巨额资金投入，因此迫切需要银行等金融机构的资金支持。房地产业的繁荣往往都以银行贷款的支持为前提。因此，银行利率的高低直接影响到物业市场的供给量。如果国家采取紧缩的货币政策，提高利率，银行抽紧银根，就会减少房地产开发商的贷款，或提高房地产开发的借贷成本，物业供给量往往会减少。另外，由于银行利率提高，人们储蓄愿望增强，进而会减少对物业的消费需求与投资需求，从而会导致物业价格下降，影响房地产开发商的供给愿望。

（3）影响物业市场价格的其他因素。物业的市场价格除受物业需求与供给影响外，还受到以下几方面的影响：

1）建筑物的状况。所谓建筑物的状况是指建筑物的外观、结构、布局、设备以及施工质量直接影响物业的品质，从而影响物业价格。

2）物业的地理位置。物业所处的位置优劣直接影响物业所有者或使用者的经济收益、社会影响和生活的满足程度。

在房地产领域中，地段对物业价格所起的影响非常大。从最简单的方面讲，地段所决定的地价，将直接分摊到房价中。另外，物业所处地域的价值前瞻性（也就是物业所处地段的发展潜力）及未来物业是否有升值空间等都会影响到物业的出售、出租价格。

特别要注意的还有物业的环境因素，即物业所处的区域生活气氛和人文环境对物业价格所起的影响也非常大。

3）物业的管理运作。物业的管理队伍、管理费用、营销组织、包装、广告等因素，都会直接影响物业的市场价格。

通过聘请合格的物业管理队伍，对物业进行适时的维修保养和改建，才能保证物业的质量和物业价值的追加，才能从根本上保证物业使用功能的正常发挥，并保持良好的物质性能和建筑形象；从而相对延长其使用寿命，充分发挥物业的效用，增强物业的安全性能，提高住户的工作和居住的质量，并实现物业的保值增值；另外在同等情况下，提高物业的市场价。

当然，物业管理费用较高则会降低对该物业的需求。如果物业管理费用较低，又不影响服务质量，则有利于扩大需求。

同时，专业性的营销策划作用也不容忽视。只有那些物有所值，又借助现代营销理念进行宣传的物业，才有可能在市场中获得一个合适的价格。通过对各种资源的有效整合，对物业进行精美的包装和一系列营销策划及推广运作，使物业获得附加值，才能够吸引投资人以超出平均物业价格几成甚至几倍的价格租买。

（三）特殊的物业买卖形式

在物业买卖中，还存在着商品房预售、物业拍卖两种特殊形式，现分别对其进行简述。

1. 商品房预售

商品房预售属于期房交易形式。

（1）商品房预售的含义。商品房预售是指开发经营企业将正在建设中的商品房预先出售给承购人，由承购人根据预售合同支付房款并在房屋竣工验收合格后取得房屋所有权的房屋买卖行为，俗称"卖楼花"。

（2）商品房预售的条件。为了保护广大购房者的合法权益，国家对商品房预售行为有着较为严格的限制。《城市房地产管理法》第四十四条和建设部发布的《城市商品房预售管理暂行办法》对于商品房预售都有明确的规定。综合起来看，商品房预售应满足以下条件：

1）建设用地已经落实。

2）施工图设计完成。施工图应由施工单位制作。施工图设计完成表明施工单位已经落实，建筑物设计要求已向施工单位交底。

3）按提供预售的商品房计算，投入开发建设的资金达到工程建设总投资的 25% 以上，并已确定了施工进度和竣工交付日期。

4）向县级以上人民政府房产管理部门办理预售登记，取得《商品房预售许可证》。

只有符合上述条件的商品房预售，才具有法律效力，受法律保护。违反法定条件预售商品房的，由县级以上人民政府房产管理部门责令其停止预售活动，没收违法所得，并处罚款。

（3）商品房预售的程序。开发商取得商品房预售许可证后正式进入商品房预售程序，因此，申请获得商品房预售许可证是商品房预售行为的第一步。具体而言，商品房预售的程序如下：

1）申请获得商品房预售许可证。开发商应向物业所在地的县级以上房地产管理部门办理预售登记，获得《商品房预售许可证》。

房地产管理部门在接到开发企业申请后，应当详细查验各项证件和资料，并到现场进行查勘。经审查合格的，应在接到申请后的 10 日内做出审核结论，核发《商品房预售许可证》，并向社会公告。

开发商进行商品房预售，应当向承购人出示《商品房预售许可证》。售楼广告和说明书必须载明《商品房预售许可证》的批准文号。未取得《商品房预售许可证》的，不得进行商品房预售。

2）售前宣传。开发商在预售商品房之前，要通过各种方式进行广告宣传，展示自己拟预售的房屋，供购房人选择。这是商品房预售所必需的准备工作。

3）签订商品房预售合同。目前中国的商品房预售一般采用标准合同。合同中包括了房屋的坐落位置、土地使用面积、房屋建筑面积、单位面积价格、房价款交付方式、定金、交付使用时间以及违约责任等内容。预售、承购双方就合同的主要内容达成协议后，即可签约。签约时，双方还可以根据需要对合同中的某些条款进行修改和补充。

4）登记备案。商品房预售方应当按照国家有关规定在预售合同签订之日起 30 日内持商品房预售合同向县级以上人民政府房产管理部门和土地管理部门登记备案。未办理登记备案手续的不受法律保护。

5）签订正式的房屋买卖合同。预售合同签订后，购房人要依照合同约定的方式、时间和数量向预售方交付购房款，预售方要按合同约定的时间向购房人交付房屋。在房屋竣工验收并获通过后，双方当事人要签订正式的房屋买卖合同。

6）办理房屋产权转移登记手续。正式的房屋买卖合同签订后，双方当事人要在规定的期限内，到房产管理机关办理房屋产权转移登记手续，领取房屋所有权证。购房人领取房屋所有权证后，还应持有关证件，到土地管理部门办理房屋占用范围内土地使用权的变更登记手续，领取国有土地使用权证。

2. 物业拍卖

物业拍卖是指在特定的时间、地点，按照特定的程序与规则，以公开竞价的形式，将物业（房屋或土地）卖给最高的应价者的一种物业买卖形式。拍卖是常用的交易形式。物业拍卖的方式主要有三种：一是增价拍卖；二是减价拍卖；三是密封递价拍卖，又称"投标拍卖"。

（1）物业拍卖的基本要求。

1）拍卖物业时，须经政府部门（一般为县级以上政府房地产管理局）批准；拍卖系统自管物业时，须经主管局批准；处理有经济纠纷或人民法院依法拍卖的物业，须由人民法院授权委托。

2）经营物业拍卖业务的机构，即拍卖人，须报政府房地产管理部门审核批准，并经工商行政管理部门核准取得营业执照后，才能取得开业资格。主持物业拍卖的主拍人，还必须依法取得注册房地产拍卖师的资格。

3）拍卖物业时须由物业出卖人委托拍卖人进行。

4）拍卖人必须核实出卖人所委托拍卖的物业的现状和审核出卖人提交的证件、文书，审查合格后才可接受物业拍卖委托。

5）拍卖物业时可以确定底价，也可以不确定底价。物业出卖人须确定所拍卖物业底价的，应在签订委托拍卖物业合同时提出，也可以委托拍卖人（通过估价事务所）评估后议定底价，但须由出卖人支付估价费。

（2）物业拍卖的程序。根据《中华人民共和国拍卖法》及物业拍卖的实际情况来看，物业拍卖一般程序如下：

1）拍卖人接受物业拍卖委托后的 10 日内，可用登报或公告等适当方式，发布物业拍卖信息。该信息一般包括以下内容：

①物业所在地点、面积、机构、类型、使用性质等；

②应买人的条件；

③查看物业的时间和方法；

④拍卖日期和场所；

⑤应买人的保证金金额；

⑥其他应该公布的信息。

2）符合条件的应买人，应按规定的时间和要求向拍卖人登记并缴付保证金。未受买拍卖物业的应买人其保证金在拍卖程序终结后退还。

3）拍卖人负责通知、组织、安排应买人查看物业，并解答应买人提出的问题。

4）物业拍卖活动由拍卖人指定的主持拍卖人主持，并按下列顺序进行：

①应买人须先付保证金，然后领取编有号码的报价牌进入拍卖场所。

②主持拍卖人介绍此次拟拍卖物业的基本情况和拍卖应知事项。

③主持拍卖人报出拍卖物业的底价。

④应买人持牌报价。

⑤主持拍卖人在应买人报价后，须及时并重复报出应买人牌号及其报价。

⑥应买人再报价。后报价须高于前报价，报价不限次数。

⑦应买人报出的最高价由主持拍卖人连报3遍并满3分钟而无应买人竞争报价时，最高价已达到或超过底价的，由主持拍卖人以槌击板，表示拍卖成立。应买人报出的最高价不及底价的，主持拍卖人可做出不卖的表示而撤回拍卖，并当场公布底价。

⑧拍卖成立后，买受人应立即向拍卖人预付物业拍卖价4%的定金，预付的保证金冲抵定金。拍卖成立后，买受人不预付定金的，视同违约，应向拍卖人支付物业拍卖价3%的手续费，预付的保证金冲抵手续费，拍卖重新开始。

（3）付款签约。

1）在物业拍卖成立后10日内，买受人应付清物业价款。如逾期付款，出卖人可解除拍卖物业的约定。买受人对自己预付的定金无返还请求权。

2）出卖人在收到买受人物业价款的同时，应将物业腾空或清理移交买受人，并由拍卖人协助双方签订物业买卖合同。出卖人未在规定时间内将物业腾空或清理并将其移交买受人的，买受人可以解除拍卖物业的约定，出卖人应双倍返还定金。

3）物业拍卖成立或应买人报出最高价不足底价而出卖人撤回拍卖的，出卖人、出价人都应向拍卖人缴纳物业拍卖底价3%的手续费，预付的手续费可充抵。法院委托拍卖物业的手续费在拍卖后的物业价中扣除。

4）买受人取得物业后，应凭物业拍卖的有关证明文件到物业所在地的房地产管理部门办理产权变更、过户手续。

三、物业管理法律关系

（一）物业管理法律关系及其意义

物业管理法律关系是人们在物业管理服务活动中形成的特定主体之间的权利与义务关系，是对物业管理中发生的社会经济关系进行的法律调整。它是现实物业管理社会关系的法律形式，是受国家强制力保护的人与人之间社会关系的一种，体现物业管理关系当事人、参与者的行为目的的主观意志与国家意志的结合程度，在形式上表现为特定物业管理关系系统中居于各地位并以特定社会角色身份存在的主体享受权利和承担义务的法定状态，是按照物业管理法律规范建立的法律关系。

在我国，物业管理法律关系是随着改革开放后房地产市场经济发展和物业管理行业产生和逐步推进而出现的一种崭新的法律关系，是物业管理法规控制、调整物业管理社会关系的产物，是根据物业管理法律规范确立的以民事经济权利和义务为主要内容的社会关系，是用来直接规范现实物业管理关系，使该关系在法律轨道上运行的根本手段和法律模式。物业管理法规与现实物业管理活动发生联系，以及实现其调整物业管理社会关系的目的都需要通过物业管理法律关系这一途径。

（二）物业管理法律关系的调整对象

物业管理法律关系的调整对象，既包括物业管理活动中的民事法律关系和经济法律关系，也包括物业管理活动中的行政法律关系和刑事法律关系。其中，刑事法律关系一般不在物业管理规范性法律文件中直接作出规定，只是指出物业管理行为涉及犯罪的按《刑法》相应规定处理。其他法律关系简介如下：

物业管理活动中的民事法律关系是指根据民法规范（民事法律规范）所确立的以民事境位和民事权利与义务为内容的物业管理社会关系。物业管理法律关系中民事法律关系占多数。它主要是指物业管理活动产生的国家、企事业单位、社会团体、公民之间的民事权利和义务关系，即在物业管理中产生的合同关系和委托关系，以及在物业管理活动中发生的自然人的损害、侵权、赔偿关系等。在物业管理法规中，为避免与专门民法的规定过多重复而较少有对物业管理民事权利和义务的具体规定。

物业管理经济法律关系是物业管理法规中规定内容最多的部分。它可以划分为组织性法律关系和运行性法律关系两类。物业管理组织性法律关系是指物业管理法规所调控的有关国家及政府，业主及其团体组织，物业服务企业、物业管理协会等相关社会组织和单位，在物业管理行业体系中的主体地位关系以及它们在物业管理经济组织系统中各自存在的方式和各自职权、职务、职责的权利和义务关系。例如，业主及其团体组织在物业管理行业体系中居于主导地位，物业服务企业接受业主组织的委托，处于从属地位等。物业管理运行性法律关系，是指国家及其代表机关、业主及其团体组织、物业使用人、物业服务企业、其他有关社会组织和单位之间，为了实现一定的物业管理目的而通过市场机制和国家宏观调控机制所形成的有关物业及其价值形态物（货币、物业维修资金）的占有、使用、经营管理、收益分配和处分法律关系以及提供综合服务的经济法律关系。例如，在住宅小区电梯轿厢的广告活动中，业主与物业服务企业之间的关系等。

物业管理行政法律关系是指在政府、物业管理行政主管部门、其他有关职能部门之间及其与业主、物业使用人、业主团体组织、物业服务企业、其他与物业管理有关社会组织和单位之间形成的行政管理事务方面的权利和义务关系。例如，业主委员会成立后到政府主管部门的备案时形成的双方关系，物业服务企业到工商行政主管部门领取营业执照形成的双方关系等。在这种关系中，既要明确各级行政管理部门相互之间及内部在物业管理活动中的责权利关系，又要确立行政管理部门同各类物业管理活动主体之间的管理关系。

（三）物业管理法律关系构成要素

物业管理法律关系主要是由法律关系主体、客体以及内容构成的。

1. 物业管理法律关系主体

它是依法可以参加到物业管理法律关系中，以及能够在物业管理法律关系中享有权利和承担义务的当事人。按照我国《物权法》和《物业管理条例》等的有关规定，物业管理法律关系的主体主要是由自然人（业主、使用人等）、法人（物业服务企业、专业企业等）、法人团体（业主大会、行业协会等）、国家（以公房业主、土地所有者等身份）等群体构成的。其中，物业管理法律关系的基本主体是业主及其自治管理组织、物业服务企业以及对物业管理活动进行监管的行政管理机关。

根据参与的法律关系类别不同，物业管理法律关系主体可以分为民事主体、商事主体、行政主体、刑事主体四种类型。

2. 物业管理法律关系的客体

它是指法律关系主体承受的权利、义务所指向的对象。

客体也称为"标的",是主体所需合法利益的外在表现载体,它直接反映了人们社会关系中最核心的利益关系。按利益载体表现形式的不同,物业管理法律关系的客体可分为物业、权利、行为效果三类。

(1) 物业。物业属物类客体范畴,主要包括房屋及其附属设备、设施和相关场地等。物业既是设置于物业上的物权法律关系的客体,又是物业所有权、共有权、自治共管权、使用权、共用空间权、共享环境权等物权关系的客体,还是物业服务企业代管物业权的客体。

(2) 权利。作为物业法律关系的客体,权利主要是指基于法律规定或当事人约定所没定的债权,与物业所有权相关的场地使用权、物业相邻权、公共秩序维护权、物业管理权、与物业管理行为相关的一些人身性或精神性权利,如人身自由权、人格尊严权、住宅安全权、精神文明建设参与和享受权等。

(3) 行为效果。作为物业管理法律关系的客体,行为效果主要包括国家机关在对物业管理方面提供管理性行政服务的行为效果、物业服务企业按物业服务合同提供有偿服务的行为效果、业主缴纳物业服务费的行为效果等。例如,良好素质的物业服务企业、安全的楼宇和正常运行的附属设备设施、良好的居住环境和安全舒适的生活等。

3. 物业管理法律关系的内容

它是指物业管理法律关系主体在物业管理法律关系中所享有的权利和负担的义务。其中,物业管理法律关系中主体的权利就是根据法律规定,在一定的条件下,按照自己的意志,作出或者不作出某种行为,以及要求他人作出或者不作出某种行为的资格。例如,业主与使用权人,可以依法使用专有部分物业及相应的公共配套设施;可以要求他人不得侵犯自己的合法所有权或使用权(如有权要求物业服务企业不得非法侵占公共部分所有权及其相应的权益等),不得妨碍自己正常行使权利的权力(如:有权要求参加业主大会);也可以依照法律规定或者物业服务合同的约定,要求物业服务企业提供规定或约定的服务等权利。

物业管理法律关系中必须承担的义务,就是物业管理法律关系主体,根据法律规定或合同约定,必须承担或履行某些责任或义务。例如,依照物业服务合同的约定,物业服务企业承担必须作出相应的物业管理服务行为并达到约定要求的义务;业主则必须承担交付相应物业管理费用的义务,业主必须承诺遵守管理规约的义务等。

物业管理法律关系中的权利和义务,必须具有一致性或对称性,即物业管理法律关系主体,既要享有权利,又必须承担相应的义务。比如,根据物业服务合同建立起来的合同法律关系,物业管理者有依照约定收取物业服务费用的权利,但同时又必须履行提供相应的物业管理服务的义务;业主依照约定享有物业管理服务的权利,同时又必须承担缴纳物业管理服务费用的义务。

四、物业管理法律规范

(一) 物业管理法律规范的含义

物业管理法律规范是指由国家特定政权机关制定或认可的,并由国家强制力保证实施,用来确定物业管理活动中各物业管理主体的地位、权利和义务,具有普遍约束力的具体规则。

法律规范是法的最基本的构成单位,是构成法律的细胞,其总和就是广义的法律。法律规范有不同类型,但其中心规范是行为规范,其他类型规范都属于与行为规范配套的规范。法律规范主要通过一个或几个法律条文来表述,是法律条文的内容,也是一个规范性法律文件中的最基本的完整组成部分,并由若干个法律规范的有机结合形成一个规范性法律文件。一个法律制度是由若干个法律规范组合构成的,若干个法律制度构成一个法律领域或法律部门,若干个法律部门共同构成一国的法律体系。

物业管理法律规范包括物业管理法律、物业管理行政法规和部门规章,以及地方性物业管理法规和规章。广义地说,凡是宪法、经济法、民法等各部法律中有关物业管理活动及物业管理关系的法律规范,都属于物业管理法律规范的范畴。

(二) 物业管理法律规范的结构

法律规范的结构就是法律规范的逻辑结构。法律规范逻辑结构主要由法律适用条件、法律行为标准、法律行为后果三部分组成。物业管理法律规范也是由这三个要素组成的。

(1) 法律适用条件。法律规范适用条件就是关于该法律规范的条件和情况,即一定的法律主体 (公民或社会组织) 在什么情况和条件下适用该规范,或者说,在什么条件下该规范才发生效力。

(2) 法律行为标准。法律行为标准是关于人们的行为方式和行为尺度的规定,这是公民或社会组织权利和义务的主要构成部分。法律对人们行为的调整,首先是由"行为标准"体现出来的,这是国家立法的直接目的,也是指导人们行为的主要方式。"行为标准"是法律规范中最基本、最核心的部分。法律规范的行为标准基本上可以分为三类,即可以这样行为 (允许做什么);应该这样行为 (要求做什么);不准这样行为 (禁止做什么)。简单地说就是,允许做什么,要求做什么,不许做什么。

(3) 法律行为后果。法律行为后果是法律规范中规定的人们在作出符合或违反法律规范行为时,可能引起的法律后果。法律后果基本分为两类:肯定式的法律后果,即对合法行为的允许、确认、保护和奖励;否定式的法律后果,即对违法行为宣布无效、撤销以及给予法律制裁。

法律规范逻辑结构的三部分是密切联系与缺一不可的,否则就无法构成完整的法律规范。

(三) 物业管理法律规范的类型

按照物业管理法律规范规定的内容指向性质和用途或作用不同,可以把它划分为境位规范、行为规范、技术规范和申明规范四大基本类型。

(1) 境位规范。境位规范是规定主体在不同类别的法律关系中以特定社会角色出现时所处的法律地位及有关该地位设置和维护条件的模式化规范。其规定的内容涉及五个方面：与法律关系类别相应的具体法律地位（如物业服务企业的法律地位、业主及业主组织的法律地位等）；要求相关主体本身应具备的资格或资质条件（如物业服务企业的资质条件；业主委员会委员的资格条件等）；该法定地位中的主体应承担的概括性基本职责或基本任务（如业主大会、物业服务企业应承担的义务等）；处于该法定地位中的主体可享有的或可取得的抽象性的基本权益（如业主大会、物业服务企业应享有的权利等）；该法定地位中的主体与其他相关地位中的主体之间的基本地位关系（如物业服务企业与物业管理协会的关系，业主大会与街道、居委会的关系等）。

（2）行为规范。行为规范是规定某种法定境位中的主体行为时的指导原则、行为的具体权利和义务、对行为的法律后果承受方式的模式化规范。行为规范可划分为五种具体规范：行为指导原则规范；授权规范；义务规范；程序规范；法律后果规范。其中，行为指导原则规范规定主体行为应遵循的一般原则，如作为委托方和受托方的业主组织和物业服务企业应当遵守的行为准则等；授权规范是指授予法律关系主体自己作出某种行为、要求他人作出或不作出某种行为的权利规范，例如，政府主管部门对违反相关规定的物业服务企业的处罚权规范等；义务规范是指规定法律关系主体应当作出某种行为或不得作出某种行为的强制性规范，例如，规定住宅小区物业的业主应按规定缴纳物业服务费，规定物业的业主、使用人不得妨碍、阻挠物业服务企业履行职责等规范；程序规范是指规定法律关系主体在具体行为过程中应符合的行为条件、应遵循的行为形式和办事手续、环节、规程及顺序方面的规范。例如，业主大会召开程序、业主委员会委员选举投票程序等规范；法律后果规范是指规定法律关系主体对其涉法行为所引起的依法予以奖助或惩罚的后果承受方式的规范。例如，《物业管理条例》规定：违反物业服务合同约定，业主逾期不缴纳物业服务费用的，业主委员会应当督促其限期缴纳；逾期仍不缴纳的，物业服务企业可以向人民法院起诉，等等。

（3）技术规范。技术规范是指规定人们在利用自然力、生产工具、交通工具、房地产等物质性对象、造修物质产品和从事管理、经营、服务的行为过程中应遵循的技术标准、达标及检验操作技术方法和规程以及其他评估、计算等技术办法的模式化规范。技术规范按内容不同可划分为两种：一种是事物状态描述规范，即对某种事物的形状、表现、质量、包含因素、评定标准等作出描述性规定；另一种是技术方法推行规范，即以法定形式推荐和实行某种技术操作程序和方法。例如，《危险房屋鉴定标准》、《普通住宅小区物业管理服务等级标准》、《全国物业管理示范住宅小区、大厦、工业区标准及评分细则》、《居住小区智能化系统建设要点与技术导则》等都属于技术规范。

（4）申明规范。申明规范是指为了辅助人们准确理解和正确实施规范性文件中的境位规范、行为规范、技术规范而对须加申明、解释、说明的事项专门作出的模式化规范。其规定的内容涉及七个方面，相应可细分为七种规范：

1）宣言性规范，一般指文件的宣言性序言、导言、引言中包含的有法律约束力的规定。

2）立法目的规范，是关于本法的立法理由依据和立法宗旨目的的规定，通常在各规范性文件的第一条或首部作出规定。

3）规范性文件法律效力规范，是关于规范性文件生效适用的范围、对象、时间的规定。

4）法律用语定义规范，又称释义规范，是关于规范性文件中所采用的某些术语、概念、符号、公式等的定义性解释、说明的规定。

5）准用性规范，是指对特定事项在法定情况下出现时，由于本规范性文件没有具体明确规定而准许援用本法中有关条文规定或援用其他规范性文件中相关规定作出处理的规范。

6）委任性规范，是指对特定事项，由于本规范性文件中没有作出直接规定，而规定授权、委托某一专门机关负责制定或解释这方面的规则内容的规范。

7）选择性规范，是指规范性文件规定了几种可供选择的情况而由国家机关自行确定、自由量裁的规范。

物业管理法律规范大致包括以下几种具体情况：宪法；法律；行政法规；部门规章；地方性法规；地方政府规章；司法解释；国家政策以及其他规范性文件。

五、物业管理法律责任

（一）物业管理法律责任的概念与特点

物业管理法律责任有广义和狭义之分。从广义上理解，它是指民事、经济行政法律关系主体（业主及业主组织、物业服务企业等）因自己的行为违反物业管理法律规范确定的义务及物业服务合同约定的义务，或者因不正当行使自己的权利与职权，或者因某种法律事实出现，而要依法承受的，一般须经有管辖处理权的法庭、仲裁庭或行政执法机关裁决确定的，具有国家强制性的法定必为的不利性法律后果或特殊的惩戒性追加义务负担；从狭义上理解，是指物业管理活动的民事主体、行政主体和行政相对人（业主及业主组织、物业服务企业、政府主管部门等）对自己违反物业管理法规的行为所应依法承担的具有国家强制性和不利性的法律后果。一般而言，物业管理法律责任是指狭义的概念所界定的内涵。除某些民事责任的认定（如物业服务合同的违约责任、物业服务企业轻微的侵权责任）可以由当事人双方协商确认外，其他法律责任的认定只能由法定的专门机关或经合法授权的机构如人民法院进行。

物业管理法律责任具有以下主要特点：

（1）法定责任与协议责任相结合。物业管理活动是基于业主与物业服务企业的服务合同而发生的。或者说，尽管物业管理活动首先受相关法律法规规范来调整，但物业服务合同更是双方权利和义务的基础，也是物业管理法律责任的基本依据。因此，物业管理中发生的法律责任确定，除依据法律相关规定外，也要以服务合同为根据。

（2）技术规范在明确主体各自的法律责任方面更有价值。物业管理工作成效的好坏，不是业主及业主组织的简单认定，也不是物业服务企业可以自己随意描述的。由于物业管理工作涉及房屋及附属设备的维修养护、人居环境改善及白蚁防治等很多专业性技术，而这些专业性技术国家都有相关的技术标准或规程，业主及业主组织和物业服务企业通常也会就具体技术标准提出约定。因此，在确定物业管理技术操作活动后果的法律责任时，必须充分注意有关法定及约定的技术规范中关于物业服务质量及法律责任的规定。

（3）法律责任的复杂性。物业管理服务通常是一个综合的业务活动，涉及方方面面的问题与各类主体之间的关系，因此，与物业管理活动有关的法律责任种类也比较多，民事、行政和刑事责任在其中合并存在，并且出现"法律责任复合"的现象。例如，物业管理区域内发生凶杀案件，就可能涉及民事、行政以及刑事责任。所以，在确定物业管理法律责任时，要综合考虑相关法律法规对某一种行为从不同角度所设定的责任规范。

（二）物业管理法律责任的构成要素

物业管理法律责任的构成是指据以确定物业管理法律责任的法定要素所组成的归责条件。法律责任中的归责是指因违法行为而导致的事实后果是否应当由违法行为关系当事人承担的判断过程，它根据事先确定的标准和规则判断当事人是否应当承担法律责任，回答各种法律责任如何认定问题。归责条件是指为确定法律责任的有无、种类及其大小而由法定的判别要素组成的依据。归责条件是归责和认定物业管理法律责任的关键所在，因而也是物业管理法律责任问题中最重要的核心内容。

在一般情况下，法律责任的归责条件由下列四要素构成：

（1）行为违法或者说相关主体具有违反法律法规或者违背合同约定的行为。由于法律责任主要是由违法行为的发生而引起的，所以违法本身自然就成为法律责任构成的基础和必要的前提条件。

（2）损害结果违法行为具有一定程度的社会危害性，并且给社会特定利益关系造成了危险或损害。损害就是由于违法行为给被侵害方造成的利益损失和伤害。违法行为损害的形式包括人身损害、财产损害、精神损害和其他利益方面的损害。损害的范围包括直接损害和丧失预期可得利益的间接损害。

（3）因果联系。违法行为与违法行为损害结果之间应当存在因果联系。法律上的因果联系不是一般的因果关系，而是某种事实上的行为与特定损害结果之间的必然联系。如果某种损害结果不是因某人的行为所必然引起的，则该行为人就不对该项结果负责。由于行为与结果之间的联系是多种多样的，有必然联系也有偶然联系，有直接联系也有间接联系，还有一果多因的也有一因多果的。因此，当把物业管理法律责任归于某一违法行为时，必须搞清楚违法行为与特定损害结果之间的联系，否则很可能会影响相关行为定性和确定相应的法律责任。例如，业主因为住宅公共部位的地面有水打滑而摔倒，造成身体损害。这就要查清地面有水打滑的原因是由于本楼内某业主、使用人或者物业服务企业职工、外来人员有意破坏造成的，或是因为漏雨而物业服务企业又有疏忽未采取警示及其他相应措施造成的，等等。在查清相关原因或违法行为与地面有水打滑的损害结果之间的因果关系之前，是不能随意确定责任归属的。

（4）行为过错。行为过错是行为人行为时对自己的违法行为及其后果的认识，大体上分为故意和过失两种类型。直接和间接的故意违法行为，应负法律责任；重大过失的违法行为，一般要负民事责任或行政责任；只有在法律有明文规定下才可以负刑事责任。当然，在确定法律责任时，还应当考虑行为人承担法律责任的资格和条件，即行为人有无责任能力。其判断依据，主要根据行为人能否通过自己的意志或意识理性地理解法律的要求，辨认自己行为的目的、性质和后果，并能够最终支配、控制自己行为，以及能够承认不利行为的法律后果的能力。无民事行为能力和限制民事行为能力的自然人，通常不具有或不完全具有责任能力，所以对其违法行为不负责任或不负完全责任。但是，由其行为引发的民事损害赔偿责任必须依法由其法定监护人承担。

（三）物业管理法律责任的类型

按照不同的标准，物业管理法律责任的类型划分有所不同：

（1）根据归责原则的不同，可将物业管理法律责任划分为三种主要归责类型：

1）过错责任。凡是因实施了违法行为而致人损害者，如果不能证明自己主观上没有过错，就被推定为有过错并承担相应的法律责任。按过错责任归属何方主体的情况不同，可分侵害人过错责任、受害人过错责任和侵害人、受害人双方过错责任三种具体类型。如果受害人本人对受损害也有过错的，则可减轻侵害人的责任。

2）无过错责任。只要行为人作出特定侵权行为或违约行为而造成损害结果，不论其主观有无过错，即使无过错仍应当依法承担法律责任。对于合同关系而言，违约责任是由合同义务转化而来，本质上是出于当事人双方约定，不是法律强加的，法律确认合同拘束力，在一方不履行时追究违约责任，不过是执行当事人的意愿和约定而已。不履行合同与违约责任直接联系，二者互为因果关系，违约责任采用无过错归责原则，有利于促使当事人严肃对待合同。由于物业管理中存在大量的服务合同关系，因而掌握无过错责任的法律知识，对物业管理关系的各方主体都是十分必要的。

3）公平责任，又称衡平责任。凡是当事人对发生的损害都没有过错，也没有作出违法行为，但受害人要求有关当事人承担民事责任的，可以根据实际情况，按照公平合理原则由当事人分担民事责任。例如，某业主因钥匙丢在二楼房间内而无法进屋，物业服务企业员工见状主动搭梯子上楼从窗户处进房间为业主取钥匙，在此过程中失足掉下梯子跌断股骨，因医疗发生的费用，可以依法按公平责任处理，物业服务企业和作为受益人的业主应适当承担一部分医疗费用。

（2）按法律责任的内容不同，一般可将物业管理法律责任划分为民事法律责任、经济法律责任、行政法律责任以及刑事法律责任四类。

1）民事法律责任。民事法律责任是民事主体违反合同义务或法定民事义务而应当承担的法律后果，主要包括违约责任和侵权责任，物业管理违约责任是由于一方不履行物业服务合同义务或履行义务不符合约定，必须依法承担继续履行、采取补救措施、赔偿损失等民事责任。《物业管理条例》规定："物业服务企业未能履行物业服务合同的约定，导致业主人身、财产安全受到损害的，应当依法承担相应的法律责任。"这里的法律责任就是违约责任。物业管理侵权民事责任，是在物业管理民事活动中，民事主体因违法实施侵犯公、私财产权，或者公民、法人人身权的行为，因而应承担的不利后果。如物业服务企业秩序维护人员在执勤过程中造成对业主人身、财产的侵害，物业服务企业就必须对这种侵权行为承担侵权责任。民事责任主要表现为一种财产责任。所以，在法律允许的情况下，民事责任可以由当事人协商解决。承担民事责任的主要有停止侵害、排除妨碍、消除危险、返还财产、赔偿损失、支付违约金等方式。

2）行政法律责任。行政法律责任是物业管理行政主体和物业管理行政相对人因为自己的行为违反物业管理法律法规而必须承担的不利法律后果。行政法律责任分为两类：一种称违法行政责任，是指行政机关及其工作人员在实施行政管理行为中的违法失职行为而引发的依法应承担的不利法律后果；另一种称行政违法责任，是指行政相对人的行为违反行政管理法规而应依法承担的不利法律报应。行政法律责任的承担方式主要是责令限期改正、行政处罚、行政处分等。其中，行政处罚是对公民、法人违反行政管理法律法规行为所实施的制裁。行政处罚方式主要是警告、限期停业整顿、吊销营业执照、罚款、拘留等。行政处分是由单位对其工作人员违反行政法规或组织纪律的行为实施的制裁。行政处分的方式主要是警告、记过、降职、降薪、撤职、留用察看、开除等。

3）经济法律责任。经济法律责任是指经济法律关系主体行为违反经济法律法规而依法应承担的不利法律后果。由于经济法律关系实际上是由行政管理法律关系和民事法律关系复合构成的，因此，其法律责任承担方式同违反行政管理法律、民事法律应承担责任的方式基本相同，但按承包等责权利相结合的经济责任制追究违反经济责任制行为的责任时，带有类似行政合同的责任追究方式特点。

4）刑事法律责任。刑事法律责任是行为人违反刑法的规定、实施了犯罪行为所必须承担的法律责任，以及由国家审判机关依法给予行为人的刑事制裁。承担刑事责任的方式是刑事处罚，包括主刑和附加刑。主刑包括管制、拘役、有期徒刑、无期徒刑和死刑；附加刑包括罚金、没收财产和剥夺政治权利等。

（3）根据担责方式性质不同，物业管理法律责任还可以分为制裁性、强制性、补救性三类法律责任。制裁就是惩戒、处罚，例如，《物业管理条例》第六十五条规定，违反本条例的规定，未经业主大会同意，物业服务企业擅自改变物业管理用房的用途的，由县级以上地方人民政府房地产行政主管部门责令限期改正，给予警告，并处1万元以上10万元以下的罚款。制裁实际上是一种对违法者的某种权利的合法损害或者使违法者承担一项新的不利义务，其目的是使违法者引以为戒，今后不再犯。强制是指迫使违法者履行原有的法定义务或新追加的作为惩戒的必为义务。法律责任的实施和制裁的实现都以强制为后盾，从这一点来说，强制又是使违法者承担法律责任的最后手段。补救一般是指行为人的侵权行为或违约行为使对方的合法权益蒙受损害时依法应予以的法律救济，可分为行政补救、司法补救两类。补救性法律责任主要是赔偿、恢复原状、返还财产、赔礼道歉、履行职务等。

此外，物业管理法律责任还有其他分类，例如，公法责任和私法责任；职务责任和个人责任；财产责任和非财产责任等。违宪法律责任不在物业管理法律责任范围。各种法律责任可以单独发生，也可能与其他法律责任同时发生，换言之，一种违法行为不一定只承担一种法律责任，许多场合违法行为人要承担两种以上法律责任。

第三篇　物业管理文书撰写

　　　物业文书写作是物业人员的一项重要工作，同时也是其做好物业工作的重要体现。随着时代的不断进步及物业的发展需要，物业人员借助文书写作的形式向其他人传递更加准确、必要的信息，其文书写作水平的高低显得尤为重要，并已引起越来越多的物业管理者的重视。

　　　本篇以各种物业管理文书的写作要求为主要内容，文种全面，阐述详细，理论与实际相结合，可为物业管理人员提高文书写作技能提供重要参考。

第一章　物业文书撰写综述

一、物业管理文书概述

（一）物业管理文书的含义

物业管理文书是物业管理企业在进行管理服务工作时，用来制定颁布规定、传达政策法令、请示问题、报告情况、联系工作、商洽事务、制订计划及记载管理服务活动的一种重要工具。

（二）物业文书的分类

物业文书按其行文方向，可分为上行文、下行文、平行文。上行文是指物业单位向上级机关报送的物业文书，如请示、报告等。下行文是指物业单位向所属部门的行文，如决定、公告、通告、通知、通报等。平行文指同级单位或不同隶属单位之间的行文，如函等。

物业文书按其时限要求，可分为特急物业文书、急办物业文书、常规物业文书。物业文书内容有时限要求，需迅速传递办理的，称紧急物业文书。紧急文件可分为特急和急件两种，紧急物业文书应随到随办，时限要求越高，传递、办理的速度也就要求越快，但要"快中求准"。随着社会的发展，对物业文书的时效要求越来越高，即使常规物业文书，也应随到随办，以提高办文效率。

二、物业文书撰写要求

（一）实事求是

实事求是原则是一切工作的总原则，也是撰写物业文书必须遵循的原则。物业文书是物业日常活动中产生的具有指导作用、交流作用、行政约束力的特定文体，它不仅源于实际工作，更必须依据现实情况进行撰写。

从实际情况看，要做到实事求是并非易事。这一物业文书撰写的根本原则体现了对物业文书撰写者思想作风的最高要求。它要求物业文书所依据的材料也必须是真实的，每一件事情，乃至每件事的细节都必须符合客观实际。

要做到实事求是，一是要求物业文书的撰写者必须不唯上、不唯书，只唯实，对上实实在在，不搞假大空，不专拣好的说；对上真真切切，遵循工作的客观规律，有的放矢。二是要深入生活、熟悉生活、了解生活，全面了解具体情况，在掌握大量的第一手客观材料的基础上，经过深入周密的研究分析、逻辑论证，从而制订出符合实际生活、切中问题要害的工作措施。三是要处理好遵命与求实的关系，既不违背领导意图，更要实事求是，在领导意图与现实情况不相吻合时，应通过委婉的方法将实情传给领导。同时要遵循为人民服务、对党对人民高度负责的精神，遵循事物的客观规律。

当然，实事求是原则并不等于不要发挥物业文书作者的能力。实事求是原则，要求物业文书作者在高度尊重事实、并发挥撰写者的主观能动性的基础上，使物业文书撰写这一现实活动、精神劳作积极有效地促进公务活动的完善和进步。这就要求撰写者不断提高自身的思想水平和业务素质，加强分析问题、判断问题和解决问题的能力。

（二）准确合实

实事求是原则是物业文书撰写的总原则，准确合实则是实事求是原则在形式上的体现，两者密不可分。有的物业文书的作者在撰写物业文书时采取偷梁换柱、移花接木、张冠李戴的方法来对待材料，也许这些材料、事实、事件是公务活动中客观存在的，但使用到某份物业文书中就不够确切了。因此，准确合实原则对物业文书撰写来说也至关重要。

要做到准确合实，一是物业文书的内容必须符合党和国家的方针政策，准确地传达党和国家方针政策的精神。党和国家的方针政策是一切政务活动的出发点，它表现于行动的过程和归宿，通过物业文书这一外在形式加以体现。从一定意义上说，物业文书撰写的成败、好坏，内容的准确与否，是表现党和国家的方针政策的关键所在。因此，要做到准确合实，物业文书的作者对党和国家方针政策必须予以高度重视。二是要做到准确合实，就必须提高分析现实的能力，掌握一定的分析研究方法，抓住事物的本质、特点，分清现象和本质、重要和次要、成绩与不足、普通与特殊的差别，务实去虚，周备而精当地反映问题和解决问题。三是必须做到语言、格式等方面的准确，使观点鲜明、材料精确、辞意准确。四是材料必须具有典型性，材料与观点必须高度和谐统一。

（三）可行有效

物业文书不仅要实事求是和准确合实，还要有明确的目的性和针对性，物业文书的撰写必须可行有效。要做到可行有效，一要认清对象。物业文书的内容必须明确具体，提出的措施必须切实可行、针对性强。如要给上级单位写一份请示，请示的理由就必须充分展开，既有理有据，理由充分，又实实在在，切中要害。要做到可行有效，必须研究文件内容针对的对象，研究文书内容的可能性、可行性、必要性，切不可闭门造车，脱离实际，好高骛远。二要通过对实际工作的分析研究，有针对有目的地对物业文书提出的观点、方案、规定等进行可行性研究和论证，通过试点，再由点上做法推向面上工作，要考虑到物业文书内容所涉及的对象、环境、时间等具体情况，针对不同情况区别对待。三要考虑到公务活动的变化和发展，应适时宜地、根据行业和部门的不同，不断了解研究新问题，制定切实可行的对策，作出相应的变化。四是措施的制定要留有余地，坚持原则性和灵活性的统一，既不过于呆板教条，又不使人感觉到不知所措，不过于简单化、"一刀切"，哪些该办，哪些不该办，哪些必须遵守，哪些可以变通处理，要表述得清清楚楚。

（四）简练规范

物业文书要务实弃虚，讲究实效，撰写中必须简明扼要地突出观点和中心，不要兜圈子、绕弯子、语言要浅显、简明、确切、谨严、平易，不要呆板干巴，毫无生机。要做到"随事立体、贵于精要，意少一字则义阙，句长一育则辞妨"（《文心雕龙·书记》）。在追求准确的同时，还要讲求语言的生动性。

当然，讲求简练，是指言简意赅，而不是因简害意，因此，简练的前提是科学、准确，内容正确，引文、数字、人名、地名、单位名称、事物名称乃至标点符号都必须准确无误，文风也要符合要求。与文学作品相比，物业文书的关键是符合规范、格式准确。讲求格式、程式的规范性，是物业文书特有的要求。因此，在撰写物业文书时，要保证格式的准确、完整、合理、规范，使用大家公认的约定俗成的格式。

三、物业文书撰写准备

（一）确立主旨

确立主旨、准备材料、进行构思是物业文书撰写中雏形化的三个必经环节。主旨主要解决言之有理的问题，材料主要解决言之有物的问题；而物业文书的构思则是思考用何种方法、何种文种、哪些材料能恰到好处地将受意变成文字的过程。经过主旨的准备提炼、材料的充分准备，再加以合理地构思，一篇完整的物业文书也就呼之欲出、只待表达了。在确立物业文书主旨时必须兼顾多种因素，运用多种方法，这样才能保证物业文书主旨确立的正确、准确、完整、有针对性。

（二）材料积累

材料的积累，是写好物业文书的基础。准确充分的材料是物业文书中提出解决问题措施的依据，是形成观点的基础。俗话说：巧妇难为无米之炊。缺少充足的材料，物业文书的观点将失去支柱；缺少可靠的材料，物业文书的约束力将大为降低。材料的积累，是主旨和构思的基础和养料。

1. 材料概述

所谓材料，在文学作品和非文学作品中的含义并不一致，在物业文书中，材料是指作者从物业实际生活和工作中搜集、提取以及写入文章中的事实和论据。从实际使用情况看，材料有广义和狭义之分。广义的材料是指作者从物业公务活动以及其他日常活动中认知、搜集的全部观点和现象，亦即所说的素材，它内容庞杂，良莠不齐，真假相杂。对这些材料要经过认真的分析、提炼、集中，去粗取精、去伪存真，取其精华，去其糟粕，形成对物业文书有用的题材。广义的材料在物业文书的撰写中不一定全部被引用。狭义的材料，是指经过作者精心选择并写入物业文书中的各种事实现象和理论依据，它是支撑论点的重要因素。

物业文书所使用的材料，从其内容看，有事实材料和观点材料。事实材料是指社会生活实际中的各种现象、事件、行为；观点材料是指各种理论、常识、上级指示、领导意图、领导讲话等，包括报纸、杂志上重要的社论、文章。物业文书的撰写，既离不开充分的事实，也要注意吸取优秀的理论，贯彻上级的精神。

物业文书的材料，就其来源而言，有直接材料和间接材料。直接材料是指物业文书的作者亲身经历的第一手材料，它可以通过观察、走访、调查等多种途径获得。间接材料是指作者非亲身经历的、从其他途径得来的材料，如阅读文件、书刊、报纸，从别人那里听到的材料等。

就作者搜集材料的目的看，材料又分为远材料和近材料。近材料是指为了撰写特定的物业文书，有目的地去搜集的急需使用的材料；远材料是指撰写者平时无目的地积累的各种材料。物业文书的撰写者不能临时抱佛脚，既要注意近材料的积累，又要注意远材料的积累。

此外，物业文书的材料还有多种分类方法，如从详略的角度分，有具体性材料和概括性材料；从时间角度分，有历史材料和现实材料；从材料的性质分，有正面材料和反面材料；从材料的地位分，有典型材料和一般材料等。物业文书的撰写者在使用这些材料时，要从表现主旨的需要出发，合理地进行选材。

2. 材料的作用

物业文书撰写，对材料可以鉴别、取舍，从而形成对主旨有用的现象、数据。但物业文书的材料改写不能违背公务活动本身的现象、事实。因此，材料积累更强调保持公务活动中的实际情况，原汁原味。一般来说，物业文书的主旨必须先有材料，然后才能形成。而主旨一旦确立，还必须根据主旨有目的地选择材料，用以展开、说明主旨。在物业文书的撰写过程中，材料的确凿可靠、准确无误，对主旨来说尤显重要。

（1）材料是确立主旨、形成观点的依据。物业文书的撰写，总是缘事而发、言有所本，而不是空中楼阁、无中生有。而要提炼出准确的、有针对性的主旨，只有通过调查研究，在生活中掌握一手材料，然后通过对材料的分析，再提出措施，作出决策，制订出切实可行的计划。物业文书的撰写必须先占有材料，"正确的思想观点是从实践中得来的，是根据实践中积累起来的材料总结、概括出来的"。选用的材料越丰富、越新鲜、越全面，就越有利于提炼鲜明、深刻、正确的主旨，所确立的物业文书的主旨也越有说服力，越能更好地指导各单位处理好公务活动。

（2）材料是支撑主旨的基石。清人章学诚曾说："立言之要在于物。"在确立了主旨后，物业文书的撰写者必须通过对大量繁杂的公务活动中的数据、事实加以选择，使材料更能证明观点。对使用的材料，要充分考虑其典型性，是否具有说服力。材料充分、典型、准确，主旨的统帅作用也就明显，否则，材料不充分，则主旨就显得空洞、贫乏、无力。

3. 积累材料的要求

从公务活动中搜集的大量材料是比较粗杂的，一般不能直接写入物业文书中，需进行大量细致的分析、加工、审查工作。

（1）材料要准确真实，不许虚构。材料的真实不仅是指材料是公务活动中实实在在发生的和客观存在的事实，而且还指物业文书材料细节也必须符合生活的原貌，物业文书所使用的材料符合事件本身发生、发展和变化全过程的每一个细小方面。有时候，物业文书中所使用的材料是公务活动中确确实实存在的，但把这些材料放到某种物业文书中去就不真实、不符合客观实际了，因此，使用材料还有得当的要求。如有一份反映某学校梁上君子情况的报告，物业文书的作者为了使文书内容更加有"感染力"，将其他学校发生的梁上君子偷盗事件也强安到了某高校头上，很显然，这时的这份报告所使用的材料，也许是生活中确确实实存在的，但到了这份物业文书中就显然不妥了，这种张冠李戴、移花接木使用的材料，也是不真实的体现。所以，物业文书的撰写者在使用任何一个材料时，都必须考虑材料中的事实、数据，以至时间、地点、涉及的人物是否是经过反复核实的，有无绝对的把握。要知道，真实，是物业文书的灵魂，材料不真实的物业文书根本就没有价值。

要做到材料准确真实，就要坚持实事求是的原则，观察时全面、周密，分析时严谨、细致；利用材料时注意不要随意想象、断章取义，分配材料时注意它们的完整性和逻辑联系。当然，更要坚决杜绝那种编造材料、虚构事实的错误做法。

材料的真实还必须符合科学规律，任意拔高、以偏概全、片面绝对，都是物业文书材料积累所不允许的。

（2）材料要典型。有些物业文书的材料是相当多的，对于表现物业文书主旨的材料，在说明论点上也有深有浅，同时，不同的主旨和观点也需要不同的材料，面对纷繁复杂的材料，决不能不分巨细，统统录入文章，选择材料贵在精而不在多，只有选用那些同类事物中最有代表性、最准确提示客观事物本质的材料，才能使文章言简意赅，更有表现力，这就要求物业文书所选用的材料必须具有典型性，要能以一当十。

当然，物业文书材料的典型性是相对的，要因时、因地、因人、因不同的物业文书而有所区别。也许有的材料在这份物业文书中是典型的，但到了另一篇物业文书中则不够典型，甚至会成为赘疣。因此，物业文书材料的典型性还必须充分考虑到物业文书材料的针对性，要做到主旨和材料的统一。在选择材料时，材料能充分地展开、说明主旨，就选用，否则就坚决摒弃。在撰写物业文书时有一种非常不正常的现象，有的作者认为有些材料是自己精心选择才得来的，又比较新鲜，就舍不得割爱，认为即使放在文章中也无伤大雅，这种认识是不对的，从提高物业文书撰制的质量来说，这是不可取的。选择典型的材料，可以使物业文书有理有据、层次清晰，中心明确、观点突出。典型的材料不一定都是先进的、正面的，也可能是落后的、反面的；典型的选择既可以是单一的，也可以是群体的。总之，要做到材料典型，关键是看材料是否具有充分的代表性。

物业文书撰写所用的材料不典型，不仅会使文章条理不清，而且还会造成泛泛而谈、淹没主题的现象。造成材料不典型的原因，一是搜集的材料不充分，缺少比较、甄别的内容，于是撰写起来不管三七二十一，统统往文章中塞；二是撰写者不肯认真地朝深一层想，缺乏认真的推敲和比较，写起来觉得这也好那也好，于是，不具备典型性的材料也就进了物业文书。因此，要想使物业文书所选择的材料具有典型性，还必须细加鉴别、一丝不苟。

（3）选择材料要新颖。新颖的材料是指符合形势的需要，符合改革和发展的大趋势，能切实解决实际问题的，与热点、难点、要点、重点密切相连的各种材料。物业文书是与公务活动紧密相连的，而公务活动中的新问题、新情况、新经验、新矛盾层出不穷，因此，撰写物业文书也必须使用最新的材料，也只有使用了这些新颖的材料，物业文书才最有吸引力、感染力，最发人深思，只有使用了这些新颖的材料，物业文书才能切实地解决新问题，指导工作。物业文书的根本任务是提高实际工作的能力，对千变万化、丰富多彩的公务活动进行分析、研究，提出改进措施和实施意见，如果照搬那些陈旧的、虽无错误却不大适应新需要的材料，是难以达到这一目的的。

要做到材料新颖，首先要求物业文书的作者时刻关注自己面对的客观事物，注意它们以及相关因素的最新发展和变化。要养成对客观事物的敏锐洞察，抓住具有动态性、苗头性的新鲜材料。其次，要见微知著，预测未来，及时发现那些处于劣势却代表着事物发展主流趋势的材料。再者，要善于在陈旧的、原有的材料中写出新意，变换角度，使老树开新花，让旧有的材料再次闪光。

4. 积累材料的途径和方法

积累材料的途径是多种多样的，物业文书积累材料的途径主要有：

(1) 文件、报刊、资料。这是物业文书作者积累材料的重要途径。文件、报刊、资料的许多文章，都是原文作者对社会实践仔细观察、认真总结的产物，通过对文件的仔细阅读，物业文书的作者可以更好地把握领导意图、间接了解某地的一手资料，做到"上抚天、下接地"，更好地了解事情的来龙去脉，增强自己对各种背景的认识程度，从而使物业文书的撰写更具有针对性。另外阅读报刊资料，也可以积累更多的对比性材料、说明性材料、背景性材料，使自己在物业文书的撰写中高屋建瓴、总揽全局，写出深度。

积累这一类材料，可以采用做卡片、记笔记和剪报的方法。

(2) 实地调查、考察、研究。物业文书是搞好物业管理、提高工作效率的重要手段，说到底，物业文书的撰写是为公务活动有序、高效、科学地开展服务的。要使物业文书的撰写有针对性，使物业文书中提出的措施切实可行，物业文书的撰写者就必须深入实际、调查研究，掌握第一手资料，切切实实地了解民生疾苦、了解工作中迫切需要解决的问题。这就要求物业文书的作者多展开调查研究，"对周围的社会环境和工作状况做系统的周密的调查研究，用心体察下级和社会各阶层的情绪、呼声和要求；及时了解实际生活中出现的新情况、新问题"。

调查研究是为了获得公务活动中的真实情况，发现问题、解决问题，以推动物业工作的开展。因此，物业文书的撰写者在调查研究时，要不带框框，不唯上、不唯书，只唯实，要尊重事实，切不可先入为主，对公务活动中的各种事实、现象，要用联系的、发展的眼光去分析、观察，要用辩证法的观点与方法看待事物的实质，探索其规律。对事物既要进行定量分析，也要进行定性分析；既要注意宏观，也要注意微观；既要看到事物的部分，也要看到事物的整体；既要看到事物的现在，而且要看清事物的发展和变化过程，力图全面地观察事物。

物业文书的作者调查研究的方法很多，主要有开调查会、进行个别调查、问卷调查、现场调查、蹲点调查、专家论证、电话调查等。无论是通过哪种调查方法获取材料，物业文书的作者都应该做到以下几点：

第一，获取材料要亲自经历、直接感知，要竭尽全力取得第一手材料，切忌敷衍塞责，图省事、图方便，将道听途说的材料拿来作为物业文书撰写和分析的依据。

第二，要以物业文书撰写和服务对象的需要与否作为取舍材料的标准，既要在调查中多占有材料，又要有针对性、有选择地获取材料，调查研究的全部过程要始终扣住调查的目的、目标，要注意有的放矢，把握好层次，不要背离方向、盲目地提供一些自以为新奇实际上无用的材料。

第三，在对待现实中错综复杂、美丑好坏混杂的各种现象时，要能拨开迷雾，从事物本质上看问题。这就要求物业文书的作者在积累材料时，要调、研结合，对调查获取的材料进行加工处理，边调查边思考、分析，边研究边补充新鲜材料、注入新鲜血液。要善于从改革的角度看问题，调查研究、积累材料时必须树立强烈的改革意识，提出问题要着眼于改革，分析现象要剖析改革，解决实际要立足于改革，使物业文书的材料能反映时代的主旋律。对公务活动中的各种实际情况，要善于从借鉴的角度加以评判，善于从实际中总结，在借鉴中创造。要善于从逆向思维的角度多进行换位思考，积累材料要做到人无我有、人有我新、热中求冷、冷中制热。

5. 物业文书材料的运用

在物业文书材料的使用上，既可以先列材料，后摆观点，使观点的出现水到渠成、富有说服力；也可以先列观点，后摆材料，作者的观点开门见山、一语中的，让阅读者心中有数，然后再罗列材料证明观点，使阅读者不感觉到观点的空洞、没有说服力。当然，在更多的场合、更多的情况下，还是边列材料，边摆观点，观点和材料时分时合、契合紧密，行文时夹叙夹议、自然清楚，层次由浅入深、由易到难，环环紧扣，逻辑性强。

当然，在使用材料时，物业文书的作者要善于从众多的材料中选择"以一当十"的典型，物业文书的材料不在于多，而在于精，材料的选择要能最大限度地突出主旨，在关节上下工夫，与主题关系不大的材料一概摒弃。在撰写物业文书时，要交代最为关键、最能说明问题的环节，别写冗长的过程，要善于浓缩和概括材料，尽量把材料写得简洁明白、重点突出。特别需要强调的是，物业文书的作者得出的观点必须是由材料自然生发出来的，要避免材料与观点缺少自然生发和承接、甚至自相矛盾的现象发生。

（三）构思

物业文书的构思，是物业文书雏形化的最后一道程序。构思质量的高低，将直接影响物业文书的撰写质量。构思过程，既包含物业文书从受意到雏形化、再到形成最终文字的全过程，也特别指将确立的主旨、积累的材料用于物业文书的过程。我们所讲的构思，侧重于指将物业文书作者头脑中零散的、不规则的认识材料形成格式化、规范化的意识过程，它是物业文书撰写的准备、酝酿阶段，通过构思，物业文书的作者对物业文书的内容和形式经过仔细分析、思考，作出整体设想，可以在头脑中初步明确怎么写、写什么。

物业文书的构思是一项复杂的思维过程。由于物业文书的类别不同、作用各异，其形态、风格也就不同。如指挥类物业文书与知照类物业文书在结构、语言、语体等方面是绝不相同的，所以，在对各种文书进行构思时也就各不相同。我们这里只择要介绍一些相同（即普遍性）的构思方式。

与确立主旨、积累材料相比，构思的综合性也更加强，它既包括对主旨的提炼、深化、取舍，又包括对材料的甄别、选择。同时，构思还包括研究布局结构、探索适当的表现形式等。物业文书的构思，是物业文书的撰写者在制作物业文书的过程中进行的一系列思维活动。

1. 构思的过程

物业文书的构思过程主要包括：

（1）"知"。"知"即了解公务活动、观察客观事物、认识客观对象的阶段，也就是所说的掌握情况的阶段。物业文书的撰写者要想"知"，要亲自深入、参与各种公务活动，通过公务活动的实践，了解某项工作的来龙去脉，了解公务活动中的各种人际矛盾、事权矛盾、组织矛盾，使物业文书在构思过程中目标明确、措施切实、操作性强，使制作出的物业文书既符合实际，又不超越客观条件允许的范围，使文件内容既切实可行，又简便易行。从一定意义上说，物业文书质量的高低与物业文书作者"知"的深广度、疏密度、真实度是密切相关的。同时，"知"的过程也是对公务活动中的各种现象、各种事件、各个事物周密、深入观察的过程。物业文书的作者观察的周密与否、深入与否，在认知公务活动、摸清公务活动的规律等方面起着决定性的作用。观察的方法一般有四种：全面观察、细致观察、比较观察和反复观察。

全面观察即对公务活动中的各种现象、对一定范围内的客观事物的感知应该是全面的。公务活动涉及的方方面面具体而琐碎，涉及的程度深深浅浅，有些是表面化的、公开的，有些是隐蔽的、不公开的，如果物业文书的作者只见"井上天地"，不见大千世界，戴着有色眼镜观察外界，缺乏冷静全面观察事物的态度，那第一步就可能误入歧途，由此构思而成的物业文书一定是不全面的甚至是相当有害的。

除了全面观察，以求了解公务活动的全貌外，物业文书的作者还必须细致地去观察公务活动中的各种现象、事件、事物。全面了解公务活动中的各种现象，对所反映的公务活动有了大致的了解，但这种了解还是不全面的、初步的、大略的，仅仅靠这样的"知"来判断事物的性质，往往分不清主次。因此，细致的观察也就尤为重要，细致观察，既可以判断清楚公务活动中各个方面的真实情况，又可以分清主次，抓住关键，有针对性、有重点、有目的地提出解决问题的措施和关键，区别出各种现象、事件、活动的大小、主次、深浅。比如说，要形成一份对企业效益滑坡原因的分析报告，从全面观察的角度来说可能有很多原因，有产品结构的调整、产品花色品种的滞后、机器设备的陈旧、工人素质的低下、领导不力等，如果我们不分轻重，要用有限的资金和精力从各个方面齐头并进，那是不可能的，也是不切实际的。这时我们就要通过细致的观察，找出这些原因中的最关键的因素，再从主要因素入手，那么这份物业文书不仅有了深度，也有了可操作性，不是泛泛而谈，而是措施明确、症结抓得准，这份物业文书也一定会发挥良好的作用。由此可以看出，"知"中的细致观察，是物业文书构思过程中非常重要的环节。

当然，细致观察与比较观察、反复观察是密不可分的。比较观察，既可以将一个单位公务活动中的不同性质、不同特征、不同类别的事件作比较，也可以将不同单位的同工种、同性质的公务活动作比较，通过比较观察，可以对自身的特点、状态有更深的了解，由此作出的判断、总结、分析也才更切合实际、更合时宜。同时，公务活动中的各种现象总是动态的、不断运动变化的，一定的认识、结论刚刚形成，公务活动中的各个方面也许已经发生了变化。所以，物业文书的撰写者必须反复观察公务活动的各个事件、各种现象、各个层面。

（2）"思"。"知"的过程往往侧重于对事物、事件的了解、分析、思考，但人毕竟是高智能的动物，人的思想总是不停止的，所以"知"的过程也同时伴随着"思"，要截然把"知"与"思"分开，这是不妥当的。我们这里所说的"思"更着眼于物业文书的作者有目的地去思考、分析某种特定的事件、现象。从这个意义上说，"知"是"思"的基础，而一篇物业文书的质量高低，关键还取决于"思"的能力的高低。

"思"的最重要过程就是要进行分析，可以进行综合比较分析、重点分析、反复分析。"知"的过程中所获取的对公务活动事件、现象的认识往往是相当丰富而且粗糙浑融的。通过综合比较分析，可以对公务活动中的各种现象进行分类，初步对各种现象、事件、活动进行定性、定位，同时用比较的方法，对各种现象的因果关系、表里关系有一定的认知。通过重点分析，可以将现象、事件中的主要矛盾或矛盾的主要方面摸清楚，有目的、有重点地抓住主要问题及问题的主要方面，深入分析公务活动中的各种事件、现象的特点和本质。通过反复分析，可以在动态中更好地预测未来，从事物变化的角度揭示事物发展的规律，使物业文书的内容具有超前性、预想性、可行性。

"思"的关键是要弄清目的，明确功能。物业文书总是为更好地开展公务活动服务的，物业文书撰写者"思"的过程也是有目的、有针对性的。与文学作品的创作不同，如果一个人的行为与公务活动不相干，他也就没有撰写物业文书的必要。换句话说，物业文书的撰写受命性、制约性很强，目的明确。因此，物业文书作者"思"的过程也就不必一定要涉及公务活动以外的琐碎的生活事件。物业文书撰写者在"思"的过程中，要充分考虑到两个因素。其一，公务活动的需要。物业文书的撰写与特定的社会、地域、阶层等因素有关，物业文书的"思"必须服务于公务活动中管理的需要，有目的地提供准确可靠的依据。其二，主观条件。亦即物业文书作者从事的公务活动的性质、所处的地位层次、自己的知识结构、专业特长乃至个人的气质、性格及身体状况等因素。

"思"的过程最终目的是理清思路，对物业文书可能涉及的内容之间的逻辑联系要理清，包括各种现象的轻重缓急、主次前后，包括对公务活动中现象的表述角度等都要认真思考。"思"的过程中要注意几个原则：一是要注重整体，这个整体既包括对公务活动的全面认识，也包括物业文书中所反映的公务活动必须是全面的、系统的，而不能断章取义，随便割裂公务活动中的事件、现象。同时这个"整体"也包括所构思的物业文书应该头尾和中段俱全、位置适宜、有一股生气贯穿于全体，避免东拼西凑、顾此失彼、文气不畅。二是思路要符合人们对公务活动的认识规律，有连贯性，有完整性。如对交通事故的情况报告，一般的认识过程都是：何时何地发生了什么样的交通事故、交通事故发生的原因是什么、交通事故造成的人员、财产损失情况如何、如何做好善后工作、这起交通事故的教训有哪些。如果在构思时思路有悖人们的思维过程，那写出的物业文书就不能被人们认同和接受。三是要符合所表达的公务活动本身的特征和发展变化规律，包括时间先后的合理性、空间位置的准确性、比例关系的和谐性、内在规律的清晰性等。

（3）"织"。"织"即搭建物业文书撰写的框架，也就是初步拟制标题、设想结构、确立各部分内容、概括各部分的大概。"织"是物业文书构思的最后一道工序，是撰写物化的第一阶段。这时的物业文书的撰写雏形已初步显现。

"织"是物业文书从萌发期、模糊期到明朗期的重要过程。"织"的过程没有固定的样式，可因人而异、因文而异。通过"织"的过程，物业文书的基本骨架和大致脉络已经清楚，撰写也将更趋快捷、方便，材料也会条理化、有序化，构思也将趋于逻辑化和系统化。

"织"的方法多种多样，主要有腹稿法、提纲法等。

腹稿法就是物业文书的撰写者把物业文书的立意、布局、使用的材料及各种过渡、呼应、细节等在心里仔细琢磨，文书的结构轮廓已在脑中初显雏形。这实际上是一种不见诸文字的提纲法。这种方法只适用于一些篇幅较短、涉及的公务活动不复杂的物业文书。

提纲法即把构思的过程用语言记录下来。写提纲所要考虑的是物业文书主要内容的次序、部分内容的主次及其之间的逻辑联系，每一部分将主要解决什么问题、从哪几个方面着手、必要的材料如何分配等。提纲法有详、略之分，在撰写时宜细不宜粗，这样便于物业文书的表达。同时，物业文书多是集体智慧的结晶，其撰写提纲也可以经过集体广泛讨论。提纲对于重大的、重要的、内容复杂的物业文书的撰写尤其重要，它有助于把问题想得更周到、更全面，便于集思广益、博采众长，避免遗忘，也便于撰写时合理展开，成文稳定。

构思的过程是一个艰苦复杂的过程，对物业文书的撰写者来说，只有经过了构思过程，撰写物业文书才能胸有成竹、得心应手，才能使杂乱无章的材料和观点变得明朗、清晰、有层次，才能完善定型，使撰写更臻完美。

2. 构思的对象

物业文书的构思应从文种、格式、语体三方面着眼。

所谓文种，即针对一项公务活动，考虑应选择什么文种来实现、为什么要选择该文种而不选择其他文种。

格式即指在选准文种之后，弄清该文种有什么格式上的特殊要求，该格式必须具备哪些因素、从格式美学的角度考虑如何安排该格式：段落与层次如何承接与生发，涉及的事项、内容谁说在先、谁说在后，轻重详略如何处理。撰写格式在规范中有变化，具有相对的灵活性，如何把握规范性与灵活性的尺度等。

语体即考虑物业文书语言的表达形式、语言要求、表达技巧等，包括句式的选用、语气的把握、语法修辞的选用、模糊语言的把握等。

四、物业文书撰写方式

（一）物业文书的结构

材料解决言之有据的问题，主旨解决言之有理的问题。但光有主旨和材料，还不能写出一篇好的物业文书，还要看作者对这些材料如何组织安排，从而使物业文书言之有序，使之有一个合理的结构形式。

1. 结构的要求

物业文书的撰写是为公务活动服务的，物业文书撰写的结构既有着与一般撰写相同的要求，又有着其自身的特殊要求。它要求结构单纯，层次清晰，符合人们认识的逻辑形式，结构与内容必须保持密切的关系，各种文书的结构既显示自身特有的要求（如条例、规定等，与通常的行政物业文书结构稍有差距），又有着物业文书结构中必须遵守的规范性。

物业文书结构的要求主要有：

（1）有头有尾有中段——要完整。兵法中有所谓"常山蛇阵"，谓要有头有尾有中段，头尾和中段各在必然的位置，要有一股生气贯注于全体。这用在物业文书撰写的结构中是再恰当不过了。一篇物业文书，其结构也要做到完整连贯，不残缺，不遗漏，通体圆合，因为少了一部分，则内容的表述就不完整。如一个综合性的工作总结，在结构的安排上必须写清基本情况、成绩经验、问题教训、今后的努力方向等诸多方面，否则该总结就不全面。一个请示则必须写清楚请示事项、请示缘由、请示意见等内容，否则请示的具体情况就难以表述清楚。

（2）头尾和中段各在必然的位置——要合理。物业文书的撰写只是有了完备的内容还不够，这些完备的内容谁置于前，谁置于后，谁先说、谁后说，还有严格的要求。物业文书结构的安排要和谐、匀称，总体疏密相间，既符合人们认识的规律或事物发展的逻辑规律，又思路通畅、主次分明、脉络清晰、起承转合得当，这就要求物业文书的作者在安排结构时要合理地摆放物业文书的各个部分。

（3）要有一股生气贯穿于整体——要整一。朱光潜先生在谈到文章的选择和安排时，曾经谈到文章的整一要求，他认为，文章只有整一才能完美。物业文书也是如此，具备了完备、合理的要求还不行，文章还必须做到首尾贯通、气势连贯、组织得体、无懈可击，结构的安排要相当严密。要做到"整一"，一是要围绕物业文书的主旨安排结构，所有材料围绕中心展开，主旨贯穿全文，"譬如北辰，居其所而众星拱之"（《论语》），要防止多中心齐头并进、转移中心、丢掉中心等现象的发生。二是要考虑到文体的特点。物业文书的文种不同，其反映公务活动的角度也就不同，其撰写要求、结构安排也就不同。如条例、规定等，多采用条款式安排，报告、总结等多用文章式安排。三是要反映出人们的思维习惯和认识规律。物业文书反映的对象是公务活动，反映的主体是从事公务活动的人们，或涉及公务活动的私人。物业文书的撰写不能违背事物发展的规律和内在联系，不能违背人们正常的逻辑思维习惯，结构的商讨或以时间为序、或以空间为序、或以事件的过程为序、或由因到果、或由果溯因，必须遵循一定的规律。

2. 开头和结尾

物业文书的开头与文学作品不同，文学作品要"进门向壁，曲径通幽"，而物业文书的开头则要"开门见山，下笔入题，起句发意"。在拟好标题（物业文书的标题详见格式论）后，好的开头就尤显必要。物业文书常用的开头形式有：

（1）概括式。即以简洁的语言介绍主要情况，表达基本内容，扣好全文帽子。其内容主要是叙述一些实际发生的事实、情况或问题。这种方法在会议纪要、调查报告、简报、报告、通报等文体中较为常见。

（2）目的式。这类物业文书一开头就表明行文的目的，多用于知照类物业文书，常用"为了……"、"为……"、"……为此"等句型引用。用"为了"，十分明确地讲出行文目的，再用"特"、"现"等表示对有关物业文书内容的强调。

（3）根据式。为了保证物业文书的严肃性，很多物业文书在开头就交代撰拟的根据。这些依据既可以是有关的法律、法规、文件、领导指示，也可以是有关的会议精神等。根据式常由"根据"、"遵照"、"按照"等词语领起下文。

（4）因由式。即开宗明义，一开头直接阐明行文的原因，常用"由于"、"鉴于"、"因为"等词语领起下文。这类开头，常常是夹叙夹议，既陈述情况又进行适当的说理分析，证明发文的原因和作用。

（5）表态式。这种形式多见于批复、复函等物业文书的文种中，其写法常常是在开头对转发、颁发的有关文件提出看法和要求，表明态度。

（6）结论式。即在一开头提出结论性意见，再在下文具体解释、说明。这种形式在决定、决议中经常使用。

以上列出了物业文书开头常见的六种形式。事实上，物业文书开头的形式远远超过这六种形式，而且撰写形式也因人而异，甚至多种形式并用。但总的要求是必须开门见山，落笔扣事，切忌假大空，搞花架子。要切实做到文出有因、言必有据，切忌公式化、教条化、呆板化，提倡形式多样、新鲜活泼、自然贴切。

物业文书的结尾，没有固定不变的格式，用什么形式收束全文，要根据实际需要而定。常见的有以下几种形式：

①惯用式。在长期的工作实践中，形成了较为固定的、大家公认的惯用格式，于是，很多物业文书也就运用这种形式收尾。如"特此通知"、"盼复"、"特此函复"等。

②请求式。即在行文主体结束后，向有关机关、部门提出请求。如"请求市食品公司拨给买车款十万元"。

③希望号召式。即在行文主体结束后提出希望、号召，如"希遵照执行"、"希认真办理"。

④概括式。即以简洁的文字，扼要地对物业文书的基本思想和主要观点作高度的概括，便于让人们更清楚地了解物业文书的主旨。这类物业文书的结束语常在决定、通报、总结、会议纪要、调查报告等文体中使用。

⑤自然式。全篇顺理成章，意尽言止，既不画蛇添足，冗言赘述，硬加结尾，也不生截硬断。这类结尾式，多用于一些条文化写法的文章中，通常是全文分若干部分，以汉字序数，小标题等形式标出，说完即止。如条例、规定及一些条文化写法的通知、意见等，多用此种形式。

当然，物业文书结尾的形式还有多种，其总体要求是：言尽意止，当有则有，当无则无，什么形式与全文协调一致，即选用什么形式。

（二）物业文书的表达方式

表达方式，是指撰写物业文书时陈述事情、说明问题的具体方式。物业文书在具体陈述、说明过程中，可以采取各式各样的方式，如叙述、描写、抒情、说明、议论，而以叙述、说明、议论最为常见。

1. 叙述

叙述是把事物的来龙去脉、公务活动的发生、发展、变化过程表达出来的一种方式。在物业文书的撰写中，它主要用来介绍情况、交代问题、说明原委。叙述常用的方式有顺叙、倒叙、插叙、平叙。

按照事情发展的顺序进行叙述叫顺叙。这是物业文书中最常用的表达方式。比如一些个别情况通报，多是以情况发生的时间、地点、过程，情况产生的原因，应吸取的教训或可值得学习的做法等为序，这种写法就是顺叙。

先交代结局、结果，再叙述原因、原委的方式叫倒叙。很多知照性、下发性指令物业文书多采用这种写法。如很多处分决定，先将错误结果及处分决定介绍出来，然后再介绍所犯错误的详细情况，这就使用了倒叙。不过，物业文书在使用倒叙时，要考虑到物业文书内容的需要，不要故作悬念。

所谓插叙，是指叙述中暂停一下，插入另外的事情或情况，交代背景，说明问题。这种写法在使用时一定要插在关键的地方，承接与转换也要自然，不要让人产生硬安上去的感觉。

平叙是指在一篇物业文书中记述两件或多件同时发生的事。这种叙述形式既可以先述一件事、再述另一件事，也可以将几件事并行交错记述。这种写法在综合性的通报、总结、报告等文种中经常使用。

2. 说明

说明是以客观地解说事物、剖释事理和介绍对象为内容，使人明白了解和认识的表达方式。

说明和叙述不同，叙述侧重于交代事物的存在或发展变化，说明侧重于对事物进行剖释。说明事物要抓住客观对象的特点和事物之间的关系，考虑到特定读者的需要，在结构安排上应力求明白、清楚、浅显易懂。物业文书的说明顺序主要有三种：一是以时间为序；二是以空间为序；三是以逻辑关系为序。

3. 议论

议论是阐明事理、发表意见、提出措施、表明观点的一种表述方法。

物业文书所用的议论与文学作品中的议论有所区别，物业文书的议论服从于表达主旨的需要，一般不做理论上的深入探讨或见解上的争鸣，不要多方面、多角度地反复论证同一个观点，不追究完整性，只要抓住要害，将观点说破点透即可。

议论既可以用论据直接论证论点或者批驳错误论点，也可以采用排他方法，用论据证明与论点相矛盾的反论点的虚假性，运用筛除法从而推出论点的真实性。

议论的主体是由三部分组成的，即论点、论据和论证，称为议论的三要素，即回答"是什么"、"为什么"、"怎么样"。在物业文书中，这三个方面是议论行文的关键所在。如写一份部署动员型讲话稿，一般均写清楚开展什么工作，为什么要开展这项工作，怎么样开展好这项工作三个方面，即回答出开展这项工作的政策和理论依据、开展这项工作的意义、开展这项工作的步骤方法和要求。这正是从议论的三要素着笔的。

物业文书中议论常用的方法有例证法、引证法、比较法、因果归纳法。

第二章 物业管理经济文书

一、经济计划

（一）概念与作用

经济计划是根据国家政策和科技、市场等情报信息以及制订计划者自身客观条件，规定明确的生产经营、提出具体要求和相应的措施，是在一定时间内实施的一种文体，是单位、部门预先对一定时期要完成的工作任务所作出的书面化，条理化、具体化，是实现任务，目标的具体步骤与方法。在社会主义市场经济体制下，为了适应市场经济发展，任何部门、单位（尤其是企业）都要结合本身的情况，研究制订出具体工作计划。

经济计划是管理经济的重要手段，一个部门、企业要想有秩序，有步骤对经济工作进行科学管理和控制，充分发挥人力、物力、财力的作用，提高经济效益，必须制订出符合客观经济规律要求的经济计划，作为具体经济工作的行动纲领，促进我国经济健康、稳定的发展。

（二）分类与特征

经济计划适用性相当广泛，上至一个国家、地区、部门，下至厂矿、科室乃至个人，都需要制订经济计划。因此，其种类繁多，内容丰富多样，根据不同标准，可划分为如下几种：

（1）按内容划分：可分为综合性经济计划和专项经济计划。

（2）按性质划分：可分为生产经营计划、工作计划、经济管理计划、科研计划等。

（3）按范围划分：可分为全国经济计划、省市经济计划、区县经济计划以及公司、科室、工段、个人经济计划等。

（4）按时间划分：可分为长期经济发展计划，中期经济发展计划和短期经济发展计划，也可以按具体年限、季度、月份来表示。

经济计划是国家部门企业、个人为完成经济工作而制订的。是一项实践性很强的书面材料，有的还受行政权力，甚至是国家法律的约束。为此，经济计划具有如下明显的特征：

（1）目标，任务明确。制订经济计划的关键在于落实，因此经济计划的目标、任务必须要明确，以便于实践操作。

（2）措施实在，步骤实在。经济计划是个人单位、部门完成经济任务的行动纲领，如无具体的措施、方案、要求以及实现步骤，夸夸其谈，根本起不到应有的计划手段。

当然，制订计划时，要充分考虑到人的主观能动性，要使人的主观能动性与实施经济计划有机结合起来，才能使企业、单位充分发挥人、财、物等资源优势，提高经济效益。切不可将计划当作约束人的主观能动性的条条框框，让人被动地适应经济计划，而丧失经济计划的功能。

（三）结构与写作方式

1. 标题

标题是计划名称。未经批准的经济计划应当在标题末尾正下方加注"（草稿）"、"（供讨论用）"、"（讨论稿）"、"（初稿）"等字样。经过批准的经济计划要注明文件编号。

2. 正文

正文是计划的主要内容，一般可分三个部分：第一是前言，前言一般以简短为原则，即说明制订经济计划的依据、总任务和要求。第二是目标与任务，即指经济计划的具体项目：目标、指标、任务、要求、包括哪些事、数量、质量和要求，时间，人员安排、具体工作内容、措施。要力求写的具体而不烦琐。第三是注意事项，是说明计划完成的期限、修订，检查等内容。

3. 结尾

结尾应写明制订者的名称、日期等内容。如在封面上已写清楚，则无须填写。

（四）注意事项

经济计划是一项实用性很强的应用文书，因此在写作方面应注意如下事项：

（1）观点明确，文字清楚。制订经济计划目的在于实施。因此计划的目标、任务、措施、要求要明确具体，要有可操作性。

（2）要用科学的方法、正确的理论来指导制订经济计划。主要表现在收集资料，分析资料，和调查研究时要用科学方式进行收集，分析和调查。在编制经济计划过程中理论要正确，观点要鲜明，力求使经济计划符合客观经济规律。

（3）要理论联系实践，充分考虑执行计划单位本身客观情况，同时还要充分考虑发挥每个人的积极性。经济计划的目的是在每个人充分发挥自己潜力基础上执行经济计划，而不是把计划当作约束人的主观能动性的条条框框，把计划与人的积极因素对立起来，使计划丧失其真正的作用。

范例：

××轴承厂2010年生产经营计划

编制说明

2009年，我厂经受了原材料、能源普遍涨价的考验，战胜了市场上竞争者的激烈挑战，夺取了建厂以来最好的经济效益。与2008年相比，工业总产值增长×.×%；轴承全项合格率提高×.×%；钢材利用率提高×%；利润总额增长××.×%；销售收入增长×.×倍；资金利税率提高×%。这些都是建厂以来的最高水平。利润增长幅度是产值增长的×.×倍。由此可见，我们的经济效益和产品质量都有了提高。但是，我们在加强企业管理和提高产品质量方面还存在一些不足，有待于在2010年重点解决。

2010年我厂的经营方针是：首先，要把改革放在一切工作的首位。改革的方向必须坚持，改革的步骤必须稳妥，各项改革措施要相互配套和同步，结合我厂实际制订切实可行的改革总体方案，统一部署改革的具体内容和步骤，保证改革稳而不乱、协调发展。特别是实行经济承包以后，要配套搞好计划体制、价格体制、核算体制、统计体制和劳动工资制度的改革，形成一整套宏观控制和微观搞活有机结合的管理体制。企业对车间的管理逐步由直接控制为主转为间接控制为主，用经济手段和必要的行政手段管理经济。其次，要扎扎实实地提高产品质量。产品质量是企业的生命，没有高质量的产品，企业就失去了活力。过去我们年年讲提高产品质量，然而质量却没有明显的提高，原因就是缺少扎扎实实的实干精神。我们的技术力量并不弱，工程技术人员的水平也较高，如果充分调动他们的积极性，让他们承担一些课题和项目，明确责、权、利，许多问题就会顺利解决，产品质量也会立于不败之地。最后，要进一步抓好企业管理。管理是一种资源，管理中蕴藏着经济效益。企业整顿之后，我们的基础工作加强了，随着生产的发展，技术的进步，管理体制的变革，必须加强企业的管理工作，以适应新形势新任务的需要。

2010年我厂的经营目标是：工业总产值×××万元，轴承产量×××万套，商品球产值××××万粒，还要生产纱锭轴承×万套和为×矿配套的专用轴承××～××万套。轴承产品质量要在去年的基础上稳定提高，多生产一些提级品和电机品，废品损失要比去年降低××.×万元；销售收入达到×××.×万元；销售利润达×××.××万元；利润总额为×××万元；利税总额为×××万元；资金利税率为××%；资金周转天数为×××天以下；可比生产成本降低率为×.×%。

为了实现上述目标，我们要发扬拼搏精神，克服种种困难，确保经营目标的实现。

2010年，摆在我们面前的经济困难比往年还要严峻：成本增加的因素，比2008年增加×××万元，比2009年增加了××万元。其中：外购材料增加××万元，外购动力增加×.×万元，工资及工资附加费增加××.××万元，折旧费增加×.×万元，大修费增加×.×万元，因此，要想取得×××万元的利润，必须在去年的基础上多创×××万元的效益，任务十分艰巨。故此，我们要求全厂干部、工人必须做到以下几点：

一、控制外购材料购进价格。（略）

二、节约原材料、燃料和动力。（略）

三、充分利用人才，提高劳动效率。（略）

四、搞好产品的生产销售和市场调查。（略）

五、合理使用资金，加速资金周转。（略）

六、坚持"两个文明"一起抓。（略）

总之，在新的一年里，我们要开创新局面。我们要以国务院最近下达的《关于加强企业管理的决定》为指导，结合本企业的具体情况，认真贯彻落实，把企业管理搞好，为振兴轴承事业做出更大贡献。

二、经济信息

(一) 概念与作用

经济信息又称为经济情报,具有广义和狭义的概念。广义的经济信息是泛指那些反映经济活动的各种变化,特点及规律的情报。含义相当广泛,如市场调查、分析、预测等,都是经济信息范畴。狭义的经济信息,即本文所介绍的内容,是泛指反映和交流市场情报而形成的文章材料。

经济信息作为反映市场实际情况的情报资料,是在通过市场预测,判断,分析基础上形成的,对指导人们的生产、经营、满足消费者需要等发挥重要作用。

(二) 特征与分类

1. 特征

经济信息作为一种反映和交流市场情报而形成的文字材料,不仅常见于报纸杂志,也常用于传播媒体。是人们所熟悉的一种文字材料,具有如下特征:

(1) 情报性。情报性是指经济信息市场最新、最近的经济活动变化的信息迅速及时传递给人们,作为人们生产、交换、消费等经济活动的参考依据。

(2) 社会性。社会性是指经济信息是一种社会经济现象的真实反映,是反映社会经济现象的规律,是为社会经济发展服务的一种资料。

(3) 实用性。实用性是指经济信息易于为人们掌握,指导人们生产经营、消费行为,并产出经济效益。

(4) 流动性。流动性是指经济信息能够在瞬息万变的市场行情中,迅速地向人们提供各种信息,以帮助人们适应于经济发展。

2. 分类

经济信息的适用范围较广,尤其是对企业方面,其生产经营和科研活动,都离不开经济信息,其分类可以按性质来划分,可分为生产信息,销售信息,技术信息。按其信息的繁简程度划分,又可分为简约型经济信息和综合性经济信息等。

(三) 格式与写作方式

1. 格式

经济信息的内容相当广泛,繁简不一,有的只有一两句话,如电视新闻中的财政报道,有的用表格、曲线数据等反映某一经济动态信息。对这一类经济信息写起来没有固定格式,写起来比较自由、灵活。对于综合性经济信息,其篇章结构一般由标题、开头、正文、结尾等格式组成。

2. 写作方式

经济信息的写作大致可以分为如下几个阶段:第一,选题。即选择什么样的题目、宗旨、目的。第二,收集材料。经济信息是反映经济发展客观规律的文字材料,因此材料要翔实可靠,才能进行分析。第三,分析。在占有丰富材料的基础上,运用科学的方法进行分析。分析材料可以采用表格式,曲线图像,数据等。第四,写作。经济信息的写作中心就是要用事实说话,即把内容奠定在分析材料的基础上进行写作,内容要充分具体。

（四）注意事项

（1）收集材料要全面、真实、能反映某一事物客观经济规律的材料。

（2）分析材料要注重经济信息是反映某一事物的普遍性问题。如其一商品价格变化，需要在综合材料基础上来反映该商品价格的真实反映，切忌把某些偶然发生情况当作普遍性来认识，使经济信息失真。

（3）经济信息文字要精确、具体、切忌含糊不清或拖泥带水。

范例：

女式春装新潮

上海近来预测，女式春装 2010 年流行特点是：

1. 造型别致。不强调女性的胸部曲线美。而充分显露女性的体态美，上宽下窄，腰部收束至臀部。

2. 款式新奇。采取多层次，不对称的结构。

3. 做工精细。采用皱褶工艺。

4. 色彩明快。以明快的黄色为基调，搭配田野色、海洋色的青、绿、蓝系列色。

5. 面料多样。有浅什色女式呢，纯棉制品、印花品种等。

三、经济广告

（一）概念与作用

广告是企事业单位向消费者或者服务对象介绍商品、报道服务内容或文化娱乐节目的一种宣传方法。广告的内容相当广泛。从广告的性质来分可分为经济性广告和非经济性广告。非经济性广告是指不含经济内容的各种广告。如社会团体的公告海报、启事、声明等，都是广告的组成部分。本文中的广告是指经济性广告（也称商业广告），是指以促进商品销售或者提供劳务信息为目的，与经济利益有关的宣传广告。

经济性广告的内容十分广泛，随着现代化经济的发展，经济信息成为经济发展的重要组成部分，经济广告作为传播经济信息的重要手段，其主要作用表现在如下几个方面：

（1）经济广告是传递经济信息，活跃经济，提高经济效益的重要方式。市场经济是开放性、社会性的经济，一种产品要想走向市场，参与竞争，不仅要靠该产品的社会需求、作用等因素，而且还要让消费者认识该产品。这就必须通过广告宣传，给需方提供信息，使生产得以顺利进行。同时通过广告宣传，还是相互沟通信息，避免商品积压的一种有效方法。

（2）经济广告具有指导消费者消费，提高商品知名度的作用。经济广告宣传不仅具有向消费者传递消费信息的作用，而且还有通过对特定商品质量、性能、价格等方面的介绍，提高商品知名度的功能。一种商品要想在市场中得到发展，仅靠商品质量、价格，以及售后服务等保障还不够，还有赖于广告宣传。凡是知名度很高的名牌商品，如家用电器的国际、国内名牌产品，无一不是通过广泛的广告宣传，把信息传递到千家万户，使商品得以畅销。

（3）经济广告具有沟通产、供、销渠道，加快资金周转，促进市场经济发展的作用。通过广告宣传，使企业的生产、供应、销售与市场要求紧密联系在一起，能够加快商品流通，提高资金周转速度，促进市场经济健康发展。

（二）特征与分类

1. 经济广告的特征

经济广告是传递经济信息的一种工具，具有短、快、广等主要特征。

短是指经济广告具有简单明了，让人易于接受的特征。经济广告形式多种多样，但无论采用哪一种形式，都要符合简短明了的特征。如电视、广播上的广告，最少的只有一句话，最多也不超过上百字，这种形式有利于消费者广泛接受，收到传播经济信息的目的。

快是指经济广告一经刊出就迅速进入千家万户的特征。经济广告一般都是刊登在报纸、杂志、电视、广播等新闻媒体上，一经发出，就能进入千家万户，迅速得到传播的特征。

广是指经济广告具有广泛性。广告是面向所有的消费者，必须收到家喻户晓之功能才能收到真正的效果。

2. 经济广告的分类

经济广告的分类很多，有按性能分类的商品广告、科技广告、劳务广告等；商品广告还可以按不同性质的商品进行分类，这些类别种类繁多难以一一说明；目前主要是按其文体形式进行分类。可划分如下几种：

（1）简介体广告。简介体广告是指采用简明扼要的叙述方法，介绍企业、商品主要特征的广告文体。其特征是对介绍对象进行介绍（见简介体广告例文）。

（2）说明体广告。说明体广告是指用说明的方法，对广告对象的性质、形态、特征、用途作解释说明的广告文体。其特点是把商品说得具体，既介绍它的实用性，又要符合科学性、知识性。这类广告常用于对新产品介绍（见说明体广告例文）。

（3）论说体广告。论说体广告是以议论为主要表达方式，通过概念、判断、推理、阐明事理，以达到传播信息的广告文体。其特点是以充分的事实，道理来说服消费者认识商品的用途与价值，让消费者接受这种商品（见论说体广告例文）。

（4）证明体广告。证明体广告是指借助于有关权威机构、知名人士、典型事例的评价、鉴定或取得的成果、荣誉等来证明商品的性能特征的广告文体。其特征是以商品功能来说服消费者，让消费者接受该商品。其主要用于介绍名优产品。

广告的文体种类除以上介绍的几种常用文体外，还有散文体、小品体、诗歌体、歌曲体、曲艺体、漫画体、对联体、戏剧体、动画体、故事体等。无论是用什么体裁，其目的只有一个，即达到传播经济信息，宣传商品，推销商品的效用。

广告的形式有多种多样。常见于报纸、杂志、广播、电视、霓虹灯、橱窗、路牌、传单、邮政等广告形式，广告形式不同，写作也不同。如电视广告，强调的是艺术性、生动性、趣味性、形象性，让人喜闻乐见，易于让人接受。而一些专业性很强的广告，常见于在专业报纸杂志刊登，主要介绍商品性能、结构、特征等，主要是为企业提供产品服务，具有科学性、知识性的特征。

经济广告种类繁多，除大多数都用于直接介绍商品，企业广告外，还有一些与经济具有密切联系的商业性广告。常见的有如下几种：

（1）招工广告。招工广告是指工矿企业、公司或事业单位，甚至党政机关招收工人的广告。这种广告用于招聘工人。其制作特征主要是介绍招工对象的名额、条件、待遇等内容。

（2）科技文化用品销售广告。科技文化用品销售广告是指科技文化生产部门或销售部门为了推销科技产品而制作的广告。这种广告与其他广告不同特征是强调其产品科技知识的介绍，不仅使人们弄懂这种产品功能与特征，还要介绍人们如何学会使用。

（3）展销订货会广告。展销、订货会广告是指商品生产厂家的主管部门出面，以推广、展销为目的举办商品展销会、订货会的会议广告。其特征在于介绍主办单位、会议地址、会议时间、主要产品、联系人、电话号码等情况（见展销订货会广告例文）。

（4）转让广告。转让广告是指有关厂矿企业、科技单位为转让自己固定资产、科研成果而制作的一种广告。其特征是介绍转让产品基本情况、性能、特征以及对社会的经济效果，使人易于接受，前来洽谈。

（5）招商广告。招商广告是指厂矿、企业单位因资金或技术力量不足，需要引进客商投资或提供技术力量所写的一种实用文体。其特点是介绍招商单位情况，提出招商条件等为主要内容。

（三）格式与制作方法

1. 格式

经济广告的种类繁多，其格式也是各种各样，有的图文并茂，简洁明了（如街上挂图广告），有的生动活泼，集艺术性、趣味性于一身（如电视广告），有的长短不一，短的只有几个字，长的亦有千字以上，其格式难以统一。总的来说，经济广告是集文学、图画、艺术等内容于一体的广告，没有固定的格式。而文字广告尽管内容不同，归纳起来，基本格式如下：

第一，标题。经济广告的标题随广告文体的变化而变化。主要有直接标明制定广告单位和广告内容的标题，也有的直接以广告内容为标题。

第二，正文。正文是对广告标题的介绍。如简介体广告突出对商品的性能、质量、服务、价格方面的简介；说明体广告突出产品的性能、结构、形态、规格、使用保管等方面的说明；论说体广告主要是介绍商品的性能，提出论点，用众多的事实、数据、道理，论证商品的特点、功效、作用等，得出该商品确实可行的结论；证明体广告主要是在介绍产品情况，列举典型事例，如声誉、鉴定、专家评价、用户反映来证明产品的优良，等等。文体不同其正文内容也不同。

第三，结尾。经济广告结尾形式不一，总的来说，经济性的广告结尾要写明单位名称、地址、电报、电挂、电传、电话、邮政编码、联系人姓名，有的广告为了方便消费者，还标明行车图，提出忠告形式作为结尾。

2. 制作方法

制作广告也称广告设计，艺术体广告要聘请专业制作单位设计。广告内容有的可以自己设计，也有的向社会公众征集。广告内容是一项专业性很强的业务，如设计不合理，内容不合法，不仅误导消费者，或给其他厂商利益带来损害，而且还会砸自己牌子，使企业失去信誉。所以在广告制作过程中，要严肃认真、精心设计、精心制作、既符合产品的特征，又符合消费者的心理，起到宣传、推广的作用。

（四）注意事项

（1）依法制定

依法制定就是指制作广告要遵循我国颁布的广告法律、法规规定。既不要制定盲目夸大，产生误导消费者，侵犯其他厂商权利的广告，又不要使广告内容失真，欺骗消费者，失去制作广告的真正目的。

（2）要注重对广告词的设计，符合短、快、广的特征，达到加深印象易于接受的效果。

范例：

嘉陵的特色

在中国摩托车行业，嘉陵是执牛耳者，多年以来一直身居"大哥大"地位。

1995 年 8 月 22 日，对嘉陵人来说又是一个辉煌而难忘的日子，在北京第 50 届世界统计大会上，国家统计局、中国技术进步评价中心，授予中国嘉陵工业股份有限公司（集团）"中国摩托车之王"称号，授予公司总裁郝振芑"中国经营管理大师"称号。行业之王的荣誉这次只有 8 家获得，他们在产量、质量、利税和综合效益指标均居同行业首位，嘉陵集团是全国摩托车行业、机械行业、兵器行业和四川省唯一获此殊荣的企业。

不断提高企业的管理水平，向管理要效益，这是嘉陵集团公司的长期战略，也是嘉陵集团公司 15 年来能保持持续、高速发展势头，雄居我国摩托车行业排头兵的"法宝"。

特色之一：不满足现状，两眼向内找差距，在不断进取创新上做文章、下功夫。管理是永恒的主题，围绕这一主题嘉陵人早在转行之初就制定了"六五打基础、七五上水平、八五上台阶"的企业管理发展目标，以企业升级为契机，狠抓基础管理、专业管理和综合管理，1994 年荣获全国企业管理最高水平的——全国优秀企业"金马奖"。可以说嘉陵的企业管理水平已居国内的领先地位。

特色之二：不断强化管理手段，大力推行现代化管理。他们借鉴日本管理方法，推动"一个流"生产方式，实现了从原材料的投入到成车装配、包装、发运一条龙生产，不仅优化了生产工艺，改善了作业环境，而且大大提高了生产效率和产品质量，获得了显著的经济效益。总裁郝振芑在生产经营实践中创造的"三元动态平衡法"新型管理模式，荣获第二届全国管理现代化创新成果二等奖。公司党委书记张祖渝创造的"TS"

工作法，是着眼于发挥人的主观能动性，最大限度地开发人力资源，以创造企业最佳经济效益和社会效益为目标的一种新的管理思想和管理方法，荣获四川省企业管理优秀成果三等奖。这两种新的管理方法的运用可谓珠联璧合，指导企业不仅在经济效益上而且在精神文明建设方面都取得了显著的成果。

特色之三：突出一个严字，严格管理，严格奖惩。这个严字体现在企业生产、管理的全过程，并且干部和工人一视同仁。一次，4 名领导迟到近 1 分钟，被公司劳动纪律检查执法队录下像，公司作出了在全公司曝光和扣发当月效益工资的处理决定。

特色之四：科学、灵活的营销策略。嘉陵称得上是较为完全的市场型企业。它自 1979 年开发摩托车以来，曾经历 1983 年、1986 年、1989 年三次大的市场疲软，今年以来又面临市场疲软的考验。他们都是靠自己的顽强劲和科学灵活的营销策略立于不败之地。最近，他们又在企业形象上导入 CI，进一步提高嘉陵的知名度，夺取市场制高点。

四、经济合同

（一）概念

从法律意义上说，合同是法人与法人之间，或者法人与个人之间，为实现各自的目的，按照法律规定，彼此确定一定权利与义务的协议。故广义的合同也包括协议书。这种协议大部分合作在经济领域，所以也称作"经济合同"，它是人们在经济交往中，为了保证信守所订事项而制作的对双方都具有约束力的文书。有了这样的文书，双方便可互相监督、互相牵制，使对方不得违反，不得无理纠缠，以保证交往合作的正常进行。

合同在现代社会生活中具有重要作用。社会越发展，社会的分工就越细，企业间的相互依存关系也越密切，而合同在国家与企业之间、企业与企业之间、企业与个人之间能起到纽带作用，把各种社会经济活动连接起来。实行合同制，是管理经济和管理社会的有效手段，它有利于经济发展专业化与社会化；有利于企业加强经济管理，国家加强对企业的管理与监督；有利于保证经济计划的完成；也有利于正确处理国家、集体与个人之间的关系。

（二）格式

合同的格式有条文式与表格式两种。一般条文式合同的写法，应注意内容具体，责任明确，文字含义准确。以购销合同为例，其基本内容应包括：合同双方的名称、地址、代表人姓名、职务、产品名称、数量、规格、等级、价格、总值、计量单位、包装物的规格质量及供应回收办法、费用负担办法、交货方式运输办法、交货日期、验收方式、结算银行、单付账号、奖售物资、完不成合同应负的经济责任等。

（三）写作要点

（1）要符合政策法令。

（2）双方承担的权利义务以及经济、法律责任必须十分清楚，能够检查贯彻。

（3）有的合同需上级有关部门签证始生效，则必须写清楚，任何合同都是双方协商制订的，合同的起草工作通常由双方各派代表共同起草。

（4）对于合同的有效期限，修改办法也不可忽略。

范例：

蔬菜产销合同

　　　　　　××市蔬菜公司（甲方）

立合同单位

　　　　　　××镇郊农场（乙方）

　　为了活跃城乡经济，发展蔬菜生产，保证城镇蔬菜供应，支援四化建设，经双方协商签订下列合同：

　　1. 乙方生产、供应甲方所规定的蔬菜产品（见附表）。

　　2. 除发生特大自然灾害外，乙方必须按照合同规定的蔬菜品种、数量和供应时间，分期分批送交到甲方收购站，甲方保证按货论价，不压级压价。

　　3. 乙方必须按合同要求完成销售任务，在没有完成销售任务前不得将多余产品卖给他方，否则卖的钱款全部赔偿给甲方。

　　4. 如遇特大自然灾害，乙方无力完成双方议定的合同，双方应派代表到现场观察鉴定，按损失程度减免赔偿，或由甲方给予乙方适当补助。

　　5. 本合同由签订之日起生效，任何一方违背合同使对方蒙受损失，都要承担经济赔偿责任。

　　6. 本合同一式二份，甲乙双方各执一份。

　　××市蔬菜公司（甲方）　　　　××镇郊农场（乙方）

　　（公章）代表：××（章）　　　　（公章）代表：××（章）

　　　　　　　　　　　　　　　　　　　××××年××月××日

附件：合同品种计划表（略）

五、市场预测报告

（一）概念

市场预测报告是根据市场调查的资料，对未来一段时间的市场发展与变化趋势进行预测、分析、推理而制作的书面报告。

（二）格式要求

市场预测报告的格式由标题、正文和结尾三部分组成。

1. 标题

如"××××年中国空调市场预测"、"全国服装市场预测"、"健美双全——××××年化妆品市场预测。"

2. 正文

正文一般包括导言和主体两部分：

第一，导言。这是开头的部分，一般简要介绍对象的性质、特点和用途。

第二，主体。这部分的主要内容有情况（包括企业自身情况、产销情况、顾客情况、对手情况、市场情况）、预测和提出建议三部分。

3. 结尾

写上预测单位名称及日期。

范例：

我国通信产品市场预测与分析

随着新世纪的来临，我国通信事业以高于国民经济发展速度5倍以上的水平迅速发展，电话普及率的增长速度居世界首位，特别是在广州市，平均每3人就有一部电话，许多家庭有两部以上的电话，每10人就有一部手提电话。国内通信产品市场的异常活跃使国外的许多公司也纷纷瞄准了中国市场，这使我国通信产品生产和需求领域呈现出繁荣的景象，由此也带来了激烈的竞争。

一、市场现状分析

从生产情况看，××××年，我国才成立第一家程控交换机生产企业，经过10年来引进技术、设备及自行研制开发的发展过程，到××××年，全国生产程控交换机的企业已发展到××多家，其中计划外企业××余家，机型包括××个国家的×种制式，年生产能力×××万门，总供应能力已突破×××万门的规模，已跃居世界前10位。

我国电信业发展较快的原因，一是国家把通信作为国民经济先行行业和对外开放的必要条件，在税收、贷款等方面对通信实行了一系列的优惠政策；二是依靠科技进步，积极采用国外先进技术、设备，直接跃上新台阶。

二、××××年全国通信产品供求预测

1. 生产能力预测。××××年全国程控交换机的生产能力预计可达×××万线。

除上述国内引进技术和设备组装生产的能力以外，预计用国外政府贷款还将直接进口一部分，大约为×××万线。

综合上述，××××年，全国程控交换机市场将形成×××万线的供应能力。

2. 需求量预测。电话的需求主要取决于以下两个因素：

一是经济发展的需要。（略）

二是收入水平的提高促进消费观念的变化，使电话需求猛增。（略）

概括起来说，××××年通信产品的需求环境取决于经济的发展及人民生活水平的提高。××××年是国家"九五"计划的最后一年，也是国家加快推进建立社会主义市场经济体制的关键一年，预计××××年仍是一个电话需求的高峰年，具体需求量如下：（略）

三、全国通信产品供求结构分析

1. 产品结构分析

（1）大程控交换机供不应求，小程控交换机将供过于求。

（具体分析略）

（2）移动电话需求旺盛，很有发展前景。

（具体分析略）

（3）BP机市场供大于求，竞争激烈。

（具体分析略）

2. 需求结构分析

（1）住宅电话需求猛增。

（具体分析略）

（2）公务电话需求稳定。

（具体分析略）

（3）公用电话需求迫切。

（具体分析略）

四、加快我国通信业发展的对策与建议

1. 加强程控交换机生产管理

"九五"期间我国程控交换机的生产发展迅猛，生产已达到相当规模，初步缓解了供需矛盾，但也暴露出了目前国内程控交换机生产存在着种种令人忧虑的问题。主要有：由于需求的刺激，使得各地纷纷上程控项目，引进机型过多，对于今后联网、发展智能网造成困难；另外，分散重复建设无法形成规模生产、规模经济，不利于降低成本。在没有竞争的情况下，拼命扩大生产，不利于提高质量。从目前的生产发展趋势看，预计1999年以后程控交换机市场将出现竞争，此番竞争不仅仅是国内企业之间的竞争，而且还将面临世界发达国家争夺中国通讯市场的竞争。因此，建议国家从严控制新机型的引进，加强通信网的统筹规划，制定技术标准，规范企业的经营行为，支持国产程控交换机的发展。生产企业应提早从产品质量、功能上下工夫，储备竞争能力。

2. 加速发展我国移动通信工业

移动通信工业在我国刚刚起步，目前国内使用的移动通信工具是摩托罗拉、三菱、NEC，而其他国家的电信公司也都在注视着中国的移动通信市场。引进国外移动通信设备，我国每年需花费数十亿美元。面对利润极度丰厚、前景如此广阔的国内市场，我国应集中优势力量，加速现代化移动通讯产品的开发与生产，加大投资力度，争取在较短时间内研制出先进的移动通信设备，促进社会效益和经济效益的提高。

×××

××××年××月××日

六、市场调查报告

（一）概念

市场调查的范围很广泛，凡是直接或间接影响市场营销的情报、信息，都是市场调查报告的内容。简单地说，由市场调查的结果整理出来的书面材料，就是市场调查报告。

（二）分类

按调查的内容划分，调查报告可以分为以下三种主要类型：

（1）市场需求调查报告。主要调查市场对本企业产品需求量和影响需求量的因素，要紧扣购买力、购买动机和潜在需求这三个方面做表述。

（2）经营政策调查报告。主要调查本企业的产品、价格、广告和推销政策、销售和技术服务政策等是否合理，是否适应消费者的需求，以便及时了解存在的问题，及时调整修正。

（3）竞争对手调查报告。主要调查竞争对手的总体情况、竞争能力及新产品的发展动向等，以此来判断本企业所处的地位。

（三）结构与写法

市场调查报告的结构一般都包括标题、正文、落款三个部分。

1. 标题

一般没有什么特别严格的格式要求，带有"调查"字样，反映出调查的对象、内容等即可，必要时也可以加副标题，只是一定要注意简洁、醒目。

2. 正文

这是市场调查报告的主体部分，包括调查情况和调查者的观点，通常要具备以下几项主要内容：

（1）概要。主要是调查的缘起、目的、对象、范围、内容、方法和时间、地点等有关调查活动的说明。决策部门可以根据这些信息更准确地把握调查的结果。对于内容比较单一的调查报告，此部分可以省略。

（2）基本情况。说明调查对象的发展历史、过程，同时对现实情况加以重点介绍。

（3）分析预测。是调查者对调查材料的看法，对调查情况加以分析归纳，对市场的相关情况、动态等问题深入剖析，并在此基础上简单地推断市场的发展趋势，展望市场前景，以此作为企业生产、营销的参考依据。市场分析和预测的方法主要有：

①推测法。是基于经营者或责任者的主观经验或直觉推测的方法。它不适合于长期推测，可用于短期推测。它又可分为：

第一，按类似产品推测。

第二，根据对消费者购买意图的调查推测。

第三，根据经营层意见推测。

第四，销售力合成法。即综合销售人员意见所做的销售预测。

②根据资料统计的方法。即根据过去的销售业绩，来推测将来的销售额，这种方法需要借助统计学的相关知识，利用图表、数字、指标等加以更为精准的推测。

其实这两种方法都要建立在调查材料的基础上，只不过是资料的类别不同而已。在对材料的分析预测过程中，要注意适当发挥独立思考的能力，切勿为材料所误。

（4）措施建议。针对市场分析的情况，提出应当采取的举措、对策，要注意可行性和针对性的结合。

（5）结语。一般是重申观点，提出总结式意见。结语和概要部分一样可以省略。

3. 落款

署明调查单位或个人，以及调查时间。

按照上面推荐的要点书写，可以使您的调查报告更具有参考价值。同时在写作过程中，请您牢记调查报告与企业的决策有着极大的联系。

（四）写作要领及注意事项

调查报告的写作要领是：

（1）亲自调查，材料真实可靠，数据精确。

（2）突出重点，不求面面俱到。

（3）内容和语言高度精确。

因此，写调查报告应该注意以下事项：

（1）亲自调查，材料可靠。

（2）对调查结果做出分析并提出有效建议。

（3）突出重点。

（4）保持高度准确性。

范例：

Internet 用户市场调查报告

一、概述

Internet 发展现状

随着信息技术的发展，Internet 的应用也由最初的教育、科研转向了民用、商用以及与百姓生活相关的许多方面。全球 70% 以上的用户使用 Internet，排在第一位的用途是用于个人信息交流，如发送和接收电子邮件等；其次是用于工作，如企业内部的局域网、办公自动化等；排在第三位的是用于教育，如企业内部培训、远程教育等。

搞好市场调查和预测是分析的基础，是细化管理、向管理要效益的具体体现。基于此，我们对 Internet 用户的使用情况进行了市场调查。

二、市场调查的目的和方式

1. 调查方法的确立

本次用户调查采用随机抽样的调查方法，历时一个月。具体做法是：……

2. 调查内容

共设有 10 项调查内容，每个调查项目下设若干被选项，用户采用选择的方式回答问题。

3. 调查对象

主要调查对象以拨号用户为主，原因如下：……

4. 调查目的

（1）力求对市场有一个较为清楚、正确的认识。

（2）使分析工作更加深化，做到事前分析与事后分析相结合，更好地发挥信息、咨询、监督的管理职能，为领导决策提供第一手资料。

三、调查结果

1. 从用户职业来看：用户的行业分布较广，在行业分布上以 IT 行业、商业贸易以及科教行业居多。

2. 从年龄构成上来看：网络使用者中、青年人居多，用户的文化程度有所降低，说明网络的使用已不再仅限于文化程度较高的专业技术人员或特定行业内的人群，网络的普及率在上升，同时从一个侧面反映出互联网上百姓化信息更加丰富。

3. 用户上网的主要目的是：网络不再仅仅是工作和学习的重要工具，更成为人们休闲娱乐的工具之一。

4. 本次调查结果还表明：用户群体与个人收入水平无显著关系，但与用户职业相关，关系显著。

四、调查结论

综合以上分析，我们认为可得出以下结论：

1. Internet 的目标用户群体定位：较为年轻。

2. 提高客户服务的质量是我们参与市场竞争的前提条件。市场与服务相脱节的局面应尽快改变。

×× 电信局　×××

××××年××月

七、市场决策报告

(一) 概念

市场决策是企业经营者为了解决经济活动中的重大问题，围绕企业的规划、策略和重大措施与既定目标，根据市场调查、预测进行分析研究，从两种以上的计划、方案中选择一个最佳的过程。它是现代化管理的一个重要环节，而最终选择与决定决策的书面形式就是市场决策报告。

(二) 与其他报告的区别

1. 市场决策报告与市场调查报告、市场预测报告的区别

目的上：后两者主要是为了提供一种参考、建议，而市场决策报告是提出一个要付诸实践的理想方案。

侧重点上：市场调查报告侧重于对已经发生的历史和现实情况的调查、分析；预测报告侧重于根据调查资料，对预测对象的未来发展趋势进行分析、建议；而决策报告则侧重于分析论证备选方案以及方案择优等内容。

2. 市场决策报告和经济活动分析报告的区别

后者侧重于对过去和现在的经济活动的分析，主要分析企业生产流通过程中各项指标的完成情况；而市场决策报告着重于未来的实践。

3. 市场决策报告与经济工作报告的区别

市场决策报告主要是目标的选择，而后者主要是工作进程的安排。

（三）格式及结构

市场决策报告在格式要求上并不十分严格，最重要的是选出最佳的实施方案，以下所介绍的结构安排只是一般通用形式：

1. 标题

一般由时限、单位、决策目标和文种构成。时限根据具体情况可以是年度，也可以是时间跨度，或者是大体时限；决策目标只求标明决策的内容属于哪个范畴；文种可以由预测和决策组成，也可以由决策的两个部分组成（"目标"或"措施"、"方针"或"对策"）。

使用正副标题时，正标题一般要揭示决策的内容和中心，副标题则往往点出决策的目标和单位。

2. 签署

标明决策报告的作者、单位名称。集体单位一般写在行文后或者封面上；个人署名一般写在标题下面。

3. 正文

（1）决策目标。确定决策要解决的问题和要达到的技术经济目的，要求简明扼要、开门见山。

（2）依据资料。之前掌握的相关信息，包括与决策问题有关的历史、现实的数据资料、计划资料、市场调查及预测资料等。资料要全面充分、准确可靠。

（3）备选方案。这是决策报告的主体部分，所要解决的问题是依据资料计算，寻求实现目标的各种有效途径。这个部分通常由多个有原则区别的方案组成，每个方案都应包括本方案各构成要素、相关因素分析、实施方案所需条件。语言要朴实、准确。

（4）分析论证。从一系列备选方案中通过分析、比较、论证，做出具体条件下相对最优的选择。注意要对每个方案的可行性进行充分的论证，在论证基础上进行综合评价。在此期间要把握好各种决策原则。

4. 结语

常用"以上方案，请领导分析选择"、"以上分析，请领导决策时参考"等句子收尾，如有附件则加上附件。

在写作过程中，企划主管要时刻意识到决策报告是直接关系到企业决策的文书，一定要为企业提供一个真正的最佳方案。牢记这一点，才可能完成一份合格的决策报告。

（四）注意事项

市场决策报告的写作要注意：

（1）决策目标明确。

（2）资料全面准确。

范例：

××公司开发新产品的决策报告

决策目标：为了满足市场需求，提高本公司的经济效益，开发多品种、系列化的新产品。考虑到本公司现有的具体情况，拟从下面三种可能方案中选择一个最优方案：

A. 改造部分加工车间，只需少量资金，可忽略不计；

B. 投资新建一个加工车间，但需资金50万元；

C. 将半成品承包给本公司待业青年生产，整机装配由本公司职工完成。

依据资料：

1. 根据市场需求，初步估计按照自然状态，销路好、销路一般、销路差、销路最差的概率比分别为0.7：0.5：0.3：0.1。

2. 根据有关资料分析，采用一种方案的结果，5年形成的生产能力及产生的经济效益如表3-2-1所示：

表3-2-1 各方案5年的效益 单位：万元

方案效益 销路效益	A方案	B方案	C方案
销路好（0.7）			
销路一般（0.5）			
销路差（0.3）			
销路最差（0.1）			

定量分析：

根据计算得出：

采用A方案，5年的经济效益是437.5万元；采用B方案，5年的经济效益为537.5万元；采用C方案，5年的经济效益为208万元。

比较分析：

由此结果可以看出，采用B方案的经济效益最高，排除投资新建一个加工车间的费用50万元，仍比A方案要高出50万元，但此种方案必须预投资50万元。C方案，可解决本公司待业青年的就业问题，但经济效益太低。

以上分析，请领导决策时参考。

××××年×月×日

八、市场推广方案

（一）概念

市场推广方案是企业营销部门在某一特定时期内向某些或某个特定消费市场推广服务或产品的一种计划类的文书。

（二）格式与写法

1. 标题

标题通常是项目名称加"推广方案"，例如，写成"农村市场推广方案"。

2. 正文

正文通常包括以下内容：

（1）消费群体分析；

（2）营销策略；

（3）现场促销等。

范例：

（摩托车）农村市场推广方案

一、消费群分析

1. 目标消费群体的构成

（1）有一定经济收入者，购车的目的是改善交通条件，方便工作。

（2）城镇与乡村的公务人员，如：行政、税务、公安、邮政人员，一般由单位或共同出资购买，其目的是方便工作。

2. 农村市场消费群体的心理分析

（1）有明显的从众心理和趋同性，听熟人介绍或看他人购买。

（2）购买前是理性的，但由于受自身经济收入及对摩托车的知识了解程度的限制，在购买过程中容易因营业员的介绍而被诱导，所以又是感性的。

3. 对摩托车的需求特征

（1）价位及排量：（略）

（2）性能：（略）

4. 问题点

（1）消费观念、消费习惯很难改变；

（2）信息量少且分散，信息传播慢；

（3）密集县镇网点要耗费较大人力、物力和财力。

5. 营销状况分析

（1）优势（机会点）：

品牌知名度高：品牌价值31.02亿元，居行业之首。

网络全：60个异地业务部，700多个专卖店，4500余个销售网点；2000余个服务网点。

品种多：100 余个品种。

（2）劣势（问题点）：

由于产品结构的原因，以往只重视在重点地区城市市场的宣传推广，品牌并没有深入人心，特别是农村市场知之甚少甚至产生误解。

产品价格、政策、分销策略变化太快，网络不稳定，网点虽多，但至少有一半作用很小或不发挥作用（包含专卖店）。

产品虽多，但真正的名牌产品并不多，除了个别产品在全国有些影响外，在西北、华北等地某个品牌如今已落得和杂牌车相提并论。

二、营销策略

1. 营销模式：消费者购买的心理过程有一个信息获取、理解、比较、判断过程，据调查，目前至少有70%的农村消费者对××（品牌名称）不甚了解，××（品牌名称）在农村消费者心目中没有一个固定的、鲜明的、良好的形象，所以很难产生联想、记忆。找到一种简单易行、花钱少、见效快的让农民直接获取信息的营销策略，已成为第一个需要解决的重要问题。通过调查了解到，70%以上的农民购车是通过熟人介绍的。由此推论，如果这个熟人是一位有一定声望、较有影响力的人，由这个人进行信息传播，将会对购车者产生极大的影响。初步设定营销传播步骤如下：××（品牌名称）产品——村长——村民——××（品牌名称）产品。

2. 实战经验：20××年1月份某业务部实现销售回款640万元，2月份480万元，该业务部刚成立时回款不足100万元。经验在于"拉网式宣传，地毯式销售"。

3. 具体方法：（略）

三、具体操作

1. 设定范围：以全国72万个村计算，除去：

（1）西藏、云南、贵州、四川、广西等山高路远、不适合摩托车骑乘及不懂汉语的少数民族地区；

（2）内蒙古、新疆、远离经销点的地区；

（3）甘肃、陕西、宁夏、青海等没有能力购买的穷困地区；

（4）广东、浙江、江苏等不宜采用这种营销方式推广的经济发达地区。选择所在的县和邻近地方有××经销点或专卖店的20万个村，通过邮局，给这些村的村长（书记）寄关于××的资料。

2. 资料内容：（略）

3. 资料形式：（略）

4. 为了使更多的农村消费者对邮寄的宣传资料感兴趣，增加对信息的接受量，采用了有奖问答形式，具体办法如下：（略）

5. 奖项设置：（略）

四、网点建设

网点建设的关键是重点捕捞，树立典型，制造热点。根据每个地区的销售情况建立××（品牌名称）村、××（品牌名称）乡、××（品牌名称）县。

1. 目前情况：已有业务部 60 个；专卖店 621 个，118 个在县镇。2003 年准备建立 200 多个××（品牌名称）县，上半年建成 100 个，第三季度建成 100 个，第四季度建成 100 个。销售网点增加至 4500 余个，服务网点增加至 2800 余个。

2. 成为××（品牌名称）县的必要条件：

(1) 市场占有率在 30% 以上，并且逐年增加；

(2) 市场占有率在 20% 以上，但通过一系列促销，使该县××年的认知率明显提高，且增长率在 10%／年以上。

成为××（品牌名称）县的充分条件：（略）

成为××（品牌名称）村的条件：（略）

3. （略）

4. 实施方法

(1) 选择重点开发的农村市场，如山东、江苏等，由业务部选择有市场潜力、重点开发的县镇，集中兵力，重点攻破。

(2) 销售总部和代理广告公司组织促销服务人员分成七组，同业务部工作人员到重点开发建设的××（品牌名称）村开展全方位的宣传促销活动。方法有：（略）

五、现场促销

1. 联合所有的××品牌专卖店开展"百城千店赞××（品牌名称)"活动。具体做法如下：

(1) 悬挂统一的"百城千店赞××（品牌名称)"的彩色横幅 2~3 条（店外 1 条，店内 1~2 条）；

(2) 店内张贴"传播摩托知识，推荐国优名牌，服务千家万户"的海报 2~3 张。

2. 其他宣传方法

(1) 增加刷墙广告。2003 年要再刷写 1000 条。必须统一形式，提高档次，统一宣传口号，在一些国道、省道由总公司统一组织人员刷写。

(2) 通过在各乡镇的中巴车体上做车体广告，车内派发××（品牌名称）的宣传资料。

3. 资金预算

（略）

4. 效果评估

销售收入同以前比增长 30% 以上，市场占有率提高 3%~5%；××（品牌名称）的知名度提高一倍以上；全面提升了品牌形象。

九、市场动态分析报告

（一）概念

市场动态分析报告是企业的企划部门在市场调研的基础上形成的对市场未来发展变化动向作出的一种评估分析类的文书。

（二）格式与写法

1. 标题

标题通常是项目名称加"分析报告",例如写成"特色针织品市场前景动态分析报告"。

2. 正文

正文应注意以下几点:

(1) 对市场规律的把握要准确、客观;

(2) 对市场变化的反映要迅速及时;

(3) 简明扼要。

3. 结尾

结尾要求以简洁明了的语言概括分析报告的结论。

范例:

特色针织品市场前景动态分析报告

随着针织品品种的多样化,越来越多的针织品受到消费者的欢迎。从目前市场上比较热销的针织品情况分析,主要有如下几大类:

一是具有喜庆特点的针织品系列。如高雅的全毛毛毯、拉舍尔毛毯、新型的花边工艺床上用品、盒装围绒、豪华的丝光绒和提花窗帘等。二是具有保健功能的针织系列。如护膝、护腰、神功元气带、防痔坐垫、电热褥毯等,此外,还有中老年人喜爱的新颖羊毛衫、羽绒服、夹克。三是具有益智特点的儿童用品系列。如印有各种童话人物和动物形象的手帕,印有各种启蒙图画的毛巾、薄绒童装等。四是具有季节性特点的儿童用品系列。

未来几年,人们对针织品的使用将普遍要求多功能,主要趋势有以下几个特点。

1. 香味化

要求汗衫、毛巾、枕巾、床单、被罩、枕头等具有浓郁的芬芳气息。

2. 药物化

一些具有防治脚气、预防流感和除臭功能的袜子、棉毛衫将受到欢迎。

3. 运动化

适合不同年龄、职业、性别穿着特点,有各种图案的运动服装将广受青睐。

4. 旅游化

穿着舒适方便、美观大方的旅游衫和印有纪念性及艺术性的名胜古迹图案的手帕、毛巾、真丝巾将成为热门。

十、经济活动分析报告

(一) 概念

经济活动分析报告就是企业制定的反映经济活动分析结果的一种报告类的文书,也称为"经济活动分析"。

（二）格式与写法

1. 标题

标题通常是分析结果加分析项目再加"分析报告"，如范例。

2. 正文

正文通常包括以下内容：

（1）导语部分；

（2）主体部分；

（3）结尾部分。

3. 落款

落款通常包括以下内容：

（1）报告单位或报告人的名称或姓名；

（2）报告日期。

注：也有一些报告不需要落款。

范例：

"超常规增长阶段"江苏省农民收入变动分析报告

农民收入是反映农村经济发展状况和农民生活水平的重要标志。农民收入水平的高低，收入结构的变化趋势如何，对于农村经济乃至整个国民经济的发展，对于我国本世纪来人民生活能否达到小康水平都有着至关重要的影响。因此，对农民收入结构现状及发展变化趋势进行研究和分析十分必要。

一、1954～1988 年农民收入阶段分析

从有统计资料的年份推断，江苏农民收入大体上经历了三个阶段：低水平波动阶段、低水平停滞阶段、高速度增长阶段。

低水平波动阶段。造成这一阶段农民收入波动的主要原因是"一五"时期农业有丰有歉特别是 1954 年由于遭受特大的洪水灾害，农业歉收，人均纯收入只有 88.40 元。1955 年全省农业丰收，每人收入上升为 115.4 元，1956 年、1957 年两年农业收成欠佳，农民人均纯收入再度降到 86.25 元和 83.72 元。"一五"之后随之而来的是三年"大跃进"，进而刮起一股"共产风"、"浮夸风"加之三年自然灾害，农业生产和农民生活水平大幅度下降。虽然没有准确反映当时情况的统计数字，但可以肯定，当年的农民收入跌到了新中国成立以来的最低水平，人们已无法维持生计。在这期间，农业合作化逐步由低级向高级发展，至 1957 年已发生了明显变化。1955 年集体收入占 10.8%，1956 年占 57.7%，1957 年占 52.8%，集体收入已超过一半。

低水平停滞阶段。在中央提出"调整、巩固、充实、提高"八字方针以后，国民经济得到整顿。全省工农业生产开始恢复，农民收入有了一定的增加，1966 年比 1962 年增加 13.5 元，但比 1955 年仅增加 4.73 元，农民收入增加仍然在低水平徘徊。1967～

1976 年 10 年 "文化大革命" 中，农民收入增加仍然缓慢，1977 年比 1966 年每人增加 7.54 元。平均每年只增加 0.68 元。在 1955～1976 年这漫漫的 22 年中，全省农民人均纯收入只增加了 12.27 元，平均每年增长 0.48%。如果考虑到价格因素，农民人均实际收入无异于零增长。人民生活水平基本上没有得到提高，有些年份甚至下降，农民的温饱问题没有得到解决。由于路线、政策的影响，农民收入的构成也发生了变化，集体收入有所提高，但家庭经营副业收入普遍下降。"左倾" 思想严重制约生产力的发展，农民致富的家庭副业之道阻塞不通。

这两个阶段的一个共同特征是，农业收入大多来源于集体经营的农业生产，从其他产业、其他方面获得的收入非但没有提高，反而逐年下降。农民的财路不宽、财源不茂。

高速增长阶段。1977 年起，由于国家和地方逐年落实、放宽农村各项政策，尊重生产队的自主权，大力发展乡镇工业、多种经营和村副业，有力地调动农民的积极性，促进了农村的经济发展，农民收入增加较快。

1978 年达到 155 元，比 1977 年增加 27.8 元，增长 21.3%，1979 年又比 1978 年增长 4.9%。特别是 1979 年以后，大幅度提高农副产品收购价、全面推行各种承包责任制、调整农村产业结构、取消农副产品统派购制度等一系列改革措施的推进，农民在旧体制下长期受到压抑的能量迅速释放，农村经济的发展进入了 "超常规增长阶段"，与此同时，全省农民收入也处于亢进状态。平均年增长率达到 17.45%，19××年人均纯收入高达 561.23 元，是 1954 年的近 6.3 倍，跃居全国第五位。

在高速增长阶段初期，一个重要的特点是，不论是集体收入还是家庭经营收入都有较多的增加，集体收入由 1977 年的 85.5 元增加到 1983 年的 234.9 元，平均年增长率 18.3%。家庭副业收入 1983 年比 1977 年增加 106.1 元，年递增率 21.4%。1984 年以后，由于全面推行联产承包责任制，家庭经营的范围有所扩大。在农民纯收入结构中，家庭经营比重大约占 80% 左右，而集体收入则稳定在 14% 左右。

二、"超常规增长阶段" 农民收入增长动因分析

从宏观政策上来说，这一阶段农民收入大幅度的提高主要有以下几个方面的因素。

（1）农副产品的提价，直接增加了农民的收益。

（2）农村产业结构的调整，非农产业尤其乡镇企业、第三产业的发展，使得农民广开财路。

（3）农产优越的条件与合理农村政策的叠加，使农业生产得到了迅速发展。

（4）农村投资主体的分散促进了资金配置的优化，农户投资效益明显提高。

（5）区域市场壁垒的打破，农民的收入提高，进一步为农村经济发展扩大了市场容量。此外，有效的计划生育政策减轻了劳动力的负担程度，也是提高农民收入的一个重要因素。据有关部门测算，全省 "六五" 期间累计比 "五五" 期间少出生人口 67 万人，由于有效地控制了人口，解放了劳动妇女这一巨大的生产力，使她们能够有更多的时间从事生产经营，增加收入。另一方面农村户均人口逐年减少，劳动力的负担减轻，人均收入水平相应提高。

三、农民收入变动趋势与政策分析

随着农村经济从"超常规增长"转入"常规增长"，农民收入迅猛增加的势头也将消退，近几年全省农民纯收入增长速度已减缓。1984 年的增长速度高达 34%，而 1985 年、1986 年的增长速度则分别为 10% 和 14%。

抑制农民收入增长的因素是多重的。既有价格、税收等宏观政策因素，也有农民本身的行为以及市场等微观因素。在相当长的一段时间内，我们必须接受历史教训，从政策上保证农民收入的稳定提高。对于当前农民收入增长的滞缓现象，一方面应该认识到这是农村经济走向"常规增长"的必然，另一方面也应该警惕农民收入的下降。我们在有关农民收入的政策问题上，应该注意以下几点：

（1）在经济发展过程中，谨防农民收入支柱产业的"塌台"，保证农民收入的稳定性。

（2）周期性地调整农副产品价格并不是提高农民收入的有效途径。

（3）增加农民收入的根本出路在于提高农民素质，提高经济效益。

在调查中我们发现的另一个问题是农村各项经营层次效益出现下降趋势，以处于中等发展水平的扬州市为例，从经济效益下降的幅度来看，与上年比较，集体统一经营的下降幅度最大，为 3.8%，家庭经营和新经济联合体分别下降 2.4% 和 1.4%。这种趋势说明，农民要想获得更多的收入，必须增加更多的投入，如采用先进的科学技术，改手工操作为机械操作，提高农业机械化水平等。

十一、招标书

（一）概念

招标书，是指招标人在进行某项科学研究、技术攻关、工程建设、合作经营或大批物资交易之前，所发布的用以公布项目内容及其要求、标准和条件，以便优选承包对象而制作的文书。

（二）格式内容

招标书的格式一般包括标题和正文两部分。

1. 标题

招标单位全称 + 文种，如《××厂改装锅炉招标书》。

2. 正文

正文包括以下内容：

（1）前言。写明招标的缘由和根据、招标项目的资金来源、招标范围等内容。

（2）招标项目。写明标的名称、型号、数量、规格、价格、对质量及工期的要求等。

（3）招标步骤。写明招标文档的发售日期、地点和发售办法，以及投标截止时间和地点、开标时间和地点等。

3. 结尾

结尾写清招标单位的地址、邮政编码、电话、传真、电报挂号及联系人等。

范例：

××省粮油进出口总公司国际招标公司米粉加工项目招标通告

（世界银行贷款号：略）

（招标编号：略）

根据 2004 年 12 月 20 日刊登在联合国《发展论坛》商业版上的本项目采购公告，特刊登此通告。××省粮油进出口，总公司国际招标公司经授权利用世界银行贷款，就下列材料的采购进行国内竞争性招标：

磨粉机

参加此次投标的投标商，请于 2004 年 3 月 16 日起（节假日、星期天除外）每天上午 8：30～11：00（北京时间）到本招标公司购买招标文件。招标文件每份售价人民币300 元。售后不退，如要邮购，每份另加人民币 50 元。

投标截止时间为 2005 年 4 月 29 日上午 10：00（北京时间），逾期收到的或未按规定交纳投标保证金的投标文件恕不接受。

定于 20××年 4 月 29 日下午 14：00（北京时间）在××市××路××号公开招标。

投标文件在规定时间交到以下单位：

××省计划委员会世界银行贷款项目执行办公室

地址：××省××市××路××号

邮编：×××××××

传真：×××××××

电话：×××××××

××省粮油进出口总公司国际招标公司

地址：××省××市××路××号　　　邮编：×××××××

电话：×××××××

传真：×××××××

十二、招标公告

（一）概念

招标公告又称"招标启事"、"招标通告"、"招标广告"，它是指招标单位利用大众传媒或专业性报刊公开发布招标的主要事项和要求，以吸引投标者前来投标的文字材料。

（二）特点

（1）招标公告发布的目的是引来众多投标者竞标，以便从中选出最佳投标者，所以招标公告体现了强烈的竞争性。

（2）招标公告的内容要求真实、准确和完整，要符合有关法律、政策和规定，要受法律的监督和保护。

（3）在不同媒介发布的同一招标项目的招标公告内容应保持一致。

（三）招标公告的写法

招标公告一般由标题、正文、结尾三部分组成。

1. 标题

标题有三种写法：第一种由招标单位名称、招标项目、文种构成。如《××中学人工草坪、塑胶跑道招标公告》；第二种由招标单位名称和文种构成，如《××招标有限责任公司招标公告》；第三种由招标项目和文种构成，如《动物园经营管理招标公告》；还有一种简略式写法，即只写文种"招标公告"或"招标启事"。

2. 正文

这是招标公告的重要内容，一般包括前言和主体部分。

（1）前言。前言部分要写明招标的目的、项目或产品名称、招标的范围、规模与批量。写作这部分时要注意简洁明了，重点突出，以便潜在的投标者了解与权衡，决定是否参与投标。

（2）主体。在这部分中，要求详细写明招标内容，包括招标文件编号、工程项目名称、工程地点、规模、结构类型；要购买的物资的名称、数量；招标的起止时间；招标、投标方式；投标地点；开标日期、地点等。此外，还应注明标书的售价、发售标书的时间、地点。

主体部分的结构可采取两种形式：分条列项式和表格式。

3. 结尾

写明招标单位名称、地址、电话号码、邮编、电子邮件信箱、传真号、制定招标公告的日期。

范例：

招标公告

_____（招标人名称）的_____工程，现已完成_____图设计，_____工程施工招标已到建设行政主管部门或其委托的招标投标监督机构备案。为发挥投资效益，确保工程保质保量按时完成，充分体现公平竞争的原则，根据（中华人民共和国招标投标法）和有关规定，该工程通过公开招标确定施工单位。

一、工程概况

1. 工程性质：

2. 建设规模：

3. 建设投资：_____万元

4. 结构类型：

5. 招标范围：

6. 标段划分：

7. 资金来源及落实情况：

8. 建设地点：

9. 计划开工日期为_____年_____月_____日，计划竣工日期为_____年_____月_____日，工期_____日历天。

二、凡具备承担招标工程项目的能力并具备规定的资格条件的施工企业，均可对上述（一个或多个）招标工程项目（标段）向招标人报名，提出资格预审申请并领取资格预审文件，只有资格预审合格的投标申请人才能参加投标。

三、投标申请人须是具备建设行政主管部门核发的｛行业类别｝｛资质类别｝｛资质等级｝及以上资质的法人或其他组织。

四、报名要求：持企业营业执照、资质证书、取费证书、项目经理证原件及复印件、企业法人授权委托书及被授权人身份证原件及复印件。

五、报名时间：年_____月_____日_____时至_____年_____月_____日_____时。

六、报名地点：_____

七、资格预审文件每套售价为人民币_____元，售后不退。

八、资格预审结果将及时告知投标申请人，请按照资格预审合格通知书中确定的时间、地点和方式获取招标文件及有关资料。

招标人：｛招标人名称｝

联系电话：｛招标人电话｝　　　传真：｛招标人传真｝

联系人：｛招标人联系人｝

招标代理机构：｛招标代理机构名称｝

联系电话：｛代理电话｝　　　传真：｛代理传真｝

联系人：｛代理联系人｝

_____年_____月_____日

十三、招标章程

（一）概念

招标章程是招标活动纲领性文件，它明确了招标的宗旨、招标范围、招标要求、招标方式、招标程序，对于招标方和投标方都有很强的约束力。由于招标章程是招标活动的依据，它对整个招标工作具有指导作用，在写作招标章程时，需要注意内容的完整性、逻辑性和表达准确性、严密性。

（二）写法

招标章程由标题、正文、落款三部分构成。

1. 标题

招标章程标题包括招标单位名称、招标项目、文种三要素。如《××公司办公大楼改建招标章程》。

2. 正文

招标章程正文通常包括如下八个部分：

（1）宗旨。说明招标的目的。

（2）招标管理。说明招标管理机构，规定程序和保密措施。

（3）招标。说明招标方式。

（4）投标。规定投标期限，投标条件和投标方法。

（5）开标。规定开标时间、开标方式和开标程序。

（6）中标。说明对中标单位的最终确定。

（7）合同。说明签约要求。

（8）其他。

3. 落款

写明招标的具体办理机构名称，加盖公章，注明年、月、日。

范例：

××公司外购××产品招标章程

一、宗旨

第一条　为了加强企业经营管理，提高产品质量，降低成本，满足消费者提出的更高要求，对××产品采取公开招标，特制定本招标章程。

二、招标管理

第二条　由招标单位有关负责人组成领导小组，成立招标办公室，指派专人办理具体工作。

第三条　严格执行招标的规定程序和保密原则，尊重投标单位的合法权益，投标箱在公证员监督下密封，投标文件一律投入密封箱内保存，待开标时开封。

三、招标

第四条　在国内外公开招标，采用登报或广告形式，也可用书面通知对口单位前来洽谈。

第五条　招标单位必须向投标单位提供下列资料：

1. 招标项目的产品名称、规格、数量及交货期；

2. 产品图纸及技术文件；

3. 招标文件及规定格式的招标表格。

四、投标

第六条　投标条件：凡具有法人资格和具有招标项目的生产能力者（包括材料、设备及相适应的技术条件），均可投标。

第七条　投标方法：投标单位按照招标要求，向招标单位购买招标文件及有关技术资料，填写招标文件。

附件一：投标企业资格表；

附件二：投标价格表；

附件三：投标商业条件表；

附件四：单位技术资料等。

署名代表人，加盖公章密封，面交或挂号邮寄本公司招标管理办公室。

第八条 投标文件必须书写清楚，在规定期限内投送，超过截止日期投标无效。

五、开标

第九条 开标时间：由招标投标截止日期后7~15天内进行。

第十条 开标方式：在由招标单位请公证机关公证员、法律顾问、企业主管单位领导，以及自愿参加的投标单位代表见证的情况下开标。

第十一条 开标程序：招标单位负责人主持开标，由公证员按公证程序进行监督。

（一）查验投标箱密封情况。

（二）开投标箱。

（三）清点投标件数。

（四）拆封、编号。

（五）按招标项目、名称、价格、公开唱标，由工作人员分类登记。

（六）评议小组评议，投标单位代表不得参加，由公证员听取评议。以品质优良、价格优惠为主，参考运费及其他条件，各零部件评选1~5户为预选中标单位。

（七）招标单位负责人公布开标结果，宣布预选中标名单。

（八）公证员宣读公证书，发表公证，对预选中标予以确认。

六、中标

第十二条 经评定为预选中标者，均为预选中标户，由招标单位发给预选中标通知，约定日期、地点协商谈判。应邀代表携带单位委托书。预选中标单位如在通知的期限内，无承诺反映，即视为弃权。

第十三条 与预选中标户协商谈判后，经依次逐一验证，协商比较，综合分析，以质量、价格、交货期、运输条件最佳者为最后中标单位，发给中标通知书，提出要求。

第十四条 对未中标单位，招标单位不另发通知，但可接受落标单位查询。

七、合同

第十五条 招标单位在选定中标单位后，发给中标单位签约文件，中标单位必须按签订合同的法定手续，如期前来协商，依照《经济合同法》的规定，签订经济合同，互相信守。违约者必须承担经济、法律责任。

八、其他

第十六条 本章程如有与国家政策法律相抵触者，以政策法律为准。本章程未尽事宜，在执行中可补充修正。

×××机械制造股份有限公司

招标管理办公室

××××年××月××日

十四、投标书

(一)概念

投标书是投标人按照招标书的要求,提出自己的应标能力和条件,投送给招标单位的文书。

(二)格式内容

投标书由标题、主送机关、正文和结尾四部分组成。

1. 标题

标题一般为:招标单位 + 文种,如"××××公司投标书",或只有文种"投标书"。

2. 主送机关

主送机关就是招标单位名称,要求第一行顶格书写。

3. 正文

这部分的内容具体根据标的不同,要写明的内容也不相同。

4. 结尾

结尾包括投标单位名称、负责人(或其委托人)签署盖章、投出投标书的日期等内容。

范例:

××公司投标书

××旅游总公司:

招标文件 IMIRC—ICB001 号已阅,经研究决定,我们愿意参加××××所需货物项目的投标,并授权签名人×××代表我方提交下列文件正本一份,副本两份。

1. 投标报价表。

2. 货物清单。

3. 技术差异修订表。

4. 资格。

5. ××开具的金额为×××元的投标保证函。

6. 开标一览表。

签名人兹宣布同意下列各点:

1. 所附投标报价表所列拟供货物的投标总价为 1000 万美元。

2. 投标人将根据招标文件的规定履行合同的责任和义务。

3. 投标人已详细审阅全部招标文件的内容,包括修改条款和所有供参阅的资料及附件,放弃要求对招标文件作进一步解释的权利。

4. 本投标书自开标之日起 90 天内有效。

5. 如在开标之后的投标有效期内撤标,投标保证金则可由贵公司没收。

6. 理解你们并不限于接受最低价和可以接受任何标书的决定。

（提交的具体材料略）

投标单位：××××××××

地址：××××××××××××

电话：×××××××××

传真：×××××××××

授权代表：×××（公章）

××××年××月××日

十五、中标通知书

（一）概念

中标通知书是招标单位告知投标单位中标的文书。

中标通知书的制作和发出，标志着招标过程的终结。中标单位以中标通知书为凭据，与招标单位签订承包合同。如招标单位改变中标结果或中标单位放弃中标项目，均应承担法律责任。

（二）写法

中标通知书由标题、文号、正文、结尾几部分组成。

1. 标题

一般由项目名称加文种构成，如（城北公园环境绿化综合整治工程中标通知书）。有时也可只写文种，即"中标通知书"。

2. 文号

由发文单位代字、年号、序号构成。

3. 正文

包括称谓与主体。

（1）称谓。写明中标单位名称（全称）。

（2）主体。向中标单位正式通知中标消息，要求写明中标项目名称、标价数额、工期、质量标准或购物数量等其他事项。此外，还须注明签订合同的时间、地点。

4. 结尾

写明中标通知书签发单位的名称全称、签发日期、加盖公章。

范例：

中标通知书

××招（　　）中（　　）第　　　号

（中标人的全称）：

_____的_____工程已依照《中华人民共和国招标投标法》和《房屋建

筑和市政基础设施工程施工招标投标管理办法》的规定进行招标，经评标、决标，由你单位中标。现办理中标手续。中标单位收到中标通知书后，在_____年___月___日_____时前，到_____与建设单位签订承包合同。

工程名称			建设地点			
计划文号			设计单位			
建设规模			设计审查文号			
招标方式			招标范围			
工程类型			中标价			
中标工期			中标质量等级			
结构类型	层数	地上	项目经理	姓名		
		地下		证书等级		

招标人：（章）
法定代表人：（章）

年　月　日

第一联：建设单位存查；第二联：市建委建管处存查；第三联：市招标办存查；第四联：施工单位存查。

十六、涉外招标通告

（一）文体概述

在国际经济贸易中，一经国际工程和涉外工程承包等，发包人（亦称招标人、业主、买方）往往通过招标的方式，将工程项目包给承包人（亦称投标人、卖方）。涉外工程承包中的招标和投标，是国际经济贸易中普遍采用的一种交易方式。在进行招标过程中所使用的书面材料就叫做招标文件，其中最主要的是招标通告（招标公告）。

凡是公开招标的工程项目，一般都要求发布招标通告（招标公告），以使承包商都有同等的机会获得招标信息。涉外招标通告是招标人通过某种途径，拟建工程项目、合作经营某项业务或进行大宗商品交易等进行招标的消息，告知外国的承包商、供应商时所使用的一种告知性文体。招标人的招标活动，主要通过招标通告进行。发布招标通告是招标活动的一个重要环节。

由于招标方式的不同，招标通告有两种方式：招标通知和招标广告。招标通知，一般用于邀请招标或谈判招标；招标广告，一般用于公开招标。招标通告由于发布形式不同，还可划分为：在国内外普遍发行并带有权威性的报刊上发布的招标通告；通过本国或外国的大使馆、领事馆转发的"传单式"的招标通告。没有外交关系的国家，也可通过特定厂商、供应商和承包商将"传单式"的招标通告发出。

涉外招标通告的主要特点有：

1. 涉外性

涉外招标通告是针对外国的承包商、供应商等承包人而发的，不是对本国的承包人而发的，因此，在写作时，就更应该讲清楚招标的项目、时间、地点、资金来源和项目要求等，要考虑外国人的阅读习惯，写作时，应力避中国人的一些习惯用语和特有的名词俗语，应该多用国际通用的名词、概念、习惯用语。

2. 优选性

即通过招标这一形式，从国际范围内，选取承包项目的最佳承包人。这是招标通告特有的作用。所以招标通告就是发包人择优选取承包人的一种信息载体，也是联结发包人和承包人之间的一个桥梁。

3. 告知性

招标通知旨在将有关发包的一些情况、信息告诉国外的承包商、供应商等欲想承包某一工程项目的人。告知性是招标通告的重要特点之一。

由于招标通告具有以上特点，这就要求按规范写作，一些必备项目一定要写清楚，否则就会给招标工作带来很多麻烦，甚至影响招标工作的顺利进行。尤其是应照顾国际招标写作的惯例，使国外投标商都能看懂。

（二）写作方法

涉外招标通告一般由标题、正文、落款三部分组成。

1. 标题

招标通告的标题，可以由招标单位名称、招标内容和文体组成；可以由招标单位名称和文体组成；也可由招标内容（项目名称）和文体组成。标题下面是项目名称、贷款号、文件号、招标通告编号，当然不是每一份招标通告都需要全部具有这些内容。

2. 正文

招标通告的正文，由前言、主体和结尾三部分组成。

（1）前言部分一般写招标单位的基本情况和招标目的，要求写得简练概括。

（2）主体部分一般写招标项目名称、项目地点；招标的范围和方法，包括招标的具体内容、招标的时限、开标的时间、地点等；购买资格预审文件和招标文件的日期、地点、截止时间和价格等。

（3）结尾部分如果是有限招标，应注明哪些国家有资格参加投标；注明项目所在国有关投标事项的咨询单位等。

3. 落款

一般写业主地址、电话、电报、电传、传真号码，招标单位名称和通告发出时间。

范例：

中国化工建设总公司招标通告

苏南环保项目 贷款号：3582 - CHA 招标编号：CZCF - 1

根据刊登在联合国发展论坛商业版的上述项目总采购通知，特刊登本具体招标通告。中国化工建设总公司受常州化工厂委托，兹邀请合格供货商就苏南环保项目所需的下列货物和技术进行密封投标，采用国际竞争性招标的招标程序。合同将由世界银行贷款支付。

年产 60000 吨氯碱工厂，使用离子交换膜技术。

凡愿参加此次投标的投标商，请于 1995 年 6 月 23 日（星期日和节假日除外）起，每天 8∶00 ~ 11∶00（北京时间）按下述地址到中国化工建设总公司洽购招标文件。招标文件售后不退，标书价格为 2000 元人民币。

中国化工建设总公司接受投标文件的最后截止日期和时间为 1995 年 8 月 8 日 15∶00（北京时间），其后收到的投标文件恕不接受。

兹定于 1995 年 8 月 8 日 15∶00（北京时间）在中国化工建设总公司谈判楼公开开标。

地址：中国化工建设总公司　　　　　　北京和平里七区十六楼
电传：210281　CNCCCCN　　　　　　传真：4212925
电话：4274790，4274791，4274792
电挂：CNCCC BEIJING（国内：2111）　　邮编：100013

十七、涉外投标申请书

（一）文体概述

涉外投标文件是与涉外招标文件相对应的一组文字材料。它包括投标申请书、投标书、工程总量表、投标保函和答辩书等。这里的涉外投标申请书，是指投标人根据招标文件的规定和要求，为了达到中标的目的而制作的申请参加某项投标活动的书面文字材料。它主要申明参加投标活动的意向，着重介绍投标单位的施工或投标应具备的能力，包括企业经济性质、审定企业类别、营业执照批号、企业地、企业简历、施工方法及施工机械等。在报送投标申请书的同时，还要填写和报送投标资格预审书。招标人经过审查，符合招标条件者，发出投标资格预审通知后，投标人才具备了参加投标竞争的资格。

涉外投标申请书的作用，可以让招标机构了解投标人的组织机构、技术力量等基本情况，是确定投标人是否有资格参加投标的重要依据，也是投标人战胜竞争对手的有力武器。

涉外投标申请书，专用于涉外工程项目或进出口贸易等项目的投标活动，国内工程项目或其他项目的招标投标活动，如果不带有涉外性，则不使用涉外投标申请书。

涉外投标申请书的分类，按不同标准，有不同分法：

（1）按投标性质划分，有涉外性的投标申请书，即本国去国外承包或外国到本国承包时所写的申请书；有国际性的投标申请书，即不同国家的承包单位为发包单位完成一定的招标任务，发包单位付给费用和报酬的一种国际经济技术合作方式时所写的投标申请书。

（2）按投标项目划分，有建筑安装工程投标申请书，科学技术研制投标申请书，提供机械设备投标申请书，技术引进或转让投标申请书，产品销售投标申请书，人才劳务投标申请书等。

涉外投标申请书的主要特点：

（1）涉外性。即一个国家的投标人向另一个国家的招标人进行投标，或者国际上几个国家的投标人向一个国家的招标人进行投标，这时所写的投标申请书就具有涉外性质。

（2）竞争性。即投标者之间的经济实力、技术队伍、施工机械、技术水平等都具有竞争性，谁获得了投标申请资格，谁就有夺得招标项目的可能性，否则，就会失去投标中标的机会。

（3）策略性。投标申请书的目的在于取得投标资格，并介绍投标者的一些应具备的能力，因此，写作时要注意策略性，充分显示投标者的技术水平、设备能力等，以增强中标的可能性。但也要注意，不能为了达到申请目的而作不切实际的自我介绍和承诺。

（二）写作方法

涉外投标申请书的写法，往往采用报表的形式，对投标单位的意愿和应具备的条件等作出明确的回答和说明。文字要简洁、明确，图表要清晰，符合招标书的要求，尤其要注意以项目所在国的规范和标准来拟制投标申请书，或用该国所在地区或国际通用的标准和规范来拟制。

涉外投标申请书，一般由标题、投向单位名称（接受投标申请的单位名称）、正文和落款几个部分组成。

1. 标题

由投标类别和文种组成。如"建筑安装工程投标申请书"、"人才劳务投标申请书"。

2. 投向单位名称

一般写某国管理该项招标投标工作的单位名称。应视实际情况而写，如果招标文件中，投标人须知中有说明的，按照说明书写即可。

3. 正文

正文由前言、主体和附件组成：前言，写投标人拟参加什么项目的投标，提出申请并请予批准之类的文字。主体，一般是填写一些固定栏目，其中包括投标企业的情况介绍、承包人拟承担的任务、施工方法及施工机械等。附件，即提供一些介绍本投标人（单位）具体情况的资料。

4. 落款

注明投标单位名称、盖公章；写明负责人、联系人姓名、盖章；电话，电报号码和投标时间等。

十八、商贸请示

（一）概念

商贸请示，即在商业活动中，邀请客商来访，组织出国小组出国推销，举办小型交易会、展销会，处理较重大的索赔、理赔等，凡下级单位不能自行决定和处理的，就需要向上级请示。

（二）写法

商贸请示的格式写法与一般公文中的请示大致相同，内容具有较强的针对性，时效性更强，要求及时，迅速，不能拖拉，请示事项要明确，提出的具体要求和处理意见则切忌含糊其辞或模棱两可。

商贸请示由标题、正文和落款构成，其写法如下：

1. 标题

商贸请示的标题由发文机关、事由、文种组成。如《大连市兴华贸易总公司××分公司关于修建办公大楼的商贸请示》。

2. 正文

商贸请示的正文一般由商贸请示理由（问题）和商贸请示事项两部分构成。

（1）商贸请示问题的理由。这部分写明商贸请示的问题并陈述理由。商贸请示的要求一般从标题上就能反映出来，如《××省人民政府关于民族贸易继续给予扶持和照顾的商贸请示》，上级机关一看就知道商贸请示的要求是对民族贸易继续给予扶持和照顾。但商贸请示的要求是根据什么问题提出的，其理由是什么，这必须在商贸请示的正文里先作具体地陈述。只有让上级了解到商贸请示的问题轻重如何、属于什么性质、是否非解决不可，才能为上级提供指示或是否批准的依据。写这部分一定要做到问题明确，理由充分。

如前面提到的商贸请示，中心的问题是民族贸易面临极为严重的困难，商贸请示要求国务院继续给予扶持和照顾。理由是什么呢？商贸请示陈述说××省是一个多民族省份，少数民族人口占全国第五位，民族地区幅员占全省一半以上。由于历史原因，少数民族多居住边远山区，交通不便，文化科技落后，经济发展缓慢。民族贸易企业普遍存在经营设施简陋，职工素质和管理水平低，购销额小而分散，经营效益低的困难。实行新税制后，营业税改增值税，原对民贸企业的税收优惠政策基本取消，民贸企业普遍存在费用高、税赋重、资金紧缺、网点萎缩、效益下降等严重困难，截至1995年底累计亏损额达2个亿，县以下的民贸企业损失面已达90%左右。这些问题严重影响到民贸经济的发展和民族地区的安定团结。以上这些理由并非空谈泛谈，而是依据事实和确凿的数据，高度概括地说明了民族贸易存在严重困难的现状，其理由是实在而充分的，自然会引起国务院的高度重视。

（2）商贸请示批准的事项。商贸请示的问题明确，理由充分，要求解决的事项就能得到上级的认可和批准。在商贸请示批准事项的这部分，要针对前面的问题及理由，向上级提出具体的商贸请示事项。内容多可分条列出，内容少可集中陈述。上面列举的商贸请示，所涉问题属于全省性的比较重大的问题，涉及的政策性问题较多，如果笼统地向上级提出解决的请求，就难以表达出行文机关全面、具体的愿望。该商贸请示围绕解决民族贸易严重困难这个中心问题，从四个方面单独列条写出了商贸请示事项，明确、完整地表达了行文的意图。

向上级机关提出商贸请示，既要从商贸请示机关的实际问题和需要出发，又要考虑到上级机关的批准权限和解决问题的能力。任意提高解决问题的要求，或不考虑上级机关是否能解决，都不利于实现商贸请示的目的。因此，在写商贸请示批准的事项时，要抱着客观实际的态度，向上级机关提出合理可行的请求。

写作商贸请示要抓住两个要点：一是陈述理由要充分；二是提出解决方案要具体，切实可行。这是因为商贸请示的目的是请求上级机关批准，只有理由充足、方案可行，上级才好作出决断，问题才能得到迅速解决。

3. 落款

结语写上"以上意见当否，请批示"、"当否，请批复"之类的结束语。

（三）注意问题

（1）商贸请示应一文一示。如有多项问题或事项，要分别行文商贸请示。

（2）不搞多头商贸请示，以免互相推诿，贻误工作。主送一个上级主管机关，其他有关的上级机关采取抄报形式处理。

（3）要按隶属关系逐级商贸请示，除特殊情况外，一般不得越级商贸请示；必须越级商贸请示的，要抄送越过的直接上级领导机关。

（4）请求拨款的应附预算表；请求批准规章制度的，应附规章制度的内容；商贸请示处理问题的，本单位应先明确表态。

（5）该用"商贸请示"的不可用"报告"，因报告不一定要求上级机关复文，而商贸请示一定要由上级复文。商贸请示如按报告处理，问题就不能得到及时解决。

范例：

关于处理××公司因我公司历年到货损失提出索赔的请示

总公司：

今年1月，我竹编代理××公司董事长×××，副经理×××来我公司洽谈业务，口头提出要求解决历年到货的损失问题。春交会上，该公司正式以书面形式详列1984~1993年到货的损失情况及损失金额，总计人民币38万元（详附信及明细表影印本），提交我方要求予以解决。

××公司每年经销我公司竹编金额约人民币770万元。过去，由于我公司产品质量不稳定，部分产品包装简陋，加上辗转运输，到货不免有破损、霉变、爆裂、油漆剥落、粘纸等情况。1988年2月29日客户就曾来信提出索赔，当时我方未予明确表态。现事隔多年，他们又对历年所到货的损失一并提出索赔要求。按照一般贸易惯例，显然不符合有关索赔的规定。但考虑到双方友好的贸易关系，且过去到货又确有损失，对此似宜作出处理。我们建议：

（一）为鼓励××公司的经营积极性，对1984年至1992年到货损失共计人民币38万元，给予30%的赔偿，计人民币11.4万元。××公司如有异议，赔偿金额可酌量增加，但最高不超过50%，1984年以前的损失不再予以考虑。

（二）上述问题打算在4月20日杭州小交会上与客户协商解决。为顺利解决此问题，请总公司洽香港××公司协助一同做好客户工作。

上述意见当否？请指示。

××手工艺品进出口公司

××××年××月××日

附件：××公司来信，明细表影印件三份。（略）

十九、国际商务谈判备忘录

（一）国际商务谈判的概念

国际商务谈判，是指关于商务方面的而不是其他行业的谈判，是属于国际商务方面而不是国内商务方面的谈判，这些商务谈判活动应具有国际性，跨国界商务的参加者系不同的国籍并代表不同国家的公司、企业的利益。

（二）国际商务谈判的特点

国际商务谈判既具有一般商务谈判的特点，又具有国际商务活动的特殊性，具体表现在以下几个方面：

1. 政治性强

国际商务谈判既是一种商务性质的谈判，也是一项国际交往活动，具有较强的政治性。国际商务谈判必须贯彻执行国家的有关方针政策和外交政策，同时，还应注意国别政策，以及执行对外经济贸易的一系列法律和规章制度。

2. 以国际商法为准则

国际商务谈判的结果会导致资产的跨国转移，必然要涉及国际贸易、国际结算、国际保险、国际运输等一系列问题，因此，在国际商务谈判中要以国际商法为准则，并以国际惯例为基础。

3. 要以平等互利为原则

在国际商务谈判中，要坚持平等互利的原则，既不强加于人，也不接受不平等条件。

4. 谈判的难度大

由于国际商务谈判的谈判者代表了不同国家和地区的利益，有着不同的社会文化和经济政治背景，人们的价值观、思维方式、行为方式、语言及风俗习惯各不相同，从而使影响谈判的因素更加复杂，谈判的难度更大。

（三）国际商务谈判备忘录的含义

国际商务谈判备忘录是用于国际间商务谈判过程中的一种商务应用文书，其含义是指在国际间业务谈判时，经过初步讨论后，即达成谈判双方的谅解和承诺，以进一步洽谈时参考的提示或记事性文书。

（四）国际商务谈判备忘录的写作

国际商务谈判备忘录主要是起到一个提醒的作用，俗语说，"好记性不如烂笔头"，它是秘书细致工作的一种体现。备忘录的语气依作者和阅者的关系而定，其格式一般都由标题、正文、落款三部分组成。

1. 标题

国际商务谈判备忘录的标题一般写成××谈判与××谈判备忘录、××谈判备忘录或备忘录。

2. 正文

正文由前言、主体两部分组成，前言部分是谈判备忘录的开头，写明谈判双方的国别、单位名称、谈判者姓名以及在何时、何地就什么业务进行洽谈；主体是谈判备忘录的核心部分，分条归纳谈判双方相互达成的谅解和承诺，表明合作方式、意图和愿望，以及表达出双方进一步洽谈兴趣和意愿。

3. 落款

落款处注明谈判双方的单位名称、谈判日期以及谈判代表人签字。

范例：

中国博达实业有限公司与意大利 Y·H 股份有限公司会谈备忘录

中国博达实业有限公司（简称 A）与意大利 Y·H 股份有限公司（简称 B）的代表，于 2003 年 6 月 6 日在 A 总部就 W 型传真机的转让制造一事进行了初步协商，在平等友好的气氛下双方交换了意见，并对以下事项达成了初步共识：

一、A 要求 B 将现行生产的 W 型传真机的生产技术以 Knowhow 的方式出售给 A。

二、A 要求向 B 购买为生产 20000 台 W 型传真机所需的全部设备和材料，以便自行生产，并只向 A 提供（详见 B 提供的材料清单）（略）。

三、A 所属的划时代电子公司按照上述第 1、第 2 项在生产 W 型传真机时，聘请 B 的工程技术专家 RainerKoepke 为 A 对该型传真机的生产进行技术指导。

四、A 确认对于上述 20000 台 W 型传真机的转让制造，双方同意其付款条件是委托中国银行开立经意大利开发银行通知的以 B 为受益人的不可撤销信用证，以美元支付。

五、本备忘录中之第 1、第 2、第 3 和第 4 条作为一个完整的整体（但转让生产技术是可以进一步探讨的）。

六、关于向 A 转让生产技术，B 与意大利有关部门需进行详尽讨论。在研究 A 所提出的协议书草案后，B 将向 A 发出邀请，派代表团前往意大利参观和进一步讨论 W 型传真机转让生产技术的可能性。

七、双方都有义务对本备忘录保守秘密，A 方保证不向别国转让备忘录和协议书规定的资料。

中国博达实业有限公司　　　　意大利 Y·H 股份有限公司
经理　　　　　　　　　　　　经理

二〇〇三年六月六日

二十、对外贸易谈判方案

（一）概念与作用

对外贸易谈判方案是指对外贸易谈判前，对谈判本身具体细节的安排而制订出来有关谈判目标和实现目标的方案。

对外贸易谈判方案有助谈判按照既定的目标与程序顺利进行。有助谈判质量提高，防止在谈判时陷入僵局，失去目标或方案的被动局势。为此在对外贸易谈判中具有重要的地位。

（二）特征与分类

对外贸易谈判方案是谈判前单方思考战略方案，不是双方会谈的真实意见表现，同时其内容也会在谈判过程中具体细化或变更，因此它具有单方性、粗线条的特征。

对外贸易谈判方案是根据具体内容来确定的，对外贸易谈判内容十分复杂，按不同议题可进行不同分类。如按进出口标准划分可分为进口贸易谈判方案与出口贸易谈判方案。按进出口标准的划分也可分为技术进出口谈判方案、商品进出口谈判方案、对外投资谈判方案等。

（三）格式与制作方法

对外贸易谈判方案的格式可分为标题、正文、署名及时间组成。标题是由谈判项目及文种组成。如"关于××技术进行谈判方案"等。正文是由叙言和具体内容组成。叙言是简要说明谈判的目的、对象等内容。具体内容是由谈判内容决定，有繁有简，依具体项目确定。署名与时间是谈判单位名称和制订方案的时间。

对外贸易谈判方案的制作方法与谈判内容具有密切关系。一般来说，其由以下几部分内容组成：

（1）谈判主题。即谈判中心、目标与方向等内容。

（2）谈判目标。即以谈判最终目标——贸易完成为方向，围绕最终目标进行。

（3）谈判步骤。可以先繁后简，先重点后补充，先大纲后细化等步骤进行，根据谈判内容确定。

（4）谈判进度。可根据内容确定。

（5）谈判人员与谈判地点的确定。

（四）注意事项

对外贸易谈判方案的制订应注意如下事项：

（1）依法进行。即根据我国法律、法规规定进行。

（2）谈判内容要结合实际情况，做到有的放矢。

（3）谈判方案各条款应具体明确、条理清楚、语言简洁，便于实际操作。

范例：

与德国波尔公司谈判方案

（一）对市场形势的分析

德国波尔公司代表，继去年 11 月访华后，将于今年 2 月再次来访，与我公司洽谈毛毯业务。由于国际市场疲软，毛毯市场也不乐观。近几个月来，我公司毛毯销售不畅。出现这种情况，除市场因素外，还在于对方对于价格下调趋势有思想准备，调价前不愿轻易购货。

客户对价格调整做出了相应的反映。英国西姆公司坚信毛纺业销售仍在下降，美国来次公司也认为毛毯价格下降 20% ~ 40% 才能刺激销售。而日本毛毯的销售已在回升。因此我们有理由认为，大幅度削价势必长远影响毛纺业的生产热情。

上述情况表明市场虽不乐观，但却出现了松动的征候，所以对波尔公司的来访，我们谈判中应把价格调至合理的水平。成交一些业务以安定市场，迎接新的转机。

（二）来访意图

（1）探讨×××年毛毯经营方针，商讨现行价格调整的可能性及幅度。

（2）该公司代表还可能向我方提出增加佣金和同意延期付款的要求。

（三）谈判中的策略和做法

谈判采取先听情况后开价格的方法。先让对方介绍市场情况，提出对价格的意见。在摸清对方买货意向的基础上，亮出我新的价格。关于下调价格，初步定为 10% ~ 15%，争取按比价成交。

鉴于目前市场疲软，信贷紧缩，如果对方提出放宽付款条件，根据实际业务的大小适当考虑同意临时性延迟 10 ~ 20 天付款，佣金可适当提高 5%。

如果购货量在 1 万到 30 万条，我们将按上述幅度掌握。如果购货量可决定我毛毯今年销售大局，可再考虑降价新幅度。如果对方无意买货，我们仍开出新价，为和其他客户做新的业务铺平道路。

整个谈判仍坚持以往的做法，姿态要高，不计较枝节问题，不介意购货数量多少，不使客商产生我们急于求售的错觉，总之，谈判取内紧外松的原则，紧紧把握住价格这一关键性问题，通过洽谈达到我们的目的。

××进出口公司

××××年××月××日

二十一、对外贸易谈判纪要

（一）概念与作用

对外贸易谈判纪要是根据谈判记录整理而成的文书。

对外贸易谈判纪要是对谈判的议题、谈判的主要议程、谈判主要内容与结果整理而成的，其作用于谈判代表向领导汇报工作文件，也可以作为签定贸易协议的依据，或者在这基础上形成的贸易意向书。

（二）特征与分类

对外贸易谈判纪要是谈判过程真实反映，是贸易双方代表的意思真实表现。因此谈判纪要经双方代表签字后，具有一定的约束力。这种约束力是基于双方诚实信用的基础上，而不是基于法律根据上，所以对外贸易谈判纪要一般不具有法律效力。

对外贸易谈判纪要分类与对外贸易谈判方案类别相同，这里不再重复。

（三）格式与制作方法

对外贸易的格式由标题、正文、署名三部分组成。标题是项目与文种组成；正文也是由叙述和具体事项组成；署名应由双方代表签字。

对外贸易谈判纪要的制作方法与对外贸易谈判方案制作方法基本相同，这里省略。

（四）注意事项

制作对外贸易谈判纪要应注意如下事项：

（1）纪录要认真、一丝不苟，如实反映谈判内容。

（2）内容比较复杂的大型谈判纪要应做必要的归纳、提炼，但要忠实于谈判的客观情况。

（3）语言要简洁、明确、规范。

范例：

关于筹建裘皮工艺品公司的会谈纪要

（1991）裘字21号

中国畜产进出口总公司××分公司（甲方）与新加坡童童裘皮中心（乙方）就建立合资公司一事于1990年8月17～19日在北京建国饭店举行洽谈，并取得圆满成功。会谈就以下几个问题达成了一致意见。

（一）甲乙双方为发展中国裘皮工艺，增强两国经济技术合作，扩大我裘皮出口业务决定合资经营一家公司。

（二）合资公司名称定为"中新京童公司"。其主要任务是组织裘皮工艺品的生产及技术交流，培养设计人员和制造人员、开拓国际市场，促进两国经济技术发展，增进两国人民的友好往来。

（三）总公司设在中国北京，分公司设在新加坡。总公司设正副总经理各一人，总经理由甲方委派，副总经理由乙方委派。分公司设正副经理各一人，经理由乙方委派，副经理由甲方委派。总公司、分公司各配备工作人员2～3人，工资标准另定。

（四）董事会由甲方代表，乙方代表，童童裘皮中心、中国畜产进出口总公司、北京工商管理部门，新加坡××有关部门代表共9人组成。董事会推选董事长一人，副董事长一人。每年召开董事会两次，研究和讨论公司的重大问题。

（五）甲乙双方共同担负筹建工作。工程总投资为 28 万元人民币，甲方投资为 52%，乙方投资为 48%。

（六）公司成立后，凡由公司完成的业务，佣金由公司资金中提取。

（七）凡经营所得利润，按双方投资比例分配。

（八）公司一切活动必须遵守双方政府的有关法令及法规。

（九）为尽早建成"中新京童公司"，双方应精诚合作，最大限度地提供方便。

中国畜产进出口公司

××分公司

代表：×××（签字）

新加坡童童裘皮中心

代表：×××（签字）

××××年××月××日

二十二、营销计划书

（一）概念

营销计划书是指企业从事营销活动的指导，是企业在市场上营销其产品与服务的年度工作计划；是企业从市场分析、产品分析、营销分析中得到的各种资料和信息，最终形成的一份说明性文件。企划主管在写作营销计划书时，要与公司各职能部门进行充分高效的沟通。

（二）营销计划书的作用

（1）书面计划迫使人们进行有条不紊地思考。它还能保证不会遗忘已取得成功或招致失败的经验教训。

（2）一份书面的市场营销计划确定了必须在预定日期之前达到目标的责任。

（3）企业各职能部门，像生产部门、财务部门和销售部门等，他们对计划的顺利完成起着至关重要的作用，一份书面计划可以成为沟通他们的桥梁。

（4）当管理层发生变动时，一份书面计划可以保证企业经营的连续性，并能迅速地向新雇员介绍他的业务所面临的局势。

营销计划实际上是一个实施营销战略的路径图。通过制订营销计划，营销战略将变得切实可行，从中你将学会如何、何时、何地花钱做营销。

（三）写作方法与结构

1. 格式内容要求

可采用文字叙述式或表格式两种格式。不管采用何种格式，一般应包括环境分析、推广战略、营销目标、工作重心、传播手段、营销方案、广告、公关、营销策略、营销预算分配等内容。

下面就部分内容作介绍：

（1）环境分析。营销计划与总体环境、竞争者、顾客、供应商、经销商及其他问题相关的趋势与要点，并指出主要的问题点及对策。

（2）市场分析。市场细分，目标市场，市场研究计划。

（3）组织结构。管理及人员、团队主要组成，年度人员分析与费用，管理机构。

（4）营销目标。拟定未来年度的主要营销目标，并将之转换为可以衡量及能够达成的数量与金额。此销售配额（业绩责任额）应依业务人员的表现及地区销售潜力而制订。要制订销售渠道的销售目标。

（5）营销策略。拟定某一特定时间内用来指导营销战略的目标、政策及规则。而营销战略包括下列三个层次：营销费用水准；营销组合；营销分配。

（6）营销方案。拟订产品、价格、分销、促销等营销组合的时间、空间、人员的作战法。

（7）营销预算。拟订整个营销计划所需的经费支出及可能收入的估计数字。

2. 写作要点

编写营销计划书应遵循以下步骤，依据营销计划的规律来安排营销活动的内容。

（1）计划概要。营销计划首先要有一个内容提要，即对主要营销目标和措施进行简明概括的说明。

（2）当前营销状况。在内容提要之后，营销计划的第一个主要内容是提供该产品当前营销状况的简要而明确的分析。

（3）威胁与机会。营销计划中第二个主要内容是对市场营销中所面临的主要威胁和机会的分析。

管理者应对威胁和机会进行评估。对环境威胁可从两方面进行评估：一是潜在的重要性，重要性的大小依威胁成为事实时公司的损失多少而定；二是发生的可能性，即威胁成为事实的可能性。

对营销机会也可以从两方面进行评估：一是潜在吸引力，即获利的能力；二是成功的可能性。

（4）目标。管理部门已知道了问题，要做出与目标有关的一些基本决策。

这些目标将指导随后的策略和行动方案的拟订，这里有两类目标要确认，即财务目标和市场营销目标。

（5）市场营销策略。应列出主要的市场营销策略纲要，或者称为"精心策划的行动"。在制订市场营销策略时，还常常面对多种可能的选择。每一目标可用若干种方法去实现。通过对每一目标的深入探讨后，便可找出产品线所面临的主要策略。策略的制订则应在这些可选择的策略中作一些基本的选择。

（6）推广计划。企划主管拟定推广计划的目的，就是要协助实现销售目标。企划书必须明确地表示，为了实现整个营销企划案的销售目标，所希望达到的推广活动的目标。

决定推广计划的目标之后，接下来要拟定实现该目标的策略。推广计划的策略包括广告表现策略、媒体运用策略、促销活动策略、公关活动策略等四大项。

广告表现策略：针对产品定位与目标消费群，决定方针表现的主题。

媒体运用策略：媒体的种类很多，包括报纸、杂志、电视、广播、传单、户外广告等。要选择何种媒体？各占多少比例？广告的视听率与接触率有多少？

促销活动策略：促销的对象，促销活动的种种方式，以及采取各种促销活动所希望达成的效果是什么。

公关活动策略：公关的对象，公关活动的种种方式，以及举办各种公关活动所希望达到目的是什么。

（7）市场调查计划。市场调查与推广计划一样，也包含了调查目标，考虑因素、方法设计、预定进度、使用人力以及预算等。

（8）销售管理计划。销售管理计划包括销售主管和职员、销售计划、推销员的挑选与训练、激励推销员、推销员的薪酬制度（工资与奖金）等。

（9）活动预算。营销计划中还要编制各项收支的预算。在收入一方，要说明预计销售量及平均单价；在支出一方，要说明生产成本、实体分配成本及营销费用。收支的差额为预计的利润（或亏损）。

（10）营销监控。营销计划书的最后一部分，要写清计划执行过程的控制。典型的情况是将计划规定的目标和预算按月份或按季度分解，以便于企业的上层管理部门进行有效的监督检查，督促未完成任务的部门改进工作，以确保营销计划的完成。

范例：

××饮料市场营销计划书

现代人忧心大鱼大肉会造成胆固醇过高，带来高血压、中风等疾病，因此，对自然健康、方便易得的食品有迫切的需求，新鲜的罐装水果原汁就是其中之一，而目前市场上的果汁大多数浓度只有10%～30%，100%纯果汁的种类不多，是个值得介入的市场。

一、市场竞争态势
1. 市场领导者：义美宝吉纯果汁。
2. 市场挑战者：统一水果原汁。
3. 市场追随者：波蜜水果园。
4. 市场补缺者：本公司产品——××××。

二、目标市场
外食上班族：上班族午餐绝大多数在外解决或自备盒饭，或团体订购盒饭，或吃馆子，吃水果较不方便，罐装水果原汁是他们健康又便利的选择。
第二阶段将扩及中、小学生，最后将推广至所有注重健康的家庭。

三、市场细分
1. 性别：女（大多数）、男（较少数）。
2. 收入：月收入台币12000元以上。
3. 消费习性：喜爱物美价廉，方便易得的物品。
4. 生活形态：注重健康、养颜、美容。
5. 区域：都市化程度高的地区——台北市、台中市、高雄市。

四、商品定位

1. 商品：×××是果汁，但在名称上否定"汁"，因为"露"给人的感觉比"汁"珍贵、有浓缩、精心提炼的意味。

2. 品牌：鲜吧，取 Fresh Bar 新鲜吧台之意，虽与"三八"谐音，但也与拉丁舞蹈"森巴"谐音（Samba），可加深消费者印象，又有热带情调的感觉，符合"新鲜吧台"来自热带的新鲜水果原汁的诉求。

3. 包装：150CC 铝箔包，饭后食量有限，150CC 刚刚好，可一次喝完，而且铝箔包装重量轻，携带方便。

五、商品策略（略）

六、定价策略

1. 目的：争取市场占有率，一年内达 30%。

2. 其他厂牌：

（1）义美小宝吉：125CC，铝箔包 10 元台币。

（2）统一水果原汁：250CC，易开罐 20 元台币。

（3）波蜜水果园：250CC，铝箔包 16 元台币。

3. 定价：目标为争取义美小宝吉的市场占有率，决定价格为 10 元台币，150CC，铝箔包装。

七、通路策略

超级市场、速食店、便利商店、平价中心、百货公司中的美食广场、西点面包店、咖啡厅、饭盒承包商、PUB、餐厅、饭店、DISCO、车站、机场、机关营区福利站、学校福利社、小吃店、路边摊、公车票亭、槟榔摊、自动售货机。

八、推广策略

（一）广告

1. 电台：ICRT、中广流行网、青春网、音乐网。

2. 电视：中央三台（18：00～21：00）时段。

3. 报纸：《中国时报》、《工商时报》、《联合报》、《经济日报》、《民生报》。

4. 杂志：《依依》、《薇薇》、《黛》、《风尚》、《天下》、《卓越》。

5. 车厢内外。

6. 海报、DM。

7. 气球：做成水果形状。

（二）促销

1. 试饮。

2. 抽奖：集盒上剪角，或买一箱附抽奖券。

3. 赠奖：集盒上剪角即送赠品。

4. 配合电视节目赠品：强棒出击、好彩头、百战百胜、欢乐传真、来电五十。

5. 赞助公益活动。

二十三、广告计划书

(一) 概念

广告计划是对整个广告活动所作的规划,包括广告目标以及为实现广告目标而采取的方法和步骤。广告计划按时间来分,可分为长期、中期及短期计划。广告计划按广告媒体来分,可分为媒体组合计划和单一媒体计划。广告计划包括广告调查、广告任务、广告策略、广告预算和广告工作活动计划等。

(二) 写作方法与结构

1. 前言

详细说明广告计划的任务和目标,并阐述广告主要的营销战略。

2. 市场(前景)分析包括

3. 广告目标

4. 广告时间

5. 广告的目标市场

6. 广告的诉求对象

7. 广告的诉求重点

8. 广告表现

9. 广告发布计划

10. 其他活动计划

11. 广告费用预算

要根据广告策略的内容,详细列出媒体选用情况及所需费用、每次刊播的价格,最好能制成表格,列出调研、设计、制作等费用,也有人将这部分内容列入广告预算书中专门介绍。

12. 广告效果预测

主要说明经广告主认可,按照广告计划实施广告活动预计可达到的目标。这一目标应该和前言部分规定的目标任务相呼应。

(三) 注意事项

写广告计划书一般要求简短。避免冗长。要简要、概述、分类,删除一切多余的文字,尽量避免再三再四地重复相同概念,力求简练、易读、易懂。

范例:

NIKE 广告计划书

NIKE 是希腊女神的名字,其商标象征着希腊女神翅膀的 SWOOSH(羽毛),代表着"速度+动感"。NIKE 公司自成立至今,不断探索、创新,以其雄厚的实力领先于同类品牌,很大程度的占据着世界运动品牌市场,公司更于 1999 年推出了专为从事专项运动的顶级专业运动员而设计的最具创新性的 Alpha 系列产品,五个圆点标志着

"调查、探索、创新、验证、竞争"五大步骤。作为世界著名品牌，NIKE 仍在不断努力着，除其精湛的制鞋技术以外，NIKE 更在媒体宣传上做到胜人一等，更是不惜重金请来了从事不同运动的世界顶级运动员作为其品牌代言人，如迈克尔·乔丹（篮球）、罗纳尔多（足球）、迈克尔·约翰逊（田径）等，其中更为 Micheal Jordan 推出了其单独品牌 "AIRJORDAN"。目前，NIKE 几乎已经成为家喻户晓、人人喜爱的运动品牌，但 NIKE 仍会不断探索，不断出新，成为世界的第一品牌。

一、企业公司概况（略）

二、产品分析

1. 品牌类型

NIKE 生产的有服装、鞋、包和各种体育用品，这里我将着重介绍 "NIKE" 的运动鞋。NIKE 公司拥有较高的制鞋技术，鞋面采用真皮、人造揉皮和人造织物作为材料，能够提供支持性、保护性、透气性，并确保脚放置于正确的位置。外底采用碳素橡胶、硬质橡胶、耐磨橡胶、天然橡胶、环保橡胶、充气橡胶和黏性橡胶作为材料，提供摩擦力及耐磨性，是外部冲击的第一道防线。中底能够提供缓震性、稳定性和弯曲性，是鞋子中最为重要的部分。

2. 主要目标

为运动员创造一流的鞋，占领整个世界的运动界市场。

3. 口号

JUST DO IT

三、市场分析

（一）目标市场

随着社会经济的发展和人民生活水平的不断提高，人民大众都在追求高品位的精神享受，但物质享受仍必不可少，人们都在追求健康、环保。千里之行，始于足下，一双好的鞋子，不仅要穿着美观，时间长，更讲究的是他对我们脚的保护和对整个身体的保护，这是远远高于鞋子本身的价值的。

据有关统计结果显示：80% 的青少年买过运动鞋，说明 NIKE 的重点市场应该放在青年人和运动员身上；68.3% 的青少年买过名牌运动鞋，51.2% 的青少年买过 NLKE 运动鞋。说明运动是一种现代潮流，不少人愿意为这种潮流而花钱买双能在运动场上享受时代气息的鞋。在调查报告中显示，NIKE 运动鞋的质量和售后服务是非常令人满意的，满意百分比分别为 96% 和 94%。这说明在运动鞋市场上 NIKE 占有很大一部分市场和影响力。但是价钱却是一个比较严重的问题。81.1% 的人虽然愿意花重金来买 NIKE，但是还是觉得整体价位偏高，希望能多点折价，说明 "NIKE" 还是属于上层人士的专利产品，没有群众化。

（二）竞争对手调查

目前，世界上有许多运动品牌，其中有相当一部分有着雄厚的实力。因此，运动鞋市场的竞争是十分激烈的。

四、消费者分析

（一）消费者总体态势

NIKE 是消费者选择的第一品牌。ADIDAS 的市场占有率是 27.7%，REBOOK 的市场占有率是 20.5%，CONVERSE 的市场占有率是 13.6%，其他品牌都相对比较少。

（二）消费者购买因素

首先是为了运动的需要，其次是为了跟上时尚和满足自己对世界知名名牌的满足感，再者就是看中"NIKE"品牌的品质优良、设计经典。另外，大牌明星作为代言人也是起了不少的作用。

五、广告策略

1. 广告目标策划

通过各种媒体进行对 NIKE 的宣传和报道，以及各种活动的开展，在一年内将市场占有率提高 10%～15%，使 NIKE 依然保持在世界运动市场上的领先地位。

2. 消费市场策略

（1）看准市场，大力着手于广大运动员和青少年。随着现代运动的发展，运动员对自己的运动装备的要求是越来越高，各体育部门对加强运动员的实力也越来越重视。耐克作为世界第一运动品牌，运动员是其第一大市场，因此要大力向广大运动员推广。其次，青少年也是一个很大的市场，他们不少为了追求时尚和感受名牌的刺激，不惜重金来买耐克。我们要抓住这个心态，把名牌打得更响，把款式做的更新。

（2）把产品价位更加清晰化。产品价格是人们购买时的最先考虑的问题，因此应该首先把价位调整好。对于不同的消费层次应该有不同的价位让其选择。让产品更加群众化。

（3）操持良好的品牌形象。耐克在消费者心中的印象普遍都是很满意的。除了精湛的设计和良好的质量外，还有不错的售后服务，这几点都是消费者比较重视的。建议企业在保持良好的品牌形象的同时，把成本压缩，降低价位，增加竞争力度。

（4）因地制宜的采取营销策略。虽然耐克公司在中国代理只有三家（北京、上海、广东），但是在各个大中型城市都有其专卖店。我们要充分利用各地区的人力和资源，把它们全都联系起来，多开展和消费者的联谊活动，开展和运动潮流有关的活动，让大家都爱运动。可以适当开展展销活动，并通过有奖销售、赠送礼品、发放宣传品等手段来吸引顾客增加销量，让中低等消费水平的顾客也能感受到耐克的关爱。

六、广告设计

1. 平面招贴和特大霓虹灯广告

（1）平面招贴选用耐克平时一贯的风格——简单、朴素、时尚。招贴选用白底黑字，增加对比度，突出的表现 NIKE 标志，再加上简单的线条作为装饰，增加时代感和运动的速度感。使观赏者过目不忘。

（2）特大霓虹灯广告安放在旅游区和中心广场最醒目的地方。画面采用生动幽默的动画来体现耐克精神以及各详细介绍耐克鞋的各种强大功能，让人觉得物有所值。

2. 网络广告和宣传册

（1）现在是网络的天下，上网的人是越来越普遍，而网络交易是现在交易市场的潮流。因此，在全国各大网页上都刊登"NIKE"的广告，对广告进行链接，以便读者方便在网上直接购买。

（2）在各专卖店增加对各种鞋的宣传册，详细直观的对鞋进行介绍，让消费者更进一步的去了解耐克。

3. CM 广告

广告主题：NIKE——JUST DO IT。

广告时间：25 秒。

广告构思：主要以富于速度感和冲击力的画面来衬托主题。

镜头一：（训练馆）Micheal Jordan 手拿篮球，仰望前方近 10 米高的巨型篮球架（音乐：安静的训练馆传来一声 Jordan 的叹息）。

镜头二：Jordan 运球，起跑，加速（镜头换至脚下）（音乐：运球声和脚步声逐渐急促）。

镜头三：Jordan 起跳，借那双 AIRJORDAN11 提供的超强弹力，他征服了那座 10 米的篮筐，篮球应声入筐，Jordan 双手抓着篮筐，不敢着陆（镜头特写其面部表情）。音乐：篮球入筐巨响和由于篮球落地的轻响，还有 Jordan 由于离地太高胆怯不敢着陆而发出的叹息。

镜头四：镜头随着 Jordan 的目光往下走，最后落到篮球鞋上。给篮球鞋一个特写。（旁白：JUST DO IT 并伴有字幕和产品形象以及 NIKE 标志）

七、广告实施计划

1. 时间

2002 年 6 月 1 日——2003 年 1 月 1 日

2. 媒体组合

充分利用报纸、杂志、电视和网络以及街头广告等宣传媒体。以电视（CM）为主，网络、报纸、杂志为辅，街头广告次之。

3. 选用媒介

（1）报纸：《体坛周刊》、《人民日报》。

理由：上述报纸属权威性，发行量大。

（2）杂志：《当代体育》、《体育画报》《NBA 时空》。

主要安排封二，封三（专业杂志尽量争取封面封底）

（3）电视台：中央一台，中央三台，中央五台等收视率高且覆盖面广的电视台；CF 广告主要安排在《新闻联播》、《体育新闻》、《同一首歌》等焦点节目前后的黄金时间播出。

（4）网站：雅虎中国、搜狐、新浪、网易等浏览率较高的大网站（电子广告尽量争取作在网站的首页）。

八、广告费用预算（略）

二十四、商品说明书

（一）概念

商品说明书是指导用户消费，向消费者介绍商品的性质、结构、使用方法、操作方法及保养、维修等方面的知识，以帮助消费者正确使用、保养商品，有效地发挥商品的使用价值的文书。企业以此来宣传产品，指导消费，促进销售。

商品说明书一般由生产单位编写，印成册子、单页或者印在产品的包装、标签上，随商品发出。现在一些公司还将商品说明书放在自己公司的网站上，以供消费者参考。

（二）结构及写法

商品说明书的写作要领是：

一是突出商品优势；

二是根据实际选择说明侧重点；

三是考虑消费者的接受、理解能力。

商品说明书的结构通常是：

1. 标题

一般由商品的标准名称加文种构成，为提高宣传力度，还可以加上与商品特点相应的鼓动性文字作为注解。

2. 正文

它通常要求详细深入地介绍商品的有关事项，如产地、原料、功能、特点、规格、使用方法、注意事项、维修保养等知识。正文的篇幅取决于产品的复杂程度、普及程度。经常采用的说明方式是：

（1）概述式。对商品进行概括说明，突出性能、特点、功用。

（2）条文式。将商品的相关事项逐条加以说明，注意顺序的科学性。

（3）复合式。前两种方式的有机结合。

3. 附文

一般包括企业名称、地址、电挂、电话、邮编、电子邮箱、传真、保质期、标准代号等。

4. 外文对照

这主要是指准备远销国外的商品需要具备的部分。

写作时，要注意商品说明书和广告文案的区别，按照文种要求书写，才能给消费者提供明晰的介绍。

（三）注意事项

商品说明书的写作要注意：

（1）根据商品特点选择说明内容、侧重点、说明方式。

（2）突出商品的优势。

（3）考虑消费者的情况。

范例：

××核酸胶囊产品说明书

功效成分：核酸［（DNA＋RNA）≥200毫克/粒］、蛋白质、锌、铁等多种微量元素。

保健作用：免疫调节。

净含量：350毫克/粒。

适宜人群：体弱多病、体乏无力、抵抗力低下者。

用法用量：每日两次，每次2~3粒，温开水吞服，适度增加饮水量，以利代谢。

注意事项：

1. 少数人服用后偶有腹胀或无痛性腹泻，可减半，服用1周后再恢复正常用量。

2. 各类出血性疾病的发病期、女子经期暂停服用。

3. 高血压患者第一个月服用减半。

4. 孕妇、婴幼儿及过敏体质者不宜服用。

5. 瓶内纸袋为干燥剂，请勿食用。

保质期：二年

贮存方法：置于阴凉干燥处，用后请将瓶盖旋紧。

执行标准：Q/DZO·J·002-1998

批准文号：卫食健字（2000）第076号

卫生许可证号：辽卫健食字［00］第JS07号

标签准印证号：210200-SB-311-79

二十五、招商说明书

（一）概念

招商说明书，是指通过一定范围的经营业务或经营场所来吸引社会投资以达到获得丰富的资金来源这一目的而制作的文书。

（二）格式内容

1. 标题

一般为：招商单位+事由+文种，或事由+文种。

2. 正文

正文以说明为主，做到文字简洁、流畅、内容突出。

3. 落款

（1）写明发起人姓名。

（2）制作年、月、日。

（3）联系方式及其他因素。

范例：

给您一个赚钱的位置——××国际电器电子城招商

一、××国际电器电子城是经××市人民政府批准，××市计委备案，在××市工商行政管理局直接领导下，由××国际电器电子城有限公司投资1000万元人民币兴建的华中地区规模最大的电器电子专业市场。

二、本城位于××市中心——××大道××号，东临××××，西接××××，南对黄金水道——长江，北接最繁华的商业一条街——××路，交通便捷，人流如潮，是投资经营的理想场所。

三、招商对象：国内外电器电子厂家、代理商、批发商、经销商、私营企业主、个体工商户。

四、经营方式及商品范围：批零兼营，主营家用电器、影音器材、音像产品、空调制冷设备、电脑、办公设备、通信产品、电子元器件、摄影器材、相关电子产品及配件。

五、本城设施一应俱全，给商户提供完善舒适的经营环境，并提供热情、周到的服务，前100名客商享受摊位八折优惠，同时所有客户享受其他专业市场的优惠政策。

联系地址：××市××路××号××酒店××室

联系电话：×××××××××

手机：××××××××××

联系人：×先生

附图（略）

××市××装饰设计工程有限公司

××广告公司承制

××××年××月××日

二十六、商务介绍书

（一）概念

商务介绍书又称商务简介，其含义是指企业、部门、组织等在商务活动中，向社会、公众等简要介绍其商务的名称、性质、特征等情况而采用的一种商务文书。它具有宣传性、交流性、互利性等特征。

（二）类型

（1）根据商务的内容及性质，可划分为企业简介、招商简介、招股简介等。

（2）根据商务的地域范围，可划分为国内商务简介和国际商务简介。

（3）根据商务的项目范畴，可划分为综合商务简介和专项商务简介。

（4）根据商务简介的文体，可划分为散文体商务简介和说明体商务简介。

（三）写作方法

商务简介与商务说明书在性质、功能上有一定的差别。撰写商务简介，一定要注意它的性质具有宣传性，介绍商务行为时，所面向的是外界的社会，并起到交流、互利的功能；而商务说明书的性质要旨在于通过简单明了的书写来说明商务行为的自身，指导人们理解与掌握商务内容，并负有一定的责任性。商务简介撰写时，应注意避免将两者混淆。商务简介的结构内容为：

1. 标题

标题的采用有三种方法，通常由商务名称加文种构成，如《××招商简介》；也可由商务名称单独构成，如《××招股》；还可以采用文章式标题，如《发展中的华方集团》。

2. 正文

正文是商务简介的核心内容，根据类别、目的的不同，其写作要求也会存在着一定的差别，如参考例文一与参考例文二的正文部分，因简介所属的类型不同，其书写的内容、结构及具体写法等都有所不同。但总体来说，都要遵从商务简介的共有性，即要注意明确主题、说明性质、叙述特色等方面来把握书写商务简介。

3. 附录

附录应分条列明单位的地址，邮编、电话、传真、联系人等。

范例：

望湖宾馆简介

望湖宾馆位于西子湖畔，面对秀丽的湖光山色，背靠繁华的商业中心，地理位置得天独厚，环境清新、幽雅，是一家四星级涉外旅游商务酒店。

望湖宾馆是杭州交通最便利的旅游商务酒店之一，步行2分钟即可到达西湖，5分钟可达商业中心，驱车前往火车站只需10分钟，到国际机场仅需15分钟。拥有豪华套房标准双人房、单人房400间，以及完善的服务设施、丰富多彩的娱乐、康乐项目。装饰豪华的娱乐宫设有一流的KTV、MTV沙龙及彩幻的的士高歌舞厅。位于八楼的"望湖楼"风味厅为您提供名厨主理的美味佳肴，再现南宋菜肴风情画，用餐、西湖美景尽收眼底。底层食街将使你对独具风味的江南小吃回味无穷。购物中心精美的工艺品、土特产品将使您爱不释手。桑拿、按摩、健身房、游泳池为您的旅途增添无限的轻松。

望湖宾馆的建筑和装修是古典与现代艺术的完美结合，典雅高贵。宽敞华贵的客房，尽善尽美的服务，随时随地使您感受到舒适与温馨。

位于宾馆四楼的"望湖商务俱乐部"商居两用，实为商旅人士来杭的理想居处。完备的通讯、办公设施和24小时善解人意的殷勤服务，随时为繁忙的商旅人士提供综合性系列服务。宾馆附设的国际会议中心，具备六语种同声传译设备，可接纳300人以内的各类会议演出。先进的国际通讯设备及训练有素的员工为您提供热情周到的服务。

入住望湖宾馆，不仅会感受到她的便捷，更会感受到她至高至真的服务艺术。

望湖宾馆全体员工热忱地欢迎您！

望湖宾馆地址：中国杭州市环城西路2号

电话：（略）

传真：（略）

电子信箱：（略）

邮编：310006

二十七、商业计划书

(一) 概念

商业计划书是一份全方位描述企业发展的文件，是企业经营者素质的体现，是企业拥有良好融资能力、实现跨越式发展的重要条件之一。一份完备的商业计划书，不仅是企业能否成功融资的关键因素，同时也是企业发展的核心管理工具。

商业计划书是企业或项目单位为了达到招商融资和其他发展目标之目的，在经过对项目调研、分析以及搜集整理有关资料的基础上，根据一定的格式和内容的具体要求，向读者（投资商及其他相关人员）全面展示企业或项目目前状况及未来发展潜力的书面材料。

无论是要把新的技术转变成新的产品，把新的设想发展成新的事业，还是把现有的企业进行改造有一番新的发展，都离不开资金。在商品经济的社会，资金是一切企业生存和发展的命脉。当前银行对向企业贷款日益持谨慎态度，很多企业普遍感到申请资金已经成为日益困难的事情。特别是新企业和准备创立的企业更是感到一金难求。如何为企业找到所需要的资金是企业生存的关键所在。我们引用金融投资领域中常讲的一句话："寻找资金没有窍门，惟有好的想法、好的技术、好的管理、好的市场。"

(二) 商业计划书的内容

1. 计划摘要

计划摘要列在商业计划书的最前面，它是浓缩了的商业计划书的精华。计划摘要涵盖了计划的要点，以求一目了然，以便读者能在最短的时间内评审计划并做出判断。

计划摘要一般要有包括以下内容：公司介绍；主要产品和业务范围；市场概貌；营销策略；销售计划；生产管理计划；管理者及其组织；财务计划；资金需求状况等。

在介绍企业时，首先要说明创办新企业的思路，新思想的形成过程以及企业的目标和发展战略。其次，要交代企业现状、过去的背景和企业的经营范围。在这一部分中，要对企业以往的情况做客观的评述，不回避失误。中肯的分析往往更能赢得信任，从而使人容易认同企业的商业计划书。最后，还要介绍一下创业者自己的背景、经历、经验和特长等。企业家的素质对企业的成绩往往起关键性的作用。在这里，企业家应尽量突出自己的优点并表示自己强烈的进取精神，以给投资者留下一个好印象。

在计划摘要中，企业还必须要回答下列问题：第一，企业所处的行业，企业经营的性质和范围；第二，企业主要产品的内容；第三，企业的市场在哪里，谁是企业的顾客，他们有哪些需求；第四，企业的合伙人、投资人是谁；第五，企业的竞争对手是谁，竞争对手对企业的发展有何影响。

摘要要尽量简明、生动。特别要详细说明自身企业的不同之处以及企业获取成功的市场因素。如果企业家了解他所做的事情，摘要仅需 2 页纸就足够了。如果企业家不了解自己正在做什么，摘要就可能要写 20 页纸以上。

2. 产品 (服务) 介绍

在进行投资项目评估时，投资人最关心的问题之一就是风险企业的产品、技术或服务能否以及在多大程度上解决现实生活中的问题，或者风险企业的产品（服务）能否帮助顾客节约开支，增加收入。因此，产品介绍是商业计划书中必不可少的一项内容。通常，产品介绍应包括以下内容：产品的概念、性能及特性；主要产品介绍；产品的市场竞争力；产品的研究和开发过程；发展新产品的计划和成本分析；产品的市场前景预测；产品的品牌和专利。

在产品（服务）介绍部分，企业家要对产品（服务）作出详细的说明，说明要准确，也要通俗易懂，使不是专业人员的投资者也能明白。一般的，产品介绍都要附上产品原型、照片或其他介绍。一般地，产品介绍必须要回答以下问题：

（1）顾客希望企业的产品能解决什么问题，顾客能从企业的产品中获得什么好处？

（2）企业的产品与竞争对手的产品相比有哪些优缺点，顾客为什么会选择本企业的产品？

（3）企业为自己的产品采取了何种保护措施，企业拥有哪些专利、许可证，或与已申请专利的厂家达成了哪些协议？

（4）为什么企业的产品定价可以使企业产生足够的利润，为什么用户会大批量地购买企业的产品？

（5）企业采用何种方式去改进产品的质量、性能，企业对发展新产品有哪些计划等。

产品（服务）介绍的内容比较具体，因而写起来相对容易。虽然夸赞自己的产品是推销所必需的，但应该注意，企业所做的每一项承诺都要努力去兑现。要牢记，企业家和投资家所建立的是一种长期合作的伙伴关系。空口许诺，只能得意于一时。如果企业不能兑现承诺，不能偿还债务，企业的信誉必然要受到极大的损害，因而是真正的企业家所不屑为的。

3. 人员及组织结构

有了产品之后，创业者第二步要做的就是结成一支有战斗力的管理队伍。企业管理的好坏，直接决定了企业经营风险的大小。而高素质的管理人员和良好的组织结构则是管理好企业的重要保证。因此，风险投资家会特别注重对管理队伍的评估。

企业的管理人员应该是互补型的，而且要具有团队精神。一个企业必须要具备负责产品设计与开发、市场营销、生产作业管理、企业理财等方面的专门人才。在商业计划书中，必须要对主要管理人员加以阐明，介绍他们所具有的能力，他们在本企业中的职务和责任，他们过去的详细经历及背景。此外，在这部分商业计划书中，还应对公司结构做一简要介绍，包括：公司的组织机构图；各部门的功能与责任；各部门的负责人及主要成员；公司的报酬体系；公司的股东名单，包括认股权、比例和特权；公司的董事会成员；各位董事的背景资料。

4. 市场预测

当企业要开发一种新产品或向新的市场扩展时，首先就要进行市场预测。如果预测的结果并不乐观，或者预测的可信度让人怀疑，那么投资者就要承担更大的风险，这对多数风险投资家来说都是不可接受的。市场预测首先要对需求进行预测：市场是否存在对这种产品的需求？需求程度是否可以给企业带来所期望的利益？新的市场规模有多大？需求发展的未来趋向及其状态如何？影响需求都有哪些因素。其次，市场预测还要包括对市场竞争的情况——企业所面对的竞争格局进行分析：市场中主要的竞争对手有哪些？是否存在有利于本企业产品的市场空档？本企业预计的市场占有率是多少？本企业进入市场会引起竞争者怎样的反应，这些反应对企业会有什么影响？等等。

在商业计划书中，市场预测应包括以下内容：市场现状综述；竞争厂商概览；目标顾客和目标市场；本企业产品的市场地位；市场区别和特征等等。风险企业对市场的预测应建立在严密、科学的市场调查基础上。风险企业所面对的市场，本来就有更加变幻不定的、难以捉摸的特点。因此，风险企业应尽量扩大收集信息的范围，重视对环境的预测和采用科学的预测手段和方法。创业者应牢记的是，市场预测不是凭空想象出来的，对市场错误的认识是企业经营失败的最主要原因之一。

5. 营销策略

营销是企业经营中最富挑战性的环节，影响营销策略的主要因素有：

消费者的特点；产品的特性；企业自身的状况；市场环境方面的因素。最终影响营销策略的则是营销成本和营销效益因素。

在商业计划书中，营销策略应包括以下内容：市场机构和营销渠道的选择；营销队伍和管理；促销计划和广告策略；价格决策。对创业企业来说，由于产品和企业的知名度低，很难进入其他企业已经稳定的销售渠道中去。因此，企业不得不暂时采取高成本低效益的营销战略，如上门推销，大打商品广告，向批发商和零售商让利，或交给任何愿意经销的企业销售。对发展企业来说，它一方面可以利用原来的销售渠道；另一方面也可以开发新的销售渠道以适应企业的发展。

6. 制造计划

商业计划书中的生产制造计划应包括以下内容：产品制造和技术设备现状；新产品投产计划；技术提升和设备更新的要求；质量控制和质量改进计划。

在寻求资金的过程中，为了增大企业在投资前的评估价值，创业者应尽量使生产制造计划更加详细、可靠。一般地，生产制造计划应回答以下问题：企业生产制造所需的厂房、设备情况如何；怎样保证新产品在进入规模生产时的稳定性和可靠性；设备的引进和安装情况，谁是供应商；生产线的设计与产品组装是怎样的；供货者的前置期和资源的需求量；生产周期标准的制定以及生产作业计划的编制；物料需求计划及其保证措施；质量控制的方法是怎样的；相关的其他问题。

7. 财务规划

财务规划需要花费较多的精力来做具体分析，其中就包括现金流量表，资产负债表以及损益表的制备。流动资金是企业的生命线，因此企业在初创或扩张时，对流动资金需要有预先周详的计划和进行过程中的严格控制；损益表反映的是企业的赢利状况，它是企业在一段时间运作后的经营结果；资产负债表则反映在某一时刻的企业状况，投资者可以用资产负债表中的数据得到的比率指标来衡量企业的经营状况以及可能的投资回报率。

财务规划一般要包括以下内容：商业计划书的条件假设；预计的资产负债表；预计的损益表；现金收支分析；资金的来源和使用。

可以这样说，一份商业计划书概括地提出了在筹资过程中创业者需做的事情，而财务规划则是对商业计划书的支持和说明。因此，一份好的财务规划对评估风险企业所需的资金数量，提高风险企业取得资金的可能性是十分关键的。如果财务规划准备的不好，会给投资者以企业管理人员缺乏经验的印象，降低风险企业的评估价值，同时也会增加企业的经营风险，那么如何制订好财务规划呢？这首先要取决于风险企业的远景规划——是为一个新市场创造一个新产品，还是进入一个财务信息较多的已有市场。

着眼于一项新技术或创新产品的创业企业不可能参考现有市场的数据、价格和营销方式。因此，它要自己预测所进入市场的成长速度和可能获得纯利，并把它的设想、管理队伍和财务模型推销给投资者。而准备进入一个已有市场的风险企业则可以很容易地说明整个市场的规模和改进方式。风险企业可以在获得目标市场的信息的基础上，对企业头一年的销售规模进行规划。

企业的财务规划应保证和商业计划书的假设相一致。事实上，财务规划和企业的生产计划、人力资源计划、营销计划等都是密不可分的。要完成财务规划，必须要明确下列问题：产品在每一个期间的发出量有多大？什么时候开始产品线扩张？每件产品的生产费用是多少？每件产品的定价是多少？使用什么分销渠道，所预期的成本和利润是多少？需要雇佣哪几种类型的人？雇佣何时开始，工资预算是多少？等等。

范例：

深圳××ERP数据系统商业计划书

一、项目介绍

（一）系统介绍

ERP系统是用于生产企业作业计划与调度监控的计算机集成管理系统，该系统尤其适用于单件小批生产模式的企业。在由市场需求决定企业生产方式的今天，以多品种、小批量的生产方式生产的产品占世界总产量的70%。ERP系统以制定最佳作业计划为目的，可根据保证交货期或设备负荷率均衡等14项既定优化目标，实现生产过程自动、优化排序和监控，从而保证车间的生产运作过程达到最佳状态。（其他略）

（二）系统核心内容（商业机密略）

1. 投产优先原则

（1）按指令优先；

（2）按产出顺序优先；

（3）按最长加工时间优先；

（4）按最短加工时间优先。

2. 设备承载能力

（1）按最大承载能力；

（2）按利用机床数最少；

（3）按机床负载均衡；

（4）按工件安装次数最少；

（5）按重型零件搬运次数最少。

3．零件排序原则

（1）按后入先出顺序排序；

（2）按先入后出顺序排序；

（3）按零件工序最长优先排序；

（4）按零件工序最短优先排序；

（5）按零件的未完成工序数最多优先排序。

其中第1组指标"投产优先原则"由车间以上一级的领导层使用，根据客户订单的不同要求，选定作业计划的排产原则，例如对于限定交货期的客户，选择"按指令优先"；

第2组指标"设备承载能力"用于车间内部工艺设备资源的分配，根据所希望的设备负荷情况，选定某一项指标制订作业计划；

第3组指标"零件排序原则"用于在某一台设备上对等待加工的零件进行排序。

以上3组共14项指标，可以形成100种组合，完全可以满足单件小批生产模式企业的要求。

（三）物流与设备工作状况的监控

在生产作业计划和日进度表生成之后，系统根据实际的生产进度对生产过程进行实时监控，当生产中出现设备故障，计划的工序时间与实际情况有偏差，工人因发生意外情况停工，因毛坯材料、外协加工未按时等因素影响了作业计划的执行时，可在监控状态下对作业计划进行及时的修正，在不影响正常生产任务的前提下快速产生新的作业计划和日生产进度表。

（四）库存管理

加工程序完成后系统自动生成产品的库存情况明细，可第一时间掌握产品库存情况，避免人工库存管理可能出现的差错和时间延误。

（五）突出特点

与我国企业目前从西方国家引进的企业管理系统相比，ERP系统具有如下突出的优点：

（1）特别适合中国现有的工业生产管理模式。

（2）特别适合小批量、个性化生产的管理。小批量和个性化生产是21世纪工业生产的方向，以"福特生产方式"为代表的大批量生产体制已受到挑战，日本经济的不景气与此有很大的关系。单件小批生产模式下生产的产品已占全世界产品总量的70%。而特别是我国珠江三角洲、长江三角洲地区大量以出口加工为主的企业，必须主动适应国际上单件小批生产的发展趋势，使用ERP将是必然的选择。

（3）ERP可以单独使用，具体解决企业生产调度监控单一环节的问题，也可与集成制造系统衔接，因此对大中小型企业都适用。对中小企业来说，可以用有限的投资单独安装ERP系统；对准备上现代集成制造系统的大中型企业来说，可以先实施ERP，在提高了生产管理水平后，再根据需要实施全盘性的企业管理系统如ERP等。中小企业还可以考虑在ERP的基础上集成使用国产财务管理软件，只需要很少的投资就可基本满足企业管理的需要。

(4) 实施所需耗费的时间短，一般从数据采集到试运行前后大概只需 2 个月的时间，与 MRPII 动辄十年八年相比，不可同日而语。

(5) 技术服务费用低。MRPII 等西方管理软件需要高层次技术服务，外国专家的服务费用惊人，而 ERP 的技术核心基本上已为中国技术人员掌握，即使需要外国技术人员现场工作，费用标准与西方国家相比可以说是九牛一毛。因此，中小企业也不必担心买得起养不起。

二、行业背景

1. 欧美企业管理软件（MRP Ⅱ 和 ERP）（略）

2. MRP Ⅱ 在中国的应用现状和教训（略）

3. 其他国产管理软件（分析略）

4. 研究进展

企业生产管理类型的软件系统，是近 10 年来生产过程领域中国内外专家学者的研究热点。由于该项研究要求研究人员同时具备相当高水平的数学基础、计算机基础和工业产品设计、制造工艺、生产管理等方面的知识以及经验，因此，使得该项研究具有一定的难度和复杂性。在我国，清华大学 CIMS 中心、华中理工大学、上海交大等高等院校和一些相关研究单位对该项课题进行了十余年的研究，在理论上也获得了某些方面的突破和进展。但由于上面所提到的难度与复杂性制约，到目前为止，尚无一套实用化的软件作为产品在市场推出，日本的 KANBAN 系统是一套高水平的生产作业系统及调度控制系统，但是，KANBAN 系统开发的目的只适用于日本的企业，没有形成商品化也不对外出售，它所研究的零库存管理是中国企业做不到的。美国前不久推出一套与 ERP 系统用途相似的软件，但由于美国的企业结构和市场流程以及管理模式等方面与中国企业有很大区别，因此，它的生产管理型软件同样也很难直接适用于中国的企业。

5. 本系统在同类软件中的地位

(1) 独一无二。目前，ERP 系统以其独特的数学建模方式在几十家大型国有企业十余年来的应用测试后不断调整和完善，已形成一套完全实用化的系统，其性能在国际上同类软件系统中属世界一流水平。目前，除俄罗斯联邦外，德国的两家企业也购买了该系统并已投入生产应用。同时，该系统的性能价格比在同类产品中也占有绝对的优势。就目前 ERP 系统的水平，几年之内至少在国内市场将占据独一无二的地位。

(2) 为国家鼓励研究领域之一（分析略）。

(3) 属重点支持的软件产业。

三、市场分析与营销

目前，由于国内市场类似于 ERP 系统的车间管理软件尚未达到实用化程度，国外同类型软件也暂时没有适用于中国企业的产品，这正是占领国内市场的良好机会。以 ERP 系统所具有的先进技术和开发潜力，以及极具竞争力的价格，为公司进一步实现资产化和迈向国际市场提供了有利条件。

1. 需求情况

在市场竞争十分激烈的情况下，为了进一步的生存与发展，许多企业正在寻求有效的手段对企业的生产过程进行管理。ERP系统的应用能够充分地发挥其功能，有效地解决车间级的生产管理问题。因此，ERP系统类的软件，目前制造业，尤其是单件小批生产模式的企业都有需求。随着企业生产能力和企业对管理水平要求的不断提高，这种需求愈加迫切。

该系统的客户对象包括：

（1）家电行业。该系统在未作任何宣传的情况下，已有广东省内客户的家电生产集团主动找到软件开发者，目前已安装在该集团的下属工厂，运行情况良好。

（2）模具厂。模具厂是典型的单件小批生产企业，有一定规模的模具厂迟早都要上同类型的软件。随着我国工业生产水平的提高，下游厂家对模具精度、质量、交货期的要求越来越高，缺乏科学生产管理的模具厂将会被淘汰，而应用先进的作业计划软件将是模具企业生存和发展的迫切需要。

（3）汽车、摩托车整车和零部件生产厂家。在加入世贸组织前后，汽车配套厂家的技术更新、管理上等级已是迫在眉睫的任务，提高设备利用率、缩短交货期将是企业竞争的本钱。

（4）其他涉及复杂生产工序的机械加工类企业。

2. 市场预测

ERP系统的应用对象主要是机械制造企业。对企业来说，要进行生产管理的主要对象是车间，保证车间生产过程正常进行，是保证企业生产正常运作、保证产品交货期的关键之一。对单件小批生产模式企业的生产车间，由于其间的生产工艺繁琐、生产信息之复杂、生产过程的多变化而增加了管理工作上的难度。ERP系统的应用能够充分地发挥其功能，有效地解决车间级的生产管理问题。典型的单件小批生产模式的企业是模具制造厂。据统计，仅在广东省，就有包括各种规模在内的模具厂10000多家。而以上海为龙头的长江三角洲地区，模具厂家的数量超过了广东省的规模。这些模具厂只要有1%采用该系统，我们的销售额即可达到3000多万元。

另外，为了进一步的生存与发展，许多企业正在寻求有效的手段对企业的生产过程进行管理，通过ISO900X系列国际认证成为企业迫切的目标。ERP系统可以在上述方面给予企业有力的、有效的支持。

3. 营销方式

ERP系统的营销以项目方式进行，市场推广方式如下：

（1）建立样板（对样板用户可考虑软件赠送，收取服务费用）；

（2）寻求政府部门协助推广；

（3）在国内主要的大城市巡展和设立各地区代理点，并对代理人员进行培训；

（4）举办企业车间管理人员培训班（结业后发证）；

（5）精简的营销队伍，分为专职和兼职两种类型；专职人员实行按销售额核定奖励的管理办法，兼职人员实行销售额提成。

4. 销售定价（略）

四、项目实施计划

1. 公司的组织结构

ERP的推广工作有必要通过组建专门的专业技术公司来进行。公司的高层负责人至少两人，分别负责市场营销计划和产品技术支持；公司中层负责人先设两人，作为具体项目负责人。随着业务开展的扩大，逐渐增加项目负责人。营销人员先招募4人，视业务发展再行增加。

2. 投资预算

固定资产投资：××万元

包括：台式计算机、笔记本电脑、办公用品、通信工具等。

流动资金：×万元

包括：日常管理费用、广告费、产品包装、展示会费用等。

总投资共计人民币××万元。

3. 投资回报预测

ERP系统已是一项成熟的技术产品，并已在几个企业中获得应用。公司成立后，通过媒介宣传，发挥示范效应，预计第一年度可销售×套，此后逐年有所增长，保持在×套以上。

近期（××××年度）经营情况预测如表3-2-2所示。

表3-2-2 近期（××××年度）经营情况预测

项目	金额（万元）
销售收入	
减：生产成本	
销售费用	
管理费用	
其他费用	
营业税	
利润总额	
减：所得税	
净利润	

此后3年按保守原则预测如表3-2-3所示。

五、后续发展计划

1. 产品的进一步开发

（1）在ERP系统的基础上开发通用性产品。当前ERP系统仅仅面向制造业，但在其先进的程序设计思想基础上，我们准备开发新的应用软件领域，即面对不同行业的、通用性的"规划和调度控制系统"类软件。这类软件可广泛应用于建筑业、物流中心、百货商场（尤其适用于连锁店分销）、货物配载等。

表3-2-3 ××××年度后3年预测

年份 金额 项目	××××年 金额（万元）	××××年 金额（万元）	××××年 金额（万元）
销售收入			
生产成本			
销售费用			
管理费用			
其他费用			
营业税			
利润总额			
所得税			
净利润			

注：未计算认定为高新企业后的营业税返还。

我国建筑业的物料管理、施工进度、动态监控与修正方面仍大量依赖人工作业，效率低，工作量大，精确度低，造成物料采购、进仓、发料上的浪费和资金积压；因主客观因素变动造成施工进度调整，无法保证工期。使用ERP系统将大大提高工作效率，杜绝浪费，在最短时间内随时修正进度计划，对提高我国建筑业的管理水平将起到极大的促进作用。

随着互联网应用的深入发展，物流配送系统已成为电子商务发展的瓶颈。只有建立全国性和大区域性的物流配送中心，才能发挥电子商务的优势，而物流配送中心所要求的高强度运算任务，是目前国内自主开发的软件难以承担的。美国知名企业的现成电子商务解决方案，也不适应国内交通、搬运、仓储、分送体系的需要，最重要的是价格超出国内的承受能力。将××略作改型，将完全适合国内物流配送中心的需要，价格上具有独占性的竞争力。

（2）集成为有东方特色的企业资源规划软件。以ERP为核心，我们可以很容易地集成进销存、账务处理、固定资产管理、现金流量管理、信息系统模块，发展成为中国独有的企业资源规划系统，依靠低成本占领ERP的低端市场。

2. 配套服务计划

鉴于在国产财务软件基础上开发的管理软件存在生产管理与控制方面的缺陷，公司也可考虑与其他厂家联盟，与财务软件捆绑销售，实现国产管理软件的配套升级，取得更高的附加值。

深圳××科技有限公司

20××年××月××日

二十八、合作意向书

(一) 概念

市场经济不仅意味着激烈的竞争，还意味着符合经济规律的合作。商业活动的产、供、销等各环节，都不可能是独立存在的环节，而商贸活动中产销、供求等双方的贸易合作或各商贸机构之间的联营合作通常需要订立各种合同或协议来维系双方（或多方）的合作关系。而合作意向书则是一种表示合作意向的文书。

(二) 写作要求

一般情况下，要进行一项重要的或较大规模的合作工程，往往需要用较长的时间来进行调查、研究、磋商以及筹划。在这段时间内，为了稳定合作双方的情绪和维持双方的关系，双方可以签署或交换一份合作意向书，表明进一步合作的意向。这种意向书，虽然并非真正意义上确定合作关系的文书，但仍具有一定的约束力。其格式写法近似于"联合声明"。

商贸活动中的合作意向书从其内容性质上大致可以分为贸易合作意向书和联营合作意向书两类。前者是贸易双方进行交易前签署的意向声明，后者则多是机构与机构之间联合开展某一项经营业务或合作工程前的一种意向性文书。从形式上划分，合作意向书则可分为单签式意向书、联签式意向书和换文式意向书。单签式意向书是指一方提出合作意向，另一方同意接纳并在意向书副本上签章认可，交还对方即算完成。联签式意向书是指意向书由双方协商拟制。然后双方分别签署同意，各执一份为凭。换文式意向书即是由双方互相交换公文的方式来表达合作的意向。这种换文式合作意向书在礼节上显得更周到和郑重。目前商贸活动中常用的仍是较为折中的第二种，即联签式。

范例：

联合开发游览区意向书

大××实业发展公司（以下简称甲方）和××省旅游事业管理局（以下简称乙方）为发展×××游览区一事，特订立合作意向书如下：

甲方愿以多年来经营旅游事业的经验以及财力，协助乙方开发×××游览区。乙方也愿意推诚合作，从各方面给予方便权利，协助甲方开辟×××旅游专线的工作。以示双方达成正式协议，并经签字后，合作即可展开。

本意向书一式两份，双方签署后，各执一份为凭。

甲方：大××实业发展公司　　　　　乙方：××省旅游事业管理局

代表人：×××　　　　　　　　　　代表人：×××

×××　×年××月××日

二十九、索赔书、理赔书

（一）概念与作用

索赔书是指遭受经济损失的一方在争议发生后，向违约的一方提出赔偿要求的书面文字材料。

理赔书是指违约一方答复遭受经济损失的一方所提出的赔偿要求而作出的书面文字材料。

索赔书、理赔书在经济活动中运用十分广泛。双方当事人在经济贸易往来中任何一方遭受损失，都有权提出索赔要求，制作索赔书，另一方根据索赔方提出的要求进行答复，这是经济活动较为常用的方式，在经济领域中具有重要作用。

（二）分类和适用范围

索赔书和理赔书的分类可以根据不同标准进行分类，如按经济合同纠纷种类划分，可分为不同种类经济合同的索赔书和理赔书；按国际、国内范围来划分，可分国外贸易索赔书、理赔书和国内贸易索赔书、理赔书。

索赔书、理赔书的形式一般均采用函电的形式来进行。其特征虽然是单方面形式出现，不具有法律效力，但可以作为索赔、理赔的重要证据，在诉讼中起证据的作用。

（三）格式与制作方法

索赔书、理赔书虽然内容相对立，但其格式相同，都是由标题、正文、落款三部分组成。

标题是由索赔、理赔内容组成，有的可以标明如"索赔书"或"理赔书"，有的也可以用索赔理赔项目与文种组成。如"关于××合同索赔书"等，也可不用标题仅用称呼，与信函方式相同，如"××公司："。

正文由三部分内容组成：一是开头引据部分，主要是简述其事由，其特点在于简明扼要。为正文部分提出要求或进行分析、辩驳引好路。二是主体，是在开头引路基础上，顺理成章提出索赔方案或对索赔内容进行分析、辩驳的理由，并提出自己同意或拒绝赔偿的意见。三是结尾。结尾是在理由后面作总结性的意见，表明自己的态度。

落款是索赔、理赔单位的名称、年、月、日。

（四）注意事项

制作索赔书、理赔书应注意如下事项：

（1）着重事实，以理服人。处理经济纠纷要坚持实事求是的原则，所以在写索赔书和理赔书之前，要认真分析研究，在有充分的事实、证据基础上提出索赔、理赔的意见。做到事由清楚、证据充分、以理服人。

（2）善于思考，注意策略。着重事实、以理服人是索赔、理赔书的内容实质。注意策略是索赔、理赔的形式要件，所以在选择措词时要灵活巧妙，从解决矛盾的立场出发，达到消除矛盾、减少损失的目的，切不可用强硬的态度，以免产生矛盾激化的不良后果。

（3）坚持原则，针锋相对。经济往来是一种竞争，竞争必须在坚持一定原则的基础上，索赔、理赔也是竞争的一种表现方式。为此在避免措词激烈、态度生硬的基础上，不可为态度和气而一味退让，而是在一定原则基础上针锋相对的提出要求或进行辩驳，才能达到其目的。

范例：

索赔书

××公司：

××××年秋交会上双方签订的第×号合同项下柠檬茶×箱，你方没有按规定开出信用证。虽经我方多次催促，至今仍未见办理。上述货物早已备妥，堆放仓库待运。由于你方久不履约，致使我方经济上蒙受很大损失。据此，上述合同不得不予以撤销。有关包装损失及仓储费用等共计人民币××元，应由你方负责赔偿。随函附上付款通知书一纸，希即将该款汇下。

××进出口公司

××××年××月××日

理赔书

×××行：

××月××日来信及寄来的破损画蛋实样收到。

合同第×号项下画蛋到货破损情况已悉。从所寄来的实样看，这批货的受损程度不一，有的较严重，蛋壳破裂，木座脱榫，玻璃框破碎；有的较轻，仅蛋索、木座损坏，玻璃框仍完好。我们认为，应视实际损坏情况分别予以处理。

来信提及×号损坏×盒，但这仅仅是估计。请即查明其中蛋壳、木座、玻璃框俱损坏者有多少；玻璃框完好，仅蛋壳、木座破损者有多少。对于前一种情况，我们即如数补装；对于后一种情况，将按具体损坏数量提供蛋壳和木座，烦请你方代为调换。

关于到货破损检验证明，鉴于双方以往的友好贸易关系，我们破例同意你方对这批破损到货免予提交公证行检验证明，以减轻费用支出。上述处理意见，请即研究答复。

××进出口公司

××××年××月××日

三十、产品策划

(一) 概念

产品策划是一种理性的思维活动，是对产品开发、生产和经营所进行的一系列企划活动。产品策划从类型上说包括新产品开发、旧产品的改良和新用途的拓展三方面的内容，从现有产品的营销策划角度上说，其过程和内容主要是：个别产品策划、品牌产品组合策划和新产品开发与推广策划。通过产品策划可以提高企业的营销水平，树立和优化企业市场形象，强化企业产品和产品整体组合效果，提高市场满足程度。

（二）写作方法与结构

产品策划既包括新产品开发工作，还包括处理产品从诞生至报废的全过程策划，也包括从核心产品、形式产品、附加产品的策划。

1. 产品描述

（1）产品内容。

（2）产品的命名包装和商标的决定。

（3）产品特色。

（4）新产品的创造与发明。

（5）产品开发进度。

2. 市场分析

（1）市场上现有产品分析。

（2）目标消费群分析。

（3）潜在目标消费群。

（4）产品资费分析。

（5）用户操作习惯分析。

3. 产品 SWOT 分析（略）

4. 营销策略（略）

5. 产品开发进度

（1）产品提案。

（2）产品思路整合。

（3）再次提案。

（4）产品内容再次整合。

（5）产品流程编写。

（6）产品流程修改。

（7）产品流程提交。

（8）产品工单。

（9）技术开发。

（10）内部测试。

6. 定价（略）

7. 效益估算

（1）产品资费。

（2）产品用户群数量。

（3）产品潜在用户数量。

（4）每月产品收益。

8. 产品内容介绍

（1）产品规则。

（2）用户属性。

（3）体系介绍。

（4）用户等级。

（5）主要功能介绍。

9. 销售渠道

根据新产品的特点，设定销售渠道。

10. 销售预测（略）

11. 营销费用预算（略）

12. 产品人员列表和职责

（1）产品经理（项目经理）。

（2）产品策划。

（3）编辑人员。

（4）技术人员。

（5）测试人员。

范例：

旅游新产品开发计划书
——爱心之旅

一、产品描述

我们所开发的爱心之旅，顾名思义是指奉献爱心的旅程。据了解和相关报道，在我国西部，由于经济比较落后，在山区存在大量的失学儿童，因为无钱支付学费，而不得不走上辍学的道路。然而，在经济发达的东部地区，人们不仅解决了这类问题，而且还有部分人还有了可观的结余。在社会物质文明和精神文明高度发达的今天，越来越多的人，尤其是有一定经济实力的人，更加看重自身的道德建设。因此，帮助西部失学儿童重返校园成为很多东部人奉献爱心提高自身道德素养的一个重要途径。

然而，因为信息的不畅通，很多人尽管有这方面的打算，但并没有得到充分的事实。而我们这次所开发的新产品，正是为这部分人群甚至更多的人提供信息，使其能更加了解西部孩子的生活，使更多的爱心得到落实，不仅帮助国家实现扶贫的目标，而且也可从中获得利润，更重要的是此类带有公益性质的新产品将对我企业的知名度的提升大有帮助，从而促进其他产品的销售。

因为这类产品在以前的市场上并不存在，它的实施固然有可观的前景和市场，但也有一定的风险性。

二、市场分析

随着中国经济的不断发展，东部沿海地区人均收入和消费水平不断提高，越来越多的人选择旅游这样的消费品，但现今市场上的旅游产品，都是以游览观光为主，而对于公益性的旅游产品在市场上还是一片空白，因此，对我们而言这是个很有吸引力的市场。

1. 消费者市场

在消费者市场上，公司的主要顾客是中等收入以上，年龄在30岁以上的人群。这部分人有一定的经济基础和社会地位，对自身要求较高，也因为大多已为人父母，对孩子富有同情心，更懂得关爱孩子，对我们公司的新产品，既有消费能力，又有消费需求。

我们对此又作了进一步的分析，得到具体的细分市场及其特点如表3-2-4。

表3-2-4 细分市场及其特点

目标细分市场	需求	特征	利益
个人消费者	体验生活 奉献爱心	经济实力较强 独自出游或团队出游	提高自身的精神素质，心灵上得到满足
家庭消费者	体验生活 奉献爱心 教育孩子	携带孩子 经济实力强 看重教育意义	心灵得到满足，教育了孩子，对其将来的发展有益

2. 市场需求

中国经济在迅速发展的同时，人们的精神文明也得到了很好的发展，很多人开始关注社会，开始奉献爱心。很多人虽然有这样的经济实力，但没有这方面的信息，所以也就没有机会去奉献他们的爱心。而我们所开发的新产品，正是为这部分人群提供信息，另外，我们的宣传活动，也会进一步激发人们的潜在爱心，使其成为我们的潜在消费者，可见，这部分市场是很有潜力的，而且市场需求是巨大的。

三、SWOT分析

1. 优势

产品的独特性。我们开发的这个新产品，实现在旅游路线中所没有的，而且不同于其他旅游产品，主要是玩。我们的产品主要体现"爱心"二字，是独特的。

产品本身具有教育意义。我们主要的目的是让人们了解西部一些孩子的学习生活的艰辛。对有东部发达地区的人而言，无疑是一个很好的教育机会。

价格相对较低。我们的产品没有一流的餐饮和住宿条件，因此成本较低，相应的，我们的价格相对有其他的旅游产品也会较低，更容易被消费者接受。

2. 劣势

线路不够成熟。由于此产品为新产品，在路线的选择和设计上还不够成熟，而且，花钱买奉献的形式也不一定能被消费者所接受，因此存在着一定的风险性。

时间成本较高。因为此产品的目的地属于西部落后地区，而消费者又集中在东部沿海地区，花费在行程上的时间会相对较高，这无形中也加大了成本费用。

交通不便。因为此类学校多属内陆地区，交通上会给企业带来一定的困难，而且成本也会有所提高。

3. 机会

市场潜力大。政府一直提倡精神文明建设，人们在得到物质保障后，更想追求精神素质的提高，更有奉献爱心的想法。

国家政策的支持。国家政府一直贯彻实施西部大开发政策，我们的新产品能对西部的人才教育提供帮助。只有西部自身的人才素质得到了提高，西部才能真正的发展起来。因此，我们的新产品也能得到国家和社会的支持。

提高企业知名度。我们是首先推出公益旅游这个产品的企业，必将受到社会的广泛关注，有益于提升企业的知名度，打出品牌，并为其他旅游产品的销售起推动作用。

4. 威胁

竞争压力。虽说我企业是率先推出该产品的公司，但不乏其他的竞争对手会争相模仿。同时还有其他的代替品会对我们的新产品产生威胁。

社会舆论压力。此产品的开发需要一定的成本，且公司本身就是以营利为目的的，必将收取一定的费用。这样必定会有来自社会舆论的压力，质疑我们公益旅游的实质。

地理的复杂性。因为本产品的特殊要求，既有希望小学，又有观光点，而且要尽量克服交通问题，节约成本，这实在不是一件轻而易举的事。

如表 3－2－5 所示。

表 3－2－5　SWOT 分析

优势： 产品独特性； 具有一定的教育意义； 价格相对较低	劣势： 线路不够成熟； 时间成本较高； 交通不便
机会： 市场潜力大； 国家政策支持； 提高企业知名度	威胁： 竞争压力大； 社会舆论压力； 地理位置的复杂性

四、产品

我们的这个新产品是爱心之旅，它的具体特征包括：

突出爱心这个主题。不同于其他旅游产品，主要是带领旅游者参观西部一些失学儿童的学习生活情况，了解他们的艰苦，鼓励他们奉献爱心，与这些失学儿童结对子，帮助他们完成学业。

提供思想教育。专门组织家庭为单位的旅游团队，让孩子充分了解现在学习生活的优越性，更加努力学习，这也是很多望子成龙的家长所希望看到的。

附带其他旅游产品，在游客参观希望小学和孩子的联谊活动结束后，可以独自或带当地孩子一起参观游览周边的一些景点，了解当地的文化内涵。

预计第一年开发一条线路作为试点，成功之后可以在下年推出其他线路，这个时间可以根据第一条线路所取得的成绩做出调整。

五、宏观环境和微观环境

可能影响爱心之旅实行的宏观因素有：经济因素（主要指消费者的购买能力）；地理位置（主要是指气候、交通方便等问题）；社会文化因素（主要指社会评价、媒体报道等因素）；政策因素（国家对西部开发和人才培养等方面的政策措施）。

可能影响爱心之旅实行的微观因素主要有：合作者（主要指当地相关机构对线路的支持以及交通运输企业的合作）；竞争者（主要指其他旅游公司的模仿，和其他代替品的产生）；消费者（主要指消费者对产品的认知和选择）。

六、营销策略

我们制订营销策略的目的是让我们的新产品迅速进入市场，以最快的速度占领市场，创造利润。我们希望通过强调我们新产品中"爱心"这一主题，在消费者心中树立品牌意识和形象，并且通过优秀的服务，实施完善的营销措施给顾客灌输一种公益的思想，挖掘潜在客户。在广告宣传方面，主要运用报纸广告并结合网络、电台等其他媒体来达到传递信息的目的。

1. 使命

我们的使命是为消费者提供满足其需求的、优质的物超所值的产品。使其能通过我们的产品达到奉献爱心的目的，我们以此产品的独特性来开拓市场。我们的核心竞争力在于抓住消费者人性化心理，开发了公益性的项目。

我们主要以中等收入以上人群作为我们的消费者，在地域上主要集中于东部沿海地区，首先发展长三角地区，随着以后的发展，也可以扩展到东南部如珠三角等地。

2. 营销目标

没有竞争者，目标在于迅速打开市场，收回成本，使新产品尽快的被消费者接受，并且树立品牌形象。

竞争者已经产生，目标为完善新产品，推出新的旅游线路，维护品牌形象，目标是拥有40%以上的市场份额，确保行业领先者的地位。

3. 财务目标

采用撇脂定价法，迅速收回成本，实现盈利。并为来年的竞争提供降价的空间，即提升竞争力。

宣传效果得以体现，消费者人群壮大，且产品更加完善，降低价格，减少单位利润，但提高总体利润。

4. 目标市场

对于消费者市场来说，我们主要针对的是30岁以上中等收入以上人群，这些人有稳定的经济基础，一般都有家庭，对自身要求较高，比较符合我们的定位，容易接受我们的这个产品。

5. 定位

通过产品差异化，我们把"爱心之旅"定位为"爱心之旅：感动＋奉献＋快乐"的这样一个旅行产品，我们着重于"爱心"这一点，把它作为差异化和竞争特色，以此来打开市场，形成独特的竞争优势。

6. 战略

我们强调的是"爱心之旅"这个产品与其他旅游产品的不同之处，即实现我们的产品定位，切实做到"爱心之旅：感动＋奉献＋快乐"；实现这一目标主要体现在如下方面：

感动：即让每一位旅游者都能够切实体会当地孩子的艰辛生活和学习所面对的困难，相信这能唤起每个人心里最温柔的一面，每个人都会为此而感动。

奉献：我们会和当地的相关组织取得联系，任何一位旅游者如果有帮助这些孩子的意向，无论是当场还是回来后，都可以通过我们奉献自己的爱心。

快乐：我们为顾客提供上述服务的同时，还会为他们提供周边景点的参观游览，让他们同时享受到其他旅游产品所带来的愉悦。当然，顾客也可选择那些孩子和自己一同游览，我们将提供孩子的接送工作。

七、定价

我们的"爱心之旅"的定价主要分为四个部分：

第一部分是体验孩子生活的部分，这部分因为关系到公益问题，如果收取高额费用会受到社会的质疑，会为新产品的销售带来困难，因此只能在成本费用的基础上收取少许的利润，作为新产品的收益。

第二部分，也就是其他的附加旅游产品，这部分可成为这个产品主要的利润增长点，在这个定价上可高于同类产品。

第三部分是为其提供援助服务，收取一定的手续费。虽然这一部分利润很少，但就总体而言，还是有相当可观的利润的。

第四部分是我们会将游客和当地孩子的联谊活动拍摄录像，并制作成光盘形式，对有购买意向的游客发售。

促销：我们营销目标之一就是通过促销活动迅速占领市场，提高品牌知名度，为达到这个目标，我们将通过广告宣传和利用媒体作用来树立品牌形象，并通过独特的宣传口号"爱心之旅：感动＋奉献＋快乐"来引起公众注意和媒体关注。

我们的促销活动有：

针对以家庭出游的顾客，可实行对孩子免费等优惠措施；

在旅游的淡季，对出游价格给予一定的折扣；

为顾客在旅行过程中提供一定免费的餐饮服务；

给以团队直接报名的给予一定的折扣优惠；

赠送标有"爱心之旅"等字样的纪念品；

设置会员制，对每位参加"爱心之旅"的游客给予会员称号，这些游客可享受我们其他产品的优惠。

八、销售渠道

根据新产品的特点，我们设定了以下这些销售渠道：

营业部销售：这类顾客主要通过报纸，杂志或网络等广告宣传或媒体报导了解我们的产品；

网络营销：我们在网络上发布的广告上可直接点击进入公司主页，任何人都可在公司专门的页面上进行购买登记，并实行网上付费；

专项销售：我们可以与一些有组织员工出游意向的公司或事业单位联系，尤其是事业单位。因为属于国家机关，这类公益性的旅游产品对他们更有吸引力。

九、内部营销

现在企业间竞争激烈，除了外部的营销策略外，内部营销和服务的好处也决定了这个产品的销售和寿命，我们采用内部营销手段主要有：

设立 24 小时的顾客服务热线，接受顾客的咨询和投诉；

定期对顾客的投诉进行汇总、处理，并及时反馈给顾客；

每个月实行一次例会，对线路进行监控，及时调整和完善线路和服务；

同时也对战略进行监控，以便及时调整。

设立奖惩制度，对于超过预计销售量的营业部给予肯定和奖励。反之则给予批评和处罚。

十、销售预测

表 3 - 2 - 6　销售预测

消费者市场	销量（人）
企业、机关、单位等	1500
个人消费者	1800
家庭消费者	3600
总量	6900

十一、营销费用预算

我们第一年的预算包括：广告费用、促销费用、公共关系、网络营销费用、市场研究、渠道津贴、销售人员培训、新产品开发费用……

三十一、公关活动企划书

（一）概念

公关活动企划书是指表达一个行动方案设计过程的一种企划书。在这个过程中，企业、组织，部门等依据其形象的现状，提出新形象的目标和要求，并据此设计公共关系活动的主题，然后通过分析其内外的人、财、物等具体条件，提出若干可行性行动方案，并对这些行动方案进行比较、择优，最后确定出最有效的行动方案。

（二）公关活动企划书写作

一份完整优秀的公关活动企划书，不仅能促进公关活动顺利进行，而且能为企业、组织、部门等建立起自己良好的形象。公关活动企划书，根据公关活动的类型不同，企业、组织、部门等与公众的沟通活动模式选择也有所不同，其写作内容的侧重点也有所区别，但书写原则应紧紧围绕设计行动的过程来制定方案，其格式步骤如下：

1. 企划导入

公关活动企划书导入部分的封面首先写明标题；然后列出企划单位名称、提出人、提出日期、撰稿单位名称、撰稿人、完成日期，注意版面的设计应做到清晰、整洁；前言应简要地表明本企划的姿态，以引起实施人的关注；目录要写出企划书各部分的标题及对应的页码。

2. 公关活动背景

公关活动的背景是指对该公关活动企划的必要性或所处的环境背景进行综合、概括性的描述。

3. 公关活动目的

公关活动的目的是指该公关活动所要达到的目标或要求。活动的目的设定应做到意图鲜明，并具有可行性。

4. 公关活动主题

主题是指该公关活动所围绕的中心命题或指导思想，主题的确定一要体现出该活动主题和活动目的的紧密关联；二要体现出该活动主题和活动内容的和谐；三要保持该活动主题和活动风格的统一。

5. 公关活动内容

公关活动内容是指为达到活动目的而策划的各项措施。内容项目的书写一般应简洁明了，有条理地将要点列出，不需要过于繁琐、面面俱到。

6. 公关活动设计

公关活动设计是依据活动内容、流程等进行整体的设计，并使活动的实施计划完整的呈现出来。这部分要对人、事、地、物等各项因素综合考虑，做出具体可行的实施计划以及列明注意事项。

7. 公关活动单位

公关活动单位部分应写明主办单位、承办单位及协办单位的名称。

8. 公关活动场所

促销场所是指举办该促销活动的具体场地。如参考例文中所注明的活动地点：成都锦江市政广场（成都市锦江区旧事路83号）。

9. 公关活动时间

公关活动企划书应该注明活动的具体、准确的时间。如参考例文中所注明的活动时间：2003年5月10日16：00～20：00。

10. 费用预算

完整的公关活动企划应针对该公关活动所需的各项经费做出预算，以便让相关领导做到心中有数，让实际操作者提前做好准备。

11. 综合评述

综合评述是指对该企划的预期效果进行综合性的评估，效果预测应在企划书中得到体现，以便为后续工作提供参考基础。

范例：

康达药业集团成都市场路演活动企划

企划单位：康达药业集团公关部

提出人：×××

提出日期：2003 年 4 月 30 日

撰稿单位：康达药业集团公关部

撰稿人：×××

完成日期：2003 年 5 月 6 日

目录：（略）

前言

成都是康达药业集团所在地，成都市场也就是康达药业集团的战略性市场，康达药业集团的品牌竞争力在成都占有绝对优势地位，倾力打造更佳的企业形象是康达药业集团多年来不懈努力追求的目标。

一、市场背景

5 月 10 日，一年一度的"护士节"如期而至，今年与往年的"护士节"相比，因为突如其来、肆虐全国的"非典"给人们蒙上了忧郁和压抑的阴影，白衣天使抗战"非典"的第一线，浓浓的温情更为人们所体味，忘我的精神更为人们所敬仰。护卫健康已经成为人们高度关注的焦点，非常时期应该采取特别的公关策略，尤其在"护士节"这个特别的日子，康达药业集团借此时机向全体医务人员致敬、献爱心可以引起人们的心声共鸣，在消费者心目中树立良好的品牌。

二、活动目的

（一）提高消费者对康达品牌的忠诚度

（二）进一步提升企业形象

三、路演活动主题："护士节"献爱心

护卫人民大众的健康，是康达药业集团及每一位成都市民的美好追求。康达药业集团以"护士节"献爱心为主题通过活动激发广大市民护卫健康、奉献爱心。通过活动展示出康达药业集团志在与全体医务人员一道为人民大众的健康同呼吸共命运的社会责任感，以此来提升康达药业集团的社会公众形象，增强品牌与市民的情感沟通，提升品牌的美誉度。

四、路演活动内容

（一）康达药业集团有关领导讲话

（二）康达药业集团向市卫生系统捐赠"非典"药品

（三）文艺节目演出

（四）"非典"知识竞答

五、活动的原则

1. 针对性原则。活动要吸引目标顾客；要选择人流量较大、场地较宽广的地段作为路演现场。

2. 效益性原则。一方面要严格控制活动成本，除固定的演出劳务费用外，尽可能地控制好场地费；另一方面要充分发挥活动效果，必须力求观众数量最大化的前提下，观众中目标顾客比例最大化。

六、路演活动设计

（一）康达药业集团有关领导讲话

公司领导代表康达药业集团对广大观众表示热烈欢迎和问候，向广大消费者多年来的关心和厚爱表示衷心感谢。并表示建设现代化的成都和护卫人民的健康，是康达药业集团及每一位成都市民的美好追求和神圣责任。

（二）康达药业集团向市卫生系统捐赠"非典"药品

康达人愿与医务人员一道护卫健康，风雨同舟，并肩奋斗。从而体现出康达药业集团"服务社会，关爱民生"的社会公众形象，传播了良好的品牌形象。

（三）文艺节目演出

1. 确定合作的演艺公司。康达药业集团与成都一家颇具实力的演艺公司达成战略排他性协议，即康达药业集团将来的演出均委托此公司协办，此公司在演出过程中以康达药业集团艺术团名义出现，演艺公司以最低的价格每场10000元为康达药业集团提供服务。

2. 节目形式以歌曲、小品、相声等为主，还根据实际情况穿插地方戏节目。力求一方面要突出"护士节"献爱心的主题；另一方面突出健康、时尚、活力，充分调动观众的情绪；再一方面突出互动性，请有一定演艺水平的观众同台演出。

3. 编排演出内容。演艺公司的所有演出节目均由康达药业集团选择和审订，而且对演出要进行深度评估，以保证每一个出演的节目都精彩纷呈，深受观众喜爱，通过观众对节目本身的印象力增强品牌记忆力。

4. 主持人台词的规范。活动效果如何与主持人的水平至关重要，我们对主持人的台词进行了规范，既不要带有过多的商业气氛，又要恰到好处地对企业的有关情况和品牌资源进行高效传播。

（四）"非典"知识竞答

特有的互动性和参与性是消费者的喜爱，是演出中调动观众激情的最有效手段。采取现场报名的方法，先进行分组参赛，再进行决赛。最终的十名获胜者授予"护士节"献爱心使者称号，终身享有康达药业集团提供药品优惠。

（五）路演场地布置

为了提高宣传效果，在演出当天上午9时前搭好舞台，布置好舞台品牌宣传背景、彩虹门、气球彩带和太阳伞等现场宣传品，并标明演出时间，使过往行人关注此活动，就是他没有来观看节目，但至少品牌信息已经传播给了他，品牌印象加深了。

（六）注意事项

1. 演艺方要确保节目的编排质量和人员的到位，现场要及时搭建好舞台，布置好场景。

2. 集团公司公关部在路演活动前，要与场地方保持密切配合，确保场地能按时使用。

3. 集团公司公关部要协调好城管等部门，保证路演活动的正常进行。

4. 市场营销部同时要保证捐赠药品和促销用药的充足供应。

七、路演活动主办单位与协办单位

主办单位：康达药业集团

协办单位：蜀成演艺公司

八、路演活动的演出地点

演出地点：成都锦江市政广场（成都市锦江区旧事路 88 号）

九、路演活动的演出时间

演出时间：2003 年 5 月 10 日 16：00 ~ 20：00。

十、费用支出及效果评估：（略）

三十二、赴外考察企划案

（一）概念及作用

企业经常赴先进国家去参访他们的市场环境、技术进展以及公司的经营等。

（1）提供本公司在发展策略上、商品创新上、技术突破上、营运模式参考上、资讯化程度上、生产自动化上、行销活动、顾客满意经营上、产品结构上等诸多之有利的参考、借鉴、模仿等作用。

（2）也可作为未来双方可能合作之展开，包括代理引进、技术授权、合资公司、商标授权或业务合作等。

（二）撰写资料来源

（1）在赴海外市场或合作企业对象参访考察完成之后，回国后撰写考察报告，其资料来源，应该可以按照考察小组成员的专长及分工而撰写，然后由某个单位汇总而成。

（2）一般来说，如果是一个以制造业为主的全方位考察团，大致会有如下的分工小组：

1）生产（制造）组。

2）技术研发组。

3）资讯化组。

4）品管组。

5）采购组。

6）法务组。

7）业务行销组。

8）综合企划组。

9）财务组。

10）企划组。

（3）如果是以服务业为主的全方位考察团，则会有如下分工小组：

1）市场分析组。

2）顾客关系管理组（或会员经营组）。

3）商品开发组。

4）资讯化组。

5）行销企划组。

6）财务组。

7）业务拓展组。

8）店头设计组。

9）综合企划组。

（三）撰写应用到的重要理论

（1）创新生产模式。

（2）创新服务模式。

（3）创新会员经营模式。

（4）资讯化模式。

（5）技术研发模式。

（6）商品开发模式。

（7）组织模式。

范例：

某大型便利商店连锁公司赴日本参访考察报告企划书

一、引言——本次赴日考察参访之背景与目的

二、参访对象说明

（一）公司总部人员

（二）考察便利商店各处据点

三、参访考察结果分析

（一）本便利商店连锁产业发展趋势与未来成长空间

（二）日本消费者对便利商店的满意度及未来需求

（三）日本便利商店商品的销售结构比例与毛利贡献比例

（四）日本便利商店评效分析

（五）日本便利商店自有商品开发分析

（六）主题行销活动成效分析

（七）日本便利商店新品上市分析

（八）广告宣传手法分析

（九）资讯系统（B2B）建置效益分析

（十）全球化商品上架成效分析

（十一）创新服务项目分析

（十二）电子商务（B2C）推广成效分析

（十三）全公司获利分析

四、结论与建议

（一）对本公司商品开发策略之建议

（二）对本公司扩店策略之建议

（三）对本公司主题行销活动及广告宣传之建议

（四）对本公司资讯系统建置之建议

（五）对本公司创新服务之建议

（六）对本公司提高土地价值之建议

（七）对本公司推动网络购物之建议

（八）对本公司获利结构提高之建议

（九）结语

三十三、合资经营可行性研究报告

（一）概念

合资经营可行性研究报告是在合资企业正式组建以前，由投资方就该合资项目建设的必要性、可能性和可行性进行技术论证和经济效益分析评估后写的一种书面材料。

（二）写作要点

合资经营可行性研究报告通常由以下几部分组成：

（1）合资企业基本情况概述；

（2）企业生产安排；

（3）企业管理安排；

（4）物资供应安排；

（5）技术和设备；

（6）环保和安全；

（7）财务评价和分析；

（8）其他事项。

范例：

中外合资经营可行性研究报告

一、基本概况

（一）合资公司名称、地址和经营情况

名称：××丝织有限公司

法定地址：××市高新技术开发区

经营范围和规模：生产各色丙纶丝织带及丙纶丝成品。自产自销（国内外销售）。年产各色丙纶线630吨，各色丙纶带200吨，总计为830吨。

（二）合营双方及负责人

大陆方：××市××采购供应店（以下称甲方）

法定地址：××市××路××号

法定代表人：×××

国籍：中国

主管部门：××市××贸易公司

港方：香港××贸易有限公司××贸易行（以下称乙方）

法定地址：香港××道××号××中心××室

法定代表：×××

国籍：中国

（三）合营公司投资总额及注册资本

合营公司投资总额为280万美元。投资总额包括：建设投资200万美元，流动资金80万美元。

合营公司注册资本总额为200万美元。

双方出资比例及盈利成分：

甲方占投资总额的50%，其中需投资外币95万美元。

乙方占投资总额的50%，计100万美元。

盈利按双方出资比例分成。

流动资金80万美元由合资企业从中国银行贷款解决。

双方以资金为投资方式，合营双方应在从营业签发之日起的6个月内缴清。合营合同规定分期缴纳出资时，合营各方第一期出资不得低于各自认缴出资额的15%，并在从营业执照签发之日起3个月内缴清。

甲、乙双方将资金和双方确认的实物凭证汇入××银行"××有限公司"账户。在当地工商、税务部门注册登记。

（四）合营期限

双方商定合营期限为11年，自签发公司营业执照之日起计算。

（五）合营的背景及双方企业条件

1. 合营的背景

在××××年××月××节期间，香港××贸易行×××总经理应邀来××参观。××省外经委、××市外经委、供销合作社的主要领导与×××总经理进行了两次有诚意的洽谈，对双方合资兴建丙纶丝织带的项目取得了一致意见，并签订了意向书（见附件一）。之后经××市××贸易公司、××供销合作社同意，甲方于××××年×月×日提出了《关于在××高新技术开发区兴建××合资聚丙烯纺织带生产项目申请报告》（见附件二），于××××年××月经××市高新技术开发区管理委员会×开管文（××）××号文《关于在××高新技术开发区兴建"××丝织有限公司"项目建议书的批复》（见了附件二）批准后，甲方对国内原材料及产品市场进行了充分的调查，并了解了国外市场的现状。对生产设备的价格、性能也进行了询问和了解，又进行了本项目经济效益的初步分析，并按规定委托中国银行××国际信托咨询公司对乙方进行了资信调查。在以上工作的基础上，甲、乙双方于××××年××月在××再次对可行性研究中的有关情况、产品销售、国内外产品销售价格、经济分析等问题进行了充分的协商和研究，并取得了一致意见后，双方真诚地表示愿共同投资，共同经营，共担风险，高效率地完成项目建设，使产品早日投入国内外市场。

2. 合营的必要性（略）

3. 双方企业条件

甲方创建于 1979 年，属市供销社领导的国有企业，现有员工 100 人，固定资产 1100 万元，流动资金 2000 万元，总建筑面积 2000 平方米，年销售额 1 亿元，利税达到 250 万元，有较高的生产管理水平和丰富的外贸经验，资金来源充足。目前，甲方为适应国内外市场的变化；拟求境外企业合作，以发展规模生产为重点，引进先进设备和先进技术，生产高质量产品，返销国际市场，为国家创取外汇。

乙方为香港注册公司，注册时间为 1979 年 10 月，有进出口业务经营权。乙方为专营化纤制品的专业公司，拥有先进的工艺技术和生产设备，有较好的资信和较强的返销能力。在中国香港、泰国等地已开办 6 个厂，经济实力雄厚。

（六）可行性研究报告的主要结论

通过对本项目进行的合营条件、产品方案、生产规模、市场需求、材料供应、厂址、能源供应、交通运输条件、技术设备、工艺条件以及经济分析、财务评价等一系列可行性研究，确定本项目符合国家利用外资的方针政策，并且条件有利、建设周期短、效益显著，产品绝大多数外销，可为国家创收大量外汇。部分产品内销，对推动和促进经济发展，增加企业收入和国家税收都有明显效果。

二、产品和生产安排及其依据

（一）生产计划规模

1. 产品名称规格名称

各色丙纶丝

各色各种丙纶丝织带

规格：符合国际通用标准

2. 两年产量规划

每年按 300 个工作日（常年生产），每日三班制（法定假日除外），生产量为 830 吨。第一年度为 415 吨，第二年度以后达 830 吨。

（二）市场研究与预测

1. 国内市场

通过国内市场调查，发现高强力丙纶丝用途广泛，而国内很少生产。该产品可用于工业、农业、生活等所需品，如旅行包、袋用布、各种背包带、旅游帐篷、海上用品和装饰用品，可以代替棉纺、丝织品，在 20 年内畅销不衰，因此市场前景良好。

2. 国外市场

国际上丙纶丝的销售市场较好，××××年世界丙纶丝产量为 95 万吨，预计到××××年为 140 万吨。日本、韩国有少量生产，不能满足需求量日益增加的需要，因此本产品由乙方负责返销 70% 用于出口，打入国际市场，特别是东南亚市场是完全有把握的。

（三）产品销售方案

本项目年产量的 70%，即 581 吨由乙方负责销售出口，其中 30%，即 249 吨的产品除可在国内市场销售外还可直接对外销售或委托外贸公司对外销售。内销部分由甲方负责。

三、物资供应安排（略）

四、生产技术工艺及设备（略）

五、合资企业组织机构

（一）董事会

自本项目可行性研究报告批准和甲、乙双方签订合同生效后，由甲、乙双方组成董事会，董事会为合营公司最高权力机构，决定合营公司一切重大事宜。

董事会由5名董事组成，其中甲方委派2人，乙方委派3人，董事长由甲方担任，总经理由乙方担任，双方共同参加企业经营和管理，确保公司经营方针得以实施。

（二）机构及员工总数（略）

1. 组织机构

全部管理人员和生产工人100人，其中高级管理人员4人；中级管理人员6人，职员10人，固定工人80人。

总经理、副总经理、总工程师由董事会任命，其他各类管理技术人员、工人由总经理聘任，其人员来源，采取向社会招聘合格人员的方式解决。

2. 工资水平供销部

为进行财务评价及经济分析的可行性研究，甲、乙双方对记入本报告的总成本预测表中的工资额水平协商结果为：暂按每人每月××元人民币计算，其中包括员工劳动保险、福利费用和国家员工的各项补贴等。

六、环境污染治理和劳动安全

本项目在生产过程中无有害有毒废水、气体排出，故不产生环境污染。

七、建设方式、建设进度安排

本项目由甲、乙双方合资建设，并充分利用××市高新技术开发区的有利条件，合资企业采用厂房租赁形式（包括水电气等供应的设施配套工程），以减少基建投资资金和施工时间，得到投资省、效益快的效果。

本项目用地20亩左右，建筑面积5000平方米。

（一）建筑物

厂房1000平方米，仓库3000平方米，办公楼及其他1000平方米。

（二）动力

根据港方提供的设备清单，本项目用电负荷为200kW。

本项目每小时用蒸汽1吨，生产用水3吨/日，生活用水5吨/日，年需用水2400吨。

本项目在生产过程中不用蒸气，只需提供取暖用气。

所需用地、电、水、气由开发区统一安排。项目的征地、基建由甲方负责，工厂建好后，租给合资企业，每年租用费53万元。

本项目的建设实施进度计划：于××××年×月立项目建议书及签订中港双方的意向书，××××年×月完成可行性研究报告，于××××年×月双方签订合同之后进行生产设备考察。定货时间约需3个月，于××××年上半年度设备到货并进行安装、调试、投入试生产。

生产进度计划：于××××年完成并投产，生产量为50%，即415吨，到下一年全部生产量达到830吨。

八、资金筹措

（一）投资总额

本项目投资为280万美元。

建设投资：200万美元。

流动资金：80万美元。

（二）资金来源和筹措

甲方：自行筹措100万美元，占建设投资50%。

乙方：出资100万美元，占建设投资50%。

流动资金80万美元，由合营企业向银行贷款。

本项目所需厂房、场地、水电配套设施等均采取租赁方式，故不计入投资中，租赁费用、场地使用费等均纳入产品成本。

九、外汇收支安排

外汇收入为合营公司产品由乙方包销出口总产值70%的产品而得，合营11年内外汇收入为1585万美元。

外汇支出为70%产品所需的主要原、辅材料，乙方利润分红，乙方股本等。合营期11年内外汇支出为395万美元。

合营期11年内外汇节余为187万美元。

因此，本项目有很好的创汇能力，同时有偿还银行外汇贷款的能力。

外汇收支平衡表见附表9。

十、财务评价与经济分析

本项目的财务评价与经济分析采用动态和敏感性分析等方法，全面对项目的财务、经济效益、风险程度、盈亏平衡、外汇平衡等作出分析和结论。结果如下：

（一）销售收入、成本及利润

（1）合营期11年内，总计销售收入2567万美元。

（2）合营期总成本为1919万美元。

（3）合营期提取折旧费为149万美元。

（4）合营期交所得税为70万美元。

（5）合营期提取三项基金为106万美元。

（6）合营期可分配利润423万美元。

合营期双方可分配项目＝可分配利润＋折旧费＋三项基金，总计为678万美元。

甲方占50%，分配339万美元。

乙方占50%，分配305万美元（扣出10%汇出税）。

销售利润率为16.50%。

（二）财务成果

（1）净利润计算和分配表（见附表1）。

（2）现金流量测算表（包括还本期测算）（见附表 2）。本项目还本期为 4.40 年（静态）。

（3）大陆方贷款还本付息估算表（见附表 3）。

本项目贷款偿还期为 4.23 年，自××××年开始至××××年初全部还清本息。

（三）经济收益率

内部收益率为 28.50%（见附表 4）

（四）不确定性对全部投资收益率的影响

1. 敏感性分析（见附表）

固定资产投资增加 10% 时，内部收益率为 26%，比基本数值减少 9%（见附表 5）。

销售价格减少 10% 时，内部收益率为 17.73%，比基本数值减少 38%（见附表 6）。

经营成本增加 10% 时，内部收益率为 21%，比基本数值减少 26.30%（见附表 7）。

2. 盈亏平衡分析（见附表 8）

本项目盈亏平衡点为 69.22%。

（五）外汇收支平衡表（见附表 9）

本项目合营期末（××××年）外汇结余 187 万美元。

（六）基础数据

1. 建设投资估算表（见附表 10）

2. 投资总额和资金筹措表（见附表 11）

3. 销售收入和工商税估算表（见附表 12）

4. 总成本预测表（见附表 13）

（七）财务评价及经济分析结论

本项目从净利润、现金流量、内部收益率、外汇收支平衡表等所反映的数字分析，合营公司财务前景比较乐观，平均每年可分配利润 38.47 万美元，占基建投资 19.23%。甲方贷款本金和利息共计 1093 万美元，在 4.23 年内即可还清。投资回收期为 4.4 年，盈亏平衡保本点 69.22%，内部收益率为 28.5%，本项目的经济效益是可观的。

主要附件：

附件一：××市××采购供应站与香港××贸易公司成立合资企业意向书（略）

附件二：关于在××高新技术开发区兴建××合资聚丙烯纺织带生产项目的申请报告（略）

附件三：××高新技术开发区管理委员会×开管文（××××）××号批复文件（略）

附件四：进口设备清单及投资（略）

附表 1：净利润计算和分配表（略）

附表 2：现金流量测算表（略）

附表 3：大陆方贷款还本付息估算表（略）

附表 4：投资总额内部收益率表（略）

附表 5：投资增加 10% 内部收益率表（略）

附表 6：销售收入降低 10% 内部收益率表（略）

附表 7：经营成本增加 10% 内部收益率表（略）

附表 8：盈亏平衡表（略）

附表 9：外汇收支平衡表（略）

附表 10：建设投资估算表（略）

附表 11：投资总额和资金筹措表（略）

附表 12：销售收入和工商统一估算表（略）

附表 13：总成本预测表（略）

三十四、调研企划书

（一）调研企划的含义

调研企划是指为管理者提供特定商务活动所需信息的信息处理的具体方案。调研是管理者进行决策的重要依据之一，它为企业、组织、部门等的总目标、总策略服务，调研方案是否合理、完善，直接影响到调研活动的客观性、科学性，进而影响到企业、组织、部门等的总目标、总策略的制订。

（二）调研企划的类型划分

（1）按照调研企划的性质划分：营销性调研企划，是为了使营销决策所用的信息更加准确而进行的调研企划；探索性调研企划，是为了澄清问题性质，帮助管理者更好地理解问题、分析环境而进行的调研企划；因果性调研企划，是为了辨明变量间原因和结果之间的关系而进行的调研企划。

（2）按照调研企划的决策范围划分：一般市场调研企划、营销组合策略的调研企划、未来市场的调研企划。

（3）按照调研企划的决策作用划分：以机会为中心的调研企划、以选择为中心的调研企划、以决策为中心的调研企划。

（三）调研企划书的概念

调研企划书是调研方案的书面表达形式，它包括对调研目的、问题的确定进行说明，并系统地勾画出每一个调研阶段特定的调研方法和详细程序。

（四）调研企划书写作

调研企划书与其他的企业经营性企划书相比较，由于它是为企业总目标、总策略服务的，也就决定了其结构内容有一定的特殊性。调研企划书的编制，应按照调研企划的步骤过程来书写，调研企划虽有许多形式，但系统性的调研企划应有一条主线，并对所需要的调研活动进行详细的计划。一般来说，调研企划的过程可以分为以下几个阶段：为适应企业决策的问题提出或解决特定的问题确定——采集适合调研目标需要的信息和资料并做出调研规划——确认、并查明信息的来源——做出抽样计划并收集信息——分析和解决企业行为决策和调研发现、提出的问题——提出调研成果——通过一组关系研究企业行为决策与市场之间的关系——管理者进行决策、调研结果总结、调研分析与反馈。在实际企划过程中这几个阶段是一个循环的过程，调研的不同阶段在时间上互相交叉、在功能上相互关联。对于企业来讲，一个成功的行为决策者，其行为和思维必以调研为导向。一个优秀的调研企划者，其行为和思维则又必须是以企业行为为导向的。总体来说，调研企划书的书写结构内容如下：

1. 企划导入

调研企划书导入部分的封面首先写明标题；然后列出企划单位名称、提出人、提出日期、撰稿单位名称、撰稿人、完成日期。注意版面的设计应做到清晰、整洁；目录要写出企划书各部分的标题及对应的页码。

2. 企划引言

引言部分对调查因由应进行简要的说明，对调研问题要明确地提出，对调研目标要制定得正确、清楚，引言整体上要做到简短明了。

3. 调查方法

调查方法的选择是整个企划取得高效的前提，应根据企划类型和目标的需要灵活地运用调查方法。常用的调查方法有问卷调查法、观察法、实验研究法。

4. 抽样方案

抽样方案的设计应客观、合理，样本的抽取是否有代表性，直接影响着抽样调查的准确性、可靠性。制定抽样方案应对调查对象、样本单位、抽样范围、抽样方法、抽样数量等方面进行充分地思考、研究。

5. 数据收集

数据收集是调研企划的实施阶段，要充分考虑一些具体操作问题，如收集数据的执行者、时间期限、监督方法以及实施程序等问题。

6. 数据的处理和分析及调研结果

这一部分属于调研企划的分析阶段，首先要进行分析方法的选择，一般常用的方法有常识法、分布法、交叉法等；其次要明确所需的具体分析问题，如数据的本质、所需的变量以及编辑程序等问题都必须明确地制定出来；最后经过数据的处理和分析得出调研的结果。

7. 结论建议

调研企划的制定者在得出调研结论后，应提出一定的可行性建议，以供管理者参考。

8. 提交报告

调研企划书一般是由提出人提出，撰稿人完成，由于调研企划书通常供决策人使用，因此在定稿成文时要做到周全、完整、明了，有足够的数据、证据以及明确的截止日期，字里行间一定要简明扼要便于阅读。

9. 预算和进度安排

预算和进度安排是对调研企划进行总体评价的阶段，调研活动的经费预算、进度安排以及效果预测等都应在企划书中得到体现。

10. 附录

为了增加企划的可信度，与本企划相关的数据、资料等应列入附录中。

范例：

兰西牌女士香水的调研企划书

企划单位：兰西实业有限公司

提出人：×××

提出日期：2003 年 6 月 1 日

撰稿单位：成都大华咨询有限公司

撰稿人：×××

完成日期：2003 年 6 月 16 日

目录：（略）

一、调研目的

通过调研，确定兰西牌女士香水在香水市场中所占的地位。为说明研究的范围，确定了兰西牌女士香水相应的调研领域，对这些调研领域详细审查后，确立了以下调研的目标：

（一）确认顾客在多大程度上熟悉兰西牌女士香水，以及了解本牌香水的途径。

（二）确定客户对兰西牌女士香水使用情况及满意程度。

（三）了解客户对兰西牌女士香水的具体意见。

（四）建立客户对兰西牌女士香水的建议专栏。

（五）评估客户对兰西牌女士香水的知识和意见。

二、调研方案

调研方案将作为基础性研究方案，每个被调查者将在其家中接受有奖性调查，人员调查将持续 15～25 分钟，具体情况视被调查者对兰西牌女士香水的熟悉程度而定。例如，如果被访者没有使用过兰西牌女士香水，有关使用情况方面的问题将不被提及；如果被访者从未知道兰西牌女士香水，某些关于使用情况及满意程度的问题也将被省略。

（一）被问及的问题，如：

1. 您收到过兰西牌女士香水广告信函吗？

A. 是　　　　　　B. 否　　　　　　C. 没有收到信件　　　D. 不知道

2. 您（您的朋友）使用过兰西牌女士香水吗？

A. 是　　　　　　B. 否　　　　　　C. 不知道

3. 您对所使用的兰西牌女士香水的满意程度？

A. 非常满意　　　B. 一般　　　　　C. 不满意

4. 您一般一年对香水支出的费用是多少？

A. 100 元～500 元　B. 500 元～1000 元　C. 1000 元～2000 元　D. 更多

（二）调查记录。（略）

三、样本设计

此调查需要大约分布在西南三省一市的 5 个城市约 5000 人为研究提供基础数据，

样本将以随机方式从 5 个城市的家庭中抽取。在每个家庭，主要应调查对兰西牌女士香水十分熟悉的个人，如果某个家庭有一个以上的兰西牌女士香水使用者，可随机选择一个使用者进行调查。

四、资料收集

专业调研机构的调研人员进行此项调研。

五、数据的处理与分析

应用标准编辑与编码过程。调研所获取的单表与交叉表将用于数据分析。

六、结论建议（略）

七、报告提交

将提交书面形式的报告，以及为兰西实业有限公司提供方便的口头结论。

八、预算与进程表

企划方案应包括每阶段的时间与相应费用的说明。本企划书的预算与进程表如下：（略）

三十五、企业诊断报告书

（一）概念和作用

企业在经济管理实践中，难免产生偏差甚至出现工作失误，这就必须进行企业综合、专题或专业诊断。企业诊断，是经营管理中的一种决策参谋、管理顾问性质的服务活动，它是企业进行科学管理的一个重要环节。

企业诊断报告书，是在企业诊断过程结束时写出的有关经营管理中存在的问题和提出改善方案的报告文书。所谓企业诊断，是指由企划主管或专家，根据企业或主管部门的要求，深入企业，运用科学方法进行调查，找出弊端，并针对经营管理中存在的问题。提出改善方案，并帮助企业实施这些方案，以达到提高企业经营管理水平，改善企业素质的目的。

（二）类别

企业诊断报告书，一般情况按内容分主要有以下三种：

1. 综合诊断报告书

主要包括外部经营环境诊断、经营战略诊断、产品竞争能力诊断等项内容。

2. 专业诊断报告书

如财务管理诊断报告书、质量管理诊断报告书等，主要着眼于解决企业专业管理中存在的问题。

3. 专题诊断报告书

主要着眼于解决特定的经营项目和经营课题。

（三）格式与写法

企业诊断报告书，一般由文字报告和各种附表组成。文字报告大致包括：诊断缘由、诊断成员的构成、诊断工作概况；受诊断企业的现状和主要问题；改善意见及效果预计。以上内容可视不同情况，相机选择取舍。其格式如下：

1. 标题

如《关于××市××公司企业诊断报告》。

2. 诊断概要

交代诊断缘由、依据、目的，说明诊断组成人员的构成情况，概述诊断时间、对象、范围和诊断经过、内容要点以及诊断方法。在整个报告中，诊断概要起开头、铺垫作用。

3. 诊断评价

一般包括企业概况、基本评价、弊病剖析等三项内容。

4. 改善建议及效果预计

5. 结尾

在主体部分下一行右方署名，并写明日期，注明附件于后。

范例：

关于××市××保温瓶厂企业管理综合诊断报告

根据××市××保温瓶厂的申请，由市轻工业局、×××大学等单位的 20 名咨询人员，组成企业管理诊断组，对××市××保温瓶厂企业管理进行全面诊断。

诊断组由市轻工局高级经济师×××同志任组长，市玻璃搪器公司总会计师×××同志任副组长，×××大学×××教授任顾问，成员均具有中、高级技术职称。诊断组下设财务管理、生产计划、劳动人事、经济责任、安装设备、供应销售、技术质量等七个专业诊断小组。

诊断组的任务，是对××市××保温瓶厂的企业管理进行全面诊断。诊断的重点是找出提高原材料利用率的途径。诊断的目的是改善企业管理，提高企业经济效益，保证实现 20××年创利润××万元的计划。

诊断工作自 20××年××月××日开始，至×月×日结束，历时×天。诊断过程分为预备诊断、主体诊断和总结报告三个阶段。诊断期内，共举行各类人员座谈会 15 次，谈话 81 人次，现场观察 21 次，现场观测 31 小时，阅读资料 153 份，收集数据 18352 个，绘制分析图表 35 份，运用现代化诊断技术 14 件。在工厂各级领导人员和广大职工的热情支持下，诊断工作按预期要求圆满完成。

一、诊断评价

（一）现有优势。（略）

（二）弊病诊断。（略）

二、改善意见

1. 要加强现场质量管理。（略）

2. 要强化设备管理工作。（略）

3. 要切实加强劳动定员定额管理，达到按定员定额合理组织生产的要求。（略）

4. 加强销售工作。（略）

5. 要运用和推广现代化的企业管理方法。（略）

6. 加强职工教育和培训，这是谋求企业在激烈竞争中立于不败之地和今后发展的根本大计。（略）

上述改善意见，如能付诸实施，使原材料利用率在今年后 4 个月达到 76%，则全年即可实现××万元，确保××万元利润计划的完成。我们相信，××市××保温瓶厂有条件也有能力将这个目标变为现实。

××市轻工业局××保温瓶厂企业管理诊断组

20××年××月××日

三十六、工程设计书

（一）文体概述

工程设计书是生产建设中的常用文体。按基本建设程序，在建设项目的计划任务书和选点报告经批准后，建设单位应指定或委托设计单位，按计划任务书规定的内容，先进行初步设计和概算，编制工程设计书。

工程设计书采用的数据必须准确可靠，有科学依据；内容必须齐全，表意要清楚，不可前后颠倒、重复；名称、数字、符号必须按规定书写，并使用统一名词；同时，严格执行设计审批制度。

（二）写作方法

工程设计书，一般由工程设计说明书、设计图纸、概算书三类文件组成。

一部工程设计书，宛如一部教科书，文字浩瀚，图文并茂，有的工程设计书，洋洋万余言，甚至几万言。但是，无论篇幅长短，其写作格式都包括正文和附件两大部分。为便于检阅和按设计要求施工，工程设计书一般还有总封面和目录。

总封面上要写明设计项目的名称、设计号码、设计院院长、总工程师、设计总负责人的姓名、设计单位的名称和日期。如一个建设项目由两个以上设计单位协作设计时，各个分工程的设计说明书则需分册编排。分册封面上除写明项目名称外，还要写明分册编号（分册编号由设计总负责人会同主体设计院排定），室主任、主任工程师、组长、工种负责人的姓名，设计单位名称及设计日期。大中型项目的工程设计书，内容较多，在封面后应附有目录。

各项工程因建设目的、使用要求和工程性质、特点不同，设计说明的内容和重点也有所不同。工业项目设计说明书的主要内容应包括：设计指导思想、建设规模、产品方案或纲领、总体布置、工艺流程、设备选型、主要设备清单和材料用量、劳动定量、主要技术经济指标、主要建筑物、公用辅助设施、综合利用、"三废"治理、生活区建设、占地面积和征地数量、建设工期等。

范例：

工程设计书总封面（略）
工程设计书目录（略）
新建××宾馆设计书

一、设计依据（略）

二、建筑部分（只列项目标题，具体内容略）

1. 基地。

2. 总平面布置。

3. 主楼设计：

①层数和高度；②建筑面积；③主楼客房；④门厅；⑤餐厅；⑥立面。

4. 辅助服务设施：

①办公部分；②职工更衣、沐浴及休息室；③洗衣房；④汽车库。

5. 锅炉房。

6. 设备机房。

7. 污水处理（设在地下，上面作绿化场地）。

8. 环境保护：

①噪声处理；②废气处理；③污水处理；④煤及灰处理。

9. 消防安全。

10. 建筑用料表。

11. 其他。

（1）本工程旅游工艺及厨房、洗衣房等设计均由××市旅游局负责设计。

（2）本工程不包括绿化布置、邮电营业工艺、馆外电话、电脑系统软件等。

（3）本工程各机电设备、建筑材料确定，概算编制均为假设性设计，待进口国确定以后再进行合理调整。

三、客房室内家具布置。（略）

四、结构部分

1. 本工程按照下列我国现行设计规范进行设计。

2. 本工程于××××年×月，经重庆地震大队作场地地震烈度鉴定，按基本地震烈度为6度设计，不计算地震荷载，但在构造上参照《工业与民用建筑抗震设计规范JJ11－78》的预加强。

3. 荷载规定。

4. 结构造型及构件选用。

5. 材料。

五、采暖、通风及空调部分（略）

六、给水排水部分（略）

七、弱电部分（略）

八、电气照明（略）

九、动力部分（略）

十、经济效益估算

经初步测算（详见"经济可行性分析表"，略），营业×年，除还清资金本息外，尚可得利润×××万元，国家可得税收××万元（不包括工商统一税、房地产税及车辆牌照税），并净得宾馆一座，可安排就业职工×××人，×年后，每年（按×年计算）可得利润×××万元，国家可得营业税收约×××万元。另外，由于增加约×××个接待床位，每年可多接待来××旅游者××万人；在其他方面增加的外汇为数不小，但具体数字一时难以计算。总的来讲，经济效益是好的（"经济可行性分析表"略）。

第三章　物业管理项目文书

一、项目评估报告

（一）概念

项目评估报告，是专业评估人员根据项目主办单位提供的项目可行性研究报告，通过对目标项目的全面调查、综合分析和科学判断，确定目标项目是否可行的技术经济文书。它是项目主管部门决定项目取舍的重要依据，是银行向项目主办方提供资金保障的有力凭证，也是项目建设施工过程中必需的指导文件。一般由作为项目评估方的国家项目管理部门或者项目主办方的上级部门，组织有关专家，或者授权委托专业咨询公司、意向上为目标项目提供贷款的银行来实施项目评估并制作项目评估报告。

（二）格式与内容

项目评估报告一般由标题、正文、结尾三部分组成。

1. 标题

居中要写明《××项目评估报告》。如范例中的《××县社会保障局新产品开发项目评估报告》。

2. 正文

（1）必要性分析。必要性评价又称背景分析，即分析项目在科学研究和经济建设中的意义和地位，从而明确目标项目是否有建设的必要。该指标突出考察的是项目对国民经济和社会发展所能做出的贡献大小。在这方面它要重点评估两个子指标：项目的投资方向；产品的市场需求。

（2）可行性分析。即考察项目是否具有建设的可能。如果项目缺乏建设的技术、经济或其他物质基础，那么一切都是空话。

项目可行性评估的重点主要有两个子指标：

技术的可行性，重点考察引进的技术是否先进适用，能不能与现有的技术设备水平相适应；经济的可行性。

3. 结尾

项目评估报告的结尾非常重要，它包括两项议题。一是要在上述因素分析的基础上，对项目是否可行作出结论；二是对可行的项目建设提出合理化的改进建议，以保证项目建设的顺利进行；或对不可行的项目指明存在的问题，为项目主办单位改进下一步的项目设计工作提供指导和参考。

（三）写作要求

1. 客观性

项目评估是在项目主办单位可行性研究的基础上进行的再研究，其结论的得出完全建立在对大量的材料进行科学研究和分析的基础之上。

2. 科学性

首先要有一个科学的态度。项目评估是项目建设前的一项决定性工作，它的任何失误都可能给企业、给国家带来不可估量的损失，因此评估人员必须持有对国家、对企业高度负责的、严肃的、认真的、务实的精神，以战略家的眼光，将项目置于整个国际国内大市场进行纵向分析和横向比较，坚决避免盲目建设、重复建设等现象的发生，使项目建成后确实能够创造良好的效益，发挥应有的作用。同时要使用科学的方法，在评估工作中，注意全面调查与重点核查相结合，定量分析与定性分析相结合，经验总结与科学预测相结合，以保证相关项目数据的客观性、使用方法的科学性和评估结论的正确性。

范例：

××县社会保障局新产品开发项目评估报告

一、项目开发背景

为加强行政、事业单位的财政资金归口管理，农行××县支行在上级行的指导帮助下，实行上下联动公关，大力拓展机构类法人大客户，经××县委、政府多次协调研究，决定于 2005 年 1 月 1 日正式启动运行社保工作，将养老、医疗、失业、工伤、生育五大保险全部纳入该局核算，对这些资金进行集中管理，有利于社会的保障与稳定，更有利于公共的财政体系建设，

新成立的××县社保局因涉及的单位与个人较多，资金规模较为可观而成为各家金融机构的竞争热点，农行××县支行在上级行的大力帮助下，在本行领导的亲自关公下，争取到了县委、政府的同意，将该局的所有账户开设在我行，从而赢得了项目的合作权。

二、项目基本情况

1. ××县社保局的管理范围

××县社保局是××县财政局下属的二级局，负责对××县所有行政、企事业单位的养老、医疗、失业、工伤、生育实施集中核算、集中计发。并为每一统管单位建立内部账户，分户核算管理。

2. 集中资金的范围和预测资金量

××县社保局只在一家国有商业银行开设一个银行存款账户，集中核算单位、个人的养老金、医疗金等资金均要纳入一家银行的账户内进行统一管理，且由代理银行统一代发。其集中养老金、医疗金、失业金等资金流量约 500 万元，留存金融部门资金月均 300 万元；代发单位、个人"三金"，总人数为 5000 人，"三金"支出总额为 500 万元，留存金融部门资金逐月累计年末可望达 1500 万～2000 万元。

3. 项目建设安排

××县社保局计划把县直行政、企事业单位一次性集中启动，所有前期工作均已到位，现仅欠一部分办公设备（附后表）。

三、农行争取社保局账户的重要性

近几年，虽然我行存款总量与增量的市场份额均在本地区金融同业排名第一，但是我行经营资金超负荷运转的状况仍然没有得到根本地解决，组织存款工作仍是我行的工作中心与重点，作为经济不发达的××县来说，财政性存款及行业系统资金在市场存款总量中占着举足轻重的作用，因此，争取××县社保局账户对于我行组织存款、带动中间业务的发展具有长远的重要意义。

第一，缓解存贷比例高、资金负荷重的矛盾。截至 2003 年末，我行各项贷款总额_____亿元，各项存款总额仅_____亿元，贷差_____亿元，存贷比例达_____%，向上级行借款_____亿元，因存款组织不足，每年均向上级行借款，严重制约我行扭亏与消化历史包袱的进程。

第二，保住存款市场份额并有效拉动存款增长。因地区经济落后及国家国企改革，公司客户除烟草行业外已屈指可数，较好的电信、移动因财务一体化实行收支两条线管理后滞留地区存款较少，企业存款难以有效增长，而今年我行储蓄、机构存款增长_____亿元，占我行存款增量的_____%，因此，社保局账户及代发"三金"业务能拉动我行储蓄、机构存款的稳定增长。否则，丢掉这一关键账户就意味我行失去了一个大系统客户。

第三，改变账户归属的历史原因造成我行机构客户存款有效增长不足的现状。因计划经济体制下国家专业银行按行业分工及未抓住 80 年代账户清理的商机，导致我行占有的行政事业、机关团体客户账户市场份额低的现状，严重制约机构存款的有效增长，现在如果能将该客户揽入我行，那将是一大商机。

项目投资概算

项目预计总投资_____万元，我行投资_____万元。

其中：

1. 建立社保缴费大厅，内设养老保险缴费处、医疗保险缴费处、工伤保险缴费处、生育保险缴费处。缴费大厅面积 150～200 平方米，需费用 13.5 万元；

2. 购置办公桌椅 11 套，需费用 0.8 万元；

3. 购置计算机设备 10 台，需费用 5 万元；

4. 购买公务车一辆，需费用 6 万～8 万元；

5. 购置笔记本电脑 1 台，需费用 1.5 万元；

6. 购置激光扫描复印机 1 台，需费用 1.5 万元；

7. 购置立式空调 2 台、挂式空调 5 台、电炉 20 个，需费用 3 万元；

8. 购置传真机 5 台，需费用 0.8 万元；

以上合计需费用：_____万元。

四、投资回收分析

从 2005 年开始我行在项目上可获得的收益为：第一年_____万元，第二年

_____万元，第三年_____万元，项目前3年累计可以实现收益_____万元，项目总投资为_____万元，说明项目在3年内可以收回投资成本。

五、项目风险性分析

通过评估测算，该项目总投资为_____万元，从项目带来的存款效益预测，我行投入资金的收回期是_____年，而我行与××县社保局签订的合作协议期限是20年，说明该项目的抗风险能力较强，风险较低。随着合作时间的不断增加，银企的合作关系将进一步增强，资金的集中力度和规模将逐年增加，农行在项目存款量增加的同时，经营利润也将不断扩大。长期稳定的合作关系为投入资金的安全性收回提供了可靠保障。

六、结论及建议

随着我国系统资金管理制度改革的进一步深入和不断完善，社保系统资金统一管理的力度和范围将逐步扩大，农行与当地社保部门建立长期、稳定、友好的合作关系，有利于农行机构类存款业务的稳、快速发展，社保的低成本存款资金的注入，有利于我行增加资金实力，对我行以后的发展有着十分重要的作用和深远的意义。

项目的开发成功，使农行在××县树立了良好的社会形象，提升了农行在本县的经营地位和知名度，为我行以后的发展奠定了坚实的基础。

项目的开发成功，为我行的经营和发展注入新的血液，拓宽了我行的发展渠道，对我行在××县长期、稳定发展具有重要的作用。第一，开辟了一条稳定的存款来源渠道，可以促进我行储蓄存款的稳步上升；第二，可以带动我行机构类信贷资产的投入，增加事业类优良客户的市场份额，促进我行有效信贷资产的提高，为实现经营利润打下良好基础；第三，增加了优良个人客户群体，可以拉动我行个人消费信贷的有效增长；第四，行政、事业单位代收、代付等中间业务较多，为我行以后发展中间业务提供了一个广阔的空间；第五，可以降低我行对机构业务分散公关的费用，减少客户开发成本；第六，可以促进我行业务经营的好转，为实现最终经营盈利打下基础。

通过评估分析，我行认为开发××县社保合作项目，是十分必要的，这对我行以后的发展有着十分现实、重要的意义。项目的投入可以在短期内收回，项目效益较好，切实可行，为使此项工作得以顺利实施，并达到预期的目的，因此，建议上级行开发××县社保项目，特报二级分行审批。

中国农业银行××县支行

二○○×年××月××日

二、项目融资方案书

（一）概念

项目融资方案书是项目开发者为了向风险投资者或其他投资者推荐自己的项目以寻找资金而撰写的申请资金的书面报告。

（二）主要内容

（1）项目的经营对象和范围；

（2）投资规模；

（3）所需的融资规模；

（4）建设周期；

（5）项目收益的主要来源（要尽可能详细和可信）；

（6）项目的年回报率（要尽可能详细和可信）；

（7）项目建设者和经营者的资历（很重要）；

（8）其他情况。

范例：

阳光在线电子商务系统项目融资方案书

（一）项目概况

1. 项目背景：基于电子商务的一种服务营销电子商务系统和城域第三方配送系统。

2. 项目内容：阳光服务、阳光商城、阳光房产、阳光资讯、阳光交友。

3. 项目域名：英文：www. sun – online. cn 中文：阳光在线·中国。

（二）合作方式：独资

（三）项目总投资：该项目计划总投资 1800 万元

（四）需要对方投资内容：现汇，1000 万元

（五）网站地点：中国铁通

（六）服务器架构

（七）城域物流系统（由于系统的安全性，暂不作说明）

（八）预计经济效益：年销售收入：1000 万元；税金：300 万元；利润：360 万元

（九）预计投资利润率：投资利润率：20%；投资回收期 5 年

（十）项目进展情况：项目计划书暂时提供目录，如有意项可直接 E – mail：wgl411 @ sina. com 索取；该目录如下（由于系统的商业价值，暂不作详细说明）：

第一部分　前言

第二部分　阳光在线的市场数据调查分析

第三部分　用户对电子商务满意率的调查结果分析

第四部分　目前中国市场电子商务机构用户情况

第五部分　阳光在线发展的目标（近期、长期、最终）

第六部分　阳光在线发展的历程

第七部分　阳光在线发展的组织机构

第八部分　阳光在线的服务流程

第九部分　阳光在线的广告思路

第十部分　阳光在线的培训计划

第十一部分　阳光在线拓展市场架构思路

第十二部分　阳光在线电子商务整体市场宏观运作思路

第十三部分　阳光在线个性板块盈利模式的详细定制

三、申请工程施工开工报告

(一) 概念

申请工程施工开工报告是工程项目承建方向项目管理者申请开工的文案，开工是项目建设开展的第一步，呈送申请报告又是分包工程开工的第一步。项目进度管理也由此步入正轨。

(二) 内容及写法

申请工程施工开工报告一般包括以下内容：

(1) 工程概况；

(2) 申请施工开工依据；

(3) 项目工程内容；

(4) 项目工程进度安排；

(5) 施工开工具备的条件；

(6) 尚需解决的问题及措施。

申请工程施工开工报告决定着工程项目的起始，在书写这一文书时，必须细致全面，着重阐明工作准备的完善性和全面性。

范例：

申请工程施工开工的报告

项目名称：_____　业主单位：_____

建设地点：_____　承包单位：_____

项目合同编号：_____

项目主管：_____

文件报告编号：_____　日期：_____

发送：_____

一、工程概况

1. 工程项目名称：_____

工程项目地点：_____

2. 产品品种：_____

建设规模：_____

3. 业主、工程公司及施工分包单位。

（1）业主名称：_____

项目负责人：_____

联络方式：_____

（2）工程公司名称：_____。

项目主管：_____

联络方式：_____

（3）施工分包单位名称：_____。

施工负责人：_____

联络方式：_____

二、申请施工开工依据

1. 批准的计划任务书或可行性研究报告。

2. 批准（确认）的基础工程设计或初步设计。

3. 工程总承包合同。

4. 施工分包合同。

三、工程内容

1. 工程项目总表

编号	装置	项目建设工区或单项工程	土建工作	安装工作	备注

2. 工程量总表

编号	装置	项目建设工区或单项工程	建筑面积（m^2）	设备（台）	管道（m）	电气、仪表（台件）	备注

四、工程进度安排

1. 项目总进度计划表（附表）。

2. 装置施工进度计划表（附表）。

3. 申请施工开工工程总表。

编号	装置	项目建设工区或单项工程	项目开工日期	预期竣工日期	备注

五、施工开工具备的条件

1. 具有获批准的计划任务书或可行性研究报告、环境影响预评价报告和基础工程设计或初步设计（批准日期及文号）。

2. 已建立项目现场管理机构，确定了项目现场负责人；各单位建立了相应的项目现场管理制度。

（1）项目现场管理机构设置。

（包括业主、工程公司、施工单位项目现场管理机构设置情况）

（2）项目现场管理制度。

（主要包括计划管理制度、工程质量管理制度、费用控制及财务管理制度等）

3. 申请开工的工程，有齐备的施工图，并进行了设计交底和综合会审。

4. 重大的施工方案已经批准，施工机具及材料已经落实，设备、散装材料已按计划作了安排或订货。

（1）重大施工方案一览表。

（2）施工机具明细表。

（3）设备、散装材料明细表。

5. 具有获批准的施工组织总体设计和各承包工程的施工组织设计。包括：

（1）施工部署及主要工程的施工方案和各种技术组织措施。

（2）各种资源供应计划汇总表。

（3）施工总平面图。

6. 建立了施工总平面图管理机构，对施工总图作了规划和划分，并明确了总图管理原则。

7. 建成了施工道路、供水管线、供电、通讯和堆场、仓库等施工临时设施，能满足开工工程的施工需要。

8. 施工力量已落实，主要单项工程的施工预算已经编制，施工生产和生活设施已安排。

9. 建立了质量检查机构，开工工程的标准规范已收集齐备，建立了质量检验制度。

10. 开工工程已编制了施工详细计划。

11. 开工工程土地已征妥，土地平整完毕，已办理了建筑施工执照。

12. 开工工程及其影响范围内的地基处理达到了设计要求，并经验收和质检部门鉴定合格。

六、有待解决的问题及措施意见

1. 需业主准备或解决的问题。

2. 需地方有关部门准备或解决的问题。

附表 1：项目总进度计划（略）

附表 2：装置施工进度计划（略）

附表 3：项目现场管理机构及负责人名单（略）

附表 4：重大施工方案一览表（略）

附表 5：施工机具明细表（略）

附表 6：设备、散装材料明细表（略）

附表 7：施工组织设计（略）

附表 8：施工人力安排一览表（略）

四、项目进展情况报告

（一）概念

项目进展情况报告是项目进度控制的最重要的常用文案，它是指项目管理者在项目进展到一定阶段时所制作的，用于总结前一时期项目进展中成功经验和失败教训的控制性文案。

（二）内容及写法

项目进展情况报告应包括以下几个方面的内容：

（1）项目概况；

（2）项目进展情况；

（3）存在的问题；

（4）对存在问题的处理与解决措施。

范例：

项目进展情况报告

项目名称：＿＿＿＿＿＿＿＿＿＿业主单位：＿＿＿＿＿＿

建设地点：＿＿＿＿＿＿＿＿＿＿承包单位：＿＿＿＿＿＿

项目合同编号：＿＿＿＿＿＿＿＿项目主管：＿＿＿＿＿＿

文件、报告编号：＿＿＿＿＿＿＿日期：＿＿＿＿＿＿

发送：＿＿＿＿＿＿＿＿＿＿

一、项目概况

项目名称：＿＿＿＿＿＿＿＿＿＿＿＿

建设地点：＿＿＿＿＿＿＿＿＿＿＿＿

合同计价类型：（固定价、偿付价、其他）＿＿＿＿＿＿＿＿

合同范围：（设计、采购、施工、开车指导服务、总承包）_____

合同生效日期：_____

合同目标（结束）日期：_____

业主：_____ 业主代表：_____

工程公司：_____ 项目主管：_____

专利商：_____ 专利商代表：_____

二、项目进展情况

1. 项目执行效果测量数据（表1～表5）

表1 项目进展表

内容	批准估算	本月					合计					ACV	备注
		BCWS	BCWP	ACWP	SI	CI	BCWS	BCWP	ACWP	SI	CI		
项目													

表2 设计进展表

内容	批准估算	本月					合计					ACV	备注
		BCWS	BCWP	ACWP	SI	CI	BCWS	BCWP	ACWP	SI	CI		
采购													

表3 采购进展表

内容	批准估算	本月					合计					ACV	备注
		BCWS	BCWP	ACWP	SI	CI	BCWS	BCWP	ACWP	SI	CI		
采购													

表4 施工进展表

内容	批准估算	本月					合计					ACV	备注
		BCWS	BCWP	ACWP	SI	CI	BCWS	BCWP	ACWP	SI	CI		
施工													

表5 现金流量表　　　　　　　　　单位：万元

编号	内容	货币名称	合同额	业主变更	前期累计支付	申请支付日期	申请支付额	实际支付日期	实际支付额	本期累计支付	欠付额	欠付日期	备注
	专利及专有技术费												
	设计费												
	设备、散装材料费												
	施工费												
	开车指导服务费												
	其他费												
	合计												

注：此表在提供给公司有关部门的同时，也提供给业主。

2. 设计进展情况（进度、费用、质量）：＿＿＿＿＿＿

3. 采购进展情况（进度、费用、质量）：＿＿＿＿＿＿

4. 施工进展情况（进度、费用、质量）：＿＿＿＿＿＿

5. 开车及考核进展情况（进度、费用、质量）：＿＿＿＿＿＿

6. 财务收、支情况：＿＿＿＿＿＿

7. 其他合同执行情况：＿＿＿＿＿＿

三、实施过程中存在的问题

1. 设计：＿＿＿＿＿＿＿＿

2. 采购：＿＿＿＿＿＿＿＿

3. 施工：＿＿＿＿＿＿＿＿

4. 开车及考核：＿＿＿＿＿＿＿＿

5. 财务控制：＿＿＿＿＿＿＿＿

6. 其他：＿＿＿＿＿＿＿＿

四、对问题的处理意见

1. 项目组采取的措施

2. 提请公司有关部门解决的问题：

3. 提请业主解决的问题

（1）＿＿＿＿＿＿＿＿

（2）＿＿＿＿＿＿＿＿

（3）＿＿＿＿＿＿＿＿

五、合同项目验收报告

（一）概念

合同项目验收报告是合同建设项目的委托方在项目完工之后，由本人或委托第三方对完工项目进行检查验收后所制作的总结性文案，它是项目进度管理控制收尾阶段比较重要的文案之一。

（二）内容及写法

合同项目验收报告的格式有多种，但不论其格式如何，一般都必须具备如下几方面的内容：

（1）合同项目概况；

（2）竣工质量记录；

（3）项目竣工财务状况；

（4）遗留问题处理意见；

（5）工程保证期。

范例：

合同项目验收报告

项目名称：_____ 业主单位：_____

建设地点：_____ 承包单位：_____

项目合同编号：_____

项目主管：_____

文件、报告编号：_____ 日期：_____

发送：_____

一、合同项目概述

1. 项目概述

工程名称：_____

建设地点：_____

建设性质（新建、扩建、技改）：_____

建设规模：_____

产品方案：_____

2. 承包合同概况

承包内容及范围：_____

工程建设进度：____年___月___日至____年___月___日

合同价款：_____

合同计价类型（固定价、偿付价、其他）：_____

工程质量及标准：_____

考核指标及奖罚条件：_____

二、竣工工程表

序号	装置	工区	建筑面积（m²）	设备（台）	管道（m）	备注
1						
2						
3						
4						
5						
6						
7						
8						
9						
10						
总计						

三、工程质量

1. 设计质量评审记录及审批文件（附有关资料）

2. 工程质量检查记录及评定意见（附有关资料）

3. 设备、散装材料检验记录及合格证书（附有关资料）

四、生产考核证书及生产考核数据表（附表）

生产考核数据表

合同编号		项目名称		
生产考核时间：自　年　月　日起至　年　月　日止				
一、原料规格				
项目		规定规格		实际规格
1. 2. 3. 4.				
二、考核结果				
考核项目	单位	保证值	实际值	备注
1. 日产量 2. 消耗定额 a. b. c. 3. 产品质量 a. b. 4. 模拟成本				
业主	工程公司		执行开车单位	
单位签章 代表签章	单位签章 代表签章		单位签章 代表签章	

五、资金财务情况

1. 合同价款或批准的设计概算：（￥）＿＿＿＿＿＿＿

2. 业主变更调整合同价款或批准的休整概算：（￥）＿＿＿＿＿＿＿

3. 合同规定的调整条款和计算依据：（￥）＿＿＿＿＿＿＿

4. 工程计算汇总表（附表）

六、遗留问题处理意见

1. 土建：＿＿＿＿＿＿＿＿＿＿＿＿＿＿＿＿＿＿＿＿＿

2. 安装：＿＿＿＿＿＿＿＿＿＿＿＿＿＿＿＿＿＿＿＿＿

3. 设备、散装材料：_____

4. 技术资料：_____

5. 资金、财务：_____

七、工程保证期（缺陷责任期）

1. 机械保证期和施工质量保证期：_____

2. 工程保证金的支付方案：_____

附表：

表1　生产考核证书

表2　生产考核数据表（略）

表3　竣工结算汇总表

表4　合同项目验收证书

表1　生产考核证书

合同编号		项目名称	
生产考核时间	自　年　月　日起至　年　月　日止		
考核情况：			
考核结果评定			
附件： 生产考核数据表			
业主 单位签章 代表签章	工程公司 单位签章 代表签章		执行开车单位 单位签章 代表签章

表3　竣工结算汇总表

编号	费用内容	合同价款	批准变更	预付款	中间结算已付款	预留质保金	待付款	备注
	设计费							
	设备费							
	散装材料费							
	施工费							
	开车指导服务费							
	其他费							
	合计							

表4　合同项目验收证书

合同编号			项目名称	
工程性质	（新建、扩建、技改）		建设地点	
产品方案和建设规模：				
合同范围：设计、采购、施工、开车指导服务、总承包			合同计价类型：固定价、偿付价、其他	
主要工程量 　　占地面积： 　　设备台/吨： 主要材料消耗： 　　钢材　　　　　　木材　　　　　　水泥			建筑面积： 管道长度：	
开工日期		计划： 实际：	完工日期	
合同价款 （批准概算）：		调整合同价款 （批准修正概算）：　　　　　　　　工程结算		
保证指标 　生产能力　　　　　　保证值　　　　　　实际值 　消耗定额　　　　　　保证值　　　　　　实际值 　a. 　b. 　c. 　产品质量　　　　　　保证值　　　　　　实际值 　模拟成本　　　　　　保证值　　　　　　实际值				
工程评定意见： 工程验收意见：				
发包方： 单位盖章： 代表人签字： 日期：			承包方：××工程公司 单位盖章： 代表人签字： 日期：	

六、项目完工报告

（一）概念

项目完工报告是项目管理人或施工人在项目完成之后制作的宣告工程完工的文案，它是对项目工程实施过程的总结和评价，是将来进行项目管理和建设的重要参考资料。

（二）内容及写法

项目完工报告，一般包括以下几个方面的内容：

（1）项目概况及执行效果；

（2）项目成本费用控制情况；

（3）项目进度控制情况；

（4）项目质量控制情况；

（5）人工时控制情况；

（6）工作总评及评述。

项目完工报告是项目完工阶段的重要文件，写作时必须认真对待，切不可因为项目行将结束而放松对报告质量的把关。因此写作一要认真、二要严谨、三要全面、四要细致。

范例：

项目完工报告

项目名称＿＿＿＿＿＿＿＿　编制＿＿＿＿＿＿＿＿　日期＿＿＿＿＿＿＿＿

项目合同编号＿＿＿＿＿＿　审核＿＿＿＿＿＿＿＿　日期＿＿＿＿＿＿＿＿

报告编号＿＿＿＿＿＿＿＿　批准＿＿＿＿＿＿＿＿　日期＿＿＿＿＿＿＿＿

发送＿＿＿＿＿＿＿＿＿＿＿＿＿＿＿＿＿＿＿

一、项目概述及执行效果

1. 项目概述

（1）项目概况

项目名称＿＿＿＿＿＿＿＿＿＿＿＿＿＿＿＿

建设规模＿＿＿＿＿＿＿＿＿＿＿＿＿＿＿＿

建设性质＿＿＿＿＿＿＿＿＿＿＿＿＿＿＿＿

产品方案＿＿＿＿＿＿＿＿＿＿＿＿＿＿＿＿

厂址概况＿＿＿＿＿＿＿＿＿＿＿＿＿＿＿＿

（2）合同范围

承包工程组成＿＿＿＿＿＿＿＿＿＿＿＿＿＿＿＿

界区范围、衔接部位及有关单位的分工＿＿＿＿＿＿＿＿＿＿＿＿＿＿

承包工作概览（见表1）

表1　承包工作概览

序号	工作内容	包括	不包括	备注	序号	工作内容	包括	不包括	备注
1	专利及专有技术				5	采购			
2	工艺设计				6	施工			
3	基础工程设计				7	开车指导服务			
4	详细工程设计				8	其他			

（3）合同计价类型＿＿＿＿＿＿＿＿＿＿＿＿＿＿＿＿＿

（4）支付条款＿＿＿＿＿＿＿＿＿＿＿＿＿＿

（5）批准的控制估算指标＿＿＿＿＿＿＿＿＿＿＿＿＿＿＿＿＿＿

其中：

专利及专有技术费用＿＿＿＿＿＿＿＿＿＿＿＿＿＿＿＿

设计费用____________

设备、散装材料费用____________

施工费用____________

开车指导服务费用____________

其他费用____________

(6) 计划项目建设总进度（见表2）

表2　计划项目建设总进度

阶段	时间（月）													
	3	6	9	12	15	18	21	24	27	30	33	36	39	42
一、工艺设计														
二、基础工程设计														
三、详细工程设计														
四、采购														
五、施工														
六、开车														

2. 项目执行效果

(1) 项目进展状况。分别列出项目、装置和设计、采购、施工执行效果数据表和进展曲线（图1）。

年、月	BCWS	BCWP	ACWP

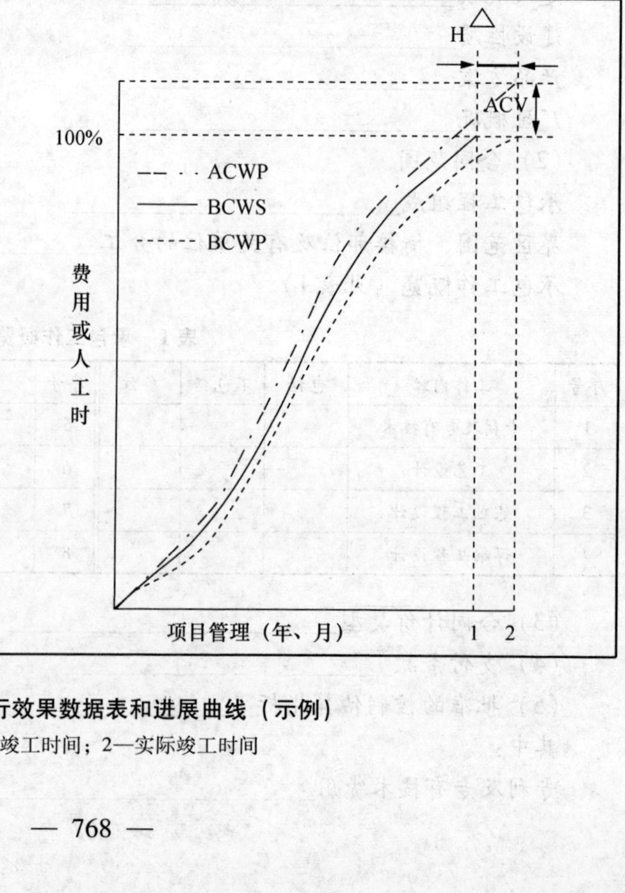

图1　项目执行效果数据表和进展曲线（示例）

1—计划竣工时间；2—实际竣工时间

（2）完成主要工程量及工作量。

工艺设计及工程设计图纸、文字数量及人工时消耗：

设备品种、规格、型号、数量：

散装材料品种、规格、数量：

建筑安装工程量（厂区面积、土石方量、道路、建筑面积、建筑体积、设备安装台/吨、管道安装长度、电气、仪表安装台/件）：

施工高峰人数、施工人工时消耗：

公司各部门管理人工时消耗：

（3）业主评价。

二、费用控制

1. 费用一览表（见表3）

表3　费用一览表

编码		费用内容	1	2	3	4	5
组码	记账码		控制估算	批准的业主变更	实际费用	盈亏值	备注
H1		公司本部设计人员工资					
	E_2	化工工艺设计					
	E_1	系统设计					
	E_3	管道设计					
		……					
H2		公司本部设计人员非工资					
H3		公司本部管理人员工资					
	M_1	项目管理					
	M_2	项目控制					
	M_3	设计管理					
		……					
H4		公司本部管理人员非工资					
D1		直接材料（设备）费用					
	C	工业炉					
	B	换热器					
	F	压力容器					
	J	容器内件					
	D	贮罐					
	E	机泵					
		……					
D2		直接材料（散装材料）费用					
	A	场地准备、道路及混凝土工程					

编码		费用内容	1	2	3	4	5
组码	记账码		控制估算	批准的业主变更	实际费用	盈亏值	备注
D2	K	建筑物及构筑物					
	H	钢结构及金属材料					
	O	仪表设备及材料					
	N	电气设备及材料					
	M	管道					
		……					
D3		直接材料相关费用					
	A	未分摊的材料升值					
	B	销售和使用税					
		……					
D4		分包合同费用					
	S100	成套分包					
	S200	设计分包					
		……					
S1		施工劳力费用					
	A	土建					
	Q	设备安装					
	M	管道安装					
	N	电气安装					
S2		施工辅助费用					
S3		施工管理人员工资					
S4		施工管理人员非工资					
T1		开车人员工资					
T2		开车人员非工资					
O1		其他费用					
	A	代理人费					
	L	专利费					
		……					
		项目费用合计					

2. 费用控制成功经验总结

(1) 总部费用_____

(2) 采购费用_____

(3) 施工费用_____

（4）其他费用＿＿＿＿＿＿＿＿＿＿＿＿＿＿＿＿

3. 费用控制存在的问题及原因分析

（1）总部费用＿＿＿＿＿＿＿＿＿＿＿＿＿＿＿＿

（2）采购费用＿＿＿＿＿＿＿＿＿＿＿＿＿＿＿＿

（3）施工费用＿＿＿＿＿＿＿＿＿＿＿＿＿＿＿＿

（4）其他费用＿＿＿＿＿＿＿＿＿＿＿＿＿＿＿＿

三、项目进度控制

1. 进度情况表（见表4）

表4　进度情况表

编码	工作内容	开始日期		完成日期		备注
		计划	实际	计划	实际	
	一、设计					
	1. 工艺设计					
	2. 详细工程设计					
	3. 基础工程设计					
	二、采购					
	1. 一般设备					
	2. 关键设备					
	3. 管道					
	4. 仪表					
	5. 电气					
	……					
	三、施工					
	1. 场地准备					
	2. 土建					
	3. 管道安装					
	4. 设备安装					
	……					
	四、试车					

2. 进度控制成功经验总结

（1）设计＿＿＿＿＿＿＿＿＿＿＿＿＿＿＿＿

（2）采购＿＿＿＿＿＿＿＿＿＿＿＿＿＿＿＿

（3）施工＿＿＿＿＿＿＿＿＿＿＿＿＿＿＿＿

3. 进度控制存在的问题及原因分析

（1）设计＿＿＿＿＿＿＿＿＿＿＿＿＿＿＿＿

（2）采购＿＿＿＿＿＿＿＿＿＿＿＿＿＿＿＿

（3）施工_____

四、质量控制

1. 质量情况

（1）设计评审意见_____

（2）设备、散装材料评审意见_____

（3）工程质量评审意见_____

（4）保证指标考核情况（见表5）

表5　保证指标考核情况

保证指标	保证值	实际值	备注
生产能力			
产品质量			
消耗定额 a.			
b.			
c.			
模拟成本			

2. 质量控制成功经验总结

（1）设计_____

（2）采购_____

（3）施工_____

3. 质量控制存在的问题及原因分析

（1）设计_____

（2）采购_____

（3）施工_____

五、人工时控制

1. 人工时情况（见表6）

表6　人工时情况

编码	工作内容	计划	实际	备注
	一、设计人工时			
E1	工艺			
E2	系统			
E3	管理			
E4	电气、仪表			
E5	设备			
E6	土建			
E7	公用工程			
E8	估算			
E9	环保			

编码	工作内容	计划	实际	备注
A Q M N O P I V F H S	二、施工人工时 　　土建 　　设备 　　管道 　　电气 　　仪表 　　涂漆 　　绝热 　　水暖 　　筑炉 　　金属结构 　　辅助劳力			
M1 M2 M3 M4 M5 M6 M7	三、公司管理人工时 　　项目管理 　　项目控制 　　设计管理 　　采购管理 　　本部施工管理 　　现场施工管理 　　开车管理			

2. 人工时控制成功的经验总结

(1) 设计人工时＿＿＿＿＿＿＿＿＿＿＿＿＿＿

(2) 施工人工时＿＿＿＿＿＿＿＿＿＿＿＿＿＿

(3) 公司管理人工时＿＿＿＿＿＿＿＿＿＿＿＿

3. 人工时控制存在的问题及原因分析

(1) 设计人工时＿＿＿＿＿＿＿＿＿＿＿＿＿＿

(2) 施工人工时＿＿＿＿＿＿＿＿＿＿＿＿＿＿

(3) 公司管理人工时＿＿＿＿＿＿＿＿＿＿＿＿

六、工作评述

1. 报价、合同评述：＿＿＿＿＿＿＿＿＿＿＿＿

2. 项目管理工作评述：＿＿＿＿＿＿＿＿＿＿＿

3. 设计工作评述：＿＿＿＿＿＿＿＿＿＿＿＿＿

4. 采购工作评述：＿＿＿＿＿＿＿＿＿＿＿＿＿

5. 施工工作评述：＿＿＿＿＿＿＿＿＿＿＿＿＿

6. 开车工作评述：＿＿＿＿＿＿＿＿＿＿＿＿＿

7. 其他工作评述（包括分包合同、财务控制、材料控制、安全工作）＿＿＿＿＿＿＿＿

七、与业主的关系＿＿＿＿＿＿＿＿＿＿＿＿＿＿

八、与分包单位的关系＿＿＿＿＿＿＿＿＿＿＿＿＿

九、对今后工作的建议＿＿＿＿＿＿＿＿＿＿＿＿＿

附1：设计完工报告（略）

附2：采购完工报告（略）

附3：施工完工报告（略）

七、项目采购完工报告

（一）概念

项目采购完工报告是在项目完工时对采购工作进行总结的常用文书，它是项目完工报告的一部分，也是项目验收时办理移交的重要依据。项目采购完工报告的内容应该真实、完整，报告应由项目主管组织编制。

（二）内容及写法

一般而言，采购完工报告由以下内容组成：

1. 概述

（1）项目名称。

（2）规模。

（3）时间。

（4）地点。

（5）项目特点。

（6）基本要求。

2. 项目合同对采购的要求

（1）采购范围。

（2）采购标准。

（3）计价方式。

（4）采购进度要求。

（5）采购分包内容。

（6）大型、关键设备安排。

3. 设备、散装材料概况

（1）设备一览表（按装置、工区、类别列出）。

（2）主要散装材料一览表（按装置、工区、类别列出）。

（3）进口材料一览表（按装置、工区、类别列出）。

（4）主要设备、备件一览表

4. 大型、关键设备说明

（1）大型、关键设备概况。

（2）大型、关键设备运输。

5. 采购费用

（1）采购预算费用。

（2）采购实际发生费用。

（3）采购比较分析。

6. 费用/进度计划监控执行情况

（1）情况评述。

（2）费用/进度分析结果。

（3）监控报告。

7. 采购执行情况对项目合同的影响

（1）采购变更对材料的影响。

（2）材料遗留的问题及处置情况。

（3）安装、试车中出现的材料问题及处置情况。

（4）工程公司所负责的履行情况。

8. 库存资料盘点

（1）剩余物资清单及其原因。

（2）对剩余物资的处置建议。

9. 经验及建议

（1）经验及教训。

（2）对项目管理的建议。

八、项目可行性研究报告

（一）概念

项目可行性报告是对拟建项目或者经济决策项目可能采取何种方案、对各种有关事实、例证、数据进行搜集和分析研究，确定其是否合理、可行的局面报告。它通过周密调查，对经济决策项目或拟建项目的合理性和必要性进行分析论证，最后，作出严格选择，提出最佳方案。

（二）作用

项目可行性研究报告的主要作用有以下几点：

（1）为回答上级主管部门和有关部门的质疑而提供重要依据。

（2）为经济部门和企业领导提供建设项目的决策依据。

（3）为编制经济计划、安排任务指标提供可靠的依据。

（4）为落实资金，向银行贷款或向国家有关部门申请拨款提供依据。

（5）为与拟建项目有关的部门和单位签订协议提供依据。

（三）格式与写法

一般说来，项目可行性研究报告必须依据如下格式进行书写：

1. 标题

标题一般由拟建项目和文种组成。如《××工程项目可行性研究报告》、《建设××厂可行性研究》、《关于筹建××市××公司的可行性报告》等。

2. 正文

正文由前言、主体、结论组成。

（1）前言。包括建设项目提供的背景、依据、投资的条件、经济意义，并说明可行性研究的范围、要求、现有的基础和研究目的等。

（2）主体。这部分是可行性研究报告的核心内容部分，主要包括：

①市场调查；

②拟建项目的规模和发展规划分析与设计；

③技术研究；

④资金来源分析；

⑤经济效益分析；

⑥社会效益分析。

（3）结论。这是可行性研究报告在主体部分进行分析论证后作的结论或综合评述的意见。结论应鲜明地提出可行还是不可行的意见，供经济部门或企业领导作决策依据。

可行性研究报告的正文后，往往还有附件，如附图、附表等。

3. 报告单位（报告人）和日期

范例：

中外合资广东××××有限公司可行性研究报告

广东省××研究设计院

20××年3月

第一节　概述

本项目合资经营期为20年，性质为中外合资经营项目。

由广东省××经济技术发展公司（甲方），日本国××产业株式会社（乙方）、日本国××物产株式会社（丙方）三家合资开发经营本项目。

本项目于20××年4月份由广东省××工业总公司向日本提出，6月份中日两国三方开始就项目有关合作事项进行洽谈，并就技术引进、生产工艺等进行初步探讨，对投资建厂地点进行实地考察。三方一致认为中国有丰富的资源和良好的投资环境，日方××制炼株式会社拥有生产优质××粉的先进生产技术和丰富经验，具备合作基础，并于20××年12月签署了合作意向书。

合作三方在20××年4月至20××年10月相继签订了第一次、第二次会谈纪要，对项目的合资、投资、生产规模、产品方案进行了探讨。

本项目经广东省外经委批复立项并呈报中国××工业总公司及中国经贸部，中国××工业总公司和经贸部分别于20××年4月29日和20××年7月19日批复立项申请并要求切实做好可行性研究。

20××年10月中日两国三方举行了第三次会议，达成以下共识：

1. 厂址：选定在中国广东省××镇经济技术开发区。

2. 生产规模：年产 1500 吨优质××粉。

3. 产品方案：三方认为产品方案的选择应以技术先进为标准，是日本国××制炼株式会社最好的优质产品。经三方协商同意本项目首期产品确定为可直接用于涂料生产的优质××粉。

4. 关于设备和工艺的选择：三方同意选用日本国××制炼株式会社的先进工艺和技术，并由该株式会社负责项目的工艺、技术、设备制造、运输、安装、调适和生产。同时，合资三方同意本项目的设备采用合作设计、合作制造的方式，合作制造的具体方式和内容在××制炼株式会社和××电机株式会社提交报价后具体商定。

5. 原料来源：中国广东××厂生产的 2#粉作为合资公司的原料。

6. 产品销售：公司产品 100% 外销，其中 70% 由日方负责销售，30% 由中方负责销售，销售价在合资合同中商定。

7. 投资比例和资金筹措：本项目总投资约为 300 万美元，三方投资比例仍按原定日方 70%（乙方 35%，丙方 35%），中方 30%。中方为本项目提供 1.2 万平方米的土地使用费××万元，其他出资形式另行商定。

此外，对合资公司的名称、董事会组织、福利设施等问题也达成了初步协议，委托广东省××设计院完成本项目的可行性研究工作。

20××年 11 月三方第四次会谈，日方提交了有关冶炼设备及配套电子工程报价，两项报价已达 200 多万美元，占总投资 300 万美元的绝大部分，影响了本项目的可行性。为了使本项目可行，经三方研究决定，在不影响生产线工艺性能的条件下采用中国设备、材料，并尽可能地在中国加工，以求降低投资。同时三方对工艺设备、化验设备、机修设备、电气工程作了明确的分工。

20××年 12 月三方第五次会谈，讨论了项目的估算、合作制造设备有关事项等问题。

会谈中，日方的初报价为 99.76 万美元；中方的初报价为 105.617 万美元（包括全套及配套辅助工程）。此外其他费用 23.92 万美元，土地费用××万美元，流动资金 33.5 万美元，项目总投资额达 322.4 万美元，超出总投资额 22.4 万美元，为了压缩这部分投资，经各方努力减少费用并把小部分原由日方提供的设备改为由中方加工，总投资额压至 300 万美元。

第二节　项目的建设条件

一、原料条件：生产 2#粉的原料由中国广东××厂提供。

二、外部条件及配合条件：

本厂位于××镇技术经济开发区。离厂 2 公里处设有 110 千伏的变电站……供电是有保证的。

本厂为火法冶炼厂，工业耗水量极少，××地区市政府部门保证供应用水。

本厂北侧是广深公路、广深铁路，离黄埔港不远，交通运输极为方便。此外，厂区场地工作已结束。

本厂的生产工艺流程由生产××粉历史悠久、具有世界先进技术水平的日本国××制炼株式会社提供，由该社负责提供主要生产设备及生产技术控制设备并负责安装、调试。

第三节　企业建设技术经济分析

基建投资估算为 266.01 万美元，建成投产后年销售收入 345 万美元，扣除生产成本 281.82 万美元，税前利润为 64.18 万美元，正常年利润为 48.6333 万美元，按正常生产年利润计算基建投资偿还期为 5.39 年。经济效益还是较好的，项目是可行的。

从技术方面看，本厂引进的是具有世界先进水平的日本国××制炼株式会社的××粉生产线，其产品是国际市场畅销、价格较高的产品。本生产线的引进对充分利用我国资源和加快××粉深度加工开发是非常必要的。

综上所述，本项目在技术上的引进是成功的，本生产线是具有世界先进水平的，可以提高我国××粉在国际市场上的竞争力，而且对加快我国××粉行业的深度加工起极大促进作用。

本生产线的引进在经济上也有相当大的效益，产品的价格接近现行日本××制炼株式会社生产的××粉的价格，该价格远远高于我国出口的混合级××粉的价格。

本厂经过测算与分析，全部投资的内部收益率 22.79%，投资回收期为 5.39 年，当生产能力达到 39% 时，盈亏平衡，表明企业有较好的经济效益和抗风险能力，因此项目是可行的。在敏感性分析中，在成本增加 20% 或价格下降 20% 时，抗风险能力差，虽然价格下降幅度较大的可能性较小，但在生产经营中，应对产品价格的降低和经营成本的增加，保持足够的重视，加强企业管理，及时采取对策，以保证企业的经济效益。

九、项目资产评估报告书

（一）概念

项目资产评估报告书是在经济活动中，根据特定的目的，由资产评估专门机构和专业人员按照国家的有关政策、法律，遵循独立、客观和科学的原则，依据科学方法和统一尺度，对特定的资产所进行的全面评定、估算，重新界定资产价值而撰写的书面报告。

（二）内容及写法

资产评估报告书的内容包括正文和附件两部分。

1. 正文

正文的主要内容是：

（1）评估机构名称。

（2）委托单位名称。

（3）评估资产的范围、名称和简单说明。

（4）评估基准日期。

（5）评估原则。

（6）评估依据。

（7）评估方法。

（8）评估过程。

（9）评估结论。

2．附件

（1）附评估明细表。

（2）特别说明事项。

（3）备查文件等。

范例：

宜宾五粮液股份有限公司普什集团拟以与酒类相关资产及负债对外投资设立新公司项目

—— 资产评估报告书

中联评报字 ［2008］ 第 337 号

中联资产评估有限公司接受贵公司的委托，根据国家有关资产评估的法令、法规和评估准则，本着独立、客观、科学的工作原则和产权利益主体变动原则、替代性原则等有关经济原则，按照公认的资产评估方法，针对四川省宜宾普什集团有限公司拟对外投资所涉及四川省宜宾普什集团有限公司申报的与酒类相关资产及负债的公允价值，派出专门的评估项目组进行了实地勘察、市场调查与询证，对委估的各项资产及负债在 2008 年 6 月 30 日所表现的公允价值作出了公允反映。现将资产评估情况及评估结果报告如下：

一、委托方、产权持有者和委托方以外的其他评估报告使用者（略）

二、评估目的（略）

三、评估范围和评估对象（略）

四、评估价值类型及定义（略）

五、评估基准日（略）

六、评估依据（略）

七、评估方法

（一）流动资产评估方法

（二）非流动资产评估方法

八、评估程序实施过程和情况

整个评估工作分四个阶段进行：

（一）评估准备阶段

（二）现场评估阶段

（三）评估汇总阶段

（四）提交报告阶段

九、评估假设

本次评估中，评估人员遵循了以下评估假设：

（一）一般假设

（二）特殊假设

十、评估结论（略）

十一、特别事项说明

十二、评估报告使用限制说明

十三、评估报告日期

十、项目后评估报告书

（一）概念

项目后评估报告书是指投资项目竣工投产并运营一段时间后，项目投资者对项目立项决策、设计施工、生产运营等全过程进行系统评价的一种常用文书。

（二）作用

项目后评估报告书可以发挥如下积极作用：

（1）总结建设项目管理的经验教训，对项目本身进行监督和改进。

（2）通过制作该文书，提高项目投资决策的科学化水平。

（3）为国家制定计划、产业政策等提供重要依据。

（三）内容及写法

一般来说，项目后评估报告的主要内容有：

1. 项目概况

项目概况是用来说明后评估的目的、评估工作的组织管理、评估报告编制单位、后评估工作的开始和完成时间、评估资料来源和依据、评估方法，以及建设项目实施总体概况。

2. 项目前期工作后评估。

（1）项目筹备工作。

（2）项目决策工作。

（3）项目征地拆迁工作。

（4）项目委托设计与施工。

（5）项目所需物资、资金等落实情况的分析评估。

3. 项目实施后评估

（1）项目开工评估。

（2）项目变更评估。如项目范围变更、设计变更、变更的原因及其影响程度等的评估。

（3）施工管理评估。如施工组织方式、实际施工进度、施工项目成本、质量及其控制、施工技术与方案等评估。

（4）资金供应情况的评估。

（5）项目建设工期评估。如评估实际建设工期、工期提前和延续的原因等。

（6）项目建设成本评估。如项目实际建设成本、实际建设成本超支与节约的原因等的评估。

（7）项目工程质量评估。

（8）项目竣工验收与试生产的评估。

（9）项目实际生产能力与单位生产能力投资的评估。

4. 项目运行后的评估

（1）项目达产情况的评估。

（2）项目产出物的种类与数量，产品销售情况等评估。

（3）企业的性质与职权评估。

（4）主管机关的有关情况评估。

（5）企业经营管理的评估。

企业经营管理的评估是指，如机构设置、管理网络、管理人员配备、管理规章制度、组织管理效率等分析评估。

（6）劳动组织评估。

（7）人员培训评估。

5. 项目经济后评估

（1）项目财务后评估。其内容包括项目财务状况及预测，项目实际财务指标，主要财务指标的对比与分析，财务状况的前景与措施。

（2）项目国民经济后评估。其内容包括项目国民经济效益状况与预测；项目国民经济效益指标与计算；评估指标的对比分析；国民经济效益的前景预测及其应该采取的措施。

6. 综合结论

综合结论是对以上各项内容的基本结论。包括项目准备、决策、实施和运行等各阶段的主要经验教训；对可行性研究及评估决策水平的综合评估，项目发展前景；为提高项目未来经济效益的主要对策和措施。

范例：

××复线及电气化工程后评估报告（摘要）

贷款协议号：（略）

一、项目目的

项目建设时，运输能力已处于饱和状态，预计将来运输量仍需增加，为此，对××至××的×××公里铁路扩建为复线。对穿过大瑶山、南岭等长隧道的××-××区段，建设×××公里的电气化路段。并对通信、信号等进行改造，在扩建复线和部分电气化路段以加大运输能力的同时，要提高运输效率和保障行车安全。

由于部分区段为新建复线，和建设的实际起点在××以北的××车站，故完成后为×××公里。

二、实施状况

1. 施工前的计划、规模

（1）当初计划、规模与实绩的比较。（略）

表 1 的计划只包括 CVI—P7 - CI×—P7 贷款协议范围的数量，现将实绩分列两栏，

第一栏为 CVI—P7 - CI×—P7 贷款协议范围的数量，以便和计划应对，第二栏为全部工程数量，两者之差即 20××年及其以前完成的工程数量。

表1

项目	计划（C6 - P7 - C9 - P7 部分）	实绩	
		（C6 - P7 - C9 - P7 部分）	全部
复线延长	514KM	527KM	527KM
电气化延长	155KM	155KM	155KM
路基土石方	4222 万平方米	4679 万平方米	6113 万平方米
轨道	1202KM	1210.6KM	1269KM
桥梁	13.1 双线公里	32.17 单线公里	34.17 单线公里
涵洞	23.9 横延长公里	38.968 横延长公里	40.314 横延长公里
隧道（不含大瑶山）	22.4 双线公里	27.32 双线公里	35.695 双线公里
大瑶山隧道	10.6 双线公里	10.734 双线公里	14.295 双线公里
牵引变电所	4 处	4 处	4 处
通信	541 正线公里	527 正线公里	527 正线公里
信号	541 正线公里	527 正线公里	527 正线公里
建筑物（房屋）	32 万平方米	64 万平方米	64 万平方米
机务段	4 处	4 处	4 处
车辆段	2 处	2 处	2 处
客车	0	118 辆	118 辆
电力机车	0	48 台	48 台
货车		1227 辆	1227 辆

（2）项目计划、规模变更的理由。（略）

2. 工期

（1）最初计划和实绩的比较。（略）

（2）具体说明最初设计和实绩的差异的原因。（略）

3. 事业费

（1）计划与实绩比较。（略）

（2）最初计划与实绩的差异的具体说明。（略）

（3）项目费用不足时的对策。

根据增加建设费用（内资部分）的原因，对原概算进行核算、调整，列出各个工程细目需要增加的金额，报国家计委审批后，列入国家计划，按建设进度逐年予以拨款。

（4）资金支出计划和实绩。

这里所说的计划是指××××年度贷款审查时的投资计划。（以下略）

××铁路修通后，××至××区段在电气化以前使用的内燃机车，用贷款采购的施工机械和勘测设计装备，还有转让给其他项目的重新使用价值，在计算 FIRR 时应用来抵消投资。其金额（按人民币计算）如表3。（略）

（5）最初计划与实绩发生差异的原因。

①外资部分 CⅠ、CⅥ、CⅦ各协议的外资按实际支付数列入实绩表，CⅧ、CⅨ各协议的外资按协议额度减××辆客车的计划价款之差列入实绩表。

②使用贷款采购物资需要较长的周期。年度贷款协议一般在下半年才能生效，因此，当年货款一般难以当年进料。最初的支付货款分配计划，××××年占支付贷款总额的×%，××××年～××××年为支付高峰期，共占××%，20××年及以后年度支付共占××%。实绩支付货款分配是××××年为0，20××年占××%，××××、××××年为支付高峰期，共占××%，××××年及以后年度支付共占××%。外资实绩支付进度基本上比最初计划推迟一年。××××年以后，双方协议同意增加采购客、货车辆，使××××年以后实际制服外资的份额增加。

③××××年外资未发生费用，发生的配套内资也因此减少。为保证20××年修通衡广复线，××××年、××××年根据工程进度的需要和国内投资的综合平衡，投入较多的内资，并把一些对运营初期影响较小的单项工程的一部分安排到××××年以后完成。

④由于汇率变化（尤其在××××年×月以后），实绩的内、外资的比例，比最初计划有较大变化。外资节余，内资超额较多。但在把内资分别按当年汇率折合成日元计算时，实绩的内资总额比最初计划仍有节余。

（6）资金支出实绩（内资部分）见下表。（略）

4. 实施体制（略）

三、项目完成后的维修管理体制（略）

四、项目效果

1. 直接效益

（1）营业收入。（表略）

（2）货物运输量的实绩及预测。（附表略）

（3）旅客输送量的实绩及预测。（附表略）

2. 雇佣创造出的效果

由于该工程项目产生的就业机会，在本分析中包括：给建设该项目者提供的就业机会，给运营者提供的增加的就业机会。

3. 能源节约效果（略）

4. 避免道路交通事故的效果

如果不扩建××线，增加的运输量改由公路运输承担，发生交通事故的可能性将要增加，据此推算出由于该项目的完成，减少了道路交通运输事故的费用。（附表略）

五、结论

××铁路是纵贯我国南北大动脉京广铁路的南段。××至××的铁路在××××年以前，已分批建成复线。××铁路南接××、××和建设中的××铁路和××港，是北方、中南地区通往广东开发区的咽喉要道，在全国铁路网中居于特别重要位置。广东省地处华南沿海，邻近东南亚，与港、澳隔海相望，是我国实行改革开放政策最早的地区之一，外资企业较多，外贸比较活跃，国民经济增长速度明显高于全国平均水平，对国内其他省市的运输需求，也逐渐增大。扩建前的××单线铁路，于××××年建成，技术条件很低，运营设备陈旧，新中国成立后虽几经改造，但提高运输能力有限，不能满足国民经济发展的需要。经多次论证，国务院于××××年批准同意修建××复线。从正式开工的××××年至建成后的××××年，货运周转量提高××%，平均年递增××%，实现了增强运输能力的预期目的。

十一、项目风险形势估计报告

（一）概念

项目风险形势估计报告是项目管理者对项目实施和发展过程中可能出现的风险做出估计和预测的文书。

（二）内容及写法

项目风险形势估计报告包括以下内容：

1. 项目及其分析

（1）做这个项目的原因，本项目的积极性来自何方。

（2）本项目的目标说明。

（3）将本项目的目的同项目执行组织的目的进行比较。

（4）研究本项目的目的。

1）明确项目目标。

①经济的。

②非经济的。

2）说明本项目对项目执行组织的目标的贡献。

3）说明本项目的主要组成部分。

①明显的规划约束和机会。

②假设。

（5）说明本项目同其他项目或项目有关方面的关系。

（6）说明总的竞争形势。

（7）归纳项目分析要点。

2. 对行动路线有影响的各方面因素。

对于每一个因素，都应说明它对项目的进行产生怎样的影响。

（1）总的形势。

（2）项目执行过程的特点。

1）一般因素：

①政治的。

②经济的。

③组织的。

2）不变因素：

①设施。

②人员。

③其他资源。

（3）研究项目的要求：

①比较已有资源量和对资源的需求。

②比较项目的质量要求和复杂性。

③比较组织的现有能力。

④比较时间和预算因素。

（4）对外部因素进行评价：

①查明缺乏哪些信息资料。

②列出优势和劣势。

③初步判定已有资源是否足够。

3. 分析阻碍项目的行动路线

（1）阻碍项目成功的因素：

①列出并衡量妨碍项目实现其目标的因素。

②衡量妨碍因素发生的相对概率。

③如果妨碍目标实现的因素发生作用的话，估计其严重程度。

（2）项目的行动路线：

①列出项目的初步行动路线。

②列出项目行动路线的初步方案。

③检查项目行动路线和初步方案是否合适，是否可行，能否被人接受。

④列出保留的项目行动路线和初步方案。

范例：

软件项目风险评估报告

一、主要风险综述

任何软件的开发，其主要风险均来自于两个方面，一是软件管理，二是软件体系结构。软件产品的开发是工程技术与个人创作的有机结合。软件开发是人的集体智慧按照工程化的思想进行发挥的过程。软件管理是保证软件开发工程化的手段。软件体系结构的合理程度是取决于集体智慧发挥的程度和经验的运用。

二、软件管理将影响到软件的下列因素

（1）软件是否能够按工期的要求完成。

（2）软件需求的调研是否深入透彻。

（3）软件的实现技术手段是否能够同时满足性能要求。

（4）软件质量体系是否能够被有效地保证。

三、软件体系结构影响到软件的如下质量因素

（1）软件的可伸缩性。

（2）软件的可维护性。

（3）软件易用性。

四、项目管理的风险

（一）软件项目管理的风险来自于软件项目自身的特点

软件产品不可见：开发的进展以及软件的质量是否符合要求难于度量，从而使软件的管理难于把握。软件的生产过程不存在绝对正确的过程形式：可以肯定的是不同的软件开发项目应当采用不同的或者说是有针对性的软件开发过程，而真正合适的软件开发过程是在软件项目的开发完成才能明了的。因此项目开发之初只能根据项目的特点和开发经验进行选择，并在开发过程中不断的调整。

大型软件项目往往是"一次性"的。以往的经验可以被借鉴的地方不多。回避和控制软件管理风险的唯一办法就是设立监督制度，项目开发中任何较大的决定都必须有主要技术环节甚至是由用户参与进行的。在该项目中项目监督由项目开发中的质量监督组来实施。

（二）一般参与软件开发的人员（包括管理者和技术人员）及其责任分析

参与者：

1. 项目主管1人

主要职责：进行全局把握，侧重于项目的商务方面，充当项目组同客户正式交流的接口环节。

2. 项目负责人1人

主要职责：制订项目开发计划和开发策略，参与项目核心系统的分析设计，同时努力保证开发计划的按时完成和开发策略的真正贯彻落实。

3. 领域专家1或2人

主要职责：在软件分析阶段帮助分析人员界定系统实现边界和实现的功能，对特定检测点进行算法审核，同时对测试策略和软件操作界面提出参考意见。

4. 质量监督组1或2人

主要职责：编制软件质量控制计划，并负责落实；控制必要文档的生产，通过文档，监督项目实施过程中软件的质量，并产生软件质量报告，提请项目主管和项目负责人审阅；对于项目中出现的质量问题，主持召开质量复审会议。

5. 系统分析员1或2人

主要职责：协同项目负责人进行软件系统的分析和设计工作，书写软件需求分析和系统设计相关文档。在软件实现阶段进行测试策略的编制和对性能测试的指导。

6. 程序员2或3人

主要职责：协助分析人员进行详细设计，和软件系统的代码实现，并进行适当的测试。

7. 测试员2或3人

主要职责：已经实现的软件组件、构件或系统进行正确性验证测试，整合后的系统的性能测试等。书写测试报告和测试统计报告提请质量监督组复审。

8. 技术支持2或3人

主要职责：协同系统分析人员听取用户需求，对需求分析进行参考性复审。协同测试人员进行测试，书写操作手册和在线帮助，在项目交付用户之后进行跟踪服务。

9. 文档组1或2人

主要职责：对各部门产生的文档进行格式规范、版本编号和控制、存档文件的检索；协助质量监督组进行软件质量监督。通过适当的人员配备和职责划分，能有效的降低软件开发在后期的失控的可能性，和软件对关键人员的依赖性。

（三）软件技术风险

本系统拟订采用的两个重大的软件技术是面向对象的构件和基于微软的COM组件技术。组件和构件技术都是为了提高软件的可靠性和软件的可扩展性而采用的技术手段。从技术成熟度上说不存在风险，但为了实现良好的软件构架和稳定的组件，与传统开发方法比较，有相当多的额外工作需要做，这会给项目工期带来较大的风险。

回避和控制这部分风险的办法是在项目进行的过程中不断的对该阶段进行风险估计和指定有效的里程碑。同时采用"范例"方式提高开发人员的构件组件的分析识别能力，适时调整构件组件的数量和力度。

（四）软件过程风险

软件需求阶段的风险

软件的开发是以用户的需求开始，在大多数情况下，用户需求要靠软件开发方诱导才能保证需求的完整，再以书面的形式形成《用户需求》这一重要的文档。需求分析更多的是开发方确认需求的可行性和一致性的过程，在此阶段需要和用户进行广泛的交流和确认。需求和需求分析的任何疏漏造成的损失会在软件系统的后续阶段被一级一级地放大，因此本阶段的风险最大。

（五）设计阶段的风险

设计的主要目的在于软件的功能正确的反映了需求。可见需求的不完整和对需求分析的不完整和错误，在设计阶段被成倍地放大。设计阶段的主要任务是完成系统体系结构的定义，使之能够完成需求阶段的既定目标；另外也是检验需求的一致性和需求分析的完整性和正确性。

设计本身的风险主要来自于系统分析人员。分析人员在设计系统结构时过于定制，系统的可扩展性较弱，会给后期维护带来巨大的负担，和维护成本的激增。对用户来说系统的使用比例会有明显的折扣，甚至造成软件寿命过短。反之，软件结构的过于灵活和通用，必然引起软件实现的难度增加，系统的复杂度会上升，这又会在实现和测试阶段带来风险，系统的稳定性也会受到影响。从另一个角度上看，业务规则的变化，或说用户需求和将来软件运行环境的变化都是必然的情况，目前软件设计的所谓"通用性"是否就能很好的适应将来需求和运行环境的变化，是需要认真折中的。这种折中也蕴含着很大的风险。

设计阶段蕴含的另一种风险来自于设计文档。文档的不健全不仅会造成实现阶段的困难，更会在后期的测试和维护造成灾难性的后果，例如根本无法对软件系统进行版本升级，甚至是发现的简单错误都无从更正。实现阶段引入的风险软件的实现从某种意义上讲是软件代码的生产。原代码本身也是文档的一部分，同时它又是将来运行于计算机系统之上的实体。源代码书写的规范性、可读性是该阶段的主要风险来源。规范的代码生产会把属于程序员自身个性风格的成分引入代码的比例降到最低限度，从而减小了系统整合的风险。

（六）维护阶段的风险

软件维护包含两个主要的维护阶段，一个是软件生产完毕到软件试运行阶段的维护，这个阶段是一种实环境的测试性维护，其主要目的是发现在测试环境中不能或未发现的问题；另一个阶段是当软件的运行不再能适应用户业务需求或是用户的运行环境（包括硬件平台、软件环境等）时进行的软件维护，具体可能是软件的版本升级或软件移植等。

从软件工程的角度看，软件维护费用约占总费用的55%～70%，系统越大，该费用越高。对系统可维护性的轻视是大型软件系统的最大风险。在软件漫长的运营期内，业务规则肯定会不断发展，科学的解决此问题的做法是不断对软件系统进行版本升级，在确保可维护性的前提下逐步扩展系统。

在软件系统运营期间，主要的风险源自于技术支持体系的无效运转。科学的方法是有一支客户支持队伍不断收集运行中发现的问题，并将解决问题的方法传授给软件系统的所有使用者。

（七）项目风险表（略）

风险评估表（略）中所提到的风险是一般项目在开发过程中都客观存在的，表中所列出的风险系数是指在不对风险进行深入的分析和有效的规避的情况下，该风险项发生的概率。比如软件产品的设计目标是运行10年，体系结构不合理的风险是40%的含义是，如果不对系统进行深入的分析，未采用最合理的软件技术进行设计，则生产出一个不具备可扩展性的软件系统的概率是40%。由于客户公司是仍将不断发展的，在十年内，该软件系统都能满足公司运营要求的可能性极低。由此而可能产生的灾难性后果是公司在业务发展的时候，必须重新开发新系统。

向客户提供风险评估，是按照国际惯例进行的例行操作，一方面让客户对潜在的风险有更充分的了解，表明公司诚信为本的态度；另一方面也用以鞭策和激励全体开发人员严格执行开发标准，共同监督项目开发过程，努力避免风险的发生。

十二、项目投资预算报告

（一）概念

项目投资预算报告是指项目管理者对完成项目建设所需费用做大致估算后所形成的报告、分析类文书。项目预算成本控制的第一步对成本控制起到非常重要的作用，也是编制项目计划和进行可行性研究必须考虑的问题。

（二）格式及写法

一般而言，项目投资预算报告没有固定的格式，比较常见的格式包括标题、正文和落款。

1. 标题

一般标识：××（项目）预算报告。

2. 正文

在该部分中，必须列明预算的目的、依据、方法及结论。

3. 落款

必须写明预算制作单位及日期。

范例：

××水泥厂投资建设预算报告

一、目的

依据省委决定，我省决定在××市上马××水泥厂项目，我单位受××水泥厂建设计划委员会的委托对××水泥厂建设投资进行预算评估。

二、预算依据

已知始建年前三年建造年产 5.6 万吨 425 号普通硅酸盐水泥厂的有关投资指标如表 1 所示。

项目名称：水泥厂

表1 （一）建设总指标

建设规模	425#普通硅酸盐水泥5.6万吨/年		总投资（万元）	5446	单位能力投资	927.5 元/吨
总投资分类	依形成资产划分		依工程用途划分		依投资构成划分		
	固定资产	其他	生产性	非生产性	建筑工程	设备、管道及工器具	其他投资
分项投资额（万元）	4416	1030	4085	1361	1692	2030	1724
占总投资（%）	81.1	18.9	75	25	31.0	37.3	31.7

项目建设其他指标	1. 征地面积（公顷）	7	5. 主要材料消耗	
	2. 建筑面积（平方米）	18800	钢材（吨）	1034
	其中：生产	10200	木材（立方米）	600
	非生产	8600	水泥（吨）	5200
	3. 生产工艺	干法、回转窑	6. 供电容量（千瓦）	1300
	4. 设备（台套）	565	7. 供水容量（吨/日）	110
	其中：主要生产设备选型		8. 定员人数（人）	
	(1) φ2.5×40 米回转窑	1	9. 建设周期（月）	410
	(2) φ2.2×6.5 米球磨机	2	10. 铺底流动资金（万元）	24
	(3) φ1.5×12 米烘干机	1		

（二）项目投资分配

一、建筑工程投资		建筑面积（平方米）	投资额（万元）	其中		占总投资（%）	平方米造价（元）	备注
				预算价	主材差价			
		18800	1692	1302	390	31.1	900	
其中主要单项	1. 原料车间	1750	192	148	44	3.5	1097	框架
	2. 烧成车间	2600	315	242	73	5.8	1212	框架
	3. 制成车间	2310	266	205	61	4.9	1152	
	4. 储存库		120	92	28	2.2		构筑物
	5. 其他	12140	799	615	184	14.7	658	（砖混）

二、设备、管道及工器具投资	投资额（万元）	其中		总投资（%）	设备来源（台套）		
		设备费	安装费		自制	国产	进口
合计	2030	1730	300	37.3		565	
其中：1. 生产设备	1523	1290	233	28			
2. 辅助生产设备	507	440	67	9.3		401	
3. 其他						164	

三、其他基建投资	合计	建设单位管理费	勘察设计费	贷款利息	投资方向调节税	其他
分项投资（万元）	1724	136	120	1030	1030	186
占总投资（%）	31.7	2.5	2.2	18.9	18.9	3.4

三、估算方法

利用投资估算指标估算项目投资额时，必须根据新建项目的条件、环境、建设年度，经过分析，将指标调整到编制年的造价水平后使用。

1. 调整方法

（1）建筑工程投资的调整

建筑工程投资＝预算价＋差价

①预算价格按每年上涨4%进行调整。即：使用年度建设工程预算价＝指标中预算价×（1＋4%）n－1

其中 n——年度，n＝1 为起始年，以此类推。

当国家发布新的造价上涨指数时，可按新规定执行。专业性强的项目，按各部委颁发标准执行。

②差价按使用年（钢材、木材、水泥）三材市场价与指标中采用的市场价格之差进行增减调整。钢材取综合价，其中：钢筋占90%，型钢占3%，管材占7%（焊接管和镀锌管各占一半）。

（2）设备、管道及工器具投资的调整

鉴于设备种类繁多，市场价格波动较大，使用时，可按时常调查价格调整计划，或按年平均上涨系数6%调整计划。

（3）其他基建投资的调整

以调整后的建筑工程投资、设备及工器具投资为基础，按国家的有关规定计算调整。

2. 拟建项目投资估算

（1）对比新建项目和指标中项目的有关建设条件

假设新建项目和指标中的项目建设内容、工艺设计、设备选型等条件相同，则可用原建筑工程投资、设备及工器具投资作为基础来进行计算。

（2）调整指标中的造价到编制年造价

按国家建材局颁发的《水泥、玻璃工程建设其他费用定额暂行规定》，参考《陕西省工程建设有关费用定额》的有关指标执行。

①调整建筑工程投资（建筑面积、各种设施不变的情况下）

已知：原建筑工程投资＝1692万元，其中预算价＝1302万元，差价＝390万元，建设年度为2005年。

指标采用的三材市场价格：钢材3980元/吨，木材1425元/立方米，水泥360元/吨。现在市场价格：钢材3078元/吨，木材1350元/立方米，水泥330元/吨。

预算价调整：$1302 \times (1 + 5\%)^2 = 1408.24$（万元）

三材差价：

钢材差价：$(3078 - 3980) \times 1034 = -961600$（元）

木材差价：$(1350 - 1425) \times 600 = -45000$（元）

水泥差价：$(330 - 360) \times 5200 = -156000$（元）

差价调整：$390 + (-96.16) + (-4.5) + (-15.6) = 273.74$（万元）

调整建筑工程投资＝$1408.24 + 273.74 \approx 1682$（万元）

②调整设备及工器具投资

已知设备基础价格为2030万元，对市场价格未作调整，按每年上涨6%进行调整。

则：调整后设备价格＝$2030 \times (1 + 6\%)^2 = 2280.9$（万元）

第一部分投资合计$1682 + 2280.9 = 3962.9$（万元）

（3）计算其他基建投资

已知：征地7公顷、职工定员410人、建筑面积1.88万平方米，其中生产性建筑1.02万平方米，非生产性建筑8600平方米。

设：征地及补助费（包括各项应缴的税、费在内）5万元/亩，核算成每公顷75万元。

①土地使用费

土地使用费$7 \times 75 = 525$（万元）

②建设单位管理费

按国家建材局颁发的《水泥、玻璃工程建设其他费用定额》（以下称《建材费用定额》）规定，该项目筹建人员按80人计算，整个筹建时间为50个月，每人每月按260元计。

建设单位管理费 $=80 \times 50 \times 260 = 104$（万元）

③建设单位临时设施费

按《建材费用定额》规定，临设费费率按单项工程费用总和的 $0.5\% - 0.8\% = 31.7$（万元）

临设费 $= 3962.9 \times 0.8\% = 31.7$（万元）

④生产职工培训费

按《建材费用定额》规定，培训及提前进厂人数按设计人员的 70% 计算，平均时间为8个月，每个月以160元计。

生产职工培训费 $= 410 \times 70\% \times 8 \times 160 = 36.74$（万元）

⑤联合试运转费

按《建材费用定额》规定，联合试运转费按设计的三天水泥产量乘以每吨工厂成本计算。

设每吨工厂成本为260元，炉窑运转率为300天。

设计的三天水泥产量 $= 56000$ 吨 $\div 300$ 天 $\times 3 = 560$ 吨

联合试运转费 $= 560 \times 260 = 14.56$（万元）

（按规定如有联合试运转收入时要冲销联合试运转费，在此例暂不考虑）。

⑥办公及生活家具购置费

按《建材费用定额》规定，办公及生活家具购置费率为按设计定员每人220元。

办公及生活家具购置费 $= 410 \times 220 = 9.02$（万元）

⑦勘察设计费

勘察费费率取单项工程费用总和的 0.8%。

设计费费率取单项工程费用总和的 2.5%。

勘察设计费 $= 396.9 \times (0.8 + 2.5)\% = 130.5$（万元）

⑧电贴费

按电力部规定10千伏专线每千伏安贴费90元（注：在此例中仍按原标准计算）。

供电贴费 $= 1300 \times 90 = 11.7$（万元）

⑨投资方向调节税

按国家规定，此项目生产性单项工程税率为 30%，住宅税率为 5%，其他非生产性单项工程税率为 15%。

设非生产性单项工程投资中，住宅和办公用房、福利设施各占一半，生产性和非生产性建筑工程投资按建筑面积比例划分。

已知：上述①~⑧项其他费用合计为 863.52（万元）。

非生产性建筑工程投资 $= 8600 \div 1880 \times 1682 = 769.43$（万元）

分摊其他费用：$769.43 \div (1682 + 2280.9) \times 863.22 = 167.6$（万元）

则：非生产性单项工程投资 $= 769.43 + 167.6 = 937.03$（万元）

生产性单项工程投资 $= 1682 + 2280.9 + 863.22 - 937.03 = 3888.19$（万元）

投资方向调节税 $= 3888.19 \times 30\% + 1/2 \times 937.03 \times 15\% + 1/2 \times 937.06 \times 5\% = 1166.46 + 93.700 = 1260.16$（万元）

⑩贷款利息

设建设期3年，每年计划完成投资比例为：

第一年1~12月完成投资40%，2434.5万元。

第二年1~12月完成投资40%，2434.5万元。

第三年1~12月完成投资20%，1217.24万元。

按中国人民银行规定贷款利息率为9.72%。

$$利息 = [1/2 \times 2434.5 \times 2 + 1/2 \times 2434.5 + 1/2 \times 1217.24] \times 9.72\%$$
$$= 1005.69（万元）$$

（4）预备费：按《××省工程建设有关费用定额》规定计算

①基本预备费：（1682 + 2208.9 + 863.22）×6% = 285.25（万元）

②价差预备费：按分年投资计算，费率取（3 + 1）%

$$2434.6 \times 4\% + 2434.5[(1 + 4\%)^2 - 1] + 1216.7 \times [(1 + 4\%)^3 - 1] = 447.96（万元）$$

（5）估算投资列表如下表（表2）

表2 估算投资表

序号	费用名称	投资（万元）	序号	费用名称	投资（万元）
一	建筑工程投资	1682	三	7. 勘察设备费	130.5
二	设备及工器具投资	1180.9		8. 供电贴费	11.7
				小计	863.22
三	其他基建投资（一）	3129.07		（二）1. 投资方向调节税	1260.16
	1. 征地及安置补偿费	525		2. 贷款利息	1005.69
	2. 建设单位管理费	104		小计	2265.85
	3. 临设费	31.7	四	预备费	733.21
	4. 生产职工培训费	36.74		1. 基本预备费	285.25
	5. 联合试车费	14.56		2. 动态预备费	447.96
	6. 办公及生活家具购置费	9.02	五	估算投资	7825.18

十三、项目成本控制情况报告

（一）概念

项目成本控制报告，是反映和控制在项目管理过程中项目的支出情况，需要定期和不定期制作的一种成本控制文书。成本报告包含各种成本信息的综合处理结果，是及时发现和预测超支、保证成本处于预算范围之内的有效控制工具。利用成本报告可以评审项目的支出现状，还可以确定是否需要追加投资，如果需要还可以进一步确定投资时间。

（二）写作方法

成本报告的起草和评审都需要由具有一定财务知识的人员负责，以保证成本报告的规范性数据的真实性。成本报告应力求简明、正确，重要部分可单独详细报告。

　　成本报告分若干层次，不同层次报告的对象和范围不同。各层次的报告应该是定期的，按固定渠道传递，但也有反映特殊情况的例外报告。一般来说，例外报告的比重很小，但它在项目管理中所起的作用非常重要，因为它主要是针对一些紧急而意外的主体，需要立即做出决策。

　　成本报告的种类包括成本日报、成本周报、月成本分析书、最终成本预测报告等。近年来，在项目管理中出现一种新型报告形式——成本情况报告。这种报告适应性广、容量大、提供信息多，更能满足成本控制的需要。

范例：

××厂关于材料采购成本控制情况的报告

　　轻纺局财务处：

　　为了控制材料采购成本，我厂在本年度投入了很大的精力，以财务处材料核算室为核心，进行了合理的调控，取得了显著的经济效益。现将我们的具体做法报告如下：

　　（一）采取生产、供应、财务"三结合"的办法，避免了材料采购过程中的盲目性。

　　过去，我厂80%以下的材料均由供应处直接采购，并负责材料的验收、发放和保管。现今市场变化快，工厂产品结构复杂，品种繁多，大量或成批采购容易造成库存积压。据计算，截至20××年末，我厂主库存材料为×××万元，200×年增加到×××万元，其中，重复采购的物资就达××万元以上。对此，财务处及时设计并推行了《材料月份用款计算表》。先由各车间按产品的市场需求量提出生产用料，由供应汇总填写《材料月份用款计算表》，经仓库保管核对库存量后，报送生产处总调度，生产处根据生产情况核实批准，在"备注栏"中示明采购急缓程度，送财务处材料核算室核算价格，最后再由财务处长根据资金情况批准"实支数"。这一管理控制办法实行一年来，仅避免重复采购一项就节省××万元，另外还拒付价格过高的材料××万元，经磋商而降低采购价格使支出减少××万元。

　　（二）采购物资实行"四同"（同品种、同型号、同名称、同技术要求），对材料购入价格进行比较分析。

　　实行这个办法以来，直接减少因信息不灵、不准而高价购买材料的损失达××万元，并使采购人员的价格观念、成本意识有所增强。此外，我们还订阅了《价格信息》等报纸杂志，搜集我厂需用材料的价格，定期了解原料厂家的价格变动情况。在此基础上，工厂还对11种占材料采购成本较大的物资制订了目标限价。自财务处材料核算室进行"四同"材料价格比较分析后，过去那种舍近求远、质次价高的不合理现象得到了有效控制，人为的扩大采购成本问题也基本解决。

　　（三）采用"ABC管理法"，重点控制，严格审核。

　　与此同时，我们还将现代化管理办法——"ABC管理法"直接应用于材料采购成本控制上，也收到了良好的结果。经分类，划分出A类消耗物资11项，这类物资占采购品种的5％，但却占采购资金的50％以上。我们对这11项消耗材料重点进行时常价格调查，并查阅了各种价格资料，结合国家有关物资的价格政策，制订了"厂内目标采购限价表"及相应的奖罚办法，收到了立竿见影的效果，采购人员通过多渠道、全方位奔波，在这方面共节约材料成本费××万元。

（四）全面控制，有效节约了材料采购成本中的运费开支。

近年来，运杂费占材料采购成本的比重越来越大，为了控制材料采购的运杂费，降低采购费用，经走访市内各货场、运输公司，收集整理国家对运杂费的价格政策、限价措施，决定运输物资优先使用本厂运输工具，在本厂车辆因紧张而需要社会运输工具时，也实行了及时限价送货，结果，使我厂的材料采购运杂费成本大幅度下降，仅200×年一年就节约费用×万元。

（五）建立材料采购价格档案，形成价格监督体系。

为有效降低采购成本，我们把收集到的资料分门别类地归档立册，形成内部价格档案。对采购质优价廉的物资，予以奖励。价格档案同时也为我们实行计划成本核算提供了依据。如200×年我厂供应处向江苏某公司订购醋酸人造丝，通过查阅"物资价格档案"发现其价格高于市场最新价，即予拒付。经磋商，共为企业挽回经济损失2.72万元。

上述几点是我们在探索材料采购成本控制中的一点收获，今后随着现代管理方法的推广，我厂对材料采购成本的控制定会更加合理，更加有效。

××厂财务处

200×年××月××日

十四、项目审计报告

（一）概念

项目审计报告是反映审计情况、分析结论、评价结果及处理意见等的一种书面报告文书。它是由审计机构或审计员，在完成某一项审计工作后，向委托者或授权者提交的报告文书。

（二）作用

由于审计报告能比较全面地反映被审计单位情况，因而具有多方面的功能：

（1）它可以作为有关机关或部门提出审计结论、做出处理决定的依据；

（2）还可以作为被审计部门改善工作、调整经营范围、做出合理经营决策的重要参考；

（3）还可以作为衡量一项审计工作的完成状况和质量的基本凭证。

审计报告既可以由国家审计机关或社会审计机构做出，也可以由单位内部的审计人员做出。

（三）内容与写法

审计报告一般由标题、主送机关、正文和落款四部分组成，具体写作要求如下：

1. 标题

写明审计机关名称、审计项目和文种名称，如《××审计师事务所关于××股份有限公司财务状况的审计报告》。

2. 主送机关

指审计工作的委托机关或单位，或者经审计报告需送交的机关或单位。其名称要在标题之下，正文之上写明。

3. 正文

包含较多内容，一般有前言、情况、问题、结论、意见、建议、附件说明等。这些内容，有的可以合并，有的可以省略，要根据被审计对象的具体情况而定。

（1）前言。对审计工作概况加以介绍，如写明进行审计工作的依据、目的、时间及审计的范围，内容和方式等，也可以对审计对象的情况作概略的说明。

（2）情况。集中写明被审计单位的情况，通常要用精确的数字反映各项经济指标。

（3）问题。详细写明在审计中发现的问题，是审计报告中非常重要的一项内容，后面的结论、意见、建议的提出都以此为出发点。

（4）结论。根据事实，明确对审计对象的看法，得出结论。

（5）意见。即对问题的处理意见。

（6）建议。针对问题提出一些工作措施或办法。

（7）附件说明。如果在审计报告之后附有其他材料，要在正文的最后标明其名称、份数。

4. 落款

审计人员签名盖章，注名撰写审计报告的日期。

除主送机关之外，如果还有其他需要了解审计报告内容的单位或部门，也在最后注明。

范例：

关于××市食品厂 2008 年度财务收支的审计报告

××市审计局：

根据省审计局《关于对大中型企业实行经常性审计的通知》的精神和我局今年的审计工作计划，我们从 2009 年 1 月 10 日至 25 日对××市食品厂 2008 年度财务收支的真实性、合理性、合法性，并结合 2008 年度承包经营合同规定的几项主要经济指标的完成情况，进行了就地审计，现将审计情况报告如下：

一、企业的基本情况

该厂隶属市商业局，是以生产各种食品为主的中型企业，现有职工 1283 人，该厂下设四个车间和一个经济独立核算的综合厂，年生产能力为××万吨食品。现有固定资产原值××万元，净值××万元；流动资金××万元，其中定额流动资金××万元；国家流动资金××万元，企业流动资金××万元；流动资金借款××万元，专项资金××万元，专用借款××万元，专项基金××万元（包括专用基金××万元）。

2008 年，该厂工业总产值完成××万元，比承包经营合同规定的××万元的指标增长 7%；实现利润××万元，比承包经营合同规定增长 16.2%；上缴利润完成承包经营合同规定指标的 100%；归还专用借款××万元，比承包经营合同规定指标还多××万元。审计情况表明，该厂已全面完成 2008 年度承包经营合同规定的几项主要经济指标。

二、审计中发现的问题和处理意见

1. 2008 年 10 月，企业将流动资金贷款逾期罚息××万元，随同正常贷款利息一起进入企业管理费，违反了《国营企业成本管理条例》（国发〔1994〕34 号）第十三条"与本企业生产经营活动无关的其他费用不得列入生产、销售成本"的规定精神，确属挤占成本行为。根据《国务院关于违反财政法规处罚的暂行规定》（××××年××月××日发布）第六条规定，应处以违纪额××万元 20% 的罚款，罚款金额为××万元，需如期上缴地方财政。

2. 2008 年 7 月，未经批准擅自购买高级组合乐器一套，由企业福利费开支××万元，根据《关于违反控制社会集团购买力规定的处理暂行办法》，应处以没收或变价上缴财政。

3. 企业在 2008 年 10 月末就完成厂全年承包经营利润指标，对当年 11 月和 12 月两个月销售的食品××吨、收入××万元，未冲减成本，记在其他应付款账户，目的是列入明年收入，为完成明年利润指标创造条件。这种做法，违反了财务制度的有关规定，应调整账目，体现 2008 年利润，并补交能源交通重点建设基金××万元，补交预算调节基金××万元。

三、评价及建议

通过对该厂 2008 年度财务收支的审计，总的认为该厂的改革在深入，形势比较好。2008 年该厂实行了全员风险抵押基金制度，使企业兴衰与职工利益紧密联系在一起，并推进了全员承包经营责任制，调动了全厂干部和职工的积极性，克服了市场疲软、原材料涨价的种种困难，超额完成了 2008 年度承包经营合同规定的各项经济指标，反映了该厂领导、职工改革意识强，经营管理基础较好。但企业对有的财政法规执行得还不够认真，存在乱摊成本的问题，导致企业当年利润不够真实。

针对企业存在的问题，提出如下建议：

1. 企业领导应进一步端正经营思想，克服"短期行为"，正确处理好国家、企业和职工三者利益之间的关系。

2. 该厂财务人员业务素质较高，5 名财会人员都具有大本以上学历，其中高级会计师 1 名，会计师 2 名。但是财会人员违反财政法规属明知故犯，因此，建议厂领导加强对财会人员的教育和管理，提高认真执行财政法规的自觉性，如今后再发生类似的违纪问题，将严肃处理。

附录：证明材料

审计组组长：＿＿＿＿＿＿＿（签字）

审计组成员：＿＿＿＿＿＿＿　＿＿＿＿＿＿＿　＿＿＿＿＿＿＿

××××年××月××日

十五、项目财务决算报告

(一) 概念

项目财务决算报告是指项目单位在项目完成后或项目进行阶段制作的对项目资金进行监控的总结完善性文书。

(二) 作用

项目财务决算报告的主要作用有:

(1) 可以总结前一项目或项目的前一阶段的资金运作情况,从而找出缺点与不足,发扬优点,从而促使下一项目或项目的下一阶段的资金运转更为合理。

(2) 可以使项目管理者做到心中有数,以利于项目管理者在以后的工作管理中有所依据。

(三) 结构与写法

一般而言,项目财务决算报告的框架结构如下:

1. 标题

其基本格式由项目报告单位、报告期和文种名称三部分组成,如《××建筑项目财务支出决算报告》

2. 称谓

此处主要写明报告呈送单位及对象名称。

3. 正文

正文一般包括如下方面:

(1) 概况。此部分内容概述报告期基本情况,一般概况主要成绩,提出主要问题,为下一步具体介绍决算情况打好基础、定下基调。

(2) 预算执行结果,如决算收入、支出的总数完成情况。

(3) 收入支出各构成主要项目完成情况及原因分析。

(4) 总结成就。

(5) 揭示问题,提出改进方向。

(四) 注意事项

项目财务决算报告必须严格依照以下要求进行书写:

(1) 科学地对比。一般应将预算执行结果与预算计划对比,并与上年同期对比,分析其完成程度及原因。

(2) 材料要真实。财政(务)决算报告是用来陈述财政(务)情况的,所列材料必须客观真实。

(3) 分析要合理。对预决算情况的分析,必须合乎逻辑,着重体现在:一是与党和政府路线方针政策的关系;二是与经济发展状况的关系。

(4) 重点要突出。决算收支情况千头万绪,在陈述、分析、说明和总结时,必须重点选择其最主要的方面进行阐述,抓住影响和决定决算收支的主要问题,避免面面俱到。

范例：

关于古城村省级新农村试点建设项目财务决算报告

县新农村建设办公室：

哈溪镇古城村省级新农村试点建设项目于 2007 年 4 月开始实施，于 2007 年 10 月竣工。

一、资金筹措及管理情况

2007 年古城村省级新农村试点建设总投资 235.5 万元，其中国投资金 50 万元（省新农村建设办投资 50 万元）、按渠道申报项目投资 185.5 万元，县上投资 36 万元、信贷 60 万元、群众自筹 89.5 万元（投工投劳）。

二、投资完成情况

1. 设施农业：已新建日光温室 100 座，每座造价 18000 元，其中补助国投资金 2600 元，县财政配套资金 3600 元，贷款 6000 元，群众自筹 5800 元。共投入资金 180 万元。其中补助国投资金 26 万元。县财政配套资金 36 万元，贷款 60 万元，群众自筹资金 58 万元。重点以人参果种植为主，平均年产人参果可达 1 万公斤，年收入达 2 万元，人均增收 200 元。

2. 草畜产业：扶持养殖户 50 户，建成养畜暖棚 50 座，每棚造价 8500 元，（其中国投资金 4000 元，群众自筹资金 4500 元，）共投入资金 42.5 万元，其中国投资金 20 元，群众自筹资金 22.5 万元。

3. 扶持建立苗木种植基地 3 处，共投入资金 10 万元，其中补助国投资金 1 万元，群众自筹资金 9 万元，已种植松树苗木 10 万株。

4. 劳务科技培训：举办实用科技培训班 5 期，培训农牧民 2000 人（次），印发宣传材料 600 份，共补助国投资金 3 万元。

三、投资运行分析

古城村省级新农村试点建设项目在县新农村建设办公室、财政局的领导下已完成了计划的各项任务，资金的使用本着履行节约、合理使用的原则，合理安排并认真接受县审计、财政部门的监督检查，使有限的资金得到了充分合理的使用。

二○○八年八月七日

十六、项目质量监督报告

（一）概念

项目质量监督计划是指项目质量管理者为了监控整个项目建设质量而制定的一种指导质量管理的计划书。

（二）内容与写法

项目质量监督计划的内容包括总则、工程划分及工程主要内容、工程质量监督计划表和监督要求四个部分。封面要列清工程名称、建设单位、监理单位、施工单位和监督机构。总则中应列清工程施工执行的标准和规范。工程划分及工程主要内容不仅仅要进行符合标准划分（依据标准规定和施工组织设计），还应将建设单位、监理单位、施工单位和监督单位的质量负责人、现场的质量检查员、监督员及其联系电话号码等项目填写清楚，以便在施工检查过程中发现问题及时联系。工程质量监督计划表要列清监督部位及控制点。所有的影响结构安全和使用功能的部位均应列入，不得遗漏。工程质量监督计划见附表。

范例：

项目工程质量监督计划

编号：NO. ××
工程名称：_____
建设单位：_____
监理单位：_____
施工单位：_____

第一条 总则

1. 为保证建设工程质量，执行工程质量监督程序，提高工程质量监督到位率，使建设、监理、施工、监督各方共同明确检查部位及监控点、工程划分、监督检验的工作内容，而制订本监督计划。

2. 依据：

（1）建设工程质量监督申报书编号：_____。

（2）执行标准：_____。

（3）基本建设工程质量监督程序。

3. 本工程质量监督计划包括在建工程及设计图纸齐全的单位工程。

第二条 工程质量监督计划表

（1）工程情况表（表1）。

（2）行为质量监督阶段控制重点（表2）。

第三条 监督要求

1. 监督站进行现场检验时，建设、监理及施工单位应积极配合，提供方案，保证安全。

2. 监督站检验前，施工单位必须进行自检自评，并提供相应的验评资料，包括图纸、技术资料、质证书、检验报告、自评记录等，监理单位提供相应的监理资料，否则不予检验。

3. 工程建立、业主必须在检验前1～2天向监督站申报检查时间。

4. 施工单位不按期申报检验，由此造成的损失由相应单位自负，并追究责任。

5. 施工单位应在竣工验收后合格之日起15日内把竣工验收资料交工程建设单位、业主审查合格后，交监督站核查备案。

6. 未尽事宜按有关文件、合同执行。

第四条 监督人员安排及预定监督时间

1. 本工程项目监督负责人：_____。

2. 主要监督人员和专业资质：

姓名	性别	专业	资质	联系电话	备注
1					
2					
3					
4					

3. 监督时间安排：

监督项目	监督项目	监督项目	监督项目	监督项目	监督项目	备注
时间						
时间						
时间						

表1 工程情况表

建设单位		工程名称	
建设地点		设计图号	
工程性质			
建设目的			
开工日期		计划竣工日期	

工程内容及工程量

序号	主要工程设备/台套	管道长度/km	线路距离/km	建筑面积/m^2	结构形式及层数	其他指标	备注
合计							
其他							

1. 建设单位基建负责人：　　　　　驻工地代表：　　　　　电话：
2. 监理单位负责人：　　　　　　　资质等级：　　　　　　电话：
　　项目总监：　　　　　　　　　　资质证书：　　　　　　电话：
3. 工程地质勘探单位：　　　　　　资质等级：　　　　　　电话：
4. 工程设计单位：　　　　　　　　资质等级：　　　　　　电话：
　　项目负责人：　　　　　　　　　资质证书：　　　　　　电话：
5. 施工单位：　　　　　　　　　　资质等级：　　　　　　电话：
　　企业负责人：　　　　　　　　　工程项目负责人：　　　电话：
　　技术质量负责人：

表2　行为质量监督阶段控制重点

阶段	检查项目	备注
设计前期管理	1.	
	2.	
	3.	
	4.	
设计评审质量控制	1.	
	2.	
	3.	
	4.	
会审交底及变更质量控制	1.	
	2.	
	3.	
	4.	
供应承包商选择	1.	
	2.	
	3.	
材料设备检验试验过程控制	1.	
	2.	
	3.	
	4.	
用户或业主提供产品质量控制	1.	
	2.	
	3.	
	4.	
报验与认可记录	1.	
	2.	

续表

阶段	检查项目	备注
报验与认可记录	3.	
	4.	
工程招标及其管理	1.	
	2.	
	3.	
施工准备阶段质量控制	1.	
	2.	
	3.	
施工阶段质量控制	1.	
	2.	
	3.	
工程试运行	1.	
	2.	
	3.	
	4.	
工程消缺处理	1.	
	2.	
	3.	
施工技术资料整理	1.	
	2.	
竣工验收阶段质量控制	1.	
	2.	
	3.	
	4.	

十七、项目事故调查分析报告

(一) 概念

项目事故调查分析报告是项目管理者在项目发生质量、生产劳动安全等事故时，对事故调查后所做出的书面情况材料，撰写者可以是项目管理者本身，也可以是项目管理者的上级主管机关。

(二) 格式与写法

此种文案的一般格式结构如下：

1. 标题

标题的书写方式有多种，但用"关于××事故的情况报告"较好。

2. 正文

（1）事故发生情况经过介绍。

（2）事故原因及经验教训分析。

（3）事故发生后的改进措施和建议。

3. 落款

包括报告写作人及写作日期。

范例：

××矿竖提升事故的分析报告

20××年××月××日××时，我公司铜录山矿副井发生一起井筒装备破坏事故。损坏摇台和摇台托梁各一、木质罐道三根、钢质罐道二根、马头门门框立柱一根、矿车一辆，罐笼的两根立柱变形，停产××个小时。

一、事故的经过

当日中班××时左右，罐笼从井口降落至××米中段，出空车一端的一名推车工关闭罐内铁轨上的阻车器后，立即去空车场汇集空车。这以后，另一端上重车的推车工，将两重车推入罐笼内，关闭铁轨阻车器后发出提升信号。当罐笼提升至××米中段时，卷扬工听到井筒内一声巨响，并见电流表指针摆动幅度大，于是立即紧急刹车，罐笼停在××米位置。

现在检查发现，与罐笼出空车方面对应的井壁上，从××米至××米这一段，呈一铅垂线留有断断续续的擦痕，每段擦痕的长度均匀为×米左右；被抛入××米中段码头门内的摇台托梁底面，留有间距为××毫米的两处撞痕；罐笼内的两辆矿车全部脱轨，其中出空车端的一辆矿车卡在罐笼与井壁间。

二、事故分析

经事故调查、核实材料、掌握事故实际情况后，由公司生产经理召开事故分析会，按"三不放过"原则分析，一致认为：

1. 据井壁上断断续续的擦痕来分析，罐笼内出空车一端的铁轨阻车器被打开是造成事故的直接原因。由于阻车器被打开，矿车在罐笼内来回滚动并与井壁摩擦，留下断断续续的擦痕。

2. 当罐笼降至××米时，由于摇台及其托梁阻塞了罐笼与井壁的空隙，滑出罐笼的矿车与托梁地面相撞，留下间距与矿车斗宽度相等的两处撞痕。

3. 当矿车冲击摇台及其托梁的瞬间，罐笼因受力不平衡而倾斜，使钢、木罐道受破坏，罐笼自身亦变形。

4. 这是一次责任事故。岗位责任制规定：罐笼内出空车一端的阻车器由推空车的人员负责开、闭。由于操作人员离岗，没有目送罐笼离开，所以亦未检查阻车器是否确实关闭后是否又被打开。

三、改进措施

1. 劳动纪律松弛和管理混乱是发生竖井提升事故的一个重要原因。要在企业内部组织一定人力对各岗位进行抽查并与经济挂钩，还要坚持经常性的正面教育，通过安全活动日、班前后将规章制度的内容对职工进行反复的宣传教育。

2. 罐笼内的阻车器，普遍使用的有装在罐壁上和铁轨上的两种，均为手动式。前者较可靠，但影响罐笼的有效空间，并要求使用同一类型的矿车，使用范围有限，应当在铁轨阻车器上增设一种操作方便的简易制动装置，使阻车器关闭后不会被矿车撞开。

3. 负责矿车进、出罐笼的人员，处在淋水较多的马头门与罐笼之间操作，其心理状态有一种不安全感。加之操作较高，极易造成错误动作。所以，安全操作规程要求负责矿车进、出罐的人员和信号目送、目接罐笼，须认真执行。

××事故调查组

20××年××月××日

十八、项目采购计划书

（一）概念

项目采购计划书是指项目采购管理者为了保证项目采购工作的顺利进行而制订的指导采购工作的计划安排性文件。

（二）格式与写法

一般而言，项目采购计划书包括如下主要格式内容：

1. 标题

在这种文件中，制订者可直接标识"项目采购计划书"。

2. 正文

这一部分包括导言、计划步骤、采购负责权限、采购问题处理、采购预计价款及可接受价格等。

3. 落款

主要包括计划制作单位及制订日期。

（三）注意事项

项目采购计划书是项目采购文书中的第一份文书，它事关整个项目采购工作的顺利进行。所以必须制作严谨，考虑周全。特别是在制订该计划时要有回旋余地，必须正确地考虑到采购工作中可能遇到的问题，保证采购工作在失误时有足够的补救措施。

范例：

6SIGMA 优化资产采购系统项目计划书

一、项目名称：优化资产采购系统。

二、项目目的：资产采购从金额上来讲，是行政后勤部第二大费用支出项目，需要加强管理；从客户满意度上来讲，采购业务的客户满意度一直处于较低的水平，有较大的改进空间。本项目主要通过优化采购周期、降低采购成本、提升采购质量三方面提升采购业务的水平，提高客户满意度。

三、项目目标（交付物）：

1. 项目总结报告（附数据、项目各项指标评测）

2. 经项目组审核过的采购周期子项目报告

3. 经项目组审核过的价格折扣子项目报告

4. 标准化的资产采购流程

5. 标准化的供应商管理体系（含选择及评估流程）

四、项目范围（POS）。

为了降低公司运营成本，提升资产采购业务的运作水平，自 2001 年 9 月 17 日至 2002 年 5 月 31 日，在联想集团有限公司京区平台实施优化资产采购系统项目。项目将需工时 1816 工时，资金投入共计 283000 元（与节电项目一起，详细数据见第八条资源需求），项目预期使资产采购周期平均缩短 26%、采购折扣率在现有基础上再提升 3% 的比例，采购合格率提升 2 个百分点。具体项目指标如下：

五、项目组成员及其职责。

六、项目推进计划。

七、项目标志。

第四项项目描述中的各项指标均达成，并给出第三项项目交付物中的 5 项交付物即标志着项目的成功。

八、项目资源需求及收益预测。（略）

九、项目的柔性：时间（最小）；资源（中）；范围（最大）。

十、项目风险管理计划。

十一、团队公约。

十二、项目计划确认和批准。

项目成员对本项目计划的签字确认：

SPONSOR 批准本项目计划：

附件：

附件一：技术

附件二：资产

附件三：采购周期

附件四：通用类价格

附件五：专用类价格折扣现状及目标数据

十九、项目质量整改（隐患）通知书

（一）概念

项目质量整改（隐患）通知书是指当项目质量达不到项目管理和规划部门的要求

时，项目质量管理和规划单位向项目建设单位递送的通知其对所存在的项目质量问题期限改正后的告知文书。

（二）格式与写法

项目质量整改（隐患）通知书包括以下格式及内容：

（1）标题；

（2）受件单位及编号；

（3）项目质量隐患及不合格要点；

（4）整改意见；

（5）整改期限；

（6）落款及日期。

范例：

项目质量整改（隐患）通知书

施工单位：_____　编号：NO. ×××

你单位承担的_____工程项目经检验，发现存在如下问题：_____

_____

_____

_____

_____。

请依据如下意见：

1. _____；

2. _____；

3. _____；

4. _____。

在_____年_____月_____日前彻底整改，并提前_____天通知_____项目监督领导小组，否则不得进行下一道工作程序。

特此通知

抄送：建设单位

项目监督领导小组

_____年_____月_____日

二十、项目工程质量保修书

（一）概念

项目工程质量保修书是指建设施工单位在完成建设工程之后，在一定期限内对工程质量出现的问题保证加以维护和修缮的承诺性文书。

（二）内容与写法

项目工程质量保修书包括：

（1）施工项目概况，包括工程名称、施工单位、完工日期等。

（2）用户名称。

（3）保修范围及保修期限。

（4）保修说明事项。

（5）施工单位联系方式等。

范例：

建筑工程保修书

工程名称：_____

施工单位：_____

交工日期：_____

使用单位（用户）名称：_____

本工程在保修期内如发生施工质量问题，本单位将按照《建筑工程保修办法（试行）》有关规定负责保修。

保修范围及期限：

一、保修范围：

1. 屋面漏雨；

2. 烟道、排气孔道、风道不通；

3. 室内地坪空鼓、开裂、起砂、面砖松动、有防水要求的地面漏水；

4. 内外墙及顶棚抹灰、面砖、墙纸、油漆等饰面脱落，墙面浆活起碱脱皮；

5. 门窗开关不灵或缝隙超过规范规定；

6. 厕所、厨房、盥洗室地面反水倒坡积水；

7. 外墙板漏水，阳台积水；

8. 水塔、水池、有防水要求的地下室漏水；

9. 室内上下水、供热系统管道漏水、漏气、暖气不热、电器、电线漏电，照明灯具坠落；

10. 室外上下水管道漏水，堵塞，小区道路沉陷；

11. 钢、钢筋混凝土、砖石砌体结构及其他承重结构变形、裂缝超过国家规范和设计要求。

二、保修期限：

1. 民用与公共建筑、一般工业建筑、构筑物的土建工程为 1 年；

2. 建筑物的照明电气、上下水管线安装工程为 6 个月；

3. 建筑物的供热、供冷系统为 1 个采暖、供冷期；

4. 室外的上下水和小区道路为 1 年；

5. 工业建筑设备、电气、仪表、工艺管线和有特殊要求的工程，其保修内容和期限由使用单位和施工单位在合同中规定。

三、说明事项：

施工单位地址：＿＿＿＿＿＿＿＿＿＿＿＿＿＿＿＿＿＿＿

电话：＿＿＿＿＿＿＿＿＿＿＿＿＿＿＿＿＿

联系人姓名：＿＿＿＿＿＿＿＿＿＿＿＿＿＿＿＿

公章

＿＿＿＿年＿＿＿＿月＿＿＿＿日

二十一、项目工程质量修理通知书

（一）概念

项目工程质量修理通知书是项目工程完工之后，使用单位在发现工程质量之后，请求施工单位予以解决的请求文案。

（二）内容与写法

项目工程质量修理通知书一般包括以下几个方面的内容：

（1）项目工程概况，包括项目工程名称、使用单位名称、施工单位名称等。

（2）工程质量问题及部位。

（3）使用单位意见。

（4）使用单位联系方式及通知发出日期。

范例：

<h1 align="center">建筑工程质量修理通知书</h1>

工程名称：＿＿＿＿＿＿＿＿＿＿＿＿＿＿＿＿＿＿＿＿＿

使用单位（用户）名称：＿＿＿＿＿＿＿＿＿＿＿＿＿＿

施工单位名称：＿＿＿＿＿＿＿＿＿＿＿＿＿＿＿＿＿

本工程于＿＿＿＿年＿＿＿＿月＿＿＿＿日发生质量问题，根据《建筑工程保修办法（试行）》有关规定，请你单位派人检查修理为盼。

质量问题及部位：＿＿＿＿＿＿＿＿＿＿＿＿＿＿＿＿＿＿＿

＿＿＿＿＿＿＿＿＿＿＿＿＿＿＿＿＿＿＿＿＿＿＿＿＿＿＿＿＿＿

＿＿＿＿＿＿＿＿＿＿＿＿＿＿＿＿＿＿＿＿＿＿＿＿＿＿＿＿＿＿

承修单位：＿＿＿＿＿＿＿＿＿＿＿＿＿＿＿＿＿＿＿＿＿

使用单位（用户）对修理结果的意见，由使用单位（用户）填写。

使用单位（用户）地址：＿＿＿＿＿＿＿＿＿＿＿＿＿＿

电话：＿＿＿＿＿＿＿＿＿＿＿＿

— 809 —

联系人姓名：_____　　通知书发出日期：_____年_____月_____日

二十二、工程项目交工（移交）申请书

（一）概念

工程项目交工（移交）申请书是在工程项目全部完成之后，工程承建方向工程监理方和工程建设委托方提出移交的请求性文书，它是项目进度控制进入终结阶段的重要文案之一。

（二）内容与写法

工程项目交工（移交）申请书整体而言包括以下几个方面的内容：

（1）项目概况；

（2）完工工程的标准；

（3）工程完工资料；

（4）遗留问题及处理方法；

（5）工程移交建议。

范例：

工程项目交工（移交）申请书

项目名称：　　　　　　业主单位：

建设地点：　　　　　　承包单位：

项目合同编号：

项目主管：

文件编号：　　　　　　日期：

一、完工工程概况

1. 工程名称

2. 建设规模及产品方案

3. 申请交工工程项目表

编号	装置	工区或单项工程	土建情况	安装情况	完工日期	备注
1						
2						
3						
4						
5						
6						

4. 工程量总表

编号	装置	工区或单项工程	建筑面积（m²）	管道（m）	设备（台）	备注
1						
2						
3						
4						
5						
6						

二、工程完工的标准

1. 合同规定的全部施工项目已按设计文件的规定完成，且工程质量达到规定标准

2. 全部施工项目的试车准备工作已经完成，并经工程公司确认

3. 现场达到工完、料净、场地清

4. 施工记录资料齐全准确，并整编装订

三、工程完工资料

1. 设计文件、施工图纸和设备技术说明书

(1) 设计文件：包括工艺设计、基础工程设计（或初步设计）、详细工程设计（或施工图设计）。

(2) 设计技术说明书。

(3) 设计审批文件。

2. 设备、散装材料资料

(1) 设备、散装材料清单。

(2) 产品合格证书。

(3) 产品检验记录。

3. 施工技术档案资料

(1) 建筑工程资料：包括工程竣工图；施工测量成果和人工地基处理记录；重要建筑物、构筑物及大型设备基础的沉降观测记录；混凝土、砂浆强度试验报告和建筑防水、耐腐蚀涂料的试验记录；各种隐蔽工程记录；铬镍钢成质量事故处理报告；质量评定记录等。

(2) 安装工程资料：包括工程竣工图；设备和管道安装记录；电气、仪表工程的安装记录；防腐、保温、衬里、涂层及筑炉记录；设备管道、电气、仪表的试压、调试记录；重大质量事故处理报告；质量评定记录等。

四、遗留问题及处理意见

1. 设计

2. 设备

3. 施工

4. 技术资料

五、工程交工（移交）建议

1. 工程交工程序

2. 工程交工组织

3. 机械竣工证书（工程移交证书）的签署

附件：工程完工资料（略）

二十三、项目立项意向书

（一）概念

项目立项意向书是在经济活动中，当事人之间就开展业务而签订的意向性文书；是项目双方合作者内心愿望与初步设想的文字记录，它具有协商性、灵活性、临时性。

（二）格式与写法

项目立项意向书的格式并没有严格的规定，它可以是签字式谈判纪要，也可以是叙述式的谈判签字备忘录。如果双方都比较认真的话，最好是条款协议式立项意向书。

项目立项意向书的结构一般由标题、导语、正文和签署四部分组成。

1. 标题

标题包括两种方式：一种是只用文种作标题，将"意向书"居中定在上方。另一种是用"内容性质＋文种"作标题。

2. 导语

导语包括以下内容：一是签订意向书的单位；二是明确该意向书的指导思想和政策依据；三是规定本意向书需要实现的总体目标。最好用承上启下的惯用语结束引言，导出正文。

3. 正文

正文是意向书主要内容，一般都以分项排列条款的形式来表述，即将全部内容按事物间的性质和关系的不同，划分为若干部分，用数码依次标出。各项条款之间的界限要清楚，内容要相对完整，既不要交叉叠叙，也不要过于琐碎，更不能有所疏漏。

4. 签署

包括各房签名盖章和签署日期。

由于意向书只是一个初步的意向，因此，以上内容比较笼统、比较原则的写出即可。待签署后，双方还可以继续进行接触、商洽，不断地修改、补充与完善。这也正是意向书与协议、合同的根本区别。

在现实的涉外经济活动中，也有由单方面主动出具意向书、表示愿与对方合作的意向的情况，内容和写法均有所不同，应视具体情况而定。

范例：

××原料合资生产意向书

2007 年××月××日至××月××日，美国×××公司副经理×××先生，同中国××省××市××××厂就双方共同合作开发生产××原料等事宜，进行了多次的接触和洽谈。在此之前，双方在2006年11月××日至12月××日，已进行过初步的接触和洽谈。现将有关意向归纳如下：

1. 美国××××公司提供适合××市××××厂所需要的××粒子，以降低进口成本，提高××原料的质量。

2. 合资合营××原料生产，年产量初步框定为××吨。

3. ××原料的生产技术、设备由美方提供，产品大部分返销出口，以求外汇平衡。

4. 双方投资比例初步定为：美国××××公司为60%，××市××××厂为40%，利润按投资比例分成。

5. 该合资生产项目的目标是2009年×月底正式投入生产。

6. 双方准备在2007年××月××日前准备好各自的可行性研究报告的有关资料。2007年××月××日由××市××××厂编写项目建议书上报上级部门，一待批准后，即刻通知美方。

7. 本意向书中英文各一式两份，双方各执一份。于适当时候，双方再进一步商讨，以求可行性研究报告的正式完成。

甲方：美国××××公司副经理×××（签章）

乙方：中国××××厂副厂长×××（签章）

2009年××月××日

二十四、项目建议书

（一）概念

项目建议书是在确定项目意向后，具体反映项目内容的报批性文书。是在调查研究的基础上提出的拟建项目的大致设想，是从项目的发展背景、基础、条件出发，通过对拟办项目的必要性和可能性的分析论证而写成的立项申请。

（二）格式与写法

项目建议书的格式如下：

1. 标题

标题由合作各方名称、项目名称和文种构成。如果使用专门的封面，则在标题下写明项目主办单位、地址、项目负责人、主管部门、日期等。

2. 目录

一般而言，项目建议书没有目录。但是，如果建议书内容较多，一般应在正文前加章节目录。

3. 正文

正文一般包括以下内容：

（1）合营单位或者项目单位概况；

（2）合营项目或项目的目的；

（3）合作对象的概况；

（4）合营（项目）的范围和规模；

（5）投资估算；

（6）投资方式及资金来源；

（7）生产技术和主要生产设备情况；

（8）主要原材料、水、电、气等来源；

（9）人员情况；

（10）投资回报、经济效益估算。

4. 落款

申请立项单位名称、印章、日期。

5. 附件

附件一般包括前文所述意向书、合作方资信情况调查、市场预测和调查报告等。

范例：

××市××厂、深圳××公司引进年产5000吨天然脂肪醇装置项目建议书

主办单位：××市××厂深圳××公司

项目负责人：×××（××市××厂厂长）

　　　　　　×××（深圳××公司经理）

目录

一、建设项目的目的及意义

二、产品市场前景分析及预测

三、产品方案和建设规模设计

四、生产技术方案设计

五、技术经济评价分析

六、投资估算和资金筹措

七、附件

一、建设项目的目的及意义

据相关材料分析，全球年产动植物油脂总量约为6000多万吨，其中70%是植物油脂，30%是动物油脂。据报道：国外有13%的油脂（约800万吨）用作化工原料，主要生产脂肪醇、脂肪酸等化工产品，并且生产技术成熟，产品质量好，三废少。

我国年产动植物油脂1000万吨左右，除部分食用外主要用于生产肥皂表面活性剂和油基性涂料等。××省的油脂源不但产量丰富，而且品种多，大豆油、蓖麻油等的产量均居全国首位。××××年葵花籽产量达50万吨，可加工葵花油10万吨。这对以农副产品为原料，发展我省精细化工，具有可靠的基础。

目前，全世界脂肪醇年生产能力约为100万吨，30%用于表面活性剂。在国外，脂肪醇素有"工业味精"之美称，其用途十分广泛。除用于洗涤用品外，还被用于农药、

选矿、化妆品、食品、药物、洗涤剂、纺织、钻井助剂、皮革、建筑、造纸等方面。我国脂肪醇的产量很低（1万吨左右），工艺落后，产品质量差，品种少。目前，我国仅洗涤用品每年进口脂肪醇大约2000吨，同时还从日本进口醇醚硫酸盐（AES）25850吨，折合脂肪醇1.3万吨，合计1.5万吨。××省"×五"期间，每年用洗涤剂醇约5000吨，目前我省还属空白。为了加速我省精细化工产品的发展，引进资金、技术和关键设备进行生产、加工是可行的。

二、产品市场前景分析及预测

1. 境外方面

用天然油脂生产脂肪醇正在引起各国重视，因为天然动植物油脂对人体安全可靠，造成三废污染少。所以以天然油脂为原料的醇系表面活性剂在全部表面活性剂中的比重，将从××××年的45%增加到××××年的70%，产量由930万吨增加到2540万吨。菲律宾联合椰子化学公司，正在建设一个年产3.5万吨的高级醇工厂，其生产成本比合成高级醇低，具有很强的市场竞争能力。近两年来，一些国家用天然油脂生产高级醇的生产能力成倍增加。

美国、西欧和日本以天然油脂生产脂肪醇，就其生产能力和消耗量都是比较多的国家和地区。如美国洗涤剂醇供需情况是：××××年产量为31.5万吨，进口0.7万吨，出口5.3万吨，消耗26.4万吨。西欧××××年洗涤剂醇的年生产能力为37.2万吨。日本洗涤剂醇的生产能力估计为10万吨，其中天然醇约占40%。

天然脂肪醇系表面活性剂，且有表面活性好，配位性好，毒性小，低温的应用性能好，成本低等特点，在表面活性剂的应用领域占有重要位置。因而近几年来，一些国家用天然油脂制醇的生产能力增长很快。国外预测，石油原料的优势只能维持10年，从长远看天然油脂原料将处于有利位置。

2. 国内方面

国内只有上海××化工厂、上海制皂厂、无锡合成化工厂、大连油脂化学厂等在生产脂肪醇。总产量约1万吨左右，远远满足不了需要，每年仍需大量外汇从国外进口。××××年，我国从日本进口AES达25850吨，58.3亿日元。为了改变这个局面，"×五"期间，国家将扩大脂肪醇的生产能力。高级脂肪醇利用开发，××省已列入了"×五"发展规划，每年需要1万吨。

三、产品方案规模选择

1. 方案及规模选择

根据国内外产品需求情况分析，产品市场销路是好的。据有关资料报道，××××年国内仅洗涤剂醇的全年用量约5万吨以上。××地区有丰富油料作资源，又是油料加工基地，在××市××厂，建设一套以天然油脂为原料，生产能力为年产5000吨脂肪醇的生产装置是可行的。

2. 产量及销售方向

依据设计，建设规模定为年产5000吨，$C_{16} - C_{18}$ 的天然脂肪醇和副产400吨甘油。

销售方向，主要用作生产精细化工产品的原料和洗涤用品等产品原料为主，在满足国内市场需要的同时，如果产量及销路允许可适当地出口创汇。

3. 产品性能及规格

（1）脂肪醇质量要求。（略）

（2）甘油质量指标。

按照中华人民共和国标准 CT8687－77 丙三醇（甘油）为澄清、黏性液体、无臭、溶于水、醇又溶于醚、三氯甲烷及二硫化碳，在空气中易吸收水分。

四、技术方案设计

生产方法相比于洗涤剂醇的工业生产方法主要有两种：

（1）以石油加工产品为原料的化学合成方法；

（2）以天然油脂为原料的转化方法。

以石油为原料合成醇多为仲醇、带有支链，无法得到偶数碳的直链仲醇，由于仲醇结构决定了以石油为原料的合成物降解性能远远不如仲醇。以石油为原料生产的脂肪醇设备较复杂，工艺路线长、成本高，产品应用局限性大。

以天然油脂为原料生产的醇全部为偶数碳直链仲醇，没有支链和烃碳醇，不但可以用于人体洗涤用品，还可用做多功能乳化剂、渗透剂和润湿剂等，而且工艺流程短，设备较简单，成本低，应用性能好。

五、技术经济评价分析

1. 计算依据

（1）品种规模。脂肪醇（C_{16}－C_{18}）5000 吨/年。

（2）产品销售价格。目前国内食醇 8500 元/吨，本项目建议书按 8000 元/吨计算。

（3）产品销售税金。工商税金按售价 10% 计即为 800 元/吨。

（4）装置定员。装置定员为 150 人。

（5）平均工资。员工平均工资为 900 元/月。

（6）装置及基建投资。初步估算为 880 万元。

（7）固定资产折旧费。按基建投资 15 年计为 52 万元/年。

2. 成本估算（略）

3. 财务分析

（1）年总产值：8000 元/吨×5000 吨＝4000 万元。

（2）年税金：400 万元。

（3）年总成本：1846.5 万元。

（4）年利润：1753.5 万元。

六、投资估算和资金筹措（略）

七、附件

1. 邀请外国厂商来华技术交流计划

（1）筹建小组向国外生产厂商发函进行技术咨询，索取资料，了解工艺过程、原料及工程建设金额及装置报价。

（2）接到正式报价后，根据报价情况，6 周内完成和外商技术交流，暂邀请 3 家厂商来华，每家交流 1 周，3 周为外商往返时间。

2. 出国考察计划

在正式进行合同谈判签署前，由深圳××公司组团，组织工程师以上的专业技术人员，进行为期 6 周的出国考察。

3. ××市××厂与深圳××公司横向联合协作议定书（略）。

二十五、项目计划任务书

（一）概念

项目计划任务书是指在新建、改建、扩建项目时，在确定建设项目前，建设单位根据国家发展国民经济长远规划和建设布局的要求，在可行性研究调查的基础上提前编制的工作实施方案。计划任务书是确定项目基本轮廓和委托设计的依据。

（二）结构与写法

项目计划任务书的结构一般由封面、目录、正文、报送单位名称及附件等几部分组成。

1. 封面和目录

封面上主要写明建设项目的全称。有些小型项目，由于项目计划任务书的内容比较简单，可以在项目名称下面写上建设单位、建设地址、编制日期。大中型项目的内容比较复杂，封面后一般都要有目录。

2. 正文

大中型工业项目计划任务书，一般包括以下几项：

（1）建设的目的和理由；

（2）建设规模、产品方案或纲领；

（3）矿产资源、水文、地质资料以及原材料、燃料、动力、供水、运输等协作配合条件；

（4）资源综合利用和"三废"治理的要求；

（5）建设地区或地点以及所用土地的估算；

（6）防空、防震、消防等的要求；

（7）建设工期；

（8）投资控制数；

（9）劳动定员控制数；

（10）要求达到的经济效益和技术水平。

3. 报送单位名称及附件

计划任务书的最后部分应写明报送单位的名称，并注明附送的有关矿产资源、工程、地质、水文地质的勘察报告以及有关主要原料、材料、燃料、运输等协作关系意见书或协议文件的名称。

（三）写作要求

项目计划任务书条文式书写。封面上的标题及其他内容，应该分行书写，单位名称要用全称。正文部分只需用乘法的文字对上述各项作概括说明。

此外，计划任务书与一般的方案写作具有不同的写作要求：

1. 行文务求严密，特别是申请新建、扩建项目的理由要充分，经济效益的成果要确实，切勿前后矛盾。

2. 大中型工业项目计划任务书的条目必须完整，有些工程的某些内容，如"三废治理"、"防震、防空、消防"等项，即使没有具体要求，也应作简短的说明。

3. 文字要朴实，数据要正确、可靠。

范例：

××市胶印书刊印刷厂基本建设计划任务书

1. 为适应出版事业发展的需要，逐步解决本市印刷生产力严重不足的矛盾，需建一个年产××万令纸的书刊印刷厂。按照印刷技术发展要求，新厂将以胶印工艺为主，在降低成本、提高质量和缩短生产周期方面，比现有的铅印印刷均有所改善。

2. 新厂全年生产能力：胶印照相制版（四开）×××副，排字（原稿字数）×××万字，胶印书刊印刷××万色令，书刊装订××万令纸。

3. 生产工艺：排字主要采用照相排版；封面、插图采用电子分色、照相制版工艺；印刷以高速机印刷正文，以多色机印刷封面、插图，解决全书配套问题；装订以精装、胶订等流水线为主要工艺。

4. 新厂拟选择在××、××或×××地区，这样能减少原料和成品的运输量。新建厂水文资源、地质勘察、查定等工作，拟请设计部门负责。厂房建筑面积为×万平方米，职工宿舍×千平方米，占地××亩。

投产后所需的原材料、燃料、动力和供水等，均无特殊要求。其中：

（1）主要原材料需用的纸张和油墨：全年需要××万令纸，平均每吨按××令计算，全年需纸张××××吨；油墨平均每千色令按×××公斤计算，全年共需××吨左右。

（2）燃料：直接用于印刷和装订的燃料极少，辅助燃料所需也有限。新厂全年用煤约×××吨，汽油约××吨（包括生产、运输）。

（3）全年用电约为×××万度；煤气约××万立方米。

（4）全年市内运输量××××××吨左右。

5. 新建厂因采用照相排版和PS版工艺，不存在废气、废液问题，少量显影药水（无毒），可在生产过程中采用过滤等措施予以解决。

6. 新厂的建设进度：争取×××年内批准项目，××××年上半年解决征地和工程设计，同年年内力争破土动工，××××年逐步投产。全部工程在×××年上半年竣工。

7. 基建投资及资金来源：全部投资×××万元（其中设备费×××万元），可由利润分成的形式吸引投资。

8. 基建的经济效果：新厂投产后，将成为本市第一家胶印书刊印刷厂，每年收入约×××万元，全年利润约×××万元，全部投资争取在×年收回。

附件：《设计计划计算依据》1份（略）。

××胶印书刊印刷厂

二十六、项目策划书

（一）概念

项目策划书也称为项目经营计划、创业计划或企业发展计划，是为了说服公司董事会、投资公司和银行同意投资某个项目而制作的一种操作方案，它主要是为了阐明拟开发项目的可行性、策略设计和项目的展开方式等。

（二）内容与格式

项目策划书一般包括以下几方面的内容：

（1）公司状况。

（2）市场与竞争状态。

（3）推销方案。

（4）产品问题。

（5）开发与生产。

（6）财务资料。

（7）附录。

项目策划书就其格式而言，包括如下诸要点：

1. 封面

用单一颜色的两片较厚的硬纸作为封面和封底，封面上要注明项目标题、开发公司名称、电话号码、策划书编制年月、公司主管名称、文件号码等。

2. 页数

策划书正文最好有20～35页（32开），大约在1～1.5万字范围内，不能过长。因为投资人的阅读时间是有限的。

3. 摘要

一般包括下列内容：

（1）项目开始公司或新成立的项目公司概述；

（2）对新项目所开发的产品或服务的界定及销售对象；

（3）新项目开发产品的销售或利润目标以及相应的财务估算结果；

（4）要实现上述目标，现有多少资金，还需要多少资金？投资人如果投入这些资金，将以什么样的方式，在什么时候取得什么样的回报？

4. 目录

每一个计划都应有目录，目录放在摘要和正文之间，它决定了策划书的内容和结构。

范例：

"××现代健身中心"项目策划书

1. 计划概况

"××现代健身中心"是正在创建中的一所旨在向会员提供室内和室外体育健身运动服务的俱乐部。与其他大部分健身俱乐部不同，它将为团队提供排球、篮球等运动场地，同时也为个人提供健身的场地和设施。健身中心将积极推动单位和家庭参与，并向那些有兴趣提高体育技艺的人士提供专家指导和训练性课程。

我们认为这个行业竞争的关键在于：地点的选择、活动项目的设计、服务的质量和设备的条件。为此我们认为健身中心设在北京市××区比较合适，这里的居民收入水平比平均水平高出 2.5 倍，这里的工厂、企业以及其他单位的员工有着组队进行体育活动的传统。我们健身中心的活动项目都是围绕着人们的兴趣而设计的，将会对未来的会员有极大的吸引力。我们所提供的设备与人力资源将使健身中心的服务超过竞争对手。

除此之外，更为重要的是，我们有一批经验丰富、富有热情和生气并致力于经营这个健身中心的管理人员。张××先生是一位出色的推销专家，他将出任健身中心的总裁；王××女士将出任项目部和公关部主管；刘××先生将主管设备处并负责职员的培训；魏××先生是一位财务方面的专家，将出任本中心的财务主管。

健身中心的创建预计需购置土地 5 公顷，共需投资 450 万元进行建筑和设备安装。以上提及的几位主要经理人员共投资 60 万元，一些外部投资者以获得 40% 的股份为条件已承诺投资约 190 万元。健身中心还需向有关机构贷款 225 万元，为此拟将建造此中心的土地和造好的房屋作为贷款的抵押。我们预计健身中心第 1 年的总销售额将达到 180 万元，税额达 7.5 万元。

2. 经营管理（略）

3. 健身、娱乐市场分析

（1）市场的分布情况

（2）市场可行性分析

4. 竞争分析

5. 企业操作计划

（1）地点选择

（2）器材的配置

（3）产品和服务介绍

6. 销售策略

（1）短期策略

（2）长期策略

（3）竞争性推销策略

7. 保险和法律事务（略）

8. 业务的季节性和应变计划

9. 财务状况

（1）会员估计

（2）会员费的规定

（3）财务收支及资债平衡预测条件

（4）收入和财务变化的条件

（5）各类财务预测表（略）

二十七、项目质量计划

（一）概念

项目质量计划是指为确定项目应该达到的质量标准和如何达到这些项目质量标准而做的项目质量的计划与安排。项目质量计划是质量策划的结果之一。它规定与项目相关的质量标准，如何满足这些标准，由谁及何时应使用哪些程序和相关资源。

项目质量计划工作的成果：项目质量计划、项目质量工作说明、质量核检清单、可用于其他管理的信息。

（二）内容与写法

质量计划的内容，应以系列标准的要求或组织的质量体系文件为依据，通常包括下列内容：

1. 质量计划的目的

（1）质量计划的有效期。

（2）质量目标，计划中所规定的质量目标应尽可能便于检查和评价。

（3）所适用的产品、项目或合同。

2. 领导的职责

在质量计划中应对组织中主要人员的职责作出明确的规定，这样可以：

（1）保证特定的质量体系或合同所要求的活动均有计划地实施和控制，并且使活动的进程处于监控之下。

（2）将特定产品、项目或合同的有关要求传递给有关职能部门、分供方和顾客，明确这些接口之间的联络要求并及时解决所产生的问题。

（3）及时处理有关质量体系要素的让步请求。

（4）对审核结果进行评定。

（5）采取实施纠正与预防措施。

3. 合同评审

质量计划应规定何时、何人以何种方式对产品、项目或合同的特定要求进行评审，以及具体规定如何将评审结果编写成文件，如何解决相抵触的条文或模糊不清的要求。

4. 文件控制

在文件控制方面，质量计划应包括以下规定：

（1）提供和控制何种文件。

（2）标识文件的方法，以便能及时迅速地确定文件和质量计划的关系。

（3）何人、何时、以何种方式确认和验证设计输出的符合性，如何对这些活动进行控制并将其形成文件。必要时，质量计划还应对顾客介入设计活动的程度作出规定。并且，质量计划还应引用相应法规、标准和规范进行设计控制。

5. 采购

在采购方面，质量计划应包括如下内容：

（1）从分供方面采购的重要产品以及相应的质量保证要求。

（2）对分供方的质量计划要求。

（3）选择、评价和控制分供方的方法。

（4）满足采购产品法规要求的方法。

6. 产品标识和可追溯性

当有可追溯性要求时，质量计划对以下事项应作出规定：

（1）追溯性的范围和程度，以及如何标识有关的产品。

（2）如何确定合同法规所需的追溯性要求，以及如何将这些要求形成文件。

（3）为满足追溯性要求，需产成哪些记录，以及如何分发并控制这些记录。

7. 需方提供的产品

在质量计划中，对需方提供的产品应对以下事项作出规定：

（1）如何标识并控制需方提供的产品（如材料、工具、软件程序、资料或服务）。

（2）验证需方提供的产品满足规定要求的方法。

（3）处置不合格品的方法。

8. 过程控制

在过程控制方面，质量计划至少应对以下事项作出规定：

（1）引用的有关质量体系程序文件和作业指导书。

（2）对过程和产品特性进行监控的方法。

（3）工艺准则。

（4）需采用的特殊过程及鉴定合格的过程和有关人员。

（5）为达到特定要求所用的工具、技术和方法。

9. 安装

当有安装要求时，质量计划应规定如何安装产品及需要验证哪些特性。

10. 搬运、储存、包装和防护

在搬运、储存、包装和防护方面，质量计划应规定以下内容：

（1）怎样满足搬运、储存、包装和防护要求。

（2）在确保不减低产品特性的情况下，怎样将产品交付到指定地点。

11. 检验、测量和试验设备

质量计划应对产品、项目或合同中所用的检验、测量和试验设备的控制系统作出规定，主要包括：①设备标识。②校正方法。③标明和记录校准状态的方法。④需保存哪些设备使用记录，以便一旦发现设备失准，能及时确定以前测试结果的有效性。

12. 检验和试验

在检验和试验方面，质量计划应对以下各项有所规定：

（1）如何验证分供方的产品是否符合规定要求。

（2）各检验和试验点在工序中的位置。

（3）在每个检验和试验点需检验和试验的特性、采用的程序、验收准则及必需的专用工具、技术和人员资格。

（4）需方对产品或过程所选定的亲自见证点或验证点。

（5）法律部门要求进行或亲临的试验或检验点。即规定在何处、何时、按何种方式根据供方、需方或法规要求，由第三方进行以下各项试验、验证或认可：①型式试验。②见证试验。③产品验证。④原材料、产品、过程或人员认可。

13. 不合格品

质量计划应对不合格品作出具体规定，应包括：

（1）如何对不合格品进行标识或隔离，以防误用。

（2）具体规定对允许返工的类型或程度。

（3）在何种情况下，以何种方式就不合格品提出让步要求。当有这种要求时，质量计划对有关问题应明确指出，主要包括：①谁有权提出让步要求。②以何种方式提出让步要求。③需提供何种资料，以何种方式提供。④由谁负责接受或拒绝这些让步要求。

14. 服务

质量计划应规定供方如何保证满足需方相应的服务要求，主要包括：①法律和法规要求。②行业规范和惯例要求。③服务协议要求。④需方人员的培训要求等。

15. 培训

质量计划应阐明过程操作人员、服务人员的培训要求以及如何满足这些要求，如何记录培训情况。培训内容主要包括：①新职员培训。②按新的或修订的操作方法对现有员工进行培训。

16. 质量记录和统计技术

质量计划应规定如何控制产品、项目或合同相应的记录和统计。主要包括：

（1）由何人在何处在多长时间内保存何种记录。

（2）法律或法规有何种要求，如何满足这些要求。

（3）记录采用何种媒介形式。

（4）记录的清晰度、储存、检索、处置和保密的要求，以及如何满足这些要求。

（5）采用何种方法确保需要时能得到这些记录。

（6）何时、用何种方式向需方提供何种记录。

（7）记录所采用的语言。

（8）采用何种统计技术。

17. 质量审核

质量计划应规定需实施的质量审核的范围和性质，以及如何利用审核结果来对影响产品项目或合同的不足之处采取纠正措施，以防止其再发生。这类审核主要包括：①供方内部审核。②需方对供方的审核。③第三方或指定机构对供方和分供方的审核。

二十八、项目成本计划

（一）概念

项目成本计划是在项目主管的领导下，由技术预算计划人员与财务人员组成的施工成本规划者，对项目实施所需成本所做的成本总体规划。

（二）写作原则

为了使成本计划能够发挥它的积极作用，在编制成本计划时应掌握以下原则：

1. 从实际情况出发的原则

编制成本计划必须根据国家的方针政策，从企业的实际情况出发，充分挖掘企业内部潜力，使降低成本指标既积极可靠，又切实可行。施工项目管理部门降低成本的潜力在于正确选择施工方案，合理组织施工，提高劳动生产率，改善材料供应，降低材料消耗，提高机械利用率、节约施工管理费用等。但要注意，不能为降低成本而偷工减料，忽视质量，不顾机械的维护修理而拼机械，片面增加劳动强度，加班加点，或减掉合理的劳保费用，忽视安全工作。

2. 与其他计划结合的原则

编制成本计划，必须与施工项目的其他各项计划如施工方案、生产进度、财务计划、材料供应及耗费计划等密切结合，保持平衡。即成本计划一方面要根据施工项目的生产、技术组织措施、劳动工资、材料供应等计划来编制，另一方面又影响着其他各种计划指标时，都应考虑适当降低成本的要求，与成本计划密切配合，而不能单纯考虑每一种计划本身的需要。

3. 采用先进的技术经济定额的原则

编制成本计划，必须以各种先进的技术经济定额为依据，并针对工程的具体特点，采取切实可行的技术组织措施作保证。只有这样，才能使编出的成本计划具有科学根据，又有实现的可能，也只有这样，才能使编出的成本计划起到促进和激励的作用。

4. 统一领导、分级管理的原则

编制成本计划，应实行统一领导、分级管理的原则，采取走群众路线的工作方法，应在项目主管的领导下，以财务和计划部门为中心；发动全体职工共同进行，总结降低成本的经验，找出降低成本的正确途径，使成本计划的制定和执行具有广泛的群众基础。

5. 弹性原则

编制成本计划，应留有充分余地，保持计划的一定弹性。在计划期内，项目主管部的内部或外部的技术经济状况和供产销条件，很可能发生一些在编制计划时所未预料的变化，尤其是材料供应、市场价格千变万化，给计划拟定带来很大困难。因而在编制计划时应充分考虑到这些情况，使计划保持一定的应变适应能力。

（三）写作方法

项目成本计划包括两个部分，即控制计划方案和保证体系。

1. 成本控制计划方案

它是对项目实施和管理过程中的消耗编制控制的依据，包括如下内容：

（1）材料成本控制计划

（2）机械设备控制计划

（3）施工机具控制计划

（4）劳务费成本控制计划

（5）临时工程费用计划

（6）管理费用成本计划

2. 保证体系

项目成本计划保证体系包括以下三项内容：

（1）责任制度

（2）检查制度

（3）工作方法与手段

二十九、项目质量监督计划

（一）概念

项目质量监督计划是指项目质量管理者为了监控整个项目建设质量而制定的一种指导质量管理的计划书。

（二）内容与写法

项目质量监督计划的内容包括总则、工程划分及工程主要内容、工程质量监督计划表和监督要求四个部分。封面要列清工程名称、建设单位、监理单位、施工单位和监督机构。总则中应列清工程施工执行的标准和规范。工程划分及工程主要内容不仅仅要进行符合标准划分（依据标准规定和施工组织设计），还应将建设单位、监理单位、施工单位和监督单位的质量负责人、现场的质量检查员、监督员及其联系电话号码等项目填写清楚，以便在施工检查过程中发现问题及时联系。工程质量监督计划表要列清监督部位及控制点。所有的影响结构安全和使用功能的部位均应列入，不得遗漏。工程质量监督计划见附表。

范例：

项目工程质量监督计划

编号：NO. × ×

工程名称：_____

建设单位：_____

监理单位：_____

施工单位：_____

第一条 总则

1. 为保证建设工程质量，执行工程质量监督程序，提高工程质量监督到位率，使建设、监理、施工、监督各方共同明确检查部位及监控点、工程划分、监督检验的工作内容，而制订本监督计划。

2. 依据：

(1) 建设工程质量监督申报书编号：_____。

(2) 执行标准：_____。

(3) 基本建设工程质量监督程序。

3. 本工程质量监督计划包括在建工程及设计图纸齐全的单位工程。

第二条 工程质量监督计划表

(1) 工程情况表（表1）。

(2) 行为质量监督阶段控制重点（表2）。

第三条 监督要求

1. 监督站进行现场检验时，建设、监理及施工单位应积极配合，提供方案，保证安全。

2. 监督站检验前，施工单位必须进行自检自评，并提供相应的验评资料，包括图纸、技术资料、质证书、检验报告、自评记录等，监理单位提供相应的监理资料，否则不予检验。

3. 工程建立、业主必须在检验前1~2天向监督站申报检查时间。

4. 施工单位不按期申报检验，由此造成的损失由相应单位自负，并追究责任。

5. 施工单位应在竣工验收后合格之日起15日内把竣工验收资料交工程建立单位、业主审查合格后，交监督站核查备案。

6. 未尽事宜按有关文件、合同执行。

第四条 监督人员安排及预定监督时间

1. 本工程项目监督负责人：_____。

2. 主要监督人员和专业资质：

姓名	性别	专业	资质	联系电话	备注
1					
2					
3					
4					

3. 监督时间安排：

监督项目	监督项目	监督项目	监督项目	监督项目	监督项目	备注
时间						
时间						
时间						

表1 工程情况表

建设单位			工程名称				
建设地点			设计图号				
工程性质							
建设目的							
开工日期			计划竣工日期				
工程内容及工程量							
序号	主要工程设备/台套	管道长度/km	线路距离/km	建筑面积/m²	结构形式及层数	其他指标	备注
合计							
其他							

1. 建设单位基建负责人：　　　　　　驻工地代表：　　　　　　电话：
2. 监理单位负责人：　　　　　　资质等级：　　　　　　电话：
   项目总监：　　　　　　资质证书：　　　　　　电话：
3. 工程地质勘探单位：　　　　　　资质等级：　　　　　　电话：
4. 工程设计单位：　　　　　　资质等级：　　　　　　电话：
   项目负责人：　　　　　　资质证书：　　　　　　电话：
5. 施工单位：　　　　　　资质等级：　　　　　　电话：
   企业负责人：　　　　　　工程项目负责人：　　　　　　电话：
   技术质量负责人：

表 2　行为质量监督阶段控制重点

阶段	检查项目	备注
设计前期管理	1.	
	2.	
	3.	
	4.	
设计评审质量控制	1.	
	2.	
	3.	
	4.	
会审交底及变更质量控制	1.	
	2.	
	3.	
	4.	
供应承包商选择	1.	
	2.	
	3.	
材料设备检验试验过程控制	1.	
	2.	
	3.	
	4.	
用户或业主提供产品质量控制	1.	
	2.	
	3.	
	4.	
报验与认可记录	1.	
	2.	
	3.	
	4.	
工程招标及其管理	1.	
	2.	
	3.	
施工准备阶段质量控制	1.	
	2.	
	3.	
施工阶段质量控制	1.	
	2.	

阶段	检查项目	备注
施工阶段质量控制	3.	
工程试运行	1.	
	2.	
	3.	
	4.	
工程消缺处理	1.	
	2.	
	3.	
施工技术资料整理	1.	
	2.	
竣工验收阶段质量控制	1.	
	2.	
	3.	
	4.	

三十、项目风险管理计划

(一) 概念

项目风险管理计划在风险管理规划文件中起控制作用。风险管理计划要说明如何把风险分析和管理步骤应用于项目之中。该文件详细地说明风险意识、风险估计、风险评价和风险控制过程的所有方面。风险管理计划还要说明项目整体风险评价基准是什么，应当使用什么样的方法以及如何参照这些风险评价基准对项目整体风险进行评价。

(二) 格式与写法

风险管理计划的一般格式如下：

1. 引言

(1) 本文件的范围和目的。

(2) 概述：

①目标。②需要优先考虑规避的风险。

(3) 组织：

①领导人员。②责任。③任务。

(4) 风险规避策略的内容说明：

①进度安排。②主要里程碑和审查行动。③预算。

2. 风险分析

(1) 风险识别：

①风险情况调查、风险来源等。②风险分类。

（2）风险估计：

①风险发生概率的估计。②风险后果的估计。③估计准则。④估计误差的可能来源。

（3）风险评价：

①风险评价使用的方法。②评价方法的假设前提和局限性。③风险评价使用的评价基准。④风险评价结果。

3. 风险管理

（1）根据风险评价结果提出的建议。

（2）可用语规避风险的备选方案。

（3）规避风险的建议方案。

（4）风险监督的程序。

4. 附录

（1）项目风险形势估计。

（2）削弱风险的计划。

范例：

××软件项目管理中的风险管理计划

××软件项目风险是指在××软件开发过程中遇到的预算和进度等方面的问题以及这些问题对××软件项目的影响，××软件项目风险会影响项目计划的实现，如果项目风险变成现实，就有可能影响项目的进度，增加项目的成本，甚至使××软件项目不能实现。如果对项目进行风险管理，就可以最大限度的减少风险的发生。但是，目前国内的软件企业不太关心软件项目的风险管理，结果造成软件项目经常性的延期超过预算，甚至失败。成功的项目管理一般都对项目风险进行了良好的管理。因此，任何一个系统开发项目都应将风险管理作为软件项目管理的重要内容。

在项目风险管理中，存在多种风险管理方法与工具，××软件项目管理只有找出最适合自己的方法与工具并应用到风险管理中，才能尽量减少××软件项目风险，促进项目的成功。

××软件项目的风险无非体现在以下几个方面：

1. 需求风险（略）

2. 计划编制风险（略）

3. 组织和管理风险（略）

4. 人员风险（略）

5. 开发环境风险（略）

6. 客户风险（略）

7. 产品风险（略）

8. 设计和实现风险（略）

9. 过程风险（略）

××软件项目管理计划从某种意义上讲，就是指风险管理。我们尽量去定义明确不变的需求，以便进行计划并高效管理，但商业环境总是快速变化的，甚至是无序的变化。所以，××软件企业在进行项目管理的过程中，必须采用适合自己的风险管理方法进行风险管理，以确保××软件项目在规定的预算和期限内完成项目。

三十一、项目风险规避计划

（一）概念

项目风险规避计划是在风险分析工作完成之后为规避项目风险制订的计划性文书。

（二）内容与写法

项目风险规避计划因项目的不同，其内容也不同，但至少应当包括如下内容：

（1）所有风险来源的识别，以及每一来源的风险因素。

（2）关键风险的识别，以及关于这些风险对于实现项目目标的影响的说明。

（3）对于已识别出的关键风险因素的评估，包括从风险估计中摘录出来的发生概率以及潜在的破坏力。

（4）已经考虑过的风险规避方案以及其代价。

（5）建议的风险规避策略，包括解决每一风险的实施计划。

（6）各单独规避计划的总体综合，以及分析过风险耦合作用可能性之后制订出的其他风险规避计划。

（7）项目风险形势估计、风险管理计划和风险规避计划三者综合之后的总策略。

（8）实施规避策略所需资源的分配，包括关于费用、时间进度和技术考虑的说明。

（9）风险管理的组织及其责任，在项目中安排风险管理组织、使之与整个项目协调的方式以及负责实施风险规避策略的人员。

（10）开始实施风险管理的日期、时间安排和关键的里程碑。

（11）成功的标准，即何时可以认为风险已被规避，以及待使用的监视办法。

（12）跟踪、决策以及反馈的时间，包括不断修改、更新需优先考虑的风险一览表、计划和各月的结果。

（13）应急计划。应急计划就是预先计划好的，一旦风险事件发生就付诸实施的行动步骤和应急措施。

（14）对应急行动和应急措施提出的要求。

（15）项目执行组织高层领导对风险规避计划的认同和签字。

范例：

××软件项目管理中的风险规避计划

一般来说，软件工程师总是非常乐观。当他们在计划软件项目时，经常认为每件事情都会像计划那样运行，或者，又会走向另外一个极端。软件开发的创造性本质意味着我们不能完全预测会发生的事情，因此制订一个详细计划的关键点很难确定。

目前，风险规避被认为是 IT 软件项目中减少失败的一种重要手段。当不能很确定地预测将来事情的时候，可以采用结构化风险管理来发现计划中的缺陷，并且采取行动来减少潜在问题发生的可能性和影响。风险管理意味着危机还没有发生之前就对它进行处理。这就提高了项目成功的机会和减少了不可避免风险所产生的后果。

1. ××软件存在的风险

（1）产品规模风险

（2）需求风险

（3）相关性风险

（4）管理风险

（5）技术风险

2. ××软件的风险规避策略

（1）建立风险清单。

（2）风险评估。

（3）估计损失的大小。

（4）评估损失的概率。

（5）整个项目超限和缓冲。

××软件项目风险规避是一种特殊的规划方式，当对××软件项目有较高的期望值时，一般都要进行风险分析与规避。进行过大中型项目开发的人都亲身体验到许多事情可能出错，而最成功的项目就是采取积极的步骤对要发生或即将发生的风险进行管理。对任何一个软件项目，可以有最佳的期望值，但更应该要有最坏的准备，"最坏的准备"在项目管理中就是进行项目的风险分析，并进行相关的规避。

三十二、项目质量手册

（一）概念

项目质量手册是为了阐明一个组织的质量方针并描述其质量体系而编制的文件。它是项目管理过程中质量管理的依据，是建立项目完整的质量体系的必备文件。

（二）内容与写法

一般而言，质量手册由封面、目录、概述、正文以及补充等部分组成，各部分内容如下：

（1）封面。它包括手册标题、版本号、组织名称、文件编号、手册编号等五方面的内容。

（2）目录。一般由章号、章名、页次组成。

（3）概述。此部分一般包括批准页、前言、组织概况、质量方针政策、引用文件、术语及编号以及手册管理说明。

（4）正文。它包括组织结构、质量职责和其他要素。

（5）补充。由附录和附加说明两部分组成。

范例：

××公司质量手册

1. 管理职责

（1）质量方针

（2）组织

2. 质量体系

3. 合同评审

必须依据ISO9001"合同评审"的要求实施下列各项内容。

（1）订货咨询

（2）新产品订货的确认

（3）现有产品的追加规则

4. 设计控制

5. 采购

关于采购必须包括如下内容要点：

（1）总则

供应科长负有使采购品适合标准要求事项的责任。

（2）分供方的评定

（3）采购文件

（4）采购物资的验证

6. 文件控制

公司发布的所有质量文件均作为标准文件来管理。

（1）文件批准和发布

（2）文件更改

7. 需方提供的物资

关于对需方提供的物资进行管理的要点。

（1）顾客提供的物资，由仓库科长负责保管，并不断流转

（2）这些物资不作为公司的接收检验对象

（3）提供物资，都用特定字母、文字规定其编号

（4）需方提供的物资，通常作为接收物资在仓库中分别保管

（5）有关需方提供的物资管理的详细说明，在仓库保管程序里有规定

8. 工序控制

（1）总则

（2）特殊工序

9. 产品标识和可追溯性

简述关于产品标识和可追溯性。

（1）所有的装配件均应有特殊的标记或颜色，据此来加以识别，这些标记或颜色应依据用户的要求或公司规程来制定

（2）根据合同书的要求来决定可追溯性的程度。以便按顺序号、批号、日期等实施追溯

关于产品的标识和可追溯体系记载在质量计划书里。

（3）记录并保存每个产品的标识，以便追溯

10. 检验和试验

关于检验和实验的要点，叙述如下：

（1）进货检验和试验

（2）工序检验和试验

（3）最终检验和试验

（4）检验和试验记录

把按标准接受检查、试验的合格证据，制成记录加以保管。

11. 检验、测量和试验设备

12. 检验和试验状态

13. 不合格品的控制

叙述关于不合格品的标识、记录、评价、隔离和处置的具体方法，每个部门的程序中都要详细制定进货、制造成品、退货中不合格品的管理办法。

14. 纠正措施

叙述公司对于纠正措施的考虑方法，内容必须包括以下几点：

（1）调查产生不合格品的原因，并研究防止再发生所需要的十分有效并切实可行的纠正措施

（2）为查明和消除不合格品的潜在原因，对全部过程、操作、特别采用、质量记录服务报告和顾客投诉进行分析

（3）更改有关规程并加以记录

15. 搬运、包装、贮存和交付

16. 内部质量审核

叙述作为质量体系评估审核前提的内部质量审核要点。

（1）管理者定期对公司内的质量体系实施审核，以确认质量体系是否在有效地运行

（2）根据各项活动的实际情况和重要性来安排审核的顺序

17. 质量记录

18. 培训

19. 售后服务

20. 统计技术

把公司中运用的主要统计方法叙述如下，主要有以下内容：

（1）总则

在适当的情况下，为验证工序能力和产品特性是否能接受，而采用必要的统计方法。

（2）进货检验

用 BS6001 中的抽样方法进行，由质量科长负责实施。

（3）工序控制

运用在质量计划书中规定的 QC 工序表，由制造科长负责实施。

（4）成品检验

由质量科长按照在产品质量计划中规定的 BS6001 成品抽样计划实施成品检验。

第四章　物业管理事务文书

一、启事

（一）概念

启事是公开的简便文告。"启"，是陈述、告诉人的意思，"事"就是事情。"启事"就是把事情陈述出来、告诉大家的意思。凡是机关团体、企事业单位，或是个人有什么事要提请公众注意，希望大家帮助的时候，就把它写成文字张贴出来或登在报纸杂志上，或让电视台、广播电台播出，这种公开发表的文字，都是"启事"。

（二）种类

启事的种类很多，根据事情的不同内容，可分成好多种类。常见的启示有招聘启事、招生启事、招考启事、开业启事、征文启事、寻物启事、结婚启事、贺婚启事，等等。

（三）格式与写法

启事的写作格式如下：

1. 标题

首行的正中写标题，要用大字醒目地写出，如"招聘启事"、"寻人启事"等；有时在"启事"之前加上"重要"等字样；有时将"启事"两字省去，只写"招聘"、"寻人"。

2. 正文

标题下一行空两格开始写正文。正文的内容一般包括目的、意义、原因、要求、特征、待遇、条件等。正文是主体，它决定了启事的效果。所以，这部分内容要写得具体、明白、详细，连细节也要写得清清楚楚，不能含糊。

3. 署名

落款处要署名，并署全名，如果是单位，最好盖上公章。在署名之后，要写上发启事的年、月、日，并附上联系地址和电话号码等。

（四）注意事项

启事的语言首先要明确、准确，千万不能用模糊、含混、模棱两可或可能产生歧义的语言。其次，还要简练、通俗，要让人一看就明白。

范例：

水泥厂招商启事

　　××大山产业（集团）公司所属水泥厂，地处××省东部地区，拥有两座回转窑，年产水泥熟料10万吨、水泥20万吨，本地区拥有品位丰富的石灰石矿及煤矿；运输方便，场内有铁路专用线。本厂欲扩大生产规模急需生产经营合作伙伴，欢迎国内外客商联系洽谈。

　　××省大山产业（集团）公司招商处

地址：××经济技术开发区××城Ｅ区×栋×号

邮编：××××××

电话：（××××）××××××××

传真：×××××××××

联系人：刘××

二、海报

（一）概念和特点

　　海报是用来告知公众有关文化娱乐和体育活动的一种带有宣传性质的招贴。通常贴在过往行人稠密、引人注目的广告栏上。

　　海报的特点是具有告知性，不具有强制性和约束力。海报一般用手书写，制作容易，传播信息迅速。除了文字说明外，还可以配上插图，使其更醒目，更有吸引力。

　　海报的类别有电影海报、戏剧海报、体育海报、学术报告海报等。

（二）海报与启事的区别

　　海报与启事有许多相似之处，如都具有告知性，都可在公众场合张贴。但二者也有明显的区别。一是使用范围不同，启事是为了公开声明某件事或希望公众协助办理某件事而使用的文种，海报则往往用于公布文化娱乐体育方面的消息；二是公布方式不同，启事不仅可以张贴，还可以通过报纸杂志、广播电视来公布，海报则只能张贴或悬挂；三是制作形式不同，启事一般只用文字说明，海报则可进行美术加工。

（三）结构与写法

1. 标题

　　在上方写上"海报"二字，也可将活动内容作为标题，如《电影海报》、《演唱会》、《球讯》等。

2. 正文

　　写明有关具体内容，比如活动名称及举行的时间、地点、主要项目、规则、目的、意义等。书写形式灵活多样，只要能获得较好的视觉效果，可以自由书写。

3. 落款

在海报的右下角署上举办单位的名称，下面署上日期。

（四）注意事项

语言要简练醒目，有吸引力和鼓动性，能引起公众注意和兴趣，使观看者能仔细阅读、踊跃参与。海报最好图文并茂，达到吸引公众的目的。

范例：

学术报告会

为纪念"五四"运动××周年，特邀××博士来作学术报告。

题目：知识经济时代的学习和工作

时间：5月4日14点

地点：××××礼堂

欢迎本部门全体干部踊跃参加！

××××部

200×年5月2日

三、消息

（一）概念

消息是以简明的文字直述最近发生的事实的一种新闻体裁，它是传播新闻的主体，因此消息也称作新闻。

（二）特点

消息的特点可以用实、快、新、短四个字概括。

（1）实。是指它的内容是事实，真实存在。

（2）快。是指报道时间同事实的发生、发现时间之间的时差最小，距离最短。

（3）新。是指消息报道的事实都是新鲜的，是最近发生或发现的。

（4）短。是指消息的字数一般都比较少，篇幅很短。

（三）格式与内容

（1）从形式上讲，起首处一般要写"电头"，依次说明消息的来源，时间和作者。例如"新华社广州8月15日电（记者或通讯员某某）"。写完"电头"，然后才写消息正文。

（2）从正文结构上讲，消息的完整结构包括导语、主体、背景和结尾四个部分，其中导语和主体是最重要的，不能缺少。

1）导语。是消息的先导语言，概述消息最主要、最核心的事实和思想，引导读者看消息的全文。

2）主体。是消息内容的基础部分，紧接着导语展开叙述消息的主要事实和内容。

3）背景。是消息的辅助和衬托部分，一般穿插安排在主体之中，没有确定的位置。背景用来介绍事实发生的现实的或历史的环境，同事实相关的解释说明，以便于读者了解事实的来龙去脉，增加消息的知识性、趣味性。

4）结尾。是消息的尾巴，标志一条消息的终结，常常是一两句话。如果事尽文止，就应自然结束。

（四）注意事项

（1）以记叙方法为主写，把事实的前因后果、来龙去脉如实写下来的方法。消息写作主要采用记叙方法，是因为消息的任务在于向人们报告最新事实这样一个特点所决定的；叙事的内容包括五个要素：什么人、什么事、什么时间、什么地点、什么结果。

（2）把消息的导语写好。导语居于消息之首，是消息的"窗口"；写导语要求"立片言以居要"，用简明的一两句话扼要交代消息的核心内容，先给读者一个总体印象，吸引读者读罢全文。

（3）主体部分叙事分清主次，井然有序。主体是消息的基础，要展开叙述消息的主要事实。叙事要突出中心，主次分明，这是写文章的常识。因为消息不宜写长，一般是三五百字，所以在叙述事实时，尤其要注意集中笔墨写好事实的重要部分，防止眉毛胡子一把抓。

（4）争分夺秒，事发文成。消息本身就是一种迅速及时反映现实及其变化的新闻体裁，加之我们又处在一个改革开放的时代，新生事物层出不穷，社会瞬息万变，因此写作消息无疑就要求雷厉风行，争分夺秒，力求做到事发文成。

范例：

首届中国京剧艺术节在津闭幕

本报讯（记者卢××报道）首届中国京剧艺术节 24 日在天津闭幕。中共中央政治局委员、国务委员李铁映，全国人大常委会副委员长王光英出席了闭幕式。

京剧作为中华民族文化的瑰宝，具有悠久的历史和广泛的群众基础。首届京剧节有来自不同省（市）区的十几个京剧院团上演了十几部戏，其中既有传统剧目，又有新编历史剧目，还有引人注目的反映现实生活的现代戏，为京剧舞台注入了活力。此次京剧节还开展了丰富多彩的群众京剧活动，许多京剧票友也纷纷登台演唱，港台及东南亚一些国家的票友也专程赶赴天津助兴。

首届中国京剧艺术节对参赛剧目进行了评选。上海京剧院的《曹操与杨修》获陈长庚金奖；湖北京剧团的《徐九经升官记》获陈长庚银奖；天津青年京剧团的新编历史故事剧《岳云》，山东京剧团的现代戏《石龙湾》和江苏京剧院新编历史传奇剧《西施归越》分获陈长庚铜奖。

李铁映在闭幕式讲话中希望京剧界的艺术家和所有主持京剧事业的同志们共同努力，让京剧再创辉煌，永驻舞台。

四、通讯

（一）概念

通讯是运用叙述、描写、抒情、议论等手法，比较详细、生动地对具有新闻价值和意义的事件和人物进行报道的新闻体裁。它和消息一样是常用的新闻体裁。相对于消息来说，它的篇幅较长，容纳的信息量也更大，对于新闻事件和人物的报道更为详尽、明晰、生动、形象。它适用的范围很广，从国际国家大事、伟人到我们生活周边的新事件、典型人物都可以作为通讯的题材。

（二）特点

1. 新闻性

通讯也是一种新闻体裁，尽管它与消息相比更多、更频繁地采用各类文学表现的手法，但是它仍然要遵循新闻写作的一般规则。在选材上，要注意选择新近发生、变动的事实和人们不熟知的典型人物或其典型经历。要注意时效性，写作的周期也不能太长，否则报道的内容会丧失新闻价值。

2. 信息量大

通讯的篇幅一般比消息大，可以容纳更多的新闻事件、新闻人物的典型经历、背景材料等东西，因此它也包含着更大的信息量，人们可从中获取的东西也就更多。它对于新闻事件和新闻人物的表现也更加完整、更加全面，通常是多角度、多侧面地报道，使事实更清楚地呈现在受众面前。

3. 形象生动性

除虚构以外，通讯可以运用叙述、描写、抒情、议论等多种表现手法，也可以运用对比、比喻、排比等文学表现方式。从某种程度上来说，它不是干巴巴地记叙新闻事件本身，而是形象、生动、灵活多变、富于表现力地报道新闻事实。这样就使受众更易接受、理解和认同。

4. 真实性

通讯不同于一般的文学创作，它是基于客观真实的事实本身的，不允许合理想象、虚构、夸张、缩小、变形、添枝加叶，更不允许改造、歪曲事实。它的真实性也是它存在的意义和价值所在。

（三）结构

1. 纵式结构

按照事件发生、发展的顺序来组织新闻素材。有的是按事情发展的时间顺序，即事件的开始、发展、高潮、结尾的顺序安排材料；有的是按照事情发展的逻辑顺序或意思递进的顺序进行的。这种结构适用于时间脉络清楚或严格按照逻辑顺序发生的新闻事件，它的安排与人们通常的思维习惯一致，易于接受理解。

2. 横式结构

又称并列式结构，是把并列关系的新闻素材组织起来的结构样式。可能是不同地区、不同时间的新闻事件，但表达的是同一个主题。这种结构适合表现多个并列关系的新闻事件、新闻人物或新闻场景等，它们之间轻重缓急的关系不是很明显，对主题的表现力也基本相当,所以在写作时可基本平均用力,但其表现的主题必须集中鲜明。

3. 纵横交叉式结构

结合纵式结构、横式结构的优点,不单一地按照时间、逻辑或并列的顺序进行,而是综合考虑事件的发展、受众的接受心理、素材的重要性来安排顺序。

(四)写作方法

1. 标题

通讯的标题要求准确地揭示要表现的内容或点化主题,凝练、生动、形象、鲜明、引人注目。通讯的标题有明示主题型、含蓄型、启示型、概括内容型等。要根据特定的报道内容选择适宜的标题。

2. 开头

通讯的开头部分,主要是为通讯的主体部分奠定基调,提起受众的兴趣。可以用引人思索的问题、特别典型的场面、故事、典故、引语、新鲜的事例等来进行开头。

3. 主体

它是通讯的主要部分,详细、生动、形象地讲述主要的新闻事实、场面、人物等。它往往比消息要庞杂得多,因此要合理地安排结构、逻辑顺序、段落层次,注意过渡和前后呼应。

4. 结尾

通讯的结束部分,通常比较简短、深刻,具有启发性,留给受众充分的思考和回味余地。有概括总结式结尾、启发式结尾、画龙点睛式结尾、升华式结尾等。

范例:

关注移民扶贫

祁连山下、腾格里沙漠南缘,一个个移民村绿树掩映,一户户村民家业兴旺。很难想象,他们10年前还在山上过着两床被子一口锅的穷日子。这一变化,得益于甘肃省古浪县的移民扶贫工程,请看——

祁连山下建新家

新西村的移民过去住在干旱山区,年年过着"山上和尚头,山下无水流,穿的黄衣裳,吃的返销粮"的生活。搬到新西村10年后,他们的年人均收入已从210元提高到1800多元,逐渐淘汰了地窝子、干打垒、简易草房,住上了大砖瓦房。

谈起移民村的变化,黄花滩乡党委书记陈国仕感慨地说:"新西村的变化是黄花滩乡的缩影。10年前,这里荒草一片,行人连路都不敢走。4年前,黄花滩乡的人畜饮水还得到30公里外的地方拉运。但现在,你看!"顺着陈国仕的手势,只见高高的白杨在大路两旁、房前屋后撑起了一片片绿荫,小麦、油菜、苜蓿、果树绿染千里平畴。

"在古浪,怎么扶贫都不如移民扶贫"

古浪县山区年降水量不足150毫米,蒸发量超过2000毫米,生态环境极其脆弱。山上人口多,导致土地承载能力超过极限30%,草场承载能力超过60%。许多山区十年九不收，农民忙活 1 年，人均收入不过 200 多元。

"在古浪，怎么扶贫都不如移民扶贫！"县委书记王勇智给记者算了一笔账：从 1983 年国家实施扶贫开发以来，国家、省、市先后投入古浪县扶贫资金 4.98 多亿元，对贫困人口人均投资 2784 元，平均每年投放救济粮 235 万公斤、救济款 117.5 万元。除此之外，政府在山区架电线、修水窖、建沟坝地的投资，动辄就是几十万上百万元。但是在付出九牛二虎之力后，山区村民还是衣食有忧，行路难，吃水难，上学难、就医难、娶媳妇难……

一方面是贫瘠的土地承载不了过多的人口，一方面在沙漠边缘又有 40 多万亩的可垦荒地。从资金投入上，一年的扶贫资金基本就可以满足搬迁移民的需求，为什么不把山上的群众迁移到山下呢？

从 1983 年起，古浪县陆续开始实施移民扶贫。他们打破县、乡区划，宜整村移民的就整村移民，宜零星移民的就插户移民。对于零星搬迁的农民，每人补贴 400 元 ~ 500 元，整体搬迁的每人补贴 1000 多元。在古浪县的版图上，冒出了黄花滩乡、大墩滩乡、直滩乡、冰滩乡等移民乡。20 年来，古浪县累计移民 11.6 万人。与移民前相比，全县贫困面由 47% 缩小到 5.5%，绝对贫困人口由 13.8 万人下降到 3.32 万人。

在进行大规模移民的同时，古浪县还把移民与劳务输出相结合，将劳务输出当作"第二种形式的移民"。目前，古浪县不仅是甘肃省最大的移民县，而且向县外输出了 10 万余劳务大军，为农民带来了超过 1/3 的收入。

王勇智告诉记者，从今年起，古浪县每年将搬迁移民 1 万人。经过 5 年时间，南部干旱山区、人畜饮水困难地区的群众将全部移到自然条件较好的川地。

"保护山区生态，移民是个好办法"

古浪县扶贫办主任沈发武对记者说："保护山区生态，移民是个好办法。"他讲了这样一组数据：自 1978 年实施三北防护林工程以来，古浪县林业建设投资加上群众自筹，累计超过 5200 万元，平均每治理 1 平方公里的小流域投入资金 16 万元，每治理 1 平方公里沙漠花去 10.1 万元。尽管局部生态环境得到了治理，但生态整体恶化的态势并未得到遏止，水土流失面积和沙漠化面积占全县国土面积的 90.8%，造林保存率仅 58%，森林覆盖率只有 7.26%，每年有近 10 万亩农田受到风沙危害，近 6000 亩耕地因风沙成灾而绝收。

"保护山区生态，最好的办法是让人下山。"沈发武说，搬迁 1 个人相当于退耕还林 4.8 亩，相当于治理小流域 0.02 平方公里。

移民肯定会保护山上的生态，但是否会带来川地的生态破坏？如果新的生态破坏更为巨大，移民是否得不偿失？沈发武承认，在 20 世纪 90 年代，黄花滩上到处都在打井，确实导致地下水位每年下降 30 至 80 厘米，在一定程度上破坏了地表植被。但是，一旦将生态保护意识贯穿到移民开发工作中，这种情况完全可以避免。

10 年前，古浪县开始在移民开发中保护生态，大力推广节水灌溉技术，修建 U 形渠，引进以色列的滴灌、喷灌设备，实现节水 30% ~ 50%。从 2001 年起禁止在黄花滩乡新打机井；全县植树种草保有量 30 多万亩，封山育林 20 多万亩；调整种植结构，加大节水作物面积。5 年前，黄花滩乡的粮食、经济作物、草产业的比例为 6 : 3.5 : 0.5，今年已调整为 2∶6.5∶1.5。

在黄花滩的荒地上，长满了开着小黄花的苦豆子，黄花滩因此而得名。苦豆子虽然长得并不高大，但密密麻麻，覆盖了整个荒滩，遏制了流沙入侵。一个个移民村，横卧在古浪县 132 公里的风沙线上，在腾格里沙漠南端筑起了坚固的绿色屏障。

五、评论

（一）概念

评论是就一定的新闻事实、新闻问题发表看法、意见、建议的新闻体裁。它通常包括两部分内容，一部分是正在发生或已经发生了的新闻事实、新闻问题，另一部分是撰写者或者撰写者所代表的组织机构、团体对该事实、该问题所持的看法、意见及建议、解决方法、思考等。它多针对现实生活领域中具有重大影响的、人们普遍关注的、与广大人民群众有密切联系的事件、问题发表评论。它是与消息、通讯并称的三类主要新闻体裁之一，发挥着重要的社会作用。

（二）分类

（1）按照发表媒介的不同，分为报刊评论、广播评论、电视评论、网上评论。

（2）按照评论的内容，分为事件评论、思想评论、形势评论、工作评论、社会评论等。

（3）按照署名与否，分为署名评论、非署名评论。

（4）按照说理的方式，分为立论式评论和驳论式评论。

（5）按照规格不同，分为社论和本台（报）评论、评论员文章、短评、编者按和编后、述评。

（三）特点

1. 新闻性

评论也是重要的新闻类体裁，因此它也遵循新闻体裁的一般原则，首先要具有新闻性。是针对新近发生和变动的事实发表的评论，而不是对以前的、历史性的、陈旧的问题发表的评论，非常注重时效。

2. 政论性

评论是新闻类写作体裁中一种特殊的类型，它有鲜明的政治性。在阶级社会中，所有新闻传播都是具有阶级性的，都是为特定阶级的意志和利益服务的。在我们国家也不例外，只是我们国家的新闻传播的服务对象是占人口大多数的工人阶级、人民大众，新闻传播就是体现的他们的利益和意志。评论是新闻体裁中最直接地发表意见、看法的文体，也最直接地体现服务大众的作用，它的内容一般是与政治有密切联系的、全局性的东西。另外，它采用的写作手法主要是议论，所以它具有很强的政论性色彩。

3. 党性

在社会主义中国，工人阶级是领导阶级，广大劳动人民都是国家的主人，中国共产党是工人阶级的先锋队组织，是国家的直接领导者。具有政论性的评论，必然要为他们服务，表达他们的意志、愿望、礼仪、要求、想法，因此必然具有鲜明的党性。

4. 针对性

评论是就某一新闻事实所作的评论,它有很强的针对性。不是没有由头、空发一气的评论,而是针对特定事实发生、发展、背景、结果、影响、意义、原因等作出的评论。

(四) 内容及写法

1. 论点

论点是评论的灵魂和思想。它是在对新闻事实认真地观察、分析、归纳、总结以后提炼出来的,完全来源于事实材料的。要求鲜明、新颖、深刻、针对性强。通常一篇评论既有中心论点也有分论点。中心论点是全篇的总观点、立意,分论点是从各个方面来说明和支撑中心论点的。

2. 论据

论据是论证论点的依据,包括理论论据和事实论据。理论论据是一些已经证实了的被人们所公认的思想、观点、方法、原理、经验等,事实论据是一些新闻事实材料。论据要求充分、真实、全面。

3. 论证

论证是运用论据证明论点的过程和方法。它有立论(即自己提出观点,再证明之)和驳论(先树靶子,即先阐述别人的观点,再用自己的论据论证该观点是错误的,并树立正确的观点)两种。论证可以进行归纳,也可以进行演绎。具体来讲可以直接论证、间接论证,可以采用例证法、引证法、喻证法、对比法、反证法、归谬法等。论证的过程要合理、合逻辑。

范例:

联系实际立好法

随着社会的不断发展和人民群众民主法制意识的不断提升,人大及其常委会的立法工作日益成为社会关注的热点。近年来,全国人大及其常委会和拥有立法权的地方人大及其常委会在立法方面取得了很大进展,积累了不少立法经验。

然而在有的地方,法律法规出台不少,其中的一些是由专家埋头起草法律条文,是典型的"闭门立法"。结果法是立出来了,可是立法容易执行难。一些法律法规,到头来被证明脱离了实际,缺少可操作性,甚至被束之高阁,难以施行。

面对诸多需要立法的领域,如何让我们的法律法规更加具有现实性和可操作性,各地有各地的经验,各人有各人的看法,但总的原则是一条——联系实际立法。从河南省为青年志愿服务活动立法的经验来看,只有充分深入实际、联系实际、立足实际,才能立出具有实际操作性的好法来。

联系实际立好法,这应该成为我们各级立法机构立法的指导原则。只有这样,我们出台的法律法规才能具有持久的生命力,为广大群众所赞成和拥护,得到不折不扣的贯彻施行。

六、建议

(一) 概念

建议，是指向集体、领导提出的主张。建议是某一个集体和个人，就某一亟待解决的问题向领导、报社、杂志社、电台、电视台等单位提出自己的主张时，所常使用的一种应用文样式。其篇幅可长可短，但针对性都比较强。这种应用文，几乎在日常生活中人们都在使用。不同的是，有时我们写成了文字，有时只是口头说一说而已。正确地运用建议，可以不断地改进我们的工作，加快建设步伐。

(二) 结构与写法

1. 标题

其写法一般有这样几种：第一种，直接把"建议"二字写在标题中，多在末尾二字。第二种，把"建议"二字放在标题的开头。第三种，把自己的建议内容，用一个简短的句子表达出来。

2. 称呼

在标题下第二行，顶格写上收接建议的单位名称或领导人姓名、职务。有时可省略。

3. 正文

正文一般写两层意思：先写建议所涉及的问题并对这个问题的严重性作一些必要的说明，甚至简短的分析；接着写建议的具体内容。建议的项目如果有几条，可用序码标出；假如只用一条，只用一句话提出即可。

4. 单位和姓名

要把提出建议者的具体单位名称、真实姓名写在正文右下方第三行的适当位置上。如果建议者人数较多，可写"×××等×人"。要是把建议交给自己的上级机关或领导人，还要在姓名下写清年、月、日。

(三) 注意事项

(1) 平时要关心现代化建设大业，不断从中发现问题，针对问题提出合理化建议。借此引起有关方面注意，尽快作出必要决断，推动现代化进程。

(2) 在写建议前要了解党和政府有关的方针和政策，以此作为写建议的指导思想。

范例：

要用法律来制止捕杀鸟类的建议

一只小鸟，如杜鹃、黄鹂等，一年可以捕食上万只害虫。如果在一定面积的土地上保有适当数量的益鸟，就可以有效地控制虫害。这是一个非常经济，简便而又安全可靠的防治害虫的办法。

由于人们对鸟类的危害，目前一些益鸟已濒临灭绝。鸟类的减少导致了害虫的猖獗，迫使人们不得不靠增加施药浓度与施药次数去防治。大量施用农药的结果，不仅不能长期控制害虫的发展，还加重了人们的经济负担，特别是污染了人类居住的环境。由此而引起的不利影响，是无法估量的。可见，保护鸟类是何等的迫切和重要。

鉴于以上情况，我们建议：

1. 颁布一项禁止捕杀鸟类的法令，用法律来制止人们对鸟类的滥捕滥杀。

2. 限制生产和销售气枪，对特殊需要单位要作出严格规定。

3. 禁止私人购买或制造气枪、火药枪。现在民间拥有的气枪、火药枪，由国家统一收购回来。

××农学院植保专业

×××等9名同学

七、设 想

（一）概念

设想是为制订某些规划、计划作准备的初步想法的计划类公文。它是非法定公文，一般以通知的形式下发。

（二）格式与写法

设想的格式一般由标题、开头、正文三部分组成。

1. 标题

一般为"单位＋时间＋内容＋文种"的四要素写法。

2. 开头

简明交代制订设想的缘由、依据、目标等，点明"为何做"。

3. 正文

大概提出"做什么"，指出"怎样做"、"何时做"以及"做到何种程度和目标"。既是设想，行文计划在严肃性、科学性和可行性方面的要求就相对差一些，内容比较原则和概括，不可能也没有必要写得太细、太具体。写作通常有两种结构：对于全面规划或任务项目较多的规划，一般采用以任务为主线的并列式结构，即在各自的任务之后分别提出措施。如例文《××省200×年西部大开发人才开发工作设想》，对于西部大开发人才开发的规划，提出了应做哪些工作和如何做的问题，并且分项说明，明确而有实质性内容。

范例：

××省200×年西部大开发人才开发工作设想

200×年，全省组织部门和各级人才工作办公室要认真贯彻中共十六届六中全会精神，围绕实施人才强省战略，认真探索人才工作新规律，抓住人才引进、人才培养、人才使用、人才服务等关键环节。同时结合社会主义和谐社会和新农村建设的实际，把企业人才开发放在优先位置，着力提高自主创新能力，为建设创新型陕西提供强大的智力支撑和人才支持。

人才开发工作主要抓好以下几个方面:

1. 继续实施人才强省战略,坚持党管人才原则,深化干部人事制度改革,优化人才结构,实施人才培养工程。

2. 紧紧抓住培养、吸引、用好人才三个环节,加强党政人才、企业经营管理人才和专业技术人才队伍建设,加快建设技术工人、新型农民、现代服务业从业人员新三支队伍。

3. 健全以品德、能力和业绩为重点的人才评价、选拔任用和激励保障机制,对做出突出贡献的专门人才给予重奖。

4. 实行"柔性人才政策",把引进人才与引进智力有机结合起来,吸引更多的高新技术、现代管理、金融、对外贸易等领域急需的专业人才来××进行工作访问和交流。

5. 大力发展行业、地区和专业人才市场,进一步完善服务功能,促进人才合理流动。

6. 努力解决好基层特别是贫困偏远落后地区的人才不足问题。

7. 依法加强公务员制度建设。

××省西部办人才开发工作要点:

1. 配合国务院西部办继续抓好西部地区管理人才创新培训工作,积极组织市、县有关同志到东部地区培训及考察学习,促进提高管理能力和业务水平。

2. 充分利用××大学远程教育网络中心的教学资源,加大力度培训管理干部和专业技术人员。

3. 进一步做好组织协调,积极推动海外留学人员归国创业项目在××高新技术产业开发区的组织实施工作。

八、检讨

(一)概念

检讨,检查本人或本单位的思想、工作或生活上的缺点和错误,并追求根源。检讨又称为检讨报告。

一些同志由于种种原因,在思想、工作、作风上犯了错误,为了总结教训,犯错误的同志要做自我批评。在自我批评时所写的稿子就叫检讨。在工作中犯些这样那样的错误,总是难免的。但是有了错误要自觉地主动作检讨,从中吸取教训,以便把以后的工作搞得更好。在工作中,我们掌握一点检讨的写作方法还是有必要的,尽管我们不希望写检讨。

(二)写作方法

(1)犯了错误,要勇于作自我批评,认真检查错误。这是写好检讨的前提或正确态度。有了这个前提和态度,当事人就会严于解剖自己,不推卸责任。

(2)要了解与党和国家有关的方针、政策,以此作为区分正确和错误的标准和依据。

（3）要掌握检讨的结构方法。检讨一般由4部分组成。

1）检讨的标题。写法一般有两种：①用《我的检讨》四字标出。②在"我的检讨"上面加一个正标题，在正标题下面写上"我的检讨"四个字，作为副标题。注意在"我的检讨"前要加破折号（——）。

2）称呼。写接检讨的领导机关名称。有时也可不写。

3）正文。在称呼下面另起一行空二格写：犯错误的基本过程和事实，造成错误的原因；当时的心情和今后的决心。写检讨需要用叙述的表达手法，在分析原因时多用议论的手法。

范例：

检讨书

尊敬的×××：

　　20××年××月××日，在××会议上，正当您在台上讲话时，我不仅没有认真聆听和领会领导的讲话精神，却在下面偷偷看报纸，并被领导发现。几天来，我认真反思，深刻自责，为自己的行为感到了深深地愧疚和不安，在此，我谨向各位领导做出深刻检讨，并将我几天来的思想反思结果向领导汇报如下：

　　通过这件事，我感到这虽然是一件偶然发生的事情，但同时也是长期以来对自己放松要求、工作作风涣散的必然结果。经过几天的反思，我对自己这些年的工作成长经历进行了详细的回忆和分析。记得刚上班的时候，我对自己的要求还是比较高的，时时处处也都能遵守相关规章制度，从而努力完成各项工作。但近年来，由于工作逐渐走上了轨道，而自己对单位的一切也比较熟悉了，尤其是领导对我的关怀和帮助在使我感到温暖的同时，也慢慢开始放松了对自己的要求，反而认为自己已经做得很好了。因此，这次发生的事使我不仅感到是自己的耻辱，更为重要的是我感到对不起领导对我的信任，愧对领导的关心。

　　同时，在这件事中，我还感到自己在工作责任心上仍旧非常欠缺。众所周知，开会和领导讲话是布置和安排指导工作的最佳途径，也是各部门各单位开展工作的一个重要思想方针的获得渠道。就是在这样重要的场合下，我却看起了报纸，这充分说明，我从思想上没有把会议和领导讲话重视起来，这也说明，我对自己的工作没有足够的责任心，也没有把自己的工作更加做好，更加走上新台阶的思想动力。在自己的思想中，仍旧存在得过且过，混日子的应付思想。现在，我深深感到，这是一个非常危险的倾向，也是一个极其危险的苗头，如果不是领导及时发现，并要求自己深刻反省，而放任自己继续放纵和发展，那么，后果是极其严重的，甚至都无法想象会发生怎样的工作失误。因此，通过这件事，在深感痛心的同时，我也感到了幸运，感到了自己觉醒的及时，这在我今后的人生成长道路上，无疑是一次关键的转折。所以，在此，我在向领导做出检讨的同时，也向你们表示发自内心的感谢。

　　此外，我也看到了这件事的恶劣影响，如果在各个会议上，大家都像我一样自由散漫、漫不经心，那怎么么能及时把工作精神贯彻好、落实好，并且把工作做好呢？同时，如果在我们这个集体中形成了这种目无组织纪律观念、为所欲为的不良风气，我们工作效率的提高将无从谈起。因此，这件事的后果是严重的，影响是恶劣的。

发生这件事后，我知道无论怎样都不足以弥补自己的过错。因此，我不请求领导对我宽恕，无论领导怎样从严从重处分我，我都不会有任何意见。同时，我请求领导再给我一次机会，使我可以通过自己的行动来表示自己的觉醒，以加倍努力的工作来为我单位的工作做出积极的贡献，请领导相信我。

检讨人：×××
20××年××月××日

九、函

（一）概念及特征

函是不相隶属机关或单位之间商洽工作，询问和答复问题，请求批准和答复审批事项时使用的文种。

函在实际行文中形成了多种类型。从内容与作用上看，包括：

（1）申请函，即向有关主管部门请求批准事项的函。

（2）商洽函，即用于请求协助、商洽解决办理某一问题的函。

（3）询问函，上下级或同级之间均可使用，如上级向下级询问工作情况或某一具体事情，下级向上级机关及主管部门询问有关方针、政策和工作中遇到界限不明确的问题等。

（4）答复函，上级答复下级询问或主管部门批复申请事宜时使用的函。

（5）告知函，平级或不相隶属单位之间相互通知事情时使用的函。

从行文方向上看，函有来函、复函。

函是一个正式文种，行文时要采用正式文件的标印格式，它的红色版头是由发文机关全称或规范化简称加"文件"二字组成的（党的机关文件可以在发文机关名称后面加括号标注"函"的文种名称）。因此，不能把便函（公务便信）视为函，也不能认为函包括函与便函，便函不是正式公文，它与函没有直接关系。

在现代社会中，函已成为联系工作、传播信息、沟通思想、赢得理解和支持的重要手段。随着我国改革开放的深入，尤其是商品经济的发展，流通领域的活跃，横向联系的扩大，函在公务活动中的作用必将越来越大。

（二）结构与写法

1. 商洽函的写法

商洽函的标题，一般要写明商洽事项，并加上文种。正文一般都包括两部分内容：①商洽缘由。主要写明为什么要提出商洽，一般都是以一定的事实作为理由。有的可依据上级指示精神作为商洽的原因。有时也可不写原因，直接提出商洽意见。②商洽事项。这是函的主体，要写清楚商洽的具体事项，特别要写清对对方有什么要求。如果有几方面的内容，可以分条列出，以便对方考虑。态度要谦和，语言要恳切，也可用"如

— 849 —

果你们同意，请即复函"等惯用词语，作为函的结尾。

2. 询问函的写法

这类函的标题应包括三项内容，包括询问单位名称、询问事项和文种。

询问函的正文包括两部分内容：

（1）询问的目的。即说明为什么要询问，也就是发函的理由。

（2）询问的内容。这一部分是主体，要像"试题"一样明确而又具体，使对方一看便懂，以便依题回答。

3. 答复函的写法

答复函的标题一般应载明三项内容：答复单位名称、答复事项和文种。

这类函的内容分为三部分：①告知情况。说明对方来函收悉，并简要复述对方所询问题或所提要求后，用"经……研究，现答复如下"作为承上启下的过渡。②答复意见。针对来函的内容，给予明确具体的答复。③结尾。最后以"此复"、"特此函复"或"谨作答复"等为结语，有时也可不用结语。

4. 告知函的写法

告知函和答复函十分接近。它们的主要区别在于答复函是答复对方所询问题，而告知函则是告知对方有关情况。

告知函的正文通常包括两项内容：①告知原由。说明制发本函的原因。②告知事项。简明扼要地叙述告知对方有关事项的具体内容及应注意的问题。

5. 请求批准函的写法

请求批准函的正文包括三项内容：①请求批准的原由。②请求批准的事项。③请求语。一般都用"可否，请函复"。

（三）写作要求

1. 叙事清楚，说理有节

公函是代表机关或单位向外联系工作、商洽事情、请求帮助的，欲要对方理解、接受、支持，取得圆满的效果，首先叙事要清楚、明白；其次就要说理有节，令人信服。如果这两点做不到，对方不能充分理解提出要求的背景，没有激起感情上的共鸣，就不能千方百计地帮助你解决问题。而要做到上述两点：一是善于思索，整理好思路，占有一定的材料；二是用恳切、谦和的语言表述，避免使用"你们要……"、"你们不要……"、"承蒙关照"等命令、指示和客套、寒暄语体；三是提出的意见、办法、请求符合客观实际和对方的情绪。

2. 短小精悍，注意技法

短小精悍是指公函不必详叙过程，不必大发议论；注意技法是指公函撰写应根据具体内容，推断对方见函后的心理特征，采用不同的写法。比如，答复函的写法，假若属于肯定性的，开头就可以将答复的内容提出，后面再叙述其他有关事宜。这样既能使对方充分掌握函的内容，也能促进单位间的密切合作关系。假若属于否定性的，开头就不宜将否定内容提出，而是先简明、恳切地说明理由，最后表明否定态度，这样能使对方谅解，感到否定是正常的、合理的，不致产生误解和反感。

3. 不能将"函"遗忘

"函"在公文大家族中是一个非常活跃的文种，因为平级或不相隶属单位之间行文要用"函"，向有关主管部门请求批准事项要用"函"。仅从这两个方面足可以估量到"函"的使用频率将是多么高。但是实际情况正好相反，在上述两方面的情况中，诸多的单位恰恰不用"函"，而用通知、请示与批复，从而使"函"处于"被公文遗忘的角落"。为了保证党和国家公文法规的贯彻落实，必须把"函"从被通知、请示与批复的"淹没"下解救出来，恢复它应有的地位与作用。

范例：

关于做好中央本级由预算拨款拖欠的项目工程款

摸底调查工作的函

建办市〔2004〕48 号

中共中央有关部门办公厅、国务院各部委、各直属机构办公厅（室）、全国人大常委会办公厅、全国政协办公厅、高法院、高检院办公厅、各民主党派办公厅、有关人民团体办公厅（室），有关中央管理企业：

为贯彻中央、国务院领导同志对建设领域拖欠工程款和拖欠农民工工资问题的指示精神，根据十届人大二次会议中"要采取措施归还拖欠的工程款，力争今年还清中央本级由预算拨款拖欠的项目工程款，并不再发生新欠，为全国带一个好头"的决议，国务院《研究清理拖欠工程款有关问题的会议纪要》（国阅〔2004〕76 号）要求，突出重点，以清理政府投资工程款拖欠为突破口，带动其他社会工程款的清欠工作。建设部、国家发改委、财政部研究制定了《中央本级由预算拨款拖欠的项目工程款调查表》（以下简称《调查表》）。为做好调查统计及还款计划的制订工作，现将有关事项函告如下：

1. 请按照《调查表》的要求，认真组织开展调查工作，摸清本部门本单位拖欠的项目工程款底数，于 2004 年 8 月 10 日前完成并反馈建设部建筑市场管理司。为方便此次上报统计工作，建设部信息中心编制了《调查表》上报软件，各部门（单位）可登录中国工程建设信息网（http：//www.cein.gov.cn/），进入"中央本级由预算拨款拖欠的项目工程款摸底调查"专栏下载并填写。填写后的《调查表》经审核盖章后，以书面和网上填写两种方式分别反馈。

2. 此次调查摸底的范围界定为人大决议中确定的"中央本级由预算拨款拖欠的项目工程款"，即财务隶属关系在中央的项目工程款，在时间上界定为 2003 年年底前竣工的项目工程。

3. 请落实具体责任人，做好摸底统计工作，翔实填写拖欠情况。对群众举报或抽查中发现的弄虚作假问题，有关部门应对责任单位及其主管部门予以通报批评，并对其项目审批、资金安排、新项目施工许可等方面采取必要的限制和处罚措施。

4. 要结合调查摸底的情况，查清中央本级由预算拨款拖欠项目工程款的原因和责任，并分清拖欠工程款的资金管理渠道，有关部门将按资金管理渠道在年内予以解决，完成清欠工作。

附件：1. 中央本级由预算拨款拖欠的项目工程款调查汇总表

2. 中央本级由预算拨款拖欠的项目工程款调查表

3. 中央本级由预算拨款拖欠的项目工程款还款计划汇总表

4. 中央本级由预算拨款拖欠的项目工程款还款计划调查表

建设部办公厅

国家发展改革委办公厅

财政部办公厅

2004 年××月××日

十、借条

（一）概念

借有个人或公家的现金、财物时写给对方的条子，就是借条。钱物归还后，打条人收回条子，即作废或撕毁。它是一种凭证性文书。

（二）格式与要求

在第一行居中位置，字体稍大写明标题"借条"，或者不写标题，仍于此位置书写"今借到"字样。

书写内容时另起一行，前面空两格。内容一定要具体，依次写清楚被借方姓名，所借物品名称，以及物品数量，物品的借期、归还的时限（要具体写清年月日）。如果所借是钱财，有没有利息，利率是多少也要写明白。文后加"此据"二字。

凡借条中涉及数量的数目字均要大写，用汉字壹贰叁肆伍陆柒捌玖拾佰仟万，以防涂改和添加。

最后写明借方姓名以及书写借条的时间（具体到年月日）。署名与日期分占两行，写在内容的右下角。署名应是借方的正式名称，由借方签写。正规的借条后还应加盖借方的私人印章，以示负责。

书写时要用钢笔或毛笔。不要选用易褪色的铅笔或其他笔墨。

范例：

借条

今借到李××同志的木工设备若干：电锯壹台、射钉枪壹支、气压式电动喷漆罐壹个。借期两个月，到期一次如初奉还。

此据。

借方：张×× （盖章）

20××年××月××日

十一、发条

(一) 概念

财务手续不齐全，售出物品较为低廉，卖方写给顾客的作为提货和报销的凭据，就是发条。它的功能与发票相同，买方按发条交款，又凭发条装货、提货，以及事后报账。可见，发条往往产生在经济生活中，因临时之需而得以应用。随着财务制度的正规化、标准化，人们更普遍地使用国家统一印制的发票。

(二) 格式与要求

在第一行居中位置书写标题"发条"，或写"今卖给"三个字。

正文依首行写法而定。在标题"发条"之下则另起一行，前空两格；如果在"今卖给"之下则另起一行，顶格书写。内容要写产品售给单位的名称，物品名称，物品的单价，物品的总量，以及总计货款。数目字要使用大写汉字书写。

在正文之后，右下角位置，书写署名，日期。具体写法是：先写出售物品单位的名称，后在其下书写经手人的姓名，并加盖公章或个人印章。经手人之下，书写时间年、月、日。

范例：

发条

今卖给××县商贸局机制红砖伍万块，每块柒分伍厘；青瓦肆仟块，每块陆分贰厘，共计人民币叁仟玖佰玖拾捌元整。

此据。

××× 村

经手人：万×× (盖章)

20××年××月××日

十二、欠条

(一) 概念

向个人或组织借了钱、物，只归还了其中一部分，还有一部分拖欠未还，对拖欠部分所打的条子，叫欠条；还有一种情况，当借了个人或团体的钱、物，事后补写的凭条，也叫欠条。

(二) 格式与要求

在首行居中位置，写明标题"欠条"二字。

从第二行另起，前空两格，书写正式内容。内容要依次具体地写明被欠方的姓名，所欠钱或物的名称，已归还的数量、仍拖欠的数量，归还剩余的尚拖欠部分的时间（写清楚年月日）。

在正文内容的右下方，占两行，书写欠者姓名以及日期。

范例：

欠条

原借到张××同志人民币壹仟元整，已还伍佰元，尚欠伍佰元整，一个月内还清。
此据

李××（盖章）

20××年××月××日

十三、代收条

（一）概念

归还钱物时，如果本人不在场，由其他人代替收下并转交，并写下的证明代收的条据，就叫代收条。由于代收条比收条又多了一层关系，增加一道手续，所以一定要注意内容的严密。

（二）格式与要求

在首行居中位置写明标题"代收条"或直接写"代收到"字样。

正文另起一行。如有标题，正文前要空两格；如果没有标题，只有"代收到"正文则顶格写起。

正文中一定要交代清楚还方（人或团体）的名称，收方的名称，归还钱物的名称、种类以及数量。数目字要使用汉字大写。

在正文右下角，占两行，书写代收人姓名和代收日期。

范例：

代收条

今代收到孙××同志还给王××同志的人民币伍佰元整和致谢礼物《辞海》壹本。

代收人：李××（盖章）

20××年××月××日

十四、留言条

（一）概念

在日常生活，有事情要通知对方，有事情要托付对方办，却未见本人，写张字条留给对方。这种简明的说事传意的条子就叫留言条。

（二）格式与要求

在第一行的居中位置，书写标题"留言条"三字。

第二行顶格写称谓，即被告知的姓名，也可称其身份，如李师傅、王主任，还可以用习惯叫法：老王、大刘、小陈等。总之称谓用以引起被告知者的注意。

正文另起一行，从第三行起，前空两格，陈述所要说明的内容。一般要将所要表达的事情的诸要素：何时、何地、何人、何事、要讲清楚。

在正文之后的右下角，占两行，分别写留言者姓名及日期，以便让对方了解留言者和留言时间。时间最好写明月日时。有些人喜欢写"即日"，有它的不足之处，就是指代不明，不能说明确切的时间。

范例：

留言条

杨××：

现有一事相告：校工会决定于明天（4月21日星期天）组织同志们去东山风景游览区春游。定于早晨8点整在车库前集合，过时不候，饮食自备，允许带一两名家属。请代为转告你系的刘××、李××、赵××几位老师，多谢，再见！

王××

2009 年 4 月 20 日 10 时

十五、契约

（一）契约概述

契约是机关、团体、个人以文字形式，把缔约双方或多方商定的有关事项记载下来，作为检查信用和执行的凭证，是具有约束作用的文书。

契约有凭证性、约束性和条文性。古代的契约也称券。缔约双方用文字将议定的要事记录下来后，把券一分为二，各执一半为凭证。如约对证，须将两券合一。也有少数契约一分为三，双方及证人各执一部分，验证时须三券合一。契约验合相同是辨别契约真假、发生效力最起码的条件。延续下来，今天的契约仍有这种凭证性。

随着社会的发展，契约有了分工，"契"专用于买卖和大宗借贷，而其他的缔约则称为"约"。约文也称约书，是契约的另一大类，有约束之意，约文是约束协议双方或多方的文书。约文的类型较多，应用也较广泛，一般多用于国家与团体，是政治、军事等交涉来往中必不可少的文体，古代许多重大事情都要制定各种各样的约文。古代契约中的这种约束性，一直延续到现在的契约中。

契约按其内容、性质和使用范围分，有两种：一是用于经济领域买卖借贷方面的称"契""契文""契书"；另一种是用于国家政治、军事、外交和民事中的文化、社会交往等方面的称"约"、"约文"、"约书"。

契书按其买卖双方来分，买者所执的一方称"买契"，卖者所执的一方称"卖契"。按其买卖对象的不同，又分为地契、房契、物契、畜契、钱契等。

按其证明身份分，凡买卖通过官方进行的，称"官契"，凡经保人画押作证的则称"私契"。官契因有官吏的朱色印鉴，因此也称"红契"或"市契"（券），骑缝处盖的官印叫"契印"；私契也称"白契"或"保白"。

约书按其形式可分为条约、公约、协议、协定、誓词等。按其应用范围分，用于缔约国家、团体结盟的称"盟约"，男女双方缔结婚姻关系用的称"婚约"，战争各方停战议和用的称"和约"，邻国双方勘划疆域边界的称"界约"，等等。

（二）结构及写法

契约包括标题、开头、主体、结尾、签署五个部分。

1. 标题

在契约的头一行写明契约的名称，如房契、借契等。

2. 开头

在标题下空一行写明立契者的双方或多方的姓名或单位名称，然后写上立契的原因和目的。

3. 主体

另起一行空两格写契约内容条款。契约内容一般是用条款式的写法，一条一条写在契书上，有几条就写几条。

4. 结尾

这是契约的结语部分。也可以作为契约内容的最后一条来写。这项要写明此契约一式几份，分别由谁执有。如果有附件，要写明附件名称和件数。有的还要注明本契约有效期限。有时还要写清发生歧见或纠纷时各方应负的责任和解决办法。

5. 签署

在结尾之后空一行的右下方由立契者签名并盖章或按上指纹。在署名下一行写立契的年、月、日。

（三）注意事项

1. 符合政策法规

各方订立契约的内容，必须在党和国家的政策及法律许可的范围内，不得违反国家和人民的利益。只有合法的契约才得到法律的保护，非法的契约非但无效，还要被国家取缔。

2. 自愿互利

双方或多方必须在平等互利、自觉自愿的基础上订立契约，任何一方不得把自己的意志强加于另一方。

3. 具体明确

契约的内容条款要明确、具体，词语的含义单一、清楚，不能有歧义或多种解释，否则，就难免产生纠纷，导致讼诉，失去订约的意义。契约中的货款和物品的数字要大写，并写清有关财产的数量、尺寸、位置、价值等。

4. 字迹清楚工整

字体要工整，字迹要清楚，不可潦草难认。还要正确使用标点符号。不能有错别字。契约写成后不得随意涂改。如果发现其中有错漏之处，须经各方协商同意后再加以修改补充，并在修改补充处加盖各方的印章。

范例：

租赁契约

立契约人：张×× （甲方）　　　　　　黄×× （乙方）

今甲方将自有坐落在××市××路××号底层朝南房屋壹间，经韩××介绍，租与乙方使用，特订立租赁契约如下，以便共同遵守：

1. 此南屋共20平方米，由甲方租与乙方居住，为期两年（自2005年1月1日～2007年1月1日）；双方言明每月租金人民币叁佰元整，每月由乙方于当月的10日付给甲方租金，并由甲方出具收据为凭。乙方不得以任何理由拖欠租金，如乙方超过约定日期不付清租金，甲方有权立即收回所租房屋；乙方如期付清应付房租的，甲方也不得在约定租期内以任何理由提出收回所租房屋的要求。

2. 甲方原来放在此屋中的5尺木床1张、五斗橱1只、藤椅1张、木方凳4张、木方桌1张，以及挂灯1只、台灯1只、电风扇1部、房门司必灵锁1具，可借给乙方使用，并于租期期满时与房屋同时归还给甲方。乙方应负责保护上列家具、设备，以及门窗、墙壁，如有损坏，应视其损坏程度，由乙方赔偿。

3. 底层北屋为甲方所有和使用，但为方便乙方的日常生活，可由乙方使用其中的自来水龙头、水槽、方桌。乙方还可在此屋内置放小菜橱1只和煤炉1只，并在此烧饭、做菜和洗涤衣服。双方都要保持此屋的清洁卫生。

4. 乙方在租赁期间，与甲方共同使用电表和水表。电费照双方所装灯头的数量按比例计算，收音机、电视机、收录机各按×只灯头计算。北屋和过道公用灯各壹只，由甲乙双方对半负担。水费按双方实有人数分摊，儿童和成人都照1人计算。

5. 乙方在租赁期满时，必须如期按原状将南屋归还甲方。如需延长租赁期，乙方必须在期满前2个月通知甲方，经甲方同意后继续租赁；如甲方不同意，乙方仍须如期交还房屋，不得借任何理由拖延迁出日期。

6. 本契约一式两份，由甲乙双方各执壹份。

立契约人：甲方　张×× （签名盖章）
　　　　　　乙方　黄×× （签名盖章）
介绍人：韩×× （签名盖章）

2005年1月1日立

十六、合同

(一) 概念

合同是契约的一种，是缔约双方按照法律规定，确定彼此一定权利与义务的协议。这种协议大部分使用于经济领域。使用于经济领域的合同，叫经济合同。《中华人民共和国经济合同法》以法律形式明文规定："经济合同是法人之间为实现一定经济目的，明确相互权利义务关系的协议。""法人"即具有一定的组织机构、独立的财产或独立的预算，能够以自己的名义进行经济活动、享受权利和承担义务，依法成立的组织和个人。不具备法人资格的社会组织或个人，无权签订经济合同。

(二) 特征

合同具有下面几个特性：

(1) 合法性。签订合同的各方，必须是依法成立的组织和个人，合同的内容必须符合国家的方针、政策、法律、法规。一切违反法规的合同，不受法律的保护。

(2) 凭证性。签订合同的双方各执一份作为凭证，对合同中规定的事项进行互相监督，互相牵制，使对方不得反悔，不得无理不执行，以保证其活动正常进行。

(3) 约束力。依法订立的经济合同具有法律的约束力。据《中华人民共和国经济合同法》规定："经济合同依法成立，即具有法律约束力，当事人要全面履行合同规定的义务，任何一方不得擅自变更解除合同。"如果某一方不经对方同意，擅自变更或解除合同，要罚以违约金；对因单方没有遵守合同的规定而造成对方有所损失者，要罚以赔偿金；对故意违反合同规定造成重大事故和严重损失的直接责任者，除经济处罚外，还要给予刑事处分。

(4) 效益性。合同中双方的权利和义务具有协作的性质，双方所享受的权利和承担的义务彼此价值相等，一方的权利是另一方的义务，而另一方的权利又是对方的义务。双方享有的权利都必须以向对方承担的义务为前提，只有共同协作，才能使双方共同获益，享受到权利。

合同为了书写简明、条理清楚、一目了然，便于执行和检查督促，都用条款式或表格式，或将条款式与表格式结合进行书写。

(三) 分类

合同的种类繁多，按其内容和作用，可分为以下几类：

(1) 购销合同。凡是把产品、商品以期货形式出售或调拨给生产单位的合同，都称为购销合同。购销合同又有以下形式：①供应合同；②采购合同；③预购合同；④购销结合及协作合同（它又可分为购销结合合同、购销协作合同）。购销合同还有供需合同、订货合同、供货合同等。

(2) 加工承揽合同。这是供方根据需方要求而签订的合同。它又可分为以下几种：①加工合同；②订货合同；③修缮合同。

(3) 基本建设合同。这是承揽合同的一种，因其内容特殊，故单列为一类。它必须根据国家批准的计划、设计标准所规定的基本建设程序和计划任务书等文件而签订。主要包括勘察、设计合同和建筑、安装合同（施工合同）。

（4）货物运输合同。这是工业、农业、商业等企业单位委托铁路、公路、海洋航运、内河航运等交通运输部门运送货物而签订的合同。

（5）供用电合同。这是生产单位与电力部门签订的供用电力合同。

（6）仓储保管合同。这是工业、农业、商业或物资部门与仓储保管部门之间签订的材料、设备、产品或商品等物资的储存合同。

（7）租赁合同。这是供方（出租者）把财物提供给需方（承租者）在一定时期内使用，承租者向出租者支付约定报酬（租金）的合同。

（8）借贷合同。这主要是工业、农业、商业企业和农村集体单位及个人，在生产过程和商品流转过程中，与银行或信用社签订的借贷现金合同。

（9）保险合同。这是投保者和保险者之间关于财产保险和人身保险的协议。

（10）科技协作合同。这是科研单位之间、技术部门之间，或科研单位、技术部门与生产单位之间为协同完成某项科研项目、技术革新项目、产品研制项目而签订的合同。

（11）生产责任制合同。这是我国农村实行生产责任制以来，乡、村同生产者（个人、承包户、承包组或企事业单位）签订的生产合同。

（12）师徒合同。这是确定师徒关系，并规定师傅和徒弟在学习技术、学习艺术等方面的权利和义务的合同。

（13）聘任合同。这是用人单位与受聘者签订的合同。

按合同标的分，可分为转移财产合同、完成工作合同和提供劳务合同。

按合同有效期分，可分为长期合同、中期合同和短期合同。

按写作格式分，可分为条文式合同、表格式合同和综合式（兼用条款表格）合同。

（四）结构与写法

合同的结构形式有三种：

一是条款式。即是把双方达成的协议分条列款，写入合同。二是表格式。即是按印制好的表格，把协商同意的内容逐项填入表中，它一般用于一方同意另一方的条件而达成的协定。三是条款与表格结合式。这是兼用条款与表格两种形式。不管什么形式，一般都包括以下几个部分：

1. **标题**

标题有多种写法：有直接使用合同名称，以表明合同性质的，如《货物运输合同》《供应合同》《租赁合同》。有在前面写明标的的，如《供用电合同》《棉花购销合同》等。有的还要在前面加上时间或者范围的限制的，如《××厂××××年技术服务合同》《××综合商场租赁经营合同》等。

2. **当事人**

也叫开头，或前言，写明订立合同双方的单位名称和代表人姓名。为了行文方便，一般规定一方为"甲方"，另一方为"乙方"；如有第三方，可称为丙方。

3. **正文**

正文由引言、主体、结尾组成。

（1）引言。引言要简明扼要地写出双方订立合同的依据和目的，例如"为搞活经济，充分发挥柜台的经济效益，经双方协商，由出租方将柜台租给承租方经营，特订立本合同"。有些不写引言，直接写下一部分。

（2）主体。主体是合同的主要部分，要用条款或表格写明合同的基本内容。经济合同一般包括以下几个方面：

①标的。这是经济合同当事者双方权利和义务共同指向的对象，指某种实物、劳务或货币。例如科技协作合同的标的是某项科研成果；购销合同的标的是某种产品；建筑承包合同的标的是某项勘察、设计、建筑、安装工程。任何经济合同都有标的，而且目标要明确、具体，否则，合同就无法履行。

②数量和质量。这是衡量标的的指标，是标的的具体体现。标的的数量是衡量合同当事者双方权利和义务大小的尺度。计量单位必须精确、具体，数据要求准确、清楚。标的质量是检验标的内在素质和外观形态优劣的标志，经济合同必须明确、具体地规定标的的质量要求。如工业产品的物理性能、电磁性能、化学性能、使用特性、稳定性等。质量等级必须具体符合某年某月的国家或部颁布的标准。

③价款或酬金。这是取得对方产品、接受对方劳务或智力成果所支付的代价，它以货币数量来表示。凡有国家规定价格的产品，必须按国家价格签订。政策上允许议价者，由当事者协商议定。

④履行合同的期限、地点和方式。期限是经济合同履行的时间范围。地点是提货、交货地点。合同的履行都有确定的时限和地点，必须规定得具体、明确。履行的方式，是一次履行还是分批履行，是送货还是需方到供方所在地提货，供方送货是委托交通运输部门托运还是自己派车送货，要不要派人押运等，都应具体明确规定。

⑤违约责任。指不履行合同者应负的责任。这是对不按合同规定履行义务者的制裁措施，不履行合同应付违约金和赔偿金等责任。它是维护合同双方合法权益的保证。

⑥解决争议的方法。

（3）结尾。要写明本合同一式几份，由谁保管。注明合同的附件和合同的有效期限。如有附件，还要写上附件及其件数等。

合同正文的每个部分和每项内容，在条款式中都要另起一段，在表格中都要另占一格，复杂的合同，还要划分章目，并在前面列出目录。

4. 签署

落款一般在合同后面。除了写明当事人单位全称及代表人姓名，并加盖公章、私章，注明签订日期外，通常还要注明地址、电话、传真、银行账号等。合同经过鉴证，鉴证机关可以单独开具"合同鉴证书"，也可以在合同后面签署鉴证意见并注明日期，经办人和鉴证机关要署名盖章。

（五）注意事项

1. 必须符合国家的政策、法规

只有当事者双方行为合法，才能产生预想的法律效果，受到法律的保护。任何单位和个人不得利用合同从事违法活动，扰乱经济秩序，损害国家利益和社会公益，从中牟取非法收入。这是签订合同的重要前提。

2. 贯彻平等互利、协商一致、等价有偿原则

订立合同，以当事者双方在平等的基础上经过协商一致为根本前提，任何一方不得把自己的意志强加于对方，任何单位和个人不得非法干预。如系对外贸易合同，应按照《涉外经济贸易合同条例》，在合作互助、平等互利的基础上签订。要维护国家的尊严和正当权益，不做有损国格的事情。还要注意保密，认真执行有关政策和法令，发展对外贸易和对外的经济合作。

3. 目的、内容要具体、明确

合同一经签订，就具有法律效力。当事者必须全面履行合同规定的义务，任何一方不得擅自变更或解除合同。因此，合同的目的、内容要写得具体、明确，条款要清楚，措辞要准确、简洁，不得有歧义。字迹要工整，标点要正确，用毛笔或钢笔书写，纸张要结实。

4. 项目完整，格式规范

合同中所列各项，都要按要求填写清楚。如有需要，可以另加附件。附件是合同的一个组成部分。合同的结尾必须写明附件的名称、件数，并附上附件，以保持合同的完整性。

5. 严谨认真，不得擅自涂改

签订合同，必须严肃认真，一旦签订，任何一方不得随意擅自涂改。如果发现合同内容或文字有错漏，或者因发生特殊情况必须改正、补充时，一定要经双方协商一致后，在原合同上修改，并在修改处盖上双方印章，以证明双方同意修改。有些说明或补充，如果不能在原合同件上修改，双方可以互换函件，作为合同的附件，这样同样能达到修改和补充的目的。

范例：

加工定作合同

合同编号：＿＿＿＿＿＿

订立合同双方：

定做方（甲方）：

承揽方（乙方）：

定做方委托承揽方加工＿＿＿＿＿＿，经双方充分协商，特订立本合同，以便共同遵守。

第一条　加工成品

编号

名称

规格

单位

数量

单价

备注

第二条 加工成品质量要求

第三条 原材料的提供办法及规格、数量、质量

第四条 技术资料、图纸提供办法

第五条 价款或酬金

第六条 验收标准和方法

第七条 交（提）货的时间和地点

第八条 包装要求及费用负担

第九条 运输办法及费用负担

第十条 结算方式及期限

第十一条 其他

第十二条 承揽方的违约责任

1. 未按合同规定的质量交付定做物或完成工作，定做方同意接受的，应当按定做物的实际价值计价；不同意接受的，应当负责修整或调换，并承担逾期交付的责任；经过修整或调换后，仍不符合合同规定的，定做方有权拒收，由此造成的损失由承揽方赔偿。

2. 交付定做物或完成工作的数量少于合同规定，定做方仍然需要的，应当照数补齐，补交部分按逾期交付处理；少交、迟交部分定做方不再需要的，承揽方应赔偿定做方因此造成的损失。

3. 未按合同规定包装定做物，需返修或重新包装的，承揽方应当负责返修或重新包装，并承担因此而支付的费用。定做方不要求返修或重新包装而要求赔偿损失的，承揽方应当偿付定做方该不合格包装物低于合格包装物的价值部分。因包装不符合合同规定造成定做物毁损、灭失的，由承揽方赔偿损失。

4. 逾期交付定做物（包括返修、更换、补交等），应当向定做方偿付违约金_____元；（合同中无具体规定的，应当比照中国人民银行有关延期付款的规定，按逾期交付部分的价款总额计算，向定做方偿付违约金）以酬金计算的，每逾期1天，按逾期交付部分的酬金总额的千分之一偿付违约金。未经定做方同意，提前交付定做物，定做方有权拒收。

5. 不能交付定做物或不能完成工作的，应当偿付不能交付定做物或不能完成工作部分价款总值的_____%（10%～30%幅度）或酬金总额的_____%（20%～60%幅度）违约金。

6. 异地交付的定做物不符合合同规定，暂由定做方代保管时，应当偿付定做方实际支付的保管，保养费。

7. 实行代运或送货的定做物，错发到达地点或接收单位（人），除按合同规定负责运到指定地点或接收单位（人）外，并承担因此多付的运杂费和逾期交付定做物的责任。

8. 由于保管不善致使定做方提供的原材料、设备、包装物及其他物品毁损、灭失

的、应当偿付定做方因此造成的损失。

9. 未按合同规定的办法和期限对定做方提供的原材料进行检验，或经检验发现原材料不符合要求而未按合同规定的期限通知定做方调换、补齐的，由承揽方对工作质量、数量承担责任。

10. 擅自调换定做方提供的原材料或修理物的零部件，定做方有权拒收，承揽方应赔偿定做方因此造成的损失。如定做方要求重作或重新修理，应当按定做方要求办理，并承担逾期交付的责任。

第十三条　定做方的违约责任

1. 中途变更定做物的数量、规格、质量或设计等，应当赔偿承揽方因此造成的损失。

2. 中途解除合同，属承揽方提供原材料的，偿付承揽方的未履行部分价款总值的_____%（10%~30%幅度）的违约金；不属承揽方提供原材料的，偿付承揽方以未履行部分酬金总额的_____%（20%~60%的幅度）违约金。

3. 未按合同规定的时间和要求向承揽方提供原材料、技术资料、包装物等或未完成必要的辅助工作和准备工作，承揽方有权解除合同，定做方应当赔偿承揽方因此而造成的损失；承揽方不要求解除合同的，除交付定做物的日期得以顺延外，定做方应当偿付承揽方停工待料的损失。

4. 超过合同规定期限领取定做物的，除按本条第五款规定偿付违约金外，还应当承担承揽方实际支付的保管、保养费。定做方超过领取期限6个月不领取定做物的，承揽方有权将定做物变卖，所得价款在扣除报酬、保管、保养费后，退还给定做方；变卖定做物所得少于报酬、保管、保养费时，定做方还应补偿不足部分；如定做物不能变卖，应当赔偿承揽方的损失。

5. 超过合同规定日期付款，应当比照中国人民银行有关延期付款的规定向承揽方偿付违约金；以酬金计算的，每逾期1天，按酬金总额的千分之一偿付违约金。

6. 无故拒绝接收定做物，应当赔偿承揽方因此造成的损失及运输部门的罚款。

7. 变更交付定做物地点或接收单位（人），承担因此而多支出的费用。

第十四条　不可抗力

在合同规定的履行期限内，承揽人应当妥善保管定做人提供的材料，以及完成的工作成果，因保管不善造成毁损、灭失的，应当承担损害赔偿责任。但由于不可抗力致使定做物或原材料毁损、灭失的，承揽方在取得合法证明后，可免予承担违约责任，但应当采取积极措施，尽量减少损失，如在合同规定的履行期限以外发生的，不得免除责任；在定做方迟延接受或无故拒收期间发生的，定做方应当承担责任，并赔偿承揽方由此造成的损失。

第十五条　纠纷的处理

加工承揽合同发生纠纷时，当事人双方应协商解决，协商不成按以下方式处理：

1. 向_____仲裁委员会申请仲裁；

2. 向_____人民法院起诉。

本合同自_____年_____月_____日起生效，合同履行完毕即失效。

本合同执行期间，双方不得随意变更和解除合同，合同如有未尽事宜，应由双方共同协商，作出补充规定，补充规定与本合同具有同等效力。

本合同正本一式二份，定做方和承揽方各执一份；合同副本一式_____份，交_____（如经签证或公证，则应送签证机关或公证机关）各留存一份。

十七、协议书

（一）概念

协议书是有关国家、政党、企事业单位、团体或个人共同协商订立的一种具有经济关系或其他关系的契约文书。

协议书与合同一样具有凭证性、约束性、协作性。因而有时人们也把合同称为协议书，或是把协议书称为合同。但是协议书与合同是有区别的。协议书的适应性比合同广，协议书中的项目比合同要多而杂，而其内容则不如合同具体和单纯。例如，在我国与外资企业的协议书中，往往含有技术转让、产品销售、贷款、聘请外国技术管理人员等方面的内容。因此，除签订协议和为实现协议而制定的章程外，合作者之间、合作者与合作企业之间及合作者与外单位之间，还要订立一系列有关单项（专项）的合同。

协议书尽管内容较笼统、概括，但是它也有明显的规定性，具有凭证和约束作用。

协议书的种类繁多，不胜枚举。如有发展经济协议书、技术合作协议书、科研工作协议书、科学试验协议书、工程协议书、协作办某事的协议书等。

（二）结构及写法

协议书的结构形式与合同的结构形式一样，也有三种形式：一是条款式，二是表格式，三是条款与表格结合式。不论什么形式，协议书一般包括以下几个部分：

1. 标题

一般由签订协议的双方名称、事由和"协议"或"协议书"等项组成。如《××省与××省关于进一步发展经济技术合作的协议》。也可以省去双方的名称，只写关于什么事由的协议或协议书。如《关于××工程建筑设计的协议书》。

2. 开头或前言

简要阐明双方订立协议的缘由、根据、目的和意义。

3. 主体

这是协议的主干部分和主要内容。要将双方协商达成的一致意见用条款的形式按逻辑顺序分条列出，明确规定协议的内容、条件、具体工作形式，以及双方的共同想法和意向等。

4. 结尾

要写明该协议一式几份，分别由谁执有。如果有附件，还要注明附件的名称和份数。有的协议还要注明本协议的有效期限，经谁签字生效。

5. 签署

写上协议双方单位名称并加盖公章，代表签名并加盖私章。署名下写明订立协议的年、月、日。

（三）注意事项

（1）协议中的条款必须是经过订立协议双方协商达成的一致意见，不能单方包办或将一方意志强加于另一方。单方面的意见未经对方同意不能写入协议。整个协议形成的过程必须严格履行必要的程序。

（2）协议既有综合性的，也有单项专题性的；既有在订立合同之前作准备性或意向性的协议，也有在订立合同之后对合同作解释、修订和补充的协议。要区别不同情况和特点，突出协议的主要内容和特色。

（3）语言要准确、简明，标点符号要正确，要用毛笔或钢笔书写，字迹要清楚，书写工整。

（4）协议一经生效，不得擅自随意改动，倘若有必要修改或补充，需经双方协商同意，并在修改补充处加盖双方的印章。

范例：

合伙人协议书

订立协议各合伙人：

姓名_____，性别_____，年龄_____，

住址_____。（其他合伙人按上列项目顺序填写）

第一条　合伙宗旨：_____

第二条　合伙名称、主要经营地：_____

第三条　合伙经营项目和范围：_____

第四条　合伙期限，自_____年_____月_____日起，至_____年_____月_____日止，共_____年。

第五条　出资金额、方式、期限。

1. 合伙人_____（姓名）以_____方式出资，共计人民币_____元。（其他合伙人同上顺序列出）

2. 各合伙人的出资，于_____年_____月_____日以前交齐。

3. 本合伙出资共计人民币_____元。合伙期间各合伙人的出资为共有财产，不得随意请求分割。合伙终止后，各合伙人的出资仍为个人所有，届时予以返还。

第六条　盈余分配与债务承担。合伙各方共同经营、共同劳动，共担风险，共负盈亏。

1. 盈余分配：以_____为依据，按比例分配。

2. 债务承担：合伙债务先以合伙财产偿还，合伙财产不足清偿时，以_____为依据，按比例承担。（特别提示：盈余分配与债务承担可以约定按各合伙人各自投资或者平均分配。未约定分担比例的，由各合伙人按投资分担。任何一方对外偿还后，另一方应当按比例在10日内向对方清偿自己应负担的部分。）

第七条　入伙、退伙、出资的转让。

1. 入伙。

（1）新合伙人入伙，必须经全体合伙人同意；

（2）承认并签署本合伙协议；

（3）除入伙协议另有约定外，入伙的新合伙人与原合伙人享有同等权利，承担同等责任。入伙的新合伙人对入伙前合伙企业的债务承担连带责任。

2. 退伙。

（1）自愿退伙。合伙的经营期限内，有下列情形之一时，合伙人可以退伙：

①合伙协议约定的退伙事由出现；

②经全体合伙人同意退伙；

③发生合伙人难以继续参加合伙企业的事由。

合伙协议未约定合伙企业的经营期限的，合伙人在不给合伙企业事务执行造成不利影响的情况下，可以退伙，但应当提前30日通知其他合伙人。合伙人擅自退伙给合伙造成损失的，应当赔偿损失。

（2）当然退伙。合伙人有下列情形之一的，当然退伙：

①死亡或者被依法宣告死亡；

②被依法宣告为无民事行为能力人；

③个人丧失偿债能力；

④被人民法院强制执行在合伙企业中的全部财产份额。

以上情形的退伙以实际发生之日为退伙生效日。

（3）除名退伙。合伙人有下列情形之一的，经其他合伙人一致同意，可以决议将其除名：

①未履行出资义务；

②因故意或重大过失给合伙企业造成损失；

③执行合伙企业事务时有不正当行为；

④合伙协议约定的其他事由。

对合伙人的除名决议应当书面通知被除名人。被除名人自接到除名通知之日起，除名生效，被除名人退伙。除名人对除名决议有异议的，可以在接到除名通知之日起30日内，向人民法院起诉。合伙人退伙后，其他合伙人与该退伙人按退伙时的合伙企业的财产状况进行结算。

3. 出资的转让。允许合伙人转让其在合伙中的全部或部分财产份额。在同等条件下，合伙人有优先受让权。如向合伙人以外的第三人转让，第三人应按入伙对待，否则以退伙对待转让人。合伙人以外的第三人受让合伙企业财产份额的，经修改合伙协议即成为合伙企业的合伙人。

第八条　合伙负责人及合伙事务执行。

1. 全体合伙人共同执行合伙企业事务。（适用于规模小的合伙企业）

2. 合伙协议约定或全体合伙人决定，委托＿＿＿＿＿＿＿＿＿＿＿＿＿＿＿为合伙负责人，其权限为：

（1）对外开展业务，订立合同；

（2）对合伙事业进行日常管理；

（3）出售合伙的产品（货物）、购进常用货物；

（4）支付合伙债务；

第九条　合伙人的权利和义务。

1. 合伙人的权利：

（1）合伙事务的经营权、决定权和监督权，合伙的经营活动由合伙人共同决定，无论出资多少，每个人都有表决权；

（2）合伙人享有合伙利益的分配权；

（3）合伙人分配合伙利益应以出资额比例或者按合同的约定进行，合伙经营积累的财产归合伙人共有；

（4）合伙人有退伙的权利。

2. 合伙人的义务：

（1）按照合伙协议的约定维护合伙财产的统一；

（2）分担合伙的经营损失的债务；

（3）为合伙债务承担连带责任。

第十条　禁止行为。

1. 未经全体合伙人同意，禁止任何合伙人私自以合伙名义进行业务活动；如其业务获得利益归合伙，造成的损失按实际损失进行赔偿。

2. 禁止合伙人参与经营与本合伙竞争的业务；

3. 除合伙协议另有约定或者经全体合伙人同意外，合伙人不得同本合伙进行交易。

4. 合伙人不得从事损害本合伙企业利益的活动。

第十一条　合伙营业的继续。

1. 在退伙的情况下，其余合伙人有权继续以原企业名称继续经营原企业业务，也可以选择吸收新的合伙人入伙经营。

2. 在合伙人死亡或被宣告死亡的情况下，依死亡合伙人的继承人的选择，既可以退继承人应继承的财产份额，继续经营；也可依照合伙协议的约定或者经全体合伙人同意，接纳继承人为新的合伙人继续经营。

第十二条　合伙的终止和清算。

1. 合伙因下列情形解散：

（1）合伙期限届满；

（2）全体合伙人同意终止合伙关系；

（3）已不具备法定合伙人数；

（4）合伙事务完成或不能完成；

（5）被依法撤销；

（6）出现法律、行政法规规定的合伙企业解散的其他原因。

2. 合伙的清算：

（1）合伙解散后应当进行清算，并通知债权人。

（2）清算人由全体合伙人担任或经全体合伙人过半数同意，自合伙企业解散后 15 日内指定_____合伙人或委托第三人，担任清算人。15 日内未确定清算人的，合伙人或者其他利害关系人可以申请人民法院指定清算人。

（3）合伙财产在支付清算费用后，按下列顺序清偿：合伙所欠招用的职工工资和劳动保险费用；合伙所欠税款；合伙的债务；返还合伙人的出资。

（4）清偿后如有剩余，则按本协议第六条第一款的办法进行分配。

（5）清算时合伙有亏损，合伙财产不足清偿的部分，依本协议第六条第二款的办法办理。各合伙人应承担无限连带清偿责任，合伙人由于承担连带责任，所清偿数额超过其应当承担的数额时，有权向其他合伙人追偿。

第十三条 违约责任。

1. 合伙人未按期缴纳或未缴足出资的，应当赔偿由此给其他合伙人造成的损失；如果逾期_____年仍未缴足出资，按退伙处理。

2. 合伙人未经其他合伙人一致同意而转让其财产份额的，如果其他合伙人不愿接纳受让人为新的合伙人，可按退伙处理，转让人应赔偿其他合伙人因此而造成的损失。

3. 合伙人私自以其在合伙企业中的财产份额出质的，其行为无效，可以作为退伙处理；由此给其他合伙人造成损失的，应承担赔偿责任。

4. 合伙人严重违反本协议或因重大过失或违反《合伙企业法》而导致合伙企业解散的，应当对其他合伙人承担赔偿责任。

5. 合伙人违反第九条规定，应按合伙实际损失赔偿劝阻不听者可由全体合伙人决定除名。

第十四条 协议争议解决方式。

凡因本协议或与本协议有关的一切争议，合伙人之间共同协商，如协商不成，提交仲裁委员会仲裁。仲裁裁决是终局的，对各方均有约束力。

第十五条 其他。

1. 经协商一致，合伙人可以修改本协议或对未尽事宜进行补充；补充、修改内容与本协议相冲突的，以补充、修改后的内容为准。

2. 入伙协议是本协议的组成部分。

3. 本协议一式_____份，合伙人各执一份，送登记机关存档一份。

4. 本协议经全体合伙人签名、盖章后生效。

合伙人：_____（签章）（略）

签约时间：_____年____月____日

签约地点：_____

十八、解说词

（一）概念

所谓解说词，就是指对事物、人物进行说明的一种说明文体。如产品展览、文物陈列、书画展览、标本说明、园林介绍、影剧解说、人物介绍等都要运用解说词。

解说词能够满足听众或观众参观、收看、理解的期待心理，是对听众或观众的尊重。同时，它也能起到宣传效果，可以使听众或观众更直观深入地了解有关人或物的情况，从而使解说对象的影响扩大。

（二）解说词的特点

1. 说明性

解说词是配合实物或图画的文字说明，客观存在既要便于讲解，又要便于观众一目了然。一般用不多的文字把实物介绍给观众，使观众借助简明的文字介绍，对实物或图画获得深刻认识。

2. 顺序性

解说词是按照实物陈列的顺序或画面推移的顺序编写的。陈列的各实物或各画面有相对的独立性，反映在解说词里，应该节段分明，每一件实物或一个画面有一节或一段文字说明。

（三）写作要求

（1）认真观察、研究被解说的事物。解说词是解说客观事物的，只有认真观察、研究被解说的事物，准确把握它们之间的关系和特点，才能解说准确、贴切。

（2）形式多样，语言平实。解说词写作的形式多样，方法灵活，可用平实的语言，也可用文学的语言；可用散文形式，也可用韵文解说。

范例：

上海市

上海市是我国最大的工业基地和海港，位于我国大陆海岸线中部、长江入海口，东临东海，与江苏、浙江两省为邻。相传吴淞口近海一段古称沪渎，故简称"沪"；又因西部为战国时楚春申君领地，亦简称"申"。全市面积近 6000 平方公里，人口一千多万，是我国人口最多的城市，也是世界上最大的城市之一。全市辖 12 区、10 县。

上海位于长江三角洲近海部分，地势低平。除主要市区外，江东有浦东新区，入海口有由泥沙堆积而成的我国第三大岛——崇明岛。境内河港密如蛛网：主要有黄浦江及其支流吴淞江，两河均源出太湖，黄浦江全长 114 公里，淞江以下 83 公里称黄浦江，水量充足，水势平缓，富灌溉、航行之利。吴淞江又名苏州河，全长 125 公里，是苏州、上海间的重要水道。长江纳黄浦江后东流入海，河口呈喇叭形展开，入海口宽达 80 公里。

上海属亚热带海洋性季风气候，年平均气温在 15℃～16℃，温和湿润，四季分明。

上海工业自 1862 年修建船厂起，至今有一百多年历史。在 1949 年以前主要发展了纺织、食品、造纸等轻工业和少数其他装配维修工业，成为当时最大的工商业城市，但商业比重大于工业。1949 年以后，根据充分利用、合理发展的原则，大力加强空白或原来比较薄弱的工业部门的建设。现在上海已成为我国一个重、轻工业各个门类比较齐全的综合性工业和科学技术基地。产量的 80% 供应全国各地，并有大量产品畅销国外，还有大量技术力量和设备支援各地的社会主义建设。主要工业部门有冶金、机械、造船、化工、电子、仪表、轻工、纺织等。手工业产品以顾绣和嘉定的黄草编织最为有名。

上海的农业也很发达，盛产各种粮食、蔬菜、水果、畜禽、药材、香料等。

上海为我国水陆交通中心。地处我国南北航线中枢，是优良的天然河口港，黄浦江为主要港城，83公里河段均可停泊海轮。全港区可常年停靠万吨海轮，与世界上100多个国家和地区的港口有贸易往来。市内有长江、黄浦江、吴淞江等航线沟通长江流域各地；河湖港皆可行船。陆上，有京沪、沪杭等铁路联系南北，稠密的公路网连接城镇、乡村。航空可达全国各地，并有数条国际航线。

上海全市高楼林立，交通十分方便。市内有数不清的各种规格的宾馆。主要游览地有人民公园、西郊公园（动物园）、豫园、虹口公园、大观园、大世界、锦江游乐场等，每天都吸引着千千万万的国内外游客。

十九、实施细则

（一）概念

实施细则是国家机关、企事业单位和社会组织制定的规范性文件，一般是组织章程或其他有关总体性原则等重大事项的重要文件的具体化规定。它是为贯彻落实某一法律、法规和规章以及其他有关规定而制定的经具体细化、可操作性较强的办法和说明等的文件。

（二）内容及要求

在实践中，实施细则主要有两大类，一类是国家机关发布的行政法规和规章，另一类则是企事业单位和社会组织制定的内部规章。国家机关有关部门在制定了法规、条例后，为了确保这些规定的落实，一般均要制定相应实施细则作为配套规章，以便对有关法规进行补充或说明；企事业单位和社团组织也如此。因为总体原则性的文件规定得再明确，也不便将怎样实施的问题包罗万象地列举完毕，即使将这些内容都规定到前述文件中，从立法技术和文书、秘书学的角度来看也不科学。因此，单独制定一个实施细则就十分有必要。

实施细则的制定要求具体周到，它不仅仅是原则性规定，还包含有大量程序性规定，可操作性强是其一大特点。因此，在表述上既有"章条式"的，也有"条款式"的，至于采取哪种表述方式，则要视具体情况的复杂程度而定。其内容结构如下：

（1）标题一般由发文者、事由和文种名称构成，或由事由和文种名称构成。如《文化艺术品出国和来华展览管理实施细则》。

（2）正文由总则、分则和条文构成，主要包括制定依据、目的、适用范围和具体规范的事项及要求等。

（3）附则包括正文未尽事宜、解释权的归属、文件生效时间等。

（三）注意事项

在撰写实施细则时，大体上应注意：

（1）在合法的基础上，内容要与相关规定配套，也就是说必须以法律、法规及组织内部的规章制度为依据，并不相抵触；

（2）具体规定要明确到可遵照付诸具体实施；

（3）实施细则的用语也必须做到准确规范。

二十、工作总结

（一）概念

工作总结是一种重要的事务公文文种。它是对某一时期或某项工作任务完成情况的汇总和结论，既包括取得的成绩和经验，也包括存在的问题和不足，其目的在于发掘工作规律，扬长避短，增强主动性，克服盲目性，以指导和推动今后工作的顺利开展。从实质上讲，总结是以往某一时期或某项工作实践的概括。

（二）种类

对于总结文种，也可以从多角度进行分类。一般而言，根据其内容含量的不同，将总结分为综合总结和专题总结两大类。其中综合总结（又称全面总结）是某一机关或单位对一定时期内的各方面工作所作的系统总结，它一般内容丰富，篇幅较长；专题总结则是对某项工作或机关工作的某一方面进行总结，此类总结内容集中、单一，具有较强的针对性，篇幅也较短。

（三）写作格式

1. 综合总结

综合总结的结构大体由标题、情况概述、工作成绩、存在问题、经验教训、结尾等六部分组成。具体写法如下：

（1）标题。标题是总结的"眉目"，要写得简明、确切。一般应由机关或单位名称、适用时间、内容、文种四要素组成，如《××市公安局20××年度安全保卫工作总结》。

（2）情况概述。这部分是综合总结正文的开头，又称导言。它是用简明扼要的语言写明工作的依据（党和国家的方针政策以及上级机关的文件、指示精神等）、指导思想、工作内容概况和工作的收效与成果。为了说明问题，也可引用一些具体数据，以加深人们的印象。

（3）工作成绩。这部分是综合总结写作的重点内容之一。它要详尽、具体地阐述整个工作的进展情况，包括所采取的各种措施、方法、步骤；在工作中遇到了哪些情况和问题，是如何加以解决的；通过工作，取得了哪些成绩等。在结构安排上，既可按各项工作的内在联系进行阐述，将不同性质问题归纳分类，然后再按问题安排层次，也可按整个工作的开展进程顺序，将其划分为几个阶段，分别阐述，还可将两者结合起来，它往往更适合于综合总结的内容表达要求。究竟采用哪种结构形式，应视具体情况和实际需要来确定。

（4）存在问题。这部分是综合总结不可或缺的内容。因为任何机关或单位的工作不可能尽善尽美，它总是要受到主客观条件的限制而使某项工作或某一方面工作存在缺点。因此，撰写时必须实事求是，如实写明。

（5）经验教训。这部分是综合总结写作的又一重点内容。它是认识的深入，思想的升华。要将上述主要成绩和存在问题进行综合归纳，并上升到理论的高度，从中探求能够反映事物本质的具有规律性的经验教训，以供今后工作中借鉴和汲取。撰写时要着重总结取得成绩和存在问题的主客观方面原因，并对其进行扼要分析，将其分别归结为几条，加以理顺。

（6）结尾。综合总结的结尾较为简单，要载明总结写作的时间并盖单位公章。时间要写公元年、月、日全称，用汉字数字书写。有的综合总结往往还省略结尾，以归简易。

2. 专题总结

专题总结的撰写模式比综合总结有所简化，因其侧重总结经验，故通常由标题、情况概述、经验和体会、结尾等四部分构成。

（1）标题。专题总结的标题，其构成方式主要有三种：一是完整式标题，如《中共××县委关于开展党员评议工作的总结》；二是省略式标题，如《关于全市"二五"普法工作的总结》；三是文章式标题，此种标题最为常见，它一般用简明扼要的语句，将总结内容予以概括，如《从落实责任制入手，加强企业管理工作》。

（2）情况概述。这部分是专题总结写作的画龙点睛之笔，要写得简约、概括。要用扼要文字对通篇所要反映的内容进行阐述，突出主要的工作成绩。

（3）经验和体会。这部分是专题总结写作的重心。它要准确、具体、有序地将工作过程以及取得的成绩、经验和体会进行综合阐述，使全文的结论得到证实。

（4）结尾。专题总结的结尾与综合总结相同。但省略结尾的情况更为多见。

（四）注意事项

1. **认真调查研究，收集材料**

这是写好总结的前提。

2. **实事求是，一分为二**

这是写好总结的基础。必须从本单位的实际出发，坚持一分为二的观点，既看到成绩，又看到不足；既从纵向比，又从横向比。对成绩和问题不能任意夸大、缩小，弄虚作假，也不能脱离实际。

3. **研究材料，找出规律**

这是写好总结的关键。拥有材料后，必须对材料进行分析研究，从中找出规律性的东西。写作时要根据党的路线、方针、政策与本单位的实际情况，有针对性地总结那些具有指导意义、行之有效的经验，要在提出问题、分析问题的基础上，明确提出解决问题的办法。

4. **围绕中心，突出重点**

这是写好总结的根本方法。必须围绕中心，选择典型事例，突出重点问题。对材料要有选择、取舍，举例要能说明问题，做到有材料，有观点，材料和观点有机地统一，不可不分主次，面面俱到。

5. **叙议结合，语言简朴**

这是写好总结的要求。总结是工作中常用的一种公文文种，它不同于叙事性的文章，也不同于文学作品。语言要求简洁朴实，不能拖泥带水，过分修饰。从表达方式上讲，它既要用叙述的方式摆情况、谈成绩、讲做法，又要用议论的方式分析原因，谈出体会，要求叙议结合。

范例：

2010 年建设新农村工作总结

我村在县委、县政府的大力支持下，在×××书记、×××县长的亲切关怀下，以及村支两委和全体村民的共同努力下，我村的新农村建设取得了显著的成就。我村今年新农村建设情况小结如下：

1. 任务完成情况

（1）农业产业得到重大发展

①通过补助的形式，县工作队和村支两委引导创办了××村第一家土菜馆——××土菜馆，并正式对外营业，目前生意红火。

②组织成立了××养猪协会，由××任会长，并在 107 国道打出了商品猪基地的宣传广告，保证全村生猪养殖业健康稳定发展。

③大力发展冬种生产，在全村推广"双低"油菜 200 亩。

④积极做好山水文章，通过招商引资，使××山泉老板投入 60 余万元在村内修建矿泉水厂一座，目前已和村委会正式签订协议；引导本村外出老板、××市××贸易有限公司老总××投资，在××峰连片开发高产油茶基地 1000 亩以上，目前已与省林科院取得联系，进入实际运作阶段，明年将正式实施。

（2）村容村貌全面美化（略）

（3）基础设施得到明显加强（略）

（4）乡风文明建设大有改观（略）

2. 存在的问题

虽然在即将过去的一年，我们取得了显著的成绩，但在工作过程中还是存在许多问题：

①部分党员对新农村建设的熟悉不高，加快发展的紧迫感和责任感不强，"等、靠、要"的思想严重。

②群众的整体生产水平不高，思想意识还没到位，对新农村建设没有全面深刻的认识。

③农业产业化建设起点较低，农业产业规模不大，带动能力不强，各类专业协会工作运转困难。

④由于往年留下来的一些矛盾，不能很好很快地得到调解，导致我村建设和谐社会还有一定的距离，也制约着我村新农村建设的进程。

3. 下一步工作计划

（1）认真组织党员、组长和群众深入学习中共十六届五中全会精神，按照"生产发展、生活宽裕、乡风文明、村容整洁、治理民主"的要求，围绕实现农业特色优质化、道路房屋整洁化、村风民俗文明化、社会秩序和谐化的要求，坚持统一规划，分步实施，突出重点，整体推进，通过新农村建设使村民自我治理、自我教育、自我服务更加完善，各种制度建立健全，农民收入稳步增长，村级集体经济发展壮大，村容村貌明显改观，村民素质明显提高，村风民俗文明进步。

（2）实施土地整改项目，整改面积高达1400多亩，大修水利工程项目，让农业产业出现规模化、集体化、做好土地流转工作，为村民增收创造条件。

（3）尽快与"××山泉"矿泉水公司完成各种合作协议细节，确保矿泉水厂能够顺利实施建成。因为此工程能为我村提供10余个就业岗位，为我村带来良好的经济效益。

（4）用最大努力做好村民各项思想和预备工作，全力争取××投资××峰连片开发高产油茶基地的资金。并且拟订各项具体实施方案。

虽然在过去的半年多时间里，我们村支两委做了大量的工作，但是离领导和群众的期望还有较大差距，主要原因是产业建设仍然处于起步阶段，村部有待充实，治理制度还有待完善。下一阶段，我们村支两委将按照××书记提出的"建设全市示范村、全县明星村"的要求，更加努力工作，一步一个脚印，踏踏实实为人民群众办实事，当然我更加希望党员组长能够积极配合和支持我们的工作，起好带头模范作用，同心同力，力争早日实现目标。

二十一、典型材料

（一）概念

典型材料是行政机关、社会团体、企事业单位为了总结、交流和推广各种典型工作经验或先进人物事迹，在大会上宣读或在报刊上发表供人们学习参考而常用的一种文体。

（二）种类

（1）按内容划分：有行政工作典型材料、生产经营典型材料、企业管理典型材料、技术革新典型材料、学习劳动典型材料，等等。

（2）按范围划分：有个人典型材料、集体典型材料、单位典型材料、部门典型材料，等等。

（3）按性质划分：有先进典型材料、后进典型材料，等等。

（三）特征

1. 典型性

典型性即代表性，也就是说总结、交流和推广的经验，具有一定的典型意义，代表了一种主流或一种发展趋势。

2. 指导性

指导性是典型材料总结出本质的带有规律性的东西，具有普遍指导意义，可供人们参考或仿效。

3. 充实性

典型材料重在用事实说话，所用材料要丰富、具体，材料丰富充实，才能使事迹全面；材料具体，才能具有说服力。

4. 陈述性

典型材料无论是介绍先进个人还是先进集体，都是以具体的事实感染人、教育人，而不是靠空洞的说教训导人。

（四）结构与写法

典型材料的结构一般包括标题、正文和结尾三部分。

1. 标题

常见的有两种形式：

（1）公文式标题。公文式标题由介词"关于"加"×××的典型材料"或"×××的先进事迹"组成。

（2）文章式标题。文章式标题为概括典型材料的主要内容，其标题要简洁、鲜明，其形式又可以分为两种：

一是单标题，如《依法治村气象新》。

二是双标题，如《以廉生威促发展——记××商场党委抓党风廉政建设》。

2. 正文

典型材料分为典型人物材料和典型集体材料，两者的写法略有不同：

（1）典型人物材料的正文。介绍先进人物主要事迹或经验，有两种写法：一是采用第一人称叙述；二是采用第三人称叙述。

①开头部分。以第一人称叙述的典型材料首先介绍作者自己的具体情况，在什么地方工作、职务是什么，工作有什么特点等。

以第三人称叙述先进人物的主要事迹，同样需要详细介绍先进人物做了哪些具体事迹。为了使先进人事迹更加突出醒目，往往要补充些具体的资料，如数字、先后对比的材料等，使成果更加鲜明。同时为了在事迹之中更好地体现人物的思想，可以适当引用一些人物的语言、群众对人物的赞誉，使人物形象生动鲜活。

②主体部分。着重介绍典型人物的先进事迹、取得的突出成绩或对典型人物的评价。

（2）典型集体材料的正文。典型集体的材料可以因为内容的侧重面不同而分为两类，一类是重点介绍单位的先进事迹的，另一类是总结单位的先进经验的。

①典型集体事迹的正文。开头部分，概述先进单位的突出事迹、取得的成绩或对先进单位的评价。

主体部分，着重介绍先进单位的先进事迹，要反映集体的形象，写这个单位具体做了哪些工作，是如何做的，为使事迹生动感人，可以插入群众、干部的语言或具体的数字，要处理好领导班子与群众的关系，既要写出集体的努力，也要反映该单位领导干部的模范带头作用。

②典型集体经验的正文。开头部分，可以介绍经验的由来或意义，也可以直接进入叙述。

主体部分，细致地介绍工作的收获和效果，有哪些具体经验，要结合工作实践总结出经验来，写明工作是怎样开展的，在工作中遇到了哪些具体困难，采取了哪些具体方法和措施，取得了哪些经验，介绍得越具体也就越具有可借鉴的意义。当然，在叙述经验时可以有所侧重，或以"做"为主，或以"体会"为主，或以"启示"为主，均可以灵活掌握。

（3）典型人物材料和典型集体材料的结构。典型人物材料和典型集体材料在叙述结构的安排上大致相同，可以是以时间为序的纵式结构，也可以是按不同事迹加以分条列项的横式结构，还可以将纵式结构与横式结构交叉起来写。可以整篇加以叙述，也可以分几部分写，加列小标题。写作时注意主题突出、鲜明，材料充实、详略得当，布局合理、井然有序，语言平实、流畅、简洁，靠事实来说话，要有较强的说服力。

3. 结尾

结尾部分或点出典型人物、典型集体获得的荣誉称号，或对先进人物（或先进单位）的事迹进行评价、表彰奖励。可以自然收束，避免画蛇添足。

（五）注意事项

在写作典型材料时，应注意以下三方面：

（1）必须坚持真实性。不能无中生有，或夸大事实，任意拔高。

（2）既要以先进条件为标准选用典型材料，又要突出最生动最有价值的事实，把评比条件和具体事迹结合起来以确定中心。

（3）语言要质朴，不宜用华丽的形容词语与过长的欧化句式，要客观、准确、清楚地向读者介绍。

范例：

赵××同志典型材料

赵××，女，汉族，中共党员，1965年9月出生，泰安市岱岳区下港乡×××食品有限公司总经理，岱岳区人大代表。该同志在上级党委政府的正确领导下，在各相关职能部门的大力支持帮助下，立足实际，以发展姜芽制品产业化为核心，建基地、兴市场、稳经营，企业效益和社会效益明显提高，以成为具有较强带动作用的农业龙头企业。

1. 思想政治方面。

始终与党中央保持一致，努力学习党的路线方针、政策。认真学习江泽民"三个代表"重要思想，并认真学习贯彻党的十七大会议精神，扎实认真地干好自己的本职工作，立足实际，认真学习，积极进取，恪尽职守，不辱使命，带领全厂职工，致力于发展蔬菜加工，使×××食品有限公司走上了迅速发展的快车道。

2. 工作实绩方面。

（1）创新思路，规范运作，强力打造农业产业化龙头。泰安市×××食品有限公司成立于1986年，已经走了20年的发展历程，20年来，该同志始终坚持科学的发展观，建立起了完整的技术创新、质量保证和市场开发体系，先后开发了适合日本、韩国和东南亚地区的绿色及有机产品，市场份额连年攀升，"××"牌系列姜芽制品的市场竞争力明显增强。为进一步规范公司运作，公司先后向中国物品编码系统中心申请加入了商品条码系统，向商品出口检验机构申请卫生注册并完善了一系列管理制度和措施。2004 年，公司申请获得了自营进出口权，有效地扩大了企业发展空间。目前，公司总资产达到了 1969 万元，其中固定资产 1246 万元，员工达到 100 人，"××"牌姜芽制品全部出口。2005 年公司实现产品销售收入 606 万元，利税总额为 42 万元，1999 年荣获世界博览会银奖称号。

（2）强化服务，典型带动，努力发挥龙头带动作用。为了充分发挥龙头企业的带动作用，真正使农户加入到创汇农业大军中发家致富，几年来，该同志带领全厂一班人从大田姜芽种植加工起步，从大田到温室，由一品到多品，走出了一条企业连基地、基地连农户，产业化经营，发展创汇农业的路子。一是解放思想，找准强企富民的突破口。协会立足实际，对接国际市场，选择姜芽生产，帮助和扶持更多的农户从事种植加工，依靠千家万户的参与，提高了农产品加工增值总量，构筑了富有地方特色的区域经济格局。二是做好科技培训工作。协会围绕姜芽生产，定期组织农户学习种植加工技术，累计举办培训班 1200 余次。目前，仅××× 村就有 52 名群众获得了绿色证书，28 名妇女获得了农民技术员职称。三是做好技术指导工作。公司吸收农户，创造性地成立了生姜技术研究会，吸收会员，提高会员科技文化素质，利用研究会促进了科技与经济的结合，加速了科技成果的转化，推动了农业产业化水平。四是发挥典型作用，带动四邻八乡致富。协会定期组织生姜生产、温室姜芽栽培中的致富能手、科技状元、创汇能手向广大农户现场说法，传经送宝。协会培养的致富能手、"幸福工程"的典型代表李××，1997 年作为全省唯一的代表进京作典型发言，受到中央领导彭××、王×× 同志的亲切接见，典型户的示范辐射带动了周边很多人共同致富。

协会姜芽制品带动的基地规模辐射到周边 60 多个村，生姜、大蒜、刀豆花等种植面积达到 4 万亩/年，种植加工从业户数超过 1800 户，从业人员超过 9000 多人。2006 年，仅协会所在地××× 村就有 280 户从事姜芽种植，全村温室达到 850 个，并带动周边村发展温室姜芽大棚 500 多个，姜芽总产量达到 9.1 亿支，实现总收入 6750 万元，姜芽生产户户均收入达到每年 1.5 万元。

赵×× 同志依靠科技大力发展高效创汇农业，走出了一条加工出口创汇一条龙发展的路子，踏出了一条巾帼成才奔小康的成功之路，为推动社会主义和谐新农村建设做出了应有的贡献。

二十二、经验介绍

（一）概念

经验介绍是总结经验时所写的文字材料。它不是正式文件，但在公务活动中，也有一定的指导作用，是一种参考性文件。具有典型性、经验性、观点和材料的统一性的特点。

（二）写作方法

经验介绍的格式由标题、署名、正文和时间组成。

一是标题。大体有两种写法。一种是公文标题法。如，《××厂关于体制改革的经验》。另一种是一般文章标题法。

二是署名。在标题下方，署上单位或个人的名字。

三是正文。经验介绍的正文在写法上比较灵活，没有固定模式，开头一般介绍基本情况、工作成效或提出问题，并略加阐发。主体介绍基本经验，往往从提高认识、加强领导、发动群众、掌握政策、注意方法、正确处理好各种关系等方面入手，进行总结。这是写单位或集体经验时，带有规律性的写法。结语一般写存在的问题或不足之处，展望未来，有时写几句谦虚的话。

四是时间。正文之后注明经验材料的写作时间。

（三）注意事项

（1）经验介绍可以偏重于提炼工作经验或介绍先进事迹，也可以经验和事迹并重。根据材料进行安排，在没有确定主题以前，收集材料的范围可以放宽些，掌握了一定材料，就应该确定主题。最终写进经验介绍的事例材料，要精选，不是越多越好。而且题目要小，要有针对性，不要面面俱到。题目过大，就很难写得深，写出特点。

（2）对于具体内容要精心构思，安排层次，搞好通盘谋划。至少要做到层次分明，结构严密，重点突出，论点紧扣中心。

（3）还要注意，不论是以经验为主还是以事迹为主，都要用事实说话，要精选几件最激动人心、最有特色或最能表现人物、阐明主题的主要事件。

范例：

北林大林业法律援助实践团经验介绍

尊敬的各位领导、老师、同学们：

大家下午好！我是赴贵州省林业法律援助实践团的团长××。非常高兴能有这个机会和大家一起分享我们的实践体会。在整整10天的时间里，我们走进贵州省林业厅、林科院，走进龙里林场，亲眼见证奋战在林业建设第一线的人们的艰辛，亲身体会到我们在校园里永远不可能体会的感动和震撼。

在龙里林场，我们第一次看到了辽阔的森林，也体味到那里生活条件的艰苦。因为长年生活在林区，潮湿的气候使很多人都患上了风湿性关节炎，但由于医疗卫生条件落后，他们往往只能强忍病痛，无力医治，护林工人一个月只有几天假期，而且他们的工资，自1997年以后就没有完全发放过。这样艰苦的条件出乎我们的意料，但又是什么把这些护林工人留在那里？是森林。因为在护林人的眼中，森林是比他们生命更为重要的东西，为了保护森林，他们可以奉献自己的青春，乃至生命。

在龙里林场，我们听到最多的是关于赵××同志的感人事迹。1998年3月19日，一辆偷运林木的车辆冲卡，龙里林场大土工区副主任、护林站站长赵××挺身而出，用身体去堵截疯狂的盗林车辆，因公殉职。赵××同志用自己的行动诠释着一名优秀共产党员对党和人民的无比忠诚，他的先进事迹感动、激励着周围所有的人，也包括我们这些从北京来的大学生。

在龙里林场实地调查的时候，我们采集到很多关于龙里林场遭受废弃物污染的信息和材料。这些材料经过我们的整理已经送到国家环保总局和国家林业局，另外，我们已经与当地政府和媒体取得了联系，希望借助政府和媒体的力量早日解决龙里林场环境污染问题，还当地居民一片绿水青山。

作为本次赴贵州林业法律援助暑期社会实践活动的组织者，我深深地为我们团队的所有成员而自豪，他们继承着北林人特有的优良品质，吃苦耐劳、不畏困难，对地方林业法律建设有着很强的责任感和使命感。实践回来后，我们完成了两篇实践论文，一篇写在稿纸上，另一篇写在了祖国大地上。

所有的成长都是过程。我们庆幸我们的这次旅程，因为收获的不仅仅是我们近万字的实践报告和大量珍贵的第一手材料，也不仅仅是我们团队成员之间的相互鼓励、支持和患难与共的情谊，更重要的是，这次实践让我们深深体会到了一种叫做奉献的精神，一种叫做真诚的感情。

短暂的贵州实践之旅让我们成长了很多、思考了很多。千万里的路途，历练我们勇敢而坚强的心智；10 天的调查，让我们体味到了人间的真情。回首走过的路程，虽坎坷，却快乐。最后，我想说，所谓激励，所谓斗志昂扬，不如看我们再起航的方向！谢谢！

二十三、汇报提纲

（一）概念

汇报提纲是发言人在会议上发言或口头汇报工作前，根据会议的中心或上级的要求，拟写书面提纲或发言提要时，所使用的一种应用文样式。它的好处是，发言条理清楚、中心明确、不会重复；听取汇报人容易掌握要点；多快好省，节约时间，能提高工作效率。不管文字和口头表达能力高低，在发言或汇报之前，应当根据条件写出一个简要的汇报提纲。

（二）种类

要熟悉和掌握汇报提纲的种类，并根据会议或汇报的要求适当选用。

汇报提纲分简略的和详细的两种。简略的汇报提纲，写得比较概括，只写出每个问题的要点即可。这种汇报提纲，多用于即席发言。提纲的文字多写在随身携带的笔记本上或纸条上，甚至写在手掌上。详细提纲，要求有纲有目。重要的事例、必要的数据、精彩的引语，要分别写在每个纲目之内。在口头汇报中把纲、目、事例、数据、引语有机地贯穿起来。这种汇报提纲，多半是在明确的汇报要求指导下经过较充分的准备而写出来的。

（三）结构与写法

汇报提纲的结构由两部分组成。

第一部分,标题,例如《××计生干部学院关于落实党的知识分子政策的汇报提纲》,包括汇报单位名称、主要内容。字要写得大一些,单独占一行。如果字数较多,要排成两行。

第二部分,汇报主要项目。这部分分两层来写。第一层写几句前言介绍和说明有关问题的基本情况,提出对所汇报问题的看法。前言下面分条列出具体做法、收到的效果。这部分只写出提纲不要求写出文章。

(四)注意事项

1. 正确使用写汇报提纲的人称

如果汇报人是本单位的,要用第一人称方式进行叙述,汇报提纲要用“我们”的口吻向到会者或上级机关汇报。如果是上级派出的工作组到某系统、某单位进行调查研究,你要向主管单位领导人或由他们召开的会议汇报工作,这时要用第三人称的叙述方法进行汇报。汇报提纲要用“他们”或“这个单位”的口吻进行汇报。

2. 要明确汇报的要求

行政主管在单位,需要沟通的事务极多。即使是同一件事情,每天都在发展变化中,后一次的汇报只能是前一次的继续,而不是重复。要想使汇报合乎会议或上级要求,其中一个重要条件就是在写汇报提纲之前,思想上明确会议或上级的要求。写汇报提纲时要紧密围绕汇报要求,写出题目,精选材料,安排层次。

范例:

关于召开省会创建文明城市工作总结表彰大会有关问题的汇报提纲

20××年××月××日

各位常委:

近年来,我市创建文明城市工作在中央文明委和省委、省政府的关怀指导下,在市委、市政府的直接领导下,各级各部门及驻×各有关单位积极行动,密切配合,狠抓落实,取得了明显成效。为总结工作,表彰先进,进一步提高我市创建文明城市工作水平,建议近期召开“省会创建文明城市工作总结表彰大会”,对在创建文明城市工作中做出突出成绩的先进单位和先进个人予以表彰。现将表彰大会的有关问题向各位常委作一简要汇报:

1. 评比表彰依据

(1)《申委办公厅、市政府办公厅关于印发<××市创建全国文明城市实施方案>的通知》(×办[2000]17号)。

(2)《关于印发<××市创建文明城市表彰奖励办法>的通知》(×组通[2000]39号)。

(3)《关于印发<××市创建文明城市活动考评办法>的通知》(×创文[2001]03号)。

（4）《市委办公厅、市政府办公厅关于印发＜××市创建文明城市、文明景区下一阶段工作意见＞的通知》（×办文［2001］20号）。

（5）《市委办公厅、市政府办公厅关于印发＜××市200×年创建文明城市工作意见＞的通知（×办》［2002］1号）。

2. 评比表彰原则

（1）精神鼓励为主，物质奖励为辅。对受表彰的单位或个人，除颁发奖牌、证书外，给予适当物质奖励。

（2）突出重点单位、重点人。以在创建工作中所担负组织、协调和承担任务量大、工作任务重、影响面广的单位为主，以工作在创建一线的同志为主。

（3）合理分配指标。根据各县（市区）单位在创建文明城市工作中承担的任务多少、任务完成情况和对我市创建工作做出贡献大小将受表彰先进单位和先进个人合理分配到各县（市）区和市直有关单位。

（4）市里表彰对象主要是一级委局和县（市）区，其中表彰县（市）区以城区为主。为调动基层积极性，对创建工作成绩突出的乡（镇）、街道办事处及个人也纳入表彰范围。

3. 会议的开法

（1）会议名称：省会创建文明城市工作总结表彰大会。

（2）会议时间：200×年××月××日。

（3）会议地点：市青少年宫。

（4）会议议程（由市委副书记××主持）。

①市委副书记、市长×××作报告；

②市委副书记、常务副市长×××宣读表彰决定；

③颁奖（由播音员宣读颁奖名单）（拟发五轮：每种受表彰类型各发一轮）；

④省领导讲话；

⑤市委书记××讲话。

（5）参加会议人员。

①拟邀请省有关领导出席；

②市四大班子领导（均上主席台，前排领导参与发奖）；

③中央驻×有关单位、省直机关有关单位主要负责人各1人；

④市创建文明城市领导小组全体成员，市直各单位主要负责人各1人；

⑤各县（市）区委书记、县（市）区长，主管创建工作的副书记、副县（市）区长和宣传部长、文明办主任、创卫办主任；

⑥市内五区市政局、行政执法局、工商局局长，各办事处书记、主任和各乡（镇）书记、乡（镇）长；

⑦受表彰单位主要负责人各1人和市内五区受表彰的个人；

⑧××新区、高新技术开发区、经济技术开发区、矿工委主要负责人各1人及文明办主任；

⑨市属大专院校和大二型企业主要负责人各1人；

⑩驻×部队、军事院校政治部负责人各1人；

⑪市属各新闻单位主要负责人各1人。

另：组织观众若干（执法局、军事院校等）。

4. 提请常委会审定的事项

（1）表彰名单是否合理。

（2）大会开法有无不妥。

××市创建文明城市领导小组办公室

20××年××月××日

二十四、工作汇报

（一）概念

工作汇报是下级机关向上级机关反映某项工作的某阶段的进展情况，或对于某项政策、法令、指示的贯彻执行情况时，所使用的一种应用文样式。掌握了它的写作方法，对于提高汇报工作的效率有很大益处。

（二）写作方法

首先要掌握好写工作汇报的时机。

一般在下述情况需要写工作汇报：

（1）关于中心工作的准备情况和部署情况；

（2）正在进行中的某项工作的某一阶段的情况；

（3）本单位召开某一重要会议的情况；

（4）本机关贯彻执行上级某一会议精神的情况；

（5）本单位发生了重大问题。

其次要熟悉情况，掌握材料。办法是：亲自调查，召开会议，借用可靠的第一手书面材料。

再次就是要掌握工作汇报的结构方法。

工作汇报，一般包括如下几部分：

第一部分，标题。写法有两种：第一种，事由加文种；第二种，经验总结式的标题。

第二部分，正文。正文中主要讲工作情况，存在问题，解决问题的办法。目的是让上级了解情况，因此，在汇报中不要作详细叙述。

第三部分，署名、日期。可写在正文右下方第三四行处，也有写在标题下的。

范例：

××市"创建文明景区、文明城市"工作情况汇报

×××

（200×年××月××日）

同志们：

省文明委这次组织召开的全省"双创"工作会议，为我们提供了一个相互交流、取长补短的机会。几天来的参观学习，使我们开阔了眼界，从兄弟城市创建成果中受到了教育和启迪。借此机会，我把××市的"双创"工作情况向大家做一汇报。

1. ××市"双创"工作的基本做法

近两年，他们把创建文明景区、创建文明城市作为精神文明建设的龙头工程，作为促进物质文明建设的基础工程，作为党和政府为人民群众办实事的民心工程，纳入目标管理，认真抓好落实。围绕"双创"活动，他们主要做了以下几个方面的工作：

（1）抓住一个根本，提高市民素质。市民素质是文明城市的基石，提高市民素质是创建文明城市的根本。为此，他们把提高市民素质作为"双创"工作的基础来抓。一是搞好文明社区的创建工作。二是靠教育塑造人。三是抓好规范管理。四是以先进的文化潜移默化。五是在参与中提高。

（2）实施四项工程，塑造城市良好形象。一是拉大城市框架。二是基础设施工程。三是城区绿化工程。四是亮化美化工程。

（3）突出五项治理，优化社会环境。一是整治市容市貌。二是整顿交通秩序。三是整治社会治安秩序。四是整治市场秩序。五是整治行业作风。

（4）围绕"三点一线"，打造"一山一河一故里"三大名牌，建设黄金旅游线。在大力开展创建文明城市的同时，加大了创建文明景区活动的力度。围绕省提出的"三点一线"重点，建设"三个组团（嵩山旅游资源组团，黄帝文化旅游资源组团，宋陵文化旅游资源组团）、一条轴线（大黄河文化旅游轴线）、一个中心（把××建成中原旅游服务中心）"的总体规划，精心打造"一山一河一故里"三大名牌。

一是拆除各类违章建筑。二是加强基础设施建设。三是强化从业人员管理。四是扩大对外宣传。

2. ××市"双创"工作的几点体会

（1）认真贯彻科学发展观的重要思想，改善了投资环境，促进了经济发展。

（2）领导重视，全民参与，是搞好"双创"工作的保证。

（3）以人为本，育人为人，是搞好"双创"工作的根本。

（4）"两创"结合，省市联动，是搞好"双创"工作的重要环节。

（5）建立长效机制，坚持常抓不懈，是搞好"双创"工作的关键。

3. ××市"双创"工作的总体打算

今年初，我们在全面总结"双创"工作经验的基础上，把巩固"双创"成果、广泛开展创建文明城市活动列入了200×年的重点工作，明确提出了确保目标和争取目标。确保目标是：城市环境"整洁有序"，市民素质"文明礼貌"；争取目标是：力争今年跨入全国文明城市创建工作先进城市行列。

同志们，"双创"工作是两个文明建设的一项系统工程，需要长期不懈地努力。我们决心在省委、省政府的领导下，持之以恒、求真务实，力求取得新的突破，进一步开创我市"双创"工作的新局面。

二十五、标语、口号

（一）标语、口号概念

标语、口号是用简短文字写出的有宣传鼓动作用的口号。

标语、口号既有公文语体准确、简洁的特点，又有政论语体严谨性、鼓动性的特点，既能在理智上启发人们，又能在情感上打动人们，肩负着"社教"的使命，在影响社会舆论和文化传播中，对人们的社会行为起着不可忽视的导向作用，并在一定程度上反映了社会经济制度的本质和社会的文明程度。它的意义十分重大。

（二）种类及写作

标语、口号分六类。

1. 方针、政策性的标语、口号

制定和提出这类标语、口号时要注意：

（1）要十分严肃认真。

（2）要准确周密。

（3）要有鲜明的党性原则。

（4）要有权威性。

这类标语、口号通常由中央或地方党政机关拟定颁布，或引用革命领袖语录，或引用党政重要决议中的语句。

2. 宗旨、任务性的标语、口号

这类标语、口号，是大到政党进行一次大的行动，小到学校、工厂、企业进行一次具体活动，用以表明自己的性质、目的的标语、口号。

这类的标语和呼喊的口号，要明确表明自己的行动、活动是干什么的、要干什么。

3. 庆祝、纪念性的标语、口号

这类口号可分为两种：

（1）广泛的、重大的纪念、庆祝活动。

（2）召开一般的纪念会、庆祝会、运动会等。

4. 道德、风尚、精神性的标语口号

这类标语、口号主要用来宣传社会公德、共产主义思想、精神、情操。拟写的标语口号要符合国家关于社会公德的规定，符合共产主义道德规范，要显得高尚、亲切、有气魄、有风度。

5. 学习、褒扬、倡导性的标语、口号

这类标语、口号，除表明向××学习以外，还应表明他们高贵精神的本质内容。主要作用是表彰英雄模范人物，赞颂革命先烈，号召学习他们的经验和精神。

6. 禁令、警戒性的标语、口号

这类标语、口号，内容一定要符合有关的规章制度，或者符合公共道德风尚，表明准许、不准许什么，要警惕、警戒什么。

标语、口号除了一些具有永久纪念性的内容，多数是依据时间、场合、活动内容而制作的。

范例：

朋友，请自强！

朋友，

中国人近百年来所受屈辱非你我看历史翻野史能体味的。

现在，社会问题、国际问题、摆在国人面前，

无论你是男是女，无论你多大年龄，请自强！

无论你什么社会地位，请自强！

无论你贫穷富有，请自强！

如果你是中华人民共和国公民，必须自强！

二十六、调查报告

（一）概念

调查报告是对客观事物进行实地调查以后写成的书面材料，这种材料要揭示运动发展规律，总结、推广、落实党的各项方针政策的典型经验，以指导当前的工作。

（二）种类

调查报告常见的有四种：

（1）反映新生事物的调查报告。

（2）推广典型经验的调查报告。

（3）反映斗争历史的调查报告。

（4）提供基本情况的调查报告。

（三）写作方法

（1）必须进行深入细致的调查研究，大量地详细地占有材料，做到既要掌握间接的材料，又要掌握直接的材料；既要了解现实材料，又要了解历史材料；既要了解面的材料，又要了解点的材料；既要了解正面的意见和材料，又要了解反面的意见和材料。占有材料越丰富、越细致、越全面，对提炼的主题、精选的材料越有利。

（2）认真研究分析，找出规律性的东西。分析中，还要分清现象和本质，区别主

流和支流，抓住主要矛盾，从而揭示出规律性的东西。

（3）必须做到材料和观点的统一，不得把材料和观点割裂，讲材料的时候没有观点，讲观点的时候没有材料，材料和观点互不联系。也不要堆砌一大堆材料，不提出观点，不说明赞成什么，反对什么。一定要用明确的观点去统率材料。材料不在多，能够说明问题就行。

范例：

关于五大连池市农村青年"学科技、育新人、奔小康"
活动开展情况调查报告

为了贯彻落实省、市有关文件精神，深化"学科技、育新人、奔小康"活动，组织引导农村青年学习先进的科学文化知识，促进农村改革、发展和稳定，推动农村经济和社会全面进步。8月上旬，市关工委、团市委组成调研组，针对全市8个平原乡镇农村青年"学科技、育新人、奔小康"活动开展情况进行了调查，在摸清底数、深入分析的基础上形成了一些认识和看法。

1. 基本情况

全市8个平原乡镇，共有67个村，173个自然屯，39066户，133743人，青年40072人，耕地面积176.8万亩。在"学科技、育新人、奔小康"活动开展以来，各乡镇积极采取多种行之有效的措施，不断增强青年农民致富奔小康的水平和本领。

（1）宣传教育活动广泛开展，技能培训工作得到深化。

（2）特色经济蓬勃发展，先进青年典型不断涌现。各乡镇结合自身情况，针对大多数青年农民的实际，因地制宜，突出重点，各具特色，形成了我市农村青年创业致富百花争艳的局面。

（3）充分发挥"五老"、"十大员"的作用，带动农村青年致富。各乡镇充分发挥"五老"、"十大员"的传、帮、带作用，推动了乡与乡、村与村的比、学、赶、帮，积极为农村青年致富成材创造了良好的条件，给农村的发展带来了显著的变化，使农村青年在种植业、养殖业、个体私营业等领域有了不同程度的发展和提高。

2. 存在问题

（1）思想问题。农村尚有部分青年思想不够解放，存在"眼高手低"、"只想不做"的现象，缺乏创业的勇气和行动。

（2）技能问题。农村青年由于缺乏技能，外出务工往往不能适应用工要求或只能从事高强度、低技术、低收入的劳动密集型工作。

（3）输出问题。劳务输出工作还存在信息不畅、不实，中介对接不完善，组织化程度不高等问题。

（4）资金问题。各乡镇在参与农村青年的技能培训和输出中存在经费不足的困难。同时，部分青年在创业初期或扩大规模时存在资金缺乏、贷款难的问题。

（5）项目问题。农村青年缺少投资少、见效快的创业致富项目，各乡镇在开展有

效的创业指导方面还缺乏手段和方法。

3. 对策及建议

（1）宣传发动。要深入农村，贴近青年，充分发挥报纸、电视、广播、网络等公众媒体以及橱窗、板报等宣传阵地的作用，大力宣传促进就业创业的方针政策，宣传"创业最光荣"的思想，引导农村青年率先破除小农思想，转变择业观念，增强创业意识。

（2）学习促动。一是加强外出务工青年的培训。二是加强创业青年的指导，帮助他们学习有关政策法规，及时了解市场行情，选准致富项目。三是加强农村干部的培训，强化他们带头致富、带领致富的意识，提高创业致富的能力。

（3）政策推动。要联合有关部门，积极争取出台有关优惠政策，积极争取资金、项目、信息方面的扶持。

（4）能人带动。要充分发挥包括科教兴农带头人、农村青年经纪人、农业产业化带头人、劳务输出带头人以及回乡、创业典型等在内的能人的作用，放大他们的效应，吸引和扶持更多的农村青年来创业致富，凸显出"先富带后富、一富带多富"的"群体效应"。

（5）服务主动。强化主动服务的意识，建立联系点制度，为创业青年建档立案，做好包括政策争取、劳动力中介、职工培训等方面的服务。

二十七、会议记录

（一）概念

会议记录是开会时记录会议情况、与会者发言及会议决定（决议）等所形成的书面材料。会议记录使用范围极为广泛，其主要特点是它的原始性、保密性。它是反映会议真实情况的第一手资料，具有一定的实用价值和保存价值。

（二）写作方法

由于会议记录只是一种原始材料，因而对其写作没有严格的要求和过多的讲究，但对会议的基本内容却必须忠实地加以记录。

会议记录的基本内容由以下几部分构成：

1. 标题

一般应写明是什么单位、性质的会议记录即可，如"××公司行政办公会会议记录"。

2. 组织情况

主要应写明开会时间、地点，会议主持人，会议出席人、列席人、缺席人，以及记录人等。

3. 会议进行情况

这部分内容一般包括以下几方面：

（1）会议主持人的启示性讲话或会议宗旨报告，这类讲话和报告是会议讨论的重点，需要着重记录。

（2）与会者的发言，这是与会者对会议议题和会议主持人讲话或报告的直接反应，因此记好这部分内容极为重要。

（3）会议的决定、决议和会议主持人的总结讲话，这一部分是会议的成果，也是最主要的备查材料，更需要做好记录。

范例：

××市城南开发区管委会办公会议记录

时间：2008年4月8日上午

地点：管委会会议室

主持人：李××（管委会主任）

出席者：杨××（管委会副主任）、周××（管委会副主任管城建）、李××（市建委副主任）、肖××（市工商局副局长）、陈××（市建委城建科科长）及建委、工商局有关科室宣传人员。街道居委会负责人。

列席者：管委会全体干部

记录：邹××（管委会办公室秘书）

讨论议题：

1. 如何整顿城市市场秩序。

2. 如何制止违章建筑、维护市容市貌。

杨主任报告城市现状：我区过去在开发区党委领导下，各职能单位同心协力、齐抓共管在创建文明卫生城市方面取得了一定成绩，相应的城市市场秩序有一定进步，市容街道也较可观。可近几个月来，市场秩序倒退了，街道上小商贩逐渐多起来，水果摊、菜摊、小百货满街乱摆……一些建筑施工单位沿街违章搭棚。乱堆放材料，搬运泥土撒落大街……这些情况严重地破坏了市容市貌，使大街变得又乱又脏；社会各界反应很强烈。因此今天请大家来研究：如何整顿市场秩序，如何治理违章建筑、违章作业、维护市容……

讨论发言（按发言顺序记录）

肖××：个体商贩不按规定到指定市场经营，管理不得力、处理不坚决，我们有责任。这件事我们坚决抓落实：重新宣传市场有关规定，坐商归店、小贩归市、农民卖蔬菜副食到专门的农贸市场……工商局全面出动，也希望街道居委会配合，具体行动方案我们再考虑。

罗××（工商局市管科科长）：市场是到了非整不可的地步了。我们的方针、办法都有了，过去实行过，都是行之有效的，现在的问题是要有人抓，敢于落到实处……只要大家齐心协力问题是能够解决的。

秦××（居委会主任）：整顿市场纪律我们居委会也有责任。我们一定发动群众配合好，制止乱摆摊，乱叫卖的现象。

李××（建委副主任）：去年上半年创建文明卫生城市时，市上出了个七号文件，其中规定施工单位不能乱摆战场。工棚、工场不得临街设置，更不准侵占人行道。沿街面施工要有安全防护措施……今年有的施工单位不顾市上文件，在人行道上搭工棚、堆器材。这些违章作业严重地影响了街道整齐、美观，也影响了行人安全。基建取出的泥土，拖斗车装得过多，外运时沿街散落，到处有泥沙，破坏了街道整洁。希望管委会召集施工单位开一次会，重申市府七号文件，要求他们限期改正。否则按文件规定惩处。态度要明确、坚决。

陈××：对犯规者一是教育，二是强制执行。我们先宣传教育，如果施工单位仍我行我素不执行，那时按文件强制处理，他们也就无话可说了。

周××：城市管理我们都有文件、有办法，现在是贵在执行，职能部门是主力军，着重抓，其他部门配合抓。居委会把居民特别是"执勤老人"（退休职工）都发动起来，按七号文件办事，我们市区就会文明、清洁，面貌改观……

与会人员经过充分讨论、协商，一致决定：

1. 由工商局牵头，居委会和其他部门配合，第一周宣传、第二周行动，监督实施，做到坐商归店，摊贩归点，农贸归市，彻底改变市场紊乱状况。

2. 由管委会牵头，城建委等单位配合对全区建筑工地进行一次检查。然后召开一次施工单位会议，对违章建筑、违章工场限期改正。一个月内改变面貌。过时不改者，坚决照章处理。

散会。

主持人：×××（签名）

记录人：×××（签名）

二十八、会议纪要

（一）概念及特征

会议纪要是适用于记载、传达会议情况和议定事项时使用的一种公文。会议纪要是对会议的目的、要求、基本精神及决定的事项加以文字归纳整理，以上传下达，统一认识，推动工作的一个正式公文文种。

会议纪要在行文关系上，可采取转发（印发）或直接发出的形式，类似通知，发给下级贯彻执行；也可以报送上级，类似会议情况报告，向上反映；还可以发给平级，类似公函，使对方知晓，沟通情况。

会议纪要按内容可分为三类。第一类是日常办公会议纪要，主要是用来宣布各种日常办公会议决定的事项，大都是机关、团体和企事业单位领导层集体开会决定工作中的一些具体事宜后所使用的一种纪要。内容往往是决定一个或多个事项放在一份纪要里面，分别逐一表达。一般都印有固定的版头。第二类是指示型会议纪要。即对某一范围较大或重要方面的工作会议所综合整理的会议纪要。既有对党的方针、政策的具体贯彻意见，又有对这一重要工作各种思想认识的统一，还包括对工作的具体部署、要求。第三类是讨论型会议纪要。主要是对某一重大的理论、实践课题进行研讨的会议所使用的一种纪要，它具有参考性，不具有指挥性。

（二）写作方法

会议纪要的格式主要由标题、正文和结尾三大部分组成：

1. 标题

会议纪要的标题有三种形式。第一种是由单位名称、会议名称和文种三个要素构成，如《××市××公司第×次办公会议纪要》。这是例行办公会议纪要的常用标题形式。这种标题一般都在第一页上端，并印有明显的套红字头。第二种是会议名称加文种。例如《××座谈会纪要》。第三种是正、副标题式。如《以十六大精神为指导，开创冬季工作新局面——××会议纪要》。

2. 正文

会议纪要的正文，一般采用总分式的结构方法。就是将正文分成总述和分述两部分。如另有总结性的结尾，则是"总——分——总"的方式。具体写法及要求如下。

（1）总述部分。这是全文的前言、导语，即会议概况。一般要简要地交待会议的时间、地点、主持单位、参加人员、会议议题、会议情况、结果以及对会议的评价。然后用"现纪要如下"的固定性语句开启下文。

（2）分述部分。这是会议纪要的重点、主体，主要应写出会议讨论情况和结果。一些简单的、小型的会议纪要，可不写讨论情况，直接写出决议事项。大型的会议纪要，一般均不应省去会议讨论情况。具体写法有以下几种：

①分类式。即按其内容加以归纳分类。每一类有一个小中心，以数字或小标题标明。较大型的会议多采用这种形式。如《全国农村工作会议纪要》，就采用小标题的形式，列出了"关于农业生产责任制"、"关于改善农村商品流通"、"关于农业科学技术"、"关于提高经济效益、改善生产条件"、"关于加强思想政治工作和基层组织建设"等五个小标题，分别进行阐述。

②发言记录式。就是按在会议上的发言顺序，将每个发言人的主要意见归纳整理出来。这种写法能如实反映出会议的讨论情况和各人的不同看法。一些讨论会、座谈会的纪要，常采用这种方法。但要注意，记录时不可不加选择地将发言人的发言全部写出，要精选能代表发言人的观点的话语。此外，每次发言人的姓名都必须写出。第一次发言的人，要注明其职务。第二次发言，职务可以省略。

③综合式。就是将前两种形式综合在一起使用。这种形式不仅能用综合的方法反映出会议的重点，而且能如实反映在具体问题上各人看法的异同。一般的座谈会、讨论会常用这种方法。常用"会议认为"、"会议强调指出"等词语。

（3）结尾。结尾一般要写明两方面的内容。其一，提出希望、号召。号召或希望有关单位和人员为实现会议的目标和任务而努力奋斗。其二，交待会议的有关事项。如要求对某些问题进行讨论、对什么文件进行修改或汇报某种情况等。有的会议纪要可不用结尾。内容完结，纪要自然结束。

（三）注意事项

（1）明确会议宗旨，突出中心。

（2）讲究用语，注意条理。

（3）忠实于会议精神，做好记录。

范例:

关于改革北京、太原铁路局管理体制的会议纪要

根据中共中央书记处和国务院的指示,××同志于7月7日~7月9日召集山西省、铁道部、国家经委和北京、太原铁路局的负责同志开会,对改革北京、太原铁路局管理体制,保证山西煤炭运输问题,认真作了研究。

山西省是我国重要的煤炭基地,组织好山西煤炭的运输,对国民经济具有十分重要的意义。山西煤炭的外运,主要由北京、太原两个铁路局承担。北京铁路局每天排给太原铁路局的运输空车占太原铁路局所需空车总数的95%左右,太原铁路局运出的煤炭有2/3是在北京铁路局管辖区域卸掉,其余大部分也要经北京铁路局运转。但目前由于两个铁路局分管主要运输干线,把煤炭运输中装、运、卸、排等环节分割开来,不能集中统一指挥,影响铁路运输能力的充分发挥,与山西煤炭外运任务很不适应。与会同志认为,必须按照经济计划和运输规律,对两个铁路局的管理体制进行改革。经反复协调,一致同意铁道部提出的体制改革实施方案:

1. 建立北京铁路管理局,下设北京、太原、天津、石家庄四个铁路局,撤销铁路分局。

这样做的好处是:第一,北京铁路管理局可以统一调度指挥太原、北京两个铁路局的运输力量,形成一个整体,把煤炭运输中的装、运、卸、排各个环节紧密衔接起来,又把煤炭生产和运输紧密衔接起来,充分发挥运力效能,使运输线路畅通,更好地完成煤运任务。第二,有利于加强铁路基层工作,分局撤销以后,铁路局直接领导站、段,便于加强基层工作,搞好机车、车辆、线路、通信等设备的维修和技术改造,组织好职工的技术培训工作。

铁道部要立即着手制订北京铁路管理局和四个铁路局的职责范围和具体工作方案。

2. 为了搞好生产与运输的衔接,加强北京铁路管理局与山西省的联系,决定由北京铁路管理局派驻联络员,在山西省经委办公。其任务是代表铁路管理局向省里请示汇报工作,办理、转达省里交办事项,及时沟通双方的情况,协调生产与运输的关系。

3. 北京、太原两个铁路局在北京蒲线的分界点,定在宁武,这样便于北京铁路局全面安排大同和雁北地区统配矿与地方矿的煤炭外运。

4. 铁路管理局、铁路局机构设置精干,太原铁路局保留原建制,干部原则上还要变动,各项工作要进一步加强。分局撤销前对干部要作好安排。临汾、大同分局撤销后,可分别设立调度分所,必要时也可分设小型办事处,协助铁路局统一安排当地的车、机、工、电、检等项工作。

5. 北京铁路管理局要切实安排好山西省地方物资的运输,要给太原铁路局保持足够的运用车。对流向固定的大宗散装物资,可采用固定车底组织直达循环拉运。对山西省的统配煤、经济煤、出口煤、协作煤、自拉煤等,要根据计划调节与市场调节相结合

的原则，一视同仁，保证运输。

6. 当前晋东南的煤炭绝大部分通过京广、陇海两条铁路线外运，装煤的空敞车全部靠郑州铁路局排送，因此太焦线五阳至孔庄一段线路，仍由郑州铁路局管理。铁道部要对太原线进行技术改造，提高运输能力，为加强郑州铁路局与山西省的联系，郑州铁路局要在山西省派驻联络员。改革铁路管理体制是一项复杂的工作，步子一定要稳妥。北京、太原铁路局管理体制的改革，作为全国铁路管理体制改革的试点，今年下半年作好准备，明年初开始实行。铁道部和有关省市要密切配合，加强领导，注意研究解决出现的问题，不断总结经验，把这项工作扎扎实实地搞好。

×××××

××××年××月××日

第五章 物业管理法律文书

一、公证书

（一）公证书的含义

公证，是国家公证机关根据法律的规定和当事人的申请，按照法定程序证明一定的法律行为或具有法律意义的事实和文书的真实性和合法性的非诉讼法律活动。经过公证的法律行为、事实或文书一旦涉及诉讼，可以起到证据的作用。因此，公证对于预防纠纷、减少诉讼具有重要意义。私人事务公证申请书，即因私人事务请求公证的当事人申请公证机关对其有关公证的申请文书。

（二）公证书的写作技巧

为了方便当事人申请公证，公证机关将申请公证的条件进行了表格化处理，使公证申请更为便捷。

公证申请表具有规范、简明和便于填写的特点。公证申请表分为四种：

（1）国内民事公证申请表；

（2）国内经济公证申请表；

（3）涉外民事公证申请表；

（4）涉外经济公证申请表。

申请人根据自己申请公证的类别，选择相应的表格填写申请人并按照表内各项内容的要求，认真填写，不要漏填、错填，填好后在申请表上签名或者盖章，并附上有关法律文书。

范例：

出生公证书

第＿＿号

兹证明＿＿＿＿（男/女）于＿＿＿＿年＿＿月＿＿日在中国＿＿＿＿省＿＿＿＿市出生。＿＿＿＿的父亲是＿＿＿＿，＿＿＿＿的母亲是＿＿＿＿。

中华人民共和国　公证处

公证员

＿＿＿＿年＿＿月＿＿日

二、申请书

(一) 概念

单位、个人有事需要向有关部门请求办理的文书叫申请书。这种文体宜简要明确、不能含糊,在人们生活中用途比较广泛。

(二) 写作方法

一般分为三部分:

第一部分为标题。写在第一行中间用比正文大的字写上文种,如"申请书",或写上事项和文种。如"申请办理暂住户口"、"申请补发身份证"等。

第二部分为正文。在第二行空两格写正文。正文因申请办理事项不同而异,但文字一定要简明扼要,将申请办理的事项说得明白、有条理,使对方一看就能明白所要求办理的事务和原因。正文后可以写上请予批准的结束语。

第三部分落款。在正文后空 2~3 行偏右边处写上申报单位或个人的名称如"××公司××科×××"、"×××"。如单位名称在正文内已经写上,落款时则盖上公章即可,但经办人的名字必须写上;如果个人申请,则应写上名字,最后写上年、月、日。

如有必要应将电话号码、联系地址或居住地、邮政编码写上。

范例:

宣告失踪申请书

申请人:×××(姓名、性别、年龄、籍贯、住址)

申请事由:请求人民法院宣告×××(失踪人姓名)失踪

事实和理由:

申请人×××与被申请人×××系×××(写明双方的关系,是夫妻,还是父子、母子等)关系,因其××××(写明失踪的原因),至今已下落不明满二年。根据《中华人民共和国民法通则》之规定,特向贵院提出申请,请求宣告×××为失踪。

此致

××××人民法院

申请人:×××(签名或盖章)

20××年××月××日

三、公证申请书

(一) 概念

公证申请书,即当事人请求公证机关对一定的法律行为、法律事实或有法律意义的文件予以公证的申请文书。

（二）格式及写法

1. 首部

我国现行的公证申请书有两种：第一种是文字形式，其内容由首部、正文、尾部组成。第二种是表格形式，包括国内民事公证申请表、国内经济公证申请表、涉外民事公证申请表和涉外经济公证申请表四种，其特点是规范、简明、便于填写。这里只介绍第一种文字形式的公证申请书。

（1）标题。居中写明"××公证申请书"。

（2）申请人基本情况。申请人的姓名（如有曾用名，亦应注明）、性别、出生年月日（如系农历，应注明）、工作单位及住址；申请人为法人的，应写明法人的名称、地址，法定代表人姓名、职务等。有代理人的应当写明代理人的基本情况。

2. 正文

申请公证的内容。应依次写明：

（1）写明申请公证的事由。将申请公证证明法律行为、有法律意义的文书和事实的原因写清楚。当事人申请公证，在思想上总有一定的动机和目的，在这一层次里，应将申请人通过公证所要达到的目的写清楚。

（2）公证的标的。即公证什么。在这一层次里应将提请公证机关公证的法律行为、有法律意义的文书和事实写清楚。所谓法律行为，系指合同（协议）、委托、遗嘱、遗赠、赠与、分割、收养等；所谓法律事实，系指继承权、亲属关系、收养关系、身份、学历、经历、出生、婚姻状况、生存、死亡等；所谓有法律意义的文书，系指文件上的签名、印鉴属实，文件的副本、节本、译本、影印本与原本相符等。只有将公证的标的写清楚，申请才能达到目的。

（3）需要说明的有关问题。这一部分内容不是所有的公证申请书都必须具备的，但像遗嘱、遗赠、赠与等法律行为的公证申请，当事人如对继承人、受赠人或者其他人有某些要求和期望，则应当说明。如要求受赠人对某项财物作某种处理，或要求其他人对当事人的法律行为不干涉等。

3. 尾部

（1）申请人签名或盖章。

（2）申请日期。

（3）附项。公证当事人申请办理公证时，一般应提供下列材料：

①身份证明，如居民身份证、工作证、户口簿、护照复印件，法人资格证明及法定代表人的身份证明；

②代理人代为申请的，委托代理人须提交授权委托书及有代理资格的证明；

③需要公证的文书，如合同、协议书、委托书、申明书、保证书等；

④申办涉及财产转移的公证事项应提交财产所有权证明，如申办房产赠与公证，赠与人应提交赠与房屋的产权证书，如申办继承公证应提交被继承人的死亡证明，申请人与被继承人之间的关系证明等，如遗嘱继承应提交遗嘱原件；

⑤与公证有关的其他材料。

（三）注意事项

（1）申请人必须是具有完全行为能力的人。

（2）公证申请书应到申请人户籍所在地、法律行为或事实发生地的公证处递交。

（3）申请事项必须真实、合法。

范例：

学历、职称公证申请书

申请人杨××，男，1953 年 6 月 15 日出生，现住北京市××区××大街××胡同××号。

本人 1978 年至 1982 年在××大学中文系学习毕业，获语言文学学士学位；1982 年至 1987 年在××大学任教，教学卓有成效，被评定为副教授，并授予高级职称证书，请予公证。

申请人 杨××

××××年××月××日

附：本人所获大学毕业证书及学士学位证书、本人所获副教授高级学术职称证书复印件两张。

四、赠与书公证书

（一）赠与书公证书的概念

赠与书是指赠与人自愿将自己的财产无偿地赠送给他人的文书。公证处证明赠与书及其行为的真实性与合法性的法律文书就是赠与书公证书。

（二）写作方法

（1）公证机关办理赠与书公证时只证明赠与行为和在赠与书上的签字为赠与人所为是真实合法的。

（2）赠与书公证书的正文部分必须写明何人于何时来到公证处，在×××公证员面前，在赠与书上签名（盖章）。

范例：

赠与书公证书

（ ）××字第××号

兹证明×××于××××年××月××日来到我处，在我面前，在前面的赠与书上签名（盖章）。

中华人民共和国××省

×××市公证处

公证员××× （签章）

××××年××月××日

五、证据保全申请书

（一）概念

证据保全申请书是民事诉讼当事人在法庭调查核实证据之前，依法请求人民法院对于可能灭失或以后难以取得的重要证据采取保全措施的文书。

（二）证据保全申请书的法律依据和意义

我国《民事诉讼法》第74条规定："在证据可能灭失或者以后难以取得的情况下，诉讼参加人可以向人民法院申请保全证据，人民法院也可以主动采取保全措施。"这一规定，既是证据保全申请书的法律依据，也是法律赋予诉讼参加人（主要指当事人）请求保全证据的权利和手段。受理法院对当事人申请保全的证据（含书证、物证、人证等）作出裁定，采取保全措施（如对书证进行复制拍照，对物证进行封存，对证人制作笔录或录音录像等）之后，该证据即被固定下来，从而发挥证明效力，并可以免除申请人相应的举证责任。

证据保全申请书的写作目的，是对证据采取固定和保护的措施，以便法院作出公正判决、裁定，最终保护申请人的合法权益。为此，提出保全证据的申请，必须符合以下条件：①被申请保全的证据对案件事实具有证明力；②该证据有损毁、灭失或者以后难以复见的可能；③申请证据保全的时间，须在案件调查之前提出；④申请证据保全应采用书面形式。

（三）写作方法

书写证据保全申请书应当遵守格式。此外，申请的内容必须符合条件，并注意以下写作要求：

（1）事实与理由必须有说服力。叙述事实，应把纠纷起因、争执焦点写明，并举出至关重要的证据。论述理由，需强调该证据急需保全的原因。例如："该证据可能损毁（或变形、灭失等）"；"该证人年老（或病危、将要出国定居等）"。

（2）请求目的必须具体明确。应根据证据的不同类型，相应请求采取适当的措施。例如：对书证、物证申请采取拍照、录像、绘图、制作模型等措施；对证人采取记录证言、录音、录像等措施。

此外。语言应力求简明、恳切。

范例:

证据保全申请书

申请人（被告）：河北省××县农业机械公司

法定代表人：×××，经理

委托代理人：马××、张××，北京市××律师事务所律师

委托代理人自接受本案被告委托诉讼代理后，即着手搜集证据，今又到法庭依法查阅原告提供的证据。然而我们发现，原告对其诉讼请求二、三两项主张，共计45万余元的赔偿，竟然未提供一份书证。据情理，其要求赔偿运费84242.69元、压港费24000元、差旅费103000元、罚款243000元均应有其票据。此外，对其诉讼请求第一项，也应提供证据，即20××年11月26日，我方为其自××××购买钢材300多吨，并依约到×××交付，事后将××××开具的编号为No.×××××和No.×××××两张发票也一并交付于原告。该发票原告应当提供。

上述证据资料，对于本案事实认定至关重要。为防止证据灭失，特依《中华人民共和国民事诉讼法》第74条之规定，申请证据保全，请求依法查封原告20××年11、12两个月的会计账簿及做账的原始凭据。

此致

××市人民法院

被告委托代理人

马××、张××律师

××××年××月××日

六、民事起诉状

（一）概念

民事起诉状是我国《民事诉讼法》对民事诉讼的基本要求，是民事原告为维护自身的民事权益，认为自己的合法权益受到侵害或者与他人发生争议时，依据事实和法律，请求依法裁判的诉讼文书，也是最常用的法律文书之一。为方便当事人书写"民事起诉状"，现将民事起诉状的内容和格式介绍给大家，以供参考。

（二）内容

民事起诉状的内容一般由七部分组成：

（1）标题。须注明为《民事起诉状》。

（2）当事人的自然情况。即原告和被告的基本情况，当事人的自然情况有两种情形：一为自然人的，一为法人的。当事人为自然人时，原告就写明姓名、性别、出生年月、民族、职业、工作单位、住址和联系方式等。当事人是法人时，原告应写明名称、

地址、联系方式、法人代表的姓名、职务。如果委托有代理人，还要写明委托代理人姓名、性别、年龄、民族、职务、工作单位、住址和联系方式。原告在写明自身情况的同时，还要写明被告的情况。因为"有明确的被告"是人民法院受理案件的法定条件之一。被告基本情况的写法和原告相同，如有的项目不知道的可以不写，但必须写明被告的姓名与住址或所在地。

（3）诉讼请求。要写明请求法院解决什么问题，提出明确的具体要求。如有多项要求的，可以分项表述。如在离婚案件中有三项具体要求的，可写为：①请求判令原、被告离婚；②婚生子××由谁抚养，谁给抚育费；③夫妻共同财产依法分割，债务依法承担。

（4）事实与理由。提出诉讼请求后，就要为其请求提供充足的依据。首先是摆事实。要把双方当事人的法律关系，发生纠纷的原因，经过和现状，特别是双方争议的焦点，实事求是地写清楚。讲道理要进行分析，明确责任，并援引有关法律和政策、规定。如离婚案件，一般要写明双方何时结婚，婚前感情基础如何，婚后感情变化情况，何时因何原因关系开始变化，以致发展到破裂的地步等；说明准予离婚的理由，并引用婚姻法有关条款；对离婚后的子女抚养、财产分割提出处理意见。又如在合同纠纷中，要写清楚合同签订的经过，具体内容，纠纷产生的原因，诉讼请求及有关法律政策依据。事实与理由中，原告应向法院列举所有可供证明的证据。证人姓名和住所、书证、物证的来源及谁保管，并向法院提供复印件，以便法院调查。

（5）受诉法院。根据法院管辖、民事起诉状要写明受诉法院。

（6）落款。末尾要有原告姓名的签名，或盖章以及民事起诉状的递交时间。

（7）附件。须说明本诉状副本份数、证据份数以及其他材料的份数。

范例：

民事起诉状

原告：机械工业部××机械工业自动化研究所

住所地：××市××区××大街×××号；邮编：（略）；电话：（略）

法定代表人：王××，研究所所长

委托代理人：陈××，研究所××技术研究开发中心主任

委托代理人：王××，××市××律师事务所律师

被告：××市××食品机械有限公司

住所地：××省×县××厂院内

法定代表人：李××，公司经理

联系地址：××市××区×××乡××路×××段×号；邮编：（略）；电话：（略）

诉讼请求

1. 返还尚欠原告的开发经费和报酬款65万元。

2. 判令被告以日0.04%计，给付自1999年12月15日起至2000年12月15日的逾

期付款违约金 94900 元。

3. 诉讼费由被告承担。

事实与理由

我所与被告分别于 1996 年 3 月和同年 9 月签订了两份 G1500 型专用设备开发合同（见附件：两份技术开发合同）。双方在合同书上约定由甲方（被告）委托乙方（我所）研究开发该专用设备共计 10 台/套，开发经费及报酬合计为 325 万元，每台/套 32.5 万元。按确认的技术指标和参数（见附件：协议书），全部图纸均由我所完成，并在我所工厂组织生产制造。我所于 1997 年第三季度陆续在乙方现场验收交付第一个合同的 4 台/套设备。由于执行期间第二个合同发生变更，按被告法定代表人李××的通知，原合同的 6 台/套改订为 3 台/套。此 3 台/套设备也于 1998 年在乙方现场验收交货。这样，我所先后共交付被告 7 台/套设备，总款额为 227.5 万元。而被告实际付款，至 1999 年 9 月 6 日止总计是 100 万元。尚欠我所 127.5 万元。对合同执行中有关制造质量和欠款事宜。双方本着友好协商的精神，于 2000 年 3 月 18 日达成了新的协议（见附件：协议书）。

考虑到当时双方的关系，我所有条件地让利 22.5 万元，故在新的协议上明确的欠款累计是 105 万元。后被告又履行付款义务 40 万元（见附件：付款凭证），目前仍欠我所 65 万元，明显违反了在新协议书上被告法定代表人李××所承诺的还款计划，即"2000 年 12 月 15 日前还清"。且返修件（重新做的）完成后，至今被告也不来领取。为维护原告的合法权益，又因为合同（协议）的履行地在××市××区，故特向贵院提起诉讼。

此致

××市××区人民法院

> 原告：机械工业部××机械
> 工业自动化研究所
> 法定代表人：王××
> ××××年××月××日
> （公章）

附：1. 本状副本 1 份。

2. 合同复印件 2 份。

3. 协议书复印件 2 份。

4. 付款凭证复印件 1 份。

七、民事上诉状

（一）概念及特征

民事诉讼当事人，不服地方各级人民法院第一审民事判决或裁定，依照法定程序和期限，向上一级人民法院提起上诉，请求撤销或变更原审裁判的书状，称为民事上诉状。民事上诉状的作用，主要是有利于保护第一审民事案件败诉一方当事人的合法权益，有利于防止错案的发生，有利于保证审判质量。民事上诉状具有下列特征：

（1）必须是民事诉讼当事人及其法定代理人提起的，别人无权提起。

（2）必须是对地方各级人民法院的第一审裁判不服所提起的。

（3）必须依照法定程序和期限，向作出第一审裁判的上一级人民法院提起上诉。

（二）结构及格式

1. 首部

标题：写"民事上诉状"。

当事人栏：按上诉人、被上诉人、这个顺序列写他们的基本情况。

列写的方法如下：

上诉人和被上诉人是公民的，写法是：先列上诉人姓名、性别、年龄、民族、籍贯、职业或职务、工作单位或住址。上诉人如有法定代理人或委托代理人的，紧接着另起一行列写：法定（或委托）代理人姓名、性别、年龄、民族、职业或职务、工作单位或住址，与上诉人的关系。代理人是律师的，只列写姓名、职务。上诉人列写后，列被上诉人姓名、性别、年龄、籍贯、职业或职务、单位或住址。并根据案情需要，列写他与上诉人之间的关系。

2. 上诉请求

说明具体的请求目的，是要求撤销原审裁判，全部改变原审的处理决定，还是要求对原审裁判作部分变更。民事案件，相对地说比刑事案件的情节还要复杂一些，因此，请求目的更要写得明确、具体、详尽。想达到什么目的，就一针见血地提出来，不能含糊其辞地只说："请求上级法院予以照顾，适当变更原判"，"请求上级法院依法作出公正判决"或者是"请求上级法院给我做主"等类的空话。同时，要把请求目的全部写出来，有几条就写几条，不要疏漏。当然，如果属于考虑不周，在上诉审理过程中再提出补充或变更诉讼请求，也是允许的。

3. 上诉理由

民事上诉状，在论证理由上，主要是针对原审裁判说话，而不是针对对方当事人的；民事起诉状则完全是论述对方当事人的无理之处。这就是上诉状和起诉状在写法上的根本区别之处，我们必须切实加以掌握。否则，如果上诉时，再将给原审的起诉状或答辩状拿来，改头换面，照抄照摘，这不仅仅是不符合上诉状制作方法，更重要的是立论指向不明，文不对题，使上诉请求变成没有基础的东西，往往不能被上级人民法院所采纳。针对原审裁判，论证不服的理由，不外乎从以下几个方面进行：①对原审认定事实错误的论证。着重提出原审裁判所认定的事实是全部错误，还是部分错误；说明客观事实真相究竟如何。上诉状中提出的与原认定的事实相对抗的客观事实真相必须举出确实充分的证据来加以证实。人民法院处理案件，首先是以事实为依据的，只要能够把原审认定的事实全部或部分推翻了，不言而喻，必然会导致其处理决定的全部或部分改变。②对原审确定性质不当的论证。这要具体指出其定性不当之处。民事案件同样存在着定性问题，也就是确定案由问题。如果定性不准，则处理上必然不当。③对原判适用实体法不当的论证。这就是指原判引用有关的实体法条文，或者是与案情事实不相适应；或者是在引用有关法律条文上存在着片面性，只引用了一部分有关条款，忽视了另一部分有关条款；或者是曲解了法律条款等，以致造成处理不当的。要举出有关法律条款，加以具体地分析论证。④对原审适用程序法不当，因而影响正确审判的论证。这是指原审在审理案件中，违反了程序法的规定，因此造成案件处理不当的，可以据实予以提出，以作为要求改变原审裁判的理由。如果原审在案件审理中，虽有违反程序法规定之处，但处理并无不当。则不应作为唯一的上诉理由。总之，上诉理由部分，实际上是对原审裁判的一段驳论文章。明确这个含义之后，我们必须注意两点，一是驳论要有理有据，措词要得体，同样要求坚持采取摆事实，讲道理的态度，遣词用语切忌无限上纲；二是对原审认定事实和适用法律的正确部分，也就是没有争议的部分，有原审裁判可供上级人民法院审阅，因此，在上诉状中一般无须重复叙述，也不必说明对这些部分表示同意，以免造成上诉状文字冗长。在写完上诉理由之后，就写结束语。通常的写法是："综上所述，说明×××人民法院（或原审）所作的判决（或裁定）不当，特向你院上诉，请求撤销原判（或裁定），给予依法改判（或重新处理）。"

4. 尾部及附项

①致送机关，可分三行写为：此致×××人民法院转报×××中级（或高级）人民法院，也可直接写为：此致×××中级（或高级）人民法院。②右下方写：上诉人：×××（签名或盖章）并注明年、月、日。③附项写明：本上诉状副本×份；证物××（名称）×件；书证××（名称）×件。

范例：

民事上诉状

上诉人（原审原告）：海南××发展有限总公司；所在地址：海口市××大道×××号××苑×座×××室

法定代表人：张××，经理

被上诉人（原审被告）：××××资源技术开发公司；所在地址：北京市××区××路乙××号

法定代表人：刘××，经理。

上诉人不服（×年度）×中经初字第××号民事判决书第2项及有关案件受理费的判决，现提起上诉。

上诉请求

1. 依法撤销一审判决第2项及对诉讼费的判决。

2. 判决被上诉人丧失胜诉权。

3. 上诉费由被上诉人承担。

上诉理由

1. 一审判决对有关《还款计划》的事实与法律结论的认定都是错误的。

（1）事实认定错误：判决书第3页"经本院质证，原告海南××发展有限公司表示在接收这一《还款计划》时，对《还款计划》的内容就予以接受，故该《还款计划》

具有还款协议的性质。按照有关法律规定，该还款协议属原告海南××发展有限公司与被告××××资源技术开发公司达成的新的债权债务关系协议，应受法律保护。"但事实与该判决所写正好相反。

事实是，被上诉人在法庭上明确表示，根本不接受该《还款计划》，更谈不上从接收时起即接受的事实。这有庭审记录为证，请二审法院依法查清。

（2）对《还款计划》的法律性质认定是错误的：

①该《还款计划》是被上诉人胁迫上诉人作出的，不是上诉人的真实意思表示。由于当时被上诉人到上诉人的法定代表人家里时，除上诉人的法定代表人张××与小保姆在家外，别无他人。故此，一审时上诉人只能出具一个有关事实的陈述，无其他证据佐证，但事实确实是被胁迫的。

②退一万步说，该《还款计划》没有证据证明被胁迫，但事实上，在当时，《还款计划》也没有被被上诉人认可和接受。被上诉人自始不承认该《还款计划》。在庭审结束后补充庭审时，被上诉人在有关审判人员的引导下，表示附有条件地接受该《还款计划》，即"如果被告能立即还款的话，可以接受"，也就是说，该还款计划自始至终被上诉人是不接受的。

③该《还款计划》的性质充其量只是一个要约，而且也是在超过诉讼时效期间后的要约。根据法律规定，超过诉讼期间的债权人丧失胜诉权，而且由于该要约未被被上诉人全面接受，因此，不能认定为《还款计划》是双方达成的还款协议，一审判决的推定是错误的。一审推定说由于被上诉人接受了《还款计划》，故双方达成了新的债权债务关系协议也是错误的。

④根据法律规定，协议是双方当事人意思的真实表示，民事法律行为双方当事人地位平等。而该《还款计划》是在1998年8月26日发出的要约，不可能延续到1999年，而且发出要约的上诉人自始不认可该要约的合法性。因此，被上诉人在1999年开庭时再认可该要约，根本就没有法律依据，上诉人不知道被上诉人在法庭上接受的《还款计划》有何意义。因此，一审判决适用法〔1997〕年第4号司法解释也是错误的。

2. 被上诉人的请求已经过了诉讼时效，不再受法律保护。上诉人不想多费笔墨，现附上1999年5月17日的《中国律师报》的一篇文章，请二审法院参考。

综上所述，上诉人认为，一审判决是在主要事实的认定及适用法律上有部分错误，依错误的事实作出了第2项及对诉讼费的错误判决。请二审法院依法查清事实，支持上诉人的上诉请求。

此致
北京市高级人民法院

上诉人：海南××发展有限总公司
法定代表人：张××
××××年××月××日

八、民事申诉书

（一）概念和特点

民事申诉书是民事案件的当事人或其法定代理人、近亲属等对于人民法院已经发生法律效力的裁判或调解不服，在两年以后提请人民法院予以重新审查纠正的书状（旧称"民事申诉状"）。民事申诉书具有监督人民法院依法纠正错案和推动"信访"工作开展的重要意义。

我国《民事诉讼法》第110条规定："对判决、裁定已经发生法律效力的案件，当事人又起诉的，告知原告按照申诉处理，但人民法院准许撤诉的裁定除外。"

民事申诉书与再审申请书虽然都是不服已经生效的裁判（含调解）而提起诉讼的文书，但是二者在诉讼条件、诉讼效果等方面有明显不同（前面已经述及）。从写作角度来说，民事申诉书也有其鲜明特点：①写作对象多。不仅是人民法院（原审法院或上级法院），还可以是人民检察院、人大常委会等。②提起申诉的次数不止一次，但要合理限量。③申诉理由更要求有针对性和突出关键。④语言更需简明扼要，富有论辩色彩。

（二）格式及范例

民事申诉书

申诉人（原终审上诉人）：×××，女，1968年11月28日出生，广东省湛江市人，住×××大街2号402房。

电话：

被申诉人（原终审上诉人）：×××，男，1964年7月27日出生，河南省临颍县人，住×××街18号第三幢504房。

电话：

申诉人诉被申诉人离婚纠纷一案，由广东省中山市中级人民法院审理并作出终审判决，现申诉人不服该院作出的（2002）中中民终字第××号判决，特提出申诉，申诉请求和事实及理由如下：

申诉请求：

1. 撤销原终审判决，发回原审法院重新审理。

2. 本案诉讼费用由被申诉人承担。

事实与理由：

原终审法院判决认为原审法院认定事实基本清楚，适用法律正确，除对婚生儿子的抚养权处理和共同财产部分计算有误，本院依据查证的事实予以变更外，其余可予维持。原终审法院判决：①维持广东省中山市人民法院（2000）中石民初字第885号民事判决（下称原审判决第一、三、四、五、七、八项）。②变更原审判决第二项为：婚生儿子宋沛衡由宋广生负责抚养，严锦珊一次性支付66500元给宋广生作为宋沛衡的抚养费（按每月500元从2001年12月起计至宋沛衡18周岁时止）。③变更原审判决第六项为：银行存款共 1941750.57 元，由宋广生、严锦珊各占一半。④将原审判决严锦珊应当支付给宋广生的存款由 211874.94 元变更为 447491.73 元。针对上述判决，申诉人认为原终审法院判决在认定事实及适用法律上均有错误。

1. 原终审法院在认定事实上有错误。

（1）夫妻感情破裂，并导致离婚是由于被申诉人的过错造成。有足够的证据证明被申诉人与江苏盐城一姓朱的女子关系甚密，并已经生有一子。2000 年 1 月 17 日，申诉人在东悦轩酒楼看到被申诉人与该酒楼服务员朱某搂抱在一起，据朱某的同事和朋友反映，被申诉人与朱某已生有一子，朱某也正是因为有了身孕而不得不辞职，离开酒楼。此外，朱某怀孕后，其男友很生气，举报到东区计生办。东区计生办也证实，确曾要求过朱某交出计生证和结婚证，否则要强行堕胎，后朱某谎称回家取就一去不返。事后，被申诉人宋广生替朱某交纳了一笔高额担保金。被申诉人的上述行为应当受到法律的制裁，但是原终审法院却不顾事实的真相，反而认为是申诉人严锦珊在夫妻关系存续期间与其他男性发生不正当的感情关系，导致了夫妻感情彻底破裂，判定严锦珊承担导致本案纠纷的全部过错责任，此事实认定缺乏足够的证据。其一，被申诉人提供的巡警证明只是巡警个人事后的主观臆断，并非巡警在执行公务时给当事人录的口供，也不是公安部门认可的巡警日记、报告。光凭申诉人在大街上与两个男的争吵就能断定申诉人与其他男性发生不正当的感情关系吗？如果要认定不正当的感情关系，为什么不找当事人来问清楚，难道第三人的主观猜测可以作为认定事实的依据吗？其二，被申诉人出示申诉人的电话记录，以此称申诉人与陈国锋之间有不正当的男女关系。原终审法院在没有找陈国锋来查证的情况下就片面地采纳了被申诉人的主观猜测。综上，原终审法院并没有认定清楚离婚的过错方，片面地采纳被申诉人的单方证据得出了错误的结论。

（2）原终审法院将申诉人已经用于买房和消费的款项重复计入夫妻共同财产，如此重复计算是错误的。申诉人名下的部分存款已用于购买房产和生活消费。其中，45 万元用于入股中山市新图房地产经营服务公司，该公司于 2000 年 5 月 11 日成立，申诉人占有 90% 的股份。此外，购买阳光花地 703 房、雍景园 E2-802 房所支付的首期人民币 245800 元，703 房装修款 18.5 万元，均是申诉人从上述款项中支付。原终审法院在计算夫妻共同财产时，并没有扣除消耗掉的款项，更错误的是把款项跟所购买的房产加到一起，无形中加大了夫妻共同财产，不符合申诉人目前的财产状况，其做法更是加大了申诉人的负担。

（3）申诉人并没有转移、隐匿夫妻共同财产，申诉人所保管的 1910000 元不应作为夫妻共同财产进行分割。申诉人于 1999 年 12 月 6 日转出的 20 万元，2000 年 1 月 26 日至同年 10 月 20 日从股票账户转出 80 多万元，其后申诉人又转出数笔款项到其母亲梁凤姬的账户上，上述款项均是申诉人归还父母和亲戚的借款。原终审法院对申诉人提交的事实和证据都不予采纳，而一味片面的采纳被申诉人的意见，实在让人费解。此外，被申诉人是于 2000 年 10 月 24 日提起离婚诉讼，也就是说上述存款转出期间申诉人、被申诉人还未进行离婚诉讼。申诉人并没有预计到被申诉人会起诉离婚，从申诉人一审期间不同意离婚可以看出，申诉人是在毫无防备的情况与被申诉人打离婚官司的，因此，申诉人根本没有理由会转移财产。根据《婚姻法》第 47 条之规定：离婚时，一方隐藏、转移、变卖、毁损夫妻共同财产，或伪造债务企图侵占另一方财产的，分割夫妻共同财产时，对隐藏、转移、变卖、毁损夫妻共同财产或伪造债务的一方，可以少分或不分。离婚后，另一方发现有上述行为的，可以向人民法院提起诉讼，请求再次分割夫妻共同财产。根据上述法律规定，构成一方转移、隐匿夫妻共同财产的时间条件是离婚时，而申诉人的上述行为均发生在离婚诉讼之前，上述款项也已用于偿还债务，并不属于夫妻共同财产。

（4）原终审法院在证据的采纳上严重偏袒被申诉人一方，对申诉人提交的事实和证据一概不予采纳，终审判决也呈一边倒，实在让人怀疑该判决的公正性。《中华人民共和国婚姻法》第39条：离婚时，夫妻的共同财产由双方协议处理；协议不成时，由人民法院根据财产的具体情况，照顾子女和女方权益的原则判决。原终审法院非但没有照顾女方的权益，反而严重偏袒被申诉人一方。在一审的时候，申诉人曾要求法院调查被申诉人07670013357-8、07670012954-5、07670013190-8三个银行账号的存款情况，但法院并没有积极地调查，给申诉人的结果只是"已注销"，并没有告之注销的原因，也没有告之注销的时间和注销前的存款状况。相反，对申诉人的存款账户，法院能查得一清二楚，包括账户在注销前的资金流动情况，每一笔细账，等等。为什么法院对申诉人的账户能查得这么清楚，而对被申诉人的账户却一无所知呢？此外，被申诉人上诉状中称自己是家庭经济来源的主要创造者，较之申诉人，实际具备较好的经济创收条件。既然如此，被申诉人为何在分割共同财产的过程中，一再称自己没有财产？法院查到被申诉人存于中国银行中山支行账号为4764411-10000012252账户内余额5000元、账号为4764468-10000339111账户内余额14390.25元，存于中国农业银行中山分行账号为47006225*3账户内余额为15.3元，上述三个账号的存款仅为19405.55元。作为家庭经济收入的主要创造者，拥有一位百万家财的妻子，法院能查到的就只有一万多块钱吗？可见，光是法院的调查取证就如此不公正对待，由此得出的判决何以公正？何以让人信服？这就是法律的公正与权威吗？

（5）原终审法院将申诉人错误地认定为本案的过错方，将婚生儿子宋沛衡的抚养权错误地判给了被申诉人。原终审法院认为申诉人"在夫妻关系存续期间与其他男性发生不正当的感情关系，导致夫妻感情彻底破裂，应当承担导致本案纠纷的全部过错责任"，这是缺乏证据，不顾事实真相所作出的错误结论。被申诉人宋广生在外与朱某发生不正当关系，连儿子都已经生出来了，朱某的同事、朋友以及东区计生办都可以做证，为什么法院在没有进行调查、核实的情况下，对申诉人提交的证据不予采纳？而对被申诉人提交的纯属个人意见的证明为何却如此执着？被申诉人在夫妻关系存续期间与其他女性发生不正当的感情关系，是其导致了夫妻感情彻底破裂，本案的过错方是被申诉人宋广生，申诉人严锦珊是丈夫的离婚闹剧中的受害者。因此，按照对子女的抚养权有利于无过错方，有利于子女健康成长，婚生儿子宋沛衡应该由严锦珊负责抚养。

由于宋广生从1994年开始便很少回家，在外寻花问柳，根本没有做到丈夫和父亲应尽的责任。在这种情况下，申诉人只能和儿子一起回娘家居住，申诉人不单只做到了一个母亲应做的，还为儿子提供了一切优越的条件，在外祖父母家，宋沛衡得到的不单只是母爱，还有外祖父母的关爱，唯一缺少的是什么？是父爱！在离婚诉讼期间，被申诉人强行带走儿子宋沛衡，不让其回外祖父母家，以致后来才出现其所谓的"宋沛衡自2000年1月起随被申诉人宋广生生活至今"的说法，原终审法院更以此为由将儿子判给宋广生抚养。让人不解的是，原终审法院为什么只采纳被申诉人一方的证据而对申诉人一方的证据不予理睬？短时间与婚生儿子宋沛衡生活在一起就能说已经尽到了抚养的义务吗？2000年1月之前，宋沛衡都是跟母亲和外祖父母生活在一起，申诉人严锦珊难道就没有尽到一个做母亲的责任吗？

此外，婚生儿子宋沛衡已经9岁，能按自己的意志发表意见，由于长时间与母亲生活在一起，对母亲的感情非常深厚，其多次向被申诉人要求回外祖父母家均被阻挠。根据《最高人民法院印发〈关于人民法院审理离婚案件处理子女抚养问题的若干具体意见〉的通知》第3条第2项之规定：子女随其生活时间较长，改变生活环境对子女健康成长明显不利的，对两周岁以上未成年的子女，父方和母方均要求随其生活，可予优先考虑。

（6）本案是离婚诉讼，申诉人并不是本案的过错方，因此原终审法院判决申诉人承担比被申诉人更多的诉讼费没有法律依据。被申诉人在夫妻关系存续期间与其他女性发生不正当感情关系，导致夫妻感情彻底破裂，应当承担导致本案过错的全部过错责任，应当承担比申诉人多的诉讼费。由于原终审法院严重偏袒被申诉人，导致诉讼费的判决上也出现不公正。

2. 原终审法院在适用法律上亦有错误。

由于原审及终审法院在认定事实上存在错误，所以原审判决适用《中华人民共和国婚姻法》第三十二条第三款第五项、第三十六条第三款、第三十七条、第三十九条的规定是错误的。而终审判决适用《民事诉讼法》第一百五十三条第三款第（一）、（三）项之规定，维持、变更原审判决亦为错误。

综上所述，由于原终审法院在认定事实及适用法律上均有错误，所以申诉人提出申诉，恳请贵院依法受理，并撤销原终审判决，发回原审法院，责令原审法院重新审理。

此致

中山市人民法院

申诉人：×××

2002年10月23日

附：原终审（2002）中中民终字第87号民事判决书一份。

九、民事撤诉申请书

（一）概念

撤诉申请书是提起诉讼的当事人自愿处置自己诉权的手段之一。为了避免当事人滥用撤诉权的处置权，同时也防止当事人违心撤诉，因此人民法院依法对当事人的撤诉行为实行干预。撤诉申请书有一审、二审之分，并有民事诉讼、刑事自诉和行政诉讼之别。

民事撤诉申请书是民事案件的原告、上诉人及其法定代理人在法院对案件宣判前自动请求撤回民事起诉状和民事上诉状的文书。目的是要求人民法院对已经立案或进入审理阶段的案件终止审判。

我国《民事诉讼法》第131条第1款规定："宣判前，原告申请撤诉的，是否准许，由人民法院裁定。"《最高人民法院关于适用〈中华人民共和国民事诉讼法〉若干问题的意见》第161条规定："当事人申请撤诉或者依法可以按撤诉处理的案件，如果当事人有违反法律的行为需要依法处理的，人民法院可以不准撤诉或者不按撤诉处理。"该《意见》第190条又规定："在第二审程序中，当事人申请撤回上诉，人民法院经审查认为一审判决确有错误，或者双方当事人串通损害国家和集体利益、社会公共利益及他人合法权益的，不应准许。"依据上述法律规定，撤回起诉或上诉，是当事人的权利，然而其撤诉行为必须依法受到节制，凡是不合法的撤诉申请将不会被准许。

当事人的撤诉申请应当符合以下条件：①提出撤诉的主体必须是原告、上诉人及其法定代理人和经原告、上诉人特别授权的诉讼代理人；②必须是撤诉人出于自愿；③撤诉不得损害国家、集体和他人的利益；④必须撤销全部诉讼请求；⑤必须在受诉法院宣判前提出。

撤诉申请经人民法院准许以后，诉讼程序即行终结，视为未起诉。但是诉讼费须由撤诉申请人负担。

（二）格式

1. 首部

①标题。居中写明："民事撤诉申请书"。②申请人、被申请人的基本情况。申请人、被申请人如系公民的，应写明姓名、性别、出生年月日、民族、职业、工作单位和职务、住址等；如系法人或他组织的，应写明名称、所在地址、法定代表人（或代表人）的姓名和职务。如委托律师代理申请，应在申请人项后列项写明律师姓名和律师所在的律师事务所名称。③撤诉请求。写明原起诉（或上诉）时间、原起诉（或上诉）案件的名称并提出撤诉。

2. 正文

正文即申请理由。写明自己基于何种原因提出撤诉。诸如诉讼人已与被告人自行和解，原告与被告之间的纠纷已通过案外调解得到解决，或者上诉人已认识到原裁判并无不当，接受裁判；在写明撤诉理由后，提出撤诉请求。

3. 尾部

①致送人民法院的名称。②申请人签字。如系法人或其他组织的，应由法定代表人（或主要负责人）签字。③申请时间。

范例：

民事撤诉申请书

申请人：××投资有限公司，地址：北京市××区×××大酒店

法定代表人：刘××，董事长；电话：（略）

被申请人：李×，女，38岁，住北京××××花园×楼×号，电话：（略）

案由：债务纠纷

申请人因债务纠纷一案，于××××年×月××日向你院起诉。业经你院立案受理。现因被申请人李×于××××年×月××日向我公司支付欠款20 768元人民币，故依法向你院申请撤诉，请予核准。

原随起诉状附送的证据材料共5件，请予发还。

此致

××区人民法院

申请人：××投资有限公司

××××年××月××日

（公章）

十、刑事答辩状

（一）概念

刑事答辩状是刑事自诉案件和刑事附带民事自诉案件以及公诉（刑事）附带民事案件的被告、被上诉人、被申请（诉）人，针对刑事自诉状、刑事附带民事自诉状、（刑事）附带民事起诉状以及上诉状、申请（诉）书的内容予以回答和驳辩的书状。该诉状在刑事诉讼实践中是常用的一种诉讼文书。

（二）格式与写法

刑事答辩状的格式一般由首部、正文、尾部三个部分组成。

1. 首部

标题写作"刑事答辩状"；当事人情况，应写明答辩人（二审、再审括注其原审诉讼地位）、被答辩人（二审、再审括注其原审诉讼地位）；如果有法定代理人、委托代理人等，应依次列写；案由的表述方法是："答辩人对×××（自诉人、上诉人、申诉人姓名）诉我……（案由）一案，提出答辩如下"。

2. 正文

其中包括答辩理由和诉讼请求。这一部分是答辩状的重心所在，答辩人可以充分自由地论说答辩理由和请求（具体方法见下文）。

3. 尾部

其中包括受理法院名称、附注事项、答辩人签署。

（三）注意事项

（1）要知己知彼，充分做好材料准备（包括事实根据和证据）。为此，除应熟悉对方诉状的理由和诉讼请求之外，还应针对其中的不实、违法、悖理之处，相应准备充足的驳辩材料。

（2）针对对方诉状中的主要问题进行驳辩。答辩类似"作战"，需要针对对方诉状的薄弱环节，"集中优势兵力"进行突破，即针对其理由的主要错误，通过说明事实真相，举出确凿的证据，阐明有关法律含义指驳其理由之中存在的矛盾等方法，暴露其事实根据的虚假性和论证逻辑的荒谬性。

（3）针对对方诉状认定案情性质的错误进行驳辩。对同一行为事实，由于当事人依据的法律条文不同，对法律的理解不同，或者主观动机目的不同，往往对其行为性质会有截然不同甚至相反的看法。答辩人进行驳辩，就需要从两方面入手：一方面要正确阐明有关法律的概念；另一方面说明客观事实的本来面貌。两者澄清了，结论也就明确了。

范例：

刑事答辩状

答辩人：陈某，男，25 岁，汉族，重庆人，个体出租车司机，住本市南岸区黄角桠上新街 10 号。

因张某、李某指控陈某抢劫一案，现提出答辩如下：

张某、李某向南岸区人民法院呈送的起诉状中，指控陈某打伤一人，并抢走二人 600 元人民币，要求法院判陈某犯抢劫罪并承担相应法律责任。对此，我有不同的意见和理由。

2007 年 4 月 5 日，中午一时许，张、李二人在没有向陈某缴纳相应的押金的情况下，口头约定以 250 元人民币的价格租用陈某自己的出租车载张、李二人到市郊某景点游玩，租期至晚上六点。陈某将二人载达目的地后，在原地等待二人。期间陈某的几名老顾客曾先后打电话找陈某做生意，均因张、李二人未归而告吹，造成陈某不应有的经济损失。

由以上事实可知，陈某与张、李二人事先已达成交易，并且陈某已将二人送达目的地，向二人提供了服务。可见，陈某与张、李二人事先是存在事实的交易的。陈某将二人送达目的地后，在原地等候二人直至下午六时许，即超过六点过后张、李二人才返回。这显然已违反了三人事先的口头协议。张、李二人已构成违约。加上先前陈某因丢掉老顾客的生意，心里更为恼火。便要求二人付以 600 元人民币的服务费。而张、李二人不顾陈某的感受，反而以此为借口表示不向陈某付任何服务费用。这显然是毫无道理的。

由于张、李二人执意不向陈某付费，陈某情急之下便拿出随车的扳手，并向张某的脸部打了两拳。然后从二人的钱包中拿走共计 600 元人民币的现金，并没有向二人索取多余的财物。事后鉴定，张某所受伤为轻微伤。并且 600 元人民币与双方的交易的实际对价相差不大。可见，陈某并非出于恶意伤害张某的身体健康而打张某两拳，而是为了索取自己认为对二人实施服务后应得的报酬和补偿。主观上并无非法占有二人的财产。

从整个事件过程来看，陈某用暴力强制从张、李二人的钱包中拿走 600 元人民币的行为是发生在整个交易之中的。这符合强迫交易罪的要求。并且其暴力程度非常轻微，并非有意要伤害张某的身体健康，主观恶性不大。与抢劫罪的暴力完全不是一个概念。

因此，陈某所犯罪行应为强迫交易罪，张、李二人指控陈某犯抢劫罪，实属夸大其词。

基于上述事实，恳请法院查明事实，秉公处理。明确双方的法律责任，维护陈某的合法权益。做出公平、合理的判决。

此致

重庆市南岸区人民法院

答辩人：陈某

代书人：×××

2007 年××月××日

十一、刑事上诉状

（一）概念

刑事上诉状是刑事案件的被告人、自诉人和他们的法定代理人，不服地方各级人民法院第一审的判决、裁定，或者被告人的辩护人和近亲属，在经被告人同意后，向上一级人民法院上诉时所使用的法律文书。

上诉人上诉时，一般应当有上诉状正本及副本，只有上诉人因书写上诉状确实有困难的，才可以口头上诉，并由一审人民法院根据其所述的理由和请求制作笔录，由上诉人阅读或者向其宣读后，上诉人应当签名或者盖章。从司法实践情况看，上诉人提出上诉，提交上诉状对其更为有利。

（二）写作方法

1. 首部

首部由以下几部分组成：

（1）标题。标题写作"刑事上诉状"。

（2）当事人情况。当事人情况部分只写上诉人基本情况。上诉人基本情况与判决书中被告人基本情况相同。

（3）案由和上诉缘由。这一段是过渡段，写作"上诉人因……一案，不服从××××人民法院（20××）××刑初字第××号刑事判决，现提出上诉。"

2. 正文

正文由以下几部分组成：

（1）上诉请求。上诉请求是上诉人通过上诉所要达到的目的。应该尽量写得具体些，不要过于笼统。上诉请求应该在下文的上诉理由部分能够加以证明。

（2）上诉理由。上诉理由是刑事上诉状的最主要的部分。除了一审被告人被判处死刑，且被告人确属罪大恶极，罪无可赦，其上诉不过是延以时日，不可强求上诉状的理由写作之外，刑事上诉状的理由都应该有具体内容，能够在一定程度上说明一审裁判的错误。通常，刑事上诉状的理由部分应该从以下几个方面写：

①事实方面。看原审认定的事实是否真实，是否有证据证明。如果没有证据而认定

了对上诉人不利的事实，或者对有证据证明对上诉人有利的事实而没有认定，导致认定事实错误的，可以作为上诉理由。需要注意的是，如果在事实认定方面原审所存在的问题属于枝节，不属于主干，即原审在事实认定方面的问题即使真的存在，也不足以影响案件的定性和量刑，那么，这样的问题就不应该作为上诉理由。

②证据方面。注意两点，一是看原审认定事实是否运用了证据，所用证据来源是否合法，证据之间能否构成锁链；二是看原审是否不恰当地确定了当事人的举证责任。目前，人民法院正在进行审判方式的改革，从证据方面考虑上诉理由，可以结合人民法院审判方式的改革来谈，只要是人民法院在举证、质证、认证等方面没有合法的依据，或者没有依照法定程序进行，因此采信的证据不利于上诉人的，都可以作为上诉理由。

③法律适用方面。法律适用方面有错误，通常是由于认定事实有错误，但也可能是单纯的法律适用错误，即原审认定事实、采信证据都是正确的，但在对当事人的行为进行定性、定量分析时出现错误，因而导致法律适用错误。对法律适用进行分析，应该注意刑法规定的新变化，还应该注意最高人民法院、最高人民检察院对刑法所作的司法解释。只简单地引用刑法条款而不作较为深入的分析，难以产生说服力。

④诉讼程序方面。重实体轻程序，是长期以来我国司法机关的习惯做法。一般说来，司法机关对于程序上的违法行为，并不十分在意，即使在现在强调程序公正的时候，程序违法只要不造成严重后果，不影响当事人法定权利的实际行使，司法机关也不会重视。因此，就诉讼程序方面的问题提出上诉，除非确属程序违法侵犯了当事人的法定权利，一般不需要作为上诉理由提出。有时，即使是司法机关的行为并无法律依据，就此提出上诉，也没有实际意义。比如，一审法院在审理过程中将案件报送二审法院要求指示，然后根据二审法院的指示作出一审判决。这种做法在法律上找不到任何根据，实际上是变二审终审制为一审终审制，剥夺了当事人的上诉权，但在目前将此作为上诉理由提出，是完全没有实际意义的，因为对一审法院报送的案件作出指示的正是接受上诉人上诉的二审法院，有时甚至二审法官正是对一审法院报送案件作出指示的人。所以，除非程序违法证据确凿，且造成影响案件处理结果的严重后果，上诉理由不需要考虑程序问题。

在上诉理由的写作中，要特别注意理由的针对性，即上诉理由应该是针对原审裁判中存在的问题阐述。

考虑到诉讼存在的问题千差万别，上诉人的目的和心理活动也各不相同，上述上诉理由的写作方法只能作为一般写作方法看待，不可一概而论。

范例：

刑事上诉状

上诉人李××，男，37 岁，身份证号 510230000427×××，汉族，陕西省××县人，大专文化，住江山县解放路 1 号。因涉嫌贪污于 1999 年 8 月 24 日被刑事拘留，同年 9 月 7 日被逮捕。现押于江山县看守所。

上诉人因贪污、挪用公款、挪用资金一案，江山县人民法院〔2000〕江刑初字第125号刑事判决，现提出上诉。

上诉请求

请求二审法院依法审理，撤销江山县人民法院〔2000〕江刑初字第125号刑事判决，宣告上诉人无罪。

上诉理由

1. 上诉人不构成贪污罪

一审判决认定，上诉人将江山县建设投资公司本用于支付给永丰信用联社国债回购手续费的4.8万元据为己有，原因是上诉人所提供的证明该款已交回江山县建设投资公司3.8万元的收条和支出1万元的证明不真实，不予采信。

实际情况是，本用于支付手续费的4.8万元，上诉人已与江山县建设投资公司完全结清。其中，3.8万元现金交付给公司后，公司出纳王××出具了收条。1万元用于报销过去未能报销的开支，王××出具了证明，并有公司经理何××的签名。上述收条和证明确实是真实的，是1995年2月21日由王××出具，王××和何××的签名真实，并非在1999年伪造。一审以已有司法鉴定为由，拒不接受上诉人提出的重新鉴定的要求，导致事实认定错误。上诉人要求二审法院对收条和证明的真实性进行重新鉴定，以证明上诉人的清白。

2. 上诉人不构成挪用公款罪

一审判决认定，上诉人1997年4月29日经江山县建设投资公司经理何××同意，用江山县建设投资公司在江南国债服务部借的80万元国债券，用于以江山物业公司的名义在滨梁县国债服务部做抵押，贷款100万元，即挪用江山县建设投资公司的国债券用于贷款，因而构成挪用公款罪。

上诉人认为，一审判决的认定有两点错误：

第一，一审判决认定的上述事实，在江山县人民检察院的起诉书中根本没有指控，一审判决违反了我国刑事诉讼法"没有指控就没有审判"的基本原则。这一认定及根据所作的定罪量刑是不合法的，依法应予撤销。

第二，一审对上述事实的认定和定罪理由是自相矛盾的。尽管何××不供认，一审判决还是认定，上诉人将江山县建设投资公司的80万元国债券用于贷款，是经过公司经理何××同意的。这一认定符合真实情况。但在这一事件中，上诉人的身份是南江县财政投资公司董事长兼总经理，是不可能挪用不属于南江县财政投资公司的80万元国债券的，何来挪用公款之说？

基于上述理由，上诉人认为，一审判决认定上诉人构成挪用公款罪是错误的，应予纠正。

此外，80万元国债券是江山县建设投资公司从江南县国债服务部借的，已于1998年将其中的35万元国库券归还了江南县国债服务部。江山县人民检察院起诉书中已加以确认，但在一审判决中居然全无反映。

3. 上诉人不构成挪用资金罪

一审判决认定上诉人构成挪用资金罪的事实只有一句："1998年2月11日，被告人李××以江山县建设投资公司为南江县财政投资公司担保，在江山县建设投资公司贷款 100 万元，至今未还。"在这一事实中，上诉人的身份是江山县建设投资公司职员。然而，根据这一事实，上诉人是不构成挪用资金罪的，理由是：

第一，上诉人只是江山县建设投资公司办理担保事务的委托代理人（江山县人民检察院起诉书已经认定），没有公司领导的委托，上诉人是不可能办成担保事宜的；实际上，担保书上加盖的就是公司的公章。这说明，担保是公司行为，上诉人并未挪用本单位的资金。

第二，江山县人民法院〔1999〕江初 472 号民事判决已经认定，本案中上述担保书为江山县建设投资公司出具，并认定江山县建设投资公司有过错。这一具有法律效力的生效判决进一步证明了不存在上诉人挪用资金的事实。

第三，江山县人民法院〔1999〕江初 472 号民事判决还认定，江山县建设投资公司因其过错，为担保所负的连带清偿责任只有 394494 元，即本案，一审判决所认定的上诉人挪用江山县建设投资公司 100 万元所造成的实际损失为 394494 元。这一情况在本案一审中也全无反映。

综上所述，上诉人认为，上诉人并无犯罪行为，不构成犯罪，一审判决认定事实有错误，适用法律有错误，导致错误定罪。上诉人特诉请二审人民法院，请依法改判上诉人无罪。

此致
××市第一中级人民法院

上诉人：李××
2000 年 12 月 25 日

十二、刑事申诉状

（一）概念

刑事申诉状，是指刑事案件中的诉讼当事人或其法定代理人、被害人及其家属或其他公民，不服已发生法律效力的判决、裁定或决定，向人民法院或人民检察院提出申请复查、要求纠正时制作的法律文书。

（二）写法与格式

1. 首部

（1）标题。写明"刑事申诉状"字样。

（2）写明申诉人的基本情况。

（3）案由。

2. 正文

（1）请求事项。写明申诉人请求法院解决的问题。

（2）申请事实。就是把原判认定的事实叙述清楚。

（3）理由。就是列示证据。

3. 尾部

（1）写上呈递机关名称。

（2）申诉人签名盖章。

（3）制作年、月、日。

（4）标明附项。

范例：

刑事申诉状

申诉人：刘××（被害人刘×平之兄），男，31岁，汉族，××市人。

案由：××省高级人民法院〔××××〕高刑终字第××号判决书对于杀人犯彭××在定罪和量刑上均有失公正，认定的事实亦有出入。

申诉请求：请求终审法院按照审判监督程序，重新审理此案。

事实和理由：

1. 判决书定彭××为伤害致死人命罪是不恰当的。我认为彭应定为故意杀人罪。因为刘×平并未对彭或其他人造成任何人身威胁，彭××没有必要用三棱刮刀来主持"正义"。他如果真是出于"正义"，不是出于故意杀人的动机和目的，在刘×平赤手空拳的情况下，完全可以采取劝阻和以理服人的方法。为什么要选择最要害的部位——心脏，并一刀刺死刘×平呢？

2. 判决书认定事实有出入。判决书说修建队书记要去医院看病，刘×平进行拦截和挑衅，这与事实不符。事实是，我母亲多次去找××镇修建队要求解决工作问题，遭修建队队长袁××毒打。为此，我母亲找到××区委和××法院，但都未作处理，仍叫我母亲找修建队书记。6月9日我母亲找到书记杨××后，又遭到书记的打骂。然后书记要坐卡车上医院，我母亲拦车不让去，因他打了我母亲，问题还没有解决。可是他们强行把我母亲拉开，把车开走了。我和我母亲也走路去了医院。在这个过程中，我弟弟刘×平根本不在场，何来的"拦截"和"挑衅"呢？到了中午12点，刘×平找我母亲回家吃饭，彭××从仓库里拿出三棱刮刀，一刀刺中刘×平的心脏，然后穿过马路逃跑了。我弟弟怎么会跟他们"挑衅"？彭××刺死我弟弟并逃跑，为什么判决书对此只字不提？

3. 高级法院终审判决书以刑法第134条第2款之规定，判处彭××有期徒刑七年，实属定性不当，适用法律错误，判刑太轻。本案被告人犯的是故意杀人罪，应按我国刑法第×××条惩处。为此，申诉人请求法院对此案重新复查审理，依法对杀人犯彭××从严惩处，替我弟弟刘×平申冤，以维护法律的尊严，保护公民的合法权益。

此致

××省高级人民法院

申诉人：刘××

××××年××月××日

十三、刑事撤诉书

（一）概念

刑事撤诉书是刑事自诉当事人或附带民事诉讼当事人及其法定代理人在一审宣告判决之前或在上诉期满前后，自愿向人民法院提出放弃诉讼请求的文书。

（二）格式及写法

刑事撤诉书的内容由首部、正文、尾部三部分构成。

1. 首部

（1）标题。应居中写明"刑事撤诉书"。

（2）申请人和被申请人的基本情况。包括姓名、性别、出生年月日、民族、籍贯、职业或工作单位和职务、住所等。申请人或被申请人是法人或其他组织的，应写明其名称、地址、法定代表人或代表人的姓名、职务、电话。

2. 正文

（1）请求事项。根据申请撤回自诉或是撤回上诉的不同情况，简练明确地提出自己的撤诉请求。若是请求撤回自诉状的，写明"请求撤回申请人诉被告人×××（姓名）×××（罪名）一案的刑事自诉状"。若是请求撤回上诉状的，可写"请求撤回申请人对原判决不服提出上诉的刑事上诉状"。

（2）事实与理由。首先写明原起诉或上诉的情况，包括原起诉或上诉的时间、案件全称。其次在此基础上全面写明撤诉的事实与理由。申请撤诉的理由因案而异。有的是双方已自行和解，这种情况只需写明争执的标的是什么，如何协商解决；有的是自诉人起诉后，发现起诉不当，应具体写明什么不当，如证据不充分、不确实，或已经超过诉讼时效等。总之应从实际出发、于情合理、于法有据，最后援引有关法律条款作为申请撤诉的依据。

3. 尾部。

包括致送的人民法院名称，申请撤诉人的姓名及申请时间，如申请人是法人或其他组织的，应写明全称并加盖单位公章；"附项"写明有关争议解决的协议等材料复印件份数。

范例：

刑事撤诉书

申请人：谭××，男，××岁，汉族，宜阳县人，宜阳县石村乡政府干部，家住宜阳县石村乡平原村。

请求事项：

请求撤回申请人诉史××侵占一案的刑事自诉状。

理由和法律依据：

申请人诉被告人史××侵占财物一案，贵院刑庭立案后已调查审理，但尚未终结。

此间，被告人多次到申请人家中赔礼道歉，并表示愿意承担因侵占行为给申请人造成的物质和精神损失。鉴于被告人确有悔改表现，且考虑到被告人是初犯，应该给一个改正错误的机会。为此，被告人本着互相谅解、息事宁人之精神，特依据《中华人民共和国刑事诉讼法》第172条之规定，撤回自诉，请予批准。

　　此致
宜阳县人民法院

申请人：谭××
2008年××月××日

十四、行政上诉状

（一）概念

行政上诉状是原告或被告对法院作出的未生效的第一审行政判决、裁定不服，依照法定程序，在法定期限中请求上级法院撤销、变更原裁判的诉讼文书。

（二）格式与写法

1. 首部

（1）标题。写明"行政上诉状"字样即可。

（2）上诉人以及被上诉人身份概况。

（3）案由。写明上诉人不服原审判决（或裁定）的事由。

2. 正文

（1）上诉请求。就是上诉人要表明的上诉目的和要求。

（2）上诉理由。这部分是行政上诉状的重要内容，可从以下几方面进行阐述：第一，对原审裁判认定事实错误的，提出充分、确实的证据予以反驳；第二，对原审裁判定性不当的，提出自己的理由与意见；第三，对原审裁判适用法律错误的，应举出有关法律条款，加以具体分析；第四，对原审裁判违反法定程序，影响案件正确审判的，提出予以纠正的法律依据。

3. 尾部

（1）写明上诉状要送达的上级人民法院的名称。

（2）上诉人签名或盖章。

（3）写明上诉日期。

（4）注明附项（包括上诉状副本份数和书证、物证件数）。

范例：

行政上诉状

上诉人：××省工商行政管理局

法定代表人：曹××，××省工商行政管理局局长

委托代理人：顾××，××省工商行政管理局经济监督检查处副处长

委托代理人：胡××，××省工商行政管理局经济监督检查处科员

被上诉人：××县水产供销公司。

因不服××市中级人民法院〔××××〕行判字第××号判决，现提出上诉。请求上级法院撤销原审判决，维持上诉人对被上诉人压价收购鳗鱼苗所作出的《复议决定》。

上诉理由：

原判认为……

1. ××县物价局同意鳗鱼苗收购价格下调的批复是无效的。根据……

上诉人认为，××市物价局本身无调整鳗鱼苗收购价格的权力，更没有权将价格权下放给××县物价局。因此，××县物价局同意下调收购价的批复是无效的，不合法的。

2. 判决书认定的事实与实际情况有出入……

3. 判决书对×××市物价局授权××县物价局制定鳗鱼苗的价格的认定证据不足，法院未能当庭出示有关书证、物证。唯一的一份书面材料是案发后×××市物价局给法院写的所谓证明材料。上诉人认为该材料反映的情况是不真实的。×××市物价局自称，因为全市只有××县水产公司一家收购鳗鱼苗，故授权××县物价局定价。事实是×××市水产公司、××县水产公司均收购鳗鱼苗，为何只给××县物价局授权？

4. 判决书没有维护渔民的利益……

综上所述，为严肃物价纪律，维护渔民的合法权益，维护社会主义经济秩序，严肃法纪，请求撤销原判，维持上诉人对被上诉人压价收购鳗鱼苗所作的《复议决定》。

此致

×××市中级人民法院转送

××省高级人民法院

上诉人：×××

××××年××月××日

（公章）

附：本上诉状副本一份。

十五、行政起诉状

（一）概念

行政起诉状是公民、法人或者其他组织认为行政机关和行政机关工作人员的具体行政行为侵犯了其合法权益，而向人民法院起诉要求保护其合法权益所使用的法律文书。

我国行政诉讼法规定，对属于人民法院受案范围的行政案件，公民、法人或者其他组织可以先向上一级行政机关或者法律、法规规定的行政机关申请复议，对复议不服

的，再向人民法院提起诉讼；也可以不经过复议程序，直接向人民法院起诉。

当事人提起行政诉讼，必须采用书面形式，提出诉讼起诉状。原告向人民法院提出行政诉讼的时间，如果是经过复议程序的，必须在收到复议决定书之日起 15 日内，复议机关逾期不作决定的，在复议期满之日起 15 日内；如果没有经过复议程序，则在知道作出具体行政行为之日起 3 个月内。法律有特别规定的除外。如果当事人因不可抗力或者其他特殊情况耽误法定期限的，在障碍消除后的 10 日内，应该在向人民法院申请延长期限的同时，提出行政诉讼。

（二）写作方法

1. 首部

首部由以下几部分组成：

（1）标题。标题写作"行政起诉状"，附带民事诉讼的，写作"行政附带民事起诉状"。

（2）当事人情况。当事人包括原告和被告。原告是公民的，写明姓名、性别、出生年月日、民族、籍贯、职业或工作单位和职务、住址等项；原告是法人或其他组织的，应写明全称、所在地址，法定代表人（或代表人）姓名、职务、电话，企业性质、工商登记核准号、经营范围和方式、开户银行及账号。因行政诉讼被告恒定为行政机关，所以被告应写明名称、所在地址、电话。

因为行政诉讼当事人的称呼是原告和被告，而附带民事诉讼的当事人的称呼也是原告和被告，因此当事人情况部分可以只写原告和被告，不必写作"原告"（附带民事诉讼原告）、"被告"（附带民事诉讼被告）。

2. 正文

正文由以下几部分组成：

（1）诉讼请求。诉讼请求部分要写明原告的诉讼目的，如要求人民法院撤销、变更具体行政行为或者责令行政机关履行不定期职责，要求行政机关赔偿损失等。附带民事诉讼的，应该将行政诉讼请求和民事赔偿请求分项叙述。

（2）事实与理由。事实与理由分成事实和理由两部分写。先写事实，后写理由。

（3）证据和证据来源、证人姓名和住所。行政诉讼与民事诉讼的举证原则不同。民事诉讼一般采取谁主张谁举证的原则，行政诉讼则是被告负举证责任。但被告负举证责任并不是被告对原告所陈述的事实负举证责任，而是对被告作出的具体行政行为的真实性举证；同时，行政诉讼实行举证责任倒置，并不意味着原告完全不需要对自己所主张的事实举证，实际上，原告在起诉状中仍然应该就自己所主张的自己的行为的合法性和利益受损的事实提供证据。证据的列举方法与民事起诉状相同。

3. 尾部

尾部应写致送法院、附项（主要说明诉状副本份数）、起诉人署名并注明日期。

十六、行政申诉状

（一）概念

行政申诉状，是行政诉讼当事人或法律规定的其他人，认为法院已经发生法律效力的裁定或判决有错误，而向人民法院提出要求重新调查或审理的一种法律性文书。

（二）格式与写法

1. 首部

（1）标题。写明"行政申诉状"字样即可。

（2）当事人身份的基本情况。

（3）申诉案由。写明对何法院的何案情不服才提出申诉。

2. 正文

（1）请求事项。提出请求人民法院撤销、变更原审裁决，判再审。

（2）申诉的事实与理由。这是申诉状的核心内容。要写明客观事实、列示证据、针对原判认定事实的错误提出申辩，以便再审人民法院查明案件的真实情况和准确认定案件性质。

3. 尾部

（1）写明行政申诉状所要送达的人民法院名称。

（2）申诉人签字盖章。

（3）注明成文日期。

（4）附项。应包括有关证据的种类和件数。

范例：

行政申诉状

申诉人：罗××，男，××岁。汉族，××县人，医务工作者，住××县××街××号。

申诉人：陈××，女，××岁，汉族，××县人，个体工商户。住址同上，系罗××之妻。申诉人因不服××县人民法院［××××］绵法行上字第××号行政裁定，特依法向你院提出申诉。

申诉请求：请求人民法院依法受理申诉人诉××县人民政府之房屋产权纠纷一案。

事实和理由：

申诉人向××县人民法院提起诉讼的一起落实解决私房改造遗留问题的案件。所争执之房屋现为××县××街××号（与申诉人现住房为一个房号）。该房系申诉人罗××之父罗云藻于20××年购得旧房后改建而成，面积281.76平方米。……裁定驳回上诉，致使申诉人有冤无处申，合法权益得不到保护。

申诉人认为，你院裁定驳回上诉，维护原裁定的理由不能成立，20××年××月××日施行的《中华人民共和国行政诉讼法》开宗明义，在第一条中就指出了……根据该条该项的规定，人民法院应当受理本案，这样做，也才能体现行政诉讼法的目的。

你院存［××××］绵行上字第××号行政裁定中作为驳回上诉的理由提到的"最高法院，城乡建设环境保护部关于复查历史案件中处理私人房产有关事项的通知"，所指应就是最高人民法院会同城乡建设环境保护部于××××年××月××日发布的法

（研）发［××××］××号文件《关于复查历史案件中处理私人房产有关事项的通知》。该《通知》中指出了"私房因社会主义改造遗留问题……应移送当地落实私房政策部门办理"。申诉人认为，依据这一规定来确定人民法院受理行政案件的范围也是错误的……

由于申诉人的私房被错误私改，申诉人一家受到了极大的损害，全家七口只有一人有户口，子女入学、就业都无着落，全家仅靠申诉人摆地摊维持生计。为此，恳请贵院能依法撤销原裁定受理本案，以保障申诉人的合法权益。

此致

××省××市中级人民法院

申诉人：×××、×××

××××年××月××日

附：（略）

十七、行政答辩状

（一）概念

行政答辩状指的是行政一审答辩状，是行政诉讼被告针对原告的起诉作出回答和进行辩驳的法律文书。

《行政诉讼法》第43条规定，人民法院应当在立案之日起5日内，将起诉状副本发送被告。被告应当在收到起诉状副本之日起10日内向人民法院提交作出具体行政行为的有关材料，并提出答辩状。人民法院应当在收到答辩状之日起5日内，将答辩状副本发送原告。被告不提出答辩状的，不影响人民法院审理。该条规定了被告提交答辩状的时间和不提交答辩状的后果。答辩是法律赋予被告陈述事实、阐述理由的机会，一般说来，不应该放弃。在司法实践中存在的行政机关应诉不积极，包括不提交答辩状的做法是对行政诉讼的不正确的理解，是对自己诉讼权利缺乏意识的表现，如果不是另有缘由，那也是对司法的不尊重。当然，在答辩期内不提出答辩并不意味着被告就此丧失了答辩权；被告还可以在法庭审理中进行答辩。

通常，行政答辩状使用打印件，由答辩人签章，交人民法院正本1份，副本若干份。

（二）写作方法

行政答辩状的写法从本质上来说，与民事答辩状并无区别。因此，从原则上说，民事答辩状的写法基本上也可以适用于行政答辩状的写法。行政答辩状的写作主要是答辩理由的写作。如果被告认为原告在起诉状中所陈述的事实是不完整、不真实的，可以在答辩理由部分先行叙述真实完整的案件事实，写明原告实施了什么样的行为足以使答辩人能够实施作为或不作为的具体行政行为，然后提出答辩人实施具体行政行为的法律法规和政策性文件依据，证明答辩人行为的合法性；如果被告认为原告在起诉状中所陈述的事实是完整、真实的，则可以直接展开理由部分的分析反驳，可以先概括原告的主要观点,再针对这些观点逐点分析反驳。

行政诉讼案件,答辩人是行政机关或者法律所授权的组织,负有对自己所作出的行政行为是否合法进行证明的举证责任。因此,举证也是行政答辩的重要内容,可以夹叙夹议。虽然文书格式中没有规定"证据"一项,而且《行政诉讼法》第 43 条要求的是被告应当向人民法院"提交作出具体行政行为的有关材料,并提出答辩状",这并不意味着被告一定要把"有关材料"和答辩状分别提交。从文书写作方法来说,在阐述理由之后,专列一项写证据,应该是一种可行的方法。在向人民法院递交答辩状的同时,就可以将证据同时提交。

范例:

行政答辩状

答辩人(被告):陕西省××县公安局

法定代表人:程××(局长)

被答辩人(原告):麻××,女,1982 年 2 月 16 日出生,汉族,陕西省××县××乡××村村民

现就原告麻××诉陕西省××县公安局行政案答辩如下:

1. 答辩人于 2001 年元月 9 日作出的 2001 号治安管理处罚裁决书,已于 2001 年 2 月 8 日被××市公安局依法予以撤销,其违法性已得到确认。原告"请求人民法院依法确认陕西省××县公安局 2001 号治安处罚裁决书违法"之诉讼请求应依法予以驳回。

2. 答辩人不存在对原告强制传唤之事实,对其讯问过程也不存在程序、实体内容违法。原告诉状所述之主要事实根本就不存在,其诉请理由也不能成立。

3. 对于答辩人之执法工作人员违法使用械具事实,答辩人不予否认,并且愿意依法承担相应法律责任,但原告相应赔偿请求依法不当。

4. 原告请求赔偿精神损失费伍佰万元,缺乏法定事实条件和法律规范依据,应依法予以驳回。

综上,答辩人请求人民法院依据《中华人民共和国行政诉讼法》、《中华人民共和国国家赔偿法》作出公正裁判。

此致
××市××区人民法院

答辩人:陕西省××县公安局
2001 年 3 月 11 日

十八、行政复议决定书

（一）概念

行政复议决定书是上级工商行政管理机关根据当事人的申请，依法对下级工商行政管理机关作出的具体行政行为进行复查后所制作的书面决定。

（二）格式与写法

行政复议决定书应由首部、正文和尾部三部分构成，具体写法如下：

1. 首部

首部应依次写明：

（1）标题和文书编号。

（2）申请人。申请人是公民的，应写明其姓名、性别、年龄、职业和住址；申请人是法人或其他组织的，应写明其名称、地址和法定代表人的姓名。如有第三人参加复议，还应当列明第三人的基本情况。

（3）被申请人。写明被申请人的名称、地址、法定代表人的姓名职务。

2. 正文

这部分应当包括三项内容，即申请复议的主要请求和理由；复议机关认定的事实、理由、适用的法律依据；复议结论。

（1）申请复议的主要请求和理由。

（2）复议机关认定的事实、理由，适用的法律依据。

（3）复议结论。

3. 尾部

（1）交代诉权及起诉期限。可表述为："如不服本复议决定，可在接到复议决定书15日内向人民法院起诉。"

（2）复议机关法定代表人签章。可表述为："法定代表人：局长×××（签章）"。

（3）作出复议决定的年、月、日（大写）并加盖复议机关公章。

范例：

××工商行政管理局行政复议决定书

申请人：××，男，33岁，身份证号：×××××××××××

住所：××市××县××镇××街

被申请人：××市××县工商行政管理局

住所：××市××县×镇××路××号

法定代表人：××

申请人不服被申请人于2004年4月1日作出的成工商金堂处字〔2004〕第12004号行政处罚决定书，于2004年5月19日向我局提出行政复议申请，我局于2004年5月21日依法决定受理。

复议请求：撤销成工商金堂处字〔2004〕第12004号行政处罚决定书及成工商金告字〔2004〕第12005号行政处罚告知书。

申请人称，××县××镇××街××销售农药门市2004年3月23日已变更为××销售经营门市，××已将又新门市合法经营销售权交给××行使。被申请人依照《无照经营查处取缔办法》对申请人的处罚是侵害经营者又新销售门市合法权益。2004年3月10日被申请人要求申请人在土桥工商所交罚款1000元，被申请人并未出示收款凭据。被申请人给申请人的行政处罚是违法的。

被申请人提交答复称：

1. 申请人××于2002年7月4日经××市××局××分局登记注册为个体工商户，经营场所：又新街；经营范围及方式：农药零售；执照有效期2003年7月4日止；注册号为5101213010075。变更为××的时间为2004年3月25日正式受理，注册登记时间是2004年3月26日，而我局查获××无照经营农药的行为，时间是2004年3月11日批准立案调查，2004年3月12日调查终结，2004年3月15日告知当事人，2004年4月1日打印，同月6日送达，交款日期2004年4月9日，案发在前、变更在后，且在调查过程中申请人均未提出异议，谈不上侵害经营者的合法权益。

2. 申请人××的个体工商户营业执照有效期限届满后未按规定重新办理登记手续，擅自继续从事经营活动，该行为属于《无照经营查处取缔办法》调整之例。

3. 农药经营许可证是由申请人××改成××，但未加盖原发证机关的印章。

4. 申请人××交给土桥工商所1000元一事，由于土桥工商所离县城70多公里，当地没有工商银行代收网点，××本人愿意委托土桥工商所代缴1000元待结案暂收款，此委托有申请人××的亲笔签字。

综上所述，当事人××无照经营农药的行为，我局根据《无照经营查处取缔办法》第四条第一款第（四）项及该办法第十四条第一款的规定，对其给予罚款1000元的处罚决定，事实清楚，证据确凿，程序合法，处罚恰当。

经复议查明，被申请人执法人员2004年3月7日在市场巡查中对申请人在金堂又新街的门市进行了检查，当场制作了现场检查笔录。在调查中制作了对申请人的讯问笔录；同时收集了由申请人提供的注册号为5101213010075的个体工商户营业执照。被申请人所收集证据反映，被申请人于2002年7月4日向申请人核发了注册号为5101213010075，经营范围为农药零售，有效期至2003年7月3日的个体工商户营业执照。2003年7月3日申请人在个体工商户营业执照到期后未办理新的营业执照，2004年3月7日被申请人依职权对申请人进行检查时申请人正在开展经营活动。

2004年3月11日被申请人决定对申请人立案调查，经调查取证，被申请人认定申请人上述行为构成了《无照经营查处取缔办法》第四条第一款所列违法行为，并依据该《办法》第十四条第一款的规定决定对申请人给予罚款1000元的行政处罚。被申请人于2004年3月15日向申请人送达了行政处罚告知书，于2004年4月6日向申请人送达了成工商金堂处字〔2004〕第12004号处罚决定书。

本局认为：

1. 申请人的营业执照在2003年7月3日到期后未按规定办理新的营业执照，因此被申请人依据《无照经营查处取缔办法》作为行政处罚的法律依据正确。

2. 被申请人于 2004 年 4 月 21 日作出的成工商金告字〔2004〕第 12005 号行政处罚告知书是因申请人涉嫌销售假冒农药的行为，被申请人根据《行政处罚法》第三十一条、第三十二条规定告知申请人拟对其作出行政处罚决定的事实、理由及依据，并告知申请人依法享有的权利。被申请人的告知行为符合法律规定的程序。行政处罚告知行为是行政处罚案件的一个法定程序，是行政处罚案件的一个调查过程，并非对申请人的行为作出的结论，对申请人的权利义务不产生实际影响。

综上所述，本局认为被申请人成工商金堂处字〔2004〕第 12004 号行政处罚决定事实清楚、证据确凿，适用依据正确、程序合法、内容适当，根据《行政复议法》第二十八条第一款（一）项的规定，决定维持被申请人成工商金堂处字〔2004〕第 12004 号行政处罚决定。

如不服本复议决定，可在收到本复议决定书之日起十五日内向人民法院提起诉讼。

十九、起诉书

（一）概念

起诉书是人民检察院依照法定的诉讼程序，代表国家向人民法院对被告人提起公诉的法律文书。因为它是以公诉人的身份提出的，所以也叫公诉书。

（二）格式与写法

（1）被告人的姓名、性别、年龄、民族、籍贯、文化程度、职业、住址等。

（2）案由和案件来源。写明移送审查起诉的单位、时间和过程等诉讼程序。

（3）犯罪事实和证据。

（4）起诉理由和法律依据。

（5）受文机关名称、检察长或检察员签字盖章、具体成文日期。

（6）附项。包括卷宗册数、物证的名称和数量、被告人现在押看守所、证人职业及住址等。

具体要求请参照以下范例。

范例：

××县人民检察院起诉书

（××）×检诉字第 11 号

被告范××，男，××岁，×族，××省××县人，高中文化程度，住本县正街××号。20××年前，范××在校读书，20××年到××县××厂当工人。20××年×月××日，被告范××因故意毁容案，被公安机关依法逮捕，预审终结，移送我院，经审查判明其犯罪事实如下：

被告范××，品质极端恶劣，20××年×月上旬，范××认识本县丝厂女工刘××，并追求刘，经过一段时间的接触和了解，刘发现范××品质败坏，不思进取，并提出中断恋爱关系。范××采取恐吓和威逼等无赖手段，百倍纠缠刘某，遭到刘某的严词拒绝。同年12月中旬，范××威吓刘××说："你不答应和我交朋友，我就杀死你全家，要你没脸出去见人！"刘没有为范的话所动，并尽量躲避范××。范××不肯罢休，决定孤注一掷。同年1月20日星期天上午，携带一瓶浓硫酸，独自到刘家，刚好刘的父母不在。当范××问刘究竟还愿不愿意和他交朋友时，刘表示不答应，并说自己已有了新的男朋友，此时，范××猛然从夹克衣内掏出瓶装浓硫酸，揭开盖后，迅速向刘××脸部倒去，然后离开了刘家。屋内的刘顿觉脸上焦灼难受，皮肤撕裂般的疼痛，大呼小叫。后经邻居闻讯送去医院抢救，经诊断认定，刘的面部皮肤组织已彻底被破坏、腐烂。

上述犯罪事实，经本院审查，罪证确凿，被告供认不讳。

查被告范××，品质极端败坏，目无法纪，竟敢在光天化日之下行凶伤人，毁坏他人容貌，情节恶劣，手段残暴，罪行严重，民愤极大。根据《中华人民共和国刑法》第××条之规定，本院为维护社会治安秩序，保护人民生命财产的安全，特提起公诉，请依法判处。

此致

××县人民法院

检察员×××

20××年××月××日

二十、公诉意见书

（一）概念

公诉意见书，是指公诉人在法庭上就案件的事实、证据、定罪量刑等问题在法庭调查结束、法庭辩论开始时集中阐发公诉机关意见而使用的法律文书。

（二）内容及写法

公诉意见书的写作内容及要求如下：

（1）对法庭调查情况进行总结性概括。

（2）根据法庭调查证实的事实，进行案情和法理分析。

（3）分析被告人犯罪的原因，并进行法制宣传。

（4）根据事实和法律，论述被告人触犯的法律及应负的法律责任。

公诉意见书应重点阐述本案的犯罪，事实清楚，证据确实充分，犯罪的成立，法律适用及量刑情节。

公诉意见书基于它的证明要求，是要通过论点论据来推断出必然性结论，即现有证据证实被告人犯罪事实成立，所以它的总体逻辑结构是假言推理，而且一般是必要条件假言推理。当然，其前提 P 一般又再分为 P1、P2、P3、P4 四个犯罪构成要件分别阐述、论证。但在司法实践中，则只是对足以影响定罪构成要件重点论述，如抢劫罪针对其客观要件，故意杀人罪针对其主观要件予以重点阐述。

范例：

公诉意见书

—— ××市原副市长刘××受贿案

　　1991年×月至2004年4月，被告人××利用担任××省××院院长、××管理委员会主任、××市副市长等职务便利，为他人谋取利益，收受或索取40个单位或个人送的人民币337.83万元、美元8.9万元（折合人民币73.4万元）、人民币银行卡30万元、购物卡4.2万元及手表、项链等物品3件（价值人民币5.3万元），共计折合人民币450.7万元。法院以被告人××犯受贿罪，判处其无期徒刑，并处没收个人全部财产。

　　1. 被告人××受贿犯罪事实清楚，证据确凿，足以认定

　　在法庭调查过程中，针对起诉书的指控，公诉人向法庭出示了依法获取的大量证据，清晰地展示了××受贿的时间、地点、数额和××利用职务上的便利为他人谋取利益等犯罪事实的基本要素，充分证实了××受贿犯罪的主体身份、主观故意、客观行为和侵害的客体等犯罪构成的法定要件。公诉人出示的全部证据，均是检察机关在依法取证、文明办案并切实保障被告人合法权益的情况下获取的，合法有效，真实可信，相互印证，且经过法庭的质证，已经形成了完备的证明体系，充分证实了本院起诉书指控被告人××受贿450.7万元的犯罪，事实清楚，证据确实、充分，足以认定。

　　根据查明的事实和证据，被告人××身为国家工作人员，完全具备刑法规定受贿罪的主体身份；××利用担任各种职务上的便利为请托人谋取利益，并收受或直接向他人索要财物，总金额达450万元之巨，其受贿犯罪的主观故意明显，客观行为具体；被告人××为政不廉，大肆受贿，其行为严重侵犯了国家工作人员职务行为的廉洁性，具备受贿犯罪客体的要件。

　　2. 被告人××受贿犯罪情节严重

　　第一，犯罪持续时间长、次数多、数额特别巨大。

　　第二，大肆进行权钱交易，社会危害性大。

　　第三，利用职权多次索贿，犯罪后极力掩盖，具有法定从重处罚情节。

二十一、案件审理报告

（一）概念

　　案件审理报告是各级纪检监察机关的案件审理部门，对本级案件检查部门直接检查处理和下级纪检监察机关检查处理所呈报案件进行审查核实，并经集体审议，领导批准，对案件的事实、性质及处分处理意见提出审查意见的书面报告。这一书面报告的制

— 927 —

作者，是各级纪检监察机关的案件审理部门和专兼职审理工作人员。强调的是检查与审理分开，二者在人员、分工、程序等方面都有所侧重，不能混为一谈。

（二）结构及内容

案件审理报告主要由标题、导语、正文、结尾四大部分组成。

1. 标题

案件审理的标题应该反映出审理案件的主要内容，即对何人、何问题、何处分的审理。例如：《关于×××同志在招生工作中所犯错误的审理报告》。

2. 导语

导语属于交待有关材料的部分。

（1）被审理人员个人的基本情况。

（2）案件的来源及案件的性质。

3. 正文

正文是审理报告的中心内容，重点反映经审理之后认定的案情事实、性质和认定后的处理意见。

（1）经审理之后认定的错误事实。这一部分所反映的事实是经过审理之后所认定的事实，因此，要将经过认定的事实按主次分别列出。有的虽然是将所呈报案件的事实"原封不动"地照抄过来，但它是在经过审理之后，在认同呈报单位所提出的案情事实的前提下进行的。尽管两者没有什么出入，但写到这一部分中来，就是代表了审理部门和审理人员的意见，就可以作为判断案件性质、处分违纪人员的依据。所以这一部分内容不能忽视。

（2）所认定的案件性质。这部分在对违纪事实和证据进行综合分析、概括认定的基础上，简单扼明地明确其违纪的性质、情节和危害程度，为下一步提出具体的审理意见做准备。

（3）处理意见。这一部分应重点写明审理部门的具体意见并提出理由和根据。

4. 结尾

结尾包括结束语、署名、日期三部分。

（三）注意事项

案件审理报告必须是一个案件经有关部门调查并提出处理意见之后，案件审理部门所提出的审查意见。也就是说，它是在案件调查终结的基础上，经过一定的审理程序之后而形成的。

案件审理报告是一种"报告"的形式，它是就案件的事实、证据、性质、有关人员的责任和党纪、政纪处分提出审理意见，向本级纪委常委会（或委员会）或本级监察机关领导部门所提出的报告。

案件审理报告不是重新对案件展开全面调查核实，而是对呈报案件所认定的事实、性质、处分处理意见进行审查核实，因此，它不必像案件调查报告那样对所有的案情，包括所有的证人与证据、具体的细节经过等进行表述。

范例:

合同纠纷案件审理报告

郭××与四平市中兴经贸有限公司、四平市中兴建筑公司、四平市中兴房地产开发公司及尹×买卖合同纠纷一案作如下报告:

1. 案件的由来和审理经过

郭××与中兴经贸有限公司、中兴建筑公司、中兴房地产开发公司及尹×买卖合同纠纷一案由四平市铁西区人民法院 2003 年 4 月 29 日作出〔2002〕四西民二初字第 349 号民事判决。宣判后,郭××不服,提出上诉,四平市中院于 2003 年 7 月 4 日立案,并依法组成合议庭,公开开庭进行了审理,上诉人郭××、委托代理人盖××,被上诉人四平市中兴经贸有限公司(以下简称经贸公司)委托代理人胡××,被上诉人四平市中兴建筑公司(以下简称建筑公司)委托代理人苏×,被上诉人四平市中兴房地产开发公司(以下简称开发公司)委托代理人付××,被上诉人尹×、委托代理人窦××到庭参加诉讼,本案现已审理终结。

2. 当事人和其他诉讼参加人情况

上诉人(原审原告):郭××

委托代理人:盖××

被上诉人(原审被告):中兴经贸有限公司

法定代表人:刘××

委托代理人:胡××

被上诉人(原审被告):中兴建筑公司

法定代表人:刘××

委托代理人:苏 ×

被上诉人(原审被告):中兴房地产开发公司

法定代表人:吴××

委托代理人:付××

被上诉人(原审第三人)尹×

委托代理人:窦××

3. 原判要点和上诉的主要内容

原告郭××诉称:1999 年 6 月 7 日原告与被告四平市中兴建筑公司签订商品房出售协议书,将中兴二期工程⑥-⑦,2/0 A-B 轴约 86 平方米商网出售给原告,原告按合同约定交房款 30 万元,后又于 1999 年 9 月 26 日、9 月 30 日分两笔交增面积款 13 万元。但被告四平市中兴经贸有限公司至今未履行合同,交付房屋。此房于 2001 年 5 月被被告四平市中兴房地产开发公司卖给第三人尹×,是重复买卖,这种行为是无效的。现原告诉至法院,要求被告四平市中兴经贸有限公司履行合同交付房屋,并承担诉讼费。

被告四平市中兴经贸有限公司（以下简称经贸公司）辩称：原告所述无异议。被告四平市中兴建筑公司与原告所签的合同是受经贸公司的委托，是合法有效的，原告是初始买受人，交付了全部房款，应予以保护。第三人与四平市中兴房地产开发公司所签购房合同是重复买卖行为，开发公司发现重复出售后，已通知第三人解除合同，且第三人的房款未全部支付现金，是用一辆车折抵了20万元房款，是无效合同，经贸公司可以按照规定赔偿第三人损失。

被告四平市中兴建筑公司（以下简称建筑公司）辩称：被告建筑公司与原告签订的购房合同合法有效，原告已按合同约定交纳了全部房款，第三人与四平市中兴房地产开发公司签订了购房合同属于重复买卖，是无效合同，不应支持。

被告四平市中兴房地产开发公司（以下简称开发公司）在法定期限内未做答辩。

第三人尹×诉称：第三人于2000年4月6日与被告开发公司签订商品房销售合同是合法有效的，且被告经贸公司已确认了第三人的买卖关系；他们之间是恶意串通，损害了第三人的利益。

原审法院认为：与原告签合同的被告建筑公司不具有销售房屋主体资格，与第三人签合同的被告开发公司具有销售房屋的主体资格，虽然原告购房时间早于第三人买房时间，但原告与第三人的各自买受行为不是建立在同等条件之上，故不存在初始买受权问题，原告与被告建筑公司签订的《购房协议书》无效。

上诉人郭××请求撤销原审法院判决，依法重新判决××与建筑公司买卖商品房合同合法有效，保护上诉人的初始买受权。

4. 对事实和证据的分析及认定（略）

经二审开庭审理合议庭评议认为：

（1）郭××与建筑公司签订的商品房买卖协议有效，其买卖关系应受到法律保护。

（2）尹×与开发公司签订的商品房销售合同无效，尹×受到的损失按规定应得到赔偿。

二审法院认为，原审判决有误，适用法律不当，上诉人郭××上诉有理，应予支持。经四平市中级人民法院2003年第39次审判委员会讨论决定，依据《中华人民共和国民事诉讼法》第一百五十三条第一款二、三项的规定，判决：

（1）撤销四平市铁西区人民法院〔2002〕四西民二初字第349号民事判决；

（2）中兴建筑公司与郭××签订的商品房买卖协议有效，买卖关系成立；

（3）中兴房地产开发公司与尹×签订的商品房销售合同无效。

报告人：×××

××××年××月××日

二十二、回避申请书

（一）回避申请书的含义

回避申请书，是指在仲裁程序进行过程中，审理本案的仲裁员具有可能影响对案件的公正审理和裁决的情况下，当事人向仲裁机构提交的请求该仲裁员退出本案仲裁活动的法律文书。当事人提交回避申请书，申请仲裁员回避，是仲裁程序中当事人享有的重要权利。

当事人向仲裁机构提交回避申请书，申请具有法定情形的仲裁员回避，必须符合《仲裁法》规定的条件：

（1）提出回避申请的主体必须是仲裁当事人，即与争议有直接利害关系的仲裁申请人和被申请人。

（2）当事人提出回避申请，必须基于参与本案审理的仲裁员具有可能影响案件公正审理和裁决的情形。具体指：①仲裁员是本案当事人或者当事人、代理人的近亲属；②仲裁员与本案有利害关系；③仲裁员与本案当事人有其他关系，可能影响公正仲裁的；④仲裁员私自会见当事人、代理人，或者接受当事人、代理人的请客送礼的，参与本案仲裁的仲裁员具有上述情形之一的，当事人有权申请让其回避。

（3）当事人提出回避申请，应当在首次开庭前提出，回避事由在首次开庭后知道的，也可以在最后一次开庭终结前提出。

当事人向仲裁机构提交回避申请书后，仲裁员是否回避，由仲裁机构负责人决定；如由该负责人担任本案仲裁员的，应由仲裁机构集体决定。

（二）格式

回避申请书

申请人：_____
被申请人：_____
请求事项及理由：_____
_____

此致
_____仲裁委员会

申请人：_____
____年____月____日

附：相关证据资料。

范例：

回避申请书

申请人：××市××冷冻食品加工厂
地址：××市××区××路×号
法定代表人：钟×× 职务：厂长
被申请人：谭××，男，××大学教师

请求事项及理由：

申请人与××市××水产公司水产品交换合同争议，已为××市仲裁委员会受理，并由仲裁庭审理。据悉，由××市仲裁委员会指定的仲裁员谭××曾在案件被受理后与××水产公司的经理及其他一些人员一起，在××市××大酒店吃饭，此事实为申请人下属职工陈××在该酒店所见。可予以证明。

为防止不公正仲裁，维护申请人合法权益，根据《中华人民共和国仲裁法》第 34 条之规定，特向仲裁委员会申请该仲裁员退出本案仲裁活动，并另行指定仲裁员审理本案。

此致

××市仲裁委员会

申请人：××市××冷冻食品加工厂

法定代表人：钟××

二○○×年××月××日

二十三、支付令申请书

（一）概念

我国《民事诉讼法》第 189 条规定："债权人请求债务人给付金钱、有价证券，符合下列条件的，可以向有管辖权的基层人民法院申请支付令：①债权人与债务人有债务纠纷的；②支付令能够送达债务人的。申请书应当写明请求给付金钱或者有价证券的数量和所根据的事实、证据。"督促程序是一种简便、快捷的债务清偿程序。债权人申请支付令，必须提供债权凭证，对人民法院发布的支付令，债务人不提出异议，支付令即发生法律效力，可以强制执行。

（二）格式与写法

支付令申请书一般由首部、正文和尾部三部分组成。

1. 首部

（1）注明标题"支付令申请书"。

（2）申请人和被申请人的基本情况。

2. 正文

（1）请求事项：明确提出申请人民法院向债务人发出支付令的请求，并写清要求债务人支付的金钱或有价证券的金额。

（2）事实与理由。

3. 尾部

（1）致送人民法院名称。

（2）申请人签名。申请人如果是法人或其他组织，则不仅需要写明单位名称，加盖公章，而且还应有法定代表人签名。

（3）申请日期。

（4）附项。

范例：

支付令申请书

申请人：××城市信用社

地址：××省××市中山路 33 号

法定代表人：苏×× 　　　职务：主任

被申请人：××电子技术公司

地址：××省××市南山路 16 号

法定代表人：刘×× 　　　职务：经理

被申请人：××建筑工程公司

地址：××省××市梅山路 7 号

法定代表人：秦×× 　　　职务：经理

请求事项：

请求人民法院发出支付令，督促被申请人偿还人民币 25 万元贷款及利息。

事实和理由：

2007 年 9 月 30 日，被申请人××电子技术公司由被申请人××建筑工程公司提供担保，与申请人××城市信用社签订合同一份。该合同约定：申请人借给被申请人××电子技术公司人民币 60 万元，月息为 10.40‰，借款期 7 个月，至 2008 年 4 月 30 日还本付息。2008 年 4 月 30 日，被申请人偿还期限已到，××电子技术公司只归还申请人人民币 35 万元贷款，尚欠人民币 25 万元贷款及利息未还。

基于以上事实，根据《中华人民共和国民事诉讼法》第 189 条规定，请求人民法院依法向被申请人发出支付令，督促其立即偿还人民币 25 万元贷款及利息。

此致

××市××区人民法院

申请人：××城市信用社

法定代表人：苏××

（公章）

2008 年 5 月 25 日

附：双方于 2007 年 9 月 30 日签订的借款合同。

二十四、执行申请书

（一）概念

执行申请书，是指生效法律文书中的实体权利人，在实体义务人不履行法律确定其应承担的义务时，向人民法院提交的，请求强制义务人履行义务，以实现自己权利的法律文书。申请执行权是当事人享有的重要权利，是民事诉讼程序中保障民事纠纷实体权利人最终实现其权利的表现，实体权利人提交强制执行申请书是其行使申请执行权的书面意思表示。

（二）格式与写作

执行申请书的格式由首部、正文、尾部三部分构成。

1. 首部

（1）写明文书名称。

（2）申请人和被申请人的基本情况：申请人是生效法律文书确认的实体权利人或其权利承受人，被申请人则是应对申请权利人履行义务的人。双方当事人的基本情况与其他申请书的要求相同。

2. 正文

阐明申请执行的请求事项、事实与理由。这是申请书的主体部分。

（1）请求事项：写明申请执行的生效法律文书的案由、制作机关、日期、案件编号以及申请法院强制执行的要求。

（2）事实与理由：首先写明作为执行根据的生效法律文书的基本内容，法律文书中所确认的申请人应享有的权益，被申请人应履行的义务；然后阐明申请人提出强制执行申请的事实原因和法律根据，应着重写明被申请人拒不履行法律文书所确认的义务的具体情况，如知道被申请人可供强制执行的财产状况，则应写明其经济收入、现有财产状况。基于所述事实理由，根据有关法律的规定，向人民法院提出申请执行的具体事项，写明申请人要求被申请人给付的种类、范围、数量等。

3. 尾部

（1）致送人民法院名称。

（2）申请人签名或盖章。

（3）申请日期。

（4）附项：随执行申请书应同时提交执行依据的生效法律文书，以及其他相关证据材料，如被申请人财产状况证明、被申请人未履行义务的证明材料等。在附项部分应写明其名称、数量。

（三）注意事项

制作执行申请书时，应注意申请执行所依据的生效法律文书的内容要阐述清楚，特别是被申请人应履行义务的具体事项都应阐明，被申请人拒不履行或拖延履行义务的情况，应阐述清楚、详细，以支持申请人提出的强制执行申请。

范例：

执行申请书

申请人：×××，住址：××省××市××街××号，法定代表人：×××
联系电话：×××××××××

被申请人：×××（身份证：×××××××××××××），男，汉族，1973年2月出生，××省人，××市××路××号××理发店理发师，现住××市××地下库，联系电话，×××××××

请求事项：被申请人一次性支付给申请人84689.88元（租金35024.65元＋滞纳金46631.23元＋诉讼费3034元）。

事实与依据：

申请人与被申请人因房屋租赁合同纠纷一案，业经××市××区人民法院开庭审理，并于2008年9月2日作出（××××）上民二初字第×××号民事判决。现该判决书已生效，但被申请人拒绝执行判决。为此，特申请你院给予强制执行。

此致

杭州市上城区人民法院

2008年××月××日
申请人（签章）：×××

附：1.（2008）江民二初字第×××号民事判决书一份；
2. 该民事判决书已生效的证明1份。

二十五、仲裁申请书

（一）仲裁申请书的概念

仲裁申请，是指平等主体的公民、法人或其他组织之间发生合同纠纷，一方当事人根据双方当事人事前达成的仲裁协议将已经发生的争议提请仲裁机构仲裁，以保护自己权益的法律行为。《中华人民共和国仲裁法》第21条规定："当事人申请仲裁应当符合下列条件：（1）有仲裁协议；（2）有具体的仲裁请求和事实、理由；（3）属于仲裁委员会的受理范围。"

仲裁申请书是合同纠纷中一方当事人向仲裁机构提出仲裁申请的书面请求。制作仲裁申请书的法定条件：第一，必须是合同纠纷；第二，必须依据仲裁协议提出申请；第三，应当向仲裁委员会提出仲裁申请。仲裁机构根据双方当事人达成的仲裁协议和一方当事人的仲裁申请书受理案件。仲裁委员会收到仲裁申请书之日起5日内，认为符合受理条件的，应当受理，并通知当事人；认为不符合受理条件的，应当书面通知当事人不予受理，并说明理由。仲裁申请人如委托代理人办理仲裁事项，应当向仲裁机构提交书面委托书。仲裁申请人应按被申请人和组成仲裁庭的仲裁员人数提交副本。

（二）格式

仲裁申请书

申请人：_____

被申请人：_____

案由：_____

仲裁请求：_____

事实和理由：_____

_____

证据和证据来源，证人姓名和住址：_____

    此致

_____仲裁委员会

申请人_____

_____年___月___日

附：证明材料_____份。

范例：

仲裁申请书

申请人：××市钢窗厂

住所地：××市××区××××大街××号

法定代表人：张××，厂长，电话：×××××××××

委托代理人：王×，××市××律师事务所律师

被申请人：××省××市××房地产开发公司

法定代表人：李××，经理。

案由：购销合同纠纷。

仲裁要求：1. 立即支付货款×××元。2. 赔偿损失费×××元。

事实与理由：

20××年12月2日，被申请人××省××市房地产开发公司与我厂在××市签订购销合同一份，采购我厂生产的钢窗××××副。合同对钢窗的质量、规格、数量和单价都作了明确约定，交货日期为20××年6月份。我厂按期向被申请人交付了钢窗并经过合格验收。但对方却迟迟不支付货款，后又称有部分钢窗不符合合同规定，要求退货。经我厂与之多次交涉，该单位又称由于房地产市场变化的影响，公司资金紧张，一时难于支付货款。由于××房地产开发公司违约拒不支付货款，我厂几次到××省××市往返交涉，给我厂造成了很大的经济损失。

由于上述情况，根据原合同中约定的仲裁条款，特申请××仲裁机构予以仲裁。

    此致

××仲裁委员会

申诉人：××市钢窗厂

20××年××月××日

二十六、仲裁代理授权委托书

(一) 概念

仲裁代理授权委托书,是指仲裁当事人单方出具的,授予仲裁代理律师代理权限并明确其代理权限范围的法律文书。根据《仲裁法》第 29 条规定,仲裁当事人委托律师进行仲裁活动,应当向仲裁委员会提交授权委托书。仲裁代理授权委托书是仲裁活动的当事人实施授权行为的凭据,是产生仲裁代理权的直接根据,也是仲裁代理人参与仲裁活动、行使仲裁代理权限的依据,同时还是仲裁机构确认仲裁代理人代理资格的依据。没有仲裁代理授权委托书,仲裁代理权不能成立。

律师接受仲裁当事人的委托,参加仲裁活动,必须具有一定的代理权限,其代理权限由律师事务所与委托人之间签署的委托代理协议和委托人单方出具的授权委托书确定。由于律师的代理仲裁权利来自仲裁当事人及其法定代理人的授权,故而委托人单方出具的授权委托书决定着律师代理权限范围。律师作为仲裁代理人,只能在当事人的授权范围内代为行使当事人在仲裁活动中的职责。仲裁代理人在授权委托书的授权范围内,以仲裁当事人的名义进行仲裁活动,视为当事人自己参与仲裁行为,其法律效果归属于仲裁当事人。仲裁代理委托授权,依据仲裁当事人授予仲裁代理人权利的性质及法律后果,可以分为一般授权代理和特别授权代理。一般授权代理,是指仲裁代理人只能代为进行普通仲裁活动,不能处分实体权利,即只能代为出庭、参加调解和仲裁庭的辩论,代为调查取证、查阅案件材料等。特别授权代理,是指仲裁代理人经委托人特别授权后不仅可以代理一般仲裁活动,而且可以对案件的实体问题作出决定或明确表态,即可以代为承认、放弃或变更仲裁请求、提起反请求、进行和解等。仲裁当事人在授权委托书中应明确、具体地写明其授予仲裁代理人何种代理权限。

(二) 制作要点

仲裁代理授权委托书的制作要点是:

1. 首部

(1) 注明文书名称。

(2) 委托人和受委托律师的基本情况。

2. 正文

首先写明仲裁当事人委托代理人代理仲裁活动的纠纷由来,然后写明授予该代理人的具体权限。

3. 尾部

(1) 委托人签名。

(2) 授权日期。

制作仲裁代理授权委托书时,应注意:①委托人授予仲裁代理人的代理权限一定要准确、清楚,具体是一般授权还是特别授权,如果是特别授权的,具体授予何种权利。②委托人在授权范围内仅写"全权代理"的,受理该仲裁案件的仲裁机构一般认为,该代理人只有一般委托代理权限,而无权代为处理实体问题。

（三）格式

授权委托书

委托单位：内蒙古呼和浩特市××纺织品有限公司

法定代表人：王××

职务：总经理

电话：×××××××

受委托人：

姓名：万××

性别：男

职务：律师

工作单位：内蒙古呼和浩特市××律师事务所

电话：×××××××

现委托上面受委托人在我单位与××省××市××公司关于××商品质量问题纠纷一案中，作为我方仲裁代理人。

代理人万××的代理权限为：

1. 代为提出、承认、变更、撤回、放弃仲裁请求。

2. 代为进行答辩，提出、承认、变更、撤回、放弃仲裁反请求。

3. 代为约定仲裁庭组成方式、选定仲裁员。

4. 参加开庭审理、陈述事实及代理意见并参加调查、质证活动。

5. 接受调解、和解。

6. 代为领取各种仲裁文书。

委托单位：内蒙古呼和浩特市××纺织品有限公司（盖章）

法定代表人：王××（签名或盖章）

2010年××月××日

二十七、仲裁协议书

（一）概念及特点

仲裁协议书，是指双方当事人之间订立的表示自愿将他们已经发生或者可能发生的，依法可以仲裁解决的合同纠纷和其他财产权益纠纷，提交仲裁机构进行评判和裁决的法律文书。根据《仲裁法》第21条规定，当事人申请仲裁，必须订立仲裁协议。仲裁协议书是仲裁协议的一种形式。仲裁协议书既是争议双方当事人请求仲裁的书面意思表示，也是仲裁机构解决争议问题的前提条件。

仲裁协议书的特点是：①仲裁协议书只能由具有利害关系的合同双方当事人订立，否则仲裁协议书无效。②订立仲裁协议书的双方当事人必须愿意将他们之间的争议提交仲裁解决，仲裁协议书是在真正自愿、协商平等的基础上达成的，具有当事人的共同意思表示。对于单方面的意思表示和行为，他方当事人有权根据自己的权益要求提出异议。③仲裁协议书是当事人在争议发生前或发生后，就解决争议的途径专门达成的提请仲裁的书面协议。④仲裁协议书是一项单独的附加文件，不因主合同的无效而当然无效，对有关争议的合同及合同双方当事人具有约束力。⑤仲裁协议书一旦有效成立，便成为当事人申请仲裁和仲裁机构受理该纠纷的依据，意味着排除了法院管辖权，同时也是法院执行时，作为是否撤销裁决或强制执行的依据。

（二）作用

仲裁协议书的作用是：

（1）约束纠纷双方当事人。《仲裁法》第5条规定，当事人达成仲裁协议，一方向人民法院起诉的，人民法院不予受理。即双方当事人约定仲裁的，只能以仲裁方式解决，没有约定仲裁的，不能提请仲裁。当事人双方发生争议时，仲裁协议约束双方当事人的行为。

（2）对仲裁机构具有授权效力及仲裁权范围的限制效力。在协议仲裁中，仲裁机构的仲裁权来自于当事人的授权，当事人签订仲裁协议书，即把对特定争议事项的仲裁权授予某个仲裁机构。而仲裁机构只能对当事人在仲裁协议书中约定的事项进行仲裁，仲裁机构对仲裁协议书约定范围之外的争议事项进行仲裁均属无权仲裁，对当事人不发生约束力。

（3）仲裁协议书具有排斥人民法院管辖权的作用，任何一方当事人不得随意撤销已成立的仲裁协议，不得就有关仲裁协议书中约定事项的争议向人民法院起诉，人民法院也不得受理有仲裁协议书的争议案件，但仲裁协议书无效的除外。有效的仲裁协议书是人民法院强制执行工作的依据。

（三）制作要点

1. 首部

（1）注明文书名称。

（2）协议仲裁的当事人双方基本情况：当事人是公民的，写明其姓名、性别、年龄、民族、籍贯、职业、现住址；当事人是法人或其他组织的，应写明其全称、地址、法定代表人姓名、职务。

2. 正文

写明当事人双方约定的将争议提请仲裁的具体有关事项。

（1）请求仲裁的意思表示：写明双方当事人一致同意将他们之间可能发生或已经发生的争议提交仲裁机构依法仲裁。

（2）选定的仲裁委员会：双方当事人应共同选定一个仲裁委员会进行仲裁。仲裁机构的名称一定要填写准确。选择时，既可以选定一个常设仲裁机构，也可以直接指定仲裁员，自行组织临时仲裁庭进行仲裁。应该写明所选仲裁机构名称，仲裁庭组成人数，以及如何指定仲裁员和适用什么程序进行审理。我国未对临时仲裁庭作规定，因此，当事人协议选择国内仲裁机构仲裁时，必须选择常设仲裁机构。

（3）提请仲裁的事项：应写明双方当事人约定将何种性质的争议提交仲裁机关。仲裁事项的约定应符合法律关于可仲裁事项的规定，同时约定应明确而全面，不可遗漏。双方当事人在仲裁协议书中约定的仲裁事项决定着日后仲裁机构的审理范围。

3. 尾部

（1）当事人双方签名、盖章。

（2）订立仲裁协议日期。

制作仲裁补充协议书的要点是：

（1）文书名称。

（2）补充协议由来。写明当事人订立补充协议所基于的原协议书的订立时间、针对的法律关系，并表示双方经协商，对原协议书进行补充。

（3）补充内容。写明双方对原协议书中约定不明或未予约定的仲裁事项的具体约定。

（4）当事人签名、盖章。

（5）补充协议书订立日期。

（四）格式

【格式一】

仲裁协议书

当事人：×××

当事人：×××

当事人双方愿意提请仲裁委员会按照《中华人民共和国仲裁法》的规定，仲裁如下争议：

（1）_____

（2）_____

（3）_____

当事人名称（姓名）：　　　　　　　当事人名称（姓名）：

法定代表人：　　　　　　　　　　　法定代表人：

地址：　　　　　　　　　　　　　　地址：

签字（盖章）：　　　　　　　　　　签字（盖章）：

　　　　　　　　　　　　　　　　　　　　　年　　月　　日

【格式二】

仲裁补充协议书

根据《中华人民共和国仲裁法》，我们经过协商，愿就_____年_____月_____日签订的_____合同第×条约定的仲裁事项，达成如下补充协议：

凡因执行本合同或和本合同有关的一切争议，申请_____仲裁委员会仲裁，并适用《仲裁委员会仲裁规则》。_____仲裁委员会的裁决是终局的，对双方都有约束力。

　　当事人名称（姓名）：　　　　　当事人名称（姓名）：
　　法定代表人：　　　　　　　　　法定代表人：
　　签名（盖章）：　　　　　　　　签名（盖章）：
　　年　　月　　日　　　　　　　　年　　月　　日

二十八、仲裁答辩状

（一）概念

　　仲裁答辩状是指在仲裁过程中，被申请人针对申请人《仲裁申请书》中提出的仲裁请求及其所依据的事实和理由进行答对、辩解和反驳的一种文书。制作并提交答辩书，是被申请人的一项重要权利。它可以明确、充分地阐述被申请人的观点和主张，反驳申请人错误或不当之处，使纠纷的主要问题越辩越明，从而为在仲裁活动中获胜创造有利条件。如果申请人认为被申请人所持观点和主张确实持之有故、言之成理，而自己多有偏颇和疏漏，则可以主动要求和解，或者撤回仲裁申请，从而解除不必要的争议，及早终止仲裁的进行。被申请人认真的实事求是的答辩，也有利于仲裁机构查明事实真相，分清是非责任，公正合理地作出裁决，以维护当事人的合法权益。我国《仲裁法》第25条第2款规定：申请人未提交答辩书的，不影响仲裁程序的进行。

（二）制作要点

　　制作仲裁答辩状的要点是：

　　1. 首部

　　（1）注明文书名称。

　　（2）答辩人基本情况。答辩人是公民的，写明其姓名、性别、年龄、民族、籍贯、职业、现住址；答辩人是法人或其他组织的，则写明其全称、地址及其法定代表人姓名、职务。答辩人委托了仲裁代理人的，应在答辩人后一一列明，并写明其姓名、所在律师事务所名称或所在单位名称、职务。

　　（3）案由。写明答辩人进行答辩所针对的纠纷名称。

　　2. 正文

　　主要阐明答辩的理由，这是仲裁答辩状的主体部分。仲裁答辩状的重点就在于针对仲裁申请书中的主张和理由进行辩解，并阐述被申请人对争议的主张和观点。答辩理由应有鲜明的针对性，既要运用事实和证据揭示申请人在仲裁申请书中出现的不当之处，又要充分论证自己主张的正确性和合法性。

　　3. 尾部

　　（1）致送仲裁委员会名称。

　　（2）答辩人签名。答辩人是法人或其他组织的，应加盖单位公章。

　　（3）答辩日期。

　　（4）附项：附上支持答辩人答辩理由的相关证据材料及答辩状副本。

　　制作仲裁答辩状时，应注意：①答辩理由应针对申请人在仲裁申请书中提出的仲裁请求，进行——辩驳；②对申请书进行答辩时，应考虑是否具备提起反请求的条件，如果具备反请求条件，可以提出仲裁反请求；③答辩理由应实事求是，以理服人，不可强词夺理，任意歪曲事实。

（三）格式

仲裁答辩书

答辩人：

地址：

法定代表人： 职务： 电话：

委托代理人： 工作单位：

被答辩人：

地址：

法定代表人： 职务： 电话：

我方就被答辩人_____因与我方之间发生的争议向你会提出的仲裁请求，提出答辩如下：

_____

_____

_____

_____

此致

_____仲裁委员会

答辩人：

年 月 日

附：有关证据材料_____份。

二十九、仲裁保全担保书

（一）概念

在仲裁活动中，一方当事人提出对对方当事人的财产采取保全措施，应当提供担保，即以书面的形式作出担保承诺。仲裁担保书是仲裁活动当事人以本单位财产作为担保，请求仲裁机构提交人民法院对对方当事人的财产采取保全措施的法律文书。

（二）制作要点

制作仲裁保全担保书的要点是：

（1）注明文书名称。

（2）接受仲裁保全担保的仲裁机构名称。

（3）担保内容主要写清担保人为仲裁保全申请提供的担保财产的名称、数量、价值及担保人所承担的责任。

（4）担保人签名，担保人是法人或其他组织的，应加盖单位公章。

（5）担保日期。

（6）附项。注明作为担保的财产情况，如开户银行和账号，不动产的所在处所及产权证明等详细情况。

制作仲裁保全担保书时，应注意：担保人提供财产担保的范围，仅限于保全申请人保全申请的请求范围，其价值应与申请保全的价值大致相当。

（三）格式

【格式一】

仲裁保全担保书

（由申请人自己提供保证）

××仲裁委员会：

根据《中华人民共和国仲裁法》第28条之规定，我（单位）已向你会提出仲裁保全措施申请，请求你会提交人民法院对被申请单位采取冻结其银行存款_____万元（或查封、扣押有关财物）的保全措施，以切实能够保护我单位合法权益的实现。我单位愿以银行存款_____万元（或其他财产）作为保证。

担保人：

法定代表人：

年 月 日

附：担保财产情况。

【格式二】

仲裁保全担保书

（由第三人提供担保）

××仲裁委员会：

根据《中华人民共和国仲裁法》第28条及《中华人民共和国民事诉讼法》第92条之有关规定，××（单位）已向你会提出仲裁保全申请，请求你会提交××人民法院对被申请（单位）采取冻结银行存款_____万元（或查封、扣押相应价值之其他财产）的保全措施。本单位愿意为××（单位）提供仲裁保全经济担保，总金额_____万元，并承担连带经济责任。

担保人：

法定代表人：

年 月 日

附：1. 本单位营业执照（或其他身份证明书）复印件1份。

2. 担保财产情况。

三十、仲裁反诉书

（一）概念

反诉是在仲裁程序进行过程中，被申请人对申请人提出的独立的反请求。反诉可以单独提出，也可以与答辩一起提出，反诉书就是以单独形式提出反诉的书面请求。反诉人应是本诉中的被申请人，而其所提的反诉请求应与本诉基于同一法律关系，否则不能构成本诉法律关系中的反诉；同时，反诉的请求标的应与本诉不同，否则只能视为答辩，不能视为反诉。

（二）制作要点

1. 首部

①标题。居中写明："仲裁反诉书"。②当事人身份的基本情况。写明反诉人、被反诉人的姓名、性别、民族、职业、工作单位及职务、住址等。反诉人、被反诉人是法人、其他组织的，应写明其名称和所在地址，以及法定代表人（或主要负责人）的姓名和职务。委托律师代理的，应写明代理律师的姓名及律师所在的律师事务所名称。③反诉请求。是反诉人向仲裁庭提起反诉的主张和要求，要写得明确、具体。

2. 正文

正文主要写明提出反诉的事实与理由。①事实。应写明与本诉同一的和相关联的事实，在写事实经过和原因时应着重写明被反诉人在事实陈述中的缺漏不实及虚假，并补充新的事实。②理由。根据有关法律条文、合同规定和国际惯例，分析论证，阐明本案的性质、被反诉人的责任。提出解决纠纷的意见。③证据。反诉人提出的证据的名称、份数和证据来源，有证人的，应写明证人姓名和住址。书面证据和证明文件的份数，应按被反诉人人数和组成仲裁庭的仲裁员人数提交。

3. 尾部

①致送仲裁机构名称。应写明全称。②反诉人署名。反诉人及反诉人授权的代理人签名及盖章。反诉人是法人或其他组织的，应写明其全称，加盖公章；另行写出其法定代表人（或主要负责人）的姓名、职务，并签名或盖章。③反诉时间。

4. 附项

写明反诉书副本的份数，按被反诉人人数和组成仲裁庭的仲裁员人数提交。

（三）格式

仲裁反诉书

反诉人（本诉被申请人）：山东省济南××工贸有限公司，住所地：济南市××区××号

法定代表人：米××；职务：经理

被反诉人（本诉申请人）：山东省济南××塑业机械有限公司，住所地：济南市××区××路××号

法定代表人：王××，职务：总经理 电话：0531—×××××××××

反诉请求：

1. 解除合同，返还反诉人的货款 300937 元。

2. 赔偿反诉人的经济损失 702580.9 元。

事实与理由：

反诉人与被反诉人济南××塑业机械有限公司在 2008 年 8 月 26 日、12 月 8 日签订两笔加工承揽合同。虽然被反诉人在签订合同后，向反诉人提交了机器设备，但是其机器设备存在严重的质量问题，经过被反诉人工作人员的多次维修，机器设备仍然不能正常运行，造成反诉人巨大经济损失。反诉人根据法律规定，在济南××塑业机械有限公司提供的机器设备存在严重质量问题的情况下，反诉人有权拒付设备款，并要求被反诉人赔偿损失。

此致

济南仲裁委员会

济南××工贸有限公司

2009 年××月××日

三十一、仲裁委托代理协议

（一）概念

仲裁委托代理协议，是指律师事务所与纠纷当事人间经协商订立的，确定由律师事务所指派律师作为仲裁代理人，参加仲裁程序中有关活动的事宜，明确当事人与仲裁代理人之间权利义务关系的书面协议。仲裁委托代理协议是律师作为仲裁代理人参加仲裁活动的依据，也是明确律师在代理仲裁活动中权限范围的基础性文件。

（二）制作要点

1. 首部

（1）注明文书名称。

（2）委托人与律师事务所的基本情况。

（3）委托人委托律师事务所代理仲裁的案由。

2. 正文

（1）律师事务所指派的律师姓名。

（2）律师事务所与仲裁当事人间的权利义务关系。

（3）具体委托代理权限。

（4）委托代理期限，即协议有效起止期限。

（5）其他一些与仲裁代理委托相关的事项。

3. 尾部

（1）委托人与受委托律师事务所签名、盖章。

（2）委托日期。

（三）格式

仲裁委托代理协议

甲方：

乙方：

根据《中华人民共和国律师法》和有关律师代理业务收费管理办法的规定，经甲、乙双方友好协商，达成协议如下：

甲方委托乙方并指定_____律师_____律师作为甲方的仲裁代理人。乙方接受甲方的委托并同意甲方的指定。

1. 委托事项

作为甲方的委托代理人代理甲方调查、了解有关情况并拟定有关甲方与_____的纠纷案的解决方案以及提起、进行并完成甲方与_____的仲裁活动。

2. 委托权限

甲方授权乙方在合同第四条约定的委托期限内享有以下权利：

（1）调查、收集与本案有关的证据材料；

（2）出庭参加仲裁；

（3）参加调解工作；

（4）拟定有关解决纠纷的方案；

（5）查阅、复制并保留与委托事项有关的全部材料。

3. 委托期限

自本合同生效之日起到乙方完成全部委托事项或甲方解除对乙方的委托之日止。

4. 代理费的支付

甲方同意向乙方支付代理费_____元，支付方式为：_____

5. 甲方的权利、义务

6. 乙方的权利、义务

7. 其他约定

本合同一式三份，自双方签字、盖章后生效。

甲方：　　　　　　　　　　　　乙方：

法定代表人：　　　　　　　　　法定代表人：

时间：　年　月　日　　　　　　时间：　年　月　日

三十二、仲裁反请求书

（一）概念

仲裁反请求书是被申请人对仲裁申请书中有关合同争议内容持有完全不同的认识，从而也以仲裁申请人的身份向同一仲裁委员会提出相反请求的法律文书。我国《仲裁法》规定，被申请人可以承认或者反驳仲裁请求，有权提出"反请求"。仲裁反请求书与仲裁申请书提交的时间先后不同，但其性质、作用和目的与仲裁申请书并无区别，而且同样应当预交仲裁费。

（二）写作提要

仲裁反请求书是独立的，被申请人并不因仲裁申请人撤回申请而放弃反请求，只是可以接受和解或仲裁调解。因此，仲裁反请求书提交的条件和写作方法与仲裁申请书基本相同。在形式方面，只是说明提交反请求书的缘由、文书标题、称谓等有所区别；在内容方面，事实和理由具有一定的驳辩性（可参考民事反诉状）。该文书一般由律师代书。

范例：

仲裁反请求申请书

反请求申请人：德阳 AA 房地产开发有限公司

住所地：四川省德阳市长江西路一段×××号

法定代表人：赵×，该公司总经理

反请求被申请人：张×，女，汉族，生于 1955 年 5 月 5 日，住四川省德阳市孝泉镇孝泉村×组

仲裁请求：

1. 请求将双方于 2005 年 2 月 2 日签订的《商品房买卖合同》第十五条约定的按已付房价款 20% 的违约金，减少为每日按已收房款的万分之一计算违约金至反请求人向产权登记机关报送备案登记资料止。

2. 本案仲裁费由反请求被申请人承担。

事实及理由：

2004 年 9 月 21 日，双方当事人签订了《商品房买卖合同》，其中在第 15 条中约定"在商品房交付使用后 180 日内，将办理权属登记需由出卖人提供的资料报产权登记机关备案"。双方就此约定了出卖人的该项违约责任的违约金为已收房价款的 20%。但纵观合同内容，此违约金明显过高。合同中约定的买方人的违约金仅为每日按未付款的万分之一计算。合同虽是当事人合意的产物，但更应体现公平交易的原则和精神。从客观实际而言，反请求人已如约向被反请求人交付了房屋，其已获得了占有、使用、收益等多项权利，只是因为未如约履行登记备案的义务，使产权证的办理时间延迟。此外，从交易的通行习惯而言，在德阳市的房产交易中，均未有高达交易总价款 20% 的违约金。反请求申请人根据双方当事人在《商品房买卖合同》中达成的仲裁条款和本案事实向德阳仲裁委员会提出仲裁申请，请仲裁委依法审理。

此致

德阳仲裁委员会

申请人：德阳 AA 房地产开发有限公司（公章）

2006 年××月××日

三十三、仲裁裁决书

（一）概念

仲裁裁决书是仲裁委员会对当事人申请仲裁的纠纷争议所作的书面决定。裁决书由四部分组成，即首部，写明申请仲裁的当事人及委托代理人的基本情况和案由；正文部分，应写明双方争议的主要事实和仲裁庭查明的事实和认定的证据；裁决部分，写明当事人各自的责任和应承担责任的法律依据。尾部，仲裁庭人员的签字和仲裁委员会的印章。制作裁决书与制作诉讼文书一样，要求做到言简意赅、层次清楚、证据充分、逻辑性强。仲裁实行一裁终局制，当事人不得就仲裁裁决提起诉讼。如果一方不执行仲裁裁决的内容，另一方有权向人民法院申请强制执行。仲裁机关受理仲裁的案件，一要符合法律规定的仲裁解决纠纷的范围，二要有当事人的仲裁协议。

（二）注意事项

仲裁必须根据仲裁协议、仲裁申请书和仲裁法及仲裁程序规则进行、坚持以事实为根据、以法律为准绳的原则。否则，当事人可根据《仲裁法》第58条申请人民法院撤销裁决，人民法院也可以按《民事诉讼法》第271条或260条裁定不予执行。

裁决书应按多数仲裁员的意见作出，不能形成多数意见时，按首席仲裁员的意见作出。对裁决持不同意见的仲裁员，可以不签名。当事人协议不愿写明争议事实和裁决理由的，可以不写。

仲裁不能强行调解或久调不裁，必须根据《仲裁法》的原则和仲裁程序规则规定的结案期限裁决并制作裁决书。

裁决书的制作不仅要合法及时，而且不应有文字和计算错误或遗漏事项，如有出现，应当及时补正。当事人自收到裁决书之日起30天内，请求补正的，仲裁庭应当审查补正。

裁决书自作出之日起发生法律效力，在其尾部应写上"本裁决为终局裁决"字样。

范例：

中国海事仲裁委员会裁决书

（2008）外仲字第4号

申请人：中国上海×××公司（收货人）

地址：上海市南京西路××号

法定代表人：××，总经理。

被申请人：香港九龙荃湾路××号

法定代表人：×××，董事长

双方因承运人所运货物发生损失的责任发生争议，协议提交本会仲裁。本会依法受理此案，后根据双方的选定和委托组成仲裁庭，于2008年1月10日至2月15日在北京进行了审理。被申请人申请首席仲裁员回避，本会认为其理由不成立，决定不予准许。

申请人申请财产保全后，本会依法提交给上海市第一中级人民法院，该法院已裁定冻结被申请人在上海的资金10万港元。申请人认为货物的损失是被申请人的过失造成的，要求赔偿10万港元。被申请人则认为不负赔偿责任，理由是货物的损失因不可抗力原因所致。双方都提交了有关证据。

现查明：货物到达上海港后，双方交验确认所损货物价值9万港元；该货当时国际市场价格高于合同价格10万港元。

仲裁庭认为：货物损失系承运船舶不适合海上航行所致，被申请人的抗辩理由不成立。

仲裁庭进行了调解，双方不能达成协议，现作出如下裁决：

1. 被申请人承担全部责任，向申请人赔偿经济损失99000港元。

2. 本案仲裁费5000港元，由被申请人承担。

本裁决为终局裁决。

首席仲裁员：×××

仲裁员：×××

仲裁员：×××

2008年2月15日（盖章）

书记员：×××

三十四、债务追偿书

（一）概念

债务追偿书是指债权人向债务人发送的以催促债务人在指定期间偿还债款或清结债务的一种法律文书，是债权人实现债权的手段之一。

（二）结构

1. 首部

2. 正文

首先据实写明债权人、债务人之间债权债务关系形成的原因及法律依据，然后，指明债务人不履行到期债务应承担的法律责任。

3. 尾部

写明债权人姓名或单位名称及其法定代表人姓名，并注明日期。

（三）格式

<h2 align="center">债务追偿催促书</h2>

（单位名称或姓名）：

我方与你方于＿＿＿年＿＿＿月＿＿＿日订阅＿＿＿＿＿＿＿＿＿＿＿合同（合同号：＿＿＿＿＿＿＿＿），我方已按合同的约定履行了＿＿＿＿＿＿＿＿义务，但你方至今未履行给付义务，使我方债权受到侵害。现将有关事项告知如下：

（1）债务发生情况。

（2）你方所欠债务数额。

（3）你方在法律上应承担的责任。

（4）解决办法。

（5）其他。

年　　月　　日

三十五、撤诉书

（一）概念

撤诉书是起诉人即原告向人民法院起诉之后，在判决宣告之前，撤销起诉的法律性文书。原告呈送的撤诉书是否发生效力，要由人民法院裁定，可以准许撤诉，也可以不准许撤诉。但起诉一经撤回，起诉人就丧失了再起诉的权力。

（二）写法要求

撤诉书主要由首部、正文、尾部三部分构成。

1. 首部

（1）标题。居中写明："撤诉书"。

（2）申请人、被申请人的基本情况。申请人、被申请人如系公民的，应写明姓名、性别、出生年月日、民族、职业、工作单位和职务、住址等；如系法人或其他组织的，应写明名称、所在地址、法定代表人（或代法人）的姓名和职务。如委托律师代理申请，应在申请人项后列项写明律师姓名和律师所在的律师事务所名称。

（3）撤诉请求。写明原起诉（或上诉）时间、原起诉（或上诉）案件的名称并提出撤诉。

2. 正文

正文即申请理由。写明自己基于何种原因提出撤诉。诸如起诉人已与被告人自行和解；原告与被告之间的纠纷已通过庭外调解得到解决；或者上诉人已认识到原裁判并无不当，接受裁判等。在写明撤诉理由后，提出撤诉请求。

3. 尾部

（1）致送人民法院的名称。

（2）申请人签字。如系法人或其他组织的，应由法定代表人（或主要负责人）签字。

（3）申请时间。

三十六、控告状

（一）概念

我国《刑事诉讼法》第84条规定：任何单位和个人发现有犯罪事实或犯罪嫌疑人，有权利也有义务向公安机关、人民检察院或人民法院报案或举报；被害人对侵犯其人身、财产权利的犯罪事实或犯罪嫌疑人，有权向公安机关、人民检察院或人民法院报案或控告。由此可见，控告不仅是法律赋予机关、团体、企业、事业单位和公民的一项诉讼权利，也是法律要求机关、团体、企业、事业单位和公民承担的一项重要义务。正确地行使控告权，对维护我国法制的尊严有着重要的意义。控告状，就是机关、团体、企业、事业单位和公民，依法向公安机关、人民检察院或人民法院揭发犯罪行为，请求依法惩处犯罪分子的书面材料。

（二）格式与写法

控告状内容由首部、正文、尾部三部分构成。

1. 首部

控告人（刑事案件的被害人、法定代理人、近亲属、委托律师）：写明姓名、性别、出生年月日、民族、籍贯、职业或工作单位机职务、住址等基本情况，律师只需写明姓名及其所在律师事务所名称。

被控告人（犯罪嫌疑人）：写明姓名、性别、出生年月日、民族、籍贯、职业或工作单位和职务、地址等基本情况。

2. 正文

（1）被控告人（犯罪嫌疑人）的犯罪事实：写明犯罪嫌疑人犯罪的时间、地点、侵害的客体、目的、动机、情节、手段、造成的后果等事实要素。

（2）控告的理由及法律依据：写明犯罪嫌疑人犯罪行为构成的罪名和法律依据。证据和证据来源、证人姓名和住址：写明主要证据及其来源，主要证人姓名和住址。

3. 尾部

署上控告人的姓名，有代书人的要署上代书人的姓名，以及年、月、日。

第四篇　常用制度与表格

在物业管理的市场竞争中，一个物业企业只有设备精良、工作设施先进的"硬件"是远远不够的，还要具有科学完备、合理严密的"软件"，即物业管理制度，它是提高物业服务质量和工作效率的重要保障。因此，物业管理企业内部制度建设是一项十分重要的基础性工作，应根据本企业特点和物业管理区域实际来制定。

本篇从物业企业常用的人事行政制度与表格、物业安全制度与表格、保洁绿化制度与表格、物业客服制度与表格等进行介绍，对物业管理者很有帮助。

第一章 人事行政制度与表格

一、员工招聘与录用管理制度

（一）总则

第一条 目的

为规范公司的员工招聘和录用活动，加强公司员工队伍建设，确保公司获取发展所必需的优秀人才，特制定本制度。

第二条 原则

公司招聘员工应坚持公开、公平、公正、科学考评、择优录取、合理配置的原则。

第三条 适用范围

本规定适用于公司各部门、车间所有在编合同制员工。

（二）招聘形式流程及部门职责权限

第四条 公司的"招聘"，分为内部招聘、外部招聘两类

第五条 内部招聘

内部招聘指在公司出现岗位空缺时，公司通过内部渠道发布招聘信息，并对有意愿的员工进行甄选的招聘行为。

内部招聘原则：

1. 公司出现岗位空缺时，应优先在公司内部实施招聘；与外部招聘相比，同等条件下，应优先聘用内部员工。

2. 员工参加内部招聘，须征得本部门负责人及公司主管领导的许可。

3. 有员工参加内部招聘的部门，须提出原岗位空缺后的解决办法及措施。

4. 内部招聘操作流程、审批权限等参照外部招聘执行。

第六条 外部招聘

外部招聘指公司出现岗位空缺时，公司通过多种渠道向社会公开发布信息，并对应聘者进行甄选，为公司招募到合适人选的一种行为。

第七条 招聘活动流程

各部门提出招聘需求，人事行政部汇总分析，报分管副总或总经理审批、制订招聘计划、发布招聘信息、简历筛选、初试、复试、背景调查、推荐候选人、确定试用、试用期培训考察、转正考核、签定劳动合同。

第八条 招聘类别及审批

1. 员工招聘分为一般员工招聘、中层以上管理人员招聘、特需人才招聘三类。

（1）一般员工：指一线员工、工人、临时工；

（2）中层以上管理人员：指经理及以上的管理人员；

（3）特需人才：指具备特殊技能的技术、业务及管理类人才。

2. 审批权限。

（1）编制内的一般员工招聘、录用由各分管副总审核和批准。

（2）以下人员的招聘、录用必须由分管副总审核后，报公司总经理批准。

①公司中层以上管理人员。

②财务、营销、研发人员。

③特需人才。

④编制外人员。

第九条　人事行政部在招聘活动中的职责与权限

1. 负责汇总公司各部门的招聘需求，并进行需求分析。

2. 负责提出本公司招聘需求（包括临时性和年度的），报分管副总或总经理审批。

3. 负责根据审批后的招聘需求制订本公司招聘计划。

4. 负责根据招聘计划组织实施本公司招聘工作。

5. 负责提出拟录用候选人名单，报分管副总或总经理审批。

6. 负责对试用期员工的企业文化、管理制度等的培训和转正的办理。

第十条　公司各部门在招聘活动中的职责与权限

1. 负责对本部门的人力资源需求进行分析，提出本部门招聘需求。

2. 负责协助人事行政部对应聘人员的专业技能、业务素质等的考察，对应聘本部门专业技术岗位和关键岗位，考察须提出考察方案或笔试要求。

3. 负责本部门试用员工的岗位职责、工作内容、工作规程等培训及入职指导。

4. 负责试用员工的试用考察和转正考核。

（三）招聘需求与计划的制订与审批

第十一条　招聘需求及其分析

1. 招聘需求的提出：

各部门因业务量出现较大变化，或现有人力资源配置需要调整，或人力资源流失需补充等情况需要增加人员，可提出人力资源招聘需求。一般而言，人力资源招聘需求的提出应基于以下几方面考虑：

（1）扩大编制：用人部门业务量变化使现有人员无法满足工作需要，需要通过增加编制来达成合理的人员配置（任何部门增加编制招聘，均须报总经理批准）。

（2）储备人力：因预测本部门的发展需求，或预期的员工流失和退休情况，或为完成人员更替而提前进行的人员储备。

（3）离职补充：因本部门员工退休、员工辞职、合同终止解聘、意外死亡等原因而产生的岗位空缺。

（4）短期需要：因业务量的周期性增加、部门员工各种原因的休假（病假、产假等）而产生的临时岗位空缺进行的人员补充。

2. 招聘需求的分类：

招聘需求分为年度招聘需求与临时性招聘需求。

年度招聘需求是指用人部门根据本单位年度生产经营计划，通过对本部门现有人力资源配置情况的详细分析，提出的为完成年度经营目标所需要的人力资源支持。

临时性招聘需求是指根据本部门生产经营中出现的特殊情况需要立刻招聘人员，本部门无法通过内部人员调配来解决，但又未列入本年度招聘需求与计划的情况。如因工作内容的变化需增加编制，或因人员流失需补员等。

3. 招聘需求的分析：

各部门在上报招聘需求前，应本着有效配置现有人力资源、控制人力资源数量、提高人力资源质量、节约人力资源成本的原则，对本部门提出的招聘需求进行充分、合理、客观的分析。招聘需求分析主要包含年度招聘需求分析和临时性招聘需求分析两个层面。

年度招聘需求是有针对的、预见性的招聘规划，由人事行政部对各部门年度需求汇总后，统一进行需求分析，并形成年度招聘需求分析报告，报总经理批示。

公司年度需求分析应从以下几个方面进行：

（1）招聘环境分析，包含外部环境、内部环境因素分析。

（2）内部人力资源配置状况分析，包含：

①人与事总量配置分析（近几年退休、可能的人才流失、人才储备周期、可能发生的生产经营变化等）。

②人与事结构配置分析（是否存在人员重叠浪费、现有人员结构与新的工作技能的要求等）。

③人与事质量配置分析（是否存在高才低用的浪费等）。

④人与工作负荷是否是合理状况分析。

⑤人员使用效果分析（是否存在高能力低绩效的员工）。

临时性招聘需求分析参照年度招聘需求分析中内部人力资源配置状况部分进行分析。除了人员异动等（如自动离职）外，一般不得产生临时性招聘需求。临时性招聘需求分析由各用人部门负责，并形成报告，作为需求计划内容报人事行政部。

第十二条　招聘需求的审批

年度招聘需求由各部门于每年10月30日前，根据本部门次年人力资源业务计划，填报《部门年度招聘需求申请表》（附件1），报人事行政部汇总分析后，填报《年度招聘需求汇总表》（附件2），经总经理审核批准。人事行政部按总经理批复的年度招聘计划，分步组织实施。

临时性招聘需求由各部门进行需求分析后，填写《临时性招聘需求申请表》（附件3），上报分管副总或总经理审批。人事行政部按批复的招聘计划及时组织实施。

任何部门增加编制招聘，均须由总经理审批。

第十三条　招聘计划

招聘计划是人事行政部依照经审批后的《招聘需求申请表》制订的关于招聘活动开展详细情况的计划。

招聘计划根据招聘需求的不同分为年度招聘计划、临时性招聘计划。附：《临时性招聘计划表》（附件4）、《年度招聘计划表》（附件5）。

招聘计划的内容应包括：招聘实施与参与部门、人员需求情况、拟采用的招聘渠道、费用预算以及时间安排等，其中临时性招聘计划费用预算应包含在年度预算范围内。

（四）招聘的组织与实施

第十四条　招聘工作由人事行政部根据招聘计划组织与实施，相关业务部门参与对应聘者的筛选并与人事行政部共同确定录用候选人

招聘工作包括以下内容：发布招聘信息、应聘资料收集与筛选、初试、复试、确定试用人员名单等。

第十五条　发布招聘信息

1. 选择招聘渠道：人事行政部应根据招聘岗位、人力资源需求数量与人员要求、新员工到岗时间等的要求和招聘费用的额度来确定适当的招聘渠道。

公司外部招聘渠道包括：

（1）通过新闻媒介（报纸、电视、电台、网络）发布招聘信息。

（2）参加各类人才市场、现场招聘会。

（3）大专院校招聘。

（4）人才中介公司、专业猎头公司推荐。

（5）知名人士和内部员工推荐。

（6）其他途径。

2. 对外发布的招聘信息，应按照公司统一的招聘启事（附件6）中的内容与格式制作。

第十六条　简历筛选

1. 人事行政部对所收到的简历进行分类、整理，并进行初步筛选。

2. 将筛选过后的简历推荐给用人部门进行二次筛选，确定初试人选。

3. 人事行政部与用人部门共同确定初试时间、地点、方式。

4. 人事行政部填写《初试人员汇总表》（附件7），并负责通知应聘者。

第十七条　初试

1. 初试由人事行政部主持，相关部门参与。

2. 初试重点对应聘者的价值观、职业倾向、个性品质、能力进行考察。

3. 初试应聘者应当场填写《应聘人员登记表》（附件8），并承诺对提供的所有填报信息（包括在公司内的亲属关系申报）的真实性和客观性负责。

4. 人事行政部核对应聘者相关证件的真实性。

5. 笔试：一般专业技术人员、管理人员等应进行笔试，笔试由用人部门根据招聘岗位的不同情况制定测试题目，或由人事行政部在公司题库中随机选题；

6. 面试：面试应由人事行政部与用人部门共同组织。每个参与面试的人员，须如实填写《应聘人员初试评估表》（附件9），交人事行政部存档汇总。

7. 人事行政部根据初试评估情况，提出复试人员名单、复试时间、场所、方式等

建议，经相关用人部门审核确认。人事行政部须填写《应聘人员初试评估汇总表》（附件10），并附相关材料：应聘人员简历、《应聘人员登记表》、应聘人员相关测试答卷、《应聘人员初试评估表》等。

8. 人事行政部填写《复试人员汇总表》（附件11），并负责通知应聘者。

第十八条 复试

1. 复试由用人部门主持，人事行政部组织、参与；

2. 复试重点考察应聘者的专业水平、业务能力等；

3. 参加复试人员须如实填写《应聘人员复试评估表》（附件12），交人事行政部存档汇总；

4. 根据复试评估表的汇总情况，由用人部门提出拟录用候选人名单，人事行政部确认，分管副总或总经理审核。

第十九条 招聘、录用审批

用人部门应根据复试后的情况填写《应聘人员登记表》（附件8）中的录用决策，报分管副总或总经理审批。

第二十条 确定录用

1. 经分管副总或总经理审批同意录用的人员，人事行政部应向被录用人员发出《录用通知书》（附件13），中层以上岗位、涉及公司重要机密等岗位，发放《录用通知书》前需由人事行政部负责进行背景调查。

背景调查项目包括：

（1）学历、职称资格调查。

（2）工作背景（以前工作单位、职务、解除劳动关系原因等）。

（3）职业操守（以往是否有违反公司合同、损害公司利益行为等）。

（4）其他（个人品行、家庭情况、信用调查、亲属申报核实等）。

2. 未通过复试人员由人事行政部将其资料录入公司人才储备库备用。

（五）试用及转正

第二十一条 报到

1. 新员工应按《录用通知书》规定的时间到公司人事行政部报到，如在超出规定报到时间3日以上（包括3日），仍未到人事行政部报到且未与人事行政部联系者，取消其试用资格。

2. 新员工报到前应到公司指定医院按公司规定项目进行全面体检，体检费用先由本人垫支，待转正后可由公司予以报销。新员工体检项目应包括：心电图、血常规检查、肝功、乙肝两对半、胸透、内科、五官科及耳鼻喉科检查等，公司还可根据实际情况和岗位要求增加其他体检项目。

3. 新员工报到时须出具身份证、学历证明（毕业证书、学位证书等）原件及复印件、体检报告、免冠1寸近照2张、与原单位解除劳动关系的证明文件（视岗位而定）、公司人事行政部要求提供的其他资料，同时将个人社会保险缴纳情况告知人事行政部。

4. 人事行政部核对证件及相关资料后，为新进员工办理入职手续：开具《入职通知单》（附表14）、《签订劳动合同通知书》（附件15），发放工作牌、考勤卡，并与试用人员签订《劳动合同》（试用期应包含在合同期内）。

第二十二条　职前培训

员工上岗试用前，必须参加职前培训，职前培训由人事行政部主持，相关部门应积极配合人事行政部进行职前培训，培训内容包括：

1. 公司概况、企业文化、公司组织机构、公司规章制度及福利、财务会计制度（费用报销）等。

2. 岗位职责、工作内容、工作规程等（用人部门负责培训）。

3. 填写《员工职前培训计划表》（附件16）、《员工培训签到表》（附件17）留人事行政部存档。

第二十三条　试用

1. 凡上岗试用的新员工，试用部门的负责人应指定专人负责对新员工进行入职引导，使其尽快适应公司企业文化、熟悉岗位专业要求，并培养新员工的职业信心和养成良好的职业习惯。

2. 试用人员试用期内每月应向本部门负责人上报试用工作报告。

3. 人事行政部、试用员工直接上级根据试用人员试用期表现情况，应不定时与试用人员就试用期工作情况进行沟通，并对员工的职业发展进行适当引导，使员工对以后在公司可能的职业发展及规划有所了解。

4. 用人部门应定期对试用员工的各方面表现情况进行鉴定考核，并将结果报人事行政部备案。

5. 试用人员工资标准由基本工资＋保密工资＋学历工资组成。

第二十四条　转正

1. 新员工试用期期限根据所签劳动合同期限而定，一般为3个月。因特殊原因或特殊岗位需延长试用期，最长不超过6个月；尚未取得毕业证的在读学生到公司实习，试用期从获得毕业证之日起开始。原则上不允许提前转正。

2. 员工试用期届满时，由员工本人填写《员工转正申请表》（附件18），由试用部门负责人会同人事行政部对其进行考核，填制《员工转正评估表》（附件19），由人事行政按程序报批。

3. 在试用期结束前，由人事行政部将《转正评估表》审批结果告知员工本人；并从转正之月起为员工办理社会保险。

第二十五条　试用人员一般不宜担任经济要害部门和核心部门或涉及公司重要商务机密的工作，也不宜安排负有重要责任的工作。

（六）招聘评估

第二十六条　招聘评估是对已发生的招聘活动进行的自我评价，包括招聘成本评估、录用人员评估、招聘小结、招聘评定等内容。

第二十七条　招聘评估分为年度招聘评估、单项招聘评估。

第二十八条　年度招聘评估：是指年度结束后，对本年度总的招聘工作进行的自我评估。年度招聘评估主要考虑对招聘需求的分析、招聘计划的制订、全年招聘效果的评估。

第二十九条　单项招聘评估：是指每次招聘工作完成后，均应对本次招聘工作进行评估，填报《单项招聘评估表》（附件20）。

本制度由人事行政部负责解释。

本制度自下发之日起施行，本制度施行前的相关规定，凡与本制度相抵触的，以本制度为准。

（以上所有附件内容略）

二、企业员工考勤管理制度

第一条　为加强公司人力资源的开发和管理，保证公司各项政策措施的执行，特制定本规定。

第二条　本规定适用于公司全体员工（各企业自定的考勤管理规定须由总公司规范化管理委员会审核签发）。

第三条　员工正常工作时间为上午8时30分至12时，下午1时30分至5时，每周六下午不上班；因季节变化须调整工作时间时由总裁办公室另行通知。

第四条　公司职工一律实行上下班打卡登记制度。

第五条　所有员工上下班均须亲自打卡，任何人不得代理他人或由他人代理打卡；违犯此条规定者，代理人和被代理人均给予记过一次的处分。

第六条　公司每天安排人员一到两名监督员工上下班打卡，并负责将员工出勤情况报告值班领导，由值班领导报至劳资部，劳资部据此核发全勤奖金及填报员工考核表。

第七条　所有人员须先到公司打卡报到后，方能外出办理各项业务。特殊情况须经主管领导签卡批准；不办理批准手续者，按迟到或旷工处理。

第八条　上班时间开始后5分钟至30分钟内到班者，按迟到论处；超过30分钟以上者，按旷工半日论处；提前30分钟以内下班者按早退论处，超过30分钟者按旷工半天论处。

第九条　员工外出办理业务前须向本部门负责人（或其授权人）申明外出原因及返回公司时间，否则按外出办私事处理。

第十条　上班时间外出办私事者，一经发现，即扣除当月全勤奖，并给予警告一次的处分。

第十一条　员工一个月内迟到、早退累计达3次者扣发全勤奖50%，达5次者扣发100%全勤奖，并给予一次警告处分。

第十二条　员工无故旷工半日者，应扣发当月全勤奖，并给予一次警告处分；每月累计3天旷工者，扣除当月工资，并给予记过一次处分；无故旷工达一个星期以上者，给予除名处理。

第十三条　职工因公出差，须事先填写出差登记表。副经理以下人员由部门经理批准，各部门经理出差由主管领导批准，高层管理人员出差须报经总裁或董事长批准，工作紧急向总裁或董事长请假时，须在董事长秘书室备案，到达出差地后应及时与公司取得联系。出差人员应于出差前先办理出差登记手续并交至劳动工资部备案。凡过期或未填写出差登记表者不再补发全勤奖，不予报销出差费用，特殊情况须报总经理审批。

第十四条　当月全勤者，获得全勤奖金 200 元。

三、员工假期管理制度

第一条　请假审批权限

1. 员工请假：一天以内（含一天）由部门经理签字生效；一天以上，三天以内（含三天），经分管领导审批后生效；三天以上经总经理审批后生效，并在规定时间（请假提前期限）内将《请假单》交办公室备案，未在规定时间内将《请假单》交办公室备案者，做旷工处理。

2. 主管（包括工程师）以上人员请假，一天以内（含一天），由分管领导审批后生效；一天以上必须经总经理审批后生效。并在规定时间（请假提前期限）内将《请假单》交办公室备案，未在规定时间内将《请假单》交办公室者，做旷工处理。

3. 部门经理助理以上人员请假，不论请假时间长短都必须经总经理审批后生效。

4. 任何人员请带薪假，不论请假时间长短都必须经总经理审批后生效。

5. 所有假期均须经权限责任人签字确认后方可休假，否则做旷工处理。

第二条　请假审批程序

1. 需请假的员工到办公室领取《请假单》（附表 22），按要求填写并履行逐级审批手续。任何人不准电话请假（如重病等特殊原因除外），假期已获权限责任人批准的员工，须将《请假单》交办公室备案，同时须工作交待清楚后，方可离开公司。审批手续未结束离开者，一律按旷工处理。

2. 办公室及时登录员工请假记录于《员工年度请假卡》（附表 23）。作为员工年终考核的依据。

3. 员工假期结束后须先到办公室销假，出示相关证明，并在年度请假卡上签名确认，然后到所在部门报到。凡未按规定到办公室办理销假手续者，一律按旷工处理。

4. 员工在假期内因事不能按时回公司需续假者，须电话请示部门负责人，得到同意后方可续假，并由部门负责人以书面形式办理续假手续，并将权限责任人已审批同意的《请假单》交办公室。未按规定办理续假手续者，一律按旷工处理。

5. 因特殊原因（如重病等），不能按正常程序请假的，须请示部门负责人，征得到同意后方可不到岗，但部门负责人须在 24 小时内以《请假单》的形式并经权限责任人审批后知会办公室。否则按旷工处理。

第三条　假期的种类

公司假期分为：事假、病假、婚假、丧假、法定假、产假、工伤假、公假等。

1. 事假：员工因处理个人私事，可以请事假。

（1）事假以半天为单位，不足半天（二小时以上）以半天计算。且一次性请事假不得超过十五天。试用期内的员工不得连续请三天以上的事假，特殊情况经总经理批准的除外。

（2）三天以内的事假，须提前半天申请，三天以上的事假，须提前两天申请，按审批权限批准后方有效。

(3) 事假期间不计算公休日。

(4) 当月事假超过五天，扣发季度奖。累计超过七天，扣发年终奖的当月份额。

(5) 事假期间按比例扣发工资，计算方法为：本月全勤应发工资/当月应出勤天数×请假天数。

2. 病假

(1) 员工因病不能上班的，可以请病假。试用期满的员工一个月内可以享受一天有薪病假，但须出具镇级以上医院证明（病历、休假单），并按审批权限批准后方有效。

(2) 员工请病假原则上不得超过二十天，特殊情况（如重病住院）除外。

(3) 遇本人重病或住院时，可先由部门负责人代请假，并填写《请假单》，按审批程序审批后报办公室，事后由当事人向办公室提供有效病假证明。请假手续不齐全者以及证明不齐备者，按事假处理，弄虚作假者，作开除处理。

(4) 病假期间按比例扣发工资，计算方法与事假相同。有薪病假可冲抵无薪病假假期。

3. 婚假

(1) 在公司工作满一年以上且符合国家《婚姻法》结婚条件，可享受有薪婚假三天，按审批权限批准后方有效。

(2) 凡婚假须提前三天申请，婚假结束后，必须向办公室提供有效结婚证明，否则视为事假处理，弄虚作假者，作开除处理。

(3) 请三天以上的婚假，其余天数视为事假，但共计不超过十五天。

4. 丧假

(1) 员工直系亲属（父母、配偶、子女）去世或直接抚养的亲属死亡时，公司给予带薪丧假三天，休假时须出具有关死亡证明。

(2) 员工请三天以上的丧假，其余天数视为事假，但共计不超过十五天。

5. 法定假

(1) 员工依法可享受的国家有薪法定假共为十天，具体为：元旦一天（元月1日），春节三天（农历初一、初二、初三），五一劳动节三天（5月1日、5月2日、5月3日），国庆节三天（10月1日、10月2日、10月3日），"三八"妇女节女职工休息半天。具体放假规定以集团总经办文件通知为准。若该法定假日适逢星期六、星期日，按政府有关规定执行。

(2) 员工在法定假日期间加班的，按《中华人民共和国劳动法》有关规定计发2倍工资，或给予同等天数的补休。补休原则上当月休完，须报总经理审批同意，并在办公室进行当月考勤汇总统计之前报办公室，否则按事假计算。

(3) 鉴于公司员工平时工作中加班加点、无私奉献，公司决定延长员工的春节（探亲假）假期。若无特殊情况，每年春节期间全体员工享受十五天带薪假期（期间含法定节假日）。员工的探亲假合并于春节假期之中，不另行给假。春节假的具体放假事宜以集团劳动人事部文件为准。

6. 产假

（1）女员工产假天数按国务院《女职工劳动保护条例》第八条规定及《广东省人口与计划生育条例》有关规定执行，即给予 90 天以上的假期。男员工的看护假按《广东省人口与计划生育条例》第 38 条执行，即夫妻自愿终身只生育一个子女并领取《独生子女证》的，男员工可享受 10 天看护假。

（2）××市城镇户籍员工参加医疗保险累计满一年的，在产假或看护假期间可享受××市社保中心的生育津贴（生育津贴 = 当月本企业人均缴费工资 ÷ 30 × 假期天数），其他员工在产假或看护假期间享受公司发放的基本工资。

7. 工伤假

（1）员工在工作时间内因工受伤，经公司有关部门核实和指定医院证明，可申请工伤假，待遇按社会工伤保险规定执行。

（2）员工因违反操作造成工伤，按有关规定处理。因抢救公司财产或人民生命造成工伤，可享受全薪工伤假。

（3）员工发生工伤事故，应立即报告部门负责人及办公室，同时送就近的公司指定的医院治疗（急症除外），事后须于二十四小时内提交工作事故报告给办公室。

8. 公假

员工参加与工作相关的专业技能培训（如物业管理岗位培训）或参加国家规定的社会活动，经总经理同意后可享受公假，公假发给全额工资。

（附表略）

四、公司员工薪酬管理制度

（一）总则

第一条 目的

为规范公司员工薪酬评定及其预算、支付等管理工作，建立公司与员工合理分享公司发展带来的利益的机制，促进公司实现发展目标。

第二条 原则

公司坚持以下原则制定薪酬制度。

1. 按劳分配为主的原则。

2. 效率优先兼顾公平的原则。

3. 员工工资增长与公司经营发展和效益提高相适应的原则。

4. 优化劳动配置的原则。

5. 公司员工的薪酬水平高于当地同行业平均水平。

第三条 职责

1. 集团公司人力资源部是集团员工薪酬管理主管部门，主要职责有：

（1）拟订集团公司薪酬管理制度和薪酬预算。

（2）督促并指导子公司实施集团公司下发的薪酬管理制度。

（3）检查评估子公司执行集团公司薪酬管理制度情况。

（4）事后审核子公司的《工资发放表》和《工资发放汇总表》。

（5）检查或审核《员工异动审批表》和《员工转正定级审批表》。

（6）核算并发放集团公司员工工资。

（7）受理员工薪酬投诉。

2. 子公司办公室是子公司员工薪酬管理的主管部门，主要职责有：

（1）拟订本公司薪酬管理制度实施细则和薪酬预算。

（2）督促并指导本公司各部门实施薪酬管理制度。

（3）核算并发放员工工资。

（4）填制、审核上报《员工异动审批单》和《转正、调动、晋升、降级汇总月报表》（见附件5）。

（5）办理集团公司人力资源部布置的薪酬管理工作。

（二）薪酬结构

第四条　薪酬构成

公司员工的薪酬主要包括工资、奖金、福利三个方面，分类与构成如下（略）。

第五条　工资

本公司员工工资按考核周期和计发方法不同分为年薪制工资和月薪制工资两大类，按构成内容和计发依据不同又分为基准工资、提成工资、加班工资和津贴等若干部分。

第六条　基准工资释义与分类

1. 本制度所称基准工资是指公司为每个职位设置的若干个职等中分设的每个薪级，在某一考核周期内不包括提成工资、加班工资和津贴的工资计发基数标准。

2. 基准工资按考核周期和计发方法的不同分为年薪制工资中的基准年薪和月薪制工资中的基准月薪两类，按构成内容和计发依据不同又分为相对固定应发的基础工资（基础年薪或基础月薪）和依个人绩效考核情况上下浮动的绩效工资（绩效年薪、基础绩效工资）两部分。

第七条　基准提成工资释义与构成：

1. 本制度所称基准提成工资是指按子公司制定的已报集团公司事业发展部，人力资源部备案有效的《工资提成计算办法》为部分员工计提的一项工资计发基数。

2. 基准提成工资分成应发基础提成工资和依个人绩效考核情况上下浮动的提成绩效工资两部分。

第八条　津贴

本制度中的津贴是指特殊岗位的津贴和路救服务补贴等。

第九条　奖金

公司设置的奖金主要包括年终绩效工资、超额利润提成奖和突出贡献奖三类。

第十条　福利

公司设置的福利包括法定福利和其他福利两部分。

（三）年薪制

第十一条　年薪制的释义

年薪制是以年度为考核周期，把经营管理者工资收入与经营业绩挂钩的一种工资分配方式。

第十二条 年薪制员工范围

本公司实行年薪制员工的范围为：集团公司领导、集团公司部门负责人、子公司领导、子公司部门负责人。

第十三条 年薪制员工工资的构成

本公司年薪制员工工资构成的内容只包括基准年薪、法定节假日加班工资和津贴，不参与提成工资分配。其中，基准年薪分为基础年薪和绩效年薪两部分。

第十四条 基础年薪的释义

本制度所称基础年薪是按基准年薪的一定比例折算出的、按月平均支付的工资，是年薪的预支部分。

第十五条 绩效年薪的释义

本制度所称绩效年薪是指基准年薪减去基础年薪后的剩余部分。绩效年薪的实际支付金额，要根据年薪制员工个人年度绩效得分来计算，具体计发办法，按集团公司《个人绩效考核办法》规定。

第十六条 基准年薪与基础年薪和绩效年薪的构成比例，依据年薪制人员不同的经营管理责任，按领导职务层级设置不同的比例。

第十七条 基准年薪标准

基准年薪标准是集团公司制定的本集团年薪制员工所有职位的标准工资体系。

第十八条 年薪制员工试用期和考察期的月薪

年薪制员工试用期是指公司为聘任在实行年薪制职位上任职的新员工设置的 1~3 个月的试用期。考察期是公司通过内部招聘、选聘，为职位晋升（含从基准年薪低档职位向高档职位调动）员工设置的 1~3 个月的考察期，还包括考察期满经考核不合格而再设置的 1~3 个月的延长考察期。

新员工在试用期间的月薪为其所任职位基准年薪的十二分之一的百分之八十，不计发绩效年薪和超额利润提成奖。

职位晋升员工在考察期间和延长考察期间的薪酬维持晋升前职位标准不变。经考核合格的，从考察期满的次月起，按其新任职位的基础年薪的十二分之一计发基础月薪，计提绩效年薪和计发超额利润提成奖。

试用期和考察期的时间可依据聘用条件或任职需求作适当调整，必须在任职前约定。

第十九条 子公司总经理、主持工作的副总经理在试用期或考察期内的考核内容和合格标准：

1. 考核内容。为被考核人所负责公司在试用或考察期间的公司绩效。公司绩效的考核指标为该公司的《经营责任书》所确定的，并分解在试用、考察期间应实现的目标。

2. 合格标准。按集团公司《绩效管理制度》和《经营责任书》中约定的考核办法实施考核，获得 75 分（含）以上的为合格，75 分以下的为不合格。

第二十条 公司副职领导、总助、部门负责人（含副职，以下同）在试用期或考察期内的考核标准和考核办法。

按集团公司《个人绩效考核办法》和子公司《个人绩效考核实施细则》规定，对被考核人的新任职位实施考核，个人绩效考核得分90分（含）以上的为合格，90分以下的为不合格。

（四）月薪制

第二十一条 月薪制的释义

月薪制是以月度为考核周期，把员工的工资收入与个人月度绩效挂钩的一种工资分配方式。

本公司的月薪制又分为标准月薪制和提成月薪制两种。

第二十二条 标准月薪制人员范围

子公司实行标准月薪制人员的范围为：办公室（行政管理和后勤服务人员）、财务部、客户服务部和配件部非年薪制员工，集团公司总部非年薪制员工。

第二十三条 提成月薪制人员范围

子公司实行提成月薪制人员的范围为：销售部和售后服务部非年薪制员工。

第二十四条 标准月薪制员工工资的构成

本公司标准月薪制员工的月工资包括基准工资、加班工资、津贴等，不参与提成工资分配。基准工资只是计发基数，构成内容有以下两个部分：

1. 基础工资（相对固定的部分，为基准工资的80%，也称：基础月薪）

2. 基础绩效工资（浮动部分，为基准工资的20%）

第二十五条 提成月薪制员工工资构成

本公司提成月薪制员工的月工资包括基准工资、基准提成工资、加班工资、津贴等。基准工资和基准提成工资只是计发基数。

基准工资的构成内容有以下两个部分：

1. 基础工资，为基准工资的80%，也称基础月薪。

2. 基础绩效工资，为基准工资的20%。

基准提成工资的构成内容有以下两个部分：

1. 基础提成工资，为基准提成工资的80%。

2. 提成绩效工资，为基准提成工资的20%。

第二十六条 月基准工资标准

月基准工资标准是集团公司制定的月薪制员工所有职位薪级的标准工资体系。

第二十七条 绩效工资基数释义

本制度所称绩效工资基数是提成月薪制人员的基础绩效工资与提成绩效工资之和。

第二十八条 应发绩效工资的计算

本制度所称应发绩效工资数，是指按集团公司《个人绩效考核办法》和子公司《个人绩效考核实施细则》规定实施考核后，依据员工个人月度绩效分数所对应的绩效工资系数乘以标准月薪制人员的基础绩效工资数或提成月薪制人员的绩效工资基数所得的工资数。

第二十九条 月薪制员工在试用期的月薪

公司对通过招聘程序聘用在月薪制岗位上工作的新员工，可以依劳动合同法的规定设置试用期，试用期的月薪按其拟任职位职等薪级基准工资的80%计发，试用期间不计发绩效工资和超额利润提成奖。

第三十条 学徒工的薪酬

学徒工的薪酬按学徒协议规定支付。

第三十一条 实习生的薪酬

实习生在公司实习期间的薪酬按集团公司与学校签订的实习协议规定支付。

（五）奖金

第三十二条 奖金的种类

公司设置年度绩效奖、超额利润提成奖、突出贡献奖和其他奖。

第三十三条 年度绩效奖

1. 奖励范围：12月份工资发放名册中的月薪制（包括标准月薪制和提成月薪制）员工。

2. 奖金额度：以公司为单位，计提奖金总额，计提方法如下：

公司年度绩效奖标准总额为：公司奖励范围内员工12月份的基准月薪乘以奖励范围内员工在集团公司及子公司本年度工作的月数除以12乘以倍数1.5。依总裁办公会议提议，经董事长批准可以调整倍数。

公司年度绩效奖应发总额为：公司年度绩效奖标准总额乘以公司绩效（KPI）考核得分对应的年度绩效奖系数（公司绩效分数与公司年度绩效奖系数对应表略）。

3. 奖金分配。

（1）根据各部门的年度绩效情况，作第一次分配，把总额分配至各部门。

（2）各部门根据员工个人年度绩效情况，作第二次分配，把本部门奖金分配给员工。

（3）具体分配方案由子公司按集团公司《个人绩效考核办法》规定制定，报集团公司人力资源部备案后执行。

第三十四条 超额利润提成奖

1. 奖励范围：公司全体员工。

2. 奖金额度：按集团公司与子公司签订的年度《经营责任书》约定的比例计提。

3. 奖金分配。

奖金的分配比例为：公司总经理（含主持工作的副总经理）可控制在总额的25%以内，副总经理、总经理助理、部门负责人（年薪制人员）、主管的平均数应分别控制在主管（不含）以下员工平均数的15倍、10倍、6倍、3倍以内。公司在进行第一次分配时应视部门绩效的实现情况做适当的比例增减。具体分配方案由子公司按集团公司《个人绩效考核办法》规定制定，报集团公司人力资源部备案后执行。

第三十五条 突出贡献奖

1. 奖励对象：在公司的某项工作中作出突出贡献的员工、被评为国力标兵的员工等。

2. 奖金额度：由集团公司人力资源部拟定评奖方案，作出规定，也可由集团公司总裁、董事长作出决定。

（六）福利

第三十六条　法定福利

公司按国家规定为员工办理养老保险、工伤保险等社会保险。

第三十七条　公司为员工设置提供带薪假、防寒降温费、免费工作餐、三节（春节、端午、中秋节）礼品、交通和通讯补贴、健康体检、新婚贺礼、女员工节日慰问、重疾与亡故慰问等福利，具体实施细则另行制定。

（七）薪资调整

第三十八条　职位分类及薪等、职等和薪级的设置

公司员工的职位分为两大类七岗系：即职能类（含经营岗系、管理岗系、专业岗系、事务岗系）和技术类（含销售岗系、服务岗系、修理岗系）。公司依据职位价值评估将职位分成十四个薪酬等级，其中又将技术类职位分为五个职等，每个职等内设二个薪级；将职能类职位又分为初任、熟练、资深三个职等，其中初任职等内设二个薪级，熟练、资深职等内各设三个薪级。职位分类及其薪等设置见附件6：职位分类与薪等表。

第三十九条　薪等、职等、薪级的释义

1. 本制度所称薪等是指集团公司通过职位价值评估，依据集团公司、子公司设置的职位，把职务层次、薪资水平相近的集合起来列为一个等，按薪资水平由高到低序号从一开始，由小到大设置的等别。本制度现行薪等设置为十四个。

2. 本制度所称职等，是指集团公司为同一职位，按其工作深度、专业素质、技能要求不同设置的等别。本制度现行职等，按职位分类的不同，设置不同的职等。

3. 本制度所称薪级是指集团公司在同一职等内设置的若干个薪酬标准不同的级别。本制度现行薪级按职等和薪酬标准由高到低，序号从一至八共设置八级。

试用期内的新员工、学徒、实习生、子公司年薪制员工的薪酬未列薪级。

第四十条　薪资调整的主要内容

公司依据集团的总体效益和经营发展、社会同行业平均工资水平和员工个人绩效等情况，主要从以下五个方面调整员工薪资：

1. 调整基准年薪和基准月薪（以下统称基准工资）标准（简称调标）。

2. 调整工资提成计算方法。

3. 调整超额利润提成奖的提成比例。

4. 调整年度绩效奖的计提方法。

5. 调整员工的职位及其职等薪级（简称调级）。

第四十一条　基准工资标准的调整

1. 公司依据职位价值评估结果、本地区同行业工资水平、公司年度经营目标和经营预算等因素，每年为每个职级薪级设定或调整基准工资标准。

2. 基准工资标准的调整方案由集团公司人力资源部在每年3月份拟订，经集团公司总裁办公会审议通过，报董事长批准后执行。

3. 基准年薪标准调整的主要依据和方法。

（1）主要依据：

①当地同行业同职位平均工资水平及本公司的上浮比例；

②年度目标利润的多少；

③经营条件的不同，包括经营汽车品牌的知名度、区域内相同品牌的竞争度、公司员工总数的多少、管理团队的配置等情况；

④职位的不同。

（2）方法：

基准年薪＝职位工资（中位标准工资）×职务系数×目标利润系数×经营条件系数。

具体方法在集团公司《基准工资标准设定办法》中约定。

4. 基准月薪标准调整的主要依据和方法。

（1）主要依据：

①当地同行业同职位平均工资水平及本公司的上浮比例；

②职位、职责和任职资格；

③工作环境。

（2）方法：

具体方法在集团公司《基准工资标准设定办法》中约定。

第四十二条　工资提成计算办法的调整

集团公司授权子公司依据业务市场发生的变化，在既有利于提高公司经营效益，又有利于提高员工的工作积极性的前提下，适时制定或调整《工资提成计算办法》。

《工资提成计算办法》须报集团公司事业发展部批准、人力资源部备案。

第四十三条　超额利润提成奖提成比例的调整

超额利润提成奖的提成比例在集团公司与子公司签订的年度经营责任书中约定。

第四十四条　员工职位、职等、薪级的调整

1. 职位调整及因其产生的职等薪级调整申报审批流程，因工作需要，公司员工必须在工作单位内变动职位或在集团单位内变动工作单位、职位的，应按以下审批流程办理职位和薪资调整申报审批手续。

（1）主管职位（含）以下员工的职位异动薪资调整申报审批流程：

由人力资源主管部门填制《员工异动审批表》申报，经异动员工工作部门、人力资源主管部门负责人审核，签字同意后，报公司负责人签字批准；涉及变动工作单位的，《员工异动审批表》由异动前单位审核批准后，转异动后单位按异动前单位相同审批流程办理异动审批手续，对员工的工资进行调整。

（2）主管职位（不含）以上员工的职位异动薪酬调整申报审批流程：

①按集团公司内部招聘选聘人才制度和《要事审批流程》规定的权限下发任职通知书。

②按本条（1）款相同流程办理审核手续（公司负责人的审批权变更为审核权），签字同意后报集团公司人力资源部及其分管领导审核、总裁批准。其中属集团公司委派的财务负责人异动，由人力资源部先转集团公司财务部及其分管领导审核同意后，由人力资源部及其分管领导审核同意报总裁批准。因职位晋升又设置了考察期的薪酬，必须

办理两次异动申报审批手续。第一次是以职位调整为目的,《员工异动审批表》中的异动执行时间选择职位异动,第二次是以薪资调整为目的,《员工异动审批表》中的异动执行时间选择薪酬异动,是指考察合格后的薪酬标准执行时间。

2. 职等、薪级的晋升与下降。

(1) 职等薪级晋升与下降的员工范围。

①集团公司员工。

②子公司月薪制员工。

(2) 职等内薪级晋升的基本条件。

①个人年度绩效被评为优秀的,或连续两年被评为合格的;

②调薪的间隔时间达 12 个月或 24 个月的。调薪是指调级,包括转正定级、职位异动上调一级以上薪资,按本制度规定上调薪级的,调标又调级的,但不包括调标不调级的。

(3) 职等晋升的基本条件。

因符合前款基本条件晋级至上一职等薪级时,员工的能力、任职资格应达到该职等职位的任职资格要求。员工任职资格的认定方法由集团公司人力资源部拟定报总裁办公会审议通过后执行。

职位任职资格见附件 13 至附件 19。

(4) 职等内薪级晋升对象和时间的确定。

①个人年度绩效被评为优秀档次的,从考核年度次年的 4 月 1 日起晋升一级薪级,但距上次调薪间隔时间不足 12 个月的,从距上次调薪间隔时间达第 13 个月的 1 日起晋升一级薪级。

②个人年度绩效连续两年被评为合格的,从该考核年度的次年 4 月 1 日起晋升一级薪级,但距上次调薪间隔时间不足 24 个月的,从距上次调整间隔时间达第 25 个月的 1 日起晋升一级薪级。

(5) 职等薪级同时晋升对象和时间的确定。

按集团公司任职认定办法规定获得资格的,按前款规定晋升职等薪级,未获得资格的不予办理调薪,特殊情况需调级的报集团公司总裁办公室决定。

(6) 职等薪级的下降。

个人年度绩效被评为不合格的,从考核年度的次年的 4 月 1 日起下降一级薪级,或转为试用或调整职位或按规定解除劳动合同。下降的薪级属下一职等薪级,以后薪级晋升遇升职等,仍需按职等晋升规定办理。

(7) 职等薪级晋升与下降的申报审批流程。

①子公司员工职等薪级晋升与下降的申报审批流程。

由子公司填制《员工异动审批表》,经工作部门、办公室负责人审核晋级、降级条件,同意签字后报公司负责人批准。

②集团公司员工职等薪级晋升与下降的申报审批流程。

由集团公司人力资源部填制《员工异动审批表》,经工作部门、人力资源部门及其分管领导审核晋级与降级条件,同意签字后报总裁批准。

3. 职位、职等、薪级调整审核审批内容与权限：

《员工异动审批表》中设定的员工职位、职等、薪级异动调整审核审批内容权限如下：

（1）异动员工拟任之新职位应在经集团公司人力资源部批准的年度人力资源（预算）计划，或临时批准的职位编制增减计划，职位编号等范围内。

（2）异动员工应具备岗位说明书中设定的任职资格、条件。

（3）职等薪级晋升、下降应符合本条设定的条件，薪资应符合集团公司公布并在实施中的基准工资标准。

4. 职位、职等、薪级调整申报审批规范。

（1）填制《员工异动审批表》应字迹规范、清楚，选择异动类别准确，与异动有关信息填写不漏项，要真实，无论何种异动均应填报个人绩效情况。

（2）审批内容权限按前款规定。

（3）子公司办公室应填制本公司员工《转正、调动、晋升、降级汇总月报表》，于每月五日报送集团公司人力资源部。

（八）薪酬预算管理

第四十五条 薪酬预算责任

薪酬预算的责任人为人力资源主管部门的有关专员和部门负责人。子公司办公室负责编制本公司的薪酬预算，集团公司人力资源部负责指导、审核、汇总子公司的薪酬预算，编制集团公司的薪酬预算。

第四十六条 薪酬预算的主要内容

薪酬预算是人力资源计划和财务预算中的一项重要内容，主要包括：工资、奖金、福利、社保费的预算计划。

第四十七条 薪酬预算的主要依据

薪酬预算主要依据有年度经营的 KPI 指标、公司组织架构的设置和职位编制，员工素质与工资水平、社保缴费基数等。

第四十八条 薪酬预算的基本方法

确定薪酬预算内容及其主要依据的相关数据资料，分项编制汇总，具体方法参见集团公司《预算管理办法》。

第四十九条 薪酬预算的控制

薪酬预算控制可以运用产值（营业额）工资费用率变量控制方法，对非提成工资人员的薪酬也可以用定量控制方法，根据公司的具体情况，可以同时选择两种方法，分块控制。具体办法在制定《经营责任书》的 KPI 指标时确定。

薪酬预算控制应与公司发展战略目标、公司绩效和个人绩效考核管理紧密结合。

（九）薪酬支付

第五十条 薪酬支付方式

1. 工资、奖金用现金支付，由公司统一在银行办理员工个人工资账户、卡，在支付日将实发薪资转入员工个人工资账户、卡。

2. 福利礼金、礼品的付给可以用现金或实物。

第五十一条 工资核算

1. 日基础工资＝月基础工资÷25.17。

2. 小时基础工资＝日基础工资÷8。

3. 加班工资。

公司安排员工在工作日延长工作时间的加班，在公休日（周休息日以下同）加班，应首先安排其补休，不能补休的和在法定节假日加班的，应按以下标准和集团公司《考勤和假期管理制度》规定审批程序发给加班费：

（1）延长工作日工作时间的加班加点，加班工资＝小时基础工资×加班小时数。

（2）公休日的加班工资＝日基础工资×加班天数×2。

（3）法定节假日的加班工资＝日基础工资×加班天数×3。

4. 考勤扣款。

（1）缺勤扣款：按集团公司《考勤与假期管理制度》规定需扣款的缺勤，扣款额＝日基础工资×缺勤天数。

（2）迟到早退扣款：按集团公司《考勤与假期管理制度》规定的扣款标准扣款。

5. 统一使用集团公司制定的《工资发放表》和《工资发放汇总表》。

6. 填制《工资发放表》和《工资发放汇总表》说明。

（1）应发款项＝基础月薪＋基础提成工资＋应发绩效工资＋福利（现金支付部分）＋岗位津贴＋加班费＋路救补贴＋其他应付款。

（2）个人所得税计税额＝应发款项－未足月扣款－考勤扣款－社保费。

（3）个人所得税，按计税额和相关税率计算。

（4）应扣款项＝未足月扣款＋考勤扣款＋社保费＋个人所得税＋住宿费＋其他扣款。

（5）实发金额＝应发款项（合计应发）－应扣合计。

第五十二条 离职员工薪酬支付

1. 劳动合同期满，公司或员工不续签劳动合同或员工因公司有《劳动合同法》第38条所列情形之一而解除与公司签订的劳动合同离职的，离职员工在离职前按集团公司《离职管理制度》办理了离职手续的，离职前的未发薪酬按以下规定计提、支付：

（1）月薪制员工：

①离职月工作日的基础工资（包括基础提成工资）按日计算，绩效工资仍按正常月度工作绩效考核分计算，离职日后的缺勤按事假处理。基础工资和绩效工资在离职日一次付清。

②年度绩效奖和超额利润提成奖：在年终后离职的，按公司当年计奖办法计发；年中离职的不计发。

（2）年薪制员工：

①离职月工作日的基础工资，按日计算；在职期间的绩效年薪，公司负责人按其在职期间的经集团公司审计部公布的公司绩效分的月平均数或离职月（按累计绩效方法）计算的公司绩效分或经审计部实施的离职审计绩效分计算，其他年薪制人员，按其在职期间的个人月度工作绩效分的平均数计算。基础工资和绩效工资在离职日一次性付清。

②超额利润提成奖：在年终后离职的，按公司当年的计奖办法计发；在年中离职的不计发。

2. 劳动合同期内，员工因自己的原因要求离职，提前30天向公司递交了书面通知，或经公司同意在收到书面通知后不满30日可以离职的，离职员工按集团公司《离职管理制度》办理了离职手续的，离职前的未发薪酬按以下规定计提支付：

（1）月薪制员工：

①离职月工作日的基础工资按日计算，绩效工资仍按正常月度工作绩效考核分计算，离职日后的缺勤按事假处理。基础工资和绩效工资在公司员工薪酬支付日付清。

②年度绩效奖和超额利润提成奖：

年终后离职的，按公司当年的计奖办法计发，年中离职的不计发。

（2）年薪制员工：

①离职月工作日的基础工资，按日计发，在公司员工薪酬支付日付清。

②在职期间的绩效年薪，仍按公司个人绩效考核办法计算，公司负责人按其在职期间的经集团公司审计部公布的公司绩效分的月平均数或离职月（按累计绩效方法）计算的公司绩效分或经审计部实施的离职审计绩效分计提，其他年薪制人员，按其在职期间的个人月度工作绩效分的平均数计提。

③超额利润提成奖，在年终后离职的，按公司当年的计奖办法计提，在年中离职的不计提。

④按前两款规定计提的绩效年薪和超额利润提成奖的实际支付比例限定在80%以内，支付时间限定在离职6个月后。因特殊情况，经集团公司董事长批准，支付时间可以提前。

如在约定的未发薪酬支付日之前发现离职员工有直接损害公司经济利益行为或在职期间遗留的业务问题给公司造成经济损失，离职员工应当赔偿的，只支付在扣除赔偿金后的余额。

3. 劳动合同期内，公司要求无过失员工离职，公司提前30天或支付1个月基础工资后向员工发出书面通知，员工应按集团公司《离职管理制度》办理离职手续，按本条第一款规定支付未发薪酬。

4. 员工离职不按集团公司《离职管理制度》办理离职手续的，不予发放离职月的应发未发薪酬，待离职手续办理完毕后方可发放。

5. 因员工过失，公司按违纪辞退处理与其解除劳动合同，给公司造成的经济损失，应从应发未发薪酬中扣除，不足扣除的，必须追加赔偿。

第五十三条 试用期工作时间不足3日的不支付工资

第五十四条 薪资异动核算

公司员工因转正定级、职位异动产生薪资异动、工作单位异动产生薪资及其支付人异动、薪级异动产生薪资异动，必须凭集团公司统一制作的《员工转正审批表》（见附件4）和《员工异动审批表》。

第五十五条 月工资发放审批流程

1. 子公司员工月工资发放审批流程。

（1）实行提成月薪制的部门按本公司制定的《提成工资计算办法》规定编制本部门员工的基准提成工资，经部门负责人审核签字后，送本公司财务部审核提成总额，经财务部负责人签字后，送公司负责人批准签字，再送本公司办公室核算。

（2）办公室工资核算责任人依据《个人月度绩效汇总表》、员工的基准工资、基准提成工资核算员工的应发绩效工资；依据《员工考勤汇总表》核算员工的考勤扣款；依据其他相关规定核算员工的其他应发款项和应扣款项，编制出《工资发放表》和《工资汇总表》，送办公室负责人审核签字后转财务部复核报公司负责人批准。

（3）由财务部按经公司负责人签字的《工资发放表》数额，将工资汇入员工个人的工资账户。

（4）办公室工资核算负责人将经公司负责人签字的《工资发放表》、《工资发放汇总表》复印件及电子版报送集团公司人力资源部备案审核。如有差错改正之处，由集团公司人力资源部和子公司办公室沟通后，发出文字整改通知，子公司务必在下月进行调整。

2. 新子公司在筹建和试营业期间的员工工资发放审批流程。

由筹建组织或新公司相关责任人依据集团公司人力资源部批准的员工基准工资和《员工考勤汇总表》及其他相关规定核算员工的应发款项和应扣款项，编制《工资发放表》和《工资发放汇总表》经筹建组负责人或新公司负责人审核后报集团公司人力资源部审核，经部门负责人签字后转财务部复核报总裁批准后发放。

3. 集团公司员工工资发放审批流程。

由集团公司人力资源专员依据《考勤汇总表》、《个人月度绩效汇总表》编制《工资发放表》和《工资发放汇总表》，经部门负责人和分管领导审核签字后转财务部复核，报总裁批准后，由财务部将工资汇入员工个人的工资账户。

第五十六条 员工工资发放与核算资料管理规范

1. 工资核算必须使用集团公司统一制定的有关报表格式。

2. 工资核算的依据资料必须分月整理成册，由人力资源主管部门建档保存。

3. 每月员工工资应发、应扣与实发数据，应采用工资条的形式告知员工本人。

4. 工资核发出现差错，员工和有关责任人应及时纠正。

第五十七条 薪酬支付日

公司计薪周期为每月的 1 日至月终日，薪酬支付日为次月的 15 日。如薪酬支付日遇公休日或节假日，则提前至放假的前 1 天。

五、福利管理制度

第一条 目的

为加强公司及其子公司员工福利管理，保障公司员工享受到较为健全的福利政策，明确集团公司及其子公司员工的福利标准，特制定本制度。

第二条 适用范围

集团公司及其子公司。

第三条 词义解释

　　本制度涉及的福利指企业福利，是指公司为了提升团队的凝聚力向员工提供的工资和法定福利以外的物质回报，它有别于法定福利（如养老保险、工伤保险、失业保险、带薪休假等，参见集团公司《社会保险制度》和《考勤与假期管理制度》）。

　　第四条　福利管理职能部门

　　1. 集团公司人力资源部负责《福利管理制度》的制定。

　　2. 集团公司人力资源部、办公室和子公司办公室按本制度规定落实各项福利政策。

　　3. 集团公司及其子公司财务部根据本制度规定以及财务管理制度负责福利费用的核报。

　　第五条　福利类别及标准

　　1. 防寒降温。

　　（1）每年夏季7、8、9月公司发给员工降温费，冬季12、1、2月公司发给员工防寒费。

　　（2）防寒降温费计发标准：工作场所未安装空调的员工为80元/人/月，工作场所已安装空调的员工为40元/人/月。

　　入职半个月以上的新员工按标准计发，入职未满半个月的新员工按标准的一半计发。

　　2. 节日礼金或物品。

　　（1）春节、端午节、中秋节公司发给员工节日礼品，以示慰问。春节等值物品的最高限额为每人300元，端午节、中秋节等值物品的最高限额均为每人200元。试用期员工的最高限额为标准的50%。节日礼品礼金的采购计划与实施由集团公司办公室负责，保管和分发由各公司办公室负责。

　　（2）国际"三八"妇女节，由公司举办庆祝活动，送给礼品，其费用按在册女员工人数、每人100元的标准控制。集团公司庆祝活动的组织与礼品的采购、分发由集团公司办公室负责，各公司则由办公室负责。

　　3. 伤病补贴。

　　凡公司员工因伤病住院治疗3天以上者（含3天），由公司派员进行探望，并给予100元补贴或等值物品。

　　集团公司员工因伤病住院治疗，由集团公司人力资源部代表公司领导前往探望；子公司部门经理以上员工在市住院治疗，由集团公司人力资源部与其所属公司共同派员工一起探望；地区公司部门经理以下员工在本市住院治疗，由公司办公室组织探望；外地市公司员工在公司所在地住院治疗，由外地市公司组织探望。

　　4. 婚丧。

　　（1）员工结婚：在职期间依法办理结婚登记的员工，由所属公司发给庆贺金200元。

　　（2）父母、配偶及子女亡故的员工，由所属公司发给慰问金200元或等值物品。

　　（3）庆贺金或慰问金的申办由各公司人力资源主管部门负责。

　　5. 生日祝贺。

　　员工每年的生日，由公司人力资源主管部门办理祝贺活动。送给礼品，报销费用限额每人 30 元。

6. 免费工作餐。

（1）员工在工作日可享受由公司提供的免费工作午餐。

（2）晚上加班（含参加公司组织的培训、会议）90 分钟以上的员工可享受由公司提供的免费工作晚餐。

7. 健康体检。

公司每两年组织全体员工体检一次。体检的申报、安排由集团公司人力资源部负责。

8. 帮困。

员工及员工家属突患重病或员工家庭遭遇特大变故、自然灾害等导致生活困难，公司将视具体情况组织帮困活动

第六条　本制度由集团公司人力资源部负责修订和解释。

六、行政办公秩序管理制度

1. 为强化管理，严格办公秩序，创造良好的工作环境，最大限度地提高工作效率，特制定本制度。

2. 本制度适用于行政办公区域中的各部门、职员及有关办公设施。本制度由公司行政人事部具体负责执行。

3. 公司行政办公区域是指公司办公大楼（含车间内各行政、职能办公室），是公司对外的窗口，代表公司的整体形象。办公场所的分配布局应根据职能要求，本着效率原则，由行政人事部统一规划安排。

4. 办公设施的放置应符合工作要求，办公桌椅的摆放应整齐划一，并按各有关要求使用及爱护。新购设备均应于投入使用前办理登记，并加贴"财产登记卡"。

（1）每一台办公设备均设专人管理，做好维护保养工作，时刻保持办公设备处于良好运行状态。

（2）操作办公设施人员应掌握其应知应会知识，不可盲目操作，防止损坏。

（3）微机、传真机原则上由专人负责使用。如因工作需要他人使用时，应正确操作，并不得随意调用原存资料及加载各种软件。

（4）严禁使用办公设施从事与工作无关之事，严禁使用计算机打游戏、看影碟。

（5）要厉行节约，减少不必要的打印、复印等事项。工作前应认真核对，减少不必要的错误及重复工作。

5. 职员应遵守工作时间，不得随意迟到、早退；着装应得体大方，在公司服装到位后，应统一着装，保持良好的精神风貌。

6. 文明办公，不准大声喧哗、嬉戏打闹；有事商谈及接转电话，应控制音量，以防影响他人，长话短说，禁止长时间占用电话。

7. 严禁随意乱窜，不得乱翻与自己工作无关的资料、文件等。

8. 对来访的公司客户应起立问候，热情相待。会谈中应注意公司纪律及保密原则。

9. 禁止无工作关系人员进入工作场所。如确有私（急）事相商，应在保卫室或公

司接待前厅接待，并不得长时间（30分钟以上）占用工作时间。禁止家属及儿童进入工作场所。

10. 所有工作职能均需按照有关工作程序进行，原则上不得随意越级及擅自取舍程序。

（1）向公司领导的请示汇报要集中办理，陈述应简明扼要、思路清晰，办理完毕后应及时离开。重大事项应填报《请示报告卡》。

（2）对外业务应归口分管并按权限及时、准确处理。如外来人员需见公司领导面谈的，必须履行约见手续，领导同意后方可引见。

11. 要时刻保持办公桌面整洁，不乱放杂物，重要文件要及时收放，防止丢失、泄密。

12. 工作时间禁止阅读无关报刊。休息时间阅读报刊后要注意整理、归位。严禁剪裁公司报刊（特别是专业用报刊），据为己有。

13. 每天下班前应清理自己的工作区域，关闭微机，最后一人离开时应关闭门窗、电源、空调，大办公室（多人共用）应安排每周轮流值日。

14. 每周五下午5时，行政办公区域中各部门应对自己的办公区域进行大清理，力求干净整洁。

15. 办公区内禁止吸烟、随地吐痰、乱扔纸屑杂物等，洗手间用后必须冲水。

16. 严禁在墙壁、门窗上乱贴、钉、挂各种纸张、物品，严禁私自搬移、拆卸固定物品，损坏者将照价赔偿。

17. 遵守作息制度，每晚11点由保安员进行清场，并将大门上锁，有需加班者请部门领导与保安员联系。

七、公司员工言行规范

一言一行，一举一动，都是个人形象的展示。员工个人形象是公司整体形象的组成部分，因此，每个员工的言行都是公司形象的体现。热情、礼貌的言行不仅体现出公司员工的整体素质，更体现出公司深厚的文化底蕴。

第一条 言谈规范

（1）恰当地称呼他人。在社交场合，无论新朋友还是老朋友，都应称呼对方姓氏加头衔或职称，这是对他人的尊敬。

（2）使用礼貌用语。在受到对方赞扬或帮助时应表示感谢；在打扰或妨碍到别人时，应表示歉意；在指称陌生的第三者时，应使用"那位先生"、"那位女士"等之类称呼。

（3）正式交谈前的寒暄是展开话题的重要手段，寒暄时应选取大家共同感兴趣的话题，避免涉及私人问题或某些敏感话题。

（4）与他人交谈时，不宜出现插入、打断、讽刺、模仿等不礼貌行为。

（5）在交谈过程中，不宜出现过激的言语或过分的玩笑。

（6）在交谈过程中，应合理使用行为语言以配合表达，如微笑、点头等。

（7）交谈时不可用手指点他人。

第二条　吸烟规范

（1）工作时间不能在办公室吸烟，可以到走廊、洗手间等地方吸烟。

（2）如有必要，应在办公区域内适当的地方设置吸烟室。

（3）若有访客欲在办公室吸烟，应向其说明办公室是禁烟区，在征得对方同意后，可到会客室或吸烟室吸烟。

（4）在公共活动场合不宜吸烟。若要吸烟，看有无禁烟警示及烟缸等，再考虑是否吸烟。

第三条　引导客人规范

（1）在引导的途中，引导者应走在客人的侧前方。若被引导的是一群人，引导者应灵活处理，一般应在最前面的人的侧前方。

（2）指引方向时，右臂伸出，小臂与上臂略成直角，掌心向上，拇指微向内屈，四指并拢伸直，指向所要去的方向。

（3）上楼梯时，引导者应走在客人的后面。

（4）下楼梯时，引导者应走在客人的前面。

（5）若有我方人员不认识的客人来访，引导者应相互介绍，顺序一般是先介绍我方人员给客人。

第四条　电梯使用规范

（1）进入电梯时，让客人或领导先入。若是人较多，应注意用手按住电梯按钮以使所有人能够顺利进入。

（2）在电梯内尽量站成凹形，以方便后进入者。

（3）电梯内空间较小，一般不宜交谈。

（4）出电梯时，应让客人或领导先行，若自己站在门口而同行者又较多，则应先出电梯，按住电梯按钮，等候他人出来。

（5）不可在电梯内丢放垃圾。

第五条　介绍规范

（1）介绍时，应将被介绍人的姓名、职位、单位、职称等介绍清楚。如"某某经理，这位是某某公司某某部经理某某先生"。

（2）介绍时，应先将职位低者介绍给职位高者，将主人介绍给客人，先将男士介绍给女士。

（3）介绍时，应将手心向上，五指并拢，指向被介绍者。

第六条　握手

（1）初次见面握手不应握满全手，仅握手指部位即可。

（2）握手时，伸出右手，上身直立微向前倾，目光平视对方，点头致意。

（3）握手力度应适中，力度太轻给人感觉无诚意，太重给人感觉过于鲁莽。

（4）握手时间一般在3秒钟之内，握一两下即可。

（5）如戴有手套，一定要脱掉手套再与对方握手。

（6）通常由年长者、职位高者、上级先伸手发出握手信号，年轻者、职位低者、下级再伸出手与之呼应。

（7）平级男士和女士之间，一定要女士先伸出手，男士再握其手。

（8）握手时切忌抢握，或者交叉相握。

第七条 名片使用

（1）在与他人交换名片时，应双手递上，身体微向前躬，手臂高度略与胸齐。规范用语："我叫××，这是我的名片。"

（2）若想得到对方的名片时，可使用的规范用语为："如果您方便，请留张名片给我。"

（3）接受名片时，双手接过对方的名片仔细看一遍，慎重收好，切忌随意丢放。

（4）若发现名片上有不认识的字或不理解的内容，则应虚心求教，以避免引起误会。

八、员工着装管理制度

第一条 为树立和保持公司良好的社会形象，进一步规范化管理，本公司员工应按本规定的要求着装。

第二条 员工在上班时间内，要注意仪容仪表，总体要求是：得体、大方整洁。

第三条 男职员的着装要求：夏天着衬衣、系领带；着衬衣时，不得挽起袖子或不系袖扣；着西装时，要佩戴公司徽章。不准穿皮鞋以外的其他鞋类（包括皮凉鞋）。

第四条 女职员上班不得穿牛仔服、运动服、超短裙、低胸衫或其他有碍观瞻的奇装异服，并一律穿肉色丝袜。

第五条 女职员上班必须佩戴公司徽章，男职员穿西装时要求佩戴公司徽章。公司徽章应佩戴在左胸前适当位置。

第六条 部门副经理以上的员工，办公室一定要备有西服，以便有外出活动或重要业务洽谈时穿用。

第七条 员工上班应注意将头发梳理整齐。男职员发不过耳，并一般不准留胡子；女职员上班提倡化淡妆，饰物的佩戴应得当。

第八条 员工违反本规定的，除通报批评外，每次罚款50元；一个月连续违反三次以上的，扣发当月奖金。

第九条 各部门、各线负责人应认真配合，督促属下员工遵守本规定。一月累计违反本规定人次超过三人次或该部室员工总数20%的，该负责人亦应罚100元。

九、员工工牌管理办法

为规范公司员工工牌标准，树立公司的统一形象，进一步完善管理制度，特制定本办法。

1. 工牌组成：员工工牌由公司LOGO、公司名称、个人照片、姓名、部门、职务、编号、签发日期7部分组成，并依顺序编号，与员工工卡对应。

2. 工牌识别：统一贴免冠1寸照片、盖公司行政人事部章后（工牌背面）生效。部门经理以上（含部门经理，厂部生产部经理）采用红色吊绳皮质吊牌；厂部（生产部、品管部、工程部、仓库、采购部）主管、办公室职能部门（财务部、行政人事部、研发部、业务部）工作人员、厂部（品管部、工程部、采购部）工作人员采用蓝色吊绳皮质吊牌；厂部生产部组长、领班、员工采用白色卡套（因考虑实际情况后，厂部仓库员工、厂部生产部五金丝印组领班、员工采用蓝色吊绳白色卡套）。

3. 办理流程：新员工入职手续办理 7 个工作日后将配发员工工牌，员工工牌中员工编号由行政人事部依据员工序号与工卡同步编制。

4. 管理要求：

（1）工牌属卡套的一律佩戴在左胸前、属吊牌的一律佩戴在胸前，不得挂于腰际或以其外衣遮盖，违者以未配工牌处理。

（2）上班时间（包括外出），员工必须佩戴工牌。

（3）员工离职时工牌应缴回，否则将赔偿 20 元。

（4）工牌有遗失或损坏，应通知行政人事部补发，每个扣缴工本费 10 元；如为故意损坏，并记小过一次。因公损坏时应报请部门经理签证后，交行政人事部补发。

（5）凡有下列情形之一者，视情节轻重予以适当处分、解雇或者移交司法机关：利用工牌在外做不正当的事情者；将工牌借给非本公司同仁，在外破坏本公司名誉或肇事者。

（6）各部门负责人应督促所属员工佩戴工牌，并由行政人事部负责追踪考核工作，未佩戴者每月第一次警告；第二次起每次罚款 5 元；第三次（不含）以上者，除罚款外，每次记申诫一次，部门负责人负连带处分。

（7）公司外来人员（包括客户、供应商、快递公司人员、送货人员、退货人员等）进入公司统一到前台领取临时工牌或者贵宾卡佩戴，采用谁接待谁负责的原则（追查不到个人由部门负责人承担责任），外籍客户除外，违者以未佩戴工牌处理。

（8）除经公司总经理批准免于佩戴工牌外，凡属公司员工一律佩戴工牌上班。执行日期：本规定 2008 年从 8 月 6 日~9 日开始试行，从 2008 年 8 月 10 日开始执行。以前管理规定、制度、规章与本办法有抵触的地方以本办法为准，没有抵触的继续遵照执行。

十、员工辞职管理办法

第一条 为保证公司人员相对稳定、维护正常人才流动秩序，特制定本办法。

第二条 普通员工应于辞职前至少 15 天；领班、组长、主管应于辞职前至少 30 天；部门经理应于辞职前至少 45 天，向公司提出辞职请求。

第三条 与辞职员工积极沟通，对绩效表现良好的员工，相关部门负责人和行政人事经理应在员工递交辞职书一周内找其谈话，了解员工离职的真实原因，并探讨改善其工作方法、环境、条件和待遇的可能性。

第四条 辞职员工填写辞职申请表，依据审批权限签署审批。

第五条 员工辞职申请获准，则办理离职移交手续，公司应安排其他人员接替其工作和职责。

第六条 在所有必须的离职手续办妥后，行政人事部核算工资，在公司统一出账日（5~8 号）到财务部领取工资。

第七条 公司可出具辞职人员在公司的工作履历和绩效证明。

第八条　员工辞职时，部门经理必须与辞职人进行谈话；如有必要，可请其他人员协助。谈话完成下列内容：

1. 审查文件、资料的所有权。

2. 审查其了解公司秘密的程度。

3. 审查其掌管工作、进度和角色。

4. 阐明公司和员工的权利和义务。

第九条　员工辞职时，行政人事部经理应与辞职人进行谈话，交接工作包括：

1. 收回员工工作证、识别证、钥匙、名片等。

2. 审查员工的福利状况。

3. 回答员工可能有的问题。

4. 征求对公司的评价及建议。

第十条　辞职员工因故不能亲临公司会谈，应通过电话交谈。

第十一条　辞职员工应移交的工作及物品：

1. 公司的文件资料、电脑磁片。

2. 公司的项目资料。

3. 公司的办公用品。

4. 公司工作证、名片、识别证、钥匙。

5. 公司分配使用的车辆、住房。

6. 其他属于公司的财物。

第十二条　清算财务部门的领借款手续。

第十三条　调离社会关系，出具离职证明。

第十四条　辞职人员不能亲自办理离职手续时，应寄回有关公司物品，或请人代理交接工作（代理交接必须要有本人出具委托书及身份证明）。

第十五条　辞职员工领取工资，享受福利待遇的截止日为正式离职日期。

第十六条　辞职员工结算款项：

1. 结算工资。

2. 应付未付的奖金、佣金。

3. 公司拖欠员工的其他款项。

须扣除以下项目：

1. 员工拖欠未付的公司借款、罚金。

2. 员工对公司未交接手续的赔偿金、抵押金。

3. 原承诺培训服务期未满的补偿费用。

如应扣除费用大于支付给员工的费用，则应在收回全部费用后才予办理手续。

第十七条　公司辞职工作以保密方式处理，并保持工作连贯、顺利进行。

第十八条　离职审批权限：

1. 员工，领班、组长建议，厂部生产部经理初核，行政人事部经理复核。

2. 领班、组长，厂部生产部经理助理建议，厂部生产部经理初核，行政人事部经理复核，总经理审核。

3. 生产助理，厂部生产部经理建议，厂部厂长初核，行政人事部经理复核，总经理审核。

4. 厂部生产部经理，厂部厂长建议，行政人事部经理初核，总经理审核。

5. 厂部（工程部、采购部、品管部、仓库）员工，由单位主管建议，厂部厂长初核，行政人事部经理复核，总经理审核。

6. 厂部（工程部、采购部、品管部、仓库）主管，由厂长建议，行政人事部经理初核，总经理审核。

7. 办公室职能部门（行政人事部、财务部、业务部、研发部）员工，由部门经理初核，行政人事经理复核，总经理审核。

8. 办公室职能部门（行政人事部、财务部、业务部、研发部）经理，由行政人事部经理初核，总经理审核。

第十九条　辞职手续办理完毕后，辞职者即与公司脱离劳动关系，公司亦不受理。在6个月内提出的复职要求。

第二十条　本办法从颁布之日起开始实施。原来的规章、制度、规定、办法与本办法有抵触的地方，以本办法为准，没有抵触的继续遵照执行。

十一、员工辞退管理办法

第一条　目的

本着对员工负责、保障员工的基本权益，体现公司管理的严肃性和公正性，特对辞退员工的工作做出本规定。

第二条　适用范围

本规定适用于公司所有员工。

第三条　定义

符合下列条件之一的员工，部门经理可提出辞退建议：

1. 试用期未满，被证明不符合录用条件或能力较差、表现不佳而不能保质完成工作任务的。

2. 严重违反劳动纪律或公司规章制度的。

3. 严重失职、营私舞弊、贪污腐化或有其他严重不良行为且对公司利益或声誉造成损害的。

4. 对公司有严重的欺骗行为的。

5. 因触犯法律而被拘留、劳教、逮捕或判刑的。

6. 患有非本职工作引起的疾病或非因公负伤，医疗期满后，经医疗部门证实身体不适、不能胜任本职工作的。

7. 员工能力明显不适应本职工作需求，在公司内部又没有适当岗位安排的。

8. 参加岗位适应性培训后考核仍不合格或在公司内部又没有适当岗位安排的。

9. 劳动态度差，工作缺乏责任心和主动性的。

10. 经过岗位适应性培训后，上岗工作表现仍然较差的。

11. 泄露商业或技术秘密，使公司蒙受损失的。

12. 其他情形。

第四条　辞退员工的操作流程

1. 厂部生产部领班、组长；厂部（采购部、工程部、仓库、品质部）主管；厂部生产部助理、厂部生产部经理；厂部厂长；办公室职能部门（财务部、研发部、业务部）经理根据公司规定的辞退条件，实事求是地对照员工的现实能力、表现或某些特定的事实，提出辞退建议，填写"员工辞退建议及评审报告单"（以下简称报告单）。

2. 由厂部生产部领班、组长、助理填写"报告单"的，由厂部生产部经理受理，厂部生产部经理接到"报告单"后，调查了解相关情况，进行条件审查，如果符合辞退条件，签署意见后报行政人事部；由厂部（采购部、工程部、仓库、品管部）主管填写"报告单"的，由厂部厂长受理、厂部厂长接到"报告单"后，调查了解相关情况，进行条件审查，如果符合辞退条件，签署意见后报行政人事部；由办公室职能部门经理填写"报告单"的，职能部门经理签署意见后直接报行政人事部。

3. 行政人事部接到"报告单"后，必须与拟辞退员工谈话，了解拟辞退员工的思想反应和意见，根据事实情况确认是否需要辞退。如确认需辞退的，行政人事部经理签署辞退意见。如属不应辞退的，与有关部门主管或者经理沟通后，协商安排工作。

4. 如果拟辞退员工为试用期员工，应将"报告单"直接送交行政人事部。行政人事部在收到"报告单"后，需进行适当的调查和确认，与拟辞退员工谈话，了解有关情况，如确认需要辞退的，签署辞退意见。如属不应辞退的，行政人事部与相关部门主管、经理进行沟通，协商解决办法。

5. 所有的辞退建议必须经总经理确认核准。总经理批准辞退建议的，则由行政人事部通知相关部门。如果总经理未批准辞退的，则由行政人事部及相关部门与员工谈话，并视情况对其工作岗位作适当的调整。

6. 由部门主管或者经理通知被辞退员工办理辞退手续。

7. 完成以上流程的时限要求：

（1）厂部生产部经理、厂部厂长收到"报告单"后，在 1 个工作日内作出明确答复后上报公司行政人事部；

（2）行政人事部收到"报告单"后，在 3 个工作日内作出明确答复后上报公司总经理；

（3）公司总经理签署意见后，行政人事部在 1 个工作日内协调解决问题。

8. 申诉。

拟辞退的员工有权按公司规定进行申诉，但不得扰乱正常秩序，不得扰乱公司领导的工作。

第五条　违反上述规定的处理办法

1. 如果部门（单位）管理者未按公司规定而随意辞退员工的，经行政人事部查证后，提出对部门（单位）管理者的考核意见。

2. 符合公司规定的辞退条件，而部门（单位）管理者不及时提出辞退建议，致使造成不良后果或不良影响的，相关部门（单位）管理者要承担相应责任。

第六条　附则

本管理办法从公布之日起生效，以前的制度、规章、规定与本管理办法有抵触的，以本管理办法为准，没有抵触的，继续遵照执行。

本规定由行政人事部负责解释和修改。

十二、人员出勤表

月　　日　　　　　　　　　　部门：

区分 单位	应到人数	新进人数	未到人数						辞职人数	实到人数	备考
			事假	病假	工伤假	公假	婚丧假	旷工	合计		
小计											
小计											
小计											
总　计											
累计											

续表

记录事项			

经理	副经理	部长	制表

十三、员工签到卡

月　日　星期（　）

顺序	姓名	签到	上班时间	备注	顺序	姓名	签到	上班时间	备注	备注
1					16					
2					17					
3					18					
4					19					
5					20					
6					21					
7					22					
8					23					
9					24					
10					25					
11					26					
12					27					
13					28					

顺序	姓名	签到	上班时间	备注	顺序	姓名	签到	上班时间	备注	备注
14					29					
15					30					
行政部统计	请假人员		出差人员			迟到				
	旷工人员		应出勤人数			实出勤人数				
	出差人数		请假人数			出勤率				

十四、月度考勤统计表

序号	姓名	出勤天数	假类	天数	迟到早退	出差天数	备注

填写要点：

1. 出勤天数依据员工考勤表统计。
2. 假类指病假、事假、公假、婚丧假、休假等。
3. 迟到早退以次数计。
4. 备注主要填写未尽事项。

本表以单页形式使用，由行政助理统计填写。

十五、企业招聘工作计划表

单位名称：　　　　　　　　　　　　　　　　填表日期： 年 月 日

	岗位名称	人员数量	人 员 要 求
招聘目标			

续表

发布时间							
发布渠道	发布方式	□报纸□网站□专业/行业杂志□人才中介机构□人才市场 □猎头□其他					
	发布安排						
招聘工作预算	项目						共计
	金额						
招聘小组		姓 名		工 作 职 责			
	组长						
	副组长						
	成员						
	成员						
成员分工							

填表人：　　　　　　　　　审核人：　　　　总经理：

填表说明：

此表用于人力资源部门开展招聘工作以前的计划，由人力资源部门填写，通知相关单位。

十六、企业应聘人员基本情况登记表

单位名称：　　　　　　　　　　　　　　　填表日期：　年　月　日

姓名		性别		民族		出生年月	
学历		毕业学校、时间及专业					
政治面貌		应聘职位		健康状况		期望月薪	
籍贯		身份证号				婚否	
现住址				联系方式			
现工作单位				现职务/职位			
是否需要提供食宿							
教育经历							

工作经历	
个人特长	
面试意见	主试人： 年 月 日
备注	

填表人： 审核人：

填表说明：

此表用于应聘人员在初步达成应聘意向时，由应聘人员自行填写，以便用人单位挑选。

十七、企业应聘人员面试记录表

单位名称： 填表日期： 年 月 日

申请人姓名			性别		年龄			最高学历	
应聘岗位			主试人			面试时间	月 日		
面试项目			优	良	好	可以	差		
1. 体能、体态状况									
2. 仪表、穿着与服饰									
3. 举止及应对礼仪									
4. 语言表达与口齿清晰									
5. 机智及反应能力									
6. 知识面宽广和渊博程度									
7. 性格特征与人际沟通									
8. 生活工作阅历									
9. 外语能力（英、日）									
10. 学历、学位									
11. 对申请职位之经验									
12. 相关专业知识支撑									

续表

面试项目	优	良	好	可以	差	
13. 对新工作环境适应性						
14. 对新工作之稳定性						
15. 对新工作信心与毅力						
16. 个人理想与公司一致						
17. 对职位未来之可塑性						
18. 家庭支持和累赘						
19. 住址与上班地点距离						
20. 对职位班次接受状况						

面试 总体评价						
现行工资			期望工资			
可提供待遇			确认工资			
拟受聘岗位		拟确定级别		拟聘用开始时间		
部门经理意见	年 月 日					
人力资源 部门意见	年 月 日					
领导意见	年 月 日					

填表人： 审核人：

填表说明：

此表由面试组长在征求招聘小组意见之后填写。面试评估的"备注"一栏用来填写面试过程中有用的信息或数据。

十八、企业员工试用期考核单

单位名称： 填表日期： 年 月 日

姓名		所在部门		职位	
报到 时间		试用期满时间			
试用情况说明					

续表

部门试用意见	□试用期已满，转为正式员工 □试用期已满，不录用，拟辞退 □试用期已满，继续试用＿＿＿个月 □试用期未满，不录用，拟辞退 部门经理： 年　月　日
人事部门意见	人力资源部经理： 年　月　日
领导意见	年　月　日

填表人：　　　　　　　　　　　审核人：

填表说明：

此表由人力资源部专员、部门及人力资源经理负责填写。此表交由人力资源部门存档。

十九、企业员工入职考核表

单位名称：　　　　　　　　　　　　　　填表日期：　年　月　日

姓名		应聘部门		职位	
考核说明					

评核记录＼评估	优	良	一般	及格	差	备注
仪表谈吐						
领悟反应						

续表

专业知识			
工作经验			
工作态度			
外语水平			
电脑技能			
综合考核意见			
入职后待遇说明			

填表人：　　　　　　　　　　审核人：

填表说明：

此表用于新员工入职前填写，由负责新员工入职的人力资源专员填写。此表在人力资源部门存档。

二十、员工辞退建议及评审报告单

姓名		部门		班/组	
工号		到职日期		填写日期	
辞退理由或者建议				建议人：	
部门评审意见				经理/厂长：	
仓库交接意见				主　管：	
行政人事意见				经　理：	
总经理审核意见				总经理：	

制表部门：行政人事部　　　　　　　　制表人：

二十一、加班申请单

年 月 日

单 位	姓 名	预 定 加 班 时 间			事 由
		起	讫	时数	

总经理:　　　　　主管:　　　　　填表:

二十二、加班费申请单

报销日期　　　　部门　　　　姓名

日 期				工作内容及地点	实际加班时间	加班费	误餐费
起		讫					
月	日	月	日		时数		

总经理　　　　会计　　　　出纳　　　　审核　　　　申请人

二十三、员工奖励单

序号:

提出人		部 门		职 务	
姓 名		部 门		职 务	

事由:

提出人签字:　　　日期

续表

奖励意见：	
	提出人部门领导签字：　　　日期
当事人部门意见：	
	当事人部门领导签字：　　　日期
人力资源部意见：	
	人力资源部经理签字：　　　日期
总经理意见：	
	总经理签字：　　　日期

二十四、资料借阅登记表

序号	资料名称	借阅日期	借阅人	归还日期	接收人

第二章　物业安全制度与表格

一、保安人员管理制度

（一）保安人员的职责

1. 保护工厂和员工的财产安全与人身安全，维护工厂内的正常秩序。
2. 保护工厂内发生的刑事、治安案件或者灾害事故现场，并维护现场秩序。
3. 把违法犯罪嫌疑人员扭送公安机关或治安办。
4. 做好工厂内的防火、防盗、防破坏、防治安、防灾害事故等安全防范工作。

（二）保安人员的权限

1. 对刑事案件等现行违法犯罪人员，有权抓获并扭送公安机关。
2. 对发生在工厂内的刑事、治安案件，有权保卫现场，保护证据，维护现场秩序以及提供与案件有关的情况。
3. 依照本工厂的规章制度规定，劝阻或制止未经许可的人员、车辆进入工厂内。
4. 对出入工厂内的人员、车辆及其所携带、装载的物品，按要求进行验证检查，但无人身检查权。
5. 进行工厂内安全防范检查，提出整改意见和建议。
6. 遇到有违法犯罪人员不服制止，甚至行凶、报复的，可采取正当防卫，但不得涉及无辜人员或不当防卫。
7. 对非法携带枪支、弹药和管制刀具的可疑人员有权进行盘查、监视，并报告当地公安局或相关部门处理。
8. 对有违反厂纪厂规行为的人，进行劝阻、制止和批评教育。
9. 制止工厂内的违法犯罪的行为。
10. 对有违法犯罪的嫌疑人，可以监视，并向公安机关或治安办报告。但无侦查、扣押、搜查的权利。
11. 监督进出厂员工佩戴厂证。

（三）保安人员禁止从事的行为

1. 阻碍国家机关工作人员依法执行任务的行为。
2. 非法剥夺、限制他人人身自由的行为。
3. 罚款或没收财物的行为。
4. 扣押他人证件或者财物的行为。

5. 辱骂、殴打他人或者教唆殴打他人行为。

6. 私自为他人提供保安服务的行为。

7. 处理民事纠纷、经济纠纷或者劳动争议的行为。

8. 其他违反厂纪厂规的活动。

二、保安部紧急集合方案

（一）目的

紧急集合预案是处理重大突发事件所采取紧急行动，训练队员对突发事件的反应能力，做到镇定自如，快速出击，及时处理，方能有效防止事态扩大。

（二）适用范围

1. 治安突发事件，如突发重大抢劫、伤人、杀人、斗殴、业主或公司的财产失窃，造成人身伤害或财产损失等。

2. 受到火灾、水灾、台风等自然灾害的威胁和袭击。

3. 临时有新的紧急任务或其他需及时处理或协助的事情。

4. 紧急集合方案演练，不断提高应付突发事件的快速处置能力。

5. 其他重大意外情况。

（三）方法

报警设施，包括电话、消防主机联网系统、警铃。

（四）措施

1. 建立畅通的通信渠道。

2. 组建足够的具有战斗力和责任感的应急小组人员编制。

3. 有严明的管理体制。

（五）时限规定

1. 治安案件警报和临时紧急工作指令，各备勤队员必须在 5 分钟之内到达指定地点集合待命，听从调遣。

2. 自然灾害和其他情况警报，各备勤队员必须在 120 秒钟内到指定位置待命。

（六）集合地点：宿舍门前

（七）集合要求

1. 宿舍备勤人员接到紧急集合信号时，停止一切活动，着装集合，赶到指定地点待命，听候指令。

2. 根据情况的不同，要求穿戴着装，属上述（五）中第 2 类"自然灾害和其他情况警报"类的必须穿戴整齐，包括（帽子、领带、武装带、工牌）。

3. "治安案件警报和临时紧急工作指令"必须穿制服，佩戴工牌，可以不戴帽，不系领带，不扎腰带，但不准赤脚。

4. 到达集合地点必须冷静，不得吵闹，一切听从指挥，服从安排。

（八）注意事项

1. 一切行动听指挥，不得擅自行动，不得随意发表言谈。

2. 当值坚守岗位，没有指令不得擅自离岗。

3. 注意观察可疑的人、事、物。

4. 注意联络和汇报，发生紧急情况立即安排人员处理及向领导汇报，将紧急情况用内部通信设备告诉当值人员。

5. 访问目击现场群众及相关人员，及时收集事件发生情况，做好记录，提供公安机关，同时保护好现场，及时做好疏通工作。

（九）紧急集合规定

1. 接到警情，值班人员必须坚守岗位，备勤人员必须准时赶到集合地点集合，否则给予处理和劝其离职。

2. 当值人员在园区接警必须 5 分钟内赶到事发现场，备勤人员集合后必须 5 分钟内赶到园区的任何一个事发点。

（十）基本要求

1. 时间观念强，动作快，不惊慌。

2. 能正确辨别警情，及时做出反应。

3. 服从指令，处事果断有力。

三、保安部交接班制度

（一）目的

确保交接工作整齐有序，树立管理处良好形象。

（二）适用范围

保安部岗位交接班工作。

（三）要求

确保值勤物品完整无缺，遗留问题跟进清楚。

（四）基本内容

1. 按时交接班，接班人员应提前 15 分钟到达岗位。接班人员未到达或未交接清楚前，当班人员不能离岗。

2. 接班人员要详细了解上一班执勤情况和本班应注意事项，应做到"三明"：

（1）上一班情况明。

（2）本班接办的事情明。

（3）物品、器械清点明。

3. 交班人在下班前必须详细填写值班记录，应做到"三清"：

（1）本班情况清。

（2）交接的问题急需跟进处理清。

（3）物品、器械交接清。

4. 当班人员发现的问题要及时处理，不能移交给下一班的事情要继续在岗位处理完毕，接班人协助完成。

5. 交班人员需下班前做好当值区域卫生工作，接班人员检查岗位卫生，保持岗位整洁。

6. 值班室、执勤点 10 米之内无纸屑、烟头，保持地面干净。

7. 物品摆放整齐，不乱扔乱挂乱放。

8. 交接班时必须由领班列队带队进行每个岗位交接工作。

9. 每个岗位的交接必须在领班现场督导下交接。

10. 物品清点不清，或有损坏，交完班后才发现，所承担责任由接班人员负责，领班负督导不严责任。

11. 交接班时必须先相互敬礼以示问候，包括互换岗位。

12. 领班必须在交接班前后主持工作安排及各项讲评工作。

13. 在交接班过程中及到达集合地点不得吵闹、喧哗，应自行列队站端正。

14. 交接班时要做好详细记录，并双方签名。

15. 全部交接完毕后，由领班列队进行当班的工作讲评，最后下达"解散"口令后，队员方可解散。

四、保安部内务管理标准与要求

（一）目的

为了强化队员维护个人仪容卫生的观念，营造一个安静舒适的休息场所。

（二）适用范围

保安部宿舍管理。

（三）主要内容

1. 保持宿舍清洁卫生，不随地吐痰，乱扔果皮、纸屑、烟火等杂物，违者罚款20元。

2. 床铺上保持干净平整，不准摆放杂物，被子按规定折成方块，床下的鞋子摆放整齐，违者罚款10元。

3. 帽子、腰带、口杯、水桶等物品，按指定位置摆放，保持内务统一，违者给予书面警告一次。

4. 室内保持安静，不准吵闹，若有人投诉，给予严肃处理。

5. 未经他人同意，绝对不允许私动他人物品，若被投诉，视情节轻重，给予处分。

6. 每天当值人员，必须彻底全面清扫卫生，保持宿舍整洁。

7. 每晚24:00点钟以前，所有队员必须归队，熄灯就寝，违者给予警告或除名处理。

8. 注意节约用电，人员离开必须关闭电灯、风扇、空调等用电器具，否则给予罚款30元处理。

9. 不准在宿舍堆放易燃易爆物品和各种有毒化学物品。

10. 不准在宿舍赌博和做其他违法活动。

11. 不准在宿舍墙壁上乱贴乱画，否则视情况给予处分。

12. 不准私自带人留宿，若有朋友来访，必须严格遵守来访管理制度，经申请同意后方可留宿（公司安排单人宿舍除外）。

13. 其他严格按公司的宿舍管理制度执行。

（四）基本要求

1. 没有吵闹声及其他噪音。

2. 室内物品整齐统一化，不出现脏、乱、差。

3. 宿舍投诉率降低到 0.1%。

五、保安部培训制度

（一）目的

培养一支爱岗敬业、训练有素、高素质的保安队伍。

（二）适用范围

保安部日常业务知识培训。

（三）标准

培训准时、内容科学、具有针对性。

（四）主要内容

1. 保安部队长制定科学合理的培训制度与训练计划。

2. 严格执行培训计划。

3. 培训日期不得随意更改，除非特殊原因。

4. 培训时不得有人缺席，一般情况下不准请假。

5. 培训材料必须经过筛选、符合要求、真实。

6. 培训期间不准有迟到、早退现象。

7. 培训时必须严格遵守纪律，认真听讲，做好培训笔记。

8. 培训期间不得吵闹或做与培训无关的事情。

9. 不得打电话与接听电话，把手机设置为无声状态。

10. 培训时必须穿戴整齐，按规定着装。

11. 严格执行培训签到制度，所有参与培训的人员必须签到。

12. 培训完毕须将培训记录经整理后存档待阅。

（五）学习内容

1. 相关法规（治安管理条例、保安服务管理条例、消防管理、交通管理等）。

2. 公司各项规章制度（管理规定、各岗位职责、员工手册、公司发展目标与企业服务宗旨）。

3. 业务技能（队列、体能、消防实际操作演练、交通指挥手势、拳术）。

4. 物业管理的基础知识。

5. 其他方面工作所需基本知识。

（六）考核

1. 保安员上岗前需进行理论与业务技能培训，合格后方可上岗值勤。

2. 保安部对全体保安员进行月度考核、季度考核、年终总评考核，考核不合格者按公司有关规定处理。

（七）基本要求

准时、科学，具有针对性。

六、保安部器械使用管理规定

（一）目的
加强保安器械使用管理。

（二）适用范围
适用于保安部器械的使用管理工作。

（三）职责
保安员严格遵守管理规定，杜绝滥用保安器械行为的发生。

（四）基本内容

1. 保安器械包括有对讲机、警棍、巡更器等，它是保安人员执行任务时保证安全、维护治安、自卫的工具和武器，属公司的公共财产，每个保安人员都有责任和义务将其保管好，防止遗失或损坏。

2. 保安器械只供保安员上班执勤时使用，严禁用作其他用途。

3. 保安器械严禁转借他人，禁止个人携带外出，如因工作需要须报请公司批准。

4. 对讲机使用应严格按规定频道正确操作，严禁保安员私自乱拆、乱拧、乱调其他频道。如有损坏视情节赔偿。

5. 值勤中禁止使用对讲机聊天、说笑，以及谈一些与工作无关的话题，严禁在检查时通风报信。

6. 警棍是保安员用来制服犯罪分子以及自卫的武器，严禁用来当作斗殴或威吓他人的工具。

7. 保安员交接班时，应做好保安器械的交接验收记录，防止出现问题时互相推卸责任。

8. 保安器械不用时，应由保安部统一妥善保管。

七、保安部生活制度

（一）目的
为了树立队员正确的人生观念，端正工作态度，塑造良好形象。

（二）适用范围
保安部队员言行规定。

（三）主要内容

1. 严格遵守《保安员管理条例》树立良好的生活作风，培养严格的纪律观念。

2. 接人待物要热情、周到，服务态度要端正。

3. 坚持维护公司利益，处处维护公司的形象。

4. 队员上班一般吃饭时间不超过半小时，早餐、消夜不超过 15 分钟，上班时间顶岗不超过 5 分钟。

5. 在宿舍或其他公共场合不准嬉戏打闹，大声讲话，自觉维护公共秩序和公共卫生。

6. 每班下班后，必须控制好队员在位率，做好各种备勤工作，外出必须按请假制度执行。

7. 不得骂人、训人、讲粗话和取笑戏弄行人。

8. 严禁体罚或变相打人，或调戏妇女、逗弄小孩。

9. 在工作岗位上不得让爱人、未婚妻、女朋友逗留，或在岗位上不得闲谈，接待朋友。

10. 严禁打架斗殴、酗酒、赌博，私藏违禁物品，侵占公共或他人财产，及其他不良行为。

11. 严禁看黄色书刊和录像及其他违法行为。

（四）基本要求

1. 工作岗位和公共场所应注意自己的行为举止，努力提高道德修养。

2. 严执行、严落实、严处罚。

3. 维护公司利益，不断树立自己的形象。

八、保安部四级安全防火责任制度

（一）目的

贯彻落实《消防管理条例》，加强安全防火工作教育，坚持执行依"预防为主、防消结合"的消防管理原则，实行层级落实，层级管理的消防责任制度。

（二）制度规程

1. 安全防火总指挥必须贯彻落实《消防管理条例》对整个小区负责，加强监督、监管、落实力度。

2. 安全防火副指挥严格执行落实《消防管理条例》，应熟悉国家《宪法》、《刑法》、《治安处罚条例》对安全防火总指挥负责，制定健全的消防管理制度和组建专门的消防应急组织，加强督导教育，并做好各方面安全教育宣传工作。

3. 维修部门领班严格执行落实《消防管理条例》和应急措施，应对安全防火副指挥负责，定期按时组织人员对消防设施进行保养、检修，确保各种消防设备都处在正常的工作运转预警状态，同时向安全防火副指挥提出合理改进意见，及时更新消防设施器材，假若有火灾一定要保证消防供水，及合理供电、照明和相关消防维修人员。

4. 维修技工应熟悉消防应急方案，对维修领班负责，定期检查、检修、保养小区所有消防设施设备，并熟悉掌握操作技能，及时完成工作任务，遵守安全操作规程，及时发现并汇报解决问题；确保各种消防设施正常运转，同时落实岗位防火责任制。

5. 业主应做好各自单元内的安全防火工作，业主应对管理处负责，做好日常的安全用电、炉灶煮饭时不离人，炉、灶旁不堆放易燃物品，不乱烧纸、烧香，乱扔烟头等，且教育小孩不玩火，如出现火灾事故由业主负责，室内不存放易燃易爆物品，发现火种、火情及时知会管理处。

6. 保安部队长严格贯彻执行《消防管理条例》及《火灾应急方案》，应对消防副指挥负责，督促、领导队员做好日常消防设施设备的检查、清点工作、做好安全防火工作的预防与处置，安排队员做好火灾应急方案的实施与培训、演练工作，并向消防副指挥及时反映存在的火灾隐患因素和改进措施。

7. 义务消防组组长严格遵守《安全防火管理制度》，熟练掌握《火灾应急方案》，义务消防组组长应对保安部队长负责，及时组织配合队长做好日常安全防火工作的检查与预防，协助做好《火灾应急方案》，加强落实岗位防火责任制。

8. 义务消防组成员对组长、队长负责，严格落实岗位防火责任制度，做好日常安全防火的预防、检查工作，排除一切不安全因素，熟练掌握应急方案和各种消防器材的操作与使用，不断提高自己处理突发事件的能力。

9. 岗位当值严格遵守《安全防火管理制度》，排除岗位区域一切不安全因素，发现火情及时汇报并采取相应措施，每个部门当值都应对自己部门主管负责，做好各自岗位区域安全防火工作。

（三）基本要求

1. 严格执行，严格落实。

2. 确保消防设备都处于正常工作状态下，能够正常使用。

3. 不因工作失误造成消防器材不能及时投入使用。

4. 能够及时更新，保养消防器材设施设备。

九、保安员仪容着装管理规定

（一）目的

使保安员上岗时保持良好形象。

（二）适用范围

全体保安员。

（三）职责

保安员严格遵守、认真执行，树立公司良好形象。

（四）基本内容

1. 仪容

（1）穿着统一服装，佩戴员工证件，整齐干净。

（2）不得披衣、敞怀、挽袖、卷裤腿、戴歪帽、穿拖鞋或赤脚。

（3）脑后头发不过衣领，两鬓头发不超过耳屏，不蓄胡须；不烫发，鼻毛不得长出鼻孔，头发梳理伏贴。

（4）常剪指甲，保持干净，指甲缝无污垢，指甲边缘长不超过1厘米。

（5）不准佩戴饰物。

2. 仪表

（1）不得哼歌曲、吹口哨、跺脚。

（2）不得随地吐痰，乱丢杂物。

（3）注意检查和保持仪表，但不得当众整理个人衣物。

（4）不得将任何物品夹于腋下。

（5）客户面前不抓头、抓痒、挖耳、抠鼻孔、剔牙、打哈欠、伸懒腰等。

（6）值勤中禁止吸烟、吃零食等不雅动作。

（7）坐立时精神振作，姿态良好，不弯腰驼背、不东倒西歪、不前伏后仰。

（8）站立时不袖手、背手、叉腰或将手插入口袋，按军姿标准站立。

（9）行走时，用正规的齐步，步速、步幅摆臂按军训要求去做，两人同行时不勾肩搭背。

（10）一人靠边行走，两人行走时并肩同步行走，三人行走时自行列队成纵队行走，保持步伐一致。

十、小区车辆管理制度

为维护小区交通秩序，保障车辆、行人安全，特制定本制度：

1. 遵守交通管理规定，爱护小区的道路、公用设施，不乱停放车辆，外来车辆未经允许不得驶入。

2. 小区内车辆行驶停放要服从管理人员指挥，注意前后左右车辆安全，在规定位置停放。

3. 非业主车辆不得停放在小区过夜，若临时滞留必须停放在车棚内指定位置。

4. 非机动车辆必须按规定的位置停放，严禁在消防通道及楼宇内随意停放。

5. 凡因不遵守车辆停放规定而造成车辆损伤或遗失，后果自负。

6. 内部车辆出入小区要出示出入证，外部车辆出入小区时，司机需要自觉出示行驶证，由值班员履行登记手续。

7. 车辆进入小区，司机必须减速行驶，禁止鸣喇叭，注意往来车辆及行人安全。

8. 机动车辆在本区行驶，时速不得超过15公里，摩托车时速不得超过20公里，严禁超车。

9. 停放好车辆后，必须锁好车门，调好防盗系统警备状态，车内贵重物品须随身带走。

10. 进入车辆严禁携带易燃、易爆、剧毒及各种腐蚀性物品。

11. 不准在小区内任何场所试车，修车、练车。

12. 不准碾压绿化土地，不准损坏路牌和各类标识，不准损坏路面及公用设施。

13. 不准在人行道上、车行道、消防通道上停放车辆（机动和临时车辆只能停放在指定位置，非机动车辆必须放在自己的停车场）。

14. 出租车接送小区住户，上下客人后必须马上驶离，不得在小区内招揽客人。出租车司机属来访客人，必须正常办理探访手续。

15. 车辆带货驶离小区，必须有相应证明，属贵重、大件物品或搬家物品，必须由住户到管理处办理有关物资放行手续，方可放行。

16. 除执行任务的车辆（消防车、警车、救护车）外，其他车辆一律按本制度执行。

十一、违规停放车辆的处置规定

（一）目的

确保车库（场）的秩序，保证管区内道路畅通，车辆停放整齐有序。

（二）适用范围

道口岗、车场岗、巡逻岗护卫工作。

（三）作业规程

1. 值班人员要勤巡逻、细观察，随时注意管区内的车辆停放情况，及时发现车主（驾驶员）的违规停放行为，并进行制止。

2. 纠正违章时，要先敬礼，态度和蔼，说话和气，以理服人，做到动之以情，晓之以理。

3. 对不听劝阻者或未及时发现的违规停放车辆，要查清姓名、单位（住址）、去向、如实记录并向管理处汇报。

（1）及时通知监控中心或管理处，用对讲机、电话通知车主（驾驶员）或其家属，迅速将车改停于规定位置上。

（2）在用对讲机、电话通知无效的情况下，巡逻护卫员或护卫班长应上门做好工作，进行说服，督促车主（驾驶员）及时纠正。

4. 如果私家车位被占，应根据车库（场）的车辆停放情况，可预留一个空车位给车位被占车主，并向车主（驾驶员）做好解释工作，以免影响其他车主（驾驶员）泊车。

5. 在一车两位占用较长时间，且劝说无效的情况下，该车出场时应向车主（驾驶员）收取双倍车位使用费用。

6. 对车主（驾驶员）将车停放在消防通道或强行占道，不听劝告，并造成消防隐患或交通严重阻塞的，应及时通知交警部门依法进行处置。

7. 若遇车主（驾驶员）醉酒或患病将车乱停乱放，应报告班长和管理处，立即采取措施，避免意外交通事故发生。

（1）对醉酒或者患病轻微者，在了解其家属或工作单位的情况下，应迅速通知其家属或工作单位，及时将车停放在指定位置。

（2）如醉酒或患病者处于不能自控状态，将车停放在交通干道上，在条件许可的情况下，应安排其他驾驶员将车停放在指定位置上，然后妥善处理。

8. 对不听劝告，蛮横无理，打骂护卫员的，应报告管理处，由管理处同车主（驾驶员）共同协商，妥善处理。若情节严重，应报告公安机关依法进行处理。

十二、防火管理制度

（一）总则

为了认真贯彻消防工作"预防为主、防消结合"的指导方针，使每个职工懂得消防工作的重要性，增强群众防范意识，把事故消灭在萌芽状态，现结合施工现场的实际情况，制定以下防火管理制度。

（二）施工现场防火的安全管理

1. 施工现场负责人应全面负责施工现场的防火安全工作，建设单位应积极督促施工单位具体负责现场的消防管理和检查工作。

2. 施工现场都要建立、健全防火检查制度，发现火险隐患，必须立即消除，一时难以消除的隐患，要定人员、定时间、定措施限期整改。

3. 施工现场发生火警或火灾，应立即报告公安消防部门，并组织力量扑救。

4. 根据"四不放过"的原则，在火灾事故发生后，施工单位和建设单位应共同做好现场保护和会同消防部门进行现场勘察的工作。对火灾事故的处理提出建议，并积极落实防范措施。

5. 施工单位在承建工程项目签订的"工程合同"中，必须有防火安全的内容，会同建设单位共同搞好防火工作。

6. 在编制施工组织设计时，施工总平面图、施工方法和施工技术均要符合消防要求。

7. 施工现场应明确划分用火作业、易燃可燃材料堆场、仓库、易燃废品集中站和生活区等区域。

8. 施工现场夜间应有照明设备，保持消防车通道畅通无阻，并要安排力量加强值班巡逻。

9. 施工作业期间需搭设临时性建筑物，必须经施工企业技术负责人批准，施工结束后应及时拆除。不得在高压架空线下面搭设临时性建筑物或堆放可燃物品。

10. 施工现场应配备足够的消防器材，指定专人维护、管理、定期更新，保证完整好用。

11. 在土建施工时，应先将消防器材和设施配备好，有条件的应敷好室外消防水管和消火栓。

12. 焊、割作业点，氧气瓶、乙炔瓶、易燃易爆物品的距离应符合有关规定；如达不到上述要求的，应执行动火审批制度，并采取有效的安全隔离措施。

13. 施工现场的焊割作业，必须符合防火要求，并严格执行"电焊十不烧"规定。

14. 施工现场用电，应严格执行上级有关文件规定，加强电源管理，防止发生电气火灾。

15. 冬季施工采用保温加热措施时，应进行安全教育；施工过程中，应安排专人巡逻检查，发现隐患及时处理。

（三）工地防火检查制度

1. 项目经理部每月定期组织有关人员进行一次防火安全专项检查，每周一次定期安全检查中对防火安全进行检查。

2. 检查以宿舍、仓库、木工间、食堂、脚手架等为重点部位，发现隐患，及时整改，并做好防范工作。

3. 宿舍内严禁使用电炉、煤油炉，检查时如有发现，除没收器物外，并罚款50元。

4. 木工间不得吸烟，木屑刨花每天做好落手清，如堆积不能及时清运的，处以罚款50元，木工间发现有人吸烟者罚款10元。

5. 按规定时间对灭火器进行药物检查，发现药物过期、失效的灭火器，应及时更换，以确保灭火器材处于正常可使用状态。

（四）施工现场动用明火审批制度

1. 一级动火审批制度

禁火区域内：油罐、油箱、油槽车和储存过可燃气体，易燃液体的容器以及连接在一起的辅助设备；各种受压设备；危险性较大的登高焊、割作业；比较密封的室内，容器内，地下室等场所进行动火作业，由动火部门填写动火申请表，项目副经理召集项目安全员、施工负责人、焊工等进行现场检查，在落实安全防火措施的前提下，由项目副经理、焊工、项目安全员在申请单上签名，然后提交项目防火负责人审查后报公司，经公司安全部门主管防火工作负责人审核，在一周前将动火许可证和动火安全技术措施方案，报上一级主管部门及所在地区消防部门审查，经批准后方可动火。

2. 二级动火审批制度

在具有一定危险因素的非禁火区域内进行临时焊割等动火作业，小型油箱等容器、登高焊割等动火作业，由项目施工负责人在四天前填写动火许可证，并附上安全技术措施方案，项目副经理召集项目安全员、施工负责人、焊工等进行现场检查，在落实防火安全措施的前提下，由项目副经理、焊工、项目安全员在申请单上签名，报公司安全部门审批，批准后方可动火。

3. 三级动火的审批制度

在非固定的、无明显危险因素的场所进行动火作业，由申请动火者填写动火申请单，在三天前提出，经焊工监护人签署意见后，报项目防火负责人审查批准，方可动火。

（五）消防器材安全管理制度

1. 在防火要害部位设置的消防器材，由该部位的消防职能人负责维修及保管。

2. 对故意损坏消防器材的人，按照处罚办法进行处理。

3. 器材保管人员，应懂得消防知识，正确使用器材，工作认真负责。

4. 定期检查消防器材，发现超期、缺损的，及时向消防负责人汇报，及时更新。

（六）义务消防队训练计划

为了保证本工程项目顺利实施，保护国家财产及职工生命安全，本工程成立了一支义务消防队。为更好地发挥义务消防队的预警预报能力，提高业务素质，成为一支训练有素，机动灵活适应工地错综复杂的消防环境需要的队伍，特制订以下训练计划。

1. 义务消防队每月组织一次活动，可采用丰富的形式，如消防知识讲座、经验交流会、参观观摩会、观看录像等。

2. 活动的形式和内容由消防领导小组或义务消防队队长负责安排，通过活动使队员们深刻认识到消防工作的重要性，针对工程实际情况，结合工程进度明确防火重点部位，掌握消防器材的操作知识，提高危险因素分析能力和扑救方法。

3. 及时与当地消防部门建立联系，搞好消防联防工作。有计划地到当地消防部门参与联谊活动，观察消防队员消防演习。

4. 定期举办义务消防队员消防操作技能训练，做到"防消结合"。

5. 根据工程进展实际情况，适时举办一些消防培训活动。

（七）特殊重点部位防火管理制度

1. 不准在高压架空线下面搭设临时焊、割作业场，不得堆放建筑物或可燃品。

2. 各种警告牌、操作规程牌、禁火标志悬挂醒目齐全。

3. 焊、割作业点与氧气瓶、电石桶等危险物品的距离不得少于 10 米，与易燃易爆物品的距离不得少于 30 米。

4. 乙炔发生器和氧气瓶的存放距离不得少于 2 米，使用时两者距明火不得少于 5 米。氧气瓶、乙炔发生器等焊割设备上的安全附件应完整而有效，否则严禁使用。

5. 施工现场的焊割作业，必须符合防火要求，每 30 平方米应配置两只灭火级别不小于 4B 的灭火器，严格执行"十不烧"规定。

6. 动火作业前必须执行审批制度，履行交底签字手续。

7. 严格执行奖惩制度，对遵守消防规章制度，未出大小火灾事故，能消除火灾隐患或勇敢扑灭火灾事故的个人给予表彰和奖励，对违反规定，造成火灾事故的人员视情节给予处罚，造成严重后果的，依法追究刑事责任。

（八）材料仓库防火管理制度

1. 施工现场材料仓库的安全防火由材料仓库负责人全面负责。

2. 对进入仓库的易燃物品要按类存放，并挂设好警示牌和灭火器。

3. 经常注意季节性变化情况，高温期间如气温超过 38 度以上时，应及时采取措施，防止易燃品自燃起火。

4. 仓库间电灯要求吸顶，离地不得低于 2.4 米，电线敷设规范，夜间要按时熄灯。

5. 工地其他易燃材料不得堆垛仓库边，如需要堆物时，离仓库保持 6 米以外，并挂设好灭火器。

6. 严格检查制度，做好上下班前后的检查工作。

（九）木工间防火管理制度

1. 木工间由木工组长负责防火工作，对本组作业人员开展经常性的安全防火教育，增强防火意识和灭火技术。

2. 使用机械必须严格检查电器设备，安全防护装置及随机开关，破损电线及时更换。

3. 木工间严禁烟火，如发现作业人员抽烟或作业场内有烟蒂按规定罚款处理，每天做好落手清工作。

4. 木工间内的灭火器，经常检查，发现药物及压力表失效时，及时与工地安全员联系更换。

5. 按国标设置安全防火警告标志及警告牌，做好防火安全检查工作，发现隐患，及时整改。

6. 木工间非作业人员严禁入内，一旦发生人为火灾事故，应追究其当事人责任。

（十）机修房防火管理制度

1. 机修房的安全防火工作由机管员全面负责。

2. 机修房各种防火警告牌必须齐全，各种制度上墙。

3. 所有机械设备安放位置选择合理，电线及配电箱设置规范，做好机械的接地或接零。

4. 机修工作业时，严禁戴手套，下班时切断电源。

5. 存放油类要求归类，配备一定数量且有效的灭火器。

6. 按规定做好每天的检查工作，发现火灾隐患，及时采取措施。

（十一）电焊间防火管理制度

1. 电焊间防火安全工作由组长全面负责，对本组作业人员要加强安全宣传教育，增强防火观念和灭火技术水平。

2. 建立动用明火审批制度，做好审批工作，操作时，应带好"两证"（特殊工操作证、动火审批许可证），并配备好灭火器，落实动火监护人，焊割作业应严格遵守"电焊十不烧"及压力熔器使用规定。

3. 作业场内严禁烟火，违章按规定罚款处理。

4. 灭火器挂设必须符合要求，经常进行检查，发现药物及压力表失效时，及时与工地安全员联系更换。

5. 各种安全防火警告标志及警告牌必须悬挂醒目、齐全。

6. 开展经常性防火自我检查，发现隐患，及时整改。

（十二）油漆间防火管理制度

1. 工地油漆间设置专职的仓库保管员。

2. 仓库保管员应懂得化学危险品基本性质，工作认真。

3. 严禁库内吸烟，对违者进行严格处罚。

4. 建立"禁火区"动火审批制度。室内电器设备应符合防火、防爆要求。

5. 正确配置灭火器材，做好定期检查。

6. 严禁闲人入内。

（十三）职工宿舍防火管理制度

1. 职工宿舍防火工作由室长负责，室员共同配合。

2. 宿舍内严禁烧电炉、热得快等电器具。

3. 宿舍内电线由电工安装完毕后，禁止他人乱拉乱接。

4. 严禁躺在床上吸烟，电风扇不得放在蚊帐内吹风。

5. 职工宿舍每50平方米设置一只灭火级别不小于3A的灭火器，定期检查其使用可靠性，按时补换药物。

6. 防火工作负责人要保持高度警惕，经常巡视生活区域及宿舍，发现危险因素，及时消除隐患。

（十四）食堂间防火管理制度

1. 工地食堂防火安全工作由炊事班长全面负责，经常对炊事人员进行防火安全教育，提高灭火技术，增强防火意识。

2. 炊事人员在作业时严禁吸烟，使用电器设备时要严格检查，发现隐患及时整改。

3. 食堂间内特别是灶间灭火器挂设齐全、有效，各种防火警告牌挂设完整、醒目。

4. 做好经常性防火检查工作。

5. 灶间严禁堆入易燃物品，炊事人员如违反有关规定所引起的火灾事故，应追究当事人责任。

（十五）奖励与惩罚

1. 奖励办法

（1）关心消防工作，积极投入消防工作，成绩显著的。

（2）模范遵守消防法规，制止违反消防法规的行为，表现突出的。

（3）及时了解和消除重大火险隐患、避免火灾发生的。

（4）积极扑救火灾、抢救公共财产和人民生命财产，表现突出的。

（5）对查明火灾原因有突出贡献的。

（6）在消防工作其他方面做出显著贡献的。

（7）对以上在消防工作中有先进事迹的个人应给予表扬和奖励。

2. 惩罚规定

有下列行为之一，情节较重的，由本单位或上级主管部门给予行政处分或者经济处罚：

（1）施工人员不按防火制度规定进行施工的。

（2）防火负责人不履行职责的。

（3）值班人员擅离职守或失职的。

（4）不按规定添置消防器材、设备的责任人。

（5）故意损坏消防器材的。

十三、物业公司消防演习规程

（一）目的

普及消防知识，提高全体员工的消防安全意识，增强火灾发生时员工在报警、灭火、疏散和抢救等方面的快速应变能力，确保业主/物业使用人的人身财产安全。

（二）适用范围

适用于管理处的消防演习。

（三）职责

1. 管理处安全领导小组组长负责全面贯彻执行本规程；

2. 公司社区环境管理部负责业务指导和检查；

3. 护卫主管负责过程控制并监督实施；

4. 管理处全体员工（义务消防员）负责具体执行本规程。

（四）演习规程

1. 管理处护卫主管负责制定消防演习方案，消防责任人审批，《消防演习记录表》报公司社区环境管理部审阅并复印存查。

2. 各管理处每年举行一次综合消防演习，每季度至少进行一次全员消防基础知识培训。而属于公安部第 61 号令规定的消防安全重点单位或区域的世贸广场、中海商城、深圳中学及其他管理处管理区域内的幼儿园、写字楼、商场、餐饮店等区域，管理处须组织或督导其每年二次消防演习。

3. 演习内容。

（1）报警与验证。

（2）紧急集合与灭火器材的携带。

（3）水龙带、水枪的抛掷与连接。

（4）灭火抢险。

（5）疏散人员。

（6）试验消防设备（启动防排烟机、正压送风机、消防泵等）。

（7）救助伤员。

（8）演习总结。

（9）清理现场。

4. 演习步骤。

（1）演习准备：

①确定适当时间、地点。

②模拟着火源（如油桶等）。

③准备灭火器材（如水枪、灭火器等）。

④迷彩服、安全带、头盔、空气呼吸器、安全绳、保险钩等。

⑤管理处提前一天向业主/物业使用人发出消防演习的通知。

⑥演习前举办一次防火安全知识宣传教育。

⑦其他。

（2）具体步骤：

①发出演习通知后，如遇天气变化或其他特殊原因，管理处可酌情更改演习时间，同时更改通知。

②护卫主管负责召集人员，布置场地，准备器材，宣读演习要求与纪律，管理处主任下达演习开始的命令。

③护卫主管按照消防演习的步骤，负责演习的具体组织指挥。

④播音员根据演习项目的内容进行广播讲解。

⑤各班（组）按照演习方案规定的职责和分工行动。

⑥演习结束后，护卫员迅速将灭火器材等整理好，然后整队集合，全体人员列队。

（3）演习总结：

①管理处主任对整个演习效果进行总结。

②社区环境管理部人员对演习效果进行评估指导。

③护卫主管负责填写《消防演习记录表》。

十四、防火宣传教育制度

（一）目的

提高全体防火安全意识，增强消防安全观念，自觉遵守各项防火安全制度。

（二）适用范围

物业公司全体员工。

（三）内容

1. 消防宣传是消防管理的一个重要方面，是教育发动群众自觉同火灾作斗争的一项重要措施。各部门必须贯彻执行"预防为主，防消结合"的消防工作方针，保障安全。

2. 防火宣传教育要纳入部门宣传教育中，利用各种形式，广泛深入地进行宣传，普及消防知识，提高员工防火警惕性。

3. 新职工、临时工（包括代培、借用人员、施工人员）工作前必须进行防火教育。

4. 各级领导和全体员工必须认真学习消防常识及有关消防管理规定，并认真执行。

5. 对用火、用电、用油和储存易燃易爆物品仓库及重点部位人员特殊工种等要采取短期培训班、讲座、参观等方法进行消防专业知识教育。

6. 定期组织防火安全活动，通过经常化、制度化的教育和训练，提高员工的思想政治觉悟。

7. 抓住正、反两方面的典型事例进行宣传教育，提高警惕性，增强防火责任感。

8. 要经常对广大员工和义务消防员进行消防知识教育，使广大员工群众都能达到"四能"（能宣传、能检查、能及时发现和整改火险隐患、能扑救初起火灾）。

9. 通过系统的宣传教育，使广大员工群众不断提高防火安全意识，增强消防安全观念，在工作、生活中自觉遵守各项防火安全制度，时刻不忘防火，就会杜绝减少火灾发生。

10. 贯彻实施消防有关法规、条例、规定。表彰在消防工作中做出贡献的好人、好事，揭露批评违章、违法乱纪行为等，要运用宣传舆论，扩大影响，推动消防工作。

十五、值班记录表

日期		值班时间	值班员	值班情况及交接班记录	交接时间	交接签名	备注
月	日						

说明：1. 值班人员必须认真做好值班记录，包括公司领导、机关工作人员前来检查工作的情况。

2. 交接班双方要做到手续清楚，因交接不清而发生问题时，追究交接班双方的责任。

十六、来访登记表

日期	来访人姓名	性别	有效证件/号码	被访人姓名	住址	来访时间	离开时间	值班人	备注

十七、夜间查岗记录表

时期	时间	岗位	情况记录	受检人签名	检查人签名

十八、保安交接班记录表

时期	班次	值班员	本班发生情况及处理结果	交接班时间	接班人	交接物品

十九、保安员个人装备领用登记表

姓名：　　　　　　　　　　　性别：　　　　　　　　　　到职时间：

时间	品名	数量	价格	个人出资额	使用人签名	发放单位	经办人签名

说明：1. 经办人必须如实填写。

2. 保安员在公司内部调动，卡片随同移交其所在单位。

二十、物品放行条

物品搬运单位：		日期：	
物品名称：			
物品数量：		搬运时间：	
经办人：	客服中心：		岗位确认人：
备注：			

二十一、巡楼记录表

月日	班次	时间	巡查次数	巡查人签名	异常情况及处理结果	抽查人签名	抽查时间

二十二、保安巡逻签到卡

时间	签名	时间	签名	时间	签名

巡视记录（楼管员填写）：

二十三、停车场出入登记卡

卡号：

时期	车辆号码	进场时间	离场时间	收费情况	值班员	备注

二十四、停车场车辆状况登记表

年　月　日

车辆号码	车位	检查项目							进场时间	出场时间	车主签名认可	值班员签名
		照明灯	外壳	标志	轮胎	玻璃	后视镜	转向灯				

二十五、消防组织和消防设施情况表

单位				地址				
小区类型				占地面积		建筑面积		
管理处防火负责人	姓名		职务				电话	
管理处护卫主管	姓名		职务				电话	
公司安委会办公室	电话			主管部门			电话	
消防监控中心	负责人			义务消防队		班（队）数		
	值班电话							
	人数					人数		
消防设备	消防泵	型	（台）	消防栓	（个）	水龙带 （根）		蓄水池 （个）
	灭火器	干粉	泡沫	二氧化碳	1211	酸碱	1301	
	数量							
消防水源分布情况：								

二十六、消防重点部位情况表

部位名称	建筑耐火等级	面积（平方米）	负责管理部门	员工人数	消防责任人
概况					
火灾特点					
扑救措施					

注：分区域填写。

二十七、火灾隐患整改通知单

_____：
经　年　月　日　时　分检查，发现你（_____部位）有下述火险隐患，限于_____月_____日前采取如下有效措施整改完毕，并将整改情况及时通知。 　　　　　　　　　　　　　　　　　　　　签收人/时间：　　　　　　签发人/时间：
隐患情况和应采取措施：
整改情况：   　　　　　　　责任人/时间：
复查情况：   　　　　　　　复查人/时间：

　　说明：本表应填写一式两份，其中整改方一份，检查方一份。

第三章　工程管理制度与表格

一、物业装修申报流程规定

（一）装修申请

1. 用户可根据本手册的指引，用户与装修单位负责人一起提前7天向物业管理处客户服务中心上交装修申请。

2. 特殊情况：对申请装修项目少且简单，无法请到正规装修队伍时，物业管理处允许由用户请非正规装修队伍施工，但《装修申请表》中凡装修单位填写的内容均由用户填写。

3. 客户服务中心接到装修申请当日，发放给需装修的用户和装修单位一份《装修手册》，并依据《装修手册》的相关条款，签署和提供相关文件资料：

（1）交验装修单位营业执照、装修资质等级证书原件及加盖单位公章的复印件一份。

（2）交验装修单位企业法人、负责人有效证件原件、复印件一份。

（3）交装修合同复印件一份。

（4）签署《装修申请表》。

（5）填写《装修施工人员登记表》。

（二）图纸审核

1. 在装修前将一式三份的装修图纸（图纸按 A3 或 A4 制作）提交客户服务中心。图纸审批的目的是确保进行装修的用户无违反大厦物业管理处的有关规定，以尽量避免日后产生不必要的损失或争执。

（1）该项工程并无违反国家规章及政府部门的要求。

（2）该项工程并无对其他业主或用户造成影响。

2. 在确认装修设计不会对楼宇安全、公共设施设备正常使用及房屋外观造成不良影响时，物业管理处在3天内给出初审意见，对装修工程较大的审批时间最长不超过7个工作日。

3. 装修面积超过50平方米，装修设计方案需要报请消防局审批。没有消防局的批件，装修工程不得进场作业。

4. 不宜审批的情况：涉及有拆、改承重结构的；涉及有消防隐患的；涉及有破坏预埋管线的；涉及有破坏外立面、大量使用易燃材料的；等等。

5. 图纸种类。用户进行装修时，其装修设计及施工图必须经××市消防部门批准，装修设计及施工图图纸应包括以下的具体内容：

(1) 室内装修平面布置设计图。

(2) 装修立面布置图。

(3) 天花吊顶安装设计图。

(4) 空调设施安装设计图。

(5) 消防设施安装设计图。

(6) 电气设施、线路设计图及用电量。

(7) 给水设施及管道安装设计图。

(8) 拆、移和重新分隔体的要求。

(9) 改、封管道的要求。

(10) 重新设线路的要求。

(11) 其他要求。

（三）审核审批

1. 初审完毕后，客户服务中心负责将初审意见复印给用户和装修单位进行修改。用户和装修单位须积极按初审的意见认真的修改。

2. 用户和装修单位修改完图纸后，将修改好的图纸一式三份交客户服务中心。

3. 装修申请获得批准后，客户服务中心提前一天通知用户和装修单位交费和办理相关证件，并负责带领装修单位一同到工程部办理有关手续，填写以下相关表格。

(1) 填写《装修施工承诺表》，对不肯承诺的，不得开工。

(2) 填写《防火责任书》。

(3) 填写《临时动火作业申请表》。

(4) 填写《临时用电计划申请表》。

(5) 填写《临时用水计划申请表》。

（四）交费

客户服务中心负责引导用户和装修单位一同到财务部交纳相关费用。

（五）办证

1. 为方便大厦在装修期间的管理，并使各用户和装修人员都能在有秩序的状态下作业，客户服务中心对所有用户、装修人员及临时人员实行发证制度。用户和装修单位必须负责统一为所有参与装修工程的人员办理出入证，并交纳工本费。用户和装修单位凭使用者的身份证原件及照片办理，并由大厦客户服务中心核对身份证原件。

2. 客户服务中心负责指引用户和承办商办理以下证件：

(1) 装修许可证：缴纳装修押金后，由客户服务中心发给《装修许可证》。

(2) 装修出入证：统一由客户服务中心制作，贴持有人照片并加盖物业管理处公章后生效。

(3) 用户出入证：大厦的用户需办理出入证。

(4) 装修单位施工人员出入证：注明与装修施工期限相同的有效期。

(5) 临时出入证：临时进入大厦的须凭有效证件领取临时出入证（当日有效）。

（六）其他

客户服务中心在用户和承办商办理完上述手续后，应立即通知工程部开通装修临时用水、用电，并负责安排其进场装修。

二、装修施工管理规定

为了加强小区住户装修装饰工程的管理和监督，业主及装修公司须保证遵守物业公司的以下规定：

1. 装修期间发生违章行为，业主为第一责任人，须独立承担责任和接受处罚并限期复原。

2. 装修方案必须经过物业公司审批，办理有关装修手续并取得《装修施工许可证》后方可进场施工。

3. 施工过程中，须将物业公司核发的《装修施工许可证》张贴在装修单元户门朝外一侧，以备物业保安人员查验。

4. 施工时间：每天 8:00~18:00，星期六、日禁止噪音施工。如需在规定时间以外进行施工，须事先征得物业公司同意，获得批准后方可施工。（按照国家规定：每日 12 时至 14 时，18 时至次日 8 时之间不得从事敲、凿、刨、钻等产生噪音的装饰装修活动。）

5. 施工时必须尽量采取有效的防护措施，减少施工所引起的沙尘、噪音及刺激性气味等污染，避免对单元楼内的其他业主造成干扰。

6. 所有装修材料（包括泥土、沙石）、装修废料及垃圾，必须用尼龙袋或麻布袋搬运至物业公司指定位置。运载材料的车辆必须在指定的区域内装卸。

7. 运送过程中，如对公共区域的天花、墙身、地面、结构等部位有任何损坏或破坏，将由责任方承担责任及后果。

8. 施工过程中卫生间必须做 24 小时蓄水实验工程。同时在蓄水实验工程竣工后告知物业先期验收，填写《卫生间防水试验记录单》。

9. 必须对小区单元楼内的结构、装置、装修等做好足够的保护，避免施工期间有任何的损失和破坏，其中包括公共区域、设施设备、其他业主的财产，否则责任方承担赔偿责任及后果。

10. 有噪音及有可能干扰其他用户的施工，须在指定时间内进行。

11. 在现场进行油漆作业，必须遵守物业公司的有关规定。严禁存放大量的稀料、汽油、脱漆剂等易燃、易爆品。

12. 施工现场使用明火作业，必须经物业公司相关部门审批，经同意后方可使用。

13. 所有装修施工只限于在户门内进行，不得在走廊、通道或其他公共区域进行，一切工具、材料、泥土、沙石、装修废料及垃圾等必须存放在户内，不得占用公共区域和通道、走廊等，否则物业公司将视情况对违章施工予以制止，对违规堆放的物品予以清理，责任方须承担所有清理费用。

14. 所有装修垃圾必须及时清理，以保持通道顺畅、地面清洁，减少火灾隐患。

15. 严禁使用消防栓内的阀门取水。严禁将混凝土、沙石、瓦砾倒入下水管道内或地漏内，违者严肃处理。

16. 装修材料、机器设备、工具及垃圾等物品，必须有序码放。严禁将任何物品、垃圾抛出窗外，如因此对设备设施造成损害，对任何人造成伤害，后果自负。

17. 施工现场应配备医疗药品。必须配备足够的灭火设备，如灭火器、沙袋等，以备发生火情时采取紧急措施。

18. 物业公司建议装修公司为其所承建的装修工程购买保险。如果因为装修施工管理不善引发的灾害、破坏，导致装修委托方受到损失，物业公司不承担责任。对小区公共区域、公用设施、设备及人身、财产安全造成的危害，由业主承担一切责任。

19. 施工人员必须着装整齐，佩戴物业核发的《临时出入证》进入小区。不得光膀、赤足、穿拖鞋。对无《临时出入证》的人员，禁止进入小区。

20. 小区内任何地方禁止赌博。不得在公共区域播放音响设备。

21. 小区内任何地方严禁吸烟。施工人员不得在小区内饮酒、生火做饭。

22. 当日施工结束后，关闭所有门窗、电源、水管开关后，方可离开。

23. 业主必须密切注意其聘用的装修公司的施工情况，并要求施工人员严格遵守本管理规定。

24. 装修施工期间，物业公司管理人员将随时会到装修现场进行巡查。管理人员对查出的火险隐患，会以口头及书面形式提出警告，并提出整改意见或追究违约责任。

25. 物业公司对违例的装修将会提出改进方案，装修公司应积极配合。

26. 物业公司对施工单位及其施工人员在装修施工期间违反装修管理规定的行为将作违约处理，并有权制止或根据情节轻重追究违约责任。

三、物业装修材料管理规定

(一)《放行条》的使用范围

1. 有贵重物品（办公用品）、装修材料搬出时。

2. 用户搬出大厦时。

3. 装修单位将有价值的物品搬出时。

(二) 申请《放行条》的程序

1. 搬入申请

(1) 不限制申请人。

(2) 装修队搬运较大设备及危险物品进入时，持本人《装修出入证》。

2. 搬出申请

(1) 到大厦客户服务中心办理相关登记手续，凭有效证件到客户服务中心或安全员值班领取《放行条》，详细列明搬出物品清单。

(2) 搬出贵重物品的申请必须由用户本人或凭用户办理的有效合法手续（委托书）和申请人的身份证复印件。

(3) 搬出大厦申请时必须已结清管理费、水电费等。

（三）物品进出限制规定

1. 物品进出时间规定

（1）所有搬运行为必须在规定的时间内进行，过期《放行条》无效。

（2）用户搬迁时，应提前至少一天到大厦客户服务中心办理相关手续登记，以便提供泊车位和专用电梯服务。

2. 禁止上下电梯的物品

（1）整块夹板或板料尺寸超出电梯轿厢内空间尺寸。

（2）铝合金、不锈钢型材的长度超过2米。

（3）未经包装（指编织袋等装好），用铁丝线捆扎运输的各类砖、石、岩石。

（4）未密封的液体材料，如天那水。

（5）超长、超宽的其他物品和不用袋装好的装修垃圾。

3. 禁止进入大厦的物品

（1）石油液化气。

（2）用于装修的固体的沥青，禁止在大厦内调制。

（3）室内地面装修材料：厚度超过1厘米的大理石、花岗岩等。

（4）国家有关治安和消防方面禁止在大厦内贮存的易爆有毒物品等。

（5）未经许可不搬运电焊机、切割机等。

（四）物业管理处对公共设施遭受损坏的行为，依据"谁损坏谁赔偿"的原则

（1）在搬出搬入物品过程中，发现公共设施被损坏，安全人员应立即要求当事人在《放行条》上签署损坏公共设施赔偿保证，同时通知上级及相关部门的负责人到现场查看。

（2）根据被损坏的程度和设施情况，由客户服务中心计算赔偿费用。

（3）对被损坏设施应及时进行维修的，由客户服务中心负责及时安排维修人员限期维修。

（4）特殊情况：由当事人负责维修的，客户服务中心派安全管理员或维修人员督促维修工作。

四、装修施工水电管理规定

1. 用电管理

（1）施工前，负责施工的单位或用户根据施工项目和用电量大小，向客户服务中心申报《临时用电计划申请表》。

（2）在《临时用电计划申请表》中，应列明所使用电动设备的名称、功率和数量。

（3）客户服务中心负责派专业人员对其机械电气设备进行检查核实。

（4）必须在客户服务中心专业人员指定的位置接线，要求安装漏电保护开关、电度表、施工配电盘（箱）。

（5）用户和装修单位需配备合格的持证上岗人员进行特种作业。

2. 施工用电限制

（1）不影响楼宇机电设备的正常运作。

（2）不超出供电负荷量允许范围。

（3）噪音很大的电动工具，严格按施工噪音管理规定的时间执行，不应影响用户的正常工作与休息。

3. 临时用电的管理权限

（1）物业管理处有权劝阻或制止违章操作。

（2）物业管理处有权对所使用的电动设备工具随时进行检查。

（3）对不听劝阻的违章施工行为，物业管理处可即采取有效措施制止施工并要求其限期整改，以防止事故发生。

4. 供电计量

（1）为了保证大厦二次装修时的用电安全，结合大厦的实际用电需求，大厦二次装修的用电将采用有偿计费方式，因此，要求各承办商的计量电表均需通过供电部门的校验。

（2）二次装修施工之前，承办商必须事先提出装修用电量要求，如总用电量小于12KW，应负责购买5（20）A三相电度表、20A三相四极带漏电保护的自动空气开关和带锁的临时电表箱；如总用电量大于12KW，则应事先将所有的用电设备分类、分回路，并提交相应的配电系统图，大厦管理处工程部审核批准。更改供电线路与方式，其具体事项由工程部负责。同时工程部负责严格检查装修用电设备和审核有关施工图纸资料，经确认用电合格后，才能提供用电接线点。

5. 装修临时用水管理

（1）施工前，负责装修施工的单位进场，向客户服务中心申报《临时用水计划申请表》。

（2）供水地点：装修单位在指定位置驳接。

（3）驳接方法：装修单位自行驳接，如需要大厦客户服务中心驳接，相关费用由装修单位负责。

五、装修违章处理规定

（一）违章行为类别

（1）擅自开工。

（2）乱拉电线、超负荷用电。

（3）随意改变窗台、窗框、玻璃等的颜色、格调。

（4）随意拆改墙体。

（5）在承重墙、梁、柱上打孔、削薄、挖。

（6）私自增加线路负荷。

（7）随意改动上下水管、电线（开关盒）。

（8）私自开凿楼面层。

（9）擅自占用公共通道、天台、屋面。

（10）擅自在室外加装灯。

（11）擅自移动消防设施。

（12）使用消防违禁用品。

（13）擅自动火作业。

（14）铺装过重的地板材料。

（15）随意丢弃装修垃圾，利用公共部位、场地加工装修材料。

（16）随意向窗外抛扔物品。

（17）随意使用电梯运送装修材料（散装料和超长重料）。

（18）冲洗地面时将水冲进电梯，破坏电梯装饰。

（19）不按规定要求、时间施工。

（20）夜间在大厦中留宿。

（21）不按规定配置灭火器。

（22）在装修施工现场，施工人员吸烟的。

（23）其他违章现象。

（二）违章装修的处理

装修施工期间，发现违章装修的，装修管理员应立即要求其停止违章装修，恢复原状，并视情况采取以下方式进行处理。

（1）批评教育，规劝改正。

（2）责令停工，发出《装修违章通知书》，并要求限期整改。

（3）责令恢复原状。

（4）扣留或没收工具。

（5）停水停电（须报管理处领导批准）。

（6）要求赔偿损失（须报管理处领导批准）。

（7）依据"违章装修违约金处罚办法"规定罚没违约金。

（三）违章装修违约金处罚办法

（1）进场装修前未到公司办理申报手续，除应补办手续外，罚款1000元。未经许可，私自拆改房屋结构的，除应恢复原状外，罚款5000~20000元。

（2）擅自拆改和部分破坏内墙、柱、梁、楼板等结构的，除应补墙及恢复原状外，罚款15000~50000元。

（3）管理处同意，私自增加电、气线路负荷、改变走向或擅自改动上、下管道的，除应按原样恢复外，罚款500~20000元。

（4）装修中如违反安全用电、用水规定，除应纠正及赔偿外，每项罚款200~500元。

（5）未经管理处审批，私自凿开楼面、地面、保护层的，除应进行加固和做防水处理外，罚款15000~50000元。

（6）私自改变窗子型号、规格及颜色的，除应恢复原状外，罚款1000元。

（7）私自损坏和改变外墙装饰的，除应恢复原状外，罚款1000元。

（8）未经公司批准封堵或占用公共通道、消防通道，占用天台、屋面及在公共地方砌墙的，除应恢复原状外，罚款2000~5000元。

（9）擅自在窗户安装网、罩、牌及任何物品的，除要求拆除并恢复原状外，罚款

500～1000元。

（10）擅自拆除地漏和向地漏倾倒杂物的，除清理通畅、修复损坏下水道外，罚款500～3000元。

（11）装修环境不整洁，在公共场地乱堆放材料、装修垃圾的，罚款200～2000元，并要求装修单位及时清理改正。

（12）动火作业未办理手续的，按有关消防管理规定处罚。

（13）动用和移动消防设备设施，使用可燃材料未作阻燃处理，施工现场使用电炉、石油气以及施工人员吸烟的，按有关消防安全规定处罚。

（14）造成上、下水管道渗漏和阻塞的，除清理疏通外，罚款500～1000元。

（15）使用可燃或有毒及刺激性气雾材料，未采取措施向公共通道排放的，按有关消防管理规定处理。

（16）实际装修内容与装修申报内容不符的，除应根据实际情况纠正及补办申报手续外，每次罚款100～500元。

六、装修验收程序

（一）目的

为规范二次装修的验收工作，特制定本程序。

（二）适用范围

适用于本公司各管理处二次装修的验收。

（三）验收分类

1. 初验：当装修户所有装修工程施工完毕后，即可申请初验。

2. 初验时提出问题得到整改后，用户提前一周时间知会客户服务中心，在知会的第二周内安排进行正式验收。

3. 特殊情况：若装修量小、项目简单，并且不涉及改造的，由物业管理管理处认可初验和正式验收一次进行。

（四）装修验收的要求

1. 对用户从事装修时有违章行为，没得到整改或纠正前，不能进行验收。

2. 对初验中存在的问题必须得到彻底的整改，如在正式验收中发现仍不合格者，将不进行验收并处于相应的处罚。

3. 用户和装修单位申请正式验收后，客户服务中心负责收回《装修出入证》存档；对遗失的证件扣除《装修出入证》押金。

（五）装修验收程序

1. 装修户在施工完成后需验收，用户承办商负责人必须至少提前一天向大厦服务中心提出初验申请。

2. 管理处工程部负责在三日内组织验收人员对装修现场进行初验。

3. 工程部负责对验收结果记录在《装修验收表》的"初验情况"栏内，并将结果复印一份给用户和装修单位负责人。对于初验存在的问题，用户和装修单位须在两个星期内整改完毕。

4. 用户和装修单位将初验中的问题整改完后，提前一周向客户服务中心提出正式验收申请。

5. 申请正式验收时，由工程部组织相关人员参加，针对初验中提出的问题进行逐项查验。

6. 对初验合格后，又有增加装修项目的，无违章装修时，仍须补办申请；有违章装修的，按管理规定中的装修违章处理条款执行，并立即停止对该装修户的验收，直至整改完毕后再进行正式验收。

7. 正式验收合格后，客户服务中心负责收回各类施工人员的《装修出入证》，对遗失的证件扣除证件押金。

8. 正式验收合格后，《装修验收表》的"正式验收情况"栏内登记验收情况。工程部在《装修申请表》内"完工验收"栏目签署"验收合格，签署姓名及日期"，并在其装修押金的收据上签署装修验收合格证明。

9. 装修单位在正式验收合格的当日进行清场。

10. 正式验收合格后，三个月内没有出现结构和安全问题，用户和装修单位凭已签署验收合格意见的收据到管理处财务部办理装修施工单位的"装修押金"、"水、电押金"的退款手续。

七、物业管理中工程完善和工程遗留问题处理规定

（一）目的

为规范工程完善和工程遗留问题，使之不影响业主的正常生活，特制定本规定。

（二）适用范围

1. **工程完善**

工程完善是指开发建设单位在房屋本体工程竣工验收后，才进行的部分公共配套设施的工程完善。

（1）室外改造、完善工程，如下所示：

①室外娱乐设施。

②绿化、区间道路等配套设施。

③建筑景观、小区等环境设施。

④大厦入口大门。

（2）室内改造、完善工程，如下所示：

①消防监控中心。

②楼道灯改造。

③大堂、会所。

④设备房土建工程。

⑤停车场及其配套。

⑥宣传栏、大厦布置图，及各种标识类。

2. **工程遗留问题**

工程遗留问题是指在竣工验收和楼宇使用过程中，发现的安全隐患、使用的建筑材

料不合格、设计无法达到使用的要求、保修无法解决的设计缺陷方面内容。

（三）处理规定

1. 管理中心对完善配套工程执行监督职能，指定管理部专人，做好协调工作。

2. 对发现的遗留问题，及时向物业公司汇报，并做好与开发建设单位的联系工作。

（四）管理工作规定

1. 在业主未办理入住手续之前进行的完善和工程遗留问题改造时：

（1）管理中心对已接管的房屋和设施实施保管。

（2）分清责任范围，管理中心指定专人与施工队保持联系，协调解决须交叉工作的矛盾，以确保已接管房屋和设施的完好。

（3）配合施工队的用水用电，要求施工队进出场有序（必要时，签定协议）。

（4）按设计要求限制施工队活动范围。

2. 在业主开始办理入住手续之后进行的完善和工程遗留问题改造时，除按第四条第一点的规定继续执行以外，还必须在以下工作方面加强管理：

（1）限制噪音、施工时间，以确保业户的休息。

（2）给进场施工队人员（保修人员）办理《特别通行证》，避免与装修施工人员混淆，给已入住的业户带来安全隐患。

（3）管理中心增强保安力量监督施工队的人员管理。

（4）施工队离场前，必须到管理中心申请"放行条"，在经管理中心房管员以上人员核查无误后（核查有无违反管理规定，收回通行证，督促水电费结算等），并经房官员以上人员签名后施工队方可撤离。

八、物业接管验收管理程序

（一）目的

根据《房屋接管验收标准》通过对物业接收的过程实施有效控制，规定了物业接管验收的具体办法，分析移交方与物业管理公司、与管理处的责任范围，合理体现业主利益，为物业顺利进入管理阶段奠定基础。

（二）适用范围

本程序适用于公司根据物业管理委托合同条件下即将进驻管理的物业的接收过程。

（三）职责

1. 公司总经理负责任命由公司主管领导、各职能管理负责人组建物业验收技术小组和管理处。

2. 物业验收技术小组：承接物业管理是公司重要业务，公司将根据承接物业的实际情况成立由总经理牵头，各专业工程技术人员组成的物业验收技术小组，具体负责物业接管验收中的资料验收和设备系统及配套设施的单项部位验收，并指导及配合物业管理处完成岗位和责任交接工作。

3. 管理处作为该项物业的物业管理部门在物业验收技术小组完成资料交接后，在其指导下按照物业管理方案，组织各岗位人员熟悉环境及设备。按规定步骤自移交方逐条接收其管理岗位及责任。

（四）工作程序

1. 物业验收技术小组的成立

（1）当公司承接新的物业管理项目时，由公司总经理确定成立物业验收技术小组，技术小组中应根据物业情况选择包括下述专业人员：

①电梯专业

②空调专业

③消防专业

④发配电专业

⑤给水排水专业

⑥土建专业

物业验收技术小组的成立，应由总经理签发书面的通知。

（2）物业验收计划的制订

物业验收技术小组会同物业管理处，根据物业管理合同的要求制订相应《物业验收计划》，验收计划应由验收技术小组组长审核，并报总经理批准。

2. 资料的接管验收

楼宇验收技术小组会同物业管理处按验收计划进行资料的接管验收，认真审查验收移交方提供的产权资料和技术资料，并记录《楼宇接管资料移交清单》中，对于个别一时难以备齐的资料，在不影响整个接管验收工作的进度下，可由交接双方议定，限期提交并做好记录备查。

3. 物业的预验收

（1）物业验收技术小组分专业系统，按验收计划要求依据设计图纸进行预验收。

（2）楼宇验收技术小组依据国家标准《建筑安装工程质量检验评定标准》《房屋接管验收标准》对物业的实物进行验收，主要验收设备和主材的规格型号、容量、制造厂并清点数量、安装位置等，填写《房屋接管验收表》及《公共设施接管验收表》。

（3）在预验收中检查出不合格项目，提出书面的整改后附《房屋接管验收遗留问题统计表》及《公共设施接管验收表》，报送移交单位，由移交单位催促工程施工单位进行整改。遗留问题整改完毕后，施工单位填写《房屋接管验收遗留问题统计表》及《公共设施接管验收表》中的"处理结果"一栏并签字后返还管理处存档。

（4）对预验收的单独设备进行试运转验收，主要验收设备的安装质量和运转中设备的主要技术指标。对不符合的指标，及时提出书面意见，要求移交单位组织设备制造厂家或施工单位进行重新调试，要基本达到规定的要求。

4. 物业的验收

（1）物业验收技术小组根据《房屋接管验收遗留问题统计表》及《公共设施接管验收表》中的"处理结果"进行验证。验收合格后，按验收计划进行正式的物业验收。

（2）楼宇的实物验收，按验收计划要求进行，做到三符合：一是图纸与设备规格型号、数量符合；二是工程的主要设备的安装位置与安装质量符合；三是设备包括设备连接的整个系统的技术性能，应与设计的功能符合。

（3）在实物验收过程中，发现的不合格立即提出书面《整改报告》限期整改，并在《房屋接管验收遗留问题统计表》及《公共设施接管验收表》中的"验收结果"栏中注明，验收小组负责跟踪验证整改的结果。

5. 岗位移交

在完成资料交接和现场验收后，物业管理处各岗位人员进驻岗位，配合移交方岗位人员一起履行运行职责，此间不承担管理责任，仅作为责任过程。

各岗位移交最高时限。

①电梯　　　　　　　　　1 周
②中央空调　　　　　　　2 周
③消防　　　　　　　　　1 周
④配电　　　　　　　　　2 周
⑤给排水　　　　　　　　1 周
⑥供气　　　　　　　　　0.5 周
⑦土建　　　　　　　　　3 周
⑧其余岗位　　　　　　　0.5 周

6. 责任移交

在岗位移交完成后，移交方人员撤离现场，全部管理责任由物业管理处负责。至此，物业接收过程完成，物业管理处出具验收总结，物业进入日常管理阶段。

7. 验收后的工作

（1）各专业工种根据验收后的情况，整理《房屋接管验收表》、《公共设施接管验收表》及《房屋接管验收遗留问题统计表》等有关资料。

（2）物业验收技术小组根据《房屋接管验收表》、《公共设施接管验收表》等有关资料，作出综合性验收评定，并将验收报告呈交公司总经理。

（3）公司总经理代表物业验收的接受单位，同物业的移交单位办理相关的手续。

（4）物业验收技术小组根据各专业工种整理的验收资料进行汇总后存档。

九、物业公用设施改造及维护维修工作程序

（一）目的
确保及时更新、改造、维护、维修公用设施，保证其适时、适量增容和正常运行。

（二）适用范围
适用于花园管理处管理的公用设施的改造及维护维修。

（三）职责

1. 管理处职责

（1）负责做好本管理区域内维修（改造）、保养的年度及季度计划和半年总结。

（2）负责单项预算费用 3000 元以下的项目的申报、实施及结算。

（3）积极配合其他部门，做好由其他部门负责实施的本辖区内的工程项目的施工管理和结算工作。

（4）组织有关部门对本管理处负责的项目进行竣工验收，参与本管理区域内其他

工程项目的竣工验收工作。

（5）管理处主任作为管理处负责的项目的第一责任人，须督促工程项目直接负责人做好工程的实施、安全质量监督、总结工作；同时须督促员工做好工程项目的年度计划、季度计划和半年总结。

2. 工程技术部职责

（1）作为维修（改造）项目的主审部门，负责立项工程方案及预算的审核。

（2）负责做好维修（改造）工程的年度总结。

（3）负责单项预算费用3000元以上的项目的申报、实施及结算。

（4）为各管理处提供工程方案、预算上的技术支持。

（5）组织有关部门对本部负责的项目进行竣工验收，并将验收情况反馈给该项目所属管理区域内的管理处；参与其他工程项目的竣工验收工作。

（6）工程技术部经理为部门负责的项目的第一责任人，须督促工程项目直接负责人做好工程的实施、安全质量监督和总结工作；同时须督促员工做好工程项目的年度总结和部门所负责项目的实施。

3. 财务部职责

（1）做好立项项目的预算审核工作，监督和控制工程费用的预算执行情况。

（2）负责为各部门办理工程项目的结算。

（3）参与工程项目的竣工验收。

（四）程序

1. 管理区域内公用设施的确认

（1）物业管理员制作公用设施一览表并准备用相应的管网图、供电线路图、结构图、原理图、说明书等资料。资料应加编号。

（2）管理区域内公用设施应包括如下几种：

①供电、供水设施（不包括水泵房、开关站、变（配）电所，该部分公用设施的控制按供电供水设施控制程序进行）。

②路灯、公共通道灯、庭院灯、应急灯。

③花园内休闲娱乐设施。

④消防设施。

⑤公共天线、公用电信线路。

⑥清洁卫生设施。

⑦公共防盗设施。

⑧其他公用设施。

2. 责任范围划分

管理处主任根据公用设施一览表和物业管理员人数及特长划分各物业管理员责任范围，并在一览表相应栏目注明。

3. 维修（改造）计划

（1）年度计划的制订。

各管理处须于每年12月15日前做好下一年度的工程维修（改造）、设备保养计划，维修（改造）、保养项目主要包括：电梯、空调机组、高（低）压配电系统、发电机组、消防系统、生活供水系统、排水系统、防盗监控系统、电脑（网络）设施、停车场智能管理系统、公共照明系统、楼宇及公共场地、市政道路、园林绿化、出租房屋及设施、避雷设施等。

须报计划的项目是指单项预算费用 2000 元以上的项目。做计划时必须根据实际管理需要，做到方案切实可行、预算基本准确。各管理处将编制好的年度维修（改造）计划送至总经理、财务部、工程技术部（送往工程技术部时须附送上用 Excel 编制的计划表磁盘）。

（2）季度计划的制订。

各管理处须在年度计划的基础上，根据实际管理情况，于每季度末做好下一季度的维修（改造）计划（单项预算 2000 元以上的项目），编制季度维修（改造）计划表，并将计划表送至总经理、财务部、工程技术部（送往工程技术部时须附上用 Excel 编制的计划表磁盘）。

4. 日常巡视检查

（1）物业管理员对自己责任范围的公用设施在正常工作日内每天巡视检查，并作公用设施巡视记录。

（2）物业管理员对重要公用设施应适当增加巡视频次，必要时，对其性能状况可进行试验。

5. 计划外公用设施改造及维护维修

（1）物业管理员根据下列资料提出计划外公用设施改造及维护维修项目。

①日常巡视检查记录。

②客户投诉记录。

③访问客户记录。

④上级指示。

（2）经批准的计划外项目由物业管理员按规定实施。

6. 公用设施的抢修

（1）管理处主任当班时，由主任组织实施抢修；管理处主任不在时，由责任物业管理员组织实施抢修。

（2）必要时，抢修负责人可向上级报告抢修情况或请求帮助。

（3）管理处所有人力、财力、物力应优先满足抢修的需要。

（4）抢修完毕，管理处主任应向经理报告抢修情况，包括事故原因、损失情况、抢修结果、抢修费用和纠正、预防措施。

7. 公用设施改造及维护维修工作质量的检查

（1）管理处主任重点检查费用 500 元以上的项目质量和抢修项目质量，发现问题，并及时通知物业管理员处理。

（2）公司经理随机检查公用设施的改造及维护维修工作质量，发现问题，并及时通知管理处主任处理并要求其书面报告处理结果。

十、小区物业设施设备管理规定

（一）目的

为规范各物业区域设施设备的管理，以确保业主、用户能正常生活和工作，特制定本规定。

（二）适用范围

物业区域的供水、供电、供气及机电设备。

（三）日常保养规定

1. 供水、供电、供气及机电设备是经过周密考虑而设计的，请业主（住户）不要随意更改，如未获批准而擅自更改，造成经济损失由业主（住户）负责。

2. 各楼宇均装有公共电视天线，为保持楼宇的雅观，请勿增设个别户外天线。

3. 切勿把垃圾、菜叶、杂物等废料投入厕所及下水道，如因使用不当，导致堵塞或损坏，一切修理费用由业主（住户）自行负责。

4. 屋楼内公共地方，不得摆放家具、货物、神位及烧香，不得乱涂乱画，如属小孩所为，由家长负责。

5. 各住宅单位均设有专供晾衣架的架子，请勿在其他地方晾晒衣物，以免影响屋村雅观。

6. 爱护公共设施、电梯、对讲机，教育小孩不要在电梯内嬉戏，不要乱按对讲机和电梯开关键，如属人为损坏，当事人负责修理费用，并视损坏程度接受罚款。

7. 如长时间离开寓所，请关好水、电、气总闸，如因水、电、气问题造成经济损失，由业主（住户）自行支付。

（四）设备安全运行制度

1. 机电设备的管理以安全、正常、经济运行为标准，机电设备的操作、保养、维修由设备工程部专业技术人员实施，维修人员须持有相应的操作证、上岗证。

2. 智能控制、消防、电梯、供电、供水设备管理实行 24 小时值班制度，值班员必须密切留意和掌握设备的运行情况，发现问题及时处理，并做好运行记录。

3. 机电设备严格按照设备维修保养规程进行维护，保证设备完好。

4. 值班员和维修人员应严格按照操作管理规程进行操作和维修。

5. 设备管理人员应了解和掌握设备运行规律，贯彻以预防为主的方针，防止事故发生。

6. 维修设备时，先准备好材料和采取相应的安全措施和技术措施，防止触电及设备事故的发生。

7. 在电源干线、低压配电柜上进行工作时，必须有专人监护，操作必须使用绝缘工具并悬挂标志牌。

8. 做好设备运行和维修记录，建立设备台账，定期对设备进行清洁卫生。

9. 供配电设备房必须具备有灭火器材。

（五）设备运行记录管理制度

1. 管理区域内验收交接应移交有关机电设备档案资料，包括设备产品合格证、施工图、接线图、试验报告、说明书等，综合部档案室设专柜保管。

2. 管理中心建立设备运行档案柜，保存设备技术资料、设备台账、设备运行管理资料和维修资料等。

3. 值班员和维修人员做好智能控制、消防、水电、电梯等设备的值班记录和各种设备的巡视检查和保养记录，并有记录人的签名。

4. 所有记录以月为单位整理、装订成册，归档管理。

5. 定期对设备管理记录进行统计分析，掌握设备运行情况。

6. 借阅查找设备管理记录应办理相关手续。

（六）设备管理交接班制度

1. 值班人员应按统一安排的班次值班，不得迟到、早退、无故缺勤，不能私自调班、顶班。因故不能值班者，必须提前征得领班同意，按规定办理请假手续，才能请假。

2. 交接班双方人员必须做好交接班的准备工作，准时进行交班。交接班的准备工作包括：查看运行记录；介绍运行状况和方式，以及设备检修、变更等情况；清点仪表、工具；检查设备状况；等等。交班时，双方领班在值班日志上签字。

3. 在下列情况下不得交接班：

（1）在事故处理未完或重大设备启动或停机时。

（2）交接班准备工作未完成时。

（3）接班人数未能达到规定人数的最低限度时。

（4）领班或由主管指定替代领班的人未到时。

（5）接班人员有酒醉现象或其他神志不清情况而未找到顶班人时。

（七）设备管理报告制度

1. 下列情况报告班组长：

（1）主要设备非正常操作的开停、调整及其他异常情况。

（2）设备出现故障或停机检修。

（3）零部件更换及修理。

（4）维修人员的工作去向，客户维修材料的领用。

（5）运行人员暂时离岗。

（6）对外班组及上级联系。

2. 下列情况必须报告技术主管：

（1）重点设备非正常操作的启停、调整及其他异常情况。

（2）采用新的运行方式。

（3）重点设备发生故障或停机抢修。

（八）设备故障和事故处理程序

1. 无论发生何种设备故障和事故，主管单位必须立刻组织力量迅速处理。

2. 发生较重大事故或故障（指造成较大范围、较长时间有关系统不能正常工作或将造成有关系统不能正常工作，产生较严重影响，直接经济损失 1000 元以上者）时，必须及时报告上级领导和有关单位协调解决。

3. 无论发生何种设备故障和事故，主管单位有关人员必须在值班记录和故障检修记录本上做详细记录，不得疏漏隐瞒。

4. 发生较重大事故或故障时，主管单位在事故、故障初步处理后，写出事故、故障报告，由管理处经理召集有关单位参加事故分析会，写出分析意见和改进措施，然后由经理审批后送主管单位。对于改进措施，有关单位必须严格执行。

十一、用料清单

工程编号： 字第 号

用料单位： 年 月份 工程名称：

材料名称	规格	单位	数量	单价	总价	说明

会计科长（签章） 复核（签章） 填表（签章）

十二、材料请购单

No. _____

日期： _____

请购项目	品名	
	用途说明	
	材料类别	
询价记录	供应商名称	
	1	
	2	

十三、设备请购单

年　月　日

申请单位名称		采购用途		
设备采购规范				
附件	型　第　件　设备效益分析报告　页			
期望到货日期	年　月　日		验收人	
批示			单位主管	

十四、成批请购单

制造号码：　　　　　　　　　请购单编码

产品名称		产量		开工日期	
项次	请购材料	单位用量	标准用量	库存量	请购数量	核准数量	备注

董事长：　　　　　总经理：　　　　　审核：　　　　　请购：

十五、采购程序及准购权限表

采购物品名称	采购申请人	采购管理单位	购买期限	准购权限			价款核准权限				物品验收人	品检		保管人
				科长	总经理	董事长	采购	科长	总经理	董事长		需	否	

续表

采购物品名称	采购申请人	采购管理单位	购买期限	准购权限			价款核准权限				物品验收人	品检		保管人
				科长	总经理	董事长	采购	科长	总经理	董事长		需	否	

核准　　　　　　　　　　　　　　　　　　制表

十六、采购程序规定表

　　年　　月　　日制定

采购项目	请购核准程序	询价规定	验收过程	付款程序
计划采购的材料	生产管理科 总经理 董事长 请购→核准→核准 5万元以下	合约议价方式购买		采购 总经理 董事长 会计 发票→核准→核准→记账
一般材料采购	同上	新品询价三家以上	同上	仓库 总经理 董事长 会计

填单日期		年 月 日							
请购	品名		规格		科号		单位		数量
	用途说明				需要日期		预算编号		
					董事长		总经理	主管	经办
	科别				交货方式		一次交货　分批		

续表

询价记录	供货商名称	单价	总价	交货期及质量	参考材料	库存量		可用天数	
	1					请购单		可用天数	
	2					单购单价		供货商	
	3				董事长	总经理	科长		采购
收货记录	入库日期		验收单号		实付金额				
	材料名称	购置数量	验收数量	金额	发票号码				
					会计	品检		采购	仓储

十七、一般物品采购单

年 月 日 　　　　　　　　　　　　　　编号

采购类别	零件 □工具类　　□文具印刷　　□事务用品　　□设备零件 □其他（请在"□"划"√"）			
材料名称	材料用途及说明	数量	需要日期	裁决
申请单位		裁决　　审核　　请购		

十八、采购记录单

编号 　　　　　　　　　　　　　　　　　　　　　年 月 日

	制造号码	物品名称	规范说明	请购数量	单位	估计单价	采购期限	说明
请购项目								

	厂商	厂牌	单价（￥）	总价（￥）	采购意见	裁决		预定交货期
询价记录								
								实际交货期
经理	科长采购员		采购	经理		科长使用单位	仓库人	申请

十九、工程质量异常报告单

年　　月　　日　　　　　　　　　　　　　　　　　　　　　　编号：

异常现象	1
	2
	3
	4
	5
	6
	经办人： 年　　月　　日
质量管理部门建议	签章 年　　月　　日
其他部门的意见	签章 年　　月　　日
总经理批示	签章 年　　月　　日
备注	

二十、阶段工程质量认可通知单

工程项目名称	
项目认可范围	
自检、监理认可及质量资料情况 1. 质量保证资料 　　　　　　　　　　　　　页 2. 工程质量预检记录 　　　　　　　　　　　页 3. 隐蔽工程检查记录 　　　　　　　　　　　页 4. 工程质量监理认可检查记录 　　　　　　　页 5. 分项工程质量检验评定表 　　　　　　　　页 6. 其他情况 质量保证资料情况： 自评等级：　　　　级（A. B. C） 监理认可等级：　　　级（A. B. C） 施工专职质量检查员（签字）　　　日期： 建设单位代表（签字）　　　日期：	
审查意见： 经监督抽查质量等级： 监督员：　　　　审核：　　　　日期：	

归档人员：　　　　　归档日期：　　　　　归档编号：

二十一、监督中重大质量问题请示汇报表

年　月　日

项目名称		类别	
承建单位		施工单位	
提请决定的主要问题及初步意见： 问题提出人员：　　　　年　月　日		站长及分管站长意见： 签名：　　　　　年　月　日	
落实情况：			
审批意见： 审批机关：（签章） 审批人：　　　年　月　日			

归档人员：　　　　　归档日期：　　　　　归档编号：

二十二、工程资料移交清单

单位名称：　　　　　　　　　　　　　　物业位置：

序号	资料名称	数量	备注

移交单位：	接收单位：
移交人：　　　　　　　年　月　日	接收人：　　　　　　　年　月　日

二十三、公共机电设备验收单

楼宇名称：_____　　验收组人员：_____　　日期：_____

设备名称：	数量	安装位置：

型号及主要技术参数：

现场实测技术性能及数据：

续表

设备名称：	数量	安装位置：
随机专用附件、工具名称、数量：		
保修期终止时间：　　　年　　　月　　　日		
验收结论： 验收人签名：		
移交单位： 移交人：　　　　　　年　　月　　日	接收单位： 接收人：　　　　　　年　　月　　日	

二十四、室外给排水验收单

楼宇名称：＿＿＿＿＿　　　验收组人员：＿＿＿＿＿　　　日期：＿＿＿＿＿

序号	项目	缺陷详情	备注
1	化粪池		
2	污（雨）水井		
3	管道		
4	水表井		
5	管道竣工平面图		
6			
7			
8			
移交单位： 移交人：　　　　　　年　　月　　日		接收单位： 接收人：　　　　　　年　　月　　日	

说明：1. 污水井盖应逐个揭盖检查验收。

　　　2. 隐蔽管道的验收需下井检查。

二十五、房屋室内装修验收书

装修房号		开工时间		竣工时间	
装修项目 及验收结论					
验收意见	装修人意见				签字： 年　月　日
	装修施工单位意见				签字： 年　月　日
	物业管理公司意见				签字： 年　月　日

二十六、设备维修记录表

部门：＿＿＿＿＿＿＿　　　　　　编号：＿＿＿＿＿＿＿

设备名称		设备编号		维修人	
规程型号		开始时间		结束时间	

设备故障原因：

维修处理（自修/外委）：

维修过程及安全措施：

维修人：

维修审核：

维修检定结论（含技术参数及功能）

检定人：　　　年　月　日

备注：

第四章 物业资金制度与表格

一、票据处理准则

（一）收受票据应注意的事项

（1）凡与业务无关的票据不得收受。

（2）如非本人票据应请客户亲自背书，如属指名票据应请抬头人加盖印章。

（3）收受的票据面额较应缴纳款项为多时，在未兑现以前不得找还，其差额应兑现以"暂收款项"科目处理后退还。

（4）营业部门各经办员（包括外勤职员及出纳员）收到票据时，应立即在票据左上角画横线二道，并在收入传票摘要栏注明收票日期、票据号码、付款行库、金额及到期日。

（二）收受本埠即期票据的处理

（1）凡出纳员收入本埠即期的票据，应即日提出交换并在收入会票摘要栏加盖"一交"、"二交"戳记，如当日来不及交换者，应在收入传票摘要栏加盖"交换"戳记，以使经办员作为填注有关账簿的依据，以杜绝作弊。

（2）出纳员收入的票据提出兑现或经交换被退票时，应查验该票据是否由本公司提出，退票理由是否充足，经验明确认后，应立即联络经办员以最迅速的方法，通知顾客前来办理退票手续。

（3）出纳员收受的即期票据，应立即登记在"票据明细表"并在存入行存时加以注明行库类别，以便必要时与行库对账。

（三）应收票据的处理

（1）出纳收受应收票据时，应按到期日顺序妥为保管票据（外埠的票据应分开保管及时提出代收），并根据应收票据明细表。按到期日分别列在"应收票据备查簿"，所保管的票据张数、金额应与"应收票据备查簿"的记载相符。

（2）应收票据到期，出纳应将该日期票据与"应收票据备查簿"的记载核对无误后存入行库。

（3）顾客要求调换或领回公司保管中的票据时，除以现金抵换外，应以书面申请为原则，主管准许调换时，出纳应于"应收票据备查簿"变更该笔记载，并应请主管盖章证明。

二、资金管理规定

第一条　为了加强对公司系统内使用资金的监督和管理，加速资金周转，提高资金利润率，保证资金安全，特制定本规定。

第二条　管理机构

1. 公司设立资金管理部，在财务总监的领导下，办理各二级公司以及公司内部独立单位的结算、贷款、外汇调剂和资金管理工作。

2. 结算中心具有管理和服务的双重职能，与下属公司在资金管理工作中是监督与被监督、管理与接受管理的关系，在结算业务中是服务与被服务的客户关系。

第三条　资金管理和检查

资金部以资金的安全性、效益性、流动性为中心，定期开展资金检查和管理工作，并根据检查情况，定期向财委、总经理、董事长提交报告。

1. 定期检查各二级公司的现金库存状况。

2. 定期检查各二级公司资金部的结算情况。

3. 定期检查各二级公司在银行存款和资金部存款的对账工作。

4. 对资金部为二级公司汇出的 10 万元以上大额款项进行跟踪检查或抽查。

第四条　存款管理

公司内各二级公司除在附近银行保留一个存款户、办理小额零星结算外，必须在资金部开设存款账户，办理各种结算业务，在资金部的结算量和旬、月末余额的比例不得低于 80%，10 万元以上的大额款项支付必须在资金管理部办理，特殊情况需专题报告，经批准同意后，方可保留其他银行结算业务。

第五条　借款和担保业务管理

1. 借款和担保限额。集团内各二级公司应在每年年初，根据董事会下达的利润任务编制资金计划，报告资金管理部，资金管理部根据公司的年度任务，经营发展规划、资金来源以及各二级的资金效益进行综合平衡，编制总公司及二级公司定额借款、全部借款的最高限额以及二级公司信用担保的最高限额，报董事会审批后下达执行年度中，资金管理部将严格按照办限额计划控制各二级公司的借款规模，如因经营发展，增加贷款或担保限额的，应专题报告说明资金超限额的原因，以及新增资金的投量、投向和使用效益，经资金管理部审查核实后，提出意见，报财委、董事会审批追加。

2. 集团内借款的审批。凡借款金额在 300 万元（含 300 万元，外币按记账汇率折算，下同）以内的，必须由资金管理部审查同意后，报财务总监审批；借款金额在 300 万元以上的，由资金管理部审查，财务总监加签同意后报董事长审批。

3. 担保的审批。各二级公司向银行借款需总公司担保时，担保额在 300 万元以下的，由财务总监审批；担保额在 300～20000 万元的，由财务总监核准，董事长审批；担保额在 20000 万元以上的，一律由财务加签后报董事长审批，并经董事长办公会议通过。借款担保审批后，由资金部办理具体手续。对外担保，由资金部审批，财务总监和总裁加签后报董事长审批。

第六条　统计报表

各二级公司必须在旬后一日内向资金部报送旬末在银行的存款、借款、结算业务统计表，资金部汇总后于旬后二日内报财务、总经理、董事长。资金部要及时掌握银行存款余额，并且每天向财务总监及副总监报一次存款余额表。

第七条　其他业务的审批

1. 领用空白支票。在资金部办理结算业务的企业，可以向资金部领用空白支票，每次领用张数不超过5张，每张支票限额为5万元，由资金部办理，领用空白支票时，必须有充足的存款在资金部。

2. 利息的减免。凡要求减免集团内借款利息，金额在5000元以内的，由资金部审查同意，报财委审批；金额超过5000元的，必须落实弥补渠道，并经分管副总经理加签后，报财委审批。

3. 担保的审批。各二级公司的外汇调剂由资金部统一办理，特殊情况需自行调剂的，一律报财委审批，审批同意后，方可自行办理。

三、费用报销规定

第一条　现金报销需填制报销凭证，按凭证内容要求在"摘要"处填写报销内容及金额，由部门经理审核签字后交财务核报。

第二条　申购物品须事先填制物品申购单，经部门经理、办公室签字后交财务部，物品单价在300元以上（含300元）须总经理审核签字，未经审批，擅自购买者不得报销。财务人员审核时应对照已收到的申购单。购买物品原则上由办公室办理；专业用品自行购买后至办公室办理登记，向财务核报。

第三条　员工因工作需要不能回公司就餐的，可凭发票每人每餐报销10元。外出联系工作，应乘坐公交车辆，按实报销，若有特殊情况，经部门经理事先同意方可乘坐出租车辆。报销时须在发票上写明出发地、目的地。

第四条　业务招待费：因工作需要招待客户或赠送礼品，费用在1000元先填制特批单，报总经理审核签字后交财务部，财务人员审核时应对照已收到的特批单。员工因工作需要所支付的业务招待费在报销时须向部门经理、审核人员主动说明，并由经办人及部门经理在该张发票背后签字。

第五条　市外差旅费：员工因公赴外省、市出差，路程超过六小时及需要过夜的可购买硬卧火车票，轮船票不超过三等舱位，遇有急事需乘飞机的，必须事先填制特批单，经总经理签字后交财务部。财务人员审核报销时须对照已收到的特批单。住宿费每日标准为150元，伙食补贴每日80元，上述两项费用可累计使用。

第六条　员工参加有关本职工作的进修需经部门经理、总经理同意，并至管理部登记备案，所发生培训费用按公司制定有关规定予以报销。

第七条　员工因病就诊发生的费用按公司有关医疗费用报销规定执行。

第八条　员工因探病发生的费用，除受总经理委派外，均不能报销。

第九条　手机费：凡公司员工领用手机，每月月租费应控制在200元以下，超出部分由领用人自行承担，遇特殊情况需提高额度，应填制特批单，经总经理批准。

四、支票管理规范

1. 支票由出纳员或总经理指定专人保管。支票使用时须有"支票领用单",经总经理批准签字,然后将支票按批准金额装订、加盖印章、填写日期、用途、登记号码,领用人在支票信用簿上签字备查。

2. 支票付款后,支票存根、发票须由经手人签字、会计核对(购置物品由保管员签字)、总经理审批。填写金额要正确。出纳员统一编制凭证号,按规定登记银行账号,原支票领用人在"支票领用单"及登记簿上注销。财务人员月底清账时凭"支票领用单"转应收款,发工资时从领用工资人的工资内扣还,当月工资扣还不足,逐月延扣以后的工资,领用人完成报账手续后再作补发工资处理。

3. 对于报销时短缺的金额,财务人员要及时催办。凡一周内收入款项累计超过一万元或现金收入超过 5000 元的,会计或出纳人员应书面报告总经理。凡与公司业务无关款项,不分金额大小,由承办人报告总经理。

4. 凡 1000 元以上的款项进入银行账户两日内,会计或出纳人员应报告总经理。

5. 公司财务人员支付(包括公私借用)每一笔款项,不论金额大小,均须总经理签字。总经理外出应由财务人员设法通知,同意后可先付款后补签。

五、现金管理规范

1. 企业可以在下列范围内使用现金:

(1)员工工资、津贴、奖金。

(2)个人劳务报酬。

(3)出差人员必须携带的差旅费。

(4)结算起点以下的零星支出。

2. 除上述使用范围之外,财务人员支付个人款项,超过使用现金限额的部分,应当以支票支付;确需全额支付现金的,经会计审核,总经理批准后支付现金。

3. 企业固定资产、办公用品、劳保、福利及其他工作用品必须采取转账结算方式,不得使用现金。日常零星开支所需库存现金限额为 2000 元,超额部分应存入银行。

4. 财务人支付现金,可以从企业库存现金限额中支付或从银行存款中提取,不得从现金收入中直接支付(坐支)。

5. 财务人员从银行提取现金,应当填写"现金额用单",并写明用途和金额,由总经理批准后提取。

6. 公司员工因工作需要借用现金,需填写"借款单",经会计审核,交总经理批准签字后方可借用,超过还款期限即转应收款,在借用人当月工资中扣还。

7. 发票及报销单经总经理批准后,由会计审核,经手人签字,金额数量无误,填制记账凭证。

8. 工资由财务人员依据总经理办公室及各部门每月提供的核发工资资料代为编制员工工资表,交主管副总经理审核,总经理签字,财务人员按时提款。当月发放工资,填制记账凭证,进行账务处理。

9. 差旅费及各种补助单（包括领款单），由部门经理签字，会计审核时间、天数无误并报主管副总经理复核后，送总经理签字，填制凭证，交出纳员付款，办理会计核算手续。

10. 无论何种汇款，财务人员都须审核《汇款通知单》，分别由经手人、部门经理、总经理签字，会计审核有关凭证。

11. 出纳人员应当建立健全现金账目，逐笔记载现金支付。账目应当日清月结，每日结算，账款相符。

六、货款回收管理办法

第一条 未收款

当月货款未能于次月 5 日以前回收者，自即日起至月底止，列为"未收款"。

第二条 未收款的处理

1. 当月货款未能于次月 5 日以前回收者，财务部应于每月 10 日以前将其明细列交营业部核之。

2. 前项情形，该辖区经理级主管，应于未收款期限内，监督下属解决。

第三条 催收款

未收货款又未能于前项期限内回收者，即转列为"催收款"。

第四条 催收款的处理

1. 未收款未能依上列（未收款的处理第二款）解决，以致转为催收款者，该经理级主管应于未收款转为催收款后五日内将其未能回收的原因及对策，以书面提交副总经理，转呈总经理核定。

2. 货款经列为催收款后，副总经理应于 30 日内监督下属解决。

第五条 准呆账

经销店有下列所述的情形者，其贷款列为"准呆账"。

1. 经销店已宣告倒闭或虽未正式宣告倒闭，但其症状已渐明显者。

2. 经销店因他案受法院查封，货款已无清偿的可能者。

3. 支付货款的票据一再退票，而无令人可相信的理由者，并已停止出货一个月以上者。

4. 催收款迄今未能解决，并已停止出货一个月以上者。

5. 其他货款的回收明显有重大困难的情形，经签准依法处理者。

第六条 准呆账的检查

准呆账移送法律部后，由法律部移请董事会定期召集营业、企划、财务等单位，召开检查会，检查案件的前因后果，作为前车之鉴，并评述有关人员是否失职。

第七条 准呆账的处理

1. 准呆账的处理以营业单位为主办，至于所配合的法律程序，由法律部另以专案研究处理。

2. 移送法律部配合处理的时机：准呆账第一、二两款的情形，应于知悉后，即日遣送法律部配合处理。第三、四款的情形，营业单位应依（催收款的处理）规定先行处理解决。处理后未能有结果，认为有依法处理的必要者，再签移法律部依法处理。

3. 正式采取法律途径以前的和解，由法律部会同营业部前往处理。

4. 法律程序的进行，由法律部另以专案签准办理，并随时转会营业单位，协助有关事项。

七、公司会计核算办法

1. 为适应公司外向型经济的发展、充分体现会计信息的可检验性、加强公司的财务管理、完善财务管理规章制度，特制定本办法。

2. 会计科目的运用及账户的设置按会计管理制度执行，不得任意更改或自行设置，个别企业因业务需要新增科目时，须报总公司财务部批准。

3. 凭证一般采用记账凭证或收、付、转凭证，工业企业可采用收、付、转凭证，贸易企业可采用记账凭证。

4. 会计核算组织程序。采用记账凭证汇总表核算程序，记账作证汇总表核算组织程序（如图示，略）。

（1）根据审核后的原始凭证填制记账凭证。

（2）根据记账凭证汇总表编制记账凭证汇总表。

（3）根据记账凭证汇总表登记总分类账。

（4）根据原始收、付款凭证登记现金日记账和银行日记账。

（5）根据记账凭证及所附的原始凭证登记各明细分类账。

（6）每月末，根据总分类账和各明细分类账编制会计报表。

5. 记账规则。

（1）记账须根据审核过的会计凭证。除按照会计核算要求进行转账时，用记账员写的转账说明作记账依据外，其他记账凭证都必须以合法的原始凭证为依据。没有合法的凭证，不能登记账簿，且每张记账凭证必须由制单、复核、记账及会计主管分别签名，不得省略。

（2）登记账簿一律用钢笔填写。

（3）记账凭证和账簿上的会计科目以及子、细目用全称，不得随意简化或使用代号。

（4）会计分录的科目对应关系，原则上一种经济事项分别或汇总编一套分录，不得将不同内容的多种经济事项合并编制一套分录。

（5）明细账应随时登记，总账定期登记，一般不超过 10 天。

（6）每一笔账须记明日期、凭证号码和摘要，经济事项的摘要不能过分简略，以保证第三者能看清楚。每笔账记完后，在记账凭证上划"√"。

（7）记账的文字和数字应端正、清楚，严禁刮擦、挖补或涂改，不得跳行隔页。应将空行或空页划斜红线注销。

（8）记账发生错误，用以下方法更正：

①记账前发现记账凭证有错误，应先更正或重制记账凭证。记账凭证或账簿上的数字差错，应在错误的全部数字正中划红线，表示注销，并由经办人员加盖小图章后，将

正确的数字写在应记的栏或行内。

②记账后发现记账凭证中会计科目、借贷方式或金额错误时，先用红字填制一套与原用科目、借贷方式和金额相同的记账作凭证，以冲销原来的记录，然后重新填制正确的记账凭证，一并登记入账。如果会计科目和借贷方式正确，只是金额错误，也可另行填制记账凭证，增加或冲减相差的金额。更正后应在摘要中注明原记账凭证的日期和号码以及更正的理由和依据。

③报出会计报表后发现记账差错时，如不需要变更原来报表的，可以填制正确的记账凭证，一并登记入账。如果会计科目和借贷方式正确，只是金额错误，也可另行填制记账凭证，增加或冲减相差的金额。更正后应在摘要中注明原记账凭证的日期和号码以及更正的理由和依据。

（9）红字冲账除了用于更正错误外，还可以用于下列事项：

①经济业务完成后，发生退回或退出。

②经济业务计算错误而发生多付或多收。

③账户的借方或贷方发生额需要保持一个方向。

④其他必须冲销原记数字的事项。

（10）各账户在一张账页记满后接记次页时，需要加计发生额的账户，应将加计的借贷发生总额和结出的余额记在次页的第一行内，并在摘要栏注明"承前页"。

（11）月、季、年度末，记完账后应办理结账。为了便于结转成本和编制会计报表，需要发生额的账户应分别结出月份、季度和年度发生额，在摘要栏注明"本月合计"、"本季会计"和"本年合计"的字样，在月结、季结数字上端和下端均划单红线，在年结数字下端划双红线。总结的数字本身均不得用红字书写。发生笔数不多的账户，也可不总结。不需要加计发生额的账户，应随时结出金额，并在月份、季度余额下端划单红线，在年度余额下端划双红线。

（12）编制会计报表前，必须把总账和明细账记载齐全，试算平衡，每个科目的明细账各账户的数额相加总和同该科目的总账数额核对相符。不准先出报表，后补记账簿。

（13）年度更换新账时，需要结转新年度的余额，可直接过到该账户新账的第一行，并在摘要栏内注明"上年结转"字样。必要时，详细注明红额组成内容，在旧账的最后一行数字下面注明"结转下年"字样。结转以后的空白行格包括不结转余额的账户，划一条红线注销或盖章注销。

6. 结账、对账。

（1）结账是结算各种账簿记录，它是在一定时期内所发生的经济业务全部登记入账的基础上进行的，具体内容如下：

①在结账时，首先应将本期内所发生的经济业务记入有关账目；

②本期内所有的转账业务，应编成记账凭证记入有关账簿，以调整账簿记录，如待摊费用、预提费用应按规定标准予以摊销提取；

③在全部业务登记入账的基础上，须结算所有的账簿。

（2）对账是为了保证账证相符、账账相符、账实相符。具体内容如下：

①账证核对主要是在日常编制凭证和记账过程中进行。月终如果发现账账不符，就应回过头来对账簿记录与会计凭证进行核对，以保证账证相符。

②账账核对每月一次，主要是总分类账各账户期末余额与各明细分类账账面余额相核对，现金、银行存款二级账与出纳的现金、银行存款日记账相核对，会计部门各种财产物资明细类账期末余额与财产物资管理部门和使用部门的保管账相核对。

③账实核对分两类：第一类现金日记账账面余额与现金实际库存数额相核对，银行存款日记账账面余额与开户银行对账单相核对，要求每月核对一次；第二类各种财产物资明细分类账账面余额与财产物资实际数额相核对，各种往来账款明细账账面余额与有关债权债务单位的账目核对，要求每季核对一次。

7. 本办法由公司董事会讨论通过。

八、现金收支管理办法

1. 管理范围

（1）本办法所称收入金额是指由财务部汇入各单位银行账户内的金额，支出金额则是指各单位的费用。各单位应自行支付的一切费用，包括可控费用和不可控费用，均应自财务部汇入之金额中支付。

（2）总公司财务部为现金收支归口管理部门，各单位的财务部门负责本部门的现金收支管理，并接受总公司财务部的领导。

2. 费用概算

各单位的可控制费用统一于每月月底前由财务部就下月份各单位的费用概算一次汇入各单位的银行账户内备支。不可控费用，则由单位根据需要，提出申请报公司审核后划拨。

3. 收入管理

各单位的收入（包括支票、现金），除留存必要的准备金外，均应于当日18时以前存入公司账户，任何人不得截留，也不得从收入中预支任何费用。

4. 收支统计

各单位应填报现金收支旬报表，一式两份。第一份于每旬第一日中午前报财务部汇总，第二份由各单位留存备查。

5. 报表填制

现金收支旬报表（见附件1）上科目栏中类别的填写，系指依所发生的各项费用其分属类别，分别"营"、"服"、"管"等字表示，其代表意义如下：

（1）营业费用。属于营业人员所发生的费用，包括汽车费用、旅费、公共关系、薪金、坏账等。

（2）服务费用。属于服务人员所发生的费用，包括汽车费用、旅费、公共关系、薪金、坏账等。

（3）管理费用。凡营业费用和服务费用外所发生的一切费用，包括汽车费用、旅费、公共关系、薪金、运费、电话费、电报费、上网费、自来水费、汽车修理费、人事广告费、报纸杂志费、租金、邮寄费、物业管理费用、税捐等。

上述所列各项费用，会计员应按其性质区分，予以分类报支，不得相互混淆。

6. 联系

各单位与总公司或者其他分公司之间如有代收代支事项，一律用"内部联络函"（附件2）联系，其作业规定如下：

（1）各单位代总公司或者其他分公司收款时应于收款当日以内部联络函述明代收何单位款项，代收现金应换成汇票，代收票据应注明票据内容，连同票据一起寄送总公司财务部，由财务部负责通知被代收单位入账的同时将入账情形回复代收单位。

（2）总公司代分公司收款时，应于收款当日，由财务部"内部联络函"述明代收款项内容，若为票据应注明票据内容，通知被代收单位，款项则暂代留存。被代收单位于接获财务部的通知时，应立即于当日的收款及成交资金明细表上加入该笔账款，增加其收款总额，并将入账情形回复财务部。

（3）总公司代各单位支付费用款项时，应由财务部于每月25日前以联络函通知被代支单位依虚收虚付方式在其现金收支旬报表上的收入金额栏内径行加入该笔款项。

7. 员工借支

各单位员工借支总额在××元以内的，须经单位主管核准后由库存现金中先行借支，并限于每月××日发薪时一次扣回；超过××元的，应依权责划分逐笔专案报备核准后由财务部汇寄支付。

8. 附则

本办法自发布之日起施行。

九、企业应收账款管理办法

1. 总则

（1）为加强对公司资金的管理，及时回收账款，制定本办法。

（2）各部门要定期检查销货收入资金回笼情况，对没有及时回收之货款，要登记造册，安排专人催欠款。

2. 应收款的范围

应收款包括应收账款、应收票据、其他应收款项和预付账款。

3. 管理部门

应收账款的管理部门为财务部。

4. 信誉调查

（1）赊销商品前，销售人员应对客户作信用调查，并报告销售主管。赊销金额在××万元以上的，应由总经理决定是否赊销。

（2）赊销产品时可以要求客户提供相应的担保。如果是财产抵押担保，对抵押物应当办理登记。

5. 应收账款报告

（1）应收账款实行每月向主管经理报告一次制度。各单位于每月3日将上一个月的应收账款情况报财务部，由财务部汇总后报公司主管经理。

（2）应收账款报告的内容包括欠款单位、欠款数额、欠款时间、经办人、是否发出催债的书面通知等。

6. 催款责任

（1）财务部对到期应收账款，应当书面通知该账款的经办人。由经办人负责催讨账款。

（2）经办人应当每旬向财务部报告一次催款情况。应收账款到账后，应当及时销账。

7. 问题账款的处理

（1）对于欠账人赖账不还的，应当在诉讼时效期间内依据合同的规定向法院提起诉讼或者向仲裁委员会提起仲裁。采取法律手段催讨欠款的，由财务部提出方案，报公司经理会议决定。

（2）因经办人的责任导致应收账款超过诉讼时效而丧失胜诉权的，由经办人承担法律责任。

8. 坏账准备金

公司按期对应收账款和其他应收款提取坏账准备金。当应收账款被确认为坏账时，应根据其金额冲减坏账准备金，同时转销相应的应收账款金额。

9. 坏账准备金的提取比例

账期	比例
0.5～1 年	5%～10%
1～2 年	10%～30%
2～4 年	30%～50%
4～5 年	50%～100%
5 年以上	100%

10. 业务员收款

（1）业务员收到货款后，应于当日填写收款日报一式四份：一份自留，三份交财务部。

（2）收取支票的，业务员应当审核支票记载的金额、发票人的图章、发票的年月日、付款地等项目是否齐全、清晰。金额是否大写，如果支票不符合规定，应当要求对方更换。

（3）业务员对于应收账款的回收负有责任的，逾期收款扣除相应的工作业绩：

①超过 30 日的，扣该票金额 20% 的业绩。

②超过 60 日的，扣该票金额 40% 的业绩。

③超过 90 日的，扣该票金额 60% 的业绩。

④超过 120 日的，扣该票金额 80% 的业绩。

⑤超过 140 日以上的，扣该票金额 100% 的业绩。

11. 问题账款的内部处理程序

（1）问题账款是指本公司营业人员于销货过程中所发生的被骗、被倒账、收回票据无望、无法如期兑现全部或者部分货款的情况。

（2）问题账款发生后，该单位应在 2 日内，据实填妥问题账款报告书，并检附有关证据资料等，依程序呈请单位主管审查并签注意见后，转呈法律顾问处协调处理。

（3）法律顾问处在收到报告后，应于 2 日内与经办人、单位主管会商处理办法，经总经理批准后，法律顾问处派人协助经办人处理。

（4）问题账款发生后，单位未在 2 日内报法律顾问处处理的，逾期 15 日，仍未提出的，由单位自己负责处理。

12. 本办法自发布之日起施行

十、问题账款管理办法

1. 为妥善处理"问题账款"，争取时效，维护本公司与营业人员的权益，特制定本办法。

2. 本办法所称的"问题账款"，系指本公司营业人员于销货过程中所发生被骗、被倒账、收回票据无法如期兑现或部分货款未能如期收回等情况的案件。

3. 因销货而发生的应收账款，自发票开立之日起，逾两个月尚未收回，亦未按公司规定办理销货退回者，视同"问题账款"。但情况特殊经呈报总经理特准者，不在此限。

4. "问题账款"发生后，该单位应于 2 日内，据实填写"问题账款报告书"，并附有关证据、资料等，依序呈请单位主管查证并签注意见后，转请法务室协助处理。

5. 前条报告书上的基本资料栏，由单位会计员填写，经过情况、处理意见及附件明细等栏，由营业人员填写。

6. 法务室应于收到报告书后 2 日内，与经办人及单位主管协商，了解情况后拟定处理办法，呈请总经理批示，并协助经办人处理。

7. 经指示后的报告书，法务室应立即复印一份通知财务部备案，如为尚未开立发票的"问题账款"，则应另复印一份通知财务部备案。

8. 经办人填写报告书，应注意：

（1）务必据实填写录目，不得遗漏。

（2）发生原因栏如勾填"其他"时，应在括弧内简略注明原因。

（3）经过情况栏应从与客户接洽时，依时间的先后，逐一载明至填报日期止的所有经过情况。本栏空白若不够填写，可另加附页。

（4）处理意见栏乃供经办人自己拟具赔偿意见之用，如有需公司协助者，亦请在本栏填明。

9. 报告书未依前条规定填写者，法务室应退回经办人，请其于收到原报告书 2 天内重新填写提出。

10. "问题账款"发生后，经办人未依规定期限提出报告书，请求协助处理者，法务室可以不予受理。逾 15 天仍未提出者，该"问题账款"应由经办人负全额赔偿责任。

11. 会计员未主动填写报告书的基本资料，或单位主管疏于督促经办人于规定期限内填妥并提出报告书，致经办人应负全额赔偿责任时，该单位主管或会计员应连带受行政处分。

12. "问题账款"处理期间，经办人及其单位主管应与法务室充分合作，必要时，法务室可借阅有关单位的账册、资料，并请求有关单位主管或人员配合查证，该单位主管或人员不得拒绝或借故推脱。

13. 法务室协助营业单位处理的"问题账款"，自该"问题账款"发生之日起40天内，尚未能处理完毕，除情况特殊经报请总经理核准延期外，财务部应依第14条的规定。签拟经办人应赔偿的金额及偿付方式，呈请总经理核定。

14. 各员工销售时，应负责收回全部货款，遇倒账或收回票据未能如期兑现时，经办人应负责赔偿售价或损失的50%（所售对象为私人时，经办人员应负赔偿售价或损失的100%）。但收回的票据，若非统一发票抬头客户正式背书，因而能如期兑现或交货尚未收回贷款，而不按公司规定作业且手续不全者，其经办人应负责赔偿售价或损失的80%。产品遗失时，经办人应负责赔偿底价100%（以上所称的售价如高于底价时，以底价计算）。上述赔偿应于发生后即行签报，若经办人于事后追回产品或贷款时，应悉数缴回公司，再由公司就其原先赔偿的金额依比发还。

15. 本办法各条文中所称"同题账款发生之日"，如为票据未能兑现，系指第一次收回票据的到期日，如为被骗，则为被骗的当日。此外的原因，则为该笔交易发票开立之日起算第60天。

16. 经核定由经办人先行赔偿的"问题账款"，法务室仍应寻求一切可能的途径继续处理。若事后追回产品或货款时，应通知财务部于追回之日起4天内，依比率一次退还原经办人。

17. 法务室对"问题账款"的受理，以报告书的收受为依据，如情况紧急时，由经办人先以口头提请法务室处理，但经办人应于次日补具报告书。

18. 经办人未据实填写报告书，以致妨碍"问题账款"的处理者，除应负全额赔偿责任外，法务室视情节轻重签请惩处。

19. 本办法经总经理核准后公布实施，修正时亦同。

十一、呆账管理办法

1. 为处理呆账，确保公司在法律上的各项权益，特制订本办法。

2. 各分公司应对所有客户建立"客户信用卡"，并由业务代表依照过去半年内的销售实绩及信用的判断，拟定其信用限额（若有设立抵押的客户，以其抵押标的担保值为信用限额），经主管核准后，应转交会计人员妥善保管，并填记于该客户的应收账款明细账中。

3. 信用限额系指公司可赊销某客户的最高限额，即指客户的未到期票据及应收账款总和的最高极限。任何客户的未到期票款，不得超过信用限额。否则应向业务代表及业务主管、会计人员负责，并负所发生倒账的赔偿责任。

4. 为适应市场，并配合客户的营业消长，每年分两次，可由业务代表呈请调整客户的信用限额，第一次为 6 月 30 日，第二次为 12 月 31 日。核定方式如第 2 条。

分公司主管视客户的临时变化，应要求业务代表随时调整各客户的信用限额，但若因主管要求业务代表提高某客户信用限额所遭致的倒账，其较原来核定为高的部分全数由主管负责赔偿。

5. 业务代表所收受支票的发票人非客户本人时，应交客户以店章及签名背书，经分公司主管核阅后缴交出纳，若因疏忽所遭致的损失，则应由业务代表及分公司主管各负二分之一的赔偿责任。

6. 各种票据应按记载日期提示，不得因客户的要求不为或迟延提示，但经分公司主管核准者不在此限。

催讨换延票时，原票尽可能留待新票兑现后再返还票主。

7. 业务代表不得以其本人的支票或代换其他支票充缴货款，如经发现，除应负责该支票兑现的责任外，以侵占货款依法追究其责任。

8. 分公司收到退票资料后，当退票支票的发票人为客户本人时，则分公司主管应立即督促业务代表于一周内收回票款。当退票支票有背书人时，应立即填写支票退票通知单，一联送背书人，一联存查。并进行催讨工作，若因违误所造成的损失，概由分公司主管及业务代表共同负责。

9. 各分公司对催收票款的处理，在 1 个月内经催告仍无法达到催收目的，其金额在万元以上者，应立即将该案移送法务室依法追诉。

10. 催收或经诉讼案件，有部分或全部票款未能收回者，应取具警察机关证明、邮局存证信函及债权凭证、法院和解笔录、申请调解的裁决凭证、破产宣告裁定等，将其中的任何一种证件，送财务部做冲账准备。

11. 没有核定信用限额或超过信用限额的销售而遭致倒账，其无信用限额的交易金额，由业务代表负全数赔偿责任。而超过信用限额部分，若经会计或主管阻止者，全数由业务代表负责赔偿，若会计或主管未加阻止者，则业务代表赔偿 80%，会计及主管各赔偿 10%。

超过信用限额达 20% 以上的倒账，除由业务代表负责赔偿外，分公司主管视情节轻重亦予以惩处。

12. 业务代表可防止而未防止或有勾结行为者，以及没有合法营业场所或虚设行号的客户，不论信用限额如何，全数由业务代表负赔偿责任。业务代表因疏忽而遗失送货签单，以致货款无法回收者亦同。

13. 设立未满半年的客户，其信用限额不得超过人民币 2 万元，如违反规定而发生呆账，由业务代表负责赔偿全额。

14. 各分公司业务主管、业务代表在其所负责的销售区域内，容许呆账率（实际发生呆账金额除以全年销售净额的比率）设定为全年的 5‰。

15. 各分公司业务主管、业务代表其每年发生的呆账率超过容许呆账率的惩处如下：

（1）超过 5‰，未满 6‰，警告一次，减发年终奖金 10%。

（2）超过 6‰，未满 8‰，告诫一次，减发年终奖金 20%。

（3）超过8‰，未满10‰。小过一次，减发年终奖金30%。

（4）超过10‰，未满12‰，小过二次，减发年终奖金40%。

（5）超过12‰，未满15‰，大过一次，减发年终奖金50%。

（6）超过15‰以上，即行调职，不发年终奖金。

若中途离职，在其任期中的呆账率达到上列的各项程度时，减发奖金的比例以离职金计算。

16. 各分公司业务主管、业务代表其每年发生的呆账率低于5‰时的奖励如下：

（1）低于5‰（不包括5‰），高于4‰（包括4‰），嘉奖一次，加发年终奖金10%。

（2）低于4‰，高于3‰，嘉奖二次，加发年终奖金20%。

（3）低于3‰，高于2‰，小功一次，加发年终奖金30%。

（4）低于2‰，高于1‰，小功二次，加发年终奖金40%。

（5）低于1‰，大功一次，加发年终奖金50%。

若中途离职，不予计算奖金。

17. 各分公司业务主管、业务代表以外人员的奖励，以该分公司每年所发生的呆账率，低于容许呆账率时实行。内容如下：

（1）低于5‰（不包括5‰），高于4‰（包括4‰），每人加发年终奖金5%。

（2）低于4‰，高于3‰，每人加发年终奖金10%。

（3）低于3‰，高于2‰，每人加发年终奖金15%。

（4）低于2‰，高于1‰，每人加发年终奖金20%。

（5）低于1‰，每人加发年终奖金25%。

18. 法务室依第九条接受办理的呆账，依法催讨收回的票款减除诉讼过程的一切费用的余额，其承办人员可获得如下奖金：

（1）在受理后6个月内催讨收回者，得20%的奖金。

（2）在受理后1年内催讨收回者，得10%的奖金。

19. 依第11条已提列坏账损失或已从呆账准备冲转的呆账，业务人员及稽核人员仍应视其必要性继续催收，其收回的票款，由催收回者获得30%奖金。

20. 本办法的呆账赔偿款项，均在该负责人员的薪资中，自确定月份开始。逐月扣赔，每月的扣赔金额，由其主管签呈核准的金额为准。

十二、资金管理办法

1. 目的

为加强对公司系统内部资金使用的监督与管理，加速资金周转，提高资金利润率，保障资金的安全，特制定本办法。

2. 管理机构

（1）公司设立资金管理部，在财务总监领导下，办理各二级公司以及公司内部独立单位的结算、贷款、外汇调剂和资金管理工作。

（2）公司设立结算中心，具有管理与服务的双重职能。与下属公司在资金管理工作中是监督与被监督、管理与被管理的关系，在结算业务中是服务与被服务的客户关系。

3. 存款管理

（1）公司内各二级公司除保留一个存款户办理零星结算外，必须在资金管理部开设存款账户，办理各种结算业务，在资金管理部的结算量和旬、月末余额的比例不低于××%。

（2）××万元以上的大额款项支付必须在资金管理部办理，特殊情况需专列报告，经批准同意后，方可保留其他银行的结算业务。

4. 借款与担保

（1）公司二级单位应在年初根据董事会下达的利润指标编制资金使用计划，报资金管理部；资金管理部根据公司的年度任务、经营发展规划、资金来源以及二级公司的资金效益状况进行综合平衡后，编制总公司及二级公司定额借款、全额借款的最高限额，报董事会审批后下达执行。

（2）在执行计划中，如因特殊情况需要追加资金额度的，由使用资金的二级公司向总公司做出专题报告，明确资金的投向、使用效益等情况，经总公司董事会批准后执行。

（3）集团公司内部借款或者担保，数额在××万元以内的，由资金管理部审查同意后，报财务总监批准；××万元以上的，由财务总监报公司董事长批准。

（4）二级公司信用担保的最高额度，须报经资金管理部，由资金管理部综合平衡，报公司董事会批准后，下达执行计划。

5. 支票管理

资金管理部必须严格执行支票管理程序，在资金管理部办理结算业务的企业，可以领用空白支票，每次领用不得超过3张，每张支票不超过××万元，由资金管理部办理。但企业必须在资金管理部存有充足的存款。

6. 资金管理和检查

（1）资金管理部以资金的安全性、效益性、流动性为中心，定期开展资金检查情况，定期向财务总监、总经理、董事长做出专题报告。

（2）检查的内容：

①定期检查二级公司的现金库存情况。

②定期检查二级公司的资金结算情况。

③定期检查二级公司在银行的存款和在资金管理部存款的对账工作。

④对二级公司在资金管理部汇出的××万元以上的款项进行跟踪检查或者抽查。

7. 统计报表

（1）各单位必须在旬后1日内向资金管理部报送旬末在银行存款、借款、结算业务统计表，资金管理部汇总后于旬2日内报财务总监、总经理和董事长。

（2）资金管理部要及时掌握公司在银行的存款情况，并且每两日向财务总监报告一次。

8. 资金收入管理

（1）内销收入。

（2）退税收入。

（3）其他收入。

9. 支出管理

（1）资本支出。

（2）原材料支出。

（3）薪金支出。

（4）经常性费用支出。

（5）其他支出。

10. 资金异常说明

会计科应当按月编制资金来源运用比较表，以了解资金实际运用的情况，其因实际数与预计数每项差异在10％时，应由资料提供部门填写"资金差异报告表"，并列明差异原因，于每月10日送会计部门汇总。

11. 资金调度

公司资金调度由财务人员负责筹划，在每日下班前结算当日库存现金、银行存款结存等，以了解次日资金余缺情况，便于安排调度资金。

12. 附则

本办法自公布之日起施行。

十三、公司内部稽核办法

第一章 总则

1. 目的

为加强对本公司的财务管理，财务部可以随时指定适当人员对本公司各部门及各下属营业单位进行稽核工作。

稽核人员对于所审核的事项，应负责任，必要时在有关账册簿据上签章。

2. 范围

本公司稽核业务范围定为账务、业务、财务、总务、监验五项，除另有规定外，悉以本办法规定办理。

3. 稽查方式

（1）稽核人员除依照规定审核各单位所送凭证账表外，应分赴各单位实施稽查，每年稽查次数视事实需要而定；

（2）稽核人员前往稽核之前，应先准备并收集有关资料，拟定计划及进度表，事前应将各单位已往的审核及检查报告认真研究且作为参考。

4. 保密

（1）稽核人员有保守职务上所获得秘密的责任，不得泄露或预先透露与检查单位。

（2）稽核事务如涉及其他部门时，应会同各该有关部门办理，且应做会同报告。如遇有意见不一致时，须单独提出，与书面报告一并呈报审核。

5. 调查与询问

（1）稽核人员对本公司各单位执行稽核事务时，如有疑问，可随时向有关单位详尽查询，并调阅账册、表格及有关档案；必要时，可以请其出具书面说明。

（2）稽核人员执行工作时，除将稽核凭证（或公文）交由受稽核单位主管验明外，工作态度应当力求亲切，切忌傲慢或偏私。

6. 报告

稽核人员于稽核事务结束后，应据实写明检查报告书，送有关部门审核。

第二章　账务稽核

7. 记账凭证审核

记账凭证的审核或检查时，应注意下列事项：

（1）每一交易行为发生是否按规定填制传票，如有积压或事后补制者，应查明其原因。

（2）会计科目、子目、细目有无误用，摘要是否适当，有无遗漏、错误以及各项数字的计算是否正确。

（3）转账是否合理，借贷方数字是否相符。

（4）应加盖的戳记编号等手续是否完备，有关人员的签章是否齐全。

（5）传票所附原始凭证是否合乎规定、齐全、确实及手续是否完备。

（6）传票编号是否连贯，有无重编、缺号现象，装订是否完整。

（7）传票的保存方法及放置地点是否妥善，是否已登录日记簿或日记表。

（8）传票的调阅及拆阅是否依照规定手续办理。

8. 账簿检查

账簿检查时，应注意下列事项：

（1）各种账簿的记载是否与传票相符，应复核的，是否已复核；每日应记的账是否当日已记载完毕。

（2）现金收付日记账收付总额是否与库存表当日收付金额相符。

（3）各科目明细分类账，各户或子目之和或未销各笔之和，是否与总分类账、各该科目之余额相等，是否按日或定期核对，相对科目之余额是否相符，有无漏转现象。

（4）各种账簿记载错误的纠正划线、结转等手续，是否依照规定办理；空白账页有无划"×"形红线注销，并由记账员及主办会计人员盖章证明。

（5）各种账簿启用、移交及编制明细账目等是否完备，并送税收稽征机关登记。

（6）各种账簿有无经核准后而自行改订者。

（7）活页账簿的编号及保管，是否依照规定手续办理，订本式账簿有无缺号。

（8）旧账簿内未用空白账页，有无加划线或加盖"空白作废"章注销。

（9）各种账簿的保存方法及放置地点是否妥善，是否登记备忘簿；账簿的毁销是否依照规定期限及手续办理。

第三章　业务稽核

9. 库存检查

库存检查时须注意下列事项：

（1）检查库存现金或随到随查，如在营业时间之前，应根据前1日库存中所载今日库存数目查点；如在营业时间之后，应根据当日现金簿中今日库存数目现款、银行存款查点；如在营业时间之内应根据前1日现金簿中今日库存数目加减本日收支检点。支票签发数额与银行存款账卡是否相符，空白未使用支票是否齐全，作废部分有无办理注销。

（2）库存现金有无以单据抵充现象。

（3）现金是否存放库内，如有另存他处者，应立即查明原因。

（4）托收到期票据等有关库存财物应同时检查，并须核对有关账表、凭证单据。

（5）检查库存应查点数目、核对账簿，并应注意其处理方法及放置区域是否妥善、币券种类是否分清。

（6）金库钥匙及暗锁、密码表的掌握部门及库门的启用与库内的安全，金库放置位置等是否适当、严密。

（7）汇出汇款寄回的收据，是否妥为保存，有无汇出多日尚未解讫的汇款。

（8）营业日报表的记载是否与银行存款相符。

（9）内部往来或外县市单位往来账，是否经常核对。

（10）内部往来账，是否按月填制未达账明细表，查对账单是否依序保管。

（11）检查县市单位各种周转金及准备金时，应注意其限额是否适当。有无零星付款的记录，所存现款与未转账的单据合计数，是否与周转金、准备金相符，有无不当的垫款或已付款，及久未交货的零星支付或请购款。

10. 信托资金

检查各种信托资金账时，应注意下列事项：

（1）利率是否依照规定计算信托资金积数以及利息计算是否经过复核。

（2）信托资金支付时是否与各明细分户账结余单据核对并依照规定结算利息。

（3）委托户之印鉴卡、账卡有无登记户籍资料身份证、统一编号，并经主管人签章证明。

（4）信托资金付清时，应注意其收回单据及账卡是否加盖结清或付讫戳记。

（5）各种信托资金之委托中途取本结清及满期续存等手续及计息标准是否依照规定办理。

（6）信托单及账卡是否编号及经复核，账卡是否有付息记录；已付清的信托单有无注销，并经验印其存根联有无注销；作废存单是否连同存根联注明及妥为保管。

（7）根据信托单存根核对账卡是否齐全相符无误。

（8）核对各项信托资金余额及转出金额是否与账表相符。

（9）点检信托单之库存是否与登记账卡相符，其保管或开票情形是否符合规定。

（10）信托资金之现金是否按日收取，并将收金卡整理妥善；拖延缴纳者，是否按规定计收利息；支票缴纳者是否填写支票行库、账户、号码及到期日。

11. 报表检查

报表检查，应注意下列事项：

（1）各种报表是否按规定期限及份数编送有无缺漏。

（2）报表编号、装订是否完整及符合规定。

（3）数字计算是否准确，签章是否齐全。

（4）各种报表内容是否与账簿上之记载相符。

（5）报表保存方法及放置地点是否妥善。

12. 放款检查

检查放款业务时，应注意下列事项：

（1）是否具备诚信调查及按规定呈经核准，并依照条件办理。

（2）利率是否照规定计算并催收，并将记录登载账卡。

（3）质押手续是否完备，质押品保存方法是否妥善，数量折扣是否符合规定，并与账卡记载数额相符，保险额是否足额，受益手续是否完备，如遇质押品不定或变质时是否催赎或追加质押品，收受质押品制发票收据时是否设备查登记，质押品发还时收据有无收回注销。

（4）如有逾期未还，违约息是否计收，已否催收；若有发生呆滞事情，已否作适当处理，是否已呈经核准，其处理手续是否符合规定。

（5）借贷案偿还部分款项或追加货款时，其有关单据及账册是否注明。

（6）借据金额与放款账卡金额是否相符，借据借款关系人印鉴与约定书、印鉴卡等是否相符。

（7）保证人信用是否经过诚信调查，保证人死亡或丧失信用时是否已催换保证。

（8）营业单位所受理之信托单质押贷款余额是否每月与放款保证科对账，保管是否妥善。

13. 保证业务

检查保证业务时，应注意下列事项：

（1）保证案件是否经诚信调查及依规定手续及奉准办理，签章是否齐全。

（2）应收手续费是否依规定计算，其收款程序是否符合规定。

（3）保证金额是否与保证契约或保证函件留底及账册相符。

（4）保税案件冲销金额，是否与税捐稽征机关解除责任函所列数额及账册相符。

（5）担保品性质、种类、数额是否符合规定，应办质押手续已否办妥，以有价证券或信托单担保者是否与账册相符，保管是否妥善。

（6）保证但未解除责任案件是否经常清理，逾期案件是否清理催结。

（7）委托人未能依约偿付保证款项，如发生垫付或转作货款时是否报请核准，其账册是否已作适当记载，同时是否追偿或追保或作适当处理。

（8）分批保证陆续冲销的保证案件，其保证总额有无超过契约规定，其续保及冲销是否详细记载。

（9）以本票作为担保品者，其发票人、背书人之信用及财务状况是否经诚信或调查及呈请核准。

14. 证券交易

检查各种证券交易账时，应注意下列事项：

（1）当日交易之证券是否翌日收足价款或缴足证券，约期交割者是否具有现品提缴清单。

(2) 各笔交易是否有场内成交单，成交时是否按时填制成交单日报表及传票。

(3) 各种交易是否与账册所载相符。

(4) 承销各种证券的应有文件是否齐全，是否记账登账。

(5) 承销各种证券价款的收付与申请单是否相符。

15. 有价证券

检查有价证券时，应与有关账表核对，并注意下列事项：

(1) 债券附带的息票是否齐全，并与账册相符。

(2) 证券种类、面值及号码，是否与账簿记载相符。

(3) 购入及出售有无核准，手续是否完备。

(4) 本息票有无到期或是否齐全，并与账册相符。

16. 担保手续

检查各种质押品、寄存品及其价值的凭证单据时，应注意其是否存放库内，并应根据开出收据的存根副本及有关账册与库存查核有无漏记，如有另存其他地点者，应查询原因并检阅其有关单据。

17. 契约

各种房地产契约书及其收租情况是否妥善。

第四章 附则

1. 本办法呈董事长核准后施行，修正时亦同。

2. 本办法自公布之日起施行。

十四、公司内部审计办法

1. 为了更好地贯彻执行《国务院关于审计工作的暂行规定》，加强内部审计监督和财务控制工作，结合我公司具体情况，特制定本办法。

2. 内部审计工作必须同经济改革相结合，为经济改革服务。公司设立的审计机构，实行内部审计监督制度。通过审计监督，以严肃财经纪律，监督履行财务责任，改善企业经营管理，提高经济效益，促进企业改革健康发展。

3. 遵照审计法规，审计机构在董事长的直接领导下，对公司的财务收支及其经济活动的真实性、合法性和效益性进行系统地审计监督，独立行使内部审计职权。

4. 公司审计机构和人员本着首先维护国家利益，同时维护公司合法经济权益的原则，公允地证实公司财务责任履行情况。

5. 公司的审计业务受总公司审计室领导，同时受地方国家审计机关的指导，向公司领导负责并报告工作。

6. 监督检查公司财务、运销、物资、劳资、计划等经营管理部门及各单位贯彻执行国家方针、政策、法令和财经制度的情况，可以促进各部门、单位严格遵守财经法纪、依法经营。

7. 监督、检查和评价公司内部控制制度（包括内部管理控制制度和内部会计控制制度）的严密程度和执行情况，着重监督检查公司内所属部门和单位是否遵守下列基本原则：

（1）明确划分权责，建立岗位责任制，实行购、产、销、账、钱、物分管的原则。

（2）每笔业务（产、销、购、验收、储运），不能由一个人（部门）单独包办到底，必须由两个部门以上的人员处理的原则。

（3）所有原始凭证必须连续编号，顺序控制使用，领用空白凭证必须办理签证手续并予以核对。

（4）所有实物财产，要有专人负责保管、保养、维修，以提高使用效率、保证财物安全。

（5）所有业务处理必须程序化、制度化。

（6）实行企业内部稽核制度。

（7）建立一套适合于企业生产特点的成本会计制度。

（8）任用人员必须经过慎重挑选、训练，任用品德不良人员容易发生舞弊，任用业务不熟练人员容易发生错误。

（9）审计人员调动或轮训时必须办理交接手续，并做出交接记录，签证备查，实行监交制度。

（10）根据公司经济责任制，做出衡量、考核成绩和效果的标准。

8. 参与生产经营计划、财务收支计划的制定，对执行情况进行监督，对年度财务、成本决策进行审计，审计终结后签字盖章，写出审计报告。

9. 根据国家和总公司规定的审计制度、专业核算办法及其他有关规定，对经济活动、会计核算程序和财务收支、财务处理的正确性、真实性、合法性进行审计监督。

10. 对公司内所属单位的经济改革方案、承包方案的经济效益及其相关的分配办法进行审计监督。

11. 对公司横向经济联系的项目和公司内所属单位的集体经济及合作联营的财务收支和经济效益进行审计监督。

12. 对侵占国家资产、行贿受贿、营私舞弊、贪污盗窃、挪用公款、投机倒把等重大经济案件以及严重损失浪费行为，会同有关部门进行专案审计。

13. 参加本公司研究经营方针和改进经营管理工作的会议，参与研究重要规章、制度的制定。

14. 接受并承办公司领导、上级审计机构交办的审计事宜。

15. 向公司领导和总公司审计室编报工作计划，报送情况；检查内部控制制度的执行情况。有关单位必须如实提供，不得拒绝、隐匿和销毁。

16. 参加被审单位的有关会议，对审查中发现的问题可以查询、召开调查会，索取证明材料。被审单位和有关人员，必须认真配合，不得设置任何障碍。

17. 责成被审单位查处和纠正一切违反国家规定的财务收支，制止严重损失浪费的现象，限期采取措施，改进工作，改善经营管理，提高经济效益。

18. 对违反财经纪律行为提出处理意见，情节和性质严重者应追究经济责任，给予经济制裁，依法追缴非法所得，并建议对有关责任人员给予行政处分；对触犯刑律的，提请司法机关依法惩处。

19. 对拖延、推诿、阻挠、拒绝和破坏审计工作的，提请领导批准，采取封存账册和冻结资产等临时措施，并追究责任人员和有关领导的责任。

20. 通报批评违反财经纪律的重大案件和人员，表扬经营有方、成绩卓著和遵纪守法的公司内部单位和个人。

21. 公司内各部门、单位有关经济事务方面的各种报表、报告、制度和文件，在报送和转发的同时，须抄送公司审计部门。

22. 有权向上级审计机关反映或报告公司重大事项的情况和问题。

23. 公司审计室是董事长直接领导下的一个职能部门，负责全公司内部审计工作。公司内部独立核算单位（如劳动服务公司）审计机构的设置，根据实际情况确定，但必须有专人负责审计工作。公司审计部门根据上级主管部门批准的人员由人事部门配备审计人员，在实行聘任制的条件下，可按编制聘任审计人员。

24. 审计人员要选配或聘任作风正派、坚持原则、秉公办事、实事求是且具有审计专业、财务专业和管理知识且业务水平和政策水平较高的人员担任，其中应有适当数量的会计师、经济师和工程师等业务骨干。

25. 审计机构的负责人员按干部管理权限的规定任免。审计室主要负责人的任免应事前征得总公司审计室同意。从事审计工作的专业人员，应按国家规定评定专业技术职称。

26. 当遇有较大审计任务时，可临时组织所属审计人员或邀请计划、财务、技术、劳资等部门的有关业务人员共同进行审计。必要时可聘请外部特邀人员进行专题审计或专案审计。

27. 审计人员要坚持四项基本原则，认真执行国家的各项方针、政策、法令、制度和审计法规，做到遵纪守法，依法办事；实事求是，客观公正；依靠群众，调查研究；廉洁奉公，不徇私情；忠于职责，严守机密。

28. 对审计工作认真负责成绩显著的单位和审计人员，应给予表彰或奖励；对玩忽职守、泄露机密、以权谋私者应给予纪律处分。

29. 审计人员依法行使审计职权，受法律保护，任何单位和个人不得干扰，任何人不准打击报复。

30. 本办法由公司审计室负责解释。

31. 本办法自公布之日起施行。

十五、公司统计管理办法

第一章 总则

1. 为了有效地、科学地组织统计工作，保证统计资料的准确性与及时性，发挥统计工作在企业生产经营活动中的重要作用，特制定本办法。

2. 统计工作的基本任务是对企业的生产经营活动情况进行统计调查，统计分析，提供统计资料，实行统计监督。

3. 企业实行总部、车间、班组三级统计管理体制和按业务部门归口负责的原则。计划管理科负责组织领导和协调全公司统计工作。

4. 根据各职能科室和车间统计工作的需要以及统计业务的繁简程度，配备专职或兼职统计员，班组按照民主管理的要求，推选出兼职统计员。企业统计人员应保持相对的稳定，科室、车间统计人员（包括兼职）调（变）工作时，事前必须征求计划管理科的意见，并要有适合的人员接替其工作。

第二章 统计报表的管理与分工

5. 凡国家统计局、地方统计局和企业主管部门颁发的一切报表，由××根据公司内各职能科室的职责分工，确定编制责任部门。如报表涉及两个以上部门，而又无适当部门负责时，则由××召集有关部门协商编制。

6. 公司内各部门因工作需要，要求有关科室填报的定期统计报表，须经××审查同意，并经主管经理批准后，方能定为正式报表。公司正式定期统计报表，由××制定"报表目录"，颁定全公司。未经执行总公司批准的报表，各单位可拒绝填报。

7. 公司内统计报表如有个别项需要修改时，原制表业务部门直接通知填报单位，并修改后的式样送××备案，不必再办审批手续。

8. 各种定期统计报表，由行政科根据业务部门的实际需要统一印刷、保管、发放。

9. 各科室对外报送的专业统计报表，必须先经××会签。上报时，应抄送××。

10. 凡上级业务主管部门向所属业务部门直接颁发的有关统计文件和报表，各业务部门应转送××传阅。

11. 为确保统计报表数字的正确可靠，各科室、车间主管领导应对上报报表进行认真审查，签字后方能报出。

第三章 统计资料的提供、积累和保管

12. 各科室、车间向外提供统计资料，公布统计数字，一律以本单位的统计人员所掌握的统计资料为准。

13. 各级行政领导所需要的统计数字，应由同级统计部门或统计人员负责提供，以便避免使用统计数字的混乱现象。

14. 凡公司外单位根据上级规定，并持有上级主管部门或统计局介绍信件来厂索取统计资料时，统由××接洽提供，或由××指定有关部门提供。

15. 企业各项主要统计资料，由××综合统计员掌管，科室、车间的各项主要统计资料，由本单位统计人员掌管。

16. 各科室、车间应将本单位的统计资料，采用卡片或台账形式，按月、季、年进行整理分类，以便使用。

17. 各科、车间编制的统计台账和加工整理后的统计资料，必须妥善保管，不得损坏和遗失。对已经过时的统计资料，如认为确无保管价值，应申请本单位主管领导核准，并经××综合统计员会签后，方可销毁。

第四章 统计数字差错的订正

18. 统计资料发出后，如发现错误，必须立即订正。受表单位发现数字错误后，应立即通知填报单位订正，填报单位不得推诿拖延。

19. 企业内部报表如发生数字错误时，应及时用电话或口头查询订正：

①日报表当日发现差错时，应及时用电话或口头查询订正，隔日发现差错时，应在

当日日报上说明。

②重大差错必须以书面形式订正，填报《统计数字订正单》（附后）。各受表单位应将《统计数字订正单》贴在原报表上，并将原报表数字加以订正，以防误用。

统计数字订正单

报表名称受表单位编号

页次	栏次	行数	原列数字	订正数字	订正原因

主管　　　　经办人　　　　　　　　　　　　　　　年　　月　　日

第五章　统计工作的交接

20. 统计人员调动工作时必须认真办妥交接手续，在未办妥以前，原任统计人员不得擅自离开工作岗位，更不得因工作调动而影响统计工作的正常进行。

21. 统计人员调离工作时，必须做好下列工作：

（1）将经办工作的情况全面地向接替人员交代清楚。

（2）培训接替人员的业务，使其能独立工作。

（3）所有统计资料（原始凭证、统计手册、台账、报表、文件、历史资料等）与统计用具（如计算机、绘图仪、书刊等），应作出清单移交。

第六章　文字说明与分析报告

22. 文字说明与分析报告是统计报表的重要组成部分，编制统计报表要做到：月报有文字说明，季报、年报有分析报告。

23. 文字说明是统计分析的基础形式，必须根据统计报表中各项主要指标反映问题，说明产生的原因、影响及其后果。

24. 分析报告应以报表为基础，以检查计划为重心，测定计划完成程度，分析计划完成与未完成原因，并提出改进意见。

第七章　统计纪律

25. 各车间、科室和从事统计工作的人员，必须严格按照统计制度规定提供统计资料，不准虚报、瞒报、迟报和拒报。

26. 属于保密性质的统计资料，必须严格保密，严防丢失，提供时应按厂保密制度的规定执行。

27. 办法修改及生效。

本办法经董事会讨论通过，总经理发布施行；修改亦需董事会批准。

本办法自发布之日起生效。

十六、财务日报表

	类　别	前日结存	收入	支出	本日结存	摘　要
现金、存款	现金					
	活期存款					
	甲种存款　银行					
	银行					
	银行					
	银行					
	银行					
	银行					
	小计					
	合计					
借款	借款处	前日余额	借入	偿还	余额	摘要
	合计					
应收票据	银行名称	原有票据	应收票据	兑现	余额	摘要
	合计					
应付票据	银行名称	未偿还	开出票据	偿还	余额	摘要
	合计					
赊购	区分	部	部	部	部	摘要
	前日余额					
	采购金额					
	偿付款					
	本日余额					
赊销	前日金额					
	销售金额					
	收款					
	本日余额					

十七、财务状况分析表

项次	项目	检讨	评核		
			良	可以	差
1	投入资本	□自有资本不足□投资事业过多□增资困难□资本不足			
2	资金冻结	□严重□尚可□轻微			
3	利息负担	□高□中□低			
4	设备投资	□过多未充分利用□可充分利用□设备不足□设备陈旧			
5	销售价格	□好□尚有利润□差			
6	销售量	□供不应求□供求平衡□竞争激烈□销售差			
7	应收款	□赊销过多□尚可□甚少			
8	应收票据	□期票过多□适中□支票甚少			
9	退票坏账	□甚多□尚可□甚少			
10	生产效率	□高□尚可□低			
11	附加价值	□高□尚可□低			
12	材料库存	□多□适中□少			
13	采购期	□过长□适中□短			
14	耗料率	□高□中□理想			
15	产品良品率	□低□中□高			
16	人工成本	□高□适中□低			
17	成品库存	□多□中□少			
18	在制品库存	□多□中□少			

十八、费用支付月报表

年　月　　　　　　　　　　　　　　　　　　　　　　　年　月　日填写

项目		本月支付额				累计				备注
		制造费用	销售费用	管理费用	合计	制造费用	销售费用	管理费用	合计	
人事费										
	小计									
福利费										
	小计									
邮电交通费										
	小计									
交际费										
	小计									
消耗品等										
	小计									
保险费等										
	小计									
动力燃料费										
	小计									
其他										
	小计									
合计										

十九、应收应付账款月报表

应收账款				应付账款			
销货日期	客户名称	订单或凭证号码	金额	收单日期	客户名称	银行名称	金额
合计				合计			

审核：　　　　　　填表：　　　　　　　　　　　　年　月　日

二十、出纳管理日报表

年　月　日

摘要		本日收支额			本月合计	本月预计	备注
		现金	存款	合计			
前日余额							
收入	销售进账						
	分店汇款						
	票据兑现						
	抵押借款						
	私人借款						
	预收保险金						
	合计						

续表

摘要		本日收支额			本月合计	本月预计	备注
		现金	存款	合计			
支出	偿还借款						
	采购品						
	费用						
	设备						
	其他						
	材料购入						
	采购货物支付						
	费用支付						
	人事费						
	广告费						
	各项费用						
	支付利息						
	购买固定资产						
	分店小额款项						
	工厂小额款项						
	合计						
现金存款							
存款提款							
本日余额							

二十一、现金收支日报表

现金库存金额类别明细			前日余额	本日收入额	本日支出额	本日余额
面值	数量	金额				
100 元						
50 元						
20 元			传票数量	现金收入		现金支付
10 元			张	张		张

现金库存金额类别明细			前日余额	本日收入额	本日支出额	本日余额
面值	数量	金额				
5 元			现钞明细	来源	事由	金额
1 元						
小计			备注			
假钞	件					
合计						

总经理：　　　　经理：　　　　科长：　　　　复核：　　　　制表：

二十二、成本费用控制表

年　　月　　日

期间＼科目	本月		上月		本年累计		去年累计	
	金额	%	金额	%	金额	%	金额	%
销货收入净额								
代工收入								
收入合计								
直接原料								
直接人工								
制造费用								
成本合计								
员工薪资								
文具用品								
交通费								
保险费								
交际费								
邮电费								
佣金支出								
运费								
差旅费								
广告费								
修缮费								

期间＼科目	本月		上月		本年累计		去年累计	
	金额	%	金额	%	金额	%	金额	%
…								
…								
营业费用合计								

核准：　　　　　复核：　　　　　制表：

二十三、资金调度控制表

年　月　日　　　　　　　单位：元

年		收入					支出					银行存款余额
月	日	押汇收入	现销收入	应收票据	贴现贷款	收入合计	应付票据	水电薪资	利息支出	偿还贷款	支出合计	

核准：　　　　　　　　复核：　　　　　　　　制表：

二十四、每月应收管理费明细表

所在小区：

楼栋	房间号	姓名	面积（平方米）	管理费（元）

二十五、未交款客户费用清单

月份：_____月

客户代码	客户名称	水费	管理费	欠_____月费用	滞纳金	费用汇总
总计扣款户数：						

二十六、装修、多种经营费用明细表

序号	日期	住址	姓名	装修押金	出入证工本费	装修垃圾清运费	收垃圾管理费	中介费	代办费	工程维修费	其他收入	小计

二十七、管理处各项费用标准表

收费项目	范围	收费标准	计费方式	收费面积	收费额	备注
管理费	××山庄		按面积收费			
	××多层		按面积收费			
	××带电梯		按面积收费			
	××房		按面积收费			
水费	整个小区		按实际用量		/	
电费	整个小区		按实际用量		/	
停车费	月卡车		按月收费		/	
	临时停车		按小时计费		/	
维修费	整个小区		按项目收费		/	
门楼租金			按月计费			
			按月计费			
场地使用费	公共场所		按天计费		/	
收垃圾管理费	整个小区		按月计费			
连通井道使用费			按月计费			

第五章 保洁绿化制度与表格

一、清洁工作应急方案

(一) 目的

对影响住宅区环境卫生的意外情况制定应急处理措施，为住户提供始终如一的清洁服务。

(二) 适用范围

住宅区出现的突发性火灾，污雨水井、管道、化粪池严重堵塞，暴风雨，户外施工，新入住小区业主、住户装修期间等现象。

(三) 应急措施

1. 发生火灾后的清洁工作应急处理措施：

(1) 救灾结束后，清洁班长组织全体清洁员参加清理现场的工作。

(2) 用垃圾车清运火灾遗留残物，打扫地面。

(3) 打扫地面积水，用拖把拖抹。

(4) 检查户外周围，如有残留杂物一并清运、打扫。

2. 污雨水井、管道、化粪池堵塞，污水外溢的应急处理措施：

(1) 维修工迅速赶到现场，进行疏通，防止污水外溢造成不良影响。

(2) 该责任区清洁员将垃圾车、扫把等工具拿到故障点，协助维修工处理。

(3) 将从污雨水井、管、池中捞起的污垢、杂物直接装上垃圾车，避免造成第二次污染。

(4) 疏通后，清洁员迅速打扫地面被污染处，并接水管或用桶提水清洗地面，直到目视无污物。

3. 暴风雨影响环境卫生的应急处理措施：

(1) 暴风雨后，清洁员及时清扫各责任区内所有地面上的垃圾袋、纸屑、树叶、泥、石子及其他杂物。

(2) 发生塌陷或大量泥水沙溃至路面、绿地，清洁员协助管理处检修，及时清运、打扫。

(3) 清洁员查看各责任区内污、雨排水是否畅通。如发生外溢，及时报告管理处处理。

4. 户外施工影响环境卫生的应急处理措施：

（1）小区设施维修以及供水、供电、煤气管道、通信设施等项目施工中，清洁员配合做好场地周围的清洁工作。

（2）及时清理业户搬家时遗弃的杂物，并清扫场地。

5. 新入住装修期应急处理措施：

各责任区清洁员加强保洁，对装修垃圾清运后的场地及时清扫，必要时协助业户或管理处将装修垃圾及时上车清运。

（四）标准

清洁处理后符合《清洁工作检验标准和办法》中对应的标准。

（五）安全注意事项

1. 清理火灾场地时，应在消防部门调查了解情况后，经同意后方可进行清理。

2. 台风时，清洁员不要冒险作业，以防止发生意外。

（六）梅雨天气

梅雨季节，大理石、瓷砖地面和墙面很容易出现返潮现象，造成地面积水、墙皮剥落，电器感应开关自动导通等现象。

1. 在大堂等人员出入频繁的地方放置指示牌，提醒客人"小心滑倒"。

2. 加快工作速度，班长要加强现场检查指导，合理调配人员，及时清干地面、墙面水迹。

3. 若返潮现象比较严重，应在大堂铺设一条防滑地毯，并用大块的海绵吸干地面、墙面、电梯门上的积水。

4. 仓库内配好干拖把、海绵、地毯、毛巾和指示牌。

5. 安全注意事项：梅雨天气作业宜穿胶鞋，不宜穿着塑料硬底鞋以防滑倒。

（七）暴风雨天气

1. 清洁班班长勤巡查、督导各岗位清洁员的工作，加强与其他部门的协调联系工作。

2. 天台的明暗沟渠、地漏由班长派专人检查，特别在风雨来临前要巡查，如有堵塞及时疏通。

3. 检查污雨水井，增加清理次数，确保畅通无阻。

4. 各岗位清洁员配合保安员关好各楼层的门窗，防止风雨刮进楼内，淋湿墙面、地面及打碎玻璃。

5. 仓库内备好雨衣、雨靴、铁钩、竹片、手电筒，做到有备无患。

6. 安全注意事项：暴风暴雨天气注意高空坠物。

（八）楼层内发生水管爆裂事故

当楼层内空调水管，给水管的接头发生爆裂，造成楼层浸水时应按如下步骤处理：

1. 迅速关闭水管阀门并迅速通知保安和维修人员前来救助。

2. 迅速用扫把扫走流进电梯厅附近的水，控制不了时可将电梯开往上一楼层，并通知维修人员关掉电梯。

3. 电工关掉电源开关后，抢救房间、楼层内的物品，如资料、计算机等。

4. 用垃圾斗将水盛到水桶内倒掉，再将余水扫进地漏，接好电源后再用吸水器吸干地面水分。

5. 打开门窗，用风扇吹干地面。

6. 安全注意事项：处理水管爆裂事故时，应注意防止触电。

二、办公楼垃圾收集作业标准

（一）目的

要使办公楼有一个干净、整齐的环境，最基础的工作就是垃圾收集，为此特制定本标准。

（二）适用范围

适用于本公司所辖办公楼物业。

（三）垃圾收集作业

1. 作业前的器材准备：推车、拖把、抹布、塑料袋、水桶、杀虫剂、清洁剂、清香剂等。

2. 先冲洗垃圾间和垃圾房，然后打开排风机，喷洒消毒剂、杀虫剂，保持垃圾间（房）的清洁。

3. 楼内垃圾收集自上而下，将楼层里的垃圾桶、烟灰桶内装有垃圾的塑料袋密封好，检查无破损缺口后放入推车。用拖把、抹布清理垃圾桶、烟灰桶周围环境，用抹布擦干净垃圾桶、烟灰桶表面，换上新的塑料袋，需要时使用清洁剂和清香剂。

4. 乘消防梯逐层而下，待推车装满后直接送往垃圾房。沿途遇客人应避让，注意防止侵犯到客人、防止发生事故。

5. 纸盒箱和较大件的废弃物先集中堆放，然后乘消防梯运送至垃圾房。

6. 外围垃圾收集先远后近，将各个点的垃圾桶、烟灰桶内装有垃圾的塑料袋密封好，检查无破损缺口后放入推车。用拖把、抹布清理垃圾桶、烟灰桶周围环境，用抹布擦干净垃圾桶、烟灰桶表面，换上新的塑料袋，需要时使用清洁剂和清香剂。

（四）垃圾收集工作流程

岗位	工作时间	工作内容	清洁标准
收集垃圾	7：30~8：00	收集××栋的垃圾，并拖抹垃圾点的地面	无污迹、无死角
	8：00~8：15	冲洗垃圾房，喷洒杀虫剂，关闭卷帘门	无异味、无虫害
	8：15~9：15	收集楼层垃圾，并拖抹垃圾点地面，清洗烟灰桶	无污迹、无死角
	9：15~10：00	将收集的垃圾运进垃圾房	无异味、无虫害
	10：00~10：15	休息	
	10：15~12：00	清洗、擦净楼层所有垃圾桶、烟灰桶，拖抹垃圾桶、烟灰桶边的地面和墙面	无污迹、无积灰

续表

岗位	工作时间	工作内容	清洁标准
收集垃圾	12：00～13：00	午餐	
	13：00～13：30	收集垃圾房、××栋的垃圾	无污迹、无死角
	13：30～14：30	收集垃圾（其他楼层）	无污迹、无死角
	14：30～14：45	休息	
	14：45～15：45	将收集的垃圾运进垃圾房	无污迹、无死角
	15：45～16：30	拖抹客运货梯厅、清洗烟灰桶	无污迹、无死角

（五）垃圾房的清洁要求

1. 无堆积的垃圾。

2. 垃圾做到日产日清。

3. 所有垃圾集中堆放在堆放点，做到封闭、合理、卫生、四周无散积垃圾。

4. 可作废品回收的垃圾要另行放开。

5. 垃圾间、垃圾房保持清洁，无异味，经常喷洒消毒杀虫剂，防止发生虫害。

6. 按要求作好垃圾袋装化。

三、住宅区垃圾收集作业标准

（一）目的

为做好垃圾收集工作，使物业区域有一个干净、整齐的环境，特制定本标准。

（二）适用范围

适用于公寓、别墅、小区外围区域的垃圾收集。

（三）垃圾收集作业要求

1. 每天早上 8：30 以前，外围区域的保洁人员必须将小区设置的垃圾箱（筒）里的垃圾以袋装形式分类送到垃圾房。

2. 每天早上 8：30 以前，业户按照有机垃圾、无机垃圾、建筑垃圾分类袋装送到垃圾房并倒入分类垃圾桶。

3. 楼内设有垃圾桶、烟灰桶的居住楼，由垃圾收集人员自上而下将楼层里的垃圾桶、烟灰桶内装有垃圾的塑料袋密封好，检查无破损缺口后放入推车。用拖把、抹布清理垃圾桶、烟灰桶周围环境，用抹布擦干净垃圾桶、烟灰桶的表面，换上新的塑料袋，需要时使用清洁剂和清香剂。

4. 冲洗垃圾房地面，打扫墙面，冲洗垃圾房处通道地面，油污用碱性清洁剂刷洗，清除排水沟内的垃圾后再用水进行清洗。

5. 用喷雾器配消毒杀虫剂对垃圾房周围 5 米内的范围进行消毒。

（四）垃圾房的清洁要求

1. 将垃圾房的垃圾清理干净后，打开水阀用水冲洗垃圾房内外一次。

2. 用清洁剂清洗垃圾房内外瓷砖和门，用刷子刷洗污迹。

3. 疏通垃圾房的排水沟，清洁周围的水泥地面。

4. 再一次打开水阀，用水全面冲洗垃圾房内外，同时用扫把或刷子擦洗。

5. 关闭水阀，收回水管，锁好垃圾房铁门。

6. 垃圾桶或垃圾箱的清洁：消除箱内垃圾，先用水冲洗一遍，然后用清洁剂对污垢、污迹进行擦洗，再用清水冲洗干净。

7. 做好每日垃圾清运的记录。

（五）清运善后的检查标准

1. 清运及时。

2. 清运率100％。

3. 周围无污垢、无积水。

4. 清运后立即冲洗垃圾房内外，垃圾房外2米处无异味。

5. 垃圾桶、垃圾箱外表无明显污迹和黏着物。

四、停车场清洁工作流程

（一）目的

保持停车场的整洁。

（二）范围

住宅区内停车场。

（三）作业程序

1. 准备胶水管、扫把、胶刷、垃圾斗等工具和清洁剂。

2. 用长柄竹扫把将垃圾扫成若干堆。

3. 用垃圾斗将垃圾铲入垃圾车中。

4. 发现有杂物一起清运上垃圾车。

5. 用胶管接通水源，全面冲洗地面，发现油迹和污迹时，倒少量清洁剂在污迹处，用胶刷擦洗，然后再用水冲洗。

6. 清洁周围排水和下水口，保证排水畅通。

（四）标准

1. 目视地面：无垃圾、果皮、纸屑，无积水，无污迹和杂物。

2. 每天清扫二次；每周用水冲洗地面一次。

（五）注意事项

1. 发现机动车辆漏油，应通知车主并及时用干抹布抹去燃油后，用洗洁精清洗油污，以免发生火灾。

2. 清洁时应小心细致，垃圾车和工具不要碰坏客户车辆。

五、消杀规程及检查规定

第一条　目的

为规范消杀工作过程，确保管辖区域内的环境干净整洁，保障作业人员的职业安全，保护环境，为用户/公司工作场所提供一个优美、清洁的生活、办公环境。

第二条 适用范围

适用于公司下属各管理处及公司的办公场所。

第三条 消杀工作流程

1. 严格按使用说明稀释好消杀药剂。

2. 消防楼楼道，按从楼顶向下的顺序一层一层沿墙脚1米以下的范围往下喷洒，要做到喷洒均匀不脱节。

3. 电梯井、电梯内表面可适量喷洒，但按钮部位严禁喷洒，每层电梯井周围墙面、垃圾桶内外、消防器柜背面及下方都要全面喷药，重点消杀，严把质量关。

4. 管理处办公区域、墙脚、柜、桌背面及下方要全方位均匀喷药，并根据虫害情况及时跟踪复查，重点控制。

5. 地下室、各污水沟（井）要根据季节气候情况及时投药灭蚊蝇，特别（3～6、9～11）月份须严控蚊蝇滋生地，确保积水处无蚊蝇滋生。地下室内四周墙体，阴暗角落，有堆积物处要全面喷洒药液形成整体的药物屏障。

6. 外围绿化带、垃圾房、污水沟（井）：绿化带消杀时按1∶300的配比，把喷头朝反方向使用，使药液只喷洒在植物的叶背面；垃圾房内外墙体要按标准配药全面喷洒药液；污水沟（井）要及时投放灭蚊蝇药液，并对其沟（井）墙体全面喷洒药液灭杀成蚊。外围其他各阴暗潮湿角落要重点喷洒。

7. 洗手间、茶水房：洗手间墙体喷洒药液时高度要在2米，要特别小心喷洒，不要将药液喷到食物或食具上。

8. 厨房、餐厅是虫害较严重的地方，除了要认真喷洒各厨具背面，底部和下水道外，对厨房、餐厅各洞缝处要淋浇喷药灭蟑。蝇类有趋光性，晚上喜欢停落在悬挂物或棱角处，白天要在收藏好食物食具的情况下，对1米以上的玻璃表面、天花、悬挂物和各棱角处等蝇类喜停息点全面喷洒。

9. 注意事项：

（1）喷洒时要注意小孩和宠物。

（2）不要把药物喷到食物或食具上。

（3）消杀员严格按要求操作。

（4）现场消杀时，不要随便乱放药品，一定要放到绝对安全的地方。

第四条 鼠饵投放工作流程

1. 外围绿化带、垃圾房，污水沟（井）是鼠类主要栖息和活动的场所，要仔细寻找鼠洞、鼠路等有鼠迹的地方，投放鼠饵时要放在鼠道上、灌木丛中、墙脚边，如发现鼠洞，要把鼠饵放到洞里然后用石块或其他硬物把洞口堵死，并要跟踪复查及时补放鼠饵。

2. 地下室各墙角落或杂物堆周围每隔5米左右投放一个点。

3. 办公区域的柜子底下靠墙处可根据鼠害情况适量投放。鼠害严重时，可在天花板上布放粘鼠板或鼠笼，一定要把其放在角落处，并投放少量鼠类喜食的有壳食物于粘鼠板中央或鼠笼的钩子上。这样可以捕到从两个方向通过的鼠类。

4. 厨房、食堂是鼠类重点灭治点，食堂各隐蔽点可适当投放国家推广的药物，但厨房绝对不得投放鼠饵，只能在地下放鼠笼，各排气管道上布放粘鼠板，粘鼠板要放在鼠道上或靠墙处。

5. 注意事项：

（1）投放鼠饵时一定要戴口罩和胶手套。

（2）各处投放点一定要有详细记录。

（3）投放点一定要远离无包装的食物。

（4）投放时不得随便临时投放鼠饵，不得放在供食用的器具上，一定要随手携带，或放在绝对安全的地方。

（5）投放区一定要有安全标志。

第五条　灭蟑诱饵投放工作流程

1. 各层电梯井旁垃圾桶下方放 1~2 个点，各层洗手间、洗手台下方的缝隙处放 4~5 个点，茶水房的柜子缝隙处要逐个投放，要严控蟑类滋生地。

2. 办公区域灭蟑诱饵投放于办公桌底下垃圾篓旁各缝隙处，柜子、电器等器具周围的阴暗、潮湿、温暖地方的洞、缝处，特别是缝隙处要逐个投放。

3. 食堂、餐厅是蟑类最易滋生地，诱饵投放时要特别仔细，不要洒到食物里，灶台、橱柜等物的周围缝隙洞穴是蟑类聚居的地方，要全方位重点投放，要与甲方沟通好，保证每天下班前收拾干净剩余食物，关好水源，减少蟑类滋生源。

4. 注意事项：

（1）投放时要注意不要把药饵洒到食物里。

（2）投放后要跟踪检查。

（3）要采用烟雾、喷洒、药饵相结合的办法。

第六条　检查规定

1. 蟑螂、蚊、蝇检查要点

（1）每周检查卫生间、茶水间、消防通道、食堂消杀是否达标。

（2）每月检查两次外围、绿化带、角落、阴沟、污水沟、污水井、积水处消杀是否达标。

（3）每月检查三次垃圾站消杀是否达标。

2. 鼠检查要点

每月检查一次地下室、电梯间、外围、沟、渠、井、垃圾站、绿化带、食堂消杀是否达标。

3. 达到标准

（1）鼠密度测试（深圳市达标标准为 5%）。

粉迹法——在调查场所散布 20×20 平方厘米的滑石粉片（板），以 15 平方米为基准单位每处放置 2 片（根），在辖区内共放 100 个点，傍晚布放，凌晨查看，片（根）上有鼠爪印为阳性。如 100 个片（根）上有 5 个片（根）有鼠爪印或小于 5 个鼠爪印为达标。

（2）蟑螂密度测试（深圳市达标标准为 5%）。

检测法——以 15 平方米为基准单位在辖区内选 100 个房间，用眼睛直接查看并做好登记，对房间洞缝处用开水或药激法，对洞缝处浇灌、喷注激出的美洲大蠊（蠊是蟑螂的简称）或澳洲大蟑不超过 5 只，德国小蟑不超过 10 只为达标。

（3）苍蝇密度测试（深圳市达标标准为 3%）。

蝇幼检测法——在辖区内有蝇类滋生或滋生地，如野粪、垃圾房、垃圾桶及容易滋生蝇幼的地方调查 100 个点，如发现 3 个以上的点有蝇幼（蛆）或蛹为不达标。

（4）蚊子密度测试（深圳市达标标准为 5%）。

蚊幼密度检测法——随机抽查 100 处有积水的地方，现有三个以上积水处有蚊幼三龄虫或蛹的为不达标。

六、清洁服务工作检验标准

第一条　目的

为使清洁服务工作处于受控状态，特制定本规定。

第二条　适用范围

各大厦管理处的清洁服务工作。

第三条　职责

1. 清洁班班长负责本班清洁服务质量的检验，认真填写每日工作检查表、每周工作检查表和每月工作检查表。

2. 楼管员负责每天监督检查清洁班的服务质量并将检查情况记录于楼管日检表中。

3. 管理处经理每周对清洁工作进行抽查，并将检查记录于管理处工作周检表。

第四条　检验内容

1. 清洁服务范围

（1）各楼层的清洁（包括大堂）。

（2）地下室、天台，转换层的清洁。

（3）室外地面清洁（含垃圾清运）。

（4）污水管道、化粪池的清理。

2. 检验办法

（1）班检。清洁班长依检验标准对每日、每周、每月所做的工作内容进行分项检查，并填写每日工作检查表、每周工作检查表、每月工作检查表。

（2）日检。楼管员每日对清洁服务质量进行抽查，并将检查结果记录于楼管日检表。

（3）周检。管理处经理每周对清洁工作进行一次抽查，并填写管理处工作周检表。

（4）月检。物业管理部门负责人每月对各管理处的清洁工作进行一次抽查并填写清洁工作月检表。

3. 检验结果的处理

对以上检查中发现的不合格项应立即处理，查找原因并及时采取纠正措施，周检中发现的不合格服务，由楼管员填写不合格服务处理表，由管理处经理批准认可。

七、化粪池清洁工作流程

（一）目的
确保住宅区化粪池畅通。

（二）范围
住宅区内所有化粪池。

（三）作业程序
1. 雇用吸粪车一辆（含5米长胶管3条，8米竹竿1条）。
2. 用铁钩打开化粪池的盖板，再用长竹竿搅散化粪池内杂物结块层。
3. 把车开到工作现场，套好吸粪胶管放入化粪池内。
4. 启动吸粪车的开关，吸出粪便直至化粪池内的化粪结块物吸完为止。
5. 盖好化粪池井盖，用清水冲洗工作现场和所有工具。

（四）标准
1. 每年清理一次，一级池清运90%，二级池清运75%，三级池硬的表面全部清运。
2. 清理后，目视井内无积物浮于上面，出入口畅通，注意污水溢出地面。
3. 进排畅通，无污水外溢。

（五）注意事项
1. 在化粪池井盖打开后10~15分钟人不站在池边，禁止在池边点火或吸烟，以防沼气着火烧伤人。
2. 人勿下池工作，防止人员中毒或陷入水中。
3. 化粪池井打开后工作员不能离开现场，清洁完毕后，随手盖好井盖，以防行人或小孩掉入井内发生意外。
4. 吸粪作业时，防止弄脏工作现场和过往行人的衣物。

八、公共场地和马路清洁工作流程

（一）目的
确保公共场地和路面的清洁。

（二）范围
小区的汽车道，人行道，消防通道，篮球场、网球场。

（三）作业程序
1. 用长竹扫把把道路中间和公共活动场地的果皮、纸屑、泥沙等垃圾扫成堆。
2. 用胶扫把把垃圾扫入垃圾斗内，然后倒进垃圾手推车。
3. 对有污迹的路面和场地用水进行清洗。
4. 雨停天晴后，用竹扫把把马路上的积水泥沙扫干净。

（四）标准
1. 每天打扫三次，每小时循环保洁一次，从6:00~18:00，保持整洁。
2. 公共场地、路面无泥沙，无明显垃圾，无积水，无污迹。

九、房屋天面和雨篷清洁工作规程

（一）目的
保持天面、雨篷清洁，无积水，无杂物。

（二）适用范围
住宅区内房屋的天面、平台、雨篷。

（三）作业程序
（1）备梯子一个，编织袋一只，扫把、垃圾铲各一把，铁杆一条。

（2）将梯子放稳，人沿梯子爬上雨篷，先将雨篷或天面的垃圾打扫清理装入编织袋，将袋提下倒入垃圾车内，将较大的杂物一并搬运上垃圾车。

（3）用铁杆将雨篷、天面的排水口（管）疏通，使之不积水。

（四）标准
（1）每周清扫一次。

（2）目视天面、雨篷：无垃圾，无积水，无青苔，无杂物，无花盆（组合艺术盆景和屋顶花园除外）。

（五）注意事项
（1）梯子必须放稳，清洁人员上下时应注意安全。

（2）杂物、垃圾袋和工具不要往下丢，以免砸伤行人，损坏工具。

（3）清扫积水时，下面应有人负责警示过往的行人勿靠近。

十、喷水池清洁工作流程

（一）目的
保持喷水池内外干净清洁。

（二）范围
住宅区内的喷水池。

（三）作业程序
1. 平时保养：

地面清洁工每天用捞筛对喷水池水面漂浮物打捞保洁。

2. 定期清洁：

（1）打开喷水池排水阀门放水，待池水放去1/3时，清洁工人入池清洁。

（2）用长柄手刷加适量的清洁剂由上而下刷洗水池瓷砖。

（3）用毛巾抹洗池内的灯饰、水泵、水管、喷头及电线表层的青苔、污垢。

（4）排尽池内污水并对池底进行拖抹。

（5）注入新水，投入适量的硫酸铜以净化水质，并清洗水池周围地面污迹。

（四）标准
眼看水池清澈见底，水面无杂物，池底洗净后无沉淀物，池边无污迹。

（五）注意事项
（1）清洗时应断开电源。

（2）擦洗电线，灯饰不可用力过大，以免损坏。

（3）清洁时，不要摆动喷头，以免影响喷水观赏效果。

（4）注意防滑，跌倒。

十一、散水坡和排水沟清洁工作规程

（一）目的

保持排水沟畅通，散水坡清洁。

（二）范围

小区内的散水坡和排水沟。

（三）作业程序

（1）用扫把清扫散水坡上的泥沙、果皮、纸屑等垃圾。

（2）用胶扫把清扫排水沟里的泥沙、纸屑等垃圾，拔除沟里生长的杂草，保证排水沟的畅通。

（3）用铲刀、钢丝刷清除散水坡及墙壁上空调滴水的污迹及青苔。

（4）先用洗洁精清洗再用清水冲洗，检查一遍发现不干净的地方用铲刀仔细再刮。

（5）收拾好工具。

（四）标准

（1）目视：干净，无污迹，无青苔，无垃圾和沙石。

（2）有空调滴水的地方按作业程序3、4条每星期擦洗一次，散水坡和排水沟每天保洁在三次以上。

十二、环卫设施管理规定

为搞好小区的环卫工作，小区内合理放置垃圾桶及果皮箱，实行垃圾袋装化，并进行分类处理，定时、定点收集并集中转运清除。公共场所、楼梯、电梯大堂、架空层、车库、小区道路等内外环境每日定岗定人清扫、清洗、消毒，做到楼内无杂物、无蜘蛛网、无乱堆乱放、扶手无尘。为确保环卫工作得以顺利的开展，现特对环卫设施、设备作如下规定：

（1）各位员工应爱护环卫设施、设备。损坏者一律按价赔偿。

（2）各员工应节省易耗物品的使用。

（3）发现垃圾桶缺少或损坏者，应及时上报处理。由清洁部负责垃圾桶的定期维护。

（4）对领用的清洁工具，使用者应保管好，凡遗失由使用者承担赔偿责任。

（5）清洁部的贵重、特殊清洁工具的保管，并负责对其进行定期保养。

（6）清洁部和绿化部的清洁及分绿化药品，应注意防潮处理，并定期进行检查，危险药品应上锁。

十三、垃圾池（箱）清洁工作流程

（一）目的

保持垃圾池（箱）的清洁。

（二）范围

住宅区内的垃圾池，果皮箱。

（三）作业程序

（1）用铁铲将池内垃圾铲入手推车内，用扫把将剩余垃圾扫干净后，打开水阀用水冲洗池内外一次。

（2）用去污粉或洗衣粉撒在垃圾池内外瓷砖和垃圾池门上，用胶刷擦洗污迹。

（3）疏通垃圾池的排水道，清洁周围水泥面。

（4）打开水阀用水全面冲洗垃圾池内外，同时用扫把或胶刷擦洗。

（5）关闭水阀，收回水管，锁好垃圾池铁门。

（6）垃圾桶或果皮箱的清洁：清除箱内垃圾后，将箱搬到有水源的地方，先用水冲洗一遍，然后对污迹处倒少许去污粉擦洗，再用水冲洗干净，搬到原处放好。

（四）标准

（1）目视无污迹，无广告纸，每天清运、清洗两次；垃圾池和箱每周用去污粉清洁一次。

（2）垃圾池周围不积污水。

十四、绿化管理办法

（一）目的

为给业主（客户）营造优美的生活和工作环境，全面监督管理绿化养护工作。

（二）适用范围

适用于管理处管辖区域范围内的绿化养护管理。

（三）职责

（1）公司根据《供方管理规定》确定管理处管辖区域的绿化养护分承包方。

（2）管理部负责制定分承包合同和考核标准以及对承包费用的核算。

（3）管理处负责对供方的绿化养护工作的实施管理并监督检查。

（四）实施程序

1. 绿化养护计划的制订

（1）分承包方在履行合同前或每年年初根据《绿化实施和考核标准》制订本年度所承包区域绿化实施方案，提交相关负责人审核确定，报公司有关主管领导审核批准后实施。

（2）分承包方根据年度绿化实施方案和当地绿化情况每月制订《＿＿＿＿月绿化工作计划》上报审批并备案。

2. 绿化检查与考核

（1）环境管理部每周会同分承包方现场负责人（以下简称现场负责人）根据绿化

承包合同与《绿化实施和考核标准》对辖区内的绿化养护进行不定时的检查和考核，把检查发现的问题记录在《绿化检查记录表》上，并将考核扣分结果和需整改的问题，告知会同检查的现场负责人及时整改，同时双方在《绿化检查记录表》上签字确认。

（2）管理处经理每周不定时地对辖区内的绿化养护情况进行检查，对检查发现的问题告知环境管理部要求现场负责人及时整改，由环境管理部负责整改情况的跟踪。对整改后未能达到要求且没有恰当理由，按绿化养护检查标准进行扣分。

（3）公司管理部每月不定时地对绿化养护进行抽查监督，把检查情况记录在《绿化检查记录表》作为对绿化养护承包方的工作评价。对于检查发现的问题，要求现场负责人及时整改，由环境管理部负责整改情况的跟踪。对整改后未能达到要求且没有恰当理由，按绿化养护检查标准进行扣分。

（4）环境管理部每月月底将《绿化检查记录表》中存在的问题和得分情况进行汇总统计，报管理处经理审核签字，并填写《绿化质量评定和绿化费计算表》经管理处经理和现场负责人双方签字确认后，上报公司管理部审核和计算费用。

3. 绿化承包费的核算

（1）管理部每月月底按各管理处提交的《绿化质量评定和绿化费计算表》和承包合同对绿化养护承包费进行核算，并把核算结果分别填写在《绿化养护质量评定和绿化费计算表》的"绿化承包费"栏和"付款申请书"中。

（2）管理部把已让有关领导签字确认的"付款申请书"连同《绿化质量评定和绿化费计算表》转交财务部结算付款。

（五）质量要求

1. 辖区的绿化养护按《绿化实施和考核标准》执行，花草树木成活率达95%以上。

2. 表格填写规范合理。

（六）监督检查

1. 大厦管理员对绿化养护工作进行检查与记录。

2. 管理处经理对管理员检查绿化养护的工作进行监督。

3. 管理部对管理处的绿化养护管理工作和表格记录进行监督指导。

（七）分析改进

1. 管理处对绿化检查过程中发生的问题进行分析，提出改进建议。

2. 管理部对本文件的适宜性、可行性进行分析改进。

十五、绿化外包管理制度

（一）目的

为保护、完善绿化带，保护、美化小区环境，本物业小区拟将绿化工作外包，为规范外包工作，特制定本制度。

（二）适用范围

适用于本公司××小区的绿化外包工作。

（三）职责

1. 公司经理负责审定绿化方案和确定绿化服务外包承包商。

2. 管理处主任负责拟定绿化方案，签订绿化服务外包合同。

3. 物业管理员负责绿化工程施工质量监控和日常绿化管理。

4. 保洁员负责绿化带除草。

（四）确定绿化方案

1. 管理处主任根据业主委员会的委托和要求，并根据小区美化实际需要，提出初步绿化方案。

2. 管理处主任就初步拟定绿化方案，向业主委员会委员征询意见。

3. 根据业主委员会委员的意见，管理处主任拟定绿化方案，并提交公司经理审核、批准。

（五）委托施工

1. 绿化服务承包商的确定按"供应商选择程序"进行。

2. 管理处主任与被选定的供应商签订绿化外包服务合同。

（六）施工质量监控

1. 物业管理员按绿化工程合同的规定对施工质量进行监控。

2. 物业管理员对发生的不符合要求的情况，记入"绿化工程存在问题处理单"，并将处理单交承包商限期整改。

3. 物业管理员跟踪整改的进行，并检查整改结果，决定认可或要求其继续整改。

4. 对合同期限内不能完工的绿化工程，物业管理员应向承包商寻求补偿。

（七）绿化工程的验收

1. 绿化工程施工完毕，物业管理员应组织人员进行验收。

2. 参与验收的包括下列人员：

（1）物业管理员。

（2）管理处主任。

（3）业主管委会委派的人员。

（4）公司经理。

（5）承包商。

3. 参与验收的人员在"绿化工程验收移交记录表"上签字，即为验收合格。

4. 若验收时发现存在问题，物业管理员可按规定进行处理。

5. 绿化工程验收接管后，由管理处自行养护。

（八）绿化养护的日常管理

1. 物业管理员每周对绿化带至少巡视一遍，并做绿化巡视记录。

2. 物业管理员在巡视中发现的问题，及时通知绿化养护单位处理。

3. 物业管理员每月汇总绿化巡视记录，提交管理处主任审阅。

4. 管理处主任对汇总的"绿化巡视记录"进行分析（必要时，按"统计技术应用程序"采用统计技术进行），对存在的重大问题和经常发生的问题，按"纠正与预防措施管理程序"进行处理。

（九）日常养护

1. 除草

（1）绿化工作人员除草责任范围及工作内容的确定。物业管理员根据绿化面积、保洁员人数的多少，划分和规定保洁员除草责任范围和工作内容，并列出"保洁员除草责任范围及工作内容一览表"。

（2）绿化工作人员对自己责任范围的绿化带内杂草每半个月清除一次，保证无显目的杂草。

2. 浇水

由绿化养护员按以下要求进行：

（1）对新栽绿地，自栽种之日起10天内，须早晚各浇水一遍，待成活后，可酌情减少浇水次数。

（2）持续一星期干旱时，须浇水一遍。

3. 施肥、杀虫、修剪

施肥、杀虫、修剪按以下要求进行：

（1）杀虫：每星期至少检查一遍，如有虫害应及时进行消杀治疗。

（2）修剪：每年不少于5次，应保持绿化植物的整齐、美观。

（3）施肥：每季度应施肥一遍，并保持生长良好。

（4）补种：枯死、病死和损伤死亡的绿化植物应及时补种。

以上项目由物业管理员每月填写"绿化养护记录表"，并交管理处主任签署意见。

（十）绿化带的日常维护

1. 绿化带的开挖或占用

（1）物业管理员知道或发现施工单位需要或正在开挖、占用绿化带时，应要求施工单位提交"临时占用、开挖公共用地（道路）申请表"，对未经批准擅自开挖、占用绿化带的，按"业主违例事件处理程序"对委托该施工单位的业主进行处理。

（2）物业管理员办理审批手续，并将经批准的"临时占用、开挖公共用地（道路）申请表"原件交施工单位据以施工，复印件存底备查。

（3）开挖或占用完毕，物业管理员应检查绿化带恢复情况。

2. 绿化带受损的处理

物业管理员发现绿化带受损时，可以：

（1）要求责任人限期恢复绿化带原状。

（2）安排绿化养护单位恢复绿化带并要求责任人支付该费用。

（十一）记录要求

1. "绿化工程存在问题处理单"复印件、"临时占用、开挖公共用地（道路）申请表"复印件、"绿化巡视记录"、"绿化养护记录表"由物业管理员保存1年。

2. 最新的"保洁员除草责任范围和工作内容一览表"原件由物业管理员保存，复印件由管理处主任保存。

3. "绿化工程验收移交记录表"由物业管理员保存1年后交公司档案室。

十六、园艺工作的检验标准

（一）适用范围

公司管理的所有花园或小区。

（二）着装及工作纪律

1. 园艺工上班应穿统一制服，工作制服干净整洁，工作证佩戴于左胸位置。

2. 每日工作记录清晰、完整。

3. 劳动纪律遵守情况良好，不旷工，不迟到，不早退，不擅自离岗，站立和坐下时间不超过 10 分钟等。

4. 公司其他规章制度的遵守情况。

（三）草坪

1. 草坪长势良好，枝叶健壮，叶色绿，夏季无枯黄叶。

2. 无裸露地，覆盖率达 98%。

3. 杂草率与病虫率均低于 3%。

4. 台湾草、马尼拉草等细叶草类草坪草高度保持 8 厘米以下，2 厘米以上。

5. 修剪平整、边缘切齐。

（四）乔、灌木

1. 乔木长势良好，枝条粗壮、叶色浓绿、无枯枝残叶、无死株。

2. 灌木生育良好，枝繁叶茂，枝条分布均匀，衰老枝及时更新，枝梢不超过上缘线 20 厘米。单株灌木具有一定造型，枝梢不超过整形面 20 厘米。

3. 病（虫）株率低于 3%，单株（根、茎、叶、花果）发病（虫）率低于（根茎、叶、花果）3%。

4. 乔木树冠美观，主、侧枝分布均匀，内膛不乱，枝梢不超过树冠上缘线 50 厘米。

5. 无粉尘污染现象。

（五）绿篱

1. 长势良好，无断层，无缺株少株现象。

2. 修剪整齐，上平下直，有造型。

3. 无粉尘污染，病（虫）率低于 3%，无枯枝死株。

4. 枝梢不超出整形面 20 厘米。

（六）露地花卉与盆花

1. 幼苗与成株生育良好，成株枝繁叶茂，株型美观。

2. 病（虫）率低于 3%。

3. 花坛内干净，杂草率低于 3%。

4. 盆花修剪成良好的形状。

（七）藤本

1. 枝蔓生长良好，叶色绿，变弯无黄叶。

2. 蔓、叶片分布均匀，覆盖率达 70% 以上。

3. 病虫率低于3%。

（八）浇水、施肥

1. 植物叶片不萎蔫（不缺水）。

2. 土壤表层不干旱、根系分布层土壤湿润。

3. 浇水时间、方法正确、不浪费水。

4. 植物生育正常（不缺肥）。

5. 施肥时期，方法正确，施肥量适中。

（九）病虫害防治

1. 使用农药种类、倍数、方法适当，喷药均匀，周到。

2. 喷药后病（虫）率低于3%或病（虫）情指数低于20%。

（十）修剪

1. 乔木要修剪成一定的冠形，主侧枝分布均匀，内膛不乱，枝梢不超过树冠外缘线50厘米。

2. 灌木枝条分布均匀，衰老枝及时更新，新梢不超过外缘线20厘米。

3. 绿篱修剪应达到横平竖直，枝梢不超过整形面20厘米。

（十一）花木整形

1. 按要求将花木剪成一定的形状，枝梢不超过整形面20厘米。

2. 花木枝条分布均匀，不缺枝、少枝、不空膛、不偏体。

3. 蔓生植物枝蔓要及时牵引上架、绑缚，剪除过密枝蔓，使枝蔓分布均匀。

（十二）防台风

1. 台风来临前加固植株牢固直立于土壤中。

2. 台风来临前修剪过密的树冠，使树冠保持良好的通透性。

3. 台风过后1日内清除被台风危害的植物。

4. 台风过后3日内恢复（补植）被台风危害的绿地植物。

（十三）肥料使用

1. 施肥时期、施用肥料种类，施肥方法正确，施肥量适中。

2. 肥料保存方法得当。

（十四）园艺机具

1. 设备处于完好状态。

2. 设备发生故障停机3小时内必须维修完好。

3. 每次作业完毕，要清洗干净。

4. 放掉燃油和机油，呈水平位置存放好机器。

（十五）园艺设施

1. 护栏、护树架、水管、龙头、喷头等设施完好。

2. 供水设施（喷灌等）保护完好。

3. 园艺设施维修及时（从发现损坏之日起5日内修复完好）。

十七、月绿化工作计划

管理处：

序号	工作内容	单位	数量	进度要求	备注

拟制：＿＿＿＿＿＿＿　　　　　　　　　　　　　　　批准：＿＿＿＿＿＿＿

十八、绿化养护检查记录表

检查单位：　　　　　　　　　检查日期：　　　　　　　　检查人：

项目	检查内容	检查记录	被检人确认	异常改善情况
草皮	长势是否良好			
	是否超长			
	有无杂草			
	是否干旱缺水			
绿篱花球	长势是否良好			
	有无超长			
	是否干旱缺水			
盆栽	长势是否良好			
	有无干枝、树叶			
	是否干旱缺水			
植保	有无虫害			
	有无病害			
其他				
检查总结				

十九、绿地养护质量巡查表

巡查内容	标准	检查情况	整改情况
草坪养护	按计划修剪，保持草坪平平整整洁，修剪高度为6厘米		
除草	一季度至少除草两次，达到立姿目视无杂草		
修剪	花、灌木、绿篱、球形植物保持整洁及良好的长势		
防病虫害	发现病虫及时喷药防范		
抗旱排涝	高温时，浇水时间安排在早晨或晚上；雨季时，及时做好排涝工作		
防汛工作	台风未到时，检查养护范围的情况，发现险情及时修剪、加固；在台风到来时，安排好值班，及时处理在台风中发生的各种情况		

二十、绿化质量评定和绿化费计算表

年　　月　　日

检查单位　　评分　　周期	一周	两周	三周	四周	五周	合计	绿化承包费计算公式：承包费××%（×代表乙方本月实得分数）
管理处负责人签字							
供方负责人签字							

二十一、绿化养护实施要求表

		养护要求
室外绿化	浇水	根据季节、地域、天气情况适时对绿化植物浇水，根据绿地、花木品种、生长期限决定浇水量
	施肥	绿篱、花卉应保证底肥，追施化肥，少量多次不能伤及花草植物。树木灌木每季1次采取挖沟、挖穴施肥方式，肥料不能露出土面。草地每年2次，采取喷施或播撒方式，不能伤及花草
	修剪	树木、灌木每年3次，无枯枝，讲究整体分布均匀，下垂树枝不能影响车辆和行人通行。绿篱每月修剪1次，整齐成型、造型美观，新枝不能超过20厘米
	病虫防治	以防护为主，酌情喷杀，发现病虫及时治理。一次病虫害面积不能超过总体绿化的5%，无明显枯杈、死杈
	摆花	花坛保持叶常绿、花常开，搭配合理，造型美观，及时调整更换。每年春节、国庆两节应在管理处指定的地方摆放特色花坛。对生长不良或枯死的阳生植物，视情况予以更换
室内绿化	浇水	室内绿化植物浇水适宜每周2～3次
	摆花	根据不同的物业类型，摆放适量，合适的观赏性花卉或盆栽盆景，忌摆放有毒或带刺植物。适时更换生长不良或枯死的室内阴生植物

二十二、绿化检查与考核标准表

绿化检查标准	评分标准
草地无石块、落叶、枯枝等杂物，无黄土裸露	每周检查有一处者扣0.1分，共15分
对枯死或生长不良的花草树木应及时更换补种	每周检查有一处者扣0.1分，共10分
草地基本无杂草、草地纯净一致	每周检查有一处者扣0.1分，共10分
适时适量浇水施肥，保持花木、草地长势良好	每周检查出现缺肥、缺水者各扣0.1分，共10分
草坪修剪平整、美观，保持高度为3～5厘米	每周检查有一处不符合者扣0.1分，共10分
对损坏的花木、草地应及时修补完好	每周检查有一处者扣0.1分，共10分
及时消灭和防治病虫害，注意保护环境	每周检查有一处者扣0.1分，共10分
花坛、绿篱、灌木修剪整齐、美观	每周检查有一处不符合要求者扣0.1分，共15分
室内阴生植物适时更换和浇水	每周检查有一处不符合要求又没有更换者扣0.05分，共5分
绿化人员上岗是否符合要求	每周检查有一处不符合要求者扣0.05分，共5分

二十三、消杀服务工作考核表

保养项目		考核标准	评分标准
消杀计划及实施情况		按合同要求及时制订本月消杀工作计划，并遵照实施，每月进行消杀的次数不少于3次	此项目共15分，每发现一项不符扣1分
消杀效果	鼠	每一百间房（以15平方米为一间计算）未发现新鼠迹超过2%	此项目共10分，每发现一项不符扣0.5分
	蚊	容器积水蚊幼虫滋生率低于5%，有蚊房间少于5%	此项目共10分，每发现一项不符扣0.5分
	蝇	饮食、熟食业、包含加工业无蝇房间有蝇低于5%，蝇咀检出率不超过2%，公共场所不超过5%	此项目共10分，每发现一项不符扣0.5分
	蟑螂	有蟑螂房间不超过5%	此项目共10分，每发现一项不符扣0.5分
服务态度		接听电话、现场服务，服务人员均应热情有礼貌地对待管理人员和业主客户	此项目共10分，每发现一项不符扣1分
投诉处理		因消杀质量不过关，造成四害影响严重的	此项共15分，如发生重大事故则全部扣除，检查中每发现一处问题视情节严重扣1~5分
工具及药物使用情况		工具及药物的使用符合要求	此项目共10分，每发现一项不符合要求扣1分
上级单位检查结果		顺利通过上级单位检查，发现的问题及时解决	此项目共10分，未通过检查扣除5分，发现的问题没有及时改正，每发现一项扣1分

二十四、消杀服务工作考核记录

管理处：　　　　　　　　年　　月　　日

序号	检查项目		存在问题	扣分	备注	乙方签名
1	消杀计划及实施情况					
2	消杀效果	鼠				
3		蚊				
4		蝇				
5		蟑螂				

续表

序号	检查项目	存在问题	扣分	备注	乙方签名
6	服务态度				
7	投诉处理				
8	工具及药物使用情况				
9	上级单位检查结果				
10	总分				

部门评估意见

管理处	经理签字: 日期:
消杀服务单位	主管签字: 日期:
管理部	经理签字: 日期:

二十五、消杀过程记录表

年 月 日

项目 记录 地点	灭蚊蝇		灭鼠			消杀人	监督人	备注
	喷药	投药	放药	装笼	堵洞			
垃圾箱								
垃圾中转站								
污、雨水井								
化粪池								
窨井								
绿地								
楼道								
自行车库								
雨篷								
食堂、宿舍								
游泳场								
停车场								
设备房								
商业网点								
向住户发药								

注: 1. 对当天已做的项目地点用"√"表示，未做的项目用"×"表示。

2. 清洁班长负责监督，填写此表，管理处保存1年。

二十六、清洁设备、设施清单

单位名称：			
占地面积：	建筑面积：		住户数：
项目	单位	数量	备注

二十七、垃圾清运服务质量记录

单位：　　　　　　　　　　　　　　　　　　　　　　　　年　　月　　日

日期	清运时间	是否及时清运	尚未清运	清运效果	清洁工	日期	清运时间	是否及时清运	尚未清运	清运效果	清洁工
1						17					
2						18					
3						19					
4						20					
5						21					
6						22					
7						23					
8						24					
9						25					
10						26					
11						27					
12						28					
13						29					
14						30					
15						31					
16											

说明：此表由班长指派室外组清洁员负责填写，每月交房管部门，保存 1 年。

第六章 市场营销制度与表格

一、营销人员管理制度

第一条 对本公司营销人员的管理，除按照人事管理规程办理外，须依本规定条款进行管理。

第二条 原则上，营销人员每日按时上班后，由公司出发从事销售工作，公事结束后返回公司，处理当日业务，但长期出差或深夜返回者除外。

第三条 营销人员凡因工作关系误餐时，依照公司有关规定发给误餐费××元。

第四条 部门主管按月视实际业务量核定营销人员的业务费用，其金额不得超出下列界限：经理××元，一般人员××元。

第五条 营销人员业务所必需的费用，以实报实销为原则，但事先须提交费用预算，经批准后方可实施。

第六条 营销人员对特殊客户实行优惠销售时，须填写"优惠销售申请表"并呈报主管批准。

第七条 在销售过程中，营销人员须遵守下列规定：

（一）注意仪态仪表，态度谦恭，以礼待人，热情周到。

（二）严守公司经营政策、产品计价折扣规定、销售优惠办法与奖励规定等商业秘密。

（三）不得接受客户的礼品和招待。

（四）执行公务过程中，不能饮酒。

（五）不能诱劝客户透支或以不正当渠道支付货款。

（六）工作时间不得办理私事，不能私用公司交通工具。

第八条 除一般销售工作外，营销人员的工作范围包括：

（一）向客户讲明产品使用用途、设计使用注意事项。

（二）向客户说明产品性能、规格和特征。

（三）处理有关产品质量问题。

（四）会同经销商搜集下列信息，经整理后呈报上级主管。

1. 客户对产品质量的反映。

2. 客户对价格的反映。

3. 用户用量及市场需求量。

4. 对其他品牌的反映和销量。

5. 同行竞争对手的动态信用。

6. 新产品调查。

（五）定期调查经销商的库存、货款回收及其他经营情况。

（六）督促客户订货的进展。

（七）提出改进质量、营销方法和价格等方面的建议。

（八）退货处理。

（九）整理经销商和客户的销售资料。

第九条 公司营销或企划部门应备有"客户管理卡"和"新老客户状况调查表"，供营销人员进行客户管理之用。

第十条 营销人员应将一定时期内（每周或每月）的工作安排以"工作计划表"的形式提交主管核准，同时还需提交"一周销售计划表"和"月销售计划表"，呈报上级主管。

第十一条 营销人员应将固定客户的情况填入"客户管理卡"和"客户名册"，以便更全面地了解客户。

第十二条 对于有希望的客户，应填写"希望客户访问卡"以作为开拓新客户的依据。

第十三条 营销人员对所拥有的客户，应按每月销售情况自行划分为若干等级，或依营业部统一标准设定客户的销售等级。

第十四条 营销人员应填具"客户目录表"、"客户等级分类表"、"客户路序分类表"和"客户路序状况明细卡"，以保障推销工作的顺利进行。

第十五条 各营业部门应填报"年度客户统计分析表"，以供销售人员参考。

第十六条 营销人员原则上每周至少访问客户一次，其访问次数的多少，按照客户等级确定。

第十七条 营销人员每日出发时，须携带当日预定访问的客户卡，以免遗漏、出现差错。

第十八条 营销人员每日出发时，须携带样品、产品说明书、名片、产品名录等。

第十九条 营销人员在巡回访问经销商时，应检查其库存情况，若库存不足，应查明原因，及时予以补救处理。

第二十条 营销人员对指定经销商，应予以援助指导，帮助其解决困难。

第二十一条 营销人员有责任协助解决各经销商之间的摩擦和纠纷，以促使经销商精诚合作。如营销人员无法解决，应请公司主管出面解决。

第二十二条 若遇客户退货，营销人员须将有关票据收回，否则须填具"销售退货证明单"。

第二十三条 财会部门应将营销人员每日所售货物记入分户账目，并填制"应收账款日记表"送各分部，填报"应收账款催收单"，送各分部主管及相关负责人，以加强货款回收管理。

第二十四条 财会部门向营销人员交付催款单时，应附收款单据，为避免混淆，还应填制"各类连号传票收发记录备忘表",转送营业部门主要催款人。

第二十五条　各分部接到应收账款单据后,即按账户分发给经办营销人员,但须填制"传票签收簿"。

第二十六条　外勤营销员收到"应收款催收单"及有关单据后,应装入专用"收款袋"中,以免丢失。

第二十七条　营销人员须将每日收款情况填入"收款日报表"和"日差日报表"并呈报财会部门。

第二十八条　营销人员应定期(周和旬)填报"未收款项报告表",交财会部门核对。

第二十九条　营销人员须将每日业务填入"工作日报表"逐日呈报单位主管。日报内容须简明扼要。

第三十条　对于新开拓客户,应填制"新开拓客户报表",以呈报主管部门设立客户管理卡。

第三十一条　营销人员外出执行公务时,所需交通工具由公司代办申请,但须填具有关申请和使用保证书。

第三十二条　营销人员用车耗油费用凭发票报销,同时应填报"行车记录表"。

二、销售经理管理手册

(一) 销售方针的确立与贯彻

1. 销售方针的内容。

(1) 销售方针是销售经理在自己所辖的业务范围以内,订立促销及营运方面的方针。

(2) 销售方针分为长期方针(3~5年)、短期方针(1年以内)两种。销售经理所决定的,属于短期方针。

(3) 销售方针的确立,应以公司经营的目的为基础。

2. 如何订立销售方针。

(1) 明确公司业务的经营目标,及董事长与直属上司的政策,以此为依据,订立适合的销售方针。

(2) 销售部对于各方面的问题(例如:市场开发、利润的提高、广告宣传、回收管理等),都必须制定方针。

(3) 配合当年的营运重点,及公司的经营方针,来制定销售方针。

3. 销售方针的贯彻。

(1) 除了以口头发表或说明之外,还要发布文件,以期方针能正确并彻底实施。

(2) 尽量避免"自己(上司)认为有关人员(属下及其他人)已经明白,而实际上并未彻底了解的情形"发生。

(3) 销售方针公布后,仍需反复地加以说明。

(二) 销售计划的要点

1. 销售计划的内容。

（1）销售经理所拟定的销售计划，不能仅包括以销售额为主体的预算数值和计划的实施步骤而已。

（2）应包括销售组织、商品、消费者、售价、销售方法、促销（包括广告和宣传、销售预算等）的广义计划。

2. 拟订销售计划时应注意事项。

（1）配合已拟定的销售方针与政策，来制订计划。

（2）拟定销售计划时，不能只注重特定的部门（或人）。

（3）销售计划的拟订必须以经理为中心，全体销售人员均参与为原则。

（4）勿沿用前期的计划，或订立惯性的计划。必须要组合新计划，确立努力的新目标才行。

3. 销售计划的实施与管理。

（1）经理对于销售计划的彻底实施，必须负完全的责任。

（2）拟订计划后，要确实施行，并达成目标，计划才有意义。所以，对于销售计划的实施与管理必须彻底。

（3）计划切勿随便修正，除非遇到情势的突变，或尽了一切努力，仍无法达成目标时，方可更改。

（三）销售部内部组织的营运要点

1. 销售组织与业务效率。

（1）销售部内的：①组织和推销人员的关系；②组织的编成方式和业务效率及销售有密切的关系。

（2）销售经理对于自己所辖部门的组织形态和有效率的营运，应经常留意。

（3）不可忽略组织管理的研究。

2. 组织营运的重点。

（1）销售组织有效率地营运，首要关键在于销售经理的做法，尤以销售经理的领导能力的发挥最为重要。

（2）对于推销人员，要训练其团队精神。

（3）在销售组织里，要特别注意销售的分担与配置、使命、报告系统、责任与权限的明确划分。

3. 权限内组织的修正。

（1）销售组织的大纲，应由董事会或董事长裁决；至于其细节，乃属于销售经理的权责。

（2）在销售经理的权限内，应视环境的变化而修正组织，使之具有适应性；对于组织的合理化，亦需立即着手进行。

（四）销售途径政策的注意事项

1. 根据自己公司的实际情形。

（1）对于业界、自己公司在业界里的立场、商品认识，以采取适当的销售途径政策。

（2）独自的系统化、参与其他公司（或者是大公司）的系列，无论采取哪项政策，都要充分研究相互的得失关系。

2. 应以效率为本位。

（1）不要以过去的情面、私情、上司的偶发意向，或仿效其他公司，来决定销售途径。

（2）不要仅凭借负责的推销员或顾客（代理商或消费者）等的意见或批评来下判断，必须根据客观而具体的市场调查，来决定销售途径。

（3）效率不高的销售途径，应果断地废止，重新编制新的销售途径，关于这一点，销售部的经理，必须向上司进言。

（4）交易条件和契约的订立必须格外地小心，一切都要以书面形式。

3. 寻求与试行新的销售途径。

（1）销售经理必须调查研究，并努力企划更有效率的销售途径。

（2）纸上谈兵是无法知道确实的效果的。所以，应该在危险性较小的范围内试行看看。

（五）市场调查的注意事项

1. 计划与策略必须详尽。

（1）不管调查的目的和规模如何，实施的方法一定要有细密的计划，

（2）尽量以最少的费用、时间、人数来完成调查。

（3）在预备调查或正式调查期间，如发觉没有继续调查下去的必要的调查，不要阻碍于面子而拖延。

（4）尽量利用既有资料和实地调查的资料。

2. 调查结果的有效运用。

（1）必须确实地整理调查的内容与严守提出报告的日期。

（2）负责调查者应使调查的结果能够有效地运用。

（3）调查结果应尽量予以运用，不可随便否定或忽视。

3. 公司外的专门机构负责调查时。

（1）不要轻易地完全相信对方所说的话，必须先调查该机构的能力等问题；负责市场调查的销售经理，应亲自去调查。

（2）调查前的商讨要能充分协调，本身的要求及希望应据实提出。

（六）新设立或撤销分公司、营业处的注意事项

1. 新设立或撤销均要慎重考虑。

（1）分公司、营业处的存在，对于经营及销售方面，有利亦有弊。

（2）若利多于弊时，即应设立新的分公司或维持现状，当弊多于利时，即应缩小编制或撤销分公司。

（3）对于利弊的判断，不可依据主观或直觉；必须要凭借科学化的分析。

（4）新设立分公司时的注意事项。

①事前的调查和利益的核算必须非常慎重。

②不要为了迎合上司的偶发意向，而设立新的分公司或营业处；必须根据销售经理本身的想法及信念方可。

③尽量阶梯式地展开，先由小规模开始（以派驻人员的方式），再渐次扩大。

④分公司、营业处的负责人的选定，最为重要，不可任意委派。

2. 缩小、撤销时的注意事项。

（1）不要受对内、对外的面子问题所拘束。

（2）无论对内或对外，均要有充分的理由，才可缩小或撤销。

（3）撤销的分公司、营业处，若为自己公司所有的土地和建筑物，其后应充分有效地利用。

（七）开发新产品的注意事项

1. 不要委任其他部门。

（1）供给商品的计划部门、制造的开发部门等，在组织上隶属其他单位时，也不可以完全委任对方。

（2）若商品的开发部门，在自己的管辖范围内时，也不可以委任对方。

（3）最重要的是，要与企划部门及开发部门共同研究。

2. 构想、情报的提供与协助。

（1）任何构想及情报，都要毫不遗漏地提供给开发部门。

（2）代理商与消费者的意见特别重要。

（3）大规模的公司要有制度地收集情报。

（4）应积极地经常与开发部门（有关人员）协同研究，并举行检讨会。

3. 市场开发与销售。

（1）如果没有得到销售部门的协助，无论商品多么优良，仍难有较高的销售量。

（2）不要对商品的可销性妄下结论。

（3）销售商品态度，不要敷衍了事，应颇具信心地去销售。关于这一点，销售经理应以身作则，并教导属下。

（八）适当人选的配置

1. 适当人选的配置。

（1）并非每个人都适合市场开发的工作，故要选用挑战意欲较强的推销员。

（2）以兼职的性质来从事市场开发，是收不到效果的；故组织需重新编制，设立专门的部门及配置适当人选。

（3）公司内若无适当人选，可向外寻求。

（4）行动必须勤勉而积极，并需有耐性。

2. 销售经理应有的态度。

（1）销售经理应身为表率，去对付更强的竞争者。

（2）当部属求援时，要即时行动。

（3）若市场开拓的情况未见好转（或趋向不利），切莫沮丧，要有信心及魄力，经常与部属接触。

（九）信用调查的注意事项

1. 信用调查的方法。

（1）信用调查的方法分为两种：①由公司内的专业部门或销售负责人去从事调查；

②借助公司外的专门机关进行调查。

（2）①②均有优、缺点，故尽量合并两者来调查，最为理想。

2. 销售部门实行调查时的注意事项。

（1）编制信用调查的说明书，根据说明书来教导部属。

（2）为了便于判定调查结果，或避免遗漏调查项目，应将信用调查表定型化。

（3）重要的或是大客户的调查，必须由销售经理亲自负责。普通的调查，指定专人负责即可。

（4）对调查的内容有疑问时，不可随便处理，必须彻底查明。

（5）信用调查不仅限于交易前，交易后也要作定期的调查。

3. 借助公司以外的机构时。

（1）选择信用调查能力卓越的机构，切不可以只依靠人事关系或贪求收费低廉。

（2）不要完全采用信用调查报告书，销售经理应培养正确地了解报告书内容的能力。

（十）估价的注意事项

1. 估价方式的决定。

（1）不管估价内容的粗浅繁杂，都要决定固定的方式。

（2）新产品、改良品，应由制造部门、设计部门或其他部门累计成本后，再予以慎重地估价。

（3）估价的方式，必须请教有关人员，以求彻底地了解。

（4）销售经理一定要仔细看估价单。

2. 充分了解有关的情报。

（1）估价单提出以前，必须尽量正确地收集顾客及同行（有估价竞争时）的情报。

（2）要积极地使用各种手段来收集情报。

（3）必须慎重考虑有无洽谈的必要及洽谈的方式。

3. 估价单提出后的追踪。

（1）估价单提出后，必须收到迅速而正确的回馈。

（2）根据估价单的存根，作定期或重点式的研讨。

（3）当交易成功，经理必须出面时，要即刻行动。

（十一）契约的注意事项

1. 订立契约时愈慎重愈有利。

（1）交易开始时的契约，不论是以书面或口头约定，都要格外地慎重。

（2）设想双方的财力关键，及随着交易所发生的一切条件，将之列入契约里。

（3）要有耐性地交涉，尽量争取有利的条件。

2. 拟定交易规定或契约书。

（1）契约应尽量根据规定或文件，尤以签订重要的交易或大批交易的契约时，应更加慎重。

（2）共同的、基本的交易，必须依交易规定来决定（如代理商的交易规定等）。

（3）重要的和交易内容复杂的契约书，必须请专家（公司内、外的）过目。

（4）任何一种契约书，经理都必须过目，对于特约事项，更需特别留意。

3．违反契约或发生纠纷时。

（1）销售经理必须亲自想好对策加以处理，不可完全交给部属去处理。

（2）不管是由哪一方所引起，不可轻易地放弃或随意处理。

（3）不管任何纠纷，均应将情形呈报上司。

（十二）顾客管理的注意事项

1．顾客总账的做法和活用。

（1）根据一定的格式，做成顾客总账（或卡片）。

（2）顾客很多时，只要做重要的或大客户的总账即可。

（3）顾客的卡片往往容易被忽略，因此，关于如何有效地使用，经理应充分加以指示和指导。

（4）应随着顾客情况的变化，加以记录。

2．与顾客保持良好的关系。

（1）通过广告宣传、销售计划的综合对策及推销员的个别接触，与顾客保持良好关系。

（2）销售经理不要只去访问特定的顾客，而应普遍地作巡回访问。

（3）不管如何，与顾客沟通意见与保持良好的人际关系最为重要。

（4）销售经理必须充分了解每一位客户的销售、回收和经营的内容。

3．指导顾客的方法。

（1）积极地将有利的情报提供给顾客。

（2）对于改善销售及经营等问题，要经常地指导顾客。

（3）顾客提出意见时，要坦诚、热心地接受。

（十三）对于代理商、特约商的注意事项

1．代理商制度是否适合。

（1）目前的代理商、特约商制度，对于目前的情势是否恰当，必须经常加以分析、检讨。

（2）也要经常不断地研究代理商的增减、编制和变更交易条件等问题。

（3）新订定代理商制度时，必须特别慎重，若处理不当，将来会造成行销通路上的困扰。

2．把握各代理商的实况。

（1）销售经理对于各代理商、特约商的实况，应有详细的了解。

（2）做代理商总账（卡片亦可），对方的销售或变更事项，应随时加以记录。

（3）不要仅依靠推销员的报告，销售经理也要亲自去访问，以便进一步认识各种实际情况。

3．与代理商保持良好的关系。

（1）不但要与代理商维持良好的关系，同时，要尽一切努力，让代理商协助自己的公司。

（2）对于代理商的请求，亦应尽量予以协助（但要衡量自己公司的力量）。

（3）对于代理商的销售及营业促进有帮助的情报提供与指导，要积极地实施。

（十四）促进销售的重点

1. 一般的重点。

（1）公司及销售部门必须具有综合性的促销计划和实施方法。

（2）在决定销售方针、销售政策前，必须充分调整综合性的效率。

（3）企划、计划的事项必须在不失时效的条件下，确实地施行。

2. 直销部门应注意的事项。

（1）不要做出与自己公司的营业和销售实情不合的推销方法。

（2）倘若销售不佳，不可只责备推销员（直销部门），应视为大家共同的责任，加以反省与检讨。

（3）不可太固执于自己的企划，应随着情势的变化，迅速地修正企划。

3. 销售部门应注意事项。

（1）关于销售的促进，不可以完全依赖销售企划部门。

（2）让各科实行独自的销售计划。

（3）综合性的、基本性的销售计划所需的情报和构想，应由销售经理提供。

（4）销售部门是否能够提高销售，这完全是经理的责任。

（十五）协助经销商的注意事项

1. 有效的实施方法。

（1）有关协助经销商方面，销售部门要制订年度方针和实施计划。

（2）没有专门组织（销售企划科等）时，应该让经办的科长，制订计划和细则。

（3）指导、援助经销商前，要特别研究应使用何种具体的方法，才会收到最理想的效果。

（4）预算必要的经费和提出这些经费的依据。

（5）除了资金或物质方面的协助外，还要特别注重人事方面（特别是经营、销售等方面的技巧）的协助。

2. 培育指导人员。

（1）最重要的是，培育专业的指导人员，才能指导经销商，使之增加销售。

（2）不要让经销商以他们个人的经验来经营或求发展，而应有组织、有制度地教导他们。

3. 与负责的推销员密切联系。

（1）要与负责的推销员经常洽商，以便密切地交换情报。

（2）适时地测定销售效果。

教导第一线的推销员有关协助经销商的知识。

（十六）广告、宣传的要诀

1. 宣传、广告政策。

（1）应将宣传、广告政策，当作市场开发的一环。

（2）根据营业与销售的基本政策、销售战略，制定与之有密切关系的宣传、广告政策。

（3）有关宣传、广告方面，应向业务部门的干部开研讨会，及时调整政策。

2. 宣传、广告业务的管理。

（1）宣传、广告业务的管理应由宣传科或销售促进科或销售企划科等专人管理，并且，最好能够予以专门化。

（2）宣传、广告预算要在年度计划中，依广告主题、内容、方法编列预算。

（3）当销售各科一起研商时，不要以个人的构想，或外行人的技术为凭借，应尽量采用专家的意见。

3. 借助公司外的机构、专家时。

（1）不要以过去的人际关系、惯性等而随便签约。

（2）应该要保持自主性，不可完全依赖他人。

（3）签约时，应毫不客气地提出自己的意见、期望及条件。

（4）对于每一次的广告主题，都要充分地洽商、研究。

（十七）展示会、旅行招待会的实施要诀

1. 共通的要点。

（1）企划时，不要完全依赖：①高阶层上司的构想；②经理的构想；③特定部下的意见；④过去计划的惯性；⑤同行业的做法。

（2）要特别重视利润。利润的算法可以采用：个别计算各展示会、旅行招待会的利润，以及综合计算一定期间内，所有的展示会、旅行招待会的利润等两种。

（3）尽早订立计划。计划前应充分地调查、分析、研讨。

（4）会场上要用谦和的态度，主动地招待顾客。

2. 展示会的要诀。

（1）不可依照销售经理的喜好，来选择展示会的商品。

（2）销售经理应亲临租用的会场察看。

（3）销售经理要亲自邀请主要的客户务必莅临。

（4）若发现异常情况，应立即采取必要措施（限制销售、促进回收货、设定担保物及其他）。

3. 债权管理及促进回收。

（1）债权管理虽然属于推销员及财务经办人所辖，但不可将全部责任委任他们。

（2）销售经理对于各自的销售额、收款额、未收款额等，应经常留意是否异常。

（3）要特别注意把握实态，以免部属对未收货款、回收情况等计算错误或作为呆账等。

（4）有关货款的回收，应经常叮嘱经办人，以期收到良好的效果。

（十八）减价退货的实施要诀

1. 决定实施标准。

（1）不可让推销员依据个人的判断，随意决定减价或退货。

（2）应列出减价及退货的限度及其标准。

（3）减价及退货均应获得销售经理的同意始可。

2. 把握实际的情况。

（1）减价、退货时，一定要开传票，以保留确切的记录。

（2）把握全体及个别（经办人类别、客户类别、商品类别、季节类别及其他）减价、退货的金额、比率、件数等。

（3）需和财务部门（或负责账务者）保持业务上的密切联系。

3. 减价、退货的减少及预防政策。

（1）应加强指示及提醒关系者有关减少、防止减价与退货方面的问题。

（2）彻底分析减价、退货的原因，从主要原因着手处理。

（3）切莫强迫推销员达成一定的销售额，以免遭致退货。

（十九）处理索赔问题的注意事项

1. 销售上的索赔。

（1）对于索赔，无论大小，应慎重处理。大多是有关交易方面的问题，即商品、价格、交货期、服务及其他方面的问题。

（2）防止索赔问题的发生才是根本的解决问题之道，不可等索赔问题发生时，才图谋对策。

2. 销售部门的处理。

（1）要迅速、正确地获得有关索赔的情报。

（2）索赔问题发生时，要尽快制定对策。

（3）销售经理对于所有的资料均应过目，以防部下忽略了重要问题。

（4）每一种索赔问题，均应制定标准的处理方法（处理规定、手续、形式等）。

3. 要与制造部门等联络。

（1）有关商品（制品）方面的索赔，大多与制造部门有关。

（2）要访问经办人，或听其报告有关索赔的对策、处理经过、是否已经解决等。

（3）与制造部门保持联系，召开协议会。

（二十）标价包装的注意事项

1. 销售部的注意事项。

（1）厂商、批发商等，有时会集中在销售商的管辖内，做标价、品质检验、包装等工作。

（2）作为最后作业，对品质及交货日期的管理是相当重要的工作，经办的销售经理切不可忽视。

2. 作业效率化。

（1）经常与顾客及制造包装的厂商交涉，以减少作业量。

（2）经常研讨设备、机械、工程、作业方法等，设法提高作业效率。

（3）积极地采用作业者的意见及构想。

（4）力求作业环境的舒适。

3. 质量管理的注意事项。

（1）质量管理兼具检查的工作，故应制定质量检验的标准。

（2）错误的标价及不良的包装，除了会造成直接的损害以外，公司的营业政策亦会蒙受不利，故应提高质量意识，彻底地实施管理与监督。

（二十一）销售事务管理的注意事项

1. 销售事务的重视与指导。

（1）销售事务是销售服务上的关键，切不可有错误发生的行为。

（2）除了销售事务经办人等专门人员外，有不少推销员忽视事务性的工作，或处理事务的能力不足。

（3）销售经理对事务需具备正确的了解与知识，并反复地指导部属。

（4）务必让所有的关系者遵守事务的处理法规。

2. 销售事务的组织与制度。

（1）销售事务在组织上应专业化，并设立专职的职员。

（2）尽量让推销员专心销售，不要让他们处理事务性的工作。

（3）销售事务是根据询价——估价——接订单——制造（出仓）——交货——收款——进账等的综合效率所订的事务制度。

3. 销售事务的改善。

（1）研究效率最高的事务处理法，并经常予以检讨。

（2）利用电子计算机及其他机械，以求机械化、省力化。

4. 与分公司保持良好的关系。

（1）总公司的销售部主动与分公司竞争是一种好现象，但不能导致对立或不协调。

（2）销售经理需特别留意，保持相互间的良好关系。

5. 协调与联络。

（1）要密切地实施销售战略上的协调与业务上的联络、洽商及情报交换。

（2）应特别注意彼此间意见的沟通，以免发生误会或不协调。

6. 访问、指导、激励。

（1）总公司销售部的经理，应尽量找机会访问分公司，不可总是把分公司的人叫到总公司来。

（2）访问分公司时，需作必要的指示、教导、激励与慰问。

（3）不要仗着总公司的威风，烦扰分公司的人。

（二十二）推销员的活动管理要诀

1. 推销活动的特征。

（1）推销员必须离开公司，远离上司，依自己的责任行动。

（2）推销活动的管理以自我管理为主体，故提高推销员的道德心及责任感为最重要的事。

2. 行动报告制。

（1）各推销员的行动预定表，应由他们自己制作、自己提出；以1个月或一个时期为单位，记录每天访问的地点及事项。

（2）按日报告（或按周报告）不仅达到行动管理的目的，同时，也是情报管理上的重要事项。

（3）每日（早晨或黄昏）开会需以上司为中心，以作必要的指示及正确的指导。

3. 出差管理。

（1）近距离或住宿出差，要让职员提出申请（预定），并审阅出差内容。

（2）长期性的出差，有关经过与成绩应让部属作定期性的报告与联络（利用文书、电话等）。

（3）应规定期限，完成旅费的清算。

（二十三）销售会议的处理要诀

1. 必要时才开会。

（1）必要、不可缺的洽商、讨论时，才召开会议。

（2）销售部门的主要会议为：①销售干部会议；②各科、股的洽商会议；③与制造部门（或提供货源的厂商）的协调会议等。

2. 会议的进行法。

（1）议题要在事前通知参加者。

（2）要严守时间（开始与结束的时间）。

（3）理该参加者，均应出席。

（4）设一司仪，依程序进行会议。

（5）不可变成特定者或个人的讲演会。

（6）尽量让多数人发言。

（7）最后应将决议事项整理好，让参加者确认。

（8）应在短时间内完成会议。

3. 销售经理的注意事项。

（1）不要随便开会，不要变成喜欢开会的人。

（2）不要变成销售经理个人的演讲会。

（3）会议中所决定的事情，要确实地施行。

（二十四）销售经费管理的注意事项

1. 经费有：①销售投资、促销费用（广告宣传费、交际费等）；②附带经费。任何投资都要得到效果，因此，必须节省不必要的经费。

2. 独立的会计制度或预算控制制度。

（1）销售经费需依各种科目，编列年、月预算。

（2）除3列预算的金额外，应列预算所根据的数值、实施的项目及方法。

（3）销售经理对于细目均应亲自过目、研讨、审阅。

3. 经费管理的办法。

（1）要迅速正确地把握预算与实绩的差异。

（2）要仔细研讨变动费用（运费、出差旅费等）与销售额间的关联。

（3）销售经理需不断地加强节省经费、成本意识等的教育。

（二十五）销售统计的处理要诀

1. 统计内容的决定。

（1）作太多的销售统计，徒劳而无功；故只要把必要的加以统计，并迅速正确地做好即可。

（2）应以销售经理为中心，与有关人员共同协议，确定何种统计为必要的。

（3）适时地检讨统计的内容，就会发觉有些统计是不必要的。

2. 统计的做法。

（1）尽量节省手续及时间。

（2）有效地利用电子计算机及其他计算机器。

（3）利用其他部门（如财务、企划、制造部门）所作的统计资料。

（4）当同一销售部门的各单位需作同样的统计时，应由一个单位做好后，再送给有关的单位。

3. 统计资料的有效运用。

（1）统计的结果大多与经验或直觉不尽相符，故不可轻视统计。

（2）能够有效地运用统计于销售促进方面，才是最重要的。销售经理与全体有关人员应对统计资料发生兴趣，并运用于销售的业务上。

（二十六）进货管理的注意事项

1. 指定进货的承办人。

（1）若进货事项归销售部门管辖，那么，一定要指定进货的承办人。

（2）要选用具有商品知识、通晓进货厂家、有交涉能力、办事周详、诚实的人。

（3）销售经理应常留意进货业务。

2. 进货计划与管理。

（1）进货计划以销售计划及存货计划为基础，故应先确立基本的计划方可。

（2）若依各销售部、分店、营业处独立进货与存货所发生的浪费现象，则必须注意总体性的控制。

（3）进货及付款的日期，需与财务部的经办人联络、协调。

（4）若有资金调动优先的情况时，要特别严守其进货管理（要与财务部保持联系）。销售经理应详查有无过度进货。

3. 进货来源的管理。

（1）做进货来源卡，以判断各进货来源的动向与成绩。

（2）销售经理应尽量访问进货厂家，与之保持良好的关系，并收集促销的情报。

（二十七）商品管理的注意事项

1. 适当的存货。

（1）商品应设立适当的存货标准，据以补货（或退货）。

（2）除了从销售方面检查适当的存货外，亦应从利息方面检查存货量。

（3）若另外设立商品中心（销售部管辖外），应与之保持适当的联系。

2. 商品的进货与出货手续。

（1）若有正式的存货设备，存货量多时，应设仓库的负责人（专任者）。

（2）进货、出货均应按所规定的传票实行。总公司与分公司间的进货，亦应比照规定。

（3）进货、出货的记录，应考虑记录的利益与记录所需的手续的相关性，应采取利益多的记录方法。

（4）样品的管理容易受忽视，关于这一点，要加以注意。

3. 盘存的清查。

（1）尽量每个月清查盘存，至少应 3~6 个月做一次。

（2）清查盘存可明了公司全部营业的正确损益情形，这是公司的盈亏管理所必需的手续。

（二十八）与其他部门的联络与协调

1. 特别重要的联络、协商。

下列情况的联络、协商特别重要。

（1）销售业务内容特别复杂或重要的案件。

（2）销售业务需要和其他部门共同协调处理时。

（3）互相间存在着误会或双方步调不一致时。

（4）案件的处理，对其他部门有很深的关联性时。

2. 联络、协调方法。

（1）利用会议。

应视案件的重要性，经常召开。

（2）利用电话、文书等。

案件的内容特别重要时，经常使用电话、文书等。

（3）应采取主动的态度。

主动作访问、或接受对方的访问。

3. 应采取主动的态度。

（1）不可嫌麻烦，应主动与其他部门联络、洽商。

（2）不要心存着"对方应该会与我联络"的观念。

（二十九）销售业务的改善与合理化

1. 销售经理应保持正确的观念。

（1）干部对该如何有效地处理自己所管部门的业务，应深切地表示关心。

（2）除有正确的观念外，不可忽视或压抑部属的改善意见、构想、提案等。

2. 改善与合理化的手续。

手续的原则如下：

（1）决定改善、合理化的对象（尽量把重点放在效果大的事项上）。

（2）相关业务的实态与调查分析（调查越广泛，越能清楚地了解）。

（3）改善、合理化的案件的检讨与决定，需有充分的人员和时间。

（4）案件的实施与修正应迅速地执行（使用新方法，发生阻碍时，应除去阻碍，修正案件）。

3. 改善与合理化的范围。

（1）对全公司的事务或特定的事项，若有专门负责合理化的部门时，除了此一部门应处理的事务外，其余的问题均归自己所管的部门负责。

（2）只要是销售经理的责任权限内的事务，均不可怠慢。

三、销售员标准作业手册

（一）办理客户业务前的准备工作

营业助理复查上次该客户当面所交代或离开后来电或来函所应办工作是否已完成，如未完成应速办妥。

1. 营业助理对客户所寄来拟在仿制的原样品，如需准备报价、样品、印盒、纸套、标纸、标头、陈列箱、说明书等资料，应准备齐全，如有问题不能解决，应向主管经理请示如何处理。

2. 营业助理须将客户所欲购的项目，应准备最新报价，以满足客户再订购的需要。

3. 营业助理应客户所需，代订饭店房间，并于前1天再与饭店联络，不可有误。

4. 营业助理须通知装押助理，最迟于客户来前1日办妥装押事务。

5. 如需采购部有关科长配合准备工作者，营业助理应协调妥善安排大客户到来和预到公司日期。

（二）客户接待工作

1. 如需到机场迎接，营业部助理应向总务科安排接机事宜，并应于飞机抵达前2小时与航空公司机场办事处联络班机确定到达时间。必须提前5分钟抵达机场或饭店将客人接来公司。

2. 如客户需赴工厂察看，营业助理应事先与工厂联络，安排行程。

3. 如客户需要游览名胜古迹，营业助理应事先安排观光行程。

（三）客户来访接待

1. 赴机场或饭店接客户前，营业助理应将有关资料、档案、样品等置于业务洽谈室。

2. 如客户需要饮料、食品等，营业助理应通知样品室准备。

3. 如需采购部有关科长备询时，营业助理应事先通知待命。

（四）客户接洽业务

1. 营业部经理及助理陪客户挑选样品。

2. 经客户挑选的有兴趣产品，营业助理应立即记录详细资料及产品编号、规格、包装明细、材数，最近工厂价格。如有必要，得与有关科长协调报价。

3. 与客户洽谈中，对报价及客户所特有要求的规格、形态、大小、尺寸、厚度、结构材料、颜色、包装、品质、订购数量等，营业助理均应详细列入记录，必要时画上该产品草图。

4. 如客户当日未能决定采购者，须待次日继续洽谈时，营业助理应将所挑选出来的样品，留条嘱咐样品室暂保留于业务洽谈室架子内。以免下次洽谈时重复挑选。

5. 如客户不予洽谈或已洽商完毕的样品，营业助理应嘱咐样品室归还原处。

6. 客户如有任何询问应立即查核答复，如不能即时答复，亦应向客户说明原因并告之何时答复。

7. 与客户洽谈中，对客户所交代的工作应于下次洽谈前完成。

（五）整理报价单

1. 应客户需要，将洽谈中感兴趣的产品，营业助理与采购部有关科长协调整理报价单，经主管经理核阅后打出，交给客户。

2. 客户订购产品，营业助理应于客户离公司的当日或限内将报价单单项总价及全部总价底稿整理妥当，呈主管经理阅后，将报价单所规定份数增加两份。

3. 营业助理，应立即核对报价单是否与底稿相符，如有错误即自行修改确实无误，然后抽出一份报价单请示经理后，开国内订单，连同国内订单装运联一并交装押助理。

4. 所有寄国外信件，报价单和其他一切文件须由营业助理核对，并在寄出份上经理签名处旁签名和签注日期，送交主管经理发出，但报关文件由营业助理于结并前自行核对单价数量，必须在当日内完成。

四、销售管理制度

（一）总则

第一条 以质量求生存，以品种求发展，确立"用户第一"、"质量第一"、"信誉第一"、"服务第一"，维护工厂声誉，重视社会经济效益，生产物美价廉的产品投放市场，满足社会需要是我厂产品的销售方针。

第二条 掌握市场信息，开发新产品，开拓市场，提高产品的市场竞争能力。沟通企业与社会，企业与用户的关系，提高企业经济效益，是我厂产品销售管理的目标。

（二）市场预测

第三条 市场预测是经营决策的前提，对同类产品的生命周期状况和市场覆盖状况要做全面的了解分析，并掌握下列各点：

1. 了解同类产品国内外全年销售总量和同行业全年的生产总量，分析饱和程度。

2. 了解同行业务类产品在全国各地区市场占有率，分析开发新产品、开拓市场的新途径。

3. 了解用户对产品质量的反映及技术要求，分析提高产品质量，增加品种，满足用户要求的可行性。

4. 了解同行业产品更新及技术质量改进的进展情况，分析产品发展的新动向，做到知己知彼，掌握信息，力求企业发展，处于领先地位。

第四条 预测国内各地区及国外市场各占的销售比率，确定年销售量的总体计划。

第五条 收集国外同行业同类产品更新及技术发展情报，国外市场供求趋势，国外用户对产品反映及信赖程度，确定对外市场开拓方针。

（三）经营决策

第六条 根据工厂中长期规划和生产能力状况，通过预测市场需求情况，进行全面综合分析，由销售科提出初步的年度产品销售方案，报请厂部审查决策。

第七条 经过厂务会议讨论，厂长审定，职代会通过，确定年度经营目标并作为编制年度生产大纲和工厂年度方针目标的依据。

（四）产销平衡及签订合同

第八条 销售科根据工厂全年生产大纲及近年来国内各地区和外贸订货情况，平衡分配计划，对外签订产品销售合同，并根据市场供求形势确定"以销定产"和"以产定销"相结合的方针，留有余地，信守合同，维护合同法规的严肃性。

第九条 执行价格政策，如需变更定价，报批手续由财务科负责，决定浮动价格，经经营副厂长批准。

第十条 销售科根据年度生产计划，销售合同，编制年度销售计划，根据市场供求形势编报季度和月度销售计划，于月前十天报计划科以便综合平衡产销衔接。

第十一条 参加各类订货会议，扩大销售网，开拓新市场，巩固发展用户关系。

第十二条 建立和逐步完善销售档案，管理好用户合同。

（五）编制产品发运计划，组织回笼资金

第十三条 执行销售合同，必须严格按照合同供货期编制产品发运计划，做好预报铁路发运计划的工作。

第十四条 发货应掌握原则，处理好主次关系。

第十五条 产品销售均由销售科开具"产品发货通知单"、发票和托运单，由财务科收款或向银行办理托收手续。

第十六条 分管成品资金，努力降低产品库存，由财务科编制销售收入计划，综合产、销、财的有效平衡并积极协助财务科及时回笼资金。

第十七条 确立为用户服务的观念，款到发货应及时办理，用户函电询问，3天内必答，如有质量问题需派人处理，5天内与有关部门联系，派人前往。

（六）建立产品销售信息反馈制度

第十八条 销售科每年组织一次较全面的用户访问，并每年发函到全国各用户，征求意见，将收集的意见汇总、整理，向工厂领导及有关部门反映，由有关部门提出整改措施，并列入全面质量管理工作。

第十九条 将用户对产品质量，技术要求等方面来信登记并及时反馈有关部门处理。

第二十条 负责产品销售方面各种数据的收集整理，建立用户档案，收集同行业情报，提供销售方面的分析资料，按上级规定，及时、准确、完整地上报销售报表。

五、销售人员考核办法

（一）总则

1. 每月评分一次。

2. 公司于次年元月核算每一位业务员该年度考核得分：

业务员该年度考核得分＝（业务员该年度1～12月考核总分）÷12

3. 业务员的考核得分将作为"每月薪资的奖金"、"年终奖金"、"调职"的依据。

（二）考核办法

1. 销售：占60%

当月达成率100%及以上60分

90%　　　　50分

80%　　　　40分

70%　　　30分

60%　　　20分

2. 纪律及管理配合度：占40%

（1）出勤。

（2）是否遵守本公司营业管理办法。

（3）收款绩效。

（4）开拓新客户数量。

（5）既有客户的升级幅度。

（6）对主管交付的任务，如市场资料收集等，是否尽心尽力完成。

（7）其他。

（三）"奖惩办法"的加分或扣分。

1. 业务员的考核，由分公司主任评分，分公司经理初审，营业部经理复审。

2. 分公司主任的考核，按照所管辖业务员的平均分数计算。

3. 分公司经理的考核，按照该分公司全体业务员的平均分数计算。

4. 营业部经理的考核，按照本公司全体业务员的平均分数计算。

5. "考核"与"年终奖金"的关联。（举例）

1年度考核得分	90分（含）以上	80分（含）以上	70分（含）以上	70分以下
年终奖金	底薪×3	底薪×2.5	底薪×2	底薪×1

（四）物资领用制度

1. 凡属本公司自办工程或代办工程的材料领用，一律使用材料管理表，分开进口材料、国产材料一式五份单式填写。

填表时表内应清楚地填上工程名称、成本中心、工程编号、施工单位、经成本中心授权人签名批准，并盖有工程部工程材料专用章，交由物资部计划组办理计划审核，盖上计划审核章，仓库才办理领料手续。

2. 各部、分公司部门领用正常的维护材料时，只须填写货仓取货申请单一式三份，清楚地填上部门或科室名称、成本中心编号，经成本中心授权人签名批准后，由物资部计划组办理计划审核，盖上计划审核章，仓库才办理领料手续。

3. 在填写工程材料管理表或货仓取货申请单时，将进口材料和国产材料分开单式填写，领取数量一栏必须要用规定字体填上领取的数量。如果需将原数量修改，应由授权人确认签名，否则物资部有权不给办理审核发料。

4. 坚持工程材料、维护材料专项专用的原则，不允许将工程材料、维护材料用在其他工程上。各分公司承接的代办工程，经工程部门审批后，物资部才给予办理审核领料手续，代办工程需自购材料，要有工程部开具工程材料预算表，经物资部领导审批后才给予购买。

5. 各部、分公司需要的劳动保护用品，开单经本部门本中心授权人签名后，再由人事部主管劳动保护用品的有关人员审批签署名，才给予办理审核领料手续。

6. 各单位要严格按本单位拟定的年度材料计划进行领料。对无计划和超计划领料，物资部有权不给予审核发料。同时不允许维护材料多领多占，影响工程材料的正常使用。

六、市场拓展部员工纪律规定

第一条 目的

为规范市场拓展部员工的工作纪律，使工作开展顺利进行，特制定本规定。

第二条 适用范围

适用于市场拓展部员工。

第三条 工作要求

1. 每日按照《市场拓展部办公室值日表》整理办公室内务，营造整洁、有序的工作环境。

2. 上班时间外出公干的，须提前填写外出登记表，并经部门经理认可。外出不登记者，视为旷工处理。

3. 因工作需要用车外出时，于早上或下午一上班就填写相关表格，经部门经理批准后向办公室申请统一安排。

4. 到公司所辖管理处参观时，须开具参观函并经部门经理签字认可。

5. 因工作需要乘坐出租车或请客户吃饭须事先经主管领导批准，报销时须经主管领导签字认可。

6. 部门员工须将每月业务完成情况详细填写于《月工作总结》，连同《在谈项目清单》，于每月30日前交与部门经理。

7. 市场拓展部每周六上午召开部门例会，注意最好此间不要安排其他工作。如确实另有安排，需提前一天通知部门经理。

8. 因工作需要打长途电话时须打IP电话。其他部门若使用市场拓展部的电话发长途传真，部门员工有义务督促其进行登记。对于某部门打长途电话的，请他到其主管领导处打，若有特殊情况须先征得部门经理同意。

9. 市场拓展部内部使用的文件、资料及进行的经营活动等内容，若其他部门想要知晓，请其通过部门经理取得，任何员工个人不得私下给予。同样，工作中需其他部门予以配合时，本部门员工必须事先知会部门经理，听从安排。

10. 公司或部门的发文，会交部门所有员工传阅，每个员工需仔细阅读并签名。

11. 到其他部门的任何书面资料，须在发文簿上登记并要求对方签字认可。

12. 市场拓展部也要倡导低碳经济，平时办公也要从节水节电、节约用纸等方面加以注意，部门实行双面用纸、电脑节能设置、下班必须关电脑、关灯等环保措施。

13. 根据职业安全健康体系要求，部门员工外出办事或出差时，须注意安全。出差时住宿须选择正规安全的酒店，并于入住时将酒店房间、电话等资料告知部门内务文员作为记录。

14. 部门员工要求手机 24 小时开机，否则按违纪处理。

15. 请假须事先填写请假申请单，报部门经理批准，否则视同旷工处理。

16. 若部门员工不遵守公司、部门制度，屡教不改或造成不良影响及后果的，部门将按公司有关规定进行处罚。

七、项目调研、考察程序

第一条　目的

确保所接项目的必要性和盈利性，为以后的工作开展打下良好的基础，特制定本程序。

第二条　适用范围

对外拓展的新业务，主要是物业管理委托项目。

第三条　职责

1. 市场拓展部（包括区域分公司，下同）为主要负责部门，发展研究室协助。

2. 项目调研小组负责调研工作的具体开展。

第四条　调研的实施

根据调研计划开展项目调研工作，包括业务联系、实地考察、合作伙伴调查、竞争对手调查等。

1. 客户情况调研：对本项目客户进行调查，深入了解对方公司的实力、品牌、市场地位、市场发展方向、顾客评价、政府相关方评价等具体内容，以及客户的谈判价格及心态，以全面了解对手情况，做到知己知彼。

2. 项目相关情况调研，针对本项目及相关的具体情况进行调研，如项目的规模、数量、地理位置、交通设施、周围环境、周边市场、经济水平乃至居民消费意识、风俗习惯等。

3. 竞争对手调查：对本项目已存在及潜在的竞争对手进行调查，研究对手的竞争心理和市场方向，以及近期的公司发展方向、关注重点和他们在本项目上的谈判价格和可承受底线等竞争情报的收集。

4. 对项目区域的经济社会调研：必须了解项目当地的市场经济水平以及社会环境情况、了解当地政策法律以及人才市场、物料市场等社会相关情况，以了解项目的背景和潜力。

5. 形成调研报告：对经过分析得出的有用信息进行重新组合，形成调研报告。报告内容应包括客户基本情况分析、竞争对手情况分析、项目情况分析、项目收益预测、项目成本预测、投标答辩要求、竞争优势及劣势、潜在市场价值及品牌成长空间，以及项目调研小组最终得出的调研结论和建议。

6. 调研评估及改进：每次项目完成之后，根据项目成果和反应，市场拓展部在项目调研小组的协助下，对调研工作进行评估，并形成书面文件，以利于以后对调研工作中不足的地方进行改进，同时有利于以后工作开展的相关建议送至相关部门。

八、物业管理投标方案编制标准作业规程

第一条 目的

规范公司对外参加物业治理的投标工作，确保投标书的编制质量，为通过市场竞争拓展公司物业治理的规模打好基础。

第二条 适用范围

适用于物业治理公司对外承接物业时使用的投标书的编制工作。

第三条 职责

1. 公司总经理负责对外投标书编制工作的组织安排和质量控制。

2. 公司各职能部门抽调业务骨干组成投标书编制小组，负责投标书的具体编制工作。

第四条 投标书编制小组的组织

1. 公司在接到物业治理招标书邀请（或议标书邀请）后，由公司总经理召开经理办公会议决定是否参加投标竞争。如决定参加投标，则应由公司总经理亲自挑选各部门业务骨干组成投标书编制小组，并由公司各部门负责组成对外投标小组，具体操作标书编制工作以外的其他工作。

2. 投标书编制小组的分工如下：

（1）财务部抽调业务骨干负责开办费用、治理成本、预期效益的测算。

（2）治理处抽调业务骨干负责日常治理工作方案、难点、重点治理方案的拟定、编制。

（3）办公室、人事部抽调业务骨干负责拟接项目的人员配置，设备、设施配置，以及编制投标方案资料的收集、提供。

（4）品质部抽调业务骨干负责治理目标、治理计划、质量保证措施、服务承诺的编制。

（5）经营部抽调业务骨干负责及时全面地收集拟接项目的信息。

第五条 物业管理投标书的结构与内容

1. 拟接物业的基本概况。

2. 公司接管后预备采取的治理方式。

3. 针对治理的难点、重点所采取的针对性措施。

4. 为开展物业管理所配置的人力、物力资源。

5. 开展物业管理一段时间后所力争达到的治理目标。

6. 为有效地提高物业管理水准所必要的服务承诺。

7. 费用投入和成本测算。

8. 经济效益分析。

9. 社会效益猜测。

10. 需要招标单位协助解决的问题。

11. 本公司的优势和优点。

12. 物业接管后的工作进度安排。

第六条 投标书的编制要求

1. "拟接管物业的基本概况"要求具体列出拟接管物业的地理位置、环境、占地

面积、建筑面积、栋数、层楼、楼宇结构特点、基本设施、设备、住户基本构成、验收移交情况等。

2. "预备采取的治理方式"要求针对拟接管物业的自身特点编制出总体治理方案和分项治理方案。

3. 对拟接物业的治理难点，重点应有针对性地列出具体的治理措施。

4. 人力、物力资源要求具体列出：

（1）拟接管物业的组织架构。

（2）拟接物业的人事定编和岗位设置、岗位描述。

（3）主要业务骨干的配置人选和人员素质介绍。

（4）为开展工作前期投入的设备、设施。

（5）治理目标要求具体列出明确的总体目标和具体分项目标。目标要求可操作性和可考核性。

（6）服务承诺要求针对小区业主的要求和物业管理服务的特点列出有鲜明特色的服务措施。

（7）费用投入和成本测算要求针对拟接小区的现状和治理要求、难度逐项测算出前期投入和治理成本。

（8）经济效益分析要求按照物业管理"以区养区、保本微利"的特点，详尽地计算出拟接物业后的经济效益。

第七条 投标书的编制程序

1. 总经理依据经营部收集到的拟接物业信息现场实地考察的结果给出编制投标书的原则要求。

2. 编制小组开始具体依照本规程第四条第3点的要求逐条完成单项编制工作。

3. 总经理在单项工作编制完毕后开始组织汇编。

4. 汇编后打印、装订成册报总经理审批（大的项目尚需报董事会批准）。

九、物业咨询项目作业指导书

第一条 目的

为规范公司物业咨询项目的管理，特制定本作业指导书。

第二条 适用范围

适用于公司所有各类物业咨询项目的项目管理。

第三条 物业咨询项目的管理模式原则

1. 公司物业咨询项目的管理采用项目管理的模式。

2. 公司物业咨询项目管理采用动态网络管理模式。

第四条 物业咨询项目目标管理

1. 物业咨询项目合同一旦签订，物业咨询部必须确定项目经理，全面推行目标管理（MBO），有效执行合同约定，遵循"该顾问的要顾问到，顾问到的要有效"的顾问目标原则。物业咨询部对顾问目标的执行实施有效的过程督导、目标修订、信息沟通。

2. 物业咨询项目的目标是完成顾问合同目标，收取顾问服务费用。以合同规定要达到的目标为整个物业咨询项目最后移交的目标。

3. 目标管理是对整体目标进行目标分解形成阶段性目标，目标分析、组织、计划、执行，目标控制、督导、阶段性评估以及总体目标达成评估等工作，以使项目整体目标达到顺利完成的目的。

4. 项目经理应于项目开始的 3 个月内，结合项目工程进度情况以及顾问合同，分解项目目标，确定阶段性目标，编制完成《项目顾问总体计划》并提交部门经理，由部门经理进行项目的过程控制。

第五条　项目的过程控制与跟踪评价

1. 人员安排。

物业咨询部经理及副经理为公司顾问项目的跟踪评价人。

2. 时间。

在整个顾问期内，实行过程控制：项目的跟踪评价起始时间为顾问工作开始之日，而跟踪评价的结束时间一直到顾问合同所定截止时间之后 1 年。

3. 频度。

（1）项目的过程控制每月进行，并在《部门工作总结》中进行体现。

（2）跟踪评价频度为每 6 个月一次，出具一份《项目进展情况跟踪报告》。

（3）在顾问项目完成重大专项顾问工作后，如入伙、创优、导入 ISO 质量体系等，可增加专项跟踪评价。

4. 形式。

（1）过程控制时，通过收集顾问人员的工作计划，现场查看工作日志以及项目工作开展的实际资料，检查顾问工作开展和计划完成的情况。

（2）跟踪评价人在跟踪评价时，可现场查验，对顾问项目的现场情况、资料，采取巡视、查阅、询问、调查表等形式进行调查，如与现场顾问人员交流沟通，与客户方主要联系人进行交流沟通。

（3）收集项目所在地的外部评价，包括：新闻媒介、当地同行业、行业主管部门等。

（4）顾问期结束后 1 年时间内的项目跟踪评价，主要是对项目客户独立运作能力及运作现状进行了解和评价，并对其存在的一些问题提出适当的建议，作为顾问结果的巩固和长期关系营销。

第六条　物业咨询资源管理

1. 物业咨询资源管理方式。

物业咨询资源管理采取动态网络方式进行管理。公司全部资源为咨询资源库，以物业咨询部为咨询资源配送中心，各个顾问项目为资源支点，形成网络状资源管理结构，实现咨询资源的合理充分利用和迅速顺畅流通。

2. 物业咨询资源内容。

物业咨询资源包括物业咨询相关的人力、信息、知识、制度资源等，主要是技术人员、专业知识经验和体系文本、管理制度。

3. 物业咨询资源管理运作。

（1）公司全部资源是咨询资源库，其与物业咨询相关的各项资源作为共享资源均可为物业咨询所用，在顾问项目需要支援的时候，应该提供专项技术咨询服务，但其使用必须通过公司总部的审批程序。

（2）物业咨询部作为咨询资源配送中心，一方面负责咨询资源库的整理、归纳、分类和调度，以使库存资源能够迅速准确、合理科学地为顾问项目所利用，发挥最大效用。另一方面，物业咨询师将各个顾问项目的咨询经验知识收集整理并充实到公司的咨询资源库中。当项目顾问提出资源支援请求时，填写《项目支援沟通记录》，并及时进行安排和办理。

（3）各顾问项目根据需要，经过申请可以使用总部资源，但必须保证其利用的有效性；同时在物业咨询服务过程中应该随时总结和收集归纳具体项目的物业咨询资源，以及时的补充公司咨询资源库，使之不断完善。

第七条 项目顾问管理费用及顾问合同费的管理

1. 顾问项目发生的各种费用按公司财务相关规定执行。

2. 顾问合同费由各项目负责人负责收缴催款工作。

3. 物业咨询部协助财务稽核部建立顾问项目的收入明细账以及支出明细账以监督顾问合同费的收取和其他费用的支出。

十、物业项目承接方案

第一条 目的

为规范公司对物业管理项目策划、承接过程的操作，使整个策划、承接过程能顺利、有序地进行，特制定本方案。

第二条 适用范围

适用于公司对外物业项目的策划、承接活动。

第三条 职责

1. 总经理负责项目承接的审批及总体控制。

2. 市场拓展部负责项目承接的全流程策划、管理及控制。

第四条 前期策划

1. 市场拓展部负责收集各种资料、市场信息、行业动态等，并做好资料、信息的采编归档工作。

2. 市场拓展部根据市场信息选择合适的物业项目，由市场拓展部经理接洽物业委托方，收集相关的资料，了解委托方的要求。

3. 市场拓展部负责组织相关工作人员前期策划准备工作，并制定《可行性分析》。

4. 总经理或董事长根据《可行性分析》及其他方面的信息做出是否参与该项目竞争的决策。

第五条 编制《物业管理投标书》

1. 市场拓展部根据《可行性分析》，进一步收集整理资料，明确委托方的要求，特别是质量方面的要求。

2. 市场拓展部经理根据《可行性分析》、物业管理的法规以及委托方的具体要求，结合公司的实际情况编制《物业管理投标书》或《物业管理方案》。

3. 《物业管理投标书》或《物业管理方案》大体应该体现以下内容，可以根据实际情况进行删减。

（1）物业项目的概况及公司简介。

（2）物业管理目标及承诺文件。

（3）物业管理的组织机构及职责。

（4）物业管理主要服务项目及程序。

（5）物业管理支持性文件及程序。

（6）需要整改的项目及办法。

（7）物业管理收支预算。

第六条 《物业管理投标书》的修订

1. 委托方提出新的要求时，市场拓展部在总经理授权的范围内与委托方协商，如能达成一致，则市场拓展部负责修订《物业管理投标书》或《物业管理方案》，并填写《文件更改申请表》报总经理审批。如不能达成一致或无法满足委托方要求的，则报总经理处理。

2. 总经理或董事长根据具体情况做修订方案或放弃竞标等决策意见。

第七条 签订《物业委托管理合同》

1. 委托方接受《物业管理投标书》或《物业管理方案》，确定我公司承接该项目的物业管理权后，市场拓展部负责制订《物业委托管理合同》，经过合同评审后（详见《供应商/服务分包商管理与评审程序》）报总经理审批后交委托方审议，并请委托方在一定期限内回复我公司。

2. 市场拓展部负责组织签约仪式，由总经理和委托方法人代表在《物业委托管理合同》上签字盖章。

十一、合同评审程序

第一条 目的

通过对标书、合同（草案）或订单进行评审，确保其内容明确，并能准确理解用户或发展商的要求，使合同得以顺利履行。

第二条 适用范围

适用于本公司各类租赁和提供物业管理服务的标书、合同的草案及正常服务范围以外的维修或安装订单等的评审。

第三条 职责

1. 总经理主持并组织有关部门或人员对物业委托管理合同或标书等重大项目合同的评审。

2. 房屋、电话租赁合同及其他一般性服务合同由合同涉及的部门负责人组织评审，公司主管负责人负责审批。

3. 正常服务范围以外的维修或安装订单由机电班长或订单接收人进行评审。

4. 合同评审记录由办公室负责保存。

第四条　合同评审

1. 重大项目合同（如物业管理项目标书、物业委托管理合同等）的评审。

（1）总经理负责组织有关部门或人员通过与顾客了解接触、沟通联络以及对市场的调查和分析来了解顾客的真实需要。

（2）在投标或合同签订之前，总经理主持召集专题会议，有关部门或人员对标书或合同草案内容以及服务质量标准等进行评审，确认本公司有能力达到用户要求。

（3）对合同的评审确保。

①在签订合同之前，各项条款内容明确、合理。②公司具有满足合同的能力，与投标不一致的地方已得到解决。③当合同变更时，应重新评审，评审后更改的内容及时准确传达到有关部门。

（4）各相关部门负责对合同涉及本部门的内容进行评审，并在《合同评审记录》上填写评审记录，经总经理签字确认。

2. 一般性服务合同（如业主公约或物业管理契约，房屋、摊位租赁及电话出租合同等）的评审。

在合同签订之前，由合同签订部门负责人组织有关人员对合同的草案内容进行评审。如合同有标准合同文本（通用范本），只需对标准合同文本进行评审，报公司主管审批。

3. 维修或安装订单的评审。

如用户的要求内容不明确时，由专业人员在现场进行评审并做出答复，将结果记录在《维修通知单》上。

第五条　合同的修改

合同的双方发现合同中存在需修改的问题时，均有义务就待修改条款通知对方，并取得一致意见。修改后的合同要进行重新评审并做好评审记录。

十二、营销人员时间管理表

姓名：　　　　　　　　　　　　　　　　　　　　单位：分钟

时间	项目				
	准备	面谈	休息	移动	其他
8：00~9：00					
9：00~10：00					
10：00~11：00					
11：00~11：50					
11：50~12：30					
12：30~13：30					
13：30~14：30					

时间	项目				
	准备	面谈	休息	移动	其他
14：30～15：30					
15：30～16：30					
16：30～17：30					
17：30～18：00					
合计（600分）					
100%					

主管： 制表人： 制表日期： 年 月 日

十三、营销人员作业记录表

姓名：

项目	准备计划	联络时间	交通时间	接洽时间	洽谈时间	休息时间	整理记录时间	合计
备注：								

使用说明：

1. 营销人员所耗用的总计时间，由本人或营销主任填写。

2. 如以月为记录区间时，须在上、中、下旬各3日内填妥资料。

3. 取纵轴为各营销人员时，可求得该部门作业时间的平均值。

主管： 制表人： 制表日期： 年 月 日

十四、营销部员工工资调整表

职 别	姓名	本薪		技术津贴		其他		合计		
		原工资	按调整	原工资	按调整	原工资	按调整	原工资	按调整	增加率
合计										

十五、市场调查计划表

调查人					
调查区域					
调查日期					
调查客商					
		时间	活动项目	对象	备注
行程					
准备事项					
经费预算					
批示					

十六、试销状况调查表

产品名称				客户名称	
试销实绩	日期	销售量	金额	平均售价	备注
	合计				
发现问题点					
客户建议					
备注					

十七、竞争厂商调查表

地区		姓名		调查时间	年　月　日
竞争厂商名称					
公司地址					
业务人员	姓名				
	年龄				
	服务时间				
	口才				
	营销能力				
	给客户的印象				
	业务方针及做法				
	待遇				
销售对象					
代理商名称					
产品种类（特殊规格）					

续表

性能	
品质	
价格	
市场占有率	
其他特别的 人、事、地、物、时	

十八、产品销售渠道表

销售渠道 商品名称	地区代理商	批发商	零售商
A_1			
A_2			
B_1			
B_2			
C_1			
C_2			
D_1			
D_2			
E_1			
E_2			
F_1			
F_2			
G_1			
G_2			

十九、促销状况统计表

编号	品名	现金销售				赊销				合计			
		本日		累计		本日		累计		本日		累计	
		数量	金额	数量	金额	数量	金额	数量	金额	数量	金额	数量	金额

续表

编号	品名	现金销售				赊销				合计			
		本日		累计		本日		累计		本日		累计	
		数量	金额	数量	金额	数量	金额	数量	金额	数量	金额	数量	金额

二十、促销人员出勤表

编号	姓名	工类时别	1	2	3	4	5	6	7	8	9	10	11	12	13	14	15	合计
1		正常																
		加班																
2		正常																
		加班																
3		正常																
		加班																
4		正常																
		加班																
5		正常																
		加班																
6		正常																
		加班																
7		正常																
		加班																

编号	姓名	工类时别	1	2	3	4	5	6	7	8	9	10	11	12	13	14	15	合计
8		正常																
		加班																
9		正常																
		加班																
10		正常																
		加班																
11		正常																
		加班																
12		正常																
		加班																
13		正常																
		加班																
14		正常																
		加班																
15		正常																
		加班																

二十一、销售人员考核表

职称			部门		姓名	
分类		评价内容		满分	1 次	2 次
工作态度	1	能全心全意地工作，且能做其他职员的模范		10		
	2	完成任务细心		5		
	3	做事敏捷、效率高		5		
	4	具备商品知识，能满足顾客的需求		5		
	5	不倦怠，且正确地向上司报告工作		5		
基础能力	6	精通业务，具备独立处理事务的能力		5		
	7	掌握职务上的要点		5		
	8	正确理解上司的指示，并正确地转达		5		
	9	严守报告、联络、协商的秘密		5		
	10	在既定的时间内完成工作		5		

分类		评价内容	满分	1 次	2 次
业务熟练程度	11	能掌握工作的要令，并有效地进行	10		
	12	能随机应变	5		
	13	有价值观念	5		
	14	善于与顾客交涉，且说服力强	5		
	15	善于与顾客交际应酬	5		
责任心	16	树立目标，并朝目标前进	5		
	17	有信念，并能坚持不懈	10		
	18	有开拓新业务的热心	10		
	19	预测过失的可能性，并提出预防的对策	5		
协调性	20	做事冷静，绝不感情用事	5		
	21	与他人协调的同时，也朝自己的目标前进	5		
	22	在工作上乐于帮助同事	5		
	23	尽心尽力地服从与自己意见相左的决定	10		
	24	有卓越的交涉与说服能力，与客户关系融洽	5		
自我启发	25	以市场的动向树立营业目标	10		
	26	有进取心、决断力	10		
	27	积极地革新、改革	5		
	28	即使是自己份外的事，也会进行企划或提出建议	10		
	29	热衷于吸收新信息和新知识	10		
	30	以长期的展望制定目标或计划，并付诸行动	10		
评价分数合计			200		

注：120 分以下为不合格；120~140 分为良好；140~180 分为优秀；180 分以上为十分优秀。

二十二、营销人员月行动计划表

总经理		经理	主管	组长	营销员
本月销售方针及计划：					

重点销售商品	重点拜访客户名单	新开拓客户名单
1. 2. 3. 4. 5.	1. 2. 3. 4. 5.	1. 2. 3. 4. 5.

备注:

二十三、市场调查计划表

调查人	
调查区域	
调查日期	
调查客商	

	时间	活动项目	对象	备注
行程表				

准备事项	
经费预算	
批示	

二十四、产品售价表

产品名称				
规格				
产品说明	1.			
	2.			
	3.			
	4.			
	5.			
	6.			
	7.			
价格	销售条件说明	售价范围	定价人	备注

总经理： 　　审核人： 　　拟订者： 　　制表日期： 年 月 日

二十五、销售点促销计划表

申请日期： 年 月 日 　　销售点： 　　编 号：

时间		地点	
促销活动类别	□地区性产品展销活动 □编制顾客名簿 □开展对顾客的技术服务活动 □DM 函攻势 □刊登广告 □为感谢顾客开展的赠品活动 □音乐欣赏、音响试听会 □影艺欣赏、顾客联谊活动 □郊游、旅游、露营、游园会等户外活动		

续表

促销活动概要						要求 支援 事项		
预 计 费 用	名称	单位	数量	单价	总额	初核补助金额	实际费用	实际补助金额

第七章 物业客服制度与表格

一、客户投诉处理控制程序

第一条 目的

了解客户投诉的形式和类型，熟悉客户投诉处理的程序，更好地为客户服务，特制定本程序。

第二条 适用范围

适用于管理处客户投诉的受理。

第三条 客户投诉的形式和类型

1. 客户投诉的形式包括（但不限于）：来电、来访、来信、E-mail、新闻媒体报道或网站中的 BBS、留言板等。

2. 投诉的类型。根据投诉的性质和内容，客户投诉可分为三类。

（1）有效投诉：由于公司或管理处自身原因造成的品质缺陷，导致客户不满而产生的投诉。此类投诉在接报后应诚恳向客户致歉，同时立即查明原因并采取相应的纠正措施予以改进。

（2）待改进投诉：由于发展商或其他外部单位造成的物业缺陷或由于公司历史遗留问题造成的品质缺陷，导致客户不满但暂时又无法解决的投诉。此类投诉在接报后应给予客户委婉的解释，同时制定相应的改进计划并答复客户，必要时采用上门沟通或发布公告的方式予以解释。

（3）无效投诉：由于误会或讹传，导致客户在不明真相的前提下产生的投诉。此类投诉在接报后必须给予客户详尽的解释，必要时采用上门沟通或发布公告的方式予以澄清。

第四条 投诉的受理

1. 投诉的记录。无论客户以何种形式进行投诉，也不论客户投诉为何种类型，一旦接到投诉，客户助理必须如实填写《客户投诉受理登记表》。有网站的小区，管理处应在每天对网站内容进行浏览，对提出的问题应记录在《客户投诉受理登记表》中。

2. 管理处全体职员必须高度重视客户的投诉，同时有义务在接到客户投诉后第一时间转告客户助理。

3. 所有客户的有效投诉和待改进投诉必须由管理处经理立即组织人员查找原因、制订纠正和预防措施。重大问题管理处经理应立即向分公司或公司主管领导汇报。对于无效投诉应由客户主任上门沟通，或编制公告在公告内公布。

4. 投诉答复时间。

（1）一次答复时间：对立即可以处理的问题，客户助理应该在接到投诉后立即给予客户肯定的答复。对情况较为复杂或暂时无法明确责任的问题，客户助理应在接到投诉后与客户约定二次答复时间。

（2）二次答复时间：通常不超过 3 天。

5. 投诉处理时间。

（1）以下项目必须在接到投诉的当天立即派员进行处理，制订好整改措施：

①危及客户人身，财产安全的项目。

②影响客户正常生活的设施，设备故障（包括供电系统、供水系统、计费装置、公用天线、电梯、智能化设备等）。

③正在进行的违反物业管理法规条例的行为。

（2）当天内无法处理完毕的客户投诉，必须在接报后 3 个工作日内制订好整改措施，并与业主沟通。

6. 投诉的跟进。客户助理每 3 天应对客户投诉跟进一次，客户主任每月进行一次客户投诉统计，并编制《客户投诉处理报告》。

7. 投诉的回访。

（1）客户投诉处理完毕后，客户主任应及时组织对客户进行回访（回访的方式可以采用电话、上门、E–mail 或网站中的 BBS、留言板等）。

（2）投诉回访率必须达到 100%。

8. 投诉的关闭。对客户的有效投诉必须由客户对处理结果表示认可和满意时，投诉才可以关闭。如果客户对投诉的处理不满意时，必须重新进行处理直至客户满意为止。对于待改进投诉的处理，客户表示理解时，才可关闭。

9. 严格控制《客户投诉受理登记表》的发放和使用。使用时必须整本领用，使用过程中不得随意涂改，不得缺页少页。各级责任人在处理投诉过程中必须签字以备追溯。管理处应制订专人保管《客户投诉受理登记表》，每年年底对已关闭的投诉记录进行装订封存。

10. 管理处经理每周应对管理处投诉的记录、处理、回访情况进行检查。

11. 分公司品质管理部收到的客户投诉，由品质管理部发《纠正通知单》给管理处并协助管理处制订整改措施进行整改，品质管理部负责跟踪回访。每月对所接到的客户投诉的处理情况进行汇总，并提交报告。

二、顾客满意度调查程序

第一条　目的

了解用户对管理服务的需求，以及对管理服务质量的评价，尽可能满足用户需求，及时改进工作方式，改进存在问题，提高服务质量。

第二条　适用范围

适用于公司下属各管理处就日常管理服务工作向用户进行的有关满意度调查工作。

第三条　职责

1. 管理品质部负责各管理处每年两次开展用户满意度调查的监督及检查或第三方满意度调查活动。

2. 各管理处每年开展两次用户满意度调查工作。

第四条　工作程序

1. 公司管理品质部在各小区设置"用户意见箱"，每月由管理品质部指定专人收集意见箱内的意见书，并填写《意见箱意见登记表》，由管理品质部经理签署处理意见，直接送各责任部门、管理处，重大问题报公司总经理处理。《意见箱意见登记表》的内容，应纳入满意度调查中。

2. 各管理处每半年负责开展一次用户满意度调查工作。

3. 发放《用户满意度调查表》数量应控制在小区（大厦）总户数的70%，发放时尽量考虑分布均匀。

4. 《用户满意度调查表》发放一周内，各管理处负责《用户满意度调查表》的回收工作，回收比例应为发放总数的30%。

5. 回访。

（1）针对用户提出的服务质量问题进行汇总，由管理处主任安排相关人员进行回访及处理。

（2）对用户反映很不满意或不满意的单项问题应进行回访。

（3）对用户反映的相同的问题，可以公开信的形式答复业主/住户，无须逐一回访。

（4）回访方式可采用上门、电话或公开回复的方式。

（5）回访须在收回《用户满意度调查表》的一周内完成。

（6）回访时应填写《回访记录表》，其中上门回访应不少于回收总数的40%。

6. 统计。

（1）管理处对回收的《用户满意度调查表》进行分类统计，并对统计结果进行全面分析，编写此次意见征询结果报告，并填写《用户满意度调查统计表》上报管理品质部及管理者代表，作为管理评审的依据之一。

（2）统计时对不满意率要进行分类，对反映配套不完善等非管理原因造成的不满意单独统计，不计入不满意率内。

（3）满意率计算方法：

满意率＝（一般＋满意项目数＋很满意项目数）/回收项目总数×100%

（4）统计完成后，以"公开信"的形式向用户公布此次调查结果，以及针对不满意项目采取的纠正措施。"公开信"应经公司管理品质部审核、公司总经理批准，方可公布。

7. 核查。

（1）管理品质部按管理处上报统计结果抽10%的调查表进行验证，核查统计结果是否相符，回访是否落实。

（2）凡因管理原因造成满意率未达到规定要求的服务项目和反映严重不合格项目，

由管理品质部报管理者代表，对责任部门发出《不合格/纠正预防措施报告》限期整改，并跟踪验证。非管理原因或在不满意率内普遍反映的问题，由管理处根据需要采取整改措施，以改善和提高服务质量。

（3）管理品质部审核管理处上报的"公开信"，经公司总经理批准后通知管理处公开张贴。

（4）管理品质部核查时间应控制在一周以内完成。

8. 保存。张贴"公开信"后，满意度调查活动结束。管理处、管理品质部分别将此次满意度调查的资料、记录全部整理归档保存。

9. 公司若有需要可根据实际情况。外请第三方对公司各部门/管理处进行满意度的调查，具体的工作流程按第三方提供的方案执行。

三、客户投诉处罚准则

（一）客户投诉行政处罚准则

1. 凡发生客户投诉案件，经责任归属判决行政处分，给予 1 个月的转售时间，如果售出，则以 A 级售价损失的金额，依责任归属分摊至个人或班组。未售出时以实际损失金额依责任归属分摊。

2. 客户投诉实际损失金额的责任分摊计算：

由总经理办公室每月 10 日前汇总结案与制造部依发生异常原因归属责任，若系个人过失则全数分摊至该员。若为两人以上的共同过失（同一部门或跨越部门）则依责任轻重分别判定责任比例，以分摊损失金额。

3. 处分标准如下表：（经判定后的个人责任负担金额）。

责任负担金额	处分标准	备注
10000 元以下	写悔过书，另扣每基点数 200 元	
10001～50000 元	告诫一次	
50001～100000 元	告诫二次	
100001～200000 元	小过一次	主管连带处分，以降一级为原则
200001～400000 元	小过二次	主管连带处分，以降一级为原则
400001～1000000 元	大过一次	主管连带处分，以降一级为原则
1000001 元以上	大过二次以上	主管连带处分，以降一级为原则

4. 客户投诉行政处分判定项目补充说明：

（1）因票据错误或附样等资料错误遭客户投诉者。

（2）因财务错误遭客户投诉者。

（3）未依"制作规范"予以备料、用料遭致客户授诉者。

（4）经剔除的不合格产品混入正常品缴库遭致客户投诉者。

（5）成品交运超出应收范围未经客户同意遭客户投诉者。

（6）擅自减少有关生产资料者。

（7）业务人员对于特殊质量要求，未反映给有关部门遭客户投诉者。

（8）订单误记造成错误者。

（9）交货延迟者。

（10）装运错误者。

（11）交货单误记交运错误者。

（12）仓储保管不当及运输上出问题者。

（13）外观标示不符规格者。

（14）检验资料不符。

（15）其他。

以上一经察觉属实者，即依情节轻重予以行政处分，并以签呈总经理核实后会人事单位公布。

5. 行政罚扣折算：

（1）警告一次，罚扣400元以上。

（2）小过一次，以每基数罚扣800元以上。

（3）大过以上者，当月效益奖金全额罚扣。

6. 以上处分原则，执行时由总经理办公室依应受处分人及情节的轻重。确定以签呈会各责任部门，并呈总经理核实后会人事单位公布。

（二）客户投诉经济处罚准则

1. 客户投诉罚扣的责任归属，制造部门以各组单元为最小单位以归属至发生各组单元为原则。未能明确归属至发生组单元者方归属至全科。

2. 业务部门、服务部门以归属至个人为原则，未能明确归属至个人者，才归属至业务部门、服务部门。

3. 客户投诉罚扣方式。

（1）客户投诉案件罚扣依"客户投诉罚扣判定基准"的原则，判定有关部门或个人，予以罚扣个人效益奖金，其罚扣金额归属公司。

（2）客户投诉罚扣按件分别罚扣。

（3）客户投诉罚扣标准依"客户投诉损失金额核算基准"罚扣，责任归属部门的营业人员，以损失金额除以该责任部门的总基点数，再乘以个人的总基点数即为罚扣金额。

（4）客户投诉罚扣最高金额以全月效率奖金50%为准，该月份超过50%以上者逐月分期罚扣。

4. 制造部门的罚扣方式。

（1）归属至发生部门者，依"客户投诉罚扣标准"计扣该部门应罚金额。

（2）归属至全科营业人员，依"客户投诉罚扣标准"每基点数罚扣计全科每人的基点数。

5. 服务部门的罚扣方式。

（1）归属至个人者比照制造部各科的发生部门罚扣方式。

（2）归属至发生部门者比照制造科全科的罚扣方式。

四、客户名簿处理制度

（一）目的

交易往来客户名簿是公司对于往来客户在交易上的参考资料的整理，将交易状况记录下来。例如：往来客户的信用度，及其营业方针与交易的态度等资料都在这里面。也就是说交易往来客户名簿是要将交易往来客户的现状经常性地记载出来。

（二）交易往来客户名簿的种类

1. 交易往来客户名簿是以交易往来客户原始资料（以卡片方式一家公司使用一张）和负责部科别的交易往来客户一览表来区分。在总务部财务科里记载、订正等。前者留在总务部经理室备用，后者则分配给各负责部门使用。

2. 交易往来客户原始资料是将交易往来客户的机构、内容、信用，与本公司的关系等详细记入，而交易往来客户一览表则将这些简单地列入记录。

（三）交易往来客户原始资料的保管和阅览

各部门在必要的时候，可随时向经理室借阅的常备的交易往来客户资料，在这种情况以外及各负责者以外的人如要阅览时，则必须经过总财务科的承认才行。

经理对于资料的保管要十分留意，避免污损、破损、遗失等。

（四）做成记录且订正

1. 无论买或卖，对于开始有交易往来的公司，各负责者要在"交易开始调查书"里，记入必要事项，并且取得单位主管的认可并禀报董事长。取得董事长的同意后，依照调查书，在财务科里将交易往来客户原簿作成，并在交易往来客户一览表里记入。

2. 财务科应一年2次（2月、8月）定期对交易往来客户做调查，如果有变化的时候，在交易往来客户原簿及交易往来客户一览表里记入并订正。

3. 财务科对于有关交易往来客户的记入事项的变化，或有其他新的事项时，随时记入。

4. 交易往来客户如果解散或者是与本公司的交易关系解除的时候，财务科应该尽速将其从交易往来客户原簿及交易往来客户一览表中除去，并将其交易往来客户原始资料分别保管。

（五）各负责者的联络

各负责者对于担当交易的状况要经常注意，如果有变化的时候，要向财务科传达，保持交易往来客户原始资料及交易往来客户一览表的正确性。

（六）废除资料的整理及处理

交易解除后的资料要以"交易中止"或者"交易过去"的资料里分别放入并整理。完全不可能恢复交易来往的名簿，取得主管经理的承认后将其处理掉。

五、售后服务管理办法

（一）总则

为加强公司产品、商品的售后服务，促进以顾客满意度为导向的方针的实现，特制定本办法。

（二）管理体制

公司营销部门下设专门的售后服务职位和机构。

公司售后服务机构负责公司产品、商品的客户（用户）意见收集、投诉受理、退货换货、维修零部件管理等工作。公司可设立专业售后服务队伍，或者指定特约服务商、维修商。公司指定特约服务商、维修商的，应与之签订委托协议或合同；不能因公司与特约服务商之间的衔接不当、纠纷而影响对客户（用户）的服务。

（三）客户意见和投诉

公司通过公示的服务（热线）电话、信箱或其他方式，接受客户和消费者的服务咨询、使用意见反馈、投诉等事务。服务接待员接受专业培训后，方可上岗。接待过程不得怠慢客户和消费者。对每一次来电、来信、来访，接待员均应详细记录在案，填写有关登记表，按规程和分工转送有关单位和人员处理。紧急事件应及时上报。公司设立多渠道投诉制。客户要向公司当事人的直接上级投诉，或直接向公司领导投诉。受理的意见和投诉中涉及产品质量、使用功能的，送研发、设计或生产、技术部门处理。受理的意见和投诉中涉及产品包装破损、变质的，送仓库、运输部门处理。受理的意见和投诉中涉及公司营销、安装、售后服务人员态度差、不尽职的，送营销部门处理。

（四）退货和换货

公司根据政府关于保护消费者权益、商品交易的相关法规，制订公司产品和商品退货和换货的具体规定。公司产品和商品退货和换货的具体规定，明示于销售场所、载于产品说明材料内。公司制订具体退货和换货工作流程，培训有关人员熟悉该规程。公司的仓库、运输、财务、生产制造部门为退货和换货予以支持和配合，并进行工作流程上的无缝衔接。查清退货和换货的原因，追究造成该原因的部门和个人的责任，并作为业绩考核依据之一。

（五）维修服务

公司根据政府有关法规和行业惯例，确定本公司产品、商品的保质期、保修期。在一个产品、商品中，不同部位、部件有不同保修期的应加以说明。公司产品、商品的保质期、保修期，应载于产品说明材料内。公司因促销等原因导致保修期变化的，应及时通知售后服务部门。

公司售后服务类别为：

1. 免费服务。在保修期内的维修服务不收取服务费。

2. 有偿服务。在保修期外的维修服务，适当收取服务费。

3. 合同服务。依公司与客户签订的专门保养合同进行服务。

同一产品、商品中，不同部位、部件有不同保修期的，维修服务分别计费。

公司维修人员经培训合格或取得岗位资质证书后才可以上岗，公司鼓励维修人员通过多种形式提高其维修技能。公司服务接待员在接到维修来电来函时，详细记录客户名称、地址、联系电话、商品型号，尽量问清存在问题和故障现象。以上内容登记后，送服务部门处理。维修主管接到报修单后，初步评价故障现象，派遣合适的维修人员负责维修。维修人员如上门维修的，应佩戴公司工号卡或出示有关证件才能进入客户场所，并尽量携带有关检修工具和备品备件。维修人员如上门维修的，公司应协助其商品运输，运输费用按有关规定支付。维修人员应尽责精心服务，不得对客户卡、拿、吃、要，要爱护客户家居或办公环境，不损坏其他物品。凡在客户场所不能修复带回修理的，应开立收据交与客户，并在公司进出商品簿上登记。修复后应向客户索回收据，并请其在维修派工单上签字。

（六）备品备件和检修工具

公司应设立专门的售后服务所需的备品备件仓库。

备品备件管理本着适时、适量、适质的原则进行。根据 ABC 分类法将所有备品备件分为 A 类、B 类、C 类进行有效管理，合理进行采购、库存计划与控制。备品备件仓库管理和收发货比照材料、成品仓库管理办法执行。公司可在备品备件仓库存放一定数量的替补商品。在对客户商品维修期间，用该替补品代替故障商品为客户工作，修复后替补品收回还仓。公司售后服务所需的检测、维修设备工具，凡价值较大的，列入公司固定资产科目。公司应投资购买选进适用的检测维修设备工具，提高服务硬件水平。维修员可配置专门的检测、维修设备工具，在登记后由个人保管、使用。该设备工具不得用于私用目的，丢失或损坏后应予赔偿（正常损耗除外），调离本岗时应移交。正常损耗、毁损贵重工具的，应提出报告说明原因。检测、维修设备工具的购置由售后服务部门询价、计价、统计后，报经财务核价和主管批准方可由采购部采购。

（七）资料管理

为提高售后服务的信息保障能力，公司售后服务部门应建立完整、实用的维修资料体系。围绕公司产品、商品所需的技术手册、零件手册、零件价目表、技术图表、技术说明书、技术刊物、参考书籍等，均应收集，并指派专人负责保管。密切关注技术资料出版动态，凡业务需要的，可提出申请，从速选购。资料借阅管理可参照公司图书资料管理办法。公司编制的针对本公司产品的检测、维修指导手册，应及时发送至维修网络各节点，并可进行必要的维修培训。凡涉及公司技术秘密的资料，应妥善保管，维修人员不得泄密。维修人员对疑难、罕见故障的维修案例，应提出书面总结报告，并留存于部门内，供有关人员参考。

（八）附则

本办法由营销部解释执行，经总经理批准实施。

六、客户报修服务管理规定

第一条　目的

规范住户报修服务规程，提高客户维修满意率，完善内部维修管理。

第二条　适用范围

适用于各管理处客户报修处理工作。

第三条　内容

1. 工程维修人员从前台接维修单或按口头通知知获维修内容。

2. 由前台或工程人员预约大致上门维修服务的时间，非特殊情况下不得超过预约时间 10 分钟，特殊情况须与客户沟通并取得同意。

3. 工程部主任根据报修内容，安排维修人员的工作。维修人员安排应以本项专长和上门快捷为原则。

4. 维修人员到达现场后，对报修项目进行确认，并向客户告之收费标准，客户同意后才能开始维修。

5. 上门维修整个过程应注意文明礼貌，现场清洁卫生，移动室内设施须由业主同意，损坏东西要致歉并按价赔偿。

6. 维修工作完成后，维修人员应清理工作现场，检查试用。按维修项目收费标准，在维修单上注明各项费用金额，并请客户签名认可。

7. 维修人员在维修单中维修情况栏内注明情况，并签上维修人的名字，将第一联交客户，第二联交回工程部主任存档，第三联交前台转财务部作为计收服务费用的依据。

8. 月底对维修内容进行统计，填写工程部有偿服务登记表，并对维修内容进行抽查回访，统计零修的及时率与合格率。

七、室内维修管理规定

第一条　目的

以"业主至上，服务第一"的宗旨为住户排忧解难，做到责任明确、收费合理、业主满意。

第二条　适用范围

适用于业主（住户）的室内保修、有偿服务、房屋本体公共设施的日常维修养护。

第三条　管理规定

1. 保修

（1）保修原则：管理处组织建筑施工单位维修，维修费用从建筑施工单位保修款（保证金）中支付。

（2）保修范围：凡室内土建、水、电、装修、安装项目均属保修内容，但业主（住户）在使用、装修过程中自己造成的损坏和隐患，以及易损易耗物品非质量原因的损耗不属保修范围。

（3）保修期限：从开发建设单位交接验收之日起 1 年之内，个别项目保修期超过一年的按有关规定执行。

（4）在保修期内发现问题，由管理处督促施工单位在 3 天之内维修好，如不能及时保修，管理处按保修协议（规定）进行处理，如发现重大质量问题要上报物业管理部和公司分管领导。

（5）通知施工单位的保修要填写保修通知单，管理处代为保修的要填派工单。

2. 有偿维修

（1）程序：业主申请—维修登记—派工上门维修（准备工具—出示工作牌—现场查看—向业主报价—维修）—业主验收—征求业主意见—管理处收费。

①由业主（住户）向管理处申请。

②值班人员填写维修登记表。

③维修班长或房管员派工，并填写派工单。

④维修工带上派工单，并准备好维修工具上门维修，首先应向业主（住户）出示工作牌，使用上门维修的礼貌用语，查看现场后，根据室内维修服务收费标准向业主（住户）报价，经业主（住户）同意后进行维修。

⑤维修过程必须遵守操作规程，注意安全。

⑥维修完毕后，请业主验收，对于业主不留意之处应尽力改善，验收后，请业主在派工单上写下意见，并签名。

⑦业主（住户）原则上不直接向维修工交费，维修费可随同管理费一起在银行托收时划款，或到管理处收费处交付。

⑧派工单一式三份，维修班、业主（住户）、管理处收费处各保留一份。

（2）维修原则：业主自愿、收费合理、满足要求。

3. 注意事项

（1）为业主（住户）提供的维修服务严格遵守室内维修服务标准和室内维修服务收费标准的规定。

（2）被派维修人员不得向业主（住户）收取现金，维修班长在管理处每月收款（划款）前及时将派工单送到收款处。

八、社区文化建设管理办法

第一条　目的

为规范社会文化建设，为业主、住户提供丰富的业余生活，特制定本办法。

第二条　适用范围

适用于物业公司对社区文化建设进行管理的相关事宜。

第三条　职责

1. 社区文化工作职责

（1）负责编制《社区文化管理手册》等作业指导书。

（2）负责公司年度社区文化活动规划的编写。

（3）负责编制年度社区文化活动经费预算。

（4）负责年度社区文化活动的策划实施方案编写和通知发放。

（5）负责大型社区文化活动的具体策划、组织和实施。

（6）履行公司职能部门职责，负责对管理处社区文化活动提供指导、培训、统一协调等综合服务。

（7）监督和检查各小区社区文化活动的开展，收集和听取业主的建议和意见，通过活动加强物业管理人员与发展商、业主的沟通和联系。

（8）收集和整理活动成果，做好社区文化工作方面的宣传。

（9）负责配合商务部工作，对洽谈中的物业管理项目进行考察，提交专业工作报告。

（10）负责配合顾问管理部工作，对顾问管理项目中的社区文化工作部分提交专业工作报告。

2. 社区文化主管职责

（1）向部门经理负责。

（2）负责本部门日常行政工作的处理，编制《社区文化管理手册》等作业指导书。

（3）负责部门文件的收发、存档、管理。

（4）负责部门对外合同的会签。

（5）负责社区资源经营之电梯媒体工作的日常管理。

（6）负责指导公司所辖全委管理项目的社区文化活动的开展。

（7）制定公司社区文化活动的年度规划。

（8）负责年度规划中社区活动的具体实施方案的策划提交。

（9）负责大型社区活动的具体策划、组织实施。

（10）指导和监督检查各小区的社区文化活动开展。

（11）收集和听取业主的建议和意见。

（12）收集整理活动成果，做好社区文化工作方面的宣传。

（13）负责公司一体化管理体系在部门内部的贯彻与实施。

（14）完成部门经理交办的其他工作。

3. 管理处社区文化管理员职责

（1）在管理处主任的指示和公司社区服务部的指导下负责本小区所有的社区文化活动。

（2）负责本小区年度社区文化活动规划的编写。

（3）负责公司的社区文化活动通知的收发与存档。

（4）负责本小区和公司组织社区文化活动的组织和执行（包括前期策划宣传、人员组织、具体执行、后期总结等）。

（5）负责收集业主对已开展社区文化活动的建议和反映。

（6）负责小区社区活动宣传栏的组稿。

（7）负责上交本小区开展的各项社区文化活动总结和图片文字等资料。

（8）负责与公司社区服务部社区文化工作负责人联络。

第四条　管理规定

1. 社区文化活动的方式和标准

（1）社区文化活动的方式：

①体育活动。

②文化活动。

③重大节假日活动。

④专项活动。

⑤公益活动。

（2）社区文化活动标准：

①内容健康、丰富、宣传企业。

②活动的娱乐性、趣味性强、住户喜闻乐见。

③奖品发放合理，起到助兴作用。

④场面欢快热烈，住户参与广泛。

2. 社区文化活动的宣传

（1）管理处根据本辖区的特点，通过宣传栏的宣传工作达到丰富居民业余生活，美化新人新事新风尚，鞭挞不良现象及丑恶行为的目的。

（2）各管理处应以适当方式加强环保/职业健康安全宣传教育。

（3）宣传创办应有计划，要做到重大节日宣传庆贺，特殊情况及时告诫，日常管理充分体现。

（4）每项宣传栏的内容要记录在《宣传栏记录》上，有条件的管理处必要时可照相留底等备存。

3. 公司年度社区文化活动规划表提交程序

（1）要求各社区文化工作管理员根据本管理处的实际情况，每年年底开始着手制定次年的管理处年度社区文化工作规划表，并于每年1月10日前交公司社区服务部。要求各管理处规划的年度社区文化活动不少于10项。

（2）公司社区服务部根据各管理处上报的管理处年度社区活动规划，抽样听取业主建议和意见，结合公司当年开展活动的实际情况，选取参与人数多，面广的大型活动项目，制定出公司年度社区文化活动规划表，要求各类活动不少于10项。

（3）根据公司年度社区文化工作规划表所列项目进行经费预算。

（4）将公司年度社区文化活动规划表和经费预算表提交相关领导审批。

（5）发放公司年度社区活动规划表至相关部门和各管理处。

4. 社区服务部策划组织的大型社区活动实施程序

（1）社区服务部根据公司年度社区活动规划表所列的大型活动项目，提交具体策划实施方案和经费预算报相关领导审批。

（2）发放活动通知至相关部门和各管理处。

①召开各管理处社区文化管理员工作会议，成立活动工作组，安排和布置具体工作。

②安排活动前期的宣传和动员组织工作。

③准备活动的相关用具、联系场地和相关人员。

④检查了解参加活动单位各方面的准备情况，提出意见并予以指导或提出相应的改进措施。

⑤召开活动工作组成员会议，就活动当天各项工作进行明确分工安排，协调各方面工作。

⑥于活动前检查各项工作的准备情况。

⑦按计划开展活动，负责活动的协调和指挥工作，对突发事件及时处理。

（3）活动结束后，召开活动总结工作会议，收集业主对活动的反映，要求各单位提交活动总结报告。

九、管理处组织的社区文化活动实施程序

第一条　目的

为了让管理处明确组织社区文化活动的相关程序，使活动更有序地展开，特制定本程序。

第二条　适用范围

适用于管理处组织社区文化活动的相关活动。

第三条　实施程序

1. 策划

（1）管理处根据公司社区服务部发放的年度社区活动规划表，结合本管理处实际情况，制定管理处的年度社区活动规划。要求计划以小型的业主参与性强的活动为主，在时间和内容上不与公司组织的大活动发生冲突。

（2）管理处将社区活动年度规划表报主管领导审批。

（3）活动开展前，征询业主意见，根据意见结果，拟定活动实施方案，报主管领导审批。

（4）召开活动前的组织工作会议，落实好活动的主题、实施时间、地点、相关部门及人员任务分工，参加活动人员，宣传报告的安排，活动所需设备道具、活动经费的落实等。

2. 活动组织

（1）管理处组织、协调其他部门完成活动前的准备工作。

（2）及时向业主和有关单位发出活动通知，大型活动于活动一周前发出通知或请帖。

（3）做好活动前的宣传。

（4）根据活动开展的形式，管理处负责安排有关人员做好安全防范工作，防止意外事件发生。

（5）活动开展前，检查活动的准备情况。

3. 按计划组织业主开展活动

（1）做好活动现场人员的组织和安全保卫工作。

（2）预计活动开展过程中可能会发生的事件，提前做好预防和应急准备。

（3）活动进行中应注意音响大小，避免对居民造成滋扰。

（4）活动进行中，管理处及相关部门人员利用摄影、录音、录像等方式记录活动实施情况，活动结束后，管理处要及时安排人员清洁整理活动现场，保持环境的整洁。

4. 活动结束后填写《社区文化活动记录》表

（1）收集活动过程的图片文字资料，收集业主对活动的反映。

（2）写出活动总结。

（3）将活动资料和总结报公司社区服务部。

5. 检查

（1）社区服务部按管理处策划的安排，定期检查落实情况。

（2）按社区文化工作绩效考核表予以评分。

十、新楼入伙管理方案

（一）物业接管前的工作

1. 实地考察

对已确定接管的物业，由公司片区领导在该物业竣工前组织工程部、社区环境部、财务审计部等部门有关人员前往物业现场，围绕接收后管理工作所涉及的有关问题进行考察（必要时可多次进行实地考察）。在此基础上，提交公司董事会或总经理办公会议讨论确认，制定入伙工作方案。

2. 成立管理处

新的物业管理处应于已确定的入伙日期前 3 个月成立。并开始运转，根据实际需要，采取人员分步到位的办法。到入伙时，按定编人数配齐管理处各类人员。

管理处各类人员按以下程序进入物业现场，但可根据现场条件和实际情况进行调整：

（1）入伙前 100 天，任命管理处主任，另配备助理员 1 人，财务室会计、出纳各 1 人，组成管理处筹建班子，编制入伙工作方案报公司片区领导批准后，立即投入实质性准备工作。

（2）入伙前 3 个月，调派机电管理维修人员若干进驻施工现场，参与机电设备安装调试的监理工作，填写工作记录，全面掌握大厦机电设备的第一手资料。

（3）入伙前 1.5 个月，调配炊事班长 1 人，开展管理处食堂的筹备工作。

（4）入伙前 1 个月，管理层人员配齐，管理处挂牌办公。

（5）入伙前 1 个月，组建护卫班进驻现场，负责对所接管物业的守卫工作。

（6）入伙前 1 个月，炊事班人员到位，食堂开伙。

（7）入伙前 25 天，确定清洁外包单位，由外包单位开展清洁工作（或组建清洁班，开始对已接收的房屋进行卫生清洁工作）。

（8）入伙前 20 天，护卫三个班的人员配齐、上岗。

（9）入伙前半个月，水电维修班正式成立，人员配齐就位。

3. 管理处进驻小区前的工作

（1）管理处应要求公司提前派出部分工程技术人员进驻现场，与地盘的工作人员一起，参与机电设备的安装调试；了解整个楼宇内所装备的设备设施；熟悉各类设备的构造原理、性能。熟悉水、电、气管道线路的铺设位置及走向等，为入伙后的管理、维修养护打下基础。

（2）由公司（或发展商）为新管理处提供临时办公场所，管理处根据实际需要，拟制办公用品的采购计划，报公司审批后购置。

（3）在公司片区领导的指导及相关部门的配合下，准备及印制收楼、入伙所必需的文件资料和表格，如《用户手册》、《前期物业管理服务协议》、《房屋装饰装修协议》、《业主公约》、《收楼须知、程序及相关费用》等。此部分工作最好于入伙前1个月完成。

（4）根据入伙工作方案，编制管理处员工生活用品采购计划，报公司审批后订购。

（二）物业接管中的工作

1. 管理处要主动与发展商（地盘）和承建单位联系，协商楼宇交接问题，及时将协商情况汇报给物业公司并在公司片区领导下组织验收小组。由地盘、承建单位和物业公司三方共同组成联合交接小组，制定验收方案，统一验收标准，商定交接注意事项和交接日期。

2. 准备验收项目表格，物业公司对所接收的建筑物、设备设施，要分别准备充足的验收记录表格。

3. 全面验收交接。验收时须有发展商（地盘）、承建单位和物业公司（含管理处指派人员）三方共同参加，逐项进行验收，填写记录单。每份验收记录单上均须有三方人员的签名，验收记录单一式三份，三方各执一份。对验收合格的项目，列出清单，进行交接，交接双方在清单上签字；对不合格的产品，注明存在的问题，提交地盘和施工单位，限期整改，整改项目须经复验，合格后方可接收，物业公司将接收清单交管理处保存。

4. 对于已经接收的项目，管理处从接收签字起，即组织人力对建筑物和机电设备进行保护，防止被盗和破坏。同时，组织人员对已接收项目进行清洁和环境整理。

5. 搞好公关工作，管理处要指派专人代业主联系电视、电话、网络安装、液化石油气开户点火、确定街区门牌号码以及通邮等工作。

（1）管理处应于入伙前3个月与电话公司、有线电视台、网络公司联系，确定业主入住后申请安装电话、有线电视、网络的办法及程序。

（2）管理处应于入伙前半个月与市液化石油气公司联系使用液化气的开户点火手续。

（3）于入伙前100天，从新管理处主任任命之日起，即向辖区派出所申请确定新接收物业的街区门牌号码。

（4）管理处于入伙前3个月与当地邮局联系办理通邮手续，并向地产商提出合理建议设计、订做信报箱。

6. 代为业主安装常规防盗防火设施。管理处应从坚固美观、价格合理的原则出发，于入伙前一个半月组织订购并代为业主统一安装防盗门、防盗窗花，为每户业主配备市消防处规定型号的手提灭火器，并于入伙前安装完毕（防盗门、防盗窗花也可指定样式，由业主装修时自行安装）。

7. 积极、妥善解决员工的食宿问题。在物业公司指导协助下，管理处根据所接管物业的具体情况，提出管理处办公、员工住宿、食堂用房的规划、设计方案，经批准后，具体抓好改建装饰工作的落实。

（三）入伙前的工作

1. 通过登报和寄发通知书的形式，提前1个月（至少提前10天）向业主发出入伙通知。向业主寄发通知应包括以下资料：

（1）入伙通知书（管理处需与发展商联名发出）。

（2）收楼须知。

（3）入伙手续流程。

（4）入伙收费表。

2. 规划整理物业小区环境卫生，设置必要的设施、标志。

3. 逐栋、逐层、逐户全面彻底地进行卫生清理，并注意保洁，其项目和标准如下：

（1）对于送装修的单位：

①大小房间：玻璃擦净、地板洁净、窗台干净、踢脚线干净、灯具洁净。

②客厅：清洁内容和房间相同，对讲机干净无灰。

③洗手间：镜面光洁、台面洁净、浴缸干净、抽水马桶洁净无污物痕迹、下水畅通、地面洁净显现本色、地漏畅通、地面无积水。

④厨房：壁橱干净、木柜里外擦净、水管及液化气管擦拭无灰、内阳台擦拖干净、地面擦净显现本色。

⑤阳台：墙面、地面、玻璃擦净；护栏干净；地漏盖上水泥清除；漏水畅通。

⑥木门：所有木门的门框、门板面擦净。

（2）对于不送装修的单位：

①大小房间：玻璃擦净、地面清洁、窗台干净。

②客厅：清洁内容和房间相同，对讲机干净无灰。

③洗手间：下水畅通、地面清洁、地漏畅通、地面无积水。

④厨房：水管及液化气管擦拭无灰、内阳台擦拖干净、地面干净。

⑤阳台：墙面、地面、玻璃干净；护栏干净；地漏盖上水泥清除，漏水畅通。

⑥木门：所有木门的门框、门板面擦净。

4. 对标准层走廊、后楼梯的清洁工作：

（1）四壁洁净，地面光洁。

（2）防火门干净，并按要求紧闭。

（3）后楼梯扶手、台阶干净无尘土。

（4）门灯及所有能附着灰尘的附属设施擦拭干净。

（5）每层后楼梯走火通道口摆放一个垃圾桶。

5. 研究制定集中入伙时的接待工作方案、场景布置方案，围绕完成任务对人员进行合理分工，并在物资上做好充分准备。

（四）入伙时的工作

1. 场景布置：根据制订的场景布置方案摆放花篮、盆景，悬挂条幅对联、张灯结彩、插放彩旗、高挂气球等，给人以隆重、喜庆的感受。

2. 设置导向路标，安排引导人员，使业主在办理入伙手续、收楼过程中感到方便。

3. 管理处与发展商之地产部、财务部在入伙接待处进行联合办公，实行一条龙服务。先由发展商为业主办理购楼手续，再由管理处收取入伙费用、签订《前期物业管理服务协议、房屋装饰装修协议、业主公约》，发放《用户手册》，向业主发放门钥匙，并安排专人引导业主入室验收，对业主提出的房屋质量方面的合理意见，逐项记录在

《接管验收记录》四联单上（承建商、管理处、业主、发展商各一份），并负责与承建商联系，限期修好，保证业主按时人住。

4. 在业主办理入伙手续的同时，管理处应提供给业主如下资料及物件：

（1）钥匙。

（2）开户存折。

（3）前期物业管理服务协议、房屋装饰装修协议、业主公约。

（4）用户手册。

（5）收费一览表。

（6）本小区的装修管理细则。

（7）接管验收记录。

（8）入住指南、专业服务单位电话一览表。

（9）其他如可代发展商发放《质量保证书》、《使用说明书》。

注：以上资料和物件可根据各个管理处情况不同而有所不同。

（五）管理处机构设置和人员配备

管理处设办公室、财务室，下设三个护卫班、一个维修班、一个炊事班（炊事班应根据各自管理处的实际情况而定）及清洁班（一般由外包单位负责）。定岗定员应根据大厦幢数和层高及岗位多少而定（以两幢大楼并带有地库车场和单车库的 32 层商住楼为例，应配备 58 人）。

（六）入伙工作程序及工作标准

1. 入伙前的准备工作。

（1）组建管理处，建立领导班子和办事机构开展工作。

（2）收集归档大厦各种资料：建筑施工图纸、隐蔽工程资料、各种交工验收证书复印件、各种设备使用说明书、合格证书复印件。

（3）参阅有关图纸资料，了解大厦情况，对设施、设备、安全、清洁绿化工作及管理处办公地点、员工食宿问题提出具体工作意见。

（4）联系公司质量管理部印制、准备《前期物业管理服务协议、房屋装饰装修协议、业主公约》及《用户手册》，联系工程部准备各种《接管验收记录》。

（5）编制大厦开办财政预算，测算管理费标准，印制各种入伙资料。

（6）招聘培训各类管理和服务员工。

（7）联系走访派出所，街道办事处等政府办事机构和有关部门，做好公关工作。

（8）提前进入现场，与地盘工作接轨，参与设备安装调试，迅速熟悉情况。

2. 做好楼宇交接验收和入伙工作。

（1）认真清点、检查、验收室内和大厦的各种设施设备及有关物品，发现问题及时登记、反映、整改。

（2）拟订大厦设施中不完善方面的改进计划，首层大堂入口处安装电子门，每户安装防盗门、防盗窗花等。

（3）布置好入伙办公地点，热情接待入伙业主，负责向业主解释《用户手册》、《前期物业管理服务协议、房屋装饰装修协议、业主公约》及其他管理规则，按规定收取有关费用。

（4）陪同业主视察房屋、验收房屋及设施设备；办好交接手续、交付钥匙，对业主提出的问题，耐心解答，做好记录，及时反映和处理。

（5）帮助入伙业主办理好有线电视、网络、燃气开户手续。

（6）处理好业主的投诉，做到件件有着落，尽最大努力使业主满意。

（7）管理好业主对房屋的二次装修，确保房屋结构完好，外貌完美统一。

3. 工作标准。严格执行公司制定的管理方针和目标，以及质量/环境/职业健康安全的一体化管理标准，为业主创造安全、清洁、优美、舒适、方便的生活和工作环境，并按照国内同类型商住大厦物业管理一流水平的工作标准做好各项工作，做到业主、公司、管理处三满意。

（七）人员配备、财务方案、材料计划（略）

（八）需发展商解决的问题

1. 提供入伙和楼宇资料。

（1）小业主名册及联络通信地址，电话号码。

（2）楼宇建筑及设备质量保修责任的合约复印件。

（3）建筑、水电、电梯、空调等工程项目的总投资表。

2. 审批入伙开办资金预算方案。

3. 审批入伙方案及管理费收费标准。

4. 解决入伙前管理处的临时办公地点和电话机一部。

5. 解决管理处办公用房地点和员工食宿地点。

十一、入住手续办理程序

第一条　目的

为了使管理处按标准步骤准确无误地办理业主（住户）入住手续。特制定本程序。

第二条　适用范围

适用于入住手续办理的相关工作。

第三条　具体程序

1. 业主（住户）需携带下列资料前往管理处办理入住手续：购房合同书、入住通知书、身份证、工作证，出示原件，复印件留底，同时持指定银行存折办理管理费托收手续。如有业主委托他人办理应带以下资料：业主委托书、被委托人身份证及复印件以及上述所列资料。

2. 业主（住户）与管理处签约文件包括：《入住协议书》、《委托银行代收款协议书》、《住户情况登记表》、《业主公约》。

3. 业主（住户）领取钥匙、纪念品、《住户手册》等，并办理签收手续。

4. 由指定维修技术员陪同业主（住户）验房、抄录水电表底数并共同确认。

5. 业主（住户）验房后若提出质量问题，由业主（住户）填写《返修申请表》，管理处加签意见后，由管理处协助发展商进行工程质量问题的返修工作。

6. 如发展商或施工单位将工程质量问题委托管理处返修时，双方须签字确认。

7. 对租赁管理处所属商业房的顾客，须与管理处签订租赁合同，并提供营业执照、负责人和工作人员的身份证复印件。

8. 租用受托管的写字楼、商场的顾客或公司，凭与业主签订的租赁合同到管理处签订管理协议书，并提供营业执照、负责人和工作人员身份证复印件。

十二、客户投诉受理登记表

客户姓名		联系电话	□客户保密
客户地址		投诉方式	□面谈□电话□信函□其他
投诉时间		投诉类型	□有效□无效
投诉内容		记录人：　　　　　时间	
处理过程描述		记录人：　　　　　时间	
回访情况		记录人：　　　　　时间	
领导审阅		记录人：　　　　　时间	

备注：客户主任每周检查，各级领导每季抽查。

十三、月度用户投诉处理清单

月份：　　　　　　　　　　　　　　　　　　　　　　　　　年　　月　　日

序号	投诉记录表编号	投诉日期	用户房号	投诉人	投诉事项	管理部记录人	处理部门	处理人	处理日期	处理结果

十四、月度投诉统计分析表

月份：　　　　　　　　　　　　　　　　　　　　　　　年　　月　　日

被投诉部门							合计
本月次数							
上月次数							
增减次数							
升降比例							
投诉分析							签名：

十五、客户投诉处理日报表

勤务人员	上午	下午	晚上	值班人	迟到、早退、缺勤者		
接待流程	（营业部门）			（总务部门）			
客户问题			签名				
处理与改善意见							
联络事项							
明日预定							
主管意见							
经理意见							
当事人签名							

经理：　　　　部门主管：　　　　填表：

十六、客户访问日报表

客户名称		地址		电话	
访问日期		时间		地点	
对产品的评价					
本公司产品及与其他产品的比较					
市场情况希望及意见					
备注					

十七、客户意见调查表

物业名称：　　　　　　　　　　　　　　　　　客户工作单位/部门：

真诚欢迎您对我们的服务工作作出评价并提出您宝贵的意见和建议。请您在以下相应项的"口"内打"√"；同时，请您对不满意项目说明具体的不满意之处，以便我们进一步改进工作。

谢谢您的合作与支持!

1. 安全防范：优秀口　　　良好口　　　合格口　　　不满意口

2. 车辆管理：优秀口　　　良好口　　　合格口　　　不满意口

3. 客户服务：优秀口　　　良好口　　　合格口　　　不满意口

4. 维修处理：优秀口　　　良好口　　　合格口　　　不满意口

5. 清洁保洁：优秀口　　　良好口　　　合格口　　　不满意口

6. 园林绿化：优秀口　　　良好口　　　合格口　　　不满意口

7. 社区文化：优秀口　　　良好口　　　合格口　　　不满意口

8. 空调管理：优秀口　　　良好口　　　合格口　　　不满意口

9. 电梯管理：优秀口　　　良好口　　　合格口　　　不满意口

您对我们服务的综合评价是：优秀口　　　良好口　　　合格口　　　不满意口

您对我们服务不满意之处是：

_____

您的其他意见或建议是：

_____

_____

客户签名：

十八、客户意见调查分析报告

部门：　　　　　　　　　　年　半年　　　　　　　　　　编号：

质量管理部：　　　　　　　　　　　　　　　　　　　　部门负责人：

序号	项目名称	各项满意率统计	备注
1	供电	(＿＿＿＿＿/总数＿＿＿＿＿) ×100% =	
2	供水	(＿＿＿＿＿/总数＿＿＿＿＿) ×100% =	
3	投诉接待	(＿＿＿＿＿/总数＿＿＿＿＿) ×100% =	
4	维修速度	(＿＿＿＿＿/总数＿＿＿＿＿) ×100% =	
5	维修质量	(＿＿＿＿＿/总数＿＿＿＿＿) ×100% =	
6	公共卫生	(＿＿＿＿＿/总数＿＿＿＿＿) ×100% =	
7	公共设施	(＿＿＿＿＿/总数＿＿＿＿＿) ×100% =	
8	社区文化	(＿＿＿＿＿/总数＿＿＿＿＿) ×100% =	
9	保安执勤	(＿＿＿＿＿/总数＿＿＿＿＿) ×100% =	
10	园林绿地	(＿＿＿＿＿/总数＿＿＿＿＿) ×100% =	
11	空调管理	(＿＿＿＿＿/总数＿＿＿＿＿) ×100% =	
12	电梯管理	(＿＿＿＿＿/总数＿＿＿＿＿) ×100% =	
13	服务态度	(＿＿＿＿＿/总数＿＿＿＿＿) ×100% =	
14			
15	综合满意率＝各项满意率之和/项目总数×100%		

统计分析方法：

　　调查表共有（　）项调查内容，每项有＿＿＿＿＿＿种答复。统计分析计算每项及综合满意率（各项计算公式为：该项——满意数/回收的调查表总数×100%＝该项满意率）。根据各分项满意率进行总结分析

分析结果（附统计表，本页不够填写时可另附页）

分析人：　　　　　　　　日期：

质量管理部：　　　　　　　　　　　　　　　　　　　　部门负责人：

日　期：　　　　　　　　　　　　　　　　　　　　　　日　期：

十九、意见调查表发放/回收情况一览表

部门：　　　　　　　　　　　　年　半年　　　　　　　　　编号：

序号	发放部门	发放份数	发放人/日期	接收人	回收份数	回收人/日期	备注
总计							

归档：　　　　　　　　　　　　　　　　日期：

二十、潜在客户资料登记表

1	公司名称	1	姓名
2	地址	2	年龄
3	电话号码	3	住址
4	业种	4	电话号码
5	年营业额	5	职业
6	从业人员数	6	服务公司
7	主要商品名称	7	职业
8	资本额	8	服务公司地址
9	负责人	9	进公司服务时间　年　月　日
10	主要客户	10	出生地
11	业界地位	11	配偶姓名
12	市场占有率	12	兴趣
13	工厂所在地	13	喜爱运动
14	承办部门	14	采购决定人
15	承办人	15	出生　年　月　日
16	承办人性格	16	第一次购买本公司产品日期
17	承办人兴趣	17	信用状态
18	采购决定人	18	付款情形
19	与本公司交易开始日	19	购买本公司产品的循环

20	信用状态	20	本公司过去承办人
21	购买本公司产品的循环		
22	本公司过去业务承办人		
23	业务介绍人		

二十一、客户登记表

客户名称	地址	经营产品	销售日期	售价（元）	产品附件及说明	修理记录

主管：　　　　制表人：　　　　制表日期：　　年　月　日

二十二、客户收款状况统计表

名称	月				月			
	销售额	累计	本月收款	尚欠收款	销售额	累计	本月收款	尚欠收款

二十三、客户资料卡

客户名称：

地址：

负责人：

主要经营项目：

主要联络人：

资本额：

交易额：

与本公司业务往来

年度	年	年	年	年	年	年
营业额						

状况：

交易金额记录：

备注：

年度	年	年	年	年	年	年
营业额						

二十四、年度社区文化活动规划表

序号	活动项目	时间	筹办单位	活动介绍	主要性质	活动地点

二十五、社区文化活动记录表

管理处名称：
主办单位：
活动时间：
举行地点：
主要参加人员及人数：
活动内容：
活动效果：
记录人：　　　　　　　　　记录时间：

二十六、业主登记表

姓名		性别		婚否		（照片）
出生年月		籍贯		文化程度		
专业职称		政治面貌		邮编		
住址						
工作单位						
联系电话						

物业编号1. _____ 2. _____ 3. _____　　面积1. _____ 2. _____ 3. _____

主业简历	
家庭主要成员	
主要社会关系	
备注	

二十七、业主授权书

_____物业管理处：

我单位/本人_____是大厦_____室的业主。从_____年_____月_____日起至_____年_____月_____日止，将上述单元租给/授权_____（用户单位名称）使用。

在此期间，该使用单位直接向管理公司支付有关管理费用（如管理费、电费及_____等），若该使用单位欠交上述费用时，我单位/本人将按《业主公约》规定负责缴清。

我单位/本人通信地址：_____

联系电话：_____

传真号码：_____

业主签名（盖章）：_____

业主单位名称（盖章）：_____

_____年_____月_____日

二十八、收楼意见书

房间号码		业主/租户姓名	
联系地址			
收楼日期		年　　月　　日　　时	
业主收楼意见：		处理记录（本处专用栏）：	

注：1. 如有修葺项目，请于收楼之日起72小时内填报，方有效。

2. 敬请业主/租户保存此复印本。

第五篇　物业管理者

随着物业管理行业竞争的日趋激烈和业主需求的不断提高，传统的物业经营方法和模式已不能适应时代的发展。物业管理者唯有提高自身的素质与能力，通过创新获取竞争优势，方能制胜。新时期要求物业管理者从服务观念到服务方式，从经营理念到市场定位，都要作出相应的变革，才能适应发展的需要。

本篇主要针对物业管理者的角色定位、职责与任务、素质与修养、工作方法与人际关系等进行阐述，对物业管理者完善自我、提升能力有重大的意义。

第一章　物业管理者角色与资格

一、物业管理者的含义

物业管理者指按照物业管理服务合同约定，通过对房屋建筑及与之相配套的设备、设施和场地进行专业化维修养护管理以及维护相关区域内环境卫生和公共秩序，为业主、使用人提供服务的人员。

物业管理者是指投入使用的房屋及其附属设备与配套设施进行经营性管理，并向物业产权人、使用人提供多方面、综合有偿服务的人员。

物业管理者须具备高中以上学历，具有一定的观察能力及较强的表达和计算能力，是实行就业准入的职业之一。

二、物业管理者职业标准

（一）物业管理者的资格

物业管理从业人员职业资格是《物业管理条例》设定的行政许可。国家人事部和建设部于 2005 年 11 月 16 日颁布了《物业管理师制度暂行规定》、《物业管理师资格考试实施办法》和《物业管理师资格认定考试办法》，物业管理师资格正式纳入了国家专业技术人员职业资格系列。

物业管理师资格实行全国统一大纲、统一命题的考试制度，原则上每年举行一次。考试科目为"物业管理基本制度与政策"、"物业管理实务"、"物业管理综合能力"和"物业经营管理"。

经物业管理师资格考试合格人员，由人事部、建设部委托省、自治区、直辖市人民政府人事行政部门，颁发人事部统一印制，人事部、建设部印制的"物业管理师资格证书"。该证书在全国范围内有效。

取得"物业管理师资格证书"的人员，经注册后以物业管理师的名义执业。物业管理项目负责人应当由物业管理师担任。物业管理师只能在一个具有物业管理资质的企业负责物业管理项目的管理工作。

（二）职业环境及能力要求

物业管理者职业环境包括室内、室外，应具有一定的观察、分析、判断和计算能力，以及较强的沟通和表达能力。其基本文化程度为高中毕业（含同等学力）以上。

（三）物业管理人员的要求

1. 培训要求

（1）培训期限：全日制职业学校教育，根据培养目标和教学计划确定。晋级培训期限：物业管理者不少于 220 标准学时；助理物业管理师（高级物业管理者）不少于 180 标准学时；物业管理师不少于 150 标准学时。

（2）培训教师：培训物业管理者的教师应具有本职业助理物业管理师（高级物业管理者）职业资格证书或相关专业中级及以上专业技术职务任职资格；培训助理物业管理师（高级物业管理者）的教师应具有本职业物业管理师职业资格证书或相关专业中级及以上专业技术职务任职资格 2 年以上；培训物业管理师的教师应具有本职业物业管理师职业资格。

2. 鉴定要求

（1）适用对象：从事或准备从事物业管理职业的人员。

（2）申报条件。

物业管理者（具备以下条件之一者）：①在本职业连续工作 1 年以上，经本职业物业管理者正规培训达规定标准学时数，并取得结业证书；②在本职业连续工作 2 年以上；③取得本专业或相关专业大专及以上毕业证书者。

助理物业管理师（高级物业管理者）（具备以下条件之一者）：①取得本职业物业管理者职业资格证书后，连续从事本职业工作 2 年以上，经本职业助理物业管理师（高级物业管理者）正规培训达规定标准学时数，并取得结业证书；②取得本职业物业管理者职业资格证书后，连续从事本职业工作 3 年以上；③取得本专业或相关专业大学本科及以上毕业证书者。

物业管理师（具备以下条件之一者）：①取得本职业助理物业管理师（高级物业管理者）职业资格证书后，连续从事本职业工作 4 年以上，经本职业物业管理师正规培训达规定标准学时数，并取得结业证书；②取得本职业助理物业管理师（高级物业管理者）职业资格证书后，连续从事本职业工作 5 年以上。

（3）鉴定方式：分为理论知识考试与操作技能考试。理论知识考试采用阅卷笔试方式，技能操作考核采用模拟实际操作等方式。理论知识考试和技能操作考核均实行百分制，成绩皆达 60 分及以上者为合格。物业管理师还须进行综合评审。

（4）考评人员与考生配比：理论知识考试考评人员与考生配比为 1∶15，每个标准教室不少于 2 名考评人员；技能操作考核考评员与考生配比为 1∶15，且不少于 3 名考评员；综合评审委员不少于 5 人。

（5）鉴定时间：理论知识考试为 90 分钟，技能操作考核为 120 分钟，综合评审时间不少于 30 分钟。

（6）鉴定场所设备：理论知识考试在标准教室内进行，技能操作考核在标准教室或模拟物业管理环境中进行。

三、物业管理员角色定位

在物业管理的经营活动中存在两个主体，即物业管理公司和业主委员会。物业管理者在双方签订委托合同以后，才能实行行使物业管理职能。这种委托和被委托的关系，就使物业管理者处于双重的地位。

其一角色：物业管理公司是一个独立的法人，是自主经营、自负盈亏的经济实体，并获取一定的利润，这就决定了物业管理者的管理和服务必须是有偿的经济行为。

其另一角色：物业管理者又是被委托方，处于被委托者的地位，受制于委托者——业主委员会，它同业主委员会之间被委托的契约关系，其行使的是合同范围中的管理权力，因而，是一种有限管理权，而不是无限管理权。但应当明确的是，一旦合同生效，便具有法律效力。物业管理者在合同范围内按管理标准从事管理工作，应当理直气壮地进行严格管理，而不受其他非市场因素的干扰。

要明确物业管理者的角色定位，必须树立三个基本观点：

一是物业管理者要代表群体利益，即小区范围内全体业主的利益，而不仅仅是业主的个人利益。

二是物业管理者要代表业主的根本利益，兼顾当前利益和长远利益、经济效益、社会效益和环境效益，正确地把它们结合起来，不能只顾眼前利益和局部利益，而损害小区和业主的利益和根本利益。

三是物业管理者理所当然地维护自身的合法权益，寻求合理利润。作为物业的经营者投资于物业管理行业，也要获得投资于其他行业一样的平均利润，这是合理合法的，否则，就没有人愿意从事这一行业。

明确了物业管理者的角色定位，管理服务工作也才能真正到位。

第二章 物业管理者职责与任务

一、物业管理者的职责

（一）开展服务管理工作

物业管理的实施就是要正常开展各项管理与服务工作。其内容大致有如下几个方面。

1. 房屋的维修与管理。

2. 共用设备设施的维修与管理，如电梯、空调、供水、供电、消防、通信、安全保卫等设备设施的维修与管理。

3. 环境卫生，如公共区域的清扫和垃圾清运。

4. 绿化，如花草树木的种植和养护。

5. 治安、消防与车辆的管理。

6. 便民服务和特色服务等。

在实施物业管理服务的同时，要抓好对管理服务工作的检查与控制，控制的目的是为了保证物业管理服务的质量。

（二）内外的协调事务

内外的协调事务包括以下两个方面：

1. 内部协调，即物业管理公司与业主及业主委员会的相互关系的协调。

2. 外部协调，即与相关企业及政府主管部门相互关系的协调。包括自来水公司、供电公司、燃气公司、居委会、通信公司、劳动局、工商局、环卫局、园林局、房管局、城管办等。

物业管理者要想做好物业管理工作，就要与这两个方面沟通协调好。内部协调是基础，外部协调是保障。

二、物业管理者的任务

1. 积极参加业务学习。自觉遵守政府的各项法律、法令政策以及管理处的各项规章制度。

2. 坚守岗位，按时上下班，着装整齐，持证上岗，热情接待住户和来访客人，对住户的投诉要耐心解释，及时处理（一般在 24 小时内处理完毕）。投诉处理达 100%。

3. 熟悉住宅区楼宇的结构、楼宇的排列、单元数、户数；管线的走向；各种设备操作方式和开关位置；楼宇和公共设施的维修、养护要领和常见故障、常用维修方法；熟悉住户的种类、数量、居住人员情况，熟悉公共维护费、卫生消杀费、水电费的收费标准和计算方法；熟悉抄看水、电表，及时收缴管理费，收缴达99%。以上情况要随时掌握。

4. 熟悉市政府有关部门物业、市容卫生、绿化、治安、消防等管理规定，并能熟练运用；负责提出责任区内管理服务工作计划，监督、检查管理处维修、绿化、治安、清洁、卫生消杀等员工做好本职工作，负责处理责任区内各项管理指标达到市、省、国家文明住宅区要求，负责处理责任区内违章、违纪行为和突发事件；懂得发生火警、电梯困人、台风、治安案件时的应急处理办法，并且能够有效及时地处理。

5. 坚持每天详细巡查辖区楼宇两遍，维护公共设施和楼宇的安全、完整、美观，监督住户的装修、改造工程，发现违法、违章行为及时处理，做好每日工作日记。

6. 密切与住户的友好联系，组织责任区内小型社区文化活动，定期上门征求住户意见和建议，填写拜访住户登记表，归纳总结住户意见并向主管报告，住户月投诉率不得高于1%。

7. 建立、健全责任区管理档案，定期向前台文员查询档案情况，如有档案不全或丢失应及时向上级反映并设法健全。

8. 向住户宣传国家的方针政策，及时传达政府和公司的各项通知、规定，配合公安、居委会搞好人口调查。

9. 协助部门办好社区文化活动，完成物业管理主管交办的其他任务。

第三章　物业管理者原则与内容

一、物业管理者的工作原则

（一）服务程序规范原则

服务程序是指服务的先后次序和步骤，它看起来无关紧要，实际上却是物业管理者物业管理水平的重要标准之一。如电话接听程序、设备操作程序、装修审批程序、清洁程序等都要严格按次序一项接一项、一环扣一环，不可随心所欲、杂乱无章。

（二）服务收费合理原则

物业管理属有偿的服务行为，用户不交管理费而享受服务是不现实的。但物业管理公司制定的综合服务收费标准应不高于政府规定的收费标准；物业管理公司开展的特约服务和便民服务也应以满足用户需要为目的，以"保底微利、以支定收"为原则，切不可张开大口向用户乱收费或收费多服务少等。

（三）服务制度健全原则

物业管理应制定并健全一整套规范、系统、科学的服务制度，以确保为用户提供稳定的服务。这些制度应清晰有序，易于操作，切忌随意化、无章可循和凭个人意志的管理。

（四）服务效率快捷原则

服务效率是向用户提供服务的时限，在"时间就是金钱，效率就是生命"的时间价值观下，服务效率高不仅能节省时间，而且能为用户带来利益，因而管理公司应尽量提高物业工作人员的素质，减少工作环节，简明工作程序，缩短办事时间，提高服务效率。

（五）服务态度热情原则

物业管理属服务性行业，物业管理者应以发自内心的真诚笑容为用户热情服务，尤其应做到文明礼貌、语言规范、谈吐文雅、遵时守约、衣冠整洁、举止大方、动作雅观、称呼得当。

（六）服务设备完好原则

良好而完善的硬件设施是实现高水平物业管理的先决条件。物业管理者中的服务设备包括房屋建筑、机器设备（如空调、电梯）、卫生设备、通信设备、交通工具、电器设备等。对这些设备要加强管理、精心养护，使之始终处于完好状态，降低设备故障率。

（七）服务技能娴熟原则

服务技能是物业管理从业人员在服务管理中应该掌握和具备的基本功，除了应具有良好的服务意识外，更重要的是员工应具备较好的业务素质，如工程人员应具备过硬的设备维护技术，财务人员应具备丰富的财务管理知识，保安人员应具备过硬的治安消防本领等。

（八）服务项目齐全原则

除了搞好物业管理综合服务所包含的必要项目外，物业管理者还应努力拓展服务的深度和广度，努力开展各种能满足用户需要的特约服务和便民服务，使用户享受到无微不至的关怀和尽善尽美的服务。

（九）服务方式灵活原则

物业管理除了做到规范管理、依法管理外，还应设身处地地为用户着想，努力为用户提供各种灵活的服务方式，切忌死板僵硬的管理，应尽可能在办事手续、营业时间、服务范围等方面给用户提供方便。

二、物业管理者的工作内容

（一）重视小区物业的前期介入工作

物业管理企业在介入房地产开发项目之后，应根据前期物业管理合同和物业的规划设计情况，编制物业管理方案，成立前期介入小组会同设计部门、施工单位、开发商一起会审图纸，主要是从业主使用的角度就原设计中不合理的部分提出建议，亦可根据物业管理的实际经验，向相关部门提供各项设备设施的性能、质量和厂家信誉等情况并提出有价值的建议。参与小区物业设施设备安装调试的全过程，特别重视对给排水、配电、防水、电梯、消防、智能化等设备系统的检查，发现问题及时要求开发商解决，既能避免日后提高物业管理成本，又能确保各项设备设施在投入使用时能正常运行，促使物业更易贴近业主起居生活。

（二）物业的接管验收

物业的接管验收是前期物业管理的一个重要环节，是对已竣工验收并达到交付使用条件的物业项目进行再一次的质量把关工作，亦是明确物业管理公司与开发商维修管理责任的重要措施。物业的接管验收一般分为二大部分，其一是楼宇本体的接管验收；其二是公共配套设施设备的接管验收。

1. 楼宇本体的交接验收工作

参照建设部 1991 年 7 月颁布的《房屋接管验收标准》以及建设局 2006 年 10 月制定的《深圳市商品住宅建筑质量逐套检验管理规定》，建设单位在进行商品住宅建筑工程竣工验收时，物业管理公司前期介入小组应参与由建设单位组织工程施工和监理等单位对每一套住宅的建筑观感、使用功能和使用安全等内容进行专门检验。逐套检验项目包括建筑结构、地面、墙面、防水、室内电气安装等 10 多个方面。物业管理公司前期介入小组严格按照市建设工程质量监督机构公布的《深圳市商品住宅建筑质量逐套检验指引》对工程进行逐套检验，并填写《检验结果表》。建设单位依据《检验结果表》和《房屋建筑工程竣工验收报告》，逐套出具《商品住宅建筑质量合格证明》。

2. 公共配套设备设施的接管验收工作

公共配套设备设施的接管验收是小区物业前期管理过程中一个重要的环节，其可以明确交接双方的责、权、利关系，固在接管验收中严格把好质量关。虽然物业管理前期介入小组参与了小区公共配套设备设施的安装调试过程，但是还得分两个阶段（一阶段是预验收，二阶段是正式验收）来接管小区公共配套设备设施。

第一阶段，验收小组按照验收计划、标准（依据建设部《房屋接管验收标准》），按专业分工进行预验收，在其过程中查出不符合标准的项目，递交书面的《物业验收整改通知书》给移交单位，并要求限期整改完成。尤其是对单项设备验收中，须进行试运行验收，主要验收设备的安装质量各运转中设备的主要技术指标，对不符合指标的，及时提出书面意见，要求移交单位组织设备制造厂或施工单位重新调试，直至达到验收标准为止。

第二阶段，正式验收是在预验收中提出的项目落实后，验收小组要进行检查、验证，如整改合格，而进行的正式验收。须做到三符合一完整，三个符合是："一符合"是图纸与设备规格型号、数量符合；"二符合"是工程的主要设备的实际安装位置与设计安装位置符合；"三符合"是设备包括设备连接的整个系统的技术性能与设计的功能符合。"一完整"是图纸资料完整，如产权资料、技术资料、竣工验收证明书及设备设施检验合格证书等。

物业的接管验收是一项颇具复杂的过程，不仅涉及建筑工程技术，而且牵涉众多法规政策，常见一些实际结果与理论要求不一致的地方，为了处理好接管验收中存在的问题，需把握好两个基本原则：一是坚持原则性与灵活性相结合原则，即对一些不尽如人意的问题，接管验收人员不必拘泥于成规，要针对不同情况分别采取措施，具体问题具体分析，大家共同协商，力争合理地、圆满地解决验收中存在的问题；二是做到细致入微与整体把握相结合原则，即在物业接管验收中不能因注重细致入微而忽视整体把握，也不能因重视整体效果而忽视细节问题。

（三）做好环境卫生保洁工作

环境卫生管理是小区物业管理中一项至关重要的工作，环境卫生保洁工作是住宅小区物业管理最直观环节，亦是业户评价物业管理公司能力高低的要素。行业上一般将小区的环境卫生保洁工作聘请专业的清洁公司管理，物业管理公司起监督管理作用。前期物业小区环境卫生保洁两大重点工作：一是物业清洁的开荒工作；二是房屋装修期的清洁工作。物业管理公司对新建物业的清洁开荒（是指管理公司在完成对物业的竣工验收、接管验收之后，对物业内外进行全面、彻底的清洁，将干干净净的物业交给业主）工作特别重视，安排专人全程监管清洁公司的开荒工作，专业清洁公司集中人手大规模对物业进行清洁开荒，其内容不限于：对物业内外建筑垃圾的清理；对玻璃、地面、墙面等处所沾灰尘、污垢的清除；对公用部位（消防楼梯、电梯轿厢、电梯厅、屋面等）、办公房以及设施的清扫等。物业的清洁保持阶段是指业主入住后清洁，业主入伙后伴随着房屋集中装修期的开始，装修期是对专业清洁公司的一个严峻的考验。常常是前边扫后边倒，保洁始终无法达到应有的效果，小区总是处于一种比较脏乱的状态。针对这种现象，装修期的环境卫生保洁首先须抓好装修垃圾的集中堆放和及时清运工作，尽量减少灰尘污染。其次是通过定时、定点、定人进行各种垃圾的分类收集、处理和清运，以及清、扫、擦、抹等专业性操作，同时还可以适当增加保洁力量，增加保洁次数来维护小区内公共区域的清洁卫生；三是加强宣传教育和督查力度，采取各种有效的办法手段，多管齐下，培养业主文明卫生的好习惯，使其知道，只有养成良好的卫生习惯，才能将小区营造出整洁、卫生、优美、舒适的生活环境。

（四）做好业主入伙工作

入伙亦称入住，是指入住人收到书面入住（入伙）通知并办理完结相应手续；入住人收到入住（入伙）通知后在限定期限内不办理相应手续的，亦视为入住；《入伙通知书》发出时，应清楚说明入伙的条件，以便日后业主推迟办理时，物业管理服务费（业主可以放弃入住的权利但须承担缴纳物业服务的义务）的收取工作能够顺利开展。向业主的入伙通知发放后，物业公司应及时组建引导组、接待组、收楼组以及咨询组等入伙工作的相关组织，依据购房合同以及相关法律文件，如《房屋竣工验收备案回执》、《房屋竣工测量报告》、《房屋使用说明书》、《房屋质量保证书》公共设施设备移交清单等文件，认真准备业主入伙资料文件并由小组长负责相关的培训和指导工作。入伙现场要营造出喜庆的氛围，车辆、行人进出有序，服务人员着装整齐、热情、礼貌大方。入伙期间采用"一条龙"服务模式进行，发展商、施工单位、公共事业部门、物业公司联合现场办公。

业主手持《入伙通知书》进入物业公司入伙接待处、由接待人员核对身份后，在《业主签到表》签到，然后办理入伙手续签署的相关文件，如《业主管理规约》、《前期物业管理协议》、《防火责任书》、《业户手册》、《家庭住户成员登记表》、《银行委托协议》等。房屋验收交接时，物业管理公司组织专业人员与业主共同对住宅室内水电、门窗、墙壁、地面等项目进行查验交接，双方逐项查验，逐项登记，如发现问题记录下来，存档管理，督促相关部门限期整改；如经查验无问题，与业主确认水、电、气表底度，并在《验房交接表》上签字认可移交房屋钥匙。总之，在业主入伙期间要做到一切为业主着想，以业主为中心开展各项工作。

（五）妥善协调三者之间的各种矛盾

物业管理公司特别注意协调好业主与开发商之间发生的矛盾，既要承担起开发商赋予的管理服务职责，为开发商排忧解难，又不能牺牲业主的利益。在业主与开发商之间处理好三者关系，物业管理公司起着一种协调和信息传递作用。尤其对业主反映的问题，如房屋质量问题，首先要分清性质，弄清情况，做好解释工作，本着"谁受理，谁跟进，谁回复"的原则，及时快捷地将业主反应的问题传递给相关部门，积极协调各方妥善解决，在最短的时间解决业主反映的问题。

（六）抓好小区公共秩序管理工作

小区公共秩序管理在住宅区物业管理中占有很重要的地位，它是物业管理公司为防火、防盗、防破坏、防灾害事故等而实施的一系列安全措施，秩序维护员不仅要善于发现安全隐患，更要有防止、终止危及或影响辖区内业户造成损失及伤害的能力，亦是体现一个管理公司服务水平的重要环节。公共秩序管理主要工作：

（1）健全安全管理制度和完善岗位责任制，制度是企业利益的保障，"没有规矩不成方圆"，制定完善详细的规章制度。如小区大门岗，严格按照《门岗岗位职责》把好大门关，对来访人员实行"来访登记"制度，装饰装修人员凭证进出，杜绝闲散人员进入小区；大件物品持《物品放行条》放出等。

（2）建立"预防为主，防治结合"以及"群防群治"的机制，维护片区治安，物业管理公司应与当地辖区社区人员保持密切联系、紧密合作，与当地片警保持良好的关系，及时了解当地治安情况，确保辖区物业的安全。如业主入伙后伴随房屋装修伊始，进出小区装修人员比较多且杂，加之小区安全防范的配套设施未完全安装到位，易给一些偷盗者可乘之机，因此要加强小区的巡查次数，记录好巡查情况，一经发现可疑情况要及时处置，发现失窃事件要及时报案。再如在遇到特殊紧急情况时，住户家中和办公区域，发生火灾、煤气泄漏、跑水、刑事案件等突发事件时，要善于借助第三方的力量，虽然可以采取紧急避险和正当防卫的做法，但在采取其他方式（例如破门前）时，寻求第三方（派出所、街道办、居委会、业委会或业主指定人等）见证，以规避风险，减少损失。

（3）要充分利用好已有的安全设施，如电子门禁、可视对讲、监控摄像机等设备，减少失窃案件发生机率。

（4）抓好小区进出车辆的管制和疏导，有利于维护小区交通秩序，避免车辆乱停乱放。特别是各种运送装修材料的车辆，要及时装卸，避免长时间停留，以减少小区交通压力。通过严格的训练，加强管理，在车辆进入小区时，认真落实制度，坚决做到对车、对人、对卡的管理。健全技术防范设备，适当配备先进的技术器具设施，比如存放、记录、查询、自动安全检索功能、计算机安全管理系统等，才能有效地确保车场安全运行。

（5）组建一支高素质的秩序维护队伍，不定期对秩序维护员的实施培训，主要从业务知识、仪表、言行、体能、岗前、岗中培训着手。更是加强其服务意识方面的培养，把"让主户满意"作为秩序维护员工作的准则，把辖区内的公共秩序服务工作做得更细、更好。

（七）加强对房屋的二次装修管理监督工作

装修监管是指物业管理公司根据政府有关法规、条例，受开发商或全体业主委托，对物业管辖范围的业主或使用人在物业装修过程中，监督施工是否符合规范、结构安全、房屋外观统一、消防、供水、供电、燃气等要求行为装修的定义。装修监管是前期物业管理的另一项重要工作，也是容易引起房屋质量投诉的重要环节，解决不好就会发生推诿扯皮现象。

鉴于此，加强前期住宅室内装饰装修监管应注重抓好以下工作：

（1）根据相关法律法规制定"物业二次装修管理规约"在业主入住装修前，物业公司要履行告知义务，将装修须知和装修禁止行为予以书面告知（如装修时间、装修垃圾统一堆放点、装修人员和材料进出通道等），以便业主了解和执行并办理相关装修手续。同时要抓好对每户装修方案的审核，对违反房屋装饰装修规定的行为发现后要及时纠正，做好说服解释工作。

（2）在房屋装修动工之前，需再次与业户或装修单位确认室内给排水支管、地面防水等均处于正常状态，方可发放《装修许可证》。

（3）掌握业主装修过程中的重点，装修管理员亦就明白日常巡检的重点，在业主材料进场和水电路改造或地墙面做防水阶段，每天最少巡查2次以上，有违规意图的业主，一天要巡检4次以上，及时制止违规装修现象。在巡查装修施工的过程中，重点要巡查水、电的安装情况、业主有无擅自更改装修方案和拆改房屋承重墙体的情况发生、还要提醒装修工人一定要对厕浴间进行防水实验，避免入住后给其他业主造成损失，并认真填写《装修巡查记录》。

（4）对违章装修的要严厉制止，并使其控制在萌芽状态，以便控制事态的扩展并向业主发《装修违章整改通知书》，让业主签字确认，将复印件存放于档案袋中，在处理违章装修过程中，始终坚持以规服人，以理服人，以礼悦人的原则，以良好的态度和礼貌赢得业主对装修监管工作的理解与支持。

（八）抓好对物业管理服务供给者培训

物业管理是对专业化要求很高的行业，物业管理者要求是多面手，要能在不同场合充当不同的角色，物业管理从业者必须具备较高的综合素质。在物业管理前期物业管理服务中，物业管理人员的整体行为将成为关系到在正常接管、日常服务中能否真正的得到广大业主对工作的认可的关键因素。鉴于此，物业服务供给者的培养或培训将根据人员岗位不同而进行。

（1）管理知识方面。对中高层管理人员的知识要求相对会比较高。知识包括经营管理知识（如物业管理、公共关系等）、财务知识、法律知识，对提升服务的内容和档次大有帮助。

（2）专业技能方面。物业管理不仅涉及房屋及其附属的设备、设施管理、维修和养护，而且包括绿化、环境卫生、保安和消防等，又涉及公共服务、专项服务、特约服务、社区服务和社区文化。这就要求物业管理人员掌握上述工作所必须的专业技能，可以及时为业主提供专业的服务。此外，面对各式各样的业主，掌握必要的人际交往技能也是很有必要的。

（3）服务态度。物业管理是通过为业主提供公共服务、专项服务、特约服务而获得经济效益、社会效益和环境效益，服务是物业全部管理经营活动的中心。因此，全体物业从业人员都应树立"用户至上、服务第一"的思想，把为业主提供多层次、全方位的服务作为物业管理企业全体员工的神圣职责，在工作中时时处处为业主着想，尽最大努力为业主提供优质的、完善创新的服务，赢取业主的赞同和认可。物业管理不是什么深奥的学问，一个温馨的问候、一个小小的举措、一个小小的手势、一个甜美的微笑，都会增加我们与业主的感情、化解与业主的矛盾，同样也就提升了我们的服务水平。

综上所述，加强前期物业管理，不但能保证业主（购房人）的长远利益，还能减少开发企业在建设过程中随意改变物业规划，保证物业的施工质量，达到完善物业的使用功能，促进房产的销售。同时，加强前期物业管理，有利于规范物业管理活动，可以避免开发商、业主及物业管理企业三者的对立情绪，减少三方之间的矛盾和前期遗留的诸多问题。而且，加强前期管理，可以更贴近业主和使用人的实际需求，使小区规划更趋向于人性化，使物业管理人员能够较早地了解和熟悉物业的情况，为日后更好地开展物业管理服务打下基础。

第四章 物业管理者的素质修养

一、物业管理者的政治素质修养

（一）物业管理者政治素质的核心地位

在物业管理者的诸多素质中，起着决定和主导作用的核心是政治素质，它决定和影响着其他素质的形成和发展。

1. 物业管理者政治素质与其他素质的关系

（1）政治素质与道德素质。物业管理者的政治素质与道德素质是相辅相成，密不可分的。一个物业管理者唯有正确的思想观、马克思主义的世界观和方法论，坚定的政治立场和全心全意为人民服务的宗旨，才能做到毫不利己，专门利人，才会有正确的幸福观、荣辱观、美丑观和善恶观，才能去完成好各项工作。

在建设社会主义的新时代，政治素质与道德素质的关系表现得更为明显。被称为"领导干部的楷模"孔繁森之所以打动了无数人民群众的心，就是因为他有着"不为民解忧，何以言公仆"的崇高政治信条。而那些以权谋私、灯红酒绿、日益腐败的少数领导者，他们之所以变成当今社会道德中的渣滓，就因为他们一步步放弃了自己原有的世界观和人生观，置人民群众于脑后，抛弃了政治素质也丢掉了道德素质。

（2）政治素质与能力素质。政治素质对能力素质起着主导作用，是能力素质的统帅。物业管理者的能力素质包括协调能力、组织能力和用人能力等，这些能力在什么地方发挥，怎么发挥，都与政治素质关系极大。只有政治素质高，拥有科学世界观和一定理论素养，拥有为人民服务信念的物业管理者，才能够将自己的能力充分地运用于本单位本岗位的工作当中，也才能够发挥出最大的效益；那些政治素质不高，有"才"无"德"，对个人得失斤斤计较，只顾打个人小算盘的物业管理者，其领导才能必然不会得到充分发挥，其领导效能自然也会不断降低，严重者甚至会以"无德"害"有才"，导致自己领导生涯的终结。

2. 物业管理者政治素质高低的标志

通常而言，物业管理者的政治素质是由政治理论水平和政治观点、态度、政治远见和政治敏感性、思想作风、工作作风这几个相互关联的方面构成。

其中，物业管理者政治素质的关键是政治理论水平和政治态度、立场，它是物业管理者政治水平高低的前提，是领导有无政治远见的决定因素，也是物业管理者思想作风、工作作风的内在动力。政治素质的高低是物业管理者素质高低的主要标志，这主要是说政治理论水平和政治观点、政治态度在物业管理者素质系统中的重要作用。

所谓世界观指的是人们对整个世界的观点和看法，是客观物质世界在人们头脑中的反映。它取决于人们在一定历史时期所达到的知识水平和占统治地位的社会制度，它随社会的发展而不断发展。马克思主义世界观是在资本主义条件下诞生的，它正确地反映了世界的本来面貌，揭示了客观事物的本质及其发展规律，是先进阶级和进步势力的世界观，因而它也是唯一科学的世界观，是无产阶级及其政党认识世界和改造世界的理论武器。

世界观是支配人们思想和行动的最根本的观点，决定着人们观察和处理问题的观点和方法，制约着人们对事物的态度，调整着人和外部世界的关系。世界观不同，人们观察和处理问题的观点和方法就会有所不同，从而在认识世界和改造世界的实践中所起的作用也就不一样。正因为世界观有着如此鲜明的实践意义，所以，人们一旦掌握了先进的、科学的世界观，就会引导人们的活动适应社会的发展，从而推动社会的进步和历史的发展；反之，反动的、没落的、反科学的世界观则阻碍着社会的进步，成为历史发展的障碍。

由此可见，世界观的正确与否决定了一个人素质的高低。一个人即使有再高的天赋、再强的能力、再深的学问，如果离开了科学的世界观，也有可能迷失方向而误入歧途。所以，物业管理者必须依靠正确的政治观念来统率正确的行为，用较高的政治素质来保证较高的领导素质。

（二）物业管理者应具备的政治素质

物业管理者必须具备较高的政治理论水平，包括：具有履行职责所需要的马列主义、毛泽东思想、邓小平理论和"三个代表"重要思想。必须树立正确的世界观和科学发展观，培养正确而坚定的政治态度和立场，全面理解并牢牢把握党的基本路线不动摇，坚持"三个代表"为原则。

政治理论水平在政治素质体系中起着关键作用，有无较高的政治理论水平、有无正确的政治态度、政治立场，不仅直接决定政策水平的高低、而且是有无政治远见的基础性条件，同时也是关系到思想作风、工作作风有无理论基础，有无内在动力的问题。因此，政治理论水平是政治素质的基础、是重点中的重点，在理论和实践中必须予以重视。

1. 物业管理者必须认真学习和掌握马克思列宁主义、毛泽东思想的理论精髓，形成科学的世界观和正确的政治态度、政治立场

实践证明，马克思列宁主义、毛泽东思想是科学的真理。它们正确地反映了人类社会发展的客观规律，是无产阶级科学的世界观，是人类智慧和思想的结晶。有了马克思列宁主义、毛泽东思想这个完整的世界观作指导，人们就会对自然界、人类社会和整个人生有一个科学的认识，形成观察和处理问题的正确观点和方法；就能树立起崇高的理想和坚定的信念；就能有较高的政治理论水平和超人的政治远见；就能有高尚的情操、坚强的毅力和工作热情；就能有良好的思想作风和工作作风。

新形势下努力学习马克思列宁主义、毛泽东思想，加强世界观的改造，有着重要的现实意义。

2. 物业管理者必须认真学习并运用邓小平理论

邓小平理论来源于马克思列宁主义、毛泽东思想，是马克思列宁主义基本原理与当代中国实际和时代特征相结合的产物，也是对毛泽东思想的继承与发展，是全党全国人民集体智慧的结晶，也是全党全国人民最珍贵的精神财富。从现实意义上讲，邓小平理论深刻地反映了我国社会主义建设的客观规律，明确地回答了我国社会主义建设中的一系列重大问题，特别是科学地回答了什么是社会主义这一首要的基本理论问题，第一次较为系统地、初步地解决了中国这样一个经济文化比较落后的国家如何建设社会主义、如何巩固和发展社会主义等重大问题。因此，物业管理者必须自觉学习并运用邓小平理论。

3. 要长期坚持"三个代表"重要思想

"三个代表"重要思想是对马克思列宁主义、毛泽东思想和邓小平理论的继承和发展，反映了当代世界和中国的发展变化对党和国家工作的新要求，是加强和改进党的建设、推进我国社会主义自我完善和发展的强大理论武器，是全党集体智慧的结晶，是党必须长期坚持的指导思想。这是党的十六大顺应时代要求和党心、民心所做出的历史性决策和历史性贡献。党的指导思想是指导我们各项工作的行动指南，是党具有生命力和创造力的灵魂和根本。

物业管理者必须深入学习"三个代表"的重要思想，并认真实践"三个代表"的具体要求，全心全意为人民服务。

4. 要深刻认识构建社会主义和谐社会的重大意义，扎扎实实做好工作，大力促进社会和谐团结

胡锦涛同志在省、部级主要领导干部提高构建社会主义和谐社会能力专题研讨班开班式上强调，深刻认识构建社会主义和谐社会的重大意义，扎扎实实做好工作，大力促进社会和谐团结。他指出，构建社会主义和谐社会，是我们党从全面建设小康社会、开创中国特色社会主义事业新局面的全局出发提出的一项重大任务，适应了我国改革发展进入关键时期的客观要求，体现了广大人民群众的根本利益和共同愿望。要在推进社会主义物质文明、政治文明、精神文明发展的历史进程中，扎扎实实做好构建社会主义和谐社会的各项工作。实现社会和谐，建设美好社会，始终是人类孜孜以求的一个社会理想，也是包括中国共产党在内的马克思主义政党不懈追求的一个社会理想。根据马克思主义基本原理和我国社会主义建设的实践经验，根据新世纪新阶段我国经济社会发展的新要求和我国社会出现的新趋势新特点，我们所要建设的社会主义和谐社会，应该是民主法制、公平正义、诚信友爱、充满活力、安定有序、人与自然和谐相处的社会。

5. 坚持用科学发展观武装头脑，解放思想、实事求是、与时俱进

胡锦涛同志强调指出："我们要全面领会科学发展观的科学内涵、精神实质、根本要求，进一步增强贯彻落实科学发展观的自觉性和坚定性，更好完成新世纪新阶段我们肩负的历史任务，更加自觉地走科学发展道路。"物业管理者必须深刻领会和全面贯彻这一要求，更加自觉地学习、更加自觉地实践，努力把科学发展观体现到各项工作中、贯彻落实到经济社会发展的各个方面。

物业管理者必须坚持用科学发展观武装头脑，解放思想、实事求是、与时俱进，不

断深化对科学发展观的领会和把握。要深刻领会科学发展观的历史地位，进一步把握科学发展观是对党的三代中央领导集体关于发展的重要思想的继承和发展，是马克思主义关于发展的世界观和方法论的集中体现，是同马克思列宁主义、毛泽东思想、邓小平理论和"三个代表"重要思想既一脉相承又与时俱进的科学理论；深刻领会科学发展观的时代背景，进一步把握科学发展观是立足社会主义初级阶段基本国情、总结我国发展实践、借鉴国外发展经验、适应新的发展要求提出来的；深刻领会科学发展观的指导意义，进一步把握科学发展观是我国经济社会发展的重要指导方针，是发展中国特色社会主义必须坚持和贯彻的重大战略思想；深刻领会科学发展观的丰富内涵和实践要求，进一步把握科学发展观第一要义是发展、核心是以人为本、基本要求是全面协调可持续、根本方法是统筹兼顾，切实把思想和行动统一到科学发展观上来。

（三）物业管理者政治素质的培养

1. 认真学习邓小平理论和"三个代表"重要思想

学习马克思主义科学理论和邓小平理论以及"三个代表"的重要思想，是培养和提高政治素质的首要途径，学习科学的理论修养是良好的政治素质的根本，物业管理者要认识到提高理论修养的重要性。

学习马克思主义理论，物业管理者不仅要有认真的态度，还要有良好而科学的学习方法。

（1）要系统地学、完整地学。学习马克思主义，学习邓小平理论，学习"三个代表"重要思想，完整准确地掌握马克思主义基本原理和基本观点，树立科学的世界观、方法论，是个长期积累、逐步提高的过程，而不是靠一日之功，不是仅仅靠读几本马列著作就能立竿见影、立即起作用的，而必须持之以恒、坚持不懈，从而才能加强政治理论修养。

（2）要重在学习立场、观点和方法。马克思列宁主义的基本原理、基本观点是科学的真理，有着无限的生命力，但并不意味着它是万能的行动准则，随着社会实践的发展变化，它的个别论断、个别观点会因此失去作用，或者被新的论断和观点所取代。因此，学习马克思主义时，不应当把它当做僵死的教条生搬硬套，而应当把它看作行动的指南；不但要学习来自真实生活和革命经验所得出的关于一般规律的结论，更重要的是要学习马克思等革命导师观察问题和解决问题的立场和方法。

（3）要联系实际，学以致用。任何理论离开实践都只能是空洞的理论，而任何实践离开理论则是盲目的实践。只有将理论与实践相结合，实践才能正确，才会有明确方向，理论才深刻，才更有说服力。所以只有把马克思主义理论与贯彻执行党的路线、方针、政策结合起来，与研究历史经验和成败得失结合起来，与现实的建设和改革开放结合起来，与自身的工作、思想实践结合起来，这样学习，才会不断提高自己的理论水平、政治水平和工作水平，加强政治修养。

2. 构建社会主义和谐社会，必须坚持以人为本

构建社会主义和谐社会必须坚持以人为本，努力做好关系群众切身利益的突出问题。坚持以人为本，维护和实现广大人民群众的利益，努力构建社会主义和谐社会，体现了科学发展观的本质要求，是做好经济和社会发展各项工作的一个必须遵循的重要原则。

（1）做好就业和再就业工作，关系到人民群众的切身利益，关系到改革发展稳定的大局，关系到实现社会主义和谐社会的目标。

（2）继续完善社会保障体系，是促进发展和保持稳定的重要条件。

（3）合理调整国民收入分配格局，逐步解决地区之间和部分社会成员收入差距过大问题，是构建和谐社会的重要内容。

3. 加强自我修养，自觉向模范人物学习

"修养"一词有很多种含义，将所有这些含义概括起来，就是指人们勤奋学习和锻炼的功夫，以及经过长期努力所达到的程度和水平。

提高修养的主要途径包括：接触实际、学习知识、向模范人物学习三条。

4. 积极参加各种培训

物业管理者素质和任务，决定了他们必须具备一定的理论知识、专业知识和辅助知识。这些知识的获得，除了通过自学和在实际工作中锻炼获得外，积极参加各种培训是很重要的方法，包括：利用正规化的综合性大学、行政教育学院培训；利用党校和成人管理干部学院培训；利用电视大学、函授大学等。

物业管理者可以通过各种培训提高他们的政治素质，具体来说就在于：便于各级物业管理者从繁忙的事务工作中解脱出来，集中精力学习马克思主义科学理论和邓小平理论，通过课堂授课、大课讨论、小课交流等形式和考试、考核等环节，有助于提高学习效果，巩固学习成果，使政治理论素质迅速得到提高。各级物业管理者应善于把握各种学习、培训的机会，不断提高自己的理论水平、政治水平和工作水平。

5. 接受人民群众监督

这是除以上四点外，物业管理者提高政治素质的又一重要途径。要提高自己，除了要学习、掌握各种理论知识，进行自我修养，还要时刻注意与人民群众的联系，接受人民群众的监督。否则，在客观形势变化了的情况下，仍然有可能产生各种各样的消极变化，为错误思想和不正之风所浸染。

领导者提高和保持良好的政治素质，必须要有强有力的监督机制为保证，必须接受人民群众的监督。虽然，在建立健全监督制约机制和贯彻党的群众路线方面我们党和国家做了很多工作，但是还需要进一步努力，应当更进一步落实和完善监督制约机制，健全党的民主生活，充分发挥党组织、人民群众和各方面的监督作用，密切党员干部同人民群众的血肉联系。作为物业管理者更要自觉接受监督，遵纪守法，廉洁奉公，抵制错误思想和不正之风的侵袭。

二、物业管理者的职业道德修养

（一）职业与职业道德

所谓职业，就是指一定社会的人们为了满足社会生产和生活的需要，所从事的具有一定社会职责的专门业务。从职业的本质上看，职业又是一定社会人们的社会分工的产物，是以社会分工为纽带的社会关系，表现为对社会承担的一定的责任、使命或职责。从事不同职业的人们在进行职业活动和职业交往的过程中，自然要产生对社会、对服务对象的好与坏、善与不善、利与不利、益与损等道德问题。

所谓道德，一般是指合理的行为，利于人的行为。那种同人们的职业生活和职业交往相联系的、在职业范围内形成的比较稳定的道德观念、行为规范和习俗，就是职业道德。职业道德包括人们在职业生活中与职业活动相关联的道德行为、道德意识、道德规范、道德活动和道德关系等，它是调节职业集团内部人们之间的关系以及职业集团与社会各方面关系的行为准则，是评价从业人员的职业行为善恶、荣辱的标准，对该职业的从业人员具有特殊的约束力。

（二）物业管理人员职业道德建设的必要性

物业管理职业道德不是现成的，需要人们在实践中摸索探讨，在理论上总结概括、提取和制定文字性的准则和规范，用以约束和规范物业管理人员的职业活动和职业交往行为。只有这样，才能保证物业管理行业健康有序的发展。

同时，我国正在建立和完善社会主义市场经济体制。市场经济是竞争经济，也是道德经济。发展市场经济需要遵纪守法，依法进行，更需要职业道德来维护。目前，我国物业管理行业还处于起步和发展阶段，很多方面都不太规范。不少物业管理从业人员更是缺乏规范的职业道德的约束，服务意识淡薄、"管老爷"作风盛行，对住户想怎么样就怎么样，对服务想做到什么程度就做到什么程度等，直接影响了物业管理行业的声誉。

此外，物业管理人员职业道德建设也是社会主义精神文明建设的重要内容，它关系到各行各业、千家万户的切身利益，关系到住房制度改革能否顺利进行，还关系到整个社会的稳定和安定团结，甚至影响到城市的形象和我国的国际形象。因此，必须尽快加强物业管理人员职业道德建设。

（三）加强物业管理人员职业道德建设的途径

加强物业管理人员的职业道德建设，必须在职业道德规范上下工夫，要切实采取措施，尽快制定权威、系统、全面、可行的职业道德规范。在此基础上，可以从以下几个方面做一些具体的工作：

（1）培养物业管理人员的职业道德意识。物业管理从业人员需要经过一定时间的培养和训练，才能逐渐地养成良好的职业习惯和自觉遵守职业道德。从这个角度上说，加强物业管理人员的职业道德建设，需要从培养物业管理人员的职业道德意识入手，让物业管理人员逐步养成良好的职业道德习惯。

具体来说，就是培养他们坚定的职业理想、正确的职业态度和高尚的职业良心，在这个基础上树立起稳固、强烈的职业道德意识。

（2）建立并完善经济和行政上的奖罚措施与机制。这是加强职业道德建设的有效办法。为此，首先，必须制定和完善科学、合理的奖罚制度，并在广大职工中宣传。要让广大职工明白，什么情况下会得到奖励，什么情况下要受到惩罚。其次，要切实按照已建立的规章制度或行业规范来要求从业职工，严格执行奖罚措施，真正做到赏罚分明。

（3）建立和完善法律强制机制。除了利用行政和经济上的奖罚措施外，还应该利用法律强制机制来约束和规范物业管理从业人员，让他们自觉地遵守职业道德规范，保证职业道德规范的全面贯彻执行。

（四）物业管理人员的职业道德规范

党的十四届六中全会明确提出："大力倡导爱岗敬业、诚实守信、办事公道、服务群众、奉献社会的职业道德。"这句话所概括的五个方面的内容是所有行业都应该遵循的公共性的职业道德规范。具体到物业管理职业、物业管理人员应该遵循以下职业道德规范：

（1）爱岗敬业。爱岗就是安心本职工作，敬业是爱岗的升华。我国有的学者提出的"五业"精神，可以揭示和描述爱岗敬业的深刻内涵。所谓"五业"精神，就是指从业人员对于其所从事的职业应当具有的"责业"精神、"廉业"精神、"勤业"精神、"敬业"精神和"爱业"精神。

①物业管理人员必须具有"责业"精神。这就是说物业管理人员对于其所从事的物业管理职业要有一定的责任心，要有对本职工作认真负责的态度和精神，要培养迅速、准确、细致与周到的工作作风。这是职业道德对物业管理人员最起码的要求。

②物业管理人员必须具有"廉业"精神。这就是说物业管理人员在"责业"的基础上，在职业活动和职业交往中，为了保证本职业的整体利益和根本利益而要廉洁自律。这是物业管理人员应当具备的基本职业道德。"廉业"精神既是社会市场经济的内在要求，也是职业利益的必然要求。要做到廉洁自律，就要跟"管理者"思想、"大老爷"意识、"以职谋私"以及"以权谋私"决裂，坚决杜绝搞行业不正之风和腐败活动。否则，不但破坏了本物业管理公司的社会形象和行业形象，降低了物业管理公司的市场竞争力，而且将会严重损害物业管理行业的长远职业利益。

③物业管理人员需要具备"勤业"精神。物业管理人员在职业活动中，要勤奋努力地工作，以期更好地实现自己的职业利益，这就是"勤业"精神。这是物业管理人员需要具备的较高层次的职业道德精神。物业管理市场是一个竞争性的市场，任何一个物业管理公司都将要作为一个普通的市场竞争主体进入物业管理市场，参与市场竞争。物业管理公司要想在市场竞争中获得更多的发展空间，就必须依靠其每一个员工在自己的工作岗位上，认真、勤奋、努力地工作，以自己优质的管理服务，在激烈的市场竞争中赢得相对的优势。否则，不但会给客户带来不便，而且，物业管理公司也将最终被市场淘汰，退出物业管理市场。

④物业管理人员需要具备"敬业"精神。"敬业"精神是物业管理从业人员在"责业"、"廉业"和"勤业"的基础上，逐渐形成的一种对自身职业崇敬的心理。它往往表现为将从业人员自身的人生价值和名誉与自身职业的价值和名誉结合在一起，在职业活动和职业交往中，不仅自己不做有损于物业管理职业的事情，而且也不容忍他人做有损于自身职业的行为。具备了"敬业"精神，物业管理人员才能真正自觉自愿地做到"责业"、"廉业"和"勤业"，也才能从内心深处相信这些职业道德的合理性和神圣性，并逐渐把它们内化为自身道德素质的有机组成部分。

⑤物业管理人员需要具备"爱业"精神。"爱业"精神是物业管理从业人员在"敬业"精神的基础上产生的。它不仅表现为物业管理人员对自身从事的职业具有的崇敬心理，而且表现为对物业管理职业深厚的热爱之情。具备了"爱业"职业道德的从业人员，会把自己的生命与本职物业管理工作融为一体，会对物业管理工作如痴如狂，对物

业管理业务精益求精，对服务对象满腔热忱。

（2）诚实守信。诚实守信，就是要求从事物业管理人员从始至终做到诚实守信。具体来说，包括以下三个方面：

①要实事求是。在参与物业管理投标时，对自己公司的实际情况要实事求是地介绍；自己在未来的物业管理工作中，能够做到什么程度也要实事求是，不能为了中标就夸大事实，弄虚作假。

②要坚守承诺。物业管理公司要按投标时的承诺开展物业管理工作。物业管理人员一旦作出承诺，就一定要坚守承诺，实现承诺。

③要恪守合同。物业管理公司中标获取物业管理业务后，要与招标单位签订物业管理委托合同。物业管理人员要严格按照合同向住户或客户提供质价相符的管理服务，根据委托合同处理一切物业管理问题或纠纷。

（3）办事公道。遵纪守法、坚持原则是办事公道的指导思想。物业管理人员是物业管理工作的执行者，代表物业管理公司同业主、用户及各单位的接触与联系。要做到办事公道，首先，必须记住自己的职责范围，不能超越本人的职责范围滥用职权，一切都要根据相关的物业管理法律法规、政策制度办事。同时，管理人员还必须坚持原则，客观地处理各项工作，包括用户和用户之间的纠纷和需求，不能因为个人关系或私人利益而厚此薄彼或产生偏差。

（4）服务群众。物业管理人员必须牢记"为人民服务"、服务群众、服务业主和使用人这个宗旨。要按照物业管理的相关程序，按规定的时间完成物业管理服务工作。在进行职业接触时，要始终树立服务意识，以不卑不亢、谦虚谨慎的职业态度，平等地与业主和使用人交往。要真心地征求业主和使用人的意见，真诚地为他们服务；要站在业主和使用人的立场上设身处地考虑问题，想业主和使用人之所想，急业主和使用人之所急，尽心尽力地维护业主和使用人的利益。

（5）奉献社会。社区是社会的细胞，建设和谐社会，首先要建设和谐社区。物业服务企业作为社区硬件建设的管理者和业主或使用人的服务者，在构建社会主义和谐社会中，如何奉献社会，如何发挥物业管理队伍特种部队的作用，正确把握社区建设与物业管理的唇齿关系，推动和形成良好的社区建设和物业管理服务秩序，营造温馨和睦的社区氛围。十分关键的一点，就是物业管理人员在工作过程中，要把社会效益放在经济效益、行业利益以及个人利益之上，把奉献社会与自己的人生价值联系起来。要把别人的幸福、整个社区的和谐、城市的繁荣与优美看成是自己价值的实现。那种把从事物业管理看做是浪费了时间、牺牲了青春的无聊工作的想法和看法是极端错误的，也是缺乏奉献社会的职业道德的一种表现。

（五）物业管理者的职业思想

一个人的职业思想，指引着他在职业活动中的一言一行。只有深刻认识到职业的特性、特点和要求，并经过不断的实践磨炼，才能形成正确的职业思想，才能在日常工作中把每一件事做好。据一些资深物业管理者总结，物业管理者职业思想十分丰富，但以下几点最为关键：

（1）业主至上观。物业服务企业是受业主聘请担任物业管理工作的，物业服务企业的一切工作和努力，都是为了满足业主的需要。因此，物业管理者要摆正自己与业主的关系，真正做到以业主为尊，业主至上。物业管理者应该认识到，是业主为管理公司也为自己提供了工作的机会。业主的满意，是自己工作的方向和目标。

（2）管理就是服务观。物业管理的兴起，是房地土地改革的产物，因此，受到人们的欢迎。尽管物业管理本质上就是提供服务，但是由于受传统思想的影响，一些物业管理者对物业管理的这一特性尚缺乏认识，总以为自己是个"管事儿的"，即使对业主，也只有"管"，不想服务。管理就是服务观，就是在管理过程中，一切从服务业主出发，把日常工作看成是服务，把服务当成最大的满足，即便是一些不直接面对业主的岗位，如机房、控制室，也要把工作质量的好坏与为业主服务联系起来，以最好的管理质量为业主提供优质的生活和工作环境。

（3）技术服务观。在物业管理岗位上，管理与工程是技术，服务也要讲技术。随着现代物业管理的发展，物业科技含量越来越高，物业运作的程序更加复杂，业主对管理与服务的要求更加多样化。这就要求物业管理者在管理与服务技术上应更加专业，更加复杂，不间断地学习物业管理专业知识，不断提高业务水平，以更高、更新的水平为业主提供更满意的服务。

（4）忠诚服务观。一方面，物业管理者要忠于业主，业主的利益高于一切，严格履行管理合同，尽最大努力维护业主的利益不受损失；另一方面，委托管理已成为现行主要管理方式，越来越多的物业由管理公司托管。物业管理公司为了不负业主所托，总是选派优秀管理者担任某一物业的管理人员，尤其是高级管理人员。因此，物业管理者也必须忠于管理公司，切不可只顾业主或其他方的利益而损害管理公司的利益，更不能以不正当的、违规的言行损害管理公司的形象和声誉。当前，大多物业管理公司把职业思想具体化、条理化，使之易于操作。

（六）物业管理者的行为规范和准则

行为规范和准则是根据职业思想的要求制定的、用以约束员工言行的基本准则和要求。物业管理者行为规范和行为准则一般包括仪表仪容、言行举止、来电来访、投诉处理等。如物业公司处理投诉时应做到：

（1）员工必须牢记业主是上帝，所有工作必须以业主为中心，员工必须高度重视业主的投诉。

（2）细心、耐心地聆听业主投诉，让业主畅所欲言。

（3）认真用书面形式记录业主投诉内容，并作为业主投诉处理的第一责任人，迅速而妥善地解决业主所投诉的问题或转报有关部门。

（4）投诉事项中，若涉及本人的作业行为，不得隐瞒，更不得伪造。

（5）业主投诉经调查属实，可作为员工奖励或处罚依据。

（6）对投诉业主应表示感谢，对由于管理和服务不当、不周而对业主造成的不便或损失表示歉意。处理完投诉后，应主动报告业主，了解业主的满意程度。

（七）物业管理者职业道德的修养要求

随着物业管理的发展及从业人员的增加，政府有关部门、行业协会将制定全面可行的物业管理道德规范，进一步约束和规范物业管理者的行为，从整体上提高物业管理者的职业道德水平。物业管理人员只有不断提高职业道德修养，才能适应不断发展的物业管理行业及其新要求。

物业管理职业道德修养是指管理者在做自己本职工作过程中，坚定自己的职业选择，不断加深对物业管理行业特性、准则的认识，树立忠诚意识、服务意识、质量意识、利人意识，并以此来指导、规范、升华自己的言行，从而达到使管理公司满意、业主满意、管理者自己满意的理想境界。

物业管理者在加强职业道德修养过程中应做到以下几点：

1. 加深行业认识

物业管理的目的是为业主创造一个整洁、舒适、安全、宁静、幽雅的工作和生活环境，并且其基准还随着社会的不断进步而逐步拓展和提升。人们生活水平的改善，生活内容的充实和丰富，无论从物质上还是精神上都离不开工作和生活环境的优美。高质量的物业管理不仅仅是单纯的技术性保养和事务性管理，而且还要在此基础上为业主创造一种从物质到精神，既具有现代城市风貌，又具有个性特色的工作和生活环境，形成一个以物业为中心的"微型社会"；既要充分发挥物业的功能，又能在充分保障业主的合法权利的同时，增加业主的睦邻意识，创造相互尊重、和平共处的居住关系。

2. 树立良好的服务意识

在我国，物业管理既充满生机，又充满挑战，物业管理者的一切工作都是服务，一切努力都是为了服务。只有树立起新型的现代服务观，才能主动地、创造性地开展服务工作。一个成功的物业管理者，总会自觉地把为业主、使用人提供优质的服务作为职业的追求，并以此获得职业的满足感。可以说，是否树立了服务意识，是物业管理者职业道德修养的主要内容。

3. 提高文化素质

不断提高文化素质是物业管理者提高职业道德修养的主要途径。没有较高的文化素养，良好的服务意识就无法贯彻到具体的服务行为中。作为服务者，也无法将自己的服务精神提升到更高、更完美的境界。因此，管理者必须广泛地涉猎各种文化知识，汲取优秀的人类文化成果，丰富自己的精神世界和职业思想。

三、物业管理者的能力素质修养

（一）物业管理者的基本技能

1. 技术技能

物业管理者要想达到对物业的有效管理和满足业主的服务要求，必须了解和掌握物业管理相关技术技能（指运用管理者所监督的专业领域中的过程、惯例、技术和工具的能力）。尽管物业管理者未必是技术专家，其必须具备足够的专业技术知识和技能以便卓有成效地指导员工、组织任务，把工作小组的需要传达给其他小组以及解决问题。管理者要对物业公司管理行业、物业公司本身、管理服务情况，以及物业管理科技发展等有一定的认识，否则，便可能做出不符合实际情况的决策，妨碍公司达到目标。

2. 人际技能

人际技能是贯通上级与下属的桥梁，并须扮演调停者或仲裁者的角色，这是因为公司内的不同意见或纷争会影响物业管理者的士气与管理能力。物业管理者必须能够理解个人和小组、与个人和小组共事以及同个人和小组处理好关系，以便树立团队精神。

3. 定义技能

定义技能是指把观点设想出来并加以处理以及将关系抽象化的精神能力。很强的定义技能能为管理者识别问题的存在、拟订可供选择的解决方案、挑选最好的方案为付诸实施提供便利。

（二）物业管理者的能力结构

1. 创新能力

物业管理是一个新行业，且尚不完善的行业，有许多问题值得探索。作为物业管理人员，要锐意求新、勇于开拓，要在日复一日看似平常的管理与服务中提出新的设想、方案，并能在管理过程中不断解决新问题，使物业管理与服务不断适应环境变化，不断满足业主和住用人的需求。物业管理者能力结构具体体现在以下几方面：

（1）观念创新。现实中人们常受到传统观念的束缚，对物业管理没有全新的认识，对物业服务企业没有准确的定位，使物业管理面临重重困难。物业管理要想走出困境，首先要做的就是解放思想。只有从思想上深刻认识到物业管理是一种企业行为，而不是行政行为，其活动必须符合和满足市场规律的要求，才有可能从新角度去审视它，用新观念去理解、研究它。

（2）经营创新。作为物业管理者，只有不断地创新，才能在竞争中立于不败之地。物业管理经营创新表现在：一是物业管理是一种企业行为，因此，必须不断开拓市场，发现新的市场需求，发展新的消费者，使物业服务企业取得较好的经济效益；二是把握市场规律，预见性地创造出新的服务项目；三是要善于发现和培养懂经营、懂管理的人才；四是要设置灵活的组织管理形式；五是要创造良好的经营环境。

（3）管理创新。物业管理的中心任务是对物的管理与对人的服务二者有机结合所进行的一系列创造性活动。其实质应该是通过协调人与人、人与物、物与物之间的关系，来创造一个人物结合的环境，达到人流、物流的有序流转。物业管理者要根据诸多变化的因素，不断创造出新方式、新措施来促进环境的优化。

2. 决策能力

物业管理者要做好决策，必须做到三个"善于"：

（1）善于判断。指在错综复杂的情况下具有预见性，能判断出事态发展的因果关系，尤其在出现某些突发事件时，能当机立断作出处理的部署。

（2）善于分析。指管理者能透过现象发现问题，抓住关键，分清轻重缓急，权衡利弊得失，从而提出中肯的意见和建议。

（3）善于总结。指只有通过总结，才能吸取成功的经验和失败的教训，提高决策的水平。

3. 沟通、协调的能力

人生在世，注定要与人接触，更何况是与业主的生产生活息息相关的物业管理工作。物业管理的对象是物（房屋及其附属设备设施），服务的对象是人（业主或使用人）。因此，物业管理人员的组织、沟通、协调能力是一项不可或缺的重要素质。物业管理人员要加强人际关系的培养，要尽量与客户做好沟通。这就要把业主当做自己的朋友，全身心地为其解决困难。具备这项能力，物业管理服务工作中的各项矛盾往往可以大事化小、小事化无；反之，则误会重重，加深彼此间的隔阂。

（1）注重与业主、客户的沟通。业主在使用房屋的过程中，对房屋的设计、发展规划、楼宇的质量等一系列售前遗留问题，都习惯地一味推给物业管理公司。面对业主的抱怨、不满，物业管理人员一方面要耐心倾听并做好解释工作，另一方面需主动地与有关责任部门联系、沟通，求得问题的合理解决。

（2）要注重与有关单位、部门和上级主管的沟通。物业公司是服务机构，其中与住户息息相关的水、电、暖等方面的供给服务并不是物业公司提供的。而要确保这些方面能做好，以满足住户的要求，就需要物业管理人员与各相关部门沟通好，这样才能在物业管理工作中起到事半功倍的效果。

4. 组织指挥能力

物业管理服务质量评价是综合性的评价，管理者要善于运用公司的力量，综合协调人力、物力、财力，充分调动所有员工的积极性，使部门之间、员工之间密切配合，全面地、高效地为业主提供服务。

5. 物业经营能力

注重管辖物业的经营工作，是物业管理行业发展的重要趋势，物业经营本身亦是物业管理概念的内涵之一。评价管理者称职与否，除了业主、客户满意度和服务质量审核以外，管辖物业的租售比率及物业管理处经营状况，亦是一个重要方面。物业管理者要注重提高管辖物业的使用率，挖掘物业的效益潜力，在租赁代理、交易咨询、物业估价等方面提供服务，增加管理处盈利空间和发展后劲。

四、物业管理者的知识素质修养

（一）物业管理者的基础知识

（1）物业管理基本概念：①物业与物业管理；②物业管理的主要内容与过程；③物业管理的基本原则；④物业管理的服务质量标准；⑤物业管理人员的素质要求。

（2）物业管理机构基本知识：①物业服务企业；②业主大会与业主委员会；③物业服务企业与相关机构的关系。

（3）住宅小区的物业管理知识：①住宅小区的构成与特点；②住宅小区物业管理的内容与特点；③住宅小区物业管理的目标与要求。

（4）写字楼的物业管理知识：①写字楼的类型与特点；②写字楼物业管理的方式与目标；③写字楼物业管理的内容与特点；④写字楼的租赁管理。

（5）商业场所的物业管理知识：①商业场所的类型与特点；②商业场所物业管理的内容与特点；③商业场所的租赁管理。

（6）工业区的物业管理知识：①工业区的构成与特点；②工业区物业管理的内容与特点。

（7）其他类型物业管理知识：①其他物业的主要类型；②其他类型物业管理的特点。

（二）物业管理者的知识结构

物业管理内容的多样化、复杂化决定了物业管理者知识结构的多元化。一个合格的物业管理者应当具有与自身岗位相适应的较为完整的知识结构，并根据管理发展的需要不断进行知识更新。一般应当具备下列知识：科技发展与管理技术、经济与法律知识、房地产及建筑工程知识以及其他相关知识。

1. 建筑工程知识

作为物业管理者，对房屋的结构和建筑、建筑规划、园林绿化等，必须有一定了解，懂得房屋养护知识，具备向住户宣传正常使用和养护物业的能力。

2. 物业设备维修养护知识

物业的正常使用，离不开配套的机电设施、完好的房屋设施和设备。要想保持物业各种设备的正常运行，必须有机电设备及物业设施的养护知识。只有这样，管理人员才能及时发现、解决处理设备运行出现的问题。

3. 物业管理学知识

（1）房地产经济理论知识、了解物业管理服务活动的规律，掌握房地产经济理论知识，能够对物业活动进行更加有效的管理。例如房地产的资金投入、产出、出售、出租、成本回收、固定资产折旧以及房地产市场的运行机制等知识。

（2）物业经营管理知识。物业管理活动中，物业服务企业应在实现企业目标的同时，满足业主的需要。这就需要物业管理者掌握先进、适用的管理知识、技术。例如管理的机构及职能，管理的内容、特点、手法以及方法等。

（3）有关物业法律法规知识。物业管理人员必须掌握相应的法律知识，才能明确界定物业服务企业、业主和非业主使用人、行政主管部门的权利和义务，使业主的自治自律和物业服务企业的受委托管理都纳入法制化的轨道，使各方面的合法权益得到保障。

（4）物业管理公文写作知识。能够正确地撰写物业管理公文是物业管理人员应具备的技能，在接管、撤管、订租、退租，物业产籍管理中能写出具有一定专业水平的公文。

（5）公共关系知识。物业服务人员要搞好公众关系，善于和各类公众，诸如住户、政府行政管理部门等打交道，能协调好各方面的关系，创造出一种宽松和谐的环境。

（6）财务管理和金融保险知识。物业服务企业收入的主要来源是业主按月缴纳的固定数目的管理费和一些专项服务、特约服务的收入。因此，物业管理人员要能进行租金测算，制定管理费和有偿服务费收支计划。物业管理费用的收取标准还不能完全取决于市场，而要受到国家价格政策的控制。要使用有限的资金维持和提高服务水准，物业管理人员就要掌握成本测算及收支控制的方法。若资金管理和运用不善，不仅会导致物业服务企业经济上蒙受损失，而且还会招致业主和使用人的不满，影响企业信誉。同时，物业管理要走向自负盈亏、自我发展的公司化经营型道路，要化解各种风险，有效管理和应用资金，降低企业服务成本。因此，了解和掌握物业服务企业财务管理与金融保险知识，是物业服务企业管理人员，特别是财务管理人员和企业决策层人员所必需的。

（7）其他方面的知识。物业管理人员要了解的其他方面的知识包括治安、交通、绿化、环境科学、心理学、服务学、社会学等。

（三）物业管理者的知识要求

1. 房屋工程知识

物业管理人员应具有一定的房屋工程知识，因为在日常的管理工作中，经常会遇到房屋工程方面的问题。例如日常维修问题，一般都是住户先打电话到物业报修，物业管理人员在听取住户反映的问题后，应及时告知其解决方案。此时就会应用到这方面的知识并需要做出判断，绝不能出现如业主家中漏电而不能告知其如何切断电源的类似事件。

收楼是买房交易最关键的环节之一，专家指出了收楼要注意的 10 个细节，这也是作为物业管理人员应具备的知识。

（1）每间居室的门在开启关闭的时候是否顺畅。

（2）窗边与混凝土接口有无缝隙（因窗框属易撞击处，所以框墙接缝处一定要密实，不能有缝隙）。

（3）房屋内各处开关窗户是否太紧；开启关闭是否顺畅。

（4）带装修的房屋地板有无松动、爆裂、撞凹；行走时是否吱吱作响。

（5）屋顶上是否有裂缝（一般而言，与房间横梁平行的裂缝，虽属于质量问题，但基本不妨碍使用）；而如果裂缝与墙角呈 45 度斜角甚至与横梁呈垂直状态，那就说明房屋沉降严重，该住宅有严重的结构性质量问题。

（6）看屋顶部是否有麻点（这种麻点专业上称"石灰爆点"，是石灰水没有经过足够时间的熟化所致），如果顶部有麻点，对室内装潢将带来不利影响。

（7）墙身顶棚有无部分隆起；用木棍敲一下有无空声。

（8）坐厕下水是否顺畅；冲水声响是否正常；冲厕水箱有无漏水声。

（9）浴缸、面盆与墙或柜的接口处防水是否妥当。

（10）卫生间、厨房内是否有地漏；坡度是否正确（绝不能往门口处倾斜，否则水会流进居室内）。

2. 法律法规知识

物业管理者对小区提供物业管理服务的同时，还扮演着一个法律、法规维护者的角色，大量繁琐棘手的安全防范和公共秩序管理工作自然成了物业者一项重要的工作内容。主要围绕着防火安全、治安防范、交通管治、技术安全防范、公共生活秩序管理以及邻里纠纷调解等工作。除了配合公安机关加强小区安全管理防范措施的制定和落实外，还要做好对违章、违纪、违规现象的纠正工作，杜绝一切可能影响居用者生活的行为。由于这一类工作极易引发居用者之间的矛盾，所以还应积极做好宣传教育工作，使小区的安全保障系数提升到最高点。因而，作为物业管理人员，对相关的法律法规应有一定的了解。

五、物业管理者的心理素质修养

人的心理现象由两部分构成：心理过程和个性心理特征。物业管理者的心理素质，就是物业管理者在心理过程和个性心理特征方面表现出来的稳定心理特点的总和。物业管理者的素质体系中，心理素质与德、识、才、学、体等要素相互渗透、相互影响，并对其他要素发挥指向、激励、维持、强化等作用。物业管理者工作是一种具有紧张性、快节奏和高压力的劳动，社会的发展对物业管理者的心理素质提出了越来越高的要求。在物业管理者人员的培养、教育、选拔、考核、配置等工作中，都应重视心理素质这一重要条件。物业管理者在自我发展的过程中，也要提高心理修养的自觉性和有效性。

（一）物业管理者的意志

意志是人自觉地确定目标，支配行动，去克服困难，实现预定目标的心理过程。意志体现了人的能动性，是人所特有的心理品质。意志总是在实践和实际行动中表现出来，因此也被称为意志行动。

意志行动是有目的的行动。离开了自觉目的，就没有意志可言。一个人对任务目的越是明确，则他的意志就越坚定，而那些盲目的行动、冲动的行动是缺乏意志的行动。

意志体现在克服困难的行动中。目的的确定和实现不会是一帆风顺的，通常会遇到种种困难，因而意志行动总与克服困难相联系。一个人能够克服的困难越大，说明这个人意志越坚强；反之，就说明其意志薄弱。

意志行动以随意行动作基础。人的行动是由一系列简单的动作组成的，动作又可分为不随意和随意的两种。不随意运动是指不受意识支配的那些不由自主的运动。随意运动是由人的主观以控制和调节，具有一定的目的要求和目的指向的运动。随意运动是意志行动赖以实现的条件，没有随意运动，意志行动就无法实现。

（二）积极进取心态的培养

1. 进取心态

进取心首先来自于自身，但后天的培养也很重要。进取心反映了物业管理者强烈的责任感和事业心，主要体现在：

（1）认真负责。物业管理是一项具体、繁琐的业务，这不是百米冲刺，而是"马拉松"比赛，要求整个过程都必须认真负责。

（2）信誉卓著。讲道德，重操守，重诚实，尊重员工，对客户有求必应，对公司忠心耿耿，对自身永不满足，持续追求。

（3）亲力亲为。物业管理不同于商贸企业，也不同于信息产业，物业管理者必须由推动型领导转为接触型领导，实行走动式管理，亲临服务一线，直接了解客户需求，甚至见到辖区地上的烟头、纸屑，亦应立即躬身拾起。

2. 向上的价值取向

物业管理者作为企业的管理人员和中坚力量，在带领企业前进的过程中，必然会遇到各种困扰和阻力，物业管理服务在发展完善的过程中也会遇到许多曲折，物业管理者的个人心态将直接影响企业的整体士气，如果物业管理者积极进取，有强烈的成功欲望，其带领的团队也必然是蓬勃向上，充满生机和活力的。反之，则必然是士气低落，缺乏战斗力的。所以对物业管理者而言，重要的是要时刻保持一种旺盛的进取精神，用自己积极的心态去感染团队，即使再困难，也不应流露出恐惧、无奈、消沉的情绪。当遇到困难时，要积极面对，把困难看作是一种机遇和挑战。

3. 观念更新

（1）以管为主转向以服务为核心。物业管理者必须改变以管为主的观念，转向以客为先、以服务为核心，将物业管理的工作重心放在令客户满意、社会满意而不是局限在领导满意、考评组满意上。物业管理的一切工作都应围绕着客户，通过服务去体现，向客户负责，将客户满意作为检验物业管理工作最重要的评价指标，最大限度地满足客户需求。

（2）被动等候转向主动突破。现代物业管理行业竞争中，任何一个企业都面临着危机，大吃小的游戏规则逐渐演变为强吃弱、快吃慢，规模大并不等同于企业强。对企业来说，不变革只有死路一条，唯有及时变革、持续创新，才能生存和发展。学习、应变、创新能力是当今物业管理者最为关键的素质。

（3）数量扩展型转向质量效益型。物业管理者应当强化市场观念，在业务拓展过程中实现数量扩展型向质量效益型的观念转化，理性地面对市场。

4. 勇于开拓

勇于开拓是物业管理者应具备的最基本品质。这种品质表现为不断进取的精神、胸怀大志的气魄、敢于拼搏的勇气、不怕失败的韧劲。管理是一种开拓性的工作，开拓能力不强的人是无法成为物业管理者的，因为即使他有创新意识，也会因缺乏勇气而无法下定决心。勇于开拓意味着改革创新，也就意味着向风险挑战，不怕失败，善于在失败中探索，将失败转化为成功。

（三）宽容和忍耐心理的培养

宽容和忍耐是物业管理者必备的心理素质。

1. 宽容

宽容不仅仅是一种美德，而且也是一种技巧，它体现了优秀物业管理者理智、自信的心理素质。一方面，宽容是宽恕有过失的人以及反对过自己的人；另一方面，宽容是容纳比自己强的人，不去嫉妒，因为管理需要众多人员的配合和协调才可能取得成功。

2. 忍耐

宽容主要表现在对人方面，忍耐则更多地表现为物业管理者对组织事业、对管理工作，以及对工作条件、局势、时间等的心理承受。当一项管理必须花费较长时间才可能成功时，当其屡次失败前途未卜时，当众多人给予批评不予支持时，当没有人理解自己的工作时，物业管理者就应该表现出忍耐的心理素质，唯有忍耐才能持之以恒，才能获得最终的成功。

（四）物业管理者的心理健康

物业管理者经常处于工作紧张状态，若不注意加以调整，就会造成心理失调甚至引起心理疾病。在影响物业管理者心理健康的诸多因素中，以下几种应予以特别指出：

1. 负担过重

现代社会，科学技术飞速发展，信息量急剧增长，生活节奏不断加快。由于物业管理者工作的头绪多、内容广、工作量大、所遇情景复杂，致使许多物业管理者的工作时间大大超出常人；而加班加点，牺牲节假日，更是家常便饭。这种超负荷的运转，极易造成物业管理者人员身体和心理上的疲惫，引起心理失调。

2. 舆论压力

人言可畏，三人成虎。物业管理者有时会引来各种各样的议论，有称赞、羡慕、同情、支持的，也有嫉妒、讽刺、挖苦、敌视的；有的能对物业管理工作者予以公正评价，有的则抱着传统偏见指手画脚。这些对物业管理者行为规范的评价和要求，有时会形成一种无形的巨大压力，使物业管理者的高级神经活动处于紧张状态，如果不能正确对待和有效地加以调节，就可能背上心理包袱，造成心理负重甚至疾病的发生。

3. 关系复杂

物业管理者处在各种人际关系交织而成的复杂网络中，如果能正确地处理，就会心情舒畅，干劲倍增，提高工作效率；反之，如果相互之间关系紧张，猜忌怀疑，则会产生摩擦和内耗，引起心理冷漠，影响工作的正常开展。

（五）物业管理者的心理障碍及其调节

心理障碍是指影响个体正常行为和活动效能的心理因素和心理状态。在物业管理者活动中，有以下常见的心理障碍，应该及时觉察和调节。

1. 焦虑

焦虑是个体对环境即将出现的变故或需要作出的努力，在主观上引起紧张和一种不愉快的期待情绪，包括自尊心的损伤、自信心的丧失、失败感、愧疚感，以及相互交织的不安、忧虑，甚至恐慌的情绪状态。

正常的焦虑是一种心理紧张状态，它能引起足够的注意，增强觉醒的强度，因而在生活和工作中是必要的。但如果不能及时恢复到正常状态，则可能导致心理和行为上的失常，甚至引起精神疾病。

物业管理者人员，尤其是青年物业管理者，往往由于工作压力过重，遇到挫折，或自己的成就动机得不到及时满足而产生焦虑。其表现为：经常疑惑忧虑，恍然有如大难将至；经常怨天尤人，无缘由地自忧自叹；微不足道的小事都足以引起他的不安；遇到紧张的心理压力时，便会慌张不知所措，丧失应付事变的能力。在生理上则表现为常常长吁短叹，甚至有胸闷、心悸、头昏、呼吸困难等异常感觉。

物业管理者应如何克服焦虑这一心理障碍呢？

首先，要敢于面对焦虑，增强自信，对未来充满信心。你可以冷静地问自己："这件事最坏又会到什么程度？"如果能勇敢地回答了这个问题，那么焦虑也就应该消失了。

其次，培养"处之泰然，安之若素"的风度和襟怀，不为一时一事所困扰，不为小小的得失而耿耿于怀。如能这样，焦虑心理自然就会消失了。

最后，可以制订一个行动计划来代替你的焦虑。当你拿出一个有意义的工作目标，并且全力以赴、一步步地去实现这个目标时，也就无暇去焦虑了。

2. 急躁

急躁是神经系统的一种兴奋和冲动状态。急躁也是物业管理者常见的心理障碍之一，尤其容易发生在青年物业管理者身上。如有的青年物业管理者办事，一阵兴头上来就马上动手，既无准备，也无计划；事情刚开了个头，就急于见到成效；工作遇到困难时，则更急得不可开交，恨不得来个"快刀斩乱麻"。这种急躁情绪既有害于物业管理者职业性格的塑造，也不利于做好物业管理者工作。比如，这种物业管理者往往工作无恒心，在急于求成的情绪支配下，缺乏深思熟虑，操之过急，容易导致失败。这类物业管理者做事无秩序，不能循序渐进、稳扎稳打，常常忙中出错。急躁的物业管理者还多因性格的原因而业务不精，工作质量不高，他们做起事来往往越干越图快，越干越马虎。

物业管理者克服急躁情绪的主要方法是遇事冷静。古人推崇"每临大事有静气"，"猝然临之而不惊，无故加之而不怒。"遇事不慌，处变不惊，是物业管理者思想成熟和心理成熟的重要标志。当然，急躁并非一朝一夕就能克服，需要从点滴改起，做长期的意志努力。比如，要培养行为的计划性和条理性，增强生活和工作的规律性和节奏感，养成不慌不忙、从容不迫的行为习惯。当急躁情绪就要产生时，要学会进行心理上的自我放松，鼓励自己"不要急"、"急躁会坏事的"等，使冲动和急躁的心绪平静下来。

另外，还可以采取练书法、解乱绳结、解魔方、钓鱼等具体方法有意识地进行自我磨炼，只要持之以恒，都能收到良好的效果。

3. 厌烦

厌烦是心理疲劳的一种情绪表现。心理健康学认为，厌烦是腐蚀心灵的蛀虫，一个人如果长期地恹恹无生气，没完没了地感到精神疲倦，兴味索然，精疲力竭，最终会导致生命活力的丧失，严重者甚至会产生轻生等极端行为。

物业管理者若为厌烦所困，就会缺乏工作热情、注意力分散、工作效率降低。虽无体力劳动之负担，却老是感到疲惫不堪；虽悉心休息补养，却总不见起色。

导致物业管理者厌烦的原因很多，大致可以归结为两类：一类是外在原因，主要是由于大量繁琐、单调、重复性的事务工作所引起的精神不良状态；另一类是内在原因，主要是由内心的情绪状态或周围环境（如照明不足、闷不通风、噪音不绝等）引起心理上的疲劳感觉。

要消除厌烦，最重要的是树立正确的理想和信念，确立工作目标，充实生活内容，在丰富多彩的心灵世界里，不给厌烦留下任何存在的空间与角落。还要有正确的思维方法，懂得厌烦本身是无济于事的。法国作家大仲马说得好："人生是一串无数的小烦恼组成的念珠，达观的人总是笑着数完这串念珠。"物业管理者就是要做这种达观的人。

4. 自傲和自卑

自傲和自卑，虽然在形式上是完全相反的心理状态，但在实质上，则都是由于不能正确认识和对待自己而造成的心理失调。前者是因把自己看得过高，形成了自傲心理；后者是因把自己看得过低，形成了自卑心理。

物业管理者尤其是刚踏上工作岗位的新物业管理者，有的有较高的学历和不俗的写作水平，但阅历不深，经验不足，思想单纯，容易过高地估计自己的一切，常常是"眼高手低"、"大事做不好，小事不愿做"。受到批评或遇到挫折后不能正确对待，甚至变得自视甚高，愤世嫉俗。有的则相反，他们在遇到失败的打击之后便动摇了信心，事情还没有开头，便先断定自己不行，或意志消沉，无所作为，或性格执拗，自暴自弃，内心变得过分敏感和紧张，使自己陷入可悲的精神境地，严重的还可能导致精神疾病。

物业管理者的自傲和自卑具有很强的扩散性和感染性，它们一经形成，便笼罩着物业管理者思想和行为的各个方面，成为一种消极的心理障碍。物业管理者应树立正确的自我意识，建立符合客观实际的自我期望，自尊、自信、自强，发掘自己的内在潜能，促进和保持心理平衡，克服这一障碍。

（六）物业管理者的心理卫生

心理卫生是获得心理健康、防止心理疾病的方法和手段。作为社会脑力劳动者的物业管理者，同样应该学会运用科学的方法，使自己的心理得到正常、健康的发展，以培养适应现代社会发展和物业管理者职业活动需要的健全人格。

那么，物业管理者应该怎样讲究心理卫生、增进心理健康呢？

1. 确立正确的人生态度

物业管理者的心理活动是建立在一定的人生态度基础上的。面对同样的环境遭遇，不同的人的心理反应有很大的差异。比如同是面对领导者的误解或严厉批评，有的物业管理者会保持"心底无私天地宽"、"有则改之，无则加勉"的胸怀，坦然处之；有的却变得心灰意冷，一蹶不振，甚至有自暴自弃的念头。在这里，人生态度就发挥了重要的作用。

2. 创造良好的人际环境

人际交往是人与人之间通过一定方式进行接触，从而在心理上和行为上发生相互作用的过程。古人云："天时不如地利，地利不如人和。"物业管理者要自觉消除乖张、孤独、冷漠等消极心理，积极进行正常的人际交往，创造良好的人际环境，促进心理的健康发展。

3. 及时调整不良情绪

心理卫生的一个重要任务，就是消释和克服不良情绪。在人生道路上，谁都会产生这样或那样的不良情绪，也难免会受到各种不良情绪的刺激和伤害，物业管理工作者自然也不例外。不良情绪是作为一种消极的心理状态而出现的，因此，物业管理者要学会通过对心理活动进行适当的自我调整，缓解不良情绪，减轻或避免精神创伤。

六、物业管理者的身体素质修养

在物业管理者的诸多素质中，身体素质是最基本的素质。如果把物业管理者素质比作一座大厦，身体素质就是这座大厦的基石。正如古人所说："德智皆寄于体，无体是无德智也。"物业管理者的成功，离不开自身素质的优化。在物业管理者德、识、才、学、体等素质构成因素中，身体素质是基础和前提条件。当代社会，物业管理者职能日趋扩大和深化，物业管理者工作更为繁重和辛劳，诸如：被动且大量的工作内容、纷乱而无规律的生活节奏、琐碎单调的日常事务、各种预想不到的临时性工作与突发性事件……这一切，都对物业管理者的身体素质提出了很高的要求。没有良好的身体素质，是难以快节奏、高效率地完成物业管理者工作任务的。

（一）加强身体锻炼

生命在于运动。物业管理者良好身体素质的获得，也离不开坚持不懈地锻炼。

首先，锻炼可以转换兴奋中心，增进大脑的工作能力。体育锻炼是一种积极性休息，活动时可使掌握紧张思考的脑细胞得到休息，从而恢复和增强大脑的工作能力。

其次，锻炼还能够加强神经系统对疲劳的耐受力。运动可促进大脑中供应能量的高能磷酸化合物的再合成过程，使疲劳延期出现。据研究证实：学习或工作时间作短时运动，可以使疲劳的视觉和听觉感受力提高30%。锻炼还能促进血液循环和呼吸，使脑细胞得到更多的营养物，加快代谢，增强脑功能。

再次，锻炼能使人体新陈代谢更加旺盛，并强化身体各部分器官的功能，增强抵抗力和适应力。

最后，锻炼还有一个重要的作用，即磨炼人的意志，克服诸如动摇、脆弱、萎靡等心理弱点，培养坚忍不拔的优良的心理品质。心理上的缺陷常可通过体育锻炼来克服，步向成功的人们，应磨炼出钢铁般的意志，去征服前进途中的重重困难。

（二）善于自我保健

物业管理者的自我保健是一个复杂的系统工程，既需要物业管理者树立自我保健的良好意识，也需要掌握正确的自我保健方法，提高保健的有效性。下面介绍几种自我保健的方法：

1. 建立良好的生活习惯

物业管理者要建立良好的生活方式，首先要认识到吸烟和酗酒的危害，做到不吸烟和限量饮酒，并顺应自己的生物钟。

2. 营养合理、膳食平衡

营养合理、膳食平衡是身心健康的重要物质基础，是指膳食中所含的营养素种类齐全、数量充足、比例适当，膳食中所供应的营养素与机体的需要保持平衡。人每天都在吃，一生都在吃，吃得科学、文明、健康，会带来莫大的益处；吃得不科学、不文明、不健康，则会引发疾病。什么样的饮食文化，决定了什么样的民族素质；什么样的饮食结构，决定了什么样的身体素质。物业管理者了解这方面的知识，是十分必要的。

（1）科学饮食的原则。

一是合理搭配。包括：粗细搭配，多吃粗的；荤素搭配，以素为主；干稀搭配，先稀后干；生熟搭配，多吃生的。

二是两低、三高、四少。"两低"是低脂肪、低热量；"三高"是高蛋白、高维生素、高纤维素；"四少"是少油、少盐、少糖、少辛辣味品。

三是细嚼慢咽。用这种方式吃饭的人不易得胃病，营养的吸收率高。而且不易得癌症，因为咀嚼产生的唾液能杀死癌细胞。尽管物业管理者的时间宝贵，但不提倡快食。

四是酸碱平衡。人们平时吃的食物分为酸性食物和碱性食物两大类。大部分的肉、鱼、禽、蛋以及米、面属于酸性食物；蔬菜、水果、豆类、海藻、茶叶、薯类属于碱性食物。这两类食物的合理搭配，是科学饮食最基本的条件。

五是早吃好、中吃饱、晚吃少。早饭是一天中最重要的一餐，认真吃好早饭等于吃补药。切忌不进早餐或进食低质量的早餐，马上就投入紧张的工作。早上马虎，中午对付，晚上大吃大喝，是极不科学且十分有害的。应该是"皇帝的早餐，大臣的中餐，叫花子的晚餐"。

（2）如何实现膳食平衡。中国营养学会于 2011 年新修订的《中国居民膳食指南》，是根据科学研究的成果，针对中国居民营养需要和膳食中存在的主要缺陷制定的，是物业管理者实现膳食平衡应该遵守的原则。指南共有 10 条：

一是食物多样，谷类为主，粗细搭配；

二是多吃蔬菜水果和薯类；

三是每天吃奶类、大豆或其制品；

四是常吃适量的鱼、禽、蛋和瘦肉；

五是减少烹调油用量，吃清淡少盐膳食；

六是食不过量，天天运动，保持健康体重；

七是三餐分配要合理，零食要适当；

八是每天足量饮水，合理选择饮料；

九是饮酒应限量；

十是吃新鲜卫生的食物。

第五章　物业管理者的自我完善

一、如何当好物业管理者

（一）物业管理者成功因素

自我心态调整

物业管理者要面对的事情和挑战很多，因此其心态是否健康和积极很重要。物业管理者的谦虚与低姿态，往往能使其他人广进良言；相反，一个自以为是、自我满足的物业管理者，往往会固步自封，从他人之处得到的恐怕不是中肯的良言，而是诣言媚语。这样的物业管理者，在竞争激烈的市场中终究是要失败的。因此物业管理者必须自我调整心态，永远保持谦虚与低姿态，这是进行自我修炼、自我提升的首要条件。

（1）要学会自我减压。物业管理者是现代社会中被紧张问题困扰较多的一类。紧张主要产生于人们知觉到的各种不同的要求与自己能力之间的不平衡，以及由于主客观条件的限制而不能满足人的需要与未满足需要的强烈程度之间的不平衡。

紧张与压力，导致许多物业管理者产生倦怠、溃疡、头昏、高血压等病。然而，心理学家指出，如果懂得利用时间，这些压力就可以减轻甚至是消失。

物业管理者面对这些问题，要克服过度紧张，除了要注意对自己的紧张问题进行自我分析外，还要找到切实可行的办法来加以解决。

在众多的压力下，我们要冷静思索，不妨从以下几点做起：

①树立正确的人生目的、生活目标和工作目标。人生最大的痛苦莫过于梦醒之后无路可走。人生没有目的，生活失去目标、方向和内在动力，这是现代社会最折磨人的社会重压，同时也是产生过度紧张、深层次紧张的最终根源。物业管理者也不例外。只有从根本上解决好世界观、人生观、价值观的问题，才能正确应对工作中、生活中的各种矛盾、冲突和问题，才能正确对待自己、他人和环境，才能正确对待权力、地位、金钱、名利、待遇、职位等问题，才不至于被这些问题所困扰，也就不会出现过度紧张问题。

②劳逸结合。工作之余，多参加一些健康、高雅、文明的娱乐活动。这些活动包括下棋、打球、听音乐、读书、书法、绘画、园艺、跳舞等，并利用业余时间发展一至二项个人爱好，戒除一些诸如饮酒（特别是酗酒）、吸烟、赌博等消极地应付紧张或压力的方式。学习掌握并长年坚持一些集放松、健身、运动于一体的身体活动，一张一弛、调节有度。只有会休息的人才是会生活、会工作的人。

③多享受工作，少享受权利。尽情享受工作本身带来的乐趣，保持积极的、适度的紧张是克服过度紧张的有效方式。在工作的时候，全身心地投入到工作之中，享受工作带来的乐趣，如因工作而产生的成就感、与他人合作而产生的亲密的友情等，这些都有利于保持对工作、生活的热情。我们不应该也不可能完全避免紧张，重要的是寻找并保持积极的紧张，把消极紧张转化为积极的紧张。

④加强家庭成员之间的交流和沟通。正确处理好与家庭成员之间的关系。在8小时的工作时间内，尽可能地完成工作，不要把剩余的工作带回家。将工作带回家，相当于是夺了自己的休息时间，更确切地说是夺了自己与家人相处的时间。这必然造成家人对自己的不满。在家庭中创造出一种相互体贴、相互支持、温馨和睦的良好气氛是消除紧张的一种方式。家庭常常充当紧张状况下的感情支柱和感情庇护的堡垒，充满亲情和天伦之乐的家庭生活，对于缓解物业管理者的过度紧张发挥着特殊的作用。来自家庭的支持对物业管理者来说是非常重要的。相反，如果家庭生活中充满矛盾和危机，给人带来的压力和紧张可能会大大超过工作中给人带来的压力和紧张。因此，物业管理者在紧张繁忙的工作之余，应该分出一部分精力和时间来投入到家庭建设之中，使自己始终生活在理解、信任和融洽的家庭环境之中。

（2）克服急躁情绪。物业管理者所面临的形势、任务、政策环境和领导环境都是发展变化的，必然会遇到许多复杂的矛盾和难题。

作为一个物业管理者，应该始终保持沉着冷静，以热烈而镇定、紧张而有序的情绪来处理每一件事。尤其是当领导方案和领导行为受到外界干扰，特别是受到某种突发因素或突发事件的冲击时，更要镇定自若，稳如泰山，时刻注意急躁情绪的克服和避免，以必胜的信心迎接挑战。

当然，对于一个容易急躁的物业管理者来说，坚持过有规律的生活和进行有秩序的工作，只是一种长远的策略。除了要有这种长远策略以外，还应当掌握一些更为具体的避免和克服急躁情绪的方法。

任何事物都有正反、利弊之分。具有急躁情绪的物业管理者处事果断、雷厉风行，这在讲求效率、惜时如金的今天，有其可贵之处。只要他们能够坚持急之有度、急缓相宜，注意运用灵活有效的方法和策略，克服和避免急躁情绪，就会充分发挥其可贵之处，克服其产生的负面影响，达到预期的效果。

①目标适当。物业管理者出现急躁情绪，有时跟工作目标杂乱无章、无时间观念有关。避免急躁情绪，为自己的目标确定一个合理的预期时间很重要。某项事业，你做好了干10年的准备，那么一两年内碰到困难和挫折，就不会引起太大急躁。相反，某项工作，如果你准备在两三天内完成，那么，第一天碰到麻烦，你就会急躁起来。因此，要避免不应有的急躁情绪产生，我们凡事都要为自己确定合理的、适度的预期时间。有的物业管理者上"大工程"，搞了几个月也没有达到预期目标，就急躁起来；有的立志创"惊人之举"，可也只是努力一阵子，看到收效不明显就发急，这些都是预期时间不当的缘故。而这些急躁情绪又会妨碍他们作持续的努力，最终会影响目标的实现。不管何种工作要想取得比较突出的成就，没有长期努力是不行的。我们的物业管理者如果真想要做出一番事业，就得作好长期奋斗的思想准备，不要急躁，辛勤耕耘，成熟季节就

会到来。

②急事冷处理。着急的事情，越是急躁，就越容易没头绪。物业管理者在处理急事、难事时，应保持头脑冷静，在时间上、速度上适当放缓，通过必要的推迟、等待，使事情的结局更为圆满。史载，西门豹深知自己处事有急而厉的缺点，就佩戴玮以提醒自己注意做到缓而圆。这说明，如果具有急躁性格的物业管理者能充分认识到自己个性的弱点，发挥主观能动性，在急躁情绪将要产生时，及时修正，进行心理上的自我放松，提醒自己"不要急"、"这件事根本就不值得急"、"急躁会把事情办坏"等，通过这种心理上的放松，使冲动和急躁的心情平静下来，待心情平静后，再从容不迫地投入到工作之中。进入工作后，急躁情绪还有可能不断出现，因此，需要不断地进行心理上自我放松的修正，直到急躁情绪被真正克服为止。

③保持弹性。要想保证任何事情都是成功的，保持弹性的做法是必不可少的。一旦你的人生选择了弹性，事实上也就是让你选择了快乐。因为在我们的人生中，时常会遇到让你无法控制的事情，然而只要你的想法和行动能够保持一定的弹性，那么你的人生就可以永葆成功，你的生活也就会变得非常愉快。

④采取行动。找出问题症结所在，针对事件制定策略来克服难题，不要让自己沦为压力或他人故意行为的受害者。如果物业管理者总是随便发火，只会让自己更容易受到伤害。想些令自己愉快，能激励自己，对自己长期目标有益的事。然后采取必要行动以获得好的效果。

⑤与物业人员沟通。与物业人员沟通可以帮助物业管理者了解物业目前营运情况或物业人员之间的合作关系是否良好。选择关键性物业人员作为主要的沟通对象，往往能收到事半功倍的效果。

（3）有效地经营自我。

①培养自己独特的外在形象。作为一个在物业里的管理人员——物业管理者，你是不是对生活细节不屑一顾？你是否意识到，言谈举止、穿衣打扮在一个人的人生旅途中扮演着不可忽视的角色。

②有效的教育培训。物业管理者可选择适合自己的培训内容。在教育培训过程中进行多方交流。

③请教学者、专家。有些物业管理者实在忙得没办法接受系统的教育培训，他们的变通方式是：请教学者、专家。聘请顾问定期辅导物业经营是其中一种方式。一有问题便请教附近的学者、专家是第二种方式。第三种方式则是：一有外边的学者专家来到，便赶快前往请教。这些学者、专家如能兼具理论与实务背景，就能为物业提供更具体、更具远见的建议。

④多看好书。书有好书与坏书之分。一本好书不但框架完整，文笔流畅，而且能对物业管理者的经营理念有所启迪，思想层次有所提升。因此，通过专家学者的推荐，阅读这类好书相当有必要。

（二）物业管理者注意事项

作为物业管理者，其一言一行，代表着物业的形象。要想做好一个物业管理者，必须注意从以下几个方面做好：

1. 树立好形象

作为一个物业管理者，自身的形象是很重要的。要树立好自己物业管理者的形象，应该做好以下几点：

（1）作用。作风的好坏，是一个人品质和素质的表现。好的品质作风能够感染别人。办事稳重、有信誉，是物业管理者必备的素质和作风表现。

（2）思想。思想是人的灵魂所在。作为一个好的物业管理者，思想应该做到有深度、有广度。

（3）处事方式。处事方式是一个物业管理者能力的外在表现，是一个人得以立世的根本。好的物业管理者应该养成办事严谨、雷厉风行、说到做到、稳重的处事方式，要有敏捷的头脑、卓越的远见。

2. 明确物业的各种政策和发展目标

没有目标的工作是盲目的、没有效率的。只有确定了目标，物业人员才知道自己该去做些什么，才会朝着这个方向去努力，工作才会更有效率。

政策是物业人员的一种行事规范和准则，也是物业人员行事的一种方法。它使每个物业人员都能够明白，什么事该做，什么事不该做，什么事情应该怎么做。毕竟工作不同于生活，很多行事准则和方法是不一样的。让物业人员明白这些准则和方法，有助于他们更快更好地完成自己的工作，从而使物业更快的达到自己的发展目标。

3. 科学、人性化管理物业人员

物业人员是一个物业的基础和命脉，是物业得以存在和发展的根本。所以，明智的物业管理者都会想尽办法去善待物业人员，以留住人才，并充分发挥出每个物业人员的能力，给物业创造最大的效益。在物业人员管理方面应该注意以下几点：

（1）管理物业人员应该本着"公平、公正和公开"的原则。

（2）建立良好、长效的激励机制。

（3）保障物业人员的福利待遇。

4. 建立高效的执行组织机构

一个物业最好的组织机构模式应该是最简单而执行又最快最有效的模式。所以，做一个好的物业管理者，还要根据自己物业的实际情况制定出一个好的组织结构模式。

5. 创建良好的物业文化

我国大多数物业的文化建设的最大误区即是过于雷同，缺乏自我的特色。所以创建良好的物业文化必不可少，这样才能使自己的物业人员感到自我的兴奋和追求，也才能使别人感觉到物业所独有的价值和特色。

另外，好的物业文化不是一成不变的。一成不变的物业文化最终只会使物业走向没落。

二、品质提高与自我激励

（一）如何提高品质与魅力

一个物业，没有良好品质修养的物业管理者，就不会带出好的队伍。如果没有一流的领导，就不可能有一流的物业。任何一个物业，要保持持续稳定发展，不仅要有法律和制度作为保证，而且还要有道德规范提供精神保证和支持。所以可以说领导是物业的灵魂，物业管理者的能力并不在于如何指挥别人，而在于如何来指挥自己，培养个人魅力，增强道德修养，才能使你在物业人员中，在物业中树立个人威信，树立楷模。

观察优秀的物业管理者，他们大多数人都具备的品质。因此我们可以说，如果你想当一名好物业管理者，你可能需要具备以下的特点：

（1）强烈的进取心。他们从不满足于现状，总想拔尖，是些主动性很强的人，总在尽力使自己获得成功。

（2）良好的判断力和果断决定力。在条件和环境很艰难下，能够作出决定。不要害怕作出错误的决定，错误的决定需要时间去进行更正的。

（3）坚定的执行力。敢于按照自己的计划进行执行是成功与否的关键因素。

（4）良好的识人力。正确评估物业人员。

（5）良好的沟通能力。

（6）富于感染力的激情。没有人愿意追随一个枯燥的、死气沉沉的物业管理者。

（7）责任感。领袖从来不怕承担义务，承担责任，并永远不推卸所负的任何责任。

（8）出色的工作能力。出色的物业管理者总是愿意为取得成功而付出必要的代价——长时间的和艰苦的工作。

（9）良好的人际关系。物业管理者总要与同事打交道，研究他们，分析他们的需求，并努力去了解他们的问题。这样去发现同事需求的兴趣和能力，大概是一名出色的物业管理者最为主要的特点。

（10）正直。处处为物业人员着想，了解你下面的每一位物业人员，做事要正直有原则，这样的物业管理者得到的回报也许会更多。

（二）如何进行自我激励

为什么物业管理者也需要激励？因为物业管理者积极性提高了，反过来物业管理者也会充满热情地激励物业人员，达到整个组织积极性的提高。这样整个组织成功了，也代表物业管理者个人成功了。而每个物业管理者都向往自己的成功，职业的发展，也是每个物业管理者所追求的目标，是理想，也是梦想。但是，要真正的做好一件事，没有热情，没有干劲，没有动力，没有斗志昂扬的精神是不可能的。如何激发热情、干劲和斗志呢？那就是激励，尤其是自我表现激励。

物业管理者进行自我激励的目的，不在于改变自己的个性，而在于自我表现调整，产生合理的行为，调整自我表现的方向。激励能够提供动因，动因仅仅是在个人身体内的"内部催动"，例如本能、热情、情绪、习惯、态度、冲动、愿望或想法，能激励人行动起来。一种希望可以引起人的行动，使人追求获得特殊的成就。希望是预期获得所想要的事物的欲望加上可以得到它的信心。人们觉得适合，可信，而又可以得到的事物，就能引起希望。当然激发因素是可能有不同的形式及程度的。

激励自我要面对的首要问题就是失败。失败是每个物业管理者必然要遇到的人生修炼。历史表明，凡是有大成就的物业管理者都是那些战胜失败，能坚持不懈地追求梦想的人。这些成功的物业管理者不但有着坚忍的毅力、不屈的斗志，同样也有着一整套人生奋斗的战略，他们往往临危而不惧，能在逆境中奋起。他们的成功经验在于能正视失败，战胜失败。

1. 接受失败

物业管理者战胜失败的第一步就是要了解失败的本质，失败只是暂时的挫折。只要你不肯认输，失败就不是定局。每个错误都不一定是致命的，每一种压力都不是永恒的。现代物业管理者，为了追求卓越，应当把失败看成是成功路上的里程碑，正如一位科学家所说：看似不可克服的困难，往往是新发现的预兆。

2. 正视失败

德国心理学者威廉·沃德说："失败应当成为我们的老师，而不是掘墓人；失败是短时的耽误，而不是一败涂地。……失败是暂时走了弯路，而不是走进死胡同。"不成功的物业管理者浅尝辄止，转而去做其他的事。他们的座右铭是："第一次不成功就销毁所有一切努力过的证据。"相反，成功物业管理者在第一次努力失败后能检讨失败，汲取教训，然后再努力做同一件事。如有必要，他们甚至重复失败的过程，以便学得更多。因为他们坚持到底，他们最终定会成功。

3. 认清弱点

对于强者来说，失败是产生力量和经验再次冲刺成功的起点。从失败中寻找学习的机会，最终的是找出并且正视导致失败的个人弱点。这个过程需要有真正坦诚的个性。一旦物业管理者看清自己的弱点，就要开始努力克服。

那些能够真正意识到自己的力量永不言败，对于一颗意志坚定，永不服输的心灵来说永远不会有失败，他跌倒了再爬起来，即使其他人都已退缩和屈服，而他却勇往直前，永不低头。

4. 重新部署战略

改变战略是物业管理者战胜失败的另一个重要环节。如果不断地去重复错误，是不可能战胜失败的。但是，有些物业管理者却不能正视这个问题。他们重复错误，却一心想着会出现不同的效果。

美国的罗斯福总统在整个"二战"期间的表现人所共识，他由于小儿麻痹终生只能在轮椅上度过。当有人问他伤残的部位时，罗斯福会说："我没有残，只不过无法站起来罢了。"

5. 从零起点开始

物业管理者认识到了失败的本质，了解自己的弱点，改变战略以后，就应该重新开始，回到人生的竞技场上。如果放弃，必然导致彻底的失败，而且不只是手头的问题没解决，还会导致人格的失败，因为放弃会使人产生一种失败的心理。你可以用一个人犯错误的次数来衡量他是否乐意从尝试新事物中学习。

三、物业管理者时间观念

在这个竞争激烈的信息化时代，作为经理人，要想取得成功，仅有才能和知识是不够的。知识和才能只有通过有条不紊、系统地工作才能有效，时间则是才能转化为成就的限制因素。领导者欲获成功，非通过有效的时间管理不可。

（一）物业管理者必须树立的时效观念

1. 强烈的时间观念

有极强的事业心和成就感的领导者，必然对时间有极强的紧迫感。时间的消耗就是生命的消耗，时间的流逝就是事业的流逝。只有意识到它的极端重要性，才谈得上去谋求科学地管理时间。

2. 机敏的时机观念

事物并非都有重复和再现的机会，机不可失，时不再来。一项工作任务，只有在恰当的时机内才会产生瞩目的成效，一旦时机过后，则可能毫无价值。领导者时刻处在寻找时机的准备之中。

3. 清晰的时效观念

时间的成本效益，是指一项工作所取得的效果与完成该项工作所消耗的时间之比。一项工作消耗的时间越少，成本效益则越高。时间的价值是通过效益和效果的载体来体现的。领导者必须把时间视为资源，千方百计地减少时间支出。

4. 定量的控时观念

领导者必须定量控制时间，具备对自己时间的系统管理和定量支出的能力，勇于向时间挑战，果断地改变在支配时间上无所作为的局面，做时间的主宰者。计划手段和定量支出是时间管理的核心。

（二）物业管理者应学会的时间运筹

增强时间意识，加强对时间的管理，是克服忙乱，提高领导效能的重要途径之一。下面就如何增进领导的时间效能，介绍一些方法技巧。

1. 系统管理

（1）要有时间管理系统。

①人。人的要素分为两个方面。一是人的需要，时间要满足人的四大需要：生理健康的需要，学习工作的需要，全面发展的需要和丰富生活的需要。因此，管理时间要考虑生活的整体平衡。二是人的素质，包括人生的态度，时间观念的强弱，管理时间能力的大小，完成工作的技能熟练与否，以及身体的健康程度和精力是否旺盛等。

②时间。时间分为总时间、纯时间与效率。总时间是完成某一系统目标所需要的时间总量。纯时间是在完成某一系统目标中不受干扰的时间或可以控制的时间。效率是单位时间完成工作量的大小。总的来说，时间可分为数量和质量两个要素，即时数和时效。

③事理。主要包括目标和信息两个要素。任何工作都要有明确的目标。没有目标就谈不上时间管理。明确的目标最好能有定量化衡量的指标，复杂的工作要把目标进一步分解，变成保证总目标实现的各项目标，以及不同层次的各种指标。信息是反映实现目标的一切活动过程的。信息必须流动，这样情况才明了，行动才能协调。

（2）时间管理系统的运用。运用系统论的方法做好时间管理工作，要树立以下三种观念：

①要具有"目的"观念。每个系统都应有明确的目的，不同的系统有不同的目的。目的不明确，或者混淆了不同的目的，都必然要导致混乱。

一个系统通常只能有一个目的。如果有多个目的，必然相互干扰，而达不到优化。人在精力和智力方面都是有限的。现代心理学研究证明：对于绝大多数人来说，同时思考两个以上问题时，思维效率就会大大降低。所以应该在某一时间内围绕一个中心目的，把全部精力倾注于一件事情上，这才符合时间管理的系统原理。

②要具有"整体"观念。任何系统都是由许多单元所组成的整体。整体中，每个单元通过合理的系统结构充分发挥各自的性能，就可以使系统的整体性得以体现。时间管理是一个整体，仅仅重视各个要素的作用是不够的，应该把重点放在系统效应上。只有这样，才能协调人与时间的关系，对时间进行最佳管理。

在时间管理中要巧用"整体效应"，注意生活的整体平衡。巧用"整体效应"，抓住一点一滴的零碎时间，也能作出伟大的贡献。假定人的寿命为80岁，共计约70万小时，其中工作时间是4万多小时，睡眠、吃饭和其他生理时间大约是29万小时，扣除这些时间之外，还余下37万小时。这将是每个人一生中自由使用的时间。美国心理学家H. A. 塞蒙教授认为，要想成为某一方面的专家，大约要掌握这个学科的5万~10万组块（用来表示信息量的单位），这需要10年左右的努力，也就是3万小时左右。37万小时倘若用来学习，可以学到多少东西啊！

巧用"整体效应"，注意时间的合理消费，当快则快，当慢则慢，有张有弛，才能构成富有弹性的生活气息，使高效率与心情舒畅并存。

③要具有"层次"观念。层次是指系统内容所具备的次序。时间管理系统有一定的层次结构。就人体本身来说，有高效时间、低效时间的周期变化；就工作来说，有重要与不重要之分。人的时间有限和面临的大量事情始终是一个矛盾，这就要求领导者能够把自己所控制的时间全部用到关键的地方。因为关键的工作是影响全局的，在关键性工作和一般性工作发生冲突时，一定要放弃一般工作或委托别人去做，自己去做关键的工作；而且要在自己精力最旺盛的时间，去处理最重要、最关键的工作。但一般的工作也不能忽视，而是安排到精力稍差的时间去做。这样就可以提高时间的利用率和有效性，取得最佳效果。

2. 科学计划

如果说一个人的时间管理牵涉个人的成败的话，那么，物业管理者的时间管理除了个人的成败，更关系到公司的成败。公司的时间管理就是保证在有限的时间里，使物业管理者做他应该做的工作，实现物业管理者的高效能。

（1）按时间规划工作的重要性。制订计划，按计划指导工作和生活具有很重要的意义。我们每天的生活充满了突发的、无法掌握、无法预料的事件，计划可以从这些事件的打扰中把你拉回到规划的主轴，不致迷失方向。计划可以提高人的自我控制时间的能力。

指导计划的是目标，但是很多物业管理者心中对自己的生活目标和工作目标却是一个很模糊的概念。通过做计划，分析自己的价值偏好，你的目标能逐渐变得清晰起来。如果没有目标，人的行动就受不到激发，失去奋斗的勇气；目标能激发我们的潜能，最大限度发挥自己的才智；有了目标才会有结果，才会有对自己所作努力的认可和肯定，取得相应的成就感和满足感。

"计划"在时间管理理论中绝大多数是指工作计划。为了有效地利用时间，总结自己工作细目，分析完成这些工作的方法，加以规划，不但能改善每一个具体的个别工作，而且使整理工作合理化了。制定工作计划有如下好处：

①了解哪些工作是有价值的、哪些工作无价值或有较小价值，抛开没有价值的事情，简化工作内容。

②决定应该优先处理的是哪项工作，需要平衡考虑其重要性和紧迫性。

③较为合理地分配每项工作所需要的时间。

④能够在规定时间内完成任务，完成分配的工作量或达到目标。

⑤可以把适合他人干的工作授权给他人来完成，发挥各人所长。

⑥发挥最大潜能。

（2）制定时间规划的原则。

①人重于事。时间管理的实质在于提高物业管理者的能力和成就，从而提高生活质量。"成就"不能和每个人的个性分离，它不仅是一种客观结果，更是人们的主观体验、主观评价。倘若过分强调工作效率，拘泥于逐日按严格的规划行事，难免会使生活过于刻板，那么物业管理者就是计划的奴隶而非支配计划，没有时间和自由去追求自己所肯定的生命中最重要、最宝贵的东西，完全失去内心的平静。

②时间与价值相称。对于某件事情的重要性的评价，要纠正两种容易犯的错误：第一，把难度等同于重要性；第二，把紧迫性等同于重要性。难做的事情未必是重要的，但在实际工作中，因其难做，不自觉地强化了在物业管理者心目中的印象，变得重要起来；紧迫的事情也未必是最重要的，这是不同的两个概念。重要性是指对于目标的实现有较大影响的因素。

根据时间和价值相称的原则，重要的事应安排更多的时间完成，避免因时间紧迫而马虎了事，影响工作质量。既重要又有难度的工作，不仅要给以充裕的时间，还要安排在物业管理者精神状态最佳，效率最高的时段，比如周一或周二的上午，因为多数人在一周刚开始、一天刚开始时，精神最为饱满。紧迫的工作应优先完成，给予的时间总量不一定多，因为紧迫的事件如不解决，会妨碍下面的工作，要放在计划表前列。制订一段时间或一天的工作计划，可以围绕某项重要活动展开。有的活动是事件的关键，或者说是带有战略意义的，所以进行工作时应以这样的重要活动为中心。和目标工作关系不大或根本无关的工作能省去就省去，不能省去也可以考虑授权给别人去完成。

③留有余地。人们普遍这样认为，一个忙忙碌碌总不停息的人至少具有勤劳的美德，所以，许多人总爱把日程安排得满满的，以为这样才能充分体现个人价值，取得卓越成果，事实上，"忙"不等于"效率"。

工作时间可以划分控制时间和回应时间两部分。控制时间指你可以自主支配、利用、完成你想做的工作的主动时间；回应时间指你不得不接受外界的打扰的被动时间。工作过程不受外界打扰几乎是不可能的，来自上司的、员工的、同事的以及外界的因素强迫你中断手里的工作。通常职位越高的人，控制时间越多，表现他的自主性更强，而职位越低的人，控制时间越少，表明他要服从、接受很多人的委派和命令。

要清楚你自己的控制时间和回应时间，在计划表上留下足够的空白，以便产生突发事件时，不至于把你的计划打乱。此外，对每天应该完成的工作总量加以限制。从次要内容中划去一些，以免日程过分拥挤，从而限制工作时间的总量，不要毫无原则地延长工作时间，要留有余地。

④归纳组合。时间统筹方法是把有待完成的工作进行合理组合，而不是按照你想到的先后顺序排列在纸上。除了重要性、紧迫性工作之外，还可以把相关的工作归纳在一起。把种种零星琐事归纳到一起，会使工作有节奏和气势，既节约了许多准备时间，省去了不必要的来回跑的时间，也节约了协助你工作的人的时间，还可集中连续利用所需的工具和其他帮手。如尽量地约定好时间，尽可能集中地依次会见来访者；集中浏览必须阅读的文件资料等。需要和别人一起完成的工作，应安排在一天的开始来做，这段时间是最容易找到人的。

（3）制定时间规划的方法。人的一生中会有很多目标，就是在某个确定的时期也是这样。这些目标在时间上具有一定的关系，有人把这些目标想象成一个金字塔，最为核心的是人生终极目标，以下的每一层都是为实现上一层次较大的目标的预先准备目标。在金字塔上居于越高的层次，目标越遥远，内容就越不具体。但明确长期目标是重要的。

制订计划有以下几个步骤：确立目标；寻求达到目标的各种途径；选择最佳途径；将最佳途径转化为每周、每日的工作事项；列出每周、每日的工作次序并具体执行；定期检查目标可行性程度，根据实际情况调整完善计划。

①制订长期计划表。很多善用时间的物业管理者都会规划长期计划表。根据所负责的工作的性质，长期计划表的时间周期可长可短，长期计划表的内容可以相当灵活，最好就长期计划的内容征求其他人的建议，他们能从全局的利益出发帮助你改善计划，并在以后计划实施过程中给予相应的支持和帮助。

②短期工作计划。如果工作性质较为固定，可以以月为单位制定短期计划。对灵活多变的工作，则以周为单位制定计划。短期计划的目标要很明确，并就每项事务确定一个最后期限。在期限的强制下，工作计划才能起到大的作用，最终期限迫使你集中注意力，排除障碍，高效率高质量地工作。一个部门的短期工作计划能够让你清楚、详细地了解自己的工作内容，真正理解责任、权限的范围，知道哪些事情必须立即行动。

③日程表。日程表是每天工作计划表。应将每一天与你的一生联系起来考察，把每天作为你生命预算链条中的一环，能否有效地完成一天的工作，将取决于你的努力。你可以参考这种方式制订日程表。每天下班前花15分钟，把前后联系的事和明天要做的事逐一列出来，尽量写出所有事项，不要遗漏，根据象限组织法，衡量其轻重缓急。把所有工作划分为四个象限，第一象限是紧迫又重要的事；第二象限是重要而不紧迫的事；第三象限是紧迫但不重要的事，例如电话、会议、突然的访客等；第四象限属于既不紧迫又不重要的事，也就是说，如果你觉得太累，就可以向这类事务索要休息时间。

第二天上班的时候，重新审视昨天留下的任务表，修改调整使之更合理，然后分清每件事务的重要性和紧迫性。制订的日程表应该方便携带，以便离开办公室时也能随时利用。每完成一项工作，就把它从表上删掉。日程表绝对不应该不变动，无论何时，只要需要，就可以在表格中增添项目。当一天的工作结束时，对照日程表检查今天的工作

状况，并安排明天要完成的工作。也许你会感到很麻烦，与你每日总的工作时间相比，15分钟的花费并不算多，这15分钟的投资会给你带来令人吃惊的回报。有些物业管理者甚至以为，拿一个小时来订计划，可以有好几倍的回报。

值得一说的是，每天早晨制订一天计划并且努力做到的人，就好比掌握了一条"线"，顺着这条"线"，就算在最忙碌的生活里，他也能穿透迷雾。若是每天毫无计划的工作，只是碰到什么就做什么的话，工作很快就一团乱麻。

（4）按照预订规划做事。一份切实可行的工作计划表显然是十分有益的，但计划表本身并不能使效率提高，效率取决于一个人内在的意志力。除非一个人坚忍不拔，否则，一切为提高效率而设计的体系，都将是徒劳的。凡是决定好要做的事，马上动手去做，对任何事情都不拖延。要按计划行事，就必须控制自己不要去干日程表外的事，倘若仅仅是自己喜欢去做一件事，或者虽不是个人爱好，却是长久以来形成的工作习惯，而又是可做可不做的，一定不要让它打扰你严格执行日程计划。成功者的一项必备素质就是坚持不懈，直到成功。培养一种优秀的工作模式也需要坚忍不拔的意志。

计划是一切管理工作的开端。没有计划，就好像驾着一只无舵之船随风漂，或者是没有地图和指南针而在雾中航行。制订计划，就是在所确定的目标基础上，建立目标规划体系。目标一般有长期目标、中期目标和短期目标。这三类目标互相衔接，建立统一协调的目标体系或目标规划，即构成严密的计划。

（三）物业管理者应学会有效的时间管理技巧

1. 尽量避免被外界干扰

工作中完全避免来自各方面的干扰是根本不可能做到的，但是，经常性的干扰会打乱你的工作日程安排，使你无法按计划完成任务，使日程表流于一纸空文。当你专注于某件工作时，干扰会分散你的精力，半途停下来的工作再重新拿起来，一般的人都需要一些时间集中精力，回顾前面工作的过程和内容，才能返回原来的思路接着工作。这可能就是你的工作效率低下的一个重要原因。

为了提高工作效率，必须想方设法减少干扰，最起码是减少，甚至避免在做一项重要性、关键性工作的时间里被干扰，将其不利影响减至最低程度。

有时候，造成过多干扰的原因，有一部分可能来源于你自己；如你正埋头于一件重要的报告，有员工敲门求见，你虽然不太愿意中断手里的工作，但考虑到身为物业管理者，有责任为员工解决问题，并且顾忌到平和、与员工打成一片的物业管理者形象，或者你喜欢参与每一件事，你就让他进来，讨论了半个小时。很多物业管理者都喜欢说："我的大门是永远向你们敞开的。"但这种做法会使他们浪费许多宝贵的时间，常常无法完成预定的工作目标，长年累月，造成更加严重的后果。

当然，物业管理者的形象是需要考虑，花点时间去打理广泛的人际关系也是一种珍贵的资产，如果你用来接待客人的椅子落满灰尘，也表明你的工作作风有问题。关键在于，两方面都要加以考虑，你既要经常接触到别人，又要想方设法保证在一天中的某一段时间能够关起门来，心无旁骛地专心处理重要事务，在这两者中谋求平衡、合乎尺度。首先，将所面临的打扰归类。你可以采用以下的标准：

（1）他人打扰你的真正目的是什么？

（2）是否重要，是否有接待的价值和必要？

（3）是否对工作有利？

（4）这一个人或这一件事应该花多少时间来对待才不浪费时间？

先问问自己后再作决定，是否放下手里的工作，用多长时间来解决"新问题"，而不是毫无原则地随时敞开着大门。

你不妨采用技巧，减少来自员工和同事的干扰：

（1）明确企业的政策、目标、程序，明确每个人的职责、权限，以减少因权限不明带来的种种问题。

（2）每天保留一段固定的时间解决员工的问题，或者训练你的助理将他人的打扰集中起来，每天一次性地向你汇报。

（3）鼓励你的员工以最简短的方式提出问题，如写报告提要，或用便条代替亲自上门。对员工的问题，立即给予回答，而不需要他们再次甚至多次地提醒你。

（4）如果要和他人协作，双方事前要达成共识，订好计划，尊重对方的工作日程表，不要随心所欲地打扰对方。

（5）提前1个小时上班，或者晚下班1个小时，和别人错开时间，以便安安静静工作。

还有这样一种奇怪的原因也会导致有的物业管理者效率低下，即他们不强的自制力。虽然身为领导，有的物业管理者却也有一些不良工作习惯，如喜欢在办公室来回走动，爱和别人聊天，或者容易分散精力，随便翻动办公桌上的文件等。这样往往导致自动中断工作。这种自我中断的现象当然要避免。倘若你突然产生了一个奇思妙想，要不要先放下手里的工作？最好是常在手边备好纸笔，快速将大致的内容记下来，等做完原来的事再接着思考，充分发展原来的想法。为了不必常常停下来去查阅相关的资料，开始一件工作之前就系统地归整好详细的材料、用具。一旦工作结束，就把所有的资料用具放回原来的地方。

2. 拖延战术

（1）拖延战术的分类。实施此种战术也要因人因事而异，通常有两种：

①合理拖延。许多经验丰富的物业管理者都主张随即处理的原则。凡是决定要做的事、需要处理的工作，马上动手去做，一次做完。这样省去了记忆或从头再干的重复性时间，更大的好处还在于，随时处理完手边的事情会令人心情轻松愉快。遇到需要交涉的问题马上登门拜访，就不会被竞争对手抢去订货；有邮件需要回复时，读完原信马上写回信，否则就得再一次读原信；今天必须定稿的报告不要拖到明天，不然就会给别人留下拖延、无效率的印象。爱拖延的人总能找出拖延的借口，比如时机永远不对，现在很忙，抽不出时间，等有大段时间就能做得更好等。但是，习惯才是造成拖延的真正原因。一旦形成了某种习惯就很难改变。一个拖延成性的人总爱把事情推到明天、下周，推到以后，结果就是，一事无成。

通常情况下，拖延问题并不能消灭问题，反而会使问题越积越多，最好的办法是马上行动。随时告诫自己：不要被惰性所控制。如果工作太繁杂，庞大无比，可以将其分解为许多小工作，立即着手处理其中的第一项并坚持下去。如果一件工作令你苦恼，最好的办法就是赶紧解决掉它，留出一段时间，半个小时或者一个小时，解决一件棘手的事，一定会为自己的表现感到满意。避免拖延的一个技巧就是珍惜每一天。

②不合理拖延。对有些人来说，适当拖延却是提高效率的一种办法。许多人都承认在压力之下表现最好。"没有时间了!""不可能再拖延了!""必须在今天上午做好!"这种压力使得心智高度集中，精力旺盛，创意的灵感不断涌现。之所以能做到，是因为他们必须做到。

但是不是意味着任何人都适合这种方法。美国效率专家尤金承认，他见过一些最好的报告是学生熬一个晚上写出来的，事实上，有些最糟的报告也是这样写出来的。压力会使一些人精神抖擞、灵感涌现，也会使一些人焦躁不安、心乱如麻，难以静下心来处理任何事情。如果你是后面这类焦虑型气质的人，就要避免拖延，尽早动手。

（2）如何成功运用。要成功运用拖延技巧，必须注意：

①给自己留有时间余地。你必须想到事情有可能比你估计的更花费时间，更具难度，你也要考虑到各种意外的阻力：你的电脑出了故障，或者最紧急关头你的家人重感冒需要送医院等。

②提前做好相关准备。拖延并不是说完全放在一边不加过问。技巧高超的拖延者总会提早计划，写下概念雏形、下意识地酝酿构想，随时趁便备下所需的资料。

③尽量寻求平衡。绝不要把这一技巧发挥得太过分，不要使其成为偷懒的借口。在拖延的这段时间里，你会有其他事情要做，适当拖延只是对各项工作进行前后排序的组织过程，决非坐等最后期限的来临。

总之，拖延只适用于那些需要经过深思熟虑的、有重要意义和最后期限的事情，而大量不太重要的工作，还是立即动手为好。

3. 合理安排时间

每一个人在一天中都有最佳工作时间段，这个时间是我们应该好好把握，以提升工作效率。我们的身体就好比一台复杂的机器，拥有各种私人的计量器，指示出我们一天中的体能、智能情况，这种情况具有一定的规律性，并影响我们的工作效率。一天当中，人的体力和精神呈周期性变化，有时达到最高点，有时降至最低点，这种上升和下降每天都在大致同一时刻发生，这就叫效率型。许多人在早餐一小时后达到效率顶峰，然后慢慢下降，到下午4点左右降至最低点。晚饭后，稍有回升，然后逐渐下降。

每一个人的效率周期不完全相同，大致可以归纳为三种类型：

（1）上午型：从早上到中午随时可以爆发起来，精力充沛，中午达到顶峰，以后渐渐下降。

（2）下午型：整个上午都感到疲倦、消沉，午后却精神焕发起来，傍晚时达到最佳状态，当别人都休息时，他还能集中注意力做很多工作。

（3）随时型：早晨精神也不错，中午稍做休息，午后又精力充沛。

每一个人的效率型和他的工作性质、生活方式有很大联系，即一个晚间型的人如果更换了一种职业，一段时间之后，可能会转化为随时型或上午型的。但一般情况下，这种规律性是较为确定的。你可以连续几天追踪自己一天内的表现，找出规律，用曲线记录每天的效率变化，以便把各种工作科学地分配在各个效率期间来完成。为了更好地发挥效率优势，上午型的人一定要重视早餐，以足够的营养提升血糖浓度，配合你顺利完成重要工作。如果下午型的人不得不在上午处理一件重要事务，可以考虑冲一个热水澡来提升体温，促进效率提高。

一个物业管理者，要想成就大事，必须先要有健康的体魄，但现代都市人生活压力大以及不良的饮食习惯、缺乏锻炼，都为他们带来许多健康问题。为了能经常保持良好的工作状态，就要注意锻炼和休息。不管你有多忙，每天抽出一定的时间来进行锻炼都是十分必要的。比如，如果你的住所离公司很近，你可以走路去上班，既锻炼了身体，又可以在路上考虑些问题。身体再好的人也逃避不了疲劳的时候，毕竟人的精力有限，不要吝惜休息的时间。能熬通宵加班工作并不是什么值得吹嘘的事，你必定要为此付出代价，在接下来的时间里，你会一直昏昏沉沉，难以集中精力去做事。休息能够让你在清醒的时候做更多理智、有效率的事而非浪费生命。

丹尼尔·何西林认为，休息并不是绝对任何事都不做；休息就是修补。在短暂的休息时间里，就能有很强的修补能力，即使只打几分钟盹，也有助于消除疲劳。爱迪生认为他无穷的精力和耐力，都来自于他能随时想睡就睡的习惯。而亨利·福特的秘诀则是"能坐下的时候我绝对不站着，能躺下的时候我绝对不坐着"。在感到疲劳之前就休息，利用一切可以休息的时间来"修补"自己。注意工作节奏，有张有弛，也是一种好的方法。麦考梅克的做法很值得物业管理者借鉴：

在一年中，麦考梅克一般有至少7次是3个星期连轴转地工作。在这一期间内，他尽力工作，就像运动员在重大比赛前要拼搏一样，每天下来都累得筋疲力尽。然后，麦考梅克就放慢速度，或者度一个不太长的假期。一则算是对自己努力工作的奖赏；二则也告诉自己不可能始终如一地高速运转。有张有弛，才能保持活力。

4. 忙要忙到点上

同样的忙碌，却不一定都会收到好效果。因为关键要看是否忙到了点上，把时间主要用在重点的事情上是真正的忙，而相反则是毫无结果的忙碌。

5. 注意空间贬值、时间增值大趋势

成功的物业管理者，肯定拥有一个共同点，就是都十分爱惜时间，善于牢牢把握时机，最大限度地充实他拥有的每一天甚至每一分每一秒。由于善于利用时间，他们能够在相同的时间内做更多的事情，可以在较短的时间内完成一件他人需要相当长时间才能完成的工作，使自己更有效率，因此以处理更多的事情，担负起更重的责任。

信息时代的到来，引发了新技术革命的浪潮，空间不断贬值，时间却在不断增值。一方面是由于人对空间的开发，新的交通手段和通信手段的应用，空间对人的限制越来越小；另一方面是因为技术越先进，单位时间的工作成果也就越大，时间就越宝贵。新的发展既带给人更多机遇的同时，也带给人更重的生存压力、发展压力，要在激烈的竞争中立于不败之地，就必须要有高效率。托夫勒认为，新的时间支配方式，将影响我们家庭日常生活的节奏。因为一旦牵涉到时间问题，也就牵涉到整个人类的生活。

因此，物业管理者必须根据社会发展的状况和趋势转变观念，确立新的时间观和效率观。善于驾驭时间，对于物业管理者来说都是一项必备的素质。物业管理者肩负着比别人繁重得多的职责，要负责公司的运行，应付来自方方面面的挑战，有来自内部的危机，更有外部环境的压力。物业管理者不仅运用着自己的时间，还直接、间接地影响着其他人的时间。如何运用、安排时间，往往产生多方面的影响。比如一项决策的确定，一次重要会议的召开，都有可能产生重要的意义和影响。物业管理者的工作效率，决定着公司的整体效率。

一个爱惜时间、注重效率的物业管理者，会给其员工及整个部门的工作带来好的影响。物业管理者的时间，不但受自己的支配，还同时受到来自员工的多种因素的支配，此外还会受到来自外部的干扰。比如，在公司里，物业管理者的时间压力比一般员工要大得多，他们一天往往要工作十几个小时。有时间记录的物业管理者统计，平均每天约有36%的时间用于召开或参加会议，20%的时间用于批阅处理各类文件，30%的时间用于到一线检查工作、听取汇报和接待来客，还有14%的时间用于员工来访，平均每天工作10个小时以上。具体、繁琐的事情牵扯了他们过多的时间和精力，使他们疲于奔命，穷于应付，有些人只好延长、再延长工作时间，结果是长时间的工作使体力消耗过度、精力衰减、效率不高，人就容易养成拖延的习惯，陷入时间的恶性循环中无法解脱。

所以，对于永远有做不完的工作的物业管理者来说，搞好时间管理，学习和训练管理时间的各种技巧，使物业管理者对时间的使用从被动地自然经历、随意应付，转到系统地、有计划地、有目的地分配利用，做自己时间的主人，显得尤为重要。

四、物业管理者时间驾驭

对于时间的管理，柯维有一套自己的理论。他提出了抓住重点，发挥独立意志，建立以原则为重心的时间管理办法，并以此来提高工作效率。

（一）根据自己的情况制定高效率策略

从长远的观点看，有些物业管理者之所以能够取得显著的成功，是因为他们以极大的努力去提高效率的缘故。诚然，作为物业管理者，肩上的任务确实很繁重。多方面的管理活动，往往需要相当好的体力和高于一般水平的智力，因此，身体和大脑的工作负担是很重的。

为了满足这些需要，为了实现目标，首先必须学会保持身体、大脑和精神的健康，将自己的大脑和身体铸成实现自己和管理目标的可靠的工具。物业管理者的体力、智力、文化修养诸方面品质的总和，应该融合成一种坚强的、合乎要求的个性，使他能够显现出物业管理者的卓越才能和恢宏气度。这似乎是很难办到的事，但却是任何一个希望取得成功的人所必须做到的。

有的物业管理者从一开始就具备良好的优势，如遗传特征、幸福美满的童年、良好的家庭背景和教育等。他们具备的这些最初的有利条件，通常能使他们迅速地形成坚强的个性。在其他条件相同的情况下，他们为自己成长和发展所作的努力，要比他人少得多。有的人抱着随波逐流或者"终于对付过去了"的生活态度，也可能在企业中获得了一定程度的成功，然而，他们不过是些利用了某一瞬时的机会主义者。

而真正的成功者，却并非天赐或借助于机会，而是他们具有把需要做的事坚决做好的决心。他们知道，只要他们一动手，就会有许多事情要做，但他们很聪明地将任务分解为若干部分，每次都精力充沛地完成一个部分。

效率是一种节约形式，因为它的本质是保存精力、时间和空间。如果我们把一个人想象为一定的能量，能量的消耗服从时间和空间定律，那么，要得到最高限度的效率、就必须聪明地使用给定数量的能量：以最少的合理的时间，在最小的合理的空间内完成任务。

合理的组织，对一个公司和公司中的每一个部门都是必不可少的。分配工作和工作范围如果组织得好，会使每个员工都清楚哪些属于自己的职责，哪些属于本部门的职责，他的部门与其他部门有何联系，企业的管理者职权行使线路如何等。

然而，组织和效率，必须从物业管理者自身做起。一个有雄心的物业管理者，必须经常进行自我检查，看一看自己是否以百分之百的效率计划和安排自己的工作。如果不是，就该重新调整自己的活动，直到结果令自己感到满意为止。

（二）时间的浪费是提高效率的大敌

有一些工作方法会浪费一个人的时间和精力，下面是这些浪费时间的现象。

（1）工作没有解决好优先级，总是先着手解决极次要的工作。有些物业管理者错误地认为，他们可能通过首先处理最不重要的项目来活跃他们的工作，这是一种不经济的精力耗损。他们这样做，实际上是回避创新性的工作。他们还把重要的工作拖延到一天中最忙的时刻来干，而这时已很难有足够的精力来考虑它，自己觉得疲惫不堪。所以说，次要的工作应摆在第二位，可放在精神最涣散的时候，或工作最忙的时候来处理。

（2）频繁地从一项工作转移到另一项工作。人的身体器官像其他装置一样，一旦停止运转就失去了动力。在休息一段时间之后再去启动时，就得花费时间恢复失去的动力。基于这个道理，管理者在工作中应该避免不必要的工作转换。如果能作出适当的计划，就可以把一天或一个星期的主要工作集中分类，以避免来回跑和不必要的重复。

（3）把一天的时间表排得满满的。个人计划的另一个错误，是用各种活动把一天的时间表排得满满的，以致没有一点机动时间处理可能出现的突发性事件。这样，万一出现意外情况，物业管理者就得被迫放弃计划中的工作，而今天未完成的工作，就必须放入明日的进度表中。如此顺延下去，他就会有成堆未结束的工作在他的办公桌上，使他感到心神不宁了。于是他觉得必须进行突击，以完成积攒的工作。这就使他很难对自己的工作和效率进行严格评价。

（三）工作进度表与归类法

工作进度表的使用可以在做事时井井有条，避免做无用功或主次不分。一个物业管理者应该在他的工作日程表中留下一些空余时间。这样，他将不仅有时间处理突发性事情，而且还有时间应付一些较次要的问题。

物业管理者在制定出一张可靠的工作进度表后，必须先对自己的工作进行分析。应该将一周，最好是几周工作日所做的每一件事作出记录，还应该把想做而往往找不到时间去做的工作包括在内。然后，他应该研究这一记录，找出哪些工作在有规律地重复和哪些工作可以集中在一起。记录中呈规律性出现的程度如何，从一定的意义上说，取决于他的职务和工作性质。有些人的工作，自然而然地会形成一种惯例，而对另外一些人来说，他们工作的仅有的特点，就是无规律性。然而，只要稍微做点研究就很容易发现，任何一个管理者每天或每周的活动，都多多少少地显示了一种模式。

以下是物业管理者常用的三种工作归类方法：

（1）需要作出决策的问题。这是一些必须经过深入细致地分析研究才能做出解答的问题。他们当然是物业管理者应做的最重要的一类工作。

（2）咨询和讨论。对一个物业管理者的工作时间表来说，咨询和讨论的频繁，应足以形成第三类活动安排。在许多公司里，部门会议的召开都有一定的规律，所以也应该列入日程表中。

（3）监督和控制工作。对员工工作的监督，是一个物业管理者的日常工作之一。它包括这样一些内容：对报告的最后核准，通过电话了解企业各部门的进展情况如何，巡视办公室或深入基层检查工作，检查设备，提出意见等。

当管理者对自己的活动做了一番研究和分类之后，接下来就应该确定：哪些活动必须放在表中固定位置上，哪些活动可以安排在闲暇时间里。对每项任务所规定的时间必须恰当，既不多，也不少。一旦无价值的事情占用他的时间，工作进度表中就会显示出来，并会强迫他把重要的事情放在第一位。

物业管理者通常在每天早上查阅放在办公桌上的一览表，开始他一天的工作。这张表上写的是："今天要做的几件最重要的事情"。这种习惯做法是可行的，甚至对那种其主要工作是"检查，并排除故障"或其时间无法安排的物业管理者也是很有意义的。有些人走的是另一个极端，他们忽视计划，或者根本不按照计划的顺序，而是以头痛医头、脚痛医脚的方法去完成计划。如处理大量的来往信件，发出催促号令，或匆匆闯进一个会场去结束一次会议等，以使他的工作进度突飞猛进。这种人的确是在"独自累死累活地工作"，而就其付出的全部精力而言，他比那些能计划自己的工作，并按自己的计划进行工作的人，所做的事情要少。任何一个没有很好组织自己的工作或不能按照计划去做的人，都不可能真正地专心致志，也不可能得到什么进展。至于工作效果，对他们而言只能是偶然的，不稳定的。

一个布置得很有条理的办公室或办公桌，对执行日程表有重要的帮助，它能使物业管理者养成有效的工作习惯。事实上，办公室就是他的车间，而办公桌就是他的工作台。无论哪个希望节约时间和精力的物业管理者，都应该研究他的工作环境和他的工具的效能，它们是有利于工作还是妨碍工作？增加了环节还是减少了环节？节约了时间还是浪费了时间？从而布置一个很有成效的办公室。

把办公桌当作文件和记录保存处，是搞错了它的实际用途。只有每天工作所需要的直接文件，可以暂时地放在办公桌上。此外，就是各种快速处理工作所必须的工具：钢笔、铅笔、图章和办公设备。放置永久性和半永久性文件的，应该是贮存柜之类，而不是办公桌。

一张安排细致的工作进度表，一个规划合理的办公室，一张布置有条有理的办公桌，显然是有益的。但它们本身并不能使效率提高，效率取决于一个人内在的意志力。除非一个人坚忍不拔，要不然，一切为提高效率而设计的体系，都将是徒劳的。

（四）需要有危机感和紧迫感

在当今变化节奏加快，关系日益复杂的情况下，竞争加剧。就如跳水比赛是激烈的竞争，比赛的结果非胜即负，而战争是更加激烈的有关生死存亡的竞争，这两者很容易唤起人的紧迫感和危机感。所有企业都不约而同地在此危机感下去奋斗、竞争，以开拓企业的发展道路。

负责部门全局运行的物业管理者，会在部门运行的过程中受到来自多方面的挑战，一方面是内部出现的危机，另一方面是大环境大形势的变化。至于内部危机的出现也许对于物业管理者而言是很有信心克服的，因为毕竟他有决策权，可以按照自己的理解去解决。但是对于大环境的变化，远远超出了物业管理者的调控能力，其影响不仅涉及物业管理者本人，并且涉及的是整个公司的生存发展问题。来自这两方面的挑战对于物业管理者来说没有一个安逸的机会，而必须随时都要有着紧迫感和危机感。

新技术革命的浪潮猛烈地冲击着世界，新的观念、做法、科技发现更为迅速地出现着，并很快转化为生产力。这场革命以新时空观突破了国家的界限，具有空前的全球性。这种时空观的特点在于：空间在不断贬值，时间在不断增值。空间的贬值，是指由于人对空间的开发，空间对人的限制越来越小。如同样的土地可生产更多的食物或建造更多的房子，可以随时与万里之外的朋友沟通和交流。时间的升值，是指由于时间的一维性和连续性。既不能贮存也不能中断，它永远是有限的。为解决空间的无限性与时间的有限性矛盾，人们提高了速度，但速度的提高是有限的。随着现代科技的发展，不断开拓新的领域的时间所受限制更为突出。技术越先进，单位时间的工作成果也就越大，时间也就更加宝贵，所以"时间就是金钱，效率就是生命"的口号，被越来越多的人所接受。

总之，管理时间的一个最重要的原则就是要明白，什么事情应该放在首位，这也是人们最难于把握和懂得的。美国时间管理专家提出了"4D"原则：即丢掉不管（DROP IT），将那些与目标无关的事情抛开；拖一拖再办（DELAY IT），将那些资料不全、不重要、偏离目标的工作暂时先放在一边，等有空余时间再处理；委派别人去干（DELE-GATE IT），能委派他人去干的事情，尽量委派他人去干，节约时间处理更为重要的事务；自己去做（DO IT），不能丢掉不管，不能一拖再拖，也不能委派他人去干的事，按照先后顺序去完成。

五、物业管理者时间支配

"物业管理者成功不是从他们的任务开始，而是从他们的时间开始"。科学、合理地支配时间是物业管理者的第一要务，也是物业管理者提高工作效率的关键。物业管理者对时间的支配可以从三个方面展开。

（一）用足时间让事情一气呵成

用足时间亦即时间开源问题，即在最值得做的事情上把时间用足用活。

（1）先做最值得做的事情。物业管理者应该用大部分的时间做能带来最高回报的事情，而用小部分的时间做其他事情。先做那些能使你接近目标的事，再做你喜欢的或容易完成的事。为先做的事安排大量的时间，次要的事可放在精力差点的时间做或抓紧点滴空余时间去做，需要做但未必要亲自做的事可委托别人去做。

（2）以高效时间做重要的事情。每个人都有自己的生物钟，在不同时段人的反应会千差万别。比如有的人清晨精神饱满，有的人夜间精力集中。物业管理者应根据自己的生物钟特点和工作要求确定工作方式，在自己的生理高峰阶段处理重要的事情。

（3）集中大段时间。把时间安排成整段利用能有效提高时间的使用效率，如果把时间分割开来零碎使用，单是工作的转换与适应就要浪费许多时间。例如，即使只有一个工作日的1/4时间，如果集中使用，也足够办几件重要的事。而纵然有一个工作日的3/4时间，若都是十几分钟或者半小时的零碎时间，也处理不了重大事情。

（4）一次只集中精力做一件事。人的精力毕竟是有限的，要保证高效率，必须在某段时间内专注于一件事。爱迪生认为他成功的第一要素是"具有能够将身心与心智的能量，锲而不舍地运用在同一个问题上面而不会厌倦的能力"。

（5）留出创造时间。在没有外界打扰的时候，人才容易产生创意。日本一位创造学家1984年对800多名发明家的调查显示，大部分发明是在休息或独处时产生的。所以说，物业管理者的工作时间不能全部交给他人，最好预留一部分时间给自己，这段时间不受干扰，可以全神贯注地思考新问题。

（二）压缩时间做最值得做的事情

压缩时间，即物业管理者在使用时间时收缩战线，能外包的外包，能授权的授权，从不相干的或无关紧要的事务上撤下来。

（1）第一次就铆足劲把事情做对。每个物业管理者的时间都是既定的，至于他能做多少事，做好多少事，全在于他办事的效率。如果物业管理者每次都是第一次就把事情做对，那么他会节约大量时间；相反，如果他总是把事情办糟，每次重办时都得花许多时间。

（2）他人能办的授权他人去办。授权能大大提高管理工作的有效性。作为物业管理者，成功与否的关键就在于他有没有能力通过员工来发挥以一当十的作用。

（3）别接手烫手的山芋。物业管理者不要做他人能做的事情，不要做他人职权范围内的、你即使做也做不好的事情；不要做他人的、会影响你重大目标实现的事情。

（4）压缩开会时间。一个物业管理者如果不能从会海中挣脱出来，他就会被无聊淹没。开会可提倡争论，提倡各抒己见，提倡全体发言，提倡不超过一个半小时，提倡站着开。

（5）缩短转换时间。物业管理者从一种工作转换到另一种工作，从一种状态过渡到另一种状态，时间应尽可能压缩。物业管理者的工作千头万绪，每两件工作的接轨时间能节约一点，累计下来的数量就很可观。

（6）不要成为他人的"时间人质"。物业管理者在拥有权力的同时也失去了一定的人身自由——每个人都可以随时来找他，物业管理者的时间逐渐变成属于别人的时间。这已成为一种规律。物业管理者一旦成为他人的"时间人质"，那么就会失去自我，成为别人计划的一部分。

（三）掌握拉长时间的技巧

时间对任何人都是均等的，然而，利用时间又有很大的弹性。在有限的时间内填充无限的事件，这就是时间的拉长效应。

（1）合理运筹时间。物业管理者的时间是个恒定量，而每个固定时段所能容纳的工作却是个无限量。物业管理者在某个时段所完成的工作与物业管理者的能力成正比，物业管理者的能力越强，单位时间的产出量就越大，物业管理者的时间运用效率就越高。这就要求物业管理者对各项工作统筹规划、合理安排，科学分配时间。

（2）逆势操作时间。凡属人人都非办不可的事，你得在人人都还没办的时候去办，设法远离"高峰时刻"。当别人还没有做某事时，你就去做，这样可以节约许多排列的时间。

时间运筹能力是物业管理者必备的素质之一。物业管理者理性地认识时间，树立正确的时间观念，提高在管理行为中科学运筹时间的能力，是实施正确管理方法，提高管理工作效能的重要途径之一。

（四）分类管理

美国管理专家莱金写了一本《如何控制你的时间和生命》的书，提出一个现代领导者应该编制每天工作的时间表，他认为领导者每天要办理的事情很多，而又常常不可能全部做完。因此有必要把每天要经办的工作，按照轻重缓急加以分类，分成为 A、B、C 三类。所以这种方法也被称作 ABC 分类时间管理法。

1. 做法

ABC 分类时间管理法，就是剔除那些不必要处理的工作后，把剩下的工作按其最重要、一般重要、不重要分成 ABC 三类。

A 类工作在本质上具有最重要性，在时间上具有最紧迫性，在后果上具有严重性。领导对这类事应当做到：必须做好；必须现在去做；必须亲自去做。一般情况下，领导者所处理的这类事件的工作量，不得超过总工作量的 20%，每天 1~3 件；但领导者处理这类工作所花的时间应占总工作时间的 80%。

B 类工作在本质上只具有一般的重要性，在时间上也只有一般的迫切性，没有太大的严重后果。领导者在处理这类事项时，或自己去做，或授权别人去做。领导者处理这类工作时所花去的时间一般应控制在总工作时间的 20% 左右。

C 类不重要的工作一般约占总工作量的一半以上，但它无关紧要、不迫切、后果影响甚少。领导者绝不能介入这类工作中去。

ABC 分类时间管理法可以用图 5－5－1 流程图来表示。

2. 原则

现代时间管理要求以社会效益和经济效益为准绳来确定事序的排列。要求人们将每天面临的杂乱无章的工作系统化，按工作的轻重缓急、在系统中起作用的程度，分为不同类别，排定事务的优先次序，然后抓住影响全局，对整个系统有举足轻重影响的重要环节，重点进行突破。其基本原理是抓住工作的 80% 的价值，集中在工作的 20% 的组成部分上，以价值的不同而付出不同的努力来定量管理自己的时间支出，达到两分努力获得八分效果的目的。

运用 ABC 分类时间管理法的要害是准确区分事情的重要性。区分的原则和要点有以下几个方面：

（1）重将来而不重过去，摆脱"昨天"，为"明天"而致力于"今天"。

（2）重机会而不怕困难。抓住了机会，迎着困难上。

（3）在方法途径的选择上，应着力于有效性和创造性。

工作总项目

对目标成败
有影响吗？

否

有

否

拖一下时间会产
生不良后果吗？

有

否

必须自己亲
自去解决吗？

是

B类(日5件以内)　　A类(日1~3件)　　C类(50%以上)

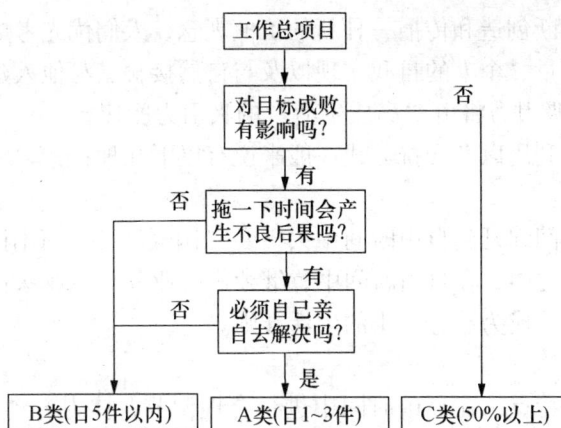

图 5 – 5 –1　ABC 分类时间管理法

（4）分清"重要"与"迫切"的概念，最重要的不一定最迫切，最迫切的也不一定最重要，只有两者同时具备了，才可列入 A 类工作。

当然，任何事情都是动态的，排定的工作日程也会有所变动。比如有人打电话来催办 C 类的事情，就要把这件事归到 B 类中去；又如有人亲自登门交涉 C 类的事情，就应该将这件事列作 A 类办理。这种分类法，好处颇多：可以使工作有所摆脱，有所抓紧；可以亲自处理重要的工作，而把次要的工作委托给别人；还可以在保证完成主要和紧要的工作后，留有适当的机动时间，免得安排过满过死。

3. 记录

每天工作的 A、B、C 分类，应有完整的记录，这样就可以不断总结经验。分类管理法可以与记录统计管理法相结合。

所谓记录统计管理法，就是通过对领导者实际消耗时间的记录统计，以分析自己时间利用率的有效性，找出浪费时间的因素，制定出消除浪费时间因素的措施。领导者不必天天做记录，连续记录 2~3 周后，可在一个季度或半年之后再重复一次。为了正确地分析时间利用情况，选择记录的时间区段应具备普遍意义。

为了更好地利用时间，领导者可建立日时间耗用记录卡，载明一天的时间消耗情况。通过建立日时间耗用记录卡，用数字统计的方法来分析时间的分配情况，从而改进领导者的时间管理工作。

（五）自由时间支配

"自由时间"作为时间学的概念，是相对于"强制性时间"、"受约束时间"、"必需时间"而确立的。自由时间是在一天总的时间构成中，扣除了工作、学习、重复性的家务劳动，睡眠、饮食、路途往返等时间支出之外的可供自由选择活动内容的剩余部分。自由时间又可以划分出两方面的时间消费：一是接受教育，参加社会活动；二是进行体育运动、郊游、娱乐等闲暇活动。

随着科学技术的进步，生产力的发展，劳动时间不断缩短，自由时间总是趋向增多，在未来的社会里"财富的尺度决不再是劳动时间，而是可以自由支配的时间"。增长着的自由时间也不断创造和传播一种新的价值观念，人们优先考虑的已不再是经济的增长，而是生活的质量、个人的自我实现以及与自然接触、与他人建立一种真诚的社会交往。"购买力"的吸引力将由"高质生活"的吸引力所接替。

自由时间的支配利用以及安排方式一般来说有以下几种：

1. 延伸型

把工作与求学时间绵延到自由时间中去，变"闲暇"为"不闲"。据调查发现，大学毕业工作后的 5 年之中，在自由时间中，继续进行业务与专业深化学习，往往是衡量实际工作能力的标志，成为有志之士的生活准则。

2. 调适型

根据不同的职业特点，在自由时间中进行合理调节，体力劳动者，搞点脑力活动；脑力劳动者，从事一下消耗体力的活动或其他智力活动，转换大脑兴奋中心。

3. 陶冶型

在自由时间里，一些领导者喜欢文学艺术、琴、棋、书、画，提高文化素养，追求美的享受，享受优雅、高尚的文化成果，往往身心两利。

4. 消遣型

在工作学习之余，家人团聚、亲朋聚会、闲谈解闷；无事休息，静思默观，闭目养神，也是自由时间的内容。消遣本身无可指责，只是一忌过度，二忌无聊。聊者，依托之意，无聊即没有依托之所在，故是精神空虚之谓也。消遣应防止内心空虚，造成时间空转，生命停滞。

领导者任务重、责任大、工作忙，自由时间工作延伸使用较多，这是难免的。但是从总体和长远考虑，领导者应把工作事业与身心健康统筹兼顾起来。实践证明，凡是能全面科学安排时间的领导者，精力充沛、工作效率高，形成良性循环。相反，打疲劳战的领导者精神憔悴，身心多病，工作效能就低，而且形成恶性循环。因此，领导者必须安排好自己的工作、学习、休息时间，保证员工的自由支配时间。

（六）有效利用时间

领导者为了有效地利用时间，必须掌握以下四点：

1. 判断自己的时间

分析自己的时间计划表，选择做什么事或不做什么事，明白自己的时间到底花在什么地方，往往最急迫的事情未必就是最重要的事情。以便把自己精力最充沛的时间集中起来，专心去处理最费精力、最重要的工作。一定要对自己的工作安排有主动决定权，不能听从于他人的摆布。对每周总的时间安排要有个计划，对时间的利用效率，预则高，不预则低。

2. 分析无效的时间

在分析无效时间时，我们不妨对照下列问题逐项提问：

（1）有哪些事根本不必做？如果根本不做，有何后果？如果没有什么影响，就应当立即停止。

（2）有哪些事可以请别人代做？如果可以，立即授权，而不必事必躬亲。

（3）有哪些事可以替换做？替换做的代价是什么，如果能用费时少的办法代替费时多的办法，何乐而不为？

（4）有哪些事能合并做？同类事若能合并，岂不是一举多得？

3. 消除时间浪费

造成时间浪费的因素很多，有客观的，如制度不健全、环节过多、信息不灵、人浮于事、相互扯皮等都会造成时间上的惊人浪费。也有主观方面的，下面我们就主观方面谈一些看法：

（1）控制时间的开头。许多人都有这样的习惯：在开始工作前"慢慢酝酿情绪"，等待工作状态的产生，这一"慢慢"就是15~30分钟。睡醒了在被窝里躺15分钟，毫无必要地翻阅明明知道不想阅读的书，随便一翻就是15~20分钟等。要摒弃这些坏习惯，需要毅力，毅力对控制时间起着重要的作用。

（2）集中使用时间。彼得·德鲁克认为有效的管理者知道他必须集中利用时间。时间分割成许多小段，等于没有时间。所以时间管理的一个重要原则在于管理者将自行控制的零碎时间集中起来。以写报告为例，一般来说写份报告大约要七八个小时。如果每次花15分钟，每天两次，拖了两个星期，虽然总时间也有7小时，但恐怕还是一张白卷。但是如果关起门来，排除一切干扰，连续写上五六个小时，一份相当不错的初稿应该差不多完成了。

（3）因人而异。每个人在一天中的精力最充沛的时间分布是不相同的。比如你是早起的鸟儿，还是迟睡的夜猫子？你会不会在中午需要小憩片刻？凡此种种，每个人的情况都不一样，不能划一而论。也就是说，只要你觉得一天当中哪一段时间精力最充沛，便在那一段时间处理比较复杂的问题，即A型任务，像计划、分析、写作等，而在精力比较不济的时候，处理那些不需多费脑力的工作，如此安排，便可提高你的工作效率。

4. 有效地授权

就是划定个范围，哪些事情要自己亲为？哪些事情交予别人办理？哪些事情自己要追踪督查？哪些事情完成以后要给予总结评价？从而激励行事者。完全排除没有附加值的工作。这样一方面使自己能知道当前所做事情的进展状况和完成程度，另一方面显示出你对员工工作和他们本身的重视。有位管理大师讲，正确地做事比把事情做正确更为重要。有效授权使自己不需要事必躬亲，从而把自己解放出来，做自己该做的事情，时间的使用效率自然会高起来。

第六章 物业管理者的工作方法

一、物业管理者的行政方法

(一) 物业管理者行政方法的含义

物业管理者行政方法是指物业管理者主体在物业管理过程中，依靠组织的行政权威，运用命令、指示、规定、条例及规章制度等手段直接左右被管理者行为的一种管理方法。政府在物业建设中处于组织规划者、裁判者与执法者的行政管理者角色，对物业建设起组织、指导、帮助、支持、调控的主导性作用。因此，掌握物业管理者行政方法是非常有必要的。

(二) 物业管理者行政方法的类型

1. 行政指令方法

（1）行政指令方法的特征。行政指令方法的实质是通过物业管理者组织中的职位和职务来进行管理。其主要特征有：

①权威性。行政指令实质上所依靠的是强制性权威，行政职位越高，职务越大，权威性就越强，所带来的服从度也就越广。因此，提高一定的职位和职务的权威性，是有效运用行政指令方法的基础和前提。

②强制性。强制性体现于行政主体所发出的命令、规定、条例等都是必须执行的，有时属于根本不考虑价值补偿问题的无偿性服从，更有甚者是要求无条件的绝对服从。当然，这同法律所具有的普遍约束力的那种强制不尽相同，它允许特别情况下的灵活机动。

③层次性。行政指令方法是根据行政组织的纵向结构自上而下，由大到小一层层进行管理的，行政指令都是直线传递，层层下达。

④具体性。行政指令的内容和发布的对象都是具体的，不仅如此，一定行政指令只对特定时间和特定对象有效，这种时效性也是具体性的表现，即因事、因时、因地、因人而异。

（2）行政指令方法的作用。行政指令方法是物业管理中必不可少的一项基本方法，采取这种方法可以使纵向信息迅速传递，各项管理措施迅速发挥作用；能够集中统一使用和调动人力、物力和财力，迅速地解决物业管理中出现的主要矛盾，保证工作的重点。

2. 行政法律手段

（1）行政法律手段的特征。行政法律手段是指物业管理者主体通过各种法律、法令、法规、条例等来调整物业管理者中所发生的各种社会关系的管理方法。其主要特征有：

①权威性。行政法律手段的权威性来自于法律法规的强制性，它有国家强制力量作为后盾，作为物业管理的主体和客体都必须遵循物业管理中的法律规则，依法办事，否则就会受到法律的惩罚。

②稳定性。法律和法规的制定一般都比较严格、慎重，一旦颁布以后，便具有相对的稳定性和严肃性，可以反复、普遍地使用，不得因人而异，随意修改。

③规范性。法律法规对一般人普遍适用，对其效力范围内的所有组织和个人具有同等的约束力。不同层次的法律规定不得相互冲突，法规要服从法律，一般法律又要服从宪法。

（2）行政法律手段的适用范围。行政法律手段的适用范围比较广泛，不同层次各种领域的问题，尤其是那些具有共性的问题，都适合用法律手段来解决。但是，在物业管理中，处理特殊的、个别的问题时，还需要与指令方法及其他方法相互补充。

3. 行政经济手段

（1）所谓经济手段，是指根据客观经济规律和物质利益原则，运用各种经济杠杆调节不同的经济利益关系，以达到管理目标的管理方法。

（2）经济手段的主要内容是发挥各种经济杠杆的作用。在物业管理中，主要可以采用奖金、罚款以及经济合同、经济责任制等方式。

（3）正确运用经济手段是调动物业居民和物业单位积极性的根本方法，但这种强调物质利益原则的手段不可避免地具有它的局限性。它不适用于来解决物业管理中许多需要严格规定或立刻采取措施的问题，我们也不能完全依靠它来调动人们的积极性，因为人除了物质方面的需要外，还有更多精神和社会方面的需要。在现代生产力迅速发展的条件下，物质利益的刺激作用正日益缩小。因此，经济手段在进行社会主义物业管理中的作用不是无限的。

二、物业管理者的专业方法

物业管理者工作是一项专业性很强的工作，要有效地开展物业工作，实现物业管理者工作的目标，就必须科学地应用物业管理者的专业方法。

（一）物业管理者专业方法的含义

在长期的理论研究和实践积累中，物业管理工作形成了一套专业工作方法和技巧，例如物业管理者进行物业调查和物业分析的方法，以及家访、召集居民会议、开展物业活动、街头宣传等方法。在实际工作中，除了运用物业工作特有的方法以外，还要结合具体情况，使用个案工作、小组工作、物业工作等专业艺术，这些方法作为帮助社会上处于不利地位的个人、群体、物业解决问题，促进其发展的服务活动，与物业管理的许多工作具有高度的一致性和重合性。

（二）物业管理者专业方法的类型

1. 个案工作方法

（1）个案工作方法的含义。个案工作一词是从英文 social case work 直译而来的，对其含义并无普遍共识。有的强调个案工作是一个过程，有的强调个案工作是一种艺术和科学，还有的强调个案工作是一种一对一的工作方法。作为一种工作方法，个案工作是以科学知识和专业技巧为基础，通过一对一的专业关系，帮助案主解决问题，增强其社会适应能力的过程。个案工作的作用集中表现在个人及家庭层面上。从个人层面上看，个案工作可以改善个人的行为动机和行为方式，可以强化个人的社会生活适应能力，或能发挥个人的潜能。从家庭层面上看，个案工作可以有效地调整家庭内部的各种关系，增进家庭生活的和谐。

个案工作的对象（一般称为案主）主要是那些有困难或有问题的个人及其家庭。

（2）个案工作方法的步骤。第一，接案，又称立案，是个案工作的开始。包括登记、指定专人负责、建立案主档案等工作内容。

第二，调查。主要运用访谈等方法，收集案主的有关资料。

第三，诊断与计划。诊断就是摸清案主问题的性质、程度、原因，案主解决问题的能力以及社会环境条件的过程。

第四，处理，也称服务。是帮助案主解决问题和困难的过程，也是将个案工作计划付诸实施的过程。

第五，评估。也就是工作者和案主共同检查服务成效，调整和完善下一阶段的服务计划。

第六，结案。一旦案主的问题和困难得到解决，或认为此个案工作已没有必要再做下去，就可以结案。

2. 小组工作方法

（1）小组工作方法的含义。小组工作方法也称社会团体工作或社会群体工作方法，主要是以需要帮助的社会群体及其成员为工作对象，通过群体成员间的互动和小组工作者的协助，提高这个群体及其成员的社会适应能力的一种方法。

（2）小组工作方法的过程。小组工作过程可划分为计划阶段、开始阶段、中间阶段和结束阶段。

计划阶段有一系列有序步骤，包括确立小组的目的、评估赞助机构、招募成员、组织小组、安排见面会、订立契约、准备小组所需的设备、确定经费安排和准备小组书面计划。

开始阶段包括小组最初的几次活动。在这些活动中，成员还不是很投入小组的过程，表现谨慎，较多要求工作者的指导，对指导又常打折扣，令工作者常感挫折。本阶段是带领小组的困难时期，需处理很多内容。

中间阶段中工作者协助成员达成小组目的，大致要处理六项工作，即准备小组聚会，为小组过程提供内容框架，使成员参与并增强能力，协助成员达成目标，处理非自愿与抗拒行为，监督和评估小组活动的进行。

结束阶段要设计一些内容帮助成员面对真实的生活情境。让小组成员讨论结束的感

受并为未来做计划。告知小组成员结束后有何可以利用的支持体系和资源，对有需要者做好及时的转介工作。

评估阶段旨在了解小组工作的成效和价值、指引实务工作和研究治疗性元素。由于小组工作与很多因素有关，严谨评估往往很难进行。

3. 物业工作方法

（1）物业工作方法的含义。物业工作方法有广义、狭义之分。广义的物业工作方法基本上等同于物业建设和管理工作，而狭义的物业工作是与个案工作方法、小组工作方法相并列的一种工作和管理方法。这种方法以特定的物业为工作对象，由工作者运用专业知识和技能，动员物业成员群策群力，解决物业中存在的问题，促进物业人与人、人与环境的协调和发展。

（2）物业工作方法的操作程序。物业工作方法的操作并无严格、统一的规定。大致而言，物业工作可分为探索和准备、计划执行、撤离评估反思三个阶段。

探索和准备阶段旨在透过系统方法搜集和处理资料，安排工作进度和内容，以形成有效工作方案。本阶段需要了解物业背景、界定问题和需要、建立目标和标准、确定工作方案。

计划执行要求以物业成员为基本力量，策用组织资源，采用某种工作策略达成计划目标。具体包括联系群众和发动群众、建立组织和联系组织、迈向计划目标。

撤离评估反思阶段主要做好撤离、评估和反思三个方面的工作。

上述过程只是物业工作的一般模式。在具体工作中，上述内容的次序可以颠倒，有些内容在几个阶段同时出现。物业工作的成功有赖于物业管理者根据工作理论和具体情况而采取针对性对策。

三、用人与组织协调的方法

（一）物业管理者的用人方法

物业管理者的领导方法和管理水平集中体现在用人方法方面，聪明的领导者都十分注重调动下属的积极性，科学、有效地使用下属，发挥组织的整体作用。用人，是领导者最重要的工作之一。无一例外，用人也是物业管理者实施科学领导和管理的重要工作，它可以说是物业管理者领导水平和领导艺术的集中体现。

1. 什么是人才

怎样给人才下一个定义呢？传统上我们把饱读诗书、博学多才之人称为人才，而现代竞争社会对人才有了新的认识与界定，是否拥有职业素质成了人才的一个基本标志。所谓人才，是指在某一方面或几个方面有较强的能力或才干，对认识世界或改造世界做出了积极贡献的人。人才的基本特征是：方向性、创造性、杰出性、专业性、成果性。在当今世界，"人才是最重要的资本"，因而人才竞争在国际社会相当激烈。

人才是现代社会竞争的核心内容。要想在国际竞争中不被淘汰，各级领导者都应慧眼识英才，选拔人才，为他们施展才华提供用武之地。而物业管理者作为本部门的领导者，选贤用能的任务更加重大，更应承担起识别人才、引进人才的重任。

2. 用人之道

（1）发现人才。人才并不是只凭外表能够识别的，也不是一眼明了的事物，需要领导者善于去发现，去挖掘，需要领导者有"伯乐"识才之法。有句话说得好，世界不缺少美，缺少发现美的眼睛。人才同样如此。各种各样的人才怎样拿来为我所用。这才是物业管理者需要去发现和挖掘的。

（2）用人三字诀：吸、挖、荐。

①吸，就是吸引人才。靠什么吸引人才，靠什么留住人才，这是我们在引进人才时所必须考虑的，就得用"吸"字诀，创造良好的适应人才的各种优厚条件把人才吸住、引来。

②挖，就是挖掘人才。只要潜在的能够成才的，但无机会或条件显露其才的人才，就需要用"挖"字诀，用各种方法来发掘他的潜能，使其一展所长。

③荐，推荐或者自荐。既提供他人推荐人才的宽松机制，也创造人才自荐的良好氛围。

（3）用人原则。尽管不是每个物业管理者都是人才，然而每个人身上总会有自己优点的东西。把特长挖掘出来，发挥其作用。暂时没有显露其才能的，创造条件使其成为人才，正是最有效的用人原则。

用人原则主要有以下几个方面需要物业管理者遵循的：

①选贤任能，知人善任。

②用人所长，扬长避短。

③宽以待人，团结为重。

④适人适职，适才适用。

（二）物业管理者的组织协调艺术

物业管理者的组织协调是其工作内容中的重要组成部分。物业管理者的组织协调艺术就是物业管理者采取一定的措施和方法，使其所领导的物业内部之间及内外部关系协调一致，相互配合，以便高效率地实现物业整体目标的行为。物业管理者在工作中要切实认真地担负起组织协调工作的重任。以下是物业管理者协调工作的主要内容：

1. 工作协调

组织协调工作首先在于工作上的协调，工作协调主要是指物业管理者对物业内部，对系统内各单位、各部门以及对外工作的协调。

2. 计划协调

协调工作不单单是针对已经发生的事务进行协调，物业管理者对物业各个方面的计划，预期发生的事情也要进行协调安排。

3. 政策协调

对部门性文件和规定，以及相关政策的协调，即为政策协调。

4. 人际关系协调

人际关系，就是人与人之间的关系。在物业中，物业管理者人际关系的协调即对物业工作人员和物业居民，以及物业内外部之间关系的协调。

四、物业管理者物业调解方法

（一）物业调解制度的现状及问题

在以和谐为核心的传统"和合"文化背景下，中国形成了以民间自我调解方式解决纠纷的传统，即由中立者出面协调与疏通，使争议双方达成共识解决业已存在的纠纷。它的优点在于纠纷解决的成本低，并有利于纠纷双方事后相处。新中国成立以后，党和政府在解决人民内部矛盾的实践中继承并发扬了这一传统，积累了丰富的人民调解工作的经验，其中，物业调解作为我国纠纷解决多元一体模式的基础部分，对于社会稳定与发展起着重要作用，一直受到重视。如《中华人民共和国物权法》、《中华人民共和国民事诉讼法》、《人民调解委员会组织条例》以及《人民调解工作若干规定》等法律法规都在制度层面对物业调解及其他民间调解进行了界定与赋权，充分保障了物业调解制度功能的发挥及在实践中的运行。在组织支持上，全国各地城市及农村基层组织中都设立了人民调解委员会、调解小组或矛盾调解中心等调解组织。

但是，当前的物业调解制度在起着重要作用的同时，也面临着一些问题与困境，限制了物业调解功能的发挥。对此已有许多研究进行了探讨，如调解的效果与作用问题，调解组织的法律地位问题，国家对调解的投入问题，物业管理者的素质与待遇问题等。这些建议对提升物业调解能力是有意义的，但在我们看来，这些建议还停留于表层或技术问题的解决上，更重要的是要针对物业调解制度弱化的深层原因寻求对策。我们认为，物业调解制度乏力的根本症结在于以下几个方面：

（1）居民缺乏共同的生活世界，导致调解资源和调解氛围不足。与法律通过正式强制制裁达成纠纷解决相比，物业调解是物业共同体内部纠纷的自我化解方式，是一种兼容情、理、法的纠纷解决方式，主要是通过形成非正式的约束与控制来达成合意，而这种非正式的约束是建立在物业成员共同的生活经验之上。例如，基层调解最大的特点是利用地方资源或社会资本，包括人情脸面、社会关系、公共道德、习惯、信任、乡规民约等规则，以及生活共同体所形成的和解氛围与环境。这就是传统物业调解发挥功能的现实基础和土壤。然而在现代社会中，由于人与人之间缺乏共同的生活纽带，传统的物业走向了衰落，生活共同体走向瓦解，居民虽然同住一个物业小区，但彼此缺少互动，甚至彼此都很陌生，虽日久却无法生"情"。由此导致物业调解缺乏必需的共同体意识基础与调解资源，因而基层调解自然会随之受到冷落，效力就会下降。

（2）调解制度被边缘化、缺乏应有的权威。法治是现代社会不可或缺的手段。然而，在强调法律、程序正义的同时，也产生了诉讼万能的偏向，以调解为象征的非诉讼纠纷解决机制则往往被认为是落伍的、与现代法治精神相悖的形式而遭到冷落甚至否定。相对于明显处于强势地位的诉讼制度而言，调解制度堪称纠纷解决体系中的"弱势制度"，往往受到非议而逐渐被边缘化。按照现有法律的规定，物业调解协议是没有强制执行力的，但最高人民法院2002年曾经颁布过一个《关于审理涉及人民调解协议的民事案件的若干规定》，第一条就规定，"经人民调解委员会调解达成的、有民事权利和义务内容，并由双方当事人签字或者盖章的调解协议，具有民事合同性质。当事人应当按照约定履行自己的义务，不得擅自变更或者解除调解协议"。这个规定肯定了在调解委员会主持下达成的调解协议具有民事合同性质，但在相当一部分人的心目中，物业调解协议不仅不具有强制执行力，甚至没有多少约束力，可以履行，也可以不履行。

（3）对物业调解委员的认同程度不高。调解是当事人通过调解人的判断、说理及仲裁等行动而达成合意的过程。在这一过程中，调解人个人的素质、技巧，特别是调解人的权威，往往起着很大的作用，甚至直接影响着调解的结果与效果。现代社会人们更加服从的是一种法理与程序上的权威，如通过选举而产生的权威。从程序来看，物业调解委员作为社区居委会的成员是由社区居民选举产生，他们的权威来自这种民主、合法的程序，因此在调解时容易为当事人认同。但物业毕竟只是居民地域性的社会生活共同体，而非正式的业缘性组织。同时，当前我国的城市物业中包括物业调解委员在内的社区居委会成员大多数又是街道聘用的社区管理者。他们不仅是"上班族"，而且往往还非本社区的居民，再加上阅历、能力、社会声望等因素的限制，而调解又是一门讲情、讲理、讲法的"化干戈为玉帛"的艺术，娴熟地掌握这门艺术确非易事。一些物业调解委员开展调解时效果不佳，其角色和权威难以得到居民的高度认同也就不难理解了。

（二）物业自组织视域下的物业调解

从自组织理论的视域考察，解决物业成员之间的纠纷可以分成两种方式：外部强制和内部自我调解。如果分歧双方或冲突双方能够在物业内部通过调解达成契约、履行约定、化解纠纷，就不需要外部力量的强制性干预，这种整合机制就是自组织机制；如果分歧双方或冲突双方不能够在物业内部通过调解来解决，就只能在物业外部通过司法程序来强制性裁决，那么，这种整合机制就是被组织机制。实践证明，自组织机制更符合物业共同体的本性。因为，物业自组织强调共同体成员的自主自决、多元参与、平等协商对话、合作治理。从成本与收益比较来看，物业自组织也优越于被组织。在多元化纠纷解决机制中，通常情况下物业成员也往往倾向于通过民间调解来解决分歧和冲突，只是在民间调解失败的情况下才被迫进入司法裁决程序。在物业凝聚力和自组织能力低下的地方或时期，当事人对共同体的依赖降低，物业内部自我调整作用差，地方权威的魅力和影响也就失去了作用，和解的达成及其履行会同样困难。在这种情况下，物业自我调解的"自组织"机制因无法实现不得不为"被组织"或"他组织"所取代。

综上所述，物业调解与物业自组织机制之间具有紧密的联系。物业调解是物业自组织机制的重要体现，物业调解能力也是衡量物业自组织能力高低的重要指标；同时物业自组织机制也影响着物业调解制度功能的发挥。这从以下几个方面可以体现出来：

（1）物业小区是地域性的居民生活共同体，物业自组织秩序表现为居民的自我管理、自我教育、自我服务和自我约束，在处理公共事务及日常纠纷时主要通过平等协商来解决，这就需要形成一种物业调解的环境与氛围。因为物业调解与诉讼这种纠纷解决方式不同，它所强调的是通过物业内部调解和协商自行解决纠纷，而无需外部力量的强制干预。因此，物业调解本质上体现的是一种自我协调的秩序，因而它与物业自组织这种自生自发的秩序是内在一致的。

（2）物业自组织秩序是建立在地域性生活共同体基础之上的和谐秩序，在自组织程度高的物业，能够内生出以信任、互惠和合作为特质的自组织规范，从而有利于调解资源的发育与形成。由于物业自组织强调物业居民之间的沟通、交流与对话，强调生活共同体的自我治理，因此这种特征必然导致这样一种结果，即物业小区居民在日常而又频繁的互动中，居民的公共精神得到了发育，物业小区居民间的信任与合作意识也不断增强，最终培育出一种物业社会资本。而这些因素都是物业调解能够加以利用，也行之有效的力量与资源。

（3）物业自组织状态下的参与、互动和网络有利于改善物业居民之间的关系，拉近居民间的心理距离，便于通过调解来解决纠纷。法律社会学的关系理论认为，当事人是否选择诉讼方式解决争端，受到当事人之间的关系的影响。比如格鲁克曼提出简单关系和复杂关系的划分，并认为，在复杂关系中，当事人较少采用法律的（诉讼的）方式解决争端；而在简单关系中，诉讼则是解决争端的主要方法。布莱克则用"亲密性"或"关系距离"来描述不同的人际关系。他认为，关系距离越近，越不适合用法律方法（诉讼）解决人们之间的争端；反之，关系距离越远，法律方法（诉讼）越适用。如上所述，在物业自组织状态下，物业居民或成员之间以信任与合作为基础形成了多元的横向网络，在物业这个固定并重叠的活动范围内，居民之间面对面的互动频繁，人与人之间由不熟悉变为熟悉，由弱纽带的人际关系变为强纽带的人际关系，由简单关系变为复杂关系，由此相互监督和自我约束也由弱变强，参与者不敢轻易采取不合作行为，于是当有纠纷产生时，物业调解的使用以及成功率也就不言而喻了。

（三）完善物业调解的思路与对策

如何通过提升物业自组织能力以实现国家与社会的良性互动成为中国物业建设和物业发展的必然选择，而完善物业调解制度是提升物业自组织能力的重要路径。为了从根本上解决物业调解制度所面临的问题，我们认为应当从以下几个方面着手，制定相应的具体政策与措施，使物业真正成为化解社会矛盾的单元。

（1）以重建城市物业生活共同体为依托，培育物业社会资本，营造需要物业调解也能够进行物业调解的氛围。在多元化纠纷解决机制中，通常情况下物业共同体的成员往往倾向于通过民间调解来解决分歧和冲突，只是在民间调解失败的情况下才被迫进入司法裁决程序。但物业调解又依赖于物业内丰富的社会资本。罗伯特·普特南（Robert-Putnam）认为：信任、互惠规范及公民参与网络等社会资本有助于促成自发性的合作与协调，可以用来改善社会行动，提高社会效率。但目前我国大陆物业建设的时间还不长，多数物业有物业其名，而缺少生活共同体之实，物业成员间的信任、合作以及互动网络等社会资本相对不足。有鉴于此，必须从重建城市物业小区生活共同体入手，营造居民共同的生活世界。要以物业成员的利益和需求为纽带，培育物业自组织网络，开展形式多样的物业活动，增进居民之间的交流和了解，增进居民之间的情感联系和心理认同，增加物业成员之间的相互信任，形成共享的价值和规范。这些都是有效开展物业调解的基础。

（2）在发挥物业调解非正式、灵活机动的民间特征的同时，要强化其应有的权威。物业调解与诉讼、仲裁以及行政处理一样，都应是我国主要的纠纷解决方式。与司法诉讼相比，物业调解无疑具有非正式约束和控制的特点，但同样需要权威。这种权威来自讲情、讲理、讲法。唯有如此，物业调解才能赢得物业成员的信任和遵从。物业调解的方式灵活多样，能够承担调解工作的可以是个人，也可以是群体或组织。就个人而言，既可以是专职物业管理者，也可以是物业小区热心人士或有威望者。就群体或组织而言，物业小区下属的调解委员会是物业调解的主体组织，其要真正履行职责，深入细致地开展物业内部矛盾的排查调解工作，及时妥善解决纠纷。同时，为了强化物业调解协议的法律效力，建议尽快建立物业调解与诉讼调解的协调机制，通过法院的审查与确认使物业调解获取法律效力，使物业调解得到国家公权的有力支撑。物业调解协议达成后，当事人一方不执行，另一方当事人可申请法院强制执行，以肯定物业调解的法律效力；对于当事人达成调解协议后又反悔起诉到法院的，法院在审理时应当以双方达成的调解协议为基础，着重审查调解协议的合法性。通过这种方式，法院可以对物业调解协议进行正确的保护与监督，逐步建立以居民自我管理、自我约束为基础的良性物业治理机制。

五、物业管理者常用沟通方法

（一）物业沟通的含义

沟通就是我们通常所说的信息交流，即物业管理者把某一信息（或意思）传递给客体或对象，以期取得客体做出相应反应效果的整个过程。由于沟通过程中对象的不同，沟通有"机—机"沟通、"人—机"沟通和"人—人"沟通三种类型。这三种类型客观上都是沟通双方发送和接受信息的过程，只是由于沟通参与者的类型不同而出现不同的特点。沟通属于"人—人"沟通类型，由于沟通的双方都是人，因此，与另外两种类型相比，沟通要复杂得多。

沟通是人类社会的一般现象，沟通是一种特殊的沟通现象，有其区别于其他形式沟通的特定内涵与外延。尤其是作为一门新兴学科的沟通，其概念和内容必须加以专门的界定。换句话说，沟通虽然并不绝对地排斥一般沟通的内容，甚至我们还必须以一般沟通理论内容的阐述作为对其进行讨论的基础，但把沟通作为一种独特的专门的沟通现象来认识和把握才是问题的关键所在。

在有些文章中，组织沟通和沟通是两个交替出现的概念。组织沟通一般是与人际沟通、大众沟通所比较而存在的，是指沟通方式的一种。而沟通是指物业大的范围下，围绕物业的管理运行而进行的沟通行为。这两个概念，一个是指沟通的参与群体性质，另一个是指过程和目的导向。

这里所讲的物业沟通，主要以物业组织为研究对象。在物业组织中，这两个词之间区别较小。组织沟通是指以组织为主体的沟通活动，主要围绕如何整合组织资源、减少物业内部的信息成本进行的，目的是如何提高组织效率，进行有效地沟通。沟通也是围绕管理行为进行，目的是提高物业效率。由于沟通和组织沟通的目的都是提高管理效率，因此双方可以互相替代，本书不再作详细区分。

所以，我们对物业沟通的定义是：物业管理者为了实现物业目标，在履行管理职责、实现管理职能过程中，通过信号、媒介和渠道，有目的地交流观点、信息和情感的行为过程。

1. 从沟通的性质来看，沟通本身为管理的内容

诚然，沟通是一种沟通，并且也一定是管理活动中的沟通。但正像沟通发生在任何

其他情况下都会形成相应的沟通类型或形式一样，发生在管理活动中的沟通，也必然是一种独特类型或形式的沟通。这种类型的沟通是物业管理者在履行管理职责的过程中，为了有效地实现管理职能而进行的一种职务沟通活动。因此，沟通不仅是与管理有联系，其实它本身就是管理的内容。

2. 从沟通的内容来说，沟通是规范性的活动和过程

作为管理活动之内容的沟通有别于任何随意的、私人的、无计划的、非规范的沟通。尽管沟通也可能是信息、思想、观点、感情、意见等任何内容的交流，但这些交流却与组织目标、任务和要求等密切相关。沟通的任何内容的实施和展开都是受组织目标导引的一种有计划的、自觉的、规范性的活动和过程。

3. 就沟通的形式来看，沟通是一种制度体系

沟通非但会表现为人际沟通、组织沟通、正式沟通、非正式沟通等，它更应该包括现代物业信息活动与交流的一般管理要求和现代管理方式在内。这意味着沟通不仅是一种活动，同时也是一种制度或体系。具体来说，就是物业组织结构的选择和物业制度、体制的建设，要成为为了有效沟通和有利于物业特定沟通要求的形式或模式。

4. 就其必要性来说，沟通是管理活动的本质要求

管理最一般地讲，就是组织大家共同完成某个任务，实现某种目标的活动过程。这个过程以持续的、复杂的、大量的沟通活动为基础。据统计，沟通占据了物业管理者的大部分时间和精力。所以，沟通是物业管理者的基本职责之一，是管理行为的基本构成要素。不仅如此，沟通作为一种新兴的现代管理理念，在当代文化管理、软管理以及学习型组织、团队合作、忠诚、共赢、共同成长和复杂系统建构与运作等一系列新兴的管理理论与理念的支撑下，已经凸显为整个管理的核心内容。

（二）物业沟通的分类

按物业沟通的方法划为口头沟通、书面沟通、非言语沟通、电子媒介沟通。

1. 口头沟通

口头沟通是指物业管理者在管理实践中，为实现管理目标而有效地运用口头语言表情达意，以实现管理目标的活动。口头沟通的优点是，有亲切感、更加个性化，可以用表情、语调增加沟通的效果，成本较低，可以马上获得对方的反应，具有双向沟通的好处。口头沟通的缺点在于：说话时较难进行快速思考，话一出口就较难收回，有时难以控制时间，容易带有较多个人色彩而影响信息的可靠性。

2. 书面沟通

书面沟通是指以书为载体，运用文字、图式进行的信息传递。很多管理工作都是以书面沟通进行的。管理学家克莱姆和史尼德在美国《沟通杂志》上指出，管理者将他们89%的时间花在有关沟通活动的事务上，其中59%的时间花在"听"和"说"上，19%的时间花在"读"上，而22%的时间花在"写"上。书面沟通的优点是具有权威性、正确性，不能在传达过程中被歪曲，可永久保留，适合传达事实和意见，适合传达复杂或困难的信息，可以进行回顾，可在发送信息前进行细致的计划和考虑。书面沟通的主要缺点是耗时，反馈有限且缓慢，缺乏有助于理解的非语言暗示，无法确认书面沟通的内容是否被人阅读等。

　　3. 非言语沟通

　　（1）非言语沟通的定义。非言语沟通指的是除言语沟通以外的各种人际沟通方式，它包括形体语言、副语言、空间利用及沟通环境等。非言语沟通涉及人们面对面沟通中的诸多方面，有时候人们有意识地运用非言语沟通技巧，而有时候却是一种下意识的行为。非言语沟通在实际沟通活动中起着非常重要的作用，甚至比通过言语表达的信息更为重要。根据有关研究表明，在人们实际沟通过程中，非言语信息量占人们所接受的总信息的60%以上。显然，非言语沟通所包含的信息远远超出言语所提供的信息，正所谓"此时无声胜有声"。

　　非言语沟通在不同文化背景下差异很大，以下所作分析，如无特殊说明，则以我国现有文化为背景。

　　（2）非言语沟通的类型。非言语沟通有多种类型，其中主要包括身体动作、空间利用、副语言等，具备认识和辨析这些非言语信号的能力无疑有助于有效沟通。

　　第一，身体动作的解析。

　　头部：朝一边点头是催促某人紧跟着；上下点头是赞许、同意或默认；摇头是不同意；头朝对方略微侧转表示注意；单手或双手抱头是沉思、沮丧或懊恼。

　　手臂和手双臂：展开表示热情和友好；双手插裤袋表示冷淡或孤傲自居；双臂交叉抱在胸前表示戒备、敌意或无兴趣；双手合十表示诚意；招手表示友好。

　　手指：捋发表示对某事感觉到棘手，或以此掩饰内心不安；十指相触表示自信或耐心；指点某人、物表示教训或威胁；握拳表示愤怒或激动；搓手表示急切期待或心情紧张。

　　腿和脚：呈僵硬的姿势表示紧张、焦虑；脚和脚尖点地表示轻松或无拘束；坐着时腿来回摆动表示轻松或悠闲；跺脚表示气愤或兴奋。

　　姿势：不同的坐姿和站姿传达不同的沟通信息。面试时，应试者弓着背坐着，两臂僵硬地紧夹着上身，两腿和两只脚紧靠在一起，就好像对面试者说"我很紧张"。同样，如果应试者懒散地、四脚撒开地坐着，表明他过分自信或随便，令人不舒服。一般来讲，无论是站着还是坐着，当一个人放松或休闲的时候，身体往往处于比较舒展的状态；而当一个人不舒服、紧张、害怕，整个身体都是绷得紧紧的，手臂和两腿紧靠在一起。

　　眼神：常言道，眼睛是心灵的窗户。显然，眼睛具有很强的交流功能和感染力。常见的表现形式有：目光注视、眼睛凝视、目光回避、扫视、斜视和眨眼等。研究表明，眼睛具有许多特有的交流功能，透过眼神或眼色，可以透视出人的内心世界，其沟通功能大致包括以下几点：①专注作用。眼神能够反映出一个人的注意力及兴趣程度。一般来说，瞳孔的大小能够精确地反映一个人的兴趣和对他人的态度。例如，当兴趣强烈时瞳孔会放大，而当兴趣减少时，瞳孔就会收缩。②说服作用。眼睛在说服性沟通中能起到重要的作用。在沟通中，劝说者要使人感到真诚可信，必须与被劝说者保持眼睛的接触。为了避免可信性的显著下降，劝说者不能用欺骗的眼神经常向下或眼光离开被劝说者。过度的眨眼或显示眼皮的颤动都会让对方生疑。③亲和作用。目光在建立、保持以及终止人际关系方面扮演着很重要的角色。仅仅盯着某个人看只是一种兴趣的标志。而注视则表明你对对方很感兴趣，并允许对方获得关于你的信息。这里需强调的是，目光举止在人际关系的发展方面，比其他任何一种非语言交流都重要。④强力作用。人的目光举止不仅可以折射其地位高低，也能有效地反映出其领导潜力。总之，眼睛可以如实地反映一个人是在表达肯定还是否定的感情，这与"喜形于色"的说法是一致的，即人们常把自己的感情表露于面色上，把感情的温度显现在目光中。因此，希望了解别人心情和感情的人，可以依靠对方面部和眼睛所提供的信息进行判断。

第二，空间暗示的解析。

在沟通中，不同的沟通方式表达了不同的含义。通过控制交际双方的空间距离进行沟通，称为空间沟通。人们交谈中掌握距离的方式表达了他们的信仰、价值观以及他们的文化内涵。例如，德国文化崇尚次序井然和等级森严，所以德国人倾向于划分出界限分明的私人领地，从而表露了他们保留个人隐私的需要。美国人要求拥有自己的办公室以掩饰自己的隐私，通过使用巨大而且能够升降的办公桌以与别人保持距离。相反，阿拉伯人在公共场合根本不知道什么是隐私，他们在谈话时是那样的亲密无间。这种沟通的特点被描述为：目光的直接接触、手的互相触摸，沐浴在对方温暖而潮湿的呼吸中，这些都代表了深层次的有感觉器官参与的交谈，这种沟通方式对很多欧洲人而言是不可忍受的。

我们必须承认，我们的空间受到两种互相竞争需要的影响：友好协作的需要和保留隐私的需要。大体上来说，通过形体上的接近可以表达我们想发展更密切关系的愿望。因此，形体上的接近在人际交往中扮演着十分重要的角色。相反，我们通过与他人保持距离以满足自己保留隐私的需要，这时我们常常寻求形体方式来确认这种距离的存在。例如，使用肘部以防止他人靠得太近。使用空间的方式以及我们对他人使用空间方式的反应，会给他人留下很深的印象，如友好、亲密、霸道、诚实以及同情等。事实上，面试的成功、销售的成功、跨文化的沟通都与我们掌握空间的方式密切相关。简而言之，作为代表个人和物业形象的物业管理者必须明白在不同场合中什么样的空间行为是合适的，什么样的空间行为是不合适的，因为这些行为举止在物业形象管理中是十分重要的。

第三，沟通距离的解析。

通常根据不同需要，"沟通距离"被划分成四种：亲密距离、私人距离、社交距离和公众距离。①亲密距离一般在 0 ~ 0.5 米。在亲密距离内交谈者可以与对方频繁地进行身体接触。适用对象为父母、夫妻或知心朋友等。②私人距离一般在 0.5 ~ 1.2 米之间。往往是人们在酒会交际过程中与他人接触时的距离。在这种距离下，常常会发生更进一步的人际交往。我们习惯性设定的私人距离会反映出我们的自信心强弱和保护个人隐私需要的心态。成功的沟通者在与他人接触时，会对他人设定的私人距离保持足够的敏感性。③社交距离一般在 1.2 ~ 3.5 米。用于商业活动和咨询活动。这种距离的控制基于你是站着，坐着，或者你是与一个人交谈还是与一群人交谈。④公众距离一般在 3.5 米以上。从社交距离到公众距离的变换对我们有很重要的暗示作用。当距离在 3.5 ~ 7.5 米，人们对非言语信息的理解会千差万别。当公众距离超过 7.5 米以上，人际间交往就十分疏远了。

　　距离的把握时常受诸多因素的影响，归纳起来大致有以下三个方面：①地位的影响。当两人之间地位距离拉大时，那他们之间的沟通距离也会随之增加，地位低下的人常常下意识地与地位高的人保持一定的距离。②个性的因素。与性格内向的人相比，性格外向的人在与他人接触时能保持较近的沟通距离；与缺乏自信心的人相比，自信心强的人在与别人接触时，沟通距离也较近。③人与人之间的熟知程度。通常人们总希望与自己熟悉的同伴或好朋友保持较近的距离，而尽量远离陌生人。

　　第四，其他形体语言的解析。

　　形体暗示在传递有关自信度、个人偏好、独断性、权力大小方面起着关键的作用。同时，形体语言也可透露出人们在沟通过程中是否受欢迎。

　　①开放式形体暗示。通常表现为：伸展一下双手，松一下衣服扣子或领带，放松一下四肢等。相反，如果紧缩双臂、夹紧双腿等动作则表现出一种自我防御的封闭式形体暗示。对于希望表现出镇定自若的人来说，自信的动作就非常重要。一些典型的自信动作有：手指尖塔（将手指指尖靠在一起形成塔尖状）；双手背后，下颌微抬；斜着身子，以手托头。而像一些摸嘴、摸鼻子、抓头的手部小动作通常是一种不自信的信息流露。在人际沟通过程中表现出开放的姿态非常重要，这样你会给其他人一个这样的信号：我真诚努力地表现出自己真实的思想。开放式的姿势常引起对方同样的开放式的姿势。

　　②表示喜欢与否的形体暗示。希望被别人喜欢的愿望人人皆有，你可以通过适当的形体暗示语汇将自己的意思表达出来。例如：不期而遇时有向前的倾向；身体和头直接面对对方；开放的形体姿态；肯定性的点头；活泼的动作；缩短个人距离；适当的放松；主动接触；保持目光接触；微笑等。如果对方流露出以下信息，则是表示不喜欢。例如：短时间的目光接触；白眼；不高兴的面部表情；相对较少的动作；身体僵硬；神情冷漠，漠不关心；封闭的形体姿态等。通过解读对方所表现出来的上述形体暗示，你可以了解到别人是否对你感兴趣。当然，当一个人希望得到别人的喜欢，但自我表现过了头，则会适得其反。例如，那些挥手过于夸张、盯着人看、点头过度的人，常常会引起别人的反感。又如，那些坐得太近的人虽然希望传递他们表示喜欢的暗示，但事实上，这些粗俗、过分的形体暗示常常也会引起他人的反感。

　　③表示权力的暗示。具有一定权力的人，无论权力大小，都希望被别人认可，他们有意或无意的紧张动作则不受欢迎。保护性的动作有很多，他们都带有制造不愉快气氛的意味。例如目光下垂、封闭的形体姿态是典型的保护性动作。紧张的动作也有许多形式，例如捻弄手指、拉衣服和摸耳朵等。事实上，任何毫无意义的动作也都可能被解释为是紧张的表现。在人际沟通过程中，对于了解对方的偏好、情绪或权力地位等信息具有重要作用。以下常见的表现出来的形体语言都能暗示出其权势感。你可能见过一些政治家或有一定权势的熟人，这些人言行举止常有一种居高临下的洒脱感，给人以大权在握、强劲有力的印象。表示权力与地位的形体暗示，主要表现形式如下：放松的姿势；昂首直立的身姿；果断有力的手势；持续而又直接的凝视；相对夸张的动作；适当的瞪眼；适当的打断；适当地接近别人。应该指出，在许多情况下，我们会遇到一些拥有权力和地位的人，他们通常也会表现出一种相对服从的姿态。因为，除了至高无上的皇帝

外，每个人都得对某些人负责。不过，一般说来那些有一定官职却不渴望得到别人认可，多数不会是一个强有力的人物。在这类人身上常常会显出一些没有权势感的形体暗示，如：身体紧张；过度微笑；别人发言时一直不注意；不直接看别人；频繁地向下看；开会时很早到场；坐在会议桌的最后；经常移动脚；分散注意力；僵硬的动作等。

当然，通过形体语言的解读，虽然可以初步判断信息传播者的个人喜好、权力地位，但是若需要获得确切的信息，还要综合其他言语和非言语的沟通。

（3）非言语沟通的作用。在人际沟通中，人们的内心活动变化会在手势和形体语言中有意无意地流露出来。通过形体暗示所透露出来的非言语信息主要有以下几种沟通功能。

①态度信息。一方面，手势和形体姿态可以帮助我们传递或强化由言语表达的信息；另一方面，形体暗示更能生动地反映出信息传播者对他人的态度。

②心理信息。研究表明，形体暗示功能可以有效地提供确切的个人心理状态的信息。它不仅能表明我们是否自信，而且还能暗示出我们的自信度。它们通常能够揭示我们是否靠得住，也能将我们消极的心理状态暴露无遗。

③情绪信息。我们的脸能非常准确地传递特定的情感信息，而形体暗示则显示我们情绪的变化水平和紧张程度。

相关信息通过非语言沟通还能揭示许多其他重要的相关信息，例如，个人偏好、权力地位以及情绪变化等。显然，如果我们不熟悉手势和姿势所提供的相关信息，我们在人际沟通过程中就容易产生误解，甚至引起不必要的冲突。

非言语沟通与言语沟通有着密切的相关性。在实际沟通过程中，当言语信息与非言语信息不一致的时候，人们往往会更加相信非言语信息。

4. 电子媒介沟通

电子媒介沟通是指通过电子设备进行的沟通，与传统的沟通方式有着很大的区别。

表 5 - 6 - 1 四种沟通方式的比较

沟通方式	举例	优点	缺点
口头沟通	交谈、讲座、讨论会、电话	快速传递、快速反馈、信息量很大	传递中经过层次越多，信息失真越严重，核实越困难
书面沟通	报告、备忘录、信件、文件、内部期刊、布告	持久、有形，可以核实	效率低，缺乏反馈
非言语沟通	身体动作、语调、空间、距离	信息意义十分明确，内涵丰富，含义隐含灵活	传递距离有限，界限模糊，只能意会，不能言传
电子媒介沟通	传真、闭路电视、计算机网络、电子邮件	快速传递，信息容量大，一份信息可同时传递给多人	单向传递，电子邮件可以交流，但看不到表情

（三）沟通技巧的把握

1. 明确角色与换位思考

主导沟通者应该十分清楚自己在沟通过程中为实现沟通目标所扮演的主导角色与职

能，同时进行换位思考，将心比心，使自己所运用的各种沟通要素能够为对方愉快接受。在沟通过程中运用换位思考，必须问自己三个问题：受众需要什么？我能给受众什么？如何把受众需要的和我能提供的进行有机联结？

沟通的过程是管理推销自己观点的过程。在沟通策略的选择上要根据对象的不同类型作选择，但其前提是对自我的正确认识，要坚持"人所欲，施于人"的理念而不是"己所欲，施于人"的理念去进行沟通，要把注意力放在与你谈话的人身上。应该不断问自己这样一个问题："如果与他人沟通时，想象让别人与你沟通时那样，你会犯什么错误？"

2. 针对不同沟通对象的特点采用不同沟通方法

要取得良好的沟通效果，必须深入了解沟通对象。首先，他们是谁，即对受众作个体分析和整体分析。其次，他们了解什么，即受众对背景资料的了解情况。最后，他们感觉如何，即受众对你的信息感兴趣程度如何。

沟通对象由于心理需求、性格、气质、管理风格等的不同可以分为各种不同的类型。针对不同类型的人，在沟通过程中，应采用不同的策略，主要有以下几种：

(1) 心理需求分析及沟通策略。人由于心理需求不同，可以分为成就需要型、交往需要型和权力需要型三类。承认不同个体的需要特点，在沟通时朝着满足他人需要的目标努力，既有助于问题的解决，又有助于建立良好的人际关系，以实现建设性的沟通。例如：对成就需要型的沟通对象，要充分认同他们对工作的责任感，沟通时应给予他们的是大量的反馈信息，要对他们表示肯定的态度；对交往需要型的沟通对象，要以交朋友的姿态和口气与他们交流，要设法与他们建立良好的人际关系，在参加活动的过程中以轻松的氛围交流些看法；对权力需要型的沟通对象，应采取咨询和建议的方式，而尽量不要以命令和指导的方式。要认同他们在工作中的职责，在沟通时要对他们的职责给予肯定。

(2) 信息处理风格和沟通策略。按照信息处理风格的不同，可以把沟通对象分为思考型、感觉型、直觉型和知觉型四类。他们各有自己的沟通风格，要分别加以对待。例如：对思考型的人，要给予他们充分的信息，不掺杂任何个人观点，客观地对待事物，使他们自己通过逻辑推理得出结论；对感觉型的人，要明确表达你的价值观念，要让他们感觉到你是支持他们的；对直觉型的人，不要轻易否定或批驳他的观点，充分利用和发挥他们的想象力；对知觉型的人，要清晰交流，抓住要点，在实践中获得结果。

(3) 气质类型和沟通策略。根据气质的不同，可以把沟通者划分为分析型、规则型、实干型、同情型四类。对不同气质类型的人，要采用相应的沟通策略。例如：对分析型的人，只需要告诉他们你想要的，并且给予他们机会展开计划，给予他们评价的标准，而不要提供太多的细节；对规则型的人，要为他们提供完成任务的详细资料，使他们能够按规则和标准做事，并对他们的贡献和努力要予以充分的肯定；对实干型的人，要给予他们大量的自由和工作多样化，帮助他们从机械的工作中走出来，帮助他们自我调节，并加强时间管理；对同情型的人，要给予指导和鼓励，赞赏他们的贡献，使他们认识到自己的重要性，并给予他们自治权和学习的机会，不要让细节成为负担。

(4) 管理风格和沟通策略。根据个人管理风格的不同，可以把沟通对象分为：创新型、官僚型、整合型、实干型四类。对创新型的人，要让他们参与到问题解决中来，让他们感觉到问题还处在未解决状态，发挥他们的积极性；对官僚型的人，要让他们感觉到是在按制度和规则办事，注重过程和细节；对实干型的人，要注意发挥他们的主动性，甚至让他们认为事情确实非干不可；对整合型的人，要把相关背景资料准备好，把有可能由他承担责任的问题处理好。

3. 积极倾听

沟通是双向的行为；要使沟通有效，双方都应当积极投入交流。当物业人员发表自己的见解时，物业管理者也应当认真地倾听。美国的一项研究表明：多数公司的物业人员把60%的时间用在倾听上，经理们平均把57%的时间用在倾听上。而人们在四种沟通技术上的时间分配依次是：倾听占53%、读占17%、说占16%、写占14%。当别人说话时，我们在听，但是很多时候都是被动地听，而没有主动地对信息进行搜寻和理解。

积极地倾听要求物业管理者把自己置于物业人员的角色上，以便于正确理解他们的意图而不是你想理解的意思。同时，倾听的时候应当客观地听取物业人员的发言而不做出判断。当物业管理者听到与自己的观点不同时，不要急于表达自己的意见，因为这样可以避免漏掉余下的信息。积极地倾听应当是接受他人所言，而把自己的意见推迟到说话人说完之后。积极倾听原则：一是要从内在认识到倾听的重要性；二是要从肯定对方的立场去倾听；三是要有正确的心态，克服先验意识；四是要学会给对方以及时的、合适的反应。

积极倾听的技巧分为以下五种：一是解释，倾听者学会用自己的词汇解释讲话者所讲的内容，从而检查自己的理解；二是向对方表达你对他感受的认同，当有人表达某种情感或感觉很情绪化时，传递你的神色；三是要适当表达反馈意思，即把讲话者所说的内容、事实简要概括；四是能够综合处理对方信息，即综合讲话者的几种想法为一种想法；五是大胆的设想，即从讲话者角度大胆地设想。

学会积极倾听，要养成良好的倾听习惯，例如：听时集中注意力，了解对方的心理，寻求谈话的兴趣，观察对方的身体语言，辨析对方意思，并给予反馈，听取谈话者的全部意思，等等。

根据临床心理学及心理治疗的研究与经验，学者们归纳了以下十条积极倾听的建议：①即使你认为对方所讲的无关紧要或错误，仍然从容而耐心地倾听。虽然不必表示你对他所说的都赞同，但应在适当间歇中以点头或应声之类举动，表示你的注意和兴趣。②不仅要听对方所说的事实内容或说话本身，更要留意他所表现的情绪，加以捕捉。③必要时，将对方所说的予以提要重述，以表示你在注意听，也鼓励对方继续说下去。不过语调要尽量保持客观中立，以免影响或无意中引导对方的讲话。④安排有较充分而完整的交谈时间，不要因其他事而打断，更不要使对方感到这是官方式谈话。⑤在谈话中间，避免直接的质疑或反驳，让对方畅所欲言。即使有问题，留到稍后再来查证。此时重要的是获知究竟对方有什么想法。⑥遇到某个你确实想多知道一些的事情时，不妨重复对方所说的要点，鼓动他做进一步解释或澄清。⑦注意对方尽量避而不谈的有哪些方面，这些方面可能正是问题的症结所在。⑧如果对方确实想要知道你的观点，不妨诚实以告。但是在听的阶段，仍以了解对方意见为主，自己意见不要说得太多，以免影响对方所要说的话。⑨不要在情绪上过于激动，此时尽量要求了解对方；不管赞成也好，反对也好，稍后再加评论。⑩倾听并不是任何情况下都能应用，或应用之后都能生效，还须考虑合适的条件。如是否有足够时间倾听，是否值得投入较多时间倾听，要认识到每个人的特殊之处，包括态度、价值观念和情绪之类，这样才会注意和发掘每个人的特点和问题；主管者本身要有适当的修养，保持冷静和客观。

4. 直接、清楚的语言表达

使用一些易于理解并且尽可能清楚的语句有利于有效沟通。专业术语或"行语"只有在双方都理解的基础之上才能使用，应尽量避免冗长的、专业的语句。同时也要避免冗长乏味的语言表达，避免不必要的重复，传递的信息中只包括相关的有用信息。

5. 利用反馈技术，变单向沟通为双向沟通

在促进信息沟通的几种有效方法中，信息反馈是最重要的一种。反馈即信息返回，就是将信息沟通变成一种双向的信息流动，比如信息发送者通过提问、讨论等方式来确定信息接收者是否真正了解了信息。但是简单地问一句"你理解了吗?"并且由此得到"是"或"不是"的回答，这并不是真正的信息反馈。为了肯定信息被接收者接受，需要做很多工作。

简单的方法就是观察接收者并通过非言辞的线索来判断他的反应，这些非言辞的线索包括迷惑或明白的神态、脸部的表情或眼睛的活动等。当然，这种反馈仅用于面对面的信息交流，这也正是面对面信息交流的最大益处。也许对于信息发送者来说，最好的反馈技术莫过于亲自让接收者再重述一遍所接收的信息，这种方法应该比那种只简单地询问的方法会带来更满意的效果。在信息接收时重述所接收的信息，信息发送者就可以了解对方具体掌握的程度，并且可即时回答对方所提出的一系列问题。这种技术方法可能是使发送的信息被充分接受的最直接、快捷的方法。

上面谈到的反馈技术只涉及面对面信息交流的情况，当物业管理者进行书面信息交流时，反馈技术也很适用。在签署一个书面意见或发送一份书面信息时，物业管理者可以先让其他人理解一下自己写的东西，通过掌握他们理解的情况而对自己的表达方式进行改进。同样的，在发送完书面信息之后，物业管理者最好通过电话或传真等方式了解一下信息接收者对信息的掌握情况，以尽量减少不必要的麻烦和差错。

6. 选择适当的沟通气氛和时机

紧张、压抑和焦虑是有效信息沟通的障碍。当一位物业管理者试图与一位物业人员进行交流，而这位物业人员的情绪非常低落时，那么双方最好再找个彼此心里都感觉比较平静的时间交谈。对物业管理者来说，要想有个比较好的环境、气氛同物业人员进行交流，其中最好的办法之一是安排一个确定的时间，在一个安静的场所进行。日本大部分物业曾经使用过此种方法，这样可以使信息交流双方均能平静而不受干扰地探讨一些问题。

7. 针对不同的沟通对象使用不同的语言

在同一个物业组织中，不同的物业人员往往有不同的年龄、教育和文化背景，这就可能使他们对相同的话产生不同理解。另外，由于专业化分工不断深化，不同的物业人员都有不同的"行话"和技术用语。而物业管理者往往注意不到这种差别，以为自己

说的话都能被其他人恰当地理解，从而给沟通造成了障碍。由于语言可能会造成沟通障碍，因此物业管理者应该选择物业人员易于理解的词汇，使信息更加清楚明确。

8. 注意恰当地使用非言语沟通

在倾听他人的发言时，还应当注意通过非语言信号来表示你对对方的话的关注。比如赞许性地点头，恰当的面部表情，积极的目光配合。如果物业人员认为你对他的话很关注，他就乐意向你提供更多的信息；否则，物业人员有可能把自己知道的信息不向你汇报。研究表明，在面对面的沟通当中，一半以上的信息不是通过词汇来传达的，而是通过肢体语言来传达的。要使沟通富有成效，物业管理者必须注意自己的肢体语言与自己所说的话的一致性，并熟练掌握以下非言语沟通技巧。

（1）使用目光接触。当你在听他人说话时，对方可能通过观察你的表情，判断你是否在认真倾听和真正理解。所以，与说话者进行目光接触可以使你集中精力，减少分心的可能性，并可以鼓励说话的人。

（2）展现恰当的面部表情。有效的倾听者会将所听到信息的有关情况表示出来。如何表示呢？可通过非语言信号。例如：赞许性的点头、疑惑性的摇头、恰当的面部表情（微笑等）与积极的目光接触等，这些都是向说话人表明你在认真倾听及是否听懂，从而有利于沟通。

（3）选择合适的沟通空间距离。与对方保持怎样的距离，对于不同国家的人而言，空间距离有着不同的意义。研究发现，越往北走，人与人之间的空间距离越大越舒适；而越往南走，人与人之间越亲近则越舒适。考虑到文化背景的不同而区别对待固然十分重要，在沟通中考虑到个人的不同而灵活应变则更为重要。在沟通中不要太急于入题，在交谈之前应让他选择适合的界限，以保持轻松自如。

9. 注意保持理性，避免情绪化行为

在接收信息的时候，接收者的情绪会影响到他们对信息的理解。情绪激动会使我们无法进行客观、理性的思维活动，而代之以情绪化的判断。物业管理者在与物业人员进行沟通时，应该尽量保持理性和克制，如果情绪出现失控，则应当暂停沟通，直至恢复平静后再进行。

10. 注重礼节

沟通者不但要意识到听众的观点和期望，还应考虑到听众的感情。礼节来自于态度的真诚，不但应习惯性地、礼貌地运用"谢谢"、"请"等词语和社会规范，还应该发自内心的尊重和关心他人。很多物业管理者习惯于发号施令，习惯于让下属按照自己的意愿去做事，却忽略了对下属的尊重。所以对于有效的物业管理者，在平时应该注重与下属沟通的礼节。

注重礼节还要求沟通者从信息接受者的角度去准备每一个沟通的信息，要设法站在受众的位置去思考问题，充分关注受众的背景和需要，尽可能向受众提供全面系统的信息，也就是要求沟通者以全面周到的理念去传递信息。其中最为主要的就是沟通者要去领会和认识受众的愿望、问题、环境、情绪和可能的反应。具体来说可以从三个方面入手：第一，理念上要着重于"你"而不是"我"、"我们"，要求沟通者站在对方的立场去考虑问题，但在表达时在思想上永远是"你"，而言行上是"我们"；第二，关注并告知受众的兴趣和利益，着重"你"的最本质特征，语言是表面的，利益是内在的；第三，运用肯定的、令人愉悦的陈述。要学会肯定对方，要善于从对方的语言中提炼出正确的思想，对对方表示肯定和尊重，不要总是显示自己高人一等。

11. 目标和策略的确定

沟通目标的确定分三个层次：总体目标（沟通者期望实现的最根本结果）、行动目标（指导沟通者自身走向总体目标的、具体的、可度量的、有时限的步骤）和沟通目标（沟通者就受众对笔头、口头沟通起何种反应的期望）、沟通策略的选择。在沟通过程中，沟通者根据自己对沟通内容的控制程度和沟通对象的参与程度不同，可以采取四种不同的沟通形式，即告知、说服、征询、参与。

（1）告知策略。告知策略一般用于沟通者属于权威或在信息掌握程度上处于完全控制地位的状况，沟通者仅仅是向对方叙述或解释信息或要求，沟通的结果在于让受众接受你的理解和要求。如老板要下属知道或明白规定任务的完成，但不需要他们参与意见。

（2）说服策略。说服策略一般发生在这样的背景下：沟通者属于权威或在信息方面处于主导地位，但受众有最终的决定权，沟通者只能向对方说明做或不做的利弊，以供对方参考，但沟通者的目标在于让受众根据自己的建议去实施这样的行为。如销售人员向客户推销产品，或技术部门主管向预算委员会提出增加研究开发经费的建议，对方可以接受或不接受你的建议或你的预算，最终决策权还在听众。

（3）征询策略。征询策略一般发生在沟通者希望就计划执行的行为得到受众的认同，或者沟通者希望通过商议来共同达到某个目的。双方都要付出，也都有收获。如沟通者希望说服同事支持他向高层物业管理者提出某个建议。

（4）参与策略。参与策略则具有最大程度的合作性。沟通者可能起先尚没有形成最后的建议，需要通过共同讨论去发现解决问题的办法。如采用头脑风暴法，让与会者就某个创新性的问题提出新思想。

（四）人际沟通障碍及其克服

1. 语言障碍

语言是最重要的沟通工具。但语言又是一种极复杂的工具，掌握运用语言的能力绝不是一件轻而易举的事。由于语言方面的原因而引起的沟通障碍到处可见。

（1）语音差异造成隔阂。中国地域辽阔，是一个多民族的大家庭，许多民族有自己独特的民族语言，不同民族间的交流便面临着语言的障碍。此外，现代汉语又可分为北方话、吴语、湘语、赣语、客家话、闽北话、闽南话、粤语八大方言区。而每个地区方言还可分出大体上近似的一些地方方言。如闽南话又有厦门话、漳州话、泉州话之分。四川话"鞋子"，在北方人听来颇像"孩子"；广东人说"郊区"，北方人常常听成"娇妻"；等等。类似的笑话很多。

（2）语义不明造成歧义。语义不明，就不能正确表达思想，不能成功地沟通。例如，某学生给学校领导写信："新学期以来，张老师对自己十分关心，一有进步就表扬自己"。校领导感到纳闷，这究竟是一封表扬信还是一封批评信？因为"自己"一词不知是指"老师自己"还是"学生自己"？幸好该校领导作风扎实，马上进行询问调查，才弄清楚这是一封表扬信，其中的"自己"乃是学生本人。

（3）专业术语和暗语会引起理解障碍。让外行人来听技术专家们的讨论会，会使人感到晦涩艰深、不知所云，主要的原因就在于专业术语会对外行人构成理解障碍。反过来，如果让技术专家们到农村的骡马市上去听农民们在交易牲口时的"行话"，同样也会让他们困惑不解。

在由越轨行为构成的亚文化群中，如犯人、土匪、乞丐、赌徒、娼妓等，其暗语也让该文化以外的人难以理解。例如在窃贼文化中，"钳子"指手指；"生锈"指不能扒窃；"平顶山"指代警察的大盖帽；"啃干骨头"指撬门；"抓耗子"指扒火车行窃等。

2. 习俗障碍

习俗即风俗习惯，是指在一定的文化历史背景下形成的具有固定特点的调整人际关系的社会因素，如道德习惯、礼节审美传统等。习俗世代相传，是经长期重复出现而约定俗成的习惯，虽然不具有法律一般的强制力，但通过家族、邻里、亲朋的舆论监督，往往迫使人们入乡随俗，即使圣贤也不能例外。忽视习俗因素而遭致沟通失败的事例屡见不鲜。

（1）不同的礼节习俗带来的误解。例如，一位保加利亚籍的主妇招待美籍丈夫的朋友吃晚饭。在保加利亚，如果女主人没让客人吃饱，那是一件很丢脸的事。因此，当客人吃完盘里的食物之后，这位主妇照例要为客人再添一盘。客人里正巧有一位亚洲留学生，在他的国度里，宁可撑死也不能以吃不下去来侮辱女主人。于是，他接受了第二盘，紧接着是艰难的第三盘。女主人忧心忡忡地准备了第四盘。结果，在吃这一盘的时候，那位亚洲留学生竟撑得摔倒在地上。

（2）不同的审美习俗带来的冲突。例如，一位英国男青年邀请一位中国女青年出游。为了取悦女友，他特地买了一束洁白的菊花带到她家，不料女青年的父亲一见便勃然大怒，把他轰了出去，他却不知道原因所在。在英国男青年看来，白色象征纯洁无瑕，他选择白色的花完全是出于一片好意，他压根也不会想到，在中国，白色的花是吊唁死者用的，只有在那样的场合才是美的象征。现在他将白花送给活人，在中国父亲看来，那是在诅咒他短寿，当然是不能容忍的。

（3）不同的时空习俗带来的麻烦。例如，北美人与拉丁美洲人在交谈时就有不同的空间要求。在北美洲，如果谈话内容是业务联系，那么，双方之间的合适距离大约是2英尺。这种距离在鸡尾酒会那样的社交场合会缩短，但任何时候，如果近到8～10英寸，就会使北美人感到不舒服。而对拉丁美洲人来说，2英尺的距离显得太冷淡、太不友好了。于是，他会主动接近谈话对象，甚至无视北美人设置的"禁区"。拉丁美洲人如果把身子探过桌子与北美人交谈，这样的空间处理方式常常会使北美人感到紧张。

再如，北美人与拉丁美洲人对交谈的时间的要求也不同。拉美人不习惯于太严格的准时约会，如果因为某种原因让对方久等了，他们一般不认为有认真解释的必要，只是略带表示一下歉意就心安理得了。而北美人则把迟到看做是靠不住的表现。

总之，各民族间风俗习惯的差异是客观存在的，在人际沟通中必须注意了解和尊重对方的风俗习惯。

3. 观念障碍

观念属于思想范畴，由一定的经验和知识积淀而成，是一定社会条件下人们接受、信奉并用以指导自己行动的理论和观点。观念本身是沟通的内容之一，同时又对沟通有巨大的影响作用。有的观念是促进沟通的强大动力，有的观念则是阻碍沟通的绊脚石。因此，在消除语言和习俗的障碍之后，有必要进一步注意观念障碍。

（1）封闭观念排斥沟通。封闭观念根源于小农经济。小农世世代代在一小块土地上耕种，自给自足。简单劳动只凭经验和力气，不需要分工协作，没有丰富的社会联系，这些决定了他们必然怡然于"桃花源"式的生活方式，产生"鸡犬之声相闻，老死不相往来"的自我封闭观念。这种观念反对竞争和冒尖，必然不尊重科学，抑压人才，排斥知识沟通。

（2）僵化观念窒息沟通。僵化观念即把某种认识凝固化、神圣化、奉为永恒真理的观念，是一种静止的观点。其标志有：

①唯经典。误把经典理论当做包治百病的灵丹妙药，不管遇到什么问题，都到经典著作中找现成的答案，如果实践与理论发生矛盾，就削足适履，用理论来裁剪实践。由于眼睛只盯着书本，就看不到新鲜的实践经验材料，也听不到群众的强烈呼唤，堵塞了信息沟通的渠道，实际上中止了新思想的沟通。

②唯权威。古希腊哲学家毕达哥拉斯曾提出"万物皆数"的命题，认为一切都可以用整数比来表达。他的一位弟子通过严格的逻辑推演，发现等腰直角三角形的斜边和直角边并不构成整数比。这一发现对毕达哥拉斯学派的打击太大了。因为常见的线段尚且不能表达为"数"，哪里还谈得上"万物皆数"呢？这个矛盾后来由于引进"无理数"的概念而得到了解决。但当时的毕达哥拉斯学派为了维护权威的理论，长期封锁了这个发现，从而一度窒息了数学的发展。封锁新思想，是僵化观念的必然所为。

克服僵化观念，首先必须树立"实践第一"的观点，坚持把实践作为检验真理的唯一标准，在实践中坚持、检验和丰富科学理论。在实践的基础上，还必须树立积极进取的观点，勇于探索、勤于沟通、不断开拓新境界。

（3）极端观念破坏沟通。日常生活中经常遇到这种情况：争论双方都只是抓住对方在沟通过程中的某一环节、方面或特性，各执一端，彼此否定，谁也听不进对方的意见，结果谁也说服不了谁。

美国谈判学会会长、著名律师杰勒德·I.尼伦伯格认为，"一场成功的谈判，每一方都是胜者"，"应该把谈判看做是一项合作的事业。如果双方能在一个合作的基础上进行谈判，那就有可能使他们深明大义，为实现利益均沾的目标而努力"。而谈判的破裂，往往是由于至少有一方看不到这一点，在利益问题上只顾自己一方，过分苛求对方造成的。极端的要求是谈判成功的最危险的隐患。

观念的深层结构是思维方式，即世界观问题。封闭观念是孤立思维模式的表现，僵化观念是静止思维模式的表现，极端观念是非矛盾思维模式的表现。三者归结为一点，即形而上学的思维方式。因此，克服沟通的观念障碍的根本途径是加强唯物辩证法世界观的修养，牢固树立联系的观点、发展的观点和矛盾的观点。

4. 角色障碍

"角色"一词按其原意是指在戏剧舞台上依剧本所扮演的某一特定人物的专门用语。引进社会学中，是指每个人作为社会的一分子，在社会大舞台上都扮演着角色，都得按照社会对这些角色的期待和要求，服从社会行为规范。如果缺乏明智性或陷入盲目性，人们由于扮演不同的社会角色，则往往会因缺少共同语言而引起沟通困难。

社会地位不同的人通常具有不同的意识、价值观念和道德标准，从而造成沟通的困难。不同阶层的成员，对同一信息会有不同的甚至截然相反的认识。政治差别、宗教差别、职业差别等，也都可能成为沟通障碍。不同党派的成员对同一政治事件往往持有不同的看法；不同宗教或教派的信徒，其观点和信仰不同；职业的不同常常造成沟通的鸿沟——"隔行如隔山"；年龄也会构成沟通障碍，所谓"代沟"即为一例。

5. 个性障碍

这主要指由于人们不同的个性倾向和个性心理特征所造成的沟通障碍。气质、性格、能力、兴趣等不同，会造成人们对同一信息的不同理解，为沟通带来困难。个性的缺陷，也会对沟通产生不良影响。一个虚伪、卑劣、欺骗成性的人传递的信息，往往难以被人接受。

6. 心理障碍

人际关系是一种建立在心理接触基础上的社会关系。所以在影响人际关系的因素中，心理障碍产生的影响更大，也更加直接。凡是影响人际交往的心理因素，都在心理障碍之列。

嫉妒心理。在心理障碍中，对人际关系危害最大的是嫉妒。莎士比亚说："嫉妒是绿眼妖怪，谁做了它的俘虏，谁就要受到愚弄。"嫉妒是一种社会现象，而非一种生理现象，因而在不同民族、不同国家，嫉妒产生的情况就不一样。虽然如此，嫉妒作为一种社会现象，有其共同的特性：①指向性。嫉妒是具有一定范围、内容和对象，或者说嫉妒总是指向一定的目标和范围。人们不可能无缘无故地产生嫉妒。②对等性。嫉妒的对象大多是与自己的年龄、文化程度、地位、境遇等类似而在某些方面优于自己的人。③自伤性、他伤性与社会危害性。嫉妒别人的人不仅会伤害自己，正所谓害人必害己，还会对被嫉妒的人产生不同程度的伤害，甚至危害社会。

羞怯心理。在社交场合，我们常常看到，有的人轻松自如，有的人手足无措，不知道如何是好。在心理学上，把这种心理现象叫做羞怯心理。一般来说，羞怯心理是一种正常的情绪反应。一方面它具有普遍性，人人都可能体验过；另一方面，羞怯心理所引起的生理反应是短暂的，马上就会恢复过来。产生羞怯的原因有四种：一是性格内向；二是自尊心过强、自信心不足；三是屡遭挫折和不幸；四是传统文化中消极因素的影响。消除羞怯，首先要正确认识自己和他人，接纳自己；其次，从锻炼性格入手，多与人交往；再次，采取积极的自我暗示，展示自我。

自傲心理与报复心理。在人际交往中，自傲心理与报复心理也是很常见的心理障碍。人们常常可以遇到一些人，他们自命不凡、自吹自擂、夸夸其谈、看不起别人。还有一些人愤世嫉俗、玩世不恭，怀着敌意看待社会。他们在人际交往中表现出一种报复心理。这两种心理同属于人际关系中的自我意识障碍，使他们同社会格格不入。

自卑心理。具有自卑感的人，常常会丧失进取心，抓不住发展自我的机会，人生不能达到应有的成功。自卑感形成的原因除了客观原因外，一般还包括：遭受挫折，不能正确认识自己，把自己看得太低，太在意自己的弱点和不足，也特别在乎周围人的评价、气质性格、社会化过程等方面。自卑心理的调节应注意以下几点：首先，要树立信心，看到自己的优点和长处，纠正过低的自我评价，多想想自己成功的经历。其次，积极行动，方能成功，每完成一次任务，都是自信心的强化。再次，善于外部归因。外部归因就是把事情的成败归结为客观的、暂时的原因。最后，要时时刻刻激励自己。

7. 情绪障碍

喜、怒、哀、乐、惧等各种情绪渗透于人们的一切活动中，人际交往也不例外。积极的情绪可以为你开启成功交往的大门，而不良情绪只能成为交往过程中的拦路虎。所谓不良情绪，主要有两种：一是过度的情绪反应；二是持久性的消极情绪。在人际交往中，这两种不良反应都有严重的危害性。把握情绪是成功交往的要素，具体做法如下：

（1）了解自我情绪：交往中的主动权。对自我情绪的了解可以通过两种途径：一是自我省察。在大多数情况下，我们每个人的内心情绪体验只有自己最清楚。因此，要真正了解自己的情绪，就要注意随时反省。二是接受反馈。常言道：旁观者清，当局者迷。尽管许多时候只有我们自己才最了解内心深处的喜怒哀乐，但有时我们又因为身在庐山中而未能识己真面目，就要通过别人的反馈来了解自己。

（2）表达自我情绪：缩短人际距离。受传统文化的影响，情绪表达一直是东方人的弱项。迄今为止，仍有不少人认为"喜怒不形于色"、"含而不露"等是自我修养的目标。殊不知，这种对自我真实情绪的刻意掩饰往往会带来许多不良后果。在了解自我情绪的基础上，学会恰当地表达情绪对于缩短人际距离、消除彼此之间的隔阂、增强人际吸引具有重要的作用。在情绪表达方面，要注意做到以下几点：①承认自己的真实感受。喜怒哀乐乃人之常情，要敢于承认，敢于在别人面前表露自己的真实体验。②及时表达。情绪的产生具有很大的情境性，事过境迁后，当时的情绪可能就随之消失。③讲究方式、方法。在表达情绪方面，一定要注意方式、方法，并非在任何场合，对任何人都可以随意地表达自己的情绪，在措辞上也要注意采用委婉的说法。④适当控制。尽管我们在产生不同的情绪体验后要及时地表达，但并非毫无节制，肆意暴露，许多时候要适当加以控制。⑤最后要提高表达自己情绪的技能。

（3）调控自我情绪：营造和谐氛围。了解、表达自我情绪固然很重要，但更重要的是对自我情绪加以合理调节。生活中常常可以看到有的人总是和颜悦色，而有的人却动辄大发雷霆。因此应该学会对自我情绪的调节。其方法有：①合理认知。一是学会弹性思维，无论对自己还是对别人，都不应该要求必须怎样或者应该怎样，不应绝对认为某事非此即彼，要有一定的伸缩度。二是学会辩证地思维，全面地、客观地看待任何事物的发生。②积极行动。一是倾诉法。将自己的痛苦烦恼向亲朋好友倾诉，或者写日记向自己倾诉，或者找专业的心理咨询人员咨询。二是发泄法。就是将自己的情绪通过适当的方式发泄出来。三是转移法。当情绪不佳时，转移自己的注意力。四是放松法。感到紧张、焦虑时，可采用放松的方法来调节自己的情绪。③言语暗示。言语暗示就是运用内部语言或书面语言的方式来自我调节情绪的方式。暗示对人的情绪乃至行为有奇妙的影响，积极的暗示可以减轻不良情绪的困扰，还可以激励自己。

第七章　物业管理者的人际关系

一、怎样处理人际关系概述

（一）人际关系的含义

人际关系有广义、狭义之分。广义的人际关系就是人与人之间的一切关系，包括教育被教育、剥削被剥削、监护被监护、抚养被抚养、领导被领导、帮助被帮助，等等。狭义的人际关系专指人与人之间以感情和主观评价（是否受尊敬，是否受欢迎等）为基础而形成的关系，包括个人与个人之间的关系，个人与群体之间的关系。如人们平常所说的"关系融洽"、"关系紧张"、"人缘关系好"等，都是指狭义的人际关系。

（二）人际关系的作用

良好的人际关系是一个人良好的基本素质的重要方面，是他的无形资产和宝贵资源。美国著名演讲家戴尔·卡耐基说："一个人事业上的成功，15%靠的是学识和专业技术，而85%靠的是心理人格素质和善于处理人际关系。"

良好的人际关系对人的生活、工作、学习都会带来正面影响，它有利于在工作群体中形成宽松、和谐、融洽的气氛，有利于发挥集体的作用，有利于个人保持良好的精神状态，战胜困难，渡过难关。

良好的人际关系不仅是手段，也是一种目的。因为友谊、爱情、尊严是人们基本的社会需要，而得到别人的好感正是获得友谊、爱情和尊严的前提条件。

物业工作者必须树立良好的人际关系。首先这是我国现代化建设新形势的需要，也是做好物业工作者工作的内在要求。改革发展的稳定，离不开社会和谐，离不开良好的人际关系。其次是物业工作者工作自身需要强调人际关系。

这一切都要求从事物业工作者工作的同志比其他行业更需要一个良好的人际关系。对内造就一个积极向上、团结合作、有序竞争、和谐相处、具有生机活力的集体环境，就可增强凝聚力，激发创造力，强化战斗力，提高工作的效率和效益。

（三）影响人际关系的因素

（1）影响物业工作者人际关系的主观因素包括品德修养、文化教养、性格特点，等等。

（2）影响物业工作者人际关系的客观因素包括时代环境、社会伦理观念、主体的物质条件，等等。

人际关系是在双向、互惠、积极主动的交往中形成与发展的。因此，除了以上列举的主观和客观两方面因素外，个人是否认识到人际关系的重要性，以及是否具备与人相处的技巧，对一个人的人际关系也有重要影响。

（四）树立良好人际关系的原则

树立良好人际关系有一系列必须遵循的原则，具体到物业工作者，主要如下：

（1）界限分明的原则。要严格分清三种界限。一是工作关系和亲友关系的界限；二是交往中的职责界限；三是办公经费、用品、礼品的归属界限。

（2）己严人宽的原则。凡事要严于律己，宽以待人。

（3）平等谦恭的原则。物业工作者工作本质上是一种服务性工作，只有以平等的态度去待人接物，才能为处理好问题创造良好的气氛和条件。

（4）诚实守信的原则。这是社会交往中带普遍性的道德原则，对物业工作者更有特殊意义。物业工作者工作本身要求很高的信用度。如果没有别人的信赖，物业工作者就很难能协调好关系，做好工作。

（五）建立良好人际关系的自我要求

1. 良好的服务意识

现在，物业管理并非纯粹的管理，而是服务。所以对执行人——物业管理人员的要求，也并不是单纯地从专业、技术等方面要求。而且现在的物业企业、物业管理人员的竞争也相当激烈，而要在激烈的竞争中取胜，物业企业必须有自己的品牌、自己的形象。但品牌和形象不是靠吹捧吹出来的，而是物业管理人员在实践中干出来的。因此，作为物业管理企业，在日常的管理中就要不断创新，要有新的理念，在服务意识上下工夫，有自己的绝招。作为物业管理人员，要在职场中取胜、要做好自己的日常工作，更需要有良好的服务意识。

（1）业户第一，服务至上。物业管理的工作性质是为业主提供服务，工作内容有时是非常繁琐和细微的。这就要求物业管理人员学会尊重人、理解人、关心人，关心业主、租户（统称业户）的需求，树立"业户第一，服务至上"的意识，不断主动地了解业主、租户的需求并努力使他们满意，这是物业管理人员的职责所在。

要从内心深处树立"业户第一"的意识，而不是仅仅停留在表面。应做到以下几个方面：

①学会尊重人。这样才能有耐心地倾听业主、租户的要求。

②学会理解人。这样才能认真对待业主、租户提出的细微、琐碎的事情。

③学会关心人。这样才能从业主、租户的角度出发，急业主、租户所急，想业主、租户所想，主动地为业主和租户提供便利。

（2）勿以善小而不为。物业管理牵涉到每家每户，今天这家水管坏了，明天那家下水道堵了，后天谁家又要换灯管等。如果物业管理人员把这些事情仅仅当作小事，不进行及时的处理就有可能影响到业户的工作、生活，也影响到业户对物业管理公司的信心。

物业管理工作就是以这些小事一件一件积累起来的。因此，物业管理人员必须从小处着眼，把做好每件小事作为自己的分内之事，并尽心尽力。

（3）把服务质量看作企业的生命线。质量代表着公司的形象，服务质量的好坏直接影响着公司的声誉。而且服务质量的评价是由业主、租户提出而不是由物业管理公司评定的。由于服务质量不好而导致业主更换物业公司的情况在国内已有发生。而且随着社会的发展，市场竞争日益激烈，优胜劣汰是必然趋势。以质量求生存、求发展是物业企业的必由之路。而物业从业人员的质量意识、心理因素、思想情绪、业务素质，则时时刻刻都在直接或间接地影响着服务质量。

2. 必须养成九种好习惯

作为一名物业管理人员，必须在职场中养成一些良好的习惯。尤其是物业人员从事的工作，每天要面对的不仅仅是公司同事，更多的可能是业主、用户以及他们的亲属；如果是写字楼物业、酒店物业，那面对的人就更广泛了。你的工作是为业主、用户提供各方面的优质服务，而优质服务的实质是物业人员的一种习惯。作为一名优秀的物业人员，必须养成以下九种习惯：

（1）了解企业目标和自己的职责。物业人员必须知道所在企业的目标、价值观、信条和自己的工作范围。每一位物业人员都有义务理解企业的目标，并应该进一步知道围绕这个根本目标所制定的各种和员工有关的工作规程和职责。

（2）预见并满足业户的需求。物业人员必须做到尽量使用业户的姓氏称呼业户，预见并满足业户的需求，对业户热情亲切。如看见业主大包小包地提了许多东西进小区，就应该上前帮着提一下；如在电梯里看见抱着小孩的业主不方便按楼层键，就应该帮忙按键。

（3）任何行动都要以客为先。物业人员在任何时间、地点，都应该以客为先。因此，物业人员应该做到以下几点：

①礼貌。见到业主和同事应该打招呼、问好；若是不方便打招呼、问好的，也可以微笑点头示意。笔者每天上班路过大厅时，值班保安都会投来一个微笑，真的让人感觉很温馨。

②"三轻"。"三轻"即走路轻、讲话轻、操作轻。在办公室或值班亭，如果有客人（业主、用户）来时应该停止内部的对话，转而关注客人的需求。如果在和另外的客人讲话或通电话时，应该用眼神和客人打招呼。由于工作需要乘电梯时，应该保持安静，不要大声和同事或其他客人讲话。

③礼让。使用小区的公共设施时应该自觉礼让，让业主优先使用。例如让业主优先出入电梯，在走廊通道里让业主先走等。

④方便。服务是为了方便业户。物业人员不应该因为正在为业户服务而致使业户不便。例如当业主使用电梯时不应该抢先在里面打扫；来客询问物业管理区内的某个地点时，要准确为其指明方向，必要时带着来客到目的地等。

（4）让客人"听"到你的微笑。笑是一种无声的语言，它能显示出魅力和涵养。要对你面前3米内的客人和同事微笑致意，并让电话中的客人"听"到你的微笑。微笑是物业人员的重要习惯。微笑不仅会给客人带来喜悦，而且可以化解客人的不满。凡是经常面带微笑的人，往往能将别人吸引住，使人感到愉快。人的行为比言语更能切实地表露出一个人的真心，而微笑则胜过任何雄辩的语言。

（5）充分运用企业赋予自己的权力。物业人员应尽量满足业户的需求，运用企业的授权解决业户的困难。如果需要的话，不要吝惜向其他部门的同事和上级管理者寻求支持和援助，甚至直接向总经理寻求援助。

（6）积极沟通。在工作场所，不要对管理部门作消极的评论。当业户提出意见时，不要把责任推到其他同事或者其他部门身上，甚至推到上司的身上。这种推卸自身责任的态度会令业户更加不满，甚至进一步损害企业的形象。

（7）把每一次的业户投诉视作改善服务的机会。要倾听并尽快解决业户的投诉，保证投诉的业户得到安抚，尽一切努力重新赢得业户的信任。

作为物业人员，你必须意识到，其实没有一个业户愿意投诉。物业人员应该把业户的每一次投诉看成一次赢得业户配合工作的机会，必须用尽一切办法快速回应，解决问题，再次赢得业户对企业的信心。

（8）上岗时精神饱满。物业人员的制服要干净、整洁、合身，鞋要擦亮，仪容仪表要端正大方，上岗时要充满自信。

物业人员在上岗时精神饱满、着装整齐，不仅表达了对业户的重视和尊敬，而且能够充分展示企业形象和管理水平。自信来源于对工作的驾驭能力、满意度和相关知识，自信的员工才会有工作的自豪感，自信的员工才会得到客人的尊重。

（9）爱护公共财产。要爱护公共财产，发现企业设备设施破损时必须及时报修。

二、物业公司与业主关系的处理

（一）明确定位，把握原则

不少人对物业管理还存在认识上的误区：有的人认为物业公司与业主之间是管理者与被管理者的关系；有的则认为业主与物业公司之间是"主人"与"仆人"之间的关系。这些误解导致物业管理工作难以开展。其实，物业管理企业受托对物业实施管理，主要是为业主和使用人提供服务，物业管理服务合同一经签订，双方就是平等的合同关系，应依照合同和相关法律各自享有权利、履行义务，并没有主次之分。

因此在处理物业公司与业主之间关系时，要着眼于双方是平等的民事主体，要以相关的法律、法规和各种合同关系的约定为基本准绳来分清双方责权，并以实事求是的态度，充分采用人性化、灵活性的方式处理具体问题。

（二）端正心态，高度负责

在《中华人民共和国职业分类大典》中，物业管理人员属于社会服务人员，虽然有时物业管理人员需要履行管理职责，但服务是物业管理的根本属性。因此，要处理好物业公司与业主之间的关系，首先要以诚相待，用良好的服务态度拉近与业主之间的距离。当业主提出正当要求但又超越物业服务范围时，这说明我们提供的服务还存在瑕疵，应该立即纠正，如果因条件或人力限制难以满足需求，应向业主坦诚交代不能解决的原因。要通过沟通取得业主的谅解和信任，并做到于细微之处感化业主，让业主充分感受到你的善意、诚挚。其次要有积极进取、永不言败的良好心态。在实际工作中，物业管理人员肯定会遇到麻烦，甚至是个别业主提出的无理要求，感到委屈、困难而打退堂鼓，往往于事无补，倒不如以积极的态度去面对，终究会找到解决问题的办法。再次，要充分理解，高度负责。由于文化、知识等差异，业主可能会对物业管理规定或服务不理解，提出一些不正当要求，甚至强词夺理、恶语相加，作为物业管理人员，不论业主反映的问题对与错、大与小、都必须以高度负责的态度来处理。

（三）有效沟通，化解矛盾

在实际工作中发生的矛盾纠纷，很大程度上是源于缺乏有效沟通。物业从业人员服务意识不强，沟通能力欠佳，将导致业主对物业服务的认同度不高。物业管理人员掌握一定的沟通技能，无疑会使与业主的交往变得更顺畅，将许多可能发生的问题与矛盾消灭于未然。

（四）依法行事，宣传到位

物业管理遇到的问题十分复杂，涉及的法律问题非常广泛，整个物业管理过程中，时时刻刻都离不开法律、法规。如何签订物业服务合同，如何制定规章制度，如何处理对内对外关系，如何开发物业管理中的服务项目，如何收取各种费用，安全保卫中遇到的问题怎样解决，这些问题应当以我国的法律、法规为根据做出正确回答。作为物业管理企业的工作人员，应该学习相关法律、法规，如《物业管理条例》、《城市房地产管理法》、《劳动法》、《民法》、《合同法》、《税法》、《物权法》等，遇到问题时一定要有法律观念，处理问题时要以法律、法规为依据。只有这样，签订的合同才有效力，制定的规章制度才能实施，处理问题才会恰当。

（五）认真走访，良性互动

在实际工作中，作为物业管理人员经常会去业主家中走访处理问题。走访时，既要讲究实际，又要讲究艺术，才能实现良性互动，达到最佳效果。在走访中需注意以下几个方面：

（1）事前要做好充分准备。要建立尽可能详细的业主档案，在变化中学会收集和运用业主信息。针对要解决的问题，搜集相应资料，在业主提出问题时，能够作出详细的解释。为提高服务水平，要提前思考相关问题，如：该如何处理规范之外的特殊服务；该如何规避风险；该如何重视和满足业主的个性化需求；该如何对待找茬的业主；该如何做好服务的延伸而不是服务的圈定；等等。

（2）见面问候时最好点名道姓。迈进业主家门，你的第一句话可能是："你好，见到你很高兴"。但这却不如说："王先生，你好，见到你很高兴。"据测，后者比前者要热情得多，一下便拉近了你与业主之间的距离。

（3）主动开始谈话，珍惜时间。尽管对方已经了解到你的一些情况和来访目的，你仍有必要主动开口，再次对某些问题进行强调和说明。

（4）时刻保持相应的热情。在谈话时，你若对某一问题没有倾注足够的热情，那么，业主会马上失去谈这个问题的兴趣。当业主因为某些问题，出现愤怒，并难以抑制时，应提早结束此次走访。

（5）避免不良的动作和姿态。如玩弄手中的小东西，用手不时的理头发，搅舌头，清牙齿，掏耳朵，盯视指甲、天花板或盯视对方身后的字画等，这些动作都有失风度，也会影响到走访效果。

（6）要诚实、坦率，有节制。若在一件小事上做假，很有可能使你的整个努力付诸东流，对方一旦怀疑你的诚实，你的各种不同凡响的作为都将黯然失色。

（7）要善于"理乱麻"，学会清楚地表达。讲话不会概括，叙事没有重点，常常引起他人的反感甚至回避。一般来说，你若从没有担心过别人会对你的话产生反感，就意味着你可能已经引起他人的反感了。

（8）走访结束时，告别语应适当简练，克制自己不要在临出门时又引出新的话题。

（9）最后关键的一条是微笑。希腊哲学家苏格拉底说过："在这个世界上，除了阳光、空气、水和笑容，我们还需要什么呢！"可见微笑对人来说非常重要，而物业管理人员的微笑更能展示个人素养和公司对外的整体形象，当物业管理人员面对业主微笑时，就是向业主表示出善意、尊重和友好，这样能够让业主降低陌生感和心理差距，进而与物业管理人员产生温馨和谐之感。

总之，物业公司与业主之间建立的是一种长期的合作关系，物业公司既不是凌驾于业主之上的"管理者"，也不是逆来顺受的"受气包"；既不能不负责任地推诿敷衍，也不能毫无原则地大包大揽。只有摆正位置，在实际工作中，通过不断强化自身建设和规范自己日常经营管理行为，提高人员素质，坚持诚信、敬业和可持续发展的原则，坚持全面规范的质量管理，切实按照专业化、市场化、人性化原则，不断提升物业服务品质，才能赢得业主的理解、认同和支持，才能成功处理物业公司与业主之间的关系，才能促进社区的和谐建设。

三、怎样处理好与同事和朋友的关系

（一）怎样处理好与同事的关系

同事，主要是指与你朝夕相处共同工作的同志。同事关系的性质是分工合作，平等共事，良性竞争，有序互动。也就是在一个集体中，在共同的直接领导人的组织指挥下，各自工作既有分工又有合作，有的是长期的固定分工，有的是为完成某一项任务的临时分工，但必须共同努力才能较好地完成任务。同事之间，存在着对某一项任务的主要承担者和协同工作者的区别，各自分管业务范围不同的区别，个人的学识、能力、性格、爱好、习惯不同等区别。工作上有合作也有竞争。没有竞争就不会有活力，没有合作也难以取得成功。但竞争是合作中的竞争，是在共同目标下，充分发挥各自的才智的良性竞争，是能力、品德合为一体，既有先后、优劣，又是共同进步的相互竞争，不是市场上你死我活的强烈竞争。同事关系的最佳状态是，团结和谐、活泼有序、配合默契、奋进舒畅，具有凝聚力、战斗力、创造力。做到这一点，对每个工作人员来说，最重要的是工作上要不怕苦、不惜力，不挑、不拣、不推、不抢，不拈轻怕重，不推卸责任。物业工作者工作的随机性较大，被动性较强，同事间很难完全公平地分配任务。

物业工作者与人合作共事要全心全意，尽心尽力，多为他人作嫁衣，少给自己铺金路。取得成绩，受到表扬，不炫耀自己的贡献，更不争功、争名、争利，炫耀自己就等于贬低别人。荣誉面前，得让有据，得的让人心服口服，让的也合情合理，不故作矫情，借以抬高自己。要严于律己，宽以待人，工作出了差错，不推不瞒，先检查自己，勇于承担责任。如别的同志有所失误，可以友善地去帮助、去补救。不要对其苛求，更不要故意捅人痛处，揪人小辫子。其次是生活上要关心别人，多留意同事的难处。这些难处无非是本人的健康与医疗问题，家庭困难问题，个人、亲属遇到喜事、难事、不幸事等，应及时发现，给予援助。必要时应报告上级领导。在危难时得到同事的同情与支持，能使疏者亲、远者近，有怨的得以消解，有情的更为加深，可大大增强集体的亲和力。

总之，与同事相处，必须坦诚大度、谦让热情、明礼守信，才能真诚合作，交挚友、直友。

同事性格不一，各有区别，怎样因人而异、区别对待，物业工作者要认真把握。

（二）怎样处理好与朋友的关系

朋友是人与人之间通过友情建立的一种平等互助关系。人生不能没有朋友。朋友是情感的慰藉，知识的通道，人生的重要支撑点。没有朋友，孤家寡人，生命应有的光彩不能得以展现，生活也必然会与孤独、孤僻、孤立相伴，大大减少幸福与美满度。物业工作者，也不能没有朋友，特别是感情深厚、交往密切、人格平等，并可互吐心曲的知心朋友，更是十分需要的。但物业工作者工作在机要部门，受比较严格的制度纪律的约束，自主支配的时间相对要少，客观上形成了交友的约束条件。朋友关系的最佳状态是纯洁的、毫无功利目的的亲密无间。

正确的态度，一是广交新朋友。朋友越多，知识信息来源越广泛，工作和生活就越方便，情感抒发点也随之增多。有的心理学家说，朋友和宽恕是快乐的两大要素，不无道理。不能因为在机要部门工作就有意回避交朋友，要挤一些时间，增加人际交往，从中结交情投意合的朋友。二是不忘老朋友。一些从小一起长大或同学、同事中长期交往形成深厚友谊的朋友，是人生宝贵的精神财富，应精心维护它、巩固它，不要因为自己工作的特殊性而逐渐疏远，甚至断绝联系。友谊如失去交流就会随着时间的流逝而淡化。但要培植它、巩固它，并非举手投足那么容易，需要长期投入心血才能凝聚而成。斩断它、销毁它则比较容易，只要不再交往，就可自行萎缩。一定要有意栽培，使其像常青树一样，年轮越多、蕴涵情谊越深，价值也越高。三是要慎交朋友。真正的朋友越多越好，但并非和你交往的人都是可以作为朋友的人。要看到，由于你的工作的特殊性，在一些人眼里是很有利用价值的，不少人是出于某种私利而主动与你结交的。一定要慎重对待，否则不仅浪费了宝贵的精力、时间，还有可能上当受骗。有人真正结交的是你手中的权，而不是你这个人。你身上的权力一旦转移，所谓的友谊也就随之而去。有些在权力中心的人，就是因为交友不慎而栽了跟头，甚至被拉下水，走向堕落。

物业工作者交友有四忌。一忌封闭。把自己封闭在一个小圈子内，只接触领导、同事、下属，不愿接触社会上的三教九流，实际上堵塞了自己发展的空间。二忌宗派。在单位内部常常有人把交友作为结党营私的手段，借以争权夺利、排斥异己，把纯洁的友谊转为相互利用的肮脏交易。三忌有来无往。建立和维护友谊是需要付出的，无论是时间，还是财物，为朋友都应积极奉献。四忌口无遮拦。对朋友心心相印并不等于该说的说，不该说的也说。更不是向朋友卖弄自己掌握的稀有信息，对于保密的内容，绝不能随意出口，否则会酿成严重后果。

四、怎样处理好与政府和媒体的关系

物业工作者经常代表物业组织与政府部门和媒体打交道，面对这两类特殊的、对物业意义重大的主体，物业工作者也应该有自己的交往原则。

（一）怎样处理好与政府部门的关系

1. 与政府部门处理好关系的重要性

物业工作者作为物业组织的代表处理好与政府部门的关系非常重要，其原因有以下三个方面：

（1）政府对物业组织的生存和发展起着直接的制约作用。政府是国家权力的机构，掌握着制定政策、执行法律、管理物业的权力职能，政府的相关政策会对物业的生存发展产生影响。因此，政府是和物业组织有着利害关系的公关协调对象。协调好物业组织与政府部门之间的关系，可以为物业组织赢得良好的政策环境，能够及时得到上级领导的关注、理解和支持。

（2）政府部门具有高度的权威性。一个物业组织如果能够得到政府的认可和支持，无疑将对社会各个方面产生重大影响，甚至使物业的组织很多渠道畅通无阻。现实中许多大型公关活动都是由政府主办、组织协办或赞助的。

（3）政府部门具有强大的影响力。政府在其他公众中的形象是最值得信赖和最具影响力的。物业组织如有重要活动，能邀请到政府部门相关领导出席，会极大地提高物业组织的知名度和美誉度。

2. 物业工作者怎样处理好与政府部门的关系

物业工作者是物业组织形象的窗口，平时与政府机关接触较多。政府人员也是因人而异，有的人外表虽然看似很冷酷、严肃，那只是他们的工作所赋予他们的工作态度，但性格有可能并非如此。有的人还是挺幽默风趣的……物业工作者在和政府官员打交道和办事时，应该注意以下几方面：

首先，要有很好的气质，不要浓妆艳抹，政府人员不愿意让同事们看到的场面就是自己办公室里面有一位很妖娆的小姐，尽管她是来办公的。办公室里的流言蜚语有时候负面影响是很大的。

其次，既是去办公的，就要事前了解你要办理的业务所需要的相关文件、资料、审批手续、相关的报告等，最好一次带齐全。如果你总是为了办理同一项业务反反复复地去取文件手续之类的，政府办公人员是对你的印象有所加深，甚至能把你记住，但你要知道，那样形成的印象绝对不会是什么好的印象，甚至有可能下次他一见到你就很头痛，避之不及也说不定。

再次，不要一开始就与政府人员攀兄道弟的，交情还没有到那里。就算到了一定的交情，物业工作者也要注意分寸。

最后，了解对方的办事流程，知道对方手上的自由裁夺权有多大，这是与政府人员进行业务沟通的第一个需要解决的问题，接着就是涉及更为具体的问题。

（二）怎样处理好与媒体的关系

1. 物业组织与媒体搞好关系的重要性

利用新闻媒体进行宣传，是物业组织进行外部公关协调的一个重要手段。物业组织要扩大知名度，提高美誉度，树立良好的社会形象，就必须赢得媒体的支持。

（1）良好的媒介关系是形成良好的舆论环境的前提。新闻媒介决定着各种信息的取舍、流量和流向。物业中良好的人、事、物信息如果可以成为新闻舆论的中心，那么这个物业组织就会获得较高的知名度，而且也更容易赢得公众的信任。

（2）良好的媒介关系有助于提高物业的工作效率。新闻媒体拥有现代化的大众传播设备，他们面对的公众难以计数。如果物业组织能够通过媒体传播物业信息，就会大大地提高其公关宣传的工作效率，提高本物业的知名度和美誉度。

2. 与媒体打交道的方法和技巧

要"玩转"媒体，首先就要搞清楚媒体的一些禀性：媒体不但"好事"，而且其新闻讲究的是影响力，受众喜欢听、喜欢看。一旦把握住了媒体的一些基本禀性，寻找一些"玩转"媒体的方法也就较为容易了。

其一，通过请媒体的有影响力人士作自己的宣传顾问（或其他相关头衔），建立起自己新闻的传输渠道，并通过这个顾问的关系，将这种新闻传输渠道扩大化。

其二，不要对媒体用过就丢，要与媒体维系长久的联络及友好的关系。如搞些感情投资，经常向媒体报告一下自己物业的发展情况，等等。

其三，挖掘自己的新闻潜力。

其四，掌握软文的写作技巧。软文的写作在内容、格式、物业及品牌的提及率等方面具有许多的讲究。

第六篇 相关法律法规及案例

　　依法办事是对物业管理法制化、规范化的基本要求。随着我国住房制度改革的不断深化和人们对物质、文化生活需求的不断提高，为物业管理的发展带来了机遇。与此同时，随着人们的法律意识、权益意识不断增强，也对物业管理提出了更高的要求。物业管理企业如何依法规管理物业，业主如何依法规参与管理，已越来越紧迫地摆在了物业管理企业与业主面前。

　　所以，作为物业管理者，只有增强法制观念，提高法律素养，才能为构建和谐物业提供更为优质的法律服务。

第一章 中华人民共和国物权法

一、法律法规条文

中华人民共和国物权法

(2007 年 3 月 16 日第十届全国人民代表大会第五次会议通过)

目 录

第一编 总 则

第一章 基本原则

第一条 为了维护国家基本经济制度，维护社会主义市场经济秩序，明确物的归属，发挥物的效用，保护权利人的物权，根据宪法，制定本法。

第二条 因物的归属和利用而产生的民事关系，适用本法。

本法所称物，包括不动产和动产。法律规定权利作为物权客体的，依照其规定。

本法所称物权，是指权利人依法对特定的物享有直接支配和排他的权利，包括所有权、用益物权和担保物权。

第三条 国家在社会主义初级阶段，坚持公有制为主体、多种所有制经济共同发展的基本经济制度。

国家巩固和发展公有制经济，鼓励、支持和引导非公有制经济的发展。国家实行社会主义市场经济，保障一切市场主体的平等法律地位和发展权利。

第四条 国家、集体、私人的物权和其他权利人的物权受法律保护，任何单位和个人不得侵犯。

第五条 物权的种类和内容，由法律规定。

第六条 不动产物权的设立、变更、转让和消灭，应当依照法律规定登记。动产物权的设立和转让，应当依照法律规定交付。

第七条 物权的取得和行使，应当遵守法律，尊重社会公德，不得损害公共利益和他人合法权益。

第八条 其他相关法律对物权另有特别规定的，依照其规定。

第二章 物权的设立、变更、转让和消灭

第一节 不动产登记

第九条 不动产物权的设立、变更、转让和消灭，经依法登记，发生效力；未经登

记，不发生效力，但法律另有规定的除外。

依法属于国家所有的自然资源，所有权可以不登记。

第十条　不动产登记，由不动产所在地的登记机构办理

国家对不动产实行统一登记制度。统一登记的范围、登记机构和登记办法，由法律、行政法规规定。

第十一条　当事人申请登记，应当根据不同登记事项提供权属证明和不动产界址、面积等必要材料。

第十二条　登记机构应当履行下列职责：

（一）查验申请人提供的权属证明和其他必要材料；

（二）就有关登记事项询问申请人；

（三）如实、及时地登记有关事项；

（四）法律、行政法规规定的其他职责。

申请登记的不动产的有关情况需要进一步证明的，登记机构可以要求申请人补充材料，必要时可以实地查看。

第十三条　登记机构不得有下列行为：

（一）要求对不动产进行评估；

（二）以年检等名义进行重复登记；

（三）超出登记职责范围的其他行为。

第十四条　不动产物权的设立、变更、转让和消灭，依照法律规定应当登记的，自记载于不动产登记簿时发生效力。

第十五条　当事人之间订立有关设立、变更、转让和消灭不动产物权的合同，除法律另有规定或者合同另有约定外，自合同成立时生效；未办理物权登记的，不影响合同效力。

第十六条　不动产登记簿是物权归属和内容的根据。不动产登记簿由登记机构管理。

第十七条　不动产权属证书是权利人享有该不动产物权的证明。不动产权属证书记载的事项，应当与不动产登记簿一致；记载不一致的，除有证据证明不动产登记簿确有错误外，以不动产登记簿为准。

第十八条　权利人、利害关系人可以申请查询、复制登记资料，登记机构应当提供。

第十九条　权利人、利害关系人认为不动产登记簿记载的事项错误的，可以申请更正登记。不动产登记簿记载的权利人书面同意更正或者有证据证明登记确有错误的，登记机构应当予以更正。

不动产登记簿记载的权利人不同意更正的，利害关系人可以申请异议登记。登记机构予以异议登记的，申请人在异议登记之日起15日内不起诉，异议登记失效。异议登记不当，造成权利人损害的，权利人可以向申请人请求损害赔偿。

第二十条　当事人签订买卖房屋或者其他不动产物权的协议，为保障将来实现物权，按照约定可以向登记机构申请预告登记。预告登记后，未经预告登记的权利人同

意，处分该不动产的，不发生物权效力。

预告登记后，债权消灭或者自能够进行不动产登记之日起3个月内未申请登记的，预告登记失效。

第二十一条 当事人提供虚假材料申请登记，给他人造成损害的，应当承担赔偿责任。

因登记错误，给他人造成损害的，登记机构应当承担赔偿责任。登记机构赔偿后，可以向造成登记错误的人追偿。

第二十二条 不动产登记费按件收取，不得按照不动产的面积、体积或者价款的比例收取具体收费标准由国务院有关部门会同价格主管部门规定。

第二节 动产交付

第二十三条 动产物权的设立和转让，自交付时发生效力，但法律另有规定的除外。

第二十四条 船舶、航空器和机动车等物权的设立、变更、转让和消灭，未经登记，不得对抗善意第三人。

第二十五条 动产物权设立和转让前，权利人已经依法占有该动产的，物权自法律行为生效时发生效力。

第二十六条 动产物权设立和转让前，第三人依法占有该动产的，负有交付义务的人可以通过转让请求第三人返还原物的权利代替交付。

第二十七条 动产物权转让时，双方又约定由出让人继续占有该动产的，物权自该约定生效时发生效力。

第三节 其他规定

第二十八条 因人民法院、仲裁委员会的法律文书或者人民政府的征收决定等，导致物权设立、变更、转让或者消灭的，自法律文书或者人民政府的征收决定等生效时发生效力。

第二十九条 因继承或者受遗赠取得物权的，自继承或者受遗赠开始时发生效力。

第三十条 因合法建造、拆除房屋等事实行为设立或者消灭物权的，自事实行为成就时发生效力。

第三十一条 依照本法第二十八条至第三十条规定享有不动产物权的，处分该物权时，依照法律规定需要办理登记的，未经登记，不发生物权效力。

第三章 物权的保护

第三十二条 物权受到侵害的，权利人可以通过和解、调解、仲裁、诉讼等途径解决。

第三十三条 因物权的归属、内容发生争议的，利害关系人可以请求确认权利。

第三十四条 无权占有不动产或者动产的，权利人可以请求返还原物。

第三十五条 妨害物权或者可能妨害物权的，权利人可以请求排除妨害或者消除危险。

第三十六条 造成不动产或者动产毁损的，权利人可以请求修理、重作、更换或者恢复原状。

第三十七条　侵害物权，造成权利人损害的，权利人可以请求损害赔偿，也可以请求承担其他民事责任。

第三十八条　本章规定的物权保护方式，可以单独适用，也可以根据权利被侵害的情形合并适用。

侵害物权，除承担民事责任外，违反行政管理规定的，依法承担行政责任；构成犯罪的，依法追究刑事责任。

第二编　所有权

第四章　一般规定

第三十九条　所有权人对自己的不动产或者动产，依法享有占有、使用、收益和处分的权利。

第四十条　所有权人有权在自己的不动产或者动产上设立用益物权和担保物权。用益物权人、担保物权人行使权利，不得损害所有权人的权益。

第四十一条　法律规定专属于国家所有的不动产和动产，任何单位和个人不能取得所有权。

第四十二条　为了公共利益的需要，依照法律规定的权限和程序可以征收集体所有的土地和单位、个人的房屋及其他不动产。

征收集体所有的土地，应当依法足额支付土地补偿费、安置补助费、地上附着物和青苗的补偿费等费用，安排被征地农民的社会保障费用，保障被征地农民的生活，维护被征地农民的合法权益。

征收单位、个人的房屋及其他不动产，应当依法给予拆迁补偿，维护被征收人的合法权益；征收个人住宅的，还应当保障被征收人的居住条件。

任何单位和个人不得贪污、挪用、私分、截留、拖欠征收补偿费等费用。

第四十三条　国家对耕地实行特殊保护，严格限制农用地转为建设用地，控制建设用地总量。不得违反法律规定的权限和程序征收集体所有的土地。

第四十四条　因抢险、救灾等紧急需要，依照法律规定的权限和程序可以征用单位、个人的不动产或者动产。被征用的不动产或者动产使用后，应当返还被征用人。单位、个人的不动产或者动产被征用或者征用后毁损、灭失的，应当给予补偿。

第五章　国家所有权和集体所有权、私人所有权

第四十五条　法律规定属于国家所有的财产，属于国家所有即全民所有。

国有财产由国务院代表国家行使所有权，法律另有规定的，依照其规定。

第四十六条　矿藏、水流、海域属于国家所有。

第四十七条　城市的土地，属于国家所有。法律规定属于国家所有的农村和城市郊区的土地，属于国家所有。

第四十八条　森林、山岭、草原、荒地、滩涂等自然资源，属于国家所有，但法律

规定属于集体所有的除外。

第四十九条　法律规定属于国家所有的野生动植物资源，属于国家所有。

第五十条　无线电频谱资源属于国家所有。

第五十一条　法律规定属于国家所有的文物，属于国家所有。

第五十二条　国防资产属于国家所有。

铁路、公路、电力设施、电信设施和油气管道等基础设施，依照法律规定为国家所有的，属于国家所有。

第五十三条　国家机关对其直接支配的不动产和动产，享有占有、使用以及依照法律和国务院的有关规定处分的权利。

第五十四条　国家举办的事业单位对其直接支配的不动产和动产，享有占有、使用以及依照法律和国务院的有关规定收益、处分的权利。

第五十五条　国家出资的企业，由国务院、地方人民政府依照法律、行政法规规定分别代表国家履行出资人职责，享有出资人权益。

第五十六条　国家所有的财产受法律保护，禁止任何单位和个人侵占、哄抢、私分、截留、破坏。

第五十七条　履行国有财产管理、监督职责的机构及其工作人员，应当依法加强对国有财产的管理、监督，促进国有财产保值增值，防止国有财产损失；滥用职权，玩忽职守，造成国有财产损失的，应当依法承担法律责任。

违反国有财产管理规定，在企业改制、合并分立、关联交易等过程中，低价转让、合谋私分、擅自担保或者以其他方式造成国有财产损失的，应当依法承担法律责任。

第五十八条　集体所有的不动产和动产包括：

（一）法律规定属于集体所有的土地和森林、山岭、草原、荒地、滩涂；

（二）集体所有的建筑物、生产设施、农田水利设施；

（三）集体所有的教育、科学、文化、卫生、体育等设施；

（四）集体所有的其他不动产和动产。

第五十九条　农民集体所有的不动产和动产，属于本集体成员集体所有。

下列事项应当依照法定程序经本集体成员决定：

（一）土地承包方案以及将土地发包给本集体以外的单位或者个人承包；

（二）个别土地承包经营权人之间承包地的调整；

（三）土地补偿费等费用的使用、分配办法；

（四）集体出资的企业的所有权变动等事项；

（五）法律规定的其他事项。

第六十条　对于集体所有的土地和森林、山岭、草原、荒地、滩涂等，依照下列规定行使所有权：

（一）属于村农民集体所有的，由村集体经济组织或者村民委员会代表集体行使所有权；

（二）分别属于村内两个以上农民集体所有的，由村内各该集体经济组织或者村民小组代表集体行使所有权；

（三）属于乡镇农民集体所有的，由乡镇集体经济组织代表集体行使所有权。

第六十一条 城镇集体所有的不动产和动产，依照法律、行政法规的规定由本集体享有占有、使用、收益和处分的权利。

第六十二条 集体经济组织或者村民委员会、村民小组应当依照法律、行政法规以及章程、村规民约向本集体成员公布集体财产的状况。

第六十三条 集体所有的财产受法律保护，禁止任何单位和个人侵占、哄抢、私分、破坏。

集体经济组织、村民委员会或者其负责人作出的决定侵害集体成员合法权益的，受侵害的集体成员可以请求人民法院予以撤销。

第六十四条 私人对其合法的收入、房屋、生活用品、生产工具、原材料等不动产和动产享有所有权。

第六十五条 私人合法的储蓄、投资及其收益受法律保护。

国家依照法律规定保护私人的继承权及其他合法权益。

第六十六条 私人的合法财产受法律保护，禁止任何单位和个人侵占、哄抢、破坏。

第六十七条 国家、集体和私人依法可以出资设立有限责任公司、股份有限公司或者其他企业。国家、集体和私人所有的不动产或者动产，投到企业的，由出资人按照约定或者出资比例享有资产收益、重大决策以及选择经营管理者等权利并履行义务。

第六十八条 企业法人对其不动产和动产依照法律、行政法规以及章程享有、占有、使用、收益和处分的权利。

企业法人以外的法人，对其不动产和动产的权利，适用有关法律、行政法规以及章程的规定。

第六十九条 社会团体依法所有的不动产和动产，受法律保护。

第六章 业主的建筑物区分所有权

第七十条 业主对建筑物内的住宅、经营性用房等专有部分享有所有权，对专有部分以外的共有部分享有共有和共同管理的权利。

第七十一条 业主对其建筑物专有部分享有占有、使用、收益和处分的权利。业主行使权利不得危及建筑物的安全，不得损害其他业主的合法权益。

第七十二条 业主对建筑物专有部分以外的共有部分，享有权利，承担义务；不得以放弃权利不履行义务。

业主转让建筑物内的住宅、经营性用房，其对共有部分享有的共有和共同管理的权利一并转让。

第七十三条 建筑区划内的道路，属于业主共有，但属于城镇公共道路的除外。建筑区划内的绿地，属于业主共有，但属于城镇公共绿地或者明示属于个人的除外。建筑区划内的其他公共场所、公用设施和物业服务用房，属于业主共有。

第七十四条 建筑区划内，规划用于停放汽车的车位、车库应当首先满足业主的需要。

建筑区划内，规划用于停放汽车的车位、车库的归属，由当事人通过出售、附赠或者出租等方式约定。

占用业主共有的道路或者其他场地用于停放汽车的车位，属于业主共有。

第七十五条 业主可以设立业主大会，选举业主委员会。

地方人民政府有关部门应当对设立业主大会和选举业主委员会给予指导和协助。

第七十六条 下列事项由业主共同决定：

（一）制定和修改业主大会议事规则；

（二）制定和修改建筑物及其附属设施的管理规约；

（三）选举业主委员会或者更换业主委员会成员；

（四）选聘和解聘物业服务企业或者其他管理人；

（五）筹集和使用建筑物及其附属设施的维修资金；

（六）改建、重建建筑物及其附属设施；

（七）有关共有和共同管理权利的其他重大事项。

决定前款第 5 项和第 6 项规定的事项，应当经专有部分占建筑物总面积 2/3 以上的业主且占总人数 2/3 以上的业主同意。决定前款其他事项，应当经专有部分占建筑物总面积过半数的业主且占总人数过半数的业主同意。

第七十七条 业主不得违反法律、法规以及管理规约，将住宅改变为经营性用房。业主将住宅改变为经营性用房的，除遵守法律、法规以及管理规约外，应当经有利害关系的业主同意。

第七十八条 业主大会或者业主委员会的决定，对业主具有约束力。

业主大会或者业主委员会作出的决定侵害业主合法权益的，受侵害的业主可以请求人民法院予以撤销。

第七十九条 建筑物及其附属设施的维修资金，属于业主共有。经业主共同决定，可以用于电梯、水箱等共有部分的维修。维修资金的筹集、使用情况应当公布。

第八十条 建筑物及其附属设施的费用分摊、收益分配等事项，有约定的，按照约定；没有约定或者约定不明确的，按照业主专有部分占建筑物总面积的比例确定。

第八十一条 业主可以自行管理建筑物及其附属设施，也可以委托物业服务企业或者其他管理人管理。

对建设单位聘请的物业服务企业或者其他管理人，业主有权依法更换。

第八十二条 物业服务企业或者其他管理人根据业主的委托管理建筑区划内的建筑物及其附属设施，并接受业主的监督。

第八十三条 业主应当遵守法律、法规以及管理规约。

业主大会和业主委员会，对任意弃置垃圾、排放污染物或者噪声、违反规定饲养动物、违章搭建、侵占通道、拒付物业费等损害他人合法权益的行为，有权依照法律、法规以及管理规约，要求行为人停止侵害、消除危险、排除妨害、赔偿损失。业主对侵害自己合法权益的行为，可以依法向人民法院提起诉讼。

第七章 相邻关系

第八十四条 不动产的相邻权利人应当按照有利生产、方便生活、团结互助、公平合理的原则，正确处理相邻关系。

第八十五条 法律、法规对处理相邻关系有规定的，依照其规定；法律、法规没有规定的，可以按照当地习惯。

第八十六条 不动产权利人应当为相邻权利人用水、排水提供必要的便利。

对自然流水的利用，应当在不动产的相邻权利人之间合理分配。对自然流水的排放，应当尊重自然流向。

第八十七条 不动产权利人对相邻权利人因通行等必须利用其土地的，应当提供必要的便利。

第八十八条 不动产权利人因建造、修缮建筑物以及铺设电线、电缆、水管、暖气和燃气管线等必须利用相邻土地、建筑物的，该土地、建筑物的权利人应当提供必要的便利。

第八十九条 建造建筑物，不得违反国家有关工程建设标准，妨碍相邻建筑物的通风、采光和日照。

第九十条 不动产权利人不得违反国家规定弃置固体废物，排放大气污染物、水污染物、噪声、光、电磁波辐射等有害物质。

第九十一条 不动产权利人挖掘土地、建造建筑物、铺设管线以及安装设备等，不得危及相邻不动产的安全。

第九十二条 不动产权利人因用水、排水、通行、铺设管线等利用相邻不动产的，应当尽量避免对相邻的不动产权利人造成损害；造成损害的，应当给予赔偿。

第八章 共有

第九十三条 不动产或者动产可以由两个以上单位、个人共有。共有包括按份共有和共同共有。

第九十四条 按份共有人对共有的不动产或者动产按照其份额享有所有权。

第九十五条 共同共有人对共有的不动产或者动产共同享有所有权。

第九十六条 共有人按照约定管理共有的不动产或者动产，没有约定或者约定不明确的，各共有人都有管理的权利和义务。

第九十七条 处分共有的不动产或者动产以及对共有的不动产或者动产作重大修缮的，应当经占份额 2/3 以上的按份共有人或者全体共同共有人同意，但共有人之间另有约定的除外。

第九十八条 对共有物的管理费用以及其他负担，有约定的，按照约定；没有约定或者约定不明确的，按份共有人按照其份额负担，共同共有人共同负担。

第九十九条 共有人约定不得分割共有的不动产或者动产，以维持共有关系的，应当按照约定，但共有人有重大理由需要分割的，可以请求分割；没有约定或者约定不明确的，按份共有人可以随时请求分割，共同共有人在共有的基础丧失或者有重大理由需要分割时可以请求分割。因分割对其他共有人造成损害的，应当给予赔偿。

第一百条 共有人可以协商确定分割方式。达不成协议，共有的不动产或者动产可以分割并且不会因分割减损价值的，应当对实物予以分割；难以分割或者因分割会减损价值的，应当对折价或者拍卖、变卖取得的价款予以分割。

共有人分割所得的不动产或者动产有瑕疵的，其他共有人应当分担损失。

第一百零一条 按份共有人可以转让其享有的共有的不动产或者动产份额。其他共有人在同等条件下享有优先购买的权利。

第一百零二条 因共有的不动产或者动产产生的债权债务，在对外关系上，共有人享有连带债权、承担连带债务，但法律另有规定或者第三人知道共有人不具有连带债权债务关系的除外；在共有人内部关系上，除共有人另有约定外，按份共有人按照份额享有债权、承担债务；共同共有人共同享有债权、承担债务。偿还债务超过自己应当承担份额的按份共有人，有权向其他共有人追偿。

第一百零三条 共有人对共有的不动产或者动产没有约定为按份共有或者共同共有，或者约定不明确的，除共有人具有家庭关系等外，视为按份共有。

第一百零四条 按份共有人对共有的不动产或者动产享有的份额，没有约定或者约定不明确的，按照出资额确定；不能确定出资额的，视为等额享有。

第一百零五条 两个以上单位、个人共同享有用益物权、担保物权的，参照本章规定。

第九章 所有权取得的特别规定

第一百零六条 无处分权人将不动产或者动产转让给受让人的，所有权人有权追回；除法律另有规定外，符合下列情形的，受让人取得该不动产或者动产的所有权：

（一）受让人受让该不动产或者动产时是善意的；

（二）以合理的价格转让；

（三）转让的不动产或者动产依照法律规定应当登记的已经登记，不需要登记的已经交付给受让人。

受让人依照前款规定取得不动产或者动产的所有权的，原所有权人有权向无处分权人请求赔偿损失。

当事人善意取得其他物权的，参照前两款规定。

第一百零七条 所有权人或者其他权利人有权追回遗失物。该遗失物通过转让被他人占有的，权利人有权向无处分权人请求损害赔偿，或者自知道或者应当知道受让人之日起2年内向受让人请求返还原物，但受让人通过拍卖或者向具有经营资格的经营者购得该遗失物的，权利人请求返还原物时应当支付受让人所付的费用。权利人向受让人支付所付费用后，有权向无处分权人追偿。

第一百零八条 善意受让人取得动产后，该动产上的原有权利消灭，但善意受让人在受让时知道或者应当知道该权利的除外。

第一百零九条 拾得遗失物，应当返还权利人。拾得人应当及时通知权利人领取，或者送交公安等有关部门。

第一百一十条 有关部门收到遗失物,知道权利人的,应当及时通知其领取;不知道的,应当及时发布招领公告。

第一百一十一条 拾得人在遗失物送交有关部门前,有关部门在遗失物被领取前,应当妥善保管遗失物。因故意或者重大过失致使遗失物毁损、灭失的,应当承担民事责任。

第一百一十二条 权利人领取遗失物时,应当向拾得人或者有关部门支付保管遗失物等支出的必要费用。

权利人悬赏寻找遗失物的,领取遗失物时应当按照承诺履行义务。

拾得人侵占遗失物的,无权请求保管遗失物等支出的费用,也无权请求权利人按照承诺履行义务。

第一百一十三条 遗失物自发布招领公告之日起6个月内无人认领的,归国家所有。

第一百一十四条 拾得漂流物、发现埋藏物或者隐藏物的,参照拾得遗失物的有关规定。文物保护法等法律另有规定的,依照其规定。

第一百一十五条 主物转让的,从物随主物转让,但当事人另有约定的除外。

第一百一十六条 天然孳息,由所有权人取得;既有所有权人又有用益物权人的,由用益物权人取得。当事人另有约定的,按照约定。

法定孳息,当事人有约定的,按照约定取得;没有约定或者约定不明确的,按照交易习惯取得。

第三编 用益物权

第十章 一般规定

第一百一十七条 用益物权人对他人所有的不动产或者动产,依法享有占有、使用和收益的权利。

第一百一十八条 国家所有或者国家所有由集体使用以及法律规定属于集体所有的自然资源,单位、个人依法可以占有、使用和收益。

第一百一十九条 国家实行自然资源有偿使用制度,但法律另有规定的除外。

第一百二十条 用益物权人行使权利,应当遵守法律有关保护和合理开发利用资源的规定。所有权人不得干涉用益物权人行使权利。

第一百二十一条 因不动产或者动产被征收、征用致使用益物权消灭或者影响用益物权行使的,用益物权人有权依照本法第四十二条、第四十四条的规定获得相应补偿。

第一百二十二条 依法取得的海域使用权受法律保护。

第一百二十三条 依法取得的探矿权、采矿权、取水权和使用水域、滩涂从事养殖、捕捞的权利受法律保护。

第十一章 土地承包经营权

第一百二十四条 农村集体经济组织实行家庭承包经营为基础统分结合的双层经营

体制。

农民集体所有和国家所有由农民集体使用的耕地、林地、草地以及其他用于农业的土地，依法实行土地承包经营制度。

第一百二十五条 土地承包经营权人依法对其承包经营的耕地、林地、草地等享有占有、使用和收益的权利，有权从事种植业、林业、畜牧业等农业生产。

第一百二十六条 耕地的承包期为30年。草地的承包期为30年至50年。林地的承包期为30年至70年；特殊林木的林地承包期，经国务院林业行政主管部门批准可以延长。

前款规定的承包期届满，由土地承包经营权人按照国家有关规定继续承包。

第一百二十七条 土地承包经营权自土地承包经营权合同生效时设立。

县级以上地方人民政府应当向土地承包经营权人发放土地承包经营权证、林权证、草原使用权证，并登记造册，确认土地承包经营权。

第一百二十八条 土地承包经营权人依照农村土地承包法的规定，有权将土地承包经营权采取转包、互换、转让等方式流转。流转的期限不得超过承包期的剩余期限。未经依法批准，不得将承包地用于非农建设。

第一百二十九条 土地承包经营权人将土地承包经营权互换、转让，当事人要求登记的，应当向县级以上地方人民政府申请土地承包经营权变更登记；未经登记，不得对抗善意第三人。

第一百三十条 承包期内发包人不得调整承包地。

因自然灾害严重毁损承包地等特殊情形，需要适当调整承包的耕地和草地的，应当依照农村土地承包法等法律规定办理。

第一百三十一条 承包期内发包人不得收回承包地。农村土地承包法等法律另有规定的，依照其规定。

第一百三十二条 承包地被征收的，土地承包经营权人有权依照本法第四十二条第二款的规定获得相应补偿。

第一百三十三条 通过招标、拍卖、公开协商等方式承包荒地等农村土地，依照农村土地承包法等法律和国务院的有关规定，其土地承包经营权可以转让、入股、抵押或者以其他方式流转。

第一百三十四条 国家所有的农用地实行承包经营的，参照本法的有关规定。

第十二章 建设用地使用权

第一百三十五条 建设用地使用权人依法对国家所有的土地享有占有、使用和收益的权利，有权利用该土地建造建筑物、构筑物及其附属设施。

第一百三十六条 建设用地使用权可以在土地的地表、地上或者地下分别设立。新设立的建设用地使用权，不得损害已设立的用益物权。

第一百三十七条 设立建设用地使用权，可以采取出让或者划拨等方式。

工业、商业、旅游、娱乐和商品住宅等经营性用地以及同一土地有两个以上意向用地者的，应当采取招标、拍卖等公开竞价的方式出让。严格限制以划拨方式设立建设用地使用权。采取划拨方式的，应当遵守法律、行政法规关于土地用途的规定。

第一百三十八条　采取招标、拍卖、协议等出让方式设立建设用地使用权的，当事人应当采取书面形式订立建设用地使用权出让合同。

建设用地使用权出让合同一般包括下列条款：

（一）当事人的名称和住所；

（二）土地界址、面积等；

（三）建筑物、构筑物及其附属设施占用的空间；

（四）土地用途；

（五）使用期限；

（六）出让金等费用及其支付方式；

（七）解决争议的方法。

第一百三十九条　设立建设用地使用权的，应当向登记机构申请建设用地使用权登记。建设用地使用权自登记时设立。登记机构应当向建设用地使用权人发放建设用地使用权证书。

第一百四十条　建设用地使用权人应当合理利用土地，不得改变土地用途；需要改变土地用途的，应当依法经有关行政主管部门批准。

第一百四十一条　建设用地使用权人应当依照法律规定以及合同约定支付出让金等费用。

第一百四十二条　建设用地使用权人建造的建筑物、构筑物及其附属设施的所有权属于建设用地使用权人，但有相反证据证明的除外。

第一百四十三条　建设用地使用权人有权将建设用地使用权转让、互换、出资、赠与或者抵押，但法律另有规定的除外。

第一百四十四条　建设用地使用权转让、互换、出资、赠与或者抵押的，当事人应当采取书面形式订立相应的合同。使用期限由当事人约定，但不得超过建设用地使用权的剩余期限。

第一百四十五条　建设用地使用权转让、互换、出资或者赠与的，应当向登记机构申请变更登记。

第一百四十六条　建设用地使用权转让、互换、出资或者赠与的，附着于该土地上的建筑物、构筑物及其附属设施一并处分。

第一百四十七条　建筑物、构筑物及其附属设施转让、互换、出资或者赠与的，该建筑物、构筑物及其附属设施占用范围内的建设用地使用权一并处分。

第一百四十八条　建设用地使用权期间届满前，因公共利益需要提前收回该土地的，应当依照本法第四十二条的规定对该土地上的房屋及其他不动产给予补偿，并退还相应的出让金。

第一百四十九条　住宅建设用地使用权期间届满的，自动续期。

非住宅建设用地使用权期间届满后的续期，依照法律规定办理。该土地上的房屋及其他不动产的归属，有约定的，按照约定；没有约定或者约定不明确的，依照法律、行政法规的规定办理。

第一百五十条　建设用地使用权消灭的，出让人应当及时办理注销登记。登记机构应当收回建设用地使用权证书。

第一百五十一条　集体所有的土地作为建设用地的，应当依照土地管理法等法律规定办理。

第十三章　宅基地使用权

第一百五十二条　宅基地使用权人依法对集体所有的土地享有占有和使用的权利，有权依法利用该土地建造住宅及其附属设施。

第一百五十三条　宅基地使用权的取得、行使和转让，适用土地管理法等法律和国家有关规定。

第一百五十四条　宅基地因自然灾害等原因灭失的，宅基地使用权消灭。对失去宅基地的村民，应当重新分配宅基地。

第一百五十五条　已经登记的宅基地使用权转让或者消灭的，应当及时办理变更登记或者注销登记。

第十四章　地役权

第一百五十六条　地役权人有权按照合同约定，利用他人的不动产，以提高自己的不动产的效益。

前款所称他人的不动产为供役地，自己的不动产为需役地。

第一百五十七条　设立地役权，当事人应当采取书面形式订立地役权合同。

地役权合同一般包括下列条款：

（一）当事人的姓名或者名称和住所；

（二）供役地和需役地的位置；

（三）利用目的和方法；

（四）利用期限；

（五）费用及其支付方式；

（六）解决争议的方法。

第一百五十八条　地役权自地役权合同生效时设立。当事人要求登记的，可以向登记机构申请地役权登记；未经登记，不得对抗善意第三人。

第一百五十九条　供役地权利人应当按照合同约定，允许地役权人利用其土地，不得妨害地役权人行使权利。

第一百六十条　地役权人应当按照合同约定的利用目的和方法利用供役地，尽量减少对供役地权利人物权的限制。

第一百六十一条　地役权的期限由当事人约定，但不得超过土地承包经营权、建设用地使用权等用益物权的剩余期限。

第一百六十二条　土地所有权人享有地役权或者负担地役权的，设立土地承包经营权、宅基地使用权时，该土地承包经营权人、宅基地使用权人继续享有或者负担已设立的地役权。

第一百六十三条　土地上已设立土地承包经营权、建设用地使用权、宅基地使用权等权利的，未经用益物权人同意，土地所有权人不得设立地役权。

第一百六十四条　地役权不得单独转让。土地承包经营权、建设用地使用权等转让的，地役权一并转让，但合同另有约定的除外。

第一百六十五条　地役权不得单独抵押。土地承包经营权、建设用地使用权等抵押的，在实现抵押权时，地役权一并转让。

第一百六十六条　需役地以及需役地上的土地承包经营权、建设用地使用权部分转让时，转让部分涉及地役权的，受让人同时享有地役权。

第一百六十七条　供役地以及供役地上的土地承包经营权、建设用地使用权部分转让时，转让部分涉及地役权的，地役权对受让人具有约束力。

第一百六十八条　地役权人有下列情形之一的，供役地权利人有权解除地役权合同，地役权消灭：

（一）违反法律规定或者合同约定，滥用地役权；

（二）有偿利用供役地，约定的付款期间届满后在合理期限内经两次催告未支付费用。

第一百六十九条　已经登记的地役权变更、转让或者消灭的，应当及时办理变更登记或者注销登记。

第四编　担保物权

第十五章　一般规定

第一百七十条　担保物权人在债务人不履行到期债务或者发生当事人约定的实现担保物权的情形，依法享有就担保财产优先受偿的权利，但法律另有规定的除外。

第一百七十一条　债权人在借贷、买卖等民事活动中，为保障实现其债权，需要担保的，可以依照本法和其他法律的规定设立担保物权。

第三人为债务人向债权人提供担保的，可以要求债务人提供反担保。反担保适用本法和其他法律的规定。

第一百七十二条　设立担保物权，应当依照本法和其他法律的规定订立担保合同。担保合同是主债权债务合同的从合同。主债权债务合同无效，担保合同无效，但法律另有规定的除外。

担保合同被确认无效后，债务人、担保人、债权人有过错的，应当根据其过错各自承担相应的民事责任。

第一百七十三条　担保物权的担保范围包括主债权及其利息、违约金、损害赔偿金、保管担保财产和实现担保物权的费用。当事人另有约定的，按照约定。

第一百七十四条　担保期间，担保财产毁损、灭失或者被征收等，担保物权人可以就获得的保险金、赔偿金或者补偿金等优先受偿。被担保债权的履行期未届满的，也可以提存该保险金、赔偿金或者补偿金等。

第一百七十五条　第三人提供担保，未经其书面同意，债权人允许债务人转移全部或者部分债务的，担保人不再承担相应的担保责任。

第一百七十六条　被担保的债权既有物的担保又有人的担保的，债务人不履行到期债务或者发生当事人约定的实现担保物权的情形，债权人应当按照约定实现债权；没有约定或者约定不明确，债务人自己提供物的担保的，债权人应当先就该物的担保实现债权；第三人提供物的担保的，债权人可以就物的担保实现债权，也可以要求保证人承担保证责任。提供担保的第三人承担担保责任后，有权向债务人追偿。

第一百七十七条　有下列情形之一的，担保物权消灭：

（一）主债权消灭；

（二）担保物权实现；

（三）债权人放弃担保物权；

（四）法律规定担保物权消灭的其他情形。

第一百七十八条　担保法与本法的规定不一致的，适用本法。

第十六章　抵押权

第一节　一般抵押权

第一百七十九条　为担保债务的履行，债务人或者第三人不转移财产的占有，将该财产抵押给债权人的，债务人不履行到期债务或者发生当事人约定的实现抵押权的情形，债权人有权就该财产优先受偿。

前款规定的债务人或者第三人为抵押人，债权人为抵押权人，提供担保的财产为抵押财产。

第一百八十条　债务人或者第三人有权处分的下列财产可以抵押：

（一）建筑物和其他土地附着物；

（二）建设用地使用权；

（三）以招标、拍卖、公开协商等方式取得的荒地等土地承包经营权；

（四）生产设备、原材料、半成品、产品；

（五）正在建造的建筑物、船舶、航空器；

（六）交通运输工具；

（七）法律、行政法规未禁止抵押的其他财产。

抵押人可以将前款所列财产一并抵押。

第一百八十一条　经当事人书面协议，企业、个体工商户、农业生产经营者可以将现有的以及将有的生产设备、原材料、半成品、产品抵押，债务人不履行到期债务或者发生当事人约定的实现抵押权的情形，债权人有权就实现抵押权时的动产优先受偿。

第一百八十二条　以建筑物抵押的，该建筑物占用范围内的建设用地使用权一并抵押。以建设用地使用权抵押的，该土地上的建筑物一并抵押。

抵押人未依照前款规定一并抵押的，未抵押的财产视为一并抵押。

第一百八十三条　乡镇、村企业的建设用地使用权不得单独抵押。以乡镇、村企业的厂房等建筑物抵押的，其占用范围内的建设用地使用权一并抵押。

第一百八十四条　下列财产不得抵押：

（一）土地所有权；

（二）耕地、宅基地、自留地、自留山等集体所有的土地使用权，但法律规定可以抵押的除外；

（三）学校、幼儿园、医院等以公益为目的的事业单位、社会团体的教育设施、医疗卫生设施和其他社会公益设施；

（四）所有权、使用权不明或者有争议的财产；

（五）依法被查封、扣押、监管的财产；

（六）法律、行政法规规定不得抵押的其他财产。

第一百八十五条　设立抵押权，当事人应当采取书面形式订立抵押合同。

抵押合同一般包括下列条款：

（一）被担保债权的种类和数额；

（二）债务人履行债务的期限；

（三）抵押财产的名称、数量、质量、状况、所在地、所有权归属或者使用权归属；

（四）担保的范围。

第一百八十六条　抵押权人在债务履行期届满前，不得与抵押人约定债务人不履行到期债务时抵押财产归债权人所有。

第一百八十七条　以本法第一百八十条第一款第一项至第三项规定的财产或者第五项规定的正在建造的建筑物抵押的，应当办理抵押登记。抵押权自登记时设立。

第一百八十八条　以本法第一百八十条第一款第四项、第六项规定的财产或者第五项规定的正在建造的船舶、航空器抵押的，抵押权自抵押合同生效时设立；未经登记，不得对抗善意第三人。

第一百八十九条　企业、个体工商户、农业生产经营者以本法第一百八十一条规定的动产抵押的，应当向抵押人住所地的工商行政管理部门办理登记。抵押权自抵押合同生效时设立；未经登记，不得对抗善意第三人。

依照本法第一百八十一条规定抵押的，不得对抗正常经营活动中已支付合理价款并取得抵押财产的买受人。

第一百九十条　订立抵押合同前抵押财产已出租的，原租赁关系不受该抵押权的影响。抵押权设立后抵押财产出租的，该租赁关系不得对抗已登记的抵押权。

第一百九十一条　抵押期间，抵押人经抵押权人同意转让抵押财产的，应当将转让所得的价款向抵押权人提前清偿债务或者提存。转让的价款超过债权数额的部分归抵押人所有，不足部分由债务人清偿。

抵押期间，抵押人未经抵押权人同意，不得转让抵押财产，但受让人代为清偿债务消灭抵押权的除外。

第一百九十二条　抵押权不得与债权分离而单独转让或者作为其他债权的担保。债权转让的，担保该债权的抵押权一并转让，但法律另有规定或者当事人另有约定的除外。

第一百九十三条　抵押人的行为足以使抵押财产价值减少的，抵押权人有权要求抵押人停止其行为。抵押财产价值减少的，抵押权人有权要求恢复抵押财产的价值，或者提供与减少的价值相应的担保。抵押人不恢复抵押财产的价值也不提供担保的，抵押权人有权要求债务人提前清偿债务。

第一百九十四条 抵押权人可以放弃抵押权或者抵押权的顺位。抵押权人与抵押人可以协议变更抵押权顺位以及被担保的债权数额等内容，但抵押权的变更，未经其他抵押权人书面同意，不得对其他抵押权人产生不利影响。

债务人以自己的财产设定抵押，抵押权人放弃该抵押权、抵押权顺位或者变更抵押权的，其他担保人在抵押权人丧失优先受偿权益的范围内免除担保责任，但其他担保人承诺仍然提供担保的除外。

第一百九十五条 债务人不履行到期债务或者发生当事人约定的实现抵押权的情形，抵押权人可以与抵押人协议以抵押财产折价或者以拍卖、变卖该抵押财产所得的价款优先受偿。协议损害其他债权人利益的，其他债权人可以在知道或者应当知道撤销事由之日起1年内请求人民法院撤销该协议。

抵押权人与抵押人未就抵押权实现方式达成协议的，抵押权人可以请求人民法院拍卖、变卖抵押财产。

抵押财产折价或者变卖的，应当参照市场价格。

第一百九十六条 依照本法第一百八十一条规定设定抵押的，抵押财产自下列情形之一发生时确定：

（一）债务履行期届满，债权未实现；

（二）抵押人被宣告破产或者被撤销；

（三）当事人约定的实现抵押权的情形；

（四）严重影响债权实现的其他情形。

第一百九十七条 债务人不履行到期债务或者发生当事人约定的实现抵押权的情形，致使抵押财产被人民法院依法扣押的，自扣押之日起抵押权人有权收取该抵押财产的天然孳息或者法定孳息，但抵押权人未通知应当清偿法定孳息的义务人的除外。

前款规定的孳息应当先充抵收取孳息的费用。

第一百九十八条 抵押财产折价或者拍卖、变卖后，其价款超过债权数额的部分归抵押人所有，不足部分由债务人清偿。

第一百九十九条 同一财产向两个以上债权人抵押的，拍卖、变卖抵押财产所得的价款依照下列规定清偿：

（一）抵押权已登记的，按照登记的先后顺序清偿；顺序相同的，按照债权比例清偿；

（二）抵押权已登记的先于未登记的受偿；

（三）抵押权未登记的，按照债权比例清偿。

第二百条 建设用地使用权抵押后，该土地上新增的建筑物不属于抵押财产。该建设用地使用权实现抵押权时，应当将该土地上新增的建筑物与建设用地使用权一并处分，但新增建筑物所得的价款，抵押权人无权优先受偿。

第二百零一条 依照本法第一百八十条第一款第三项规定的土地承包经营权抵押

的，或者依照本法第一百八十三条 规定以乡镇、村企业的厂房等建筑物占用范围内的建设用地使用权一并抵押的，实现抵押权后，未经法定程序，不得改变土地所有权的性质和土地用途。

第二百零二条 抵押权人应当在主债权诉讼时效期间行使抵押权；未行使的，人民法院不予保护。

第二节 最高额抵押权

第二百零三条 为担保债务的履行，债务人或者第三人对一定期间内将要连续发生的债权提供担保财产的，债务人不履行到期债务或者发生当事人约定的实现抵押权的情形，抵押权人有权在最高债权额限度内就该担保财产优先受偿。

最高额抵押权设立前已经存在的债权，经当事人同意，可以转入最高额抵押担保的债权范围。

第二百零四条 最高额抵押担保的债权确定前，部分债权转让的，最高额抵押权不得转让，但当事人另有约定的除外。

第二百零五条 最高额抵押担保的债权确定前，抵押权人与抵押人可以通过协议变更债权确定的期间、债权范围以及最高债权额，但变更的内容不得对其他抵押权人产生不利影响。

第二百零六条 有下列情形之一的，抵押权人的债权确定：

（一）约定的债权确定期间届满；

（二）没有约定债权确定期间或者约定不明确，抵押权人或者抵押人自最高额抵押权设立之日起满二年后请求确定债权；

（三）新的债权不可能发生；

（四）抵押财产被查封、扣押；

（五）债务人、抵押人被宣告破产或者被撤销；

（六）法律规定债权确定的其他情形。

第二百零七条 最高额抵押权除适用本节规定外，适用本章第一节一般抵押权的规定。

第十七章 质权

第一节 动产质权

第二百零八条 为担保债务的履行，债务人或者第三人将其动产出质给债权人占有的，债务人不履行到期债务或者发生当事人约定的实现质权的情形，债权人有权就该动产优先受偿。

前款规定的债务人或者第三人为出质人，债权人为质权人，交付的动产为质押财产。

第二百零九条 法律、行政法规禁止转让的动产不得出质。

第二百一十条 设立质权，当事人应当采取书面形式订立质权合同。

质权合同一般包括下列条款：

（一）被担保债权的种类和数额；

（二）债务人履行债务的期限；

（三）质押财产的名称、数量、质量、状况；

（四）担保的范围；

（五）质押财产交付的时间。

第二百一十一条　质权人在债务履行期届满前，不得与出质人约定债务人不履行到期债务时质押财产归债权人所有。

第二百一十二条　质权自出质人交付质押财产时设立。

第二百一十三条　质权人有权收取质押财产的孳息，但合同另有约定的除外。

前款规定的孳息应当先充抵收取孳息的费用。

第二百一十四条　质权人在质权存续期间，未经出质人同意，擅自使用、处分质押财产，给出质人造成损害的，应当承担赔偿责任。

第二百一十五条　质权人负有妥善保管质押财产的义务；因保管不善致使质押财产毁损、灭失的，应当承担赔偿责任。

质权人的行为可能使质押财产毁损、灭失的，出质人可以要求质权人将质押财产提存，或者要求提前清偿债务并返还质押财产。

第二百一十六条　因不能归责于质权人的事由可能使质押财产毁损或者价值明显减少，足以危害质权人权利的，质权人有权要求出质人提供相应的担保；出质人不提供的，质权人可以拍卖、变卖质押财产，并与出质人通过协议将拍卖、变卖所得的价款提前清偿债务或者提存。

第二百一十七条　质权人在质权存续期间，未经出质人同意转质，造成质押财产毁损、灭失的，应当向出质人承担赔偿责任。

第二百一十八条　质权人可以放弃质权。债务人以自己的财产出质，质权人放弃该质权的，其他担保人在质权人丧失优先受偿权益的范围内免除担保责任，但其他担保人承诺仍然提供担保的除外。

第二百一十九条　债务人履行债务或者出质人提前清偿所担保的债权的，质权人应当返还质押财产。

债务人不履行到期债务或者发生当事人约定的实现质权的情形，质权人可以与出质人协议以质押财产折价，也可以就拍卖、变卖质押财产所得的价款优先受偿。

质押财产折价或者变卖的，应当参照市场价格。

第二百二十条　出质人可以请求质权人在债务履行期届满后及时行使质权；质权人不行使的，出质人可以请求人民法院拍卖、变卖质押财产。

出质人请求质权人及时行使质权，因质权人怠于行使权利造成损害的，由质权人承担赔偿责任。

第二百二十一条　质押财产折价或者拍卖、变卖后，其价款超过债权数额的部分归出质人所有，不足部分由债务人清偿。

第二百二十二条　出质人与质权人可以协议设立最高额质权。

最高额质权除适用本节有关规定外，参照本法第十六章第二节最高额抵押权的规定。

第二节　权利质权

第二百二十三条　债务人或者第三人有权处分的下列权利可以出质：

（一）汇票、支票、本票；

（二）债券、存款单；

（三）仓单、提单；

（四）可以转让的基金份额、股权；

（五）可以转让的注册商标专用权、专利权、著作权等知识产权中的财产权；

（六）应收账款；

（七）法律、行政法规规定可以出质的其他财产权利。

第二百二十四条　以汇票、支票、本票、债券、存款单、仓单、提单出质的，当事人应当订立书面合同。质权自权利凭证交付质权人时设立；没有权利凭证的，质权自有关部门办理出质登记时设立。

第二百二十五条　汇票、支票、本票、债券、存款单、仓单、提单的兑现日期或者提货日期先于主债权到期的，质权人可以兑现或者提货，并与出质人协议将兑现的价款或者提取的货物提前清偿债务或者提存。

第二百二十六条　以基金份额、股权出质的，当事人应当订立书面合同。以基金份额、证券登记结算机构登记的股权出质的，质权自证券登记结算机构办理出质登记时设立；以其他股权出质的，质权自工商行政管理部门办理出质登记时设立。

基金份额、股权出质后，不得转让，但经出质人与质权人协商同意的除外。出质人转让基金份额、股权所得的价款，应当向质权人提前清偿债务或者提存。

第二百二十七条　以注册商标专用权、专利权、著作权等知识产权中的财产权出质的，当事人应当订立书面合同。质权自有关主管部门办理出质登记时设立。

知识产权中的财产权出质后，出质人不得转让或者许可他人使用，但经出质人与质权人协商同意的除外。出质人转让或者许可他人使用出质的知识产权中的财产权所得的价款，应当向质权人提前清偿债务或者提存。

第二百二十八条　以应收账款出质的，当事人应当订立书面合同。质权自信贷征信机构办理出质登记时设立。

应收账款出质后，不得转让，但经出质人与质权人协商同意的除外。出质人转让应收账款所得的价款，应当向质权人提前清偿债务或者提存。

第二百二十九条　权利质权除适用本节规定外，适用本章第一节动产质权的规定。

第十八章　留置权

第二百三十条　债务人不履行到期债务，债权人可以留置已经合法占有的债务人的动产，并有权就该动产优先受偿。

前款规定的债权人为留置权人，占有的动产为留置财产。

第二百三十一条　债权人留置的动产，应当与债权属于同一法律关系，但企业之间留置的除外。

第二百三十二条　法律规定或者当事人约定不得留置的动产，不得留置。

第二百三十三条　留置财产为可分物的，留置财产的价值应当相当于债务的金额。

第二百三十四条　留置权人负有妥善保管留置财产的义务；因保管不善致使留置财产毁损、灭失的，应当承担赔偿责任。

第二百三十五条　留置权人有权收取留置财产的孳息。

前款规定的孳息应当先充抵收取孳息的费用。

第二百三十六条　留置权人与债务人应当约定留置财产后的债务履行期间；没有约定或者约定不明确的，留置权人应当给债务人两个月以上履行债务的期间，但鲜活易腐等不易保管的动产除外。债务人逾期未履行的，留置权人可以与债务人协议以留置财产折价，也可以就拍卖、变卖留置财产所得的价款优先受偿。

留置财产折价或者变卖的，应当参照市场价格。

第二百三十七条　债务人可以请求留置权人在债务履行期届满后行使留置权；留置权人不行使的，债务人可以请求人民法院拍卖、变卖留置财产。

第二百三十八条　留置财产折价或者拍卖、变卖后，其价款超过债权数额的部分归债务人所有，不足部分由债务人清偿。

第二百三十九条　同一动产上已设立抵押权或者质权，该动产又被留置的，留置权人优先受偿。

第二百四十条　留置权人对留置财产丧失占有或者留置权人接受债务人另行提供担保的，留置权消灭。

第五编　占有

第十九章　占有

第二百四十一条　基于合同关系等产生的占有，有关不动产或者动产的使用、收益、违约责任等，按照合同约定；合同没有约定或者约定不明确的，依照有关法律规定。

第二百四十二条　占有人因使用占有的不动产或者动产，致使该不动产或者动产受到损害的，恶意占有人应当承担赔偿责任。

第二百四十三条　不动产或者动产被占有人占有的，权利人可以请求返还原物及其孳息，但应当支付善意占有人因维护该不动产或者动产支出的必要费用。

第二百四十四条　占有的不动产或者动产毁损、灭失，该不动产或者动产的权利人请求赔偿的，占有人应当将因毁损、灭失取得的保险金、赔偿金或者补偿金等返还给权利人；权利人的损害未得到足够弥补的，恶意占有人还应当赔偿损失。

第二百四十五条　占有的不动产或者动产被侵占的，占有人有权请求返还原物；对妨害占有的行为，占有人有权请求排除妨害或者消除危险；因侵占或者妨害造成损害的，占有人有权请求损害赔偿。

占有人返还原物的请求权，自侵占发生之日起1年内未行使的，该请求权消灭。

附　则

第二百四十六条　法律、行政法规对不动产统一登记的范围、登记机构和登记办法作出规定前，地方性法规可以依照本法有关规定作出规定。

第二百四十七条　本法自 2007 年 10 月 1 日起施行。

二、相关案例

案例1：

张某购买了某小区位于顶层的住房一套，张某在装修过程中封闭了观景阳台，并加装了防护栏。A 物业服务企业依据张某在购房时签字承诺的《管理规约》，"为维持小区整体形象和相邻住户的安全，业主不得私自封闭观景阳台，不得在窗户上加装防护栏"的条款，认为张某违反《管理规约》，遂要求其拆除。张某认为，既然房屋是自己的，自己完全有权决定是否装防护栏和封闭阳台，因此拒不拆除。于是，A 公司决定对张某罚款 1600 元，张某拒不交纳，A 公司遂对张某采取了断电断水的"制裁"措施。其间，因为开发商 B 公司在顶楼做了霓虹灯广告，影响了张某晚上休息，张某便将霓虹灯的电源掐断了。

双方纠纷无法解决，A 公司把张某告到了法院，请求法院判令张某：（1）拆除护栏并交纳罚款；（2）不得再破坏楼顶广告牌，并赔偿因破坏广告牌给物业服务企业造成的损失；（3）此案诉讼费用由开发商 B 公司承担。

近年来，随着对市容市貌、居住环境的要求的提高，曾经"风靡一时"的外封阳台突然成了"众矢之的"，小区业主与物业服务企业、小区业主之间基于此问题产生矛盾的事件屡见不鲜。多数业主对此心存疑惑：自己花钱买的房子，阳台也被算在居住面积之内，那么，拥有完全产权不就意味着自由的处分权吗？封阳台的行为是否应该受到限制呢？这也就是本案涉及的核心问题。

此案中，业主张某与物业服务企业 A 公司的矛盾已经十分尖锐，以至于走上了法律解决的途径。经过分析，我们可以发现，双方矛盾主要集中在四个方面：1. 业主是否有权自主决定对阳台进行外封等装修行为；2. 物业服务企业是否有权对业主进行罚款处罚；3. 物业服务企业对业主实施断水、断电是否适当；4. 开发商是否有权在小区楼顶安置广告灯箱等设施。

公民通过购买商品房，即成为某小区业主，不考虑因房屋抵押贷款所产生的对于房屋所有权的限制等种种特殊情况，从最一般意义上讲，业主已经享有此房屋的产权，则占有、使用、收益、处分自是理所当然，那么，业主在行使权利时还会受到其他限制吗？答案是肯定的。

首先，《中华人民共和国物权法》第 71 条规定："业主对其建筑物的专有部分享有占有、使用、收益和处分的权利。业主行使权利不得危及建筑物的安全，不得损害其他业主的合法权益。"第 87 条规定："不动产的相邻权利人应当按照有利生产、方便生活、团结互助、公平合理的原则，正确处理相邻关系。"这两条法律规范明确告诉我们，无论是从建筑物区分所有权抑或是相邻权的基础上来看，业主在行使自己权利的同时，必须考虑到小区内其他业主的利益，不得滥用权利。具体到本案，就是要求张某在进行任何装修行为时，均不得损害其他业主特别是与其邻近的相邻业主的利益。这是包括张某在内的每一个小区业主必须承担的义务。按照区分所有权理论，外墙的1/2朝外的部分属于公共部位的利用，本案所涉及的封闭阳台和安装防护栏均涉及公共部位的利用。

其次，《中华人民共和国物权法》第83条第1款规定："业主应当遵守法律、法规以及管理规约。"《物业管理条例》第17条第2款规定：管理规约对所有业主具有约束力。此案中，张某在购房时签订的《管理规约》中有"为维持小区整体形象和相邻住户的安全，业主不得私自封闭观景阳台，不得在窗户上加装防护栏"的条款，既然张某已经签字承诺，那么他就必须遵守《管理规约》的规定，履行相关义务。所以，张某封闭观景阳台并安装防护网的行为是错误的，违反了《管理规约》中对业主的义务要求。

《中华人民共和国物权法》第70条规定："业主对建筑物内的住宅、经营性用房等专有部分享有所有权，对专有部分以外的共有部分享有共有和共同管理的权利。"《物业管理条例》第27条规定："业主依法享有的物业共用部位、共用设施设备的所有权或使用权，建设单位不得擅自处分。"了解了这些相关的规定并结合本案的具体情况，我们可以肯定，包括张某在内的全体业主拥有作为共有部分的房屋顶楼的所有权，B公司无权擅自在房屋顶楼上竖立广告牌。

同时，《物业管理条例》第55条规定："利用物业共用部分、共有设施进行经营的，应当在征得相关业主、业主大会、物业服务企业的同意后，按照规定办理有关手续……"而在本案中，我们并未见到B公司得到小区内部相关权利主体的任何授权的描述。因此B公司竖立广告牌的行为是不合法的。

从以上两点分析我们可以得出最终的结论B公司的行为不仅对张某一户的正常生活造成了影响，侵犯了其合法的生活、休息权利，也是对全体业主对于小区共用部位所有权的侵犯。那么，在基础性权利都不存在的情况下，相关的赔偿要求便成了"无源之水"，尽管张某掐断霓虹灯电源的行为也有不妥当之处，但这并不妨碍张某和其他业主对于房屋顶楼权利享有的合法性。A公司要求的赔偿无法得到法院支持。至于诉讼费用的承担，虽然本案涉及房地产开发商，但其并非本案的当事人，因此A公司要求B公司承担诉讼费用是极其荒谬的。

案例2：

2005年4月，A小区业主委员会通过招标的方式选聘物业服务企业C公司自2005年10月起承担小区内的物业服务工作。同年8月，A小区业主委员会向小区开发商及其选聘的前期物业服务提供者B公司送达《交接通知》，但两公司置之不理，C公司因此无法参与A小区的物业服务工作。2006年2月，C公司将小区开发商、B公司以及A小区业主委员会告上法庭。

此案中，A小区业主委员会是否应该承担违约责任？

《中华人民共和国物权法》和《物业管理条例》都明确赋予城市住宅小区业主自由选择物业服务企业提供物业服务的权利。随着物业服务意识的增强，越来越多的小区业主通过法律形式选聘、解聘物业服务企业，维护自身合法权益。与此同时，业主与物业服务企业之间也由此引发了大量的矛盾。本案所描述的就是这种情况。

物业服务企业为小区提供服务的前提是进驻小区，但在新老物业交接时，如果新物业服务企业难以进入小区，那么其与业主委员会签订的《物业服务合同》势必难以履行，新物业服务企业基于该合同应享有的权利，特别是服务者酬金也将无法实现，这种责任应由谁来承担呢？这就是我们在这一案件中必须要解决的问题。

《物业管理条例》第21条规定："在业主、业主大会选聘物业服务企业之前，建设单位选聘物业服务企业的，应当签订书面的前期物业服务合同。"第26条规定："前期物业服务合同可以约定期限；但是，期限未满，业主委员会与物业服务企业签订的物业服务合同生效的，前期物业服务合同终止。"依照此两项规定，无论《前期物业服务合同》中约定的期限是否到来，B公司均应该终止对A小区提供物业服务，该合同也应随之终止。且依据《中华人民共和国合同法》第92条之规定，B公司作为当事人一方，基于诚实信用原则，在前期物业服务合同终止后，还负有协助业主委员会安排新的物业服务企业进驻小区的义务。《物业管理条例》第29条作出了类似规定，要求物业服务企业在前期物业服务合同终止时将下列资料移交给业主委员会：①竣工总平面图，单体建筑、结构、设备竣工图；配套设施、地下管网工程竣工图等竣工验收资料；②设施设备的安装、使用和维护保养等技术资料；③物业质量保修文件和物业使用说明文件；④物业服务所必需的其他资料。从这可以看出，B公司作为A小区的原物业服务提供者，应承担交付相关物业服务所需材料以协助C公司开展工作的责任。

在实践中，类似于本案中的这种原物业服务企业拒绝退出，导致新物业服务企业无法开展工作的事件非常常见。在这种情况下，考虑到新物业服务合同的双方当事人为业主委员会和新物业服务企业在法律没有明确规定的情况下，新物业服务企业直接向原物业服务企业主张权利存在一定困难。因此，依据合同的相对性原则，新物业服务企业可以向业主委员会请求承担违约责任。本案中，C公司就采取了这样的措施。

本案中，C公司必须实际入驻小区才能实现合同目的，开展物业服务。依《物业管理条例》的相关规定，A小区业主委员会有监督和协助物业服务企业履行物业服务合同的职责且有义务维护小区全体业主的利益。B公司不撤出A小区，不仅妨碍了C公司的利益，也直接侵害了A小区的正常物业管理服务，损害了全体业主的合法权益，A小区业主委员会应对此承担一定的责任。

第二章 中华人民共和国合同法

一、法律法规条文

中华人民共和国合同法

（1999 年 3 月 15 日第九届全国人民代表大会第二次会议通过）

目 录

总　则

第一章　一般规定

第一条　为了保护合同当事人的合法权益，维护社会经济秩序，促进社会主义现代化建设，制定本法。

第二条　本法所称合同是平等主体的自然人、法人、其他组织之间设立、变更、终止民事权利义务关系的协议。

婚姻、收养、监护等有关身份关系的协议，适用其他法律的规定。

第三条　合同当事人的法律地位平等，一方不得将自己的意志强加给另一方。

第四条　当事人依法享有自愿订立合同的权利，任何单位和个人不得非法干预。

第五条　当事人应当遵循公平原则确定各方的权利和义务。

第六条　当事人行使权利、履行义务应当遵循诚实信用原则。

第七条　当事人订立、履行合同，应当遵守法律、行政法规，尊重社会公德，不得扰乱社会经济秩序，损害社会公共利益。

第八条　依法成立的合同，对当事人具有法律约束力。当事人应当按照约定履行自己的义务，不得擅自变更或者解除合同。

依法成立的合同，受法律保护。

第二章　合同的订立

第九条　当事人订立合同，应当具有相应的民事权利能力和民事行为能力。

当事人依法可以委托代理人订立合同。

第十条　当事人订立合同，有书面形式、口头形式和其他形式。

法律、行政法规规定采用书面形式的，应当采用书面形式。当事人约定采用书面形式的，应当采用书面形式。

第十一条　书面形式是指合同书、信件和数据电文（包括电报、电传、传真、电子数据交换和电子邮件）等可以有形地表现所载内容的形式。

第十二条　合同的内容由当事人约定，一般包括以下条款：

（一）当事人的名称或者姓名和住所；

（二）标的；

（三）数量；

（四）质量；

（五）价款或者报酬；

（六）履行期限、地点和方式；

（七）违约责任；

（八）解决争议的方法。

当事人可以参照各类合同的示范文本订立合同。

第十三条 当事人订立合同，采取要约、承诺方式。

第十四条 要约是希望和他人订立合同的意思表示，该意思表示应当符合下列规定：

（一）内容具体确定；

（二）表明经受要约人承诺，要约人即受该意思表示约束。

第十五条 要约邀请是希望他人向自己发出要约的意思表示。寄送的价目表、拍卖公告、招标公告、招股说明书、商业广告等为要约邀请。

商业广告的内容符合要约规定的，视为要约。

第十六条 要约到达受要约人时生效。

采用数据电文形式订立合同，收件人指定特定系统接收数据电文的，该数据电文进入该特定系统的时间，视为到达时间；未指定特定系统的，该数据电文进入收件人的任何系统的首次时间，视为到达时间。

第十七条 要约可以撤回。撤回要约的通知应当在要约到达受要约人之前或者与要约同时到达受要约人。

第十八条 要约可以撤销。撤销要约的通知应当在受要约人发出承诺通知之前到达受要约人。

第十九条 有下列情形之一的，要约不得撤销：

（一）要约人确定了承诺期限或者以其他形式明示要约不可撤销；

（二）受要约人有理由认为要约是不可撤销的，并已经为履行合同作了准备工作。

第二十条 有下列情形之一的，要约失效：

（一）拒绝要约的通知到达要约人；

（二）要约人依法撤销要约；

（三）承诺期限届满，受要约人未作出承诺；

（四）受要约人对要约的内容作出实质性变更。

第二十一条 承诺是受要约人同意要约的意思表示。

第二十二条 承诺应当以通知的方式作出，但根据交易习惯或者要约表明可以通过行为作出承诺的除外。

第二十三条 承诺应当在要约确定的期限内到达要约人。

要约没有确定承诺期限的，承诺应当依照下列规定到达：

（一）要约以对话方式作出的，应当即时作出承诺，但当事人另有约定的除外；

（二）要约以非对话方式作出的，承诺应当在合理期限内到达。

第二十四条 要约以信件或者电报作出的，承诺期限自信件载明的日期或者电报交发之日开始计算。信件未载明日期的，自投寄该信件的邮戳日期开始计算。要约以电话、传真等快速通讯方式作出的，承诺期限自要约到达受要约人时开始计算。

第二十五条　承诺生效时合同成立。

第二十六条　承诺通知到达要约人时生效。承诺不需要通知的，根据交易习惯或者要约的要求作出承诺的行为时生效。

采用数据电文形式订立合同的，承诺到达的时间适用本法第十六条第二款的规定。

第二十七条　承诺可以撤回。撤回承诺的通知应当在承诺通知到达要约人之前或者与承诺通知同时到达要约人。

第二十八条　受要约人超过承诺期限发出承诺的，除要约人及时通知受要约人该承诺有效的以外，为新要约。

第二十九条　受要约人在承诺期限内发出承诺，按照通常情形能够及时到达要约人，但因其他原因承诺到达要约人时超过承诺期限的，除要约人及时通知受要约人因承诺超过期限不接受该承诺的以外，该承诺有效。

第三十条　承诺的内容应当与要约的内容一致。受要约人对要约的内容作出实质性变更的，为新要约。有关合同标的、数量、质量、价款或者报酬、履行期限、履行地点和方式、违约责任和解决争议方法等的变更，是对要约内容的实质性变更。

第三十一条　承诺对要约的内容作出非实质性变更的，除要约人及时表示反对或者要约表明承诺不得对要约的内容作出任何变更的以外，该承诺有效，合同的内容以承诺的内容为准。

第三十二条　当事人采用合同书形式订立合同的，自双方当事人签字或者盖章时合同成立。

第三十三条　当事人采用信件、数据电文等形式订立合同的，可以在合同成立之前要求签订确认书。签订确认书时合同成立。

第三十四条　承诺生效的地点为合同成立的地点。

采用数据电文形式订立合同的，收件人的主营业地为合同成立的地点；没有主营业地的，其经常居住地为合同成立的地点。当事人另有约定的，按照其约定。

第三十五条　当事人采用合同书形式订立合同的，双方当事人签字或者盖章的地点为合同成立的地点。

第三十六条　法律、行政法规规定或者当事人约定采用书面形式订立合同，当事人未采用书面形式但一方已经履行主要义务，对方接受的，该合同成立。

第三十七条　采用合同书形式订立合同，在签字或者盖章之前，当事人一方已经履行主要义务，对方接受的，该合同成立。

第三十八条　国家根据需要下达指令性任务或者国家订货任务的，有关法人、其他组织之间应当依照有关法律、行政法规规定的权利和义务订立合同。

第三十九条　采用格式条款订立合同的，提供格式条款的一方应当遵循公平原则确定当事人之间的权利和义务，并采取合理的方式提请对方注意免除或者限制其责任的条款，按照对方的要求，对该条款予以说明。

格式条款是当事人为了重复使用而预先拟定，并在订立合同时未与对方协商的条款。

第四十条 格式条款具有本法第五十二条和第五十三条规定情形的，或者提供格式条款一方免除其责任、加重对方责任、排除对方主要权利的，该条款无效。

第四十一条 对格式条款的理解发生争议的，应当按通常理解予以解释。对格式条款有两种以上解释的，应当作出不利于提供格式条款一方的解释。格式条款和非格式条款不一致的，应当采用非格式条款。

第四十二条 当事人在订立合同过程中有下列情形之一，给对方造成损失的，应当承担损害赔偿责任：

（一）假借订立合同，恶意进行磋商；

（二）故意隐瞒与订立合同有关的重要事实或者提供虚假情况；

（三）有其他违背诚实信用原则的行为。

第四十三条 当事人在订立合同过程中知悉的商业秘密，无论合同是否成立，不得泄露或者不正当地使用。泄露或者不正当地使用该商业秘密给对方造成损失的，应当承担损害赔偿责任。

第三章 合同的效力

第四十四条 依法成立的合同，自成立时生效。

法律、行政法规规定应当办理批准、登记等手续生效的，依照其规定。

第四十五条 当事人对合同的效力可以约定附条件。附生效条件的合同，自条件成就时生效。附解除条件的合同，自条件成就时失效。

当事人为自己的利益不正当地阻止条件成就的，视为条件已成就；不正当地促成条件成就的，视为条件不成就。

第四十六条 当事人对合同的效力可以约定附期限。附生效期限的合同，自期限届至时生效。附终止期限的合同，自期限届满时失效。

第四十七条 限制民事行为能力人订立的合同，经法定代理人追认后，该合同有效，但纯获利益的合同或者与其年龄、智力、精神健康状况相适应而订立的合同，不必经法定代理人追认。

相对人可以催告法定代理人在1个月内予以追认。法定代理人未作表示的，视为拒绝追认。合同被追认之前，善意相对人有撤销的权利。撤销应当以通知的方式作出。

第四十八条 行为人没有代理权、超越代理权或者代理权终止后以被代理人名义订立的合同，未经被代理人追认，对被代理人不发生效力，由行为人承担责任。

相对人可以催告被代理人在1个月内予以追认。被代理人未作表示的，视为拒绝追认。合同被追认之前，善意相对人有撤销的权利。撤销应当以通知的方式作出。

第四十九条 行为人没有代理权、超越代理权或者代理权终止后以被代理人名义订立合同，相对人有理由相信行为人有代理权的，该代理行为有效。

第五十条 法人或者其他组织的法定代表人、负责人超越权限订立的合同，除相对人知道或者应当知道其超越权限的以外，该代表行为有效。

第五十一条 无处分权的人处分他人财产，经权利人追认或者无处分权的人订立合同后取得处分权的，该合同有效。

第五十二条　有下列情形之一的，合同无效：

（一）一方以欺诈、胁迫的手段订立合同，损害国家利益；

（二）恶意串通，损害国家、集体或者第三人利益；

（三）以合法形式掩盖非法目的；

（四）损害社会公共利益；

（五）违反法律、行政法规的强制性规定。

第五十三条　合同中的下列免责条款无效：

（一）造成对方人身伤害的；

（二）因故意或者重大过失造成对方财产损失的。

第五十四条　下列合同，当事人一方有权请求人民法院或者仲裁机构变更或者撤销：

（一）因重大误解订立的；

（二）在订立合同时显失公平的。

一方以欺诈、胁迫的手段或者乘人之危，使对方在违背真实意思的情况下订立的合同，受损害方有权请求人民法院或者仲裁机构变更或者撤销。

当事人请求变更的，人民法院或者仲裁机构不得撤销。

第五十五条　有下列情形之一的，撤销权消灭：

（一）具有撤销权的当事人自知道或者应当知道撤销事由之日起1年内没有行使撤销权；

（二）具有撤销权的当事人知道撤销事由后明确表示或者以自己的行为放弃撤销权。

第五十六条　无效的合同或者被撤销的合同自始没有法律约束力。合同部分无效，不影响其他部分效力的，其他部分仍然有效。

第五十七条　合同无效、被撤销或者终止的，不影响合同中独立存在的有关解决争议方法的条款的效力。

第五十八条　合同无效或者被撤销后，因该合同取得的财产，应当予以返还；不能返还或者没有必要返还的，应当折价补偿。有过错的一方应当赔偿对方因此所受到的损失，双方都有过错的，应当各自承担相应的责任。

第五十九条　当事人恶意串通，损害国家、集体或者第三人利益的，因此取得的财产收归国家所有或者返还集体、第三人。

第四章　合同的履行

第六十条　当事人应当按照约定全面履行自己的义务。

当事人应当遵循诚实信用原则，根据合同的性质、目的和交易习惯履行通知、协助、保密等义务。

第六十一条　合同生效后，当事人就质量、价款或者报酬、履行地点等内容没有约定或者约定不明确的，可以协议补充；不能达成补充协议的，按照合同有关条款或者交易习惯确定。

第六十二条　当事人就有关合同内容约定不明确，依照本法第六十一条的规定仍不能确定的，适用下列规定：

（一）质量要求不明确的，按照国家标准、行业标准履行；没有国家标准、行业标准的，按照通常标准或者符合合同目的的特定标准履行。

（二）价款或者报酬不明确的，按照订立合同时履行地的市场价格履行；依法应当执行政府定价或者政府指导价的，按照规定履行。

（三）履行地点不明确，给付货币的，在接受货币一方所在地履行；交付不动产的，在不动产所在地履行；其他标的，在履行义务一方所在地履行。

（四）履行期限不明确的，债务人可以随时履行，债权人也可以随时要求履行，但应当给对方必要的准备时间。

（五）履行方式不明确的，按照有利于实现合同目的的方式履行。

（六）履行费用的负担不明确的，由履行义务一方负担。

第六十三条　执行政府定价或者政府指导价的，在合同约定的交付期限内政府价格调整时，按照交付时的价格计价。逾期交付标的物的，遇价格上涨时，按照原价格执行；价格下降时，按照新价格执行。逾期提取标的物或者逾期付款的，遇价格上涨时，按照新价格执行；价格下降时，按照原价格执行。

第六十四条　当事人约定由债务人向第三人履行债务的，债务人未向第三人履行债务或者履行债务不符合约定，应当向债权人承担违约责任。

第六十五条　当事人约定由第三人向债权人履行债务的，第三人不履行债务或者履行债务不符合约定，债务人应当向债权人承担违约责任。

第六十六条　当事人互负债务，没有先后履行顺序的，应当同时履行。一方在对方履行之前有权拒绝其履行要求。一方在对方履行债务不符合约定时，有权拒绝其相应的履行要求。

第六十七条　当事人互负债务，有先后履行顺序，先履行一方未履行的，后履行一方有权拒绝其履行要求。先履行一方履行债务不符合约定的，后履行一方有权拒绝其相应的履行要求。

第六十八条　应当先履行债务的当事人，有确切证据证明对方有下列情形之一的，可以中止履行：

（一）经营状况严重恶化；

（二）转移财产、抽逃资金，以逃避债务；

（三）丧失商业信誉；

（四）有丧失或者可能丧失履行债务能力的其他情形。

当事人没有确切证据中止履行的，应当承担违约责任。

第六十九条　当事人依照本法第六十八条的规定中止履行的，应当及时通知对方。对方提供适当担保时，应当恢复履行。中止履行后，对方在合理期限内未恢复履行能力并且未提供适当担保的，中止履行的一方可以解除合同。

第七十条　债权人分立、合并或者变更住所没有通知债务人，致使履行债务发生困难的，债务人可以中止履行或者将标的物提存。

第七十一条 债权人可以拒绝债务人提前履行债务，但提前履行不损害债权人利益的除外。

债务人提前履行债务给债权人增加的费用，由债务人负担。

第七十二条 债权人可以拒绝债务人部分履行债务，但部分履行不损害债权人利益的除外。

债务人部分履行债务给债权人增加的费用，由债务人负担。

第七十三条 因债务人怠于行使其到期债权，对债权人造成损害的，债权人可以向人民法院请求以自己的名义代位行使债务人的债权，但该债权专属于债务人自身的除外。

代位权的行使范围以债权人的债权为限。债权人行使代位权的必要费用，由债务人负担。

第七十四条 因债务人放弃其到期债权或者无偿转让财产，对债权人造成损害的，债权人可以请求人民法院撤销债务人的行为。债务人以明显不合理的低价转让财产，对债权人造成损害，并且受让人知道该情形的，债权人也可以请求人民法院撤销债务人的行为。

撤销权的行使范围以债权人的债权为限。债权人行使撤销权的必要费用，由债务人负担。

第七十五条 撤销权自债权人知道或者应当知道撤销事由之日起1年内行使。自债务人的行为发生之日起5年内没有行使撤销权的，该撤销权消灭。

第七十六条 合同生效后，当事人不得因姓名、名称的变更或者法定代表人、负责人、承办人的变动而不履行合同义务。

第五章 合同的变更和转让

第七十七条 当事人协商一致，可以变更合同。

法律、行政法规规定变更合同应当办理批准、登记等手续的，依照其规定。

第七十八条 当事人对合同变更的内容约定不明确的，推定为未变更。

第七十九条 债权人可以将合同的权利全部或者部分转让给第三人，但有下列情形之一的除外：

（一）根据合同性质不得转让；

（二）按照当事人约定不得转让；

（三）依照法律规定不得转让。

第八十条 债权人转让权利的，应当通知债务人。未经通知，该转让对债务人不发生效力。

债权人转让权利的通知不得撤销，但经受让人同意的除外。

第八十一条 债权人转让权利的，受让人取得与债权有关的从权利，但该从权利专属于债权人自身的除外。

第八十二条 债务人接到债权转让通知后，债务人对让与人的抗辩，可以向受让人主张。

第八十三条 债务人接到债权转让通知时，债务人对让与人享有债权，并且债务人的债权先于转让的债权到期或者同时到期的，债务人可以向受让人主张抵销。

第八十四条 债务人将合同的义务全部或者部分转移给第三人的，应当经债权人同意。

第八十五条 债务人转移义务的，新债务人可以主张原债务人对债权人的抗辩。

第八十六条 债务人转移义务的，新债务人应当承担与主债务有关的从债务，但该从债务专属于原债务人自身的除外。

第八十七条 法律、行政法规规定转让权利或者转移义务应当办理批准、登记等手续的，依照其规定。

第八十八条 当事人一方经对方同意，可以将自己在合同中的权利和义务一并转让给第三人。

第八十九条 权利和义务一并转让的，适用本法第七十九条、第八十一条至第八十三条、第八十五条至第八十七条的规定。

第九十条 当事人订立合同后合并的，由合并后的法人或者其他组织行使合同权利，履行合同义务。当事人订立合同后分立的，除债权人和债务人另有约定的以外，由分立的法人或者其他组织对合同的权利和义务享有连带债权，承担连带债务。

第六章 合同的权利义务终止

第九十一条 有下列情形之一的，合同的权利义务终止：

（一）债务已经按照约定履行；

（二）合同解除；

（三）债务相互抵销；

（四）债务人依法将标的物提存；

（五）债权人免除债务；

（六）债权债务同归于一人；

（七）法律规定或者当事人约定终止的其他情形。

第九十二条 合同的权利义务终止后，当事人应当遵循诚实信用原则，根据交易习惯履行通知、协助、保密等义务。

第九十三条 当事人协商一致，可以解除合同。

当事人可以约定一方解除合同的条件。解除合同的条件成就时，解除权人可以解除合同。

第九十四条 有下列情形之一的，当事人可以解除合同：

（一）因不可抗力致使不能实现合同目的；

（二）在履行期限届满之前，当事人一方明确表示或者以自己的行为表明不履行主要债务；

（三）当事人一方迟延履行主要债务，经催告后在合理期限内仍未履行；

（四）当事人一方迟延履行债务或者有其他违约行为致使不能实现合同目的；

（五）法律规定的其他情形。

第九十五条 法律规定或者当事人约定解除权行使期限，期限届满当事人不行使的，该权利消灭。

法律没有规定或者当事人没有约定解除权行使期限，经对方催告后在合理期限内不行使的，该权利消灭。

第九十六条 当事人一方依照本法第九十三条第二款、第九十四条的规定主张解除合同的，应当通知对方。合同自通知到达对方时解除。对方有异议的，可以请求人民法院或者仲裁机构确认解除合同的效力。

法律、行政法规规定解除合同应当办理批准、登记等手续的，依照其规定。

第九十七条 合同解除后，尚未履行的，终止履行；已经履行的，根据履行情况和合同性质，当事人可以要求恢复原状、采取其他补救措施，并有权要求赔偿损失。

第九十八条 合同的权利义务终止，不影响合同中结算和清理条款的效力。

第九十九条 当事人互负到期债务，该债务的标的物种类、品质相同的，任何一方可以将自己的债务与对方的债务抵销，但依照法律规定或者按照合同性质不得抵销的除外。

当事人主张抵销的，应当通知对方。通知自到达对方时生效。抵销不得附条件或者附期限。

第一百条 当事人互负债务，标的物种类、品质不相同的，经双方协商一致，也可以抵销。

第一百零一条 有下列情形之一，难以履行债务的，债务人可以将标的物提存：

（一）债权人无正当理由拒绝受领；

（二）债权人下落不明；

（三）债权人死亡未确定继承人或者丧失民事行为能力未确定监护人；

（四）法律规定的其他情形。

标的物不适于提存或者提存费用过高的，债务人依法可以拍卖或者变卖标的物，提存所得的价款。

第一百零二条 标的物提存后，除债权人下落不明的以外，债务人应当及时通知债权人或者债权人的继承人、监护人。

第一百零三条 标的物提存后，毁损、灭失的风险由债权人承担。提存期间，标的物的孳息归债权人所有。提存费用由债权人负担。

第一百零四条 债权人可以随时领取提存物，但债权人对债务人负有到期债务的，在债权人未履行债务或者提供担保之前，提存部门根据债务人的要求应当拒绝其领取提存物。

债权人领取提存物的权利，自提存之日起5年内不行使而消灭，提存物扣除提存费用后归国家所有。

第一百零五条 债权人免除债务人部分或者全部债务的，合同的权利义务部分或者全部终止。

第一百零六条 债权和债务同归于一人的，合同的权利义务终止，但涉及第三人利益的除外。

第七章 违约责任

第一百零七条 当事人一方不履行合同义务或者履行合同义务不符合约定的，应当承担继续履行、采取补救措施或者赔偿损失等违约责任。

第一百零八条 当事人一方明确表示或者以自己的行为表明不履行合同义务的，对方可以在履行期限届满之前要求其承担违约责任。

第一百零九条 当事人一方未支付价款或者报酬的，对方可以要求其支付价款或者报酬。

第一百一十条 当事人一方不履行非金钱债务或者履行非金钱债务不符合约定的，对方可以要求履行，但有下列情形之一的除外：

（一）法律上或者事实上不能履行；

（二）债务的标的不适于强制履行或者履行费用过高；

（三）债权人在合理期限内未要求履行。

第一百一十一条 质量不符合约定的，应当按照当事人的约定承担违约责任。对违约责任没有约定或者约定不明确，依照本法第六十一条的规定仍不能确定的，受损害方根据标的的性质以及损失的大小，可以合理选择要求对方承担修理、更换、重作、退货、减少价款或者报酬等违约责任。

第一百一十二条 当事人一方不履行合同义务或者履行合同义务不符合约定的，在履行义务或者采取补救措施后，对方还有其他损失的，应当赔偿损失。

第一百一十三条 当事人一方不履行合同义务或者履行合同义务不符合约定，给对方造成损失的，损失赔偿额应当相当于因违约所造成的损失，包括合同履行后可以获得的利益，但不得超过违反合同一方订立合同时预见到或者应当预见到的因违反合同可能造成的损失。

经营者对消费者提供商品或者服务有欺诈行为的，依照《中华人民共和国消费者权益保护法》的规定承担损害赔偿责任。

第一百一十四条 当事人可以约定一方违约时应当根据违约情况向对方支付一定数额的违约金，也可以约定因违约产生的损失赔偿额的计算方法。

约定的违约金低于造成的损失的，当事人可以请求人民法院或者仲裁机构予以增加；约定的违约金过分高于造成的损失的，当事人可以请求人民法院或者仲裁机构予以适当减少。

当事人就迟延履行约定违约金的，违约方支付违约金后，还应当履行债务。

第一百一十五条 当事人可以依照《中华人民共和国担保法》约定一方向对方给付定金作为债权的担保。债务人履行债务后，定金应当抵作价款或者收回。给付定金的一方不履行约定的债务的，无权要求返还定金；收受定金的一方不履行约定的债务的，应当双倍返还定金。

第一百一十六条 当事人既约定违约金，又约定定金的，一方违约时，对方可以选择适用违约金或者定金条款。

第一百一十七条 因不可抗力不能履行合同的，根据不可抗力的影响，部分或者全部免除责任，但法律另有规定的除外。当事人迟延履行后发生不可抗力的，不能免除责任。

本法所称不可抗力，是指不能预见、不能避免并不能克服的客观情况。

第一百一十八条 当事人一方因不可抗力不能履行合同的，应当及时通知对方，以减轻可能给对方造成的损失，并应当在合理期限内提供证明。

第一百一十九条 当事人一方违约后，对方应当采取适当措施防止损失的扩大；没有采取适当措施致使损失扩大的，不得就扩大的损失要求赔偿。

当事人因防止损失扩大而支出的合理费用，由违约方承担。

第一百二十条 当事人双方都违反合同的，应当各自承担相应的责任。

第一百二十一条 当事人一方因第三人的原因造成违约的，应当向对方承担违约责任。当事人一方和第三人之间的纠纷，依照法律规定或者按照约定解决。

第一百二十二条 因当事人一方的违约行为，侵害对方人身、财产权益的，受损害方有权选择依照本法要求其承担违约责任或者依照其他法律要求其承担侵权责任。

第八章 其他规定

第一百二十三条 其他法律对合同另有规定的，依照其规定。

第一百二十四条 本法分则或者其他法律没有明文规定的合同，适用本法总则的规定，并可以参照本法分则或者其他法律最相类似的规定。

第一百二十五条 当事人对合同条款的理解有争议的，应当按照合同所使用的词句、合同的有关条款、合同的目的、交易习惯以及诚实信用原则，确定该条款的真实意思。

第一百二十六条 涉外合同的当事人可以选择处理合同争议所适用的法律，但法律另有规定的除外。涉外合同的当事人没有选择的，适用与合同有最密切联系的国家的法律。

在中华人民共和国境内履行的中外合资经营企业合同、中外合作经营企业合同、中外合作勘探开发自然资源合同，适用中华人民共和国法律。

第一百二十七条 工商行政管理部门和其他有关行政主管部门在各自的职权范围内，依照法律、行政法规的规定，对利用合同危害国家利益、社会公共利益的违法行为，负责监督处理；构成犯罪的，依法追究刑事责任。

第一百二十八条 当事人可以通过和解或者调解解决合同争议。

当事人不愿和解、调解或者和解、调解不成的，可以根据仲裁协议向仲裁机构申请仲裁。涉外合同的当事人可以根据仲裁协议向中国仲裁机构或者其他仲裁机构申请仲裁。当事人没有订立仲裁协议或者仲裁协议无效的，可以向人民法院起诉。当事人应当履行发生法律效力的判决、仲裁裁决、调解书；拒不履行的，对方可以请求人民法院执行。

第一百二十九条 因国际货物买卖合同和技术进出口合同争议提起诉讼或者申请仲裁的期限为4年，自当事人知道或者应当知道其权利受到侵害之日起计算。因其他合同争议提起诉讼或者申请仲裁的期限，依照有关法律的规定。

分　则

第九章　买卖合同

第一百三十条　买卖合同是出卖人转移标的物的所有权于买受人，买受人支付价款的合同。

第一百三十一条　买卖合同的内容除依照本法第十二条的规定以外，还可以包括包装方式、检验标准和方法、结算方式、合同使用的文字及其效力等条款。

第一百三十二条　出卖的标的物，应当属于出卖人所有或者出卖人有权处分。

法律、行政法规禁止或者限制转让的标的物，依照其规定。

第一百三十三条　标的物的所有权自标的物交付时起转移，但法律另有规定或者当事人另有约定的除外。

第一百三十四条　当事人可以在买卖合同中约定买受人未履行支付价款或者其他义务的，标的物的所有权属于出卖人。

第一百三十五条　出卖人应当履行向买受人交付标的物或者交付提取标的物的单证，并转移标的物所有权的义务。

第一百三十六条　出卖人应当按照约定或者交易习惯向买受人交付提取标的物单证以外的有关单证和资料。

第一百三十七条　出卖具有知识产权的计算机软件等标的物的，除法律另有规定或者当事人另有约定的以外，该标的物的知识产权不属于买受人。

第一百三十八条　出卖人应当按照约定的期限交付标的物。约定交付期间的，出卖人可以在该交付期间内的任何时间交付。

第一百三十九条　当事人没有约定标的物的交付期限或者约定不明确的，适用本法第六十一条、第六十二条第四项的规定。

第一百四十条　标的物在订立合同之前已为买受人占有的，合同生效的时间为交付时间。

第一百四十一条　出卖人应当按照约定的地点交付标的物。

当事人没有约定交付地点或者约定不明确，依照本法第六十一条的规定仍不能确定的，适用下列规定：

（一）标的物需要运输的，出卖人应当将标的物交付给第一承运人以运交给买受人；

（二）标的物不需要运输，出卖人和买受人订立合同时知道标的物在某一地点的，出卖人应当在该地点交付标的物；不知道标的物在某一地点的，应当在出卖人订立合同时的营业地交付标的物。

第一百四十二条　标的物毁损、灭失的风险，在标的物交付之前由出卖人承担，交付之后由买受人承担，但法律另有规定或者当事人另有约定的除外。

第一百四十三条　因买受人的原因致使标的物不能按照约定的期限交付的，买受人应当自违反约定之日起承担标的物毁损、灭失的风险。

第一百四十四条　出卖人出卖交由承运人运输的在途标的物，除当事人另有约定的以外，毁损、灭失的风险自合同成立时起由买受人承担。

第一百四十五条　当事人没有约定交付地点或者约定不明确，依照本法第一百四十一条第二款第一项的规定标的物需要运输的，出卖人将标的物交付给第一承运人后，标的物毁损、灭失的风险由买受人承担。

第一百四十六条　出卖人按照约定或者依照本法第一百四十一条第二款第二项的规定将标的物置于交付地点，买受人违反约定没有收取的，标的物毁损、灭失的风险自违反约定之日起由买受人承担。

第一百四十七条　出卖人按照约定未交付有关标的物的单证和资料的，不影响标的物毁损、灭失风险的转移。

第一百四十八条　因标的物质量不符合质量要求，致使不能实现合同目的的，买受人可以拒绝接受标的物或者解除合同。买受人拒绝接受标的物或者解除合同的，标的物毁损、灭失的风险由出卖人承担。

第一百四十九条　标的物毁损、灭失的风险由买受人承担的，不影响因出卖人履行债务不符合约定，买受人要求其承担违约责任的权利。

第一百五十条　出卖人就交付的标的物，负有保证第三人不得向买受人主张任何权利的义务，但法律另有规定的除外。

第一百五十一条　买受人订立合同时知道或者应当知道第三人对买卖的标的物享有权利的，出卖人不承担本法第一百五十条规定的义务。

第一百五十二条　买受人有确切证据证明第三人可能就标的物主张权利的，可以中止支付相应的价款，但出卖人提供适当担保的除外。

第一百五十三条　出卖人应当按照约定的质量要求交付标的物。出卖人提供有关标的物质量说明的，交付的标的物应当符合该说明的质量要求。

第一百五十四条　当事人对标的物的质量要求没有约定或者约定不明确，依照本法第六十一条的规定仍不能确定的，适用本法第六十二条第一项的规定。

第一百五十五条　出卖人交付的标的物不符合质量要求的，买受人可以依照本法第一百一十一条的规定要求承担违约责任。

第一百五十六条　出卖人应当按照约定的包装方式交付标的物。对包装方式没有约定或者约定不明确，依照本法第六十一条的规定仍不能确定的，应当按照通用的方式包装，没有通用方式的，应当采取足以保护标的物的包装方式。

第一百五十七条　买受人收到标的物时应当在约定的检验期间内检验。没有约定检验期间的，应当及时检验。

第一百五十八条　当事人约定检验期间的，买受人应当在检验期间内将标的物的数量或者质量不符合约定的情形通知出卖人。买受人怠于通知的，视为标的物的数量或者质量符合约定。

当事人没有约定检验期间的，买受人应当在发现或者应当发现标的物的数量或者质量不符合约定的合理期间内通知出卖人。买受人在合理期间内未通知或者自标的物收到之日起2年内未通知出卖人的，视为标的物的数量或者质量符合约定，但对标的物有质量保证期的，适用质量保证期，不适用该2年的规定。

第一百五十九条　买受人应当按照约定的数额支付价款。对价款没有约定或者约定不明确的，适用本法第六十一条、第六十二条第二项的规定。

第一百六十条　买受人应当按照约定的地点支付价款。对支付地点没有约定或者约定不明确，依照本法第六十一条的规定仍不能确定的，买受人应当在出卖人的营业地支付，但约定支付价款以交付标的物或者交付提取标的物单证为条件的，在交付标的物或者交付提取标的物单证的所在地支付。

第一百六十一条　买受人应当按照约定的时间支付价款。对支付时间没有约定或者约定不明确，依照本法第六十一条的规定仍不能确定的，买受人应当在收到标的物或者提取标的物单证的同时支付。

第一百六十二条　出卖人多交标的物的，买受人可以接收或者拒绝接收多交的部分。买受人接收多交部分的，按照合同的价格支付价款；买受人拒绝接收多交部分的，应当及时通知出卖人。

第一百六十三条　标的物在交付之前产生的孳息，归出卖人所有，交付之后产生的孳息，归买受人所有。

第一百六十四条　因标的物的主物不符合约定而解除合同的，解除合同的效力及于从物。因标的物的从物不符合约定被解除的，解除的效力不及于主物。

第一百六十五条　标的物为数物，其中一物不符合约定的，买受人可以就该物解除，但该物与他物分离使标的物的价值显受损害的，当事人可以就数物解除合同。

第一百六十六条　出卖人分批交付标的物的，出卖人对其中一批标的物不交付或者交付不符合约定，致使该批标的物不能实现合同目的的，买受人可以就该批标的物解除。

出卖人不交付其中一批标的物或者交付不符合约定，致使今后其他各批标的物的交付不能实现合同目的的，买受人可以就该批以及今后其他各批标的物解除。

买受人如果就其中一批标的物解除，该批标的物与其他各批标的物相互依存的，可以就已经交付和未交付的各批标的物解除。

第一百六十七条　分期付款的买受人未支付到期价款的金额达到全部价款的1/5的，出卖人可以要求买受人支付全部价款或者解除合同。

出卖人解除合同的，可以向买受人要求支付该标的物的使用费。

第一百六十八条　凭样品买卖的当事人应当封存样品，并可以对样品质量予以说明。出卖人交付的标的物应当与样品及其说明的质量相同。

第一百六十九条　凭样品买卖的买受人不知道样品有隐蔽瑕疵的，即使交付的标的物与样品相同，出卖人交付的标的物的质量仍然应当符合同种物的通常标准。

第一百七十条　试用买卖的当事人可以约定标的物的试用期间。对试用期间没有约定或者约定不明确，依照本法第六十一条的规定仍不能确定的，由出卖人确定。

第一百七十一条　试用买卖的买受人在试用期内可以购买标的物，也可以拒绝购买。试用期间届满，买受人对是否购买标的物未作表示的，视为购买。

第一百七十二条　招标投标买卖的当事人的权利和义务以及招标投标程序等，依照有关法律、行政法规的规定。

第一百七十三条　拍卖的当事人的权利和义务以及拍卖程序等，依照有关法律、行政法规的规定。

第一百七十四条　法律对其他有偿合同有规定的，依照其规定；没有规定的，参照买卖合同的有关规定。

第一百七十五条　当事人约定易货交易，转移标的物的所有权的，参照买卖合同的有关规定。

第十章　供用电、水、气、热力合同

第一百七十六条　供用电合同是供电人向用电人供电，用电人支付电费的合同。

第一百七十七条　供用电合同的内容包括供电的方式、质量、时间，用电容量、地址、性质，计量方式，电价、电费的结算方式，供用电设施的维护责任等条款。

第一百七十八条　供用电合同的履行地点，按照当事人约定；当事人没有约定或者约定不明确的，供电设施的产权分界处为履行地点。

第一百七十九条　供电人应当按照国家规定的供电质量标准和约定安全供电。供电人未按照国家规定的供电质量标准和约定安全供电，造成用电人损失的，应当承担损害赔偿责任。

第一百八十条　供电人因供电设施计划检修、临时检修、依法限电或者用电人违法用电等原因，需要中断供电时，应当按照国家有关规定事先通知用电人。未事先通知用电人中断供电，造成用电人损失的，应当承担损害赔偿责任。

第一百八十一条　因自然灾害等原因断电，供电人应当按照国家有关规定及时抢修。未及时抢修，造成用电人损失的，应当承担损害赔偿责任。

第一百八十二条　用电人应当按照国家有关规定和当事人的约定及时交付电费。用电人逾期不交付电费的，应当按照约定支付违约金。经催告用电人在合理期限内仍不交付电费和违约金的，供电人可以按照国家规定的程序中止供电。

第一百八十三条　用电人应当按照国家有关规定和当事人的约定安全用电。用电人未按照国家有关规定和当事人的约定安全用电，造成供电人损失的，应当承担损害赔偿责任。

第一百八十四条　供用水、供用气、供用热力合同，参照供用电合同的有关规定。

第十一章　赠与合同

第一百八十五条　赠与合同是赠与人将自己的财产无偿给予受赠人，受赠人表示接受赠与的合同。

第一百八十六条　赠与人在赠与财产的权利转移之前可以撤销赠与。

具有救灾、扶贫等社会公益、道德义务性质的赠与合同或者经过公证的赠与合同，不适用前款规定。

第一百八十七条　赠与的财产依法需要办理登记等手续的，应当办理有关手续。

第一百八十八条　具有救灾、扶贫等社会公益、道德义务性质的赠与合同或者经过公证的赠与合同，赠与人不交付赠与的财产的，受赠人可以要求交付。

第一百八十九条　因赠与人故意或者重大过失致使赠与的财产毁损、灭失的，赠与人应当承担损害赔偿责任。

第一百九十条　赠与可以附义务。

赠与附义务的，受赠人应当按照约定履行义务。

第一百九十一条　赠与的财产有瑕疵的，赠与人不承担责任。附义务的赠与，赠与的财产有瑕疵的，赠与人在附义务的限度内承担与出卖人相同的责任。

赠与人故意不告知瑕疵或者保证无瑕疵，造成受赠人损失的，应当承担损害赔偿责任。

第一百九十二条　受赠人有下列情形之一的，赠与人可以撤销赠与：

（一）严重侵害赠与人或者赠与人的近亲属；

（二）对赠与人有扶养义务而不履行；

（三）不履行赠与合同约定的义务。

赠与人的撤销权，自知道或者应当知道撤销原因之日起1年内行使。

第一百九十三条　因受赠人的违法行为致使赠与人死亡或者丧失民事行为能力的，赠与人的继承人或者法定代理人可以撤销赠与。

赠与人的继承人或者法定代理人的撤销权，自知道或者应当知道撤销原因之日起6个月内行使。

第一百九十四条　撤销权人撤销赠与的，可以向受赠人要求返还赠与的财产。

第一百九十五条　赠与人的经济状况显著恶化，严重影响其生产经营或者家庭生活的，可以不再履行赠与义务。

第十二章　借款合同

第一百九十六条　借款合同是借款人向贷款人借款，到期返还借款并支付利息的合同。

第一百九十七条　借款合同采用书面形式，但自然人之间借款另有约定的除外。

借款合同的内容包括借款种类、币种、用途、数额、利率、期限和还款方式等条款。

第一百九十八条　订立借款合同，贷款人可以要求借款人提供担保。担保依照《中华人民共和国担保法》的规定。

第一百九十九条　订立借款合同，借款人应当按照贷款人的要求提供与借款有关的业务活动和财务状况的真实情况。

第二百条　借款的利息不得预先在本金中扣除。利息预先在本金中扣除的，应当按照实际借款数额返还借款并计算利息。

第二百零一条　贷款人未按照约定的日期、数额提供借款，造成借款人损失的，应当赔偿损失。

借款人未按照约定的日期、数额收取借款的，应当按照约定的日期、数额支付利息。

第二百零二条　贷款人按照约定可以检查、监督借款的使用情况。借款人应当按照约定向贷款人定期提供有关财务会计报表等资料。

第二百零三条　借款人未按照约定的借款用途使用借款的，贷款人可以停止发放借款、提前收回借款或者解除合同。

第二百零四条　办理贷款业务的金融机构贷款的利率，应当按照中国人民银行规定的贷款利率的上下限确定。

第二百零五条　借款人应当按照约定的期限支付利息。对支付利息的期限没有约定或者约定不明确，依照本法第六十一条的规定仍不能确定，借款期间不满1年的，应当在返还借款时一并支付；借款期间1年以上的，应当在每届满1年时支付，剩余期间不满1年的，应当在返还借款时一并支付。

第二百零六条　借款人应当按照约定的期限返还借款。对借款期限没有约定或者约定不明确，依照本法第六十一条的规定仍不能确定的，借款人可以随时返还；贷款人可以催告借款人在合理期限内返还。

第二百零七条　借款人未按照约定的期限返还借款的，应当按照约定或者国家有关规定支付逾期利息。

第二百零八条　借款人提前偿还借款的，除当事人另有约定的以外，应当按照实际借款的期间计算利息。

第二百零九条　借款人可以在还款期限届满之前向贷款人申请展期。贷款人同意的，可以展期。

第二百一十条　自然人之间的借款合同，自贷款人提供借款时生效。

第二百一十一条　自然人之间的借款合同对支付利息没有约定或者约定不明确的，视为不支付利息。自然人之间的借款合同约定支付利息的，借款的利率不得违反国家有关限制借款利率的规定。

第十三章　租赁合同

第二百一十二条　租赁合同是出租人将租赁物交付承租人使用、收益，承租人支付租金的合同。

第二百一十三条　租赁合同的内容包括租赁物的名称、数量、用途、租赁期限、租金及其支付期限和方式、租赁物维修等条款。

第二百一十四条　租赁期限不得超过20年，超过20年的，超过部分无效。

租赁期间届满，当事人可以续订租赁合同，但约定的租赁期限自续订之日起不得超过20年。

第二百一十五条　租赁期限6个月以上的，应当采用书面形式。当事人未采用书面形式的，视为不定期租赁。

第二百一十六条　出租人应当按照约定将租赁物交付承租人，并在租赁期间保持租赁物符合约定的用途。

第二百一十七条　承租人应当按照约定的方法使用租赁物。对租赁物的使用方法没有约定或者约定不明确，依照本法第六十一条的规定仍不能确定的，应当按照租赁物的性质使用。

第二百一十八条　承租人按照约定的方法或者租赁物的性质使用租赁物，致使租赁物受到损耗的，不承担损害赔偿责任。

第二百一十九条　承租人未按照约定的方法或者租赁物的性质使用租赁物，致使租赁物受到损失的，出租人可以解除合同并要求赔偿损失。

第二百二十条　出租人应当履行租赁物的维修义务，但当事人另有约定的除外。

第二百二十一条　承租人在租赁物需要维修时可以要求出租人在合理期限内维修。出租人未履行维修义务的，承租人可以自行维修，维修费用由出租人负担。因维修租赁物影响承租人使用的，应当相应减少租金或者延长租期。

第二百二十二条　承租人应当妥善保管租赁物，因保管不善造成租赁物毁损、灭失的，应当承担损害赔偿责任。

第二百二十三条　承租人经出租人同意，可以对租赁物进行改善或者增设他物。

承租人未经出租人同意，对租赁物进行改善或者增设他物的，出租人可以要求承租人恢复原状或者赔偿损失。

第二百二十四条　承租人经出租人同意，可以将租赁物转租给第三人。承租人转租的，承租人与出租人之间的租赁合同继续有效，第三人对租赁物造成损失的，承租人应当赔偿损失。

承租人未经出租人同意转租的，出租人可以解除合同。

第二百二十五条　在租赁期间因占有、使用租赁物获得的收益，归承租人所有，但当事人另有约定的除外。

第二百二十六条　承租人应当按照约定的期限支付租金。对支付期限没有约定或者约定不明确，依照本法第六十一条的规定仍不能确定，租赁期间不满1年的，应当在租赁期间届满时支付；租赁期间1年以上的，应当在每届满1年时支付，剩余期间不满1年的，应当在租赁期间届满时支付。

第二百二十七条　承租人无正当理由未支付或者迟延支付租金的，出租人可以要求承租人在合理期限内支付。承租人逾期不支付的，出租人可以解除合同。

第二百二十八条　因第三人主张权利，致使承租人不能对租赁物使用、收益的，承租人可以要求减少租金或者不支付租金。

第三人主张权利的，承租人应当及时通知出租人。

第二百二十九条　租赁物在租赁期间发生所有权变动的，不影响租赁合同的效力。

第二百三十条　出租人出卖租赁房屋的，应当在出卖之前的合理期限内通知承租人，承租人享有以同等条件优先购买的权利。

第二百三十一条　因不可归责于承租人的事由，致使租赁物部分或者全部毁损、灭失的，承租人可以要求减少租金或者不支付租金；因租赁物部分或者全部毁损、灭失，致使不能实现合同目的的，承租人可以解除合同。

第二百三十二条　当事人对租赁期限没有约定或者约定不明确，依照本法第六十一条的规定仍不能确定的，视为不定期租赁。当事人可以随时解除合同，但出租人解除合同应当在合理期限之前通知承租人。

第二百三十三条　租赁物危及承租人的安全或者健康的，即使承租人订立合同时明知该租赁物质量不合格，承租人仍然可以随时解除合同。

第二百三十四条　承租人在房屋租赁期间死亡的，与其生前共同居住的人可以按照原租赁合同租赁该房屋。

第二百三十五条　租赁期间届满，承租人应当返还租赁物。返还的租赁物应当符合按照约定或者租赁物的性质使用后的状态。

第二百三十六条　租赁期间届满，承租人继续使用租赁物，出租人没有提出异议的，原租赁合同继续有效，但租赁期限为不定期。

第十四章　融资租赁合同

第二百三十七条　融资租赁合同是出租人根据承租人对出卖人、租赁物的选择，向出卖人购买租赁物，提供给承租人使用，承租人支付租金的合同。

第二百三十八条　融资租赁合同的内容包括租赁物名称、数量、规格、技术性能、检验方法、租赁期限、租金构成及其支付期限和方式、币种、租赁期间届满租赁物的归属等条款。

融资租赁合同应当采用书面形式。

第二百三十九条　出租人根据承租人对出卖人、租赁物的选择订立的买卖合同，出卖人应当按照约定向承租人交付标的物，承租人享有与受领标的物有关的买受人的权利。

第二百四十条　出租人、出卖人、承租人可以约定，出卖人不履行买卖合同义务的，由承租人行使索赔的权利。承租人行使索赔权利的，出租人应当协助。

第二百四十一条　出租人根据承租人对出卖人、租赁物的选择订立的买卖合同，未经承租人同意，出租人不得变更与承租人有关的合同内容。

第二百四十二条　出租人享有租赁物的所有权。承租人破产的，租赁物不属于破产财产。

第二百四十三条　融资租赁合同的租金，除当事人另有约定的以外，应当根据购买租赁物的大部分或者全部成本以及出租人的合理利润确定。

第二百四十四条　租赁物不符合约定或者不符合使用目的的，出租人不承担责任，但承租人依赖出租人的技能确定租赁物或者出租人干预选择租赁物的除外。

第二百四十五条　出租人应当保证承租人对租赁物的占有和使用。

第二百四十六条　承租人占有租赁物期间，租赁物造成第三人的人身伤害或者财产损害的，出租人不承担责任。

第二百四十七条　承租人应当妥善保管、使用租赁物。

承租人应当履行占有租赁物期间的维修义务。

第二百四十八条　承租人应当按照约定支付租金。承租人经催告后在合理期限内仍不支付租金的，出租人可以要求支付全部租金；也可以解除合同，收回租赁物。

第二百四十九条　当事人约定租赁期间届满租赁物归承租人所有，承租人已经支付大部分租金，但无力支付剩余租金，出租人因此解除合同收回租赁物的，收回的租赁物的价值超过承租人欠付的租金以及其他费用的，承租人可以要求部分返还。

第二百五十条　出租人和承租人可以约定租赁期间届满租赁物的归属。对租赁物的归属没有约定或者约定不明确，依照本法第六十一条的规定仍不能确定的，租赁物的所有权归出租人。

第十五章　承揽合同

第二百五十一条　承揽合同是承揽人按照定作人的要求完成工作，交付工作成果，定作人给付报酬的合同。

承揽包括加工、定作、修理、复制、测试、检验等工作。

第二百五十二条　承揽合同的内容包括承揽的标的、数量、质量、报酬、承揽方式、材料的提供、履行期限、验收标准和方法等条款。

第二百五十三条　承揽人应当以自己的设备、技术和劳力，完成主要工作，但当事人另有约定的除外。

承揽人将其承揽的主要工作交由第三人完成的，应当就该第三人完成的工作成果向定作人负责；未经定作人同意的，定作人也可以解除合同。

第二百五十四条　承揽人可以将其承揽的辅助工作交由第三人完成。承揽人将其承揽的辅助工作交由第三人完成的，应当就该第三人完成的工作成果向定作人负责。

第二百五十五条　承揽人提供材料的，承揽人应当按照约定选用材料，并接受定作人检验。

第二百五十六条　定作人提供材料的，定作人应当按照约定提供材料。承揽人对定作人提供的材料，应当及时检验，发现不符合约定时，应当及时通知定作人更换、补齐或者采取其他补救措施。

承揽人不得擅自更换定作人提供的材料，不得更换不需要修理的零部件。

第二百五十七条　承揽人发现定作人提供的图纸或者技术要求不合理的，应当及时通知定作人。因定作人怠于答复等原因造成承揽人损失的，应当赔偿损失。

第二百五十八条　定作人中途变更承揽工作的要求，造成承揽人损失的，应当赔偿损失。

第二百五十九条　承揽工作需要定作人协助的，定作人有协助的义务。定作人不履行协助义务致使承揽工作不能完成的，承揽人可以催告定作人在合理期限内履行义务，并可以顺延履行期限；定作人逾期不履行的，承揽人可以解除合同。

第二百六十条　承揽人在工作期间，应当接受定作人必要的监督检验。定作人不得因监督检验妨碍承揽人的正常工作。

第二百六十一条　承揽人完成工作的，应当向定作人交付工作成果，并提交必要的技术资料和有关质量证明。定作人应当验收该工作成果。

第二百六十二条　承揽人交付的工作成果不符合质量要求的，定作人可以要求承揽人承担修理、重作、减少报酬、赔偿损失等违约责任。

第二百六十三条　定作人应当按照约定的期限支付报酬。对支付报酬的期限没有约定或者约定不明确，依照本法第六十一条的规定仍不能确定的，定作人应当在承揽人交付工作成果时支付；工作成果部分交付的，定作人应当相应支付。

第二百六十四条　定作人未向承揽人支付报酬或者材料费等价款的，承揽人对完成的工作成果享有留置权，但当事人另有约定的除外。

第二百六十五条　承揽人应当妥善保管定作人提供的材料以及完成的工作成果，因保管不善造成毁损、灭失的，应当承担损害赔偿责任。

第二百六十六条　承揽人应当按照定作人的要求保守秘密，未经定作人许可，不得留存复制品或者技术资料。

第二百六十七条　共同承揽人对定作人承担连带责任，但当事人另有约定的除外。

第二百六十八条　定作人可以随时解除承揽合同，造成承揽人损失的，应当赔偿损失。

第十六章　建设工程合同

第二百六十九条　建设工程合同是承包人进行工程建设，发包人支付价款的合同。

建设工程合同包括工程勘察、设计、施工合同。

第二百七十条　建设工程合同应当采用书面形式。

第二百七十一条　建设工程的招标投标活动，应当依照有关法律的规定公开、公平、公正地进行。

第二百七十二条　发包人可以与总承包人订立建设工程合同，也可以分别与勘察人、设计人、施工人订立勘察、设计、施工承包合同。发包人不得将应当由一个承包人完成的建设工程肢解成若干部分发包给几个承包人。

总承包人或者勘察、设计、施工承包人经发包人同意，可以将自己承包的部分工作交由第三人完成。第三人就其完成的工作成果与总承包人或者勘察、设计、施工承包人向发包人承担连带责任。承包人不得将其承包的全部建设工程转包给第三人或者将其承包的全部建设工程肢解以后以分包的名义分别转包给第三人。

禁止承包人将工程分包给不具备相应资质条件的单位。禁止分包单位将其承包的工程再分包。建设工程主体结构的施工必须由承包人自行完成。

第二百七十三条　国家重大建设工程合同，应当按照国家规定的程序和国家批准的投资计划、可行性研究报告等文件订立。

第二百七十四条　勘察、设计合同的内容包括提交有关基础资料和文件（包括概预算）的期限、质量要求、费用以及其他协作条件等条款。

第二百七十五条　施工合同的内容包括工程范围、建设工期、中间交工工程的开工和竣工时间、工程质量、工程造价、技术资料交付时间、材料和设备供应责任、拨款和结算、竣工验收、质量保修范围和质量保证期、双方相互协作等条款。

第二百七十六条　建设工程实行监理的，发包人应当与监理人采用书面形式订立委托监理合同。发包人与监理人的权利和义务以及法律责任，应当依照本法委托合同以及其他有关法律、行政法规的规定。

第二百七十七条　发包人在不妨碍承包人正常作业的情况下，可以随时对作业进度、质量进行检查。

第二百七十八条 隐蔽工程在隐蔽以前，承包人应当通知发包人检查。发包人没有及时检查的，承包人可以顺延工程日期，并有权要求赔偿停工、窝工等损失。

第二百七十九条 建设工程竣工后，发包人应当根据施工图纸及说明书、国家颁发的施工验收规范和质量检验标准及时进行验收。验收合格的，发包人应当按照约定支付价款，并接收该建设工程。建设工程竣工经验收合格后，方可交付使用；未经验收或者验收不合格的，不得交付使用。

第二百八十条 勘察、设计的质量不符合要求或者未按照期限提交勘察、设计文件拖延工期，造成发包人损失的，勘察人、设计人应当继续完善勘察、设计，减收或者免收勘察、设计费并赔偿损失。

第二百八十一条 因施工人的原因致使建设工程质量不符合约定的，发包人有权要求施工人在合理期限内无偿修理或者返工、改建。经过修理或者返工、改建后，造成逾期交付的，施工人应当承担违约责任。

第二百八十二条 因承包人的原因致使建设工程在合理使用期限内造成人身和财产损害的，承包人应当承担损害赔偿责任。

第二百八十三条 发包人未按照约定的时间和要求提供原材料、设备、场地、资金、技术资料的，承包人可以顺延工程日期，并有权要求赔偿停工、窝工等损失。

第二百八十四条 因发包人的原因致使工程中途停建、缓建的，发包人应当采取措施弥补或者减少损失，赔偿承包人因此造成的停工、窝工、倒运、机械设备调迁、材料和构件积压等损失和实际费用。

第二百八十五条 因发包人变更计划，提供的资料不准确，或者未按照期限提供必需的勘察、设计工作条件而造成勘察、设计的返工、停工或者修改设计，发包人应当按照勘察人、设计人实际消耗的工作量增付费用。

第二百八十六条 发包人未按照约定支付价款的，承包人可以催告发包人在合理期限内支付价款。发包人逾期不支付的，除按照建设工程的性质不宜折价、拍卖的以外，承包人可以与发包人协议将该工程折价，也可以申请人民法院将该工程依法拍卖。建设工程的价款就该工程折价或者拍卖的价款优先受偿。

第二百八十七条 本章没有规定的，适用承揽合同的有关规定。

第十七章 运输合同

第一节 一般规定

第二百八十八条 运输合同是承运人将旅客或者货物从起运地点运输到约定地点，旅客、托运人或者收货人支付票款或者运输费用的合同。

第二百八十九条 从事公共运输的承运人不得拒绝旅客、托运人通常、合理的运输要求。

第二百九十条 承运人应当在约定期间或者合理期间内将旅客、货物安全运输到约定地点。

第二百九十一条 承运人应当按照约定的或者通常的运输路线将旅客、货物运输到约定地点。

第二百九十二条 旅客、托运人或者收货人应当支付票款或者运输费用。承运人未按照约定路线或者通常路线运输增加票款或者运输费用的，旅客、托运人或者收货人可以拒绝支付增加部分的票款或者运输费用。

第二节 客运合同

第二百九十三条 客运合同自承运人向旅客交付客票时成立，但当事人另有约定或者另有交易习惯的除外。

第二百九十四条 旅客应当持有效客票乘运。旅客无票乘运、超程乘运、越级乘运或者持失效客票乘运的，应当补交票款，承运人可以按照规定加收票款。旅客不交付票款的，承运人可以拒绝运输。

第二百九十五条 旅客因自己的原因不能按照客票记载的时间乘坐的，应当在约定的时间内办理退票或者变更手续。逾期办理的，承运人可以不退票款，并不再承担运输义务。

第二百九十六条 旅客在运输中应当按照约定的限量携带行李。超过限量携带行李的，应当办理托运手续。

第二百九十七条 旅客不得随身携带或者在行李中夹带易燃、易爆、有毒、有腐蚀性、有放射性以及有可能危及运输工具上人身和财产安全的危险物品或者其他违禁物品。

旅客违反前款规定的，承运人可以将违禁物品卸下、销毁或者送交有关部门。旅客坚持携带或者夹带违禁物品的，承运人应当拒绝运输。

第二百九十八条 承运人应当向旅客及时告知有关不能正常运输的重要事由和安全运输应当注意的事项。

第二百九十九条 承运人应当按照客票载明的时间和班次运输旅客。承运人迟延运输的，应当根据旅客的要求安排改乘其他班次或者退票。

第三百条 承运人擅自变更运输工具而降低服务标准的，应当根据旅客的要求退票或者减收票款；提高服务标准的，不应当加收票款。

第三百零一条 承运人在运输过程中，应当尽力救助患有急病、分娩、遇险的旅客。

第三百零二条 承运人应当对运输过程中旅客的伤亡承担损害赔偿责任，但伤亡是旅客自身健康原因造成的或者承运人证明伤亡是旅客故意、重大过失造成的除外。

前款规定适用于按照规定免票、持优待票或者经承运人许可搭乘的无票旅客。

第三百零三条 在运输过程中旅客自带物品毁损、灭失，承运人有过错的，应当承担损害赔偿责任。

旅客托运的行李毁损、灭失的，适用货物运输的有关规定。

第三节 货运合同

第三百零四条 托运人办理货物运输，应当向承运人准确表明收货人的名称或者姓名或者凭指示的收货人，货物的名称、性质、重量、数量，收货地点等有关货物运输的必要情况。

因托运人申报不实或者遗漏重要情况，造成承运人损失的，托运人应当承担损害赔偿责任。

第三百零五条　货物运输需要办理审批、检验等手续的，托运人应当将办理完有关手续的文件提交承运人。

第三百零六条　托运人应当按照约定的方式包装货物。对包装方式没有约定或者约定不明确的，适用本法第一百五十六条的规定。

托运人违反前款规定的，承运人可以拒绝运输。

第三百零七条　托运人托运易燃、易爆、有毒、有腐蚀性、有放射性等危险物品的，应当按照国家有关危险物品运输的规定对危险物品妥善包装，作出危险物标志和标签，并将有关危险物品的名称、性质和防范措施的书面材料提交承运人。

托运人违反前款规定的，承运人可以拒绝运输，也可以采取相应措施以避免损失的发生，因此产生的费用由托运人承担。

第三百零八条　在承运人将货物交付收货人之前，托运人可以要求承运人中止运输、返还货物、变更到达地或者将货物交给其他收货人，但应当赔偿承运人因此受到的损失。

第三百零九条　货物运输到达后，承运人知道收货人的，应当及时通知收货人，收货人应当及时提货。收货人逾期提货的，应当向承运人支付保管费等费用。

第三百一十条　收货人提货时应当按照约定的期限检验货物。对检验货物的期限没有约定或者约定不明确，依照本法第六十一条的规定仍不能确定的，应当在合理期限内检验货物。收货人在约定的期限或者合理期限内对货物的数量、毁损等未提出异议的，视为承运人已经按照运输单证的记载交付的初步证据。

第三百一十一条　承运人对运输过程中货物的毁损、灭失承担损害赔偿责任，但承运人证明货物的毁损、灭失是因不可抗力、货物本身的自然性质或者合理损耗以及托运人、收货人的过错造成的，不承担损害赔偿责任。

第三百一十二条　货物的毁损、灭失的赔偿额，当事人有约定的，按照其约定；没有约定或者约定不明确，依照本法第六十一条的规定仍不能确定的，按照交付或者应当交付时货物到达地的市场价格计算。法律、行政法规对赔偿额的计算方法和赔偿限额另有规定的，依照其规定。

第三百一十三条　两个以上承运人以同一运输方式联运的，与托运人订立合同的承运人应当对全程运输承担责任。损失发生在某一运输区段的，与托运人订立合同的承运人和该区段的承运人承担连带责任。

第三百一十四条　货物在运输过程中因不可抗力灭失，未收取运费的，承运人不得要求支付运费；已收取运费的，托运人可以要求返还。

第三百一十五条　托运人或者收货人不支付运费、保管费以及其他运输费用的，承运人对相应的运输货物享有留置权，但当事人另有约定的除外。

第三百一十六条　收货人不明或者收货人无正当理由拒绝受领货物的，依照本法第一百零一条的规定，承运人可以提存货物。

第四节　多式联运合同

第三百一十七条　多式联运经营人负责履行或者组织履行多式联运合同，对全程运

输享有承运人的权利，承担承运人的义务。

第三百一十八条　多式联运经营人可以与参加多式联运的各区段承运人就多式联运合同的各区段运输约定相互之间的责任，但该约定不影响多式联运经营人对全程运输承担的义务。

第三百一十九条　多式联运经营人收到托运人交付的货物时，应当签发多式联运单据。按照托运人的要求，多式联运单据可以是可转让单据，也可以是不可转让单据。

第三百二十条　因托运人托运货物时的过错造成多式联运经营人损失的，即使托运人已经转让多式联运单据，托运人仍然应当承担损害赔偿责任。

第三百二十一条　货物的毁损、灭失发生于多式联运的某一运输区段的，多式联运经营人的赔偿责任和责任限额，适用调整该区段运输方式的有关法律规定。货物毁损、灭失发生的运输区段不能确定的，依照本章规定承担损害赔偿责任。

第十八章　技术合同

第一节　一般规定

第三百二十二条　技术合同是当事人就技术开发、转让、咨询或者服务订立的确立相互之间权利和义务的合同。

第三百二十三条　订立技术合同，应当有利于科学技术的进步，加速科学技术成果的转化、应用和推广。

第三百二十四条　技术合同的内容由当事人约定，一般包括以下条款：

（一）项目名称；

（二）标的的内容、范围和要求；

（三）履行的计划、进度、期限、地点、地域和方式；

（四）技术情报和资料的保密；

（五）风险责任的承担；

（六）技术成果的归属和收益的分成办法；

（七）验收标准和方法；

（八）价款、报酬或者使用费及其支付方式；

（九）违约金或者损失赔偿的计算方法；

（十）解决争议的方法；

（十一）名词和术语的解释。

与履行合同有关的技术背景资料、可行性论证和技术评价报告、项目任务书和计划书、技术标准、技术规范、原始设计和工艺文件，以及其他技术文档，按照当事人的约定可以作为合同的组成部分。

技术合同涉及专利的，应当注明发明创造的名称、专利申请人和专利权人、申请日期、申请号、专利号以及专利权的有效期限。

第三百二十五条　技术合同价款、报酬或者使用费的支付方式由当事人约定，可以采取一次总算、一次总付或者一次总算、分期支付，也可以采取提成支付或者提成支付附加预付入门费的方式。

约定提成支付的，可以按照产品价格、实施专利和使用技术秘密后新增的产值、利润或者产品销售额的一定比例提成，也可以按照约定的其他方式计算。提成支付的比例可以采取固定比例、逐年递增比例或者逐年递减比例。

约定提成支付的，当事人应当在合同中约定查阅有关会计账目的办法。

第三百二十六条 职务技术成果的使用权、转让权属于法人或者其他组织的，法人或者其他组织可以就该项职务技术成果订立技术合同。法人或者其他组织应当从使用和转让该项职务技术成果所取得的收益中提取一定比例，对完成该项职务技术成果的个人给予奖励或者报酬。法人或者其他组织订立技术合同转让职务技术成果时，职务技术成果的完成人享有以同等条件优先受让的权利。

职务技术成果是执行法人或者其他组织的工作任务，或者主要是利用法人或者其他组织的物质技术条件所完成的技术成果。

第三百二十七条 非职务技术成果的使用权、转让权属于完成技术成果的个人，完成技术成果的个人可以就该项非职务技术成果订立技术合同。

第三百二十八条 完成技术成果的个人有在有关技术成果文件上写明自己是技术成果完成者的权利和取得荣誉证书、奖励的权利。

第三百二十九条 非法垄断技术、妨碍技术进步或者侵害他人技术成果的技术合同无效。

第二节 技术开发合同

第三百三十条 技术开发合同是指当事人之间就新技术、新产品、新工艺或者新材料及其系统的研究开发所订立的合同。

技术开发合同包括委托开发合同和合作开发合同。

技术开发合同应当采用书面形式。

当事人之间就具有产业应用价值的科技成果实施转化订立的合同，参照技术开发合同的规定。

第三百三十一条 委托开发合同的委托人应当按照约定支付研究开发经费和报酬；提供技术资料、原始数据；完成协作事项；接受研究开发成果。

第三百三十二条 委托开发合同的研究开发人应当按照约定制定和实施研究开发计划；合理使用研究开发经费；按期完成研究开发工作，交付研究开发成果，提供有关的技术资料和必要的技术指导，帮助委托人掌握研究开发成果。

第三百三十三条 委托人违反约定造成研究开发工作停滞、延误或者失败的，应当承担违约责任。

第三百三十四条 研究开发人违反约定造成研究开发工作停滞、延误或者失败的，应当承担违约责任。

第三百三十五条 合作开发合同的当事人应当按照约定进行投资，包括以技术进行投资；分工参与研究开发工作；协作配合研究开发工作。

第三百三十六条 合作开发合同的当事人违反约定造成研究开发工作停滞、延误或者失败的，应当承担违约责任。

第三百三十七条 因作为技术开发合同标的的技术已经由他人公开，致使技术开发

合同的履行没有意义的，当事人可以解除合同。

第三百三十八条　在技术开发合同履行过程中，因出现无法克服的技术困难，致使研究开发失败或者部分失败的，该风险责任由当事人约定。没有约定或者约定不明确，依照本法第六十一条的规定仍不能确定的，风险责任由当事人合理分担。

当事人一方发现前款规定的可能致使研究开发失败或者部分失败的情形时，应当及时通知另一方并采取适当措施减少损失。没有及时通知并采取适当措施，致使损失扩大的，应当就扩大的损失承担责任。

第三百三十九条　委托开发完成的发明创造，除当事人另有约定的以外，申请专利的权利属于研究开发人。研究开发人取得专利权的，委托人可以免费实施该专利。

研究开发人转让专利申请权的，委托人享有以同等条件优先受让的权利。

第三百四十条　合作开发完成的发明创造，除当事人另有约定的以外，申请专利的权利属于合作开发的当事人共有。当事人一方转让其共有的专利申请权的，其他各方享有以同等条件优先受让的权利。

合作开发的当事人一方声明放弃其共有的专利申请权的，可以由另一方单独申请或者由其他各方共同申请。申请人取得专利权的，放弃专利申请权的一方可以免费实施该专利。

合作开发的当事人一方不同意申请专利的，另一方或者其他各方不得申请专利。

第三百四十一条　委托开发或者合作开发完成的技术秘密成果的使用权、转让权以及利益的分配办法，由当事人约定。没有约定或者约定不明确，依照本法第六十一条的规定仍不能确定的，当事人均有使用和转让的权利，但委托开发的研究开发人不得在向委托人交付研究开发成果之前，将研究开发成果转让给第三人。

第三节　技术转让合同

第三百四十二条　技术转让合同包括专利权转让、专利申请权转让、技术秘密转让、专利实施许可合同。技术转让合同应当采用书面形式。

第三百四十三条　技术转让合同可以约定让与人和受让人实施专利或者使用技术秘密的范围，但不得限制技术竞争和技术发展。

第三百四十四条　专利实施许可合同只在该专利权的存续期间内有效。专利权有效期限届满或者专利权被宣布无效的，专利权人不得就该专利与他人订立专利实施许可合同。

第三百四十五条　专利实施许可合同的让与人应当按照约定许可受让人实施专利，交付实施专利有关的技术资料，提供必要的技术指导。

第三百四十六条　专利实施许可合同的受让人应当按照约定实施专利，不得许可约定以外的第三人实施该专利，并按照约定支付使用费。

第三百四十七条　技术秘密转让合同的让与人应当按照约定提供技术资料，进行技术指导，保证技术的实用性、可靠性，承担保密义务。

第三百四十八条　技术秘密转让合同的受让人应当按照约定使用技术，支付使用费，承担保密义务。

第三百四十九条　技术转让合同的让与人应当保证自己是所提供的技术的合法拥有

者，并保证所提供的技术完整、无误、有效，能够达到约定的目标。

第三百五十条　技术转让合同的受让人应当按照约定的范围和期限，对让与人提供的技术中尚未公开的秘密部分，承担保密义务。

第三百五十一条　让与人未按照约定转让技术的，应当返还部分或者全部使用费，并应当承担违约责任；实施专利或者使用技术秘密超越约定的范围的，违反约定擅自许可第三人实施该项专利或者使用该项技术秘密的，应当停止违约行为，承担违约责任；违反约定的保密义务的，应当承担违约责任。

第三百五十二条　受让人未按照约定支付使用费的，应当补交使用费并按照约定支付违约金；不补交使用费或者支付违约金的，应当停止实施专利或者使用技术秘密，交还技术资料，承担违约责任；实施专利或者使用技术秘密超越约定的范围的，未经让与人同意擅自许可第三人实施该专利或者使用该技术秘密的，应当停止违约行为，承担违约责任；违反约定的保密义务的，应当承担违约责任。

第三百五十三条　受让人按照约定实施专利、使用技术秘密侵害他人合法权益的，由让与人承担责任，但当事人另有约定的除外。

第三百五十四条　当事人可以按照互利的原则，在技术转让合同中约定实施专利、使用技术秘密后续改进的技术成果的分享办法。没有约定或者约定不明确，依照本法第六十一条的规定仍不能确定的，一方后续改进的技术成果，其他各方无权分享。

第三百五十五条　法律、行政法规对技术进出口合同或者专利、专利申请合同另有规定的，依照其规定。

第四节　技术咨询合同和技术服务合同

第三百五十六条　技术咨询合同包括就特定技术项目提供可行性论证、技术预测、专题技术调查、分析评价报告等合同。

技术服务合同是指当事人一方以技术知识为另一方解决特定技术问题所订立的合同，不包括建设工程合同和承揽合同。

第三百五十七条　技术咨询合同的委托人应当按照约定阐明咨询的问题，提供技术背景材料及有关技术资料、数据；接受受托人的工作成果，支付报酬。

第三百五十八条　技术咨询合同的受托人应当按照约定的期限完成咨询报告或者解答问题；提出的咨询报告应当达到约定的要求。

第三百五十九条　技术咨询合同的委托人未按照约定提供必要的资料和数据，影响工作进度和质量，不接受或者逾期接受工作成果的，支付的报酬不得追回，未支付的报酬应当支付。

技术咨询合同的受托人未按期提出咨询报告或者提出的咨询报告不符合约定的，应当承担减收或者免收报酬等违约责任。

技术咨询合同的委托人按照受托人符合约定要求的咨询报告和意见作出决策所造成的损失，由委托人承担，但当事人另有约定的除外。

第三百六十条　技术服务合同的委托人应当按照约定提供工作条件，完成配合事项；接受工作成果并支付报酬。

第三百六十一条　技术服务合同的受托人应当按照约定完成服务项目，解决技术问题，保证工作质量，并传授解决技术问题的知识。

第三百六十二条 技术服务合同的委托人不履行合同义务或者履行合同义务不符合约定，影响工作进度和质量，不接受或者逾期接受工作成果的，支付的报酬不得追回，未支付的报酬应当支付。

技术服务合同的受托人未按照合同约定完成服务工作的，应当承担免收报酬等违约责任。

第三百六十三条 在技术咨询合同、技术服务合同履行过程中，受托人利用委托人提供的技术资料和工作条件完成的新的技术成果，属于受托人。委托人利用受托人的工作成果完成的新的技术成果，属于委托人。当事人另有约定的，按照其约定。

第三百六十四条 法律、行政法规对技术中介合同、技术培训合同另有规定的，依照其规定。

第十九章 保管合同

第三百六十五条 保管合同是保管人保管寄存人交付的保管物，并返还该物的合同。

第三百六十六条 寄存人应当按照约定向保管人支付保管费。

当事人对保管费没有约定或者约定不明确，依照本法第六十一条的规定仍不能确定的，保管是无偿的。

第三百六十七条 保管合同自保管物交付时成立，但当事人另有约定的除外。

第三百六十八条 寄存人向保管人交付保管物的，保管人应当给付保管凭证，但另有交易习惯的除外。

第三百六十九条 保管人应当妥善保管保管物。

当事人可以约定保管场所或者方法。除紧急情况或者为了维护寄存人利益的以外，不得擅自改变保管场所或者方法。

第三百七十条 寄存人交付的保管物有瑕疵或者按照保管物的性质需要采取特殊保管措施的，寄存人应当将有关情况告知保管人。寄存人未告知，致使保管物受损失的，保管人不承担损害赔偿责任；保管人因此受损失的，除保管人知道或者应当知道并且未采取补救措施的以外，寄存人应当承担损害赔偿责任。

第三百七十一条 保管人不得将保管物转交第三人保管，但当事人另有约定的除外。

保管人违反前款规定，将保管物转交第三人保管，对保管物造成损失的，应当承担损害赔偿责任。

第三百七十二条 保管人不得使用或者许可第三人使用保管物，但当事人另有约定的除外。

第三百七十三条 第三人对保管物主张权利的，除依法对保管物采取保全或者执行的以外，保管人应当履行向寄存人返还保管物的义务。

第三人对保管人提起诉讼或者对保管物申请扣押的，保管人应当及时通知寄存人。

第三百七十四条 保管期间，因保管人保管不善造成保管物毁损、灭失的，保管人应当承担损害赔偿责任，但保管是无偿的，保管人证明自己没有重大过失的，不承担损害赔偿责任。

第三百七十五条　寄存人寄存货币、有价证券或者其他贵重物品的，应当向保管人声明，由保管人验收或者封存。寄存人未声明的，该物品毁损、灭失后，保管人可以按照一般物品予以赔偿。

第三百七十六条　寄存人可以随时领取保管物。

当事人对保管期间没有约定或者约定不明确的，保管人可以随时要求寄存人领取保管物；约定保管期间的，保管人无特别事由，不得要求寄存人提前领取保管物。

第三百七十七条　保管期间届满或者寄存人提前领取保管物的，保管人应当将原物及其孳息归还寄存人。

第三百七十八条　保管人保管货币的，可以返还相同种类、数量的货币。保管其他可替代物的，可以按照约定返还相同种类、品质、数量的物品。

第三百七十九条　有偿的保管合同，寄存人应当按照约定的期限向保管人支付保管费。

当事人对支付期限没有约定或者约定不明确，依照本法第六十一条的规定仍不能确定的，应当在领取保管物的同时支付。

第三百八十条　寄存人未按照约定支付保管费以及其他费用的，保管人对保管物享有留置权，但当事人另有约定的除外。

第二十章　仓储合同

第三百八十一条　仓储合同是保管人储存存货人交付的仓储物，存货人支付仓储费的合同。

第三百八十二条　仓储合同自成立时生效。

第三百八十三条　储存易燃、易爆、有毒、有腐蚀性、有放射性等危险物品或者易变质物品，存货人应当说明该物品的性质，提供有关资料。

存货人违反前款规定的，保管人可以拒收仓储物，也可以采取相应措施以避免损失的发生，因此产生的费用由存货人承担。

保管人储存易燃、易爆、有毒、有腐蚀性、有放射性等危险物品的，应当具备相应的保管条件。

第三百八十四条　保管人应当按照约定对入库仓储物进行验收。保管人验收时发现入库仓储物与约定不符合的，应当及时通知存货人。保管人验收后，发生仓储物的品种、数量、质量不符合约定的，保管人应当承担损害赔偿责任。

第三百八十五条　存货人交付仓储物的，保管人应当给付仓单。

第三百八十六条　保管人应当在仓单上签字或者盖章。仓单包括下列事项：

（一）存货人的名称或者姓名和住所；

（二）仓储物的品种、数量、质量、包装、件数和标记；

（三）仓储物的损耗标准；

（四）储存场所；

（五）储存期间；

（六）仓储费；

（七）仓储物已经办理保险的，其保险金额、期间以及保险人的名称；

（八）填发人、填发地和填发日期。

第三百八十七条　仓单是提取仓储物的凭证。存货人或者仓单持有人在仓单上背书并经保管人签字或者盖章的，可以转让提取仓储物的权利。

第三百八十八条　保管人根据存货人或者仓单持有人的要求，应当同意其检查仓储物或者提取样品。

第三百八十九条　保管人对入库仓储物发现有变质或者其他损坏的，应当及时通知存货人或者仓单持有人。

第三百九十条　保管人对入库仓储物发现有变质或者其他损坏，危及其他仓储物的安全和正常保管的，应当催告存货人或者仓单持有人作出必要的处置。因情况紧急，保管人可以作出必要的处置，但事后应当将该情况及时通知存货人或者仓单持有人。

第三百九十一条　当事人对储存期间没有约定或者约定不明确的，存货人或者仓单持有人可以随时提取仓储物，保管人也可以随时要求存货人或者仓单持有人提取仓储物，但应当给予必要的准备时间。

第三百九十二条　储存期间届满，存货人或者仓单持有人应当凭仓单提取仓储物。存货人或者仓单持有人逾期提取的，应当加收仓储费；提前提取的，不减收仓储费。

第三百九十三条　储存期间届满，存货人或者仓单持有人不提取仓储物的，保管人可以催告其在合理期限内提取，逾期不提取的，保管人可以提存仓储物。

第三百九十四条　储存期间，因保管人保管不善造成仓储物毁损、灭失的，保管人应当承担损害赔偿责任。因仓储物的性质、包装不符合约定或者超过有效储存期造成仓储物变质、损坏的，保管人不承担损害赔偿责任。

第三百九十五条　本章没有规定的，适用保管合同的有关规定。

第二十一章　委托合同

第三百九十六条　委托合同是委托人和受托人约定，由受托人处理委托人事务的合同。

第三百九十七条　委托人可以特别委托受托人处理一项或者数项事务，也可以概括委托受托人处理一切事务。

第三百九十八条　委托人应当预付处理委托事务的费用。受托人为处理委托事务垫付的必要费用，委托人应当偿还该费用及其利息。

第三百九十九条　受托人应当按照委托人的指示处理委托事务。需要变更委托人指示的，应当经委托人同意；因情况紧急，难以和委托人取得联系的，受托人应当妥善处理委托事务，但事后应当将该情况及时报告委托人。

第四百条　受托人应当亲自处理委托事务。经委托人同意，受托人可以转委托。转委托经同意的，委托人可以就委托事务直接指示转委托的第三人，受托人仅就第三人的选任及其对第三人的指示承担责任。转委托未经同意的，受托人应当对转委托的第三人的行为承担责任，但在紧急情况下受托人为维护委托人的利益需要转委托的除外。

第四百零一条　受托人应当按照委托人的要求，报告委托事务的处理情况。委托合同终止时，受托人应当报告委托事务的结果。

第四百零二条　受托人以自己的名义，在委托人的授权范围内与第三人订立的合同，第三人在订立合同时知道受托人与委托人之间的代理关系的，该合同直接约束委托人和第三人，但有确切证据证明该合同只约束受托人和第三人的除外。

第四百零三条　受托人以自己的名义与第三人订立合同时，第三人不知道受托人与委托人之间的代理关系的，受托人因第三人的原因对委托人不履行义务，受托人应当向委托人披露第三人，委托人因此可以行使受托人对第三人的权利，但第三人与受托人订立合同时如果知道该委托人就不会订立合同的除外。

受托人因委托人的原因对第三人不履行义务，受托人应当向第三人披露委托人，第三人因此可以选择受托人或者委托人作为相对人主张其权利，但第三人不得变更选定的相对人。

委托人行使受托人对第三人的权利的，第三人可以向委托人主张其对受托人的抗辩。第三人选定委托人作为其相对人的，委托人可以向第三人主张其对受托人的抗辩以及受托人对第三人的抗辩。

第四百零四条　受托人处理委托事务取得的财产，应当转交给委托人。

第四百零五条　受托人完成委托事务的，委托人应当向其支付报酬。因不可归责于受托人的事由，委托合同解除或者委托事务不能完成的，委托人应当向受托人支付相应的报酬。当事人另有约定的，按照其约定。

第四百零六条　有偿的委托合同，因受托人的过错给委托人造成损失的，委托人可以要求赔偿损失。无偿的委托合同，因受托人的故意或者重大过失给委托人造成损失的，委托人可以要求赔偿损失。

受托人超越权限给委托人造成损失的，应当赔偿损失。

第四百零七条　受托人处理委托事务时，因不可归责于自己的事由受到损失的，可以向委托人要求赔偿损失。

第四百零八条　委托人经受托人同意，可以在受托人之外委托第三人处理委托事务。因此给受托人造成损失的，受托人可以向委托人要求赔偿损失。

第四百零九条　两个以上的受托人共同处理委托事务的，对委托人承担连带责任。

第四百一十条　委托人或者受托人可以随时解除委托合同。因解除合同给对方造成损失的，除不可归责于该当事人的事由以外，应当赔偿损失。

第四百一十一条　委托人或者受托人死亡、丧失民事行为能力或者破产的，委托合同终止，但当事人另有约定或者根据委托事务的性质不宜终止的除外。

第四百一十二条　因委托人死亡、丧失民事行为能力或者破产，致使委托合同终止将损害委托人利益的，在委托人的继承人、法定代理人或者清算组织承受委托事务之前，受托人应当继续处理委托事务。

第四百一十三条　因受托人死亡、丧失民事行为能力或者破产，致使委托合同终止的，受托人的继承人、法定代理人或者清算组织应当及时通知委托人。因委托合同终止将损害委托人利益的，在委托人作出善后处理之前，受托人的继承人、法定代理人或者清算组织应当采取必要措施。

第二十二章　行纪合同

第四百一十四条　行纪合同是行纪人以自己的名义为委托人从事贸易活动，委托人支付报酬的合同。

第四百一十五条　行纪人处理委托事务支出的费用，由行纪人负担，但当事人另有约定的除外。

第四百一十六条　行纪人占有委托物的，应当妥善保管委托物。

第四百一十七条　委托物交付给行纪人时有瑕疵或者容易腐烂、变质的，经委托人同意，行纪人可以处分该物；和委托人不能及时取得联系的，行纪人可以合理处分。

第四百一十八条　行纪人低于委托人指定的价格卖出或者高于委托人指定的价格买入的，应当经委托人同意。未经委托人同意，行纪人补偿其差额的，该买卖对委托人发生效力。

行纪人高于委托人指定的价格卖出或者低于委托人指定的价格买入的，可以按照约定增加报酬。没有约定或者约定不明确，依照本法第六十一条的规定仍不能确定的，该利益属于委托人。

委托人对价格有特别指示的，行纪人不得违背该指示卖出或者买入。

第四百一十九条　行纪人卖出或者买入具有市场定价的商品，除委托人有相反的意思表示的以外，行纪人自己可以作为买受人或者出卖人。

行纪人有前款规定情形的，仍然可以要求委托人支付报酬。

第四百二十条　行纪人按照约定买入委托物，委托人应当及时受领。经行纪人催告，委托人无正当理由拒绝受领的，行纪人依照本法第一百零一条的规定可以提存委托物。

委托物不能卖出或者委托人撤回出卖，经行纪人催告，委托人不取回或者不处分该物的，行纪人依照本法第一百零一条的规定可以提存委托物。

第四百二十一条　行纪人与第三人订立合同的，行纪人对该合同直接享有权利、承担义务。

第三人不履行义务致使委托人受到损害的，行纪人应当承担损害赔偿责任，但行纪人与委托人另有约定的除外。

第四百二十二条　行纪人完成或者部分完成委托事务的，委托人应当向其支付相应的报酬。委托人逾期不支付报酬的，行纪人对委托物享有留置权，但当事人另有约定的除外。

第四百二十三条　本章没有规定的，适用委托合同的有关规定。

第二十三章　居间合同

第四百二十四条　居间合同是居间人向委托人报告订立合同的机会或者提供订立合同的媒介服务，委托人支付报酬的合同。

第四百二十五条 居间人应当就有关订立合同的事项向委托人如实报告。

居间人故意隐瞒与订立合同有关的重要事实或者提供虚假情况，损害委托人利益的，不得要求支付报酬并应当承担损害赔偿责任。

第四百二十六条 居间人促成合同成立的，委托人应当按照约定支付报酬。对居间人的报酬没有约定或者约定不明确，依照本法第六十一条的规定仍不能确定的，根据居间人的劳务合理确定。因居间人提供订立合同的媒介服务而促成合同成立的，由该合同的当事人平均负担居间人的报酬。

居间人促成合同成立的，居间活动的费用，由居间人负担。

第四百二十七条 居间人未促成合同成立的，不得要求支付报酬，但可以要求委托人支付从事居间活动支出的必要费用。

附　则

第四百二十八条 本法自1999年10月1日起施行，《中华人民共和国经济合同法》、《中华人民共和国涉外经济合同法》、《中华人民共和国技术合同法》同时废止。

二、相关案例

案例1：

申请人向被申请人购买4000立方米胶合板。申请人付款后，被申请人未交货。由于被申请人仅退还部分货款，申请人提请仲裁。仲裁庭认为：被申请人未交货，构成违约，申请人要求退还货款的请求应予支持。被申请人还应当赔偿申请人的预期利润损失，按交货地的市场价与合同的差价来计算。申请人在明知被申请人不能交货的情况下，仍然与下家签订转售合同，由于申请人违反了减轻损失的义务，申请人向下家支付的违约金不应由被申请人赔偿。

中国国际经济贸易仲裁委员会深圳分会（下称深圳分会）根据申请人与被申请人签订的××号货物进口合同中的仲裁条款，以及申请人提交的仲裁申请书，依据中华人民共和国仲裁法和中国国际经济贸易仲裁委员会仲裁规则（1998年5月10日施行文本，下称仲裁规则）的规定，于1998年11月25日受理了双方当事人之间关于上述合同的争议案。

申请人指定了仲裁员。因被申请人未在规定的20天内指定或委托指定而由中国国际经济贸易仲裁委员会主任指定了仲裁员。因双方未在规定的期限内共同指定而由中国国际经济贸易仲裁委员会主任指定了首席仲裁员。以上三名仲裁员于1999年3月1日组成仲裁庭审理本案。

1999年4月21日，仲裁庭在深圳开庭审理本案。申请人的代理人出席了庭审。被申请人没有出席。按照仲裁规则的规定，仲裁庭进行了缺席审理。

庭后，申请人补充了材料。

深圳分会秘书处依仲裁规则的规定，将申请人提交的所有材料、有关仲裁程序的一切文书、通知、材料均邮寄给被申请人。被申请人收到后没有作出任何回应。

1999年5月28日，仲裁庭对本案作出书面裁决，现将本案案情、仲裁庭的意见及裁决分述如下。

（一）案情

1997 年 1 月 28 日，申请人与被申请人在××签订"××号货物进口合同"，合同标的为马来西亚胶合板 4000 立方米，合同总金额 1980000 美元，装运港为马来西亚港，目的港为汕头港，装运期在 1997 年 3 月 1 日前。合同同时还约定：

1. 任何因本合同而发生或与本合同有关的争议，应提交中国国际经济贸易仲裁委员会，按该会的仲裁规则进行仲裁。仲裁地点在中国深圳。仲裁裁决是终局的，对双方均有约束力。

2. 本合同之签订地，或发生争议时货物所在地在中华人民共和国境内或被诉人为中国法人的适用中华人民共和国法律，除此规定外，适用《联合国国际货物销售合同公约》。

在合同的履行过程中，双方发生争议。1998 年 10 月 29 日，申请人依据合同中的仲裁条款，向深圳分会提起仲裁，请求：

1. 要求被申请人退还因未按约定提供货物而占用申请人已付的货款 526961.15 美元及该笔资金的银行信用证垫款利息 106314.41 美元，本息合计 633275.56 美元；并要求被申请人赔偿未提供货物而给申请人造成不同的直接利益损失 98501.58 美元。上述各项总计 731777.14 美元。

2. 要求被申请人支付本次仲裁的全部仲裁费。

申请人称：

1997 年 3 月 24 日，被申请人将商业发票、装箱单、提货单等 1 套寄至申请人，申请人根据中国工商银行××支行的进口付款通知书于 4 月 2 日予以承兑，（申请人仲裁申请书中原为：申请人遂按对方提单金额于 4 月 2 日开出不可撤销跟单信用证。后在庭后提交"仲裁申请书内容更正"中予以更正——仲裁庭注）总金额 1980405.50 美元。因申请人未收到该合同项下的货物，对方于 1997 年 4 月 15 日退还申请人 1453444.35 美元，却将剩余货款 526961.15 美元扣压至今，不予返还。此外，申请人还从 1997 年 4 月 10 日起，一直为该笔款项支付银行信用证垫款利息至今。

申请人基于对被申请人的信任，将全部货款如数支付。但由于申请人一直未收到对方提供的合同项下的货物，致使申请人未能实现订立合同预期的利益。事实上，申请人于履行了申请人支付义务后，即与国内需方订立了以该批货物为标的购销合同，该合同约定每张胶合板的销售价为 37 元人民币，而申请人该批进口胶合板的成本价为每张 36.19 元人民币。依此计算，申请人损失因合同可产生的合理利益 399168 元人民币，以当时中国银行外汇牌价折算为 48501.58 美元。不但如此，申请人还因无法履行该购销合同之供货义务而向需方支付了 50000 美元的违约金。预期利益与违约金之和为 98501.58 美元。

被申请人没有进行答辩。

（二）仲裁庭的意见

1. 关于法律适用。

本案争议合同的签订地点在中国××。按照合同规定，合同签订地在中华人民共和国境内的，适用中华人民共和国法律。因此，本案应适用中华人民共和国法律。

2. 关于剩余货款526961.15美元及其利息106314.41美元经查，1997年1月28日，申请人与被申请人签订了本案争议合同。1997年3月7日，经申请人申请，中国工商银行开出以被申请人为受益人，总金额为1980000.00美元的不可撤销信用证，编号为LC44605970087。1997年3月26日，被申请人开出一张商业发票，编号为DF1-63012金额为1980405.50美元。1997年4月1日，中国工商银行××支行向申请人发出"进口付款通知书"，并附上有关单据（包括提单、装箱单、品质证书、重量证书等），要求申请人审核。1997年4月2日，申请人根据上述付款通知书，对编号为LC44605970087信用证下的1980405.50美元予以承兑。但此后申请人未得到被申请人的提货通知。申请人于1997年4月初与被申请人通过电话交涉，在得知被申请人无法交货的情况下，要求被申请人退款并由申请人在香港的客户××集团有限公司（下称××公司）代收。1997年4月17日，被申请人根据申请人的指示汇款1453444.35美元予××公司。

仲裁庭认为，被申请人没有依"××号货物进口合同"的约定，向申请人履行交货义务，已构成违约，应将上述申请人已支付的金额1980405.50美元全部返还申请人。证据表明，被申请人已经向申请人返还1453444.35美元。被申请人在其给许××先生的函中承认LC44605970087信用证下的尚欠款为526961.15美元，而认为银行费用、180天银行利息、政府税务应由申请人承担而不返还，但是并没有说明理由。仲裁庭认为，银行费用、180天银行利息、政府税务应由被申请人自己承担。因此，除被申请人已经返还的1453444.35美元外，剩余款526961.15美元也应由被申请人返还申请人。

被申请人还应承担因其拖欠该笔资金而产生的银行信用证垫款利息。中国工商银行××市分行××支行出具的证明表明，截至1998年10月19日，申请人在该支行有信用证垫款66.7万美元（信用证号为：446059760087），垫款利率：1997年10月21日～1997年12月15日为12.3%，1997年12月16日～1997年12月30日为10.26%，1997年12月31日至今为14.4%，据上述证据，对于申请人要求被申请人偿还自1997年4月10日至1998年10月9日的垫款利息106314.41美元的请求，仲裁庭予以支持。

3. 关于因合同可产生的合理利润及其申请人向国内需方支付的违约赔偿金申请人称由于其一直未收到对方提供的合同项下的货物，致使其未能实现订立合同预期的利益，计人民币399168元，以当时中国银行外汇牌价折为48501.58美元。经查，1998年9月10日，申请人在给其律师的信函中，称："我公司订合约时，马来西亚胶合板国际市场价格为每立方米450美元，国内市场价格每立方米4150元人民币（每立方米以112张板计算，每张37.00～37.30元左右）。"被申请人没有答辩，也没有对申请人提供的市场价格提出异议。仲裁庭认为，以每张人民币37.00元确定当时的市场价格比较合理，申请人该项主张应得到支持。

申请人称其因无法履行国内购销合同而向国内需方支付了50000美元的违约赔偿金。经查，1997年4月28日，申请人与××工贸公司在深圳签订了以本案争议合同项下货物为标的的工矿产品购销合同（下称购销合同），约定每张售价人民币37元。但是，申请人在此之前（据申请人方许××先生书面证言，约在4月6日左右）已得知被申请人不能交货；且被申请人已经于 1997 年 4 月 17 日依申请人指示向××公司汇出 1453444.35 美元。而在其后的 1997 年 4 月 28 日，申请人仍签订了上述购销合同。申请人在明知对方无法交货而且也收到被申请人归还的部分货款的情况下，仍然与第三方签订了合同。申请人称这是由于其内部不同部门之间未及时沟通而造成的，这说明由此产生的损失理应由申请人自行承担，据此，申请人无权要求被申请人赔偿 50000 美元。

（三）裁决

综上所述，仲裁庭裁决如下：

1. 自本裁决作出之日起 40 天内，被申请人应向申请人支付尚欠的申请人已付货款 526961.15 美元及利息 106314.41 美元，赔偿给申请人造成的利益损失中的预期利润 48501.58 美元。合计为 681777.14 美元。

2. 驳回申请人要求赔偿利益损失中的违约金的请求。

3. 本案仲裁费用全部由被申请人承担。

4. 上述第 1、3 项裁决被申请人支付的所有款项，被申请人如逾期支付，按年利率 8% 计付利息。

本裁决为终局裁决。

案例 2：

申请人四川广瀚生物技术有限公司（以下简称广瀚公司）与被申请人余盛良申请撤销仲裁裁决一案，本院于 2006 年 5 月 12 日受理后，依法组成合议庭，于 2005 年 9 月 19 日公开开庭进行了审理，广瀚公司法定代表人陈幼云、委托代理人袁西浩、余盛良委托代理人王立春到庭参加诉讼。本案现已审理终结。

申请人广瀚公司诉称，对申请人与被申请人之间《委托开发合同》争议，苏州仲裁委员会于 2005 年 11 月 15 日作出（2005）苏仲裁字第 154 号裁决书，但仲裁庭在审理中，违反法定仲裁程序，且裁决书认定事实依据的证据是伪造的，故申请法院予以撤销。其申请撤销的理由是：①仲裁庭开庭时违背不公开审理的原则；②申请人已书面通知被申请人解除合同，将该确认之诉提交仲裁，但裁决却作出一个变更之诉，程序违法；③裁决依据的证据"被申请人对刘倩的调查笔录"、"甘立兵的证言"、"被申请人提供的技术资料手写稿"均是伪造的。

申请人广瀚公司提交以下证据：

证据 1：委托研发合同，用以证明余盛良没有交付技术资料，合同义务未履行。

证据 2：委托研发合同补充协议，用以证明余盛良在 2005 年 6 月 22 日前没有交付技术资料。

证据 3：经公证的余盛良于 2005 年 7 月 29 日发给广瀚公司的通知。

证据 4：一万元的付款收据，用以证明广瀚公司履行合同的诚意。

证据 5：余盛良提交给仲裁庭的答辩状，用以证明余盛良确认了没有交付技术资料。

证据 6：余盛良的仲裁申请书，证明余盛良谎称在 2005 年 6 月 15 日前交付技术资料，但实际在 2005 年 6 月 22 日前不可能交付技术资料。

证据 7：技术转让阶段小结，用以证明证人刘倩、甘立兵的真实意思表示。

证据8：简历，用以证明刘倩和余盛良是同学关系。

证据9：关于刘倩的劳动争议仲裁文书，用以证明刘提出劳动争议的时间是2005年8月11日，而余盛良提出的仲裁时间是2005年8月15日，这两个仲裁时间相呼应，且两人的代理人相同，用以证明刘倩以伪造的证据作证明。

证据10：对刘倩的调查笔录。

证据11：原始生产记录，用以证明余盛良没有进行技术指导。

证据12：技术资料说明，用以证明余盛良根本没有进行技术指导。

证据13：广瀚公司给甘立兵的信函，用以证明广瀚公司追究甘立兵就余盛良的技术转让没到位却未向公司报告的责任。

证据14：甘立兵的证词，用以证明甘立兵未到庭接受询问，是否是本人的证言不能进行确认。

证据15：余盛良的技术资料手写稿。该手写稿没有技术资料的名称，相关的合同号，没有签字，字迹不清，难以辨认，说明余盛良没有根据合同和协议的要求向广瀚公司提交技术资料的事实。

证据16：孙文慧的证词，用以证明仲裁庭开庭时有无关人员在场。

被申请人余盛良辩称，仲裁庭开庭时无旁听人员在场。广瀚公司通知解除合同是单方通知，但被申请人不同意解除，因此仲裁庭对此争议作出裁决是正确的。对于三份证据，不能因为刘倩与余盛良是同学关系就说证据存在伪造，刘倩的证据和余盛良的技术资料形成证据锁链，不存在伪造。对于甘立兵的证言，符合规定，和刘倩的证言都是反映事实的。因此，请求驳回申请人的请求。

被申请人未提供证据。

上述证据经质证、认证，对于申请人提供的证据16，被申请人认为系证人证言，因证人未到庭，故不予认可，对于申请人提供的其余证据的真实性均不持异议。

本院认为，申请人提供的证据16属证人证言，因证人未到庭，故对其真实性不予确认。其余证据因对方当事人不持异议，故对真实性予以确认，但与本案没有关联性。

经审理查明，2004年7月1日，广瀚公司与余盛良签订委托开发合同1份，约定由余盛良负责7－乙基－10－羟基喜树碱生产技术和10－羟基喜树碱生产技术的研发与生产技术指导，并约定合同履行过程中双方发生争议时，应及时协商解决，协商不成的，由苏州仲裁委员会仲裁。后双方在合同履行过程中产生纠纷，广瀚公司于2005年7月18日致函给余盛良，宣布解除与之的委托开发合同，并要求退还已支付的研发费15万元，但余盛良不同意，并要求继续履行合同。后余盛良于2005年8月19日依据仲裁条款，向苏州仲裁委员会申请仲裁，苏州仲裁委员会于2005年11月15日作出（2005）苏仲裁字第154号裁决书。

仲裁过程中，余盛良的仲裁请求是，要求裁令广瀚公司给付剩余研发费13万元，并赔偿其为追索剩余研发费而产生的费用6364.20元。

广瀚公司提出反请求，要求余盛良返还已收的技术转让费15万元，赔偿经济损失104979.70元，因设备闲置、折价、原材料过期失效带来的损失、因本案支出的合理费用3160元。

采取双方协议方式出让土地使用权的出让金不得低于按国家规定所确定的最低价。

第十四条 土地使用权出让最高年限由国务院规定。

第十五条 土地使用权出让，应当签订书面出让合同。

土地使用权出让合同由市、县人民政府土地管理部门与土地使用者签订。

第十六条 土地使用者必须按照出让合同约定，支付土地使用权出让金；未按照出让合同约定支付土地使用权出让金的，土地管理部门有权解除合同，并可以请求违约赔偿。

第十七条 土地使用者按照出让合同约定支付土地使用权出让金的，市、县人民政府土地管理部门必须按照出让合同约定，提供出让的土地；未按照出让合同约定提供出让的土地的，土地使用者有权解除合同，由土地管理部门返还土地使用权出让金，土地使用者并可以请求违约赔偿。

第十八条 土地使用者需要改变土地使用权出让合同约定的土地用途的，必须取得出让方和市、县人民政府城市规划行政主管部门的同意，签订土地使用权出让合同变更协议或者重新签订土地使用权出让合同，相应调整土地使用权出让金。

第十九条 土地使用权出让金应当全部上缴财政，列入预算，用于城市基础设施建设和土地开发。土地使用权出让金上缴和使用的具体办法由国务院规定。

第二十条 国家对土地使用者依法取得的土地使用权，在出让合同约定的使用年限届满前不收回；在特殊情况下，根据社会公共利益的需要，可以依照法律程序提前收回，并根据土地使用者使用土地的实际年限和开发土地的实际情况给予相应的补偿。

第二十一条 土地使用权因土地灭失而终止。

第二十二条 土地使用权出让合同约定的使用年限届满，土地使用者需要继续使用土地的，应当至迟于届满前一年申请续期，除根据社会公共利益需要收回该幅土地的，应当予以批准。经批准准予续期的，应当重新签订土地使用权出让合同，依照规定支付土地使用权出让金。

土地使用权出让合同约定的使用年限届满，土地使用者未申请续期或者虽申请续期但依照前款规定未获批准的，土地使用权由国家无偿收回。

第二节 土地使用权划拨

第二十三条 土地使用权划拨，是指县级以上人民政府依法批准，在土地使用者缴纳补偿、安置等费用后将该幅土地交付其使用，或者将土地使用权无偿交付给土地使用者使用的行为。

依照本法规定以划拨方式取得土地使用权的，除法律、行政法规另有规定外，没有使用期限的限制。

第二十四条 下列建设用地的土地使用权，确属必需的，可以由县级以上人民政府依法批准划拨：

（一）国家机关用地和军事用地；

（二）城市基础设施用地和公益事业用地；

（三）国家重点扶持的能源、交通、水利等项目用地；

（四）法律、行政法规规定的其他用地。

第三章 房地产开发

第二十五条 房地产开发必须严格执行城市规划，按照经济效益、社会效益、环境效益相统一的原则，实行全面规划、合理布局、综合开发、配套建设。

第二十六条 以出让方式取得土地使用权进行房地产开发的，必须按照土地使用权出让合同约定的土地用途、动工开发期限开发土地。超过出让合同约定的动工开发日期满1年未动工开发的，可以征收相当于土地使用权出让金20%以下的土地闲置费；满2年未动工开发的，可以无偿收回土地使用权；但是，因不可抗力或者政府、政府有关部门的行为或者动工开发必需的前期工作造成动工开发迟延的除外。

第二十七条 房地产开发项目的设计、施工，必须符合国家的有关标准和规范。

房地产开发项目竣工，经验收合格后，方可交付使用。

第二十八条 依法取得的土地使用权，可以依照本法和有关法律、行政法规的规定，作价入股，合资、合作开发经营房地产。

第二十九条 国家采取税收等方面的优惠措施鼓励和扶持房地产开发企业开发建设居民住宅。

第三十条 房地产开发企业是以营利为目的，从事房地产开发和经营的企业。设立房地产开发企业，应当具备下列条件：

（一）有自己的名称和组织机构；

（二）有固定的经营场所；

（三）有符合国务院规定的注册资本；

（四）有足够的专业技术人员；

（五）法律、行政法规规定的其他条件。

设立房地产开发企业，应当向工商行政管理部门申请设立登记。工商行政管理部门对符合本法规定条件的，应当予以登记，发给营业执照；对不符合本法规定条件的，不予登记。

设立有限责任公司、股份有限公司，从事房地产开发经营的，还应当执行公司法的有关规定。

房地产开发企业在领取营业执照后的1个月内，应当到登记机关所在地的县级以上地方人民政府规定的部门备案。

第三十一条 房地产开发企业的注册资本与投资总额的比例应当符合国家有关规定。

房地产开发企业分期开发房地产的，分期投资额应当与项目规模相适应，并按照土地使用权出让合同的约定，按期投入资金，用于项目建设。

第四章 房地产交易

第一节 一般规定

第三十二条 房地产转让、抵押时，房屋的所有权和该房屋占用范围内的土地使用权同时转让、抵押。

第三十三条　基准地价、标定地价和各类房屋的重置价格应当定期确定并公布。具体办法由国务院规定。

第三十四条　国家实行房地产价格评估制度。

房地产价格评估，应当遵循公正、公平、公开的原则，按照国家规定的技术标准和评估程序，以基准地价、标定地价和各类房屋的重置价格为基础，参照当地的市场价格进行评估。

第三十五条　国家实行房地产成交价格申报制度。

房地产权利人转让房地产，应当向县级以上地方人民政府规定的部门如实申报成交价，不得瞒报或者作不实的申报。

第三十六条　房地产转让、抵押，当事人应当依照本法第五章的规定办理权属登记。

第二节　房地产转让

第三十七条　房地产转让，是指房地产权利人通过买卖、赠与或者其他合法方式将其房地产转移给他人的行为。

第三十八条　下列房地产，不得转让：

（一）以出让方式取得土地使用权的，不符合本法第三十九条规定的条件的；

（二）司法机关和行政机关依法裁定、决定查封或者以其他形式限制房地产权利的；

（三）依法收回土地使用权的；

（四）共有房地产，未经其他共有人书面同意的；

（五）权属有争议的；

（六）未依法登记领取权属证书的；

（七）法律、行政法规规定禁止转让的其他情形。

第三十九条　以出让方式取得土地使用权的，转让房地产时，应当符合下列条件：

（一）按照出让合同约定已经支付全部土地使用权出让金，并取得土地使用权证书；

（二）按照出让合同约定进行投资开发，属于房屋建设工程的，完成开发投资总额的25%以上，属于成片开发土地的，形成工业用地或者其他建设用地条件。

转让房地产时房屋已经建成的，还应当持有房屋所有权证书。

第四十条　以划拨方式取得土地使用权的，转让房地产时，应当按照国务院规定，报有批准权的人民政府审批。有批准权的人民政府准予转让的，应当由受让方办理土地使用权出让手续，并依照国家有关规定缴纳土地使用权出让金。

以划拨方式取得土地使用权的，转让房地产报批时，有批准权的人民政府按照国务院规定决定可以不办理土地使用权出让手续的，转让方应当按照国务院规定将转让房地产所获收益中的土地收益上缴国家或者作其他处理。

第四十一条　房地产转让，应当签订书面转让合同，合同中应当载明土地使用权取得的方式。

第四十二条　房地产转让时，土地使用权出让合同载明的权利、义务随之转移。

第四十三条 以出让方式取得土地使用权的，转让房地产后，其土地使用权的使用年限为原土地使用权出让合同约定的使用年限减去原土地使用者已经使用年限后的剩余年限。

第四十四条 以出让方式取得土地使用权的，转让房地产后，受让人改变原土地使用权出让合同约定的土地用途的，必须取得原出让方和市、县人民政府城市规划行政主管部门的同意，签订土地使用权出让合同变更协议或者重新签订土地使用权出让合同，相应调整土地使用权出让金。

第四十五条 商品房预售，应当符合下列条件：

（一）已交付全部土地使用权出让金，取得土地使用权证书；

（二）持有建设工程规划许可证；

（三）按提供预售的商品房计算，投入开发建设的资金达到工程建设总投资的25%以上，并已经确定施工进度和竣工交付日期；

（四）向县级以上人民政府房产管理部门办理预售登记，取得商品房预售许可证明。

商品房预售人应当按照国家有关规定将预售合同报县级以上人民政府房产管理部门和土地管理部门登记备案。

商品房预售所得款项，必须用于有关的工程建设。

第四十六条 商品房预售的，商品房预购人将购买的未竣工的预售商品房再行转让的问题，由国务院规定。

第三节 房地产抵押

第四十七条 房地产抵押，是指抵押人以其合法的房地产以不转移占有的方式向抵押权人提供债务履行担保的行为。债务人不履行债务时，抵押权人有权依法以抵押的房地产拍卖所得的价款优先受偿。

第四十八条 依法取得的房屋所有权连同该房屋占用范围内的土地使用权，可以设定抵押权。

以出让方式取得的土地使用权，可以设定抵押权。

第四十九条 房地产抵押，应当凭土地使用权证书、房屋所有权证书办理。

第五十条 房地产抵押，抵押人和抵押权人应当签订书面抵押合同。

第五十一条 设定房地产抵押权的土地使用权是以划拨方式取得的，依法拍卖该房地产后，应当从拍卖所得的价款中缴纳相当于应缴纳的土地使用权出让金的款额后，抵押权人方可优先受偿。

第五十二条 房地产抵押合同签订后，土地上新增的房屋不属于抵押财产。需要拍卖该抵押的房地产时，可以依法将土地上新增的房屋与抵押财产一同拍卖，但对拍卖新增房屋所得，抵押权人无权优先受偿。

第四节 房屋租赁

第五十三条 房屋租赁，是指房屋所有权人作为出租人将其房屋出租给承租人使用，由承租人向出租人支付租金的行为。

第五十四条 房屋租赁，出租人和承租人应当签订书面租赁合同，约定租赁期限、租赁用途、租赁价格、修缮责任等条款，以及双方的其他权利和义务，并向房产管理部门登记备案。

第五十五条 住宅用房的租赁，应当执行国家和房屋所在城市人民政府规定的租赁政策。租用房屋从事生产、经营活动的，由租赁双方协商议定租金和其他租赁条款。

第五十六条 以营利为目的，房屋所有权人将以划拨方式取得使用权的国有土地上建成的房屋出租的，应当将租金中所含土地收益上缴国家，具体办法由国务院规定。

第五节 中介服务机构

第五十七条 房地产中介服务机构包括房地产咨询机构、房地产价格评估机构、房地产经纪机构等。

第五十八条 房地产中介服务机构应当具备下列条件：

（一）有自己的名称和组织机构；

（二）有固定的服务场所；

（三）有必要的财产和经费；

（四）有足够数量的专业人员；

（五）法律、行政法规规定的其他条件。

设立房地产中介服务机构，应当向工商行政管理部门申请设立登记，领取营业执照后方可开业。

第五十九条 国家实行房地产价格评估人员资格认证制度。

第五章 房地产权属登记管理

第六十条 国家实行土地使用权和房屋所有权登记发证制度。

第六十一条 以出让或者划拨方式取得土地使用权，应当向县级以上地方人民政府土地管理部门申请登记，经县级以上地方人民政府土地管理部门核实，由同级人民政府颁发土地使用权证书。

在依法取得的房地产开发用地上建成房屋的，应当凭土地使用权证书向县级以上地方人民政府房产管理部门申请登记，由县级以上地方人民政府房产管理部门核实并颁发房屋所有权证书。

房地产转让或者变更时，应当向县级以上地方人民政府房产管理部门申请房产变更登记，并凭变更后的房屋所有权证书向同级人民政府土地管理部门申请土地使用权变更登记，经同级人民政府土地管理部门核实，由同级人民政府更换或者更改土地使用权证书。

法律另有规定的，依照有关法律的规定办理。

第六十二条 房地产抵押时，应当向县级以上地方人民政府规定的部门办理抵押登记。

因处分抵押房地产而取得土地使用权和房屋所有权的，应当依照本章规定办理过户登记。

第六十三条 经省、自治区、直辖市人民政府确定，县级以上地方人民政府由一个部门统一负责房产管理和土地管理工作的，可以制作、颁发统一的房地产权证书，依照本法第六十一条的规定，将房屋的所有权和该房屋占用范围内的土地使用权的确认和变更，分别载入房地产权证书。

第六章 法律责任

第六十四条 违反本法第十一条、第十二条的规定，擅自批准出让或者擅自出让土地使用权用于房地产开发的，由上级机关或者所在单位给予有关责任人员行政处分。

第六十五条 违反本法第三十条的规定，未取得营业执照擅自从事房地产开发业务的，由县级以上人民政府工商行政管理部门责令停止房地产开发业务活动，没收违法所得，可以并处罚款。

第六十六条 违反本法第三十九条第一款的规定转让土地使用权的，由县级以上人民政府土地管理部门没收违法所得，可以并处罚款。

第六十七条 违反本法第四十条第一款的规定转让房地产的，由县级以上人民政府土地管理部门责令缴纳土地使用权出让金，没收违法所得，可以并处罚款。

第六十八条 违反本法第四十五条第一款的规定预售商品房的，由县级以上人民政府房产管理部门责令停止预售活动，没收违法所得，可以并处罚款。

第六十九条 违反本法第五十八条的规定，未取得营业执照擅自从事房地产中介服务业务的，由县级以上人民政府工商行政管理部门责令停止房地产中介服务业务活动，没收违法所得，可以并处罚款。

第七十条 没有法律、法规的依据，向房地产开发企业收费的，上级机关应当责令退回所收取的钱款；情节严重的，由上级机关或者所在单位给予直接责任人员行政处分。

第七十一条 房产管理部门、土地管理部门工作人员玩忽职守、滥用职权，构成犯罪的，依法追究刑事责任；不构成犯罪的，给予行政处分。

房产管理部门、土地管理部门工作人员利用职务上的便利，索取他人财物，或者非法收受他人财物为他人谋取利益，构成犯罪的，依照惩治贪污罪贿赂罪的补充规定追究刑事责任；不构成犯罪的，给予行政处分。

第七章 附则

第七十二条 在城市规划区外的国有土地范围内取得房地产开发用地的土地使用权，从事房地产开发、交易活动以及实施房地产管理，参照本法执行。

第七十三条 本法自 1995 年 1 月 1 日起施行。

二、相关案例

案例 1：

2005 年 1 月，李某与 A 房地产公司签订《商品房买卖合同》。同年 6 月，A 房地产公司依约将竣工验收合格的商品房交付给李某，并于同年 7 月进行了房屋的初步登记，9 月为李某办理了房屋过户手续。2005 年 8 月，李某与王某签订了《购房合同》。在合同中，双方约定由王某一次性支付给李某全部购房款，李某则将该房屋交付给王某使用。并在 A 房地产公司为李某办理房屋过户手续之后 7 日内，由李某将商品房过户给王某。2005 年 10 月，王某得知李某已经取得了房产证，要求其履行合同义务。而李某认为签订《购房合同》时，商品房属于期房且没有房产证，故《购房合同》应属无效而拒绝为王某办理过户手续。王某多次与李某协商无果，只得起诉至法院，要求其继续履行合同。最终法院支持了王某诉讼请求，判令李某限期为王某办理房屋过户。

本案涉及的法律关系及问题都比较复杂，需要逐步分析：

首先，本案中的商品房是不是期房？

所谓期房是指房地产开发商从取得商品房预售许可证开始至取得房地产权证的大产证为止，所出售商品房，即正在建设或未竣工验收合格的预售商品房。根据建设部等七部委联合发布的《关于做好稳定住房价格的工作意见》第七条之规定，自 2005 年 5 月 1 日起，禁止商品房预购人将购买的未竣工的预售商品房再行转让，换言之，即禁止期房的转让。因此，如果该商品房属于期房，那么对于李某与王某签订的《购房合同》就会因违反法律的强制性规定而自始无效，李某就有权拒绝为王某办理过户手续并不承担任何违约责任。在本案中，李某与王某于 2005 年 8 月签订《购房合同》，而该商品房已经于同年 6 月经竣工验收合格，并于 7 月办理了房屋的初步登记。故该商品房在转让时，是现房不是期房。

其次，李某转让其拥有的现房合同是否有效？

根据《合同法》第五十一条之规定，无处分权的人处分他人财产，经权利人追认或者无处分权的人订立合同后取得处分权的，该合同有效。在本案中，李某与王某签订的《购房合同》时，并没有与 A 房地产公司办理商品房过户登记，因而商品房所有权依然属于 A 房地产公司。李某未经 A 房地产公司同意而转让该商品房属于无权处分行为。根据合同效力理论，该《购房合同》属于效力待定合同。而李某订立合同之后又取得了该商品房的所有权，故李某与王某签订的《购房合同》依法有效。

最后，现房能否在未办理过户之前进行再转让？

对于购房者所拥有的现房能否在未办理过户之前进行再转让，现行的法律法规中没有明文的规定。由于现房的再转让属于房屋买卖的一种表现形式，而房屋买卖又归属私法调整，故根据私法意思自治原则，只要买卖双方所订立的现房再转让合同不违反法律法规的强制性规定，那么就应当认为是合法有效并受法律保护的。与现房再转让相关的法律法规的强制性规定，主要有两个：一个是根据《中华人民共和国城市房地产管理法》第三十七条第六项和《城市房地产转让管理规定》第七条第六项之规定，未依法登记领取得权属证书的，房地产不得转让；另一个是建设部等七部委联合发布的《关于做好稳定住房价格的工作意见》第七条之规定，在预售商品房竣工交付、预购人取得房屋所有权证之前，房地产主管部门不得为其办理转让等手续；房屋所有权申请人与登记备案的预售合同载明的预购人不一致的，房屋权属登记机关不得为其办理房屋权属登记手续。由以上的条款中可以看出，现房再转让要想不违反法律法规的强制性规定，现房必须要依法登记取得房屋权属证书，即开发商办理了房屋初步登记取得大产权；并且预购人（购房者）取得房屋所有权证之后，才能办理过户登记手续。在本案中，李某与王某于 2005 年 8 月签订《购房合同》，而 A 房地产公司已经于同年 7 月办理了房屋初步登记取得大产权；同时双方又在合同中约定，A房地产公司为李某办理房屋过户手续之后7日内，由李某将商品房过户给王某，故李某与王某签订的《购房合同》并未违反法律法规的强制性规定，应当是合法有效并受法律保护的。

综上所述，该商品房属于现房，而不是期房，因而法律并不禁止其再转让。李某虽然在与王某签订《购房合同》时无权处分该商品房，但事后取得了该商品房的所有权，同时合同本身也未有违反法律法规的强制性规定之处，故法院判定该合同依法有效，李某应当依约履行合同义务，限期为王某办理房屋过户手续。

案例2：

2008年10月8日，王某与孙某通过中介公司签订了一份购房协议，约定王某向孙某购买房屋一套，当时开发商已向孙某交付房屋，但孙某没有取得该房的房地产权证，因此双方约定孙某应在2008年11月15日之前取得该房屋的房地产权证，并于该日起3日内双方签署正式《房地产买卖合同》，用于办理过户登记。但孙某于2008年11月13日取得房地产权证后，因房价上涨以各种理由拒绝办理相关手续。双方诉至法院。

判决意见：双方合同是附条件生效的合同的。约定条件已成就，合同有效，孙某应当按照合同规定履行义务。

本案法官大概是考虑到《城市房地产管理法》第三十八条关于未依法取得权属不得转让的规定，而本案的房屋正是未取得房地产权证，按该规定属于不得转让的房地产，但如果据此判决房屋买卖合同无效，则又认为不合理，实践中也存在大量的这类合同。因此，将双方关于取得房地产权证后再办交易过户的约定作为合同生效的条件来认定，从而判决双方签订的合同是附条件生效的合同。起诉时房地产权证已办妥，因此合同生效。

专家对以下两个问题着重予以分析，阐述自己的观点：

问题一：附条件的合同的"生效条件"如何认定

专家认为本案并不是严格意义上的附生效条件的合同，因为作为合同生效所附的条件，必须具备一定的要求，其中之一便是"须被设定为控制合同效力的条件"，本案中双方并没有将房地产权证的取得设定为合同生效的条件，相反，双方将取得房地产权证作为出卖人的义务。因此，在双方签订合同时均没有签订附生效条件合同的意思表示时，将出卖人的房地产权证解释为双方关于合同生效条件的约定，不符合合同法的理论，专家认为不妥当。

问题二："不得办理转让手续"是否等同"转让合同无效"

专家认为，认定本案房屋买卖合同是否有效，不必拘泥于《城市房地产管理法》第三十八条关于期房不能转让的规定，因为该法同时作出了期房可以转让的规定：第四十五条规定商品房可以预售，第四十六条规定预售的商品房转让办法由国务院另行规定。因此，判断本案合同是否有效，要看是否违反了其他法律法规的规定。

根据2005年5月9日《国务院办公厅转发建设部等部门关于做好稳定住房价格工作意见的通知》（即"国八条"）的规定，未竣工的商品房不能转让，而对于已竣工未办理房地产证的，只是"房地产主管部门不得为其办理转让等手续"，而没有禁止。没有其他法律法规规定已竣工交付的房屋不能转让，因此，本案合同应当是有效的。

第四章　中华人民共和国消费者权益保护法

一、法律法规条文

中华人民共和国消费者权益保护法

(1993 年 10 月 31 日第八届全国人民代表大会常务委员会第四次会议通过)

第一章　总则

第一条　为保护消费者的合法权益，维护社会经济秩序，促进社会主义市场经济健康发展，制定本法。

第二条　消费者为生活消费需要购买、使用商品或者接受服务，其权益受本法保护；本法未作规定的，受其他有关法律、法规的保护。

第三条　经营者为消费者提供其生产、销售的商品或者提供服务，应当遵守本法；本法未作规定的，应当遵守其他有关法律、法规。

第四条　经营者与消费者进行交易，应当遵循自愿、平等、公平、诚实信用的原则。

第五条　国家保护消费者的合法权益不受侵害。国家采取措施，保障消费者依法行使权利，维护消费者的合法权益。

第六条　保护消费者的合法权益是全社会的共同责任。国家鼓励、支持一切组织和个人对损害消费者合法权益的行为进行社会监督。大众传播媒介应当做好维护消费者合法权益的宣传，对损害消费者合法权益的行为进行舆论监督。

第二章　消费者的权利

第七条　消费者在购买、使用商品和接受服务时享有人身、财产安全不受损害的权利。消费者有权要求经营者提供的商品和服务，符合保障人身、财产安全的要求。

第八条　消费者享有知悉其购买、使用的商品或者接受的服务的真实情况的权利。消费者有权根据商品或者服务的不同情况，要求经营者提供商品的价格、产地、生产者、用途、性能、规格、等级、主要成分、生产日期、有效期限、检验合格证明、使用方法说明书、售后服务，或者服务的内容、规格、费用等有关情况。

第九条　消费者享有自主选择商品或者服务的权利。消费者有权自主选择提供商品或者服务的经营者，自主选择商品品种或者服务方式，自主决定购买或者不购买任何一种商品、接受或者不接受任何一项服务。

消费者在自主选择商品或者服务时，有权进行比较、鉴别和挑选。

第十条　消费者享有公平交易的权利。消费者在购买商品或者接受服务时，有权获得质量保障、价格合理、计量正确等公平交易条件，有权拒绝经营者的强制交易行为。

第十一条　消费者因购买、使用商品或者接受服务受到人身、财产损害的，享有依法获得赔偿的权利。

第十二条　消费者享有依法成立维护自身合法权益的社会团体的权利。

第十三条　消费者享有获得有关消费和消费者权益保护方面的知识的权利。消费者应当努力掌握所需商品或者服务的知识和使用技能，正确使用商品，提高自我保护意识。

第十四条　消费者在购买、使用商品和接受服务时，享有其人格尊严、民族风俗习惯得到尊重的权利。

第十五条　消费者享有对商品和服务以及保护消费者权益工作进行监督的权利。消费者有权检举、控告侵害消费者权益的行为和国家机关及其工作人员在保护消费者权益工作中的违法失职行为，有权对保护消费者权益工作提出批评、建议。

第三章　经营者的义务

第十六条　经营者向消费者提供商品或者服务，应当依照《中华人民共和国产品质量法》和其他有关法律、法规的规定履行义务。经营者和消费者有约定的，应当按照约定履行义务，但双方的约定不得违背法律、法规的规定。

第十七条　经营者应当听取消费者对其提供的商品或者服务的意见，接受消费者的监督。

第十八条　经营者应当保证其提供的商品或者服务符合保障人身、财产安全的要求。对可能危及人身、财产安全的商品和服务，应当向消费者作出真实的说明和明确的警示，并说明和标明正确使用商品或者接受服务的方法以及防止危害发生的方法。经营者发现其提供的商品或者服务存在严重缺陷，即使正确使用商品或者接受服务仍然可能对人身、财产安全造成危害的，应当立即向有关行政部门报告和告知消费者，并采取防止危害发生的措施。

第十九条 经营者应当向消费者提供有关商品或者服务的真实信息，不得作引人误解的虚假宣传。经营者对消费者就其提供的商品或者服务的质量和使用方法等问题提出的询问，应当作出真实、明确的答复。商店提供商品应当明码标价。

第二十条 经营者应当标明其真实名称和标记，租赁他人柜台或者场地的经营者，应当标明其真实名称和标记。

第二十一条 经营者提供商品或者服务，应当按照国家有关规定或者商业惯例向消费者出具购货凭证或者服务单据；消费者索要购货凭证或者服务单据的，经营者必须出具。

第二十二条 经营者应当保证在正常使用商品或者接受服务的情况下，其提供的商品或者服务应当具有的质量、性能、用途和有效期限；但消费者在购买该商品或者接受该服务前已经知道其存在瑕疵的除外。经营者以广告、产品说明、实物样品或者其他方式表明商品或者服务的质量状况的，应当保证其提供的商品或者服务的实际质量与表明的质量状况相符。

第二十三条 经营者提供商品或者服务，按照国家规定或者与消费者的约定，承担包修、包换、包退或者其他责任的，应当按照国家规定或者约定履行，不得故意拖延或者无理拒绝。

第二十四条 经营者不得以格式合同、通知、声明、店堂告示等方式作出对消费者不公平、不合理的规定，或者减轻、免除其损害消费者合法权益应当承担的民事责任。格式合同、通知、声明、店堂告示等含有前款所列内容的，其内容无效。

第二十五条 经营者不得对消费者进行侮辱、诽谤，不得搜查消费者的身体及其携带的物品，不得侵犯消费者的人身自由。

第四章 国家对消费者合法权益的保护

第二十六条 国家制定有关消费者权益的法律、法规和政策时，应当听取消费者的意见和要求。

第二十七条 各级人民政府应当加强领导，组织、协调、督促有关行政部门做好保护消费者合法权益的工作。

各级人民政府应当加强监督，预防危害消费者人身、财产安全行为的发生，及时制止危害消费者人身、财产安全的行为。

第二十八条 各级人民政府工商行政管理部门和其他有关行政部门应当依照法律、法规的规定，在各自的职责范围内，采取措施，保护消费者的合法权益。有关行政部门应当听取消费者及其社会团体对经营者交易行为、商品和服务质量问题的意见，及时调查处理。

第二十九条 有关国家机关应当依照法律、法规的规定，惩处经营者在提供商品和服务中侵害消费者合法权益的违法犯罪行为。

第三十条 人民法院应当采取措施，方便消费者提起诉讼。对符合《中华人民共和国民事诉讼法》起诉条件的消费者权益争议，必须受理，及时审理。

第五章 消费者组织

第三十一条 消费者协会和其他消费者组织是依法成立的对商品和服务进行社会监督的保护消费者合法权益的社会团体。

第三十二条 消费者协会履行下列职能：

（一）向消费者提供消费信息和咨询服务；

（二）参与有关行政部门对商品和服务的监督、检查；

（三）就有关消费者合法权益的问题，向有关行政部门反映、查询，并提出建议；

（四）受理消费者的投诉，并对投诉事项进行调查、调解；

（五）投诉事项涉及商品和服务质量问题的，可以提请鉴定部门鉴定，鉴定部门应当告知鉴定结论；

（六）就损害消费者合法权益的行为，支持受损害的消费者提起诉讼；

（七）对损害消费者合法权益的行为，通过大众传播媒介予以揭露、批评。各级人民政府对消费者协会履行职能应当予以支持。

第三十三条 消费者组织不得从事商品经营和营利性服务，不得以牟利为目的向社会推荐商品和服务。

第六章 争议的解决

第三十四条 消费者和经营者发生消费者权益争议的，可以通过下列途径解决：

（一）与经营者协商和解；

（二）请求消费者协会调解；

（三）向有关行政部门申诉；

（四）根据与经营者达成的仲裁协议提请仲裁机构仲裁；

（五）向人民法院提起诉讼。

第三十五条 消费者在购买、使用商品时，其合法权益受到损害的，可以向销售者要求赔偿。销售者赔偿后，属于生产者的责任或者属于向销售者提供商品的其他销售者的责任的，销售者有权向生产者或者其他销售者追偿。消费者或者其他受害人因商品缺陷造成人身、财产损害的，可以向销售者要求赔偿，也可以向生产者要求赔偿。属于生产者责任的，销售者赔偿后，有权向生产者追偿。属于销售者责任的，生产者赔偿后，有权向销售者追偿。消费者在接受服务时，其合法权益受到损害的，可以向服务者要求赔偿。

第三十六条 消费者在购买、使用商品或者接受服务时，其合法权益受到损害，因原企业分立、合并的，可以向变更后承受其权利义务的企业要求赔偿。

第三十七条 使用他人营业执照的违法经营者提供商品或者服务，损害消费者合法权益的，消费者可以向其要求赔偿，也可以向营业执照的持有人要求赔偿。

第三十八条 消费者在展销会、租赁柜台购买商品或者接受服务，其合法权益受到损害的，可以向销售者或者服务者要求赔偿。展销会结束或者柜台租赁期满后，也可以向展销会的举办者、柜台的出租者要求赔偿。展销会的举办者、柜台的出租者赔偿后，

苏州仲裁委员会的裁决书认为，双方签订的委托开发合同实质属于技术转让合同，合法、有效。广瀚公司认为余盛良的技术不成熟及不能生产出符合合同产品缺乏相应证据，应当认定广瀚公司存在明显的违约。根据证人刘倩、甘立兵的证词，余盛良已交付技术资料并进行了相关技术指导。由于合同未对技术转让的期限作明确约定，导致双方在履行合同中产生分歧，双方在缔约方面均有过错。考虑到双方均表示要求终止合同履行，故余盛良要求广瀚公司给付剩余 13 万元研发费的请求，不予支持。对于双方提出的赔偿请求，不予支持。裁决：1. 自裁决生效之日起解除余盛良与广瀚公司之间的《委托开发合同》。2. 驳回余盛良的仲裁请求。3. 驳回广瀚公司的其他仲裁反请求。4. 本请求仲裁费 6168 元，由余盛良承担；反请求仲裁费 9247 元，由广瀚公司承担。

广瀚公司对裁决不服，于 2006 年 5 月 12 日向本院提出申请，要求撤销仲裁裁决。

本院认为，根据《中华人民共和国仲裁法》第五十八条规定，当事人提出证据证明裁决有下列情形之一的，可以向仲裁委员会所在地的中级人民法院申请撤销裁决：1. 没有仲裁协议的；2. 裁决的事项不属于仲裁协议的范围或者仲裁委员会无权仲裁的；3. 仲裁庭的组成或者仲裁的程序违反法定程序的；4. 裁决所根据的证据是伪造的；5. 对方当事人隐瞒了足以影响公正裁决的证据的；6. 仲裁员在仲裁该案时有索贿受贿，徇私舞弊，枉法裁决行为的。

（一）关于仲裁程序是否违反法定程序

1. 是否违背仲裁不公开进行的原则。根据《中华人民共和国仲裁法》第四十条，仲裁不公开进行。当事人协议公开的，可以公开进行，但涉及国家秘密的除外。现广瀚公司称仲裁庭开庭时，有旁听人员在场，仅仅提供了原仲裁时代理人的证言，而余盛良一方则不予认可。对此，因广瀚公司提供的证人证言的真实性无法确认，且开庭笔录系仲裁庭审理活动的真实记载，若广瀚公司在仲裁庭开庭时发现有旁听人员在场，有权要求仲裁庭在开庭笔录中记明。现开庭笔录未记载公开开庭的内容，亦未记载有旁听人员在场，而广瀚公司又未能提供其他足够的相反证据，故广瀚公司的该主张不能成立。

2. 关于仲裁以裁决方式解除双方之间的委托开发合同是否违反仲裁程序。委托开发合同约定了广瀚公司单面解除合同的条件，即余盛良逾期两个月不向广瀚公司提供技术资料及技术指导，广瀚公司据此于 2005 年 7 月 18 日书面通知余盛良解除合同，余盛良对此回函要求继续履行合同，在双方对已发生法律效力的合同是否已经解除存在争议的情况下，仲裁庭以裁决方式解除了委托开发合同，系仲裁庭对双方合同效力的实体处理内容，不属法定仲裁程序的内容。

（二）裁决是否依据了伪造的证据

审理中，广瀚公司对刘倩、甘立兵书面证词中刘倩、甘立兵签名的真实性并无异议。虽然事后广瀚公司否认甘立兵签名的真实性，但在本院质证时，广瀚公司代理人明确认可该签名的真实性，而广瀚公司的法定代表人同时在场，并未作否认表示，因此广瀚公司事后的否认，违背了"禁止反言"的原则，不能成立。至于刘倩、甘立兵的证词与广瀚公司提供的其他证据内容相反，是否应当被采纳，以及余盛良提供的"技术资料手写稿"是否应当被采纳，均系仲裁庭对证据审核后所作的结论，但并非伪造的证据。

综上所述，申请人广瀚公司要求撤销仲裁裁决的证据不足，理由不能成立，本院不予支持。依照《中华人民共和国仲裁法》第五十八条、《中华人民共和国民事诉讼法》第一百四十条之规定，裁定如下：

驳回广瀚公司要求撤销苏州仲裁委员会（2005）苏仲裁字第 154 号裁决书的申请。

申请费 50 元，其他诉讼费（邮寄费）600 元，由申请人广瀚公司负担。

第三章 中华人民共和国城市房地产管理法

一、法律法规条文

中华人民共和国城市房地产管理法

(1994 年 7 月 5 日第八届全国人民代表大会常务委员会第八次会议通过,
根据 2007 年 8 月 30 日第十届全国人民代表大会常务委员会第二十九次会议
《关于修改〈中华人民共和国城市房地产管理法〉的决定》修正)

目 录

第一章 总则

第一条 为了加强对城市房地产的管理,维护房地产市场秩序,保障房地产权利人的合法权益,促进房地产业的健康发展,制定本法。

第二条 在中华人民共和国城市规划区国有土地(以下简称国有土地)范围内取得房地产开发用地的土地使用权,从事房地产开发、房地产交易,实施房地产管理,应当遵守本法。

本法所称房屋，是指土地上的房屋等建筑物及构筑物。

本法所称房地产开发，是指在依据本法取得国有土地使用权的土地上进行基础设施、房屋建设的行为。

本法所称房地产交易，包括房地产转让、房地产抵押和房屋租赁。

第三条 国家依法实行国有土地有偿、有限期使用制度。但是，国家在本法规定的范围内划拨国有土地使用权的除外。

第四条 国家根据社会、经济发展水平，扶持发展居民住宅建设，逐步改善居民的居住条件。

第五条 房地产权利人应当遵守法律和行政法规，依法纳税。房地产权利人的合法权益受法律保护，任何单位和个人不得侵犯。

第六条 为了公共利益的需要，国家可以征收国有土地上单位和个人的房屋，并依法给予拆迁补偿，维护被征收人的合法权益；征收个人住宅的，还应当保障被征收人的居住条件。具体办法由国务院规定。

第七条 国务院建设行政主管部门、土地管理部门依照国务院规定的职权划分，各司其职，密切配合，管理全国房地产工作。

县级以上地方人民政府房产管理、土地管理部门的机构设置及其职权由省、自治区、直辖市人民政府确定。

第二章 房地产开发用地

第一节 土地使用权出让

第八条 土地使用权出让，是指国家将国有土地使用权（以下简称土地使用权）在一定年限内出让给土地使用者，由土地使用者向国家支付土地使用权出让金的行为。

第九条 城市规划区内的集体所有的土地，经依法征用转为国有土地后，该幅国有土地的使用权方可有偿出让。

第十条 土地使用权出让，必须符合土地利用总体规划、城市规划和年度建设用地计划。

第十一条 县级以上地方人民政府出让土地使用权用于房地产开发的，须根据省级以上人民政府下达的控制指标拟订年度出让土地使用权总面积方案，按照国务院规定，报国务院或者省级人民政府批准。

第十二条 土地使用权出让，由市、县人民政府有计划、有步骤地进行。出让的每幅地块、用途、年限和其他条件，由市、县人民政府土地管理部门会同城市规划、建设、房产管理部门共同拟定方案，按照国务院规定，报经有批准权的人民政府批准后，由市、县人民政府土地管理部门实施。

直辖市的县人民政府及其有关部门行使前款规定的权限，由直辖市人民政府规定。

第十三条 土地使用权出让，可以采取拍卖、招标或者双方协议的方式。

商业、旅游、娱乐和豪华住宅用地，有条件的，必须采取拍卖、招标方式；没有条件的，不能采取拍卖、招标方式的，可以采取双方协议的方式。

有权向销售者或者服务者追偿。

第三十九条　消费者因经营者利用虚假广告提供商品或者服务，其合法权益受到损害的，可以向经营者要求赔偿。广告的经营者发布虚假广告的，消费者可以请求行政主管部门予以惩处。广告的经营者不能提供经营者的真实名称、地址的，应当承担赔偿责任。

第七章　法律责任

第四十条　经营者提供商品或者服务有下列情形之一的，除本法另有规定外，应当依照《中华人民共和国产品质量法》和其他有关法律、法规的规定，承担民事责任：

（一）商品存在缺陷的；

（二）不具备商品应当具备的使用性能而出售时未作说明的；

（三）不符合在商品或者其包装上注明采用的商品标准的；

（四）不符合商品说明、实物样品等方式表明的质量状况的；

（五）生产国家明令淘汰的商品或者销售失效、变质的商品的；

（六）销售的商品数量不足的；

（七）服务的内容和费用违反约定的；

（八）对消费者提出的修理、重作、更换、退货、补足商品数量、退还货款和服务费用或者赔偿损失的要求，故意拖延或者无理拒绝的；

（九）法律、法规规定的其他损害消费者权益的情形。

第四十一条　经营者提供商品或者服务，造成消费者或者其他受害人人身伤害的，应当支付医疗费、治疗期间的护理费、因误工减少的收入等费用；造成残疾的，还应当支付残疾者生活自助具费、生活补助费、残疾赔偿金以及由其扶养的人所必需的生活费等费用；构成犯罪的，依法追究刑事责任。

第四十二条　经营者提供商品或者服务，造成消费者或者其他受害人死亡的，应当支付丧葬费、死亡赔偿金以及由死者生前扶养的人所必需的生活费等费用；构成犯罪的，依法追究刑事责任。

第四十三条　经营者违反本法第二十五条规定，侵害消费者的人格尊严或者侵犯消费者人身自由的，应当停止侵害、恢复名誉、消除影响、赔礼道歉，并赔偿损失。

第四十四条　经营者提供商品或者服务，造成消费者财产损害的，应当按照消费者的要求，以修理、重作、更换、退货、补足商品数量、退还货款和服务费用或者赔偿损失等方式承担民事责任。消费者与经营者另有约定的，按照约定履行。

第四十五条　对国家规定或者经营者与消费者约定包修、包换、包退的商品，经营者应当负责修理、更换或者退货。在保修期内两次修理仍不能正常使用的，经营者应当负责更换或者退货。对包修、包换、包退的大件商品，消费者要求经营者修理、更换、退货的，经营者应当承担运输等合理费用。

第四十六条　经营者以邮购方式提供商品的，应当按照约定提供。未按照约定提供的，应当按照消费者的要求履行约定或者退回货款，并应当承担消费者必须支付的合理费用。

第四十七条　经营者以预收款方式提供商品或者服务的，应当按照约定提供。未按照约定提供的，应当按照消费者的要求履行约定或者退回预付款；并应当承担预付款的利息、消费者必须支付的合理费用。

第四十八条　依法经有关行政部门认定为不合格的商品，消费者要求退货的，经营者应当负责退货。

第四十九条　经营者提供商品或者服务有欺诈行为的，应当按照消费者的要求增加赔偿其受到的损失，增加赔偿的金额为消费者购买商品的价款或者接受服务的费用的1倍。

第五十条　经营者有下列情形之一，《中华人民共和国产品质量法》和其他有关法律、法规对处罚机关和处罚方式有规定的，依照法律、法规的规定执行；法律、法规未作规定的，由工商行政管理部门责令改正，可以根据情节单处或者并处警告、没收违法所得、处以违法所得1倍以上5倍以下的罚款，没有违法所得的，处以10000元以下的罚款；情节严重的，责令停业整顿、吊销营业执照：

（一）生产、销售的商品不符合保障人身、财产安全要求的；

（二）在商品中掺杂、掺假、以假充真、以次充好，或者以不合格商品冒充合格商品的；

（三）生产国家明令淘汰的商品或者销售失效、变质的商品的；

（四）伪造商品的产地，伪造或者冒用他人的厂名、厂址，伪造或者冒用认证标志、名优标志等质量标志的；

（五）销售的商品应当检验、检疫而未检验、检疫或者伪造检验、检疫结果的；

（六）对商品或者服务作引人误解的虚假宣传的；

（七）对消费者提出的修理、重作、更换、退货、补足商品数量、退还货款和服务费用或者赔偿损失的要求，故意拖延或者无理拒绝的；

（八）侵害消费者人格尊严或者侵犯消费者人身自由的；

（九）法律、法规规定的对损害消费者权益应当予以处罚的其他情形。

第五十一条　经营者对行政处罚决定不服的，可以自收到处罚决定之日起15日内向上一级机关申请复议，对复议决定不服的，可以自收到复议决定书之日起15日内向人民法院提起诉讼；也可以直接向人民法院提起诉讼。

第五十二条　以暴力、威胁等方法阻碍有关行政部门工作人员依法执行职务的，依法追究刑事责任；拒绝、阻碍有关行政部门工作人员依法执行职务，未使用暴力、威胁方法的，由公安机关依照《中华人民共和国治安管理处罚条例》的规定处罚。

第五十三条　国家机关工作人员玩忽职守或者包庇经营者侵害消费者合法权益的行为的，由其所在单位或者上级机关给予行政处分；情节严重构成犯罪的，依法追究刑事责任。

第八章　附则

第五十四条　农民购买、使用直接用于农业生产的生产资料，参照本法执行。

第五十五条　本法自1994年1月1日起施行。

二、相关案例

案例 1：

2004 年 3 月 6 日，原告陈燃携带一背包、两个方便袋到被告徐州市新佳商业有限公司购物，行至一楼电梯处，被被告店员伸手拦住，限制原告进入购物区域。虽然原告向该店员解释为赶火车，购物后就走，但该店员向原告言明必须存包方可进入购物。原告在存包处存包后，才入超市购物。此后，原告于 2004 年 3 月 9 日向本院提起诉讼。

原告陈燃诉称：由于被告强制原告存包，导致原告精神不振、失眠、精神受到损害。被告的行为侵犯了原告的人格尊严权。因此，要求被告在徐州范围内通过媒体向原告赔礼道歉、赔偿精神损失 10 元。

被告徐州市新佳商业有限公司对原告陈燃于 2004 年 3 月 6 日在其超市存包购物的事实无异议，但认为：被告有关存包购物的规定非强制性，被告店员只是建议或要求原告存包，并未强制其存包。原告因在被告店购物而精神不振、失眠，是原告自尊心太强、过于敏感导致的。被告员工建议其存包的行为未侵犯原告的人格权，请求法院依法驳回原告的诉讼请求。

徐州市泉山区法院审理认为：被告要求原告存包后购物，相对于被告，这是超市的一项制度性规定；相对于原告，存包是原告必须履行的义务，原告不履行这一义务，则无权进入超市购物，因此，被告要求原告存包后购物构成强制。原告认为强制存包，是将其当成潜在小偷看待，进而认为强制存包是对其人格尊严的侵犯。而人格尊严是一种人的主观认识，是公民、法人对自身价值的认识。这种认识基于自己的社会地位和自身价值，它来源于自身的本质属性，并表现为自己的观念认识。原告对强制存包是将其当成潜在小偷的认识是原告对强制存包主观的内心感受，自我感知。这种感知仅是人格尊严的主观因素反映，并不能构成对人格权的侵犯。因为，人格尊严即具有主观因素，又具有客观因素。所谓客观因素是他人、社会对特定主体作为人的尊重，是对人的价值的评价，对人的最起码的作人资格的评价，这种评价与人类所处的时代、社会的文明程度不可分离。人格尊严是否受到侵犯，应以人的主观认识和客观评价相结合作为判断的标准，而不能简单地以主观因素为主，客观因素为辅作为判断标准。因此，被告强制原告存包，虽有原告主观上感知人格自尊受到侵犯，但社会和他人并没有因原告存包购物而不尊重原告，被告强制原告存包没有侵犯原告的人格权。

综上所述，根据《中华人民共和国民法通则》第一百零一条、《中华人民共和国消费者权益保护法》第十四条之规定，判决驳回原告陈燃对被告徐州市新佳商业有限公司的诉讼请求。

原告陈燃不服一审判决，向徐州市中级人民法院提起上诉，上诉理由是：新佳公司不顾顾客意愿，只顾自己利益，强制顾客存包，既违反了相关法律规定，也有悖于公序良俗原则，其行为系违法行为。新佳公司将消费者定位在潜在的小偷的位置，主观上存在过错；新佳公司的行为具有损害后果，因为确认人格尊严是否受损应立足于主观因素，客观因素只能作为补充和参考，强制存包使上诉人自我感觉被当作潜在的贼，导致精神不振、失眠等症状，也使公众对上诉人的社会评价降低；新佳公司的行为与上诉人的人格权受侵害具有因果关系。综上所述，新佳公司侵犯了上诉人的人格尊严，请求依法撤销一审判决，改判新佳公司侵犯人格权成立，支持上诉人的一审诉讼请求。

被上诉人新佳公司辩称：新佳公司要求上诉人陈燃存包的行为并非违法行为，存包是为上诉人购物提供方便，也是为了所有顾客的方便与安全。但在现有科技水平还很有限的情况下，这是经营者自主经营权的体现，也是依交易习惯要求消费者履行协助的附随义务，符合法律规定；被上诉人主观上并无过错；上诉人也没有损害后果，其称出现失眠、精神不振且人格症状没有病历等书面证据证实，所提供的证人证言显然虚假，而且人格尊严是否被侵犯应主要考察社会和他人的客观评价，上诉人没有证据证明其被要求存包造成了社会对其评价降低，不能认定其人格尊严受到侵犯。请求二审法院依法驳回其上诉，维持原判。

徐州市中级人民法院审理认为：承担侵犯人格（尊严）权的民事责任必须同时具备具有侵犯人格尊严的损害事实、行为具有违法、行为人主观上具有过错以及违法行为与损害事实之间存在因果关系四个要件，其中具有侵犯人格尊严的损害事实尤为重要，无损害即无责任。而人格尊严确实具有一定的主观因素，反映出民事主体对自身价值的认识，不同的民事主体基于地位、能力、年龄、性别以及文化程度等方面的差异，主观上尊严感会有所不同。但正如双方当事人所共同认可的那样，人格尊严是民事主体作为一个"人"所应有的最起码的社会地位并且受到社会和他人最起码的尊重。而这个"最起码"的限定，一方面表明人格尊严具有客观的考察标准，其取决于一定时期的社会上大多数人的价值判断，并会随着社会的进步不断发生变化；另一方面意味着人格尊严权不应被滥用，因为权利之间总会存在着冲突，正如上诉人陈燃为了保全证据而未经他人允许就进行录音录像，可能使被录音录像方主观上感到人格尊严受到损害一样，法律必须对过于膨胀的权利欲望进行限制，以使包括人格权在内的个人权利与其所负有的社会责任协调一致，维护整个社会的基本秩序。

具体到本案而言，由于在当今的经济发展状况和社会文明程度下，要求消费者存包是超市采取的一种较为普遍的经营措施，新佳公司要求陈燃和其他消费者一样存包后方能进入购物区，虽然陈燃主观上可能感到尊严受损，但不能认定其因此丧失了最起码的社会地位和最起码的社会尊重，换言之，不能认定新佳公司的行为侵犯了陈燃的人格尊严。否则，在社会条件尚不具备的情况下，如果因为个别消费者认为超市要求存包侵犯其人格尊严而取消存包制度、认为超市进行电子监控侵犯其人格尊严而取消监控设备、认为超市店员巡视监督侵犯其人格尊严而取消巡视，那么将危及整个超市业的正常发展，并最终损害包括上诉人陈燃在内的所有消费者的利益。因此，被上诉人新佳公司应该随着经济技术的发展和社会文明程度的提高，采取更加人性化的管理措施，尽可能地兼顾到各个层次消费者的不同感受，不断提高对消费者人格尊严的重视和保护程度，但在现阶段，新佳公司要求陈燃进入超市购物区前必须存包的行为不构成对上诉人陈燃人格尊严的侵犯，上诉人的上诉请求事实和法律依据不足，法院不予支持，依照《中华人民共和国民事诉讼法》第一百五十三条第一款第（一）项之规定，判决如下：驳回上诉，维持原判。

案例 2：

2005 年 6 月 10 日，原告王玉华、纪学婵夫妻二人在五星电器公司购买海尔牌彩电、冰箱、洗衣机各一台，并支付货款合计人民币 9898 元，被告开具了发票和送货单，双方约定 6 月 15 日送货至原告住地。被告销售人员同时向原告二人承诺，在盐城市范围内同行业商家购买电器，如低于五星电器公司所销售的各类电器销售价格，按商品差价的 3 倍予以赔付。

2005 年 6 月 11 日，原告在苏宁电器公司得知其在被告五星电器公司处购买的海尔牌彩电、冰箱、洗衣机的价格高于苏宁电器公司销售价格 629 元时，即与被告交涉。被告五星电器公司出具了承诺书一份，载明："兹有顾客纪学婵，在五星电器公司购海尔牌 D34FV6 - A 彩电一台，价款 5399 元，海尔牌 BCD - 153TC 冰箱一台，价款 1599 元，海尔牌 XQG52 - D808 洗衣机一台，价款 2900 元。与苏宁电器公司差价 629 元。五星电器公司有差价 3 倍赔付。现顾客要求三倍赔付金额 1887 元。以上机型全部原包装，绝无样机或打折机。"原告纪学婵在此承诺书上签字予以认可。同日，五星电器公司影视部要求原告到苏宁电器公司开出正规发票并承诺无条件退款。原告即按被告要求到苏宁电器公司再次购买了海尔牌彩电、冰箱、洗衣机各一台，计价款 9269 元，并将发票交给五星电器公司。

2005 年 6 月 16 日，被告五星电器公司按承诺向原告赔付了与苏宁电器公司的海尔产品销售差价的三倍 1887 元，并退给原告在苏宁电器公司购买的海尔产品货款 9269 元。6 月 28 日，原告向盐城市消费者协会投诉，认为被告未按约定将其在被告处购买的海尔产品送货给原告，要求退款，并赔偿原告有关交通费、住宿费，消费者协会调解未果。2005 年 11 月 15 日，原告诉至法院。

原告诉称，被告以价格最低、优惠价等虚假承诺误导顾客，让消费者信以为真，不再货比三家，被告的行为是一种欺诈消费者行为。在原告提出苏宁电器公司同样商品的价格低于被告五星电器商品价格时，被告又要求原告开出苏宁电器公司同类商品的正规发票等种种限制性条件，目的是想让原告主动放弃索赔。根据《消费者权益保护法》第 49 条规定，经营者提供商品或者服务有欺诈行为的，应当按照消费者的要求增加赔偿其受到的损失，增加赔偿金额为消费者购买商品的价格或者接受服务的费用的 1 倍。因此，请求法院判令被告五星电器公司返还货款 9898 元，并赔偿货款的 1 倍 9898 元，同时由被告承担原告的交通费、住宿费、误工费 1000 元，由被告承担诉讼费用。

被告辩称，被告对商品价格的"三倍差价"的承诺，实质上是让利于消费者的一种优惠价格措施，由于苏宁电器公司销售的海尔产品价格比被告低 629 元，被告已按承诺支付了差价三倍的赔款 1887 元，正说明了被告的诚信。同时，被告当庭表示还愿意退还差价款 629 元，请求法院判令原、被告双方继续履行合同。

盐城市亭湖区人民法院于 2005 年 12 月 15 日，根据《中华人民共和国合同法》第八条、第十二条、第三十六条、第一百三十条之规定，作出（2005）亭民二初字第 574 号民事判决：被告五星电器有限公司盐城大卖场应于本判决生效之日起五日内退给原告王玉华、纪学婵人民币 629 元，驳回原告的其他诉讼请求。案件受理费 850 元，其他诉讼费用 300 元，合计 1150 元，由原告负担 1000 元，被告负担 150 元。宣判后，双方当事人均未提出上诉。

专家认为：近年来，为了应对激烈的市场竞争，赢得更多的消费者和抢占更大的市场份额，许多商家纷纷在价格和服务上推出新的举措，承诺对商品差价进行补偿就是其中一种。本案的争议焦点为：被告承诺商品差价补偿，是否构成商业欺诈。1996 年 3 月 15 日，国家工商行政管理局第 50 号公布的《欺诈消费者行为处罚办法》第三条将以虚假的"清仓价"、"甩卖价"、"最低价"、"优惠价"或者其他欺骗性价格表示销售商品的等十三种虚假或者不正当手段欺诈消费者的行为列为欺诈行为。被告作出的"盐城市范围内同行业商家购买电器，如低于五星电器公司所销售的各类电器销售价格，按商品差价的 3 倍予以赔付"的条款，是对价格的一种承诺，即保证五星电器公司销售的电器如果不是最低价格，被告愿意以 3 倍差价补偿。市场经济，决定价格的因素存在多元性，因此价格变幻莫测，有可能出现一天一个价的情况，被告不可能通过监控其他商家的商品价格，随时调整自己的商品价格。因此，被告承诺消费者，只要发现不是最低价，被告愿意承担 3 倍差价，此种承诺除了可以为商家取得更多的市场份额外，给消费者也得到了实惠，因此，商家并不存在故意的欺诈，被告的行为并不同于《欺诈消费者行为处罚办法》第三条第四项列举的以"最低价"等虚假或者不正当手段欺诈消费者的行为，而是一种正当的商品促销行为，故不应该根据《消费者权益保护法》第 49 条规定，对原告提出的赔偿 1 倍损失的诉讼请求予以支持。由于被告五星电器公司的承诺行为不构成商业欺诈，并且已按承诺兑现了 3 倍差价补偿，原、被告双方的合同依法成立，且不存在合同无效或可撤销的情形，因此该合同应当继续履行。对于本案判决主文中的第一条"被告五星电器公司 5 日内退回原告王玉华、纪学婵人民币 629 元"，编写人认为此条非原告的诉讼请求，按照不诉不理的原则，不应在判决主文中交代。对于原告提出的交通费、住宿费以及其他损失费用，应支持原告为取得差价 3 倍补偿时所花费的合理部分。对于诉讼费用，基于应当支持原告取得部分损失补偿，故对诉讼费用，被告也按比例承担部分诉讼费用。

第五章　业主大会规程

一、法律法规条文

业主大会规程

第一条　为了规范业主大会的活动，维护业主的合法权益，根据《物业管理条例》，制定本规程。

第二条　业主大会应当代表和维护物业管理区域内全体业主在物业管理活动中的合法权益。

第三条　一个物业管理区域只能成立一个业主大会。

业主大会由物业管理区域内的全体业主组成。

业主大会应当设立业主委员会作为执行机构。

业主大会自首次业主大会会议召开之日起成立。

第四条　只有一个业主，或者业主人数较少且经全体业主同意，决定不成立业主大会的，由业主共同履行业主大会、业主委员会职责。

第五条　业主筹备成立业主大会的，应当在物业所在地的区、县人民政府房地产行政主管部门和街道办事处（乡镇人民政府）的指导下，由业主代表、建设单位（包括公有住房出售单位）组成业主大会筹备组（以下简称筹备组），负责业主大会筹备工作。

筹备组成员名单确定后，以书面形式在物业管理区域内公告。

第六条　筹备组应当做好下列筹备工作：

（一）确定首次业主大会会议召开的时间、地点、形式和内容；

（二）参照政府主管部门制定的示范文本，拟定《业主大会议事规则》（草案）和《业主公约》（草案）；

（三）确认业主身份，确定业主在首次业主大会会议上的投票权数；

（四）确定业主委员会委员候选人产生办法及名单；

（五）做好召开首次业主大会会议的其他准备工作。

前款（一）、（二）、（三）、（四）项的内容应当在首次业主大会会议召开15日前以书面形式在物业管理区域内公告。

第七条　业主在首次业主大会会议上的投票权数，按照省、自治区、直辖市制定的具体办法确定。

第八条　筹备组应当自组成之日起 30 日内在物业所在地的区、县人民政府房地产行政主管部门的指导下，组织业主召开首次业主大会会议，并选举产生业主委员会。

第九条　业主大会履行以下职责：

（一）制定、修改业主公约和业主大会议事规则；

（二）选举、更换业主委员会委员，监督业主委员会的工作；

（三）选聘、解聘物业管理企业；

（四）决定专项维修资金使用、续筹方案，并监督实施；

（五）制定、修改物业管理区域内物业共用部位和共用设施设备的使用、公共秩序和环境卫生的维护等方面的规章制度；

（六）法律、法规或者业主大会议事规则规定的其他有关物业管理的职责。

第十条　业主大会议事规则应当就业主大会的议事方式、表决程序、业主投票权确定办法、业主委员会的组成和委员任期等事项依法作出约定。

第十一条　业主公约应当对有关物业的使用、维护、管理，业主的共同利益，业主应当履行的义务，违反公约应当承担的责任等事项依法作出约定。

业主公约对全体业主具有约束力。

第十二条　业主大会会议分为定期会议和临时会议。

业主大会定期会议应当按照业主大会议事规则的规定由业主委员会组织召开。

有下列情况之一的，业主委员会应当及时组织召开业主大会临时会议：

（一）20% 以上业主提议的；

（二）发生重大事故或者紧急事件需要及时处理的；

（三）业主大会议事规则或者业主公约规定的其他情况。

发生应当召开业主大会临时会议的情况，业主委员会不履行组织召开会议职责的，区、县人民政府房地产行政主管部门应当责令业主委员会限期召开。

第十三条　业主委员会应当在业主大会会议召开 15 日前将会议通知及有关材料以书面形式在物业管理区域内公告。住宅小区的业主大会会议，应当同时告知相关的居民委员会。

第十四条　业主因故不能参加业主大会会议的，可以书面委托代理人参加。

第十五条　业主大会会议可以采用集体讨论的形式，也可以采用书面征求意见的形式；但应当有物业管理区域内持有 1/2 以上投票权的业主参加。

第十六条　物业管理区域内业主人数较多的，可以幢、单元、楼层等为单位，推选一名业主代表参加业主大会会议。

推选业主代表参加业主大会会议的，业主代表应当于参加业主大会会议 3 日前，就业主大会会议拟讨论的事项书面征求其所代表的业主意见，凡需投票表决的，业主的赞同、反对及弃权的具体票数经本人签字后，由业主代表在业主大会投票时如实反映。

业主代表因故不能参加业主大会会议的，其所代表的业主可以另外推选一名业主代表参加。

第十七条　业主大会作出决定，必须经与会业主所持投票权 1/2 以上通过。

业主大会作出制定和修改业主公约、业主大会议事规则、选聘、解聘物业管理企业、专项维修资金使用、续筹方案的决定，必须经物业管理区域内全体业主所持投票权2/3以上通过。

第十八条 业主大会会议应当由业主委员会作书面记录并存档。

第十九条 业主大会作出的决定对物业管理区域内的全体业主具有约束力。

业主大会的决定应当以书面形式在物业管理区域内及时公告。

第二十条 业主委员会应当自选举产生之日起3日内召开首次业主委员会会议，推选产生业主委员会主任1人，副主任1~2人。

第二十一条 业主委员会委员应当符合下列条件：

（一）本物业管理区域内具有完全民事行为能力的业主；

（二）遵守国家有关法律、法规；

（三）遵守业主大会议事规则、业主公约，模范履行业主义务；

（四）热心公益事业，责任心强，公正廉洁，具有社会公信力；

（五）具有一定组织能力；

（六）具备必要的工作时间。

第二十二条 业主委员会应当自选举产生之日起30日内，将业主大会的成立情况、业主大会议事规则、业主公约及业主委员会委员名单等材料向物业所在地的区、县人民政府房地产行政主管部门备案。

业主委员会备案的有关事项发生变更的，依照前款规定重新备案。

第二十三条 业主委员会履行以下职责：

（一）召集业主大会会议，报告物业管理的实施情况；

（二）代表业主与业主大会选聘的物业管理企业签订物业服务合同；

（三）及时了解业主、物业使用人的意见和建议，监督和协助物业管理企业履行物业服务合同；

（四）监督业主公约的实施；

（五）业主大会赋予的其他职责。

第二十四条 业主委员会应当督促违反物业服务合同约定逾期不交纳物业服务费用的业主，限期交纳物业服务费用。

第二十五条 经1/3以上业主委员会委员提议或者业主委员会主任认为有必要的，应当及时召开业主委员会会议。

第二十六条 业主委员会会议应当作书面记录，由出席会议的委员签字后存档。

第二十七条 业主委员会会议应当有过半数委员出席，作出决定必须经全体委员人数半数以上同意。

业主委员会的决定应当以书面形式在物业管理区域内及时公告。

第二十八条 业主委员会任期届满2个月前，应当召开业主大会会议进行业主委员会的换届选举；逾期未换届的，房地产行政主管部门可以指派工作人员指导其换届工作。

原业主委员会应当在其任期届满之日起10日内，将其保管的档案资料、印章及其他属于业主大会所有的财物移交新一届业主委员会，并做好交接手续。

第二十九条 经业主委员会或者 20% 以上业主提议，认为有必要变更业主委员会委员的，由业主大会会议作出决定，并以书面形式在物业管理区域内公告。

第三十条 业主委员会委员有下列情形之一的，经业主大会会议通过，其业主委员会委员资格终止：

（一）因物业转让、灭失等原因不再是业主的；

（二）无故缺席业主委员会会议连续三次以上的；

（三）因疾病等原因丧失履行职责能力的；

（四）有犯罪行为的；

（五）以书面形式向业主大会提出辞呈的；

（六）拒不履行业主义务的；

（七）其他原因不宜担任业主委员会委员的。

第三十一条 业主委员会委员资格终止的，应当自终止之日起 3 日内将其保管的档案资料、印章及其他属于业主大会所有的财物移交给业主委员会。

第三十二条 因物业管理区域发生变更等原因导致业主大会解散的，在解散前，业主大会、业主委员会应当在区、县人民政府房地产行政主管部门和街道办事处（乡镇人民政府）的指导监督下，做好业主共同财产清算工作。

第三十三条 业主大会、业主委员会应当依法履行职责，不得作出与物业管理无关的决定，不得从事与物业管理无关的活动。

业主大会、业主委员会作出的决定违反法律、法规的，物业所在地的区、县人民政府房地产行政主管部门，应当责令限期改正或者撤销其决定，并通告全体业主。

第三十四条 业主大会、业主委员会应当配合公安机关，与居民委员会相互协作，共同做好维护物业管理区域内的社会治安等相关工作。

在物业管理区域内，业主大会、业主委员会应当积极配合相关居民委员会依法履行自治管理职责，支持居民委员会开展工作，并接受其指导和监督。

住宅小区的业主大会、业主委员会作出的决定，应当告知相关的居民委员会，并听取居民委员会的建议。

第三十五条 业主大会和业主委员会开展工作的经费由全体业主承担；经费的筹集、管理、使用具体由业主大会议事规则规定。

业主大会和业主委员会工作经费的使用情况应当定期以书面形式在物业管理区域内公告，接受业主的质询。

第三十六条 业主大会和业主委员会的印章依照有关法律法规和业主大会议事规则的规定刻制、使用、管理。

违反印章使用规定，造成经济损失或者不良影响的，由责任人承担相应的责任。

二、相关案例

案例 1：

1997 年 8 月，A 物业服务企业与 B 公寓小区业主委员会签订《物业服务合同》，约定由 A 公司对 B 小区进行物业管理服务，服务费用为 0.70 元 m² · 月。1998 年 6 月，双方续签合同，将合同限期延长至 2000 年 8 月 15 日。林某系 B 小区的业主，拥有建筑面积 70.92m² 的房屋，自 1998 年 1 月起入住，依前述《物业服务合同》中确定的收费标准，林某每月应向 A 公司支付 49.64 元物业服务费。但此后不久，林某就其厨房内水管的修理事宜与 A 公司发生了争议，双方协商后仍无法达成一致意见。林某据此自 1998 年 10 月起拒交物业费，A 公司屡次催缴无果。于是，A 公司将林某诉至法院，请求判令林某支付所欠物业费。

这个案例反映了现实生活中物业服务企业与业主因物业费用产生纠纷的最常见的一种情形——业主林某对承担小区物管职责的 A 公司提供的服务存在不满意之处，在双方无法协商一致的情况下，业主单方面停止向小区的物业管理方交纳物业费，双方矛盾激化，最终不得不以法律途径解决。此案涉及两个基本问题：一为物业服务合同纠纷是否适用《消费者权益保护法》；二是业主对物业服务企业提供的服务不满是否可以以拒缴物业费作为对抗手段。

问题一：物业服务企业在进入一个小区为居民提供物业服务之前，都会签订物业服务合同。虽然在物业服务合同上签字的是业主委员会，但依照《物业管理条例》的规定，业主委员会仅仅是业主大会的一个代表机构。物业服务合同中规定的相关权利义务的主体仍是全体业主。至于业主大会，它实际上是一个由物业服务区域内的全体业主对物业实施管理的一种自治性组织。它由全体业主组成，是全体业主的代表。业主大会作出选聘、解聘物业服务企业的决议都以全体业主代表的身份作出的，在签订物业服务合同时也如此。归根结底，接受物业服务的真正主体是居住于小区内的每一位业主个人，而不是业主委员会或是业主大会。这与《消费者权益保护法》所要求的消费者应当是个人而不是单位或组织是相符合的。因此业主完全符合《消费者权益保护法》中对于确定消费者身份的两个限制性标准，即①消费者是获取生活资料，满足自身生活消费需要的个人；②消费者是通过商品交换形式获取生活消费资料和接受生活消费服务的个人。

物业服务企业是经营者，其向业主提供的是一种服务行为，因而，物业服务合同纠纷适用《消费者权益保护法》之规定，业主可以援引该法保护自己权益。适用《消费者权益保护法》，可以对物业服务的消费者——业主的利益进行更有效的保护。

回到本案中，站在维护业主权益的角度讲，如果 A 公司对林某提供的服务确实与其在《物业服务合同》中的承诺不符，对其合法权益造成侵害，林某完全可以依据《消费者权益保护法》的相关规定向 A 公司提出修理、重作或双倍返还所付费用等要求。

问题二：现实中，业主以拒交物业费的手段对抗物业管理方借以表达对物业服务不满的现象非常多见。在许多业主看来，这似乎是维护自身权益的最为有效的途径，殊不知这种行为往往非但于事无补，甚至极有可能"引火烧身"，使自己从"有理者"变为"无理者"。《物业管理条例》第 42 条和第 67 条分别规定了业主的缴费义务和违约责任，"业主应当根据物业服务合同的约定交纳物业服务费用"；"违反物业服务合同约定，业主逾期不交纳物业服务费用的，业主委员会应当督促其限期交纳；逾期仍不交纳的，物业服务企业可以向人民法院起诉"。在司法实践中，像林某这样的业主以物业服务存在瑕疵作为欠费理由的，很少能够得到法院的支持：首先，业主拒绝交纳物业费的行为是错误地行使了具有双务性质的物业服务合同的抗辩权。现实中，居民小区一般是采取物业费预缴的方式，从《合同法》来讲，业主享有的与此相符的抗辩权为不安抗辩权。不安抗辩权的行使条件为当事人有确切证据证明对方当事人有丧失或可能丧失履行债务的能力。在实际中这种情况是很少出现的。其次，物业服务企业是接受全体业主委托提供服务的，物业费也是用于整个小区设施的维护和保养、小区正常秩序维护所必需的费用，个别业主拒交物业费的行为，不仅损害了物业服务企业的利益，实际上也是对其他正常交费业主利益的损害。由此可知，业主拒交物业费同样也构成违约。

拒缴物业费并非业主维权的唯一方法，甚至可以说它是最为消极的。实践中，若物业服务企业确未提供承诺中的服务或是对业主存在欺诈行为时，业主可依据《物业管理条例》和《消费者权益保护法》的规定向物业服务企业索赔。

案例2：

1998年3月3日，张某与A房地产开发有限公司签订《房地产买卖（预售）合同》。该合同约定，张某购买某房地产公司在某小区兴建的住房一套。1999年3月4日，张某办理入住手续时，与某房地产公司签订了一份《物业管理协议》。该《协议》第8条规定，"物业管理单位有权对无故不交各项费用的业主和使用人，限期缴纳并按规定收取滞纳金；逾期仍不缴交的可按住宅区'管理规约'和市政府有关规定催缴；若催缴无效的可采取其他强制措施，如停水、停电或向法院起诉等。"2001年1月，B物业服务企业开始接管该小区，并为该小区提供物业服务。

2001年年初，张某以A房地产开发公司未能按期办理房地产证及房屋面积、楼层配套设施不符合合同约定为由，向法院提起诉讼，请求判令A房地产公司支付违约金并赔偿损失，法院支持了其全部诉讼请求。但A公司一直未履行判决，张某遂于2000年7月开始拒交物业服务费。

自2001年1月起，B物业服务企业入驻该小区后，多次催促张某缴付物业费，但张某一直拒缴。2001年12月4日～2002年1月25日止，为迫使张某缴清所欠的物业费，B物业服务企业共切断张某所住房屋水电若干次，共计天数为39天。

此后，张某遂以B公司侵犯其财产权为由诉至法院，要求赔偿停水停电期间，因其所有房屋无法入住而只好租赁房屋居住的租金损失。

此案涉及的纠纷依然是由于物业费的交纳引起的。

本案中，张某拒绝向B物业服务企业支付的仅是物业费，并非水电费。我国《合同法》明确规定，公共事业单位作为提供服务一方，当接受服务一方经催告仍不支付欠费时，有中止提供服务的权利。但这一规定，仅仅是对提供水、电、气、暖等公共服务的单位的合法授权，现实中小区的物业服务企业最多只是代收费人，并非服务提供者。所以，张某所在小区的B公司以停水停电的方式催缴物业费的做法也同样是不正确的。对于因停水停电造成的损失，张某可以要求B物业服务企业给予赔偿。

此案中出现的问题在现实中具有相当的普遍性，所以各地均出台了相关的意见、办法及司法解释。如北京市高级人民法院在《关于审理物业管理纠纷案件的意见（试行）》中指出："业主拖欠公共性服务或特约服务等物业服务费用，物业服务企业应当通过合法途径进行追索。物业服务企业采取停止供应电、水、气、热等方式催交物业服务费用给业主造成损失的，业主可以要求物业服务企业承担赔偿责任。"《海南省物业服务收费管理办法》第 26 条中也规定："业主、使用人违反物业服务合同约定逾期不交纳服务费用或者物业服务资金的，业主委员会应当督促其限期交纳，逾期仍不交纳的，物业服务企业可以依法追缴。"

第六章 物业管理条例

一、法律法规条文

物业管理条例

(2003 年 6 月 8 日中华人民共和国国务院令第 379 号公布根据
2007 年 8 月 26 日《国务院关于修改〈物业管理条例〉的决定》修订)

第一章 总则

第一条 为了规范物业管理活动,维护业主和物业服务企业的合法权益,改善人民群众的生活和工作环境,制定本条例。

第二条 本条例所称物业管理,是指业主通过选聘物业服务企业,由业主和物业服务企业按照物业服务合同约定,对房屋及配套的设施设备和相关场地进行维修、养护、管理,维护物业管理区域内的环境卫生和相关秩序的活动。

第三条 国家提倡业主通过公开、公平、公正的市场竞争机制选择物业服务企业。

第四条 国家鼓励采用新技术、新方法,依靠科技进步提高物业管理和服务水平。

第五条 国务院建设行政主管部门负责全国物业管理活动的监督管理工作。

县级以上地方人民政府房地产行政主管部门负责本行政区域内物业管理活动的监督管理工作。

第二章 业主及业主大会

第六条 房屋的所有权人为业主。

业主在物业管理活动中,享有下列权利:

(一)按照物业服务合同的约定,接受物业服务企业提供的服务;

(二)提议召开业主大会会议,并就物业管理的有关事项提出建议;

(三)提出制定和修改管理规约、业主大会议事规则的建议;

(四)参加业主大会会议,行使投票权;

(五)选举业主委员会成员,并享有被选举权;

(六)监督业主委员会的工作;

（七）监督物业服务企业履行物业服务合同；

（八）对物业共用部位、共用设施设备和相关场地使用情况享有知情权和监督权；

（九）监督物业共用部位、共用设施设备专项维修资金（以下简称专项维修资金）的管理和使用；

（十）法律、法规规定的其他权利。

第七条　业主在物业管理活动中，履行下列义务：

（一）遵守管理规约、业主大会议事规则；

（二）遵守物业管理区域内物业共用部位和共用设施设备的使用、公共秩序和环境卫生的维护等方面的规章制度；

（三）执行业主大会的决定和业主大会授权业主委员会作出的决定；

（四）按照国家有关规定交纳专项维修资金；

（五）按时交纳物业服务费用；

（六）法律、法规规定的其他义务。

第八条　物业管理区域内全体业主组成业主大会。

业主大会应当代表和维护物业管理区域内全体业主在物业管理活动中的合法权益。

第九条　一个物业管理区域成立一个业主大会。

物业管理区域的划分应当考虑物业的共用设施设备、建筑物规模、社区建设等因素。具体办法由省、自治区、直辖市制定。

第十条　同一个物业管理区域内的业主，应当在物业所在地的区、县人民政府房地产行政主管部门或者街道办事处、乡镇人民政府的指导下成立业主大会，并选举产生业主委员会。但是，只有一个业主的，或者业主人数较少且经全体业主一致同意，决定不成立业主大会的，由业主共同履行业主大会、业主委员会职责。

第十一条　下列事项由业主共同决定：

（一）制定和修改业主大会议事规则；

（二）制定和修改管理规约；

（三）选举业主委员会或者更换业主委员会成员；

（四）选聘和解聘物业服务企业；

（五）筹集和使用专项维修资金；

（六）改建、重建建筑物及其附属设施；

（七）有关共有和共同管理权利的其他重大事项。

第十二条　业主大会会议可以采用集体讨论的形式，也可以采用书面征求意见的形式；但是，应当有物业管理区域内专有部分占建筑物总面积过半数的业主且占总人数过半数的业主参加。

业主可以委托代理人参加业主大会会议。

业主大会决定本条例第十一条第（五）项和第（六）项规定的事项，应当经专有部分占建筑物总面积2/3以上的业主且占总人数2/3以上的业主同意；决定本条例第十一条规定的其他事项，应当经专有部分占建筑物总面积过半数的业主且占总人数过半数的业主同意。

业主大会或者业主委员会的决定，对业主具有约束力。业主大会或者业主委员会作出的决定侵害业主合法权益的，受侵害的业主可以请求人民法院予以撤销。

第十三条 业主大会会议分为定期会议和临时会议。

业主大会定期会议应当按照业主大会议事规则的规定召开。经20%以上的业主提议，业主委员会应当组织召开业主大会临时会议。

第十四条 召开业主大会会议，应当于会议召开15日以前通知全体业主。

住宅小区的业主大会会议，应当同时告知相关的居民委员会。业主委员会应当做好业主大会会议记录。

第十五条 业主委员会执行业主大会的决定事项，履行下列职责：

（一）召集业主大会会议，报告物业管理的实施情况；

（二）代表业主与业主大会选聘的物业服务企业签订物业服务合同；

（三）及时了解业主、物业使用人的意见和建议，监督和协助物业服务企业履行物业服务合同；

（四）监督管理规约的实施；

（五）业主大会赋予的其他职责。

第十六条 业主委员会应当自选举产生之日起30日内，向物业所在地的区、县人民政府房地产行政主管部门和街道办事处、乡镇人民政府备案。

业主委员会委员应当由热心公益事业、责任心强、具有一定组织能力的业主担任。

业主委员会主任、副主任在业主委员会成员中推选产生。

第十七条 管理规约应当对有关物业的使用、维护、管理，业主的共同利益，业主应当履行的义务，违反管理规约应当承担的责任等事项依法作出约定。

管理规约应当尊重社会公德，不得违反法律、法规或者损害社会公共利益。

管理规约对全体业主具有约束力。

第十八条 业主大会议事规则应当就业主大会的议事方式、表决程序、业主委员会的组成和成员任期等事项作出约定。

第十九条 业主大会、业主委员会应当依法履行职责，不得作出与物业管理无关的决定，不得从事与物业管理无关的活动。

业主大会、业主委员会作出的决定违反法律、法规的，物业所在地的区、县人民政府房地产行政主管部门或者街道办事处、乡镇人民政府，应当责令限期改正或者撤销其决定，并通告全体业主。

第二十条 业主大会、业主委员会应当配合公安机关，与居民委员会相互协作，共同做好维护物业管理区域内的社会治安等相关工作。

在物业管理区域内，业主大会、业主委员会应当积极配合相关居民委员会依法履行自治管理职责，支持居民委员会开展工作，并接受其指导和监督。

住宅小区的业主大会、业主委员会作出的决定，应当告知相关的居民委员会，并认真听取居民委员会的建议。

第三章 前期物业管理

第二十一条 在业主、业主大会选聘物业服务企业之前，建设单位选聘物业服务企业的，应当签订书面的前期物业服务合同。

第二十二条 建设单位应当在销售物业之前，制定临时管理规约，对有关物业的使用、维护、管理，业主的共同利益，业主应当履行的义务，违反临时管理规约应当承担的责任等事项依法作出约定。

建设单位制定的临时管理规约，不得侵害物业买受人的合法权益。

第二十三条 建设单位应当在物业销售前将临时管理规约向物业买受人明示，并予以说明。

物业买受人在与建设单位签订物业买卖合同时，应当对遵守临时管理规约予以书面承诺。

第二十四条 国家提倡建设单位按照房地产开发与物业管理相分离的原则，通过招投标的方式选聘具有相应资质的物业服务企业。

住宅物业的建设单位，应当通过招投标的方式选聘具有相应资质的物业服务企业；投标人少于3个或者住宅规模较小的，经物业所在地的区、县人民政府房地产行政主管部门批准，可以采用协议方式选聘具有相应资质的物业服务企业。

第二十五条 建设单位与物业买受人签订的买卖合同应当包含前期物业服务合同约定的内容。

第二十六条 前期物业服务合同可以约定期限，但是，期限未满、业主委员会与物业服务企业签订的物业服务合同生效的，前期物业服务合同终止。

第二十七条 业主依法享有的物业共用部位、共用设施设备的所有权或者使用权，建设单位不得擅自处分。

第二十八条 物业服务企业承接物业时，应当对物业共用部位、共用设施设备进行查验。

第二十九条 在办理物业承接验收手续时，建设单位应当向物业服务企业移交下列资料：

（一）竣工总平面图，单体建筑、结构、设备竣工图，配套设施、地下管网工程竣工图等竣工验收资料；

（二）设施设备的安装、使用和维护保养等技术资料；

（三）物业质量保修文件和物业使用说明文件；

（四）物业管理所必需的其他资料。

物业服务企业应当在前期物业服务合同终止时将上述资料移交给业主委员会。

第三十条 建设单位应当按照规定在物业管理区域内配置必要的物业管理用房。

第三十一条 建设单位应当按照国家规定的保修期限和保修范围，承担物业的保修责任。

第四章 物业管理服务

第三十二条 从事物业管理活动的企业应当具有独立的法人资格。

国家对从事物业管理活动的企业实行资质管理制度，具体办法由国务院建设行政主管部门制定。

第三十三条 从事物业管理的人员应当按照国家有关规定，取得职业资格证书。

第三十四条 一个物业管理区域由一个物业服务企业实施物业管理。

第三十五条 业主委员会应当与业主大会选聘的物业服务企业订立书面的物业服务合同。

物业服务合同应当对物业管理事项、服务质量、服务费用、双方的权利义务、专项维修资金的管理与使用、物业管理用房、合同期限、违约责任等内容进行约定。

第三十六条 物业服务企业应当按照物业服务合同的约定，提供相应的服务。

物业服务企业未能履行物业服务合同的约定，导致业主人身、财产安全受到损害的，应当依法承担相应的法律责任。

第三十七条 物业服务企业承接物业时，应当与业主委员会办理物业验收手续。

业主委员会应当向物业服务企业移交本条例第二十九条第一款规定的资料。

第三十八条 物业管理用房的所有权依法属于业主。未经业主大会同意，物业服务企业不得改变物业管理用房的用途。

第三十九条 物业服务合同终止时，物业服务企业应当将物业管理用房和本条例第二十九条第一款规定的资料交还给业主委员会。

物业服务合同终止时，业主大会选聘了新的物业服务企业的，物业服务企业之间应当做好交接工作。

第四十条 物业服务企业可以将物业管理区域内的专项服务业务委托给专业性服务企业，但不得将该区域内的全部物业管理一并委托给他人。

第四十一条 物业服务收费应当遵循合理、公开以及费用与服务水平相适应的原则，区别不同物业的性质和特点，由业主和物业服务企业按照国务院价格主管部门会同国务院建设行政主管部门制定的物业服务收费办法，在物业服务合同中约定。

第四十二条 业主应当根据物业服务合同的约定交纳物业服务费用。业主与物业使用人约定由物业使用人交纳物业服务费用的，从其约定，业主负连带交纳责任。

已竣工但尚未出售或者尚未交给物业买受人的物业，物业服务费用由建设单位交纳。

第四十三条 县级以上人民政府价格主管部门会同同级房地产行政主管部门，应当加强对物业服务收费的监督。

第四十四条 物业服务企业可以根据业主的委托提供物业服务合同约定以外的服务项目，服务报酬由双方约定。

第四十五条 物业管理区域内，供水、供电、供气、供热、通信、有线电视等单位应当向最终用户收取有关费用。

物业服务企业接受委托代收前款费用的，不得向业主收取手续费等额外费用。

第四十六条 对物业管理区域内违反有关治安、环保、物业装饰装修和使用等方面法律、法规规定的行为，物业服务企业应当制止，并及时向有关行政管理部门报告。

有关行政管理部门在接到物业服务企业的报告后，应当依法对违法行为予以制止或者依法处理。

第四十七条 物业服务企业应当协助做好物业管理区域内的安全防范工作。发生安全事故时，物业服务企业在采取应急措施的同时，应当及时向有关行政管理部门报告，协助做好救助工作。

物业服务企业雇请保安人员的，应当遵守国家有关规定。保安人员在维护物业管理区域内的公共秩序时，应当履行职责，不得侵害公民的合法权益。

第四十八条 物业使用人在物业管理活动中的权利和义务，由业主和物业使用人约定，但不得违反法律、法规和管理规约的有关规定。

物业使用人违反本条例和管理规约的规定，有关业主应当承担连带责任。

第四十九条 县级以上地方人民政府房地产行政主管部门应当及时处理业主、业主委员会、物业使用人和物业服务企业在物业管理活动中的投诉。

第五章 物业的使用与维护

第五十条 物业管理区域内按照规划建设的公共建筑和共用设施，不得改变用途。

业主依法确需改变公共建筑和共用设施用途的，应当在依法办理有关手续后告知物业服务企业；物业服务企业确需改变公共建筑和共用设施用途的，应当提请业主大会讨论决定同意后，由业主依法办理有关手续。

第五十一条 业主、物业服务企业不得擅自占用、挖掘物业管理区域内的道路、场地，损害业主的共同利益。

因维修物业或者公共利益，业主确需临时占用、挖掘道路、场地的，应当征得业主委员会和物业服务企业的同意；物业服务企业确需临时占用、挖掘道路、场地的，应当征得业主委员会的同意。

业主、物业服务企业应当将临时占用、挖掘的道路、场地，在约定期限内恢复原状。

第五十二条 供水、供电、供气、供热、通信、有线电视等单位，应当依法承担物业管理区域内相关管线和设施设备维修、养护的责任。

前款规定的单位因维修、养护等需要，临时占用、挖掘道路、场地的，应当及时恢复原状。

第五十三条 业主需要装饰装修房屋的，应当事先告知物业服务企业。

物业服务企业应当将房屋装饰装修中的禁止行为和注意事项告知业主。

第五十四条 住宅物业、住宅小区内的非住宅物业、与单幢住宅楼结构相连的非住宅物业的业主，应当按照国家有关规定交纳专项维修资金。

专项维修资金属于业主所有，专项用于物业保修期满后物业共用部位、共用设施设备的维修和更新、改造，不得挪作他用。

专项维修资金收取、使用、管理的办法由国务院建设行政主管部门会同国务院财政部门制定。

第五十五条 利用物业共用部位、共用设施设备进行经营的，应当在征得相关业主、业主大会、物业服务企业的同意后，按照规定办理有关手续。业主所得收益应当主要用于补充专项维修资金，也可以按照业主大会的决定使用。

第五十六条 物业存在安全隐患，危及公共利益及他人合法权益时，责任人应当及时维修养护，有关业主应当给予配合。

责任人不履行维修养护义务的，经业主大会同意，可以由物业服务企业维修养护，费用由责任人承担。

第六章 法律责任

第五十七条 违反本条例的规定，住宅物业的建设单位未通过招投标的方式选聘物业服务企业或者未经批准，擅自采用协议方式选聘物业服务企业的，由县级以上地方人民政府房地产行政主管部门责令限期改正，给予警告，可以并处10万元以下的罚款。

第五十八条 违反本条例的规定，建设单位擅自处分属于业主的物业共用部位、共用设施设备的所有权或者使用权的，由县级以上地方人民政府房地产行政主管部门处5万元以上20万元以下的罚款；给业主造成损失的，依法承担赔偿责任。

第五十九条 违反本条例的规定，不移交有关资料的，由县级以上地方人民政府房地产行政主管部门责令限期改正；逾期仍不移交有关资料的，对建设单位、物业服务企业予以通报，处1万元以上10万元以下的罚款。

第六十条 违反本条例的规定，未取得资质证书从事物业管理的，由县级以上地方人民政府房地产行政主管部门没收违法所得，并处5万元以上20万元以下的罚款；给业主造成损失的，依法承担赔偿责任。

以欺骗手段取得资质证书的，依照本条第一款规定处罚，并由颁发资质证书的部门吊销资质证书。

第六十一条 违反本条例的规定，物业服务企业聘用未取得物业管理职业资格证书的人员从事物业管理活动的，由县级以上地方人民政府房地产行政主管部门责令停止违法行为，处5万元以上20万元以下的罚款；给业主造成损失的，依法承担赔偿责任。

第六十二条 违反本条例的规定，物业服务企业将一个物业管理区域内的全部物业管理一并委托给他人的，由县级以上地方人民政府房地产行政主管部门责令限期改正，处委托合同价款30%以上50%以下的罚款；情节严重的，由颁发资质证书的部门吊销资质证书。委托所得收益，用于物业管理区域内物业共用部位、共用设施设备的维修、养护，剩余部分按照业主大会的决定使用；给业主造成损失的，依法承担赔偿责任。

第六十三条 违反本条例的规定，挪用专项维修资金的，由县级以上地方人民政府房地产行政主管部门追回挪用的专项维修资金，给予警告，没收违法所得，可以并处挪用数额2倍以下的罚款；物业服务企业挪用专项维修资金，情节严重的，并由颁发资质证书的部门吊销资质证书；构成犯罪的，依法追究直接负责的主管人员和其他直接责任人员的刑事责任。

第六十四条 违反本条例的规定，建设单位在物业管理区域内不按照规定配置必要的物业管理用房的，由县级以上地方人民政府房地产行政主管部门责令限期改正，给予警告，没收违法所得，并处 10 万元以上 50 万元以下的罚款。

第六十五条　违反本条例的规定，未经业主大会同意，物业服务企业擅自改变物业管理用房的用途的，由县级以上地方人民政府房地产行政主管部门责令限期改正，给予警告，并处 1 万元以上 10 万元以下的罚款；有收益的，所得收益用于物业管理区域内物业共用部位、共用设施设备的维修、养护，剩余部分按照业主大会的决定使用。

第六十六条　违反本条例的规定，有下列行为之一的，由县级以上地方人民政府房地产行政主管部门责令限期改正，给予警告，并按照本条第二款的规定处以罚款；所得收益，用于物业管理区域内物业共用部位、共用设施设备的维修、养护，剩余部分按照业主大会的决定使用：

（一）擅自改变物业管理区域内按照规划建设的公共建筑和共用设施用途的；

（二）擅自占用、挖掘物业管理区域内道路、场地，损害业主共同利益的；

（三）擅自利用物业共用部位、共用设施设备进行经营的。

个人有前款规定行为之一的，处 1000 元以上 1 万元以下的罚款；单位有前款规定行为之一的，处 5 万元以上 20 万元以下的罚款。

第六十七条　违反物业服务合同约定，业主逾期不交纳物业服务费用的，业主委员会应当督促其限期交纳；逾期仍不交纳的，物业服务企业可以向人民法院起诉。

第六十八条　业主以业主大会或者业主委员会的名义，从事违反法律、法规的活动，构成犯罪的，依法追究刑事责任；尚不构成犯罪的，依法给予治安管理处罚。

第六十九条　违反本条例的规定，国务院建设行政主管部门、县级以上地方人民政府房地产行政主管部门或者其他有关行政管理部门的工作人员利用职务上的便利，收受他人财物或者其他好处，不依法履行监督管理职责，或者发现违法行为不予查处，构成犯罪的，依法追究刑事责任；尚不构成犯罪的，依法给予行政处分。

第七章　附则

第七十条　本条例自 2003 年 9 月 1 日起施行。

二、相关案例

案例 1：

上海某小区一期工程于 2003 年交付业主使用，当初确定的物业服务费为每平方米 1.9 元/月。2005 年 9 月，该小区二期工程完工交房前，区物价局审定二期的物业服务费为每平方米 3 元/月。物业服务企业 A 公司与业主委员会协商准备将一期的物业服务费调整到二期的标准，矛盾由此产生。楼盘一期的众多业主对这一协议表示异议。他们提出，在业主委员会与 A 公司达成协议之前不久，对全体业主做过的一个调查表明，认为服务费不应提价的业主占 55.14%，认为最多涨到 2.6 元的占 44%。业主们认为，业主委员会违背广大业主的意愿与 A 公司达成了损害业主利益的协议是无效的。况且，物价部门的批文中的每月 3 元的标准是针对二期楼盘，一期楼盘当时的定价只有 1.82 元。业主们因此认为，A 公司本来就收费超标，更没有理由提价。A 公司则强调，一个小区只有一个收费标准，不应存在两种收费标准。而且，目前3元的收费标准已得到了物价局的批准和业主委员会的同意，因此他们收费是完全合理的。双方就此争执不下，许多业主想按原先标准交纳物业费但A公司拒收，问题久拖不决。

综上所述，3元/m²·月的物业费标准应否执行？

本案所述为业主、业主委员会和物业服务企业之间因物业费价格产生尖锐矛盾的典型事例。若要对当事三方的行为或立场作出正确评价，必须明确两个问题：其一，物业费用究竟应该包括哪几方面的内容；其二，谁有权决定物业费的收费标准。

问题一：物业费包括哪几方面内容？

从一般意义上讲，物业费的基本构成应该包括五个方面：①服务费：用于物业服务区域的日常管理，包括物业服务区域内的巡视、检查、物业维修、更新费用的账务管理、物业档案资料的保管和其他有关物业服务；②房屋设备运行费：用于电梯、水泵等房屋设备运行服务所需的费用；③保洁费：用于物业服务区域内日常保洁服务所需的费用；④保安费：用于物业服务区域内日常安全保卫服务所需的费用；（5）维修费：用于物业维修服务所需的费用。

具体到本案中，发生物业费用争议的上海某小区，其住宅开发项目正是分期进行的。如果一期和二期项目中所涉楼盘的确在建筑结构、公用设施等方面存在较大区别，那么理应对居住于一期住宅楼和二期住宅楼的不同业主实行不同的物业费标准，A公司仅以"一个小区只有一个收费标准，不应存在两种收费标准"为由要求一期住宅楼业主按照二期住宅物业收费标准交纳物业费没有法律依据。

问题二：谁有权决定物业收费标准？

《物业管理条例》第11条规定："业主大会履行下列职责：……选聘、解聘物业服务企业……"；第41条规定："物业服务收费应当遵循合理、公开以及费用与服务水平相适应的原则，区别不同物业的性质和特点，由业主和物业服务企业按照国务院价格主管部门会同国务院建设行政主管部门制定的物业服务收费办法，在物业服务合同中约定。"从上述规定可以看出，业主有权参与物业费价格的确定，并且每一物业区域内的收费方案须经业主大会讨论通过方能实行。《物业管理条例》第12条也规定："业主大会作出制定和修改'管理规约'、业主大会议事规则，选聘和解聘物业服务企业，专项维修基金使用和续筹方案的决定，必须经物业服务区域内全体业主所持投票权2/3以上通过。"

具体到本案中，业主委员会对全体业主所进行的调查可以视为《物业管理条例》第12条所规定的业主大会的书面形式。在这次调查中，任何一种意见都没有达到《物业管理条例》中所要求的2/3多数，所以应认定此次业主大会未达成任何协议。因此，该小区一期楼盘各业主应交纳的物业费用不变。在业主大会未就物业费用作出任何决议的情况下，业主委员会擅自与A公司签订的提高物业费的协议是无效的，业主委员会的这一行为本身也不合法。

综上所述，3元/m²·月的物业费标准不应适用于该小区一期楼盘各住户。

案例2：

吴某在某小区购买了一套二居室住房，2002年3月办理入住时，A物业服务企业给她一份交费通知，交纳管理基金费、煤气管道费、半年管理费、垫交水电周转金、电话费、有线电视费等共计1万多元，并声称交费后方能领取钥匙。吴某入住后装修时，A公司又要求其交纳装修押金6000元，垃圾费300元，装修人员进出费每人20元。吴某根据本市《居住小区（普通）委托管理收费标准（试行）》指责A公司收费不合理，拒绝交纳，并要求退还以前交纳的管理基金费、煤气管理费、水电周转金等费用。A公司不予理睬，声称不交纳费用不可施工，并将吴某请的装修工人拒之小区大门外。吴某于是向有关行政管理部门投诉。

评析：

从具体案情来看，上文所描述的是一起典型的物业服务企业乱收费，侵犯业主合法权益的事件，这种情况在现实中也具有一定的代表性。

在《物业管理条例》中，与本案所涉及的物业收费问题有关的条文分别是第41条、第44条和第45条，它们分别规定："物业服务收费应当遵循合理、公开以及费用与服务水平相适应的原则，区别不同物业的性质和特点，由业主和物业服务企业按照国务院价格主管部门会同国务院建设行政主管部门制定的物业服务收费办法，在物业服务合同中约定"，"物业服务企业可以根据业主的委托提供物业服务合同约定以外的服务项目，服务报酬由双方约定"，"物业服务区域内，供水、供电、供气、供热、通信、有线电视等单位应当向最终用户收取有关费用。物业服务企业接受委托代收前款费用的，不得向业主收取手续费等额外费用"。

明确了这些，我们就可以对本案中A物业服务企业要求吴某缴纳的若干名目的费用的恰当与否作出判断：

1. A公司在吴某入住前要求其交纳管理基金费、煤气管道费、半年管理费、垫交水电周转金、电话费、有线电视费等共计1万多元。这其中，管理基金费、水电周转金既非物业服务合同中约定的收费项目，也无法在现行物业管理法律法规中找到收费依据，纯属乱收费，吴某事后完全有权要求A公司退还其全部费用。

2. 煤气管道费、电话费、有线电视费这三项属公共事业收费项目，依照《物业管理条例》的规定，A公司无权自行收取。若A公司与相关企业签订了委托收费协议，则可予以代收，但A公司无权向小区业主收取任何手续费、服务费等。

3. 对于A公司提出的半年物业费的预交，不属于法律强制性规定范畴，应依双方间《物业服务合同》的约定。若双方并无预交物业费用的约定，则A公司无权要求吴某在入住前向其交纳半年物业费。

4. 吴某入住装修时，A物业服务企业要求其交纳装修押金6000元，这一费用的性质与前面几项不同。《物业管理条例》第53条："业主需要装饰装修房屋的，应当事先告知物业服务企业。物业服务企业应当将房屋装饰装修中的禁止行为和注意事项告知业主。"可见，物业服务企业在业主装修过程中须承担一定的告知义务。且依据物业服务的性质，物业服务企业应当关注业主的装修行为，对于危害公共安全或不符合法律规定的，物业服务企业有权提出整改意见或通报相关部门知晓。其实，这也是对物业服务企业基于现代住宅小区发展趋势和物业管理的服务性质对自身承担的职责的延伸。基于此项职责，现实中物业服务企业往往在业主进行装修时与业主签订《装修保证书》，要求业主承诺合法合规装修并在装修工程开始前交纳一定的保证金抑或是本案中所称的押金。对于这一点，某些规范性法律文件也予以确认。如北京市《关于加强新建商品住宅家庭居室装饰装修管理若干规定（试行)》中就要求，业主自行组织装修的，应在装修前与物业服务企业签订装修管理协议，并交纳一定数额的装修保证金。但基于保证金或押金的性质，业主在装修完毕后，物业服务企业应予以返还。本案中，A物业服务企业并未与吴某签订诸如装修保证书一类的协议却要求吴某交纳押金，是不合法的。吴某有权要求A物业服务企业返还这笔款项。

5. 吴某入住装修时，物业服务企业还要求其交纳垃圾费和装修人员进出费共计320元，此两项收费无法律依据，明显属乱收费，吴某有权拒交。

第七章 城市住宅小区物业管理服务收费暂行办法

一、法律法规条文

城市住宅小区物业管理服务收费暂行办法

第一条 为规范城市住宅小区物业管理服务的收费行为，维护国家利益和物业管理单位及物业产权人、使用人的合法权益，促进物业管理事业健康发展，依据《中华人民共和国价格管理条例》制定本办法。

第二条 本办法适用于经工商行政管理机关登记注册的物业管理单位对城市住宅小区提供社会化、专业化服务的收费管理。

本办法所称的物业管理服务收费是指物业管理单位接受物业产权人、使用人委托对城市住宅小区内的房屋建筑及其设备、公用设施、绿化、卫生、交通、治安和环境容貌等项目开展日常维护、修缮、整治服务及提供其他与居民生活相关的服务所收取的费用。

第三条 各级政府的物价部门是物业管理服务收费的主管机关。物价部门应当会同物业管理行政主管部门加强对物业管理服务收费的监督和指导。

第四条 物业管理单位开展物业管理服务收费应当遵循合理、公开及与物业产权人、使用人的承受能力相适应的原则。

国家鼓励物业管理单位开展正当的价格竞争，禁止价格垄断和牟取暴利行为。

第五条 物业管理服务收费应当根据所提供服务的性质、特点等不同情况，分别实行政府定价、政府指导价和经营者定价。

为物业产权人、使用人提供的公共卫生清洁、公用设施的维修保养和保安、绿化等具有公共性的服务以及代收代缴水电费、煤气费、有线电视费、电话费等公众代办性质的服务收费，实行政府定价或政府指导价。

实行政府定价或政府指导价的物业管理服务收费的具体价格管理形式，由省、自治区、直辖市物价部门根据当地经济发展水平和物业管理市场发育程度确定。

凡属为物业产权人、使用人个别需求提供的特约服务，除政府物价部门规定有统一收费标准者外，服务收费实行经营者定价。

第六条 实行政府定价和政府指导价的物业管理服务收费标准，由物业管理单位根据实际提供的服务项目和各项费用开支情况，向物价部门申报，由物价部门征求物业管理行政主管部门意见后，以独立小区为单位核定。实行政府指导价的物业管理服务收费，物业管理单位可在政府指导价格规定幅度内确定具体收费标准。

实行经营者定价的物业管理服务收费标准由物业管理单位与小区管理委员会（业主管理委员会）或产权人代表、使用人代表协商议定，并应将收费项目和收费标准向当地物价部门备案。

第七条　物价部门在核定收费标准时，应充分听取物业管理单位和小区管理委员会（业主管理委员会）或产权人、使用人的意见，既要有利于物业管理服务的价值补偿，也要考虑物业产权人、使用人的经济承受能力，以物业管理服务所发生的费用为基础，结合物业管理单位的服务内容、服务质量、服务深度核定。

物价部门对核定的物业管理收费标准，应根据物业管理费用的变化适时进行调整。

第八条　住宅小区公共性服务收费的费用构成包括以下部分：

1. 管理、服务人员的工资和按规定提取的福利费；

2. 公共设施、设备日常运行、维修及保养费；

3. 绿化管理费；

4. 清洁卫生费；

5. 保安费；

6. 办公费；

7. 物业管理单位固定资产折旧费；

8. 法定税费。

本条第 2 项至第 6 项费用支出是指除工资及福利费以外的物资损耗补偿和其他费用开支。

物业管理服务收费的利润率暂由各省、自治区、直辖市政府物价主管部门根据本地区实际情况确定。

第九条　经物价部门核定的或由物业管理单位与小区管理委员会或物业产权人代表、使用人代表协商议定的收费项目、收费标准和收费办法应当在物业管理合同中明文约定。

第十条　物业管理服务收费实行明码标价，收费项目和标准及收费办法应在经营场所或收费地点公布。

物业管理单位应当定期（一般为 6 个月）向住户公布收费的收入和支出账目，公布物业管理年度计划和小区管理的重大措施，接受小区管理委员会或物业产权人、使用人的监督。

第十一条　物业管理单位应当严格遵守国家的价格法规和政策，执行规定的收费办法和收费标准，努力提高服务质量，向住户提供质价相称的服务。不得只收费不服务或多收费少服务。

第十二条　实行物业管理的住宅小区物业产权人、使用人应按物价部门核定的收费项目和标准向物业管理单位缴纳物业管理服务费，不按规定缴纳管理服务费的，物业管理单位有权按照所签服务合同要求追偿。

第十三条　物业管理单位与物业产权人、使用人之间发生的收费纠纷，可由物价部门进行调处。

第十四条　物业管理单位已接受委托对住宅小区实施物业管理并相应收取公共性服务费的，其他部门和单位不得再行重复征收性质和内容相同的费项。

第十五条　凡有下列违反本办法行为之一者，由政府价格监督检察机关依照国家有关规定予以处罚。

（一）越权定价、擅自提高收费标准的；

（二）擅自设立收费项目，乱收费用的；

（三）不按规定实行明码标价的；

（四）提供服务质价不符的；

（五）只收费不服务或多收费少服务的；

（六）其他违反本办法的行为。

第十六条　各省、自治区、直辖市物价部门、物业管理行政主管部门可依据本办法制定具体实施办法，报国家计委、建设部备案。

第十七条　本办法发布之前的有关规定凡与本办法相抵触的，以本办法为准。

第十八条　本办法由国家计委负责解释。

第十九条　本办法自 1996 年 3 月 1 日起执行。

二、相关案例

案例 1：

海口海甸岛某大厦一名业主，于几年前购买了该大厦一层全部商铺，不料后来因与物业发生纠纷，被物业断水断电，无奈之下，商铺只有选择自己发电。本案件经过两审过后法院最终判决物业恢复供水供电并赔偿业主由此造成的损失。

1. 191 万购买商铺，业主遭遇断水断电。2004 年底，王强鹏以 191 万元的价格，购买了海甸岛某大厦一层近 600 平方米的商铺，并于 2004 年 12 月签订了《房地产买卖契约》。

合同签订后，王强鹏按约支付了全部 191 万元的房款。因为在他买房前，该商铺已经由业主出租给了第三人使用。故而，在此情况下，王强鹏购买后由原先承租商铺的第三人继续进行餐饮经营。

2005 年初，王强鹏取得了房屋产权证，并随后从原先商铺承租者手上收回商铺，并重新出租。但让王强鹏没有想到的是，原本通水通电正常的商铺，突然从 2006 年开始被物业断了水电。在此情况下，王强鹏将物业公司告上法院，要求物业恢复供水供电并对由此给他造成的损失予以赔偿。

2. 商铺承租者自己发电解决"电荒"。一审法院认为，位于海口市人民大道某大厦一层的商铺为王强鹏所有，因此王强鹏即为大厦的业主之一，而该房屋是大厦的一部分，因此王强鹏与其他业主享有同等权利。通水通电是现代化城市生产生活的基本条件，也是业主应该享受的最基本的权利，也是物业公司应尽的最基本的义务。在此情况下，物业应该尽到服务义务。而物业对业主采取断水断电的措施没有法律法规的合法理由，所以物业对王强鹏停止通水通电的行为侵犯了王鹏强的合法利益。

另外，王强鹏称其于2008年起，自从物业断水断电后，迫使其每月低于市场价4000元出租，由商铺使用者自行用发电机解决"电荒"，造成每月4000元的租金损失，物业应对此承担赔偿责任。一审法院认为，物业应对此承担赔偿责任，但王强鹏没有举证证实及申请评估市场的价值等，所以法院不采纳其提出的赔偿标准。但鉴于物业给业主造成损失的事实是存在的，应予以赔偿，经综合考虑物业应给与王强鹏10000元的赔偿。

3. 物业恢复供水供电并赔偿业主损失。一审判决后，王强鹏表示不服原审判决，向海口市中级人民法院提起上诉。认为一审法院判决的赔偿损失标准过低，10000元赔偿分摊到每个月相当于每月赔偿仅几百元。一审判决后，物业公司同样不服并向海口市中级人民法院上诉，并称涉案商铺本不存在正常的通水设备，物业从没有拆除过该商铺的供水设施，而供电系统是王强鹏为逃避缴纳物管费擅自接用其他单位的供电系统，后被供电所依法切断，物业无权恢复供电，才致使该商铺一直无法由物业供电。

二审期间，法院通过物业下发的停水停电通知，物业给供电公司的报告及本报报道等，综合认定物业侵权事实的客观存在。同时二审认定的基本事实与一审认定事实一致。日前，二审法院作出判决，维持了原审要求物业恢复供水供电的判决，并对物业赔偿标准予以适当提高。

案例2：

原告：王某，女，山东某监理公司东营分公司副经理。

被告：东营某物业服务有限责任公司。

东营区人民法院经审理查明：原告为东营某住宅小区的业主，被告是该小区的物业服务公司。2007年7月21日晚23时40分许，原告发现其居住的小区68号楼室内的一个电脑包被盗，包内装有鲁EAE797奥迪车钥匙一把、酷派手机一部、小灵通一部、现金人民币18000元以及各类重要文件和合同等。在原告处居住的人员遂拨打110报警并通知被告，被告方张某及保安人员到场。22日0时30分许，警方人员进入原告住处，此时，鲁EAE797奥迪车尚停在原告楼下后院，被告遂安排保安人员巡逻排查。被告监控录像显示：22日2时19分左右，有一辆机动车外出。被告东门保安当班记录载明：2时19分有一辆银白色奥迪车外出，车号鲁EAE797，经查有出入证，按规定放行。7月22日上午，原告及在原告家中居住的阎某、周某等人发现鲁EAE797车被盗。10时10分阎某遂向东营市公安局东城分局报警。公安局侦查人员及被告方人员遂赶到现场，该车至今下落不明。

原告诉称，作为物业公司，被告依法负有保护业主人身、财产安全不受损害的义务，且在原告明确要求被告履行保护原告财产安全、被告承诺保护的情况下，原、被告已形成车辆保管合同关系，因被告重大过失，致使原告遭受重大财产损失，被告应当赔偿原告的全部经济损失。除去保险公司赔偿原告的373670元外，原告尚有179282.5元的损失，这部分损失应由被告赔偿。

被告辩称，原告所称的"被告依法负有保护原告人身、财产安全不受损害的义务"于法无据，被告对此不仅没有法定义务，而且没有约定义务。原告称原、被告已形成车辆保管合同关系的主张不能成立。假使原告车辆真的丢失，也是刑事犯罪和原告自身过错造成的，被告没有过错。保险公司赔偿原告373670元是对原告车辆被盗损失的全部赔偿。保险赔付与购置车辆之间费用的差价是原告自己选择了放弃。原告对自己已放弃的权利无权再行向被告主张，不应得到支持。

经审判，东营区人民法院认为，关于原、被告之间法律关系的问题，原告作为被告的业主，已向被告交纳物业管理费，被告作为物业管理公司应按规定提供相应的物业管理服务，原、被告形成物业管理服务合同关系。原告提供的业主使用手册明确载明物业公司只负责小区内的车辆管理，不负责车辆的保管保险责任，故原告主张原告交纳的物业费包含安防费用，原、被告形成保管关系，理由不当，法院不予采信。原告主张其车钥匙丢失后，被告承诺不让车辆离开小区，其提供的录音资料不能证明被告承诺为其保管车辆。

关于被告是否对原告车辆丢失承担责任的问题，一审法院认为，原告在发现车钥匙丢失后，即报警并通知被告，被告方人员亦到场，而此时原告的车辆尚未丢失，原告应预见到丢失车钥匙继而造成车辆丢失的后果，原告应对自己的车辆采取合理的保护措施却未采取，且原告在车辆停放后将车辆的出入证置于车内，从而加大了丢失车辆的安全隐患；而被告作为物业管理公司对业主的车辆负有管理义务，在一般情况下，应尽到善良管理者的普通注意义务；在本案中，被告虽配有值班人员、巡逻人员，采取了一定的保安措施，但其在知晓原告车钥匙丢失后，应对原告的车辆出入采取比一般车辆更加谨慎的注意义务，被告对原告车辆丢失未尽应负的注意义务。综上，原、被告对造成原告车辆的丢失应负同等责任，被告对原告的损失应承担50%的赔偿责任。依照《中华人民共和国合同法》第六十条、第一百零七条之规定，法院判决：一、被告于本判决生效之日起十日内赔偿原告王某车辆损失46965元；二、驳回原告王某的其他诉讼请求。

一审宣判后，被告不服，提起上诉。

二审法院查明的事实与一审相同。

东营市中级人民法院认为，在涉案车辆钥匙丢失后，被上诉人及时报警并通知了上诉人，上诉人在知情的情况下，对被上诉人车辆的出入应尽到比一般车辆更加谨慎的注意义务，上诉人对被上诉人车辆的丢失未尽到应负的注意义务，对此，上诉人对被上诉人车辆丢失造成的损失应当承担相应的责任。被上诉人在其车钥匙丢失后，未积极采取相应的保护措施，对车辆丢失所造成的损失亦存有过错，对此亦应承担相应的责任，原审法院据此判决上诉人与被上诉人涉案车辆丢失所造成的损失各担50%的赔偿责任并无不当。依照《中华人民共和国民事诉讼法》第一百五十二条、一百五十三条第一款第（一）项、第一百五十八条之规定，判决：驳回上诉，维持原判。

参考文献

1. 方芳主编．物业管理服务．上海：上海财经大学出版社，2011.

2. 廖小斌编著．物业管理处实用工作手册．北京：机械工业出版社，2011.

3. 王青兰，齐坚，顾志敏编著．物业管理理论与实务．北京：高等教育出版社，2006.

4. 李斌主编．物业管理——理论与实务．上海：复旦大学出版社，2006.

5. 黄安水编著．物业管理．北京：中国建筑工业出版社，2007.

6. 戴玉林，王媚莎主编．物业管理实务．北京：化学工业出版社，2007.

7. 刘秋雁编著．物业管理理论与实务．大连：东北财经大学出版社，2010.

8. 滕宝红，邵小云主编．物业管理制度与表单范本．北京：中国时代经济出版社，2010.

9. 王君之，王玲玲编著．物业管理工具箱．北京：机械工业出版社，2009.

10. 邵小云主编．物业管理精细化管控全方案．广州：广东经济出版社，2011.

11. 苏宝炜，李薇薇编著．物业服务岗位管理实务．北京：电子工业出版社，2010.

12. 宋建阳主编．物业管理．广州：华南理工大学出版社，2011.

13. 李晓峰主编．学物业管理：物业管理实训教程．郑州：中原出版传媒集团，中原农民出版社，2008.

14. 刘昱编著．物业经营管理．北京：经济管理出版社，2010.

15. 全福泉主编．物业管理理论与实务．北京：化学工业出版社，2010.

16. 北京亚太教育研究院物业管理研究中心编写．物业经营管理．北京：中国工人出版社，2011.

17. 北京亚太教育研究院物业管理研究中心编写．物业管理综合能力．北京：中国工人出版社，2011.

18. 王秀云主编．物业管理．北京：机械工业出版社，2009.

19. 雷华主编．高级物业管理员培训教程与应试指导．广州：暨南大学出版社，2008.

20. 李娜主编．物业项目经理指导手册．银川：阳光出版社，2011.

21. 莫子剑编著．物业人员岗位培训手册．北京：人民邮电出版社，2009.

22. 周成学主编．物业安全管理．北京：中国电力出版社，2009.

23. 裴艳慧主编．物业管理理论与实务．北京：北京大学出版社，2011.

24. 周小路主编．物业管理实务．北京：电子工业出版社，2007.

25. 张作祥主编．物业管理实务．北京．清华大学出版社，2011.

26. 周宇著．现代物业管理实务．北京：中国经济出版社，2009.

27. 滕宝红，苏毅主编．物业客服管理作业手册．北京：中国时代经济出版社，2010.

28. 胡洁主编．物业管理概论．北京：电子工业出版社，2007.

29. 张野编著．物业经理岗位培训手册．广州：广东经济出版社，2011.

30. 谭善勇，郭立主编．物业管理理论与实务．北京：机械工业出版社，2011.

31. 王比刚，王寿华编著．物业服务实用手册．北京：中国建筑工业出版社，2009.

32. 黄亮主编．物业管理综合实训．北京：中国建筑工业出版社，2011.

33. 刘新华，周哲编著．物业管理．北京：清华大学出版社，2011.

34. 张天琪，黄金华主编．物业环境管理．北京：中国物资出版社，2011.

35. 刘湖北主编．社区与物业管理．武汉：武汉大学出版社，2009.

36. 周建华，马光红主编．物业管理．北京：中国电力出版社，2010.

37. 唐晓林，宋琳琳编著．物业管理服务实操教程．昆明：云南人民出版社，2009.

38. 周云，周建华主编．物业管理．北京：人民交通出版社，2008.

39. 王怡红主编．物业管理实务．北京：北京大学出版社，2010.

40. 张昌斌主编．物业管理实务．北京：机械工业出版社，2009.

41. 姜早龙，张涑贤主编．物业管理概论．武汉：武汉理工大学出版社，2008.

42. 章月萍主编．物业财务核算与管理．重庆：重庆大学出版社，2012.

43. 周素萍主编．物业服务营销管理．北京：清华大学出版社，北京交通大学出版社，2011.

44. 程鸿群主编．现代物业管理．武汉：武汉大学出版社，2009.

45. 于志涛，刘芬编著．物业管理服务心理学．北京：清华大学出版社，北京交通大学出版社，2011.

46. 孟建华主编．物业管理员实务指南．北京：中央民族大学出版社，2011.

47. 杨桂芳主编．物业管理概论．北京：石油工业出版社，2011.

48. 刘亚臣，张沈生主编．房地产物业管理．大连：大连理工大学出版社，2009.

49. 徐爱民，武辉主编．物业管理概论．北京：北京理工大学出版社，2012.